History of the Arabic Written Tradition

Supplement Volume 3-ii

Handbook of Oriental Studies

Handbuch der Orientalistik

SECTION ONE

The Near and Middle East

Edited by

Maribel Fierro (*Madrid*)
M. Şükrü Hanioğlu (*Princeton*)
Renata Holod (*University of Pennsylvania*)
Florian Schwarz (*Vienna*)

VOLUME 117/S3-II

The titles published in this series are listed at *brill.com/ho1*

History of the Arabic Written Tradition

SUPPLEMENT VOLUME 3-II

By

Carl Brockelmann

Translated by

Joep Lameer

TUTA SUB AEGIDE PALLAS · 1683 ·

BRILL

LEIDEN | BOSTON

Originally published as *Geschichte der Arabischen Litteratur* in 1898 and 1902.
Subsequent editions by Brill between 1937 and 1943, and in 1996.

Library of Congress Cataloging-in-Publication Data

Names: Brockelmann, Carl, 1868–1956, author. | Lameer, Joep, translator. | Witkam, J. J., writer of preface.
Title: History of the Arabic written tradition / by Carl Brockelmann ; translated by Joep Lameer ; with a preface by Jan Just Witkam.
Other titles: Geschichte der arabischen Litteratur. English | Handbook of Oriental studies. Section one, Near and Middle East (2014) ; vol. 117.
Description: Leiden ; Boston : Brill, 2016. | Series: Handbook of Oriental studies. Section one, The Near and Middle East ; volume 117 | Originally published as Geschichte der Arabischen Litteratur in 1898 and 1902 — Title page verso of volume 1. | Includes bibliographical references.
Identifiers: LCCN 2016032425 (print) | LCCN 2016041105 (ebook) | ISBN 9789004323308 (hardback : alk. paper) | ISBN 9789004326262 (E-book) | ISBN 9789004323308 (hardback) | ISBN 9789004326316 (hardback) | ISBN 9789004334618 (hardback) | ISBN 9789004335806 (hardback) | ISBN 9789004335813 (hardback)
Subjects: LCSH: Arabic literature—History and criticism.
Classification: LCC PJ7510 .B713 2016 (print) | LCC PJ7510 (ebook) | DDC 892.7/09—dc23
LC record available at https://lccn.loc.gov/2016032425

Typeface for the Latin, Greek, and Cyrillic scripts: "Brill". See and download: brill.com/brill-typeface.

ISSN 0169-9423
ISBN 978-90-04-38347-0 (hardback)
ISBN 978-90-04-38468-2 (e-book)

This book is printed on acid-free paper and produced in a sustainable manner.

Contents

Note to the Indices VII

Transcription IX

Indices

Index of Names 3

Index of Works 249

Index of Publishers 591

Note to the Indices

In this English translation of GAL, abbreviated names of the German edition were written out in full. While such an approach rendered the text much more reader-friendly, it was not practical to follow this same principle in the Index of names. So here follows a list of abbreviations with their meanings:

A.	Aḥmad
ʿA.	ʿAlī
ʿAl.	ʿAbdallāh
ʿAq.	ʿAbd al-Qādir
ʿAr.	ʿAbd al-Raḥmān
Ḥ.	Ḥasan
Ḥu.	Ḥusayn
Ibr.	Ibrāhīm
Ism.	Ismāʿīl
M.	Muḥammad
Q.	Qāsim
ʿU.	ʿUmar
S.	Sulaymān
Ya.	Yaḥyā
Yū.	Yūsuf
a.	Abū/-ī
b.	Ibn

In the Index of names, ʿayn (ʿ), hamza (ʾ), a. (ʿAbū/-īʾ), b. (ʿIbnʾ) and the article (ʿal-ʾ) were ignored in establishing alphabetical order. At the beginning of an entry, a hyphen (-) stands for the article. For reasons of conveniency, GAL often repeats the hyphen for entries starting with the same name (e.g. -Ḥasan). It turned out that many of these 'hyphened' names are actually cited without the article in the text of GAL itself. As it was not possible to check every hyphened entry in the Index of names against the passage(s) cited for that name, the reader should be aware that a hyphened name may or may not carry the article in the text of GAL itself.

In the Index of titles, the final 't' in iḍāfa (e.g. *ʿIẓat al-mulūk*) and prepositions were ignored in establishing alphabetical order, with the exception of '*bayna*'. '*Kitāb*' (abbrev. '*k.*') was only considered if part of the title; titles starting with '*risāla*' (abbrev. '*r.*'), on the other hand, were invariably listed as such. Even if elided, initial 'i' (like in *-Hādī ila 'stimāʿ al-Injīl*) was still considered in establishing alphabetical order. When similar in appearance but not identical, singulars usually come before plurals, 'a' before 'ā' (if in same position), and forms without ʿ*ayn* before those with: *adab, ādāb; daʿwa, daʿwā; amal, ʿamal, āmāl, aʿmāl*. But this is not always the case (see for instance *lumaʿ* and *lumʿa* or *aʿmālī* and *amālī*), and the reader should remember this when a term cannot be located immediately.

In the Indices, the letter 'd' is followed by 'ḍ', 'h' by 'ḥ', 's' by 'ṣ', 't' by 'ṭ', and 'z' by 'ẓ'. 'A/C' refers to the 'Addenda & Corrigenda' section in Supplement 3.1. Numbers in blue refer to the two volumes of GAL's first edition mentioned in the margin of volumes 1 and 2 of the English edition; numbers in red refer to the three Supplement volumes of GAL's second edition, mentioned in the margin of Supplement 1, 2 and 3.1 of this English edition.

Transcription

Transliteration Table of Arabic and Persian Characters

Consonants						Short vowels	
ء	ʾ	ز	z	ك	k	ـَ	a
ب	b	ژ	zh	گ	g	ـُ	u
پ	p	س	s	ل	l	ـِ	i
ت	t	ش	sh	م	m		
ث	th	ص	ṣ	ن	n	Long vowels	
ج	j	ض	ḍ	ه	h	اى	ā
چ	ch	ط	ṭ	و	w	و	ū
ح	ḥ	ظ	ẓ	ى	y	ي	ī
خ	kh	ع	ʿ				
د	d	غ	gh			Diphtongs	
ذ	dh	ف	t			ـَو	aw
ر	r	ق	q			ـَي	ay
ة	-a (pausa) / -at (construct state)						
ال	al- (article)						

Indices

Index of Names

Aʿazz b. al-Muntahā S I 286,13
Abān al-Lāḥiqī S I 107, 238
b. ʿAbbād al-Nafzī M. b. Ibr. b. a. Bakr G II 265, S II 358
b. a. ʿAbbād al-Yamanī S II 914
-ʿAbbādī M. b. A. b. M. al-Harawī G I 386, S I 669
-ʿAbbādī a. Bakr b. ʿA. b. M. G II 189, S II 250
b. al-Abbār A. b. M. S II 707
b. al-Abbār M. b. ʿAl. b. a. Bakr G I 340, S I 580
a. ʾl-ʿAbbās S I 322
a. ʾl-ʿAbbās b. ʿAbd al-ʿAzīz b. Rāshid al-Hilālī al-Sijilmāsī S II 98, y
a. ʾl-ʿAbbās A. al-Bahlūl S III 190
-ʿAbbās b. A. al-Ṣanʿānī S I 313
-ʿAbbās b. al-Aḥnaf G I 74, S I 114
-ʿAbbās b. ʿA. al-Malik al-Afḍal G II 184, S II 236
-ʿAbbās b. ʿA. b. Nūraddīn al-Mūsawī S II 512, 528, 905
-ʿAbbās al-ʿAzzāwī S III 497
-ʿAbbās b. Bakkār al-Ḍabbī S I 214
-ʿAbbās b. Faraj al-Riyāshī G I 108, S I 168
-ʿAbbās Ef. Fawzī al-Dāghistānī S I A/C 470
-ʿAbbās Fayḍī Ef. S I 470
-ʿAbbās b. Ibr. al-Marrākushī S I 892
-ʿAbbās Khalīl Iqdām S III 305
-ʿAbbās Maḥmūd al-ʿAqqād S III 139, 253
a. ʾl-ʿAbbās b. Mubārak al-Lamṭī S II 958
-ʿAbbās M. S III 232
-ʿAbbās b. M. b. Ibr. al-Ḥasanī al-Ṣanʿānī S II 563
-ʿAbbās b. M. Riḍā al-Qummī S II 840
a. ʾl-ʿAbbās b. M. al-Sufyānī S II 490
a. ʾl-ʿAbbās al-Mursī S I 922, 60
a. ʾl-ʿAbbās b. -Qabbāb S II 975
-ʿAbbās al-Qummī S II 574
-ʿAbbās b. Saʿīd S II 1017
-ʿAbbās b. Saʿīd al-Jawharī S I 382, 413
a. ʾl-ʿAbbās al-Sūsī S I 360
-ʿAbbāsī A. b. M. b. al-Ḥ. G II 83, S II 94
-ʿAbbāsī al-Ḥ. b. ʿAl. b. M. G II 161, S II 202
ʿAbbūd Ṣabbāgh S II 728
ʿAbd b. ʿAbd al-ʿAzīz al-Sulamī (to be read thus) S I 768,19a
ʿAbd b. Ḥumayd b. Naṣr al-Kashshī G I 157, S I 258
ʿAbd al-Aḥad b. ʿAl. b. ʿAbd al-Aḥad b. Shuʿayr al-Ḥarrānī S II 211
ʿAbd al-Aḥad al-Khalwatī G II 346,5, S II 473,14
ʿAbd al-Aḥad b. M. b. ʿAbd al-Aḥad al-Ḥarrānī G II 165,5, S II 211
ʿAbd al-Aḥad al-Nūrī Awḥad al-Dīn G II 346, 445, S II 662
ʿAbd al-Aḥad b. Shaykh M. Sirhindī S II 179,2
ʿAbd alʿ-Ālī b. Baḥr al-ʿUlūm S II 302
ʿAbd alʿ-Ālī b. Jumʿa al-ʿArūsī al-Ḥuwayzī G II 412, S II 582
ʿAbd alʿ-Ālī b. Maḥmūd al-Khādim al-Jābalqī S II 132
ʿAbd al-ʿĀlī b. M. al-Barjandī G I 377, 511, S I 648, S I 865, 929,23, 930,39d, 931,40g, II 273, 288, 298k, 591
ʿAbd al-ʿĀlī M. a. ʾl-ʿAyyāsh (Juyūsh) Baḥr al-ʿUlūm S II 264,15a, 293,4a,β
ʿAbd al-ʿĀlī b. M. Niẓām al-Din Baḥr al-ʿUlūm al-Laknawī S I 792, 840, II 290, 303, 580, 623, 624
ʿAbd al-ʿĀlī M. Zayn al-Dīn M. al-Anṣārī Baḥr al-ʿUlūm S II 265,23
ʿAbd al-ʿĀlī Saʿd al-Dīn b. Hibatallāh al-Hindī al-Yamanī S II A/C 822
ʿAbd al-ʿAlīm M. Saʿīd Shahrīzāde G II 429, S II 638
ʿAbd al-ʿAlīm Naṣrallāh Khān al-Aḥmadī Khīrajī S II 603
ʿAbd al-Awwal b. ʿAbd al-Qayyūm al-Mūsawī G I 170
ʿAbd al-Awwal al-Jawnpūrī S I 284, II 859
ʿAbd al-ʿAzīz b. ʿAbd a-Jabbār al-Sulamī S I 894
ʿAbd al-ʿAzīz b. ʿAbd al-Karīm al-Jīlī S I 670
ʿAbd al-ʿAzīz b. ʿAbd al-Salām al-Sulamī G I 183, 389, 430, S I 766
ʿAbd al-ʿAzīz b. ʿAbd al-Wāḥid al-Miknāsī G I 103, II 394, S I 161, S II 539

ʿAbd al-ʿAzīz b. ʿAbd al-Wāḥid b. M. al-Malzūzī S I 577
ʿAbd al-ʿAzīz b. A. S II 930
ʿAbd al-ʿAzīz b. A. al-Bārjīljamī (al-Daylamī) G I 355, S I 602
ʿAbd al-ʿAzīz b. A. al-Bukhārī G I 373, 381, S I 637, 654, II 268
ʿAbd al-ʿAzīz b. A. al-Qurashī S II 1027
ʿAbd al-ʿAzīz b. A. al-Rashīd al-Budāḥ al-Kuwaytī S II 808
ʿAbd al-ʿAzīz b. A. b. Saʿīd al-Dīrīnī G I 103, 451, S I 161, 167, 753, 810, 975
ʿAbd al-ʿAzīz b. A. al-Uwaysī S I 460
ʿAbd al-ʿAzīz b. ʿA. b. ʿAbd al-ʿAzīz al-Ushnuhī G I 391, S I 674
ʿAbd al-ʿAzīz b. ʿA. b. ʿAbd al-ʿAzīz al-Zamzamī G II 378, S I 69, S II 509
ʿAbd al-ʿAzīz ʿb. ʿA. b. A. al-Mālibārī S II 311
ʿAbd al-ʿAzīz Amīn al-Khānajī S III 238
ʿAbd al-ʿAzīz ʿAtīq S III 164
ʿAbd al-ʿAzīz al-Āydīnī S II 948
ʿAbd al-ʿAzīz b. Badr al-Dīn M. b. Jamāʿa al-Kinānī G II 72, 86, S II 78
ʿAbd al-ʿAzīz b. Dāʾūd al-Miṣrātī S II 364
ʿAbd al-ʿAzīz al-Dihlawī S II 852
ʿAbd al-ʿAzīz Ef. A. S II 734,9f
ʿAbd al-ʿAzīz al-Farghalī S II 17
ʿAbd al-ʿAzīz al-Furātī al-Safāqusī S II 691
ʿAbd al-ʿAzīz b. Ghulām Rasūl S I 266
ʿAbd al-ʿAzīz b. a. ʾl-Ḥ. b. Yū. al-Zayyātī S II 694
ʿAbd al-ʿAzīz a. Ibr. S II 697
ʿAbd al-ʿAzīz a. Ibr. al-Muṣʿabī S I 692, II 892
ʿAbd al-ʿAzīz b. Isḥāq al-Baghdādī S I 314
ʿAbd al-ʿAzīz b. a. Jumʿa al-Ishbīlī a. ʾl-Faḍl S II 1017
ʿAbd al-ʿAzīz al-Kāshī S II 905
ʿAbd al-ʿAzīz b. M. b. Ibr. al-Fishtālī S II 680
ʿAbd al-ʿAzīz b. M. b. Khalīl S II 689
ʿAbd al-ʿAzīz b. M. al-Nakhshabī S I 565
ʿAbd al-ʿAzīz b. M. al-Raḥbī S I 950
ʿAbd al-ʿAzīz b. M. al-Ṣamadī S II 930
ʿAbd al-ʿAzīz b. M. al-Ṭūsī S I 679
ʿAbd al-ʿAzīz b. M. al-Wafāʾī G II 129, S II 160
ʿAbd al-ʿAzīz b. M. al-Zamzamī S II 511
ʿAbd al-ʿAzīz b. Munajjā al-Ḥalabī S II 133
ʿAbd al-ʿAzīz b. Niḥrīr b. ʿAbd al-ʿAzīz b. al-Barrāj S I 708
ʿAbd al-ʿAzīz al-Nuṣṣ S III 394
ʿAbd al-ʿAzīz b. Riḍwān b. ʿAbd al-Ḥaqq al-Ḥanbalī ʿIzz al-Dīn S II 930
ʿAbd al-ʿAzīz b. Sarāyā Ṣafī al-Dīn al-Ḥillī S II 199
ʿAbd al-ʿAzīz b. Shaddād al-Ṣanhājī S I 575
ʿAbd al-ʿAzīz b. Shāh Walīallāh al-Dihlawī S I 927, II 290, 615
ʿAbd al-ʿAzīz Ṣabrī S III 85
ʿ ʿAbd al-ʿAzīz b. Tammām al-ʿIrāqī b. a. Iṣbaʿ G I 524, S I 432
ʿAbd al-ʿAzīz al-Ṭūsī S I 538
ʿAbd al-ʿAzīz al-Ṭūsī Ya. b. A. al-Julūdī S I 85
ʿAbd al-ʿAzīz al-Ṭūsī Ya. al-Kinānī al-Mālikī G I 193
ʿAbd al-ʿAzīz al-Ṭūsī Ya. b. Muslim al-Shāfiʿī S I 340
ʿAbd al-ʿAzīz al-Ṭūsī Yū. al-Shīrāzī G I 95, S I 154
ʿAbd al-ʿAzīz b. ʿU. b. M. b. Fahd al-Makkī S II 224
ʿAbd al-ʿAzīz b. ʿU. b. Nubāta S I 152
ʿAbd al-ʿAzīz ʿU. al-Sāsī S III 239
ʿAbd al-ʿAzīz b. ʿUthmān al-Qabīṣī S I 399
ʿAbd al-ʿAzīz b. ʿUthmān al-Qāḍī al-Nasafī S I 639
ʿAbd al-ʿAzīz al-Zabīdī S I 632
ʿAbd al-ʿAzīz b. Zayd b. Jumʿa al-Mawṣilī G I 283, 304, I 530
ʿAbd al-ʿAẓīm b. ʿAbd al-Qawī al-Mundhirī G I 161, 367, II 69, S I 265, 267, 569, 622
ʿAbd al-ʿAẓīm b. ʿAbd al-Wāḥid b. Ẓāfir b. a. ʾl-Iṣbaʿ G I 306, S I 539
ʿAbd al-ʿAẓīm al-Makkī al-Rūmī S II 948
ʿAbd al-Bahāʾ S II 847
ʿAbd al-Bāhī Ṣāliḥ al-Tamīmī S II 752
ʿAbd al-Bāqī S II 283
ʿAbd al-Bāqī b. ʿAbd al-Bāqī b. Faqīh Fiṣṣa S II 448
ʿAbd al-Bāqī b. ʿAl. al-Tanūkhī S II 914
ʿAbd al-Bāqī b. ʿAbd al-Majīd al-Makhzūmī al-Qurashī G I 369, II 171, S I 631, II 220
ʿAbd al-Bāqī b. ʿAbd al-Raḥīm al-Nāzilī S II 544
ʿAbd al-Bāqī b. A. al-Warnawī S I 69
ʿAbd al-Bāqī b. ʿA. al-Qurashī S II 237
ʿAbd al-Bāqī ʿAzmīzāde S II 927
ʿAbd al-Bāqī al-Daqqāq S III 228

ʿAbd al-Bāqī Ghawth al-Islām al-Ṣiddīqī G II 210, S II 305 (to be read thus)
ʿAbd al-Bāqī al-Khaṭīb G II 378, S II 509
ʿAbd al-Bāqī b. Maḥmūd al-Ālūsī S I 544, S II 788
ʿAbd al-Bāqī b. M. S I 185, II 384
ʿAbd al-Bāqī M. Fuʾād S I 264, 267
ʿAbd al-Bāqī b. M. Ḥājjī Ṣadr al-Dīn al-Sīrāmī G II 411, S II 572
ʿAbd al-Bāqī b. M. al-Isḥāqī G II 276, S II 181,29b, 385
ʿAbd al-Bāqī b. M. b. Muṣṭafā ʿArīf S II 630
ʿAbd al-Bāqī al-Muqaddasī al-Ḥanafī S II 458
ʿAbd al-Bāqī b. Qāniʿ S I 279
ʿAbd al-Bāqī b. S. al-Fārūqī G I 267, II 474, S I 465, 471, II 782
ʿAbd al-Bāqī b. Ṭursun S I 646
ʿAbd al-Bāqī b. Yū. al-Zurqānī G I 449, II 84, 318, S II 97/98, 435, 438
ʿAbd al-Bāriʾ b. ʿAr. al-Ṣaʿīdī G I 367, S II 614,2
ʿAbd al-Bāriʾ al-Rifāʿī al-ʿAshmāwī S II 435
ʿAbd al-Bāriʾ b. Ṭūrkhān b. Ṭurmush al-Sīnūbī S II 654
ʿAbd al-Barr b. ʿAl. b. Yū. al-Ujhūrī S I 307, II 437, S I A/C 682
ʿAbd al-Barr b.ʿAq. b. M. al-Fayyūmī G II 292, S II 22, 402
ʿAbd al-Barr b. M. b. Shiḥna al-Ḥalabī G II 79, 83, S II 88, 94
ʿAbd al-Barr Yū. b. ʿAl. b. M. G I 367, S I 628
ʿAbd al-Bāsiṭ al-Dimashqī al-ʿAlmāwī S II 164
ʿAbd al-Bāsiṭ al-Fakhūrī S III 423
ʿAbd al-Bāsiṭ b. Khalīl al-Ḥanafī S I 826
ʿAbd al-Bāsiṭ b. Khalīl al-Malaṭī G II 47, 54, 183, S II 52
ʿAbd al-Bāsiṭ b. Khalīl b. al-Wazīr al-Ḥanafī G II 82, S II A/C 268
ʿAbd al-Bāsiṭ b. M. b. A. b. ʿAr. b. ʿU. b. Raslān al-Bulqīnī S II 440
ʿAbd al-Bāsiṭ b. Mūsā al-ʿAlmāwī G II 133, 360, S II 488
ʿAbd al-Bāsiṭ b. (Mawlawī) Rustam A. b. ʿA. Aṣghar al-Qannawjī S II 596
ʿAbd al-Bāsiṭ b. (Mawlawī) Rustam ʿA. al-Qannawjī S I 536, II 606
ʿAbd al-Dāʾim b. ʿAbd al-Ḥayy Gawalyārī S II 620
ʿAbd al-Dāʾim b. A. al-Ḥadīdī G II 202
ʿAbd al-Dāʾim al-Azharī S II 275
ʿAbd al-Dāʾim al-Birmawī S I 262
ʿAbd al-Fattāḥ b. ʿA. al-Ḥusaynī al-Marāghī S II 826
ʿAbd al-Fattāḥ b. a. Bakr b. A. al-Rassām al-Shāfiʿī al-Khalwatī S II 930
ʿAbd al-Fattāḥ al-Bijāʾī S II 391
ʿAbd al-Fattāḥ Ef. ʿUbāda S III 309
ʿAbd al-Fattāḥ b. Ibr. al-Lādhiqī S II 1017
ʿAbd al-Fattāḥ b. M. al-Shubrāwī b. ʿAbd S II 905
ʿAbd al-Fattāḥ b. Sayyid Isrāʾīl al-Ḥusaynī al-Lahūrī S I 826
ʿAbd al-Fattāḥ al-Tarabīshī S III 344
ʿAbd al-Fattāḥ b. ʿUbaydallāh al-Qazwīnī S I 826
ʿAbd al-Ghaffār b. ʿAbd al-Karīm al-Qazwīnī G I 394, S I 679
ʿAbd al-Ghaffār b. ʿAbd al-Wāḥid al-Akhras al-Mawṣilī S II 792
ʿAbd al-Ghaffār b. A. b. ʿAbd al-Ḥamīd al-Qūṣī G II 117, S II 145
ʿAbd al-Ghaffār b. Ibr. al-ʿAlawī al-Zabīdī S I 488
ʿAbd al-Ghaffār b. Shaykh Wālī M. al-Hāshimī S II 182,31
ʿAbd al-Ghafūr S I 646
ʿAbd al-Ghafūr b. ʿAl. b. M. al-Nafzī a. ʾl-Q. S II 958
ʿAbd al-Ghafūr al-Ghaznawī S I 614
ʿAbd al-Ghafūr b. Ism. al-Fārisī G I 364, S I 623
ʿAbd al-Ghafūr al-Lārī G I 304, S I 533, 739, 787, II 285, 330
ʿAbd al-Ghanī b. ʿAbd al-Wāḥid b. Surūr al-Jammāʿīlī G I 356, S I 605
ʿAbd al-Ghanī b. A. al-ʿArabānī al-Miṣrī G II 128, S II 159
ʿAbd al-Ghanī b. A. al-Baḥrānī al-Shāfiʿī S I 265
ʿAbd al-Ghanī a. Bakr. b. ʿAr. b. Q. S II 605
ʿAbd al-Ghanī al-Ḥuṣurī al-Fihrī S I 479, read: ʿAlī b. ʿAbd al-Ghanī
ʿAbd al-Ghanī b. Ism. al-Nābulusī G I 262, 263, 267, 269, 274, 378, 442, 448, 452,

II 148, 205, 206, 207, 251, 284, 306, 310, 345, 391, 418, 419, 441, S I 463, 464, 472, 752,47x, 778, 779, 784, 792, 800, 811, II 269, 284, 355, 393, 408, 473, 534, 617, 655, 661, A/C 355
ʿAbd al-Ghanī b. Maḥmūd al-Jārabardī S I 846
ʿAbd al-Ghanī al-Maydānī G I 175, S I 296
ʿAbd al-Ghanī b. a. ʾl-Q. b. Ḥ. al-Miṣrī al-Muqriʾ S I 730
ʿAbd al-Ghanī b. Saʿīd al-Azdī G I 166, S I 281
ʿAbd al-Ghanī b. Saʿīd al-Ḥajrī G I 166, S I 277
ʿAbd al-Ghanī b. a. Ṭālib al-Kashmīrī S I 712
ʿAbd al-Hādī b. ʿAl. al-Ḥasanī S II 897
ʿAbd al-Hādī b. ʿAl. al-Shatīrī S I 683
ʿAbd al-Hādī b. ʿA. Ṭāhir al-Ḥasanī S I 69
ʿAbd al-Hādī b. Ilāhdād al-ʿUthmānī al-Ṭulanbī S II 625 = ʿAl. b. al-Ḥaddād S I 847
ʿAbd al-Hādī al-Maqdisī S II 965
ʿAbd al-Hādī Najāʾ b. Riḍwān Najāʾ al-Abyārī G II 73, 487, S I 262, II 18, 80, 518, 739, 741
ʿAbd al-Hādī al-Sūdī al-Yamanī S II 897
ʿAbd al-Hālik b. Hālik Ibr. b. Mālik M. b. ʿAbbād S II 146
ʿAbd al-Ḥāfiẓ S II 99, 106
ʿAbd al-Ḥāfiẓ b. ʿA. al-Mālikī S II 260
ʿAbd al-Ḥāfiẓ al-Fāsī S II 891
ʿAbd al-Ḥāfiẓ al-Ḥabūrī S II 995
ʿAbd al-Ḥāfiẓ M. Nāẓir Surūr al-ʿIbād S I 69
ʿAbd al-Ḥāfiẓ b. M. al-Shāfiʿī al-Mutanāshī S II 1001, 14
ʿAbd al-Ḥāfiẓ b. Shamsaddīn al-ʿUmarī G II 232
ʿAbd al-Ḥāfiẓ Sultān al-Maghrib al-Aqṣā S II 889
ʿAbd al-Ḥakīm al-Afghānī S II 267
ʿAbd al-Ḥakīm b. Barrajān G II 265, S II 377
ʿAbd al-Ḥakīm Lahūrī S I 534
ʿAbd al-Ḥakīm b. Makhlūf al-Minyawī S II 259
ʿAbd al-Ḥakīm b. M. al-Ḥanafī Akhīzāde G I 378, II 444, S II A/C 661
ʿAbd al-Ḥakīm b. Shams al-Dīn al-Siyālkūtī G I 295, 304, 417, 427, 466, II 209, 214, 417, S I 509, 517, 533, 740, 759, 845, 846, 847, 848, II 289, 290, 291, 293, 301, 613
ʿAbd al-Ḥalīm b. ʿAl. al-Māyurqī S II 352
ʿAbd al-Ḥalīm b. ʿAbd al-Salām b. Taymiyya G I 339, 413
ʿAbd al-Ḥalīm al-ʿAlāʾī S I 518
ʿAbd al-Ḥalīm b. ʿA. al-ʿUmarī G II 308
ʿAbd al-Ḥalīm b. Amīnallāh al-Laknawī S II 618
ʿAbd al-Ḥalīm al-ʿAskarī S III 232
ʿAbd al-Ḥalīm Dilāwar S III 229
ʿAbd al-Ḥalīm Ḥilmī al-Miṣrī S III 130, 140
ʿAbd al-Ḥalīm al-Laknawī S I 847, 865
ʿAbd al-Ḥalīm b. M. al-Ḥusaynī S II 1017
ʿAbd al-Ḥalīm al-Muskirī S II 973
ʿAbd al-Ḥalīm b. Pīr Qadam b. Nāṣiḥ b. Mūsā G II 228, S II 317
ʿAbd al-Ḥalīm al-Qayṣarī Söilemzāde S II 487, 1017
ʿAbd al-Ḥalīm al-Sukkarī S II 314
ʿAbd al-Ḥamīd b. ʿAbd al-Ghanī al-Rāfiʿī al-Fārūqī S III 346
ʿAbd al-Ḥamīd b. ʿAbd al-Majīd al-Akhfash al-kabīr S I 165
ʿAbd al-Ḥamīd b. ʿAr. al-Anjūrī S II 313
ʿAbd al-Ḥamīd A. al-Jawī al-Qandālī S II 518
ʿAbd al-Ḥamīd b. A. b. al-Muʿāfā S I 489
ʿAbd al-Ḥamīd al-Ālūsī S II 789
ʿAbd al-Ḥamīd al-Farāhī S II 930
ʿAbd al-Ḥamīd b. Hibatallāh b. M. b. al-Ḥadīd al-Madāʾinī al-Shīʿī G I 118, 241, 282, 405, S I 497, 705, 823, 923,18
ʿAbd al-Ḥamīd al-Ḥamīdī b. al-Ḥājj ʿU. al-Naʿīmī al-Kharputī S II 657
ʿAbd al-Ḥamīd b. Ibr. al-Sharqāwī S II 333
ʿAbd al-Ḥamīd b. Maḥmūd b. M. al-Shāfiʿī S II 263
ʿAbd al-Ḥamīd b. M. ʿA. S I 470
ʿAbd al-Ḥamīd b. M. ʿA. al-ʿImrīṭī Quds al-Shāfiʿī S I 470, 672, II 812, 814
ʿAbd al-Ḥamīd M. ʿIzzat S III 231
ʿAbd al-Ḥamīd b. Muʿīn al-Dīn b. M. al-Nayrizī S II 585
ʿAbd al-Ḥamīd Mutawallī S III 231
ʿAbd al-Ḥamīd al-Rāḍī S III 490
ʿAbd al-Ḥamīd al-Shirwānī S I 681
ʿAbd al-Ḥamīd al-Ṣāʾigh S II 958
ʿAbd al-Ḥamīd b. Wāsiʿ al-Khuttalī S I 383

ʿAbd al-Ḥamīd b. Ya. al-Aṣghar G II 690, S I 105
ʿAbd al-Ḥaqq b. ʿAbd al-Fattāḥ S I 468
ʿAbd al-Ḥaqq b. ʿAbd al-Ḥalīm al-Laknawī S I 647
ʿAbd al-Ḥaqq b. ʿAbd al-Laṭīf al-Zubayrī al-Qādirī S I 50
ʿAbd al-Ḥaqq b. ʿAr. al-Azdī S I 263
ʿAbd al-Ḥaqq b. ʿAr. al-Ishbīlī al-Kharrāṭ G I 139, 371, S I 634
ʿAbd al-Ḥaqq b. a. Bakr Ghālib b. ʿAbd al-Malik b. ʿAṭiyya al-Muḥāribī al-Gharnāṭī G I 472, S I 732
ʿAbd al-Ḥaqq al-Dihlawī Faḍl al-Ḥaqq al-ʿUmarī al-Khayrābādī S II 287, 290, 624, 854
ʿAbd al-Ḥaqq al-Dihlawī Ḥaqqī S I 778, II 276
ʿAbd al-Ḥaqq b. Ḥ. al-Miṣrī S II 83
ʿAbd al-Ḥaqq al-Ḥaydarābādī S I 846
ʿAbd al-Ḥaqq b. Ibr. b. M. al-Ishbīlī b. Sabʿīn G I 465, S I 844
ʿAbd al-Ḥaqq al-Islāmī S II 989
ʿAbd al-Ḥaqq b. Ism. b. A. al-Bādisī S II 337
ʿAbd al-Ḥaqq Manṣūr S III 423
ʿAbd al-Ḥaqq Miskīn b. Sayf al-Dīn b. Saʿdallāh al-Dihlawī Ḥaqqī S I 621, II 235, 603
ʿAbd al-Ḥaqq b. Sabuʿ S II 1017
ʿAbd al-Ḥaqq Sajādil Sirhindī S I 647
ʿAbd al-Ḥaqq al-Ṣiqillī S I 299, 661
a. ʿAbd al-Ḥaqq al-Yafranī al-Tilimsānī S I 627
ʿAbd al-Ḥaqq b. Yū. al-Ḥajjājī S I A/C 468
ʿAbd al-Ḥāsib Ef. al-Shaykh Saʿīd S III 387
ʿAbd al-Ḥayy b. ʿAbd al-Wahhāb al-Jurjānī S II 293
ʿAbd al-Ḥayy b. ʿAbd al-Wahhāb al-Ḥusaynī G II 215, S II 302
ʿAbd al-Ḥayy b. A. b. M. b. al-ʿImād al-ʿAkarī al-Ṣāliḥī al-Ḥanbalī G II 383, S II 9,2, 403
ʿAbd al-Ḥayy b. ʿA. b. M. b. al-Ṭawīl al-khāl G II 279, S II 388
ʿAbd al-Ḥayy b. Fakhr al-Dīn al-Ḥasanī S II 308, 863
ʿAbd al-Ḥayy al-Ḥassānī S II 74
ʿAbd al-Ḥayy al-Laknawī S II 303, 306
ʿAbd al-Ḥayy M. b. ʿAbd al-Kabīr al-Kattānī S II 891
ʿAbd al-Ḥusayn b. ʿAl. b. Raḥīm al-Dizfulī S II 838
ʿAbd al-Ḥusayn b. M. ʿA. b. M. al-Najafī S II 802
ʿAbd al-Ḥusayn b. Sharaf al-Dīn al-Mūsawī S II 807, 969
ʿAbd al-Ḥusayn al-Tustarī S II 799, 843
ʿAbd al-Jabbār b. M. al-Hamadhānī al-Asadābādhī G I 411 = 418, S I 343 (to be read thus)
ʿAbd al-Jabbār b. M. al-Kharaqī G I 473, S I 863
ʿAbd al-Jalīl al-Awsī al-Andalusī S II 989
ʿAbd al-Jalīl al-Baghdādī S II 326
ʿAbd al-Jalīl al-Bilghrāmī S II 601
ʿAbd al-Jalīl b. Fayrūz al-Ghaznawī S I 174
ʿAbd al-Jalīl al-Hamadhānī al-Qāḍī S II 1033
ʿAbd al-Jalīl al-Miṣrī S II 174
ʿAbd al-Jalīl b. M. b. A. b. ʿAẓẓūm al-Murādī al-Qayrawānī S II 691
ʿAbd al-Jalīl b. M. a. ʾl-Mawāhib al-Ḥanbalī al-Dimashqī S I 525, II 397
ʿAbd al-Jalīl b. Mūsā al-Anṣārī S I 347, 607
ʿAbd al-Jalīl b. Muṣṭafā b. Ism. al-Nābulusī S II 476
ʿAbd al-Jalīl al-Ṭarābulusī S II 420
ʿAbd al-Jalīl b. Yāsīn al-Baṣrī S II 791
ʿAbd al-Jawād b. A. al-Kayyālī G II 324
ʿAbd al-Jawād al-Manūfī S II 972
ʿAbd al-Jawād b. al-Qayyūm Saʿīd al-Khūnajī S I 818,350
ʿAbd al-Jawād b. Shuʿayb al-Rāfiʿī al-Anṣārī S II 216, 395
ʿAbd al-Kāfī b. M. al-Butushī S I 806
ʿAbd al-Karīm S II 905
ʿAbd al-Karīm b. ʿAbd al-Jabbār G I 291, S I 508
ʿAbd al-Karīm b. ʿAl. al-Khalīfatī S II 525
ʿAbd al-Karīm b. ʿAbd al-Nūr al-Munīr al-Ḥalabī G I 158, II 63, S I 261
ʿAbd al-Karīm b. ʿAbd al-Riḍā al-Ḥillī S II 806
ʿAbd al-Karīm b. ʿAbd al-Ṣamad b. M. b. ʿA. al-Qaṭṭān al-Ṭabarī al-Shāfiʿī G I 408, S I 722

ʿAbd al-Karīm b. A. b. Mūsā b. al-Ṭāʾūs al-ʿAlawī S I 562 = 714
ʿAbd al-Karīm b. Nūḥ al-Ṭarābulusī S II 424
ʿAbd al-Karīm b. ʿA. al-ʿIrāqī S I 509
ʿAbd al-Karīm b. ʿA. al-Murshīdī S II 494
ʿAbd al-Karīm b. ʿA. al-Zawāwī S II 351
ʿAbd al-Karīm b. Ḍirghām al-Ṭarāʾifī G II 17, S II 10
ʿAbd al-Karīm Ef. Sinān G II 291
ʿAbd al-Karīm b. Fakhr al-Dīn S II 811
ʿAbd al-Karīm b. Fāris S II 1018
ʿAbd al-Karīm b. Hawāzin al Qushayrī G I 432, S I 770, 923,17
ʿAbd al-Karīm b. Ibr. al-Jīlī b. Sibṭ ʿAbd al-Karīm al-Jīlī G I 442, II 205, S I 794, II 283
ʿAbd al-Karīm b. Kamāl al-Dīn al-Khazrajī S II 906
ʿAbd al-Karīm b. Karīm al-Dīn al-Maṭarī al-Dimyāṭī S II 112
ʿAbd al-Karīm al-Kīlānī S I 791
ʿAbd al-Karīm al-Kirmānī S I 534
ʿAbd al-Karīm al-Marʿashī S II 972
ʿAbd al-Karīm Mufti ʾl-Quds S II 930
ʿAbd al-Karīm b. M. b. ʿAbd al-ʿAzīz al-Ḥamrūnī S II 350
ʿAbd al-Karīm b. M. b. A. b. al-Ṣināʿī al-Madanī S I 762
ʿAbd al-Karīm b. M. ʿArabī Bannīs S II 146
ʿAbd al-Karīm b. M. b. M. al-Ḥusaynī G II 279
ʿAbd al-Karīm b. M. al-Lahūrī G II 420, S I 618
ʿAbd al-Karīm b. M. b. Manṣūr al-Samʿānī G I 329, S I 564
ʿAbd al-Karīm b. M. al-Rāfiʿī al-Qazwīnī G I 393, 424, S I 678, 753, 781
ʿAbd al-Karīm b. Muḥibb al-Dīn b. ʿAlāʾ al-Dīn al-Nahrawālī S II 515
ʿAbd al-Karīm b. Muḥyi ʾl-Dīn al-Jarrāʾī S II 448
ʿAbd al-Karīm al-Niẓāmī S I 859
ʿAbd al-Karīm b. Qāḍī ʿAl. S II 1013
ʿAbd al-Karīm al-Rashīdī G I 294, S I 515
ʿAbd al-Karīm al-Sharābātī S II A/C 478
ʿAbd al-Karīm al-Sharābātī Walī al-Dīn Yū. al-Ḥanafī G II 313, S II 430
ʿAbd al-Karīm b. Ya. b. ʿUthmān al-Marrākushī S II 1033
ʿAbd al-Karīm al-Yazdī al-Ḥāʾirī al-Qummī S II 841
ʿAbd al-Karīm al-Zayyāt S II 914
ʿAbd al-Khāliq b. ʿAl. al-Manūfī S II 611
ʿAbd al-Khāliq b. ʿAbd al-Raḥīm S II 845
ʿAbd al-Khāliq b. ʿAr. al-Shāfiʿī al-Azharī S II 453
ʿAbd al-Khāliq b. ʿA. al-Alwāt al-Mālikī S II 922,78
ʿAbd al-Khāliq b. ʿA. al-Marjājī S II 344
ʿAbd al-Khāliq b. ʿĪsā b. A. b. M. al-Hāshimī S I 687
ʿAbd al-Khāliq b. M. al-Ikhmīmī b. ʿAwn S II 930
ʿAbd al-Khāliq b. a. ʾl-Q. al-Miṣrī al-Khazrajī S II 995, 1037
ʿAbd al-Khāliq b. Raydān al-ʿAyzdārī S II 897
ʿAbdallāh b. al-ʿAbbās G I 190, S I 331, 403
ʿAbdallāh b. ʿAbd al-ʿAzīz al-Ḍarīr al-Baghdādī S I 187
ʿAbdallāh b. ʿAbd al-ʿAzīz b. M. al-Bakrī G I 132, 476, S I 875
ʿAbdallāh b. ʿAbd al-ʿAzīz b. Mūsā aL-Sīwāsī S II 326
ʿAbdallāh b. ʿAbd al-Bāriʾ al-Ahdal al-Yamanī S II 996
ʿAbdallāh b. ʿAbd al-Ḥakam al-Miṣrī G I 176, S I 227, S I 299
ʿAbdallāh b. ʿAbd al-Ḥakīm al-Sālikūtī S II 164
ʿAbdallāh b. ʿAbd al-Ḥaqq b. al-Ṣāʾim G I 248
ʿAbdallāh b. ʿAbd al-Karīm al-Dihlawī G II 196, 220, S II 264
ʿAbdallāh b. ʿAbd al-Karīm al-Ḥusaynī S II 404
ʿAbdallāh b. ʿAl. al-Badrī G II 132, S II 163
ʿAbdallāh b. ʿAl. al-Rīfawī al-Azharī S II 996
ʿAbdallāh b. ʿAl. b. Salāma al-Idkāwī G II 15, 283, S II 392, 446
ʿAbdallāh b. al-Tarjumān al-Mayurqī G II 250, S II 352
ʿAbdallāh b. ʿAbd al-Malik b. ʿAl. al-Qurashī al-Barmakī al-Marjānī S II 927
ʿAbdallāh b. ʿAbd al-Muʾmin b. al-Wajīh al-Wāsiṭī S II 211

ʿAbdallāh b. ʿAbd al-Qahhār al-Jāwī G II 422
ʿAbdallāh b. ʿAr. S III 181
ʿAbdallāh b. ʿAr. b. ʿAl. al-Ḥanbalī S II 473,28a
ʿAbdallāh b. ʿAr. b. ʿA. al-Najmī al-Faryābī al-Andalusī S I 596
ʿAbdallāh b. ʿAr. al-Andalusī S II 1036
ʿAbdallāh b. ʿAr. b. ʿAqīl al-Qurashī G I 298, 299, II 88, S I 522, 523, II 104
ʿAbdallāh b. ʿAr. Bāfaḍl al-Ḥaḍramī G I 389, II 528,26
ʿAbdallāh b. ʿAr. al-Dārimī G I 163, S I 269
ʿAbdallāh b. ʿAr. al-Ḥalabī al-Ḥanbalī S II 288
ʿAbdallāh b. ʿAr. b. Juzayy G I 167, S 280, o
ʿAbdallāh b. ʿAr. Kūlisī Khujāzāde S I A/C 846
a. ʿAbdallāh b. ʿAr. al-Lamgūtī S II 175
ʿAbdallāh b. ʿAr. al-Madāʾinī S I 749, 25, 17, II 996
ʿAbdallāh b. ʿAr. b. Mūsā G II 424
ʿAbdallāh b. ʿAr. al-Sindī G II 103, S II 811
a. M. ʿAbdallāh b. ʿAr. al-Ṣadafī S II 972
ʿAbdallāh b. ʿAbd al-Salām al-Andalusī G I 270
ʿAbdallāh b. ʿAbd al-Wālī b. M. al-Ward S II 556, 983
ʿAbdallāh b. ʿAbd al-Ẓāhir b. Najda al-Ḥāzimī al-Miṣrī S II A/C 64
ʿAbdallāh b. ʿAbd al-Ẓāhir al-Saʿdī G I 316, 318, S I 551
ʿAbdallāh al-Abīwardī Dānishmand S I 848
ʿAbdallāh b. ʿAdī al-Qaṭṭān G I 167, S I 279
ʿAbdallāh b. ʿAfīf al-Kāzarūnī S II 972
ʿAbdallāh al-ʿAfīfī S III 233, 274
ʿAbdallāh b. A. b. ʿA. al-Kūfī b. al-Faṣīḥ G II 165, S II 211
ʿAbdallāh b. A b. Asʿad al-Muqriʾ a. M. S II 979
ʿAbdallāh b. A. b. a. Bassām al-Muḥtasib S I 832
ʿAbdallāh b. A. al-Bishbishī G II 26
ʿAbdallāh b. A. Ḍiyāʾ al-Dīn b. al-Bayṭār G I 492, S I 816
ʿAbdallāh b. A. al-Fākihī G II 238, 380, S I 171, 489, 302, 951, II 17, 334, 512
ʿAbdallāh b. A. al-Farghānī S I 217
ʿAbdallāh b. A. b. Ḥanbal S I 309, 310
ʿAbdallāh b. A. b. Ibr. al-Sharafī S II 564
ʿAbdallāh b. A. al-Jīlī S I 498
ʿAbdallāh b. A. al-Juzūlī S II 915
ʿAbdallāh b. A. b. al-Khashshāb G I 288, 415, II 696, S I 493 (to be read thus)
ʿAbdallāh b. A. b. Maḥmūd al-Balkhī G I 207, 363, S I 343, 619
ʿAbdallāh b. A. al-Maqdisī al-Ḥanbalī G I 358, S II 486
ʿAbdallāh b. A. al-Miqdādī al-Ḥaḍramī S II 817
ʿAbdallāh b. A. al-Mudarris al-Rbtkī al-Mawṣilī S II 503, 528
ʿAbdallāh b. A. b. M. al-Ḥusaynī S II 1027
ʿAbdallāh b. A. al-Nasafī G I 381, 421, II 81, 196, S I 644, 654, 764, II 263
ʿAbdallāh b. A. b. Qudāma S I 310, 688
ʿAbdallāh b. A. b. Saʿdallāh al-ʿAbbāsī al-Miṣrī S II 1034
ʿAbdallāh b. A. b. Salāma al-Maqdisī S I 491
ʿAbdallāh b. A. al-Samhūdī S II 915
ʿAbdallāh b. A. Suwayd S II 1044
ʿAbdallāh b. A. al-Tallī G II 9
ʿAbdallāh b. A. b. Ya. b. al-Mufaḍḍal b. Ibr. b. M. S I A/C 89
ʿAbdallāh b. A. b. Zabr al-Rabaʿī G I 167 = M. b. ʿAl. b. A. S I 280
ʿAbdallāh al-Aʿlam S II A/C 626
ʿAbdallāh al-ʿAlamī al-Ghazzī al-Ḥanafī S I 651
ʿAbdallāh b. ʿAlawī G II 475, S II 523
ʿAbdallāh b. ʿAlawī b. ʿAl. al-ʿAṭṭās Bū ʿAlawī S II 722, 996
ʿAbdallāh b. ʿAlawī b. ʿAl. b. Muḥsin al-ʿAbbās S II 865
ʿAbdallāh b. ʿAlawī b. A. al-Ḥaddādī G II 407, S I 566
ʿAbdallāh b. ʿAlawī al-ʿAṭṭār S II 549
ʿAbdallāh al- ʿAlawī al-Ḥasanī al-Ghazzī S III 179
ʿAbdallāh b. ʿAlawī b. M. al-Ḥaddād S II 388, III 232
ʿAbdallāh b. ʿA. b. A. al-Baghdādī Sibṭ a. Manṣūr al-Khayyāṭ S I 723
ʿAbdallāh b. ʿA. ʿal-ʿAkkāshi al-Ṭabīb S I 169, 468
ʿAbdallāh b. ʿA. b. ʿA. b. Salmūn al-Gharnāṭī S II 374

ʿAbdallāh b. ʿA. b. Ayyūb al-Qādirī al-Makhzūmi G II 96, S II 113 = 1027
ʿAbdallāh b. ʿA. b. Ḥadīda al-Anṣārī S II 79
ʿAbdallāh b. ʿA. b. Ḥ. b. A. b. Yū. Al-Manūzī al-Bukhtānī S II A/C 581
ʿAbdallāh b. ʿA. al-Ḥijrānī al-ʿAdanī S II 972
ʿAbdallāh b. ʿA. Jārūd al-Nīsābūrī G II 82, S II 93
ʿAbdallāh b. ʿA. al-Makhzūmī al-Ṭarābulusī S I 788
ʿAbdallāh b. ʿA. b. M. al-Marwazī S I 503, 964
ʿAbdallāh b. ʿA. b. M. al-Sarrāj S I 359
ʿAbdallāh b. ʿA. al-Munajjim b. al-Makhfūf S II 367, 1037
ʿAbdallāh b. ʿA. al-Najdī al-Qasīmī S III 209
ʿAbdallāh b. ʿA. b. ʿU. b. Jaydān al-Baṣrī S II 219
Abdallāh b. ʿA. b. Saʿīd a. Bakhtawayh S II 1027
ʿAbdallāh b. ʿA. al-Saqqāf G II 392, S II 535
ʿAbdallāh b. ʿA. b. S. b. Ghānim G II 75, S I 81
ʿAbdallāh b. ʿA. Suwaydān al-Damlījī al-Shāfiʿī G I 299, II 356, 485, S I 525, II 19, 493, 736, A/C 419, 528
ʿAbdallāh b. ʿA. b. Ṣalāḥ al-Ṭabarī G I 465
ʿAbdallāh b. ʿA. al-Ṣaymarī G I 280, S I 493
ʿAbdallāh b. ʿA. b. Ya. al-Wazīrī G II 281, 399, S II 544
ʿAbdallāh b. ʿA. b. Yū. al-Makkī al-Fārisī S II 517
ʿAbdallāh b. Amājūr al-Turkī S I 397
ʿAbdallāh al-Ankalqarī S II 292
a. ʿAbdallāh al-Anṣārī S I 297
ʿAbdallāh b. Asʿad b. ʿA. al-Yāfiʿī al-Yamanī G I 331, 415, II 80, 176, 227, S I 567
ʿAbdallāh al-ʿAṭṭānī S II 915
a. ʿAbdallāh b. al-ʿAṭṭār al-Shāfiʿī S I 606
ʿAbdallāh b. ʿAṭiyya al-Dimashqī G I 191, S I 335
ʿAbdallāh b. ʿAwda b. ʿĪsā b. Salāma al-Qudūmī S II A/C 449
ʿAbdallāh Awliyāʾ al-Balyānī G I 451, S I 798,98a, S II 286, 996
ʿAbdallāh al-ʿAythāwī al-Ṣāliḥī al-Dimashqī S II A/C 897
ʿAbdallāh b. ʿAzzūz al-Marrākushī al-Sūsī S II 704
ʿAbdallāh b. Bahāʾ al-Dīn al-Shinshawrī S II 201 = ʿAl. b. M
ʿAbdallāh a. Bakr b. Ḥ. al-Nawawī S II 144
ʿAbdallāh a. Bakr b. M. b. ʿĪsā al-Zaylaʿī S II 232
ʿAbdallāh b. Bakr al-Shaqrāṭisī S I 473
ʿAbdallāh b. Bakr b. Ya. b. ʿAbd al-Salām Jamāl al-Dīn a. M. S II 959
a. ʿAbdallāh al-Barqī S I 823,790
ʿAbdallāh b. Barrī b. ʿAbd al-Jabbār al-Maqdisī al-Miṣrī G I 129, 282, 301, II 696, S I 170, 488, 493, 529
ʿAbdallāh al-Bashshārī S I 543
ʿAbdallāh al-Bustānī S III 416
ʿAbdallāh Danfodiu S II 894
ʿAbdallāh b. a Dāʾūd b. al-Ashʿath al-Sijistānī S I 267
ʿAbdallāh b. a. Dāʾūd Penčābī S I 826
ʿAbdallāh b. a. Dāʾūd al-Zubayrī S II 532
ʿAbdallāh al-Dunquzī S II 635
ʿAbdallāh Ḍiyāʾaddīn al-Aḫsīqawī S II 674
ʿAbdallāh Ef. al-Busnawī G I 447, S I 798
ʿAbdallāh Ef. b. M. Ṣāliḥ al-Iṣfahānī S II 578
ʿAbdallāh Ef. b. al-Nadīm b. Miṣbāḥ S III 154, 331
ʿAbdallāh Ef. Nūrī S II 482
ʿAbdallāh Ef. al-Waṣṣāf S II 674
ʿAbdallāh b. a. ʾl-Fāḍil al-ʿAshmāwī S II 334
ʿAbdallāh b. al-Faḍl al-Anṭākī S II 482
ʿAbdallāh b. al-Faḍl al-Lakhmī S II 233
ʿAbdallāh b. Faḍlallāh Waṣṣāf al-Ḥaḍra S II 53
ʿAbdallāh b. Fakhr al-Dīn al-Mawṣilī S I 68
ʿAbdallāh b. Fakhr al-Dīn b. Ya. b. ʿAl. al-Ḥusaynī al-Mawṣilī S I 469 A/C, 69, II 595
ʿAbdallāh Fakhrīzāde al-Mawṣilī S II 595
ʿAbdallāh b. Fāris al-Tāzī G II 461, S II 699
a. ʿAbdallāh b. a. ʾl-Fatḥ S I 171
a. ʿAbdallāh b. a. ʾl-Fatḥ b. a. ʾl-Faḍl al-Baʿlabakkī S I 626
ʿAbdallāh b. Fattūḥ al-Miṣrī S I 661
ʿAbdallāh Furayj S II 723
a. ʿAbdallāh al-Ghāzī b. al-Arbīb a. ʾl-Baraka a. ʾl-Q. al-Ghāzī S II 996
ʿAbdallāh al-Habaṭī S II 996

ʿAbdallāh b. al-Hādī al-Imām S II 983
ʿAbdallāh b. al-Hādī b. Amīr al-muʾminīn al-Muʾayyad billāh Ya. S I 706
ʿAbdallāh b. al-Hādī b. Rasūlallāh S I 509
ʿAbdallāh b. al-Hādī b. Ya. b. Ḥamza S II 242
ʿAbdallāh b. al-Hādī b. Yū. al-Zaydī S II 150
ʿAbdallāh al-Harawī, see ʿAl. b. M. al-H. G I 333, S I 773
a. ʿAbdallāh b. Hārūn al-Sūsī S II 1037
ʿAbdallāh al-Hāshimī al-Ḥusaynī al-Sāʿifurī S II 948
ʿAbdallāh b. Hibatallāh al-Sāmarrī S I 689
ʿAbdallāh b. Hishām S II A/C 162
ʿAbdallāh al-Hītī G I 39, S I 69
ʿAbdallāh Ḥabīb S III 238
ʿAbdallāh Ḥabīb Namal S III 429
ʿAbdallāh b. al-Ḥaddād al-ʿUthmānī al-Ṭūlanbi G I 466, S I 847 = ʿAbd al-Hādī b. Ilāhdād S II 675
ʿAbdallāh al-Ḥaddādī S I 751,38c
ʿAbdallāh b. Ḥaḍra G II 700, S I 672
a. ʿAbdallāh al-Ḥaḍrami S II 915
ʿAbdallāh Ḥāfiẓ al-Shiblī S II 997
ʿAbdallāh b. al-Ḥājj Dastān Muṣṭafā S II 989
ʿAbdallāh b. al-Ḥājjāj b. al-Yāsamīnī G I 471, S I 853
ʿAbdallāh al-Ḥalabī S II A/C 918
ʿAbdallāh al-Ḥamdūnī al-Ḥamawī S I 760, II A/C 360
ʿAbdallāh b. Ḥamīd al-Sālimī al-ʿIbādī S II 19, A/C 568
ʿAbdallāh b. Ḥamza S II A/C 355
ʿAbdallāh b. Ḥamza al-ʿAyyāshī S II 707, 709
ʿAbdallāh b. Ḥamza b. Hādī al-Dawwārī S II 817
ʿAbdallāh b. Ḥamza b. Hādī b. S. al-Manṣūr billāh G I 403, S I 701
ʿAbdallāh al-Ḥanafī G II 313, S II 431
ʿAbdallāh al-Ḥanafī Nāṣir al-Dīn S II 1037,2
ʿAbdallāh b. Ḥ. b. ʿAbd al-Malik al-Wāsiṭī S I 622
ʿAbdallāh b. Ḥ. al-ʿAfīf al-Kāzarūnī S II 426,24, 906
ʿAbdallāh b. Ḥ. b. ʿA. b. al-Ḥ. S II 1036,2
ʿAbdallāh b. al-Ḥ. b. ʿA. b. ʿUthmān b. Dāʾūd b. a. Mūsā al-Maṣmūdī S II 915
ʿAbdallāh b. al-Ḥ. b. ʿAsākir G I 332, S I 568
ʿAbdallāh b. al-Ḥ. al-Maʿqilī S I 317
ʿAbdallāh b. al-Ḥ. al-Ṣaʿdī al-Dawwārī S I 698, 700, II 243
ʿAbdallāh b. al-Ḥ. al-Uskudārī al-Kāngarī al-Anṣārī S I A/C 759, 842
ʿAbdallāh b. Ḥaydar al-Kurdī G II 208
ʿAbdallāh b. Ḥayyān S II 931
ʿAbdallāh b. Ḥāzim b. S. al-Murīd al-Shāfiʿī S II 915
ʿAbdallāh b. al-Ḥijāzī a. Ibr. al-Sharqāwī G II 99, 118, 251, 479, S I 307, II 146, 354, 729
ʿAbdallāh b. Ḥumayd b. Sallūm al-Sālimī S I 690, 691, II 823
ʿAbdallāh b. al-Ḥu. b. ʿAl. b. al-Ḥu. al-ʿUkbarī al-Ḥanbalī G I 20, 25, 88, 93, 114, 247, 277, 282, S I 40, 54, 142, 192, 488, 495, 510
ʿAbdallāh b. al-Ḥu. b. a. Bakr al-Narīlī S I 646, 964
ʿAbdallāh b. al-Ḥu. al-Balyānī S I 798,98a, II 285
ʿAbdallāh b. al-Ḥu. al-Ḥasanī al-Sharīf S I A/C 805
ʿAbdallāh b. al-Ḥu. al-Ḥasanī Ṣāḥib al-Zaʿfarān G I 191, S I 334
ʿAbdallāh b. al-Ḥu. al-Idkawī S I 525
ʿAbdallāh b. al-Ḥu. Khālid S II 656
ʿAbdallāh b. al-Ḥu. Khāṭir al-ʿAdawī al-Mālikī S I A/C 612
ʿAbdallāh b. al-Ḥu. b. Marʿī al-Suwaydī G II 377, S II 508
ʿAbdallāh b. al-Ḥu. Najm al-Dīn b. Shihāb al-Dīn al-Yazdī G I 295, II 215, S I 518, II 303
ʿAbdallāh b. al-Ḥu. al-Naṣīḥī G I 373, S I 637
ʿAbdallāh b. al-Ḥu. Rustamdārī S I 322
ʿAbdallāh b. al-Ḥu. b. Ṭāhir Bāʿalawī S II 820
ʿAbdallāh b. Ibāḍ al-Tamīmī S I 104
ʿAbdallāh b. Ibr. b. ʿAṭāʾallāh al-ʿAlawī al-Shinqīṭī S II 375, 873
ʿAbdallāh b. Ibr. al-Ḥabrī G I 82, 388, S I 671
ʿAbdallāh b. Ibr. b. Ḥ. b. Ghanī al-Ḥasanī al-Ḥanafī S I 788
ʿAbdallāh b. Ibr. b. Ḥ. al-Kurdī al-Madanī S II 989
ʿAbdallāh b. Ibr. b. Ḥ. al-Kurdī al-Shahrazūrī S II 996
ʿAbdallāh b. Ibr. b. Ḥ. Mīrghanī G II 386, S I 684, II 523

ʿAbdallāh b. Ibr. al-Ḥijārī al-Ṣanhājī S I 576
ʿAbdallāh b. Ibr. al-Imām al-ʿAlawī S II 930
ʿAbdallāh b. Ibr. al-Kūrānī G I 417
ʿAbdallāh b. Ibr. al-Qādirī al-Sindī S II 948
ʿAbdallāh b. Ibr. al-Zaylaʿī S I 646
ʿAbdallāh b. Ibrāz Kakakhil S I 533
a. ʿAbdallāh al-Ījī S I 619
a. ʿAbdallāh al-Ilbīrī S I 468
ʿAbdallāh b. al-Imām Ya. Sharaf al-Dīn S II 549
ʿAbdallāh b. ʿĪsā Amīrkhān S I 741
ʿAbdallāh b. Ism. al-Hāshimī S I 345
ʿAbdallāh b. Jaʿfar b. Durustawayh al-Fasawī G I 112, S I 174
ʿAbdallāh b. Jaʿfar al-Ḥimyarī al-Qummī S I 271
ʿAbdallāh b. Jumʿa al-Lahūrī G II 416, S II 601
ʿAbdallāh b. Kamāl al-Dīn al-Ḥu. al-Ṭabīb S II 1027
ʿAbdallāh b. Khalfān b. Qayṣar b. S. G II 409
ʿAbdallāh b. Khālid al-Aʿrābī S I 194
ʿAbdallāh b. Khalīl b. Yū. al-Māridīnī G II 169, S II 218
ʿAbdallāh b. Khiḍr al-Salāwī S II 419
ʿAbdallāh al-Kurdī S II 288
ʿAbdallāh al-Labīb G II 214, S I 533, II 301
ʿAbdallāh b. Maḥmashād S II 906
ʿAbdallāh b. Maḥmūd b. Mawdūd b. al-Buldaji G I 382, S I 657
ʿAbdallāh b. Maḥmūd b. Saʿīd al-Tustarī S II A/C 581
ʿAbdallāh Makhdūm al-Malik S II A/C 149
ʿAbdallāh b. Manṣūr i Qazwīnī S I 525
ʿAbdallāh al-Māridīnī Jamāl al-Dīn a. M. S II 1035
a. ʿAbdallāh b. Marzūq al-Mālikī Shams al-Dīn S II 1027
ʿAbdallāh b. Mawwāq S II 931
ʿAbdallāh al-Mayhī al-Shībīnī S II 112
ʿAbdallāh b. Maymūn S I 906
ʿAbdallāh al-Miṣrī S II 906
ʿAbdallāh al-Miṣrī b. Masʿūd al-Maghribī S II 453
ʿAbdallāh b. al-Muʾayyad billāh S I 207
ʿAbdallāh b. al-Mubārak al-Ḥanẓalī al-Marwazī S I 256
ʿAbdallāh b. M. G I 157, II 441, S I 498, II 657
ʿAbdallāh b. M. b. ʿAbd al-ʿAlīm al-Sūdī S II 979
ʿAbdallāh b. M. a. ʿAl. S II 939, 969
a. ʿAbdallāh b. M. b. ʿAl. b. ʿA. (or b. M. b. ʿA.) al-Isfarāʾinī S II 983
ʿAbdallāh b. M. b. ʿAl. al-Fikrī G II 474, S II 721
ʿAbdallāh b. M. b. ʿAl. al-ʿIzzī S II 915
ʿAbdallāh b. M. b. ʿAl. b. M. b. ʿA. b. ʿU. al-Frawsānī al-Zawāwī al-Bijāʾī S II 1040
ʿAbdallāh b. M. b. ʿAl. Tāj al-Dīn a. ʾl-Najm al-Madanī al-Anṣārī b. al-Takrāwī S II 979
ʿAbdallāh b. M. b. ʿAl. al-Zakī al-Maghribī S II 26
ʿAbdallāh b. M. b. ʿAq. b. Haṣīr b. ʿA. al-Anṣārī al-Shāfiʿī S II 927
ʿAbdallāh b. M. b. ʿAbd al-Razzāq b. al-Khaddām al-ʿIrāqī G II 167, S II 215, 1027
ʿAbdallāh b. M. b. ʿAbd al-Wahhāb al-Najdī S II 532
ʿAbdallāh b. M. b. A. al-Dilāʾī S I 777
ʿAbdallāh b. M. b. A. al-Fishtālī S II 346
ʿAbdallāh b. M. b. A. al-Sharīf at-Tilimsānī S I 921,5b
ʿAbdallāh b. M. b. A. b. ʿU. al-Sālimī S II 1040
ʿAbdallāh b. M. a. ʿA. S II 939
ʿAbdallāh b. M. b. ʿA. al-Anṣārī al-Harawī G I 433, S I 773
ʿAbdallāh b. M. b. Amīn al-Iṣfahbaḍī S II 282
ʿAbdallāh b. M. b. al-Anbārī al-Nāshiʾ al-Akbar G I 123, S I 188
ʿAbdallāh b. M. b. al-Anṣārī S I 265
ʿAbdallāh b. M. b. a. ʿAqāma G II 91, S II 107
ʿAbdallāh b. M. al-ʿAshmāwī S II 931
ʿAbdallāh b. M. ʿĀshūr al-Ṭāhir S II 17
ʿAbdallāh b. M. b. al-ʿAtīq G II 326
ʿAbdallāh b. M. al-Baghawī S I 277
ʿAbdallāh b. M. b. a. Bakr al-ʿAyyāshī G II 464, S II 711
ʿAbdallāh b. M. b. Bāqiyāʾ b. Dāʾūd S I 181
ʿAbdallāh b. M. al-Busuṭī S I 530
ʿAbdallāh b. M. al-Farghānī G I 418, S I 741, 742, 753
ʿAbdallāh b. M. b. Farḥūn al-Yaʿmurī S I 606, II 221

ʿAbdallāh b. M. b. Fatḥallāh S I 612
ʿAbdallāh b. M. al-Fihrī al-Tilimsānī G I 389, S I 672
ʿAbdallāh b. M. al-Habṭī S II 693
ʿAbdallāh b. M. b. Hibatallāh b. Muṭahhar b. ʿAṣrūn al-Tamīmī al-Mawṣilī S I 971
ʿAbdallāh b. M. b. Ḥāmid al-Saqqāf al-ʿAlawī S II 816
ʿAbdallāh b. M. b. Ḥamza b. al-Najm S I 699
ʿAbdallāh b. M. Ḥ. al-Māmaqānī al-Gharawī S II 798
ʿAbdallāh b. M. Ḥijāzī b. Qaḍīb al-bān G II 277, S II 486
ʿAbdallāh b. M. b. Ibr. al-Ḥārithī S II 253
ʿAbdallāh b. M. b. Ism. S II 915
ʿAbdallāh b. M. b. Ism. al-Nīsābūrī S II 263
ʿAbdallāh b. M. b Ism. al-Ṣanʿānī S II 817
ʿAbdallāh b. M. b. Jaʿfar b. Ḥayyān S I 347
ʿAbdallāh b. M. al-Kharrūfī G II 253
ʿAbdallāh b. M. al-Khayyāṭ al-Hārūshī G II 460, S II 692
ʿAbdallāh b. M. al-Kurdī al-Baytūshī S II 989
ʿAbdallāh b. M. al-Madanī G I 357, S I 299
ʿAbdallāh b. M. b. Maḥmūd S I 726
ʿAbdallāh b. M. b. Maḥmūd Raḍī al-Dīn Khaṭīb Qādā S II A/C 151
ʿAbdallāh b. M. al-Mālikī a. Bakr G I 138, S I 210
ʿAbdallāh b. M. b. Miftāḥ al-Dawwārī S II 243
ʿAbdallāh b. M. al-Miyānajī G I 391, S I 674, 770
ʿAbdallāh b. M. b. M. al-Bakrī al-Ṣiddīqī S II 534
ʿAbdallāh b. M. al-Munāwī al-Aḥmadī al-Shādhilī S II 931
ʿAbdallāh b. M. b. al-Muntaṣir S II 1018
ʿAbdallāh b. M. al-Muṭayrī S II 196
ʿAbdallāh b. M. al-Nabrāwī S I 684, II 180
ʿAbdallāh b. M. b. Nāqiyāʾ S I 486
ʿAbdallāh b. M. Nāṣir al-Jīlāni al-Māzandarānī S II 810
ʿAbdallāh b. M. b. al-Nuqrakār al-Ḥusaynī G I 251, 303, S I 444, 520, 536, 742, II 14, 21, 204
ʿAbdallāh b. M. al-Qāḍī al-Madanī G I 418
ʿAbdallāh b. M. al-Qamrāwī S II 931
ʿAbdallāh b. M. b. a. ʾl-Q. al-Najrī Fakhr al-Dīn G II 179, 186, 326, S II 244, 247
ʿAbdallāh b. M. Qayṣarī G II 426
ʿAbdallāh b. M. al-Qusṭanṭīnī al-Mawlawī S II 659
ʿAbdallāh b. M. b. a. Quṣayr al-Ḥaḍramī S II A/C 555
ʿAbdallāh b. M. Riḍā al-Ḥusaynī S II 580, 996
ʿAbdallāh b. M. Riḍā b. M. al-Kāẓimī S II 793
ʿAbdallāh b. M. b. Saʿd al-Tujībī S I 402
ʿAbdallāh b. M. Sahāranpūrī S II 623
ʿAbdallāh b. M. b. Saʿīd al-Khafājī G I 256 (II 10), S I 454
ʿAbdallāh b. M. al-Shāfiʿi al-Baytūshī S II 399
ʿAbdallāh b. M. b. Shahāwar Najm al-Dīn b. Dāya G I 448, S I 787, 803
ʿAbdallāh b. M. b. a. Shayba G I 516, S I 215, 259
ʿAbdallāh b. M. al-Shaybānī S I 144
ʿAbdallāh b. M. b. Shihāb al-Ḥalabī G II 352
ʿAbdallāh b. M. al-Shinshawrī G I 391, II 320, S I 175, 676, II 201, 442
ʿAbdallāh b. M. al-Shubrāwī G II 281, S II 288, 390
ʿAbdallāh b. M. b. al-Sīd al-Baṭalyawsī G I 427, S I 758
ʿAbdallāh b. M. Ṣiddīq al-Wāʿiẓ al-Aḥmadābādī S II 603
ʿAbdallāh b. M. al-Tawwazī S I 167
ʿAbdallāh b. M. al-Tihāmī Jannūn S II 187
ʿAbdallāh b. M. Tūnī al-Bushrawī S II 577
ʿAbdallāh b. M. al-Ṭaballabī G I 277, S I 488
ʿAbdallāh b. M. b. ʿUbayd b. a. ʾl-Dunyā G I 153, S I 247
ʿAbdallāh b. M. al-ʿUbaydī al-Farghānī G I 418, II 198, S II 271
ʿAbdallāh b. M. al-ʿUkbarī S I 186
ʿAbdallāh b. M. b. ʿU. al-Bannāʾ S III 181
ʿAbdallāh b. M. b. ʿU. al-Madanī al-Anṣārī b. al-Nakzāwī S I 729
ʿAbdallāh b. M. b. ʿU. al-Makkī al-Āṣafī al-Ulughkhānī S II 599
ʿAbdallāh b. M. b. Wahb b. Mubārak al-Dīnawarī S I 344
ʿAbdallāh b. M. b. Walī al-Āydīnī S II 632
ʿAbdallāh b. M. Walī al-Dīn al-Baṣrī S I 677
ʿAbdallāh b. M. b. Yaʿqūb al-Bukhārī al-Ḥārithī S I 285

ʿAbdallāh b. M. Yū. b. al-Faraḍī G I 338, S I 577
ʿAbdallāh b. M. b. Yū. Yūsufeffendīzāde G I 159, 160, S I 263, 740, II 275, II 304, 321, 653, 948
ʿAbdallāh b. Muḥyi ʾl-Dīn al-ʿArūsī G II 113, S II 251
ʿAbdallāh b. al-Mukhtār al-Ḥimyarī S II 915
ʿAbdallāh al-Munāwī S II 972
ʿAbdallāh b. al-Muqaffaʿ G I 151, S I 233
ʿAbdallāh al-Muqriʾ al-Maghribī S I 726
ʿAbdallāh b. Murād G I 449
ʿAbdallāh b. Murād b. Yū. al-Ajharī S II 927
ʿAbdallāh al-Murtaḍā S I 742
ʿAbdallāh b. Mūsā al-Sarāqī S II 972
ʿAbdallāh b. Muslim b. Qutayba G I 120, S I 184
ʿAbdallāh b. Muṣṭafā al-Dumlūjī al-Mawṣilī S II 288
ʿAbdallāh b. Muṣṭafā b. M. Köprülüzāde G II 423,n, S II 630
ʿAbdallāh al-Muthannā b. ʿAl. b. A. al-Sharjī G II 408, S II 567
ʿAbdallāh b. al-Nādī b. ʿAbd al-Salām S II 334
ʿAbdallāh al-Nadīm al-Idrīsī S II A/C 869
ʿAbdallāh al-Najjār S III 385
ʿAbdallāh Nāṣir al-Dīn b. al-Maylaq al-Shāfiʿī al-Shādhilī S II 997
ʿAbdallāh b. Naṣr al-Zaydī G I 351
ʿAbdallāh Nawfal al-Ṭarābulusī S III 429
ʿAbdallāh b. Nūr al-Dīn b. Niʿmatallāh al-Mūsawī al-Jazāʾirī S II 585, 586
ʿAbdallāh b. Nūrallāh S II 827
ʿAbdallāh b. Nūrallāh al-Baḥrānī S II 504
ʿAbdallāh al-Nuṣayrī S II 915
ʿAbdallāh al-Nuṣayrī b. al-Aḥmar G II 241, S II 340
ʿAbdallāh al-Qādirī S I 826
ʿAbdallāh b. Qāḍī Madīna S I 741
ʿAbdallāh b. al-Qāʾid al-Makkī S II 927
ʿAbdallāh b. al-Q. b. ʿAl. al-Ṣiqillī S I 858
ʿAbdallāh b. al-Q. b. M. al-Naḥwī S II 925
ʿAbdallāh b. al-Q. b. al-Muẓaffar b. ʿA. al-Shahrazūrī G I 433, S I 775
ʿAbdallāh b. Qays al-Ruqayyāt: see ʿUbaydallāh
a. ʿAbdallāh al-Qurashī S II 906
ʿAbdallāh al-Qrīmī S I 807
ʿAbdallāh al-Qurṭubī S I 473
ʿAbdallāh al-Rafāwī S II 704
a. A.ʿAbdallāh b. Raḥḥāl al-Maʿdanī S II 99
ʿAbdallāh b. Riḍwān G II 510
ʿAbdallāh Saʿd S II 997
ʿAbdallāh b. Saʿd (Saʿīd) b. a. Jamra al-Andalusī G I 159, 372, S I 263, 635
ʿAbdallāh b. Saʿdallāh al-Ḥurayfīsh G I 361, II 177, S II 229
ʿAbdallāh b. Safar S II 14
ʿAbdallāh b. al-Sayyid Fakhr al-Dīn al-Ḥusaynī S II 258
a. ʿAbdallāh al-Salāwī S II 997
ʿAbdallāh b. Sālim b. M. al-Baṣrī al-Makkī al-Shāfiʿī S II 521
ʿAbdallāh al-Shādhilī S I 439
ʿAbdallāh Shāhābādī Yazdī S I 517
ʿAbdallāh b. Shams al-Dīn b. Jamāl al-Dīn al-Anṣārī S II 613
ʿAbdallāh al-Sharqāwī S I 263, II 442
ʿAbdallāh b. Shaykh al-ʿAydarūs al-Bāʿalawī S II 618
ʿAbdallāh Shihāb al-Dīn b. Ḥu. Najm al-Dīn al-Shāhābādī S II 588
ʿAbdallāh Shihāb al-Dīn b. M. b. Saʿd al-Dīn S II 146
ʿAbdallāh al-Shubrāwī G II 208, S II 510
ʿAbdallāh al-Shushtarī S II 132
a. ʿAbdallāh al-Sīmāwī S I 908
ʿAbdallāh al-Sīmāwī al-Ilāhī S II 314
ʿAbdallāh Sirāj al-dunyā wal-dīn S II 1018
ʿAbdallāh al-Sukkarī S II 906
a. ʿAbdallāh b. S. al-Muḥyawī al-Kāfiyajī G II 114, S II 140
ʿAbdallāh b. S. al-Sijistānī S I 329
ʿAbdallāh b. al-Suwaydān G II 339, S II 467
ʿAbdallāh al-Suwaydī G II 374, S II 18, 502
ʿAbdallāh b. Ṣalāḥ al-Dīn b. Dāʾūd b. ʿA. b. Dāʿir G II 427, S II 635
ʿAbdallāh al-Ṣalāḥī G II 351, S II 664
ʿAbdallāh b. Ṣāliḥ al-Anṣārī S I 759
ʿAbdallāh b. Ṣāliḥ b. Ism. S II 657
ʿAbdallāh b. Ṣāliḥ b. Ism. al-Ayyūbī S II 979
ʿAbdallāh b. Ṣāliḥ b. Jumʿa al-Baḥrānī al-Samāhījī G II 330, 375, S I 76, S II 503
ʿAbdallāh b. Ṣāliḥ b. Muʿīn al-Islāmbulī S I 534

ʿAbdallāh al-Ṣiddīq b. ʿU. al-Harawī al-Māturīdī S II 268
a. ʿAbdallāh al-Tamīmī S II 983
ʿAbdallāh al-Taydī al-Mālikī S II 959
ʿAbdallāh al-Thaʿlabī G II 238
ʿAbdallāh b. al-Ṭālib b. M. b. ʿA. b. Sūda al-Murrī al-Tāwudī S II 98, 961
ʿAbdallāh b. al-Ṭayyib a. ʾl-Faraj al-ʿIrāqī G I 482, S I 884
ʿAbdallāh b. ʿUbaydallāh b. Dumayna S I 80, III 490
ʿAbdallāh b. ʿU. al-Amīn al-Khalīl S I 843
ʿAbdallāh b. ʿU. al-Anṣārī G I 112
ʿAbdallāh b. ʿU. al-ʿArjī G I 49, S I 80
ʿAbdallāh b. ʿU. al-Bayḍāwī G I 303, 305, 364, 416, 424, S I 470, 620, 738
ʿAbdallāh b. ʿU. al-Hijrānī al-ʿAdanī S II 972
ʿAbdallāh b. ʿU. al-Ḥaḍramī G I 112, S I 172
ʿAbdallāh (ʿUbaydallāh) b. ʿU. b. ʿĪsā al-Dabūsī G I 175, S I 296
ʿAbdallāh b. ʿU. b. Masʿūd at-Tamghrūtī S II 369
ʿAbdallāh b. ʿU. b. Maymūn S I 620
ʿAbdallāh b. ʿU. b. M. b. al-Ḥājj ʿAmr b. Awaghtū al-Maghrawī al-Filālī S II 354
ʿAbdallāh b. ʿU. b. al-Ṣanhājī G II 248, S II 350
ʿAbdallāh b. ʿUthmān al-Khazrajī G I 312, 503, S I 544
ʿAbdallāh b. ʿUthmān b. Mūsā Masīḥīzāde S II 1013
ʿAbdallāh b. ʿUthmān Pāshā b. Ibr. Četteğī al-Wazīr G II 328, S II 455
ʿAbdallāh b. ʿUthmān al-ʿUjaymī S II 334
ʿAbdallāh b. Wahb b. Muslim al-Qurashī S I 257, 296, 948
ʿAbdallāh b. a. Waḥshī al-Ṭulaytilī S I 585
ʿAbdallāh Walī al-Dīn Muṣṭafā S II 663
ʿAbdallāh al-Walīd b. al-ʿArbī b. al-Walīd al-ʿIrāqī al-Ḥusaynī S II 881
ʿAbdallāh al-Waṣṣāf S II 254
ʿAbdallāh b. Ya. b. ʿAl. b. M. b. al-Muʿammar S I 495
ʿAbdallāh b. Ya. al-Bārūnī S I 892
a. ʿAbdallāh b. Ya. al-Ghālī G I 165
ʿAbdallāh al-Yazdī S I 846, II 831
a. ʿAbdallāh al-Yazīdī G I 26
a. ʿAbdallāh b. Yūnus S I 299
a. ʿAbdallāh b. Yūnus al-Mālikī S I 662
ʿAbdallāh b. Yūnus al-Murādī S I 271
ʿAbdallāh b. Yū. b. ʿAl. b. Hishām G I 39, 291, 298, II 23, S II 16
ʿAbdallāh b. Yū. b. ʿAl. al-Ḥalabī S II 1018, A/C 393
ʿAbdallāh b. Yū. al-Balawī S I 301
ʿAbdallāh b. Yū. b. Hishām al-Anṣārī S II 136
ʿAbdallāh b. Yū. al-Ḥilmī S I 263, 265
ʿAbdallāh b. Yū. al-Juwaynī G I 385, S I 667
ʿAbdallāh b. Yū. al-Khaṭīb al-Babāʾī al-Mālikī S II 997
ʿAbdallāh b. Yū. al-Yūsufī G II 284
ʿAbdallāh b. Yū. Yūsufzāde S II 948
ʿAbdallāh b. Yū. al-Zaylaʿī G I 291, S I 509
a. ʿAbdallāh al-Zanānī (Zanātī) al-Shaykh S II 1037
ʿAbdallāh b. a. Zayd ʿAr. al-Qayrawānī S I 300
ʿAbdallāh b. a. Zayd al-ʿAnsī G I 402, II 186, S I 699
ʿAbdallāh Zaytūna G II 439
ʿAbdallāh al-Ziftawī al-Khaṭīb G II 276, S II 385
ʿAbd al-Laṭīf b. ʿAbd al-ʿAzīz al-Kirmānī b. Malakshāh (Firishte) G I 361, 364, 383, II 196, 213, S I 614, 620, 630, 647, 658, II 263, 314
ʿAbd al-Laṭīf b. ʿAbd al-ʿAzīz al-Sulamī S I 767
ʿAbd al-Laṭīf b. ʿAl. al-Suʿūdī G II 9
ʿAbd al-Laṭīf b. ʿAr. b. A. al-Qudsī G II 132, 231, S II 323
ʿAbd al-Laṭīf b. ʿAr. al-Najdī S II 790
ʿAbd al-Laṭīf b. A. al-Biqāʿī al-Miṣrī S II 423
ʿAbd al-Laṭīf b. A. b. M. b. ʿA. al-Dimashqī S I 558
ʿAbd al-Laṭīf b. A. al-Shāfiʿī G I 266
ʿAbd al-Laṭīf b. ʿA. al-Dayrabī G I 267, II 403
ʿAbd al-Laṭīf b. ʿA. al-Qāṣiʿī G II 398
ʿAbd al-Laṭīf b. Bahāʾ al-Dīn b. ʿAbd al-Bāqī al-Baʿlī S I 792
ʿAbd al-Laṭīf b. Bahāʾ al-Dīn al-Shaʾmī S II 265
ʿAbd al-Laṭīf Bek al-Ṣayrafī S III 84
ʿAbd al-Laṭīf al-Dimashqī S II 931
ʿAbd al-Laṭīf b. al-Ḥājj A. al-Jānī G I 379
ʿAbd al-Laṭīf b. Ibr. b. al-Kayyāl G II 357

ʿAbd al-Laṭīf b. Jamāl al-Fattanī S II 95
ʿAbd al-Laṭīf al-Jāmī S II 496
ʿAbd al-Laṭīf al-Kāzarūnī S II 506
ʿAbd al-Laṭīf b. M. b. al-Ḥu. b. Razīn S II 1043
ʿAbd al-Laṭīf b. M. Riyāḍzāde S II 631
ʿAbd al-Laṭīf b. Mūsā al-Musharriʿ S II 1027
ʿAbd al-Laṭīf al-Nāṣirī S II 897
ʿAbd al-Laṭīf b. Qaḍīb al-bān S II A/C 184
ʿAbd al-Laṭīf al-Rāzī S II 931
ʿAbd al-Laṭīf b. Sharaf al-Dīn al-ʿAshmāwī G II 276, 318, S II 438
ʿAbd al-Laṭīf al-Sharjī S II 931
ʿAbd al-Laṭīf al-Takrītī S II 897
ʿAbd al-Laṭīf b. Yū. al-Baghdādī G I 118, 481, S I 488, 826, 880
ʿAbd al-Mahdī al-Ḥanafī G II 21, S II 14
ʿAbd al-Mahdī b. Ibr. al-Muẓaffar al-Najafī S II 805
ʿAbd al-Majīd S I 826
ʿAbd al-Majīd b. ʿAbdūn al-Yāburī G I 271, S I 480
ʿAbd al-Majīd b. ʿA. b. M. al-Manālī S II 676
ʿAbd al-Majīd b. ʿA. b. M. al-Munāwī S II 916
ʿAbd al-Majīd b. ʿA. al-Zaynabī G II 490, S II 747
ʿAbd al-Majīd Ef. Shawqī S III 84
ʿAbd al-Majīd Ef. Waṣfī S III 182
ʿAbd al-Majīd al-Miṣrī S II 1033
ʿAbd al-Majīd M. Riḍā al-Ḥāʾirī S III 495
ʿAbd al-Majīd b. Naṣūḥ b. Isrāʾīl S II 644, 660
ʿAbd al-Majīd al-Sāmūlī al-Suʿūdī S II 1018
ʿAbd al-Majīd al-Sharnūbī G II 118, 339, S I 263, 525, 683, 684, II 469
ʿAbd al-Majīd al-Sīwāsī S II A/C 469
ʿAbd al-Malik b. ʿAbd al-ʿAzīz b. Jurayj S I 255
ʿAbd al-Malik b. ʿAl. b. Badrūn G I 271, 340, S I 579
ʿAbd al-Malik b. ʿAl. al-Juwaynī Imām al-Ḥaramayn G I 388, S I 535, 671
ʿAbd al-Malik b. ʿAl. al-Marjānī Jamāl al-Dīn S II 1038
ʿAbd al-Malik b. ʿAbd al-Wahhāb al-Fattanī al-Makkī al-Madanī G I 379, II 488, S I 651, S II A/C 862
ʿAbd al-Malik b. Abjar al-Kinānī S I 412
ʿAbd al-Malik b. a. Bakr b. M. b. Marwān b. Zuhr G I 487, S I 890
ʿAbd al-Malik b. Daʿsayn S I 489, II 548
ʿAbd al-Malik b. Hishām G I 135, II 17, S I 206
ʿAbd al-Malik b. Ḥabīb al-Sulamī G I 150, 177, S I 231
ʿAbd al-Malik b. Ḥu. S II 552, 821
ʿAbd al-Malik b. Ḥu. b. ʿAbd al-Malik al-ʿIṣāmī G II 384, S I 516
ʿAbd al-Malik b. Jamāl al-Dīn Ḥu. al-ʿIṣāmī al-Isfarāʾinī G II 380, S II 17, 513
ʿAbd al-Malik b. al-Kardabūs al-Tawzarī G I 345, S I 587
ʿAbd al-Malik b. Maḥmūd b. Muʾmin al-ʿalī S II 916
ʿAbd al-Malik b. M. b. ʿAl. b. Bishrān S I 601
ʿAbd al-Malik b. M. b. Ism. Al-Thaʿālibī G I 171, 284, S I 499
ʿAbd al-Malik b. M. al-Sharīf al-ʿAlawī al-Ḍarīr S II 99
ʿAbd al-Malik b. M. al-Shīrāzī S I 852
ʿAbd al-Malik b. M. b. Ṣāḥib al-Ṣalāt S I 553
ʿAbd al-Malik b. M. al-Wāʿiẓ al-Kharkūshī G I 200, S I 361
ʿAbd al-Malik b. a. ʾl-Munā al-Bābī al-Ḥalabī al-Shaykh al-Ḍarīr S II 997
ʿAbd al-Malik b. Qurayb al-Aṣmaʿī G I 104, S I 163
ʿAbd al-Malik b. Yū. al-Khuwayyī S II 973
ʿAbd al-Masīḥ S I 36
ʿAbd al-Masīḥ b. ʿAl. b. Nāʿima al-Ḥimṣī G I 263, S I 364
ʿAbd al-Masīḥ al-Anṭākī S III 179, 344
ʿAbd al-Masīḥ al-Ḥaddād S II 477
ʿAbd al-Masīḥ al-Kindī S I 345
ʿAbd al-Mawlā b. ʿAl. al-Dimyāṭī S II 428
ʿAbd al-Muḥsin A. al-Mahdī S I 928
ʿAbd al-Muḥsin b. Maḥmūd al-Tanūkhī al-Ḥalabī G I 257, S I 457
ʿAbd al-Muḥsin b. M. b. ʿA. al-Kāẓimī S III 489
ʿAbd al-Muḥsin al-Qayṣarī G I 310, S I 446, 544, A/C 651
ʿAbd al-Muḥsin b. ʿUthmān b. Ghānim S I 547
ʿAbd al-Muḥsin b. S. al-Kūrānī S II 652
ʿAbd al-Muḥsin al-Tinnīsī al-Qāḍī a. ʾl-Q. S II 931
ʿAbd al-Muʿīn b. ʿAl. al-Harjāwī S II 695

ʿAbd al-Muʿīn b. A. al-Bakkāʾ al-Balkhī G II 285, 381, S II 515, 570, 906
ʿAbd al-Muʾmin b. ʿAl. b. Ghalbūn G I 521
ʿAbd al-Muʾmin b. ʿAl. A. al-Maġribī al-Muwaḥḥidī al-Mahdī al-Sulṭān S I 299, 475
ʿAbd al-Muʾmin ʿAlāʾ al-Dīn S II 973
ʿAbd al-Muʾmin b. ʿAqīl S I 678
ʿAbd al-Muʾmin b. Hibatallāh Shufurwa G I 292, II 697, S I 512
ʿAbd al-Muʾmin b. Ḥ. al-Ṣaghānī S I 235
ʿAbd al-Muʾmin b. Khalaf al-Dimyāṭī G II 73, S II 80
ʿAbd al-Muʾmin Ṣafī al-Dīn S II 129
ʿAbd al-Muʾmin al-Ṣāliḥī S II 79
ʿAbd al-Munʿim b. ʿAbd al-Haqq Ṣafī al-Dīn G I 480
ʿAbd al-Munʿim b. ʿAl. b. M. al-Suyūṭī ad-Dībī al-Shāfiʿī S II 997
ʿAbd al-Munʿim b. ʿAr. b. ʿAbd al-Munʿim al-Jirjāwī G I 299, S I 524, II 439
ʿAbd al-Munʿim ʿIwaḍ al-Jirjāwī S II 726
ʿAbd al-Munʿim a. ʾl-Maʿālī S I 604
ʿAbd al-Munʿim b. M. b. A. al-ʿĀnī S II 400
ʿAbd al-Munʿim b. M. al-Barkumīnī G II 21, S II 14
ʿAbd al-Munʿim b. M. b. al-Faras al-Khāzin al-Gharnāṭī S I 734
ʿAbd al-Munʿim b. M. Tāj al-Dīn al-Qalāʿī S II 266
ʿAbd al-Munʿim al-Nabtītī S II 486
ʿAbd al-Munʿim b. Ṣāliḥ b. A. b. M. al-Taymī G I 283, 307, S I 531
ʿAbd al-Munʿim b. ʿU. b. ʿAl. al-Jilyānī S I 785
ʿAbd al-Mutaʿālī b. ʿAbd al-Malik al-Butījī G II 317
ʿAbd al-Mutaʿālī al-Saʿīdī S I 61
ʿAbd al-Muʿṭī b. A. S II 562
ʿAbd al-Muʿṭī b. A. b. ʿAbd al-Karīm al-ʿAdawī S II A/C 480
ʿAbd al-Muʿṭī b. A. M. al-Sakhāwī S II 451
ʿAbd al-Muʿṭī al-Azharī al-Wafāʾī G II 238, S II 333
ʿAbd al-Muʿṭī al-Burullusī (Burnusī) G II 238, S II 334
ʿAbd al-Muʿṭī b. Maḥmūd b. ʿAbd al-ʿĀlī al-Lakhmī al-Iskandarānī S I 771, 774
ʿAbd al-Muʿṭī b. Sālim b. ʿU. al-Simillāwī (Simlālī) G II 322, S I 74, II 360, 437, 444
ʿAbd al-Muṭṭalib b. al-Faḍl al-Hāshimī al-Ḥalabī G I 172, S I 289
ʿAbd al-Nabī b. ʿAbd al-Rasūl Aḥmadnagarī S II 302, 628
ʿAbd al-Nabī b. A. b. ʿAbd al-Quddūs al-Nuʿmānī S II 602
ʿAbd al-Nabī b. ʿA. Aḥmadnagarī S I 535
ʿAbd al-Nabī b. Saʿīd al-Jazāʾirī S II A/C 207
ʿAbd al-Nāfiʿ al-Aghtāshī al-Shirwānī S II 948
ʿAbd al-Nāfiʿ ʿIffat Ef. S I 519
ʿAbd al-Nāfiʿ b. ʿU. al-Ḥamawī G II 305, S II 417
ʿAbd al-Nāṣir Khujāzāde G II 441, S II 655
ʿAbd al-Qādir G II 299
ʿAbd al-Qādir b. ʿAbd al-Hādī al-ʿUmarī S I A/C 538, S II 438
ʿAbd al-Qādir b. ʿAbd al-Karīm al-Wardīghī S II 746, 881, 884
ʿAbd al-Qādir b. ʿAl. al-ʿAbdalawī al-Kurdī S II A/C 404
ʿAbd al-Qādir b. ʿAl. b. al-ʿAydarūs al-Hindī G I 251, II 181, 418, 422, S I 260, 617, 748, II 402, 565, 617
ʿAbd al-Qādir b. ʿAl. al-Jīlī G I 435, 442, II 105, S I 777
ʿAbd al-Qādir b. ʿAr. al-Ḥamīdī (Ḥumaydī) al-Zūlī S II 109, 932
ʿAbd al-Qādir b. A. al-ʿAjmāwī Shihāb al-Dīn al-Muwaqqit S II 1018
ʿAbd al-Qādir b. A. b. Badrān S I 567
ʿAbd al-Qādir b. A. b. al-Fākihī G I 417, S I 749,26a
ʿAbd al-Qādir b. A. al-Ḥusaynī S II 916
ʿAbd al-Qādir b. A. a. Jīda al-Kūhin S II 881
ʿAbd al-Qādir b. A. al-Sakhāwī S II 483
ʿAbd al-Qādir b. ʿA. al-Fāsī S I 262, II 708
ʿAbd al-Qādir b. ʿA. b. Shaʿbān al-Ṣūfī al-ʿAwfī S II 1020
ʿAbd al-Qādir b. ʿA. b. Ya. al-Muḥayriṣī G II 187, S II 245
ʿAbd al-Qādir b. al-ʿArbī al-Qādirī al-Fāsī S II 714
ʿAbd al-Qādir ʿĀshūr S III 102
ʿAbd al-Qādir al-Azharī S II 156
ʿAbd al-Qādir Badrān al-Dūmī al-Dimashqī S I 689
ʿAbd al-Qādir b. a. Bakr b. Khiḍr al-Dumāṣ G II 18, S II 12

ʿAbd al-Qādir b. a. Bakr al-Pattanī S II 602
ʿAbd al-Qādir b. a. Bakr al-Ṣiddīq al-Ḥanafī S II 948
ʿAbd al-Qādir al-Dīnawarī S II 1038
ʿAbd al-Qādir Ef. b. ʿAq. Ef. al-Adhamī al-Ṭarābulusī S II A/C 776, III 346
ʿAbd al-Qādir Ef. al-Ḥanafī S II 948
ʿAbd al-Qādir Ef. al-Ḥusaynī al-Adhamī S II 393
ʿAbd al-Qādir Ef. Qadrī al-Ḥalabī S II 869
ʿAbd al-Qādir Ef. Yilanğîq G II 408, S II 633
ʿAbd al-Qādir al-Faraḍī S II 1018
ʿAbd al-Qādir al-Fāsī S II 1038
ʿAbd al-Qādir b. Ḥabīb al-Ṣafadī S II 897
ʿAbd al-Qādir Ḥamza S III 231
ʿAbd al-Qādir al-Ḥasanī al-Adhamī al-Ṭarābulusī S I 444, II 1018
ʿAbd al-Qādir b. Ḥu. b. ʿA. b. Mughayzil al-Shādhilī G II 122, S II 152
ʿAbd al-Qādir al-Ḥusaynī al-Ṭarābulusī S III 345
ʿAbd al-Qādir b. Ibr. b. M. b. Badr al-Maqdisī G I 244, 434, S I 435
ʿAbd al-Qādir b. Idrīs al-Salahwī S II 858
ʿAbd al-Qādir al-Ifrānī S II 175
ʿAbd al-Qādir b. Ism. al-Ḥasanī al-Qādirī S II 268, 948
ʿAbd al-Qādir b. ʿIzzī Sharaf al-Dīn S II 425
ʿAbd al-Qādir b. Jalāl al-Dīn S II 419
ʿAbd al-Qādir b. Jārallāh al-Amīn S II 927
ʿAbd al-Qādir b. al-Junayd b. A. b. Mūsā al-Musharriʿ al-Ṣūfī S II 997
ʿAbd al-Qādir al-Khilāṣī G II 284
ʿAbd al-Qādir al-Maghribī S III 435
ʿAbd al-Qādir b. Maḥmūd al-Qādirī G I 263, S I 464
ʿAbd al-Qādir b. al-Mīmī al-Baṣrī G II 376, S II 507
ʿAbd al-Qādir b. M. b. ʿAq. al-Anṣārī S II 517
ʿAbd al-Qādir b. M. b. ʿAq. al-Jazīrī G II 325, S II 447
ʿAbd al-Qādir b. M. b. A. b. ʿA. al-Muẓaffarī S II 23
ʿAbd al-Qādir b. M. b. A. al-Fayyūmī G II 125, S II 154, 486
ʿAbd al-Qādir b. M. b. A. al-Idrīsī Sīdī Qaddūr S II 882
ʿAbd al-Qādir b. M. b. A. al-Rāshidī S II 713
ʿAbd al-Qādir b. M. b. A. b. al-Shādhilī S II 932
ʿAbd al-Qādir b. M. al-Ḥanafī b. al-Miṣrī S II A/C 89
ʿAbd al-Qādir b. M. al-Kayyālī G II 205
ʿAbd al-Qādir b. M. al-Manūfī G II 357
ʿAbd al-Qādir b. M. al-Qādirī G II 363
ʿAbd al-Qādir b. M. Raʾīs S I 761
ʿAbd al-Qādir b. M. b. al-Ṣafadī G II 123, S II 153
ʿAbd al-Qādir b. M. b. ʿU. al-Nuʿaymī G I 38, 133, S II 164
ʿAbd al-Qādir b. M. b. Ya. al-Ṭabarī G I 112, II 378, S I 172, II 509
ʿAbd al-Qādir b. Muḥyi ʾl-Dīn G I 502, S II 886
ʿAbd al-Qādir b. Muḥyi ʾl-Dīn al-Irbilī S I 770, II 780
ʿAbd al-Qādir b. Muṣṭafā al-Rāfiʿī S II 740
ʿAbd al-Qādir b. Muṣṭafā al-Ṣaffūrī al-Dimashqī G I 408, S I 740, S II A/C 476
ʿAbd al-Qādir al-Nādimī G I 160
ʿAbd al-Qādir al-Qabbānī S II 906
ʿAbd al-Qādir b. a. ʾl-Q. al-ʿAbbādī al-Makkī G I 298, S I 522
ʿAbd al-Qādir b. Saʿīd al-Rāfiʿī al-Fārūqī al-Ṭarābulusī S I 470, 471
ʿAbd al-Qādir b. Saʿīd al-Takhtī S II 303
ʿAbd al-Qādir al-Sanadjī al-Kurdistānī S II 303
ʿAbd al-Qādir Shams al-Dīn S I 506
ʿAbd al-Qādir b. Shurqrūn al-Miknāsī S II 714
ʿAbd al-Qādir b. ʿU. al-Baghdādī G I 21, 303, 305, 479, II 286, S I 43, 469, 532, 536, II 78, 175, 397
ʿAbd al-Qādir b. ʿU. al-Dimashqī al-Shaybānī S II 497
ʿAbd al-Qādir b. a. ʾl-Wafāʾ al-Qurashī G II 80, 307, S II 89
ʿAbd al-Qādir b. Ya. b. ʿAq. al-ʿUjaymī S II 536
ʿAbd al-Qādir b. Yū. Naqībzāde al-Ḥalabī G II 387, S II 525
ʿAbd al-Qāhir b. ʿAl. b. M. al-Suhrawardī G I 436, S I 780

ʿAbd al-Qāhir b. ʿAr. al-Jurjānī G I 114, 287, S I 503
ʿAbd al-Qāhir b. A. b. ʿA. al-Fākihī G II 389, S II 529
ʿAbd al-Qāhir al-Ḥusaynī at-Tafrīshī S II A/C 581
ʿAbd al-Qāhir b. Ibr. b. al-Ḥ. b. ʿA. b. Rasūl al-Ghassānī al-Ḥanafī S II 997
ʿAbd al-Qāhir b. M. b. ʿAr. al-Tūnīsī S II 367
ʿAbd al-Qāhir b. M. b. ʿAbd al-Wāḥid al-Ḥarrānī S II 80
ʿAbd al-Qāhir b. a. ʾl-Q. al-ʿImādī G I 298
ʿAbd al-Qāhir b. Ṭāhir al-Baghdādī G I 385, S I 666
ʿAbd al-Qāriʾ Najm al-Dīn al-Zaydī S II 866
ʿAbd Qays b. Khufāf al-Burjumī S I 57
ʿAbd al-Qayyūm S II 1038
ʿAbd al-Qayyūm b. ʿAbd al-Nāṣir al-Shirdānī S II 198, 327, 870
ʿAbd al-Quddūs b. Ism. al-Ghaznawī S I 789
-ʿAbdarī A. b. ʿA. S I 635, a. M. G I 482, S I 884, M. b. M. G II 83, S II 95, Razīn b. Muʿāwiya S I 630
ʿAbd al-Rabb b. Manṣūr al-Ghaznawī G I 175, S I 295
b. ʿAbd Rabbih A. b. M. G I 152, S I 250
ʿAbd Rabbih M. b. al-Ḥājj al-ʿArabī S I 445
ʿAbd al-Rafīʿ a. Isḥāq S I 971
ʿAbd al-Raḥīm G I 465, II 235, S II 234, 330 see A/C
ʿAbd al-Raḥīm b. ʿAbd al-Karīm S I 35
ʿAbd al-Raḥīm b. ʿAbd al-Karīm ʿAbbāsī Burhānpūrī S I 928n
ʿAbd al-Raḥīm b. ʿAbd al-Karīm al-Qazwīnī G II 413
ʿAbd al-Raḥīm b. ʿAbd al-Karīm al-Qushayrī S I 772
ʿAbd al-Raḥīm b. ʿAbd al-Karīm Ṣafīpūrī S I 525, 533, II 853
ʿAbd al-Raḥīm b. ʿAr. b. A. al-ʿAbbāsī S I 546, II 394
ʿAbd al-Raḥīm b. ʿAr. b. ʿA. al-Jirjāwī S II 517
ʿAbd al-Raḥīm b. ʿAr. b. M. al-Suyūṭī al-Jirjāwī S I 470, 472, 496, II 22, 314, 331, 435, 739
ʿAbd al-Raḥīm b. ʿAr. al-Qāhirī al-ʿAbbāsī S I 519
ʿAbd al-Raḥīm b. A. al-Buraʿī al-Yamanī G I 259, S I 459
ʿAbd al-Raḥīm b. A. al-Mīkālī S I I 503
ʿAbd al-Raḥīm b. A. al-Najafābādī al-Iṣfahānī S II 831
ʿAbd al-Raḥīm b. A. al-Qāḍī S II 420
ʿAbd al-Raḥīm b. A. al-Qāḍī b. ʿA. al-Dakhwār G I 491
ʿAbd al-Raḥīm b. ʿA. al-Dakhwār S I 896
ʿAbd al-Raḥīm b. ʿA. al-Qāḍī al-Fāḍil G I 296, S I 549
ʿAbd al-Raḥīm b. ʿA. Shaykhzāde al-Ḥanafī S II 659
ʿAbd al-Raḥīm b. ʿA. b. Shīt al-Qurashī S I 489
ʿAbd al-Raḥīm b. ʿA. al-Ṭabīb S II 439
ʿAbd al-Raḥīm ʿAnbar S I 264
ʿAbd al-Raḥīm b. a. Bakr al-Marʿashī S II 643
ʿAbd al-Raḥīm b. a. Bakr al-Marghīnānī G I 384, S I 656
ʿAbd al-Raḥīm al-Bukhārī al-Jūybārī S I 470
ʿAbd al-Raḥīm b. al-Ḥ. b. ʿA. al-Asnawī G I 305, 395, 424, II 90, S I 537, 680, 741, II 107
ʿAbd al-Raḥīm b. al-Ḥu. alʿIrāqī G I 167, 359, 412, II 65, S I 606, 611, 612, 742, 749, II 45, 69
ʿAbd al-Raḥīm b. al-Ḥu. al-Qurashī al-Asnāʾī S I 670
ʿAbd al-Raḥīm b. Ibr. al-Bārizī G I 349, S I 150, 591
ʿAbd al-Raḥīm b. Ism. al-Amāsī ʿĀkifzāde S II 998
ʿAbd al-Raḥīm b. ʿIṣām al-Bahdī S I 289
ʿAbd al-Raḥīm al-Khalwatī b. Shams al-Dīn al-Tabrīzī al-Aqṭābī S I 793,12aa, II 280
ʿAbd al-Raḥīm b. a. ʾl-Luṭf b. Isḥāq al-Ḥasanī al-Qudsī G II 436, S II 648
ʿAbd al-Raḥīm al-Maʿdānī G I 128
ʿAbd al-Raḥīm al-Maqdisī S II 932
ʿAbd al-Raḥīm al-Mashnāwī G II 226
ʿAbd al-Raḥīm al-Mizzī S II 1018
ʿAbd al-Raḥīm b. M. b. a. ʾl-Furāt al-Qāhirī G II 17, 79, S II 11
ʿAbd al-Raḥīm b. M. b. Ism. b. Nubāta G I 92, S I 149
ʿAbd al-Raḥīm b. M. al-Suwaydī S II 440, 785
ʿAbd al-Raḥīm b. M. b. ʿUthmān al-Khayyāṭ S I 341

ʿAbd al-Raḥīm b. M. b. Yūnus al-Mawṣilī Tāj al-Dīn S II A/C 580
ʿAbd al-Raḥīm Saʿīd Muftīzāde S II 655
ʿAbd al-Raḥīm Shāh Shirwānī S II A/C 259
ʿAbd al-Raḥīm al-Shirbīnī S II 105
ʿAbd al-Raḥīm Ṣāliḥ S III 119
ʿAbd al-Raḥīm al-Ṭabīb S II 298, 1029
ʿAbd al-Raḥīm b. al-Ṭawārī al-Shaʾmī S II 428
ʿAbd al-Raḥīm b. ʿU. al-Jawbarī, see ʿAr.
ʿAbd al-Raḥīm al-Wāsiṭī S II 29
ʿAbd al-Raḥīm b. Yūnus al-Damāwandī S II 587
ʿAbd al-Raḥmān b. ʿAbd al-ʿAzīz al-Tādalī G I 129, S I 197
ʿAbd al-Raḥmān b. ʿAbd al-Ḥalīm al-Marʿashī S II 453
ʿAbd al-Raḥmān b. ʿAbd al-Jabbār al-Nāmī S I 571
ʿAbd al-Raḥmān b. ʿAbd al-Karīm b. Ibr. b. Ziyād al-Muqṣirī G II 404, S II 555
ʿAbd al-Raḥmān b. ʿAl. b. ʿAbd al-Ḥakam G I 148, S I 227
ʿAbd al-Raḥmān b. ʿAl. b. A. al-Ḥalabī al-Dimashqī S II 184
ʿAbd al-Raḥmān b. ʿAl. al-Ghullī S II 260
ʿAbd al-Raḥmān b. ʿAl. b. a. ʾl-Ḥ. al-Suhaylī al-Khathʿamī G I 135, 413, II 77, S I 206, 733
ʿAbd al-Raḥmān b. ʿAl. b. al-Ḥu. al-Suwaydī G II 374, 418, S II 501
ʿAbd al-Raḥmān b. ʿAl. al-Iskarī G II 366, S II 493
ʿAbd al-Raḥmān b. ʿAl. b. M. b. a. Ḥumayda S II 691
ʿAbd al-Raḥmān b. ʿAl. al-Saʿdī G II 467, S II 717
ʿAbd al-Raḥmān b. ʿAl. al-Suwaydī S II 785
ʿAbd al-Raḥmān b. ʿAbd al-Majīd al-Ṣafrawī G I 410, S I 727
ʿAbd al-Raḥmān b. ʿAbd al-Muḥsin al-Wāsiṭī G II 166, S II 214
ʿAbd al-Raḥmān b. ʿAbd al-Munʿim b. A. al-Jirjāwī S II 424
ʿAbd al-Raḥmān b. ʿAq. al-Bulustī S II 216
ʿAbd al-Raḥmān b. ʿAq. al-Fāsī G II 460, 463, S I 805, II 354, 694
ʿAbd al-Raḥmān b. ʿAbd al-rasūl S II 291
ʿAbd al-Raḥmān b. ʿAbd al-Razzāq b. Makānis al-Qibṭī G II 15, S II 7
ʿAbd al-Raḥmān b. ʿAbd al-Salām al-Ṣaffūrī G II 178, S II 230
ʿAbd al-Raḥmān b. A. S II 565
ʿAbd al-Raḥmān b. A. b. ʿAbd al-Ghanī al-Ṭahṭāʾī S II 472
ʿAbd al-Raḥmān b. A. b. A. b. Yū. b. ʿAyyād al-Makkī S II 979, S II A/C 227
ʿAbd al-Raḥmān b. A. b. ʿA. al-Ḥamīdī G II 272, S II 384
ʿAbd al-Raḥmān b. A. b. ʿA. al-Ṣanʿānī S II 998
ʿAbd al-Raḥmān b. A. al-Anṣārī al-Kātib Nabīh al-Dīn S I 597
ʿAbd al-Raḥmān b. A. b. ʿAyyāsh al-Dimashqī al-Mālikī S II 978
ʿAbd al-Raḥmān b. A. al-Ḥājjī S I 792
ʿAbd al-Raḥmān b. A. al-Ḥanbalī S I 948
ʿAbd al-Raḥmān b. A. b. al-Ḥ. al-Rāzī al-Muqriʾ S I 721
ʿAbd al-Raḥmān b. A. al-Ījī ʿAḍud al-Dīn G I 306, 325, II 208, S I 537, 965, II 286
ʿAbd al-Raḥmān b. A. al-Jāmī G I 263, 304, 433, 442, II 207, 208, S I 514, 533, 792, 793, II 285
ʿAbd al-Raḥmān b. A. al-Khashshāb al-Baghdādī S I 487
ʿAbd al-Raḥmān b. A. b. M. al-Shaybānī S I 705
ʿAbd al-Raḥmān b. A. b. M. b. a. Shurayḥ S I 259
ʿAbd al-Raḥmān b. A. b. Rajab al-Sālimī al-Baghdādī al-Ḥanbalī G I 396, II 107, S I 566, 683, II 129
ʿAbd al-Raḥmān b. A. al-Ṣabrī G I 423, S I 750, 32b
ʿAbd al-Raḥmān b. A. al-Ṣafadī S I 229, 294
ʿAbd al-Raḥmān b. A. al-Ṭabarī S I 906
ʿAbd al-Raḥmān b. A. al-Waghlīsī G II 250, S II 351
ʿAbd al-Raḥmān b. A. b. Yū. b. Maqlalish G I 266
ʿAbd al-Raḥmān al-Akhḍarī G II 251, 13 see ʿAr. b. M. al-Amīr al-A.
ʿAbd al-Raḥmān b. ʿA. b. A. al-Qurashī al-Shāfiʿī S II 983
ʿAbd al-Raḥmān b. ʿA. al-Aqfahsī G II 129

ʿAbd al-Raḥmān b. ʿA. b. Buzqūsh S I 789
ʿAbd al-Raḥmān b. ʿA. al-Dakhwār S I 368
ʿAbd al-Raḥmān b. ʿA. al-Hilālī S III 232
ʿAbd al-Raḥmān b. ʿA. al-Madanī G II 392
ʿAbd al-Raḥmān b. ʿA. Muʾayyadzāde al-Amāsī G II 209, 227, S II 318
ʿAbd al-Raḥmān b. ʿA. b. M. b. al-Daybaʿ al-Zabīdī G I 357, II 35, 400, S I 608, II 548
ʿAbd al-Raḥmān b. ʿA. b. M. a. ʾl-Faraj S II 32
ʿAbd al-Raḥmān b. ʿA. b. M. b. al-Jawzī G I 362, 422, 451, 510, S I 914
ʿAbd al-Raḥmān b. ʿA. b. a. Ṣādiq al-Nīsābūrī al-Buqrāṭ al-thānī G I 206, 484, S I 367, 368, 886
ʿAbd al-Raḥmān b. ʿA. b. Ṣāliḥ al-Makkūdī al-Muṭarrizī G I 299, II 25, 237, S I 524, II 332, 336
ʿAbd al-Raḥmān b. ʿA. al-Turkī S II 1038
ʿAbd al-Raḥmān b. ʿA. al-Ujhūrī S II 97
ʿAbd al-Raḥmān b. ʿA. b. ʿU. a. Zayd al-Dalāʾilī al-Qurṭubī S II 1018
ʿAbd al-Raḥmān b. ʿA. al-Yazdādī S I 154
ʿAbd al-Raḥmān al-Āmidī S II 305
ʿAbd al-Raḥmān b. Amīr al-Naṣrī a. Zurʿa S I 209
ʿAbd al-Raḥmān b. ʿAmr al-Awzāʿī S I 307
ʿAbd al-Raḥmān al-Ānisī S II 547
ʿAbd al-Raḥmān al-Anṣārī S II 508
ʿAbd al-Raḥmān b. Aslam al-Makkī S II 1026
ʿAbd al-Raḥmān b. ʿAṣr G II 168
ʿAbd al-Raḥmān b. ʿAtīq b. Khalaf b. a. Bakr b. a. Saʿīd b. al-Faḥḥām S I A/C 722
ʿAbd al-Raḥmān b. ʿAṭiyya al-Dārānī S I 351
ʿAbd al-Raḥmān al-ʿAyyāshī S II A/C 371
ʿAbd al-Raḥmān al-Baghdādī S II 789
ʿAbd al-Raḥmān b. a. Bakr al-ʿAynī Zayn al-Dīn G II 196, 198, S I 525, II 264, 368, A/C 301
ʿAbd al-Raḥmān b. a. Bakr al-Ḥawwāt al-Nafathī S I 806
ʿAbd al-Raḥmān b. a. Bakr al-Marʿashī S II 596
ʿAbd al-Raḥmān b. a. Bakr al-Suyūṭī G I 39, 154, 159, 161, 163, 182, 283, 296, 297, 330, 357, 358, 359, 369, 371, 395, 397, 410, 417, 428, 448, 503, 525, II 21, 23, 47, 69, 70, 75, 89, 115, 134, 138, 143, S I 69, 158, 194, 247, 248, 262, 265, 266, 267, 269, 297, 346, 353, 464, 472, 488, 506, 519, 524, 565, 574, 609, 611, 612, 632, 648, 680, 685, 726, 728, 733, 760, 784, 785, 797, 800, 818$_{,35g}$, 880, 881, 897, 917$_{,26}$, II 18, 46, 81, 82, 83, 106, 108, 112, 124$_{,93}$, 140, 141, 171, 178, 523
ʿAbd al-Raḥmān b. a. Bakr al-Ṣaqalī b. al-Faḥḥām S I 722
ʿAbd al-Raḥmān al-Bakrī al-Ghamrī al-Sammānī S II 1038
ʿAbd al-Raḥmān al-Baʿlabakkī Fakhr al-Dīn G I 504, S II 74
ʿAbd al-Raḥmān b. Banafsha al-Jawharī al-Ṣāliḥī G II 129, S II 161, 297
ʿAbd al-Raḥmān al-Bannānī G II 89, S II 105
ʿAbd al-Raḥmān al-Barmakī S II 1038
ʿAbd al-Raḥmān al-Barqūqī S III 309
ʿAbd al-Raḥmān al-Biqāʿī al-Shaʾmī S II 984
ʿAbd al-Raḥmān b. Burhān al-Dīn b. ʿAl. al-Ṣabbāgh al-Ḥanafī al-Lahūrī S II 276
ʿAbd al-Raḥmān al-Dāʾūdī S II 171
ʿAbd al-Raḥmān Ef. al-Rāfiʿī al-Muḥāmī S III 310
ʿAbd al-Raḥmān Ef. al-Sīwāsī S II 171
ʿAbd al-Raḥmān b. a. ʾl-Fawz b. ʿAl. al-Būlāqī S II 916
ʿAbd al-Raḥmān b. al-Furāt S II 88
ʿAbd al-Raḥmān b. Hādī b. M. Samūja al-Ithnayʿasharī S II A/C 245
ʿAbd al-Raḥmān al-Hindī G II 215
ʿAbd al-Raḥmān b. al-Hudāhid a. Baḥr S I 118
a. ʿAbd al-Raḥmān al-Ḥāfidī G II 255
ʿAbd al-Raḥmān b. a. ʾl-Ḥajjāj al-Naḥwī S I A/C 784
ʿAbd al-Raḥmān b. al-Ḥakam S I 84
ʿAbd al-Raḥmān b. Ḥamdān al-Rāzī al-Warsīnānī S I 323
ʿAbd al-Raḥmān b. Ḥarāmī al-Makkī S I 607
ʿAbd al-Raḥmān b. al-Ḥ. b. ʿAl. b. Ḥubāb al-Tamīmī S II 998
ʿAbd al-Raḥmān b. al-Ḥ. b. ʿA. al-Bahkalī S II 552
ʿAbd al-Raḥmān b. al-Ḥ. al-Ḥalabī S I 498
ʿAbd al-Raḥmān b. al-Ḥ. al-Jabartī G II 364, 480, S II 730

ʿAbd al-Raḥmān b. al-Ḥ. b. al-Jallāb al-Baṣrī al-Mālikī S I A/C 307
ʿAbd al-Raḥmān b. al-Ḥ. Qaṣība S II A/C 531
ʿAbd al-Raḥmān b. al-Ḥ. al-Shāfiʿī al-Maqābirī S I 793
ʿAbd al-Raḥmān b. a. ʾl-Ḥ. al-Suhaylī S II 141
ʿAbd al-Raḥmān b. al-Ḥ. b. ʿU. al-Ujhūrī G II 294, S II 404
ʿAbd al-Raḥmān b. Ḥassān b. Thābit S I 60
ʿAbd al-Raḥmān b. a. Ḥātim M. b. Idrīs b. al-Mundhir al-Tamīmī al-Rāzī G I 167, S I 278, II 932
ʿAbd al-Raḥmān al-Ḥulwānī S I 439
ʿAbd al-Raḥmān b. Ḥusām al-Dīn al-Rūmī S I 142
ʿAbd al-Raḥmān b. Ḥu. b. a. Bakr al-Ramlī S II 932
ʿAbd al-Raḥmān b. Ḥu. al-Ḥalabī S II 998
ʿAbd al-Raḥmān b. Ḥu. b. Idrīs G I 287
ʿAbd al-Raḥmān b. Ḥu. b. Q. b. Ḥu. b. ʿAbbās S II 303
ʿAbd al-Raḥmān b. Ibr. b. ʿAr. b. al-Mawṣilī G II 279, S II 388
ʿAbd al-Raḥmān b. Ibr. b. A. b. ʿAbd al-Razzāq al-Khaṭīb S II 409
ʿAbd al-Raḥmān b. Ibr. b. al-Firkāḥ al-Fazārī G I 321, 387, 389, 397, S I 671, 686
ʿAbd al-Raḥmān b. Ibr. al-Zabīdī G II 181, S II 233
ʿAbd al-Raḥmān b. Idrīs al-Ḥasanī S II 698
ʿAbd al-Raḥmān b. Idrīs al-Manjrā S I 523
ʿAbd al-Raḥmān b. ʿĪsā b. Dāʾūd al-Qāḍī al-Qādirī as-Sinjārī S I 777
ʿAbd al-Raḥmān b. ʿĪsā al-Hamadhānī G I 127, S I 195, 197
ʿAbd al-Raḥmān b. ʿĪsā b. Murshid al-Murshidī al-ʿUmarī al-Wajāhī G I 296, II 27, 197, 380, S I 519, II 22, 267, 513
ʿAbd al-Raḥmān b. Isḥāq al-Binyānī Ḥamīd al-Dīn S I 646
ʿAbd al-Raḥmān b. Isḥāq b. Haytham G I 239
ʿAbd al-Raḥmān b. Isḥāq al-Qunawī S I 799
ʿAbd al-Raḥmān b. Isḥāq al-Zajjājī G I 110, 122, S I 170, 182, 185, 541
ʿAbd al-Raḥmān b. Ism. S III 228
ʿAbd al-Raḥmān b. Ism. al-Maqdisī G I 261
ʿAbd al-Raḥmān b. Ism. a. Shāma G I 265, 317, 331, 409, S I A/C 468, 473, 550, 725
ʿAbd al-Raḥmān a. Jalāl al-Dīn b. Ism. b. ʿAbd al-Karīm al-Hindī S II A/C 619
ʿAbd al-Raḥmān al-Jāmiʿī G II 457
ʿAbd al-Raḥmān al-Janātī b. al-Nafārī S II 218
ʿAbd al-Raḥmān b. Kaysān a. Bakr S II 948
ʿAbd al-Raḥmān b. Kamāl al-Dīn S I 676
ʿAbd al-Raḥmān al-Kawākibī S III 380
ʿAbd al-Raḥmān b. Khaldūn Shihāb al-Dīn al-Marrākushī S I 910
ʿAbd al-Raḥmān b. Khalīl al-Adhraʿī Zayn al-Dīn S II 932
ʿAbd al-Raḥmān b. Khalīl b. Salāma al-Qabūnī G II 97, S II 115
ʿAbd al-Raḥmān al-Khaṭībī al-Dahrabāʾī S II 784
ʿAbd al-Raḥmān b. a. ʾl-Khayr al-Tutawī al-Naṣrabūrī S II 932
ʿAbd al-Raḥmān al-Kurdī al-Āmidī S I 759
ʿAbd al-Raḥmān al-Lajaʾī S II 998
ʿAbd al-Raḥmān al-Maḥallī S I 677
ʿAbd al-Raḥmān b. Maḥmūd al-Bukhārī S I 534
ʿAbd al-Raḥmān b. Maḥmūd al-Isfarāʾinī S I 534, 761
ʿAbd al-Raḥmān b. Makhlūf al-Jazāʾirī al-Thaʿālibī S I 627, see ʿAr. b. M.
ʿAbd al-Raḥmān al-Makkī (Makkāwī) al-Ghazzālī G II 95, S II 112
ʿAbd al-Raḥmān b. Maʾmūn al-Mutawallī al-Nīsābūrī S I 669
ʿAbd al-Raḥmān al-Markfūrī S I A/C 268
ʿAbd al-Raḥmān b. Marwān b. al-Munajjim al-Maʿarrī G I 356, S I 604
ʿAbd al-Raḥmān al-Mawṣilī al-Shaybānī G II 372, S II 499
ʿAbd al-Raḥmān al-Miṣrī al-Fayyūmī S II 916
ʿAbd al-Raḥmān b. Mollā Ḥ. al-Kurdī a. ʿAṣaba S I 788
ʿAbd al-Raḥmān b. al-Muʿammar al-Wāsiṭī G II 162
ʿAbd al-Raḥmān b. M. G II 169, S II 216
ʿAbd al-Raḥmān b. M. b. ʿAbd al-Ḥaqq al-Shaʾmī S II 932

ʿAbd al-Raḥmān b. M. b. ʿAbd al-Karīm b. Ya. b. Wāfid G I 485, S I 888
ʿAbd al-Raḥmān b. M. b. ʿAl. b. Ḥubaysh G I 344, S I 587
ʿAbd al-Raḥmān b. M. b. ʿAl. al-Ṣaqalī ʿImād al-Dīn S II 998
ʿAbd al-Raḥmān b. M. b. ʿAr. al-Baghdādī b. ʿAskar G II 163, S II 204
ʿAbd al-Raḥmān b. M. b. ʿAr. al-Jādharī G II 168, S II 217
ʿAbd al-Raḥmān b. M. b. ʿAr. b. Shāshū G II 379, S II 404, 512, 750
ʿAbd al-Raḥmān b. M. b. A. al-Fūrānī al-Marwazī G I 387, S I 669
ʿAbd al-Raḥmān b. M. b. A. b. Qudāma al-Maqdisī G I 399, S I 688, 691
ʿAbd al-Raḥmān b. M. al-ʿAlawī G II 180
ʿAbd al-Raḥmān b. M. b. ʿA. b. A. al-Ḥanafī S II 948
ʿAbd al-Raḥmān b. M. b. ʿA. al-Bisṭāmī G II 231, S I 839, II 323
ʿAbd al-Raḥmān b. M. al-ʿAlīmī (ʿUlaymī?) S I 463
ʿAbd al-Raḥmān b. M. b. Amīr al-Akhḍarī S I519, 705
ʿAbd al-Raḥmān b. M. al-Anbārī G I 115, 281, S I 157, 494
ʿAbd al-Raḥmān b. M. al-Anṣārī al-Dabbāgh S I 811, II 337
ʿAbd al-Raḥmān b. M. al-ʿĀrī al-Arīḥāwī G I 287, II 251, 286, S II 333, 354, 397
ʿAbd al-Raḥmān b. M. al-ʿAyyāshī G II 254
ʿAbd al-Raḥmān b. M. Dāmād S II 643
ʿAbd al-Raḥmān b. M. al-Dimashqī S II 984
ʿAbd al-Raḥmān b. M. al-Fāsī S II 360
ʿAbd al-Raḥmān b. M. al-Hāshimī S II 932
ʿAbd al-Raḥmān b. M. b. Hibatallāh b. a. ʾl-Ḥu. Al-Shāfiʿī S II 985
ʿAbd al-Raḥmān b. M. al-Ḥanafī S II 67
ʿAbd al-Raḥmān b. M. b. Ḥu. al-Bāʿalawī G II 502, S II 817
ʿAbd al-Raḥmān b. M. b. Ḥu. al-Nīsābūrī S II 998
ʿAbd al-Raḥmān b. M. al-Ḥusaynī G II 293
ʿAbd al-Raḥmān b. M. b. Ibr. b. al-Marāghī al-Ḥillī S I A/C 194
ʿAbd al-Raḥmān b. M. b. Ibr. b. M. b. Yū. b. al-ʿAlāʾiqī S II A/C 207, 217
ʿAbd al-Raḥmān b. M. al-Idrīsī G I 138, S I 210
ʿAbd al-Raḥmān b. M. al-Kashshī Zayn al-Dīn S II 1013
ʿAbd al-Raḥmān b. M. al-Kirmānī G I 374, S I 289, 641
ʿAbd al-Raḥmān b. M. al-Lakhmī al-Ḥanafī G I 428, S I 762
ʿAbd al-Raḥmān b. M. al-Luṭfī S II 648
ʿAbd al-Raḥmān b. M. al-Mahdī b. A. b. ʿA. al-Qaṣawī (Qaṣrī) al-Fāsī S II 360
ʿAbd al-Raḥmān b. M. al-Majjājī G II 465
ʿAbd al-Raḥmān b. M. b. Makhlūf al-Thaʿālibī G II 248, 249, S I 627, II 350, 351
ʿAbd al-Raḥmān b. M. al-Manīlī al-Miṣrī S I 685
ʿAbd al-Raḥmān b. M. b. M. b. A. al-Sarūjī al-Hawwāsh S II 979
ʿAbd al-Raḥmān b. M. b. M. al-ʿImādī G II 291, S II 402, 998
ʿAbd al-Raḥmān b. M. b. M. b. Khaldūn G II 242, S II 342
ʿAbd al-Raḥmān b. M. b. M. al-Khurāsānī al-Isfarāʾinī S II 281
ʿAbd al-Raḥmān b. M. b. Naḥla b. a. Zurʿa S II 979
ʿAbd al-Raḥmān b. M. al-Najīb S II 898
ʿAbd al-Raḥmān b. M. al-Nīlawī G II 366
ʿAbd al-Raḥmān b. M. al-Pazdawī S I 950
ʿAbd al-Raḥmān b. M. b. Shukrallāh S II 932
ʿAbd al-Raḥmān b. M. b. S. Shaykhzāde S II 643
ʿAbd al-Raḥmān b. M. al-Ṣāliḥī al-Jawharī S II 1034
ʿAbd al-Raḥmān b. M. al-Ṣayqalī S I 789
ʿAbd al-Raḥmān b. M. al-Tājūrī a. Zayd G II 357, 358, S II 216, 485, 1020,31
ʿAbd al-Raḥmān b. M. al-Turkumānī G II 280, 281
ʿAbd al-Raḥmān b. M. al-Ṭarābulusī G II 168
ʿAbd al-Raḥmān b. M. b. ʿUbaydallāh b. al-Anbārī G I 115, 281, S I 495
ʿAbd al-Raḥmān b. M. al-ʿUlaymī al-Maqdisī G II 43, S II 41
ʿAbd al-Raḥmān b. M. al-Usmūnī S II 201
ʿAbd al-Raḥmān b. M. b. Uways b. a. Ḥātim S II 933

ʿAbd al-Raḥmān b. M. b. Yū. al-ʿĀrif al-Fāsī S I 263, II 98, 681
ʿAbd al-Raḥmān al-Munajjim G II 137
ʿAbd al-Raḥmān b. Muṣṭafā S I 545
ʿAbd al-Raḥmān b. Muṣṭafā al-ʿAydarūsī G I 450, II 352, S II 478
ʿAbd al-Raḥmān al-Nahrāwī S II 276
ʿAbd al-Raḥmān al-Nahrāwī al-Ujhūrī S II 467, 468
ʿAbd al-Raḥmān al-Naḥḥās G I 521
ʿAbd al-Raḥmān Najīm S II 990
ʿAbd al-Raḥmān al-Najjār S II 990
ʿAbd al-Raḥmān b. Nāṣir b. a. Binhān G II 712, S II 569
ʿAbd al-Raḥmān b. Naṣr al-Shayzarī al-Nabarāwī G I 390, 461, 488, S I 832
ʿAbd al-Raḥmān b. Nuʿaym al-Maghribī G I 103
ʿAbd al-Raḥmān b. a. ʾl-Q. b. al-Qāḍī a. Zayd G II 248, S II 350, 983,14
ʿAbd al-Raḥmān b. a. ʾl-Q. al-ʿUtāqī al-Mālikī G I 176, S I 298
ʿAbd al-Raḥmān b. Ramaḍān al-Izmīrī G I 465
ʿAbd al-Raḥmān al-Raqaʿī al-Fāsī G II 176, S I 622
ʿAbd al-Raḥmān b. Razīn a. ʾl-Faraj S I 687
ʿAbd al-Raḥmān Saʿdallāh ʿIsā Saʿdī Čelebī S I 645
ʿAbd al-Raḥmān b. Saʿīd a. ʿAl. S II 959
ʿAbd al-Raḥmān al-Sakhāwī G I 103
ʿAbd al-Raḥmān b. Sālim Bāčağizāde al-Baghdādī S II 506
ʿAbd al-Raḥmān al-Shāfiʿī al-Ḥalabī al-ʿUlwānī S I 439
ʿAbd al-Raḥmān Shāhbandar S III 354
ʿAbd al-Raḥmān b. Shams al-Dīn al-Qarqashandī S II 165 n. 2, 898
ʿAbd al-Raḥmān b. Shihāb al-Dīn al-Ḥaḍramī S II 8
ʿAbd al-Raḥmān al-Shirbīnī S I 518, 846
ʿAbd al-Raḥmān al-Shukrī S III 125
ʿAbd al-Raḥmān b. S. S II 973
ʿAbd al-Raḥmān b. S. al-Ahdal S II A/C 817
ʿAbd al-Raḥmān b. S. al-Khiṣālī S II 948
ʿAbd al-Raḥmān b. S. b. Ya. b. ʿU. b. ʿAq. al-Ḥusaynī S II 998
ʿAbd al-Raḥmān b. Sulṭān al-Kallāk S II 781
ʿAbd al-Raḥmān al-Suwaydī S I 681, II 595
ʿAbd al-Raḥmān al-Suwaysī S II 740
ʿAbd al-Raḥmān al-Ṣabbāgh G II 250, S II 351
ʿAbd al-Raḥmān b. a. ʾl-Ṣafāʾ a. Bakr b. Dāʾūd al-Ṣāliḥī G II 121, S II 151
ʿAbd al-Raḥmān al-Ṣafatī al-Sharqāwī S II 721, 898
ʿAbd al-Raḥmān al-Ṣāliḥī al-Dimashqī Zayn al-Dīn S II 297
ʿAbd al-Raḥmān b. Tāj al-ʿārifīn b. ʿA. al-Mūsawī S II 384
ʿAbd al-Raḥmān b. Taqī al-Dīn b. a. Bakr al-Ṣāliḥī G II 100, S II 119
ʿAbd al-Raḥmān al-Tūnisī S II 696
ʿAbd al-Raḥmān al-Tuwaynī S II 1023,64
ʿAbd al-Raḥmān al-Ujhūrī S II A/C 479
ʿAbd al-Raḥmān b. ʿU. b. ʿAr. al-ʿAyyāshī S II 361
ʿAbd al-Raḥmān b. ʿU. al-Abharī G I 474
ʿAbd al-Raḥmān b. ʿU. al-Būʿaqlī S II 217
ʿAbd al-Raḥmān b. ʿU. al-Dimashqī al-Jawbarī G I 497, S I 910
ʿAbd al-Raḥmān b. ʿU. al-Lakhmī al-Miṣrī al-Maqdisī al-Qibābī (Qabbābī) G II 69, S II 73 see A/C
ʿAbd al-Raḥmān b. ʿU. b. Raslān al-Bulqīnī G I 159, II 113, S II 139
ʿAbd al-Raḥmān b. ʿU. al-Ṣūfī G I 223, S I 398
ʿAbd al-Raḥmān b. ʿU. al-Tuwātī al-Qurashī S II 138
ʿAbd al-Raḥmān al-ʿUmarī al-Mawṣilī S II A/C 782
ʿAbd al-Raḥmān al-ʿUmarī al-Maylānī G I 251
ʿAbd al-Raḥmān b. ʿUthman al-Faqīh al-Khazrajī S II 30
ʿAbd al-Raḥmān b. ʿUthman al-Marʿashī S II 973
ʿAbd al-Raḥmān al-Wāsiṭī S I 781
ʿAbd al-Raḥmān b. Ya. al-Ānisī al-Ṣanʿānī S II 817
ʿAbd al-Raḥmān b. Ya. al-Maddāḥ G II 274
ʿAbd al-Raḥmān b. Ya. al-Mallāḥ S II 175
ʿAbd al-Raḥmān b. Ya. b. M. al-Maghīlī S II 347
ʿAbd al-Raḥmān b. Yakhlaftan b. A. al-Fazārī G I 273, S I 482

ʿAbd al-Raḥmān al-Yamanī G II 327, S II 454
ʿAbd al-Raḥmān b. Yū. al-Aṣfūnī S II 227
ʿAbd al-Raḥmān b. Yū. b. a. Bakr al-Bijāʾī G I 436, S I 780
ʿAbd al-Raḥmān b. Yū. al-Iṣfahānī S I 754
ʿAbd al-Raḥmān b. Yū. b. al-Ṣāʾigh S II 166
ʿAbd al-Raḥmān b. Yū. al-Ujhūrī G II 326, S I 677, II 453
ʿAbd al-Raḥmān b. Zakrī S I 471
ʿAbd al-Raḥmān b. Zaydān S III 499
ʿAbd al-Raḥmān b. Zīdān Mūlāy al-Kabīr S II 892
ʿAbd al-Rashīd b. ʿAbd al-Ghafūr al-Tatmāʾī S II 598
ʿAbd al-Rashīd b. Muṣṭafā b. ʿAbd al-Ḥamīd al-Jawnpūrī G II 216, S II 305, 621
ʿAbd al-Rashīd b. Ṣāliḥ b. Nūrī al-Bākuwī G I 481, II 213, S I 883
ʿAbd al-rasūl b. ʿAbd al-Raḥīm S II 949
ʿAbd al-rasūl b. ʿAbd al-Ṣamad S II 932
ʿAbd al-rasūl al-Fīrūzkūhī Čāhī Nūrī S II 857
ʿAbd al-rasūl al-Māzandarānī S II 843
ʿAbd al-rasūl b. M. Khān al-Bījāpūrī S II 625
ʿAbd al-rasūl b. M. Riḍā al-Anṣārī al-Muẓaffarābādī S II 598
ʿAbd al-Raʾūf al-Amīn S III 361
ʿAbd al-Raʾūf Ef. Ibr. S III 230
ʿAbd al-Raʾūf b. Tāj al-ʿārifīn al-Munāwī G I 162, 181, 285, 359, 369, 396, II 66, 118, 146, 148, 183, 216, 306, 334, 702, S I 265, 268, 500, 584, 611, 682, 683, 774, 817, 818,$_{35h}$, II 70, 111, III 146, 175, 181, 184,$_{56e}$, 417, S II A/C441
ʿAbd al-Razzāq S II 280, 990
ʿAbd al-Razzāq b. ʿAbd al-Fattāḥ al-Lādhiqī S II 774
ʿAbd al-Razzāq b. A. al-Kāshānī G I 262, 443, II 204, S I 463, 774, 793, II 280
ʿAbd al-Razzāq b. A. b. M. b. al-Fuwaṭī S I 590, II 201
ʿAbd al-Razzāq b. ʿA. b. Ḥu. al-Lāhijī S I 927, II 590
ʿAbd al-Razzāq b. ʿA. b. M. al-Qāshānī S I 792
ʿAbd al-Razzāq ʿAlīm al-Dīn al-Ḥanafī S II 1013
ʿAbd al-Razzāq al-Bayṭār S III 422
ʿAbd al-Razzāq b. Hammām b. Nāfiʿ G I 521, S I 333
ʿAbd al-Razzāq al-Ḥasanī b. Najafī S II 805, 848, III 496
ʿAbd al-Razzāq al-Ḥiṣān S II 808
ʿAbd al-Razzāq b. al-Jundī G I 39
ʿAbd al-Razzāq al-Mishlīnī S II 418
ʿAbd al-Razzāq b. M. b. Ḥammadush al-Jazāʾirī S II 713
ʿAbd al-Razzāq b. Muṣṭafā al-Anṭākī S II 317,$_{20}$, 973,$_{12}$
ʿAbd al-Razzāq b. Rizqallāh b. a. ʾl-Hayjāʾ al-Rasʿanī al-Ḥanbalī G I 415, S I 667, 736
ʿAbd al-Razzāq al-Sijistānī a. ʾl-Ghanāʾim S II 280
ʿAbd al-Riḍā b. ʿAbd al-Ḥusayn M. b. ʿA. b. Al-Shaykh al-Akbar Jaʿfar Kāshif al-Ghiṭāʾ S II 806
b. ʿAbd al-Salām G I 103, II 34
ʿAbd al-Salām b. ʿAbd al-ʿAlīm al-Mālikī S II 959
ʿAbd al-Salām b. ʿAl. b. Taymiyya al-Ḥarrānī G I 399, S I 690
ʿAbd al-Salām b. ʿAq. al-Rukn al-Jabalī S I 833
ʿAbd al-Salām b. ʿAr. b. Barrajān G I 434, S I 775
ʿAbd al-Salām b. ʿAr. b. Muṣṭafā b. Maḥmūd al-Shaṭṭī al-Ḥanbalī S III 341
ʿAbd al-Salām b. ʿAr. b. ʿUthmān b. Nabhān al-Ṣaffūrī S II 357
b. ʿAbd al-Salām b. ʿAr. b. Ziyād S II 555
ʿAbd al-Salām b. A. G II 275
ʿAbd al-Salām b. A. b. Ghānim al-Maqdisī G I 450, S I 808
ʿAbd al-Salām b. ʿA. b. al-Ḥu. S II 916
ʿAbd al-Salām b. ʿA. b. al-Ḥu. al-Abarqūhī S II 262
ʿAbd al-Salām al-Asmar al-Quṭb al-Rabbānī S II 998
ʿAbd al-Salām al-Dīwāʾī S II 264,$_{10a}$
ʿAbd al-Salām Ef. al-Māridīnī S II 780
ʿAbd al-Salām b. Ghālib al-Masarrātī b. Ghallāb S I 664
ʿAbd al-Salām b. Ibr. al-Lāqānī G II 252, 307, 316, S II 181,$_{30}$, 357, 419, 436
ʿAbd al-Salām b. Idrīs al-Marrākushī S I 469
ʿAbd al-Salām b. Mashīsh al-Idrīsī G I 440, S I 787
ʿAbd al-Salām al-Muhtadī S II 990

ʿAbd al-Salām b. M. al-Andarasfānī G I 365, S I 624
ʿAbd al-Salām al-Qādirī S II 19
ʿAbd al-Salām al-Qayṣarī S II 654
ʿAbd al-Salām b. Sālim al-Ṭīṭūrī S II 702
ʿAbd al-Salām al-Tūnisī S I 301
ʿAbd al-Salām b. al-Ṭayyib al-Qādirī S II 356, 682
ʿAbd al-Salām b. ʿUthmān b. ʿIzzaddīn al-Ṭīṭūrī al-Ṭarābulusī S II 683 (III 499)
ʿAbd al-Sattār b. ʿA. b. Ḥu. S II 23
ʿAbd al-Sattār al-Qurghūlī S III 497
ʿAbd al-Sayyid b. M. b. al-Ṣabbāgh G I 388, S I 671
ʿAbd al-Ṣādiq b. ʿĪsā S II 709, 959
ʿAbd al-Ṣāḥib b. Ḥ. al-Ṣaghīr S II A/C 579
ʿAbd al-Ṣāḥib M. b. A. al-Kāshānī al-Nīraqī S II 833
ʿAbd al-Ṣamad b. ʿAl. al-ʿAlawī al-Dāmaghānī Shams al-Dīn S II 966
ʿAbd al-Ṣamad b. ʿAl. al-Lakhmī G I 459
ʿAbd al-Ṣamad Dāʿī ʾl-Ḥaḍra al-Aḥmadiyya S II 26, 469, 470
ʿAbd al-Ṣamad b. Fayyāḍ al-Asadī S II A/C 210
ʿAbd al-Ṣamad al-Hamadhānī S II 505
ʿAbd al-Ṣamad b. Manṣūr b. Bābak S I 445
ʿAbd al-Ṣamad al-Manzilī S II 550
ʿAbd al-Ṣamad b. Ya. b. A. al-Ṣāliḥī G II 135, S II 166
ʿAbd al-Ṣamad Zayn al-Dīn G I 450, II 123
ʿAbd al-Tawwāb al-Sukkarī al-Qūṣī al-Shāfiʿī S I 464 i (see A/C)
ʿAbd al-Wadūd b. ʿAl. b. A. b. al-Mukhtār S I 525
ʿAbd al-Wahhāb S II 1019
ʿAbd al-Wahhāb b. a. ʿAl. b. a. ʾl-Ḥ. al-Ganjawī G II 331, S II 457
ʿAbd al-Wahhāb b. ʿAq. al-Faraḍī S II 1018,$_{13}$
ʿAbd al-Wahhāb ʿAfīf al-Dīn S I 498
ʿAbd al-Wahhāb b. A. Adarrāq S II 714
ʿAbd al-Wahhāb b. A. al-Aḥmadī G II 390
ʿAbd al-Wahhāb b. A. b. ʿA. Al-Shaʿrānī G I 442, 493, II 122, 335, S I 619, 751,$_{38b}$, 791, 900, II 464, A/C 181
ʿAbd al-Wahhāb b. A. b. M. b. ʿAl. b. ʿArabshāh G II 19, S I 741, II 13
ʿAbd al-Wahhāb b. A. b. Saḥnūn al-Dimashqī al-Ḥanafī S I 900
ʿAbd al-Wahhāb b. A. b. Wahbān al-Humāmī G II 79, S II 88
ʿAbd al-Wahhāb b. ʿA. b. ʿAbd al-Kāfī Tāj al-Dīn al-Subkī G II 89, S II 105
ʿAbd al-Wahhāb b. ʿA. al-Ḥusaynī al-Astarābādī S I 706, 927
ʿAbd al-Wahhāb b. ʿA. al-Thaʿlabī S I 660
ʿAbd al-Wahhāb al-Āmidī S I 750,$_{32c}$
ʿAbd al-Wahhāb Amīn S III 233
ʿAbd al-Wahhāb b. ʿArabzāde S II 959
ʿAbd al-Wahhāb al-Dikdikī G II 348
ʿAbd al-Wahhāb Ef. al-Sibāʿī S II 288
ʿAbd al-Wahhāb al-Humāmī G II 226, S II 92
ʿAbd al-Wahhāb b. Ḥ. b. Barakāt S II 916
ʿAbd al-Wahhāb b. Ḥu. al-Āmidī G II 370, S II 498
ʿAbd al-Wahhāb b. Ḥu. al-Tamīmī al-Qaysī S II 998
ʿAbd al-Wahhāb b. Ibr. al-Shāfiʿī al-ʿUrḍī G II 319, S II 14
ʿAbd al-Wahhāb b. Ibr. al-Zanjānī, see Ibr. b. ʿAbd al-Wahhāb al-Z.
ʿAbd al-Wahhāb al-Khaṭīb al-Ghumrī G II 140, S II 174, 440
ʿAbd al-Wahhāb al-Muhallabī al-Bahnasī G I 103, S I 161
ʿAbd al-Wahhāb b. M. al-Ḥusaynī G I 364, II 132, S I 622
ʿAbd al-Wahhāb b. M. b. Manda G I 354
ʿAbd al-Wahhāb al-Muqriʾ al-Sirājī G II 359
ʿAbd al-Wahhāb b. Muṣṭafā al-Dimashqī G II 283
ʿAbd al-Wahhāb al-Najjār S III 310
ʿAbd al-Wahhāb al-Nīsābūrī b. M. S II 906
ʿAbd al-Wahhāb b. Qandīl G II 355, S II 705
ʿAbd al-Wahhāb al-Qudawāʾī Munʿim Khān G II 417, S II 614
ʿAbd al-Wahhāb b. Shuwaykh al-Jawharī S II 973
ʿAbd al-Wahhāb al-Ṭantāʾī al-Aḥmadī S II 478
ʿAbd al-Wahhāb b. ʿU. b. Ḥu. al-Ḥasanī S I 682
ʿAbd al-Wahhāb b. Walīallāh S II 605

ʿAbd al-Wahhāb Yasanjīzāde Shaykh al-Islām S II 1013
ʿAbd al-Wahhāb Yāsīnzāde S II 786
ʿAbd al-Wahhāb b. Yū. al-Banwānī al-Kurdī S II 23, 996
ʿAbd al-Wāḥid b. ʿAbd al-ʿAzīz al-Tamīmī S I 311
ʿAbd al-Wāḥid b. ʿAbd al-Karīm b. Khalaf al-Anṣārī al-Zamulakānī G I 415, S I 510, 736
ʿAbd al-Wāḥid b. ʿAl. Bāshaʿyān S II 792
ʿAbd al-Wāḥid b. ʿAbd al-Razzāq al-Khaṭīb al-Nasawī G I 486, S I 889
ʿAbd al-Wāḥid b. A. b. ʿA. b. ʿĀshir al-Fāsī S II 699
ʿAbd al-Wāḥid b. A. b. ʿĀshir al-Anṣārī G II 248, S I 468, II 350
ʿAbd al-Wāḥid b. A. al-Kirmānī S I 757
ʿAbd al-Wāḥid b. A. b. M. al-Ḥasanī S II 336
ʿAbd al-Wāḥid b. ʿA. al-Ḥalabī S I 190
ʿAbd al-Wāḥid b. ʿA. Muḥyi ʾl-Dīn al-Tamīmī al-Marrākushī G I 322, S I 555
ʿAbd al-Wāḥid b. ʿA. a. ʾl-Ṭayyib S I 157
ʿAbd al-Wāḥid b. ʿA. al-ʿUkbarī S I 492
ʿAbd al-Wāḥid al-Burjī G II 295
ʿAbd al-Wāḥid al-Bustānī S II 1028
ʿAbd al-Wāḥid al-Ghaffār al-Balkarāwī S II 700
ʿAbd al-Wāḥid b. Ibr. Quṭb S I 535
ʿAbd al-Wāḥid b. Ism. al-Rūyānī G I 390, S I 673
ʿAbd al-Wāḥid b. M. b. ʿAbd al-Wāḥid b. Dallāj al-Maghribī S II 1028
ʿAbd al-Wāḥid b. M. b. ʿAbd al-Wāḥid al-Tamīmī al-Āmidī S I A/C 704
ʿAbd al-Wāḥid b. M. b. al-Jūzajānī G I 453, 455, S I 812, 821, 828
ʿAbd al-Wāḥid b. Naṣr al-Makhzūmī Babbaghā G I 90, S I 145
ʿAbd al-Wāḥid al-Sīwastānī S II 620
ʿAbd al-Wāḥid al-Wansharīshī S II A/C 373
ʿAbd al-Wājid b. M. Mudarris Kūtāhya S I 648, 818,35a
ʿAbd al-Wāsiʿ b. Ya. al-Wāsiʿī S II 821,68
ʿAbdī Bishr al-Khāl S II A/C 392
ʿAbduh Ḥ. Qashqūsh S III 231
ʿAbduh al-Shaʾmī S III 252
ʿAbduh Yannī Bābad S I 439
b. ʿAbdūn ʿAbd al-Majīd al-Yāburī G I 271, S I 480
b. ʿAbdūn al-Nakhaʿī M. b. A. S I 662
-ʿAbdūnī M. ʿAbd al-Karīm S II 687
-ʿAbdūsī S I 599
Abenguefith S I 888
-Abharī ʿAr. b. ʿU. G I 474, A. Sayf al-Dīn S I 538, II 292, Amīn al-Dīn G II 211, Athīr al-Dīn al-Mufaḍḍal b. ʿU. G I 464, S I 839, M. b. M. S I 505
-Ābī Manṣūr b. a. ʾl-Ḥu. G I 351, S I 592
ʿAbīd b. al-Abraṣ G I 26, S I 54
-ʿĀbid b. A. b. Sūda S II 959
ʿAbīd b. M. al-Ruhāwī S I 918
ʿAbīd (ʿUbayd) b. Sharya al-Jurhumī S I 100
-ʿĀbid al-Sindī al-Madanī S I 264
b. ʿĀbidīn G II 196, 311
b. ʿĀbidīn ʿAlāʾ al-Dīn S II 774
b. ʿĀbidīn M. Amīn b. ʿU. b. ʿAbd al-ʿAzīz S II 773
-Abīwardī G I 295, S I 532
-Abīwardī A. G I 468, S I 517, 846
-Abīwardī M. b. A. G I 253, S I 447
Abkarius Iskandar Āghā G II 495, S I 38, Alice S III 415
-Ablah M. b. Bakhtiyār G I 248, S I 442
Abraham b. Ezra S I 382
Abyārī S II 334
-Abyārī ʿAbd al-Hādī G II 73
Abyārī ʿAbd al-Hādī Najāʾ b. Riḍwān Najāʾ S II 741
Abyārī Fayḍ b. Mubārak G II 340, S II 469
-Abzārī ʿA. b. M. b. ʿAl. S II 298
Ādam b. Ṣafī al-Dīn b. Ṭayyib Shāh S II 609
-ʿAdawī (ʿIdwī) S II 596
-ʿAdawī ʿA. b. A. G I 319, S II 439
-ʿAdawī ʿA. b. Musāfir S I 764
-ʿAdawī M. b. Ṭalḥa b. M. b. al-Ḥ. G I 463, S I 838
Adelard of Bath G I 216
-Adfuwī Jaʿfar b. Thaʿlab b. Jaʿfar G II 31, S II 29
-Adhamī A. Ef. b. Ṣāliḥ b. Manṣūr al-Ṭarābulusī G II 297, S II 408, 490
-Adhraʿī A. b. Ḥamdān b. A. S II 108
Adhraʿī S. b. Wuhayb G I 395
ʿAdī b. Musāfir al-Hakkārī G I 421, 434, S I 752, 776

ʿAdī b. al-Riqāʿ al-ʿĀmilī S I 96
ʿAdī b. Ya. S I 247
ʿAdī b. Zayd G I 29, S I 60
Adīb Ef. Luḥud S III 421
Adīb Isḥāq b. ʿAl. al-Dimashqī S II 759
Adīb al-Khūrī al-Shartūnī S III 448
Adīb al-Taqī al-Baghdādī S III 495
ʿĀdil al-Ghaḍbān S III 274
ʿĀdil b. ʿU. b. ʿA. G II 114, S II 140
-ʿĀdilī ʿA. b. A. G I 352, II 391, M. b. Ṣadaqa G II 121
b. al-ʿAdīm al-Ḥalabī ʿU. b. A. Kamāl al-Dīn G I 332, S I 568
-ʿAdlī S I 219
b. al-ʿAdlī S I 905
ʿAdnān b. Naṣr al-ʿAynzarbī G I 487, S I 990
-ʿAdnānī ʿUthmān b. ʿAmr b. a. Bakr S II 278
-Adranawī (Edrenewī) G I 457, M. Kāmī G II 438, S II 649
-Adranawī ʿU. b. Ḥamza al-Uwaysī S II 638
ʿAḍud al-Dīn al-Ījī ʿAr. b. A. G II 208, S II 286
ʿAḍud al-Islām a. ʾl-Q. Masʿūd b. M. al-Shahīd S I 742,18
-Āfāqī M. b. M. b. ʿA. S II 150
Afḍal al-Dīn G I 429
Afḍal al-Dīn al-Kāshī G I 423, S II 280
-Afḍalī S II 290
ʿAffān b. Muslim al-Baṣrī G I 157
ʿAfīf al-Dīn al-Tilimsānī S. b. A. G I 258, S I 458, 774, 793,12aa, 818,35b
ʿAfīf b. S. Saʿd al-Dīn al-Kāzarūnī G II 49, S II 262
ʿAfīfa Karam S III 456
b. Aflaḥ ʿA. al-ʿAbsī Jamāl al-mulk S I 441
a. Aflaḥ al-Saraqusṭī S I 907
Aflāṭūn (see Plato) S I 821,28v
b. Aflāṭūn Darwīsh M. S II 641
-Afshanjī G I 428, Maḥmūd b. Dāʾūd al-Luʾluʾī S I 761
Āftāb b. M. b. M. b. Jamāl S I 970
-Afṭasī M. b. M. b. Hibatallāh S I 597
-Afwah Ṣalāt b. ʿAmr. al-ʿAwdī S I 57
-Afzārī ʿA. b. M. b. ʿAl. S II 170
-Aghbarī Dāʾūd b. Nāṣir al-Dīn G II 169, S I 219
-Aghlab b. ʿAmr al-ʿIjlī G I 60, S I 90
b. al-Ahdal Ḥātim b. A. G II 407, S II 565
b. al-Ahdal al-Ḥu. b. ʿAr. b. M. G II 185, S II 238
b. al-Ahdal al-Ḥu. b. Ṣādiq b. al-Ḥu. S III 251
b. al-Ahdal al-Mūsawī S II 865
-Ahwāzī A. b. al-Ḥu. S I 387
-Ahwāzī Ḥ. b. ʿA. b. Ibr. G I 407, S I 720
-Aḥdab Ibr. al-Ṭarābulusī S II 760
-Aḥdab M. b. ʿU. G II 303
-Aḥdab al-Rammāḥ Ayyūb S I 905
Aḥmad b. ʿAbbād b. Shuʿayb al-Qināʿī G II 27, S II 22
Aḥmad al-Abbār al-Fāsī S II 99
Aḥmad b. al-ʿAbbās al-Andalusī S I 428
Aḥmad b. al-ʿAbbās al-Majūsī S I 422
Aḥmad b. al-ʿAbbās al-Wahrānī G I 300
Aḥmad b. ʿAbd al-Aḥad al-Sirhindī al-Sikandarpūrī S II 550
Aḥmad b. ʿAbd al-ʿĀlī al-Karakī S II 132
Aḥmad b. Abd al-Awwal al-Saʿīdī al-Qazwīnī G II 438, S I 739, II A/C 517, 650
Aḥmad b. ʿAbd al-ʿAzīz Bābāqalʿawī S II 932
Aḥmad b. ʿAbd al-ʿAzīz al-Battī G I 309
Aḥmad b. ʿAbd al-ʿAzīz al-Hilālī S II 390 (G II 183 Ḥillī)
Aḥmad b. ʿAbd al-ʿAzīz al-Ḥanafī S II 949
Aḥmad b. ʿAbd al-ʿAzīz b. Ḥu. b. Ḥāfiẓ Ṣāliḥ S II 657
Aḥmad b. ʿAbd al-ʿAzīz al-Jurjānī S I 140
Aḥmad b. ʿAbd al-ʿAzīz b. al-Rāshid al-Kilālī S II 356
Aḥmad b. ʿAbd al-ʿAzīz al-Rashīd as-Sijilmāsī S II 255
Aḥmad b. ʿAbd al-ʿAzīz al-Safāqusī G II 460, S II 694
Aḥmad b. ʿAbd al-ʿAẓīm al-Anṣārī S I 898
Aḥmad ʿAbd al-Bāqī al-Daqqāq S III 84
Aḥmad b. ʿAbd al-Barr al-Dimyāṭī S II 999
Aḥmad ʿAbd al-Fattāḥ Budayr S III 232
Aḥmad b. ʿAbd al-Fattāḥ al-Mujirī al-Mollawī G I 299, S I 519, 524, II 259, 260, 466, 481, 705, A/C 355
Aḥmad b. ʿAbd al-Ghaffār al-Mālikī G II 155, 387, S II 526
Aḥmad b. ʿAbd al-Ghaffār Shihāb al-Dīn S II 194, 256
Aḥmad b. ʿAbd al-Ghanī al-Khazrajī G II 251
Aḥmad b. ʿAbd al-Ghanī al-Sarūjī S I 646

Aḥmad b. ʿAbd al-Ghanī al-Tamīmī al-Khalīlī G II 331, S II 460
Aḥmad b. ʿAbd al-Ḥalīm b. ʿAbd al-Salām b. Taymiyya G I 399, II 100, S II 119
Aḥmad b. ʿAbd al-Ḥaqq S I 654
Aḥmad b. ʿAbd al-Ḥaqq ʿAbd al-Karīm b. al-Ḥājj ʿĪsā al-Tarmanīnī S I 536, II 17
Aḥmad b. ʿAbd al-Ḥaqq b. al-Khallāl al-Ḥimṣī G I 464, S I 839
Aḥmad b. ʿAbd al-Ḥaqq b. M. Saʿīd S II 62
Aḥmad b. ʿAbd al-Ḥaqq al-Qūṣī S II 907
Aḥmad b. ʿAbd al-Ḥaqq al-Sanbāṭī G II 99, S I 471, II 118
Aḥmad b. ʿAbd al-Ḥayy al-Ḥalabī S II 683, 933
Aḥmad b. ʿAbd al-Jalīl al-Sharāʾibī a. ʾl-ʿAbbās S II 1019
Aḥmad b. ʿAl. S II 933
Aḥmad b. ʿAl. b. ʿAbd al-Jabbār al-Shādhalī S I 804
Aḥmad b. ʿAl. al-Adīb al-Makkī S II 876
Aḥmad b. ʿAl. A. al-Bakrī al-Ṣiddīqī S II 77
Aḥmad b. ʿAl. ʿA. al-Aghrūsī al-Ḥamīdī S I 611, II 933
Aḥmad b. ʿAl. al-ʿAṣabī al-Sanāʾ S II 497
Aḥmad b. ʿAl. al-Baghdādī G II 373, S II 501
Aḥmad b. ʿAl. al-Barqī S II 841
Aḥmad b. ʿAl. al-Bijāʾī S I 843,20
Aḥmad b. ʿAl. al-Brkdinī S II 1019
Aḥmad b. ʿAl. al-Dānī a. ʿAl. S II 1013
Aḥmad b. ʿAl. al-Fayḍī Fakhr al-Dīn S II A/C 975
Aḥmad b. ʿAl. al-Ghadāmisī al-Miṣrī S II 354
Aḥmad b. ʿAl. Ghālib b. Zaydūn al-Makhzūmī S I 485
Aḥmad b. ʿAl. Ḥabash al-Ḥāsib al-Marwazī G I 221, S II 393
Aḥmad b. ʿAl. al-Ḥujjawī S II 963
Aḥmad b. ʿAl. al-Ḥurr al-Ḥalabī S II 5
Aḥmad b. ʿAl. b. Ḥu. b. Marʿī al-Suwaydī S II 508
Aḥmad b. ʿAl. b. Ibr. b. al-Wazīr S II 555, 558, 967
Aḥmad b. ʿAl. al-Jazāʾirī al-Zawāwī G I 266, II 252, S II 356
Aḥmad b. ʿAl. b. a. ʾl-Khayr al-Anṣārī al-Khazrajī S I 606
Aḥmad b. ʿAl. b. a. ʾl-Khayr al-Ḥasanī S II 73
Aḥmad b. ʿAl. al-Khwānsārī S II 841
Aḥmad b. ʿAl. al-Kirmānī S I 325
Aḥmad b. ʿAl. al-Kūzikinānī S II 984
Aḥmad b. ʿAl. al-Makhzūmī a. ʾl-Muṭarrif G I 312, S I 546
Aḥmad b. ʿAl. b. M. al-Sijilmāsī G II 464, S II 711
Aḥmad b. ʿAl. al-Nāṣiḥ S II 984
Aḥmad b. ʿAl. a. Nuʿaym al-Iṣfahānī G I 362, II 155, S I 616
Aḥmad b. ʿAl. b. al-Q. al-Surramarrī S II 953
Aḥmad b. ʿAl. b. al-Qrīmī S II A/C 301
Aḥmad b. ʿAl. b. al-Rāzī G I 333, S I 570
Aḥmad b. ʿAl. b. Saʿīd b. Mutawwaj al-Baḥrānī S II 133, S II 898
Aḥmad b. ʿAl. Shawqī S I A/C 842
Aḥmad b. ʿAl. al-Sulamī al-Shaʾmī Shihāb al-Dīn S II 935
Aḥmad b. ʿAl. al-Suwaydī S II 501
Aḥmad b. ʿAl. al-Ṣādiq Jaʿfar S III 495
Aḥmad b. ʿAl. al-Tadmirī S I 181 (G I 118 Tirmidhī)
Aḥmad b. ʿAl. al-Tuṭīlī S I 480
Aḥmad b. ʿAl. al-Ṭabarī al-Makkī G I 361, S I 615
Aḥmad b. ʿAl. b. ʿU. b. al-Bāzyār S I 394
Aḥmad b. ʿAl. b. ʿU. b. al-Ṣaffār al-Ghāfiqī G I 224, S I 401
Aḥmad b. ʿAl. al-Wāʿiẓ al-Makkī G II 379
Aḥmad b. ʿAl. al-Wazīr S II 967
Aḥmad b. ʿAbd al-Laṭīf b. A. b. Shams al-Dīn b. ʿA. al-Miṣrī al-Bishbishī G II 322, S II 444
Aḥmad b. ʿAbd al-Laṭīf al-Barbīr G II 493, S II 750
Aḥmad b. ʿAbd al-Laṭīf b. Mukayna G II 396
Aḥmad b. ʿAbd al-Laṭīf al-Sharjī al-Ḥanafī Shihāb al-Dīn S II 999
Aḥmad b. ʿAbd al-Malik al-ʿAzāzī G II 8, S II 1
Aḥmad b. ʿAbd al-Muʿīn al-Shabrīsī al-Wāsiṭī Shihāb al-Dīn S II 999
Aḥmad b. ʿAbd al-Munʿim S III 232
Aḥmad b. ʿAbd al-Munʿim b. Khayyām al-Damanhūrī G II 331, 353, 356, 371, S II 498, 705, 706
Aḥmad b. ʿAbd al-Munʿim al-Qaysī al-Sharīshī G I 277, S I 487, 544

Aḥmad b. ʿAq. S II 999
Aḥmad b. ʿAq. b. A. b. Umm Maktūm S II 46
Aḥmad b. ʿAq. Bāʿasham G II 705, S I 785
Aḥmad b. ʿAq. al-Dawʿānī G I 444
Aḥmad b. ʿAq. al-Ḥusaynī al-Ṭabarī S II 1036
Aḥmad b. ʿAq. b. Maktūm al-Qaysī al-Ḥanafī S II 137
Aḥmad b. ʿAq. b. M. al-Amīr S II 99
Aḥmad b. ʿAq. b. M. al-Nuʿaymī S II 452
Aḥmad b. ʿAq. Shihāb al-Dīn G I 438
Aḥmad b. ʿAbd al-Qāhir al-Rūmī S II 661
Aḥmad b. ʿAbd al-Raḥīm b. A. S II 77
Aḥmad b. ʿAbd al-Raḥīm al-ʿIrāqī G I 394, 424, 471, II 66, S I 679, II 71, 105
Aḥmad b. ʿAbd al-Raḥīm al-Ṭahṭāwī G II 478, S II 727, 738
Aḥmad b. ʿAbd al-Raḥīm b. ʿUthmān b. Ḥ. al-Ḥusaynī al-Rifāʿī S I A/C 844
Aḥmad b. ʿAr. G II 363
Aḥmad b. ʿAr b. a. Bakr al-Saqqāf S II 462
Aḥmad b. ʿAr al-Fayḍī al-Mawṣilī a. ʾl-Barakāt S II A/C 975
Aḥmad b. ʿAr. al-Fishtālī S II 689
Aḥmad b. ʿAr. Hishām S I 523
Aḥmad b. ʿAr. Ḥalūlū al-Yazlitānī al-Qayrawānī S II 105, 347
Aḥmad b. ʿAr. al-Ḥamawī G II 706
Aḥmad b. ʿAr. b. Mandawayh G I 423
Aḥmad b. ʿAr. al-Maqdisī S I 913
Aḥmad b. ʿAr. b. M. al-Ḥarīrī S II 68
Aḥmad b. ʿAr. b. M. al-Wārithī G II 274, S II 385
Aḥmad b. ʿAr. al-Muqaddasī S I 689
Aḥmad b. ʿAr. al-Naqāwusī al-Bijawī G I 269, S I 474
Aḥmad b. ʿAr. (ʿAl.) al-Nāshirī Sayf al-Dīn S II 527
Aḥmad b. ʿAbd al-Raʾūf b. M. b. A. al-Maghribī S II 106
Aḥmad b. ʿAbd al-Razzāq al-Maqdisī G II 696, S I 506
Aḥmad b. ʿAbd al-Razzāq al-Rashīdī S I 681, II 497
Aḥmad b. ʿAbd al-Razzāq al-Ṭanṭarānī G I 252, S I 446
Aḥmad b. ʿAbd al-Riḍā al-Damāmīnī S II 577
Aḥmad b. ʿAbd al-Salām a. ʾl-Abbās S II 916
Aḥmad b. ʿAbd al-Salām al-Ṣaqalī al-Sharīf G II 257, S I 823,81d, II 367
Aḥmad b. ʿAbd al-Ṣamad al-Jāwī al-Palembānī S II 629
Aḥmad b. ʿAbd al-Wahhāb al-Jirjawī S I 470
Aḥmad b. ʿAbd al-Wahhāb al-Miṣrī G I 396
Aḥmad b. ʿAbd al-Wahhāb b. M. al-Nuwayrī G II 139, S II 173
Aḥmad ʿAbd al-Wāḥid al-Zayyāt S III 280
Aḥmad al-Abharī Sayf al-Dīn S I 538, II 293
Aḥmad al-Abīwardī G I 468, S I 517, 846
Aḥmad al-Abshīrī Shihāb al-Dīn S II 906
Aḥmad al-ʿAdawī S II 627,22c
Aḥmad al-Aḥadī al-Hindī al-Qādirī S II 999
Aḥmad b. A. b. ʿAbd al-Ḥaqq al-Sunbāṭī G I 267, II 156, 168, 268, 368, S I 672, II 195, 216, 268, 496
Aḥmad b. A. b. ʿAl. al-Ghubrīnī G II 239, S II 336
Aḥmad b. A. b. ʿAbd al-Laṭīf al-Sharjī G II 190, S I 263, II 254
Aḥmad b. A. b. ʿAbd al-Laṭīf al-Zihādī al-Yamanī S II A/C 251
Aḥmad b. A. b. ʿAr. al-ʿAjamī S II 410
Aḥmad b. A. b. ʿAr. al-ʿInāyātī G II 273, S II 384
Aḥmad b. A. b. A. Bābā al-Takrūrī al-Timbuktī G II 176, 466, S II 352, 715
Aḥmad b. A. b. A. al-Ḥu. b. Mūsā al-Hakkārī G II 201, S II 274
Aḥmad b. A. b. Badr al-Ṭayyibī G II 320, S II 441
Aḥmad b. A. al-Bijāʾī S II 334
Aḥmad b. A. al-Daqūnī al-Andalusī S II 332
Aḥmad b. A. al-Gharqāwī al-Fayyūmī al-Mālikī G II 316, S II 438, 907, 959
Aḥmad b. A. b. Ḥamza al-Ramlī G II 319, S I 672, II 110, 334, 440, 461
Aḥmad b. A. a. Jafʿar al-Dānī S I 543, 578
Aḥmad b. A. a. Jumʿa al-Bājirmī G II 324, S II 447
Aḥmad b. A. al-Maqdisī al-Ḥanbalī S II 447
Aḥmad b. A. al-Maqdisī b. Khirsiyān S II 698
Aḥmad b. A. Muʿawwaḍ S III 414
Aḥmad b. A. b. M. b. ʿAbd al-Karīm al-Damīrī S II 401

Aḥmad b. A. b. M. al-ʿAjamī al-Wafāʾī G I 159, II 308, S I 264, 304, 519, II 419
Aḥmad b. A. b. M. al-Ānisī al-Hādawī G II 391, S II 545
Aḥmad b. A. b. M. b. Naṣr al-Qubāwī S I 211
Aḥmad b. A. b. M. al-Ramlī al-Marṣafī G I 412, S I 460 (to be read thus)
Aḥmad b. A. b. M. al-Shaqānişī S II 878
Aḥmad b. A. b. M. al-Sijāʿī G I 299, II 323, S I 60, 523, 685, II 216, 360, 445
Aḥmad b. A. b. M. b. Zarrūq al-Burnusī al-Fāsī G I 201, 421, 429, 449, II 118, 250, 253, S I 362, 484, 737, 746, 763, 804, II 146, 360
Aḥmad b. A. al-Naʿāmī al-Ḥusaynī S II 818
Aḥmad b. A. al-Najjārī S II 451
Aḥmad b. A. al-Najjārī al-Dimyāṭī S III 179
Aḥmad b. A. al-Rasmūkī S II 709, A/C 334
Aḥmad b. A. b. Salāma al-Qalyūbī G I 389, 395, II 238, 364, S II 23, 333, 492
Aḥmad b. A. al-Salāwī al-Sāwī S II A/C 655
Aḥmad b. A. al-Sandūbī S II 260
Aḥmad b. A. al-Satīwī S II 907 (to be read thus)
Aḥmad b. A. al-Sūdānī S II 334 (to be read thus instead of A. b. M.)
Aḥmad b. A. al-Ṣāwī al-Khalwatī S I 471
Aḥmad b. A. al-Ṭabarī b. al-Qāṣṣ G I 180, S I 306
Aḥmad b. A. al-Ṭablāwī S II 111
Aḥmad b. A. b. ʿUthmān b. Sālim al-ʿAwwāmī S I 470
Aḥmad b. Aḥsan al-Shabībī al-Dhamārī S II 245
Aḥmad b. ʿAjība G II 238, S II 334
Aḥmad Āl Kāshif al-Ghiṭāʾ b. ʿA. Riḍā al-Najafī S II 801
Aḥmad b. ʿAlāʾ al-Dīn b. Khijjī G II 50, S II 50
Aḥmad al-ʿAlamī G II 370
Aḥmad b. ʿAlawān al-Yamanī Ṣafī al-Dīn G I 449, S I 806,31, II 990
Aḥmad b. ʿA. b. ʿAbd al-Kāfī al-Subkī G II 12, S I 516, II 5
Aḥmad b. ʿA. b. ʿAl. al-Qalqashandī G II 134, S II 164
Aḥmad b. ʿA. b. ʿAq. al-Maqrīzī G I 498, II 38, S I 305, II 36
Aḥmad b. ʿA. b. ʿAbd al-Quddūs al-Shinnāwī G II 391, S II 534
Aḥmad b. ʿA. b. ʿAr. al-Manjūrī G I 312, S II 353, 376, 697
Aḥmad b. ʿA. al-ʿAbdarī al-Mayurqī S I 635
Aḥmad b. ʿA. b. A. b. Faṣīḥ al-Qayṣarī al-Hamadhānī al-Kūfī G II 78, 197, S II 86, 211, 267
Aḥmad b. ʿA. al-Anqirāwī S II 316
Aḥmad b. ʿA. ʿArīkān al-Qāḍī al-Badakhshī G I 428, S I 760
Aḥmad b. ʿA. b. Bānī S I 586
Aḥmad b. ʿA. al-Baskūrī S I 260
Aḥmad b. ʿA. al-Bayhaqī G I 293, S I 513
Aḥmad b. ʿA. al-Bilbaysī G II 111
Aḥmad b. ʿA. al-Dalajī G II 487, S II 741
Aḥmad b. ʿAlī al-Dīn al-Qirdiyāwī S II 1014
Aḥmad b. ʿA. al-Fakhūrī S II 1019
Aḥmad b. ʿA. Fatḥallāh al-Ḥusaynī al-Sandīlī S II 290, 293, 303, 623
Aḥmad b. ʿA. al-Hishāmī a. ʾl-ʿAbbās S II 933
Aḥmad b. ʿA. al-Ḥaḍramī G II 898
Aḥmad b. ʿA. b. al-Ḥājj al-Rahūnī a. ʾl-ʿAbbās S II 1038
Aḥmad b. ʿA. b. Ḥ. b. ʿA. b. Muhannā al-Dāʾūdī S II 261
Aḥmad b. ʿA. b. al-Ḥu. b. Muhannā b.ʿInaba al-Zaydī G II 199, S II 271
Aḥmad b. ʿA. al-Ḥusaynī al-Ardastānī S II 625
Aḥmad b. ʿA. b. Ibr. al-Badawī G I 450, II 70, 123, 397, S I 807
Aḥmad b. ʿA. b. Idrīs Qaṣṣāra al-Ḥimyarī S I 523
Aḥmad b. ʿA. al-Ījī S I 522
Aḥmad b. ʿA. al-Jaṣṣāṣ G I 172, 173, 174, 191, S I 289, 293
Aḥmad b. ʿA. al-Jumhūrī G I 488
Aḥmad b. ʿA. b. Khalaf al-Anṣārī b. al-Bādhash S I 723
Aḥmad b. ʿA. al-Khuwārī G I 439
Aḥmad b. ʿA. b. al-Maghribī A. al-Ḥarīrī S I 406
Aḥmad b. ʿA. b. Maḥmūd al-Ghujduwānī S I 532
Aḥmad b. ʿA. al-Malīḥī al-Kutubī S I 811
Aḥmad b. ʿA. b. Manjawayh al-Iṣfahānī S I A/C 266

Aḥmad b. ʿA. al-Manīnī G II 415, S II 596,$_{11}$
Aḥmad b. ʿA. al-Maqīnī G II 165, S II 134
Aḥmad b. ʿA. b. Masʿūd G II 21, S II 14
Aḥmad b. ʿA. b. Mirgham al-Ṣanʿānī S I 699, II 933
Aḥmad b. ʿA. al-Miṣrī G I 465
Aḥmad b. ʿA. b. M. al-Baskarī (Biskrī?) S II 618
Aḥmad b. ʿA. b. M. b. Ḥajar al-ʿAsqalānī G I 159, 291, 292, 359, 360, 378, 424, 450, II 47, 67, S I 509, II 72
Aḥmad b. ʿA. b. M. b. Khātima al-Anṣārī G II 259, S I 541, II 369
Aḥmad b. ʿA. b. M. b. al-Naqīb al-Maqdisī G II 112, S II 138
Aḥmad b. ʿA. b. M. al-Qurashī S II 58
Aḥmad b. ʿA. b. al-Shaddād S II 376
Aḥmad b. ʿA. b. M. al-Sijistānī S II A/C 258
Aḥmad b. ʿA. al-Munjūz (b. al-Manjūrī?) al-Fāsī S II 1016,$_{27}$
Aḥmad b. ʿA. Muqriʾ a. ʾl-ʿAbbās S II 984
Aḥmad b. ʿA. Muqriʾ al-Baghdādī S II 56
Aḥmad b. ʿA. al-Muqriʿa al-Hamdānī G I 521, S I 335
Aḥmad b. ʿA. b. Mūsā al-Bayhaqī al-Khusrawjirdī S II 949
Aḥmad b. ʿA. b. al-Muthannā al-Marwazī a. Yaʿlā S I 258
Aḥmad b. ʿA. al-Najafī Fakhr al-Dīn S II 843, 969
Aḥmad b. ʿA. al-Najāshī S I 555
Aḥmad b. ʿA. al-Nakhlī al-Makkī S II 520
Aḥmad b. ʿA. b. Q. Al-Shirmāzī Balkhī S II 949
Aḥmad b. ʿA. al-Qasṭallānī S II 32
Aḥmad b. ʿA. al-Qasṭamūnī G II 394, S II 539
Aḥmad b. ʿA. al-Qurashī al-Būnī G I 415, 497, S I 910
Aḥmad b. ʿA. al-Rifāʿī S I 780
Aḥmad b. ʿA. b. Rumḥ al-Zabīdī S I A/C 793
Aḥmad b. ʿA. b. Saʿīd al-Marwazī G I 518, S I 272
Aḥmad b. ʿA. b. Saʿīd b. Saʿāda S I 837
Aḥmad b. ʿA. al-Sandūbī G II 297, S II 408, 438
Aḥmad b. ʿA. al-Sayyid al-Shirwānī S II 933
Aḥmad b. ʿA. b. Shuʿayb al-Nasāʾī G I 162, S I 269
Aḥmad b. ʿA. al-Sindī al-Madanī S II 408
Aḥmad b. ʿA. b. Ṣafī al-Najafī S III 360
Aḥmad b. ʿA. al-Ṣakhrī S II 698
Aḥmad b. ʿA. al-Ṣūrī S I 280
Aḥmad b. ʿA. b. Thābit al-Khaṭīb al-Baghdādī G I 329, S I 562
Aḥmad b. ʿA. b. Thaʿlab b. al-Sāʿātī G I 382, S I 658
Aḥmad b. ʿA. al-Turkī S II 55
Aḥmad b. ʿA. b. a. Ṭālib al-Ṭabarsī S I 709
Aḥmad b. ʿA. b. ʿUbaydallāh al-Baghdādī al-Muqriʾ al-Ḍarīr S I 722
Aḥmad b. ʿA. ʿal-Usālī al-Ḥarīrī G II 341, S II 470
Aḥmad b. ʿA. al-ʿUthmāni al-Manīnī G I 314, II 282, S II 391
Aḥmad b. ʿA. b. Zayn al-Bāʿalawī S II 898
Aḥmad b. ʿA. b. al-Zubayr al-Ghassānī al-Uswānī S I A/C 489
Aḥmad b. ʿA. b. Zunbul al-Maḥallī G II 43, 298, S II 409
Aḥmad ʿAllān al-Makkī al-Shāfiʿī S II 146
Aḥmad al-ʿAmilī S II 499
Aḥmad Amīn S III 305
Aḥmad b. al-Āmīn al-Shinqīṭī S I 35, 46, 71, II 890
Aḥmad b. ʿĀmir b. ʿA. al-Hamdānī al-Rāshidī S I 353
Aḥmad b. ʿĀmir b. al-Ḥu. al-Ṣaʿdī G II 403, S II 553
Aḥmad b. ʿĀmir al-Taʿizzī G I 269
Aḥmad b. al-Amīr ʿU. al-Yārūqī G I 263, S I 465
Aḥmad b. ʿAmmār al-Mahdawī G I 411, S I 730
Aḥmad b. ʿAmr al-Bazzār S I 258
Aḥmad b. ʿAmr al-Ḍaḥḥāk S I 311
Aḥmad al-Anṣārī S II 999
Aḥmad al-Anṣārī al-Ramlī S II 403
Aḥmad b. ʿAqīl al-Zuraʿī S I 456
Aḥmad ʿArābī Pāshā al-Ḥusaynī S III 235
Aḥmad b.ʿArḍūn al-Zajjālī al-Ghumārī S II 693
Aḥmad al-ʿArūsī al-Azharī S II 260
Aḥmad b. Asad al-Farghānī al-Ḥanafī Ashraf al-Dīn S I 949

Aḥmad b. Asʿad al-ʿIrāqī S I 415
Aḥmad b. Asad b. Isḥāq S II 984
Aḥmad b. ʿĀshir al-Ḥāfī S II 686
Aḥmad al-ʿĀṣī S III 235
Aḥmad b. ʿĀṣim al-ʿAynṭābī S I 765
Aḥmad ʿĀṣim ʿĀṣim al-Anṭākī S I 351
Aḥmad ʿĀṣim ʿĀṣim al-Ḥulwānī S I 42
Aḥmad ʿĀṣim al-Athīr al-Ḥalabī Tāj al-Dīn S I 561
Aḥmad ʿĀṣim ʿAṭāʾallāh b. A. al-Azharī G II 287, S II 397
Aḥmad ʿĀṣim ʿAṭṭāf b. ʿAlawān al-Tafrushī S I 806
Aḥmad ʿĀṣim Aʿūdh Dānishmand al-Āqshahrī al-Ḥanafī S II 268
Aḥmad ʿĀṣim ʿAwwād al-Shāfiʿī S II 953
Aḥmad b. Aybak b. al-Dimyāṭī G I 361, 519, S I 563
Aḥmad b. Aybak al-ʿImādī G II 197, S II 268
Aḥmad al-Azharī al-Tarmanīnī S II A/C 111
Aḥmad Bābā, see A. b. A. b. A. B. at-Timbuktī
Aḥmad Bābā b. Iqqīt S II A/C 469
Aḥmad Bābā al-Shinqīṭī S II 875
Aḥmad al-Bābilī al-Shāfiʿī S I 524
Aḥmad al-Badawī b. M. b. A. al-Shinqīṭī S II 873
Aḥmad b. Badr al-Dīn Qāḍīzāde G II 226
Aḥmad b. Badr al-Dīn al-Ṭayyibī S I 452
Aḥmad b. Bahrām b. Maḥmūd S I 510
Aḥmad b. a. Bakr b. A. b. ʿA. b. al-Rassām al-Ḥamawī G II 77, S II 83
Aḥmad b. a. Bakr b. A. al-Ṣāliḥī S II 1032
Aḥmad b. a. Bakr al-Bathīshī G II 307, S II 418
Aḥmad b. a. Bakr b. Ism. b. Qāymāz al-Būṣīrī G I 363, II 67, S II 71
Aḥmad b. a. Bakr b. M. al-Nakhjuwānī S I 817, 824
Aḥmad b. a. Bakr al-Qādirī G II 107, 121
Aḥmad b. a. Bakr al-Qazwīnī G I 380
Aḥmad b. a. Bakr al-Raddād G II 189, S II 251 (al-Waddād)
Aḥmad b. a. Bakr al-Shādhilī al-Qurashī S I 805
Aḥmad b. a. Bakr al-Shāfiʿī S I 452
Aḥmad b. a. Bakr al-Ṭabarānī G II 49, 51
Aḥmad al-Bakrī S II 655
Aḥmad Banbā S II 934
Aḥmad al-Baqarī S II 459
Aḥmad al-Barbar al-Ṭarābulusī S II 1022,54
Aḥmad al-Bārūdī S II 535
Aḥmad b. Baylik al-Muḥsinī S II 54
Aḥmad al-Bayrūtī S II 49
Aḥmad Bek b. Ḥu. Pāshā al-Kaywānī G II 282, S II 392
Aḥmad Bek Jalāl al-Dīn al-Ḥusaynī S III 85
Aḥmad Bek al-Majdī S III 84
Aḥmad Bek Shafīq S III 281
Aḥmad Bījān Yāzījī Oghlū G I 482, S I 882
Aḥmad al-Buhlūl S II 898
Aḥmad Bulbulī al-Ḥanafī al-Güzelḥiṣārī Darwīshzāde S II 934
Aḥmad al-Burullusī S II 362
Aḥmad al-Burullusī Shaykh ʿAmīra S I 742
Aḥmad al-Busnawī S I 792
Aḥmad Čelebī Qaramānī S II A/C 412
Aḥmad al-Daljamūnī G II 23
Aḥmad al-Darwīrī S II 999
Aḥmad al-Darwīsh al-Burullusī S II 917
Aḥmad b. Dāʾūd b. Wanand al-Dīnawarī S I 187
Aḥmad al-Dawlatī S II 973
Aḥmad al-Dimashqī S III 389
Aḥmad al-Dīn Lahawrī S I 826,82kk
Aḥmad al-Dulanjawī G I 266, II 279, S II 388
Aḥmad Dunqūz G I 468, II 21, S II 14
Aḥmad Ḍayf S III 305
Aḥmad b. al-Ḍayyāf al-Tūnisī S III 499
Aḥmad Ef. al-Anṣārī S I 740
Aḥmad Ef. Fahmī S III 228
Aḥmad Ef. Naqīb G II 484
Aḥmad Ef. Saʿīd al-Baghdādī S III 228
Aḥmad Ef. b. Shāhīn al-Qubrusī G II 275, S II 385
Aḥmad Ef. Suhrāb al-Bahāʾī S II 848
Aḥmad Ef. Ṣādiq S III 228
Aḥmad Ef. b. Ṣāliḥ b. Manṣūr al-Adhamī al-Ḥanafī al-Ṭarābulusī G II 297, S II 408, 490
Aḥmad Ef. al-Ṣarrāf al-Ṣaghīr S III 228
Aḥmad Ezbekāwī al-Miṣrī S II 723
Aḥmad Faḍl b. ʿA. Muḥsin al-ʿAbdalī S III 310
Aḥmad b. Faḍlallāh al-Sālār S I 864
Aḥmad b. Faḍlān G I 227, S I 406
Aḥmad b. Fahd al-ʿAlfī G I 430, S I 766

Aḥmad b. Fahd al-Ḥillī S I 712, d
Aḥmad b. Fakhr al-Dīn al-Abbār al-Māridīnī S I 681
Aḥmad b. al-Faqīh M. b. a. Bakr S I 35
Aḥmad b. Faraḥ al-Ishbīlī G I 372, 396, S I 683
Aḥmad Farīd Rifāʿī S III 307
Aḥmad b. Fāris al-Hamadhānī al-Qazwīnī G I 130, S I 197
Aḥmad b. Fāris b. Yū. b. Manṣūr al-Shidyāq G II 183, 505, S II 769, 867
Aḥmad b. Fartua S II 717
Aḥmad Fatḥī Pāshā S I 469
Aḥmad Fatḥī Zaghlūl S III 326
Aḥmad b. al-Fawz M. Al-Shaʿrāwī S II 390
Aḥmad Fawzī al-Sāʿātī S III 384, 436
Aḥmad al-Fayyūmī G I 465
Aḥmad al-Fursī G I 428
Aḥmad b. a. ʾl-Ghayth b. Mughlaṭāʾī G II 415, S II 598
Aḥmad b. al-Ghazzī al-Tamlījī S II 172
Aḥmad Ghulām Khalīl S I 310
Aḥmad Ghulāmallāh b. A. al-Kūm al-Rīshī G II 126, 127, S II 158
Aḥmad b. Ghunaym b. Sālim b. Muhannā al-Nafzāwī G I 178, S I 301, II 439
Aḥmad al-Ghunaymī al-Anṣārī S II 917
Aḥmad al-Hamdānī Zakī al-Dīn G I 481, S I 809
Aḥmad b. Hārūn al-Bardaʿī al-Bardījī S I 949
Aḥmad b. Hārūn a. Bakr Shihāb al-Dīn S II 917
Aḥmad b. Hibatallāh al-Jabrānī G I 298, S I 521
Aḥmad al-Huwaydī S II 513
Aḥmad b. Ḥabash (Ḥ.) b. Amīrak al-Suhrawardī al-Maqtūl G I 437, S I 781
Aḥmad a. Ḥafṣ b. Yū. S I 762
Aḥmad b. Ḥafṣ b. Yū. al-Fārābī S I 651
Aḥmad al-Ḥāfī S II 999
Aḥmad Ḥāfiẓ ʿIwaḍ S III 309
Aḥmad Ḥāfiẓ ʿIwaḍ al-Damanhūrī S III 190
Aḥmad b. al-Ḥājj A. al-ʿAyyāshī Skīraj S II 882
Aḥmad b. al-Ḥājj al-Makkī al-Sadrābī al-Salāwī S I 298
Aḥmad al-Ḥamawī G II 315, II 347, S II 419
Aḥmad al-Ḥamawī al-Ḥasanī S II 184,$_{56n}$
Aḥmad al-Ḥamawī al-Sharīf S II A/C 177
Aḥmad b. Ḥamdān b. A. al-Adhraʿī S I 680, II 108
Aḥmad b. Ḥamdān al-Ḥarrānī S I 690
Aḥmad b. Ḥamdān b. Shabīb al-Ḥarrānī G I 512, II 130, S II 162
Aḥmad Ḥamdī al-Rashīdī S III 280
Aḥmad b. Ḥāmid S I 447
Aḥmad b. Ḥāmid Fakhrīzāde al-Mawṣilī S II 501
Aḥmad Ḥamīd al-Maqdisī S II 27
Aḥmad Ḥamīdī Shirwānī S II 664
Aḥmad b. Ḥamza S II 1010,$_{133}$
Aḥmad b. Ḥamza al-Baṣrī S I 176
Aḥmad b. Ḥamza Ṣafī al-Islām S II 940
Aḥmad al-Ḥanafī S II 39
Aḥmad al-Ḥārithī al-Zubaydī G I 440
Aḥmad b. al-Ḥ. b. ʿAbd al-Karīm al-Jawharī al-Khālidī G II 331, S II 459
Aḥmad b. al-Ḥ. b. ʿAl. al-Ḥaddād S I 816
Aḥmad b. al-Ḥ. b. ʿAl. b. Qāḍi ʾl-Jabal al-Ḥanbalī S II 129
Aḥmad b. al-Ḥ. b. ʿAr. al-Zuhayrī S II 547
Aḥmad b. al-Ḥ. b. A. al-Rashīdī S II 748
Aḥmad b. al-Ḥ. b. A. Shams al-Islām b. Ḥamīd al-Dīn G II 399, S II 544
Aḥmad b. al-Ḥ. al-Bayyāḍī S II 525
Aḥmad b. al-Ḥ. al-Ḥaṭṭāb S II 168
Aḥmad b. al-Ḥ. al-Ḥurr al-ʿĀmilī S II 177
Aḥmad b. al-Ḥ. b. Ibr. al-Jārabardī G I 290, 305, 394, II 193, S I 508 A/C, 532, 536, 679 A/C, 741 A/C
Aḥmad b. al-Ḥ. al-Kaffawī S I 649
Aḥmad b. a. ʾl-Ḥ. al-Makkī S II 19
Aḥmad b. al-Ḥ. al-Mawṣilī G II 291,$_{v}$
Aḥmad b. al-Ḥ. al-Mlkhatī Mufīd b. al-Naḥwī al-Muqriʾ S II 979
Aḥmad b. al-Ḥ. b. M. b. al-Ḥ. al-Raṣṣāṣ S I 700
Aḥmad b. al-Ḥ. al-Muʿṭiyawī S II 713
Aḥmad b. al-Ḥ. al-Najdī Shaykh al-Islām S II 531
Aḥmad b. al-Ḥ. al-Qaramānī S II A/C 664
Aḥmad b. al-Ḥ. al-Rayḥānī S I 380
Aḥmad b. al-Ḥ. al-Sayyid al-Mawlawī S I 622
Aḥmad b. al-Ḥ. b. Ṣadaqa al-Miṣrī S II 656
Aḥmad b. al-Ḥ. b. Yū. S II 1019
Aḥmad b. al-Ḥ. b. Yū. al-Ḥillī S II 207

Aḥmad b. al-Ḥ. b. Yū. al-Ṭūfī al-Qurashī al-ʿArabī S II 934
Aḥmad Ḥasanayn al-Qarnī S III 335
Aḥmad b. Ḥātim S I 50
Aḥmad Ḥaydar S II 259
Aḥmad Ḥaydar al-Kurdī G I 209, S I 291,viic
Aḥmad al-Ḥifnāwī al-Bishārī S II 415
Aḥmad al-Ḥifẓī b. ʿAbd al-Khāliq al-Zawzanī S I 470
Aḥmad al-Ḥijāzī al-Fashnī S I 677, 683, II 416, 442
Aḥmad Ḥilmī S I 790
Aḥmad b. Ḥīnū al-Makkī S II 524
Aḥmad b. a. Ḥumāda al-Muṭarrifī S II 217
Aḥmad al-Ḥumaydī S II 1028
Aḥmad b. Ḥusām al-Dīn Ḥ. b. Sinān al-Dīn S II 647
Aḥmad b. al-Ḥu. al-Ahwāzī S I 387
Aḥmad b. al-Ḥu. b. A. al-Iṣfahānī al-Shujāʿ G I 392, S I 676
Aḥmad b. al-Ḥu. b. A. al-Khabbāz al-Mawṣilī G I 303, S I 530
Aḥmad b. al-Ḥu. b. A. b. a. ʾl-Maʿālī b. al-Manṣūr al-Khabbāz al-Irbilī S I A/C 550
Aḥmad b. al-Ḥu. b. A. b. Rasūlallāh S II 563
Aḥmad b. al-Ḥu. b. A. b. ʿU. S I 953
Aḥmad b. al-Ḥu. al-ʿAkkī G II 171
Aḥmad b. al-Ḥu. b. ʿA. b. Mūsā al-Bayhaqī G I 363, S I 618
Aḥmad b. al-Ḥu. b. ʿA. b. al-Naḥwī al-Mawṣilī S I A/C 520
Aḥmad b. al-Ḥu. b. ʿA. b. al-Qunfūdh al-Qusanṭīnī G II 241, S II 341
Aḥmad b. al-Ḥu. b. ʿA. b. al-Wazīr S II 807
Aḥmad b. al-Ḥu. al-Arrakānī S I 847
Aḥmad b. al-Ḥu. al-ʿAzāzī G II 57, S II 58
Aḥmad b. al-Ḥu. b. a. Bakr al-Mawṣilī S II 7
Aḥmad b. al-Ḥu. al-Bardaʿī S I 292
Aḥmad b. al-Ḥu. al-Bayhaqī G I 363, S I 303
Aḥmad b. al-Ḥu. (Ḥ) al-Hunāʾī Kurāʿ al-Namal G I 515, S I 201
Aḥmad b. al-Ḥu. al-Ḥamūmī G II 344
Aḥmad b. al-Ḥu. b. Ḥ. b. Raslān al-Ramlī G I 369, 395, 418, S I 267, 489 C/A, 631, II 113
Aḥmad b. al-Ḥu. b. Ḥu. al-Mutawakkil S II 898
Aḥmad b. al-Ḥu. b. Jihān Bukhtār G I 218
Aḥmad b. al-Ḥu. al-Kawākibī S II 433
Aḥmad b. al-Ḥu. al-Mahdī li-Dīn Allāh G I 404, S I 702
Aḥmad b. al-Ḥu. b. Mihrān al-Nīsābūrī G I 190, S I 330
Aḥmad b. al-Ḥu. b. al-Muʾayyad billāh G I 186, S I 317
Aḥmad b. al-Ḥu. al-Shaqqāq S I 849
Aḥmad b. al-Ḥu. b. Ya. al-Hamadhānī S I 150
Aḥmad al-Ḥusaynī S II 898
Aḥmad al-Ḥusaynī al-Ḥamawī S II A/C 471
Aḥmad al-Ḥuṣūnī S II 1043
Aḥmad b. Ibr. b. ʿAbd al-Ghanī al-Sarūjī S II 434
Aḥmad b. Ibr. b. ʿAr. al-Wāsiṭī G I 213,5, II 162, S I 207, II 293
Aḥmad b. Ibr. b. A. b. ʿUthmān al-Sinjārī G II 165, S II 212
Aḥmad b. Ibr. al-ʿAlī al-Qalhānī S II 606
Aḥmad b. Ibr. b. ʿAllān al-Naqshbandī G I 438,15
Aḥmad b. Ibr. al-ʿAntābī G I 383
Aḥmad b. Ibr. al-Ashʿarī al-Shāfiʿī G I 195, 430, S I 765
Aḥmad b. Ibr. al-Azdī al-Fishtālī S II 898
Aḥmad b. Ibr. al-Gharnāṭī S I 733, II 698
Aḥmad b. Ibr. al-Ḥalabī S I 947
Aḥmad b. Ibr. al-Ḥalabī a. ʾl-ʿAbbās S II 129
Aḥmad b. Ibr. al-Ḥalabī a. Dharr G II 70
Aḥmad b. Ibr. al-Ḥalabī Muwaffaq al-Dīn S II 495
Aḥmad b. Ibr. a. ʾl-Ḥ G I 471
Aḥmad b. Ibr. b. ʾl-Ḥ al-Ḥasani S I 555
Aḥmad b. Ibr. al-Ismāʿīlī S I 274
Aḥmad b. Ibr. b. a. Khālid b. al-Jazzār G I 238, S I 424
Aḥmad b. Ibr. al-Kinānī G II 57, S II 57
Aḥmad b. Ibr. al-Muḥaddith al-Shāfiʿī a. Dharr S II 907, 1000
Aḥmad b. Ibr. b. M. al-Birmāwī G II 322, S II 444
Aḥmad b. Ibr. b. M. al-Ḥalabī S II 76
Aḥmad b. Ibr. b. M. b. al-Naḥḥās al-Dimyāṭī G II 76, S II 83, 1000
Aḥmad b. Ibr. al-Naysābūrī S I 325
Aḥmad b. Ibr. al-Numayrī G I 271

Aḥmad b. Ibr. al-Qaysī a. Riyāsh S I 97
Aḥmad b. Ibr. b. Sibṭ Ḥirzallāh S II 490
Aḥmad b. Ibr. al-Tūnisī al-Duqdūsī G I 429, S I 765
Aḥmad b. Ibr. al-Uqlīdisī S I 387
Aḥmad b. Ibr. b. al-Zubayr al-Thaqafī al-Gharnāṭī S I 733, S II 376
Aḥmad b. Idrīs al-Qarāfī al-Ṣanhājī G I 365, 506, S I 665, 921,3c
Aḥmad al-Ilāhī al-ʿAṭṭārī al-Nīsābūrī S II 1000
Aḥmad b. ʿImād al-Dīn b. M. al-Aqfahsī S I 468, II 110
Aḥmad b. ʿImād al-Dīn b. M. b. Ism. al-Mawṣilī S I A/C 760
Aḥmad b. ʿImād al-Ḥanafī S I A/C 515
Aḥmad b. ʿImād b. Yū. al-Aqfahsī S I 753
Aḥmad b. Imām ʿAṭiyya S III 232
Aḥmad b. ʿImrān S II 917
Aḥmad b. ʿĪsā al-ʿAjabī G II 168,17
Aḥmad b. ʿĪsā al-Burnusī G I 178
Aḥmad b. ʿĪsā al-Kharrāz G I 354
Aḥmad b. ʿĪsā al-Murshidī al-Ḥanafī G II 379, S I 471, II 510
Aḥmad b. ʿĪsā al-Rimmiyāwī al-Maghribī S I 909, II 1038
Aḥmad b. ʿĪsā b. Zayd b. ʿA. S I 313
Aḥmad b. Isḥāq al-Waṭwāṭ G I 275, S I 486
Aḥmad b. Iskandar al-Khwārizmī S II 17
Aḥmad b. Ism. b. ʿAbd al-nabī al-Jazāʾirī S II 843
Aḥmad b. Ism. al-Ashʿarī S I 345
Aḥmad b. Ism. al-Ḥulwānī S II 934
Aḥmad b. Ism. Ḥusaynī al-Mūsawī al-Barzanjī S II 362,81, 815, 934
Aḥmad b. Ism. b. Khalīfa al-Ḥaṣbānī G II 48, S II 46
Aḥmad b. Ism. al-Kharparī S I 651
Aḥmad b. Ism. al-Timirtāshī S I 651, II 949
Aḥmad b. Ism. b. ʿUthmān al-Kūrānī G I 159, II 227, 228, S I 262, II 106, 306, 319
Aḥmad b. ʿIwaḍ Bāḥaḍramī al-Ẓafārī Shihāb al-Dīn S II 973
Aḥmad b. ʿIwaḍ b. M. al-Maghribī al-Imām S II 713
Aḥmad b. ʿIyāḍ al-Shāfiʿī S II 462
Aḥmad ʿIzzat al-Fārūqī S II 783
Aḥmad b. Jabbāra al-Mardāwī S I 509
Aḥmad b. Jaʿfar al-Ghāfiqī a. ʾl-Q. b. al-Abzārī G I 408, S I 723
Aḥmad b. Jaʿfar b. Mālik G I 157
Aḥmad b. Jaʿfar b. M. b. ʿA. b. Ḥu. S I 317
Aḥmad b. Jaʿfar b. Shādhān G I 463
Aḥmad b. Jalāl al-Dīn al-Ikhmīmī S II 24
Aḥmad b. Jalāl al-Dīn b. Maḥmūd al-Bayṭārī S II 917
Aḥmad Jamāl al-Dīn al-Mudarris al-Mālikī S II 887
Aḥmad Jamāl al-Dīn al-Tūnisī S II 517
Aḥmad al-Jamālī S II 395
Aḥmad al-Janadī S I 846, II 288
Aḥmad al-Janadī Shihāb al-Dīn S II A/C 1013
Aḥmad al-Jawharī S II 990
Aḥmad al-Jawharī al-Khālidī al-Shādhilī S II 437, 737, S I A/C 801
Aḥmad al-Jīzī S II 999
Aḥmad b. Junayd S I 760
Aḥmad al-Jundī G I 428, S I 760
Aḥmad al-Kabbāshī S II 898
Aḥmad al-Kabshī al-Khaḍīrī al-Tūtūnī S II 917
Aḥmad b. al-Kaffawī S II 949
Aḥmad b. Kamāl G II 484
Aḥmad Kāmil ʿAbd al-Salām S III 124
Aḥmad Kāmil al-Dīb S III 232
Aḥmad b. Kāmil al-Shajarī S I 226
Aḥmad al-Karbalāʾī S II 806
Aḥmad al-Kāshif S II 79
Aḥmad Katkhudā al-Damurdāshī G II 308, S II 411
Aḥmad b. Khalaf al-Shīrāzī S I 150
Aḥmad b. Khālid al-Salāwṣī al-Nāṣirī G II 510, S II 706, 888
Aḥmad al-Khālidī S I 784
Aḥmad b. Khalīl Fawzī b. Muṣṭafā al-Jalbāwī S II 259
Aḥmad b. Khalīl al-Khuwayyī G I 508, S I 786, 922,6, 924,2
Aḥmad b. Khalīl al-Lubūdī S II 85, 225
Aḥmad b. Khalīl al-Qabbānī S III 228
Aḥmad b. Khalīl al-Subkī G I 369, II 152,130a, S I 631, II 187,130a, II A/C 111
Aḥmad b. Khalīl al-Ṣāliḥī S II 934
Aḥmad al-Khalīlī S II 19, 334
Aḥmad Khān Dāʾūd S II 984

Aḥmad al-Khaṭīb al-Matkabūnī S II 811
Aḥmad al-Khaṭīb al-Qusanṭīnī S I 784
Aḥmad b. a. ʾl-Khayr b. ʿUthmān al-Aḥmadī S II 816
Aḥmad Khayrī Saʿīd S III 276
Aḥmad b. a. Khaythama al-Nasāʾī S I 272
Aḥmad a. Khiḍr Mansī S III 194, 231
Aḥmad Khiḍr Rūdbārī G II 190
Aḥmad al-Kinānī al-Abyārī S I 144
Aḥmad al-Kurdī G I $159_{,22}$
Aḥmad al-Kutubī a. ʾl-ʿAbbās S II 1034
Aḥmad al-Lubūdī S I 624, II 73, 85
Aḥmad b. Luʾluʾ b. al-Naqīb al-Rūmī al-Miṣrī G I 387, S I 670 A/C, II 104
Aḥmad b. Maʿadd al-Uqlīshī G I 361, 370, S I 633
Aḥmad Madrasīzāde S II 949
Aḥmad Māḍī S III 84
Aḥmad b. al-Mahdī al-Ghazzāl al-Fāsī G II 465, S II 712
Aḥmad b. al-Mahdī al-Ghazzāl al-Miknāsī S II 703
Aḥmad al-Maḥmaṣānī S I 35, 629
Aḥmad b. Maḥmūd b. ʿAbd al-Karīm al-Tūnisī S II 88
Aḥmad b. Maḥmūd b. ʿA. b. a. Ṭālib al-Sīwāsī Shihāb al-Dīn a. Ḥāmid S II 314 A/C, 973
Aḥmad b. Maḥmūd b. a. Bakr al-Ṣābūnī G I 375, S I 643
Aḥmad b. Maḥmūd al-Harawī al-Kharziyānī G I 464, S I 840
Aḥmad b. Maḥmūd al-Ḥamawī S II 425
Aḥmad b. Maḥmūd al-Ḥuṣrī S I 498, II 973
Aḥmad b. Maḥmūd al-Jīlī al-Iṣfahbadhī G II 210, S I 498
Aḥmad b. Maḥmūd al-Khujandī S I 514
Aḥmad b. Maḥmūd b. Masʿūd al-Qūnawī S I 769
Aḥmad b. Maḥmūd al-Muqriʾ Shams al-Dīn S I 728
Aḥmad b. Maḥmūd b. Q. al-Jundī al-Andalusī G I $291_{,8}$, 293, S I 510
Aḥmad b. Maḥmūd b. Saʿīd al-Ghaznawī S I 605
Aḥmad b. Majd al-Dīn Sālim al-Adhraʿī S I 469
Aḥmad al-Majdī G I 369
Aḥmad b. al-Majdī S II A/C 364
Aḥmad b. Mājid a. ʾl-Rakāʾib al-Najdī G II 179, S II 230
Aḥmad Makkī al-Ḥamawī S II 934
Aḥmad b. Makkī Ḥasanī S II $184_{,56m}$
Aḥmad Maky S III 418
Aḥmad al-Manhūrī S II 699
Aḥmad b. Manjawayh al-Iṣbahānī S I 279
Aḥmad b. Manṣūr al-Isbījābī S I 289, 294, 296
Aḥmad al-Manṣūrī S II A/C 275
Aḥmad al-Maqqarī S I A/C 761
Aḥmad al-Marʿashī S II 730
Aḥmad al-Marʿashī al-Dabbāghī S I A/C 814
Aḥmad al-Marḥūmī S II 393
Aḥmad al-Marṣafī S II 739
Aḥmad b. Marwān al-Dīnawarī G I 154, S I 249
Aḥmad al-Marzūqī a. ʾl-Fawz al-Mālikī b. M. Ramaḍān al-Ḥusaynī S II 814, 990, $1000_{,44}$
Aḥmad b. Masʿūd b. Ḥ. b. a. Numayy G II 378, S II 510
Aḥmad b. Masʿūd b. al-Ḥusaynī al-Hargh(k)āmī S II 572, 598
Aḥmad b. Masʿūd Shihāb al-Dīn S II 917
Aḥmad b. al-Mawlā A. al-Qāʾinī S II A/C 575
Aḥmad Mawlawī Mīrzā S I 921
Aḥmad b. Maymūn al-Shāfiʿī Shihāb al-Dīn S II 1014
Aḥmad b. al-Minfāḥ ʿAlawān S I 898
Aḥmad b. al-Mollawī ʿAbd al-Khaṭṭāb G II 194, S II 397
Aḥmad b. a. ʾl-Muʾayyad al-Maḥmūdī al-Nasafī G I 172, S I 290
Aḥmad b. al-Mubārak b. al-ʿAṭṭār S II 687
Aḥmad b. al-Mubārak al-Naṣībī S I 590
Aḥmad b. al-Mubārak al-Sijilmāsī al-Lamaṭī G II 462, S II 704
Aḥmad b. Mubārakshāh Shihāb al-Dīn S II 1032
Aḥmad b. M. al-Abbār Ḥamdūn S II 702
Aḥmad b. M. b. ʿAbd al-ʿAzīz al-Andalusī S II 458
Aḥmad b. M. b. ʿAbd al-ʿAzīz al-Tūnisī S II 700
Aḥmad b. M. b. ʿAbd al-Ghanī al-Bannāʾ al-Dimashqī S II 418

Aḥmad b. M. b. ʿAbd al-Hādī al-Thalāʾī S II 554
Aḥmad b. M. b. ʿAbd al-Ḥaqq al-Bāṭī al-Shāfiʿī S II 1019
Aḥmad b. M. b. ʿAbd al-Jalīl as-Sijazī G I 219, S I 388
Aḥmad b. M. b. ʿAbd al-Karīm b. ʿAṭāʾallāh al-Iskandarī G II 117, S I 785, II 145
Aḥmad b. M. b. ʿAbd al-Karīm al-Mūsawī S I 35
Aḥmad b. M. b. ʿAbd al-Karīm al-Ushmūnī S II 453, 979
Aḥmad b. M. b. ʿAl. b. ʿArabshāh G I 196, II 28, S II 24
Aḥmad b. M. b. ʿAl. b. a. ʿĪsā al-Ṭalamankī al-Muqriʾ S I 729
Aḥmad b. M. b. ʿAl. al-Makhzūmī S I 736
Aḥmad b. M. b. ʿAl. al-Qalshānī G I 178, S I 301
Aḥmad b. M. b. ʿAl. b. Sibṭ al-Shāfiʿī S I 305
Aḥmad b. M. b. ʿAl. b. Subayʿ al-Subayʿī S II A/C 210
Aḥmad b. M. b. ʿAbd al-Malik al-Tabrīzī S I 775, II 1000
Aḥmad b. M. b. ʿAbd al-nabī al-Anṣārī al-Madanī S II 990
Aḥmad b. M. b. ʿAbd al-nabī al-Badrī al-Qashshāshī G II 392, S II 535
Aḥmad b. M. b. ʿAbdrabbih G I 154, S I 250
Aḥmad b. M. b. ʿAbd al-Raḥīm al-Jābirī S II 1
Aḥmad b. M. b. ʿAr. al-Sakūsārī al-ʿAjījī al-Ḥasanī S II 360
Aḥmad b. M. b. ʿAbd al-Salām al-Madanī S II 32
Aḥmad b. M. b. ʿAbd al-Salām Shihāb al-Dīn S II A/C 112
Aḥmad b. M. b. al-Afshārī al-Ardabīlī S II 843
Aḥmad b. M. b. A. al-Azhari al-Bajānikī al-Khāniqī Shihāb al-Dīn S II 1019
Aḥmad b. M. b. A. al-Bayābānakī al-Simnānī S I 787
Aḥmad b. M. b. A. al-Būṣīrī G II 321, S II 442
Aḥmad b. M. b. A. al-Dardir G II 84, 208, 251, 339, 353, S II 18, 98, 260, 467, 479
Aḥmad b. M. b. A. al-Darʿī G II 464, S II 702
Aḥmad b. M. b. A. al-Dimyāṭī G II 327, S II 454
Aḥmad b. M. b. A. al-Fayyūmī S I 622
Aḥmad b. M. b. A. Ghālib al-Barqānī S I 259
Aḥmad b. M. b. A. al-Isʿirdī G I 303, S I 530
Aḥmad b. M. b. A. al-Kinānī S II 154, 649
Aḥmad b. M. b. A. al-Mālīnī G II 82, S I 362, II 93
Aḥmad b. M. b. A. al-Matbūlī G II 148, 340, S II 469
Aḥmad b. M. b. A. al-Maydānī G I 32, 128, 289, S I 506
Aḥmad b. M. b. A. al-Samnānī G II 166, S II 281
Aḥmad b. M. b. A. al-Sharīshī S I 802, II 702, 899
Aḥmad b. M. b. A. al-Silafī G I 161, 355, 362, 365, S I 624
Aḥmad b. M. b. A. b. ʿUthmān S II A/C 400
Aḥmad b. M. b. A. b. Yaʿqūb al-Dilaʿī al-Wallālī S II 355
Aḥmad b. M. b. ʿAjība al-Ḥusaynī al-Fāsī al-Shādhilī G II 146, 301, 359
Aḥmad b. M. al-Akhsakī S I 819,$_{44b}$
Aḥmad b. M. al-Akhsīkatī Awliyāzāde S II 990
Aḥmad b. M. al-ʿAlaqī al-Ḥanafī Sarī al-Dīn S II 1028
Aḥmad b. M. b. ʿAlawiyya al-Shajarī S I 599
Aḥmad b. M. b. ʿA. S II 1028
Aḥmad b. M. b. ʿA. al-ʿAṭṭār S II 505
Aḥmad b. M. b. ʿA. al-Ghunaymī al-Anṣārī G II 194, II 329, S I 843 A/C, II 457
Aḥmad b. M. b. ʿA. b. Ḥajar al-Haythamī G I 162, 266, 364, 394, 395, 396, II 156, 157, 387, S I 69, 268, 470, 621, 631, 683, 684, 916, II 254 A/C, 527, 555 (see A/C)
Aḥmad b. M. b. ʿA. b. al-Ḥ. al-Ḥijāzī al-Khazrazjī G II 171, S II 11
Aḥmad b. M. b. ʿA. b. al-Ḥu. b. Dīnūya S I 732
Aḥmad b. M. b. ʿA. b. al-Qaṣṣār al-Tūnisī S I A/C 467
Aḥmad b. M. b. ʿA. b. Qulayta G I 231, S I 415
Aḥmad b. M. b. ʿA. b. al-Rafʿa G I 387, 424, II 133, S I 670, II 164
Aḥmad b. M. b. ʿA. al-Sanūsī S II 884
Aḥmad b. M. b. ʿA. al-Shawkānī S II 819
Aḥmad b. M. b. ʿA. al-Shirwānī G II 502, S I 69, II 850
Aḥmad b. M. b. ʿA. Zighlān S II 702

Aḥmad b. M. al-Amīn b. Fāḍil al-Wadānī al-ʿAbbāsī a. ʾl-ʿAbbās S II 927
Aḥmad b. M. al-Aqṭaʿ al-Baghdādī G I 175, S I 295
Aḥmad b. M. al-Ardabīlī S II 682, 828
Aḥmad b. M. al-Arrajānī G I 253, S I 448
Aḥmad b. M. al-Ashʿath G I 237, S I 422
Aḥmad b. M. Aws S I 330
Aḥmad b. M. b. ʿAyyād al-Shāfiʿī S II 1000
Aḥmad b. M. al-Azraq G I 137, S I 209
Aḥmad b. M. al-Bābilāwī al-Mālikī S II 703
Aḥmad b. M. a. Bakr al-Ḥanafī G I 373, S I 639, 762
Aḥmad b. M. a. Bakr al-Qasṭallānī G I 159, 162, 265, II 73, 202,$_{58}$, S I 262, 468, II 79, 276, 665
Aḥmad b. M. a. Bakr al-Shīrāzī G I 265, S I 468
Aḥmad b. M. b. a. Bakr al-Ṣābūnī al-Bukhārī S II 262, 991
Aḥmad b. M. al-Bakrī al-Baṣrī S I 616
Aḥmad b. M. al-Bakrī al-Sharīshī S II 899
Aḥmad b. M. Bāqir b. Ibr. al-Tabrīzī S II 831
Aḥmad b. M. al-Basīlī G II 249
Aḥmad b. M. al-Bāyaʿqūbī al-Malwī S II 885
Aḥmad b. M. b. al-Bijāʾī S II 917
Aḥmad b. M. al-Bukhārī S I 290
Aḥmad b. M. al-Bukhārī al-ʿAttābī S I 289
Aḥmad b. M. al-Bukhārī b. al-Rafʿa S I 670
Aḥmad b. M. al-Būnī G II 254, S I 802
Aḥmad b. M. al-Burnusī b. Zarrūq S I 362
Aḥmad b. M. al-Bustī al-Kharzanjī S I 201
Aḥmad b. M. al-Dajānī a. ʾ-Faḍl S II 973
Aḥmad b. M. al-Damanhūrī S I 268
Aḥmad b. M. b. Darrāj al-Qasṭalī S I 478
Aḥmad b. M. b. Dāʾūd al-Hashtūkī S II 356
Aḥmad b. M. b. al-Dimyāṭī al-Shāfiʿī S I A/C 672
Aḥmad b. M. b. Faḍl b. ʿAbd al-Khāliq al-Kātib S I 440
Aḥmad b. M. b. Fahd al-Asadī al-Ḥillī G I 696, S II 210
Aḥmad b. M. b. Falīta S I 416
Aḥmad b. M. b. Faraḥ al-Jayyānī S I 250
Aḥmad b. M. b. Faraḥ al-Lakhmī al-Ishbīlī S I 635
Aḥmad b. M. b. Fatḥallāh al-Ḥanafī S II 267
Aḥmad b. M. b. al-Fayyūmī S I 753, II 20
Aḥmad b. M. b. al-Fayyūmī al-Fartāwī S II 418
Aḥmad b. M. al-Ghāfiqī G I 488, S I 590, 891
Aḥmad b. M. al-Ghamrī al-Wāsiṭī G II 170, S II 173
Aḥmad b. M. al-Ghazzālī G I 422, 426, S I 756
Aḥmad b. M. b. Ghubāra al-Maqdisī al-Ḥanbalī S I 726
Aḥmad b. M. al-Ghunaymī G II 194, 329, S II 354, 467
Aḥmad b. M. al-Hādī al-Ānisī S II 544
Aḥmad b. M. al-Hafrāwī S II 405
Aḥmad b. M. b. al-Hāʾim al-Ḥāsib al-Faraḍī G I 471, II 24, 125, S I 676, II 164
Aḥmad b. M. b. al-Hāʾim al-Manṣūrī G II 91, S II 12
Aḥmad b. M. b. Hārūn al-Khallāl al-Baghdādī G I 520, S I 311
Aḥmad b. M. al-Ḥaḍrāwī S II 813
Aḥmad b. M. b. al-Ḥājj S I 469, II 333, 355
Aḥmad b. M. b. al-Ḥājj Sayf b. al-Ḥājj M. al-Dayrī al-Shāfiʿī S II 994
Aḥmad b. M. al-Ḥalabī S II 18, 265 A/C
Aḥmad b. M. al-Ḥamawī S I 646,$_{33}$, II 267
Aḥmad b. M. b. Ḥamdūn S II 889
Aḥmad b. M. al-Ḥanafī S II 425
Aḥmad b. M. b. Ḥanbal G I 181, S I 309
Aḥmad b. M. b. al-Ḥ. al-ʿAbbāsī G II 83, S II 94
Aḥmad b. M. b. al-Ḥ. al-Ḥaymī G II 400, S II 546
Aḥmad b. M. b. al-Ḥ. al-Kawkabānī S II 544
Aḥmad b. M. b. al-Ḥ. al-Raṣṣāṣ al-Ḥafīd G I 403, S I 531, 700
Aḥmad b. M. b. al-Ḥ. b. Yū. al-Ḥājj ʿUbayd S III 359
Aḥmad b. M. al-Ḥashshāʾ G I 491
Aḥmad b. M. Ḥifnī S III 231
Aḥmad b. M. b. Ḥu. b. ʿAq. S II 934
Aḥmad b. M. b. Ḥu. al-Tamīmī S I 679
Aḥmad b. M. b. Ḥu. al-Zanjānī S II A/C 581
Aḥmad b. M. al-Ḥusaynī al-Ḥanafī S II 949
Aḥmad b. M. b. Ibr. al-Ashʿarī al-Yamanī al-Nassāba S I 558, 565
Aḥmad b. M. b. Ibr. al-Fayshī al-Ḥinnāwī S II 22

Aḥmad b. M. b. Ibr. b. Khallikān G I 326, S I 561
Aḥmad b. M. b. Ibr. al-Tamaghdushī S II 1000
Aḥmad b. M. b. Ibr. al-Thaʿlabī, G I 350, S I 592
Aḥmad b. M. b. Ibr. b. ʿU. al-Baghdādī S I 606
Aḥmad b. M. ʿImād al-Dīn al-Mawṣilī S I 670
Aḥmad b. M. al-ʿImādī al-Fatḥābādhī S I 638
Aḥmad b. M. b. al-Imām al-Buṣrawī S II 489
Aḥmad b. M. al-Ishbīlī G I 264, S I 466
Aḥmad b. M. b. Isḥāq al-Dīnawarī b. ls-Sunnī G I 165, S I 274
Aḥmad b. M. b. Isḥāq b. al-Faqih a l-Hamadhānī G I 227, S I 405
Aḥmad b. M. b. Ism. al-Muʿāfā al-Naḥwī S I 35
Aḥmad b. M. b. Ism. al-Naḥḥās G I 18, 132, S I 35, 201
Aḥmad b. M. al-Iṣfahānī S II 927
Aḥmad b. M. al-Jazzār (Jazzāzī?) al-Zabīdī S II 548, 917
Aḥmad b. M. al-Juzūlī S II 915
Aḥmad b. M. al-Kalabādhī G I 167, S I 279
Aḥmad b. M. al-Karakī G II 169, S II 215
Aḥmad b. M. b. Kathīr al-Farghānī G I 221, S I 392
Aḥmad b. M. al-Kawākibī S II 612
Aḥmad b. M. al-Kawkabānī S II 907
Aḥmad b. M. al-Khādimī S II 434 (to be read thus)
Aḥmad b. M. b. Khalaf al-Ḥawfī G I 384, S I 663
Aḥmad b. M. b. al-Khalīl al-ʿAshshāb al-Ifrīqī S I 736
Aḥmad b. M. al-Khalwatī al-Ṣāwī S II 190
Aḥmad b. M. al-Khaṭṭābī G I 161, 165, S I 261, 275
Aḥmad b. M. b. al-Khayyāṭ G I 253, S I 448
Aḥmad b. M. b. Khiḍr al-Ḥanafī S II 90
Aḥmad b. M. b. Khiḍr al-Kāzarūnī S II 142, 984
Aḥmad b. M. al-Kinānī al-Abyārī S III 85
Aḥmad b. M. Kirān al-Ḥifnī S II 927
Aḥmad b. M. al-Lubūdī G I 488, S I 826
Aḥmad b. M. b. Luqmān b. A. b. Shams al-Dīn b. al-Mahdī S II 224, 557 A/C
Aḥmad b. M. al-Madanī S I 761
Aḥmad b. M. al-Madanī al-Anṣārī al-Qashshāshī G II 205, S II 283
Aḥmad b. M. al-Maghnīsawī G I 170, S I 285
Aḥmad b. M. Mahdī b. a. Dharr al-Nīraqī S II 826
Aḥmad b. M. Mahdī b. Saʿīd al-Qirmizī S II 974
Aḥmad b. M. b. al-Maḥāmilī, G I 181, S I 307
Aḥmad b. M. b. Maḥmūd al-Ghaznawī G I 378, S I 649
Aḥmad b. M. b. Maḥmūd al-Naḥwī S I 512
Aḥmad b. M. al-Makkī b. Farrūkh b. ʿAbd al-Muḥsin al-Rūmī al-Ḥanafī S II 990
Aḥmad b. M. al-Makkī al-Ḥamawī al-Ḥusaynī G II 197, S I 646, II 267, 412, 430 A/C, 433
Aḥmad b. M. al-Makkī Khwārizmī S I 642
Aḥmad b. M. al-Mālikī al-Fārisī S II 357
Aḥmad b. M. b. al-Manlā G II 300
Aḥmad b. M. b. Manṣūr b. al-Iskandarī al-Mālikī al-Judhāmī b. al-Munayyir G I 291, 416, 431, S I 509, 738, 748
Aḥmad b. M. al-Mānuwī G I 268
Aḥmad b. M. b. al-Maqdisī G II 130, S II 162
Aḥmad b. M. al-Maqqarī al-Fāsī al-Maghribī G II 296, S I 630, 798, II 354, 373, 407
Aḥmad b. M. al-Marʿashī G I 196
Aḥmad b. M. al-Marrākushī G I 268
Aḥmad b. M. al-Marzūqī S I 136, 181, 502
Aḥmad b. M. b. Mihrān al-Sawṭī S I 272
Aḥmad b. M. al-Mīqāti S I 393
Aḥmad b. M. b. al-Muʾayyad S I 607
Aḥmad b. M. b. al-Muʿaẓẓam al-Rāzī S II 255
Aḥmad b. M. Muftī Baghdād S II A/C 508
Aḥmad b. M. b. Mughīth al-Ṭulayṭulī S I 664
Aḥmad b. M. b. Muhannā S I 823,81c
Aḥmad b. M. b. M. b. ʿAbd al-Salām al-Manūfī G II 295, S II 406
Aḥmad b. M. b. M. b. a. Bakr al-Shāfiʿī S II 115
Aḥmad b. M. b. M. al-Ghazzī Shihāb al-Dīn S II A/C 154

Aḥmad b. M. b. M. al-Harawī G I 131, S I 200, I 366,11
Aḥmad b. M. b. M. al-Jazarī a. Bakr S II A/C 275
Aḥmad b. M. b. M. b. al-Qāḍī S II 678
Aḥmad b. M. b. M. al-Shahrastānī al-Takrītī S II 918
Aḥmad b. M. b. M. al-Shumunnī G I 299, 369, 377, II 23, 82, 284, S I 631, 648, II 18, 92
Aḥmad b. M. b. M. al-Ṣafadī G II 330, S II 458
Aḥmad b. M. b. M. al-Ziftāwī S II 109
Aḥmad b. M. b. Muḥriz S II 934
Aḥmad b. M. b. Mujāhid S I 176
Aḥmad b. M. b. al-Mukhtār al-Bakkāʾī S II 899
Aḥmad b. M. b. al-Mukhtār at-Tijjānī S II 875
Aḥmad b. M. Muqaddas al-Ardabīlī S II 207
Aḥmad b. M. al-Muqriʾ al-Fāsī S II 75
Aḥmad b. M. b. Mūsā b. al-ʿĀrif S I 775
Aḥmad b. M. b. Mūsā al-Asilsilī S II 332
Aḥmad b. M. b. Mūsā al-Bayrūtī S II 917
Aḥmad b. M. b. Mūsā Ḥamdūn al-Abbār S II 707
Aḥmad b. M. b. Mūsā al-Rāzī G I 150, S I 231
Aḥmad b. M. al-Musaddid S I 133
Aḥmad b. M. b. al-Muʿtall al-Burzulī S II 347
Aḥmad b. M. b. al-Muẓaffar b. al-Mukhtār al-Rāzī S I 592, 735
Aḥmad b. M. Nadīm Ef. S II 637
Aḥmad b. M. b. (a.) al-Nāfiʿ al-Qāzābādhī S I 741, II 260, 301 A/C
Aḥmad b. M. b. Nāṣir al-ʿAlawī S II 655
Aḥmad b. M. b. Nāṣir (Naṣr) al-Andalusī al-Salāwī S II 480 A/C, 468, 959
Aḥmad b. M. b. Nāṣir al-Darʿī S II 711
Aḥmad b. M. b. Niẓām al-Jīlānī S II 604
Aḥmad b. M. b. Qāḍī Shuhba S I 158
Aḥmad b. M. al-Qamūlī G I 304, 424, II 86, S I 532, 753, 922, 973, II 101
Aḥmad b. M. b. a. ʾl-Q. b. A. al-ʿAshmāwī G II 308, S II 421
Aḥmad b. M. b. Q. b. M. Nādir al-Quhundizī S II 611
Aḥmad b. M. b. Q. al-Mutaṭabbib al-Kīlānī S II 298
Aḥmad b. M. b. Q. al-ʿUbādī G I 389, S I 672
Aḥmad b. M. al-Qāṭin G II 400
Aḥmad b. M. b. al-Qaṭṭān G I 181
Aḥmad b. M. b. Qudāma al-Maqdisī G I 422, S I 748,25,2
Aḥmad b. M. al-Qudūrī al-Baghdādī G I 174, S I 295, 951
Aḥmad b. M. al-Qurashī al-Ḥasanī S II A/C 535
Aḥmad b. M. al-Qurashī al-Qalaṣādī S I 666
Aḥmad b. M. b. al-Rabīʿ G I 209, S I 372
Aḥmad b. M. al-Rifāʿī S I 470
Aḥmad b. M. al-Rūmī al-Ḥanafī S II 312
Aḥmad b. M. Saʿīd Mughayyir al-Madanī S II 717
Aḥmad b. M. b. Saʿīd al-Yamanī S II 980
Aḥmad b. M. Salāma al-Ṭaḥāwī G I 173, II 82, S I 293, 304
Aḥmad b. M. al-Sarakhsī G I 210, S I 375
Aḥmad b. M. b. al-Sarī G I 219 n = A. b. M. b. al-Surā S I 857
Aḥmad b. M. al-Sarījī S II 69
Aḥmad b. M. al-Sayrajī S II 56
Aḥmad b. M. b. Shaʿbān al-Ṭarābulusī G I 383
Aḥmad b. M. al-Shāfiʿī ʿAlam al-Dīn S I 727
Aḥmad b. M. al-Shahrī S II 1043
Aḥmad b. M. al-Sharafī G I 266
Aḥmad b. M. al-Sharīshī S II 702
Aḥmad b. M. al-Sharqāwī al-Jirjāwī S I 69
Aḥmad b. M. al-Shawbarī S II 452
Aḥmad b. M. al-Shaykh Banbāʾ S III 179
Aḥmad b. M. al-Shilbī S II 333
Aḥmad b. M. al-Shubrāwī S II 736
Aḥmad b. M. al-Sijilmāsī al-Ḥasanī S II 699
Aḥmad b. M. (Maḥmūd) al-Sīwāsī Shihāb al-Dīn G II 228, S II 319, 974
Aḥmad b. M. al-Sūdānī S II 334
Aḥmad b. M. al-Suhaylī S I 827,95e, II 1028
Aḥmad b. M. al-Suḥaymī al-Ḥasanī G II 73, 328, S I 683, II 79, 354, 437, 456
Aḥmad b. M. b. S. al-ʿAllāmī al-Ḥanafī S II 949
Aḥmad b. M. b. S. al-Qāhirī al-Zāhid G II 95, S II 112
Aḥmad b. M. b. al-Surā b. al-Ṣalāḥ S I 857
Aḥmad b. M. al-Sūsī G II 251, S II 355
Aḥmad b. M. al-Ṣafadī al-Khālidī S I 480

Aḥmad b. M. al-Ṣāghānī a. Ḥāmid al-Asṭurlābī S I 400
Aḥmad b. M. al-Ṣāghānī al-Makkī G I 266, S I 471
Aḥmad b. M. b. Ṣalāḥ al-Qāsimī S II 245
Aḥmad b. M. b. Ṣalāḥ al-Sharafī S I 559, 560, II 249, 350
Aḥmad b. M. al-Ṣanawbarī S I 89 = M. b. A. al-Ṣ. S I 145
Aḥmad b. M. al-Ṣāwī G II 353, S II 179,1b, 437 A/C, 480, 743
Aḥmad b. M. al-Ṣaymarī, see M. b. Isḥāq al-Ṣ. ?
Aḥmad b. M. al-Ṣimādī G II 302
Aḥmad b. M. al-Tūnī al-Bishrāwī S II 132
Aḥmad b. M. al-Tūnisī G II 124
Aḥmad b. M. al-Tūqātī Darwīsh S II A/C 329
Aḥmad b. M. al-Ṭabarī G I 237, S I 422
Aḥmad b. M. b. a. Ṭāhir al-Nasafī S II 934
Aḥmad b. M. al-Ṭaḥṭāwī G II 313, S II 428, 430
Aḥmad b. M. al-Ṭālawī S II 489
Aḥmad b. M. b. a. Ṭālib al-Malaṭī al-Khāṭirī S I 858 A/C, II 1019
Aḥmad b. M. al-Ṭarasūsī S II 269
Aḥmad b. M. b. ʿUbaydallāh al-Qudsī S II 222
Aḥmad b. M. b. Ubayya G II 20
Aḥmad b. M. b. ʿUllaysh S II 99
Aḥmad b. M. b. ʿU. al-Anṣārī S II 41
Aḥmad b. M. b. ʿU. al-ʿAttābī al-Bukhārī G I 375, S I 643
Aḥmad b. M. b. a. ʿU. al-Bahāniqī S II 158
Aḥmad b. M. b. ʿU. al-Khafājī G I 277, 369, 417, II 285, S I 464, 469, 498, 516, 531, 740, II 396
Aḥmad b. M. b. ʿU. al-Nāṭifī G I 372, S I 636
Aḥmad b. M. b. ʿU. al-Qurṭubī G I 278, S I 490
Aḥmad b. M. b. ʿUthmān b. al-Bannāʾ al-Marrākushī G I 255, S II 363
Aḥmad b. M. a. ʾl-Wafāʾ G I 250
Aḥmad b. M. al-Wafāʾī S I 470
Aḥmad b. M. b. Wallād G I 131, S I 201
Aḥmad b. M. al-Wannān a. ʾl-Shamaqmaq S II 706
Aḥmad b. M. al-Waṭarī G II 335, S II 464
Aḥmad b. M. b. Ya. al-Baladī G I 237, S I 422
Aḥmad b. M. b. Yaʿqūb G I 296
Aḥmad b. M. b. Yaʿqūb b. Miskawayh G I 342, 510, 525, S I 582, II 705
Aḥmad b. M. al-Yaʿqūbī al-Mallawī S II 959
Aḥmad b. M. b. Yū. al-Ṣafadī al-Ḥalabī G I 267, II 288, S I 471, II A/C 400
Aḥmad b. M. b. Yū. al-Tujībī b. a. ʾl-Bannāʾ S II 359
Aḥmad b. M. al-Zāhid al-Ramlī G II 95, S II 149
Aḥmad b. M. b. Zakrī al-Tilimsānī S I 539, 672, II 357
Aḥmad b. M. b. Zayn al-Faṭṭāmī S I 504
Aḥmad b. M. al-Zīlī al-Sīwāsī al-Shamsī G II 24, 196, S II 19, 91, 631
Aḥmad b. M. b. Ziyād b. al-Aʿrābī G I 521, S I 358
Aḥmad b. M. al-Zurqānī G II 24, 84, S II 98
Aḥmad Muḥarram S III 76
Aḥmad b. Muḥassin Bāqays S II 974
Aḥmad b. Muḥyi ʾl-Dīn al-Jāmiʿī al-ʿĀmilī S II A/C 581
Aḥmad b. Muḥyi ʾl-Dīn b. Muṣṭafā al-Jazāʾirī S II 777
Aḥmad b. Muḥyi ʾl-Dīn Shams al-Dīn S II 1000
Aḥmad Mukhtār al-Ḥanbalī S III 232
Aḥmad b. Mulayk Shihāb al-Dīn a. ʾl-ʿAbbās S I 644
Aḥmad b. Munīr al-Ṭarābulusī al-Raffāʾ G I 256, S I 455
Aḥmad b. al-Muntaṣir S II 918
Aḥmad Murād al-ʿUmarī S I 286
Aḥmad b. Mūsā b. ʿAbd al-Ghaffār al-Mālikī G II 125, S II 155, 535
Aḥmad b. Mūsā b. A. b. ʿAr. Ṣāliḥ Bek al-Shāfiʿī S II 963
Aḥmad b. Mūsā b. ʿA. b. ʿUjayl G I 260, S I 461
Aḥmad b. Mūsā al-Bīlī al-ʿIdwī G II 288, S I 635, II 354, 400
Aḥmad b. Mūsā b. Jaʿfar b. M. b. A. b. Ṭāʾūs al-ʿAlawī al-Ḥusaynī S I 711
Aḥmad b. Mūsā al-Kashshī G I 375, S I 641
Aḥmad b. Mūsā b. Khafāja al-Ṣafawī S I 683
Aḥmad b. Mūsā al-Khayālī G I 427, S I 538, 759, II 318, 321
Aḥmad b. Mūsā b. Mardūya S I 411
Aḥmad b. Mūsā b. Mujāhid S I 192

Aḥmad b. Mūsā al-Sakhāwī S II 22
Aḥmad b. Mūsā b. Shākir S I 383
Aḥmad b. Mūsā al-Ṭabarī S II 967
Aḥmad b. Mūsā b. Yūnus G I 422
Aḥmad b. Musaddad al-Kāzarūnī S II 935
Aḥmad b. Muṣṭafā G I 266, S I 470
Aḥmad b. Muṣṭafā al-Gümüshkhānī Ḍiyā' al-Dīn G II 489, S I 843, II 745
Aḥmad b. Muṣṭafā al-Khālidī S II 935
Aḥmad b. Muṣṭafā al-Khulāṣī G II 280
Aḥmad b. Muṣṭafā Lālī S II 918
Aḥmad b. Muṣṭafā al-Marāghī S I 523,k
Aḥmad b. Muṣṭafā b. M. Qara Khūja al-Tūnisī S II 692
Aḥmad b. Muṣṭafā al-Sikandarānī S II 334
Aḥmad b. Muṣṭafā Ṭāsköprīzāde G I 509, II 198, 202, 209, 234, 425, 439, 645, S II 633
Aḥmad b. al-Mutaṭabbib S I 821,68mm
Aḥmad b. al-Muẓaffar al-Rāzī S I 488
Aḥmad b. Nā'ib b. Ḥu. b. M. al-Awsī al-Anṣārī al-Ṭarābulusī S II A/C 1019
Aḥmad a. 'l-Najāt S II 130
Aḥmad al-Najjār al-Dimyāṭī S II 334
Aḥmad b. Namir al-Bāʿūnī al-Dimashqī S II 12
Aḥmad Naqshband S II 612
Aḥmad Nasīb al-Sukkarī S III 335
Aḥmad Nasīm S III 79, 292
Aḥmad b. Nāṣir al-ʿAydarūsī al-Salāwī S II 479
Aḥmad b. Nāṣir al-Bāʿūnī G I 83, S I 133
Aḥmad b. Naṣr b. Masʿūd al-ʿAnsī al-Shāfiʿī S II 111, 967
Aḥmad Naylī Mīrzāzāde S I 794
Aḥmad b. Naẓr al-Samaw'alī G II 409
Aḥmad al-Niqrīsī S II 832
Aḥmad b. Nuʿaym al-Khādimī S II 1014
Aḥmad al-Nūbī G I 418, II 385, S I 765, II 520
Aḥmad b. al-Nuʿmān al-Ālūsī S II 789
Aḥmad b. Nuṣayr al-Maydānī G II 203, S II 279
Aḥmad al-Qalānisī G II 315, S II 434
Aḥmad al-Qalyūbī S I 677, 682, see A. b. A. b. Salāma S II 492
Aḥmad b. Qara Kamāl G II 425, S II 633
Aḥmad b. Q. al-Bukhārī al-Ḥarīrī S I 916, II 990,14, 1000,42
Aḥmad b. a. Q. al-Ḍamrī G II 399
Aḥmad b. Q. al-ʿIbādī (ʿAbbādī) al-Shāfiʿī G I 295, II 89, 320, S I 498, 518, 522, 677, 681, II 105, 194, 248, 441
Aḥmad b. Q. al-Judhāmī al-Qabbāb al-Fāsī S I 632, 666 A/C, II 346
Aḥmad b. a. Q. b. M. b. Khallūf S II 331
Aḥmad b. Q. b. M. al-Sāsī S II 437, 715
Aḥmad b. a. Q. b. M. al-Tādalī S II 680
Aḥmad b. Q. al-Ṣabbāgh b. Q. al-ʿIbādī S II 17
Aḥmad b. Q. b. a. Uṣaybiʿa G I 325, S I 560
Aḥmad b. al-Qasṭallānī S I 267, II 6
Aḥmad b. Qasyī S I 776
Aḥmad al-Qillisī S II 1043
Aḥmad al-Qudsī S II 1038
Aḥmad al-Qusanṭīnī G II 237
Aḥmad Qush Aṭaly G II 441, S II 657
Aḥmad b. Raḍī al-Dīn al-Qāzānī al-Makkī S II 617
Aḥmad Rāfiʿ b. M. b. ʿAbd al-ʿAzīz Rāfiʿ al-Ṭahṭāwī S II 745
Aḥmad b. Rajab b. M. al-Baqarī S II 334
Aḥmad b. Rajab b. Ṭaybughā al-Majdī G II 128, 163, 169, S II 158, 205
Aḥmad Ramaḍān al-Madani al-Shadhilī S III 180
Aḥmad al-Ramaḍānī b. Muḥsin al-Wazīrī S II 287
Aḥmad Rāmī S III 128, 178, 275
Aḥmad al-Ramlī S II 95
Aḥmad al-Rashīdī S II 516
Aḥmad b. a. 'l-Riḍā al-Muqaddasī S I 770
Aḥmad al-Rifāʿī al-Mālikī al-Azharī G I 300, S I 526
Aḥmad al-Rifāʿī al-Muslim b. ʿAr. al-Mawṣilī S II 508
Aḥmad Rifʿat ʿAbd al-ʿAẓīm S III 232
Aḥmad b. Rukn al-Dīn al-Nuqūmī S II 619
Aḥmad al-Rūmī G II 440, 448, S II A/C 654
Aḥmad al-Rūmī al-Āqḥiṣārī G I 364, S I 620
Aḥmad Rushdī S II 733
Aḥmad al-Rushdī Qaraāghājī S I 843,28, II 634
Aḥmad Rushdī b. ʿUthmān Ef. al-Qūnawī Bakjajīzāde S I A/C 759
Aḥmad al-Rushdī Yūsufimāmeffendīzāde S II 653
Aḥmad b. Sābiʿ b. M. al-Rughāfī S II 549

Aḥmad b. Saʿd al-Dīn al-Ghumrī G II 297, S II 408
Aḥmad b. Saʿd al-Dīn Ism. b. al-Ḥu. al-Miswārī S II 249, 560
Aḥmad b. a. Saʿd al-Harawī a. ʾl-Faḍl S I 368, 854 see A/C
Aḥmad b. Sahl al-Balkhī G I 229, S I 408, 435
Aḥmad b. Saʿīd a. ʾl-ʿAbbās S II 695
Aḥmad b. Saʿīd al-Bijāʾī S I 666
Aḥmad b. Saʿīd al-Darjīnī G I 336, II 240, S I 575
Aḥmad b. Saʿīd al-Hindī S I 661
Aḥmad b. Saʿīd b. Ism. al-Naqāwusī S I 537
Aḥmad al-Sakhāwī S II 899
Aḥmad Salām al-Rashīdī S II 423
Aḥmad b. Salāma al-Maqdisī S II 148
Aḥmad b. Salāma al-Qalyūbī S I A/C 672
Aḥmad b. Salāma a. ʾl-Q. S II A/C 123
Aḥmad b. Sālim al-Baṣrī S II A/C 500
Aḥmad b. Sālim al-Nafzāwī S II 423, 745
Aḥmad b. a. ʾl-Sanāʾ a. Bakr S II 1014
Aḥmad b. a. Sarḥ al-Kātib S I A/C 247
Aḥmad b. Sarī al-Dīn b. al-Ṣāʾigh al-Ḥanafī S II 429
Aḥmad b. al-Sarrāj al-Ḥamawī G II 126, S II 156, 327
Aḥmad al-Sarūjī Shams al-Dīn S II 974
Aḥmad Sayf al-Ghazzī al-Ḥanafī G II 24, S II 20
Aḥmad b. al-Sayyār G I 187
Aḥmad b. Shaʿbān S II 935
Aḥmad Shafīq Bāshā S III 310
Aḥmad Shahīd al-ʿĀmilī S II 596
Aḥmad b. Shāhqul S I 498
Aḥmad b. Shāʾiʿ b. M. al-Duʿāmī S II 967
Aḥmad Shākir S II 899
Aḥmad Shākir al-Karmī S III 85
Aḥmad Shākir b. Muṣṭafā al-Birkawī S II 956$_{,85}$
Aḥmad b. Shams al-Dīn b. ʿU. al-Hindī al-Dawlatābādī S I A/C 69
Aḥmad al-Shaqīqātī al-Andalusī al-Ḥalabī G II 304, S II 331
Aḥmad b. Sharaf al-Dīn al-Qarāʾī S II 821
Aḥmad b. Sharaf al-Dīn Sharaf al-Thaʿlabī G I 288
Aḥmad b. Sharīf al-Ḥusaynī G II 220, S II 308
Aḥmad b. al-Sharīf al-Shīrāzī S I 926
Aḥmad b. Sharqāwī b. Musāʿid al-Khalwatī S I 470
Aḥmad al-Sharqī al-Safāqusī S II 486
Aḥmad Shawqī S III 21
Aḥmad b. Shayba al-Dimashqī al-Asadī S II 114
Aḥmad al-Shaykh ʿAmīra al-Shāfiʿī al-Burullusī S II 471
Aḥmad al-Shaykh Jīwan al-Laknawī S II 612
Aḥmad b. al-Shaykh al-Tilimsāni al-Anṣārī Ḥāfiẓ S II 1019
Aḥmad b. Shihāb al-Dīn S II 1019
Aḥmad Shihāb al-Dīn al-Khawwāṣ a. ʾl-ʿAbbās S II 918
Aḥmad Shihāb al-Dīn al-Shilbī S II 265
Aḥmad al-Shirbīnī al-Nuʿmānī S II 112
Aḥmad b. Shuʿayb b. ʿA. al-Nasāʾī, see A. b. ʿA. b. Sh. al-N. S I 269
Aḥmad b. Sīdī ʿAmmār al-Jazāʾirī S II 688
Aḥmad b. Sinān al-Sharbatī G II 364
Aḥmad al-Sīwāsī Shaykh al-Islām S II 656
Aḥmad b. Sūda al-Tāwudī S I 684
Aḥmad al-Sūdānī G II 238, S II 98
Aḥmad b. S. G II 215
Aḥmad b. S. al-Awzārī S II 242
Aḥmad b. S. al-Hādī ila ʾl-ḥaqq G I 402$_{,3}$, S I 699
Aḥmad b. S. b. Ḥumayd al-Kisāʾī S I 599
Aḥmad b. S. al-Jīzī al-Shādhilī S II A/C 99
Aḥmad b. S. b. Kamālpāshā G I 263, 291, 295, 377, 379, 417, 442, 455, 509, II 21, 214, 230, 449, S I 464, 472, 516, 645, 647, 651, 683, 739, 764 A/C, 816, 821$_{,68ii}$, 865, II 14, 289, 292, 301, 307, 668
Aḥmad b. S. al-Khālidī al-Arwādī G I 448, S I 788, 800, 805, II 774
Aḥmad b. S. b. M. b. al-Muṭahhar S II 899
Aḥmad b. S. al-Munajjim S I 868
Aḥmad b. S. al-Taghanāshī G II 463
Aḥmad b. S. b. ʿU. b. Yaʿqūb b. Yū. al-Maghrāwī S II 961$_{,31}$
Aḥmad b. S. b. ʿUthmān S II 974
Aḥmad al-Sutaymī al-Azharī S II 935 = Aḥmad b. M. al-Suḥaymī S II 456 (?)
Aḥmad al-Suʿūdī al-Shammākhī Shihāb al-Dīn S II A/C 349
Aḥmad b. Ṣabbāġ al-ʿIbādī = A. b. al-Q. alʿIbādī

Aḥmad Ṣabrī S III 280
Aḥmad b. Ṣadr al-Din al-Ḥusaynī S II 290
Aḥmad al-Ṣadrāwī S II 260
Aḥmad b. Ṣafī al-Dīn al-Iskelebī S II 639
Aḥmad b. Ṣalāḥ al-Dīn b. M. al-Maḥallī S II 20
Aḥmad b. Ṣalāḥ b. M. al-Dawwārī S II 558
Aḥmad b. Ṣāliḥ G II 422
Aḥmad b. Ṣāliḥ al-Darʿī S II 713
Aḥmad b. Ṣāliḥ al-Dimashqī G I 388
Aḥmad b. Ṣāliḥ b. Ḥājjī b. ʿA. b. ʿAbd al-Ḥusayn al-Baḥrānī S II 969
Aḥmad Ṣāliḥ al-Makkī S II 984
Aḥmad b. Ṣāliḥ b. a. ʾl-Rijāl al-Yamanī S II 561
Aḥmad b. Ṣāliḥ al-Tadaghī a. Ṣāliḥ S II 1032
Aḥmad Ṣayyād Ḥafīd A. al-Rifāʿī S I 807
Aḥmad b. al-Ṣiddīq S II 342
Aḥmad al-Ṣidqī b. ʿA. al-Burūsāwī S I 843 A/C, 847 A/C
Aḥmad al-Ṣūfī G I 294, S I 504
Aḥmad al-Tādalī S II 358
Aḥmad Tāj al-ʿārifīn S II 277
Aḥmad Tāj al-Dīn al-Ghazzālī G II 344
Aḥmad Tawfīq Bakrī S III 124
Aḥmad Taymūr S I 283, II 15, 217
Aḥmad b. Thābit al-Bijāʾī S II 935
Aḥmad b. Thābit Jamāl al-Dīn G II 368
Aḥmad b. Thābit al-Ṭarqī al-Iṣfahānī S I 623
Aḥmad b. Thibāt Qāḍi ʾl-Humāmiyya S I 860
Aḥmad al-Tirmidhī Nāṣir al-Dīn S II 974
Aḥmad Tūghan al-Ashrafī G II 135
Aḥmad b. al-Turkī b. A. S II 435
Aḥmad b. al-Turkī al-Mashalīlī al-Mālikī S II 435
Aḥmad b. a. Ṭāhir Ṭayfūr G I 138, S I 210
Aḥmad b. al-Ṭayyib al-Sarakhsī S I 404
Aḥmad b. Ṭugharbek (Ṭughrilbek) G I 503, S I 916
Aḥmad b. ʿUbaydallāh al-Ḍabbī S I 153
Aḥmad b. ʿUbaydallāh b. Ibr. al-Maḥbūbī Ṣadr al-Sharīʿa al-awwal G I 380, S I 653
Aḥmad b. ʿUbaydallāh b. Idrīs S I 721
Aḥmad al-Ubbadhī Shihāb al-Dīn S II 371
Aḥmad al-Ujhūrī S II 260, 353
Aḥmad b. ʿU. S I 805
Aḥmad b. ʿU. b. A. al-Nasāʾī al-Madlijī G II 199, S II 271
Aḥmad b. ʿU. b. A. al-Shābb al-tāʾib G II 120, S II 149
Aḥmad b. ʿU. b. ʿA. b. ʿAbd al-Ṣamad al-Baghdādī al-Jawhari S I 606
Aḥmad b. ʿU. al-Anṣārī al-Qurṭubī G I 384, S I 264, 664
Aḥmad b. ʿU. al-Asqāṭī a. ʾl-Fatḥ G I 299, 327, S I 260, 264, 276, 524, II 259 A/C, 455
Aḥmad b. ʿU. al-ʿAssālī al-Ḥarīrī al-Shāfiʿī al-Khalwatī S II 1000
Aḥmad b. ʿU. al-Dawlatābādī al-Hindī al-Zāwulī G I 305, S I 69, 532, 532 A/C, 533 A/C, 534
Aḥmad b. ʿU. al-Dayrabī al-Ghunaymī G II 323, S I 677, II 445
Aḥmad b. ʿU. a. ʾl-Fatḥ G I 299
Aḥmad b. ʿU. al-Ghaznawī al-Dawlatābādī S II 308
Aḥmad b. ʿU. al-Ḥājib al-Furūʿī G II 141
Aḥmad b. ʿU. b. Ibr. al-Anṣārī al-Qurṭubī S I 948
Aḥmad b. ʿU. b. Ism. al-Ṣūfī G I 474, 495, S I 869
Aḥmad b. ʿU. al-Janadī G I 466, 468
Aḥmad b. ʿU. al-Karābīsī S I 390
Aḥmad b. ʿU. al-Khaṣṣāf G I 173, S I 292
Aḥmad b. ʿU. al-Māridīnī S I A/C 519
Aḥmad b. ʿU. al-Māridīnī ʿAr. al-Sayfī al-Murādī al-Muzajjid Ṣafī al-Dīn S II 964
Aḥmad b. ʿU. al-Māridīnī al-Kubrā al-Khīwaqī G I 440, S I 786, 810
Aḥmad b. ʿU. al-Māridīnī b. al-Madhḥijī G II 403, S II 554
Aḥmad b. ʿU. al-Māridīnī b. a. ʾl-Raḍī al-Ḥamawī S II 980
Aḥmad b. ʿU. al-Mukhtār al-Jakanī Ṭāʾir al-janna G II 456, S II 677 = 699
Aḥmad b. ʿU. al-Mursī G II 118
Aḥmad b. ʿU. al-Naqāwusī G I 312
Aḥmad b. ʿU. b. Rusta G I 227, S I 406
Aḥmad b. ʿU. b. Surayj S I 306
Aḥmad b. ʿU. al-ʿUlwānī al-Ḥamawī S II A/C 468
Aḥmad b. ʿU. b. ʿUthmān b. Qara al-Shāfiʿī S I 632, II 101
Aḥmad b. ʿU. b. Zayn M. al-ʿAlawī b. Sumayṭ S II 994,48

Aḥmad b. ʿUthmān al-Āqshahrī S I 535
Aḥmad b. ʿUthmān b. a. Bakr al-Zabīdī S I 529
Aḥmad b. ʿUthmān b. Hibatallāh al-Maqdisī S I 897
Aḥmad b. ʿUthmān b. M. al-Kalūtātī S II 71
Aḥmad b. a. ʿUthmān Saʿīd al-Shammākhī G II 240, S II 339
Aḥmad b. ʿUthmān al-Sharnūbī G I 372, II 399, S II 469
Aḥmad b. ʿUthmān b. ʿU. al-Ḥabūrī S II 918
Aḥmad b. ʿUthmān b. al-Yaqinjī ʿAlāʾ al-Dīn a. ʾl-Maʿālī S II 974
Aḥmad b. a. ʾl-Wafāʾ S II 974
Aḥmad Walīallāh b. ʿAbd al-Raḥīm al-Dihlawī G II 418, S I 298, II 614
Aḥmad b. Wāthiq G I 109
Aḥmad b. Yaḥyā S I 242
Aḥmad b. Yaḥyā b. A. b. ʿAmīra al-Ḍabbī G I 340, S I 580
Aḥmad b. Yaḥyā b. A. al-Dawwārī G II 187, S II 559
Aḥmad b. Yaḥyā al-Balādhurī G I 141, S I 216
Aḥmad b. Yaḥyā b. Faḍlallāh al-ʿUmarī G II 141, S II 175
Aḥmad b. Yaḥyā al-Harawī S I 647
Aḥmad b. Yaḥyā b. Ḥābis al-Dawwārī S I 701, II 246
Aḥmad b. Yaḥyā b. a. Ḥajala al-Tilimsānī G I 265, II 12, S I 467, II 5
Aḥmad b. Yaḥyā b. Ḥ. b. al-Ḥajjār S II 907
Aḥmad b. Yaḥyā b. Isḥāq al-Rāwandī S I 340
Aḥmad b. Yaḥyā al-Maswarī S II 899
Aḥmad b. Yaḥyā b. M. b. Saʿd al-Dīn Ḥafīd al-Taftāzānī G I 295, II 215, 218, S I 517, 518, 647, 651, II 301, 309
Aḥmad b. Yaḥyā b. M. al-Wansharīshī G II 248, 356, S II 348
Aḥmad b. Yaḥyā al-Murtaḍā G II 187, S I 510, 920,75g, II 244
Aḥmad b. Yaḥyā al-Saʿdī Shams al-Dīn G II 187, S II 244
Aḥmad b. Yaḥyā Thaʿlab G I 118, S I 181
Aḥmad b. Yaḥyā b. Yūnus b. Khallikān S I 946 ad 239
Aḥmad al-Yamanī S I 364
Aḥmad al-Yanishahrī S II 288
Aḥmad b. al-Yanishahrī b. akhī Ḥizām G I 244
Aḥmad b. Yaʿqūb b. Isḥāq b. A. al-Sijazī Bandāna S I 323
Aḥmad b. a. Yaʿqūb b. Jaʿfar al-Yaʿqūbī G I 226, S I 405
Aḥmad b. Yaʿqūb al-Rājī S II 708
Aḥmad b. Yaʿqūb al-Ṭayyibī G II 9
Aḥmad b. Yāqūt S I 880
Aḥmad Yāsīn S III 134
Aḥmad Yāzījīoghlū S I 794
Aḥmad b. Yū. b. ʿAbd al-Dāʾim b. al-Samīn al-Shāfiʿī G I 409, II 111, S I 725, II 137
Aḥmad b. Yū. b. ʿAbd al-Jalīl al-Tanasī S II 347
Aḥmad b. Yū. b. ʿAq. al-Jazīrī S II 1019
Aḥmad b. Yū. b. al-Azraq al-Fāriqī S I 569
Aḥmad b. Yū. al-Baṣīr b. Mālik al-Gharnāṭī al-Ruʿaynī G I 303, II 14, 111, S II 6, 138
Aḥmad b. Yū. b. al-Dāya G I 149, 222, S I 229
Aḥmad b. Yū. al-Fāsī G II 462, S I 802, II 701
Aḥmad b. Yū. al-Fihrī al-Lablī S I 171, 181, 967
Aḥmad b. Yū. b. al-Ḥ. al-Kawāshī al-Mawṣilī al-Shaybānī G I 416, S I 737
Aḥmad b. Yū. b. Ibr. S II 1014
Aḥmad b. Yū. b. al-Kammād S I 864
Aḥmad b. Yū. al-Khalīfī G II 194, S I A/C 850, II 260
Aḥmad b. Yū. b. M. Fayrūz G II 402
Aḥmad b. Yū. al-Qaramānī G II 301
Aḥmad b. Yū. al-Rashīdī S II 362 A/C, 1001
Aḥmad b. Yū. al-Sharjī al-Shāfiʿī S II A/C 114
Aḥmad b. Yū. b. al-Shilbī G I 300, S I 760, II 265, 424
Aḥmad b. Yū. al-Ṣafadī G II 137, S II 169
Aḥmad b. Yū. al-Tīfāshī G I 495, S I 904
Aḥmad b. Yū. al-Turkumānī S II 607
Aḥmad b. Yū. b. al-Uqayṭiʿ al-Burullusī S I 471
Aḥmad b. Yū. b. Yaʿqūb al-Khalwatī Sunbul Sinān Ef. S II 660
Aḥmad al-Zabūn al-Fūwī a. ʾl-Faḍl G II 281
Aḥmad Zakī Bek S III 281
Aḥmad Zakī a. Shādī S III 96
Aḥmad Zardūk Shihāb al-Dīn S II 252
Aḥmad b. Zayd al-Shāwarī S II 242
Aḥmad b. Zayn al-ʿābidīn al-ʿAlawī S I 927
Aḥmad b. Zayn al-ʿābidīn al-ʿAlawī al-ʿĀmilī S I 815,18, II 579

Aḥmad b. Zayn al-ʿābidīn b. Idrīs al-Mālikī S I 765
Aḥmad b. Zayn al-ʿābidīn b. M. al-Ṣiddīqī G II 275, S II 385
Aḥmad b. Zayn b. ʿAlawī S II 455
Aḥmad b. Zayn al-Azharī S III 85, 104n
Aḥmad b. Zayn al-Dīn b. Ibr. al-Aḥsāʾī S II 589, 793, 844
Aḥmad b. Zayn al-Dīn al-ʿIrāqī S I 509
Aḥmad b. Zayn al-Ḥabashī S II 1001
Aḥmad b. Zayn al-Manūfī G II 331
Aḥmad b. Zaynī b. A. Daḥlān G II 194, 238, 499, 709, S I 752,38e, II 288, 334, 810
Aḥmad al-Zuhrī a. ʾl-ʿAbbās S I A/C 670
Aḥmad b. Ẓāhir S I 244
Aḥmadallāh G II 420
Aḥmadallāh al-Pishāwarī S II 849
Aḥmadallāh al-Rangūnī S II 865
Aḥmadallāh al-Sandīlī S II 621
Aḥmadī, see ʿAbd al-Wahhāb b. A. G II 390
Aḥmadjī b. Shāhqul Ruknābādī S I 536
Aḥmadzāde b. Maḥmūd al-Khirziyānī S I A/C 841
b. al-Aḥmar ʿAl. b. ʿU. G II 241, S II 340,3
b. al-Aḥmar al-Naṣrī Ism. b. Yū. b. M. a. ʾl-Walīd S II 340, 370
al-Aḥsāʾī A. b. Zayn al-Dīn b. Ibr. S II 844
Aḥsāʾī M. b. ʿAr. b. Afāliq S II 507
Aḥsāʾī M. b. ʿA. b. Ibr. b. a. Jumhūr S II 272
-Aḥwaṣ G I 49, S I 80
Āʾinegölī Muṣṭafā b. M. G II 423
ʿĀʾisha ʿAr. S III 263
ʿĀʾisha ʿIṣmat A. Khānum bint Taymūr S II 724
ʿĀʾisha bint Yū. al-Bāʿūnīya S II 181,29c, 381
-Aʿjam Ziyād b. Salmā G I 60, S I 92
-ʿAjamī A. b. A. b. ʿAr. S II 410
-ʿAjamī A. b. A. b. M. al-Wafāʾī G II 300, S II 419
-ʿAjamī M. b. A. G II 453
-ʿAjamī M. b. Jamāl al-Dīn G II 275
b. Ajāna a. Bakr al-ʿAdnānī G I 384,52
b. al-Ajdābī Ibr. b. Ism. b. A. G I 308, S I 541
b. ʿAjība S I 483
-ʿAjīsī M. b. A. G II 247, S II 345,13c
-ʿAjjāj ʿAl. b. Ruʾba G I 60, S I 90
-ʿAjjāj Nuwayḥid S III 396
-ʿAjlānī M. b. al-Q. S II 170
-Ājurrī M. b. al-Ḥu. G I 164, S I 273
b. Ājurrūm M. b. M. b. Dāʾūd G II 237, S II 332
Akansūs M. b. A. S II 884
-ʿAkawwak G I 78, S I 120
-Akfānī M. b. Ibr. b. Saʿīd G II 157, S II 169
-Akhawayn M. b. Q. G II 230
-Akhḍarī ʿAr. b. M. b. Amīr G II 705
-Akhḍarī Saʿd b. ʿAr. G II 355, S I 843, II 705
-Akhfash S I 165, al-Aṣghar G I 125, al-Awsaṭ G I 105
-Akhfash b. al-Ḥu. Shihāb al-Dīn S II 918
-Akhfash al-Ṣanʿānī Ṣalāḥ b. al-Ḥu. S II 548
Akhī Čelebī Yū. b. Junayd al-Tūqātī G II 227, S II 317
Akhī zāde ʿAbd al-Ḥakīm b. M. G II 444
-Akhsīkatī M. b. M. b. ʿU. S I 654
-Akhsīqawī ʿAl. Ḍiyāʾ al-Dīn S II 674
-Akhtarī Muṣṭafā b. Shams al-Dīn al-Qaraḥiṣārī S II 630
-Akhṭal Ghiyāth b. Ghawth G I 49, S I 83
ʿĀkish al-Yamanī S I 54
-ʿAkkārī G II 258
-ʿAkkī A. b. Ḥu. G II 172
Akmal al-Dīn al-Bābartī M. b. Maḥmūd G I 290, II 80, S I 285, II 89
Akmal al-Majlisī M. Bāqir b. M. Taqī G II 411, S II 572
b. Akram Ibr. b. M. G II 274
Akrāshī S. b. Ṭāhir G II 310
ʿAlāʾ al-Dīn G I 428
ʿAlāʾ al-Dīn b. ʿAbd al-Bāqī al-Khaṭīb S II 509
ʿAlāʾ al-Dīn b. ʿAl. b. Ḥ. b. Kāmil S II 411
ʿAlāʾ al-Dīn b. ʿĀbidīn S II 774
ʿAlāʾ al-Dīn A. al-Laknawī S II 293
ʿAlāʾ al-Dīn ʿA. Āqbars S II 935
ʿAlāʾ al-Dīn ʿA. al-ʿAṭṭār S I 262
ʿAlāʾ al-Dīn b. ʿA. b. Badr al-Dīn b. M. al-Irbilī S II 23, 201
ʿAlāʾ al-Dīn ʿA. al-Bukhārī S I 286,11
ʿAlāʾ al-Dīn ʿA. al-Khujandī al-Burhānī S II 258
ʿAlāʾ al-Dīn b. ʿA. b. Sālim al-Ghazzī S I 470
ʿAlāʾ al-Dīn ʿA. al-Ṭūsī G II 204, S I 848, II 279, 292,2a
ʿAlāʾ al-Dīn al-Bahlamān S I 508
ʿAlāʾ al-Dīn al-Ḥanbalī S II 966,3
ʿAlāʾ al-Dīn al-Isbījābī S I 647
ʿAlāʾ al-Dīn b. Kākūya S I 821,68mm, nn

ʿAlāʾ al-Dīn b. al-Kāmilī b. al-Mukhliṭa al-Mālikī G II 57, S I 597
ʿAlāʾ al-Dīn b. Mālik S II 899
ʿAlāʾ al-Dīn M. al-Bukhārī S I 794
ʿAlāʾ al-Dīn M. al-Ḥiṣnī S II 310
ʿAlāʾ al-Dīn b. M. al-Samarqandī G I 428, S I 761
ʿAlāʾ al-Dīn b. Mulayk al-Ḥamawī S II A/C 382
ʿAlāʾ al-Dīn b. Musharraf al-Māridīnī S II 935
ʿAlāʾ al-Dīn b. al-Muttaqī S II 153, 188
ʿAlāʾ al-Dīn b. Nāṣir al-Dīn aṭ-Ṭarābulusī S II 452, 643 A/C
ʿAlāʾ al-Dīn b. Ṣadaqa al-Shaʾmī G I 263, S I 464
ʿAlāʾ al-Dīn al-Tarjumānī M. b. Maḥmūd G I 381, S I 654
ʿAlāʾ al-Dīn al-Turkistānī S II 950
ʿAlāʾ al-Dīn al-Ṭāʾūsī S I 679
a. ʾl-ʿAlāʾ b. Ḥawl S I 553
a. ʾl-ʿAlāʾ al-Maʿarrī G I 254, 369, S I 40, 142, 449
-ʿAlāʾ Sahl b. Saʿd S I 389
-ʿAlāʾī S II 643
-ʿAlāʾī al-Maghribī Ibr. b. a. Saʿīd b. Ibr. S I 890
-ʿAlāʾī al-Shīrāzī S I 741
-ʿAlāʾī Ṣalāḥ al-Dīn G II 88
ʿAlam al-Hudā b. Fayḍ al-Kāshī S II 584
ʿAlam al-Hudā al-Sharīf al-Murtaḍā ʿA. b. al-Ṭāhir S I 323, 704
-Aʿlam al-Shantamarī Yū. b. S. G I 22, 23, 102, 309, S I 40, 46, 48, 160, 171, 542
ʿĀlamgīr G II 417
-ʿAlamī Hāshim b. ʿA. G II 458
-ʿAlamī M. b. al-Ṭayyib al-Sharīf G II 458, S II 684, 800
-ʿAlamī M. b. ʿU. b. M. al-Qudsī G II 341, S II 470
ʿAlawān G II 123
b. ʿAlawān A. b. ʿAṭṭāf al-Tafrushī S I 806
b. ʿAlawān A. b. al-Minfāḥ S I 898
ʿAlawān ʿA. b. ʿAṭiyya al-Ḥamawī G I 173, 263, 448, 452, II 333, S I 291, 464 A/C, 646, 811, II 153, 461, 897
ʿAlawān al-Khūrī S III 370
-ʿAlawānī ʿU. b. a. Bakr S II 383
-ʿAlawī b. ʿAl. G I 433, II 331
-ʿAlawī ʿAl. al-Saqqāf Bāʿalawī G II 488, S II 566
-ʿAlawī b. A. b. ʿAr. al-Saqqāf S II 604, 743
-ʿAlawī b. A. b. Ḥ. al-Ḥaddād S II 813
-ʿAlawī b. Sayf b. Manṣūr S II 575
Albohazen S I 401
Alexander of Aphrodisias S I 370, 373
al-Alfī A. b. Fahd S I 766
Alhazen S I 851
-ʿĀlī S II 650
a. ʿAlī S I 760
ʿAlī b. a. ʾl-ʿAbbās A. al-Būnī S I 911
ʿAlī b. ʿAbbās al-Baʿlī al-Ḥanbalī S I 687
ʿAlī b. ʿAbbās b. al-Lajjām al-Ḥanbalī S II 120
ʿAlī b. ʿAbbās al-Majūsī G I 237, S I 423
ʿAlī b. ʿAbbās al-Maqqarī S II 918
ʿAlī b. ʿAbbās b. al-Rūmī G I 79, S I 123
ʿAlī b. ʿAbd al-ʿĀlī al-Karakī G I 406, II 411, S I 972 ad 712, II 207, see ʿA. b. al-Ḥu. b. ʿA. al-K.
ʿAlī b. ʿAbd al-ʿAzīz S I 166
ʿAlī b. ʿAbd al-ʿAzīz al-Jurjānī S I 199, III 423
ʿAlī b. ʿAbd al-ʿAzīz al-Sulamī S I 768, read: ʿAbd
ʿAlī b. ʿAbd al-ʿAzīz Ummwaladzāde G II 430, S II 638
ʿAlī b. ʿAbd al-Barr b. ʿA. al-Wannāʾī al-Shāfiʿī G II 353, S I 676, II 424, 480
ʿAlī b. ʿAbd al-Ghanī al-Ḥuṣurī G I 408, 525, S I 479 (to be read thus)
ʿAlī b. ʿAbd al-Ḥakīm S II 320
ʿAlī b. ʿAbd al-Ḥamīd al-Maghribī G II 237
ʿAlī b. ʿAbd al-Ḥayy al-Ghazzī al-ʿĀmirī S II 403
ʿAlī b. ʿAbd al-Jalīl al-Marghīnānī S II 950
ʿAlī b. ʿAbd al-Kāfī Tāj al-Dīn al-Subkī G I 395, II 86, S II 102
ʿAlī b. ʿAbd al-Karīm b. ʿAbd al-Ḥamīd al-Nīlī al-Najafī S II A/C 210
ʿAlī b. ʿAbd al-Karīm b. Fakhkhār al-Mūsawī S II 806
ʿAlī b. ʿAl. b. ʿAbd al-Jabbār al-Shādhilī G I 449, S I 804 (to be read thus)
ʿAlī b. ʿAl. b. A. Zayn al-ʿArab S I A/C 510
ʿAlī b. ʿAl. al-ʿAlawī G I 83
ʿAlī b. ʿAl. b. ʿA. al-Baḥrānī S II 805
ʿAlī b. ʿAl. b. ʿA. b. Rāwī G II 405

'Alī b. 'Al. b. 'A. al-Tustarī S II 837
'Alī b. 'Al. al-Alyārī al-Tabrīzī S II 838
'Alī b. 'Al. b. Amīr al-mu'minīn S II 967
'Alī b. 'Al. al-Ardabīlī al-Tabrīzī S I 535
'Alī b. 'Al. al-Bahā'ī al-Juzūlī G II 55, S II 55
'Alī b. 'Al. b. al-Ḥaddād S II 1034
'Alī b. 'Al. b. Ibr. al-Lakhmī G I 383, S I 661
'Alī b. 'Al. al-Mawṣilī Maḥḍarbāshīzāde al-Ḥanafī S II 288
'Alī b. 'Al. al-Miṣrī, G II 343, S II 471
'Alī b. 'Al. b. Mubārak al-Wahrānī S I 520
'Alī b. 'Al. b. al-Muqarrab al-'Uyūnī, G I 260, S I 460
'Alī b. 'Al. al-Naṣībīnī S II 918
'Alī b. 'Al. al-Samhūdī G II 173, 238, S I 682, II 105, 223
'Alī b. 'Al. al-Sanhūrī G II 238, S II 333
'Alī b. 'Al. al-Shāfi'ī S II 907
'Alī b. 'Al. al-Shustarī G I 274, S I 483
'Alī b. 'Al. al-Suwaydī G II 376, S II 785
'Alī b. 'Al. al-Ṭihrānī al-Tabrīzī S II 842
'Alī b. 'Al. al-Ṭūsī S I 50
'Alī b. 'Al. b. 'U. S II 566
'Alī b. 'Al. b. a. Zar' al-Fāsī G II 240, S II 339
'Alī b. 'Al. Zayn al-'Arab al-Miṣrī S I 825,82i
'Alī b. 'Abd al-Malik b. Qāḍīkhān al-Muttaqī al-Hindī G II 384, S II 518
'Alī b. 'Aq. al-Ḥusaynī al-Ṭabarī S II 1036
'Alī b. 'Aq. b. M. al-Ṭūkhī S II 33
'Alī b. 'Aq. al-Nabtītī al-Ḥanafī G II 23, 168, 339, 710, S I 676, II 17, 333, 467, 950
'Alī b. 'Abd al-Raḥīm b. A. S I 555
'Alī b. 'Ar. al-Awwāb al-Bāyazīdī S II 950
'Alī b. 'Ar. al-Ballanūbī G I 269, S I 474
'Alī b. 'Ar. b. Hudhayl al-Fazārī al-Andalusī S II 379
'Alī b. 'Ar. a. Sa'īd b. Yūnus al-Ṣadafī G I 224, S I 400
'Alī b. 'Ar. al-Ṣaffūrī S II 928
'Alī 'Abd al-Rāziq S III 329
'Alī b. 'Abd al-Salām al-Tasūlī S II 375, 376
'Alī b. 'Abd al-Ṣādiq b. A. al-Jibālī S II 354, 700
'Alī b. 'Abd al-Wāḥid al-Baghdādī Ṣarī' al-Dilā' S I 132
'Alī b. 'Abd al-Wāḥid b. M. as-Sijilmāsī G II 459, S II 690
'Alī b. Aflaḥ al-'Absī S I 441
'Alī Āghā Jalīlī G I 39
'Alī b. A. S I 793
'Alī b. A. b. 'Al. Bā Sūdūn S II 566
'Alī b. A. al-'Adawī al-Ṣa'īdī, see 'A. b. A. b. Mukarram
'Alī b. A. b. 'A. b. Hubal al-Baghdādī G I 490, S I 895
'Alī b. A. b. 'A. al-Mahā'imī G I 450, II 221, S I 789, 807, II 310 (to be read thus)
'Alī b. A. al-Anṣārī S II 425
'Alī b. A. al-Anṣārī al-Shāfi'ī al-Qarāfī S II 964
'Alī b. A. b. Ayyūb al-Turkistānī S I 726
'Alī b. A. al-'Azīzī al-Būlāqī S II 184,56d
'Alī b. A. al-Balkhī Nūraddīn a. 'l-Q. S II 298, 1024
'Alī b. A. al-Bukhārī al-Ḥanbalī S I 625
'Alī b. A. al-Fanjukirdī S I 74
'Alī b. A. al-Ghūrī G I 441, S I 790
'Alī b. A. al-Hītī G II 443, S II 658
'Alī b. A. b. al-Ḥājj Mūsā al-Jazā'irī S II 883
'Alī b. A. al-Ḥalwā'ī S II 980
'Alī b. A. al-Ḥarrānī Fakhr al-Dīn a. 'l-Ḥ. S II 935
'Alī b. A. b. al-Ḥ. b. A. al-Ḥirālī G I 414, 507, S I 735, 924
'Alī b. A. b. al-Ḥ. a. 'l-Ḥ. S II 1001
'Alī b. A. b. a. al-Ḥ. al-Nasawī G I 511, S I 384, 390
'Alī b. A. al-Ḥusaynī Ṣadr al-Dīn S II 386
'Alī b. A. al-Jamālī G I 378, II 431, S II 640
'Alī b. A. b. Khālid b. 'Aq. b. M. al-Barqī al-Kūfī S II 1001
'Alī b. A. al-Khalwatī S II 980
'Alī b. A. al-Makkī al-Rāzī S I 649, II 295, 296
'Alī b. A. b. al-Marzubān G I 125
'Alī b. A. al-Mayurqī G I 270, S I 479
'Alī b. A. al-Muhallabī S I 180
'Alī b. A. b. M. b. 'A. b. Mattūya al-Wāḥidī al-Nīsābūrī G I 88, 411, S I 142, 730
'Alī b. A. b. M. b. Ibr. al-Jīzī Nūr al-Dīn G II 148, S II A/C 184
'Alī b. A. b. M. al-Jazūlī al-Rasmūkī S II 19, 336, 676
'Alī b. A. b. M. al-Kizwānī G II 334, S II 462
'Alī b. A. b. M. Ma'ṣūm al-Ḥusaynī al-Shīrāzī Ṣadr al-Dīn S I 76, II 627
'Alī b. A. b. M. al-Miṣrī al-Atribī S I 917

'Alī b. A. b. M. al-Safāqusī S II 710
'Alī b. A. b. Mukarram al-Ṣaʿīdī al-ʿIdwī (ʿAdawī) al-Mansafīsī G II 281, 319, 355, S I 302, 302 A/C, 354 A/C, II 98, 118, 439, 705
'Alī b. A. al-Mulaqqin S I 276, read: 'U. b. 'A. S II 109
'Alī b. A. al-Najjārī al-Shaʿrānī G II 89, S II 105
'Alī b. A. b. Q. Al-Dharwīlī G II 457, S II 684
'Alī b. A. al-Qusṭanṭīnī S II A/C 304
'Alī b. A. b. Saʿīd Bā Ṣabrīn S II 604
'Alī b. A. b. Saʿīd al-Būṣīrī S II 1001
'Alī b. A. b. Saʿīd b. Ḥazm G I 400, S I 692
'Alī b. A. al-Saqqāṭ G II 251, S II 355
'Alī b. A. al-Shābushtī G I 523, S I 411
'Alī b. A. al-Shahīd S III 232
'Alī b. A. al-Sharnūbī S II 469
'Alī b. A. al-Tālī al-Samūkī Muqtanā S I 717
'Alī b. A. b. 'U. al-Barṭāṣī S II 147
'Alī b. Aḥsan b. 'A. b. al-Ḥu. al-Jafīḥī S II 817
'Alī b. 'Ajam al-Nabtītī S II 17, read: 'A. b. 'Aq.
'Alī al-'Ajamī G I 467
'Alī Akbar S II 830
'Alī Akbar b. 'A. al-Ilāhābādī S II 598
'Alī b. 'Alā' al-Dīn b. Qāḍī Shams al-Dīn M. S II 928
'Alī b. 'A. S II 354
'Alī b. 'A. b. A. al-Bukhārī al-Sarakhsī an-Najjārī S I 761
'Alī b. 'A. al-'Alawī al-Manīnī S II 181
'Alī b. 'A. b. al-Ḥ. al-Mūsawī al-Jubbaʿī al-ʿĀmilī, S II 451, 596 A/C
'Alī b. 'A. al-ʿIzzī al-Mālikī S II 706
'Alī b. 'A. al-Mawāhibī S II 148
'Alī b. 'A. b. M. al-Aʿqam S II 246
'Alī b. 'A. b. M. b. M. al-Ḥanafī S II 950
'Alī b. 'A. b. M. al-Shushtī al-Mālikī S II 991
'Alī b. 'A. b. M. al-Thaʿlabī al-Āmidī G I 393, S I 678
'Alī b. 'A. b. a. 'l-Naṣr al-Shāfiʿī S II 445
'Alī b. a. 'Alī al-Qusanṭīnī S II 364
'Alī b. 'Alī al-Shabrāmallisī G I 395, 677, 687, II 73, 113, 276, 276 A/C, 322, S II 79, 276 A/C, 443, 529
'Alī b. 'A. b. Shukr S I 311
'Alī b. 'A. al-Ṣafīpūrī S I 934 ad 34$_{,10}$
'Alī al-'Alī'ābādhī G I 128
'Alī al-Āmidī S I 816$_{,20}$
'Alī b. al-Amīn al-Jazā'irī S II 918
'Alī b. Amrallāh al-Ḥinnāwī S II 634
'Alī b. Anjab b. al-Sāʿī S I 590
'Alī b. Anjab b. 'Ubaydallāh al-Khāzin S II 935
'Alī 'Antar S II 391
'Alī b. 'Aqīl b. M. b. 'Aqīl G I 398, S I 687
'Alī b. al-'Arbī Barrāda Ḥarāzim G II 508, S II 875
'Alī b. 'Arrāq S I 624, read: M. b. 'A S II 461
'Alī al-Astarābādī S I A/C 848
'Alī Aṣghar b. 'Abd al-Jabbār al-Iṣfahānī G II 145
'Alī Aṣghar b. M. Yū. al-Qazwīnī S I 707
'Alī b. 'Aṭiyya 'Alawān al-Ḥamawī S I 646, see 'Alawān 'A.
'Alī b. 'Aṭiyya a. Muṣliḥ al-Ghamrīnī S II 456
'Alī b. 'Aṭiyya b. al-Zaqqāq al-Bulqīnī G I 260, S I 481
'Alī b. Aʿyan a. 'l-Ḥ. S I 565
'Alī b. Aydamur al-Jildakī S I 908, see Aydamur b. 'A.
'Alī al-Azharī a. Ibr. S II 1001
'Alī 'Azzūz al-Fāsī S II 715
'Alī b. Bahā' al-Baghdādī S I 753
'Alī b. Bahā' al-Ḥāsib S II 991
'Alī b. a. Bakr b. 'Abd al-Jalīl al-Farghānī al-Marghīnānī G I 376, S I 644
'Alī b. a. Bakr b. A. al-Ṣāliḥī S II 1032
'Alī b. a. Bakr b. 'A. Al-Shaykh al-Harawī G I 478, S I 879
'Alī b. a. Bakr b. al-Jamāl al-Anṣārī G II 392, S II 154, 230, 536
'Alī b. a. Bakr al-Nāshirī G II 707, S II 237
'Alī b. a. Bakr b. S. b. Ḥajar al-Haitamī al-Shāfiʿī Nūr al-Dīn G I 362, II 76, S I 275, 310 A/C, 608, 617, II 82
'Alī b. Balabān b. 'Al. al-Numayrī al-Fārisī G I 164, 172, S I 290, II 66, 80
'Alī al-Baʿlī S I 777
'Alī al-Bandanījī al-Baghdādī S II 507
'Alī Bāshā Mubārak G II 481, S II 733
'Alī Bāshā b. M. b. 'A. S I 522
'Alī b. Bassām al-Shantarīnī G I 339, S I 579
'Alī b. Baṭṭāl al-Andalusī S I 261
'Alī al-Bawwāb S II 974
'Alī Bek S II 1034

ʿAlī Bek al-Iznīqī G II 448, S II 667, see ʿA. Čelebī
ʿAlī Bek Riḍāʾ Shākir S III 309
ʿAlī b. Bilāl S I 315, 553
ʿAlī Čelebī ʿAlāʾ al-Dīn al-Ṣarukhānī al-Muʾallif al-jadīd (= ʿA. Bek al-Iznīqī) G II 333, 448, S I 908, II 150, 667
ʿAlī Čelebī b. Imraʾallāh M. Qinālīzāde G II 222, 433, S II 429, 644
ʿAlī b. Dabūs al-Zanātī S I 663
ʿAlī b. Dāʾūd G I 234
ʿAlī b. Dāʾūd al-Diyārbakrī S I 659
ʿAlī b. Dāʾūd al-Ghīshī al-Shahīr bi ʿAbbās S II 1001 (to be read thus)
ʿAlī b. Dāʾūd al-Ḥamawī S II 928
ʿAlī b. Dāʾūd al-Khaṭīb al-Jawharī G II 43, S II 41
ʿAlī b. Dāʾūd al-Malik al-Mujāhid G II 190, S II 252
ʿAlī Dede b. Muṣṭafā ʿAlāʾ al-Dīn al-Busnawī al-Siketwārī G II 427, S II 197, 635
ʿAlī Ḍāmin al-Muntaẓar S II 591
ʿAlī Ef. b. Bālī b. M. Bek Manq G II 526, S I 516, II 634
ʿAlī Ef. Jalāl al-Ḥusaynī G II 484
ʿAlī Ef. Labīb S II 735
ʿAlī Ef. Luṭfī S III 228
ʿAlī Ef. b. ʿUthmān al-Ḥanafī al-Khalwatī al-Ḍarīr S II A/C 432
ʿAlī b. Faḍḍāl al-Mujāshiʿī S I 157, 200
ʿAlī b. Fāḍil al-Māzandarānī G I 482
ʿAlī b. Faḍl al-Ḥadīthī G I 305
ʿAlī b. a. ʾl-Faḍl b. Ḥ al-Ḥalabī S II 133
ʿAlī b. Faḍl al-Muʾayyadī al-Ṭālqānī S I 491
ʿAlī al-Faḍl al-Ṭabarsī, see a. ʿA. al-F. b. al-Ḥ al-Ṭ. G I 405, S I 708
ʿAlī Faḍlallāh b. ʿA. al-Rāwandī S I 40
ʿAlī b. Faḍlallāh b. M. al-Marʿashī S I 753, II 486 A/C, 1014,12
ʿAlī Fahmī Kāmil S III 333
ʿAlī al-Faraḍī Nūraddīn S II A/C 159
ʿAlī b. a. ʾl-Faraj al-Baṣrī G I 257, S I 141, 457
ʿAlī al-Fardī b. Muṣṭfā al-Qaysariyyawī S II 482
ʿAlī b. al-Fatā Qanbar S II 1037
ʿAlī b. a. ʾl-Fatḥ Nūr al-Dīn S II 165
ʿAlī b. Fatḥallāh al-Nihāwandī S II 838
ʿAlī b. Ghānim b. al-Khaṭīb al-Biqāʿī S II 401
ʿAlī b. Ghānim al-Maqdisī G II 183, S II 234 (to be read thus), 267, 395
ʿAlī al-Gharqāwī al-Miṣrī S II 698
ʿAlī al-Ghurāb al-Safāqusī S II 690
ʿAlī al-Hamadhānī S I 464
ʿAlī al-Hamdānī S II 935
ʿAlī al-Harīshī al-Matrānī S II 698
ʿAlī b. Hārūn al-Zanjānī G I 213 = a. ʾl-Ḥ. b. ʿA. b. Zahrūn al-Rayḥānī S I 380,11 (to be read thus)
a. ʿAlī b. al-Haytham al-Ḥ. b. al-Ḥ. G I 469, S I 851
ʿAlī b. Hibatallāh b. ʿA. b. Mākūlā al-ʿIjlī G I 354, S I 602
ʿAlī b. Hibatallāh al-Burdī al-Athardī al-Arshīdyākī S I 885
ʿAlī b. Hilāl b. al-Bawwāb b. as-Sitrī S I 434
ʿAlī b. al-Ḥabīb Ḥ. al-ʿAṭṭās al-Bāʿalawī S II 1001
ʿAlī b. al-Ḥājj S I 524
ʿAlī al-Ḥalabī G I 395, S I 681, 1001
ʿAlī al-Ḥalabī al-Nūrbakhshī S II A/C 472
ʿAlī b. Ḥamdān al-Adhraʿī S I 753
a. ʿAlī al-Ḥamdūnī S I 124
ʿAlī b. Ḥamīd al-Shaykhānī G I 287
ʿAlī b. Ḥamza al-Baṣrī G I 114, 118, S I 169, 176
ʿAlī b. Ḥamza al-Iṣfahānī G I 77, 80, 85, 127
ʿAlī b. Ḥamza al-Kisāʾī G I 115, S I 177
ʿAlī b. Ḥamza al-Ṭūsī S II 969
ʿAlī b. Ḥanẓala b. a. Sālim al-Maḥfūẓī al-Wādiʿī S I 716
ʿAlī b. al-Ḥ. b. A. b. a. Ḥurayṣa S I A/C 699
ʿAlī b. al-Ḥ. b. A. b. al-Wāsiṭī G II 166, S II 213
ʿAlī b. al-Ḥ. b. ʿA. Ṣurrdurr G I 251, S I 445
ʿAlī b. al-Ḥ. b. ʿA. b. Yaʿqūb al-Āmāsī S II 639 A/C, 936
ʿAlī b. al-Ḥ. b. ʿAsākir G I 194, 331, S I 298, 566
ʿAlī b. al-Ḥ. al-Babāʾī S II 355
ʿAlī b. al-Ḥ. al-Bhōpālī S II A/C 625
ʿAlī b. al-Ḥ. al-Hunāʾī Kurāʿ al-Namal G I 515, S I 201
ʿAlī b. al-Ḥ. al-Ḥusaynī al-ʿĀmilī G II 392
ʿAlī b. al-Ḥ. b. Jaʿdawayh S I 773
ʿAlī b. al-Ḥ. al-Jazāʾirī S II 1038
a. ʿAlī b. al-Ḥ. b. Lughda al-Iṣbahānī S I 188
ʿAlī b. al-Ḥ. b. a. ʾl-Majd ʿAlāʾ al-Dīn S II 969

ʿAlī b. a. ʾl-Ḥ. b. Niẓām al-Dīn al-Jīlānī S I 705
ʿAlī b. al-Ḥ. al-Sanhūrī G II 202, 238, S II 335
ʿAlī b. a. ʾl-Ḥ. Shumaym al-Ḥillī S I 495
ʿAlī b. ʾl-Ḥ. al-Ṣiddīqī S II 860
ʿAlī b. a. ʾl-Ḥ. al-Ṣafī S I 863
ʿAlī b. al-Ḥ. al-Tūnī G II 215,1
ʿAlī b. al-Ḥ. b. al-Ṭayyib ʿA. al-Bākharzī G I 252, S I 446
ʿAlī b. al-Ḥ. b. Wahhās al-Khazrajī al-Nassāba G II 184, S II 238
ʿAlī b. al-Ḥ. al-Zāwarī S I 705, 709, 713, S I 912
ʿAlī b. al-Ḥ. al-Zaytūnī G I 215
ʿAlī b. Ḥaṣīb al-Miṣrī S II 1001
ʿAlī b. Ḥātim b. Ibr. al-Ḥāmidī S I 715
ʿAlī Ḥaydar al-Ṭabāṭabāʾī S II 585
ʿAlī b. Ḥazm S I 307
ʿAlī b. a. ʾl-Ḥazm al-Qarshī b. al-Nafīs G I 206, 457, 493, S I 824,82b, 825,82a, 899
ʿAlī b. Ḥijāzī al-Bayyūmī G II 118, 351, S I 784, II 146, 478
ʿAlī al-Ḥimyarī al-Bawsī S I 699
ʿAlī b. Ḥujjatallāh b. ʿA. al-Ṭabāṭabāʾī al-Shūlistānī S II 450
ʿAlī b. al-Ḥurayshī S I 631,r
ʿAlī b. Ḥusām al-Dīn al-Muhtadī S II 146
ʿAlī b. Ḥusām al-Dīn al-Muttaqī al-Hindī G I 435, II 118, 148, 151, 253, 384, S II 184,56e, 518
ʿAlī b. al-Ḥu. b. ʿAbd al-ʿĀlī al-Karakī al-Muḥaqqiq al-Thānī S I 925 A/C, II 574
ʿAlī b. al-Ḥu. b. ʿA. al-Kāshifī al-Sabzawārī S II A/C 581
ʿAlī b. al-Ḥu. b. ʿA. b. M. b. al-Walīd S I 716
ʿAlī b. al-Ḥu. b. ʿA. al-Shuʿayfī S I 568
ʿAlī b. al-Ḥu. al-Bayhaqī G II 213
ʿAlī b. al-Ḥu. al-Būlāqī S II 260
ʿAlī b. al-Ḥu. b. Hindū G I 240, S I 425
ʿAlī b. al-Ḥu. al-Ḥanafī S I A/C 843
ʿAlī b. al-Ḥu. b. Ḥ. al-Qummī Muntakhab al-Dīn S II 969
ʿAlī b. al-Ḥu. b. Ḥ. al-Rukhkhajī S I 594, 830
ʿAlī b. al-Ḥu. b. Ḥaydar al-ʿAqīlī S I 465
ʿAlī b. al-Ḥu. b. Ibr al-Darwīsh G II 473, S II 718
ʿAlī b. al-Ḥu. al-Iṣbahānī G I 26, 146, S I 225
ʿAlī b. al-Ḥu. Jamāl al-Dīn al-Amīr S I 971 ad 678
ʿAlī b. al-Ḥu. al-Mashraʿī al-Būlāqī S II 479
ʿAlī b. al-Ḥu. al-Masʿūdī G I 144, S I 220
ʿAlī b. al-Ḥu. al-Mawṣilī al-Dimashqī G II 14, S II 7
ʿAlī b. al-Ḥu. b. M. al-Zaydī Shāh Sarījān G I 402, S I 698
ʿAlī b. al-Ḥu. b. Muḥyi ʾl-Dīn al-Jāmiʿī S II A/C 581
ʿAlī b. al-Ḥu. b. Q. b. Manṣūr al-Mawṣilī S II 1039
ʿAlī b. al-Ḥu. al-Ṣūfī S I 960
ʿAlī b. al-Ḥu. b. ʿUrwa al-Mawṣilī al-Ḥanbalī S I 263,39, II 985
ʿAlī b. al-Ḥu. al-Wāʿiẓ al-Kāshifī S II 286
ʿAlī b. al-Ḥu. b. Ya. b. al-Hādī S I 701
ʿAlī b. al-Ḥu. b. Ya. Jamāl al-Dīn al-Muṭahhar S I 698
ʿAlī b. al-Ḥu. b. Zuknūn al-Dimashqī S I 309
ʿAlī al-Ḥusaynī al-Ḥanafī S II 403
ʿAlī al- Ḥusaynī al-Qādirī S II 174
ʿAlī b. Ibr. b. ʿAl. al-Qārīʾ al-Baghdādī S I 791
ʿAlī b. Ibr. b. A. Nūr al-Dīn al-Ḥalabī G II 27, 307, S I 682, II 23, 82, 418, 519
ʿAlī b. Ibr. al-Anbārī G II 411
ʿAlī b. Ibr. b. Bukhtyishūʿ al-Kafarṭābī S I 886
ʿAlī b. Ibr. b. Dāʾūd b. al-ʿAṭṭār G II 85, S I 606 A/C, 680, 686, II 100
ʿAlī b. Ibr. al-Ghamrī S II 974
ʿAlī b. Ibr. b. Hāshim al-Qummī G I 192, S I 336
ʿAlī b. Ibr. al-Ḥalabī al-Qāhirī al-Shāfiʿī S II 23
ʿAlī b. Ibr. b. Idrīs al-Anṭākī G I 265,24, S I 468,30
ʿAlī b. Ibr. b. Ism. al-Ghaznawī al-Ḥanafī S I 734
ʿAlī b. Ibr. al-Kīlānī G I 465
ʿAlī b. Ibr. al-Kūfī S I 320
ʿAlī b. Ibr. b. M. al-Amīr S II 936, see al-Muṭahhar b. ʿA.
ʿAlī b. Ibr. b. M. Al-Shāṭir G II 126, S II 157
ʿAlī b. Ibr. b. Saʿīd al-Ḥawfī G I 411, S I 729
ʿAlī b. Ibr. al-Shāfiʿī S II 523
ʿAlī b. Idrīs b. A. al-Ḥimyarī Qaṣṣāra S II 706
ʿAlī b. ʿImād S II 980
ʿAlī b. ʿImād al-Ayntābī S I 515
ʿAlī al-ʿImrīṭī S II A/C 936
ʿAlī b. ʿIsā G I 233, II 64

ʿAlī b. ʿĪsā al-ʿAlamī S II 960
ʿAlī b. ʿĪsā b. ʿA. S I 417
ʿAlī b. ʿĪsā b. ʿA. al-Naḥwī S II 918, 924$_{,96}$
ʿAlī b. ʿĪsā al-Asṭurlābī S I 394
ʿAlī b. ʿĪsā al-Irbilī b. al-Fakhr S I 713
ʿAlī b. ʿĪsā al-Ishbīlī S I 394
ʿAlī b. ʿĪsā al-Kaḥḥāl S I 884
ʿAlī b. ʿĪsā b. M. a. Mahdī al-Fihrī al-Busuṭī S II A/C 7
ʿAlī b. ʿĪsā b. M. al-Nasāʾī S I 293$_{,6,a,2}$, 954 ad 358
ʿAlī b. ʿĪsā al-Rabaʿī al-Naḥwī S I 491
ʿAlī b. ʿĪsā al-Rummānī G I 20, 113, S I 175
ʿAlī b. ʿĪsā b. Salāma al-Biskrī S II 359
ʿAlī b. ʿĪsā al-Shafshawānī S I 666
ʿAlī b. ʿĪsā b. ʿUbaydallāh al-Ṭulayṭilī S II 960
ʿAlī b. Ism. al-Ardabīlī S I A/C 532
ʿAlī b. Ism. al-Ashʿarī G I 194, S I 345
ʿAlī b. Ism. al-Mursī b. Sīda G I 308, 691, S I 542
ʿAlī b. Ism. al-Qūnawī G I 200, 394, II 86, S I 360, 679, II 101
ʿAlī b. al-ʿIzz al-Ḥanafī S II 788
ʿAlī b. Jābir b. Mūsā al-Yamanī S I 467
ʿAlī b. Jaʿfar b. M. al-Rāzī a. ʾl-Ḥ. S II 985
ʿAlī b. Jaʿfar b. M. al-Rāzī a. al-Saʿīdī S II 980
ʿAlī b. a. Jaʿfar Pīrmard al-Daylamī S I 317
ʿAlī b. Jaʿfar b. al-Qaṭṭāʿ al-Saʿdī al-Ṣaqalī G I 308, S I 142, 540
ʿAlī b. Jaʿfar al-Shayzarī G I 227
ʿAlī b. Jahm al-Sāmī G I 79, S I 123
ʿAlī b. Jamīl al-Mawṣilī S III 495
ʿAlī al-Jārim Bek S III 172
ʿAlī al-Jazāʾirī S II 597
ʿAlī al-Jaznāʾī S II 339, 679
ʿAlī b. al-Jazzār S II 429
ʿAlī Jīlānī G I 457, S I 824$_{,82d}$
ʿAlī al-Jisr al-Kūtāhī al-Germiyānī al-Qaraḥiṣārī S II A/C 662
ʿAlī al-Kannī al-Aḥbālī S II 835
ʿAlī al-Kāshānī S I 789
ʿAlī b. Khalaf b. ʿAbd al-Malik al-Qurṭubī S I 261
ʿAlī b. Khalīfa al-Ḥusaynī G II 331, S II 458
ʿAlī b. Khalīfa al-Zamzamī G II 392
ʿAlī b. Khalīl b. A. S II 918
ʿAlī b. Khalīl b. A. b. Sālim S II 925
ʿAlī b. Khalīl al-Bustānī S I 811
ʿAlī b. Khalīl al-Marṣafī Nūr al-Dīn G II 332, S II 460
ʿAlī b. Khalīl al-Ṭarābulusī G II 82, S II 91
ʿAlī Khān b. A. b. M. b. Maʿṣūm b. Ibr. al-Ḥusaynī G II 256, 421, S II 627
ʿAlī al-Khawwāṣ al-Burullusī Nūr al-Dīn G II 337, S II 464 see A/C
a. ʿAlī b. al-Khayyāṭ Ya. b. Ghālib G I 221, S I 394
ʿAlī b. Khiḍr al-ʿAmrūsī G II 84, S I 843 A/C, II 99, 960
ʿAlī al-Khilaʿī al-Qāḍī S I 607
ʿAlī al-Kīlānī G I 305$_{,ii,10}$
ʿAlī al-Kūndī al-Andalusī al-Tashūrī S II 701
ʿAlī al-Laythī S III 83
ʿAlī al-Laknawī S I 847
ʿAlī b. al-Luṭf G II 70$_{,43}$
ʿAlī b. al-Maʿarrī b. al-ʿAbbās G I 263$_{,h}$
ʿAlī b. al-Madanī al-Khaṣībārī S II 928
ʿAlī al-Maghribī a. ʾl-Ḥ. S II 1020
ʿAlī b. Maḥmūd b. ʿA. al-Badakhshānī G I 379, S I 652
ʿAlī b. Maḥmūd Ṭāhā S III 169
ʿAlī b. Majd al-Dīn al-Shahrūdī G I 265$_{,7}$, 502 = ʿA. b. Muṣannifak al-Bisṭāmī S I 463
ʿAlī al-Makkī al-Khalwatī al-Ḥifnawī S I 911
ʿAlī al-Mālaqī al-Andalusī S II 485
ʿAlī b. Malkā a. ʾl-Barakāt al-Baghdādī G I 460, S I 831
ʿAlī b. Māmī al-Ḥanafī S II 218
ʿAlī al-Manfalūṭī a. ʾl-Naṣr G II 474, S II 721
ʿAlī Manq b. Bālī al-Ḥasanī S I 516, see ʿA. Ef. b. Bālī
ʿAlī al-Manshalīlī al-Mālikī S II 399, 456
ʿAlī b. Manṣūr al-Ḥusaynī al-Madanī al-Rifāʿī S II 934
ʿAlī b. Manṣūr b. Najm al-ʿAzzīmī S I A/C 74
ʿAlī b. Manṣūr b. al-Qāriḥ S I 484
ʿAlī al-Manṣūrī S II 974$_{,29}$
ʿAlī Manṭalā al-Dimyāṭī S II 260
ʿAlī al-Maqdisī S II 267
ʿAlī al-Marāghī al-Qabbānī S II 411
ʿAlī Masʿūd al-Khuzāʿī S II A/C 347
ʿAlī al-Mawāzīnī S II 910
ʿAlī b. Maymūn S II 166
ʿAlī b. Maymūn b. a. Bakr al-Idrīsī G I 448, II 123, 238, S II 153, 334
ʿAlī al-Māzandarānī ʿAlāʾ al-Dīn S II 969

a. ʿAlī b. Mindūya S I 72, 246
ʿAlī al-Miṣrī S I 858, II 899
ʿAlī b. Mubārak al-Akhfas S I 165
ʿAlī b. Mubārak b. Mawhūb G I 423
ʿAlī b. Mubārak al-Ruʿaynī al-Idrīsī S II 18
ʿAlī b. al-Mufaḍḍal b. Mufarrij al-Maqdisī G I 366, S I 627
ʿAlī b. M. G I 520
ʿAlī b. M. b. al-ʿAbbās al-Tawḥīdī G I 244, S I 380, 435
ʿAlī b. M. b. ʿAbd al-Ḥaqq al-Dharwīlī S II 695
ʿAlī b. M. b. ʿAl. al-Afzārī G I 283, S I 498, II 170, 298
ʿAlī b. M. b. ʿAl. al-Kinānī al-ʿAsqalānī S I 689
ʿAlī b. M. b. ʿAl. al-Suwaydī S II 507
ʿAlī b. M. b. ʿAl. al-Tādilī S II A/C 364
ʿAlī b. M. b. ʿAr. al-Bājī al-Shāfiʿī G II 85, S II 100
ʿAlī b. M. b. ʿAbd al-Ṣamad al-Sakhāwī G I 291, 409, 410, S I 457, 510, 727
ʿAlī b. M. b. ʿAbd al-Ẓāhir al-Saʿdī S II 54
ʿAlī b. M. b. A. al-ʿAnsī S II 545
ʿAlī b. M. b. A. al-Bakrī (al-Bukurī) S I 700, II 244
ʿAlī b. M. b. A. al-Ḥalāl al-Shafiʿī S II 160
ʿAlī b. M. b. A. al-Ḥijāzī al-Sharqāwī S I 796
ʿAlī b. M. b. A. al-Saqaṭī G II 178, S II 229
ʿAlī b. M. al-ʿAlawī S I 230
ʿAlī b. M. b. ʿAlī S II 596
ʿAlī b. M. b. ʿA. b. ʿArrāq al-Ḥijāzī G II 391, S II 534
ʿAlī b. M. b. ʿA. al-Barrī G II 248, S II 350
ʿAlī b. M. b. ʿA. al-Ḍarīr al-Rīshī al-Bukhārī S I 296, 644
ʿAlī b. M. b. ʿA. b. Ghānim al-Maqdisī G II 99, 168, 312, S II 429
ʿAlī b. M. b. ʿA. al-Ḥasanī al-Ḥusanī al-Ṭabāṭabāʾī Baḥr al-ʿulūm S I 712, II 825, 826
ʿAlī b. M. b. ʿA. al-Khazzāz al-Rāzī al-Qummī S I 322
ʿAlī b. M. b. ʿA. al-Kiyā al-Harāsī G I 390, S I 674
ʿAlī b. M. b. ʿA. b. a. Qaṣība al-Ghazzālī G II 78, 122, S II 85
ʿAlī b. M. b. ʿA. al-Qurashī al-Basṭī al-Qalaṣādī S II 377
ʿAlī b. M. b. ʿA. al-Samarqandī S I 761
ʿAlī b. al-ʿA. al-Saqqāṭ G II 331, S II 460
ʿAlī b. M. b. ʿA. Sipāhīzāde S II 656
ʿAlī b. M. b. ʿA. al-Tamghrūtī S II 679
ʿAlī b. M. al-Anbābī S II 334
ʿAlī b. M. b. Āqbars al-Shāfiʿī S I 631
ʿAlī b. M. al-Āqbarsī G I 248, S I 439
ʿAlī b. M. al-Bahmanī G II 211
ʿAlī b. M. al-Bakbazānī S I 287
ʿAlī b. M. Bāqir al-Khūnsārī S II 597
ʿAlī b. M. Baraka al-Tiṭṭāwanī S I 524
ʿAlī b. M. al-Basīwī G II 409
ʿAlī b. M. Bek S II 899
ʿAlī b. M. al-Bukhārī ʿAlāʾ al-Dīn S II 918
ʿAlī b. M. al-Bukhārī ʿAlāʾ al-Nabīhī G I 26, II 209, 291
ʿAlī b. M. al-Bustī G I 251, S I 445
ʿAlī b. M. al-Dādasī G II 463, S II 708
ʿAlī b. M. al-Daylamī S I 359
ʿAlī b. M. b. Duqmāq al-Ḥusaynī G II 271
ʿAlī b. M. b. al-Durayhim Tāj al-Dīn al-Thaʿlabī G II 165, S II 213
ʿAlī b. M. al-Ḍāʾiʿ S I 171,8
ʿAlī b. M. al-Fakhrī G II 117
ʿAlī b. M. b. Farḥūn al-Yaʿmarī al-Qurṭubī G II 248, S I 440, II 227
ʿAlī b. M. b. al-Hādī S I 535
ʿAlī b. M. al-Hamadhānī G I 261, S I 787
ʿAlī b. M. al-Hāmilī G I 525
ʿAlī b. M. al-Harawī S II 919
ʿAlī b. M. al-Ḥaddād al-Miṣrī S II 413
ʿAlī b. M. Ḥaḍramī G I 288
ʿAlī b. M. al-Ḥalabī S II A/C 40
ʿAlī b. M. al-Ḥamawī S II 77
ʿAlī b. M. b. Ḥarīq S I 171,6
ʿAlī b. M. b. Ḥ. al-Dabbāʿ S I 726 (to be read thus)
ʿAlī b. M. b. al-Ḥ. al-Khilāṭī S II 86
ʿAlī b. M. b. al-Ḥ. b. al-Shahīd al-thānī S II 450
ʿAlī b. M. b. Ḥ. b. Zayn al-Dīn S II 153
ʿAlī b. M. b. H. b. Zayn al-Dīn al-Shahīd al-thānī S I 712 A/C, II 131 A/C, 581
ʿAlī b. M. a. Ḥayyān al-Ṣūfī G I 244, S I 380, 435
ʿAlī b. M. b. Ḥu. b. ʿAl. al-Ḥabashī S II 936

ʿAlī b. M. b. Ḥu. al-Ḥusaynī al-Lawdhaʿī S I 430
ʿAlī b. M. b. Ḥu. al-Shuwaykī al-Khaṭṭi S II A/C 505
ʿAlī b. M. b. Ibr. al-Ḍarīr al-Quhandizī G I 296, S I 330, 519
ʿAlī b. M. b. Ibr. Khāzin al-Shiḥī G II 109, S II 135
ʿAlī b. M. b. Ibr. al-Mutaṣawwif al-Baghdādī S II 1002
ʿAlī b. M. al-Irbilī S II 985
ʿAlī b. M. al-Isbījābī S I 289
ʿAlī b. M. al-Ishbīlī G I 110, S I 171
ʿAlī b. M. b. Ism. b. Bishr al-Anṭākī S II 980
ʿAlī b. M. b. Ism. al-Ḥāʾirī S II 504, 520
ʿAlī b. M. b. Ism. al-Zamzamī G II 178, S II 230
ʿAlī b. M. b. Jaʿfar al-Rāzī S II 985
ʿAlī b. M. al-Jaybī al-Andalusī al-Tūnisī S II 991
ʿAlī b. M. b. al-Jazzār G II 354, S II 481
ʿAlī b. M. al-Judhāmī al-Mālaqī G II 263, S II 373
ʿAlī b. M. al-Jurjānī al-Sayyid al-Sharīf G I 88, 290, 294, 295, 304, 306, 364, 379, 418, 466, 467, 473, 509, 511, II 208, 209, 214, 216, S I 288, 505, 508, II 67, 289, 291, 292, 304, 305
ʿAlī b. M. al-Kabindī G I 292, 294, S I 512
ʿAlī b. M. b. Khalaf al-Qābisī S I 277, 298
ʿAlī b. M. b. Khālid al-Balāṭunusī G II 33, 302, S II 413
ʿAlī b. M. b. al-Khalkhālī S II 595
ʿAlī b. M. b. Kharūf S I 171,5
ʿAlī b. M. al-Khurāsānī S I 866
ʿAlī b. M. al-Lakhmī al-Ishbīlī al-Maghribī S II A/C 633
ʿAlī b. M. al-Madāʾinī G I 140, S I 214
ʿAlī b. M. al-Majdūlī G II 251, S II 354
ʿAlī b. M. al-Manūfī al-Shādhilī G I 178, S I 301, 804
ʿAlī b. M. al-Marrākushī S II 1002
ʿAlī b. M. al-Masīlī S II 936
ʿAlī b. M. b. Masʿūd al-Bisṭāmī Muṣannifak G I 264, 294, 295, 302, II 468, 515, 516, 517, 532, 658, S I 789, 915, II 329
ʿAlī b. M. al-Māwardī G I 386, S I 668
ʿAlī b. M. al-Mīlī G II 509, S II 880
ʿAlī b. M. al-Miṣrī G II 344, S II 147 A/C, 472
ʿAlī b. M. al-Miṣrī ʿAlāʾ al-Dīn S I 751,34c
ʿAlī b. M. b. M. b. al-Athīr ʿIzz al-Dīn G I 330, 345, S I 587
ʿAlī b. M. b. M. b. Dildār al-Naqawī Tāj al-ʿulamāʾ S II 853
ʿAlī b. M. b. M. Ḥamdūn al-Bannānī S I 525,39
ʿAlī b. M. b. M. al-Maḥallī S II A/C 112
ʿAlī b. M. b. M. al-Tamīmī S II 698
ʿAlī b. M. b. M. b. Wafāʾ al-Iskandarī G II 120, S II 149
ʿAlī b. M. b. Muḥayyā G II 162
ʿAlī b. M. b. Mulayk al-Ḥamawī G I 269, II 20, S II 15 (to be read thus), 382 A/C
ʿAlī b. M. b. Muʾmin b. ʿUṣfūr S I 546
ʿAlī b. M. al-Nabdī S I 838, II 1013
ʿAlī b. M. al-Nabīhī G I 209,iv,5
ʿAlī b. M. al-Naqqāsh S II 1020
ʿAlī b. M. Nāṣir S II 702
ʿAlī b. M. al-Nīsābūrī b. al-Muṭṭawwiʿī S II 143
ʿAlī b. M. al-Pazdawī G I 170, 373, S I 637
ʿAlī b. M. al-Qalaṣādī G I 277, 367, 471, II 255, S I 858, II 97, 99, 378 (to be read thus)
ʿAlī b. M. b. al-Qarabāghī S II 907
ʿAlī b. M. b. a. ʾl-Q. al-Hādī ila ʾl-ḥaqq S I 509,7
ʿAlī b. M. b. Q. al-Hawwārī S II 1002
ʿAlī b. M. b. Q. al-Sharanqāshī S I 676, II 354 A/C, 936
ʿAlī b. M. al-Qasṭamūnī G I 442, S I 793,i
ʿAlī b. M. Qiwām al-Dīn S II 907
ʿAlī b. M. al-Qūshjī G I 509, II 208, 212, 213, 234, S I 926, II 288, 291, 294, 296, 329
ʿAlī b. M. b. al-Rāzī G I 422
ʿAlī b. M. a. ʾl-Riḍāʾ al-Ḥusaynī al-ʿĀdilī G I 352, S I 598
ʿAlī b. M. al-Riḍāʾī G I 316, II 434, S I 549
ʿAlī b. M. b. Rustam al-Sāʿātī G I 256, S I 456
ʿAlī b. M. b. Saʿd Khaṭīb al-Nāṣiriyya G I 332, II 34, S I 568, II 30
ʿAlī b. M. b. a. Saʿīd al-Ḥusaynī al-Kalpūʾī S I 761
ʿAlī b. M. al-Sakhāwī G I 291, 409, 410, S I 457, 550, 725, 726, 727

ʿAlī b. M. b. Sālim al-Nūrī al-Safāqusī G II 461, S II 698
ʿAlī b. M. al-Samʿānī S II 936
ʿAlī b. M. al-Simanānī G I 373, S I 638
ʿAlī b. M. al-Shimshāṭī G II 367, S I 251
ʿAlī b. M. al-Shīrāzī G II 215
ʿAlī b. M. al-Shīrāzī al-Bāb S II 846
ʿAlī b. M. al-Shirbīnī G II 303
ʿAlī b. M. b. al-Shujāʿ al-Rabaʿī S I 566
ʿAlī b. M. b. S. al-Aslamī S II 244
ʿAlī b. M. b. S. b. Huṭayl G I 301, S I 529
ʿAlī b. M. b. S. al-Jayyāb al-Gharnāṭī S II 369
ʿAlī b. M. aL-Ṣabbāġ al-Isfāqusī al-Makkī G II 176, S II 224
ʿAlī b. M. Ṣalāḥ al-Dīn b. Muṣṭafā al-Ghazzī S II 899
ʿAlī b. M. al-Ṣūfī S II 1039
ʿAlī b. M. al-Tihāmī G I 92, S I 147
ʿAlī b. M. al-Ṭabāṭabāʾī S II 450, 826
ʿAlī b. M. al-Ṭabīb Ṣadr al-Dīn S II 1028
ʿAlī b. M. al-Ṭūsī ʿAlāʾ al-Dīn G II 204, S II 279, 291
ʿAlī b. M. al-Ujhūrī G I 178, II 66, 84, 215, 317, S I 310, 843 A/C, II 70, 97, 98, 437
ʿAlī b. M. al-Ushmūnī G I 299, S I 524, II 106
ʿAlī b. M. b. al-Walīd S I 715
ʿAlī b. M. b. Yaʿīsh al-Ṣanʿānī S I 528
ʿAlī b. M. al-Yamanī S II 980
ʿAlī b. M. al-Yūnīnī S I 260, 261
ʿAlī b. M. b. Yū. b. al-Nabīh G I 261, S I 462
ʿAlī b. M. b. Yū. al-Ṭubnāwī G II 77, S II 84
ʿAlī b. M. al-Zurqānī S II 19
ʿAlī b. Muḥsin al-Saʿīdī S II 275, 400
ʿAlī b. Muḥyi ʾl-Dīn M. b. Ḥumayd b. A. al-Qurashī S I 609
ʿAlī al-Munāwī Nūr al-Dīn G II 137
ʿAlī al-Munayyir S II 975
ʿAlī b. Munjib b. S. b. al-Ṣayratī S I 489
ʿAlī al-Muqriʾ S II 919
ʿAlī al-Muqriʾ al-Badrī S II 446
ʿAlī b. Mūsā b. ʿAl. b. Ḥaydūr al-Fāḍilī S II 364, 365
ʿAlī b. Mūsā b. Arfaʿ raʾsahu G I 496, S I 908
ʿAlī b. Mūsā al-Riḍā S I 414
ʿAlī b. Mūsā al-Rūmī G II 113, S II 139
ʿAlī b. Mūsā b. Saʿīd al-ʿAnsī al-Gharnāṭī G I 313, 336, S I 576
ʿAlī b. Mūsā al-Sukkarī G I 139
ʿAlī b. Mūsā b. Ṭāʾūs al-Ṭāʾūsī G I 204, 498, S I 911
ʿAlī b. Musaddad al-Kāzarūnī al-Zubayrī al-Shāfiʿī S II 934
ʿAlī al-Musaffir a. ʾl-Ḥ. S I 751,38
ʿAlī b. Musāfir al-ʿAdawī S I 764
ʿAlī b. al-Musharraf al-Māridīnī G II 161, S II 200
ʿAlī b. al-Muslim b. M. b. ʿA. Al-Sulamī S I 858
ʿAlī b. Muṣliḥ al-Samʿānī G I 314
ʿAlī b. Muṣṭafā al-Dimyāṭī S II 499
ʿAlī b. al-Mutawakkil Ya. Sharaf al-Dīn al-Zaydī S I 607, II 967
ʿAlī b. al-Muẓaffar b. Ibr. Al-Wadāʿī G II 9, S II 2
ʿAlī Naqī b. Ḥ. Ḥājj Āqā b. M. al-Ṭabāṭabāʾī S II 831
ʿAlī Naqīb Hāshim al-Ṭughāʾī S II 665
ʿAlī Nasawī S I 929,26
ʿAlī al-Nāṣir S III 373
ʿAlī b. Nāṣir al-Dīn b. M. al-Miṣrī al-Fāḍilī S II 354
ʿAlī b. Nāṣir al-Dīn b. M. b. M. al-Manūfī G II 316, S II 334 A/C, 434
ʿAlī b. al-Nāṣir al-Ḥijāzī al-Yāfiʿī G II 171, S I 742, II 220
ʿAlī b. al-Nāṣir al-Ḥusaynī G I 321, S I 554
ʿAlī b. Naṣr al-Isfarāʾinī G II 172, S II 221
ʿAlī b. Naṣr al-Kātib al-Baghdādī al-Nuʿmānī S I 945, 946, II 1032
ʿAlī Nidā al-Barrīnī G II 282
ʿAlī b. Nūr al-Dīn al-Jīlānī S I 498,71
ʿAlī al-Nūrī S II 845
ʿAlī b. Nuṣra b. Dāʾūd G II 194, S II 258
ʿAlī Pāshā al-Tūnisī S II 887
ʿAlī al-Qādirī b. ʿAbd al-Wahhāb b. al-Ḥājj ʿA. al-Jaʿfarī S II A/C 476
ʿAlī b. al-Qāḍī Saʿdī al-Baʿlabakkī S II 634
ʿAlī b. al-Q. al-ʿAbbāsī al-Ḥusaynī S II 822
ʿAlī b. a. ʾl-Q. b. A. G I 344
ʿAlī b. a. ʾl-Q. b. A. al-Qazwīnī G I 488
ʿAlī b. al-Q. al-Bayhaqī S I 513
ʿAlī b. al-Q. b. M. al-Tujībī al-Zaqqāq G II 264, S II 376
ʿAlī b. al-Q. al-Ṭabarī S I 440
ʿAlī b. a. ʾl-Q. Zayd al-Bayhaqī S I 557
ʿAlī al-Qazwīnī S II 799

ʿAlī b. Qilij b. Hārūn b. Ṣāḥib Takrīt S II 899
ʿAlī Qūjḥiṣārī S I 516
ʿAlī al-Qurashī al-Shushtarī G II 177, S II 228
ʿAlī b. Rasūl al-Qaraḥiṣārī G I 287
ʿAlī al-Rāzī Ithnayʿasharī S I 713
ʿAlī al-Riḍā S I 318
ʿAlī b. Riḍā b. M. Mahdī Baḥr al-ʿulūm al-Ṭabāṭabāʾī S II 795
ʿAlī Riḍwān S I 824,82a
ʿAlī b. Riḍwān b. A. b. Jaʿfar al-Miṣrī G I 484, S I 886
ʿAlī al-Rifāʿī al-Ḥusaynī G I 511,45
ʿAlī b. a. ʾl-Rijāl al-Shaybānī G I 224, S I 401
ʿAlī Rikābī S I 846
ʿAlī al-Rūmī al-Marjūshī G II 233
ʿAlī b. Saʿd b. ʿA. b. Saʿd S II 209
ʿAlī b. Saʿd al-Khayyāṭ S I 952
ʿAlī b. Sahl Rabban al-Ṭabarī G I 231, S I 414
a. ʿAlī b. Saʿīd S I 630
ʿAlī b. Saʿīd b. H. al-Shaṭabī al-Ṣārimī S II 246
ʿAlī b. Saʿīd al-Khawlānī al-Qaṣṣār S II 1039
ʿAlī b. Saʿīd al-Suwaydī G II 163
ʿAlī al-Sakānī S I 938,76
ʿAlī b. Salāma al-Ṣārimī S I 702
ʿAlī b. Sālim b. M. al-ʿUbādī al-Shunaynī S II 919
ʿAlī b. Salmān (S.) al-Hāshimī S II 1020
ʿAlī b. al-Sanīrī al-Marālī al-Tūnisī S II 688
ʿAlī Shāhak S I 819,44b
ʿAlī al-Shahrazūrī G II 91
ʿAlī al-Shākir b. Ḥu. al-Čerkesī al-Bārisī S I 534
ʿAlī b. Shākir al-Mūstārī S I 65, 73
ʿAlī al-Shanawānī G II 308
ʿAlī b. Sharaf al-Dīn ʿĪsā S I 394
ʿAlī b. al-Sharaf al-Qurṭubī G I 324, S II 374,1,2
ʿAlī al-Shaybānī S I 301
ʿAlī b. al-Shaykh al-Fāḍil al-Madanī al-Maghribī S II 1039
ʿAlī b. Shihāb al-Dīn al-Ḥusaynī al-Hamadhānī al-Amīr al-kabīr G I 442, II 221, S I 464, II 311, 985
ʿAlī Shukrī S III 310
ʿAlī al-Shūnī G II 333, S II 461
ʿAlī al-Shuruntāshī S II 919
ʿAlī b. al-Sīwāsī S II 466
ʿAlī b. al-Subakhī G I 379, S I 652
ʿAlī b. Sūdūn al-Basbughāwī G II 17, S II 11
ʿAlī al-Sukkarī S II 775
ʿAlī b. S. al-Akhfash al-Aṣghar S I 165, 189
ʿAlī b. S. b. ʿA. al-Manṣūrī S II 421
ʿAlī b. S. b. Asʿad b. ʿA. b. Tamīm al-Yamanī S I 529
ʿAlī b. S. al-Dawwārī G II 186, S II 243
ʿAlī b. S. al-Dimnātī al-Bajamʿawī G II 485, S I 262, 265, II 737
ʿAlī b. S. al-Fārisī al-Ḥanafī S II 950
ʿAlī b. S. al-Ḥarrānī S I 818,35k
ʿAlī b. S. al-Mardāwī al-Maqdisī S II 130
ʿAlī b. S. al-Muqriʾ al-Manṣūr al-Makkī S II 275
ʿAlī b. S. al-Naḥrāqī S I 819,44
ʿAlī b. S. al-Saʿdī ʿAlāʾaddīn S I 688
ʿAlī b. S. al-Salafkāwī S II 1002
ʿAlī b. S. al-Sālimī al-Mālikī S II 1039
ʿAlī b. S. b. Ya. b. ʿU. S II 74
ʿAlī b. Sulṭān M. al-Qāriʾ al-Harawī G I 39, 159, 162, 170, 171, 176, 265, 283, 359, 364, 369, 396, 410, 428, 429, 436, 443, II 145, 202, 203, 217, 394, S I 69, 468, 612 A/C, 805, II 18, 88, 539
ʿAlī al-Sunnī G II 238
ʿAlī b. a. ʾl-Surūr al-Rawḥī S I 585
ʿAlī al-Suṭūḥī al-Bardūsī S II A/C 361
ʿAlī b. Ṣadaqa al-Shaʾmī G II 335
ʿAlī b. Ṣadr al-Dīn Ism. al-Isfarāʾinī S II 259
ʿAlī Ṣadr al-Dīn al-Madanī b. A. Niẓām al-Dīn al-Ḥusaynī S II A/C 511
ʿAlī Ṣadr al-Dīn b. Niẓām al-Dīn al-Ḥasanī al-Ḥusaynī S II 585
ʿAlī Ṣadrī al-Qūnawī S II 655
ʿAlī al-Ṣaʿīdī S II 738
ʿAlī b. Ṣalāḥ al-Dīn S II 544
ʿAlī b. Ṣalāḥ al-Dīn b. ʿA. al-Kawkabānī S II 553
ʿAlī b. Ṣalāḥ al-Ṣaʿdī S II 406
ʿAlī b. Ṣāliḥ b. ʿA. b. M. al-Ṭabarī S II A/C 557
ʿAlī b. Ṣāliḥ b. Ism. al-Ayyūbī S I A/C 759
ʿAlī b. Ṣāliḥ al-Wāʾilī S II 564
ʿAlī b. Thābit G I 357
ʿAlī Turka Ṣāʾin al-Dīn S I 793,12y
ʿAlī Turkī S I 793,12z
ʿAlī al-Ṭabarsī, see Faḍl b. Ḥ. al-Ṭ G I 405, S I 708

ʿAlī b. Ṭāhir al-Sharīf Murtaḍā G I 404, S I 704
ʿAlī b. Ṭāhir al-Ṭabīb as-Sinjārī S II 1028
ʿAlī al-Ṭāʾī S II 591
ʿAlī b. a. Ṭālib S I 74
ʿAlī b. a. Ṭālib A. b. a. ʾl-Q. b. A. al-Mustaʿīn billāh S I 699
ʿAlī b. a. Ṭālib al-Ḥu. b. M. al-Zaynī al-Akmal S I 970
ʿAlī al-Ṭarābulusī G I 490
a. ʿAlī al-Ṭarasūsī S I 733
ʿAlī al-Ṭawīl (Atwal) Qarabāsh al-Khalwatī al-Shaʿbānī S I 761,9
ʿAlī b. Ṭayfūr S I 321
ʿAlī b. Ṭayfūr al-Bisṭāmī S I 709
ʿAlī b. a. ʾl-Ṭayyib al-ʿĀmirī al-Tilimsānī S II 960
ʿAlī al-Ṭūrī S II 425
ʿAlī al-Ṭūrī al-Miṣrī al-Ḥanafī S II 266
ʿAlī al-Ṭūsī ʿAlāʾ al-Dīn G I 467, II 204, 209, 214, 230, 279
ʿAlī b. ʿUbaydallāh b. A. G I 365
ʿAlī b. ʿUbaydallāh b. A. Zayn al-ʿArab S I 620
ʿAlī b. ʿUbaydallāh al-Miṣrī S I 446
ʿAlī b. ʿUbaydallāh b. M. b. Bābūya al-Qummī G I 405, S I 707, 708, 710
ʿAlī b. ʿU. S I 657
ʿAlī b. ʿU. al-Aswad G I 377
ʿAlī b. ʿU. al-Batanūnī G II 121, 123, S II 147, 150, 152
ʿAlī b. ʿU. al-Dāraquṭnī G I 165, S I 274
ʿAlī b. ʿU. b. Ibr. al-Kattānī al-Qimāṭī S II 907
ʿAlī b. ʿU. al-Mīhī al-Shāfiʿī al-Aḥmadī Nūr al-Dīn S II 1002
ʿAlī b. ʿU. al-Mudarris G II 284
ʿAlī b. ʿU. b. M. al-Anṣārī S II 54
ʿAlī b. ʿU. b. M. b. al-Q. al-Huwārī al-Tūnisī S II 358
ʿAlī b. ʿU. al-Qazwīnī al-Kātibī G I 466, 507, 509, 510, S I 845, 923,24
ʿAlī b. ʿU. al-Shāfiʿī al-Biqāʿī S I 843, read Ibr. see S II 177
ʿAlī b. ʿU. al-Tijjānī S II 882
ʿAlī b. ʿU. al-Yārūqī G I 263, S I 465
ʿAlī b. ʿUthmān S II 631, 919
ʿAlī b. ʿUthmān b. Ibr. al-Turkumānī G I 329, 363, II 64, S I 611, 618, II 67
ʿAlī b. ʿUthmān b. M. b. al-Qāṣiḥ al-ʿUdhrī G I 409, II 165, S I 726, II 211
ʿAlī b. ʿUthmān b. ʿU. al-Ṣayrafī S I 681 A/C, II 114
ʿAlī b. ʿUthmān al-Ūshī al-Farghānī G I 429, S I 764
ʿAlī b. Wafāʾ S II 899
ʿAlī b. Wālī b. Ḥamza al-Maghribī S II 536
ʿAlī al-Wālī b. al-Wālī S II 862
ʿAlī b. Ya. b. A. b. ʿA. b. Q. al-Kaysalānī al-Ḥamawī S II A/C 421
ʿAlī b. Ya. b. ʿĪsā b. Ya. S I 369
ʿAlī b. Ya. b. M. al-ʿAṣnūnī G I 385, S I 666
ʿAlī b. Ya. b. M. al-Bannāʾ G I 404
ʿAlī b. Ya. al-Qurṭubī S I 596
ʿAlī b. Ya. al-Samarqandī G II 203, S II 278
ʿAlī b. Ya. al-Ṣanhājī al-Jazīrī S I 663
ʿAlī b. Ya. al-Zandawaysitī S I 361
ʿAlī b. Ya. al-Ziyādī al-Miṣrī S I 678, 682
ʿAlī b. Yaʿqūb al-Bārizī G I 328
ʿAlī b. Yaʿqūb al-Shaykh al-Ḥanafī S II 950
ʿAlī b. Yāsīn al-ʿUmarī S II 782
ʿAlī Yasīr S II 459
ʿAlī b. Yūnus b. ʿAbd al-Jalīl S I 706, II 209, 969
ʿAlī b. Yūnus b. ʿAl. b. ʿA. al-Tanūkhī S I 898
ʿAlī b. Yūnus al-Bayyāḍī al-Nabātī S II 133
ʿAlī b. Yūnus al-Būṣīrī S I 474
ʿAlī b. Yūnus b. al-Fāriḍ S I 463
ʿAlī b. Yūnus b. Ibr. al-Qifṭī G I 325, S I 157, 559
ʿAlī b. Yūnus b. Jarīr b. Jaḥẓam al-Shaṭṭanawfī al-Lakhmī G I 321, 435, II 118, S I 777, II 147
ʿAlī b. Yūnus al-Kharqānī S II 969
ʿAlī b. Yūnus al-Māridīnī G II 257
ʿAlī b. Yū. b. M. al-Balṣaffūrī S III 84
ʿAlī b. Yū. al-Tūqātī S I 608, 936
ʿAlī b. Yū. b. Yūnus al-Rūmī al-Ḥamīdī S II 268
ʿAlī b. Zāhir al-Witrī S II 776
ʿAlī b. Zakariyyāʾ S II 967
ʿAlī b. Zakariyyāʾ al-Musabbiḥī S II 950,28 see Z. b. Masʿūd al-Manhajī S II 958,111, ʿA. b. Zikrī b. Masʿūd al-Manīḥī S I 660
ʿAlī b. Zakariyyāʾ al-Nīsābūrī S II 928

ʿAlī b. Zayd al-Bayhaqī G I 324, S I 557
ʿAlī b. Zayd b. Ḥ. al-Ṣanʿānī Jamāl al-Dīn S II 564, 967,9
ʿAlī b. Zayn al-Dīn al-Īṭāʾī S II 928
ʿAlī b. Zayn al-Ḥabashī S II 814
ʿAlī b. Zikrī b. Masʿūd al-Manīḥī S I 660, see ʿA. b. Zakariyyāʾ al-Musabbiḥī
ʿAlī b. Zurayq S I 133
ʿAlī b. Ẓāfir al-Azdī G I 321, S I 553
ʿAlī b. Ẓāhir S I 843,24
ʿAlī Ẓarīf al-Aʿẓamī al-Baghdādī S III 496
ʿĀlif M. b. Ḥ. S II 232
ʿAlīkhān Khwārizmī S II 210
ʿAlīm b. ʿAlāʾ al-Dīn al-Ḥanafī G II 432, S II 643
ʿAlīmallāh b. ʿAbd al-Razzāq al-Ḥanafī S II 1013,14
ʿAlīmallāh al-Hindī S I 741, II 985,20
ʿAlīmallāh al-Lāhūrī S II 620
ʿAlīzāde Yaʿqūb b. ʿA. al-Rūmī G I 294, S I 644, 645
b. al-ʿAllāf a. ʾl-Hudhayl M. b. al-Hudhayl S I 338
b. al-ʿAllāf a. ʾl-Ḥ. b. ʿA. G I 81
Allāhbakhsh Derhā Ismāʿīlkhānī S I 843,21
Allahdādh S I 307
Allahdādh al-Dihlawī S I 645
-ʿAllāma Ḥ. b. Yū. b. ʿA. b. al-Muṭahhar al-Ḥillī S I 320, II 206
-ʿAllāma al-Nāṣirī S I 69
-ʿAllāma al-Qūnawī S II 997,10
-ʿAllāma al-Thānī al-Shahīd al-awwal M. b. Makkī b. A. al-ʿĀmilī S II 131
-ʿAllān al-Ḥ. Al-Shuʿūbī G I 140
-ʿAlmāwī ʿAbd al-Bāsiṭ b. Mūsā G II 133, 360, S II 488
Alpetragius S I 866
Alqam al-Ḥu. b. ʿA. b. M. G I 524, S I 459
ʿAlqama b. ʿAbada G I 24, S I 48
Ālty Pārmaq M. b. M. G II 444, S II 661
-Ālūsī ʿAbd al-Bāqī b. Maḥmūd S II 787
-Ālūsī ʿAbd al-Ḥamīd S II 789
-Ālūsī A. b. Nuʿmān S II 789
-Ālūsī Maḥmūd b. ʿAl. S II 785
-Ālūsī Maḥmūd Shukrī S II 787
-Ālūsī M. Darwīsh b. A. S II 789
-Ālūsī Nuʿmān S II 786
-Alwākhī M. b. A. al-Ḥanafī S II 86
b. al-Aʿmā M. b. ʿA. G II 14, S I 444
Amānallāh b. Nūrallāh b. Ḥ. S II 291
a. ʾl-ʿAmaythal S I 195
ʿAmīd al-Dīn ʿAbd al-Muṭṭalib b. Majd al-Dīn al-Ḥillī S II 207, 208
b. al-ʿAmīd al-Kātib S I 153
-Āmidī ʿA. b. a. ʿA. b. M. al-Thaʿlabī G I 393, S I 678
-ʿAmīdī M. b. M. G I 439, S I 785
b. ʿĀmil S II 698
-ʿĀmilī ʿA. b. ʿA. Zayn al-Dīn al-Shahīd al-Thānī S II 449
-ʿĀmilī ʿA. b. a. ʾl-Ḥ. G I 392
-ʿĀmilī ʿA. b. M. b. Ḥ. S II 450
-ʿĀmilī Ḥ. b. Zayn al-Dīn G II 325, S II 450
-ʿĀmilī M. b. Ḥ. b. ʿA. S II 418
-ʿĀmilī M. b. Ḥu. b. ʿAbd al-Ṣamad Bahāʾ al-Dīn G II 357, S I 114, II 595
-ʿĀmilī M. b. Makkī b. A. al-Shahīd al-awwal al-ʿAllāma al-thānī S II 131
Amīn al-Baṣīr a. ʾl-Barakāt S II 896
Amīn Bek Ḥafīd Yāsīn Ef. al-Mawṣilī S II 1028, see M. Amīn Bek S II 781
Amīn al-Dīn al-Abharī G II 211
Amīn al-Dīn Jūbān al-Qawwās S II 28
Amīn Ef. al-Ghurayyib S III 230, 383
Amīn Fatḥallāh al-Ṣabbāgh al-Lubnānī S III 340
Amīn Ḥāfiẓ S III 233
Amīn Ḥamdī S III 230
Amīn b. Ḥ. al-Ḥulwānī al-Madanī G II 483, S II 791, 815
Amīn b. Ibr. Shumayyil al-Lubnānī S II 762
Amīn b. Khālid Āghā al-Jindī S II 752
Amīn Khalīfa S III 423
Amīn al-Khūrī al-Lubnānī S III 383
Amīn b. Khwāja al-Bukhārī S II 605
Amīn Marsī Qandīl S III 328
Amīn Raslān S III 229
Amīn al-Rayḥānī S III 399
Amīn Saʿīd S III 309, 310
Amīn b. S. al-Ḥaddād S III 84, 268
Amīn Uskudārī S I 760
Amīn Yū. Badda S III 234
Amīn Yū Ghurāb S III 233
Amīn Ẓāhir Khayrallāh S III 442
Amīna Najīb S III 175
Amīr b. ʿA. al-Shammākhī S II 348
ʿĀmir b. ʿĀmir al-Baṣrī G I 263, S I 463
Amīr Čelebī S I 533, II 908

a. ʿĀmir b. Garcia G II 696, S I 485
b. Amīr al-Ḥājj S I 658, 660
Amīr al-Ḥājj b. Katkhudā al-Ṣāliḥ Mustaḥfiẓān S II A/C 184
Amīr Ḥ. Niksārī S II 674
Amīr Ḥ. al-Rūmī S I 516
ʿĀmir b. ʿImrān al-Ḍabbī S I 180
-Amīr al-Kabīr S II 436
-Amīr al-Kabīr ʿA. b. Shihāb al-Dīn al-Ḥusaynī al-Hamadhānī S II 310
-Amīr al-Kabīr M. b. M. b. A. b. ʿAq S II 758
-Amīr al-Kaḥlānī M. b. Ism. b. Ṣalāḥ S II 556
Amīr Kātib b. Amīr ʿU. b. Amīr Ghāzī al-Itqānī al-Fārābī G I 377, II 79, S I 638, 645, 654, II 87
Amīr Mālaqa Ism. b. Yū. b. al-Aḥmar al-Naṣrī G II 241, S II 340
ʿĀmir b. M. b. ʿAl. al-Rashīd al-Zabīdī S II 552
Amīr M. al-Sakkākī al-Mufassir S II 977
Amīr Pādishāh al-Ḥusaynī al-Bukhārī S I 612, 738, II 282, 583
ʿĀmir al-Shaʿbī S I 235
a. ʿĀmir b. Shuhayd S I 479 (to be read thus)
-Amīr al-Ṣaghīr M. b. M. S II 757
ʿĀmir b. al-Ṭufayl S I 57
ʿĀmir al-Zarqānī al-Mālikī S II 400
al-ʿĀmirī Ya. b. a. Bakr G II 72, S II 225
Amjad Ḥu. al-Hindī al-Allāhābādī S II 132
-ʿAmmār b. ʿA. al-Mawṣilī G I 240, S I 425
b. ʿAmmār M. al-Baghdādī S I 690
ʿAmmār b. M. al-Bidlīsī G I 438
a. ʿAmr b. al-ʿAlāʾ G I 99, II 116, S I 50, 89, 158
ʿAmr b. al-ʿĀṣ S I 73
ʿAmr b. Baḥr al-Jāḥiẓ G I 152, 342, S I 239, 403
ʿAmr b. ʿĪsā al-Tandamirātī S II 893
a. ʿAmr Isḥāq b. Mirār al-Shaybānī S I $179_{,5}$
ʿAmr b. Jāmiʿ S II 892
ʿAmr b. Kulthūm al-Jushamī G I 181, S I 51
ʿAmr b. Qamīʿa S I 58
ʿAmr b. ʿUbayd b. Bāb S I 338
-Amshāṭī Maḥmūd b. A. al-ʿAyntābī S II 93, 169
Anastase Marie de St. Élie al-Kirmilī S III 493
-Anbābī M. b. M. S II 742
-Anbārī S I 173
b. al-Anbārī ʿAr. b. M. b.ʿUbaydallāh G I 281, S I 177, II 495
-Anbārī ʿA. b. Ibr. G II 411
-Anbārī M. b. A. b. a. ʿAL. al-Muqriʾ S I 597, II 57
-Anbārī M. b. a. ʾl-Q. a. Bakr G I 119, S I 182
a. ʾl-ʿAnbas M. b. Isḥāq al-Ṣaymarī S I 396
-Andalusī M. b. A. b. ʿA. G II 300, S II 412
-Andalusī M. b. ʿIsā S I 913
-Andarasfānī ʿAbd al-Salām b. M. G I 365, S I 624
-ʿĀnī ʿAbd al-Muʾmin b. M. b. A. S II 400
-Anīs al-Khūrī al-Maqdisī S III 424
Anīs Zakariyyāʾ al-Nasūlī S II 808, III 424
-Ānisī ʿAr. b. Ya. al-Ṣanamī S II 547, 817
-Ānisī A. b. A. b. M. al-Hādawī G II 399, S II 545
-Ānisī A. b. M. b. al-Hādī S II 544
-Anjūrī ʿAbd al-Ḥamīd b. ʿAr. S II 312
-Anmāṭī a. Shuʿla M. b. A. b. M. b. al-Ḥu. S I 859
-Anqirawī M. b. Ḥu., G II 436, S II 647
-Anqirawī Shujāʿ b. Nūrallāh G II 438, S II 643
-ʿAnsī ʿAl. b. Zayd G I 402, II 186, S I 699
-ʿAnsī ʿA. b. M. b. A. S II 545
-Anṣārī ʿA. b. A. S II 425
-Anṣārī ʿA. b. a. Bakr b. Jamāl S II 536
-Anṣārī Asʿad b. Naṣr S I 456
-Anṣārī a. Bakr b. Bahrām G I 424, S I 753
-Anṣārī M. S II 483
-Anṣārī M. b. Ibr. b. a. Ṭālib al-Dimashqī G II 130, 138, S II 161
-Anṣārī Zakariyyāʾ b. M. G II $24_{,4b}$, 99, S II $19_{,4b}$, 117
ʿAntara b. Shaddād al-ʿAbsī G I 22, S I 45
-Anṭākī ʿAl. b. al-Faḍl S II 482
-Anṭākī A. b. ʿĀṣim S I 351
-Anṭākī Dāʾūd b. ʿU. G I 351, 455, II 364, S II 491
-Anṭākī Shāh Ḥu. Ef. S II 482
Anṭūn al-ʿAyntūrīnī S II 771
Anṭūn Ef. Barakāt al-Dimashqī S III 378
Anṭūn Rabbāṭ al-Yasūʿī S III 416
Anṭūn Yuzbak S III 279
Anwar ʿA. al-Laknawī S I $826_{,82mm}$, 842
Anwar Shāʾūl S III 491

Apollonius of Perga G I 217, S I 384, 852
Āq Shams al-Dīn M. b. Ḥamza S II 324
Āqā ʿA. Kabīr b. Mīrī Khān al-Allāhābādī S II 854
Āqā Ḥājj M. al-Khāliṣī S II 839
Āqā Ḥu. b. Jamāl al-Dīn al-Khwānsārī S II 132
Āqā Jamāl al-Dīn Khwānsārī M. b. Ḥu. S I 817, II 581
Āqā a. ʾl-Maʿālī b. al-Ḥājj M. b. Ibr. S II 842
Āqā M. Bāqir b. M. Akmal al-Bihbihānī S I 921 A/C, II 132, 450, 584
Āqā M. Kirmānshāh b. M. Bāqir al-Bihbihānī S II 842
Āqā Riḍā al-Hamadhānī S II 837
Āqā Sayyid ʿAl. al-Bihbihānī S II 840
Āqā Sayyid Mahdī Baḥr al-ʿulūm S II 577
Āqbughā al-Khāṣṣakī G II 133
-Āqfahsī A. b. ʿImād G II 93, S II 110
-Aqfahsī M. b. A. b. al-ʿImād G II 96, S II 114
-Aqfahsī M. b. Yū b. ʿAbd al-ʿAzīz al-Minhājī S II 406
-Āqḥiṣārī al-Kāfī b. Ḥu. G II 443, S II 659
-Āqḥiṣārī M. b. Badr al-Dīn G II 439, S II 651
b. a. ʿAqib al-Laythī G II 691, S I 81, 118
b. ʿAqīl ʿAl. b. ʿAr. b. ʿAl. al-Shāfiʿī G II 88, S II 104
b. ʿAqīl ʿA. b. ʿAqīl S I 687
ʿAqīl b. ʿU. S II 531
ʿAqīl b. ʿU. al-ʿAlawī al-Makkī S II 1002
ʿAqīl b. ʿU. al-Ḥaḍramī S II 184,56h
ʿAqīl b. ʿU. b. ʿImrān S II 553
b. ʿAqīla M. b. A. b. Saʿīd G II 386, S II 522
-ʿAqīlī ʿA. b. al-Ḥu. ḅ. Ḥaydar S I 465 (to be read thus)
-Āqkirmānī M. G II 424, 454, S II 674
-ʿAqqād ʿAbbās Maḥmūd S III 139, 253
-Āqsarāʾī G II 196,i7
-Āqsarāʾī Ibr. b. M. b. A. al-Mawāhibī G I 123, S II 153
-Āqsarāʾī ʿĪsā b. Ya. S II 327
-Āqsarāʾī M. b. Maḥmūd G II 228, S II 325
-Āqsarāʾī M. b. M. S II 328
-Āqshahrī S II 928
-ʿĀqūlī M. b. M. b. ʿAl. al-Rabbānī G II 162, S II 203
-ʿArabānī ʿAbd al-Ghanī b. A. S II 159
ʿArabfaqīh b. Shihāb al-Dīn A. b. ʿAq. G II 410, S II 569
b. al-ʿArabī S I 955 ad 347
-ʿArabī b. A. S II 704
b. al-Aʿrābī A. b. M. b. Ziyād G I 521, S I 358
b. al-ʿArabī M. b. ʿAl. G II 311, S II 427
b. al-ʿArabī M. b. ʿAl. al-Mālikī S I 663
b. al-ʿArabī M. b. ʿA. b. M. G I 441, S I 790
b. al-ʿArabī M. b. M. b. ʿA. S I 802
b. al-Aʿrābī M. b. Ziyād G I 116, S I 26, 84, 91, 179
b. ʿArabshāh ʿAbd al-Wahhāb b. A. b. M. b. ʿAl. G II 19, S II 13
b. ʿArabshāh A. b. M. b. ʿAl. G II 28, S II 24
ʿArabshāh b. ʿA. b. ʿĪsā al-Bakrī al-Ḥanafī S II 977
b. ʿArabshāh al-Ḥ. b. A. G II 30
ʿArabshāh al-Isfarāʾinī, see ʿIṣām al-Dīn Ibr. b. M. S I 538
ʿArabshāh b. S. b. ʿĪsā al-Bakrī al-Ḥanafī S II A/C 777
ʿArabzāde G I 378
b. ʿArafa al-Dasūqī M. b. A. G II 84, S II 98, 289 A/C
ʿArafa Manṣūr S II 865
ʿArafa b. M. al-Urmawī G II 178
b. ʿArafa al-Warghamī M. b. M. G I 384,5,1, S II 347
-ʿArawdakī a. Bakr G II 279, S II 12
-Arbad S I 65
-ʿArbī al-Fāsī S II 960
b. ʿArbī al-Qāḍī S II 960
Archimedes S I 383, 384, 386, 388, 390, 854, 929,25b, 930,36
-Ardabīlī G I 291, II 218, S I 620
-Ardabīlī A. b. M. S II 582
-Ardabīlī ʿU. b. M. b. Khiḍr S I 783
-Ardabīlī Yū. b. Ibr. G II 193, S II 271
-Ardastānī A. b. A. S II 625
b. al-Ardikhl M. b. al-Ḥ. al-Mawṣilī S I 443
b. Arfaʿ raʾsahū ʿA. b. Mūsā G I 496, S I 908
-ʿArīb b. S. al-Qurṭubī G I 143, S I 217
b. al-ʿArīf G I 110
b. al-ʿArīf A. b. Ibr. G II 162, S II 203
ʿĀrif b. A. a. Munīr al-Dimashqī S II 777
b. al-ʿArīf A. b. Mūsā G I 434, S I 775
ʿĀrif b. Zakariyyāʾ al-Nahrawānī S I 589
-Arīḥawī ʿAr. b. M. al-ʿĀrī G II 286, S II 397

-Arīḥawī Manṣūr b. M. G II 356
Aristarchos S I 932,54
Aristotle G I 88, 203, 206, 207, 209, 212, 457, 459, 462, 463, 482, 483, S I 364, 368, 369, 370, 372, 373, 377, 817, 821, 835, 836, 850, 852, 957
-ʿArjī ʿAl. b. ʿU. G I 49, S I 80
-Armayūnī M. b. a. ʾl-Khayr al-Ḥasanī S II 484
Armayūnī Yū. b. Jamāl al-Dīn G II 325
-Arnaʾūṭī Muṣṭafā S III 390
-Arrajānī A. b. M. G I 253, S I 448
ʿArrām b. al-Aṣbagh al-Sulamī S I 175, 403
b. ʿArrāq ʿA. b. M. b. ʿA. al-Ḥijāzī G II 391, S II 534
b. ʿArrāq al-Kinānī M. b. ʿA. b. ʿAr. G I 365, 497, II 111, 332, S II 461
ʿArrāq Manṣūr b. ʿA. G I 442, 511, read: ʿIrāq S I 861
ʿArrāq M. Nuʿmān b. M. G II 285
Arslān ʿAbd al-Ghanī al-Banbī S III 252
Artephiu S I 963 ad 440
ʿArūsī Barakāt b. M. b. M. G II 188, S II 248, 360
Asad b. A. al-Burūsawī G I 441
Asʿad b. A. b. Ibr. al-Irbilī S I 173
Asʿad b. ʿA. b. ʿUthmān S I 956 ad 371
Asad b. ʿAmr S I 287
Asad b. a. Bakr al-Qaysarānī S II 525
Asʿad al-Dawwānī S I 932
Asʿad Ef. G II 36
Asʿad b. a. ʾl-Fatḥ Ilyās b. Jirjīs b. al-Maṭrān S I 892
Asad b. al-Furāt al-Nīsābūrī S I 300
Asʿad Ḥannā S III 231
Asʿad b. Ibr. b. al-Ḥ. b. ʿA. al-Ḥillī S I A/C 713
Asad Kāmil al-Tubbaʿī S II 900
Asʿad Manṣūr S III 429
Asʿad b. Manṣūr al-ʿUḍaymī al-Bayrūtī S II 753
Asʿad b. Masʿūd Ẓahīr al-ʿUmarī G I 396, S I 683
Asʿad Mīkhāʾīl Rustam S III 424, 440
Asʿad b. al-Muhadhdhab Mammātī G I 335, S I 572, 579
Asʿad b. M. b. Ḥ. al-Karābīsī G I 375, S I 642
Asʿad b. M. al-ʿIjlī G I 424,50a
Asad b. Mūsā al-Umawī S I 257, 351
Asad b. Nāʾiṣa al-Tanūkhī S I 60
Asʿad b. Naṣr al-ʿAbartī G I 126, S I 192
Asʿad b. Naṣr al-Anṣārī S I 456
Asʿad Shudūdī S III 338
Asad al-Sunna G I 66, S I 257
Asʿad b. ʿUthmān al-Bāniyawī S II 665
Asʿad b. Yū. b. ʿA. al-Ṣayrafī S II 577
-Asadābādī ʿAbd al-Jabbār b. A. G I 411, 418, S I 343 (to be read thus)
Asadallāh b. Ism. al-Kāẓimī S II 505
Asadallāh al-Kharqānī S II 807
Asadallāh Panjābī S II 623
-Asadī A. b. M. b. Fahd al-Shīʿī al-Ḥillī S II 210
-Asadī ʿĪsā b. Sahl G I 383, S I 661
-Asadī M. b. Maʿrūf b. Mollā al-Shaʾmī G II 357, S II 484
-Asadī M. b. M. b. Khalīl S II 165
b. ʿAsākir S II 73
b. ʿAsākir ʿAl. b. al-Ḥ. S I 568
b. ʿAsākir ʿA. b. al-Ḥ. G I 194, 331, S I 566
b. ʿAsākir al-Q. b. ʿA. G I 331, II 130, S I 298, 567
b. ʿAsākir Ṣafī b. ʿA. b. ʿAbbās S II 24
b. Asāyish Kamāl al-Dīn S II 641
-Asfizārī al-Muẓaffar b. Ism. S I 856
Aʿshā Banī Rabīʿa S I 56, 95
Aʿshā Banī Taghlib S I 95
Aʿshā Hamdān G I 62, S I 95
Aʿshā Maymūn G I 37, S I 68
-Ashʿarī A. b. M. b. Ibr. al-Nassāba al-Yamanī S I 558
-Ashʿarī ʿA. b. Ism. G I 194, S I 345
-Ashʿarī M. b. Ya. b. M. S II 371
b. al-Ashʿath A. b. M. G I 237, S I 422
ʿĀshiq Čelebī, G II 426, S I 512
ʿĀshiq Q. al-Iznīqī S I 504
Ashjaʿ b. ʿAmr al-Sulamī S I 119
-Ashkhar M. b. a. Bakr al-Yamanī S II 548
-ʿAshmāwī G II 238
-ʿAshmāwī ʿAbd al-Bāriʾ S II 435
-ʿAshmāwī ʿAl. b. al-Fāḍil S II 334
-ʿAshmāwī ʿAbd al-Laṭīf b. Sharaf al-Dīn G II 318, S II 438
-ʿAshmāwī A. b. M. b. a. ʾl-Q. G II 308, S II 421
Ashraf Muʿīn Mīrzā Makhdūm b. ʿAbd al-Bāqī al-Ḥasanī al-Shīrāzī S II 658
Ashraf b. Yū. Īnal al-Ṭirāzī G I 376, S I 644
Ashrafī A. Tūghān G II 135

Ashrafzāde S I 793
-ʿAshshāb al-Ifrīqī A. b. M. b. al-Khalīl
G I 414, S I 736
b. al-Ashtarkūnī M. b. Yū b. ʿAl. al-Saraqusṭī
S I 543
a. ʾl-Asḥar al-Kirmānī S II 1039
b. ʿAskar ʿAr. b. M. b. ʿAr. al-Baghdādī
al-Mālikī G II 163, S II 205
b. ʿAskar al-Ghassānī S II 393
ʿAskar al-Ḥalabī al-Ḥanafī al-Qādirī
S II 1035,2
b. ʿAskar M. b. ʿA. b. ʿU. G II 455, S II 677
-ʿAskarī al-Ḥ. b. ʿA. b. M. S I 333
Aslam b. Sahl G I 138, S I 210
Asmā al-Ṭūbī S III 417
-Asnawī ʿAbd al-Raḥīm b. al-Ḥ. b. ʿA. G II 90,
S II 107
-Asnawī ʿImād al-Dīn M. b. al-Ḥ. b. ʿA.
G II 119, S II 148
-Asqāṭī A. b. ʿU. G II 327, S II 455
-Astarābādhī M. b. ʿA. b. Ibr. G II 385,
S II 520
-Astarābādhī M. Amīn b. M. Sharīf S II 577
-Astarābādhī M. b. al-Ḥ. S I 713
a. ʾl-Aswad al-Aḥwal S I 937 ad 68
-Aswad al-Aʿrābī G I 114, 117
a. ʾl-Aswad al-Duʾalī G I 42, 96, S I 72
Aṣbagh b. M. al-Gharnāṭī b. al-Samḥ
G I 472, S I 861
-Aṣbaḥī M. b. ʿA. G II 266
b. Aṣbāṭ Ḥamza b. A. al-Gharbī G II 43,
S II 42
Aṣīl al-Dīn al-Dimyāṭī S II 361n
ʿĀṣim b. Ayyūb al-Baṭalyawsī G I 22, 24, 110,
122, 255, 309, II 617, S I 50, 543
ʿĀṣim b. a. Ḥāzim S II 960
b. ʿĀṣim M. b. M. al-Qaysī al-Gharnāṭī
G II 264, S II 375
-Aṣmaʿī ʿAbd al-Malik b. Qurayb G I 22, 104,
S I 37, 44, 47, 50, 85, 89, 91, 96, 163
b. al-ʿĀt S I 666, 960,24
a. ʾl-ʿAtāhiya G I 77, S I 119
-Atharī Shaʿbān b. M. al-Qurashī S II 10
Athīr al-Dīn G I 359, S I 611
b. al-Athīr ʿImād al-Dīn Ism. b. A. b. Saʿīd
G I 341, S I 581
b. al-Athīr ʿIzz al-Dīn ʿA. b. M. b. M. G I 345,
S I 587
b. al-Athīr Majd al-Dīn al-Mubārak b. M. b. M.
G I 387, S I 607
b. al-Athīr M. b. M. b. ʿAbd al-Karīm G I 397,
S I 521
-Athram G I 23, S I 47
ʿAtīq b. ʿAl. al-Harawī G I 366
ʿAtīq b. ʿAl. b. M. G II 326
ʿAtīqallāh b. Ism. b. Shaykh Q. S II 605
Atpāzārlī Shaykh ʿUthmān S I 807
ʿAttābī A. b. M. b. ʿU. al-Bukhārī G I 375,
S I 643
ʿAṭāʾ b. A. b. M. b. Khwāja Ghāzī
al-Samarqandī G II 710, S II 297
ʿAṭāʾ Ef. Amīn S III 493
ʿAṭāʾ b. al-Ḥu. b. ʿA. al-Bayhaqī S II 253
a. ʿAṭāʾ al-Sindī G I 63
ʿAṭāʾ b. Usayd al-Tamīmī al-Zafayān S I 91
b. ʿAṭāʾallāh S I 806
ʿAṭāʾallāh b. A. b. ʿAṭāʾallāh al-Miṣrī al-Azharī
G I 54, 69, S II 482
ʿAṭāʾallāh b. Amīr Faḍlallāh al-Dashtakī
S II 262
ʿAṭāʾallāh Ef. Shaykh al-Islām S II A/C 649
ʿAṭāʾallāh b. Faḍlallāh al-Ḥusaynī al-Fārisī
S II A/C 581
b. ʿAṭāʾallāh al-Iskandarī A. b. M. b. ʿAbd
al-Karīm G II 117, S II 145
ʿAṭāʾallāh b. M. al-Qarshāwī Muʿīn al-Dīn a.
ʾl-Ḥ. S I 286
ʿAṭāʾallāh al-Qāḍī Nawʿīzade S II A/C 646
b. Aṭfish S II 823
b. ʿAṭiyya ʿAbd al-Ḥaqq b. a. Bakr Ghālib b.
ʿAbd al-Malik al-Muḥāribī al-Gharnāṭī
G I 412, S I 732
b. ʿAṭiyya A. b. Ibr. al-Qahwatī S I 676, II 420
ʿAṭiyya (tallah) b. ʿAṭiyya al-Ujhūrī G II 145,
307, 328, S I 524, 682, II 180,6c, 419, 456
ʿAṭiyya b. M. b. A. al-Najrānī S I 700
-ʿAṭṭār S I 542
b. al-ʿAṭṭār G I 391, 395, 396
-ʿAṭṭār b. A. S II 505
-ʿAṭṭār A. b. M. G II 14
-ʿAṭṭār A. b. M. b. ʿA. S II 414
-ʿAṭṭār ʿA. b. Ibr. b. Dāʾūd G II 86, S II 100
-ʿAṭṭār al-Bakri M. b. M. b. A. G II 127,
S II 158
-ʿAṭṭār al-Hamadhānī al-Ḥ. b. A. b. al-Ḥ.
S I 724

-ʿAṭṭār al-Ḥ. b. M. G II 473, S II 720
b. al-ʿAṭṭār a. ʾl-Munā b. a. Naṣr al-Isrāʾīlī G I 492, S I 897
-ʿAṭṭārī G I 266
-ʿAṭṭās ʿAl. b. ʿAlawī S II 722
-ʿAṭūfī G I 291, Ḫiḍr b. Maḥmūd b. ʿU. S II 639
Autolykos G I 511, S I 930$_{,34}$, 932$_{,50}$, 936 ad 369
Avempace S I 830
Averroes S I 833
Avicenna S I 812
de Avierino Alexandra S III 258
ʿAwāna b. al-Kalbī S I 81
Awāra ʿAbd al-Ḥusayn S II 847
-ʿAwdānī M. b. Muṣṭafā G II 454
ʿAwf b. ʿAl. b. al-Aḥmar al-Azdī S I 93
ʿAwf b. ʿAṭiyya al-Taymī S I 58
-Awfā Maḥmūd b. A. G II 483
-ʿAwfī G I 213, S II 960
-ʿAwfī M. b. A. G II 326, S II 452
-ʿAwfī M. b. Badr al-Dīn G II 57, S II 58
Awḥad al-Dīn ʿAbd al-Aḥad al-Nūrī G II 346, 445, S II 662
Awḥad al-Dīn al-Balyānī S I 798$_{,98a}$
Awḥad al-Dīn Mīrzā Khān al-Birakī al-Galandhārī S II 603
Awḥad al-Dīn al-Nasafī S I 757
Awjad Ḥu. S II 605
ʿAwn b. Mundhir al-Masīḥī a. Naṣr S II 1034
-ʿAwnī Muṣṭafā b. ʿAbd al-Laṭīf G II 303
Aws b. Ḥajar G I 27, S I 55
-Awsī Ibr. b. Ya. b. A. al-Mursī G II 265, S II 377
-ʿAwwāḍ Ya. b. A. G II 314
b. al-ʿAwwām ʿAl. b. M. b. A. al-Saʿdī S I 548
b. al-ʿAwwām Ya. b. M. G I 494, S I 903
-Awzāʿī ʿAr. b. ʿAmr S I 308
b. Ayās M. b. A. al-Čerkesī G II 295, S II 405
Āyatallāh al-ʿAllāma al-Ḥillī S I A/C 847
Aydamur b. ʿA. al-Jildakī G II 138, S I 353, 428, 432, 908, II 171
Aydamur al-Muḥyawī Fakhr al-Turk G I 249, S I 442
-ʿAydarūs a. Bakr b. ʿAl. b. a. Bakr G I 181, S II 233
-ʿAydarūs b. a. Bakr al-Sakrān al-Saqqāf Bāʿalawī S II 566
-ʿAydarūs b. Shaykh ʿAl. al-Hindī G II 418, S II 617
-ʿAydarūs b. ʿU. al-Ḥabashī al-Ḥaḍramī S II 821
-ʿAydarūsī ʿAr. b. Muṣṭafā G I 450, II 352, S II 478
Āydīnī Khiḍr b. ʿA. Ḥājjī Pāshā b. Khaṭṭāb G I 467, II 233, S II 326
Āydīnī M. b. Ḥamza G II 437, S II 648
Āydīnī Rasūl b. Ṣāliḥ G II 433, S II 644
Ayn al-quḍāt al-Hamadhānī S I 756
Ayn al-quḍāt al-Ḥaydarābādī S I 840
a. ʾl-ʿAynāʾ M. b. al-Q. al-Hāshimī S I 248
-ʿAynātī M. b. M. b. Ḥ. S II 584
-ʿAynī M. Fiqhī G II 437
-ʿAynī a. ʾl-Thanāʾ Maḥmūd b. A. b. Mūsā G II 52, S II 50
-ʿAynṭābī al-Amshāṭī Maḥmūd b. A. G II 82, S I 825$_{,82gg}$, 898, II 93, 169
-ʿAynzarbī ʿAdnān b. Naṣr G I 487, S I 890
b. ʿAyshūn M. b. M. b. M. S II 683
-ʿAyṭāwī Yūnus b. ʿAbd al-Wahhāb b. A. G II 320, S II 441
ʿAyyāsh ʿAbd al-ʿĀlī S II 301
-ʿAyyāshī ʿAl. b. M. b. a. Bakr G II 464, S II 711
Ayyūb b. ʿAbbād S II 471
Ayyūb al-Aḥdab al-Rammāḥ S I 905, see Ḥ. al-R. al-A.
Ayyūb A. al-Qurashī G II 341, S II 471
b. Ayyūb al-Anṣārī Mūsā b. Yū. b. Ibr. S II 401
Ayyūb Ef. S III 228
Ayyūb b. Khalīl G I 481, 482, S I 883
Ayyūb b. Mūsā al-Ḥusaynī al-Kaffawī G II 454, S I 440 A/C, 468, II 673
Ayyūb b. al-Qirriyya S I 235
-Ayyūbī al-Khalīl b. A. b. S. b. Ghāzī G II 160, S II 200
-ʿAzāfī M. b. A. al-Lakhmī S I 626
-ʿAzāzī A. b. ʿAbd al-Malik G II 8, S II 1
ʿAzāzī A. b. al-Ḥu. G II 57, S II 58
ʿAzāzī al-Ḥu. b. A. G II 20
Azbakāwī A. al-Miṣrī S II 733
-Azbakī M. b. ʿU. b. ʿĀshiq S II 430 (M. b. Murād al-Bukhārī G II 344, G II 346, read al-Üzbekī)
-Azdī ʿA. b. Ẓāfir S I 553

-Azdī Hishām b. ʿAl. S I 664
-Azdī Khiḍr b. ʿAr. G II 111
-Azdī M. b. Ḥu. G I 200
-Azharī G II 128, 142
-Azharī A. b. ʿAṭāʾallāh G II 285, S II 379
-Azharī ʿAṭāʾallāh b. A. S II 482
-Azharī Ibr b. S. G II 315
-Azharī Khālid b. ʿAl. b. a. Bakr G II 27, S II 22
-Azharī M. b. A. G I 129, S I 197
-Azharī S. b. ʿU. al-Jamal G II 343, S II 480
-Azharī Ṣāliḥ b. ʿAl. G II 325, S II 481
ʿAzīz Maḥmūd al-Uskudārī S II 661
ʿAzīz al-Miṣrī S II 908
ʿAzīz Naṣrallāh S III 156
ʿAzīz al-Raḥmān Ḫudāyān Ḫān S II 627
ʿAzīzallāh al-Ḥusaynī S I 927,3e
ʿAzīzī b. ʿAbd al-Malik Shaydhala G I 433, S I 775
a. Azkarī Ya. b. a. ʾl-Rijāl S I 901
b. ʿAzm al-Khaṭīb al-Wazīrī M. b. ʿU. b. M. G II 73, S II 222
Azmī S. Bek S III 320
Azmī zāde S II 316, 428
-Azraq al-Yamanī al-Zabīdī S II 1028
-Azraqī A. b. M. G I 137, S I 209
-Azraqī Ibr. b. ʿAr. b. a. Bakr S II 170
b. ʿAzrūn Hārūn b. Isḥāq S I 823,81
ʿAẓamatallāh al-Sahāranpūrī S II 950
-ʿAẓīmī M. b. ʿA. S I 586
b. al-ʿAẓm S I 453
b. al-ʿAẓm Jamīl Bek S II 427
b. al-ʿAẓm Maḥmūd b. Khalīl S II 754
b. al-ʿAẓm Ṣādiq Pāshā S III 424

b. Bābā A. b. ʿA. S I 586 (to be read thus)
Bābā Niʿmatallāh b. Maḥmūd al-Nakhjuwānī S II 319
Bābā Sayyid b. M. al-Bukhārī Bābā Shahīd S I 534
Bābā Ṭāhir al-Hamadhānī S II 285
Bābā Ṭāhir ʿUryān S I 770
b. Bābak ʿAbd al-Ṣamad b. Manṣūr S I 445
Bābak al-Ḥaḍramī al-Yamānī S II 1002
-Bābartī M. b. Maḥmūd G II 80, S II 89
b. Bābāshād Ṭāhir b. A. b. Idrīs G I 301, S I 529
b. Bābaṣīl M. b. Sālim, M. b. Saʿīd G II 500, S II 811
Babbaghā a. ʾl-Faraj G I 90, S I 145
b. Bābūya al-Qummī ʿA. b. ʿUbaydallāh b. M. S I 710
b. Bābūya al-Ṣadūq M. b. A. G I 187, S I 321
Badal b. Ism. al-Tabrīzī G I 345, S I 587
-Badawī A. b. ʿA. b. Ibr. G I 450, S I 808
b. al-Bādhāsh A. b. ʿA. b. A. b. Khalaf S I 723
Badīʿ al-Dīn ʿA. al-Subakhī G I 379, S I 652
Badīʿ b. a. Manṣūr al-ʿArabī G I 382, S I 656
Badīʿ al-Mulk Mīrzā ʿImād al-Dauwa Dawlatshāhī S II 589
Badīʿ al-Zamān al-Hamadhānī G I 93, S I 150
-Badīʿī Yū. G I 88, II 286, 691, S II 396
b. Bādīs al-Ḥ. b. a. ʾl-Q. G II 166, S II 214
b. Bādīs al-Ḥusaynī al-Bukhārī G I 417, i, l, read: Amīr Pādishāh S I 718
b. Bādīs al-Muʿizz G I 268, S I 473
-Bādīsī ʿAbd al-Ḥaqq b. Ism. b. A. S II 337
Badr A. al-Nūbī S I 843
Badr al-Dīn a. Fāris al-Naʿsānī al-Ḥalabī S I 236, 510
Badr al-Dīn al-Fayyūmī S I 760
Badr al-Dīn b. Ḥabīb al-Ḥalabī S II 35, 44
Badr al-Dīn b. al-Ḥājib S II 900
Badr al-Dīn al-Ḥāmid S III 375
Badr al-Dīn b. al-Ḥarrānīya S II 950
Badr al-Dīn al-Mālikī G II 84
Badr al-Dīn b. M. al-Muftī S II 246
Badr al-Dīn M. al-Yamanī S I 753
Badr al-Dīn b. Qāḍī Shuhba S I 674
Badr al-Dīn b. Rukn al-Dīn Raḥmat allāh al-Sindī S II 951
Badr al-Dīn b. Rustam b. Anūsharwān b. Ṣāliḥ b. Badr S I A/C 496
Badr al-Dīn b. Sālim b. M. Tābiʿ āl al-Ṣiddīq G II 362, S II 489
Badr al-Dīn b. al-Ṣāḥib Taqī al-Dīn b. Ḥijja al-Ḥamawī S I 779, (II 9)
Badr al-Dīn b. Tāj al-Dīn b. ʿAbd al-Raḥīm al-Lāhūrī S II 309, 606
Badr al-Dīn al-Tustarī G I 454 = M. b. Saʿīd al-Yamanī S I 816
Badr al-Dīn b. al-Ṭabbāḫ al-Shāfiʿī al-Ashʿarī S II 642

Badr al-Dīn b. ʿU. Khūj al-Fattanī al-Mālikī G I 312, S I 545, II 511
Badr al-Dīn al-Zarkashī S II 105 = M. b. Bahādur G II 91, S II 108
Badr al-Dīn al-Zaytūnī S II 382
Badr al-Ghazzī M. b. M. b. M. S II 488
Badr al-Hāshimī al-Qurashī S II A/C 606
Badr b. M. al-Māridīnī S II 205
b. Badr M. b. ʿU. al-Balansī S I 860
Badr al-Rashīd M. b. Ism. b. Maḥmūd b. M. G II 80, 395, S II 88
a. Badr b. Salāma S I 917,26
Badrān b. A. al-Ḥanbalī S II 966
Badrān b. A. al-Khalīlī S II 533
-Badrī ʿAl. a. Bakr. b. ʿAl. G II 132, S II 163
-Badrī Ḥ. b. ʿA. G II 294
-Badrī al-Qashshāshī A. b. M. b. ʿAbd al-nabī G II 392, S II 535
-Badrī al-Ṭabarī S I 931,47a
Badrīzāde Muṣṭafā b. M. S II 659
b. Badrūn ʿAbd al-Malik b. ʿAl. G I 340, S I 579
b. Badrūn a. ʾl-Q. ʿAbd al-Malik al-Ḥaḍramī al-Shilbī S I 480
-Bāghandī Ḥabīballāh Mīrzājān al-Shīrāzī S II 594
-Baghawī S I 592
-Baghawī ʿAl. b. M. S I 277
-Baghawī al-Ḥu. b. Masʿūd al-Farrāʾ G I 363, S I 620
-Baghawī M. b. ʿU. S I 625
-Baghdādī ʿAq. b. ʿU. G II 286, S II 397
-Baghdādī ʿAbd al-Qāhir b. Ṭāhir S I 666
-Baghdādī Naṣrallāh b. A. b. M. S II 206
Bahāʾ Ālimghā al-Qarawī S II 312
Bahāʾ al-Dīn al-ʿAmilī S I 940 ad 133, II 595, M. b. Ḥu. b. ʿAbd al-Ṣamad G II 414, S II 595
Bahāʾ al-Dīn al-Maqdisī S I A/C 689
Bahāʾ al-Dīn al-Muhallabī Zuhayr b. M. G I 264, S I 465
Bahāʾ al-Dīn b. M. al-Shaʾmī S II 1002
Bahāʾ al-Dīn al-Samarqandī G I 174
Bahāʾ al-Dīn b. Taqī al-Dīn al-Subkī S I 680
Bahāʾallāh Mīrzā Ḥu. ʿA. Nūrī S II 847
-Bahāʾi ʿA. b. ʿAl. al-Juzūlī G II 55, S II 55
-Bahāniqī A. b. M. b. a. ʿO. S II 158
-Bāhilī G I 112 (see al-Jurjāni, *Kināyāt*, 93,13, al-Yāfiʿī, *Mirʾāt al-janān* II 46,2)
-Bahkalī ʿAr. b. Ḥ. b. ʿA. S II 552
-Bahlawī S II 301
Bahlūl al-Majnūn al-Kūfī S I 350
Bahmanyār b. al-Marzubān G I 458, S I 828
-Bahnasī M. b. ʿAr. b. M., G II 92, S II 109
-Bahnasī M. b. M. b. ʿAr. S II 493
Bahrām b. ʿAl. S II 97, 99
Bahrām b. ʿAl. b. ʿAbd al-ʿAzīz al-Damīrī G II 84, 247, S II 345
Bahrām b. Mardānshāh S I 237
b. Bahrām al-Yamanī S I 608
Bahrāmshāh b. Farrukhshāh G I 256, S I 456
b. Bahrān al-Baṣrī al-Ṣaʿdī M. b. Ya. b. M. S II 557
-Bahūtī Manṣūr b. Yūnus S II 447
-Bahūtī M. b. A. b. ʿA., G II 308, S II 420
Bāḥithat al-bādiya S II 728, III 256
Baḥr b. Raʾīs b. Ṣalāḥ al-Hārūnī al-Mālikī G I 265, S I 468,28
Baḥr al-ʿUlūm ʿAbd al-ʿAlī b. M. Niẓām al-Dīn S II 624
Baḥr al-ʿUlūm M. Mahdī b. Murtaḍā b. M. S II 504
-Baḥrānī ʿAl. b. Nūrallāh S II 504
-Baḥrānī ʿAl. b. Ṣāliḥ b. Jumʿa G II 330, 375, S II 503
-Baḥrānī Hāshim b. S. b. Ism. S II 506, 533
-Baḥrānī S. b. ʿAl. G II 330
-Baḥrānī Yū. b. A. b. Ṣāliḥ S II 504
Baḥraq M. b. ʿU. b. Mubārak al-Ḥaḍramī al-Yamanī G I 300, S I 526, II 228, 554
-Bajamʿawī ʿA. b. S. al-Dimnātī G II 148, 485, 545, 693, S II 737
b. Bājja M. b. Yū. b. al-Ṣāʾigh S I 830
Bajjajīzāde ʿAr. b. Sālim al-Baghdādī S II 506
-Bājī ʿAbd al-Malik b. M. b. A. b. Ṣāḥib al-ṣalāt (G I 339), S I 554
-Bājī ʿA. b. M. b. ʿAr. Al-Sāfiʿī G II 85, S II 100
-Bājī S. b. Khalaf G I 419, S I 743
-Bājirmī A. b. A. b. Jumʿa G II 324, S II 447
-Bājūrī Ibr. b. M. G II 487, S II 335, 741, 744
-Bājūrī Maḥmūd ʿU. S II 727
Bākathīr ʿAr. b. A. G II 366
Bakbars Turkī G I 393
-Bakfalūnī G II 308

-Bākharzī ʿA. b. al-Ḥ. b. al-Ṭayyib G I 252, S I 446
-Bākharzī Saʿīd b. al-Muṭahhar b. Saʿīd S I 810
b. Bakhshīdede Burhān al-Dīn b. Ibr. al-Busnawī S II 665
Bakhshīzāde b. Ibr. al-Rumī S I 643
b. Bakhtishūʿ (Bukhtyishūʿ) Yūḥannā S I 416
Bakhtiyār S II 908
Bakhtiyār al-Bukhārī S I 954
Bakhtiyār b. a. Manṣūr Raʾsbāsh al-Daylamī S I 326
Bākir G II 197
-Bakjarī Mughulṭay b. Qilič S II 47
b. al-Bakkāʾ ʿAbd al-Muʿīn b. A. G II 285, 381, S II 570
Bakkār al-Mālikī G I 162
-Baklamishī Ṭaybughā G II 133, S II 167
b. Baklārash Yūnus b. Isḥāq G I 486, see also b. Biklārish
a. Bakr b. al-ʿAbbās b. ʿA. b. Rasūlallāh al-Ghassānī S II 253
Bakr b. ʿAbd al-ʿAzīz al-ʿIjlī S I 98, 127
a. Bakr b. ʿAbd al-ʿAzīz al-Zamzamī S I 488, II 511
a. Bakr b. ʿAbd al-Ghanī al-Labīb al-Tūnisī S I 727
a. Bakr b. ʿAl. b. ʿAr. b. Qāḍī ʿAjlūn S II 119
a. Bakr b. ʿAl. b. Aybak al-Dawādārī S II 44
a. Bakr b. ʿAl. b. a. Bakr al-ʿAydarūs G II 181, S II 233
a. Bakr b. ʿAl. al-Ḥaddād al-ʿAbbādī S I 296$_{,8}$, see a. Bakr b. ʿA.
a. Bakr ʿAl. b. M. b. a. ʾl-Dunyā al-Qurashī G I 153, S I 247
a. Bakr b. ʿAr. b. M. b. Shihāb al-Dīn al-Ḥaḍramī S II 24, 741, 822, 865
a. Bakr al-Ādamī S II 980
a. Bakr b. A. b. ʿAr. al-Aksīḥī al-Sijazī S I 753
a. Bakr b. A. b. M. al-Mantashāwī S II 329
a. Bakr b. A. b. M. b. ʿU. b. Qāḍī Shuhba G I 331, II 37, 47, 51, S II 50
a. Bakr A. b. Mūsā b. Mujāhid al-Tamīmī al-Baṣrī G I 126, 189, S I 192, 328
a. Bakr A. b. Naqshband G I 443
a. Bakr A. b. Nāẓim S II 275
a. Bakr b. A. b. S. al-Adhraʿī S II 975
a. Bakr al-Aḥsāʾī S II 969
a. Bakr b. Ajāna al-ʿAdnānī G I 384$_{,5,2}$
a. Bakr b. ʿA. b. ʿAl. b. Ḥijja al-Ḥamawī G I 39, 82, 253, 266, II 15, 53, S I 69, 469, II 8
a. Bakr b. ʿA. b. M. al-ʿAbbādī al-Ḥaddādī G I 175, 525, II 189, S I 296$_{,8}$, 646, 761, II 250, 985
a. Bakr b. ʿA. b. M. al-Shaybānī G II 166, S II 214
a. Bakr b. ʿA. b. M. b. Ẓuhayra al-Makhzūmī G II 175, S II 225
a. Bakr b. ʿA. b. Mūsā al-Hāmilī al-Yamanī G II 185, S II 240
a. Bakr b. ʿA. al-Ṣanhājī al-Baydhaq S I 554
a. Bakr al-Āmidī S I 538
a. Bakr b. al-ʿArabī al-Qāḍī S II 647
a. Bakr al-ʿArawdakī G II 279, S II 12
a. Bakr b. al-ʿĀrif billāh M. al-Bakrī S II 604
a. Bakr b. Āydoghdī al-Jundī S II 138
a. Bakr b. Bahrām al-Anṣārī G I 424, S I 753
a. Bakr al-Bakrī G II 272
a. Bakr al-Barqī S I 822$_{,68vv}$
a. Bakr b. Bashīr al-Khawlānī S II 1039
a. Bakr Bāy Ef. G II 148
a. Bakr al-Bayhaqī A. b. al-Ḥu. b. ʿA. G I 363, S I 618
a. Bakr Bundūd G I 456
a. Bakr b. Dāʾūd b. ʿIsā al-Ṣāliḥī G II 120, S II 149
a. Bakr al-Erzerūmī S II 655$_{,9d}$ (to be read thus)
a. Bakr Faqqūsa al-Sharīf al-Tūnisī S II 873
a. Bakr b. Fatḥūn al-Mālikī S I 279
a. Bakr b. Hārūn al-Lughawī S II 919
a. Bakr b. Hidāyatallāh al-Ḥusaynī al-Muṣannif S II A/C 443
a. Bakr b. Ḥāmid b. Samḥūn S I A/C 884
Bakr b. Ḥayyān Wakīʿ S I 225
a. Bakr b. al-Ḥu. b. ʿU. al-ʿUthmānī al-Marāghī G II 172, S I 613, II 221
Bakr a. Isḥāq S II 267
a. Bakr b. Isḥāq G II A/C 196
a. Bakr b. Ism. (Ibr.) b. ʿAbd alʿ-Azīz al-Zankalūnī G I 388, S I 670
a. Bakr b. Ism. al-Musharraf S I 869
a. Bakr b. Ism. al-Shanawanī G II 285, S II 17, 19, 23, 111, 118, 333, 394, 479 A/C
a. Bakr b. al-Jahm al-Rāzī S II 975
a. Bakr b. al-Khallāl al-Baghdādī A. b. M. G I 520, S I 311

a. Bakr b. Khamsīn S I 474
a. Bakr Khwāharzāde M. b. al-Ḥu. al-Bukhārī G I 175, S I 296
a. Bakr al-Khwārizmī G I 93, S I 150
a. Bakr b. a. ʾl-Maʿālī al-Yamanī S II 253
a. Bakr al-Maghribī G I 409 = a. ʿAl. al-Muqriʾ al-Maghribī S I 726
a. Bakr b. Maḥmūd al-ʿUṣfūrī S II 387
a. Bakr b. a. ʾl-Majd al-Ḥanbalī al-Baʿlabakkī S I 607
a. Bakr al-Marwarrūdhī S II 1002
a. Bakr b. Marzubān S II 908
a. Bakr Masʿūd b. A. al-Kāshānī G I 375, S I 640, 643
a. Bakr b. M. b. ʿAl. b. Bāʿamr S II A/C 527
a. Bakr b. M. b. ʿAbd al-Muʾmin al-Ḥiṣnī G II 95, S II 112
a. Bakr b. M. b. ʿAr. al-Maghribī al-Andalusī S I 176
a. Bakr b. M. b. A. b. al-ʿAbbās al-Bayḍāwī S II 951
a. Bakr b. M. b. A. al-Bustī(?) G I 429
a. Bakr b. M. b. A. al-Ghassānī al-Wādīʾāshī G I 414, S I 913
a. Bakr b. M. b. A. al-Ḥusaynī al-Kharaqī S I 863
a. Bakr b. M. b. A. b. Sīrīn S II 928
a. Bakr b. M. b. ʿA. al-Khurāsānī al-Khawāfī al-Barbādī S II 1002
a. Bakr b. M. b. Ayyūb al-Karakī S II 156
a. Bakr b. M. Bihrūjī S II 277
a. Bakr b. M. b. Bishrūn S II 1034,10
a. Bakr b. M. al-Dimyāṭī G II 221, S II 604
a. Bakr b. M. al-Fārisī S II 252
a. Bakr b. M. al-Ḥakkāk G II 10, S II 3, 900
a. Bakr b. M. b. Ibr. al-Ḥalabī S II 1002
a. Bakr M. a. ʾl-Mafākhir al-Kirmānī S II 270
Bakr b. M. al-Māzinī S I 168
a. Bakr b. M. b. M. al-Jazarī S II 274, 276
a. Bakr b. M. b. M. al-Khawāfī Zayn al-Dīn S II 285
a. Bakr b. M. b. M. al-Khawlānī Zayn al-Dīn S II 1003
a. Bakr b. M. b. al-Muḥsin al-Fuwwī S I 599
a. Bakr b. M. al-Suyūṭī al-Miknāsī S II 342
a. Bakr b. Muḥsin Bābūd al-ʿAlawī S II 601
a. Bakr b. Muḥyi ʾl-Dīn b. ʿA. al-ʿUmānī S II 823
a. Bakr b. al-Mundhir Badr al-Dīn al-Bayṭār G II 136, S II 169
a. Bakr b. Mūsā al-Khwārizmī G II 195
a. Bakr al-Qāḍī G I 287, S I 857
a. Bakr b. al-Q. S II 1004,3
a. Bakr b. al-Q. al-Ahdal S II 544
a. Bakr al-Qāṭiʿī S I 310
a. Bakr b. Qiwām S II 928
a. Bakr b. Ramaḍān b. Mūk (active in 885 AH) G I 266 (Ind. Off. 1044,xv)
a. Bakr al-Rāzī M. b. Zakariyyāʾ G I 223, S I 417
a. Bakr b. Sālim S II 908
a. Bakr b. Sālim Bāʿalawī S II 566
a. Bakr b. Samīṭ al-ʿAlawī al-Ḥusaynī S II 566, read: A. b. a. Bakr
a. Bakr Sayf al-Ḥaqq b. Muṣliḥ al-Dīn al-Busnawī al-Tarāwankī S I 649
a. Bakr al-Shahrazūrī G I 393
a. Bakr b. Sharaf al-Muḥassin al-Ṣāliḥī S II 128
a. Bakr Shaykh Yabanbāwa S II 951, see A/C
a. Bakr Ṣāliḥ al-Khālidī G II 343
a. Bakr b. Ṣāliḥ al-Kutāmī G II 329, S II 457
a. Bakr b. ʿU. al-Dāghistānī S I 37
a. Bakr ʿUthmān b. a. M. Shaṭṭāʾ al-Bakrī G II 500, S II 312, 811
a. Bakr b. Waḥshiyya M. (A.) b. ʿA. G I 242, S I 430
a. Bakr al-Wāsiṭī al-Imān al-zāhid S I 657, II 951
a. Bakr b. Ya. b. a. Isḥāq Bakr b. M. b. Ḥ. al-Mutaṭabbib S I 906
a. Bakr b. Ya. al-Kātib al-Kharrāṭ S II 1029
a. Bakr b. Yū. b. a. Bakr al-Kattānī S II 344
a. Bakr al-Zubaydī M. b. al-Ḥ. G I 132, S I 157, 203
-Bakrajī al-Q. b. M. G II 287, S II 397
-Bakrī ʿAl. b. ʿAbd alʿ-Azīz G I 476, S I 875
-Bakrī A. b. ʿAl. b. M. al-Baṣrī S I 616
-Bakrī al-Ḥ. b. M. b. M. S I 610
-Bakrī M. b. A. G II 334, S II 461
-Bakrī M. b. ʿA. G II 339
-Bakrī M. b. a. ʾl-Luṭf G II 440
-Bakrī M. b. M. b. a. ʾl-Surūr G II 297, S II 412
-Bakrī al-Muwaqqaf b. A. S I 549
-Bakrī al-Ṣiddīqī G I 395
-Bakrī al-Ṣiddīqī ʿAl. b. M. b. M. S II 534
-Bakrī al-Ṣiddīqī M. b. ʿAr. S II 461

-Bakrī al-Ṣiddīqī M. b. ʿA. b. M. ʿAllān S II 533
-Bakrī al-Ṣiddīqī Muṣṭafā b. Kamāladdīn b. ʿA. G I 269, 447, II 308 = 349, S II 477
Baktāsh al-Fākhirī S II 34
Baktūt G II 135, S II 166
-Bākuwī ʿAbd al-Rashīd b. Ṣāliḥ G I 481
b. Bākūya M. b. ʿAl. S I 770
Bakzāde M. b. Ibr. G II 444
b. Balabān M. b. Badr al-Dīn b. ʿAq. S II 448
-Balādhurī A. b. Ya. G I 141, S I 216
-Baladī M. b. M. al-Mawṣilī G II 25, 161, S II 20
-Balʿamī G I 143, S I 217
-Balansī M. b. ʿA. b. A. al-Awsī S II 377
-Balansī b. al-Murābiṭ ʿĪsā b. M. b. Fattūḥ S I 718
-Balaṭī (Bulayṭī) ʿUthmān b. ʿĪsā G I 302, S I 530
-Balāṭunisī G I 423
-Balāṭunisī ʿA. b. M. b. Khālid G II 33, 302, S II 413
-Balawī Khālid b. ʿĪsā G II 266, S II 379
-Balawī M. b. A. b. Amīr al-Ṭarāsūsī S I 914
-Balawī Yū. b. M. b. al-Shaykh G I 310, S I 543
-Balbānī M. G II 330
Baldirzāde S II 633
Bālī Khalīfa al-Ṣūfiyāwī S I 793
-Baʿlī Ism. b. M. G I 358, II 34, S II 34
-Baʿlī M. b. a. ʾl-Fatḥ b. a. ʾl-Faḍl G II 100, S II 119
-Balīdī M. b. M. G I 418, II 331, S II 459
-Bālisī Maʿdān b. Kathīr G I 256
Bālīzāde Ism. Ḥaqqī S II 654
Bālīzāde Muṣṭafā Bālī b. S. G II 435, S II 646
-Balkhī ʿAl. b. A. b. Maḥmūd G I 363, S I 343, 619
-Balkhī A. b. Sahl, G I 229, S I 408
-Balkhī al-Ḥ. b. M. b. Khusraw S I 639
-Balkhī M. b. ʿUthmān b. ʿU. G II 26, 193, S II 258
-Ballanūbī ʿA. b. ʿAr. G I 269, S I 474
-Balyānī ʿAl. Awliyāʾ S II 285
b. Banafsha ʿAr. al-Jawharī al-Ṣāliḥī G II 129, 213, S II 298
-Banbānī Faḍlallāh b. Zayn al-ʿābidīn b. Ḥusām S II 610
-Banbī M. b. Ḥ. G II 37
Bandāna al-Sijazī S I 323
-Bandanījī ʿĪsā Ṣafī al-Dīn al-Qādirī S II 574
-Bandanījī M. al-Baghdādī S II 507
Bandanuwāz M. Gīsūdirāz al-Ḥusaynī S I 772
-Bandarmāwī Ḥāmid b. Yū. S II 937
b. Bānī A. b. ʿA. S I 586, read: b. Bābā
b. Bānī Ḥ. b. Mūsā G II 345, S II 472
b. al-Bannāʾ A. b. M. b. ʿUthmān al-Marrākushī G II 255, S II 363
b. al-Bannāʾ A. b. M. b. Yū. at-Tujībī S II 359
b. al-Bannāʾ ʿA. b. Ya. G II 404
-Bannānī G I 296, II 251, 356, S I 585
Bannānī M. b. ʿAbd al-Salām b. Ḥamdūn S II 686
a. ʾl-Baqāʾ b. ʿAbd al-Bāqī al-Ḥusaynī al-Ḥanafī G II 208, S II 288
a. ʾl-Baqāʾ b. A. al-Qurashī S I 289
a. ʾl-Baqāʾ al-Aḥmadī G I 456, S I A/C 818
a. ʾl-Baqāʾ al-Ḥusaynī G I 265
a. ʾl-Baqāʾ M. al-Aḥmadī S II 22
a. ʾl-Baqāʾ b. M. al-Ṣaghānī G II 175
a. ʾl-Baqāʾ b. Ya. b. al-Jīʿān G II 30, S II 26
a. ʾl-Baqāʾ b. Yaʿīsh G I 290, 297, S I 510, 521
-Baqarī M. b. al-Q. b. Ism. G II 327, S II 454
-Bāqī G II 76
Bāqī b. Makhlad al-Qurṭubī G I 164, S I 271
-Bāqillānī M. b. ʿAbd al-Ṭayyib G I 197, S I 349
Bāqir b. Hādī b. Ṣāliḥ al-Ḥillī S II 800
b. al-Baqqāl M. b. Ism. Wadāʿa S I 905
b. al-Baqqāl(ī) M. b. a. ʾl-Q. Bayjūk S I 513
-Baʿqūbī M. b. ʿA. b. Nūr al-Dīn S II 141
Bāqushayr M. b. Saʿīd S II 535
-Barādhiʿī G II 239, S II 337
a. ʾl-Barakāt A. al-ʿAdawī S II 398
Barakāt b. A. b. M. al-ʿArūsī al-Najjār al-Qusanṭīnī S II 360
a. ʾl-Barakāt b. Ḥusām al-Dīn b. Jamālkhān S II 604
a. ʾl-Barakāt b. Jamālkhān S II 606
Barakāt b. M. b. M. al-ʿArūsī G II 188, S II 247
Barakāt b. M. Shighrī G II 404
Barakatallāh S II 291
-Barawī M. S I 831
-Barbīr A. b. ʿAbd al-Laṭīf G II 493, S II 750
b. Bardīs S I 609, Ism. b. M. G II 34, S II 30
Barhebraeus G I 349, S I 591, 814, 815

-Bāriʿ al-Harawī S I 502
-Bārīnī ʿU. b. ʿĪsā b. ʿU. al-Shāfiʿī G II 88, S II 104
Bariyya b. a. ʾl-Yusr al-Riyāḍī G I 132
-Bārizī ʿAbd al-Raḥīm b. Ibr. G I 349, S I 591
-Bārizī Fakhr al-Dīn b. a. Bakr S II 908
b. al-Bārizī Hibatallāh b. Majd al-Dīn b. ʿAbd al-Raḥīm G I 35, 73, 88, II 86, 116, S II 101
-Barjandī ʿAbd al-ʿAlī b. M. b. Ḥu. G II 213, S II 591
-Barkumīnī ʿAbd al-Munʿim b. M. G II 21, S II 14
-Barrādī a. ʾl-Q. b. Ibr. S II 339
b. al-Barrāj ʿAbd alʿ-Azīz b. Niḥrīr b. ʿAbd alʿ-Azīz S I 708
b. Barrajān ʿAbd al-Salām b. ʿAr. G I 434, S I 775
-Barrāwī ʿĪsā b. A. b. ʿĪsā G II 148, 323, S II 445
b. Barrī ʿAl. al-Maqdisī G I 301, S I 529, 944
b. Barrī ʿA. b. M. b. ʿA. G II 248, S II 350
-Bārūdī Sāmī S III 7
-Barzanjī A. b. Ism. al-Ḥusaynī S II 815
-Barzanjī Jaʿfar b. Ḥ. b. ʿAbd al-Karīm G II 384, S II 517
-Barzanjī M. b. ʿAbd al-rasūl b. ʿAbd al-Sayyid S II 529
Bashāgharī M. b. Ya. S II 262
Bāshaybān ʿU. b. M. G II 401
-Bashbughāwī ʿA. b. Sūdūn G II 17, S II 11
b. al-Bashīr S I 300, II 960
Bashīr Ef. Ramaḍān S III 339
b. Bashkuwāl Khalaf b. ʿAbd al-Malik G I 340, S I 580
Bashshār b. Burd G I 73, S I 108
-Bashtakī G II 11, A. II 359
-Basīlī A. b. M. G II 249
-Basīwī ʿA. b. M. G II 409
b. Bassām ʿA. al-Shantarīnī G I 339, S I 579
b. Bāṣ S II 709, al-Ḥu. b. A. b. Yū. S I 869
-Baṣrī ʿA. b. Ḥamza G I 114, S I 176
-Batanūnī ʿA. b. ʿU. G II 123, S II 147, 150, 152
-Batanūnī M. al-Labīb Bek S II 749
-Batlūnī Shākir b. ʿAbd al-Ghanī b. Jīʿān S II 13
-Batlūnī Shākir al-Ḥāṣibānī S II 758
-Batrūjī Nūr al-Dīn a. Isḥāq S I 866
-Battānī M. b. Jābir b. Sinān G I 222, S I 397
-Baṭalyawsī S I 168, 185, 452
-Baṭalyawsī ʿAl. b. M. b. al-Sīd G I 427, S I 758
-Baṭalyawsī ʿĀṣim b. Ayyūb G I 309, S I 543
-Baṭḥishī A. b. Bakr G II 307
-Baṭṭāḥ Yū. b. Makkī G II 499
b. Baṭṭūṭa al-Ṭanjī M. b. ʿAl. b. M. G II 256, S II 365
-Bāʿūnī A. b. Namir al-Dimashqī S II 12
-Bāʿūnī M. b. Shihāb al-Dīn G II 41, S II 38
-Bāʿūnī M. b. Yū. b. A. G II 54, S II 53
-Bāʿūniyya ʿĀʾisha bint Yū. G II 271, S II 381
-Bawsī Ibr. b. ʿA. b. M. al-Ḥawwālī S II 247
-Bawsī Ibr. b. M. b. S. S II 242
b. al-Bawwāb ʿA. b. Hilāl S I 434
-Bayāḍī A. b. Ḥ. Ḥusām al-Dīn G II 436, S II 525, 647
b. a. ʾl-Bayān Dāʾūd al-Isrāʾīlī G I 491, S I 896
Bāyazīd al-Anṣārī S II 991
Bāyazīd al-Bisṭāmī S I 741,57, Ṭayfūr b. ʿĪsā S I 353
Baybars al-Manṣūrī G II 44, S II 43
-Bayḍāwī S I 753
-Bayḍāwī ʿAl. b. ʿU. b. M. b. ʿA. Nāṣir al-Din G I 416, S I 738
-Bayḍāwī M. b. A. b. al-ʿAbbās S I 686
-Bayhaqī A. b. ʿA. G I 293, S I 513
-Bayhaqī A. b. al-Ḥu. b. ʿA. b. Mūsā G I 363, S I 618
-Bayhaqī ʿA. b. al-Ḥu. G II 213
-Bayhaqī ʿA. b. a. ʾl-Q. Zayd G I 324, S I 557
-Bayhaqī ʿAṭāʾ b. al-Ḥu. b. ʿA. S II 253
-Bayhaqī Ibr. b. M. S I 249
-Bayhaqī Masʿūd b. ʿA. Fakhr al-Zamān S I 623
-Bayhaqī al-Muḥsin b. M. b. Karāma al-Jushamī S I 731
Baylak b. ʿAl. (to be read thus) al-Qibčāqī G I 495, S I 904
-Baylūnī Fatḥallāh b. Maḥmūd b. M. G II 274, 333, S II 385
-Bayqūnī Ṭāhā b. M. b. Fattūḥ G II 307, S II 419
-Baytimānī Ḥu. b. Ṭuʿma G II 351
-Baytūshī ʿAl. b. M. S II 399
b. al-Bayṭār M. b. A. G I 492, S I 896
-Bayyāsī Yū. b. M. S I 588

-Bayyūmī ʿA. b. Ḥijāzī G II 351, S II 478
-Bāz al-Ashhab b. Mūsā al-Kāẓim S I 558
-Bāz Mīr Lājabūkī S I 647
-Bāzilī M. b. Dā'ūd G II 99, S II 117
b. al-Bāzyār A. b. ʿAl. S I 394
-Bazzāz M. b. ʿAl. b. Ibr. G I 518, S I 274
-Bazzāz M. b. Asad G I 127
-Bazzāzī M. b. M. G II 225, S II 316
-Bharūjī al-Ḥ. b. Nūḥ S II 563, 608
-Bidlīsī ʿAmmār b. M. G I 438
-Bidlīsī Idrīs b. Ḥusām al-Dīn G II 233, S II 325
-Bihārī Muḥibballāh b. ʿAbd al-Shakūr G II 420, S II 622
-Bihbihānī Āqā M. Bāqir S II 504, 824
-Bihbihānī Āqā Sayyid ʿAl. S II 840
-Bihishtī M. b. A. al-Isfarā'inī G I 252, 468, II 211, S II 294
-Bijā'ī G II 24, 230
-Bijā'ī ʿAr. b. Yū. b. a. Bakr G I 436, S I 780
b. Biklārish Yūnus b. Isḥāq S I 889, see also b. Baklārash
-Bilbaysī G II 126, S II 537
-Bilbaysī A. b. ʿA. G II 111
-Bilbaysī Ism. b. Ibr. b. M. S II 69
-Bilbaysī M. b. M. G II 55
-Bilghrāmī Ghulām ʿA. Āzād al-Ḥusaynī al-Wāsiṭī S II 600
Binnīs M. b. A. S II 709
b. Bint Maylaq M. b. ʿAbd al-Dā'im S II 148
-Biqāʿī S I 612
-Biqāʿī ʿA. b. Ghānim b. al-Khaṭīb S II 401
-Biqāʿī Ibr. b. ʿU. G II 142, S II 177
-Biqāʿī M. b. Ḥ. b. Yū. S II 138
-Biqāʿī Yāsīn b. Muṣṭafā G II 314, S II 433
-Birkawī (Birgilī) M. b. Pīr ʿA. G II 440, S I 645, 683, 742, II 654
-Birmāwī Ibr. b. M. G II 322, S II 444
-Birmāwī M. b. ʿAbd al-Dā'im b. Mūsā G II 95, S II 113
-Bīrūnī M. b. A. G I 475, S I 822,$_{74}$, 856, 870
-Birzālī ʿA. b. M. G II 247, read al-Burzulī S II 347
-Birzālī al-Q. b. A. b. Yū. G II 36, S II 34
-Bisāṭī S I A/C 538
-Bisāṭī M. b. ʿA. b. Badr al-Dīn G II 285, S II 395
Bishāra al-Khūrī S III 362
-Bishārī A. G II 304
-Bishbishī A. b. ʿAbd al-Laṭīf G II 322, S II 444
Bishr Fāris S III 168
Bishr b. Ghiyāth b. a. Karīma al-Marīsī G I 193, S I 340
Bishr b. Ḥārith al-Ḥāfī S I 351
b. al-Bishr al-Isrā'īlī al-Mufaḍḍal b. Mājid G I 492, S I 898
Bishr b. a. Khāzim al-Asadī S I 58
a. Bishr Mattā b. Yūnus al-Qunnā'ī S I 370
Bishr b. al-Muʿtamir S I 153, 338
Bishr b. Nāṣir al-Hāshimī al-Baghdādī S I 819,$_{44}$
Bishr b. Yaʿqūb b. Isḥāq as-Sinjārī S II 1029
b. Bishrān ʿAbd al-Malik b. M. b. ʿAl. S I 601
-Biskrī A. b. ʿĪsā S II 359
-Bisṭāmī S I 910
-Bisṭāmī ʿAr. b. M. b. ʿA. G II 231, S II 323
-Bisṭāmī M. b. A. b. M. al-Aṭʿānī G II 120, S II 149
-Bisṭāmī a. Yazīd (Bāyazīd) Ṭayfūr b. ʿĪsā S I 353
-Biṭrīq b. Ya. b. al-Biṭrīq S I 364
b. al-Biṭrīq Ya. b. al-Ḥillī al-Wāsiṭī S I 710
-Budayrī b. al-Mayyit M. b. M. b. M. G II 322, S II 444
b. Buḥtur Ṣāliḥ b. Ya. G II 38, S II 36
-Buḥturī G I 20, 80, S I 41, 125
-Bukhārī S I 741
-Bukhārī ʿAbd alʿ-Azīz b. A. b. M. S II 268
-Bukhārī ʿA. b. A. G I 366, S I 625
-Bukhārī M. b. ʿAbd al-Bāqī al-Makkī G II 385, S II 519
-Bukhārī M. b. A. b. ʿU. G I 379, S I 652
-Bukhārī M. b. Ism. G I 157, S I 260
-Bukhārī M. b. Maḥmūd G II 205, 218, S II 279
-Bukhārī M. Murād al-Üzbekī G II 344, 446, S II 663
-Bukhārī Ṭāhir b. A. b. ʿAbd al-Rashīd G I 374, S I 640
-Bukhārī ʿU. b. ʿAbd alʿ-Azīz al-Ṣadr al-Shahīd G I 374, S I 639
b. Bukhtyishūʿ ʿA. b. Ibr. S I 886, Jirjīs b. Jibrīl S I 414
b. Bukhtyishūʿ ʿUbaydallāh b. Jibrīl G I 236, 483, S I 886

b. Bukhtyishūʿ (Bakhtishūʿ) Yūḥannā S I 416
Bulah Ḥājjī S II 919
-Būlāqī G II 148
-Būlawī ʿĪsā b. ʿA. G II 424, S II 623
-Būlawī ʿUthmān b. Walī G II 343
-Bulaydī M. b. M., see al-Balīdī
-Bulayṭī ʿUthmān b. ʿĪsā G I 302, S I 530
b. al-Buldajī ʿAl. b. Maḥmūd b. Mawdūd G I 382, S I 657
-Bulqīnī ʿAr. b. ʿU. b. Raslān G II 112, S II 139
-Bulqīnī Ṣāliḥ b. ʿU. b. Raslān G II 96, S II 114
-Bulqīnī ʿU. b. Raslān G II 93, S II 110
Būlus ʿAwwād S II A/C 9
Būlus al-Bustānī S III 416
Būlus al-Khūrī S III 424
Būlus Masʿad S III 429
Būlus Qarʾallī al-Khūrī S III 430
-Bundārī al-Fatḥ b. M. G I 321, S I 554
-Būnī A. b. ʿA. al-Qurashī G I 497, S I 789, 910
-Būnī A. b. M. S I 802
Buqrāṭ al-Thānī ʿAr. b. ʿA. b. a. Ṣādiq S I 886
b. Burayd Ibr. b. ʿA. G II 122
Burhān b. a. Dharr al-Ghifārī S II 1004
Burhān al-Dīn ʿA. al-Ḥalabī S II 187,122
Burhān al-Dīn b. Ibr. Bakhshīdede Khalīfa al-Busnawī S II 665
Burhān al-Dīn b. Ibr. b. Shams al-Dīn al-Shāfʿī S II 116
Burhān al-Dīn Imām al-Ḥaramayn S I 291
Burhān al-Dīn b. Kamāl al-Dīn b. Ḥamīd al-Bulghārī G I 465, 466, S I 842, 846
Burhān al-Dīn Maḥmūd al-Marghīnānī S I 646
Burhān al-Dīn al-Mawlawī S II 266
Burhān al-Dīn b. M. al-Bukhārī al-Arshadī S II 951
Burhān al-Dīn al-Muṭarrizī S I 503
Burhān al-Dīn al-Nasafī S I 737
Burhān al-Dīn a. ʾl-Rashīd Mubashshir b. A. al-Rāzī G I 461, S I 832
Burhān al-Dīn b. a. Sharīf S II 142
Burhān al-Dīn b. Shihāb al-Dīn ʿAbdallāhjānī S I 535
Burhān al-Dīn al-Sūbīnī Qāḍi ʾl-quḍāt bi-Makka S II 964
Burhān al-Dīn al-Subkī S II 104
Burhān al-Dīn b. ʿUthmān al-Māzānī S I 562
Burhān al-Dīn b. Yaʿqūb al-Drnawī S II 951
Burhān al-Dīn al-Zarnūjī G I 462, S I 837
Burhān al-Ḥalabī S I 290
Burhān al-Qurashī al-ʿAbbāsī S II 991
-Burhānpūrī Faḍlallāh G II 418, S II 617
-Burʿī ʿAbd al-Raḥīm b. A. G I 259, S I 459
Būrī b. Ayyūb Tāj al-Mulūk S I 441
-Būrīnī S II 384
-Būrīnī al-Ḥ. b. M. b. M. G II 290, S II 401
-Burrī Ibr. b. a. Bakr b. ʿAl. G I 367, 385, S I 666
-Burrī M. b. M. G I 436, S I 780
-Bursī Rajab b. M. b. Rajab S II 204
-Burūjirdī Ḥu. b. Riḍā S II 830
-Burūjirdī Maḥmūd b. Ṣāliḥ S II 842
-Burullusī G I 395
-Burullusī M. b. A. al-Anṣārī G II 344
-Burullusī Muṣṭafā G II 486
-Burullusī Nūraddīn S II 347
-Bushanjī a. ʾl-Ḥ. b. Hayṣām S I 592
Bustān Ef. Muṣṭafā b. Pīr M. Muṣliḥ al-Dīn G II 448, S II 667
-Bustānī Buṭrus G II 495, S II 767, III 390
-Bustānī Fuʾād Afrām S I 36, III 389
-Bustānī Saʿīd Ef. S II 723
-Bustānī S. S III 348
-Bustī ʿA. b. M. G I 251, S I 445
-Bustī M. b. A. b. Ḥibbān G I 164, S I 273
Bustrus Sālim b. Mūsā S II 757
-Būṣīrī A. b. a. Bakr b. Ism. S II 71
-Būṣīrī A. b. M. b. A. G II 321, S II 442
-Būṣīrī M. b. Saʿīd G I 264, S I 467
-Buṣrāwī M. S II 406
-Būtījī ʿAbd al-Mutaʿālī b. ʿAbd al-Malik G II 317
b. Buṭlān al-Mukhtār b. al-Ḥ. b. ʿAbdūn b. Saʿdūn G I 483, S I 885
Buṭrus al-Bustānī G II 495, S II 767, III 390
Buṭrus Karāma al-Muʿallim S II 756
Buṭrus b. al-Rāhib G I 349, S I 590
Buwaykānī Jaʿfar b. ʿAbd al-Karīm S II 261
-Būzajānī a. ʾl-Wafāʾ M. b. M. G I 223, S I 400
b. Buzayza S I 736
Buzurg b. Shahriyār al-Rāmhurmuzī G I 523, S I 409
Buzurgmihr S I 821,68,00

Cassianus Bassus Scholastikos S I 364

Čelebī Altundnkī S I 726
Čelebī al-Shaykh b. al-Shaykh Fakhr al-Dīn S II 1003
-Čeriklemišī Ṭaybughā G II 136, S II 168
Četteğī al-Wazīr ʿAl. Pāshā b. Ibr. G II 328, S II 455
Chahārdihī M. ʿA. al-Rashtī S II 801
-Chishtī Khwāja Kalīmallāh S II 619

-Dabbāgh ʿAr. b. M. al-Anṣārī S I 812
-Dabbāghzāde M. b. Maḥmūd G II 430
-Dabūsī ʿAl. b. ʿU. G I 175, S I 296
-Dādasī ʿA. b. M. b. a. ʾl.-Q. G II 463, S II 708
-Dafrī al-Zuhrī ʿU. b. ʿU. G II 314, S II 432
-Daftarī al-Baghdādī S II 1037
Daghfal b. Ḥanẓala al-Sandūsī S I 45, 101
b. al-Dahhān M. b. ʿA. G I 392
b. al-Dahhān M. b. M. b. S. b. Ghālib S I 908
b. al-Dahhān Saʿīd b. al-Mubārak G I 281, S I 494
-Daḥdāḥ Rushayd b. Ghālib S II 769
Daḥlān A. b. Zainī b. A. G II 449, S II 810
Dāʿī al-Ḥaḍra al-Aḥmadiyya ʿAbd al-Ṣamad S II 470
Dakhwār ʿAbd al-Raḥīm b. ʿA. G I 491, S I 896
-Dalajī G I 312
-Dalajī A. b. ʿA. G II 487, S II 741
-Dalajī M. b. M. b. M. G II 311, S II 440
b. a. ʾl-Dam Ibr. b. ʿAl. G I 346, S I 588
b. al-Dāmād M. Bāqir b. M. S II 579
-Dāmaghānī Manṣūr b. ʿA. Bundār S I 864
-Dāmaghānī M. b. ʿA. b. M. G I 373, S I 637
-Dāmaghānī M. b. Hindūshāh b. M. S II 282
Damāmīnī S II 258
Damāmīnī A. b. ʿAbd al-Riḍā S II 577
Damāmīnī M. b. a. Bakr b. ʿU. G II 26, S II 21
-Damanhūrī S II 458
-Damanhūrī A. b. ʿAbd al-Muʾmin b. Khayyām G II 371, S II 498
-Damanhūrī M. S II 726
-Damāṣī ʿAq. b. a. Bakr b. Khiḍr S II 12
-Damāwandī ʿAbd al-Raḥīm b. Yūnus S II 587
-Damīrī A. b. A. b. M. b. ʿAbd al-Karīm S II 401
-Damīrī Bahrām b. ʿAl. b. ʿAq. S II 97, 99
-Damīrī M. b. Mūsā G II 138, S II 170
-Damlījī ʿAr. b. ʿA. G II 485, S II 736
-Dammarī a. ʾl-Q. b. Ibr. al-Barrādī G II 240, S II 339
-Damrāghī al-Q. b. Ḥu. G II 198, S II 270
-Dāmūnī M. b. Maḥmūd b. ʿA. S II 479
Danas b. Tamīm al-Qarawī S I 868
-Dānī ʿUthmān b. Saʿīd G I 407, S I 719
b. Dāniyāl al-Khuzāʿī M. G II 8, S II 1
Dāniyāl b. Shāya S I 885
b. Daqīq al-ʿĪd al-Manfalūṭī M. b. ʿA. b. Wahb G II 63, S I 605, 683, II 66
-Daqīqī S. b. Banīn b. Khalaf G I 302, S I 530
-Daraʿī M. al-Makkī b. Mūsā b. M. S II 686
-Dāraquṭnī ʿA. b. ʿU. G I 165, S I 275
Dāra Shikūh S II 619
-Darazī Nashtakīn S I 717
-Dardīr A. b. M. b. A. G II 353, S II 479
-Darghawī (Durghūd) Ḥamza G I 296, II 284
-Darʿī A. b. M. b. Nāṣir G II 464, S II 711
-Darʿī A. b. Ṣāliḥ S II 713
-Darʿī M. b. M. G II 462
-Dārimī ʿAl. b. ʿAr. G I 163, S I 270
Dāris b. Ism. a. Maymūna S I 300
-Darjīnī A. b. Saʿīd G I 336, II 240, S I 575
-Darqāwī a. ʿAl. M. b. al-ʿArbī b. A. S II 881
b. al-Darrāʿ M. b. Nūr al-Dīn G II 276, S II 386
b. Darrāj A. b. M. al-Qasṭalī S I 478
Darwīsh A. b. M. S II 670,63
Darwīsh ʿA. G II 300
Darwīsh ʿA. Ef. S II 411
Darwīsh ʿA. al-Shādhilī G II 363
Darwīsh al-Ḥalabī al-Būlawī S II 985
Darwīsh Ibr. b. al-Ṭabbākh S II 952
Darwīsh b. Jumʿa al-Maḥrūqī G II 409, S II 893
Darwīsh M. b. A. al-Urtuqī al-Ṭālawī G II 273, S II 384
Darwīsh Muṣṭafā b. Q. al-Ṭarābulusī S II 511
Darwīsh b. ʿUthmān al-ʿUshshāqī G I 267
Darwīza Ākhund Ningarhārī S I 765
-Dashtakī ʿAṭāʾallāh b. Amīr Faḍlallāh S II 262
-Dashtakī Manṣūr b. M. G I 438, II 414, S I 782, II 593

-Daskarī a. ʾl-Ḥ. b. a. ʾl-Maʿālī S I 857
-Dasūqī Ibr. b. ʿAbd al-Ghaffār G II 478, S II 726
-Dasūqī Ibr. b. M. b. ʿAr. G II 124, S II 153
-Dasūqī M. b. A. b. ʿArafa G II 84, 485, S II 737
-Dasūqī M. b. Muṣṭafā S II 422
Dāʾūd b. A. al-Ḥayy Ṣārim al-Dīn G II 187, S II 246
Dāʾūd b. ʿA. al-Iskandarī S I 806
Dāʾūd b. ʿA. al-Iṣfahānī G I 183
Dāʾūd b. ʿA. b. M. al-Ghalṭāwī S I 302
Dāʾūd b. ʿA. al-Ẓāhirī S I 312
Dāʾūd al-ʿAllāmī S I 862
Dāʾūd al-Aʿraj S I 846
Dāʾūd b. a. ʾl-Bayān al-Isrāʾīlī G I 491, S I 896
Dāʾūd Ef. al-Fārisī S I 843
Dāʾūd b. al-Ḥājj Ibr. al-Ḥimṣī S I 504
Dāʾūd b. Ḥu. al-Baghdādī S I 470
Dāʾūd b. ʿĪsā al-Malik al-Nāṣir G I 318, S I $551_{,7}$
Dāʾūd b. Kāmil al-Maḥallī al-Ḥājjī Ṣārim al-Dīn S II 975
Dāʾūd al-Khurāsānī S I 742
Dāʾūd al-Lāqānī al-Mālikī S II 960
Dāʾūd b. Maḥmūd al-Rūmī al-Qayṣarī G I 263, 267, 379, 442, II 205, 231, S I 463, 464, 472, 792, 793, II 323
Dāʾūd b. M. ʿA. S I 504
Dāʾūd b. M. al-Fāriḍī (Qārṣī?) G II 229, S II 320
Dāʾūd b. M. al-Fārisī G I 310
Dāʾūd b. M. al-Mālikī G I 178, II 84
Dāʾūd b. M. al-Qārṣī al-Ḥanafī G II 370, S I 197, 544, II 498, 650, 654
Dāʾūd b. Muṣṭafā al-Qārṣī S I $843_{,23}$
Dāʾūd al-Naqshbandī al-Khālidī S II 126
Dāʾūd b. Nāṣir al-Dīn al-Aghbarī G II 169, S II 219
Dāʾūd al-Shirwānī S I A/C 743, 848
a. Dāʾūd S. b. al-Ashʿath al-Azdī G I 161, S I 266
a. Dāʾūd S. b. Dāʾūd al-Ṭayālisī S I 257
Dāʾūd b. S. b. Jirjīs al-Baghdādī al-Khālidī S II 789
Dāʾūd b. S. al-Jūd al-Burhānī S II A/C 201
Dāʾūd b. S. al-Raḥmānī G II 251, S II A/C 353
Dāʾūd b. Ṣiddīqī S II 951
Dāʾūd al-Ṭabīb S I 950 ad 380
Dāʾūd b. ʿU. al-Anṭākī G I 351, 455, II 364, S I 818, 897, II 219, 491
Dāʾūd b. ʿU. al-Shādhilī S I A/C 660
Dāʾūd b. Yū. Khaṭīb S II 951
-Dāʾūdī S I 298
-Dāʾūdī M. b. ʿA. b. A. al-Mālikī G II 289, S II 401
Dāʾūdzāde M. Ef. G II 253
-Dawādārī a. Bakr b. ʿAl. b. Aybak S II 44
-Dawʿanī ʿU. b. Zayd G II 185, S II A/C 239
-Dawlatābādī M. ʿA. al-Riḍawī S II 799
-Dawlatābādī Shihāb al-Dīn A. G II 220, S II 309
-Dawlatābādī ʿU. b. Isḥāq G II 220
-Dawwānī M. b. A. b. ʿA. S II 239
-Dawwānī M. b. Asʿad Jalāl al-Dīn G I 304, 438, 447, 466, 467, 468, 509, 510, II 209, 215, 217, S I 742, 743, $816_{,20}$, 846, 849, $926_{,2c}$, $928_{,18}$, II 290, 301, 306
-Dawwārī ʿAl. b. Ḥamza b. Hādī S II 817
-Dawwārī A. b. Ṣalāḥ b. M. S II 558
-Dawwārī A. b. Ya. b. A. S II 559
-Dāya ʿAl. b. M. b. Shāhāwar S I 803
-Dawwārī ʿA. b. S. G II 186, S II 243
-Dāya ʿAl. b. M. b. Shāhāwar S I 803
b. al-Dāya A. b. Yū. G I 149, S I 229
b. al-Daybaʿ al-Zabīdī ʿAr. b. ʿA. b. M. G II 400, S II 32, 238, 548
-Daylamī ʿA. b. M. S I 359
-Daylamī Ḥ. b. a. ʾl-Ḥ. S II 261
-Daylamī Ḥu. b. Ya. b. Ibr. S II 246
-Daylamī M. b. ʿAbd al-Malik G II 207
-Daylamī M. b. Ḥ. S II 241
-Dayrabī ʿAbd al-Laṭīf b. ʿA. G I 267, II 403
-Dayrabī A. b. ʿU. G II 323, S II 445
b. al-Dayrī M. b. a. Bakr b. Khiḍr G II 163, S II 205
b. al-Dayrī Saʿd b. M. b. ʿAl. G II 165, S II 144
Dede Ganjī S I 498
-Dhahabī Lājīn b. ʿAl. S II 167
-Dhahabī M. b. A. b. ʿUthmān G II 46, S I 276, 559, 565, 619, II 45, 102
-Dhanabī Ibr. b. a. Bakr G II 325
a. Dharr Muṣʿab b. M. b. Masʿūd G I 135, S I 206
-Dharwīlī (Dharyūlī) ʿA. b. A. b. Q. G II 457, S II 684

a. Dhu'ayb G I 21, 41, S I 42, 71
Dhuḥayl b. ʿA. b. A. al-Ḥaṣībarī S II 928
Dhu 'l-Nūn a. 'l-Fayḍ Tawbān b. Ibr. al-Miṣrī al-Ikhmīmī G I 198, II 82, S I 353
Dhu 'l-Nūn b. Jirjīs al-Mawṣilī S II 506, 980
Dhu 'l -Rumma G I 58, S I 87
Diʿbil G I 78, S I 43, 121
-Dibsiyāwī M. b. M. S II 468
-Dihlawī ʿAl. b. ʿAbd al-Karīm G II 196, 220
-Dihlawī A. Walīallāh G II 418, S II 614
b. Diḥya ʿU. b. al-Ḥ. al-Kalbī G I 310, S I 544
Dīk al-Jinn G I 85, S I 137
-Dikdikī ʿAbd al-Wahhāb G II 348
-Dilā'ī M. al-Masnāwī b. A. b. M. S II 685
-Dilā'ī M. b. M. b. M. G II 461, S II 685
-Dilā'ī M. al-Murābiṭ b. M. b. a. Bakr S II 700
Dildār ʿA. b. M. Muʿīn al-Dīn al-Laknawī S II 852
-Dimashqī Jaʿfar b. ʿA. S I 906
-Dimashqī M. b. Ibr. b. a. Ṭālib al-Ṣūfī G II 130, S II 161
-Dimnātī al-Bajamʿawī ʿA. b. S. G II 485, S II 737
-Dimyāṭī G II 155, S I 470
-Dimyāṭī ʿAbd al-Mu'min b. Khalaf G II 73, S II 80
-Dimyāṭī A. b. Ibr. b. M. S II 83
-Dimyāṭī A. b. M. b. A. G II 327, S II 454
-Dimyāṭī Ḥ. b. M. al-ʿUthmānī S II 412
-Dimyāṭī Muṣṭafā al-Badrī G II 477, S II 725
b. a. Dīnār M. b. a. 'l-Q. G II 457, S II 682
-Dīnawarī ʿAl. b. M. b. Mubārak G I 191, S I 334
-Dīnawarī A. b. Dā'ūd a. Ḥanīfa G I 123, S I 187
-Dīnawarī A. b. Marwān G I 154, S I 249
-Dīnawarī al-Ḥu. b. Mūsā S I 514
-Dīnawarī Naṣr b. Yaʿqūb S I 433
Dioskorides G I 206, 207, S I 369, 370, 371
-Dīrīnī ʿAbd al-ʿAzīz b. A. b. Saʿīd G I 451, S I 810
-Dīrūṭī M. Shams al-Dīn S II 481
-Diyārbakrī al-Ḥu. b. M. b. al-Ḥ. G II 381, S II 514
Dorotheus S I 392,1,e
a. Du'ād Juwayriya b. al-Ḥajjāj al-Iyādī S I 58, 111
-Duʿāmī ʿĀmir b. M. b. Ḥ. S II 549
b. al-Dubaythī M. b. Saʿīd G I 330, S I 565
-Dujaylī al-Ḥu. b. Yū. b. M. G II 163, S II 206
-Dujaylī Kāẓim S III 495
b. Dukayn M. b. a. Bakr S II 929
Dukayn b. Rajā' al-Fuqaymī S I 91
Dulaf b. Jaḥdar al-Shiblī G I 199, S I 357
a. Dulaf Misʿar b. al-Muhalhil al-Khazrajī al-Yanbūʿī G I 228, S I 151, 407
b. Dulāma G I 74, S I 111
-Dulanjawī A. G II 279, S II 388
-Dumāṭī ʿAq. b. a. Bakr G II 18, see al-Damāṣī
b. al-Dumayna al-Khathʿamī M. b. ʿUbaydallāh S I 80, III 490
b. a. 'l-Dunyā ʿAl. b. M. G I 153, S I 247
b. Duqmāq Ibr. b. M. S II 49
b. Durayd M. b. al-Ḥ. G I 111, S I 54, 68, 150, 169, 172, 304
Durayd b. al-Ṣimma S I 937 ad 70
b. al-Durayhim ʿA. b. M. G II 165, S II 213
b. al-Durayhim M. b. ʿAbd al-ʿAzīz S II 219
-Dūrī S II 279, see A/C
b. Durustawayh ʿAl. b. Jaʿfar S I 174, 329
-Ḍabbī A. b. Ya. b. A. b. ʿAmīra G I 340, S I 580
-Ḍafdaʿ M. b. Yū. b. ʿAl. Khayyāṭ G II 10, S II 3
-Daḥḥāk S I 952 ad 312
-Ḍamrī A. b. a. 'l-Q. G II 399
-Ḍarīrī ʿA. b. M. b. Ibr. al-Quhandizī G I 296, S I 519
-Ḍijāʿī ʿUthmān b. A. b. Mūsā G II 305
Ḍiyā' al-Dīn b. al-Athīr M. b. M. b. ʿAbd al-Karīm G I 297, S I 141, 521
Ḍiyā' al-Dīn b. Bahā' al-Dīn al-Shujāʿī S I 825,82k
Ḍiyā' al-Dīn al-Makkī G I 293, S I 513
Ḍiyā' al-Dīn M. b. ʿAbd al-Wāḥid al-Maqdisī G I 398, S I 690
b. a. 'l-Ḍiyā' M. b. A. al-Qurashī S II 222

Edhem I. A. S III 124
Edwār Bek Ilyās S III 437
Edwār Murquṣ S III 427
Euklid G I 204, 510, S I 368, 369, 385, 862, 863, 864, 929,29, 932,49, 956 ad 369
Eutychius G I 206n, S I 369
Eustathius S I 363, 373
Ezbekāwī, see Azbakāwī
a. 'l-Faḍā'il al-Jarfādqānī S II 848

a. ʾl-Faḍāʾil Wālastī Iftikhār G I 429
a. Faḍāla S I 149
-Faḍḍālī M. b. M. G II 489, S II 744
Fāḍil Amīr S I 535,$_{38}$
Fāḍil al-Baghdādī G I 457
Fāḍil al-Hindī Bahāʾ al-Dīn M. b. Tāj al-Dīn Ḥ. al-Iṣfahānī S II 608
Fāḍil S. Ef. S II 656
Fāḍil al-Tāshkandī G II 410, S II 571
Faḍl G I 79
a. ʾl-Faḍl b. al-Aʿlam al-Muḥaqqiq al-Ṭihrānī S II 843
-Faḍl b. ʿA. Muḥsin al-ʿAbdalī S II 818
a. ʾl-Faḍl b. al-ʿAmīd S II 1032
Faḍl al-Ḥaqq Ākhūnzāde S I 654
Faḍl al-Ḥaqq b. M. al-Khayrābādī S II 622
Faḍl al-Ḥaqq Rāmpūrī S I 843,$_{26}$
-Faḍl b. al-Ḥ. Amīn al-Dīn al-Ṭabarsī S I 319, 708
-Faḍl b. Ḥātim al-Nayrizī S I 363, 386
-Faḍl Imām b. M. Arshad al-ʿUmarī al-Khayrābādī S I 815,$_{18}$, II 293
a. ʾl-Faḍl al-ʿIrāqī G I 65, S I 269, II 69
a. ʾl-Faḍl al-Kāzarūnī S II 290
a. ʾl-Faḍl b. a. ʾl-Khayr b. A. al-Jayshī S I 544
a. ʾl-Faḍl al-Khuzāʿī S I 723
a. ʾl-Faḍl Mahdī G I 269
a. ʾl-Faḍl Maḥmūd S I 821,$_{68mm}$
a. ʾl-Faḍl al-Mālikī S I 471
a. ʾl-Faḍl al-Mālikī al-Suʿūdī G II 329, S II 456
a. ʾl-Faḍl b. a. Manṣūr M. b. al-Nāṣīr al-Salāmī al-Baghdādī S I 200
a. ʾl-Faḍl b. al-Muhadhdhib al-Rāhib S II 1034
a. ʾl-Faḍl M. Ḥāfiẓallāh S II 595
a. ʾl-Faḍl b. M. Ḥu. al-Khurāsānī S II 841
-Faḍl b. M. al-Lawkarī a. ʾl-ʿAbbās S I A/C 832
a. ʾl-Faḍl M. b. M. S II 265
a. ʾl-Faḍl M. al-Qurashī al-Ṣiddīqī al-Khaṭīb al-Qazwīnī S II 309
Faḍl b. a. Naṣr b. ʿAl. S I 825,$_{82ff}$
-Faḍl b. Nawbakht S I 391
a. ʾl-Faḍl wal-Q. b. M. Marzūq G II 320
-Faḍl Rawshanīzāde S II 739
a. ʾl-Faḍl b. Rūzbihān S II 207, 608
-Faḍl b. a. ʾl-Saʿd al-ʿUṣayfirī S I 702
Faḍl b. Shādhān b. al-Khalīl S I 319 A/C al-Nīsābūrī, II 1014
a. ʾl-Faḍl al-Ṣāliḥī al-Fātiqī S II 900
a. ʾl-Faḍl al-ʿUqbānī S I 632
a. ʾl-Faḍl al-Walīd S III 423
-Faḍl b. Ya. al-Ṭayyibī (Ṭībī) G I 482
a. ʾl-Faḍl b. Zuhayr b. M. al-Muhallabī S II 383
Faḍlallāh G I 430, S I 765
Faḍlallāh b. A. b. ʿUthmān al-Bahnasī S II 393
Faḍlallāh al-Astarābādhī S II 991,$_{20a}$
Faḍlallāh b. al-Ḥamīd al-Ṣīnī G II 192, S II 256
Faḍlallāh Ḥ. al-Tūrapushtī S I 620
Faḍlallāh b. a. ʾl-Khayr S II 821,$_{68ii}$
Faḍlallāh b. ʾl-Khayr ʿA. Rashīd al-Dīn al-Ṭabīb G II 108, 200, S II 273
Faḍlallāh b. M. b. Ayyūb al-Mājawī S II 310
Faḍlallāh b. M. Ḥ. al-Nūrī S II 804
Faḍlallāh al-Muḥibbī G II 277, 290
Faḍlallāh al-Muwaffaq b. a. M. Fakhr al-Ṣaqāʿī G I 328
Faḍlallāh b. Nuṣayr al-Mughūrī al-Kisāʾī S II 936
Faḍlallāh b. Rūzbihān al-Shīrāzī S II 272
Faḍlallāh b. Shams al-Dīn al-Ilāhī S I 320
Faḍlallāh al-ʿUmarī A. b. Ya. S I 218, 579, II 175
Faḍl Rasūl b. Shāh ʿAbd al-Majīd al-Bādayūnī S II 855
b. Fahd ʿAbd al-ʿAzīz b. ʿU. b. M. G II 175, S II 224
b. Fahd al-Hāshimī M. b. M. S I 604
b. Fahd Maḥmūd b. Salmān al-Ḥalabī G II 44, 55, S II 42
Fahd al-Makkī S II 15
Fahd M. b. ʿAbd al-ʿAzīz G II 393
Fahd M. b. M. S II 225
b. al-Faḥḥām ʿAr. b. a. Bakr al-Ṣaqalī S I 722
Fāʾīʿ Ism. b. M. b. ʿA. S II 547
Fāʾiḍ al-ʿAmrūsī S III 165
Fāʾiz Khalīl Hammām S III 382
-Fajījī Ibr. b. ʿAbd al-Jabbār b. A. G II 136, S II 168

b. al-Fakhkhār al-Judhāmi G I 178
Fakhr al-Dīn al-Astarābādhī G I 464
Fakhr al-Dīn a. Bakr b. ʿAr. b. Shihāb al-Dīn al-ʿAlawī S II 863
Fakhr al-Dīn b. a. Bakr al-Bārizī S II 908
Fakhr al-Dīn al-Baʿlabakkī G I 504, 505, II 74
Fakhr al-Dīn al-Fayḍī al-Qādirī s. A. b. ʿAl. al-Fayḍī al-Mawṣilī S II 975,35
Fakhr al-Dīn Ibr. al-Hamadhānī al-ʿIrāqī S I 792
Fakhr al-Dīn al-Khujandī G I 458, 496, S I 826,82f
Fakhr al-Dīn al-Khwārizmī S I 510
Fakhr al-Dīn al-Mā warāʾ al-nahrī al-Qummī S I 934 ad 101
Fakhr al-Dīn al-Māymatī S I 654
Fakhr al-Dīn a. M. b. ʿAl. b. A. b. Hubaira al-Yazdī al-Ḥarbī S I 700
Fakhr al-Dīn b. M. Ṭariḥ b. ʿA. al-Najafī S I 226, II 286, 500, 505 A/C, 596 A/C
Fakhr al-Dīn Muḥibballāh S I 266, II 277
Fakhr al-Dīn Qāḍikhān al-Ḥ. b. Manṣūr G I 172, 376, S I 643
Fakhr al-Dīn al-Rāzī M. b. ʿU. G I 446, 454, 455, 506, II 105, S I 90, 735, 772, 815, 816, 817, 824, 920,6
Fakhr al-Dīn al-Rūmī S II 313
Fakhr al-Dīn al-Zaylaʿī S I 639
Fakhr al-Ḥ. G I 163
Fakhr al-Ḥu. Ganjōhī (Ganjūhī) S I 267
Fakhr al-muḥaqqiqīn M. b. Ḥ. b. Yū. al-Ḥillī S II 209
Fakhr al-Turk Aydamur al-Muḥyawī G I 249, S I 442
-Fakhrī ʿA. b. M. G II 117
b. al-Fākihānī ʿU. b. ʿA. b. Sālim G II 22, S II 15
-Fākihī ʿAl. b. A. G II 380, S II 512
-Fākihī ʿAbd al-Qāhir b. A. b. ʿA. G II 389, S II 529
-Fākihī M. b. Isḥāq G I 137
-Falakī Maḥmūd G II 490
Fāliḥ b. M. b. ʿAl. al-Ẓāhirī S II 815
b. al-Fallās Ya. b. Najāḥ al-Qurṭubī S I 593
b. Fallūs al-Māridīnī Ism. b. Ibr. b. Ghāzī G I 472, S I 860
-Fālūsī al-Miknāsī S I 471,10
-Fanārī S I 847, II 289
b. al-Fanārī Ḥ. Čelebī b. M. Shāh G II 229, S II 320
-Fanārī M. b. Ḥamza G II 233, S I 647, II 328
-Fanārī M. b. M. G II 234, S II 329
-Fanjdahī (al-Panjdahī) M. b. ʿAr. b. M. b. Masʿūd G I 277, 356, S I 487, 604
Faqīh al-Dīn M. al-Dawla S II 292
b. Faqīh Fiṣṣa ʿAbd al-Bāqī b. ʿAbd al-Bāqī S II 448
b. Faqīh al-Hamadhānī A. b. M. G I 227, S I 405
Faqīrallāh b. ʿAr. al-Sīkapūrī S II 620
-Fārābī Maḥmūd b. A. G I 379, S I 652
-Fārābī M. b. M. G I 210, S I 375
b. al-Faraḍī ʿAl. b. M. b. Yū. b. Naṣr G I 338, S I 577
b. al-Faraḍī M. b. Yū. G II 362, S II 489
-Farāhī Masʿūd b. a. Bakr b. al-Ḥu. G I 381, S I 653
Farāhī Muʿīnaddīn b. Šarafaddīn S II 278
-Farāhī a. Naṣr G II 193, S II 258
b. Faraḥ A. b. M. al-Lakhmī al-Ishbīlī G I 372, S I 635
Faraḥ Anṭūn S III 192
Faraḥallāh al-Dizfūlī S II 794
a. ʾl-Faraj S I 818,30a
a. ʾl-Faraj Babbaghā G I 90, S I 145
a. ʾl-Faraj b. Hindū ʿA. b. al-Ḥu. G I 240, S I 425
a. ʾl-Faraj b. al-ʿIbrī (Barhebraeus) G I 349, S I 591, 816, 817
a. ʾl-Faraj al-Iṣfahānī ʿA. b. Ḥu. G I 146, S I 43, 225
Faraj b. Q. b. A. al-Shāṭibī a. Saʿīd G I 110, II 259, S II 371
Faraj b. Q. b. Lubb al-Gharnāṭī S I 171
a. ʾl-Faraj b. Saʿd al-Yamāmī S I 828,95cc
Faraj S. S III 129
a. ʾl-Faraj b. Ṭabīb S I 828,95bb
a. ʾl-Faraj b. Yaʿqūb b. Isḥāq al-Masīḥī b. al-Quff G I 493, S I 899
-Fārānī Ism. S I 377
Faraqa amruh G II 226, read: Qyrq Emre S II 316
-Farāwī M. b. al-Faḍl S I 604
-Farazdaq G I 53, S I 84
-Farghānī ʿAl. b. M. G I 418, II 198, S II 271

-Farghānī A. b. M. b. Kathīr G I 221, S I 392
-Farghānī Saʿīd b. ʿAl. G I 262, S I 463, 807, 809, 812
b. Farḥ M. b. A. b. a. Bakr al-Anṣārī al-Qurṭubī G I 415, S I 737
al-Farḥātī Muṣṭafā G II 363
b. Farḥūn ʿA. b. M. al-Yaʿmurī G I 248, S I 440, II 227
b. Farḥūn Ibr. b. ʿA. b. M. G II 63, S II 226
b. Farḥūn al-Madanī S I 938,$_{69}$
b. Farḥūn al-Yaʿmurī M. b. M. S II 221
Farīd Ḥubaysh S III 232
Farīda ʿAṭiyya S III 415
b. al-Fāriḍ ʿU. G I 262, S I 462
-Fāriḍī S I 525,$_{19}$
b. al-Fāriḍī S II 644
-Fāriqī A. b. Yū. b. ʿA. S I 569
-Fāriqī al-Ḥ. b. Asad S I 194
b. Fāris A. al-Qazwīnī G I 130, S I 197
Fāris Bek al-Khūrī al-Dimashqī S III 353
Fāris Felix S III 362, 433
Fāris Nimr S III 215
-Fārisī ʿAbd al-Ghāfir b. Ism. G I 364, S I 623
-Fārisī a. Bekr b. M. S II 251
-Fārisī Dāʾūd Ef. S I 843,$_{17}$
-Fārisī al-Ḥu. b. Zayd b. Khadhīma S II 722
-Fārisī Ibr. b. M. G II 210
-Fārisī Kamāl al-Dīn a. ʾl-Ḥ. S II 295
-Fārisī M. b. a. Bakr al-Kawwāsh G II 474, 214, S I 866
Fārisī Naṣr b. ʿA. S I 724
-Fāriskūrī ʿU. b. M. b. a. Bekr G II 321, S II 443
-Farrāʾ al-Baghawī al-Ḥu. b. Masʿūd G I 363, S I 620
b. Farrāʾ M. b. al-Ḥu. b. M. a. Yaʿlā al-Baghdādī G I 398, S I 686
-Farrāʾ Ya. b. Ziyād G I 116, S I 178
-Farrāʾ a. Yaʿlā M. b. M. al-Ḥanbalī S I 557
b. Fartūn S I 580
-Fārūqī ʿAbd al-Bāqī b. S. S II 782
-Fārūqī Khayr al-Dīn A. b. Nūr al-Dīn ʿA. G II 314, S II 432
-Fārūqī Luṭfallāh b. Saʿd al-Dīn S II 625
-Fārūqī M. ʿAlāʾ b. ʿA. G II 421, S II 628
-Fārūqī M. b. M. al-Čishtī G II 420
-Fārūqī Qāḍī Mubārak b. M. Dāʾim S II 624
-Faryābī ʿAl. b. ʿAr. b. ʿA. S I 596
-Fasawī ʿAl. b. Jaʿfar b. Durustawayh G I 112, S I 174
-Fasawī Ḥ. b. ʿA. b. A. G I 113, S I 175
-Fashāra A. S II 480
-Fashnī A. b. Ḥijāzī G II 305, S II 416
-Fāsī ʿAr. b. M. b. Yū. S II 681
-Fāsī M. b. Ḥ. b. M. b. Yū. S I 728
-Fāsī Mūsā b. ʿĪsā S I 660
-Fāsī Taqī al-Dīn M. b. A. b. ʿA. G II 47, 172, S II 221
Faṣīḥ al-Dīn ʿAbd al-Karīm al-Niẓāmī G I 473,$_{5,\ a}$ (to be read thus), 511, S I 865
b. al-Faṣīḥ al-Qayṣarī A. b. ʿA. b. A. G II 78, 197, S II 86
Fata ʾl-Jabal S III 361
Fatḥ al-Dīn b. ʿUthmān al-Qaysī S II 170
a. ʾl-Fatḥ b. al-Ḥaṣīna as-Sulamī G I 270
a. ʾl-Fatḥ al-Ḥusaynī S I 322
a. ʾl-Fatḥ b. Makhdūm al-Ḥusaynī al-ʿArabshāhī al-Sharafī S I 707
a. ʾl-Fatḥ b. Manṣūr S II 378
a. ʾl-Fatḥ al-Marāghī G I 395,$_{14}$
a. ʾl-Fatḥ al-Mizzī S II 908
a. al-Fatḥ M. G II 129
a. ʾl-Fatḥ M. b. ʿAbd al-Karīm S I 659
a. ʾl-Fatḥ M. Amīn al-Saʿīdī al-Ardabilī G II 208, S II 287
-Fatḥ b. M. al-Bundārī G I 321, S I 554, 563
-Fatḥ M. b. Ḥāfiẓ M. al-Sharīf b. Ilāhbakhsh S II 985
-Fatḥ M. Tāʾib S I 647 π
-Fatḥ b. M. b. ʿUbaydallāh b. Khāqān S I 579, 758
-Fatḥ b. Mūsā al-Maghribī S I 206
-Fatḥ b. Nūḥ al-Malūshāʾī S I 692
a. ʾl-Fatḥ Rukn al-Dīn b. Ḥusām al-Dīn al-Muftī al-Nāgūrī S II 605
a ʾl-Fatḥ Shaykh al-Islām Majd al-ʿulūm Buzurj ʿA. S II 594
a. ʾl-Fatḥ b. Ṣadaqa b. Manṣūr al-Sarmīnī S II 27
a. ʾl-Fatḥ Ṣāliḥ S II 225
a. ʾl-Fatḥ al-Wāsiṭī S I 781
Fatḥallāh b. Ākhund ʿA. al-Khūʾī S II 832
Fatḥallāh b. ʿAlawān al-Kaʿbī al-Qabbānī G II 373, S II 501
Fatḥallāh b. Anṭūn b. al-Ṣāʾigh S II 770

Fatḥallāh b. Maḥmūd al-Mawṣilī S II 9
Fatḥallāh b. Maḥmūd b. M. al-Baylūnī G II 274, 333, S II 385
Fatḥallāh al-Mawṣilī S II 782
Fatḥallāh b. al-Naḥḥās al-Ḥalabī al-Madanī G II 379, S II 510
Fatḥallāh al-Shirwānī G II 209, 215, S II 289
Fatḥallāh b. Shukrallāh al-Kāshānī G I 405, S I 705, II 581
Fatḥallāh b. ʿU. b. M. al-Amīn al-Āmidī al-Māridīnī S I 682
-Fattanī ʿAbd al-Malik b. ʿAbd al-Wahhāb G I 379, II 488, S I 651$_{,10}$
-Fattūḥ b. ʿĪsā al-Ṣanhājī G I 312, S I 545
Fāṭima bint Khalīl G II 69
Fāṭima bint Ṣalāḥ al-Dīn b. a. ʾl-Fatḥ al-Maqdisī S II 76
-Fawānīsī M. b. ʿU. Ṣādiq G II 358, S II 485
b. a. ʾl-Fawāris S I 318
Fawz b. Muṣṭafā al-Qusṭanṭīnī S II 260
Fawzī Maʿlūf S III 450
Fayḍ ʿA. al-Qādirī al-Bādayūnī S I 778
a. ʾl-Fayḍ b. al-Ḥājj Ḥaydar al-Kaffawī G II 430, S II 639
Fayḍ Ḥ. Sahāranpūrī al-Qurashī al-Ḥanafī S I 35 (to be read thus), 741, 936, II 180$_{,60}$
Fayḍ al-Kāshī M. Murtaḍā Mollā Muḥsin S II 584
Fayḍ b. Mubārak al-Abyārī G II 340, S II 184$_{,56i}$, 469
-Fayḍābādhī Mīrzā Ḥaydar ʿA. S II 858
Fayḍallāh b. a. ʾl-Faḍl b. al-Mubārak al-Hindī Fayḍī G II 417, S II 610
Fayḍallāh b. Zayn al-ʿābidīn al-Banbānī S II 610
Fayḍī Muṣṭafā Ef. G II 447, S II 667
-Fayyūmī ʿAbd al-Barr b. ʿAq. G II 292, S II 402
-Fayyūmī ʿAq. b. M. b. A. S II 485
-Fayyūmī A. b. M. b. ʿA. al-Muqriʾ G II 25, S II 20
-Fayyūmī al-Gharqāwī A. b. A. S II 438
-Fayyūmī Ḥ. b. ʿA. G I 367
-Fazārī al-Firkāḥ ʿAr. b. Ibr. G I 397, S I 686
-Fazārī al-Firkāḥ Ibr. b. ʿAr. G I 331, 394, 395, II 130, S II 161
-Fazārī Ibr. b. Ḥabīb S I 391
-Fāzāzī ʿAr. b. Yakhlaftan S I 482
Felix b. Ḥabīb Fāris S III 362
a. ʾl-Fidāʾ ʿImād al-Dīn b. al-Athīr Ism. b. A. G I 341, S I 581, 609
a. ʾl-Fidāʾ Ism. b. ʿA. b. Maḥmūd al-Ayyūbī G II 44, S I 537, III$_{,5}$, II 44
a. ʾl-Fidāʾ al-Suʿūdī S I 766
Fikrī Abāẓa S III 233
-Fikrī ʿAl. b. M. b. ʿAl. G II 474, S II 721
-Fikrī M. Amīn G II 491, S II 741
a. Firās al-Ḥārith b. Saʿīd al-Ḥamdānī G I 89, S I 142
a. Firās b. Jawshan al-Maynaqī S II 24
b. Firishte ʿAbd al-Laṭīf b. ʿAbd al-ʿAzīz G II 213, S I 647$_{,i}$, II 315
b. Firishte M. Q. b. Mīrzā Ghulām ʿA. Hindūshāh S I 647 ϕ
b. al-Firkāḥ (see al-Fazārī) ʿAr. b. Ibr. G I 397, S I 686
b. al-Firkāḥ Ibr. b. ʿAr. G II 130, S II 161
-Fīrūzābādī Ibr. b. ʿA. b. Yū. al-Shīrāzī G I 324, 387, S I 669
-Fīrūzābādī M. b. Yaʿqūb G II 181, S I 158, 161, 509, II 9, 234
-Fishtālī ʿAl. b. M. b. A. S II 346
-Fishtālī ʿAbd al-ʿAzīz b. M. b. Ibr. S II 680
-Fishtālī M. b. ʿA. S II 680
Fityān b. ʿA. al-Shāghūrī S I 456
Fityān Ḥ. Khayr al-Dīn S II 776
Fransīs b. Fatḥallāh al-Marrāsh al-Ḥalabī G II 493, S II 755
Fransīs Shiftāshī S III 274
Fuʾād Afrām al-Bustānī S II 768 A/C, III 389
Fuʾād Hamza S III 498
Fuʾād Ṣarrūf S III 217
Fuḍālī, see al-Faḍḍālī
Fuḍayl b. ʿA. al-Jamālī al-Bakrī al-Rūmī G II 434, S II 645
Fuḍayl b. ʿIyāḍ S I 430
-Fuḍaylī Idrīs b. A. b. a. Bakr S II 886
Fulayḥ b. al-ʿAwrāʾ S I 224
-Fullānī M. b. M. G I 507, II 366, S II 494
-Fullānī Ṣāliḥ b. M. b. Nūḥ S II 522
-Fuqqāʿī S I 535
-Furādī Ḥabīb b. Yakhluf S II 341
b. Fūrak M. b. al-Ḥ. S I 277
-Fūrānī ʿAr. b. M. b. A. al-Marwazī G I 387, S I 669

b. a. 'l-Furāt ʿAbd al-Raḥīm b. M. al-Qāhirī G II 17, 79, S II 11
b. a. 'l-Furāt M. b. ʿAbd al-Raḥīm b. ʿA. G II 50, S II 49
b. Fūrraja ʿA. b. M. b. Ḥamd al-Burūjirdī G I 88, S I 142
b. Futūḥ S II 960
a. 'l-Futūḥ ʿA. G II 175
a. 'l-Futūḥ Khalīl S I 818,35,l
a. 'l-Futūḥ al-Mīqātī S II 390
-Futūḥī M. b. A. b. ʿAbd al-ʿAzīz S II 447
b. al-Fuwaṭī ʿAbd al-Razzāq b. A. b. M. S II 202
-Fuwwī a. Bakr b. M. b. ʿAl. al-Muḥsin S I 599
-Fuwwī Ḥ. b. ʿA. Shammāʿ S II 539
-Fuwwī M. G II 120
-Fuwwī M. b. ʿAbd al-Hādī S II 82

de Galarza S III 260
Galen (Jālīnūs) G I 205, 207, S I 366, 368, 371, 384, 417, 421, 835, 852, 884, 886, 900
Gardīzī S I 411
Gerard of Cremona S I 383, 419, 860
Ghaḍanfar b. Jaʿfar al-Ḥusaynī S I 469
-Ghāfiqī G I 235
-Ghāfiqī A. b. ʿAl. G I 224, S I 401
-Ghāfiqī A. b. Jaʿfar a. 'l-Q. b. al-Abzārī G I 408, S I 723
-Ghāfiqī A. b. M. G I 488, S I 891
-Ghāfiqī M. b. Masʿūd G I 368, S I 629
-Ghāfiqī M. b. Qassūm b. Aslam S I 891
b. Ghalbūn G I 406
b. Ghalbūn ʿAbd al-Munʿim b. ʿAl. G I 521
b. Ghalbūn M. b. Khalīl G II 458, S II 686
-Ghamrī S I 798
-Ghamrī A. b. M. al-Wāsiṭī G II 170, S II 173
-Ghamrī M. al-Shāfiʿī G II 359, S II 487
-Ghamrī M. b. ʿU. b. A. S II 150
-Ghamrīnī ʿA. b. ʿAṭiyya a. Muṣliḥ S II 456
-Ghandajānī al-Ḥ. b. A. S I 40, 160, 503
b. Ghānim ʿAl. b. ʿA. G II 75, S II 81
b. Ghānim al-Maqdisī ʿAbd al-Salām b. A. G I 450, S I 808
b. Ghānim al-Maqdisī ʿA. b. M. b. ʿA. G II 9, 168, 312, S II 429
Ghānim b. M. al-Baghdādī Ghiyāth al-Dīn G II 374, S II 502
Ghanīzāde S I 518
Ghanīzāde Nādirī G I 417,26
b. al-Gharābīlī al-Ghazzī M. b. al-Q. S II 440
Gharīb ʿArabzāde S I 740,44
Gharīb b. Saʿīd al-Qurṭubī G I 236
Gharīḍ b. Samaw'al G I 28
-Gharnāṭī ʿAbd al-Munʿim b. M. b. al-Faras S I 734
-Gharnāṭī Ism. b. M. G II 12, S II 5
-Gharnāṭī S. G II 961
-Gharqāwī A. b. A. G II 318, S II 438
Ghars al-Dīn G I 428
Ghars al-Dīn b. Hilāl al-Ṣābī S I 557
Ghars al-Dīn b. al-Ḥalabī G II 196
Ghars al-Dīn al-Miʿrājī G II 50
Ghars al-Dīn b. Shihāb al-Dīn al-Naqīb G II 358
-Ghassānī a. Bakr b. al-ʿAbbās b. ʿA. b. Rasūlallāh S II 253
-Ghassānī al-Wādī āshī S II 936
Ghawth al-Hindī M. b. Khaṭīraddīn G II 418, S II 616
Ghawth al-Islām al-Ṣiddīqī al-Jawnpūrī S II 305
Ghayth b. ʿA. al-Ṣūrī S I 563
a. Ghayth al-Kamrānī G II 98
-Ghayṭī M. b. A. b. ʿA. G II 338, S II 467
b. Ghāzī ʿUthmān al-Miknāsī M. b. A. b. M. S II 337
Ghāzī b. al-Wāsiṭī S I 686, 769
Ghāzī b. Yazīd S II 903
-Ghaznawī A. b. M. G I 378, S I 649
-Ghaznawī A. b. ʿU. al-Dawlatābādī S II 308
-Ghaznawī M. b. Masʿūd b. M. al-Zakī S I 863
-Ghaznawī ʿU. b. M. G II 210
-Ghaznawī ʿUthmān b. M. G II 201
-Ghazzālī A. b. M. G I 426, S I 756
-Ghazzālī A. Tāj al-Dīn G I 344
-Ghazzālī M. b. M. G I 419, S I 744
-Ghazzī G II 125
-Ghazzī A. b. Sayf G II 24
-Ghazzī Ibr. b. Ya. G I 253, S I 448
-Ghazzī M. b. ʿAr. b. Zayn al-ʿābidīn al-ʿĀmirī G II 309, S II 422
-Ghazzī M. b. Khalaf G II 88
-Ghazzī M. b. M. b. A. al-ʿĀmirī S II 393
-Ghazzī M. b. Q. G II 320, S II 440
-Ghazzī M. b. Raḍī al-Dīn M. G II 354, S II 481
-Ghazzī M. b. ʿU. S II 116

-Ghazzī Najm al-Dīn A. S II 416
-Ghazzī Sharaf al-Dīn b. ʿAq. b. Ḥabīb G II 310, 312, S II 429
-Ghazzī Ṣāliḥ b. Maḥmūd al-Ḥanafī S II 430
-Ghazzī al-Timirtāshī M. b. Ṣāliḥ b. M. S II 418
Ghiyāth al-Dīn al-Iṣfahānī S II 299
Ghiyāth al-Dīn Manṣūr Dashtakī Shīrāzī G II 414, S I 846, 848, 593
Ghiyāth al-Dīn Manṣūr b. Ṣadr al-Dīn al-Shīrāzī al-Ḥusaynī G II 218, 414, S I 509, 534, 743, 782, 815,18, 841, II 306, 593
Ghiyāth al-Dīn M. Baḥrābādhī S I 839
-Ghiyāthī S II 144
-Ghubrīnī A. b. A. b. ʿAl. G II 239, S II 537
-Ghujduwānī Masʿūd b. M. S II 270
Ghulām ʿA. Āzād al-Ḥusaynī al-Wāsiṭī al-Bilghrāmī S I 941, II 600
Ghulām ʿA. b. M. al-Khayrī S II 797
Ghulām ʿA. b. Nūḥ al-Bilghrāmī S II 601
Ghulām Gīlānī Pīshāwarī S II 607
Ghulām Ḥaydar S I 533, 650
Ghulām Ḥu. S II 616
Ghulām Ḥu. Barūjirdī (Burujirdī) S II 207
Ghulām Ḥu. Khān b. Sayyid Hidāyat ʿA. Khān Ṭabāṭabāʾī S II 595
Ghulām M. b. Allāhyār al-Murīdī al-Amruhāwī S I 536
Ghulām M. Qāḍī Lāhūr S I 533
Ghulām Naqshband b. ʿAṭāʾallāh al-Shāfiʿī al-Laknawī S I 966, II 611
Ghulām Naqshband al-Shīʿī S I 546
Ghulām Riḍā b. Rajab ʿA. al-Qummī S II 832
Ghulām Subḥān S II 303
Ghulām Surūr S II 616
Ghulām Thaʿlab G I 119, S I 182, 183
Ghulām Ya. al-Bawāʾī S I 846i
Ghulām Ya. Khān S I 644
Ghulām Ya. b. Najm al-Dīn al-Bihārī S II 292
-Ghumrī A. b. Saʿd al-Dīn G II 297, S II 408
-Ghumrī M. b. al-ʿAbbās al-Ṭabarkhazī G II 343, S II 471
-Ghunaymī A. b. M. b. ʿA. S II 457
Gregory of Nyssa S I 369
Gümüshkhānī A. b. Muṣṭafā Ḍiyāʾ al-Dīn S II 745
Güzelḥiṣārī S II A/C 657
b. al-Habbāriyya G I 252, S I 234, 446
-Hādawī Ibr. b. M. b. ʿAl. al-Wazīr G II 188, S II 248
-Hādawī M. b. Ibr. G II 187, S II 249
Hādī b. ʿAbbās al-Shaykh al-Akbar Jaʿfar Ṣāḥib Kāshif al-Ghiṭāʾ S II 806
Hādī Āl Kāshif al-Ghiṭāʾ S I 706
Hādī b. ʿA. al-Shushtarī S I 135
-Hādī li-dīn allāh M. b. al-Mahdī li-dīn allāh A. b. Ḥ. b. Q. b. ʿA. b. Rasūlallāh S II 968
-Hādī ila ʾl-Ḥaqq S I 314
-Hādī ila ʾl-Ḥaqq A. b. S. al-Mutawakkil billāh S I 699
-Hādī ila ʾl-Ḥaqq ʿIzz al-Dīn a. ʾl-Ḥ. b. al-Muʾayyad G II 188, S II 248
-Hādī ila ʾl-Ḥaqq Ya. b. Ḥu. G I 186, S I 315
Hādī b. Ḥu. al-Ashkūrī S II 805
-Hādī b. Ibr. al-Wazīrī Ḍiyāʾ al-Dīn S II 238
Hādī b. Mahdī al-Sabzawārī S I 704, II 589, 832
-Hafrāwī A. b. M. S II 405
b. al-Hāʾim G II 66
b. al-Hāʾim A. b. M. al-Faraḍī G II 125, S II 154
b. al-Hāʾim A. b. M. al-Manṣūrī S II 12
-Hakkārī ʿAdī b. Musāfir G I 421, 434, S I 752, 776
-Hakkārī A. b. A. b. A. b. al-Ḥu. S II 274
-Hamadhānī A. b. Shihāb al-Dīn al-Ḥusaynī al-Amīr al-Kabīr G II 221, S II 310
-Hamadhānī ʿA. b. M. b. ʿAbd al-Ṣamad S I 457
-Hamadhānī Faḍlallāh b. ʿA. Rashīd al-Dīn G II 108, S II 273
-Hamadhānī M. b. ʿAr. G II 412, S II 583
b. Hamdān M. b. ʿA. G I 436
-Hamdānī S II 211 A/C, 981
-Hamdānī A. S I 809
-Hamdānī al-Ḥ. b. A. b. Yaʿqūb G I 229, S I 409
-Hamdānī Muntakhab b. al-ʿIzz G I 414, S I 736
-Hāmilī a. Bakr b. ʿA. b. Mūsā al-Yamanī G II 185, S II 240
b. Hammām S II 448
b. Hāniʾ M. b. Ibr. G I 91, S I 146
Hāniʾ Qibṭī S III 109n, 118
Hannā Kasbānī Kūrānī S III 414

Hannād b. al-Sārī S I 258
-Harawī S I 290, II 301
-Harawī ʿAl. b. M. b. ʿA. al-Anṣārī G I 433, S I 773
-Harawī A. b. a. Saʿd a. ʾl-Faḍl S I 854
-Harawī ʿA. b. a. Bakr b. A. G I 478, S I 869,8
-Harawī M. b. Yū. al-Labīb S I 900, II 592
b. Harma a. Isḥāq al-Qurashī G I 84, S I 134
Hārūn al-Azdī S I 98
Hārūn b. Isḥāq b. ʿAzrūn S I 823,81
Hārūn b. Khamīs al-Jazāʾirī S II 132
Hārūn b. Mūsā b. Junayd S II 937
Hārūn b. Mūsā a. Naṣr S I A/C 160
Hārūn b. Saʿd al-ʿIjlī S I 313
Hārūn b. Zakariyyāʾ al-Hajrī S II 919
-Hārūshī ʿAl. b. M. G II 460, S II 692
Hāshim S II 825
a. Hāshim ʿAbd al-Salām S I 342
Hāshim b. ʿA. b. A. b. ʿAl. b. Mashīsh al-ʿAlamī al-Idrīsī G II 458, S II 928
Hāshim b. M. al-Maghribī S II 455
Hāshim b. S. b. Ism. al-Baḥrānī S II 506, 533
Hāshim b. Ya. al-Hishāmī S II 1003
-Hāshimī ʿAbd al-Khāliq b. ʿĪsā b. A. b. M. S I 687
-Hāshimī al-Baghdādī S I 778
-Hāshimī M. b. ʿAbd al-ʿAzīz S I 386
-Hāshimī M. b. A. b. Ibr. G I 461, S I 833
-Hāshimī M. b. M. G II 358
-Hāshimī Zayd b. ʿAl. b. Masʿūd S I 699
-Hattārī Ḥu. b. Shaʾmī G II 398, S II 543
-Hawalarūdī Khiḍr b. M. al-Rāzī G II 199, S II 272
-Hawwārī ʿA. b. ʿU. b. M. b. al-Q. S II 358
a ʾl-Hayjāʾ S I 544
b. Haytham ʿAr. b. Isḥāq G I 239
-Haytham b. ʿAdī G I 140, S I 77, 213
b. al-Haytham Ḥ. b. Ḥ. G I 469, S I 851
-Haytham b. M. al-Dūrī S II 937
-Haythamī G I 39, S I 357
-Haythamī A. b. M. b. Ḥajar G II 387, S II 254 A/C, 527
-Hazmīrī M. b. M. b. ʿAl. S II 338
Hero of Alexandria G I 204, S I 366, see 956
Hibatallāh b. ʿAbd al-Raḥīm al-Bārizī G I 357, 358, II 86, 116, S I 608, 679, II 101
Hibatallāh b. ʿAbd al-Wāḥid al-Khwārizmī S II 908
Hibatallāh b. A. b. Muʿallā al-Turkistānī Shujāʿ al-Dīn S I A/C 294
Hibatallāh ʿA. b. Malkā al-Baghdādī G I 460, S I 831
Hibatallāh b. ʿA. b. Sayyid al-Kull al-Shāfiʿī al-Qāḍī a. ʾl-Q. Burhān al-Dīn S II 964
Hibatallāh b. ʿA. b. al-Shajarī G I 26, 280, S I 39, 493
Hibatallāh b. ʿAssāl S I 368
Hibatallāh b. ʿAṭāʾallāh Shāh Mīr S II 67
Hibatallāh b. ʿAṭāʾ al-Mulk b. Ḥamd al-Qarawī S II 937
Hibatallāh al-Ḥamawī S II 983
Hibatallāh b. al-Ḥ. al-Asṭurlābī S I 130
Hibatallāh b. al-Ḥ. al-Lālakāʾī G I 181, S I 308
Hibatallāh b. al-Ḥ. b. Manṣūr al-Ṭabarī S II 991
Hibatallāh b. a. ʿImrān al-Shīrāzī S I 326
Hibatallāh b. Jaʿfar b. Sanāʾ al-Mulk S I 461
Hibatallāh b. Jumayʿ al-Isrāʾīlī G I 458, 489, S I 825n, 826,82f, 892
Hibatallāh al-Mujāhid al-ʿAlawī al-Mūsawī S I A/C 705
Hibatallāh b. Najm al-Dīn ʿAbd al-Raḥīm al-Bārizī S II 101
Hibatallāh b. Najm al-Dīn al-Iṣfahānī S II 268
Hibatallāh b. Naṣr b. Yūḥannā al-Abwānī b. al-Malīḥ S II 1029
Hibatallāh b. a. ʾl-Riḍā al-Mawṣilī G II 699, S I 597
Hibatallāh b. Salāma al-Baghdādī G I 192, S I 335
Hibatallāh b. Ṣāʿid b. al-Tilmīdh b. Salāma G I 205, 234, 487, S I 891
b. Hibintā al-Munajjim al-Naṣrānī G I 221, S I 393
b. Hilāl A. b. M. b. Ibr. al-Maqdisī G II 130, S II 162
a. Hilāl al-ʿAskarī G I 32, 41, 126, S I 71, 193
Hilāl b. a. Hilāl al-Ḥimṣī S I 383
Hilāl b. M. b. Naṣr al-Maqdisī S II 991
Hilāl b. al-Muḥassin al-Ṣābī G I 323 S I 217 al-Muḥsin, 556, 566

Hilāl al-Ra'y b. Ya. b. Muslim al-Baṣrī G I 173, S I 291
-Hilālī M. b. Najm al-Dīn b. M. G II 272, S II 384
Himmāt al-Ḥājj al-Naqshbandī S II 1003
b. Himmāt M. b. M. b. M. al-Dimashqī G II 309, S II 423
Hind bint Nawfal S III 258
-Hindī Ibr. b. Ṣāliḥ al-Muhtadī G II 399, S II 545
-Hindī M. b. ʿAbd al-Raḥīm G II 116, S II 143
-Hindī ʿU. b. Isḥāq b. A. al-Shiblī S II 89
b. Hindū a. 'l-Faraj ʿA. b. al-Ḥ. S I 425
Hindūshāh b. Sanjar b. ʿAl. al-Jayrānī al-Nakhjuwānī G II 192, S II 202, 256
Hippocrates G I 206, 207, 490, 493, S I 368, 369, 371, 898, 900, II 1028,$_{15}$
b. Hishām S I 523
Hishām b. ʿAl. al-Azdī G I 384, S I 664
b. Hishām b. ʿAl. b. Yū. b. ʿAl. G II 23, S II 16
b. Hishām ʿAbd al-Malik G I 135, S I 206
Hishām b. A. b. al-Waqashī G I 384, S I 662
Hishām b. M. al-Kalbī G I 27, 139, S I 211
-Hītī ʿA. b. A. G II 443, S II 658
Hizabr al-Ṣanwān S I 74
b. Hubal ʿA. b. A. b. ʿA. al-Baghdādī G I 490, S I 895
b. Hubayra G I 160
b. Hubayra Ya. b. M. al-Shaybānī, G I 398, S I 687
a. 'l-Hudā M. b. Ḥ. Wādī al-Ṣayyādī al-Rifāʿī G II 506, S I 470, II 868
Hudā Shaʿrāwī S III 263
b. Hudhayl al-Andalusī ʿA. b. ʿAr. S II 379
a. Hudhayl M. b. al-Hudhayl al-ʿAllāf S I 338
-Hudhbānī M. b. Mūsā G II 121
b. al-Humām al-Gulnārī G I 418,$_{vi,3}$
b. al-Humām al-Sīwāsī M. b. ʿAbd al-Wāḥid G II 82, S II 91
Humāyī S I 740
-Hunayd S II 1020
-Hūrīnī Naṣr G II 145, 489, S I 484, II 726
Hypsicles G I 204, S I 366, 374, 932,$_{51}$
Ḥabash al-Ḥāsib al-Marwazī S I 393
Ḥabash al-Yūnisī S II 702
-Ḥabashī M. b. ʿAr. b. ʿU. G II 189, S II 251
Ḥabbālīn Louise S III 258
Ḥabīb b. ʿA. G II 430
Ḥabīb b. Aws al-Ṭā'ī a. Tammām G I 20, 52, 84, II 286, S I 134
Ḥabīb al-Baghdādī S II 937
b. Ḥabīb al-Ghazzī Sharaf al-Dīn b. ʿAq. G II 310, 312, S II 429
Ḥabīb al-Ḥalabī S II A/C 265
b. Ḥabīb al-Ḥ. b. ʿU. al-Dimashqī G II 36, S II 35
Ḥabīb Jāmātī S III 233
Ḥabīb al-Khūrī S III 429
Ḥabīb b. Nāṣīf al-Yāzījī S II 767
Ḥabīb Nawfal S II 750
Ḥabīb al-Nīsābūrī S II 937
b. Ḥabīb al-Sulamī S I 231, 232
Ḥabīb Tawfīq S III 253
b. Ḥabīb Ṭāhir b. al-Ḥ. b. ʿU. G II 81, S II 90
Ḥabīb b. Yakhluf al-Furādī S II 341
Ḥabīb al-Ziḥlāwī S III 133
Ḥabīballāh S I 826,$_{82,ll}$
Ḥabīballāh al-ʿAlawī al-Mūsawī S I 706,$_{18}$
Ḥabīballāh ʿAlīmadad al-Fārīsī S II 833
Ḥabīballāh b. Mīrzā M. ʿA. al-Rashtī al-Gharawī S II 796
Ḥabīballāh Qandahārī S II 601
Ḥabīballāh al-Qannawjī S II 606
Ḥabīballāh al-Sajāwandī S II 919
Ḥabīballāh al-Shīrāzī al-Bāghandī Mīrzājān G I 455, 467, 509, II 202, 414, S I 816, 847, 848, II 306, 594
-Ḥabūrī Sulṭān b. Nāṣir S II 503
-Ḥabūrī Ya. b. Mūsā G II 278
-Ḥaddād ʿAbbās b. A. S II 332
-Ḥaddād Amīn S III 83 k
-Ḥaddād al-Jīlī a. 'l-Maʿālī S II 992
-Ḥaddād al-Judhāmī Ẓāfir b. al-Q. S I 461
-Ḥaddād Mūsā al-Mawṣilī S II 500
-Ḥaddādī ʿAl. b. ʿAlawī, G II 407, S II 566
Ḥādhiq al-Mulk M. Kāẓim b. Ḥakīm Ḥaydar al-Tustarī al-Dihlawī S II 627
b. a. 'l-Ḥadīd ʿAbd al-Ḥamīd b. Hibatallāh al-Madā'inī S I 497 (to be read thus), 705,$_{5}$
b. Ḥadīda ʿAl. b. ʿA. al-Anṣārī G II 72, S II 79
Ḥādira Quṭba b. Aws G I 26, S I 54
-Ḥaḍramawtī Khālid b. Ḥu. G II 403
-Ḥaḍramī ʿAl. b. A. Bāfaḍl S II 555
-Ḥaḍramī Ḥu. b. Faqīh b. ʿAl. Balḥājj S II 565
-Ḥaḍramī M. b. a. Bakr S II 338

-Ḥaḍramī M. b. Ibr. S I 724
-Ḥaḍramī Ṭayyib b. a. Bakr al-ʿArabī S II 556
-Ḥāfī A. b. ʿĀshir S II 686
Ḥafīd al-ʿIṣām A. b. Ism. al-Isfarāʾinī G II 194, S II 259
Ḥafīd b. Rushd M. b. A. b. M. G I 384, 457, 461, S I 833
Ḥafīd Sharīfzāde S I 685$_{,xxii,6}$
Ḥafīd al-Taftāzānī A. b. Ya. b. M. Saʿd al-Dīn G I 295, II 215, 218, S II 309
Ḥafīd al-Wakīlī b. ʿAbd al-Hādī b. A. al-Ḥasanī S I 805
Ḥāfiẓ A. b. Shaykh al-Tilimsānī al-Anṣārī S II 1019
Ḥāfiẓ b. ʿA. S I 842
Ḥāfiẓ b. ʿA. al-ʿImādī S I 847$_{,14}$, II 303 A/C
Ḥāfiẓ al-Baṣrī M. b. Saʿīd b. M. S I 596
Ḥāfiẓ al-Birsī S II 970
Ḥāfiẓ al-Dīn M. al-Tāshkandī S I 534$_{,aa}$
Ḥāfiẓ al-Dīn al-Nasafī S I 761, II 5, ʿAl. b. A. G II 196, S II 263
Ḥāfiẓ Muṣṭafā S II 664
Ḥāfiẓ Sayyid Ef. S II 289 A/C
Ḥāfiẓ Sīnūbī S I 814$_{,I,c}$
Ḥāfiẓ Wahba S III 498
Ḥafṣ b. ʿU. G II 116
Ḥafṣ al-Umawī S I 79
Ḥafṣa bint al-Ḥājj al-Rakūnī S I 482
-Ḥāʾik Ibr. b. ʿA. b. Ibr. al-Miṣrī S II 3
b. a. Ḥajalā A. b. Ya. al-Tilimsānī G I 265, II 12, S I 467, II 5
b. Ḥajar al-ʿAsqalānī A. b. ʿA. b. M. G I 159, 291, 292, 359, 360, 378, 424, 450, II 47, 67, S I 262, 303, 509, 606, 611, 646, 749$_{,20}$, 753$_{,50}$, 777$_{,6}$, 973 ad 753, II 28, 48, 49, 67, 72
b. Ḥajar al-Haythamī A. b. M. b. ʿA. G II 387, S I 69, 268, 471, 621, 631, 916, II 185$_{,66a}$, 196, 223, 254 A/C, 278, 527, 555 (see A/C)
b. Ḥajar al-Haythamī ʿA. b. a. Bakr b. S. G II 76, S II 82
b. al-Ḥājib ʿUthmān b. ʿU. b. a. Bakr G I 303, S I 531
-Ḥājirī ʿĪsā b. Sanjar G I 249, S I 443
-Ḥājirī M. b. Maʿdān G II 307, 490, S II 746
a. ʾl-Ḥājj S III 394
Ḥājj A. al-Shāʿirī S I 846 η
b. al-Ḥājj al-Fāsī M. b. M. b. M. S II 95
-Ḥājj ʿIwaḍ b. al-Ḥājj Sālim S II 992
-Ḥājj M. al-Harāwī S II 229
-Ḥājj M. al-Kashmīrī S II 227
b. al-Ḥājj al-ʿUbūrī S II 357
b. al-Ḥajjāj G I 81, S I 130, II 991
a. Ḥajjāj al-Bayyāsī S I 588
-Ḥajjāj b. Yū. b. Maṭar al-Ḥāsib G I 203, S I 363
Ḥājjī ʿAbd al-Raḥīm S II 848
Ḥājjī Bābā b. Ḥājjī Ibr. ʿAbd al-Karīm al-Ṭūsiyawī G I 287, 294, 304, 417, II 24, 223, S I 504 A/C, 514, 532, II 312
Ḥājjī Būlah S II 919
Ḥājjī Ibr. ʿUkkāsha al-Jabalī G I 283, S I 498$_{,6}$, II 635
Ḥājjī Ism. S II 643
Ḥājjī Khalīfa Muṣṭafā b. ʿAl. Kātib čelebī G II 427, S II 635
Ḥājjī Mollā Maḥmūd al-Tabrīzī S II 306
Ḥājjī Pāshā al-Āydīnī G II 233, S I 743, 775, II 326, 1020
Ḥājjī Yū. S II 1023
-Ḥakam b. ʿAl. al-Balkhī a. ʾl-Muʿṭī S I 285
-Ḥakam al-Khuḍrī S I 91
-Ḥakawātī A. b. ʿU. G II 283
-Ḥākim S II 71
Ḥakīm Aʿājib b. Muʿālij Khān S I 825$_{,82}$
Ḥakīm ʿA. al-Jīlānī S II 626
Ḥakīm ʿA. Sharīf S II 864
-Ḥākim bi-amrillāh G I 243, S I 902
-Ḥākim al-Ḥalabī S II 487
Ḥakīm Kāẓim S II 626
-Ḥākim al-Nīsābūrī M. b. ʿA. G I 458, S I 275, 355, 623
-Ḥakīm al-Rāzī S I 816$_{,20}$
Ḥakīm Shāh M. b. Shaykh M. Aʿẓam S II 627
Ḥakīm Sharīf Khān S I 825, 826
Ḥakīm Shifāʾī Fath Khān ʿA. b. Ḥakīm Ḥikmatallāh Masīḥ al-Mulk S II 627
Ḥakīm Shifāʿī Khān b. Ḥakīm ʿAbd al-Shāfī Khān S I 825$_{,82m}$
-Ḥakīm al-Tamīmī S II 985
-Ḥakīm al-Tirmidhī M. b. ʿA. b. al-Ḥu. G I 199, S I 355
Ḥakīmzāde M. b. ʿAbd al-Ḥamīd G II 372
-Ḥakkāk a. Bakr b. M. G II 10, II 3

-Ḥalabī S II 991
-Ḥalabī A. b. Ibr. b. M. a. Dharr G II 270, S II 76
-Ḥalabī ʿA. b. Ibr. Nūr al-Dīn G II 307, S II 418
-Ḥalabī Ibr. b. M. Burhān al-Dīn G II 432, S II 642
-Ḥalabī Ibr. b. Muṣṭafā G II 311, S II 428,b
-Ḥalfāwī M. b. A. G II 457
Ḥalīm Dammūs Ibr. S III 347
-Ḥalīmī S II 144
-Ḥalīmī al-Ḥ. b. al-Ḥ. G I 197, S I 349
-Ḥallāj al-Ḥu. b. Manṣūr G I 199, S I 355
-Ḥallāq M. b. Yū. G II 298
-Ḥamawī ʿAbd al-Nāfiʿ b. ʿU. G II 305, S II 417
-Ḥamawī ʿAlawān b. ʿA. b. ʿAṭiyya b. Ḥ. G II 333, S II 461
-Ḥamawī M. b. ʿA. b. ʿAbd al-ʿAzīz S I 591
-Ḥamawī M. b. ʿA. b. ʿAṭiyya G II 334, S II 462
-Ḥamawī M. b. a. Bakr b. Dāʾūd S II 488
-Ḥamawī M. b. al-Muʾayyad b. A. b. al-Ḥ. S I 803
-Ḥamawī M. b. a. ʾl-Wafāʾ G II 341
-Ḥamawī Muṣṭafā b. Fatḥallāh S II 404
Ḥamd b. M. b. Ibr. al-Ḥaṭṭābī G I 165, S I 266, 275
Ḥamd b. M. al-Saʿīdī G I 300$_{,ii,5}$
Ḥamdallāh b. Khayr al-Din G II 438, S II 179$_{,1,a}$, 650
Ḥamdallāh b. Shukrallāh b. Dānīyāl b. Pīr M. al-Ṣiddīqī S II 597, 621
Ḥamdallāh b. Shukrallāh al-Sandīlī G II 421, S I 841, II 622
Ḥamdān b. Abān al-Lāḥiqī S I 239
b. Ḥamdān b. Ḥamdūya a. ʾl-Ṭayyib S II 961
b. Ḥamdān Ibr. b. M. b. Khalaf G I 355, S I 603 (to be read thus)
b. Ḥamdīs ʿAbd al-Jabbār b. a. Bakr G I 269, S I 474
Ḥamdūn b. a. ʿAl. M. al-Abbār (= A. b. M. al-Abbār) S II 961$_{,28}$
Ḥamdūn b. ʿAr. al-Ḥājj S I 264, 518
Ḥamdūn b. ʿAr b. Ḥamdūn al-Sulamī S II 874
Ḥamdūn al-Ishbīlī al-Andalusī a. ʿAl. S II 1035
Ḥamdūn b. M. al-Bannānī S I 525$_{,39}$
Ḥamdūn b. M. b. Ḥamdūn al-Ṭāhirī S II 688
b. Ḥamdūn M. b. a. Saʿd al-Ḥ. al-Baghdādī G I 280, S I 494
b. Ḥāmid S II 966
b. Ḥāmid b. a. ʿAl. M. al-ʿArbī S II 681
Ḥāmid b. ʿAbd al-Raḥīm al-Jawnpūrī S I 741$_{,65}$
Ḥāmid b. A. al-Muḥallī al-Hamdānī G I 325, S I 560
Ḥāmid b. ʿA. b. Ibr. b. ʿAr. b. ʿImād al-Dīn S II 434, S I 937
Ḥāmid b. ʿA. al-Wāsiṭi S I 398
a. Ḥāmid al-Bayātī S I 298
Ḥāmid b. Burhān al-Dīn b. a. Dharra al-Jaʿfarī S II 259
Ḥamīd al-Dīn b. Faḍl (Afḍal) al-Dīn al-Ḥusaynī G I 418, S I A/C 743
Ḥamīd al-Dīn Ḥāmid b. Ayyūb al-Qurashī S I 643$_{,11}$
Ḥamīd al-Dīn al-Shāshī G I 468$_{,29,i,3}$
a. Ḥāmid al-Ghazzālī S I 913
a. Ḥāmid al-Ḥājj b. M. al-Biṭawrī S II 16, 336
Ḥāmid b. Ḥ. Shākir S II 552
Ḥāmid b. Jalāl al-Dīn Shaykhzāde G II 444
Ḥāmid al-Jīlānī S I 846$_{,9}$
Ḥāmid b. Kamāl al-Dīn a. ʾl-Kāfī S II 975
Ḥāmid b. Khiḍr al-Khujandī S I 390
a. Ḥāmid M. b. ʿAbd al-Raḥīm al-Māzinī G I 477, S I 877
Ḥāmid b. M. b. Ḥ. S II 531
Ḥamīd b. M. b. Isḥāq S I 614 b
Ḥamīd (Ḥumayd) b. M. b. Razīq al-Ibāḍī (= Salil) G II 712, S II 568, 823
Ḥamīd b. Mūsā al-Qayṣarī S II 937
Ḥamīd b. Muṣṭafā Ef. Qāḍī ʿAskar S II 317, 652
Ḥamīd al-Qirdāwī S III 85
Ḥamīd b. Yū. al-Bandarmāwī S II 937
Ḥamīd b. Yū b. Ḥāmid al-Jālātī S II 422$_{,iib}$
Ḥamīdān b. Ya. b. Ḥamīdān S I 702
-Ḥāmidī ʿA. b. Ḥātim S I 715
-Ḥāmidī Ḥātim b. Ibr. S I 715
-Ḥāmidī Ibr. b. al-Ḥu. S I 714
b. Ḥammād M. b. ʿA. S I 555
Ḥammād al-Rāwiya G I 18, 63, S I 34, 50, 98
Ḥammūda b. a. ʿAl. M. b. ʿAl. b. ʿAbd al-ʿAzīz al-Wazīr al-Tūnisī S II 688

a. Ḥamza S I 310
b. a. Ḥamza S I A/C 264
Ḥamza Ādharī Isfarā'inī S I 882
Ḥamza b. A. b. Asbāṭ al-Gharbī S II 42
Ḥamza b. A. al-Dimashqī al-Ḥusaynī G II 34, S II 31
Ḥamza b. ʿA. S II 1043
Ḥamza b. ʿA. b. A. S I 716
Ḥamza b. ʿA. al-Ḥusaynī S II 50
Ḥamza b. ʿA. Saʿd al-Bayhaqī S II 1020
Ḥamza b. ʿA. b. Zuhra al-Ḥusaynī al-Ḥalabī S I 710
Ḥamza b. Asad b. al-Qalānisī S I 566
Ḥamza b. al-Baghdādī S II 506
Ḥamza b. Durghūd (Ṭurghūd) Nūral-Dīn G I 296, II 284, S I 519
Ḥamza Ef. G II 208, S II 287
Ḥamza Fatḥallāh G II 475, S II 724
Ḥamza b. Ḥ. al-Iṣfahānī G I 145, S I 117, II 221
Ḥamza b. Ḥumayza al-Ḥarrānī S II 392
Ḥamza b. Ibr. al-Rūmī G I 378,25,1
Ḥamza al-Malik Tunbul S III 182
Ḥamza b. M. al-Iṣbahānī G I 89
Ḥamza b. M. al-Qaddāḥī S II 990
Ḥamza b. Naṣr S II 986
Ḥamza Sālār b. ʿAbd a-ʿAzīz al-Daylamī S I A/C 706
Ḥamza b. Yū. al-Ḥamawī al-Tanūkhī S I 753
Ḥamza b. Yū. al-Sahmī al-Jurjānī G I 334, S I 571
-Ḥamzāwī Ḥ. al-ʿIdwī (ʿAdawī) S II 739
-Ḥamzī Ya. b. Mukhtār G II 181
b. Ḥanbal A. b. M. G I 181, S I 309
b. al-Ḥanbalī Raḍī al-Dīn M. b. Ibr. b. Yū G I 433, II 125, 368, S II 459
Ḥanbalīzāde S I 842
Ḥanbalīzāde Ibr. b. Q. S II 634
-Ḥānī Q. b. Ṣalāḥ al-Dīn S II 471
a. Ḥanīfa S II 1015,20
a. Ḥanīfa al-Dīnawarī G I 123, S I 187
a. Ḥanīfa Naqīb Zāwiyat al-Jawhar S II 232
a. Ḥanīfa al-Nuʿmān b. Thābit G I 168, S I 283
Ḥannā ʿAl. al-ʿĪshī S III 371
Ḥannā Asad Zakhariyyā S III 454
Ḥannā Bek al-Asad al-Lubnānī S III 338
Ḥannā Ef. Naqqāsh S III 228
Ḥannā Khabbāz S III 215, 388
Ḥannā al-Khūrī al-Fighālī S III 394
Ḥannā a. Rashīd S III 423
Ḥannā Ṭannūs al-Khūrī S III 370
-Ḥannāṭī Ḥu. b. M. S I 670
-Ḥānūtī M. b. ʿU. G II 312, S II 430
Ḥaqqī Ef. S I 612
-Ḥarāmī ʿU. b. ʿĪsā b. Ism. S II 233
Ḥarāzim ʿA. b. al-ʿArbī Barrāda G II 508, S II 875
Ḥarāzim ʿA. b. al-Ḥarīrī A. b. ʿAr. b. M. S II 68
-Ḥarfūshī G I 299
-Ḥarfūshī M. b. ʿA. b. A. S II 395
-Ḥarīmī S I 818 u
b. Ḥarīrī A. b. ʿA. b. al-Maghribī A. S II 406
-Ḥarīrī al-Ḥujayj b. Munīr S II 736
-Ḥarīrī Manṣūr b. ʿAr. G II 335, S II 463
-Ḥarīrī M. b. al-Q. S II 491
-Ḥarīrī al-Q. b. M. (Ṣāḥib al-maqāmāt) G I 276, S I 486
-Ḥārith b. Asad al-Muḥāsibī G I 198, S I 351
-Ḥārith b. Ḥilliza G I 18, S I 51
-Ḥārith b. al-Khālid al-Hāshimī S I 190
-Ḥārith b. M. b. a. Usāma al-Tamīmī G I 157, S I 258
-Ḥārith Nakth S III 390
-Ḥārith b. Saʿīd b. Ḥamdān a. Firās G I 89, S I 142
-Ḥārith b. Yaʿlā a. Firās S I 128
-Ḥārithī ʿAl. b. M. b. Ibr. S II 253
-Ḥārithī Ḥu. b. ʿAbd al-Ṣamad b. M. G II 420, S II 575
-Ḥārithī M. b. Ṭāhir b. Ibr. S I 715
-Ḥarīzī S I 488
-a. Ḥarmala b. al-Ḥasan b. A. S II 587, 1014
Ḥarmala b. al-Mundhir al-Ṭāʾī a. Zubayd S I 72
-Ḥarrānī ʿAbd al-Aḥad b. M. b. ʿAbd al-Aḥad G II 165, S II 211
-Ḥarrānī ʿAbd al-Qāhir b. M. b. ʿAbd al-Wāḥid S II 80
-Ḥarrānī A. b. Ḥamdān b. Shabīb G I 152, II 130, 161
-Ḥasan b. a. ʿAbbād S II 919
-Ḥasan al-Abbār S I 843 f
-Ḥasan b. ʿAbd al-ʿAzīz b. ʿAbd al-Karīm b. a. Ṭālib b. M. b. ʿA. al-Anṣārī al-Khazrajī S II 1003
a. 'l-Ḥasan b. ʿAbd al-ʿAzīz al-Tilimsānī S II 377

a. ʾl-Ḥasan b. ʿAbd al-Hādī al-Sindī G II 391, S I 265, 269
-Ḥasan b. ʿAbd al-Kabīr S II 17
-Ḥasan b. ʿAbd al-Laṭīf al-Qudsī G II 294
-Ḥasan b. ʿAl. G I 423, S I 750,32a
-Ḥasan b. ʿAl. al-ʿAskarī G I 126, S I 193
-Ḥasan b. ʿAl. al-Bakhshī S II 919
-Ḥasan b. ʿAl. al-Balkhī G II 693
-Ḥasan b. ʿAl. al-Faqīr S I 837
-Ḥasan b. ʿAl. Lughda al-Iṣbahānī S I 188
-Ḥasan b. ʿAl. al-Māmaqānī al-Gharawī S I 712 c
-Ḥasan b. ʿAl. b. al-Marzubān al-Sīrāfī G I 113, S I 174
-Ḥasan b. ʿAl. b. a. Maʿshar G I 138
-Ḥasan b. ʿAl. b. M. al-ʿAbbāsī G II 161, S II 202
-Ḥasan b. ʿAl. b. M. al-Najashī (Bakhshī) S II 937
-Ḥasan b. ʿAl. al-Qaysī al-Muqriʾ G I 114, S I 176
-Ḥasan b. ʿAl. al-Samarqandī G II 391
-Ḥasan b. ʿAl. al-Ṣafadī G II 35, S II 33
-Ḥasan b. ʿAbd al-Muḥsin G II 142, S I 761, 177
-Ḥasan b. ʿAbd al-Muḥsin al-Sallārī S II 355
-Ḥasan b. ʿAbd al-Muḥsin b. al-Ṣalāḥ S II 355
-Ḥasan b. ʿAbd al-Muḥsin b. ʿUdhba G I 195, S I 346
-Ḥasan b. ʿAr. S II 1020
-Ḥasan b. ʿAr. b. M. b. ʿAl. al-Yūnānī S II 167
-Ḥasan b. ʿAr. al-Rāmhurmuzī G I 165, S I 274
-Ḥasan b. ʿAbd al-Ṣamad al-Ṣamṣūnī S I 538,d
a. ʾl-Ḥasan b. ʿAbd al-Wahhāb al-Khīwaqī S I 512,iv,3
-Ḥasan al-ʿAdawī S II 920
-Ḥasan al-ʿAdawī al-Ḥamzāwī S II 737, 739
-Ḥasan b. ʿAdī a. ʾl-Barakāt b. Musāfir S I 803
-Ḥasan b. A. b. ʿA. al-Kātib S I 906 A/C, II 1035
-Ḥasan b. A. b. Amīn al-Dawla al-Ḥalabī Majd al-Dīn G I 379,1, S I 650
-Ḥasan b. A. b. ʿArabshāh G II 30
Ḥasan b. A. a. ʾl-Dhahab S III 239
-Ḥasan b. A. al-Fasawī al-Fārisī G I 113, S I 136, 170, 175
-Ḥasan b. A. al-Ghandajānī S I 40, 160, 503
-Ḥasan b. A. al-Haykal al-Andalusī S II 709
-Ḥasan b. A. b. al-Ḥ. b. A. b. M. al-ʿAṭṭār al-Hamadhānī S I 724, II 975, 981
-Ḥasan b. A. al-Ḥasanī S II 970
-Ḥasan b. A. al-Jalāl G II 187, 188, S II 244, 304
-Ḥasan b. A. Jamāl al-Dīn S II 1035
-Ḥasan b. A. b. Mattūya G I 419, S I 344
-Ḥasan b. A. b. M. al-Jalāl S II A/C 951
-Ḥasan b. A. al-Sharīf al-Qāʾinī S I A/C 925
-Ḥasan b. A. Ṣāliḥ al-Ḥaymī G II 402, S II 550
-Ḥasan b. A. al-Ṣiyāghī al-Ṣanʿānī S I 285
-Ḥasan b. A. al-Usṭuwānī G II 276
-Ḥasan b. A. b. Yaʿqūb al-Hamdānī G I 229, S I 409
-Ḥasan al-Ālātī al-Ḥakawātī G II 484, S II 735
-Ḥasan b. ʿAlawī b. Shihāb al-Dīn S II 24
-Ḥasan ʿA. S II 14
-Ḥasan b. ʿA. b. ʿAbd al-Malik al-Rahūnī b. al-Qaṭṭān S II 937 = a. ʿA.-Ḥ. al-Rahwānī S I 625
-Ḥasan b. ʿA. al-Adranawī S II 649
a. ʾl-Ḥasan b. a. ʿA. b. a. ʾl-ʿĀfiya al-Imām al-Nazwālī S II 350
-Ḥasan b. ʿA. b. A. b. ʿAl. al-Madābighī G I 396, II 328, 339, S I 524, 677, 682, 683, 685, 805, II 19, 118 A/C, 333, 455, 467
-Ḥasan b. ʿA. b. al-ʿAllāf G I 81
-Ḥasan b. ʿA. al-Ānisī S II 241
-Ḥasan b. ʿA. al-Badaʿī G II 294
-Ḥasan b. ʿA. al-Barbahārī S I 344
-Ḥasan b. ʿA. al-Bashshār al-Rashīdī S II 900
-Ḥasan b. ʿA. b. Dāʾūd al-Ḥillī S II 970
-Ḥasan b. ʿA. b. Dāʾūd al-Muʾayyadī al-Hādawī S II 248, 556
-Ḥasan b. ʿA. al-Fayyūmī G I 367
-Ḥasan b. ʿA. al-Ḥalabī G II 24,iv,a
a. ʾl-Ḥasan ʿA. b. al-Ḥ. al-Bākharzī G I 252, S I 446
-Ḥasan b. ʿA. al-Ḥarīrī S II 123,84

-Ḥasan b. ʿA. Ibr. b. Yazdād b. Shāhūh al-Ahwāzī G I 407, S I 567
-Ḥasan b. ʿA. al-ʿIdwī al-Bukurī S I 462
-Ḥasan b. ʿA. al-Imām al-Nāṣir G II 187, S II 245
-Ḥasan b. ʿA. al-ʿIwaḍī al-Badrī S II 986
-Ḥasan b. ʿA. al-Jalāl al-Yamanī S II 560
-Ḥasan b. ʿA. al-Kafrāwī G II 238, 324, S II 447
-Ḥasan b. ʿA. b. a. ʾl-Karam al-Tustarī S I 911
-Ḥasan b. ʿA. b. Khalaf al-Qurṭubī al-Umawī al-Khaṭīb S I 596
-Ḥasan b. ʿA. b. Khāṭir G II 327
-Ḥasan b. ʿA. al-Maghribī Sharaf al-Dīn S I 866,$_{7,2}$
-Ḥasan b. ʿA. al-Marghīnānī G I 379, S I 651
-Ḥasan b. ʿA. al-Muʾayyadī G II 405, S II 556
-Ḥasan b. ʿA. b. M. al-ʿAskarī S I 333
-Ḥasan (Ḥu.) b. ʿA. b. M. al-Ṭughrāʾī G I 241, 247, S I 438
-Ḥasan b. ʿA. b. M. b. Ya. al-Jīlānī S II A/C 9
-Ḥasan b. ʿA. b. Najm al-Riyāḥī S II 754
-Ḥasan b. ʿA. al-Nuʿmānī (ʿUmānī) G II 99, S II 117
-Ḥasan b. ʿA. al-Qudsī al-Azharī al-Ḥanafī S II 951
-Ḥasan b. ʿA. al-Qumnātī (-nī?) al-Sīwāsī S I 400, 648, II 327
-Ḥasan b. ʿA. Rajabzāde G II 649
-Ḥasan b. ʿA. b. Rashīq al-Azdī al-Qayrawānī G I 307, S I 539
-Ḥasan b. ʿA. al-Sanbāwī S II 499
-Ḥasan b. ʿA. b. Shadqam al-Ḥusaynī al-Madanī S II 599
-Ḥasan b. ʿA. Shammāʿ al-Fuwwī S II 539
-Ḥasan b. ʿA. Shams al-Dīn ʿA. Khān S I 321
-Ḥasan b. ʿA. al-Sharīf al-Ḥusaynī S II 253
-Ḥasan b. ʿA. b. Shuʿla S II 572
-Ḥasan b. ʿA. al-Ṣāġānī S I 654,$_{40,5}$
-Ḥasan b. ʿA. b. Ṭalḥa al-Rajrājī S II 351
-Ḥasan b. ʿA. b. ʿU. al-Marrākushī G I 473, II 127, S I 866
-Ḥasan b. ʿA. al-Wāʿiẓ al-Muṭṭawwiʿī S II 143
-Ḥasan b. ʿA. b. Ya. al-ʿUjaymī G II 392, S II 536
a. ʾl-Ḥasan al-ʿĀmirī al-Nīsābūrī S I 175
-Ḥasan b. ʿAmmār b. ʿA. al-Shurunbulālī G II 79, 226, 313, S II 88, 317, 428, 430
-Ḥasan b. Asad al-Fāriqī S I 194
-Ḥasan al-Astarābādhī G I 510
-Ḥasan b. al-ʿAṭṭār G II 27, 194, S II 23, 203
-Ḥasan b. Ayyūb b. Ṣiddīq al-Targistī S I 726,$_{21}$
-Ḥasan al-Badrī al-Ḥijāzī G II 280, S II 388
-Ḥasan al-Baḥrī S II 645
-Ḥasan b. Bakr Fityān S I 811,$_{10}$
-Ḥasan b. a. Bakr b. Ḥamd al-Qudsī S I 757, II 20
a. ʾl-Ḥasan al-Bakrī al-Ṣiddīqī al-Ashʿarī G II 382, S II 538
a. ʾl-Ḥasan al-Bakrī al-Tayamī S II 335
-Ḥasan al-Banhāwī S II 112
-Ḥasan Baṣīr b. Faḍl Baṣīr S II A/C 822
-Ḥasan al-Baṣrī G I 66, S I 102
a. ʾl-Ḥasan b. Baṭṭāl S I 263
-Ḥasan b. Bishr al-Āmidī G I 88, 111, S I 171
-Ḥasan Čelebī b. Ḥu. al-ʿAqqād ad-Dīmashqī S II A/C 383
-Ḥasan Čelebī b. M. Shāh b. al-Fanārī G I 295, II 209, 214, 229, S I 682, 759, II 90, 289, 301, 321
-Ḥasan al-Dardīr S II 354
-Ḥasan b. al-Darwīsh al-Quwaysinī G II 355, S II 705
-Ḥasan b. Dāʾūd al-Raqqī S I 181
a. ʾl-Ḥasan b. a. Dharr S I A/C 845
a. ʾl-Ḥasan al-Dūmī G II 699
-Ḥasan Ef. ʿAfīfī S III 239
-Ḥasan Ef. al-Āqḥiṣārī S II 307,$_{26}$
-Ḥasan Ef. al-Āqḥiṣārī Kāfī S I 519 (see Kāfī)
-Ḥasan Ef. Rushdī S III 228
-Ḥasan Ef. al-Sandūbī G I 37, 50, S III 307
-Ḥasan Ef. Shaṭṭīzāde S II 1020
-Ḥasan b. al-Faḍl al-Ṭabarsī S I 709,$_{5}$
-Ḥasan Farāghī S I 927
a. ʾl-Ḥasan al-Fārisī Kamāl al-Dīn G I 470, S I 852, 853
-Ḥasan al-Firʿamī al-Shāfiʿī S II 986
-Ḥasan al-Firkawī S II 937
-Ḥasan b. Ghulām Muṣṭafā al-Laknawī S II 624
-Ḥasan al-Harawī S I A/C 538
-Ḥasan b. Hāshim al-Baladī S I 304

a. ʾl-Ḥasan Hayṣām al-Būshanjī S I 592
-Ḥasan al-Ḥabbār al-Mawṣilī S I 916,$_{11}$, II 443
-Ḥasan b. al-Ḥājj M. al-Kūhin al-Fāsī S II 881
-Ḥasan al-Ḥalabī al-Kawākibī S I 463
-Ḥasan b. Ḥamza b. M. al-Shīrāzī al-Balāsī al-Ṣūfī S II 992, 1003
-Ḥasan al-Ḥanīnī Jamāl al-Dīn S II 908
-Ḥasan b. Ḥarb al-Ḥassūnī S I A/C 307
-Ḥasan b. a. Ḥāriṣa S I 315
-Ḥasan b. Ḥārith al-Khwārizmī al-Ḥubūbī S I 857
-Ḥasan b. Ḥ. b. ʿAbd al-Malik al-Qummī G I 516, S I 211 (to be read thus)
-Ḥasan b. Ḥ. b. Bābūya G I 193
a. ʾl-Ḥasan b. a. ʾl-Ḥ. Hādī b. M. ʿA. S II 576,$_{16}$
-Ḥasan b. al-Ḥ. b. al-Haytham al-Baṣrī G I 469, S I 851
-Ḥasan b. a. ʾl-Ḥasan b. M. al-Daylamī S II 291
-Ḥasan b. al-Ḥaṣīb al-Fārisī al-Kūfī S I 394
-Ḥasan Ḥaṭṭāb al-Wakīl S III 230
a. ʾl-Ḥasan al-Ḥawāfī S I 159
-Ḥasan b. Ḥumayd al-Baghdādī G I 183, S I 310
-Ḥasan b. Ḥu. b. ʿAl. b. ʿA. b. Ṣalāḥ S II 246
-Ḥasan b. Ḥu. b. A. b. al-Ṭūlūnī S I 348 A/C, II 39
-Ḥasan b. Ḥu. b. ʿA. Sharaf al-Dīn S I 173
-Ḥasan b. Ḥu. al-ʿAqqād al-Dimashqī S II 908
-Ḥasan b. Ḥu. al-Bazzāz al-Mawṣilī S II 784
-Ḥasan b. Ḥu. al-Ḥājj S I 842
-Ḥasan b. Ḥu. al-Miṣrī al-Ḥanafī al-Qādirī S II 1003
-Ḥasan b. Ḥu. b. M. S I 759, ϑ
-Ḥasan b. Ḥu. al-Qaysarānī S II 938
-Ḥasan b. Ḥu. al-Samnānī G I 511,$_{45}$, S I 168
-Ḥasan b. Ḥu. al-Sukkarī G I 20, 21, 28, 47, 86, 108
-Ḥasan b. Ḥu. b. Ṣāliḥ al-Rūsī S II 552
-Ḥasan b. Ḥu. al-Tālishī S I 468,$_{20}$
-Ḥasan al-Ḥusaynī al-Khalkhālī S II 591
-Ḥasan Ḥusnī ʿAbd al-Wahhāb S II 888
-Ḥasan Ḥusnī b. Ḥu. ʿĀrif al-Ṭuwayrānī S III 83, 228
-Ḥasan al-Ibāḍī S II 896
-Ḥasan b. Ibr. S II 928
-Ḥasan b. Ibr. b. Ḥ. al-Jabartī G II 168, 311, 359, S II 428, 487
-Ḥasan b. Ibr. Zarha S II 896
-Ḥasan b. Ibr. b. Zūlāq al-Laythī G I 149, S I 230
-Ḥasan al-ʿIdwī al-Ḥamzāwī G I 265, II 253, 486, 700, S I 263, 469, 631, 804, II 435, 437, 739
-Ḥasan b. ʿĪsā al-ʿAbbāsī S I 251
-Ḥasan b. Isḥāq b. a. ʿAbbād al-Yamanī S I 528
-Ḥasan b. Isḥāq al-Mahdī S II 547, 562
-Ḥasan b. Ism. b. ʿAl. al-Ḥabbār S II 783
-Ḥasan ʿIzz al-Dīn b. Ḥ. S II 245
-Ḥasan al-Jabartī S II 216
-Ḥasan b. Jaʿfar al-Naḥwī al-Iskandarī S I 529
-Ḥasan al-Jaridī al-Siyāḥī S II 302
-Ḥasan al-Jiddāwī S II A/C 419
-Ḥasan al-Jurayrī S II 986
-Ḥasan al-Kadalī S II 187,$_{130f}$
-Ḥasan Kāmil S III 234
-Ḥasan Kāmil al-Ṣīrafī S III 124, 165
-Ḥasan al-Kātī Ḥusām al-Dīn G I 464, S I 841
a. ʾl-Ḥasan al-Kawkabānī G II 278
-Ḥasan al-Khafājī al-Dimyāṭī S II 744
-Ḥasan b. Khalīl al-ʿIrāqī S II 503
-Ḥasan b. Khalīl b. Mazrūʿ al-Ṭubnī al-Karādīsī G II 129 = 256, S II 160
-Ḥasan b. Khalīl al-Subkī S II A/C 190
a. ʾl-Ḥasan al-Kharqānī S I 804
-Ḥasan Khayr al-Dīn Fityān S II 776
-Ḥasan al-Khuḍrī al-Dimyāṭī al-Shāfiʿī S I A/C 676
-Ḥasan b. Maḥmūd b. Ḥamd S II 174
-Ḥasan b. Maḥmūd al-Luddī G II 315
-Ḥasan b. Maḥmūd al-Maqdisī G I 295,$_{1}$
-Ḥasan b. Maḥmūd al-Rajāʾinī G II 195
a. ʾl-Ḥasan al-Mālikī S I 263, II 97
-Ḥasan al-Mālikī al-Shādhilī S II 981
-Ḥasan b. Manṣūr al-Ūzjandī al-Farghānī Qāḍīkhān G I 172, 371, S I 289, 291, 643
-Ḥasan Marʿī S III 34n
-Ḥasan b. Masʿūd al-Yūsī G II 250, 251, 455, S II 353, 355, 675, 920

-Ḥasan Mollā Kawsaj S I 927
-Ḥasan b. M. b. ʿAbd al-Ghanī b. Mīr Pādishāh Ghanīzāde S I 741
a. ʾl-Ḥasan M. Afḍal S II 292
a. ʾl-Ḥasan b. M. b. ʿA. b. Ḥu. al-Tihāmī S II 900
-Ḥasan b. M. b. ʿA. b. Khalaf al-Baḥrānī al-Damistānī S II A/C 504
-Ḥasan b. M. b. ʿA. al-Sahmī al-Ḥillī S II 210
-Ḥasan b. M. b. ʿA. ʿUthmān b. Bīrī b. al-Ṣawwānī ʿAynaddīn S II 1043
-Ḥasan b. M. b. ʿA. al-Yazdī S II 843
-Ḥasan b. M. b. ʿA. al-Zurayq S II 558
-Ḥasan b. M. al-Astarābādhī Rukn al-Dīn G I 304, 305, S I 532
-Ḥasan b. M. ʿAṣṣār S II 840
-Ḥasan b. M. al-ʿAṭṭār G I 274, II 173, 194, 325, S II 106 A/C, 289 A/C, 498 A/C, 656, 718
-Ḥasan b. M. b. Ayyūb al-Nassāba S II 111
-Ḥasan b. M. al-Dimyāṭī al-ʿUthmānī S II 412
-Ḥasan b. M. al-Fanārī (see Ḥ. Čelebī) G I 295, II 209, 214, 229, S I 517, 647, 738
-Ḥasan b. M. al-Firkāwī S II A/C 938
-Ḥasan b. M. b. Ḥabīb S II A/C 986, see Ḥu.
-Ḥasan b. M. b. al-Ḥ. b. a. Bakr al-Raṣṣāṣ G I 403, S I 700
-Ḥasan b. M. b. al-Ḥ. b. Khallāṣ S I 601
-Ḥasan b. M. b. al-Ḥ. al-Naḥwī Sharaf al-Dīn G II 186, S II 242
-Ḥasan b. M. al-Ḥasanī G I 323, S I 555
-Ḥasan b. M. b. Ḥu. al-Aʿraj al-Nīsābūrī Niẓām al-Dīn G I 131, 305, 506, 511, II 211, S I 535, 537, 930,39a, II 273
-Ḥasan b. M. b. Ibr. al-Baghdādī al-Mālikī S I 721
-Ḥasan b. M. al-Kastallānī S II 1003
-Ḥasan b. M. b. Khusraw al-Balkhī S I 639
-Ḥasan b. M. al-Kurdī Zībarī G II 194, S I 782, II 259
-Ḥasan b. M. b. Maḥmūd S II 520
-Ḥasan b. M. b. M. al-Bakrī S I 610
-Ḥasan b. M. b. M. al-Būrīnī G I 262, 525, II 290, S I 464, 740, II 401
-Ḥasan b. M. al-Najafī S I 469,38
-Ḥasan b. M. al-Nīsābūrī G I 156 = 191, S I 254
-Ḥasan b. M. al-Qaylawī S I 457
-Ḥasan b. M. al-Qummī G I 516, S I 211
-Ḥasan b. M. al-Rabīb al-Qayrawānī S I 695
a. ʾl-Ḥasan b. M. Salūk S I 612, v
-Ḥasan b. M. b. Shāh M. b. Ḥ. al-Hindī S II 952
-Ḥasan b. M. Sharqshāh al-Astarābādhī S II 296
-Ḥasan b. M. al-Ṣaffūrī al-Dimashqī S I 741,76
-Ḥasan b. M. al-Ṣāghānī G I 129, 360, S I 197, 613
a. ʾl-Ḥasan b. M. al-Ṭabāṭabāʾī al-Zīwarī S II 836
-Ḥasan b. M. al-Ṭībī G I 364, S I 508,2, 621 see al-Ḥu. b. ʿAl. b. M.
-Ḥasan b. M. al-Usyūṭī S II A/C 392
-Ḥasan b. M. al-Wazzān al-Zayyātī S II 710
-Ḥasan b. Mūsā al-Bānī al-Kurdī al-Jīlānī al-Dimashqī G I 452, II 345, S I 811, II 143 A/C, 472
-Ḥasan b. Mūsā al-Nawbakhtī S I 318
-Ḥasan b. Mūsā al-Zardībī S I 504
-Ḥasan b. Muṣṭafā b. Ḥu. al-Āydīnī b. Qaradepelī S II A/C 329
-Ḥasan b. Muṣṭafā al-Islāmbulī Nazīkzāde S II A/C 498
a. ʾl-Ḥasan b. al-Muzanī S II 920
-Ḥasan b. al-Muzannaq al-Anṣārī al-Maqarr al-Qaḍāʾī al-Badr S II 1035
-Ḥasan b. al-Nakad (to be read thus) al-Mawṣilī S I 427
-Ḥasan b. Naqī Shāh al-Kashmīrī S II 853
-Ḥasan b. Nūḥ Bharūchī S I 430, II 563, 608
-Ḥasan b. Nūḥ al-Qumrī G I 239, S I 424
-Ḥasan Pāshā b. ʿAlāʾ al-Dīn al-Aswad al-Niksārī G I 293, S I 514, 515 A/C, II 14, 293 A/C, 304 A/C, 312
-Ḥasan Pāshāzāde S II 302n
-Ḥasan b. Qāḍī Ghulām Muṣṭafā al-Laknawī S I 841
-Ḥasan b. a. ʾl-Q. b. Bādīs G II 166, S II 214
-Ḥasan b. al-Q. al-Makkī S II 134
-Ḥasan b. al-Q al-Murādī b. Umm Q. G I 398, 409, II 20, S I 522, 537, II 16

-Ḥasan al-Qāyātī S III 80
-Ḥasan (Ḥu.) al-Qazwīnī S I 360
-Ḥasan b. Qurashī S I 420
-Ḥasan b. Qurqmās (?) a. ʾl-Ḥu. S II 172
-Ḥasan al-Qurṭubī a. ʿA. S II 938
-Ḥasan Quwaydir al-Khalīlī G II 477, S II 725
a. ʾl-Ḥasan al-Raffāʾ al-Mutakallim S II 992
-Ḥasan al-Rahūnī S I 615
-Ḥasan al-Rahwānī b. Qaṭṭān S I 625, see al-Ḥ. b. ʿA. b. ʿAbd al-Malik al-Rahūnī
-Ḥasan b. Raḥḥāl al-Maʿdānī S II 696
-Ḥasan al-Rājī a. ʾl-Fatḥ S II 975
-Ḥasan al-Rammāḥ al-Aḥdab, G I 496, S I 905, see Ayyūb
-Ḥasan Rāshid al-Mashhadī al-Khafājī S I 807
-Ḥasan b. Rashīq al-ʿAskarī a. M. S II 1003
-Ḥasan al-Riḍawī Khalīl b. M. S I A/C 845
-Ḥasan al-Rūmī Darwīsh G II 301, S II A/C 412
-Ḥasan b. Sahl G I 342
-Ḥasan b. Sahnāʾ S II 563
-Ḥasan al-Sajjān al-Damanhūrī S II 920
-Ḥasan al-Shādhilī G II 238,12 = M. b. ʿA. b. Nāṣir al-Dīn al-Miṣrī al-Sh. S II 333
-Ḥasan b. Sharaf al-Ḥusaynī G II 116, S II 142
-Ḥasan b. Sharaf al-Tabrīzī G II 198, S II 268
-Ḥasan b. Shāwar b. Ṭarkhān b. al-Naqīb G I 264, S I 467
-Ḥasan b. Shujāʿ b. M. b. al-Ḥ. b. al-Ḥāfiẓ al-Muqriʾ al-Tūnī S II 986
-Ḥasan al-Shurunbulālī = Ḥ. b. ʿAmmā G II 226, S II 12, 317 d
a. ʾl-Ḥasan al-Sindī S I 267
-Ḥasan b. Sīwar b. al-Khammār S I 378
-Ḥasan b. Sufyān al-Shaybānī S II 938
-Ḥasan b. S. b. Khālid al-Ḥillī S II A/C 133
-Ḥasan b. S. b. M. S II 210
-Ḥasan Ṣādiq S III 232
-Ḥasan al-Ṣādiq G I 300,8
-Ḥasan Ṣadr al-Dīn S I 132
-Ḥasan Ṣafī ʿA. Shāh b. M. Bāqir al-Iṣfahānī S II 837
a. ʾl-Ḥasan al-Ṣaghīr G I 177, S I 299
-Ḥasan Ṣāliḥ al-Jiddāwī S III 100, 105, 307
-Ḥasan b. Ṣāliḥ b. M. al-Pudghūrījawī S I 791
-Ḥasan Ṣiddīq Khān S I 509
-Ḥasan Ṣubḥī S III 232
-Ḥasan Ṣūfīzāde S I 264
-Ḥasan al-Tanūkhī S II 301
-Ḥasan Tawfīq Ef. S III 230
-Ḥasan b. a. Ṭālib Yūsufī S I 712
-Ḥasan b. ʿUbaydallāh a. Zayd al-Fārisī S II 1020
-Ḥasan a. ʿUdhba al-Āqshahrī S I 765,25
-Ḥasan b. ʿU. b. Ḥabīb al-Dimashqī al-Ḥalabī G I 328, II 36, S I 561, II 35
-Ḥasan b. Umm Sinān Sinānzāde S II 652
-Ḥasan b. ʿUthmān b. Ḥu. b. Mazyad b. ʿAbd al-Wahhāb S I A/C 519
-Ḥasan b. Wahb al-Manbijī G I 78,9
-Ḥasan Walī b. Ghulām Muṣṭafā Sāhalī Anṣārī S II 280
-Ḥasan b. al-Walīd b. al-ʿĀrif S I 438
-Ḥasan b. Ya. Saylān S II 1003
-Ḥasan b. Yāsīn S II 920
-Ḥasan b. Yazīd a. Zayd S I 523
-Ḥasan al-Yazīdī S II A/C 309
-Ḥasan b. Yū. b. ʿA. b. al-Muṭahhar al-Ḥillī al-ʿAllāma G I 306, 509, 510, II 164, S I 537, 707, 846, 925,2a, 927,3, 928,22, II 206
-Ḥasan b. Yū. b. Mahdī al-Zayyātī G I 300, II 251, S I 526, II 336, 354
-Ḥasan b. Zayn al-ʿābidīn al-Sabzawārī S II 833
-Ḥasan b. Zayn al-Dīn al-ʿĀmilī G II 325, S II 450
-Ḥasan b. Zayn al-Dīn al-Shahīd Jamāl al-Dīn a. Manṣūr S II A/C 581
Ḥasanayn b. M. Makhlūf al-ʿAdawī al-Mālikī S II 105
-Ḥasanī M. b. A. a. ʿAl. al-Saʿdī G I 463, II 239
Ḥāshid G I 278
Ḥāshīsh b. Aṣram al-Nasāʾī S I 340
b. Ḥāshīsh al-ʿUthmānī S. b. Ḥamza G II 357, S II 484
-Ḥashshāʾ A. b. M. G I 491
-Ḥasīb S I 36
Ḥassān b. Thābit G I 37, S I 67
Ḥassūn Rizqallāh b. Niʿmatallāh S II 757
-Ḥaṣībarī S II 928
-Ḥaṣībī, see al-Khaṣībī
-Ḥaṣīrī Maḥmūd b. A. G I 380, S I 653

-Ḥaṣīrī Nāṣir al-Dīn b. Sikandar G II 372
-Ḥaṣkafī M. b. A. b. M. G II 33, 116, S II 407
-Ḥaṣkafī M. b. ʿA. G II 311, S II 428
-Ḥaṣkafī M. b. Jumʿa S II 144
-Ḥaṣkafī Nāṣir al-Dīn b. ʿĪsā S I 869
Ḥātim b. Ibr. al-Ḥāmidī S I 715, II 920
Ḥātim b. ʿA. al-Ahdal G II (272) 407, S II 565
a. Ḥātim b. al-Sijistānī Sahl b. M. ʿUthmān G I 107, S I 164, 167, 329
Ḥātim al-Ṭāʾī G I 27, S I 55
-Ḥātimī S I 136
-Ḥattātī M. b. A. b. M. G II 370, S II 497
b. al-Ḥaṭṭāb M. b. M. al-Ruʿaynī G I 389, II 84, 387, S II 526
b. al-Ḥaṭṭāb Ya. S II 526
-Ḥawḍī S II 355
-Ḥawfī A. b. M. b. Khalaf G I 384, S I 663
Ḥawfī ʿA. b. Ibr. b. Saʿīd G I 411, S I 729
-Ḥawmānī S III 361
b. Ḥawqal a. ʾl-Q. al-Naṣībī G I 229, S I 408
b. al-Ḥawrānī S II 401
-Ḥawwālī al-Bawsī Ibr. b. ʿA. b. M. S II 247
Ḥaydar G I 467
Ḥaydar b. ʿAr. al-Jazarī S II 1020
Ḥaydar b. ʿAr. al-Ḥusaynī al-Jazarī S II A/C 1019
Ḥaydar b. A. b. Dāʾūd al-Kāẓimī S II 796
Ḥaydar ʿA. al-Fayḍābādī S II 858
Ḥaydar b. ʿA. b. Ḥamdallāh S II 523
Ḥaydar b. ʿA. b. Ḥaydar al-ʿĀmilī S II A/C 210
Ḥaydar b. ʿA. b. Ḥaydar al-Qāsī S II 212
Ḥaydar ʿA. b. al-Mudaqqiq al-Shirwānī S II A/C 581
Ḥaydar b. ʿA. al-ʿUbaydī S II 209
Ḥaydar b. Ibr. b. M. al-Ḥusaynī al-Ḥasanī S II 846
Ḥaydar b. M. b. ʿA. b. A. S I 651,19
Ḥaydar b. M. b. Ibr. al-Ḥalabī (al-Harawī) S I 651
Ḥaydar b. M. al-Khūnsārī S II 970
Ḥaydar al-Shihābī S II 770
Ḥaydar b. S. b. Dāʾūd al-Ḥillī S II 482
Ḥaydar Tabrīzī S II 498
-Ḥaymī A. b. M. b. al-Ḥ. G II 400, S II 546
-Ḥaymī al-Ḥ. b. A. b. Ṣāliḥ G II 402, S II 550
Ḥayṣ Bayṣ Saʿd b. M. b. Saʿd S I 441
b. Ḥayyān ʿAl. b. M. b. Jaʿfar S I 347
b. Ḥayyān al-Andalusī S I 504
Ḥayyān b. Khalaf b. Ḥu. b. Ḥayyān G I 338, S I 578
b. Ḥayyān M. b. Yū. b. ʿA. al-Gharnāṭī G II 109, S II 135
b. Ḥayyān al-Nuʿmān b. M. b. Manṣūr G I 187, S I 324
a. Ḥayyān al-Tawḥīdī ʿA. b. M. G I 244, S I 380, 435
b. Ḥayyūs S I 448
b. Ḥayyūs M. b. Sulṭān G I 256, S I 456
Ḥāzim b. M. al-Qarṭajannī G I 269, S I 474
-Ḥāzimī M. b. Mūsā b. ʿUthmān G I 356 = 366, S I 605
b. Ḥazm ʿA. b. A. b. Saʿīd G I 400, S I 692
-Ḥaẓīrī Saʿd b. ʿA. G I 248, S I 441
b. Ḥibbān a. Ḥātim M. b. A. al-Bustī G I 164, S I 272
b. Ḥibbān a. M. ʿAl. b. M., i.e. b. Ḥayyān G I 195, S I 347
Ḥifnī A. b. M. S III 231
Ḥifnī Bek Nāṣif G II 478, S II 728
Ḥifnī M. b. Sālim b. A. S II 445
Ḥifnī Yū. b. Sālim b. A. G II 283, S II 392
-Ḥijāzī b. ʿAbd al-Muṭṭalib al-ʿAdawī S II 480 A/C, 738
-Ḥijāzī A. b. M. b.ʿA. b. al-Ḥ. G II 18, S II 11
-Ḥijāzī ʿA. b. Nāṣir G II 171, S II 220
-Ḥijāzī al-Shāfiʿī S I 853
b. Ḥijja a. Bakr b. ʿA. b. ʿAl. al-Ḥamawī G II 15, S I 446, II 8
b. Ḥijjī A. b. ʿAlāʾ al-Dīn G II 50, S II 50
-Ḥillī ʿAbd al-ʿAzīz b. Sarāyā Ṣafī al-Dīn G II 159, S II 199
-Ḥillī Ḥu. b. Kamāl l-Dīn al-Abzar G II 373, S II 500
-Ḥillī Jaʿfar b. M. b. Ya. al-Muḥaqqiq al-Awwal G II 406, S II 711
-Ḥillī Ya. b. A. b. Ya. al-Hudhalī S I 714
Ḥilmī G I 427
-Ḥimṣī ʿU. b. Mūsā b. al-Ḥ. Sirāj al-Dīn G II 117, S II 144
b. Ḥimyar M. S I 460
b. al-Ḥinnālī, see Qinnālīzāde
-Ḥinnāwī A. b. M. b. Ibr. al-Fayshī S II 22
-Ḥirālī ʿA. b. al-Ḥ. b. A. G I 414, 507, S I 735
-Ḥīrī Ism. b. A. b. ʿAl. al-Nīsābūrī S I 729
-Ḥiṣnakayfī (Ḥaṣkafī) Ya. b. Salāma b. al-Ḥu. al-Khaṭīb S I 733

-Ḥiṣnī a. Bakr b. M. b.ʿAbd al-Muʾmin G II 95, S II 112
Ḥittī Philipp S III 440
Ḥubayqa Najīb S II 763
b. Ḥubaysh ʿAr. b. M. b. ʿAl. G I 344, S I 587
Ḥubaysh b. al-Ḥ. al-Dimashqī G I 205, 207, S I 369
Ḥubaysh b. Ibr. b. M. al-Tiflīsī S I 893
-Ḥubayshī al-Shāfiʿī S II 442
-Ḥujawī Mūsā b. A. G II 325, read: al-Kh.
Ḥujayj b. Munīr al-Ḥarīrī G II 484, S II 736
Ḥujayj b. Q. al-Wāḥidī G II 361
-Ḥujurī Yū. b. al-Ḥafīṣ S I 587
-Ḥulwānī a. Sahl b. A. b. ʿĀṣim G I 20, S I 42
Ḥumayd b. M. b. Razīq al-Ibāḍī, see Ḥamīd
b. Ḥumayd al-Qurashī ʿA. b. Muḥyi ʾl-Dīn M. b. Ḥ. b. ʿA. S I 609
Ḥumayda b. Nuʿmān al-Anṣārī S I 99
Ḥumaydān b. Ya. b. Ḥumaydān al-Qāsimī S II 822
-Ḥumaydī ʿAr. b. A. b. ʿA. G II 272, S II 383
-Ḥumaydī Faraqa amruh, read: Qyrq Emre al-Ḥamīdī
-Ḥumaydī M. b.ʿA. G II 359, S II 487
-Ḥumaydī M. b. a. Naṣr Futūḥ G I 368, S I 578
Ḥunayn b. Isḥāq G I 205, S I 366, 444, 898
-Ḥurayfīsh Shuʿayb ʿAl. b. Saʿd G I 361, II 177, 229
-Ḥurr al-ʿAmilī A. b. al-Ḥ. S II 177
-Ḥurr al-ʿAmilī M. b. al-Ḥ. b. ʿA. G II 412, S II 578
Ḥusām Čelebī al-Ḥu. b. ʿAr. S II 322
Ḥusām al-Dīn b. ʿAl. al-Rūmī S II 630
Ḥusām al-Dīn a. ʾl-Faḍl M. al-Nūrī S I 921_{5a}
Ḥusām al-Dīn M. Ṣāliḥ b. M. al-Māzandarānī S II 597
Ḥusām al-Dīn al-Ruhāwī a. ʾl-Maḥāsin G II 81, S I 658, II 90
Ḥusām al-Dīn al-Suyūṭī S II 1044
Ḥusām al-Dīn al-Tuqātī Naʿlbandzāde G II 231, S II 323
Ḥusām al-Dīn zāde S I 517
-Ḥusāmī al-Qirīmī S I 633
-Ḥusayn b. al-ʿAbbās al-Ḥanafī S II 952
-Ḥusayn b. ʿAbd al-ʿAlī al-Tabrīzī S II 839
-Ḥusayn b. ʿAbd al-ʿAẓīm al-Ḥusaynī al-Iṣfahānī S II 1020
-Ḥusayn b. ʿAbd al-Ḥaqq al-Ilāhī al-Astarābādhī S I 705
-Ḥusayn b. ʿAl. b. M. al-Ṭībī G I 364 a, II 64, S I 508, 621 a, II 67
-Ḥusayn b. ʿAl. b. Rawāḥa S I 567
-Ḥusayn b. ʿAl. b. al-Shirwānī G II 376, S II 507
-Ḥusayn b. ʿAl. b. Sīnā G I 452, S I 812
-Ḥusayn b. ʿAl. al-Ṭabarī al-Zaydī S I 315
-Ḥusayn b. ʿAl. b. Yū. b. ʿA. al-Baghdādī S I 828_{100}
-Ḥusayn b. ʿAbd al-Laṭīf b. M. al-ʿUmarī G II 479, S II 729
-Ḥusayn b. ʿAq. b. Nāṣir S II 544
-Ḥusayn b. ʿAbd al-Raḥīm Īwānkayfī al-Rāzī S II 827
-Ḥusayn b. ʿAr. G II 231
-Ḥusayn b. ʿAr. Ḥusām Čelebī S II 299, 322
-Ḥusayn b. ʿAr. b. M. b. ʿAl. al-Yūnīnī S I 905
-Ḥusayn b. ʿAr. b. M. al-Ahdal G II 177, 184, 185, S II 228, 238
-Ḥusayn b. ʿAbd al-Ṣamad al-ʿĀmilī S II 132
-Ḥusayn b. ʿAbd al-Ṣamad b. M. al-Ḥārithī G II 429, S II 575
-Ḥusayn b. A. al-Astarābādhī S II 909
-Ḥusayn b. A. al-ʿAzāzī G II 20
-Ḥusayn b. A. b. Bilāl Fawzī S III 178
-Ḥusayn b. A. al-Burūqī S III 494
-Ḥusayn b. A. al-Faqīh S II 952
-Ḥusayn b. A. al-Faraḍī Shaqqāq G I 402
-Ḥusayn b. A. al-Fatā al-Ṣūfī al-Tabrīzī S I 464 k
-Ḥusayn b. A. b. al-Ḥ. b. ʿA. al-Sayyid S II 1014
-Ḥusayn b. A. al-Jazarī G II 274, S II 385
-Ḥusayn b. A. b. Khālawayh G I 125, S I 190
-Ḥusayn b. A. al-Khaymī S I 314
-Ḥusayn b. A. al-Mahfanī S II 628
-Ḥusayn b. A. al-Maḥallī G II 323, S II 445
-Ḥusayn b. A. al-Marṣafī G II 478, S II 727 (to be read thus)
-Ḥusayn b. A. al-Rashīdī S II 938
-Ḥusayn b. A. al-Wartilānī S II 713
-Ḥusayn b. A. b. Yū. b. Bāṣ S I 869
-Ḥusayn b. A. Zayn al-Dīn S I 535
-Ḥusayn b. A. Zaynīzāde G II 441, S I 534, 536, 651_{21}
-Ḥusayn b. ʿA. S II 232

-Ḥusayn b. ʿA. b. ʿAl. al-Namarī S I 175
-Ḥusayn b. ʿA. b. ʿAbd al-Shākir al-Ṭāʾifī S II 534
-Ḥusayn b. ʿA. al-Āmidī G II 370,8,5a
-Ḥusayn b. ʿA. al-ʿArshī S II A/C 822
-Ḥusayn b. ʿA. al-Astarābādhī S I 942 ad 166, 964 ad 503
-Ḥusayn b. ʿA. al-ʿAwfī al-Qurashī S II 975
-Ḥusayn b. ʿA. al-Bayhaqī al-Kāshifī S II 286
-Ḥusayn b. ʿA. Čatalčawī S II 656 s
-Ḥusayn b. ʿA. b. Ḥajjāj al-Sighnāqī G I 377, 381, II 116, 702, S I 644, 654, 757, II 142
-Ḥusayn b. ʿA. b. al-Ḥ. S II 258
-Ḥusayn b. ʿA. al-Ḥiṣnī G II 202,4a, S II 275
-Ḥusayn b. ʿA. b. al-Ḥu. al-Ḥaṣībī S I 326
-Ḥusayn b. ʿA. b. al-Ḥu. al-Jazarī al-Ḥalabī S II 385
-Ḥusayn b. ʿA. b. al-Ḥu. b. M. al-Najafī al-Aʿamm S I 712
-Ḥusayn b. ʿA. b. al-Ḥu. al-Sarwāl al-Hajarī S II 132, 575
-Ḥusayn b. ʿA. al-Kāshī G II 409, read: ʿA. b. al-Ḥu. al-Kāshifī S II 618,4
-Ḥusayn b. ʿA. al-Lakhmī b. al-Ṣayrafī S I 628
-Ḥusayn b. ʿA. b. M. Alqam G I 524, S I 459
-Ḥusayn b. ʿA. b. M. al-Ṣaymarī S I 636, 716
-Ḥusayn b. ʿA. b. M. al-Wazīr al-Maghribī G I 117, 353, 600
-Ḥusayn b. ʿA. al-Nīsābūrī S I 264
-Ḥusayn b. ʿA. al-Samʿānī G I 373,4,1b
-Ḥusayn b. ʿA. al-Sulaymānī S II 952
-Ḥusayn b. ʿA. b. Ṭalḥa al-Rajrājī G II 248, 249, S II 350
-Ḥusayn b. ʿA. al-ʿUshārī S II A/C 528
-Ḥusayn b. ʿA. al-Zawzanī G I 18, 25, 288, S I 35, 89, 505
-Ḥusayn b. ʿA. b. Ẓāfir al-Azdī S I 554
-Ḥusayn b. Amīr Ibr. b. Amīr M. al-Qazwīnī S II 581
-Ḥusayn al-Anbārī al-Qūhistānī S I 818,35p
-Ḥusayn al-Ardabīlī al-Abharī G I 407,27,13
-Ḥusayn b. Asʿad al-Ḥusaynī al-Dihistānī al-Muʾayyadī S I 963 ad 474
-Ḥusayn b. al-ʿAṭṭār Khalīl b. a. Rabīʿ S I 490
-Ḥusayn b. al-Ayāz al-Baghdādī G I 303, S I 531
-Ḥusayn b. ʿAydarūs S II 900
-Ḥusayn ʿAzmīzāde S I 535,34
-Ḥusayn Bahāʾ al-Dīn al-Shāhjahānābādī S I 622
-Ḥusayn b. a. Bakr al-Kindī G II 109, S II 135
-Ḥusayn b. Bukayr al-Ḥāfiẓ S II 938
-Ḥusayn al-Dāmaghānī S II 938
-Ḥusayn i Dihistānī G I 517
-Ḥusayn b. Dildār al-Nāṣirābādī S II 853
-Ḥusayn b. al-Ḍaḥḥāk al-Khalīʿ S I 112, 118
-Ḥusayn Ef. al-Anṭākī G II 303, S II 482,4
-Ḥusayn b. Fakhr al-Dīn Qurqmās b. Maʿn al-Shaʾmī G II 354, S II 481
-Ḥusayn b. Faqīh b. ʿAl. b. al-Ḥājj al-Ḥaḍramī S II 565
-Ḥusayn b. Farhād al-Askūnī al-Barkarzamīnī G II 442
-Ḥusayn al-Fatḥī al-Shīrāzī S II 84
-Ḥusayn Fawzī S III 251
-Ḥusayn b. Ghannām al-Wahhābī S II 531, 532
-Ḥusayn b. Hibatallāh S II 967
a. Ḥusayn b. Ḥājib al-Baghdādī S I 127
-Ḥusayn b. al-Ḥ. G I 479
-Ḥusayn b. al-Ḥ. al-Ḥalīmī G I 197, S I 349
-Ḥusayn b. al-Ḥ. b. al-Ḥ. b. Ibr. al-Khalīl al-Darʿī S II 1039
-Ḥusayn b. al-Ḥ. b. Ḥaydar al-Karakī S II 451, 575
-Ḥusayn b. al-Ḥ. al-Idkāwī S II 1004
-Ḥusayn b. al-Ḥ. al-Isḥāqī S II 413
-Ḥusayn b. al-Ḥ. b. Ism. al-Sarmārī S II 658
-Ḥusayn b. al-Ḥ. al-Khwārizmī S I 865
-Ḥusayn b. al-Ḥ. al-Samarqandī G I 446, S I 860
-Ḥusayn b. al-Ḥ. al-Wāsānī S I 138
-Ḥusayn b. Ḥaydar al-Tabrīzī al-Marʿashī G II 370, S II 498
-Ḥusayn al-Ḥusaynī al-Qudsī al-Sādātī S II 418
-Ḥusayn Ḥusnī S I 141, III 309
-Ḥusayn b. Ibr. al-Ghawwāṣ al-Sinjārī S II 986
-Ḥusayn b. Ibr. b.Ḥamza al-Khālidī S I 498,13
-Ḥusayn b. Ibr. b. al-Ḥ. al-Nātilī G I 207, S I 371
-Ḥusayn b. Ibr. al-Irbīlī al-Kūrānī S I A/C 142
-Ḥusayn b. Ibr. al-Jūzaqānī S I 623
-Ḥusayn b. Ibr. al-Mutaṭabbib al-Tiflīsī a. ʾl-Faḍl S II A/C 299

-Ḥusayn b. Ibr. al-Naṭanzī G I 288, S I 505
-Ḥusayn b. Iskander al-Mollā al-Ḥanafī G I 326, 435, S II 354
-Ḥusayn b. Ism. al-Maḥāmilī G I 519, S I 279 (to be read thus)
-Ḥusayn b. Ism. b. Zayd al-Ḥasanī al-Shajarī al-Jurjānī S II 1004
-Ḥusayn b. Jamāl al-Dīn al-Darkūshī S II 920
-Ḥusayn b. Jamāl al-Dīn al-Khwānsārī S II A/C 132
-Ḥusayn al-Jisr S III 321
-Ḥusayn al-Kaffawī G II 454, read: Ayyūb b. Mūsā S II 673
-Ḥusayn b. Kamāl al-Dīn al-Abzar al-Ḥillī G II 373, S II 500
-Ḥusayn b. Kamāl al-Qādirī S II 929
-Ḥusayn al-Kamālānī S I 536
-Ḥusayn Kāẓim Bek S III 442
-Ḥusayn al-Khabbī G I 263
-Ḥusayn b. Khālid al-Ḥāzimī al-Ṣanʿānī S II 1004
-Ḥusayn al-Khalkhālī al-Ḥusaynī G II 413, S I 739,22, 760 v, II 303 A/C, 591
-Ḥusayn b. Khujā b. ʿA. b. S. al-Ḥanafī S II 687
-Ḥusayn al-Khwānsārī S I 815,18
-Ḥusayn al-Khwārizmī Kamāl al-Dīn G I 365,10
a. ʾl-Ḥusayn b. a. ʾl-Maʿālī al-Daskarī S I 857
-Ḥusayn b. Mahdī al-Yamanī S II 820
-Ḥusayn b. Maḥmūd b. al-Ḥ. al-Zaydānī S I 620
-Ḥusayn b. Manṣūr al-Ḥallāj G I 199, S I 355
-Ḥusayn al-Marṣafī S I 141
-Ḥusayn b. Masʿūd al-Farrāʾ al-Baghawī G I 363, S I 268 (see 948), 620
-Ḥusayn b. Masʿūd al-Shāfiʿī S II 908
-Ḥusayn b. Mīrzā Rafīʿ b. M. Sulṭān Khalīfa = Ḥu. b. Rafīʿ al-Dīn S II 577
-Ḥusayn b. al-Mubārak b. al-Thiqa al-Mawṣilī G II 162, S II 203
-Ḥusayn b. al-Mubārak al-Zabīdī S I 264
-Ḥusayn b. Mufliḥ b. al-Ḥ. b. Rashīd al-Ṣaymarī S II A/C 503
-Ḥusayn b. M. S I 504,14
-Ḥusayn b. M. b. A. al-Marwarrūdhī G I 387, S I 669
-Ḥusayn b. M. b. ʿA. al-Baḥrānī S II 793
-Ḥusayn b. M. b. ʿA. b. al-Ḥu. b. M. al-Najafī al-Aʿsam S I 712 (to be read thus)
-Ḥusayn b. M. b. ʿA. al-Musawwadī S II A/C 5
-Ḥusayn b. M. al-Astarābādhī G I 457, S I 826,82bb
-Ḥusayn b. M. Bāqir Bishrawayh al-Khurāsānī S II 795
-Ḥusayn b. M. al-Dirāzī al-ʿUṣfūr S II 970
-Ḥusayn b. M. a. ʾl-Faraj al-Mastūr S I 438
-Ḥusayn b. M. b. Ḥabīb al-Q. S II 909, see Ḥ.
-Ḥusayn b. M. al-Ḥannāṭī S I 670
-Ḥusayn b. M. b. al-Ḥ. al-Diyārbakrī G II 381, S II 514
-Ḥusayn b. M. al-Ḥusaynī S II 166 A/C, 986
-Ḥusayn b. M. b. Ibr. al-Dāmaghānī S II 96
-Ḥusayn b. M. Jamāl al-Dīn al-Khwānsārī S II 590
-Ḥusayn b. M. al-Jasr al-Ṭarābulusī S II 776
-Ḥusayn b. M. al-Jayyānī G I 368, S I A/C 629
-Ḥusayn b. M. b. Khusraw al-Balkhī S I 286
-Ḥusayn b. M. al-Khwānsārī S I 926
-Ḥusayn b. M. al-Laknawī S I 895
-Ḥusayn b. M. al-Maghribī S II 74
-Ḥusayn b. M. al-Maḥallī S II 154, 155, 483
-Ḥusayn b. M. al-Marghānī al-Thaʿālibī G I 342 (-Marʿashī) S I 581
-Ḥusayn b. M. al-Muhandis a. ʾl-Manṣūr S II 1035
-Ḥusayn b. M. al-Rāghib al-Iṣfahānī G I 289, S I 505
-Ḥusayn b. M. al-Samʿānī G II 163, S II 204
-Ḥusayn b. M. b. a. Tammām al-Takrītī S I A/C 604
-Ḥusayn b. M. Taqī al-Nūrī al-Ṭabarsī S II 832
-Ḥusayn b. M. Taqī al-Ṭabarsī S II 573
-Ḥusayn b. M. b. Ṭabāṭabāʾ S I 212
-Ḥusayn al-Muḥtasib S I 848
-Ḥusayn b. Muḥsin al-Anṣārī S II 862
-Ḥusayn b. Muḥsin al-Subʿī S II 818
-Ḥusayn b. Muʿīn al-Dīn al-Maybudī G I 43, 464, 466, II 290, S I 840, 846 A/C, 850 A/C, 860, 865, 929,23, II 294
-Ḥusayn b. Murtaḍā al-Ḥasanī al-Yazdī S II 842, 856
-Ḥusayn b. Mūsā ʿAlāʾ al-Dīn S I A/C 921

-Ḥusayn b. Mūsā al-Dīnawarī S I 514
-Ḥusayn b. Mūsā al-Hurmuzdī S I 866
-Ḥusayn b. Muṣṭafā Qaratepelī S II 329
-Ḥusayn al-Namāwī S II 354
-Ḥusayn b. al-Nāṣir b. ʿAbd al-Ḥāfiẓ al-Muhallabī S II 560
-Ḥusayn b. Naṣr b. Khamīs al-Mawṣilī G I 434, S I 776
-Ḥusayn Pāshā b. ʿA. Pāshā b. Afrāsiyāb S II 506
-Ḥusayn Pāshā Fahmī S III 381
-Ḥusayn al-Qarāwī S I 534 p
-Ḥusayn b. al-Q. Jaʿfar al-Kawkabī S II 929
-Ḥusayn b. al-Q. b. M. al-Manṣūr billāh S II 559
-Ḥusayn b. Rafīʿ al-Dīn b. M. al-Āmulī Khalīfa Sulṭān (= Ḥu. b. Mīrzā Rafīʿ) S I 921,$_{5c}$, II 450
-Ḥusayn b. Rajab b. al-Ḥu. al-Shaṭṭārī G II 279, S II 388
-Ḥusayn b. Rashīd b. Q. al-Riḍawī al-ʿIrāqī S II 500
-Ḥusayn b. Rashīq S II 976
-Ḥusayn b. Riḍā al-Burūjirdī S II 830
-Ḥusayn b. Riḍā al-Ḥusaynī S II 842
-Ḥusayn b. Saʿīd Tāj al-Dīn S I 538 γ
-Ḥusayn b. Sālim al-Dajanī S II 332
a. ʾl-Ḥusayn al-Sālimī S I 571
-Ḥusayn al-Sālimī al-Sanāwī G I 464
-Ḥusayn Sandalzāde S II 643
-Ḥusayn Shafīq al-Miṣri S III 237
-Ḥusayn Shāhīn Shākir S III 231
-Ḥusayn b. Shaʾmī al-Hattārī al-Madanī G II 398, S II 543, 1039
-Ḥusayn al-Shams al-Akhī al-Shaʾmī S II 384
-Ḥusayn Shawqī S III 233
-Ḥusayn b. Shihāb al-Dīn Ḥu. b. Jāndār al-ʿĀmilī al-Shaʾmī S I 517, II 451 (see A/C)
-Ḥusayn b. Shihāb al-Dīn al-Kīlānī S II 292
-Ḥusayn al-Sighnāqī S I 757, see Ḥu. b. ʿA. b. Ḥajjāj
-Ḥusayn b. S. al-Rashīdī S II 111
-Ḥusayn b. S. b. Rayyān S II 909
-Ḥusayn b. a. ʾl-Suʿūd al-ʿAṭṭār al-Ṣafawī (Ṣaffūrī?) S II 900
-Ḥusayn al-Suʿūdī S III 231
-Ḥusayn b. Ṣādiq b. Ḥu. b. ʿAr. b. al-Ahdal S II 251
-Ḥusayn al-Tammār S I 953 ad 342
-Ḥusayn b. a. Thaʿlab b. al-Mubārak al-Ṭabīb S II 169
-Ḥusayn al-Ṭabāṭabāʾī Kamāladdīn S II 1021
-Ḥusayn b. Ṭāhir b. Zaylaʿ al-Iṣfahānī G I 455, 458, S I 817,$_{26}$, 829
-Ḥusayn al-Ṭaḥāwī al-Aḥmadī al-Salāmī S II 938
-Ḥusayn b. Ṭuʿma al-Baytimānī G II 351, S II A/C 478
-Ḥusayn Walī b. Ibr. al-Azharī S I 489
-Ḥusayn b. al-Walīd b. al-ʿArīf S I 171
-Ḥusayn b. Ya. b. Ibr. al-Daylamī S II 246
-Ḥusayn b. Ya. b. Ibr. al-Qurashī al-ʿAllāfī S I 740,$_{39}$
-Ḥusayn b. Ya. b. Yaʿqūb S I 230
-Ḥusayn b. Yāsin b. M. al-Dimashqī S II 1033
-Ḥusayn al-Yūnīnī S II 938
-Ḥusayn b. Yū. al-Erzerūmī G II 443
-Ḥusayn b. Yū. b. M. al-Dujaylī G II 163, S II 206
-Ḥusayn al-Zabadānī G I 364, read: al-Ḥu. b. Maḥmūd al-Zaydānī S I 620,$_{6}$ I d.
-Ḥusayn Zahrāʾ S III 180
-Ḥusayn b. Zayd b. ʿA. b. Ḥadhīma al-Fārisī S I 722
-Ḥusayn b. Zayd b. ʿA. b. Jaḥḥāf S II 567
-Ḥusayn b. Zayd b. M. b. al-Ḥ. al-Yamanī S II 561
-Ḥusayn al-Ẓarīfī S III 124
-Ḥusaynī S I 173
-Ḥusaynī ʿAbd al-Karīm b. M. G II 276
-Ḥusaynī ʿAl. b. ʿAbd al-Karīm S II 404
-Ḥusaynī ʿAl. b. M. Riḍā S II 580
-Ḥusaynī ʿAbd al-Wahhāb b. M. G I 364, II 132
-Ḥusaynī A. b. Ibr. S II 417
-Ḥusaynī ʿA. S II 403
-Ḥusaynī ʿA. b. M. G II 270
-Ḥusaynī Ḥamza b. A. G II 34, S II 31
-Ḥusaynī M. b. ʿA. b. al-Ḥu. G II 47, 48, 65, 278, S II 69
-Ḥusaynī Ṣadr al-Dīn ʿA. b. ʿA. G II 277, S II 386
-Ḥusaynilāhī al-Ardabīlī S II 306
Ḥusaynqulī S II 848
-Ḥuṣrī Ibr. b. ʿA. G I 267, S I 472
-Ḥuṣrī Naṣr b. A. S II 481

-Ḥuṣurī ʿA. b. ʿAbd al-Ghanī al-Fihrī G I 408, S I 479
-Ḥuṭayʾa G I 41, S I 70
-Ḥuwayzī ʿAbd al-ʿĀlī b. Jumʿa G II 412, S II 582
-Ḥuwayzī Shihāb al-Dīn al-Mūsawī G II 372, S II 499

-ʿIbādī A. b. Q. G II 320, S II 441
-Ibāḍī S II 961
-Ibāḍiyya S I 575, II 249
Ibnat al-Shāṭiʾ S III 262
Ibrāhīm b. al-ʿAbbās al-Ṣūlī S I 218
Ibrāhīm b. ʿAbd al-Ghaffār al-Dasūqī G II 23, 478, S II 441, 726
Ibrāhīm b. ʿAbd al-Jabbār al-Fajījī G II 136
Ibrāhīm b. ʿAbd al-Karīm al-Ṭūsiyāwī G II 195,5 (to be read thus)
Ibrāhīm b. ʿAl. b. a. ʾl-Dam al-Hamdānī G I 346, S I 588, 753
Ibrāhīm b. ʿAl. b. al-Ḥājj G II 369
Ibrāhīm b. ʿAl. b. al-Kātib S I 599
Ibrāhīm b. ʿAl. b. al-Najīramī S I 202
Ibrāhīm b. ʿAl. b. al-Wāṣilī S II 514
Ibrāhīm b. ʿAl. b. al-Waṣṣābī S II 549
Ibrāhīm b. ʿAq. al-Māzinī S III 157, S III 279
Ibrāhīm b. ʿAbd al-Raḥīm b. M. b. Jamāʿa Burhān al-Dīn G II 112, S II 138
Ibrāhīm b. ʿAr. G II 238
Ibrāhīm b. ʿAr. b. ʿAl. al-Qaysarānī S II 24
Ibrāhīm b. ʿAr. b. ʿA. al-Azraq S II 252
Ibrāhīm b. ʿAr. b. ʿA. al-Fajījī S II 168
Ibrāhīm b. ʿAr. b. a. Bakr al-Azraqī S II 170
Ibrāhīm b. ʿAr. b. a. Bakr al-Rāzī S II 252
Ibrāhīm b. ʿAr. b. Bakr al-Tāzī S II 695
Ibrāhīm b. ʿAr. b. al-Firkāḥ al-Fazārī G I 331, 394, 395, II 130, 161
Ibrāhīm b. ʿAr. al-Karakī G II 83, S II 95
Ibrāhīm b. ʿAr. al-Khiyārī G II 393, S II 538
Ibrāhīm b. ʿAr. al-Riyāshī S I 947 ad 251
Ibrāhīm b. ʿAr. al-ʿUmayrī S I 753
Ibrāhīm b. ʿAbd al-Ṣamad b. Mūsā al-Hāshimī S II 938
Ibrāhīm b. ʿAbd al-Wahhāb al-Zamzamī S I 497
Ibrāhīm b. ʿAbd al-Wāḥid b. a. Nūr G II 254
Ibrāhīm ʿAbduh S III 233
Ibrāhīm al-Abshīhī G I 145
Ibrāhīm al-Aḥdab G II 697, S I 506
Ibrāhīm al-Aḥdab al-Ṭarābulsī al-Ḥalabī S II 741, 760
Ibrāhīm b. A. S II 920
Ibrāhīm b. A. al-ʿAjlūnī G II 47,9b
Ibrāhīm b. A. b. ʿA. al-Ḥalabī G II 447, S II 456 A/C
Ibrāhīm b. A. al-Amāsī G II 426, S II 633
Ibrāhīm b. A. al-Anbārī S II 920
Ibrāhīm b. A. Ef. al-Khaṭṭāṭ G II 299, S II 410
Ibrāhīm b. A. Ghānim Arribās G II 465, S II 714
Ibrāhīm b. A. al-Ḥalabī G II 447
Ibrāhīm b. A. al-Ḥanafī S I 683
Ibrāhīm b. A. al-Mawṣilī G I 428
Ibrāhīm b. A. b. M. al-ʿAsqalānī S II 140
Ibrāhīm b. A. b. M. b. al-Mollā al-Ḥalabī G II 274, S II 385
Ibrāhīm b. A. b. M. b. al-Raqqī G I 362, II 31, S I 617, II 26 (to be read thus)
Ibrāhīm b. A. b. M. Tūzūn S I 117
Ibrāhīm b. A. al-Shīwī al-Dasūqī S II 493
Ibrāhīm b. A. b. S. al-Marghīnī S II 350
Ibrāhīm al-Aḥsāʾī S II 335
Ibrāhīm b. ʿA. al-Aḥdab al-Ṭarābulusī S II 9
Ibrāhīm b. ʿA. b. A. b. ʿAbd al-Ṣamad al-Ṭarasūsī S II 87
Ibrāhīm b. ʿA. b. A. b. al-Hādī S II 909
Ibrāhīm b. ʿA. ʿArabajīzāde S II 636
Ibrāhīm b. ʿA. al-Bannānī al-Saraqusṭī S II 700
Ibrāhīm b. ʿA. b. Burayd G II 122
Ibrāhīm b. ʿA. al-Fihrī G I 352
Ibrāhīm b. ʿA. al-Fīrūzābādī al-Shīrāzī G I 387, S I 669
Ibrāhīm b. ʿA. b. al-Ḥ. al-Baladī al-Baḥrānī S II A/C 505
Ibrāhīm b. ʿA. b. al-Ḥ. al-Saqqāʾ G II 490, S II 747
Ibrāhīm b. ʿA. b. al-Ḥu. al-Kafʿamī S II 133
Ibrāhīm b. ʿA. b. Ibr. al-Miʿmār al-Ḥāʾik al-Miṣrī G II 10, S II 3
Ibrāhīm b. ʿA. b. Ibr. al-Nawawī S II 70
Ibrāhīm b. ʿA. b. M. b. Farḥūn al-Yaʿmarī G I 306, II 175, 263, S II 226
Ibrāhīm b. ʿA. b. M. al-Ḥawwālī al-Bawsī S II 247
Ibrāhīm b. ʿA. b. M. b. Maʿālī al-Raqqī S II 26
Ibrāhīm b. ʿA. b. M. al-Sulamī al-Quṭb al-Miṣrī S I 824,82f

Ibrāhīm b. ʿA. al-Qalqashandī G II 78, S II 85
Ibrāhīm b. ʿA. al-Qummī S I 334
Ibrāhīm b. ʿA. al-Shāfiʿī al-Nuʿmānī S I 262
Ibrāhīm b. ʿA. al-Shirwānī G II 194
Ibrāhīm b. ʿA. b. Tamīm al-Ḥuṣrī G I 267, S I 472
Ibrāhīm b. ʿA. al-Ṭarasūsī G II 79, S II 87
Ibrāhīm b. ʿA. b. ʿU. al-Matbūlī G II 122, S II 151
Ibrāhīm b. ʿA. b. a. ʾl-Wafāʾ G II 122
Ibrāhīm b. ʿA. al-Zamzamī G I 391, S I 675
Ibrāhīm b. Amīr b. ʿA. al-ʿUbaydī S II 438, 527
Ibrāhīm al-Andalusī S II A/C 355
Ibrāhīm al-ʿArshī S I 510
Ibrāhīm b. ʿAṭāʾallāh al-Marḥūmī S I A/C 677
Ibrāhīm Aṭfīsh S II 893
Ibrāhīm b. al-Azhar al-Sarīfīnī S I 623
Ibrāhīm al-Azharī G I 103, 392, S I 161
Ibrāhīm b. a. Bakr b. ʿA. b. Fuḍayl S I 570
Ibrāhīm b. a. Bakr al-Burrī al-Tilimsān G I 367 = S I 666
Ibrāhīm b. Bakr al-Dhanabī al-ʿAwfī G II 325, S II 448
Ibrāhīm b. a. Bakr b. Ibr. al-Jazarī S II 33
Ibrāhīm b. a. Bakr b. M. al-Akhlāṭī S II 650
Ibrāhīm b. a. Bakr al-Ṣāliḥī S II 410
Ibrāhīm Barakāt al-Qibṭī S III 84
Ibrāhīm al-Bārizī G I 93, S I 150
Ibrāhīm al-Batūbāshī S II 334
Ibrāhīm Bek al-Aswad S III 382
Ibrāhīm Bek b. Khalīl al-Najjār S II 778
Ibrāhīm Bek Marzūq S II 721
Ibrāhīm al-Biqāʿī Burhānaddīn S I 760,w
Ibrāhīm al-Birmāwī S I 677,4a
Ibrāhīm al-Buḥayrī al-Azharī G II 238, S II 333,8
Ibrāhīm Čelebī al-Manūfī al-Zurqānī S II 938
Ibrāhīm Ef. S II 1021
Ibrāhīm Ef. al-Ḥaqqī al-Faqīrī S II 1004
Ibrāhīm Ef. al-Qrīmī S II 661
Ibrāhīm al-Farghānī S II 1021
Ibrāhīm Fāris S II 736
Ibrāhīm Faṣīḥ Ṣibghatallāh al-Ḥaydarī S I 453, II 791 (to be read thus)
Ibrāhīm b. a. ʾl-Fatḥ b. Khafāja G I 272, S I 480
Ibrāhīm al-Fazārī G I 394
Ibrāhīm al-Ghamrī al-Khaṭīb al-Shāfiʿī S II A/C 458
Ibrāhīm b. Harma S I 91
Ibrāhīm b. Hibatallāh b. ʿA. al-Diyārbakrī al-Tuslarī S II 976
Ibrāhīm b. Hibatallāh al-Lakhmī S I 161
Ibrāhīm b. Hibatallāh al-Maḥallī G I 103, S II 15
Ibrāhīm b. Hilāl S I 299
Ibrāhīm b. Hilāl a. Sālim S II 348
Ibrāhīm b. Hilāl al-Ṣābī G I 95, S I 153
Ibrāhīm b. Ḥabīb al-Fazārī S I 391
Ibrāhīm al-Ḥalabī G II 127, 311, S II 292
Ibrāhīm al-Ḥalabī al-Ḥanafī S II A/C 291
Ibrāhīm Ḥalīm Pāshā al-Qawqāsī S III 309
Ibrāhīm Ḥanīf Ef. S I 631
Ibrāhīm Ḥaqqī S I 749,25,17
Ibrāhīm Ḥaqqī b. Khalīl al-Akīnī S II 632
Ibrāhīm Ḥaqqī Shuʿaymāwī Ḥāfiẓ S I 544
Ibrāhīm b. Ḥarb al-ʿAskarī G I 157
Ibrāhīm b. al-Ḥ. G II 22
Ibrāhīm b. al-Ḥ. b. ʿA. b. Isḥāq al-Faraḍī S II A/C 152
Ibrāhīm b. al-Ḥ. al-Bannānī al-Saraquṣṭī S II 355
Ibrāhīm b. al-Ḥ. al-Ḥanafī Burhān al-Dīn S II 952
Ibrāhīm b. al-Ḥ. b. Maḥmūd al-Jarhardī S I 676
Ibrāhīm b. al-Ḥ. al-Kūrānī G II 385, 392, 464, S II 520, 617
Ibrāhīm b. al-Ḥ. al-Nuḍayfī S II 336
Ibrāhīm b. al-Ḥ. Shihāb al-Dīn S II 158
Ibrāhīm al-Ḥāsib al-Manṣūrī al-Nāṣirī S II 157
Ibrāhīm b. Ḥaydar al-Ṣafawī al-Ḥusaynābādī S II 288, 619
Ibrāhīm b. Ḥijāzī al-Rashīdī S II 269
Ibrāhīm b. Ḥijāzī al-Sandiyūnī G II 356, S II 705, 850
Ibrāhīm b. Ḥu. b. A. Pīrīzāde al-Ḥanafī S I 297, II 425
Ibrāhīm b. Ḥu. b. ʿA. al-Faraḍī al-Qādirī S II 147, 647

Ibrāhīm b. Ḥu. b. ʿA. b. al-Ghaffār al-Danbulī al-Khuwayyī S I 707, II 838
Ibrahīm b. Ḥu. b. ʿA. b. al-Walīd S I 714
Ibrahīm b. Ḥu. al-Garmiyānī al-Sharīfī S I 285, 537
Ibrahīm b. Ḥu. al-Ḥāmidī S I 714
Ibrahīm b. Ḥu. al-Ḥasanī S I 815$_{,18}$
Ibrahīm b. Ḥu. b. Riḍā al-Ṭabāṭabāʾī S II 797
Ibrahīm b. Ibr. al-Laqānī G I 162, 389, II 316, S I 611, 760, II 98, 436
Ibrahīm b. Ibr. al-Nawawī G II 96
Ibrahīm b. Ibr. al-Salmūnī al-ʿĀdilī S I 651
Ibrahīm al-ʿImādī S II 952$_{,46a}$
Ibrahīm b. Isḥāq al-Ḥarbī G I 124, S I 188
Ibrahīm b. Isḥāq al-Ṣaffār al-Bukhārī S I 758
Ibrahīm b. Ism. S I 837, II 976
Ibrahīm b. Ism. al-ʿAdawī S II 455
Ibrahīm b. Ism b. A. al-Ajdābī G I 308, S I 541
Ibrahīm b. Ism. al-Gunāgarhī S II 606
Ibrahīm b. Ism. al-Jaḥḥāfī G II 901
Ibrāhīm b. Jalāl al-Dīn al-Khujandī S I 684
Ibrāhīm b. al-Jāmūs al-Shāfiʿī S II 443
Ibrahīm al-Kashshī S II 298
Ibrahīm b. Khālid al-Ulūfī S II 562
Ibrahīm al-Khāliʿī al-ʿAdawī G II 97$_{,36}$
Ibrahīm b. Khalīl b. Ibr. al-Rasʿanī al-Shāfiʿī S II 102
Ibrahīm Khān b. ʿA. Wardī Khān S II 608
Ibrahīm Khān Nawwāb S II 619
Ibrahīm b. Khaṭṭār Sarkīs S II 771
Ibrahīm Khaṭṭāṭzāde al-Ḥanafī S II 938
Ibrahīm al-Kilbāsī al-Iṣfahānī a. ʾl-Maʿālī S II 836
Ibrahīm al-Kīshī ʿIzz al-Dīn S II 1029
Ibrahīm al-Kurdī G I 359, S I 611
Ibrahīm al-Madanī S I A/C 802
Ibrahīm b. Māhān al-Mawṣilī G I 78, S I 223
Ibrahīm b. al-Mahdī S I 222
Ibrahīm b. Mahrūma S I 768
Ibrahīm b. Maḥmūd b. A. al-Āqsarāʾī al-Mawāhibī G II 118, S II 153
Ibrahīm b. Maḥmūd al-Shādhilī S II 362
Ibrāhīm b. Marʿī al-Shabrakhītī G I 396, II 84, 318, S I 683, II 98, 184$_{,56h}$, 436, 438
Ibrāhīm al-Martūnī al-Azharī S I 677$_{,4c}$
Ibrāhīm b. Masʿūd al-Aḥmadī al-Shuʿaybī S II 470
Ibrāhīm b. Masʿūd al-Ilbīrī S I 479
Ibrāhīm al-Mawlawī S I 846
Ibrāhīm b. Miʿdād al-Jaʿbarī S II 149
Ibrāhīm b. Mīr Darwīsh al-Bukhārī S II 269
Ibrāhīm al-Miṣrī S III 232, 278
Ibrāhīm b. Mufarrij al-Ṣūrī S II 58, 909
Ibrāhīm b. M. G II 197
Ibrāhīm b. M. ʿAbd al-ʿĀṭī S III 182
Ibrāhīm b. M. b. ʿAbd al-Karīm al-Safarjalānī G II 279, S II 388
Ibrāhīm b. M. b. ʿAl. al-Hādawī G II 188, S II 248
Ibrāhīm b. M. b. ʿAl. al-Qīrāṭī G II 14, S II 7
Ibrāhīm b. M. b. ʿAr. ʿAbd al-Salām al-Zamzamī G II 393, S II 538
Ibrāhīm b. M. b. ʿAr. al-Dasūqī G II 124, S II 153
Ibrāhīm b. M. b. ʿAr. al-Ishbīlī al-Andalusī S I 724
Ibrāhīm b. M. b. ʿAr. a. Najāt al-Suḥālī S II 471
Ibrāhīm b. M. al-Akram G II 274
Ibrāhīm b. M. b. ʿA. al-Qawwāsī al-Marandī S I A/C 727
Ibrāhīm b. M. b. ʿA. Sālim S II 961
Ibrāhīm b. M. b. al-Andalusī G II 463
Ibrāhīm b. M. al-Anṣārī G I 248
Ibrāhīm b. M. b. ʿArabshāh al-Isfarāʾinī ʿIṣām al-Dīn G I 162, 304, 417, II 194, 205, 410, S I 517, 518, 519, 534, 548 A/C, 646, 759, II 287, 289 A/C, 303, 571
Ibrāhīm b. M. b. a. ʿAwn al-Baghdādī G I 154, S I 188
Ibrāhīm b. M. b. Bahādur b. Zuqqāʿa G II 237, S II 7
Ibrāhīm b. M. al-Bājūrī G I 39, 162, 265, 392, II 194, 238, 251, 317, 321, 355, 487, 700, S I 68, 268, 469, 518, 676, 677, 705, II 259, 353, 356, 437, 442, 479, 513, 741, 990
Ibrāhīm b. M. al-Bakhshī S II 433
Ibrāhīm b. M. b. a. Bakr al-Saʿdī al-Akhṭāʾī G I 370, S I 631
Ibrāhīm b. M. b. a. Bakr b. a. Sharīf G II 20, S II 13
Ibrāhīm b. M. Bāqir al-Qazwīnī S II 829
Ibrāhīm b. M. al-Bayhaqī S I 249
Ibrāhīm b. M. al-Bilbaysī S I A/C 677
Ibrāhīm b. M. al-Birmāwī G II 322, S I 682, II 444

Ibrāhīm b. M. b. Duqmāq G II 50, S II 49
Ibrāhīm b. M. al-Fārisī G II 210
Ibrāhīm b. M. Ghaḍanfar al-Tabrīzī S I 367
Ibrāhīm b. M. al-Ḥalabī G I 432, II 88, S I 659, 793, II 89, A/C 317
Ibrāhīm b. M. al-Ḥusaynī al-Qādirī S II 1004
Ibrāhīm b. M. b. Ibr. al-Bābāṭāghī S I 660
Ibrāhīm b. M. b. Ibr. al-Ḥalabī G II 432 (to be read thus), S II 642
Ibrāhīm b. M. b. Ibr. al-Iflīlī G I 88, S I 142
Ibrāhīm b. M. b. Ibr. al-Isfarā'inī S II A/C 939
Ibrāhīm b. M. b. Ibr. al-Mujāwir S II 939
Ibrāhīm b. M. b. Ibr. Muṭayr Burhān al-Dīn S II 992
Ibrāhīm b. M. b. Ibr. al-Naḥwī S II A/C 16
Ibrāhīm b. M. b. Ibr. al-Safāqusī G II 249, S II 350
Ibrāhīm b. M. b. Ibr. al-Shāfiʿī al-Iṣfahānī Rukn al-Dīn S II 939
Ibrāhīm b. M. b. ʿĪsā al-Maymūnī G I 304 (to be read thus), II 194, 307, S I 533, II 419
Ibrāhīm b. M. al-Isfarā'inī S I 267, 648, 667, 760
Ibrāhīm b. M. b. Ism. al-Amīr al-Ḥasanī al-Yamanī S II 423 A/C, 459
Ibrāhīm b. M. al-Iṣṭakhrī G I 229, S I 408 (to be read thus)
Ibrāhīm b. M. al-Jankānī G I 413
Ibrāhīm b. M. al-Jārim al-Rashīdī S II 20, 460 A/C, 938
Ibrāhīm b. M. b. Kamāl al-Dīn al-Ḥusaynī S II 223, 421 A/C
Ibrāhīm b. M. b. Kasbāy al-ʿImādī S II A/C 1032
Ibrāhīm b. M. al-Kāzarūnī S I 781
Ibrāhīm b. M. b. Khalaf b. Ḥamdūn G I 355, S I 603, II 922,$_{24a}$
Ibrāhīm b. M. b. Khalīl Sibṭ b. al-ʿAjamī G I 369,$_{5b}$, II 67, S I 631, II 72 see Ibr. b. M. b. S. b. al-ʿA.
Ibrāhīm b. M. al-Maghribī G II 465
Ibrāhīm b. M. b. Maḥmūd b. Badr b. ʿĪsā al-Ḥalabī al-Dimashqī S II 992
Ibrāhīm b. M. b. Maḥmūd al-Nājī al-Dimashqī G I 367, II 98, S II 116
Ibrāhīm b. M. al-Mālikī G II 148,$_{57}$
Ibrāhīm b. M. b. Malkūn al-Ḥaḍramī S I 40
Ibrāhīm b. M. al-Maqdisī G II 24
Ibrāhīm b. M. al-Mawāhibī G II 123
Ibrāhīm b. M. al-Mudabbir S I 152
Ibrāhīm b. M. al-Qayṣarī Gözübüyükzāde S II 939
Ibrāhīm b. M. al-Qārī' al-Ḥanafī S II 952
Ibrāhīm b. M. al-Samarqandī al-Laythī al-Qārī' al-Ḥanafī S II 266
Ibrāhīm b. M. b. al-Shiḥna al-Ḥalabī G II 97, S II 115
Ibrāhīm b. M. Sibṭ b. al-ʿAjamī G I 160, II 67, 71, S I 265, 579, 631 see Ibr. b. M. b. Khalīl
Ibrāhīm b. M. b. S. al-Bawsī S I 702, II 242
Ibrāhīm b. M. al-Ṣāfī al-Wādī al-Muṣʿabī S II A/C 22
Ibrāhīm b. M. al-Tādalī al-Ribāṭī S II 706, 843,$_{30}$
Ibrāhīm b. M. al-Tāzī al-Wahrānī S II A/C 359
Ibrāhīm b. M. al-Ṭabarī al-Makkī S I 612
Ibrāhīm b. M. b. Ṭarkhān b. al-Suwaydī al-Anṣārī S I 900
Ibrāhīm b. M. al-Ṭā'ūsī al-Qazwīnī S I 806
Ibrāhīm b. M. al-Wāsiṭī Nifṭawayh S I 184
Ibrāhīm b. M. al-Wazīr Ṣārim al-Dīn S I 699
Ibrāhīm b. M. al-Yalawājī S I 286, 843 A/C
Ibrāhīm b. M. b. Yū. al-Baṭalyūsī S II 1026
Ibrāhīm al-Muḥammadī S II 466
Ibrāhīm b. Murād b. Ibr. b. al-Rāʿī S II 939
Ibrāhīm b. Mūsā al-Abnāsī G I 299, (388), S I 523, 612 A/C, II 228
Ibrāhīm b. Mūsā al-Karakī G II 163, S II 205
Ibrāhīm b. Mūsā b. M. al-Shāṭibī S II 374
Ibrāhīm b. Mūsā al-Ṭarābulusī G II 83, S II 94
Ibrāhīm b. Muṣṭafā S I 614
Ibrāhīm b. Muṣṭafā b. ʿAlīshīr al-Malifdawī S I 762
Ibrāhīm b. Muṣṭafā al-Ḥalabī S II 428
Ibrāhīm b. Muṣṭafā al-Ḥanafī S I 614
Ibrāhīm b. Muṣṭafā b. Ibr. al-Mudārī G II 287, S II 398
Ibrāhīm b. Muṣṭafā Waḥdī Ef. S I 561
Ibrāhīm al-Muwayliḥī S III 154
Ibrāhīm al-Najāt b. M. b. al-Najāt al-Ṣanhājī S II 704
Ibrāhīm al-Nājī S III 137

Ibrāhīm b. Naṣīf al-Yāzījī G II 495, S II 766
Ibrāhīm al-Nawāwī S I 564, II 964
Ibrāhīm b. Nawbakht S I 319, II 208
Ibrāhīm al-Nīlī al-Baghdādī Taqī al-Dīn S I 535
Ibrāhīm b. Nūrī Asbāṭ al-Baʿlabakkī S II 1039
Ibrāhīm al-Nuwayrī S I 449
Ibrāhīm Pāshā Fawzī S III 308
Ibrāhīm al-Qaramāni al-Āmidī S II 185,66b, 939
Ibrāhīm b. al-Q. b. al-Imām al-Muʾayyad billāh S II 561
Ibrāhīm b. al-Q. al-Qayrawānī al-Raqīq G I 155, S I 252
Ibrāhīm b. al-Q. b. ʿU. Muṭayr Ḍiyāʾ al-Dīn S II 954,71, 976
Ibrāhīm Qaṣṣāb Bāshīzāde S II 1040
Ibrāhīm b. Qays a. Isḥāq al-Ḥaḍramī S I 692 A/C, II 249
Ibrāhīm Ramzī S III 276
Ibrāhīm al-Rāwī al-Rifāʿī S II A/C 785, 467
Ibrāhīm b. Sahl al-Isrāʾīlī G I 273, S I 483
Ibrāhīm b. a. Saʿīd b. Ibr. al-ʿAlāʾī S I 890
Ibrāhīm Saʿīd b. Ibr. Sanad S II 184,56
Ibrāhīm b. Saʿīd al-Khuṣūṣī S I 510
Ibrāhīm b. Saʿīd al-Nuʿmānī al-Ḥabbāl S I 572
Ibrāhīm b. Salmān al-Nashdī S II A/C 808
Ibrāhīm al-Sanūsī S I 734
Ibrāhīm al-Sāqizī G II 396, S II 541,51b
Ibrāhīm al-Saqqāʾ S II 437, 739
Ibrāhīm al-Saraqusṭī a. Isḥāq S II 354,31
Ibrāhīm b. Sayyār b. Hāniʾ al-Naẓẓām S I 339
Ibrāhīm al-Sayyid a. Kurāt S II 234
Ibrāhīm al-Shabishtarī al-Naqshbandī Sībawayh al-Thānī G I 305, II 194, S II 261
Ibrāhīm b. Shaʿbān b. Nāfiʿ al-Ṣāliḥī S II 1040
Ibrāhīm al-Shāfiʿī al-Khalwatī al-Wafāʾī S II 392
Ibrāhīm b. Shams al-Dīn b. M. al-Ḥalabī al-Qabāqibī S II 679
Ibrāhīm b. Sinān b. Thābit b. Qurra G I 218, S I 386
Ibrāhīm b. Sufyān al-Ziyādī S I 168
Ibrāhīm al-Sulamī G I 388
Ibrāhīm b. S. al-Azharī G II 315
Ibrāhīm b. S. al-Jīnīnī G II 314, S II 223, 416, 432
Ibrāhīm b. S. al-Kurdī S I 534
Ibrāhīm b. S. al-Manṭiqī S I 761
Ibrāhīm b. S. al-Qaṭīfī S II 207, 503
Ibrāhīm b. al-Ṣāʾigh al-Ḥalabī G II 13
Ibrāhīm b. Ṣāliḥ al-Dimirdāshī G II 355
Ibrāhīm b. Ṣāliḥ al-Muhtadī al-Hindī G II 399, S II 545
Ibrāhīm b. al-Ṣalt S I 371
Ibrāhīm b. Ṣārim al-Dīn al-Ṣaydāwī S II 495
Ibrāhīm al-Tāzī al-Wahrānī S II 332
Ibrāhīm al-Ṭabbākh al-Darwīsh S II 952
Ibrāhīm al-ʿUbaydī b. Amīr b. ʿA. al-Mālikī S II 939
Ibrāhīm b. ʿU. b. ʿA. b. a. Bakr S II 1021
Ibrāhīm b. ʿU. b. ʿA. al-Najalī S II 94, 1021 (to be read thus)
Ibrāhīm b. ʿU. al-Biqāʿī G I 263, 351, 448, II 142, S I 465, 594, 843 (to be read thus), II 177
Ibrāhīm b. ʿU. b. Ibr. al-Jaʿbarī G II 164, S II 134
Ibrāhīm b. ʿU. al-Jaʿbarī G I 409, S I 725, 726, 730
Ibrāhīm b. ʿU. al-Nawawī S II 939
Ibrāhīm b. ʿU. al-Samdīsī G II 58
Ibrāhīm b. ʿU. al-Shirbīnī S II A/C 82
Ibrāhīm Wahba S III 234
Ibrāhīm b. Waṣīf Shāh al-Miṣrī G I 335, S I 574
Ibrāhīm b. Ya. b. A. al-Awsī al-Mursī G II 265, S II 377
Ibrāhīm b. Ya. b. ʿA. al-Suḥūlī S II 19
Ibrāhīm b. Ya. b. Ghannām al-Maqdisī al-Ḥanbalī G I 498, S I 913
Ibrāhīm b. Ya. b. al-Mahdī Jaḥḥāf al-Ḥubūrī al-Qāsimī S I 702, II 199, 567
Ibrāhīm b. Ya. b. M. al-Gharnāṭī S II 374
Ibrāhīm b. Ya. al-Naqqāsh b. al-Zarqāla S I 856
Ibrāhīm b. Ya. al-Nawawī G I 396,11
Ibrāhīm b. Ya. b. Rifāʿa al-Ghazzī G I 253, S I 447
Ibrāhīm b. Ya. al-Suḥūlī Ṣārim al-Dīn G II 187, S II 244, 559

Ibrāhīm b. Ya. b. Yazīd G I 109, S I 169
Ibrāhīm b. Yakhshī Dede Khalīfa S I 498
Ibrāhīm b. Yaʿqūb G I 523, S I 410
Ibrāhīm b. Yūḥannā al-Qalyūbī al-Wajīh S II 939
Ibrāhīm b. Yū. al-Būlawī S II 952
Ibrāhīm b. Yū. b. Dahhāq al-Awsī b. al-Marʾa S I 672
Ibrāhīm Yū. b. al-Fīrūzābādī G I 324 = 387, S I 669
Ibrāhīm Yū. b. Ibr. b. Qurqūl G I 370, 413, II 66, S I 633
Ibrāhīm Yū. b. al-Jabartī S II 939
Ibrāhīm b. Yū. al-Ṣādirānī S III 227
Ibrāhīm Zaydān S III 228
Ibrāhīm b. Zayn al-Dīn al-Ḥājj Q. al-Ḥalabī al-Ḥanafī Ḥanbalīzāde S II 634
Ibrāhīm al-Zubayrī G II 434,14
-Ibshīhī M. b. A. al-Khaṭīb G II 56, S II 55
ʿĪd b. ʿA. al-Namrasī al-Shāfiʿī S II 964
b. al-ʿIdhārī al-Marrākushī G I 337, S I 577, II 339
-Idkāwī ʿAl. b. ʿAl. b. Salāma G II 283, S II 392
-Idkāwī ʿAl. b. ʿAl. al-Wadghīrī G II 508
Idrīs b. A. b. a. Bakr al-Fuḍaylī S II 886
Idrīs b. A. b. Idrīs S II 920
Idrīs b. ʿA. ʿImād al-Dīn G II 183
Idrīs b. Bidkīn b. ʿAl. al-Turkumānī S II 168
b. Idrīs a. ʾl-Ḥ. M. b. a. ʾl-Ḥ. S I 938,76
Idrīs b. Ḥusām al-Dīn al-Bidlīsī G II 233, S I 464, II 325
Idrīs b. Ḥu. b. ʿAl. b. ʿA. al-Anf S II 239
Idrīs ʿImād al-Dīn b. al-Ḥ. b. ʿAl. al-Makramī S II 250
Idrīs b. M. b. A. al-Ḥasanī G II 461, S II 698
Idrīs b. Yū. b. Muṣṭafā b. Ya. S II 920
-Idrīsī ʿA. b. Maymūn b. a. Bakr S II 153
-Idrīsī M. b. ʿAbd a-lʿAzīz G I 478, S I 879
-Idrīsī al-Sharīf M. b. M. b. ʿA. G I 477, S I 876
-Ifrānī M. Ṣaghīr b. al-Ḥājj M. S II 681
Iftikhār al-Dīn M. b. Hindūshāh al-Dāmaghānī S II 292,5
Iḥsān ʿA. al-Qūṣī S III 264
Iʿjāz A. S I 535
Iʿjāz Ḥu. b. M. Qulī al-Naysabūrī al-Kantūrī S II 855
-Ījī ʿAḍud al-Dīn ʿAr. b. A. G II 208, S II 286
-Ījī A. b. ʿA. S I 522
-Ījī M. b. ʿAr. S II 278
-ʿIjlī al-Ḥillī M. b. Idrīs S I 710
Ikhtiyār al-Dīn b. Ghiyāth al-Dīn al-Ḥusaynī S II 256
Ikhtiyār b. Ṭālib al-Dīn al-Ḥasanī S II 608
Ikhwān al-Ṣafāʾ G I 213, S I 379
ʿIkrima S I 691
Ilāhdād al-Jawnpūrī S II 267
-Ilāhī Ism. G II 308
-Īlāqī M. b. ʿA. G I 485, S I 887
-Ilbīrī Ibr. b. Masʿūd S I 479
-Ilbīrī M. b. Khalaf b. Mūsā S I 762
Ilyās b. ʿAbbās Mollā Shaykhī al-Kurdī S II 307
Ilyās b. ʿAl. S I 751,38d
Ilyās b. ʿAbduh al-Qudsī S II 771
Ilyās al-Ayyūbī S III 309
Ilyās Boqṭor G II 479
Ilyās a. Ḍāhir S III 377
Ilyās Ef. ʿĀzār al-Khūrī S III 477
Ilyās Ef. Samāḥa al-Lubnānī S III 378
Ilyās Faraj Basīl al-Kisrawānī S II 752
Ilyās Farḥāt S III 448
Ilyās Fayyāḍ S III 362
Ilyās b. Ibr. b. Dāʾūd al-Kūrānī al-Kurdī G II 194,71, 218, S II 288, 943
Ilyās b. Ibr. al-Sīnūbī G I 170
Ilyās al-Khūrī a. Rizq S III 479
Ilyās a. Māḍī S III 443
Ilyās Manṣūr al-Farrān al-Lubnānī S III 442
Ilyās Niqūlā Ẓāhir S III 387
Ilyās al-Qudsī G II 496
Ilyās Qunṣul S III 454
Ilyās al-Rūmī S II 259
Ilyās a. Shabaka S III 363
Ilyās b. Ṭuʿma al-Lubnānī S III 448
Ilyās b. Yūḥannā al-Mawṣilī S II 508
Ilyās zāde Khayr al-Dīn b. Tāj al-Dīn S II 667
Ilyās Zakhūra S III 308
b. al-ʿImād S II 658
b. al-ʿImād al-ʿAkarī ʿAbd al-Ḥayy b. A. b. M. G II 383, S II 403
ʿImād al-Dīn G II 215
ʿImād al-Dīn al-Baghdādī S I 860
ʿImād al-Dīn a. ʾl-Ḥu. b. a. Bakr al-Kindī S II 135

ʿImād al-Dīn al-Iṣfahānī al-Shaykh S I 968 ad 586
ʿImād al-Dīn al-Kāshānī S II 1021
ʿImād al-Dīn b. Luṭfallāh al-Muhandis al-Lahūrī S II 559
ʿImād al-Dīn Maḥmūd S II 592
ʿImād al-Dīn b. M. b. Shams al-Dīn al-Ḥanafī G II 133, S II 164
ʿImād al-Dīn al-ʿUthmānī al-Labkanī S I 841, II 293, 303, 622
ʿImād al-Dīn al-Wāsiṭī S II 147
ʿImād al-Dīn Ya. b. A. b. al-Muẓaffar al-Qāḍī S II 244
ʿImād b. M. b. Ya. b. ʿA. al-Fārisī S I 846
ʿImād b. Yū. b. ʿA. al-Fārisī S II 307,26
-ʿImādī ʿAr. b. M. b. M. G II 291, S II 402, 998
-ʿImādī al-Fatḥābādī A. b. M. S I 638
-ʿImādī Ḥāmid b. ʿA. b. Ibr. S II 434
-ʿImādī M. b. Ibr. G II 280, 368
b. al-Imām al-Buṣrawī A. b. M. G II 361, S II 489
b. al-Imām al-Gharnāṭī M. b. M. b. ʿA. b. al-Humām G II 86, S II 102
Imām al-Ḥaramayn ʿAbd al-Malik b. ʿAl. al-Juwaynī G I 388, S I 535, 671
-Imām al-Ḥusaynī S I 287
Imām al-Kāmiliyya M. b. M. al-Qāhirī G I 389, II 77, S II 85
Imām zāde al-Sharjī M. b. a Bakr al-Bukhārī S I 642
Imdād ʿA. S I 705
Imraʾ al-Qays G I 24, S I 48
a. ʿImrān al-Fāsī S II 961
ʿImrān b. al-Ḥ. al-ʿUdhrī S I 554
ʿImrān b. Ḥiṭṭān S I 92
a. ʿImrān al-Jurādī S II 992
a. ʿImrān al-Zanātī S II 1040
-ʿImrānī Ya. b. a. ʾl-Khayr b. Sālim G I 391, S I 675
b. ʿInaba A. b. ʿA. b. al-Ḥu. b. Muhannā al-Zaydī G II 199, S II 271
ʿInāyatallāh G I 364
ʿInāyatallāh al-Bukhārī S I 759, II 291
ʿInāyatallāh b. M. b. ʿAbdalkarīm S I 843,22
ʿInāyatallāh b. Niʿmatallah al-Bukhārī S I 966 ad 534
-ʿInāyātī A. b. A. b. ʿAr. G II 273, S II 384
b. ʿIrāq Manṣūr b. ʿA. G I 472, 511, S I 861
-ʿIrāqī S I 267, 753, 853, II 355
-ʿIrāqī ʿAbd al-Raḥīm b. al-Ḥu. G II 65, S II 69
-ʿIrāqī A. b. ʿAbd al-Raḥīm G II 66, S II 71
-ʿIrāqī Manṣūr b. A. b. Ibr. S I 721
-ʿIrāqī M. b. ʿA. b. ʿAl. b. A. S I 493
-Irbilī ʿAlāʾ al-Dīn b. ʿA. b. Badr al-Dīn b. M. S II 23, 201
-Irbilī ʿA. b. ʿĪsā b. Fakhr S I 713
-Irbilī M. b. a. Shākir S I 444
ʿIrfān al-Dīn al-Sawātī S I 536
Irshād Khān Ḥakīm Shifāʾī S I 826,82mm
Irtiḍāʾ Khān al-Bukhārī S II 615
Irtiḍāʾ Khān b. Muṣṭafā Khān S II 854
ʿĪsā b. Abān S I 950 ad 291
ʿĪsā b. ʿAbd al-ʿAzīz b. ʿĪsā al-Iskandarānī G I 303, S I 531
ʿĪsā b. ʿAbd al-ʿAzīz al-Juzūlī G I 39, 308, S I 68, 541
ʿĪsā b. ʿAl. al-Ḥasanī al-Ḥusaynī al-Ījī al-Shāfiʿī al-Ṣafawī S I 741
ʿĪsā b. ʿAq. al-Jīlānī S I 779
ʿĪsā b. ʿAbd al-Raḥīm S II 234
ʿĪsā b. ʿAbd al-Raḥīm al-Aḥmadābādī S II 616
ʿĪsā b. ʿAr. al-Saktānī G II 251, S II 353, 695
ʿĪsā b. A. al-Andalusī al-Lakhmī G II 459, S II 689
ʿĪsā b. A. b. ʿĪsā al-Barrāwī al-Shāfiʿī G II 148, 323, S II 354, 445
ʿĪsā b. A. al-Shirwānī S I A/C 532
ʿĪsā b. A. al-Zubayrī al-Barrāwī S II 184,56g
ʿĪsā b. ʿA. G I 236
ʿĪsā b. ʿA. b. A. al-Ishbīlī S II 909
ʿĪsā b. ʿA. b. al-Ḥ. al-Būlawī G II 424, S II 632
ʿĪsā b. a. Bakr b. Ayyūb G I 380, II 698, S I 563, 652
b. ʿĪsā al-Daylamī Nāṣir b. al-Ḥu. b. M. S I 698
ʿĪsā Ef. al-Sīrawī S II 658
ʿĪsā b. Ḥakam Masīḥ al-Dimashqī S I 416
ʿĪsā b. al-Ḥ. al-Silafī S I A/C 624
ʿĪsā b. Ibr. al-Rabaʿī G I 279, S I 492
ʿĪsā b. ʿĪsā al-Safaṭī G II 315, 331, S II 458
ʿĪsā b. Isḥāq a. Zurʿa G I 208, S I 371
ʿĪsā Iskander Maʿlūf S III 385
ʿĪsā b. Ism. al-Buḥturī G I 352
ʿĪsā b. Junayd al-ʿUmarī S II 256

ʿĪsā b. Karīm S II 976
ʿĪsā al-Lumāṭī S II 920
ʿĪsā b. Luṭfallāh b. al-Muṭahhar b. Rasūlallāh G II 402, S II 550
ʿĪsā al-Maghribī al-Jaʿfarī al-Thaʿālibī S II 939
ʿĪsā b. Maḥfūẓ al-Ṭurafī S I 442
ʿĪsā b. Maḥmūd al-Zawāwī S II 961
ʿĪsā b. Māssa G I 232, S I 417
ʿĪsā b. a. Masʿūd b. Manṣūr al-Naklānī S II A/C 346
ʿĪsā b. Masʿūd al-Zawāwī al-Mālikī S I 948 ad 265
ʿĪsā Mīkhāʾīl Sābā S III 388
ʿĪsā b. M. al-Barrāwī S II 105
ʿĪsā b. M. b. Fattūḥ al-Hāshimī al-Balansī b. al-Murābiṭ S I 718
ʿĪsā b. M. b. Īnānj al-Qarashahrī G II 224, S II 311
ʿĪsā b. M. b. ʿĪsā al-Kurdī S II 166
ʿĪsā b. M. al-Maqdisī G II 18
ʿĪsā b. M. b. M. al-Maghribī al-Thaʿālibī al-Jazāʾirī S II 419 A/C, 453, 691, 939
ʿĪsā b. M. b. Qarāja b. S. b. Baraka al-Suhrawardī as-Saljūkī S II 1004
ʿĪsā b. M. al-Ṣafawī, G II 414, S II 535
ʿĪsā b. M. b. ʿUbaydallāh al-Ṣafawī S II 594
ʿĪsā b. M. al-Wafāʾī S II 367
ʿĪsā al-Muklātī G I 306, viii,2
ʿĪsā b. Mūsā b. A. al-Ṭūṭīlī S II 961
ʿĪsā al-Nājī G I 178, read: al-Q. b. ʿĪsā al-N.
ʿĪsā Quṭb al-Dīn al-Ṣafawī S I 631
ʿĪsā b. Sabaʿ a. Mahdī S II 940
ʿĪsā b. Sahl al-Asadī G I 383, S I 661
ʿĪsā b. a. Saʿīd b. al-Amīn al-Nīsābūrī S II 284
ʿĪsā b. Salāma b. ʿĪsā S II 352
ʿĪsā b. Sanjar al-Ḥājirī G I 249, S I 441
ʿĪsā b. al-Surūr al-Shaʿrāwī S I 471
ʿĪsā Ṣafī al-Dīn al-Qādirī al-Bandanījī S II 574
ʿĪsā ʿUbayd S III 231
ʿĪsā b. ʿU. al-Thaqafī G I 99, S I 158
ʿĪsā b. ʿUthmān al-Ghazzī al-Shāfiʿī S I 680, II 109
ʿĪsā al-Wānūghī S I 302
ʿĪsā b. Ya. G I 207
ʿĪsā b. Ya. al-Āqsarāʾī G II 710, S II 327
ʿĪsā b. Ya. b. Ibr. S I 70
ʿĪsā b. Ya. al-Masīḥī G I 238, S I 423
ʿĪsā b. Yaʿqūb al-ʿImādī S II 1043
-Isbījābī A. b. Manṣūr S I 289, 294, 296
-Isbirī ʿU. G II 429
-Isfarāʾinī G I 275, 296, II 24, S II 19
-Isfarāʾinī ʿAr. b. M. b. M. al-Khurāsānī S II 281
-Isfarāʾinī ʿA. b. Naṣr G II 172, S II 221
-Isfarāʾinī al-Fāḍil Tāj al-Dīn M. b. M. G II 163, S I 514, 520
-Isfarāʾinī Ibr. b. M. G II 410, S I 667
-Isfarāʾinī Ibr. b. M. b. ʿArabshāh S II 571
-Isfarāʾinī M. b. M. b. A. S I 520
-Isfarāʾinī M. b. M. b. M. al-ʿIrāqī S II 205
-Isfarāʾinī Shāhfūr b. Ṭāhir S I 669, 731
Isfarāʾinī Yaʿqūb b. S. G I 351, S I 594
Ishbak al-Ẓāhirī S II 41
-Ishbīlī Ibr. b. M. b. ʿAr. S I 724
-Ishbīlī M. b. ʿAl. al-Maʿāfirī b. al-ʿArabī S I 732
-Ishbīlī M. b. Khayr G I 499
Ishfāq al-Raḥmān Kandihlawī S I 267
Ishiq al-Iznīqī G I 288, read: ʿĀshiq b. Q. al-I. S I 504,4
Isḥāq b. ʿA. b. ʿA. b. a. Bakr al-Multānī G II 220, S II 310
Isḥāq Armala al-Suryānī al-Qudsī S III 423
Isḥāq b. a. Bakr al-Walwālijī G II 78, S II 86
Isḥāq Ef. A. al-Burūsāwī G I 292, S I 511
Isḥāq b. al-Ḥ. al-Zanjānī al-Ṭuqātī G I 440, S II 654, A/C 655
Isḥāq b. al-Ḥ. al-Zayyāt S I 405, II 1026
Isḥāq b. Ḥassān al-Ḥuraymī S I 112
Isḥāq b. Ḥunayn G I 206, S I 369
Isḥāq b. al-Ḥu. b. al-Imām al-Mutawakkil ʿala ʾl-llāh S II 563
Isḥāq b. al-Ḥu. al-Munajjim S I 404
Isḥāq b. Ibr. b. A. al-Tadmurī G II 131, S II 162
a. Isḥāq b. Ibr. b. A. al-Ṭarābulusī S I 541
Isḥāq b. Ibr. al-Anṣārī G I 248
Isḥāq b. Ibr. al-Fārābī G I 127, S I 195
Isḥāq Ibr. ʿImrān G I 232, S I 417
Isḥāq b. Ibr. al-Khuttalī S II 909
Isḥāq b. Ibr. al-Mawṣilī G I 78, 84, S I 223
Isḥāq b. Ibr. b. a. M. ʿAbd al-Salām al-Ṣanhājī G II 238 (to be read thus)
a. Isḥāq b. Ibr. b. M. b. Maḥmūd al-Tājī al-Dimashqī S II A/C 152
Isḥāq b. Ibr. b. Rahūya al-Ḥanẓalī G I 157, S I 257
Isḥāq b. Ibr. al-Rūmī S I 837

a. Isḥāq Ibr. al-Saraqusṭī S II 354
Isḥāq b. Ibr. al-Shāshī G I 174, S I 294
a. Isḥāq al-Isfarāʾinī S II 842
Isḥāq b. Islām al-Jarkasī S I 498, o
Isḥāq b. Jarīr al-Ṣanʿānī S II A/C 236
Isḥāq Khān b. Ism. Khān S I 825,1, I 827,82k
a. Isḥāq al-Kirmānī S I 433
Isḥāq b. Manṣūr al-Marwazī S I 310
Isḥāq b. Mirār al-Shaybānī G I 116, S I 179
Isḥāq b. Mufliḥ al-Maqdisī S I 688
Isḥāq b. M. al-Āshī S I 435, II 921
Isḥāq b. M. b. Ism. al-Ḥakīm al-Samarqandī S I A/C 347
Isḥāq al-Qaramānī Jamāl Khalīfa G II 423, S I 102, 641
a. Isḥāq b. al-Raqīq S I 229
Isḥāq al-Shaykh S II 909
Isḥāq b. S. al-Isrāʾīlī G I 235, S I 421
a. Isḥāq al-Ṣābī S I 399
a. Isḥāq al-Tūnisī S II 992
Isḥāq b. Ya. b. al-Zarqāla G I 472, read: a. Isḥ. Ibr. b. Ya. S I 862
Isḥāq b. Yaʿqūb b. ʿAbd al-Ṣamad al-Ṣardafī al-Yamanī G I 470, S I 855
Isḥāq b. Yaʿqūb al-Qarrāb S I 619
Isḥāq b. Yū. b. Amīr al-Muʾminīn al-Mutawakkil S II 545, 968
-Isḥāqī ʿAbd al-Bāqī b. M. G II 276
-Isḥāqī al-Ḥu. b. al-Ḥ. S II 413
-Isḥāqī M.b. ʿAbd al-Muʿṭī G II 296, S II 407
-Isʿirdī M. b. Rustam G I 257,11
-Iskāfī M. b. ʿAl. b. al-Khaṭīb G I 279, S I 491
Iskandar Āghā Abkarius G II 495, S I 768
Iskandar al-Khūrī al-Bitjālī S III 370
Iskandar Quzmān S III 85
Iskandar al-Riyāshī S III 390
Iskandar Shaffūn S III A/C 230
-Iskandarānī ʿĪsā b. ʿAbd al-ʿAzīz b. ʿĪsā S I 531
-Iskandarānī Manṣūr b. Salīm S I 573
-Iskarī ʿAr. b. ʿAl. G II 366, S II 493
b. Ism. G I 462
Ism. b. ʿAbbād b. M. b. Wazīrān al-Iṣfahānī S I 596
Ism. b. ʿAbbād al-Ṣāḥib al-Ṭālqānī G I 88, 130, II 691, S I 140, 199
Ism. b. ʿAbd al-Ghanī al-Nābulusī S II 476
Ism. b. ʿAl. b. A. b. M. Ḥammād al-Mawṣilī S II 986
Ism. b. ʿAl. al-Ruʿaynī S I 379
Ism. b. ʿAbd al-Muʾmin b. ʿĪsā Māshāda S I 789
Ism. b. ʿAbd al-Munʿim S III 230
Ism. b. ʿAr. b. A. al-Ṣābūnī G I 362, S I 618
Ism. b. ʿAbd al-rasūl b. Metha Khān S II 609
Ism. b. A. G I 269, S I 940 ad 110
Ism. b. A. b. ʿAl. al-Ḥīrī al-Nīsābūrī S I 729
Ism. b. A. b. ʿAq. al-Maḥallāwī S I 489
Ism. b. A. b. ʿA. b. al-Mutawakkil S II 551
Ism. b. A. al-Anqirāwī S I 474, II 662
Ism. b. A. b. al-Athīr al-Ḥalabī S I 605
Ism. b. A. b. Saʿīd ʿImād al-Dīn b. al-Athīr G I 271, 341, 357, S I 480, 581
Ism. b. A. b. Ziyādatallāh al-Tujībī S I 110
Ism. al-ʿAjlūnī S I 263
Ism. b. ʿA. G I 293
Ism. b. ʿA. b. al-Ḥ. b. Muʿallā al-Ṣaʿīdī G I 97, S II 115
Ism. b. ʿA. b. al-Ḥu. G I 117
Ism. b. ʿA. b. Maḥmūd al-Ayyūbī a. ʾl-Fidāʾ G II 44, S II 44
Ism. b. ʿA. b. al-Muslim al-Suhrawardī S I 779
Ism. b. ʿA. al-Nawbakhtī S I 319
Ism. b. ʿA. b. Saʿd al-Wāsiṭī G I 411, S I 728
Ism. al-Anqirāwī G II 445, S I 782, 792
Ism. al-Aywālī G II 235
Ism. b. a. Bakr b. al-Mughnī al-Imām S I A/C 753
Ism. b. a. Bakr b. al-Muqriʾ al-Shāwarī al-Yamanī G I 248, 261, 281, 394, 424, II 157, 190, S I 439, 472, 672, 676, 679, II 254
Ism. b. Bālī Qara Kamāl S I 647, τ
Ism. al-Bībīdī S II A/C 334
Ism. b. Darwīsh b. Muṣṭafā b. ʿUthmān b. ʿIwaḍ al-Subkī S I A/C 470
Ism. Ef. al-Sīwāsī S II 643 (see A/C)
Ism. al-Fārānī S I 377
Ism. al-Ghazzī al-ʿĀmirī S II A/C 1005
Ism. b. Ghunaym al-Jawharī G I 162, 295, II 33, S I 268, 518, II 17, 422, 705
Ism. al-Güzelḥiṣārī S II 655
Ism. b. Hibatallāh b. Ibr. Ḍiyāʾ al-Dīn S II 564, 609
Ism. al-Ḥalabī al-Shāfiʿī S I 811
Ism. al-Ḥamīdī G I 299, S II 334
Ism. b. Ḥammād b. a. Ḥanīfa G I 171

Ism. b. Ḥammād al-Jawharī G I 128, S I 196
Ism. Ḥaqqī b. ʿAl. Bālizāde G II 440, S II 654
Ism. Ḥaqqī al-Burūsāwī S I 463, 652, 684, 741, 788, 793
Ism. Ḥaqqī Sammāq S II 655
Ism. b. al-Ḥ. b. ʿA. al-Bayhaqī G I 174, S I 295
Ism. b. al-Ḥ. al-Ḥamzī G II 281
Ism. b. al-Ḥu. S I 132
Ism. b. al-Ḥu. b. a. ʾl-Fatḥ b. a. Sinān S II 909
Ism. b. al-Ḥu. Jaghmān S II 819
Ism. b. al-Ḥu. al-Jurjānī al-Khwārizmshāhī G I 487, S I 889
Ism. b. al-Ḥu. al-Khazrajī S II 980
Ism. al-Ḥusaynī Shaykh al-Islām al-Sāwajī S II 802
Ism. b. Ibr. al-ʿAlawī al-Yamanī G II 24, S II 20, 562
Ism. b. Ibr. b. Ghāzī b. Fallūs al-Māridīnī G I 472, S I 860
Ism. b. Ibr. b. M. al-Bilbaysī G II 69
Ism. b. Ibr. b. M. al-Kinānī S I 469,2
Ism. b. Ibr. b. a. ʾl-Yusr S I 458
Ism. al-Ilāhī G II 308
Ism. b. Isḥāq al-Azdī S I 273
Ism. al-Iṣfahānī S II 589
Ism. b. Jaʿfar b. a. Kathīr S I 255
Ism. b. Jāmiʿ S I 224
Ism. b. Julayz al-Jawharī S II 392
Ism. b. Khalaf b. Saʿīd al-Saraquṣṭī al-Miṣrī S I 720
Ism. al-Mawlawī al-Anqirāwī G I 263
Ism. al-Mawṣilī G II 194
Ism. al-Mawṣilī a. ʾl-Faḍl S II 1040
Ism. Maẓhar S III 213
Ism. b. M. b. ʿA. Fāʾiʿ S II 547
Ism. b. M. ʿArabshāh al-Isfarāʾinī S II 296
Ism. b. M. b. Bardīs al-Baʿlabakkī G I 358, II 34, S II 30, 46, 127,23
Ism. b. M. al-Bukhārī al-Mustamlī G I 521, S I 360
Ism. b. M. al-Faḍl al-Taymī al-Ḥāfiẓ al-Iṣbahānī G I 324, S I 557
Ism. b. M. al-Ḥaḍramī G I 412, S I 731
Ism. b. M. al-Ḥanafī S II 660
Ism. b. M. al-Ḥ. b. al-Q. S II 551
Ism. b. M. al-Ḥusaynī al-Mawṣilī G II 145,1
Ism. b. M. b. Isḥāq S II 817
Ism. b. M. b. Ism. b. ʿAbd al-Malik b. ʿU. al-Fuqqāʿī S I A/C 620
Ism. b. M. Jarrāḥ b. ʿAbd al-Hādī al-Jarrāḥī al-ʿAjlūnī G II 308, S I 260, 507, II 422
Ism. b. M. b. Maymūn al-Ḥaḍramī S I 671
Ism. b. M. b. M. b. ʿA. al-Gharnāṭī G II 12, S II 5
Ism. b. M. b. Muṣṭafā al-Qūnawī G I 418, S I 738, 740, II 301
Ism. b. M. b. Saʿdallāh al-Fuqqāʿī al-Ḥamawī S I 728
Ism. b. M. al-Shaqundī S I 483
Ism. b. M. al-Tamīmī a. Ibr. S II 992
Ism. b. M. Taqī al-Mūsawī al-Zanjānī S II 573
Ism. b. M. Wajīh al-Dīn b. Shīr M. S I 840
Ism. al-Muḥtasib S II 1021
Ism. b. Mūsā al-Jayṭālī S II 349
Ism. Muṣliḥ al-Ṣaʿīdī S I 676
Ism. b. Muṣṭafā G II 490
Ism. b. Muṣṭafā b. Maḥmūd (Masʿūd) al-Kalanbawī S I 843 A/C, II 288, 291, 302, 1015
Ism. b. Muṣṭafā al-Qūnawī al-Ḥanafī S I A/C 741
Ism. al-Mutawakkil S II 968
Ism. al-Nābulusī S II 1005
Ism. Qara Kamāl S I 508
Ism. b. al-Q. al-Baghdādī G I 324, S I 136, 180
Ism. b. al-Q. al-Qālī G I 132, S I 202
Ism. b. al-Razzāz al-Jazarī S I 902
Ism. b. Saʿd al-Khashshāb al-Wahbī S II 718
Ism. b. Sawdakīn Nūrī G I 443, 448, S I 796
Ism. b. Sayyid ʿA. Jaʿfar S II 610
Ism. al-Shanawānī S I 742
Ism. b. al-Shaykh Tamīm al-Jawharī G II 23
Ism. b. Sinān al-Sīwāsī S II 426
Ism. b. Sinna Labbāʾī S II 823
Ism. Ṣabrī S III 18, Ism. Ṣ. The Younger S III 133
Ism. b. al-Ṣāʾigh al-Ḥalabī S II 6
Ism. al-Tamīmī Qāḍi ʾl-quḍāt S I 802 A/C, II 878
Ism. al-Ṭālawī S II 1003
Ism. b. ʿU. b. Kathīr al-Qurashī G I 359, II 49, S II 48
Ism. b. ʿUthmān b. a. Bakr b. Yū. Niyāzī S I 469 A/C, II 657
Ism. b. Ya. al-Muzanī G I 129, 180, S I 304, 618
Ism. b. Yasār G I 62, S I 95

Ism. b. Yāzījī G I 378
Ism. b. Yū. b. M. b. al-Aḥmar al-Naṣrī G II 241, S II 340, 370
-Isnawī, see al-Asnawī
ʿIṣām al-Dīn G II 24, S I 517, 843
ʿIṣām al-Dīn al-Isfarāʾinī Ibr. b. M. b. ʿArabshāh S I 533, 535, 536, 538, 646 A/C, 647 A/C, 846 A/C, II 259, 288, 306, 630
-ʿIṣāmī ʿAbd al-Malik b. al-Ḥu. b. ʿAbd al-Malik G II 384, S II 516
a. ʾl-Iṣbaʿ ʿAbd al-ʿAzīz b. Tammām al-ʿIrāqī G I 524, S I 432
b. ʾl-Iṣba ʿAbd al-ʿAẓīm b. ʿAbd al-Wāḥid b. Ẓāfir G I 306, S I 539
-Iṣbahānī M. b. a. Bakr ʿU. b. A. S I 625
-Iṣbahānī Ṭāhir b. ʿArabshāh S II 274
-Iṣfahānī S I 538
-Iṣfahānī Maḥmūd b. ʿAr. S II 137
-Iṣfahānī Maḥmūd b. ʿU. b. a. ʾl-Faḍl S I 851
-Iṣfahānī M. b. Baḥr S I 334
-Iṣfahānī a. Shujāʿ A. b. al-Ḥu. b. A. S I 676
-Iṣfahbadhī S I 535
-Iṣfahbadhī ʿAl. b. M. b. Amīn S II 282
-Iṣfahbadhī A. b. Maḥmūd G II 210
ʿIṣmat A. S II 657,21c
ʿIṣmat al-Dīn Maḥmūd S I 534
ʿIṣmatallāh b. Aʿẓam b. ʿAbd al-rasūl Sahāranpūrī G II 415, S II 596
ʿIṣmatallāh b. Niẓām b. ʿAbd al-rasūl Sahāranpūrī S I 931,e
ʿIṣmatallāh Sahāranpūrī S I 533
ʿIṣmatallāh b. Zayn b. ʿAbd al-rasūl al-Sahāranpūrī S II A/C 604
Iṣṭafān b. Basīl S I 370, see Stephanus
Iṣṭafān al-Bishʿilānī al-Khūrī S III 428
-Iṣṭakhrī Ibr. b. M. al-Fārisī G I 229, S I 408
-Itlīdī M. Diyāb G II 303, S II 414
-Itqānī Amīr Kātib b. Amīr ʿU. b. Amīr Ghāzī G II 79, S II 87
ʿIwaḍ Ef. Waṣīf S III 229
ʿIwaḍ al-Wajīh S I 760
-ʿIwaḍī al-Wakīl S III 165
ʿIyāḍ b. Mūsā al-Yaḥṣubī G I 160, 177, 369, S I 264, 299, 630
b. Iyās M. b. A. al-Čerkesī G II 295, S II 405
-Izmīrī Muṣṭafā b. ʿAr. G II 440
-Iznīqī S II 633
-Iznīqī M. b. M. G II 225
-Iznīqī Quṭbaddīn M. S II 328
ʿIzz al-Batūl al-Zanjānī S II 1021
ʿIzz al-Dīn ʿAbd al-Salām S II 522
ʿIzz al-Dīn b. ʿA. al-Sulamī S I 768
ʿIzz al-Dīn b. al-Athīr S I 565
ʿIzz al-Dīn b. al-Ḥ. b. ʿA. al-Zaydī S II 882
ʿIzz al-Dīn b. al-Ḥu. al-Hādī ila ʾl-Ḥaqq G II 188
ʿIzz al-Dīn b. Ism. al-Jabbās S I 599
ʿIzz al-Dīn b. Jaʿfar b. Shams al-Dīn al-Āmulī S I 705
ʿIzz al-Dīn b. Jamāʿa G I 112, S I 172, 683, II A/C 19
ʿIzz al-Dīn b. M. al-Mahdī b. ʿA. b. Ṣalāḥ al-Ḥaqqī G I 304, S I 534
a. ʾl-ʿIzz Ef. al-Atribī S II 734
ʿIzzat al-Sayyid Ibr. S II 234

-Jabaʿī al-ʿĀmilī ʿA. b. A. b. a ʾl-Ḥ. S II 451
-Jaʿbarī Ibr. b. ʿU. b. Ibr. G II 164, S II 134
-Jaʿbarī M. b. a. Bakr G II 163, S II 149
-Jaʿbarī M. b. S. G II 138
-Jaʿbarī Raslān b. Yaʿqūb b. ʿAr. G I 452, S I 811
-Jaʿbarī Ṣāliḥ b. Thāmir G II 163, S II 205
-Jabartī ʿAr. b. Ḥ. G II 480, S II 730
-Jabartī Ḥ. b. Ibr. b. Ḥ. G II 359, S II 487
Jabbārzāde S II 646
Jabīr A. ʿUthmānī Darbandī S I 266
b. Jābir al-Hawwārī M. b. A. b. ʿA. G II 13, S II 6
Jābir b. Hunayy S I 36
Jābir b. Ḥayyān G I 240, S I 425, 426
Jābir b. Ibr. al-Ṣābī G I 219, S I 386
-Jābirī A. b. M. b. ʿAbd al-Raḥīm S II 1
Jabr Dūmaṭ S III 426
Jabrāʾīl b. ʿAl. b. Naṣrallāh al-Dallāl S II 761
Jabrāʾīl b. Farḥāt G I 103, S I 819,35, II 389
Jabrāʾīl b. Ḥ. al-Ganjāʾī G I 196, S I 348
Jabrāʾīl Jabbūr S III 415
Jabrān Khalīl Jabrān S III 457
Jabrān Musūḥ S III 232
Jādallāh al-Ghunaymī al-Fayyūmī S II 482
-Jādarī ʿAr. b. M. b. ʿAr. G II 168, S II 217
-Jaʿdī ʿU. b. ʿA. b. Samura G I 391, S I 676
Jaʿfar b. ʿAbd al-Karīm Mīrān b. Yaʿqūb al-Buwaykānī S II 261, 936
Jaʿfar b. ʿAl. b. Ibr. al-Ḥuwayzī S II 132

Jaʿfar b. ʿAr. a. ʿAmr al-Sulamī S I 540
a. Jaʿfar b. A. G I 275
Jaʿfar b. A. b. ʿAbd al-Salām b. a. Ya. S I 344, 699
Jaʿfar b. A. Ef. al-Rūmī S II 813
Jaʿfar b. A. b. al-Ḥu. al-Sarrāj al-Qāriʾ al-Baghdādī S I 594
a. Jaʿfar b. A. al-Kātib al-Wazīr al-Adīb S I 485
Jaʿfar b. A. al-Marwazī S I 403
Jaʿfar b. A. al-Sarrāj G I 351, S I 594
Jaʿfar b. A. Shams al-Dīn G II 186, S II 243
Jaʿfar b. A. b. Ya. al-Bahlūlī S I 199
Jaʿfar b. ʿA. al-Dimashqī S I 907
Jaʿfar b. Bashshār al-Asadī S II 919
Jaʿfar b. Dāʾūd al-Bāghī G I 277 (to be read thus)
Jaʿfar b. Hārūn al-Wāsiṭī S I 271
a. Jaʿfar al-Ḥanafī S II 951
Jaʿfar b. Ḥ. b. ʿAbd al-Karīm al-Barzanjī G I 435, II 328, 384, S I 777, 781, 806, II 517
Jaʿfar b. a. ʾl-Ḥ. al-Shushtarī S II 834
Jaʿfar b. Ḥ. b. Ya. al-Ḥillī al-Muḥaqqiq al-Awwal G I 406, S I 711
a. Jaʿfar Ḥāzim G I 470, 494, see a. Manṣūr b. Ḥ. S I 902
Jaʿfar b. Ḥu. al-Mūsawī S II 565
Jaʿfar b. Ḥu. al-Mūsawī al-Iṣfahānī S II 571
Jaʿfar b. Ibr. b. Jaʿfar al-Sanhūrī G II 115, S II 141
Jaʿfar b. Idrīs al-Kattānī S II 700
Jaʿfar b. a. Isḥāq al-ʿAlawī al-Fāṭimī S II 970
Jaʿfar b. Isḥāq al-Kashfī S II 830
a. Jaʿfar al-Iskāfī S I 242
Jaʿfar b. Ism. al-Barzanjī G II 384, S II 517 A/C, 518
a. Jaʿfar al-Kāshānī S I 821,68mm
Jaʿfar Kāshif al-Ghiṭāʾ al-Najafī S II 794
Jaʿfar b. Khiḍr al-Ḥillī al-Janāḥī S II 505
Jaʿfar b. Makkī b. Jaʿfar al-Mawṣilī S II 210
Jaʿfar b. Manṣūr al-Yamanī S I 324 (to be read thus)
Jaʿfar b. M. b. ʿAl. al-Rabaʿī S II 806
Jaʿfar b. M. Bāqir b. ʿA. al-Ṭabāṭabāʾī S II 801
a. Jaʿfar M. b. al-Ḥ. S I 391
a. Jaʿfar M. b. a. ʾl-Ḥ. al-Khāzin S I 387, 856
Jaʿfar b. M. b. Jaʿfar b. Mūsā b. Qūlūya al-Qummī S I 952
Jaʿfar b. M. al-Khaṭṭī al-ʿAbdī S II 499
Jaʿfar b. M. al-Khuldī (Khālidī) S I 358
Jaʿfar b. M. Maqṣūd ʿĀlim al-Shāhī S I 263,38
Jaʿfar b. M. al-Mustaghfirī S I 617
Jaʿfar b. M. al-Saqqāf G II 380, S II 512
Jaʿfar b. M. ʿUthmān al-Mīrghanī G II 375, S II 810
Jaʿfar b. M. b. Zayn al-ʿĀbidīn al-Ḥillī S II 797
Jaʿfar al-Najafī S II 970
Jaʿfar b. Nammāʾ Najm al-Dīn S II 576
Jaʿfar al-Naqdī S II 576, 597,37
Jaʿfar b. Shams al-Khilāfa G I 262, S I 462
Jaʿfar b. S. b. Ḥ. al-Dāʿī S II 609
Jaʿfar al-Ṣādiq G I 220, S I 104
Jaʿfar al-Ṣādiq al-ʿAydarūs S II 619
Jaʿfar b. Thaʿlab b. Jaʿfar al-Adfuwī G II 31, S II 27
Jaʿfar b. a. Ya. S I 699
a. Jaʿfar b. al-Zubayr S I 578
- Jaʿfarī al-Mālikī al-Qurashī S II 418
-Jaʿfarī M. b. M. G II 53
-Jaʿfarī a. Mūsā b. Makkī al-Mawṣilī S I 729
-Jaʿfarī Ṣāliḥ b. al-Ḥu. G I 430, S I 766
Jaʿfarshāh al-Fāḍil Ḥ. al-Kistālī al-Rūmī G I 427, 428, S I 760
-Jaghmīnī Maḥmūd b. ʿU. G I 473, II 213, S I 826, 865
b. Jaḥḥāf Ḥu. b. Zayd S II 567
-Jaḥḥāf Ibr. b. Ya. b. Mahdī S II 567
-Jaḥḥāfī Ya. b. Ibr. b. ʿA. S II 545
-Jāḥiẓ ʿAmr b. Baḥr G I 152, S I 239, 421
b. Jaḥẓam al-Hamadhānī ʿAr. b. Yū. G I 326, S II 147
-Jakanī A. b. ʿU. G II 456, S II 677
Jalāl al-Dīn S II 1003
Jalāl al-Dīn al-Āqsarāʾī G I 457, see Jamāl al-Dīn M. b. M. S I 825, II 328
Jalāl al-Dīn al-Dawwānī M. b. Asʿad G II 217, S I 538, 740, 814, II 306
Jalāl al-Dīn al-Janāzī S II 975
Jalāl al-Dīn al-Karakī A. b. M. G II 167, S II 215
Jalāl al-Dīn al-Khabbāzī S II 268
Jalāl al-Dīn al-Khalwatī S II 1003, see A/C

Jalāl al-Dīn al-Khujandī G I 265,4
Jalāl al-Dīn b. Khwāja M. b. ʿĀbid S I 760
Jalāl al-Dīn al-Lamghūṭī S II 629
Jalāl al-Dīn al-Mahallī M. b. A. G I 267, II 114, S I 69, II 140
Jalāl al-Dīn Rūmī S I 806
Jalāl al-Dīn al-Samannūdī al-Shāfiʿī S II 416
Jalāl al-Dīn b. Shams al-Dīn al-Karlānī al-Khwārizmī G I 378, S I 622, 645
Jalāl al-Dīn b. Sharafshāh al-Ḥusaynī S II 576
Jalāl al-Dīn al-ʿUbaydī S I A/C 865
-Jalāl al-Judhāmī M. b. Najm b. Shās S I 664
-Jalāl b. Khiḍr al-Ḥanafī G I 248, S I 439
-Jalāl b. Nāṣir al-Čanabī S I 534, 740, II A/C 625
Jalāl al-Samannūdī G II 88, S II 416
-Jalāl al-Yamanī Ḥ. b. ʿA. S II 560
-Jālātī Ḥāmid b. Yū. b. Ḥāmid S II 422
Jalīl b. M. al-Qaramānī al-Riḍawī S I 847
-Jalīlī Ya. b. ʿAbd al-Jalīl G II 374
-Jallāb al-Fihrī M. b. A. b. M. S I 598
b. al-Jallāb ʿUbaydallāh b. al-Ḥ. G I 179, S I 301
b. Jamāʿa G I 429, 491, II 975
b. Jamāʿa ʿAbd al-ʿAzīz b. Badr al-Dīn al-Kinānī ʿIzz al-Dīn G II 72, 86, S II 78
b. Jamāʿa Ibr. b. ʿAbd al-Raḥīm b. M. Burhān al-Dīn G II 112, S II 138
b. Jamāʿa M. b. a. Bakr b. ʿAbd al-ʿAzīz ʿIzz al-Dīn G II 94, S II 111
b. Jamāʿa M. b. Ibr. b. Saʿdallāh al-Kinānī Badr al-Dīn G II 74, S II 80
- Jamāl ʿA. b. A. G I 378, II 431, S II 640
Jamāl al-Dīn b. ʿAl. al-Ḥusaynī al-Jurjānī S II A/C 208
Jamāl al-Dīn al-Afghānī S III 311
Jamāl al-Dīn b. A. al-Tūnisī S I 777
Jamāl al-Dīn al-Asnawī ʿAbd al-Raḥīm b. Ḥ. G II 90, S I 753, II 107
Jamāl al-Dīn b. Badr al-Dīn b. Ayāz S I 499
Jamāl al-Dīn Ef. S I 740
Jamāl al-Dīn b. Ḥ. Layya G I 263
Jamāl al-Dīn b. al-Ḥu. b. Saʿd b. ʿA. al-Bundār al-Yazdī S II 270
Jamāl al-Dīn b. ʿImād al-Dīn al-Ḥanafī S II 496
Jamāl al-Dīn al-Isfarāʾinī ʿA. b. Ism. G II 194, S II 259
Jamāl al-Dīn Isḥāq al-Qaramānī S II 630
Jamāl al-Dīn al-Khwānsārī S I 815,18, II 132
Jamāl al-Dīn M. b. ʿAl. S II 20
Jamāl al-Dīn M. al-Ḥusaynī al-Shahrastānī S II 302, 303
Jamāl al-Dīn M. al-Khwārizmī S I 749,25,12
Jamāl al-Dīn al-Muṭahhar b. ʿA. b. al-Ḥu. S II 251
Jamāl al-Dīn b. al-Muṭahhar al-Ḥillī S II 272
Jamāl al-Dīn b. Nubāta M. b. M. G I 82, II 10, S I 499, II 4
Jamāl al-Dīn b. a. ʾl-Q. b.ʿA. al-Māsarrātī S II 960
Jamāl al-Dīn a. ʾl-Q. Maḥfūẓ S II 595
Jamāl al-Dīn al-Qāsimī S II 975
Jamāl al-Dīn al-Qāsimī al-Dimashqī S I 260
Jamāl al-Dīn b. Shaykh Nāṣir al-Dīn S I 534,k
Jamāl al-Dīn b. ʿUlwān al-Qabbānī S II 17
Jamāl al-Dīn al-Yamanī S I 527
Jamāl al-Dīn b. Yū. b. ʿA. b. al-Muṭahhar al-Ḥillī S II 608
Jamāl al-Dīn al-Zahrāwī S I 625
Jamāl al-Dīn b. Ziyād al-Waḍḍāḥī al-Sharābī al-Yamanī S II 975
Jamāl al-Islām A. S II 245
Jamāl al-Karshī S II 261
Jamāl Khalīfa Isḥāq al-Qaramānī S II 641
Jamāl M. al-ʿAbbādī al-Kāzarūnī S II 228
Jamāl b. Nāṣir Čanabī S I 534, see Jalāl al-Dīn S II 265
-Jamal al-ʿUjaylī S. b. ʿU. b. Manṣūr G II 353, S II 480
-Jamālī Fuḍayl b. ʿA. G II 434, S II 645
Jāmī ʿA. b. A. G II 207, S I 463, 464, 472, 648, 683, 738, II 285
b. Jamīʿa al-Ibāḍī S II 357
Jamīl b. ʿAl. al-ʿUdhrī G I 48, S I 78
Jamīl al-Baḥrī S III 387, 416
Jamīl al-Bakrī S II 848
Jamīl Bek ʿAẓm S III 427
Jamīl Nakhla b. Mudawwar S III 184
Jamīl Ṣidqī al-Zahāwī S III 483
Jamīlat M. al-ʿAlāʾilī S III 173
Jamīlat M. al-Jammāʿīlī ʿAbd al-Ghanī b. ʿAdb al-Wāḥid G I 356, S I 605
b. a. Jamra ʿAl. b. Saʿd, G I 372, S I 635
Jamshīd b. Maḥmūd al-Kāshī G II 29, 211, S II 294

-Janadī Muʾayyad b. Maḥmūd b. Saʿīd G I 451, S I 809
-Janadī M. b. Yaʿqūb b. Yū. G II 184, S II 236
-Janāḥī Jaʿfar b. Khiḍr al-Ḥillī S II 505
-Janbīhī S I A/C 440
-Janjāwī ʿAbd al-Wahhāb b. a. ʿAl. b. a. ʾl-Ḥ. S II 457
-Jankānī Ibr. b. M. G I 413
-Jannābī Muṣṭafā b. Ḥ. b. Sinān G II 300, S II 411
b. Jantemīr M. b. A. b. M. S II 629
Jār M. al-Ḥusaynī S II 304
-Jārabardī A. b. al-Ḥ. b. Ibr. G II 203, S II 257
b. al-Jarād G I 299,9
-Jarbī S I A/C 518
Jarīr b. ʿAbd al-Masīḥ al-Ḍabuʿī al-Mutalammis G II 690, S I 46
Jarīr b. ʿAṭiyya b. Khaṭafā G I 56, S I 86
-Jarkūlmishī, see al-Čeriklemiši
Jarmānūs Farḥāt S II 389
-Jarmī M. b. a. Muslim S I 404
-Jarrāḥ b. Shājir b. Ḥ. G II 181, S II 233 (to be read thus)
-Jarrāḥī Ism. b. M. Jarrāḥ b. ʿAbd al-Hādī G II 308, S II 422
-Jarrāʿī ʿAbd al-Karīm b. Muḥyi ʾl-Dīn S II 448
Jārullāh a. ʾl-Ikhlāṣ al-Ghunaymī al-Shāfiʿī S II 174
Jārullāh b. Maḥmūd b. Saʿdallāh al-Ṣāʾinpūrī S II 606
-Jaṣṣāṣ A. b. ʿA. G I 191, S I 335
Jawād Sābāṭ b. Ibr. al-Ḥanafī al-ʿAlawī S II 851
Jawād b. Saʿd b. Jawād S II 596
Jawād b. Shuʿayb b. Diḥya S II 19
-Jawālīqī Mawhūb b. A. G I 280, S I 172, 182, 185, 196, 492
-Jawd (Jūd) Ḥājj Yaʿlāwī G II 251
-Jawbarī ʿAr. b. ʿU. al-Dimashqī G I 497, S I 910
-Jawharī al-ʿAbbās b. Saʿīd S I 382
-Jawharī Ism. b. Ghunaym S II 422
-Jawharī Ism. b. Ḥammād G I 128, S I 196
-Jawharī al-Khālidī A. b. al-Ḥ. b. ʿAbd al-Karīm G II 331, S II 457
-Jawharī M. b. A. b. Ḥ. G II 252, 488, S II 744
-Jawharī Murād S II 596
-Jāwī ʿAl. b. ʿAbd al-Qahhār S II 422
-Jāwī ʿAbd al-Ṣamad S II 629
Jawīshān Wazīr Miṣr S I A/C 470
Jawīzāde M. b. Ilyās S II 642
-Jawjarī M. b. ʿAbd al-Munʿim G II 97, S II 116
-Jawnpūrī ʿAbd al-Rashīd b. Muṣṭafā S II 621
-Jawnpūrī Maḥmūd G II 420, S II 621
-Jawwānī M. b. Asʿad G I 366, S I 626
b. al-Jawzī ʿAr. b. A. a. ʾl-Faraj G I 500, S I 309, 351, 617, 627, 738, 748,25a, 914
-Jayhānī G I 228, S I 407
-Jayrānī Hindūshāh b. Sanjar G II 192, S II 256
a. ʾl-Jaysh M. b. al-Ḥu. al-Andalusī G I 310, S I 544, 878
-Jayṭālī Ism. b. Mūsā S II 349
b. al-Jayyāb ʿA. b. M. b. S. Gharnāṭī S II 369
-Jayyānī S I 614
-Jayyānī al-Ḥu. b. M. G I 368, S I 629
-Jayyānī M. b. ʿA. b. Yāsir G I 370, S I 633
-Jayyānī M. b. Muʿādh S I 860
-Jazāʾirī ʿAl. b. Nūr al-Dīn b. Niʿmatallāh S II 585
-Jazāʾirī A. b. ʿAl. G II 252, S II 356
-Jazāʾirī M. b. A. G II 460
-Jazāʾirī M. Munʿim b. al-Ḥājj M. S II 370
-Jazāʾirī Niʿmatallāh b. M. b. Ḥu. S II 586
-Jazāʾirī ʿU. al-Rashīdī S II 357
-Jazarī Ḥu. b. A. G II 274, S II 385
-Jazarī Ibr. b. a. Bakr b. Ibr. S II 33
-Jazarī Ism. b. al-Razzāz S I 902
-Jazarī M. b. ʿAl. S I 766
-Jazarī M. b. Ibr. b. a. Bakr S II 45
-Jazarī M. b. M. G II 201, S II 274
-Jazīrī ʿAq. b. M. b. ʿAq. G II 325, S II 447
-Jazīrī ʿA. b. Ya. al-Ṣanhājī S I 663
b. al-Jazla S I 452
b. al-Jazla Ya. b. ʿĪsā G I 485, S I 887
-Jaznāʾī a. ʾl-Ḥ. A. S II 339
-Jaznāʾī ʿU. b. ʿAr. S II 704 (to be read thus)
b. al-Jazzār S I 587
b. al-Jazzār A. b. Ibr. b. a. Khālid G I 238, S I 424
b. al-Jazzār ʿA. b. M. G II 354, S II 481
b. al-Jazzār al-Anṣārī Ya. b. ʿAbd al-ʿAẓīm S I 574
b. al-Jazzār al-Zabīdī A. b. M. S II 548

b. al-Jīʿān al-Bāqī b. Ya. G II 30, S II 26
b. al-Jīʿān al-Batlūnī Shākir b. ʿAbd al-Ghanī S II 13
b. al-Jīʿān Ya. b. al-Maqarr S II 163
Jibrān, see Jabrān
b. Jibrīl ʿA. b. Nāṣir al-Dīn M. b. M. al-Manūfī S II 435
b. Jibrīl b. Yū. al-Mukhallaʿ S II 753
-Jibrīnī Ṭāhā b. M. G II 309, S II 423
a. ʾl-Jihād S II 985
-Jīlānī ʿAq. b. ʿAl. G I 435, S I 777
-Jildakī Aydamur b. ʿAl. G II 138, S I 427, 428, S II 171
-Jīlī ʿAbd al-Karīm b. Ibr. b. Sibṭ ʿAq. G II 265, S II 283
-Jīlī ʿAq. b. ʿAl. G I 435, S I 777
-Jilyānī ʿAbd al-Munʿim b. ʿU. b. ʿAl. G I 439, S I 785
b. Jinnī ʿUthmān G I 20, 88, 114, 125, 189, II 690, S I 40, 118, 176, 191
-Jirābī al-Qaramānī S I 843,25
Jirān al-ʿAwd al-Numayrī G I 28, S I 56
-Jirjāwī ʿAbd al-Munʿim b. ʿAr. S II 439
-Jirjāwī ʿAr. b ʿAbd al-Munʿim b. A. S II 424
Jirjī al-Ḥajjār S III 370
Jirjī Niqōlā Bāz S III 262, 352, 386
Jirjī Shāhīn S III 338
Jirjī Yannī al-Ṭarābulusī S III 420
Jirjī Zaydān G II 483, S III 186
Jirjīs Faraj Ṣafūr al-Hāniʾ al-Lubnānī S III 338
Jirjīs b. Jibrīl b. Bukhtishūʿ S I 414
Jirjīs Shāhīn S II 56
Jirjīs b. a. ʾl-Yāsir al-Makīn b. al-ʿAmīd S I 590
Jirjīs b. Yū. Shulḥuṭ S III 347 (to be read thus)
-Jīshī G I 449 read: al-Fayshī M. b. M. S II 435
Jiwān al-Laknawī A. S II 612
-Jīzī Maḥmūd b. A. G II 134, read: al-Kharparī S II 665
b. Jubayr M. b. A. G I 478, S I 879
-Jubbāʾī M. b. ʿAbd al-Wahhāb S I 342
-Jubbī G I 177
a. ʾl-Jūd M. b. a. ʾl-Layth S I 849
-Judhāmī A. b. M. b. al-Manṣūr a. al-Munayyir b. al-Iskandarī al-Mālikī S I 738
-Judhāmī ʿA. b. M. al-Mālaqī G II 263, S II 373
-Judhāmī M. b. M. G I 268, S I 473
-Jūkhī al-Mawṣilī Yū. b. M. S I 906
b. Juljul S. b. Ḥassān, G I 237, S I 422
-Julūdī S I 105, Khiḍr b. M. S II 294
b. Jumʿa ʿAl. b. Ṣāliḥ G II 330, 375, S II 503
b. Jumʿa M. b. Khalīl al-Ḥusaynī G II 77, S II 84
b. Jumayʿ Hibatallāh G I 458, 489, S I 892, 897
Jumayyil b. Khāmis al-Saʿdī G II 409, S II 568
b. Jumla Maḥmūd b. M. b. Ibr. S II 77
Junāda b. M. al-Azdī al-Harawī S I 36
-Junayd b. Faḍlallāh b. ʿAr. b. Buzqush S I 789
-Junayd b. M. al-Baghdādī S II 214
- Junayd b. M. b. Junayd al-Khazzāz G I 199, S I 354
- Junayd b. Najm al-Dīn al-ʿUmarī Maḥmūd b. M. G II 192, S II 256
- Junayd b. Sandal al-Ḥanafī S I 648
b. al-Junayd Tammām b. M. al-Rāzī G I 166, S I 278
b. al-Jundī a. Bakr b. Āydoghdī S II 138
-Jundī Khalīl b. Isḥāq S II 96
b. Junjul M. b. ʿA. S II 411
Jurj Marʿī Ḥaddād S III 423
Jurj Yuzbek S III 428
-Jurjānī ʿAbd al-Qāhir b. ʿAr. G I 287, S I 503
-Jurjānī A. b. ʿAbd al-ʿAzīz G I 176, 200, 498
-Jurjānī A. b. M. G I 288, S I 505
-Jurjānī ʿA. b. M. al-Sharīf G I 88, 290, 294, 295, 304, 306, 364, 379, 418, 466, 467, 473, 509, 511, II 208, 209, 214, S I 532, 621, 815,20, 816, 842, 845, 847, 848, 926, 931, II 305
-Jurjānī Ism. b. al-Ḥu. al-Khwārizmshāhī G I 487, S I 890
-Jurjānī M. b. Isḥāq b. Ibr. al-Ṭaqafī S I 594
-Jurjānī M. b. al-Sayyid al-Sharīf G II 210, 215, S II 293
-Jurjānī Yū. b. ʿA. b. M. S I 639
Jurjī Saʿāda S III 229
Jurjī Sharqī S III 280
Jurjī Ṣuwāyā S III 454
-Jurmūzī al-Muṭahhar b. M. G II 402, S II 551
-Jurmūzī Q. b. Ḥ. S II 546
-Jurwaʾānī M. b. ʿAl. G II 199, S II 271
-Juwaynī ʿAl. b. Yū. G I 386, S I 667

-Juwaynī ʿAbd al-Malik b. M. Imām al-Ḥaramayn G I 388, S I 671
Juwayriya b. al-Ḥajjāj al-Iyādī a. Duʾād S I 58
-Jūzajānī a. ʿUbayd ʿAbd al-Wāḥid b. M. G I 453, 455, S I 812, 818,$_{29}$, 821,$_{78u}$, 828
b. Juzayy M. b. A. b. M. al-Kalbī G II 264, S II 366, 377
-Juzūlī G I 299
-Juzūlī ʿA. b. ʿAl. al-Bahāʾī S II 55
-Juzūlī ʿĪsā b. ʿAbd al-ʿAzīz S I 541
-Juzūlī al-Simlālī M. b. S. b. a. Bakr G II 252, S II 359

Kaʿb b. Juʿayl S I 84
Kaʿb b. Zuhayr G I 38, S I 68
a. ʾl-Kabāʾir S III 378
-Kaʿbī al-Qabbānī Fatḥallāh b. ʿAlawān S II 501
b. Kaʿbī Yū. b. Ism. al-Khūbī S II 168
-Kabindī ʿA. b. M. G I 292, 294
Kabīr b. Uways Laṭīfī Qāḍīzāde G I 328, S I 561
Kadūsī M. S I 645,$_{28}$
-Kādūzī Yū. b. ʿU. b. Yū. G I 175, S I 296,$_{9}$ (to be read thus)
-Kafʿamī Ibr. ʿA. b. al-Ḥu. S II 133
-Kaffawī G I 464, S II 291
-Kaffawī Ayyūb b. Mūsā al-Ḥusaynī G II 454, S II 673
-Kaffawī a. ʾl-Fayḍ G II 430
-Kaffawī al-Ḥu. G II 454
-Kaffawī Maḥmūd b. S. G II 434, S II 645
-Kaffawī M. b. S. S II 83, 208
-Kaffūrī M. b. S. G II 319
-Kāfī al-Āqḥiṣārī Ḥ. Ef. G I 174, 443, S I 293, 519, II 659
-Kāfī Maḥmūd b. A. al-Awfā S II 483
-Kāfiyajī M. b. S. al-Muḥyawī G II 114, S II 140
-Kafrāwī al-Ḥ. b. ʿA. G II 324, S II 447
-Kaḥḥāl al-Ḥamawī Ṣalāḥ al-Dīn b. Yū. S I 901
-Kākī al-Khujandī M. b. M. b. A. G II 198, S II 268
Kākilā b. Maḥmūd b. M. al-Kākilī S II 952
-Kalābādhī A. b. M. G I 167, S I 280
-Kalābādhī M. b. Isḥāq G I 200, S I 360
-Kalāʿī S. b. Mūsā G I 371, S I 634
-Kalanbawī G I 464, II 215, S I 740, 840
-Kalanbawī Ism. b. Muṣṭafā S I 843 A/C, II 288, 291, 302, 1015
-Kālikūtī M. b. ʿAbd al-ʿAzīz G II 220
Kalīmallāh al-Čištī al-Qādirī S II 619
Kalīmallāh al-Jahānābādī S I 827,$_{82k}$
Kalīmallāh b. Nūrallāh al-Ḥanafī S II 583
-Kallāʾī M. b. Sharaf b. ʿAlawī, G II 161, S II 200
Kalonymos b. David S I 866
Kalonymos b. Kalonymos S I 380, 385, 386
-Kalūtātī A. b. ʿUthmān b. M. S II 71
-Kalwadhānī Maḥfūẓ b. A. S I 687
b. Kamāl G II 198, S I 820,$_{68n}$
Kamāl b. ʿAr. b. Isḥāq S I 532, 535
Kamāl al-Dīn S II 302, 527
Kamāl al-Dīn b. al-ʿAdīm ʿU. b. A. al-Ḥalabī G I 332, S I 568
Kamāl al-Dīn ʿA. Sharīf G II 89, 118, read: M. b. M. b. a. ʾl-Sharīf al-Kūrānī S II 105
Kamāl al-Dīn b. Asāyish b. Yū. Al-Shirwānī S I 105, II 325, 641
Kamāl al-Dīn al-Fārisī S I 852,$_{20}$, 853,$_{31,34,41}$, II 215
Kamāl al-Dīn al-Fārisī al-Fasawī S I 518
Kamāl al-Dīn b. al-Humām al-Sīwāsī S II 91
Kamāl al-Dīn a. ʾl-Ḥ. al-Fārisī S II 295
Kamāl al-Dīn al-ʿIrāqī S II 71
Kamāl al-Dīn al-Lārī S I 517
Kamāl al-Dīn al-Maqdisī G I 428
Kamāl al-Dīn Muwaqqit S II 981
Kamāl al-Dīn al-Nasāʾī S I 670
Kamāl al-Dīn al-Nīsābūrī G II 217
Kamāl al-Dīn al-Sihālawī S II 624, 952
Kamāl al-Dīn al-Sihālawī b. Niẓām al-Dīn S II 292 (to be read thus)
Kamāl al-Dīn Tilmīdh ʿAẓīm al-Dīn Saḥālī S II 291
Kamāl al-Dīn al-Turkumānī G I 704, S I 401 A/C, 859, 865
Kamāl al-Dīn b. Yūnus Mūsā b. Y. b. M. b. Manʿa S I 859
Kamāl M. b. Muṣṭafā b. al-Khujā S II 351
b. Kamāl Pāshā A. b. S. G II 449, S II 668
Kāmil S II 953
Kāmil Ef. Fahmī S III 229
Kāmil b. Ḥu. b. Muṣṭafā al-Bābī al-Ḥalabī al-Ghazzī S III 429
Kāmil Kīlānī S III 233, 309

Kāmil al-Mukhtār G I 361
Kāmil Shuʿayb al-ʿĀmilī S III 361
-Kāmilī Manṣūr b. Baʿra G II 356
-Kāmilī M. b. ʿU. S I 490
b. Kamīna S II 580
Kammūn Tāj al-Dīn S II 921
b. Kammūna Saʿd b. Manṣūr al-Isrāʾīlī G I 431, 437, 454, 507, S I 768
b. Kannān al-Dimashqī M. b. ʿĪsā b. Maḥmūd G II 16, 107, 138, 158, 284, 299, S II 410
-Kantūrī Iʿjāz Ḥu. b. M. Qulī al-Naysābūrī S II 855
-Karābīsī Asʿad b. M. b. Ḥ. G I 375, S I 642
-Karādīsī G II 169
-Karādīsī al-Ḥ. b. Khalīl G II 129, S II 160
-Karājakī M. b. ʿAr. b. ʿUthmān G I 354, S I 602
-Karajī M. b. al-Ḥu. S I 389
-Karakī A. b. M. G II 167, S II 215
-Karakī ʿA. b. al-Ḥu. b. ʿAbd al-ʿĀlī S II 674
-Karakī a. Bakr b. M. b. Ayyūb S II 156
-Karakī Ḥu. b. Ḥu. b. Ḥaydar S II 451
-Karakī Ibr. b. ʿAr. G II 83, S II 95
-Karakī Ibr. b. Mūsā G II 163, S II 205
Karam Khalīl Thābit S III 234, 309
Karam Mulḥam Karam S III 234, 391
Karam Najīb Najm S III 376
Karāma b. Hāniʾ S III 179
Karāmallāh ʿAlawī S II 291
b. al-Kardabūs ʿAbd al-Malik al-Tawzarī G I 345, S I 587
-Kardarī S I 754
-Kardarī M. b. M. b. ʿAbd al-Sattār G I 381, S I 653
-Kardarī M. b. M. b. al-Bazzāzī G I 172, II 225, S II 316
b. al-Karīm al-Baghdādī M. b. al-Ḥ. b. M. S I 904
Karīm al-Dīn b. Sirāj al-Dīn G II 480
Karīm b. Ibr. al-Kirmānī S II 901
Karīm b. Ibr. Nāṣir al-Ḥāfiẓ al-Yamīn al-Ḥanafī S II 265, 267
Karīmallāh b. Luṭfallāh al-Dihlawī al-Fārūqī S II 856
-Karīmī M. b. Yū. G II 276, S II 386
-Kārizyātī M. b. Faḍl G I 427
-Karkhī S II 180,6a
-Karkhī M. b. M. G II 145, 375
-Karmī Marʿī b. Yū. b. a. Bakr G II 103, 369, S II 496
-Kāshānī ʿAbd al-Razzāq b. A. Jamāl al-Dīn G II 204, S II 280
-Kāshānī ʿAbd al-Razzāq b. M. G I 442, II 204
-Kāshānī a. Bakr b. Masʿūd b. A. G I 375, S I 643
-Kāshgharī S I 196
b. al-Kāshgharī M. G II 210
-Kāshī S I 791, 845
-Kāshī Afḍal al-Dīn S II 280
-Kāshī Jamshīd b. Maḥmūd G II 231, S II 294
-Kāshī M. b. Murtaḍā G II 200, 413, S II 584
-Kāshifī ʿA. b. al-Ḥu. al-Wāʿiẓ S II 285
-Kāshifī Ḥu. b. ʿA. S II 286
-Kashshī A. b. Mūsā G I 375, S I 641
b. Kathīr S I 611,c
b. Kathīr A. b. M. Čelebī S II 407
b. Kathīr al-Farghānī A. b. M. G I 221, S I 392
b. Kathīr Ism. b. ʿU. G II 49, S II 48
-Kātī M. b. ʿAbd al-Malik al-Ṣāliḥī S I 902
-Kātib al-Dimashqī M. b. ʿA. G II 55, S II 54
-Kātib al-Iṣfahānī M. b. M. b. Ḥamīd G I 314, S I 446, 548
-Kātibī ʿA. b. ʿU. al-Qazwīnī G I 466, S I 845
-Kattānī S II 953
-Kattānī a. Bakr b. Yū. b. a. Bakr S II 344
-Kattānī M. b. ʿAbd al-Ḥayy S II 891
-Kattānī M. b. A. b. Muṭarrif S I 721
-Kattānī M. b. Jaʿfar S II 890
-Kawākibī ʿAr. S. S III 380
-Kawākibī A. b. al-Ḥu. S II 433
-Kawākibī M. b. Ḥ. b. A. G II 395, S II 433
-Kawāshī A. b. Yū. b. al-Ḥ. al-Mawṣilī al-Shaybānī G I 416, S I 737
-Kawkabānī A. b. M. b. al-Ḥ. S II 544
-Kawkabānī ʿA. b. Ṣalāḥ al-Dīn b. ʿA. S II 553
-Kaydānī Luṭfallāh al-Nasafī al-Fāḍil G II 198, S II 269
b. Kaysān M. b. A. G I 110, S I 170, 180
-Kaywānī A. b. al-Ḥu. G II 282, S II 392
b. al-Kayyāl ʿAbd al-Laṭīf b. Ibr. G II 357
-Kayyālī ʿAbd al-Jawād b. A. G II 324
-Kāzarūnī S II 290
-Kāzarūnī A. b. M. b. Khiḍr S II 142
-Kāzarūnī M. b. Masʿūd b. M. Masʿūd G II 195, S II 262

-Kāzarūnī Rūzbihān b. a. 'l-Naṣr al-Fasawī al-Shīrāzī al-Baqalī G I 414, S I 734
Kāẓim 'A. Ism. Ef. S III 231
Kāẓim b. 'A. Naqī al-Samnānī S II 970
Kāẓim al-Dujaylī S II 495
Kāẓim b. Q. al-Ḥusaynī al-Rashtī S II 845
Kāẓim al-Uzurī S II 784
-Kāẓimī M. Amīn b. M. 'A. S II 424
-Khabbāzī 'U. b. M. b. 'U. al-Bakhtiyārī G I 376, S I 657
-Khabrī 'Al. b. Ibr. G I 82, 388, S I 671 (to be read thus)
-Khabrī M. b. Ibr. b. Ṭāhir S I 787 (to be read thus)
-Khabūrī M. b. a. Bakr G II 163
b. al-Khaddām al-'Irāqī 'Al. b. M. b. 'Abd al-Razzāq G II 167, S II 215
-Khādimī M. b. M. S II 434
-Khādimī al-Qādimī M. b. Muṣṭafā b. Sa'īd G II 351, S II 663
b. Khafāja Ibr. b. a. 'l-Fatḥ G I 272, S I 480
-Khafājī 'Al. b. M. G I 256, S I 454
-Khafājī A. b. M. G II 285, S II 396
-Khafājī A. b. M. b. 'U. S II 396
-Khaffāf M. b. 'Al. b. M. G I 258, S I 459
b. al-Khafīf M. b. M. S I 358
-Khā'ir Bek al-Nāṣirī S II A/C 426
Khājazāde, see Khwājazāde
Khalaf b. al-'Abbās al-Zahrāwī G I 239, S I 424
Khalaf b. 'Abd al-Malik b. Bashkuwāl G I 340, S I 580
Khalaf al-Aḥmar G I 17, S I 53, 111
Khalaf b. M. al-Wāsiṭī G I 519, S I 280
Khalaf b. a. 'l-Q. al-Barādhi'ī G I 178, S I 302
Khalaf al-Ṣidq Quṭb al-Dīn al-Sihālawī S II 621
b. Khālawayh (Khālūya) al-Ḥu. b. A. G I 89, 111, 119, 125, S I 162, 167, 172, 190, 409
b. Khaldūn 'Ar. b. M. b. M. G II 242, S II 342
b. Khaldūn Ya. b. M. G II 241, S II 340
Khālid b. 'Al. al-Azharī G I 265, 299, 304, II 24, 27, 202, 238, S I 468, 504, 523, 524, 534, II 18, 20, 22, 276, 301, 333
Khālid b. 'Ar. al-Azharī al-Jirjāwī S II 106
Khālid b. a. Bakr al-Kinānī S II 938
Khālid b. Ḍiyā' al-Dīn S II 909
Khālid Ḍiyā' al-Dīn al-Baghdādī S I 759, β
Khālid b. al-Ḥu. al-Ḥaḍramawtī G II 403, S II A/C 553
Khālid b. 'Īsā b. A. al-Balawī G II 266, S II 379
Khālid al-Kātib S II 900
Khālid b. Ṣafwān al-Qannāṣ al-Tamīmī S I 92, 105
Khālid b. Yazīd G I 67, S I 106
Khālid b. Zayd al-Ju'fī S II 970
-Khālidī A. b. M. G II 289
-Khālidī a. Bakr Ṣāliḥ G II 343
-Khālidīyān(i) S I 110, 226
Khalīfa b. A. al-Bisṭāmī S I 470, u
Khalīfa b. Farḥūn al-Ṭarābulusī S II 1034
Khalīfa b. a. 'l-Maḥāsin al-Ḥalabī G II 364, S I 899
Khalīfa b. Maḥmūd al-Miṣrī S II 732
Khalīfa Sulṭān S I 927
Khalīfa al-Ṣafatī S II 976
Khalīfat 'A. al-Muttaqī S II 519
-Khalīfatī 'Abd al-Karīm b. 'Al. S II 525
-Khalīfatī M. b. 'Al. G II 384, S II 517
-Khalīl b. 'Al. b. A. al-Khalīlī al-Qazwīnī G I 362, S I 618
-Khalīl b. A. al-Naqīb al-Ḥalabī G II 665
-Khalīl b. A. b. S. b. Ghāzī al-Ayyūbī G II 160, S II 200
-Khalīl b. A. b. 'U. al-Farāhīdī G I 100, S I 159
-Khalīl b. A. b. 'Uthmān Mardam Bek S I 134, III 356, 426
-Khalīl b. al-'Alā' al-Bukhārī Ghars al-Dīn G I 429, S I 764
-Khalīl b. Aybak al-Ṣafadī G I 129, 247, 271, 275, 447, II 17, 31, 158, S I 485, 521, 798, II 27
-Khalīl b. Badr al-Dīn al-Kanawī al-Ṣafadī G II 202, S II 98
-Khalīl b. Bāqir b. Ghāzī al-Qazwīnī G I 187, S I 320, 706
-Khalīl Baydās S III 231
-Khalīl Bek Sa'd S III 229
-Khalīl Ḍāhir S III 440
-Khalīl Ef. Fahmī S III 229
-Khalīl Ef. Kāmil S III 228
-Khalīl Effendīzāde S I 595

-Khalīl al-Fattāl al-Dimashqī S II 428
-Khalīl b. al-Ḥ. a. ʾl-Falāḥ S II 300
-Khalīl b. al-Ḥ. al-Kamarādī S II 650
-Khalīl b. al-Ḥ. al-Sīrawī S II 634
-Khalīl b. Ibr. S II 981
-Khalīl b. ʿĪsā b. Ibr. G I 287
-Khalīl b. Isḥāq al-Jundī G I 306, II 83, S I 538, II 96
-Khalīl b. Isḥāq b. Yaʿqūb a. ʾl-Mawadda S II 961
-Khalīl b. Ism. al-Jazāʾirī G II 364
-Khalīl b. Jabrāʾīl b. Ḥannā al-Khūrī S II 756
-Khalīl b. Kaykaldī al-Dimashqī G I 317, II 49, 64, S II 68
-Khalīl Karīm Thābit S III 309, 335
-Khalīl b. Khaṭṭār Sarkīs G II 496, S II 771
-Khalīl Khayyāṭ S III 229
-Khalīl al-Mālikī S II 332
-Khalīl al-Mālikī a. Murshid S II 1015
-Khalīl Maṭrān S III 86
-Khalīl b. M. al-Aqfahsī S II 1004
-Khalīl b. M. al-Qaramānī S I 847,23
-Khalīl M. b. Shaykh ʿAbd al-Laṭīf S II 617
-Khalīl b. M. Zamān al-Qazwīnī S II A/C 581
-Khalīl b. Nāṣīf al-Yāzījī G II 495, S II 767
-Khalīl Naẓīr S III 176
-Khalīl b. a. Rabīʿ S. al-Qurashī al-Ḥalabī al-Ḥu. b. al-ʿAṭṭār S I 490
-Khalīl a. ʾl-Rushd al-Mālikī al-Maghribī S II 99
-Khalīl Saʿāda S III 229
-Khalīl Saʿāda Bek S III 479
-Khalīl b. Shāhīm al-Ẓāhirī G II 135, S II 165
-Khalīl b. Shams al-Dīn b. M. b. Zahrān al-Khuḍarī G II 355, S I 683,13, II A/C 482
-Khalīl Shaybūb S III 135, 363
-Khalīl Taqī al-Dīn S III 369
-Khalīl Tūtah S III 429
-Khalīl b. Walī b. Jaʿfar al-Ḥanafī G II 27, S II 22
Khalīlallāh b. Nūrallāh b. Muʿīn al-Dīn al-Yazdī S II 1004
-Khalīlī S II 105
-Khalīlī M. Ghars al-Dīn S II 510
-Khalīlī M. b. M. b. M. G II 127, S II 157
-Khalīlī M. b. M. b. Sharaf al-Dīn G II 362
-Khalīlī Mūsā b. M. b. ʿUthmān G II 127, S II 158
-Khalkhālī G I 295, 464, II 209, 215, S I 790, II 303
-Khalkhālī al-Ḥu. al-Ḥusaynī G II 414, S II 591
-Khallāl a. Bakr A. b. M. G I 520, S I 311
-Khallālī M. b. Najm b. al-Ṣāliḥī S II 54
b. Khallikān A. b. M. b. Ibr. G I 326, S I 561
b. Khallikān ʿA. b. Ya. b. Yūnus S I 946 ad 239
b. Khallūf A. b. a. ʾl-Q. b. M. al-Tūnisī G II 237, S II 331
-Khalwatī M. b. A. b. M. G II 468, S II 339
-Khalwatī M. b. A. a. ʾl-Wafāʾ G II 302
b. Khamīs al-Mawṣilī al-Ḥu. b. Naṣr G I 434, S I 776
Khān Mollā S II 291
Khān Mollā M. Ḥu. S II 303
-Khānī M. b. ʿAl. G II 489, S II 774
-Khānī al-Q. b. Ṣalāḥ al-Dīn G II 344, S II 472
-Khansāʾ G I 40, S I 70
b. Khāqān al-Fatḥ b. M. b. ʿUbaydallāh G I 273, 339, S I 579
-Kharāʾiṭī M. b. Jaʿfar G I 154, S I 250
-Kharaqī ʿAbd al-Jabbār b. M. G I 473, S I 863
-Kharashī (Khirshī) M. G II 84, 318, S II 438
-Kharparī G II 24
b. al-Kharrāṭ ʿAbd al-Ḥaqq b. ʿAr. al-Ishbīlī G I 371, S I 634
b. al-Kharrāṭ M. b. Ṣadīq G II 280
-Kharrāz A. b. ʿĪsā S I 354
-Kharrāzī M. b. M. b. Ibr. G II 248, S II 349
b. Kharūf G I 102, 110
b. al-Khashshāb ʿAl. b. A. G I 288, 415, II 696, S I 493
b. al-Khashshāb ʿAl. b. M. S I 504
b. al-Khashshāb M. b. A. b. Suhayl al-Jawzī G I 414, S I 913
-Khaṣībī al-Ḥu. b. ʿA. S I 326 (to be read thus)
-Khaṣṣāf A. b. ʿU. G I 173, S I 292
-Khāṣṣī al-Muwaffaq b. M. (al-Majd) S I 773
-Khāṣṣī Yū. b. A. b. a. Bakr al-Khwārizmī G I 374, 380, S I 652
b. Khātima A. b. ʿA. b. M. al-Anṣārī G II 359, S II 369
b. Khātima M. b. ʿAl. b. Hāniʾ S II 371
-Khaṭāʾī G I 290, 295, read: al-Khiṭāʾī

-Khaṭīb al-Baghdādī A. b. ʿA. G I 329, S I 562
b. al-Khaṭīb al-Dahsha al-Ḥamawī Maḥmūd b. A. b. M. G I 371, II 66, S I 633, II 70
b. al-Khaṭīb Dārayyā M. b. A. b. S. G II 15, S II 7
Khaṭīb Dimashq M. b. ʿAr. b. ʿU. G II 22, S II 15
-Khaṭīb al-Irbilī M. b. ʿA. G II 169, S II 218
-Khaṭīb al-Jawharī ʿA. b. Dāʾūd G II 43, S I 41
b. al-Khaṭīb Lisān al-Dīn M. b. ʿAl. b. Saʿīd G II 260, S II 372
b. Khaṭīb al-Nāṣiriyya ʿA. b. M. b. Saʿd G II 34, S II 30
-Khaṭīb al-Tabrīzī M. b. ʿAl. G I 364, II 195, S II 262
-Khaṭīb al-ʿUthmānī M. b. ʿAr. b. al-Ḥu. S II 107
Khaṭībzāde S I 508
Khaṭībzāde al-Rūmī M. b. Ibr. G II 229, S I 847, S II 319
-Khaṭṭāb al-Makhzūmī S I 103
-Khaṭṭāb b. al-Q. al-Qaraḥiṣārī S I 761,$_{9}$
-Khaṭṭābī Ḥamd (A.) b. M. G I 161, 165, S I 275
-Khaṭṭāṭ Ibr. b. A. G II 299, S II 410
-Khawāfī a. Bakr M. b. M. Zayn al-Dīn G II 206, S II 284
-Khawbarī ʿUthmān b. Ḥ. G II 489, read: al-Khubuwwī
-Khayālī G II 299, S I 508, II 291
-Khayālī A. b. Mūsā G I 427, S I 538, 759, II 318, 321
-Khayḍarī M. b. M. b. ʿAl. G II 97, S II 116
Khayr al-Dīn A. b. Nūr al-Dīn b. ʿA. al-Fārūqī G II 314, S II 432
Khayr al-Dīn al-Bitlīsī G I 465, S I 842,$_{3}$
Khayr al-Dīn M. b. ʿAbbās al-Kurdī S I 842 k
Khayr al-Dīn b. M. al-Zāhid al-Naqshbandī S II 1004
Khayr al-Dīn al-Ramlī S II 266, 312, 426, 428 A/C
Khayr al-Dīn b. Tāj al-Dīn Ilyāszāde G II 448, S I 488, II 667, 976
Khayr al-Dīn al-Tūnisī S II 887
Khayr al-Dīn al-Ziriklī S III 235, 357
a. ʾl-Khayr b. a. ʾl-Suʿūd G II 238, S II 334
-Khayrābādī M. ʿAbd al-Ḥaqq S II 861, 854
Khayrallāh Khān b. Luṭfallāh Khān S I 930,$_{39}$
-Khayyām ʿU. b. Ibr. G I 471, S I 850
-Khayyāṭ ʿAbd al-Raḥīm b. M. b. ʿUthmān S I 341
b. Khayyāṭ A. b. M. G I 253, S I 448
-Khazāʾinī Muṣṭafā b. Ism. G II 279
Khazʿal Khān S III 498
-Khazandār Qarṭāy al-Ghazzī G II 54, S II 53
-Khāzin a. Jaʿfar S I 387
b. al-Khāzin al-Shīḥī ʿA. b. M. b. Ibr. G II 204, S II 135
-Khāzinī a. Manṣūr (a. Jaʿfar) a. ʾl-Fatḥ ʿAr. G I 494, S I 902
-Khazrajī ʿAl. b. ʿUthmān G I 312, 501, S I 545
-Khazrajī A. b. M. G II 171, S II 11
-Khazrajī ʿA. b. al-Ḥ. G II 184, S II 238
-Khazzāz al-Rāzī al-Qummī ʿA. b. M. S I 322
-Khidājī S II 354
Khidāsh b. Bishr al-Tamīmī S I 86
Khiḍr b. ʿAr. al-Azdī G II 111
Khiḍr b. ʿA. al-Āydīnī b. al-Khaṭṭāb Ḥājjī Pāshā G I 467, II 233, S II 326
Khiḍr b. ʿAṭāʾallāh al-Mawṣilī S I 509, II 513
Khiḍr b. a. Bakr b. A. G II 704, S I 837
Khiḍr Bek G II 229
Khiḍr Bek b. Jalāl al-Dīn b. A. Pāshā al-Māturīdī S II 320
Khiḍr b. Khiḍr al-Āmidī S I 217
Khiḍr b. Maḥmūd b. ʿU. al-Marzufānī al-ʿAṭūfī G I 265, S I 468, 508, 614, 739, II 639
Khiḍr b. M. S II 986
Khiḍr b. M. b. ʿA. al-Rāzī al-Julūdī S II 294
Khiḍr b. M. b. ʿAṭāʾallāh al-Mawṣilī S I 740
Khiḍr b. M. al-Muftī al-Amāsī G II 424, S II 631
Khiḍr b. M. al-Rāzī al-Hawalarūdī G II 199, S I 707, II 272
Khiḍr b. Shallāl al-Akfānī al-Najafī S I 132 (to be read thus), II 794
Khiḍr b. al-Shawbarī S I 682,v.γ
Khiḍr al-Yazdī S I 536,$_{4a}$
Khiḍr b. Yū. b. Yū. Tānagözzāde S I 842, II 290, 322

-Khiḍrī M. b. M. Shams al-Dīn S II 279
-Khilāṭī ʿA. b. M. b. Ḥ. S II 86
-Khilāṭī M. b. ʿAbbād G I 172, 381, S I 655
-Khiraqī ʿU. b. al-Ḥu. G I 183, 398, S I 310
a. Khirāsh S I 43
Khirāsh b. ʿAl. S I 270
Khirniq G I 23, S I 70
-Khīwaqī G I 292
-Khīwaqī A. b. ʿU. b. M. al-Kubrā G I 440, S I 786
-Khiyālī G II 229
-Khiyāmī M. b. ʿAbd al-Munʿim G I 264, S I 466
-Khiyārī Ibr. b. ʿAr. G II 393, S II 538
-Khubuwwī ʿUthmān b. Ḥ. b. A. G II 489 (al-Khawbarī), S II 745
-Khuḍarī Khalīl b. Shams al-Dīn G II 355, S I 683, II A/C 482
Khuḍayr al-Azharī S II 98
Khujā ʿA. al-Samarqandī S II 288
-Khujandī Ḥāmid b. Khiḍr S I 390
-Khujandī M. b. M. a. Naṣr S II 219
-Khujawī Mūsā b. A. S II 447
Khujāzāde al-Izmīrī S I 741
Khujāzāde al-Rūmī S II 290
-Khuldī Jaʿfar b. M. S I 358
b. Khumārṭāsh A. G I 259, S I 459
-Khumayrī b. al-Ṣabbāgh S II 147
-Khūnajī Majd al-Dīn b. M. G II 122, S II 151
-Khūnajī M. b. Nāmwar G I 463, S I 838
-Khurāsānī ʿA. b. M. S I 866
-Khurāsānī Riḍwān b. M. b. ʿA. S I 866
-Khūrī Ḥanāniyyā al-Munayyir S II A/C 771
-Khūrī Mīkhāʾīl S II A/C 772
-Khūrī Wadīʿ S III 340
b. Khurradādhbeh ʿUbaydallāh b. ʿAl. G I 225, S I 404
Khurram ʿA. S I 614
-Khushanī M. b. al-Ḥārith S I 232
Khusraw al-Rūmī S II 316
-Khuwayyī A. b. al-Khalīl G I 508, S I 922,6, 924,7
-Khuwwī Yū. b. Ṭāhir S I 507
Khwāharzāde M. b. a. Bakr G I 429, S I 764
Khwāharzāde M. b. al-Ḥu. a. Bakr al-Bukharī G I 175, S I 296
Khwājā Maḥmūd S II 303
Khwājā Pāshā M. Pārsā M. b. M. b. Maḥmūd al-Bukhārī G II 231, S II 282
Khwājāzāde S I A/C 647
Khwājāzāde Muṣṭafā b. Yū. G II 230, S II 322
Khwājāzāde al-Rūmī S II A/C 290
-Khwānsārī M. Bāqir b. M. Naqī S II 828
-Khwārizmī S I 284
-Khwārizmī A. b. M. al-Makkī S I 642
-Khwārizmī a. Bakr b. Mūsā G II 195
-Khwārizmī al-Ḥubūbī al-Ḥ. b. al-Ḥārith S I 857
-Khwārizmī M. b. A. b. Yū. S I 434
-Khwārizmī M. b. Isḥāq S II 38
-Khwārizmī M. b. Maḥmūd al-Qāḍī S I 625
-Khwārizmī M. b. Mūsā G I 215, S I 381
-Khwārizmī Muwaffaq b. A. b. Isḥāq S I 623
-Khwārizmī Ṭāhir b. Islām G II 80, S II 88
Kibrīt S II 1021
-Kibsī A. b. M. S II 249
-Kibsī M. b. Ism. b. M. G II 502, S II 818
Kiči Ef. S I 514
-Kīlānī S I A/C 850, see al-Jīlī
-Kinānī A. b. Ibr. G II 57, S II 57
-Kindī S I 364, 366
-Kindī al-Ḥu. b. a. Bakr G II 109
-Kindī Maḥmūd b. ʿAbbās G II 327
-Kindī M. b. Yū. G I 149, S I 229
-Kindī ʿU. b. M. b. Yū. S I 230
-Kindī Yaʿqūb b. Isḥāq G I 209, S I 372
b. Kirān M. al-Ṭayyib b. ʿAbd al-Majīd S II 875
-Kirmānī S I 471
-Kirmānī ʿAl. b. ʿAbd al-Laṭīf b. Malakshāh G II 213, S II 314
-Kirmānī ʿAr. b. M. S I 641
-Kirmānī ʿAbd al-Wāḥid b. A. S I 757
-Kirmānī A. b. ʿAl. S I 325
-Kirmānī Maḥmūd b. Ḥamza b. Naṣr G I 412, S I 732
-Kirmānī M. b. ʿAbd al-Rashīd S I 641
-Kirmānī M. b. a. ʾl-Mafākhir S I 657
-Kirmānī M. b. Yū. b. ʿA. G I 158, II 164, S II 211
-Kirmānī Nafīs b. ʿIwaḍ G II 213, S II 298
-Kirmāstī Yū. b. Ḥ. G II 231, S II 322
-Kisāʾī S II 909
-Kisāʾī A. b. S. b. Ḥumayd S I 599

-Kisā'ī 'A. b. Ḥamza G I 115, S I 177
-Kisā'ī M. b. 'Al. G I 350, S I 591
-Kiyā al-Harāsī 'A. b. M. b. 'A. G I 390, S I 674
-Kizwānī 'A. b. A. b. M. G II 334, S II 462
Köprülüzāde 'Al. Bek b. Muṣṭafā G II 423n, S II 630
Köprülüzāde Nu'mān b. Muṣṭafā G II 446, S II 663
-Kubrā A. b. 'U. b. M. al-Khīwaqī G I 440, S I 786
-Kūfī A. b. 'A. b. A. S II 201
-Kūfī al-Faṣīḥ 'Al. b. A. b. 'A. G II 165, S II 201
-Kūhī Wayjan b. Rustam G I 223, S I 399
Kül Kedīsī M. b. Mūsā al-Burūsawī S II 644
-Kulīnī M. b. Ya'qūb G I 187, S I 320
Kulthūm b. 'Amr al-'Attābī S I 120
-Kūm al-Rīshī A. b. Ghulāmallāh b. A. G II 126, 127, 158
-Kumākhī 'Uthmān b. Ya'qūb. b. al-Ḥu. G II 446, S II 663
-Kumayt b. Zayd al-Asadī G I 63, S I 96
-Kūmī M. b. M. b. Ya'qūb G II 252, S II 358
b. Kunāsa G I 63
Kurā' al-Namal 'A. b. Ḥ. G I 515, S I 201
-Kūrānī S I 504, 532
-Kūrānī 'Abd al-Muḥsin b. S. G II 439, S II 652
-Kūrānī A. b. Ism. b. 'Uthmān G II 228, S II 318
-Kūrānī Ibr. b. al-Ḥ. G II 385, S II 520
-Kūrānī Maḥmūd b. M. G II 355
-Kūrānī al-Tamlījī Yū. b. 'Al. b. 'U. G I 433, II 265, S II 282
-Kūrānī Zayn al-'ābidīn Yū. b. M. S II 659
-Kurdī 'Ar. al-Āmidī S I 759,γ
-Kurdī A. b. A. G II 201, S II 274
-Kurdī 'Īsā b. M. b. 'Īsā S II 166
-Kurdī Murtaḍā b. Muṣṭafā G II 362, S II 490
-Kurdī Ya'qūb b. A. G I 287, S I 503
b. Kushājim G I 85, S I 137
Kūshyār b. Labbān G I 222, S I 397
-Kutāmī a. Bakr b. Ṣāliḥ G II 329, S II 457
-Kutāmī Ṣāliḥ b. 'Al. b. Ḥaydar G II 354, S II 480
Kuthayyir 'Azza G I 48, S I 79
-Kutubī Ḥu. b. 'Al. al-Yamanī S II 547
-Kutubī M. b. Ibr. b. Muḥyi 'l-Dīn S II 162
-Kutubī M. b. Shākir S II 48
-Kutubī Yū. b. Ism. b. Ilyās G II 169, S II 218
Kuwayr b. Ibr. S II 1015

b. al-Labbān M. b. A. b. 'Abd al-Mu'min al-Is'irdī G II 111, S II 137
-Labīb S II 301
-Labīb a. 'Al. a. Bakr b. 'Abd al-Ghanī al-Tūnisī G II 701, S I 727,4
Labīb Ef. G II 695
Labīb Ef. al-Riyāshī S II 370
Labība Hāshim Māḍī S III 259
Labība bint Mīkhā'īl S III 415
Labīd G I 36, S I 64
-Lablī A. b. Yū. b. 'A. al-Fihrī S I 966 ad 543
-Lādhiqī Muṣṭafā b. Qubād G II 193
-Lāhijī S I 958 ad 376
-Lāhijī 'Abd al-Razzāq b. 'A. b. Ḥu. Fayyāḍ S II 590
Lāhīzāde S I 648
-Lāhūrī 'Abd al-Karīm b. M. G II 420, S II 618
-Lāhūrī 'Al. b. Jum'a G II 416, S II 601
-Lāhūrī 'Alīmallāh S II 620
-Lāḥiqī Abān b. 'Abd al-Ḥamīd G I 152, 520, S I 238
-Laḥjī Muslim b. M. b. Ja'far S I 587
Lājīn b. 'Al. al-Dhahabī G II 135, S II 167
-Lajlāj M. b. 'Ubaydallāh al-Shiṭranjī S I 219
-Lakhmī 'Al. b. al-Faḍl S II 233
-Lakhmī 'A. b. 'Al. G I 383
-Lakhmī 'Īsā b. A. G II 459, S II 690
-Lakhmī M. b. A. b. Hishām S I 541
-Laknawī A. Shaykh Jīwan S II 612
-Laknawī M. 'Abd al-Ḥalīm S II 856
-Laknawī M. 'Abd al-Ḥayy S II 857
-Lālakā'ī Hibatallāh b. al-Ḥ. G I 181, S I 308
-Lāmi'ī G I 214, 286
-Laqānī G II 84, 89, S II 268
-Laqānī 'Abd al-salām b. Ibr. G II 307, S II 419
-Laqānī Ibr. b. Ibr. Ḥ. G II 316, S II 436
-Laqānī M. b. Ḥ. b. 'A. S II 435
-Laqīmī Muṣṭafā Asad b. A. G II 363, S II 490
Laqīṭ b. Ya'mur G I 27, S I 55
Lār M. al-Ḥusaynī al-Kattānī Burhān al-Dīn al-Hindī S II A/C 304
-Lārandī Maḥmūd b. A. Ẓahīr al-Dīn G II 224, S II 312

-Lārī S I 847
-Lārī Kamāl al-Dīn S I 517
-Lārī M. G I 464
-Lārī M. Amīn G II 330, S II 457
-Lārī M. Amīn b. Ṣālāḥ b. Jalāl al-Dīn S II 620
-Lārī Muṣliḥ al-Dīn G II 420
a. ʾl-Laṭāʾif b. Fāris G II 120, S II 149
-Laṭīfī Muṣṭafā b. M. al-Ḥamawī G II 344, S II 472
Laylā al-Akhyaliyya G I 61, S I 92
a. ʾl-Layth ʿAbd al-Quddūs S II 531
b. al-Layth M. b. al-Jūd G I 470, S I 854
-Layth b. al-Muẓaffar b. Naṣr S I 159
-Layth Naṣr b. M. al-Samarqandī G I 170, 196, 295, S I 347
-Layth b. Saʿd al-Fahmī al-Fārisī G II 70, 82
-Laythī a. ʾl-Layth al-Q. b. a. Bakr al-Samarqandī G I 418, II 208, S I 517, II 259, 288
Leo Africanus S II 710
-Liḥyānī al-Hintātī Zakariyyāʾ b. A. b. M. b. Ya. S II 331
Lisān al-Dīn M. b. ʿAl. b. al-Khaṭīb G II 260, S II 372
b. Lisān al-Ḥummara S I 939 ad 101
-Lubnānī Mubārak b. ʿAl. S II 80
-Lubūdī A. b. Khalīl S I 624, II 73, 85, 225
-Lubūdī A. b. M. G I 488, S I 826,d
-Luddī al-Ḥ. b. Maḥmūd G II 315
Lughda al-Iṣfahānī S I 188, 403
Luqmān b. Baʿūr G II 62, S II 65
Luṭf ʿA. b. A. al-Tabrīzī S I 69
a. ʾl-Luṭf al-Ḥaṣkafī (Ḥiṣnkayfī) al-Maqdisī S II 1021
b. a. ʾl-Luṭf M. G II 284, S II 394
Luṭfallāh b. ʿAbd al-Karīm b. Ibr. al-Miṣrī S II 576
Luṭfallāh b. A. al-Ḥusaynī S II 457
Luṭfallāh b. A. al-Miʿmār al-Nādir G II 522
Luṭfallāh al-Arzanī S II 921
Luṭfallāh al-Asakī al-Larījānī al-Najafī S II 796
Luṭfallāh b. al-Ḥ. al-Tūqātī Mollā Luṭfī G II 209, 235, S II 330
Luṭfallāh b. Jaḥḥāf al-Yamanī S II 546
Luṭfallāh al-Māzandarānī S II 836
Luṭfallāh al-Miṣrī S I 826
Luṭfallāh al-Muhandis al-Lāhūrī S II 596
Luṭfallāh b. M. al-Erzenrūmī S I 546 (=Arzanī?)
Luṭfallāh b. M. b. a. ʾl-Ghiyāth al-Ẓāfirī G I 305, II 188, S I 518, 536, 548, II 248
Luṭfallāh al-Nasafī al-Fāḍil al-Kaydānī G II 198, S I 348, II 269
Luṭfallāh Naṣr al-Bakāsīnī S III 376
Luṭfallāh b. Saʿd al-Dīn al-Fārūqī S II 219, 625
Luṭfallāh b. Shujāʿ al-Dīn Ḥarḍama al-Rūmī G I 468, S II A/C 259
Luṭfallāh b. a. Yū. Mollā Čelebī G II 223, S II 311
Luṭfī S I 743
Luṭfī Pāshā b. ʿAbd al-Muʿīn S II 664
Luṭfī Ṭuqatlī S I 848
b. Luyūn Saʿd b. a. Jaʿfar A. b. Ibr. G I 495, S I 598, II 380

Māʾ al-ʿAynayn S II 194, 259
Māʾ al-ʿAynayn M. Fāḍil al-Shinqīṭī S II 890
Maʿadd b. Naṣrallāh b. al-Ṣayqal G II 159, S II 199
a. ʾl-Maʿālī al-Anṣārī al-Ḥarīrī S II 901
a. ʾl-Maʿālī Bahāʾ al-Dīn S I 296
a. ʾl-Maʿālī al-Ḥaddād al-Jīlī S II 992
a. ʾl-Maʿālī al-Juwaynī = ʿAbd al-Malik b. ʿAb. b. Yū. Imām al-Ḥaramayn G I 388, S I 671
a. ʾl-Maʿālī M. S I 778,19
-Maʿarrī ʿAr. b. Marwān b. al-Munajjim G I 356, S I 604
-Maʿarrī a. ʾl-ʿAlāʾ G I 354, S I 448
-Maʿarrī M. b. A. b. ʿA. b. al-Rukn S II 56
-Maʿbarī Zayn al-Dīn G II 416, S II 599
-Maʿbarī Zayn al-Dīn b. ʿA. G II 221, S II 311
b. al-Mabrad Yū. b. al-Ḥ. b. A. al-Dimashqī G II 107, S II 130
-Madābighī al-Ḥ. b. ʿA. b. A. G II 328, S II 455
-Madāʾinī ʿA. b. M. G I 140, S I 105, 214
Maʿdān b. Kathīr al-Bālisī G II 256
-Madanī M. b. A. G II 178
-Madanī M. b. A. Sharaf al-Dīn G II 178
-Maddāḥ ʿAr. b. Ya. G II 274
b. al-Madhḥijī A. b. ʿU. b. M. G II 403, S II 554
Madhkūr b. S. al-Kurdī G I 464
-Madīnī M. b. a. Bakr ʿU. S I 604

-Madlijī A. b. ʿU. b. A. G II 199, S II 271
Madyan b. ʿAr. al-Qawsūnī G I 458, II 364, S I 826,82ff, 827,88
a. Madyan b. A. b. M. b. ʿAq. al-Fāsī S II 361
a. Madyan M. b. A. b. M. b. ʿA. al-Adīb al-Fāsī S II 690
a. Madyan Shuʿayb b. al-Ḥ. al-Maghribī G I 438, S I 783
-Madyanī M. b. A. b. ʿAbd al-Dāʾim G II 178, S II 151
-Madyūnī S I 768
-Māfarrūkhī al-Mufaḍḍal b. Saʿd S I 571
Mafḍal b. M. b. ʿAbd al-Raḥīm S II A/C 288
-Maghīlī ʿAr. b. Ya. b. M. S II 347
-Maghīlī M. b. ʿAbd al-Raḥīm S II 348
-Maghīlī Mūsā b. ʿĪsā G II 247
-Maghīlī Ya. b. Mūsā b. ʿĪsā G II 247, S II 347
-Maghribī A. b. Zakariyyāʾ G II 246
-Maghribī ʿA. b. Maymūn al-Idrīsī G I 448, II 123, 238, S II 153
-Maghribī Mūsā b. Q. S II 454
Māh Jawnpūrī S II 617
-Mahāʾimī ʿA. b. A. G I 450, II 221, S I 789, 807, II 310
b. Mahālā S I 804
-Mahānī M. b. ʿĪsā S I 383
-Mahdawī A. b. ʿAmmār al-Tamīmī G I 411, S I 730
Mahdī b. ʿA. b. M. al-Gharīqī S II 804
Mahdī b. ʿA. al-Ṣanawbarī S II 170
-Mahdī li-Dīnallāh A. b. al-Ḥu. b. A. G I 404, S I 702
-Mahdī li-Dīnallāh al-Ḥu. b. Q. G I 186
Mahdī al-Fāsī S II 961,34a
Mahdī al-Khāliṣī Ḥu. b. ʿAzīz al-Khurāsānī S II 799, 803, 839
Mahdī b. M. b. al-Khiḍr al-Wāzānī S II 700, 890
Mahdī b. Muṣṭafā al-Ḥusayni al-Tafrīshī S II 840
Mahdī b. Muṣṭafā al-Lāhūtī S I 525,33
Mahdī al-Uzurī al-Baghdādī S II 805
-Mahrī S. b. A. S II 231
-Maḥallī A. b. Zunbul G II 298, S II 409
-Maḥallī Ḥāmid b. A. G I 325, read: al-Muḥallī S I 560
-Maḥallī al-Ḥu. b. A. G II 323, S II 445
-Maḥallī Ibr. b. Hibatallāh S II 15
-Maḥallī Maḥmūd b. Quṭb G II 358, S II 486
-Maḥallī M. b. A. G II 141, S II 140
-Maḥallī M. b. ʿA. b. ʿAr. b. a. Bakr G I 307, S I 539
-Maḥallī M. b. ʿA. b. A. al-Shādhilī G II 121, S II 150
-Maḥallī Yū. b. Yū. S II 567
b. al-Maḥāmilī A. b. M. G I 181, S I 307
a. ʾl-Maḥāsin al-Ḥusaynī al-Dimashqī S II 235
a. ʾl-Maḥāsin Yū. b. Taghrībirdī G II 41, S II 39
-Maḥāsinī M. b. Tāj al-Dīn b. A. G II 254, S II 481
Maḥbūb b. ʿA. b. Rustam al-Murādābādī S II 854
Maḥbūb al-Khūrī al-Shartūnī S III 443
-Maḥbūbī Maḥmūd b. ʿUbaydallāh G I 377, II 197, S I 644
-Maḥbūbī Ṣadr al-shariʿa al-Thānī ʿUbaydallāh b. Masʿūd G II 214, S II 300
Maḥfūẓ b. A. al-Kalwadhānī S I 687
-Maḥḥār al-Ḥalabī ʿU. b. Masʿūd S II 1
Maḥjūb M. G I 208, II 173
Maḥmūd Abāẓā S III 232
Maḥmūd b. ʿAbbās al-Kindī G II 327
Maḥmūd b. ʿAbbās al-Rūmī S I 648
Maḥmūd ʿAbd al-Bāqī S II 83
Maḥmūd b. ʿAbd al-Jalīl al-Mawṣilī S II 909
Maḥmūd b. ʿAl. al-Ālūsī Shukrī G II 498, 703, S I 489, 818,35v, II 764, 787
Maḥmūd b. ʿAl. b. M. al-Baghdādī S II 198, 279
Maḥmūd b. ʿAl. al-Qaṣrī S III 179
Maḥmūd b. ʿAbd al-Muḥsin al-Madanī S II 901
Maḥmūd b. ʿAbd al-Raḥīm al-Adalabī S I 515
Maḥmūd b. ʿAr. al-Iṣfahānī G I 418, II 47, S I 537, 658, 742, 926, II 137
Maḥmūd Adham G I 304, S I 486 A/C, 534
Maḥmūd b. A. al-Awfā S II 483
Maḥmūd b. A. al-ʿAynṭābī al-Amshāṭ G II 82, S I 825,82gg, 898, II 93, 169
Maḥmūd b. A. al-Bukhārī S I A/C 641
Maḥmūd b. A. Burhān al-Dīn S II 953

Maḥmūd b. A. al-Fārābī S I 652
Maḥmūd b. A. al-Ḥaṣīrī G I 380, S I 290,9, 653
Maḥmūd b. A. b. Masʿūd al-Qūnawī G II 64, 81, S I 292, II 90
Maḥmūd b. A. b. M. b. Khaṭīb Dahsha G I 371, II 66, S I 526, II 70
Maḥmūd b. A. b. Mūsā al-ʿAynī Badr al-Dīn G I 159, 299, 377, 383, 519, II 52, 81, 105, 197, S I 262,13, 293, 503, 524, 574, 645, 651, 659, 948, II 50, 266
Maḥmūd b. A. al-Sayyid al-Baghdādī S III 492
Maḥmūd b. A. b. al-Ṣadr al-Shahīd al-Bukhārī b. Māza G I 375, S I 289, 642
Maḥmūd b. A. al-Uskudār G II 444
Maḥmūd b. A. al-Zanjānī G I 128, S I 196
Maḥmūd b. A. b. Ẓahīr al-Dīn al-Lārandī G II 224, S II 312
Maḥmūd b. ʿA. al-Dāmūnī S II 473,33
Maḥmūd b. ʿA. b. Fahd al-Ḥalabī al-Dimashqī S II A/C 3
Maḥmūd b. ʿA. al-Hindī al-Tāj al-Rāzī G I 438, 509
Maḥmūd b. ʿA. al-Kāshānī G II 702
Maḥmūd b. ʿA. b. M. al-Biqāʿī S I 676
Maḥmūd b. ʿA. al-Nīsābūrī G I 485,6
Maḥmūd b. ʿA. al-Qūnawī S II 953
Maḥmūd b. ʿA. Qurāʿa al-Muḥāmī S I 749,25,15
Maḥmūd b. ʿĀlim S II 83
Maḥmūd al-Anṭākī G II 234, S II 329
Maḥmūd ʿAzm b. Yumn al-Ṭarābulusī S II 921
Maḥmūd Badawī S III 279
Maḥmūd b. a. Bakr al-Farāhī G I 172
Maḥmūd b. a. Bakr al-Kalābādhī al-Bukhārī G I 379, S I 650
Maḥmūd b. a. Bakr Kūrmīrī S I 648
Maḥmūd b. a. Bakr M. al-Urmawī Ṣafī al-Din S II 15
Maḥmūd b. a. Bakr al-Urmawī Sirāj al-Dīn G I 467, 506, 507, S I 817, 848, 921,3b
Maḥmūd al-Bāqānī al-Qādirī S II 643
Maḥmūd Bāshā al-Falakī G II 490, S II 747
Maḥmūd Bāshā Sāmī al-Bārūdī G II 238, S II 334, III 7
Maḥmūd al-Darkazānī G I 344,5
Maḥmūd b. Dāʾūd al-Luʾluʾī al-Bukhārī al-Afshanjī G I 428, S I 761
Maḥmūd Ḍayf S II 753
Maḥmūd b. Ḍiyāʾ al-Dīn al-Shirāzī S I 901
Maḥmūd Ef. S I 842
Maḥmūd Ef. Amīr Shahrī S I A/C 842
Maḥmūd Ef. ʿImād S III 132
Maḥmūd Ef. Khalīl Rāshid S III 85, 264, 276
Maḥmūd Ef. Ṣafwat b. Muṣṭafā Āghā al-Sāʿātī G II 475, S II 722
Maḥmūd b. Faḍlallāh b. A. al-Tūdhī al-Hamadhānī S I 782
Maḥmūd Fahmī G II 483, S II 734
Maḥmūd Fawzī b. al-Ḥājj A. Yarankamāwī al-Adranawī S I A/C 843
Maḥmūd Fuʾād S III 335
Maḥmūd al-Ghazzālī S I 754
Maḥmūd b. Ḥāfiẓ Ḥ. al-Maghnīsī S I A/C 843
Maḥmūd b. Ḥamza al-Dimashqī G II 496, S II 775, 970
Maḥmūd b. Ḥamza b. Naṣr al-Kirmānī G I 412, S I 732
Maḥmūd al-Ḥanafī Zayn al-Dīn S II 1026
Maḥmūd b. Ḥ. al-Deobandī S I 518
Maḥmūd b. Ḥ. Ism. S III 171
Maḥmūd b. Ḥ. al-Maghnīsī S I 843,12
Maḥmūd b. Ḥ. b. M. al-Farkawī al-Qādirī S I 774
Maḥmūd b. Ḥ. b. M. al-Urmawī S II 1015
Maḥmūd b. a. Ḥ. al-Nīsābūrī S I 733
Maḥmūd b. Ḥ. al-Qazwīnī G I 386, S I 668
Maḥmūd Ḥasīb S III 228
Maḥmūd Ḥaydar al-Hakkārī S II 260
Maḥmūd b. Ḥu. al-Ṣādiqī al-Jīlānī S I 739
Maḥmūd b. Ibr. S II 46
Maḥmūd b. Ibr. al-Salāmī G I 159,25
Maḥmūd b. Ilyās al-Rūmī S I 648
Maḥmūd b. Ilyās al-Shīrāzī S II 298
Maḥmūd ʿImād al-Dīn G II 414, S II 592
Maḥmūd al-Iskandarī S III 84
Maḥmūd b. Ism. b. Ibr. al-Kharparī G II 134, S II 19, 665
Maḥmūd b. Isrāʾīl b. Qāḍī Simāwna G II 224, S II 313
Maḥmūd al-Iṣfahānī G I 509, S II 267
Maḥmūd al-Iẓlimī S II 901
Maḥmūd b. Jaʿfar b. Bāqir b. al-Q. S II 842

Maḥmūd b. Jaʿfar Ism. S III 230
Maḥmūd al-Jawnpūrī al-Fārūqī G II 420, S II 621
Maḥmūd al-Jīzduwānī Kamāl al-Dīn S II 1005
Maḥmūd Kāmil S III 233, 280
Maḥmūd Kāmil Fikrī S I 144
Maḥmūd al-Kāshī (Kāshānī) G I 262, S I 463
Maḥmūd b. Khalīl b. al-ʿAzm al-Dimashqī G I 255, II 493, S II 384, 754
Maḥmūd b. Khalīl al-Mustarī S I 544
Maḥmūd Khwāja Jahān S I 782
Maḥmūd Khayrāt S III 229
Maḥmūd Kutī al-Timbuktī S II 716
Maḥmūd b. Maḥfūẓ al-Dimashqī S I 525
Maḥmūd b. Maḥmūd al-Gulistānī S II 910
Maḥmūd b. Masʿūd al-Shīrāzī G I 290, 437, 457, 511, II 211, S I 508, 515, 537, 847, II 296
Maḥmūd Mollā Ṣāliḥ Dördünğü ʿAdhbān S I 643
Maḥmūd b. M. G II 429, S II 57, 842
Maḥmūd b. M. b. A. al-Āmulī al-Māzandarānī S II 834
Maḥmūd b. M. ʿA. al-Bihbihānī S II 830
Maḥmūd b. M. b. ʿA. al-Qādirī al-Shaykhānī S II 444 A/C, 940
Maḥmūd b. M. al-Bukhārī G I 1198
b. Maḥmūd b. M. al-Ghaznawī a. ʾl-Fatḥ S II 987
Maḥmūd b. M. b. a. ʾl-Ḥ. al-Samnānī S II 257
Maḥmūd b. M. b. Ibr. b. Jumla al-Shāfiʿī S II 77
Maḥmūd b. M. al-Jawnpūrī al-Fārūqī S I 965 ad 516, II 293
Maḥmūd b. M. al-Jazāʾirī S I 133
Maḥmūd b. M. b. Junayd G II 195
Maḥmūd b. M. al-Kīlānī S II 921
Maḥmūd b. M. al-Kirmānī al-Shāṭibī S I 678 A/C, II 976
Maḥmūd b. M. al-Kūrānī G II 355
Maḥmūd b. M. b. Maḥmūd al-Nayrīzī S II 303, S II A/C 307
Maḥmūd b. M. Mīram Čelebi G I 235, II 477, S II 665
Maḥmūd b. M. b. M. b. Mūsā b. ʿĪsā al-ʿAdawī al-Shāfiʿī S II 964
Maḥmūd b. M. al-Qarabāghī Muḥyi ʾl-Dīn S II 638, S II 910
Maḥmūd b. M. b. S. Ef. S II 953
Maḥmūd b. M. al-Ṣayrafī S III 231
Maḥmūd b. M. al-Tabrīzī S II 830
Maḥmūd b. M. b. ʿU. al-Jaghmīnī G I 457, 473, II 213, S I 820,82b, 865
Maḥmūd b. M. al-Zūkārī G II 290
Maḥmūd b. Mursal al-Rūmī G II 80
Maḥmūd al-Najjār G I 39
Maḥmūd Nashāla S I 842
Maḥmūd b. Niʿmatallāh al-Bukhārī G I 466, S I 743, 966, II 587, 1015
Maḥmūd al-Nīsābūrī G II 210
Maḥmūd al-Nīsābūrī Kamāl al-Dīn S II 987
Maḥmūd Qabādū al-Sharīf al-Ḥasanī S II 884, III 499
Maḥmūd al-Qādirī al-Kurdī al-Shāfiʿī G II 253, S II 360
Maḥmūd b. Qāḍī Khwāja S II 953
Maḥmūd b. Quṭb al-Maḥallī G II 358, S II 159, 486
Maḥmūd Rāshid Ef. S III 85
Maḥmūd b. Sabuktigīn S I 636
Maḥmūd b. Saʿīd b. ʿAl. b. Mīkāʾīl G II 24
Maḥmūd b. Saʿīd Maqdīsh S II 877
Maḥmūd b. Saʿīd b. M. al-Ḥātimī S I 793
Maḥmūd b. Salmān b. Fahd al-Ḥalabī G I 88, 346, II 44 = S II 42
Maḥmūd Sāmī al-Bārūdī, see Maḥmūd Bāshā
Maḥmūd b. al-Sayyid Ayyūb S I A/C 517
Maḥmūd Shāh Khūjī G I 511
Maḥmūd al-Shaḥḥāl al-Ṭarābulusī S III 346
Maḥmūd al-Shāʿir al-Wānī S II 1015
Maḥmūd al-Sharīf S I 444
Maḥmūd al-Shīrāzī Jamāl al-Dīn S I 926, II 307
Maḥmūd Shukrī S III 279
Maḥmūd Shukrī al-Ālūsī S II 764
Maḥmūd Shukrī Ef. S III 84
Maḥmūd b. S. al-Kaffawī G II 434, S II 287, 645
Maḥmūd b. Ṣadr al-sharīʿa al-awwal G I 376, S I 646
Maḥmūd Ṣafwat S II 901
Maḥmūd b. Ṣāliḥ al-Burūjirdī S II 842
Maḥmūd Ṭāhir Ḥaqqī S III 229
Maḥmūd Ṭāhir Lāshīn S III 251

Maḥmūd Ṭāhir al-Sanjārī G I 122
Maḥmūd Taymūr S III 217, 255
Maḥmūd b. ʿUbaydallāh al-Maḥbūbī G I 377, S II 197
Maḥmūd b. ʿUbaydallāh b. Ṣāʿid al-Ḥārithī G I 172, S I 289
Maḥmūd b. ʿUbaydallāh b. Tājashsharīʿa G I 377, S I 644
Maḥmūd b. ʿU. al-Anṭākī S I 498
Maḥmūd b. ʿU. al-Bājūrī G II 487, S II 106, 727
Maḥmūd b. ʿU. b. a. ʾl-Faḍl al-Iṣfahānī S I 856
Maḥmūd b. ʿU. al-Najātī G I 314, S I 444, 547, II 257
Maḥmūd b. ʿU. al-Zamakhsharī G I 25, 289, S I 507
Maḥmūd al-Urmawī S I A/C 923
Maḥmūd b. ʿUthmān al-Lāmiʿī G II 710, S II 285
Maḥmūd b. ʿUthmān al-Mawṣilī G II 376
Maḥmūd b. ʿUthmān al-Raḥbī G II 373
Maḥmūd a. ʾl-Wafāʾ S III 131
Maḥmūd al-Wāridātī G II 435, S II 646
Maḥmūd b. Ya. b. Salīm G I 281
Maḥmūd Yāsīn S I 328
Maḥmūd b. Yū. al-Harawī S II 921
Maḥmūd b. Zayd al-Lāmishī al-Ḥanafī S II 953
-Maḥrūqī Darwīsh b. Jumʿa G II 409
b. Māja M. b. Yazīd G I 163, S I 269
-Mājawī Faḍlallāh b. M. b. Ayyūb S II 310
a. ʾl-Majd b. ʿAṭiyya b. al-Majd al-Khaṭīb S I A/C 860
Majd al-Dīn al-Aykī S I 742
Majd al-Dīn al-Fīrūzābādī S I 197, see M. b. Yaʿqūb b. M.
Majd al-Dīn b. a. Jarāda S I 287,ii, II 1015
Majd al-Dīn b. M. al-Khūnajī G II 122 (S II 151)
Majd al-Dīn al-Sankalūnī G I 393
a. ʾl-Majd Shāh ʿAbd al-Ḥaqq b. Shāh b. Sayf al-Dīn al-Dihlawī S I 621
b. al-Majdī S II 158, 200, 218
b. al-Majdī A. b. Rajab b. Ṭaybughā G II 128, S II 158
-Majdūlī ʿA. b. M. G II 251
Majjājī ʿAr. b. M. G II 465
-Majlisī S I 319, II A/C 581
-Majlisī M. Bāqir b. M. G II 411, S II 572
Majnūn b. ʿĀmir G I 48, S I 81
-Majrīṭī Maslama b. A. G I 243, S I 431
-Majūsī S I 662
-Majūsī ʿA. b. al-ʿAbbās G I 237, S I 423
b. Makānis ʿAr. b. ʿAbd al-Razzāq al-Qibṭī G II 15, S II 7
a. ʾl-Makārim b. ʿAl. b. M. G I 237, S I 648
a. ʾl-Makārim b. a. ʿA. b. Musdī G I 372
Makārius b. Zaʿīm S II 40
Makhdūm b. ʿAbd al-ʿAzīz b. Zayn al-Dīn al-Shāfiʿī S II 964
-Makhdūmī Sayfī Bek b. ʿAl. S II 38
Makhlūf b. M. al-Badawī al-Minyawī G II 386, S II 399, 706
a. Makhrama M. al-Ṭaiyib b. ʿAl. b. A. S II 239
-Makhzūmī ʿAbd al-Bāqī b. ʿAbd al-Majīd G I 369, II 171, S II 220
-Makhzūmī A. b. ʿAl. a. ʾl-Muṭarrif S I 546
-Makhzūmī Sirāj al-Dīn G II 98
Makī, see Makkī b. a. Ṭālib Ḥammūsh al-Qaysī
-Makīn b. al-ʿAmid Jirjis b. a. ʾl-Yāsir G I 348, S I 569
b. Makkī G I 302
Makkī Jamīl S III 493
Makkī b. a. Ṭālib Ḥammūsh al-Qaysī G I 406, S I 718
-Makkūdī ʿAr. b. ʿA. b. Ṣāliḥ G I 299, II 25, 237, S I 524, II 330, 336
-Makramī Idrīs ʿImād al-Dīn b. al-Ḥ. b. ʿAl. S II 250
Maksīmūs Maẓlūm S II 751
b. Maktūm A. b. ʿAq. al-Qaysī al-Ḥanafī G II 110, S II 137
b. Mākūlāʾ ʿA. b. Hibatallāh b. ʿA. al-ʿIjlī G I 354, S I 602
Malak bint Ḥifnī Bek Nāṣīf S II 728, III 256
b. al-Malʾak(shāh) ʿAbd al-Laṭīf b. ʿAbd al-ʿAzīz G II 213, S II 314
b. al-Malʾak(shāh) M. b. ʿAbd al-Laṭīf S II 314
-Mālaqī S II 370
-Malaṭī A. b. M. S I 348
-Malaṭī Sarījā b. M. G II 163, S II 205
-Mālībārī Zayn al-Dīn b. ʿA. b. A. al-Maʿbarī G II 407, S II 310, 604

b. Mālik G I 364, S I 510
b. Mālik b. ʿAr. al-Anṣārī S I 182
Mālik b. ʿAr. al-Muraḥḥal G I 274, S I 484
-Malik A. b. al-Malik Pīr M. Fārūqī S II 600
-Malik al-Afḍal ʿAbbās b. al-Malik al-Mujāhid G II 184, S II 236
-Malik al-Amjad S I 456
Mālik b. Anas al-Aṣbaḥī G I 175, S I 297
-Malik al-Ashraf Ism. b. al-ʿAbbās S II 236
-Malik al-Ashraf Qāytbāy S II 152
-Malik al-Ashraf ʿU. b. Yū. G I 494, S I 901
-Malik al-Dimashqī ʿUthmān b. ʿAlāʾ al-Dīn b. Yūnus S II 483
-Malik al-Manṣūr M. b. ʿU. G I 324, S I 558
b. Mālik M. b. ʿAl. b. M. G I 298, S I 521
-Malik al-Mujāhid ʿA. b. Dāʾūd b. ʿU. al-Rasūlī G II 190, S II 252
Malīkhāzāde al-Bustānī S II 1015
Malikshāh M. b. ʿAbd al-Laṭīf al-Kirmānī G I 383, II 413
-Mālīnī A. b. M. b. A. G II 82, S I 362, II 93
b. Malkā Hibatallāh ʿA. b. a. ʾl-Barakāt al-Baghdādī G I 460, S I 831
b. Malkūn G I 20
-Mallāṭ Tāmir & Shiblī S III 339
-Malzūzī ʿAbd al-ʿAzīz b. ʿAbd al-Wāḥid S I 577
-Māmaqānī M. H. b. ʿAl. S II 798
Maʿmar b. A. b. M. b. Ziyād al-Iṣfahānī S I 770
Maʿmar b. al-Muthannā a. ʿUbayda G I 103, S I 162
Maʿmar b. Ya. b. a. ʾl-Khayr ʿAbd al-Qawī al-Mālikī S II 17
b. Māmāya M. b. A. b. ʿAl. G II 271, S II 382
Mammātī Asʿad b. al-Muhadhdhab b. a. Khaṭīr G I 335, 572
Maʾmūn b. A. b. Ibr. al-Ṭarūnājī al-Ṭurnawī S II 282
Maʾmūn b. ʿA. al-Suwaydī S II 37
Maʿn b. Aws al-Muzanī G I 41, S I 72
Maʿn b. Furayʿīn S I 434
b. Maʿn b. al-Shaʾmī Ḥu. b. Fakhr al-Dīn Qurqmās G II 354, S II 481
Mānakdīm A. b. ʿU. Shīshdīw S I 315
-Manālī ʿAbd al-Majīd b. ʿA. b. M. S II 676
-Manāshīrī M. b. Maḥmūd G II 326, S II 452
-Manbijī G II 76, S II 82
b. Manda M. b. Isḥāq G I 167, S I 281
b. Mandawayh A. b. ʿAr. S I 423
Manfaʿat ʿA. Dīvbandī S I 842 q
-Manfalūṭī ʿA. G II 474, S II 721
-Manfalūṭī Muṣṭafā Luṭfī S III 106
b. Mänglī M. G II 136, S II 167
-Manīḥī ʿA. Zikrī b. Masʿūd S I 660
-Manīnī A. b. ʿA. G II 415, S II 596
-Manīnī al-ʿUthmānī G II 282, S II 391
Manjaq Pāshā b. M. al-Dimashqī G II 277, S II 386
-Manjūr(ī) A. b. ʿA. b. ʿAr. G I 312, S II 353, 376, 697
Mankah S I 413
Mankubars b. Yalanqilič S II 992
Manlāzāde al-Harawi al-Kharziyānī S I 761
-Manshalīlī A. b. Turkī S II 435
-Manshalīlī ʿA. S II 456
Manṣūr b. ʿAbd al-Ḥamīd al-Bāwardī S I 332
Manṣūr b. ʿAl. al-Fārisī Rāstgū S II 208
Manṣūr b. ʿAbd al-Mutaʿāl al-Kutubī S III 176
Manṣūr b. ʿAq. al-Ghayṭī S I 804
Manṣūr b. ʿAr. al-Ḥarīrī G II 335, S II 463
Manṣūr b. ʿAr. al-Shāfiʿī S II 28
Manṣūr b. A. b. ʿAbd al-Jabbār al-Marwazī al-Samʿānī G I 492, S I 731
Manṣūr b. A. b. Ibr. al-ʿIrāqī S I 721
Manṣūr b. A. al-Qāʾānī al-Khwārizmī (to be read thus) S I 657
b. a. Manṣūr a. A. Ya. S I 393 (to be read thus)
Manṣūr b. ʿA. Bundār al-Dāmaghānī S I 864
Manṣūr b. ʿA. b. ʿIrāq G I 472, 511, S I 368 (to be read thus), 861
Manṣūr b. Baʿra al-Kāmilī G II 356
Manṣūr b. B. al-Q. S II 354
-Manṣūr billāh S I 324
-Manṣūr billāh ʿAl. Ḥamza b. S. G I 403, S I 701
-Manṣūr billāh al-Ḥu. b. Badr al-Dīn al-Hādawī S I 703
-Manṣūr billāh al-Q. b. M. b. ʿA. b. Rasūlallāh S II 538
Manṣūr Ef. S II 300
Manṣūr Ef. Rifʿat S III 229
Manṣūr Fahmī S III 211
Manṣūr al-Hamsh al-Mārūnī S III 338

Manṣūr b. Hibatallāh al-Khwārizmī S II 940
Manṣūr al-Ḥasanī G I 491
Manṣūr b. al-Ḥu. al-Ābī G I 351, S I 593
Manṣūr b. ʿĪsā b. Ghāzī al-Samannūdī G II 326, S II 453
Manṣūr b. ʿĪsā Zāhid al-ʿUlamāʾ S II 1029
Manṣūr b. Kaiġylyġ G I 86
Manṣūr b. Karīm al-Dīn al-ʿAjamī al-Shaʿrāwī S II 284
Manṣūr b. a. ʾl-Khayr al-Bilbaisī S II A/C 265
Manṣūr al-Khwārizmī a. M. S II 976
a. Manṣūr al-Kirmānī S II A/C 101
Manṣūr al-Manūfī al-Azharī S II 304, 482
Manṣūr al-Miṣrī G I 455, 456
Manṣūr b. Mubārak al-Sūsī S II 940
Manṣūr b. M. al-Arīḥāwī G II 356
Manṣūr b. M. al-Azdī al-Harawī G I 95, S I 154, 507
Manṣūr b. M. al-Ḥalabī G II 344
Manṣūr b. M. b. Manṣūr b. ʿA. b. Hudhba al-Qurashī S II 1033
Manṣūr b. M. al-Sindī al-Muqriʾ S II 989
Manṣūr b. M. Ṣadr al-Dīn al-Ḥusaynī al-Dashtakī al-Shīrāzī Ghiyāth al-Dīn G I 438, 414, S I 782, II 288 A/C, 593
a. Manṣūr al-Nayrīzī S II 1021
Manṣūr b. a. ʾl-Q. b. Naṣr al-Saʿīdī al-Thawrī S II A/C 354
Manṣūr b. Sahl b. M. al-Marzubānī S II 921
Manṣūr b. Sālim al-Hamadhānī al-Iskandarānī al-Shāfiʿī Muḥtasib al-Iskandariyya G I 355, S I 573, 602
Manṣūr al-Sarmīnī G II 351
Manṣūr al-Shādhilī G I 178
Manṣūr Sibṭ Nāṣir al-Dīn al-Ṭablāwī S I 498, 681, 761, II 443
a. Manṣūr al-Ṭūsī S II 1022
Manṣūr al-Yānī S II 267
Manṣūr b. Yūnus al-Bahūtī G I 398, S I 688, 688 A/C, II 130, 447
-Manṣūrī ʿA. b. S. b. ʿA. S II 421
-Manūfī ʿAq. b. M. G II 357
-Manūfī A. b. M. b. M. b. ʿAbd al-Salām G II 295, S II 406
-Manūfī A. Zaʿīm G II 331
-Manūfī ʿA. Nāṣir al-Dīn b. M. b. M. G II 316, S II 434
-Manzilī S II 194, 263 e
b. Manẓūr al-Miṣrī S I 117
b. Manẓūr M. b. Mukarram b. ʿA. G II 21, S II 14
-Maqāmī S II 842
-Maqarr al-Muḥibbī S II 992, 31a
-Maqbalī Ṣāliḥ b. Ḥamdallāh b. Mahdī S II 561
-Maqdisī G I 213
-Maqdisī ʿAl. b. A. Ḍiyāʾ al-Dīn G I 398, S I 688
-Maqdisī A. b. M. b. Ibr. S II 162
-Maqdisī A. b. Salāma S II 148
-Maqdisī A. b. ʿUthmān b. Hibatallāh S I 897
-Maqdisī ʿA. b. al-Mufaḍḍal b. Mufarrij S I 627
-Maqdisī Ibr. b. Ya. b. Ghannām S I 913
-Maqdisī al-Mufaḍḍal b. ʿA. S I 521
-Maqdisī M. b. ʿAbd al-Wāḥid Ḍiyāʾ al-Dīn G I 398, S I 690 (to be read thus)
-Maqdisī M. b. A. (Muqaddasī) G I 230, S I 410
-Maqdisī M. b. a. Bakr S II 117
-Maqdisī M. b. M. b. M. S II 442
-Maqdisī Mūsā b. Yū. G II 325, read: Marʿī b. Yū. S II 496
-Maqdisī al-Musharraf b. al-Murajjā S I 567, 876
-Maqdisī Naṣr b. Ibr. b. Naṣr S I 603
Maqdīsh Maḥmūd b. Saʿīd al-Safāqusī S II 651, 877
-Maʿqilī ʿAl. b. a. ʾl-Ḥ. S I 317
-Maqqarī ʿA. b. M. G II 296, S II 407
-Maqrīzī A. b. ʿA. b. ʿAq. G I 498, II 38, S I 305, II 36
Maqṣūd ʿA. Tabrīzī G I 469, S I 973 ad 847
Maqṣūd Ef. S I A/C 534
Maqtūl b. A. S II 603
b. al-Marʾa b. Dahhāq G I 389, S I 776, 844
-Marāghī Zakariyyāʾ b. ʿAl. b. Zakariyyāʾ S I 596
-Marʿashī G II 197, S II 657,22d
-Marʿashī Ḥu. b. M. G I 342, read: al-Marghanī
-Marʿashī Walījānī G II 215, S II 303
-Mardāwī S II 393
-Mardāwī ʿA. b. S. al-Maqdisī S II 130
-Mardāwī M. b. ʿAbd al-Qawī S I 459
-Mardāwī Yū. al-Ḥanbalī S II 448

Marḍī b. ʿA. al-Ṭarasūsī G I 495
-Marghanī S II 291
-Marghanī Ḥu. b. M. al-Thaʿālibī S I 581
-Marghīnānī ʿAbd al-Raḥīm b. a. Bakr G I 382, S I 656
-Marghīnānī ʿA. b. Bakr b. ʿAbd al-Jalīl al-Farghānī G I 376, S I 644
-Marghīnānī al-Ḥ. b. ʿA. G I 379, S I 651
-Marghīnānī Naṣr b. Ḥ. G II 193
-Marghīthī M. b. Saʿīd b. Ya. G II 463, S II 707
-Marḥūmī A. S II 393
Mārī ʿAjamī S III 415
Mārī (Maryam, Mayy) Ziyāda S II 767, III 259
Marʿī b. Yū. b. a. Bakr al-Karmī G II 103, 369, S II 496
-Māridīnī G I 382
-Māridīnī ʿAl. b. Khalīl b. Yū. G II 169, S II 218
-Māridīnī ʿA. b. Musharraf G II 161, S II 200
-Māridīnī Ya. Sharaf al-Dīn S II A/C 386
-Marīsī Bishr b. Ghiyāth b. a. Karīma S I 340
-Marjānī S I A/C 759, ʿAl. b. M. S II A/C 996
-Marjūsī ʿA. al-Rūmī G II 233 = ʿA. Bek al-Izniqī S II 667
-Marrākushī al-Ḥ. b. ʿA. b. ʿU. G I 473, II 127, S I 866
-Marrākushī M. b. ʿAr. G I 266, 295, II 247, S II 347
-Marṣafī A. b. M. al-Ramlī G II 412, S II 460
-Marṣafī ʿA. b. Khalīl G II 412, S II 460
-Marṣafī Ḥu. b. A. G II 478, S II 727 (to be read thus)
-Marṣafī M. b. M. G I 283
-Marthadī S I 219
Maʿrūf b. A. S II 910
b. Maʿrūf M. b. ʿAbd al-Khāliq G II 194, S II 261
Maʿrūf al-Ruṣāfī S III 488
-Maʿrūfī M. b. Maʿrūf G II 273
Mārūn Ghuṣn S III 389
Mārūn b. Ilyās al-Naqqāsh S II 754
-Mārūnī Yū. b. Jirjī G II 365
a. Marwān Ghaylān S I 152
Marwān b. S. b. Ya. b. a. Ḥafṣa G I 74, S I 112
Marwān b. Thawbān S I 286
-Marwarrūdhī al-Ḥu. b. M. b. A. G I 387, S I 669
-Marwazī A. b. ʿAl. G I 221, S I 393
-Marwazī A. b. ʿA. G I 518, S I 272
-Marwazī M. b. M. b. A. G I 174, S I 294
Maryam Mizhir S III 258
Maryam Naḥḥās Nawfal S III 414
b. Maryam al-Tilimsānī M. b. M. b. ʿA. S II 680
Maryam Ziyāda, see Mārī, Mayy
Maryāna bint Fransīs al-Marrāsh S II 756
b. Marzūq a. ʾl-Faḍl G II 320
b. Marzūq al-Ḥafīd al-ʿAjīsī M. b. A. b. M. S II 345
b. Marzūq al-Khaṭīb al-Tilimsānī M. b. A. b. M. G II 239, S II 335
Marzūq al-Manṣūrī S II 174
Marzūq al-Sindī a. ʾl-ʿAṭāʾ Aflaḥ b. Yasār G I 63, S I 98
-Marzūqī G I 19, 20, 62, 284, S I 37
-Marzūqī A. b. M. S I 502
Māsarjawayh S I 417
b. Masarra M. b. ʿAl. S I 378
-Masarrātī b. Ghallāb ʿAbd al-Salām b. Ghālib S I 664
b. Māsawayh Ya. G I 232, S I 416
Māshāʾallāh al-Atharī al-Baṣrī S I 391
b. Mashāqa Mīkhāʾīl b. Jirjis b. Ibr. G II 496, S II 779
a. Maʿshar M. b. ʿU. al-Balkhī G I 221, S I 388, 394
a. Maʿshar Najīḥ b. ʿAr. Al-Sindī S I 207
a. Maʿshar al-Ṭabarī S I 724
-Mashhadī M. b. ʿA. b. Ḥamza S I 713
b. Mashīsh ʿAbd al-Salām al-Idrīsī G I 440, S I 787
b. Mashīsh Hāshim b. A. al-ʿAlawī G II 458_{10}
Mashkūr b. M. Jawād b. Mashkūr al-Hawlāwī S II 804
-Mashārānī Ṣadaqa b. Sallām G II 112, S II 139
Masīḥ b. Ḥakīm al-Dimashqī S II 1029
-Masīḥī a. Sahl ʿĪsā b. Ya. G I 238, S I 423
-Masīḥī Saʿīd a. ʾl-Khayr G I 491_3, S II 892
Maslama b. A. al-Majrīṭī G I 243, S I 391, 401, 430
b. Masʿūd b. A. b. ʿA. S II 14
b. Masʿūd b. A. al-Kāshānī G I 375 see a. Bakr b. Masʿūd A. S I 643
Masʿūd b. A. b. Masʿūd al-Ḥārithī S I 688

Masʿūd b. ʿA. al-Bayhaqī S I 623
Masʿūd b. ʿA. Riḍā S II 449
Masʿūd b. a. Bakr b. al-Ḥu. al-Farāhī G I 381, S I 653
Masʿūd b. Ḥ. b. a. Bakr al-Qannāwī al-Shāfiʿī S I 69, II 174
Masʿūd b. Ḥu. Rukn al-Dīn S II 1029
Masʿūd b. Ḥu. al-Shirwānī al-Rūmī G I 468, S I 849, II 259, 260, 326
Masʿūd b. Maḥmūd S I A/C 520
a. ʾl-Masʿūd al-Miṣrī Sayyid M. S II 267
Masʿūd b. M. b. A. al-Bukhārī G I 329, S I 563
Masʿūd b. M. b. ʿA. S II 703
Masʿūd b. M. b. ʿA. Jamūʿ al-Maghribī G II 240, S II 338
Masʿūd b. M. al-Ghujduwānī G I 172, S I 290, II 270
Masʿūd b. M. al-Nīsābūrī Quṭb al-Dīn a. ʾl-Maʿālī S I A/C 675
Masʿūd b. M. al-Shahīd ʿAḍud al-Islām a. ʾl-Q. S I 742,118
Masʿūd b. M. al-Sijazī S II 298
Masʿūd b. Muʿtazz Niẓāmī S I 850
a. ʾl-Masʿūd Samāḥa S III 448
Masʿūd b. Shayba b. al-Ḥu. b. al-Sindī S II 953,58a
Masʿūd al-Shīrāzī Kamāl al-Dīn S II 295n
Masʿūd al-Shirwānī S I 849, II 290
Masʿūd al-Shirwānī Kamāl al-Dīn S I 847
Masʿūd b. ʿU. al-Taftazānī G I 172, 277, 283, 290, 292, 294, 295, 306, 425, 427, 443, 466, II 214, 215, S I 290, 497, 512, 842, II 301
-Masʿūdī ʿA. b. al-Ḥu. G I 144, S I 220
-Masʿūdī M. b. Masʿūd G II 483
-Maṣmūdī M. b. A. al-Ḥasanī G II 257, S II 367
b. Maʿṣūm ʿA. Khān b. A. b. M. al-Ḥusaynī S II 627
-Maʿṣūmī M. b. A. S I 828
Maʿṣūmzāde S I 847
-Matbūlī A. b. M. b. A. G II 148, 340, S II 469
-Matbūlī Ibr. b. ʿA. b. ʿU. G II 122, S II 151
-Matiyyawī A. b. Ḥ. G II 713
Mattā b. Yūnus a. Bishr G I 207, S I 370
-Māturīdī M. b. M. b. Maḥmūd G I 195, S I 346
b. Maṭar Ḥājj b. Yū. G I 203, S I 363
Maṭar Ilyās Bek b. Dīb b. Ilyās S II 772
-Maṭarī M. b. A. b. Khalaf S II 220
b. Maṭrūḥ Ya. b. ʿĪsā, G I 263, S I 464
a. ʾl-Mawāhib M. b. ʿAbd al-Bāqī G II 327, S II 455
a. ʾl-Mawāhib al-Shudūlī S II 1005
-Mawāhibī Ibr. b. M. G II 123, S II 153
b. al-Mawāʿīnī M. b. Ibr. b. Khayra G I 310, S I 543
-Māwardī ʿA. b. M. G I 386, S I 668
Mawhūb b. A. al-Ḥuṣrī G I 18, S I 35
Mawhūb b. A. al-Jawālīqī G I 111, 122, 128, 280, S I 488, 493
Mawhūb b. Q. al-Shāfiʿī S I 531
Mawlā Ṣādiq al-Kilānī G I 303
Mawlānā b. M. Ṣāliḥ S II 632
Mawlānā Yū. S II 1012
Mawlānāzāde ʿUthmān al-Khiṭāʾī S II 301
-Mawlawī ʿAbd al-Ḥakīm S II 302
-Mawlawī ʿAbd al-Ḥayy S II 67
-Mawlawī ʿAl. S II 614
-Mawlawī ʿAynallāh S I 951 ad 294
-Mawlawī Barakatallāh S II 289
-Mawlawī Fayḍ ʿA. S I 846
-Mawlawī al-Ḥanafī S II 291
-Mawlawī Ilāhībakhsh S II 301
-Mawlawī Ilāhībakhsh al-Fīrūzābādī S II 622
-Mawlawī M. Mubīn S I 846, II 303
Mawlūd b. M. al-Zarbī al-Biskrī S II 700
Mawlūd Sharīf S I 534
Mawlūd Ẓuhūr al-Dīn S I 846
-Mawṣilī S I 280
-Mawṣilī ʿAl. G I 39
-Mawṣilī ʿAmmār b. ʿA. S I 425
-Mawṣilī Ibr. b. Māhān S I 223
-Mawṣilī Khiḍr b. ʿAṭāʾallāh S II 513
-Mawṣilī al-Muʿāfa b. Ism. G I 358, S I 610
-Mawṣilī M. b. ʿAbd al-Bāqī S I 854
-Mawṣilī M. b. al-Ḥu. S II 200
-Mawṣilī ʿU. b. Badr b. Saʿīd G I 358, S I 610
-Mawṣiliyyūn S II 781
b. al-Mawwāq M. b. M. b.Yū. b. al-Q. S II 375

-Mawwāq a. Ya. b. a. Bakr b. Khalaf S I 664
-Maybudī Ḥu. b. Muʿīn al-Dīn G II 210, S II 294
-Maydānī A. b. M. b. A. G I 32, 128, 289, S I 506
-Maydānī A. b. Nuṣayr G II 203, S II 279
b. bint Maylaq M. b. ʿAbd al-Dāʾim G II 119, S II 148
Maymūn S II 351
b. Maymūn ʿA. al-Idrīsī G I 448, II 123, 238, S II 153
Maymūn al-Ḥaḍramī G I 388$_{,11}$
Maymūn b. M. al-Nasafī al-Makḥūlī G I 426, S I 757
b. Maymūn Mūsā b. ʿUbaydallāh G I 489, S I 893
Maymūn b. al-Q. al-Ṭabarānī S I 327
-Maymūnī Ibr b. M. b. ʿĪsā G I 304, II 194, 307, S II 419
-Mayurqī ʿAl. b. ʿAl. G II 250, S II 353
-Mayurqī A. b. ʿA. al-ʿAbdarī S I 635
-Mayurqī ʿA. b. A. G I 270, S I 479
-Mayurqī M. b. Futūḥ G I 578$_{,3}$
Mayy S III 259, see Maryam Ziyāda
b. Mayyāda Abrad S I 91, 96
Mayyāra al-Ḥimyarī S II 99
b. al-Mayyila G I 299
b. al-Mayyit al-Budayrī M. b. M. b. M. S II 444
a. al-Mayyit al-Dimashqī S II 260
b. Māza Maḥmūd b. A. b. al-Ṣadr al-Shahīd al-Bukhārī G I 375, S I 642
b. Māza ʿU. b. ʿAbd al-ʿAzīz b. al-Ṣadr al-Shahīd al-Bukhārī G I 374, S I 639
-Māzandarānī M. Ṣāliḥ b. A. S II 578
-Mazārī M. b. ʿA. b. M. S I 660, 663
-Māzinī G I 26
-Māzinī M. b. ʿAbd al-Raḥīm a. Ḥāmid G I 477, S I 877
-Mazzāḥī Sulṭān b. A. b. Salāma S II 452
Maẓhar al-Dīn S I 741
Maẓhar b. M. Qāriʾ b. Bahāʾaddīn b. ʿA. S II 297
Menelaos (Menelaus) S I 368, 385, 390, 849, 856, 863, 929$_{,24}$
Mesuë G I 232, S I 416
b. al-Mibrad Yū. b. al-Ḥ. G II 107, S II 130
Mihyār b. Marzūya al-Daylamī G I 82, S I 132
a. Miḥjan G I 40, S I 70
Miʿjām Ibr. b. A. G II 465
Mījan S II 277
-Mijrādī M. b. M. b. ʿImrān S II 336
Mīkāʾīl b. Sharaf S I 504
-Mīkālī ʿAbd al-Raḥīm b. A. G I 286, S I 503
Mīkhāʾīl ʿAbd al-Masīḥ S II 766
Mīkhāʾīl ʿAbd al-Sayyid S II 868
Mīkhāʾīl b. Anṭūn al-Ṣaqqāl S III 342
Mīkhāʾīl Bārik al-Khūrī S III 423
Mīkhāʾīl al-Dimashqī S II 772
Mīkhāʾīl Ef. Asʿad Rustum S III 440
Mīkhāʾīl Ef. Faraj S III 228
Mīkhāʾīl b. Jirjis b. Ibr. b. Mashāqa G II 496, S II 779
Mīkhāʾīl b. Jirjis b. Mīkhāʾīl ʿAwrāʾ S III 381
Mīkhāʾīl Mūsā Allūf al-Baʿlabakkī S III 429
Mīkhāʾīl Nuʿayma S III 472
Mīkhāʾīl Ṣabbāgh G II 479, S II 728
Mīkhāʾīl Yū. Tayyī S III 493
-Mikhlāfī al-Q. b. ʿA. G I 260, S I 460
a. Mikhnaf G I 65, S I 101
-Miknāsī S II 706
-Miknāsī ʿAbd al-ʿAzīz b. ʿAbd al-Wāḥid G I 103, II 394, S II 539
-Miknāsī ʿAq. b. Shuqrūn S II 714
-Miknāsī A. b. M. b. al-Qāḍī S II 678
-Mīlawī Yū. b. al-Wakīl S II 414
-Mīlī ʿA. b. M. G II 509, S II 880
-Mīlī ʿU. b. Ḥassān G I 471
Mīnā Ef. Iskandar al-Muḥāmī S II 36
-Mindāsī Saʿīd b. ʿAl. S II 676
Minhāj b. Ṣadr al-Binbānī S II 264
Minqār a. Bakr al-Ḥalabī G II 136
Minqārīzāde S I 740, II A/C 317
Minqārīzāde Ya. b. ʿU. G II 435, S II 647
Miqdād b. ʿAl. al-Ḥillī S I 707, 712
Miqdād b. ʿAl. b. M. al-Suyūrī G II 199, S II 209, A/C 314
a. Miqraʿ a. ʿAl. M. b. A. al-Baṭṭuwī G II 255, S II 364
-Miqrāʿī Ya. b. M. b. al-Ḥ. S II 557
Mīr a. ʾl-Baqāʾ S II A/C 289
Mīr Dāmād S I 707
Mīr a ʾl-Fatḥ al-Kalanbawī S II 288
Mīr a. ʾl-Fatḥ b. Makhdūm Saʿīdī S II 302
Mīr a. ʾl-Fatḥ M. al-Ardabīlī S II A/C 287–288

Mīr a. ʾl-Fatḥ M. b. a. Saʿīd al-Ḥusaynī S I 846, 847, II 260
Mīr Ghiyāth S II 290
Mīr Ḥu. al-Maybudī al-Yazdī S II 596
Mīr M. ʿA. al-Ḥusyinī S II 585
Mīr Nāṣir Ḥu. b. Mīr Ḥāmid Ḥu. al-Kantūrī S II 863
Mīr Rasawī S I 847
Mīr Shaykh b. Nūr al-Dīn M. al-Yawānī S I 651
Mīr Waḥdī S I 285
Mīr Zāhid M. al-Harawī S II 301
Mīrak al-Bukhārī M. b. Mubārakshāh G I 464, S I 839u, 847II,1a, 850III b, II 297
Mīram Čelebī al-Kushāshī G II 432
Mīram Čelebī Maḥmūd b. M. G II 447, S II 297, 330, 665
Mirdās b. Khadhām S I 83
Mīrghanī ʿAl. b. Ibr. b. Ḥ. G II 386, S II 523
Mīrghanī Jaʿfar b. M. b. ʿUthmān S II 810
Mīrghanī M. b. ʿUthmān b. a. M. b. a. Bakr S II 745, S II 809
Mirzā ʿAl. al-Zanjānī S II 842
Mirzā A. Ṭālib S I 525
Mirzā Faḍlallāh b. M. Sharīf S II 584
Mirzā Ghulām Muḥsin Aʿdal al-Mulk S II 414
Mirzā Ḥ. al-Mujtahid al-Ashtiyānī S II 832
Mirzā Jalwa S I 927
Mirzā Jawād Āqā Malakī al-Tabrīzī S II 839
Mirzā Khujā b. al-Sayyid al-Marghīnānī S II 521
Mirzā Maḥmūd al-Burūjirdī S II A/C 503
Mirzā Makhdūm S II 607
Mirzā M. ʿA. b. Ṣādiq al-Shīrāzī S II A/C 834
Mirzā M. Khān S II 847
Mirzā M. b. Mollā Ḥu. al-Khwānsārī S II 843, 971
Mirzā Mūsā b. Mīrzā Jaʿfar al-Mujtahid S II 838
Mirzā Mūsā al-Tabrīzī S II 832
Mirzā Shirwānī S I 538
Mirzā Ṣāliḥ ʿArab b. Ḥ. Dāmād al-Mūsawī S II 834
Mīrzājān S I 847,17
Mīrzājān Ḥabīballāh al-Shīrāzī al-Baghandī G II 414, S I 517, 518, 538, 815,20, 848, 926, II 291, 304, 306, 594
Mīrzājān Makhdūm G II 442
Mīrzājān Ṭabīb Gīlānī S II 1030,37
Mīrzāzāde S I 846
Mīshāl al-Ḥāʾik S III 416
Mīshāl a. Shahla S III 369
Mīshāl ʿUbarī S I 137
-Mīsī Luṭfallāh b. ʿAbd al-Karīm b. Ibr. S II 576
b. Miskawayh A. b. M. b. Yaʿqūb G I 342, 510, 525, S I 582
b. Miskīn S I 357
-Miswārī A. b. Ṣafī al-Dīn b. al-Ḥu. S II 560
Miṣbāḥ al-Dharyūlī ʿA. b. A. G II 457, S II 684
Miṣbāḥ Ef. Ramaḍān S III 338
-Miṣrī S I 587
-Miṣrī ʿAbd al-Ghanī b. A. G II 128, S II 159
-Miṣrī ʿAl. b. Fattūḥ S I 661
Mītham b. ʿA. b. Mītham al-Baḥrānī S I 705, 711
Mithqāl M. b. Yaʿqūb al-Wāsiṭī S I 123
Mitrī Jirjīs Kāfūrī S III 443
Miʿyān Muḥammadī S II 618
Miʿyān Qamar al-Dīn Ačīnī S I 648
-Miyānajī ʿAl. b. M. b. ʿA. al-Hamadhānī G I 391, S I 674
Miyānjīw M. b. A. G II 417
-Mizzī Jamāl al-Dīn Yū. b. al-Zakī ʿAr. G II 64, S II 66
-Mizzī M. b. A. b. ʿAr. al-Ḥanafī G II 126, S II 156
Mollā ʿAbd al-Jalīl S I 846
Mollā ʿAl. S I 517
Mollā ʿAlāʾ al-Dīn S I 760
Mollā Āqā b. M. b. Ramaḍān al-Darbandī S II 831
Mollā ʿArab M. b. ʿU. b. Ḥamza G II 431, S II 642
Mollā ʿAẓamat S I 647
Mollā Barakāt S II 624
Mollā Čelebī Luṭfallāh b. a. Yū. G II 223, S II 311
Mollā Dawla S I 646
b. Mollā Farrūkh ʿAl. S II 524
b. Mollā Farrūkh M. b. ʿAbd al-ʿAẓīm G II 387, S II 524
Mollā Faṣīḥ al-Dīn S I 648
Mollā Ḥājjī G II 208, S II 288
Mollā Ḥāmid S I 517

Mollā Ḥāmid al-Sūsī S II A/C 657
Mollā Ḥamza al-Gīlānī S II 590
Mollā Ḥ. S II 624
Mollā Ḥ. b. Ghulām Muṣṭafā al-Laknawī S II 624
b. Mollā Ḥ. al-Kāshifī S II 1014,15
Mollā Ḥ. b. Qāḍī Ghulām S II 621
Mollā Ḥ. al-Qarabāghī S II 306
Mollā Ḥaydar al-Harawī S I 847
Mollā Ḥu. al-Baghdādī S I 927
Mollā Ḥu. b. Iskandar S II 646
b. Mollā Ibr. b. A. G II 24, S I A/C 517
Mollā Ibr. b. Ḥaydar al-Kurdī b. al-Ḥusaynābādhī S I A/C 285
Mollā Ilyās S I 648 A/C, II 355
b. al-Mollā al-Isfarā'inī 'Abd all-Malik b. Ḥu. S II 513
Mollā Kastal S II 291
Mollā Khalīl al-Ṣūfī S II 978
Mollā Khāzin S I 647
Mollā Khusraw S I 517 A/C, II 301
Mollā Khusraw al-Ṭarasūsī M. b. Farāmurz b. 'A. G II 214, 226, S I 738, II 316
Mollā Luṭfī Luṭfallāh b. Ḥ. al-Ṭūqātī G II 209, 235, S I 848
Mollā Mubīn b. Muḥibballāh al-Sihālawī S II 624
Mollā M. Ḥu. S II 289
Mollā Muḥsin S I 504
Mollā Muḥsin M. Murtaḍā Fayḍ al-Kāshī S II 584
Mollā Mu'īn S I 848
Mollā Muẓaffar Munajjim S I 932,47d
Mollā Q. al-Tuwayjirī al-Naqshbandī S II 664
Mollā Qul A. 'A. S II 303
Mollā Surūrī S I 645
Mollā Ṣādiq S II 291
Mollā b. Tadhwīna S II 940
Mollā al-Uṣūlī M. Kāẓim al-Khurāsānī S II 832
Mollā 'Uthmān al-Mustarī b. al-Ḥājj 'Al. al-Mawṣilī S II 784
Mollā al-Yazdī S I 927
Mollā Yegen S I 740
-Mollawī G I 468, S I 850
Mollāzāde Chitra S I 518
Morelīzāde Muṣṭafā Luṭfī S II 662
Mōshē b. Tibbōn S I 861, 894
-Mu'addil Mūsā b. Ḥu. b. Ism. b. 'A. S I 727
Mu'ādh b. Muslim al-Harrā' S I 155, 177
b. al-Mu'adhdhin S I 919,67
-Mu'adhdhinī S I 519
b. al-Mu'āfā 'Abd al-Malik b. M. S I 507
Mu'āfā b. Ism. b. al-Ḥ. al-Nahrawānī al-Mawṣilī G I 358, S I 610
Mu'āfā b. Zakariyyā' al-Jarīrī al-Nahrawānī G I 184, S I 132, 311
-Mu'āfirī M. b. 'Al. S I 632
b. al-Mu'allā al-Ṣā'idī Ism. b. 'A. b. Ḥ. S II 115
-Mu'allif al-Fāḍil S III 497
-Mu'allif al-Jadīd 'A. Čelebī 'Alā' al-Dīn al-Ṣarūkhānī G II 333, 448, S I 963, II 150, 667
-Mu'allim al-Ḥurthī M. b. 'A. S II 441
b. Mu'allim M. b. M. G II 116
-Mu'allim al-Thālith M. Bāqir b. M. Dāmād S II 579
-Mu'allim al-Thānī M. b. M. al-Fārābī G I 210, S I 375
b. Mu'ammar 'Ar. al-Wāsiṭī G II 162
Mu'ammar Riḍā Kaḥḥāla S III 424
Mu'arrij b. 'Amr al-Sadūsī G I 102, S I 160
Mu'āwiya b. 'Ubaydallāh b. Yasār S I 282
-Mu'ayyad b. 'Abd al-Laṭīf al-Naqjuwānī S I 54
-Mu'ayyad fi 'l-Dīn b. 'Imrān S I 453
-Mu'ayyad fi 'l-Dīn Maḥmūd al-Janadī G I 442, 451, S I 810
-Mu'ayyad fi 'l-Dīn a. Naṣr Hibatallāh b. al-Ḥu. al-Salmānī al-Bāb S I 714
-Mu'ayyad fi 'l-Dīn al-'Urḍī al-Dimashqī S I 869
-Mu'ayyad billāh A. b. al-Ḥu. al-Buṭḥānī G I 186, S I 316
-Mu'ayyad billāh Ya. b. Ḥamza b. Rasūlallāh G II 186, S II 242
-Mu'ayyad b. Maḥmūd b. Sa'īd al-Janadī S I 792, 809
-Mu'ayyadī al-Ḥ. b. 'A. b. Dā'ūd G II 405, S II 556
Mu'ayyadzāde al-Āmāsī 'Ar. b. 'A. G II 227, S II 319
b. al-Mu'aẓẓam al-Rāzī A. b. M. G II 192, S II 255
Mubārak b. 'Abd al-Ḥaqq b. Nūr S II A/C 976
Mubārak b. 'Al. al-Lubnānī S II 80

Mubārak b. A. al-Mustawfī al-Irbilī S I 136, 496
Mubārak b. a. Bakr b. Shiʿār al-Mawṣilī S I 560 A/C, 723 A/C
Mubārak b. al-Ḥ. b. A. b. ʿA. al-Shahrazūrī G I 408, S I 723
Mubārak b. Khalīl b. Khāzindār al-Urmawī S I 596
Mubārak b. M. b. M. b. al-Athīr Majd al-Dīn G I 180, 357, S I 304, 607
-Mubarrad M. b. Yazīd al-Azdī G I 25, 104, S I 157, 168
-Mubashshir b. A. al-Rāzī G I 461, S I 832 (to be read thus)
-Mubashshir b. Fātik al-Qāʾid G I 459, S I 829
Mubīn b. Muḥibballāh al-Laknawī S II 289
b. al-Mudabbir Ibr. b. M. S I 152
-Mudaqqiq al-Shirwānī M. b. al-Ḥ. S II A/C 581
-Mudārī Ibr. b. Musṭatā G II 287, S II 398
-Mudarris ʿA. b. ʿU. G II 284
Mudrik b. ʿA. al-Shaybānī G I 132, 437
-Mufaḍḍal b. ʿA. al-Maqdisī S I 521
-Mufaḍḍal b. a. ʾl-Faḍāʾil G I 348, S I 590
-Mufaḍḍal b. al-Mājid b. al-Bishr al-Isrāʾīlī G I 492, S I 898
-Mufaḍḍal b. M. b. Yaʿlā al-Ḍabbī G I 29, 116, S I 36, 38, 179
-Mufaḍḍal b. ʿU. al-Abharī Athīr al-Dīn G I 464, S I 839
-Mufaḍḍal b. ʿU. al-Juʿfī S I 104
-Mufaḍḍal b. Saʿd al-Māfarruhī S I 571
-Mufaḍḍal b. Salāma al-Ḍabbī G I 118, S I 181
Mufarraj b. a. ʾl-Ḥ. b. Mufarraj al-Abrazī S I 498
-Mufīd M. b. al-Nuʿmān al-ʿUkbarī G I 188, S I 322
Mufliḥ b. al-Ḥu. al-Ṣaymarī S II 575
b. Mufliḥ M. al-Qāqūnī G II 107, S II 129
b. Mughayzil ʿAq. b. Ḥu. b. ʿA. al-Shādhilī G II 122, S II 152
b. Mughlaṭāy A. b. a. ʾl-Ghayth G II 415, S II 598
Mughlaṭāy b. Qilič ʿAlāʾ al-Dīn al-Ḥikrī G I 350, 360, 518, S I 190, 206, 209, 606, II 47
Muhalhil G I 224
Muhalhil b. Yamūt b. Muzarriʿ G II 691, S II 118
-Muhallabī Bahāʾ al-Dīn Zuhayr b. M. G I 264, S I 465
-Muhallabī Muhallab b. Ḥ. G I 111, 302, S I 172
b. al-Muhandis S I 948
b. Muhannā A. b. ʿA. b. Ḥ. b. ʿA. al-Dāʾūdī S II 261
Muhtadīn walad Amīn b. Khwāja M. b. Ism. S I 654
Muhtār Ibr. b. Yū. G II 378
-Muḥallā al-Ḥu. b. al-Nāṣir b. ʿAbd al-Ḥāfiẓ S II 560
-Muḥallā al-Sharafī al-Nāṣir b. ʿAbd al-Ḥāfiẓ S II 564
-Muḥallī Ḥāmid b. A. S I 560
Muḥammad b. Aʿazz al-Dimashqī S II 154
Muḥammad b. ʿAbbād S II 345, 993,42
Muḥammad b. ʿAbbād b. Malakdād al-Khilāṭī G I 172, 381, S I 285, 289, 290
Muḥammad b. ʿAbbād al-Mawzaʿī G I 357
Muḥammad b. ʿAbbās G I 360
Muḥammad b. a. -ʿAbbās A. b. al-Khalīl S I 530
Muḥammad b. ʿAbbās b. A. al-Muqriʾ S II 940
Muḥammad b. ʿAbbās b. ʿA. b. Jaʿfar al-Tustarī S II 835
Muḥammad b. ʿAbbās b. ʿA. b. Marwān S II 575
Muḥammad b. ʿAbbās al-Badrānī G I 247, al-Kurdī Khayr al-Dīn S I 842
Muḥammad b. a. ʾl-ʿAbbās al-Masʿūdī S I 684
Muḥammad b. ʿAbbās al-Shushtarī S II 257, 856
Muḥammad b. ʿAbbās al-Ṭabarkhazī al-Ghumrī S II 471
Muḥammad b. ʿAbbās al-Yazīdī G I 58, 109, S I 169
Muḥammad al-ʿAbbāsī al-Ḥanafī S II 740
Muḥammad b. ʿAbd al-ʿĀlī Amīn al-Dīn al-Ḥanafī S II 953
Muḥammad b. ʿAbd al-ʿĀlī b. M. al-Qaṭīfī S II 793
Muḥammad b. ʿAbd al-ʿĀlī b. Niẓām al-Dīn M. al-Sihālawī S II 607

Muḥammad b. ʿAbd al-ʿAzīz S I 647, II 291
Muḥammad b. ʿAbd al-ʿAzīz b. ʿA. al-Makhzūmī S II 976
Muḥammad b. ʿAbd al-ʿAzīz b. a. Bakr al-Juzūlī al-Rasmūkī S II 707
Muḥammad b. ʿAbd al-ʿAzīz Durayhim S II 219
Muḥammad b. ʿAbd al-ʿAzīz al-Hāshimī S I 386
Muḥammad b. ʿAbd al-ʿAzīz Ḥ. S I 523
Muḥammad b. ʿAbd al-ʿAzīz al-Idrīsī G I 478, S I 879
Muḥammad b. ʿAbd al-ʿAzīz al-Kālikūtī G II 220
Muḥammad b. ʿAbd al-ʿAzīz al-Lakhmī S I 442
Muḥammad b. ʿAbd al-ʿAzīz al-Ṣadr S III 232
Muḥammad b. ʿAbd al-ʿAzīz al-Tamīmī ʿAlāʾ al-Dīn al-Ṭabīb al-Baghdādī S II 1029
Muḥammad b. ʿAbd al-ʿAzīz b. ʿU. b. Fakhr al-Hāshimī S II 538
Muḥammad b. ʿAbd al-ʿAzīz b. ʿU. b. M. b. Fahd G II 393, S II 538
Muḥammad b. ʿAbd al-ʿAzīz al-Warrāq G I 250, S I 442
Muḥammad b. ʿAbd al-ʿAẓīm al-Ḥimṣī S II 987
Muḥammad b. ʿAbd al-ʿAẓīm b. Mollā Farrukh G II 387, S II 524
Muḥammad b. ʿAbd al-Bahāʾ S II 623
Muḥammad b. ʿAbd al-Bāqī al-Baʿlī a. ʾl-Mawāhib G II 327, S II 455
Muḥammad b. ʿAbd al-Bāqī al-Bukhārī al-Makkī G II 385, S II 519
Muḥammad b. ʿAbd al-Bāqī al-Mawṣilī G I 849
Muḥammad b. ʿAbd al-Bāqī Qāḍīkhān al-Makkī S II 509
Muḥammad b. ʿAbd al-Bāqī al-Zurqānī G I 176, 519, II 307, 318, S I 297, II 32, 79, 419, 439
Muḥammad b. ʿAbd al-Dāʾim b. bint Maylaq G II 119, S II 148
Muḥammad b. ʿAbd al-Dāʾim b. Mūsā al-Birmāwī G I 159, 300, 391, II 95, 110, S II 20, 113
Muḥammad b. ʿAbd al-Dāʾim al-Qayrawānī S I 432
Muḥammad b. ʿAbd al-Fattāḥ G II 484, S II 736
Muḥammad b. ʿAbd al-Fattāḥ b. Ibr. S III 233
Muḥammad b. ʿAbd al-Fattāḥ al-Tanukābunī Sarāb S II 586
Muḥammad b. ʿAbd al-Ghaffār Jamāl al-Dīn S I A/C 69
Muḥammad b. ʿAbd al-Ghaffār al-Jumzūrī al-Khalwatī S II 971
Muḥammad b. ʿAbd al-Ghafūr al-Ramazīnpūrī S II 858
Muḥammad b. ʿAbd al-Ghanī S I 509, 651
Muḥammad b. ʿAbd al-Ghanī al-Ardabīlī S I 510
Muḥammad b. ʿAbd al-Ghanī b. Nuqṭa G I 355, 358, S I 609
Muḥammad b. ʿAbd al-Ghanī al-Qārūt al-Shāfiʿī S II 772
Muḥammad b. ʿAbd al-Hādī al-Fuwwī S II 82
Muḥammad b. ʿAbd al-Hādī al-Hamadhānī b. Jiwār b. Kāẓim S II 843
Muḥammad b. ʿAbd al-Hādī b. Ibr. S II 117
Muḥammad b. ʿAbd al-Hādī al-Nassāba S II 940
Muḥammad b. ʿAbd al-Hādī al-Shāfiʿī G II 70
Muḥammad b. ʿAbd al-Ḥalīm S I 644, 825,82dd
Muḥammad b. ʿAbd al-Ḥalīm al-Burūsawī S II 953
Muḥammad b. ʿAbd al-Ḥalīm al-Laknawī S II 264, 291, 293, 301, 303 A/C, 856
Muḥammad b. ʿAbd al-Ḥamīd S I 647
Muḥammad b. ʿAbd al-Ḥamīd Ḥakīmzāde G II 372
Muḥammad b. ʿAbd al-Ḥamīd al-Lādhiqī S II 171 A/C, 667
Muḥammad b. ʿAbd al-Ḥamīd b. Shaykh al-Mashāyikh al-Bisṭāmī Qiwām al-Dīn a. ʾl-Faḍl S II 1005
Muḥammad b. ʿAbd al-Ḥamīd al-Sindī S I 948
Muḥammad b. ʿAbd al-Ḥamīd al-Usmandī al-Samarqandī S I 641
Muḥammad b. ʿAbd al-Ḥaqq b. Faḍl al-Ḥaqq al-Fārūqī al-Ḥaydarābādī S I 535, 841, II 861

Muḥammad b. ʿAbd al-Ḥaqq al-Hindī S II 268
Muḥammad b. ʿAbd al-Ḥaqq al-Khayrābādī S II 301, 622
Muḥammad b. ʿAbd al-Ḥaqq Khayr al-Dīn S II 289
Muḥammad b. ʿAbd al-Ḥaqq al-Sibṭī S I 468
Muḥammad b. ʿAbd al-Ḥayy S I 825,82dd, II 291
Muḥammad b. ʿAbd al-Ḥayy b. ʿAbd al-Kabīr al-Kattānī S II 891
Muḥammad b. ʿAbd al-Ḥayy al-Khayrābādī S II 292
Muḥammad b. ʿAbd al-Ḥayy al-Laknawī a. ʾl-Ḥasanāt S I 298 A/C, 644, 647, 846, II 184,56k, 277, 287, 301, 305, 857
Muḥammad b. ʿAbd al-Ḥusayn al-Kāẓimī S III 495
Muḥammad b. ʿAbd al-Jabbār S I 838
Muḥammad b. ʿAbd al-Jabbār al-Niffarī G I 200, S I 358
Muḥammad b. ʿAbd al-Jabbār al-ʿUtbī S I 547
Muḥammad b. ʿAbd al-Jalīl al-Fezzānī S II 895
Muḥammad b. ʿAbd al-Jalīl al-Tanasī G II 248 = M. b. Yū. b. ʿAl. b. ʿAbd al-Jalīl at-T. S II 341, 349
Muḥammad b. ʿAbd al-Jawād al-Aṣmaʿī S III 309
Muḥammad b. ʿAbd al-Karīm S I 843,29
Muḥammad b. ʿAbd al-Karīm al-ʿAbdūnī S II 687
Muḥammad b. ʿAbd al-Karīm al-Anṣārī al-Astarābādī S I 709
Muḥammad b. ʿAbd al-Karīm al-Kāfī S II 19, 1043
Muḥammad b. ʿAbd al-Karīm al-Mawṣilī G I 361, S I 614
Muḥammad b. ʿAbd al-Karīm b. M. al-Maghīlī S II 363
Muḥammad b. ʿAbd al-Karīm al-Niẓāmī S I 850
Muḥammad b. ʿAbd al-Karīm al-Qanawī S II 517
Muḥammad b. ʿAbd al-Karīm al-Sammān al-Madanī S II 535, 656
Muḥammad b. ʿAbd al-Karīm al-Shahrastānī G I 428, S I 762
Muḥammad b. ʿAbd al-Karīm al-Ṣafadī G II 138
Muḥammad b. ʿAbd al-Karīm al-Tilimsānī S II 962
Muḥammad b. ʿAbd al-Karīm al-Ṭabāṭabāʾī al-Iṣfahānī S II A/C 581
Muḥammad b. ʿAbd al-Khāliq b. Maʿrūf G II 194, S II 261
Muḥammad b. ʿAl. S II 428
Muḥammad b. ʿAl. b. ʿAbd al-Ḥakam G II 692, S I 228, 299
Muḥammad b. ʿAl. b. ʿAbd al-Jalīl al-Tanasī S II 341 see M. b. Yū. b. ʿAl.
Muḥammad b. ʿAl. b. ʿAbd al-Munʿim al-Jurwāʾānī G II 199, S II 271
Muḥammad b. ʿAl. b. A. al-Khaṭīb S II 426
Muḥammad b. ʿAl. b. ʿAlāʾ al-Dīn al-Dimashqī al-Miṣrī S II 987
Muḥammad b. ʿAl. al-ʿAlawī al-Yamanī S I A/C 470
Muḥammad b. ʿAl. b. ʿA. al-Kharashī (Khirshī) al-Buḥayrī G I 465, S I 611, 843 A/C, II 334
Muḥammad b. ʿAl. b. ʿA. al-Najdī S II 812
Muḥammad b. ʿAl. b. ʿA. b. Zuhra al-Ḥusaynī Muḥyi ʾl-Dīn S I A/C 710
Muḥammad b. ʿAl. Amīn Pāshā al-Fikrī S II 722
Muḥammad b. ʿAl. Amīn b. Ẓuhayra al-Qurashī S II 514
Muḥammad b. ʿAl. al-Anṣārī S II 921
Muḥammad b. ʿAl. al-Āqsarāʾī G I 457, S I 824,82e
Muḥammad b. ʿAl. b. al-ʿArabī al-Ḥanafī G II 311, S II 427 (to be read thus)
Muḥammad b. ʿAl. b. al-ʿArabī al-Malikī S I 66
Muḥammad b. ʿAl. b. al-ʿArabī al-Muʿāfirī S I 632
Muḥammad b. ʿAl. b. al-ʿArabī Muḥyi ʾl-Dīn S I A/C 604
Muḥammad b. ʿAl. b. Aṣbagh al-Harawī S II 166
Muḥammad b. ʿAl. al-ʿĀṣim Nūr al-Islām S I 701
Muḥammad b. ʿAl. al-Azdī S I 174

Muḥammad b. ʿAl. al-Bakhshī S I 621
Muḥammad b. ʿAl. a. Bakr b. al-Abbār G I 340, S I 580
Muḥammad b. ʿAl. a. Bakr al-Raymī S II 971
Muḥammad b. ʿAl. a. Bākūya S I 770
Muḥammad b. ʿAl. al-Bannānī S I 788
Muḥammad b. ʿAl. al-Baṭalyawsī G I 176, S I 171
Muḥammad b. ʿAl. b. Damirdāsh S I 765
Muḥammad b. ʿAl. al-Damlījī Suwaydān S II 705
Muḥammad b. ʿAl. al-Dimashqī al-Ḥanbalī S II A/C 478
Muḥammad b. ʿAl. al-Fazārī S I 147
Muḥammad b. ʿAl. b. a. ʾl-Ghayth al-Raqīmī S II 940
Muḥammad b. ʿAl. Hāniʾ b. Khātima al-Lakhmī S II 371
Muḥammad b. ʿAl. al-Haṣṣār S II 353
Muḥammad b. ʿAl. al-Ḥājj al-Naḥwī al-Qurṭubī S I 597
Muḥammad b. ʿAl. al-Ḥasanī al-Muʿtaṣim billāh al-Maghribī S II 692, 940
Muḥammad b. ʿAl. b. Ḥumayd al-Ḥanbalī S II 196, 277
Muḥammad b. ʿAl. al-Ḥusaynī al-Madanī S II 509
Muḥammad b. ʿAl. b. Ibr. S II 121,16
Muḥammad b. ʿAl. b. Ibr. al-Bazzāz G I 518, S I 273
Muḥammad b. ʿAl. ʿInān S III 76, 212
Muḥammad b. ʿAl. al-Isfarāʾinī al-ʿĀmirī S II 987
Muḥammad b. ʿAl. al-Ishbīlī al-Muʿāfirī b. al-ʿArabī G I 412, S I 732
Muḥammad b. ʿAl. al-Iskāfī al-Khaṭīb S I 159, 491, II 1015
Muḥammad b. ʿAl. al-Jazarī S I 766
Muḥammad b. ʿAl. al-Kanjarī S II 290
Muḥammad b. ʿAl. al-Khalīfatī G II 384, S II 517
Muḥammad b. ʿAl. al-Khānī G II 489, S II 774
Muḥammad b. ʿAl. al-Khaṭīb al-Tabrīzī G I 364, II 195, S I 621, II 262
Muḥammad b. ʿAl. al-Khazrajī G II 360, see A. b. ʿAl. al-Kh. S I 606 bottom
Muḥammad b. ʿAl. b. Khiyara S I 663
Muḥammad b. ʿAl. al-Kisāʾī G I 350, S I 591
Muḥammad b. ʿAl. al-Kulaybī ʿIẓz al-Dīn S II 940
Muḥammad b. ʿAl. al-Kūmī al-Shāfiʿī al-Azharī S II 443
Muḥammad b. ʿAl. b. Maḥmūd G I 410
Muḥammad b. ʿAl. al-Majjāsī S II 987
Muḥammad b. ʿAl. al-Makkī al-Mālikī S I 470
Muḥammad b. ʿAl. b. Mālik G I 277, 295, 298, S I 261, 726
Muḥammad b. ʿAl. al-Māmaqānī S II 832
Muḥammad b. ʿAl. b. Māmāya G I 266
Muḥammad b. ʿAl. b. Massarra al-Jabalī S I 378
Muḥammad b. ʿAl. al-Miṣrī S I 508
Muḥammad b. ʿAl. b. al-Muʾayyad G I 290
Muḥammad b. ʿAl. b. M. b. ʿAl. b. Mālik al-Jayyānī S I 521
Muḥammad b. ʿAl. b. M. b. ʿA. b. ʿU. al-Frawsānī al-Zawāwī al-Bijāʾī S II 1040
Muḥammad b. ʿAl. b. M. al-Fārisī al-Tabrīzī S II 320
Muḥammad b. ʿAl. b. M. al-Hindī G II 713, S II 601,1
Muḥammad b. ʿAl. b. M. al-Ḥākim al-Nīsābūrī b. al-Bayyiʿ G I 166, S I 276
Muḥammad b. ʿAl. b. M. al-Khaffāf G I 258, S I 459
Muḥammad b. ʿAl. b. M. al-Qaysī G II 76, S II 83
Muḥammad b. ʿAl. b. M. Rifāʿī G II 70, S II 229
Muḥammad b. ʿAl. b. M. b. Sukkara al-Baghdādī S I 131
Muḥammad b. ʿAl. b. M. b. Ẓafar al-Ṣaqalī G I 351, S I 487, 488, 595
Muḥammad b. ʿAl. al-Muḥammadābādī S II 855
Muḥammad b. ʿAl. b. al-Muḥibb S II 940
Muḥammad b. ʿAl. b. Muqātil al-Mālaqī G II 258
Muḥammad b. ʿAl. al-Mursī G I 322, S I 546 (to be read thus)
Muḥammad b. ʿAl. Muṣṭafā S III 118
Muḥammad b. ʿAl. al-Muʿtaṣim billāh S II 692, 940

Muḥammad b. ʿAl. al-Mutawakkil ʿala ʾllāh G II 399
Muḥammad b. ʿAl. al-Mutawallī S II 744
Muḥammad b. ʿAl. al-Nabrānī S II 17
Muḥammad b. ʿAl. al-Nahrawānī G I 165
Muḥammad b. ʿAl. Naṣīṣ al-Zabīdī al-Ḥanafī S I 684
Muḥammad b. ʿAl. al-Numayrī G I 62, S I 95
Muḥammad b. ʿAl. al-Panjābī S I 267,4
Muḥammad b. ʿAl. b. Qāḍī ʿAjlūn S I 291, 682
Muḥammad b. ʿAl. b. Qāḍī Sarmīn G II 75
Muḥammad b. ʿAl. al-Qafṣī G I 416
Muḥammad b. ʿAl. al-Qānī al-Nasafī S II 1004
Muḥammad b. ʿAl. al-Qunayṭirī S II 116
Muḥammad b. ʿAl. al-Qurashī al-Hāshimī S II 971
Muḥammad b. ʿAl. b. Qurqmās G II 139, S II 172
Muḥammad b. ʿAl. al-Rabaʿī G I 167, S I 280
Muḥammad b. ʿAl. al-Ramāṣī (Raṣāṣī) al-Jazāʾirī G II 251, S II 353, 354
Muḥammad b. ʿAl. al-Rangābī Ḥaẓīrawī S I 270
Muḥammad b. ʿAl. b. Rāshid al-Bakrī al-Qafṣī S II 345
Muḥammad b. ʿAl. al-Rifāʿī G II 176 = M. Sirāj al-Dīn b. ʿAl. S II 229
Muḥammad b. ʿAl. b. al-Saʿdī b. al-ʿAwwām S I 548
Muḥammad b. ʿAl. b. Saʿīd b. al-Khaṭīb Lisān al-Dīn G II 16, 260, S II 372
Muḥammad b. ʿAl. al-Samarqandī G II 382
Muḥammad b. ʿAl. al-Sāmarrī al-Ḥanbalī b. a. Sanīna S I 689
Muḥammad b. ʿAl. b. Shaykh ʿAydarūs S II 618
Muḥammad b. ʿAl. al-Shiblī S I 951 ad 296
Muḥammad b. ʿAl. al-Shiblī b. Qayyim al-Shibliyya G II 75, S II 82
Muḥammad b. ʿAl. al-Shīlī S II 47
Muḥammad b. ʿAl. al-Shinshawrī G II 167, S II 215
Muḥammad b. ʿAl. al-Tabrīzī Jalāl al-Dīn S II 940
Muḥammad b. ʿAl. b. al-Timirtāshī S II 91, 426, 427
Muḥammad b. ʿAl. Tūnkī S II 622
Muḥammad b. ʿAl. al-Ṭabarī G II 440
Muḥammad b. ʿAl. b. ʿU. b. A. al-ʿAzzāl S I 535
Muḥammad b. ʿAl. b. ʿU. al-ʿUthmānī b. al-Wakīl b. al-Muraḥḥal S II 102
Muḥammad b. ʿAl. b. Zabr al-Rabaʿī S I 164 (to be read thus), 280
Muḥammad b. ʿAl. b. a. Zamanayn al-Marʿī al-Ilbīrī G I 191, S I 335, 661
Muḥammad b. ʿAl. al-Zammūrī S II 707
Muḥammad b. ʿAl. al-Zarʿī G I 172
Muḥammad b. ʿAl. b. al-Zayyāt G II 131, S II 162
Muḥammad b. ʿAbd al-Laṭīf b. al-Malʾak S I 647 A/C, II 314, II 573
Muḥammad b. ʿAbd al-Laṭīf b. Malikshāh al-Kirmānī G I 383, II 413, S I 659
Muḥammad b. ʿAbd al-Laṭīf al-Maqdisī al-Shāfiʿī S II 459
Muḥammad b. ʿAbd al-Laṭīf al-Ṣafawī G I 429,15,14
Muḥammad b. ʿAbd al-Laṭīf b. Ya. b. ʿA. al-Shiblī S II 26
Muḥammad b. ʿAbd al-Majīd al-Suʿūdī G II 23
Muḥammad b. ʿAbd al-Malik S I 302
Muḥammad b. ʿAbd al-Malik b. ʿAbd al ʿAzīz al-Kalbī S II 962
Muḥammad b. ʿAbd al-Malik b. ʿA. a. Bakr S II 953
Muḥammad b. ʿAbd al-Malik al-Daylamī G II 207
Muḥammad b. ʿAbd al-Malik al-Hamadhānī G I 142, 342, S I 583
Muḥammad b. ʿAbd al-Malik b. Khalaf al-Ṭabarī S I 773
Muḥammad b. ʿAbd al-Malik al-Mintawrī S II 350
Muḥammad b. ʿAbd al-Malik al-Qaysī G II 248, S II 377
Muḥammad b. ʿAbd al-Malik b. Quzmān G I 272, S I 481
Muḥammad b. ʿAbd al-Malik b. al-Sarrāj G I 309, S I 543
Muḥammad b. ʿAbd al-Malik b. al-Sarrāj al-Taʾrīkhī S I 157
Muḥammad b. ʿAbd al-Malik b. al-Ṣāliḥī al-Khwārizmī al-Kātī S I 902
Muḥammad b. ʿAbd al-Malik b. Ṭufayl al-Qaysī G I 460, S I 831

Muḥammad b. ʿAbd al-Malik b. al-Zayyāt S I 121
Muḥammad b. ʿAbd al-Malik b. Zuhr al-Ishbīlī G I 489, S I 893
Muḥammad b. ʿAbd al-Muḥsin al-Qalaʿī G I 518, S I 268, II 522
Muḥammad b. ʿAbd al-Munʿim S III 178
Muḥammad b. ʿAbd al-Munʿim al-Ḥimyarī S II 38, A/C 379
Muḥammad b. ʿAbd al-Munʿim al-Jawjarī G I 266, 394, II 97, S I 471,2, II 19, 103, 116
Muḥammad b. ʿAbd al-Munʿim al-Khiyamī S I 466
Muḥammad b. ʿAbd al-Munʿim al-Manfalūṭī S I 684
Muḥammad ʿAbd al-Murshid Dāʾūd S III 335
Muḥammad b. ʿAbd al-Muʿṭī b. A. al-Isḥāqī G II 296, S II 407
Muḥammad b. ʿAbd al-Muʿṭī al-Hamshahrī S III 138
Muḥammad ʿAbd al-Muṭṭalib S III 82
Muḥammad ʿAbd al-nabī S III 177
Muḥammad b. ʿAbd al-nabī b. ʿAbd al-Ṣāniʿ al-Nīsābūrī S II 574, 792
Muḥammad b. ʿAq. b. al-ʿArbī b. Shaqrūn S I 684
Muḥammad b. ʿAq. Bāfaḍl al-Ḥaḍramī S II 555
Muḥammad b. ʿAq. al-Damīrī G II 138,1,4
Muḥammad b. ʿAq. al-Dimashqī S II 421
Muḥammad b. ʿAq. al-Fāsī G I 299, II 203, S II 17, 277
Muḥammad b. ʿAq. al-Ḥasanī al-Jazāʾirī S II 887
Muḥammad b. ʿAq. al-Kardūdī S II 235
Muḥammad b. ʿAq. b. M. b. ʿA. S I 970 ad 651
Muḥammad b. ʿAq. Sirāj al-Dīn S III 231
Muḥammad b. ʿAq. b. ʿUthmān al-Idrīsī S II 714
Muḥammad b. ʿAq. b. ʿUthmān al-Nābulusī S I 557
Muḥammad b. ʿAq. al-Wahrānī S II 877
Muḥammad b. ʿAbd al-Qawī al-Mardāwī S I 459
Muḥammad b. ʿAbd al-Qawī al-Safarī S II 393
Muḥammad b. ʿAbd al-Raḥīm al-Aḥsāʾī S II 354
Muḥammad b. ʿAbd al-Raḥīm b. ʿA. b. Furāt G II 50, S II 49
Muḥammad b. ʿAbd al-Raḥīm b. Ḥ. al-Ḥanafī S II 354, 437 A/C, 952,46
Muḥammad b. ʿAbd al-Raḥīm b. Ibr. al-Naqshbandī S II 1005
Muḥammad b. ʿAbd al-Raḥīm al-Luṭfī S II 648
Muḥammad b. ʿAbd al-Raḥīm b. M. al-Hindī al-Urmawī G II 116, S II 143
Muḥammad b. ʿAbd al-Raḥīm b. M. al-ʿUmarī al-Maylānī G II 193, S II 257
Muḥammad b. ʿAbd al-Raḥīm al-Qāḍī al-Nasawī S I 855
Muḥammad b. ʿAbd al-Raḥīm b. S. al-Māzinī a. Ḥāmid G I 477, S I 877
Muḥammad b. ʿAr. b. ʿAbd al-Hādī al-Ṣiddīqī S II 655
Muḥammad b. ʿAr. b. ʿAbd al-Khāliq b. Sinān al-Barshasnī S II 941
Muḥammad b. ʿAr. b. ʿAbd al-Majīd al-ʿAbīdī S II 901
Muḥammad b. ʿAr. b. ʿAq. al-Fāsī S II A/C 691
Muḥammad b. ʿAr. b. Afāliq al-Aḥsāʾī G II 376, S II 507, 532
Muḥammad b. ʿAr. b. ʿA. al-Ḥawḍī S II 992
Muḥammad b. ʿAr. b. ʿA. al-Ṣāʾigh al-Zumurrudhī G II 25, S I 467, II 21
Muḥammad b. ʿAr. al-ʿAlqamī S II 180, 183,56a
Muḥammad b. ʿAr. al-Andalusī al-Shāṭibī S II A/C 364
Muḥammad b. ʿAr. a. ʾl-Anwār Sibṭ Wafāʾ S II 479
Muḥammad b. ʿAr. Awbāʿ al-Janadī S I 651
Muḥammad b. ʿAr. al-Azharī Bū Qabrayn S II 704
Muḥammad b. ʿAr. al-Baghdādī S I 50
Muḥammad b. ʿAr. al-Bakrī S II 78
Muḥammad b. ʿAr. al-Bakrī al-Ṣiddīqī G II 334, S II 461, A/C 753
Muḥammad b. ʿAr. al-Baʿliyawī S II 996,5
Muḥammad b. ʿAr. al-Baṣrī al-Muʿtazilī S I 669
Muḥammad b. ʿAr. Ef. al-Munyawī S I 440
Muḥammad b. ʿAr. Ghāzīpūrī S II 301

Muḥammad b. ʿAr. al-Ghumārī al-Marrākushī G I 266, 295, II 247, S II 347
Muḥammad b. ʿAr. al-Hamadhānī G II 412, S I 463, II 383
Muḥammad b. ʿAr. al-Ḥamawī S II 19
Muḥammad b. ʿAr. al-Ḥanafī S I 645
Muḥammad b. ʿAr. b. al-Ḥu. al-Khaṭīb al-ʿUthmānī S II 107
Muḥammad b. ʿAr. al-Ījī al-Ṣafawī G II 203, 278
Muḥammad b. ʿAr. b. al-Imām bil-Kāmiliyya S I $742_{,11}$
Muḥammad b. ʿAr. al-Jurdānī S II $184_{,56g}$
Muḥammad b. ʿAr. al-Kawkabī G II 147
Muḥammad b. ʿAr. al-Maʿarrī Shams al-Dīn S II 1005
Muḥammad b. ʿAr. al-Maḥallawī S II 740
Muḥammad b. ʿAr. al-Marrākushī al-ʿAnbasī al-Ghumārī S II 1005
Muḥammad b. ʿAr. b. M. al-Bahnasī G II 92, S II 109
Muḥammad b. ʿAr. b. M. al-Bakrī al-Ṣiddīqī S I $685_{,xix,b}$ read: M.ʿA. b. M. ʿAllān
Muḥammad b. ʿAr. b. M. b. Masʿūd (al-Masʿūdī) al-Panjdahī G I 277, 356, S I $487_{,1}$, 604, II 910
Muḥammad b. ʿAr. b. M. al-Sakhāwī G I 395, II 34, 148, 203, S I 612, 680, II 31, 73, 226
Muḥammad b. ʿAr. b. M. ʿU. al-Ḥabashī G II 189, S II 251
Muḥammad b. ʿAr. b. M. b. Zikrī S II 361
Muḥammad b. ʿAr. b. Qarnāṣ G I 278
Muḥammad b. ʿAr. al-Qazwīnī Khaṭīb Dimashq Qāḍičiq G I 295, II 22, S I 514, 516, II 15
Muḥammad b. ʿAr. b. Tāj al-Dīn S II 434
Muḥammad b. ʿAr. al-Tihāmī S II 19
Muḥammad b. ʿAr. al-Tūnisī al-Tamīmī S II 316
Muḥammad b. ʿAr. b. ʿUthmān al-Karājakī S I 602 read: M. b. ʿA.
Muḥammad b. ʿAr. al-Zarwālī S II 981
Muḥammad b. ʿAr. b. Zayn al-ʿābidīn al-Ghazzī al-ʿĀmirī G I 65, II 309, S II 422
Muḥammad b. ʿAr. b. Zikrī al-Fāsī G I 263, 788, S II $193_{,247}$, 692, 901
Muḥammad b. ʿAbd al-Rashīd al-Kirmānī S I 641
Muḥammad b. ʿAbd al-rasūl b. ʿAbd al-Sayyid al-Ḥusaynī G II 403, 443, S II 529, 553
Muḥammad b. ʿAbd al-Razzāq S I $825_{,82a}$, II 993
Muḥammad b. ʿAbd al-Razzāq b. Khālid al-Zanjānī al-Qazwīnī S I 622
Muḥammad b. ʿAbd al-Salām b. A. b. M. al-Ḍuʿayyif al-Ribāṭī S II 875
Muḥammad b. ʿAbd al-Salām al-Birmāwī S II 136
Muḥammad b. ʿAbd al-Salām Gannūn S II 876
Muḥammad b. ʿAbd al-Salām b. Ḥamdūn al-Bannānī S I 623, 788, 805, II 376 A/C, 686, 706
Muḥammad b. ʿAbd al-Salām b. Isḥāq al-Umawī al-Mālikī G I 306, S I 538
Muḥammad b. ʿAbd al-Salām al-Khawwārī G I 306
Muḥammad b. ʿAbd al-Salām al-Mālikī G II 246, S II 346
Muḥammad b. ʿAbd al-Salām b. M. al-Fāsī S II 698
Muḥammad b. ʿAbd al-Salām al-Qabbānī S II A/C 708
Muḥammad b. ʿAbd al-Sayyid S I 676
Muḥammad b. ʿAbd al-Sayyid al-Najjārī S II 1034
Muḥammad b. ʿAbd al-Sayyid b. Shuʿayb al-Kashshī al-Ḥanafī al-Sālimī G I 419, S I 744
Muḥammad b. ʿAbd al-Ṣamad b. ʿAq. al-Sanbāṭī G II 85, S II 100
Muḥammad b. ʿAbd al-Ṣamad al-Makkī al-Fayyūmī G I $266_{,i}$, S I 469
Muḥammad b. ʿAbd al-Ṭayyib al-Bāqillānī G I 197, S I 349
Muḥammad b. ʿAbd al-Wahhāb G II 390
Muḥammad b. ʿAbd al-Wahhāb al-Asadī S I 674
Muḥammad b. ʿAbd al-Wahhāb al-Dāʾūd S II 530, 846
Muḥammad b. ʿAbd al-Wahhāb al-Hamadhānī al-Kāẓimī S II 805
Muḥammad b. ʿAbd al-Wahhāb al-Jubbāʾī S I 342
Muḥammad b. ʿAbd al-Wahhāb al-Wazīr al-Ghassānī S II 712

Muḥammad b. ʿAbd al-Wāḥid b. ʿAbd al-Ḥamīd b. al-Humām al-Sīwāsī G I 377, 421, II 225, S I 645, II 91
Muḥammad b. ʿAbd al-Wāḥid al-Baṣrī al-Qaṣṣār S I 132
Muḥammad b. ʿAbd al-Wāḥid Ghulām Thaʿlab S I 182, 183
Muḥammad b. ʿAbd al-Wāḥid b. Ibr. al-Ghāfiqī al-Mallāḥī S I A/C 634
Muḥammad b. ʿ ʿAbd al-Wāḥid al-Muqaddasī S I 567
Muḥammad b. ʿAbd al-Wāḥid al-Naẓīfī al-Sūsī al-Marrākushī S I 444 A/C, II 901, 941
a. Muḥammad al-ʿAbdarī S I 883
Muḥammad b. ʿAbdrabbih b. ʿA. al-ʿAzīzī b. al-Sitt S II 435
Muḥammad ʿAbduh S I 705, II 291, III 315
Muḥammad b. ʿAbdūs G I 177, S I 300
Muḥammad b. ʿAbdūs al-Jahshiyārī S I 219
Muḥammad b. ʿAbdwālī al-Madrasī S II 662
Muḥammad ʿAbīd S II 608
Muḥammad b. ʿĀbid (ʿĀbidīn) b. A. ʿA. b. M. Murād al-Anṣārī al-Sindī S I 285, 951, II 428
Muḥammad b. ʿAbīd b. al-Ḥu. al-Tamīmī al-Ṣarkhadī G I 257, S I 458
Muḥammad b. ʿĀbid Sirhindī S I 895
Muḥammad b. ʿĀbidīn S II A/C 434
Muḥammad al-Adhamī S II 993
Muḥammad Adīb ʿAl. al-Ṭarābulusī al-Ḥiṣnī S III 429
Muḥammad b. ʿĀdil Pāshā al-ʿAjamī Ḥāfiẓ al-Dīn S II 1043
Muḥammad Afāḍ al-Dīn al-Ḥusaynī S II 608
Muḥammad Afḍal b. ʿAbd al-Raḥīm S II 287
Muḥammad b. Afḍal al-Dīn al-Qūṣī G II 31
Muḥammad ʿAfīf al-Dīn ʿAl. b. Sālim al-Baṣrī (to be read thus) al-Shāfiʿī S I 264
Muḥammad b. ʿAfīf al-Dīn M. b. Nūr al-Dīn M. al-Ījī al-Ḥusaynī S II 941
Muḥammad b. ʿAfīf al-Dīn S. al-Tilimsānī al-Shābb al-Ẓarīf G I 258, S I 458
Muḥammad b. Aflāṭūn Ṭūrsūn b. Akmal al-Dīn S II 641
Muḥammad al-Afrānī S II 453
Muḥammad b. Āghā Bābā i Shirkānī S I 525,42
Muḥammad Aghẓaf b. A. al-Wulātī S II 18
Muḥammad b. A. b. al-ʿAbbās al-Bayḍāwī S I 686
Muḥammad b. A. b. ʿAbd al-ʿAlī al-Baḥrānī al-Shāfiʿī al-Rifāʿī S II 1005
Muḥammad b. A. b. ʿAbd al-ʿAzīz al-Futūḥī S II 447
Muḥammad b. A. b. ʿAbd al-Bārī al-Ahdal S II 334
Muḥammad b. A. b. ʿAbd al-Dāʾim al-Madyanī S II 151
Muḥammad b. A. b. ʿAbd al-Hādī al-Ḥanbalī b. Qudāma al-Maqdisī Shams al-Dīn S II 103, 128
Muḥammad b. A. b. ʿAbd al-Ḥamīd S I 216
Muḥammad b. A. b. ʿAl. a. ʿAl. S II A/C 113
Muḥammad b. A. b. ʿAl. al-Anṣārī al-Ishbīlī al-Khaffāf S I 768
Muḥammad b. A. b. ʿAl. al-Mahdī S II 896
Muḥammad b. A. b. ʿAl. b. Māmāya al-Rūmī G II 271, S I 469, 472, II 382
Muḥammad b. A. a. ʿAl. al-Muqriʾ al-Anbārī S I 597
Muḥammad b. A. b. ʿAbd al-Mughīth b. M. al-Dārimī S II 941
Muḥammad b. A. b. ʿAbd al-Muʾmin b. al-Labbān al-Isʿirdī G II 111, S II 137
Muḥammad b. A. b. ʿAq. al-Nāṣirī G I 277, II 508, 880
Muḥammad b. A. b. ʿAr. al-Mizzī al-Ḥanafī G II 126, S II 156
Muḥammad b. A. b. ʿAr. al-Sāḥilī S I 809
Muḥammad b. A. b. ʿAbdūn al-Nakhaʿī S I 662
Muḥammad b. A. al-Abīwardī G I 253, S I 447
Muḥammad b. A. b. A. al-Ramlī G II 94, 321, S II 111, 442
Muḥammad b. A. al-ʿAjamī S II 453
Muḥammad b. A. Akansūs S II 884
Muḥammad b. A. b. ʿA. al-Andalusī G II 300, S II 412
Muḥammad b. A. b. ʿA. al-Bahūtī al-Miṣrī G II 208, 308, S II 259, 289, 420
Muḥammad b. A. b. ʿA. al-Dawwānī S II 239
Muḥammad b. A. b. ʿA. al-Fāsī Taqī al-Dīn G II 47, 172, S II 221
Muḥammad b. A. b. ʿA. al-Fattāl al-Nīsābūrī al-Fārisī S I 708

Muḥammad b. A. b. ʿA. al-Ghaythī G II 338, S I 972 ad 682, II 467
Muḥammad b. A. b. ʿA. b. Jābir al-Hawwārī G I 299, II 13, S I 182, 489, 323, II 6, 921
Muḥammad b. A. b. ʿA. al-Maʿarrī b. al-Rukn al-Shāfiʿī S II 56
Muḥammad b. A. b. ʿA. al-Nasawī G I 319, S I 552
Muḥammad b. A. b. ʿA. al-Qalqashandī G II 134, S II 165
Muḥammad b. A. b. ʿA. al-Qasṭallānī G I 451, S I 809
Muḥammad b. A. b. ʿA. al-Suyūṭī Shams al-Dīn G II 132, S II 163
Muḥammad b. A. b. ʿA. al-Ṣabbāgh al-Qalʿī S II A/C 359
Muḥammad b. A. b. ʿA. al-ʿUmarī S II 640
Muḥammad b. A. b. ʿA. al-ʿUmarī al-Mawṣilī G II 497, S II 781
Muḥammad b. A. b. ʿA. al-Wādīʾāshī al-Barrāq S I 914
Muḥammad b. A. b. ʿA. b. al-Walīd al-Qurashī S I 317, II 987
Muḥammad b. A. al-Alwāḥī S II 86
Muḥammad b. A. b. ʿAmīd al-Dīn ʿA. al-Ḥusaynī al-Najafī al-Nasāba S II 971
Muḥammad b. A. al-ʿAmīdī S I 141
Muḥammad b. A. b. ʿĀmir al-Ṭarasūsī al-Balawī G I 499, S I 914
Muḥammad b. A. al-Anṣārī al-Burullusī G II 343, S II 471
Muḥammad b. A. b. ʿAqīla G II 386
Muḥammad b. A. b. al-ʿArab al-Maghribī S II 877
Muḥammad b. A. al-ʿArabī al-Ḥanafī S II 427
Muḥammad b. A. b. ʿArafa al-Dasūqī G II 23, 84, 251, S I 468, 471 A/C, 516, 518, II 18, 98, 288, 303, 304, 353, 459 A/C, 737 (to be read thus)
Muḥammad b. A. al-ʿAsqalānī al-Shādhilī S II 9
Muḥammad b. A. b. al-Āṣī al-Andalusī S II 1029
Muḥammad b. A. al-Aṭʿānī al-Bisṭāmī G II 120, S II 149
Muḥammad b. A. b. al-ʿAṭṭār S I 661
Muḥammad b. A. b. al-ʿAṭṭār al-Qurashī S I 473, 474
Muḥammad b. A. al-ʿAwfī G II 326, S II 452
Muḥammad b. A. b. Ayyūb al-Shāfiʿī b. Imām al-Naḥḥāsiyya S II A/C 154
Muḥammad b. A. b. al-Azhar b. Ṭalḥa al-Azharī al-Harawī G I 129, 298, 99, S I 157, 197, 305
Muḥammad b. A. al-Badawī al-Ḥalabī S I 843,11, b
Muḥammad b. A. b. a. Bakr S II 1040
Muḥammad b. A. b. a. Bakr b. Farḥ al-Anṣārī al-Qurṭubī G I 415, S I 737
Muḥammad b. A. b. a. Bakr b. a. Sharīf al-Muqaddasī G I 230, 359, II 98, 226, S I 410, II 117
Muḥammad b. A. b. al-Bannāʾ S II 364
Muḥammad b. A. al-Bannānī Firʿawn S I 269,14
Muḥammad b. A. a. ʾl-Baqāʾ S I 534, z
Muḥammad b. A. al-Bāʿūnī G II 41, S II 38
Muḥammad b. A. b. al-Bayṭār S I 896
Muḥammad b. A. al-Bihishtī al-Isfarāʾinī G I 252, 468, II 211, S I 850, II 294
Muḥammad b. A. al-Bīrūnī G I 475, S I 870
Muḥammad b. A. al-Bukhārī G I 138, 167
Muḥammad b. A. al-Dakhrī al-Jazāʾirī S II 1022
Muḥammad b. A. al-Dawlābī G I 518, S I 278
Muḥammad b. A. al-Dayrūṭī S I 972 ad 682
Muḥammad b. A. al-Dimashqī S II 265
Muḥammad b. A. b. al-Ḍiyāʾ al-Qurashī G I 268, 383, S II 222
Muḥammad b. A. b. a. ʾl-Faḍl b. Saʿd al-Tilimsānī S II 362
Muḥammad b. A. al-Fārisī al-Ḥafarī S II A/C 575
Muḥammad b. A. b. a. ʾl-Fatḥ al-Suhaylī S II 1029
Muḥammad b. A. Fayḍ al-Ḥasanī S II 292
Muḥammad b. A. al-Fūqī S II 981
Muḥammad b. A. al-Ganjī G II 448, S II 491
Muḥammad b. A. al-Ghassānī al-Wādīʾāshī S I 913
Muḥammad b. A. b. Ghaylān al-Bazzāz G I 518, S I 274

Muḥammad b. A. b. al-Ghāzī al-ʿUthmānī G I 178, 299, II 240, S I 302, 522, 523, 546, II 97, 337
Muḥammad b. A. al-Harawī G I 437
Muḥammad b. A. b. Hilāl S II 14
Muḥammad b. A. b. Hishām al-Lakhmī G I 111, 112, 302, 308, S I 172, 173, 540
Muḥammad b. A. b. al-Ḥaddād al-Baṣrī S I 304
Muḥammad b. A. b. Ḥajjāj S II 941
Muḥammad b. A. al-Ḥalabī G I 492
Muḥammad b. A. al-Ḥalfāwī al-Tilimsānī G II 457, S II A/C 683
Muḥammad b. A. b. Ḥamza al-Ramlī G I 395, II 95, 321, S I 681, II 112, $442_{,13}$, $965_{,13}$
Muḥammad b. A. al-Ḥanafī G I 128, 396, S II 954
Muḥammad b. A. al-Ḥanafī al-ʿAlāʾī S I 793
Muḥammad b. A. b. al-Ḥ. S I 615
Muḥammad b. A. b. al-Ḥ. b. ʿAbd al-Karīm al-Jawharī S II A/C 423, 459
Muḥammad b. A. b. al-Ḥ. al-Raṣṣāṣ S I $535_{,43}$, read: A. b. M.
Muḥammad b. A. al-Ḥasanī al-Gharnāṭī al-Sabtī G I 312, S I 545
Muḥammad b. A. al-Ḥasanī al-Maṣmūdī G II 257, S II 467
Muḥammad b. A. al-Ḥasanī al-Sharīf al-Tilimsānī G I 463, II 239, S I 838
Muḥammad b. A. al-Ḥaṣīrī G I 172
Muḥammad b. A. al-Ḥāzimī al-Saʿīdī a. ʿAl. S II 1022
Muḥammad b. A. b. Ḥibbān a. Ḥātim al-Bustī G I 164, 365, S I 273
Muḥammad b. A. al-Ḥurayshī S I 268
Muḥammad b. A. b. al-Ḥu. al-Nīsābūrī S I 708
Muḥammad b. A. b. al-Ḥu. al-Qaffāl al-Shāshī G I 390, S I 306, 674
Muḥammad b. A. al-Ḥusaynī al-Baghdādī S I 602
Muḥammad b. A. al-Ḥusaynī al-Shaykh al-Hādī S I 705
Muḥammad b. A. b. Ibr. al-Qurashī al-Hāshimī G I 461, S I 474, 833
Muḥammad b. A. b. Ibr. b. Ṭabīb S II 656
Muḥammad b. A. b. a. ʾl-ʿĪd al-Qaṣabī G I 266, S I 469
Muḥammad b. A. al-Ilbīrī S I A/C 895
Muḥammad b. A. b. Ilyās al-Ḥanafī S II 414
Muḥammad b. A. b. ʿImād al-Aqfahsī G II 96, S II 111, 114
Muḥammad b. A. al-ʿIrāqī al-Sīmāwī G I 496, S I 909
Muḥammad b. A. b. ʿĪsā al-Maghribī S I $818_{,35n}$, II 334
Muḥammad b. A. b. ʿĪsā al-Murādī S II 348
Muḥammad b. A. b. Isfandiyār al-Nūshajī S I 596
Muḥammad b. A. al-Iskandarānī S II 778
Muḥammad b. A. b. Ism. b. Samʿūn S I 360
Muḥammad b. A. b. Iyās al-Čerkesī G II 295, S II 405
Muḥammad b. A. b. Iyās al-Ḥanafī G II 303, S II 413
Muḥammad b. A. al-Iznīqī Waḥyīzāde S I 545
Muḥammad b. A. al-Jaʿfarī S II 1022
Muḥammad b. A. al-Jahmī al-Waṣṣābī S II A/C 987
Muḥammad b. A. b. Jamāʿa ʿIzz al-Dīn S I 536
Muḥammad b. A. b. Jamāʿa al-Maʿzāwī S II $981_{,27a}$
Muḥammad b. A. b. Jāmiʿ S II 234
Muḥammad b. A. al-Jannābī G I 471, 682
Muḥammad b. A. al-Jawharī al-Khālidī G II 252, 488, S II 106, 744
Muḥammad b. A. al-Jazāʾirī G II 460
Muḥammad b. A. al-Jazūlī G II 240
Muḥammad b. A. al-Jīlakī S II 306
Muḥammad b. A. b. Jubayr G I 478, S I 879
Muḥammad b. A. al-Judhāmī G I 268
Muḥammad b. A. al-Kafīrī G I 159
Muḥammad b. A. al-Kātibī S II 910
Muḥammad b. A. b. Kaysān G I 18, 110, S I 35, 170
Muḥammad b. A. al-Khabbāzī S I 641
Muḥammad b. A. b. Khalaf al-Maṭarī G II 171, S I 613, II 220
Muḥammad b. A. b. Khalīfa al-Qāhirī S II 274

Muḥammad b. A. b. al-Khalīl al-Khuwayyī G I 359, S I 612
Muḥammad b. A. al-Kharbatāwī S II 334, 435
Muḥammad b. A. al-Kharrūbī S II 361
Muḥammad b. A. b. al-Khashshāb G I 414, S I 913
Muḥammad b. A. b. al-Khaṭīb S II A/C 426
Muḥammad b. A. al-Khaṭīb al-Ibshīhī G II 56, S II 55
Muḥammad b. A. al-Khaṭīb al-Shawbarī G I 181, 396, II 330, S I 307, 682, 683, II 443, 458
Muḥammad b. A. al-Khaṭīb b. al-Wazīr al-Andalusī S II 1005
Muḥammad b. A. al-Khiḍrī G I 509, S I 926, 931$_{,39f}$
Muḥammad b. A. al-Khujandī G I 173
Muḥammad b. A. al-Lakhmī al-ʿAzafī S I 626
Muḥammad b. A. al-Maghribī S I 141
Muḥammad b. A. al-Mahdī li-dīnallāh b. Ḥ. b. Rasūlallāh S II 968
Muḥammad b. A. al-Maḥallī Jamāl al-Dīn S I 676, 681, II 112
Muḥammad b. A. b. Maḥmūd al-Khwārizmī S II 941
Muḥammad b. A. b. Maḥmūd al-Ṣāliḥī al-Murshidī S II 1022
Muḥammad b. A. al-Malaṭī al-Ṭarāʾifī S I 348
Muḥammad b. A. al-Mālikī al-Madyanī G II 178 (to be read thus), S II 151
Muḥammad b. A. al-Manlā al-Ḥanafī al-Tūnisī S I 779
Muḥammad b. A. al-Maqqarī al-Tilimsānī S II 993
Muḥammad b. A. b. Masʿūd al-Muqriʾ S II 921
Muḥammad b. A. b. Masʿūd al-Qūnawī S I 294
Muḥammad b. A. al-Masʿūdī G I 396$_{,5}$
Muḥammad b. A. al-Maʿṣūmī S I 819$_{,39}$, 828$_{,2}$
Muḥammad b. A. al-Mawṣilī Shams al-Dīn a. ʿAl. S II 1022
Muḥammad b. A. b. Mayyāra G II 264, 461, S II 336
Muḥammad b. A. b. Mīrzā al-Tilimsānī S I 606
Muḥammad b. A. Miyānjīw G II 417
Muḥammad b. A. b. al-Muḥibb al-Maqdisī al-Ḥanbalī S II A/C 992
Muḥammad b. A. b. M. al-ʿAbbādī al-Harawī G I 386, S I 669
Muḥammad b. A. b. M. Binnīs G I 267, S I 469, 471, 684, II 99, 338, 709
Muḥammad b. A. b. M. Ef. al-Sārī S II 433
Muḥammad b. A. b. M. b. Ghāzī ʿUthmān al-Miknāsī G I 178, 299, II 240, S I 302, 522, 523, 726, II 97, 337
Muḥammad b. A. b. M. al-Ḥafīd al-ʿAjīsī G II 247, S II 345
Muḥammad b. A. b. M. Ḥafīd b. Rushd G I 384, 445, 461, S I 833
Muḥammad b. A. b. M. al-Ḥaṣkafī S II 407
Muḥammad b. A. b. M. al-Ḥattātī G II 370, S II 497
Muḥammad b. A. b. M. b. al-Ḥu. al-Anmāṭī b. Shuʿla al-Mawṣilī G I 409$_{,12,2}$, S I 725, 859
Muḥammad b. A. b. M. al-Jallāb al-Fihrī S I 598
Muḥammad b. A. b. M. b. Jantemīr al-Ḥanaf S II 629
Muḥammad b. A. b. M. b. Juzayy al-Kalbī G II 264, S II 377
Muḥammad b. A. b. M. al-Khalwatī G II 339, S II 468
Muḥammad b. A. b. M. al-Maḥallī Jalāl al-Dīn G I 248, 389, 395, II 89, 114, S I 440, 468, 671, II 19, 105, 127$_{,33}$, 140, 180$_{,29a}$
Muḥammad b. A. b. M. b. Marzūq al-Khaṭīb al-Tilimsānī G I 357, 463, 525, II 84, 239, S I 545, 631, II 97, 335
Muḥammad b. A. b. M. al-Mawāsī al-Fāsī S II 218
Muḥammad b. A. b. M. Mustawfī al-Harawī S I 220
Muḥammad b. A. b. M. al-Nahrawālī G II 381, S II 514
Muḥammad b. A. b. M. al-Qummī S I 389
Muḥammad b. A. b. M. al-Qūnawī G I 450
Muḥammad b. A. b. M. al-Saqaṭī S II 376
Muḥammad b. A. b. M. al-Sharīḥī al-Tanīsārī S II 603
Muḥammad b. A. b. M. al-Simanānī S I 636

Muḥammad b. A. b. M. b. Sukaykir G II 301, S II 489
Muḥammad b. A. b. M. al-Ṭarasūsī S II A/C 317
Muḥammad b. A. b. M. b. ʿUllaysh G I 305 (to be read thus), II 84 (to be read thus), 288, 384, 486, S I 525, II 94 (to be read thus), 117, 399, 517, 738
Muḥammad b. A. b. M. al-ʿUqaylī S II 707
Muḥammad b. A. b. M. b. Yū. al-Rahūnī al-Bayṣāra S II 98, 874
Muḥammad b. A. b. M. b. Zaghdūn a. ʾl-Mawāhib al-Tūnisī G II 253, S II 152 = 359, 1006
Muḥammad b. A. b. M. al-Zamlakānī S II 39
Muḥammad b. A. al-Muqaddamī G I 518, S I 278
Muḥammad b. A. al-Muqriʾ S II 902
Muḥammad b. A. al-Muqriʾ al-Anbārī S II 57, 910
Muḥammad b. A. al-Muqriʾ al-Khiḍrī S I 847
Muḥammad b. A. al-Murrī al-Qudsī S II 92
Muḥammad b. A. al-Muṭahhar al-Azdī G I 156, S I 254
Muḥammad b. A. b. Muṭarrif al-Kattānī al-Qurṭubī S I 721
Muḥammad b. A. b. Muṭarrif al-Ṭarafī S I 592
Muḥammad b. A. b. Muṭarriz al-Kinānī S I 186
Muḥammad b. A. al-Nahrajūrī G I 213
Muḥammad b. A. al-Nasafī al-Bardhaʿī S I 324
Muḥammad b. A. al-Nāẓirī Badr al-Dīn S I 702
Muḥammad b. A. al-Nīkūsārī G I 429
Muḥammad b. A. al-Nīsābūrī S I 825,$_{82a}$
Muḥammad b. A. b. Niẓām al-Shāfiʿī S I 742
Muḥammad b. A. b. Qadd G II 238,$_{23}$
Muḥammad b. A. b. a. ʾl-Qāḍī al-Jazūlī S II 338, 698
Muḥammad b. A. al Q. al-ʿUqbānī al-Tilimsānī S II 346
Muḥammad b. A. al-Qāsimī al-Junaydī al-Tamīmī S I 292
Muḥammad b. A. al-Qayṣarī G I 288
Muḥammad b. A. al-Qayṣarī Q. al-Ḥasanī (b. Ghāzī al-Ḥamīdī) S II 1040
Muḥammad b. A. al-Qāzābādhī G II 229
Muḥammad b. A. al-Qazwīnī G I 499, S I 914
Muḥammad b. A. b. Qudāma al-Maqdisī S II 119, 128
Muḥammad b. A. al-Qūnawī G II 196
Muḥammad b. A. al-Qurashī al-Ghazzī S II 480
Muḥammad b. A. al-Qurashī al-ʿUthmānī G I 383
Muḥammad b. A. al-Ruhīnī G II 184
Muḥammad b. A. b. Rukn G II 76
Muḥammad b. A. al-Rūmī S I 682
Muḥammad b. A. b. Rushd al-Qurṭubī G I 384, S I 293, 300, 662
Muḥammad b. A. al-Sabtī al-Gharnāṭī G I 269, 312, S I 854, II 1022
Muḥammad b. A. al-Saffārīnī al-Ḥanbalī S I 459
Muḥammad b. A. b. Saʿīd b. ʿAqīla G II 386, S II 522
Muḥammad b. A. b. Saʿīd al-Ḥaḍramī S II 1006
Muḥammad b. A. b. Saʿīd al-Ḥafṣī al-Murādī S I 488
Muḥammad b. A. b. Saʿīd al-Tamīmī G I 237, S I 422
Muḥammad b. A. al-Sāʾiḥ S II 993
Muḥammad b. A. al-Sakhāwī S II A/C 70
Muḥammad b. A. al-Salabūn S II 260
Muḥammad b. A. b. Sālim al-Ṣabbāgh al-Makkī S II 815
Muḥammad b. A. b. al-Sālimī S I 102, II 1040
Muḥammad b. A. b. Sallūm al-Ḥanbalī S II 448
Muḥammad b. A. al-Samarqandī G I 374, S I 640
Muḥammad b. A. al-Sanhūrī S II 489
Muḥammad b. A. al-Sarakhsī G I 172, 373, S I 288, 290, 291, 293, 638
Muḥammad b. A. al-Sayyid al-Ḥasanī S II 260
Muḥammad b. A. Shāh S II 275
Muḥammad b. A. b. a. Shākir al-Irbilī G I 251, S I 132, 444
Muḥammad b. A. al-Shammāʿ S II 341
Muḥammad b. A. Shams al-Dīn al-Makkī G II 175, S II 224
Muḥammad b. A. b. Shannabūdh S I 329

Muḥammad b. A. al-Sharīf al-Ḥasanī G II 247, S II 346
Muḥammad b. A. al-Sharīf al-Ḥusaynī al-Gharnāṭī al-Sabtī S I 474
Muḥammad b. A. al-Sharīf al-Tilimsānī G I 463, S I 838, see M. b. A. b. Marzūq
Muḥammad b. A. al-Sharīshī G I 303, S I 530
Muḥammad b. A. al-Shawbarī S I $682,_{7}$ see M. b. A. b. al-Khaṭīb al-Sh.
Muḥammad b. A. al-Shawkānī S I 690, read: M. b. ʿA.
Muḥammad b. A. Shihāb al-Dīn b. al-Najjār al-Futūḥī S I 688, II 447
Muḥammad b. A. al-Shirbīnī S II 17
Muḥammad b. A. al-Silafī S I 618, read: A. b. M. S I 624
Muḥammad b. A. b. a. Skyl al-Sijazī S I 753
Muḥammad b. A. b. Sufyān al-Ghassānī al-Shāfiʿī S II A/C 241
Muḥammad b. A. b. Suhayl al-Jawzī al-Khashshāb S I 913
Muḥammad b. A. b. S. b. Khaṭīb Dārayyā al-Anṣārī G II 15, S II 7
Muḥammad b. A. b. a. ʾl-Surūr G II 326
Muḥammad b. A. b. a. ʾl-Surūr al-Bakrī al-Ṣiddīqī S II 409
Muḥammad b. A. al-Ṣabbān S II 259
Muḥammad b. A. Ṣafī al-Dīn al-Ḥanafī G II 329, S II 457
Muḥammad b. A. al-Ṣanawbarī S I 145
Muḥammad b. A. al-Ṣaydāwī S II A/C 165
Muḥammad b. A. al-Ṣūfī S II 981
Muḥammad b. A. al-Tammāmī S I 228
Muḥammad b. A. al-Tabrīzī ʿImād Ṣadr S II 269
Muḥammad b. A. al-Tījānī G II 257, S II 368
Muḥammad b. A. al-Ṭabarī G I 308, S I 541
Muḥammad b. A. al-Ṭabasī G I 496, S I 907
Muḥammad b. A. al-Ṭafrāwī S II 686
Muḥammad b. A. al-Ṭāhirī al-Sākinī S II 954
Muḥammad b. A. al-Ṭarasūsī S II 744
Muḥammad b. A. b. ʿUllaysh al-Mālikī G I 305 (to be read thus), II 84, 486, S II 94 (to be read thus), 738
Muḥammad b. A. b. ʿU. al-Bukhārī Ẓahīr al-Dīn G I 379, S I 652
Muḥammad b. A. b. ʿUmāra al-Ghassānī al-Andalusī al-Bājī S I 726
Muḥammad b. A. al-ʿUtbī G I 177, S I 300
Muḥammad b. A. b. ʿUthmān al-Dhahabī G I 166, 325, 330, 360, 518, II 46, 86, S I 266, 606, II 45, $181_{,41}$
Muḥammad b. A. b. al-Walīd al-Qurashī S I 560
Muḥammad b. A. al-Washshāʾ G I 124, S I 189
Muḥammad b. A. b. Wishāḥ b. Labbād S I 301
Muḥammad b. A. b. Ya. S I 454
Muḥammad b. A. b. Ya. Badr al-Dīn S II 244
Muḥammad b. A. b. Ya. al-Ḥabbāk G II 169, 255, S II 217, 365
Muḥammad b. A. b. Ya. b. Muẓaffar G II $186_{,3,4}$
Muḥammad b. A. b. Yaʿlā al-Ḥasanī al-Sharīf G II 237, S II 332
Muḥammad b. A. al-Yāqinjī S II 954
Muḥammad b. A. al-Yū. al-Khwārizmī G I 244, S I 434
Muḥammad b. A. al-Zaghrāwī S II 954
Muḥammad b. A. Zaytūna al-Munastīrī al-Tūnisī S II 651
Muḥammad b. A. al-Zawzanī G I 296
Muḥammad b. A. al-Zuhrawī G I 191
Muḥammad al-Aḥmadī al-Khalafī al-Bannāwī S II 112
Muḥammad Aḥsan Pīshawarī S I 848
Muḥammad Akbar al-Arzānī S II 1030
Muḥammad Akbar Pīshawarī S I 648
Muḥammad Akbar b. Sayyid M. S II 971
Muḥammad al-Akhbārī S II 793
Muḥammad Akram S II 976
Muḥammad Akram b. ʿAr. S I 612
Muḥammad ʿAlāʾ b. A. b. Qāḍī M. Ḥāmid b. M. Ṣābir al-Fārūqī al-Thānawī G II 421, S II 628, 954
Muḥammad ʿAlāʾ al-Dīn b. ʿA. al-ʿAbbāsī S II 432
Muḥammad ʿAlāʾ al-Dīn Ef. S II 428
Muḥammad b. ʿAlāʾ al-Dīn al-Qāhirī G II 326, S II 453
Muḥammad Aʿlam b. M. Shākir al-Sindīlī S I 841, II 598

Muḥammad al-ʿAlamī G I 263, II 343
Muḥammad al-ʿAlawī al-Ḥusaynī S II A/C 1026
Muḥammad b. ʿA. G I 248, S II 660
Muḥammad b. ʿA. b. ʿAbd al-ʿAzīz al-Anṣārī S II 16
Muḥammad b. ʿA. b. ʿAbd al-ʿAzīz al-Ḥamawī S I 591
Muḥammad b. ʿA. b. ʿAl. b. A. b. Ḥamdān al-ʿIrāqī G I 280, 436, S I 493 (to be read thus)
Muḥammad b. ʿA. b. ʿAl. al-Mawṣilī b. Wadʿān G I 355, S I 602
Muḥammad b. ʿA. b. ʿAl. b. Nūr al-Dīn al-Muwazzaʿī al-Yamanī S II 241
Muḥammad b. ʿA. b. ʿAr. b. al-ʿArrāq al-Kinānī G I 365, 497, II 111, 332, S II 461
Muḥammad b. ʿA. b. ʿAr. b. a. Bakr al-Anṣārī al-Maḥallī G I 307, S I 539
Muḥammad b. ʿA. b. ʿAr. al-Murādī S II 331
Muḥammad b. ʿA. b. ʿAr. al-ʿUmarī al-Maqdisī S II 130
Muḥammad b. ʿA. b. ʿAbd al-Wāḥid b. al-Naqqāsh al-Dakkālī G II 247, S II 95
Muḥammad b. ʿA. b. ʿAbd al-Wāḥid al-Zamlakānī G II 71, S II 76
Muḥammad b. ʿA. b. A. a. Bakr al-Adfuwī S I 335
Muḥammad b. ʿA. b. A. al-Balansī al-Awsī S II 377
Muḥammad b. ʿA. b. A. al-Dāʾūdī al-Mālikī G II 289, S II 401
Muḥammad b. ʿA. b. A. al-Ḥarīrī al-Ḥarfūshī S II 17, 395
Muḥammad b. ʿA. b. A. al-Shādhilī al-Maḥallī al-Samannūdī G II 103, 121, 150
Muḥammad b. ʿA. b. A. b. Yaʿīsh al-Ṣanʿānī S I 528
Muḥammad b. ʿA. al-Aḥmadī G I 312
Muḥammad b. ʿA. ʿAjamzāde S I 650,5
Muḥammad b. ʿA. al-Ājurrī G I 161
Muḥammad b. ʿA. b. al-Akhbārī al-Nīsābūrī S II 841
Muḥammad b. ʿA. al-ʿAlawī al-Ḥasanī S I 698
Muḥammad b. ʿA. b. ʿA. Fatḥallāh al-Miṣrī S II 266
Muḥammad b. ʿA. b. ʿĀmir al-Wahbī al-Muqriʾ S II 981
Muḥammad b. ʿA. b. ʿAmr al-Ajzāwī S II 700
Muḥammad b. ʿA. b. ʿAmr al-Najjāsh al-Iṣfahānī S I 949 ad 278
Muḥammad b. ʿA. al-Anṣārī G I 522
Muḥammad b. ʿA. al-Anṣārī al-Ḥanafī S II 922
Muḥammad b. ʿA. al-Anṣārī al-Qaračadāghī S II 836
Muḥammad b. ʿA. b. Āqā Bāqir al-Shahrastānī S II 574
Muḥammad b. ʿA. al-Āqsarāʾī G I 293
Muḥammad b. ʿA. al-Ardabīlī S II 841
Muḥammad b. ʿA. al-Ardakānī S II A/C 578
Muḥammad b. ʿA. al-Ashʿarī al-Marīḥafī S II 954
Muḥammad b. ʿA. al-Astarābādhī Fakhr al-Wuzarāʾ G II 385, S II 827
Muḥammad b. ʿA. al-Aṣbaḥī G II 266
Muḥammad b. ʿA. b. Aʿtham al-Kūfī G I 516, S I 220
Muḥammad b. ʿA. b. ʿAṭiyya al-Ḥamawī G II 334, S II 462
Muḥammad b. ʿA. b. ʿAṭiyya al-Wāʿiẓ al-Makkī G I 200, S I 359
Muḥammad b. ʿA. al-ʿAynī S I 791
Muḥammad b. ʿA. b. al-Azraq S II 962
Muḥammad b. ʿA. al-ʿAẓīmī S I 586
Muḥammad b. ʿA. al-Bakrī G II 339
Muḥammad b. ʿA. al-Bālī G I 226, S I 749
Muḥammad ḅ. ʿA. al-Balṭajī al-Shāfiʿī S I 635
Muḥammad b. ʿA. al-Baṣrī S I 368
Muḥammad b. ʿA. al-Baṭawī G II 255, read: a. Muqriʿa M. b. ʿA. al-Baṭṭuwī S II 364
Muḥammad b. ʿA. al-Bayrūtī G II 388
Muḥammad b. ʿA. al-Bayyūnī al-Miṣrī S II 941
Muḥammad b. ʿA. Bihārī S II 302
Muḥammad b. ʿA. al-Bilālī al-ʿAjlūnī S I 749,25,10
Muḥammad b. ʿA. al-Bisāṭī G II 285, S II 395
Muḥammad b. ʿA. al-Dāghistānī G II 396,56, read: ʿA. b. M. S II 541
Muḥammad b. ʿA. b. al-Dahhān G I 392
Muḥammad b. ʿA. al-Dāʾūdī S I 741
Muḥammad b. ʿA. b. Faḍl al-Ḥusaynī al-Ṭabarī S I 35, II 516
Muḥammad b. ʿA. al-Fakhkhār al-Arkushī al-Judhāmī G I 384, S I 662

Muḥammad b. ʿA. al-Fākihī S I 35
Muḥammad b. ʿA. b. Faraj al-Shafra al-Qirbilyānī S II 366
Muḥammad b. ʿA. b. Fāris al-Hudhalī S II 901
Muḥammad b. ʿA. al-Faṣīḥ al-Ashtiyānī S II 843
Muḥammad b. ʿA. b. al-Fatḥ b. al-ʿUshārī S I 601
Muḥammad b. ʿA. al-Fayyūmī G II 24, S II 20
Muḥammad b. ʿA. al-Fihrī b. al-Tilimsānī S I 921,$_{5a}$
Muḥammad b. ʿA. al-Fishtālī S II 680
Muḥammad b. ʿA. al-Gharawī al-Urmahādī S II 806
Muḥammad b. ʿA. al-Ghaznawī S I 182
Muḥammad b. ʿA. b. Hāniʾ al-Lakhmī al-Sabtī S I 541
Muḥammad b. ʿA. al-Harawī G I 118, S I 181
Muḥammad b. ʿA. Hibat al-Dīn al-Shahrastānī S II 807
Muḥammad b. ʿA. al-Ḥājj al-Shāṭibī S II 73
Muḥammad b. ʿA. al-Ḥalabī al-Ṣāliḥī S I 525,$_{24}$
Muḥammad b. ʿA. al-Ḥalabī al-ʿUrḍī a. Hilāl S I 498,$_{h}$
Muḥammad b. ʿA. al-Ḥamawī G I 350,319, S II 1030
Muḥammad b. ʿA. al-Ḥamawī al-Ḥanafī S II A/C 289
Muḥammad b. ʿA. b. Ḥammād G I 322, S I 555, II 341
Muḥammad b. ʿA. b. Ḥamza al-Ḥusaynī al-Dimashqī S II 941
Muḥammad b. ʿA. b. Ḥamza al-Ṭūsī al-Mashhadī S I 713, II 969,$_{5}$, 971,$_{25}$
Muḥammad b. ʿA. al-Ḥanbalī S II 124,$_{108}$
Muḥammad b. ʿA. Ḥaqqī al-Nazūlī S II 746
Muḥammad b. ʿA. b. Ḥ. al-Dimashqī S II 46
Muḥammad b. ʿA. b. Ḥ. al-Ḥusaynī G II 47, 48, 65, 278, S II 69
Muḥammad b. ʿA. b. a. ʾl-Ḥ. al-Ḥusaynī al-Khusrawshāhī S II 836
Muḥammad b. ʿA. b. al-Ḥ. b. Muqla S I 433
Muḥammad b. ʿA. al-Ḥasanī S I 318
Muḥammad b. ʿA. al-Ḥaṣkafī G II 311, S I 740, II 264, 428, 643
Muḥammad b. ʿA. b. Ḥaydar al-Ḥusaynī al-Mūsawī S II 387, A/C 451
Muḥammad b. ʿA. al-Ḥimādī G I 511, S I 931,$_{40a}$ (to be read thus)
Muḥammad b. ʿA. al-Ḥumaydī (Ḥamīdī?) G II 359, S II 487
Muḥammad b. ʿA. b. al-Ḥu. b. Bābūya al-Qummī al-Ṣadūq G I 187, S I 321
Muḥammad b. ʿA. b. al-Ḥu. al-Ḥakīm al-Tirmidhī G I 164, 199, S I 355
Muḥammad b. ʿA. b. al-Ḥu. al-Ḥusaynī al-Mūsawī al-ʿĀmilī S I 712
Muḥammad b. ʿA. b. al-Ḥu. al-Makkī al-Ḥifnī al-Mālikī S II 865, 962
Muḥammad b. ʿA. b. al-Ḥu. b. Mūsā b. Bābūya al-Ardabīlī G II 411
Muḥammad b. ʿA. b. al-Ḥu. al-Mūsawī al-Jabaʿī al-ʿĀmilī S II 206
Muḥammad b. ʿA. al-Ḥusaynī S II 67, 834
Muḥammad b. ʿA. b. Ibr. S III 233
Muḥammad b. ʿA. b. Ibr. al-Astarābādhī al-Fārisī S II 520, 572
Muḥammad b. ʿA. b. Ibr. al-Ḥaddī S II 921
Muḥammad b. ʿA. b. Ibr. b. a. Jumhūr al-Aḥsāʾī S II 272
Muḥammad b. ʿA. b. Ibr. al-Sūdī G II 407, S II 565
Muḥammad b. ʿA. b. Ibr. b. Zurayq al-Ḥāʾirī S I 161, II 157
Muḥammad b. ʿA. al-Idrīsī S II 821
Muḥammad b. ʿA. al-Īlāqī G I 485, S I 887
Muḥammad b. ʿA. al-Isfarāʾinī S II 592, 1030,$_{30}$
Muḥammad b. ʿA. al-Iṣfahānī S I 812
Muḥammad b. ʿA. al-Jawnpūrī G II 421, S II 622
Muḥammad b. ʿA. al-Jayyānī G I 370, S I 633
Muḥammad b. ʿA. b. Junghul S II 411
Muḥammad b. ʿA. al-Jurjānī Burhān al-Dīn G II 210, 215, S II A/C 209
Muḥammad b. ʿA. al-Jurjānī Rukn al-Dīn al-Gharawī S II 209
Muḥammad b. ʿA. al-Juwaynī S II 1022
Muḥammad b. ʿA. al-Kafrāwī S II 333
Muḥammad b. ʿA. b. Kāmil S I 593, II 53
Muḥammad b. ʿA. al-Karačakī G I 354, S II 842
Muḥammad b. ʿA. al-Karbalāʾī S I 536, II 610

Muḥammad b. ʿA. al-Khafājī S II 902
Muḥammad b. ʿA. b. Khalaf al-Aḥmadī S I 545
Muḥammad b. ʿA. b. Khalaf al-Hamadhānī S II 910
Muḥammad b. ʿA. al-Kharrūbī al-Safāqusī al-Ṭarābulusī G I 201, 440, S I 788, II 701
Muḥammad b. ʿA. al-Khaṭīb al-Irbilī G II 269, S II 218
Muḥammad b. ʿA. al-Khawāfī S I 538,h
Muḥammad b. ʿA. al-Khaymī S II 910
Muḥammad b. ʿA. b. Khiḍr b. Hārūn al-Ghassānī b. ʿAskar G I 413, S I 734
Muḥammad b. ʿA. Khwājakī Shīrāzī S I 533, 707, 927,4
Muḥammad b. ʿA. al-Khwānsārī al-Najafī S II 800
Muḥammad b. ʿA. al-Kirmānī al-Kūyabānī S II 318 (to be read thus)
Muḥammad b. ʿA. al-Lakhmī al-Shaqūrī S II 379
Muḥammad b. ʿA. al-Madhḥijī (?) al-Qurashī S II 239
Muḥammad b. ʿA. al-Maghribī G I 258, S I 723
Muḥammad b. ʿA. Maḥjūb S III 124
Muḥammad b. ʿA. b. Maḥmūd al-Kātib al-Dimashqī G II 55, S II 54
Muḥammad b. ʿA. al-Manālī al-Zabādī S II 689
Muḥammad b. ʿA. al-Mawṣilī G I 478
Muḥammad b. ʿA. b. Maymūn al-Narsī S II 1006
Muḥammad b. ʿA. al-Minyāwī S I 440,i
Muḥammad b. ʿA. al-Miṣrī b. Shabbāṭ al-Tawzarī S I 473
Muḥammad b. ʿA. b. al-Muʿallim al-Ḥurthī G I 249, S I 442
Muḥammad b. ʿA. b. al-Mubārak b. al-Aʿmā S I 444
Muḥammad b. ʿA. al-Mubārakī al-Jawnpūrī S II 623
Muḥammad b. ʿA. b. Mubārakshāh Shams al-Dīn Mīrak al-Bukhārī S II 296
Muḥammad b. ʿA. b. Muftī Yār M. al-Mālībārī S II 849
Muḥammad b. ʿA. b. M. b. ʿAl. al-Shawkānī G II 485, S I 263,34, 690 (to be read thus), II 277, 818
Muḥammad b. ʿA. b. M. al-Adfīnī G I 391, II 321, S II 442
Muḥammad b. ʿA. b. M. ʿAllān al-Bakrī al-Ṣiddīqī G I 397, II 120, 390, S I 684, 685,xix,b, 685 A/C, II 19, 148, 181, 227,29a A/C, 514 A/C, 528,18, 533, 644
Muḥammad b. ʿA. b. M. b. ʿArabī Muḥyi ʾl-Dīn G I 152, 262, 400, 421, 440, 441, S I 790
Muḥammad b. ʿA. b. M. al-Aʿsam al-Najafī S II 802
Muḥammad b. ʿA. b. M. b. Baḥrān al-Ṣiddīqī S II 976
Muḥammad b. ʿA. b. M. a. Bakr al-Shaybī G II 173, S II 222
Muḥammad b. ʿA. b. M. al-Dāmaghānī G I 373, S I 637
Muḥammad b. ʿA. b. M. al-Ḥamīnī al-Ṣiqillī al-Shuṭaybī S II A/C 362
Muḥammad b. ʿA. b. M. b. Ḥ. al-Arrānī S II 825
Muḥammad b. ʿA. b. M. b. Ḥu. al-Shahrastānī S II 835
Muḥammad b. ʿA. b. M. al-Ḥusaynī al-Shāfiʿī S II 964
Muḥammad b. ʿA. b. M. al-Raḥbī b. al-Mutaqqina G I 391, S I 675
Muḥammad b. ʿA. b. M. al-Shabrāmallisī G II 365, S II 493
Muḥammad b. ʿA. b. M. al-Shawkānī S II 277
Muḥammad b. ʿA. b. M. Ṣafī al-Ḥasanī al-Sabzawārī S II 594
Muḥammad b. ʿA. b. M. al-Ṭabāṭabāʾī S II 825
Muḥammad b. ʿA. b. M. b. Ṭūlūn al-Ṣāliḥī G II 367, S II 494
Muḥammad b. ʿA. b. M. al-Ṭūsī b. al-Sākin S II 922
Muḥammad b. ʿA. b. M. al-Wādīʾāshī G I 499, S I 914
Muḥammad b. ʿA. al-Mūsawī Āqā Sayyid S I 320, 522
Muḥammad b. ʿA. al-Mushtūlī S II 910
Muḥammad b. ʿA. b. Muyassar G I 334, II 41, S I 574
Muḥammad b. ʿA. b. Nāṣir al-Dīn al-Miṣrī S II 333

Muḥammad b. ʿA. b. a. Naṣr al-Isfarāʾinī al-Nīsābūrī S I 815,$_{18}$
Muḥammad b. ʿA. b. Niʿmatallāh al-ʿĀmilī S II 132
Muḥammad b. ʿA. al-Nīsābūrī G I 458, S I 826,$_{82c,\alpha}$
Muḥammad b. ʿA. b. Nūr al-Dīn al-Baʿqūbī S II 141
Muḥammad b. ʿA. b. Nūr al-Dīn al-Kūhistānī S II 982
Muḥammad b. ʿA. al-Qādirī S II 929
Muḥammad b. ʿA. al-Qāʿidī al-Khujandī S I 292 (to be read thus)
Muḥammad b. ʿA. al-Qarabāghī G II 217, S II 306
Muḥammad b. ʿA. al-Qaramānī S II 941
Muḥammad b. ʿA. al-Qaramānī al-Arzanjānī S II A/C 664
Muḥammad b. ʿA. b. a. ʾl-Q. b. a. ʾl-ʿAzīz al-Warrāq al-Mawṣilī S I 719
Muḥammad b. ʿA. b. Q. al-Baṭṭajī al-Shāfiʿī S I 685
Muḥammad b. ʿA. al-Qūjḥiṣārī G I 295
Muḥammad b. ʿA. al-Qummī S II 800
Muḥammad b. ʿA. al-Rashtī al-Čahārdihī S II 801
Muḥammad b. ʿA. al-Riḍā al-Ḥusaynī S I 571
Muḥammad b. ʿA. al-Riḍawī S II 1015
Muḥammad b. ʿA. al-Riḍawī al-Dawlatābādī S II 799
Muḥammad b. ʿA. Rizq S III 230
Muḥammad b. ʿA. b. Saʿīd G I 299, S I 524
Muḥammad b. ʿA. b. Saʿīd al-Tūnisī S I 524 A/C, II 302
Muḥammad b. ʿA. al-Sakhāwī G II 68, S II 73
Muḥammad b. ʿA. al-Sanūsī S II 883
Muḥammad b. ʿA. al-Sanūsī al-Khaṭṭābī al-Ḥasanī S II A/C 704
Muḥammad b. ʿA. b. al-Saqqāṭ G I 282, S I 495
Muḥammad b. ʿA. b. al-Sarrāj G II 119, S II 147,$_{4}$
Muḥammad b. ʿA. al-Shāfiʿī al-Shanawānī G II 328, S I 264, II A/C 455
Muḥammad b. ʿA. b. Shahrāshūb al-Māzandarānī G I 405, S I 707, 709, 710
Muḥammad b. ʿA. al-Shalmaghānī S I 188
Muḥammad b. ʿA. Shamsaddīn al-Bukhārī S II 296
Muḥammad b. ʿA. al-Shāṭibī S II 373
Muḥammad b. ʿA. al-Shawkānī S I 263,$_{34}$
Muḥammad b. ʿA. al-Shirwānī G II 387, S II 525, 526
Muḥammad b. ʿA. Sipāhīzāde al-Burūsawī G II 46, 453, S II 44, 673
Muḥammad b. ʿA. a. ʾl-Suʿūd al-Ḥusaynī S II 425
Muḥammad b. ʿA. al-Ṣabbān G I 296, I 299, II 194, 208, 288, 289 A/C, 355, S I 518, 524, II 106, 287, 399, 705
Muḥammad b. ʿA. al-Ṣaʿdī G II 188
Muḥammad b. ʿA. b. Ṣakhr al-Baṣrī S II 910
Muḥammad b. ʿA. b. Ṣāliḥ al-ʿImrānī al-Ṣanʿānī S II 818
Muḥammad b. ʿA. al-Ṣāliḥī al-Ḥalabī S I 525,$_{24}$
Muḥammad b. ʿA. al-Ṣiqillī al-Ḥājj al-Shāṭib S II 1039,$_{21}$
Muḥammad b. ʿA. al-Ṣugayyir S II A/C 167
Muḥammad b. ʿA. b. a. Tamīm al-Imām al-Māzarī S I 265, 663
Muḥammad b. ʿA. Tawfīq al-Bakrī S III 81
Muḥammad b. ʿA. b. Tūmart S I 303
Muḥammad b. ʿA. al-Tūnisī S I 524,$_{12d}$
Muḥammad b. ʿA. b. Ṭabāṭabāʾ b. al-Ṭiqṭaqā G II 161, 201, S II 201
Muḥammad b. ʿA. al-Ṭāhir S III 276
Muḥammad b. ʿA. al-Ṭāʾī S I 535,$_{42}$
Muḥammad b. ʿA. al-Ṭāʾī al-Hamadhānī S I 623
Muḥammad b. ʿA. b. a. Ṭālib al-Zāhidī al-Jīlānī Khāzin S II 613
Muḥammad b. ʿA. al-Ṭayyib al-Baṣrī G I 459, S I 829
Muḥammad b. ʿA. al-Ṭūsī S II 971
Muḥammad b. ʿA. b. ʿU. S II 1030
Muḥammad b. ʿA. b. ʿU. b.ʿAskar S II 677
Muḥammad b. ʿA. b. ʿU. al-Bijāʾī S II 367
Muḥammad b. ʿA. b. ʿU. al-Muṭṭawwiʿī S I 601
Muḥammad b. ʿA. b. ʿU. Najīb al-Dīn al-Samarqandī G I 490, S I 895, 896, II 1030
Muḥammad b. ʿA. b. ʿUthmān al-Karājakī a. ʾl-Fatḥ S I 602 (to be read thus)

Muḥammad b. ʿA. b. Wahb b. Daqīq al-ʿĪd al-Manfalūṭī G I 357, 392, II 63, S II 66
Muḥammad b. ʿA. b. Waḥshiyya G I 242, S I 430
Muḥammad b. ʿA. b. Ya. b. Naṭṭāḥ S II 1022
Muḥammad b. ʿA. Yalūsha al-Tūnisī S II 276
Muḥammad b. ʿA. b. Yāsir al-Jayyānī G I 370, S I 633
Muḥammad b. ʿA. al-Yazdī al-Kathnawī al-Ḥāʾirī S II 834
Muḥammad b. ʿA. b. Yūnus (Yū.) al-Zuḥayf b. Fand (to be read thus) al-Ṣaʿdī S I 560, II 248
Muḥammad b. ʿA. al-Zawzanī G I 325, S II 270
Muḥammad b. ʿA. b. Zuhra G I 386
Muḥammad ʿAllān S II 194, 252
Muḥammad Amān b. M. Afḍal al-Barlās al-Badakhshī S II 626
Muḥammad b. ʿAmīd al-Dīn b. ʿAbd al-Muṭṭalib b. Aʿraj al-Ḥusaynī S II 576
Muḥammad b. al-ʿAmīd al-Kātib S I 153
Muḥammad Amīn b. ʿAl. al-Muʿīnābādī S II 575
Muḥammad Amīn b. ʿĀbidīn S II 266
Muḥammad Amīn b. ʿĀbidīn al-Shaʾmī S II 428
Muḥammad Amīn al-Astarābādhī S II 305
Muḥammad Amīn b. a. Bakr al-Nigdawī S II 656
Muḥammad Amīn Bek b. Ism. b. Yūnus Yāsīn Ef.-zāde al-Mawṣilī G II 497, S II $781_{,10}$, $1028_{,16}$
Muḥammad Amīn b. Faḍlallāh al-Muḥibbī S I 500, II 403
Muḥammad Amīn Fatwā Ḥamāt S II 288
Muḥammad Amīn Fikrī b. ʿAl. Bāshā G II 491, S II 749
Muḥammad Amīn Ghālib al-Ṭawīl S III 429
Muḥammad Amīn b. Ḥabīb b. a. Bakr al-Madhīlālī al-Madanī S II 809
Muḥammad Amīn Ḥāfiẓzāde S II A/C 576
Muḥammad Amīn b. H. al-Mīrghanī S II 606, 910
Muḥammad Amīn Ḥassūna S III 240
Muḥammad Amīn b. Ibr. b. Yāsīn al-Ḥasanī al-Mawṣilī G II 373, S II 500
Muḥammad Amīn b. Ibr. b. Yūnus al-Mauṣilī S II 910
Muḥammad Amīn al-Kattānī S I A/C 779
Muḥammad Amīn b. Khayrallāh al-Khaṭīb al-ʿUmarī G II 374, S I 471, II 501
Muḥammad Amīn al-Kinānī al-Kashmīrī S II 619
Muḥammad Amīn b. Maḥmūd al-Bukhārī Amīr Pādishāh G II 225, 412, S I 463, II 583
Muḥammad Amīn b. Mollā ʿU. al-Haytāwī S II 403
Muḥammad Amīn b. M. ʿA. al-Kāẓimī S II 424
Muḥammad Amīn b. M. Sharīf al-Astarābādhī S II 577, 590
Muḥammad Amīn b. M. al-Ṣāliḥ al-Ayyūbī S II 812
Muḥammad Amīn Palamino al-Ribāṭī S II 875
Muḥammad b. Amīn Tāj al-Saʿīdī al-Ardabīlī a. ʾl-Fatḥ G I 468, S I 849, II 287
Muḥammad Amīn al-Suwaydī G II 134, 498, S I 686, II 785
Muḥammad Amīn Ṣadr al-milla wal-dīn (al-Afāḍil) S II 1016
Muḥammad Amīn al-Ṣiddīqī al-Bakrī al-Lārī G II 330, S II 458
Muḥammad Amīn al-Ṣūfī al-Ṭarābulusī S III 382
Muḥammad Amīn b. Taqī al-Dīn a. Ḥāmid A. b. ʿImād al-Dīn M. b. Ism. al-Mawṣilī S I 760 A/C, II 321
Muḥammad Amīn b. ʿU. b. ʿAbd al-ʿAzīz b. ʿĀbidīn G II 434, S II 434, 645, 773
Muḥammad Amīn al-Uskudārī G I 304, S I 533, II 264, 292, 307, 321, 659
Muḥammad Amīn b. Ẓuhayra G II 381 = M. Jārallāh b. ʿAl. Amīn S II 514
Muḥammad b. ʿĀmir S II 238
Muḥammad al-Amīr S II 17, 20, 437
Muḥammad al-Amīr al-Kabīr G I $372_{,16,4}$ (to be read thus) = M. b. M. S I 635
Muḥammad b. ʿĀmir b. Rāshid al-Maʿwalī S II A/C 823
Muḥammad al-Amīr al-Ṣaghīr b. M. al-Amīr al-Kabīr S I 635
Muḥammad al-Amīr al-Ṣanʿānī S I 606

Muḥammad al-Amīr b. ʿU. b. ʿĀbidīn al-Shams S II 264
Muḥammad al-Amīr Uskudārī S I 741
Muḥammad Amjad b. Fayḍallāh al-Ṣiddīqī al-Qannawjī S I 841
Muḥammad b. al-ʿAmmār al-Baghdādī S I 690
Muḥammad b. al-ʿAmmār b. M. a. Yasīr a. Shākir al-Mālikī G I 367, II 131, S I 627, II 162
Muḥammad b. ʿAmr b. Ibr. al-Tilimsānī al-Mallālī G II 251, S II 354
Muḥammad b. ʿAmr al-ʿUqaylī G I 518, S I 278
Muḥammad al-Anbābī G II 23, 238, S II 354 A/C, 399, 705
Muḥammad b. ʿAnqāʾ a. Ḥazzāʾ al-Ḥusaynī S II 19
Muḥammad al-Anṣārī G I 266, S II 482
Muḥammad al-Anṣārī al-Raṣṣāʿ S II 226
Muḥammad Anwar Shāh S I 268
Muḥammad b. ʿAqīl b. ʿAl. b. ʿU. b. Ya. al-ʿAlawī al-Ḥaḍramī S II 865
Muḥammad b. ʿAqīl al-ʿAlawī G II 28, S II 24
Muḥammad b. ʿAqīl b. ʿA. al-Ḥaḍramī S II 822
Muḥammad b. ʿAqīl al-Bālisī G I 162, S I 268
Muḥammad al-Āqkirmānī G II 424, 454, S I 683, II 674
Muḥammad al-ʿAqqād al-Mālikī S II 941
Muḥammad b. ʿArab G I 283
Muḥammad al-Aʿrābī S I 113
Muḥammad b. ʿArabī S I 804
Muḥammad b. al-ʿArabī a. Bakr G I 176, S I 268, 298
Muḥammad b. al-ʿArabī Qaṣṣār S I A/C 469
Muḥammad b. ʿArabshāh al-Hamadhānī S II 901
Muḥammad b. ʿArafa al-Dasūqī, see M. b. A. b. ʿArafa al-D.
Muḥammad al-ʿArbī b. ʿAr. al-Shafshawānī S II 709
Muḥammad al-ʿArbī al-Qādirī S II 703
Muḥammad b. al-ʿArbī b. al-Shaykh al-Ribāṭī S II 876
Muḥammad al-ʿArbī b. al-Ṭayyib b. M. al-Qādirī S II 682
Muḥammad al-ʿArbī b. Yū. al-Fāsī S II 693
Muḥammad ʿĀrif Ef. S II 664
Muḥammad b. Arkmas al-Ḥanafī al-Ṭawīl al-Yashbakī S II A/C 78
Muḥammad al-Arsabandī a. Bakr S II 954
Muḥammad al-Arzanjānī G II 194
Muḥammad b. Asʿad b. ʿAlāʾ G II 424, S I 701
Muḥammad Asʿad b. ʿA. Yanabulī S II 632
Muḥammad b. Asad al-Bazzāz al-Baghdādī G I 127, S I 195
Muḥammad b. Asʿad al-Dawwānī G I 304, 438, 447, 466, 467, 468, 509, 510, II 209, 215, 217, S I 508, 782, II 306
Muḥammad b. Asʿad b. Ḥafīd al-Jāwī S II 814
Muḥammad b. Asʿad al-Jawwānī G I 366, S I 626
Muḥammad b. Asʿad b. Naṣr al-ʿIrāqī al-Ḥanafī S I 585
Muḥammad b. Asʿad al-Tamīmī al-Tustarī al-Ḥanafī G I 432, S I 537, 593
Muḥammad al-Ashʿarī al-Wafāʾī Ghars al-Dīn S II 283
Muḥammad ʿĀshiq S II 616
Muḥammad b. Ashraf al-Ḥusaynī al-Samarqandī G I 468, S I 849
Muḥammad Ashraf b. a. M. al-ʿAbbāsī S II 623
Muḥammad Ashraf al-Qāʾinī al-Iṣfahānī S II 581
Muḥammad al-Asnawī S II 259
Muḥammad Aṣīl b. M. al-Anṣārī al-Bardīnī al-Mālikī S II 435
Muḥammad b. ʿAtīq al-Tujībī S II 922
Muḥammad b. ʿAṭāʾ S II 307
Muḥammad b. ʿAṭāʾallāh al-Rāzī al-Harawī G I 361, S I 614,d
Muḥammad ʿĀṭif b. ʿAr. al-Qabujaqī S II 1022
Muḥammad b. ʿAṭiyya b. ʿAbd al-Ḥaqq b. Ẓuhayra al-Ḥanbalī S I 393
Muḥammad b. al-ʿAṭṭār S II A/C 446
Muḥammad ʿAwfī S I 253
Muḥammad b. ʿAwn al-Dīn al-Mawṣilī al-Baghdādī S II 502
Muḥammad b. ʿAyn al-fuḍalāʾ b. al-Naṣīḥ S II 29
Muḥammad ʿAyyād al-Ṭanṭāwī G II 194, 479, S II 721, 729

Muḥammad b. ʿAyyāsh al-Ḥaṣṣār S II 156
Muḥammad b. Ayyūb b. ʿAbd al-Qāhir al-Tādhifī G II 70, S II 76
Muḥammad b. Ayyūb b. al-Ḍurays S II A/C 981
Muḥammad b. Ayyūb b. Ef. S III 228, 1899 (to be read thus)
Muḥammad b. Ayyūb al-Ghāfiqī S I 407
Muḥammad b. Ayyūb b. Ḥāsib al-Ṭabarī S I 859
Muḥammad b. Ayyūb al-Ṣūfī G I 449, see Faḍlallāh b. M. b. Ayyūb S II 311
Muḥammad al-Azharī S II 288
Muḥammad b. ʿAzzūz al-Marrākushī Sīdī Bello S II 713
Muḥammad Aʿẓam b. M. Yār S I 287,XII
Muḥammad ʿAẓamat Kifayātallāh Gūpamū'ī S I 841, see M. b. ʿAẓīm al-Dīn
Muḥammad ʿAẓīm G II 421
Muḥammad ʿAẓīm al-Dīn b. Kifāyatallāh al-Fārūqī al-Gūpamū'ī S II 293, 303, see M. b. ʿAẓamatallāh
Muḥammad ʿAẓīm al-Laknawī S II 290
Muḥammad ʿAẓīm Mollānawī G II 356, S II 706
Muḥammad Badawī ʿAbduh S III 130
Muḥammad b. Badr al-Dīn b. ʿAq. b. Balabān al-Khazrajī S II 448
Muḥammad b. Badr al-Dīn al-Āqḥiṣārī G I 265, II 439, S I 468, II 651
Muḥammad b. Badr al-Dīn al-ʿAwfī G II 57, S I 35, II 58
Muḥammad b. Badr al-Dīn al-Munshī S II 275, 812
Muḥammad b. Badr al-Dīn b. Ya. al-Qarāfī S II 234
Muḥammad Badr al-Islām S II 606
Muḥammad al-Badrī al-Makkī a. Jābir S II 902
Muḥammad al-Bāghanawī S II 929
Muḥammad al-Bāghī b. M. b. M. al-Masʿūdī S II 885
Muḥammad b. Bahā' al-Dīn S I A/C 807
Muḥammad b. Bahā' al-Dīn al-ʿĀmilī G I 417, S I 740 = M. b. Ḥu. b. ʿAbd al-Ṣamad al-ʿĀ. G II 414, S II 595
Muḥammad Bahā' al-Dīn b. Luṭfallāh S I 950
Muḥammad b. Bahā' al-Dīn Yū. al-Kirmānī S II 289
Muḥammad b. Bahādur al-Zarkashī G I 158, 388, 395, I 424, II 89, 91, 148, S I 202, 561, 680, 753, II 108
Muḥammad al-Bahā'ī Jamāl al-Milla wa-Bahā' al-Dīn S II 842
Muḥammad Bahjat al-Atharī S II 784, III 495
Muḥammad al-Bahnasī S II 932,18
Muḥammad b. Bahrām S II 208,31
Muḥammad b. Bahrām al-Baṣrī al-Sūdī S II 29
Muḥammad b. Bahrām al-Iṣfahānī S I 237
Muḥammad b. Bahrām al-Qalānisī G I 489, S I 893
Muḥammad b. Baḥr al-Iṣfahānī S I 334
Muḥammad Bakhīt S III 329
Muḥammad Bakhsh Rafīqī S I 765
Muḥammad al-Bakhshī al-Ḥalabī S I 777
Muḥammad b. Bakhtiyār al-Ablah G I 248, S I 442
Muḥammad b. a. Bakr b. ʿAbd al-ʿAzīz b. Jamāʿa ʿIzz al-Dīn G I 372, 396, II 24, 94, S I 522, 635, II 111
Muḥammad b. a. Bakr ʿAl. b. M. b. A. b. Nāṣir al-Dīn S II 120
Muḥammad b. a. Bakr b. ʿAbd al-Muḥsin al-Rāzī G I 383, S I 658
Muḥammad b. a. Bakr b. ʿAq. al-Rāzī G I 128, 382, 429, II 200, S I 196, 488
Muḥammad b. a. Bekr A. al-Anṣārī S II 1030
Muḥammad b. a. Bakr b. A. b. Qāḍī Shuhba G I 390, 395, II 30, S I 689, II 25
Muḥammad b. a. Bakr b. A. al-Shillī G II 383, S II 516
Muḥammad b. a. Bakr b. ʿA. b. ʿAbd al-Malik b. Ḥamza b. Dukayn S II 929
Muḥammad b. a. Bakr b. ʿA. b. al-Sharīf al-Maqdisī al-Shāfiʿī S II 304
Muḥammad b. a. Bakr al-Ashkhar al-Yamanī S II 223, 226, 548
Muḥammad b. a. Bakr al-Ashtanjī S II 954
Muḥammad b. a. Bakr b. Ayyūb b. Qayyim al-Jawziyya G I 161, II 104, 105, 702, S II 126
Muḥammad b. a. Bakr al-Baghdādī al-Witrī G I 250, 394, S I 443

Muḥammad b. a. Bakr al-Bukhārī Imāmzāde al-Sharjī G I 375, S I 642
Muḥammad b. a. Bakr b. Dāʾūd al-Ḥamawī S II 488
Muḥammad b. a. Bakr b. Faraj al-Anṣārī al-Khazrajī al-Qurṭubī a. ʿAl. S II 987
Muḥammad b. a. Bakr al-Fārisī al-Kawwāsh G I 474, II 214, S I 866
Muḥammad b. a. Bakr al-Ḥaḍramī S II 237, 338
Muḥammad b. a. Bakr b. Ibr. b. al-Naqīb G II 9, S II 3
Muḥammad b. a. Bakr al-Iṣfahānī G I 355
Muḥammad b. a. Bakr al-Jaʿbarī G II 166, S II 149
Muḥammad b. a. Bakr al-Khabīṣī Shams al-Dīn G I 309, S I 532
Muḥammad b. a. Bakr al-Khābūrī G II 163
Muḥammad b. a. Bakr b. Khiḍr al-Dayrī G II 163, S II 205
Muḥammad b. a. Bakr Khwāharzāde G I 429, S I 764
Muḥammad b. a. Bakr b. Maḥmūd al-Surūrī S II 942
Muḥammad b. a. Bakr b. M. b. Manṣūr al-Aṣbaḥī S II A/C 977
Muḥammad b. a. Bakr b. M. b. Nāṣir al-Dīn al-Dimashqī S II 185n
Muḥammad b. a. Bakr b. M. b. S. al-Kurdī (Karrārī?) al-Shahrānī al-Ḥanafī S I 468,31
Muḥammad b. a. Bakr al-Mundhirī S II 942
Muḥammad b. a. Bakr al-Nassākh S II 255
Muḥammad b. a. Bakr al-Sakhāwī G II 57
Muḥammad b. a. Bakr b. Sayyid al-Nās G I 162, II 71, read: M. b. M. b. M. b. S. S II 77
Muḥammad b. a. Bakr b. Shaʿbān S II 427
Muḥammad b. a. Bakr b. Sharaf al-Māridānī S II 902
Muḥammad b. a. Bakr al-Shaqrāṭisī G I 268, read: ʿAl. b. a. B. S I 473
Muḥammad b. a. Bakr al-Suhlī S II 700
Muḥammad b. a. Bakr b. S. al-Bakrī al-Shāfiʿī Badr al-Dīn S II 965
Muḥammad b. a. Bakr al-Tilimsānī al-Anṣārī S I 881
Muḥammad b. a. Bakr al-Ṭurṭūshī S II 942
Muḥammad b. a. Bakr b. ʿU. al-Damāmīnī al-Makhzūmī G I 159, 298, 312, II 23, 26, 138, 193, S I 260, 439, 522, 545, II 17, 21, 171
Muḥammad b. a. Bakr b. ʿU. al-Madīnī S I 604
Muḥammad b. a. Bakr b. ʿU. al-Makhzūmī al-ʿArūḍī G II 698
Muḥammad b. a. Bakr al-Urmawī S I 622,2
Muḥammad b. a. Bakr al-ʿUṣfūrī S II 942
Muḥammad b. a. Bakr b. a. ʾl-Wafāʾ al-Ḥusaynī al-Maqdisī G II 17, S II 11
Muḥammad b. a. Bakr al-Wāʿiẓ al-Tamīmī S I 628
Muḥammad b. a. Bakr b. Ya. al-Suyūṭī G II 55, S II 55
Muḥammad b. a. Bakr al-Zarkhūrī G II 139, S II 172
Muḥammad b. a. Bakr al-Zuhayrī G I 263,5d
Muḥammad b. a. Bakr al-Zuhrī G I 476, S I 876
Muḥammad b. Balabān b. ʿAl. al-Fārisī S I 655
Muḥammad b. Balabān al-Khazrajī al-Ḥanbalī S II 994,44
Muḥammad b. al-Balabānī G II 330
Muḥammad al-Balʿamī G I 143, S I 217
Muḥammad al-Balawī al-Dībājī Walī al-Dīn S II 922
Muḥammad b. Bannān al-Muḥsinī al-Zarfānī al-Fāsī S II 776
Muḥammad b. a. ʾl-Baqāʾ b. Ḍiyāʾ al-Dīn al-ʿUmarī S II 624
Muḥammad Bāqir b. ʿAbd al-Muḥsin al-Iṣṭahbanātī S II 838
Muḥammad Bāqir b. ʿA. al-Riḍā S II 572
Muḥammad Bāqir al-Bihbihānī S II 504
Muḥammad Bāqir b. Ghulām Muṣḥafī S I 839
Muḥammad Bāqir b. a. ʾl-Ḥ. b. ʿA. Shāh al-Kashmīrī S II 863
Muḥammad Bāqir b. ʿImād al-Dīn Maḥmūd S II 592
Muḥammad Bāqir b. Jaʿfar al-Dihlawī S II 620
Muḥammad Bāqir Jayshī (Jalīsī) S II 291
Muḥammad Bāqir b. M. ʿA. a. ʾl-Maḥāsin S II 1030

Muḥammad Bāqir b. M. al-Dāmād al-Muʿallim al-Thānī S I 76, 319, 615, II 288, 579
Muḥammad Bāqir b. M. Jaʿfar al-Bihārī al-Hamadhānī S II 838
Muḥammad Bāqir b. M. Kamāl al-Iṣfahānī al-Bihbihāni S I 712
Muḥammad Bāqir b. M. Muʾmin al-Sabzawārī S II 207, 578
Muḥammad Bāqir b. M. Naqī al-Iṣfahānī S II 827
Muḥammad Bāqir b. M. Naqī al-Khwānsārī S II 828
Muḥammad Bāqir b. M. Naqī al-Shaftī al-Rashtī S I 712
Muḥammad Bāqir b. M. Taqī Akmal al-Majlisī G II 4, 208, 411, S II 288, 572
Muḥammad Bāqir b. M. Taqī al-ʿAṭāʾ al-Najafī S II 828
Muḥammad Bāqir b. Murtaḍā al-Ḥasanī al-Yazdī S II 842
Muḥammad Bāqir b. al-Mūsawī al-Astarābādhī S II 597
Muḥammad Bāqir b. a. ʾl-Q. al-Ṭabāṭabāʾī S II 800
Muḥammad Bāqir al-Tabrīzī G II 413 = M. B. b. M. Taqī Majlisī S II 573
Muḥammad Bāqir al-Waḥīd al-Bihbihānī S II 504, 824
Muḥammad Bāqir b. Zayn al-ʿābidīn al-Yazdī S I 929,24, II 591, 832
Muḥammad Barakāt S I 929,23
Muḥammad a. ʾl-Barakāt al-ʿĀmirī al-Ghazzī S II 100
Muḥammad b. Barakāt b. Hilāl b. ʿAbd al-Wāḥid al-Ṣūfī S II 987
Muḥammad a. ʾl-Barakāt al-Wafāʾī al-Dalajūnī S II 155
Muḥammad al-Barawī G I 460, S I 831
Muḥammad al-Bardaʿī S II 911
Muḥammad al-Bardīnī al-Ḥusaynī al-Ḥanafī S I A/C 640
Muḥammad al-Barrī al-ʿAdawī G II 89
Muḥammad al-Bārūdī al-Tūnisī S II 887
Muḥammad al-Barzanjī S II 809
Muḥammad al-Bashtakī G II 53
Muḥammad Baṣīr al-Dīn ʿUthmān al-Qannawjī S II 623
Muḥammad Baṣīr b. Faḍl Baṣīr al-ʿAlawī S II A/C 808
Muḥammad al-Baṣīr Ẓāfir al-Azharī S II 716
Muḥammad Bāy al-Makhrūṣ S III 315
Muḥammad Bayrām al-thālith S I 843
Muḥammad Bek Diyāb S III 308
Muḥammad Bek Farghalī al-Anṣārī aṭ-Ṭahṭāwī S III 179, see M. F.
Muḥammad Bek Farīd S III 333
Muḥammad Bek ʿIzzat Ṣaqr S III 177
Muḥammad Bello S II 894
Muḥammad b. Bilāl al-Ḥanafī S II 993
Muḥammad b. Bisṭām al-Khashshābī Wanqūlī G II 439, S II 652
Muḥammad al-Bisṭāmī Jalāl al-Dīn S I A/C 796
Muḥammad Bisṭāmī Qiwām al-Dīn S I A/C 796
Muḥammad al-Budayrī al-Dimyāṭī S II 419
Muḥammad al-Bukhārī al-ʿAlāʾī G I 290, 443, S I 794
Muḥammad al-Bukhārī Mollā Ḥanafī S II 942
Muḥammad al-Bulqīnī S II 153, 378, 469 A/C, 1006
Muḥammad al-Burhānī S II 977
Muḥammad al-Buṣrawī S II 406
Muḥammad Čelebī S II 297
Muḥammad al-Daftarī al-Baghdādī S II 1038
Muḥammad Dahmān S II 808
Muḥammad al-Dalajī S II A/C 289
Muḥammad al-Dalajī al-Shāfiʿī S II 571
Muḥammad al-Dalajī Shams al-Dīn S I 631, p
Muḥammad al-Daljamūnī S II 977
Muḥammad b. Dallāl al-Suyūṭī S II 485
Muḥammad al-Damanhūrī G II 27, 478, S II 22, 260, 726, 922
Muḥammad b. Damur b. Muṣṭafā al-Rūmī al-Diwrikī S II 135
Muḥammad b. Dāniyāl al-Khuzāʿī G I 495, II 8, S II 1
Muḥammad Darwīsh b. A. Ālūsī S II 789
Muḥammad b. Dāʾūd G II 95

Muḥammad b. Dā'ūd al-Bāzilī G II 99, S II 117
Muḥammad b. Dā'ūd al-ʿInānī G I 181, S I 726$_{,24}$
Muḥammad b. Dā'ūd al-Iṣfahānī al-Ẓāhirī G I 520, S I 249
Muḥammad b. Dā'ūd b. al-Jarrāḥ S I 118, 218, 224
Muḥammad b. Dā'ūd al-Lu'lu'ī al-Bukhārī al-Afshanjī S I 761$_{,11,2}$
Muḥammad al-Dā'ūdī S I 524, III 390
Muḥammad al-Dayrūṭī al-Dimyāṭī Shams al-Dīn S II 480
Muḥammad Dede Ef. b. Muṣṭafā b. Ḥabīb al-Burūsawī Pīr S II 640
Muḥammad Dhihnī S I 512, 518
Muḥammad b. Dhikrā G II 118, read: M. Zakrī S II 146$_{,11}$
Muḥammad b. Dhu'ayb al-Fuqaymī al-ʿUmānī S I 91
Muḥammad b. Dihqān ʿA. al-Nasafī S I 512, 526
Muḥammad al-Dilāṣī S II 993
Muḥammad b. Dildār A. Sulṭān al-ʿulamā' S II 852
Muḥammad Dimirdāsh al-Muḥammadī G II 124
Muḥammad al-Dimyāṭī S II 153 A/C, 459 A/C
Muḥammad Dīn Metha Penčābī Ākhund Ṣāḥib S I 647
Muḥammad Diyāb S II 728
Muḥammad Diyāb al-Itlīdī G II 303, S II 414
Muḥammad al-Ḍahyānī S II A/C 823
Muḥammad Ḍiyā' al-Dīn al-Ḥusaynī S II 267
Muḥammad b. Ḍiyā' al-Dīn al-Qurashī G I 378, S I 649
Muḥammad Ef. ʿAbd al-Ḥayy S III 229
Muḥammad Ef. A. S III 229
Muḥammad Ef. b. A. b. Maḥmūd b. M. al-Ganjī b. a. ʿAṣrūn S II 667
Muḥammad Ef. al-ʿAjamī G I 305
Muḥammad Ef. ʿĀrif al-Taw'am S III 423
Muḥammad Ef. al-ʿAyshī S II 675
Muḥammad Ef. Ḥusnī S III 280
Muḥammad Ef. al-ʿInānī S III 230
Muḥammad Ef. al-ʿIyādī S III 228
Muḥammad Ef. ʿIzz al-Dīn ʿArabī al-Ṣayyādī S III 384
Muḥammad Ef. al-Krīmī S II 630
Muḥammad Ef. Masʿūd S II 733
Muḥammad Ef. b. M. Saʿd al-Miṣrī S II 912
Muḥammad Ef. Munjī Khayrallāh S III 229
Muḥammad Ef. Sāmī S III 229
Muḥammad Ef. Shafīq S III 280
Muḥammad al-Erzerūmī S II 956$_{,83}$
Muḥammad Fāḍil al-Dihlawī G II 253, S II 360
Muḥammad b. Faḍl ʿA. Khān S II 613
Muḥammad b. 'l-Faḍl al-Farāwī G I 356 (ʿAzāwī) S I 604
Muḥammad b. a. 'l-Faḍl al-Hamdānī G I 342 = M. b. ʿAbdalmalik al-H. S I 583
Muḥammad Faḍl al-Ḥaqq b. Faḍl i Imām al-Khayrābādī S I 847, II 854
Muḥammad Faḍl al-Imām S II A/C 625
Muḥammad b. Faḍl al-Kārizyātī G I 427
Muḥammad b. a. 'l-Faḍl Q. al-Kūfī al-Bakkī S I 538
Muḥammad b. a. 'l-Faḍl b. al-Ṣabbāgh al-Miknāsī S II 1016
Muḥammad b. Faḍlallāh al-Hindī al-Burhānpūrī G II 418, S II 617
Muḥammad b. Faḍlallāh al-Muḥibbī G II 286, 293 = M. Amīn b. F. al-M. S II 405
Muḥammad b. al-Fahd al-Ḥasanī G II 178 = b. M. b. F. S II 225
Muḥammad b. al-Fahd al-Makramī S II 609
Muḥammad Fahmī Ḥāfiẓ S III 335
Muḥammad al-Fajījī S I 904
Muḥammad Fākhir al-Hindī al-Ilāhābādī S II 616
Muḥammad b. al-Fakhkhār al-Khawlānī al-Fihrī S I 171$_{,11}$ (M. b. A.)
Muḥammad b. Fakhr al-Dīn al-Abbār al-Māridīnī G I 395, S I 681$_{,23}$
Muḥammad b. Fakhr al-Dīn al-Lārī G II 218, S II 307
Muḥammad b. Fakhr al-Dīn a. Qays al-ʿUrḍī S II 154
Muḥammad b. Fakhr al-Dīn al-Yamanī S II 1006
Muḥammad b. Fālij b. Ibr. al-Ṭūqātī S I 658

Muḥammad Faraghlī al-Anṣārī al-Tahṭāwī S I 465, 470, l, see M. Bek
Muḥammad b. Faraj al-Fihrī al-Shanfarī S II 1030
Muḥammad b. Faraj al-Ḥimyarī al-Najafī S II A/C 503
Muḥammad b. Farāmurs b. ʿA. Mollā Khusraw al-Ṭarasūsī G I 417, II 214, 226, S II 315
Muḥammad b. al-Faras al-Ḥanafī Badr al-Dīn a. ʾl-Barr S II 954
Muḥammad b. Farḥūn S II 226
Muḥammad b. Farḥūn al-Yaʿmurī G I 357
Muḥammad Farīd Bek G II 483, S II 734
Muḥammad Farīd Bek Wajdī S III 324
Muḥammad Farīd a. Ḥadīd S III 227
Muḥammad Farīd b. M. Sharīf al-Ṣiddīqī al-Aḥmadābādī S I 965 ad 517
Muḥammad al-Fāriḍī Shams al-Dīn G I 299, S I 173, 525
Muḥammad al-Fārisī al-Iṣṭakhrī S I 408, read: Ibr. b. M.
Muḥammad al-Fāriskūrī G II 292
Muḥammad al-Faryābī S II 942
Muḥammad al-Fāsī G I 303, II 253 (= ʿAr. b. Mahdī S II 360)
Muḥammad b. a. ʾl-Fatḥ S II 306
Muḥammad b. a. ʾl-Fatḥ b. a. ʾl-Faḍl al-Baʿlī G I 288, 398, II 100, S II 119
Muḥammad b. a. ʾl-Fatḥ al-Ḥanafī G II 310, S II 425
Muḥammad b. a. ʾl-Fatḥ al-Miṣrī al-Ṣūfī Shams al-Dīn S II A/C 298
Muḥammad b. a. ʾl-Fatḥ b. M. Ṣalāḥ al-Dīn al-Kinānī S II 902
Muḥammad b. a. ʾl-Fatḥ al-Ṣūfī al-Shāfiʿī G II 98, 128, 129, 135, S II 157, 159, 354
Muḥammad Fatḥallāh b. Maḥmūd al-Baylūnī G II 256, 257, S II 446
Muḥammad Fatḥī S I 471,$_{14}$
Muḥammad b. Fatḥī b. ʿAbd al-Wāḥid S I 471,$_{11}$
Muḥammad al-Fāṭimī al-Ṣaqalī S I 444
Muḥammad al-Faṭnāsī G II 254
Muḥammad b. a. ʾl-Fawāris S I 952 ad 318
Muḥammad a. ʾl-Fawz al-Khalfāwī S II 437
Muḥammad al-Fawzī S I 843, II 291, 866
Muḥammad al-Fawzī Sābiq Edirne S II 656
Muḥammad Fayḍī S I 651
Muḥammad al-Fayḍī (Fayḍallāh) a. ʾl-Ḥ. Janqūhī (Jangūhī) S I 267, 654
Muḥammad al-Fayyūmī G I 266,$_{11}$
Muḥammad Fikrī S II 942
Muḥammad al-Fiqhī al-ʿAynī G II 437
Muḥammad Fīrūz b. Maḥabbat S II 623
Muḥammad al-Fuwwī Shams al-Dīn G II 120
Muḥammad al-Ghamrī al-Shāfiʿī al-Falakī G II 359, S II 487
Muḥammad b. Ghānim al-Maqdisī S II 234, read: ʿA., see II 395
Muḥammad al-Gharnāṭī a. ʾl-Q. S I A/C 173
Muḥammad b. al-Ghars al-Ḥanafī S II 94
Muḥammad Ghars al-Dīn b. Ghars al-Dīn al-Khalīlī S II 510, 902
Muḥammad Gharsallāh b. Khaṭīr al-Dīn al-Hindī S II A/C 601
Muḥammad Ghawth b. M. Nāṣir al-Dīn b. Ṣibghatallāh S II 17
Muḥammad b. a. ʾl-Ghayth al-Kirmānī S II 170
Muḥammad Ghayth b. M. Naṣīr al-Dīn Nāʿiṭī S II 183,$_{41}$
Muḥammad Ghayūr al-Qādir S I 469,$_{48}$
Muḥammad al-Ghazzālī S II 407
Muḥammad b. al-Ghazzī G I 299, II 98, S II 117
Muḥammad al-Ghazzī al-Shāfiʿī al-ʿĀmirī S I 676
Muḥammad al-Ghazzī al-Shāfiʿī Kamāl al-Dīn S II 982
Muḥammad al-Ghazzī Shams al-Dīn S II 89
Muḥammad Ghiyāth al-Dīn b. Jalāl S II 922
Muḥammad b. Ghiyāth al-Dīn al-Shīrāzī S II 594
Muḥammad Ghulām Fāfinī S I 647
Muḥammad b. Ghulām Riḍā al-Sharīf al-Kirmānī S II 839
Muḥammad Gulhāwī S II 302
Muḥammad b. al-Habbāriyya al-ʿAbbāsī G I 252, S I 446
Muḥammad al-Hādī al-Jawharī al-Khālidī al-Shāfiʿī S II 922
Muḥammad al-Hādī b. M. b. ʿA. al-ʿAbbāsī al-Jalālī S II 408

Muḥammad al-Hādī b. M. Amīn al-Ṭihrānī al-Gharawī S I 712, II 797
Muḥammad al-Hādī b. M. Ṣāliḥ al-Māzandarānī S I 536,14
Muḥammad al-Hādī b. Muḥaqqiq M. Ṣāliḥ al-Māzandarānī S II 584
Muḥammad al-Hādī b. Nūr al-Dīn al-Kāshānī S II 584
Muḥammad al-Hādī b. Tāj al-Dīn S II 241, 251
Muḥammad al-Hādī al-Zāhirī S III 498
Muḥammad b. Hāni' al-Andalusī G I 91 = M. b. Ibr. b. Ḥ. S I 146
Muḥammad al-Harāwī S III 132
Muḥammad b. Hārūn S I 970 ad 662
Muḥammad b. Hārūn al-Kinānī al-Tūnisī S I 661
Muḥammad b. Hārūn al-Maghribī S II 942
Muḥammad b. Hārūn al-Warrāq S I 341, 370
Muḥammad Hāshim b. ʿAbd al-Ghafūr as-Sindī al-Tattawī S I 612
Muḥammad Hāshim b. ʿAl. al-Mūsawī al-Khū'ī S II 839
Muḥammad Hāshim al-ʿAlawī S I 517,l, 929 ad 23
Muḥammad b. Hāshim al-Fallāsī S II 541,51
Muḥammad Hāshim al-Ḥasanī al-Ḥusaynī al-Ṭabīb G I 467, S I 847
Muḥammad Hāshim al-Ḥasanī b. M. Amīn Q. al-Jīlānī S I 741, 840
Muḥammad Hāshim Jīlānī S II 291
Muḥammad b. Hāshim al-Khālidī S I 41
Muḥammad Hāshim b. M. Aḥsan Afḍal al-Jīlānī S I 895
Muḥammad Hāshim b. M. Hādī ʿAlawī Khān Muʿtamad al-Mulk S II 626
Muḥammad Hāshim b. M. Hādī Ḥakīm Sayyid ʿAlawī Khān S I 826,82kk
Muḥammad Hāshim b. Zayn al-ʿābidīn al-Khwānsārī S II 837
Muḥammad Haykal b. M. al-Jazīnī al-Shāfiʿī S II 570
Muḥammad b. Hibatallāh al-Barmakī S II 977
Muḥammad b. Hibatallāh al-Makkī S I 765
Muḥammad Hibatallāh b. M. b. Ya. al-Tājī S II A/C 425
Muḥammad b. Hilāl Ghars al-Niʿma al-Ṣābī S I 217, 556, 557 A/C, II 923
Muḥammad b. Hilāl b. al-Rām Hamdānī S II A/C 476
Muḥammad b. Hindūshāh b. M. al-Dāmaghānī S II 282
Muḥammad a. 'l-Hudā b. Ḥ. Wadīʿ al-Ṣayyādī G II 506, S II 868
Muḥammad b. Ḥabīb G I 28, 38, 56, 58, 106, 139, S I 82, 84, 91, 99, 165, 212
Muḥammad Ḥabīballāh G II 183
Muḥammad al-Ḥafarī G I 509,2b, read: M. b. A. al-Khuḍrī S I 926
Muḥammad Ḥāfiẓ ʿAjam S II 290
Muḥammad b. Ḥāfiẓ ʿAlīmkhān Mawlānā Najm al-Barr al-Ṣiddīqī S II 1030
Muḥammad Ḥāfiẓ Ibr. Shāʿir al-Nīl S III 57
Muḥammad al-Ḥāfiẓ al-Najjār G II 281, S II 390
Muḥammad al-Ḥafnāwī G I 299 = M. b. Sālim al-Ḥifnāwī S I 524,12b
Muḥammad b. a. Ḥafṣ al-Bukhārī G I 396, bottom
Muḥammad b. al-Ḥājj ʿAbd al-Salām al-Madanī b. ʿA. Jannūn S II 886
Muḥammad b. al-Ḥājj b. Amīr al-Ghaṣanī (Ghuṣnī?) S II 95
Muḥammad b. al-Ḥājj Baṣīr S II 703
Muḥammad b. al-Ḥājj Ḥ. Ḥāfiẓ al-Kabīr S II A/C 321
Muḥammad b. al-Ḥājj Ḥumayd al-Kaffawī G I 39, S I 69, 538, 840, 850 A/C, II 288 A/C, 289, 289 A/C, 302, 320, 641, 642, 664 A/C
Muḥammad b. al-Ḥājj al-Kabīr S II 1040
Muḥammad b. al-Ḥājj al-Mawlā Rasūl b. M. b. M. b. al-Rasūl S I A/C 759
Muḥammad b. al-Ḥājj M. al-Zamān al-Kāshānī S II A/C 581
Muḥammad b. al-Ḥājj al-Tilimsānī S II A/C 95
Muḥammad b. Ḥājjī Ḥu. b. M. b. Ḥ. al-Samarqandī S II 267, A/C 310
Muḥammad Ḥājjī Nabī al-Ḥumaydī al-Kawsaj S I 446
Muḥammad b. al-Ḥakam al-Shāfiʿī S II 923
Muḥammad Ḥākī al-Muḥtasib S II 633
Muḥammad Ḥakīm Zulaq al-Ḥalabī S II 482

Muḥammad b. Ḥamd b. Fūrraja al-Burūjirdī S I 142
Muḥammad b. Ḥamdān al-Qurashī S II A/C 454
Muḥammad Ḥamdī al-Dimyāṭī S III 228
Muḥammad a. Ḥamīd al-Maqdisī al-Shāfiʿī S II 164
Muḥammad b. Ḥāmid b. M. al-Kīlānī S II 1035
Muḥammad b. a. Ḥāmid al-Qudsī S II 51
Muḥammad b. Ḥammāda al-Shāfiʿī S II 334
Muḥammad b. Ḥammūd S I 504
Muḥammad b. Ḥamza al-Āydīnī al-Güzelḥiṣārī G II 437, S II 648
Muḥammad b. Ḥamza al-Fanārī G I 293, 294, 450, II 198, 233, S I 290, 647, 651, 807, 842, II 328
Muḥammad al-Ḥanafī S I 504 A/C, II 1009$_{122}$
Muḥammad b. al-Ḥanafī b. Ḥ. b. ʿA. S II 148, 150
Muḥammad b. al-Ḥanafi Shams al-Dīn S II 942
Muḥammad b. al-Ḥanafī al-Suhrawardī S II 1006
Muḥammad b. al-Ḥanafi al-Tabrīzī G I 487, S II 288
Muḥammad al-Ḥanbalī G II 202, 698
Muḥammad al-Ḥanīfī S II 437
Muḥammad Ḥaqqī G II 500$_{5}$
Muḥammad Ḥaqqī al-Nāzilī G II 490 = M. b. ʿA. Ḥ. an-N. S II 746
Muḥammad b. al-Ḥārith al-Khushanī G I 150, S I 232
Muḥammad al-Ḥārithī al-Sarakhsī S I 815$_{118}$
Muḥammad Ḥasaballāh al-Makkī S II 118
Muḥammad b. al-Ḥ. b. ʿAbd al-ʿĀlī al-Dārī S II 1016
Muḥammad b. al-Ḥ. b. ʿAl. al-Ḥusaynī al-Wāsiṭī G I 362, II 87, S I 617, II 30
Muḥammad b. al-Ḥ. b. ʿAl. al-Māmaqānī al-Najafī S II 798
Muḥammad b. al-Ḥ. b. ʿAbd al-Malik al-Qummī S I 211, read: al-Ḥ. b. al-Ḥ. b. ʿAbd al-Malik
Muḥammad b. al-Ḥ. b. A. al-Ḥamawī S III 345
Muḥammad b. al-Ḥ. b. A. al-Kawākibī G I 377, II 196, 315, S II 265, 433
Muḥammad b. al-Ḥ. b. A. al-Raṣṣāṣ G I 405, S I 535$_{43}$, read: A. b. M. S I 700
Muḥammad b. al-Ḥ. al-ʿAlamī S I 840 (to be read thus)
Muḥammad b. al-Ḥ. b. ʿA. G II 223, S I 197
Muḥammad b. al-Ḥ. b. ʿA. a. ʿAl. al-Andalusī S II 1040
Muḥammad b. al-Ḥ. b. ʿA. b. A. b. Nāṣir al-Sijnī S II 818
Muḥammad b. al-Ḥ. b. ʿA. al-ʿĀmilī S II 418
Muḥammad b. al-Ḥ. b. ʿA. al-Asnawī ʿImād al-Dīn G II 119, S II 148
Muḥammad b. al-Ḥ. b. ʿA. al-Ḥāfiẓ al-Nīsābūrī S I A/C 708
Muḥammad b. al-Ḥ. b. ʿA. al-Ḥurr al-ʿĀmilī G II 412, S II 578
Muḥammad b. al-Ḥ. b. ʿA. b. Ḥu. al-Jawwānī S II 843
Muḥammad b. al-Ḥ. b. ʿA. al-Lāqānī G I 306$_{VIII,7}$, S I 538, II 435
Muḥammad b. al-Ḥ. b. ʿA. al-Nawājī G II 56, S II 56
Muḥammad b. Ḥ. b. ʿA. al-Shādhilī G II 121, S II 150
Muḥammad b. Ḥ. al-ʿĀlif S II 232
Muḥammad b. Ḥ. b. al-Ardikhl al-Mawṣilī S I 443
Muḥammad b. Ḥ. b. ʿArḍūn S II A/C 693
Muḥammad b. Ḥ. al-Ashtiyānī S II 837
Muḥammad b. Ḥ. al-Astarābādhī Raḍī al-Dīn S I 531, 535, 713
Muḥammad b. Ḥ. al-Azharī al-Samnānī S I 818$_{35}$
Muḥammad b. Ḥ. al-Bakrī al-Ṣiddīqī al-Shāfiʿī S II 943
Muḥammad b. Ḥ. al-Banbī G II 37
Muḥammad b. Ḥ. al-Bannānī G II 84, S II 98, 355
Muḥammad b. Ḥ. Bek Kabba S II 804
Muḥammad b. Ḥ. al-Daylamī S II 241
Muḥammad b. Ḥ. b. Durayd G I 25, 39, 44, 111, S I 172
Muḥammad b. Ḥ. al-Fāḍil al-Hindī al-Iṣfahānī S I 504, II 207
Muḥammad b. Ḥ. b. Fūrak al-Anṣārī G I 166, S I 277

Muḥammad b. Ḥ. al-Gharīb S II 911
Muḥammad b. Ḥ. al-Ghumrī G II 343, S II 462
Muḥammad b. Ḥ. b. al-Haytham G I 469 = al-Ḥ. b. al-Ḥ. b. H. S I 851
Muḥammad b. Ḥ. b. Humām al-Dimashqī al-Ḥanafī S I 741
Muḥammad b. Ḥ. al-Ḥaḍramī S II 911
Muḥammad b. Ḥ. al-Ḥājj M. Maʿṣūm S II 825
Muḥammad b. Ḥ. b. Ḥamdūn G I 280, S I 493
Muḥammad b. Ḥ. b. Ḥ. al-Gharbī S II 364
Muḥammad b. Ḥ. al-Ḥātimī G I 88, S I 141, see M. b. al-Ḥu.
Muḥammad b. a. ʾl-Ḥ. al-Ḥusaynī al-Astarābādhī S I 927, k
Muḥammad b. Ḥ. b. Ibr. al-Khāzin a. Bakr S I A/C 902
Muḥammad b. Ḥ. b. Ism. al-Ikhmīmī S II 923
Muḥammad b. Ḥ. a. Jaʿfar al-Qummī G I 186, S I 319
Muḥammad b. Ḥ. a. Jalāl S II 559
Muḥammad b. a. ʾl-Jalāl b. Jalāl al-Dīn al-Bakrī al-Ṣiddīqī S II 461
Muḥammad b. Ḥ. al-Khafarī al-Dimyāṭī S II 158
Muḥammad b. Ḥ. al-Kharpūtī S I A/C 846
Muḥammad b. a. ʾl-Ḥ. (Ḥu.) (Mūsā) al-Khāzin S I 387
Muḥammad b. Ḥ. al-Laknawī S I 287
Muḥammad b. Ḥ. al-Lāqānī S I 538, II 435
Muḥammad b. Ḥ. a. ʾl-Maḥāsin b. Ḥamāda S III 482
Muḥammad b. Ḥ. b. Makhlūf S I 631
Muḥammad b. Ḥ. al-Mālaqī S I $538_{,15}$, 632
Muḥammad b. Ḥ. al-Mashhadī al-Khurāsānī S I 319
Muḥammad b. Ḥ. Mīmīzāde G II 376
Muḥammad b. Ḥ. al-Mudaqqiq al-Shirwānī S II A/C 581
Muḥammad b. Ḥ. b. M. Bāqir al-Najafī al-Iṣfahānī S I 712
Muḥammad b. Ḥ. b. M. Himmāt al-Dimashqī G II 309, S II 423
Muḥammad b. Ḥ. b. M. al-Iṣfahānī S II 132
Muḥammad b. Ḥ. b. M. b. al-Karīm al-Baghdādī S I 904
Muḥammad b. Ḥ. b. M. al-Mālaqī S I 632
Muḥammad b. Ḥ. b. M. al-Najafī S II 212
Muḥammad b. Ḥ. b. M. al-Samannūdī G II 353, S II 479
Muḥammad b. Ḥ. b. M. b. Yū. al-Fāsī G I 409, S I 725, 728
Muḥammad b. Ḥ. al-Muntajab al-ʿĀnī S I 327
Muḥammad b. Ḥ. al-Muqriʾ b. Miqsam S I 183
Muḥammad b. Ḥ. b. al-Muẓaffar S II 1007
Muḥammad b. Ḥ. al-Naqqāsh al-Mawṣilī G I 521, S I 334
Muḥammad b. Ḥ. b. Q. b. Manṣūr S II 559
Muḥammad b. Ḥ. al-Qudsī al-Baramūnī G I $265_{,13}$
Muḥammad b. Ḥ. al-Qummī Ṣāḥib al-Qawānīn S II 825
Muḥammad b. Ḥ. al-Ruʾāsī G I 115, S I 177, 532
Muḥammad b. Ḥ. al-Samannūdī al-Munayyir S II 275
Muḥammad b. Ḥ. Sanbhālī S I 644, 760, 843, II 269, 623
Muḥammad b. Ḥ. al-Sāwī S II 258
Muḥammad a. ʾl-Ḥ. al-Shadīdī al-Maḥallī al-Shāfiʿī S II 289
Muḥammad b. Ḥ. al-Shaybānī G I 171, 176, S I 288, 298
Muḥammad b. Ḥ. b. al-Shaykh Bāqir al-Najafī al-Gharawī S II 807
Muḥammad b. Ḥ. al-Shirwānī Mollā Mīrzā S I 921 A/C, II 450, 590
Muḥammad b. Ḥ. al-Shushtarī S II 835
Muḥammad b. Ḥ. al-Ṣāʾigh G II 9, S II 2
Muḥammad b. Ḥ. al-Ṣamṣūnī S I 926
Muḥammad b. Ḥ. b. Ṣaqr ʿA. al-Bāzfurūshī S II 831
Muḥammad b. Ḥ. al-Ṣayyādī a. ʾl-Hudā G II 506, S II 868
Muḥammad b. a. ʾl-Ḥ. al-Ṣiddīqī S II 462
Muḥammad b. Ḥ. al-Ṣūfī b. al-ʿUjaymī S II 537
Muḥammad b. Ḥ. Tāj al-Dīn al-Iṣbahānī al-Fāḍil S II 841
Muḥammad b. Ḥ. b. al-Ṭaḥḥān S II A/C 171

Muḥammad b. Ḥ. al-Ṭībī S I 611
Muḥammad b. Ḥ. al-Ṭūsī Shaykh al-Ṭā'ifa G I 188, 405, S I 706
Muḥammad b. Ḥ. b. ʿUmayr al-Yamanī S I 202
Muḥammad b. Ḥ. al-Urmawī S I 921,$_{3a}$
Muḥammad b. Ḥ. b. Walīallah al-Urūmī S II 573
Muḥammad b. Ḥ. al-Wāsiṭī S I 538,$_{16}$
Muḥammad b. Ḥ. b. Yū. al-Biqāʿī S II 138
Muḥammad b. Ḥ. b. Yū. al-Ḥillī Fakhr al-muḥaqqiqīn S II 209
Muḥammad b. Ḥ. b. Zabāla G I 187
Muḥammad b. Ḥ. b. Zayn al-Dīn al-ʿĀmilī S II A/C 450
Muḥammad b. Ḥ. al-Zubaydī G I 132, 302, S I 203, 541
Muḥammad Ḥasanayn al-ʿIdwī al-Mālikī S II 446
Muḥammad al-Ḥasanī al-Andalusī al-Khālidī S II 1016
Muḥammad al-Ḥasanī al-Marāghī al-Jirjāwī S II 419
Muḥammad b. Ḥātim al-Hamdānī G I 323, S I 555, II 238
Muḥammad b. Ḥātim b. Zanjawayh al-Bukhārī S II 929
Muḥammad Ḥayāt al-Sindī al-Madanī G I 396, II 118, S I 683, II 522, 539, 664 A/C
Muḥammad b. Ḥaydar al-Baghādī a. Ṭāhir S II 923
Muḥammad b. Ḥaydar b. Masʿūd b. a. Dulaf al-Danbdār a. Jaʿfar S II 1034
Muḥammad b. Ḥaydar Mīrzā Rāfiʿī al-Nā'inī S II A/C 581
Muḥammad al-Ḥifnawī(-nī) G I 299, II 148, S I 676, 685, 858, II 292 A/C, 423
Muḥammad Ḥifnī Bek Nāṣīf S II 22, 728
Muḥammad Ḥijāzī al-Jīzī al-Sandiyūnī G II 340, S II 469
Muḥammad Ḥijāzī zāde al-Makkī G II 202
Muḥammad Ḥilmī Zayn al-Dīn S III 229
Muḥammad al-Ḥimṣī b. al-ʿAtīq al-Shāfiʿī S II A/C 420
Muḥammad b. Ḥimyar G I 259, S I 460
Muḥammad Ḥu. S III 284
Muḥammad b. al-Ḥu. S II 888
Muḥammad b. al-Ḥu. b. ʿAbd al-Amīn al-Juwaydīnī S II 270
Muḥammad b. al-Ḥu. b. ʿAl. b. ʿAbd al-Ṣamad al-Ḥārithī al-Jabaʿī Bahā' al-Dīn al-ʿĀmilī G II 414, S I 76, 741, II 595
Muḥammad b. al-Ḥu. b. ʿAl. Baghdādī S I 583
Muḥammad b. al-Ḥu. b. ʿAl. b. Ibr. a. Shujāʿ al-Rūdhrāwarī S I 583
Muḥammad b. al-Ḥu. al-Ahwāzī G I 95, S I 153
Muḥammad b. al-Ḥu. b. A. b. Yazdān al-Anbārī S II 1006
Muḥammad b. al-Ḥu. al-Ājurrī G I 164, S I 274
Muḥammad b. al-Ḥu. Āl Kāshif al-Ghiṭā' al-Najafī S II 802, III 406
Muḥammad b. al-Ḥu. al-Anqirawī G II 436, S II 647
Muḥammad b. al-Ḥu. al-ʿAnsī G I 309
Muḥammad b. al-Ḥu. al-Azdī S I 280
Muḥammad b. al-Ḥu. b. Bayrām al-Awwal S II 87
Muḥammad b. al-Ḥu. al-Bukhārī S I 842n
Muḥammad b. al-Ḥu. al-Bukhārī Khwāharzāde S I 296,$_{4}$
Muḥammad b. al-Ḥu. b. Bundār al-Wāsiṭī al-Qalānisī G I 408, S I 723
Muḥammad b. al-Ḥu. Ef. al-Madanī al-Mūsawī S II 955
Muḥammad b. al-Ḥu. b. Hāshim b. Nāṣir al-Kāẓimī S II 796
Muḥammad b. al-Ḥu. Haykal S III 202
Muḥammad b. al-Ḥu. Hazārawī S I 612
Muḥammad b. al-Ḥu. al-Ḥākim G I 343
Muḥammad b. al-Ḥu. b. Ḥ. al-Muʿīn al-Iṣfahānī S II 800
Muḥammad b. al-Ḥu. al-Ḥasanī al-Miṣrī S I A/C 555
Muḥammad b. al-Ḥu. al-Ḥātimī S I 193
Muḥammad b. al-Ḥu. al-Ḥaydarī al-Bayhaqī al-Sabzawārī S I 705
Muḥammad b. al-Ḥu. al-Ḥusaynī Fakhr al-Dīn S II A/C 594
Muḥammad b. al-Ḥu. al-Ḥusaynī al-Sammākī S I 927, II 587
Muḥammad b. al-Ḥu. al-Iṣfahānī S II 835
Muḥammad b. al-Ḥu. a. 'l-Jaysh al-Andalusī S I 544

Muḥammad b. al-Ḥu. al-Karajī G I 219, S I 389
Muḥammad b. al-Ḥu. al-Kāẓimī S I 712
Muḥammad b. al-Ḥu. al-Khwānsārī Jamāl al-Dīn S I 817,k, II A/C 581
Muḥammad b. al-Ḥu. Kūkikū'ī S I 535
Muḥammad b. al-Ḥu. al-Kurdī G II 208
Muḥammad b. al-Ḥu. b. Lājak al-Turkī S I 54
Muḥammad b. al-Ḥu. al-Mawṣilī S II 200
Muḥammad b. al-Ḥu. al-Mu'ayliqī (Mu'īnī) a. 'l-Faḍā'il S II 987
Muḥammad b. al-Ḥu. b. M. 'A. al-Ḥusaynī al-Shahrastānī S II 835
Muḥammad b. al-Ḥu. b. M. b. al-Farrā' al-Baghdādī G I 398, S I 686
Muḥammad b. al-Ḥu. b. M. Hādī al-'Uqaylī al-Hādawī S II 584
Muḥammad b. al-Ḥu. b. M. b. Ḥu. G I 471
Muḥammad b. al-Ḥu. b. M. b. Muḥsin b. 'Abd al-Jabbār b. Amīr al-Ḥājj S II A/C 503
Muḥammad b. al-Ḥu. b. M. Mūsā al-Sulamī G I 200, S I 361
Muḥammad b. al-Ḥu. b. M. al-Ṭāhir al-Sharīf al-Waḥīd S I 708
Muḥammad b. al-Ḥu. b. M. Ṭursun al-Andijānī G I 466,1,1,b
Muḥammad b. al-Ḥu. b. al-Q. b. M. b. 'A. S II A/C 564
Muḥammad b. a. al-Ḥu. al-Ru'aynī G II 460, S II 692
Muḥammad b. al-Ḥu. b. Sa'īd b. M. al-'Āmilī al-Jaba'ī S II 808
Muḥammad b. al-Ḥu. al-Samarqandī G II 157,278
Muḥammad b. al-Ḥu. al-Sammākī al-Astarābādhī S I 840,59
Muḥammad b. al-Ḥu. al-Shirwānī S I 927
Muḥammad b. al-Ḥu. al-Sulamī S I 353, 361
Muḥammad b. al-Ḥu. b. S. al-Murhibī al-Arḥabī S II 546
Muḥammad b. al-Ḥu. al-Ṭabarī al-Naṣīḥī al-Zāhid S II 988
Muḥammad b. al-Ḥu. al-Ṭūsī al-Qadīmī S II A/C 89
Muḥammad b. al-Ḥu. al-Yamanī S I 157,8
Muḥammad al-Ḥusaynī al-Andalusī al-Balīdī S II 446
Muḥammad al-Ḥusaynī Buzurīzāde S II 651
Muḥammad al-Ḥusaynī al-Ḥanafī al-Suḥaymī S II 955
Muḥammad al-Ḥusaynī Jamāl al-Dīn G II 215
Muḥammad al-Ḥusaynī Qiwām al-Dīn S II 592
Muḥammad al-Ḥusaynī Shams al-Dīn S I 840,4a
Muḥammad b. Ibr. b. 'Abbād al-Nafzī al-Rondī G II 118, S II 146
Muḥammad b. Ibr. b. 'Al. b. al-Hādī b. al-Wazīr G II 188, S II 249
Muḥammad b. Ibr. b. 'Ar. al-Sulamī S I 670,10
Muḥammad b. Ibr. b. 'Ar. b. al-Wazīr al-Hādawī G II 187, S II 243
Muḥammad b. Ibr. b. 'Abd al-Wāḥid a. 'l-Surūr al-Maqdisī G I 398, S I 690
Muḥammad b. Ibr. al-Abrāshī al-Khalwatī S II 1023
Muḥammad b. Ibr. al-Abrāshī al-Shāfi'ī S II 333
Muḥammad b. Ibr. al-Adranawī S I 815
Muḥammad b. Ibr. b. A. b. M. b. Ibr. b. Ẓāhir al-Ḥanafī al-Ḥamawī Shams al-Dīn S II 1026
Muḥammad b. Ibr. b. 'A. b. 'Āṣim b. al-Muqri' S I 272
Muḥammad b. Ibr. b. 'A. b. Shaddād al-Anṣārī G I 482, S I 883
Muḥammad b. Ibr. al-Anṣārī al-Andalusī S I 544
Muḥammad b. Ibr. b. Anūsh al-Ḥaṣīrī S I A/C 639
Muḥammad b. Ibr. al-Awsī b. al-Raqqām al-Mursī G II 695, S I 429, II 378
Muḥammad b. Ibr. b. a. Bakr b. 'Abbād al-Nafzī S II 358
Muḥammad b. Ibr. b. a. Bakr al-Jazarī S II 45
Muḥammad b. Ibr. al-Bannā' al-Ḥijāzī al-Sharqāwī S II 1006
Muḥammad b. Ibr. al-Baqqūrī G I 385, S I 665
Muḥammad b. Ibr. Bekzāde S II 444
Muḥammad b. Ibr. al-Dalajī S I A/C 843

Muḥammad b. Ibr. al-Farāhī Mollā Miskīn al-Harawī G II 197,6, S II 266
Muḥammad b. Ibr. Fatā S II 706
Muḥammad b. Ibr. Fattāta G II 356
Muḥammad b. Ibr. al-Fazārī S I 382, 391
Muḥammad b. Ibr. b. Hāni' al-Andalusī G I 91, S I 146
Muḥammad b. Ibr. b. Hishām S II 1041
Muḥammad b. Ibr. al-Ḥaḍramī G I 159, S I 254, 724
Muḥammad b. Ibr. al-Ḥalabī S I 348, II 263, 276
Muḥammad b. Ibr. al-Ḥalabī al-Ḥanbalī S II 1021,48
Muḥammad b. Ibr. a. al-Ḥalabī b. al-Naḥḥās G I 24, 300, see M. b. Ibr. b. Yū. S I 50, 192, 457, 527
Muḥammad b. Ibr. al-Ḥusaynī S II 416
Muḥammad b. Ibr. al-Ḥusaynī al-Ḥasanī S I A/C 921
Muḥammad b. Ibr. al-ʿImādī G II 280
Muḥammad b. Ibr. al-Iṣfahānī al-Astarābādhī S I 840, g
Muḥammad b. Ibr. b. Isḥāq al-Munāwī al-Sulamī G I 364, S I 621, 627
Muḥammad b. Ibr. b. Jaʿfar al-Nuʿmānī S I 321
Muḥammad b. Ibr. al-Jaghmīnī S II 549
Muḥammad b. Ibr. b. Jamāʿa Badr al-Dīn G I 359, II 14, S II 80
Muḥammad b. Ibr. al-Jazarī Shams al-Dīn S II A/C 35
Muḥammad b. Ibr. b. Khalīl al-ʿAzāzī S I 470
Muḥammad b. Ibr. b. Khalīl al-Tatāʾī G I 178, 372, 462, II 84, 316, S I 30, 635, 662, 763 A/C, II 97, 435
Muḥammad b. Ibr. Khaṭībzāde al-Rūmī G I 290, 509, 525, II 209, 229, S I 646, 926, II 319
Muḥammad b. Ibr. b. Khayra al-Mawāʿīnī G I 310, S I 543
Muḥammad b. Ibr. al-Khāzinī S II 943
Muḥammad b. Ibr. al-Luʾluʾī al-Zarkashī G II 26, 456, S II 667
Muḥammad b. Ibr. al-Māridīnī Jamāl al-Dīn S II 216
Muḥammad b. Ibr. b. al-Mawwāz G I 177, S I 300
Muḥammad b. Ibr. al-Muʿāfirī b. al-Marī S II 943
Muḥammad b. Ibr. b. al-Mufaḍḍal G II 402, S II 551
Muḥammad b. Ibr. b. M. b. ʿA. b. Riḍā G II 46
Muḥammad b. Ibr. b. M. al-ʿĀmirī al-Ghazzī Jamāl al-Dīn S II 993
Muḥammad b. Ibr. b. M. Bāqir al-Qazwīnī S II 824
Muḥammad b. Ibr. b. M. al-Bishtākī S II 6
Muḥammad b. Ibr. b. M. al-Fallāḥ S II A/C 434
Muḥammad b. Ibr. b. M. Ḥ. al-Karbāsī S II 582, 828
Muḥammad b. Ibr. b. M. al-Wānī S I 266
Muḥammad b. Ibr. b. Muḥyi 'l-Dīn al-Kutubī S II 162
Muḥammad b. Ibr. al-Mundhirī G I 180, S I 306
Muḥammad b. Ibr. Mustawfī S I 559
Muḥammad b. Ibr. al-Muwayliḥī S III 194
Muḥammad b. Ibr. al-Nīkūsārī G II 704, S I 865, II 266
Muḥammad b. Ibr. al-Nīsābūrī S II 977
Muḥammad b. Ibr. al-Nuʿmānī S I 321
Muḥammad b. Ibr. b. al-Quṣayr G II 322
Muḥammad b. Ibr. al-Rāmī al-Bannāʾ S II 346
Muḥammad b. Ibr. Rasmī G II 430
Muḥammad b. Ibr. b. Razīn S II 1023
Muḥammad b. Ibr. Saʿdallāh al-Kinānī S II 80
Muḥammad b. Ibr. b. Saʿīd al-Akfānī G II 137, S II 169
Muḥammad b. Ibr. b. Saʿīd al-Anṣārī Jamāl al-Dīn S II 1033
Muḥammad b. Ibr. al-Salāmī G I 391, S I 675
Muḥammad b. Ibr. al-Samādīsī G II 81
Muḥammad b. Ibr. b. Shaḥḥāda G II 302
Muḥammad b. Ibr. al-Shawwān al-Gharnāṭī S II 902
Muḥammad b. Ibr. al-Shāwarī G II 189
Muḥammad b. Ibr. al-Suhaylī S I 678
Muḥammad b. Ibr. al-Suḥūlī S II 543
Muḥammad b. Ibr. Ṣadr al-Dīn al-ʿAllāma al-Thānī al-Shīrāzī G I 464, 466, 467, II 413, S I 840, 588
Muḥammad b. Ibr. al-Ṣalāḥī S II A/C 363

Muḥammad b. Ibr. b. Ṭāhir al-Khabrī (to be read thus) S I 787
Muḥammad b. Ibr. b. a. Ṭālib al-Dimashqī S II 161
Muḥammad b. Ibr. b. Ya. al-Waṭwāṭ al-Kutubī G II 54, 78, S II 53
Muḥammad b. Ibr. al-Yazdī S II 835
Muḥammad b. Ibr. b. Yū. b. ʿA. al-Kutubī S II 1044
Muḥammad b. Ibr. b. Yū. al-Ḥalīmī S II 394
Muḥammad b. Ibr. b. Yū. al-Ḥanbalī al-Rabaʿī al-Tādhifī G I 433, II 125, 368, S I 419, 488, 512, 544, 569, 651, II 495, 1021,48
Muḥammad b. Ibr. b. Zādhān al-Iṣbahānī G I 519, S I 280
Muḥammad b. Idrīs S II 1023
Muḥammad b. Idrīs al-ʿIjlī al-Ḥillī S I 710
Muḥammad b. Idrīs al-Kandihlawī S I 622
Muḥammad b. Idrīs al-Nakhjuwānī G I 468
Muḥammad b. Idrīs al-Shāfiʿī G I 178, S I 303 (II 965,15)
Muḥammad al-Ifrānī al-Maghribī S I 483, see M. b. ʿAl.
Muḥammad Ilāhdād Khān S II 292
Muḥammad b. Ilyās Jawīzāde G II 432, S II 642, 651 A/C
Muḥammad b. Ilyās al-Kūrānī S I 504
Muḥammad b. ʿImād al-Dīn Ibr. b. al-Shāhid al-Shāfiʿī S I 469,4
Muḥammad b. Imām al-Kāmilīya S I 680, II 85, see M. b. M. b. ʿAr.
Muḥammad b. ʿImrān al-Marzubānī S I 43, 157, 190
Muḥammad al-ʿImrānī S I 586
Muḥammad ʿInāyat ʿA. Khān al-Dihlawī S II 850
a. Muḥammad al-ʿIrāqī S II 993
Muḥammad b. ʿIsā b. ʿAl. b. Kurr al-Ḥanbalī S II 173
Muḥammad b. ʿIsā al-Andalusī S II 1006
Muḥammad b. ʿIsā ʿAskar S I 511
Muḥammad b. ʿIsā al-Ghazzī G I 299, II 98
Muḥammad b. ʿIsā b. Ism. al-Ḥanafī S II 167
Muḥammad b. ʿIsā al-Maghribī S II 23
Muḥammad b. ʿIsā al-Māhānī S I 383
Muḥammad b. ʿIsā b. Maḥmūd b. Kannān al-Dimashqī G II 16, 107, 138, 155, 284, 299, S II 410
Muḥammad b. ʿIsā b. M. Aṣbagh al-Azdī b. al-Munāṣif G I 497, S I 910
Muḥammad b. ʿIsā b. Sahl al-Tirmidhī G I 161, S I 267
Muḥammad b. ʿIsā al-Saʿīdī al-Qāsimī S II 883
Muḥammad b. ʿIsā Sindhī Burhānpūrī S II A/C 606
Muḥammad Isʿāf al-Nashāshībī S III 393
Muḥammad al-Isbarī Qāḍīzāde S I 346
Muḥammad al-Ishbīlī al-Shāfiʿī a. ʿAl. S II 988
Muḥammad b. Isḥāq G I 134, S I 205
Muḥammad b. Isḥāq b. a. ʾl-ʿAbbās al-Abarqūhī S I 900
Muḥammad b. Isḥāq al-ʿĀdilī G II 47
Muḥammad b. Isḥāq b. Ibr. al-Jurjānī al-Thaqafī G I 351, S I 594
Muḥammad b. Isḥāq b. Ibr. al-Kalabādhī G I 200, S I 360
Muḥammad b. Isḥāq b. Ibr. al-Nīsābūrī G I 157
Muḥammad b. Isḥāq b. al-Imām S II 547
Muḥammad b. Isḥāq b. Khuzayma al-Nīsābūrī G I 193, S I 345
Muḥammad b. Isḥāq al-Khwārizmī S II 38
Muḥammad b. Isḥāq b. Manda S I 281
Muḥammad b. Isḥāq b. M. al-Qūnawī G I 442, 447, 448, 449, S I 807
Muḥammad b. Isḥāq b. al-Nadīm G I 147, S I 226
Muḥammad al-Iskandarānī G I 149, S II 35
Muḥammad b. Ism. G II 385, S II 19
Muḥammad b. Ism. b. ʿAbd al-Ghanī al-Dihlawī G II 503, S II 853
Muḥammad b. Ism. al-Amīr ʿIzz al-Dīn S II 562
Muḥammad b. Ism. al-Amīr al-Ṣanʿānī S I 612, 695
Muḥammad b. Ism. b. al-Baqqāl S I A/C 914
Muḥammad b. Ism. al-Buḥayrī S III 335
Muḥammad b. Ism. al-Bukhārī G I 157, S I 260
Muḥammad b. Ism. b. al-Ḥ. b. a. ʾl-Fatḥ b. al-Sannār S II 1007

Muḥammad b. Ism. b. Khalfūn al-Azdī S I 298
Muḥammad b. Ism. al-Khaṭīb al-Dastūrqānī S II 605
Muḥammad b. Ism. al-Maḥallātī al-Gharawī S II 801
Muḥammad b. Ism. b. Maḥmūd b. M. Badr al-Rashīd G II 80, 395, S II 88
Muḥammad b. Ism. b. M. al-Kibsī G II 502, S II 818
Muḥammad b. Ism. b. M. al-Muftī al-Sinānī S I 517
Muḥammad b. Ism. b. M. al-Nafrāwī al-Mālikī S II A/C 259
Muḥammad b. Ism. al-Qarabāghī S II 595
Muḥammad b. Ism. al-Shahīd a. ʿAl. S II 955
Muḥammad b. Ism. Shihāb al-Dīn G II 474, S II 721
Muḥammad b. Ism. b. Ṣalāḥ al-Amīr al-Kaḥlānī S II 55, 902
Muḥammad b. Ism. b. Wadāʿa b. al-Baqqāl S I 905
Muḥammad b. Ism. al-Yamanī al-Ṣanʿānī S II 74
Muḥammad b. ʿIṣām S II 260
Muḥammad al-Iṣfahānī G I 454, II 412, S II 795
Muḥammad al-Iṣfahānī Jalāl al-Dīn S II 971
Muḥammad ʿIṣmat al-Dīn b. Maḥmūd G I 304
Muḥammad ʿIṣmatallāh G I 291
Muḥammad ʿIṣmatallāh b. Maḥmūd al-Bukhārī S I 511, 534, 760, 993
Muḥammad ʿIṣmatallāh b. M. Niʿmatallāh al-Bukhārī S I 965,5
Muḥammad ʿIwaḍ M. S III 233
Muḥammad al-Iyādī S II 955
Muḥammad b. ʿIzz al-Dīn b. ʿAbd al-Shakūr al-Sulamī S II 923
Muḥammad b. ʿIzz al-Dīn b. M. b. Ṣalāḥ al-Muftī G I 304, II 407, S I 534,19, 701, II 245 A/C, 564
Muḥammad ʿIzzī al-Shāfiʿī G I 283
Muḥammad al-Jabartī al-Ḥanafī S II 902
Muḥammad b. Jābir al-Hawwārī G I 118, 278, 362, II 13 = M. b. A. b. ʿA. b. J. S I 617, II 6
Muḥammad b. Jābir al-Miknāsī al-Ghassānī S II 367
Muḥammad b. Jābir b. Sinān al-Battānī G I 222, S I 397
Muḥammad Jaʿfar S I 69
Muḥammad b. Jaʿfar b. ʿAl. Shabar al-Ḥusaynī al-Kāẓimī S II 803
Muḥammad Jaʿfar al-Astarābādī S II 829
Muḥammad b. Jaʿfar al-Ghawrī S I 196
Muḥammad Jaʿfar Jaʿfarī Wajīhallāh S II 310
Muḥammad b. Jaʿfar al-Kattānī S II 890
Muḥammad b. Jaʿfar al-Kharāʾiṭī G I 154, S I 250
Muḥammad b. Jaʿfar b. Lankak S I 131, 210
Muḥammad b. Jaʿfar al-Marāghī S I 159
Muḥammad b. Jaʿfar b. Maṭar G II 693
Muḥammad Jaʿfar b. M. ʿA. al-Kāshānī al-Ḥāʾirī S II 797
Muḥammad b. a. Jaʿfar al-Mundhirī G I 124, S I 189
Muḥammad Jaʿfar al-Naqdī S II 802
Muḥammad b. Jaʿfar al-Narshakhī G I 515, S I 211
Muḥammad b. Jaʿfar al-Qazzāz al-Qayrawānī S I 539
Muḥammad Jaʿfar al-Shaykh al-Būlāqī S II 911
Muḥammad b. Jaʿfar al-Ṭayālisī S I 43, 184
Muḥammad al-Jafrī S II 391
Muḥammad b. al-Jahm al-Barmakī S I 237
Muḥammad b. Jalāl al-Lārī G I 162
Muḥammad b. Jamāʿa S I 764
Muḥammad b. Jamāʿa Badr al-Dīn S I 611
Muḥammad b. Jamāʿa al-Kinānī S II A/C 70
Muḥammad b. Jamāʿa al-Shāfiʿī S I 670
Muḥammad Jamāl S III 231
Muḥammad b. Jamāl al-Dīn Makkī b. M. b. Ḥamd b. A. al-Nabaṭī S II A/C 209
Muḥammad b. Jamāl al-Dīn b. M. al-ʿAjamī G I 275
Muḥammad b. Jamāl al-Dīn al-Nuqādī S II 965
Muḥammad Jamāl al-Dīn b. a. ʾl-Q. b. A. Khalaf al-Masarrātī al-Qayrawānī S II 942
Muḥammad Jamāl al-Dīn al-Qāsimī S II 108
Muḥammad b. Jamāl al-Dīn b. Ramaḍān al-Muskirī al-Shirwānī S I 740

Muḥammad Jamīl Bahum S III 424
Muḥammad al-Jammāzī al-Ḥusaynī al-Madanī G II 251
Muḥammad al-Janāḥī al-Shāfiʿī al-ʿAshmāwī S II 741
Muḥammad al-Janbīhī S I 123, 144, 440
Muḥammad b. Jānībek al-Sayfī Āqbāy G II 55, S II 54
Muḥammad b. Jarīr al-Ṭabarī G I 142, 184, 189, S I 217
Muḥammad al-Jarīrī S I 789
Muḥammad al-Jawād S II 786
Muḥammad al-Jawād b. Ḥ. b. Ṭālib ʿAbbās al-Balāghī al-Najafī S II 804
Muḥammad al-Jawād b. M. b. M. al-Mūsawī al-ʿĀmilī S II 505
Muḥammad al-Jawād b. Saʿdallāh b. Jawād al-Kāẓimī S II 597,17
Muḥammad al-Jawād al-Shīrāzī G II 503, S II 827
Muḥammad al-Jawād b. Taqī b. M. Mollā Kitāb al-Aḥmadī al-Najafī S II 132
Muḥammad al-Jawharī al-Khālidī S I 682, see M. b. A.
Muḥammad b. a. ʾl-Jaysh al-Andalusī G I 310 = M. b. Ḥu. S I 544
Muḥammad b. al-Jazūlī Shams al-Dīn G II 255, S II 364
Muḥammad al-Jīlānī Mollā Shamsā S I 926, II A/C 581
Muḥammad b. Jumʿa al-Dimashqī G II 302
Muḥammad b. Jumʿa b. Ghars al-Dīn al-Ḥanafī S I 761
Muḥammad b. Jumʿa al-Ḥaṣkafī S II 144
Muḥammad b. Jumayʿ al-Ghassānī S I 259
Muḥammad b. a. Jumhūr al-Aḥsāʾī S II 132
Muḥammad al-Kadūsī S I 645, II 955
Muḥammad al-Kaffawī S II 650
Muḥammad Kamāl al-Dīn b. M. Muʿīn al-Dīn al-Qanawī al-Fārisī S I 940 ad 122
Muḥammad b. Kamāl al-Dīn Mūsā b. Nahār al-Dīn S I 679
Muḥammad Kamāl al-Dīn b. Muṣṭafā al-Bakrī al-Ṣiddīqī S II 476
Muḥammad Kamāl al-Dīn a. ʾl-Wafāʾ S II 982
Muḥammad Kamāl Ef. b. ʿAr. Ḥarīrzāde S II 866
Muḥammad Kamāl Ḥilmī S III 229
Muḥammad Kamāl Pāshā S II 735
Muḥammad Kāmī b. Ibr. b. A. al-Adranawī G II 438, S II 649
Muḥammad Kāmil Farīd S III 232
Muḥammad b. Kannān G I 269, II 109 = M. b. ʿIsā b. Maḥmūd b. K. S II 410
Muḥammad b. Karāmat ʿA. G I 314, S I 547
Muḥammad al-Kardūdī S I 525, see M. b. ʿAq.
Muḥammad Karīm al-Dīn al-Khalwati S I 800,146c
Muḥammad Karimkhān S II 827
Muḥammad Karimkhān al-Kirmānī S II 846
Muḥammad Karīmallāh b. Luṭfallāh al-Fārūqī S II A/C 265
Muḥammad b. Karrām S I 358
Muḥammad al-Kāshgharī G II 210
Muḥammad Kāshif b. M. Ṣādiq S I 741,66
Muḥammad Kashmīrī Ḥājjī S I 269,18
Muḥammad al-Kawākibī G I 417, 418, S I 739,11
Muḥammad Kāẓim b. ʿAbd al-ʿAẓīm al-Ṭabāṭabāʾī al-Yazdī S II 803
Muḥammad Kāẓim b. a. ʾl-Futūḥ al-Awsaṭ al-Mūsawī S II 239
Muḥammad Kāẓim Juwaynī S II 573
Muḥammad Kāẓim al-Khurāsānī al-Najafī S II 799
Muḥammad Kāẓim al-Khurāsānī al-Ṭūsī S II 832
Muḥammad Kāẓim b. M. ʿA. al-Sabzawārī S II 587
Muḥammad Kāẓim b. M. Q. al-Rashtī al-Jīlānī S II 794
Muḥammad Kāẓim b. M. Ṣādiq al-Kāẓimī S II 794
Muḥammad Kāẓim b. M. Ṣafī al-Hazārjarībī S II 793
Muḥammad Kāẓim al-Ṭabāṭabāʾī S II 800
Muḥammad Kāẓim al-Ṭūsī al-Najafī S II 833
Muḥammad al-Kāẓimī S II 844
Muḥammad al-Khadrī S I 327
Muḥammad al-Khafarī S II 588
Muḥammad b. Khalaf al-Ghazzī G II 88

Muḥammad b. Khalaf b. al-Marzubān
G I 125, S I 189
Muḥammad b. Khalaf b. Mūsā al-Anṣārī al-Ilbīrī S I 762
Muḥammad b. Khalaf al-Qurṭubī G I 176
Muḥammad b. Khālid al-Qurashī G I 296 = b. ʿU. b. Kh. S I 196$_{,3,1c}$
Muḥammad al-Khālidī G I 404 = A. b. M. al-Kh. S I 702$_{,11,1a}$
Muḥammad b. Khalīfa al-Sijilmāsī G II 248
Muḥammad b. Khalīfa b. ʿU. al-Washtātī al-ʿUbbī al-Tūnisī G I 160, S I 265$_{,8}$
Muḥammad b. Khalīfa al-ʿUyūnī al-Aḥsāʾī S I 460
Muḥammad b. al-Khalīl al-Aḥsāʾī G I 310, S I 173, 544
Muḥammad b. al-Khalīl al-Azharī S II 707
Muḥammad b. al-Khalīl b. Dānīyāl S II 657$_{,25}$
Muḥammad b. al-Khalīl a. ʾl-Futūḥ S II 1044
Muḥammad b. al-Khalīl Ghalbūn al-Azharī G II 458, S II 686
Muḥammad b. al-Khalīl b. Ghars al-Dīn b. Jumʿa al-Ḥusaynī G II 77, S II 84
Muḥammad b. al-Khalīl al-Ḥākim S I A/C 269
Muḥammad b. al-Khalīl al-Ḥalabī S I 470, w
Muḥammad b. al-Khalīl al-Kāzarūnī G I 248
Muḥammad b. al-Khalīl al-Mashīshī al-Qāwuqjī S I 797, 804, II 523, 776
Muḥammad b. al-Khalīl b. M. al-Buṣrawī G I 312, S I 545
Muḥammad b. al-Khalīl b. M. b. Murād al-Murādī G II 294, S II 404
Muḥammad b. al-Khalīl al-Mustarī G I 310 = Maḥmūd S I 544
Muḥammad b. al-Khalīl al-Qabāqibī G I 296, II 113, S I 496, II 139
Muḥammad b. al-Khalīl al-Qarāḥiṣārī G II 446
Muḥammad b. al-Khalīl al-Samarjī S II 511
Muḥammad b. al-Khalīl al-Shāfiʿī S II 965
Muḥammad b. al-Khalīl al-Tatāʾī G I 372, S I 635, see M. b. Ibr. b. Kh.
Muḥammad al-Khalīlī S II 409, 648
Muḥammad Khāliṣ S II 657$_{,21,h}$
Muḥammad al-Khalkhālī al-Bukhārī S I 840
Muḥammad b. Khallād al-Baṣrī S I 343
Muḥammad Khān al-Kirmānī S I 827
Muḥammad Khān al-Tabrīzī S II 288
Muḥammad al-Kharashī (Khirshī) G II 84, 318, S II 97, 98, 438
Muḥammad b. al-Kharūf al-Ḥaḍramī S I 44
Muḥammad b. al-Khaṭīb al-Andalusī S I 630
Muḥammad b. al-Khaṭīb al-Asnawī S I 459
Muḥammad b. al-Khaṭīb al-Burullusī al-Azharī S II 965
Muḥammad b. al-Khaṭīb al-Iskāfī G I 279 = M. b. ʿA. b. Ḥ. S I 491
Muḥammad al-Khaṭīb b. Q. b. Yaʿqūb G I 379, II 429, S I 512, 650, II 638
Muḥammad al-Khaṭīb al-Salmānī S II 911
Muḥammad al-Khaṭīb al-Shawbarī G II 330 = M. b. A. al-Kh. S II 458
Muḥammad al-Khaṭīb al-Shirbīnī G I 392, 395, II 23, 238, 320. G I 670, 681 = M. b. M. al-Kh. Al-Sh.
Muḥammad al-Khaṭīb al-Wazīrī S I 811
Muḥammad al-Khaṭībī Shams al-Dīn S II A/C 296
Muḥammad b. Khaṭīr al-Dīn al-Ghawth al-Hindī G II 418, S II 616
Muḥammad al-Khaṭṭābī G I 158 = A. b. M. al-Kh. S I 261
Muḥammad Khayr al-Dīn al-Jawnpūrī S II 625
Muḥammad b. a. ʾl-Khayr al-Ḥasanī al-Ṭaḥḥān al-Armayūnī G II 128, 12, S II 189, 484
Muḥammad a. ʾl-Khayr al-Khaṭībī S II A/C 334
Muḥammad Khayrī Ef. Rusčukī S I 469$_{,53}$
Muḥammad al-Khazrajī S II 923
Muḥammad Khiḍr al-Ḥu. S III 330
Muḥammad b. Khiḍr Nāṣir al-Dīn al-Rūmī G II 360, S II 487
Muḥammad al-Khiḍrī G I 299, II 127
Muḥammad al-Khiḍrī al-Dimyāṭī S I 523
Muḥammad al-Khuḍrī S I 225, III 310
Muḥammad al-Khujawī al-Thaʿālibī S II A/C 892
Muḥammad Khurshīd S III 274, 280
Muḥammad b. Khurshīd G I 172
Muḥammad Kibrīt b. ʿAl. al-Ḥusaynī al-Mūsawī al-Madanī G II 393, S II 511, 538
Muḥammad Kiyāʾ Jurjānī Shams al-Maʿālī S I 932$_{,47b}$

Muḥammad al-Kūhistānī Shams al-Dīn G I 304, S I 648$_{,8}$
Muḥammad Kurd ʿA. S III 430
Muḥammad al-Kurdī S I 533
Muḥammad al-Kurdī al-Sahrānī S II 655
Muḥammad al-Kusbī S II 349
Muḥammad Labīb Bek al-Batanūnī S II 749
Muḥammad al-Lāhijī S I 825$_{,82hh}$
Muḥammad Lahūrī S II 301
Muḥammad b. Lājīn al-Ḥusāmī al-Ṭarābulusī G II 136, S II 167
Muḥammad al-Laqānī Nāṣir al-Dīn a. ʿAl. S I 498$_{,1b}$, 523$_{,3d}$
Muḥammad al-Lārī Muṣliḥ al-Dīn G I 404
Muḥammad b. a. ʾl-Layth a. ʾl-Jūd G I 470, S I 854
Muḥammad al-Lubūdī Najm al-Dīn S I 826$_{,d}$, see A. b. M.
Muḥammad b. a. ʾl-Luṭf G II 284
Muḥammad b. a. ʾl-Luṭf al-Bakrī G II 440
Muḥammad b. Luṭf al-Bāriʾ al-Ward S II 820
Muḥammad Luṭf al-Raḥmān S II 580
Muḥammad b. a. ʾl-Luṭf Shams al-Dīn G II 394
Muḥammad Luṭfī Jumʿa S III 195, 275
Muḥammad b. Maʿdān Jād al-Ḥājirī G II 307, 490, S II 746
Muḥammad al-Madanī G II 138, S I 68, II 171, 654, 523, 541
Muḥammad al-Madanī b. al-ʿAllāl b. Jālūn al-Fāsī S II 885
Muḥammad al-Madanī Jannān S II 522
Muḥammad Madyan b. ʿAr. S II 447
Muḥammad Madyan b. ʿAr. al-Ṭabīb S II 402, 617
Muḥammad b. a. ʾl-Mafākhir al-Kirmānī S I 657
Muḥammad al-Mahdawī S II 993
Muḥammad al-Mahdawī b. ʿA. b. Ibr. al-Ṣanawbarī S II 252
Muḥammad al-Mahdī S II 824$_{,82}$
Muḥammad al-Mahdī b. A. b. ʿA. al-Fāsī S II 359
Muḥammad al-Mahdī b. ʿA. Aṣghar b. Nūr M. Khān al-Harawī S II 864
Muḥammad al-Mahdī b. ʿA. al-Rawwās al-Baṣrī S II 790
Muḥammad al-Mahdī b. ʿA. b. Yū. al-Fāsī G II 462, S II 703
Muḥammad al-Mahdī al-Baṣīr al-Baghdādi S III 489
Muḥammad al-Mahdī b. a. Dharr al-Niraqī S II 824
Muḥammad al-Mahdī b. a. ʾl-Ḥ. al-Qazwīnī al-Najafī S II 795
Muḥammad al-Mahdī al-Ḥifnāwī S II 911
Muḥammad al-Mahdī b. Jaʿfar al-Tanukābunī S II 827
Muḥammad al-Mahdī Khān b. M. Taqī b. M. Jaʿfar al-Ādharbayjānī S II 848
Muḥammad al-Mahdī b. M. Khiḍr b. Q. b. Mūsā al-Wazzānī S II 334, 336, 375, 873
Muḥammad al-Mahdī b. M. al-Mūsawī al-Iṣfahānī al-Kāẓimī S II 808
Muḥammad al-Mahdī b. M. Shafīʿ al-Astarābādhī S I 538$_{,3,i}$, II 854
Muḥammad al-Mahdī b. M. S. al-Ṣadrī al-Wazzānī S I 524$_{,10g}$
Muḥammad al-Mahdī b. Murtaḍā b. M. Baḥr al-ʿUlūm S II 505
Muḥammad al-Mahdī b. Murtaḍā al-Ṭabāṭabāʾī S II 581
Muḥammad al-Mahdī b. Sayyid ʿA. al-Laknawī S II 829, 863
Muḥammad al-Mahdī b. Ṭālib al-Sūdī S II 706
Muḥammad b. al-Maḥallī G I 265, II 125
Muḥammad b. al-Maḥallī al-Ṣāʾigh S I 462
Muḥammad Maḥfūẓ b. ʿAl. al-Tirmīsī S II 528$_{,26}$, 816
Muḥammad b. Maḥmūd S II 410
Muḥammad b. Maḥmūd b. ʿAbd al-Ḥaqq al-ʿUmarī al-Ṭarābulusī S II 177
Muḥammad b. Maḥmūd b. A. Dabbāghzāde G II 215, 430, S II 640
Muḥammad b. Maḥmūd b. A. b. M. b. ʿA. b. a. Ṭālib S II 977
Muḥammad b. Maḥmūd b. A. al-Tabrīzī Qāḍī Khwāja S II 269
Muḥammad b. Maḥmūd al-ʿAlawī G I 438 (delete 5c = a)
Muḥammad b. Maḥmūd b. ʿA. al-Dāmūnī S II 479
Muḥammad b. Maḥmūd al-Āmulī S I 824$_{,82d}$, 826$_{,c,\beta}$
Muḥammad b. Maḥmūd al-Āqsarāʾī G II 228, S I 792, II 325

Muḥammad b. Maḥmūd al-Āqsarāʾī Jamāl al-Dīn G II 232
Muḥammad b. Maḥmūd al-ʿAzalī al-Khwārizmī S I 657
Muḥammad b. Maḥmūd al-Bābartī Akmal al-Dīn G I 170, 171, 172, 290, 361, 373, 377, II 80, 196, S I 285, 287, 508, 538, 614, 637, 645, II 89, 263
Muḥammad b. Maḥmūd al-Bukhārī G II 208$_{,i14}$
Muḥammad b. Maḥmūd al-Dashtī S II 1007
a. Muḥammad b. Maḥmūd a. ʾl-Ḍiyāʾ Muʿīn al-Dīn al-Naqshbandī S II 955
Muḥammad b. Maḥmūd b. Ḥājjī Shirwānī S II 327
Muḥammad b. Maḥmūd b. Ḥ. b. al-Najjār G I 360, S I 563, 613
Muḥammad b. Maḥmūd b. Ḥ. b. S. S II 982
Muḥammad b. Maḥmūd b. al-Ḥu. al-Ustrūshanī G I 380, S I 653
Muḥammad b. Maḥmūd al-Kanārī S II 943
Muḥammad b. Maḥmūd Khalīl al-Ḥalabī S II A/W 40
Muḥammad b. Maḥmūd al-Khwārizmī al-Qāḍī S I 286$_{,v,7}$, 625
Muḥammad b. Maḥmūd al-Makhzūmī G II 183, S II 235
Muḥammad b. Maḥmūd al-Manāshīrī G II 326, S II 452
Muḥammad b. Maḥmūd al-Mughlawī al-Wafāʾī S II 641
Muḥammad b. Maḥmūd b. M. al-ʿAjlūnī S II 911
Muḥammad b. Maḥmūd b. M. b. Ḥu. al-ʿUnnābī al-Jazāʾirī S II 739, 923
Muḥammad b. Maḥmūd b. M. al-Madanī al-Bukhārī S I 361
Muḥammad b. Maḥmūd b. M. Sadīdī al-Zawzanī G I 428, II 198, S I 289, S I 973 ad 761, II 270
Muḥammad b. Maḥmūd b. M. b. Salīm al-Bizm S III 354
Muḥammad b. Maḥmūd b. M. al-Shīrāzī S II 274
Muḥammad b. Maḥmūd al-Qūnawī S I 645$_{,7a}$
Muḥammad b. Maḥmūd al-Qūnawī al-Shāfiʿī S I 294$_{,7,b}$
Muḥammad b. Maḥmūd al-Salmūnī G II 54, S II 52
Muḥammad b. Maḥmūd al-Samarqandī al-Sharīf al-Hamadhānī S I 725, 727
Muḥammad b. Maḥmūd al-Shahrastānī S II 301
Muḥammad b. Maḥmūd al-Shahrazūrī G I 437, 468, S I 782, 850
Muḥammad b. Maḥmūd b. a. ʾl-Sharīf al-Majdī S I 611
Muḥammad b. Maḥmūd al-Shinqīṭī S I 226
Muḥammad b. Maḥmūd al-Shīrāzī S I 826$_{,82ee}$
Muḥammad b. Maḥmūd al-Sūlātī S II 433
Muḥammad b. Maḥmūd b. al-Talāmīdh al-Shinqīṭī S I 54
Muḥammad b. Maḥmūd al-Tarjumānī G I 381, S I 654
Muḥammad b. Maḥmūd al-Thaqafī S II 911
Muḥammad b. Maḥmūd Ṭuruqjīzāde G II 435, S II 646
Muḥammad b. Majd al-Dīn al-Ḥusaynī S II 208
Muḥammad b. Majd al-Dīn al-Qurashī al-Shayzarī S I 589
Muḥammad b. Majd al-Dīn b. Zahra al-Irbilī S II 911
Muḥammad al-Majdhūb S II 977
Muḥammad al-Majdī G II 426, 430, S II 633
Muḥammad b. Makkī b. A. al-ʿĀmilī al-Shahīd al-Awwal al-ʿAllāma al-Thānī G II 108, S II 131, 206
Muḥammad Makkī Ef. S I 469$_{,52}$
Muḥammad Makkī b. M. al-Makkī al-Biṭawrī S II 706
Muḥammad Makkī b. Mūsā b. M. al-Daraʿī S II 686
Muḥammad Makkī b. Muṣṭafā b. ʿAzzūz al-Tūnisī S I 777, II 869, 888
Muḥammad Makkī Naṣr al-Jarīsī al-Shāfiʿī S II 744
Muḥammad b. Makkī Shams al-Dīn S II 1030
Muḥammad al-Malāṭī al-Miṣrī al-Khalwatī al-Qādūrī S I 470$_{,e}$
Muḥammad al-Mallālī S II 716
Muḥammad b. Malqūya S I 765
Muḥammad b. Maʿlūf S III 383

Muḥammad b. Maʿmar b. Ukht Ghānim S I 187,2
Muḥammad al-Maʾmūn b. M. al-Ḥafṣī G II 251, S II 354,8
Muḥammad b. Mänglī al-Nāṣirī G II 136, S II 167
Muḥammad al-Manjawī S II 109
Muḥammad b. Manṣūr al-Anṣārī S I 897, read: Manẓūr, s. M. b. Mukarram G II 21, S II 14
Muḥammad b. Manṣūr al-Hudhudī G II 251, S II 354
Muḥammad b. Manṣūr b. Ḥayyān G I 187, readL al-Nuʿmān b. M. b. M. b. Ḥ. S I 324
Muḥammad b. Manṣūr al-Ḥusaynī al-Shīrāzī S II 278
Muḥammad b. Manṣūr a. ʾl-Mafākhir S II 143
Muḥammad b. Manṣūr al-Maghribī G I 277,12
Muḥammad b. Manṣūr b. M. al-Maqdisī S II 1007
Muḥammad b. Manṣūr b. Munayyir G I 343, S I 585
Muḥammad b. Manṣūr al-Muqniʿ S I 318
Muḥammad b. Manṣūr Sibṭ al-Nāṣir Qalawūn S II 485
Muḥammad b. Manṣūr b. ʿUbāda S I 469,q
Muḥammad b. Manṣūr al-Yāfī al-Ḥanafī S II 20
Muḥammad Maqṣūd ʿA. al-Majlisī G I 520
Muḥammad al-Marʿashī Sāčaqlīzāde G I 418, S I 740 = M. Sāčaqlīzāde al-M. S II 498, 658 A/C
Muḥammad al-Marʿashī Sunbulzāde S II 315
Muḥammad al-Marmarī S I 910
Muḥammad b. Maʿrūf al-Maʿrūfī G II 273
Muḥammad b. Maʿrūf b. Mollā al-Shaʾmī al-Asadī G II 357, S II 484
Muḥammad b. Marzūq al-Kafīf S II 345
Muḥammad b. Marzūq al-Tilimsānī al-ʿUjaymī G I 265, 463, S I 467, 838, see M. b. A. b. M. al-ʿAjīsī S II 345
Muḥammad al-Masīsī b. Khalīl al-Qāwuqjī S II 476, 956,86, see M. b. Khalīl al-Q.
Muḥammad b. Maslama al-Wādīʾāshī S II 1007
Muḥammad al-Masnawī b. A. b. M. al-Dilāʾī S II 685
Muḥammad al-Masnawī Moreno S II 875
Muḥammad b. Masʿūd G II 483
Muḥammad b. Masʿūd b. A. b. M. al-Ṭurunbulālī S I 525 A/C, II 973
Muḥammad b. Masʿūd al-ʿAyyāshī S I 704
Muḥammad b. Masʿūd al-Ghāfiqī b. a. ʾl-Khiṣāl G I 368, S I 629
Muḥammad b. Masʿūd b. al-Ḥ. al-Manṣūrī S II 1007
Muḥammad b. Masʿūd al-Ḥusaynī al-Hargāmī al-Hadiyya S II A/C 607
Muḥammad b. Masʿūd al-Iṣfahānī al-ʿAshshāmī S I 513
Muḥammad b. Masʿūd al-Khazrajī al-Sabtī G I 498, S I 909
Muḥammad b. Masʿūd b. Maḥmūd al-Sīrāfī al-Qālī al-Shuqqār G I 291, 296, S I 456, 509, 520, II 257
Muḥammad b. Masʿūd al-Masʿūdī b. M. al-Zakī al-Ghaznawī G I 474, S I 817,e, 858
Muḥammad b. Masʿūd b. M. Masʿūd al-Kāzarūnī G I 457, II 195, S II 262
Muḥammad b. Masʿūd al-Qayṣarī S I 651,24
Muḥammad b. Masʿūd al-Sulamī S I 334
Muḥammad b. Masʿūd al-Turimbāṭī al-ʿUthmānī S I 525,38
Muḥammad Maʿṣūm b. Bābā al-Samarqandī S I 759,ι
Muḥammad Maʿṣūm b. M. Maʾmūn al-Ḥusaynī al-Astarābādhī S II 593
Muḥammad Maʿṣūm b. Sālim al-Samārānī S II 334
Muḥammad b. Maṭar al-Nīsābūrī S I 304,3
Muḥammad a. ʾl-Mawāhib S II A/C 447
Muḥammad b. Mawjūd Shihāb al-Dīn S II 902
Muḥammad b. Mawlāy al-Rāshid al-ʿIrāqī S II 99
Muḥammad al-Mawqūfātī G II 432, S I 290, II 643,2
Muḥammad al-Mawṣilī S II 903
Muḥammad b. Mazyad al-Naḥwī al-Akhbārī G I 154, S I 250
Muḥammad al-Mīhī al-Aḥmadī S II 456

Muḥammad Mīr al-Shīrāzī Ṣadr al-Dīn S I A/C 279 = M. b. Ibr. Ṣadr al-Dīn al-Sh. S II 588
Muḥammad al-Mīrghānī S II 923
Muḥammad Mīrjān al-Tabrīzī G II 413
Muḥammad b. Mīrzā Ḥu. Khān Topčī Qazwīnī S II 582
Muḥammad al-Miskīn al-Janbīhī S II 993
Muḥammad al-Miṣrī S I 468$_{,32}$, 734$_{,3}$
Muḥammad al-Miṣrī al-Gharnāṭī S II A/C 47
Muḥammad al-Miṣrī al-Ḥifnī S II 457
Muḥammad al-Miṣrī al-Niyāzī S I 470$_{,b}$, II 662
Muḥammad b. al-Mollā ʿA. al-Wāʿiẓ Shaykh al-Islām S II 954
Muḥammad al-Mollā al-Ḥanafī G II 217, S II 289$_{,11}$, 307$_{,11c}$
Muḥammad b. al-Mollā M. Raḥīmallāh S II 613
Muḥammad b. al-Mollā Quṭb al-Dīn S II 1041$_{,328}$
Muḥammad al-Mollā Shams G II 213
Muḥammad b. Muʿādh al-Jayyānī S I 860
Muḥammad b. al-Muʿallā al-Azdī S I 20
Muḥammad al-Muʿallim al-Maqdisī S II 1007
Muḥammad b. al-Muʾayyad b. A. b. al-Ḥ. b. M. al-Ḥamawī S I 803
Muḥammad al-Mubārak S I 497, 825$_{,82bb}$
Muḥammad b. al-Mubārak b. ʿAbd al-Ḥaqq b. Nūr S II 955
Muḥammad b. al-Mubārak b. A. al-Ṣarghīnī G II 461, S II 698
Muḥammad b. al-Mubārak Ḥakīm Shāh al-Qazwīnī S II A/C 291
Muḥammad b. al-Mubārak al-Mkudsī(?) S II A/C 334
Muḥammad b. al-Mubārak b. M. Dāʾim al-Fārūqī al-Jawnpūrī al-Adhamī G II 421, S II 290$_{,1}$ = Qāḍī Mubārak S II 622, 624
Muḥammad b. al-Mubārak b. M. b. Maymūn S I 494, 936$_{,39}$, II 903
Muḥammad b. Mubārak al-Tanūkhī al-Azraq al-Arbasī S II 1007
Muḥammad b. Mubārakshāh al-Bukhārī al-Harawī G I 466, II 196, S I 839, 840, 847, 863, 865, II 264
Muḥammad Mubīn al-Laknawī S II 622
Muḥammad al-Mufaḍḍal b. al-Hādī b. A. b. ʿAzzūz S II 352
Muḥammad b. Mufliḥ b. M. al-Qāqūnī al-Maqdisī al-Ḥanbalī G II 107, S I 690, 128
Muḥammad al-Muhallabī S II 923
Muḥammad al-Muḥallalātī G II 126
Muḥammad b. Muḥāsin al-Anṣārī S II 638
Muḥammad b. M. b. ʿAbd al-ʿAzīz al-Andalusī al-Tūnisī S I 660
Muḥammad b. M. b. ʿAbd al-Jalīl Waṭwāṭ G I 44, 153, 202, 275 = A. b. Isḥāq b. ʿA. W. S I 486
Muḥammad b. M. b. ʿAbd al-Karīm b. al-Athīr G I 297, S I 521
Muḥammad b. M. b. ʿAbd al-Karīm al-Mawṣilī S II 1016
Muḥammad b. M. b. ʿAl. al-Hazmīrī S II 338
Muḥammad b. M. b. ʿAl. al-Ḥayḍarī G II 97, II 116
Muḥammad b. M. b. ʿAl. a. ʾl-Khayr S I 565
Muḥammad b. M. b. ʿAl. al-Makkūdī S II 1007
Muḥammad b. M. b. ʿAl. al-Rabbānī al-ʿĀqūlī G II 162, S II 203
Muḥammad b. M. b. ʿAl. al-Sharīf al-Idrīsī G I 477, S I 876
Muḥammad b. M. b. ʿAl. al-Warzīzī (to be read thus S II 707
Muḥammad b. M. b. ʿAl. b. al-Zayyāt S II 162
Muḥammad b. M. b. ʿAbd al-Majīd S III 466
Muḥammad b. M. b. ʿAbd al-Malik al-Awsī al-Marrākushī G I 340, S I 580
Muḥammad b. M. b. ʿAbd al-Munʿim al-Saʿdī S II 3
Muḥammad b. M. b. ʿAbd al-Mutaʿāl al-Bahūtī S II 742
Muḥammad b. M. b. ʿAq. al-Fāsī S I 523$_{,c}$
Muḥammad b. M. b. ʿAr. al-Bahnasī al-ʿUqilī al-Naqshbandī G II 340, S I 350, II 469, 493
Muḥammad b. M. b. ʿAr. al-Ghazzī al-ʿĀmirī S II 472
Muḥammad b. M. b. ʿAr. al-Ḥusaynī al-Adhamī Kamāl al-Dīn S II 174, 232
Muḥammad b. M. b. ʿAr. b. Imām al-Kāmiliyya G I 389, II 77, S I 672$_{,13}$, 680, II 85$_{,19}$

Muḥammad b. M. b. ʿAr. al-Khaṭṭāb al-Ruʿaynī G II 238, S II 334, 338
Muḥammad b. M. b. ʿAr. al-Tilimsānī G II 458, S II 688
Muḥammad b. M. b. ʿAr. al-Wādīʾāshī S II 371
Muḥammad b. M. b. ʿAbd al-Rashīd S I 244
Muḥammad b. M. b. ʿAbd al-Rashīd al-Sajāwandī G I 378, S I 650
Muḥammad b. M. b. ʿAbd al-Sattār al-Kardarī al-ʿImādī G I 381, S I 653
Muḥammad b. M. b. ʿAbd al-Wāḥid b. ʿAbd al-Raḥīm S I A/C 470
Muḥammad b. M. al-ʿAbdarī G II 83 = M. b. M. b. M. b. al-Ḥāǧǧ al-Fāsī S II 95, 357 A/C
Muḥammad b. M. al-Abharī S I 505
Muḥammad b. M. al-Aflāṭūn al-Hermesī al-ʿAbbāsī al-Madanī al-Miṣrī al-Bisṭāmī S II 1033
Muḥammad b. M. b. A. S II 657
Muḥammad b. M. b. A. b. ʿAq. al-Amīr al-Kabīr al-Sunbāwī al-Mālikī G II 23, 24, 194, 251, 317, 328, 331, S I 635, II 18, 19, 23, 199, 259, 260, 333,$_p$, 355, 399, 460, 467, 480, 738
Muḥammad b. M. b. A. b. ʿA. al-Ṣabbāgh al-Qalaʿī S II 322, 362
Muḥammad b. M. b. A. al-ʿAṭṭār al-Bakrī G II 127, S II 158
Muḥammad b. M. b. A. al-Dhahabī b. al-Ṣabbāḥ S II 1036
Muḥammad b. M. b. A. al-Ghazzī al-ʿĀmirī Raḍī al-Dīn G I 265, II 284, S I 525, 681,$_{3,5}$, II 393
Muḥammad b. M. b. A. al-Ḥākim al-Nīsābūrī S II 46
Muḥammad b. M. b. A. al-Isfarāʾinī G I 293, 296, 438, S I 520
Muḥammad b. M. b. A. b. Juzayy al-Kalbī G II 256, S II 366
Muḥammad b. M. b. A. al-Kākī al-Khujandī G II 198, S I 970 ad 645, II 268
Muḥammad b. M. b. A. al-Marwazī G I 174, S I 294, 638
Muḥammad b. M. b. A. b. Maryam al-Madyūnī S I 970 ad 662
Muḥammad b. M. b. A. al-Marzubān al-Ḥanbalī S II 361
Muḥammad b. M. b. A. al-Nafīsī S II 415
Muḥammad b. M. b. A. al-Nahrawānī G II 383, S II 515
Muḥammad b. M. b. A. al-Saffarīnī S II 449
Muḥammad b. M. b. A. al-Sāḥilī al-Mālaqī G II 265, S II 378
Muḥammad b. M. b. A. al-Sakhāwī al-Kākī S II 263
Muḥammad b. M. b. A. b. Sayyid al-Nās G II 71, S II 77
Muḥammad b. M. b. A. al-Shāfiʿī G I 299,$_{1b}$
Muḥammad b. M. b. A. al-Shirbīnī G II 320, 700, S I 677,$_4$, II 441
Muḥammad b. M. b. A. Sibṭ al-Māridīnī G I 391, 471, II 161, 164, 169, II 357, S I 675, 676, II 154, 155, 483
Muḥammad b. M. b. A. b. a. Zayd b. al-Ikhwa S II 101
Muḥammad b. M. b. ʿAjība al-Ḥasanī al-Maghribī S II A/C 364
Muḥammad b. M. al-Akhsīkatī G I 381, S I 654
Muḥammad b. M. b. ʿA. al-Āfāqī S II 150
Muḥammad b. M. b. ʿA. al-ʿAlawī S I 211
Muḥammad b. M. b. ʿA. al-Anṣārī b. al-Baqqāl S II 923
Muḥammad b. M. b. ʿA. b. al-ʿArabī al-Jawbān G I 448, S I 802
Muḥammad b. M. b. ʿA. al-ʿAṭṭār S II 415
Muḥammad b. M. b. ʿA. al-Bakrī al-Ṣiddīqī a. ʾl-Mawāhib S II A/C 534
Muḥammad b. M. b. ʿA. al-Bilbaysī G II 55
Muḥammad b. M. b. ʿA. b. Humām b. al-Imām al-Gharnāṭī G II 86, S II 102
Muḥammad b. M. b. ʿA. b. Maryam a; -Tilimsānī S II 680
Muḥammad b. M. b. ʿA. al-Qūjīlī G I 157, S I 264,$_{1,5}$
Muḥammad b. M. b. ʿA. al-Ṣabbāgh S II A/C 334
Muḥammad b. M. b. ʿA. al-Ṭāʾī al-Hamadhānī G I 356, S II 943
Muḥammad b. M. b. ʿA. b. Yū. al-Jazarī S II 277
Muḥammad b. M. b. ʿA. b. Ẓāhir al-Qudsī S II 40

Muḥammad b. M. Alty Parmaq b. al-Čyqyryqčī G II 444, S II 661
Muḥammad b. M. al-ʿAmīdī G I 439, S I 785
Muḥammad b. M. al-Amīr al-Azharī S II 18
Muḥammad b. M. b. Amīr al-Ḥājj al-Ḥalabī S I 144, 503, II 92
Muḥammad b. M. al-Amīr al-Ṣaghīr G II 485, S II 446 A/C, 737
Muḥammad b. M. b. ʿAmr al-Tanūkhī S I 520
Muḥammad b. M. al-Anbābī S I 518, 523, 524, 677, II 17, 20, 23, 333, 479, 742
Muḥammad b. M. al-Andalusī al-Gharnāṭī al-Rāʿī G II 85, 238, S II 100
Muḥammad b. M. al-Anṣārī al-Mālaqī S II 332
Muḥammad b. M. al-ʿAqīlī al-Nuwayrī al-Kindī G II 202, 162
Muḥammad b. M. al-Āqsarāʾī G II 22, S I 516, 825$_{,ee}$, II 16, 328
Muḥammad b. M. al-ʿĀqūlī al-Wāsiṭī G II 162, S I 620, II 203
Muḥammad b. M. b. ʿArafa al-Warghamī G I 384$_{,5,1}$, II 247, S II 347
Muḥammad b. M. al-Arrajānī G I 343
Muḥammad b. M. al-Asadī S II 1044
Muḥammad b. M. al-Asadī al-Qudsī S I 538$_{,17}$
Muḥammad b. M. b. ʿĀṣim al-Qaysī al-Gharnāṭī G II 264, S II 375
Muḥammad b. M. al-ʿAṭṭār al-Zimāmī S II 98n β
Muḥammad b. M. al-Azharī al-Shādhilī S II 436
Muḥammad b. M. b. Badr al-Dīn S II A/C 699
Muḥammad b. M. al-Baghdādī S II 1023
Muḥammad b. M. al-Baghdādī al-Mufīd G I 188, S I 322, 707$_{,2}$
Muḥammad b. M. b. Bahādur al-Maymūnī S II 51
Muḥammad b. M. al-Bāhilī al-Mālikī S I 293
Muḥammad b. M. b. Bahman al-Dimashqī G I 39
Muḥammad b. M. al-Bakfalūnī G II 308
Muḥammad b. M. al-Bakhshī G I 159
Muḥammad b. M. b. a. Bakr S I 951 ad 309
Muḥammad b. M. b. a. Bakr al-Azharī al-Bilbaysī S II 155
Muḥammad b. M. b. a. Bakr b. Qāḍī Shuhba S II 25
Muḥammad b. M. b. a. Bakr al-Ṣaghīr al-Dilāʾī S II 335
Muḥammad b. M. b. a. Bakr ʿU. b. A. al-Iṣbahānī S I 625
Muḥammad b. M. al-Bakrī G II 297 = M. b. A. b. a. ʾs-Surūr S II 408
Muḥammad b. M. al-Balawī S II 982
Muḥammad b. M. al-Baʿlī S II 944$_{,146}$ (to be read thus)
Muḥammad b. M. Bāqir al-Ḥusaynī G II 341 = M. Bāqir b. M. Dāmād S II 579
Muḥammad b. M. al-Baqqālī S II 1041
Muḥammad b. M. al-Bardaʿī S I 841, II 287
Muḥammad b. M. al-Baṣrī S I A/C 706
Muḥammad b. M. al-Bazzāzī al-Kardarī G I 172, II 225, S II 315
Muḥammad b. M. al-Bihishtī al-Isfarāʾinī S I 650
Muḥammad b. M. b. Bilāl al-Ḥanafī G II 335, S II 463
Muḥammad b. M. al-Bisāṭī S II 97
Muḥammad b. M. al-Budayrī al-Dimyāṭī G II 322, S II 194, 259, 260
Muḥammad b. M. al-Bukhārī al-Shaykh al-Ḥanafī G II 205, 218, S II 270
Muḥammad b. M. al-Bulaydī al-Andalusī G I 418, II 331, S I 740$_{,35}$, II 450
Muḥammad b. M. al-Burrī G I 436, S I 780
Muḥammad b. M. al-Čelebī al-Bakrajī S I 546$_{,22}$
Muḥammad b. M. al-Dādī al-Anṣārī S I 660
Muḥammad b. M. al-Dalajī G I 396, II 319, S I 545$_{,20}$, 631$_{,p}$, II 259
Muḥammad b. M. b. Daqīq al-Mālikī S II 354
Muḥammad b. M. al-Darʿī G II 462, S II 702
Muḥammad b. M. b. Dāʾūd b. Ājurrūm G II 237, S II 332
Muḥammad b. M. al-Dibsiyawī S II 468
Muḥammad b. M. al-Faḍḍālī S II 744
Muḥammad b. M. b. Fahd al-Hāshimī Taqī al-Dīn S II 225

Muḥammad b. M. al-Fanārī G II 234, S II 329
Muḥammad b. M. b. al-Faqīh b. al-ʿAṭiyya al-Sharīf al-Ḥasanī S II A/C 704
Muḥammad b. M. al-Fārābī G I 210, 510, S I 375
Muḥammad b. M. al-Fārisī al-Shīrāzī Taqī al-Dīn S II 594
Muḥammad b. M. al-Fārūqī al-Čishtī G II 420
Muḥammad b. M. al-Fayshī G II 304, S II 435
Muḥammad b. M. al-Fullānī G II 366, S II 494
Muḥammad b. M. al-Fullānī al-Kishnawī G I 507, S I 924,29
Muḥammad b. M. b. a. Ghālib al-Miknāsī b. al-Sakkāk S II 362
Muḥammad b. M. al-Gharbī al-Azharī S II 943
Muḥammad b. M. b. al-Ghars al-Miṣrī G II 310, S II 424
Muḥammad b. M. al-Ghazāfī S II 383
Muḥammad b. M. al-Ghāzī G I 178 = M. b. A. S I 302
Muḥammad b. M. al-Ghazzālī G I 415, 419, S I 744
Muḥammad b. M. al-Ghazzī G I 299,16, II 291, S I 525, II 402
Muḥammad b. M. al-Ghazzī al-ʿĀmirī S II 42, 174
Muḥammad b. M. al-Ghujduwānī S II 1031
Muḥammad b. M. al-Ghumrī Sibṭ al-Marṣafī G II 335, S II 463
Muḥammad b. M. b. Hārūn al-Baghdādī S II 1007
Muḥammad b. M. al-Hāshimī G II 358
Muḥammad b. M. b. Haydūn S II 18
Muḥammad b. M. b. Hibatallāh al-Aftaṣī al-Nassābī S I 597
Muḥammad b. M. Humān Ṭabīb S I 865
Muḥammad b. M. al-Hurayrī G II 303
Muḥammad b. M. al-Ḥaḍramī S II 434 (A. b. M.)
Muḥammad b. M. al-Ḥaḍramī a. Saʿīd S I 455
Muḥammad b. M. b. al-Ḥajīj S II 1030
Muḥammad b. M. b. al-Ḥājj A. al-ʿAṭṭār S II 639
Muḥammad b. M. b. al-Ḥājj al-Fāsī S II 95
Muḥammad b. M. al-Ḥākim al-Shāhid al-Ḥanafī S II 955
Muḥammad b. M. al-Ḥalabī G I 432, S I 659
Muḥammad b. M. al-Ḥalabī Shams al-Dīn S II 157
Muḥammad b. M. al-Ḥalāwī al-Maqdisī G II 238, S II 332
Muḥammad b. M. b. Ḥamdān al-Ḥanbalī S II 994
Muḥammad b. M. b. Ḥāmid b. A. al-Ḥājjī al-Jirjāwī S II 101, 986
Muḥammad b. M. b. Ḥamīd al-Dīn ʿAl. al-Shaykh al-Makkī S I 794
Muḥammad b. M. b. Ḥāmid al-Kātib al-Iṣfahānī G I 314, S I 548
Muḥammad b. M. b. al-Ḥarrāq b. ʿAbd al-Wāḥid al-Ḥasanī S I 788,8, II 881, 903,58
Muḥammad b. M. b. Ḥ. al-ʿĀmilī S II 451
Muḥammad b. M. b. Ḥ. al-ʿAynātī al-Jazīnī S II 584
Muḥammad b. M. b. Ḥ. Naṣīr al-Dīn al-Ṭūsī G I 303, 454, 508, S I 924
Muḥammad b. M. b. a. ʾl-Ḥ. b. Nubāta G I 261, 275, II 10, 16, 47
Muḥammad b. M. al-Ḥasanī G II 196, S II 573
Muḥammad b. M. al-Ḥasanī Zīrakzāde G II 439
Muḥammad b. M. b. al-Ḥaṭṭāb al-Ruʿaynī G I 389, II 84, 387, S I 672, II 526
Muḥammad b. M. al-Ḥimyarī S II 38
Muḥammad b. M. b. Ḥu. Murtaḍā G I 422
Muḥammad b. M. b. Ḥu. al-Sandūsī S II 943
Muḥammad b. M. b. Ibr. al-Kharrāzī G II 248, S II 349
Muḥammad b. M. b. Ibr. al-Umawī S II 982
Muḥammad b. M. al-ʿImādī G II 368
Muḥammad b. M. al-ʿImādī a. ʾl-Surūr G II 438 = M. b. M. b. Muṣṭafā S II 651
Muḥammad b. M. b. ʿImrān al-Fanzāwī b. al-Mijrād al-Salāwī S II 350
Muḥammad b. M. al-ʿIrāqī G I 395,12

Muḥammad b. M. b. ʿĪsā al-Zuraʿī G I 103, S I 161
Muḥammad b. M. b. Ism. al-Anṣārī S II 334
Muḥammad b. M. b. Ism. al-Khaṭīb al-Ushfurqānī S I 970
Muḥammad b. M. al-Iṣfahānī S I 921$_{,3}$
Muḥammad b. M. al-Iṣṭakhrī S I 743$_{,\mathrm{VII}}$
Muḥammad b. M. al-Iznīqī G II 225, S II 324
Muḥammad b. M. al-ʿIzzī al-Ḥanafī S II 177
Muḥammad b. M. al-Jaʿfarī G II 53, S I 443
Muḥammad b. M. al-Jawād al-Ḥusaynī al-Mūsawī al-ʿĀmilī S II 207
Muḥammad b. M. Jawīzāde G II 434
Muḥammad b. M. b. al-Jazarī S I 719, II 274
Muḥammad b. M. b. al-Jazarī al-Shāfiʿī S II 45
Muḥammad b. M. al-Jundī S III 233
Muḥammad b. M. al-Juwaynī S II 1036
Muḥammad b. M. Karīm b. Ibr. S II 955
Muḥammad b. M. al-Karkhī Badr al-Dīn G II 145, 375, S II 506
Muḥammad b. M. al-Kāshgharī S I 931 A/C, II 1044
Muḥammad b. M. al-Khādimī S II 434
Muḥammad b. M. b. al-Khafīf S I 358
Muḥammad b. M. b. Khalīfa Saʿd al-Dīn S II 278
Muḥammad b. M. b. Khalīl al-Asadī S II 165
Muḥammad b. M. al-Khalīlī Sharaf al-Dīn S II 943
Muḥammad b. M. Khallikān G I 328 = A. b. M. b. Ḥ. S I 561
Muḥammad b. M. al-Kharqānī al-Khazrajī S II 307$_{,20}$
Muḥammad b. M. al-Khaṭīb Fakhr al-Fasarkhānī S I 510$_{,13}$
Muḥammad b. M. al-Khaṭīb b. al-Jazarī G I 201, S I 525$_{,26}$, S II 274
Muḥammad b. M. al-Khaṭīb al-Shirbīnī S I 677$_{,4}$ see M. b. M. b. A.
Muḥammad b. M. al-Khawāfī G I 206, S II 285 see a. Bakr
Muḥammad b. M. a. ʾl-Khayr al-Armanī al-Mālikī S II 943
Muḥammad b. M. b. a. ʾl-Khayr M. b. ʿAl. b. Fahd al-Hāshimī al-Makkī S II 67
Muḥammad b. M. al-Khayyāṭ G II 70$_{,39}$
Muḥammad b. M. al-Khāzin al-Bukhārī G II 204 = ʿA. b. M. b. Ibr. S II 135
Muḥammad b. M. b. Khiḍr al-Kāzarūnī S II 290
Muḥammad b. M. al-Khiḍrī S II 279
Muḥammad b. M. al-Khwāja al-Ḥanafī S II 605
Muḥammad b. M. b. Khwāja Pāshā G II 231
Muḥammad b. M. al-Kīsī S II 1007
Muḥammad b. M. al-Lādhiqī Shams al-Dīn S II 1023
Muḥammad b. M. al-Luʾluʾī S I 761, II 4
Muḥammad b. M. Māḍī al-Ruhāwī S II A/C 774
Muḥammad b. M. Mahdī al-Sayfī al-Ḥusaynī al-Qazwīnī S II 581, 597
Muḥammad b. M. b. Maḥmūd al-Azharī S II A/C 434
Muḥammad b. M. b. Maḥmūd al-Bukhārī S II 279
Muḥammad b. M. b. Maḥmūd al-Dāʿī al-Bukhārī S I 546$_{,18}$
Muḥammad b. M. b. Maḥmūd Khwāja Pāshā M. Pārsā S II 282
Muḥammad b. M. b. Maḥmūd al-Māturīdī G I 195, S I 285, 346
Muḥammad b. M. b. Maḥmūd al-Suʾālātī al-ʿUthmānī G II 294, S II 403
Muḥammad b. M. b. Makkī al-ʿĀmilī S II 133
Muḥammad b. M. b. Mālik G I 298, 300, 303 = M. b. ʿAl. b. M. S I 521
Muḥammad b. M. al-Mallālī G II 251$_{,12}$ = M. b. ʿAmr b. Ibr. S II 354$_{,2}$
Muḥammad b. M. b. Manṣūr S II 391
Muḥammad b. M. b. Manṣūr al-Qaysī S II 375
Muḥammad b. M. al-Manṣūrī al-Khayyāṭ S II 528$_{,29}$
Muḥammad b. M. al-Maqdisī al-Ḥanbalī S I 952 ad 310
Muḥammad b. M. al-Marrākushī S I 217
Muḥammad b. M. al-Marwazī al-Ḥākim G I 174, S I 289, 294
Muḥammad b. M. al-Mawṣilī al-Baladī G II 25, 161, S II 20
Muḥammad b. M. al-Miknāsī G II 120$_{,11,3}$
Muḥammad b. M. Miṣbāḥ Barbīr S II 752

Muḥammad b. M. al-Miṣrī G I 429,$_{15,10}$, S I 764 bottom
Muḥammad b. M. Mollā Khusraw S I 517,$_{o}$
Muḥammad b. M. b. al-Muʿallim G II 116
Muḥammad b. M. al-Mubārak al-Jazāʾirī S II 758, 887, III 379
Muḥammad b. M. al-Mubārakī S I 532,$_{7}$
Muḥammad b. M. b. Mubīn al-Nūrī S I 654
Muḥammad b. M. al-Mufaḍḍal Gharīṭ S II 892
Muḥammad b. M. b. Mufīd al-Qummī S II 579
Muḥammad b. M. b. M. b. ʿAr. al-Maghribī S II 353
Muḥammad b. M. b. M. b. ʿA. al-Nuwayrī S II 21
Muḥammad b. M. b. M. b. ʿAyshūn S II 683
Muḥammad b. M. b. M. al-ʿAzb S II 815
Muḥammad b. M. b. M. al-Bakhshī S II 490
Muḥammad b. M. b. M. al-Batātakānī al-Ṭūsī S I 470,$_{bb}$
Muḥammad b. M. b. M. al-Budayrī b. al-Mayyit S II 444
Muḥammad b. M. b. M. al-Dalajī G I 396, II 319, S II 440
Muḥammad b. M. b. M. al-Dilāʾī S II 685
Muḥammad b. M. b. M. al-Ghazzī Badr al-Dīn G II 360, S I 468,$_{19}$, II 488
Muḥammad b. M. b. M. b. al-Ḥājj al-Maghribī al-Fāsī S II 361 n
Muḥammad b. M. b. M. b. ʿImrān al-Mijrādī S II 336
Muḥammad b. M. b. M. al-Isfarāʾinī al-ʿIrāqī G II 163, S II 14, 205
Muḥammad b. M. b. M. al-Khalīlī G II 127, S II 157
Muḥammad b. M. b. M. al-Manbijī G II 76, S II 82
Muḥammad b. M. b. M. al-Maqdisī S II 442
Muḥammad b. M. b. M. Najm al-Dīn al-Ghazzī al-ʿĀmirī G II 140, 146, 291, 333, S II 174, 402
Muḥammad b. M. b. M. al-Naqshbandī al-Bukhārī S II 282
Muḥammad b. M. b. M. al-Nasafī al-Maʿrūfbi M. Amīn al-Ḥulwī al-Kubrāwī al-Bulghārī S II A/C 1007
Muḥammad b. M. b. M. al-Sakhāwī S II 977
Muḥammad b. M. b. M. al-Sandarūsī G II 309, S II 423
Muḥammad b. M. b. M. b. al-Shiḥna G II 46, 141, S II 40, 176
Muḥammad b. M. b. M. b. al-Shiḥna Muḥibb al-Dīn G I 377, II 42 = 114, S II 40
Muḥammad b. M. b. M. b. Ya. al-Makkī al-Bājī S II 977
Muḥammad b. M. b. Muḥyi ʾl-Dīn b. A. al-Ghayshī S II 435
Muḥammad b. M. b. Muʿizz S II 911
Muḥammad b. M. al-Muntasib ilā Dihqān Ghāzī S II 943
Muḥammad b. M. al-Murtaḍā G I 287, S I 748,$_{25}$, 398
Muḥammad b. M. b. Mūsā al-Shāfiʿī al-Ḥanbalī S I 262,$_{10a}$
Muḥammad b. M. al-Mūsawī S II 826
Muḥammad b. M. al-Mustawfī al-Harawī G I 517 = M. b. A. b. M. S I 220
Muḥammad b. M. b. Muṣṭafā al-Khādimī S I A/C 750
Muḥammad b. M. b. Muṣṭafā a. ʾl-Surūr al-ʿImādī G II 438, S II 651
Muḥammad b. M. al-Nasafī G I 467, S I 849
Muḥammad b. M. a. Naṣr al-Khujandī S II 219
Muḥammad b. M. b. Nubāta al-Fāriqī G I 261, 275, II 10, 16, S I 485, II 4
Muḥammad b. M. al-Nuwayrī S II 275
Muḥammad b. M. b. Qāḍī Qalʿa G II 254
Muḥammad b. M. b. Qāḍīzāde G II 434, S II 646
Muḥammad b. M. al-Qāhirī Imām al-Kāmilīya S I 680, II 85, see M. b. M. b. ʿAr.
Muḥammad b. M. al-Qalāwisī G II 259
Muḥammad b. M. al-Qawṣūnī Nidāʾī G II 447, S II 666
Muḥammad b. M. al-Qirīmī S I 532,$_{89}$
Muḥammad b. M. al-Qudsī S I 913
Muḥammad b. M. al-Rāḍī al-Ghazzī Badr al-Dīn S I 525,$_{37}$ = M. b. M. b. A.
Muḥammad b. M. al-Rāfiʿ S I 765
Muḥammad b. M. Rafīʿallāh S II 268
Muḥammad b. M. Ramzī S II 871
Muḥammad b. M. al-Rāzī al-Taḥtānī G I 290, 454, 466, 467, II 209, S I 508, 816,$_{20}$, 845, 848, II 293

Muḥammad b. M. Riḍā b. Ism. al-Qummī S II 513, 582
Muḥammad b. M. al-Ruʿaynī G II 238, S I A/C 672
Muḥammad b. M. al-Ruʿaynī al-Khaṭṭāb S II 99
Muḥammad b. M. Rudusīzāde S I 561
Muḥammad b. M. al-Saʿāf S I 465
Muḥammad b. M. b. Sabʿ al-ʿAbsī S II 903
Muḥammad b. M. al-Sābiq al-Ḥamawī G II 17, S II 9
Muḥammad b. M. Saʿīd b. Q. b. Ṣāliḥ al-Qāsimī al-Dimashqī S I 749,25,8, II 777
Muḥammad b. M. b. Saʿīd al-Ṭanjī G I 300,ii,7
Muḥammad b. M. b. Sālik al-Jurnī S I 805,f
Muḥammad b. M. al-Sanhūrī al-Azharī al-Shāfiʿī S II 1044
Muḥammad b. M. Sannār al-Shāfiʿī al-Aḥmadī S II 1041
Muḥammad b. M. al-Saqqāf al-Bāʿalawī S II A/C 553
Muḥammad b. M. al-Sarakhsī G I 374, S I 641
Muḥammad b. M. al-Sarrāj al-Wazīr al-Andalusī G II 458, S II 685
Muḥammad b. M. al-Shaʿbī S I 674
Muḥammad b. M. al-Shāfiʿī S II 944
Muḥammad b. M. Shāh al-Iṣṭabhanātī S II A/C 581
Muḥammad b. M. al-Shāʿirī S I 952 ad 322
Muḥammad b. M. Shams al-Dīn al-Ghumrī G I 335, S I 464,4,c, II 463
Muḥammad b. M. b. Sharaf al-Dīn al-Khalīlī G II 362
Muḥammad b. M. b. al-Sharīf S I 672,10
Muḥammad b. M. b. al-Sharīf al-Kūrānī S II 105
Muḥammad b. M. b. a. al-Sharīf al-Maqdisī S II 944
Muḥammad b. M. al-Sharīf al-Samarqandī al-Hamadhānī S II 982
Muḥammad b. M. al-Shāṭibī S II 944
Muḥammad b. M. b. al-Shiḥna G II 42, S I 568, II 40
Muḥammad b. M. al-Shirbīnī al-Khaṭīb G II 320, 700, S II 333
Muḥammad b. M. Sibṭ al-Māridīnī Badr al-Dīn G II 164, 167, 215
Muḥammad b. M. al-Sinjārī al-Kākī G I 377, S I 644,6
Muḥammad b. M. b. Sinna al-Fullānī S II 717
Muḥammad b. M. b. S. al-Bāghandī S I 259
Muḥammad b. M. b. S. b. Ghālib b. al-Dahhān S I 908
Muḥammad b. M. b. S. al-Maghribī Jamāl al-Dīn S II 923
Muḥammad b. M. b. S. al-Rūdānī G II 459, S II 691, 708
Muḥammad b. M. al-Sunbāwī al-Amīr al-Kabīr S II 19, 23, 98 A/C, 99, 399, see M. b. M. b. A. b. ʿAq.
Muḥammad b. M. b. a. ʾl-Surūr Zayn al-Dīn al-Bakrī S II 412
Muḥammad b. M. b. al-Ṣabbāgh G II 238
Muḥammad b. M. al-Ṣafadī S II 382
Muḥammad b. M. al-Ṣaghīr al-Shabkhītī al-Tasītī S II 876
Muḥammad b. M. Ṣāliḥ al-Shīrāzī S II 593
Muḥammad b. M. al-Ṣaqalī S II A/C 101
Muḥammad b. M. b. Ṣaṣarra G II 23
Muḥammad b. M. al-Ṣiddīqī G II 301
Muḥammad b. M. al-Ṣubḥī (Ṣanjī?) S II 923
Muḥammad b. M. al-Tāfilātī al-Khalwatī Mufti ʾl-Quds G I 447, S I 799,116
Muḥammad b. M. Tāj al-Dīn al-Fāḍil al-Isfarāʾinī G I 296, S I 514,11, 520
Muḥammad b. M. al-Tanūkhī S I 499
Muḥammad b. M. al-Tanūkhī al-Maʿarrī Zayn al-Dīn S II 1023
Muḥammad b. M. Taqī Baḥr al-ʿUlūm al-Ṭabātabāʾī S II A/C 581
Muḥammad b. M. al-Tīzīnī b. a. Bakr S II 484
Muḥammad b. M. b. Tūmart al-Maghribī G I 238, S I 424
Muḥammad b. M. al-Ṭabāṭabāʾī Āl Baḥr al-ʿUlūm S II 799
Muḥammad b. M. al-Ṭabīb S I 826,g
Muḥammad b. M. al-Ṭālib b. Sūda S II 288
Muḥammad b. M. al-Ṭayyib al-Tāfilātī S II 478

Muḥammad b. M. b. ʿU. al-Akhsīkatī G I 381, S I 654
Muḥammad b. M. b. ʿU. b. Fahd al-Makkī S II 46
Muḥammad b. M. b. ʿU. al-Rawḍī al-Mālikī G II 308, S II 421
Muḥammad b. M. b. ʿU. b. Sulṭān al-Dimashqī G II 289, 356, S II 400
Muḥammad b. M. al-ʿUmarī S II 903
Muḥammad b. M. b. ʿUthmān al-Bārizī S II 165
Muḥammad b. M. b. a. ʾl-Wafāʾ G II 122
Muḥammad b. M. b. Wafāʾ al-Iskandarī G II 119, S II 148
Muḥammad b. M. al-Wahrānī S II 911
Muḥammad b. M. al-Waḥdatī b. M. Üskübī G II 432, S II 643
Muḥammad b. M. al-Wāʿiẓī S I A/C 444
Muḥammad b. M. b. Ya. al-Būzajānī G I 223, S I 400
Muḥammad b. M. b. Ya. al-Makkī al-Bājī S II 977
Muḥammad b. M. b. Ya. al-Suwayṭir S II 563
Muḥammad b. M. a. Yaʿlā al-Farrāʾ al-Ḥanbalī S I 557
Muḥammad b. M. b. Yaʿqūb al-Kūmī G II 252, S II 358
Muḥammad b. M. al-Zuraʿī G II 55
Muḥammad b. M. al-Zuhrī al-Ḥanaf S II 87
Muḥammad b. Muḥarram al-Takkānī G I 304,g
Muḥammad Muḥibbaddīn b. a. Bakr Taqī al-Dīn al-ʿUlwānī al-Ḥamawī S II 177
Muḥammad b. Muḥriz b. M. al-Wahrānī S I 489
Muḥammad Muḥsin al-Kashmīrī al-Fānī S II 614
Muḥammad Muḥsin Nazīl Sāmarrā S II 288 A/C, 792
Muḥammad b. Muḥyi ʾl-Dīn ʿAq. al-Ṣaydāwī S II A/C 385
Muḥammad b. Muḥyi ʾl-Dīn al-Namira S II 533
Muḥammad b. Muḥyi ʾl-Dīn b. ʿU. al-Aslamī S II 809
Muḥammad Muʿīn b. M. al-Āmulī Amīn S II 944
Muḥammad b. Muʿizz al-Dīn M. Mahdī al-Qazwīnī S II 802
Muḥammad al-Mujāhid S II 834
Muḥammad al-Mujāhid a. ʾl-Najāʾ al-Ṣaghīr S II 393 A/C, 446 A/C
Muḥammad b. a. ʾl-Mujīr ʿAl. Majd b. a. Muslim al-Ṭabīb al-Shīrāzī S II 1030
Muḥammad al-Mujtahid al-Shīʿī al-Laknawī S II 623
Muḥammad b. al-Mukarram b. Manẓūr al-Kātib al-Anṣārī Jamāl al-Dīn G I 331, 492, II 21, S I 226, 565, 567, 897, II 14
Muḥammad b. al-Mukarram b. Shaʿbān al-Kirmānī S II 1023
Muḥammad al-Mukhtār b. A. b. a. Bakr al-Kuntī al-Wāfī S I 526, II 895
Muḥammad b. al-Mukhtār b. al-Aʿmash al-ʿAlawī al-Shinqīṭī S II 408
Muḥammad b. al-Mukhtār al-Jāmiʿī S II 709
Muḥammad b. Mulūka al-Tūnisī S I 778
Muḥammad Muʾmin al-Ḥusaynī al-Ṭabīb al-Tanukābunī S II 592
Muḥammad Muʾmin al-Jazāʾirī S II A/C 209
Muḥammad Muʾmin b. Shāh Q. al-Sabzawārī S II 582
Muḥammad b. al-Munajjim al-Qayyim al-Falātī S II 903
Muḥammad b. al-Mundhir al-Nīsābūrī al-Shāfiʿī S II 965
Muḥammad b. al-Mundhirī S I 304, see M. b. Ibr. al-M. G I 180, S I 306
Muḥammad Munʿim b. al-Ḥājj M. Q. al-Jazāʾirī S II 570
Muḥammad Munīr ʿAq. al-Muqaddam S I 512
Muḥammad b. Muqātil al-Rāzī S I 271
Muḥammad b. Muqbil al-Ḥanbalī S II 966
Muḥammad b. Muqbil al-Miṣrī S II A/C 944
Muḥammad al-Murābiṭ b. M. b. a. Bakr al-Dilāʾī G II 461, S II 700
Muḥammad Murād ʿAl. al-Qazwīnī al-Manzilāwī S II 286
Muḥammad Murād b. ʿA. b. Dāʾūd al-Ḥusaynī al-Üzbekī al-Bukhārī G II 344, 446, S II 663
Muḥammad Murād Kashmīrī S II 578

Muḥammad Murād al-Qādirī al-Shaṭṭārī S II 627
Muḥammad Murtaḍā al-Ḥusaynī S II 696
Muḥammad Murtaḍā al-Ḥusaynī al-Bilghrāmī S II 620
Muḥammad Murtaḍā Muḥsin Fayḍ al-Kāshī G II 200, 406, II 413, S I 712, 749, II 584
Muḥammad Murtaḍā al-Zabīdī G II 287, S I 287, II 398
Muḥammad b. al-Murtaḥil al-Hamdānī S II 912
Muḥammad b. Mūsā al-Burdī S I 181
Muḥammad b. Mūsā al-Burūsawī Kül Kedīsī G II 433, S II 644
Muḥammad b. Mūsā al-Busnawī G I 417, 466, S I 516, 534, 740
Muḥammad b. Mūsā al-Damīrī G I 248, I 395, II 17, 138, S I 440, 681, II 170
Muḥammad b. Mūsā al-Fāsī al-Muzālī G I 371 = 384, S I 665
Muḥammad b. Mūsā al-Ghazzī G II 82
Muḥammad b. Mūsā al-Hudhbānī G II 121
Muḥammad b. Mūsā al-Ḥusaynī al-Jammāzī S I 544
Muḥammad b. Mūsā al-Kashmīrī S I 749,$_{14}$
Muḥammad b. Mūsā al-Khwārizmī G I 216, 225, S I 381, 404
Muḥammad b. Mūsā al-Mālikī S II 745
Muḥammad b. Mūsā al-Najjār S I 470
Muḥammad b. Mūsā al-Qadaqī al-Awārī S I 504,$_{30}$, 964
Muḥammad b. Mūsā al-Qayṣarī S II 629
Muḥammad b. Mūsā b. Shākir S I 382
Muḥammad b. Mūsā al-Ṣayrafī G I 149
Muḥammad b. Mūsā b. al-Ṭālishī G I 467
Muḥammad b. Mūsā b. ʿUthmān al-Ḥāzimī G I 356, 366, S I 605
Muḥammad b. Mūsā al-Wāsiṭī S I 357
Muḥammad b. Musʿir al-Bustī al-Maqdisī G I 213, S I 380
Muḥammad b. a. Muslim al-Jarmī S I 404
Muḥammad b. Muslim (Musallam) al-Shāfiʿī S II 13, 382, 413
Muḥammad b. Muslim al-Zuhrī G I 65, S I 102
Muḥammad b. al-Mustanīr Quṭrub G I 102, S I 161
Muḥammad b. Muṣliḥ al-Ḥanbalī al-Dimashqī S II 129
Muḥammad Muṣṭafā Āqkirmānī S I 512, II 18, 482 A/C, 654, 660
Muḥammad b. Muṣṭafā ʿĀshir Ef. S II 686
Muḥammad b. Muṣṭafā al-Awdānī G II 454
Muḥammad b. Muṣṭafā al-Bakrī S II 481
Muḥammad b. Muṣṭafā al-Bayyāʿ Bāsh Jāwīsh S II 732
Muḥammad b. Muṣṭafā al-Dasūqī S II 422
Muḥammad b. Muṣṭafā al-Dāʾūdī S II 235
Muḥammad b. Muṣṭafā Faḍlallāh al-Ḥamawī S I A/C 614
Muḥammad b. Muṣṭafā al-Ghulāmī S II A/C 783
Muḥammad b. Muṣṭafā Ḥājibzāde G II 424, S I 651
Muḥammad b. Muṣṭafā al-Ḥājj Ḥasanzāde G I 417
Muḥammad b. Muṣṭafā al-Ḥamīdī Qirq Emre G II 226, S II 266
Muḥammad b. Muṣṭafā al-Kānī al-Rūmī S II 550
Muḥammad b. Muṣṭafā al-Khādimī G II 351, S II 282, 655
Muḥammad b. Muṣṭafā b. Khudawirdī al-Rāʿī G II 281, S II 390
Muḥammad b. Muṣṭafā al-Kūrānī al-Wānī S I A/C 650
Muḥammad b. Muṣṭafā Māʾ al-ʿaynayn S I 672
Muḥammad b. Muṣṭafā al-Māḥī S III 132
Muḥammad b. Muṣṭafā b. Maḥmūd Ḥājibzāde al-Istanbulī S II 632
Muḥammad b. Muṣṭafā al-Marāghī S III 330
Muḥammad b. Muṣṭafā al-Mudurnī S I 468
Muḥammad b. Muṣṭafā b. Nūr al-Dīn al-Sakhāwī al-Burhānī S II 912 (to be read thus)
Muḥammad b. Muṣṭafā Qāḍīzāde al-Bālīkasrī G II 443, S II 659
Muḥammad b. Muṣṭafā Shaykhzāde al-Qūjawī G I 265, 417, S I 468,$_{18}$, 726 A/C, 739,$_{12}$, II 650
Muḥammad b. Muṣṭafā al-Ṣiddīqī S II 636
Muḥammad b. Muṣṭafā al-Ṭāʾūskārī G II 442
Muḥammad b. Muṣṭafā ʿUmāra S I 266,$_{3}$
Muḥammad b. Muṣṭafā b. ʿUthmān al-Khādimī al-Qādimī S II 663

Muḥammad b. Muṣṭafā al-Wānī (Wānqulī) G II 226, S I 197, 750,$_{29}$, II 316, 428, 660
Muḥammad b. Muṣṭafā b. Zakariyyāʾ al-Ṣalghūrī S II 15 A/C, 924
Muḥammad al-Mutawallī G I 189, S II 454
Muḥammad b. al-Muthannā b. ʿAbd al-Karīm S I 382
Muḥammad b. al-Muṭahhar b. Ya. Amīr al-Muʾminīn S I 336, II 241
Muḥammad b. al-Muṭīʿī S II 103
Muḥammad b. Muẓaffar al-Khalkhālī S I 516, 620
Muḥammad b. Muẓaffar b. al-Sayyid b. Hibatallāh b. Sarāyā al-Maqdisī S I 763
Muḥammad b. Muẓaffar b. Ya. al-Zarzāwī S II 903
Muḥammad al-Nabaṭī al-ʿĀmilī S II 828
Muḥammad al-Nābulusī S II 1023
Muḥammad al-Nābulusī al-Maqdisī al-Azharī S II A/C 541
Muḥammad Naʿīm ʿAṭāʾ S I 270
Muḥammad al-Najafī S II A/C 807
Muḥammad Najal Fatā al-Ẓahīr S I 672
Muḥammad b. Nājī G II 239 (read al-Q. b. ʿĪsā S II 337), S I 561
Muḥammad al-Najīb al-Anṣārī S II 1007
Muḥammad al-Najīb a. Ghānim al-Ṭarābulusī S III 361
Muḥammad al-Najīb Marwa S III A/C 361
Muḥammad b. al-Najīb al-Qaraḥiṣārī G II 229, S II 319
Muḥammad al-Najjāmī G II 359
Muḥammad al-Najjār G II 331, S III 390
Muḥammad b. al-Najjār al-Ḥanafī S II 459
Muḥammad b. Najm al-Arīnī S II 55
Muḥammad Najm al-Dīn Khān S II 604
Muḥammad b. Najm al-Dīn b. M. al-Hilālī G II 272, S II 384
Muḥammad Najm Khān Rāmpūrī S I 761,$_{1,8}$
Muḥammad b. Najm b. Shās al-Jalāl al-Judhāmī S I 664
Muḥammad b. Najm b. al-Ṣāliḥī al-Khallālī S II 54, 387
Muḥammad b. Nām(a)war al-Khūnajī G I 463, S I 824, h, 838, 922,$_{11}$
Muḥammad al-Nashrātī G II 318
Muḥammad al-Nashshār S II 912
Muḥammad al-Nashshārī S I A/C 727
Muḥammad al-Naṣīḥī S II 1016
Muḥammad b. al-Nāṣir S I 706, 917,$_{23}$
Muḥammad Nāṣir ʿA. Ghiyāṯpūrī S II 360
Muḥammad b. al-Nāṣir al-Daraʿī S II 903, 962,$_{39}$
Muḥammad b. Nāṣir al-Dīn S II 962
Muḥammad b. Nāṣir al-Dīn a. Bakr al-Suyūṭī S II 55
Muḥammad b. Nāṣir al-Dīn al-Dimashqī S II A/C 77
Muḥammad b. Nāṣir al-Dīn al-Sawāʾī al-Shafūnī al-Shāfiʿī al-Khaṭīb G II 362, S II 489 A/C, 1008
Muḥammad b. Nāṣir al-Dīn b. Wāṣil al-Ḥamawī S I 537,$_{III,1}$, III 1
Muḥammad Nāṣir b. M. Yū. S II 944
Muḥammad al-Nāṣirī S I 627
Muḥammad b. Naṣr al-Daraʿī S II A/C 962
Muḥammad b. a. Naṣr Futūḥ al-Ḥumaydī G I 338, S I 578
Muḥammad b. a. Naṣr al-Kirmānī S II 982
Muḥammad b. Naṣr al-Marwazī S I 258, 305
Muḥammad a. Naṣr b. Nāṣir al-Dīn al-Ṭablāwī S II 443
Muḥammad b. Naṣr b. al-Qaysarānī S I 455
Muḥammad b. Naṣrallāh b. ʿUnayn G I 318, S I 551
Muḥammad al-Nawawī S II 726, 990,$_{14}$
Muḥammad b. Nawfal al-Baṣīr S II 903
Muḥammad al-Nayfir S III 498
Muḥammad Nāẓim S I 463
Muḥammad b. Niʿmatallāh Nūr al-Dīn al-Mūsawī al-Shushtarī S I 512
Muḥammad b. Niʿmatallāh b. Ṣiddīq S II 944
Muḥammad al-Nīsābūrī al-Ṣādiq S I 525
Muḥammad Nishānjīzāde G II 225, 434
Muḥammad Niyāzī al-Miṣrī G I 266, S II 662
Muḥammad b. Niẓām al-Dīn al-Astarābādhī S II 132
Muḥammad Niẓām al-Dīn al-Qayrawānī S I 650
Muḥammad b. al-Nuʿmān al-ʿArrāq G II 285
Muḥammad b. al-Nuʿmān al-Madanī S II 1016
Muḥammad b. al-Nuʿmān al-ʿUkbarī al-Mufīd G I 188, S I 322, see M. b. M.

Muḥammad b. Nuʿaym S I 474
Muḥammad Nūr al-ʿĀlam S II 264
Muḥammad Nūr b. Ḍayfallāh al-Ḥalfāwī S II 895
Muḥammad b. Nūr al-Dīn b. M. b. al-Darrāʿ G II 276, S II 386
Muḥammad Nūrī al-Baghawī S I 749,26b
Muḥammad Nūrī al-Mawṣilī S II 378
Muḥammad Nūrī al-Qādirī S I 622
Muḥammad Nūrī al-Qādirī al-Mawṣilī S II 652
Muḥammad b. Nuṣayr Ḥabīṣī S I 469,48
Muḥammad al-Nuwayrī Shams al-Dīn G II 113
Muḥammad Nuzhat S II 990
Muḥammad Panāh Mustaʿidd Khān S II 624
Muḥammad b. Pīr ʿA. al-Birkawī G I 305, II 440, S II 654
Muḥammad al-Qādirī S II 962
Muḥammad Qadrī Pāshā al-Ḥanafī S II 740
Muḥammad b. al-Qāḍī ʿAq. S II 428
Muḥammad b. al-Qāḍī Ayyūb b. ʿA. S I 687
Muḥammad Qāḍī Irtiḍāʾ ʿA. Khān al-Gūpamūʾī S II 607
Muḥammad al-Qāḍī bi Qaḍāʾ Ṭurla S II 649
Muḥammad Qāḍī b. Sayyid M. al-Lālazārī Ṭāhir S I 750,28
Muḥammad Qāḍīzāde G II 438
Muḥammad Qāḍīzāde al-Isbīrī G II 441, 442
Muḥammad b. al-Qaffāl al-Shāṭibī S I 727
Muḥammad al-Qallinīkī G II 434
Muḥammad Qamar Arčinawī S I 646
Muḥammad b. Qamar al-Dīn al-Majdhūb S II 944
Muḥammad al-Qamḥāwī S II 912
Muḥammad b. Qānṣūh b. Ṣādiq G II 271, S II 381
Muḥammad al-Qarabāghī G II 428
Muḥammad al-Qarqashānī G II 366
Muḥammad al-Qashshāsh G II 250
Muḥammad b. Q. S II 99, III 309
Muḥammad b. a. ʾl-Q. b. ʿAbd al-Salām al-Rājī al-Tūnisī S I 665, 922,6a
Muḥammad b. al-Q. b. a. ʿAdl al-ʿIzzī S I 525,22
Muḥammad b. al-Q. al-ʿAjlānī S II 170
Muḥammad b. al-Q. Akhawayn G II 230, S II 322
Muḥammad b. al-Q. al-Anbārī G I 119, S I 35, 182
Muḥammad b. a. ʾl-Q. al-Andalusī a. ʿAmr S II 1023
Muḥammad b. al-Q. al-ʿAttābī S I 504,29
Muḥammad b. al-Q. al-Baghdādī S II 180,6g
Muḥammad b. a. ʾl-Q. b. Bāyjuk al-Baqqāl(ī) al-Khwārizmī S I 513
Muḥammad b. a. ʾl-Q. b. a. Dīnār al-Ruʿaynī G II 457, S II 682
Muḥammad b. Q. b. Ḍāmin al-Dīn al-Anṣārī S II 929
Muḥammad b. al-Q. al-Faḍl al-Raṣṣāʿ al-Tūnisī G II 246, S II 343, 347
Muḥammad b. a. ʾl-Q. al-Filālī as-Sijilmāsī S II 696, see M. b. ʿO. b. M. b. ʿAbdalǧalīl al-F. S II 962,40
Muḥammad b. Q. al-Gharnāṭī S II 1023,68
Muḥammad b. Q. Ghassūs al-Fāsī G I 162, S I 269, 302,11, II 353 A/C, 700
Muḥammad b. Q. al-Ghazzī b. al-Gharābīlī G I 392, II 320, S I 536,4a, 612,c a, 677,3, 760,g, II 440
Muḥammad b. Q. al-Ḥārithī S II 491
Muḥammad b. Q. al-Ḥimyarī b. al-Ṣabbāgh S I 804, II 147, 357 A/C
Muḥammad b. Q. b. Ism. al-Baqarī G II 327, S II 454
Muḥammad b. Q. al-ʿIzzī (Ghazzī?) S I 498,c
Muḥammad b. Q. al-Khaḍrāwī S II 1033
Muḥammad b. Q. al-Mānī al-Muwaswas S I 127
Muḥammad b. Q. al-Mawṣilī al-ʿAbdalī S II 691
Muḥammad b. Q. al-Muʾayyad billāh S II 560
Muḥammad b. Q. b. M. al-ʿAbdalī S II 508
Muḥammad b. a. ʾl-Q. M. b. ʿAbd al-Ṣamad al-Bijāʾī al-Mashaddālī S I 302
Muḥammad b. Q. b. M. Dāʾim al-Bardwānī S I 650
Muḥammad b. Q. b. M. al-Hāshimī S II 890
Muḥammad b. a. ʾl-Q. b. M. al-Ribāṭī S II 677
Muḥammad Q. b. M. Taqī b. M. al-ʿUrḍbādī S II 801
Muḥammad b. al-Q. b. M. b. Zākūr al-Fāsī al-Maghribī G I 26, S I 54, 545, II 684

Muḥammad b. a. 'l-Q. al-Mūsawī al-Shīrāzī S II 843
Muḥammad b. a. 'l-Q. al-Najrī S II 247
Muḥammad b. al-Q. a. Naṣr S II 912
Muḥammad b. a. 'l-Q. b. Naṣr al-Fajījī G II 251, S II 353
Muḥammad b. Q. b. al-Nuwayrī S II 34
Muḥammad b. Q. al-Rassī S I 315
Muḥammad b. a. 'l-Q. al-Ṣanhājī S II 962
Muḥammad b. a. 'l-Q. b. Taymiyya al-Ḥarrānī al-Ḥanbalī Fakhr al-Dīn S II 1024
Muḥammad b. al-Q. al-Thawrī S II 354
Muḥammad b. a. 'l-Q. al-Tūnisī G I 306
Muḥammad b. Q. al-Wāʿiẓ al-Wāsiṭī G II 159
Muḥammad b. Q. b. Yaʿqūb G I 292
Muḥammad b. Qassūm b. Aslam al-Ghāfiqī S I 891
Muḥammad Qays b. Shaykh Yū. al-ʿIrāqī S II 23
Muḥammad al-Qayṣarī S I 847,18
Muḥammad al-Qazwīnī S I 927
Muḥammad b. Qishsh Ilyā b. ʿA. al-Gharqī S II 523
Muḥammad Qiyām al-Dīn a. 'l-Qāri' S I 650
Muḥammad al-Qudsī Ḥāfiẓ al-Dīn G II 362
Muḥammad al-Qudsī (Maqdisī) a. Ḥāmid G II 77, 132, 134
Muḥammad al-Qūhistānī al-Ṣamadānī Shams al-Dīn G II 198, S II 269
Muḥammad al-Qūnawī G I 395
Muḥammad al-Qurashī al-Ṣiddīqī al-Khaṭīb al-Kāzarūnī S I 739,8
Muḥammad Qurqūd b. Bāyazīd S II 317
Muḥammad Qush b. Yū. b. Ibr. al-Gharqī S II 23
Muḥammad al-Qusumṭīnī a. Qunfūdh G II 464, S II 711
Muḥammad Quṭb al-Dīn Khān S II 278
Muḥammad Quṭb al-Dīn Khān al-Dihlawī S I 621
Muḥammad b. Quṭb al-Dīn al-Rūmī al-Iznīqī S I 808, II 328
Muḥammad b. Quṭṭa al-ʿAdawī G I 299, S I 524,g
Muḥammad al-Rabaʿī al-Ḥanbalī S II 263
Muḥammad b. Rabīʿ al-Zarkashī S I A/C 860
Muḥammad b. Raḍī al-Najafī S II 971
Muḥammad Raḍī al-Dīn ʿAbd al-Majīd S II 189, 169,v
Muḥammad b. Raḍī al-Dīn M. al-Ghazzī al-ʿĀmirī G II 354, S II 480
Muḥammad Ra'fat Jamālī S III 231
Muḥammad Rafīʿ al-Dīn S I 749,17, II 616
Muḥammad b. Rafīʿ b. Hijris al-Sallāmī G II 33, S II 30
Muḥammad Rafīʿ Pīrzāde S II 577 n
Muḥammad Rāghib al-Dimashqī S II 862
Muḥammad Rāghib Pāshā S II 632
Muḥammad Rāghib al-Ṭabbākh S III 430
Muḥammad Raḥīm b. Ḥājj M. al-Harawī S II 579
Muḥammad b. Raḥīq b. ʿAbd al-Karīm G I 224
Muḥammad Raḥmī al-Akīm b. A. al-Naẓīf G II 492, S I 533 A/C, II 632
Muḥammad Rajab Ḥilmī S I 791
Muḥammad b. Ramaḍān al-Ghazzī G II 302
Muḥammad b. Ramaḍān b. Manẓūr b. M. al-Marzūqī S II A/C 738
Muḥammad b. Ramaḍān al-Rūmī Rashīd al-Dīn a. ʿAl. S I A/C 296
Muḥammad al-Ramlī Shams al-Dīn G II 94, 95, S II 111 = M. b. A. b. A. al-R. S II 442
Muḥammad Ramzī Ef. S II 656
Muḥammad Rāqim S II 291
Muḥammad Rashād Ḥāfiẓ S III 274, II 280
Muḥammad Rashīd b. ʿAbd al-Laṭīf b. ʿAq. al-Rāfiʿī S III 346
Muḥammad b. al-Rashīd al-Azdī S II 955
Muḥammad Rashīd Riḍā S III 321
Muḥammad b. Rashīd al-Yaḥyawī S I 485
Muḥammad al-Rashīdī al-Burullusī S II A/C 70
Muḥammad Riḍā b. ʿAbd al-Ḥusayn al-Nuṣayrī al-Ṭūsī S II 582, 988
Muḥammad Riḍā ʿAl. al-ʿAllāma al-Taqī al-Iṣfahānī S II 807
Muḥammad b. a. 'l-Riḍā al-ʿAlawī S I 497
Muḥammad Riḍā b. ʿA. b. Mīrzā M. Shāh al-ʿAbd al-ʿAẓīmī S II 801
Muḥammad Riḍā al-Ḥusaynī S II 584
Muḥammad Riḍā b. M. Hādī al-Hamadhānī S II 798

Muḥammad Riḍā b. M. Jawād al-Shabībī S III 482, 483
Muḥammad Riḍā b. M. Ṣādiq al-Samnānī S II 827
Muḥammad Riḍā b. M. Ṣāliḥ al-Anṣārī S II 956
Muḥammad Riḍā al-Mūsawī al-Shīrāzī S I 712
Muḥammad b. a. ’l-Riḍā al-Naḥwī S I 471
Muḥammad Riḍā al-Qummī S II 610
Muḥammad Riḍā al-Qūmshāhī S II 834
Muḥammad Riḍawī Qaṣīr S II 450
Muḥammad Rif‘at S III 310
Muḥammad Riyāsat ‘A. G II 160, 681
Muḥammad Rūḥānī al-‘Alā’ī G I 588
Muḥammad Rukn al-Dīn Turāb ‘A. S II 180,6m
Muḥammad Rukn al-Ushwānī G I 293
Muḥammad al-Rūmī Māmiyā S II 651
Muḥammad Rushdī al-Jarkasī S II 310
Muḥammad Rustam Mu‘tamad Khān al-Ḥārithī al-Badakhshī S I 245,30, II 500
Muḥammad al-Rūyānī G II 198
Muḥammad b. Sa‘āda G I 359
Muḥammad al-Sabtī Shams al-Dīn = M. b. Mas‘ūd S I 909
Muḥammad Sāčaqlīzāde G I 418, II 370, S II 259, 498, see M. al-Mar‘ashī S.
Muḥammad b. Sa‘d S I 928, n
Muḥammad b. Sa‘d ‘Al. al-Tamīmī S II 693
Muḥammad b. Sa‘d al-Ālānī S I A/C 468
Muḥammad Sa‘d al-Dīn al-Ḥusaynī G II 491
Muḥammad Sa‘d Ef. b. M. Sa‘d al-Miṣrī S II 912
Muḥammad Sa‘d Ghālib S I 536,15
Muḥammad b. a. Sa‘d al-Ḥ. al-Baghdādī b. Ḥamdūn G I 280, S I 493
Muḥammad b. Sa‘d ‘Iyāḍ al-Miṣrī S II 22
Muḥammad Sa‘d i Ja‘farī S I 534, σ
Muḥammad b. Sa‘d Kātib al-Wāqidī G I 136, S I 208
Muḥammad b. Sa‘d al-Marwazī S I 510,14
Muḥammad b. Sa‘d al-Qurṭī G II 698, S II 572
Muḥammad Sa‘dallāh Murādābādī Rāmpūrī S II 235
Muḥammad Sa‘dallāh al-Qandahārī S II 180,6f
Muḥammad Sa‘dī b. ‘Aq. al-‘Umarī G II 280, S II 390
Muḥammad Sa‘dī al-Azharī al-Gīlānī S II 772
Muḥammad Sa‘dī Shams al-Dīn S II 1008
Muḥammad Sa‘dī b. Yū. al-Imām al-Sulṭānī al-Khalwatī S II 1008
Muḥammad b. Sahl S I 97
Muḥammad b. Saḥnūn G I 177, S I 300
Muḥammad b. al-Sā’ib al-Kalbī S I 331
Muḥammad Sa‘īd al-‘Abbāsī al-Kalbī S III 181
Muḥammad Sa‘īd ‘Abd al-Ghaffār S II 956
Muḥammad b. Sa‘īd al-Anṣārī G II 239, S II 349
Muḥammad a. Sa‘īd al-‘Āṣ S III 422
Muḥammad b. Sa‘īd al-Azdī al-Qalhātī S II 568
Muḥammad b. Sa‘īd al-Bajā’ī G I 367 = A. b. S. al-B. S I 666,10b
Muḥammad Sa‘īd al-Bānī S III 384
Muḥammad b. Sa‘īd Bāqushayr S II 535
Muḥammad Sa‘īd Bāshā S III 282
Muḥammad b. Sa‘īd al-Būṣīrī G I 264, S I 467
Muḥammad Sa‘īd i Dhihnī S I 755,37
Muḥammad b. Sa‘īd b. al-Dubaythī G I 330, S I 565
Muḥammad b. Sa‘īd b. Hilāl G II 388
Muḥammad Sa‘īd Ibr. S III 126
Muḥammad b. Sa‘īd al-Jawādī S I 173
Muḥammad b. Sa‘īd Khān al-Hindī S I 504,26, 535,33
Muḥammad b. Sa‘īd al-Khaṭīb S II 903
Muḥammad Sa‘īd b. M. b. A. b. al-Sammān G II 282, S II 391, 404
Muḥammad Sa‘īd b. M. Amīr Nāṣir Ḥu. al-Naqawī al-Laknawī G II 208, S II 864
Muḥammad Sa‘īd b. M. Bābaṣīl G II 102, 500, S II 811
Muḥammad Sa‘īd b. M. al-Ḥāfiẓ al-Baṣrī S I 596
Muḥammad Sa‘īd b. M. Mufīd al-Qummī S I 707 A/C, S II 581
Muḥammad b. a. Sa‘īd M. b. Sharaf al-Qayrawānī S I 473
Muḥammad Sa‘īd b. M. Sunbul al-Majallā’ī S II 421, 944

Muḥammad b. Saʿīd b. M. Ṣādiq al-Iṣfahānī S II 671,103
Muḥammad b. Saʿīd b. Muḥyi ʾl-Dīn al-Ḥasanī al-Jazāʾirī S II 288
Muḥammad Saʿīd b. Muṣṭafā Ef. al-Khaṭīb al-Najafī S II 797
Muḥammad Saʿīd b. Q. al-Qabhāʾī S II 582, 828
Muḥammad b. Saʿīd al-Qushayrī G I 138, S I 210
Muḥammad b. Saʿīd al-Salmāsī S II 1008
Muḥammad b. Saʿīd al-Ṭabarī al-Qurashī al-Shāfiʿī S II 944
Muḥammad b. Saʿīd b. ʿU. al-Ṣanhājī G II 246, S II 344
Muḥammad b. Saʿīd b. Ya. al-Marghītī al-Sūsī G II 463, S II 707
Muḥammad b. Saʿīd al-Yamanī al-Tustarī S I 816,20
Muḥammad b. Saʿīd al-Yiddāwī S II 894
Muḥammad b. Salāma S I 137
Muḥammad b. Salāma b. ʿAbd al-Jawād al-Shahrī S II 453
Muḥammad b. Salāma b. ʿAbd al-Khāliq al-Wāʿiẓ S II 743
Muḥammad b. Salāma b. Jaʿfar al-Quḍāʿī G I 343, 361, S I 584
Muḥammad b. Salāma al-Māridīnī S II 924
Muḥammad b. Sālim b. A. al-Ḥifnāwī(nī) G II 208, 323, S I 471,3, 524,12,b, II 288, 445
Muḥammad b. Sālim ʿA. S I 523, k
Muḥammad b. Sālim b. ʿA. al-Ṭablāwī S II 443
Muḥammad Salīm Ef. al-Qaṣṣāb S III 341
Muḥammad b. Salīm b. Ḥu. b. ʿAbd al-Ḥalīm G II 424, S II 397, 632
Muḥammad Salīm al-Jundī S II 766
Muḥammad b. Sālim al-Khallāl S II 171
Muḥammad Sālim Rāzī S I 76
Muḥammad b. Sālim b. Saʿīd Bābaṣīl S II 811
Muḥammad b. Sālim b. Wāṣil al-Ḥamawī G I 322, 463, S I 226, 555, 838, 851 A/C
Muḥammad b. Sālim b. Wiṣāl S II A/C 19
Muḥammad b. Sallām al-Jumaḥī G I 505, S I 43, 165
Muḥammad b. Samāʿa b. Wakīʿ al-Tamīmī G I 519, S I 291,x
Muḥammad al-Samarqandī Shams al-Dīn S I 817,i
Muḥammad al-Sammān S II 479 A/C, 629
Muḥammad al-Samnānī S I 826 c γ
Muḥammad b. Samnūn al-Mālikī S I 663
Muḥammad b. Samʿūn al-Muwaqqit G II 126, S II A/C 156
Muḥammad al-Sandarūsī S I 628
Muḥammad al-Sanjānī Muftīzāde S I 847,20
Muḥammad al-Sanūsī S II 537
Muḥammad al-Sanūsī a. ʿAl. S II 888
Muḥammad b. al-Sarī b. al-Sarrāj al-Baghdādī S I 174
Muḥammad al-Sarrāj al-Wazīr al-Andalusī S II 685
Muḥammad al-Sāwī G II 239
Muḥammad b. Sawwār al-Shaybānī G I 257 (read: Fawāt II 216)
Muḥammad b. Sayf al-Dīn Aydamur S I 444
Muḥammad b. Sayḥān al-Sālimī S II 823
Muḥammad Sayrīzāde G II 214
Muḥammad b. Sayyid M. al-Jadāʾī Rasūldār S II 618
Muḥammad b. Sayyid al-Sharīf al-Jurjānī S II 293
Muḥammad b. Shaʿbān G I 287
Muḥammad b. Shaʿbān al-Ghazzī G II 324
Muḥammad al-Shabīnī(?) S II A/C 260
Muḥammad al-Shādhilī Khaznadār S III 499
Muḥammad al-Shāfiʿī a. ʾl-Faḍl S II 994
Muḥammad al-Shāfiʿī al-Fuḍālī G II 489
Muḥammad al-Shāfiʿī al-ʿInānī S I A/C 468
Muḥammad al-Shāfiʿī al-Janāḥī al-ʿAshmāwī G II 483
Muḥammad Shafīq Ef. Muṣṭafā S III 253
Muḥammad Shāh Čelebī b. M. al-Fanārī S II 329
Muḥammad b. Shāh M. Dārābī Shīrāzī S I 76
Muḥammad Shāh Rāsapūrī S I 749,17
Muḥammad Shāhī Oqğīzāde G II 430, S II 640
Muḥammad Shāhjahānpūrī S II 292
Muḥammad Shākir al-Jirjāwī S I 843,27
Muḥammad b. Shākir al-Kutubī G I 328, II 48, S II 48

Muḥammad Shalabī S I 471$_{,3}$
Muḥammad b. al-Shammāʿ al-Miṣrī S I 470$_{,aa}$
Muḥammad b. Shams al-Dīn S I 638
Muḥammad Shams al-Dīn b. a. ʾl-ʿAbbās A. al-Ramlī S II 11
Muḥammad b. Shams al-Dīn M. b. al-ʿAṭṭār S II 88
Muḥammad Shams al-Dīn al-Tīzīnī G II 129
Muḥammad Shams al-Ḥaqq al-ʿAẓīmābādī S II 862
Muḥammad al-Shanawānī G I 372$_{,15,1}$
Muḥammad al-Sharābī al-Idkawī S II A/C 1024
Muḥammad b. Sharaf b. ʿAlawī al-Kallāʿī G II 161, S II 200
Muḥammad b. Sharaf al-Dīn al-Madanī G II 178
Muḥammad al-Shaʿrāwī S II 361, n
Muḥammad Sharīf b. ʿAl. al-Ḥaqqī S II 856
a. Muḥammad Sharīf ʿAr. Maghrabīzāde S I 296
Muḥammad Sharīf b. Ḥādhiq al-Mulk M. Akmal Khān S I 895, II 622, 864
Muḥammad b. Sharīf al-Ḥasanī al-Tilimsānī S I 631$_{,e}$
Muḥammad Sharīf al-Ḥusaynī al-ʿAlawī G II 209, S II 623
Muḥammad b. Sharīf al-Ḥusaynī al-Jankī G I 369, S I 839
Muḥammad al-Sharīf al-Jazāʾirī S II 480
Muḥammad Sharīf Kanbū S II 628
Muḥammad Sharīf al-Kashmīrī S II 580
Muḥammad b. a. ʾl-Sharīf al-Maqdisī S I 760, h, 972 ad 679
Muḥammad Sharīf b. M. al-Ḥusaynī al-ʿAlawī S I 534, s, 966
Muḥammad al-Sharīf b. Muṣṭafā al-Tūqātī S I 266
Muḥammad Sharīf Muṣṭafābādī S II 624
Muḥammad Sharīf Salīm S III 309
Muḥammad al-Sharjī G II 399
Muḥammad al-Sharnūbī S II 469
Muḥammad b. al-Shawbarī S II 194
Muḥammad al-Shaykh al-Andalusī al-Ribāṭī S II 891
Muḥammad b. al-Shaykh al-Imām al-Ṭūsī a. ʾl-Q. S II 1035$_{,16}$
Muḥammad al-Shaykh Muṣliḥ al-Dīn S II 645
Muḥammad b. Shihāb al-Dīn S II 912
Muḥammad b. Shihāb al-Dīn A. al-Bāʿūnī S II 38
Muḥammad b. Shiḥna G I 428
Muḥammad al-Shinshawrī S II 154
Muḥammad Shīr M. S I 774$_{,13}$
Muḥammad al-Shirānasī G II 208, S I 741$_{,69}$, II 259, 260, 288
Muḥammad al-Shīrāzī Mīr Ṣadr al-Dīn G I 509, II 204, 207, S II 279
Muḥammad al-Shīrāzī Taqī al-Dīn S I 840, d
Muḥammad al-Shirwānī G I 417
Muḥammad al-Shirwānī al-Bukhārī S I 268$_{,II,\ 3a}$
Muḥammad Shīth al-Jūmarī G II 497 (to be read thus)
Muḥammad b. Shuʿayb S II 99
Muḥammad b. Shuʿayb b. ʿA. al-Shuʿaybī G II 341, S II 470
Muḥammad Shuʿayb Būjawārī Kābulī S I 535$_{,37}$
Muḥammad al-Shubrāwī al-Mālikī b. Ḥ. b. A. Khalīfat al-Shaykh M. al-Banūfarī S II 1008
Muḥammad a. Shuhra al-Manfalūṭī S II 483
Muḥammad b. a. ʾl-Shukr S I 869
Muḥammad b. Shukrī S I 765$_{,166}$
Muḥammad Shukrī al-Makkī S I 441, II 917
Muḥammad b. Shuqayr Ṣāḥib al-Mubarrad S I A/C 159
Muḥammad b. Shurayḥ al-Ruʿaynī al-Ishbīlī S I 722
Muḥammad Sibṭ al-Māridīnī G I 471, II 164, S I 858, II 206
Muḥammad b. Sibṭ al-Rājiḥī G II 335, S II 463
Muḥammad al-Sikandarī al-Iyādī S III 266
Muḥammad al-Sindī S I 286
Muḥammad al-Sinjābī G I 347
Muḥammad b. Sirāj a. Bakr S II 924
a. Muḥammad b. Sirāj al-Dīn S II 912
Muḥammad b. Sīrīn G I 66, S I 102
Muḥammad al-Siyālkūtī S I 270
Muḥammad b. Sūdā al-Tāwudī G I 159, S I 263$_{,22}$, II 375, 376, 689

Muḥammad b. Sufyān al-Qayrawānī S I 718
Muḥammad al-Suḥaymī G II 317, b. A. b. M. S II 437,2
Muḥammad al-Sulamī al-Shāfiʿī S II 965, see M. b. Ibr. b. Isḥāq al-Munāwī al-S. G II 700, S II 627
Muḥammad b. S. a. ʿAr. S II 641
Muḥammad b. S. al-Aḥmad S III 360
Muḥammad b. S. a. A. al-Dāʾūdī al-Madanī S II 977
Muḥammad b. S. al-Arīḥawī G II 253, S II 360
Muḥammad b. S. (ʿAr.) b. a. Bakr al-Juzūlī al-Simlālī G II 252, S II 359
Muḥammad b. S. al-Fattanī S II 605,8
Muḥammad b. S. Ḥasaballāh al-Shāfiʿī G II 320, S II 441, 813
Muḥammad b. S. al-Jaʿbarī S II 138
Muḥammad b. S. al-Kafawī G II 83
Muḥammad b. S. al-Kaffūrī al-Mālikī G II 319, S II A/C 439
Muḥammad b. S. al-Kāfiyajī G II 24, 114, 215, S II 14, 140 (a. ʿAl. b. S. al-K.)
Muḥammad b. S. al-Kamārī al-Zuzzī S I 173
Muḥammad b. S. al-Kūfī S I 209, 315
Muḥammad b. S. al-Kurdī al-Madanī S II 528,26, 555
Muḥammad b. S. al-Maghribī S I 608
Muḥammad b. S. al-Makkī G II 320
Muḥammad b. S. b. M. al-Ḥalabī S II 267
Muḥammad b. S. Naḥīfī S I 470,cc
Muḥammad b. S. Rabaʿī S II 912
Muḥammad b. S. al-Ṣāʾim b. ʿAr. al-Tilimsānī al-Juzūlī S II 1009,126
Muḥammad b. S. al-Tanukābunī S II 828
Muḥammad b. S. al-Tilimsānī al-Shābb al-Ẓarīf G I 258, S I 458
Muḥammad b. S. al-ʿUmānī al-Sāṭī S II 893
Muḥammad b. Sulṭān al-Dimashqī al-Ḥanafī S II 267
Muḥammad b. Sulṭān b. Ḥayyūs G I 256, S I 456
b. Muḥammad Sunbul M. Saʿīd S II 421
Muḥammad b. a.ʾl-Surūr al-Bakrī al-Ṣiddīqī S II 36, 41, 394, 408
Muḥammad b. a. ʾl-Surūr al-Ṣabbān S II 808, III 497
Muḥammad b. a. ʾl-Suʿūd b. Ḥ. al-Shurunbulālī S II 266
Muḥammad b. a. ʾl-Suʿūd al-Ḥasanī S II 430
Muḥammad b. Ṣabāḥ S I 861,28
Muḥammad al-Ṣabbāgh al-Miknāsī S II 697
Muḥammad Ṣabrī S III 230, 306
Muḥammad b. Ṣadaqa al-ʿĀdilī G II 121
Muḥammad Ṣādiq G II 491, S I 966, II 592
Muḥammad Ṣādiq b. ʿAbd al-Raḥīm al-Arzanjānī Muftīzāde S I 846, λ, II 259, 482 A/C
Muḥammad Ṣādiq ʿA. S I 518
Muḥammad Ṣādiq ʿA. A. al-Sāqizī G II 436, S II 647
Muḥammad Ṣādiq b. Āqā M. al-Numayrī S II 795
Muḥammad Ṣādiq Bāshā S II 749
Muḥammad Ṣādiq al-Burūjirdī S I 525,44
Muḥammad Ṣādiq Darwīsh G I 287, S I 504,8, II 287
Muḥammad Ṣādiq al-Ḥusaynī S III 496
Muḥammad Ṣādiq al-Ḥusaynī Ṣadr al-Dīn G II 415, S II 595,6a
Muḥammad Ṣādiq Kashmīrī S I 712, n
Muḥammad Ṣādiq al-Kharrāṭ G II 415
Muḥammad Ṣādiq Marʿashī Māzandarānī S II 292
Muḥammad Ṣādiq b. M. Bāqir al-Ṭabāṭabāʾī S II 802
Muḥammad Ṣādiq b. M. Ḥ. al-Ṭihrānī S II 829
Muḥammad Ṣādiq b. M. Ḥu. al-Ṣadr S II 808
Muḥammad Ṣādiq b. M. Ṣāliḥ S II 588
Muḥammad Ṣādiq Saʿdī Qādirī S I 778,20
Muḥammad Ṣādiq b. Sālim al-ʿAṭṭār al-Shaʾmī al-Dimashqī S II 1008
Muḥammad b. Ṣādiq al-Sindī S I 612,σ
Muḥammad Ṣādir b. Fayḍallāh Ṣadr al-Dīnzāde S I 517, e
Muḥammad Ṣadr al-Dīn S II 988
Muḥammad b. Ṣadr al-Dīn al-Shirwānī Mollāzāde G I 417, II 453, S I 765,21, II 673, see M. Amīn b. Ṣadr Amīn
Muḥammad Ṣadr al-Ḥaqīqa S II A/C 593
Muḥammad b. Ṣafāʾ al-Ḥasanī S II 988
Muḥammad b. al-Ṣafāʾ b. Yūnus al-Ḥusaynī S II 287

Muḥammad Ṣafdar Fakhr al-Islām Khān b. Ḥu. M. Khān S II 945
Muḥammad Ṣafī b. Bahāʾ al-Dīn al-ʿĀmilī S II 587
Muḥammad Ṣafwat S II 232
Muḥammad al-Ṣaghīr b. ʿAr. b. ʿAl. al-Fāsī S II 703
Muḥammad al-Ṣaghīr b. ʿA. al-Shuraybātī S II 461
Muḥammad al-Ṣaghīr b. M. al-Ḥājj al-Ifrānī G II 455, 457, S II 681
Muḥammad al-Ṣaghīr al-Suhaylī S II A/C 360
Muḥammad al-Ṣaghīr b. Yū. G II 458, S II 687
Muḥammad b. al-Ṣāʾigh G I 267
Muḥammad al-Ṣakhrī G II 168
Muḥammad al-Ṣakkākī al-Amīr al-Mufassir S II 977
Muḥammad b. Ṣalāḥ b. Jalāl al-Dīn al-Lārī S II 620
Muḥammad b. Ṣāliḥ S II 245
Muḥammad Ṣāliḥ b. ʿAr. b. Taslīm al-Awjalī S II 924
Muḥammad Ṣāliḥ b. A. al-Māzandarānī G I 520, S I 320$_{,7,1,b}$
Muḥammad Ṣāliḥ al-Aḥsāʾī G I 299, S I 525$_{,15,a}$, II 450 A/C, 578
Muḥammad Ṣāliḥ Āl al-Suhrawardī S III 496
Muḥammad Ṣāliḥ al-Asʿadī S II 576
Muḥammad b. Ṣāliḥ b. al-Habbāriyya al-ʿAbbās S I 817$_{,26}$
Muḥammad Ṣāliḥ b. Ḥ. al-ʿIṣāmī S II 1026
Muḥammad Ṣāliḥ b. Ibr. al-Zubayrī S II 809
Muḥammad b. Ṣāliḥ b. Ism. S II 656
Muḥammad Ṣāliḥ al-Jārim S II 424
Muḥammad b. Ṣāliḥ al-Karābīsī S I 295
Muḥammad b. Ṣāliḥ al-Kātib Yāzīǧīoġlū G II 710, S II 323
Muḥammad Ṣāliḥ al-Kāẓimī S II 792
Muḥammad Ṣāliḥ b. Mawlānā Sharīf S I 766
Muḥammad b. Ṣāliḥ b. Mihrān S I 216
Muḥammad Ṣāliḥ b. M. Bāqir Qazwīnī Rawghanī S I 76$_{,3,f}$
Muḥammad b. Ṣāliḥ b. M. al-Ghazzī al-Timirtāshī S II 418
Muḥammad b. Ṣāliḥ b. M. al-Iṣfahānī S II 829
b. Muḥammad b. Ṣāliḥ b. M. Ṣādiq al-Warāmīnī al-Saʿīdī S II 988
Muḥammad b. Ṣāliḥ Shaykh A. al-Miṣrī S II 619
Muḥammad b. Ṣāliḥ al-Sibāʿī al-Ḥifnāwī S I 69, II 180$_{,6p}$
a. Muḥammad al-Ṣarṣarī al-Ḥanbalī S II 966
Muḥammad al-Ṣawlajāwī S II 924
Muḥammad Ṣawwāf b. Jamāl al-Dīn ʿAqīl S II 213
Muḥammad al-Ṣaydāwī S II 384
Muḥammad b. Ṣiddīq al-Ḥanafī G II 340
Muḥammad Ṣiddīq Khān S II 818$_{,9}$, 819
Muḥammad Ṣiddīq Khān b. Awlād Ḥ. Khān al-Qannawjī G II 418, 503, S I 264, II 74, 853, 859
Muḥammad al-Ṣiddīq b. M. al-Ḥasanī S II 470
Muḥammad b. al-Ṣiddīq Sharīf S I 622, h, II 528
Muḥammad al-Ṣiddīqī Shams al-Dīn S I A/C 924
Muḥammad Ṣubḥī S III 102
Muḥammad Ṣubḥī a. Ghanīma S III 231, 387
Muḥammad al-Ṣūrānī G I 448$_{,145}$
Muḥammad al-Tabrīzī Amīr Khān S II 304
Muḥammad al-Tabrīzī al-Ḥanafī G II 208, S II 277, 287
Muḥammad al-Tādilī S II 702
Muḥammad Tāj al-ʿālam al-Ṣiddīqī S II 264
Muḥammad Tāj al-ʿārifīn al-Bakrī al-ʿUthmānī G II 327, S II 694, 978
Muḥammad Tāj al-Dīn b. ʿAbd al-Muḥsin al-Qalaʿī S I 948 ad 268
Muḥammad b. Tāj al-Dīn b. A. al-Maḥāsinī G II 354, S II 481
Muḥammad b. al-Takhūmī b. M. b. M. b. Shahbūn al-Lalmūṭī al-Shafshawānī S II 1016
Muḥammad b. Tamīm G I 524
Muḥammad al-Tamīmī S III 227
Muḥammad Taqī b. ʿAbd al-Raḥīm al-Rāzī al-Iṣfahānī S II 450
Muḥammad Taqī al-Astarābādhī S II 581

Muḥammad Taqī al-Dīn G II 331, S II 460
Muḥammad Taqī al-Dīn b. al-Ḥ. al-Ḥusaynī al-Astarābādhī S I 712
Muḥammad Taqī al-Dīn al-Qāḍī al-Ḥanafī al-Dimashqī al-Zuhayrī G I 262, S I 463,2, II 1035
Muḥammad Taqī b. Ḥ. G I 304
Muḥammad Taqī b. Ḥu. b. ʿA. S II 504, 828
Muḥammad Taqī b. Ḥu. b. ʿA. al-Iṣfahānī al-Ḥāʾirī S II 795
Muḥammad Taqī b. Ḥu. b. Dildār ʿA. Mumtāz al-ʿulamāʾ S II 853
Muḥammad Taqī al-Khādimī al-Anṣārī S I 556
Muḥammad Taqī ʾl-Khayr S II 1024
Muḥammad Taqī al-Majlisī al-Iṣfahānī S II A/C 572
Muḥammad Taqī al-Māmaqānī S II 836
Muḥammad Taqī b. Maqṣūd ʿA. al-Majlisī S I 321, 322
Muḥammad Taqī b. M. Bāqir b. M. Taqī Ṣāḥib al-Iṣfahānī S I 321,3,b, II 800, 838
Muḥammad Taqī b. M. al-Barghānī al-Qazwīnī al-Shahīd al-Thālith S I 712, k
Muḥammad Taqī al-Rāzī S II 828
Muḥammad Taqī al-Shīrāzī S II 832
Muḥammad Taqī al-Tabrīzī G II 138
Muḥammad al-Tasfawī at-Tījānī S II 876
Muḥammad al-Tāʾūdī b. al-Ṭālib b. Sūda al-Murrī G I 159, S I 263,22, II 375, 376, 689
Muḥammad al-Tawātī al-Bājī G II 302, S II 690
Muḥammad Tawfīq ʿA. S III 81
Muḥammad Tawfīq al-Azharī G II 483, S II 735
Muḥammad Tawfīq Ṣidqī S III 323
Muḥammad al-Tawzarī G I 268,4,2a = M. b. ʿA. al-Miṣrī S I 473
Muḥammad Taymūr S III 217, 271
Muḥammad Thābit S III 253
Muḥammad Thanāʾallāh al-Naqshbandī al-Mujaddidī al-Maẓharī S II 416
Muḥammad al-Tīrawī al-ʿAyshī S I 361, II 631, 656
Muḥammad b. Tūmart G I 400, S I 298,1,a, 697
Muḥammad Ṭāhā b. Mahdī b. M. Riḍā al-Ṭabarsī al-Najafī S II 798
Muḥammad Ṭāhā Maḥmūd S III 233
Muḥammad al-Ṭāhir b. al-Ahdal S II 239
Muḥammad b. Ṭāhir b. ʿA. al-Maqdisī al-Qaysarānī al-Ẓāhirī G I 355, S I 603
Muḥammad Ṭāhir b. ʿA. al-Mawlawī al-Gūjarātī S I 536,12
Muḥammad Ṭāhir b. ʿA. al-Ṣiddīqī al-Pattanī G II 416, S II 601
Muḥammad Ṭāhir b. Bahrām al-Sijazī G I 324, S I 377
Muḥammad Ṭāhir Brussali S I 791, II 313
Muḥammad Ṭāhir al-Bukhārī S II 994
Muḥammad b. Ṭāhir b. al-Ḥu. al-Ḥabīb S II 1012,148 (to be read thus)
Muḥammad b. Ṭāhir al-Ḥu. al-Mūsawī al-Raḍī G I 82, S I 131
Muḥammad Ṭāhir al-Ḥusaynī G I 310
Muḥammad b. Ṭāhir b. Ibr. al-Ḥārithī S I 715
Muḥammad Ṭāhir al-Jiblāwī al-Dimyāṭī S III 85
Muḥammad b. al-Ṭāhir b. M. Ḥu. al-Shīrāzī al-Najafī S II 581
Muḥammad b. Ṭāhir al-Qāḍī al-Taybādhkānī S I 774
Muḥammad b. Ṭāhir al-Qaysarānī G I 355, S I 279, 603
Muḥammad b. Ṭāhir al-Qazwīnī S I 742,8
Muḥammad b. Ṭāhir al-Samāwī S II 804, III 482
Muḥammad Ṭāhir b. Shaykh Shāh A. al-Shaʾmī S II 1016
Muḥammad Ṭāhir Sunbul = Ṭ. S. S II 958,108 see A/C
Muḥammad Ṭāhir Ṣāʾighzāde S II 783
Muḥammad al-Ṭāhir al-ʿUmarī Āl al-Muṣīb S III 495
Muḥammad b. al-Ṭaḥḥān G II 96
Muḥammad b. Ṭalḥa b. M. b. al-Ḥ. al-Qurashī al-ʿAdawī G I 463, S I 838
Muḥammad b. a. Ṭālib al-Astarābādhī S II 575
Muḥammad b. al-Ṭālib b. Ḥamdūn b. ʿAr. b. al-Ḥājj al-Sulamī al-Mirdāsī al-Fāsī S I 526, II 700, 882

Muḥammad Ṭālib b. Ḥamdūn b. ʿAr. b. Ḥamdūn S II 375, 875
Muḥammad al-Ṭandaṭāʾī S II 260
Muḥammad al-Ṭanṭāwī S II 260, see M. ʿAyyād
Muḥammad b. Ṭarkāṭ al-ʿAkkī S I 561
Muḥammad Ṭāshköprīzāde S II 571
Muḥammad b. Ṭayfūr al-Ghaznawī al-Sajāwandī G I 408, S I 724
Muḥammad al-Ṭayyib b. ʿAl. b. A. a. Makhrama S II 239
Muḥammad al-Ṭayyib b. ʿAbd al-Majīd al-Kirānī S I 523,g, 684,32, II 146, 700, 873
Muḥammad al-Ṭayyib b. ʿAbd al-Salām al-Qādirī S II 687
Muḥammad b. Ṭayyib Bāqillānī s. M. b. ʿAbd al-Ṭayyib G I 197, S I 349
Muḥammad b. Ṭayyib al-Fāsī S I 182
Muḥammad Ṭayyib al-Makkī al-Hindī S I 510, II 18
Muḥammad b. Ṭayyib al-Mālikī S II 354
Muḥammad Ṭayyib al-Marīnī S II 962
Muḥammad b. Ṭayyib b. M. al-Fāsī al-Maghribī S I 541, 685
Muḥammad b. Ṭayyib b. M. b. a. ʾl-Fatḥ S II 194, 252,b
Muḥammad b. Ṭayyib b. M. al-Madanī al-Mālikī S II 277,18
Muḥammad b. Ṭayyib b. M. al-Sharāgī S II 522
Muḥammad Ṭayyib b. M. al-Ṭāhir al-Tuwātī al-Ḥusaynī S II 185,81
Muḥammad b. al-Ṭayyib al-Nāshirī S I 679,9
Muḥammad b. Ṭayyib al-Qādirī G II 455
Muḥammad b. Ṭayyib al-Sharīf al-ʿAlamī G II 458, S II 684
Muḥammad b. Ṭayyib al-Sindī S I 268,6
Muḥammad b. Ṭughril b. al-Ṣayrafī S I 632,c
Muḥammad b. Ṭūlūn S I 791, 811, see M. b. ʿA. b. M. G II 367, S II 494
Muḥammad al-Ṭūsī S I 322, see M. b. al-Ḥ. G I 405, S I 706
Muḥammad ʿUbāda b. Barrī al-ʿAdawī (ʿIdwī) S I 635, II 75 A/C, 354 A/C, 528 A/C
Muḥammad b. ʿUbāda al-ʿIdwī S II 20
Muḥammad b. ʿUbāda al-Ṣaʿīdī S II 467
Muḥammad b. ʿUbaydallāh al-Kūmī S II 387
Muḥammad b. ʿUbaydallāh al-Lajlāj S I 219
Muḥammad b. ʿUbaydallāh b. M. b. ʿUbaydallāh b. Manṣūr al-Qaysī S II 1008
Muḥammad b. ʿUbaydallāh al-Musabbiḥī S I 571
Muḥammad b. ʿUbaydallāh Sibṭ al-Taʿāwīdhī G I 248, S I 442
Muḥammad b. ʿUkkāsha al-Kirmānī S I 336 (to be read thus)
Muḥammad b. ʿUkkāsha al-Sharqāwī al-Shubrāwī S II 747
Muḥammad ʿUllaysh al-Miṣrī = M. b. A. G II 486, S II 353, 738
Muḥammad b. Umayl al-Tamīmī G I 241, S I 429
Muḥammad b. ʿU. b. ʿAbd al-Jalīl G II 311
Muḥammad b. ʿU. b. ʿAbd al-Wahhāb al-ʿUrḍī al-Ḥalabī S II A/C 443,15b
Muḥammad b. ʿU. al-ʿĀdilī G II 391
Muḥammad b. ʿU. al-Aḥdab G II 303
Muḥammad b. ʿU. b. A. al-Ghamrī G II 167, S II 150
Muḥammad b. ʿU. b. A. al-Iṣbahānī G I 365, S I 625
Muḥammad b. ʿU. b. A. al-Madīnī G I 182, S I 310
Muḥammad b. ʿU. al-ʿAlamī G I 263, II 341, S I 464,i, II 470
Muḥammad b. ʿU. b. ʿA. b. A. al-ʿImādī S I 725,11a
Muḥammad b. ʿU. b. ʿA. al-Kāmilī S I 490
Muḥammad b. ʿU. b. ʿArabī al-Nawawī al-Jāwī al-Bantanī G I 393, 422, II 21, 238, 251, 320, 417, 501, S I 172, 348, 677, 749,26c, 916, II 80, 102, 189,109ii, 312, 334, 355, 517, 518, 519, 604, 741,2,1, 813, 990
Muḥammad b. ʿU. al-Asadafānī G II 704, S I 865
Muḥammad b. ʿU. b. ʿĀshiq al-Azbakī S II 430
Muḥammad b. ʿU. al-Bābilī (Bālī) al-Madanī S II 867, 944
Muḥammad b. ʿU. b. Badr al-Ishbīlī S II 1023
Muḥammad b. ʿU. al-Baghawī S I 625
Muḥammad b. ʿU. al-Baqarī S I 676
Muḥammad b. ʿU. al-Darandī S II 482
Muḥammad b. ʿU. b. Fahd al-ʿAlawī S II 221
Muḥammad b. ʿU. al-Fanānī al-Shiḥrī al-Ḥaḍramī S II 1031

Muḥammad b. ʿU. al-Fawānīsī G II 358
Muḥammad b. ʿU. b. al-Futūḥ al-Baghdādī S I 901
Muḥammad b. ʿU. al-Ghazzī S II 116
Muḥammad b. ʿU. al-Ḥalabī G I 283, 304, 305, S I 498, 532$_{,8,b,\beta}$, II 315
Muḥammad b. ʿU. b. Ḥamza al-Wāʿiẓ Mollā ʿArab G II 431, S II 642
Muḥammad b. ʿU. al-Ḥānūtī G II 312, S II 430
Muḥammad b. ʿU. b. al-Ḥ. b. al-Khaṭīb al-Rāzī Fakhr al-Dīn G I 446, 454, 455, 457, 506, II 106, S I 920
Muḥammad b. ʿU. al-Jawāmakī al-Miṣrī S II 982
Muḥammad b. ʿU. al-Kābulī S I 534$_{,y}$
Muḥammad b. ʿU. al-Khalafī S I A/C 742
Muḥammad b. ʿU. al-Maghribī S I 692
Muḥammad b. ʿU. al-Maḥallī al-Buḥayrī S II 494
Muḥammad b. ʿU. Mayyāl al-Muḥammadī Ṣāḥibzāde S II 849
Muḥammad b. ʿU. al-Miṣrī al-Makkī S II A/C 12
Muḥammad b. ʿU. b. Mubārak b. ʿAl. a. Aḥraq (Baḥraq) al-Ḥaḍramī G I 248, 277, 300, II 31, S I 439, 489$_{,f}$, 526, 544, II 276, 554
Muḥammad b. ʿU. b. M. b. ʿAbd al-Jalīl al-Filālī al-Sharīf al-Ḥasanī S II 962
Muḥammad b. ʿU. b. M. b. ʿAzm al-Khaṭīb al-Wazīrī G II 173, S II 222
Muḥammad b. ʿU. b. M. al-Qudsī al-ʿAlamī S II 469
Muḥammad b. ʿU. b. M. b. Rushayd al-Fihrī G II 245, S II 344
Muḥammad b. ʿU. al-Muqriʾ S I 614$_{,h}$
Muḥammad b. ʿU. al-Qaṣabī al-Yazd S I A/C 469
Muḥammad b. ʿU. al-Qurashī (Qarshī) G I 128, S I 196
Muḥammad b. ʿU. Qurd Ef. G I 375, S I 643
Muḥammad b. ʿU. b. al-Qūṭiyya G I 150, S I 232
Muḥammad b. ʿU. al-Safīrī G I 159, II 99, S II A/C 263
Muḥammad b. ʿU. al-Shādhilī al-Maghribī S II 1008
Muḥammad b. ʿU. b. Shāhanshāh al-Malik al-Manṣūr G I 324, S I 558
Muḥammad b. ʿU. al-Shuʿbī al-Qāḍī a. Jaʿfar S II 955
Muḥammad b. ʿU. b. S. al-Tūnisī G II 491, S II 748
Muḥammad b. ʿU. al-Ṣanhājī S II 350
Muḥammad b. ʿU. b. al-Ṣiddīq al-Fawānisī G II 358, S II 485 (to be read thus)
Muḥammad b. ʿU. b. al-Ṣiddīq al-Ḥaṣībarī S II 928
Muḥammad b. ʿU. al-Tilimsānī al-Mallālī G II 250, S II 352
Muḥammad b. ʿU. b. al-ʿUzayrī al-Sijistānī G I 119, S I 183
Muḥammad b. ʿU. al-Wāqidī G I 135, S I 207
Muḥammad b. ʿU. al-Warrāq S I A/C 375
Muḥammad b. ʿUthmān al-Anṣārī S I A/C 755
Muḥammad b. ʿUthmān al-Dimashqī G I 287
Muḥammad b. ʿUthmān al-Dimyāṭī al-Qabbānī S II 480$_{,d}$
Muḥammad b. ʿUthmān Jalāl G II 476, S II 725
Muḥammad b. ʿUthmān al-Kalbī S I 214
Muḥammad b. ʿUthmān al-Luʾluʾī G I 415
Muḥammad b. ʿUthmān b. M. b. a. Bakr al-Mīrghanī G II 489, S II 745, 809
Muḥammad b. ʿUthmān b. M. b. Ḥulla S II 912
Muḥammad b. ʿUthmān b. al-Shamʿa G II 281
Muḥammad b. ʿUthmān b. ʿU. al-Balkhī G II 26, 193, S I 749$_{,17}$, II 258
Muḥammad b. ʿUthmān b. ʿU. al-Khalīlī S II 67
Muḥammad b. ʿUthmān al-Zanātī S II 1041
Muḥammad b. ʿUthmān al-Zawzanī G I 295, II 21, S II 14
Muḥammad al-ʿUthmānī al-Labkanī ʿImād al-Dīn S II 854
Muḥammad b. Waḍḍāḥ al-Qurṭubī al-Mālikī S II 978
Muḥammad b. al-Waḍḍāḥī al-Zabīdī S II 113
Muḥammad Wafāʾ G II 478
Muḥammad b. al-Wafāʾ G I 378

Muḥammad b. Wafāʾ al-Ḥamawī G II 341
Muḥammad b. Wafāʾ Jamāl al-Dīn G I 266
Muḥammad b. Wafāʾ al-Khalwatī G II 302
Muḥammad a. Wafāʾ al-Rifāʿī S II 1008
Muḥammad b. Wafāʾ al-Shādhilī S II 4
Muḥammad b. Wafāʾ al-Ṣūfī S I 484
Muḥammad al-Wafāʾī G I 509
Muḥammad al-Wafāʾī a. ʾl-Barakāt G II 126
Muḥammad al-Wafāʾī a. ʾl-Maʿālī S II A/C 994
Muḥammad b. al-Waḥīd al-Dimashqī S II 903
Muḥammad b. al-Waḥīd Shams al-Dīn S II 2
Muḥammad al-Wāʿiẓ al-Ruhāwī S II 419, 1008
Muḥammad b. Wāʿiẓ b. Walījān al-Marʿashī S II 1016
Muḥammad Walī al-Dīn al-Shabshīrī S I 683,113
Muḥammad Walī b. Ghulām Muṣṭafā al-Sihālawī S II 623
Muḥammad b. Walī b. Rasūl al-Qarashahrī S II 317 A/C, 426 A/C, 829 A/C
Muḥammad b. a. ʾl-Walīd al-Ḥalabī S II 912
Muḥammad b. al-Walīd b. a. Randaqa al-Ṭurṭūshī G I 350, 459, S I 592, 829
Muḥammad al-Wānī S II 696
Muḥammad b. al-Waṣṣāf G II 409
Muḥammad b. Yādhkār M. al-Shīrāzī S I 504,28
Muḥammad Yāgān al-Marʿashī S II 482
Muḥammad b. Ya. b. ʿAq. al-Hāshimī S III 490
Muḥammad b. Ya. Bahrām S I 627, II 246
Muḥammad b. Ya. b. Bahrām al-Tamīmī al-Saʿdī al-Baṣrī G II 405, S I 770, II 557
Muḥammad b. Ya. al-Bashāgharī S I 643, II 262
Muḥammad b. Ya. al-Baṣrī G I 422
Muḥammad b. Ya. al-Ḥawḍī al-Walātī S II 874
Muḥammad b. Ya. b. al-Ḥu. al-Murtaḍā li-dīn allāh G I 520, S I 316
Muḥammad b. Ya. al-Khaḍrāwī S I 176
Muḥammad b. Ya. b. Manda G I 138, S I 210
Muḥammad b. Ya. al-Maqdisī S II 19
Muḥammad b. Ya. b. M. b. a. Bakr al-Ashʿarī G II 259, S II 371
Muḥammad b. Ya. b. M. al-Mukhtār b. ʿAl. al-Sāwalī S II 375
Muḥammad b. Ya. b. M. al-Shāfiʿī al-Qazwīnī S II 234
Muḥammad b. Ya. b. M. al-Ṣāliḥī S II 68
Muḥammad b. Ya. b. Mūsā al-Ḥalabī Muḥyi ʾl-Dīn S II 945
Muḥammad b. Ya. al-Muṭayyib al-Ḥanafī G II 401, S II 549
Muḥammad b. Ya. al-Muẓaffar S II 249
Muḥammad b. Ya. b. Pīr ʿA. b. Naṣūḥ Nawʿīzāde G II 426, S II 436, 635
Muḥammad b. Ya. al-Saʿdī G II 405
Muḥammad b. Ya. al-Shirwānī b. al-Mufīd S II 971
Muḥammad b. Ya. al-Ṣāʾigh b. Bājja G I 211, 460, S I 830
Muḥammad b. Ya. al-Ṣūlī G I 81, 143, S I 136, 218
Muḥammad b. Ya. al-Tādhifī al-Rabaʿī G II 335, S I 777, II 463
Muḥammad b. Ya. b. a. Ṭālib b. A. S II 1041
Muḥammad b. Ya. b. Taqī al-Dīn al-Faraḍī G II 362, S II 489
Muḥammad b. Ya. b. ʿU. al-Qarāfī G II 176, 183, 316
Muḥammad b. Ya. al-Zabīdī S I 764
Muḥammad b. al-Yamān al-Samarqandī S I 342
Muḥammad al-Yamanī al-Sharjī S II 543
Muḥammad b. Yaʿqūb b. Akhī Ḥizām G I 243, S I 432
Muḥammad b. Yaʿqūb b. ʿA. al-Banbānī S I 263,34, 538 A/C, 654 (to be read thus), 969 ad 743
Muḥammad b. Yaʿqūb al-Fīrūzābādī G II 119, 181, S II 79, 234
Muḥammad b. Yaʿqūb al-Hawsamī S I 317
Muḥammad b. Yaʿqūb b. Isḥāq al-Rāzī Shaykh al-Islām S II 978 (see I 320)
Muḥammad b. Yaʿqūb al-Khalīlī G I 368, S I 628
Muḥammad b. Yaʿqūb al-Kulīnī G I 187, S I 320
Muḥammad b. Yaʿqūb al-Maqdisī S II 912

Muḥammad b. Yaʿqūb al-Miknāsī al-Mālikī S II A/C 356
Muḥammad b. Yaʿqūb b. Nawbakht S I 869
Muḥammad b. Yaʿqūb al-Nīsābūrī G I 180$_{,2}$
Muḥammad b. Yaʿqūb b. Yū. al-Janadī G II 184, S II 236
Muḥammad b. Yaʿqūb a. Yū. al-Sinānī S II 994
Muḥammad Yāsīn b. ʿAl. Mīrghanī S II 195, 268$_{,b}$
Muḥammad al-Yazdī S II 1024 = M. Bāqir Zayn al-ʿābidīn al-Y. S II 591$_{,3}$
Muḥammad b. Yazīd b. Māja G I 163, S I 270
Muḥammad b. Yūnus al-Ḥusaynī Gīsūdirāz S I 780
Muḥammad b. Yūnus al-Ṣiqillī al-Mālikī S II 962
Muḥammad b. Yū. S II A/C 77
a. Muḥammad b. Yū. S I 515
Muḥammad b. Yū. b. ʿAl. al-Khayyāṭ al-Ḍafdaʿ G II 10, S II 3
Muḥammad b. Yū. b. ʿAl. al-Saraqusṭī al-Ashtarkūnī G I 309, S I 542
Muḥammad b. Yū. b. ʿAbd al-ʿAzīz al-Aqfahsī al-Minhājī G II 295, S II 406
Muḥammad b. Yū. b. ʿAbd al-Laṭīf S II 592
Muḥammad b. Yū. b. A. al-Bāʿūnī G II 54, S II 53
Muḥammad b. Yū. b. A. Nāẓir al-Jaysh al-Ḥalabī S I 522$_{,1,8}$
Muḥammad b. Yū. al-ʿAjjān S II 1009
Muḥammad b. Yū. b. ʿA. a. Ḥayyān al-Gharnāṭī G I 298, 299, II 24, 109, S I 522, 523, 547, II 135
Muḥammad b. Yū. b. ʿA. al-Kirmānī Shams al-Dīn G I 158, S I 262$_{,5}$, 538$_{,13}$, II 211
Muḥammad b. Yū. b. ʿA. al-Ṣāliḥī G II 304, S II 415
Muḥammad b. Yū. b. Amīr M. Ṣūfī S II 291
Muḥammad b. Yū. al-ʿĀmirī S I 744
Muḥammad b. Yū. Aṭfīsh S I 692, II 892, 893
Muḥammad b. Yū. b. Bahrām al-Baṣrī S II 947$_{,179}$
Muḥammad b. Yū. al-Bibānī S I 635 (to be read thus)
Muḥammad b. Yū. al-Dawī (?) S II 1031
Muḥammad b. Yū. al-Dimyāṭī S II 235
Muḥammad b. Yū. al-Fāsī G II 460
Muḥammad b. Yū. al-Ghazzī S I 612$_{,\mu}$
Muḥammad b. Yū. Ghiyāth al-Dīn al-Baḥrābādhī S I 743, 760$_{,11}$
Muḥammad b. Yū. b. Hibat al-Faḍlī al-Qadamī S II 242
Muḥammad b. Yū. al-Ḥalabī G II 344, S I 765$_{,22}$, II A/C 664
Muḥammad b. Yū. al-Ḥalabī al-Nahālī al-Ruhāwī S II A/C 664
Muḥammad b. Yū. al-Ḥalabī al-Sāqirī (Sāqizī?) S I A/C 750
Muḥammad b. Yū. al-Ḥallāq G II 298
Muḥammad b. Yū. al-Īlāqī G I 458, S I 825$_{,82a}$, 826$_{,82c}$
Muḥammad b. Yū. al-Karīmī G II 276, S II 386
Muḥammad Yū. Khān b. Iʿtiṣām al-Mulk S I 512
Muḥammad b. Yū. al-Kindī G I 149, S I 229
Muḥammad b. Yū. al-Labīb al-Harawī S I 900, II 592
Muḥammad b. Yū. al-Laknawī S II 623
Muḥammad b. Yū. al-Maqdisī S II 480
Muḥammad b. Yū. b. Masʿūd al-Tallʿafarī G I 257, S I 458
Muḥammad Yū. al-Mudrik S III 231
Muḥammad b. Yū. b. M. al-Shāfiʿī al-Balkhī S II 945
Muḥammad b. Yū. b. Mūsā b. al-Mughīra al-Azdī al-Andalusī G I 372, S II 945
Muḥammad b. Yū. al-Muṣʿabī S II 893
Muḥammad b. Yū. b. al-Muṭahhar al-Ḥillī G I 405, read: al-Ḥ. b. Yū. G II 164
Muḥammad b. Yū. al-Qarabīrī S I A/C 514
Muḥammad b. Yū. a. ʾl-Q. al-Ḥusaynī al-Samarqandī G I 381 = 413, S I 733
Muḥammad b. Yū. b. al-Q. b. al-Mawwāq al-ʿAbdarī al-Gharnāṭī G II 84, S II 97, 375
Muḥammad b. Yū. al-Qudsī Raḍī al-Dīn G I 265, S I 468$_{,25}$
Muḥammad b. Yū. b. a. Saʿīd S II 313
Muḥammad b. Yū. a. Shāma al-Dimashqī S II A/C 421
Muḥammad b. Yū. al-Shaʾmī S II 945
Muḥammad b. Yū. Sharaf al-Dīn S I 826$_{,7i}$, 827

Muḥammad b. Yū. al-Shurayqī S III 357
Muḥammad b. Yū. al-Tamīmī G I 275
Muḥammad b. Yū. al-Ṭālawī al-Hādawī S I 971 ad 672
Muḥammad b. Yū. b. ʿU. as-Sanūsī G I 384, 465, II 143, 250, 252, 256, S I 265, 842, 843, II 352
Muḥammad b. Yū. al-Warrāq S I 233
Muḥammad b. Yū. al-Zarandī Shams al-Dīn S II A/C 287
Muḥammad b. Yū. b. Zumruk al-Ṣurayḥī G II 259, S II 370
Muḥammad Zabāra S II 818
Muḥammad b. Zaghbīb S II 1024
Muḥammad Zāhid b. M. Aslam al-Ḥusaynī al-Harawī S II 290$_{,h}$, 293, 621
Muḥammad b. Zakariyyāʾ al-Rāzī G I 233, S I 417
Muḥammad Zakī G II 483, S II 734
Muḥammad Zakī al-Itribī S III 228
Muḥammad Zakī Shuʿayb S III 231
Muḥammad Zakrī S II 146
Muḥammad Zamān b. M. Ṣādiq Anbalījī S I 865
Muḥammad b. Zankī al-Shuʿaybī G I 394
Muḥammad al-Zarkashī S I 606, see M. b. Bahādur
Muḥammad al-Zawzanī al-Sharīdī G I 196
Muḥammad b. a. Zayd al-Qayrawānī G I 178 = a. M. ʿAl. b. a. Z.
Muḥammad b. Zayn G II 251
Muḥammad b. Zayn al-ʿābidīn al-ʿAlawī al-ʿĀmilī S II 590
Muḥammad b. Zayn al-ʿābidīn b. M. al-Bakrī al-Ṣiddīqī al-Miṣrī S II 386 A/C, 461, 478$_{,50}$
Muḥammad Zayn al-ʿābidīn b. M. al-Hādī S II 929
Muḥammad b. Zayn al-ʿAlawī S II 566
Muḥammad b. Zayn al-Dīn ʿA. b. Ḥusām al-Dīn Ibr. al-Aḥsāʾī S II A/C 210
Muḥammad b. Zayn al-Dīn al-Birmāwī S II 19, 20
Muḥammad b. Zayn al-ʿIbādī al-Bakrī S II 912
Muḥammad Zayn b. Jalāl al-Dīn S II 353
Muḥammad b. Zayn al-Naḥrīrī S II 904
Muḥammad b. Ziyād b. ʿA. al-Waḍḍāḥī S II 923, 994
Muḥammad b. Ziyād b. al-Aʿrābī G I 19, 41, 56, 116, 139, S I 179
Muḥammad Zufar b. ʿU. G I 516, S I 211
Muḥammad Zühdī S I 843
Muḥammad b. Zukūr S I 526$_{,IX}$
Muḥammad b. Ẓafar al-Ṣaqal S I 487, 488 = M. b. ʿAl. b. M.
Muḥammad b. Ẓāfir al-Kindī S II 945
Muḥammad Ẓāfir b. M. b. Ḥ. b. Ḥamza al-Madanī S I 804$_{,penult.}$ (to be read thus), II 1009
Muḥammad b. Ẓāhir Khayr al-Dīn al-Miṣrī S II 924
Muḥammad Ẓuhūrallāh b. M. Ghulām Muṣṭafā al-Laknawī S II 302
Muḥammad Ẓuhūrallāh b. M. Nūrallāh S I 537$_{,21}$
Muḥammadaddīn Mūhan b. ʿAl. al-Bihārī S II 587
-Muḥammadī Dimirdāsh G II 124
-Muḥaqqiq al-Awwal Jaʿfar b. al-Ḥ. al-Ḥillī G I 406, S I 707$_{,11}$, 711
-Muḥaqqiq al-Thānī ʿA. b. al-Ḥu. b. ʿAbd al-ʿĀlī al-Karakī S II 574
Muḥarram Ef. S I 533$_{,c}$
Muḥarram b. M. b. Yazīd al-Zīlī al-Qasṭamūnī G I 383, S I 659, II 651
-Muḥāsibī al-Ḥārith b. Asad S I 351
-Muḥassin b. ʿA. al-Tanūkhī G I 155, S I 252
-Muḥassin al-Amīn al-Ḥusaynī S III 436
-Muḥassin b. Ḥ. a. Ṭālib b. Q. S II 552
-Muḥassin b. Ḥu. al-Yāmī S II 982
b. al-Muḥayyā ʿA. b. M. G II 162
Muḥibb al-Dīn al-Baṣrī S I A/C 546
Muḥibb al-Dīn b. a. ʾl-Fatḥ M. b. al-Hāʾim S II 70
Muḥibb al-Dīn b. Taqī al-Dīn al-Ḥamawī G II 142, 361, 697, S I 509$_{,15}$, II 177, 488
Muḥibballāh b. ʿAbd al-Shakūr al-Bihārī G II 420, S II 622
Muḥibballāh al-Allāhābādī G II 356, S I 794$_{,c}$, II 706
-Muḥibbī M. al-Amīn b. Faḍlallāh G II 293, S II 403
Muḥriz b. Khalaf al-Zāhid S I 785, II 1009
Muḥsin b. ʿAbd al-Karīm b. A. b. al-Mahdī S II 820

Muḥsin b. ʿAbd al-Karīm al-Amīn al-Ḥusaynī al-ʿĀmilī S II 807, 808
Muḥsin A. Sharīf S II 800
Muḥsin b. ʿA. al-Khaffārī al-Dimashqī S II 1041
Muḥsin Hakshū al-Kashmīrī S II 292
Muḥsin b. al-Ḥ. b. al-Q. S II 547
Muḥsin b. al-Ḥusaynī al-Kāẓimī S II 793
Muḥsin al-Kirmānshāhī S II 831
Muḥsin b. M. b. Karāma al-Jushamī al-Bayhaqī G I 412, S I 731
Muḥsin al-Qazwīnī S II 924
Muḥyī b. ʿAbd al-Ghanī al-Salawī S II 868, III 83
Muḥyi ʾl-Dīn G I 465 (see al-Tālijī) S I 847
Muḥyi ʾl-Dīn b. ʿAl. b. ʿAbd al-Ẓāhir S II 29
Muḥyi ʾl-Dīn al-ʿAjamī G I 379
Muḥyi ʾl-Dīn b. a. Bakr al-Ḥanafī S II A/C 1009
Muḥyi ʾl-Dīn al-Bakrī G II 348, S II 462, 479, see Muṣṭafā b. Kamāladdīn
Muḥyi ʾl-Dīn Ef. S II 184,56i
Muḥyi ʾl-Dīn al-Fākihī al-Makkī S II 1009
Muḥyi ʾl-Dīn b. Ibr. al-ʿAṭṭār S III 382
Muḥyi ʾl-Dīn M. b. ʿA. al-ʿArabī G I 441, S I 695, 785, 790
Muḥyi ʾl-Dīn M. b. al-Khaṭīb S II 292,v
Muḥyi ʾl-Dīn Riḍā S III 437
Muḥyi ʾl-Dīn al-Tālijī S I 842
Muḥyi ʾl-Dīn al-Tamīmī al-Marrākushī S II 373
Muḥyi ʾl-Dīn b. Taqī al-Dīn al-Ṣalātī G II 276, S II 490
b. al-Muʿīd al-Rūmī G I 509
Muʿīn al-Dīn b. Khāwand Maḥmūd al-Naqshbandī S II 604
Muʿīn al-Dīn b. Sharaf al-Dīn M. al-Farāhī al-Harawī S II 278
Muʿīn al-Dīn Yazdī S I 789
Muʿīn b. Ḥ. al-Tūnī al-Iṣfahānī S I 742
Muʿīn b. Ṣafī S I A/C 683
Muʿīn al-Ṭawfī S II 301,v
Muʿīn al-Wačalī S II 290,i
-Muʿizz b. Bādīs G I 268, S I 473
-Muʿizz b. Ism. b. al-Razzāz G I 494, S I 902
-Muʿizz li-dīnallāh S I 324
b. Mujāhid a. Bakr S I 328
b. al-Mujāwir Yū b. Yaʿqūb al-Shaybānī al-Dimashqī G I 482, S I 883
b. al-Mujīrī A. b. ʿAbd al-Fattāḥ b. Yū. S II 481
b. al-Mukhliṭa ʿAlāʾ al-Dīn al-Kāmilī G II 51, S I 597
-Mukhtār b. a. Bakr al-Kabīr al-Kūntī S II 894
-Mukhtār Bey G I 490
-Mukhtār b. Būn al-Shinqīṭī S I 525,25
-Mukhtār Ḥakīm Shāhī Arzanī S I 826,82
-Mukhtār b. al-Ḥ. b. ʿAbdūn b. Saʿdūn b. Buṭlān G I 483, S I 885
-Mukhtār b. Maḥmūd al-Zāhidī G I 175, 382, II 81, S I 296, 656
-Mukhtār al-Wakīl S III 165
Mukḥūl b. Faḍlallāh al-Nasafī S I 292, 357
b. al-Mulaqqin ʿU. b. ʿA. b. A. G II 92, S I 606, 670, II 109
Mūlāy ʿAbd al-Ḥafīẓ al-Ḥ. S II 18, 889
b. Mulayk S I 474
b. Mulayk b. ʿA. b. ʿAl. al-Ḥamawī G II 20, S II 13
-Multānī Isḥāq b. ʿA. b. ʿA. b. a. Bakr G II 220, S II 310
-Mumazzaq al-ʿAbdī S I 59
-Muʾmin b. ʿA. b. M. al-Rūmī al-Falakābādī S II 319 (to be read thus)
-Muʾmin b. Dūst M. al-Ḥusaynī al-Astarābādhī S II A/C 578
-Muʾmin b. Ḥ. Muʾmin al-Shablanjī S II 737
a. ʾl-Munā b. a. Naṣr b. Ḥaffāẓ al-Kōhēn b. al-ʿAṭṭār al-Isrāʾīlī al-Hārūnī G I 492, S I 897
a. ʾl-Munajjī S I 688
Munajjim Bāshī A. b. Luṭfallāh al-Salanīkī G II 443, S II 637
Munajjim Ya. b. ʿA. G I 522
b. al-Munāṣif M. b. ʿĪsā G I 497, S I 910
-Munāwī S II 234
-Munāwī ʿAbd al-Raʾūf b. Tāj al-ʿĀrifīn G II 306, S II 417
-Munāwī Ya. b. Saʿd al-Dīn G II 77, S II 84
Munawwir Shāh al-Čishtī al-Qādirī S II 854
b. al-Munayyir A. b. M. b. Manṣūr b. al-Iskandarī al-Mālikī al-Judhāmī G I 291, 416, 431, S I 509, 738, 748
b. al-Mundhir a. Bakr G II 136, S II 169

Mundhir b. Saʿīd al-Ballūṭī S I 484
-Mundhirī G II 148
-Mundhirī ʿAbd al-ʿAẓīm b. ʿAbd al-Qawī G I 367, S I 627
-Mundhirī M. b. Ibr. G I 180, S I 306
Munīr al-Ḥusāmī al-Dimashqī S III 359
Munīra Ṭalʿat S III 176
Münīrzāde S II 51
b. Munqidh Usāma b. Murshid G I 316, 319, S I 552
a. ʾl-Muntahā S I 285
-Muntajab M. b. Ḥ. al-ʿĀnī S I 327
-Muntakhab b. a. ʾl-ʿIzz b. Rashīd b. a. Yū. al-Hamdānī al-Muqriʾ al-Shāfiʿī G I 414, S I 736
-Muntaṣir b. Ḥusām al-Dīn b. A. al-Maghribī S II 1044
-Muqaddam b. Muʿāfā al-Qabrī S I 477
-Muqaddamī M. b. A. G I 518
-Muqaddasī S I 546$_{,21}$
-Muqaddasī A. b. a. ʾl-Riḍā S I 770
-Muqaddasī a. ʾl-Baqāʾ S I 817$_{,26}$
-Muqaddasī M. b. A. b. a. Bakr G I 230, S I 410
b. al-Muqaffaʿ ʿAl. Rūzbih G I 151, S I 233
-Muqannaʿ S III 419
b. al-Muqarrab ʿA. b. ʿAl. al-ʿUyūnī G I 260, S I 460, M. b. ʿA. S I 460
b. Muqātil M. b. ʿAl. al-Mālaqī G II 258
Muqātil b. S. b. Bishr al-Balkhī S I 332
b. Muqla M. b. ʿA. b. al-Q. S I 155, 433
b. al-Muqriʾ al-Hamdānī A. b. ʿA. G I 521
b. al-Muqriʾ Ism. b. a. Bakr al-Shāwarī G II 190, S II 254
-Muqṣirī ʿAr. b. ʿAbd al-Karīm b. Ibr. S II 555
Muqtanā ʿA. b. A. al-Tālī al-Samūkī S I 717
Murād b. ʿA. Khān al-Tafrīshī S II 572
Murād Čāwuš b. Yū. al-Shādhilī al-Azharī G II 445, S II 470
-Murād b. Yū. al-Ḥanafī al-Ajharī S II 927
Murād b. Yū. al-Ḥanafī al-Dawsī al-Shādhilī S I 779$_{,31}$
-Murādī S II 1017
-Murādī b. Ḥ. b. al-Q. b. ʿAl. b. Umm Q. S II 16
-Murādī M. b. A. b. ʿĪsā S II 348
-Murādī M. b. ʿA. b. ʿAr. S II 131
-Murādī M. Khalīl b. ʿA. b. M. b. M. Murād G II 294, S II 404
b. al-Muraḥḥal Mālik b. ʿAr. S I 484
-Muraqqish S I 45
-Muraqqish al-Akbar ʿAwf b. Saʿd S I 51
-Muraqqish al-Aṣghar Rabīʿa b. Sufyān S I 51
Murhaf b. Usāma b. Munqidh S I A/C 142
-Murhibī M. b. al-Ḥu. b. S. al-Arḥabī S II 546
Murquṣ Ef. Fahmī S III 228
Murquṣ Yannī al-Mīrī S III 231
b. Mursal Maḥmūd al-Rūmī G II 80
a. ʾl-Murshid al-Mālikī al-Maghribī S I 348
-Murshidī ʿAbd al-Karīm b. ʿA. S II 494
-Murshidī ʿAr. b. ʿĪsā b. Murshid G II 380, S II 513
-Murshidī A. b. ʿĪsā G II 279, S II 510
-Mursī Sharaf al-Dīn a. ʿAl. M. b. ʿAl. G I 312, S I 546
Murtaḍā G I 43, 82
Murtaḍā b. ʿAbbās b. M. Kāshif al-Ghiṭāʾ G I 43, 82, S II 803
Murtaḍā b. A. b. M. al-Khurāsānī S II 840
b. al-Murtaḍā A. b. Ya. S II 244
Murtaḍā b. ʿA. G II 362
-Murtaḍā ʿA. b. Ṭāhir G I 404, S I 704
-Murtaḍā Bek b. Muṣṭafā al-Kurdī G II 362, S II 490
-Murtaḍā b. al-Dāʿī S I 757
-Murtaḍā Ef. Naẓmīzāde S II 25, 501
-Murtaḍā al-Ḥusaynī S II 235$_{,1}$
-Murtaḍā b. Khafīf S II 1026
-Murtaḍā lidīnallāh M. b. Ya. S I 316
-Murtaḍā b. M. Amīn al-Dizfūlī al-Anṣārī S II 794$_{,13}$, 832
-Murtaḍā b. Sarāhang al-Sharīf al-Ḥusaynī al-Marʿashī S II 925
-Murtaḍā al-Sharīf G II 180
-Murtaḍā al-Zabīdī G II 288, S I 805$_{,6,g}$, II 398, 537, see M. Murtaḍā
Mūsā b. ʿAl. al-Isrāʾīlī S II 1031, read: Mūsā b. ʿUbaydallāh S I 893
Mūsā b. ʿAl. al-Qurṭubī S II 962
Mūsā b. ʿAbd al-Laṭīf al-ʿAwnī G II 303
Mūsā b. A. S I 661
Mūsā b. A. b. a. ʾl-Barakāt al-Nigdawī S II 634
Mūsā b. A. al-Barakātī al-Sikandarī S II 655
Mūsā b. A. b. Khallikān G I 328
Mūsā b. A. al-Khujāwī al-Muqaddasī al-Ṣāliḥī G I 398, II 325, S I 688, II 447

Mūsā b. ʿA. b. S. al-Dawwārī S II 243
Mūsā b. ʿA. al-Tilimsānī S II 1009
Mūsā ʿAllāf al-Baʿlabakkī S II 771
Mūsā b. Arghūn al-Sayfī S II 58
Mūsā b. Aʿyan S I 308
Mūsā al-Bahlawānī S II 956, see Mūsā b. Kalīm al-B.
Mūsā al-Buldānī Sharaf al-Dīn S II 1024
Mūsā al-Dawālī S II 553
Mūsā Ef. al-Rāmḥamdānī G II 277
Mūsā b. Ḥājj Ḥu. al-Iznīqī S II 283
Mūsā b. Ḥ. al-Mawṣilī S I 490
Mūsā b. Ḥu. b. Ism. al-Ḥusaynī al-Miṣrī al-Muʿaddil S I 727
Mūsā b. Ḥu. b. Shawwāl al-Maḥallī al-ʿUmānī S II 568
Mūsā b. Ibr. b. Mūsā al-Baghdādī S I 823,81c
Mūsā b. Ibr. al-Shāfiʿī Sharaf al-Dīn S II 1031
Mūsā b. ʿĪsā al-Fāsī S I 660
Mūsā b. ʿĪsā al-Kisrawī G I 517, S I 945
Mūsā b. ʿĪsā al-Maghīlī G II 247
Mūsā b. Jaʿfar b. Ḥu. al-Janāhī S II A/C 505
Mūsā b. Jaʿfar b. Luṭfʿalī al-Tabrīzī S II 832
Mūsā b. Kalīm al-Bahlawānī S II 956, 1017
Mūsā al-Kāẓim S I 318
a. Mūsā al-Madīnī S I 309 A/C, II 1044
Mūsā b. Mantasha b. Khalīl al-Sīnūbī S II 994
Mūsā al-Mawṣilī al-Ḥaddād S II 500
Mūsā b. M. S I 658
Mūsā b. M. b. A. al-Yūnīnī al-Baʿlabakkī S I 589
Mūsā b. M. Bāqir b. M. Sālim al-Ḥāʾirī S II 979
Mūsā b. M. b. Barakāt al-Balqaṭrī S II 354
Mūsā b. M. b. Maḥmūd al-Rūmī Qāḍīzāde G I 377, 468, 473, 511, II 212, 213, 227, S I 865, II 297
Mūsā b. M. b. Mūsā al-Qulaybī (Qalyūbī) al-Makkī al-ʿUmarī (Ghamrī) S II 420, 487, 945,162
Mūsā b. M. al-Tabardār S I 469,41
Mūsā b. M. b. ʿUthmān al-Khalīlī G II 127, S II 158
Mūsā b. M. al-Yūsufī G II 135
Mūsā b. Mujallā al-Dunayṣirī S I 626
Mūsā b. Munshiʾ Sīnūbī S II 330
Mūsā b. Mūsā al-Amāsī G II 431, S II 640
Mūsā b. al-Q. al-Maghribī S I 676,7, II 454
Mūsā al-Qulīnī al-Mālikī S I 161
Mūsā Shahawāt S I 99
B. Mūsā b. Shākir G I 216, S I 382, 930
Mūsā b. Shākir al-Ṭanṭāwī S III 84, 174
Mūsā b. Shihāb al-Dīn b. A. al-Ḥusaynī al-Aʿrajī S II 972
Mūsā b. S. al-Jūzajānī G I 173, S I 291
Mūsā al-Ṭukhaykhī S II 97,gg
Mūsā b. ʿUbaydallāh S I 893
Mūsā b. ʿUbaydallāh b. Khāqān G I 189, S I 329
Mūsā b. ʿUbaydallāh b. Maymūn al-Qurṭubī G I 489, S I 893, II 962, 1031,42
Mūsā b. ʿUqba al-Asadī G I 134, S I 205
Mūsā b. Ya. Bahrān al-Ṣaʿdī S II 543
Mūsā b.Yūnus b. M. b. Manʿa al-Shāfiʿī Kamāl al-Din S I 400, 859
Mūsā b. Yū. b. A. b. Ayyūb al-Anṣāri G II 289, S II 401
Mūsā b. Yū. ʿAzīza S III 439
Mūsā b. Yū. al-Maqdisī G II 325, read: Marʿī b. Yū. al-Karmī G II 369, S II 496
Mūsā b. Yū. b. Ziyān al-ʿAbdwādī G II 254, S II 363
Mūsā zāde S I A/C 533
Mūsā b. Zakariyyāʾ al-Ḥaṣkafī S I 286
Musabbiḥī M. b. ʿUbaydallāh G I 334, S I 571
Musaddid b. Musarhad al-Baṣrī S I 310
Musaddid al-Samarqandī a.ʾl-Maʿānī al-Khālidī Shams al-Dīn S II 994
Mūsājān G I 306,3c, read: Mīrzājān Ḥabīb al-Shīrāzī G II 414, S I 538, II 594
-Mūsawī al-ʿAbbās ʿA. b. Nūr al-Dīn S II 512
-Mūsawī al-ʿĀmilī M. Jawād b. M. b. M. S II 505
-Mūsawī M. al-Kāẓim b. a. ʾl-Futūḥ al-Awsaṭ S II 239
-Mūsawī M. b. al-Ṭāhir al-Raḍī G I 82, S I 131
-Musharraf b. Murajjā al-Maqdisī G II 130, S I 567, 876, II 161
Muslim b. al-Ḥajjāj al-Qushayrī al-Nīsābūrī G I 160, S I 265
Muslim b. Maḥmūd al-Shayzarī G I 259, S I 460
Muslim b. M. b. Jaʿfar al-Laḥjī G II 699, S I 587
Muslim b. al-Walīd G I 77, S I 118

Mustadd al-Dīn a.'l-Ḥu. S I 847
-Mustaghfirī Ja'far b. M. S I 617
Mustaqīmzāde Sa'd al-Dīn G I 405, S I 74, 685
-Mustawfī al-Irbilī al-Mubārak b. A. S I 496
-Mustawrid S I 103
Muṣ'ab b. 'Al. al-Zubayrī S I 212
Muṣ'ab b. M. b. Mas'ūd G I 135, S I 206
Muṣannifak 'A. b. M. b. Mas'ūd al-Bisṭāmī G II 234, S I 515, 533,12a, 647, 783, 915,2,b, II 329
Muṣawba' Rashīd Ḥannā al-Lubnānī S III 340
Muṣliḥ al-Din M. b. Ṣalāḥ al-Anṣārī al-Lārī G II 420, S I 517, 840, II 330, 620
Muṣliḥ al-Din Muṣṭafā b. Bustān G I 417, S I 741
Muṣliḥ al-Din Muṣṭafā al-Qasṭallānī G I 427, S I 760,c
Muṣliḥ al-Din al-Ulāmishī G II 441, S II 656
Muṣṭafā b. 'Al. Kātib Čelebī Ḥājjī Khalīfa G II 427, S II 635
Muṣṭafā b. 'Al. Ṭariqatjī S II 649
Muṣṭafā b. 'Aq. al-Dhihnī S II 945
Muṣṭafā b. 'Ar. al-Izmīrī G II 440, S II 274, 653
Muṣṭafā 'Abd al-Rāziq S III 329
Muṣṭafā b. 'Abd al-Wahhāb al-Ṣalāḥī G II 493
Muṣṭafā al-'Adanī G I 449
Muṣṭafā b. A. al-'Aqabāwī ('Uqbāwī) G II 353, 488, S II 480
Muṣṭafā b. A. al-Ḥanafī al-Tūnisī S II 699
Muṣṭafā b. A. Tarzi G II 281
Muṣṭafā b. A. al-Ṭanasī al-Khalwatī S II 866
Muṣṭafā 'A. 'Ar. S III 174
Muṣṭafā b. 'A. al-Awralawī S I A/C 504
Muṣṭafā 'A. al-Ḥulbāwī S III 236
Muṣṭafā b. 'A. al-Rankūsī S II 1009 (to be read thus)
Muṣṭafā al-Arnā'ūṭ S III 390
Muṣṭafā As'ad b. A. b. M. al-Laqīmī G II 363, S II 490
Muṣṭafā al-Asqāṭī al-Ḥanafī S II 956
Muṣṭafā al-Badrī al-Dimyāṭi G II 477, S II 725, 922
Muṣṭafā b. Bahrām G I 287, S I 504,9
Muṣṭafā al-Bakrī al-Ṣiddīqī G I 423, S I 751, 805,m
Muṣṭafā Bek Najīb S III 308
Muṣṭafā al-Būlāqī G II 356, S II 705
Muṣṭafā al-Burullusī al-Azharī G II 486, S II 747
Muṣṭafā b. Čelebī G II 209
Muṣṭafā b. Dād Aṭasy S II 656
Muṣṭafā Dā'ūd G II 439
Muṣṭafā al-Dimyāṭī G II 483, S II 734
Muṣṭafā Durrīzāde S II 956
Muṣṭafā Ef. S I 628, II 418
Muṣṭafā Ef. al-Ḍarīr b. Mollā Luṭfī al-Mawṣilī S II 783
Muṣṭafā Ef. Riḍwān G II 478, S II 727
Muṣṭafā Ef. b. Suhrāb S I A/C 799
Muṣṭafā Ef. b. 'Uthmān al-Bābī S II 386
Muṣṭafā Ef. Wārīnī S II 317
Muṣṭafā Fāḍil Pāshā S III 326
Muṣṭafā Farḥātī G II 363
Muṣṭafā Farrūkh S III 428
Muṣṭafā b.Fatḥallāh al-Ḥamawī S II 404
Muṣṭafā Fayḍī G II 447, S II 667
Muṣṭafā b. al-Ḥājj Ḥ. al-Anṭākī S II 18
Muṣṭafā al-Ḥalabī al-Kindī S II 1009
Muṣṭafā b. Ḥamza Aṭalīzāde G II 441, S I 742, II 656,20b
Muṣṭafā b. Ḥamza b. Ibr. b. Walī al-Būlawī S I 915, II 956
Muṣṭafā b. Ḥamza al-Ṭarasūsī S I 741
Muṣṭafā b. al-Ḥanafī G I 305
Muṣṭafā b. Ḥ. al-Anṭākī S I 519
Muṣṭafā b. Ḥ. al-Banhāwī S III 135
Muṣṭafā b. Ḥ. b. Sinān al-Jannābī G II 300, S II 411
Muṣṭafā b. Ḥ. al-Ṣimādī G II 280
Muṣṭafā b. Ḥ. b. Ya'qūb al-Islāmbūlī S II A/C 454
Muṣṭafā b. al-Ḥusaynī al-Tafrīshī G II 411, S II 572
Muṣṭafā b. Ibr. G II 299, 423, 441, S I 504,22, II 631, 657,21d
Muṣṭafā b. Ibr. al-Bārūdī S II 226
Muṣṭafā b. Ibr. al-Maddāḥ al-Qinālī S II 410
Muṣṭafā b. Ibr. b. al-Tamjīd S I 738
Muṣṭafā 'Inānī S I 485
Muṣṭafā b. 'Isā al-Anqirī S II 956
Muṣṭafā b. Ism. al-Dimashqī S I A/C 356

Muṣṭafā b. Ism. al-Filurnawī S I 631,u
Muṣṭafā b. Ism. al-Khazā'inī G II 279
Muṣṭafā ʿIṣām al-Dīn a. ʾl-ʿIṣma S I 518
Muṣṭafā Jawād S I 38
Muṣṭafā b. Kamāl al-Dīn al-Bakrī al-Ṣiddīqī al-Khalwatī G I 269, 447, II 308 = 348, S I 685, 788, II 174, 477, 361
Muṣṭafā Kāmil Pāshā S III 332
Muṣṭafā b. Khayr al-Dīn G II 310, S II 425
Muṣṭafā b. Khujājān al-Nasīmī S II 1009
Muṣṭafā al-Kirasūnī S II 1044
Muṣṭafā Luṭfī al-Manfalūṭī S III 196
Muṣṭafā al-Madanī S II 443
Muṣṭafā Maḥmūd al-Ṣayyād S III 230
Muṣṭafā b. Mīrzā b. M. Ḍiḥkī al-Sīrūzī G II 435, S II 647
Muṣṭafā b. Muʿallim S II 668
Muṣṭafā b. M. b. ʿAbd al-Khāliq al-Bannānī G I 518, S II A/C 400
Muṣṭafā b. M. al-ʿAfifī S II 517
Muṣṭafā b. M. Āʾīnegölī G II 423
Muṣṭafā b. M. b. ʿArafa al-Dasūqī S II 18
Muṣṭafā b. M. ʿAzmīzāde G II 196, S II 263, 317, 428, n
Muṣṭafā b. M. Badrīzāde S II 659
Muṣṭafā b. M. al-Burūsawī Khusrawzāde G II 423, S II 630
Muṣṭafā b. M. Güzelḥiṣārī G I 432, S I 660, II 428, 664
Muṣṭafā b. M. al-Ḥamawī al-Laṭīfī G II 344, S II 472
Muṣṭafā b. M. b. Ibr. al-Amāsī al-Ṭarabzūnī S II 656
Muṣṭafā b. M. b. Ibr. Muḥibb al-Dīn S I 489
Muṣṭafā b. M. b. Ibr. b. Zakrī al-Ṭarābulusī S I 537
Muṣṭafā b. M. al-Naẓīf G I 429
Muṣṭafā b. M. Salīm al-Ghalāʾīnī S I 36, III 385
Muṣṭafā b. M. al-Ṭabīb S II 667
Muṣṭafā M. ʿUmāra S I 264,8
Muṣṭafā b. M. al-Wānī G II 444
Muṣṭafā b. M. b. Yūnus al-Ṭāʾī S II 267
Muṣṭafā b. M. b. Yū. al-Qalʿāwī G II 480, S II 730
Muṣṭafā b. Muʿīd G II 233
Muṣṭafā Mumtāz S III 84
Muṣṭafā b. Nāṣir al-Dīn S II 425
Muṣṭafā b. Nūḥ al-Rūmī G I 377
Muṣṭafā Nūr al-Dīn Ef. al-Adhamī S II 790
Muṣṭafā Nūr al-Dīn zāde S II 314
Muṣṭafā b. Pīr M. Muṣliḥ al-Dīn al-Āydīnī Bustān Ef. G II 448, S II 667
Muṣṭafā al-Qaramānī G II 224
Muṣṭafā b. Q. al-Ṭarābulusī G II 379, S II 511
Muṣṭafā al-Qirshahrī al-Marʿashī S II A/C 632
Muṣṭafā b. Qubādh al-Lādhiqī G II 193
Muṣṭafā b. Ramaḍān b. Muṣṭafā Ramaḍān b. Zayn al-ʿābidīn S II 956
Muṣṭafā al-Ramāṣī G II 84
Muṣṭafā Rifqī Khusrawzāde G II 437
Muṣṭafā b. Salāma al-Najjārī G II 474, S II 720
Muṣṭafā al-Saqqāʾ al-Maḥallī S II A/C 354
Muṣṭafā b. Shaʿbān al-Surūrī G I 417, 465, II 438, S I 514, 842 r, II 650
Muṣṭafā b. Shams al-Dīn b. A. al-Ṭāhirī G II 358, S II 485
Muṣṭafā b. Shams al-Dīn al-Qaraḥiṣārī G II 713, S II 639
Muṣṭafā b. Shams al-Dīn al-Qaraḥiṣārī al-Akhtarī S II 630
Muṣṭafā Sharīf G II 702
Muṣṭafā b. Sinān al-Ṭūsī S II 515, 645, 945
Muṣṭafā b. S. Bālīzāde G II 435, S I 645,26, 793 A/C, II 267, 646
Muṣṭafā Sulṭān G II 448
Muṣṭafā Ṣabrī S III 229
Muṣṭafā Ṣabrī al-Rashīdī al-Qādirī S II 652
Muṣṭafā Ṣādiq al-Rāfiʿī S III 71
Muṣṭafā al-Ṣafawī al-Qalʿāwī S II 289,k
Muṣṭafā b. al-Ṣāliḥ al-Sharqī S II 962
Muṣṭafā al-Ṭāʾī G II 197, S I 858
Muṣṭafā Ṭammūm S II 728
Muṣṭafā al-ʿUlaymī al-Ḥamawī S II 388
Muṣṭafā b. ʿU. b. M. S II 643
Muṣṭafā b. ʿUthmān al-Bābī G II 277
Muṣṭafā b. ʿUthmān al-Jāwī al-Qarūṭī S II 112, 813
Muṣṭafā b. ʿUthmān al-Khādimī G II 227, S II 317,f
Muṣṭafā al-Wāʿiẓ bi-Čekmeğe S II 652
Muṣṭafā b. Yū. G I 429
Muṣṭafā b. Yū. Khājazāde al-Burūsawī G II 230, S II 322

Muṣṭafā b. Yū. al-Mūstarī S I 842 (to be read thus), II 317,2,h
Muṣṭafā Yū. Salām al-Shādhilī S I 677
Muṣṭafā b. Zakariyyā' b. Āydughmush al-Qaramānī G I 196, S I 348, 514
Muṣṭafā al-Zaynī S I 459
-Mu'taḍid billāh Ya. b. Muḥsin G I 404
-Mutalammis G I 23, S I 46
-Mu'tamid al-'Abbādī G I 270, S I 479
Mutammim b. Nuwayra G I 39, S I 70
-Mutanabbī G I 86, S I 138
-Mutanakhkhil S I 43
b. al-Mutaqqina M. b. 'A. b. M. al-Raḥbī G I 391, S I 675
-Mutawakkil 'ala 'llāh 'Al. b. A. b. al-Ḥu. S I 702
-Mutawakkil 'ala 'llāh Ism. b. al-Manṣūr billāh S II 560, 968,3
-Mutawakkil 'ala 'llāh al-Muṭahhar b. M. b. S. S II 247
-Mutawakkil 'ala 'llāh Ya. b. Shams al-Dīn G II 399, 405, S II 577
-Mutawakkil billāh a. 'l-Ḥ. A. S I 528, 701
-Mutawallī al-Nīsābūrī G I 387
b. al-Mu'tazz G I 80, S I 128
Muthannā al-Munshi' S II 812
-Muthaqqib al-'Abdī G I 28, S I 56
-Muttaqī al-Hindī 'A. b. Ḥusām al-Dīn 'Abd al-Malik b. Qāḍīkhān G II 384, S II 518
-Muṭahhar b. 'Ar. b. 'A. b. Ism. b. 'Arab Qāḍī S II 456 A/C, 658
-Muṭahhar b. 'Abd al-Salām G II 329
-Muṭahhar b. A. al-Ḍamadī S I 532,7
-Muṭahhar b. 'A. b. Ḥu. G II 329
-Muṭahhar b. 'A. b. Ibr. b. al-Amīr S II A/C 972
-Muṭahhar Fakhr al-Dīn G I 112
b. al-Muṭahhar al-Ḥillī Ḥ. b. Yū. b. 'A. G II 164, S II 206
-Muṭahhar b. al-Ḥu. b. Sa'īd b. 'A. b. Bundār al-Yazdī S I 296,6
-Muṭahhar b. M. al-Jurmūzī G II 402, S II 551
-Muṭahhar b. M. b. al-Muṭahhar S II 561
-Muṭahhar b. M. S. G II 180
b. al-Muṭahhar M. b. Ya. Amīr al-mu'minīn S II 241
-Muṭahhar al-Mutawakkil 'ala 'llāh, G II 180, S II 233
-Muṭahhar b. Ṭāhīr al-Maqdisī S I 222
-Muṭarrizī Nāṣir b. 'Abd al-Sayyid G I 293, S I 514
-Muṭayyib (Mutaṭabbib) M. b. Ya. G II 401, S II 549
a. Mu'ṭī al-Balkhī S II 1015,20
Muṭī' b. Iyās G I 73, S I 108
Muṭṭawwi'ī 'A. b. M. and al-Ḥ. b. 'A. S II 143
-Muwaffaq b. A. b. Isḥāq al-Bakrī al-Khwārizmī al-Makkī S I 285, 549, 623
Muwaffaq al-Dīn b. 'Uthmān al-Maqdisī G II 34 = 'Ar. b. al-Faqīh S II 30
Muwaffaq al-Dīn b. Ya'īsh G I 297, S I 192,8, 521
-Muwaffaq b. M. (al-Majd) b. al-Ḥ. al-Khāṣṣī S I 756, 773, II 1009
-Muwaffaq b. al-Munjab al-Jurjānī S II 913
-Muwaqqit S I 651
-Muwarra'ī 'Uthmān b. M. S II 483
-Muwayliḥī Ibr. M. S III 194
-Muwazza'ī M. b. 'A. b. 'Al. b. Nūr al-Dīn S II 241
b. Muyassar M. b. 'A. G II 41, S I 574
Muzāḥim b. 'Amr al-'Uqaylī S I 89
-Muzālī M. b. Mūsā G I 377 = 384, S I 665
-Muẓaffar b. A. al-Iṣfahānī S I 40
-Muẓaffar b. A. b. a. Mas'ūd al-Ḥanafī S II 994
-Muẓaffar 'A. S II 595
-Muẓaffar b. 'A. b. al-Muẓaffar al-Q. S I A/C 866
-Muẓaffar b. 'A. al-Shāfi'ī G I 389,v,2, S I 672
-Muẓaffar b. al-Faḍl al-Ḥusaynī G I 282, S I 496
-Muẓaffar b. al-Ḥu. b. Khuzayma al-Fārisī S I 201
-Muẓaffar b. al-Ḥu. b. al-Muẓaffar al-Ḥaṣkafī al-Mūsīqī S I 907, II 1036,9
-Muẓaffar b. Ism. al-Asfizārī S I 383, 856
-Muẓaffar b. a. 'l-'Izz al-Miṣrī G I 460
-Muẓaffar b. Manṣūr al-Ḥamawī S II 252
-Muẓaffar b. M. al-Muẓaffar al-Baghanawī al-Shīrāzī S I A/C 812
-Muẓaffar b. M. al-Shīrāzī Ṣadr al-Dīn a. 'l-Ma'ālī S II 1009

-Muẓaffar b. M. al-Tabrīzī G I 393
-Muẓaffar b. M. al-Ṭūsī G I 472, S I 858
-Muẓaffar b. al-Qaḍī al-Baʿlabakkī S I 368
-Muẓaffar b. al-Qaḍī al-Dīn M. Yazdī al-Harawī G II 208, S II 289$_{,8}$
-Muẓaffarī ʿAq. b. M. b. A. b. ʿA. S II 23
Muẓhir al-Dīn al-Sharīf al-Raḍī M. G I 291, S I 510$_{,6}$
Muẓhir al-Dīn al-Zabrāwī S I 488$_{,8}$

-Nabhānī Yū. b. Ism. S II 763
Nabī b. Ṭurkhān b. Ṭurmush al-Sīnūbī G II 440, S II 654
-Nābigha al-Dhubyānī G I 22, S I 45
-Nābigha al-Jaʿdī S I 92
-Nābigha b. Shaybān G I 61, S I 94
b. al-Nabīh ʿA. b. M. b. Yū. G I 261, S I 462
Nabtītī ʿAbd al-Munʿim S II 486
Nabtītī ʿA. b. ʿAq. G II 23, 168, 339, 710, S I 676$_{,14}$, II 17$_{,a,\beta}$, 333$_{,n}$, 467, 950
-Nābulusī ʿAbd al-Ghanī b. Ism. G II 345, S II 473
-Nābulusī ʿAbd al-Jalīl b. Muṣṭafā b. Ism. S II 476
-Nābulusī Ism. b. ʿAbd al-Ghanī S II 476
-Nābulusī ʿUthmān b. Ibr. S I 573
b. al-Nadīm M. b. Isḥāq G I 147, S I 226
Nadīr b. Ḥu. al-ʿAẓīmābādī S II 862
-Nadrumī Yū. b. A. b. M. G II 252, S II 358
-Naḍr b. Shumayl al-Māzinī G I 102, S I 161
b. Nāfiʿ ʿAbd al-Razzāq b. Hammām G I 521, S I 333
Nāfiʿ Ef. S II 956
Nāfiʿ b. al-Jawharī b. S. al-Khafājī S II 811
b. al-Nafīs ʿA. b. a. ʾl-Ḥazm al-Qurashī G I 493, S I 367, 899
Nafīs b. ʿIwaḍ al-Kirmānī G I 457, II 213, S I 825$_{,82,dd}$, II 299
-Nafzāwī G I 178
-Nafzāwī A. b. Ghunaym b. Sālim G II 319, S II 439
-Nafzāwī Sālim b. A. S II 423
-Nafzāwī ʿU. b. M. G II 257, S II 368
-Nafzī Ya. b. A. b. M. G II 246, S II 344
-Nahrawālī(-nī) M. b. A. b. M. G II 381, S II 514
-Nahrawālī(-nī) M. b. M. G II 383, S II 515
b. al-Naḥḥās A. b. Ibr. G II 76, S II 83
b. al-Naḥḥās A. b. M. G I 132, S I 201
b. al-Naḥḥās M. b. Ibr. al-Ḥalabī G I 300, S I 527
Naḥīm (Nujaym?) S II 968
-Naḥwī al-Ḥ. b. M. b. al-Ḥ. G II 186, S II 242
a. Nāʾila S II 630
b. Nāʿima ʿAbd al-masīḥ b. ʿAl. G I 298, S I 364 (to be read thus)
a. ʾl-Najāʾ G II 27, 238
a. ʾl-Najāʾ M. Mujāhid al-Ṭantidāʾī S II 333
Najaf (*sic*, maybe Najal?) Khān b. M. al-Shāhjahānābādī S I 142
-Najafī Fakhr al-Dīn b. M. Ṭarīḥ b. ʿA. G II 286, S II 500
Najal ʿA. b. M. Riḍā al-Tabrīzī S II 830
-Najalī Ibr. b. ʿU. b. ʿA. S II 94
-Najāshī A. b. ʿA. S I 556
-Najātī Maḥmūd b. ʿU. S II 257
Najd b. Hishām S II 64
-Najdī A. b. Mājid S II 230
-Nājī Ibr. b. M. b. Maḥmūd al-Dimashqī S II 116
b. al-Nājī al-Q. b. ʿĪsā S II 337
Najīb Asad Jāwish S III 229
Najīb al-Dīn al-Iṣfahānī S II A/C 289
Najīb al-Dīn Riḍā S II 972
Najīb al-Dīn al-Samarqandī M. b. ʿA. b. ʿU. G I 490, S I 895
Najīb Ef. Naṣṣār S III 387
Najīb al-Ḥaddād S II 762, III 268
Najīb al-Lādhaqānī S III 383
Najīb al-Mandarāwī S III 231
Najīb Mashriq al-Muḥāmī S III 370
Najīb Mīkhāʾīl Gharghūr S III 382
Najīb al-Riḥānī S III 281
b. Nājiḥ al-Qurṭubī S II 1010
-Najīramī Yū. b. Yaʿqūb S I 202, 529
b. al-Najjār M. al-Ḥāfiẓ G II 281, S II 390
b. al-Najjār M. b. Maḥmūd G I 361, S I 613
-Najjārī A. b. A. S II 451
Najjārzāde S II 994
Najm al-Dīn A. al-Ghazzī S II 416
Najm al-Dīn b. A. al-Qibṭī al-Shāfiʿī S II 393, 945
Najm al-Dīn b. a. Bakr al-Nīsābūrī al-Ḥanafī S II 956
Najm al-Dīn a. Bakr b. Qāḍī ʿAjlūn S I 677$_{,6}$ (to be read thus)

Najm al-Dīn al-Baṣrī S I 993 ad 488
Najm al-Dīn al-Faraḍī G II 238, S II 333
Najm al-Dīn al-Ghayṭī M. b. A. b. ʿA. G II 238, 338, S II 333, 467
Najm al-Dīn al-Ghazzī S II 394
Najm al-Dīn al-Ghazzī al-ʿĀmirī M. b. M. b. M. S II 402
Najm al-Dīn al-Ḥillī Jaʿfar b. Ḥ. b. Ya. G I 406, 510, S I 711
Najm al-Dīn al-Jaʿfarī al-Tabrīzī S II 913
Najm al-Dīn al-Kātibī S I 930,38a, 711
Najm al-Dīn Mankubars (Bakbars) G I 174, S I 294
Najm al-Dīn b. M. al-Ghazzī S II 481
Najm al-Dīn M. al-Lubūdī S I 817, 826,82d
Najm al-Dīn b. M. b. Shihāb al-Dīn ʿA. S II 19
Najm al-Dīn a. ʾl-Q. al-Maḥallī S II 966
Najm al-Dīn al-Qirāṭī al-Shāfiʿī S II 5
Najm al-Dīn Riḍā G I 304
Najm al-Dīn Saʿīd G I 304
Najm al-Dīn al-Shurayḥī al-Kubrāwī Shaykhzāde S II 111 (to be read thus), 605,7a, 956
Najm al-Dīn ʿU. b. Khayr al-Dīn al-Ramlī S II 315, 316 A/C, 426
Najm al-Dīn al-Yaqīn S I 698
a. ʾl-Najm al-Faḍl b. Qudāma al-ʿIjlī G I 60, S I 90
a. ʾl-Najm Rukn al-Dīn al-Khaṭīb al-Maghribī S II 360
-Najrī ʿAl. b. M. G II 326, S II 247
-Najri M. b. a. ʾl-Q. S II 247
-Nakhjuwānī Bābā Niʿmatallāh b. Maḥmūd S II 320
Nakhla b. Jirjis Qalfāṭ S III 380
Nakhla Rashīd Bey S III 377
Nakhla Ṣāliḥ G II 491, S II 749, III 378
b. al-Nakzāwī ʿAl. b. M. b. ʿU. al-Madanī al-Anṣārī S I 729
-Namāzī Ṣāliḥ b. Ṣiddīq b. ʿAr. S II 555
-Nāmī G I 90, A. b. M. al-Miṣṣīṣī S I 145
-Nāmī ʿA. b. ʿAbd al-Jabbār S I 571
-Namira M. b. Muḥyi ʾl-Dīn S II 533
b. al-Naqīb G I 395
b. al-Naqīb A. b. ʿA. G II 112, S II 138
b. al-Naqīb A. b. Luʾluʾ al-Rūmī al-Miṣrī S II 104
b. al-Naqīb al-Ḥ. b. Shāwar G I 264, S I 467
b. al-Naqīb M. b. a. Bakr b. Ibr. G II 9, S II 3
a. ʾl-Naqīb al-Tūntārī S I 761, II 292,u
Naqībzāde S II 386
Naqībzāde ʿAq. b. Yū. S II 525
-Naqjuwānī G I 26
b. al-Naqqāsh al-Dakkālī M. b. ʿA. b. ʿAbd al-Wāḥid G II 247, S II 95
-Naqqāsh M. b. al-Ḥ S I 334
Naqshband al-Bukhārī M. b. M. b. M. G II 205, S II 282
Nargisī S I 799,130
-Narshakhī M. b. Jaʿfar G I 515, S I 211
b. al-Nās S II 963
-Nasafī S I 754,51, 950 ad 290
-Nasafī ʿAl. b. A. G II 196, S II 263
-Nasafī ʿAbd al-ʿAzīz b. ʿUthmān al-Qāḍī G I 374, S I 639
-Nasafī A. b. al-Muʾayyad al-Maḥmūdī G I 172, S I 290
-Nasafī A. b. ʿU. b. A. al-Madlijī G II 199, S II 271
-Nasafī Burhān al-Dīn S I 357
-Nasafī Makḥūl b. Faḍl S I 357
-Nasafī al-Makḥūlī Maymūn b. M. G I 426, S I 757
-Nasafī M. b. A. S I 324
-Nasafī ʿU. b. M. b. A. b. Luqmān G I 427, S I 758
-Nasāʾī A. b. ʿA. G II 199
-Nasāʾī A. b. ʿA. b. Shuʿayb G I 162, S I 269
-Nasāʾī A. b. a. Khaythama S I 272
-Nasāʾī Ḥashīsh b. Aṣram S I 340
-Nasāʾī Kamāl al-Dīn G I 388,7, S I 670
-Nasawī ʿAbd al-Wāḥid b. ʿAbd al-Razzāq al-Khaṭīb G I 486, S I 889
-Nasawī ʿA. b. A. b. a. ʾl-Ḥ. G I 54, S I 384, 390
-Nasawī M. b. A. b. ʿA. G I 319, S I 552
Nāshī al-Akbar G I 123, S I 188
Nāshī al-Aṣghar S I 188
Nāshid al-Sawīrī G II 695, S I 440,i
-Nāshirī ʿA. b. a. Bakr G II 707, S II 237
-Nāshirī ʿUthmān b. ʿU. b. a. Bakr G II 189, S II 250
-Nashratī M. G II 308
-Nashshār S III 84
-Nashshār ʿU. b. Q. G II 115, S II 142

Nashwān b. Saʿīd al-Ḥimyarī G I 300, S I 527
Nasīb ʿArīḍa S III 444
Nasīb Arslān S III 362
Nasīb Manṣūr al-Mashʿalānī S III 379
Nasīm al-ʿĀzār S III 383
Nasīm al-Dīn M. Mīrak Shāh S I 269,16
Nasīm Mallūl S III 490
-Naṣībī A. b. al-Mubārak S I 590
Nāṣīf al-Yāzijī G II 494, S I 140, 142, II 765
Nāṣiḥ b. Ẓāfir al-Jarbādhakānī G I 314, S I 548
-Nāṣiḥī ʿAl. b. al-Ḥu. G I 373, S I 637
-Naṣīḥī al-Fāhimī Ṭursūnī S I 950 ad 286
-Nāṣir b. ʿAbd al-Ḥāfiẓ al-Muḥallā al-Sharafī G II 416, S II 233, 564
-Nāṣir b. ʿAbd al-Sayyid al-Muṭarrizī G I 277, 293, S I 487, 514
-Nāṣir b. A. b. al-Muṭahhar S II 232, 237
Nāṣir al-Dīn S II 894
Nāṣir al-Dīn al-ʿAjamī S II 1036
Nāṣir al-Dīn b. al-Fayyūmī G I 266
Nāṣir al-Dīn al-Ḥusaynī al-Sharīf S II 1031
Nāṣir al-Dīn b. ʿĪsā al-Ḥaṣkafī S I 869
Nāṣir al-Dīn al-Kūhī S I 469
Nāṣir al-Dīn al-Laqānī G I 283, 299, S II 97, 105
Nāṣir al-Dīn M. Ẓāfir S II 839
Nāṣir al-Dīn b. a. ʾl-Munayyir S II 1010
Nāṣir al-Dīn b. Sikandar al-Ḥaṣūrī G II 372
Nāṣir al-Dīn b. Sirāj al-Dīn al-Dimashqī S II 87
Nāṣir al-Dīn al-Tirmidhī S I 516
Nāṣir al-Dīn al-Ṭablāwī S II 443
Nāṣir al-Dīn b. al-Ṭarābulusī S II 1037
Nāṣir al-Dīn b. al-Ṭūsī M. b. M. b. al-Ḥ. G I 508, S I 366, 384, 390, 398, 399, 763, 808, 817,27a, 848, 924
-Nāṣir li-dīnallāh M. b. ʿAl. S I 460
-Nāṣir li-dīnallāh Nāṣir b. al-Ḥu. S I 698
-Nāṣir lil-ḥaqq al-Ḥu. b. Badr al-Dīn S I 703
-Nāṣir lil-ḥaqq al-Ḥu. b. M. S I 698
-Nāṣir lil-ḥaqq al-Uṭrūsh S I 317
-Nāṣir b. Ḥu. al-Ḥasanī al-Najafī S II 611
-Nāṣir b. Ḥu. b. M. b. ʿĪsā al-Daylamī S I 698
-Nāṣir al-Ḥusaynī al-Jīlānī al-Ḥakīm S I A/C 793
-Nāṣir b. Ibr. al-Aḥsāʾī S II 208
-Nāṣir al-Kalbī al-ʿŪdī S II 1036
-Nāṣir M. b. Ibr. al-Buwayhī S II A/C 209
-Nāṣir b. M. al-Kirmānī G II 196
-Nāṣir b. Sālim b. ʿAdīm al-Rawāḥī al-Ibāḍī S II 893
-Nāṣir b. Ṣāliḥ S II 913
-Nāṣirī M. b. Mänglī G II 136, S II 167
-Nāṣirī a. Rās M. b. A. b. ʿAq. S II 880
a. Naṣr S II 280, 715
Naṣr b. ʿAl. al-ʿAzīzī S II 1024
Naṣr b. ʿAbd al-ʿAzīz b. A. b. Nūḥ al-Fārisī S I 722
Naṣr b. ʿAbd al-Munʿim al-Tanūkhī S I A/C 257
Naṣr b. A. ʿA. al-Fārisī S I 724
Naṣr b. A. al-Ḥuṣrī S II 481
Naṣr b. A. al-Khubzuruzzī S I 131
a. Naṣr al-Farāhī G II 193, S II 258
Naṣr al-Hūrīnī G II 145, 489, S I 524, II 446, 726
Naṣr Ḥannā Ef. S III 232
a. Naṣr al-Ḥ. b. ʿA. al-Munajjim al-Qummī G I 223, S I 388, 398
Naṣr b. Ḥ. al-Marghīnānī G II 193
Naṣr b. Ibr. b. Naṣr al-Maqdisī S I 603, II 913
Naṣr al-Khalwatī al-Jalwatī al-Dimashqī S II A/C 387
Naṣr b. M. al-Samarqandī a. ʾl-Layth G I 196, S I 289, 347
Naṣr b. Muzāḥim al-Minqārī S I 214
Naṣr b. Naṣr S II 252
a. Naṣr al-Sarrāj ʿAl. b. ʿA. S I 359
Naṣr b. Ya. b. Saʿīd al-Muhtadī S II 145
Naṣr b. Yaʿqūb al-Dīnawarī G I 244, S I 433
Naṣrallāh b. ʿAbd al-Munʿim al-Tanūkhī S II 929 (to be read thus)
Naṣrallāh b. A. al-Baghdādī al-Ḥanbalī G I 287, II 164
Naṣrallāh b. A. b. Makhlūf b. Qalāqis G I 261, S I 461
Naṣrallāh b. A. b. M. al-Tustarī al-Baghdādī S II 206
Naṣrallāh b. Ḥ. al-Ḥusaynī al-Astarābādhī S II 207, 825
Naṣrallāh b. M. b. al-Athīr G I 297, S I 494, 521
Naṣrallāh b. M. Bāqir al-Shīrāzī S I 964

Naṣrallāh b. M. b. Ḥammād al-Kirmānī S II 265, 267
Naṣrallāh al-Zaytūnī S II 154
Naṣūḥ al-Salāmī S II 1024
-Nātilī al-Ḥu. b. Ibr. G I 207, S I 371
-Naṭanzī al-Ḥu. b. ʿA. G I 288, S I 505
-Nāṭifī A. b. M. b. ʿU. G I 372, S I 636
-Nāṭiq bil-ḥaqq Ya. b. al-Ḥu. b. Hārūn al-Baṭḥānī G I 402, S I 697
-Nawājī M. b. Ḥ. b. ʿA. G II 56, S II 8, 56
-Nawawī Ibr. b. ʿA. b. Ibr. G II 96, S II 70
-Nawawī M. b. ʿU. b. ʿArabī al-Jāwī al-Bantanī G II 501, S II 813
-Nawawī Ya. b. Sharaf G I 158, 160, 359, 387, 393, 394, 424, S I 261, 262, 265, 611, 612, 670, 680, 753
Nawāzish Ḥu. Khān Shaydā S II 904
b. Nawbakht M. b. Yaʿqūb S I 869
-Nawbakhtī S I 319, 320
Nawfal Niʿmatallāh al-Ṭarābulusī S II 779
Nawʿī Ya. b. ʿA. G I 462, II 443, S I 837, II 648
Nawʿīzāde S I 794
Nawʿīzāde M. b. Ya. b. Pīr ʿA. G II 426, S II 635
-Nayrizī ʿAbd al-Ḥamīd b. Muʿīn al-Dīn b. M. S II 585
-Nayrizī al-Faḍl b. Ḥātim S I 386
-Nāzīlī M. b. ʿA. Ḥaqqī G II 490, S II 746
Naẓar ʿA. Ism. Al-Sharīf al-Wāʿiẓ al-Kirmānī al-Ḥāʾirī S II 803
Naẓar ʿA. Muḥsin Jīlānī S II 585
Naẓar ʿA. al-Ṭālaqānī S II 835
Naẓīf b. Yumn al-Qass S I 387
Naẓīra Zayn al-Dīn S III 415
-Nāẓirī S II 968
Naẓmīzāde Murtaḍā Ef. S II 501
-Naẓẓām Ibr. b. Sayyār b. Hāniʾ S I 117,$_{n}$, 339
b. al-Naẓẓār al-Shāfiʿī G II 85
Nidā ʿĀṣī b. Ḥājj Nidā S I 826,$_{82e}$
Nidā b. ʿImrān G I 458
-Niffarī M. b. ʿAbd al-Jabbār G I 200, S I 358
Nifṭawayh Ibr. b. M. b. ʿArafa G I 112, S I 173 note 10, 184
-Niksārī S II 924
-Nīlawī ʿAr. b. M. G II 366
Nīlī S I 916,$_{11}$
Niʿma b. A. al-Zaydī S I 870
Niʿma al-Ḥājj S III 445
Niʿmatallāh b. M. b. al-Ḥu. b. ʿAl. al-Ḥusaynī al-Jazāʾirī S I 534,$_{x}$, II 20, 586
Niʿmatallāh b. Ṭāhir al-Nahrawālī S II 1010
Niʿmatallāh b. ʿUthmān al-Sharīf S II 963
Niʿmatallāh al-Wālī G II 387
Nimr b. ʿAdwān S III 378
Nīqulā Basyūr S III 230
Nīqulā Ef. Bustrūs S III 227 (to be read thus)
Nīqulā Ef. Mīkhāʾīl ʿAṭiyya S III 228
Nīqulā al-Ḥaddād S III 226
Nīqulā Ḥannā al-Khūrī S III 417
Nīqulā b. Ilyās Naqqāsh G II 483, S II 754
Nīqulā Rizqallāh al-Ṣūrī S III 85, 230
Nīqulā al-Ṣabbāgh S II A/C 772
Nīqulā al-Ṣāʾigh al-Rāhib S II 389
Nīqulā b. Yū. al-Turk S II 770
-Nīraqī ʿAbd al-Ṣāḥib M. b. A. al-Kāshānī S II 833
-Nīraqī A. b. M. Mahdī S II 826
-Nīraqī M. Mahdī b. a. Dharr S II 824
-Nīsābūrī Ḥ. b. M. G I 91
-Nīsābūrī Maḥmūd b. a. ʾl-Ḥ. S I 733
-Nīsābūrī M. b. ʿAbd al-Nabī b. ʿAbd al-Ṣāniʿ S II 574
-Nīsābūrī ʿU. b. al-Ḥu. S II 262
Niyāzī M. al-Miṣrī S II 662, 922,$_{6b}$
Niẓām al-Aʿraj al-Nīsābūrī al-Ḥ. b. M. G II 201, S I 931,$_{40b}$, II 273
Niẓām al-Dīn G II 421
Niẓām al-Dīn al-Badakhshī G I 428
Niẓām al-Dīn b. Burhān al-Dīn al-Maghīnānī G I 376, S I 649
Niẓām al-Dīn al-Iṣfahānī G I 254, S I 449
Niẓām al-Dīn b. Mollā Quṭb al-Dīn al-Sihālawī S I 840, II 264, 292,$_{t}$, 623
Niẓām al-Dīn b. M. Rustam al-Khujandī S I 469,$_{49}$
Niẓām al-Dīn al-Qurashī S I 654
Niẓām al-Dīn b. Quṭb al-Dīn al-Laknawī S I 926
Niẓām al-Dīn al-Shāshī S I 951
a. Nuʿaym A. b. ʿAl. b. Isḥāq al-Iṣfahānī G I 362, II 55, S I 616
Nuʿaym b. Ḥammād al-Khuzāʿī S I 257
Nuʿaym b. Ḥammād al-Marwazī S II 929
Nuʿaym b. Saʿīd b. Masʿūd G I 112, S I 172
-Nuʿaymī A. b. ʿAq. S II 452

-Nuʿaymī ʿAq. b. M. b. ʿU. G II 38, 133, S II 164
b. Nubāta ʿAbd al-ʿAzīz b. ʿU. al-Saʿdī G I 95, S I 152
b. Nubāta ʿAbd al-Raḥīm b. M. G I 92, S I 149
b. Nubāta M. b. M. al-Fāriqī G II 10, S II 4
b. Nubāta M. b. M. b. a. ʾl-Ḥ. S II 47
-Nūbī A. G I 418, II 385, S I 765, II 520
a. Nuhayla S I A/C 97
Nūḥ b. ʿAq. al-Qādirī S II 1000,42
Nūḥ Ef. G II 226, 711, S II 184,56,l, 317,l
Nūḥ Ef. b. Muṣṭafā al-Rūmī al-Miṣrī G I 428, II 314, S I 763, II 432
Nūḥ b. Fatḥ al-Malūshāʾī S II 697
Nūḥ b. Maryam al-Jāmiʿ a. ʿIṣma S I 287
b. Nujaym Zayn al-ʿābidīn ʿU. b. Ibr. al-Miṣrī G II 310, S I 646,4, II 315 A/C, 425
Nuʿmān b. ʿAbduh al-Qasāṭilī G II 496, S II 772
Nuʿmān al-Ālūsī Khayr al-Dīn Ef. b. Maḥmūd S I 344 (see 953), II 17, 528,27, 787
Nuʿmān b. Bashīr al-Anṣārī S I 98
Nuʿmān b. al-Mubārak al-Riḍwān S II 639
Nuʿmān b. M. al-Qāḍī S I 324
Nuʿmān Pāshā b. Muṣṭafā Pāshā Köprülü G I 432, II 446, 663
Nuʿmān Shāh S I 842,j
Nuʿmān Thābit ʿAbd al-Laṭīf S III 491
Nuʿmān b. Thābit a. Ḥanīfa G I 169, S I 284
Nuʿmān b. ʿUthmān al-ʿUmarī S II 502
-Nuʿmānī al-Ḥabbāl Ibr. b. Saʿīd S I 572
-Nuʿmānī M. b. Ibr. b. Jaʿfar S I 321
-Numayrī ʿA. b. Balabān b. ʿAl. S II 80
-Numayrī M. b. ʿAl. G I 62
b. a. Numayy A. b. Masʿūd G II 378, S II 510
Nuqrakār ʿAl. b. M. G I 305, S II 14, 21
b. Nuqṭa M. b. ʿAbd al-Ghanī G I 355, 358, S I 609
Nūr ʿA. b. al-Shaykh Ḥ. al-Qāzānī S II 871
Nūr Bābā Kashmīrī M. S I 517,s
Nūr al-Dīn ʿAr. al-Baghdādī S II 281
Nūr al-Dīn b. A. al-Shāfiʿī S II 1010
Nūr al-Dīn ʿA. al-Faraḍī S II 1024
Nūr al-Dīn ʿA. al-Mīqātī S II A/C 423
Nūr al-Dīn ʿA. al-Quddūsī S II 354
Nūr al-Dīn ʿA. al-Shabrāmallisī G II 322, S I 742,15, II 443
Nūr al-Dīn al-Bakrī S II 975
Nūr al-Dīn al-Burullusī S II 464
Nūr al-Dīn b. Dāʾūd al-Miṣrī S II 1026
Nūr al-Dīn al-Dimyāṭī G II 254, S II 361 n
Nūr al-Dīn b. Ḥajar al-Haythamī ʿA. b. a. Bakr G II 76, S I 270, II 82
Nūr al-Dīn al-Ḥalabī ʿA. b. Ibr. b. A. G II 307, S II 418, 457 A/C
Nūr al-Dīn Ḥamza al-Qaramānī S I 738
Nūr al-Dīn al-Ḥusaynī S II 580
Nūr al-Dīn a. Isḥāq al-Baṭrūjī S I 866
Nūr al-Dīn al-Khafājī S II 1024
Nūr al-Dīn M. al-Shīrāzī S II 106,10
Nūr al-Dīn b. Nūḥ S II 414
Nūr al-Dīn al-Qarāfī S II 1027
Nūr al-Dīn al-Shabrāmallisī S I 288,11,2, see ʿA. b. ʿA. al-Sh. G II 322, S II 443
Nūr al-Dīn al-Wāsiṭī S II 913
Nūr al-Dīn al-Yamanī S II 146,o
Nūr al-Dīn al-Ziyādī S I 681,18
Nūr al-Hudā b. Qamar al-Dīn S II 616
Nūr al-Ḥaqq b. ʿAbd al-Ḥaqq al-Dihlawī S I 263,34, 266,13
Nūr al-Ḥaqq al-Bukhārī Shāhjahānābādī S I 263,31
Nūr al-Ḥaqq b. Sharaf Nūrallāh al-Shushtarī S II 576
Nūr al-Ḥ. Khān S I 614,c
Nūr al-Ḥ. Khān al-Ṭayyib b. a. ʾl-Khayr S II 861
a. Nūr al-Mālikī G II 316
Nūr M. S I 533,13,a,γ
Nūr b. M. b. Ḥu. al-Kāshānī S I 269,11
Nūrallāh al-Ḥalabī S II 924
Nūrallāh al-Ḥusaynī G I 509
Nūrallāh b. al-Sayyid al-Sharīf b. Nūrallāh al-Ḥusaynī al-Marʿashī al-Shushtarī (Tustarī) S I 133, 533, 739, 970 ad 647, II 207, 303, 607, 841
-Nūrī ʿAbd al-Aḥad G II 346, 455, S II 662
-Nūrī b. Mollā Jirjīs al-Qādirī al-Mawṣilī S II 783
Nuṣayb b. Rabbāḥ S I 99
b. Nuṣayr S I 326
Nuṣḥī al-Nāṣiḥī Shaykh shuyūkh al-Islām S II 957
Nuṣrat ʿAbd al-Karīm Saʿīd S III 417
b. Nuṣrat ʿA. b. Dāʾūd G II 194

a. Nuwās G I 75, S I 114
-Nuwayrī A. b. ʿAbd al-Wahhāb G I 139, S II 173
-Nuwayrī M. b. M. b. ʿA. S II 21
-Nuwayrī M. b. Q. b. M. G II 35, S II 34

-Panjdahī (-Fanjdahī) M. b. ʿAr. b. M. b. Masʿūd G I 277, 356, S I 487, 604
Patkarī G I 465$_{,2c}$
Paulus (Būlus) al-Rāhib S I 665
-Pazdawī ʿAr. b. M. S I 950 ad 292
-Pazdawī ʿA. b. M. G I 373, S I 285$_{,1,2}$, 517$_{,ee}$, 637
Philoponos S I 370
Picatrix S I 431
Pīr M. Dede S II 653
Pīr M. Maghnīsawī S I 923$_{,22b}$
Pīrīzāde G II 245, S II 343
Pīrīzāde Ibr. b. Ḥu. b. ʿA. S II 647
Plato S I 956, 958
Plotinus S I 365
Plutarchos al-Yūnānī S I 366
Porphyry S I 365, 841, n. 10
Ptolemy S I 382, 384, 388, 389, 404, 932$_{,54e}$, 960 ad 398

-Qabāqibī M. b. Khalīl S II 139
-Qabbāb al-Fāsī A. b. al-Q. S II 346
-Qabbānī A. b. ʿA. al-Baṣrī S II 532
-Qabbānī ʿA. al-Marāghī G II 411
-Qabbānī Fatḥallāh b. ʿAlawān G II 373, S II 501
-Qābisī S II 387
-Qabīsī ʿAbd al-ʿAzīz b. ʿUthmān S I 399
-Qābisī ʿA. b. M. b. Khalaf S I 277, 298
-Qābisī Idrīs S I 298
-Qabūnī ʿAr. b. Khalīl b. Salāma G II 97, S II 115
Qābūs b. Washmagīr G I 96, S I 154
Qaʿdān al-Khāzin Philipp S III 176
Qādir Quṭbī S II 952
-Qādirī S I 472
-Qādirī ʿAbd al-Salām b. al-Ṭayyib S II 682
-Qādirī ʿA. b. M. G II 363
-Qādirī al-Makhzūmī ʿAl. b. ʿA. b. Ayyūb G II 96, S II 113
-Qādirī M. al-ʿArbī b. al-Ṭayyib b. M. S II 682
-Qādirī M. b. al-Ṭayyib b. ʿAbd al-Salām S II 687
-Qādirī Ya. b. ʿAr. G II 178, S II 229
Qadri M. Ef. S I 173
Qadri Ya. Bek S III 381
Qadriyya Ḥu. S III 258
b. al-Qāḍī A. b. M. b. M. S II 678
b. Qāḍī ʿAjlūn a. Bakr b. ʿAl. b. ʿAr. S II 119
-Qāḍī al-Akram S I 158, 558, see ʿA. b. Yū. al-Qifṭī
-Qāḍī Čukān al-Hindī G II 221, S II 310
-Qāḍī al-Fāḍil ʿAr. b. ʿA. G I 316, S I 549
Qāḍī ʾl-Humāmiyya A. b. Thābit S I 860 (to be read thus)
b. Qāḍi ʾl-Jabal al-Ḥanbalī A. b. al-Ḥ. b. ʿAl. S II 129
-Qāḍī b. al-Jaddāʾ S I 298
-Qāḍī Mubārak b. M. Dāʾim al-Fārūqī al-Gūpamūʾī G II 209, S II 290$_{,h,a}$, 303$_{,\zeta\zeta}$, 622, 624, 706$_{,o}$
Qāḍi ʾl-Qalʿa M. b. M. G II 254, S II 362
Qāḍī Sarmīn M. b. ʿAl. G II 75
-Qāḍī Shāh al-Samarqandī S II 290
b. al-Qāḍī Shuhba Badr al-Dīn S I 674, see M. b. a. Bekr b. A. b. M. b. ʿO. G II 51, S II 50
b. al-Qāḍī Shuhba M. b. a. Bakr b. A. G II 30, S I 158, 674, S II 25
b. al-Qāḍī Shuhba Yū. b. M. b. ʿU. G I 134
Qāḍī Simāwna Maḥmūd b. Isrāʾīl G II 224, S II 314
-Qāḍī b. Zakariyyāʾ al-Anṣārī S I 837
b. Qaḍībalbān ʿAl. b. M. Ḥijāzī G II 277, S II 386
b. Qaḍībalbān ʿAbd al-Laṭīf S II A/C 184
Qāḍīkhān G II 218, S I 950 ad 289
b. Qāḍīkhān ʿA. b. ʿAbd al-Malik al-Muttaqī al-Hindī G II 384, S II 518
Qāḍīkhān Badr M. Dhār S II 258
Qāḍīkhān al-Ḥ. b. Manṣūr al-Uzjandī al-Farghānī G I 376, S I 643
Qāḍīzāde S II 92
Qāḍīzāde al-Jarharūdī S I 937, S II 307$_{,l}$
Qāḍīzāde M. al-Arzanī G II 438, S II 649
Qāḍīzāde M. b. M. G II 434, S II 646
Qāḍīzāde M. b. Muṣṭafā G II 443, S II 659
Qāḍīzāde al-Rūmī Mūsā b. M. b. Maḥmūd G II 212, S I 517 A/C, 840, 848 A/C, 931 A/C, II 297 A/C
-Qaffāl al-Shāshī M. b. A. b. al-Ḥu. G I 390, S I 674

-Qafṣī M. b. ʿAl. b. Rāshid (to be read thus) al-Bakrī S II 345
-Qāhirī M. b. ʿAlāʾ al-Din G II 326, S II 453
-Qahwatī ʿAṭiyya b. A. b. Ibr. S II 420
-Qalaʿī M. b. ʿAbd al-Muḥsin S II 522
-Qalanbawī G II 417, S II 614
-Qalānisī A. G II 315, S II 434
b. al-Qalānisī Ḥamza b. Asad G I 331, S I 566
-Qalānisī M. b. Bahrām G I 489, S I 893
-Qalānisī M. b. al-Ḥu. G I 408, S I 723
b. Qalāqis Naṣrallāh b. A. G I 261, S I 461
-Qalaṣādī ʿA. b. M. b. M. G II 266, S II 363, 378
-Qalʿāwī Muṣṭafā b. M. G II 480, S II 730
-Qalāwisī M. b. M. G II 259
-Qālī Ism. b. al-Q. G I 132, S I 180, 202
-Qallinīkī M. G II 434
-Qalqashandī G I 385
-Qalqashandī A. b. ʿA. b. ʿAl. G II 134, S II 164
-Qalqashandī Ibr. b. ʿA. G II 78, S II 85
-Qalqashandī M. b. A. b. ʿA. S II 165
Qālūn a. Mūsā ʿĪsā b. Mūsā S I 328
-Qalyūbī S I 681
-Qalyūbī A. b. A. b. Salāma G II 364, S II 492
-Qalyūbī Mūsā b. M. b. Mūsā S II 487
b. Qamar G II 187
Qamar al-Dīn b. Munīballāh b. ʿInāyatallāh al-Awrangābādī S II 616
-Qamūlī A. b. M. b. Makkī al-Shāfiʿī G I 304, 424, II 86, S II 101
-Qanawī M. b. ʿAbd al-Karīm S II 517
b. Qāniʿ ʿAbd al-Bāqī S I 279
Qānṣūh al-Ghūrī G II 20, S II 13
-Qānūnī al-Ḥu. b. ʿAl. b. Sīnā G I 453, S I 812
-Qāqūnī M. b. Mufliḥ b. M. S II 129
Qara A. G I 427, S I 759$_{,a}$
Qara Amīn al-Ḥumaydī G II 197, read: M. b. Muṣṭafā Qirq Emre S II 266
Qara Dāʾūd G I 466, S II 304, 360
Qara Dāʾūd al-Qūčawī S I 845
Qara Dede Kamāl al-Dīn S I 498$_{,g}$
Qara Ḥ. al-Ḥamīdī G I 376, S I 647$_{,e}$
Qara Kamāl G I 291, 427, S II 290, 321
Qara Kamāl Ism. Qaramānī S I 759
Qara Khalīl b. A. al-Tīrawī S II 1016$_{,26}$
Qara Khalīl Ef. Qāḍī ʿAskar S II 302
Qara Khalīl b. Ḥ. Amīrzāde G I 275, S I 759, 842
Qara Ya. S I 643
Qara Yaʿqūb b. Idrīs al-Qaramānī G II 223, S II 313
-Qarabāghī G I 429, 465, S I 760 A/C, 842, 847, II 267
-Qarabāghī Yū. b. M. Jān S II 576
-Qarabālī G II 209
-Qarāfī A. b. Idrīs al-Ṣanhājī G I 385, S I 665
-Qarāfī ʿA. b. A. al-Anṣārī al-Shāfiʿī S II 964$_{,4}$
-Qarāfī M. b. Ya. b. ʿU. G II 316, S II 436
-Qaraḥiṣārī S II 498
-Qaraḥiṣārī M. b. Khalīl G II 446
-Qaraḥiṣārī M. b. Najīb G II 229, S II 320
Qarāja A. S I 842 A/C, 846
-Qaramānī S I 647
-Qaramānī A. b. Yū. Sinān S II 412
-Qaramānī Muṣṭafā G II 224
-Qaramānī Qara Yaʿqūb G II 223, S II 313
-Qarashahrī ʿĪsā b. M. b. Īnanj S II 312
-Qarawī S III 449
-Qarawī Bahā Alimghā S II 312
-Qarawī Danas b. Tamīm S I 868
-Qarāzī S I 876
-Qāriʾ al-Harawī ʿA. b. Sulṭān M. G I 39, 159, 162, 170, 171, 176, 265, 283, 359, 364, 369, 396, 410, 422, 428, 429, 436, 443, II 145, 202, 203, 217, 394, S I 162, 268, 284, 291, 443, 498 A/C, 611, 621, 631, 648, 683, 726, 727, 749, 760$_{,25,17}$, 764, 777, 780, II 91 A/C, 180$_{,6b}$, 235, 275, 276, 277, 289, 307, 524, 539
-Qāriʾ al-Hidāya ʿU. b. ʿA. b. Fāris al-Qaṭṭānī G II 81, S II 91
b. al-Qāriḥ ʿA. b. Manṣūr S I 484
-Qarqashandī M. al-Maqdisī G II 366
-Qarshī (Qurashī) ʿA. b. a. ʾl-Ḥaram (Ḥazm) b. al-Nafīs G I 206, 457, 493, S I 899
-Qarṭajannī Ḥāzim b. M. G I 269, S I 474
Qarṭāy al-Ghazzī al-Khaznadār G II 54, S II 53
-Qārūt M. b. ʿAbd al-Ghanī S II 772
-Qasāṭilī Nuʿmān b. ʿAbduh S II 772
a. ʾl-Q. S II 913
-Qāsim b. ʿAbbās al-Nahrawī S II 1033
a. ʾl-Qāsim b. ʿAbd al-ʿAlīm al-Qurṭubī S I 285
-Qāsim b. ʿAl. b. Quṭlūbughā G I 377, 81, 82, 174, S I 296, 611, 635, 638, 658, II 90, 93, 264

-Qāsim b. ʿAl. b. al-Shāṭṭ al-Ishbīlī G II 264, S I 665, S II 374
a. ʾl-Qāsim b. A. b. ʿA. b. Ibr. al-Zayānī G II 507, S II 874, 878
-Qāsim b. A. b. Bāmūn S II 1032, read: a. ʾl-Q. b. A. b. Yāmūn S II 693
a. ʾl-Qāsim A. Hāshim S III 181
a. ʾl-Qāsim A. b. M. al-Burzulī G II 247, S II 134 (to be read thus), 347
-Qāsim b. A. b. al-Muwaffaq al-Andalusī al-Lurqī al-Mursī G I 409, S I 542, 725
a. ʾl-Qāsim b. A. al-Qandahārī S II 1027,$_{10}$
a. aʾ-Qāsim b. A. al-Ṣiddīqī al-Andalusī S I 510
a. a-Qāsim b. A. b. Yamūn al-Talīdī S II 693
a. ʾl-Qāsim ʿA. al-Akbar al-Khuwwī al-Najafī S II 805
-Qāsim a. ʿA. b. ʿAsākir G I 331, II 130, S I 567
-Qāsim b. ʿA. al-Baṭalyawsī S I 160
a. ʾl-Qāsim b. ʿA. Dirāwa al-Shāwī S I 726, II 698
-Qāsim b. ʿA. al-Ḥarīrī G I 276, S I 486
-Qāsim b. ʿA. al-Mikhlāfī G I 260, S I 461
a. ʾl-Qāsim b. ʿA. b. M. b. Khajjū al-Ḥassānī S II 701
Qāsim Amīn S III 330
a. ʾl-Qāsim al-Anbārī G I 19, read: a. M. al-Q. b. M. al-A. S I 37
a. ʾl-Qāsim b. a. Bakr al-Laythī al-Samarqandī G II 194, S I 738, 741, 743, II 259, 288
-Qāsim Čelebī S I 650
-Qāsim b. a. ʾl-Faḍl al-Saʿdī al-Ḥalabī al-Shāfiʿī G I 443, S I 794
-Qāsim b. al-Faḍl al-Thaqafī G I 355, S I 602
-Qāsim b. Firruh al-Shāṭibī G I 407, 409, S I 725
b. al-Qāsim al-Ghazzī S II 925
-Qāsim b. Ḥamza S II 611
-Qāsim al-Ḥanafī Sharaf al-Dīn G I 429, S II 265
-Qāsim b. Ḥ. b. ʿAl. Muḥyi ʾl-Dīn al-Jāmiʿī S II 805
-Qāsim b. Ḥ. al-Jīlānī S II 450
-Qāsim b. Ḥ. al-Jurmūzī S II 546
b. umm Qāsim Ḥ. b. Q. al-Murādī G I 298, 305, 409, II 22, S II 16
a. ʾl-Qāsim b. Ḥawqal al-Naṣībī G I 229, S I 408
-Qāsim b. Ḥu. al-Damrāghī G II 198, S II 270
-Qāsim b. Ḥu. al-Khwārizī G I 255, 291, S I 452, 510
a. al-Qāsim b. Ibr. al-Barrādī al-Dammarī S I 575, II 339
-Qāsim b. Ibr. al-Ḥasanī Ṭabāṭabā al-Rassī G I 185, S I 314
-Qāsim b. Ibr. al-Qazwīnī S I 726
-Qāsim b. ʿĪsā b. Nājī G II 239, S I 299, 301, 811, II 337
a. ʾl-Qāsim b. Isḥāq b. Ibr. al-Warrāq al-Bābī G II 699, S I 585
-Qāsim al-Judhāmī al-Qabbāb G I 370, read: A. b. al-Q. al-J. al-Q. S I 632,$_{6}$
a. ʾl-Qāsim al-Khwānsārī b. a. ʾl-Q. b. Āyatallāh b. M. Mahdī S II 803
a. al-Qāsim b. Maḥfūẓ al-Baghdādī G I 222
a. al-Qāsim b. M. b. ʿA. S II 833
-Qāsim b. M. b. ʿA. al-Bakrajī al-Ḥalabī G I 289, II 287, S I 471,$_{7}$, 506, II 397 (III 342)
-Qāsim b. M. b. ʿA. b. Rasūlallāh G II 405, S II 558
-Qāsim b. M. al-Anbārī S I 36
a. ʾl-Qāsim b. M. a. ʾl-Barakāt b. A. b. ʿAbd al-Malik b. Makhlaṣ S I 269
-Qāsim b. M. al-Ḥājj S I 702,$_{e}$
-Qāsim b. M. b. Ḥu. al-Ghassānī S I 823,$_{81}$, II 714
-Qāsim b. M. b. Ḥu. b. M. b. A. b. Ism. S I 702,$_{g}$
-Qāsim b. M. b. Ḥu. al-Qummī S II 581
-Qāsim b. M. b. Ḥu. al-Rashtī al-Iṣfahānī S II 571
-Qāsim b. M. b. Ism. al-Aʿraj S I 702,$_{i}$
-Qāsim b. M. al-Iṣfahānī S I 40
-Qāsim b. M. b. Jawād al-Kāẓimī S II A/C 503
-Qāsim b. M. al-Kastī G II 494, S II 756
-Qāsim b. M. b. Marzūq al-Qayrawānī S II 693
-Qāsim b. M. Munāẓir al-Wāsiṭī G I 126, S I 192
-Qāsim b. M. al-Naḥwī S II 925
-Qāsim b. M. b. Q. al-Aʿraj al-Ḥājj S II 111
-Qāsim b. M. al-Qawwās G II 272, S II 383
-Qāsim b. M. b. Yū. al-Birzālī G II 36, S II 34
-Qāsim b. Nājī al-Qayrawānī S I 300

-Qāsim al-Nakhjuwānī S II 957
a. ʾl-Qāsim al-Nūrī al-Rāzī S II 842
-Qāsim al-Qādirī al-Tuwayjirī S II 1010
a. ʾl-Qāsim al-Qurashī S I 298,10
a. ʾl-Qāsim al-Rāfiʿī S I A/C 682
a. ʾl-Qāsim al-Riḍawī al-Qummī S I 270, II 859, 988
a. ʾl-Qāsim b. Riḍwān G I 463, S I 837
-Qāsim b. Saʿd al-Raqqām G I 252
-Qāsim as-Saʿdī al-Jūkhī G I 443
-Qāsim al-Sadīdī al-Shāfiʿī S I A/C 794
a. ʾl-Qāsim b. Salmūn b. ʿA. b. ʿAl. al-Kinānī G II 264, S II 374
a. ʾl-Qāsim al-Shābī S III 124, 499
-Qāsim al-Shaykh S I 470,p
-Qāsim b. Ṣalāḥ al-Dīn al-Khānī G II 34, S II 472
a. ʾl-Qāsim al-Ṣaqalī S I 333
a. ʾl-Qāsim b. Tāl al-Hawsamī S I 317
a. ʾl-Qāsim b. Thābit al-Saraqusṭī S II A/C 945
-Qāsim b. Thābit al-Thamānīnī S I 193
-Qāsim b. Ya. al-Mawṣilī S II 396
a. ʾl-Qāsim b. Yū. al-Ḥasanī S I 749,11
-Qasṭalī A. b. M. b. Darrāj S I 478
-Qasṭallānī A. b. ʿA. S II 32
-Qasṭallānī b. a. Bakr G II 73, S II 79
-Qasṭallānī M. b. A. b. ʿA. G I 451, S I 808
-Qasṭamūnī A. b. ʿA. G II 394, S II 539
Qasṭamūnlī Ḥāfiẓ A. S II 146
-Qāshānī ʿAbd al-Razzāq b. a. ʾl-Ghanāʾim G I 262, S I 464
-Qāshī Ḥaydar b. ʿA. b. Ḥaydar S II 212
b. a. Qaṣība ʿA. b. M. b. ʿA. al-Ghazzālī G II 78, 122, S II 85
b. al-Qāṣiḥ ʿA. b. ʿUthmān b. M. G II 165, S I 727, II 212
-Qaṣīʿī ʿAbd al-Laṭīf b. ʿA. G II 398
b. al-Qāṣṣ A. b. A. al-Ṭabarī G I 180, S I 306
Qaṣṣābzāde G II 432
b. al-Qaṣṣār S I 660
b. al-Qaṣṣār al-Mālikī S II 963
Qaṣṣāra G II 336
Qaṭarī b. al-Fujāʾa G I 61
-Qaṭīfī Ibr. b. S. S II 503
b. Qāṭin A. b. M. G II 400
b. al-Qaṭṭāʿ ʿA. b. Jaʿfar al-Saʿdī al-Ṣaqalī G I 308, S I 540
b. al-Qaṭṭān S II 978
-Qaṭṭān ʿAbd al-Karīm b. ʿAbd al-Ṣamad G I 408, S I 722
b. al-Qaṭṭān ʿAl. b. ʿAdī G I 167, S I 280
b. al-Qaṭṭān A. b. M. b. A. G I 181 = Ḥ. b. ʿA. b. ʿAbd al-Malik al-Rahūnī (Rahwānī) S I 625, S II 937,79
b. al-Qaṭṭān al-Fāsī G I 371, S I 634, II 978
-Qaṭṭānī ʿU. b. ʿA. b. Fāris Qāriʾ al-Hidāya G II 81, S II 91
-Qawṣūnī S II 276
-Qawṣūnī Madyan b. ʿAr. G I 458, II 364, S II 492
-Qawṣūnī M. b. M. Nidāʾī G II 447, S II 666
-Qāwuqjī M. b. Khalīl al-Mashīshī S II 776
-Qawwās al-Q. b. M. G II 272, S II 383
-Qayrawānī ʿAl. (ʿUbaydallāh) b. a. Zayd ʿAr. G I 177, S I 301
-Qayrawānī M. b. A. b. M. b. Marzūq S II 693
-Qayrawānī M. b. Jaʿfar al-Qazzāz S I 539
-Qayrawānī M. b. a. Saʿīd S I 473
-Qayrawānī M. b. Sufyān S I 718
-Qayrawānī Q. b. Nājī S I 301
Qays b. ʿAmr al-Najāshī S I 73
Qays b. Dharīḥ G I 48, S I 81
Qays b. al-Khaṭīm G I 28, S I 56
Qays b. al-Mulawwaḥ Majnūn B. ʿĀmir G I 48, S I 81
b. Qays al-Ruqayyāt ʿUbaydallāh G I 47, S I 78
-Qaysarānī al-Asʿad b. a. Bakr S II 525
-Qaysarānī Ibr. b. ʿAr. b. ʿAl. S II 24
b. al-Qaysarānī M. b. Naṣr S I 455
b. al-Qaysarānī M. b. Ṭāhir b. ʿA. al-Maqdisī G I 355, S I 603
-Qaysī Makkī b. a. Ṭālib Ḥammūsh G I 406, S I 718
-Qaysī M. b. ʿAl. G II 76, S II 83
Qaysūnzāde S II 945
Qayṣar Bek al-Maʿlūf S III 448
Qayṣar b. a. ʾl-Q. b. ʿAbd al-Ghanī Taʿāsīf S I 867
Qayṣar b. a. ʾl-Q. b. al-Ḥanafī S I 929,30
-Qayṣarī Dāʾūd b. Maḥmūd al-Rūmī G I 263, 267, 379, 442, II 205, 231, S II 323
Qāytbāy al-Malik al-Ashraf G II 123, S II 152
-Qayyim b. Hilāl al-Ṣābī S I 367

b.Qayyim al-Jawziyya M. b. a. Bakr b. Ayyūb G II 105, S I 774, II 126
b. Qayyim al-Shibliyya M. b. ʿAl. G II 75, S II 82
-Qāzābādhī S I 538, II 307,e
-Qāzābādhī A. b. M. b. al-Nāfiʿ S I 741,71, II 260,10, 301 A/C
-Qazwīnī S I 742, 923,22a, see ʿA. b. ʿU. al-Kātibī G I 466, S I 845
-Qazwīnī ʿAbd al-Ghaffār b. ʿAbd al-Karīm S I 679
-Qazwīnī Maḥmūd b. al-Ḥ. b. M. G I 386, S I 668
-Qazwīnī Zakariyyāʾ b. M. b. Maḥmūd G I 481, S I 882
-Qazzāz M. b. Jaʿfar al-Qayrawānī S I 539
-Qibčaqī Baylak b. ʿAl. G I 495, S I 904 (to be read thus)
-Qifṭī ʿA. b. Yū. b. Ibr. G I 325, S I 559
-Qināʾī A. b. ʿAbbād b. Shuʿayb G II 27, S II 22
Qinālīzāde ʿA. Čelebī G II 222, 433, S II 429, 644
-Qīrāṭī Ibr. b. M. b. ʿAl. G II 14, S II 6
-Qīrāṭī Najm al-Dīn S II 5
-Qirīmī S I 517
Qiwām al-Dīn al-Anṣārī al-Mārahrawī S II 623,6
Qiwām al-Dīn M. al-Ḥasanī S I 826,82
-Qubrusī A. Ef. b. Shāhīn G II 275, S II 385
Qudam b. Qādim al-Qaḥṭānī S II 904
b. Qudāma ʿAl. b. A. b. M. al-Maqdisī G I 398, S I 688
b. Qudāma ʿAr. b. M. b. A. al-Maqdisī G I 399, S I 691
b. Qudāma A. b. M. al-Maqdisī G I 422, S I 748,25,2
b. Qudāma al-Ḥanbalī S II 130
b. Qudāma b. Jaʿfar al-Kātib al-Baghdādī G I 208 A/C, 228, S I 406
b. Qudāma M. b. A. b. ʿAbd al-Hādī al-Maqdisī S II 128
-Qudamī M. b. Yū. b. Hibat al-Fuḍlī S II 242
-Qudsī ʿAbd al-Laṭīf b. ʿAr. G II 132, 231, S II 323
-Qudsī ʿAbd al-Raḥīm b. a. ʾl-Luṭf G II 436, S II 648
-Qudsī Ḥ. b. ʿAbd al-Laṭīf G II 294
-Qudsī M. b. a. Ḥāmid S II 51
-Quḍāʿī M. b. Salāma b. Jaʿfar G I 343, S I 584
b. al-Quff a. ʾl-Faraj b. Yaʿqūb b. Isḥāq al-Masīḥī G I 493, S I 899
-Quhandizī A. b. M. b. Q. S II 611
-Quhandizī ʿA. b. M. b. Ibr. G I 296, S I 330, 519
-Quḥayf b. Khumayr al-ʿUqaylī S I 99
Qul A. G I 427, S I 759, II 321
Qul A. b. M. b. Khiḍr Jamāl al-Dīn al-Kirmāstī S I 842, 846, 847, II 259
-Qulaybī Mūsā b. M. b. Mūsā S II 420
b. Qulayta A. b. M. b. ʿA. G I 231, S I 415
b. Qūlūya Jaʿfar b. M. b. Jaʿfar al-Qummī S I 953 ad 322
-Qumārī G I 476 read: al-Qarāzī S I 876,3
-Qummī ʿA. b. Ibr. b. Hāshim G I 192, S I 336
-Qummī Ḥ. b. M. G I 516, S I 211
-Qummī M. b. Ḥ. G I 186, S I 319
-Qummī M. b. Ḥ. Ṣāḥib al-Qawānīn S I 825
-Qummī M. b. M. Mufīd S II 579
-Qummī M. b. M. Riḍā b. Ism. S II 582
-Qummī al-Q. b. M. b. Ḥu. S II 581
-Qumrī Ḥ. b. Nūḥ G I 239, S I 424
-Qūnawī G I 292, S I 928,22b
-Qūnawī A. b. Maḥmūd b. Masʿūd S I 769
-Qūnawī ʿA. b. Ism. b. Yū. G II 86, S II 101
-Qūnawī Maḥmūd b. A. b. Masʿūd G II 81, S II 90
-Qūnawī Ṣadr al-Dīn M. b. Isḥāq b. M. G I 449, S I 807
-Qūnawī Yū. b. Ilyās G II 81, S II 90
b. al-Qunfūdh S II 364
b. al-Qunfūdh al-Qusanṭīnī A. b. al-Ḥu. b. ʿA. G II 241, S II 341
b. al-Qunfūdh al-Qusumṭīnī M. G II 464, S II 711
-Qurashī A. b. ʿA. b. M. S II 58
-Qurashī ʿA. b. Muḥyi ʾl-Dīn M. b. Ḥumayd S I 609 (to be read thus)
-Qurashī Ayyūb b. A. G II 341, S II 471
-Qurashī a. ʾl-Q. S I 298,10
-Qurashī ʿU. b. Muslim G II 91
Quraysh b. M. al-Ḥusaynī al-Qazwīnī S II 825
b. Qurqmās M. b. ʿAl. G II 139, S II 172
b. Qurqūl Ibr. b. Yū. b. Ibr. G I 370, S I 633
-Qurṭī M. b. Saʿd S I 572

-Qurṭubī S I 264$_{,3}$
-Qurṭubī A. b. M. b. ʿU. S I 490
-Qurṭubī A. b. ʿU. al-Anṣārī G I 384, S I 664
-Qurṭubī al-Ḥ. b. ʿA. b. Khalaf S I 596
-Qushayrī ʿAbd al-Karīm b. Hawāzin G I 432, S I 770
-Qūshjī ʿA. b. M. G II 234, S II 329
-Quss Ḥananiyyā S III 376
Qusṭā b. Lūqā al-Baʿlabakkī G I 204, 512, S I 365, 374
Qusṭākī Bek al-Ḥimṣī S II 750, 761, III 427
Qusṭākī Ilyās ʿAṭṭāra al-Ḥalabī S III 428
Qusṭandī Bek b. Dāʾūd S III 498
Qusṭanṭīn al-Bāshā al-Mukhalliṣī S III 429
-Qūṣī ʿAbd al-Ghaffār b. A. b. ʿAbd al-Ḥamīd G II 117, S II 145
b. Qutayba ʿAl. b. Muslim G I 120, S I 43, 166, 184
b. Qutayba M. b. Muslim G I 120, S I 184
-Quṭāmī ʿUmayr b. Shuyaym G I 61, S I 94
Quṭb al-Dīn b. ʿAlāʾ al-Dīn al-Ḥanafī S II 913
Quṭb al-Dīn al-Fāriskūrī S II 914
Quṭb al-Dīn al-Jayyānī S I 841$_{,14}$
Quṭb al-Dīn al-Khūyī M. b. Q. G I 450$_{,5b}$ (to be read thus)
Quṭb al-Dīn al-Kīlānī G I 468, S I 849$_{,29i,1}$
Quṭb al-Dīn al-Nahrawālī S II 223, M. b. A. G II 381, S II 514
Quṭb al-Dīn al-Rāzī S I 743, 816, see M. b. M. at-Taḥtānī G II 209, S II 293
Quṭb al-Dīn al-Shīrāzī Maḥmūd b. Masʿūd G II 211, S I 817, 824$_{,82c}$, 929$_{,23}$, II 296, 581 A/C
Quṭb al-Dīn zāde M. al-Iznīqī S II 328
Quṭba b. Aws al-Ḥādira G I 26, S I 54
b. al-Qūṭiyya M. b. ʿU. G I 150, S I 232, 540
b. Quṭlūbughā, see al-Q. b. ʿAl. G II 82, S II 96
Quṭrub G I 102, S I 131
b. Quzmān M. b. ʿAbd al-Malik G I 272, S I 481
-Quzmawī al-Imām S II 988

b. a. ʾl-Rabīʿ A. b. M. G I 209, S I 372
-Rabaʿī ʿA. b. ʿĪsā S I 491
-Rabaʿī ʿA. b. M. G I 330, II 130, S I 566
-Rabaʿī b. al-Ḥ. b. ʿĪsā S I 254
-Rabaʿī M. b. ʿAl. G I 167, S I 280, II A/C 912
-Rabīʿ b. Ḥabīb b. ʿAmr al-Azdī al-Farāhīdī S I 259, 691
-Rabīʿ b. M. b. Manṣūr al-Kūfī S I 160
b. a. ʾl-Rabīʿ ʿUbaydallāh b. A. al-Umawī al-Qurashī G I 313, S I 176$_{,e}$, 547
-Rabīʿ b. Ziyād al-ʿAbsī S I 45
Rabīʿa b. ʿĀmir Miskīn al-Dārimī S I 85
Rabīʿa b. M. al-Maʿmarī G I 111, S I 172
Rabīʿa b. S. al-Jīzī al-Shāfiʿī S II 965
Raḍī al-Dīn al-Astarābādhī M. b. Ḥ. G I 21, 303, 305, S I 532$_{,5}$, 535$_{,1}$, S I 713
Raḍī al-Dīn a. Bakr al-Sabtī S I 676$_{,11}$
Raḍī al-Dīn al-Bakrī G I 429
Raḍī al-Dīn a. ʾl-Khayr ʿAbd al-Majīd Khān Tonkī S I 264
Raḍī al-Dīn b. al-Khayyāṭ S I 679$_{,11}$
Raḍī al-Dīn al-Khwārizmī G I 293, S I 965 ad 514
Raḍī al-Dīn b. M. b. ʿA. Ḥaydar al-Ḥusainī al-Shaʾmī S I 565, II 414
Raḍī al-Dīn M. Amīn al-Qurashī S I 537$_{,20}$
Raḍī al-Dīn M. a. ʾl-Barakāt al-Ghazzī S II 394
Raḍī al-Dīn M. b. Ḥu. al-Khwānsārī S II 132$_{,3}$
Raḍī al-Dīn a. ʾl-Q. b. al-Ḥu. al-Bakrī S I 764
Raḍī al-Dīn b. Shihāb al-Dīn A. al-ʿĀmirī S II 31
Raḍī al-Dīn al-Ṣūfī S I 779
-Raḍī al-Shārīf M. b. al-Ṭāhir G I 82, S I 131
b. al-Rafʿa A. b. M. b. ʿA. S II 164
Rafāʾīl Buṭṭī S III 414, 493
-Raffāʾ A. b. Munīr G I 256, S I 455
-Raffāʾ al-Mutakallim a. ʾl-Ḥ. S II 992
-Raffāʾ Sarī b. A. G I 90, S I 144
b. Rāfiʿ S I 564
Rafīʿ al-Dīn b. M. Rafiʿ al-Jīlānī S I 525$_{,b}$, 921
Rafīʿ al-Dīn Shāh b. M. Shāh Walī al-Dīn b. ʿAbd al-Raḥīm al-ʿUmarī S II 850
Rafīʿ al-Dīn al-Shirwānī S II 957
Rāfiʿ b. Ḥu. al-Jīlānī S II 826
Rāfiʿ M. al-Sallāmī G II 33, S II 30
-Rāfiʿī al-Qazwīnī ʿAbd al-Karīm b. M. G I 393, S I 678
Rafīq Bek b. Maḥmūd b. ʿAẓm G II 493, S II 755, III 289, 388
-Rāghib Ef. Damyān S III 228

-Rāghib al-Iṣfahānī al-Ḥu. b. M. G I 289, S I 505
Rāghib Pāshā M. G II 424, S II 632
Rāghibzāde Ḥ. b. ʿA. al-Adranawī S II 649
-Rahūnī M. b. A. b. M. b. Yū. S II 874
-Rahwānī al-Ḥ. b. ʿA. b. ʿAbd al-Malik b. al-Qaṭṭān S I 625, II 937,79
-Raḥbī M. b. ʿA. b. M. b. al-Mutaqqina G I 391, S I 675
-Raḥbī M. b. ʿUthmān G II 373
Raḥmatallāh G II 504
Raḥmatallāh b. ʿAl. al-Sindī G II 416, S II 521, 524
Raḥmatallāh b. Khalīl al-Hindī al-Sahāranpūrī S II 862
-Rāʿī al-Gharnāṭī M. b. M. G II 85, 238, S II 100
b. al-Rāʿī M. b. Muṣṭafā G II 281, S II 390
b. Rajab ʿAr. b. A. al-Sālimī al-Baghdādī G II 107, S II 129
Rajab b. A. G II 441, S II 655
Rajab al-Ḥarīrī S II 904
Rajab b. Ibr. al-Sīwāsī S II 631
Rajab b. M. b. Rajab al-Bursī S II 210 A/C, 204, 660
-Rajāʾinī Ḥ. b. Maḥmūd G II 195
Rājī Ḥājj al-Ḥaramayn S I 268
Rājiḥ b. Ism. al-Ḥillī S I 457
-Rājiḥī M. b. Sibṭ G II 335, S II 463
-Rajrājī Ḥ. (Ḥu.) b. ʿA. b. Ṭalḥa G II 249, S II 351
b. a. ʾl-Rakāʾib A. b. Mājid G II 179, S II 230
-Ramādī Yū. b. Hārūn G I 270, S I 478
Ramaḍān b. ʿAbd al-Ḥaqq al-ʿAkkārī S II 353
Ramaḍān b. ʿAbd al-Muḥsin al-Bihishtī al-Wazīrī G I 428, 468, S I 759
Ramaḍān b. ʿĀmir b. ʿA. G II 289
Ramaḍān Ef. S II 656,b
Ramaḍān b. Hurayra al-Jazāʾirī al-Qādirī G II 415, S II 596
Ramaḍān Jallāwa S I 470,d
Ramaḍān b. M. al-Ḥanafī G I 428, S I 760,m
Ramaḍān b. Mūsā al-ʿUṭayfī S II 666
Ramaḍān Muṣṭafā b. al-Walī b. al-Ḥājj Yū. S II 648
Ramaḍān b. Ṣāliḥ b. ʿU. al-Safaṭī G II 359, S II 487
Ramaḍān al-Ṭabīb G II 424
-Rāmhurmuzī S II 221
-Rāmhurmuzī Buzurg b. Shahriyār G I 523, S I 409
-Rāmhurmuzī al-Ḥ. b. ʿAr. G I 165, S I 274
b. al-Rāmī M. b. Ibr. al-Bannāʾ S II 346
-Ramlī G I 109, II 197
-Ramlī ʿAr. b. Ḥu. b. a. Bakr S II 932
-Ramlī A. b. A. b. Ḥamza G II 319, S II 440
-Ramlī A. b. al-Ḥu. b. Ḥ. b. Raslān G I 369, 395, 418, S I 267, 489 A/C, 631,k, II 113
-Ramlī M. b. A. b. A. G II 321, S II 442
-Rammāḥ a. Yazīd S I 96
b. a. Randaqa M. b. al-Walīd al-Ṭurṭūshī G I 350, S I 829
-Raqāʿī ʿAr. G II 176
a. ʾl-Raqaʿmaq G I 92, S I 147
-Raqāshī G II 691, S I 114, 118
-Raqīlī Ya. b. A. b. ʿU. S II 356
-Raqīq al-Qayrawānī Ibr. b. al-Q. G I 155, S I 252
b. al-Raqqām M. b. Ibr. al-Awsī S II 378
b. al-Raqqām Q. b. Saʿd G II 252
-Raqqī Ibr. b. A. G II 31, S II 26 (to be read thus)
-Rasʿanī ʿAbd al-Razzāq b. Rizqallāh al-Ḥanbalī G I 415, S I 667, 736
-Rasʿanī Ibr. b. Khalīl b. Ibr. al-Shāfiʿī S II 102
Rāshid b. ʿA. al-Ḥanbalī S II A/C 816
Rāshid b. ʿAmīra al-Rustaqī S II 957
-Rashīd Ayyūb S III 447
b. Rashīd al-Baghdādī S I 634
Rashīd al-Dīn S II 1044
Rashīd al-Dīn Faḍlallāh b. a. ʾl-Khayr ʿA. G II 108, 200, S II 273
Rashīd al-Dīn a. M. b. al-Ẓāhir b. a. ʾl-Makārim Nashwān al-Rūḥī al-Saʿdī S I 721
Rashīd al-Dīn Waṭwāṭ G I 44, S I 75
Rashīd al-Dīn al-Yazdī S II 988
Rashīd Duʿbūl al-Baʿabdawī S III 421
Rāshid b. Isḥāq al-Kātib a. Ḥalīma S I 123
Rāshid b. Khamīs b. Jumʿa al-Ḥabsī S II 569
Rashīd al-Khūrī al-Qarawī S III 449
a. ʾl-Rashīd Mubashshir b. A. al-Rāzī G I 461, S I 832
-Rashīd b. M. b. ʿAl. al-Qurashī S II 252
Rashīd b. al-Muẓaffar al-Qumiṣī S II 978
b. Rāshid al-Qafṣī S II 963, 1041

a. Rashīd Saʿīd b. M. al-Nīsābūrī S I 344
-Rashīd al-Zabīdī ʿĀmir b. M. b. ʿAl. S II 552
-Rashīdī A. b. ʿAbd al-Razzāq G II 370, S II 497
-Rashīdī A. Salām S II 423
b. Rashīq al-Ḥ. b. ʿA. al-Azdī al-Qayrawānī G I 307, S I 539
b. Raslān S I 525,23
b. Raslān al-Ramlī A. b. al-Ḥu. b. Ḥ. G I 369, 398, 418, S I 489 A/C, 631, II 113
Raslān b. Sībawayh ʿAl. b. ʿAr. al-Dimashqī S I 811, II 143 A/C
Raslān b. Yaʿqūb b. ʿAr. al-Jaʿbarī G I 452, S I 811
-Rasmī M. b. Ibr. G II 430
-Rasmūkī S I 171, II 354,27
-Rasmūkī A. b. A. S II 334 A/C, 709
-Rasmūkī ʿA. b. A. b. M. S II 676
b. al-Rassām al-Ḥamawī A. b. a. Bakr. b. A. S II 83
Rasūl b. M. al-Dhakawī S II 848
Rasūl b. Ṣāliḥ al-Āydīnī G II 433, S II 644
b. Rasūl ʿU. b. Yū. al-Malilk al-Ashraf G I 494, S I 901
b. Rasūlallāh ʿĪsā b. Luṭfallāh b. al-Muṭahhar S II 550
b. Rasūlallāh Ya. b. Ḥamza S II 234
-Raṣṣāʿ al-Tūnisī M. b. al-Q. al-Faḍl G II 246, 247, S II 345
-Raṣṣāṣ A. b. al-Ḥ. b. M. G I 403, S I 535,43 (to be read thus), 700
-Raṣṣāṣ A. b. M. b. al-Ḥ. al-Ḥafīd G I 403, S I 531, 700
-Raṣṣāṣ al-Ḥ. b. M. b. a. Bakr G I 403, S I 700
-Raṣṣāṣ M. b. Ḥ. G I 403
Ratan b. Naṣr b. Kirbāl S I 625
Raʾūf Bek al-Jādarjī S III 496
-Rāwandī G I 20
-Rāwandī A. b. Ya. b. Isḥāq S I 340
-Rāwandī Saʿīd b. Hibatallāh S I 624, 710
-Rawḍī M. b. M. b. ʿU. al-Mālikī G II 308, S II 421
-Rawḥī A. b. al-Surūr S I 585
Rawnaq ʿA. S I 846
Rawshanīzāde Faḍl G I 417, S I 739,16
Rayḥān Āghā G II 238, S II 333
a. Rayḥān al-Bīrūnī M. b. A. G I 475, S I 823,79,h, 870
Rayḥānī (Rīḥānī) Amīn S I 453, III 399
-Raymī M. b. ʿA. b. a. Bakr S II 971,21a
-Raymī al-Yamanī al-Shāfiʿī S II 965
-Rāzī S I 242, 246
-Rāzī A. b. ʿAl. b. M. S I 570
-Rāzī A. b. M. b. Mūsā S I 231
-Rāzī ʿA. b. A. al-Makkī S I 649
-Rāzī Burhān al-Dīn a. 'l-Rashīd Mubashshir b. A. G I 461, S I 832
-Rāzī a. 'l-Faḍāʾil A. b. M. b. Muẓaffar G I 414, S I 735
-Rāzī Fakhr al-Dīn M. b. ʿU. G I 506, S I 920
-Rāzī M. b. a. Bakr b. ʿAbd al-Muḥsin G I 429, II 200, S I 658
-Rāzī M. b. M. al-Taḥtānī Quṭb al-Dīn G I 290, 454, 466, 467, II 209, S II 293
-Rāzī M. b. Zakariyyāʾ G I 233, S I 417
-Rāzī al-Muqriʾ ʿAr. b. A. b. al-Ḥ. S I 721
-Rāzī a. 'l-Rashīd S I 832
-Rāzī Salīm b. Ayyūb b. Salīm S I 730
-Rāzī ʿU. b. a. Bakr al-Shāfiʿī S II 100
Razīn b. Muʿāwiya al-ʿAbdarī S I 608, 630
Razīn b. Zandward al-ʿArūḍī G I 84, S I 107
-Razzāz Riḍwān Ef. al-Falakī S II 487
Rhazes S I 417
Riḍā b. ʿAr. b. ʿĪsā al-Sūsī al-Maʿlānī S II 983
-Riḍāʾī ʿA. b. M. G I 316, II 434
-Riḍawī Ḥu. b. Rashīd b. Q. G II 375, S II 500
-Riḍawī Walīallāh b. Niʿmatallāh G II 503
b. Riḍwān ʿA. al-Miṣrī G I 484, S I 886
Riḍwān Ef. al-Falakī al-Razzāz G II 359, S II 487
Riḍwān b. M. b. ʿA. al-Khurāsānī G I 473, S I 866
Riḍwān b. M. b. Yū. al-ʿUqbī G II 77, S II 84
b. Riḍwān a. 'l-Q. G I 463, S I 837
Rifāʿa Bek Rāfiʿ al-Ṭaḥṭāwī G II 481, S II 731
b. Rifāʿa al-Ghazzī Ibr. b. Ya. S I 448
-Rifāʿī A. b. ʿA. S I 780
-Rifāʿī M. b. ʿA. G II 340
-Rifāʿī M. Sirāj al-Dīn b. ʿAl. G II 176, S II 229
-Rīḥānī (see Rayḥānī) Najīb S III 281
b. a. 'l-Rijāl A. b. Ṣāliḥ al-Yamanī G II 406, S II 561
b. a. 'l-Rijāl a. 'l-Ḥ. ʿA. G I 224, S I 401
-Rimmiyawī A. b. ʿĪsā al-Maghribī S I 909, II 1038
b. a. 'l-Riqāʿ S I 231

Riyāḍ Fawzī S III 454
Riyāḍzāde ʿAbd al-Laṭīf b. M. S II 631
Rizqallāh b. ʿAbd al-Wahhāb al-Baghdādī S I 335
Rizqallāh Maqaryūs al-Ṣidqī S III 423
-Ruʿāmī ʿĀmir b. M. G II 401, read: Duʾām S II 549
-Ruʾāsī M. b. al-Ḥ. (ʿA.) G I 115, S I 177
-Ruʿaynī A. b. Yū. b. Mālik G I 303, II 14, 111, S II 6, 138
-Ruʿaynī M. b. al-Ḥu. G II 460
-Ruʿaynī M. b. Shurayḥ S I 722
-Ruʿaynī Ya. b. M. b. M. al-Khaṭṭāb al-Makkī G II 125, 393, S II 537
Ruʾba b. al-ʿAjjāj G I 60, S I 90
-Rūdānī M. b. M. b. S. G II 459, S II 691
-Rughāfī A. b. Sābiʿ b. M. S II 549
-Ruhāwī S II 360
-Ruhāwī Ḥusām al-Dīn G II 81, S II 90
Rūḥallāh Gulpagzūy S II 180$_{,6k}$
-Rukhkhajī ʿA. b. al-Ḥu. b. al-Ḥ. S I 594, 830, II 966 A/C
Rukn al-Dīn al-Astarābādhī G I 305, S I 536
Rukn al-Dīn al-Shīrāzī S I 793
Rukn b. Ḥusām al-Nākūrī S II 439
b. Rukn M. b. A. G II 76
-Rūmī A. b. ʿAbd al-Qāhir G II 445, S II 661
b. al-Rūmī ʿA. b. al-ʿAbbās G I 79, S I 123
-Rūmī ʿA. b. Mūsā G II 113, S II 139
-Rūmī Ef. G II 106
-Rūmī M. b. Khiḍr G II 360, S II 488
-Rūmī Nūḥ b. Muṣṭafā G I 428, II 314, S II 432
-Rūmī Shaʿbān b. Sālim S II 546
-Rummānī ʿA. b. ʿĪsā G I 20, 113, S I 175
b. Rushayd al-Fihrī M. b. ʿU. b M. S II 344
Rushayd b. Ghālib b. Sallūm al-Daḥdāḥ G I 262, S I 463, II 769
b.Rushd S I 125
b. Rushd M. b. A. b. M. al-Ḥafīd G I 461, S I 823$_{,81,a}$, 833
b. Rushd M. b. A. a. ʾl-Walīd G I 384, S I 662
Rushwān Ef. S III 229
-Rūsī al-Ḥ. b. al-Ḥu. b. Ṣāliḥ S II 552
b. Rusta A. b. ʿU. G I 227, S I 406
Rustam b. Shāhwardī Zanjāna al-Khawāfī S II 591
-Rūyānī ʿAbd al-Wāḥid b. Ism. G I 390, S I 673
-Rūyānī M. G II 198
Rūza Ṣāḥib G II 485
Rūzbihān b. a. ʾl-Naṣr al-Fasawī al-Shīrāzī al-Baqlī al-Kāzarūnī G I 414, 442, S I 734

b. Saʿāda A. b.ʿA. b. Saʿīd S I 837
Saʿāda Bey Mūralī S III 229
b. al-Sāʿātī A. b. ʿA. b. Thaʿlab G I 382, S I 658
b. al-Sāʿātī A. Fawzī S III 384, 436
b. al-Sāʿātī ʿA. b. M. Rustam G I 256, S I 456
-Sāʿātī Maḥmūd Ṣafwat b. Muṣṭafā S II 722
Sābāt Jawād al-ʿAlawī S II 851
b. Sabʿīn ʿAbd al-Ḥaqq b. Ibr. b. M. G I 465, S I 844
Sābiq b. ʿAl. b. Umayya S I 99
-Sabtī M. b. Masʿūd G I 498, S I 909
Sābūr b. Sahl G I 232
-Sabzawārī Hādī b. al-Mahdī S II 832
-Sabzawārī M. Bāqir b. M. Muʾmin S II 578
-Sabzawārī M. Kāẓim b. M. ʿA. S II 587
-Sabzawārī Muʾmin b. Shāh Q. S II 582
Sāčaqlīzāde M. al-Marʿashī G II 370, S I 743, II 498
Saʿd b. ʿAl. al-Ashʿarī al-Qummī S I 319
Saʿd b. ʿAl. al-Wajahānī G II 251, S II 354$_{,10}$
a. Saʿd (Saʿīd) b. a. A. b. Yū. al-Harawī G I 402, nl, S I 669$_{,5}$
Saʿd b. ʿA. al-Irbilī G I 112
Saʿd b. ʿA. b. M. al-Zanjānī S II 925
Saʿd b. ʿA. b. al-Q. al-Ḥaẓīrī G I 248, S I 441
b. Saʿd al-Anṣārī S II 173
Saʿd al-Dīn G II 328, S I 509
Saʿd al-Dīn al-Abīwardī S II 914
Saʿd al-Dīn al-Bardaʿī G I 291, S I 510
Saʿd al-Dīn Ef. S I 771
Saʿd al-Dīn a. ʾl-Faḍāʾil Maḥmūd al-Dihlawī S II 263
Saʿd al-Dīn al-Kālūnī S I 820$_{,68,0}$
Saʿd al-Dīn al-Kāzarūnī M. b. Masʿūd G I 457, II 195, S II 262
Saʿd al-Dīn b. M. Bāqir al-Riḍawī S II 577
Saʿd al-Dīn b. S. G I 43
Saʿd al-Dīn al-Taftazānī Masʿūd b. ʿU. G II 215, S I 468, 508, 672, 683, 758, 846, 926, II 269, 301

Saʿd al-Dīn zāde S II 303
Saʿd b. Ism. S II 1017
Saʿd b. a. Jaʿfar A. b. Ibr. b. Luyūn S II 380
Saʿd b. Manṣūr b. Kammūna al-Isrāʾīlī G I 431, 437, 454, 507, S I 768, 782, 816,20a
Saʿd Mīkhāʾīl S III 180, 442
Saʿd b. M. b. ʿAl. al-Dayrī G I 165, S II 141
b. Saʿd M. Kātib al-Wāqidī G I 136, S I 208
Saʿd b. M. b. Saʿd Ḥayṣ Bayṣ S I 441
a. Saʿd b.al-Muthannā al-Astarābādhī S II 1010
Saʿd Sulṭānshāh S I 515
a. Saʿd b. a. Surūr al-Sāwī al-Isrāʾīlī S I 898, II 93
Saʿd b. Yū. al-Ilbīrī G I 265,19, S I 467
Saʿdallāh b.ʿAl. b. al-Ḥu. al-Rāwandī S II 994,53a
Saʿdallāh al-Bardaʿī S I 498,f
Saʿdallāh al-Ḥulwānī al-Khalwatī S I 469
Saʿdallāh b. Ḥu. al-Salamāsī G II 203
Saʿdallāh ʿĪsā Saʿdī Ef. (Čelebī) ʿAr. G I 377, S I 645,8a, 739,11
Saʿdallāh Qandahārī G II 145
Saʿdallāh al-Ṣaghīr S I 504,24, II 687,21e
-Sādātī Ḥu. al-Ḥusaynī al-Qudsī S II 418
-Saʿdī ʿAl. b. ʿAl. G II 467, S II 717
-Saʿdī ʿAl. b. ʿAbd al-Ẓāhir al-Judhāmī S I 551
-Saʿdī Ef. Ḥāmid al-ʿImādī S II 428
-Saʿdī Ef. Ḥāmid b. M. al-Qasṭamūnī G I 417, II 311, 433, S II 644
-Saʿdī Jumayyil b. Khāmis G II 409, S II 568
-Saʿdī M. b. M. b. ʿAbd al-Munʿim S II 3
-Saʿdī b. Tājī al-Dimashqī G I 43, II 58, S II 58
-Saʿdī al-Warāwīnī G II 29
Sadīd al-Dīn al-Kāshgharī G I 432, S I 659
Sadīd al-Dīn al-Kāzarūnī S I 824,82g, 825,aa, M. b. Masʿūd G II 192, S II 262
Sadīd al-Dīn M. al-Samnānī G I 455,35c, S I 826,82c
-Sadrātī Yū. b. Ibr. b. Mayyād S I 692
b. Saʿdūn Ya. b. ʿU. al-Qurṭubī G I 429, S I 763
-Safāqusī G II 111
-Safāqusī ʿAbd al-ʿAzīz al-Furātī S II 692
-Safāqusī A. b. ʿAbd al-ʿAzīz G II 460
-Safāqusī Ibr. b. M. b. Ibr. S II 350
-Safarjalānī Ibr. b. M. b. ʿAbd al-Karīm G II 279, S II 388
-Safaṭī G II 251
-Safaṭī ʿĪsā b. ʿĪsā S II 448
-Safaṭī Ramaḍān b. Ṣāliḥ b. ʿU. S II 487
-Safaṭī Yū. b. Saʿīd S II 423
-Saffarīnī M. b. ʿAbd al-Qawī S II 393
-Saffarīnī M. b. M. b. A. S II 449
-Safīrī M. b. ʿU. G I 159, II 99
Sahl b. ʿAl. al-Bukhārī al-Nassāba S I A/C 560
Sahl b. ʿAl. al-Tustarī G I 190, S I 333, 593
Sahl b. Bishr al-Isrāʾīlī S I 396
Sahl b. a. Ghālib al-Khazrajī S I 254
Sahl b. Hārūn G I 516, S I 213, 293
b. Sahl al-Isrāʾīlī Ibr. G I 273, S I 483
a. Sahl al-Kūhī (Qūhī) Wayjan b. Rustam G I 223, S I 383, 399
a. Sahl al-Masīḥī S I 423
Sahl b. M. al-Sijistānī a. Ḥātim G I 107, S I 167
-Sahmī Ḥamza b. Yū. al-Jurjānī S I 571
-Sāḥilī M. b. M. b. A. al-Mālaqī G II 265, S II 378
Saḥnūn ʿAbd al-Salām b. Saʿīd b. Ḥabīb al-Tanūkhī G I 177, S I 299
Saḥnūn b. ʿUthmān al-Wansharīshī S II 706, 715
b. al-Sāʿī ʿA. b. Anjab S I 590
b. Saʿīd S I 498,10
Saʿīd b. ʿAl. al-Farghānī G I 450, S I 463, 812
Saʿīd b. ʿAl. al-Mindāsī S II 676
Saʿīd b. ʿAr. b. M. b. ʿAbdrabbih S I 417
Saʿīd b. A. b. Luyūn S I 668, see Saʿd
Saʿīd b. A. al-Maydānī G I 289
Saʿīd b. A. al-Simlālī S I 468
a. Saʿīd b. A. al-Zāwarī G I 304, S I 532
Saʿīd al-ʿAjamī Najm al-Dī G I 303, S I 531
b. Saʿīd ʿA. b. Mūsā al-ʿAnsī G I 336, S I 576
Saʿīd b. ʿA. a. Naṣr S II 968
Saʿīd b. ʿA. al-Samarqandī al-Ḥanafī S II 270
b. Saʿīd al-Andalusī S I 408
Saʿīd b. a. Bakr al-Tūnisī S III 499
Saʿīd b. Biṭrīq G I 148, S I 228
Saʿīd b. al-Dahhān S I 192, see Saʿīd b. al-Mubārak

Saʿīd al-Ḍarīr S I 91
a. Saʿīd al-Ḍarīr al-Jurjānī S I 35
Saʿīd Ef. al-Bustānī G II 475, S II 723
Saʿīd Ef. Taqī al-Dīn S III 416
a. Saʿīd al-Harawī G I 402, not like this, read instead: a. Saʿd (Saʿīd) b. a. Ya. b. a. Yū. al-Ḥ. S I 669,5
Saʿīd b. Hibatallāh b. al-Ḥ. G I 485, S I 888
Saʿīd b. Hibatallāh b. al-Ḥ. al-Rāwandī S I 624, 710
Saʿīd b. al-Ḥ. al-Iskandarānī S I 769, II 143
Saʿīd b. al-Ḥ. al-Mutaṭabbib S I 862, 888
Saʿīd b. al-Ḥu. b. M. al-Ḥumaydī S I A/C 302
Saʿīd b. Ibr. b. Qaddūra al-Jazāʾirī G II 355, S I 545, II 706 A/C
Saʿīd b. Ibr. al-Tūnisī G II 355, S II 705
a. Saʿīd b. Ibr. al-Ṭabīb al-Maghribī S II 10
Saʿīd al-Kafīf S II 355
a. Saʿīd al-Khādimī S I 814,1
Saʿīd b. Khafīf al-Samarqandī S I 400, II 1025
Saʿīd b. Khalfān al-Khalīlī S II 568
Saʿīd b. Khālid al-Sillī S I 781
Saʿīd al-Khālidī S I 41
Saʿīd b. a. ʾl-Khayr b. ʿĪsā al-Ṭabīb al-Masīḥī G I 491, S I 821,68,bb, 822,68,cc
Saʿīd al-Khūrī al-Shartūnī S II 769
a. Saʿīd b. Mahdī b. a. Saʿīd al-Samnānī S I 505, II 914
Saʿīd Masʿada al-Mujāshiʿī al-Akhfash al-Awsaṭ S I 165
Saʿīd b. Masʿūd al-Ṣanhājī G I 248, 365, S I 440
Saʿīd b. al-Mawlā al-Saʿīd M. al-Tabrīzī Najm al-Dīn G II 239, S II 258
Saʿīd b. Mītham al-Baḥrānī S I 713
Saʿīd b. Mollā Jirjis al-Jawādī al-Mawṣilī S II 929
Saʿīd b. Mubārak b. ʿA. al-Dahhān G I 281, S I 495
a. Saʿīd M. b. A. al-ʿAmīdī G I 89, S I 141
Saʿīd b. M. al-Muʿāfirī S I 203
Saʿīd b. M. b. M. al-ʿUqbānī S I 664, II 1018,16
Saʿīd b. M. b. Saʿīd al-Nīsābūrī a. Rashīd G I 196, S I 344
Saʿīd b. M. b. al-Ṣālī S II 978
Saʿīd b. M. al-ʿUdhrī b. al-Raqqām S II A/C 1010
Saʿīd b. Mūsā al-Ḥalabī S II 978, 995
Saʿīd b. al-Muṭahhar b. Saʿīd al-Bākharzī S I 810
Saʿīd Qaddūs S II 354
Saʿīd al-Qummī S II 590
Saʿīd b. Saʿīd b. Dāʾūd al-Juzūlī S II 982
Saʿīd b. Saʿīd al-Fāriqī G I 109
a. Saʿīd b. a. Saʿīd al-Mutawallī al-Shāfiʿī S I A/C 744
a. Saʿīd al-Sīrāfī al-Ḥ. b. ʿAl. G I 113, S I 157, 160, 174
Saʿīd b. S. al-Kindī S II 215
Saʿīd b. S. a. M. S I 301
a. Saʿīd b. a. ʾl-Surūr al-Isrāʾīlī al-Sāmirī al-ʿAsqalānī S I 826,82h
Saʿīd al-Ṭarābulusī S I 908
Saʿīd b. ʿUbayd ʿAbd al-Ḥaqq al-Ḥaḍramī S II 820
Saʿīd al-ʿUmayrī al-Tādalī G II 460, S II 695
Saʿīd ʿUthmān S II 785
Saʿīd b. Yaʿqūb al-Dimashqī G II 694, S I 369
a. Saʿīd Ẓāhir al-Ḥaqq S II 855
-Sajāwandī M. b. M. b. ʿAbd al-Rashīd G I 378, S I 650
-Sajāwandī M. b. Ṭayfūr G I 408, S I 724
-Sakhāwī S II 37
-Sakhāwī ʿAbd al-Muʿṭī b. A. b. M. S II 451
-Sakhāwī ʿAq. b. A. S II 483
-Sakhāwī ʿAr. G I 103
-Sakhāwī A. b. Mūsā S II 22
-Sakhāwī ʿA. b. M. b. ʿAbd al-Ṣamad G I 394, 409, 410, S I 457, 550, 725, 726, 727
-Sakhāwī M. b. ʿAr. b. M. G II 34, S II 31
-Sakhāwī M. b. a. Bakr G II 57
-Sakhāwī M. b. M. S II 977
-Sakkākī Yū. b. a. Bakr b. M. G I 294, S I 515
-Saktānī G I 39
-Saktānī ʿĪsā b. ʿAr. S II 695
-Sakūnī A. b. Khalīl S II 250
-Salālijī ʿUthmān b. ʿAl. S I 768
Bā Salāma S III 498
Salāma b. ʿAbd al-Bāqī al-Anbārī G I 277, S I 487
Salāma b. Faḍl S I 205
Salāma b. Jandal S I 59
Salāma Mūsā S III 213
Salāma b. Muslim al-ʿAwnī al-Ṣukhārī S II 929

b. Salāma al-Quḍā'ī S I 938
Salāmallāh al-Dihlawī S II 180,6,h
Salāmallāh b. Shaykh al-Islām b. Fakhraddīn S II 298
Salāmallāh b. Shaykh al-Islām al-Rāmpūrī S II 850
Salāmish b. Kündoghdū al-Ṣāliḥī S II 489, read: Sulāmish
-Sālār 'A. b. Faḍlallāh S I 870
-Salaṭī Muḥyi 'l-Dīn G II 276
-Salāwī A. b. Khālid G II 510, S II 706, 888
Sālik b. Idrīs al-Baghdādī S II 980
Salīl Ḥāmid b. M. b. Razīq S II 568
Salīl M. b. Razīq S II 823
-Salīkūtī (Siyālkūtī) 'Abd al-Ḥakīm b. Shams al-Dīn G I 295, 364, 417, 427, 466, II 209, 214, 417, 613
-Salīkūtī 'Al. b. 'Abd al-Ḥakīm S II 164
b. Sālim S II 995
-Salīm 'Abbās Ḥamdān al-Lubnānī S III 477
Salīm b. A. Fāris Shidyāq G II 505, S II 867
-Sālim b. A. al-Nafrāwī S II 423
Salīm b. A. b. Shaykhān Bā 'Alawī G II 407, S II 565
Salīm b. Ayyūb b. Salīm al-Rāzī S I 730
Salīm Ef. S II 630
Salīm Ef. Sarkīs S III 228, 429
Salīm Ef. Ṭībīzāde Shaykh al-Islām S II 989
Salīm Ef. Yū. al-Khāzin S III 477
Salīm Ilyās al-Ḥamawī al-Dimashqī S II 735
Salīm al-Jazā'irī S III 377
Salīm al-Jundī S III 390
b. Sālim al-Kalā'ī S. b. Mūsā G I 371, S I 634
Salīm Khalīl Naqqāsh S III 266
Sālim al-Mar'ī S III 378
Sālim b. M. 'Izz al-Dīn al-Sanhūrī G II 84, S II 98, 416, 435 A/C
Sālim al-Murtaḍā b. 'Al. b. Ghanīma G I 367, S I 627
Sālim b. Mūsā Bustrus S II 757
Sālim a. 'l-Najm al-Būlāqī S I 470,n
Salīm Qub'ayn S II 848 (to be read thus)
Sālim b. Qays S II 843
Salīm b. Rūfā'īl 'Anḥūrī S III 341
Sālim b. Sa'īd al-Ḍā'ighī S II 349
Sālim b. Samīr al-Khuḍrī G II 501, S II 812
Sālim b. Ṣāliḥ Bā Khaṭṭāb S II 822
Sālim Wafā'ī G II 305
Salīm al-Wā'iẓ al-Mawṣilī S II 1042
-Sālimī a. 'l-Ḥu. S I 571
-Sālimī M. b. 'Abd al-Sayyid b. Shu'ayb G I 401, II 409, S I 744
Sallām b. 'Al. b. Sallām al-Bāhilī G II 259, S I 481
Sallām b. 'U. al-Mazzāḥī G I 269
b. Sallūm M. b. A. al-Ḥanbalī S II 448
Sallūm Najīb G II 494
b. Sallūm Ṣāliḥ b. Naṣrallāh al-Ḥalabī S II 365, 447, 666
Salm b. al-Khālid S I 78
Salm al-Khāsir S I 113
Salmā Ṣā'igh S III 415
Salmān Būlus S III 430
-Salmānī al-Bāb Hibatallāh b. al-Ḥu. S I 714
b. Salmūn al-Gharnāṭī 'Al. b. 'A. b. 'A. S II 374
b. Salmūn a. 'l-Q. b. 'A. b. 'Al. G II 264, S II 374
-Salmūnī M. b. Maḥmūd G II 54, S II 52
-Sam'ānī G II 202
-Sam'ānī 'Abd al-Karīm b. M. b. Manṣūr G I 329, S I 564
-Sam'ānī al-Ḥu. b. M. G II 163, S II 204
-Sam'ānī Manṣūr b. A. b. 'Abd al-Jabbār G I 412, S I 731
-Samannūdī G II 16
-Samannūdī Jalāl al-Dīn al-Shāfi'ī G II 88, 315, S II 416
-Samannūdī Manṣūr b. 'Īsā b. Ghāzī G II 326, S II 453
-Samannūdī M. b. Ḥ. b. M. G II 353, S II 479
-Samarjī M. Khalīl S II 511
-Samarqandī S I 647
-Samarqandī 'A. b. Ya. G II 203, S II 278
-Samarqandī Ḥ. b. 'Al. G II 391
-Samarqandī Ḥu. b. Ḥ. G I 446, S I 860
-Samarqandī M. b. 'Al. G II 382
-Samarqandī M. b. A. S I 640
-Samarqandī M. b. Yū. a. 'l-Q. S I 733
-Samarqandī Naṣr b. M. a. 'l-Layth G I 196, S I 347
-Samarqandī a. 'l-Q. b. a. Bakr al-Laythī G II 194, S II 259
-Samarqandī Sa'īd b. Khafīf a. 'l-Fatḥ S I 400
-Samarqandī al-Sharīf al-Hamadhānī M. b. Maḥmūd S I 727

-Samarqandī ʿU. b. a. ʾl-Ḥu. al-Nīsābūrī S II 285
-Sāmarrī ʿAl. b. Hibatallāh S I 689
-Samawʾal b. ʿĀdiyāʾ G I 28, S I 60
-Samawʾal b. Ya. al-Maghribī G I 488, S I 892
-Samawʾalī A. b. Naẓar G II 409
-Samāwī G I 359
-Samāwī M. b. Ṭāhir S II 804, III 482
-Samdīsī Ibr. b. ʿU. G II 58
-Samdīsī M. b. Ibr. G II 81
-Samhūdī ʿA. b. ʿAl. b. A. G II 173, S II 223
b. al-Samḥ Aṣbagh b. M. al-Gharnāṭī G I 472, S I 861
Sāmī G I 79
Sāmī al-Bārūdī Maḥmūd S III 7
Sāmī al-Jarīdīnī S III 293
Sāmī al-Kayyālī S III 392
Sāmī Quṣayrī S III 379
b. al-Samīn A. b. Yū. b. ʿAbd al-Dāʾim al-Shāfiʿī G II 111, S II 137
Samīr Muʿawwaḍ S III 414
b. Sammāk al-Umawī Yaʿīsh b. Ibr. b. Yū. G II 126, S II 155
-Sammākī M. b. Ḥu. al-Ḥusaynī S II 587
-Sammān al-Madanī M. b. ʿAbd al-Karīm S II 535
b. al-Sammān M. Saʿīd b. M. b. A. G II 282, S II 391
-Samnānī A. b. M. b. A. G II 166, S II 281
-Samnānī ʿA. b. M. G I 373, S II 638
-Samnānī M. b. Maḥmūd b. a. ʾl-Ḥ. S II 257
-Samnānī a. Saʿīd S I 505
Samuel b. Jehuda S I 855
b. Samʿūn M. b. A. b. Ism. G II 126, S II 360
Sāmūr al-Hindī S II 1042
b. Samura ʿU. b. ʿA. al-Jaʿdī S I 570
Sāna al-Aṣābī A. b. ʿAl. S II 497
b. Sanāʾ al-Mulk Hibatallāh b. Jaʿfar G I 261, S I 461
Sanbāṭ Qnitū al-Irbilī S I 915,$_{n}$
-Sanbāṭī A. b. ʿAbd al-Ḥaqq G II 99, S I 471, II 118
-Sanbāṭī M. b. ʿAbd al-Ṣamad G II 85, S II 100
-Sanbāwī Ḥ. b. ʿA. S II 499
-Sandarūsī M. b. M. b. M. G II 309, S II 423
-Sandīlī A. b. ʿA. b. Fatḥallāh al-Ḥusaynī S II 290, 293, 303, 623
-Sandīlī Aḥmadallāh S II 621
-Sandīlī M. Aʿlam b. M. Shākir S II 578
-Sandūbī A. b. A. S II 260, A. b. ʿA. G II 297, S II 406, 438
-Sandūbī Ḥ. Ef. S III 307
-Sanhūrī Jaʿfar b. Ibr. b. Jaʿfar G II 115, S II 141
-Sanhūrī M. b. A. S II 489
-Sanhūrī Sālim b. M. ʿIzz al-Dīn G II 316, S II 416
b. a. Sanīna M. b. ʿAl. al-Sāmarrī S I 689
Sanjar b. ʿAl. al-Nāṣirī al-Jāwlī S I 305
-Sanūsī S II 355
-Sanūsī A. b. M. b. ʿA. S II 884
-Sanūsī M. b. ʿA. S II 883
-Sanūsī M. b. Yū. b. ʿU. G II 250, S II 352
-Saqaṭī ʿA. b. A. G II 178
-Saqaṭī ʿA. b. M. G II 178, S II 229
-Saqaṭī ʿUbaydallāh b. M. S II A/C 929
Sāqizī Ibr. S II 541,$_{51b}$
Sāqizī M. Ṣādiq G II 436, S II 648
-Saqqāʾ Ibr. b. ʿA. b. Ḥ. G II 490, S II 747
-Saqqāf ʿAl. b. ʿA. G II 392, S II 535
-Saqqāf ʿAl. b. M. b. Ḥāmid S II 816
-Saqqāf A. b. ʿAr. b. a. Bakr S II 462
-Saqqāf ʿAlawī b. A. b. ʿAr. G II 487, S II 742
-Saqqāf Jaʿfar b. M. G II 380, S II 512
-Saqqāṭ ʿA. b. A. G II 251, 330, S II 460
-Saqqāṭ ʿA. b. M. b. ʿA. S II 460
-Saqqāṭ M. b. ʿA. G I 282, S I 495
Saqsīnī S. b. Dāʾūd S I 776
b. Sarābiyūn G I 227, S I 406
b. Sarābiyūn Ya. G I 233, S I 417
-Sarakhsī A. b. M. G I 290, S I 375
-Sarakhsī A. b. al-Ṭayyib S I 404
-Sarakhsī M. b. A. G I 373, S I 638
-Sarakhsī M. b. M. G I 374, S I 641
-Sarakhsī Zuhayr b. Ḥ. b. ʿA. S I 585
-Saraqusṭī a. Aflaḥ S I 908
-Sarāwī Manṣūr b. Karīm al-Dīn al-ʿAjamī S II 284
b. Sarāyā ʿAbd al-ʿAzīz al-Ḥillī Ṣafī al-Dīn G II 159, S II 199
b. Sarāyā M. b. al-Muẓaffar al-Maqdisī S I 763
-Sarghīnī M. b. Mubārak G II 461, S II 698
Sarī b. A. al-Raffāʾ G I 90, S I 144
Sarī al-Dīn ʿA. Durrī G II 125, read: Zayn al-Dīn b. S. b. A. S II 154,$_{c}$

Sarī al-Dīn al-Durūdī S I 612,$_{9}$
Sarī al-Dīn b. al-Shiḥna al-Ḥanalī S II A/C 93
Sarīja b. M. al-Malaṭī G II 163, S II 205
Sarīja b. al-Sayyāḥ Zayn al-Dīn S I 769
-Sarījī A. b. M. S II 69
-Sarmīnī Manṣūr G II 351
b. al-Sarrāj S II 327 (see A. b. al-S. al-Ḥamawī)
-Sarrāj ʿAl. b. ʿA. b. M. S I 359
-Sarrāj Jaʿfar b. A. b. al-Ḥu. al-Qāriʾ al-Baghdādī S I 594
b. al-Sarrāj M. b. ʿAbd al-Malik S I 543
b. al-Sarrāj M. b. ʿA. G II 119
-Sarūjī A. b. Ibr. b. ʿAbd al-Ghanī S I 646,$_{35}$, II 434
-Sāsī A. b. Q. b. M. S II 715
-Sāwajī ʿU. b. Sahlān G I 456,$_{44}$, 460, S I 819, 830
b. Sawdakīn a. Ṭāhir Ism. al-Nūrī G I 446,$_{86}$, 448, S I 798, 802
-Sāwī M. b. al-Ḥ. G II 239, S II 258
-Sāwī ʿU. b. Sahlān = al-Sāwajī
Sayf al-Dīn al-Abharī G II 209
Sayf al-Dīn A. b. Quṭb al-Dīn Ya. Shaykh al-Islām S II 301
Sayf al-Dīn al-Āmidī S I 817,$_{1}$
Sayf al-Dīn a. Bakr b. Aydughdī b. ʿA. al-Ḥanafī al-Jundī S I 726
Sayf al-Dīn a. ʾl-Futūḥ b. ʿAṭāʾallāh al-Wafāʾī S II 334
Sayf al-Dīn al-Kirmānī S I 678
Sayf al-Dīn Qinālī S I 645,$_{29}$
Sayf al-Ḥaqq a. ʾl-Muʿīn a. Ṣafī S II 995
Sayf b. Nāṣir al-Hārūnī S I A/C 692
Sayf b. ʿU. al-Asadī G I 516, S I 213
Sayfallāh al-Busnawī S II 870
Sayfī Bek b. ʿAl. b. ʿAl. al-Mālikī al-Makhdūmī S II 38
-Sayfī M. b. M. Mahdī S II 581
Sayfī Mūsā b. Arghūn S II 58
Sayfī Yashbak b. Mahdī S II 79
b. al-Sayrajī A. G II 56, S II 56
Sayyid ʿAl. S I 742
Sayyid ʿAbd al-ʿAzīz al-Rashīd S III 496
Sayyid ʿAbd al-Laṭīf S II 309
Sayyid A. Tawfīq al-Madanī S III 499
Sayyid b. ʿA. al-Marṣafī S I 40, 168, 440,$_{h}$
Sayyid Bendelī Jawzī S III 423
Sayyid Dāʾim Mandawī b. Karīmallāh al-Ḥusaynī S II 991
Sayyid Ef. G I 378
Sayyid al-Hādī b. Ya. b. al-Ḥu. al-Hādawī S I 698
Sayyid Ḥāfiẓ S II 288, 329
-Sayyid al-Ḥimyarī G I 83, S I 133
Sayyid a. ʾl-Ḥu. b. A. b. al-Ḥ. b. ʿA. S II 1014
-Sayyid al-ʿIzzī S I 681,$_{26}$
Sayyid Jaʿfar S III 233
Sayyid Mahdī S I 970
Sayyid Maḥmūd b. al-Sayyid Ḥamza al-Ḥusaynī al-Naqīb S II 970
Sayyid M. Akbar b. Sayyid M. S II 971
Sayyid M. Saʿīd b. al-Sayyid Maḥmūd al-Ḥubūbī al-Najafī S III 482
Sayyid M. b. al-Sayyid Ḥ. b. ʿA. S II 312
Sayyid Murtaḍā b. al-Dāʿī al-Rāzī S I 711
b. Sayyid al-Nās M. b. M. b. M. b. A. G II 71, S II 77
Sayyid Quṭb S III 165
Sayyid Samayānī S I 654
Sayyid Shāh Mīr G II 215
-Sayyid al-Sharīf al-Jurjānī b. M. G II 216, S I 504, 515, 516, II 305
-Sayyid al-Sharshūnī al-Sharqāwī S I A/C 17, II 354
Sayyid Waḥīd al-Mutakhalliṣ al-Ḍarīr S II 303,$_{8}$
Sayyid b. Yū. b. ʿĀmir ʿArīsa al-Hūrīnī S II 743
b. Serapion Junior S I 887
Shaʿbān b. A. G II 369
Shaʿbān a. ʾl-Barakāt b. Muṣṭafā Dūdū S II 386
Shaʿbān b. Isḥāq b. Hāniʾ al-Mutaṭabbib S II 1031
Shaʿbān b. M. al-Qurashī al-Atharī G I 39, II 180, S I 69, II 10, 469
Shaʿbān b. Muṣṭafā al-Āqsarāʾī al-Dānishī S II 946,$_{167}$
Shaʿbān b. Sālim al-Rūmī S II 546
-Shābb al-Tāʾib A. b. ʿU. b. A. G II 120, S II 149
-Shābb al-Ẓarīf M. b. S. al-Tilimsānī G I 258, S I 458
Shabīb Bek b. ʿA. Bek al-Asʿad al-ʿĀmilī al-Wāʾilī S II A/C 867

b. Shabīb al-Ḥarrānī A. b. Ḥamdān S II 162
Shabīb b. Shabba S I 105
-Shabistarī Ibr. al-Naqshbandī G I 305, II 194, S I 843, II 261,$_{a}$ Sībawayhi al-Thānī
-Shabrakhītī Ibr. b. Marʿī G II 318, S II 438
-Shabrāmallisī ʿA. b. ʿA. G II 322, S II 443
-Shabrāmallisī M. b. ʿA. b. M. G II 365, S II 493
-Shābushtī ʿA. b. A. G I 523, S I 411
b. Shaddād ʿAbd al-ʿAzīz al-Ṣanhājī S I 575
b. Shaddād Bahāʾ al-Dīn Yū. b. Rāfiʿ al-Ḥalabī G I 316, S I 549
Shaddād b. al-Hādī al-Yamanī S II 968
b. Shaddād al-Ḥimyarī S II 1042
b. Shaddād M. b. Ibr. b. ʿA. al-Anṣārī G I 482, S I 883
Shādhān b. Jabrāʾīl b. Ism. al-Qummī G I 463, S I 710 A/C, 864 A/C
-Shādhilī ʿAq. b. M. G II 157
-Shādhilī ʿA. b. ʿAl. b. ʿAbd al-Jabbār G I 449, S I 804
-Shādhilī M. b. Ḥ. G II 150
-Shādhilī M. b. Wafāʾ G II 12, S II 4
-Shādhilī Ṣadaqa b. Ibr. G II 137, S II 170
a. Shādī A. Zakī S III 96
b. Shadqam al-Ḥ. b. ʿA. G II 416, S II 599
Shāfiʿ b. ʿA. b. ʿAbbās b. ʿAsākir G I 318, II 28, S I 967 ad 551, II 24
Shāfiʿ b. ʿA. b. ʿImād al-Dīn al-Kinānī S II A/C 15
-Shāfiʿī M. b. Idrīs G I 178, S I 303
Shafīq Jabrī S I A/C 141, III 355, 426
Shafīq Maʿlūf S III 364, 453
Shafra al-Qirbilyānī M. b. ʿA. b. Faraj G II 257, S II 366
-Shafshawānī ʿAq. b. ʿAbd al-Raḥīm S II 746
-Shafshawānī ʿA. b. ʿĪsā S I 666
-Shafshawānī al-Ḥawwāṭ S. b. M. b. ʿAl. S II 689, 877
-Shafūnī M. b. Nāṣir al-Dīn G II 362
-Shāghūrī Fityān b. ʿA. S I 456
Shāh A. Čelebī Ṣāḥib S II 610
Shāh Amīnallāh al-Banārasī S II 618
Shāh Ḥu. S I 846, II 288
Shāh Ḥu. Ef. al-Anṭākī S II 482
Shāh Ḥu. b. Sulṭān Yū. S I 760
Shāh Kalīmallāh al-Jahānābādī S II 619
Shāh M. b. Mubārak al-Qazwīnī S II 291
Shāh Muḥibb al-Badakhshī al-Allāhābādī S II 618
Shāh Niʿmatallāh G II 177
Shāh Sarījān ʿA. b. al-Ḥu. b. M. S I 698
Shāh Ṭāhir b. Raḍī al-Dīn al-Kāshānī S II A/C 607
b. Shahdā al-Karkhī S I 371
Shahfūr Ṭāhir b. M. al-Isfarāʾinī G I 387, S I 669, 731
b. al-Shāhīd (Shuhayd) a. ʿĀmir S I 453, 478
-Shahīd al-Awwal al-ʿAllāma al-Thānī M. b. Makkī b. A. al-ʿĀmilī G II 108, S II 131, 206
-Shahīd al-Thālith M. Taqī b. M. al-Barghānī S II 829
-Shahīd al-Thānī Zayn al-Dīn b. ʿA. b. A. al-ʿĀmilī S I 712, II 449
Shāhīn ʿAṭiyya S III 338
b. Shāhīn ʿU. b. A. G I 165, S I 276
Shāhīn b. a. Yumn al-ʿĀtikī G II 343
-Shahrafī S I 799,$_{126,d}$
-Shahrastānī M. b. ʿAbd al-Karīm G I 428, S I 762
-Shahrazūrī ʿAl. b. al-Q. b. al-Muẓaffar G I 433, S I 775
-Shahrazūrī al-Mubārak b. al-Ḥ. G I 408, S I 723
-Shahrazūrī M. b. ʿAbd al-Rasūl al-Barzanjī G II 389, S II 529
-Shahrazūrī M. b. Maḥmūd G I 468, S I 850
Shahrīzāde ʿAbd al-ʿAlīm G II 429, S II 638
Shāhwalī b. Uways b. Shāhwalī al-ʿAlinṭābī S II 662
Shahwān b. Yū. Ilyās Bū Shihāb al-Badawī S III 376
Shahwār al-Hindī S II 989
Shaḥḥādha b. ʿA. al-ʿIrāqī S II A/C 416
Shaḥḥādha M. b. Ibr. G II 302
-Shaḥḥāmī Zāhir b. Ṭāhir G I 365
Shaḥḥāta ʿUbayd S III 234
b. Shāʾiq S II 963, read: b. Shās M. b. Najm al-Jalāl al-Judhāmī S I 664
Shāʿirzāde (Shāʿiroġlū) G I 466, S I 846,*η*
Shajāʿat Ḥu. al-Mawlawī S II 1011
b. Shājir Jarrāḥ G II 181, II 233 (to be read thus)
-Shajarī A. b. M. b. ʿAlawiyya S I 599

b. al-Shajarī Hibatallāh b. ʿA. G I 280, S I 498
-Shajarī Ṭāhir b. Ibr. G I 486, S I 888
-Shakhrī M. b. Salama b. ʿAbd al-Jawād S II 454
Shakīb b. ʿAbd al-Ghanī (laṭīf) b. al-Jīʿān al-Batlūnī G II 19, S II 13
Shakīb Arslān S I 308, III 394
Shakīb Bek al-Khūrī al-Lubnānī S III 383
Shākir al-Batlūnī al-Ḥāṣibānī S II 758
Shākir b. Khalīl S I 864
Shākir b. Mughāmaṣ Shuqayr al-Lubnānī S II 762
b. Shākir M. al-Kutubī G II 48, S II 48
Shākir al-Shāfiʿī S II 995
Shākir Shuqayr al-Batlūnī S III 379 (to be read thus)
-Shalawbīnī G I 308, II 379
a. Shāma ʿAr. b. Ism. al-Maqdisī G I 265, 317, 331, 409, S I 468 A/C, 473, 550, 725
b. Shamʿa M. b. ʿUthmān G II 281
b. al-Shammāʿ M. b. A. S II 341
-Shammāʿ ʿU. b. A. b. ʿA. G II 304, S II 415
-Shammākh G I 42, S I 71
-Shammākhī S II 357
-Shammākhī A. b. a. ʿUthmān Saʿīd G II 240, S II 339
-Shammākhī ʿĀmir b. ʿA. S II 349
Shammar b. Ḥamdawayh al-Harawī G I 116, S I 179
Shams al-Dīn S II A/C 759
Shams al-Dīn a. ʿAl. al-Bābilī al-Qāhirī S II A/C 419
Shams al-Dīn a. ʿAl. b. Marzūq S II A/C 1031
Shams al-Dīn b. ʿAl. al-Qādisī S II 453$_{,g}$
Shams al-Dīn b. ʿAbd al-Muʾmin S II 104
Shams al-Dīn al-Akhtarī S II 1045
Shams al-Dīn al-Akramī S II 89, 958$_{,105}$
Shams al-Dīn ʿA. al-Ḥasanī S II 596$_{,k}$
Shams al-Dīn ʿA. b. M. al-Khalkhālī S II 595, 596
Shams al-Dīn Badamāṣī G I 39, S I 68
Shams al-Dīn al-Burullusī S II 995
Shams al-Dīn al-Buṣrawī S II 925
Shams al-Dīn al-Dhahabī S II 120, see M. b. A. b. ʿUthmān
Shams al-Dīn al-Farghānī G I 263, S I 464$_{,2}$
Shams al-Dīn al-Ḥijāzī G I 369
Shams al-Dīn al-Ḥusaynī al-Khujandī S II 219$_{,n}$
Shams al-Dīn a-Isfarāʾinī S II A/C 739
Shams al-Dīn al-Iṣfahānī G I 418, S I 741
Shams al-Dīn al-Kardarī S I 762, II 267$_{,29}$
Shams al-Dīn al-Kashshī G I 510
Shams al-Dīn al-Kirmānī S I A/C 537
Shams al-Dīn Kīshī S I 928$_{,22k}$
Shams al-Dīn al-Maghribī G II 196, S II 265
Shams al-Dīn M. S I 533$_{,c}$
Shams al-Dīn M. b. Bahāʾ al-Dīn Yū. al-Kirmānī S II 292
Shams al-Dīn M. al-Bahnasī S II 443
Shams al-Dīn a. M. b. a.ʾl-Fatḥ b. a. ʾl-Faḍl al-Baʿlī al-Ḥanbalī S I 688
Shams al-Dīn b. M. al-Ḥamawī S II 1042
Shams al-Dīn M. al-Ḥanafī S I 269$_{,15}$, 846$_{,r}$
Shams al-Dīn M. al-Ḥanbalī S I 635
Shams al-Dīn M. al-Kafarsūsī S I 682
Shams al-Dīn M. al-Kūhistānī (Qūhistānī) G I 377, S I 648$_{,g}$, 765
Shams al-Dīn M. b. a. ʾl-Luṭf S I 784
Shams al-Dīn M. al-Tustarī S I 774$_{,8}$
Shams al-Dīn al-Niksārī S II 16
Shams al-Dīn Qaraja S I 842$_{,p}$
Shams al-Dīn b. Qayālī G I 395
Shams al-Dīn al-Sakhāwī G II 70, S II 109
Shams al-Dīn al-Samarqandī G I 511, S I 818 A/C, II 306
Shams al-Dīn b. Sharaf al-Dīn al-Dihlawī S I 793$_{,u}$
Shams al-Dīn al-Shawbarī G I 396
Shams al-Dīn al-Ṣaydāwī al-Dhahabī S II 1036
Shams al-Dīn al-Tustarī S II A/C 1017
Shams al-Dīn b. al-Ṭabbākh S II 914
Shams al-Dīn b. ʿU. al-Zāwulī G I 304, II 220
Shams al-Dīn al-ʿUthmānī al-Ṣafadī S II 27
Shams al-Ḥaqq al-ʿAẓīmābādī S I 948 ad 267
b. Shams al-Khilāfa Jaʿfar G I 262, S I 462
Shams al-Ṭirāzī S I 651
Shamsā Jīlānī S I 848
Shamsā i Kashmīrī S I 927
Shānāq G I 231, S I 413
-Shanawānī a. Bakr b. Ism. b. A. G II 27, 285, S II 394, 435
-Shanfarā G I 25, S I 52
b. Shannabūdh M. b. A. S I 329

Shantamarī Yū. b. S. al-Aʿlam G I 22, 23, 102, 309, S I 40, 46, 48, 160, 171, 542
-Shantarīnī ʿA. b. Bassām G I 339, S I 579
-Shaqāniṣī A. b. A. b. M. S II 878
-Shaqīfātī A. G II 304
-Shaqqāq A. b. al-Ḥu. S I 854
-Shaqrāṭisī a. M. ʿAl. b. a. Bakr G I 268, S I 473, 550
Shaqundī Ism. b. M. S I 483
Shaqūrī M. b. ʿA. al-Lakhmī S II A/C 379
-Sharābīshī S II 260,$_{16}$
-Sharaf al-Balāṣī S II 1011
Sharaf al-Dīn S I 698
Sharaf al-Dīn a. ʿAl. M. b. ʿAl. al-Mursī al-Sulamī G I 312,$_{12}$, S I 546
Sharaf al-Dīn b. ʿAq. al-Ghazzī b. Ḥabīb G II 310, 312, S II 429
Sharaf al-Dīn ʿA. al-Ḥusaynī al-Astarābādhī S II 575
Sharaf al-Dīn Anūsharwān G I 315
Sharaf al-Dīn al-Dihlawī S I 794
Sharaf al-Dīn b. Ḥu. G I 74
Sharaf al-Dīn b. Jamāl al-Dīn Yū. S II 57
Sharaf al-Dīn b. al-Mujīd al-Q. al-Ḥimyarī S II 1011
Sharaf al-Dīn al-Munāwī S I 805,$_{i}$
Sharaf al-Dīn b. al-Mustawfī S I 130
Sharaf al-Dīn Q. al-Ḥanafī S I 764
Sharaf al-Dīn Rāmpūrī S II 623
Sharaf al-Dīn al-Sammākī S II 449
Sharaf al-Dīn b. Ṣalāḥ al-Dīn al-Kawkabānī S II 567
Sharaf al-Dīn b. Ṣāliḥ al-Sibāʿī al-Ṣanʿānī S I 314, II 563, 738 (to be read thus)
Sharaf b. Muʾayyad al-Baghdādī Majd al-Dīn G I 439, S I 785, II 1011
Sharaf b. Ṣadr al-Dīn M. al-Ṭabīb al-Lāhajānī S I 926
Sharaf al-Zamān Ṭāhir al-Marwazī S I 903
-Sharafī ʿAl. b. A. b. Ibr. S II 564
-Sharafī A. b. M. b. Ṣalāḥ S II 550
-Sharafī Nāṣir b. ʿAbd al-Ḥāfiẓ G II 406, S II 564
-Sharafī al-Wāʿiẓī S II 739
-Sharafī Ya. S I 734
-Sharāgī M. b. al-Ṭayyib b. M. S II 522
-Shaʿrānī ʿAbd al-Wahhāb b. A. b. ʿA. G II 335, S I 737, 802, 837, II 464
-Sharasākhī S I 300
-Shaʿrāwī A. b. al-Fawz S II 390
-Shaʿrāwī Hudā S III 263
-Sharbātī A. b. Sinān G II 364
b. a. ʾl-Sharīf S I 740,$_{42}$
-Sharīf al-ʿAmrīṭī al-Azharī S II 335
Sharīf Ef. G I 266
-Sharīf al-Ḥasanī S I 673
-Sharīf al-Ḥasanī M. b. A. G II 247, 346
b. a. Sharīf Ibr. b. M. b. a. Bakr G II 20, S II 13
-Sharīf al-Jurjānī ʿA. b. M. G II 216, S I 535, II 269, 287, 305
b. a. Sharīf M. b. A. al-Maqdisī G II 98, S II 117
-Sharīf al-Murtaḍā ʿA. b. al-Ṭāhir ʿAlam al-Hudā S I 704
-Sharīf b. a. Mūsā al-Hāshimī al-Ḥanbalī S II 130
-Sharīf al-Raḍī M. b. al-Ṭāhir al-Ḥu. G I 82, S I 131
-Sharīshī G II 248, S II 946
-Sharīshī A. b. ʿAbd al-Munʿim G I 277, S I 544
-Sharīshī A. b. M. b. A. S I 802, II 702, 899
-Sharjī ʿAl. al-Muthannā b. ʿAl. G II 408, S II 567
-Sharjī A. b. A. b. ʿAbd al-Laṭīf G II 190, S I 264,$_{4}$, II 254, 999
-Sharjī M. b. a. Bakr Imāmzāde G I 375, S I 642
-Sharnūbī ʿAbd al-Majīd G I 118, 339, S I 263, 525, 683, 684, II 469
-Sharnūbī A. b. ʿUthmān G I 372, II 339, S II 469
-Sharnūbī ʿA. b. A. S II 469
-Sharnūbī M. S II 469
-Sharnūbī ʿUthmān S II 469
-Sharqāwī ʿAl. b. Ḥijāzī b. Ibr. G II 479, S II 729
-Sharqāwī A. b. Ibr. G II 260,$_{e}$
Sharqshāh al-Astarābādhī Ḥ. b. M. S II 296
-Sharshīmī al-Sharqāwī S II A/C 260
-Shartūnī Saʿīd al-Khūrī S II 769
b. Shās S I 538
-Shāshī Isḥāq b. Ibr. G I 174, S I 294
-Shāshī M. b. A. G I 180, S I 307
-Shāshī M. b. A. b. al-Ḥu. al-Qaffāl G I 390, S I 674
b. Shāshū ʿAr. b. M. b. ʿAr. G II 379, S II 512
-Shāṭibī S I 525, II 146, 697

-Shāṭibī Faraj b. Q. G II 259, S II 371
-Shāṭibī Ibr. b. Mūsā b. M. S II 374
-Shāṭibī M. b. ʿA. G II 263, S II 373
-Shāṭibī al-Q. b. Firruh G I 409, S I 725
b. al-Shāṭir ʿA. b. Ibr. b. M. G II 126, S II 157
b. al-Shāṭṭ al-Q. b. ʿAl. b. M. al-Ishbīlī G II 264, S II 374
-Shaṭṭārī Ḥu. b. Rajab G II 279, S II 388
-Shāwarī M. b. Ibr. G II 189
-Shawbarī G II 73, S II 79
-Shawbarī A. b. M. S II 452
-Shawbarī M. b. A. al-Khaṭīb G I 181, 396, II 330, S I 307, 682, 683, II 443, 458
b. al-Shāwī Ya. b. M. S II 420
-Shawkānī A. b. M. b. ʿA. S II 819
-Shawkānī M. b. ʿA. b. M. G II 485, S I 690 (to be read thus), II 277, 818
-Shawwāʾ Yū. b. Ism. al-Ḥalabī G I 256, S I 457
b. a. Shayba ʿA. b. M. S I 215
-Shaybānī ʿAr. al-Mawṣilī G II 372, S II 499
-Shaybānī a. Bakr b. ʿA. b. ʿAl. G II 166, S II 214
-Shaybānī Isḥāq b. Mirār a. ʿAmr G I 116, S I 179
-Shaybānī M. b. Ḥ. G I 171, 176, S I 286, 288
-Shaybī M. b. ʿA. b. M. b. a. Bakr G I 140, S II 222
Shaydhala ʿAzīzī b. ʿAbd al-Malik G I 433, S I 775
Shaykh al-Āthār (ʿAṭṭār?) S II 446
-Shaykh Čelebī b. al-Shaykh Fakhr al-Dīn S II 1002
-Shaykh al-Ḥāfiẓ S II 291
Shaykh al-Islām S II 288
Shaykh Jīwan G II 196, S II 264
Shaykh b. M. b. Shaykh b. Ḥ. al-Jaʿfarī al-Bāʿalawī al-Madanī S II 809, 1011 (to be read thus)
-Shaykh al-Muqaddasī a. ʾl-Baqāʾ S I 817,26
-Shaykh al-Sābūrī S II 904
b. Shaykhān Sālim b. A. G II 407, S II 565
Shaykhū Louis S III 428, see III, Cheikho
Shaykhzāde G I 301, 378, 432, S I 614, 648, 651, II 19
Shaykhzāde ʿAr. b. M. b. S. S II 643
Shaykhzāde Ḥāmid b. Jalāl al-Dīn al-Hindī G I 455, S II 455
Shaykhzāde M. b. Muṣṭafā al-Qūjawī S I 739, II 650
-Shayzarī ʿAr. b. Naṣr b. ʿAl. S I 832
-Shayzarī Muslim b. Maḥmūd G I 259, S I 374, 460
-Shiblī Dulaf b. Jaḥdar G I 199, S I 357
-Shiblī Ibr. Shumayyil S III 212
-Shiblī al-Mallāṭ S III 339
-Shiblī al-Nuʿmānī S II 862
-Shiblī b. Qayyim al-Shibliyya M. b. ʿAl. G II 75, S II 82
-Shiblī ʿU. b. Isḥāq al-Ghaznawī G I 172, 382, II 80, S II 89
-Shidyāq A. Fāris, G II 505, S II 867
-Shifāʾī b. Walī Khān S I 826,82nn
-Shighrī Barakāt b. M. G II 404
Shihāb al-Dīn S I 504,29
Shihāb al-Dīn a. ʾl-ʿAbbās al-Bayrūtī S II 154
Shihāb al-Dīn b. A. al-Shushtarī S II 1103
Shihāb al-Dīn b. A. b. Tāj al-Dīn S II 538
Shihāb al-Dīn al-ʿAjamī S I 907
Shihāb al-Dīn b. ʿAlāʾ al-Dīn al-Tūqātī S I 534
Shihāb al-Dīn b. ʿAmīra al-Burullusī S I 681
Shihāb al-Dīn ʿAraqiyyajīzāde S II 323
Shihāb al-Dīn b. ʿAynāʾ S II 104
Shihāb al-Dīn al-Baʿlāwī G I 312
Shihāb al-Dīn al-Barāʿī G I 279
Shihāb al-Dīn al-Bulqīnī S II 461
Shihāb al-Dīn b. Hishām A. b. ʿAr. G I 298, S I 523,3a
Shihāb al-Dīn al-Ḥalabī S I 931 ad 45
Shihāb al-Dīn al-Ḥuwayzī G I 372, S II 499
Shihāb al-Dīn b. Maḥmūd b. ʿA. al-Tabrīzī S II 840
Shihāb al-Dīn a. Maḥmūd al-Maqdisī S I 551
Shihāb al-Dīn al-Maqdisī S II 1011
Shihāb al-Dīn M. b. Ism. G II 474, S II 721
Shihāb al-Dīn al-Mūsawī al-Ḥuwayzī S II 499
Shihāb al-Dīn al-Qalyūbī G I 103, S I 843
Shihāb al-Dīn al-Qāzānī S II 958
Shihāb al-Dīn al-Ramlī G II 96, 328, S II 113
Shihāb al-Dīn al-Sirājī al-Shāfiʿī S I 858
Shihāb al-Dīn b. al-Ṣaghīr al-Baṣrī S II 334
Shihāb Ef. S I 740
b. Shihāb al-Hamadhānī G I 344
-Shiḥī ʿA. b. M. G II 109, S II 135

b. al-Shiḥna S I 607
b. al-Shiḥna ʿAbd al-Barr b. M. G II 83, S II 94
b. al-Shiḥna al-Ḥalabī S I 644 = M. b. M.
b. al-Shiḥna Ibr. b. M. al-Ḥalabī G II 97, S II 115
b. al-Shiḥna M. b. M. b. Maḥmūd Zayn al-Dīn G II 46, 141, S I 644, II 176
b. al-Shiḥna M. b. M. b. M. Muḥibb al-Dīn G I 377, II 42, 114, S II 40
Shikast S I 155
b. al-Shilbī A. b. Yūnus G II 310, S II 424
-Shillī M. b. a. Bakr b. A. G II 383, S II 516
-Shinnawī A. b. ʿA. b. ʿAbd al-Quddūs G II 391, S II 534
-Shinqīṭī ʿAl. b. Ibr. b. ʿAṭāʾallāh S II 873
-Shinqīṭī A. b. Bābā S II 875
-Shinqīṭī A. b. al-Badawī b. M. b. A. S II 873
-Shinqīṭī Amīn S I 35, 46, 71, II 890
-Shinshawrī ʿAl. b. M. Bahāʾ al-Dīn G I 391, II 141, 320, S I 175, 676, II 201, 442
-Shirānāsī M. G II 208, S II 259$_{,n}$, 302
Shīrawayh b. Shahridār al-Daylamī G I 344, S I 586
-Shīrāzī S I 931$_{,40a}$
-Shīrāzī ʿAbd al-Malik b. M. S I 858
-Shīrāzī ʿAr. b. Naṣrallāh G I 458
-Shīrāzī Ibr. b. ʿA. al-Fīrūzābādī G I 387, S I 669
-Shīrāzī Maḥmūd b. Ilyās S II 298
-Shīrāzī Maḥmūd b. Masʿūd G I 290, 437, 457, 511, II 211, S II 296
-Shīrāzī Manṣūr b. M. Ghiyāth al-Dīn S II 593
-Shīrāzī M. b. Ghiyāth al-Dīn S II 594
-Shīrāzī M. b. Maḥmūd b. M. S II 274
-Shīrāzī M. b. Manṣūr al-Ḥusaynī S II 279
-Shirbīnī ʿA. b. M. G II 303
-Shirbīnī M. b. M. b. A. al-Khaṭīb G II 320, S II 441
-Shirbīnī Yū. b. M. b. ʿAbd al-Jawād G II 278, S II 987
b. Shishīr ʿAl. b. M. al-Anbārī G I 123, S I 188
-Shirwānī ʿAbd al-Ḥamīd S I 681
-Shirwānī A. b. M. b. ʿA. G II 502, S II 850
-Shirwānī Ḥu. b. ʿAl. G II 376, S II 507
-Shirwānī Ibr. b. ʿA. G II 194
-Shirwānī Kamāl al-Dīn b. Asāyish S II 325
-Shirwānī Masʿūd b. Ḥu. S II 259, 260, 326
-Shirwānī M. b. Maḥmūd S II 326
a. ʾl-Shīṣ M. b. Razīn b. S. G I 83, S I 133
b. Shīt al-Qurashī ʿAbd al-Raḥīm b. ʿA. S I 489
-Shrawshī S I 740$_{,43}$
Shuʿayb ʿAl. b. Saʿdallāh al-Ḥurayfish G II 171, S II 229
Shuʿayb b. al-Ḥ. al-Maghribī al-Anṣārī a. Madyan G I 438, S I 784
-Shuʿaybī M. b. Shuʿayb b. ʿA. G II 341, S II 470
Shuʿba b. Samawʾal G I 28
Shubayl b. ʿAzra al-Ḍabuʿī S I 93
-Shubrāwī ʿAl. b. M. b. Āmir G II 281, S II 289$_{,7}$, 390
-Shubrāwī M. ʿUkkāshā G II 490, S II 747
b. Shuhayd, see b. al-Shahīd
Shujāʿ b. Aslam al-Miṣrī S I 390
Shujāʿ al-Dīn S I A/C 759
Shujāʿ al-Dīn al-Ḥusaynī S II 307, 320
a. Shujāʿ al-Iṣfahānī A. b. al-Ḥu. b. A. G I 392, S I 676
Shujāʿ b. Nūrallāh al-Anqirawī G II 432, S II 643
-Shujāʿī G II 28
b. a. ʾl-Shukr Ya. b. M. G I 474, S I 868
Shukrī Ghānim S III 367
Shukrī al-Khūrī S III 477
Shukrī b. Ṭāhir al-Brshtnawī S I A/C 846
b. Shuʿla al-Ḥ. b. ʿA. S II 572
a. Shuʿla M. b. A. b. al-Ḥu. al-Anmāṭī S I 859
Shumaym al-Ḥillī ʿA. b. a. ʾl-Ḥ. S I 495
-Shumunnī A. b. M. b. M. G II 82, 284, S II 92
-Shūnī ʿA. G II 333, S II 461
Shuqrān al-Salamānī S I 96
Shurayḥ b. Aws S I 55
Shurayḥ b. al-Muʾayyad al-Muʾayyadī S I 317
Shurayḥ b. Yūnus S II 978
-Shushtarī ʿA. b. ʿAl. G I 274, S I 483
-Shushtarī M. b. al-ʿAbbās S II 257
-Sibāʿī al-Bayyūmī S I 168
Sībawayhi G I 101, S I 160, 495
Sībawayhi al-Thānī Ibr. al-Shabishtarī G I 305, II 194, S I 843, II 261
Sibṭ b. al-ʿAjamī Ibr. b. M. b. Khalīl G II 67, S II 72, 77

Sibṭ b. al-Jawzī Yū. b. Qizughlū G I 347, S I 589, 777
Sibṭ a. Manṣūr al-Khayyāṭ ʿAl. b. ʿA. b. A. al-Baghdādī S I 723
Sibṭ al-Māridīnī S II 200
Sibṭ al-Māridīnī M. b. M. b. A. G II 357, S II 483
Sibṭ al-Māridīnī M. b. M. Badr al-Dīn G II 167, S II 215
Sibṭ al-Marṣafī M. b. M. al-Ghumrī S II 463
Sibṭ b. al-Taʿāwīdhī M. b. ʿUbaydallāh G I 248, S I 442
b. al-Sīd al-Baṭalyawsī ʿAl. b. M. G I 427, S I 758
b. Sīda ʿA. b. Ism. al-Mursī G I 308, S I 542
Sīdhī b. al-Mukhtār al-Intishāʾī S I 173,15
Sīdhī Qaddūr ʿAq. b. M. b. A. al-Idrīsī S II 882
-Sighnāqī al-Ḥu. b. ʿA. b. al-Ḥajjāj G II 116, S II 142
-Sihālawī M. b. ʿAbd al-ʿĀlī S II 607
-Sijārī A. b. A. b. M. G II 323, S II 445
-Sijazī A. b. M. b. ʿAbd al-Jalīl G I 219, S I 388
-Sijilmāsī A. b. ʿAbd al-ʿAzīz S II 255
-Sijilmāsī A. b. Mubārak G II 462, S II 704
-Sijilmāsī A. b. Yaʿqūb b. Isḥāq S I 523
-Sijilmāsī ʿA. b. ʿAbd al-Wāḥid G II 459, S II 690
-Sijilmāsī M. b. a. ʾl-Q. al-Filālī S II 696
-Sijistānī M. b. ʿU. b. ʿUzayr G I 119, S I 183
-Sijistānī Sahl b. M. a. Ḥātim G I 107, S I 167
-Sijistānī Yū. b. A. G I 380, S I 653
b. al-Sikkīt Yaʿqūb b. Isḥāq G I 117, S I 45, 46, 54, 71, 164, 180
-Silafī A. b. M. b. A. G I 161, 355, 362, 365, S I 618 (to be read thus), 624
Simʿān b. Mahdī S I 271
-Simanānī (Samnānī) ʿA. b. M. S I 638
-Simanānī M. b. A. b. M. S I 636
-Sīmāwī M. b. A. al-ʿIrāqī G I 496, S I 909
-Simillāwī ʿAbd al-Muʿṭī b. Sālim b. ʿU. G II 322, S I 74, II 369, 437, 444
b. Sīnā al-Ḥu. b. ʿAl. G I 452, S I 812
-Sīnābī G I 428,1,3
b. Sinān ʿAbd al-Karīm G II 291
Sinān al-Dīn Yū. b. al-Wāʿiẓ S II 452
Sinān Ef. G I 378, S I 647,v, 740,50
Sinān Pāshā Yū. b. Khiḍr Bek S II 327
Sinān b. Thābit b. Qurra G I 218, S I 386
Sinān Yū. b. Ḥusām al-Dīn al-Amāsī S I 739
-Sindī a. ʾl-Ḥ. b. ʿAbd al-Hādī G II 391
-Sindī M. Ḥayāt al-Madanī S II 522
-Sindī Raḥmatallāh b. ʿAl. S II 524
-Sinjārī G II 383
-Sinjārī A. b. Ibr. b. A. b. ʿUthmān G II 165, S II 212
-Sīnūbī Nabī b. Ṭūrkhān G II 440, S II 654
Sipāhīzāde al-Burūsawī M. b. ʿA. G II 46, 453, S II 673
-Sīrāfī Ḥ. b. ʿAl. G I 113, S I 174, 180, 370
-Sīrāfī M. b. Masʿūd b. Maḥmūd S II 257
-Sīrāfī a. Zayd al-Ḥ. S I 405
Sirāj A. al-Sirhindī S I 268,5
Sirāj al-Dīn b. ʿAl. al-Rifāʿī S II 229
Sirāj al-Dīn ʿA. Khān (al-Akbarābādī?) S II A/C 606
Sirāj al-Dīn al-Awdhī S I 535
Sirāj al-Dīn al-Hindī G I 383, S I 657, 658
Sirāj al-Dīn al-Makhzūmī G II 98
Sirāj al-Dīn al-Nābulusī S II 88
Sirāj al-Dīn b. Nujaym ʿU. G II 197,8, S II 266
Sirāj al-Dīn al-Sajāwandī M. b. M. b. ʿAbd al-Rashid G I 378, S I 650
Sirāj al-Dīn ʿU. al-Ḥalabī G II 92
Sirāj al-Dīn al-Urmawī G I 467, S I 838, 848
-Sīrāmī ʿAbd al-Bāqi b. M. Ḥājjī S II 572
Sirḥān b. Saʿid b. Sirḥān al-Bāʿalawī S II 569, 823
Sirḥān al-Samarjī al-Sharnūbī G II 206, S II A/C 284
b. Sīrīn M. G I 66, S I 102
Sirjis b. Ilyā al-Rūmi S I 364
Sirrī Pāshā S I 922,6
-Sīrūbī Muṣṭafā b. Mīrzā G II 435, S II 647
Sitt al-ʿAjam bint al-Nafis S I 795,16,b
a. Sitta al-Qaṣabī S I 692
-Sīwāsī S II 301
-Sīwāsī ʿAl. b. ʿAbd al-ʿAzīz b. Mūsā S II 326
-Sīwāsī A. b. M. (Maḥmūd) G II 228, S II 319
-Siyālkūtī S II 307,2b
-Siyālkūtī ʿAbd al-Ḥakīm G II 417, S II 613
Skīraj A. b. al-Ḥājj A. S II 882
Stephan b. Basīl S I 370
-Subkī S I 474
-Subkī ʿAbd al-Wahhāb b. ʿA. Tāj al-Dīn G II 89, S II 105

-Subkī A. b. ʿA. b. ʿAbd al-Kāfī Bahāʾ al-Dīn G II 12, S I 680, II 5
-Subkī A. b. Khalīl G I 369, II 152,30a, S I 631, II 111 A/C, 187,130a
-Subkī ʿA. b. ʿAbd al-Kāfī Taqī al-Dīn G II 86, S I 680, II 102
-Subkī Bahāʾ al-Dīn b. Taqī al-Dīn S I 680, II 5
-Subkī M. b. ʿAbd al-Laṭīf b. Ya. b. ʿA. S II 26
Sūdī Ef. Busnawī S I 534,16
-Sūdī M. b. ʿA. b. Ibr. G II 407, S II 565
b. Sūdūn ʿA. al-Bashbughāwī G II 17, S II 11
-Suhaylī S II 393, 410
-Suhaylī ʿAr. b. ʿAl. al-Khathʿamī G I 135, 413, II 17, S I 733
-Suhaylī ʿAr. b. a. ʾl-Ḥ. S II 141
-Suhaylī M. b. Ibr. S I 678
Suhrāb S I 406
-Suhrawardī S II 706
-Suhrawardī ʿAbd al-Qāhir b. ʿAl. b. M. G I 436, S I 780
-Suhrawardī a. ʾl-Futūḥ (A.) b. Ḥabash al-Maqtūl G I 437, S I 781, 819,44
-Suhrawardī Ism. b. ʿA. S I 779
-Suhrawardī ʿU. b. M. b. ʿAl. b. ʿAmmūya G I 440, S I 788
Suḥaym G I 42, S I 71
-Suḥaymī A. b. M. G II 73, 328, S I 683,25, II 78, 354, 437, 456
-Suḥūlī Ibr. b. Ya. S II 559
-Suḥūlī M. b. Ibr. S II 543
b. Sukaykir M. b. A. b. M. G II 361, S II 489
-Sūkhī ʿA. G I 379, read: Subakhī S I 652
Sukkarī ʿA. S II 775, Ḥ. b. Ḥu. G I 20, 21, 28, 47, 86, 108, S I 42, 48, 50, 54, 57, 68, 71, 84, 93, 166, 168
-Sulamī ʿAbd b. ʿAbd al-ʿAzīz S I 768 (to be read thus)
-Sulamī ʿAbd al-ʿAzīz b. ʿAbd al-Jabbār S I 894
-Sulamī ʿAbd al-ʿAzīz b. ʿAbd al-Salām G I 430, S I 766
-Sulamī ʿAbd al-Laṭīf b. ʿAbd al-ʿAzīz S I 767
-Sulamī ʿAbd al-Malik b. Ḥabīb G I 150, 177, S I 231
-Sulamī ʿA. b. al-Muslim b. M. b. ʿA. S I 858
-Sulamī M. b. al-Ḥu. b. Mūsā G I 200, S I 361, 774
-Sulamī M. b. Ibr. b. Isḥāq al-Munāwī G II 700, S I 627
-Sulamī M. b. Masʿūd S I 334
-Sulamī Yazīd b. Hārūn S I 332
-Sulamī Yū. b. Ya. G I 431, S I 769
Sulāmish, see Salāmish
-Sūlātī M. b. Maḥmūd S II 433
Sulaymān S I 405
Sulaymān b. ʿAl. b. ʿAr. al-ʿAbbāsī a. ʾl-Rabīʿ S II 1010
Sulaymān b. ʿAl. al-Ḥarrāshī G I 403
Sulaymān b. ʿAl. al-Māḥūzī al-Baḥrānī G II 458, 530, S II A/C 503
Sulaymān b. ʿAl. b. M. b. ʿAbd al-Wahhāb S II 532
Sulaymān b. ʿAl. al-ʿUbaydī G I 26, II 23
Sulaymān b. ʿAl. b. Ya. al-Bārūnī S I 575, II 893
Sulaymān b. ʿAbd al-Laṭīf al-Anṣārī S II 914
Sulaymān b. ʿAbd al-Qawī b. ʿAbd al-Karīm al-Ṭawfī G II 108, S I 683 A/C, 689, II 133
Sulaymān b. ʿAr. al-Jarbī G I 465,4, S I 842
Sulaymān b. ʿAbd al-Salām al-Wisyānī S I 575
Sulaymān b. ʿAbd al-Wahhāb S II 532
Sulaymān al-ʿAdanī al-Nuṣayrī S II 778
Sulaymān b. A. G II 441, S II 391
Sulaymān b. A. Abaru S II 895
Sulaymān b. A. al-Fishtālī S II 216
Sulaymān b. A. al-Ḥāmid a. Mūsā S I 170
Sulaymān b. A. al-Ḥu. al-Qaṭīfī S II 794
Sulaymān b. A. al-Mahrī S II 231
Sulaymān b. A. b. Muṣṭafā al-Rūmī S II 291
Sulaymān b. A. al-Sindī G I 373, S I 637
Sulaymān b. A. al-Ṭabarānī G I 167, S I 279
Sulaymān b. A. b. Zakariyyāʾ al-Asadī S I 966 ad 537
Sulaymān b. ʿA. b. ʿAl. al-Tilimsānī ʿAfīf al-Dīn G I 200, 258, 433, 455, S I 458, 818,35b
Sulaymān b. ʿA. al-Qaramānī S II 904
Sulaymān al-Azharī S II 205
Sulaymān al-ʿAzīzī Zayyāt S II 1044
Sulaymān al-Bajīramī G I 313, 396, S I 677, 682
Sulaymān b. Banīn b. Khalaf al-Miṣrī al-Daqīqī G I 302, S I 530
Sulaymān al-Bustānī S III 348
Sulaymān al-Dahrī al-Baghdādī S III 495

Sulaymān b. Dāʾūd b. al-Jārūd al-Ṭayālisī S I 257
Sulaymān b. Dāʾūd b. a. Saʿīd al-Sabtī al-Sīwarī S II 1010
Sulaymān b. Dāʾūd al-Saqsīnī S I 776
Sulaymān Ef. S II 1010
Sulaymān Fāḍil G II 441, S II 656$_{,u}$
Sulaymān b. a. ʾl-Fatḥ Kashmīrī S II 596
Sulaymān Ghazāla S III 492
Sulaymān al-Ḥāfiẓ S II 413
Sulaymān Ḥamdhūrī (?) S II 983
Sulaymān b. Ḥamza b. Ḥashīsh al-ʿUthmānī G II 357, S II 484
Sulaymān b. Ḥ. al-Dāʿī S II 609
Sulaymān b. Ḥassān b. Juljul G I 237, S I 422
Sulaymān b. al-Ḥu. b. Bardūya al-Ibrīsamī al-Mawṣilī S I 863
Sulaymān b. Ism. b. Tāj al-Dīn b. A. al-Maḥāsinī al-Ḥanafī S II A/C 393
Sulaymān al-Izmīrī G II 227, S II 317
Sulaymān a. ʿIzz al-Dīn S III 424
Sulaymān al-Jumzūrī S II 456, 810, 983
Sulaymān b. Khalaf al-Bājī G I 419, 519, S I 293, 298, 743
Sulaymān b. Khalīl b. Buṭrus Jawīsh al-Lubnānī S II 772
Sulaymān b. Khalīl al-Dimashqī al-Ṣawla S III 342
Sulaymān b. Khalīl Khujā Qablān al-Qandūzī S II 831
Sulaymān b. Khalīl b. S. al-Rūmī S II 1037
a. Sulaymān al-Manṭiqī S I 427
Sulaymān b. M. b. ʿAl. al-Shafshawānī al-Ḥawwāṭ S II 689, 877
Sulaymān b. M. b. ʿAr. al-Suwaydī S I 847, II 785
Sulaymān b. M. al-Fishtālī S II 709
Sulaymān b. M. al-Ḥāmid S I 184
Sulaymān b. M. al-Naḥwī S II 925
Sulaymān b. M. al-Raqūqī S II 1011
Sulaymān b. M. al-Suwaydī S I 847$_{,24}$
Sulaymān b. M. b. al-Ṭarāwa al-Mālaqī S I 176
Sulaymān b. M. b. ʿU. al-Bajīramī S I 971 ad 681
Sulaymān al-Muḥammadī al-ʿAqarī G II 712, S II 569
Sulaymān b. Mūsā al-Ashʿarī G I 259, S I 460
Sulaymān b. Mūsā b. a. Hāshim S I 428
Sulaymān b. Mūsā al-Kalāʿī G I 371, S I 634
Sulaymān Mustaqīmzāde S I 286
Sulaymān Mustaqīmzāde Saʿd al-Dīn S II 473
Sulaymān b. Najāḥ al-Umawī S II 349
Sulaymān b. Nūrallāh al-Ḥamawī S II 904
Sulaymān b. Q. al-Sammāḥī S I A/C 692
Sulaymān b. Q. al-Ṣaydāwī S III 342
Sulaymān b. Sahmān al-Najdī S II 811, 531, III 488, 498
Sulaymān Salāma S III 448
Sulaymān Sarkīs S III 456
Sulaymān b. Shuʿayb al-Buḥayrī G II 163
Sulaymān b. Shuʿayb al-Kaysānī S I 291
Sulaymān b. al-Sulṭān a. ʿAl. M. b. ʿAl. al-ʿAlawī Sulṭān al-Maghrib al-Aqṣā S II 874
Sulaymān al-Ṣāʾigh S II 501, III 495
Sulaymān Ṭāhā Akrāshī G II 310
Sulaymān b. ʿU. al-Jamal al-Ujaylī G I 159, 266, 396, II 145, 253, 353, 703, S I 269, 471, 677 A/C, 682, 805, II 180$_{,6d}$, 480
Sulaymān b. ʿUqba a. Dāʾūd S I A/C 855
Sulaymān b. Wahb a. ʾl-Rabīʿ Ṣadr al-Dīn S I 289, 290
Sulaymān al-Wāʿiẓ S II 291
Sulaymān b. al-Walīd S I 118
Sulaymān b. Wuhayb al-Adhraʿī G I 382, S I 656 = S. b. Wahb
Sulaymān b. Ya. b. ʿA. al-Maqbalī (to be read thus) al-Ahdal S I 611
Sulaymān b. Ya. a. Azkarī S I 901
Sulaymān b. Ya. al-Suʿayṭirī G II 186
Sulaymān b. Ya. b. ʿU. al-Maqbūl al-Ahdal al-Ḥikamī S II 235
Sulaymān b. Ya. b. ʿU. al-Muzanī S II 925
Sulaymān Zuhdī al-Khālidī al-Makkī S II 1011
Sulaymān Ẓāhir al-ʿĀmilī S II 808
b. Sulṭān G II 197
Sulṭān b. A. b. Salāma al-Mazzāḥī S I 612 (to be read thus), II 452
Sulṭān Ḥ. Khān S II 304
Sulṭān Ḥu. al-Wāʿiẓ al-Astarābādhī S II 576
Sulṭān Khalīfa Ḥu. b. Mīrzā Rafīʿ b. M. S II 577
Sulṭān M. b. ʿA. al-Kāshānī S I 525

Sulṭān M. b. Ḥaydar b. M. al-Janābādī S II 834
Sulṭān M. b. M. b. ʿU. G II 289, 356, S II 400
Sulṭān b. Nāṣir al-Khābūrī S II 502
Sulṭān Shāh G I 466, S I 846
Sulṭān al-ʿUlamāʾ S I 927, II 132
Sunbāṭ Kashmīrī S I 535
-Sunbāṭī G I 389, 410
-Sunbāṭī A. b. A. b. ʿAbd al-Ḥaqq G I 267, II 156, 168, 268, 368, S II 195, 216, 496
-Sunbāwī M. b. M. G II 234, 331
Sunbul Sinān Ef. A. Yū. b. Yaʿqūb al-Khalwatī S II 660
Sunbulzāde S II 425
b. al-Sunnī A. b. M. b. Isḥāq al-Dīnawarī G I 165, S I 274
b. al-Sunnī ʿA. G II 238
Surāqa b. Mirdās al-Bāriqī S I 99
Sūrī Kātib S III 423
-Surramarrī Yū. b. M. b. Masʿūd G II 162, S II 203
a. ʾl-Surūr M. b. A. b. ʿAbbās G II 326
b. al-Surūr M. b. A. al-Bakrī G II 297, S II 408
b. al-Surūr b. M. al-Bakrī G II 39, S II 36
b. al-Surūr M. b. Ibr. b. ʿAbd al-Wāḥid al-Maqdisī G I 398, S I 690
b. al-Surūr al-Shaʿrāwī G I 267
Surūrī S I 883
Surūrī Ef. S II 310
Surūrī Kelinjik S I 514
Surūrī Muṣṭafā b. Shaʿbān G II 438, S II 650
-Sūsī S II 260
-Sūsī a. ʾl-ʿAbbās S I 360
-Sūsī M. b. Saʿīd G II 463, S II 707
-Sutūnī S II 301
a. ʾl-Suʿūd G II 196, 214
a. ʾl-Suʿūd ʿAl. Ef. G II 481, S II 732
a. ʾl-Suʿūd b. A. b. M. b. Ḥu. al-Kawākibī S II 289, 433 A/C
a. ʾl-Suʿūd wal-Faḍl Sarī al-Dīn Ef. M. S I 645
a. ʾl-Suʿūd b. Fatḥ S II 919
a. ʾl-Suʿūd M. b. M. b. Muṣṭafā al-ʿImādī G II 438, S II 651, 656
-Suwaydī S I 54
-Suwaydī ʿAl. b. ʿAl. G II 374
-Suwaydī ʿAl. b. al-Ḥu. b. Marʿī G II 377, S II 508
-Suwaydī ʿAbd al-Raḥīm b. M. b. ʿAr. S II 440, 785
-Suwaydī ʿAr. b. ʿAl. S II 785
-Suwaydī ʿAr. b. ʿAl. b. al-Ḥu. G II 374, 418, S II 501
-Suwaydī A. b. ʿAl. S II 501, 785
-Suwaydī A. b. ʿAl. b. Ḥu. S II 508
-Suwaydī ʿA. b. M. b. ʿAl. S II 507
b. al-Suwaydī Ibr. b. M. b. Ṭarkhān al-Anṣārī G I 493, S I 900
-Suwaydī b. M. b. ʿAr. S II 785
-Suwaydī M. Amīn S II 785
-Suwaydī S. b. M. S I 847,24
-Suwayṭir M. b. M. b. Ya. S II 563
-Suyūrī al-Miqdād b. ʿAl. b. M. G II 109, S II 209
-Suyūṭī ʿAbd al-Raḥīm b. ʿAr. b. M. al-Jirjāwī S II 739
-Suyūṭī ʿAr. b. a. Bakr b. M. G II 143, S II 178, 303 A/C
-Suyūṭī M. b. A. G II 137
-Suyūṭī M. b. a. Bakr G II 55
-Suyūṭī M. b. Dallāl S II 485
-Suyūṭī M. b. Nāṣir al-Dīn a. Bakr S II 55
-Suyūṭī Shams al-Dīn M. b. A. b. ʿA. S II 163
b. al-Ṣabbāgh S II 338
b. al-Ṣabbāgh ʿAbd al-Sayyid b. M. G I 388, S I 294, 671
b. al-Ṣabbāgh ʿA. b. M. al-Maghribī G II 176, S II 224
b. al-Ṣabbāgh Mīkhāʾīl G II 479, S II 728
b. al-Ṣabbāgh Qāḍī Qalʿa M. b. M. b. A. S II 362
-Ṣabbān M. b. ʿA. G II 288, S II 399
-Ṣābī Hilāl b. al-Muḥassin S I 556
-Ṣābūnī A. b. Maḥmūd G I 375, S I 643
-Ṣābūnī Ism. b. ʿAr. b. A. G I 362, S I 618
-Ṣadafī ʿA. b. ʿAr. b. Yūnus G I 224, S I 400
Ṣadaqa ʿAfīf G II 365, S II 1031
Ṣadaqa b. Ibr. al-Miṣrī al-Shādhilī G II 137, S II 170
Ṣadaqa b. M. b. M. al-ʿĀdilī al-Qādirī S I 779
Ṣadaqa b. Nāṣir b. Rāshid al-Ḥanbalī S I 547,6
Ṣadaqa b. Sallām (Salāma) b. al-Ḥu. al-Masharānī G II 112, S II 139
Ṣadaqatallāh ʿAl. b. S. al-Qāhirī G I 39, 250, 266, S I 469

-Ṣaʿdī ʿAl. b. al-Ḥ. al-Dawwārī S I 698, 700, II 243
-Ṣaʿdī Mūsā b. Ya. Bahrān S II 543
b. a. Ṣādiq ʿAr. b. ʿA. G I 484, S I 886
Ṣādiq b. ʿA. b. al-Ḥ. al-Ḥusaynī G II 23, S II 17
Ṣādiq Ḥalwāʾī Mollā S I 534,hh
Ṣādiq Ḥ. Khān S II 182, 30,a
Ṣādiq b. al-Kharrāṭ al-Dimashqī S II 511
Ṣādiq al-Madanī ʿU. Khān S II 535
Ṣādiq Pāshā al-ʿAẓm S III 421
Ṣādiq b. Yū. S II 946, 168,a
-Ṣādiqī Gīlānī G I 417
Ṣadr b. ʿAr. al-Akhḍarī G II 355
Ṣadr al-Afāḍil al-Ṭarāʾifī G I 277,5
Ṣadr al-Dīn al-Bukhārī S II 306
Ṣadr al-Dīn b. Ghiyāth al-Dīn al-Shīrāzī S I 926,2c
Ṣadr al-Dīn M. al-Shīrāzī S I 926, II 306
Ṣadr al-Dīn M. b. a. ʾl-Ṣafāʾ al-Ḥusaynī al-Shīrāzī S I 738
Ṣadr al-Dīn al-Qūnawī M. b. Isḥāq G I 449, S I 792, 793, 799, 801, 807
Ṣadr al-Dīn Sayyid ʿA. Khān b. A. Niẓām al-Dīn al-Madanī S II 596,9a
Ṣadr al-Dīn al-Shīrāzī Mollā M. b. Ibr. G II 413, S I 320, 517, 741, 782, 815,18, 846, 973 ad 782, II 588
Ṣadr al-Dīn S. G I 72
Ṣadr al-Dīn al-Ṣadr S III 495
Ṣadr al-Dīn a. ʾl-Ṣafāʾ al-Ḥusaynī Mollā Ṣadr al-Ḥulwānī S I 534,r
-Ṣadr al-Shahīd al-Bukhārī ʿU. b. ʿAbd al-ʿAzīz b. Māza G I 172, 173, 374, S I 289 A/C, 639
Ṣadr al-Sharīʿa al-Awwal A. b. ʿUbaydallāh G I 380, S I 653
Ṣadr al-Sharīʿa al-Thānī ʿUbaydallāh b. Masʿūd al-Maḥbūbī G I 376, 377, II 196, 214, S I 637, 646, 648, II 300
-Ṣadūq b. Bābūya G I 187, S I 321
a. ʾl-Ṣafāʾ b. a. ʾl-Bannāʾ al-Ḥusaynī S II 946
Ṣafāʾ al-Dīn al-Wazīr al-Ṣāḥib S I 490
a. ʾl-Ṣafāʾ b. a. ʾl-Wafāʾ al-ʿIrāqī S II 904
-Ṣafadī ʿAq. b. M. ʿU. G II 123, S II 153
-Ṣafadī ʿAr. b. A. S I 229
-Ṣafadī A. b. M. b. M. G II 330, S II 458
-Ṣafadī A. b. M. b. Yū. al-Ḥalabī G I 267, II 288, S I 471, II A/C 410
-Ṣafadī A. b. Yū. G II 137, S II 169
-Ṣafadī al-Ḥ. b. ʿAl. G II 35, S II 33
-Ṣafadī Khalīl b. Aybak G II 31, S II 27
-Ṣafadī M. b. ʿAbd al-Karīm G II 138
-Ṣafadī Yū. b. Hilāl G I 417, S I 738
Ṣafarshāh al-Ḥanafī G II 228
-Ṣafawī G I 304, S II 293
-Ṣafawī ʿĪsā b. M. b. ʿUbaydallāh G II 414, S II 594
-Ṣafawī M. b. ʿAr. al-Ījī G II 203, S II 278
-Ṣaffār al-Bukhārī Ibr. b. Isḥāq G II 427, S I 758
-Ṣaffār al-Ghāfiqī A. b. ʿAl. b. ʿU. S I 401
-Ṣaffūrī ʿAq. b. Muṣṭafā G I 418, S I 740,32, II A/C 476
-Ṣaffūrī ʿAr. b. ʿAbd al-Salām G II 178, S II 230
Ṣafī G I 304
Ṣafī b. ʿA. Akbar al-Mūsawī al-Jabalqī S II 830
Ṣafī al-Dīn ʿAbd al-Muʾmin S I A/C 690
Ṣafī al-Dīn al-Azraq al-Rūmī S I 546,21
Ṣafī al-Dīn al-Ḥanafī al-Bukhārī S II 119, 787
Ṣafī al-Dīn al-Ḥillī ʿAbd al-ʿAzīz b. Sarāyā G II 159, S II 199
Ṣafī al-Dīn a. ʾl-Mawāhib al-Shāfiʿī S II 146, 152
Ṣafī al-Dīn al-Mawṣilī S II 989
Ṣafī al-Dīn al-Naḥrīrī G I 473
Ṣafī al-Dīn b. Naṣīr al-Dīn b. Niẓām al-Dīn S I 534,20
Ṣafī al-Dīn al-Qashshāshī G I 464
Ṣafī allāh Nuṣayr S I 674
Ṣafrāwī ʿAr. b. ʿAbd al-Majīd G II 178, S I 727
Ṣafwān al-Anṣārī S I 110
Ṣafwān b. Idrīs al-Tujībī G I 273, 341, S I 482, 581
-Ṣaghānī ʿAbd al-Muʾmin b. Ḥ. S I 235
-Ṣaghānī A. b. M. a. Ḥāmid al-Asṭurlābī G I 400
-Ṣaghānī a. ʾl-Baqāʾ b. M. G II 175
-Ṣaghānī al-Ḥ. b. M. G I 360, S I 613
b. al-Ṣaghīr G I 517, S I 228
Ṣāḥib al-Mubārak G II 695
b. Ṣāḥib al-Ṣalāt ʿAbd al-Malik b. M. S I 554
-Ṣāḥib al-Ṭālqānī Ism. b. ʿAbbād G I 89, 130, S I 198
Ṣāḥib al-Zaʿfarān ʿAl. b. al-Ḥu. S I 334

Ṣāḥibzāde Tūrdīrī S II 264
Ṣāʿid b. A. b. ʿAr. b. M. b. Ṣāʿid al-Qurṭubī G I 343, S I 585
Ṣāʿid b. Ḥ. al-Rabaʿī S I 254
Ṣāʿid b. M. al-Turkistānī G II 211
Ṣāʿida b. Juʾayya S I 43
-Ṣaʿīdī ʿA. b. A. b. Mukarram al-ʿAdawī (ʿIdwī) al-Mansafīsī G I 281, II 319, 355, S I 302, 612, II 98, 118, 439, 705
b. al-Ṣāʾigh G I 359
-Ṣāʾigh ʿAbd al-Ḥamīd S II 958
b. al-Ṣāʾigh ʿAr. b. Yū. S II 166
b. al-Ṣāʾigh M. b. ʿAr. b. ʿA. al-Zumurrudhī G II 25, S II 20
b. al-Ṣāʾigh M. b. al-Ḥ. G II 9, S I 2
b. al-Ṣāʾigh M. b. al-Maḥallī S I 462
b. al-Ṣalāḥ A. b. M. b. al-Surā S I 857
Ṣalāḥ al-Dīn S I 760
Ṣalāḥ al-Dīn al-ʿAlāʾī G II 88, S I 299
Ṣalāḥ al-Dīn Dhuhnī S III 195
Ṣalāḥ al-Dīn al-Ḥalabī M. G I 292, S II 904
Ṣalāḥ al-Dīn b. M. b. A. al-Shāfiʿī S II 914
Ṣalāḥ al-Dīn al-Ṣafadī Khalīl b. Aybak G II 31, S I 440, II 27
Ṣalāḥ al-Dīn b. Yū. al-Kaḥḥāl al-Ḥamawī S I 901
Ṣalāḥ b. al-Ḥu. al-Akhfash al-Ṣanʿānī S II 548
Ṣalāḥ b. Jalāl al-Dīn M. b. al-Jalāl S II 237
Ṣalāḥ b. al-Mahdī S I 703
b. al-Ṣalāḥ M. b. Ism. G II 400, S II 556
b. al-Ṣalāḥ M. b. ʿIzz al-Dīn G II 407, S II 664
b. al-Ṣalāḥ b. M. al-Miḥwādī S II 245$_{15}$
b. al-Ṣalāḥ al-Shahrazūrī ʿUthmān b. ʿAr. G I 358, S I 610
-Ṣalāḥī S I 296
-Ṣalāḥī ʿAl. Ef. G II 351, S I 464, II 664
Ṣalāt b. ʿAmr al-ʿAwdī al-Afwah S I 57
Ṣalāt (Ṣalawāt?) b. Ghāzī S II 1037
-Ṣalatān al-ʿAbdī S I 85, 87
Ṣāliḥ b. ʿAbd al-Jalīl S I 149
Ṣāliḥ b. ʿAl. al-Azharī G II 325
Ṣāliḥ b. ʿAl. b. Ḥaydar al-Kurāmī G II 462, S II 56, 480
Ṣāliḥ b. ʿAbd al-Quddūs al-Azdī G I 44, 74, S I 110
Ṣāliḥ b. ʿAbd al-Ṣamad S II 1011
Ṣāliḥ b. ʿAbd al-Ṣanūʿ al-Ābī S I 525$_{28}$
Ṣāliḥ b. A. b. al-Mahdī al-Muʾayyadī S II 248
Ṣāliḥ b. A. b. M. b. Ṭāhā S III 342
Ṣāliḥ b. ʿA. b. Ḥamdān S II 1031
Ṣāliḥ b. ʿA. b. al-Sharīfī al-Rundī S I 860$_{14}$, II 925
Ṣāliḥ b. ʿA. b. al-Ṣafatī al-Ḥanafī S II 958
Ṣāliḥ al-Baḥrānī S II 793
Ṣāliḥ al-Burghūthī S III 429
Ṣāliḥ b. Darwīsh b. Zaynī al-Tamīmī S II 784$_{904}$
Ṣāliḥ Ef. G II 24
Ṣāliḥ Ef. Saʿdī S II 781
Ṣāliḥ Ef. Saʿdī al-Mawṣilī S II 288
Ṣāliḥ Ef. b. Shaykh al-Islām S II 631
Ṣāliḥ Fatā Manṣūr S II 241
Ṣāliḥ al-Haskūrī G I 178
Ṣāliḥ b. Ḥamdallāh b. Mahdī al-Maqbalī G II 187, S I 538, II 246, 562
Ṣāliḥ Ḥamdī Ḥammād S II 230
Ṣāliḥ al-Ḥāmid al-ʿAlawī al-Ḥaḍramī S III 498
Ṣāliḥ b. Ḥ. al-Bahūtī S II 448
Ṣāliḥ al-Ḥikāwātī G II 493
Ṣāliḥ b. al-Ḥu. al-Jaʿfarī G I 430, S I 766
Ṣāliḥ b. Ibr. al-Nujaym S I 702
Ṣāliḥ Ilyās al-Lādhiqī S III 345
Ṣāliḥ b. Janāḥ al-Rabaʿī S II 914
Ṣāliḥ Jawdat S III 138, 308
Ṣāliḥ al-Kāmil S II 876
Ṣāliḥ al-Khaṭīb S III 378
Ṣāliḥ al-Madhūn al-Yāfī S III 421
Ṣāliḥ b. Maḥmūd al-Ghazzī al-Ḥanafī S II 430
Ṣāliḥ Majdī Bek S II 722
Ṣāliḥ b. M. b. Nūḥ al-Fulānī al-Madanī S II 522, A/C 808
Ṣāliḥ b. M. al-Tilimsānī G II 303
Ṣāliḥ b. M. al-ʿUmarī al-Qalānisī S II 946
Ṣāliḥ b. Naṣrallāh al-Ḥalabī b. Sallūm G II 365, 447, S II 666
Ṣāliḥ al-Nāẓim S II 989
Ṣāliḥ b. Ṣiddīq b. ʿAr. al-Namāzī G I 839, II 292, S II 532
Ṣāliḥ b. Ṣiddīq al-Khazrajī G I 39, S I 69$_{13}$
Ṣāliḥ b. Thāmir al-Jaʿbarī G II 163, S II 205
Ṣāliḥ b. ʿU. b. Raslān al-Bulqīnī ʿAlam al-Dīn G II 93, 96, S II 114

Ṣāliḥ b. Ya. b. Buḥtur G II 38, S II 36
Ṣāliḥ a. Ziyād G II 116
al-Ṣāliḥī S II 914
-Ṣāliḥī ʿAr. b. a. Bakr S II 151
-Ṣāliḥī ʿAr. b. a. Ṣafāʾ G II 121
-Ṣāliḥī ʿAr. b. a. Taqī al-Dīn b. a. Bakr G II 102, S II 119
-Ṣāliḥī ʿAbd al-Ṣamad b. Ya. b. A. S II 166
-Ṣāliḥī a. Bakr b. Dāʾūd b. ʿĪsā G II 120, S II 149
-Ṣāliḥī a. Bakr b. Sharaf b. Muḥassin S II 128
-Ṣāliḥī M. b. Najm al-Khallālī S II 54, 387
-Ṣāliḥī M. b. Ya. b. M. S II 68
-Ṣāliḥī M. b. Yū. b. ʿA. G II 304, S II 415
b. al-Ṣalt Umayya G I 27, S I 55
a. ʾl-Ṣalt Umayya b. a. ʾl-Ṣalt b. ʿAbd al-ʿAzīz al-Andalusī G I 486, S I 889
Ṣamṣām al-Dawla b. al-Ḥu. al-Baghdādī S I 441
Ṣanʿallāh b. ʿA. al-Ḥanafī S II A/C 649
Ṣanʿallāh b. Ṣanʿallāh al-Ḥalabī al-Makkī S II 643
-Ṣanʿānī Yū. b. Ya. al-Ḥu. G II 403, S II 552
-Ṣanawbarī M. b. A. S I 145
-Ṣanawbarī M. b. ʿA. b. Ibr. al-Mahdawī G II 189, S II 252
-Ṣanhājī ʿAbd al-ʿAzīz b. Shaddād S I 575
-Ṣanhājī a. Isḥāq b. a. M. G II 238
-Ṣanhājī M. b. Saʿīd b. ʿU. G II 246, S II 344
Ṣanūʿ a. Naḍḍāra S III 265
-Ṣaqalī (see Ṣiqillī) S I 729
-Ṣaqalī ʿAr. b. a. Bakr S I 722
-Ṣaqalī A. b. ʿAbd al-Salām al-Sharīf G II 257, S II 367
-Ṣaqalī ʿA. b. Jaʿfar b. al-Qaṭṭāʿ G I 308, S I 540
-Ṣaqalī ʿA. b. al-Mufarrish S II A/C 907
-Ṣaqalī b. Ẓafar M. b. ʿAl. G I 351, S I 595
-Ṣaqqāl Mīkhāʾīl b. Anṭūn S III 342
-Ṣardafī Isḥāq b. Yaʿqūb b. ʿAbd al-Salām al-Yamanī G I 470, S I 823,$_{81d}$, 855
Ṣarīʿ al-Dilāʾ ʿA. b. ʿAbd al-Wāḥid al-Baghdādī S I 132
Ṣarīʿ al-Ghawānī Muslim b. al-Walīd G I 77, S I 118
Ṣārim al-Dīn b. Ibr G II 187
Ṣārim al-Dīn b. Yū. al-Mukhtār al-Rūmī al-Millī S II 635
-Ṣarkhadī S I 932 ad 470
-Ṣarkhadī M. b. ʿĀbid b. al-Ḥu. al-Tamīmī G I 257, S I 458
Ṣarrūf Fuʾād Yaʿqūb S III 215
-Ṣarṣarī Ya. b. Yū. G I 250, S I 443
Ṣary Yaʿqūb b. ʿAṭāʾallāh al-Qaramānī G II 223
b. Ṣaṣarrāʾ M. b. M. G II 23
-Ṣāwī A. b. M. G II 353, S II 743
-Ṣawmaʿī S II 1011
-Ṣaymarī ʿAl. b. ʿA. G I 280, S I 492
-Ṣaymarī A. b. M. G I 522
-Ṣaymarī a. ʾl-ʿAnbas S I 396
-Ṣaymarī Ḥu. b. ʿA. b. M. S I 636
-Ṣaymarī Mufliḥ b. al-Ḥu. S II 575
b. al-Ṣayqal Maʿadd b. Naṣrallāh G II 159, S II 198
-Ṣayqalī ʿAr. b. M. S I 790
b. al-Ṣayrafī ʿA. b. Munjib S I 490
-Ṣayrafī Asʿad b. Yū. b. ʿA. S II 577
b. al-Ṣayrafī al-Ḥu. b. ʿA. al-Lakhmī S I 628
Ṣibghatallāh b. Jaʿfar al-Mūsawī S II 581
Ṣiddīq b. Ḥ. Khān al-Bukhārī al-Qannawjī G II 503, S I 266,$_{7}$, 595, II 859, see M. Ṣiddīq
Ṣiddīq al-Madanī b. ʿU. Khān S II 391
Ṣiddīq b. Maʿrūf Riḍāʾ al-Dīn al-Qāriṣī S II 1011
-Ṣiddīqī ʿAbd al-Bāqī Ghawth al-Islām G II 210, S II 305 (to be read thus)
-Ṣiddīqī ʿAq. b. a. Bakr S II 602
-Ṣiddīqī A. b. Zayn al-ʿābidīn G II 275, S II 385
-Ṣiddīqī M. b. M. G II 301, S II 412
-Ṣiddīqī M. b. Ṭāhir G II 416, S II 601
-Ṣiddīqī Muṣṭafā b. Kamāl al-Dīn G I 269, 447, II 308, 348, S II 477
-Ṣīnī Faḍlallāh b. al-Ḥāmid G II 192, S II 256
-Ṣiqillī (Ṣaqalī) ʿAbd al-Ḥaqq S I 300,$_{9}$, 661
-Ṣiqillī ʿAl. b. al-Q. b. ʿAl. S I 864
Ṣubḥī Ezel Mīrzā Ya. S II 847
-Ṣūfī ʿAr. b. ʿU. al-Munajjim S I 398, 932,$_{54d}$
-Ṣūfī A. b. ʿU. b. Ism. S I 869
-Ṣūfī a. ʿA. b. a. ʾl-Ḥ. S I 863
-Ṣūfī b. Jawhar al-Ghanghārī S II 619
-Ṣūfī Kamān Karrānī S II 292,$_{w}$
-Ṣūfī M. b. al-Fatḥ G II 98, 128, 129, 135, S II 159

-Ṣūlī Ibr. b. al-ʿAbbās S I A/C 218
-Ṣūlī M. b. Ya. G I 143, S I 117, 118, 125, 130, 136, 218
-Ṣūrī S II 1031
-Ṣūrī Ibr. b. al-Mufarrij S II 58
Ṣurrdurr ʿA. b. al-Ḥ. b. ʿA. G I 251, S I 445

Taʾabbaṭa Sharran G I 25, S I 52
Tāʿāsīf Qayṣar b. a. ʾl-Q. ʿAbd al-Ghanī S I 866
Tābiʿ M. b. M. Saʿīd S II 607
-Tādalī ʿAr. b. ʿAbd al-ʿAzīz G I 121, S I 197
-Tādalī A. b. a. ʾl-Q. b. M. S II 680
-Tādalī Ibr. b. M. al-Ribāṭī S I 813,$_{30}$, II 706
-Tādalī b. al-Zayyāt Yū. b. Ya. S I 558
-Tādhifī M. b. Ayyūb b. ʿAbd al-Qāhir G II 70, S II 76
-Tādhifī al-Rabaʿī M. b. Ya. G II 335, S II 463
-Tadmurī Isḥāq b. Ibr. b. M. G II 131, S II 162
Tadmurīzāde M. Darwīsh S II 868
-Tafjarūtī S II 99
-Tafrīshī Murād b. ʿA. Khān S II 572
-Tafrīshī Muṣṭafā al-Ḥusaynī G II 411, S II 572
-Taftazānī Masʿūd b. ʿU. G II 215, S I 514, 515, 516, 531, 683,$_{23}$, II 301
b. Taghrībirdī a. ʾl-Maḥāsin Yū. G II 41, S II 39
-Taḥtānī M. b. M. al-Rāzī Quṭb al-Dīn G II 209, S II 293
Tāj al-ʿārifīn b. Muwaffaq al-Dīn G I 159
Tāj al-Dīn S I 488,$_{15}$
Tāj al-Dīn b. A. b. Ibr. al-Madanī b. Yaʿqūb G II 379, S II 511
Tāj al-Dīn al-Isfarāʾinī G I 294
Tāj al-Dīn al-Kindī G I 93
Tāj al-Dīn b. Maktūm A. b. ʿAq. G II 110, S I 522, II 137
Tāj al-Dīn a. M. b. a. Ḥāmid b. Ḥāmid al-Shāfiʿī S II 965,$_{20}$
Tāj al-Dīn b. M. b. Zahra al-Ḥusaynī S I 591
Tāj al-Dīn Shāhanshāh b. Ayyūb S I 550
Tāj al-Dīn al-Subkī ʿAbd al-Wahhāb b. ʿA. G II 89, S I 538, 670, 682, 742, II 105
Tāj al-Dīn b. Zakariyyāʾ b. Sulṭān al-ʿAbshamī G II 207, 419, S II 286, 618
Tāj al-sharīʿa ʿU. b. Ṣadr al-sharīʿa al-Awwal G I 376, S I 644
-Tājūrī ʿAr. b. M. a. Zayd G II 358, S II 485
-Takrītī Ya. b. Jarīr S I 862
-Tallaʿfarī M. b. Yū. b. Masʿūd G I 257, S I 458
-Tallī ʿAl. b. A. G II 9
-Tamghrūtī ʿAl. b. ʿU. b. Masʿūd S II 369
-Tamghrūtī ʿA. b. M. b. ʿA. S II 679
Tamīm b. ʿĀmir b. A. b. ʿAlqama S I 148
Tamīm b. al-Muʿizz G I 91, S I 147
-Tamīmī A. b. M. b. al-Ḥu. S I 679
-Tamīmī al-Dārī Taqī al-Dīn b. ʿAq. G II 312, S II 429
-Tamīmī M. b. A. b. Saʿīd G I 237, S I 422
-Tamīmī M. b. Umayl S I 429
Tāmir al-Mallāṭ S III 339
b. al-Tamjīd G I 417
Tamlījī Yū. b. ʿAl. al-Kūrānī G I 433, II 205, S II 282
a. Tammām G I 20, 52, 84, 286, S I 39, 134
Tammām b. ʿAlqama al-Wazīr S I 233
a. Tammām al-Dāʿī S I 715
Tammām b. M. b. al-Junayd al-Rāzī a. ʾl-Q. G I 166, S I 278, II 946
-Tanasī M. b. ʿAl. b. ʿAbd al-Jalīl G II 241, S II 341
Tānībek G II 57
Tankalūshā S I 363, 430, see Teucer
-Tanūkhī ʿAbd al-Muḥsin b. Maḥmūd al-Ḥalabī G I 257, S I 457
-Tanūkhī ʿA. b. Yū. b. ʿAl. S I 898
-Tanūkhī Ḥamza b. Yū. al-Ḥamawī G I 424, S I 753
-Tanūkhī M. b. M. b. ʿAmr S I 520
-Tanūkhī al-Muḥassin b. ʿA. S I 252
Taqī al-Dīn b. ʿAq. al-Tamīmī al-Dārī al-Ghazzī G II 312, S II 429
Taqī al-Dīn A. b. al-Samīn S II 18
Taqī al-Dīn al-Badrī al-Dimashqī S II 1026,$_{5}$
Taqī al-Dīn a. Bakr b. M. al-Ḥiṣnī S I 644, 677,$_{2}$
Taqī al-Dīn a. Bakr al-Qāriʾ S II 995
Taqī al-Dīn a. Bakr b. Walī al-Dīn b. Qāḍī ʿAjlūn S II 115 A/C, 119
Taqī al-Dīn b. Dīlinjī S II 925
Taqī al-Dīn b. ʿIzz al-Dīn al-Ḥanbalī S II 156
Taqī al-Dīn a. ʾl-Khayr al-Fārisī S I A/C 365
Taqī al-Dīn b. Mubārak al-Anṣārī S II 946
Taqī al-Dīn M. b. Maʿrūf S II 298

Taqī al-Dīn M. b. M. b. Fahd al-Makkī S II 225
Taqī al-Dīn M. Ṣadr al-Dīn S I 830
Taqī al-Dīn al-Muḥibbī S II 176
Taqī al-Dīn al-Muqtaraḥ a. 'l-ʿIzz S II 946
Taqī al-Dīn al-Najrānī G I 462
Taqī al-Dīn al-Rashīd b. Rashīd S II 484, 665
Taqī al-Dīn al-Shiḥnī S I 645
Taqī al-Dīn al-Subkī ʿA. b. ʿAbd al-Kāfī G II 56, S I 680, II 102
Taqī al-Dīn b. a. 'l-Ṣafā' b. a. Bakr b. Bahā' al-Dīn Dā'ūd al-Ḥanbalī S II 1012
Taqī al-Dīn a. 'l-Ṣalāḥ b. Naj mal-Dīn b. ʿUbaydallāh al-Ḥillī S I 706
Taqī al-Futūḥī S II 448
Taqī b. Shāh M. b. ʿAbd al-Malik al-Lahūrī S I 612
-Tarjumān al-Mayurqī ʿAl. b. ʿAl. S II 352
-Tarjumānī M. b. Maḥmūd ʿAlā' al-Dīn G I 381, S I 654
Tarzī Muṣṭafā G II 281
-Tasūlī S II 963, 52
-Tatā'ī M. b. Ibr. G II 316, S II 435
Tawfīq Ef. Ḍaʿūn S III 439, 480
Tawfīq al-Ḥakīm S III 242
Tawfīq Ḥ. Nāḍir al-Shartūnī S III 234, 390
Tawfīq Muṣṭafā Fahmī Ef. S III A/C 230
Tawfīq al-Rāfiʿī S III 437
Tawfīq al-Rāfiq S II 414
Tawfīq Saʿīd al-Rāfiʿī S III 230
Tawfīq Yū. ʿAwwād S III 390
-Tawḥīdī ʿA. b. M. b. al-ʿAbbās a. Ḥayyān G I 244, S I 380, 435
Tayādhūq S I 106
-Taymī ʿAbd al-Munʿim b. Ṣāliḥ b. A. b. M. S I 531
b. Taymiyya ʿAbd al-Ḥalīm b. ʿAbd al-Salām G I 399, 413
b. Taymiyya ʿAbd al-Salām b. ʿAl. al-Ḥarrānī G I 399, S I 690
b. Taymiyya A. b. ʿAbd al-Ḥalīm b. ʿAbd al-Salām G II 100, S I 273, 605, 778, II 119
Taymūr A. S I 44, 185, 283, 287, 300, 303, 357, 367, 369, 384, 387, 418, 420, 421, 423, 425, 431, 432, 434, 457, 473, 492, 495, 513, 523, 525, 526, 529, 530, 532, 539, 579, 581, 590, 612, 613, 614, 633, 728, 764, 827, 843, 853, 854, 879, 884, 885, 886, 888, 889, 891, 895, 896, 897, 903, 904, 907, 924, 934, 947, II 2, 15, 28, 29, 39, 47, 48, 50, 75, 79, 162, 166, 168, 169, 171, 178, 185, 198, 217, 231, 235, 236, 252, 393, 396, 404, 412, 481, 486, 489, 562, 637, 652, 673, 676, 729, 739, III 217,$_{n}$
bint Taymūr ʿĀ'isha S II 724
Taymūr M. and Maḥmūd S III 217
-Tabrīzī A. b. M. b. ʿAbd al-Malik S I 775
-Tabrīzī Badal b. Ism. S I 587
-Tabrīzī Ḥ. b. Sharaf G II 198, S II 268
-Tabrīzī M. b. A. G II 269
-Tabrīzī Ya. b. ʿA. G I 279, S I 35, 58, 68, 172, 180, 452, 492
Teucer S I 363, 431
-Thaʿālibī S II 199
-Thaʿālibī ʿAbd al-Malik b. M. G I 284, S I 140, 499
-Thaʿālibī ʿAr. b. M. b. Makhlūf G II 248, 249, S I 627, II 350, 351
-Thaʿālibī al-Ḥu. b. M. al-Marghanī G I 342, S I 581
Thābit b. Faraj b. ʿAbd al-Ra'ūf al-Jirjāwī S III 85
Thābit b. M. al-Jurjānī S I 40
Thābit b. Qurra G I 204, 217, S I 368, 383, 438, 852, 929,$_{28}$
Thābit b. Sinān G I 324, S I 217, 556
Thaʿlab G I 23, 37, 118, S I 48, 69, 83, 122, 181, 192
-Thaʿlabī ʿAbd al-Wahhāb b. ʿA. G I 383, S I 660
-Thaʿlabī A. b. M. b. Ibr. G I 350, S I 592
-Thalā'ī A. b. M. b. ʿAbd al-Hādī S II 554
a.'l-Thanā' b. A. b. Mūsā al-ʿAynī G II 52, S II 50
Thanā' allāh b. Jalāl al-Dīn al-Banīpātī S II 849
-Thaqafī M. b. Isḥāq G I 351, S I 594
-Thaqafī al-Q. b. al-Faḍl S I 602
-Thaqīfī A. b. Ibr. b. al-Zubayr S II 376
Theodosius S I 366, 366, 930,$_{36d}$, 932,$_{52.3}$
Theon of Alexandria S I 393
b. al-Thiqa b. Ḥu. b. al-Mubārak al-Mawṣilī G II 162, S II 203
-Tīfāshī A. b. Yū. G I 495, S I 904
-Tiflīsī Ḥubaysh b. Ibr. b. M. S I 893

-Tihāmī b. al-Madanī Jannūn S II 700
-Tijānī M. b. A. G II 257, S II 368
-Tilimsānī a. ʿAbd al-Ḥaqq al-Yafranī S I 627
-Tilimsānī Ibr. b. a. Bakr G I 361, 383
-Tilimsānī M. b. S. S I 458
-Tilimsānī S. b. A. ʿAfīf al-Dīn G I 258, S I 458, 774, 793$_{,12aa}$, 818$_{,35b}$
b. al-Tilmīdh b. Salāma Hibatallāh b. Ṣāʿid G I 205, 234, 487, S I 891
-Timbuktī A. b. A. Bābā al-Takrūrī G II 176, 466, S II 352, 715
-Timirtāshī S II 490
-Timirtāshī A. b. Ism. S I 652
-Timirtāshī M. b. ʿAl. G II 311, S II 427
-Timirtāshī Ṣāliḥ b. M. G II 303
-Tirmidhī G I 448
-Tirmidhī M. b. ʿĪsā G I 161, S I 267
-Tirmidhī ʿU. G II 121
-Tīzīnī M. b. M. S II 484
-Tīzīnī M. b. Shams al-Dīn G II 126
-Tujībī ʿA. b. Q. G II 264, S II 376
-Tujībī Ṣafwān b. Idrīs G I 273, 341, S I 482
b. Tūmart M. b. M. al-Maghribī G I 400, S I 697
-Tūnī al-Bushrawī ʿAl. b. M. S II 577
-Tūnisī A. b. Ibr. G I 429, S I 765
-Tūnisī A. Jamāl al-Dīn S II 517
-Tūnisī M. Maḥmūd S II 88
-Tūnisī M. M. b. ʿAbd al-ʿAzīz S II 700
-Tūnisī M. b. ʿU. b. S. G II 491, S II 748
-Tūnisī Saʿīd a. Bakr S III 499
-Tūntārī G II 70
-Tūqātī Ḥusām al-Dīn Naʿlbandzāde G II 231, S II 323
-Tūqātī Yū. b. Junayd Akhī Čelebī G I 376, II 227, S II 317
Turāb ʿA. b. Nuṣratallāh al-Khayrābādī S II 855
Turāb ʿA. b. Shajāʿat ʿA. al-Laknawī S II 622
-Tūrajī G I 287, S I 504
-Tūrapushtī Ḥ. G I 436
-Turkumānī ʿAr. b. M. G II 280, 281
b. al-Turkumānī ʿA. b. ʿUthmān b. Ibr. S II 67
-Tustarī ʿAbd al-Ḥusayn S II 799, 843
-Tustarī M. b. Asʿad G I 432
-Tustarī Sahl b. ʿAl. G I 190, S I 333
-Tuṭīlī al-Aʿmā A. b. ʿAl. Hurayra G I 271, S I 480
-Tuwayjirī Mollā Q. S II 664
-Ṭabarānī A. b. a. Bakr G II 49, 51
-Ṭabarānī Maymūn b. al-Q. S I 327
-Ṭabarānī S. b. A. G I 167, S I 279
-Ṭabarī ʿAq. b. M. b. Ya. G I 112, II 378, S I 172, II 509
-Ṭabarī ʿAr. b. A. S I 906
-Ṭabarī A. b. ʿAl. al-Makkī G I 361, S I 615
-Ṭabarī A. b. a. A. al-Qāṣṣ G I 180, S I 306
-Ṭabarī A. b. M. G I 237, S I 422
-Ṭabarī M. b. ʿAbd al-Malik S I 773
-Ṭabarī M. b. ʿA. b. Faḍl Ḥu. S II 516
-Ṭabarī M. b. Ayyūb b. Ḥāsib S I 859
-Ṭabarī M. b. Jarīr G I 142, 184, 189, S I 217
-Ṭabarī ʿU. b. al-Ḥu. al-Makkī S I 763
-Ṭabarsī A. b. ʿA. b. a. Ṭālib S I 709
-Ṭabarsī al-Faḍl b. al-Ḥ. Amīn al-Dīn G I 405, S I 708
-Ṭabasī M. b. A. G I 496, S I 907
b. Ṭabāṭabāʾ A. b. M. b. Ism. al-Rassī G I 91, S I 146
-Ṭabāṭabāʾī ʿA. b. Riḍā b. M. Mahdī S II 795
-Ṭabāṭabāʾī Ibr. b. Ḥu. b. Riḍā S II 797
b. Ṭabāṭabāʾ M. b. A. a. ʾl-Ḥ. S I 146
-Ṭabāṭabāʾī M. b. M. Baḥr al-ʿUlūm S II 799
-Ṭabīb M. Madyan b. ʿAr. S II 402
-Ṭablāwī G I 428
-Ṭablāwī A. b. A. S II 111
-Ṭablāwī Manṣūr Sibṭ Nāṣir al-Dīn G II 321, S II 443
-Ṭablāwī M. a. Naṣr S II 443
Ṭāhā Ef. a. Bakr S I 133
Ṭāhā al-Hāshimī S III 493
Ṭāhā Ḥu. S III 284
Ṭāhā b. Muhannā al-Jibrīnī G II 309, S II 423
Ṭāhā b. M. b. Fattūḥ al-Bayqūnī G II 307, S II 419
b. a. Ṭāhir S I 185
Ṭāhir b. A. S I 535
Ṭāhir b. A. b. ʿAbd al-Rashīd al-Bukhārī G I 374, S I 640
Ṭāhir b. A. b. Idrīs b. Bābashādh G I 301, S I 171, 529
a. Ṭāhir b. A. al-Qazwīnī S II 978

Ṭāhir b. A. al-Ṭannāḥī S III 232
Ṭāhir b. ʿA. b. Ṭāhir al-Ṭabasī S I 951 ad 305
Ṭāhir b. ʿArabshāh al-Iṣbahānī S II 274
Ṭāhir Hamadhānī Bābā G II 207, S II 285
a. Ṭāhir al-Ḥamawī S II 914
Ṭāhir b. Ḥ. b. ʿU. b. Ḥabīb al-Ḥalabī Zayn al-Dīn G II 81, 196, S I 469, II 90, 265 A/C
Ṭāhir b. Ḥaṣūl S I 821,68mm
a. Ṭāhir b. Ḥaydar al-Baghdādī S I 492
Ṭāhir b. al-Ḥu. G II 691, S I 149
Ṭāhir b. al-Ḥu. al-Ḥabīb S II 1012
Ṭāhir b. Ibr. b. M. al-Shajarī G I 486, S I 888, II 1032
Ṭāhir b. Ibr. b. ʿU. b. Ibr. al-Sḥndn S I 888
Ṭāhir b. Islām al-Khwārizmī, G II 80, S II 88
Ṭāhir b. Ism. b. Sawdakīn b. ʿAl. al-Nūrī G I 448, S I 802
Ṭāhir b. Masʿūd Khalīfa S II A/C 260
Ṭāhir b. M. b. A. Naṣr al-Ḥaddādī al-Bukhārī S I 593
a. Ṭāhir al-Samarqandī S II A/C 978
Ṭāhir Sunbul M. S II 428, 958
Ṭāhir b. Ṣāliḥ al-Jazāʾirī S I 150, 185, II 777, III 383
Ṭāhir b. Zayyān al-Zawāwī S II 239
-Ṭāhirī Muṣṭafā b. Shams al-Dīn b. A. G II 358, S II 486
Ṭahmān b. ʿAmr al-Kilābī G I 21, S I 939
-Ṭahṭāʾī ʿAr. b. A. b. ʿAbd al-Ghanī S II 472
-Ṭahṭāwī A. b. ʿAbd al-Raḥīm G II 478, S II 727, 738
-Ṭahṭāwī A. b. M. G II 313, S II 428, 430
-Ṭahṭāwī A. Rāfiʿ b. M. b. ʿAbd al-ʿAzīz Rāfiʿ S II 745
-Ṭahṭāwī Rifāʿa Bek Rāfiʿ G II 481, S II 731
-Ṭaḥāwī A. b. M. b. Salāma G I 173, II 82, S I 293, 304
-Ṭaḥlāwī al-Mālikī S II 335
-Ṭāʾī al-Hamadhānī M. b. ʿA. S I 623
-Ṭāʾifī Ḥu. b. ʿA. b. ʿAbd al-Shākir S II 534
Ṭalāʾiʿ b. Ruzzīk G II 701
-Ṭalāmankī A. b. M. b. a. ʿIsā al-Muqriʾ S I 729
-Ṭālawī A. b. M. S II 489
-Ṭālawī Darwīsh M. b. A. S II 384
a. Ṭālib S I 73
a. Ṭālib b. Amīr a. ʾl-Fatḥ al-Shīrāzī S I 534,n
-Ṭālib b. al-Hājj S II 700
-Ṭālib b. Ḥamdūn b. al-Ḥājj al-Sulamī S I 523
a. Ṭālib b. Ḥ. al-Yūsufī S II 1012
Ṭālib b. al-Sayyid ʿAq. al-Minqār S II 914
-Ṭālqānī ʿA. b. Faḍl al-Muʾayyadī S I 491
-Ṭālqānī Ism. b. ʿAbbād al-Ṣāḥib G I 88, 130, II 691, S I 198
Ṭānagözzāde Khiḍr b. Yū. b. Khiḍr S II 322
Ṭannūs al-Ḥurr S II 378
Ṭannūs b. Yū. Al-Shidyāq al-Ḥadathī S II 771
-Ṭanṭarānī A. b. ʿAbd al-Razzāq G I 252, S I 446
Ṭanṭāwī Jawharī S III 195, 326
-Ṭanṭāwī M. ʿAyyād G II 479, S II 729
Ṭanyūs ʿAbduh S III 268
Ṭanyūs Ef. a. Nāḍir S III 387
Ṭanyūs Jirjī al-Biskintāwī S III 377
Ṭanyūs Niʿma S III 414
-Ṭarābulusī A. b. Munīr al-Raffāʾ G I 256, S I 455
-Ṭarābulusī ʿA. b. Khalīl G II 82, S II 91
-Ṭarābulusī Darwīsh Muṣṭafā b. Q. G II 379, S II 511
-Ṭarābulusī Ibr. b. Mūsā G II 83, S II 94
-Ṭarābulusī M. b. Lājīn G II 136, S II 167
-Ṭarābulusī a. Saʿīd (Alatrabulicus) S I 908
Ṭarafa b. ʿAbd al-Bakrī G I 22, 177, S I 45
-Ṭarafī M. b. A. b. Muṭarrif S I 593
-Ṭarāʾifī ʿAbd al-Karīm b. Ḍirghām G II 17, S II 10
-Ṭarāʾifī Ṣadr al-Afāḍil G I 277
-Ṭarasūsī S I 842, II 316, 634
-Ṭarasūsī Ibr. b. ʿA. b. A. b. ʿAbd al-Ṣamad G II 79, S II 87
-Ṭarasūsī Marḍi b. ʿA. G I 495
Ṭarīqatjī Muṣṭafā b. ʿAl. S II 649
-Ṭarqī A. b. Thābit al-Iṣfahānī S I 623
-Ṭarrād b. M. al-ʿAbbāsī al-Zaynabī S I 603
de Ṭarrāzī Ph. S III 428
Ṭāshköprīzāde A. b. Muṣṭafā G II 425, S II 269, 276, 288, 292, 633
b. a. Ṭāʾūs ʿAbd al-Karīm b. A. al-ʿAlawī S I 562, 714
b. Ṭāʾūs A. b. Mūsā al-ʿAlawī al-Ḥusaynī S I 711
-Ṭāʾūsī ʿA. b. Mūsā G I 498, S I 911
-Ṭāʾūsī Ibr. b. M. al-Qazwīnī S I 806
-Ṭawfī S I 936 ad 50

-Ṭawfī S. b. ʿAbd al-Qawī b. ʿAbd al-Karīm G II 108, S II 133
b. Ṭawīl al-Khāl ʿAbd al-Ḥayy b. ʿA. G II 279, S II 388
a. Ṭawīla S III 233
-Ṭayālisī M. b. Jaʿfar S I 43, 184
-Ṭayālisī S. b. Dāʾūd b. al-Jārūd S I 257
Ṭaybughā al-Ashrafī al-Baklamishī al-Yūnānī G II 135, S II 167
Ṭaybughā al-Čeriklermishī G II 136, S II 168
b. al-Ṭayyib ʿAl. a. ʾl-Faraj al-Jathālīq al-ʿIrāqī G I 482, S I 884
-Ṭayyib b. ʿAl. b. M. al-Muwaffaq al-Ḥasanī al-Dandānī S II 1012
-Ṭayyib A. Hāshim S III 181
-Ṭayyib b. ʿA. b. ʿAbd S II 924
a. ʾl-Ṭayyib b. Badr al-Dīn al-Ghazzī G I 450
-Ṭayyib b. a. Bakr al-ʿArabī al-Ḥaḍramī S II 556
-Ṭayyib al-Baṣrī M. b. ʿA. G I 459, S I 829
a. ʾl-Ṭayyib al-Sindī al-Madanī S I 268, II 428,g
-Ṭayyibī A. b. A. b. Badr G II 320, S II 441
-Ṭayyibī A. b. Yaʿqūb G II 9
-Ṭayyibī Faḍl b. Ya. G I 482
-Ṭayyibī Ḥu. b. ʿAl. G II 64 = al-Ṭībī S II 67
-Ṭībī al-Ḥu. b. ʿAl. b. M. S II 67
b. al-Ṭiqṭaqā M. b. ʿA. b. Ṭabāṭabā G II 161, S II 201
-Ṭirimmāḥ G I 63, S I 97
-Ṭitūrī ʿAbd al-Salām b. ʿUthmān b. ʿIzz al-Dīn S II 683
-Ṭubnawī ʿA. b. M. b. Yū. S II 84
-Ṭubnī al-Ḥ. b. Khalīl b. Mazrūʿ G II 356, S II 160
Ṭufayl b. ʿAwf al-Ghanawī S I 59
b. Ṭufayl M. b. ʿAbd al-Malik al-Qaysī G I 460, S I 831
-Ṭughrāʾī al-Ḥ. b. ʿA. b. M. G I 247, S I 439
-Ṭūkhī ʿA. b. ʿAq. b. M. S II 33
-Ṭulayṭilī A. b. M. b. Mughīth S I 664
b. Ṭūlūn S II 934,41
b. Ṭūlūn al-Ṣāliḥī M. b. ʿA. b. M. G II 367, S II 494
b. Ṭumlūs Yū. b. M. G II 463, S I 823,81b, 837,19
-Ṭurafī ʿĪsā b. Maḥfūẓ S I 441
Ṭūrsūn b. Murād G I 377, S I 647,ι
Ṭūrsūnzāde M. G I 378, S I 651
-Ṭurṭūshī al-Mhrwī S II 1012
-Ṭurṭūshī M. b. al-Walīd b. a. Randaqa G I 459, S I 829
-Ṭurunbulālī M. b. Masʿūd b. A. S II 873
-Ṭūsī G I 394
-Ṭūsī ʿAbd al-ʿAzīz b. M. S I 679
-Ṭūsī ʿAlāʾ al-Dīn ʿA. G II 204, S II 279, 292,a
-Ṭūsī Muṣṭafā b. Sinān S II 515
-Ṭūsī al-Muẓaffar b. M. G I 472, S I 858
-Ṭūsī Nāṣir al-Dīn M. b. M. b. al-Ḥ. G I 405, S I 924
-Ṭūsī Shaykh al-Ṭāʾifa M. b. al-Ḥ. S I 706
-Ṭūsiyawī Ḥājjī Bābā b. Ibr. G II 223, S II 312

ʿUbāda b. Māʾ al-Samāʾ S I 477
a. ʿUbayd A. b. al-Harawī G I 131, S I 200
a. ʿUbayd al-Bakrī ʿAl. b. ʿAbd al-ʿAzīz G I 476, S I 202, 875
ʿUbayd al-Ḍarīr S II 989
a. ʿUbayd al-Q. b. Sallām al-Harawī G I 107, S I 166
ʿUbayd b. Sharya G I 64, II 690, S I 100
ʿUbayd al-Zakānī S II 915
a. ʿUbayda Maʿmar b. al-Muthannā G I 103, S I 47, 162
ʿUbaydallāh b. ʿAbd al-Kāfī b. ʿAbd al-Majīd al-ʿUbaydī G II 239, S I 498, 755, II 258, 926
ʿUbaydallāh b. ʿAbd al-Karīm al-Qushayrī S I 773
ʿUbaydallāh b. ʿAl. b. A. al-Ḥakīm al-Nīsābūrī S II 820
ʿUbaydallāh b. ʿAl. b. Khurradādhbeh G I 225, S I 404
ʿUbaydallāh b. ʿAl. b. Ṭāhir al-Khuzāʿī S I 224
ʿUbaydallāh b. A. al-Fazārī S I 200
ʿUbaydallāh b. A. b. M. al-Zajjālī S I 599
ʿUbaydallāh b. A. b. a. ʾl-Rabīʿ al-Umawī al-Qarashī G I 313, S I 547
ʿUbaydallāh b. Faḍlallāh al-Khabīṣī Fakhr al-Dīn G II 215, S II 303
ʿUbaydallāh b. al-Ḥ. al-Jallāb G I 177, S I 300, 301
ʿUbaydallāh (ʿAl.) b. al-Ḥ. (Ḥu.) al-Karkhī S I 295

ʿUbaydallāh b. Jibrīl b. Bukhtyashūʿ G I 263, 483, S I 885
ʿUbaydallāh al-Jūzajānī G I 454
ʿUbaydallāh Khān Ṭarkhān S I 841
ʿUbaydallāh b. Masʿūd Ṣadr al-Sharīʿa al-Thānī al-Maḥbūbī G I 376, 377, II 196, 214, S I 646, II 300
ʿUbaydallāh b. M. b. ʿAbd al-ʿAzīz al-Samarqandī S II 946
ʿUbaydallāh b. M. b. ʿAl. al-Zarkashī G I 299, S I 524, II 109
ʿUbaydallāh b. M. b. ʿA. Shāhmardān S II 1045
ʿUbaydallāh (ʿAl.) b. M. al-ʿIbrī al-Farghānī G I 418, S I 742
ʿUbaydallāh b. M. al-ʿUkbarī S I 311
ʿUbaydallāh b. al-Muẓaffar G I 272, S I 481
ʿUbaydallāh b. Qays al-Ruqayyāt G I 47, S I 78
ʿUbaydallāh (ʿAl.) b. al-Saqaṭī S II A/C 929
ʿUbaydallāh b. Shibl b. Firās b. Jamīl a. Firās S II A/C 143
ʿUbaydallāh b. Ya. al-Ṣanʿī S I A/C 669
ʿUbaydallāh b. Zumruk G II 259, see M. b. Yū. b. Z. S II 370
-ʿUbaydī Ḥaydar b. ʿA. S II 209
-ʿUbaydī Ibr. b. ʿĀmir b. ʿA. S II 438
-ʿUbaydilī al-Nassāba S II 929
Ubayy b. Saʿīd al-Maghribī al-ʿAlāʾī S II 1032
b. Ubayya A. b. M. G II 20
-ʿUdhrī ʿImrān b. al-Ḥ. S I 555
b. ʿUjayl A. b. Mūsā S I 461
-ʿUjaymī Ḥ. b. ʿA. b. Ya. G II 392, S II 536
-Ujhūrī ʿAr. b. ʿA. S II 97
-Ujhūrī ʿAr. b. Ḥ. b. ʿU. G II 294, S II 404
-Ujhūrī ʿAr. al-Nahrāwī S II 467, 468
-Ujhūrī ʿAr. b. Yū. G II 326, S II 453
-Ujhūrī ʿA. b. M. Zayn al-ʿābidīn b. ʿAr. G II 317, S II 437
-Ujhūrī ʿAṭiyyatallāh b. ʿAṭiyya G II 145, 307, 328, S II 419, 456
ʿUjm bint Nafīs G I 443, see Sitt al-ʿAjam S I 795,b
-ʿUkbarī ʿAl. b. al-Ḥu. G I 25, 88, 114, 282, S I 176, 495
-ʿUkbarī ʿAl. b. M. S I 186
-ʿUkbarī ʿAbd al-Wāḥid b. ʿA. S I 491
-ʿUkbarī ʿUbaydallāh b. M. S I 311
b. al-Ukhuwwa M. b. M. b. A. b. a. Zayd S II 101 (to be read thus)
ʿUlaymī ʿAr. b. M. al-Maqdisī G II 43, S II 41
ʿUllaysh M. b. A. al-Mālikī G II 385, S I 524 A/C, II 17,n, 19 A/C, 480 A/C, 664 A/C, 738
-Ulūfī Ibr. b. Khālid S II 562
Ulūghbeg b. Shāhrukh b. Tīmūr G II 212, S I 849 A/C, II 298
-Ulūghkhānī ʿAl. M. b. ʿU. al-Makkī al-Āṣafī S II 599
ʿUmar b. ʿAl. b. ʿU. al-Fāsī G II 355, 376
ʿUmar b. ʿAl. al-Rāzī al-Shāfiʿī S II 256
ʿUmar b. ʿAbd al-ʿAzīz al-ʿĀlim S I 839
ʿUmar b. ʿAbd al-ʿAzīz b. Māza al-Ṣadr al-Shahīd al-Bukhārī G I 172, 173, 374 (II 198), S I 289, 290, 292, 639
ʿUmar b. ʿAbd al-Majīd al-Mayānishī G I 371, S I 633
ʿUmar b. ʿAr. al-Bulqīnī S I 508,3a
ʿUmar b. ʿAr. al-Fārisī al-Qazwīnī G I 290, S I 467, 508
ʿUmar b. ʿAr. b. Ya. al-Qaznāʾī a. Ḥafṣ S II 714
ʿUmar b. ʿAbd al-Salām al-Dāghistānī S II 871
ʿUmar b. ʿAbd al-Wahhāb al-ʿUrḍī G II 341, S II 470
ʿUmar b. A. b. al-ʿAdīm Kamāl al-Dīn al-Ḥalabī G I 332, S I 568
ʿUmar b. A. b. A. al-Shammāʿ al-Ḥalabī G II 34, 47, 304, S II 32, 415
ʿUmar b. A. ʿArūs al-Jazāʾirī S II A/C 360
ʿUmar b. A. al-ʿAṭṭār al-Dimashqī S I 802
ʿUmar b. A. b. a. Bakr al-Rāzī al-Shāfiʿī S II 100
ʿUmar b. A. al-Dūmānī G I 359
ʿUmar b. A. Farrūkh S III 425
ʿUmar b. A. b. Khalīfa al-Ḥalabī al-Saʿdī G I 515
ʿUmar b. A. al-Kharpūtī S I 469,43
ʿUmar b. A. al-Māʾī al-Čillī G II 208, S II 288,β, 596 f
ʿUmar b. A. b. M. al-Sakkākī S II 1041
ʿUmar b. A. b. Shāhīn G I 165, S I 276
ʿUmar b. ʿA. b. ʿĀdil al-Dimashqī G II 114, S II 140

ʿUmar b. ʿA. b. A. b. al-Mulaqqin G I 159, 357, 360, 388, 393, 394, 395, 424, II 92, S I 262,$_{7}$, 619, 679, 680, 681 A/C, 753, II 109
ʿUmar b. ʿA. b. A. al-Zanjānī al-Dāraquṭnī al-Baghdādī S I A/C 602
ʿUmar b. ʿA. al-Anṣārī S II 72
ʿUmar b. ʿA. b. Fāris al-Qaṭṭānī Qāriʾ al-Hidāya G II 81, S II 91
ʿUmar b. ʿA. al-Kātibī S I 838
ʿUmar b. ʿA. b. Mūsā al-Bazzār S II 120
ʿUmar b. ʿA. al-Qalaʿī S II 479
ʿUmar b. ʿA. b. Sālim al-Fākihānī G I 396, II 22, S I 605, 683,$_{4}$, II 15
ʿUmar b. ʿA. b. Samura al-Jaʿdī G I 391, S I 570, 676
ʿUmar b. ʿA. al-Shirwānī S II 957
ʿUmar b. ʿA. al-Ṭaḥlāwī S II 652
ʿUmar b. ʿA. b. Yū. al-ʿUthmānī S I 628
ʿUmar b. ʿAskar al-Ḥamawī S II 657,$_{25}$
ʿUmar al-Badawī S III 498
ʿUmar b. Badr b. Saʿīd al-Ḥanafī al-Mawṣilī G I 358, S I 610
ʿUmar b. Bākir b. al-Nāẓir S II 490
ʿUmar b. a. Bakr al-ʿAlawānī G II 33, S II 383
ʿUmar b. a. Bakr al-Fāriskūrī S II 194,$_{250}$, see ʿU. b. M.
ʿUmar b. a. Bakr al-Kubawī S I 76, 483
ʿUmar b. a. Bakr al-Maghrawī al-Sabtī al-Hintātī S II 993,$_{42}$
ʿUmar b. a. Bakr al-Yamanī S II 988
ʿUmar Barakāt b. M. Barakāt al-Biqāʿī S II 479
ʿUmar al-Bayḍāwī S II 14
ʿUmar b. Dāʾūd al-Fārisī G I 291
ʿUmar Ḍiyāʾ al-Dīn S I 264,$_{9}$
ʿUmar b. al-Fāriḍ G I 262, II 156, S I 462
ʿUmar b. al-Fārisī S I 679, II 963
ʿUmar b. Farrukhān al-Ṭabarī G I 221, S I 364, 392
ʿUmar al-Fatā b. Muʿaybid al-ʿAbdalī al-Zabīdī S II 255
ʿUmar al-Harawī Najm al-Dīn S II 924
ʿUmar b. al-Ḥājj al-Wakhsī G II 201
ʿUmar al-Ḥalabī S II 414
ʿUmar al-Ḥalabī a. ʿUthmān S II 414, 1032
ʿUmar b. Ḥamza al-Adranawī S II 638
ʿUmar b. Ḥamza b. Yūnus al-Ṣāliḥī al-Muqriʾ S II 988
ʿUmar b. al-Ḥ. b. Diḥya al-Kalbī G I 310, S I 544
ʿUmar b. Ḥassān al-Mīlī G I 471
ʿUmar b. Ḥu. al-Āmidī G I 471
ʿUmar b. Ḥu. al-Khiraqī G I 183, 398, S I 311
ʿUmar b. a. ʾl-Ḥu. al-Nīsābūrī al-Samarqandī S II 262, 285
ʿUmar b. Ḥu. al-Qaraḥiṣārī al-Sharqī S II A/C 664
ʿUmar b. Ḥu. al-Ṭabarī al-Makkī S I 763
ʿUmar b. Ibr. al-ʿAbbādī G II 75
ʿUmar b. Ibr. b. ʿAbd al-Ghanī S II 200
ʿUmar b. Ibr. al-Awsī S II 913
ʿUmar b. Ibr. al-Khayyām G I 471, S I 855
ʿUmar b. Ibr. al-Kūfī a. ʾl-Barakāt S I 192,$_{6}$
ʿUmar b. Ibr. b. Nujaym al-Miṣrī G II 310, S II 87, 425
ʿUmar b. ʿĪsā b. Ism. al-Ḥaramī S II 233
ʿUmar b. ʿĪsā b. ʿU. al-Bārīnī al-Ḥalabī al-Shāfiʿī G II 88, S II 104
ʿUmar al-Isbirī G II 429
ʿUmar b. Isḥāq b. A. al-Shiblī al-Hindī al-Ghaznawī al-Dawlatābādī Sirāj al-Dīn G I 174, 382, II 80, 220, S I 141 A/C, 293, 657, II 89
ʿUmar b. Jaʿfar al-Shubrāwī S II 477
ʿUmar b. Jamīʿa al-Ibāḍī S II 357
ʿUmar al-Jazāʾirī al-Rashīdī S II 357
ʿUmar al-Khalīfī al-Fārūqī S II 994
ʿUmar b. Khalīl b. ʿA. al-Silqānī S II 494
ʿUmar Khān al-Madanī S II 913
ʿUmar b. al-Khiḍr b. Ildüzmiš al-Turkī G I 333, S I 569
ʿUmar al-Khiṭāʾī Zayn al-Dīn S II 1041
ʿUmar b. Luṭf al-Maqdisī Sirāj al-Dīn S II 429
ʿUmar al-Maghribī S II 1024
ʿUmar b. Makkī al-Māzarī S I 541 (to be read thus)
ʿUmar b. Masʿūd b. A. al-Burhānī S II 904
ʿUmar b. Masʿūd al-Maḥḥār al-Ḥalabī S II 1
ʿUmar b. Masʿūd al-Salīʿī S II 568
ʿUmar al-Maylānī al-Rawshānī S II 1010
ʿUmar al-Mayyāḥ al-Yamanī S II 904
ʿUmar b. M. b. ʿAbd al-Kāfī S I 330

ʿUmar b. M. b. ʿAl. b. ʿAmmūya al-Suhrawardī S I 788
a. ʿUmar b. M. b. A. b. Luqmān al-Nasafī a. Ḥafṣ G I 172, 427, S I 347 A/C, 758
ʿUmar b. M. b. ʿA. al-Aswad S I 818,35m
ʿUmar b. M. b. ʿArīf al-Nahrawālī G I 159
ʿUmar b. M. Bā Shaybān G II 401
ʿUmar b. M. b. a. Bakr al-Fāriskūrī G II 321, S II 194,250, 443, 484
ʿUmar b. M. al-Bakrī al-Yāfī S II 751
ʿUmar b. M. Dīb al-Unsī G II 493, S II 755
ʿUmar b. M. al-Ghaznawī G II 210
ʿUmar b. M. b. Ibr. al-Wakīl S II 455
ʿUmar b. M. b. ʿIwaḍ al-Shaʾmī S II 427
ʿUmar b. M. b. Khalīl S II 991,22
ʿUmar b. M. b. Khalīl al-Sukūnī G I 291, S I 509
ʿUmar b. M. b. Khiḍr al-Ardabīlī S I 783
ʿUmar b. M. Khūj S II 513
ʿUmar b. M. al-Kindī S I 230
ʿUmar b. M. b. M. b. Fahd al-Makkī G II 175, S II 225
ʿUmar b. M. al-Nafzāwī G II 257, S II 368
ʿUmar b. M. al-Qafṣī G I 266
ʿUmar b. M. b. ʿU. al-Azdī al-Shalawbīnī G I 308, S I 541
ʿUmar b. M. b. ʿU. al-Ḥanafī G II 143, S I 765
ʿUmar b. M. b. ʿU. al-Khabbāzī al-Bakhtiyārī G I 382, S I 657, II 264,15
ʿUmar b. M. al-Warrāq al-Miṣrī G I 267
ʿUmar b. M. al-Yamanī S I 753,2
ʿUmar b. M. b. Yū. b. Dirham S I 215
ʿUmar b. M. al-Zabīdī al-Qummī S II 255
ʿUmar Muḥyi ʾl-Dīn al-Qāḍī al-Edirnī S II A/C 317
ʿUmar b. Mūsā b. al-Ḥ. al-Ḥimṣī Sirāj al-Dīn G II 117, S II 144
ʿUmar b. Muslim al-Qurashī G II 91
ʿUmar b. Muṣṭafā al-Bahnasawī S III 85
ʿUmar b. Muṣṭafā Karāma S I 761
ʿUmar b. al-Muẓaffar b. Rūzbahān Shams al-Dīn a. ʾl-Mafākhir S II 1024
ʿUmar b. al-Muẓaffar b. al-Wardī Sirāj al-Dīn G I 394, II 45, 131, 140, S I 523,5a, 679, II 162, 174
ʿUmar a. ʾl-Naṣr S III 434
ʿUmar b. Nujaym a. ʾl-Barakāt S II 266
ʿUmar Nūr al-Dīn al-Qalūṣanī al-Azharī G II 483, S II 734
ʿUmar b. Q. b. Maḥjūb at-Tūnisī S II 697
ʿUmar b. Q. b. M. al-Nashshār al-Anṣārī G II 115, S II 142
ʿUmar al-Qazwīnī a. Jaʿfar S I 619
ʿUmar al-Qudsī al-Qurashī S I A/C 474
ʿUmar b. a. Rabīʿa G I 45, S I 76
ʿUmar b. Ramaḍān al-Thulāthī S II 349, 357, 892
ʿUmar b. Raslān al-Bulqīnī G I 359, 395, 424, II 74, 93, S I 267, 611, 680, 753, II 79, 110
ʿUmar a. Rīsha S III 373
ʿUmar b. Sahlān al-Sāwī (Sāwajī) G I 456,44, S I 763, 817,d, 819,44, 830
ʿUmar b. Saʿīd al-Fūtī S II 896
ʿUmar b. Shabba al-Numayrī G I 137, S I 42, 209
ʿUmar al-Shāfiʿī al-Māridīnī S I 519
ʿUmar b. Ṣāliḥ al-Fayḍī al-Tūqātī S I 843,16
ʿUmar b. Thābit al-Thamānīnī S I 192
ʿUmar al-Tīrmidhī al-Ṣūfī G II 121
ʿUmar Ṭūsūn S III 309
ʿUmar b. ʿU. al-Dafrī al-Zuhrī G II 314, S II 432
ʿUmar b. ʿU. b. Ibr. al-Masʿūdī S II 274
ʿUmar al-ʿUrḍī al-Ḥalabī S I 631,s, II 470
ʿUmar b. ʿUthmān G I 409
ʿUmar b. ʿUthmān al-Bayḍāwī S I 487,6b
ʿUmar b. ʿUthmān al-Jawzī a. Ḥafṣ S I A/C 507
ʿUmar b. ʿUthmān al-Khazrajī S I 910
ʿUmar Ya. S III 373
ʿUmar b. Yū. b. ʿA. al-Maʿādī S II 957
ʿUmar b. Yū. b. Rasūl al-Malik al-Ashraf G I 494, II 184, S I 901
ʿUmar b. Zayd al-Dawʿanī G II 185, S II A/C 239
ʿUmar b. Zayn al-Dīn Q. al-Anṣārī al-Muqriʾ Sirāj al-Dīn S II 982,40
ʿUmāra b. ʿA. al-Yamanī G I 333, S I 570
ʿUmāra b. ʿAqīl S I 122
ʿUmāra b. Ḥamza S I 152
ʿUmāra b. Wathīma al-Fārisī S I 217
-ʿUmarī S II 913
-ʿUmarī ʿAbd al-Ḥalīm b. ʿA. G II 308
-ʿUmarī A. b. Ya. b. Faḍlallāh G II 141, S II 175

-ʿUmarī Junayd b. Najm al-Dīn S II 256
-ʿUmarī M. b. ʿA. b. ʿAr. al-Maqdisī S II 130
-ʿUmarī M. Amīn b. Khayrallāh G II 374, S II 501
-ʿUmarī M. b. a. ʾl-Baqāʾ b. al-Ḍiyāʾ S II 524
-ʿUmarī Nuʿmān b. ʿUthmān S II 502
-ʿUmarī ʿUthmān b. ʿA. b. Murād G II 373, S II 500
ʿUmarzāde M. b. Ḥu. al-Bahnasī S II 498
-Umawī ʿA. b. A. G II 113, read: al-Mahāʾimī S II 310
-Umawī Asad b. Mūsā b. Ibr. S I 351
-Umawī Yaʿīsh b. Ibr. b. Yū. S II 379
Umayl Ef. Yū. al-Ḥabashī S III 422
b. Umayl al-Tamīmī M. G I 241, S I 429
ʿUmayr b. Shuyaym al-Taghlibī al-Quṭāmī G I 61, S I 94
ʿUmayra al-Burullusī S II 23
Umayya b. a. ʾl-Ṣalt G I 27, S I 55
Umayya b. a. ʾl-Ṣalt ʿAbd al-ʿAzīz al-Andalusī G I 486, S I 889
b. Umm Maktūm A. b. ʿAq. b. A. S II 46
b. Umm Q. al-Ḥ. b. al-Q. b. ʿAl. al-Murādī G II 22, S II 16
Ummwaladzāde ʿA. b. ʿAbd al-ʿAzīz G II 430, S II 638
b. ʿUnayn M. b. Naṣrallāh G I 318, S I 551
-ʿUnnābī A. b. M. G II 25
-ʿUnnābī M. b. Maḥmūd al-Jazāʾirī S II 739
-Unsī ʿU. b. M. G II 493, S II 755
ʿUnwān al-Ḥamawī G I 262
-ʿUqaylī M. b. ʿAmr G I 518, II 202
-ʿUqaylī M. b. M. b. ʿAr. G II 340, S II 469
ʿUqba b. Ruʾba S I 91
-ʿUqbānī S I 538
-ʿUqbānī M. b. A. b. Q. S II 346
-ʿUqbāwī Muṣṭafā b. A. G II 353, 488
-ʿUqbī Riḍwān b. M. b. Yū. G II 77, S II 84
-Uqlīdisī A. b. Ibr. S I 387
-Uqlīshī A. b. Maʿadd G I 361, 370, S I 633
a. ʾl-ʿUqūl S I 864
-ʿUrḍī ʿAbd al-Wahhāb b. Ibr. G II 319, S II 440
-ʿUrḍī ʿU. b. ʿAbd al-Wahhāb G II 341, S II 470
-ʿUrḍī a. ʾl-Wafāʾ b. ʿU. b. ʿAbd al-Wahhāb G II 292, S II 402
ʿUrfān Bek Sayf al-Naṣr al-Raydī S III 179
-Urmawī ʿAbd al-Muʾmin b. Yū. b. Fākhir G I 496, S I 906
-Urmawī Maḥmūd b. a. Bakr M. G I 467, 506, 507, S I 848, Ṣafī al-Dīn II 15
-Urmawī al-Mubārak b. Khalīl S I 596
-Urmayūnī Yū. b. ʿAl. b. S. G II 325, S II 158 A/C, 451
ʿUrwa b. Ḥizām S I 81
ʿUrwa al-Raḥḥāl S I 57
ʿUrwa b. al-Ward al-ʿAbsī G I 26, S I 54
-ʿUsālī A. b. ʿA. al-Ḥarīrī G II 341, S II 471
Usāma b. al-Ḥārith S I 43
Usāma b. Murshid b. Munqidh G I 316, 319, S I 552, 916,15
-Ushfūrqānī M. b. M. b. Ism. al-Khaṭīb S I 971 ad 656
-Ūshī ʿA. b. ʿUthmān al-Farghānī G I 429, S I 764
-Ushmūnī A. b. M. b. ʿAbd al-Karīm S II 453, 979
-Ushnāndānī Saʿīd b. Hārūn S I 169
-Ushnuhī ʿAbd al-ʿAzīz b. ʿA. G I 390, S I 674
-Ushshāqīzāde ʿAbd al-Bāqī Ef. S I 739,10
-Usmandī M. b. ʿAbd al-Ḥamīd al-Samarqandī G I 641, S I 641
-Ustrūshanī M. b. Maḥmūd b. al-Ḥu. G I 380, S I 653
b. a. Uṣaybiʿa A. b. al-Q. G I 325, S I 560
-ʿUṣayfirī A. al-Faḍl b. a. ʾl-Saʿd G I 404, S I 702
-Uṣfūnī ʿAr. b. Yū. S II 227
b. ʿUṣfūr G I 288, 294
b. ʿUṣfūr ʿA. b. M. b. Muʾmin S I 546
al-ʿUṣfūrī a. Bakr b. Maḥmūd S II 387
b. ʿUtba S I 132, read: b. ʿInaba G II 199,c,2, S II 271
-ʿUtbī M. b. ʿAbd al-Jabbār S I 547
-ʿUtbī M. b. A. G I 177, S I 300
b. ʿUthmān S II 656,m
ʿUthmān al-Abharī a. ʿU. S II A/C 1010
ʿUthmān b. ʿAl. b. a. ʿA. al-Tanūkhī al-Maʿarrī S I 35
ʿUthmān b. ʿAl. b. ʿAqīl al-ʿAlawī S II 865
ʿUthmān b. ʿAl. b. Bishr S II 531
ʿUthmān b. ʿAl. b. a. ʾl-Ḥ. al-ʿIrāqī S I 757
ʿUthmān b. ʿAl. b. M. al-Naḥrīrī al-Ḥanafī S II 267,25
ʿUthmān b. ʿAl. al-Salālijī S I 672 A/C, 768

ʿUthmān b. ʿAl. b. al-Ṣalāḥ al-Shahrazūrī G I 358, 424, S I 265, 610, 752,$_{u}$, 768
ʿUthmān b. ʿAl. al-Taklīsī (Killīsī) al-ʿUryānī al-Ḥalabī G II 229, 396, S I 468,$_{35}$, II 321, 387
ʿUthmān b. A. al-Ḍijāʿī G II 305
ʿUthmān b. A. al-Kūhī al-Kīlūnī S I A/C 679
ʿUthmān b. A. al-Najdī al-Ḥanbalī S II 925
ʿUthmān b. ʿAlāʾ al-Dīn b. Yūnus al-Malik al-Dimashqī G II 356, S II 483
ʿUthmān b. ʿA. al-Anṣārī al-Khazrajī S I A/C 540
ʿUthmān b. ʿA. al-Māridīnī Fakhr al-Dīn S I 69,$_{2}$
ʿUthmān b. ʿA. b. Miḥjan al-Bāriʿī al-Zaylaʿī G II 78, 196, S II 86, 265
ʿUthmān b. ʿA. b. M. b. ʿAl. al-Wazīr S II 249
ʿUthmān b. ʿA. b. Murād al-ʿUmarī G II 372, S II 500
ʿUthmān b. ʿAmr b. a. Bakr al-ʿAdnānī S II 278
ʿUthmān Beg b. ʿA. Bāy S II 640
ʿUthmān Danfodiu G II 510, S II 894
ʿUthmān Ef. Ātpāzārī S II 301
ʿUthmān Ef. Bek Ghālib S II 334
ʿUthmān Ef. Hāshim S III 181
ʿUthmān b. Fakhr al-Dīn al-Makkī S II 512
ʿUthmān b. al-Ḥājj ʿAl. al-Mawṣilī S I 472
ʿUthmān b. Ḥājjī M. al-Suhrawī S I 620
ʿUthmān Ḥamdī S III 264
ʿUthmān b. Ḥamza al-Rūmī G I 396
ʿUthmān b. Ḥ. b. A. al-Khubuwwī G II 489, S II 745
ʿUthmān Ḥilmī S III 139
ʿUthmān b. Ibr. b. ʿAr. Al-Shāfiʿī S II 7
ʿUthmān b. Ibr. al-Māridīnī S I 290,$_{2d}$
ʿUthmān b. Ibr. al-Nābulusī G I 335, II 305, S I 573
ʿUthmān b. ʿĪsā al-Bulayṭī G I 302, S I 530
ʿUthmān b. ʿĪsā al-Ḥanafī S I 263,$_{40}$
ʿUthmān b. ʿĪsā al-Ṣiddīqī G I 159,$_{26}$, S II 994
ʿUthmān b. Jinnī G I 125, S I 191
ʿUthmān al-Kaʿʿak S II 888
ʿUthmān al-Khiṭāʾī Mollāzāde Niẓām al-Dīn G I 294, II 214, S I 508, 517, 518, II 301,$_{\alpha\alpha}$
ʿUthmān b. al-Makkī al-Tawzarī S II 375
ʿUthmān b. Miʿmār S II 532
ʿUthmān al-Muhtadī al-Tarjumān bi-qalʿat Bulghār S II A/C 665
ʿUthmān b. M. b. A. al-Dimashqī al-Ḥanafī S II 957
ʿUthmān b. M. al-Ghaznawī G II 201
ʿUthmān b. M. al-Harawī S I 620
ʿUthmān b. M. al-Muwarraʿī S II 483
ʿUthmān b. M. al-Qāʾimbāshawī S I 392
ʿUthmān b. M. al-Shaʾmī al-Ḥanafī al-Māturīdī S II 957
ʿUthmān b. M. Shaṭṭāʾ al-Bakrī S II 811
ʿUthmān b. Muṣṭafā G I 519, S I 287 A/C, 290 A/C
ʿUthmān b. Muṣṭafā al-Ṭarasūsī S II A/C 1017
a. ʿUthmān al-Nābulusī G II 705 = ʿUthmān b. Ibr. al-N.
ʿUthmān al-Najdī al-Ḥanbalī S I 488, II 531
ʿUthmān an-Naqshbandī Taqī al-Dīn G II 207
ʿUthmān b. Nuʿmān al-Anjustawī S II 849 A/C, 957
ʿUthmān al-Qibābī Shams al-Dīn S II 913
ʿUthmān b. Rabīʿa al-Andalusī S I 475
ʿUthmān b. Saʿdallāh al-Aswānī S II 189,$_{169z}$
ʿUthmān b. Saʿīd al-Dānī al-Qurṭubī G I 407, S I 330, 719
ʿUthmān b. Sanad al-Baṣrī S II 791
ʿUthmān b. Sanad al-Mālikī S I 940 ad 122, II 960,$_{14}$
ʿUthmān al-Shāfiʿī a. ʾl-Fatḥ S I 286,$_{12}$
ʿUthmān al-Shaʾmī S II 525
ʿUthmān al-Sharnūbī G II 711, S II 469
ʿUthmān b. Sulṭān al-ʿAbshamī S II 285
ʿUthmān Ṣabrī S III 278
ʿUthmān b. Ṣāḥib al-Mālikī S I 546,$_{19}$
ʿUthmān b. Ṣāliḥ al-Wardānī G II 360
ʿUthmān Tawfīq Bey S I 469,$_{54}$
ʿUthmān b. Ṭāhir G II 16
ʿUthmān al-Ṭarābulusī S II 913
ʿUthmān b. ʿU. b. a. Bakr al-Nāṣirī G II 189, S II 250
ʿUthmān b. ʿU. b. al-Ḥājib G I 21, 291, 303, S I 510,$_{5}$, 531
ʿUthmān b. ʿU. b. al-Nāṣirī al-Zabīdī S II 275
ʿUthmān al-Walī al-Būlawī G II 343
ʿUthmān b. Ya. b. ʿAbd al-Wahhāb al-Mīrī S II 285

ʿUthmān b. Yaʿqūb b. al-Ḥu. al-Kumākhī G II 446, S I 287, II 430, 663
-ʿUthmānī S I 568
-ʿUthmānī a. Bakr b. al-Ḥu. ʿU. G II 172, S II 221
-ʿUthmānī al-Gujarātī S II 303,εε
-ʿUthmānī M. b.ʿAr. al-Khaṭīb al-Dimashqī G II 91, 97, S II 107
-ʿUthmānī ʿU. b. ʿA. b. Yū. S I 628
ʿUthmānpāzārī S I 837
ʿUṭārid b. M. al-Ḥāsib al-Kātib al-Falakī S I 432
Uways al-Ḥamawī G II 57, S II 58
Uways Wafāʾ b. Dāʾūd al-Arzanjānī S I 668
-ʿUyūnī ʿA. b. ʿAl. b. al-Muqarrab G I 268, S I 460
-ʿUyūnī M. b. ʿA. S I 460

Vettius Valens S I 363, 401

Wadād al-Sakākīnī S III 415
-Wadāʿī ʿA. b. al-Muẓaffar b. Ibr. G II 9, S II 2
b. Wadʿān M. b. ʿA. b. ʿAl. al-Mawṣilī G I 355, S I 602
b. Waddād A. b. a. Bakr G II 189
Wadīʿ a. Fāḍil S III 417
Wadīʿ Rashīd al-Khūrī S III 448
-Wādīʾāshī M. b. ʿA. G I 499, S I 914
-Wādīʾāshī M. b. M. b. ʿAr. S II 371
b. Wādirān S II 689
-Wadūd b. M. al-Tabrīzī S I 782
Waḍḍāḥ al-Yaman ʿAr. b. Ism. al-Yamanī S I 30, 82
b. Wāḍiḥ al-Yaʿqūbī G I 226, S I 405
a. ʾl-Wafāʾ G II 274
b. a. ʾl-Wafāʾ ʿAq. al-Qurashī G II 80, 367, S II 89
b. Wafāʾ ʿA. b. M. b. M., G II 120, S II 149
b. a. ʾl-Wafāʾ b. a. Bakr al-Ḥusaynī al-Maqdisī S II A/C 1012
Wafāʾ Ef. b. M. al-Qūnī S II 728
b. a. ʾl-Wafāʾ Ibr. b. ʿA. G II 122
a. ʾl-Wafāʾ al-ʿIrāqī al-Ḥusaynī G I 452
b. Wafāʾ al-Iskandarī M. b. M. G II 119, S II 148
-Wafāʾ Maḥmūd Ramzī Naẓīm S III 178
b. a. ʾl-Wafāʾ M. b. M. G II 122
a. ʾl-Wafāʾ M. b. M. al-Būzajānī S I 400
a. ʾl-Wafāʾ b. ʿU. b. ʿAbd al-Wahhāb al-ʿUrḍī G II 292, S II 402
-Wafāʾī ʿAbd al-ʿAzīz b. M. G II 129, S II 160
-Wafāʾī Sālim G II 305
b. Wāfid ʿAr. b. ʿAbd al-Karīm G I 485, S I 887
Waghlīsī ʿAr. b. A. G II 250, S II 351
b. Wahb S I 298
Wahb b. Munabbih G I 64, S I 101
b. Wahbān ʿAbd al-Wahhāb b. A. al-Humāmī G II 79, S II 88
b. Wahhās ʿA. b. al-Ḥ. al-Khazrajī G II 184, S II 238
b. Wahlān S II 983
-Wahrānī ʿA. b. ʿAl. b. al-Mubārak S I 520
-Wahrānī M. b. Muḥriz S I 489
b. Waḥdatī M. b. M. G II 432, S II 643,g
Waḥdī Ef. S I 519
Waḥdī b. Ibr. b. M. al-Faraḍī G II 310, S II 421
Wāḥī Yūnus b. Ḥu. b. ʿA. S II 176
b. al-Waḥīd S I 434
Waḥīd al-Zamān b. Masīḥ al-Zamān S I 265, 267, 647, II 264, 290
-Wāḥidī ʿA. b. A. b. M. b. Mattūya al-Nīsābūrī G I 411, S I 730
-Wāḥidī Ḥujayj b. Q. G II 361
b. Waḥshiyya a. Bakr M. b. ʿA. G I 242, S I 430
-Wāʾilī ʿA. b. Ṣāliḥ S II 564
Wāʿiẓ Čelebī al-Lārandī S I 741
-Wāʿiẓ al-Kharkūshī ʿAbd al-Malik b. M. G I 200, S I 361
-Wāʿiẓ al-Kūfī Shams al-Dīn G I 251
-Wāʿiẓ al-Makkī M. b. ʿA. b. ʿAṭiyya G I 200, S I 359
-Wāʿiẓ al-Wāsiṭī M. b. Q. G II 159
Wajīh al-Dīn G II 220, S I 648,m, 819,44c
Wajīh al-Dīn b. ʿAr. a. Kathīr al-Shāfiʿī G II 380, S II 512
Wajīh al-Dīn al-ʿAlawī al-Gujarātī S I 534,i, 612, 647, II 111, 309, 605
Wajīh al-Dīn al-Arzanjānī S I 534,l
Wajīh Ef. Bayḍūn S III 388
Wajīhallāh b. Mujīballāh b. M. Mahdī S I 684
-Wakhshī ʿU. b. Ḥajjāj G II 201
Wakīʿ Bakr b. Ḥayyān S I 225

b. Wakīʿ al-Ḥ. b. ʿA. G I 92, S I 147
b. al-Wakīl S I 485
-Wakīl ʿA. Sikenderpūrī S I 286,$_{III}$
b. al-Wakīl b. al-Muraḥḥal M. b. ʿAl. b. ʿU. S II 102
b. Walī al-Dīn ʿAbd al-Karīm G II 313, S II 430
Walī al-Dīn A. b. ʿU. S II 497
Walī al-Dīn al-Baṣīr bi-ʿayn qalbih S II 946
Walī al-Dīn Ef. S II 302
Walī al-Dīn al-ʿIrāqī S II 946
Walī al-Dīn b. Khalīl al-Bakkāʾī S II 946
Walī al-Dīn Qaramānī G I 466, S I 846,$_6$
Walī al-Dīn Shabshīrī G I 396, S I 683,$_{13}$
Walī al-Dīn Yegen S III 49
Walī al-Dīn b. Yū. Walī al-Dīn S II 640
Walī Malikshāh al-Ṣiddīqī al-Qāhirī S I 779
Walī b. M. al-Marʿashī Qalandarzāde S II 1012
Walī b. Yū. al-ʿImādī S I A/C 646
Walīallāh A. b. ʿAbd al-Raḥīm al-Dihlawī S I 264, 471, II 614, 1012
Walīallāh al-Anṣārī S II 292,$_{bb}$
Walīallāh b. Ḥabīballāh b. Muḥibballāh al-Laknawī S II 854
Walīallāh Ḥusaynī S I 952 ad 319
Walīallāh b. Niʿmatallāh al-Ḥusaynī al-Riḍawī G II 375, S II 503
Wāliba b. al-Ḥubāb S I 115
-Wālibī S I 82
Walīd b. Muṣṭafā al-Ḍimānī S II 894
b. al-Walīd al-Qurashī al-Ṣanʿānī S I 701
al-Walīd b. Yazīd G I 62, S I 96
b. Wallād A. b. M. G I 131, S I 201
-Walwālījī Isḥāq b. a. Bakr G II 78, S II 86
-Wānī Muṣṭafā b. M. G II 444, S II 660
b. al-Wannāb a. 'l-Shamaqmaq S II 706
-Wannāʾī ʿA. b. ʿAbd al-Barr b. ʿA. G II 353, S I 676, II 424, 480
-Wānqulī M. b. Bisṭām al-Wānqulī G II 439, S II 652
-Wansharīshī A. b. Ya. b. M. G II 248, 356, S II 348
-Wansharīshī Saḥnūn b. ʿUthmān S II 715
-Waqashī Hishām b. A. G I 384, S I 662
-Wāqidī M. b. ʿU. G I 135, S I 207, II 73
Warām b. a. Firās ʿĪsā b. a. 'l-Najm al-Nakhaʿī al-Ashtarī S I 709, II 1012
Warda bint Nāṣīf al-Yāzījī G II 495, S II 767
-Wardānī ʿUthmān b. Ṣāliḥ G II 360
b. al-Wardī ʿU. b. al-Muẓaffar Sirāj al-Dīn G II 144, S II 162
b. al-Wardī ʿU. b. al-Muẓaffar Zayn al-Dīn G II 140, S II 174
-Warghamī M. b. M. G I 384, II 247, S II 347
-Wāridātī Maḥmūd G II 435, S II 646
-Wārithī A. b. ʿAr. G II 274, S II 385
-Warjalānī Ya. b. a. Bakr G I 336
b. al-Warrāq S I 662
-Warrāq al-Miṣrī ʿU. b. M. G I 267, S I 488
Warsh al-Miṣrī G I 189
-Washshāʾ M. b. A. G I 124, S I 164, 189
-Wāsiʿī ʿAbd al-Wāsiʿ b. Ya. S II 821
-Wāsiṭī S I 69
-Wāsiṭī ʿAl. b. ʿAbd al-Muʾmin b. al-Wajīh S II 211
-Wāsiṭī ʿAbd al-Raḥīm S II 29
-Wāsiṭī ʿAr. b. ʿAbd al-Muḥsin G II 166, S II 214
-Wāsiṭī A. b. Ibr. b. ʿAr. b. al-ʿArīf G II 162, S II 203
-Wāsiṭī ʿA. b. al-Ḥ. b. A. G II 166, S II 213
-Wāsiṭī Ḥāmid b. ʿA. S I 398
-Wāsiṭī Ism. b. ʿA. b. Saʿd G I 411, S I 728
-Wāsiṭī Khalaf b. M. G I 519, S I 281
-Wāsiṭī M. b. al-Ḥ. b. ʿAl. S II 30
-Wāsiṭī M. b. Mūsā S I 357
-Wāsiṭī al-Qalānisī M. b. al-Ḥu. b. Bundār S I 723
b. Waṣīf Shāh Ibr. al-Miṣrī G I 335, S I 574
Wāṣil b. ʿAṭāʾ G I 66, S I 103, 337
-Wāṣilī Ibr. b. ʿAl. S II 514
-Waṣṣābī Ibr. b. ʿAl. S II 549
-Wāthiq billāh al-Muṭahhar S II 232, 243 A/C
-Waṭarī A. b. M. G II 335, S II 464
-Waṭwāṭ A. b. Isḥāq G I 275, S I 486
-Waṭwāṭ M. b. Ibr. b. Ya. al-Kutubī G II 54, S II 53
-Waʾwāʾ M. b. A. al-Ghassānī G I 86, S I 138
Wayjan b. Rustam al-Kūhī G I 223, S I 389, 399
-Wazīr ʿAbd al-Bāsiṭ b. Khalīl G II 82
-Wazīr ʿAl. b. ʿA. G II 281, 299
b. al-Wazīr A. b. ʿAl. S II 558
a. 'l-Wazīr b. A. al-Abharī S II 946

-Wazīr al-Ghassānī M. b. ʿAbd al-Wahhāb S II 712
b. al-Wazīr al-Hādawī Ibr. b. M. G II 188, S II 248
-Wazīr al-Maghribī al-Ḥu. b. ʿA. b. M. G I 353, S I 227, 600
b. al-Wazīr M. b. Ibr. b. ʿAr. G II 188, S II 243
-Wazīr al-Tūnisī Ḥammūda b. a. ʿAl. M. b. A. S II 688
b. Wazīrān Ism. b. ʿAbbād b. M. al-Iṣfahānī S I 596
-Wazīrī ʿAl. b. ʿA. b. Ya. S II 544
-Wazīrī al-Hādī b. Ibr. S II 238
-Wazzān al-Zayyātī M. b. Ḥ. b. M. S II 710
-Wisyānī S. b. ʿAbd al-Salām S I 575
-Witrī M. b. a. Bakr, G I 250, S I 443

-Yāfī ʿU. b. M. al-Bakrī S II 751
-Yāfiʿī ʿAl. b. Asʿad b. ʿA. G II 176, S I 913, II 227
Yaḥyā b. ʿAbd al-ʿAẓīm al-Jazzār al-Anṣārī G I 335, S I 574
Yaḥyā b. ʿAbd al-Jalīl al-Jalīlī G II 374
Yaḥyā b. ʿAl. b. Saʿīd al-Mannānī S II 1042
Yaḥyā b. ʿAbd al-Muʿṭī al-Zawāwī G I 283, 302, S I 530
Yaḥyā b. ʿAq. b. a. Bakr al-Ṣiddīqī S II 516,n
Yaḥyā b. ʿAbd al-Raḥīm al-Khaṭīb S II 462
Yaḥyā b. ʿAr. al-Iṣfahānī G I 372, S I 635
Yaḥyā b. ʿAr. al-Qādirī G II 178, S II 229
Yaḥyā b. ʿAbd al-Ṣamad al-Anṣārī al-Bijāʾī S II 1012
Yaḥyā b. ʿAbd al-Wahhāb S I 949 ad 279
Yaḥyā b. Ādam b. S. G I 181, S I 308
Yaḥyā b. ʿAdī al-Manṭiqī G I 207, S I 342, 370
Yaḥyā b. A. S II 914
Yaḥyā b. A. b. ʿAwwāḍ G II 314
Yaḥyā b. A. al-Kāshānī S II 295
Yaḥyā b. A. al-Kāshī ʿImād al-Dīn G I 294, 468, S I 516, II 215
Yaḥyā b. A. b. M. al-Nafzī G II 246, S II 344
Yaḥyā b. A. b. al-Muẓaffar ʿImād al-Dīn G II 186, S II 244
Yaḥyā b. A. b. Ya. al-Hudhalī al-Ḥillī S I 714
Yaḥyā b. ʿA. al-Fārisī ʿImād al-Dīn S I 842
Yaḥyā b. ʿA. al-Ḥasanī G I 402
Yaḥyā b. ʿA. b. Ibr. al-Zanjānī G I 283, S I 498
Yaḥyā ʿA. b. al-Marṣafī S II 460
Yaḥyā b. ʿA. b. M. b. al-Ṭaḥḥān S I 571
Yaḥyā b. ʿA. b. al-Munajjim G I 522, S I 225
Yaḥyā b. ʿA. b. Naṣūḥ Nawʿī G II 443, S II 658
Yaḥyā b. ʿA. al-Qurashī G I 160
Yaḥyā b. ʿA. al-Rifāʿī G II 213 (Zamāʿī?), S II 298
Yaḥyā b. ʿA. al-Tabrīzī G I 18, 39, 85, 88, 255, 279, S I 35, 50, 136, 492
Yaḥyā b. ʿA. b. Ya. b. a. Manṣūr S I 64
Yaḥyā b. ʿĀmir al-Ḥanbalī al-Muʿabbir S II 1042
Yaḥyā al-Baḥrānī S I 585
Yaḥyā b. a. Bakr al-ʿĀmirī G II 72, S II 225
Yaḥyā b. a. Bakr al-Barmakī S I 429
Yaḥyā b. a. Bakr al-Ḥanafī S I 292
Yaḥyā b. a. Bakr b. Khalaf al-Mawwāq S I 664
Yaḥyā b. a. Bakr al-Warjalānī G I 336
Yaḥyā al-Fārisī ʿImād al-Dīn G I 466 = ʿImād b. M. b. Ya. b. ʿA. al-F. S I 846,δ
Yaḥyā b. Ghālib al-Khayyāṭ G I 221, S I 394
Yaḥyā b. Ḥabash al-Suhrawardī G I 437, S I 69, 781 (A.)
Yaḥyā b. Ḥakam al-Ghazāl S I 148
Yaḥyā b. Ḥamīd al-Dīn al-Zaydī S II 822
Yaḥyā b. Ḥamīd al-Ghassānī S I 54
Yaḥyā b. Ḥamza S I 699
Yaḥyā b. Ḥamza al-Ḥusaynī ʿImād al-Dīn S I 529, 532
Yaḥyā b. Ḥamza al-Muʾayyad billāh b. Rasūlallāh G I 291, 301, II 186, S I 510, II 234, 242
Yaḥyā b. al-Ḥ. b. al-Ḥu. b. ʿA. al-Ḥillī al-Wāsiṭī b. al-Biṭrīq G I 203, S I 710
Yaḥyā b. al-Ḥ. b. al-Muʾayyad billāh S II 546
Yaḥyā b. al-Ḥ. b. Mūsā al-Qurashī ʿImād al-Dīn S II 995
Yaḥyā b. al-Ḥu. b. al-Hādī ila ʾl-Ḥaqq G I 186, S I 315
Yaḥyā b. al-Ḥu. b. Hārūn al-Nāṭiq billāh G I 402, S I 697
Yaḥyā b. al-Ḥu. al-Ḥillī S II 930
Yaḥyā b. al-Ḥu. b. al-Muʾayyad billāh G II 403, S II 551
Yaḥyā b. Ibr. b. ʿA. G I 138
Yaḥyā b. Ibr. b. ʿA. al-Jaḥḥāfī S II 545
Yaḥyā b. Ibr. al-Ḥakīm S I 219
Yaḥyā b. Ibr. al-Mālikī S I 944 ad 210

Yaḥyā b. Ibr. b. ʿU. al-Raqīlī S II 356
Yaḥyā b. Ibr. b. Ya. al-Jaḥīf S I 705
Yaḥyā b. ʿĪsā b. Jazla al-Ḥakīm G I 329, 485, S I 563, 887
Yaḥyā b. ʿĪsā b. Maṭrūḥ G I 263, S I 465
a. Yaḥyā b. Jamāʿa al-Tūnisī S I A/C 666
Yaḥyā b. Jarīr al-Takrītī S I 862
Yaḥyā b. al-Khayr b. a. ʾl-Khayr al-Janawūnī S I 692
Yaḥyā b. a. ʾl-Khayr b. Sālim al-ʿImrānī al-Yamanī G I 391, S I 669, 675, 748,25,1a
Yaḥyā al-Kirmānī Taqī al-Dīn S I 642
Yaḥyā al-Kurdī al-Marwazī S II 75,56
Yaḥyā al-Madyūnī a. Zakariyyāʾ S II 359
Yaḥyā b. al-Mahdī al-Ḥusaynī al-Zaydī S II 237, 251
Yaḥyā b. Maʿīn (Muʿīn) al-Murrī S I 259
Yaḥyā al-Makkī S II 541,58
Yaḥyā b. Manṣūr S I 393
Yaḥyā b. Manṣūr b. al-ʿAfīf b. M. b. Mufaḍḍal al-Yamanī S II 995
Yaḥyā b. al-Maqarr b. al-Jīʿān G II 131, S II 163
Yaḥyā al-Māridīnī S II 383
Yaḥyā b. Māsawayh G I 232, S I 416
Yaḥyā b. Mīra al-Ḥasanī S II 69
a. Yaḥyā b. al-Muʿallim al-Ṭanjī S I 483
Yaḥyā b. al-Mubārak al-Yazīdī G I 109, S I 169, 178
Yaḥyā b. Mudrik al-Ṭāʾī G I 27
Yaḥyā b. M. b. A. al-Būʿuqaylī S II 926
Yaḥyā b. M. b. al-ʿAwwām G I 494, S I 903
Yaḥyā b. M. a. ʾl-Barakāt al-Shāwī al-Jazāʾirī S II 355 A/C, 530, 701
Yaḥyā b. M. b. Hubayra al-Shaybānī G I 150, 408, S I 578, 687
Yaḥyā b. M. b. al-Ḥ. b. Ḥumayd al-Miqrāʾī S I 702, II 557, 978
Yaḥyā b. M. al-Ḥusaynī al-ʿAṭṭār S II 334,4
Yaḥyā b. M. b. Khaldūn G II 241, S II 340
a. Yaḥyā b. M. b. M. b. ʿĀṣim S II 375
Yaḥyā b. M. b. M. al-Khaṭṭāb al-Makkī al-Mālikī al-Ruʿainī G II 125, 393, S I 546, II 154, 537
Yaḥyā b. M. b. M. al-Sarrāj al-Nafzī S II 99
Yaḥyā b. M. b. Rasūlallāh al-Muʾayyad S I 702
Yaḥyā b. M. b. al-Shāwī S II 420
Yaḥyā b. M. b. Shibl G II 259
Yaḥyā b. M. al-Shīrāzī S II 271
Yaḥyā b. M. b. a. ʾl-Shukr G I 474, S I 868
Yaḥyā b. M. al-Sunbāṭī S I 266,10
Yaḥyā b. Muḥsin b. A. b. Rājiḥ S II 567
Yaḥyā b. Muḥsin al-Muʿtaḍid billāh G I 404
Yaḥyā b. Muḥyi ʾl-Dīn al-Suʿūdī G II 279
Yaḥyā b. Muʿīn al-Marrī, see Ya. b. Muʿīn
Yaḥyā b. Mukhtār al-Ḥamzī G II 181
Yaḥyā b. Mūsā al-Ḥabūrī G II 278
Yaḥyā b. Mūsā b. ʿĪsā al-Maghīlī al-Māzūnī G II 247, S II 348
Yaḥyā b. Mūsā al-Rahūnī G I 306, S I A/C 538
Yaḥyā b. Muṣṭafā S II 263
Yaḥyā b. Najāḥ b. Fallās al-Qurṭubī S I 593
Yaḥyā al-Nīsābūrī al-Fattāḥī S I 826,82oo
Yaḥyā b. Naṣūḥ b. Isrāʾīl al-Ḥanafī G I 287, 294, S I 504, II 315 A/C, 630
Yaḥyā al-Nīsābūrī al-Fattāḥī S I 826,82oo
Yaḥyā b. Nūr al-Dīn al-ʿImrīṭī al-Shāfiʿī S I 677, II 441
Yaḥyā b. Qarāja al-Ruhāwī G II 196,14, S I 647, 842 A/C, II 263,4a
Yaḥyā b. al-Q. al-ʿAlawī G I 290, S I 508
Yaḥyā b. a. ʾl-Q. b. Ya. al-Ḥamzī G I 318, S I 551
Yaḥyā al-Qūjḥiṣārī G II 197, S II 267
Yaḥyā al-Rajab b. ʿA. S II 395
Yaḥyā a. Rashīd G II 457
Yaḥyā al-Ruhāwī G II 196, S II 263
Yaḥyā b. Saʿd al-Dīn al-Munāwī G II 77, S II 84
Yaḥyā b. Saʿīd al-Anṭākī G I 148
Yaḥyā b. Saʿīd (Saʿd) al-Simlālī G II 248, S II 350
Yaḥyā b. Salāma b. al-Ḥu. b. al-Khaṭīb al-Ḥiṣnkayfī (Ḥaṣkafī) S I 733
Yaḥyā b. Sallām al-Taymī S I 332
Yaḥyā (Yūḥannā) b. Sarābiyūn S I 417
Yaḥyā b. al-Sayf al-Sīrāmī G I 295, S I 517
Yaḥyā b. Sayyār S I 371
Yaḥyā b. Shams al-Dīn b. al-Mahdī A. b. al-Murtaḍā al-Mutawakkil ʿalaʾllāh G II 399, 405, S II 557
Yaḥyā al-Shāqir al-Maghribī S II 354
Yaḥyā b. Sharaf al-Dīn al-Mahdī S II 947

Yaḥyā b. Sharaf al-Nawawī G I 158, 160, 359, 387, 393, 394, 424, S I 564, 678, 680
Yaḥyā al-Shāwī S II 530, see Ya. b. M. b. a. 'l-Barakāt
Yaḥyā b. Ṣāliḥ al-Suḥūlī S II 560
Yaḥyā b. Taqī al-Dīn b. Ism. b. ʿUbāda al-Ḥalabī G II 88, S II 104, 964,7
Yaḥyā b. a. Ṭayy Ḥamīd b. Ẓāfir al-Ghassānī S I 549
Yaḥyā b. ʿU. Minqārīzāde G II 208, 435, S II 287, 647
Yaḥyā b. ʿU. b. Saʿdūn al-Qurṭubī G I 429, S I 763
Yaḥyā b. Ya. b. Kathīr al-Laythī G I 176, S I 297
Yaḥyā b. Ya. b. Saʿīd b. Mārī G I 278, S I 489
Yaḥyā b. Yaʿīsh G I 375, S I 643
Yaḥyā b. Yakhshī (Yakhshīzāde b. Ibr. al-Rūmī) S I 643
Yaḥyā b. Yū. al-Ṣarṣarī G I 250, S I 443
Yaḥyā b. Zakariyyāʾ b. a. Zāʾida al-Wādīʿī S I 260
Yaḥyā al-Zawāwī G II 251, S II 354,h
Yaḥyā b. Ziyād al-Farrāʾ G I 116, S I 178
b. Yaʿīsh ʿA. b. M. S I 528
Yaʿīsh b. ʿA. b. Yaʿīsh a. 'l-Baqāʾ G I 291, 297, S I 521
Yaʿīsh b. Fāris al-Raʾīs al-Munajjim S II 1042
Yaʿīsh b. Ibr. b. Yū. b. Sammāk al-Umawī G II 126, S II 155, 379
b. Yaʿīsh M. b. ʿA. b. A. al-Ṣanʿānī S I 528
-Yakānī Yū. b. ʿA. G II 425, S II 633
b. Yakhlaftan ʿAr. al-Fazāzī G I 273, S I 482
b. Yaʿlā b. M. b. M. b. al-Ḥu. al-Farrāʾ S I 557
a. Yaʿlā al-Qāḍī al-Farrāʾ M. b. al-Ḥu. b. M. al-Ḥanbalī G I 398, S I 686
al-Yaʿlānī G I 178 (to be read thus)
Yaʿqūb al-ʿAfawī S I 621, II 663
Yaʿqūb b. A. al-Kurdī G I 287, S I 503
Yaʿqūb b. akhī Ḥizām G I 243 = M. b. Y. S I 432
Yaʿqūb b. ʿA. G I 375
Yaʿqūb b. ʿA. al-Burūsawī S I 514, 515
Yaʿqūb b. ʿA. al-Qarshī al-Qaṣrānī G I 221, S I 392
Yaʿqūb b. ʿA. al-Rūmī ʿAlīzāde al-Banbānī S I 642
Yaʿqūb b. Ayyūb al-Muwāḥidī S II 364
Yaʿqūb b. Ghanāʾim al-Sāmirī S I 899
Yaʿqūb al-Ḥaḍramī G I 189, S I 328
Yaʿqūb b. Ibr. al-Anṣārī a. Yū. G I 171, S I 288
Yaʿqūb b. Ibr. al-Jarkasī G II 227
Yaʿqūb b. Idrīs al-Qaramānī Qara Yaʿqūb G II 223, S II 313
Yaʿqūb b. Isḥāq al-Kindī G I 204, 209, 512, S I 372
Yaʿqūb b. Isḥāq al-Nīsābūrī al-Isfarāʾinī a. ʿAwāna G I 161, S I 266, II 947
Yaʿqūb b. Isḥāq b. al-Sikkīt G I 107, S I 180
Yaʿqūb al-Jalwatī S II 434
b. Yaʿqūb al-Maghribī S I 516
Yaʿqūb b. M. al-Sijistānī S I 387
Yaʿqūb b. Mūsā al-Bustānī G I 367, S I 666
Yaʿqūb b. Muṣṭafā al-Qusṭanṭīnī G II 440, S II 653
Yaʿqūb Pāshā b. Khiḍr Bek G I 376, S I 647
Yaʿqūb b. Rafāʾīl Ṣanūʿ S III 265
Yaʿqūb b. Safīn al-Fasawī S I A/C 174
Yaʿqūb b. Saʿīd al-Mukallātī G I 300
Yaʿqūb b. Sayyid ʿA. G I 294, S I 969, II 228
Yaʿqūb b. S. al-Isfarāʾinī G I 351, S I 594
Yaʿqūb Ṣarrūf S III 215
Yaʿqūb b. Yū. b. Ṭalḥa S II 949,15
-Yaʿqūbī S I 517,m
-Yaʿqūbī A. b. a. Yaʿqūb G I 226, S I 405
Yāqūt b. ʿAl. al-Rūmī G I 479, S I 880
Yāqūt al-Mustaʿṣimī G I 353, II 699, S I 598
-Yārūqī ʿA. b. al-Amīr ʿU. G I 263, S I 465
b. al-Yāsamīnī ʿAl. b. al-Ḥajjāj G I 471, S I 858
Yashbak b. Mahdī al-Sayfī S II 78
Yāsīn G II 140
Yāsīn b. Ḥamza b. a. Shihāb al-Baṣrī S II 989
a. Yāsīn al-Ḥāsib S I 118
Yāsīn b. Ibr. al-Baṣrī G II 376, S II 507
Yāsīn b. Khayrallāh al-Khaṭīb al-ʿUmarī al-Mawṣilī G II 497, S II 781
Yāsīn b. M. Ghars al-Dīn al-Khalīlī S I 523, S II 70
Yāsīn b. Muṣṭafā al-Biqāʿī G II 314, S II 433
Yāsīn Ningahārī S I 648
Yāsīn b. Zayn al-Dīn al-ʿUlaymī al-Ḥimṣī G I 295, II 23, S I 472, 518, 523, 525, II 17, 108, 259
Yāʿū b. M. al-Muwaqqit G II 449
Yazīd b. Hārūn al-Sulamī G I 190, S I 332

a. Yazīd b. ʿImād Luṭfallāh S I 498
Yazīd b. Muʿāwiya S I 96
Yazīd b. M. al-Azdī G I 138, S I 210
Yazīd al-Muzarrid S I 71
a. Yazīd Ṣahār Bukht S I 414
a. Yazīd (Bāyazīd) Ṭayfūr b. ʿĪsā al-Bisṭāmī S I 353, II 462
Yazīd b. Ziyād b. Mufarrigh al-Ḥimyarī G I 60, S I 92, 133
-Yazīdiyyūn G I 109, S I 169
-Yāzijī S II 963
-Yāzijī Ḥabīb S II 767
-Yāzijī Ibr. S II 766
-Yāzijī Khalīl S II 767
-Yāzijī M. b. Ṣāliḥ al-Kātib G II 231, S II 323
-Yāzijī Nāṣīf G II 494, S II 765
Yāzijī oghlū A. Bījān G I 482, S I 882
-Yāzijī Warda S II 767
Yūḥannā Abkarius S II 768
Yūḥannā b. Bukhtyishūʿ S I 416
Yūḥannā b. Māsawayh S I 373, 416
Yūḥannā Ṭūbī Ṭannūs S III 416
Yūḥannā b. Yū. b. al-Ḥārith S I 389
Yumn al-ʿAyṭāwī Sharaf al-Dīn S I A/C 672
-Yūnānī Ṭaybughā G II 135, S II 167
-Yūnīnī Ḥu. b. ʿAr. b. M. b. ʿAl. S I 905
b. Yūnus G I 387, S II 963
Yūnus b. ʿAq. b. A. al-Rashīdī G II 128, S II 159
Yūnus b. ʿAbd al-Wahhāb b. A. al-ʿAyṭāwī S II 441,$_{6}$, 965,$_{21}$
Yūnus b. ʿA. b. al-Malik b. al-Khaṣīṣ S II 658,$_{23}$
Yūnus b. Bukayr S I 206
Yūnus b. Farwa S I 109
Yūnus b. Ḥabīb al-Ḍabbī G I 99, S I 44, 113, 158
Yūnus b. Ḥ. al-Miṣrī G II 122
Yūnus b. Ḥu. b. ʿA. al-Wāḥī S II 176
Yūnus b. Isḥāq b. Baklārash G I 456, (Yū.) S I 889
Yūnus al-Kātib G I 49
Yūnus b. Khallikān a. Ya. S II 930
Yūnus al-Mālikī G II 75, S II 81
Yūnus al-Qayṣarī S I 657
b. Yūnus al-Ṣadafī ʿA. b. ʿAr. G I 224, S I 400
Yūnus b. Yūnus b. ʿAq. al-Rashīdī S II 159
-Yūsī al-Ḥ. b. Masʿūd G II 455, S II 675
b. a. ʾl-Yusr Ism. b. Ibr. S I 458
Yūsuf S III 234
Yūsuf b. ʿAbd al-Hādī S I 69,$_{24}$, II 77, 947,$_{181}$ = Yū. b. Ḥ. b. A. b. ʿA.
Yūsuf b. ʿAl. al-Armiyāwī S II 111
Yūsuf b. ʿAl. al-Ḥasanī G II 94
Yūsuf b. ʿAl. b. M. b. ʿAbd al-Barr al-Namarī G I 367, S I 628
Yūsuf b. ʿAl. b. S. al-Urmayūnī G II 325, S II 184,$_{56m}$, 451
Yūsuf b. ʿAl. b. ʿU. al-Kūrānī al-Tamlījī G I 433, II 205, 282
Yūsuf b. ʿAl. al-ʿUmarī al-Mawṣilī S I 683, II 782
Yūsuf b. ʿAl. al-Zujājī G I 127, S I 200
Yūsuf b. ʿAbd al-Malik b. Bakhshāyish G II 21, S I 514 A/C, 647,$_{k}$, II 14
Yūsuf b. ʿAq. al-Asīr al-Ḥusaynī S I 512, II 759
Yūsuf b. ʿAr. b. al-Jawzī S I 920,$_{5a}$
Yūsuf b. ʿAr. al-Sunbulāwī S II 628
Yūsuf b. ʿAr. b. al-Zakī al-Mizzī G I 193, II 64, S I 606, II 66
Yūsuf b. A. b. al-ʿAṭṭār al-Ḥamawī al-Dimashqī S II 9
Yūsuf b. A. b. a. Bakr al-Khwārizmī al-Khāṣṣī G I 374, 380, S I 652, 653
Yūsuf b. A. b. Ibr. al-Baḥrānī S II 795
Yūsuf b. A. b. M. al-Nadrumī S II 358
Yūsuf b. A. b. M. Najm al-Dīn al-Yamanī G II 113, 186, S II 250
Yūsuf b. A. b. Murgham S II 246,$_{b}$
Yūsuf b. A. b. al-Nīsābūrī a. ʾl-Ḥajjāj S II 1025
Yūsuf b. A. b. al-Niẓāmī G I 305, S I 534
Yūsuf b. A. b. al-Sijistānī G I 380, S I 653, II 950,$_{28}$
Yūsuf b. A. b. Ṣāliḥ al-Baḥrānī S II 504
Yūsuf ʿAjam Sinān S I 926
Yūsuf b. Aʿlam al-Shantamarī, see Yū. b. S. al-Sh.
Yūsuf b. ʿA. b. M. al-Anṣārī al-Ṭurṭūshī S II 926
Yūsuf b. ʿA. b. M. al-Jurjānī G I 373, S I 639
Yūsuf b. ʿA. b. al-Yakānī G II 425, S II 633
Yūsuf al-Amāsī al-Wāʿiẓ al-Makkī G II 387, S II 524
Yūsuf al-Aṣamm S II A/C 1025
Yūsuf b. Ayyūb b. Ya. S II 1017

Yūsuf al-Badīʿī G I 88, II 286, 691, S I 141, II 396
Yūsuf b. Badr al-Dīn al-Anbābī S II 905
a. Yūsuf b. a. Bakr b. A. b. Yū. S II 947
Yūsuf b. a. Bakr b. M. al-Sakkākī G I 294, S I 515
Yūsuf al-Barghamī G II 198
Yūsuf al-Baṭṭāḥ al-Makkī G II 499, S II 809
Yūsuf Bedh S I 752,$_{38}$
Yūsuf al-Bisāṭī S I 468,$_{11}$
Yūsuf Dalīlī b. ʿAjīzī al-Ḥanafī S II 692
Yūsuf b. Dāʾūd b. S. al-Fārisī S I 774
Yūsuf Dibs al-Maṭrān S III 420
Yūsuf Ḍiyāʾ al-Dīn S II 978
Yūsuf al-Diyārbakrī G II 377
Yūsuf Ef. al-Asīr S I 512, see Yū. b. ʿAq.
Yūsuf Ef. Hurmuz S III 491
Yūsuf Effendīzāde ʿAl. b. M. b. Yū. G I 154, 160, S I 263, 740, II 275, 304, 321, 653
Yūsuf b. a. ʾl-Faḍl al-Jazarī S I 40
Yūsuf a. ʾl-Fatḥ al-Suqayyifī G II 275
Yūsuf al-Fayshī al-Mālikī G II 238, S II 17 A/C, 98, 333
Yūsuf Ghaṣūb S III 390
Yūsuf al-Ghazzī al-Madanī S II 399
Yūsuf b. Hārūn al-Ramādī G I 270, S I 478
Yūsuf b. Hilāl al-Ṣafadī S I 738
Yūsuf b. al-Ḥafīṣ al-Ḥujurī S I 587
Yūsuf al-Ḥafrāwī G I 296
Yūsuf a. Ḥajjāj S III 232
Yūsuf Ḥājjī S II 1025
Yūsuf al-Ḥalabī S I A/C 676
Yūsuf Ḥallāj S I 743
Yūsuf Ḥamdī Yegen S III 231
a. Yūsuf b. Ḥammūya Fakhr al-Dīn S II 905
Yūsuf b. Ḥamza S II 926
a. Yūsuf al-Ḥanafī G I 171 = Yaʿqūb b. Ibr. S I 288
Yūsuf b. Ḥ. b. A. b. ʿAbd al-Hādī b. al-Mibrad al-Dimashqī G II 107, S I 69,$_{24}$, 82, II 77, 130, 947
Yūsuf b. Ḥ. al-Ḥalabī S II 481
Yūsuf b. Ḥ. al-Kirmāstī G II 231, S I 517, II 322
Yūsuf al-Ḥāsibānī S II A/C 168
Yūsuf al-Ḥifnāwī(-nī) al-Shāfiʿī S I 69, II 259, 288,$_{d}$, 289 A/C
Yūsuf Ḥijāzī S II 260
Yūsuf b. Ibr. al-Ardabīlī G II 199, S II 271
Yūsuf b. Ibr. al-Maghribī G II 234, S II 328
Yūsuf b. Ibr. b. Mayyād al-Sadrātī al-Warghalānī S I 692
Yūsuf b. Ibr. b. M. b. Ism. al-Amīr S II 947
Yūsuf b. Ibr. al-Wanūghī G II 81, S II 90
Yūsuf b. Ilyān al-Dimashqī S III 378
Yūsuf b. Ilyās al-Qūnawī G II 81, S II 90
Yūsuf b. Isḥāq b. Baklārash G I 486, see Yūnus b. Isḥāq S I 881
Yūsuf Iskander Gharīs S III 231
Yūsuf b. Ism. b. Ilyās al-Kutubī G II 169, S II 218
Yūsuf b. Ism. al-Khūbī b. al-Kabīr S II 168
Yūsuf b. Ism. al-Muṭalsim S II 1042
Yūsuf b. Ism. al-Nabhānī G I 229, II 708, S I 507, 627 A/C, 684, II 77, 763
Yūsuf b. Ism. b. Saʿīd al-Safaṭī S II 926
Yūsuf b. Ism. al-Shawwāʾ al-Ḥalabī G I 256, S I 457
Yūsuf al-Jalīlī b. al-Mollā ʿAbd al-Jalīl al-Kurdī S II 1012
Yūsuf b. Jamāl al-ʿAlawī G II 21
Yūsuf Jamāl al-Dīn G II 238
Yūsuf Jān b. ʿAbbās al-Pīr Khaḍrānī G I 283, S I 498, II 926
Yūsuf b. Jirjī al-Mārūnī G II 365
Yūsuf Junayd Tūqātī Akhī Čelebī G I 376, II 227, S I 646, II 301,$_{e}$, 318
Yūsuf Kawsaj b. M. Khān (Jān) al-Qarabāghī S I 760, 841, II 291, 303,$_{\eta}$, 576, 589,$_{23}$
Yūsuf b. Khālid al-Qaḥṭānī al-Bisāṭī al-Mālikī S II 926
Yūsuf b. Khālid al-Sumtī al-Baṣrī S I 287,$_{VIII}$
Yūsuf al-Khaṭīb al-Madanī al-Ṣāliḥī S II 463
Yūsuf b. Khiḍr Bek Sinān Pāshā S I 865, II 327
Yūsuf al-Maghribī G II 140, 459, S II 174, 394
Yūsuf b. Maḥmūd b. Ibr. al-Atrabījānī S II 650
Yūsuf b. Maḥmūd b. M. al-Rāzī al-Zahrānī G II 197, S II 266
Yūsuf b. Maktūm al-Ḥalabī S II 457
Yūsuf b. Manṣūr al-Miṣrī S I 818,$_{35}$
Yūsuf al-Mardāwī al-Ḥanbalī S II 448

Yūsuf b. Masʿūd b. M. al-Surramarrī al-ʿUqaylī al-Ḥanbalī S II 926, see Yū. b. M. b. Masʿūd
Yūsuf Mawlānā S II 1012
Yūsuf b. M. b. ʿAbd a-Jawād al-Shirbīnī G II 278, S II 387
Yūsuf b. M. al-ʿAjjān S II 148
Yūsuf b. M. al-Akwaʿ S II 242
Yūsuf b. M. b. ʿA. al-Fihrī al-Fāsī S II 187$_{,130d}$
Yūsuf b. M. al-Balawī b. al-Shaykh G I 310, S I 543
Yūsuf b. M. al-Bayyāsī G I 346, S I 588
Yūsuf b. M. Bū ʿAṣriyya S II 187$_{,130c}$
Yūsuf b. M. al-Fanārī S I 648
Yūsuf b. M. al-Ḥajūrī al-Yamanī S II 930
Yūsuf b. M. Jāmī G I 265
Yūsuf b. M. al-Jūkhī al-Mawṣilī S I 906
Yūsuf b. M. al-Khwārizmī S II 983
Yūsuf b. M. al-Maḥallī S II 926
Yūsuf b. M. al-Makkī al-Ḥanbalī S I 688
Yūsuf b. M. b. Manṣūr al-Mālikī al-Musrī (Msdī?) S II 216 A/C, 1025
Yūsuf b. M. b. Masʿūd al-Surramarrī G II 162, S II 204
Yūsuf b. M. al-Mīlawī S II 410, 637
Yūsuf b. M. al-Qudamī S II 947
Yūsuf b. M. al-Rashīdī Jamāl al-Dīn S II 926
Yūsuf b. M. al-Tawzarī G I 268, S I 473
Yūsuf b. M. b. Ṭumlūs G I 463, S I 837
Yūsuf b. M. b. ʿU. b. Qāḍī Shuhba G I 134
Yūsuf b. M. b. Ya. al-Baṭṭāḥ al-Zāhidī S II A/C 74
Yūsuf b. M. b. Yū. al-Qurashī al-Maḥallī al-Aḥmadī S II A/C 333
Yūsuf b. Mūsā a. ʾl-Maḥāsin al-Ḥanafī S I 293
Yūsuf b. Muṣṭafā al-Ṣāwī al-Mālikī S II 963
Yūsuf b. al-Muṭahhar Jamāl al-Dīn G I 466
Yūsuf b. al-Muzakkī S I 625
Yūsuf al-Nadrumī Jamāl al-Dīn G II 252, S II 1042
Yūsuf al-Qammāḥ S II 1042
Yūsuf Qara Sinān S I 647
Yūsuf b. Q. al-Astarābādhī Ḍiyāʾ al-Dīn S II 606
Yūsuf al-Qasrānī S I 392
Yūsuf b. Qizoghlu b. al-Jawzī G I 347, S I 589
Yūsuf Rabbānī S III 389
Yūsuf b. Rāfiʿ b. Shaddād Bahāʾ al-Dīn al-Ḥalabī G I 316, S I 549
Yūsuf b. Ramaḍān al-Qāriʾ Jamāl al-Dīn S II 983
Yūsuf Rizqallāh Ghanīma S III 495
Yūsuf al-Rūmī Sinān al-Dīn G I 468
Yūsuf Saʿāda S III 419
Yūsuf Saʿd Naṣr S III 479
Yūsuf b. Saʿīd al-Kafarqūqī S II 905
Yūsuf b. Saʿīd al-Mālikī S II 720
Yūsuf b. Saʿīd al-Safaṭī G II 309, S I 674, II 423, 435
Yūsuf al-Sarrāj S I 135
Yūsuf b. Sayf al-Dawla b. Zammākh G I 283, S I 499
Yūsuf b. Shāhīn al-ʿAsqalānī Jamāl al-Dīn G II 70, S II 33, 75, 76
Yūsuf Shalfūn b. Fāris al-Khūrī S II 753
Yūsuf al-Shalfūnī G II 475
Yūsuf b. S. al-Aʿlam al-Shantamarī G I 22, 23, 102, 309, S I 44, 46, 48, 160, 171, 542
Yūsuf b. S. al-Nīsābūrī S II 296
Yūsuf Ṣabrī S III 232
Yūsuf Ṣaffūr S III 378
Yūsuf Ṣufayr S III 384
Yūsuf b. Taghrībirdī a. ʾl-Maḥāsin G II 41, S II 39
Yūsuf al-Tahwāʾī S II 1025
Yūsuf Tāj al-Makanī G II 422
Yūsuf Ṭabshī S III 187$_{,n}$
Yūsuf b. Ṭāhir al-Khuwwī G I 289, S I 453, 507
Yūsuf al-Ṭālawī S II 1013
Yūsuf b. Ṭūghan b. Qiṭṭajī al-Mīqātī S II 1025
Yūsuf b. ʿU. al-Anfāsī S I 301
Yūsuf b. ʿU. b. Yū. al-Ṣūfī al-Kadūzī G I 175, S I 296 (to be read thus)
Yūsuf b. al-Wakīl al-Mīlawī S II 414
Yūsuf al-Wāsiṭī b. Makhzūm al-Aʿwar al-Maqṣūdī S II 210 (*Dharīʿa* II, 419$_{,1657}$)
Yūsuf b. Ya. al-Buwayṭī S I 304
Yūsuf b. Ya. b. al-Ḥu. al-Ṣanʿānī G II 403, S II 552
Yūsuf b. Ya. b. ʿĪsā al-Shādhilī S II 1013
Yūsuf b. Ya. b. ʿĪsā al-Tādalī b. al-Zayyāt S I 558

Yūsuf b. Ya. al-Sulamī G I 431, S I 769
b. Yūsuf b. Yaʿqūb G II 185
Yūsuf b. Yaʿqūb al-Kurdī a. ʾl-Maḥāsin S II 958, 978
Yūsuf b. Yaʿqūb al-Najīramī S I 89, 529
Yūsuf b. Yaʿqūb al-Shaybānī al-Dimashqī b. al-Mujāwir G I 482, S I 883
Yūsuf Yazbek al-Khūrī S III 377
Yūsuf b. Yū. al-Maḥallī S II 567
Yūsuf b. Zakariyyāʾ al-Anṣārī al-Khazrajī S II 947
Yūsuf b. al-Zakī ʿAr. b. Yū. Jamāl al-Dīn al-Mizzī G I 360, S II 66
Yūsuf al-Zayyāt G I 391, II 321, S II 442
-Yūsufī ʿAl. b. Yū. G II 284
-Yūsufī Mūsā b. M. G II 135
Yūyaqīm Maṭrān S I 843, S I 24

Zabbān b. ʿAmmār al-Māzinī a. ʿAmr b. al-ʿAlāʾ G I 99, S I 158
-Zabīdī G I 277
-Zabīdī ʿAr. b. ʿA. b. al-Daybaʿ G II 400, S II 548
-Zabīdī ʿAr. b. Ibr. G II 181, S II 233
-Zabīdī ʿĀmir b. M. S II 552
-Zabīdī M. Murtaḍā G II 287, S II 398
b. Zādhān al-Iṣbahānī M. b. Ibr. G I 519, S I 280
b. Zaghdūn a. ʾl-Mawāhib M. b. A. b. M. al-Tūnisī G II 253, S II 152
-Zāhī G I 90
-Zāhid A. b. M. b. S. al-Qāhirī G II 95, S II 112
-Zāhid al-Harawī M. b. M. Aslam G II 209, 215, 420, S I 846, 973 ad 782, II 621
-Zāhidī Mukhtār b. Maḥmūd G I 175, 382, II 81, S I 296, 656
b. al-Zahrāʾ S I 298
Zahrawayn S I 509
-Zahrāwī Khalaf b. al-ʿAbbās G I 239, S I 425
-Zahrāwī M. b. A. G I 191
-Zajjāj Ibr. b. al-Sarī G I 110, S I 170, 507
-Zajjājī ʿAr. b. Isḥāq G I 110, 122, S I 170, 182, 185, 541, 599
Zakariyyāʾ b. ʿAl. b. Zakariyyāʾ al-Marāghī G I 352, S I 596
Zakariyyāʾ b. A. b. M. b. Ya. al-Liḥyānī al-Hintātī S II 331
b. Zakariyyāʾ al-Awsī S II 364, 1025
Zakariyyāʾ b. Bayrām al-Muftī al-Anqirawī G I 377, 378, 417, S I 647, 970
Zakariyyāʾ Ibr. S III 230
Zakariyyāʾ al-Marrākushī a. Yū. S II 1023,5
Zakariyyāʾ b. Masʿūd al-Manbijī = ʿA. b. Z. al-Musabbiḥī S II 958
Zakariyyāʾ b. M. al-Anṣārī G I 103, 159, 181, 248, 269, 296, 298, 305, 312, 359, 363, 394, 395, 396, 417, 428, 432, 452, 465, II 89, 92, 99, 125, 126, 191, 202, 214, S I 263, 468, 474, 519, 522, 536, 544, 545, 612, 676, 679, 681, 682, 683, 739, 753 A/C, 771, 811, 842,5, II 70 A/C, 19, 105, 106, 108, 117, 155, 175 A/C, 254, 276
Zakariyyāʾ b. M. b. Maḥmūd al-Qazwīnī G I 481, S I 882
Zakariyyāʾ al-Multānī S I 789
Zakariyyāʾ al-Sharīf al-Idrīsī S II 995
Zakariyyāʾ b. Ya. b. Zakariyyāʾ al-Talbīsī S II 1025
Zakī al-Dīn b. ʿAbd al-Qawī al-Shāfiʿī al-Miṣrī S I 628
Zakī Fahmī S III 310
Zakī Mubārak S I 304, III 302
a. Zākūr al-Fāsī M. b. Q. b. M. S II 684
-Zamakhsharī Maḥmūd b. ʿU. G I 289, S I 54, 160, 172, 507
b. a. Zamanayn M. b. ʿAl. al-Ilbīrī G I 191, S I 335
-Zamlakānī ʿAbd al-Wāḥid b. ʿAbd al-Karīm b. Khalaf al-Anṣārī G I 415, S I 736
-Zamlakānī M. b. ʿA. b.ʿAbd al-Wāḥid S II 76
b. Zammākh Yū. b. Sayf al-Dawla G I 283, S I 499
-Zammūrī M. b. ʿAl. S II 707
-Zamzamī ʿAbd al-ʿAzīz b. ʿA. b. ʿAbd al-ʿAzīz S II 509
-Zamzamī ʿAbd al-ʿAzīz b. M. b. ʿAbd al-ʿAzīz G II 379, S II 511
-Zamzamī ʿA. Khalīfa G II 392
-Zamzamī ʿA. b. M. b. Ism. G II 178, S II 230
-Zamzamī a. Bakr b. ʿAbd al-ʿAzīz S II 511
-Zamzamī Ibr. b. M. b. ʿAbd al-Salām G II 393, S II 538
-Zanātī S I 302,10
-Zandawaysitī ʿA. b. Ya. S I 361
-Zanjānī G II 198, S II 269

-Zanjānī Ibr. b. ʿAbd al-Wahhāb G I 283, S I 497
b. al-Zaqqāq al-Bulqīnī ʿA. b. ʿAṭiyya G I 260, S I 481
-Zaqqāq at-Tujībī ʿA. b. Q. b. M. S II 376
b. a. Zarʿ al-Fāsī ʿA. b. ʿAl. G II 240, S II 339
Zarādusht S I 388, 959 ad 389
-Zaraʿī M. b. M. b. Sharaf G II 55
-Zarkashī M. b. Bahādur b. ʿAl. G II 91, S II 108
-Zarkashī M. b. Ibr. al-Luʾluʾī G I 456, S II 677
-Zarkashī ʿUbaydallāh b. M. b. ʿAl. S II 109
-Zarkhūrī M. b. a. Bakr G II 139, S II 172
-Zarnūjī Burhān al-Dīn G I 462, S I 837
b. al-Zarqāla Ibr. b. Ya. al-Naqqāsh G I 472, S I 862
b. Zarrūq A. b. A. b. M. al-Burnusī G II 253, S I 362, II 360
-Zawzanī S I 559
-Zawzanī al-Ḥu. b. ʿA. G I 288, S I 505
-Zawzanī M. b. Maḥmūd G II 198, S II 270
-Zawāwī Ya. b. ʿAbd al-Muʿṭī G I 302, S I 530
-Zayānī a. ʾl-Q. b. A. b. ʿA. b. Ibr. G II 507, S II 878
Zayd b. ʿAl. b. Masʿūd al-Hāshimī S I 699
a. Zayd ʿAr. al-Fāsī S I 805, II 354
a. Zayd ʿAr. al-Ṣabbāgh S II 351
a. Zayd ʿAr. al-Ziraf S II 708
a. Zayd b. A. al-ʿAnsī G I 402
a. Zayd A. b. Sahl al-Balkhī G I 229, S I 222, 408
Zayd b. ʿA. S I 313
a. Zayd al-Fāsī S II 340
a. Zayd al-Hilālī S II 905
a. Zayd al-Ḥ. al-Sīrāfī S I 405
a. Zayd b. Isḥāq al-ʿIbādī al-Ṭabīb S I 956
a. Zayd al-Jazūlī (ʿAr. b. ʿAffān) G I 178
Zayd al-Khayl S I 70
b. a. Zayd al-Qayrawānī a. M. ʿAl. G I 177, S I 300
a. Zayd al-Qurashī G I 19, S I 38
Zayd b. Raslān S II 965
Zayd b. Rifāʿa al-Kātib G I 213, S I 180
a. Zayd Saʿīd b. Aws al-Anṣārī G I 104, S I 162
Zayd b. Ṣāliḥ b. a. ʾl-Rijāl S II 546
b. Zaydūn A. b. ʿAl. b. Ghālib G I 274, S I 485
b. Zayla al-Ḥu. b. Ṭāhir al-Iṣfahānī G I 455, 458, S I $821_{,68mm}$, 829
-Zaylaʿī ʿAl. a. Bakr b. M. b. ʿĪsā S II 232
-Zaylaʿī ʿAl. b. Yū. G I 291, S I $509_{,4}$
-Zaylaʿī ʿUthmān b. ʿA. b. Miḥjan G II 78, 196, S II 86, 265
Zayn al-ʿābidīn S I 847
Zayn al-ʿābidīn b. ʿAq. al-Anṣārī S I 771, II $118_{,15}$
Zayn al-ʿābidīn ʿAr. al-Muwaqqit S I $798_{,178}$
Zayn al-ʿābidīn b. ʿA. b. A. al-Maʿbarī al-Malībārī S II 311
Zayn al-ʿābidīn ʿA. b. al-Ḥu. al-Sajjād S I 76
Zayn al-ʿābidīn b. ʿA. b. Mūsā b. Walī S II 570
Zayn al-ʿābidīn Ghulām M. al-ʿAbbāsī al-Bahārī al-Jawnfūrī S II 958
Zayn al-ʿābidīn b. Ibr. b. Nujaym al-Miṣrī G II 191, 193, 225, 226, 310, S II 92, 264, 266, 425
Zayn al-ʿābidīn b. al-Karbalāʾī Muslim al-Māzandarānī S II 836
Zayn al-ʿābidīn b. M. al-Ḥusaynī S I 929
Zayn al-ʿābidīn M. Pattanī S II 353
Zayn al-ʿābidīn b. Muḥyi ʾl-Dīn b. Walī al-Dīn al-Anṣārī al-Sanīki S I $440_{,n}$
a. Zayn al-ʿābidīn b. Mukhtār b. A. b. a. Bakr al-Kuntī al-Wāfī S II A/C 895
Zayn al-ʿābidīn Nūrī S II 589
Zayn al-ʿābidīn al-Sanūsī S III 498
Zayn al-ʿābidīn b. Sarī al-Dīn al-Durrī al-Mālikī S I 676, see Zayn al-Dīn
Zayn al-ʿābidīn Yū. b. A. b. M. al-Jazarī S II 276
Zayn al-ʿābidīn Yū. b. M. al-Kūrānī G II 215, S II $303_{,q}$, 659
Zayn al-Dīn ʿAbd al-Ṣamad S I 808
Zayn al-Dīn b. A. b. ʿA. b. al-Ḥu. b. ʿA. al-Shuʿaybī S II A/C 177
Zayn al-Dīn b. ʿA. b. A. al-Shaʾmī al-ʿĀmilī al-Shahīd al-Thānī G I 406, II 108, 325, S I 712, II 131, 207, 449
Zayn al-Dīn ʿA. ʿArab S II A/C 592
Zayn al-Dīn b. Ghazzāl b. Zayn al-Dīn ʿA. b. A. al-Malībārī G II 221, 417, S II 604
Zayn al-Dīn a. Hurayra ʿA. b. ʿAbd al-Salām al-Shāfiʿī S II 357
Zayn al-Dīn al-ʿIrāqī ʿAbd al-Raḥīm b. Ḥu. G II 65, S II 69

Zayn al-Dīn al-Iṣfahānī S I 793,f
Zayn al-Dīn b. al-Kharrāṭ S II 8
Zayn al-Dīn al-Maʿbarī G II 416, S II 599
Zayn al-Dīn a. ʾl-Makārim M. al-Bakrī al-Ṣiddīqī S II 462
Zayn al-Dīn al-Marāghī a. Bakr b. al-Ḥu. G I 360, II 172, S I 613, II 221
Zayn al-Dīn al-Marṣafī S II 185,81
Zayn al-Dīn b. M. b. A. al-Buṣrawī S II 223
Zayn al-Dīn M. Jibrīl al-Miṣrī S II 333,15
Zayn al-Dīn M. Sarī al-Dīn al-Durrī S II 154, see Zayn al-ʿābidin
Zayn al-Dīn Sunbāwa G II 251
Zayn al-Dīn Ṣadaqa S I 817
Zayn al-Dīn b. Yūnus al-Baghdādī S I 766
Zayn al-Marṣafī al-Ṣayyād al-Shāfiʿī S II 727
Zayn M. b. a. ʿAbd al-Ṣamad b. ʿĪsā S II 921
Zaynab Fawwāz S III 175
-Zaynabī ʿAbd al-Majīd b. ʿA. G II 490, S II 747
-Zaynabī Ṭarrād b. M. al-ʿAbbāsī S I 603
Zaynīzāde G I 305,23, S I 504,29
Zaynīzāde Ḥu. b. A. S II 656
Zayyān b. Māʾid al-Zawāwī S II 926
-Zayyāt G I 115
b. al-Zayyāt M. b. M. b. ʿAl. G II 131, S II 162
b. al-Zayyāt al-Tādalī Yū. b. Ya. S I 558
-Zayyātī S II 960,18, Ḥ. b. Yū S II 354,k
Zeno S I 957
-Ziftāwī ʿAl. al-Khaṭīb G II 276, S II 385
-Zīlī A. b. M. al-Sīwāsī S II 630
Zīrakzāde M. Ef. al-Ḥusaynī S II 425,m
b. Ziyād ʿAr. b. ʿAbd al-Karīm G II 404, S II 555
Ziyād al-Qāḍī al-Andalusī S I 470
Ziyād b. Salmā al-Aʿjam G I 60, S I 92
Ziyāda b. Ya. al-Naṣb al-Raʾsī S II 459
b. Ziyān al-ʿAbdwādī Mūsā b. Yū. S II 363
-Zubaydī M. b. al-Ḥ. S I 203
Zubayr b. A. a. ʿAl. S I 174
Zubayr b. A. b. Ibr. b. al-Zubayr al-Thaqafī al-Qāḍī a. ʾl-Q. S II 1025
Zubayr b. A. b. S. al-Zubayrī G I 180, S I 306
Zubayr b. Bakkār G I 141, S I 215
b. Zuhayr S II 1013
Zuhayr b. Ḥ. b. ʿA. al-Sarakhsī S I 585
Zuhayr b. M. al-Muhallabī Bahāʾ al-Dīn G I 264, S I 465
b. Zuhayr al-Shāfiʿī S I 742
Zuhayr b. a. Sulmā G I 23, S I 47
-Zuhayrī A. b. al-Ḥ. b. ʿAr. S II 547
b. Zuhr ʿAbd al-Malik b. Marwān G I 486, S I 890
Zuhr b. ʿAbd al-Malik b. M. b. Marwān b. Zuhr G I 489, S I 889
b. Zuhra al-Ḥalabī Ḥamza b. ʿA. S I 710
-Zuhrī M. b. a. Bakr G I 476, S I 876
-Zuhrī M. b. Muslim G I 65, S I 102
-Zujājī Yū. b. ʿAl. G I 127
-Zūkārī Maḥmūd b. M. G II 290
b. Zūlāq al-Layṭī S I 230
b. Zumruk M. b. Yū. al-Ṣurayḥī G II 259, S II 730
b. Zunbul A. b. ʿA. b. A. G II 43, 298, S II 409
b. Zuqqāʿa Ibr. b. M. b. Bahādur S II 8
a. Zurʿa ʿAr. b. ʿĀmir al-Naṣrī S I 208
a. Zurʿa al-ʿIrāqī G I 181
a. Zurʿa ʿĪsā b. Iṣhāq G I 208, S I 371
b. Zurayq G I 103
-Zurayq Ḥ. b. M. b. ʿA. S II 558
b. Zurayq M. b. ʿA. b. Ibr. al-Khayrī S II 157
-Zurqānī G I 35, 173
-Zurqānī ʿAbd al-Bāqī b. Yū. G II 316, S II 438
-Zurqānī M. b. ʿAbd al-Bāqī G II 318, S II 439
Zuruklī (Zarkalī) Khayr al-Dīn S III 235, 357
b. Ẓafar M. b. ʿAl. b. M. al-Ṣaqalī G I 351, S I 595
a. Ẓāfir ʿA. al-Azdī S I 553
Ẓāfir b. al-Q. al-Ḥaddād al-Judhāmī G I 260, S I 461
Ẓāhir al-Ḥaddādī al-Buḫārī S I 593, see Ṭāhir b. M. b. A. Naṣr
b. Ẓahīra M. b. M. b. ʿA. S II 40
Ẓahīrallāh b. M. Walī b. Ghulām Muṣṭafā S II 290,δ
-Ẓāhirī Khalīl b. Shāhīn G II 135, S II 165
b. Ẓuhayra al-Makhzūmī a. Bakr b. ʿA. b. M. G II 175, S II 225
b. Ẓuhayra M. b. ʿAl. Amīn al-Qurashī G II 381, S II 514
Ẓuhūrallāh b. M. Walī b. Muftī Ghulām Muṣṭafā al-Laknawī S II 621

Index of Works

Aʿājīb al-akādhīb fi 'l-radd ʿala 'l-Naṣārā S II 804
-Aʿāṣīr S III 449
Aʿazz mā yuṭlab fī maʿrifat al-rabb etc. G I 401, S II 563
Ab wabn S III 233
-Ābāʾ wal-banūn S III 472
-ʿAbādila G I 447, S I 799,$_{128}$
-ʿAbarāt S III 202
-ʿAbarāt al-multahiba S III 454
ʿAbarāt al-sharq ʿala 'l-zaʿīm al-jalīl al-maghfūr lahu Saʿd Zaghlūl S III 335
ʿAbath al-shabāb S III 276
ʿAbath al-walīd G I 524, S I 454
Abaway al-nabī G II 395
-ʿAbbāsa ukht Hārūn al-Rashīd S III 279
ʿAbbāsa ukht al-Rashīd S III 190
-ʿAbbāsiyya S I 243,$_{17}$
-ʿAbbāsiyyāt S I 134
ʿAbd al-Bahāʾ wal-Bahāʾiyya S II 848
ʿAbd al-Bahāʾ wal-diyāna al-Bahāʾiyya S III 416
ʿAr. al-Nāṣir S III 190
Abdaʿ mā kān G II 398
-Abdāl G I 117
Abdāl al-adwiya G I 419
Abdāl al-adwiya wa-mā yaqūm maqām ghayrihā minhā S I 417
Abdāl al-ʿawālī S I 274, II 121,$_{16}$
ʿAbduh Bek S III 102
Abhā maqāma fi 'l-mufākhara bayna 'l-ghurba wal-iqāma S II 758, III 379
ʿAbhar al-ʿāshiqīn S I 735
-Abḥāth G I 365
-Abḥāth al-bāqiya S II 305
Abḥāth fī ʿilm al-bayān S II 249
-Abḥāth al-mufīda S II 208
-Abḥāth al-mukhallaṣa fī ḥukm kayy al-ḥimmaṣa S II 473,$_{34}$
-Abḥāth al-musaddada fi 'l-sunan al-mutaʿaddida S II 562
-Abḥāth fī taqwīm al-ḥadīth S II A/C 209
-Abḥur al-mustaḥsana S II 920
-ʿAbīr fī ʿilm al-taʿbīr S II 473,$_{28a}$
Abjadiyyat al-ʿulūm S II 860
Abyāt al-maʿānī G I 117, 122, S I 165, 180, 185, 758
Abkār al-abkār fī kashf al-ghiṭāʾ ʿan abkār al-afkār S II 631
Abkār al-afkār G I 393, S I 678, II 10
Abkār al-afkār wa-fākihat al-akhyār G II 303
Abkār al-afkār fī madḥ al-nabī al-mukhtār G II 17
Abkār al-afkār fi 'l-rasāʾil wal-ashʿār S I 486
Abkār al-ḥisān fī madḥ sayyid al-akwān S II A/C 784
Abkār al-maʿānī etc. G II 274, S II 385
Abniyat al-afʿāl G I 308, S I 540
ʿAbqar S III 453
ʿAbqariyyat al-sharīf al-Raḍī S III 305
Abṭāl al-Manṣūra S III 276
Abṭāl al-waṭaniyya S III 333
Abu 'l-ʿAlāʾ al-Maʿarrī S III 419
maʿa a. 'l-ʿAlāʾ al-Maʿarrī fī sijnihi S III A/C 301
Abu 'l-Hawl S III 439
Abū Naḍḍāra S III 266
Abū Nuwās shāʿir Hārūn al-Rashīd wal-Amīn S III 425
Abū Qalamūn S I 429
Abū Samrāʾ aw al-baṭal al-Lubnānī S II 382
Abū Tammām shāʿir al-khalīfa M. al-Muʿtaṣim billāh S III 426
Abu 'l-Ṭayyib al-Mutanabbī wa-mā lahu wa-mā ʿalayhi S I 140
Abūnā Sarjiyyūs wa-qiṣaṣ ukhrā S III 231
-Abwāb G I 105, S I 164, 343
-Abwāb wal-fuṣūl G II 316
Abwāb al-jinān wal-bashāʾir al-Riḍawiyya S II 794
Abwāb al-jinān al-mushtamila ʿalā rasāʾil thamān S II A/C 503
Abwāb al-kunūz S II 827
Abwāb mubāraka S II 848
Abwāb ʿalā raʾy al-ḥukamāʾ wal-falāsifa S I 369
Abwāb al-saʿāda fī asbāb (darajāt) al-shahāda G II 471,$_{50}$, S II 189, 169,$_{0}$
Abwāb al-taṣrīf S II 926
Abyāt al-ādāb S I 462

-Abyāt al-bayyināt S I 845
-Abyāt al-fakhriyya G II 164
Abyāt fī man yajibu 'l-īmān bihim min al-rusul S II 726
-Abyāt al-mu'āyāh S I 540
-Abyāt al-mu'tamad 'alayhā S I 659
- Abyāt al-nūrāniyya G II 348,$_{78}$
- Abyāt al-sā'ira S I 182
Adā' al-ḥuqūq fī ibdā' al-furūq S II 683
-Adab G I 81, S III 84
-Adab al-'aṣrī fī 'l-'Irāq al-'Arabī S III 493
Adab al-awṣiyā' G II 431, S II 502, 641
Adab al-dhikr S II 1002
-Adab fī 'l-dīn S I 751,$_{32a}$
Adab al-dunyā wal-dīn G I 386 (S I 668,$_{8}$)
Adab al-ḍayf G II 69
-Adab fī faḍā'il Rajab G II 396, S II 541,$_{53}$
-Adab al-ḥadīth S III 232
-Adab al-ḥayy S II 232
Adab al-Ḥijāz S II 808, III 497
-Adab fī ḥisān al-ḥadīth S I 724
Adab al-imlā' wal-istimlā' S I 565
-Adab al-jadīd fī 'l-shi'r wal-shā'ir min ta'līf wa-jam' S III 100, 307
fī 'l-Adab al-Jāhilī S III 290
-Adab al-kabīr S I 235
Adab al-kātib G I 122, S I 185
Adab al-khawāṣṣ fī 'l-mukhtār min balāghat qabā'il al-'Arab etc. S I 601
Adab al-lisān S II 828
Adab al-liyāqa S II 733
-Adab al-mufrad S I 264
Adab al-muftī G I 360
-Adab al-murabbī fī ḥayāt al-Mutanabbī S I 141
Adab al-murīd al-ṣadīq etc. S II 467,$_{60}$ see A/C
Adab al-murta'ā fī 'ilm al-du'ā' S II 131
-Adab wal-muruwwa S II 914
Adab al-nadīm G I 85, S I 137
Adab al-nafs S I 357
Adab al-nudamā' wa-laṭīf al-ẓurafā' S I 137
Adab al-nufūs S I 352
Adab al-qaḍā' S II 31, 109, 316 A/C, 424 A/C
Adab al-qāḍī G I 173, 346, II 99, 451,$_{49}$, S I 292, 305, 565, 639, 668, 669, II 643
Adab al-shiṭranj S I 506
Adab al-siyāsa wa-tabyīn al-ṣādiq etc. S I 596
Adab al-sulūk G I 439, S I 785
Adab al-sulūk fī 'l-khalwa S I 795,$_{22}$
-Adab al-ṣaghīr S I 236
Adab al-ṣuḥba G I 201
min al-Adab al-tamthīlī al-Yūnānī S III A/C 301
-Adab fī ta'rīf al-arab S II 118,$_{44}$
Adab wa-ta'rīkh S III 306
-Adab at-Tūnisī fī 'l-qarn al-arba' 'ashar S III 498
-Adab al-wajīz S I 236
Adab al-wazīr S I 668
Adab al-wuzarā' G I 463
-Ādāb G I 262, 284, 363, S I 129, 502, 592, 619
Ādāb i 'Abbāsī S II A/C 595
Ādāb al-akl wal-shurb etc. S II 417
Ādāb al-aqṭāb G II 334
Ādāb al-'Arab S II 767
Ādāb al-'Arab wal-Furs S I 583
Ādāb al-'Arab wat-Turk G I 342
Ādāb al-'Arabiyya fī 'l-qarn al-tāsi' 'ashar S III 428
Ādāb al-'aṣr S III 442
Ādāb al-baḥth G I 468, II 208, 451,$_{63}$, S II 209 A/C, 287, 433, 658 A/C, 727
-Ādāb al-bāqiya S II 305
Ādāb al-dhikr S II 1003,$_{64}$
-Ādāb al-dīniyya lil-khizāna al-Mu'īdiyya S I A/C 709
Ādāb al-dukhūl fī 'l-ṭarīq G II 122
Ādāb al-falāsifa G I 522, S I 368
Ādāb al-faqr wa-sarā'iruhu S I 955,$_{362}$
Ādāb al-fuqra S II 466,$_{51}$
-Ādāb al-ḥamīda wal-akhlāq al-nafīsa S I 218
Ādāb al-ḥukamā' G I 459, S I 829
Ādāb al-ḥukkām S II 109
Ādāb al-Islām S I 167
Ādāb al-khaṭīb S II 100
-Ādāb al-kubrā ādāb al-sharī'a S II 129
-Ādāb wa-makārim al-akhlāq S I A/C 320
Ādāb al-mu'allimīn S I 300
Ādāb al-muftaqir illa 'llāh S I 355
Ādāb al-mulūk S I 502, 946,$_{246}$
Ādāb al-munāẓara S II 587, 594 A/C
Ādāb al-murīd S II 467
Ādāb al-murīd li-marātib al-mulūk etc. S II 1008

Ādāb al-murīd wal-murād wa-ziyārat ahl al-ijtihād S II 149
Ādāb al-murīdīn G I 436, II 419, S I 356, 787,$_{14}$, II 618
Ādāb al-murīdīn fi 'l-taṣawwuf S I 780
Ādāb al-muta'allimīn wal-muḥaṣṣilīn S I 928,$_{22a}$
-Ādāb al-nāfi'a bil-alfāẓ al-mukhtāra al-jāmi'a S I 462
Ādāb al-nafs S II 1001,$_{46}$
Ādāb al-nāshi' S II 727
Ādāb al-nikāḥ S II A/C 592
Ādāb al-qaḍā' S I 528
Ādāb al-quḍāh S II 424
-Ādāb al-rafī'a S I 224
-Ādāb wal-raqā'iq S II 198,$_{324}$
-Ādāb al-saniyya al-Ḥifniyyā S II A/C 479
-Ādāb al-Sharīfiyya S II 305
-Ādāb al-shar'iyya G II 107, S II 129
Ādāb al-sulūk fi 'l-khalwa S I 795,$_{22}$
Ādāb al-sunan wal-akhlāq S II 795
Ādāb al-ṣalāt S II A/C 450
Ādāb ṣalāt al-layl S II 574 A/C, 802
Ādāb al-ṣuḥba wa-ḥusn al-'ushra S I 362
Ādāb al-taṣawwuf G II 166
Adabī S III 124
-Adabiyyāt al-'aṣriyya S III 201
'Adad aḥzāb al-Qur'ān G I 417
-'Adad al-ma'dūd fi 'l-muḥāḍarāt G I 352, S I 596
-'Adad al-mu'tabar G II 66
'Adad suwar wa-āy al-Qur'ān S I 330
-A'dād S I 271
-A'dād al-mutaḥābba S I 385,$_{16}$
-A'dād al-raḍiyya fi 'l-masā'il al-farḍiyya S II 751
A'dād al-'ulūm G II 141
Adall al-khayrāt wal-aqrab ila 'l-ḥasanāt etc. S II 940
Adāt al-fuḍalā' S II 258
A'dhab al-manāhil fī ḥadīth man qāla anā 'ālim fa-huwa jāhil S II 189,$_{169rr}$
A'dhab al-mashārib fi 'l-sulūk wal-manāqib S II A/C 469
'Adhāb al-qabr S I 356
-'Adhāra 'l-mā'isat etc. S III 176
'Adhb al-salsabīl fī ḥall alfāẓ Khalīl S II 99
'Adhb al-ṣāfī fī tashīl al-qawāfī S II 782
-Adhkār S II 152
Adhkār al-adhkār G II 147, S I 685
-Adhkār al-'aliyya etc. S II 1000,$_{38}$
Adhkār al-ḥuqūq wal-ruhūn S I 293,$_{14}$
Adhkār al-Nawawī G I 397
Adhkār Qāytbāy G II 123
Adhkār al-Qur'ān G I 414
'Adhrā' Dānishwāy S III 229
'Adhrā' Quraysh S III 190
'Adhrā' al-wasā'il G II 464, S II 711
'Adhrā' al-Yābān S III 229
-Adīb S III 294
-'Ādilī G II 170
-'Ādiliyyāt G I 262
-Adilla S II 951
-Adilla fī ithbāt al-ahilla S II 103,$_{31}$
-Adilla min jumlat etc. S II 428
-Adilla 'ala 'llāh G I 186
-Adilla fi 'l-masā'il al-fiqhiyya S I 686
Adillat mu'taqad a. Ḥanīfa G II 395
Adillat al-naḥw wal-uṣūl S I 495
-Adilla al-rasmiyya fi 'l-ta'ābi 'l-ḥarbiyya S II 167
Ad'iya wa-'azā'im S I 357
-Ad'iya al-manthūra G II 90
-Ad'iya al-mu'adda 'inda 'l-karab wal-shidda G I 397
-Ad'iya al-muntakhaba fi 'l-adwiya al-mujarraba G II 232, S II 324
Ad'iyat sā'āt al-layl wal-nahār S I 911
Ad'iya wa-ṣalawāt mukhtalifa S II A/C 476
-Ad'iya al-thalāthūn S II A/C 209
-Ad'iya al-wāqi'a fi 'l-Jāmi' al-ṣaghīr S II 184,$_{56d}$
-'Adl wal-iqsāṭ G II 445, S II 663
-'Adl wal-tawḥīd G I 186
Adna 'l-ghāyāt fī 'ilm al-mīqāt S II 1017
-Adwār G I 496
-Adwār wal-īqā' S I 906
Adwār al-mansūb S I A/C 844
Adwār fi 'l-mūsīqī S I A/C 907
Adwār wal-ulūf S I 395
-Adwiya al-mufrada G I 485, 486, 488, 496, S I 884 A/C, 889, 895
-Adwiya al-mufrada wa-kayfiyyat akhdhihā wa-ṣīghatihā S I 893
-Adwiya al-murakkaba S I 895
-Adwiya al-mushila wal-'ilāj bil-ishāl G I 232, S I 366
Adwiya i qalbiya S II A/C 592

-Adwiya al-shāfiya G I 451
Adwiyat al-tiryāq G I 237
Adyān al-ʿArab S I 946,$_{245}$
-Aʿḍāʾ al-ālima S I 368
-Aʿḍāʾ wal-nafs S I 356
-Aḍdād G I 103, 105, 117, 119, 361, 514, S I 161, 167, 190, 614
-Aḍdād wal-ḍidd fi ʾl-lugha S I 167
Aḍghāth aḥlām S III A/C 230
-ʿAḍudī S I 176
-ʿAḍudiyya fi ʾl-istiʿārāt S II A/C 291
-ʿAḍudiyya, sharḥ Mukhtaṣar al-muntahā S I 537
-Aḍwāʾ al-bahija fī ibrāz daqāʾiq al-munfarija G II 100,$_{18}$, S I 474
Aḍwāʾ al-kawākib G I 470
-ʿAfāf ʿan waḍʿ al-yad etc. G II 397, S II 541,$_{66}$
Afāʿi ʾl-firdaws S III 367
-Afʿāl G I 151, 308, S I A/C 222
Afʿāl al-ʿibād G II 218
-Afʿāl wal-infiʿālāt G I 456,$_{58}$, S I A/C 828
Afʿāl al-ṭabāʾiʿ S I 245,$_{16}$
Āfāt aṣḥāb al-ḥadīth S I 918,$_{29c}$
Āfāt al-madaniyya al-ḥāḍira S III 386
-Afdān aw ʿatharāt al-qadar S III 233
Afḍal al-fiqh S II 270
Afḍal al-hayʾāt S I 369, 421
Afḍal al-qirā S I 471
Afḍal al-ṣalawāt ʿalā sayyid al-sādāt S II 764,$_{22}$
ʿĀfiyat al-bariyya fī sharḥ al-Dhahabiyya S II 593
-ʿĀfiya, sharḥ al-Shāfiya S I 536
-Afkār al-marʿiyya fī uṣūl al-ṭarīqa al-Rifāʿiyya S II 869
-Aflādh al-zabarjadiyya S III 346
-Aflāk al-dawriyya ʿala ʾl-kawākib al-durriyya S I A/C 470
-Afṭasiyya fī nasab baʿḍ al-sāda S II 840
-ʿAfw inda ʾl-maqdara S II 417
-ʿAfw wal-ṣafḥ S I 245,$_{58}$
-Afyūniyya S II A/C 592
-Aghānī G I 21, 49, 78, 146, S I 43, 223, 226
Aghānī wa-anāshīd S III 121
Aghāni ʾl-darwīsh S III 447
Aghāni ʾl-kūkh S III 171
Aghāni ʾl-layl, majmūʿat qiṣaṣ ijtimāʿiyya S III 231, 387
Aghānī Rāmī S III 130
-Aghānī al-shaʿbiyya fī shuʿūb al-aghniya S II 805, III 496
Aghāni ʾl-ṣibā S III 358
-Aghānī al-waṭaniyya S III 347
Āghāz u anjām S I 928,$_{22e}$
-Aḥādīth al-abāṭil wal-manākīr etc. S I 623
-Aḥādīth fi ʾl-adwiya wal-aṭʿima wal-ashriba S II 946,$_{178}$
Aḥādīth al-aḥkām S I 649
Aḥādīth al-arbaʿīn S I 248
-Aḥādīth al-arbaʿīn allatī rawatha ʾl-kadhaba G I 356
-Aḥādīth al-arbaʿīn fī amthāl afṣaḥ amīn S II 764,$_{14}$
-Aḥādīth al-arbaʿīn fī faḍāʾil sayyid al-mursalīn S II 764,$_{15}$
-Aḥādīth al-arbaʿīn al-musāwāt bi-nisab al-thiqāt S II 262
-Aḥādīth al-arbaʿīn al-mutabāyināt al-isnād G II 76
-Aḥādīth al-arbaʿīn al-tusāʿiyyāt G II 75
-Aḥādīth al-arbaʿīn ʿalā ṭarīq ḥurūf al-tahajjī S II 612
-Aḥādīth al-arbaʿīn fī wujūb ṭāʿat amīr al-muʾminīn S II 764
-Aḥādīth al-ʿawāl min Tahdhīb al-kamāl S I 606
-Aḥādīth al-ʿawālī G I 366, S II 80
Aḥādīth faḍāʾil amīr al-muʾminīn ʿA. b. a. Ṭālib S II 969,$_{7}$
Aḥādīth fī faḍl Iskandariyya wa-ʿAsqalān G I 360
Aḥādīth a. Ḥanīfa S I 286
-Aḥādīth al-ḥisān fī faḍl al-ṭaylasān S II 189, 169,$_{dd}$
-Aḥādīth al-ilāhiyya G I 365
Aḥādīth al-majd wal-wajd S III 423
-Aḥādīth al-marwiyya S I 814,$_{13,\ a}$
-Aḥādīth al-mawḍūʿa allatī yarwīha ʾl-ʿāmma G I 399
-Aḥādīth al-mawḍūʿāt G I 361, S II 540,$_{11}$
Aḥādīth mukhtalifa S II 85
Aḥādīth multaqaṭa min al-Tamyīz al-ṭayyib S II 32
-Aḥādīth al-munīfa G II 151,$_{47}$
-Aḥādīth al-musalsalāt G II 147,$_{49}$
Aḥādīth mushkila G I 361
-Aḥādīth al-Mustaʿṣimiyyāt S I A/C 589
-Aḥādīth al-nāfiʿa S II A/C 581

Aḥādīth al-nuzūl S I 275
Aḥādīth wa-qiṣaṣ S III 231
-Aḥādīth al-Qudsiyya G I 442, II 232, 306, S I 792,$_{7}$, II 523
-Aḥādīth al-Qudsiyya wal-kalimāt al-insiyya S II 539
Aḥādīth raf' al-yadayn S II 107
-Aḥādīth al-Rataniyya S I 626
Aḥādīth al-shitā' G II 152, S II 188,$_{163}$
Aḥādīth al-ta'līq G I 504
Aḥādīth al-tawḥīd wal-radd 'ala 'l-shirk S II 49
-Aḥādīth al-ṭiwāl S I 279
-Aḥādīth al-'ushāriyyāt G II 67
Aḥādīth wārida fī 'l-tashahhud wal-janā'iz etc. S II 190, 169,$_{sss}$
Aḥādīth yawm 'āshūrā' G II 288
-Aḥadiyya G I 446,$_{108}$
-Aḥājī wal-alghāz G II 368
Aḥāsin al-akhbār fī maḥāsin al-sab'a al-akhyār etc. S II 88
Aḥāsin al-kalām wa-maḥāsin al-kirām S II 913
Aḥāsin kalim al-nabī G I 286,$_{28}$, S I 501
Aḥāsin al-maḥāsin G I 286, S I 501, 594, 617, 830
Aḥāsin al-maḥāsin, mukhtaṣar Ṣifat al-safwa G I 362, II 31
-Aḥjār G I 243
-Aḥjār wal-kharaz wa-manāfi'uhā S I 432
-Aḥkām G I 371, S I 636
Aḥkām al-adwiya al-qalbiyya G I 457, S I 827,$_{86}$
Aḥkām ahl al-dhimma S II 363
Aḥkām al-ākhira S I A/C 706
-Aḥkām al-'Alā'iyya G I 508
Aḥkām 'alā anwā' al-masā'il S I 392
Aḥkām al-arḍ S II 954,$_{66}$
Aḥkām al-asās G II 369
Aḥkām al-awānī min al-dhahab wal-fiḍḍa S II 837
Aḥkām al-awānī wal-ẓurūf etc. G II 94, S II 11,$_{7}$ (to be read thus)
Aḥkām al-awqāf S I 637
Aḥkām al-Dāmaghānī S I 864
Aḥkām al-daraj lil-mawālīd S I A/C 383
-Aḥkām al-dīniyya G II 376, S II 507
Aḥkām fī 'l-fiqh al-Ḥanafī G I 372
Aḥkām al-firāsa S I A/C 161
Aḥkām al-ḥayḍ wal-nafas etc. S II A/C 555
Aḥkām al-ḥukkām G I 393
Aḥkām al-iḥtisāb S II 978,$_{74}$
Aḥkām al-īmān S II 837
Aḥkām al-'iqyān etc. S II 188,$_{49}$
Aḥkām ittiṣālāt al-qamar bil-kawākib fī 'l-burūj S I 389
-Aḥkām al-Ja'fariyya fī 'l-aḥwāl al-shakhṣiyya S II 806
Aḥkām Jāmāsp S I 867
Aḥkām al-janā'iz S II 952,$_{49}$
Aḥkām al-jihād G I 431
Aḥkām al-khawātīm wa-mā yata'allaq bihā S II 130
Aḥkām al-khunthā G II 91, 317, S II 107
-Aḥkām al-kubrā G I 356, S I 634, II 960,$_{19}$
Aḥkām kull wa-mā 'alayhi yadull S II 103
Aḥkām lā siyyamā G II 324
Aḥkām al-madhāhib fī aḥkām al-liḥā wal-shawārib S II 746
Aḥkām al-mawālīd S I 960, 395
Aḥkām al-mawtā G II 85
Aḥkām al-mu'allimīn wal-muta'allimīn S I 302
Aḥkām al-muba''aḍ G II 85, S II 100
Aḥkām al-mudayyan S II 838
-Aḥkām al-mukhiṣṣa (mukhliṣa) fī ḥukm mā' al-ḥimmiṣa G II 313,$_{8}$, 365,$_{4}$, S II 431,$_{8}$
-Aḥkām al-mulakhkhaṣa fī ḥukm kayy al-ḥimmiṣa S II A/C 476
-Aḥkām al-mulakhkhaṣa fī ḥukm mā' al-ḥimmiṣa S II 431
-Aḥkām mulūkiyya etc. S II A/C 167
Aḥkām al-Nawāṣir S II A/C 503
Aḥkām al-naẓar S II 127,$_{38}$
Aḥkām al-nisā' G II 85, S II 323 A/C
Aḥkām al-nujūm S I 396
Aḥkām al-Qarāmiṭa S I A/C 556
Aḥkām al-qirā'āt wal-tajwīd S II 451
Aḥkām al-qirānāt S I 395
Aḥkām al-Qur'ān G I 191, 384, 390, 413, S I 335 A/C, 619, 663, 674, 732
-Aḥkām al-shar'iyya fī 'l-aḥwāl al-shakhṣiyya S II 740
-Aḥkām al-shar'iyya fī 'l-mawārīth al-Ja'fariyya S II 804
Aḥkām sini 'l-mawālīd G I 222, S I 395
-Aḥkām al-sulṭāniyya G I 386, S I 668, 686, II 125, 139

-Aḥkām al-ṣaghāʾir fi ʾl-furūʿ G I 380, S I 653
Aḥkām al-Ṣaḥīḥayn S I 266
-Aḥkām al-ṣamdāniyya S II 646
Aḥkām Ṣanʿāʾ wa-Zabīd S I 528
Aḥkām al-ṣibā G I 399, S I 690
-Aḥkām al-ṣughrā S I 634
-Aḥkām fī taḥwīl al-nujūm S I A/C 396
Aḥkām al-tamannī G II 92
Aḥkām al-tawba S I 353
Aḥkām al-ʿuqūd S II 740
Aḥkām al-waqf S I 292, 960
Aḥkām al-wuqūf G I 173
-Aḥkām al-wuṣṭā S I 634
Aḥla ʾl-khabar min kalām sayyid al-bashar S II 931
-Aḥlām S III 453
Aḥlām al-nakhīl S II 175
Aḥlām fi ʾl-siyāsa etc. S III 195, 328
Aḥmad b. Ṭūlūn S III 190
Aḥmaduhumā aw al-burhān al-mubīn fī man yajib ittibāʿuhu min al-nabiyyayn S II 805
Aḥmas al-awwal aw ṭard al-ruʿāt S III 275
Aḥsan aḥādīth fī aḥkām al-mawārīth S II 801
Aḥsan al-aḥwāl fī taḥqīq mā huwa ʾl-rājiḥ etc. S II 854
Aḥsan al-aqwāl lil-takhalluṣ min makhṭūr al-suʾāl G II 313, S II 431,$_{41}$
Aḥsan al-ḥadīth fī aḥkām al-waṣāyā wal-mawārīth S II 801
Aḥsan mā samiʿtu G I 286, S I 501,$_{23}$
Aḥsan mā yamīl G II 690
Aḥsan al-maḥāsin S III 229
Aḥsan al-masālik li-akhbār al-Barāmik S II 637
Aḥsan al-qaṣaṣ fī tafsīr sūrat Yūsuf S II 853
Aḥsan al-qiṣaṣ S III 230
Aḥsan al-sulūk G II 409, S II 549
Aḥsan al-ṣalāt wa-aḥkām al-taḥiyyāt etc. S II A/C 535
Aḥsan al-talaqqī etc. S II 464
Aḥsan al-taqāsīm etc. G I 229, S I 411
Aḥsan al-taqwīm S I 793
Aḥsan al-wadīʿa S II 792, 808
Aḥsan al-wasāʾil fī naẓm asmāʾ al-nabī al-kāmil S II 764,$_{16}$
Aḥwāl aʿḍāʾ al-nafs S II 626
Aḥwāl ḥaḍrat Riḍā S II 573
Aḥwāl al-jinān etc. S II 1013,$_{156}$
Aḥwāl Makka wal-Madīna S I 649
Aḥwāl al-mutaʿallimīn etc. S I 277
Aḥwāl al-nafs G I 455,$_{32}$
Aḥwāl al-Nīl S II 196, 280
Aḥwāl al-qiyāma S I 346
Aḥwāl al-qubūr G II 107, S II 131,$_{47}$, 130 A/C
Aḥwāl al-shukhūṣ al-thamāniya S II 957,$_{97}$
Aḥwāl al-sulūk wa-shurūṭuhu S II 774
Aḥzāb al-sāda al-Shādhiliyya S II 1003,$_{69}$
ʿĀʾida S III 266
-Āʾīn S I 235,$_{3}$
Āʾīneʾi Shāhī S II 584
Aʿjab al-ʿajab S I 511
Aʿjab al-ʿujāb fī mā yufīd al-kuttāb S II 851
-ʿAjāʾib G I 521, S I 353
ʿAjāʾib al-akhbār ʿan Miṣr al-amṣār S II 910
ʿAjāʾib al-asfār G II 509, S II 886
ʿAjāʾib al-ashʿār wa-gharāʾib al-akhbār S I 460
ʿAjāʾib al-athar fi ʾl-tarājim wal-akhbār G II 480, S II 730
ʿAjāʾib al-badāʾiʿ G I 502
ʿAjāʾib al-baḥr S I 252
ʿAjāʾib al-baḥr wa-maḥāṣiluhu ʾl-tijāriyya S I 252, III 421
ʿAjāʾib al-bakht, qiṣṣat al-aḥad ʿashar wazīran wabn al-malik Ādarakht S III 382
ʿAjāʾib al-buldān G I 229, S I 882
ʿAjāʾib al-dunyā S I 575
ʿAjāʾib al-Hind G I 523, S I 221, 409
ʿAjāʾib al-ḥadathān S III 228
-ʿAjāʾib al-kabīr S I 574
ʿAjāʾib al-khalq S III 190
ʿAjāʾib al-makhlūqāt G I 478, 481, II 138, S I 878, II 1026,$_{2}$
ʿAjāʾib al-makhlūqāt wa-gharāʾib al-mawjūdāt S I 882
ʿAjāʾib al-malakūt G I 350, S I 592
ʿAjāʾib al-malakūt min al-Baḥr al-zakhkhār S II 245
ʿAjāʾib al-maqdūr fī nawāʾib Tīmūr G II 29, S II 25
ʿAjāʾib ʿulūm al-Qurʾān G I 504
Ajal naḥnu ʾl-shuʿarāʾ S III 414
-Ajinna li-Buqrāṭ S I 371
-Ajinna li-Buqrāṭ tafsīr Jālīnūs S I 886
Ajlā masānīd ʿala ʾl-raḥmān G II 485, S II 737
-Ajnās G I 105, S I 164

Ajnās al-jinās al-mulaqqab bil-Muraṣṣaʿ S II 257, 835
Ajnās min kalām al-ʿArab etc. G I 514, S I 166
-*Ajnās wal-tajnīs* G II 285, S I 500
Ajniḥat al-ghurāb S II 709
ʿalā Ajniḥat al-khayāl aw bayn alsinat al-nīrān S II 232
-*Ajniḥa al-mutakassira* S III 457
-*Ajr al-jazl fi ʾl-ghazl* G II 149, S II 186$_{,85}$
-*Ajsād al-sabʿa* S I 429$_{,70}$
-*Ajsām al-samāwiyya* G I 457$_{,71}$
-*Ājurrūmiyya* G II 237, S II 332
Ajwad al-taqrīrāt fī uṣūl al-fiqh S II 805
-*Ajwiba* G I 177, S I 300, 663, 798$_{,98a}$
-*Ajwiba al-ʿaliyya al-Masqaṭiyya* S II 837
-*Ajwiba al-ʿaqliyya li-ashrafiyyat al-sharīʿa al-Muḥammadiyya* S II 787
Ajwibat al-asʾila S II 578
-*Ajwiba ʿani ʾl-asʾila* S II 75$_{,59}$
Ajwibat al-asʾila al-Hindiyya S II A/C 508
-*Ajwiba ʿani ʾl-asʾila fī karāmāt al-awliyāʾ* G II 330
Ajwibat asʾila fi ʾl-mawt wal-qubūr S II 458, 467
Ajwiba wa-asʾila fi ʾl-nafs wal-ʿaql S I 584
-*Ajwiba ʿani ʾl-asʾila al-Ṣaqaliyya* G I 465, S I 844
Ajwiba ʿalā asʾila waradat ʿalayhi fī faḍāʾil al-Fātiḥa wal-Ikhlāṣ wa-baʿḍ masāʾil mushkila S II 120$_{,10}$
Ajwibat al-asʾila al-wārida ʿani ʾl-ziwāj wal-banīn wal-banāt S II A/C 421
-*Ajwiba al-dhakiyya ʿani ʾl-alghāz al-Subkiyya* S II 194, 263$_{,d}$
-*Ajwiba al-fāʾiqa* S I 798$_{,98}$
-*Ajwiba al-fākhira ʿani ʾl-asʾila al-fājira* S I 665
-*Ajwiba al-fākhira raddan ʿani ʾl-milla al-kāfira* G I 385, S I 892
-*Ajwiba al-Ghazzāliyya* S I 755$_{,64}$
-*Ajwiba al-Ghazzāliyya fi ʾl-masāʾil al-ukhrawiyya* G I 421, S I 747$_{,16}$
-*Ajwiba al-ḥasana ʿani ʾl-asʾila al-yamana* S II A/C 978
Ajwibat al-Injīliyyīn S II 779
-*Ajwiba al-ʿiqyāniyya ʿala ʾl-asʾila al-Sufyāniyya* S I 704
-*Ajwiba al-ʿIrāqiyya ʿani ʾl-asʾila al-Īrāniyya* S II 786
-*Ajwiba al-ʿIrāqiyya ʿani ʾl-asʾila al-Lahūriyya* G II 714, S II 786
Ajwibat ʿani ʾl-ishkālāt ʿan iʿtirāḍāt S I 817$_{,d}$
-*Ajwiba al-jaliyya ʿani ʾl-asʾila al-khafiyya* S II 12
-*Ajwiba al-jaliyya li-ḥadd al-daʿawāt al-Naṣrāniyya* S II A/C 459
-*Ajwiba al-jaliyya ʿani ʾl-masāʾil al-khafiyya* S II 473
-*Ajwiba al-jaliyya fi ʾl-uṣūl al-naḥwiyya* S II 332
-*Ajwiba al-lāʾiqa* G I 446$_{,98}$
-*Ajwiba al-Madaniyya ʿani ʾl-īrādāt al-Makkiyya* S II 525
-*Ajwiba al-Makkiyya fi ʾl-alghāz al-Yāfiʿiyya* S II 228
-*Ajwiba al-marḍiyya ʿan aʾimmat al-fuqahāʾ al-Ṣūfiyya* G II 338, S II 466$_{,28}$
-*Ajwiba al-marḍiyya ʿani ʾl-asʾila al-Makkiyya* G II 404, S II 71
-*Ajwiba al-marḍiyya ʿani ʾl-asʾila al-naḥwiyya* G II 85
-*Ajwiba al-marḍiyya ʿammā awradahu Kamāl al-Dīn b. al-Humām* S II 92
-*Ajwiba ʿani ʾl-masāʾil al-sitta fi ʾl-uṣūl* S II 476$_{,134}$
Ajwibat al-masāʾil al-wārida ʿalayhi min Rayy S I A/C 706
-*Ajwiba al-Miṣriyya* S II 439
-*Ajwiba al-mudaqqaqa ʿala ʾl-asʾila al-muḥaqqaqa* S II 878
-*Ajwiba al-mufīda ʿala ʾl-asʾila al-ʿaliyya* G II 339, S II 468$_{,7}$
-*Ajwiba al-mufīda ʿala ʾl-suʾālāt al-ḥamīda* S II 562
Ajwiba muḥaqqiqa ʿan asʾila mufarraqa S II 773$_{,4}$
-*Ajwiba al-muḥarrara li-asʾilat al-barara* G II 318, S II A/C 542
-*Ajwiba al-muḥarrara fi ʾl-hayḍa* G II 395$_{,27}$
-*Ajwiba al-muḥarrara ʿani ʾl-masāʾil al-wārida min bilād Mahra* G II 404
-*Ajwiba al-murattaba ʿala ʾl-asʾila al-ukhrawiyya* S II 458
-*Ajwiba al-muskina* G I 422
-*Ajwiba al-muskita* S I 189
-*Ajwiba al-muskita ʿani ʾl-asʾila al-mushkila* (*mubhita*) S I 748$_{,25}$

-Ajwiba al-muskita ʿan masāʾil al-samāʿ al-mubhita S II A/C 404
-Ajwiba al-Nāṣiriyya fī baʿḍ masāʾil al-bādiya S II 962,$_{39}$
Ajwibat al-nawāzil S I 666
-Ajwiba al-Nūrāniyya S II 704
-Ajwiba al-qāṭiʿa li-ḥujaj al-khuṣūm al-wāqiʿa fī kull al-ʿulūm S I 809,$_{12}$
-Ajwiba al-rāḍiya al-marḍiyya S I A/C 648
Ajwibat a. Sālim Ibr. b. Hilāl S II 348
Ajwibat b. Samnūn al-Mālikī S I 663
Ajwibat suʾālāt al-fāḍil Miqdād S II 210
Ajwibat b. Sūda S II 689
-Ajwiba al-Suhrawardiyya S III 496
-Ajwiba al-Taydiyya fī madhhab al-sāda al-Mālikiyya S II 959,$_{5}$
Ajwiba ʿan thalāth masāʾil S II 615
-Ajwiba al-ṭibbiyya wal-mabāḥith al-ʿAlāʾiyya S I 890
-Ajwiba al-wāḍiḥat al-dalāla fī taʿabbudihi qabla ʾl-risāla S II 930
Ajwiba fī ʾl-waqf G II 393, S II 537
-Ajwiba al-zakiyya ʿani ʾl-alghāz al-Subkiyya S II A/C 192
-Ajwiba al-zakiyya ʿan taʾakhkhur al-ʿamal wa-taqaddum al-niyya S II 75,$_{58}$
-Ajyāl S III 342
-Ajzāʾ al-khabariyya G I 209
Ākām al-ʿiqyān G II 151,$_{149}$
Ākām al-marjān G II 75
Ākām al-marjān fī aḥkām al-jānn G II 82
Ākām al-marjān fī dhikr al-madāʾin al-mashhūra bi-kull makān S I 405
Ākām al-nafāʾis fī adāʾ al-adhkār bilisān Fāris S II 857
-Akfāʾ G I 186
-Akh al-ghādir S III 229
Akhāʾir al-dhakhāʾir fī ansāb al-akābir S II 859
Akhaṣṣ al-khawāṣṣ S II 618
-Akhbār (kayfa taṣiḥḥu) S I 242,$_{14}$, II 929 A/C
Akhbār Abān al-Lāḥiqī S I 219
Akhbār ʿAr. b. Marwān al-Jalīqī S I 231
Akhbār al-adhkiyāʾ G I 502, S I 916,$_{8}$, II 131, 947
Akhbār ʿAdī b. Musāfir S I A/C 777
Akhbār wa-afkār S III 383
Akhbār ahl al-Baṣra S I 209
Akhbār ahl al-rusūkh G I 503
Akhbār A. Pāshā al-Jazzār S II 770
Akhbār al-akhyār S II 603, 934
-Akhbār wal-anbāʾ bi-shaʿāʾir dhawi ʾl-qurba S II A/C 601
Akhbār al-anbiyāʾ G I 65
-Akhbār wal-ansāb G I 142, S I 216
Akhbār al-ʿaqaqa wal-barara S I 162
Akhbār aqṭāʿ al-Yaman S II 820
Akhbār wa-ashʿār wa-mulaḥ wa-fiqar etc. S I 598
Akhbār al-asrār S II 834
Akhbār al-aṭibbāʾ (mutaṭabbibīn) S I 229
Akhbār al-aʿyān fī jabal Lubnān S II 771
Akhbār a. ʾl-ʿAynāʾ S I 248
Akhbār a. Bakr b. Durayd S I 173
Akhbār al-Barāmika S II 414
Akhbār al-dawla S I 424
Akhbār al-dawla al-ʿĀmiriyya S I 578
Akhbār al-dawla al-Muʿizziyya S I 230
Akhbār al-dawla al-Saljūqiyya S I 555
Akhbār al-duwal wa-āthār al-uwal G II 301, S I 412
Akhbār al-Farazdaq S I 85
-Akhbār bi-fawāʾid al-akhyār G II 694, S I 360
Akhbār al-fuqahāʾ wal-ḥuffāẓ al-Andalusiyya G I 150
Akhbār wa-ghurar al-qiṣaṣ wal-āthār S I 604
Akhbār b. Harma G I 84
Akhbār al-Hind wal-Ṣīn G I 523
Akhbār al-Ḥallāj S I 219
Akhbār Ḥ. al-Baṣrī S I 690
-Akhbār wal-ḥikāyāt S II 912 see A/C
Akhbār al-ḥukamāʾ S I 586
-Akhbār al-ʿilmiyya fī ʾkhtiyārāt b. Taymiyya S II 120
Akhbār imāmat al-Bāqir S II 826
Akhbār al-jilād fī fatḥ al-bilād S II 178
Akhbār Khālid b. Ṣafwān S I 105
Akhbār khulafāʾ Bani ʾl-ʿAbbās S I 216
Akhbār al-luṣūṣ G I 21, 118
Akhbār al-Madīna S I 215, 216
Akhbār majmūʿa fī fatḥ al-Andalus S I 232
Akhbār Makka wal-Madīna wa-faḍlihā S I 630

Akhbār Makka al-musharrafa G I 137, S I 209
-Akhbār al-manthūra S I A/C 178
-Akhbār al-marwiyya S II 194, 251
-Akhbār al-marwiyya fī sabab waḍʿ al-ʿArabiyya G II 155
-Akhbār al-marwiyya fī taʾrīkh al-usar al-Sūriyya S III 385
Akhbār al-maʾthūra G II 154, S II 192,$_{230}$
Akhbār Miṣr wa-faḍāʾilihā G I 334, S I 572
Akhbār al-mughannīn S I 226
Akhbār al-mughannīn al-mamālīk S I 226
Akhbār M. b. Ibr. wa a. ʾl-Sarāyā S I 214
Akhbār al-Mukhtār G I 65
Akhbār mulūk al-Andalus S I 231
Akhbār al-mulūk wa-nuzhat al-malik wal-mamlūk S I 558
Akhbār al-mulūk al-Saljūqiyya S I 553
Akhbār al-mulūk B. ʿUbayd S I 555
Akhbār al-munajjimīn S I 229
-Akhbār al-mustafāda fī dhikr B. a. Jarāda S I 568
-Akhbār al-mustafāda min munādamat Shāhzāda S II 784
Akhbār al-muṣaḥḥifīn S I 193
Akhbār b. al-Muʿtazz S I 219
Akhbār al-naḥwiyyīn G I 325, S I 157, 559
Akhbār al-naḥwiyyīn al-Baṣriyyīn S I 942,$_{175}$
Akhbār al-nisāʾ G II 106, S II 126,$_{10}$
Akhbār al-Nūba S I 410
Akhbār al-nuḥāt S I 174
Akhbār a. Nuwās S I 184, II 15
Akhbār B. Qāsī wal-Tujībiyyīn S I 231
Akhbār al-qilāʾ S I 215
Akhbār al-qiyān S I 226
Akhbār al-quḍāt al-Miṣriyya G I 149
Akhbār al-quḍāt al-Qurṭubiyya G I 150
Akhbār al-quḍāt al-shuʿarāʾ S I 226
Akhbār al-quḍāt wa-taʾrīkhihim S I 225
-Akhbār al-Qurʾāniyya wal-āthār al-raḥmāniyya S II 506
Akhbār al-Rāḍī wal-Muttaqī S I 219
Akhbār al-rusul wal-mulūk G I 142, S I 217
Akhbār al-shuʿarāʾ G I 514, S I 122, 225, 880
Akhbār al-shuʿarāʾ al-Andalus S I 475
Akhbār al-shuʿarāʾ al-muḥaḍramīn S I 64
Akhbār al-shuʿarāʾ al-muḥdathīn S I 219
Akhbār al-shujʿān S I 553
Akhbār Sībawayhi ʾl-Miṣrī G I 149, S I 230
Akhbār al-siyar al-tāliya etc. S I 583
Akhbār Ṣiffīn S I 214
Akhbār a. Tammām G I 85
Akhbār al-tawwābīn S I 770
-Akhbār al-ṭiwāl G I 123, S I 187
Akhbār ʿU. b. ʿAbd al-ʿAzīz S I 274
Akhbār ʿU. b. Ḥafṣūn S I 231
Akhbār ʿummāl Miṣr G II 692
Akhbār ʿuqalāʾ al-majānīn G I 154, S I 250
Akhbār al-wāfidīn etc. S I 214
Akhbār al-Yazīdiyyīn S I 170
Akhbār al-Zajjājī S I 942,$_{170}$
Akhbār al-zamān G I 144, S I 220
Akhbār al-zamān wa-ʿajāʾib al-buldān S I 221
Akhbār al-Zaydiyya G II 699, S I 587
Akhdh al-thaʾr ʿalā yad al-sāda al-akhyār S I 102
Ākhir B. Sarrāj etc. S III 396
Ākhir al-zamān S I 248
-Akhlāq G I 152, 198, 289, 456,$_{38}$, S I 376
-Akhlāq ʿinda ʾl-Ghazzālī S III 302
Akhlāq ḥamalat al-Qurʾān G I 165
Akhlāq al-ikhwān etc. S I 812
Akhlāq ʿiẓām al-ʿulamāʾ S II 830
Akhlāq i Jalālī S II 307,$_{55}$
Akhlāq i Manṣūrī S II 593
Akhlāq wa-mashāhid S III 390
Akhlāq al-Matbūlī G II 338, S II 466
Akhlāq al-mulūk G I 183
Akhlāq al-mushajjar S I 372
Akhlāq al-nabī S I 198
Akhlāq i Nāṣirī G I 510, S I 928,$_{n}$
Akhlāq al-shuṭṭār S I 245,$_{67}$
Akhlāq al-ʿulamāʾ S I 274
Akhlāq al-umam S I 408
-Akhlāq wal-wājibāt fī ʾl-tarbiya al-akhlāqiyya wal-ijtimāʿiyya S III 435
Akhlaṣ al-khāliṣa G I 379, S I 652
-Akhlāṭ S I 368, 886
-Akhlāṭ li-Buqrāṭ S I 370
Akhnatūn firʿawn Miṣr S III 115
Akhṣar al-mukhtaṣarāt S II 448
Akhṣar al-mukhtaṣarāt ʿalā rubʿ al-muqanṭarāt S II 487
Akhṣar sīrat sayyid al-bashar S I A/C 198
-Akhṭār wal-marātib wal-ṣināʿāt S I 245,$_{64}$
-Akhyār wa-barakāt al-abrār G II 446

-*Akmal wal-aṭwal fi ʾl-tafsīr* G I 428, S I 762
-*Akmal fi ʾl-furūʿ* S I 639
Akmal al-ṣināʿa S II 626
-*Akwār wal-adwār* S II 324
-*Akyās wal-mughtarrīn* S I 356
-*Āla dhāt al-kursī* G II 359
-*Āla fī maʿrifat al-waqf wal-imāla* S II 205
-*Āla al-shāmila* S I 390
Ālāʾ al-raḥmān fī tafsīr al-Qurʾān S II A/C 807
al-ʿAlāʾiyya G II 211
-*ʿĀlam* S I 339
fī ʿĀlam al-adab S III 467
-*ʿĀlam al-aʿlā* G I 213
-*ʿĀlam al-Islāmī wal-ʿArab qabl al-Islām* S III 424
-*ʿĀlam al-jadīd aw al-ʿajāʾib wal-gharāʾib al-Amīrkiyya* S III 226
fī ʿĀlam al-ruʾyā S III 466
ʿĀlam al-sudūd wal-quyūd S III 140, 155
fī ʿĀlam al-tamthīl S III 264
-*ʿAlam* S III 333
ʿAlam al-dīn G II 713
ʿAlam al-hudā S I 910, II 978
ʿAlam al-hudā fī uṣūl al-dīn S II 995,55
-*ʿAlam al-khaffāq ilā ʿilm al-ishtiqāq* G II 504, S II 860
ʿAlam al-malāḥa fī ʿilm al-filāḥa G II 284, 348,69, S II 393
-*ʿAlam al-manshūr fī ithbāt al-shuhūr* S II 103
-*ʿAlam al-mufsad* G II 400
-*ʿAlam al-shāmikh fī īthār(tafḍīl) al-ḥaqq ʿala ʾl-ābāʾ wal-mashāyikh* S II 562
-*Aʿlām al-ʿaliyya fī manāqib shaykh al-Islām b. Taimiyya* S II 120
Aʿlām al-ʿIrāq S II 784, III 495
Aʿlām al-kalām S I 473
Aʿlām al-malāḥa S II 476, 135
Aʿlām al-Muqtaṭaf S III 215
Aʿlām al-nubuwwa G I 386, S I 187, 323, 668
Aʿlām qāmūs tarājim S III 235
ʿAlāmāt al-Madaniyya S III 493
-*ʿAlaq al-shamsī al-thānī* S II A/C 269
-*Aʿlāq al-ḥaẓīra (khaṭīra) fī dhikr umarāʾ al-Shaʾm wal-Jazīra* G I 482, S I 883
-*Aʿlāq al-nafīsa* G I 227, S I 406
Alasta hudā S III 47
-*Ālāt al-ʿajība al-raṣadiyya* S I 902
Ālāt al-aẓlāl S I 386
Ālāt al-jihād wa-adawāt al-ṣāfināt al-jiyād S I 530
Ālāt al-sāʿāt allatī tusammā rukhāmāt S I 385,29
-*ʿAlawiyyā* S III 82
-*Albāb al-bahiyya fī ʾl-tarākīb al-sulṭāniyya* G I 512, S I 932,55
Alf ghulām wa-ghulām G I 286 (352), S I 501,18
Alf jāriya wa-jāriya G I 352
Alf kalima min kalām amīr al-muʾminīn ʿA. b. a. Ṭālib S I A/C 75
Alf layla wa-layla G II 58, S I 572, II 59
Alf masʾala fī ʾl-radd ʿala ʾl-Mānawiyya S I 337
-*Alfayn* S II 204
-*Alfayn al-fāriq bayna ʾl-ṣidq wal-mayn* S II 208
-*Alfayn fī waṣf sādāt al-kawnayn* S II A/C 210
-*Alfāẓ* G I 117, S I 180, II 921
-*Alfāẓ al-Aflāṭūniyya* G I 211, S I 376
Alfāẓ al-ashbāh wal-naẓāʾir S I 195
-*Alfāẓ wal-ḥurūf* S I 376
-*Alfāẓ al-kitābiyya* G I 127
Alfāẓ al-kufr G II 80, 395, S II 88
-*Alfāẓ lil-kuttāb* G I 112, S I 174
-*Alfāẓ al-mughraba bil-alqāb al-muʿraba* S I 186
-*Alfāẓ al-mukhtalifa fī ʾl-alfāẓ al-muʾtalifa* G I 300, S I 526
-*Alfāẓ al-mutarādifa etc.* S I 175
Alfāẓ al-shumūl wal-ʿumūm S I 502
-*Alfāẓ al-ẓarīfa fī riḥlat al-ʿArab etc.* S II 64
-*Alfiyya* G I 298, S I 522
Alfiyyat al-durar fī ʿilm al-athar S II 188,169h
-*Alfiyya fī farḍ al-ṣalāt al-yawmiyya* S II 132
Alfiyyat al-funūn fī ʿishrīna fannan S II 829
-*Alfiyya fī gharīb al-Qurʾān* S II 70
Alfiyyat al-ʿIrāqī G I 359, S I 612
Alfiyyat al-maʿānī wal-bayān fī ʾl-badīʿ S II 397
-*Alfiyya fī muṣṭalaḥ al-ḥadīth* S II 188,169h
-*Alfiyya fī ʾl-naḥw* G I 298, S II 920
Alfiyyat al-sanad S II 399
Alfiyyat al-siyar S II 417

Alfiyyat al-tashbīb S II 182,30a
Alfiyyat al-taṣawwuf G II 349
-*Alfiyya al-ṭayyiba* S II 274
-*Alfiyya fī uṣūl al-ḥadīth* G II 66
-*Alfiyya fī uṣūl al-ṭibb* S I 823,81
-*Alfiyya al-Wardiyya* G II 141, S II 175
-*Alghāz* G II 24
-*Alghāz al-ʿAlāʾiyya fī alfāẓ al-Qurʾān* S II 452
-*Alghāz al-naḥwiyya* G II 27, S II 918
Alḥān al-ālām S III 165
Alḥān al-asā S III 178
-*Alḥān al-ḍāʾiʿa* S III 165
Alḥān al-sawājiʿ min al-nādī wal-rājiʿ G II 32, S II 28
-*Alḥāẓ fī wahm al-alfāẓ* S I 488
-*Alḥāẓ fī wahm al-alghāẓ* S II 496
ʿAlī Bek S III 43
ʿAlī al-ḥujja G II 378
-*Alif* S I 798,98a
-*Alif wa-huwa k. al-aḥadiyya* G I 446, S I 797,74
Alif bāʾ G I 310, S I 543
-*Alif wal-lām* S I 168
-*Alif al-ṣughrā* S I 370
-*Āliha* S III 114
Ālihat al-Yūnān S III 285
-*ʿĀlim wal-jāhil* S I 245,52
-*ʿĀlim wal-mutaʿallim* S I 274, 287, 375 A/C, 757, II 1015
-*ʿAliyya fī ajwibat al-masāʾil al-ʿAlawiyya* S II 586
Allati 'staqarra ʿalayha 'l-ḥāl thāniyan S II 427,40
-*Alqāb* S II 76,90
Alqāb al-ḥadīth S II 694
-*Alṭāf al-khafiyya* G I 318, S I 551
-*Alwāḥ* S I A/C 844
Alwāḥ al-basṭ S II 299
-*Alwāḥ al-ʿImādiyya* G I 438, S I 782
Alwiyat al-naṣr fī khiṣṣīṣā bil-qaṣr S II 194,263c
-*Amad ʿala 'l-abad* S I 864
Amal al-āmil G II 412, S II 578
-*Amal al-aqṣā* G I 175, S I 296
-*Amal al-aqṣā fī sharḥ al-asmāʾ al-ḥusnā* S I 733
-*Amal al-qawīm* G II 358
ʿAmal al-āla al-ʿāmma S I 390
-*ʿAmal bil-āla al-falakiyya al-maʿrūfa bidhāt al-ḥalaq* S I 868
ʿAmal āla tursam biha 'l-kawākib ʿalā saṭḥ mustawī S II A/C 484
ʿAmal al-asṭurlāb G I 472, 487, II 255, 357, S I 391, 394, 959
-*ʿAmal bil-asṭurlāb al-kurī* G I 204, S I 365, 955
-*ʿAmal bi-daqāʾiq ikhtilāf al-āfāq al-marʾiyya* G II 127
-*ʿAmal bi-dhāt al-ḥalaq li-Baṭlūmiyyūs* S I 393
ʿAmal al-ḍilʿ al-murabbaʿ G I 223
ʿAmal al-Fāsī S II 694
ʿAmal al-ʿilm S I 749,25,14
ʿAmal al-jamʿ wal-tadwīn etc. S II 525
-*ʿAmal bil-jayb al-ghāʾib* G II 255
-*ʿAmal bil-kura dhāt al-kursī* G I 204
-*ʿAmal bil-kura al-falakiyya* G I 204, S I 398, 955 ad 365
-*ʿAmal bil-kura al-falakiyya fi 'l-nujūm* S I 365
ʿAmal man ṭabba li-man ḥabba G II 263, S II 373
ʿAmal al-muqanṭarāt S II A/C 484
-*ʿAmal al-muṣaḥḥaḥ* G II 128
ʿAmal muthallath ḥādd al-zawāyā S I 388
-*ʿAmal al-muṭlaq wal-ʿamaliyyāt al-ʿāmma* S II 696
-*ʿAmal bi-rubʿ al-dāʾira* G II 129, 169
-*ʿAmal bi-rubʿ al-maqṭūʿ* G II 128
ʿAmal al-rubʿ al-mujayyab G II 128, 169, S II A/C 484
-*ʿAmal bi-rubʿ al-muqanṭarāt* G II 126, 358
ʿAmal al-rumḥ ʿala 'l-arḍ wal-faras S I 905
ʿAmal shakl mujassam dhī arbaʿ ʿashrat qāʿida S I 385,28
ʿAmal ṣaḥīfa jāmiʿa taqūm bihā jamīʿ al-kawākib al-sabʿa S I 889
-*ʿAmal bil-ṣaḥīfa al-zījiyya* G I 472, S I 862
-*ʿAmal bi-ṣundūq al-yawāqīt* G II 128
ʿAmal al-ṭilasm S II A/C 364
ʿAmal al-yawm wal-layla G I 165, II 150, 113, S I 274, 686, II 186, 113
Āmāl al-muḥibbīn aw Min al-kūkh ila 'l-qaṣr S III 231
Aʿmāl al-aʿlām G II 262, S II 372

-Aʿmāl al-handasiyya G I 224
Aʿmāl al-usbūʿ S I 912,14
Aʿmāl al-yawm wal-layla wal-usbūʿ wal-shuhūr wal-sana S II 795
Aʿmāl fī 'l-muʾtamar S III 48
-Amālī G I 110, 112, 118, 132, 305, 519, II 67
Amālī ʿAbd al-Jabbār S I 344
-Amālī fī 'l-aḥādīth S I 322
Amālī A. b. ʿĪsā b. Zayd b. ʿA. S I 314
Amāli 'l-Akhfash al-aṣghar S I 189
Amālī ʿA. ʿAbd al-Rāziq S III 329
Amālī al-Āmidī S I 172
Amālī b. al-ʿArābī S I 180
Amālī b. ʿAsākir S I 567
Amālī b. Bishrān S I 601
Amālī fī 'l-ḥadīth S I 707
Amālī b. Ḥajar al-ʿAsqalānī S II 75,57
Amālī b. al-Ḥājib S I 537
-Amālī al-Ḥalabiyya S II A/C 75
Amālī al-Ḥātimī S I 193
Amālī b. al-Ḥaṣīn S II A/C 908
Amālī al-ʿIrāqī S II 71
Amālī al-Iṣbahānī S I 226
-Amālī al-Kaysāniyyāt S I 291
Amālī al-Marzūqī S I 502
Amālī al-Qālī S I 202
Amālī b. Samʿūn S I 360
Amālī b. al-Shajarī S I 493
-Amālī al-shāriḥa li-mufradāt al-Fātiḥa G I 393, S I 678
-Amālī al-Shaykhūniyya G II 388
Amālī al-Sulamī S I 767
Amālī Ṣanʿāʾ S I A/C 318
Amālī Thaʿlab S I 182
Amālī al-Zajjājī S I 171
-ʿAmaliyyāt al-Fāsiyya G II 460, S II 694
-Amam li-īqāẓ al-himam G II 386, S II 520
-Amān min akhṭār al-asfār wal-azmān G I 204, 498, S I 912
Amān al-hayʾa S II 9
-Amān al-Lubnānī S III 389
ʿĀmān fī ʿAmmān S III 236
Amāni 'l-khalīl fī ʿarūḍ al-Khalīl S II 805
-Amāni wal-minna fī ḥadīth Qabūl wa-Ward Janna S II 725
min al-Aʿmāq S III 239
Aʿmār al-aʿyān S I 916,10c
Amārāt al-iqbāl wal-dawla S I 421
-Amāthil wal-aʿyān S I 556
-Amdād wal-arṭāl S II 573
ʿAmīd al-nasab fī ansāb al-ʿArab S II 873
-Amīn wal-Maʾmūn S III 190
Amīn al-Rayḥānī fī 'l-ʿIrāq S III 414
Amīn al-Rayḥānī nāshir falsafat al-gharb fī bilād al-sharq S III 414
-Amīr S III 276
-Amīr ʿĀmir al-Kinānī S III 383
Amīr Lubnān S III 215
-Amīr Maḥmūd najal Shāh al-ʿAjam S III 228
-Amīr Salīm S III 276
min Amīr ilā sulṭān S III 326
Amīrat al-Andalus S III 47
Amīrkā fī naẓm sharqī S III 440
-Amkina wal-jibāl G I 292, S I 511
ʿAmm Mitwallī wa-qiṣaṣ ukhrā S III 219
-Amr bi-adāʾ al-farāʾiḍ etc. S II 923
Amr al-dāris G II 333
-Amr bil-ittibāʿ etc. G II 709, S II 188,169a
-Amr bil-maʿrūf wal-nahy ʿani 'l-munkar S I 947,248
-Amr bil-muḥāfaẓa G II 98
-Amr al-muḥkam al-marbūṭ G I 440, S I 796,40
Amr al-wujūd S I 818,29
-Amrāḍ al-ʿāriḍa G I 483
-Amrāḍ al-baladiyya S I 886
al-ʿAmrānī S III 416
-Amṣār wa-ʿajāʾib al-buldān S I 246,90
-Amthāl G I 65, 67, 107, 116, 117, 145, S I 127, 166, 179, 246,85, 347, 720, II 760
Amthāl Buzurjmihr S I 238
Amthāl al-ḥadīth S I 274
-Amthāl wal-ḥikam G I 386, S I 659
-Amthāl al-khamsa wa-thamānīn S I 392
-Amthāl min al-kitāb wal-sunna S I 356, 357
Amthāl al-mutakallimīn min ʿawāmm al-Miṣriyyīn S II 727
-Amthāl al-muwallada S I 426
-Amthāl al-sāʾira ʿan buyūt al-shiʿr S I 945,222
-Amthāl al-sāʾira min shiʿr al-Mutanabbī G I 88, S I 129
Amthāl sayyidinā ʿAlī S I 75
-Amthila S II 657,23
-Amthila al-mukhtalifa G II 438
-Amthila al-sharṭiyya etc. S II 952

-Amwāl G I 104, S I 167, 617, 942,167
-Anāniyya S III 279
Anāshīd al-ṣibā S III 125
Anatole France fī mabādhilihi S III 396
ʿAnāṣir al-adab S I 246,88
ʿAnāwīn al-uṣūl S II 839
Anbāʾ al-fajr S III 123
-Anbāʾ fī ḥaqāʾiq al-ṣifāt wal-asmāʾ S I 633
Anbāʾ nujabāʾ al-abnāʾ S I 595
-Anbāʾ fī taʾrīkh al-khulafāʾ S I 586
Anbāʾ al-zaman fī akhbār al-Yaman G II 403, S II 551
-Anbār S II 1037
-Anbāz S I 162
ʿAndalīb al-manẓara S II 1016,34
Andromache S III 266
Anfaʿ al-wasāʾil ilā badīʿ al-rasāʾil S II 394
Anfaʿ al-wasāʾil ilā taḥrīr al-masāʾil G II 79, S II 87
Anfas al-aʿlāq fī fatḥ al-istighlāq etc. S II 706
Anfas al-aʿlāq fī makārim al-akhlāq S II 85
Anfās al-khawāṣṣ S I 794,12c, II 618
Anfās muḥtariqa S III 132
-Anfās al-Qudsiyya G II 386, S II 523
-Anfās al-ʿulwiyya S I 801,163
Anhaj al-ṭarāʾiq G II 53
Anhār al-jinān G II 328, S II 455
Anhār al-salsabīl G II 389, S II 529
Anīn al-arz S III 370
Anīn wa-ranīn S III 101
Anīs al-afrāḥ fī sharḥ Talkhīṣ al-Miṣbāḥ S II 5
Anīs al-ʿārifīn fī ʾl-mawāʿiẓ wal-naṣāʾiḥ S II A/C 581
-Anīs fī ghurar al-tajnīs S I 495
Anīs al-jalīs G II 475, S I 919 A/C, II 198,327, 638, III 258
Anīs al-jalīs wa-nadīm al-raʾīs S I 599
Anīs al-jalīs fī ʾl-tajnīs S I 495
Anīs al-mujtahidīn fī uṣūl al-fiqh S II 824
Anīs al-munqaṭiʿīn S II 909
Anīs al-munqaṭiʿīn ilā ʿibādat rabb al-ʿālamīn S II 1007
Anīs al-mustawḥishīn S II 579
Anīs al-muttaqīn S II 966
-Anīs al-muṭrib bi-rawḍat al-qirṭās etc. G II 240, S II 339
-Anīs al-muṭrib fī man laqiyahu muʾallifuhu G II 458, S II 339
Anīs al-nafs fī ʾl-mawāʿiẓ wal-akhlāq S II 803
Anīs al-ṭālibīn S II 282
Anīs al-waḥda wa-jalīs al-khalwa S II 910
Anīs al-waḥda fī ʾl-muḥāḍarāt S II 1003,72
Anīs al-waḥda fī takhmīs al-Burda S I A/C 470
Anīs al-zāʾirīn S II 838
-Anjāb fī dhikr al-khilāfa G II 20
Anjaḥ al-masāʾil fī ʾl-jamʿ bayna ṣifatay al-sāmiʿ wal-wāʿī S II 815
Anjaḥ al-wasāʾil S I 269
Anjām i āfirānish S I 928,220
-Anmāṭ al-thalāth G I 456,43
Anna ʾl-farrūj aḥarr min al-farkh G I 483, S I 885
Anna ḥayḍ al-marʾa lā yaqṭaʿu ʾl-tatābuʿ S II 649,61
Anna ʾl-ḥimya al-mufriṭa etc. S I 420
Anna ʿilm Allāh muḥīṭ bi-nafsihi amlā G II 345
Anna ithbāt al-ṣāniʿ G II 218
Anna ʾl-khaṭṭayn idhā kharajā etc. G I 218, S I 385
Anna ʾl-maʿāniya tajassam G II 149,79
Anna lil-māḍī mabdaʾan zamaniyyan G I 456,46
Anna ʾl-nahr yatanajjas bi-taghayyur awṣāfihi S II 648
Anna fī ʾl-zamān al-mutanāhī ḥaraka ghayr mutanāhiya S I 399
ʿAnqāʾ maghrib G I 443, S I 794,14
-Ansāb G I 330, S I 565, II 69, 177, 894
Ansāb āl a. Ṭālib S I A/C 560
Ansāb al-ʿArab S II 929
Ansāb al-ʿArab al-qudamāʾ S III 189
Ansāb al-ashrāf G I 142, S I 216
-Ansāb al-muttafiqa fī ʾl-khaṭṭ etc. G I 355, S I 603
Ansāb al-Qurashiyyīn S II 26
-Ansāb al-wāfiya wal-yāqūta al-ṣāfiya S II 421
ʿAntara S III 47
Antumu ʾl-shuʿarāʾ S III 414
-Anwāʾ G I 122, 431, II 710, S I 187, 219
Anwāʿ al-munāfāt S II 446

-Anwār G I 446,$_{109}$
Anwār al-afkār fī samāʿ al-ashʿār S II 723
-Anwār al-ʿAlawiyya fī aḥwāl amīr al-muʾminīn etc. S III 495
-Anwār al-ʿAlawiyya wal-asrār al-Murtaḍawiyya S II 806
-Anwār al-ʿAlawiyya fī sharḥ al-r. al-alfiyya S II A/C 210
-Anwār li-aʿmāl al-barara G II 199, S II 271
Anwār al-ʿāshiqīn G II 720, S II 323
Anwār al-ʿasjad ʿalā jawhar ʿuqad S II 517
-Anwār al-asmāʾiyya etc. S II A/C 653
Anwār al-āthār G I 370
-Anwār fī āyāt al-nabī al-mukhtār S II 351
Anwār al-badīʿ etc. S II 628
-Anwār al-Badriyya fī radd shubahāt nawāṣib al-Qadariyya S II 210
-Anwār al-bāhira fi ʾntiṣār al-ʿitra al-ṭāhira S I A/C 912
-Anwār al-bahiyya, sharḥ al-Khulāṣa S II A/C 596
-Anwār al-bahiyya fī taʿrīf maqāmāt fuṣaḥāʾ al-bariyya S I 502
-Anwār al-bahiyya fī tawārīkh al-ḥujaj al-ilāhiyya S II 840
-Anwār al-bawāriq fī tartīb sharḥ al-Mashāriq S I 614
Anwār al-burūq etc. G I 385, S I 665
-Anwār fī dhikr bani ʾl-Mukhtār S I 622
Anwār al-durar fī īḍāḥ al-ḥajar G II 139, S II 172
-Anwār al-fāʾiḥa fī sharḥ al-Fātiḥa S II 111
-Anwār al-fakhriyya S II 408
Anwār al-faqāha S II 794
Anwār al-faṣāḥa wa-asrār al-balāgha S I A/C 705
Anwār al-fuyūḍāt fi ʾmtiyāz ahl al-bāṭin min al-Bāṭiniyya S II 620
-Anwār al-Gharawiyya S II 132
Anwār al-hidāya wa-sirāj al-umma S II 834
Anwār al-hudā fi ʾl-radd ʿala ʾl-māddiyyīn S II 804
Anwār al-ḥalak S II 263
Anwār al-ḥaqāʾiq al-rabbāniyya fi ʾl-tafsīr G II 111, S II 137
Anwār al-ḥawāshī S I 826,$_{82mm}$
Anwār al-ḥikam S II A/C 584
Anwār al-ḥujaj G II 397
-Anwār al-Ḥusayniyya wal-shaʿāʾir al-Islāmiyya S II 806
-Anwār al-ilāhiyya fī ʾl-ḥurma al-sharʿiyya S II A/C 210
-Anwār al-ilāhiyya fī sharḥ al-Muqaddima al-Sanūsiyya S II 355 A/C, 476,$_{143}$
-Anwār fī ʿilm al-asrār etc. S II 998,$_{21}$
-Anwār fī ʿilm al-tawḥīd S II 141
-Anwār wa-jalāʾ al-athmār etc. S II 244
-Anwār al-jalāliyya G I 509, S I 927,$_{4}$
-Anwār al-jaliyya fī ajwibat al-masāʾil al-Jabaliyya S II 586
-Anwār al-jaliyya bi-mukhtaṣar al-athbāt al-Ḥalabiyya S II 430
-Anwār al-lāʾiḥa fī asrār al-Fātiḥa S II 149, 986,$_{36}$
-Anwār al-lāmiʿāt, sharḥ Dalāʾil al-khayrāt S II 360
-Anwār fī mā yuftaḥ ʿalā(yumnaḥ) ṣāḥib(ahl) al-khalwa etc. G I 443, S I 795,$_{21}$
-Anwār fī maḥāsin al-ashʿār S I 251
Anwār al-malak ʿalā sharḥ al-Manār libn Malak S II 496
Anwār al-malakūt S I 320
Anwār al-malakūt fī sharḥ al-Yāqūt S II 208
Anwār al-mashāriq S I 614
-Anwār wa-miftāḥ al-surūr etc. S I 616
Anwār al-miṣbāḥ S II 438
-Anwār al-muḍīʾa S I 468, 699 A/C, II 242
-Anwār al-muḍīʾa fi ʾl-ḥikma al-sharʿiyya S II 806
-Anwār al-muḍīʾa al-jāmiʿa (fi ʾl-jamʿ) bayna ʾl-sharīʿa wal-ḥaqīqa S I 627, II 351
-Anwār al-muḍīʾa, mukhtaṣar al-Adhkār al-Nawawiyya S I 685
-Anwār al-Muḥammadiyya min al-mawāhib al-laduniyya S II 79, 764,$_{23}$
-Anwār al-munbalija S I 474
-Anwār al-muntaqā min kalām al-nabī al-mukhtār S II 246
-Anwār al-musbila G II 391
Anwār al-mushaʿshiʿīn S I 211
-Anwār al-mushriqa bil-fatāwi ʾl-muḥaqqiqa S II 555
-Anwār al-mutarākima S II 810
-Anwār fī nasab al-nabī al-mukhtār S II 366
Anwār al-naṣīḥa lil-ikhwān etc. S II 945
-Anwār al-Nuʿmāniyya etc. S II 586

-*Anwār al-qamariyya etc.* S II A/C 408
-*Anwār al-Qudsiyya* S II 837, 995,58
-*Anwār al-Qudsiyya wal-asrār al-insiyya* S II A/C 361
-*Anwār al-Qudsiyya fī bayān ādāb al-ʿubūdiyya* G II 337, S II 465,13
-*Anwār al-Qudsiyya fī 'l-kalām ʿala 'l-ṭabaqāt al-Sharnūbiyya* S II 468
-*Anwār al-Qudsiyya fī muqaddimat al-ṭarīqa al-Sanūsiyya* S II 884
-*Anwār al-Qudsiyya fī tanzīh ṭuruq al-qawm al-ʿaliyya* S I 804, II 1009,23
Anwār al-qulūb li-ṭalab ruʾyat al-maḥbūb S II A/C 325
Anwār al-rabīʿ fī anwāʿ al-badīʿ G II 421, S II A/C 511
-*Anwār al-Riḍawiyya* S I 712
Anwār al-saʿāda G II 114, S II 140
Anwār al-saʿādāt S II 831
-*Anwār al-saniyya fī ajwibat al-asʾila al-Yamaniyya* S II 223, 224
-*Anwār al-saniyya fī 'l-alfāẓ al-sunniyya* G II 265, S II 377
-*Anwār al-saniyya min Ḥusn al-muḥāḍara* G II 157, S II 196,279
-*Anwār al-saniyya al-māḥiya li-ẓulūm al-munkirīn ʿala 'l-ḥaḍra al-Mahdiyya* S II 896
-*Anwār al-saniyya, sharḥ ad-Durar al-bahiyya* S II 812, 814
-*Anwār al-saniyya, sharḥ al-Waẓīfa al-Zarrūqiyya* S II 361
Anwār al-sarāʾir wa-sarāʾir al-anwār S I 802
Anwār al-sarāʾir wa-sirr al-anwār S II 899
-*Anwār al-sāṭiʿa* S II 292
-*Anwār al-sāṭiʿa fī aḥkām al-jumla al-jāmiʿa* S II 89
-*Anwār al-sāṭiʿa fī 'l-ʿulūm al-arbaʿa* S II 793
-*Anwār al-sāṭiʿāt* G II 371
-*Anwār, sharḥ Manār al-anwār* S II 264
Anwār al-sulūk G II 346, S II 473,19
-*Anwār fī tafsīr al-Qurʾān* S I 943 ad 183
Anwār al-taḥqīq fī 'l-muntakhab min kalimāt Khwāja al-Harawī S II A/C 775
Anwār al-tanzīl wa-asrār al-taʾwīl G I 417, S I 738
Anwār al-taʿrīf S II 338
Anwār al-ṭalʿa fī madhāhib al-qurrāʾ al-sabʿa S II 452
Anwār al-tawfīq al-jalīl fī akhbār Miṣr wa-tawthīq B. Ismāʿīl G II 481, S II 731
Anwār al-tawḥīd fī ithbāt al-tawḥīd S II 833
Anwār uli 'l-albāb fī 'khtiṣār al-Istīʿāb S I 628
Anwār ʿulūm al-ajrām S II 397
Anwār ʿuluww al-ajrām G I 479, S I 880
-*Anwār al-ʿunṣuriyya al-mustakhraja min al-zāʾiraja al-Sabtiyya* S II 172
Anwār al-ʿuqūl li-waṣiyy al-rasūl G I 43, S I 74
-*Anwār al-wāḍiḥa fī 'l-salām wal-muṣāfaḥa* G II 318
-*Anwār al-wāḍiḥa fī tafsīr al-Fātiḥa* G I 452
Anwār al-yaqīn fī imāmat amīr al-muʾminīn etc. S I 703
Apollo, majalla adabiyya S III 124
-*ʿAqāʾid* G I 378, 426, 427, II 200, 417
-*ʿAqāʾid al-ʿAḍudiyya* G II 209, S II 291
ʿAqāʾid Fakhr al-muḥaqqiqīn S II 209
ʿAqāʾid al-firqa al-nājiya etc. G II 231, S II 322
ʿAqāʾid i Jalālī S II 298, 301,31
-*ʿAqāʾid al-mashriqiyya* G II 480
ʿAqāʾid al-Nasafī S I 758, II 408
ʿAqāʾid saniyya S II 994,53
ʿAqāʾid Sayf al-ḥaqq S II 945
ʿAqāʾid al-Ṣābūnī S I 643, II 991,15
ʿAqāʾiq al-ḥaqāʾiq S II 360
-*ʿAqāʾiq fī ishārāt al-daqāʾiq etc.* S I 604
Aqālīm al-buldān wa-taqwīmuhā S II A/C 44
-*Aqālīm al-sabʿa etc.* G I 497, 704, S I 909
Aqālīm al-taʿālīm fī 'l-funūn al-sabʿa G I 508, S I 612
Aqall al-wājibāt fī ḥajj al-tamattuʿ S II 794
-*ʿAqārib* S I 305
Aqāwīl al-Shāfiʿī S I 304
Aqāwīl al-thiqāt fī taʾwīl al-asrār wal-ṣifāt etc. S II 497
ʿAqd ʿiqyān al-ḥikam etc. S II 233
-*ʿAqd al-mutqan wal-ʿiqd al-muthman* S I 784
-*Aqdār* S I 232
Aqdas al-anfus S I 672
-*Aqḍiya* S I 737
-*ʿAqiba fī 'l-baḥth* G I 371
-*ʿAqīd fī taʾrīkh Ṣaʿīd* S I 229

-ʿAqīda G I 178, 357, 370, 388, 401, 421, 438, II 81, 142, 333
ʿAqīdat ʿAl. b. a. Dāʾūd S I 267
ʿAqīdat ʿAbd al-Muʿṭī S II 562
ʿAqīdat al-ʿAdawī S I 764
ʿAqīdat ahl al-islām wal-īmān S II 543,$_{155}$
ʿAqīdat ahl al-sunna S II 739
ʿAqīdat ahl al-sunna wal-jamāʿa G I 174, S I 294
ʿAqīdat ahl al-tawḥīd G II 450, S II 352
ʿAqīdat ahl al-tawḥīd al-mukhrija min ẓulumāt al-taqlīd S II 336
ʿAqīdat ahl al-tawḥīd al-ṣughrā S II 353
ʿAqīdat al-akābir al-muqtabasa min aḥzāb wa-ṣalawāt S II 284
ʿAqīdat b. ʿArabī S I 801,$_{176}$
ʿAqīdat al-ʿawāmm S II 990,$_{14}$
ʿAqīda bahiyya saniyya li-ahl al-sunna al-Muḥammadiyya S II 738
ʿAqīdat b. Balabān S II 448
-ʿAqīda al-Burhāniyya S I 768
-ʿAqīda al-Darwīshiyya etc. S II 916
-ʿAqīda al-farīda etc. S II 995,$_{59}$
ʿAqīdat al-ghayb li-nafy al-shakk wal-rayb G II 331, S II 460
ʿAqīdat al-Ghazzālī S I 746,$_{3}$
-ʿAqīda al-Ḥafiẓa S II 355
-ʿAqīda al-Ḥāfiẓiyya S II 268
ʿAqīdat b. al-Ḥājib S I 539
-ʿAqīda al-Ḥamawiyya al-kubrā G II 104, S II 121,$_{27}$
ʿAqīdat al-Ḥanbalī S II 994,$_{44}$
-Aaqīda al-ḥasana S II 614
ʿAqīdat al-ikhtiṣār S I 801,$_{176}$
ʿAqīdat al-imām S I 662
ʿAqīdat a. ʿImrān S II 992
-ʿAqīda al-Islāmiyya S II 309
-ʿAqīda al-Iṣfahāniyya G II 104, S II 121,$_{25}$
ʿAqīdat ʿIyāḍ S I 632
ʿAqīdat al-Jalāl al-Yamanī S II 560
ʿAqīdat b. Jamīʿa S II 357
ʿAqīdat al-Jammāʿīlī S I 607
ʿAqīdat b. al-Jawzī S I 918,$_{35b}$
ʿAqīdat al-Jūrādī S II 992,$_{127}$
ʿAqīdat a. Madyan S I 784
ʿAqīdat al-mubtadiʾ fi ʾl-naḥw S II 854
ʿAqīdat M. b. ʿAbd al-Wahhāb S II 531
-ʿAqīda al-murshida S II 993,$_{42}$
ʿAqīdat al-muwaḥḥidīn etc. S I 716
-ʿAqīda al-nabawiyya G I 404
-ʿAqīda al-Niẓāmiyya etc. S I 673
-ʿAqīda al-Nūniyya S II 106
-ʿAqīda al-Nūriyya etc. S II 698
-ʿAqīda al-Qudsiyya G I 421, S I 746,$_{4}$
-ʿAqīda al-saʿīda G II 114, S II 41
-ʿAqīda al-salafiyya al-saniyya G II 330, S II 448
ʿAqīdat al-Shaybānī S I 291
ʿAqīdat al-Sharnūbī S II 468
ʿAqīdat b. al-Shiḥna S II 177
ʿAqīdat al-Shīrāzī S I 670
-ʿAqīda al-Silālajiyya S I A/C 672
ʿAqīdat al-Sulamī S I 767
ʿAqīdat al-Suyūṭī S II 190,$_{169, 000}$
-ʿAqīda al-ṣaghīra al-ṣughrā S II 355
-ʿAqīda al-ṣaḥīḥa S I 359, II 560
ʿAqīdat al-ṣalb wal-fidāʾ S III 323
-ʿAqīda al-Tadmuriyya G II 104, S II 121,$_{28}$
ʿAqīda fi ʾl-tafrīd G II 341
-ʿAqīda al-Waghlīsiyya G II 250, S II 351
-ʿAqīda al-Wāsiṭiyya S II 121,$_{26}$
ʿAqīdat al-Yāfiʿī S II 228
ʿAqīdat Zakariyyāʾ al-Anṣārī S II 118,$_{52}$
ʿAqīlat atrāb al-qaṣāʾid etc. G I 407, 410, S I 726
ʿAqīlat al-ḍimān S II 552
ʿAqīqa S II 676
-ʿAql al-bāṭin S III 214
-ʿAql wa-faḍluh S I 248
ʿAql wa-jahl wa-ʿilm al-tawḥīd wal-ḥujja S I 952 ad 320
-ʿAql wal-naql S II 122,$_{55}$
-ʿAql wal-rūḥ S II 122,$_{46a}$
Aqrab al-maqāṣid, sharḥ al-qawāʿid S II A/C 19
Aqrab al-masālik G II 353, S II 479
Aqrab al-mawārid S II 769
-Aqrab min al-ʿujāla S I A/C 794
-Aqrābādhīn G I 232, 234, 488, S I 417, 891 A/C, II 1028,$_{15}$
Aqrābādhīn Baghdādī S I 888
Aqrābādhīn Madīnat al-Salām S I 888
Aqrābādhīn M. Ṭāhir S II 1028
Aqrābādhīn al-Qalānisī S I 893
Aqrābādhīn b. Sallūm S II A/C 666
Aqrāṭ al-dhahab G II 399, S II 544

Aqrāṭ al-lujayn fī dhikr sīrat al-imām al-Mutawakkil S II 547
Aqsām fuḍūl al-ṣināʿāt etc. S I 245,62
Aqsām al-ḥikma G I 510, S I 928 A/C
Aqsām al-tashkīk wa-ḥaqīqatih S II A/C 581
Aqsām al-ʿulūm S I 408
Aqsām al-ʿulūm al-ḥikmiyya (ʿaqliyya) G I 455, S I 817,24
Aqṣa ʾl-amal wal-shawq G I 359
Aqṣa ʾl-amal wal-sūl etc. S I 612
Aqṣa ʾl-maʿānī G I 296, S I 519
Aqṣa ʾl-maʿānī (amānī) G II 100, S II 118,20
-Aqṣa ʾl-qarīb fī ʿilm al-bayān S I 499
-Aqṭāb al-fiqhiyya etc. S II A/C 210
-Aqwāl al-arbaʿa S II 623
-Aqwāl al-arbaʿa fī radd al-shubuhāt al-arbaʿa S II 856
-Aqwāl al-dhahabiyya S I 325
-Aqwāl al-kāfiya wal-fuṣūl al-shāfiya G II 190, S II 252
-Aqwāl al-marḍiyya bi-maʿrifat uṣūl al-aḥādīth al-nabawiyya S II 422
-Aqwāl al-marḍiyya fī taḥqīq ḥukm al-iqtidāʾ etc. S II 647
Aqwāl al-muḥarram fi ʾl-kalām ʿala ʾl-basmala wal-ḥamdala S II 936
-Aqwāl al-qawīma G II 142, S II 177
-Aqwāl al-saniyya fī mā yataʿallaq bil-asʾila al-Qudsiyya S II 648
Aqwāl al-shaykh fi ʾl-ḥikma S I 822,68tt
Aqwāl al-ʿulamāʾ fi ʾl-ism al-aʿẓam S II A/C 191
-Aqwāl al-wāḍiḥa al-jaliyya etc. S II 733,6
Aqwam al-masālik fī maʿrifat aḥwāl al-mamālik S II 887
Ārāʾ wa-diyānāt al-Shīʿa S I 319
Ārāʾ al-Dr. Shiblī Shumayyil S III 213
Ārāʾ al-mushāwarāt G I 490
-Arab min ghayth al-adab S I 440
-Arab fī ʿilm al-adab S II 389
-ʿArab wal-ʿAjam S I 245,29
-ʿArab wal-mawālī S I 245,28
-ʿArab qabl al-Islām S III 189
-ʿArab aw al-radd ʿala ʾl-Shuʿūbiyya S I 186
-ʿArab wa-ʿulūmuhā S I 186
min ʿArābī (ʿUrābī) ilā Zaghlūl S III 226
-ʿArabiyya fi ʾl-Sūdān S III 181
-Aʿrāḍ al-ṭibbiyya ilkh S I A/C 890
-Arāʾik fī ḥukm al-malāʾik S II 183,51
ʿArāʾis abkār al-maʿānī S II 414
ʿArāʾis al-anẓār S II 328
ʿArāʾis al-āthār wa-thimār al-akhbār S II 10, 947,181,7
ʿArāʾis al-bayān fī ḥaqāʾiq al-Qurʾān G I 414, 442, S I 735, II 280
ʿArāʾis al-ghurar S II A/C 461
-ʿArāʾis al-ḥisān fī nafāʾis aḥādīth sayyid al-anām S II 184,56,1
ʿArāʾis al-khawāṭir wa-nafāʾis al-nawādir S I 486
ʿArāʾis al-majālis fī qiṣaṣ al-anbiyāʾ G I 350, S I 592
ʿArāʾis al-murūj S III 457
ʿArāʾis al-Qurʾān G II 439, S II 652
-ʿArāʾis al-Qudsiyya G II 350
ʿArāʾis al-tawthīq wa-tuḥfat al-rafīq fī manāqib ālih S II 78
ʿArāʾis al-tījān S I 592
-ʿArāʾis al-wāḍiḥa S II 741
-ʿArāʾis al-wāḍiḥat al-ghurar etc. S II 518
ʿArāʾis al-wuṣūl S I 787
-Araj fī ʾntiẓār al-faraj G I 154, II 158,298, S I 247, II 197,298
-Araj al-miskī wal-taʾrīkh al-Makkī S II A/C 509
Arājīz S I 164
Arājīz al-ʿArab S I 90, III 82
-Arbaʿa S I 364
Arbaʿ ʿashar masʾala allatī ajāba ʿanhā sayyidunā M. b. Ṭāhir S I 715
Arbaʿ wa-ʿishrūn ḥadīthan S II 669,13b
Arbaʿ maqālāt fi ʾl-nujūm S I A/C 868
Arbaʿ masāʾil min kalām Ḥamīdān S I 703
Arbaʿ qiṣaṣ ṣiḥḥiyya S III 492
Arbaʿ riwāyāt min nukhab al-tiyātarāt G II 477, S II 725
-Arbaʿata ʿashar min aḥādīth duʿāt al-bashar S II 841
-Arbaʿata ʿashar yawman saʿīdan fī khilāfat ʿAr. al-Andalusī S III 282
-Arbaʿīniyya li-kashf al-anwār al-Qudsiyya S II A/C 581
-Arbaʿūn G I 162, 165, 350, 356, 365, 366, 367, 370, 433, II 148,65,69, 195, 214, 232, 414, S I 150, 173, 274
-Arbaʿūn fi ʾl-abdāl wal-ʿawālī G II 698

-Arbaʿūn al-abdāl al-tusāʿiyyāt bil-Bukhārī wa-Muslīm S II 79
-Arbaʿūn min k. al-adab S II 81
-Arbaʿūn al-amriyya G II 221
-Arbaʿūn ʿani ʾl-arbaʿīn min al-arbaʿīn S I 952 ad 322
-Arbaʿūn ʿani ʾl-arbaʿīn fī faḍāʾil amīr al-muʾminīn S I 708
Arbaʿūn asmāʾ G I 438
-Arbaʿūn al-buldāniyya G I 331, 365, S II 47
-Arbaʿūn fī dalāʾil al-tawḥīd S I 775
-Arbaʿūn fī faḍāʾil Qul huwa dāʾim aḥad S II 184 note, 451
-Arbaʿūn fī faḍl al-duʿāʾ al-dāʾim S I 627
-Arbaʿūn lil-Fārisī S I 623
-Arbaʿūn min ḥadīth sayyid al-mursalīn S II 764,30
Arbaʿūn ḥadīthan S I 710 A/C, 713 A/C, II 576, 581 A/C, 595, 838, 933,36, 934, 937, 938, 941,126, 943,139, 937, 938, 945, 946
Arbaʿūn ḥadīthan min al-adab al-mufrad S II 33
Arbaʿūn ḥadīthan fī adhkār wa-daʿawāt fāḍila S II 946
Arbaʿūn ḥadīthan fī ʾl-ʿafw wal-ghufrān S II 942
Arbaʿūn ḥadīthan min aḥādīth sayyid al-mursalīn S II A/C 581
Arbaʿūn ḥadīthan fī aḥwāl al-Nuṣṣāb S II A/C 581
Arbaʿūn ḥadīthan lil-Āqsarāʾī S II A/C 325
Arbaʿūn ḥadīthan ʿan arbaʿīna shaykhan S II 75,61
Arbaʿūn ḥadīthan libn Bābūya S I 710
-Arbaʿūn ḥadīthan al-Dashtakiyya S II 262
Arbaʿūn ḥadīthan fī dhikr ziyārat al-qubūr S II 943
Arbaʿūn ḥadīthan fī faḍāʾil amīr al-muʾminīn S II 795
Arbaʿūn ḥadīthan fī faḍāʾil al-ʿilm S II 852
Arbaʿūn ḥadīthan fī faḍāʾil al-nikāḥ G II 397
Arbaʿūn ḥadīthan fī faḍl ḥajj bayt al-ḥarām S II 886
Arbaʿūn ḥadīthan fī faḍl al-ramy bil-sihām G II 174
Arbaʿūn ḥadīthan fī faḍl al-salāṭīn G II 313
Arbaʿūn ḥadīthan fī faḍl sūrat al-Ikhlāṣ S II 451,1,2 (to be read thus)
Arbaʿūn ḥadīthan fī faḍl al-ṣalāt ʿala ʾl-nabī S II 886
Arbaʿūn ḥadīthan fī ḥaqq al-fuqarāʾ S I A/C 624
Arbaʿūn ḥadīthan fī ʾl-ḥathth ʿala ʾl-jihād S II A/C 936
Arbaʿūn ḥadīthan fī ʾl-ʿibādāt S II A/C 201
Arbaʿūn ḥadīthan fī imāmat al-aʾimma al-ṭāhira S II A/C 581
Arbaʿūn ḥadīthan fī jawāmiʿ al-kalim S II 539
Arbaʿūn ḥadīthan fī ʾl-maʿārif S II A/C 581
Arbaʿūn ḥadīthan fī manāqib al-aʾimma al-ṭāhirīn S II A/C 575
Arbaʿūn ḥadīthan fī manāqib M. G II 325
Arbaʿūn ḥadīthan, marwiyyat a. Ḥanīfa S II 952,42
Arbaʿūn ḥadīthan ʿani ʾl-mashāyikh al-ʿishrīn etc. S I 690
Arbaʿūn ḥadīthan li-M. Pārsā S II 283
-Arbaʿūn ḥadīthan al-Muḥibbiyya S II 940
-Arbaʿūn ḥadīthan al-mutabāyinat al-isnād S II 222
Arbaʿūn ḥadīthan nabawiyya S II 932
Arbaʿūn ḥadīthan fī qawāʿid al-dīn S II 746
Arbaʿūn ḥadīthan lil-Qushayrī S I 772
Arbaʿūn ḥadīthan min riwāyat Mālik ʿan Nāfiʿ S II 185,65
Arbaʿūn ḥadīthan riwāyat shaykh al-Islām b. Taymiyya S II 120,14
Arbaʿūn ḥadīthan riwāyat b. Taymiyya takhrīj Amīn al-Dīn al-Wānī S II 121,15
Arbaʿūn ḥadīthān maʿa ʾl-sharḥ wal-bayān S II 838
Arbaʿūn ḥadīthān lil-Suyūṭī S II 185,69
Arbaʿūn ḥadīthān li-Ṣadr al-sharīʿa al-thānī S II 301
Arbaʿūn ḥadīthān fī tārik al-ṣalāt etc. S II 468
Arbaʿūn ḥadīthān tataʿallaq bi-āyat al-kursī G II 325, S II 451
Arbaʿūn ḥadīthān tataʿallaq bi-sūrat al-Ikhlāṣ G I 325
Arbaʿūn ḥadīthān ʿan thalāthīna shaykhan S II 79
-Arbaʿūn ḥadīthān al-Ṭāʾiyyā S I 623
Arbaʿūn ḥadīthān fī ʾl-ṭaylasān S II 189,169ee
Arbaʿūn ḥadīthan al-Ṭūlūniyya S II 495

Arbaʿūn ḥadīthan fi ʾl-uṣūl wal-furūʿ S II A/C 581
Arbaʿūn ḥadīthan lil-Wannāʾī S II 424
Arbaʿūn ḥadīthan fi ʾl-zakāt S II 886
-Arbaʿūn fi irshād al-ḥāʾirīn etc. S II 943
-Arbaʿūn fi irshād al-sāʾirīn G I 356
-Arbaʿūn ism al-Idrīsiyya S I 782
-Arbaʿūn fi ʾṣṭināʾ al-maʿrūf lil-Muslimīn S I 627
Arbaʿūn i Jāmī S II 285
-Arbaʿūn al-Jawhariyya S II 459
-Arbaʿūn wal-kharāʾij wal-jarāʾiḥ wa-kifāyat al-athar S II 574
-Arbaʿūn masʾala fi ʾl-kalām S II A/C 209
-Arbaʿūn masʾala fi uṣūl al-dīn S II A/C 209
Arbaʿūn mawāṭin G II 206,$_{n}$
-Arbaʿūn al-mughniya bi-funūnhā ʿani ʾl-muʿīn S II 68
-Arbaʿūn al-mukhtāra fī faḍāʾil (faḍl) al-ḥajj wal-ziyāra G I 372, S II 945,$_{160}$
-Arbaʿūn al-mukhtāra min ḥadīth Mālik b. Anas S II 131
-Arbaʿūn al-mukhtāra min ḥadīth b. a. ʿU. S II A/C 947
-Arbaʿūn al-mulaqqaba bil-Dhahab al-ibrīz etc. S II 939
-Arbaʿūn al-murattaba ʿalā ṭabaqāt al-arbaʿīn G I 366
-Arbaʿūn al-mutabāyina G II 77, S II 84
-Arbaʿūn al-Nawawiyya G I 396, S I 682
-Arbaʿūn lil-ʿUmarī S II 256
-Arbaʿūn al-Rataniyya S I 626
-Arbaʿūn min riwāyat al-Muḥammadīn S I 633
-Arbaʿūn al-Saylaqiyya S I 699
-Arbaʿūn bi-shuyūkh al-Ṣūfiyya S I 362
-Arbaʿūn lil-Silafī S I 624
-Arbaʿūn al-subāʿiyyāt S I 604
-Arbaʿūn al-sulṭāniyya G II 218, S II 307
-Arbaʿūn ṣaḥīfa G I 442, S I 792,$_{7}$
-Arbaʿūn al-ṣaḥīḥa G II 162
-Arbaʿūn lil-Ṣāliḥī S II 69
-Arbaʿūn lil-Ṭarābulusī S II 420
-Arbaʿūn al-ʿushāriyyāt al-isnād S II 70
-Arbaʿūn fī uṣūl al-dīn G I 421, S I 746, 923 A/C
-Arbaʿūn al-Wadʿāniyya G I 355, S I 602
-Arbaʿūn al-wusṭā G II 72
Ardashīr wa-ḥayāt al-nufūs S III 113
Arḍ al-ḥajar G I 241, S I 428,$_{10}$
-Arḍ wal-samāʾ S III 442
-ʿArḍ al-kāfī bil-ʿirḍ al-ṣāfī S II A/C 565
ʿArf al-ʿabīr fī ʿurf al-taʿbīr S II 1039,$_{16}$
-ʿArf al-ṭayyib G I 88
-ʿArf al-wardī fī akhbār al-Mahdī G II 151, S II 188,$_{137}$
-ʿArf al-wardī fī dalāʾil al-Mahdī G II 352
ʿArf al-zaharāt fī tafsīr al-kalimāt al-ṭaiyibāt S II A/C 495
ʿArf zahr al-rubā S I 270
ʿArf zahr al-rubā ʿala ʾl-Mujtabā G II 693, S II 757
ʿArf al-zarnab fī bayān shaʾn al-sayyida Zaynab S II 205
-ʿArīb fī tafsīr al-gharīb G I 504
ʿĀriḍat al-aḥwadhī S I 268, 633
ʿĀriḍat al-aḥwadhī fī sharḥ al-Tirmidhī S I 800,$_{150}$
Arij al-azhār fī maḥāsin al-ashʿār S II 723
-Arkān S I 429,$_{71}$
-Arkān al-Islām G I 452
-Arkān al-nikāḥ S II 628
-Armala al-majnūna S III 419
-Armaniyya al-ḥasnāʾ S III 231
Armanūsa al-Miṣriyya S III 190
-ʿArsh S I 820, 68$_{c}$
-ʿArsh wal-haykal S II 761
ʿArsh al-ḥubb wal-jamāl S III 359
-ʿArsh wal-kursī S I 315
ʿArsh al-muwaḥḥidīn S I 356
-ʿArsh wal-ʿuluww S II 47
-Arṣād al-kulliyya S III 813
-ʿArūḍ G I 126, 286, 300, S I 192, 491, 820,$_{64}$
-ʿArūḍ al-Andalusī G I 310, S I 544
-ʿArūḍ al-bāriʿ (wal-ikhtiṣār al-jāmiʿ) G I 308, S I 540
ʿArūḍ al-muthallathāt al-durriyya S II 489
-ʿArūs G I 454, S I 916,$_{13}$
ʿArūs al-ādāb G II 281
ʿArūs al-afrāḥ G II 697, S I 516, 518
ʿArūs al-afrāḥ sharkh al-arbaʿīn al-Nawawiyya S I 684
ʿArūs al-ʿAlawiyya fi ʾl-ʿurūsh al-sariyya S II 958,$_{108}$
ʿArūs al-badīʿa fī ʿilm al-ṭabīʿa S III 339

ʿArūs al-bustān G I 498
ʿArūs Farghāna S III 190
ʿArūs al-jalwa fī faḍl iʿtikāf al-khalwa G II 351, S II 478 A/C
-Arwāḥ G II 340, S III 327
Arwāḥ al-arwāḥ S III 193, 382
-Arwāḥ al-ḥāʾira S III 444
-Arwāḥ al-mutamarrida S III 457
-Arwāḥ al-nawāfiḥ li-āthār īthār al-ābāʾ wal-mashāyikh S II 562
Arzāq S I 821,68ss
Arzat Lubnān S II 750
Asā S III 276
-Asābīʿ S I 886,23, c
-Asad wal-dhiʾb S I 246,78
-Asad wal-ghawwāṣ S I 809
-Asālīb al-badīʿa fī faḍl al-Ṣaḥāba wa-iqnāʿ al-Shīʿa S II 764,42
Asālīb al-ghāya fī aḥkām āya S I 596
Asāmi ʾl-dhiʾb S I 615, c
Asāmi ʾl-ruwāt li-Ṣaḥīḥ al-Bukhārī S I 264
Asāmi shuyūkh al-Bukhārī S I 615,20
Asāmi ʾl-ʿulūm waṣṭilāḥātuhā S II A/C 594
Asānīd ʿAbd al-Khāliq S II A/C 603
Asānīd Murtaḍā S II 399
Asānīd al-kutub al-sitta S II 480
-Asānīd fi ʾl-taṣawwuf S II 883
Asānīd al-ṭuruq al-thalātha S II 620
-Asʿār S I 388, 392
-Asās li-ʿaqāʾid al-akyās G II 405, S II 559
Asās al-balāgha G I 292, S I 511, II 553
Asās al-bināʾ S II 631
Asās al-daʿwa S I 323
Asās al-dīn S I 761 note
Asās al-ījād fī ʿilm al-istiʿdād S II 796
Asās al-iqtibās G II 193, S I 376, 921 A/C, II 256
Asās al-isnād fi ʾl-radd ʿala ʾl-Fawāʾid al-Madaniyya S II 852
-Asās fī manāqib B. ʾl-ʿAbbās G II 147
-Asās (masāʾil ṭibbiyya) S I 956 ad 367
Asās al-mutakaffil bi-kashf al-iltibās G II 405, S II 183,54
Asās al-qawāʿid fī uṣūl al-fawāʾid S II 215, 295, 559
Asās al-taqdīs fī ʿilm al-kalām G I 507, S I 923,19
Asās al-taṣrīf S II 329
Asās al-taʾwīl al-bāṭin S I 953 ad 324
Asās al-ṭibb li-Jālīnūs S I 369
Asās al-uṣūl S II 620
Asās al-waḥdāniyya wa-mabna ʾl-fardāniyya S II 323
Asāṭīn al-ʿilm al-ḥadīth S III 217 (to be read thus)
Asāwir al-ʿashjad ʿalā jawhar al-ʿiqd S II 813
-Asbāb wal-ʿalāmāt G I 485, 491, S I 826,82, c, 895
Asbāb al-muhlikāt etc. S II A/C 112
Asbāb al-naḍāra bil-arbaʿīn al-mukhtāra S II 885
Asbāb al-najāt G II 419
Asbāb al-nahḍa al-ʿArabiyya S III 424
Asbāb al-nuzūl G I 411, S I 730, II 179,3, c
Asbāb al-Qurʾān G I 415
Asbāb al-quwwa min iḥsān al-qudra S II 746
-Asfār G II 206
-Asfār al-arbaʿa fi ʾl-ḥikma G II 413, S II 588
-Asfār al-arbaʿa fi ʾl-maʿqūl G II 413, S II 834
-Asfār al-arbaʿa wa-taḥqīquhā S II 834
Ashal al-manāsik li-irshād al-muḥrim al-nāsik S II 739
Ashal al-masālik fī taḥrīr al-manāsik S II 974
Asʾila ʿadīda wa-ajwiba mufīda S II A/C 127
Asʾila wa-ajwiba G II 228, 232, S II 188,169g, 995,57
Asʾila wa-ajwiba fī aḥwāl al-mawtā S II A/C 468
-Asʾila wal-ajwiba al-mutaʿalliqa bil-Qurʾān wal-ḥadīth S II 325
-Asʾila al-Āmuliyya S II A/C 218
-Asʾila al-fāʾiqa G II 69
-Asʾila al-Hindiyya S II A/C 573
Asʾilat b. Ḥajar al-ʿAsqalānī S II A/C 74
Asʾilat Ishiq Q. S I 927
Asʾilat jāmiʿ asrār mushkilāt al-Qurʾān al-ʿaẓīm G II 200, S I 659
-Asʾila al-Jazariyya S II A/C 596
-Asʾila al-Jīlāniyya S II A/C 589
-Asʾila al-Khalīliyya S II A/C 573
-Asʾila al-Madaniyya S II A/C 470
-Asʾila al-Masʿūdiyya S II 793, 845
-Asʾila al-Miqdādiyya S II A/C 132
-Asʾila al-mufahhima wal-ajwiba al-mufhima S I 922,8, b

-As'ila al-mufīda G II 69
-As'ila al-muʿtabara G II 367
-As'ila al-nafsiyya wal-ajwiba al-Qudsiyya S II 523
-As'ila al-naḥwiyya G II 478, S II 727
-As'ila al-Nāṣiriyya S II A/C 589
-As'ila al-qādiḥa G II 199
-As'ila al-Rassiyya S I A/C 706
As'ilat al-sayyid Rukn al-Dīn S I A/C 928
-As'ila al-Sallāriyya S I A/C 706
-As'ila al-Sarawiyya S I A/C 323
-As'ila al-Shadqamiyya S II 578 A/C, 596 A/C
-As'ila al-Shāfiʿiyya S II 794
As'ilat al-Shaʿrānī S II A/C 467
-As'ila al-Ṣāliḥiyya S II 793, 845
-As'ila al-Ṣaymariyya S II A/C 575
-As'ila al-tafsīriyya S II A/C 596
As'ila min al-ṭibb G I 235
-As'ila al-wazīriyya wa-ajwibatuhā S II A/C 192
-Asinna al-murhafa S II A/C 1001,47
Asīr al-malāḥida fī 'l-alfāẓ al-mukaffira S I A/C 292
Asīr al-Mutamahdī S III 190,19
-ʿAsjad al-masbūk fī man waliya 'l-Yaman min al-mulūk S II 238
-Askhiyā' S I 275
-Aslāk al-shā'iʿa S III 454
-Asmā' wal-afʿāl wal-maṣādir S I 540
Asmā' ahl Badr S II 508
Asmā' Allāh al-ḥusnā G II 350,35, 356, S II 255
Asmā' al-asad S I 190
-Asmā' al-ʿaẓīma G I 435, S I 778,10
Asmā' al-banāt S III 384
Asmā' al-buldān wa-ghayrihā S II 924
Asmā' al-ghāda fī asmā' al-ʿāda S I 615,12
Asmā' al-ḥayya S I 190
Asmā' ḥuffāẓ al-Ṣaḥīḥ lil-Bukhārī G I 167, S I 280
-Asmā' al-Idrīsiyya G I 438, S I 103 A/C
Asmā' jibāl Tihāma wa-makānuhā S I 175, 403
Asmā' khayl al-ʿArab G I 280, S I 503
Asmā' khayl al-ʿArab wa-fursānihim S I 179
-Asmā' wa-kunāhā S II 916
-Asmā' fī mā li-sayyidinā M. min al-asmā' S II 764,17
Asmā' maqāmāt sulūk al-ṭarīq G I 435
Asmā' al-Mishkāt G II 700
-Asmā' al-mubhama fī 'l-anbā' al-muḥkama S I 564
Asmā' al-mudallisīn G II 148,62
Asmā' al-muḥaddithīn wa-kunāhum G I 518, S I 278
Asmā' al-mukannayn min rijāl al-Ṣaḥīḥayn S II 942
Asmā' al-rijāl G I 166, 405, S I 556, II 33
Asmā' rijāl al-Mishkāt G I 364, II 64, 195, S I 621
Asmā' al-rijāl fī Mishkāt al-maṣābīḥ S I 621
Asmā' rijāl al-Ṣaḥāba S II 70
Asmā' al-shuhūr wal-ayyām S II 513
Asmā' shuyūkh Mālik b. Anas S I 298
-Asmā' al-Suhrawardiyya wal-duʿā' bihā S II A/C 601
Asmā' al-Ṣaḥāba G I 167, S I 280, 281
Asmā' al-Ṣaḥāba al-ruwāt etc. S II 696
-Asmā' wal-ṣifāt S I 619
Asna 'l-ʿaqā'id fī ashraf al-maṭālib etc. G II 405, S II 557
Asna 'l-ghāyāt fī ʿilm al-mīqāt S II 1017
Asna 'l-mafākhir fī manāqib al-shaykh ʿAq. G II 177, S I 777
Asna 'l-mafākhir fī taʿẓīm al-masājid G II 335
Asna 'l-maqāṣid wa-aʿdhab al-mawārid G I 366, S I 625
Asna 'l-maṭālib G II 282, S I 753 A/C, II 118,29
Asna 'l-maṭālib fī 'l-jaghrāfiyya G II 427
Asna 'l-maṭālib fī najāt al-ṭālib G II 500
Asna 'l-maṭālib fī sharḥ Rawḍ al-ṭālib S II 118,29, 254
Asna 'l-maṭālib fī ṣilat al-aqārib S II 76, 80, 529
Asna 'l-maṭālib wa-uns al-labīb al-ṭālib S II 635
Asna 'l-mawāhib fī taqwīm al-kawākib S II 486
Asnā sharḥ al-maṭālib fī sharḥ al-ṭālib S II 967
Asna 'l-ta'jīr etc. S II 348
Asna 'l-wasā'il fī mā ḥasuna min al-masā'il G II 171, S II 12
-Asrār G I 235, S I 440 A/C, 830,5
Asrār al-adab waftikhār al-ʿArab S I 513

Asrār al-aḥkām S I 970 ad 643
Asrār al-ʿaqāʾid S II 843
-Asrār al-ʿaqliyya fi ʾl-kalimāt al-nabawiyya S II 946
Asrār al-ʿArabiyya G I 282, S I 495
Asrār al-ʿārifīn S II 519
Asrār al-ʿārifīn fī sharḥ kalām amīr al-muʾminīn S II 801
Asrār al-āyāt wa-anwār al-bayyināt S II 584
Asrār al-āyāt wa-anwār al-bulaghāt S II 988,$_{50}$
Asrār al-āyāt fī tafsīr al-Qurʾān S II 589
-Asrār wa-badāʾiʿ al-afkār S II 428
Asrār baʿḍ suwar al-Qurʾān G I 506
Asrār al-balāgha G II 713, S II 596
Asrār al-balāgha fi ʾl-maʿānī wal-bayān G I 288, S I 504
-Asrār fī dawāʾir dārāt al-anwār S II 1025
Asrār al-dhāt al-ilāhiyya S I 802,$_{214}$
Asrār dhikr al-jahr wal-isrār S II A/C 1012
-Asrār fi ʾl-furūʿ S I 297
Asrār al-ḥajj S I 754,$_{53g}$
Asrār al-ḥaqīqa S II 1005,$_{85}$
Asrār al-ḥikma S I 440, II 833
-Asrār min al-ḥikma S II 593
Asrār al-ḥikma al-mashriqiyya G I 460, 465, S I 831, 844
Asrār al-ḥukamāʾ S I 598
Asrār al-ḥurūf G I 446, S II 299, 1039,$_{25}$
Asrār al-ḥurūf wal-asmāʾ S II 923
Asrār al-ḥurūf wal-kalimāt G I 498, S I 911
Asrār al-ʿibādāt S II 793
-Asrār al-ilāhiyya S I 801, 204
-Asrār al-ilāhiyya fi ʾl-ḥikam wal-āthār al-nabawiyya S II 166
-Asrār al-ilāhiyya ʿala ʾl-qaṣīda al-Rifāʿiyya S II 788
-Asrār fī imāmat al-aʾimma S II 608
-Asrār al-khafiyya al-muwaṣṣila ila ʾl-ḥaḍra al-ʿaliyya G II 351, 702, S I 784
Asrār al-khafiyya fi ʾl-ʿulūm al-ilāhiyya S II 209
Asrār al-khayba min istirjāʿ al-Baṣra wal-Shuʿayba S II 807
Asrār al-khalwa S I 795,$_{22}$
Asrār al-khawānim S III 231
Asrār al-lugha al-ʿArabiyya wa-khaṣāʾiṣuhā G I 285, S I 500
Asrār al-lughāt wa-aḥwāl al-bulaghāt S II 988
Asrār al-Maʿqūlāt G II 355, S II 481
-Asrār al-mawḍūʿa fi ʾl-akhbār al-mawḍūʿa S II 540,$_{11}$
-Asrār al-Muḥammadiyya etc. S II 1003,$_{65}$
Asrār al-naḥw S II 673,$_{149}$
Asrār al-nujūm S I 395, 960
-Asrār al-nujūmiyya S I 960 ad 395
Asrār al-nuqṭa S I 801,$_{199}$
-Asrār al-nūrāniyya ʿala ʾl-manẓūma al-nūniyya S I 692, II 892
Asrār al-quṣūr S III 229
Asrār al-rūḥ S I 801,$_{197}$
Asrār al-ṣaḥāba S II 794
Asrār al-ṣalāt S I 814,$_{13}$
Asrār al-ṣalāt wa-anwār al-daʿawāt S I A/C 912
Asrār al-ṣalawāt S II 839
Asrār al-tanzīl wa-anwār al-taʾwīl G I 507,$_{10}$, S I 922,$_{10}$
Asrār al-thawra al-Rūsiyya S III 229
Asrār al-ṭabīʿiyyāt G I 242
Asrār al-waḥy G I 196
Asrār al-wuḍūʾ G I 466, S I 798,$_{92}$, II 325
-Astār wal-kibrīt al-aḥmar S I 802,$_{215}$
-Asṭiḥa G II 359
-Asṭurlāb G I 465, 476, II 127, S I 398
-Asṭurlāb wal-asmāʾ al-wāqiʿa ʿalayhā G I 224
-Asṭurlāb wal-jayb al-ghāʾib G II 124
-Asṭurlāb al-khaṭṭī S I 858
Aswāq al-ʿArab S I 212, 695
Aswāq al-ashwāq G I 351, II 142, S I 594
Aswāq al-dhahab S III 47
Ashadd al-jihād fī ibṭāl daʿwa ʾl-ijtihād S II 790
-Ashʿāl S III A/C 132
Ashʿār al-abrār fīʾ l-adʿiya wal-adhkār S II 1004,$_{77}$
Ashʿār awlād al-khulafāʾ wa-akhbāruhum S I 945 ad 219
Ashʿār B. Jaʿda G I 116
Ashʿār al-mulūk G I 81, S I 129
Ashʿār Quraysh S I 219
Ashʿar al-shiʿr S II 758
Ashʿār Taghlib G I 108, S I 179
-ʿAshara ʿal-abḥāth G II 369

ʿAshara abwāb S II 668
ʿAshara al-ʿasharāt G II 119 (to be read thus)
ʿAshara ayyām fi 'l-Sūdān S III 206
ʿAshara funūn G II 492
-ʿAshara al-mukhtāra S II A/C 947
-ʿAsharāt S I 183, 190
-ʿAsharāt fi 'l-lugha S I 539
-Ashbāh wal-naẓāʾir G I 147, II 90, $152_{,70}$, 310, S II 106, 110, $190_{,170}$, 314, 425
-Ashbāh wal-naẓāʾir al-naḥwiyya G II 156, S II $194_{,263}$
Ashbāḥ al-qarya S III 392
Ashbāl al-thawra S III 383
Ashhar al-khuṭab wa-mashāhīr al-khuṭabāʾ S III 214
Ashhar mashāhīr al-Islām etc. S II 755, III 388
Ashhar qiṣaṣ al-ḥubb al-taʾrīkhiyya S III 214
Ashiʿʿat al-lamaʿāt S I 621
-Ashiʿʿa al-lāmiʿa fi 'l-ʿamal bil-āla al-jāmiʿa S II 157
Ashiʿʿa wa-ẓilāl S III 117
-Ashkāl G I 229, S I 408, II 600
Ashkāl al-farāʾid G II 450, S II $670_{,41}$
-Ashkāl al-hilāliyya G I 469
Ashkāl al-taʾsīs G I 468
Ashkāl al-wasāʾiṭ fī rasm al-munḥarifāt wal-basāʾiṭ G II 129, 256, S II 160
-Ashkālāt S II 322
-ʿAshmāwiyya S II 435
-ʿAshr maqālāt fi 'l-ʿayn S I 367
ʿAshr qiṣaṣ min ṣamīm al-ḥayāh S III 369
-Ashrāf G I 324 (see S II $374_{,1,21}$), S I 248
-Ashraf G I 154
Ashraf al-ansāb G II 19
Ashraf al-madākhil G II 389
Ashraf al-rasāʾil G II 20
Ashraf al-tawārīkh G II 223
Ashraf al-wasāʾil S I 268, II $528_{,32}$
Ashraf al-wasāʾil ilā fahm al-shamāʾil S II 529
Ashrāṭ al-sāʿa S I 638, II 456 A/C
-Ashriba G I 514, S I 310
-Ashriba wakhtilāf al-nās fīhā G I 122
Ashwāk ward S III 383
-ʿAṣā G I 316, 319, S I 553
-ʿAṣaba al-ḥamrāʾ S III 233
Aṣfa 'l-mawārid min silsāl aḥwāl Khālid al-Shahrazūrī S II 791
-Aṣfā min al-Ṣāfī S II A/C 584
Aṣḥāb al-ilhām S I $244_{,7}$
ʿAṣīdat al-shahda S I A/C 469
-ʿĀṣifa S III 391
ʿĀṣifa fi'l-bayt S III 279
ʿĀṣin wa-shijʿān S III 379
Aṣl al-ʿālam S III 327
Aṣl al-anwāʿ S III 213
-Aṣl fi 'l-furūʿ S I 288
-Aṣl fī ʿilm al-nujūm S I 395
Aṣl al-mubḥath S II 805
Aṣl al-Shīʿa wa-uṣūluhā S II 802
Aṣl ṣināʿat al-aḥkām al-falakiyya S I A/C 397
Aṣl al-uṣūl S I 395, 921 A/C, II 852
Aṣl al-uṣūl fī khawāṣṣ al-nujūm etc. S I 396
-Aṣmaʿī S III 439
-Aṣmaʿiyyāt S I 37, 164
Aṣnāf al-maghrūrīn S I A/C 752
-Aṣnām G I 140, S I 212, $244_{,1}$
ʿAṣr Ismāʿīl S III 310
-ʿAṣr al-jadīd S II 757
ʿAṣr al-Maʾmūn S III 307
-Aṣwāt G I 118
-ʿAtab al-jamīl S II 822
-Athar al-jalīl G II 484
-Athar al-maḥmūd li-qahr dhawi 'l-ʿuhūd S II $431_{,40}$
-Āthār G I 102, S I 102, 286, 291
-Āthār al-bāqiya G I 475
Āthār al-bilād S I 883
Āthār al-bilād wa-akhbār al-ʿibād S I 883
-Āthār al-Fatḥiyya S III 326
-Āthār al-Fikriyya G II 475, S II 721, 750
Āthār al-ḥurūf wal-tafsīr S I 255
-Āthār al-jaliyya fi 'l-ḥawādith al-arḍiyya S II 781
-Āthār al-marfūʿa fi 'l-akhbār al-mawḍūʿa S II 857
Āthār al-muḥaddithīn S II 615
Āthār i naw G II 428
Āthār al-tahdhīb S III 386
-Āthār al-ʿulwiyya S I $823_{,79f}$
Āthār al-umam S II 762
Āthār al-uwal fī tartīb al-duwal G II 161, S II 202
Āthār al-zaʿīm Saʿd Zaghlūl S III 335
-ʿAthmana aw al-Tabarzul wat-Taʾamruk S III 193
-Athmār wal-azhār G II 405, S II 557

-Athmār al-jamʿiyya fī asmāʾ al-Ḥanafiyya S II 542,$_{123}$
ʿAṭāya ʾl-ʿārifīn S II 468
-ʿAṭāya ʾl-rabbāniyya S II 79
-ʿAṭāya ʾl-saniyya G II 184, S II 236
Aṭbāq al-dhahab G I 292, 505, S I 512
ʿAṭf al-alif al-maʾlūf ʿala ʾl-lām al-maʿṭūf S I 359
ʿAṭf al-ʿulamāʾ ʿala ʾl-umarāʾ etc. S I 920,$_{75}$
-ʿAṭfa fī jawāz iḍāfat kāffa S II 859
-ʿAṭfa al-kanziyya S I 471
-Aṭibbāʾ G II 257, S II 367
-ʿĀṭifāt al-thāʾira aw al-ḥubb al-khāliṣ S III 232
-ʿĀṭil al-ḥālī wal-murakhkhaṣ al-ghālī G II 160, S II 199
Aṭʿimat al-ʿArab S I 245,$_{48}$
Aṭʿimat al-marḍā S I 896
-ʿAṭiyya al-hanīʾa wal-waṣiyya al-marḍiyya S II 1001
ʿalā Aṭlāl al-madhhab al-māddī S III 325
-Aṭlāl, riwāya qiṣaṣiyya Miṣriyya S III 222
Aṭraf al-ʿajāʾib S II 228
Aṭrāf al-gharāʾib wal-afrād G I 356, S I 603
Aṭrāf al-kutub al-khamsa S I 623
Aṭrāf al-kutub al-sitta S I 603
Aṭrāf al-silsila etc. S II 249
Aṭrāf al-Ṣaḥīḥayn G I 519
-Aṭwal S I A/C 516
Aṭwāq al-dhahab G I 292, S I 512
Aṭyab al-nagham fī madḥ sayyid al-ʿArab wal-ʿAjam S II 615
Aṭyāf al-rabiʿ S III 117
ʿAwāʾid al-ayyām S II 286
-ʿAwāʾid al-Riḍawiyya S II 798
ʿAwāʾid al-ṣilāt al-rabbāniyya S II 334
-Awāʾil G I 127, 519, S I 194, 279, 543
-Awāʾil wal-awākhir S II 929
Awāʾil kutub al-ḥadīth S II 521
Awāʾil al-maqālāt fī ʾl-madhāhib S I A/C 323
-ʿAwālī S I 690
ʿAwāli ʾl-Ghaylāniyyāt G I 518, S I 274
ʿAwālī ḥadīth Layth G II 82
ʿAwālī ḥadīth al-Ṭaḥāwī G II 82
ʿAwāli ʾl-laʾāliʾ al-ʿAzīziyya etc. S II 271
ʿAwālī mashyakhat al-Jaʿbarī G II 165, S II 135
ʿAwāli ʾl-sanad S II 776
ʿAwāli ʾl-Sanūsī S II 888
ʿAwālim al-ʿulūm S II 504, 827
-ʿAwāmil S II 585, 921, 924
-ʿAwāmil al-jadīda G II 441, S II 657,$_{21}$
-ʿAwāmil al-miʾa G I 287, S I 503
-Awānī S II 837
ʿAwāqib al-ghurūr S III 228
-ʿAwārif li-Anwār al-maʿārif S II 857
ʿAwārif al-laṭāʾif S I 789, II 310
ʿAwārif al-maʿārif G I 440, S I 789
-ʿAwārif, sharḥ al-Ṣaḥāʾif G I 468
-ʿAwāṣim G II 405
-ʿAwāṣim min al-qawāṣim S I 800,$_{153}$
-ʿAwāṣim wal-qawāṣim S II 556
-ʿAwāṣim wal-qawāṣim fī ʾl-dhabb ʿan sunnat a. ʾl-Q. S II 249
-ʿAwāṣim al-qiwām S I A/C 844
-ʿAwāṭif S III 275
-ʿAwāṭif al-Ḥamīdiyya fī ʾl-siyāḥa al-Nūriyya S II 871
-ʿAwāṭif al-thāʾira S III 361
Āwāz i parri Jabrāʾīl S I 783
ʿAwd al-shabāb G I 316, II 434, S I 549
ʿAwdat al-rūḥ S III 242
-Awḍāʿ al-lafẓiyya wa-anḥāhā S II 836
-Awḍaḥ G I 277
Awḍaḥ al-ishārāt S II 259
Awḍaḥ manhaj ilā maʿrifat manāsik al-ḥajj S II 789
Awḍaḥ al-masālik G I 298, II 25, S I 523, 525, II 98, 445, 673, 874
Awḍaḥ al-masālik, ḥāshiya ʿalā sharḥ al-Zarqānī ʿalā Mukhtaṣar al-Khalīl S II 791
Awḍaḥ al-masālik ilā mādhhab al-imām Mālik S II 960,$_{14}$
Awḍaḥ al-masālik fī ʾl-manāsik S II 106
Awḍaḥ al-masālik ilā maʿrifat al-buldān wal-mamālik G II 46, 453, S II 44
Awḍaḥ ramz S II 267, 395
Awfa ʾl-wāfiya S I 533
-Awfāq wal-riyāḍāt S I 245,$_{36}$
Awfar al-shurūḥ li-fuṣūl Ibuqrāṭ S II A/C 1027
-ʿAwfiyya fī madhhab al-Mālikiyya S II 960,$_{21}$
Awhām al-jamʿ wal-tafrīq S I 564
-Awhām allatī fī ʾl-madkhal S I 276
Awhām al-mashāyikh al-nubl S I 690

ʿAwīṣat al-afkār etc. G II 233, S II 328
-Awj al-akhḍar G II 411
-Awj fī khabar ʿAwj G II 151, S II 187,138
Awjaz al-anbāʾ fī maqtal sayyid al-shuhadāʾ S II 805
Awjaz al-siyar li-khayr al-bashar S I 198
Awlād al-faqīr S III 280
Awlād al-nabī G II 398
-Awliyāʾ S I 248
ʿAwn al-bāriʾ li-ḥall al-Bukhārī S I 264, II 860
ʿAwn al-dirāya S I 973 ad 761
ʿAwn al-farīd fī ʾl-fawāʾid S I 645
ʿAwn al-fayḍ S II 645
ʿAwn al-maʿbūd S I 267
ʿAwn al-mubtadiʾ S I 842
ʿAwn al-wadūd S I 267
ʿAwn al-wāfiya S I 532
Awqāf al-Qurʾān S I 724
-Awqāt S I 396
Awqāt al-ʿām S II 703
fī Awqāt al-farāgh S III 204
Awqāt al-nahy wal-nizāʿ etc. G II 105, S II 124,99
-Awrād G I 436, 441
-Awrād wal-adhkār S I 752,47a
Awrād al-ayyām al-sabʿa wal-layālī G I 447, S I 799,120
-Awrād al-Bahāʾiyya G II 205, S II 282
-Awrād al-Bakriyya S II 477,50
Awrād fatḥiyya G II 221, S II 310
-Awrād al-fatḥiyya fī ʾl-ṭarīqa al-ʿUshāqiyya S II 606
Awrād Ḥaqqī al-Burūsawī S II 653
Awrād Jalāl al-Dīn al-Rūmī S I 807
Awrād layāli ʾl-usbūʿ G II 350
Awrād al-Qādiriyya S I 779,40
Awrād wa-rātib al-ʿallāma al-imām M. b. ʿAl. al-Mahdī S II 896
Awrād ṣaghīr S II 282
Awrād al-usbūʿ G I 447, S I 799,121
Awrād Zayniyya S II 206
-Awrāq fī akhbār āl al-ʿAbbās wa-ashʿārihim G I 143, S I 218
-Awrāq al-Baghdādiyya fī ʾl-dalāʾil al-Wahhābiyya S II A/C 785
Awrāq al-dhahab fī ʿilm al-muḥāḍarāt wal-adab G II 373, 497, S II 500 (901)
Awrāq al-ḍawārib etc. S I 370
Awrāq al-ḥikma G II 232
-Awrāq al-Qudsiyya bi-manāqib al-sāda al-Naqshbandiyya S II A/C 774
-Awsaṭ G I 145, S I 220
-Awsaṭ fī ʾl-sunan wal-ijmāʿ wal-ikhtilāf G I 180, S I 306
-Awshāl S III 487
Awṣāf al-ashrāf G I 569, S I 923,27g
Awṣāf al-ashrāf fī ʾl-siyar wal-sulūk G I 510, S I 927,9
Awṣāf al-qulūb S I 359
-Awtār al-muqaṭṭaʿāt S III 454
Awthaq ʿura ʾl-īmān S II 532
Awthaq al-wasāʾil fī sharḥ al-rasāʾil S II 832, 838
-Awṭān wal-buldān S I 244,59
Awzān al-buḥūr al-shiʿriyya etc. S II 919
-Awzān fī ʿilm al-ṭabīʿa wal-kīmiyyāʾ S I 432,9
Āy al-Qurʾān S I 245,12
-Āya al-kubrā fī sharḥ qiṣṣat al-isrāʾ S II 188,169n
Aʿyād al-Furs S I 222
-Aʿyān wal-amāthil G I 324
Aʿyān al-ʿaṣr waʿawān al-naṣr G II 32, S II 28
Aʿyān al-bayān min ṣubḥ al-qarn al-thālith ʿashar al-hijrī ila ʾl-yawm S III 307
Aʿyān al-mawālī S I 231
Aʿyān al-Shīʿa S II 808
Āyat al-tawfīq G II 292, 333
Āyāt al-āfāq G II 214
Āyāt al-āfāq min khawāṣṣ al-awfāq S I 867,5
-Āyāt al-ʿashr G II 450,35
Āyāt al-ʿaṣr S III A/C 343
-Āyāt al-ʿaẓīma al-bāhira fī miʿrāj sayyid ahl al-dunyā wal-ākhira G II 304, S II 416 (945,161)
-Āyāt al-bāhirāt fī muʿjizāt al-nabī etc. S II A/C 503
-Āyāt wal-barāhīn S II 228
-Āyāt al-bayyināt G I 311, 507, S I 923, II 441, 471, 802, 961,30
-Āyāt al-bayyināt fī ʿadam samāʿ al-amwāt S II 787
-Āyāt al-bayyināt fī dukhūl awlād banāt S II 972,4
-Āyāt al-bayyināt ʿala ʾndifāʿ aw Fasād etc. S II 105,γ

-Āyāt al-bayyināt fī khaṣāʾiṣ aʿḍāʾ rasūl Allāh S I 545
-Āyāt al-bayyināt fī thubūt karāmāt al-awliyāʾ G II 343
-Āyāt al-bayyināt fī ẓuhūr Mahdī ākhir al-zamān S II 896
Āyāt al-ʿibar S III 228
-Ayk fī ʿilm al-nayk S II 192,$_{209}$
-ʿAylam al-zākhir fī aḥwāl al-awāʾil wal-awākhir G II 300, S II 411
Aymān al-ʿArab S I 202, see 944
-ʿAyn G I 100, S I 159, 367
ʿAyn al-adab wal-siyāsa wa-zyin al-ḥasab wal-riyāsa S II 54, 379
ʿAyn al-athar S II 77
-ʿAyn al-fākhira fī aḥwāl al-dunyā wal-ākhira S II 1008
ʿAyn al-ghazal S I 320
ʿAyn al-ḥayāh S II 21, 171, 597,$_{24}$
ʿAyn ḥayāt al-ḥayawān G II 138
ʿAyn al-ḥayāt fī ʿilm istinbāṭ al-miyāh G II 371, S II 499
ʿAyn al-ḥayāt fi ʾl-tafsīr S I 787
ʿAyn al-ḥikma S II 307,$_{48}$
ʿAyn al-ḥummayāt S II 592
ʿAyn al-ʿilm wa-zayn al-ḥilm S II 258
ʿAyn al-ʿilm wa-zayn al-ḥilm fi ʾl-tawḥīd etc. S I 749,$_{17}$
ʿAyn al-ishārāt fi ʾl-ḥurūf S II 926
ʿAyn al-iṣāba fi ʾstidrāk ʿĀʾisha ʿalaʾl-ṣaḥāba S II 189,$_{169uu}$
-ʿAyn min jumlat ithnayn wa-thalāthīna kitāban fi ʾl-mawāzīn S I 429,$_{64}$
ʿAyn al-maʿānī fī tafsīr al-sabʿ al-mathānī G I 408, S I 724
ʿAyn al-maʿrūf fī daghal al-ʿayn S I 416
ʿAyn al-muftī li-khayrāt al-mustaftī S II 952
ʿAyn al-nabʿ fī mukhtaṣar Ṭard al-sabʿ S II 198,$_{317}$
ʿAyn al-naẓar G I 468
ʿAyn al-qawāʿid fi ʾl-manṭiq wal-ḥikma G I 467, S I 848
ʿAyn al-ṣanʿa wa-ʿawn al-ṣināʿa S I 902
ʿAyn al-uṣūl S II 826
ʿAyn al-warda S I 214
ʿAyn al-yaqīn S II 580,$_{21}$
ʿAyn al-yaqīn fī uṣūl al-dīn S II 584,$_{7}$
Ayna ʾl-insān? S III 195, 327
-Ayriyyāt S I 123
-Ayyām S III 290
Ayyām al-ʿArab G I 104, S I 162
Ayyām al-buḥrān S I A/C 369
Ayyām janāb al-Khidīwī al-muʿaẓẓam fī Dār al-Saʿāda S III 85
-Ayyām wal-layālī G I 116, 204, S I 366, 932,$_{53}$
-Ayyūbiyyāt S III 447
Ayyuha ʾl-akh S I 750
Ayyuha ʾl-walad G I 423, S I 750,$_{32b}$
Azāhir al-maḥyā wa-ishrāq anwār adab al-Ḍiyāʾ S II 547
-Azāhir wal-mulaḥ fī jumlat aḥādīth fī faḍāʾil al-ṣalawāt etc. S II 121,$_{21}$
-Azal G I 444,$_{45}$, S I 796,$_{45}$, II 119
Azhar al-shurūḥ ʿala ʾl-Taṣrīf al-ʿIzzī S I 498 A/C, II 632
-Azhār G I 297, S I 431, 521
Azhār al-afkār fī jawāhir al-aḥjār G I 495, S I 904
Azhār al-aghṣān al-mahṣūra min riyāḍ afnān al-Maqṣūra S II 336
Azhār al-anwār G II 17
-Azhār al-Aqdasiyya fi ʾl-ʿulūm al-ilāhiyya G II 497, S II 781
-Azhār al-ʿaṭirāt al-anfās bi-dhikr baʿḍ maḥāsin Quṭb al-Maghrib wa-Tāj Madīnat Fās S II 891
-Azhār al-ʿaṭirāt al-nashr fī mabādi ʾl-ʿaṣr S II 882
Azhār bustān al-nāẓirīn S II 539
-Azhār fī fiqh al-aʾimma al-aṭhār G II 187, S II 244
-Azhār fi ʾqtiṣār shumūs al-anwār S II A/C 95
Azhār al-kharīf S III 125
-Azhār wa-majmaʿ al-anwār al-malqūṭa min basātīn al-asrār S II 563, 608
-Azhār al-majniyya fī mudāwāt al-hayḍa al-Hindiyya S II 778
-Azhār al-mutanāthira etc. G II 148, S II 185,$_{58}$
Azhār al-rawḍāt G II 443, S II 659
Azhār al-riyāḍ fī akhbār ʿIyāḍ G II 297, S I 630, II 408
Azhār al-riyāḍ al-marīʿa wa-tafsīr alfāẓ al-muḥāwara wal-sharīʿa S I 513

-Azhār al-riyāḍiyya S II 892
-Azhār al-riyāḍiyya fī aʾimmat wa-mulūk al-Abāḍiyya S I 575, II 893
-Azhār al-ṣāfiya S I 532,10a
-Azhār al-ṭayyibāt al-nashr fī mā yataʿallaq bi-baʿḍ al-ʿulūm min al-mabādīʾ al-ʿashr S II 95
Azhār al-ʿurūsh G II 158, S II 197,308
-Azhār al-Zayniyya fī sharḥ matn al-Alfiyya S I 525, II 811
ʿAzīz al-iqtibās S II 615
-ʿAzīz al-muḥallā bil-dhahab G II 57
Azjāl al-Buthayna S III 178
Azjāl Naẓīm S III 178
-Azmina G I 106, S I 161, 416
-Azmina wal-amkina S I 502
Azwād al-ākhira fī aḥkām al-amwāt S II 854
ʿAẓāʾim al-nafʿ S I 799,126c
-ʿAẓama G I 154, 442,4, S I 167, 247, 273, 428, 791,4, II 107, 992,26
ʿAẓamat Allāh wa-makhlūqātihi G I 195, S I 347
ʿAẓīm al-minna bi-nuzah al-janna S I 131,40

-Bāʾ G I 445, S I 797,75
Bāb al-futūḥ G II 487
-Bāb al-ḥādī ʿashar S I 707, II 208
Bāb ikhtiṣār al-ziḥāf S I 540
Bāb al-ʿirāfa wal-zajr wal-firāsa ʿalā madhhab al-Furs G I 153, S I 244,45
Bāb al-ishāra ilā tafḍīl Ṣanʿāʾ S II 549
Bāb maʿrifat Allāh G II 390
Bāb maʿrifat asrār takbīrāt al-ṣalāh S I 801,171
Bāb al-misāḥa S I 381
Bāb al-muṣāfaḥa S II 420
Bāb al-samīr S III 84
Bāb al-ṭahāra G II 105
Bāb fī uṣūl al-iʿrāb S II 766
-Bābiyyūn fi ʾl-taʾrīkh S II 848
-Badʾ S I 577
Badʾ al-amālī G I 429, S I 764
Badʾ al-dunyā wa-qiṣaṣ al-anbiyāʾ G I 350, S I 592
Badʾ al-khalq wa-qiṣaṣ al-anbiyāʾ S I 217
Badʾ al-khalq wal-taʾrīkh S I 222
-Badʾ wal-taʾrīkh G I 552
-Badāʾiʿ S III 302
Badāʾiʿ al-afkār fī ʿilm al-uṣūl S II 796
Badāʾiʿ al-aḥkām S II 840
-Badāʾiʿ wal-asrār fī ḥaqīqat al-radd wal-intiṣār S II 166
Badāʾiʿ al-badāʾih G I 321, S I 553
Badāʾiʿ al-burhān G II 440, S II 653
Badāʾiʿ (al-farāʾid) al-fawāʾid G II 106, S II 126,8
Badāʾiʿ Hārūt aw shahr fī Bayrūt S III 342
Badāʾiʿ al-ḥikam fī ṣanāʾiʿ al-kalim S I 597
Badāʾiʿ al-iltizām G II 283
-Badāʾiʿ wal-laṭāʾif S III 377
-Badāʾiʿ al-muhimma S II 429
Badāʾiʿ al-shiʿr fi ʾl-ḥamāsa wal-fakhr S III 339
Badāʾiʿ al-silk fī ṭabāʾiʿ al-milk S II 962,37
Badāʾiʿ al-ṣanāʾiʿ fī ʿilm al-sharāʾiʿ G I 374, S I 658
Badāʾiʿ al-ṣanāʾiʿ fī tartīb al-sharāʾiʿ S I 640, 643
-Badāʾiʿ wal-ṭarāʾif S III 465
Badāʾiʿ al-zuhūr (umūr) G II 157, 295, S II 196,288
Badāʾiʿ al-zuhūr fī waqāʾiʿ al-duhūr S II 78, 405
Badāʾiʿ al-zuhūr wa waqāʾiʿ al-duhūr S I 616
-Badawiyya S III 276
-Badawiyyāt S III 131
Badhl al-ʿashgad G II 152, S II 191,181
Badhl al-himma fī barāʾat al-dhimma G II 153, S II 191,193
Badhl al-himma fī naqī al-qisma S II 525
Badhl al-istiṭāʿa fī nadḥ ṣāḥib al-Shafāʿa G I 258, S I 459
Badhl al-mabthūth fī khabar al-burghūth S II 74,21
Badhl al-majhūd G II 152, S II 190,175
Badhl al-mashhūd fī iqnāʿ al-Yahūd S I 892
Badhl al-māʿūn fī akhbār al-ṭāʿūn G II 69, S II 74,21
Badhl al-naṣāʾih al-sharʿiyya G II 133, 134, S II 164
Badhl al-nuṣḥ G II 143
Badhl al-quwwa fī ḥawādith sini ʾl-nubuwwa S II 612
-Badīʿ G I 81, II 193, S I 129
Badīʿ al-badīʿ G II 189
-Badīʿ fi ʾl-badīʿ G I 320

-Badīʿ fī ʾl-ḥisāb S I 390
Badīʿ al-inshāʾāt G II 369, S II 496
Badīʿ al-maqāl fī madḥ man nabaʿa bayn aṣabīʿihi ʾl-zulāl S II 903
Badīʿ al-mīzān S II 625
-Badīʿ fī naqd al-shiʿr S I A/C 553
Badīʿ al-niẓām fī uṣūl al-figh G I 383, S I 658
Badīʿ al-Qurʾān G I 306, S I 539
-Badīʿ fī ṣināʿat al-shiʿr G I 303, S II 531
Badīʿ al-tidhkār fī mā warada fī faḍl al-khayl min al-akhbār S II 80
Badīʿ fī waṣf al-rabiʿ G II 12, S II 5
Badīʿat al-bayān G II 76
Badīʿa wa-fuʾād S III 456
Badīʿat al-ghurar fī asānīd al-aʾimma al-arbaʿata ʿashar S II 744
-Badīʿa al-muhimma G II 312
-Badīʿiyya G II 14
Badīʿiyyat b. Ḥijja G II 16, S II 8
Badīʿiyyat al-ʿImyān G II 13, S II 6
Badīʿiyyat b. Maʿṣūm S II 628
-Badīʿiyya al-Mizziyya S II 474,$_{74}$
Badīʿiyyat b. al-Muqriʾ S II 254
Badīʿiyyat al-Nābulusī S II 476
Badīʿiyyat al-Ziftāwī S II 385
Badr al-ḍiyāʾ S II 292
-Badr al-lāmiʿ fī naẓm Jamʿ al-jawāmiʿ S II 106
Badr al-majāmiʿ S II 511
-Badr al-munīr S II 70 A/C, 466
-Badr al-munīr fī asrār al-iksīr S II 172
-Badr al-munīr fī gharīb aḥādīth al-bashīr al-nadhīr G II 338,$_{27}$
-Badr al-munīr fī ʿilm al-taʿbīr S I 913, II 219
-Badr al-munīr, mukhtaṣar al-Jāmiʿ al-ṣaghīr G II 148
-Badr al-munīr, mukhtaṣar al-Tafsīr G II 49
-Badr al-munīr fī naẓm Miṣbāḥ al-Barbīr S II 752
-Badr al-munīr fī qirāʾāt Nāfiʿ wa-ʿAmr wa-bn Kathīr S II 142
-Badr al-munīr fī ʾl-ṣalāt ʿala ʾl-bashīr al-nadhīr G II 32
-Badr al-munīr fī tabyīn al-iksīr S II 1035,$_{17}$
-Badr al-munīr fī takhrīj aḥādīth al-Sharḥ al-kabīr S I 681, II 110
-Badr al-mushaʿshaʿ fī dhurriyyat Mūsā al-Mubarqaʿ S II 832
-Badr al-muzīl lil-ḥazan S II 821
-Badr al-rāʾiq G II 311
-Badr al-sāfir wa-tuḥfat al-musāfir G II 31, S II 27
-Badr al-tāmm, sharḥ Bulūgh al-marām S II 74
-Badr al-ṭāliʿ G II 34, 295, S II 32
-Badr al-ṭāliʿ fī ḥall Jamʿ al-jawāmiʿ S II 105
-Badr al-ṭāliʿ bi-maḥāsin man baʿd al-qarn al-sābiʿ S II 819
Baʿḍ ṣifāt Allāh G II 329
fī Baʿḍ ṣuwar fatāwā S II 651
-Bāh G I 235, 458,$_{94}$, S I 374, 414
-Bahja S II 1009,$_{129}$
Bahjat al-ʿābidīn S II A/C 178
Bahjat al-āfāq G II 366
Bahjat al-aḥādīth fī aḥkām jumla min al-al-aḥādīth S II 493
Bahjat al-aḥbāb fī faḍāʾil makārim al-shaykh a. Bakr b. Qawwām S II A/C 489
Bahjat al-albāb fī ʾl-asṭurlāb S II 487, 1017,$_{2}$
Bahjat al-albāb fī ʿilm al-asṭurlāb S II 159 A/C, 1021,$_{40}$
Bahjat al-anām = Bahjat al-aḥbāb S II 1008
Bahjat al-anwār ʿala ʾl-durr al-mukhtār G II 330,$_{11,2}$
Bahjat al-anwār wa-ḥaḍrat al-abrār etc. S II 1011,$_{147}$
Bahjat al-anwār mīn khafiyyat al-asrār S I 776
Bahja al-anwār wa-nuzhat al-qulūb al-mirāḍ S II 1010,$_{137}$
Bahjat al-anwār wa-rawḍat al-afkār S I 776
Bahjat al-anwār, sharḥ Anwār al-ʿuqūl S II 823
Bahjat al-arīb G II 64, S II 68
Bahjat al-asrār wa-maʿdin al-anwār G I 326, 435, S I 777
Bahjat al-asrār wa-maʿdin al-anwār fī manāqib al-sāda al-akhyār G II 118, S II 147
Bahjat al-baṣar fī sharḥ farāʾiḍ al-Mukhtaṣar S II 99
Bahjat al-dhākhirīn G II 343
Bahjat al-ḥāwī S II A/C 175
Bahjat al-ikhwān G II 374
-Bahja al-insiyya G II 335, S II 463
-Bahja al-jadīda G II 321, S II 443

Bahjat al-jamāl wa-maḥajjat al-kamāl S II 557
Bahjat al-khalad G II 54
Bahjat al-lughāt G II 424
Bahjat al-maḥāfil wa-ajmal al-wasāʾil G II 317, S I 269, II 437
Bahjat al-maḥāfil wa-bughyat al-amāthil G II 72, S II 225
Bahjat al-majālis wa-uns al-mujālis G I 368, S I 629
Bahjat al-marām fī sīrat sayyid al-anām S II 226
-Bahja al-marḍiyya G II 155,246, S I 679
Bahjat misk al-dārī li-qāriʾ taʾrīkh al-Bukhārī S I 264
Bahjat al-muhaj fī baʿḍ faḍāʾil al-Ṭāʾif wa-Wajj S I 635
Bahjat al-muḥaddith fī aḥkām jumla min al-ḥawādith S II A/C 493
Bahjat al-multāḥ fī naẓm masāʾil al-Miṣbāḥ S I 515
Bahjat al-mushtāq fī aḥkām al-ṭalāq S II 740
Bahjat al-nawāẓir bijtināb al-kabāʾir S II 458
Bahjat al-nāẓir fi ʾl-ḥikāyāt wal-nawādir G II 57
Bahjat al-nāẓir wa-tuḥfat al-khāṭir G II 157, S II 196,281
Bahjat al-nāẓirīn G II 369,34, S II 457, 496
Bahjat al-nāẓirīn fī maḥāsin Umm al-barāhīn S II 354
Bahjat al-nāẓirīn ilā tarājim al-mutaʾakhkhirīn al-Shāfiʿiyya al-bāriʿīn S II 31, 100, 394
Bahjat al-nufūs G I 159, 372
Bahjat al-nufūs wal-aḥdāq G II 338, S II 466
Bahjat al-nufūs wal-asrār S II 927
Bahjat al-nufūs al-awānis G II 15
Bahjat al-nufūs, sharḥ Mukhtaṣar Ṣaḥīḥ al-Bukhārī S I A/C 264
Bahjat al-nufūs wa-taḥallīhā S I 263
Bahjat al-qulūb S II 58
Bahjat al-rāʾiḥ wal-ghādī etc. S II 759, III 379
Bahjat al-sālik G II 53, S I 443
Bahjat al-sāmiʿīn G II 339, S II 467
-Bahja al-saniyya G II 489, S I 635, II 445
-Bahja al-saniyya fī ādāb al-ṭarīqa al-Naqshbandiyya S II 774
-Bahja al-saniyya fī ʾl-asmāʾ al-nabawiyya S II A/C 188
-Bahja al-saniyya fī sharḥ daʿwat al-Jaljalūtiyya S I 752,47c
-Bahja al-saniyya fī sharḥ al-Sanūsiyya S II 354
Bahjat al-shaykh A. al-Rifāʿī S I 780
Bahjat al-surūr fī gharāʾir al-manẓūm wal-manthūr S II 56
-Bahja al-Tawfīqiyya fī taʾrīkh muʾassis al-ʿāʾila al-Khidīwiyya G II 483, S II 734, III 333
Bahjat al-ṭāʾifa G I 439
Bahjat al-ṭullāb fi ʾt-asṭurlāb S II A/C 691
Bahjat al-ʿulūm G I 196
Bahjat al-uns wal-iʾtinās S II 738
Bahjat al-ʿuqūl S I 742,14
-Bahja al-Wardiyya G I 394, II 141, S I 679
-Bahjat al-Wardiyya, sharḥ al-qaṣīda al-Zaynabiyya S II A/C 444
Bahjat al-wasāʾil bi-sharḥ al-masāʾil S II 814
Bahjat al-zaman fī taʾrīkh al-Yaman G II 709, S II 218
-Bāhir fī akhbār al-shuʿarāʾ mukhaḍrami ʾl-dawlatayn S I 225
-Bāhir fī akhbār al-shuʿarāʾ al-muwalladīn S I 225
Bāhir al-barāhīn fi ʾl-naḥw S II 572
Bāhir al-burhān S II 598
-Bāhir fi ḥukm al-nabī G II 150, S II 187,124
-Bāhir fi ʿilm al-ḥisāb S I 892
-Bāhir fi ʾl-jawāhir S I A/C 900
-Bāhir, sharḥ al-Hamāsa S I 40, 709
-Bāhir, sharh Tuḥfat al-ḥukkām S II 373
-Bahiyya fī tartīb al-raḍī ʿala ʾl-Alfiyya S I 532
Bahman Shāh S III 228
-Bāḥa fī ʿilm al-ḥisāb wal-misāḥa G II 143
Bāḥithat al-bādiya S III 260
Baḥr al-afkār S I 759
-Baḥr al-ʿamīq G II 175
Baḥr al-ansāb G II 199, S I 104, 558, II 271
Baḥr al-anwār al-muḥīt S II A/C 464
Baḥr al-ʿawwām fī mā aṣāba fīhi ʾl-ʿawāmm S II 496
Baḥr al-dam G II 108
Baḥr al-dumūʿ G I 505, S I 919 A/C
Baḥr al-durar S II 278
Baḥr al-fatāwī S II 649
Baḥr al-fawāʾid G I 200, 467, S I 848 A/C
Baḥr al-fawāʾid al-musammā bi-maʿāni ʾl-akhbār S I 360

Baḥr al-ḥaqāʾiq wal-maʿānī fī tafsīr al-sabʿ al-mathānī G I 448, S I 787, 804
Baḥr al-ḥaqīqa S I 756
Baḥr al-ʿilm S I 749,17
Baḥr al-jawāhir fī taḥqīq al-muṣṭalaḥāt al-ṭibbiyya S II 592
Baḥr al-jawāmiʿ S II 274
-Baḥr al-kabīr fī baḥth al-tafsīr G I 416, S I 738
Baḥr al-kalām (afkār) G I 426, S I 757
Baḥr al-kalām wa-naḥr al-liʾām S II 459
Baḥr al-maʿānī S I 803
Baḥr al-maʿānī wa-kanz al-sabʿ al-mathānī S II A/C 452
Baḥr al-maʿārif S II 505
Baḥr al-madhāhib G II 418, S II 614
Baḥr al-madhhab S I 673
Baḥr al-maḥabba asrār al-mawadda fī tafsīr sūrat Yūsuf S I 747,16b
Baḥr al-masāʾil S II 12
-Baḥr al-mawrūd G II 337,16, S II 465
Baḥr i mawwāj S II 309
-Baḥr al-muḥīṭ S I 753, see 973
-Baḥr al-muḥīṭ fī sharḥ al-Wasīṭ S II 101
-Baḥr al-muḥīṭ fī tafsīr al-Qurʾān G II 110, S II 120,5, 136
-Baḥr al-muḥīṭ fī uṣūl al-fiqh G II 91, S II 108
Baḥr al-nafāʾis S II 851
-Baḥr al-rāʾiq, sharḥ Kanz al-daqāʾiq G II 197, S II 266
Baḥr al-ʿulūm G II 303, S II 278
Baḥr al-ʿulūm al-munaẓẓam fī madhhab al-imām al-aʿẓam S I 754,53d, II 245
Baḥr al-wuqūf G II 232 , S II 324
-Baḥr al-zākhir G II 42, S II 40
-Baḥr al-zākhir fī ʿilm al-awāʾil wal-awākhir S I 946,239
-Baḥr al-zākhir fī taʾrīkh al-ʿālam etc. G II 483, S II 735
-Baḥr al-zakhkhār li-madhāhib ʿulamāʾ al-amṣār G II 187
-Baḥth S I 429,82
Baḥth al-fayyāḍ S I A/C 848
Baḥth fī ḥadīth iftirāq al-umma S II A/C 562
Baḥth al-maʿrūf G II 203
Baḥth al-maṭālib wa-ḥathth al-ṭālib S II 389
Baḥth al-mushtarak G II 215
Baḥth fi ʾl-nāsikh wal-mansūkh S II A/C 328
Baḥth al-qudra G II 420
Baḥth al-rujḥān G II 451,64
Baḥth al-samāʿ S II A/C 228
-Baḥth al-ṣarīḥ fī ayyimā huwa ʾl-dīn al-ṣaḥīḥ S II 459
Baḥth tamām al-mushtarik G II 420
-Bāʾiʿa al-ḥasnāʾ S III 231
min Baʿīd S III 294
Bāʿith al-ḥathīth ʿalā maʿrifat ʿulūm al-ḥadīth S II 49
-Bāʿith ʿala inkār al-bidaʿ wal-ḥawādith S I 551
-Bāʿith ʿala ʾl-khalāṣ G II 66
Bāʿith al-nufūs etc. G I 331, II 130, S II 161
Bāʾiyya nūniyya S II 544
Bakr wa-Taghlib S II 68
Bakriyyat al-Miṣrī S III 130
-Bākūra S III 396
Bākūrat al-faḍl S II 902
Bākūrat al-kalām ʿalā ḥuqūq al-nisāʾ fi ʾl-Islām S II 724
Bākūrat al-saʿd S I 301
-Bākūra al-Sulaymāniyya fī kashf asrār al-diyāna al-Nuṣayriyya S I 327, II 778
-Bākūrāt al-shahiyya G II 506, S II 868
-Balāʾ fī masʾalat al-wilāʾ G II 342, S II 542,106
Balāghat al-Andalus S III 305
Balāghat al-ʿArab fi ʾl-qarn al-ʿishrīn S III 437
Balāghat al-nisāʾ S I 210
-Balgham G I 204
-Bāligh wal-mudrik G I 520, S I 316,17
-Banākīm G I 494
Bānat Suʿād G I 39, S I 68
Banāt al-afkār G II 115
Banū Maʿrūf fī jabal Ḥawrān S III 385
Baqāʾ al-insāniyya G II 510
Baqāʾ al-nafs baʿd fanāʾ al-jasad S I 928,17
Bāqat al-riyāḍ al-Ghazziyya S II 899
Bāqat zaho min al-ḥaqla S III 376, 377
-Bāqiyāt al-ṣaliḥāt G II 474, S II 782
-Baqiyya S I 429,63
Baqiyyat Allāh etc. S II 473,20
Baqiyyat al-multamas fī aḥādīth Mālik b. Anas S I 299,12
Barāʾat al-istiḥlāl G II 380, S II 513

-Barāhīn al-ʿaliyya fī kayfiyyat rātib al-ṭarīqa al-Shādhiliyya S II 823
-Barāhīn al-injīliyya ʿalā dalālāt al-Bābawiyya S II 780
Barāhīn jalīla fī naqd mā qīla fi ʾl-dawla al-ʿUthmāniyya S II 732
Barāhīn i qāṭiʿa S II 527
-Barāhīn al-qaṭʿiyya ʿalā ʿadam dawarān al-kura al-arḍiyya S II 735
-Barāhīn al-Sābāṭiyya S II 852
-Barāhīn al-ūlawiyya G II 445
-Barāhīn al-wāḍiḥa al-jaliyya S II A/C 1019
-Barāhīn al-ẓāhira G II 186, S II 243
Barāḥat al-arwāḥ G II 294
-Barāʿim S III 374
-Baraka G II 189, S II 1011,$_{145a}$
-Baraka al-ʿāmma fī shuyūkh al-ijāza al-ʿāmma S II 816
-Baraka baʿd al-laʿna S III 389
-Baraka fī madḥ al-saʿy wal-ḥaraka S II 251
-Barakāt fī ḥuṣūl al-khayrāt S II 772
-Barakāt al-Muḥammadiyya S II 655
-Barākīn S I A/C 781
-Barara fī masāʾil al-ʿashara G I 439
-Baraṣ G II 212
Bard al-akbād fi ʾl-aʿdād G I 285,$_{13}$, S I 501
Bard al-akbād ʿan (ʿinda) faqd al-awlād G II 76, 148, S II 83
Bard al-ẓilāl fī takrīr al-suʾāl G II 151, S II 188,$_{154}$
-Bāriʿ fī aḥkām al-nujūm G I 223, 224, S I 401
-Bāriʿ ilā aḥkām al-nujūm wal-ṭawāliʿ S I 398
-Bāriʿ fī gharīb al-ḥadīth G I 132
-Bāriʿ fi ʾl-lugha S I 203
-Bāriʿ fī ʿulūm al-taqaddum G I 511
-Bāriq al-asnā bi-sirr al-kunā S II 153
-Bāriq fī qaṭʿ yamīn al-sāriq S II 197,$_{302f}$
-Bāriqa al-Ḥaydariyya fī naqd mā abramathu ʾl-Kashfiyya S II 846
-Bāriqa al-Maḥmūdiyya S II 655, 664
Barkār al-dawāʾir al-ʿiẓām G I 469
-Barkār wa-kayfiyyat takhṭīṭ al-astār G I 471
-Barkār al-tāmm wal-ʿamal bihi G I 223, S I 399
-Barnāmaj G I 313, II 264
Barnāmaj al-Bilghrāmī S II 620
Barnāmaj al-Ghubrīnī S II 337
-Barnāmaj listikhrāj masāʾil al-Shāmil S II 693
Barnāmaj b. a. ʾl-Rabīʿ S I 547
Barnāmaj b. al-Shāṭṭ S II 373
Barnāmaj al-shawārid G II 247, 320, S II 345
Barnāmaj al-Wādī Ashī S II 371
-Barq S III 362
-Barq al-lāmiʿ wal-ghaythʿ al-hāmiʿ fī faḍāʾil al-Qurʾān S I 913
-Barq al-lāmiʿ al-mughrib G I 414, S I 794,$_{14c}$
-Barq al-lāmiʿ fī taʾrīkh al-jāmiʿ G II 302
-Barq al-lāmiḥ S I A/C 468
-Barq al-mutaʾalliq fī maḥāsin Jilliq G II 281, S II 390
Barq al-Shaʾm fī maḥāsin iqlīm al-Shaʾm S I 883
-Barq al-Shaʾmī G I 315, S I 548
-Barq al-wāmiḍ G II 156,$_{272}$, S I 464, 651,$_{21}$
-Barq al-Yamanī G II 382, S II 515
-Barzakh G II 146,$_{30}$
Basāʾiṭ ʿilm al-falak wa-ṣuwar al-samāʾ S III 217
Basātīn al-fuḍalāʾ G I 314, S I 548, II 257
Bashāʾir al-taḥqīq fī maḥabbat ahl al-taṣdīq S I 920,$_{75n}$
Basīma aw Majd fi ʾl-hawān S III 231
-Basīṭ fi ʾl-farāʾiḍ S II 111, 605, 956,$_{93}$
-Basīṭ fi ʾl-furūʿ G I 424, S I 752,$_{48}$
Basīṭ al-qawl fī aḥkām sharāʾiʿ al-Islām S I 218
-Basīṭ fi ʾl-shurūṭ S II 89, 958,$_{105}$
-Basmala G II 351, S I 551, II 435
-Basmala wal-ḥamdala G II 99, 320
-Bassāma G I 271, S I 480
-Bassāma al-ṣughrā G II 188, S II 248
Basṭ al-ʿadhār ʿan Ḥall al-ʿidhār S II 406
Basṭ al-arḍ fī ṭūlihā wal-ʿarḍ G I 337, S I 576
Basṭ al-ʿibāra fī īḍāḥ Ḍābiṭ al-istiʿāra S II 478
Basṭ al-kaff G II 152,$_{186}$
Basṭ al-kaff al-musalsal bil-ṣaff S II 85
Basṭ al-mabthūth G II 69
Basṭ madad al-tawfīq S I 778
Basṭ al-maqāla fī taḥqīq taʿjīl wa-taʿlīq al-wakāla S II 431
Basṭ al-rāḥa li-tanāwul al-misāḥa S II 1020,$_{36}$
-Basṭ al-tāmm fi ʾl-riḥla ilā baʿḍ bilād al-Shaʾm S II 422
-Basṭ wal-taʿrīf fī naẓm ʿilm al-taṣrīf S II 336
-Basṭa al-tāmma G II 350

Baṣāʾir ahl al-īmān fī futūḥāt āl ʿUthmān S II 687
Baṣāʾir al-darajāt fī ʿulūm āl M. G I 187, S I 319
Baṣāʾir dhawi ʾl-tamyīz fī laṭāʾif al-kitāb al-ʿazīz S II 235
-Baṣāʾir fī ʿilm al-manāẓir fi ʾl-ḥikma S II 295
-Baṣāʾir al-Nāṣiriyya fi ʾl-manṭiq S I 830
Baṣāʾir al-qudamāʾ wa-sarāʾir al-ḥukamāʾ G II 695, S I 436
-Baṣar wal-baṣīra S I 384
Baṣīrat Ghannām al-murtadd S I 245,17
Baṣīrat al-ḥaḍra al-shāhiyya bi-sīrat al-ḥaḍra al-nabawiyya S II 944
Baṣṣāra barrāja bishūf (to be read thus) *al-bakht* S III 389
-Baʿth G II 152, S II 188,167
-Baʿth wal-nushūr G I 198, 363, S I 267, 353, 619
-Baʿtha al-ʿilmiyya ilā dār al-khilāfa al-Islāmiyya S III 431
-Baṭal al-khālid Ṣalāḥ al-Dīn wal-shāʿir al-khālid A. Shawqī S III 394
Baṭal Lubnān Ya. Bek Karam S III 416
-Baṭsha al-kubrā S I 578
-Bawl G I 336, S I 421
Bawādiʾ al-dumūʿ al-ʿandamiyya G II 712, S II 488
-Bawādir al-ʿayniyya = nawādir al-ʿa.
Bawāriq al-anwār S I 614
Bawāriq al-ilmāʿ G I 426, S I 756
-Bawāriq al-nūriyya fī asrār al-ḥaqāʾiq al-ṭahāratiyya S II 585
-Bawāsīr G I 490
Bayʿ al-marhūn fī ghaybat al-madyūn S II 103
-Bayʿ min sharāʾiʿ al-Islām S II 797
-Bayāḍ al-Ibrāhīmī S II 608
-Bayāḍ alladhī yaẓharu fi ʾl-badan S I 386
Bayāḍ al-nabāt S II 9
-Bayān G I 228, II 234, S I 175, 675, II 132, 847
-Bayān fī ʿadad āy al-Qurʾān S I 720
Bayān al-adilla fī ithbāt al-ahilla S II 103
Bayān ahl al-bidaʿ G II 451,58
Bayān al-aḥādīth S II 845
Bayān aḥkām al-farāʾiḍ G I 431, S I 808 A/C
Bayān al-aḥkām fi ʾl-sajjāda G II 24
Bayān aḥwāl al-shuhadāʾ S II 669,36
-Bayān al-ʿajīb fī sharḥ Ḍābiṭat al-tahdhīb S II 857
-Bayān fī akhbār ṣāḥib al-zamān S II 945
Bayān alfāẓ al-kufr G II 451,57
Bayān al-amr bil-maʿrūf etc. S II A/C 604
Bayān anna ʾl-maktūb lā yajūzu al-ʿamal bihi S II 542,109
Bayān anwāʿ khaṭaʾ al-qāriʾ fi ʾl-ṣalāt G I 428
Bayān ʿaqīdat al-sunna wal-jamāʿa S I 294, 950
Bayān ʿaqīdat al-uṣūl G I 196, S I 348
Bayān al-ʿaql G II 451,65
Bayān aqrab al-ṭuruq S I 787
Bayān asrār al-dalāʾil wal-aḥkām etc. S I 867
Bayān al-asrār lil-ṭālibīn S II 1010,135, 1012,154
-Bayān fī badīʿ khalq (khilqat) al-insān S II 131, 947
Bayān al-binya S II 261
Bayān al-burhān fī iʿjāz al-Qurʾān S I 539
Bayān buṭlān ḥadīth rawawhu ʿan Anas S I 197
-Bayān fi ʾl-dīn wal-ijtimāʿ wal-adab wal-taʾrīkh S III 435
Bayān faḍl al-basmala S I A/C 911
Bayān faḍl khiyār al-nās G II 124
Bayān al-fakhr al-fakhrī S II 670,39
-Bayān ʿani ʾl-farq bayna ʾl-muʿjizāt wal-karāmāt etc. S I 349
-Bayān ʿani ʾl-farq bayna ʾl-ṣadr wal-qalb etc. S I 955 ad 357
Bayān al-fatāwī S I A/C 679
Bayān fatḥ mamālik Ifranj G I 44
Bayān fiʿl al-khayr G II 396, S II 541,64
Bayān al-firaq al-ḍālla S II 670,58
-Bayān fi ʾl-furūʿ G I 391
-Bayān fī gharīb iʿrāb al-Qurʾān S I 495
Bayān ghurbat al-Islām etc. G II 124, S II 53
Bayān al-hudā min al-ḍalāl S II 122,67
Bayān al-hudā min al-ḍalāl fī amr al-hilāl S II 125, 126
Bayān ḥadd al-khamr G II 452, S II 671,98
Bayān ḥadīth ḥabbib ilayya etc. G II 98
Bayān al-ḥāja ila ʾl-ṭibb G II 212
Bayān ḥāl al-rūḥ G II 450,31
Bayān al-ḥaqāʾiq S II 273
Bayān al-ḥaqāʾiq wal-majāz S II 672,119
Bayān al-ḥaqīqa G II 205
Bayān ḥaqīqat al-shafāʿa G II 450,30

Bayān al-ḥaqq S II 385
Bayān al-ḥaqq wa-zamān al-ṣidq S I 851 A/C, II 293
Bayān al-ḥāṣil bil-maṣdar G II 412
Bayān al-ḥikma S I A/C 858
Bayān ḥusn ḥāl Fransā S II 769
Bayān al-ifrād G II 396
Bayān iʿjāz al-Qurʾān S I 275
Bayān ikhtilāf al-imām a. Ḥanīfa wal-imām al-Shāfiʿī S I 619
Bayān al-ikhtilāf wal-istiḥsān etc. G II 248, S II 350
Bayān al-ikhtilāf bayna qawlay al-imāmayn etc. S I 678
Bayān ʿilm al-ladunī G I 323, S I 752,40
Bayān al-ʿImrānī S I 675
Bayān al-iqṭāʿāt G II 311
-Bayān wal-iʿrāb ʿammā bi-arḍ Miṣr min al-ʿArab G II 40, S II 37,8g
Bayān al-ishkāl fī mā ḥukiya ʿani ʾl-Mahdī S I 703, II 822
Bayān al-iṭāʿāt wa-maḥallihā S II 426,11
-Bayān fī iẓhār al-tibyān G II 335
Bayān al-jawhar al-nafīs S I 820,68d
-Bayān al-kāfī S II 622
Bayān kalimāt al-tawḥīd S II 617
Bayān al-kasb S I 356,6
Bayān kashf al-alfāẓ allatī lā budda lil-faqīh min maʿrifatihā S II 371
-Bayān fī kashf asrār al-ṭibb S II 1030,29
Bayān kayy al-ḥimmaṣa S II 473,34
Bayān khāriq al-ʿāda S II 673,159
Bayān lahjat al-furrāḍ G II 163
Bayān mā fīhi lughāt thalāth wa-akthar S I 526
-Bayān fī ma ʾshtamala ʿalayhi khalq al-insān G I 127, S I A/C 200
Bayān mā ṭawāhu taʾrīkh Waṣṣāf etc. S II A/C 664
Bayān mā yasquṭ min al-ḥuqūq S II 427,38
Bayān maʿāni ʾl-rūḥ wal-qalb etc. S II A/C 672
Bayān al-maʿānī fī sharḥ ʿAqīdat al-Shaybānī S II 461
Bayān al-maʿāṣī S II 426,4
Bayān madhhab ahl al-sunna S II A/C 850
Bayān al-maghnam G II 76, S II 83, 1000,35a
Bayān maʿna ʾl-ḥaml etc. S II 673,158
Bayān marātib maʿrifat al-raḥmān G II 445
Bayān maʿrifat Allāh G I 421
Bayān masālik al-īmān G I 422
-Bayān wal-mazīd fī maʿāni ʾl-tanzīh G I 438, II 702, S I 785
-Bayān al-mubdī li-ṣināʿat al-qawl al-mujdī S II 531, 811
-Bayān al-mufīd S II 41
-Bayān al-mughrib G I 537, S I 577
-Bayān al-munsajim fī kashf al-munsajim S II 859
Bayān al-murād G II 359
-Bayān al-musāʿid fī naẓm al-qawāʿid S II A/C 514
Bayān mushkil al-aḥādīth al-nabawiyya S I 607
Bayān mushkil al-Badīʿ S I 658
Bayān mushkil al-ḥadīth G I 518, S I 277
Bayān al-mushkilāt S II 646
Bayān al-mustaḥabbāt fi ʾl-ṣalāt S II A/C 132
Bayān muwāfaqat ṣarīḥ al-maʿqūl bi-ṣaḥīḥ al-manqūl S II 122,55a
Bayān al-nafs al-nāṭiqa G II 451,66
Bayān ʿani ʾl-nuṭq bi-ḥurūf al-muʿjam G II 701
Bayān al-qawlayn lil-Shāfiʿī S I 754,53c
Bayān qaws Quzaḥ S II 322
Bayān al-ribā G II 451,50
Bayān al-saʿāda fī maqāmāt al-ʿibāda S II 834
Bayān al-sāʾir ila ʾllāh G II 353
Bayān al-shahīd G II 450,36
Bayān sharḥ Mukhtaṣar b. al-Ḥājib S II 137
-Bayān fī sharḥ ʿuqūd ahl al-īmān S I 720
Bayān sirr ʿadam nisbat al-sharr ila ʾllāh taʿālā G II 452, S II 671,83
Bayān al-sunna wal-jamāʿa (ḥijāb) G I 174, S I 294,7
-Bayān al-ṣāfī al-muntazaʿ min al-Burhān al-kāfī G II 186, S II 244
Bayān al-ṣaḥīḥ wal-muʿtamad S II 454
-Bayān wal-ṣarāḥa G II 284
Bayān ṣūrat al-istiʿdād G II 702
Bayān al-ṣūra al-maʿqūla G I 456,51
-Bayān al-ṣurāḥ ʿan nadhr Yaftāḥ S III 442
Bayān al-ṣuwar S II 1023,69
-Bayān wal-tabyīn (tabayyun) G I 153, II 693, S I 241

-Bayān fī tafsīr al-Qurʾān G I 358
-Bayān wal-taḥṣīl al-muṭliʿ ʿalā ʿulūm al-tanzīl S I 736
-Bayān wal-taḥṣīl wal-sharḥ wal-tanjīḥ etc. S I 662
-Bayān fī 'l-tamaddun wa-asbāb al-ʿimāra G II 493, S II 735
-Bayān fī 'l-tamaddun wa-asbāb al-ʿumrān S III 388
Bayān al-tamattuʿ G II 397
Bayān tamthīl al-mawjūdāt etc. S II 305
Bayān taʿrīf al-ʿaql G II 711, S II 469
-Bayān wal-taʿrīf fī asbāb wurūd al-ḥadīth al-sharīf S II A/C 421
Bayān al-tasbīḥ G II 323
-Bayān wal-thabāt G I 403
Bayān al-ṭuruq al-maʾkhūdha ʿan aʾimmat al-qurrāʾ S II 979
-Bayān al-wāḍiḥ etc. G I 430, S I 766
Bayān al-waqt G II 359
Bayān zaghal al-ʿilm wal-ṭalab S II 47
Bayān zalal al-fuqarāʾ etc. S I 955 ad 362
Bayna 'l-ʿarshayn S III 415
Bayna 'l-jazr wal-madd S III 261
Bayna 'l-kaʾs wal-ṭās S III 276
Bayna Miṣr wal-Ḥijāz S III A/C 232
Bayna 'l-thulūj S III 232
-Bayqūniyya G II 307, S II 419
Bayrūt fī 'l-taʾrīkh S III 429
Bayt qāṣid al-ṣidq min dhālika 'l-ṭirāz S II 516
Bayt al-sādāt al-Wafāʾiyya S III 82
fī 'l-Bayt wal-shāriʿ S III 233
Bayt al-Ṣiddīq S III 82
Baytāni ʿalayhimā sharḥ yataḍammanāni ḍawābiṭ ẓāʾāt al-Qurʾān S I 527
-Bayṭara G I 524, S I 385
Bayṭarnāma S II 1037,$_{4}$
Baytay al-raqmatayn S I 496
-Bayyināt fī 'l-dīn wal-ijmāʿ etc. S III 435
-Bayyināt fī tabāyun baʿḍ al-āyāt G II 394, S II 539
-Bāz al-ashhab S II 782
-Bāz al-ashhab al-munqaḍḍ ʿalā mukhālifi 'l-madhhab G I 504, S I 918,$_{29}$
-Bāz al-Kawkabī S II 869
-Bazyara G I 85, S I 137
-Bidaʿ wal-nahy ʿanhā S II A/C 962
-Bidāya al-ʿayniyya wal-nādirāt al-ghaybiyya S II 284
Bidāyat al-ʿaqāʾid S I 643
Bidāyat al-hidāya G I 422,$_{26}$, II 251, S I 749,$_{26}$, II 578
Bidāyat ḥāl al-Ḥallāj wa-nihāyatuhu S I 770
Bidāyat al-iʿtiqād S I 764
-Bidāya min al-kifāya G I 375, S I 643
Bidāyat al-mubtadiʾ G I 376, S I 644
Bidāyat al-muḥtāj S I 681
Bidāyat al-mujtahid etc. S I 836
Bidāyat al-murīd wa-nihāyat al-saʿīd S II 476,$_{129}$
Bidāyat al-murīdīn G I 438
-Bidāya wal-nihāya G II 49, S II 48
Bidāyat al-qāriʾ fī khatm al-Bukhārī S II 443
Bidāyat al-qudamāʾ wa-hidāyat al-ḥukamāʾ S II 732
Bidāyat al-sālik G II 396, 416, S II 542,$_{142}$
Bidāyat al-sālik fī nihāyat al-masālik S II 524
Bidāyat al-suʾūl G I 431, S I 767
Bidāyat al-taʿrīf G II 255
Bidāyat al-ṭullāb G II 463, S II 708
-Bidāya fī uṣūl al-ḥadīth S II 277,$_{2}$
-Bidāyāt wal-tawassuṭ G II 340
Biḍāʿat al-arīb G II 283
Biḍāʿat al-ḥukkām fī iḥkām al-aḥkām S II 632
-Biḍāʿa al-muṣṭanaʿa etc. S II 919
Biḍāʿat al-qāḍī G II 433, S II 644
Biḥār al-anwār S II 573
-Biḥār al-muḥriqa S II 527
-Biḥār al-zāhira G II 81, S II 90
Bilawhar wa-Būdāsāf S I 238
-Bināʾ S II 953
Bināʾ al-afʿāl S II 634
Bināʾ al-ḥikma G I 494
-Bināya S I 645,$_{19}$
Binyat al-bayān S II 261
-Biqāʿ al-Lubnāniyya S III 386
-Biʾr G I 514
-Birr wal-ithm S I 822,$_{68vv}$
-Birr wal-ṣila S I 919,$_{58}$
Birr wāliday khayr al-waraʾ S II A/C 444
Birr al-wālidayn G I 505, II 88, 320, S I 919,$_{58}$, II 942
-Birra fī ḥubb al-hirra G II 394,$_{12}$

-Bisāṭ S I 317
ʿalā Bisāṭ al-rīḥ S III 452
Bishārat al-muḥbūb bi-takfīr al-dhimmī S II 932
Bishārat al-Muṣṭafā S I 218,$_{7}$
-Bishāra wal-nidhāra fī taʿbīr al-ruʾyā wal-murāqaba G I 200, S I 361
-Bishāra li-qāriʾ al-Fātiḥa G II 288
-Bishāra fī qawlihi taʿālā faʾtū G II 114
Bīst bāb S I 932,$_{48}$
Bīst bāb dar taqwīm S II 591
-Bnksh (paykār) S I 235
-Buʾasāʾ S III 69, 71
Budd al-ʿārif etc. G I 465, S I 844
Budūr al-afhām S II 700
-Budūr fī akhbār al-baʿth wal-nushūr G I 421
-Budūr al-ḍawʾiyya fī taʿrīf al-sādāt ahl al-zāwiya al-dilāʾiyya S II 877
-Budūr al-jaliyya fī mā massat ilayhi ḥājat al-fuqarāʾ S II 783
-Budūr al-lawāmiʿ S II 319
-Budūr al-lawāmiʿ, sharḥ Jamʿ al-jawāmiʿ S II 106
-Budūr al-munawwara fī maʿrifat rutab al-aḥādīth al-mushtahira S II 493
-Budūr al-sāfira fī ʿawāli ʾl-asānīd al-fākhira S II 883
-Budūr al-sāfira fī man waliya ʾl-Qāhira G II 295
-Budūr al-sāfira fī umūr al-ākhira G II 146, 295, S II 182,$_{31}$
-Budūr al-ẓāhira fi ʾl-qirāʾāt al-ʿashr al-mutawātira S II 142
Bughyat ahl al-ʿibāda etc. S II 566
Bughyat al-ʿamal G I 212
Bughyat al-ʿamal fī maʿrifat al-nuṭq bi-jamīʿ mustaqbalāt al-afʿāl S I 967 ad 543
Bughyat al-arab wa-riyāḍ al-adab S II 912
Bughyat al-arīb G II 459
Bughyat al-arīb wa-ghunyat al-adīb S II 395
Bughyat al-arīb fī ḥadīth bidʿat al-maḥārīb S II 193,$_{245,\ z}$
Bughyat al-ʿawāmm fī sharḥ mawlid sayyid al-anām S I 916,$_{13}$, II 814
Bughyat al-bāḥith ʿan jumal al-mawārīth G I 391, S I 675
Bughyat dhawi ʾl-aḥlām etc. S II 1001,$_{51}$
Bughyat dhawi ʾl-himam G II 184
Bughyat dhawi ʾl-raghabāt S II 709
Bughyat al-fitan fī ʿilm al-badan S I 825,$_{82a}$
Bughyat al-jalīs etc. G II 304, S II 415
Bughyat al-khabīr G II 139
Bughyat al-khāṭir wa-nuzhat al-nāẓir S II 550
Bughyat al-maqāṣid wa-khulāṣat al-marāṣid S II 883
Bughyat al-marām wa-ghāyat al-gharām G II 135, S II 167
Bughyat al-muʾānis etc. S II 380
Bughyat al-mubtadiʾ fi ʾl-ṣarf S II 395
Bughyat al-mufīd wa-bulghat al-mustafīd S II 499
Bughyat al-muhtadī wa-ghunyat al-muntahī G II 266, S II 379
Bughyat al-muḥtāj, sharḥ al-Miʿrāj S II 467
Bughyat al-muktafī G II 347,$_{58}$
Bughyat al-multamis fī taʾrīkh rijāl ahl al-Andalus S I 580
Bughyat al-muqtadīn wa-minḥat al-mujiddīn S II 186,$_{101}$
Bughyat al-murād fī tasbīḥ al-jamād S II 144
Bughyat al-murīd wa-uns al-farīd etc. S II 552
Bughyat al-murshid G II 502
Bughyat al-murtād fi ʾl-radd ʿala ʾl-mutafalsifa wal-Qarāmiṭa etc. S II 123,$_{83}$
Bughyat al-murtād fī taṣḥīḥ al-ḍād G II 312, S II 395, 429, 498,$_{17}$
Bughyat al-murtāḥ fī ḥalāl al-arbāḥ etc. S II A/C 287
Bughyat al-musāmir etc. G II 711, S II 414
Bughyat al-mushtāq S I 788,$_{8}$
Bughyat al-mushtāq fī asrār al-ḥurūf wal-awfāq S II 1041,$_{39}$
Bughyat al-mushtāq ilā taḥrīr al-mudrik fī taṣdīq muddaʿi ʾl-infāq G II 404,$_{20}$
Bughyat al-mushtāq li-uṣūl al-diyāna wal-maʿārif etc. S II 746, 881
Bughyat al-mustafīd S II 876
Bughyat al-mustafīd fī akhbār madīnat Zabīd G II 185, 401, S II 549
Bughyat al-mustafīd bi-sharḥ Tuḥfat al-murīd S II 617
Bughyat al-mutalammis G I 340
Bughyat al-mutatabbiʿ S II A/C 448

Bughyat al-nafs fī ḥall al-shams S II 1023,64
Bughyat al-nāhijīn fī sharḥ maqāmāt al-sāʾirīn S I 490
Bughyat al-nāsik fī adʿiyat al-manāsik S II 773,7
Bughyat al-nuqqād al-naqala etc. S II 931
Bughyat al-qāriʾ wal-mutafahhim S I 266,10
Bughyat al-qāṣidīn S I 748,7
Bughyat al-qāṣidīn bil-ʿamal fi ʾl-mayādīn G II 136, S II 167
Bughyat al-qunya G II 81
Bughyat al-rāghib wal-mutamannī etc. S II 33
Bughyat al-rāghib, sharḥ al-Murshida G II 125, S II 154
Bughyat al-rāʾid G I 370
Bughyat al-rawī fī tarjamat al-Nawawī S I 680, II 85
Bughyat al-ruwwād fī dhikr al-mulūk min ʿAbd al-wād G II 241, S II 340
Bughyat al-sāʾil S II 87
Bughyat al-sālik ilā aqrab al-masālik S II 739
Bughyat al-sālik fī ashraf al-masālik G II 265, S II 378
Bughyat al-sālikīn S II 662
Bughyat al-suʿadāʾ wa-raghbat al-shuhadāʾ S II 902
Bughyat al-sūl fi ʾl-ijtihād etc. S II 883
Bughyat al-ṭalab fī maʿrifat al-ḍamīr G I 522
Bughyat al-ṭalab fī taʾrīkh Ḥalab G I 332, S I 568
Bughyat al-ṭālib G I 539, II 37, 375 A/C
Bughyat al-ṭālib al-fāliḥ min mashyakhat Qāḍī Ṭāba S II A/C 225
Bughyat al-ṭālib fī imāmat a. Ṭālib G II 389, S II 190 A/C
Bughyat al-ṭālib bi-maʿrifat awlād ʿA. b. a. Ṭālib S II 239
Bughyat al-ṭālib fī maʿrifat al-ḍamīr etc. S I 395,13
Bughyat al-ṭālib al-mustafīd etc. S II 1025
Bughyat al-ṭālib wa-tuḥfat al-rāghib S II 559
Bughyat al-ṭālib fi ʾl-ṭahāra S II 970
Bughyat al-ṭālibīn li-bayān al-mashāyikh al-muḥaqqiqīn al-muʿtamadīn S II 520
Bughyat al-ṭālibīn li-maʿrifat iṣṭilāḥ al-muḥaddithīn S II 417
Bughyat al-ṭālibīn fī ʿulūm etc. qudamāʾ al-Miṣriyyīn G II 484, S II 735
Bughyat al-ṭullāb S I 684, II 338
Bughyat al-ṭullāb fi ʾl-ʿamal bi-rubʿ al-asṭurlāb G II 129, S II 485 A/C
Bughyat al-ṭullāb fī ʿilm al-asṭurlāb G II 256, S II 365
Bughyat al-ṭullāb min ʿilm al-ḥisāb S II 484
Bughyat al-ʿulamāʾ wal-ruwāh S II 32
-Bughya al-ʿulyā fī adab al-dunyā wal-dīn G I 668
Bughyat al-wuʿāh fī ṭabaqāt al-lughawiyyīn wal-nuḥāh G II 156, S I 158, II 195,277c
Buḥūr al-shiʿr S II 175
Buḥūr al-Ṭīṭūrī S II 702
-Bukhalāʾ G I 153, 329, II 693, S I 242,3, 564
Bulbul al-afrāḥ wa-rāḥat al-afrāḥ S II 565
Bulbul al-rawḍa S II 196,282
-Buldān G I 226, S I 403, 405, 406
-Buldān al-ʿArabiyya al-Saʿūdiyya S III 498
-Buldāniyya S I 610
Bulghat al-arīb fī muṣṭalaḥ athar al-ḥabīb S II 398,15
Bulghat al-faqīr S II 799
Bulghat al-fāṣil wa-ʿurwat al-wāṣil S I 787
-Bulgha fi ʾl-fiqh S II A/C 581
Bulghat al-ghawwāṣ G I 446, S I 798,94
Bulghat al-ḥathīth G II 107
Bulghat al-masīr ilā tawḥīd Allāh al-kabīr S II 989,4
Bulghat al-maqāṣid G I 453
Bulghat al-muqtāt fī maʿrifat al-awqāt S II 817
Bulghat al-murīd G II 349, S II 476
Bulghat al-murshidīn etc. S II 817
-Bulgha al-mutarjama fi ʾl-lugha G I 287
Bulghat al-sālik S II 479, 743
-Bulgha fī taʾrīkh aʾimmat al-lugha G II 183, S I 155, II 235
-Bulgha ʿalā tartīb al-Minhāj S II 109
Bulghat al-ṭabīb wa-nuzhat al-fāḍil al-adīb S II 491
-Bulgha fī uṣūl al-lugha G II 504, S II 860, III 189
Bulghat al-ẓurafāʾ G II 699
Bulūgh al-amal S II 19
Bulūgh al-amal fī fann al-zajal G II 707, S II 9, 23

Bulūgh al-amal fī taḥqīq daʿwa ʾl-mushtari ʾl-ḥabal S II 667 A/C, 976,43
Bulūgh al-amānī fī manāqib al-shaykh A. al-Tijjānī S II 876
Bulūgh al-amānī fī qirāʾat Warsh min ṭarīq al-Iṣfahānī S II 441
Bulūgh al-arab S II 446
Bulūgh al-arab fī dhawi ʾl-qurab S II 431,45
Bulūgh al-arab fī ʿilm al-badīʿ fī lughat al-ʿArab S II A/C 389
Bulūgh al-arab fī laṭāʾif al-adab S II 57
Bulūgh al-arab fī laṭāʾif al-ʿArab S II 916
Bulūgh al-arab fī laṭāʾif al-ʿitāb S II 902
Bulūgh al-arab fī maʾāthir al-ʿArab S III 382
Bulūgh al-arab fī maʿrifat aḥwāl al-ʿArab G II 498, S II 788
Bulūgh al-arab bi-masʾalat al-qaṣab S II A/C 744
Bulūgh al-arab fī rasm mulk al-ʿArab S II 499
Bulūgh al-arab fī sharḥ qaṣīda min kalām al-ʿArab S I 60
Bulūgh al-arab wa-suʾāl bil-tashawwuq G II 292, S II 402,10,2
Bulūgh al-arab bi-sulūk al-adab G II 340
Bulūgh al-arab min taḥqīq istiʿārāt al-ʿArab G II 194
Bulūgh al-awṭār fī bayān tarannum al-awṭār etc. S II 1036,10
Bulūgh al-bughya fī sharḥ Manẓūmat al-ḥilya S II A/C 421
-Bulūgh al-fawzī fī bayān alfāẓ mawlid b. al-Jawzī S I 916,13
Bulūgh maʾārib etc. G II 149, S II 185,84
Bulūgh al-maʾmūl etc. G II 154, S II 192,213
Bulūgh al-maqṣūd S II 739
Bulūgh al-marām min adillat al-aḥkām G II 69,19, S II 73
Bulūgh al-marām min aḥkām al-minkām S II 538, 1028
Bulūgh al-marām fī bayān alfāẓ mawlid sayyid al-anām S II 990,14, 1000,42
Bulūgh al-marām fī maʿrifat aqsām al-ʿām S II 971,28
Bulūgh al-marām fī ʾl-nuṣra ʿala ʾl-kāfir al-laʿīn S II 526
Bulūgh al-marām bil-riḥla ilā bayt Allāh al-raḥmān S II 676
Bulūgh al-marām fī sharaf al-ʿilm etc. S II 873
Bulūgh al-marām fī sharḥ Misk al-khitām S II A/C 822
Bulūgh al-marām min sīrat b. Hishām etc. G II 17, S II 9,15
Bulūgh al-marām fī taʿbīr al-ruʾyā wal-manām S II 1039,18
Bulūgh al-marām fī taʾrīkh mawlānā Bahrām G II 401, S II 549
Bulūgh al-muḥtāj fī manāsik al-ḥajj S II 193,245f
Bulūgh al-munā fī tarājim ahl al-ghinā G II 448, S II 667
Bulūgh al-murād G II 17, S II 111, 491, 667
Bulūgh al-musirrāt G II 487
Bulūgh al-nayl fī maʿrifat aḥwāl al-khayl S II 1037,5
Bulūgh al-qaṣd wal-marām etc. S II 891
Bulūgh al-qaṣd wal-munā S II 153 A/C, 357
Bulūgh al-sūl fī ʾl-ṣalāt wal-salām ʿala ʾl-rasūl S II 942
Bulūgh al-sūl fī tafsīr Laqad jāʾakum rasūl S II 745
Bulūgh al-suʾūl min aqdiyat al-rasūl G II 106,9
Bulūgh al-ṭilāb bil-ḥaqāʾiq fī ʿilm al-ḥisāb S II 296, 1025,82
Bulūgh al-umniyya G I 224
Bulūgh al-umniyya fi ʾl-shiʿr al-Mutawakkiliyya S II 552
Bulūgh al-waṭar fi ʾl-ʿamal bil-qamar G II 359, S II 159
Būlus wa-Firjīnī S III 367
-Bunūd S I 905, II 506
Bunūd al-rumḥ (rimāḥ) min bunūd al-aḥdāth etc. G II 136, S II 167
Burʾ al-sāʿa G I 234, II 368, S I 419
Burʾ al-saqīm S I 470
-Burd al-muwashshā fī ṣināʿat al-inshāʾ S I 490
-Burda G I 264, S I 467
-Burhān G I 211, S I 370, 376
-Burhān fī ʿalāmāt al-Mahdī ākhir al-zamān G II 384, S II 519
-Burhān ʿalā ʿamal ḥisāb al-khaṭaʾayn S I 365
-Burhān anna ʾl-falak laysa fī ghāyat al-ṣafāʾ S I 389

-Burhān fī ʿasrār ʿilm al-mīzān G II 318, S I 427, II 172
-Burhān al-azhar fī manāqib al-shaykh al-akbar S I A/C 791
Burhān al-burhān G II 272
Burhān al-burhān al-rāʾid S II 94, 1023,$_{43}$
-Burhān fī dafʿ al-insān S II 780
-Burhān fī dalālāt khalq al-insān wal-hayawān etc. S II 417
-Burhān fī faḍl al-sulṭān G II 135
-Burhān al-ghāmiḍ fī naẓm ʿuqūd masāʾil al-farāʾiḍ S II 247
-Burhān fī iʿjāz al-Qurʾān S III 436
-Burhān fī ʿilm al-bayān G I 297
-Burhān fi ʾntiqād riwāyat ʿadhrāʾ Quraysh S III 187
-Burhān al-jalī al-ʿalī G II 396
-Burhān al-jalī ʿala ʾl-farq bayna ʾl-rasūl wal-nabī wal-walī S II 790
-Burhān al-jalī fī maʿrifat al-walī G II 384
-Burhān al-jalīl ʿalā mā qīla fī tahrīf al-Injīl S II 862
-Burhān al-kāshif ʿan iʿjāz al-Qurʾān S I 736
-Burhān fi ʾl-manṭiq S II 302
-Burhān al-mubīn S II 462
-Burhān al-musaddad fī ithbāt nubuwwat sayyidinā M. S II 764
-Burhān al-musallam bi-ḥurmat al-nidāʾ bismihi ʾl-aʿẓam S II 607
Burhān al-musāmaṭa S II 580
-Burhān fī mushtabih al-Qurʾān G I 412
-Burhān al-nāhiḍ fī niyyat istibāḥat al-wuḍūʾ lil-ḥāyḍ S II 488
-Burhān al-qāṭiʿ S I 712
-Burhān al-qāṭiʿ fī ithbāt al-ṣāniʿ etc. S II 249
-Burhān al-qāṭiʿ, sharḥ al-Nāfiʿ S II 795
Burhān al-Qurʾān fī mā fīhi min al-ḥujja wal-burhān S I 732
-Burhān al-rāʾid S II 964,$_{7}$
-Burhān al-sāṭiʿ li-nūr al-fāʾida etc. S II 560, 968,$_{13}$
-Burhān, sharḥ Mawāhib al-raḥmān S II 94
-Burhān fī tafsīr al-Qurʾān G I 411, S I 729, II 506, 533
-Burhān fī tartīb suwar al-Qurʾān S I 733
-Burhān fī tawjīh mutashābih al-Qurʾān S I 732
-Burhān fī ʿulūm al-Qurʾān S II 108
Burhān al-uṣūl S II 849
-Burhān fī uṣūl al-fiqh S I 673
-Burj al-hāʾil S III 193
-Burj al-qadīm S III 388
-Burūd al-ṣāfiya wal-ʿuqūd al-ḍāfiya S I 535
Burūq al-ghayth G I 17
-Burūq al-lāmiʿa S II 996,$_{6}$
-Burūq al-lawāmiʿ G II 89
-Burūq al-Najdiyya etc. S III 209
-Bushrā fī ḥuṣūl al-ajr al-matīn G II 78
Bushra ʾl-kaʾīb bi-liqāʾ al-ḥabīb G II 146, S II 182,$_{30a}$
Bushrā kull karīm etc. S II A/C 462
Bushra ʾl-labīb bi-dhikr al-ḥabīb G II 71, S II 77
Busr al-muḥaqqiqīn fi ʾl-fiqh S I 913
-Bustān S II 903, III 393
Bustān al-ʿābidīn G II 392
-Bustān fī ʿajāʾib al-arḍ wal-buldān S II 489
Bustān al-ʿārifīn G I 196, 397, S I 348,$_{8}$, 685
Bustān al-ʿārifīn fī maʿrifat al-dunyā wal-dīn G I 250, S I 443
Bustān al-asʾila S II 949,$_{15}$
Bustān al-aṭibbāʾ S I A/C 558
Bustān al-aṭibbāʾ wa-rawḍat al-alibbāʾ S I 892
Bustān al-azhār etc. G II 254, S II 362
-Bustān fī dhikr al-awliyāʾ wal-ʿulamāʾ bi-Tilimsān S II 680
Bustān al-fuqarāʾ wa-nuzhat al-umarāʾ S II 481
Bustān al-fuqarāʾ wa-nuzhat al-qurrāʾ G II 325, 462, S II 481
Bustān al-hudāt fi ʾkhtilāf al-aʾimma wal-ruwāt S II 138
Bustān al-ḥawādith S I 969
Bustān al-ikhwān wa-mawrid al-ẓamʾān S II A/C 783
-Bustān al-jāmiʿ lil-fawākih al-ḥisān S II 244
Bustān al-jumūʿ S I A/C 567
-Bustān fī manāqib al-imām Nuʿmān S II 89
-Bustān al-maʿrūf bi-Shams al-qulūb S I A/C 780
-Bustān al-mustakhraj min al-firdaws G I 344, S I 586
Bustān al-qulūb G II 218, S I 783,$_{26}$
-Bustān, sharḥ al-Bayān G II 186

Bustān al-wāʿiẓīn wa-riyāḍ al-sāmiʿīn G I 504, S I 918,$_{36}$
-Bustān al-ẓarīf fī dawlat Maulāy ʿA. al-sharīf G II 508, S II 880
Buṣbūṣ al-maʿādī S III 370
Buthūr wa-ʿalāmāt al-qaḍāyā S I 364
Buṭlān al-masʾala al-mulaffaqa G II 323
Buṭrus al-akbar S III 345
-Buyūʿ S II 975,$_{37}$
fī Buyūt al-nās S III 276
-Būzīdaj S I 401
Buzūgh al-hilāl fi ʾl-ḥiṣāl al-mūjiba lil-iẓlāl G II 147, S II 182,$_{35}$

Čahār ʿunwān G I 423
Čihil ḥadīth S II 285
Cleopatra S III 44

-Dāʾ wal-dawāʾ G II 106, S II 127,$_{19}$, III 370
-Dāʾ wal-shifāʾ S III 352
Daʿāʾim al-Islām etc. S I 325
Daʿawāt al-Būnī S I 911
Daʿawāt maʾthūra G II 224
-Dabbūr S III 394
Dafʿ al-ʿāhāt fi ʾl-ṣalāt etc. S II 360
Dafʿ al-ghamm wal-hamm S I 815,$_{14c}$, 820,$_{63b}$
Dafʿ al-ghamm min al-mawt G I 456,$_{63}$
Dafʿ al-hujna fi ʾrtiḍākh al-lukna S III 488
Dafʿ al-īhām wa-rashf al-ibhām S II 475,$_{122}$
Dafʿ al-iltibās ʿan munkar al-iqtibās G II 284, S II 394
Dafʿ al-jināya S I 647, II 858
Dafʿ al-khitām ʿan waqf Ḥamza wa-Hishām S II 319
Dafʿ mā yataʿallaq bil-ḍamāʾir G II 453,$_{116}$
Dafʿ maḍārr al-abdān bi-arḍ Miṣr G I 484, S I 886
Dafʿ maḍārr al-aghdhiya G I 235, S I 420,$_{38}$
Dafʿ maḍārr kulliyya G I 488
Dafʿ makhāfat al-mawt S II 280
Dafʿ al-niqma fi ʾl-ṣalāt ʿalā nabī al-raḥma S II 6
Dafʿ al-nuṣūṣ wal-nuqūḍ G I 438
Dafʿ al-rayb G II 347, S II 473,$_{44}$
Dafʿ al-shayn fī mā fi ʾl-ʿayn S II 407
Dafʿ al-shidda fī tashṭīr al-Burda S I 470, II 814
Dafʿ al-shubah min sabah G II 95
Dafʿ al-shubha G II 369, S II 496
Dafʿ shubhat al-tasbīḥ etc. G II 146, S I 918,$_{35c}$
Dafʿ al-taʿassuf ʿan ikhwat Yūsuf S II 180,$_{20}$
Dafʿ al-ẓamaʾ bi-shurb kaʾs lafẓ kāna rabbunā S II 525
Dafn mā kharaja ʿani ʾl-intifāʿ min al-maṣāḥif S II 648
Dāḥis wal-Ghabrāʾ S III 416
Dāʿi ʾl-falāḥ etc. G II 149, S II 185,$_{81}$
-Dāʾir fi ʾl-fiqh S I 762
Dāʾir al-wuṣūl ilā ʿilm al-uṣūl S II 318
-Dāʾira S II 877
Dāʾirat al-buḥūr wal-awzān S I A/C 907
-Dāʾira al-kubrā S I A/C 799
Dāʾirat al-maʿārif G II 495, S II 767
Dāʾirat maʿārif al-qarn al-rābiʿ ʿashar S III 325
Dāʾirat al-muʿaddal G II 129
Dāʾirat al-najm G II 168, S II 217
Dāʾirat al-uṣūl G II 974,$_{20}$
Dāʾirat al-wuṣūl S II 264
Dalāʾil al-aḥkām G I 317
Dalāʾil al-asrār S II 428
Dalāʾil al-ashwāq S III 84
-Dalāʾil fī faḍl al-ḥadīth S II A/C 945
Dalāʾil al-ḥukkām G II 94, S II 111
Dalāʾil al-iʿjāz S II A/C 306
Dalāʾil al-iʿjāz wa-asrār al-balāgha G I 288, S I 504
Dalāʾil fī ʿilm aḥkām al-nujūm G I 219, S I 388
-Dalāʾil wal-iʿtibār ʿala ʾl-khalq wal-tadbīr S I 247,$_{5}$
Dalāʾil al-khayrāt G II 252, S II 359
-Dalāʾil ʿala ʾl-lawāzim wal-wasāʾil G II 409, 946,$_{243}$
-Dalāʾil ʿani ʾl-masāʾil S II 807
-Dalāʾil al-nabawiyya ʿalā sharaf al-mamlaka al-Yamaniyya S II 150
Dalāʾil al-nubuwwa G I 362, 363, S I 361, 619, II 946 A/C
Dalāʾil al-Qādiriyya S I 779,$_{39}$
Dalāʾil al-qibla S I 951 ad 307
Dalāʾil al-subul al-arbaʿa etc. S II 566
Dalāʾil al-tawḥīd S II 777
-Dalāʾil wal-wasāʾil S II 893
Dalālat al-ʿāmma G II 331
-Dalāla ʿalā anna ʾl-imāma farḍ S I 245,$_{20}$

Dalālat al-burhān G II 174
-Dalāla fī fawā'id al-Risāla S I 772
-Dalāla al-kulliyya ʿani 'l-ḥarakāt al-falakiyya S I A/C 401
-Dalāla ʿala 'llāh wa-adab al-duʿā' etc. S II 998,21
-Dalāla ʿala 'l-nubuwwa S I 218
-Dalālāt S II A/C 304
Dalālāt al-burhān ʿalā anna 'l-imkān etc. S II 178
Dalīl ahl al-imān fī ṣiḥḥat al-Qur'ān S III 84
-Dalīl li-ahl al-ʿuqūl li-bāghi 'l-sabīl etc. S I 692
-Dalīl al-amīn lil-siyāḥa etc. S III 379
Dalīl al-amīr G II 491
-Dalīl ʿalā anna 'l-sharīʿa lā tathbut bil-ʿaql min wujūh G I 401
-Dalīl al-ʿaṣrī fī 'l-quṭr al-Miṣrī S III 308
Dalīl dār al-mathaf al-Miṣriyya S II 735
Dalīl al-fāliḥin li-ṭuruq Riyāḍ al-ṣāliḥīn S I 684, II 534
-Dalīl al-hādī wal-ʿaql al-muʿādi G II 370, S II 497,6
Dalīl al-hādī ilā awḍaḥ al-subul etc. G II 711, S II 419
Dalīl al-hā'im fi ṣināʿat al-nāthir wal-nāẓim S II 758
-Dalīl ʿalā ḥadath al-ajsām S I 952 ad 317
Dalīl al-ḥajj G II 491
Dalīl al-ḥayrān fī amthāl al-ḥakīm Sulaymān S II 723
Dalīl al-ḥayrān fī 'l-kashf ʿan āyāt al-Qur'ān S II 989,61
-Dalīl ʿala 'llāh al-kabīr G I 186
Dalīl Lubnān S III 382
Dalīl mūjaz G I 484
Dalīl al-murīd ʿalā sulūk ṭuruq al-ʿirfān S II 460
-Dalīl al-murṣad S II 135
Dalīl al-sā'irīn ilā ziyārat ḥabib al-ʿālamīn S II 520
Dalīl al-sālik ilā malik al-mamālik S II 424
-Dalīl al-ṣaghīr G I 186
-Dalīl ilā ṭāʿat al-injīl S II 780
Dalīl al-ṭālib S II 497
Dalīl al-ṭālib li-nayl al-maṭālib S II A/C 448
Dalīl al-ṭālibīn fī kalām al-naḥwiyyīn S II 497
Dalīl al-wurrāth S I 650
Dāliyya fī 'l-qirā'āt S II 698
Dāliyyat al-Yūsī S II 675
Dall al-isʿāf wal-taḥqīq min al-isʿāf fī 'l-awqāf S II 526
Damʿa wabtisāma S III 261, 459
-Dāmigh S I 341
Dāmigh al-bāṭil wa-ḥatf al-munāḍil S I 715
Dāmighat al-dāmigha S II 244
Dāmighat al-mubtadi'īn G II 440, S II 654
Dāmighat al-mubtadi'īn wa-nāṣirat al-muhtadīn G II 116, S II 142
-Dāmigha al-naḍriyya G II 350, S II 477,24
Dānishnāme S I 929,22q
Dānishnāme i ʿAlā'ī G I 453, S I 821,68nn
Dānishwāy S III 229
-Daqā'iq G I 396, S I 682
Daqā'iq al-akhbār fī dhikr al-janna wal-nā S I 346
Daqā'iq al-akhbār wa-ḥadā'iq al-iʿtibār S I 585
Daqā'iq al-ʿaẓīm fī ʿilm al-ḥadīth wal-ḥaqā'iq S I 346
Daqā'iq al-ghawāmiḍ G II 88, S II 104
Daqā'iq al-ḥaqā'iq G II 168, S II 923,20c, 1005,88
Daqā'iq al-ḥaqā'iq fī 'l-ʿaqā'id S I 746,3
Daqā'iq al-ḥaqā'iq fī asrār al-ḥaqā'iq S II 1004
Daqā'iq al-ḥaqā'iq fī 'l-manṭiq S I 678
Daqā'iq al-ḥaqā'iq fī maʿrifat ḥisāb al-daraj wal-daqā'iq G II 168, S II 216,11
Daqā'iq al-ʿilāj S II 827
Daqā'iq al-mīzān G II 233, 448, S II 667
-Daqā'iq al-muḥkama S II 275, 118 A/C, 276
Daqā'iq al-nuhā li-sharḥ al-Muntahā S II 447
Daqā'iq al-uṣūl S I 654
Daqīq al-akhbār fī dhikr al-janna wal-nār S II 420
Daqqāt al-qalb S III 370
Dār al-ʿajā'ib S III 230
fī Dār al-humūm S III 276
Dār al-lawm wal-ḍaym fī ṣawm yawm al-ghaym S I 918,29b
Dār al-rashād li-sabīl al-ittiḥād S II 869,37
Dār al-salām fī taʿbīr al-ru'yā S II 832
Dār al-ṭirāz S I 462

Darʾ al-Nabhānī ʿan ḥaram al-shaykh A. al-Tijjānī S II 890
Darʾ al-naḥs G II 319
Darʾ taʿāruḍ al-ʿaql wal-naql S II 122$_{,55}$
-Daraj G I 466, S I 749$_{,n}$, 844 A/C
Daraj al-durar G II 217, S I 504
Daraj al-maʿālī S I 764
-Daraj al-munīfa G II 147, S II 183$_{,46}$
Darajāt mirqāt al-ṣuʿūd S I 267, II 737
Darajāt al-muʿāmalāt G I 201
-Darajāt al-rafīʿa G II 421, S II 628
Darajat al-shams S I 395
Darajāt al-tāʾibīn S I 775
-Darāʾir wa-mā yasūghu lil-shāʿir dūna ʾl-nāthir S II 788
-Darakāt, sharḥ al-Waraqāt S I 671
-Darārī fī anbāʾ al-sarārī G II 157, 289, S II 196, 289
-Darārī fī dhikr al-dharārī G I 332, S I 569
-Darārī wal-laʾāl li-madḥ M. wal-āl S III 342
-Darāri ʾl-lāmiʿa fī sharḥ al-Qaṭarāt wal-shadharāt S II 839
-Darāri ʾl-mansūqāt S II 549
-Darārī ʾl-muḍīʾa G II 330, S II 248, 818
-Darārī al-sabʿ S II 752
-Dārāt G I 514, S I 164
Darr al-ghamāma G II 388$_{,19}$, S II 528$_{,19}$
Darr al-saḥāba fī bayān mawāḍiʿ wafayāt al-Ṣaḥāba G I 361, S I 614
Darr al-saḥāba fī man dakhala Miṣr min al-Ṣaḥāba G II 147, S II 183$_{,55}$
Dars muʿlim S III 234
-Dars al-tāmm fī ʾl-taʾrīkh al-ʿāmm G II 481, S II 733
Dawāʾ al-arwāḥ G I 521, S I 354
Dawāʾ dāʾ al-qulūb etc. G II 694, S I 351
Dawāʾ dhi ʾl-ghafalāt G I 505
Dawāʾ al-Muslimīn S II 935$_{,50,4}$
Dawāʾ al-nafs min al-naks S II 113, 1027$_{,3}$
-Daʿwa S I 318
-Daʿwa al-ʿāmma G II 186
Daʿwat al-amthāl S II 396
Daʿwat al-aṭibbāʾ G I 483, S I 885
Daʿwat al-ismayn wal-munfaṣilāt S I 855
-Daʿwa al-qalbiyya S I 958 ad 367$_{,12}$
-Daʿwā wal-inkār G II 460
-Daʿwa ʾl-tāmma etc. G II 408, S II 566
-Dawāʾir al-mutamāssa S I 386
Dawāni ʾl-quṭūf fī sīrat B. al-Maʿlūf S III 385
Dawāwīn al-falak bi-fatḥ qalʿat al-Karak S II 525
Dawḥat al-azhār G II 296, S II 407
Dawḥat al-bustān etc. S II 689
Dawḥat ḥawādith al-ruʿād S I 401, II 341
-Dawḥa al-mayyāda etc. S II 621
Dawḥat al-nāshir etc. G II 455, S II 678
-Dawla S I 216, III 230
fī Dawlat al-adab wal-bayān S III 434
-Dawla al-ʿArabiyya al-muttaḥida S III A/C 310
Dawlat al-bukhalāʾ S III 489
-Dawla al-Umawiyya fī Qurṭub S III 424
-Dawla al-Umawiyya fī ʾl-Shaʾm S II 808, III 424
-Dawr al-aʿlā G I 447, S I 799$_{,118}$, II 478 A/C
-Dawraq fī ʾl-lugha S II 742
Deh qāʿida S I 787
-Dhabāʾiḥ S III 279
Dhabḥ al-mawt G II 151$_{,132}$
-Dhahab S I 429$_{,66}$
-Dhahab al-ibrīz fī asrār khawāṣṣ k. Allāh al-ʿazīz S I 756$_{,67c}$
-Dhahab al-ibrīz wal-iksīr al-ʿazīz S II 939
-Dhahab al-ibrīz min kalām Sīdī ʿAbd al-ʿAzīz S II 704
-Dhahab al-ibrīz, sharḥ al-Muʿjam al-wajīz S II 523, 776
-Dhahab al-khāliṣ al-manūn bil-ʿilm al-qāliṣ S II 893
-Dhahab al-masbūk fī dhikr man ḥajja min al-khulafāʾ wal-mulūk G II 40, S II 37$_{,n}$
-Dhahab al-masbūk fī siyar al-mulūk G I 502, S I 915$_{,3}$
-Dhahab al-mudhāb fī marātib al-nuḥāt S II 926
Dhahāb al-kusūf wa-nafy al-ẓalmāʾ etc. S II 713
Dhahāb al-kusūf wa-nafy al-ẓulumāt etc. S II 704
Dhahāb al-ṣawāb fī ʾstiktāb ahl al-kitāb S II 974$_{,28}$
-Dhakhāʾir wal-aghlāq G II 259
-Dhakhāʾir wal-aghlāq fī ādāb al-nufūs wa-makārim al-akhlāq S I 481
Dhakhāʾir al-ākhira S II 655

-Dhakhāʾir al-Ashrafiyya G II 83, S II 94
Dhakhāʾir al-āthār G II 300, S II 412
-Dhakhāʾir wal-iʿlān S I A/C 801
Dhakhāʾir Lubnān S II 382
Dhakhāʾir al-maʿāl fī nashr madḥ al-Muṣṭafā wal-āl S II 500
Dhakhāʾir al-muhimmāt S II 115
-Dhakhāʾir fi ʾl-naḥw S II 919
Dhakhāʾir al-qaṣr G II 367, S II 494
-Dhakhāʾir wal-tuḥaf G II 298
Dhakhāʾir al-ʿuqbā fī manāqib dhawi ʾl-qurba G I 361, II 411, S I 615
Dhakhīr al-naẓīr S II 425
-Dhakhīra al-abadiyya fī ajwibat al-masāʾil al-Aḥmadiyya S II A/C 586
-Dhakhīra li-ahl al-baṣīra G I 426, S I 493, 756
Dhakhīrat ahl al-malāma G II 342,$_{9}$
Dhakhīrat al-anwār G II 342,$_{43}$
Dhakhīrat al-ʿatf G II 342,$_{28}$
Dhakhīrat al-ʿaṭṭār S I 890
-Dhakhīra al-bāqiya fi ʾl-masāʾil al-Jabatiyya al-thāniya S II 586
-Dhakhīra al-Burhāniyya fi ʾl-fatāwī G I 375, S I 642
Dhakhīrat al-danaf G II 342,$_{12}$
Dhakhīrat al-dārayn fī mā yataʿallaq bil-sayyid Ḥu. S III 495
Dhakhīrat al-faraḥ G II 342,$_{17}$
-Dhakhīra fi ʾl-furūʿ G I 385, S I 665
Dhakhīrat al-futūḥ G II 342,$_{35}$
Dhakhīrat al-iksīr G II 342,$_{29}$
Dhakhīrat al-iʿlām bi-taʾrīkh al-khulafāʾ etc. S II 297, S II 400
-Dhakhīra fī ʿilm al-ṭibb S I 384
Dhakhīrat al-jumdān G II 342,$_{20}$
-Dhakhīra wa-kashf al-tawaqquʿ li-ahl al-baṣira G II 565
-Dhakhīra al-kathīra G II 396, S II 541,$_{63}$
-Dhakhīra fi ʾl-khaṭṭ S II 1040,$_{28}$
Dhakhīra i Khwārizmshāhī G I 487, S I 890
Dhakhīrat al-maʿād G II 506, S II 207, 566, 836
Dhakhīrat al-maʿād fī dhikr al-sāda Bani ʾl-Ṣayyād S II 869
Dhakhīrat al-maʿād fī madḥ sayyid al-ʿibād S II 876
-Dhakhīra fī madḥ M. wa-ālihi ʾl-amjād S II 808
-Dhakhīra fī maḥāsin ahl al-jazīra G I 339, S I 579
-Dhakhīra al-māḥiya lil-āthām etc. S II 477,$_{62}$
Dhakhīrat man jarradahu ʾl-ḥubb min al-khawf G II 342,$_{25}$
Dhakhīrat al-maraḍ G II 342,$_{115}$
-Dhakhīra fi ʾl-muḥākama bayna ʾl-Ghazzālī wa-Ibn Rushd S II 279
Dhakhīrat al-muḥtāj fi ʾl-ṣalāt ʿalā ṣāḥib al-liwāʾ wal-tāj S II 962,$_{45}$
Dhakhīrat al-mulūk S II 310
Dhakhīrat al-muntahā fī ʿilm al-ghayb wal-khafāʾ S I 749,$_{12}$
Dhakhīrat al-nāẓir S II 425, 429
Dhakhīrat qaryat al-ḥamd G II 342,$_{47}$
Dhakhīrat qawl baʿḍihim al-riḍā jannat al-dunyā G II 342,$_{19}$
Dhakhīrat qawlihi ʿam. al-dunyā etc. G II 342
Dhakhīrat qawlihi Yāsīn qalb al-Qurʾān G II 341,$_{2}$
-Dhakhīra al-saniyya fī taʾrīkh al-dawla al-Marīniyya S II 342
Dhakhīrat al-shukr G II 342,$_{18}$
Dhakhīrat al-suʾāl G II 342,$_{49}$
Dhakhīrat al-tafrīd G II 342,$_{48}$
Dhakhīrat al-tawba G II 342,$_{30}$
-Dhakhīra fi ʾl-tawḥīd G II 342,$_{5}$
Dhakhīrat al-ʿulūm G II 334
Dhakhīrat al-ʿulūm wa-natījat al-fuhūm S II 78
Dhakhīrat al-ʿuqbā S I 646, II 301
Dhakhīrat al-ʿuqbā fī dhamm al-dunyā G II 443
Dhakhīrat al-ʿuqbā fī sabb al-nabī G II 227
Dhakhīrat al-ʿuqbā fī sharḥ Ṣadr al-sharīʿa S II 318
Dhakhīrat al-wujūd al-muṭlaq G II 342,$_{35}$
Dhayl Akhbār al-quḍāt lil-Kindī S I 230
Dhayl al-Baghdādī S I 181
Dhayl Baṣāʾir ahl al-īmān S II 687
Dhayl al-dhayl G I 324
Dhayl Duwal al-Islām G II 34
Dhayl al-Faṣīḥ S I 881
Dhayl Faṣīḥ al-kalām G I 118, S I 182
Dhayl al-Kāshif S II 70
Dhayl al-Manāqib al-Nūriyya G I 321
Dhayl al-mawḍūʿāt S II 190,$_{169hhh}$

Dhayl al-Mudhayyal G II 692
Dhayl Nafhat al-rayḥāna S II 391, 403
Dhayl qaṣīdat b. Dāniyāl S II 198, 322
Dhayl Rafʿ al-isr G II 35, S II 32
Dhayl ʿalā Sharḥ al-Bayqūniya S II 419
Dhayl Shifāʾ al-qurrāʾ S II 983
Dhayl wa-takmila S I 217
Dhayl Takmilat al-Ikmāl S I 574
Dhayl wa-takmila li-kitābay al-Muwaṣṣil wal-Ṣila G I 340, S I 580
Dhayl Taʾrīkh Baghdād G I 360, S I 563
Dhayl Taʾrīkh Dimashq S I 566
Dhayl Taʾrīkh al-Islām lil-Dhahabī S II 71
Dhayl tartīb al-ibāna S I 749,$_{17}$
Dhayl Ṭabaqāt al-ḥuffāẓ lil-Suyūṭī S II 46
Dhayl al-ʿUqūd al-durriyya li-Ibn al-Jazzār S II 198,$_{321}$
Dhayl al-Zawrā S II 307
-Dhāliyya G I 263, S I 464
Dhamm A. b. a. ʾl-Ḥaṣīb S I 249
Dhamm akhlāq al-kuttāb S I 244,$_{50}$
Dhamm al-dukhān G II 370
Dhamm al-dunyā S I 248,$_{29}$
Dhamm al-hawā G I 505, S I 919,$_{60}$
Dhamm al-hawā wa-dhuʿr min aḥwāl al-zuʿr S II 131, 947,$_{19}$
Dhamm ʿilm al-kalām G I 433, S I 774
Dhamm al-kāfir al-jahūd G II 117
Dhamm al-khaṭaʾ fi ʾl-shiʿr G I 130, S I 198
Dhamm ladhdhat al-dunyā G I 507
Dhamm al-liwāṭ S I 243,$_{33}$
Dhamm al-liwāṭ wa-mā ruwiya fi ʾl-tashdīd wal-nahy ʿanhu S II 937
Dhamm mā ʿalayhi maʿāni ʾl-taṣawwuf etc. S I 689
Dhamm al-maks G II 152,$_{174}$
Dhamm al-malāhī G I 154, S I 247
Dhamm al-muskir S I 247
Dhamm al-muwaswisīn etc. S I 689
Dhamm al-qaḍāʾ G II 153,$_{198}$
Dhamm al-taʾwīl S I 689
Dhamm al-ʿulūm wa-madḥuhā S I 243,$_{24}$
Dhamm al-waswās wa-ahlih G I 398, S I 689
Dhamm al-zināʾ S I 245,$_{42}$
Dharāʾiʿ al-aḥlām S I 712
Dharāʾiʿ al-Islām S II 798
-Dharīʿa ilā aʿdād al-sharīʿa G II 69, S II 114
-Dharīʿa fi ʾl-fiqh S II 702
Dharīʿat al-imtiḥān S I A/C 843
Dharīʿat al-iʿtimād S II 796
Dharīʿat al-iʿtimād fi ʾl-uṣūl S II 836
-Dharīʿa ilā makārim al-sharīʿa G I 289, S I 506
Dharīʿat al-muʾminīn G II 330
-Dharīʿa ilā naṣr al-sharīʿa G II 191, S II 254
-Dharīʿa ilā taṣānīf al-Shīʿa S II 792
Dharīʿat al-ṭaʿām fī anwāʿ muḥarramāt al-ṭaʿām S II 973,$_{12}$
Dharīʿat al-uṣūl S II 954,$_{71}$
Dharīʿat al-yaqīn ilā Umm al-barāhīn G II 151, 501, S II 355, 813
Dharwat al-waʿd S II 481
Dharwat al-wafāʾ bi-mā yajibu bi-ḥaḍrat al-Muṣṭafā S II 223
Dhāt al-furūʿ fi buyūt ʿAdnān etc. S I 460
Dhāt al-ḥulal S I 239
Dhāt al-ḥulal wa-mahāt al-kulal S I 728
Dhāt al-ʿiqdayn G I 381
Dhāt al-shifāʾ fī sīrat al-nabī wal-khulafāʾ G II 203, S II 277
Dhāt al-shuʿbatayn G I 210
Dhawb al-dhahab fī maḥāsin man shāhadtu bi-ʿaṣrī min ahl al-adab S II 552
Dhawāt al-amthāl G II 285
-Dhikr S I 822,$_{68xxx}$
Dhikr al-adwiya allatī laha ʾsmāni aw thalātha S I 891
Dhikr al-afʿāl allatī tufʿal bil-ṣalāh G II 311
Dhikr al-aflāk wa-ḥalaqihā S I 386
Dhikr ahl al-fatwā bi-Dimashq S I 209
Dhikr akhbār Iṣbahān S I 617
Dhikr al-amr bi-taʿlīm al-sibāḥa wa-faḍlihā S II 193,$_{236}$
Dhikr al-anghām G II 363
Dhikr al-ʿāqil wa-tanbīh al-ghāfil S II 887
Dhikr asbāb al-raʿd wal-barq G I 457,$_{77}$
Dhikr asmāʾ ahl Badr G II 323
Dhikr asmāʾ man ittafaqa ʾl-Bukhārī wa-Muslim etc. S I 952 ad 318
Dhikr asmāʾ al-Tābiʿīn etc. S I 264, 275
Dhikr awqāt al-umarāʾ etc. S I 695
Dhikr āyāt al-Qurʾān etc. S II 118,$_{51}$
Dhikr baʿḍ mashāhīr Fās fi ʾl-qadīm S II 695
-Dhikr wal-bayān li-madḥ al-wazīr Āṣafkhān S II 902
Dhikr dhawi ʾl-faḍl fī muṭābaqat arkān al-Islām S II 887
Dhikr iṣlāḥ al-adwiya al-mushila etc. S I 366

-*Dhikr al-jalī fi bayān marātib ḥāl walī min walī* S II 534
Dhikr jamāʿa min ahl al-milal wal-niḥal S I 588
Dhikr khaṭāya ʾl-anbiyāʾ S I 316,14
Dhikr khawāṣṣ al-ishāra etc. S I 783
Dhikr mā lil-Ṣaḥāba etc. G I 518, S I 271
Dhikr mā tadullu ʿalayhi ʾl-ashkhāṣ al-ʿulwiyya S I 395
Dhikr mā warada fī B. Umayya wa-B. ʾl-ʿAbbās G II 40
Dhikr mā warada fī binyān al-Kaʿba al-muʿaẓẓama G II 40
Dhikr mā yudhakkaru wa-mā yuʾannathu min al-insān S I 170
Dhikr maʿānī abniyat al-asmāʾ S I 510, 527
Dhikr al-māḍī aw Siyāḥāt fi ʾl-jabal S III 230
Dhikr man rawā ʿanhu ʾl-imām a. Ḥanīfa S I 639
Dhikr man yuʿtamadu qawluhu etc. S II 147
Dhikr maqtal al-Ḥu. b. ʿA. G I 65, S I 102
Dhikr al-mawt S I 752,47k
Dhikr al-naḥl G II 40
Dhikr al-nufūs wa-riyāḍatihā G I 436, S I 493
Dhikr quḍāt al-diyār al-Miṣriyya S II 57
Dhikr shayʾin min al-ḥily S I 539
Dhikr ʿulamāʾ ahl Tūnis S I 228
-*Dhikrā* S III 425
Dhikrā a. ʾl-ʿAlāʾ S III 284
Dhikra ʾl-ʿāqil G II 714
Dhikra ʾl-hijra al-nabawiyya S II 728
Dhikrā mass al-ṭayf etc. S II 907
Dhikra ʾl-mawlid al-nabawī S III 323
Dhikrā Saʿd S III 335
Dhikra ʾl-Shīʿa fī aḥkām al-sharīʿa S II 132
Dhikrayāt Bārīs S III 304
Dhill al-gharām S III 228
fī Dhimmat al-ʿArab S III 387
-*Dhuḥūl wal-nuḥūl* S I 943 ad 190
Dhukhr al-ʿābidīn S II 316
Dhukhr al-maʿād etc. G I 267, S I 471
Dhukhr al-mawārīth etc. S II 475,86
Dhukhr al-mutaʾahhilīn G II 441, S II 655
Dhukhr al-muʿṭī min adab al-muftī S II 860
-*Dhurriyya al-ṭāhira al-muṭahhara* S I 949 ad 278
-*Diʿāma* S I 699
-*Diʿāma lil-ʿāmil bi-sunnat al-imāma* S II 891
-*Diʿāma li-maʿrifat aḥkām sunnat al-imāma* S II 57
-*Diʿāya ilā sabīl al-muʾminīn* S II 893
-*Dīb* S III 231
-*Dībāj* G I 104, S II 909
-*Dībāj al-Khusruwānī* S I 440
Dībāj marqūm fī ʿilm al-nujūm S II 695
-*Dībāj al-mudhahhab fī maʿrifat aʿyān ʿulamāʾ al-madhhab* G II 176, S II 226 (to be read thus)
-*Dībāj al-naḍīr* S II 243
-*Dībāj al-naḍīr wa-zahr al-wasāʾil al-munīr* S I 698
-*Dībāj ʿalā Ṣaḥīḥ Muslim* S I 266, II 188,169d
-*Dībāj fī taḥqīq al-Minhāj* S II 108
-*Dībāj fī ʿulamāʾ al-Minhāj* G II 263
-*Dībāja* S I 162
Difāʿ al-ibn ʿan sharaf abīhi S III 389
Difāʿ al-Miṣrī ʿan bilādihi S III 333
Dikrān wa-Rāʾif S III 56
-*Dimāʾ* S I 353
-*Dīn wal-dawla* S I 415
-*Dīn wal-ʿilm wal-māl* S III 193
-*Dīn wal-Islām* S II 802
-*Dīn fī naẓar al-ʿaql al-ṣaḥīḥ* S III 323
-*Dīnār wal-dirham* S I 194
-*Dīnār min ḥadīth al-mashāyikh al-kibār* S II 47
-*Dirʿ wal-bayḍāʾ* G I 104
-*Dirāsa al-awwaliyya fi ʾl-jaghrāfiyya al-ṭabīʿiyya* G II 505, S II 748
Dirāsat al-labīb fi ʾl-uswa al-ḥasana bil-ḥabīb S II 944
Dirāyāt al-aflāk S I 844
Dirāyat al-hidāya S II A/C 136
Dirāyat al-ḥadīth S II 597,31
-*Dirāya fī ʿilm al-hidāya* S II 576
-*Dirāya fī mā laysa bi-raʾas āya* S II 888
-*Dirāya fī maʿrifat al-riwāya* G II 162
-*Dirāya fī takhrīj aḥādīth al-Hidāya* G I 378, II 68, 69
-*Dirham al-kayyis li-ḥuṣūl al-maʾmūl* S II 975,39
-*Dirʿiyyāt* S I 453
-*Diryāq* S I 370
Diryāq al-afāʿī fi ʾl-radd ʿala ʾl-khārijī al-Biqāʿī S II 145
-*Diryāq fī aḥwāl al-ʿushshāq* S III 379

Diryāq al-ashwāq li-malsūʿ al-firāq S I 573
Diryāq al-dhunūb G II 705
Diryāq al-dhunūb wa-kashf al-rān ʿani ʾl-qulūb S I 919,75c
Diryāq al-muḥibbīn S I 781
-Dīwān S III 149
Dīwān al-ʿabarāt S III 135
Dīwān ʿAbd al-Jalīl al-Baṣrī S II 791
Dīwān ʿAbd al-Ḥalīm Ḥilmī S III 130
Dīwān ʿAr. al-Shukrī S III 125
Dīwān al-ādāb G I 128, S I 195, III 202 A/C
Dīwān Adīb al-Khūrī S III 448
Dīwān al-afnān S III 125
Dīwān al-Ahdal S II 565
Dīwān ahillat al-afkār S II 782
Dīwān A. b. ʿAlawān S I 806
Dīwān A. al-ʿĀṣī S III 235
Dīwān A. b. M. b. Falīta S I 416
Dīwān A. Muḥarram S III 77
Dīwān A. Nasīm S III 80
Dīwān A. Rāmī S III 129
-Dīwān al-ʿajīb wal-uslūb al-gharīb S II 510
Dīwān ākhir sīrat B. Hilāl S II 64
-Dīwān al-ʿāl fī ḥall al-khazāzīr S III 376
Dīwān al-ʿAlamī S II 470
Dīwān al-Amīr al-Kaḥlānī S II 556
Dīwān b. amīr al-muʾminīn S II 545
Dīwān al-amwāj S III 360
Dīwān anīs al-jalīs S II 753
Dīwān al-Ānisī S II 544, 547, 817
Dīwān al-ʿAqqād S III 140
Dīwān al-ʿarūs S II A/C 360
Dīwān Asʿad Rustum S III 440
Dīwān al-ʿāshiqīn G I 514, S I 180
Dīwān al-ashwāq wa-tarjamat al-ʿushshāq S II 391
Dīwān al-Asīr S II 760
-Dīwān al-aṣghar S I 800,135
Dīwān al-athar S III 341
Dīwān al-awliyāʾ S II 808
Dīwān al-ʿAydarūs S II 233
Dīwān al-ʿAyzdārī S II 897
Dīwān al-Azbakāwī S II 723
Dīwān al-Bāʿalawī S II 821, 898
Dīwān b. Bābak S I 445
Dīwān al-Bābī S II 386
Dīwān Badawī al-Jabal S III 360
Dīwān Badr al-Dīn al-Ḥāmid S III 375
Dīwān al-Baghdādī S II 789
Dīwān al-Bahnasī S II 393
Dīwān a. Bakr al-Ḥaḍramī S II 822
Dīwān al-Bakrī al-Ṣiddīqī S II 461
Dīwān al-Barafkī S II 783
Dīwān al-Bārghawīl etc. S II 56
Dīwān al-Baylūnī S II 385
Dīwān al-Bazzāz S II 784
Dīwān al-Bilghrāmī S II 601
Dīwān b. Bint Maylaq S II 149
Dīwān al-Burhānī S II 904
Dīwān al-Būrīnī S II 401
Dīwān b. al-Darrāʿ S II 386
Dīwān b. Dāʾūd shāʿir āl al-Saʿūd S III 498
Dīwān al-dawāwīn G II 348,75, S II 475,75
Dīwān b. al-Dumayna al-Khathʿamī S III 490
Dīwān al-durr al-muntaẓam, mukhtaṣar Barāhīn al-ḥikam S II 869
Dīwān al-durr al-yatīm S III 482
Dīwān al-durra al-Miṣriyya S III 84
Dīwān Edwār Murquṣ S III 428
Dīwān a. Faḍl al-Muhallabī S II 383
Dīwān fāʾidat al-himam min māʾidat al-karam S II 869
Dīwān b. Farḥāt S II 389
Dīwān al-Fārūqī S II 432
Dīwān al-Fātiqī S II 900
Dīwān al-fuṣaḥāʾ G II 32
Dīwān al-Ghalāʾīnī S III 385
Dīwān al-gharīb S I 326
Dīwān al-gharīb fī ʾl-gharb S III 440
Dīwān al-Ghumrī S II 471
Dīwān Ghuṣn al-naqāʾ S III 341
Dīwān al-Hāshimī S III 490
Dīwān al-hayʾāt S II 661
Dīwān Hudhayl G I 20, S I 42
Dīwān al-Hudhalī S II 902
Dīwān al-Ḥabsī S II 569
Dīwān al-ḥādī S II 384
Dīwān Ḥāfiẓ S III 70, 71
Dīwān b. Ḥajar al-ʿAsqalānī S II 75
Dīwān Ḥalīm Dammūs S III 348
Dīwān al-Ḥallāj S I 355
Dīwān al-Ḥamawiyyāt S III 345
Dīwān Ḥamdūn S II 875
Dīwān b. Ḥammūya S II 905
Dīwān b. al-Ḥanbalī S II 495

Dīwān al-ḥaqāʾiq G II 384, S II 475,75
Dīwān al-Ḥarīrī S II 463
Dīwān al-Ḥarrānī S II 392
Dīwān al-Ḥarrāq S II 881, 903
Dīwān al-Ḥashshāb S II 718
Dīwān al-Ḥawmānī S III 361
Dīwān al-ḥayawān G II 94, 138, 158, 312, S II 111, 171, 198,312
Dīwān al-Ḥifnī S II 392
Dīwān al-ḥikam G I 439
Dīwān al-ḥikma G II 448, S II 667
Dīwān al-Ḥiṣnakayfī S I 733
Dīwān Ibr. al-Yāzījī S II 766
Dīwān ifḥām al-munāwī fī faḍāʾil āl Shāwī S II 501 (to be read thus)
Dīwān Ilyā a. Māḍī S III 443
Dīwān al-ʿInāyātī S II 384
Dīwān intiqādāt ʿala ʾl-sittāt wal-khawājāt S III 376
Dīwān ishrāq al-baḥth G I 447
Dīwān al-Isḥāqī S II 385
Dīwān al-Iẓlīmī S II 901
Dīwān Jaghmān S II 820
Dīwān al-Jaḥḥāfī S II 901
Dīwān al-jalīs al-anīs S II 757
-*Dīwān al-jāmiʿ bayna kitābay Nuzhat al-nāẓir wa-Shawāriq al-anwār wa-ṭawāliʿ al-asrār* S II 999,30
Dīwān al-Janadī S I 810
Dīwān b. al-Jayyāb S II 369
Dīwān al-Jazarī S II 385
Dīwān al-Jindī S II 752
Dīwān Jirjī al-Ḥajjār S III 370
Dīwān al-Karīmī S II 386, 630
Dīwān al-Kātib S II 900
Dīwān al-Kaywānī S II 392
Dīwān al-Khafājī S II 399
Dīwān al-khalīfatiyyāt S I 462
Dīwān Khalīl al-Maṭrān S III 86
Dīwān b. Khallūf S II 331
Dīwān al-Khaṭṭī S II A/C 499
Dīwān Khayr al-Dīn al-Zarkalī S III 357
Dīwān khidmat al-ustā ʿUthmān etc. S II 64
Dīwān khuṭab G I 112, S I 150
Dīwān khuṭab al-Burullusī S II 747
Dīwān khuṭab b. al-Jawzī S I A/C 919
Dīwān al-khuṭab al-jumʿiyya G II 355
Dīwān khuṭab al-Maḥāsinī S II 481
Dīwān khuṭab al-Sharnūbī S II 469
Dīwān al-Kirmānī S II 901
Dīwān al-Kutubī S II 547
Dīwān lughāt al-Turk S I 196
Dīwān b. Luqaymī S II A/C 490
Dīwān al-maʿānī G I 126, S I 194
Dīwān b. al-Mahdī S II 820
Dīwān al-Maḥallī S II 568
Dīwān al-Maḥāsinī S II A/C 393
Dīwān Maḥbūb al-Khūrī S III 443
Dīwān Maḥmūd Qabādū S II 884, III 499
Dīwān Maḥmūd Ṣafwat S II 901
Dīwān Majdī S II 722
Dīwān al-Mallāṭ S III 339
Dīwān Māmāya S II 382
Dīwān al-Maswarī S II 899
Dīwān b. Maʿṣūm S II 628
Dīwān Maʿtūq G II 372, S II 499
Dīwān a. ʾl-Mawāhib S II 152
Dīwān a. ʾl-Mawāhib al-Baʿlī S II 455
Dīwān al-mawrid al-ʿadhb G II 493, S II 755
Dīwān al-Mawṣilī S II 508
Dīwān b. al-Mawṣilī S II 388
Dīwān al-Mayyāḥ S II 904
Dīwān al-Māzinī S III 157
Dīwān mirʾāt al-gharība S II 756
Dīwān mirʾāt al-ḥasnāʾ S II 756
Dīwān mirʾāt al-shuhūd fī madḥ sulṭān al-wujūd S II 869
Dīwān mishkāt al-yaqīn S II 790
Dīwān Miṣbāḥ S II 752
Dīwān al-mubārak S II 900
Dīwān al-mufrad li-kull mā yuqṣad S II 54
Dīwān muhadhdhib al-aghānī S III 133
Dīwān M. b. Ḥ. al-Ḥanafī S II 150
Dīwān M. Kāẓim S II 500
Dīwān M. b. M. b. ʿA. al-ʿArabī S I 803
Dīwān M. Muṣṭafā al-Māḥī S III 132
Dīwān M. b. ʿU. al-Misrī S II A/C 12
Dīwān M. b. Zayn al-ʿābidīn S II A/C 386
Dīwān al-Muḥibbī S II 404
Dīwān mukhtārāt al-shuʿarāʾ S I 493
Dīwān al-munshaʾāt G I 254, S I 449
Dīwān b. al-Muqriʾ S II 254
Dīwān al-murtajalāt G I 447
Dīwān al-musammā bi ʾl-Waqāʾiʿ bi-mā jarā bayn āl Tarīm wa Yāfiʿ S II 820
Dīwān al-Mūsawī S II 387

Dīwān Muṣṭafā Mumtāz S III 84
Dīwān al-Muzarrid S I 180
-Dīwān al-nafīs bi-īwān Bārīs S II 732
Dīwān b. al-Naḥḥās S II 510
Dīwān a. Nā'ila S II 630
Dīwān a. 'l-Najāt S III 130
Dīwān al-Najīb S II 898
Dīwān Naqqāsh S II 754
Dīwān al-Nashshār S III 84
Dīwān Nāṣir al-Ibādī S II 893
Dīwān Naṣr al-Khalwatī S II A/C 387
Dīwān al-Naẓīfī S II 901
Dīwān Niʿma al-Ḥājj S III 445
Dīwān Niqulā al-Ṣā'igh S II 390
Dīwān Niqulā al-Turk S II 770
Dīwān fī 'l-nujūm G I 513
Dīwān b. a. Numayy S II 510
Dīwān Qābil S II 511
Dīwān al-qaṣā'id al-ḥumayniyyāt wal-mukassarāt S II 900
Dīwān al-rawḍ al-bāsim S II 869
Dīwān rawḍat al-ʿirfān S II 869
Dīwān rawḍat al-ʿirfān wa-nuzhat al-insān S II 534
Dīwān al-Ruṣāfī S III 489
Dīwān al-Sāʿātī S II 732
Dīwān al-Safarjalānī S II 388
Dīwān al-Sālimī S II 823
Dīwān al-Samarjī S II 511
Dīwān al-Saqqāf S II 512
Dīwān al-shadharāt S II 489
Dīwān al-Shādhilī S I 806
-Dīwān al-shahīr fī 'l-su'ālāt wal-khazāzīr S III 376
Dīwān Shakīb Arslān S III 396
-Dīwān al-Sha'mī S I 326
Dīwān al-Shaʿrāwī S II 390
Dīwān al-Sharīf al-Murtaḍā S I 705
Dīwān al-Shartūnī S II 769
Dīwān al-Shaṭṭī S III 341
Dīwān al-Shaybānī S II 499
Dīwān shiʿr fī madā'iḥ al-a'imma S II 505
Dīwān al-shiʿr wal-shuʿarā' G I 122
Dīwān al-Shubrāwī S II 391
Dīwān shudhūr al-dhahab G I 496, S I 908
Dīwān al-shudhūr fī ḥuqūq al-umūr S I 908
Dīwān Sirr bāb al-wuṣūl S II 898
Dīwān al-Sūdī S II 565, 897
Dīwān sulāf al-inshā' etc. G II 276
Dīwān S. al-Bārūnī S II 893
Dīwan a. Ṣaʿb Ḥannā Bek S III 338
Dīwan al-ṣabāba G II 13, S I 595, II 5
Dīwān al-Ṣaʿdī S II 543
Dīwān a.'l-Ṣafā' al-ʿIrāqī S II 905
Dīwān ṣafwat al-shuʿarā' G II 160
Dīwān al-Ṣaladī malik al-ʿAjam etc. S II 65
Dīwān Ṣāliḥ al-Ḥamīd S III 498
Dīwān Ṣāliḥ Ilyās al-Lādhiqī S III 345
Dīwān Ṣāliḥ Jawdat S III 138
Dīwān al-Ṣaqqāl S III 344
Dīwān al-ṣawla S III 342
Dīwān al-Ṣiddīqī S II 385
Dīwān al-tadbīj G I 439, S I 785
Dīwān al-Takrītī S II 897
Dīwān al-Tandamīrātī S II 893
Dīwān tasliyat al-khawāṭir etc. S II 391
-Dīwān al-thālith G II 330
Dīwān al-thawra S III 358
Dīwān al-Tihāmī S II 900
Dīwān al-Ṭabāṭabā'ī S II 797
Dīwān al-ṭabīʿa S III 182
Dīwān Ṭanyūs ʿAbduh S III 269
Dīwān al-ʿUlaymī S II 387
Dīwān al-ʿUmarī S II 903
Dīwān al-ʿUmarī fī madḥ al-nabī S II 502
Dīwān b. ʿUnayn S I 551
Dīwān al-Uzurī S II 784
Dīwān b. Wafā' al-Iskandarī S II 149
Dīwān Walī al-Dīn Yegen S III 56
Dīwān b. al-Wānī S II 174
Dīwān al-wasā'il al-mutaqabbila etc. S I A/C 483
Dīwān al-Wāthiq billāh S II 232
Dīwān al-waṭaniyyāt S III A/C 361
Dīwān al-Wazīrī S II 544
Dīwān al-wijdān S III 218
Dīwān al-Witrī S I 444
Dīwān al-Yāfiʿī S II 751
Dīwān al-Zabīdī S II 233
Dīwān Zakī Mubārak S III 304
Dīwān al-Zamzamī S II 509
Dīwān al-zīr G II 484
Dīwān al-Zuhayrī S II 547
Dīwān b. Zumruk S II 370
-Diyāna S I 316, III ,10
-Diyārāt G I 146, 524, S I 411

-Diyāt S I 312, 952
-Duʿāʾ S I 428,$_{52}$
Duʿāʾ ʿAlawī S I 938,$_{75}$
Duʿāʾ fatḥ al-baṣāʾir G I 435
Duʿāʾ al-ḥamd S I 911
Duʿāʾ ḥarf al-qāf G I 466
Duʿāʾ Ithnā ʿashariyya S I 927,$_{3c}$
Duʿāʾ al-jawhar al-kabīr S I 76
Duʿāʾ Kumayl S I 938,$_{75}$
Duʿāʾ Mashlūl wa-Kumayl S I 938,$_{75}$
Duʿāʾ al-mughnī S II 876
Duʿāʾ Sūryānī S I 331
Duʿāʾ al-ṣabr, ṣabāḥ S I 938
Duʿāʾ al-tawḥīd G I 450
Dukhūl awlād al-banāt taḥta lafẓ al-banāt S II 427,$_{37}$
Dukhūl al-ḥammām mush zayy khurūguh S III 276
Dukhūl walad al-bint fī ʾl-mawqūf G II 450,$_{44}$
-Dukkān S I 417
-Dukkāna S II 348
-Dumūʿ S III 231
Dumyat al-qaṣr wa-ʿuṣrat ahl al-ʿaṣr G I 252, S I 446
-Dunyā fī Bārīs S III 282
Durar al ādāb wa-maḥāsin dhawi ʾl-albāb G I 324, S I 558
Durar al-aḥādith etc. G I 402, S I 699
-Durar fī akhbār al-muntaẓar G I 431
Durar al-anwār G II 233, 448
Durar al-anwār fī asrār al-aḥjār S II 667
Durar al-asrār S II 970,$_{10}$
Durar al-asrār wa-tuḥfat al-abrār S II 147
Durar al-aṣdāf S I 508
Durar al-athar S I 918,$_{27h}$
Durar al-athmān etc. G II 301, S II 412
Durar al-ʿawālī S III 377
-Durar ʿalā baʿḍ masāʾil al-Mukhtaṣar S II 97
-Durar al-bahiyya G II 501
-Durar al-bahiyya fī ʾl-akhlāq al-marḍiyya G II 408, 475
-Durar al-bahiyya wal-jawāhir al-nabawiyya etc. S II 886
-Durar al-bahiyya fī mā yalzam al-mukallaf etc. S II 811
-Durar al-bahiyya fī ʾl-masāʾil al-fiqhiyya S II 818
-Durar al-bahiyya fī sharḥ al-Khaṣāʾiṣ al-nabawiyya S II 517, 518, 813
-Durar al-bahiyya fī sharḥ al-R. al-Sakhāwiyya S II 483
Durar al-biḥār G II 81, 198, S II 90, 268, 573
Durar al-buḥūr fī madāʾiḥ al-malik al-Manṣūr S II 199
-Durar al-dhāwiya fiʾl-taʿrīf bil-sādāt ahl al-zāwiya al-Dilāʾiyya S II 689
-Durar al-ḍawʾiyya al-mustanīra S II 886
-Durar fī faḍāʾil ʿUmar G II 149,$_{85}$
-Durar al-fākhira G II 53, 81
-Durar al-fākhira fī sharḥ al-Rawḍa al-nāḍira G II 71
-Durar al-fākhirāt fī ʾl-ʿamal bi-rubʿ al-muqanṭarāt S II 486
Durar al-farāʾiḍ S I 972 ad 678
-Durar al-farāʾiḍ al-munaẓẓama etc. S II 447
Durar al-fawāʾid fī ʾl-uṣūl S II 841
Durar al-ghāʾiṣ fī baḥr al-muʿjizāt wal-khaṣāʾiṣ G II 146, S II 181,$_{29c}$
Durar al-ghawwāṣ ʿalā fatāwī sayyidī ʿA. al-Khawwāṣ G II 337,$_{22}$, S II 465
Durar al-ghurar G II 699, S I 595
-Durar wal-ghurar G I 196, 404
-Durar wal-ghurar fī maḥāsin al-naẓm wal-nathr S I 503
-Durar wal-ghurar fī muṣṭalaḥ ahl al-athar S II 159
Durar al-ḥawādith wal-siyar G II 232, S II 324
Durar al-ḥikam S I 502,$_{37}$
-Durar al-ḥisān fī ʾl-baʿth wa-naʿīm al-jinān G II 151, S II 188, 141
-Durar al-ḥisān fī manẓūmāt wa-madāʾiḥ al-shaykh Khazʿal Khān S III 498
Durar al-ḥukkām G II 226, S II 315
Durar al-ʿibārāt G II 315, S II 433
-Durar fī ʾkhtiṣār al-maghāzī wal-siyar G I 368, S I 628
-Durar al-kabīr fī manāqib S II 131
-Durar al-kāfiya S I A/C 536
Durar al-kalām fī faḍl al-ʿilm wa-manāqib shaykh al-Islām G II 373, S II 525
Durar al-kalim etc. G II 157, S II 197,$_{292}$
-Durar al-kāmina fī aʿyān al-miʾa al-thāmina G II 70, S II 74,$_{40}$
Durar al-laʾālī S II 784
-Durar al-lāmiʿa fī ʿamal al-munāsakhāt S II 445
Durar laṭāʾif al-sirr al-khafī G II 445, S II 470

-Durar al-lawāmiʿ fī aṣl maqraʾ al-imām Nāfiʿ G II 248, S II 349, 350
-Durar al-lawāmiʿ ʿalā Hamʿ al-hawāmiʿ S II 890
-Durar al-lawāmiʿ fī taḥrīr Jamʿ al-jawāmiʿ S II 944$_{,105a}$
-Durar wal-lumaʿ fī bayān al-ṣidq etc. S II 466$_{,48}$
Durar al-maʿālī al-ghaliyya G II 298
Durar al-maʿānī S II 778
-Durar al-maḥmūla wal-hadiyya al-maqbūla S II 713
-Durar al-maknūna fī nawāzil Māzūna G II 248, S II 347
-Durar al-maknūna fī ʾl-nisba al-sharifa al-maṣūna S II 886
-Durar fī man ʿUmar S II 890
-Durar al-manthūra (asʾila fī ʾl-ḥadīth) S II 190$_{,169mmm}$
-Durar al-manthūra fī bayān zubd al-ʿulūm al-mashhūra G II 194$_{,58}$
-Durar al-manthūra fī ʾl-ism al-muʿaẓẓam S II 336$_{,1}$
-Durar al-manthūra, mukhtaṣar al-Laʾālī al-manthūra S II 108
-Durar al-manẓūma bil-bayān fī taqwīm al-lisān S I 528
-Durar al-manẓūma fī ʾl-figh S II A/C 503
Durar maqālāt al-ʿālim al-rabbānī Bābā Ṭāhir S I 770
-Durar al-maʾthūra S II 464
-Durar al-mubaththatha fī ʾl-ghurar al-muthallatha S I 161, II 235$_{,4}$
-Durar al-muḍīʾa fī ʾl-akhbār al-marḍiyya G II 373
-Durar al-muḍīʾa al-mustakhraj min aḥādīth al-aʾimma az-Zaydiyya S II 561
-Durar al-muḍīʾa fī taʾrīkh al-duwal al-Islāmiyya G II 39, S II 37
-Durar al-muḍīʾa fī ʾl-waṣāya ʾl-ḥikmiyya G II 166, S II 214 (*durra*)
-Durar al-multaqaṭa G I 452
-Durar al-munīfa fī ʾl-farāgh ʿani ʾl-waẓīfa G II 316, S II 436
-Durar al-munīfa fī fiqh a. Ḥanīfa G II 314
-Durar al-muntakhaba G II 254
-Durar al-muntathira etc. G II 148, S II 184$_{,58}$
-Durar al-muqtāta fī mukhtār shiʿr b. Nubāta S II 4
-Durar al-muraṣṣaʿa bi-akhbār aʿyān Darʿa S II 687
-Durar al-musriyāt fī naẓm al-Waraqāt S I 672
-Durar al-muṭriba S II A/C 432
-Durar al-nafāʾis fī jamāl al-ʿarāʾis S III 378
-Durar al-nafāʾis fī shaʾn al-kanāʾis G II 316$_{,3,7}$
Durar al-nuḥūr fī madāʾiḥ al-malik al-Manṣūr G II 160, S II 436
Durar al-nuḥūr fī ʾl-tawba ila ʾl-malik al-ghafūr S II 905
Durar al-qalāʾid wa-ghurar al-fawāʾid fī akhbār al-Andalus S I 914
Durar al-qurar G I 352
-Durar al-saniyya ʿalā alfāẓ al-Ājurrūmiyya S II 470
-Durar al-saniyya fī ḥall alfāẓ al-Jazariyya S II 276
-Durar al-saniyya wal-jawāhir al-bahiyyamin al-aḥādīth al-nabawiyya S I 604
-Durar al-saniyya fī naẓm al-siyar al-zakiyya al-nabawiyya S II 70
-Durar al-saniyya fī ʾl-radd ʿala ʾl-Wahhābiyya G II 500, S II 811
-Durar al-saniyya, sharḥ al-ʿAshmāwiyya S II 436
-Durar al-sāṭiʿa G II 368
-Durar al-sāṭiʿa fī ʾl-adwiya al-qāṭiʿa S I 420
Durar al-sumūṭ etc. G II 174, S II 223
Durar al-tījān wa-ghurar tawārīkh al-zamān S II 44
Durar al-ʿuqūd al-farīda fī tarājim al-aʿyān al-mufīda G II 39, S II 37
-Durar al-yatīma al-kāmila G II 355
-Durar al-yatīma fī ʾl-maḥajja al-mustaqīma G I 250, S II 482 A/C
-Durar al-yatīma fi tabyīn al-sibāʾ wal-ghanīma G I 402
-Durar al-zāhira G II 53, 81, S II 74$_{,32}$
-Durar al-zāhira fī bayān aḥwāl al-ākhira G II 69$_{,22}$
Durar al-zamān fī ṭaḥn al-julubbān S II 6$_{,11}$
Durr al-afkār S II 452
Durr al-afkār li-man kāna fī qirāʾat al-aʾimma al-ʿashara sayyār G II 326
Durr al-afkār fī qirāʾāt al-ʿashara G I 411
-Durr al-aʿlā S I 810 A/C, II 478
Durr al-aṣdāf S II 545

-*Durr al-aṣfā wal-zabarjad al-muṣaffā* S III 180
-*Durr al-bahī al-mansūq bi-dīwān al-adīb Ibr. b. Marzūq* S II 721
-*Durr al-dā'ir etc.* S I 511
-*Durr al-fā'iq* G II 350$_{,13}$, S II 476
-*Durr al-fākhir* G II 81, S II 90
-*Durr al-fākhir min zīj b. al-Shāṭir* S II 157
-*Durr al-farīd fī bayān ḥukm al-taqlīd* G II 359, S II 433
-*Durr al-farīd fī bayt al-qaṣīd* S I 444
Durr al-fawā'id al-muntaẓim etc. S II 517
-*Durr al-gharīb fī 'l-ʿamal bi-dā'irat al-tajwīb* S II 321
Durr al-gharīb fī 'l-ʿamal bil-rubʿ al-mujayyab S II A/C 156
Durr al-ḥabab fī ta'rīkh Ḥalab G II 368, S II 495
-*Durr al-ḥalūk al-mushriq bi-durrat al-sulūk* S II 679
-*Durr al-ḥaqīqiyya al-bahiyya* S II 749
-*Durr al-ḥisān wa-nā'im al-jinān* S I 346
-*Durr fī 'l-jayb al-nafīs etc.* G II 358
Durr al-jumānī fī manāqib al-shaykh al-ʿAjamī al-Kūrānī S II 409
-*Durr al-khāliṣ etc.* G II 151, S II 188$_{,152}$
Durr al-kunūz etc. G II 313, S II 431
-*Durr alladhi 'nsajam ʿalā Lāmiyyat al-ʿAjam* S I 440
-*Durr al-lāmiʿ fī 'l-nabāt etc.* S II 749
-*Durr al-laqīṭ fī aghlāṭ al-Qāmūs al-muḥīṭ* S II 235
-*Durr al-laqīṭ min al-Nahr al-muḥīṭ* G II 110, S II 135
-*Durr al-maḥbūk* S II 461
-*Durr al-maknūn fī as'ilat mā kān wa-mā yakūn* S I 356$_{,11}$
-*Durr al-maknūn fī gharā'ib al-funūn* S I 599
-*Durr al-maknūn wal-jawhar al-maṣūn* S I 821$_{,68ff}$
-*Durr al-maknūn fī mā yataʿallaq bil-waba' wal-ṭāʿūn* S II 811
-*Durr al-maknūn fī 'l-ma'āthir al-māḍiya fī 'l-qurūn* G II 497, S II 781
-*Durr al-maknūn fī qaṣīdat Dhi 'l-Nūn* G II 139, S I 353, II 172
-*Durr al-maknūn fī 'l-sabʿ al-funūn* G II 303$_{,9,3}$, S II 414
-*Durr al-maknūz fī 'l-khabāyā wal-kunūz* S II 735
-*Durr al-manḍūd fī aʿjā'ib al-mawjūd* S I 883
-*Durr al-manḍūd fī dhamm al-bukhl wa-madḥ al-jūd* G II 306
-*Durr al-manḍūd fī 'l-ṣalāt ʿalā ṣāḥib al-maqām al-maḥmūd* G II 388$_{,10}$, S II 528
-*Durr al-manthūr* S II 452
-*Durr al-manthūr fī 'l-ʿamal bi-rubʿ al-dustūr* G II 169, S II 218
-*Durr al-manthūr min al-khabar al-ma'thūr* G II 441, S II 450
-*Durr al-manthūr fī mā yataʿallaq bil-mawtā etc.* S II 189$_{,169}$
-*Durr al-manthūr fī 'l-nahj al-mashhūr* G II 326
-*Durr al-manthūr, sharḥ al-ʿIqd al-jadīd* S II 383
-*Durr al-manthūr, sharḥ Qalā'id al-nuḥūr* S II 501
-*Durr al-manthūr ʿalā sharḥ al-shudhūr* S II A/C 20
-*Durr al-manthūr fī tafsīr al-ma'thūr* G II 145$_{,2}$
-*Durr al-manthūr fī tafsīr al-Qur'ān* S II 179$_{,2}$
-*Durr al-manthūr fī tafsīr ṭabaqāt rabbāt al-khudūr* S III 175
-*Durr al-manthūrāt fī qirā'at Ḥamza b. Ḥabīb al-Zayyāt* S II 142
-*Durr al-manẓūm* G I 270, S II 75 A/C, 217
-*Durr al-manẓūm fī bayān ḥashr al-ʿulūm* G II 141
-*Durr al-manẓūm fī biḥār al-ʿulūm* S II 1043$_{,4}$
-*Durr al-manẓūm li-dhawi 'l-ʿuqūl wal-fuhūm* G II 408$_{,4,1}$, S II 388, 566, III 232
-*Durr al-manẓūm fī faḍl al-Rūm* G II 315$_{,19,5}$, S II 433
-*Durr al-manẓūm fī ḥall al-mulhamāt fī 'l-khutūm* G II 324
-*Durr al-manẓūm fī ʿilm al-awfāq wal-nujūm* S I 911$_{,18}$
-*Durr al-manẓūm wa-khulāṣat al-sirr al-maktūm* G II 366, S II 494
-*Durr al-manẓūm fī mā warada fī Miṣr etc.* S II 41

-Durr al-manẓūm fī mā yuzīl al-ghumūm wal-humūm G I 370 (to be read thus), S I 633
-Durr al-manẓūm bi-madḥ al-nabī al-Muṣṭafā al-karīm S I 444
-Durr al-manẓūm bi-maʿrifat faḍl al-ʿulūm S II 447
-Durr al-manẓūm al-mufawwaf bil-ʿulūm S II 232
-Durr al-manẓūm fi 'l-silk al-mujayyab etc. S II 486
-Durr al-manẓūm fī sīrat al-nabī S I 541
-Durr al-manẓūm fī taḥqīq al-kalim al-qadīm S II A/C 744
-Durr al-manẓūm fī tarājim al-thalātha al-nujūm S II 819
-Durr al-manẓūm fī zuhd al-ʿulūm S II 466,49
-Durr al-maqāl S II 171
-Durr al-marṣūf fī ḥawādith jabal al-Ṣūf S II A/C 771
-Durr al-maslūk fī akhbār al-abniya etc. S II 177
-Durr al-maṣūn fī ʿulūm al-kitāb al-maknūn G II 111, S II 138
-Durr al-mathqūb fī musāmarat al-muḥibb wal-maḥbūb S I 599
-Durr al-muhtadī wa-dhukhr al-muqtadī G I 378, II 185, S I 646
-Durr al-muḥīṭ bi-ṣifāt al-ʿamal etc. S II 1040,35
-Durr al-mukhtār G II 311, S II 428
-Durr al-multaqaṭ (fi 'l-fiqh al-Ḥanafī) S I 614, II 948
-Durr al-multaqaṭ min kull baḥr wa-safaṭ G II 55, S II 54
-Durr al-multaqaṭ fī tabyīn al-ghalaṭ S I A/C 614
-Durr al-munaḍḍad G II 161, S II 200
-Durr al-munaḍḍad fi 'l-ism al-sharīf Aḥmad S II 438, 439
-Durr al-munaẓẓam S I 798,78
-Durr al-munaẓẓam al-hizb al-aʿẓam S II 522
-Durr al-munaẓẓam fi 'l-ism al-aʿẓam (muʿaẓẓam) G II 148,61, S II 185 A/C
-Durr al-munaẓẓam fī madḥ al-ḥabīb al-aʿẓam (al-nabī al-muʿaẓẓam) G II 272, S II 383
-Durr al-munaẓẓam fī manāqib al-imām al-aʿẓam S II 432
-Durr al-munaẓẓam fī mawlid al-nabī al-muʿaẓẓam G I 366, S I 626
-Durr al-munaẓẓam, sharḥ al-ḥizb al-aʿẓam S II A/C 541
-Durr al-munaẓẓam bil-shiʿr al-multazam S II 392, see *D. al-multazam*
-Durr al-munaẓẓam fi 'l-sirr al-aʿẓam G I 464, 498, S I 839, 911, II 324
-Durr al-munṣān fī mā yaḥduth etc. S II 929
-Durr al-muntakhab G I 289, S I 506, II 40 A/C
-Durr al-muntakhab min amthāl al-ʿArab G II 287, S II 397
-Durr al-muntakhab min kutub al-adab S III 385
-Durr al-muntakhab min lughāt al-Fransīs wal-ʿUthmāniyyīn wal-ʿArab S II 740
-Durr al-muntakhab al-mustaḥsan fī baʿḍ maʾāthir amīr al-muʾminīn mawlāna 'l-Ḥ. S II 889
-Durr al-muntakhab fī sharḥ al-Taqrib S II 172
-Durr al-muntakhab fī takmilat taʾrīkh Ḥalab G I 322, II 34, 41, S II 30
-Durr al-muntakhab fī taʾrīkh mamlakat Ḥalab S I 568
-Durr al-muntakhab fī taʾrīkh al-Miṣriyyīn wal-ʿArab G II 483, S II 734
-Durr al-muntaqā G II 19, S II 643
-Durr al-muntaqā al-marfūʿ G II 120, S II 149
-Durr al-muntathir fī rijāl al-qarn al-thānī ʿashar S II 789
-Durr al-muntathirāt fi 'l-ʿamal bi-rubʿ al-muqanṭarāt G II 129, S II 160
-Durr al-muntaẓam fi 'l-shiʿr al-multazam G II 283, see *D. al-Munaẓẓam*
-Durr al-muntaẓam fī takhmīs Lāmiyyat al-ʿAjam G II 695, S I 440
-Durr al-mustaṭāb etc. S II 937
-Durr al-muṣān fī mā yaḥduthu fī ayyām dawlat ʿUthmān S II 500
-Durr al-muṣān fī sīrat al-Muẓaffar Salīm Khān S II 633 A/C
-Durr al-mutalaʾliʾ S I 765
-Durr al-naḍīd fī adab al-mufīd wal-mustafīd S II 488

-Durr al-naḍīd min al-ʿahdayn-al-qadīm wal-jadīd S III 383
-Durr al-naḍīd fī aḥkām al-ijtihād wal-taqlīd S II 790
-Durr al-naḍīd fī akhlāṣ kalimāt al-tawḥīd S II 819
-Durr al-naḍīd fī ghurr al-qaṣīd S II 859
-Durr al-naḍīd min majmūʿat al-Ḥafīd S II 308
-Durr al-naḍīd, sharḥ al-Tawḥīd S II 531
-Durr al-naḍīr G II 28, S II 770
-Durr al-naḍīr fī adab al-wazīr S II 482
-Durr al-nafīs fī ajnās al-tagnīs S II 199
-Durr al-nafīs fī madīnat Manfīs S II 735
-Durr al-nafīs fī man bi-Fās min B. M. b. Nafīs S II 881
-Durr al-nafīs fī manāqib al-imām M. b. Idrīs G II 185, S II 239 A/C
-Durr al-nafīs fī nasab al-imām M. b. Idrīs G II 315, S II 433
-Durr al-nafīs wal-nūr al-anīs etc. S II 684
-Durr al-nājī S I 843,16
-Durr al-naqī fī fann al-mūsīqī G II 363, S II 508
-Durr al-naqī, sharḥ Mukhtaṣar al-Khiraqī S II 947,181,28
-Durr al-nathīr G I 357, II 155,259
-Durr al-nathīr fī qirāʾat b. Kathīr S II 982
-Durr al-naẓīm G II 189, S II 169 A/C, 1007,105
-Durr al-naẓīm fī aḥwāl al-ʿulūm wal-taʿlīm G II 137
-Durr al-naẓīm fī faḍāʾil (khawāṣṣ) al-Qurʾān al-ʿaẓīm G I 414, II 177, S I 913, II 228
-Durr al-naẓīm fī faḍl bismillāh etc. S II A/C 101,6,3
-Durr al-naẓīm fī manāfiʿ āyāt al-Qurʾān S II A/C 288
-Durr al-naẓīm fī sharḥ bismillāh etc. S II 944
-Durr al-naẓīm, sharḥ R. fī ʾl-lugha S II 630
-Durr al-naẓīm fī tafsīr al-Qurʾān al-ʿaẓīm S II 103
-Durr al-naẓīm min tarassul al-qāḍī ʿAbd al-Raḥīm S I 549
-Durr al-naẓīm fī ʾl-taʾrīkh al-qadīm S II 771, 297
-Durr al-naẓīm fī tashīl al-taqwīm G II 130, 213, 358
-Durr al-sanī fī baʿḍ man bi-Fās min ahl al-nasab al-Ḥasanī S II 682
-Durr al-tāj G I 395
-Durr al-thamīn S II 392
-Durr al-thamīn fī bayān al-muhimm min ʿulūm al-dīn G II 419, S II 617
-Durr al-thamīn fī ḍabṭ asmāʾ al-Badriyyīn S II 423
-Durr al-thamīn fī ʾl-ḥukm ʿalā taḥāwīl al-sinīn G II A/C 360, S I 860
-Durr al-thamīn fī ʿilm al-tafsīr S II 1041,45
-Durr al-thamīn fī mā warada fī ummahāt al-muʾminīn S II A/C 78
-Durr al-thamīn fī maḥāsin al-taḍmīn G II 283
-Durr al-thamīn fī manāqib Nūr al-Dīn G II 30, S II 25
-Durr al-thamīn fī manāqib al-shaykh Muḥyi ʾl-Dīn S I 791
-Durr al-thamīn al-manẓūm G II 43
-Durr al-thamīn fī mawlid sayyid al-awwalīn wal-ākhirīn S II 479
-Durr al-thamīn wal-mawrid al-muʿīn G II 461
-Durr al-thamīn fī mubashshirāt al-nabī al-amīn S II 615
-Durr al-thamīn, sharḥ al-Murshid al-muʿīn S II 699
-Durr al-thamīn fī uṣūl al-sharīʿa wa-furūʿ ad-dīn S II 822
Durr al-wāʿiẓīn wa-dhukhr al-ʿābidīn S II 325
-Durr al-yatīm S II 796
-Durr al-yatīm fī ʾl-tajwīd G II 440,2, S II 654
-Durr al-yatīm, tashīl ṣināʿat al-taqwīm G II 128, S II 159
Durrat al-abkār fī waṣf al-ṣafwa al-akhyār S II 27
Durrat al-āfāq S II 324
Durrat al-afkār G II 165
Durrat al-aḥlām G I 498
-Durra al-alfiyya G I 283, 303, S I 530
-Durra fī ʾl-ʿāmm wal-khāṣṣ S II 832
Durrat al-aslāk fī mulk al-Atrāk G II 37, S II 35
Durrat al-asrār wa-tuḥfat al-abrār S I 804, II 357 A/C
-Durra al-ʿazīza fī sharḥ al-Wajīza etc. S II 835

-Durra al-bahiyya S I 676, II 603
-Durra al-bahiyya fī 'l-akhlāq al-marḍiyya S II 722, 996,$_6$
-Durra al-bahiyya al-bāhira S II 445
-Durra al-bahiyya fī fiqh al-Imāmiyya S II 793
-Durra al-bahiyya fī ḥall alfāẓ al-Qurṭubiyya S I A/C 763
-Durra al-bahiyya fī 'l-masāʾil al-fiqhiyya S II 977
-Durra al-bahiyya, naẓm al-Ājurrūmiyya G II 238, S II 335, 441
-Durra al-bahiyya fī 'l-riḥla al-Ūrūbiyya S II 727
-Durra al-bahiyya fī ṭāʿat maḥmūd al-ṣifāt al-ʿaliyya S II 866
-Durra al-bahiyya fī waḍʿ basāʾiṭ etc. G II 322, S II 493
-Durra al-bahiyya fī waḍʿ khuṭūṭ al-faṣl al-dāʾir G II 366
-Durra al-bayḍāʾ fī aḥsan al-funūn wal-ashyāʾ G II 356, S II 706
-Durra al-bayḍāʾ fī baḥth al-mumkin etc. S I 759
-Durra al-bayḍāʾ fī bayān aḥkām al-sharīʿa al-gharrāʾ S II 659
-Durra al-bayḍāʾ wal-yāqūta al-ḥamrāʾ G II 233, S II 668
-Durra al-durriyya G I 287
-Durra al-ḍawʾiyya fī 'l-aḥkām al-sunniyya G II 94, S II 111
-Durra al-fākhira G II 207
-Durra al-fākhira fī aḥwāl al-ākhira S II 456
-Durra al-fākhira wa-hiya 'l-amthāl etc. S I 221
-Durra al-fākhira fī 'l-amthāl al-sāʾira G I 351
-Durra al-fākhira fī dhikr ma 'ntafaʿat bihim etc. G I 445,$_{58}$
-Durra al-fākhira fī ḥaqāʾiq madhhab al-Ṣūfiyya S II 285
-Durra al-fākhira fī kashf ʿulūm al-ākhira G I 421, S I 746,$_6$
-Durra al-fākhira ʿalā rumūz al-Shajara S I 802
-Durra al-fākhira fī 'l-uʿlūm al-zākhira (fī 'l-tajwīd) S II 979
Durrat al-farāʾiḍ fī 'l-jalī minhā wal-ghāmiḍ S I 701
-Durra al-farīda S I 468 A/C, 726,$_{34}$
-Durra al-farīda fī 'l-durūs al-mufīda S I 943 ad 187
-Durra al-farīda ʿala 'l-kalimāt al-tawḥīdiyya S II 738
-Durra al-farīda fī taḥqīq masʾalat al-ʿilm S II 614
-Durra al-gharrāʾ fī naṣāʾiḥ al-mulūk wal-wuzarāʾ G II 134, S II 665
Durrat al-ghawwāṣ G I 277, S I 488, II 226
Durrat al-ghawwāṣ wa-kanz al-ikhtiṣāṣ etc. G II 709, S II 172
Durrat al-ghawwāṣ fī 'l-manāfiʿ wal-khawāṣṣ S I 417
Durrat al-ghawwāṣ fī naẓm Khulāṣat al-Raṣṣāṣ S I 700
Durrat al-ghawwāṣ fī ṣawm al-ʿāmm wal-khāṣṣ S II 214
-Durra al-Ḥanafiyya fī 'l-alghāz al-ʿArabiyya S II 56
-Durra al-ḥaqīqiyya al-bahiyya aw khurūj al-Isrāʾīliyyīn min Miṣr etc. S III 379
Durrat al-ḥijāl fī asmāʾ al-rijāl S II 679
Durrat al-ḥikam fī amthāl al-Hunūd wal-ʿAjam S I 235
-Durra al-jaliyya G II 115
-Durra al-Khayriyya fī sharḥ al-Sharāʾiʿ S II 832
-Durra al-khaṭīra fī shuʿarāʾ al-Jazīra S I 540
Durrat al-khawāṣṣ G II 308
Durrat al-laʾāliʾ al-ʿImādiyya fī 'l-aḥādīth al-fiqhiyya S II 272
-Durra al-lāmiʿa fī 'l-adwiyya al-jāmiʿa G II 232,$_{19}$ (to be read thus)
Durrat al-maknūn wa-jawharat al-makhzūn G II 712, S II 510
-Durra al-maknūza G II 237
Durrat man ẓahara bil-gharā S II 324
-Durra al-manḍūda fī 'l-awqāf al-maqṣūda S II 487
-Durra al-manẓūma fī 'l-fiqh S II 581
-Durra al-manẓūma fī 'l-ṭahāra wal-ṣalāh S II 829
Durrat al-maṣāna fī akhbār al-Kināna G II 300, S II 411
-Durra al-muḍīʾa S I 468, 522, 719, II 214, 1001,$_{44}$
-Durra al-muḍīʾa fī ʿajāʾib al-bariyya S I 609
-Durra al-muḍīʾa wal-ʿarūs al-marḍiyya etc. G II 108, S II 130

-Durra al-muḍīʾa fi ʾl-dawla al-Ẓāhiriyya G II 28
-Durra al-muḍīʾa fī faḍl Miṣr wal-Iskandariyya G II 50
-Durra al-muḍīʾa fī mā waqaʿa fīhi ʾl-khilāf etc. S I 673
-Durra al-muḍīʾa fi ʾl-maʾāthir al-Ashrafiyya S II 33
-Durra al-muḍīʾa fī qirāʾat al-aʾimma etc. G I 407, II 202, S II 275
-Durra al-muḍīʾa fi ʾl-radd ʿalā b. Taymiyya S II 103
-Durra al-muḍīʾa, sharḥ al-r. al-Zayniyya S II 1001,44
-Durra al-muḍīʾa fi ʾl-sīra al-nabawiyya G I 357
-Durra al-muḍīʾa fī taʿdīd al-ʿitra al-marḍiyya etc. S II 246
-Durra al-muḍīʾa fi ʾl-ziyārat al-raḍiyya G II 397,69, S II 541
-Durra al-mukallala fī futūḥ Makka al-mubajjala G II 334, 383, S I 616
-Durra al-munīfa fī fiqh a. Ḥanīfa G II 314,15, S II 432
-Durra al-munīfa fī ḥarb Diyāb etc. S II 64
-Durra al-munīfa fi ʾl-sīra al-saniyya al-sharīfa G II 459, S II 690
-Durra al-muntakhaba fi ʾl-adwiya al-mujarraba S I 867,7, II 252, 361 A/C
-Durra al-muntakhaba fī mā min al-aghdhiya al-mujarraba S II 666
Durrat al-muwaḥḥidīn G II 432, S II 643
-Durra al-Nafaliyya fī bayān mā fi ʾl-ṣalāh S II 132,5
-Durra al-Najafiyya S I 707, II 838
-Durra al-Najafiyya min al-multaqaṭāt al-Yūsufiyya S II 504
-Durra al-naqiyya G II 372
-Durra al-naqiyya fī tadābīr al-ḥajar S I 430
Durrat al-nāṣiḥīn G II 489, S II 745
Durrat al-nawʾ S I 965 ad 514
Durrat al-qalāʾid S II 535
Durrat al-qāriʾ G I 415, S I 736
-Durra fi ʾl-rasm S II 351
-Durra al-saniyya G II 490, S I 522, II 87, 88
-Durra al-saniyya fī akhbār al-sulāla al-Idrīsiyya S II 688
-Durra al-saniyya, sharḥ al-Ājurrūmiyya S II A/C 334
-Durra al-saniyya, sharḥ al-Kunūz al-bahiyya S II 424
Durrat al-sulūk fī man ḥawa ʾl-mulk min al-mulūk S II 679
-Durra al-Ṣabbāghiyya S II 334
Durrat al-ṣafāʾ li-ukhuwwat al-wafāʾ fī īmān abaway al-Muṣṭafā S II A/C 553
Durrat al-taḥqīq fī nuṣrat al-ṣiddīq S II 616
Durrat al-tāj fī fawāʾid al-ḥājj S I 724, II 975,39
Durrat al-tāj li-ghurrat al-dubāj fi ʾl-ḥikma G II 212, S II 296
Durrat al-tāj fī iʿrāb mushkil al-Minhāj G II 155, 255
-Durra al-tājiyya etc. G II 150, S II 186,110
Durrat al-tanzīl wa-ghurrat al-taʾwīl G I 506, II 283, S I 491, 922,8
Durrat al-tawḥīd etc. G II 371, S II 498
Durrat al-taʾwīl S I 506
-Durra al-thamīna S II 614
-Durra al-thamīna fī akhbār al-Madīna G I 360
-Durra al-thamīna fī ḥaml al-safīna S II 431,30
-Durra al-thamīna fī ḥukm al-ṣalāt fi ʾl-safīna S II 433
-Durra al-thamīna fī mā li-zāʾir al-nabī ila ʾl-Madīna G II 392, 393
Durrat al-ʿulūm wa-jawharat al-fuhūm G II 232, S II 324
-Durra al-wāqiya min al-akhṭār etc. S I 912
-Durra al-yatīma S I 120, 133, II 966,4
-Durra al-yatīma fi ʾl-amthāl al-qadīma S II 771
-Durra al-yatīma fī baʿḍ manāqib al-sayyida al-ʿaẓīma S II 523
-Durra al-yatīma fi ʾl-ṣunʿa al-karīma G II 371
-Durra al-yatīma fī ṭāʿat al-mulūk G I 152, S I 236
-Durra al-zāhira bi-taḍmīn al-Burda al-fākhira S I 470
Durūs al-ashyāʾ S III 228
Durūs al-ashyāʾ fī ʿilm al-naḥw S III 308
Durūs al-balāgha S II 728, III 308
-Durūs al-dīniyya S III 330
Durūs al-ḥayāt al-insāniyya S III 442
-Durūs al-ḥikmiyya lil-nāshiʾa al-Islāmiyya S II 755, III 338

Durūs wa-muṭālaʿa S III 389
-Durūs al-naḥwiyya G II 478, S II 728, III 308
-Durūs al-sharʿiyya fī fiqh al-Imāmiyya S II 132
-Durūz wal-thawra al-Sūriyya S III 309
Dustūr al-ʿajāʾib S II 492
-Dustūr al-ʿajīb S I 869
Dustūr al-ʿamal li-iṣlāḥ al-ḥalāla S II 637
Dustūr al-ʿamal wa-tasṭīḥ al-jadwal S II 665 A/C
-Dustūr al-bīmāristānī G I 491, S I 896
Dustūr al-ḥuffāẓ fī tafsīr al-Qurʾān al-ʿaẓīm S II 610
Dustūr al-ikhwān S II 258
Dustūr al-iʿlām bi-maʿārif al-aʿlām G II 173, S II 223
-Dustūr Jalālī S II 971,26
Dustūr al-lugha G I 288, S I 505
Dustūr maʿālim al-ḥikam etc. S I 585, 938,75
-Dustūr al-manthūr S II 217
Dustūr al-munajjimīn G II 701, S I 402
Dustūr al-nayyirayn G II 128, S II 159
Dustūr al-quḍāh S II 269
Dustūr al-taghadhdhī S III 325
Dustūr al-ṭibb S I 827,95c
Dustūr al-ṭibb al-Miṣbāḥ S II 666
Dustūr uṣūl ʿilm al-miqāt G II 359
Dustūr al-wuzarāʾ S II 576
Duwal al-ʿArab wa-ʿuẓamāʾ al-Islām S III 40
-Duwal al-ʿArabiyya wa-ādābuhā S III 425
Duwal al-Islām al-sharīfa al-bahiyya S II 52
-Duwal al-Islāmiyya G II 47, S II 45
-Duwal wal-milal wal-qirānāt wal-ḥawādith S I 392
-Duwal al-munqaṭiʿa G I 321, S I 553
-Ḍabāb S III 233
Ḍābiṭ fawāʾid al-ḥisāb S II 596
Ḍābiṭ al-istiʿāra S II 479
Ḍābiṭat al-anwār S II 264
Ḍābiṭat al-ashkāl al-arbaʿa S II 304
Ḍabṭ asmāʾ ahl Badr G II 309
Ḍabṭ man ghabar fī man qayyadahu b. Ḥajar S II 947,181,3
Ḍabṭ al-muwajjahāt G II 85
Ḍabṭ wa-taḥrīr mawāḍiʿ min dīwān al-Ḥamāsa S I 194
-Ḍaḥāyā S III 232
Ḍaḥāya ʾl-aqdār S III 231
Ḍaḥāya ʾl-ḥurriyya S III 234
-Ḍaḥāyā, majmūʿat aqāṣīṣ S III 233
-Ḍāḥik al-bākī S III 233
Ḍaḥiyyat al-ikhlāṣ S III 233
Ḍaḥiyyat al-wājib S III 230
Ḍāllat al-adīb G I 117
Ḍamāʾir al-Qurʾān S II 212
-Ḍamānāt fī ʾl-furūʿ al-Ḥanafiyya G II 434, S II 645
Ḍamīmat al-masʾala allatī dhakarahā a. ʾl-Walīd S I 834
Ḍamm al-azhār ilā tuḥfat al-abrār S II 772
Ḍarāʾir al-shiʿr S I 539
-Ḍaras S I 366
-Ḍarb al-Hindī S I 855
Ḍarb al-ḥūṭa ʿalā jamiʿ al-Ghūṭa S II 495
-Ḍarb wal-qisma S I 930,36a
Ḍarūrat al-adīb S II 853
Ḍarūrat al-mawt G I 509
-Ḍarūrī fī ʾl-manṭiq S I 835
-Ḍawʾ G I 293, 470
-Ḍawʾ al-akbar S I 950 ad 286
Ḍawʾ al-amālī G I 429, S I 764, II 542,138
Ḍawʾ al-badr G II 151,162
Ḍawʾ al-dhubāla S II 56
Ḍawʾ al-insān fī tafḍīl al-insān S II 418
-Ḍawʾ al-jalī fī ʾl-farq bayna ʾl-wājib wal-farḍ al-ʿamalī S II 607
Ḍawʾ al-laʾālīʾ, sharḥ Badʾ al-amālī S I 765
-Ḍawʾ al-lāmiʿ fī aʿyān al-qarn al-tāsiʿ G II 34, S II 31
Ḍawʾ al-manāẓir S II 589,2c
Ḍawʾ al-miṣbāḥ S I 514, II 430, 965
-Ḍawʾ al-munīr al-lāʾiḥ fī iʿrāb wa-taʾwīl al-fawātiḥ S II A/C 987
Ḍawʾ al-nahār, sharḥ k. al-Azhār S II 560
Ḍawʾ al-qabas al-munīr etc. S II 184,56n, 433
Ḍawʾ al-qabas wa-uns al-nafs S II 906
Ḍawʾ al-qamar G I 470
-Ḍawʾ al-sārī G II 40, S II 37
Ḍawʾ al-shamʿa fī ʿadad rijāl al-jumʿa G II 146, S II 182,34
Ḍawʾ al-shamʿa fī khaṣāʾiṣ yawm al-jumʿa G II 145, S II 182,33
Ḍawʾ al-shams fī sharḥ qawlihi buniya ʾl-Islām ʿalā khams S II 869,22

Ḍawʾ al-shumūʿ ʿalā sharḥ al-Majmūʿ S II 99, 738
Ḍawʾ al-siqṭ G I 255, S I 452
Ḍawʾ al-sirāj S I 650
Ḍawʾ al-ṣubḥ al-musfir etc. S II 175
Ḍawʾ al-zand G I 254
Ḍawʾ al-ẓalām fī madḥ khayr al-anām S II 882
-Ḍawābiṭ wal-aḥkām S II 974
Ḍawābiṭ al-burhān fī madhhab a. Ḥanīfa al-Nuʿmān S II 951$_{,36}$
Ḍawābiṭ al-fuṣūl S I A/C 682
-Ḍawābiṭ wal-ishārāt li-ajzāʾ ʿilm al-qirāʾāt S II 178
-Ḍawābiṭ al-kulliyya G I 312
Ḍawābiṭ maqām al-taṭbīq S II 580$_{,20}$
-Ḍawābiṭ al-thalātha S I A/C 287
Ḍawābiṭ al-uṣūl S II 824, 829
ʿalā Ḍifāf al-Nīl S III 231
-Ḍīfān S I 162
Ḍirām al-saqṭ S I 452
Ḍiyāʾ al-abṣār fī mawlid al-mukhtār S II 939
Ḍiyāʾ al-albāb al-muḥtawī ʿala ʾl-sāʾil wal-jawāb S I 715
-Ḍiyāʾ al-ʿaqlī fī mawḍuʿ al-ʿilm al-kullī etc. S I 856
Ḍiyāʾ dhawi ʾl-abṣār S II 245
-Ḍiyāʾ fi ʾl-fiqh wal-sharīʿa S II 929
Ḍiyāʾ al-ḥulūm S I 528
Ḍiyāʾ al-ḥulūm wa-miṣbāḥ al-ʿulūm G I 301, S I 716
Ḍiyāʾ al-kalām S I 964 ad 498
-Ḍiyāʾ al-lāmiʿ, sharḥ Jamʿ al-jawāmiʿ S II 105
Ḍiyāʾ man rāma ʾl-wuṣūl S II 1003
-Ḍiyāʾ al-maʿnawī S I 649
-Ḍiyāʾ al-mutalaʾliʾ fī taʿaqqub al-Iḥyāʾ lil-Ghazzālī G II 174, S I 738, 748
Ḍiyāʾ al-qulūb G II 260, 440, S II 584, 654
Ḍiyāʾ al-qulūb fi ʾl-tafsīr S I 730
Ḍiyāʾ al-qulūb wa-tanwīr al-maqṣūd S II A/C 688
-Ḍiyāʾ al-shamsī ʿala ʾl-Fatḥ al-Qudsī G II 350$_{,14}$, S II 174, 477$_{,14a}$
-Ḍiyāʾ al-shāriq fī radd shubuhāt al-māriq S III 488
Ḍiyāʾ al-sirāj S I 650
-Ḍuʿafāʾ G I 163, 503, 518, S I 273, 278
-Ḍuʿafāʾ wal-matrūkīn S I 270, 917$_{,25}$
Ḍuḥa ʾl-Islām S III 305
Faʿala wa-afʿala G I 514, S I 167
Faʿaltu wa-afʿaltu G I 514, S I 164, 170
Faʿaltu fa-lā talum G II 212, S I 931$_{,40a}$, II 297
Fadhlakat aqwāl al-akhyār fī ʿilm al-taʾrīkh wal-akhbār G II 428, S II 636
Fadhlakat al-manāsik S II 901
Fadhlaka i taʾrīkh S II 636
-Faḍāʾ S I 822$_{,68hhh}$
-Faḍāʾiḥ al-Qadariyya S I 667
Faḍāʾil al-aʿmāl G I 399, S II 268 A/C
Faḍāʾil (faḍl) ʿashr Dhi ʾl-Ḥijja G I 154, S I 247
Faḍāʾil al-Atrāk G I 153
Faḍāʾil al-awqāt G I 363, S I 619
-Faḍāʾil al-bāhira fī maḥāsin Miṣr wal-Qāhira S II 40
Faḍāʾil a. Bakr al-Ṣiddīq S I 601
Faḍāʾil al-basmala G I 497, S II 940
Faḍāʾil al-Bayt al-Muqaddas wal-Shaʾm S I 567, 876
Faḍāʾil Bishr b. Ḥārith al-Ḥāfī G I 503, S I 351, 917$_{,19}$
Faḍāʾil al-Furs S I 167
Faḍāʾil a. Ḥanīfa S I 548
Faḍāʾil al-Ḥ. al-Baṣrī G I 513, S I 917$_{,17}$
Faḍāʾil al-imām al-Shāfiʿī S I 921$_{,1}$
Faḍāʾil al-jihād G II 76, S I 550, II 83, 416
Faḍāʾil Khālid b. al-Walīd S II 927
Faḍāʾil laylat al-niṣf min Shaʿbān G II 305, S II 445 A/C, 945$_{,165}$, 997
-Faḍāʾil fī maḥāsin Miṣr wal-Qāhira G II 132
Faḍāʾil Makka S II 541$_{,68}$
Faḍāʾil man ismuhu ʿAwāna S II A/C 938
-Faḍāʾil wal-manāqib S I A/C 710
Faḍāʾil al-Maqdis G I 332
Faḍāʾil Miṣr G I 149, II 35, S II 927$_{,9}$
Faḍāʾil Miṣr wa-akhbāru-hā wa-khawāṣṣuhā S I 230
Faḍāʾil Miṣr faḍāʾil al-Bayt al-Muqaddas S I 624
Faḍāʾil Muʿāwiya b. a. Sufyān S I 184, II A/C 929
-Faḍāʾil al-Muḥammadiyya etc. S II 763, 764
Faḍāʾil al-niṣf min Shaʿbān S I 616
Faḍāʾil al-qahwa G II 317
Faḍāʾil al-Quds G I 506$_{,79}$, S I 568, 920$_{,79}$
Faḍāʾil al-Quds wal-Shaʾm G I 131, II 130
Faḍāʾil al-Qurʾān G I 414, 421, S I 746$_{,2}$, II 278
Faḍāʾil al-Qurʾān wa-ādābuhu G I 107

Faḍāʾil al-Qurʾān al-karīm S II 947$_{181,30}$
Faḍāʾil al-Qurʾān wa-mā nazala min al-Q. bi-Makka etc. S II A/C 981
Faḍāʾil al-Qurʾān wa-taʾrīkh jamʿihi etc. S II 49
Faḍāʾil Ramaḍān G I 382, II 334, S II 932
Faḍāʾil al-ramy fī sabīl Allāh S I 619
-Faḍāʾil al-saniyya fī maʿrifat al-ajrām al-athīriyya wal-ʿunṣuriyya S II 160
Faḍāʾil shahr Rajab, Ramaḍān, Shaʿbān S I 953 ad 322
Faḍāʾil shahr Ramaḍān G II 317, S I 248, II 437
Faḍāʾil al-Shaʾm G II 133, 333, S I 565, 690, II 128, 129 A/C, 164
Faḍāʾil al-Ṣaḥāba G I 167, II 112, S I 310$_{12}$
-Faḍāʾil al-wāridāt li-man ṣabara ʿala ʾl-banāt S II 943
Faḍāʾil al-Yaman wa-ahlihi S II 549
Faḍḍ al-khitām G II 17, 33, S II 29
Faḍḍ al-wiʿāʾ etc. G II 149, S II 185$_{83}$
Fāḍiḥat al-mulḥidīn wa-naṣīḥat al-muwaḥḥidīn G I 443, II 204, 216, S I 794$_{12}$
Fāḍiḥat al-Muʿtazila S I 341
-Fāḍil fi ʾl-adab S I 180
-Fāḍil min al-adab al-kāmil S I 189
-Fāḍil min kāmal al-Qāḍi ʾl-Fāḍil S I 549
-Fāḍil lil-Mubarrad S I 942$_{169}$
Fāḍil b. Nāṭiq S I 900
-Faḍīla aw Paul wa Virginie S III 202
Faḍīlat al-ʿibād li-dhakhīrat al-maʿād S II 704
Faḍīlat al-Muʿtazila S I 240, 245$_{11}$
Faḍīlat al-shukr S I 250
Faḍīlat ṣināʿat al-kalām S I 242$_{4}$
-Faḍīla fī takbīr yawm al-jumʿa S II 182$_{33}$
Faḍl al-aghawāt G II 158$_{148}$
Faḍl al-ʿamīm G II 152, S II 188$_{161}$
Faḍl al-ʿArab ʿala ʾl-Ajam aw al-ʿArab wa-ʿulūmuhā S I 186
Faḍl al-ʿaṭāʾ ʿala ʾl-ʿusr S I 943 ad 194
Faḍl āyat al-Kursī G I 497, 498
Faḍl dhawi ʾl-iḥsān etc. S II 382
Faḍl al-faqr wal-fuqarāʾ G I 426
Faḍl al-faras ʿala ʾl-himlāj S I 246$_{77}$
Faḍl Hāshim ʿalā ʿAbd Shams S I 242$_{10}$
Faḍl ḥaram Makka al-musharrafa G I 67
Faḍl al-ʿilm S I 245$_{59}$
Faḍl ʿilm al-salaf ʿala ʾl-khalaf S II 129
Faḍl al-Islām S II 531$_{14}$
Faḍl ittikhādh al-kutub S I 243$_{25}$
Faḍl al-jalad fī faqd al-walad G II 148, S II 185$_{68}$
Faḍl al-jihād wa-taʿlīm al-furūsiyya G II 710, S II 327
Faḍl al-kalām G II 153$_{199}$
Faḍl al-khayl G II 74, S II 80, 946
Faḍl al-khiṭāb fī dhikr al-mashāyikh etc. S II 283
Faḍl al-kilāb G II 692, S I 189
Faḍl al-Kūfa wa-faḍl ahlihā S II A/C 1026
Faḍl laylat nisf min Shaʿbān G II 334, 365
Faḍl mā bayna ʾl-rijal wal-nisāʾ etc. S I 245$_{46}$
Faḍl al-Masjid al-Aqṣā S I 801$_{174}$
Faḍl maʾthūr G I 319
Faḍl al-mawālī ʿala ʾl-ʿArab S I 245$_{28}$
-Faḍl al-mazīd ʿalā Bughyat al-mustafīd S II A/C 549
-Faḍl al-mubīn G II 305, S II 416
Faḍl al-mujāwara bil-bayt al-ʿatīq S I 103
Faḍl al-qaws al-ʿArabiyya G II 363
Faḍl al-qiyām bil-salṭana G II 151, S II 187$_{140}$
Faḍl al-Qurʾān wa-maʿālimihi wa-ādābihi S I 166
Faḍl al-ramy wa-taʿlīmihi S I 279
Faḍl subḥāna ʾllāh S I 293
Faḍl al-ṣalāt ʿala ʾl-nabī G II 365, S II 272
Faḍl yawm al-ʿĀshūrāʾ G II 317
-Fajr S III 276
-Fajr al-awwal S III 136
Fajr al-Islām S III 305
-Fajr al-munīr fī baʿḍ mā warada etc. S II 869$_{25}$
-Fajr al-ṣādiq fi ʾl-radd ʿalā munkiri ʾl-tawassul etc. S III 485
Fajr al-thamd etc. G II 115, 155$_{257}$, S II 141$_{35}$
Fahm al-ishāra fī mā yataʿallaq bil-ujra wal-ijāra S II 526
Fahm al-ṣalāh S I 352
Fahrasat b. ʿĀshir S II 686
Fahrasat b. ʿAṭiyya S I 732
Fahrasat al-ʿawāʾid al-mizbāriyya bil-mawāʾid S II 708
Fahrasat al-Bannānī S II 686
Fahrasat al-Sanūsī S II 883

Fahrasat b. Sūda S II 689
-Fahwāniyya manāzil al-manāzil G I 444, S I 796,$_{36}$
-Fā'ida G I 446
-Fā'ida fī ḥisān al-munḥarifāt G II 129
-Fā'ida al-jāmiʿa fī naẓm al-ʿAqīda al-nāfiʿa S II 555
Fā'ida muhimma li-dafʿ kulli nāzila mulimma S II 268
Fā'ida fī tartīb al-anghām etc. S II 1035,$_{5}$
Fā'ida fī tawallud al-anghām etc. S II A/C 200
Fā'idat al-ward etc. G II 288, S II 400
-Fā'iḥ fī bayḍā' al-ḥayāh S III 479
Fā'iḥ al-ra'ūf al-jawād fī sharḥ Manẓūmat b. al-ʿImād S II 417
-Fā'iq G I 292
Fā'iq al-anẓār S II 245
-Fā'iq fī asmā' al-mā'iq S I 495
-Fā'iq fī gharīb al-ḥadīth S I 511
-Fā'iq fī 'l-kalām al-rā'iq G II 75, S II 81
-Fā'iq wal-lafẓ al-rā'iq S II 931
-Fā'iq fī uṣūl al-dīn G II 116, S II 143
-Fā'iq fī 'l-wathā'iq S II 346
-Fā'iqa fī qiyās al-ḍafdaʿ etc. S II 231
Fā'it al-faṣīḥ S I 182
-Fākhir G I 118, 235, 288, S I 181, 420,$_{14}$
-Fākhir fī 'l-amthāl S I 179, 181
-Fākhir, sharḥ al-Jumal S II 119
Fakhr ʿAbd Shams wa-Makhzūm S I 245,$_{30}$
Fakhr al-abrār etc. S II 943
Fakhr al-mughīth S II A/C 70
-Fakhr al-munīr S II 943
-Fakhr al-munīr fī 'l-ṣalāt ʿala 'l-bashīr al-nadhīr G II 706, S II 15
Fakhr al-sūdān ʿala 'l-bīḍān S I 243,$_{19}$
Fakhr al-wurūd fī 'l-ḥadīth S II 945
-Fakhrī S I 389
-Fakhrī fī 'l-ādāb al-sulṭāniyya wal-duwal al-Islāmiyya G II 161, S II 201
Fākihat al-bustān fī 'l-ṣayd wal-dhabā'iḥ S II 613
Fākihat al-ḥarīf li-kulli adīb ẓarīf S II 821
Fākihat al-imlā' S II 865
-Fākiha al-Kāẓimiyya G II 375
Fākihat al-khulafā' etc. G II 29, S II 25
Fākihat al-nudamā' etc. G II 495, S II 765
Fākihat al-ṣayf G II 158,$_{301}$
Fākihat al-zaman etc. S II 237
Fakk al-azrār ʿan ʿunuq al-anwār etc. S II 988
Fakk ṭilasm al-rumūz G II 348,$_{80}$
-Falāḥ S II 14
-Falāḥ li-ahl al-iṣṭilāḥ S II 281
Falāḥ al-fallāḥ G II 448
Falāḥ al-sā'il wa-najāḥ al-masā'il etc. S I 953 ad 322
Falak al-arab al-muḥīṭ bi-ḥulā lisān al-ʿArab etc. S I 576
-Falak al-dā'ir ʿala 'l-mathal al-sā'ir G I 283, S I 497
-Falak al-dawwār G II 326
Falak al-maʿālī S I 447
-Falak wal-manāzil S I 823,$_{79f}$
Falak al-saʿāda S II 897
-Falāka wal-maflūkīn G II 487, S II 741
-Falāqansī min al-madā'iḥ G II 282
Falsafat al-akhlāq S I 696, 797,$_{64a}$
-Falsafa al-ḥaqqa fī badā'iʿ al-akwān S III 324
Falsafat a. Jaʿfar b. Ṭufayl S III 193
Falsafat al-lugha al-ʿArabiyya wa-taṭawwurhā S III 427
-Falsafa al-mashriqiyya S I 820,$_{68c}$
Falsafat b. Rushd S I 834
Falsafat al-tarbiya wal-adab S II 868
Falsafat al-ta'rīkh al-ʿUthmānī S III 424
-Falsafa al-ūlā S I 821,$_{68gg}$
-Fanā' G II 335, S I 355
-Fanā' fī 'l-mushāhada G I 444, S I 796,$_{43}$
-Fānīd fī ḥalāwat al-masānīd G II 149,$_{75}$, S II 185,$_{75}$
Fann al-istiʿāra G II 352
Fann al-shiʿr S III 276
Fann al-tamthīl S III 264, 278
-Fāqa ila 'l-fāqa G II 334
-Faqr G I 441, II 450,$_{39}$
-Fār wal-dār G II 160
-Farʿ al-nāmī fī aṣl al-asāmī G II 504, S II 860,$_{11}$
Faraḥ al-asmāʿ bi-rukhṣ al-samāʿ G II 253, 389, S II 152
-Faraḥ wal-surūr fī bayān al-madhāhib G II 114, S II 140
Faraḥnāme'i Fāṭima S II 626

-Farāʾid G II 704
-Farāʾid al-bahiyya fī ʾl-qawāʿid al-fiqhiyya G II 496, S II 775
-Farāʾid al-bahiyya fī qawāʿid al-lugha al-hīrūghlīfiyya S II 733
-Farāʾid al-bahiyya fī sharḥ al-Bahja al-jadīda S II 443, 783
-Farāʾid al-Burhāniyya fī taḥqīq al-fawāʾid al-Taftāzāniyya S I 842,$_{1c}$
Farāʾid al-dahr G II 481
-Farāʾid wal-darārī fī tarjamat al-imām al-Bukhārī S I 260, II 422
-Farāʾid al-faḍīla fī ʿilm al-munāẓara S II A/C 498
Farāʾid al-fawāʾid G I 430
Farāʾid al-fawāʾid fī ʾl-ʿaqāʾid al-ʿAlawiyya S II 992
Farāʾid al-fawāʾid wa-durar al-qalāʾid etc. S II 546
Farāʾid fawāʾid al-fikar S II 496
Farāʾid al-fawāʾid al-Jazariyya S II 275
Farāʾid al-fawāʾid wa-maqāṣid al-qawāʿid G II 31
Farāʾid al-fawāʾid wa-taʿāruḍ al-qawlayn li-mujtahid wāḥid S II 965,$_{17}$
Farāʾid al-fawāʾid li-taḥqīq maʿāni ʾl-istiʿāra G II 194, S II 259
Farāʾid al-fikar G II 369
-Farāʾid al-gharāʾib al-ḥisān etc. S II A/C 492
-Farāʾid al-jamīla S I A/C 537
-Farāʾid al-Jawhariyya fī ʾl-ṭuraf al-naḥwiyya S III 327
-Farāʾid al-jumāniyya S I 446
Farāʾid al-kharāʾid G I 289, S I 507
Farāʾid al-laʾāl fī majmaʿ al-amthāl S I 506
Farāʾid al-laʾāl fī naẓm majmaʿ al-amthāl S II 760
Farāʾid al-laʾālī S II 361,$_{n}$
Farāʾid al-luʾluʾ wal-marjān, sharḥ al-ʿUqūd al-ḥisān S II A/C 425
-Farāʾid fī maḥāsin al-fawāʾid S II 914
-Farāʾid al-maḥliyya S II 23
-Farāʾid al-marwiyyāt G I 159, S I 264
Farāʾid al-mulk S I 537
-Farāʾid al-munaẓẓama wal-fawāʾid al-muḥkama S II 468
-Farāʾid al-muntaqāh min taʾrīkh ṣāḥib Ḥamāh S II 35
-Farāʾid wal-qalāʾid G I 286, S I 501,$_{21}$, 720
Farāʾid al-qalāʾid ʿalā aḥādīth al-ʿAqāʾid G II 397,$_{84}$, S I 760
Farāʾid al-qalāʾid ʿalā aḥādīth Sharḥ al-ʿAqāʾid G II 397, S II 541,$_{84}$
Farāʾid al-qalāʾid fī bayān ʿaqāʾid al-akābir S II 464
Farāʾid al-qalāʾid fī ʿilm al-ʿaqāʾid G II 396
Farāʾid al-qalāʾid, mukhtaṣar al-Maqāṣid al-naḥwiyya G I 299, S I 524
-Farāʾid al-Rāfiʿiyya fī madḥ al-ḥaḍra al-Rifāʿiyya S III 346
-Farāʾid al-saniyya fī ʾl-ʿaqāʾid al-sunniyya G II 330
-Farāʾid al-saniyya fī sharḥ mukhtaliṭāt ashkāl al-Shamsiyya S I 847, II 785
-Farāʾid al-saniyya, sharḥ al-Nubdha al-zakiyya G II 96, S II 113
-Farāʾid, sharḥ al-Fawāʾid S I 965 ad 516, II 292, 621
Farāʾid al-sulūk fī maṣāyid al-mulūk G II 11
Farāʾid al-sulūk fī taʾrīkh al-khulafāʾ wal-mulūk G II 41
Farāʾid al-ʿuqūd fī ḥall alfāẓ sharḥ al-Azhariyya S II A/C 23
Farāʾid al-uṣūl S II 833
-Farāʾiḍ S II 949
Farāʾiḍ al-dīn wa-wājibāt al-Islām S II 523
Farāʾiḍ al-Faraḍī G I 402
Farāʾiḍ i Hindī S II 323
Farāʾiḍ al-Ḥawfī G I 384, S I 664
Farāʾiḍ wa-ḥudūd al-dīn S I 324
Farāʾiḍ al-ījāz S II 976
Farāʾiḍ al-Islām S II 612
Farāʾiḍ b. Jumla S II 77
-Farāʾiḍ fī ʾl-mawārīth S II 969,$_{36}$
-Farāʾiḍ al-musammā bi-Kanz al-Karačakī S II 842
Farāʾiḍ al-nikāḥ G I 413
Farāʾiḍ b. al-Sāʿātī S I 658
Farāʾiḍ Shihāb al-Dīn S II 973
-Farāʾiḍ al-Sirājiyya G I 378, S I 650
Farāʾiḍ al-Sīwāsī S II A/C 314
Farāʾiḍ al-sulūk S II 4
-Farāʾiḍ al-Timirtāshiyya S I 652, II 994,$_{16}$
-Farāʾiḍ al-wasīṭa S I 754,$_{53b}$
Faraj al-maʾmūn fī ibṭāl aḥkām al-nujūm S I 912,$_{10}$

-Faraj baʿd al-shidda (wal-ḍīq) G I 141, 153, 155, 268, II 711, S I 215, 247, 253, 473, II 387
-Faraq al-muʾdhin bil-ṭarab etc. G II 308
-Faras S I 164
Farḥat al-adīb G I 102
Farḥat al-fuʾād G II 429
Farḥat al-gharī bi-ṣarḥat al-Gharī S I 562
Farḥat al-qādim S I 428,$_{51}$
Farīd al-aṭwāq fī ajyād maḥāsin al-akhlāq S II 760
-Farīd fī iʿrāb al-Qurʾān al-majīd G I 414, S I 736
-Farīd fī ʾl-naḥw S II 571
-Farīd fī taqyīd al-sharīd etc. G II 136, S II 168
-Farīda al-aḥadiyya fī tajrīd al-shajara al-nabawiyya S II A/C 349
Farīdat asna ʾl-dhakhāʾir G I 436
-Farīda al-bāriziyya S I 726,$_{13}$
-Farīda al-jāmiʿa fī naẓm al-ʿAqīda al-nāfiʿa S II 292
-Farīda fi ʾl-naḥw G II 155, S II 193,$_{247}$
-Farīda al-saniyya fi ʾl-ḥikam al-ʿarabiyya S II 502
Farīdat al-tibyān wa-nuzhat al-ḥuffāẓ wal-ikhwān S II 193,$_{245s}$
-Farīda fi ʾl-ṭibb S II A/C 626
-Farīda al-Wardiyya fī takhmīs al-Durayayyya S II A/C 929
-Fāriq bayna ʾl-makhlūq wal-khāliq S II 506
Fāris wa-ḥimāruhu S III 415
-Fārisiyya G II 241, S II 341
-Farq G I 105, S I 162, 687
Farq al-afʿāl G I 186
Farq bayna ʾl-aḥruf al-khamsa S I 758
Farq bayna ʾl-dāl wal-dhāl G I 482
-Farq bayna ʾl-ḍād wal-ẓāʾ G I 277
-Farq bayna ʾl-firaq G I 385, S I 666
-Farq bayna ʾl-ḥamd wal-shukr G II 235
-Farq bayna ʾl-ḥarāra al-gharīza wal-gharība G I 456,$_{50}$
-Farq bayna ʾl-ḥayāt al-mustamirra etc. G II 94, S II 111
-Farq bayna ʾl-ikhlāṣ wal-ṣidq S I 355
-Farq bayna ʿilm al-sharīʿa wal-ḥaqīqa S I 955 ad 362
-Farq bayna ʾl-īmān wal-islām G I 431, S I 767
-Farq bayna madhhab al-ʿAshāʿira wal-Māturīdiyya G II 443
-Farq bayna raʾs al-māl wal-ribā S II 427,$_{46}$
-Farq bayna ʾl-ṣāliḥ wa-ghayr al-ṣāliḥ S I 750,$_{30}$, 973 ad 755
-Farq bayna ʾl-tāʾ wal-thāʾ G I 452
-Farq fi ʾl-lugha S I 244,$_{57}$
-Farq mā bayna ʾl-ḍād wal-ẓāʾ S I 183
-Farq mā bayna ʾl-ḥiyal wal-makhāriq S I 245,$_{10}$
Farq mā bayna ʾl-jinn wal-ins S I 244,$_{2}$
Farq mā bayna ʾl-malāʾika wal-jinn S I 244,$_{3}$
Farq mā bayna ʾl-nabī wal-mutanabbī S I 244,$_{9}$
-Farq al-mubīn bayna ʾl-ṭalāq wal-yamīn G II 105, S II 124,$_{109}$
Farqad al-ghurabāʾ wa-sirāj al-udabāʾ S II 908
-Farqadayn S III A/C 379
Farr al-ʿawn G II 217, 397,$_{86}$, S II 541,$_{86}$
Farṭ jahl al-Kindī S I 246,$_{102}$
-Fārūq wal-tiryāq fī taʿaddud al-zawjāt wal-ṭalāq S II 887
-Fāshūs fī aḥkām (ḥikam) Qarāqūsh G I 355, S I 573
Fasḥ al-lumaḥ S I 540
Faskh al-ijāra bi-ṭūl al-mudda S II 426
Faṣāḥat al-masbūq G I 258
-Faṣīḥ G I 118, S I 181
-Faṣl al-ʿāmm wa-qāmūs al-ʿawāmm S II 394
Faṣl fī anwāʿ al-istiftāḥ etc. S II A/C 125
Faṣl fī ʾl-asmāʾ allatī ʿallaqa ʾllāh biha ʾl-aḥkām fi ʾl-kitāb wal-sunna S II 125,$_{134}$
Faṣl al-bakhīl S III 281
-Faṣl bayna ʾl-ghinā wal-faqr S I 274
-Faṣl bayna ʾl-rūḥ wal-jasad S I 366
-Faṣl bayna ʾl-rūḥ wal-nafs G I 204
Faṣl fī dhikr al-awliyāʾ al-abrār S I 916,$_{10f}$
Faṣl fī dhikr Nīl Miṣr al-mubārak S I 920,$_{80}$
Faṣl fī faḍl al-dhikr S I 787
Faṣl hal lil-mawt ʿalam am lā S I 697
-Faṣl al-ḥākim fi ʾl-nizāʿ wal-takhāṣum S II 370
-Faṣl al-ḥāsim bayna ʾl-Wahhābiyyīn wa-mukhālifīhim S III 209
Faṣl fi ʾl-ifāqa S I 355
Faṣl al-khiṭāb S II 555, III 269
Faṣl al-khiṭāb fī bayān anna a. Shāma etc. S II 859

Faṣl al-khiṭāb fī ḥukm al-du'ā' bi-īṣāl al-thawāb G II 404
Faṣl al-khiṭāb fī ithbāt taḥrīf al-kitāb S II 832
Faṣl al-khiṭāb min kalām 'Umar S I 486
Faṣl al-khiṭāb fī madārik al-ḥawāss etc. S I 904
Faṣl al-khiṭāb fi 'l-muḥāḍarāt G II 231
Faṣl al-khiṭāb fi 'l-taṣawwuf G II 413, S II 583
Faṣl al-khiṭāb fī uṣūl lughat al-'Arab G II 494, S II 766
Faṣl al-khiṭāb li-waṣl al-aḥbāb S II 283
Faṣl min k. fī ithbāt al-'uqūl etc. S I 828
Faṣl min k. fī kuriyyat al-samā' S I 861
Faṣl al-maqāl fī hadāya 'l-'ummāl S II 103
Faṣl al-maqāl fī mā bayna 'l-sharī'a wal-ḥikma min al-ittiṣāl G I 461, S I 834
Faṣl al-maqāl 'alā naẓm b. Ghāzī fawāṣil al-mumāl G II 294
Faṣl al-maqāl fī sharḥ al-amthāl S I 166
Faṣl al-ma'qūd fī ma'ānī 'awāmil al-i'rāb S II 319
Faṣl fī ma'rifat al-nafs bi-ghayrihā wa-jahlihā bi-dhātihā S I 697
Faṣl fī 'l-milal wal-ahwā' wal-niḥal S I 696
-*Faṣl al-mu'awwal* G II 395, S II 540,45
Faṣl fi 'l-mujāhidīn S II A/C 125
Faṣl al-qaḍiyya etc. S II 934
Faṣl fī qawlihi ta'ālā Qul yā 'ibādī S II 120,9
Faṣl fī sirr al-fātiḥa S I 911
Fatā Lubnān S III 439
-*Fata 'l-rīfī* S III 229
-*Fata 'l-ṭā'ish* S III 229
-*Fatarāt wal-qirānāt* S I 324
-*Fatāt* S III 258
Fatāt al-Busfūr aw asrār al-Āsitāna S III 229
Fatāt Erzerūm S III 229
Fatāt Fayyūm S III 216
Fatāt Ghassān S III 190
-*Fatāt al-ḥasnā Graziella* S III 194
Fatāt Miṣr S III 215
Fatāt al-Nāṣira S III 416
Fatāt al-Nu'mān b. al-Mundhir aw shuhadā' al-wafā' S III 230
Fatāt al-Qayrawān S III 190
-*Fatāt al-rīfiyya* S III 229
-*Fatāt al-Sharkasiyya* S III 230
Fatāt al-sharq S III 259
-*Fatāt wal-shuyūkh* S III 415
Fatāwā(ī) b. 'Abd al-Salām G II 246, S II 346
Fatāwā(ī) 'Abd al-Wahhāb al-Subkī S II 107
-*Fatāwā(ī) 'l-'adliyya* G II 433, S II 644
Fatāwā(ī) Akbarshāhī S II 605
Fatāwā(ī) 'Ālamgīrī G II 417, S II 604
-*Fatāwā(ī) 'l-Amīniyya* S II 433 A/C, 575
Fatāwā(ī) 'l-Anqirāwī G II 436, S II 647
-*Fatāwā(ī) 'l-Asadiyya* S II 525
-*Fatāwā(ī) 'l-'Attābiyya* S I 643
-*Fatāwā(ī) 'l-Azbakiyya* S II 430
Fatāwā(ī) 'l-Baghawī S I 622
-*Fatāwā(ī) 'l-Bazzāziyya* G II 225, S II 315
-*Fatāwā(ī) fi 'l-bunduq* S II 1037,8
Fatāwā(ī) 'l-Burūsawī S II 953,60
Fatāwā(ī) 'l-Burzulī S II 347
Fatāwā(ī) 'l-Dharwīlī S II 695
Fatāwā(ī) a. 'l-Faḍl G I 374
-*Fatāwā(ī) 'l-Fayḍiyya* G II 163
Fatāwā(ī) 'l-gharā'ib S II 951,39
-*Fatāwā(ī) 'l-Haythamiyya* G II 389
Fatāwā(ī) al-Hindī S II 89
-*Fatāwā(ī) 'l-Hindiyya* S II 604
Fatāwā(ī) 'l-ḥadīth G II 69
-*Fatāwā(ī) 'l-ḥadīthiyya* S II 528,27
Fatāwā(ī) 'l-Ḥamawī S II 425
-*Fatāwā(ī) 'l-Ḥamīdiyya* G II 434, S II 645
-*Fatāwā(ī) 'l-Ḥammādiyya* S II 439, 605
Fatāwā(ī) 'l-Ḥannāṭī S I 671
Fatāwā(ī) 'l-Ḥānūtī G II 312
Fatāwā(ī) 'l-Ḥaṣīrī S I 653
Fatāwā(ī) 'l-Ḥubayshī S II 442
Fatāwā(ī) Ibrāhīmshāhī S II 604
Fatāwā(ī) 'l-imām al-Nawawī S I 686
Fatāwā(ī) Jāwīzāde G II 431
-*Fatāwā(ī) 'l-Jiyāthiyya* S II 951
Fatāwā(ī) 'l-Kaffūrī G II 319, S II A/C 439
-*Fatawā(ī) al-Kāfūriyya* S II A/C 310
Fatāwā(ī) b. Kamāl Pāshā S II 640,47
Fatāwā(ī) Kāmil S II 953,52
Fatāwā(ī) 'l-Kardarī G II 325
-*Fatāwā(ī) 'l-Kawākibiyya* S II 433
-*Fatāwā(ī) 'l-Khayriyya* G II 314, S III 432
Fatāwā(ī) Khalīlī S II 965
-*Fatāwā(ī) 'l-Khāṣṣiyya* G I 374, S I 640
Fatāwā(ī) 'l-Khujandī (al-Qā'idī) S II 954,61
-*Fatāwā(ī) 'l-kubrā* G I 374, S I 640
-*Fatāwā(ī) 'l-kubrā li-Ibn Ḥajar* S II 528,28
Fatāwā(ī) a. 'l-Layth al-Samarqandī S I 347
-*Fatāwā(ī) 'l-Mahdiyya* S II 740
Fatāwā(ī) 'l-Manṣūr billāh S I 701

Fatāwā(ī) ’l-Maqdisī S II 443
Fatāwā(ī) ’l-Marghīnānī G I 379
Fatāwā(ī) ’l-Marwarrūdhī G I 387
Fatāwā(ī) Mā warāʾ al-nahr S II 301
Fatāwā(ī) Minqārīzāde G II 435
-Fatāwā(ī) ’l-Miṣriyya S II 124,$_{112}$
-Fatāwā(ī) ’l-mufīda ʿala ’l-masāʾil al-farīda S II 248
Fatāwā(ī) M. b. ʿAbd al-Salām G II 246, S II 346
Fatāwā(ī) M. b. S. al-Kurdī S II A/C 528
Fatāwā(ī) ’l-Muḥarrar S I 678
Fatāwā(ī) mukhtār al-jawābāt S II 955,$_{83}$
-Fatāwā(ī) ’l-mutaʿalliqa bil-taṣawwuf S II 195,$_{274a}$
-Fatāwā(ī) ’l-nabawiyya fi ’l-masāʾil al-dīniyya wal-dunyawiyya G II 162
-Fatāwā(ī) ’l-nabawiyya al-mufṣiḥa ʿan aḥkām al-Muṭarrifiyya G I 402
-Fatāwā(ī) ’l-naḥwiyya S II 194,$_{263a}$
-Fatāwā(ī) ’l-Naqshbandiyya S II 604
-Fatāwā(ī) ’l-Nawawiyya S I 686
Fatāwā(ī) ’l-naẓm S II 775
Fatāwā(ī) ’l-nidhāra G II 150,$_{107}$
-Fatāwā(ī) ’l-Nuʿmāniyya S II 503
Fatāwā(ī) Qāḍīkhān G I 376, S I 644
Fatāwā(ī) Qāriʾ al-Hidāya G II 81
-Fatāwā(ī) ’l-Qurqūdiyya S II 319
Fatāwā(ī) b. Quṭlūbughā G II 82
-Fatāwā(ī) ’l-Raḥīmiyya G II 436, S II 648
Fatāwā(ī) ’l-Ramlī G II 319, S II 440, 442
Fatāwā(ī) b. Rushd G I 384, S I 662
Fatāwā(ī) ’l-Shāfiʿī G II 319
Fatāwā(ī) ’l-Shāshī S I 307
Fatāwā(ī) ’l-Shiblī G II 80
Fatāwā(ī) b. al-Shiḥna G II 83
Fatāwā(ī) b. al-Shilbī G II 310, S II 425
-Fatāwā(ī) ’l-Sirājiyya G I 379, S I 651, 973, II 91
Fatāwā(ī) ’l-Subkī G II 88, S II 103
Fatāwā(ī) ’l-Sulamī G I 430, S I 767
Fatāwā(ī) a. ’l-Suʿūd G II 439
Fatāwā(ī) b. al-Ṣalāḥ G I 360, S I 612
-Fatāwā(ī) ’l-Ṣayrafiyya S II 577
-Fatāwā(ī) ’l-Ṣūfiyya G I 449
-Fatāwā(ī) ’l-Ṣūfiyya fī ṭarīqat al-Bahāʾiyya S II 310
-Fatāwā(ī) ’l-ṣughrā G I 374, 380, S I 640, 653
-Fatāwā(ī) ’l-Tājiyya S II 434
-Fatāwā(ī) ’l-Tātārkhāniyya G II 432
Fatāwā(ī) b. Taymiyya G II 105, S II 124,$_{112}$
Fatāwā(ī) ’l-Timirtāshī G II 312, S II 429
-Fatāwā(ī) ’l-Ṭarasūsiyya S II 87
Fatāwā(ī) ’l-Ustrūshanī S I 653
-Fatāwā(ī) ’l-uṣūliyya al-dīniyya S II A/C 191
Fatāwā(ī) ’l-Walwālijī G II 78, S II 86
Fatāwā(ī) ’l-Yazdī S II 270
-Fatāwā(ī) ’l-Ẓahīriyya S I 651
-Fatāwā(ī) al-Zayniyya fī fiqh al-Ḥanafiyya G II 310, S II 426,$_{2a}$
Fatāwā(ī) b. Ẓuhayra G II 381
Fatḥ al-aʿālī etc. S II 738
-Fatḥ al-abhaj S I 682
Fatḥ al-abwāb fī ’l-istiʿāra S I 912,$_{12}$
Fatḥ al-abwāb al-muqaffala etc. S II 422
Fatḥ al-aghlāq fī aḥkām al-ṭalāq S II 742
Fatḥ al-ʿalam wal-ghayb bi-sharḥ wird a. Shuʿayb S II 470
Fatḥ al-ʿalī G II 486
Fatḥ al-ʿalīm fī manāqib ʿAbd al-Salām b. Salīm S II 683
Fatḥ al-ʿālim al-sattār al-munjī S II 517
Fatḥ Allāh al-ḥamīd al-majīd S II 531
Fatḥ Allāh al-karīm G II 403, S II 553
Fatḥ al-ʿallām S II 74, 118
Fatḥ al-ʿallām bi-aḥkām al-salām S II 743
Fatḥ al-ʿallām, sharḥ Bulūgh al-marām G II 504, 708
Fatḥ al-ʿallām, sharḥ al-Iʿlām G II 99
Fatḥ al-ʿAndalus S III 190
Fatḥ aqfāl al-mabāḥith S I A/C 676
Fatḥ al-aqfāl, sharḥ Tuḥfat al-aṭfāl S II 456
Fatḥ al-ʿArab al-Shaʾm S III 423
Fatḥ al-asmāʾ G II 397, S II 541,$_{82}$
-Fatḥ al-asnā fī sharḥ al-asmāʾ al-ḥusnā G II 361,$_{n}$
Fatḥ al-asrār S II 657
Fatḥ al-ʿayn wa-kashf al-ghayn S II A/C 476
Fatḥ al-ʿazīz al-ghaffār S I 677,$_{8}$
Fatḥ al-ʿazīz al-ghafūr etc. S II 482
Fatḥ al-ʿazīz, sharḥ al-Waghīz S I 753
Fatḥ bāb al-faraḥ al-kabīr S II 233, 564
Fatḥ bāb al-ʿināya S I 648
Fatḥ al-bāb fī ’l-kunā wal-alqāb G I 519, S I 281

Fatḥ al-bāb bi-rafʿ al-ḥijāb G II 445, S II 661
Fatḥ al-badīʿ fī ḥall ṭirāz al-badīʿ G II 292, S II 402
Fatḥ al-badīʿ fī sharḥ Tamlīḥ al-badīʿ G II 272
Fatḥ al-bāqī S I 612, II 70 A/C
Fatḥ al-bārī fī sharḥ al-Bukhārī G I 159, S I 262$_{,12}$, II 75$_{,71}$
Fatḥ al-bārī fī taḥrīr fī masʾalat al-jazʾ al-ikhtiyārī G II 345$_{,7}$
Fatḥ al-baṣāʾir S I 778$_{,11}$
Fatḥ al-bayān fī maqāṣid al-Qorʾān G II 714, S II 860
Fatḥ al-dhakhāʾir wal-aghlāq ʿan wajh Tarjumān al-ashwāq S I 799$_{,131}$
-Fatḥ al-dhawqī G II 167
-Fatḥ al-farajī G II 328
Fatḥ al-fattāḥ bi-qūt al-arwāḥ S II A/C 14
-Fatḥ al-fayyāḍ S I 631$_{,r}$
Fatḥ al-ghaffār S I 631$_{,s}$
Fatḥ al-ghaffār li-mughlaqāt al-Athmār G II 405, S II 557, 558
Fatḥ al-ghaffār, sharḥ Manār al-anwār G II 311, S II 274
Fatḥ al-ghaffār, sharḥ mukhbaʾāt Ghāyat al-ikhtiṣār S I 677$_{,7}$
Fatḥ ghāfir al-khaṭīʾa S II 814
Fatḥ al-ghafūr G II 151, S II 187$_{,130a}$, 526
Fatḥ al-ghafūr, sharḥ Manẓūmat al-qubūr S II A/C 190
Fatḥ al-ghafūr, sharḥ Naẓm al-buḥūr S II 438
Fatḥ al-ghayth (mughīth) G I 359, S I 612
Fatḥ al-ḥamīd ʿala ʾl-Qurʾān al-majīd S II 451
Fatḥ al-ḥayy al-qayyūm G II 156, 368, S II 195$_{,268}$
Fatḥ al-ilāh al-majīd li-īḍāḥ sharḥ al-ʿAqāʾid al-Nasafiyya G II 392, 509, S I 761, II 118$_{,48}$
Fatḥ al-ilāh fī ʿuddat mā yandarij min al-ʿaqāʾid S II 481
Fatḥ al-jalīl S I 739$_{,6}$, II 97
Fatḥ al-jalīl lil-ʿabd al-dhalīl G II 145, S II 180$_{,8}$
Fatḥ al-jalīl fī bayān khafī Anwār al-tanzīl G II 99, S II A/C 118
Fatḥ al-jalīl fī hidāyat al-ʿalīl etc. S II 205
Fatḥ al-jalīl al-kāfī etc. S II 814
Fatḥ al-jalīl, sharḥ Mukhtaṣar Khalīl G II 84
Fatḥ al-jalīl (w) al-ṣamad S II 696, 962$_{,40}$
Fatḥ al-jawād G II 94, S II 110, 440, 519, 565, 617
Fatḥ al-jawād al-mannān G II 500, S II 811
Fatḥ al-jawād fī sharḥ al-Irshād S I 679, II 579 A/C
Fatḥ al-kāmil al-rabbānī S I 778$_{,7}$
Fatḥ al-karīm etc. G II 384, 703, S II 555
Fatḥ al-karīm al-jawād al-mannān etc. S I 806
Fatḥ al-karīm al-wahhāb S II 19
Fatḥ al-karīm al-wahhāb fī dhikr faḍāʾil al-basmala etc. S I 911
Fatḥ al-karīm al-wāḥid G II 404$_{,14}$
Fatḥ al-khabīr G II 418
Fatḥ al-khabīr al-laṭīf G II 380, S II 513
Fatḥ al-khabīr al-laṭīf bi-sharḥ matn al-Taṣrīf S II 741
Fatḥ al-khabīr bi-mā lā budd min ḥifẓihi fī ʿilm al-tafsīr S II 615
Fatḥ al-khalāʾiq S II 267
Fatḥ al-khallāq etc. G II 139
Fatḥ al-khallāq fī jawāb masāʾil al-ʿallāma ʿAbd al-Razzāq S II 819
Fatḥ al-khayr S II 614
-Fatḥ al-laṭīf S II 336, 517
Fatḥ al-laṭīf fī ʿilm al-taṣrīf S II 336, 700
Fatḥ al-maghāliq fī anti ṭāliq S II 193$_{,245t}$
Fatḥ al-majīd S II 990
Fatḥ al-majīd bi-kifāyat al-murīd S II 437
Fatḥ al-majīd, sharḥ Khulāṣat al-tawḥīd S II 990$_{,7}$
Fatḥ al-majīd, sharḥ k. al-Tawḥid S II A/C 531
-Fatḥ al-Makkī S I 464
Fatḥ al-malik al-ʿalīm al-mannān etc. G II 356, S II 400
Fatḥ al-malik al-ʿazīz S II 523
Fatḥ al-malik al-jawād G II 323, S II 445
Fatḥ al-malik al-khallāq etc. S II 516
Fatḥ al-malik fī mā yataʿallaq etc. S II A/C 440
Fatḥ al-malik al-majīd S II 445
Fatḥ al-malik al-qadīr S II 480
Fatḥ al-malik al-razzāq G II 324
Fatḥ al-malik al-wahhāb G II 324, S II 820

Fatḥ man lā yurā etc. G II 348,$_{81}$
Fatḥ manāzil al-mabānī (mathānī) G I 296, S II 100, 118,$_{20}$
Fatḥ al-mannān S II 350, 446, 700
Fatḥ al-mannān li-madhhab al-Nuʿmān S II 603
Fatḥ al-mannān, sharḥ Naẓm al-bayān G II 324
Fatḥ al-mannān fī sīrat al-shaykh M. b. a. Ziyān S II 703
Fatḥ al-mannān fī tafsīr al-Qurʾān G II 212, S II 297,$_{12}$
Fatḥ al-mannān, tatimmat Minhāj al-taʾsīs S II 778
Fatḥ al-manzil S I 519
Fatḥ masālik al-ramz fī manāsik al-Kanz S II 267, 513
Fatḥ al-mawāhib G II 339, S II 468
-Fatḥ al-mawāhibī G I 409, S II 73
Fatḥ mawla 'l-nuhā S II 447
Fatḥ Miftāḥ al-ghayb S II 328
Fatḥ Miṣr G II 298, S II 409
Fatḥ Miṣr al-ḥadīth wa-Nabūlyūn Būnabārt fī Miṣr S III 309
Fatḥ al-mubdiʿ S II 729
Fatḥ al-mubdiʿ bi-sharḥ al-Muqniʿ S II 118,$_{47}$, 155
Fatḥ al-mubdī S I 264
-Fatḥ al-mubīn S II 111, 277, 354, 555, 811, 823
-Fatḥ al-mubīn fī aḥkām tabarruʿ al-madīn G II 404,$_{3}$
-Fatḥ al-mubīn fī dhikr shayʾ min asrār al-din S II 467
-Fatḥ al-mubīn wal-durr al-thamīn G II 460
-Fatḥ al-mubīn fī faḍāʾil al-khulafāʾ al-rāshidīn G II 500
-Fatḥ al-mubīn bi-jawāb baʿḍ al-sāʾilīn S II 462
-Fatḥ al-mubīn bi-jawāz al-duʿāʾ G II 309
-Fatḥ al-mubīn fī jumla min asrār al-dīn G II 336, S II 465 A/C
-Fatḥ al-mubīn fī madḥ al-amīn G II 271, S II 381
-Fatḥ al-mubīn fī maʿrifat maqām al-ṣādiqīn G II 122
-Fatḥ al-mubīn al-mukhtār S II 691
-Fatḥ al-mubīn, naẓm Muqaddimat al-Zāhid S II 112
-Fatḥ al-mubīn fī 'l-radd ʿala 'ʿtirāḍ al-muʿtariḍ ʿala Muḥyi 'l-Dīn S I 802
-Fatḥ al-mubīn lil-Sāmurī G II 220
-Fatḥ al-mubīn fī sharḥ ʿAqīdat al-ghayb G II 331
-Fatḥ al-mubīn fī sharḥ ʿaqīda manẓūma lil-maʿfuwwāt G II 94, S II 111 A/C
-Fatḥ al-mubīn fī sharḥ al-Arbaʿīn G II 338, S I 683,$_{11}$, II 528,$_{23}$
-Fatḥ al-mubīn, sharḥ al-Murshid al-muʿīn S II 700
-Fatḥ al-mubīn fī sīrat al-sādāt al-Bū Saʿīdīn G II 712, S II 568
Fatḥ al-mudabbir G II 81
-Fatḥ al-mughaṭṭā S I 298
Fatḥ al-mughīth G II 35
-Fatḥ al-mūhab G II 93, S II 110
Fatḥ al-muḥīṭ S II 708
Fatḥ al-muʿīn G II 417, S II 267
Fatḥ al-muʿīn, sharḥ ʿAqīdat al-ghayb S II 460
Fatḥ al-muʿīn, sharḥ Qurrat al-ʿayn S II 604, 964
Fatḥ al-mujīd G II 501, S II 813
Fatḥ al-mulhim, sharḥ Muslim S I 266,$_{18}$
-Fatḥ al-munjiḥ fī 'l-tadāwī etc. S I 890
Fatḥ al-muqaffal S II 324,$_{27}$
Fatḥ al-muqīt G II 150,$_{130b}$
Fatḥ al-muqīt, sharḥ al-Yawāqīt G II 463
Fatḥ al-mutaʿāl fī madḥ al-niʿāl G II 297, S II 408
Fatḥ al-mutaʿālī fī taḥqīq fawāʾid al-Khayālī G II 341
Fatḥ al-muʿṭī wa-ghunyar al-muqriʾ S II 744
Fatḥ al-qadīr S I 645,$_{10}$
Fatḥ al-qadīr lil-ʿājiz al-faqīr S II A/C 92
Fatḥ al-qadīr bikhtiṣār al-mutaʿlliqāt bil-ajīr S II A/C 528
Fatḥ al-qadīr al-jāmiʿ bayna fannay al-riwāya wal-dirāya S II 819
Fatḥ al-qadīr al-mughīt S II 419
Fatḥ al-qadīr bi-sharḥ al-Ḥizb al-kabīr S I A/C 805
Fatḥ al-qadīr bi-sharḥ al-Majmūʿ fī 'l-fiqh S II 738
Fatḥ al-qadīr fī 'l-taʾnīth wal-tadhkīr G II 367
Fatḥ al-qadīr fī tartīb al-Jāmiʿ al-ṣaghīr G II 148

Fatḥ al-qahhār fī manʿ al-bināʾ fī ḥarīm al-anhār S II 968
Fatḥ al-qarīb G I 392, II 320, S II 392, 440, 453
Fatḥ al-qarīb fi ʾl-istighfār etc. S II 153
Fatḥ al-qarīb al-majīd S II 437
Fatḥ al-qarīb al-mujīb S I 677$_{,3}$, II 533
Fatḥ al-qarīb al-mujīb fī bayān qirāʾat al-imām Ḥamza b. Ḥabīb S II 981
Fatḥ al-qarīb al-mujīb fī naẓm Khaṣāʾiṣ al-ḥabīb S II 181$_{,29a}$
Fatḥ al-qarīb al-mujīb, sharḥ k. al-Tartīb S II 442
Fatḥ al-qarīb, sharḥ Jawharat al-tawḥīd G II 317
Fatḥ al-qarīb sharḥ al-Majmūʿ fi ʾl-farāʾiḍ S II 200
Fatḥ al-qarīb, sharḥ Mawāhib al-mujīb S II A/C 181
Fatḥ al-qarīb sharḥ shawāhid Mughni ʾl-labīb G II 706, S II 18, 195$_{,263o}$
Fatḥ al-qarīb al-wāfī S II 22, 739
Fatḥ al-qawī fi ʾl-ḥadīth S II 934
Fatḥ al-quddūs fī sharḥ khuṭbat al-Qāmūs S II 235
-Fatḥ al-quddūsī S II 356
-Fatḥ al-Qudsī fī āyat al-Kursī G II 142
-Fatḥ al-Qudsī wal-kashf al-unsī G II 350, S II 477$_{,14}$
-Fatḥ al-Qudsī fī tafsīr āyat al-Kursī S II 617
-Fatḥ al-Qussī fi ʾl-fatḥ al-Qudsī G I 315, S I 548
Fatḥ al-rabb li-bāb al-ḥubb S II 537
Fatḥ rabb al-bariyya ʿalā matn al-Sakhāwiyya S II 483
Fatḥ al-rabb al-malik S I 525
Fatḥ al-rabb al-malik, sharḥ al-qaṣīda al-Maqqariyya S II A/C 407
-Fatḥ al-rabbānī S I 302, II 98, 435, 498 A/C, 1041$_{,38}$
-Fatḥ al-rabbānī fī fatāwi ʾl-imām al-Shawkānī S II 819
-Fatḥ al-rabbānī wal-fayḍ al-raḥmānī G I 435, II 348$_{,68}$, S I 778$_{,7}$, II 474 A/C
-Fatḥ al-rabbānī bi-mufradāt b. Ḥanbal wal-Shaybānī S II 499
-Fatḥ al-rabbānī fi ʾl-radd ʿala ʾl-Binbānī G II 26, 27
-Fatḥ al-rabbānī ʿalā r. a. Zayd G I 178, S I 302
-Fatḥ al-rafīʿ fī madḥ al-shafīʿ S II 3
Fatḥ al-raḥīm al-raḥmān S II 111
Fatḥ al-raḥīm al-raḥmān, sharḥ waṣiyyat b. al-Wardī S II 174
Fatḥ al-raḥmān fī dhikr ṣilat al-raḥim wal-awṭān S II 1002
Fatḥ al-raḥmān bi-faḍāʾil Shaʿbān G II 396
Fatḥ al-raḥmān fi ʾl-fiqh al-Shāfiʿī S II 965$_{,22}$
Fatḥ al-raḥmān bi-kashf mā yalbas (yaltabis) min al-Qurʾān G II 99, S II 118
Fatḥ al-raḥmān fi mā yaḥill wa-yaḥrum ʿala ʾl-insān S II 190$_{,169vvv}$
Fatḥ al-raḥmān fi mā yaḥṣil bihi ʾl-islām wal-īmān S II 994
Fatḥ al-raḥmān, sharḥ Ghāyat al-bayān S I 811, II 118$_{,46}$
Fatḥ al-raḥmān, sharḥ Luqṭat al-ʿajlān G II 92, 100, S II 108
Fatḥ al-raḥmān, sharḥ Ṣafwat al-Zubad G II 96
Fatḥ al-raḥmān, sharḥ al-Zubad S II 113
Fatḥ al-raḥmān fī suhūlat al-tawajjuh etc. S II 744
Fatḥ al-rasūl wa-miftāḥ bāb al-dukhūl S II 810
Fatḥ al-raʾūf al-khabīr, sharḥ naẓm al-Taysīr S II A/C 441
Fatḥ al-razzāq fī masʾalat al-shakk fi ʾl-ṭalāq S II 716
Fatḥ al-riḍāʾ fī nashr al-ʿalam wal-ihtidāʾ S II 509
-Fatḥ fi ʾl-sabḥ S II 407
Fatḥ al-salām bi-sharḥ Khulāṣat al-kalām G II 355, S II 993
Fatḥ al-sattār wa-kashf al-asrār S II A/C 184
Fatḥ al-ṣafāʾ fī taʿrīf ḥuqūq al-Muṣṭafā S I 631$_{,c}$
Fatḥ al-ṣamad S II 18
Fatḥ al-ṣamad al-ʿālim ʿalā mawlid a. ʾl-Q. S I 916$_{,13}$, II 935$_{,55}$
Fatḥ al-ṣamad, sharḥ alfāẓ al-Zubad S II 113
Fatḥ al-ṣifāt al-saniyya S II A/C 361
Fatḥ al-ṭurfa wa-iḍāʾat al-shurfa G II 265, S II 358
Fatḥ al-wadūd ʿalā marāqi ʾl-suʿūd S II 375, 874

-Fatḥ al-wahbī G I 314, II 282, S I 548
Fatḥ al-wahhāb S I 681, 843
Fatḥ al-wahhāb al-majīd etc. S II 729
Fatḥ al-wahhāb, manẓūma fi 'l-ḥisāb G II 178
Fatḥ al-wahhāb ʿalā Nuzhat al-ḥussāb S II 536
Fatḥ al-wahhāb, sharḥ Manhaj al-ṭullāb G I 396, S I 682
Fatḥ al-wakīl S II 22, 446
Fatḥ al-waṣīd S II 437
Fatḥ al-waṣīd, sharḥ al-qaṣīd S I 725, 728
Fatḥ al-wujūd G II 289
Fatḥ al-wuʿūd S I 948 ad 267
-Fatḥa al-insiyya etc. S II 155
-Fatḥa al-marḍiyya S I 676
-Fatḥiyya fī ʿilm al-mūsīqī S II 667
Fātiḥ al-abyāt S II 662
Fātiḥat al-iʿrāb fī iʿrāb al-Fātiḥa G I 425, S I 520
Fātiḥat al-ʿulūm S I 755,$_{59}$
Fātinat al-Ambarāṭūr S III 226
Fatkat al-barrāḍ bil-Tarkazī S II 815
Fatwā fī bayʿ al-dukhān S II A/C 648
Fatwā fi 'l-banādiq al-maʿrūfa S II A/C 817
-Fatwā al-Ḥamawiyya S II 120,$_{7}$
Fatwa 'l-khawāṣṣ fī ḥill mā ṣīda bil-raṣāṣ S II 775
Fatwā fī mass al-dukhān S II A/C 498
-Fatwā al-mutaʿalliqa bil-Ṣūfiyya S II A/C 188
Fatwā fī sabab wujūb muqātalat al-rawāfiḍ etc. S II 432
Fatwā fī ṣiḥḥat waqfiyyat al-darāhim wal-danānīr S II 651
Fatwā fī tahlīl qatl al-Yazīdiyya S II A/C 651
-Fatyā S I 244,$_{44}$
Fatyā faqīh al-ʿArab S I 198
Fāṭima S III 280
Fāṭima bint M. S III 435
-Fawāḍiḥ al-Ḥusayniyya wal-qawādiḥ al-bayniyya S II 970,$_{17}$
Fawākhir al-nuṣūṣ wa-jawāhir al-fuṣūṣ S II 948,$_{9}$
-Fawāʾid G I 382, II 163
Fawāʾid wa-adʿiya S II 876
Fawāʾid wa-adwiya S I 756
Fawāʾid al-afrād S I 949 ad 275
-Fawāʾid al-ʿajība fī iʿrāb al-kalimāt al-gharība S II 773,$_{29}$
-Fawāʾid al-ʿaliyya S II 132
-Fawāʾid al-Ālūsiyya fi'l-majālis al-usbūʿiyya S II 789
-Fawāʾid al-Ālūsiyya ʿala 'l-R. al-Andalusiyya S II 789
-Fawāʾid al-ʿārifiyya S I 970 ad 647
-Fawāʾid al-ʿarūḍiyya S II 57
Fawāʾid ʿatīqa S II 504
-Fawāʾid al-ʿawālī S I 602
-Fawāʾid al-badīʿiyya S I A/C 296
-Fawāʾid al-Bahāʾiyya fi 'l-qawāʿid al-ḥisābiyya G II 167, S I 860, II 215
-Fawāʾid al-bahiyya S I 739,$_{11}$
-Fawāʾid al-bahiyya, sharḥ al-Bahja al-jadīda S II 443
-Fawāʾid al-bahiyya, sharḥ wird al-Shuʿaybiyya S II 470
-Fawāʾid al-bahiyya fī tarājim al-Ḥanafiyya S II 645, 857
-Fawāʾid al-bāriza etc. G II 150, S II 186,$_{116}$
-Fawāʾid al-darārī S I 260, II 422
Fawāʾid al-dāris al-mushrifa ʿalā ʿuyūn al-majālis S I 663
-Fawāʾid wal-durar fī mā waqaʿa lahu fi 'l-safar wal-ḥaḍar S II 415
-Fawāʾid al-Ḍiyāʾiyya G I 304, II 207, S I 533
Fawāʾid falakiyya S I 394
-Fawāʾid al-Fanāriyya S I 842,$_{2}$
-Fawāʾid al-farāʾid G II 219, S II 309
-Fawāʾid wal-farāʾid, sharḥ al-Maqāṣid S I 686, II 785 (to be read thus)
-Fawāʾid al-farīda wal-aqwāl al-nafīsa S II 817
Fawāʾid al-fikar etc. S II 947,$_{182}$
-Fawāʾid al-Fikriyya G II 475, S II 722
-Fawāʾid fi 'l-fiqh ʿalā madhhab al-imām al-Shāfiʿī G II 331, S II 112
Fawāʾid fiqhiyya S I A/C 759
-Fawāʾid al-fiqhiyya fī aṭrāf al-aqḍiya al-ḥukmiyya S II 954,$_{72}$
-Fawāʾid fiqhiyya al-Badriyya G II 79, S II 87
Fawāʾid al-fuqahāʾ S II 953,$_{56}$
-Fawāʾid al-Gharawiyya S II 450
-Fawāʾid al-gharībiyya S II 949,$_{11}$
-Fawāʾid al-Ghiyāthiyya G I 525, II 209, S II 292
-Fawāʾid al-Hāshimiyya S II 948,$_{3}$
Fawāʾid al-ḥadīth G I 166

Fawāʾid Ḥāʾiriyya S II 504
-Fawāʾid fī ʾkhtiṣār al-Maqāṣid G I 431
Fawāʾid fī ʿilm al-Qurʾān S II A/C 786
-Fawāʾid al-ʿilmiyya fī funūn min al-lughāt S II 57
Fawāʾid al-ʿIzz b.ʿAbd al-Salām S I 768
Fawāʾid al-ʿizz al-asnā fī sharḥ asmāʾ Allāh al-ḥusnā G II 713, S II 747
Fawāʾid jadīda S II 504
-Fawāʾid al-jalīla G II 386, S I 537
-Fawāʾid al-jalīla al-bahiyya S I 269,$_{6}$
-Fawāʾid al-jalīla wa-jaliyya S II 542,$_{125}$
-Fawāʾid al-jalīla fī musalasalāt M. b. a.ʿAqīla S II A/C 522
Fawāʾid jaliyya G I 318
-Fawāʾid al-jaliyya li-man arāda ʾl-khalāṣ min kulli baliyya S II 446
Fawāʾid jamīla G II 249
-Fawāʾid al-jināniyya S II 392
-Fawāʾid al-jisām fī maʿrifat khawāṣṣ al-ajsām S III 384
-Fawāʾid al-kāmina fī īmān al-sayyida Āmina G II 147,$_{43}$, S II 183,$_{43}$, 189,$_{169ww}$
Fawāʾid al-kanz al madfūn S II 189,$_{169bb}$
-Fawāʾid al-Khāqāniyya al-Aḥmadiyya G II 453, S II 673
Fawāʾid al-Khuldī S I 358
-Fawāʾid al-Khurāsāniyya S I 650
Fawāʾid min k. al-Taʿlīqāt fī sabab ijābat al-duʿāʾ S I 814,$_{14a}$
Fawāʾid lāʾiḥa G II 75
-Fawāʾid al-laṭīfa fī takhrīj qawlihim a. Qirdān etc. S II 11, 446,$_{12}$
Fawāʾid laylat nisf min Shaʿbān G II 339
-Fawāʾid al-Madaniyya fī ʾl-uṣūl S II 577, 590
-Fawāʾid al-maḥṣūra S I 173
-Fawāʾid al-majmūʿa fī bayān al-aḥādīth al-mawḍūʿa S II 818
-Fawāʾid al-Makkiyya S II 590
-Fawāʾid al-Makkiyya fī ʾl-masāʾil wal-ḍawābiṭ etc. S II 743
-Fawāʾid al-Manṣūriyya S II 208, 480
-Fawāʾid al-manthūra fī ʾl-fatāwi ʾl-maʾthūra S II 502
Fawāʾid manẓūm S II A/C 1032
-Fawāʾid al-marḍiyya S I 765, II 429
-Fawāʾid al-marḍiyya, sharḥ al-Mulaqqabāt al-Wardiyya S II 175
-Fawāʾid al-Marzūqiyya S II A/C 738
-Fawāʾid al-Masʿūdiyya S II 274
Fawāʾid al-mawāʾid S I 574
-Fawāʾid al-milliyya S II 132, 450
-Fawāʾid al-muʿaddada fī ʾl-ʿulūm al-mushayyada S II 1044
-Fawāʾid al-mufhima S II 276
-Fawāʾid al-muhimma fī bayān ishtirāṭ al-tabarrī etc. S II 432
-Fawāʾid al-muhimmāt fī maṭāliʿ al-awqāt S II 538
-Fawāʾid al-muḥarrara fī sharḥ muṣawwaghāt al-ibtidāʾ bil-nakira S II 422
-Fawāʾid al-muḥaṣṣala fī bayān ikhtiṣār mā yataʿallaq bil-basmala S II 422
-Fawāʾid al-muḥaṣṣala fī mā yataʿallaq bil-basmala S II 935
-Fawāʾid al-mujtamiʿa G II 292
-Fawāʾid al-mukammala bi-sharḥ al-Farāʾiḍ al-mujmala S II 112
-Fawāʾid al-mukhaṣṣaṣa fī aḥkām kayy al-ḥimmiṣa S II 773,$_{30}$
-Fawāʾid fī mukhtaṣar al-Qawāʿid S I 767
-Fawāʾid al-mulakhkhaṣa S I 676
-Fawāʾid al-mumaḥḥaṣa G II 437
-Fawāʾid al-munīfa fī ʾl-dhabb ʿan a. Ḥanīfa G I 381, S I 654
-Fawāʾid al-munīfa wal-dhakhāʾir al-sharīfa S II 472
-Fawāʾid al-muʾniqa fī ʾl-farq bayn ahl al-sunna wal-zandaqa S II 991
-Fawāʾid al-muntakhaba G I 486, S II 956,$_{90}$
-Fawāʾid al-muntakhaba min al-fatāwi ʾl-Tātārkhāniyya G II 432, S II 643
-Fawāʾid al-muntakhaba wal-ḥikāyāt al-mustaghraba S I 580
-Fawāʾid al-muntaqāt G I 363, S I 607
-Fawāʾid al-muntaqāt al-ʿawālim S I 690
-Fawāʾid al-muntaqāt al-gharāʾib al-ḥisān S I 949 ad 275
-Fawāʾid al-musaṭṭara fī ʿilm al-bayṭara S II 379
-Fawāʾid al-mushawwiq ilā ʿulūm al-Qurʾān etc. S II 127,$_{37}$
-Fawāʾid al-mushtamila ʿala ʾl-Mukhtaṣar wal-Muqaddima S I 657
-Fawāʾid al-mustajādāt fī sharḥ al-ʿUqūd al-jawhariyyāt S II 444
-Fawāʾid al-mutanāthira G II 148,$_{57}$
Fawāʾid al-Muzakkī S II 121,$_{16}$

-Fawāʾid fi ʾl-naḥw G I 298
-Fawāʾid al-Najdiyya S II 925
Fawāʾid al-nayl bi-faḍāʾil al-khayl S II 1036,$_{3}$
-Fawāʾid al-Qādiriyya S I 761
-Fawāʾid wal-qalāʾid G I 286
-Fawāʾid wal-qawāʿid S I 193
Fawāʾid al-Qurʾān S II 314
-Fawāʾid al-Qudsiyya G II 112
Fawāʾid b. Quṭlūbughā S II 93
-Fawāʾid fi ʾl-raʾy al-muḥaṣṣal G I 457,$_{72}$
Fawāʾid al-Rāzī S II 946
-Fawāʾid al-Riḍawiyya S I 319
-Fawāʾid al-samiyya G II 315, S I 649
-Fawāʾid al-saniyya S I 648, II 291
-Fawāʾid al-saniyya wa-dhikr nubdha min faḍāʾil etc. S II 816
-Fawāʾid al-saniyya wa-dhikr al-ṣalāt G II 308
-Fawāʾid al-saniyya wal-durra al-Najafiyya S II 798
-Fawāʾid al-saniyya min khawāṣṣ al-ashjār al-ṭibbiyya al-Ifranjiyya S II 637
-Fawāʾid al-saniyya fi ʾl-riḥla al-Madaniyya wal-Rūmiyya S II 515
-Fawāʾid al-saniyya, sharḥ al-Nubdha al-alfiyya G II 96, S II 113
-Fawāʾid al-saniyya sharḥ al-Tuḥfa al-Ḥijāziyya S II 536
Fawāʾid al-Shāfiya S I 537
Fawāʾid sharīfa fi ʾl-afʿāl al-ikhtiyāriyya lillāh S II 122,$_{40}$
Fawāʾid sharīfa wa-qawāʿid laṭīfa etc. S II 726
-Fawāʾid al-Sharīfiyya S I 895, II 864
-Fawāʾid al-shattā S I 618
Fawāʾid al-shifāʾ S I 826,$_{82mm}$
-Fawāʾid al-Shinshawriyya G II 321, S I 676, II 442
Fawāʾid al-Silafī S I 624
-Fawāʾid al-Surramarriyya S II A/C 204
-Fawāʾid al-Ṣamadiyya fī ʿilm al-ʿArabiyya G II 415, S II 596,$_{9}$
-Fawāʾid fi ʾl-ṣilāt (*ṣalawāt*) *wal-ʿawāʾid* G II 190, S II 254, 999,$_{28}$
-Fawāʾid fi tafsīr al-Qurʾān G I 431
-Fawāʾid fi tanwīʿ al-mawāʾid S I 367
-Fawāʾid al-tisʿiyya S II 579
Fawāʾid al-ṭārif wal-tālid S II 333,$_{60}$
Fawāʾid ṭibbiyya G II 364
Fawāʾid fī uṣūl al-dīn S II 828,$_{n}$
-Fawāʾid fī uṣūl ʿilm al-baḥr wal-qawāʿid G II 179, S II 231
-Fawāʾid al-uṣūliyya wal-fiqhiyya S II 800
-Fawāʾid al-wāfiya bi-ḥall mushkilāt al-Kāfiya S I 533
Fawāʾid al-zanjabīl S I 828,$_{95aa}$
-Fawāʾid al-Zayniyya fī fiqh al-Ḥanafiyya G II 310, S II 426,$_{3}$
-Fawāʾid al-ẓāhira al-bahiyya S I 676
-Fawāʾid al-Ẓahīriyya G I 379, S I 652
Fawāʾiḥ al-adhkār S II 656
-Fawāʾiḥ al-ʿirfāniyya fi ʾl-madāʾiḥ al-Mīrghaniyya S II 901
Fawāʾiḥ al-jamāl wa-fawātiḥ al-jalāl S I 786
-Fawāʾiḥ al-miskiyya fi ʾl-fawātiḥ al-Makkiyya G II 231, S II 324
Fawāʾiḥ al-waṣla etc. S II 537
-Fawākih al-Badriyya S II 424, 913
Fawākih al-furūq fi ʾl-ḥawādith al-Miṣriyya S II A/C 89
-Fawākih al-janiyya S II 742
Fawāṣil al-jumān fī anbāʾ wuzarāʾ etc. S II 892
Fawāt al-wafayāt G I 328, II 48, S I 561, II 48
Fawātiḥ al-afkār G II 226
Fawātiḥ al-aflāk S II 595
Fawātiḥ al-anām etc. S II 967,$_{11}$
-Fawātiḥ al-Badriyya G II 310
Fawātiḥ al-ilāhiyya wa-mafātīḥ al-ghaybiyya S II 321
Fawātiḥ al-jamāl G I 440
-Fawātiḥ al-jināniyya G II 283
Fawātiḥ al-raghāʾib fi khuṣūṣiyyat awqāt al-kawākib S II 1018,$_{14}$
Fawātiḥ al-raḥamūt S II 624
Fawḥ al-ṣadā G II 24, S II 20
Fawqa ʾl-ʿubāb S III 117
-Fawz al-aṣghar G I 343, S I 584
-Fawz al-ʿaẓīm fī liqāʾ al-rabb al-karīm G II 151, S II 182,$_{30b}$, 188,$_{143}$
-Fawz al-ʿaẓīm fī sharḥ Fatḥ al-karīm S II 744
-Fawz wal-ghunm etc. G II 314, S II 432
-Fawz al-kabīr fī uṣūl al-tafsīr S II 614
-Fawz bil-maʿāl fi ʾl-waṣiyya S II 431,$_{38}$
-Fawz bil-murād fī taʾrikh Baghdād S III 494

Fayḍ al-aḥad fī ʿilm ʿuluww al-sanad S II 516
Fayḍ al-ʿālī al-bārī etc. S II 459
Fayḍ al-ʿālī al-wadūd etc. S II 459
-Fayḍ al-ʿamīm G II 371, S II 498
Fayḍ al-anhur, sharḥ manāsik Multaqa ʾl-abḥur S II 643
-Fayḍ al-arḥam G II 396, S II 541,51b
-Fayḍ al-ʿarshī G II 480, S II 729
Fayḍ al-baḥr ʿalā nahr al-khayrāt etc. S II 492
Fayḍ fatḥ al-raḥmān etc. G II 341
Fayḍ al-fattāḥ S I 518
Fayḍ al-ghaffār S II 91
Fayḍ al-ḥarām fī ādāb muṭālaʿa etc. S II 637
Fayḍ al-ḥayy G II 437
-Fayḍ al-ilāhī G I 454, S I 815,16
Fayḍ ʿilm al-ghayb bi-dhikr manāqib sulṭān Awrangzīb S II 526
-Fayḍ al-jārī S I 263,41
-Fayḍ al-jārī fī ṭuruq al-ḥadīth al-ʿushārī S II 190,169bbb
Fayḍ al-jawād al-fattāḥ fī bayān Arkān al-nikāḥ S II 628
Fayḍ al-jūd G II 378
Fayḍ al-karam fī naẓm al-ḥikam G II 118, S II 146
Fayḍ al-khallāq G II 351
-Fayḍ al-madīd fī akhbār al-Nīl al-sadīd G II 295, S II 406
Fayḍ al-malik al-ʿallām S II 809
Fayḍ al-mannān, sharḥ Fatḥ al-raḥmān G II 304, S II 118
Fayḍ al-mawla ʾl-karīm ʿalā ʿabdihi Ibrāhīm G II 83, S II 95
-Fayḍ al-Muḥammadī wal-madad al-Aḥmadī S II 869
Fayḍ al-mustafīd fī masāʾil al-tafwīḍ S II A/C 428
Fayḍ al-qadīr, sharḥ al-Jāmiʿ al-ṣaghīr S II 184,56e, 417
Fayḍ al-quddūs S II 478,48
Fayḍ al-quddūs al-sallām ʿalā ṣalawāt al-sayyid ʿAbd al-Salām S II 476,132
-Fayḍ al-Qudsī fī aḥwālāt al-Majlisī S II 573, 832
-Fayḍ al-rabbānī fī taḥrīr ḥirz al-amānī S I 726,28
Fayḍ al-raḥmān G II 328, S I 805,5a
Fayḍ al-raḥmān ʿala ʾl-mawlā Raslān G II 352
-Fayḍ al-raḥmānī S II 435
-Fayḍ al-raḥmānī bi-sharḥ al-imām ʿAbd al-Bāqī al-Zurqānī S II 739
Fayḍ al-sharaf fī iṣlāḥ Manẓūmat al-Sabzawārī S II 807
Fayḍ al-suʾāl kāshif lil-qināʿ ʿan arkān al-ibtidāʿ S II 560
Fayḍ ṭalab al-ʿilm G I 165
-Fayḍ al-ṭārī S I 263,38
-Fayḍ al-wārid ʿalā rawḍ marthiyat mawlānā Khālid G II 498, S II 786
Fayṣal al-awwal S III 413
Fayṣal malik al-ʿIrāq S III 435
-Fayṣal fi ʾl-naḥw S I 177
Fayṣal al-tafriqa bayna ʾl-Islām wal-zandaqa G I 424,13, S I A/C 747
Fayyāḍ al-itqān S II 179,1a
Faẓāʾiʿ al-Atrāk etc. S III 377
Faẓāʾiʿ al-thawb al-aswad S III 232
Fiʿāl al-anbiyāʾ S II 121,20
Fihris al-fahāris wal-athbāt S II 891
Fihris al-Hāshimī S II 890
Fihris al-luʾluʾ wal-yāqūt etc. S II 874
Fihris marwiyyāt b. Ṭūlūn S II 495
-Fihrist G I 147, S I 227
Fihrist asmāʾ al-shuʿarāʾ fi ʾl-qabāʾil S I 166
Fihrist al-Ishbīlī G I 499
Fihrist kutub al-Shīʿa G I 405, S I 707
Fihrist al-majdūʿ S II 609
Fihrist marwiyyāt shaykhinā b. Ḥajar S II 73
Fihrist b. Sinna S II 717
Fihrist al-Sulṭān S II 874
Fihrist al-Wasāʾil S II 579
-Fihrista al-mubāraka G II 240
Fikar al-ḥukamāʾ wa-nawādir al-qudamāʾ wal-ʿulamāʾ S I 839
-Fikr wal-ʿālam S III 232
-Fikr fī kayfiyyat khalq Allāh S I 752,47I
-Fikr al-sāmī S I 892
Fikrat al-humūm wal-ghumūm etc. S II 231
Fikriyya Hānum S III 230
Fiʿl al-khayrāt fi faḍāʾil al-nabī S I 779,35
-Filāḥa G I 494, S I 903, II 1033,10
Filāḥat Miṣr S II 490
-Filāḥa al-muntakhaba G II 136, S II 168
-Filāḥa al-Nabatiyya G I 242, S I 430

-Filāḥa al-Rūmiyya S I 364
-Fiqh al-absaṭ S I 286
-Fiqh al-akbar G I 170, S I 285, 305
Fiqh al-athariyyīn S II A/C 503
Fiqh al-imām Aḥmad S I 689,19
-Fiqh al-jalī G II 156,271
Fiqh al-lugha wa-sirr al-ʿarabiyya G I 285, S I 500
Fiqh al-lugha, al-Ṣāḥibī G I 130, S I 198
-Fiqh al-manẓūm S II 88
Fiqh al-mulūk wa-miftāḥ al-ritāj etc. S I 950 ad 288
-Fiqh wal-mutafaqqih S I 564
-Fiqh al-nāfiʿ G I 381
-Fiqh al-qulūb wa-miʿrāj al-ghuyūb S II 522
Fiqh al-Riḍā S I 318, 953 ad 323
-Fiqhiyya S II 708
-Firaq S I 757
-Firaq al-Islāmiyya S I 588, II 993,40
Firaq al-Shīʿa S I 952 ad 319
-Firaq al-sitta G I 446
-Firaq al-wārida fī qawlihi ṣlʿm sa-tufraqu ummatī S II 700
Firās al-Bandaqiyya S III 362
-Firāsa S I 822,68eee
-Firāsa li-ajl al-siyāsa S II 161
Firʿawn S III 376
-Firʿawn al-ṣaghīr wa-qiṣaṣ ukhrā S III 225, 255
Firʿawnat al-ʿArab ʿinda ʾl-Turk S III 226
-Firdaws S I 819,32, III 258
Firdaws al-akhbār bi-maʾthūr al-khiṭāb etc. G I 344, S I 586
Firdaws al-barrīn S I 586
Firdaws al-ḥikma S I 414
Firdaws al-Maʿarrī S I 453 A/C, III 390
-Firdaws fī māhiyyat al-insān G I 456,52
Firdaws al-surūr bishtirāḥ al-ṣudūr S III 383
-Fīrūzaj S I 511
-Fitan S I 947 ad 257
-Fitan wal-balāyā etc. S I 768
-Fitan wal-malāḥim S II 929
François I S III 230
Fuḥūl al-balāgha S I 118, III 82
Fuḥūl al-shuʿarāʾ S I 137
Fuḥūlat al-shuʿarāʾ G I 105, S I 164
-Fuḥūṣ, sharḥ al-Fuṣūṣ S I 793,12f
Fukāhat al-adhwāq min maṣāriʿ al-ashwāq fī faḍāʾil al-jihād S II 83 (to be read thus)
Fukāhat al-baṣar G II 189
Fukāhat dhawi ʾl-fiṭan S III 56
-Fukāha wal-iʿtināš fī mujūn a. Nuwās S I 118
Fukāhat al-ʿushshāq wa-nuzhat al-aḥdāq S II 759
-Fukūk S I 911
Fukūk al-fuṣūṣ G II 702, S I 792,12a
Fulk al-karīm al-wahhāb S II 923
Fulk al-maʿālī G I 253
-Fulk al-mashḥūn fī aḥwāl M. b. Ṭūlūn G II 326, S II 494
-Fulk al-mashḥūn fī mā yataʿallaq bintifāʿ al-murtahin bil-marhūn S II 858
Fulk al-Qāmūs S II 916
-Funduq fī aḥkām al-bunduq S II 1037,8
-Funūn S I 209, 316, 687, III 439
Funūn al-ʿajāʾib S I 949 ad 278
Funūn al-akhbār wa-ʿuyūn al-ḥikāyāt wal-āthār S II 262
-Funūn al-ʿirfāniyya G II 340, S II 469
-Fuqarāʾ wal-masākīn G I 235
-Fuqr wal-fuqarāʾ S II A/C 1010
Furāt S III 380
-Furāt al-fāʾiḍ ʿalā ḥadāʾiq dharīʿat al-nāhiḍ S II 822
-Furāt al-namīr G II 406
Furjat al-humūm wal-ḥazan S II 821
-Furqān bayn awliyāʾ al-raḥmān etc. G II 104, S II 121,29
-Furqān bayna ʾl-ḥaqq wal-bāṭil S II 122,41
Furqān al-qulūb S II 869,26
-Furūʿ G II 107, S II 129, 966
Furūḍ al-ʿImādī S II 496
-Furūq S I 356,13 A/C, 642, 673, 689
-Furūq fi ʾl-fiqh S II 956,92
Furūq al-lugha S I 194, II 586
-Furūq wa-manʿ al-tarāduf S I 356
-Furūsiyya G I 496, II 106
-Furūsiyya wal-bayṭara S I 433
-Furūsiyya al-Muḥammadiyya S II 127,26
-Furūsiyya fī rasm al-jihād S I 905
-Furūsiyya wa-shiyāt al-khayl G I 244, S I 433
-Fuṣūl G I 212, 398, 509, S I 368, 396, 772, 927,4, II 96, 244, III 150
-Fuṣūl al-adabiyya S I 494

-Fuṣūl al-ʿashara S II A/C 159
-Fuṣūl al-Ashrafiyya S I 774
Fuṣūl fī ashriba wa-adwiya mukhtāra S I 367
Fuṣūl al-badāʾiʿ etc. G II 233, S II 328
-Fuṣūl al-badīʿa fī uṣūl al-sharīʿa S II 106, 727
-Fuṣūl fi ʾl-farāʾiḍ S II 364
-Fuṣūl al-fatḥiyya S II 565
-Fuṣūl al-fikriyya G II 475
-Fuṣūl al-Gharawiyya etc. S II 828
-Fuṣūl wal-ghāyāt G I 255, 454
Fuṣūl al-ḥawādith S I 951 ad 294
Fuṣūl al-ḥawādith li-uṣūl al-Shāshī S I 294
-Fuṣūl fi ʾl-ḥisāb G I 471
-Fuṣūl fi ʾl-ḥisāb al-Hindī S I 387
Fuṣūl al-ḥukamāʾ S II 869,$_{27}$
Fuṣūl al-Ḥuṣrī S II 973,$_{17}$
Fuṣūl Ibbuqrāṭ S II 299
Fuṣūl al-iḥkām G I 382, 402
-Fuṣūl al-Īlāqiyya G I 458, S I 826,$_{82c}$
-Fuṣūl fi ʿilm al-jadal G I 467
-Fuṣūl al-ʿilmiyya S II 566
-Fuṣūl al-kāfiya G II 211
-Fuṣūl al-khamsīn G I 303, S I 531
-Fuṣūl al-luʾluʾiyya fī uṣūl fiqh al-ʿitra al-nabawiyya G II 188, S II 248
-Fuṣūl fī maʿālim al-Nihāya S I 961 ad 408
-Fuṣūl wal-masāʾil S I 822,$_{68ggg}$
-Fuṣūl fi ʾl-muʿādalāt (muʿāmalāt) G I 380, S I 653
-Fuṣūl, Mudkhal al-Mijisṭī S I 393
-Fuṣūl al-muhimma fī ḥuṣūl al-mutimma G II 396, S II 540,$_{43}$
-Fuṣūl al-muhimma fī ʿilm mīrāth al-aʾimma S II 155, 217,$_{33}$
-Fuṣūl al-muhimma fī maʿrifat (faḍāʾil) al-aʾimma G II 176, S II 224
-Fuṣūl al-muhimma fī sharḥ al-Targhīb S II 155
-Fuṣūl al-muhimma fī taʾlīf al-umma S II 807,$_{n}$
-Fuṣūl al-muhimma fī ṭibb al-umma G I 233, S II 579
-Fuṣūl al-muḥarrara fī sharḥ asmāʾ Allāh al-muṭahhara S II 228,$_{14}$
-Fuṣūl al-mukhtār S I 946 ad 244
-Fuṣūl al-mukhtāra S I 323
-Fuṣūl al-mulimma G II 125
-Fuṣūl fi ʾl-qawāfī G I 281
-Fuṣūl al-sabʿa wal-ʿishrūn etc. S I 549
-Fuṣūl al-sitta S II 283
Fuṣūl al-sunan S I 274
-Fuṣūl al-ṣighār wal-qiṣār S I 130
Fuṣūl al-tamāthīl G I 81, S I 940 ad 129
-Fuṣūl al-thalātha S I 822,$_{68fff}$
-Fuṣūl fi ʾl-ṭibb G I 234, 489, S I 419, 894
-Fuṣūl al-ṭibbiyya S I 827,$_{95,q}$
-Fuṣūl fi ʾl-uṣūl G I 405, 433, S I 706
Fuṣūl yuḥtāj ilayhā fī ṣināʿat al-manṭiq G I 211
-Fuṣūl al-ẓarīfa wal-nukat al-laṭīfa S II 502
-Fuṣūṣ S I 254
Fuṣūṣ al-fuṣūl wa-ʿuqūd al-ʿuqūl G I 261, S I 462
Fuṣūṣ al-ḥikam G I 442, S I 792,$_{12}$
-Fuṣūṣ fi ʾl-ḥikma G I 212
-Fuṣūṣ al-yāqūtiyya S II 726, 814
-Futūḥ G I 65, 136, 516, S I 220
Futūḥ al-ʿAjam wal-ʿIrāq S I 208
-Futūḥ fī baʿḍ kashf sirr al-ḥurūf fi ʾl-maʿna ʾl-mamdūḥ S II 997
Futūḥ Bahnasa S I 208
Futūḥ al-buldān G I 142, S I 216
Futūḥ al-ghayb G I 435, S I 778, 922,$_{6}$, II 67
Futūḥ al-ghayb, sharḥ al-Kashshāf G I 290, S I 508
Futūḥ al-Ḥabasha G II 410, S II 569
Futūḥ Ifrīqiya S I 208, 616
Futūḥ al-Islām bi-bilād al-ʿAjam wa-Khurāsān S I 208
-Futūḥ al-kabīr wal-ridda S I 213
Futūḥ al-lahaj S II A/C 535
-Futūḥ al-maṣūna wal-asrār al-maknūna S I 806
Futūḥ Miṣr S I 208
Futūḥ Miṣr wal-Maghrib G I 148, S I 227
Futūḥ al-naṣr fī taʾrīkh mulk Miṣr S II 51
Futūḥ al-Qurʾān G I 421
-Futūḥ al-rabbānī lil-imām al-ṣamadānī S I 778
-Futūḥ al-rabbānī fī nafḥ al-rūḥ al-insānī S I 752,$_{47n}$
Futūḥ al-raḥmān G II 166
-Futūḥ al-shāfī li-kull qalb majrūḥ S I 806
Futūḥ al-Shaʾm S I 208
Futūḥ al-sulṭān Murād G II 427
Futūḥ al-wahhāb G II 122

Futūḥ al-waqt S I 881
Futūḥ al-Yaman al-maʿrūf bi Raʾs al-ghūl S I 616
-Futūḥāt al-Aḥmadiyya S I 471, II 112
Futūḥāt al-ʿārif al-rabbānī S I 778
-Futūḥāt al-ʿayniyya S II 662
Futūḥāt al-bāḥith bi-sharḥ Tagrīr al-mabāḥith S II 822
-Futūḥāt al-ghaybiyya fī bayān al-ṭarīqa al-Sharnūbiyya S II 469
-Futūḥāt al-ghaybiyya fī sharḥ al-ṣalāt al-Mashīshiyya G I 451, S I 788
-Futūḥāt al-ghaybiyya, tadbīr al-arwāḥ al-ḥikmiyya S II 1033,2
-Futūḥāt al-ilāhiyya S II 118, 180,6d
-Futūḥāt al-ilāhiyya fī aḥādīth khayr al-bariyya S II 642, 940
-Futūḥāt al-ilāhiyya fī nafʿ arwāḥ al-dhāt al-insāniyya G II 100
-Futūḥāt al-ilāhiyya (wahbiyya) fī sharḥ al-Jāmiʿ al-ṣaghīr S II 184,56h
-Futūḥāt al-ilāhiyya fī sharḥ al-Mabāḥith al-aṣliyya S II 359
-Futūḥāt al-ilāhiyya fī takhrīj mā fi ʾl-Thamarāt min al-aḥādīth al-nabawiyya G II 113, S II 251
-Futūḥāt al-ilāhiyya fi ʾl-tawajjuhāt al-rūḥiyya S II 535
-Futūḥāt al-ilāhiyya bi-tawḍīḥ tafsīr al-Jalālayn S II A/C 180
-Futūḥāt al-ilāhiyya al-Wahbiyya S II 408
Futūḥāt al-ʿilm al-ḥadīth S III 217
-Futūḥāt al-insiyya fī taḥqīq rumūz al-Ṣūfiyya S II 620
-Futūḥāt al-Islāmiyya G II 500, S II 811
-Futūḥāt al-kubrā S II 940
-Futūḥāt al-Madaniyya S II 934
-Futūḥāt al-Makkiyya S II A/C 417
-Futūḥāt al-Makkiyya fī maʿrifat asrār al-malakiyya G I 442, S I 792,11
-Futūḥāt al-Makkiyya fī tarājim al-sāda al-aʾimma al-Qushayriyya S II 535
-Futūḥāt al-Murādiyya (al-sulṭān Murād) fi ʾl-bilād al-Yamaniyya S II 635
-Futūḥāt al-Murādiyya fi ʾl-jihāt al-Yamaniyya S II 550
-Futūḥāt al-qayyūmiyya ʿala ʾl-Ājurrūmiyya S II 334
-Futūḥāt al-rabbāniyya S I 685, II 285
-Futūḥāt al-rabbāniyya fī hazīmat al-Fransawiyya S II 720
-Futūḥāt al-rabbāniyya fī manāqib al-Sāda al-Ḥāḍiriyya G II 445, S II 471
-Futūḥāt al-rabbāniyya fi ʾl-mawāʿid al-Marjāniyya S II A/C 996
-Futūḥāt al-rabbāniyya fī mazj al-ishārāt al-Hamadhāniyya G II 207
-Futūḥāt al-rabbāniyya fī sharḥ al-Ḥizb al-Fardāniyya G II 119, S II 148
-Futūḥāt al-rabbāniyya fī tafḍīl al-ṭarīqa al-Shādhiliyya S II 885
-Futūḥāt al-raḥmāniyya fī anna lafẓ al-Gharānīq lafẓa shayṭāniyya S II 459
-Futūḥāt al-subḥāniyya S II 70, 417
-Futūḥāt al-ṣamadiyya etc. S II 1044,10
-Futūḥāt al-ʿUthmāniyya lil-diyār al-Miṣriyya G II 382, S II 409 A/C
-Futūḥāt al-wahbiyya S I 683,16
-Futūḥāt al-wahbiyya, sharḥ al-Arbaʿīn S II 438
-Futuwwa S I 690
Futuwwatnāme S I 790,34
Fuyūḍ al-ḥaramayn S II 615,10
-Fuyūḍ al-ilāhiyya S II 175, 417
-Fuyūḍ al-raḥmāniyya S I 470
-Fuyūḍāt al-Bakriyya S II 478,50
-Fuyūḍāt al-iḥsāniyya G II 205
-Fuyūḍāt al-rabbāniyya fī ijāzāt al-ṭarīqa al-Sanūsiyya al-Aḥmadiyya S II 884
-Fuyūḍāt al-Sanūsiyya fi ʾl-maʾāthir al-Qādiriyya S I 778

Ghābat al-ḥaqq wa-mashhad al-aḥwāl riwāya falsafiyya S II 756,6 (to be read thus)
Ghābir al-Andalus wa-ḥāḍiruhā S III 432
Ghādat al-Andalus S III 228
Ghādat Berlīn S III 387
Ghādat Buṣrā S III 383
Ghādat jabal Anāṣyā S III 228
Ghādat Karbalāʾ S III 190
Ghādat Lubnān S III 235
Ghādat Yildiz etc. S III 232
-Ghāḍī wa-mughtadhi G I 524, S I 422
Ghalaṭ al-ḍuʿafāʾ min ahl al-fiqh G I 302, S I 530
Ghalaṭ al-muḥaddithīn G I 165

Ghalaṭ al-ʿulamāʾ S I 186
Ghalaṭāt al-ʿawāmm S I 915
Ghalaṭāt al-Ṣūfiyyīn S I 955 ad 362$_{,12}$
-Ghāliya G II 154$_{,231}$
Ghāliyat al-mawāʿiẓ S II 787
-Ghammāz ʿala ʾl-lammāz G II 174, 305, S II 416
-Ghamūḍ min masāʾil al-ʿarūḍ S I 495
Ghamz al-ʿayn G II 368
Ghamz ʿuyūn al-baṣāʾir S II 425
Ghanāʾim al-anām fī masāʾil al-ḥalāl wal-ḥarām S I 953 ad 322
Ghanāʾim al-ayyām fī masāʾil al-ḥalāl wal-ḥarām S II 825
-Ghanam S I 163
Ghanīmat al-ʿabd al-munīb etc. S II 702
Ghāniyat al-Jazāʾir S III 229
-Ghāra al-ilāhiyya fi ʾl-intiṣār lil-sāda al-Rifāʿiyya S II 869$_{,24}$
Gharāʾib al-athar S II 782
Gharāʾib al-badāʾiʿ G II 300
Gharāʾib al-dunyā S I 882
Gharāʾib al-funūn wa-mulaḥ al-ʿuyūn etc. G II 129, S II 160
Gharāʾib al-gharb S III 432
Gharāʾib al-ightirāb S II 787
Gharāʾib majālis al-naḥwiyyīn S I 171
Gharāʾib al-Maktūbjī S III 228
Gharāʾib al-masāʾil S II 133
Gharāʾib al-Qurʾān G I 132, 192, S I 643, 922$_{,6b}$
Gharāʾib al-Qurʾān wa-raghāʾib al-furqān S II 273
-Gharāʾib wal-shudhūr fi ʾl-lugha G I 307
Gharāʾib al-tafsīr wa-ʿajāʾib al-taʾwīl S I 732
-Gharām wal-siyāsa aw Nabūlyūn I S III 230
Gharāmī ṣaḥīḥ S I 635
-Ghārāt S I 215$_{,9}$
-Gharbiyyāt S III 448
Gharīb alfāẓ al-Shāfiʿī G I 128
Gharīb al-anbāʾ fi ʾl-munāẓara bayna ʾl-arḍ wal-samāʾ S II 758, III 379
Gharīb al-ḥadīth G I 102, 103, 104, 105, 107, 109, 116, 118, 119, 124, 165, S I 166, 184, 188, 275, 918$_{,27f}$, 964 ad 503
Gharīb al-Maṣābīḥ S I 780
-Gharīb al-muntaqā min akhbār ahl al-tuqā S II 1010
-Gharīb al-muṣannaf G I 107, S I 166
Gharīb al-nāqilīn G II 463
Gharīb al-Qurʾān G I 102, 105, (119), 190, S I 186, 502, II 38, 985, 987
Gharīb al-Qurʾān wa-tafsīruhu S I 942 ad 170
Gharīb al-Shifāʾ S I 631$_{,n}$
-Gharībayn fi ʾl-Qurʾān wal-ḥadith G I 131, S I 200
Gharīzat al-marʾa S III 280
-Gharrāʾ G I 60
Ghars al-anṣāb G II 154, S II 192$_{,233}$
-Ghaṣb S II 832
Ghawāmiḍ al-asmāʾ al-mubhamāt G I 340
Ghawāmiḍ al-fikar fī tartīb masāʾil al-Minhāj ʿala ʾl-Mukhtaṣar S I 681 A/C, II 114
Ghawāmiḍ al-ḥikam S I 445
-Ghawāmiḍ wal-mubhamāt S I 580
Ghawāmiḍ al-nuqūl fī mabāḥith al-ʿuqūl S II 978
Ghawāmiḍ al-Ṣaḥāḥ G I 129
Ghawāni ʾl-ashwāq fī maʿāni ʾl-ʿushshāq S II 383 (to be read thus), 570
Ghawāshi ʾl-ashwāq fī maʿāni ʾl-ʿushshāq S II 570, read *ghawānī*
min Ghawr muḥīṭ S III 233
Ghawr al-umūr S I 357
-Ghawṣ liqtibās nafāʾis al-asrār al-mawḍūʿa fī Durar al-biḥār S II 90
Ghāyat al-adab G I 118
Ghāyat al-aḥlām G I 361
Ghāyat al-akhbār etc. S II 934
Ghāyat al-amal S II 798, 832
Ghāyat al-amānī S II 435
Ghāyat al-amānī fī ʿilm al-maʿānī S II 112
Ghāyat al-amānī fi ʾl-radd ʿala ʾl-Nabhānī S II 764, 788
Ghāyat al-amānī, sharḥ al-Risāla S I 302
Ghāyat al-amānī fī tafsīr al-kalām al-rabbānī G II 229, S II 320
Ghāyat al-arab S I 181
Ghāyat al-badīʿ S II 209
Ghāyat al-bayān G I 377, II 79, S I 645
Ghāyat al-bayān fī anna waqf al-ithnayn etc. S II 773$_{,27}$
Ghāyat al-bayān fī ḥill al-sharāb G II 317
Ghāyat al-bayān fī maʿrifat miʾāt al-Qurʾān S II 135

Ghāyat al-bayān wa-nihāyat al-tibyān S II 634
Ghāyat al-bayān, sharḥ al-Zubad G II 96, S II 113
Ghāyat al-bayān fī tarjamat al-shaykh Raslān G II 367, S I 811
-Ghāya fi 'l-fiqh G II 322
Ghāyat al-fuhūm fī tadbīr al-maḥmūm S I 825,82l
Ghāyat al-fuṣūl ilā ʿilm al-uṣūl S II 118,37
Ghāyat al-gharaḍ G I 491
Ghāyat al-ghawr fī masāʾil al-dawr G I 425, S I 754
Ghāyat al-Hidāya S I 840
Ghāyat al-ḥakīm G I 243, S I 431
-Ghāya ʿalā ḥāshiyat al-Hidāya S I 645
Ghāyat al-ḥayāh S III 260
Ghāyat al-ibtihāj li-muqtafī asānīd Muslim b. al-Ḥajjāj S II 399
Ghāyat al-iḥkām fi 'l-aḥādīth wal-aḥkām S I 615
Ghāyat al-iḥsān G II 110, S II 136
Ghāyat al-iḥsān fī khalq al-insān G II 155, S II 194,260
Ghāyat al-ījāz li-khāʾif al-iʿwāz S II 210
Ghāyat al-ikhtiṣār G I 392, S I 676, 724
Ghāyat al-ikhtiṣār fī akhbār al-buyūtāt al-ʿAlawiyya S I 591
-Ghāya fi ikhtiṣār al-Nihāya G I 389, 430
Ghāyat al-imkān S I 747,23d, 790,25
Ghāyat al-intifāʿ S II 218
Ghāyat al-irshād etc. G II 307, S II 417
Ghāyat al-itḥāf G II 461
Ghāyat itqān al-ḥarakāt lil-sabʿa al-kawākib al-sayyāra G II 408, S II 567
Ghāyat al-itqān fī tadbīr badan al-insān G II 365, S II 666
Ghāyat al-kamāl G I 389, S I 689, II 519
Ghāyat al-karāma fī sharaf ṣāḥib al-ghamāma S II 15
Ghāyat al-maʿānī fī maʿrifat qawāʿid al-rabbānī S II 494
Ghāyat a. Madyan S I 785
Ghāyat al-maghnam fi 'l-ism al-aʿẓam G II 165, S II 213
Ghāyat al-maʾmūl S I 672, II 440
Ghāyat al-maʾmūl, sharḥ Zubdat al-uṣūl S II 597,17b
Ghāyat al-maʾmūl fī uṣūl al-fiqh al-Ḥanafī S II 783
Ghāyat al-maqāl fī mā yataʿallaq bil-niʿāl S II 858,32
Ghāyat al-maqāṣid fī ḥall Ṣaḥīḥ a. Dāʾūd S I 948 ad 267
Ghāyat al-maqṣad fī zawāʾid al-Musnad S I A/C 310
Ghāyat al-maqṣūd fi 'l-ʿilm wal-ʿamal bil-bunūd G II 136
Ghāyat al-maqṣūd li-man yataʿāṭa 'l-ʿuqūd G II 323, S II 445
Ghāyat al-maqṣūd fi 'l-radd ʿala 'l-Naṣārā wal-Yahūd S I 892
Ghāyat al-marām G II 99, 321, S II 781
Ghāyat al-marām bi-akhbār salṭanat al-balad al-ḥarām G II 175
Ghāyat al-marām wa-ḥujjat al-khiṣām S II 506
Ghāyat al-marām fī ithbāt al-aʾimma al-kirām S II 533
Ghāyat al-marām fī mā yataʿallaq bi-ankiḥat al-anām G II 323, S II 445
Ghāyat al-marām fī rijāl al-Bukhārī S II 117
Ghāyat al-marām, sharḥ Baḥr al-kalām S I 757
Ghāyat al-marām, sharḥ Lisān al-ḥukkām G II 97
Ghāyat al-marām, sharḥ Muqaddimat al-imām S I 672
Ghāyat al-marām, sharḥ Shurūṭ al-maʾmūm wal-imām G II 319, S II 440
Ghāyat al-marām fī takhāṭub al-aqlām S I 490
Ghāyat al-marām fī tathlīth kalām S II 921
Ghāyat al-marām fī 'l-ṭibb S II 492
Ghāyat al-masʾūl fī ʿilm al-uṣūl S II 835
Ghāyat al-maṭlab fi 'shtirāṭ al-wāqif S II 773,28
Ghāyat al-maṭlab fi 'l-rahn iadhā dhahab S II 431,33
Ghāyat al-maṭlūb fī fann al-anghām wal-ḍurūb S II 173
Ghāyat al-maṭlūb fī maḥabbat al-maḥbūb G II 347,39a, S II 474,39a
Ghāyat al-maṭlūb fī qirāʾat a. Jaʿfar wa-Khalaf wa-Yaʿqūb S II 227 A/C, 979
Ghāyat al-maʿūna bi-bayān al-qirān al-masnūna S II 536

Ghāyat al-muḥtāj S II 113
Ghāyat muḥtāj al-Minhāj S I 681
Ghāyat al-murād S II 132, 206, 526
Ghāyat al-musalsal S II 193,245y
Ghāyat al-naf' ilā dharwat al-wad' S II 397
-Ghāya wal-nihāya G I 426
Ghāyat al-nihāya fī asmā' rijāl al-qirā'āt uli 'l-riwāya wal-dirāya G II 202, S II 277,11
Ghāyat al-nihāya, sharḥ Hidāyat al-ḥikma S I 840,f (to be read thus)
Ghāyat al-qarab G II 419
Ghāyat al-qaṣd fī 'ilm al-faṣd S I 827,95a
Ghāyat al-qaṣd wal-murād S II 566
-Ghāya fi 'l-qirā'āt S I 330
-Ghāya al-quṣwā G I 418, 424 , S I 742, 753, II 803
-Ghāya al-quṣwā fi 'l-kalām 'alā āyat al-taqwā S II 15
Ghāyat al-raf' S II 481
Ghāyat al-raghba fī ādāb al-ṣuḥba S II A/C 193
-Ghāya, sharḥ al-Hidāya S I 646
-Ghāya, sharḥ al-Maqaddima al-Jazariyya S II A/C 277
Ghāyat al-sūl S I 921,3d
Ghāyat al-sūl fī iqrār ba'ḍ dīn al-majhūl S II A/C 155
Ghāyat al-sūl, sharḥ al-Fuṣūl al-'ashara S II A/C 159
Ghāyat al-surūr G I 496, S I 908, II 172 A/C
Ghāyat al-su'ūl fī (ilā) 'ilm al-uṣūl G II 107, 406, S II 559
Ghāyat al-su'ūl fi 'l-iqrār bil-majhūl G II 126
Ghāyat al-su'ūl fī khaṣā'iṣ al-rasūl G II 93, S II 109
Ghāyat al-su'ūl fi mā ṣaḥḥa min tafḍīl al-rasūl S I 767
Ghāyat al-su'ūl fi sīrat al-rasūl S II 52
Ghāyat al-su'ūl fi 'l-uṣūl G II 85
Ghāyat al-ta'arruf fī 'ilmay al-uṣūl wal-taṣawwuf S II A/C 464
Ghāyat tahdhīb al-kalām S II 302
Ghāyat al-taḥqīq G II 397,92, S I 534,23, 654
Ghāyat al-taḥrīr al-jāmi' G II 233, S II 328
Ghāyat al-taḥṣīl G II 239
Ghāyat al-tajallī li-'ibāra fī Munyat al-muṣallī S II 536
Ghāyat talkhīṣ al-murād min fatāwī b. Ziyād S II 817
Ghāyat al-tawḍīḥ S I 263,40
-Ghāya fi 'l-ṭibb G II 447 (= *Gh. al-itqān*)
Ghāyat al-ṭullāb fī ma'rifat al-i'rāb S I 527
Ghāyat al-'ulūm wa-asrāruhā S I 755,64e
Ghāyat al-'ummāl fī sunan al-aqwāl S II 519
Ghāyat al-umniyya G II 490, S I 726,21
Ghāyat al-uṣūl G II 89
Ghāyat al-wasā'il ilā ma'rifat al-awā'il G I 699, S I 598
Ghāyat al-wijāza G II 347,62
Ghāyat al-wuṣūl min al-Fuṣūl G II 125, S II 155
Ghāyat al-wuṣūl ilā Lubb al-uṣūl S II 106
Ghāyat al-wuṣūl, sharḥ Muntaha 'l-su'āl S I 537, II 209
Ghāyat al-wuṣūl ila 'l-uṣūl S II 118,49
-Ghāyāt G I 445
Ghāyāt al-afkār etc. G II 187, S II 245
Ghāyāt al-āyāt S I A/C 923
-Ghāyāt fī ma'rifat al-āyāt G II 205
Ghāyāt al-sarā'ir G II 122
-Ghayba S I 707
Ghaybat al-aḥbāb S II 578
-Ghayba wal-namāma S I 248,135
Ghaybat al-Nu'mānī S I 321
-Ghaylāniyyāt S II 121,16
-Ghayn fī madḥ sayyid al-kawnayn G II 14
Ghayth al-adab alladhi 'nsajam S I 440
-Ghayth al-fā'iḍ fī 'ulūm al-farā'iḍ S I 682
Ghayth al-hamal S II 292
-Ghayth al-hāmi' S II 71
-Ghayth al-hāmi', sharḥ al-Jawāmi' S II 105
Ghayth al-mawāhib G II 265
Ghayth al-mawāhib al-'aliyya, sharḥ al-Ḥikam al-'Aṭā'iyya S II 146, 358
-Ghayth al-midrār, sharḥ al-Azhār G II 187, S II 244, 245 A/C
-Ghayth al-munsajim S I 440, I
-Ghayth al-murī' G II 139
-Ghayth al-musajjam S I 439, 440
Ghayth al-naf' G II 461
-Ghazal al-sharīd aw Amīr al-luṣūṣ S III 229
Ghazāt sab' ḥuṣūn S I A/C 616
-Ghazawāt G II 456, S II 677 A/C
-Ghazawāt al-ḍāmina G I 344
Ghazawāt Qubruṣ wa-Rūdus S II 198
Ghazawāt al-sulṭān Selīm li-rawāfiḍ al-'Ajam S II 633
-Ghazw wal-jihād S I 905

Ghazwat al-aḥzāb etc. S I 616
Ghazwat al-imām ʿA. b. a. Ṭālib maʿa ʾl-laʿīn al-Khudhām al-Ḥajjāf S I 616
Ghibṭat al-nāẓir fī tarjamat al-shaykh ʿAq. S I 777, II 75
-Ghilmān G I 286, S I 501,$_{18}$
Ghina ʾl-malhūf fī asrār al-tarkīb S II 172
-Ghinā wal-munā G I 239, S I 425
Ghināyat al-labīb ʿinda ghaybat al-ḥabīb S II 908
-Ghirāʾ li-qāṣid umm al-qurā G I 361
Ghirās al-āthār wa-thimār al-akhbār etc. S II 131
-Ghirbāl S III 473
Ghirbāl al-zamān G II 177, 185, S II 228
Ghishsh al-ṣināʿāt S I 245,$_{63}$
Ghiyāth al-imām al-Ghiyāthī S I 673
Ghrigorius al-Ḥajjār S III 417
-Ghumma al-nafsāniyya etc. S II 1007
-Ghunna bi-bishārat ahl al-janna S II 860
Ghunyat arbāb al-samāʿ G II 206, S II 284,$_{15}$
Ghunyat al-bāḥith ʿan jumal al-mawārīth G I 391, S I 675
Ghunyat dhawi ʾl-aḥkām S II 316, 431,$_{17}$
Ghunyat al-fahīm etc. G II 128, S II 159
Ghunyat al-faqīr fī ḥukm al-ajīr S II 225
Ghunyat al-faqīr li-mā lil-ṭayyiba min al-takbīr G II 371, S II 499
-Ghunya fi ʾl-fatāwī S II 90
-Ghunya fī fuqahāʾ al-Andalus wal-Ifrīqiya S I 632
Ghunyat al-ḥussāb fī ʿilm al-ḥisāb G II 368, S I 860
Ghunyat al-labīb G II 137
Ghunyat al-muftī S I 670
Ghunyat al-mughnī S I 653
Ghunyat al-muḥtāj ilā sulūk al-minhāj G I 395, S I 680, II 108
Ghunyat al-multamis fī īḍāḥ al-multabis S I 564
Ghunyat al-murīd S I 971 ad 662
Ghunyat al-mustafīd fi ʾl-ḥukm ʿala ʾl-mawālīd S I 869
Ghunyat al-mutamallī G I 432, S I 659
Ghunyat al-rāmī wa-ghāyat al-marām lil-maʿānī S II 167
Ghunyat al-ṭālib wa-munyat al-rāghib G II 506, S II 868
-Ghunya li-ṭālibī ṭarīq al-ḥaqq G I 435, S I 778
Ghunyat al-ṭālibīn G II 327, S II 454
Ghunyat al-ṭālibīn min aḥkām al-dīn S II 776
Ghunyat al-ṭullāb G II 136
Ghunyat al-uṣūl S II 954
-Ghurabāʾ S I 229, 274, 294
-Ghuraf al-ʿaliyya S II 494,$_{18}$
-Ghurar G I 294
Ghurar al-aḥkām S II 315
-Ghurar, aḥsan mā qālahu S II 428
Ghurar al-akhbār G I 430, S I 765
Ghurar akhbār mulūk al-Furs G II 697
-Ghurar al-ʿaliyya G II 367, S II 776
-Ghurar al-bahiyya S I 679, II 175 A/C
Ghurar al-balāgha G I 285, S I 500,$_{8}$, 556
Ghurar al-bayān G II 407
-Ghurar wal-durar S I 704
Ghurar wa-durar al-kalim G I 44, S I 75
Ghurar al-farāʾid fi ʾl-ḥikma S II 833
Ghurar al-fawāʾid wa-durar al-qalāʾid S I 704
Ghurar al-fawāʾid al-majmūʿa G I 160
Ghurar al-ghurar S I 704
Ghurar al-ḥikam S I A/C 707
-Ghurar al-ḥisān fī akhbār abnāʾ al-zamān S II 770
-Ghurar al-iʾtinās wa-durar al-iqtibās S III 346
Ghurar al-khalq G I 441
Ghurar al-khaṣāʾiṣ al-wāḍiḥa etc. G II 54, 78, S II 53
-Ghurar al-marḍiyya S I 683
-Ghurar al-muḍīʾa S II 70
Ghurar al-muḥāḍara wa-ruʾūs masāʾil al-munāẓara S I 660
-Ghurar al-muthallatha G II 183
-Ghurar fī nujabāʾ al-awlād S I 595
-Ghurar al-sawāfir etc. S II 108
Ghurar al-shurūṭ wa-durar al-sumūṭ S I 638
Ghurar al-siyar S I 581
-Ghurar fī siyar al-mulūk wa-akhbārihim G I 342, S I 581
-Ghurba al-fākhira etc. S I 665
-Ghurba al-gharbiyya S I 783,$_{16}$
Ghurrat ashhar al-anwār etc. S II 737
Ghurrat al-bayān ʿan ʿumr hādha ʾl-zamān S II A/C 565

-Ghurra fī 'l-kalām ʿalā bayt al-ibra G I 464, S II 695
-Ghurra al-makhfiyya S I A/C 530
-Ghurra fī 'l-manṭiq G II 210, S II 293
-Ghurra al-Miṣriyya S I 666
-Ghurra, sharḥ al-Durra G II 202, S II 275
Ghurrat al-ṣabāḥ G II 132
Ghurrat al-tibyān li-man lam yusamma fī 'l-Qurʾān S II 81
-Ghurra al-ṭāliʿa fī shuʿarāʾ al-miʾa al-sābiʿa G I 313, S I 577
-Ghurra al-wāḍiḥa fī tafsīr al-Fātiḥa S II 986
Ghuṣn al-bān al-mūriq etc. G II 504, S II 860$_{,19}$
-Ghuṣūn al-yāniʿa fī maḥāsin shuʿarāʾ al-miʾa al-sābiʿa S I 581
Gulistān G II 438

Hāʾāt k. Allāh G I 119
Habwat al-salām S II 454
-Hadāyā G I 125, S I 247
Hadāya 'l-aḥbāb wa-tuḥfat al-ikhwān etc. S II 131, 947$_{,18,8}$
-Hādī S I 529, 675 A/C, III 275
Ḥādi 'l-arwāḥ G II 106
Hādī 'l-arwāḥ ilā bilād al-afrāḥ S II 127$_{,25}$
Hādi 'l-aẓʿān G II 361
-Hādī bayna 'l-murājī wal-bādī S II A/C 385
Hādī 'l-ḥāʾirīn S II 467$_{,64}$
-Hādī fī ʿilm al-kalām S I 765
-Hādī ila 'stimāʿ al-Injīl G II 496, S II 779
-Hādī ila maʿrifat al-maqāṭiʿ wal-mabādī S I 724, II 981
Hādī 'l-muḥtāj S I 681$_{,24}$
Hādī 'l-murīd ilā ṭarīq al-asānīd S II 764
Hādi 'l-nabīh li-tadrīs al-Tanbīh S II 964
Hādī 'l-nufūs G I 505
-Hādī fī 'l-qirāʾāt S I 718
Hādi qulūb ahl al-dār wa-dār al-qarār S I 919$_{,75g}$
Ḥādi 'l-qulūb ilā liqāʾ al-maḥbūb G II 120, S II 148
-Hādī ila 'l-rashā S II 207
-Hādī ilā sabīl al-rashād S II 559
-hādī lil-shādī G I 289, S I 507
Hādi 'l-sharīʿa G II 434
Hādī 'l-ʿumy S II 948$_{,3}$
-Hadiyya G II 291, S II 402
Hadiyyat al-ʿabd al-qāṣir etc. G II 135, S II 166
Hadiyyat al-aḥbāb wa-hidāyat al-ṭullāb S II 778
Hadiyyat al-aḥbāb fī mā lil-khalwa min al-shurūṭ wal-ādāb G II 351, S II 477$_{,39}$
Hadiyyat al-aḥbāb bi-mā fīhi 'l-najāt min al-ʿadhāb S II 1011
-Hadiyya al-Aḥmadiyya fī 'l-dhurriyya al-Mujaddidiyya S II 816
-Hadiyya al-ʿAlāʾiyya etc. S II 774$_{,37}$
Hadiyyat al-albāb fī jawāhir al-ādāb S II 776
Hadiyyat al-faqīr G II 362, S II 490
Hadiyyat al-fuqarāʾ G II 355
-Hadiyya ʿala 'l-Hadiyya S II 855, 861
-Hadiyya fī ḥall al-masāʾil al-khafiyya S II 947$_{,181.16}$
Hadiyyat al-ikhwān S II 649
Hadiyyat al-ikhwān fī shajarat al-dukhān S II 399, 696
Hadiyyat al-ikhwān fī tafsīr mā ubhima ʿala 'l-ʿāmma min alfāẓ al-Qurʾān G II 377, S II 760
-Hadiyya wal-iʿlām S I 631
Hadiyyat al-karawān S III 147
Hadiyyat al-mahdiyyīn S II 661
Hadiyyat al-mahdiyyīn fī takfīr jāhil ṣifat al-īmān S II 458
-Hadiyya al-marḍiyya S II 393
Hadiyyat al-muhtadī S II A/C 318
Hadiyyat al-muhtadī fī ʿilm al-handasa wal-misāḥa S II A/C 665
Hadiyyat al-mulūk G II 343
-Hadiyya al-nadiyya S II 655
-Hadiyya al-nadiyya, sharḥ ʿala 'l-ʿAḍudiyya S II 858
-Hadiyya al-Najafiyya S II 988
Hadiyyat al-namala ilā marjiʿ al-milla S II 798
Hadiyyat al-nāsik wa-hidāyat al-sālik S III 346
Hadiyyat al-nāṣiḥ G II 95, S II 112
Hadiyyat al-sāda S II 526
-Hadiyya al-Saʿīdiyya fī 'l-ḥikma al-ṭabīʿiyya S II 855
Hadiyyat al-sālikīn S II 663
-Hadiyya al-saniyya wal-tuḥfa al-Wahhābiyya al-Najdiyya S III 498
Hadiyya i Shāhjahāniyya S II A/C 625

Hadiyyat al-sulūk S I 659, II 700
-Hadiyya al-ṣāliḥa wal-naṣīḥa al-wāḍiḥa S II 485
-Hadiyya al-Ṣamadiyya S II 175
Hadiyyat al-ṣibyān G II 424, S I A/C 504
Hadiyyat al-ṣiddīq S II 821
Hadiyyat al-ʿuqūl G II 406
Hadiyyat al-wuʿʿāẓ S II A/C 663
Hadiyyat al-zaman fī akhbār mulūk Lahij wa-ʿAdan S II 818, S III 310
-Hādūr G II 237
-Hādūriyya S II 8
-Hafawāt al-bādira etc. S II 922 (see S I 556)
-Hāla wa-qaws Quzaḥ S II 292
Hamʿ al-hawāmiʿ G II 155, S II 194,$_{250}$
ʿalā Hāmish al-sīra S III 299
-Hamm wal-ḥuzn S I 248,$_{17}$
Hams al-shāʿir S III 454
-Hamz wa-taḥqīq al-hamz S I 163
Hamziyyat al-alfiyya S II 764
Hārūn al-Rashīd S III 435
-Hārūnī S I 363
-Hārūniyya fi ʾl-ṣarf S II 924
-Hāshimiyyāt G I 63, S I 97
Haṣr mathārat al-quḍāt bil-adilla S II 346
Hatk al-asrār G I 241, S I 428,$_{18}$ (to be read thus)
Hatk al-astār fī ʿilm al-asrār G II 346, S II 473,$_{15}$
-Hawā al-ʿUdhrī aw al-Wafāʾ fi ʾl-ḥubb S III 231
-Hawā wal-wafāʾ S III 175
-Hawādī, sharḥ al-Masālik G I 296, S I 519, S II 921
Hawāmiʿ al-ḥaqq G II 351
-Hawātif G I 184, S I 247
Hawātif al-jinān wa-ʿajīb mā yuḥkā ʿani ʾl-kuhhān S I 250
-Hāwiya, kūmīdī drām S III 272
-Hawl al-muʿjib fiʾʾl-qawl al-mūjib S II 29
-Hawwār S III 276
Hayʾat al-aflāk G I 204
Hayʾat al-aʿlām G I 470
Hayʾat al-fuṣūl al-thalāthīn G I 221
-Hayʾa wal-Islām S II 807
-Hayʾa al-saniyya G II 148,$_{66}$
-Hayākil S II 848
Hayākil al-nūr G I 438, S I 782
-Hayūlā ʿilāj al-ṭibb li-Dioskorides S I 370
Hazār(yak) mazār G II 195, S II 256
Hazm al-juyūsh S I 536
Hazz al-quḥūf G II 278, S II 387
-Hīʾa(hiba) al-saniyya S II 185,$_{66}$
Hibat al-ayyām fīmā yataʿallaq bi a. Tammām G II 286, 691, S I 136
-Hiba wal-ʿaṭā, sharḥ al-ʿAqīda al-wusṭā S II 378
Hibat al-fattāḥ G II 178
Hibat al-mannān G II 376
-Hibāt al-Anwariyya ʿala ʾl-ṣalawāt al-Akbariyya S II 477,$_{52}$
-Hibāt al-hanīʾa G II 164
-Hibāt al-saniyyāt etc. G II 394, S II 539
-Hibāt al-saniyya al-ʿaliyya S I 727
-Hibāt al-saniyya fi ʾl-muṣannafāt al-Jaʿbariyya S II 134
-Hidāya G I 376, S I 322, 326, 644, 687, 822,$_{68www}$
Hidāyat al-abrār S II 451
Hidāyat al-adhkiyāʾ G II 221, S II 310
Ḥidāyat al-afkār S II 245, 559
Hidāyat al-afkār ilā maʿāni ʾl-Azhār G II 188, 248
Hidāyat al-aʿlām S II A/C 578
Hidāyat al-ʿāmil G II 168, S II 217
-Hidāya al-ʿĀmiriyya S I A/C 715
Hidāyat al-anām fī kayfiyyat amwāl al-imām S II 799
Hidāyat al-anām bi-mā li-am atā min al-aḥkām S II 720
Hidāyat al-anām fī sharḥ Sharāʾiʿ al-Islām S I 712,$_{m}$, II 796
-Hidāya ilā awhām al-Kifāya S II 107
Hidāyat al-bārī ilā tartīb aḥādīth al-Bukhārī S I 264
Hidāyat al-bashar fī ʿilm al-ḥurūfi S I 933,$_{56a}$
-Hidāya li-bayān al-khalq wal-takwīn G II 115, S II 141
-Hidāya min al-ḍalāla etc. G II 365, S II A/C 491
Hidāyat al-fahm fī baʿḍ anwāʾ al-wasm S II 725
Hidāyat al-fiqh S I 970 ad 647
Hidāyat al-ghāwī S II 183,$_{41}$

Hidāyat al-ghulām ilā khulāṣat al-aḥkām S II 116
Hidāyat al-hādiya S II 391
Hidāyat al-ḥayārā etc. G II 106, S II 126,5
Hidāyat al-ḥikma G I 464, S I 839
Hidāyat al-ḥukkām ilā khayr al-aḥkām S II 503
Hidāyat al-ikhwān S II 320
-Hidāya wal-iʿlām G I 370
Hidāyat al-insān ila 'l-istighnā' bil-Qur'ān S II 947,181,31
-Hidāya lil-insān, sharḥ al-Ḥikam al-ʿAṭā'iyya S II 146
-Hidāya wal-irshād G I 519
-Hidāya min al-iʿtiqād li-kathrat nafʿa bayna 'l-ʿibād S I 764
-Hidāya al-kāfiya G II 246, 247, S II 345, 347
-Hidāya al-kāfiya al-shāfiya li-bayān ḥaqā'iq al-imām b. A. al-wāfiya S II 737
-Hidāya ilā maʿālim al-riwāya G II 202, S II 277
Hidāyat al-mahara G II 202
-Hidāya al-Maybudiyya S II 293
Hidāyat al-mannān etc. G II 317, S II 437
Hidāyat al-mubtadi' S I 762,110
Hidāyat al-mubtadi' wa-bidāyat al-muhtadī G II 179, S II 247
Hidāyat al-mubtadi'īn fī maʿrifat al-makhārij etc. S II 917
-Hidāya al-Muḥammadiyya S II 185,81
Hidāyat al-muḥibbīn ilā dhikr sayyid al-mursalīn S II 886
Hidāyat al-muḥtāj G II 328, S II 456
-Hidāya al-mukhtāriyya S II 287, 858
Hidāyat al-murīd wa-nihāyat al-saʿīd G II 345
Hidāyat al-murīd fī 'l-sabīl al-ḥamīd G II 334, S II 462
Hidāyat al-murīd, ʿaqīdat ahl al-tawḥīd S II 353, 408, 738
Hidāyat al-murīd, sharḥ Jawharat al-tawḥīd G II 316, S II 436
Hidāyat al-murshidīn S I A/C 921
Hidāyat al-murtāb wa-ghāyat al-ḥuffāẓ wal-ṭullāb G I 410, S I 728
-Hidāya lil-mustafīdīn S I A/C 445
Hidāyat al-mustarshid wa-bughyat al-ṭālib etc. S II 546
Hidāyat al-mustarshidīn S II 450, 828
Hidāyat al-mushtāq G II 335
Hidāyat al-mutanassik G II 199
Hidāyat al-mutawahhimīn G II 283, S II A/C 393
Hidāyat al-muttaqīn, sharḥ Kifāyat al-mu'minīn S II 506
-Hidāya fī 'l-naḥw G I 306, S I 174, 535, II A/C 136
Hidāyat al-nāṣiḥ wa-ḥizb al-fātiḥ S II 149
-Hidāya al-Qādiriyya bil-manẓūma al-Baghdādiyya S I 778,17
Hidāyat al-qāṣidīn wa-nihāyat al-ṭālibīn S II 325
Hidāyat al-qāṣidīn wa-nihāyat al-wāṣilīn S I 911
-Hidāya al-Qur'āniyya S II 533
Hidāyat rabbī ʿinda faqd al-murabbī S II 519,16
Hidāyat al-rāghibīn ilā madhhab al-ʿitra al-ṭayyiba S II 243
-Hidāya al-raḥmāniyya ilā ṭarīqat al-sāda al-Kharqāniyya S II 515,7
Hidāyat al-rāmī S II 490
Hidāyat al-rāsikhīn S II 585
Hidāyat al-rayb li-man aḥabba S II 153
Hidāyat al-sā'il S I A/C 217
Hidāyat al-sālik G II 72, S II 79
Hidāyat al-sālik ilā Awḍaḥ al-masālik S II 164
Hidāyat al-sālik al-muḥtāj S II A/C 526
Hidāyat al-sārī S I 262
-Hidāya, sharḥ al-Kifāya S II 799
Hidāyat al-Ṣūfiyya S II 619
-Hidāya wal-tabyīn fī 'l-ḥikma al-ṭabīʿiyya S II A/C 1024
-Hidāya ilā(li) taḥqīq al-riwāya S II 250, 278
-Hidāya wal-tawfīq fī ādāb sulūk al-ṭarīq S II A/C 478
Hidāyat al-ṭālibīn S II 827
Hidāyat al-ṭullāb fī ʿilm al-ḥisāb S II 1018,9
Hidāyat uli 'l-baṣā'ir wal-abṣār etc. G II 324, S II 446 A/C
Hidāyat al-umma ilā aḥkām al-a'imma S II 597,36

-Hidāya fi ’l-uṣūl S II 842
-Hijā’ S I 171, 906
-Hijra lil-ẓālimīn G I 186, S I 315
-Hilāl S III 186
-Hilālayn S II 180,$_{6m}$
Hilānā S III 382
Hind al-Baramakiyya S III 390
Hind al-Ghassāniyya S III 379
Hitler al-mur‘ib S III 435
-Hudā G II 414, S III 439
-Hudā wa-dīn al-Muṣṭafā S II 802
-Hudā al-nabawī S II 127,$_{33}$, 531
-Hudā fi ’l-naṣā’iḥ S II 804
Hudā ’l-sārī S II 75,$_{54}$
-Ḥabā’ik fī akhbār al-malā’ik G II 147, S II 183,$_{51}$
Ḥabā’il al-shayṭān S III 277
Ḥabbat al-maḥabba S II 661
Ḥabk al-darārī al-muraṣṣa‘a bi-ḥabā’ik al-durar S I 464, III 347
-Ḥabl al-matīn S II 605
-Ḥabl al-matīn fī iḥkām aḥkām al-dīn S II 596,$_{16}$
-Ḥabl al-wathīq etc. G II 146, S II 180,$_{15}$
Ḥabl al-wiṣāl S II 810
-Ḥabs bil-tuhama S II 144
-Ḥadā’iq G I 427, 504, S I 250, 505, II 912
Ḥadā’iq al-adab etc. S II 1045,$_{21}$
-Ḥadā’iq li-ahl al-ḥaqā’iq S I 918,$_{40}$
Ḥadā’iq aḥdāq al-azhār G II 368, S II 495
Ḥadā’iq al-akhyār G II 430, S II 639
Ḥadā’iq al-albāb S II 533
Ḥadā’iq al-albāb fī ‘ilm qawā‘id al-i‘rāb S II 19
Ḥadā’iq al-anwār G II 192, 234, S I 923,$_{20c}$
Ḥadā’iq al-anwār fī faḍl al-ṣalāt ‘ala ’l-nabī al-mukhtār S II 693
Ḥadā’iq al-awliyā’ S II 110
Ḥadā’iq al-azhār G II 264, S I 614, II 375
Ḥadā’iq al-azhār wa-laṭā’if al-akhbār etc. S II 415
-Ḥadā’iq al-badī‘iyya G II 286, S II 396
Ḥadā’iq al-funūn fī ’khtiṣār al-Aghānī S I 945 ad 226
Ḥadā’iq al-fuṣūl wa-jamāhir al-‘uqūl S I 765
Ḥadā’iq al-fuṣūl wa-jawāhir al-uṣūl S II 977,$_{56}$
Ḥadā’iq al-ghawālī fī ’l-qabā wal-‘awālī S II 935
Ḥadā’iq al-ḥaqā’iq S I 510
Ḥadā’iq al-ḥaqā’iq min al-manṭiq etc. S II 1013,$_{3}$
Ḥadā’iq al-ḥaqā’iq fī mawā‘iẓ al-khalā’iq S I 659,$_{6}$
Ḥadā’iq al-ḥaqā’iq fī takmilat al-Shaqā’iq S II 635
Ḥadā’iq al-in‘ām fī faḍā’il Dimashq wal-Sha’m S II 409
-Ḥadā’iq al-insiyya etc. S II 496
Ḥadā’iq al-‘iyān S I 561
Ḥadā’iq al-manthūr wal-manẓūm S II 769
-Ḥadā’iq al-nādira fī aḥkām al-‘itra al-ṭāhira S II 504
-Ḥadā’iq fī sharaf sayyid al-khalā’iq S II 691
Ḥadā’iq al-siḥr fī daqā’iq al-shi‘r S I A/C 486
Ḥadā’iq al-ta’wīl fī mutashābih al-tanzīl S I 132
Ḥadā’iq al-uṣūl S II 827
Ḥadā’iq al-‘uyūn al-baṣīra etc. G II 711, S II 410
-Ḥadā’iq al-wardiyya fī dhikr (manāqib) a’immat al-Zaydiyya G I 325, S I 560
-Ḥadā’iq al-wardiyya fī ḥaqā’iq ajillā’ al-Naqshbandiyya S II 774
Ḥadā’iq al-yāsamīn G II 299
Ḥadā’iq al-zahr wal-rayḥān etc. S II 502
Ḥadaqat al-muqlatayn etc. S II 702
Ḥadd al-ghinā fī ḥurmat al-ghinā’ S II 950,$_{29}$
Ḥadd al-‘ilm G II 454
Ḥadd al-jism S I 819,$_{37a}$
-Ḥadd fi ’l-kalām S II 143
-Ḥadhāqa fī anwā‘ al-‘alāqa S II A/C 499
-Ḥadīd S I 429,$_{66}$
Ḥadīq al-azhār fī sharḥ māhiyyat al-‘ushb wal-‘iqqār S II 714
-Ḥadīqa S II 345
Ḥadīqat al-adab S III 382
Ḥadīqat al-afrāḥ li-izāḥat al-atrāḥ G II 502, S II 851
Ḥadīqat aḥdāq al-ḥidhāq S II 1039,$_{17}$
Ḥadīqat al-akhbār S II 756, III 340
-Ḥadīqa al-anīqa S II 555
Ḥadīqat al-azāhir S II 375
Ḥadīqat al-bahār etc. S II 908
Ḥadīqat al-bayān S II 742

-Ḥadīqa al-fikriyya etc. S II 325
-Ḥadīqa al-Hilāliyya S II 596
Ḥadīqat al-ḥaqāʾiq S I 801,$_{206}$
Ḥadīqat al-ḥikma al-nabawiyya S I 701
Ḥadīqat al-ḥikma, sharḥ al-Arbaʿīn al-Saylaqiyya S I 699
Ḥadīqat khāliṣat al-aḥbāb S II 754
Ḥadīqat al-lugha S I 928,$_{n}$
Ḥadīqat al-maʿānī fī ḥaqīqat al-raḥīm al-insānī S II 869
Ḥadīqat al-munādama wa-ṭarīqat al-munāsama S II 413
Ḥadīqat al-muttaqīn S II 573
Ḥadīqat al-naẓar etc. S II 551
Ḥadīqat al-sālikīn etc. S II 597,$_{33}$
Ḥadīqat al-ward S II 767
Ḥadīqat al-wuzarāʾ S II 785
Ḥadīqat al-zahar etc. S II 134
Ḥadīqat al-Zawrāʾ G II 374, S II 501
-Ḥadīth S I 625, III 392
Ḥadīth A. b. Khuzayma S II 75,$_{62}$
Ḥadīth ʿA. b. Ḥ. b. ʿArafa S II 225
Ḥadīth al-arbaʿāʾ S III 288
-Ḥadīth al-arbaʿūn fī faḍāʾil sūrat al-Ikhlāṣ S II 946,$_{76}$
-Ḥadīth al-arbaʿūn bil-jihād S II 189,$_{169q}$
Ḥadīth al-bādhinjān G II 149,$_{95}$
Ḥadīth Dhi ʾl-Kifl ʿan Kaʿb al-aḥbār S I 101
Ḥadīth al-fāʾiq wal-nasīm al-rāʾiq S I 273
Ḥadīth Iblīs S III 127
Ḥadīth ʿĪsā b. Hishām S III 194
-Ḥadīth al-khātim ʿan suʾāl al-khātam S II 193
Ḥadīth Laylā aw al-Durr al-naẓīm S III 227
Ḥadīth man kadhaba etc. S II 649
Ḥadīth al-nafs S III 85
Ḥadīth Pentaur S III 39
Ḥadīth al-qamar S III 75
Ḥadīth al-salām G II 149,$_{49}$
Ḥadīth al-sharq wal-gharb S III 233
Ḥadīth Sindābād S I 252
Ḥadīth waqaʿa fi ʾl-Ṣaḥīḥayn lil-imām A. S II 131,$_{43}$
Ḥadīth a. ʾl-Yamān wa-ḥadīth a. Isḥāq S II 938
Ḥaḍārat al-ʿArab fi ʾl-Andalus S III 309
Ḥaḍārat al-Islām fī Dār al-salām S III 184
-Ḥaḍāra al-qadīma S II 735
Ḥāḍir al-ʿālam al-Islāmī S III 396
Ḥaḍrat al-nadīm min taʾrīkh b. al-ʿAdīm S I 569
-Ḥaḍra al-unsiyya G II 348, S II 474,$_{71}$
-Ḥafīẓ fi ʾl-fiqh S II 242
Ḥāfiẓ wa-Shawqī S III 292
-Ḥāʾik S II 709
-Ḥajar S II 1034,$_{g}$
-Ḥajar al-karīm fī uṣūl al-ṭibb al-qadīm S II 776
Ḥajar thalātha S II 667
-Ḥajj S II 190,$_{189g}$
-Ḥajj wa-asrāruhu S I 356,$_{18}$
-Ḥajj al-jamīl wal-ṣafḥ al-jamīl etc. S II 125,$_{142}$
-Ḥajj wa-manāsikuhu G II 220
-Ḥājj Shalabī S III 221
-Ḥajjāj b. Yūsuf S III 190
-Ḥākim bi-amri ʾllāh S II 276
-Ḥakīm wa-Laylā S III 234
-Ḥakīm wa-Salmā S III 390
Ḥalabī i kabīr ṣaghīr S II 428
-Ḥalāl fi ʾl-alʿāb al-sīmāwiyya etc. S I 910
-Ḥalāwa al-sukkariyya G II 180, S II 10
-Ḥalba S II 53
-Ḥalba fī asmāʾ al-khayl al-mashhūra etc. S I 593
Ḥalbat al-kumayt G II 56, S II 56
Ḥalbat al-mathālib G I 140
Ḥalbat al-mufāḍala G II 274
-Ḥālī bi-ḥall aḥlā S I 463
Ḥall abyāt al-Bayḍāwī S I 741
Ḥall abyāt sharḥ al-Khabīṣī S I 532
Ḥall al-alghāz S II 917
Ḥall al-ʿaqāʾid bi-sharḥ al-ʿaqāʾid S I A/C 759
Ḥall al-aqfāl li-qurrāʾ Jawharat al-kamāl S II 876, 886
Ḥall asrār al-akhyār G II 441, S II 656
Ḥall baḥth fī iḥlāl al-wuḍūʾ S II 597,$_{26}$
Ḥall al-daqāʾiq fi ʾl-asṭurlāb S I 932,$_{54f}$
Ḥall ḥudūd al-amrāḍ S II 1030,$_{37}$
Ḥall al-ibrīz al-muḥall al-ʿazīz S II 908
Ḥall al-ʿidhār S II 56
Ḥall al-ʿiqāl G II 278, S II 387
Ḥall al-ʿiqāl wal-ʿaqd fi ʾl-ʿibādāt G I 405
Ḥall iʿrāb al-Alfiyya S I 525,$_{41}$
Ḥall ishkāl al-afkār etc. S II 318

Ḥall al-ishkāl fī mabāḥith al-ashkāl G II 115$_{,21}$
Ḥall al-iʿtiqādāt allatī awradahā ṣāḥib al-Īḍāḥ etc. S I 516, II 295
Ḥall al-kuḥl S I 531
Ḥall al-maʿānī S II 291, 856
Ḥall al-maʿāqid S I 761$_{,1a}$
Ḥall maʿāqid al-qawāʿid etc. G II 284, S II 19, 631
Ḥall al-maʿqūd min ʿazm al-Maqṣūd G II 404, S II 738
Ḥall masāʾil mushkilāt S II 1043$_{,6}$
Ḥall masʾalat ibtilāʾihi etc. S II 542$_{,132}$
Ḥall al-masʾalatayn al-sharqiyya wal-Miṣriyya S II 758
Ḥall al-mubham wal-muʿjam S I 440
-Ḥall al-mudallal ʿala ʾl-Dārimī S I 270
Ḥall al-muʿḍilāt S I 895
Ḥall al-mughlaq fī baḥth al-majhūl al-muṭlaq S II 857
Ḥall al-mughliṭa al-musammāt bil-jidhr al-aṣamm S II 322
Ḥall al-Mūjiz S I 825$_{,82ee}$
Ḥall al-mushkilāt S II 643
Ḥall al-mushkilāt fi ʾl-farāʾiḍ G II 432
Ḥall mushkilāt ḥadarat fi ʾl-suʾālāt G II 69
Ḥall al-mushkilāt fī īqāʿ al-waḥal lil-firaq al-Wahhābiyya S II 856
Ḥall mushkilāt al-Ishārāt G I 454, S I 816$_{,20}$
Ḥall al-mushkilāt al-Shudhūriyyāt G I 496
Ḥall mutashābihāt al-ḥadīth G I 166, S I 277
Ḥall mutashābihāt al-Qurʾān G I 289
Ḥall al-Nafīs S I 825$_{,82,\gamma}$, II 856
Ḥall al-Rāmiza S I 546
Ḥall al-rumūz etc. S I 430, II 329
Ḥall al-rumūz wa-kashf al-kunūz S I 783
Ḥall al-rumūz wa-mafātīḥ al-kunūz G II 234, S I 768, 790, 809
Ḥall al-rumūz wa-miftāḥ al-kunūz S II 387
Ḥall al-rumūz bil-qirāʾāt S II 211
Ḥall al-rumūz wal-ṭilasmāt G I 498
Ḥall al-Shamsiyya S II 1015$_{,22}$
Ḥall shukūk ḥarakat al-iltifāf G I 470
Ḥall shukūk k. Euklides G I 469
Ḥall tarkīb al-Kāfiya S I 535$_{,48}$
Ḥall al-ṭilsam wa-kashf al-sirr al-mubham G II 170, S II 173
Ḥall al-ʿuqūd G I 296, S I 519
Ḥall al-ʿuqūd ʿan ʿiṣmat al-mafqūd G II 375
Ḥall al-Zīj al-Īlkhānī G I 511
-Ḥallāq al-majnūn S III 126
Ḥaly al-akhbār S I 130
Ḥaly al-maʿāṣim S II 375
Ḥaly nuḥūr ḥūr al-jinān S II 737
Ḥaly wa-zulfat al-makīn S II 284
Ḥamāsat al-Aʿlam G I 309
-Ḥamāsa al-Baṣriyya G I 257, S I 41, 457
Ḥamāsat al-Buḥturī G I 80, S I 41
Ḥamāsat al-Khālidiyyayn G I 147, S I 41
-Ḥamāsa al-Maghribiyya G I 347, S I 41, 589
Ḥamāsat b. al-Shajarī G II 696, S I 41, 493
-Ḥamāsa al-ṣughrā S I 136
Ḥamāsat a. Tammām G I 20, 85, S I 39
-Ḥamāsiyyāt fi ʾl-nahḍa al-ʿArabiyya S III 361
-Ḥamayya S I A/C 515
-Ḥamdāniyyāt S III 477
-Ḥāmil fi ʾl-falak wal-maḥmūl fi ʾl-fulk G II 345, S II 473$_{,9}$
-Ḥāmiya al-murādāt fī sharaf al-sādāt S II 971
-Ḥammām G I 124, S I 565
-Ḥamqā wal-mughaffalīn G I 503, S I 916$_{,9}$
Ḥānat al-ʿushshāq wa-rayḥānat al-ashwāq S II 899
-Ḥanīn ila ʾl-awṭān S I 243$_{,29}$, 945 ad 237
-Ḥanīn, qiṣṣa Miṣriyya S III 232
Ḥanjal Būbū S III 276
Ḥannibal al-Faniqī S III 228
Ḥānūt ʿAṭṭār S I 245$_{,68}$
-Ḥaqāʾiq G II 252, S II 356
Ḥaqāʾiq adhkār mawlānā S I 807
Ḥaqāʾiq al-asmāʾ fī sharḥ al-asmāʾ al-ḥusnā S I 807
Ḥaqāʾiq al-asrār S II 838
Ḥaqāʾiq asrār al-ṭibb S II 298
Ḥaqāʾiq al-daqāʾiq G II 168, 359
Ḥaqāʾiq ghawāmiḍ al-tanzīl S I 964 ad 507
Ḥaqāʾiq wa-ʿibar S III 370
Ḥaqāʾiq ʿilm al-sharīʿa G I 238, S I 303
Ḥaqāʾiq ʿilm al-tawḥīd S I 814$_{,9a}$
Ḥaqāʾiq al-īmān S II 449
Ḥaqāʾiq al-istishhād G I 248, S I 440 A/C
-Ḥaqāʾiq fī maḥāsin al-akhlāq S II 585
Ḥaqāʾiq al-maʿrifa S I 699
Ḥaqāʾiq al-Qurʾān S II 281
Ḥaqāʾiq al-tafsīr G I 201

Ḥaqāʾiq al-tawḥīd fī sharḥ Tuḥfat al-murīd S II 618
Ḥaqāʾiq al-ṭibb S II 827
Ḥaqāʾiq al-ʿulūm G I 425$_{,10}$
-Ḥaqāʾiq wal-ʿulūm S II 1044$_{,18}$
Ḥaqāʾiq al-uṣūl S II 831
-Ḥaqāʾiq al-wardiyya G II 489
-Ḥaqība al-zarqāʾ S III 226 (to be read thus)
-Ḥaqīq S I 749$_{,9b}$
Ḥaqīq al-akhbār fī awṣāf al-biḥār S II 733
-Ḥaqīq al-bāhir S II 190$_{,170}$
-Ḥaqīqa S III 213
-Ḥaqīqa al-ādamiyya S I 356
-Ḥaqīqa al-bāhira fī asrār al-sharīʿa al-ṭāhira S II 869$_{,7}$
Ḥaqīqat al-ḥaqāʾiq G II 206, S II 283
Ḥaqīqat al-Islām wa-ḥuqūq al-ḥukm S III 329
-Ḥaqīqa wal-majāz G II 348, S II 474$_{,70}$
Ḥaqīqat al-qawlayn S I 754$_{,53c}$
Ḥaqīqat al-tawajjuh fī ʾl-ʿibādāt S II 955$_{,81}$
Ḥaqīqat al-yaqīn wa-zulfat al-mutamakkinīn S II 284$_{,6}$
-Ḥaqq G I 443, S I 795$_{,24}$
Ḥaqq abawayhi ʿam. G II 432
-Ḥaqq wa-ʿayn al-yaqīn S II 122$_{,57}$
Ḥaqq al-jumʿa S II 670$_{,56a}$
Ḥaqq al-maʿrifa etc. S II 958$_{,106}$
-Ḥaqq al-mubīn G I 443$_{,12}$
-Ḥaqq al-mubīn fī dafʿ shubuhāt al-mubṭilīn S II 315
-Ḥaqq al-mubīn fī taṣwīb al-mujtahidīn S II 794
-Ḥaqq rūḥ al-fāḍila S III 84
Ḥaqq al-shahīd S II 193$_{,245b}$
Ḥaqq taʾkhīr al-shahāda S II 542$_{,112}$
Ḥaqq al-taʿlīm S II 193$_{,245c}$
-Ḥaqq yaʿlū S III 479
-Ḥaqq al-yaqīn S II 475$_{,93}$
Ḥarakat al-dahraja G II 212, S II 296
Ḥarakat al-falak S I 385
Ḥarakat al-qamar G I 470
-Ḥarakāt al-samāwiyya G I 221
Ḥarakat al-shams S I 386
-Ḥarāra al-ʿAzīziyya S II 1031
Ḥarb al-jamal S I 323
-Ḥarb al-maʿshūq bayna laḥm al-ḍaʾn wa-ḥawāḍir al-sūq S II 907
Ḥasab al-muftī S II 605
Ḥasanāt al-ḥaramayn fī madḥ jadd al-Ḥasanayn S II 903
Ḥasarāt al-muḥibbīn S II 383
-Ḥashāʾish S I 371, 422
Ḥāshiya ʿalā Ādāb al-baḥth S II 322, 571
Ḥāshiya ʿalā ʾl-Alfiyya S II 402, 575, 726
Ḥāshiya lil-Amān S II 816
Ḥāshiya ʿalā Anwār al-tanzīl S II 597$_{,22}$
Ḥāshiya ʿalā ʾl-ʿAqāʾid S II 520
Ḥāshiya ʿalā ʾl-ʿAqāʾid al-Nasafiyya S II 571
Ḥāshiya ʿalā ʿAqīdat al-Sanūsī S II 697
Ḥāshiya ʿalā ʾl-Arbaʿīn al-Nawawiyya S II 469
Ḥāshiya ʿalā ʾl-Asfār al-arbaʿa S II 833
Ḥāshiya ʿalā ʾl-Ashbāh wal-naẓāʾir S II 647
Ḥāshiya ʿalā ʾl-ʿAshmāwiyya S II 423
Ḥāshiya ʿalā Awḍaḥ al-masālik S II 394, 873
Ḥāshiya ʿalā ʾl-Bayḍāwī S II 308$_{,69}$, 322, 529, 639, 647, 650, 653
Ḥāshiya ʿalā baytay al-maʿqūlāt etc. S II 727
Ḥāshiya ʿalā ʾl-Bukhārī S II 681, 692
Ḥāshiya ʿalā ʾl-Durar S II 660
Ḥāshiya ʿalā Faḍāʾil Ramaḍān lil-Ujhūrī S II 747
Ḥāshiya ʿalā Farāʾid al-fawāʾid S II 741
Ḥāshiya ʿalā Fatḥ al-ghayth S II 440
Ḥāshiya ʿalā Fatḥ al-wahhāb S II 444
Ḥāshiya ʿalā ʾl-Fawāʾid al-Ḍiyāʾiyya S II 419, 587
-Ḥāshiya al-gharīziyya S I 927$_{,2,p}$
Ḥāshiya ʿalā Ghāyat al-wuṣūl S II 744
Ḥāshiya ʿala ʾl-Hidāya S II 856
Ḥāshiya ʿala ʾl-Ḥamdala S II 439
Ḥāshiya ʿalā ḥāshiyat al-Jurjānī ʿalā sharḥ al-Ījī li-Mukhtaṣar al-Muntahā S II 632
Ḥāshiya ʿalā ḥāshiyat al-Khiṭāʾī ʿalā Mukhtaṣar al-Talkhīṣ S II 588
Ḥāshiya ʿalā ḥāshiyat al-Lārī etc. S II 1015$_{,18a}$
Ḥāshiya ʿalā ḥāshiyat Mīr Zāhid S II 625
Ḥāshiya ʿalā ḥāshiyat sharḥ al-ʿIzzī S II 441
Ḥāshiyat al-ḥawāshi ʾl-Zāhidiyya S II 303
Ḥāshiya ʿala ʾl-Ḥiṣn al-ḥaṣīn S II 858
Ḥāshiya ʿalā Īḍāḥ al-Nawawī S II 529
-Ḥāshiya al-ikhtiṣāriyya al-ramliyya S II 1038$_{,15}$
Ḥāshiya ʿalā ʾl-Iqnāʿ S II 444, 453, 741
Ḥāshiya ʿala Iʿrāb al-qāriʾ S II 490

Ḥāshiya ʿala ʾl-Īsāghūjī S II 322
Ḥāshiya ʿala ʾl-Ishārāt S II 296
Ḥāshiya ʿala Itḥāf al-murīd S II 738
-Ḥāshiya al-jadīda S II 289, f
-Ḥāshiya al-jadīda al-Ṣadriyya S I 926
Ḥāshiya ʿalā Jāmiʿ al-fuṣūlayn S II 432
Ḥāshiya ʿala ʾl-Jāmiʿ al-ṣaghīr S II 423
Ḥāshiya ʿala ʾl-Jārabardī S II 571
Ḥāshiya ʿalā Jihat al-waḥda S II 502
Ḥāshiyat al-Jurjānī ʿala ʾl-taṣawwurāt S I 845
Ḥāshiya ʿala ʾl-Kāfiya S II 593
Ḥāshiya ʿala ʾl-Kashshf S II 90, 593, 639
-Ḥāshiya al-Khānqāhiyya S II 290, 577
Ḥāshiya ʿala ʾl-Kharashī S II 874
Ḥāshiya ʿala ʾl-Kharīda al-bahiyya S II 743
Ḥāshiya ʿala ʾl-Khazrajiyya S II 684
Ḥāshiya ʿala ʾl-Kifāya S II 839
Ḥāshiya ʿalā Kifāyat al-ṭālib S II 439
Ḥāshiya ʿalā k. al-Waraqāt S II 496
Ḥāshiya ʿalā mā amlāhu ʾl-Shaykh al-Quwaysinī S II 747
Ḥāshiya ʿala ʾl-Mabāḥith al-ilāhiyya S II 593
Ḥāshiya ʿalā Madārik al-aḥkām S II 504
Ḥāshiya fi ʾl-manṭiq S II 831
Ḥāshiya ʿalā masāʾil al-Kashshāf S II 308,68
Ḥāshiya ʿalā matn majhūl fī tajwīd al-Qurʾān S II 983
Ḥāshiya ʿalā Maṭāliʿ al-anẓār S II 587
Ḥāshiyat al-Maṭlaʿ al-saʿīd S II 739
Ḥāshiya ʿala ʾl-Mawāhib S II 874
Ḥāshiya ʿala ʾl-Mawāqif S II 322, 672,140
Ḥāshiya ʿalā Mawlid al-shaykh A. al-Dardīr S II 741
Ḥāshiya ʿala ʾl-Minhāj S II 418
Ḥāshiya ʿala ʾl-Muḥākamāt S II 673,162
Ḥāshiya ʿalā Mukhtalaf al-ʿAllāma S II 575
Ḥāshiya ʿalā Mukhtaṣar al-Khalīl S II 738
Ḥāshiya ʿalā Mukhtaṣar Nāfiʿ S II 575
Ḥāshiya ʿala ʾl-Muqaddima al-ʿIzziyya S II 459
Ḥāshiya ʿala ʾl-Muqaddima al-Jazariyya S II 443
Ḥāshiya ʿala ʾl-Muṭawwal S II 322, 621
Ḥāshiya ʿala ʾl-Nasafiyya S II 117
Ḥāshiya ʿala ʾl-Nūniyya S II 317, 659
Ḥāshiya ʿala ʾl-Nuqāya S II 591
Ḥāshiya ʿalā Qaṭr al-nadā S II 396
Ḥāshiya ʿalā Rasāʾil al-Anṣārī S II 798, 800
Ḥāshiya ʿalā r. Ithbāt al-wājib S II 591
Ḥāshiya ʿalā r. Ithbāt al-wujūd S II 673,163
Ḥāshiya ʿalā r. al-Majhūl al-muṭlaq S II 295
Ḥāshiya ʿalā r. Muḥammad al-Ṣabbān S II 742
Ḥāshiya ʿalā ʾl-r. al-Shamsiyya S II 622
Ḥāshiya ʿalā r. Tashnīf al-ādhān etc. S II 947,83
Ḥāshiyat al-Sāmī S I 654
Ḥāshiya ʿala ʾl-Shāfiya S II 394
Ḥāshiya ʿala ʾl-Shams al-bāzigha S II 624
Ḥāshiya ʿala ʾl-Shamsiyya S II 593
Ḥāshiya ʿalā sharḥ ʿAbd al-ʿAzīz al-Jawnpūrī etc. S II 858
Ḥāshiya ʿalā Sharḥ al-Amthila al-mukhtalifa S II 498
Ḥāshiya ʿalā Sharḥ al-ʿAqāʾid S II 318, 330, 440, 614
Ḥāshiya ʿalā Sharḥ al-ʿAqāʾid al-ʿAḍudiyya S II 279, 624
Ḥāshiya ʿalā Sharḥ al-ʿAqāʾid al-Nasafiyya S II 425
Ḥāshiya ʿalā Sharḥ al-ʿArabiyya S II 439
Ḥāshiya ʿalā Sharḥ al-ʿAshmāwiyya libn Turkī S II 738
Ḥāshiya ʿalā sharḥ al-Azharī ʿala ʾl-Burda S II 890
Ḥāshiya ʿalā Sharḥ al-Hamziyya lil-Hāshimī S II 480
Ḥāshiya ʿalā sharḥ al-Haythamī fi ʾl-Hamziyya S II 445
Ḥāshiya ʿalā Sharḥ Hidāyat al-ḥikma S II 587
Ḥāshiya ʿalā Sharḥ Ḥikmat al-ʿayn S II 319
Ḥāshiya ʿala ʾl-Sharḥ al-jadīd S II 587, 590
Ḥāshiya ʿalā Sharḥ Jamʿ al-jawāmiʿ S II 223
Ḥāshiya ʿalā sharḥ al-Jarabardī S II 440
Ḥāshiya ʿalā sharḥ al-Jurjānī S II 571
Ḥāshiya ʿalā Sharḥ Kanz al-daqāʾiq S II 425
Ḥāshiya ʿalā sharḥ Khālid ʿalā muqaddimatihi ʾl-Azhariyya S II 738
Ḥāshiya ʿalā Sharḥ al-Lumaʿ S II 836
Ḥāshiya ʿalā Sharḥ al-Manhaj S II 456
Ḥāshiya ʿalā Sharḥ al-Mawāqif S II 594
Ḥāshiya ʿalā sharḥ al-Maybudī S II 621
Ḥāshiya ʿalā sharḥ al-Maybudī ʿalā Hidāyat al-ḥikma S II 856
Ḥāshiya ʿalā Sharḥ al-Minhāj S II 443, 497

Ḥāshiya ʿalā Sharḥ Minhāj al-ṭālibīn S II 492
Ḥāshiya ʿalā sharḥ al-muʾallif S II 786
Ḥāshiya ʿalā Sharḥ al-Mukhtaṣar S II 392, 422, 875
Ḥāshiya ʿalā Sharḥ al-Mulakhkhaṣ S II 591
Ḥāshiya ʿalā Sharḥ Mulakhkhaṣ al-Hayʾa S II 856
Ḥāshiya ʿalā Sharḥ al-Muqaddima al-Azhariyya S II 418
Ḥāshiya ʿalā Sharḥ al-Muqaddima al-Jazariyya S II 455
Ḥāshiya ʿala 'l-Sharḥ al-muṭawwal S II 594
Ḥāshiya ʿalā Sharḥ Qaṭr al-nadā G II 441, S II 785
Ḥāshiya ʿalā Sharḥ al-Raḥbiyya S II 420
Ḥāshiya ʿalā Sharḥ r. Ādāb al-baḥth S II 295
Ḥāshiya ʿalā Sharḥ al-r. al-ʿAḍudiyya S II 737
Ḥāshiya ʿalā Sharḥ al-r. al-Ḥusayniyya S II 660
Ḥāshiya ʿalā Sharḥ al-r. al-Samarqandiyya S II 392, 420, 440
Ḥāshiya ʿalā Sharḥ al-Shamsiyya S II 589,35
Ḥāshiya ʿalā sharḥ shaykh al-Islām ʿala 'l-Īsāghūjī S II 738
Ḥāshiya ʿalā Sharḥ al-Tajrīd S II 279, 591
Ḥāshiya ʿalā Sharḥ al-Ṭurfa fi 'l-muṣṭalaḥāt S II 890
Ḥāshiya ʿala 'l-Sirāj al-munīr S II 726
Ḥāshiya ʿala 'l-Sullam al-murawniq S II 618, 624, 741
Ḥāshiya ʿalā Tafsīr al-Bayḍāwī S II 433, 459, 583, 608
Ḥāshiya ʿalā Tafsīr sūrat al-Anām S II 652
Ḥāshiya ʿala 'l-Tahāfuf S II 673,161
Ḥāshiya ʿalā Tahdhīb al-manṭiq S II 588, 622
Ḥāshiya ʿalā Taḥrīr al-qawāʿid al-manṭiqiyya S II 737
Ḥāshiya ʿalā Tajrīd al-kalām S II 385
Ḥāshiya ʿalā Tuḥfat al-ṭullāb S II 443, 729
Ḥāshiya ʿala 'l-umūr al-ʿāmma S II 622
Ḥāshiya ʿalā ʿUyūn al-tawārīkh S II 469
Ḥāshiya ʿala 'l-Wiqāya S II 329
Ḥāshiya ʿala 'l-Zāhidiyya S II 624
Ḥāshiya ʿalā Zubdat al-fiqh S II 811
-Ḥāsid wal-maḥsūd S I 243,30
Ḥasnāʾ al-Ḥijāz S III 416
Ḥasnāʾ Salānīk S III 415
-Ḥasnāʾ al-wāfiya S III 229
-Ḥāss wal-maḥsūs S I 835
Ḥassān al-ʿArabī S III 228
-Ḥaṣād al-awwal S III 491
Ḥaṣād al-hashīm S III 158
-Ḥaṣḥaṣa bi-naqd al-wuḍūʾ bil-qahqaha S II 858
-Ḥāṣil G I 506, S I 921,3a
-Ḥāṣil min al-Kāmil S II 938
-Ḥāṣil fi 'l-mīzān S I 429,77
Ḥaṣīn al-qāriʾ fi 'khtilāf al-maqāriʾ S II 653
-Ḥaṣr wal-ishāʿa G II 148,60
-Ḥathth ʿalā ḥifẓ (ṭalab) al-ʿilm S I 917,27c
-Ḥathth ʿala 'l-tijāra wal-ṣināʿa etc. S II 1007
-Ḥathth ʿalā ṭalab al-ʿilm S I 194,13
Ḥathth al-wurrād ʿalā ḥubb al-awrād S II 715
-Ḥātimiyya G I 88
Ḥaṭṭ al-niqāb ʿalā wajh ʿamal al-ḥisāb S II 364
-Ḥaṭṭāb wa-kalbuhu Bārūd S III 415
Ḥawādith wa-ārāʾ al-Ḥājj Darwīsh wa-Umm Ismāʿīl S III 237
-Ḥawādith wal-bidaʿ S I 830,4
Ḥawādith al-duhūr fī mada 'l-ayyām wal-shuhūr G II 42, S II 40
-Ḥawādith al-jāmiʿa etc. S II 202
Ḥawādith al-zamān S II 33
Ḥawādith al-zamān wa-wafayāt al-shuyūkh wal-aqrān G II 707, S II 41
Ḥawāʾij al-ʿAṭṭār fī ʿaqr al-ḥimār S II 9
-Ḥawāʾij al-yawmiyya G II 299
-Ḥawāshi 'l-Madaniyya S II 555
Ḥawāshi mawḍūʿāt al-ʿulūm S I 820,68k
-Ḥawāshi 'l-mufahhima S II 276
-Ḥawāshi wal-nikāt etc. S II 301 A/C, 441 A/C
-Ḥawāshi 'l-rafīʿāt al-ghawāshī S II A/C 478
Ḥawāshi alā Sharḥ al-ʿAqāʾid al-ʿAḍudiyya S III 316
Ḥawāshi ʿalā Tajrīd al-ḥaqāʾiq S II 279
Ḥawāshi wa-taʿlīqāt ʿala 'l-Muwaṭṭaʾ S II 874
Ḥawḍ al-ḥayāt G I 440, 444, S I 786
-Ḥāwī G I 234, S I 418
-Ḥāwī lil-aʿmāl al-sulṭāniyya wa-rusūm al-ḥisāb al-dīwāniyya S I 854
-Ḥāwī lil-fatāwi 'l-ḥadīthiyya G II 152, 173, S II 188,169c
-Ḥāwī fi 'l-fiqh S I 653

Ḥāwi 'l-funūn wa-salwat al-maḥzūn S II A/C 171
Ḥāwi 'l-ḥisān G II 138
-*Ḥāwī fī ʿilm al-tadāwī* S I 901, II 299
-*Ḥāwī li-jamʿ al-maʿānī* S I 731
-*Ḥāwi 'l-kabīr fi 'l-furūʿ* G I 386, S I 668
Ḥāwī 'l-lubāb min ʿilm al-ḥisāb S II 156
Ḥāwī masāʾil al-wāqiʿāt G I 382
Ḥāwi 'l-mukhtaṣarāt etc. G II 168, S II 216, 218
-*Ḥāwi 'l-Qudsī fi 'l-furūʿ* G I 378, S I 649
-*Ḥāwi 'l-ṣaghīr* S II 298
-*Ḥāwi 'l-ṣaghīr fi 'l-fatāwī* G I 394, S I 679
-*Ḥāwī ʿalā ṭuraf min al-tanzīl* S II 495
Ḥāwiyat al-ikhtiṣār fī uṣūl ʿilm al-biḥār G II 179, S II 231
Ḥāwiyat al-ṣalāḥ li-man arāda 'l-najāḥ S II 931
Ḥawl al-kura al-arḍiyya S III 388
Ḥawliyyāt Miṣr al-siyāsiyya S III 309
-*Ḥawrāʾ* S II 307
Ḥawwāʾ bi-lā Ādam S III 251
Ḥawwāʾ al-jadīda S III 226
-*Ḥayāt al-adabiyya fī Jazīrat al-ʿArab* S III 299
Ḥayāt al-aḥrār wa-khibāʾ al-akhbār S II A/C 559
Ḥayāt al-anbiyāʾ fī qubūrihim G I 363
Ḥayāt al-arwāḥ wal-dalīl ilā ṭarīq al-ṣalāḥ wal-falāḥ G II 702, S I 772
Ḥayāt al-arwāḥ al-murīdīn etc. S II 1010,135b
Ḥayāt al-arwāḥ wa-najāt al-ashbāḥ G II 445, S II 661
Ḥayāt bāʾis S III 230
Ḥayāt al-Bukhārī S I 260, II 777
Ḥayāt al-fuʾād aw ṣuwar al-shiʿr fī rawḍat al-baḥrayn S III 230
Ḥayāt al-ḥayawān G II 138, S II 171
Ḥayāt Ibr. al-ʿAbbāsī S I 223
-*Ḥayāt fī Lubnān* S III 389
Ḥayāt Muḥammad S III 208
Ḥayāt al-nafs fī ḥadīth al-Quds S II 845
Ḥayāt al-qulūb G II 440, S II 654
Ḥayāt al-qulūb fī ḥubb aḥbāb ʿallām al-ghuyūb S II 996
Ḥayāt al-qulūb fī kayfiyyat al-wuṣūl ila 'l-maḥbūb G II 119, S II 148
Ḥayāt sayyid al-ʿArab S III 498
Ḥayāt shaqāʾ S III 229
Ḥayāt al-shiʿr wa-aṭwāruh S III 499
-*Ḥayāt al-thāniya* S II 233
-*Ḥayawān* G I 153, 237, II 30, S I 241,2
-*Ḥayawān wal-insān* S I 380
Ḥayḍ al-marʾa G II 437
-*Ḥayḍa wal-iʿtidhār* G I 193, S I 340
-*Ḥayḍa al-nayyira fi 'l-radd ʿalā man qāla bi-khalq al-Qurʾān* S I 340
-*Ḥayra fī dhāt Allāh* G II 420
Ḥayy b. Yaqẓān G I 455,26, 460, S I 817, 831, 900
-*Ḥazm wal-ʿazm* S I 245,41
Ḥazm al-juyūsh S I 536, n.2
Ḥazīrat al-iʿtinās G II 310
-*Ḥaẓẓ al-awfar* G II 396, S II 541,60
-*Ḥaẓẓ al-wāfir* G II 149, S II A/C 186,103
-*Ḥibāla* G II 166
Ḥiḍānat al-ṣaghīr al-mumayyiz etc. S II 125,131
Ḥifẓ al-aṣgharayn G II 313, S II 431
Ḥifẓ al-lisān S I 274
Ḥifẓ al-ṣiḥḥa S I 415, II 367
Ḥifẓ al-ṣiḥḥa wa-izālat al-maraḍ S I 366
Ḥifẓ al-ṣuḥba G I 456,56
-*Ḥijāb* G I 180
Ḥijāb al-aqṭār S I 430
-*Ḥijāb wa-dhammuh* S I 243,42
-*Ḥijāziyyāt* S I A/C 132
-*Ḥikam al-ʿAṭāʾiyya* G II 118, S II 46
Ḥikam al-Dāmūnī S II 479
Ḥikam al-ḥukamāʾ wal-qudamāʾ S I 839
-*Ḥikam al-ilāhiyya* G I 447, S I 799,124
-*Ḥikam al-ilāhiyya wal-mawārid al-bahiyya* S II 477,47
-*Ḥikam al-ʿilmiyya wa-jawāhir durriyya etc.* S II 566
Ḥikam ʿirfāniyya S II 601
-*Ḥikam al-jadīra bil-iḍāʿa* S II 130
-*Ḥikam al-kubrā* S II 701
Ḥikam a. Madyan G I 438, S I 784
-*Ḥikam al-Mahdawiyya* S II 790
-*Ḥikam al-Mahdawiyya lil-Rifāʿī* S II 869
-*Ḥikam al-malakiyya* G II 369
Ḥikam al-mawāʿiẓ G I 435
Ḥikam b. al-Muqaffaʿ S I 236
-*Ḥikam al-mushtahira* G II 149,73
-*Ḥikam al-muṭriba wal-kalimāt al-muʿjiba* S II 502
-*Ḥikam al-nabawiyya* G I 170, II 81, S I 285,3

Ḥikam al-nabī S I A/C 604
Ḥikam Nabūlyūn S III 276
Ḥikāyāt S II A/C 913
-Ḥikāyāt wal-akhbār al-ḥisān S II A/C 907
-Ḥikāyāt wal-akhbār wal-nawādir wal-ashʿār S II A/C 910
Ḥikāyāt al-aqwāl al-ʿāṣima etc. S I 702
Ḥikāyāt al-ʿāshiqayn S III 91
-Ḥikāyāt al-gharība G II 365
Ḥikāyāt ḥisān S II 913
Ḥikāyāt al-Junayd S I 355
Ḥikāyāt ma ʾstakhrajahu ʾl-qudamāʾ min khaṭṭayn etc. S I 384
Ḥikāyāt al-mahjar S III 477
Ḥikāyāt al-mashāyikh S I 358
Ḥikāyāt a.ʾl-Q. al-Baghdādī G I 155, S I 254
Ḥikāyāt qawl aṣnāf al-Zaydiyya S I 245,18
Ḥikāyāt ʿUthmān al-Khayyāṭ fi ʾl-luṣūṣ wa-waṣāyāhu S I 244,55
Ḥikāyāt al-wajd wal-hawā S II 510, 511
-Ḥikma S III 280
Ḥikmat āl Dāʾūd S I 101
Ḥikmat i ʿAlāʾī S I 821,68nn
-Ḥikma al-ʿarshiyya S II 589
-Ḥikma al-ʿarūḍiyya G I 456,64
Ḥikmat al-ʿayn G I 466, S I 847
-Ḥikma al-bāligha G II 420, S II 621
-Ḥikma al-bāligha wa-sharḥuhā S II 1015,23
-Ḥikma al-ilhāmiyya fi ʾl-radd ʿala ʾl-falāsifa G I 442,42, S I A/C 796
Ḥikmat al-ishrāq G I 437, S I 782
Ḥikmat al-ishrāq ilā kuttāb al-āfāq S II 398
-Ḥikma al-jadīda S I 769
-Ḥikma fi ʾl-makhlūqāt G I 424, S I 752,43
-Ḥikma al-mashriqiyya S I 755,68b, 820,68e, III 276
Ḥikmat al-mawt S I 814,14c, 820,63a, 923,27d
-Ḥikma al-murīdiyya fi ʾl-ṭarīqa al-Tijāniyya S II 876
-Ḥikma al-mutaʿāliya S II 588
-Ḥikma al-sharqiyya S I 820,68e
-Ḥikma wal-sirr fī kawn al-wuḍūʾ S II 52
Ḥīlata wa-maḥālata S I 163
-Ḥilm S I 248,39
Ḥilm al-Hind S I 239
Ḥilm al-mulūk S II 762
Ḥilyat al-abdāl S II 281
Ḥilyat al-abdāl wa-mā yaẓharu ʿanhā etc. G I 444, S I 796,29
Ḥilyat al-abrār G I 397, S I 617, II 533
Ḥilyat al-abrār wa-shiʿār al-akhyār etc. S I 685
Ḥilyat al-ādāb li-dhawi ʾl-albāb S I 596
Ḥilyat ahl al-faḍl wal-kamāl S II 422
Ḥilyat ahl al-kamāl G II 285
Ḥilyat al-ʿarūs naẓm Iḍāʾat al-nāmūs S II 235
Ḥilyat al-ʿaṣr al-jadīd etc. S II 868, III 83
Ḥilyat al-awliyāʾ etc. G I 362, S I 617
Ḥilyat al-badīʿ fī madḥ al-nabī al-shafīʿ S II 397A/C, III 342
Ḥilyat al-banāt wal-banīn S II 944
Ḥilyat al-barara wa-shiʿār al-khiyara S II 528,26, 558
Ḥilyat al-bashar fī taʾrīkh al-qarn al-tāsiʿ ʿashar S III 422
Ḥilyat dhawi ʾl-afhām etc. S II A/C 744
Ḥilyat al-faḍl wa-zīnat al-karam etc. G II 134, S II 165
Ḥilyat al-faṣīḥ S I 182, II 6
Ḥilyat al-ʿIqd al-badīʿ S II 397
Ḥilyat al-kuramāʾ etc. S II 905, 909
Ḥilyat al-lubb al-maṣūn S II 706
-Ḥilya al-mubāraka S I 269
Ḥilyat al-muḥāḍara fī ṣināʿat al-shiʿr S I 193
Ḥilyat al-muḥāḍara wa-ʿunwān al-mudhākara G II 696, S I 501,17
Ḥilyat al-nājī G II 702, S I 660, II 428
Ḥilyat al-naẓar fī faḍl al-aʾimma al-ithnay ʿashar S II 533
Ḥilyat al-nuẓẓār etc. S II 454
Ḥilyat al-sadād wal-rushd S I 662
Ḥilyat al-sariyyīn G I 333
-Ḥilya al-sharīfa G II 432
Ḥilyat al-ṣibyān S II 814
Ḥilyat al-ṣifāt fi ʾl-asmāʾ wal-ṣināʿāt S II 40
Ḥilyat al-ṭirāz G II 475, S II 724
Ḥilyat al-ṭirāz fī ḥall masāʾil al-alghāz S II 448
Ḥilyat al-ʿulamāʾ fī madhāhib al-fuqahāʾ G I 391, S I 674
Ḥilyat al-ʿuqūd etc. S I 495,10
Ḥilyat al-wāṣifīn etc. S II 864
Ḥilyat al-zaman bi-manāqib khādim al-waṭan G II 481, S II 731
Ḥiml zajal G II 477
-Ḥīra al-madīna wal-mamlaka al-ʿArabiyya S III 496

Ḥirār al-maʿānī S I 731
Ḥirz al-amānī S II 621
Ḥirz al-amānī wa-wajh al-tahānī G I 407, 409, S I 725
Ḥirz al-aqsām S II 1009$_{,124}$
-Ḥirz wal-manʿa fī bayān amr al-hudā wal-mutʿa S II A/C 972
-Ḥirz al-manīʿ min al-Qawl al-badīʿ S II 32, 189$_{,169ss}$
-Ḥirz al-Qudsī fī tafsīr āyat al-Kursī S II 985$_{,18}$
-Ḥirz al-rasīm S II 277
-Ḥirz al-shāmikh al-afkham S II 468
-Ḥirz al-thamīn, sharḥ al-Ḥiṣn al-ḥaṣīn S II 277
Ḥirz al-wiqāya S I 801$_{,172}$
-Ḥirz al-Yamanī al-mashhūr bi-Sayfī S II 841
-Ḥisāb G II 126
Ḥisāb al-abwāb G I 522
Ḥisāb al-aqālīm al-sabʿa S I 393
-Ḥisāb fī 'l-jabr wal-muqābala S I A/C 857
-Ḥisāb al-nujūmī S I 396
Ḥisāb ruʾyat al-ahilla G I 218
-Ḥisba S I 668
-Ḥisba fī 'l-Islām S II 125$_{,131}$
Ḥiṣb al-badan S I 369, 422
-Ḥiṣn al-akbar, sharḥ qawlihī ṣlʿm etc. S II A/C 325
-Ḥiṣn al-ḥaṣīn S I 752$_{,47w}$
-Ḥiṣn al-ḥaṣīn min kalām sayyid al-mursalīn G II 203, S II 277$_{,19}$
-Ḥiṣn wal-janna ʿalā ʿAqīdat ahl al-sunna S I 746$_{,36}$
Ḥiṣn al-qāriʾ fī 'khtilāf al-maqāriʾ S II 455
-Ḥiṭṭa fī dhikr al-Ṣiḥāḥ al-sitta S II 860
-Ḥiyal G I 206, 386, S I 383
-Ḥiyal fī 'l-ḥurūb etc. S II 167
Ḥiyal al-luṣūṣ S I 244$_{,55}$
Ḥiyal luṣūṣ al-nahār S I 244$_{,55}$
-Ḥiyal wal-makhārij G I 173, S I 292
Ḥiyal al-mukaddīn S I 245$_{,6b}$
-Ḥiyal al-rūḥāniyya G I 212
Ḥiyal surrāq al-layl S I 244$_{,55}$
-Ḥizb G II 205
Ḥizb ʿAq. G I 436, S I 778$_{,16}$
Ḥizb al-aqsām S I 785
Ḥizb b. ʿArabī G I 447
Ḥizb al-asrār al-rabbāniyya S II 996$_{,7}$
-Ḥizb al-aʿẓam etc. G II 396, S II 540$_{,51}$
Ḥizb al-Badawī G I 450
Ḥizb al-baḥr G I 449, S I 805$_{,5}$
Ḥizb al-barr (al-kabīr) S I 805$_{,6}$
Ḥizb bashāʾir al-khayrāt G I 436$_{,14}$
Ḥizb al-ḍuḥā S I 805$_{,16}$
Ḥizb al-falāḥ G II 253
Ḥizb al-fardāniyya G II 119, S II 148
Ḥizb al-fatḥ G I 449, S I 805$_{,10}$, II 148 A/C
Ḥizb al-ḥamd S I 805$_{,115}$
Ḥizb al-ḥifẓ G II 350
Ḥizb al-ḥimāya G II 350
Ḥizb al-istighāthāt bi-sayyid al-sādāt S II 764$_{,119}$
Ḥizb al-luṭf G I 449, S I 805$_{,9}$
Ḥizb al-maghrib S II 362
Ḥizb al-najāt S II 147$_{,6}$
Ḥizb al-najāt wabtihāj al-iltijāʾ S I 779$_{,38}$
Ḥizb al-naṣr G I 449, S I 805$_{,8}$
Ḥizb al-Nawawī G I 337, S I 685
Ḥizb al-nūr G II 118, S II 150
Ḥizb al-sādāt G II 119
Ḥizb al-shikāya S I 805$_{,14}$
Ḥizb al-tafrīj S I 805$_{,17}$
Ḥizb al-targhīb etc. S II 998
Ḥizb al-ṭams ʿalā ʿuyūn al-aʿdāʾ G I 449, S I 805$_{,7}$
Ḥizb al-wasīla S I A/C 779
Ḥizb al-wiqāya S I 801$_{,12}$
-Ḥubb fī 'l-ʿadhāb S III 259
Ḥubb al-awṭān S I 237
-Ḥubb wal-dasīsa S III 95
-Ḥubb al-ḥalāl S III 387
-Ḥubb ḥatta 'l-mawt S III 193
-Ḥubb al-ṭāhir S III 229, 230
-Ḥubb al-Yūsufī S I 920$_{,75I}$
-Ḥubb wal-ziwāj S III 227
-Ḥudūd G I 166, S II 86, 1013 A/C
-Ḥudūd wal-aḥkām S II 329
Ḥudūd al-ʿālam S I 411, 961
Ḥudūd al-amrāḍ S II 1030$_{,28,37}$
-Ḥudūd al-anīqa etc. S II 118$_{,45}$
Ḥudūd al-ashyāʾ wa-rusūmuhā G I 456$_{,37}$, S I 373
Ḥudūd al-fiqh ʿalā tartīb abwāb al-fiqh S II 426$_{,36}$
-Ḥudūd al-fiqhiyya S II 347, 737

-Ḥudūd wal-furūq G I 486, S I 888 A/C
Ḥudūd al-ḥurūf G I 456,$_{54}$
-Ḥudūd al-mushriqāt S II 950,$_{23}$
Ḥudūd al-naḥw G II 380, S I 175, II 371, 512
-Ḥudūd fī ʾl-uṣūl G I 166
Ḥudūth al-ajsām G I 457, S I 822,$_{78}$
Ḥuḍayrat al-quds S I 752,$_{47h}$
Ḥuḍūr al-ʿadlayn fī ʿaqd al-nikāḥ S II 648
-Ḥujaj S I 291
-Ḥujaj al-ʿashara fī jawhariyyat nafs al-insān al-nāṭiqa S I 820,$_{68h}$
-Ḥujaj al-bāhira fī ifhām al-ṭāʾifa al-fājira S II 308,$_{57}$
Ḥujaj al-bahiyya S II 848
Ḥujaj al-karāma fī āthār al-qiyāma S II 861
-Ḥujaj al-mubīna G II 153, S II 191,$_{204}$
-Ḥujaj al-muqniʿa fī aḥkām laylat al-jumʿa S II 823
Ḥujaj al-muthbitīn S I 822,$_{68vvv}$
Ḥujaj al-Naṣārā ʿala ʾl-Muslimīn S I 240
-Ḥujaj al-qaṭʿiyya littifāq al-firaq al-Islāmiyya S II 508
Ḥujaj al-Qurʾān G I 414, S I 735
Ḥujaj al-ʿurūj ʿalā ahl al-lujūj S II 859
Ḥujaj uṣūl iʿtiqād ahl al-sunna wal-jamāʿa G I 180
Ḥujjat Allāh ʿala ʾl-ʿālamīn etc. S II 764,$_{34}$
Ḥujjat Allāh al-bāligha G II 418, S II 615,$_{3}$
-Ḥujja al-bāligha li-ṣiḥḥat al-asʾila al-ṣāʾigha S II 967,$_{7}$
-Ḥujja wal-burhān ʿalā fityān hādha ʾl-zamān S II 168
-Ḥujja al-dāmigha G II 191
Ḥujjat al-ḥaqq S I 749,$_{n}$
-Ḥujja wal-ighfāl S I 176,$_{3}$
Ḥujjat al-Islām fī rasm al-khaṭṭ etc S II 606
-Ḥujja al-mansūba li-Suqrāṭ S I 385,$_{25}$
-Ḥujja al-marḍiyya fī ʾl-naṣīḥa wa(li) radd baʿḍ shubah al-Shīʿa al-Khashabiyya S II 865, 962,$_{38}$
Ḥujjat (ḥujaj) al-nubuwwa S I 242,$_{2}$
Ḥujjat al-qirāʾāt S II 979
-Ḥujja al-rājiḥa S II 151
-Ḥujja al-rājiḥa li-sulūk al-maḥajja al-wāḍiḥa S II 58
Ḥujjat al-samāʿ G II 445
-Ḥujja bi-sariqāt b. Ḥijja G II 57, S II 57
-Ḥujja al-ṣaghīra S I 950 ad 291
Ḥujjat al-widād etc. G II 445, S II 662
-Ḥujub G I 444, S I 796,$_{27}$
-Ḥujub al-musbala G II 418
Ḥukm aḥwāl al-qabr wal-ḥashr S II 531,$_{21}$
Ḥukm amwāl al-ẓalama G I 384
-Ḥukm bi-lā taqaddum daʿwa wa-khuṣūma G II 311
Ḥukm al-ghibāʾ wal-namīma etc. S II 531,$_{23}$
Ḥukm al-inqiṭāʿ ʿala ʾl-ṣaghīr etc. S II 843
Ḥukm katm al-ghayẓ wal-ḥilm S II 531,$_{25}$
Ḥukm khalq Allāh al-samāwāt wal-arḍ S II 531,$_{23}$
Ḥukm al-laʿib bil-nard wal-shiṭranj G II 224
Ḥukm mā qabl wāw al-jamāʿa G II 477
-Ḥukm al-maḍbūṭ fī taḥrīm fiʿl qawmʾ Lūṭ S II A/C 150
-Ḥukm al-muṭlaq fī ʾl-qarn al-ʿishrīn S III 155
Ḥukm al-qanādīl al-nabawiyya G II 183
-Ḥukm ʿalā qirānāt al-kawākib etc. G I 474, S I 868
Ḥukm rafʿ al-ṣawt bil-dhikr G II 344
Ḥukm al-rafḍa S II 542,$_{144}$
Ḥukm al-shahīd G II 151,$_{131}$
-Ḥukm bil-ṣiḥḥa wal-mūjib G II 67
Ḥukm al-tasʿīr G II 347,$_{54}$
-Ḥukūma al-Miṣriyya fī ʾl-Shaʾm S III 434
Ḥulal (Ḥall?) al-maqāla S I 302,$_{10}$
-Ḥulal al-marqūma G II 262, S II 372
-Ḥulal al-mawshiyya fī ʾl-akhbār al-Marrākushiyya S II 342
-Ḥulal fī sharḥ abyāt al-Jumal S I 171
-Ḥulal al-sundusiyya fī ʾl-akhbār wal-āthār al-Andalusiyya S III 398
-Ḥulal al-sundusiyya fī ʾl-akhbār al-Tūnisiyya G II 458, S II 685
-Ḥulal al-sundusiyya fī madḥ al-shamāʾil al-Muḥammadiyya (al-manāqib al-Aḥmadiyya) S II 5, 684
-Ḥulal al-sundusiyya fī shaʾn Wahrān wal-jazīra al-Andalusiyya S II 685, 880
-Ḥulal al-Zanjfūriyya fī ajwibat al-asʾila al-Ṭayfūriyya S II 885
Ḥullat al-dhahab G II 348, S II 475,$_{72}$
-Ḥulla al-ḍāfiya G II 287, S II 398
-Ḥulla al-muʿallama al-bahiyya G II 363 (to be read thus)
-Ḥulla al-siyarāʾ G I 341, S I 581

-Ḥulla al-siyarāʾ fī madḥ khayr al-waraʾ G II 13
Ḥulūl al-ashkāl S II 1037$_{,5}$
Ḥulūl al-kawākib al-burūj al-ithnay ʿashar S I 389
-Ḥulwāniyya fī ʿilm al-ʿArabiyya S II A/C 915
Ḥulwat al-ṣibyān G I 277
-Ḥumānāt al-badīʿa fī madḥ ʿilm al-sharīʿa S II 255
Ḥumāt al-Islām S III 308
-Ḥummayāt G I 236, S I 416
-Ḥuqūq S II 762
Ḥuqūq al-duwal S III 381
Ḥuqūq ikhwat al-Islām G II 338, S II 466
Ḥuqūq al-ṭafra G II 451$_{,59}$
-Ḥūr al-ʿīn wa-tanbīh al-sāmiʿīn G I 301, S I 528
-Ḥūr al-ʿīn, urjūza fi ʾl-madhhab S II A/C 432
Ḥūriyya S III 230
Ḥurr jalīs wa-anfal anīs S II 910
-Ḥurr al-nafīs S II 229
-Ḥurūb al-ṣalībiyya fi ʾl-āthār al-Suryāniyya S III 423
-Ḥurūf S I 179, 373, 379, II 920
Ḥurūf ʿAl. b. ʿĀmir al-Yaḥṣubī al-Shaʾmī S I 721
Ḥurūf al-maʿānī S I 171
Ḥurūf al-manāqib al-ʿaliyya S II 228$_{,17}$
-Ḥurūf al-thalāta etc. G I 445, S I 797$_{,73}$
Ḥusām al-Islām fī naqḍ mā dhakarahu ʿAbd al-ʿAzīz fī bāb al-nubuwwa S II 852
Ḥusām al-māḍī fīmā waqaʿa min a. Bakr b. ʿU. min al-iʿtirāḍ S II 564
-Ḥusām al-mamdūd fi ʾl-radd ʿala ʾl-Yahūd S II 989$_{,2}$
-Ḥusām al-Samharī li-qaṭʿ jīd al-kādhib al-muftarī etc. S II 880
-Ḥusāmī S I 654
Ḥushūd al-maʾmūl S II 818
Ḥusn al-akhlāq min ḥasanāt al-mawlā Isḥāq S II 545
Ḥusn al-ʿawāqib aw ghādat al-zāhira S III 175
Ḥusn al-bayān fī naẓm mushtarak al-Qurʾān S II 741
Ḥusn al-bayān fī tafsīr mufradāt al-Qurʾān S II 419
Ḥusn al-daʿwa lil-ijāba ila ʾl-qahwa S II 393
Ḥusn al-dhikrā fī shaʾn al-isrāʾ S II 468
Ḥusn al-dirāya S I 647
Ḥusn al-ibtihāj bi-ruʾyat al-nabī S II A/C 471
Ḥusn al-ījāz fī ibṭāl iʿjāz al-Qurʾān S II 839
Ḥusn al-istiqṣāʾ li-mā ṣaḥḥa wa-thabata fi ʾl-Masjid al-aqṣā S II A/C 478
Ḥusn al-khitām lil-marām etc. S II 141
Ḥusn al-madad fī maʿrifat fann al-ʿadad S II 135
Ḥusn al-maqṣid fī ʿamal al-mawlid G II 157, S II 196$_{,285}$
Ḥusn al-muḥāḍara etc. G II 157, S II 196$_{,279}$
Ḥusn al-mujāz fī ḍabṭ ʿalāqāt al-majāz S II 925$_{,108}$
Ḥusn al-nabaʾ fī faḍl masjid al-Qubā S II 534
Ḥusn al-qāriʾ fī tajwīd kalām al-bāriʾ S II 935
Ḥusn al-samt fi ʾl-ṣamt S I 248, II 193$_{,245d}$
Ḥusn al-shirʿa etc. S II 764$_{,26}$
Ḥusn al-sulūk fī maʿrifat ādāb al-malik wal-mamlūk G II 318, S II 438$_{,9}$, 907
Ḥusn al-sulūk ilā mawāʿiẓ al-mulūk G I 304
Ḥusn al-sulūk fī siyāsat al-mulūk S II 1016
Ḥusn al-ṣafāʾ wal-ibtihāj etc. S II 516
Ḥusn al-ṣaḥāba fī sharḥ ashʿār al-ṣaḥāba S I 64
Ḥusn al-ṣanīʿ G II 276, S II 385 A/C
-Ḥusn al-ṣarīḥ fī miʾat malīḥ G II 32, S II 29
Ḥusn al-taʿahhud G II 152, S II 188$_{,165}$
Ḥusn al-taʿbīr ʿani ʾl-ḥurr min al-takbīr S II 699
Ḥusn al-tadhkār S III 386
Ḥusn al-tanabbuh li-mā warada fi ʾl-tashabbuh S II 402
Ḥusn al-taslīk fī ḥukm al-tashbīk G II 153, S II 191$_{,189}$
Ḥusn al-taṣarruf G I 200, S I 360, II 101
Ḥusn al-tawassul fī ādāb ziyārat afḍal al-rusul S II 529
Ḥusn al-tawassul ilā ṣināʿat al-tarassul G II 55, S II 43
Ḥusn al-thanāʾ etc. G II 297, S II 408
Ḥusn al-uswa bi-mā thabata min Allāh G II 504, S II 860$_{,24}$
Ḥusn al-wafāʾ li-Ikhwān al-ṣafāʾ S II 816
Ḥusn al-wafāʾ bi-ziyārat al-Muṣṭafā G II 312, S II 443
Ḥusn al-ẓann billāh S I 248$_{,36}$

Ḥusūl al-bughya G II 98
Ḥusūl al-Burhānī min sharḥ Wuṣūl al-Nuʿmānī S II 267,$_{18}$
Ḥusūl ʿilm wa-ḥikma S I 820,$_{68}$I
Ḥusūl al-inʿām wal-mayr G II 40, S II 37, I
Ḥusūl al-ins fi ʾntiqāl ḥadra etc. S II A/C 1005
Ḥusūl al-maʾmūl G II 504, S I 761
Ḥusūl maʾmūl min ʿilm al-uṣūl S II 860,$_{17}$
Ḥusūl al-maʾmūl wal-mustathnā etc. S II 526
Ḥusūl al-munā fī uṣūl al-ghinā S II A/C 529
Ḥusūl al-rifq bi-uṣūl al-rizq G II 149, S II 186,$_{86}$
-Ḥuṣūn al-Ḥamīdiyya li-muḥāfaẓat al-ʿaqāʾid al-Islāmiyya S II 776
-Ḥuṣūn al-manīʿa fī barāʾat ʿĀʾisha S II 777
Ḥuṭṭu raḥlak S II 286

Iʿānat al-ḥaqīr G II 226
al-Iʿāna lil-ḥaqq li-man waliya shayʾan min umūr al-khalq G II 704, S I 837
Iʿānat al-mubtadiʾ fi ʾl-qirāʾāt S II 351
Iʿānat al-mustarshidīn ʿala ʾjtināb al-bidaʿ fi ʾl-dīn S II 865
Iʿānat al-rāghibīn fi ʾl-ṣalāt wal-salām ʿalā afḍal al-mursalīn S I 788
Iʿānat al-ṣibyān S II 982
Iʿānat al-ṭālibīn G II 500, S II 604, 811
-Ibāʾ ʿan mawāqiʿ al-wabāʾ G II 233, S II 325
-ʿIbād G I 446
-ʿIbāda wa-wasīlat al-saʿāda G II 435
-ʿIbādāt G I 401, 423, S I 752,$_{39}$
-Ibāḥa G II 143
-Ibāḥa fī faḍl al-Sibāḥa (G II 154) S II 193,$_{236}$
-Ibāna G I 289, S I 317, II 949,$_{14}$
-Ibāna ʿan akhdh al-ujra ʿani ʾl-ḥiḍāna S II 773,$_{1}$
-Ibāna anna ṭabīʿat al-falak mukhālifa li-ṭabāʾiʿ al-ʿanāṣir al-arbaʿa S I 373
-Ibāna fi ʾl-fiqh G I 387
-Ibāna ʿan ʿilal al-diyāna S I 408
-Ibāna fī maʿāni ʾl-Qurʾān S I 719
-Ibāna ʿan madhhab ahl al-ʿadl etc. S I A/C 199
Ibānat al-naṣṣ G II 346, S II 474,$_{31}$
-Ibāna fi ʾl-qaḍāʾ wal-qadar S I 944 ad 199
-Ibāna ʿan sariqāt al-Mutanabbī G I 89, S I 141
-Ibāna ʿan sharīʿat al-firqa al-nājiya al-madhmūma S I 311
Ibānat al-ṣawāb S II A/C 562
-Ibāna wal-tafhīm G I 110
-Ibāna fī (bi) uṣūl al-diyāna G II 693, S I 346 ad 311, 952
-Ibāna fī ʾl-waqf wal-ibtidāʾ S I 723
-ʿIbar S III 342, 388
-ʿIbar fī akhbār al-bashar G II 47, S II 46
-ʿIbar wa-dīwān al-mubtadaʾ wal-khabar etc. G II 245, S II 343
-ʿIbar wal-iʿtibār G I 517, S I 242,$_{11}$
ʿIbar al-naḥl S II 37
Ibdāʾ al-ibdāʿ li-fatḥ bāb al-bināʾ S II 760
Ibdāʾ al-khafāʾ fī sharḥ asmāʾ al-Muṣṭafā S I 735 A/C, II 935
Ibdāʾ al-malāḥa wa-inhāʾ al-rajāḥa fī uṣūl ṣināʿat al-filāḥa G II 705, S II 380
Ibdāʾ al-niʿma fī taḥqīq sabq al-raḥma S II 521,$_{28}$
-Ibdāl S I 190
-Ibhāj S I 742
Ibhāt al-jāhid fī ithbāt kharq al-ʿawāʾid S II 869,$_{2}$
-Ibil G I 104, 105, S I 164, 247
Ibn Ḥāmid Suqūṭ Gharnāṭa S III 451
Ibn al-Rūmī ḥayātuhu min shiʿrihi S III 156
Ibn Rushd wa-falsafatuhu S III 193
Ibn al-shaʿb al-latīn S III 193
Ibnat al-mamlūk S III 227
Ibnat al-shams S III 274
ʿIbra wa-dhikrā S III 351
ʿIbrat al-labīb bi-mashraʿ al-kaʾīb S II 29
ʿIbrat al-taʾrīkh S III A/C 101
ʿIbra min al-taʾrīkh aw Ayyām al-Rashīd S III 230
Ibrāhīm Bāshā al-Miṣrī fī Sūriyya wa-Anaḍūl S III 424
Ibrāhīm Bāshā fī Sūriyya S III 424
Ibrāq Hayākil al-nūr S I 782
ʿIbrat uli ʾl-abṣār fī mulūk al-amṣār G I 341, S I 581
Ibrāz al-akhbār G II 11
Ibrāz al-ghayy fī shifāʾ al-ʿayy S II 857,$_{13}$
Ibrāz al-ḥikam G II 88, S II 103,$_{12}$
Ibrāz al-kunūz S II 324,$_{34}$
Ibrāz laṭāʾif al-ghawāmiḍ G II 128, S II A/C 159

Ibrāz al-maʿānī G I 307, S I 550, 725
Ibrāz al-wahm al-maknūn min kalām b. Khaldūn S II 342
-Ibrīz al-dānī fī mawlid sayyidina ʾl-saiyid M. al-ʿAdnānī S II 79, 814,$_{19}$
-Ibrīz min kalām sīdī ʿAbd al-ʿAzīz G I 462 (Cairo 1278)
-Ibrīz al-masbūk G II 266
Ibṣār al-ʿayn fī aḥwāl anṣār Ḥusayn S II 804
-Ibtidāʾ S II 676
Ibtidāʾ barāt S II 542,$_{143}$
Ibtighāʾ al-qurba bil-libās wal-ṣuḥba S II 151
-Ibtihāj fī aḥkām al-ikhtilāj S II 494,$_{25}$
Ibtihāj al-insān wal-zamān etc. G II 383, S II 515
-Ibtihāj bil-kalām ʿala ʾl-isrāʾ wal-miʿrāj G II 339, S II 467
Ibtihāj al-muḥtāj lintihāj al-Minhāj S I 681,$_{25}$
Ibtihāj al-nufūs G II 183
Ibtihāj al-qulūb bi-khabar al-shaykh a. ʾl-Maḥāsin etc. S II 696,$_{3}$
-Ibtihāj fī sharḥ al-Minhāj S I 680, II 103
Ibtihāj al-ṣudūr G II 329, S II 457
Ibtilāʾ al-awliyāʾ S II 795
Ibtisām al-ʿarūs (to be read thus) wa-washj al-ṭurūs fī manāqib a. ʾl-ʿAbbās A. b. ʿArūs S II 357
Ibtisām al-azhār fī riyāḍ al-akhbār S II 419
Ibtisām al-barq S II 947
Ibtisāmāt wa-dumūʿ aw al-Ḥubb al-Almānī S III 269
Ibṭāʾ al-ḥaraka fī falak al-burūj wa-surʿatuhā etc. G I 218, S I 385,$_{11}$
Ibṭāl aḥkām al-nujūm G I 456, S I 376 A/C, 819,$_{47}$
Ibṭāl Dalīl al-insidād S II 796
Ibṭāl daʿwa ʾl-ijmāʿ S II 819,$_{14}$
Ibṭāl al-nahj al-bāṭil wa-ikmāl kasf al-ʿāṭil S II 272,$_{608}$
Ibṭāl al-qalb S I 174
Ibṭāl al-qiyās wal-raʾy wal-istiḥsān etc. G I 400, S I 695,$_{6}$
Ibṭāl shubah al-mutaʾawwilīn etc. S II 930,$_{30}$
Ibṭāl waḥdat al-wujūd etc. S II 122,$_{59}$
Iʿdād al-asrār G I 472
-Iʿdād fi ʾl-uṣūl G I 398
Idālat al-ʿiyān ʿala ʾl-burhān S I 790,$_{31}$
ʿIddat abḥur al-shiʿr G II 160
-Idāra ʿinda ʾl-karab wal-shidda S II 68
Idārat raḥa ʾl-aqdāḥ al-ashriba etc. S I 252
-ʿIdda fī uṣūl al-miʿda S I 302,$_{3}$
-Iddighām al-kabīr S I 720
-Idghām G I 407
-Īdhān fī fatḥ al-tashahhud wal-adhān G II 142, S II 178
Idhhāb al-ẓulma ʿan ṭullāb al-ḥikma S II 1034,$_{11}$
Idrāk al-bughya li-baʿḍ alfāẓ al-Munya S II 707
Idrāk al-ghunya fī ḥall alfāẓ al-Munya S II 338
Idrāk al-ḥaqīqa S II 656,$_{c}$
-Idrāk li-lisān al-Atrāk G II 110, 708, S II 136
Idrāk al-sūl fī musābaqat al-khuyūl S II A/C 166
-Idrāk li-takhrīj Radd al-ishrāk S II 853
Idrār al-shurūq ʿalā Anwār al-burūq S I 665, II 374
Idrīsiyyat al-nasab G II 464, S II 711
Iḍāʾat al-badr al-jaliyya etc. S II A/C 334
Iḍāʾat al-dujunna fī ʿaqāʾid ahl al-sunna G II 297, S II 408,$_{10}$
Iḍāʾat al-ḥalak fī radd ʿalā man aftā bi-taḍmīn al-rāʿi ʾl-mushtarak S II 348
-Iḍāʾat limā kān wa-mā yakūn bayna yadai al-sāʿa S II 860,$_{113}$
-Iḍāʾa li-ṭālib al-kafāʾa S III 321
Iḍāʾat al-rāmūs etc. S II 235,$_{k}$
Iḍāʾat al-udmūs etc. G II 183, S II 234
-Iḍāfa G II 351
-Iḍāfāt al-Aḥmadiyya fī sharḥ al-Ḥaqīqa al-Muḥammadiyya S II 991,$_{20}$
-Īḍāḥ G I 295, II 197, S I 167, 487, II 267
Īḍāḥ al-aghālīṭ al-mawjūda fi ʾl-Wasīṭ S I 753
-Īḍāḥ fī ʿaqd al-nikāḥ S II 965,$_{13}$
Īḍāḥ al-asrār wal-badāʾiʿ S II 336, 350
Īḍāḥ asrār ʿilm al-nikāḥ G I 488
Īḍāḥ al-asrār al-maṣūna S II 709
-Īḍāḥ fī asrār al-nikāḥ S I 833
Īḍāḥ asrār al-ʿulūm S II 618
Īḍāḥ al-barāhīn al-mustanbaṭa min masāʾil ʿawīṣa G I 456, S I 820,$_{55}$
Īḍāḥ al-bayān S II 915
Īḍāḥ al-bayān fī laylat niṣf min Shaʿbān S II 529

Īḍāḥ al-bayān fī mā arādahu 'l-ḥujja G II 174
Īḍāḥ al-bayān ʿan maʿnā umm al-Qurʾān G II 109
-Īḍāḥ wal-bayān fī masāʾil al-imtiḥān S II 975$_{,41}$
Īḍāḥ al-burhān G I 219
Īḍāḥ al-dalāla fī ʿumūm al-risāla G II 404, S II 122$_{,38}$
Īḍāḥ al-dalālāt fī samāʿ al-ālāt G II 347, S II 474$_{,33}$
Īḍāḥ al-dalīl etc. S II 521$_{,19}$
Īḍāḥ al-Durra al-muḍīʾa S II 275
-Īḍāḥ al-fāʾiḍ G II 128
Īḍāḥ al-fatāwī fi 'l-nukat al-mutaʿalliqa bil-Ḥāwī S I 679
Īḍāḥ al-fawāʾid fī sharḥ mushkilāt al-Qawāʿid S II 207
-Īḍāḥ fi 'l-furūʿ G I 374
Īḍāḥ al-ghāmiḍ S I 702
Īḍāḥ al-ghawāmiḍ fī taqsīm al-farāʾiḍ S II 838
Īḍāḥ al-ḥisāb S II A/C 596
Īḍāḥ ibdāʿ ḥikmat al-ḥakīm S II 664 A/C, 738
Īḍāḥ al-Īḍāḥ G I 295, S I 516
Īḍāḥ ʿilal al-naḥw S I 171
-Īḍāḥ fī ʿilm al-nikāḥ G II 153, S II 192$_{,210}$
Īḍāḥ al-intibāh G II 164
-Īḍāḥ wal-irshād etc. S II 926
Īḍāḥ al-irtiyāb G II 93, S II 109
Īḍāḥ al-ishkāl fī man ubhima ismuhu etc. S I 603
Īḍāḥ al-ishkāl fi 'l-riwāyāt S I 950 ad 281
Īḍāḥ al-ishtibāh fī asmāʾ al-ruwāh S II 208$_{,113}$
Īḍāḥ al-iṣlāḥ G I 377, 451$_{,46}$, S I 647, II 673$_{,170}$
Īḍāḥ al-kalām S I 712
-Īḍāḥ fi 'l-kalām ʿala 'l-basmala al-sharīfa S II 738
Īḍāḥ al-kalimāt al-nurāniyya S I 683$_{,8a}$
Īḍāḥ al-khafiyyāt fī bayyināt al-nafy wal-ithbāt S II 431$_{,26}$
Īḍāḥ al-khaṭaʾ fil-radʿ ʿani 'l-istibdāl etc. S II 838
Īḍāḥ al-khayr fi 'l-istiyāk bil-siwāk al-ghayr S II 858$_{,26}$
Īḍāḥ al-maʿānī S I 726$_{,130}$
-Īḍāḥ fi 'l-maʿānī wal-bayān G II 22, S II 16
-Īḍāḥ li-maʿāni 'l-Miftāḥ S I 702
Īḍāḥ al-madārik fi 'l-ifṣāḥ ʿani 'l-ʿawātik S II 398
Īḍāḥ al-maḍāmīn, ḥāshiya ʿala 'l-Qawānīn S II 796
Īḍāḥ al-maḥajja fī ḥukm ṣalāt al-qādim ilā Makka S II 525
Īḍāḥ maḥajjat al-ʿilāj G I 486, S I 958 ad 378, II 1032$_{,50}$
-Īḍāḥ fi 'l-manāsik G I 397, S I 684
Īḍāḥ al-manhaj fī jamʿ etc. S I 40
Īḍāḥ al-maqāl fi 'l-dirham wal-mithqāl S II 775$_{,7}$
Īḍāḥ al-maqāla fīmā warada fi 'l-imāla S II 131$_{,36}$
Īḍāḥ al-maqāṣid S I 847 A/C, II 208$_{,29}$, 215
Īḍāḥ al-maqṣūd G II 345, S II 473$_{,5}$
Īḍāḥ al-marāmī bi-sharḥ Hidāyat al-rāmī S II 490
Īḍāḥ al-masālik etc. G II 248, S II 348
Īḍāḥ al-mubham S II 705
Īḍāḥ al-mubīn, sharḥ Farāʾiḍ al-dīn S II 523
Īḍāḥ al-muḥaqqiqīn fi 'shkālāt Qawāʿid al-aḥkām S II 207
Īḍāḥ al-mujāz S I 838
Īḍāḥ mukhālafat al-sunna li-naṣṣ al-kitāb wal-sunna S II 288$_{,30}$
Īḍāḥ al-muktatim etc. G I 366$_{,1,2}$
Īḍāḥ al-mushkil G I 294
Īḍāḥ al-mushkilāt S II 260$_{,6}$
Īḍāḥ al-mustarshidīn S II A/C 504
-Īḍāḥ fi 'l-naḥw G I 114
-Īḍāḥ fi 'l-nuṣūṣ G II 404
-Īḍāḥ fi qirāʾat ʿālim Umm al-qurā S II 350$_{,n}$
-Īḍāḥ fi 'l-radd ʿalā sāʾir al-firaq S I A/C 319
Īḍāḥ al-rumūz liftitāḥ al-kunūz S II 1034$_{,13}$
Īḍāḥ al-rumūz wa-miftāḥ al-kunūz G II 113, S II 139
Īḍāḥ al-sabīl S I 537
Īḍāḥ sabīl al-wuṣūl G II 406
-Iḍāḥ, sharḥ al-Īsāghūjī S I 843$_{,27}$
-Iḍāḥ, sharḥ Miṣbāḥ al-arwāḥ S I 742, II 271
-Iḍāḥ, sharḥ Talkhīṣ al-Miftāḥ S I 516
-Iḍāḥ, sharḥ al-Thalātīna 'l-masʾala S I 701
-Īḍāḥ min al-siman wal-huzāl etc. S I 415
-Īḍāḥ wal-tabyīn fi 'khtilāf al-aʾimma al-mujtahidīn G I 413, S I 688
-Īḍāḥ wal-tabyīn, sharḥ Manāhij al-yaqīn S II A/C 207
-Īḍāḥ fi 'l-tafsīr G I 413

-Īḍāḥ wal-takmila S I 176
-Īḍāḥ wal-tatmīm S I 823$_{,81e}$
-Īḍāḥ wal-tibyān G II 134
-Īḍāḥ fi 'l-ṭibb S II 170
Īḍāḥ al-wajh alladhī dhakara Baṭlūmiyūs etc S I 385
-Īḍāḥ fi 'l-waqf wal-ibtidā' G I 119, S I 182, 724
Īḍāḥ al-ẓulma G II 30
-Īḍāḥāt S II 1014$_{,14}$
Iʿḍālāt wa-ʿawīṣāt S II 579
-Ifāda G I 186, S I 317, 801$_{,198}$
-Ifāda wal-iʿtibār etc. G II 704, S I 881
-Ifāda fīmā jāʾa fi 'l-maraḍ wal-ʿiyāda S II 529$_{,53}$
Ifādat al-khabar etc. G II 150$_{,114}$, S II 186
-Ifāda al-khāṭira fī mabḥath nisbat sabʿ sāʾira S II 857$_{,5}$
-Ifāda li-man arāda 'l-istifāda G I 444
-Ifāda al-muqniʿa fī qirāʾat al-aʾimma al-arbaʿa S II 455, 630
Ifādat al-murād bil-taʿrīf bil-shaykh b. ʿAbbād S II 676
Ifādat al-naṣīḥ bil-taʿrīf bi-isnād al-Jāmiʿ al-ṣaḥīḥ S II 344
Ifādat al-shuyūkh bi-miqdār al-nāsikh wal-mansūkh S II 860$_{,5}$
-Ifāda wal-tabṣīr li-kull rāmin mubtadiʾ aw mahīr S I 906, II 166
-Ifāda fī taʾrīkh al-aʾimma wal-sāda G I 402, S I 698
Ifāḍat al-ʿallām G II 376
Ifāḍat al-anwār S II 264$_{,11}$
Ifāḍat al-anwār fī iḍāʾat uṣūl al-Manār S II 264$_{,19}$
Ifāḍat al-fattāḥ fī ḥāshiyat sharḥ Taghyīr al-Miftāḥ S I 516$_{,g}$, II 635
-Ifāḍāt al-ilāhiyya bi-ḥall al-Zurqānī ʿala 'l-ʿIzziyya S II A/C 435
-ʿIffa wal-fāqa S III 231
Ifhām al-afhām min sharḥ Bulūgh al-marām S II A/C 74
-Ifhām fi 'l-ilhām G II 370
Ifhām al-sāmiʿ bi-maʿnā qawl al-shaykh Khalīl etc. S II 716
-Ifhām, sharḥ al-Jāmiʿ al-ṣaḥīḥ G II 370
Ifḥām al-Yahūd G I 488, S I 892
-Ifrād fī maʿrifat ʿuluww al-isnād S II 931, see *al-Imdād etc.*
ʿIfrīt al-niswān S III 382
-Ifṣāḥ S I 176
-Ifṣāḥ bi-aḥādīth al-nikāḥ G II 388, S II 19$_{,209a}$
-Ifṣāḥ ʿan anwār al-miṣbāḥ G I 294
-Ifṣāḥ ʿan ʿaqd al-nikāḥ G II 323, S II 445 A/C
Ifṣāḥ al-ʿarūḍ wa-īḍāḥ al-ghumūḍ S II 922
-Ifṣāḥ fi 'l-ʿawīṣ S I 195
-Ifṣāḥ bi-baʿḍ mā jāʾa min al-khaṭaʾ fī k. al-Īḍāḥ S I 176
-Ifṣāḥ fi 'l-imāma S I A/C 323
-Ifṣāḥ ʿan lubb al-fawāʾid etc. G II 284
-Ifṣāḥ ʿan maʿāni 'l-Ṣaḥīḥ G I 158
-Ifṣāḥ ʿan maʿāni 'l-Ṣiḥāḥ G I 160, 409, S I 578
-Ifṣāḥ bi-marātib al-ṣiḥāḥ G II 165, S II 134
-Ifṣāḥ ʿani 'l-martabatayn S II 876
-Ifṣāḥ fī sharḥ al-abyāt al-mushkila G I 127
Iftiḍāḥ al-kāfirīn S II 840
Iftirāḍ dafʿ al-iʿtirāḍ G II 98
Iftirāsh al-ḥarīr S II 648
-Iftitāḥ G I 293, S I 515 A/C
Iftitāḥ al-daʿwa wabtidāʾ al-dawla S I 325$_{,11}$
-Iftitāḥ, sharḥ al-Miṣbāḥ S I 514, II 312
-Ighāna S I 735
Ighāthat al-lahfān fī ḥukm ṭalāq al-ghaḍbān S II 128$_{,40}$
Ighāthat al-lahfān fī makāyid al-shayṭān S II 1003$_{,67}$
Ighāthat al-lahfān fī maṣāyid al-shayṭān G II 106, S II 127$_{,14}$
Ighāthat al-malhūfīn S I 911$_{,22}$
Ighāthat al-umma bi-kashf al-ghumma G II 41, S II 37$_{,s}$
-Ighḍāʾ ʿan duʿāʾ al-aʿḍāʾ S II 189$_{,169hh}$
-Ighfāl fīmā aghfalahu 'l-Zajjāj min al-maʿānī G I 514, S I 170, 176
-Ighrāb fī aḥkām al-kilāb S II 131$_{,28}$, 947$_{,5}$
-Ighrāb fi 'l-iʿrāb S II 15 A/C, 924
-Ighrāb fī jadal al-ʿArab G I 282, S I 495
-Ighrāq fī khabar al-awfāq S II 695
-Ighrīḍ fi 'l-ḥaqīqa wal-majāz etc. S II 103$_{,132}$
-Ightibāṭ bi-man rawā (rumiya) bil-ikhtilāṭ G II 67, S II 72
-Ightibāṭ bi-sharḥ Nuzhat al-istinbāṭ S II 695, 1038$_{,6}$
Ightinām al-furṣa fī muḥādathat ʿalīm Qafṣa S II 345
Ihdāʾ al-ḥaqīr fī maʿnā ḥadīth al-ghadīr etc. S II 840

Ihdāʾ al-laṭāʾif min akhbār al-Ṭāʾif S II 536
-Ihlīlaja S I 939 ad 104
-Ihtidāʾ fī ʾqtidāʾ al-Ḥanafiyya G II 395,22
-Ihtidāʾ al-wāqif ila ʾl-iqtidāʾ bil-mukhālif S II 556
-Ihtimām, mukhtaṣar al-Ilmām S II 66
-Ihtimām fī munāṣaḥat al-anām S II 85
Iḥālat al-naẓar fi ʾl-qaḍāʾ wal-qadar S II A/C 608
Iḥālat al-qudra ʿala ʾl-ẓulm S I 245,13
-Iḥāṭa bi-taʾrīkh Gharnāṭa G II 262, S II 372
-Iḥbāṭ wal-takfīr S II A/C 503
-Iḥkām S II 140
-Iḥkām li-aḥādīth al-Ilmām S II 66, 80
Iḥkām al-aḥkām fī sharḥ aḥādīth sayyid al-anām G II 247, S I 581, 605
Iḥkām al-aḥkām al-ṣādira min bayn shafatay sayyid al-anām G II 247, S II 96
Iḥkām bāb al-iʿrāb ʿan lughat al-Aʿrāb S II 389
Iḥkām al-dalāla ʿalā taḥrīr al-Risāla S I 771, II 118
Iḥkām al-ḥukkām S I 966 ad 537
Iḥkām al-ḥukkām fī uṣūl al-aḥkām G I 395, S I 678
-Iḥkām fī maʿrifat al-īmān wal-islām G II 115
Iḥkām al-maʿrūf min aḥkām al-ẓurūf S II 683
-Iḥkām li-masāʾil al-aḥkām etc. S II 961,32
Iḥkām al-qanṭara fī aḥkām al-basmala S II 858,25
Iḥkām al-qawl fī ḥall masāʾil al-ʿawl S II 444
-Iḥkām fī sharḥ Takmilat al-aḥkām etc. S II 245 A/C, 564
-Iḥkām li-siyāq (mā li-sayyidinā M. min al-) āyāt (al-nabī) G I 181, S I 625, II 937,79 (to be read thus)
Iḥkām al-taḥqīq bi-aḥkām al-taʿlīq G II 316, S II 436
-Iḥkām fī tamyīz al-fatāwī etc. S I 665, 666
-Iḥkām li-uṣūl al-aḥkām S I 695
-Iḥqāq G I 413
Iḥqāq al-ḥaqq S II 207
Iḥqāq al-ḥaqq wa-izhāq al-bāṭil S II 608
Iḥqāq al-ḥaqq fī jumla min al-mabāḥith al-kalāmiyya S II 799
Iḥqāq al-ḥaqq fi ʾl-kalām S II 576
-Iḥrāʾ G II 174
Iḥrām al-āfāqī G II 397
-Iḥrāz fī anwāʿ al-mujāz G II 324, S II 446,14
-Iḥrāz al-saʿd bi-injāz al-waʿd bi-masāʾil ammā baʿd S II 422
-Iḥsān fī dukhūl mamlakat al-Yaman taḥta ẓill al-dawla al-ʿUthmāniyya S II 550
Iḥsān hānum etc. S III 231
Iḥsān maʿsāt Miṣriyya talḥīniyya S III 113
Iḥsān al-rafīq li-ṭālib al-ṭarīq S II 1011,145
Iḥṣāʾ al-ʿulūm G I 212, S I 377
-Iḥtifāʾ fī faḍl al-arbaʿa al-khulafāʾ S II 514
-Iḥtifāl fī suʾāl al-aṭfāl G II 151, S II 187,129
-Iḥtijāj ʿalā ahl al-lijāj G I 405, S I 709
-Iḥtijāj fi ʾl-imām S I 315
-Iḥtijāj li-naẓm al-Qurʾān etc. S I 244,5
Iḥtirām al-khubz wa-shukr al-niʿma S II 475,101
-Iḥtirāz S II 839
Iḥtirāz al-Muhadhdhib S I A/C 669
-Iḥtiyāl li-maʿrifat miqdāray al-dhahab G I 477
Iḥyāʾ al-ijtihād S II 853
Iḥyāʾ al-mawāt wal-waqf S II 837
Iḥyāʾ al-mayt fī faḍl al-bayt G II 149, 186,87
Iḥyāʾ ʿulūm ad-dīn G I 422, S I 748,25
Ijābat al-ghawth bi-bayān ḥāl al-niqāb etc. S II 773,3
Ijābat al-karīm G II 324, S II 447
Ijābat al-masʾūl etc. S II 1011,141
Ijābat al-muḍṭarrīn fī uṣūl al-dīn S II 830
Ijābat al-sāʾil S II 87, 427,49
Ijābat al-sāʾil ilā maʿrifat al-rasāʾil S II 55
Ijābat al-sāʾilīn G II 312, S II 430
Ijābat al-suʾūl fi ʾntiṣāf al-mahr etc. S II 799
Ijābat ṭullāb al-hudā S II 17
-Iʿjāz fi ʾl-aḥājī wal-alghāz G I 248, S I 441
Iʿjāz al-balāgha S II 615
Iʿjāz al-bayān fī kashf baʿḍ asrār umm al-Qurʾān G I 449, S I 807
-Iʿjāz wal-ījāz G I 286,29, S I 501
Iʿjāz al-munājī fi ʾl-alghāz wal-aḥājī S I 441
Iʿjāz al-Qurʾān G I 197, II 449, S I 349
Iʿjāz al-Qurʾān wal-balāgha al-nabawiyya S III 75
-Ījāz wal-bayān G I 407
Ījāz al-bayān fī maʿāni ʾl-Qurʾān S I 733
-Ījāz wal-farāʾid S I A/C 707

-Ījāz fi ʿilm al-iʿjāz G II 400
-Ījāz fi ʾkhtiṣār al-Muḥarrar S I A/C 678
-Ījāz fī maʿrifat mā fi ʾl-Qurʾān min al-mansūkh wal-nāsikh S II 987,$_{45}$
-Ījāz al-muttasim G I 405
Ījāz al-taʿrīf fī ʿilm al-taṣrīf G I 300, S I 526
Ijāzat Amāli ʾl-Ḥanafī S II 620
Ijāzat b. ʿArabī lil-Malik al-Muẓaffar Bahāʾaddīn S I 791
Ijāzatnāme S II 308,$_{54}$
-Ijmāʿ G I 180
-Ijmāʿ wal-ishrāf S I 306
Ijmāʿ al-iyās min al-wuthūq bil-nās S II 388,$_{49}$
Ijmāl al-kalām fi ʾl-ʿArab wal-Islām G II 483, S II 734
-Ijtihād S I 343
-Ijtihād wal-akhbār fi ʾl-radd ʿala ʾl-ʿAkhbāriyya S II 824
-Ijtihād wal-taqlīd S II 800, 834
-Ijtihād fī ṭalab al-jihād G II 49, S II 49
Ijtimāʿ al-amr wal-nahy S II 803, 826
Ijtimāʿ al-juyūsh al-Islāmiyya G II 106, S II 126,$_{2}$
Ijtimāʿāt al-falāsifa G I 206
Ikfār al-rawāfiḍ G II 451,$_{86}$
Ikhbār ahl al-rusūkh fi ʾl-fiqh etc. S I 917,$_{23}$
Ikhbār al-akhbār fī ajwibat suʾālāt ahl al-abkār S II 934
Ikhbār al-akhyār bimā wujida ʿala ʾl-qubūr min al-ashʿār S II 85
Ikhbār al-ikhwān ʿan aḥwāl al-jānn S II 131,$_{20}$, 947,$_{23}$ (to be read thus)
Ikhbār al-ṭullāb fī akhbār al-kilāb S II 189,$_{169qq}$
Ikhbār al-ʿulamāʾ bi-akhbār al-ḥukamāʾ G I 325, S I 559
Ikhlāṣ al-nāwī G I 394, S I 679, II 391
Ikhrāj al-durr al-maṣūn min qawālib aṣdāf al-mujūn S II 901
Ikhrāj al-khaṭṭayn min nuqṭa ʿalā zāwiya maʿlūma S I 399,$_{8}$
Ikhrāj mā fi ʾl-quwwa min al-fiʿl G I 524, S I 427,$_{28}$
-Ikhtilāf S I 306
Ikhtilāf al-aʿḍāʾ al-mutashābihat al-ajzāʾ li-Jālīnūs S I 370
-Ikhtilāf bayna ʾl-Ashāʿira wal-Māturīdiyya S II 673
Ikhtilāf al-fuqahāʾ G I 143, 174, S I 218, 294
Ikhtilāf al-ḥadīth G I 520, S I 305
-Ikhtilāf fi ʾl-lafẓ wal-radd ʿala ʾl-Jahmiyya wal-Mushabbiha S I 186,$_{16}$
Ikhtilāf manẓar al-qamar G I 470
Ikhtilāf al-nās fi ʾl-ʿazl wal-jamʿ S II 963,$_{46}$
Ikhtilāf al-nās fi siyarihim wa-akhlāqihim G I 204
Ikhtilāf al-riwāya wal-madhāhib S I 640
Ikhtilāf al-Ṣaḥāba wal-Tābiʿīn etc. S II 942
Ikhtilāf al-ʿulamāʾ S II 977,$_{57}$
Ikhtilāf al-ʿulamāʾ fīmā yaḥill min al-ashrib G I 122
Ikhtilāj al-aʿḍāʾ S I 104
-Ikhtilāj wa-duʿāʾuhu S II 1041,$_{36}$
Ikhtilāṭ al-madhhabayn S II 128,$_{50}$
Ikhtirāʿ al-khurāʿ G II 33, S II 29,$_{26}$
-Ikhtiṣār S I 322 A/C, 325 A/C
Ikhtiṣār al-ʿarūḍ G I 282, S I 495
Ikhtiṣār al-asʾila S I 971 ad 662
-Ikhtiṣār ʿalā faḍl iṣtināʿ al-maʿrūf S I 627
Ikhtiṣār fuṣūl Buqrāṭ S I 893
Ikhtiṣār al-intiṣār li-imām al-Ḥaramayn etc. S II 990
Ikhtiṣār al-jabr S I 860, II 1023
Ikhtiṣār al-Mujīd S II 350
Ikhtiṣār Muntaha ʾl-amal S II A/C 181
Ikhtiṣār nawāzil muhimma S II 695
Ikhtiṣār al-Qānūn S I 825,$_{82aa}$
Ikhtiṣār Rāfiʿ al-tadlīs fī dhurriyyat al-imām Idrīs S II 342
Ikhtiṣār Ṣaḥīḥ al-Bukhārī wa-sharḥ gharībihi S I 948 ad 264
-Ikhtiṣār wal-tajrīd lil-Ṣaḥīḥayn etc. S II 67
Ikhtiṣār Tanbīh al-anām S II 1017,$_{35}$
Ikhtiṣār Tuḥfat al-arīb G I 438
-Ikhtiṣār fi uṣūl Uqlīdīs S I 856
Ikhtiṣār ʿUyūn al-adāʾ S I 660
Ikhtiṣār ʿUyūn al-majālis S I 660
Ikhtiṣār waṣiyya G II 166
-Ikhtiṣāṣ G II 139, S I 953 ad 323
-Ikhtiṣāṣ bi-dhikr tajdīd ʿimārat al-jabbāna etc. S I 570
-Ikhtiṣāṣ min al-fawāʾid al-Qurʾāniyya wal-khawāṣṣ S I 805,$_{19}$
-Ikhtiyār G I 382, S I 165
Ikhtiyār al-abrār G II 107
-Ikhtiyār fī bayʿ al-ʿaqār S II 131,$_{37}$

Ikhtiyār al-bikr mina 'l-thayyib min shiʿr A. b. a. Ṭālib S I 445 (*Dharīʿa* I 364,$_{910}$)
Ikhtiyār al-Ghiyāthiyya fī fann al-inshāʾ S II 256
-*Ikhtiyār fī 'khtilāf al-ʿashara aʾimmat al-amṣār* S I 723
Ikhtiyār al-mumtiʿ S II 905
Ikhtiyār al-rafīq li-ṭullāb al-ṭarīq S II 148
-*Ikhtiyār, sharḥ al-Mukhtār* S I 657
Ikhtiyār al-sīra S I 408
-*Ikhtiyārāt* S I 36, 356, 389, 392 A/C, 396, 869, II 906
Ikhtiyārāt al-aḥkām S II 641
-*Ikhtiyārāt al-ʿAlāʾiyya* G I 507, S I 924,$_{30}$
Ikhtiyārāt al-ayyām G I 210, S I 374
Ikhtiyārāt al-bayān wal-saʿd wal-naḥs S II A/C 581
-*Ikhtiyārāt al-Muʾayyadiyya* G II 186
Ikhtiyārāt i Muẓaffarī S II 297,$_{17}$
Ikhtiyārāt nujūmiyya S I 392
Ikhtiyārāt sāʿāt G I 222
Ikhtiyārāt b.Taymiyya G II 106
-*Ikhtizāl awi 'l-stinughrāfiyya* S III 349
-*Ikhwa* G I 449
-*Ikhwān* S I 213, 245,$_{49}$
-*Ikhwān fī ahl al-fiqh* G II 123
-*Iklīl* G I 229, S I 409
Iklīl Ghār S III 386
-*Iklīl fī 'stinbāṭ al-tanzīl* G II 146, S II 180,$_{21a}$
-*Iklīl fī mā yalḥaq al-samāwāt wal-arḍ etc.* S II 1027
-*Iklīl ʿalā Madārik al-tanzīl* S II 268
-*Iklīl fī 'l-mushtabih wal-taʾwīl* S II 122,$_{50}$
-*Iklīl, sharḥ Khalīl* S II A/C 98
-*Ikmāl fī asmāʾ al-rijāl* S I 622, II 262
-*Ikmāl fī dhikr man lahu riwāya* G II 65
Ikmāl (kamāl) al-dīn wa-itmām (tamām) al-niʿma etc. G I 520, S I 322
Ikmāl al-durr al-hāṭil etc. S II 387
Ikmāl fatḥ al-muqīt etc. S II 709
Ikmāl al-Ikmāl S I 265, 602, 948 ad 265, II 356
-*Ikmāl li-Manhaj al-ʿummāl* G II 148, S II 184,$_{56b}$
-*Ikmāl fī 'l-Mukhtalaf wal-muʾtalaf etc.* G I 355, S I 602
Ikmāl al-muʿlim S I 265,$_{2}$, 632
-*Ikmāl fī rafʿ ʿāriḍ al-irtiyāb* S I 602
-*Ikmāl, tahdhīb al-Kamāl* G I 360, II 93, S I 606, II 48
Ikrām al-ḍayf S I 188
Ikrām man yaʿīsh biḥtirāmihi 'l-khamr wal-ḥashīsh G II 94, S II 111,$_{112}$
Iksīr al-ʿārifīn fī maʿrifat ṭarīq al-ḥaqq al-yaqīn S II A/C 589
Iksīr al-ʿibādāt fī asrār al-shahādāt S II 831
-*Iksīr al-muʿaẓẓam wal-ḥajar al-mukarram* S II 487
Iksīr al-saʿāda fī asrār al-shahādā S II 838
Iksīr al-saʿādāt S II 803
Iksīr al-tawārīkh wa-siyar al-aʾimma S I 713
Iksīr al-tuqā fī taḥrīr al-Multaqā S II 643
Iksīr al-wāridīn S II 589,$_{13}$
-*Iktifāʾ fī akhbār al-khulafāʾ* G I 345, S I 587
-*Iktifāʾ bil-anwāʿ* G I 239
-*Iktifāʾ fī dhikr muṣṭalaḥ al-mulūk wal-khulafāʾ* G II 229
-*Iktifāʾ fī faḍl al-arbaʿa al-khulafāʾ* S II 549
-*Iktifāʾ fī 'l-qirāʾāt* G I 407, S I 721
-*Iktifāʾ fī sharḥ k. al-Shifāʾ* S I 631, II 220
-*Iktifāʾ bimā taḍammanahu min maghāzī rasūl Allāh* G I 371, S I 634
-*Iktifāʾ min taʾrīkh al-khulafāʾ* S II 47
-*Iktisāb min rizq al-mustaṭāb* G I 519, S I 291
-*Iktisāb, talkhīṣ kutub al-ansāb* S II 116
Ilāhiyyāt al-Mawāqif G II 451,$_{81}$
ʿIlāj al-amrāḍ al-radiyya S II 566, 743
ʿIlāj al-asrār S II 864
ʿIlājāt al-ḥāwi 'l-kabīr S I 419
-*ʿIlal* G I 187
ʿIlal al-aflāk S I 393
ʿIlal al-aḥādīth G I 518
ʿIlal al-ḥadīth S I 275
ʿIlal al-ḥadīth wa-bayān mā waqaʿa min al-khaṭaʾ etc. S I 279
ʿIlal al-ḥiṣāl etc. S I 390
-*ʿIlal al-mutanāhiya fī 'l-aḥādīth al-wāhiya* S I 918,$_{27g}$
-*ʿIlal wal-rijāl* S I 310,$_{5}$
ʿIlal al-shaʿr G I 204, S I 365
ʿIlal al-sharāʾiʿ wal-aḥkām G I 187, S I 321
ʿIlal al-tathniya G I 126
ʿIlal al-ʿubūdiyya (al-sharīʿa) S I 356
-*ʿIlal al-wārida fī 'l-aḥādīth al-nabawiyya* G I 518, S I 949 ad 275
ʿIlal al-zījāt S II 1020,$_{30}$

Iʿlām ahl al-ʿilm bi-taḥqīq al-ḥadīth wa-mansūkhih S I 917$_{,23}$
Iʿlām ahl al-qarīḥa fi ʾl-adwiya al-ṣaḥīḥa S II 715
-*Iʿlām bi-aḥādīth al-aḥkām* G II 99, S II 118$_{,6}$
-*Iʿlām fī aḥkām al-khuddām* S II 191$_{,178,1}$
Iʿlām al-ajnās G I 385
Iʿlām al-akhyār G II 83
-*Iʿlām bi-aʿlām ahl al-balad al-ḥarām* G II 382, S II 515
Iʿlām al-aʿlām li-iqrār al-ʿām S II 773$_{,5}$
Iʿlām al-arīb G II 154, S II 192$_{,221}$
Iʿlām al-aʿyān bi-takhfīfāt al-sharʿ etc. S II 692
Iʿlām al-Bukhārī G I 158
-*Iʿlām bi-faḍāʾil al-bayt al-ḥarām* G II 397
-*Iʿlām bi-faḍāʾil al-Shaʾm* G I 331, II 130, 282, 392
Iʿlām al-hudā wa-ʿaqīdat arbāb al-tuqā G I 441, S I 789
Iʿlām al-hudā asrār al-ihtidāʾ etc. S II 934
-*Iʿlām bi-ḥudūd al-aḥkām* G I 370
-*Iʿlām bi-ḥudūd qawāʿid al-Islām* S I 632$_{,6}$
-*Iʿlām bi-ḥukm ʿĪsā ʿam* G II 150, S II 187$_{,121}$
-*Iʿlām bil-ḥurūb fī ṣadr al-Islām* G I 346, S I 589
-*Iʿlām wal-ihtimām* G II 100
-*Iʿlām bi-ishārāt ahl al-ilhām* G I 444, S I 796$_{,42}$
Iʿlām al-iṣāba bi-aʿlām al-Ṣaḥāba G I 368, S I 628
Iʿlām al-jaliyya S II 132
Iʿlām al-kabīr wal-ṣaghīr bi-akādhīb al-Kawkab al-munīr S II 869
-*Iʿlām fī mā buniya ʿalayhi ʾl-Islām* G I 444
-*Iʿlām bimā fī dīn al-Naṣārā min al-fasād etc.* S I 737
-*Iʿlām fīmā wāfaqat al-Imāmiyya ʿalayhi min al-aḥkām* S I A/C 322
-*Iʿlām bimā yajūzu akhdhuhu lil-imām* S II 972$_{,1}$
-*Iʿlām fīmā yataʿallaq bil-aʿlām* S II 729
-*Iʿlām bil-maḥāḍir wal-aḥkām etc.* S I 663
-*Iʿlām bi-man ḥalla Marrākush wa-Aghmāṭ min al-aʿlām* S II 892
Iʿlām al-muḥaddith fī sharḥ Ṣaḥīḥ al-Bukhār S I 261
-*Iʿlām fī muṣṭalaḥ al-shuhūd wal-ḥukkām* S II 87
Iʿlām al-muwālī G II 406
Iʿlām al-muwaqqiʿīn fī rabb al-ʿālamīn S II 126
Iʿlām al-nabīh G I 396
Iʿlām al-nabīh fīmā zīda ʿala ʾl-Minhāj etc. S II A/C 115
Iʿlām al-nās bimā waqaʿa lil-Barāmika maʿa B. al-ʿAbbās G II 303, S II 414
Iʿlām al-naṣr al-mubīn fi ʾl-mufāḍala bayn ahlay Ṣiffīn S I 545
-*Iʿlām bi-nawāzil al-aḥkām* G I 384, S I 661
-*Iʿlām bi-niʿam Allāh al-wahhāb etc.* S II 498, 933
Iʿlām al-nubalāʾ bi-taʾrīkh Ḥalab al-Shahbāʾ S III 430
-*Iʿlām bi-qawāṭiʿ al-Islām* G II 388, S II 527
Iʿlām al-sāda al-amājid bi-faḍl bināʾ al-masājid S II 84
Iʿlām al-sāʾilīn ʿan katb sayyid al-mursalīn S II 495
Iʿlām al-sājid fī faḍīlat thalāth masājid G II 92, S II 109
-*Iʿlām bi-sann al-hijra ila ʾl-Shaʾm* G II 143, S II 178
-*Iʿlām bi-shadd al-binkām* S I 395
-*Iʿlām bi-sunnatihi* S II 48$_{,8}$
-*Iʿlām fī tafsīr al-aḥlām* S II 494
-*Iʿlām wal-taʿlīm fī khurūj al-Firanj etc.* S II 406
-*Iʿlām wal-taʿrīf mimmā libn Qāniʿ etc.* S I 279
-*Iʿlām bi-taʾrīkh ahl al-Islām* G II 51, S II 50
-*Iʿlām bi-tathlīth al-kalām* S I 526
Iʿlām al-ṭirāz al-manqūsh fī maḥāsin al-Ḥubūsh S II 418$_{,519}$
Iʿlām ʿulamāʾ al-aʿlām bi-bināʾ al-masjid al-ḥarām S II 515, 927
-*Iʿlām fī wafayāt al-aʿlām* G II 34$_{,6,1}$, S II 46
Iʿlām al-waraʾ bi-aʿlām al-hudā S I 709$_{,6}$
-*Iʿlān fī aḥkām al-binyān* S II 346
-*Iʿlān fī dafʿ al-tanāquḍ fī ṣuwar al-aʿyān* S II 521$_{,30}$
-*Iʿlān bil-mukhtār min riwāyāt al-Qurʾān fi ʾl-qirāʾāt al-sabʿ* G I 410, S I 727
-*Iʿlān bil-tawbīkh liman dhamma ahl al-taʾrīkh* G II 35, S II 32
-*ʿIlāqa* G II 239
Ilhām al-ṣawāb G II 389

-Ilhāmāt al-rabbāniyya fī 'l-khuṭab al-sulṭāniyya S II 1000,40
Ilḥāqāt ʿala 'l-Tajalliyāt S II 663
Iljām al-ʿawāmm ʿan ʿilm al-kalām G I 421, S I 746,11
Iljām al-ʿutāt fī 'l-kalām S II 843
-Ilmāʿ G I 370
Ilmāʿ al-itbāʿ G I 130
-ʿIlla allatī lahā qīla anna 'l-nār wal-hawā wal-arḍ ʿunṣur etc. S I 957 ad 374
ʿIllat al-lawn al-lāzawardī G I 210
ʿIllat ṭūl al-ʿumr wa-qaṣrihi S I 366
-ʿIlm S I 352
ʿIlm al-adab ʿinda 'l-Firanj wal-ʿArab S III 422
ʿIlm al-aḥādīth S II 932,21
ʿIlm al-akhlāq S III 332
ʿIlm al-ʿamal S I 749,14
ʿIlm al-anwār al-raqīqa G II 344
ʿIlm al-ʿArabiyya S II 915
ʿIlm ashkāl quṭūʿ al-makhrūṭāt S I 858
ʿIlm al-bāh G II 465
ʿIlm al-burhān S I 820,68l
ʿIlm al-dīn S II 733 (read: *ʿalam*)
ʿIlm al-falak wal-burūj S I 396
ʿIlm al-firāsa al-ḥadīth S III 190
ʿIlm al-furūsiyya S II A/C 166
ʿIlm al-ghayb G II 358
ʿIlm al-hayʾa S II 1022,52
-ʿIlm al-hayyib fī sharḥ al-kalim al-ṭayyib S II 51
ʿIlm al-hudā G I 497
ʿIlm al-ḥadīth S I 275
ʿIlm al-ḥaqāʾiq G II 450,37
ʿIlm al-ḥarf wal-waqf G II 365
ʿIlm al-ḥisāb wal-nujūm S I 909
-ʿIlm al-ilāhī S I 421
ʿIlm al-kaff S I 924,31
ʿIlm al-kitāba G I 244
-ʿIlm al-ladunī S I 820,68m
ʿIlm mā baʿd al-ṭabīʿa S I 836, 881 A/C
ʿIlm al-majāz G II 110
ʿIlm manāẓir al-nujūm S I 187
ʿIlm al-manṭiq G II 344
ʿIlm al-mawāʿiẓ G II 705
ʿIlm al-misāḥa G II 355
ʿIlm al-mizāj G I 212, S I 376
-ʿIlm al-mufrad S II 545
ʿIlm al-mūsīqī wa-maʿrifat al-anghām S II A/C 171
ʿIlm al-nafs G I 455, 456
-ʿIlm wal-nuṭq G I 456
ʿIlm al-qāfiya S II 673,160
ʿIlm al-qiyāfa S I 305
ʿIlm al-qulūb G II 694, S I 360
ʿIlm al-raml S II 367 A/C, 1037,2,5, 1040
ʿIlm al-sulūk G I 440
ʿIlm al-ṣarf S II A/C 301
ʿIlm al-tafsīr G II 114
-ʿIlm al-ṭabīʿī G I 457,79
ʿIlm al-waqt G II 129, S II A/C 484
ʿIlm al-yaqīn S II 584, 827
ʿIlm al-ẓāhir wal-bāṭin S II 123,70
-ʿIlm al-ẓāhir fī nafʿ al-nasab al-ṭāhir S II 773,26
ʿIlm al-ẓilāl S II 378
-Ilmāʿ ilā maʿrifat uṣūl al-riwāya S I 632,2
-Ilmām bi-ādāb dukhūl al-ḥammām G II 319, S II 69
-Ilmām fī aḥādīth al-aḥkām G II 63, S II 66
-Ilmām bi-akhbār man fī arḍ al-Ḥabasha min mulūk al-Islām G II 40, S II 371,l
-Ilmām li-dhawi 'l-nuhā wal-aḥlām S II 344
-Ilmām bil-iʿlām G II 36
-Ilmām wal-iʿlām bi-naftha min buḥūr mā taḍammanathu ṣalāt al-Quṭb b. Mashīsh S I 788
-Ilmām fī ʿilm al-bayān S II 260,19
-Ilmām fī mā jarat fīhi 'l-aḥkām al-maqḍiyya etc. S II 34
-Ilmām fī mā yataʿallaq bil-ḥayawān min al-aḥkām G II 299
-Ilmām bi-masāʾil al-aʿlām S II 497
-Ilmām bi-sharḥ ḥaqīqat al-istifhām G II 367
-Ilmām bi-taḥrīr qawlay Saʿdī wal-ʿIṣām G II 386, S II 520
Ilqām al-ḥajar etc. G II 153, S II 191,202
Ilṣāq ʿuwār al-hawas li-man lam yafham al-iḍṭirāb etc. S II 75,66
Iltimās al-saʿd fī 'l-wafāʾ bil-waʿd S II 33
Iltiqāṭ al-aqāwīl al-ʿilmiyya etc. S I 836
Iltiqāṭ al-durar mimmā kutiba ʿala 'l-Mukhtaṣar S II 99
Iltiqāṭ al-durar wa-mustafād etc. S II 687

Iltiqāṭ al-durr al-jalīl min shurūḥ Khalīl S II 99
-Iltiqāṭ, sharḥ al-Sharāʾiʿ S II 796
Ilṭāf al-athar S II 454
Ilyādhat Hūmīrūs S III 350
Ilyās Ṭarrād S III 386
-Ilzāmāt ʿalā Ṣaḥīḥay al-Bukhārī wa-Muslim S I 949 ad 275
-Īmāʾ ʿalā ʿilm al-asmāʾ S II A/C 358
-Imāʾ al-shawāʿir S I 226
ʿImād al-balāgha G I 285, II 307, S I 500
ʿImād al-ḥikma S II 589,2d
ʿImād al-Islām fī ʿilm al-kalām S II 852
-ʿImād fī mawārīth al-ʿibād S II 973
ʿImād al-riḍā bi-ādāb al-qaḍāʾ S II 118,42
-ʿImādiyya, sharḥ Mukhtaṣar al-Ṣalāḥī fī ʾl-misāḥa S II A/C 296
-Īmāḍāt wal-tashrīqāt S II 580
Iʿmāl al-aʿlām G II 262, read *aʿmāl* at S II 372
Iʿmāl al-fikr fī tafḍīl al-dhikr S II 191,200
-Iʿmāl fī maʿna ʾl-ibdāl G II 88
Iʿmāl al-naẓar wal-fikar etc. S II 694
-Imām S III 123
Imām al-kalām fī mā yataʿallaq bil-qirāʾa khalf al-imām S II 857,6
-Imām al-mubīn G I 446, S I 798,103
-Imām al-ṣaḥīḥ S II 864
-Imām al-thānī ʿashar fī ithbāt wujūd al-ḥujja etc. S II 864
-Imāma G I 186, S I 617
Imāmat amīr al-muʾminīn Muʿāwiya b. a. Sufyān S I 242,9
-Imāma wal-siyāsa G I 122, S I 187
Imāmat wuld al-ʿAbbās S I 245,32
-Īmān G I 195, S I 346, 686, II 122,65
Īmān Firʿawn Mūsā G II 217
-Īmān wal-islām G II 250, S II 121,30
Īmān wastiḥsān G II 440
Īmān al-istiḥsān wa-bayān ḥaqāʾiqihimā etc. S II 450
-Īmān wa-maʿālimuhu wa-sunnatuhu wastikmāluhu S I 167
-Īmān al-tāmm bi-M. ʿas. G I 414, S I 735
-Īmān wal-taqwa S II 807
Imʿān al-anẓār fī sharḥ al-Maqṣūd S II 657,25
Imʿān al-naẓar S I 612
-Īmāqī S I A/C 826
Imāṭat al-lithām ʿani ʾl-āyāt al-wārida fī ʾl-ṣiyām S II 583
-Imbarāṭūriyya al-Miṣriyya fī ʿahd M. ʿA. etc. S III 306
Imdād baḥr al-qāṣid etc. S II 338
Imdād dhawī ʾl-istiʿdād G II 386, S II 520
Imdād dhawī ʾl-istiʿdād ilā maʿālim al-riwāya wal-isnād S II 881
Imdād al-fattāḥ G II 313, S II 430
Imdād jamʿ al-ḥaqāʾiq S II 480
-Imdād bi-maʿrifat ʿuluww al-isnād S II 512 = *al-ifrād*
-Imdād fī ʿulūm al-isnād S II 380
Imdād al-wāʿiẓīn S II 1003,68
-Imlāʾ fī ʾl-īḍāḥ etc. S I 277
-Imlāʾ ʿalā kashf al-Iḥyāʾ S I 748,25
Imlāʾ mā manna bihi ʾl-raḥmān min wujūh al-iʿrāb wal-qirāʾāt S I 496
-Imlāʾ ʿalā mushkil al-Iḥyāʾ G I 422
-Imlāk fī ḥarakāt al-aflāk S I 798,104
-Imtāʿ fī aḥkām al-samāʿ G II 31, S II 27
-Imtāʿ fī ʾl-arbaʿīn G II 69, S II 75 A/C
Imtāʿ al-asmāʿ fī mā lil-nabī min al-anbāʾ etc. G II 39, S II 37
-Imtāʿ wal-intifāʿ S II A/C 363
-Imtāʿ wal-muʾānasa S I 436
-Imtāʿ wal-musāmara S I 380
-Impirūriyya G I 322
Imtikhān al-adhkiyāʾ G II 441,17, S I 742, II 656,17
Imtikhān al-alibbāʾ li-kāffat al-aṭibbāʾ S I 894
-Imtinān fī ʾl-kalām ʿalā awāʾil sūrat al-dukhān S II A/C 468
Imtithāl amr al-malik al-muʿaẓẓām G II 698
Imtizāj al-nufūs S I 422
-Ināfa fī mā jāʾa fī ʾl-ṣadaqa wal-ḍiyāfa G II 388, S II 528,14
Inʿām al-anām fī faḍāʾil Ramaḍān S II 444
-Inʿām fī maʿrifat al-anghām S II A/C 384
Inārat al-aghwār al-anjād S II A/C 891
Inās al-ḥikam min anfās a. ʾl-Ḥakam S I 839
-Inās bi-ʿilm al-ansāb G I 354
Inās al-jullās etc. S I 144
Inās sulṭān al-muʾminīn etc. S I A/C 451
-ʿInāya G I 377, II 81
ʿInāyat al-malik al-munʿim G I 160
ʿInāyat al-mubtaghī S II 657,22
ʿInāyat al-munʿim S I 266,12

ʿInāyat al-qāḍī wa-kifāyat al-rāḍī S I 740, II 396
-ʿInāya, sharḥ al-Hidāya S I 645
-ʿInāya fī taḥqīq al-istiʿāra G II 426, S II 634
-ʿInāya fī takhrīj aḥādīth al-Khidāya G I 378, II 80
-Inbāʾ ʿani ’l-anbiyāʾ S I 585
-Inbāʾ ʿala ’l-anbiyāʾ wa-tawārīkh al-khulafāʾ G I 343, S I 584
-Inbāʾ bi-anna ’l-ʿaṣā sunnat al-anbiyāʾ G II 395,$_{35}$, S II 540,$_{35}$
Inbāʾ al-ghumr bi-abnāʾ al-ʿumr G II 70, S II 74
Inbāʾ al-haṣr fī abnāʾ al-ʿaṣr S II 41
Inbāʾ al-ikhwān ʿan akhbār al-jānn S II 947,$_{181,23}$ read: *ikhbār*
Inbāʾ al-muʾayyad al-jalīl Murād etc. S II 533
Inbāʾ nujabāʾ al-abnāʾ G I 352
Inbāʾ al-ruwāh ʿalā anbāʾ al-nuḥāh S I 157, 559
Inbāʾ al-umarāʾ G II 367
Inbāh (inbāʾ) al-adhkiyāʾ etc. G II 150, S II 186,$_{119}$
Inbāh al-anbāh fī iʿrāb lā ilāha etc. S II A/C 521
-Inbāh fī dhikr uṣūl al-qabāʾil wal-ruwāh G II 700, S I 969 ad 629
Inbāṭ al-miyāh al-khafiyya S I 390
-Infāq al-maysūr fī taʾrīkh bilād al-Takrūr S II 894
-Infiʿāl S I 615
Ingilterra S II 757
Inʿikās al-shuʿāʿāt G I 511
Inʿiqād al-ijmāʿ G II 437
Injāḥ al-ṭālib S II 582
Injīl Barnabā S III 323
Inqādh al-bashar min al-jabr wal-qadar S I 744
Inqādh al-bashar min al-qaḍāʾ wal-qadar S I 706,$_{18}$
Inqādh al-hālikīn G II 440,$_{1}$, S II 654
Inqādh al-ṭālibīn G II 446, S II 662
-Inqilāb al-ʿUthmānī S III 190
Ins al-anīs fī maʿrifat shaʾn al-nafas al-nafīs G II 115, S II 141
Ins al-faqīr waʿizz al-ḥaqīr etc. G II 241, S I 784, II 341
-Ins al-jalīl fī-khawāṣṣ Ḥasbunā etc. S I 806,$_{20}$
-Ins al-jalīl bi-taʾrīkh al-Quds wa-Khalīl S II 42
Ins al-jalīs fī jalw al-ḥanādīs ʿan Sīniyyat b. Bādīs G II 166, S II 214
Ins al-malaʾ bi-waḥsh al-falāʾ G II 136, S II 167
-Insān S I 343
-Insān al-jadīd S III 123
-Insān ibn al-tarbiya S III 386
-Insān al-kāmil G II 205, S II 283
-Insān wal-shayṭān S III 231
Insān al-ʿuyūn etc. G II 307, S II 418
-Inshāʾ G II 337
Inshāʾ al-ʿAṭṭār G II 473
Inshāʾ al-dawāʾir G I 443, S I 795,$_{23}$
-Inshāʾ fi ’l-ḥikam wal-akhbār S II 908
Inshāʾ al-jusūm al-insāniyya G I 446,$_{88}$
Inshāʾ al-ṣalawāt ʿalā imām al-ʿaṣr S II 837
Inshāʾ wāḥid al-ʿadad G II 13
Inshāʾāt ʿArabiyya S I 486
Inshāʾāt al-Qāḍī al-Fāḍil G I 316
Inshād al-mutaʿallim wal-nāsī fī ṣifāt ashkāl al-qalam al-Fāsī S II 708
Inshād al-sharīd ʿan ḍawāll al-qaṣīd G II 240, S I 726,$_{22}$
Inshād al-wāʿiẓ G I 505
Inshirāḥ al-ṣadr G I 82
Inshirāḥ al-ṣadr fī ghazwat Badr S II 931
-Inṣāf G II 70, 71, S I 816,$_{18a}$
-Inṣāf fī bayān al-farq bayna ’l-ḥaqq wal-iʿtisāf S II 585,$_{27}$
-Inṣāf fī bayān sabab al-ikhtilāf S II 615,$_{8}$
-Inṣāf fī daʿwat al-Wahhābiyya etc. S III 436
-Inṣāf fī ḥukm al-iʿtikāf S II 858,$_{27}$
-Inṣāf min al-Kashshāf S I 509
-Inṣāf fī mā bayna ’l-ʿulamāʾ min al-ikhtilāf S I 629
-Inṣāf fī masāʾil al-khilāf G I 115, 282, S I 177, 495, 733
-Inṣāf fī masāʾil al-khilāf min k. Jawāhir al-kalām S II 798
-Inṣāf fī mushajjarat al-aslāf G II 426
-Inṣāf fī naṣṣ al-aʾimma S II A/C 504
-Inṣāf fī tamyīz al-awqāf G II 153, S II 191,$_{194}$
-Inṣāf fī ’l-tanbīh ʿala ’l-asbāb allatī awjabat al-ikhtilāf etc. S I 758

Intiʿāsh al-akbād S I 972 ad 682
Intibāh al-adhkiyāʾ fī ḥayāt al-anbiyāʾ S II 189,169vv
-Intibāh li-muʿālajat al-bāh S II 1027,6
-Intibāh, sharḥ Sullam al-ʿulūm S II 622
-Intibāh bi-taḥqīq ʿawīṣ (to be read thus) masāʾil al-ikrāh S II 529,7
-Intidābāt fi ʾl-ʿIrāq wa-Sūriyya S III 424
Intifāʾ mā nusiba ilayhi min muʿāraḍat al-ʿiwān S I 822,68uu
-Intikhāb fi ʾkhtiṣār Kashf al-alqāb G II 34
Intikhāb al-Iqtiḍāb G I 491
Intikhāb al-Jawāhir al-muḍīʾa S II 89
Intikhāb al-jayyid fī tanbīhāt al-saʿīd fī ʿilm al-rijāl S II 533
Intikhāb al-salāṭīn S II 45
Intikhāb al-Ṭarīq al-Muḥammadiyya S II 656
-Intiqāʾ fī faḍāʾil al-thalātha al-fuqahāʾ G I 368, S I 629
-Intiqād al-rajīkh fī sharḥ al-Iʿtiqād al-ṣaḥīḥ G II 418, 504, S II 861,37
-Intiqād fī sharḥ ʿUmdat al-iʿtiqād S II 268
Intiqād Taʾrīkh al-tamaddun al-Islāmī S II 862
Intiqāḍ al-iʿtirāḍ S I 262, II 75,60
Intiqāl anwār mawlid al-Muṣṭafa ʾl-mukhtā S I 616
Intiqāl al-anwār wa-miftāḥ al-surūr etc. S II 78
Intiqāl al-muqallad min faqīh ilā faqīh ākhar S II 616
-Intiqām S III 202
-Intiqām al-hāʾil aw Asrār al-Āsitāna S III 229
Intishāq al-faraj baʿd al-ʿazma etc. S II 885
Intishār al-khaṭṭ al-ʿArabī etc. S III 309
Intiṣāb al-lughatayn G II 24
-Intiṣāf fi ʾl-awqāf S II 191,194
-Intiṣāf min dhawi ʾl-zaygh etc. S II 242
-Intiṣāf min al-Kashshāf G I 291, 416, S I 509
-Intiṣār G II 186, S I 519 A/C, 687, 706
-Intiṣār bil-awliyāʾ S II 1022,155
Intiṣār al-faqīr G II 85
-Intiṣār li-Ḥamza al-Zayyāt S I 186
-Intiṣār bi-mā fī ʾl-Iḥyāʾ min al-asrār S I 748,25
-Intiṣār li-madhāhib al-ʿitra al-aṭhār S I 700
-Intiṣār al-munabbiʾ ʿan faḍāʾil al-Mutanabbī S I 141
-Intiṣār fi ʾl-radd ʿala ʾl-Qadariyya al-ashrār S I 748,25,1a
-Intiṣār fi ʾl-radd ʿalā ṣāḥib al-Maqāma al-Qurṭubiyya G I 275
-Intiṣār li-wāsiṭat ʿiqd al-amṣār S II 50
-Intiṣār min ẓalamat a. Tammām G I 85
-Intiṣārāt (infiʿālāt) al-Islāmiyya wa-kashf shubah al-Naṣrāniyya S II 134
Intiẓār fatḥ al-faraj G II 350,21
Inṭāq al-mafhūm S II 623,22
-Īqāʿ S I 160
Īqāʿ al-ʿuqūd G II 105
ʿIqāb al-aʿmāl S I 322
-ʿIqād fī wafayāt al-maʿṣūmīn S II 801
Iqālat al-ʿashara fī bayān ḥadīth al-ʿashara S II 537
Iqāmat al-burhān etc. G II 404, S II 555
Iqāmat al-burhān ʿalā masāʾil Tadhkirat al-ikhwān S II 453
Iqāmat al-dalīl fī ibṭāl al-taḥlīl G II 105, S II 124,108
Iqāmat al-dalīl ʿalā sawāʾ al-sabīl S II 774
Iqāmat al-ḥujja S II 8
Iqāmat al-ḥujja ʿalā anna ʾl-ikthār fi -taʿabbud laysa bi-bidʿa S II 858
Iqāmat al-ḥujja al-bāhira G II 371, S II 499
Iqāmat al-ḥujja fi ʾl-radd ʿalā mā aḥdathahu ʾl-mubtadiʿa S II 696
Iqāmat al-qāḍī al-taʿzīr G II 311
-Īqān S II 848
-Īqān fi ʾkhtiṣār al-Itqān S II 179,1b, 743
Īqāẓ dhawi ʾl-alqāb fī dhamm al-tabarruj wa-kashf al-niqāb S II 821
Īqāẓ al-himam S II 146 A/C, 523
Īqāẓ himam uli ʾl-abṣār lil-iqtidāʾ bi-syiyid al-muhājirīn wal-Anṣār S II 946,170
-Īqāẓ min al-ḥāja etc. S II A/C 579
Īqāẓ al-maghrūr bi-ishrāq al-budūr S II 159
Īqāẓ al-nāʾimīn G II 441, S II 656,16
Īqāẓ al-qawābil etc. G II 386, S II 520
Īqāẓ al-wasnān bil-ʿamal bil-ḥadīth wal-Qurʾān S II 883
Īqāẓ al-wasnān li-muʿāmalat al-raḥmān S II 470, 724
-Īqāẓāt S II 580,18

-Īqāẓāt fī 'l-ʿuqūd wal-īqāʿāt S II A/C 503
-Iqbāl bil-aʿmāl al-ḥasana S I 912
Iqbāl Khānum aw Masāriḥ al-ʿushshāq S III 231
-Iqbāl bi-ṣāliḥ al-aʿmāl S I 912$_{,7}$
-ʿĪqd G I 155, S I 251, 844 A/C
ʿIqd al-aḥādīth fī ʿilm al-mawārīth S I 702
-ʿIqd al-awwal min k. Itḥāf ahl al-zamān etc. S III 499
ʿIqd al-bāb G II 13
-ʿIqd al-badīʿ fī madḥ al-nabī al-shafīʿ G II 376, S II 10, 397 (III 342)
ʿIqd al-bayān S II 924
ʿIqd al-durar fī ʿadad āy al-suwar G II 164, S II 134
ʿIqd al-durar fī akhbār al-imām al-muntaẓa S I 769
ʿIqd al-durar fī 'l-ʿamal bil-qamar G II 128
ʿIqd al-durar wal-laʾāl fī faḍl al-faqr etc. S I 788
ʿIqd al-durar wal-laʾāl fī faḍl al-shuhūr etc. G I 77
ʿIqd al-durr al-manẓūm fi munāsabat al-basmala etc. S II 1044$_{,19}$
-ʿIqd al-fākhir al-ḥasan fī ṭabaqāt ʿayān al-Yaman S II 238
ʿIqd al-farāʾid fī mā lil-muthallath (thalāth) min al-fawāʾid G II 371, S II 498
ʿIqd al-farāʾid fī mā naẓama min al-fawāʾid G II 378, S II 509
ʿIqd al-farāʾid fī tadhyīl al-Khulāṣa etc. S II 885
-ʿIqd (al-farīd) G I 154, S I 251
-ʿIqd (al-farīd) fī aḥkām al-taqlīd S II 224
-ʿIqd (al-farīd) fī bayān al-najāḥ min al-khilāf G II 313, S II 431$_{,13}$
-ʿIqd (al-farīd) wal-durr al-naḍīd fī riwāyat al-qānūn fi 'l-tajwīd S II 979
-ʿIqd (al-farīd) fī ḥall mushkilāt al-tawḥīd S II 357
-ʿIqd (al-farīd) fī 'stinbāṭ al-ʿaqāʾid min kalimāt al-tawḥīd S II 391
-ʿIqd (al-farīd) lil-Malik al-Saʿīd G I 463, S I 838
-ʿIqd (al-farīd) fī naẓm al-Tajrīd S I 727
-ʿIqd (al-farīd) fī taḥqīq al-tawḥīd G II 391, S II 533
-ʿIqd (al-farīd) fī taʿlīm al-tajwīd S II 982
-ʿIqd (al-farīd) fī ʿulūm al-asānīd S II 774
-ʿIqd al-ghālī G I 159
-ʿIqd al-jadīd S II 383
ʿIqd al-jawhar S II 695, 909
ʿIqd al-jawāhir al-bahiyya G II 334
ʿIqd al-jawāhir al-bahiyya fī akhbar al-qarn al-ḥādī ʿashar G II 383, S II 516
ʿIqd al-jawāhir fī faḍl ahl bayt al-nabī al-ṭāhir S II 479
ʿIqd al-jawāhir fī mā khālafa fīhi Ḥafṣ Qālūn S II 454
ʿIqd jawāhir al-maʿānī fī manāqib al-shaykh ʿAq. al-Jīlānī S II 999$_{,30}$
ʿIqd al-jawāhir al-nayyirāt G II 312
ʿIqd al-jawāhir wa-nūr al-baṣāʾir G II 433
ʿIqd al-jawāhir fī salāsil al-akābir S II 522
ʿIqd al-jawāhir al-thamīn fī arbaʿīna ḥadīthan G II 309, S II 422 A/C
ʿIqd al-jawāhir al-thamīna fī madhhab ʿālim al-Madīna S I 664, II 963$_{,51}$
ʿIqd al-jīd fī aḥkām al-ijtihād wal-taqlīd S II 615$_{,11}$
ʿIqd jīd al-zamān bi-madḥ sayyid ʿAdnān S III 178
ʿIqd al-jumān S II 399
ʿIqd al-jumān fī ʿilm al-bayān S II 766
ʿIqd al-jumān al-lāmiʿ etc. G I 159, S I 264
ʿIqd al-jumān fī mā yalzam man waliya bīmāristān S II 1028$_{,9}$
ʿIqd al-jumān al-muntaqā min al-Sharḥ wal-Bayān S II 245
ʿIqd al-jumān al-nafīs fī dhikr al-aʿyān min ashrāf Gharīs S II 882
ʿIqd al-jumān wa-shudhūr al-yāqūt etc. S II 750
ʿIqd al-jumān fī taʾrīkh ahl al-zamān G II 53, S II 51
ʿIqd al-laʾālī G II 203, 488, S I 764, II 635, 674
ʿIqd al-laʾālī wal-durar S II 454
ʿIqd al-laʾālī fī faḍāʾil al-āl S II 617
ʿIqd al-laʾālī al-ghawālī fī mā qīla fī mawlid a. 'l-Maʿālī S II 390
ʿIqd al-laʾālī al-muntathira fī ḥifẓ al-aḥādīth al-mutawātira S II 399$_{,24}$
ʿIqd al-laʾālī al-mustaḍīʾa al-muʿadda li-nafy al-talbīs S II 342
ʿIqd al-laʾālī min naẓm al-Shahhāl S III 346
ʿIqd al-laʾālī fi 'l-qirāʾāt al-sabʿ wal-ʿawālī S II 136$_{,14}$
-ʿIqd al-makhṣūṣ fī tartīb al-fuṣūṣ S I 793$_{,12v}$

-*ʿIqd al-manẓūm etc.* G II 427, S II 635
-*ʿIqd al-manẓūm al-fākhir bi-taḥrīr b. ʿAsākir* S II 422
-*ʿIqd al-manẓūm fī ʾl-khuṣūṣ wal-ʿumūm* S I 666
-*ʿIqd al-marjān fī mā yataʿallaq bil-jānn* G II 75, 307, S II 82, 187,$_{122}$, 418,$_{10,3}$
-*ʿIqd al-mudhahhab fī ṭabaqāt ḥamalat al-madhhab* G II 93, S II 109
-*ʿIqd al-mufaṣṣal* S II 796, III 482
-*ʿIqd al-mujarrad fī maʿrifat al-ism al-mufrad* S II 145
-*ʿIqd al-mukallal min jawāhir maʿāthir al-ṭirāz etc.* S II 861
-*ʿIqd al-mukallal bil-jawhar al-thamīn etc.* S II 399
-*ʿIqd al-munaḍḍad* S II A/C 867
-*ʿIqd al-munaḍḍad min jawāhir mafākhir M.* S II 961,$_{34,a}$
-*ʿIqd al-munaḍḍad fī manāqib āl M.* S II 819
-*ʿIqd al-munaẓẓam lil-ḥukkām etc.* G II 264, S II 374
-*ʿIqd al-munaẓẓam ʿalā ḥurūf al-muʿjam* S II 523
-*ʿIqd al-naḍīd fī ādāb al-shaykh wal-murīd* S II 869,$_{43}$
-*ʿIqd al-naḍīd al-mustakhraj min sharḥ b. a. ʾl-Ḥadīd* S I 705
-*ʿIqd al-naḍīd fī sharḥ al-qaṣīd* S I 726,$_{125}$
-*ʿIqd al-nafīs fī mā yaḥtāj ilayhi ʾl-muftī etc.* S II 953,$_{539}$
-*ʿIqd al-nafīs wa-nuzhat al-jalīs* S I 501, 830, II 907
-*ʿIqd al-nafīs bi-tashṭīr wa-takhmīs dīwān b. al-Fāriḍ* S I A/C 465
-*ʿIqd al-nāmī* S I A/C 533
-*ʿIqd al-niẓām* S II 416
-*ʿIqd al-niẓām bi-ʿaqd al-kalām* S II A/C 402
-*ʿIqd al-ṣafī min al-baḥr al-wafī* S I 968 ad 563
-*ʿIqd al-tamām fī man zawwagahu ʾl-nabī ʿam.* S II 131,$_{35}$
-*ʿIqd al-tāmm* S II 947,$_{181,22}$
ʿIqd al-tawḥīd S II 482
-*ʿIqd al-thamīn* S I A/C 644
-*ʿIqd al-thamīn fī bayān masāʾil al-dīn* S II 507, 785
-*ʿIqd al-thamīn fī faḍāʾil bāb al-ʿālamīn* S II 813
-*ʿIqd al-thamīn al-ghāl etc.* S II 399,$_{30}$
-*ʿIqd al-thamīn fī mā yataʿallaq bi-āyāt al-mawāzīn* S II 404
-*ʿIqd al-thamīn fī mā yataʿallaq bil-mawāzī* S II 487
-*ʿIqd al-thamīn fī maḥāsin akhbār etc.* S II 735
-*ʿIqd al-thamīn fī mulūk al-Yaman al-mutaʾakhkhirīn* S II 238
-*ʿIqd al-thamīn, sharḥ Fatḥ al-mubīn* S II 112, 813
-*ʿIqd al-thamīn fī tabyīn aḥkām al-aʾimma* G I 401, S I 701
-*ʿIqd al-thamīn fī taʾrīkh al-balad al-amīn* G II 172, S II 221
ʿIqd al-ʿulā S I 449
-*ʿIqd al-wasīm fī aḥkām al-jārr wal-majrūr* S II 548
-*ʿIqd al-wasīm fī aḥkam al-ẓarf wal-taqsīm* S II 918
ʿIqd al-yawāqīt al-jawhariyya etc. S II 821
Iqdār wāhib al-qadar S II 322
-*Iqlīd li-adillat al-ijtihād wal-taqlīd* S II 819,$_{11}$, 860,$_{26}$
-*Iqlīd al-farīd* G II 391, S II 534
-*Iqlīd, sharḥ al-Mufaṣṣal* S I 510,$_{8}$
-*Iqnāʿ* G I 392, 488,$_{4}$, S I 515, 677,$_{4}$ (II 441), II 888, 965,$_{16}$
-*Iqnāʿ fī adwiyat al-qilāʿ* S II 941,$_{181,26}$
Iqnāʿ al-ʿālim ʿalā iqāmat al-maʿālim S II 808, n
-*Iqnāʿ li-mā huwiya taḥt al-qināʿ* G I 294
-*Iqnāʿ fī ʾl-qirāʾāt* S I 723
-*Iqnāʿ li-ṭālib al-ʿarūḍ* G II 692
-*Iqnāʿ li-ṭālib al-intifāʿ* G II 325, S I 688
-*Iqtibās fī ḥall mushkil sīrat b. Sayyid al-nās* S II 77, 131,$_{26}$, 947
Iqtibās al-Manār S II 265
-*Iqtibās min al-Qurʾān* S I 502,$_{36}$
-*Iqtibās wal-taḍmīn* S II A/C 505
Iqtidāʾ al-Ḥanafiyya bil-Shāfiʿiyya G II 81, 413, 419, S II 92
-*Iqtiḍāʾ fī maʿrifat al-waqf wal-ibtidāʾ* S I 729
Iqtiḍāʾ (iqtifāʾ) al-ṣirāṭ al-mustaqīm etc. G II 104, S II 123,$_{71}$
-*Iqtiḍāb fī sharḥ Adab al-kātib* S I 185
-*Iqtiḍāb ʿalā ṭarīq al-maʾsala wal-jawāb fī ʾl-ṭib* S I 893

Iqtifāʾ al-athar baʿd dhahāb ahl al-athar S II 711
Iqtināṣ al-shawārid etc. S II 528,29
-Iqtirāḥ fī bayān al-iṣṭilāḥ G II 63
-Iqtirāḥ fī ʿilm uṣūl al-naḥw wa-jadalihi G II 155, S II 194,252
Iqtirāḥ al-qarīḥ etc. G I 525, S I 479
-Iqtiṣād G II 490
-Iqtiṣād fī bayān marātib al-ijtihād G II 339
Iqtiṣād al-hādī ilā ṭarīq al-rashād S I A/C 707
Iqtiṣād al-irshād ilā ṭarīqat al-ijtihād S II 449
-Iqtiṣād fī iṣlāḥ al-anfus wal-ajsād G I 487, S I 890
-Iqtiṣād fī ʾl-iʿtiqād G I 421, S I 746,9
-Iqtiṣād fī kifāyat al-ʿuqqād G II 94, S II 111,17
-Iqtiṣād, sharḥ al-Irshād S II A/C 207
-Iqtiṣād, sharḥ al-Kawkab al-waqqād S I 728
-Iqtiṣār S I 325,2
-Iqtiṣār fī sabṭ al-kusūr S II 1019,18
Iqtiṣāṣ jumal ḥālāt al-kawākib al-mutaḥayyira S I 384
Iqtiṭāf al-azāhir etc. G II 111, 112, S II 138
Iqtiṭāf al-nūr mimmā warada fī jabal Thawr S II 538
Iqtiṭāf al-zahr min ghawāmiḍ asjāl al-nahr S II 444
Iqtiṭāf zahrat al-afnān min dawḥat qāfiyat b. Wannān S II 706
-Iqṭāʿ S II 90
Irāʾat al-daqāʾiq S II 311
Iʿrāb al-Ājurrūmiyya G II 324, S II 333, 334 A/C
Iʿrāb al-ʿAwāmil S I 504,17
Iʿrāb āyāt min al-Qurʾān al-ʿaẓīm S I 190
Iʿrāb baʿḍ āyāt min al-Qurʾān al-ʿaẓīm S I 539
Iʿrāb al-ḥadīth ʿalā ḥurūf al-muʿjam S I 496
Iʿrāb in lam ajid ilāhī S II 362
-Iʿrāb fī ʾl-iʿrāb G II 691, S I 175
Iʿrāb lā ilāha illa ʾllāh S II 542,129
Iʿrāb mushkil al-ḥadīth S I 496
Iʿrāb mushkilāt al-Qurʾān G I 407, S I 719
Iʿrāb al-qāriʾ ʿalā awwal bāb al-Bukhārī G I 159, II 394, S I 263,19
Iʿrāb al-qaṣāʾid al-thalāth wa-īḍāḥ ghawāmiḍ al-abḥāth S II 257
-Iʿrāb ʿan qawāʿid al-iʿrāb G II 24, S II 18
Iʿrāb al-Qurʾān G I 411, 514, 515, S I 162, 201, 721, 729, II 136, 986,30
Iʿrāb b. Samīn G II 111
Iʿrāb thalāthīna sūra G I 125, S I 190
-Irāda wal-amr S II 122,51
Iʿrāḍ al-nuqūl G II 404
-ʿIrāq al-jadīd S III 435
-ʿIrāqiyyāt G I 253, S I 448
ʿIrfān al-ʿirfān S II 855
Irghām awliyāʾ al-shayṭān G II 306
Irkhāʾ al-sutūr wal-kilal etc. S I 908
-ʿIrs wal-ʿarūs S I 243,21
-Irshād G I 394, 440, S I 786, II 658,26
Irshād al-adhān S I A/C 712
Irshād al-adhhān ilā aḥkām al-īmān G II 164, S II 206
-Irshād ilā aḥkām al-jarād S II 463
Irshād al-alibbāʾ ilā maḥāsin Ūrūbā G II 491, S II 722
Irshād al-alibbāʾ ilā mirʾāt al-adhkiyāʾ S II 312
Irshād al-anām ilā sharḥ Fayḍ al-malik al-ʿallām G II 499
-Irshād fī ʾl-ansāb S I 953 ad 322
Irshād al-ʿaql etc. G II 439, S II 651
Irshād al-arīb ilā maʿrifat al-adīb G I 117,11, S I 158, 881
-Irshād ila ʾl-awlād S I 440,11
Irshād al-bashar fī shārḥ al-Bāb al-ḥādī ʿashar S II 794
Irshād dhawi ʾl-ʿirfān G II 369
-Irshād fī dukhūl al-kufr S I 821,68ii
Irshād al-ḍawāll S I 541
Irshād al-ḍawāll wa-inshād al-ihmāl S II 371
Irshād al-fāriḍ G II 167, S II 216
Irshād al-fuḥūl S I 672
Irshād al-fuḥūl ilā taḥqīq al-ḥaqq min ʿilm al-uṣūl S II 818
Irshād al-ghāwī bal isʿād al-ṭālib wal-rāwī etc. S II 31
Irshād al-ghāwī ilā masālik al-Ḥāwī S I 679
Irshād al-hādī G II 215, S II 304,3
Irshād al-hādī ilā manẓūmat al-sayyid al-Hādī S II A/C 243
Irshād al-ḥadīth G I 359, S I 611
Irshād al-ḥāʾir ilā ʿilm al-kabāʾir G II 128, S II 131,27
Irshād al-ḥāʾir ilā takhṭīṭ faḍl al-dāʾir S II 158

Irshād al-ḥāʾirīn S II 467
Irshād al-ḥaqq ilā manhaj al-ʿadl wal-ḥaqq S II 955,$_{73}$
Irshād al-ḥayārā fi ʾl-radd ʿala ʾl-Naṣārā G I 452, S I 811,$_{10}$
Irshād al-ḥayārā fī taḥdhīr al-Muslimīn min madāris al-Naṣārā S II 764,$_{21}$
Irshād al-ḥayārā fī taḥrīm istikhdām al-Yahūd wal-Naṣārā S II 457
-Irshād ilā ḥukm mawt al-awlād S II 131,$_{16}$
Irshād al-ḥussāb G I 472, S I 860
Irshād al-ʿibāb S I 752,$_{47f}$, II 76,$_{81}$
Irshād al-ʿibād ila ʾl-ghazw wal-jihād S II 975
Irshād al-ʿibād ilā sabīl al-rashād S II 604
Irshād al-ikhwān G II 329, S II 457
-Irshād lil-ʿilm bi-khawāṣṣ al-aʿdād G II 366
-Irshād ila ʾl-iʿtiqād S II 992,$_{25}$
Irshād al-labīb ilā maqāṣid ḥadīth al-ḥabīb S II 338
-Irshād ilā mā fi ʾl-fiqh wa-ghayrihi min al-aʿdā S II 114
Irshād al-māhir G II 371
-Irshād li-maʿrifat ḥadīth khayr al-ʿibād S I 611
-Irshād fī maʿrifat ḥujaj Allāh ʿala ʾl-ʿibād S I 322
-Irshād fī maʿrifat maqādīr al-abʿād S II A/C 217
-Irshād fī maʿrifat ʿulamāʾ al-bilād S I 618
-Irshād li-maṣāliḥ al-anfus wal-ajsād G I 489, S I 892
-Irshād fī mawt al-awlād S II 947,$_{181,14}$
Irshād al-mubtadiʾ li-rāʾiyyat ʿU. wa-Ḥafṣ wal-Asadī S II 454
Irshād al-mubtadiʾ wa-tadhkirat al-muntahī G I 408, S I 723
Irshād al-mubtadiʾīn fi ʾl-fiqh S II 853
Irshād al-mughaffalīn G II 337, S II 465,$_{20}$
-Irshād ilā muhimmāt ʿilm al-isnād S II 615,$_{6}$
Irshād al-muhtadī ilā sharḥ Kifāyat al-mubtadiʾ S II 814
Irshād al-muhtadīn G II 149,$_{101}$
Irshād al-muḥtāj S I 681,$_{16a}$
Irshād al-muntahā li-waqāʾiʿ al-Muntahā S I A/C 688
Irshād al-murīd G II 317, S II 436
Irshād al-murīd ilā maqṣūd al-qaṣīd S I 726,$_{27}$
Irshād al-murīd fi ʾl-ṭarīqa al-Shādhiliyya S III 345
Irshād al-murīdīn S II 700
Irshād al-murīdīn fī ḥikāyāt al-ṣāliḥīn S I 916
Irshād al-murīdīn wa-majād al-ṭālibīn S I 790,$_{32}$
Irshād al-murīdīn ilā minhāj al-ʿābidīn S I 751,$_{38}$
Irshād min al-murshid G II 98
Irshād al-murtād S II 781
Irshād al-mustabṣir fi ʾl-istikhārāt S II 793
Irshād al-mustabṣirīn S II 799
Irshād al-mustarshidīn S II 209
Irshād al-mutaʿallim wal-nāsī fī ṣifāt ashkāl al-qalam al-Fāsī S II 882
Irshād al-mutaʿallim wa-tanbīh al-muʿallim li-farāʾiḍ al-shaykh al-imām Khalīl S II 98,$_{19}$, 379
-Irshād fi ʾl-naḥw G II 220, S II 309
Irshād al-nuhā li-daqāʾiq al-Muntahā S II 447
Irshād al-qāṣid ilā asna ʾl-maqāṣid G II 137, S II 169
-Irshād fi ʾl-qirāʾāt S II 981,$_{25}$
Irshād al-qulūb ila ʾl-ṣawāb al-munjī etc. S II 261
-Irshād fi ʾl-radd ʿalā ahl al-ilḥād S II 991,$_{23}$
Irshād al-raḥmān etc. G II 329, S II 456
Irshād al-rājī G II 224, S II 313
-Irshād ilā sabīl al-rashād G II 405, S II 130
Irshād al-sāʾil fī ḥukm al-istiqbāl bil-dalāʾil S II 951
Irshād al-sāʾil fī uṣūl al-masāʾil G II 128, 169,$_{41}$, S II 218
Irshād al-sālik G II 163, S II 205
Irshād al-sālik ilā afʿāl al-manāsik S II 226
Irshād al-sālik ilā fahm Alfiyyat b. Mālik S I 525,$_{38}$
Irshād al-sālik al-muḥtāj ilā bayān al-muʿtamir wal-ḥājj S II 526 A/C, 537 A/C
Irshād al-sālik ilā sharḥ Alfiyyat b. Mālik S I 525,$_{34}$
Irshād al-sālikīn fī manāqib al-shaykh A. ar-Rifāʿī S I 781
Irshād al-sārī G I 159, II 73, S I 262,$_{16}$
-Irshād ila ʾl-taqrīb ila ʾl-ʾllāh taʿālā bil-ḥajj S I 699

-Irshād wal-taṭrīz etc. G II 177, S II 228
-Irshād wal-tibyān fī radd mā ankarahu ruʾasāʾ min ahl Tiṭwān S II 1007
Irshād al-ṭalaba ilā shawāhid al-Ṭayyiba S II 275,$_{2,f}$
Irshād al-ṭālib ilā ahamm al-maṭālib S II 531, III 498
Irshād al-ṭālib ilā sharḥ manẓūmat al-kawākib G II 196, 315, S II 265
Irshād al-ṭālibīn G II 336, S II 208 A/C, 465
-Irshād ilā ṭarīq al-najāt G I 403
Irshād ṭullāb al-ḥaqāʾiq etc. G I 611
-Irshād fī ʿulamāʾ al-bilād G I 362
Irshād uli ʾl-albāb ilā maʿrifat al-ṣawāb S II 313
Irshād al-umma lil-tamassuk bil-aʾimma S II 804
Irshād al-ʿummāl etc. G II 322, S II 444
Irshād al-ʿuqūl al-mustaqīm G II 434, S II 646
-Irshād fī uṣūl al-iʿtiqād G I 398, S I 672
Irshād al-wāqif li-maʿnā niyyat al-ḥālif S II 716
Irshād al-waraʾ li-Nār al-qirā S II 760
Irshād al-zāʾirīn li-ḥabīb rabb al-ʿālamīn S II 462, 538
-Irshādāt al-rabbāniyya etc. S I 471,$_{16}$
-Irth S II 575 A/C, 581 A/C
-Irtifāq bi-masāʾil al-istiḥqāq S II 696
Irtiqāʾ al-ghuraf G II 35
Irtiqāʾ al-rutba G II 122
-Irtisāmāt al-liṭāf fī khāṭir al-ḥājj etc. S III 397
Irtishāf al-ḍarab min lisān al-ʿArab G II 110, S II 136,$_{4}$
Irtiyāḍ al-arwāḥ G II 232
Irtiyāḍ al-fikar fī sharḥ sīrat ʿitratihī etc. S II 245
-Irtiyāḍ fī k. al-Taḥlīl G I 211
Irtiyāḥ al-akbād bi-arbāḥ faqd al-awlād S II 33
Irtiyāḥ al-arwāḥ fī dhikr Allāh al-karīm al-fattāḥ S II 251
Irwāʾ al-muḥtasī min kuʾūs al-Suwaydī S I 681, II 501
-Isʿād ʿala ʾl-Irshād S I 672
-Isʿād wal-isʿāf mimman ḥaḍara fatḥ Balghrād S II 529, 530
-Isʿād bil-iṣʿād ʿalā darajāt al-ijtihād S II 236
Isʿād al-rafīq wa-bughyat al-ṣādiq S II 811
-Isʿād, sharḥ al-Irshād S I 736
Isʿād al-umma fī mā jāʾa ʿalayhi ʾl-Qurʾān wal-sunna S I A/C 749
-Isʿāf fī aḥkām al-awqāf G II 83, S II 95
-Isʿāf al-atamm G II 357
Isʿāf dhawi ʾl-wafāʾ bi-mawlid al-nabī al-Muṣṭafā S II 943
Isʿāf al-khalīl li-taḥqīq ḥukm mā yasquṭ etc. S II 525
Isʿāf al-khīf li-sulūk maslak al-taʿrīf S II 521,$_{33}$
Isʿāf al-maʾmūl, sharḥ Zubdat al-uṣūl S II 597,$_{17}$
Isʿāf al-mubaṭṭaʾ bi-rijāl al-Muwaṭṭaʾ G II 146,$_{22}$, S I 298, II 181,$_{22}$
Isʿāf al-mustaftī G II 404
-Isʿāf li-naqīb al-sāda al-ashrāf S II 868
Isʿāf al-qāṣid G II 156, S II 112, 195,$_{274}$
Isʿāf al-rāghibīn etc. G II 288, S II 399
Isʿāf al-sāʾil wa-taʿassuf al-sālī S II 986,$_{28}$
-Isʿāf, sharḥ al-Inṣāf S II 858,$_{27}$
-Isʿāf, sharḥ shawāhid al-Qāḍī wal-Kashshāf S I 509, 740, II 514
Isʿāf al-ṭullāb bi-tartīb al-Shihāb al-Qudsī S II 417,$_{31}$
-Isāgha lil-tashrīḥ G II 324
-Īsāghūjī G I 464, S I 841
Isbāl al-maṭar S I 612
Isdāʾ al-righāb fī kashf al-ḥijāb etc. S II 863
Isfār al-asfār G II 362
-Isfār ʿan ḥukm al-asfār S I 565
-Isfār ʿan natāʾij al-asfār S I 800,$_{152}$, II 284,$_{9}$
-Isfār ʿan qalm al-aẓfār G II 152, S II 191,$_{180}$
-Isfār fī sifr Nūḥ S I 446
Isfār al-ṣabāḥ S I 801,$_{196}$, II 185,$_{81}$
-Ishāʿa li-ashrāṭ al-sāʿa G II 389, 403, S II 529, 553, 643
-Ishʿār bi-ḥamīd al-ashʿār G II 474, S II 718
-Ishāra S I 721, II 133
-Ishāra ilā ādāb al-ʿimāra S II 1033,$_{9}$
-Ishāra ilā ghazwat rawāfiḍ al-Aʿjām etc. G II 425
-Ishāra ilā ʾl-ījāz fī baʿḍ anwāʿ (maʿānī) al-mujāz fī ʾl-Qurʾān S I 767, II 923
-Ishāra bi-ʿilm al-ʿibāra G I 66, S I 102, II 95, 1040,$_{32}$

-Ishāra ila ʾl-imāma etc. S II 799
-Ishāra wal-ismāʿ ilā ḥall laghẓ al-māʾ G II 40, S II 37,q
-Ishāra ilā mā waqaʿa fi ʾl-Minhāj min al-asmāʾ S I A/C 681
-Ishāra ilā madhhab ahl al-ḥaqq S I A/C 670
-Ishāra ilā maḥāsin al-tijāra S I 907
-Ishāra ilā man nāla ʾl-wizāra S I 490
-Ishāra fī ʾl-naḥw wa-sharḥuhā G II 22, S II 15
-Ishāra al-nāṣiḥa li-man ṭalaba ʾl-wilāya bil-niyya al-ṣāliḥa S II 708
-Ishāra ilā sīrat al-Muṣṭafā G II 48, S II 206
-Ishāra al-wāfiya ila ʾl-khuṣūṣiyyāt al-Ashrafiyya S II A/C 53
Ishārāt G II 414
-Ishārāt ilā amākin al-ziyārāt G II 290, 362, S II 401, 489
-Ishārāt li-baʿḍ mā bi-Ṭarābulus al-Gharb min al-mazārāt S II 683 (III 499)
-Ishārāt ilā bayān al-asmāʾ al-mubhamāt G I 397, S I 564, 685
-Ishārāt wal-dalāʾil ilā bayān mā fī ʾl-dīk min al-ṣifāt wal-faḍāʾil S II 438,9,7
-Ishārāt al-ilāhiyyā wal-anfās al-rūḥāniyya G I 244, S I 436
-Ishārāt fī ʿilm al-ʿibārāt G II 135, S II 166
Ishārāt al-Jāmiʿ al-kabīr S I 289
-Ishārāt ilā mā takarrara min al-wasāʾil S II A/C 579
-Ishārāt ilā mā ʿufiya min al-najasāt S II 110
-Ishārāt ilā mā waqaʿa bil-Minhāj etc G I 395, II 183,61, S I 680,106,b
-Ishārāt fī ʾl-maʿārif S II 837
Ishārāt al-marām min ʿibārāt al-imām G II 436, S II 525
-Ishārāt ilā maʿrifat al-ziyārāt G I 478, S I 879,8,1
-Ishārāt fī ʾl-qirāʾāt al-zawāʾid etc. S II 212
Ishārāt al-Qurʾān fī ʿālam al-insān G I 445, S I 796,48
-Ishārāt ʿalā rubʿ al-muqanṭarāt S II 217,39
Ishārāt al-sabq S II 969
-Ishārāt al-saniyya fī baʿḍ maʿāni ʾl-mabāḥith al-aṣliyya S II 364
Ishārāt Ṣaḥīḥ al-Bukhārī S I 264
-Ishārāt wal-tanbīhāt G I 454, S I 816,20
Ishārāt al-taʿyīn ilā tarājim al-nuḥāt wal-lughawiyyīn S II 237
Ishārāt al-uṣūl ilā mafātīḥ al-aḥkām S II 582, 828
-Ishārāt al-wāfiya bi-ʿilmay al-ʿarūḍ wal-qāfiya S II 548, 917
-Ishbāʿ S I 390
-Ishbāh bi-rafʿ al-ishtibāh G II 300
-Ishkālāt G I 397
-ʿIshq G I 456,39
-ʿIshq maraḍan G I 483
-ʿIshqiyya S I 756
-Ishrāf ʿalā ghawāmiḍ al-ḥukūmāt G I 402, S I 669
-Ishrāf fī ʿilm farāʾiḍ al-Islām S I A/C 323
-Ishrāf ʿalā madhāhib ahl al-ʿilm S I 306
-Ishrāf ʿalā madhāhib al-ashrāf G I 409, S I 688
-Ishrāf ʿalā maʿrifat al-aṭrāf G I 331, S I 567
-Ishrāf fī masāʾil al-fiqh S II 977,53
-Ishrāf ʿalā nasab al-aqṭāb al-arbaʿa al-ashrāf S II 682
-Ishrāf ʿala ʾl-sāda al-ashrāf S II 223
-Ishrāf ʿala ʾl-sharaf etc. S II 374
-Ishrāf ʿalā siyādat al-ashrāf S II A/C 575
Ishrāf al-wasāʾil, sharḥ al-Shifāʾ S II 529,43
-Ishrāḥāt al-Maʿāliyya S II 264,14,c
-Ishrāq S II 148
Ishrāq al-abṣār S II 264
Ishrāq Hayākil al-nūr S I 782
Ishrāq al-maʿālim fī aḥkām al-maẓālim S II 475,100
-Ishrāq fī marātib al-ṭibāq G II 115,32, S II 141
Ishrāq maṣābīḥ al-anwār S I A/C 480
Ishrāq al-maṣābīḥ fī ʾl-ṣalāt wal-tarāwīḥ S II 103,35
Ishrāq al-shams etc. G II 386, S II 520
Ishrāq al-tawārīkh G II 209, 223, S II 313
Ishtibāh al-nasab S I 950 ad 281
Ishtibāk al-asinna G II 347,46
-Ishtiqāq G I 112, S I 164,17
Ishtiqāq asmāʾ Allāh etc. S I 171,VIII
Ishtiqāq wa-sharḥ al-ṣifāt etc. S II 923
Ishtiqāq al-shuhūr wal-ayyām S I A/C 190
Iskandar wa-Draga S III 229
-Islām fī ʿaṣr al-ʿilm S III 325
-Islām wal-ḥaḍāra al-ʿArabiyya S III 434
-Islām, khawāṭir wa-sawāniḥ S III 326

-Islām wal-Naṣrāniyya maʿa ʾl-ʿilm wal-madaniyya S III 320
-Islām wal-radd ʿalā muntaqidīhi S III 320
-Islām wal-Shīʿa al-Imāmiyya S II 805
-Islām al-ṣaḥīḥ S III 394
Islām al-Ṭufayl b. ʿĀmir al-Dawsī S I A/C 616
-Islām wa-uṣūl al-ḥukm S III 329
-Ism wal-ḥukm S I 246,83
Ismāʿ al-ṣumm fī ithbāt al-sharaf min qibal al-umm G II 247, S II 347
Isnād al-arbaʿīn al-ḥadīth al-Umawī etc. S I 607
Isnād al-dhikr wal-khirqa S II 256
Isnād al-khamsa S II 76,82
Isnād M. Saʿīd S II 944
Isnād qirāʾatī bi-madhāhib al-aʾimma al-ʿashara S II 135
Isnād al-Shāshī S I 307
Isnād al-shihāb G I 343
Isnād Zayn al-Dīn A. b. M. S II 932
-Isrāʾ ila ʾl-maqām al-asrā G I 443, S I 794,16
-Isrāʾ wal-miʿrāj G II 307, S II 419
-Isrāf fi ʾkhtilāf al-aʾimma al-ashrāf S II 433,19,8
Isrāf al-wasīl S I 631
-Isrāʾīliyyāt G I 65, S I 101
-Istīʿāb lil-ʿamal bi-ṣadr al-iwazza G II 168
-Istīʿāb fī maʿrifat al-aṣḥāb G I 368, S I 628
-Istīʿāb fi ʾl-wujūh G I 476
-Istiʿādha min al-shayṭān S II 129
Istiʿādha bi-wāḥid etc. S II 70
-Istīʿāf fī aḥkām al-awqāf G II 433, S II 644
-Istiʿāna bil-Fātiḥa ʿalā najāḥ al-umūr S II 131,18
-Istiʿārāt G II 235
Istibdād al-Mamālīk S III 189
-Istibdād wal-mushāwara fi ʾl-ḥarb S I 246
-Istibṣār G II 704
-Istibṣār fī ʿajāʾib al-amṣār S I 879
Istibṣār al-akhbār S II 503
-Istibṣār fī ansāb al-Anṣār S I 689,16
-Istibṣār fī ma ʾkhtulifa fīhi min al-akhbār G I 405, S I 707
-Istibṣār fī mā tudrikuhu ʾl-abṣār G I 385, S I 665
-Istibṣār fi ʾl-naṣṣ ʿala ʾl-aʾimma al-aṭhār, see istinṣār
-Istibṣār fī ʾl-Qurʾān S I 349
-Istidʿāʾ fi ʾl-istisqāʾ G II 396, S II 540,49
-Istiʿdād qabl al-fawt G II 69
-Istiʿdād li-sulūk al-sadād etc. S II 695
-Istidhkār fī sharḥ madhāhib ʿulamāʾ al-amṣār G I 368, S I 297
-Istidrāk G I 133, 414, S I 203, 735
-Istidrāk fi ʾl-akhdh ʿala ʾl-maʾākhidh al-Kindiyya min al-maʿāni ʾl-Ṭāʾiyya S I 141, 494, 521
-Istidrākāt ʿalā maqāmāt al-Ḥarīrī G I 415, S I 487
-Istidrākāt wal-tatabbuʿ G I 165
-Istīfāʾ fī asmāʾ al-Muṣṭafā S II A/C 32,13
Istifādāt al-murādāt G I 432, S I 772
-Istiftāʾ fī ʿulūm al-dīn S I A/C 335
-Istighātha G I 413, S I 734
-Istighātha fi ʾl-bidaʿ al-thalāta S I 320
Istighāthat al-Būnī S I 911
-Istighātha al-istighfāriyya G II 346,25
-Istighātha al-kubrā bi-asmāʾ Allāh al-ḥusnā S II 764,36
Istighāthat al-Sammān S II 535
-Istighātha al-Shubrawiyya G II 281
-Istighfāra G I 438, II 346,24, S I 785
-Istighnāʾ fī aḥkām al-istithnāʾ G II 385
-Istighnāʾ fī ʾl-farq wal-istithnāʾ S II 957,94
Istiḥbāb bushra ʾl-wuṣūl S II 798
Istiḥbāb al-wuḍūʾ G II 66
Istiḥqāq al-imāma S I 242,4
Istijlāb irtiqāʾ al-ghuraf etc. S II 32
Istikākāt al-ḥurūf etc. S II A/C 307
-Istikhārāt (aḥādīth al-tawakkul etc.) S II 836
-Istikhlāfāt al-jāmiʿa G II 451,56
Istikhrāj al-aʿdād al-mutaḥābba G I 218
-Istikhrāj li-aḥkām al-kharāj G II 107, S II 129
Istikhrāj aʿmidat al-jibāl G I 470
Istikhrāj al-awtād G I 476
Istikhrāj baʿḍ mā bayn al-markazayn G I 472
Istikhrāj al-majhūlāt lil-maʿlūmāt S II 542,137
Istikhrāj masʾala ʿadadiyya G I 470
Istikhrāj al-muʿammā S I 374
Istikhrāj al-quṭb G I 470
Istikhrāj samt al-qibla G I 470
Istikhrāj al-taqwīm S I 931 A/C, II 483
Istikhrāj al-taʾrīkh G II 127
-Istilḥāq (fī fiqh Mālik) S II 958

Istinād ḥaqīqat al-qaḍāʾ S I 819,45b
-*Istinān ʿinda ʾl-qiyām ila ʾl-ṣalāh* G II 437, S II 543,156
Istiʾnās al-nās fī faḍāʾil b. al-ʿAbbās G II 398, S II 542,96
-*Istiʾnās fī taʾwīl manām al-nās* S II 444
Istinbāṭ al-aḥkām fī ʿaṣr ghaybat al-imām S II A/C 581
Istinjāz al-waʿd S I 243,32
-*Istinṣār* (*istibṣār*) *fi ʾl-naṣṣ ʿala ʾl-aʾimma al-aṭhār* S I 969 ad 602 (Najaf 1346, *Dharīʿa*, II 16,44, 34,132a)
Istinzāl al-laṭāʾif al-Riḍwāniyya G II 120, S II 362
-*Istiqāma wal-sunna etc.* S I 340
-*Istiqṣāʾ* G II 510, S I 857
-*Istiqṣāʾ li-akhbār duwal al-maghrib al-aqṣā* S II 888
Istiqṣāʾ al-baḥth S II A/C 208
-*Istiqṣāʾ wal-ibrām fī ʿilāj al-jirāḥāt wal-awrām* S II 366, 1030,34
Istiqṣāʾ al-naẓāʾir fi ʾl-qaḍāʾ wal-qadar S II 208,28
Istiqṣād al-iʿtibār S II A/C 450
-*Istishfāʾ bil-turba al-Ḥusayniyya* S II 836
-*Istishfāʾ, sharḥ Dhāt al-shifāʾ* S II 277, 523
-*Istishhād bi-āyāt al-jihād* S II 178
-*Istiṣfāʾ min al-ʿālam bi-dhikr āthār ṣāḥib al-ʿAlam* S II 684
-*Istiṣfāʾ fī mā fī Dhāt al-shifāʾ* S II 522
-*Istiṣfāʾ, sharḥ k. al-Shifāʾ* S I 631, II 440
-*Istiṣḥāb* S II 797
Istitār al-imām ʿAl. b. M. etc. S I 325
-*Istithnāʾ* G II 98
-*Istiṭāʿa wa-khalq al-afʿāl* S I 245,15
Istiʿṭāf al-marāḥim etc. G II 78, 122, S II 85
Istiṭālat al-fahm G I 342, S I 246,97
-*Isṭūqisāt* G I 236
Isṭūqisāt ʿilm al-mūsīqī G I 312
Iṣābat al-aghrāḍ fī dhikr al-aʿrāḍ S I 482
Iṣābat al-dāhī shākilat iʿrāb in lam ajid ilāhī S II 362, 815
-*Iṣāba fī durrat al-qalāʾid* S II 535
Iṣābat al-gharām S III 390
-*Iṣāba fī lawāzim al-kitāba* G II 203
-*Iṣāba fī man ghaza ʾl-Maghrib min al-Ṣaḥāba* G II 509
-*Iṣāba fī maʿrifat al-Ṣaḥāba* G II 146,25s, S II 181
Iṣābat al-raʾy wal-aqwāl wa-ṭahārat al-dhayl wal-afʿāl S II 954,23
-*Iṣāba fī tajrīd asmāʾ al-Ṣaḥāba* S II 46
-*Iṣābat fī tamyīz al-Ṣaḥāba* G II 68, S II 73
-*Īṣāl ilā fahm al-khiṣāl* S I 695
ʿIṣām al-mutawarriʿīn ʿan mazāliq uṣūl al-mutasharriʿīn S II 560
Iṣbāgh al-nāʾil bi-taḥqīq al-masāʾil S II 863
Iṣbāḥ al-miṣbāḥ S I 761
Iṣbār al-ḥāsid min lughat al-jarāʾid S II 766
-*Iṣfahāniyya fī sharḥ baʿḍ al-aḥādīth al-mushkila* S II 845
-*Iṣlāḥ* S III 439
Iṣlāḥ al-adwiya al-mushila S I 416
Iṣlāḥ al-ʿamal S II 826
-*Iṣlāḥ wa-fīhi ʾl-fawz wal-falāḥ* S II 826
-*Iṣlāḥ fi ʾl-fiqh* G II 451,46
Iṣlāḥ al-ghalaṭ fī Gharīb al-ḥadīth S I 166, 186
Iṣlāḥ ghalaṭ al-muḥaddithīn S I 275
Iṣlāḥ al-Hadiyya S II 649
Iṣlāḥ al-ḥalāl G I 110, S I 171
Iṣlāḥ ḥarakāt al-nujūm S I 586
Iṣlāḥ al-isfār G II 311, 359, S II 428
Iṣlāḥ k. Menelaus fi ʾl-ashkāl al-kuriyya S I 868
Iṣlāḥ mā ghaliṭa fīhi ʾl-Namarī S I 40
Iṣlāḥ mā taghlaṭu fīhi ʾl-ʿāmma S I 492
Iṣlāḥ al-manāẓir S I 374
Iṣlāḥ al-manṭiq G I 117, S I 180
Iṣlāḥ al-masājid min al-bidaʿ S II 975,37
Iṣlāḥ al-Mijisṭī G I 212
Iṣlāḥ al-mufsad S I 167
Iṣlāḥ al-saqaṭāt G II 452, S II 671,107
-*Iṣlāḥ fī sharḥ sharḥ dībājat al-Miṣbāḥ* S I A/C 514
Iṣlāḥ b. Ṣalāḥ G I 359
-*Iṣlāḥ fi ʾl-taʾwīl* S I 323
-*Iṣlīt al-khirrīt* G II 464
ʿIṣmat al-adhhān fī dīn al-mīzān S II 303,n
ʿIṣmat al-adhhān, urjūza fi ʾl-manṭiq S II 805
ʿIṣmat al-anbiyāʾ G I 507, S I 643, 922,14, II 613, 990,14
-*ʿIṣma ʿani ʾl-ḍalāl* S II 560
ʿIṣmat al-insān min laḥn al-lisān S II 922
-*ʿIṣmat ʿani ʾl-khaṭaʾ* G II 82
-*Iṣrār wal-ikhtiṣār* G I 446
-*Iṣṭifāʾ* S I 631,p
-*Iṣṭifāʾ min asmāʾ al-Muṣṭafā* S II A/C 440

Iṣṭilāḥ al-khaṣmayn S II 174, 175
Iṣṭilāḥ al-Ṣūfiyya G II 252
Iṣṭilāḥāt al-mutakallimīn S I A/C 707
Iṣṭilāḥāt al-shaykh Muḥyi ʾl-Dīn b. al-ʿArabī G II 710, S II 306
-Iṣṭilāḥāt al-Ṣūfiyya G I 445, II 204, S I $797_{,70}$, II 280
-Iṣṭilāḥāt al-ṭibbiyya S II A/C 626
-Iṣṭināʿ fi ʾl-iḍṭibāʿ G II 397, S II $541_{,67}$
Iṣṭināʿ al-maʿrūf S I $248_{,24}$
Iʿtāb al-kuttāb S I 581
-Itbāʿ fī masʾalat al-istimāʿ G II 435
-Itbāʿ wal-muzāwaja S I 198
Īthār al-ḥaqq ʿala ʾl-khulq G II 188, S II 249
-Īthār bi-maʿrifat ruwāt al-āthār S II $76_{,83}$
-Īthār, sharḥ al-Mukhtār S I 657
Ithārat al-aḥzān S II 852
Ithārat al-ʿazm wa-kimāmat al-ḥazm S II 130
Ithārat al-fawāʾid etc. G II 65, S II 68
Ithārat al-ḥajūn li-ziyārat al-ḥajūn S II 236
Ithārat al-targhīb wal-tashwīq etc. S II 38
Ithbāt ʿadhāb al-qabar S I $619_{,32}$
Ithbāt ʿālam al-mithāl etc. S II A/C 581
Ithbāt al-anwār al-ilāhiyya S II A/C 596
Ithbāt aqāwīl al-mufassirīn fī ʿilm al-nafs S I 836
Ithbāt al-badāʾ S II A/C 581
Ithbāt al-bāriʾ G II 204
Ithbāt al-dalīl fī ṣifāt al-Khalīl G II 161, S II 200
Ithbāt al-hāyulā G II 420, S II A/C 575
Ithbāt al-ḥaraka al-jawhariyya S II 836
Ithbāt ḥudūth al-irāda S II A/C 581
Ithbāt al-ʿilm G II 445, S II 662
Ithbāt imāmat amīr al muʾminīn ʿA. b. a. Ṭālib S I 946 ad 243
Ithbāt al-istiwāʾ wal-fawqiyya G I 389
Ithbāt ʿiṣmat al-aʾimma al-ṭāhirīn S II A/C 581
Ithbāt al-jawhar al-mufāriq G I 510
Ithbāt karāmāt al-awliyāʾ G II 315, 322
Ithbāt al-khurāfa li-ṣāḥib Thamarāt al-khilāfa S II 858
Ithbāt al-mabdaʾ al-awwal S I $821_{,68ee}$
Ithbāt al-masmūʿāt S II 660
Ithbāt al-nubuwwa S I 324
Ithbāt al-nubuwwa al-khāṣṣa S II 837
Ithbāt nubuwwat al-nabī G I 186, S I 317
Ithbāt al-nubuwwa wa-taʾwīl mā fī kalimāt al-anbiyāʾ min al-rumūz S I A/C 821
Ithbāt al-rajʿa S II 133 A/C, 209 A/C, 575 A/C
Ithbāt al-rajʿa wa-ẓuhūr al-ḥujja etc. S I A/C 578
Ithbāt al-ruʾya fi ʾl-kalām S II 320
Ithbāt sunnat rafʿ al-yadayn G II 404
Ithbāt al-ṣanʿ al-qadīm S II A/C 581
Ithbāt al-tasāmīḥ fī adillat al-sunna S II 794
Ithbāt al-ʿuqūl al-faʿʿāla etc. S I 828
Ithbāt al-wājib G II 217, S I 928 A/C, II 575 A/C, 581 A/C, 588, 595 A/C, 1014 A/C
Ithbāt al-wājib wal-maʿqūl fi ʾl-nubuwwa S I $814_{,10}$
Ithbāt al-wājib al-ṣaghīr S II 588
Ithbāt wājib al-wujūd G II 330
Ithbāt al-wujūd G II 330
Ithmid al-ʿaynayn wa-nuzhat al-nāẓirīn etc. S II 339
Ithmid al-baṣāʾir etc. S II 704
-Ithnay ʿashariyya S II 799
-Ithnay ʿashariyya fī bishārat al-Aḥmadiyya S II 853
-Ithnay ʿashariyyāt al-khams etc. S II A/C 596
-Ithnay ʿashariyya fi ʾl-khums wal-zakāt S II A/C 596
-Ithnay ʿashariyya fi manāsik al-ḥajj S II A/C 597
-Ithnay ʿashariyya fi ʾl-mawāʿiẓ S II 584
-Ithnay ʿashariyya fi ʾl-mawāʿiẓ al-ʿadadiyya S II 451
-Ithnay ʿashariyya fi ʾl-qibla S II A/C 581
-Ithnay ʿashariyya fi ʾl-ṣalāt S II 581 A/C, 596 A/C
-Ithnay ʿashariyya fi wājibāt al-ṣalāt al-jumʿiyya S II A/C 596
Itḥāf al-abṣār wal-baṣāʾir S II 425
Itḥāf ahl al-dirāya etc. S II 890
Itḥāf ahl al-īqān etc. S II 468
Itḥāf ahl al-Islām G II 388, S II $528_{,18}$
Itḥāf ahl al-zamān bi-akhbār mulūk Tūnis wa-akhdh al-amān S II A/C 888
Itḥāf al-aḥibba bi-jawāb masʾalat al-ḍabba S II A/C 474
Itḥāf al-akābir bi-isnād al-dafātir S II 818
Itḥāf al-akhillāʾ bi-asānīd al-ajillāʾ S II 711

Itḥāf al-akhiṣṣāʾ bi-faḍāʾil al-Masjid al-Aqṣā G II 132, S II 164
Itḥāf aʿlām al-nās bi-jamāl akhbār ḥaḍrat al-Miknās S II 892, III 499
Itḥāf al-albāb bi-faḍl al-khiṭāb S II 918
Itḥāf al-amjād fīmā yaṣiḥḥu bihi ʾl-istishhād S II 787
Itḥāf arbāb al-dirāya bi-fatḥ al-Hidāya S I 646, II 433
Itḥāf al-arīb bi-jawāz istinābat al-khaṭīb S II 431,$_{21}$
Itḥāf al-badīʿ bi-nuzhat al-rabīʿ S II 400
Itḥāf al-bashar bi-sharḥ wird al-saḥar S II 742
-Itḥāf bi-bayān aḥkām ijārat al-awqāf S II 529,$_{46}$
Itḥāf al-dhakī al-nabīh bi-jawāb ʿammā yaqūl al-faqīh S II 773,$_{2}$
Itḥāf dhawi ʾl-albāb G II 463, S I 565, II 497
Itḥāf dhawi ʾl-anẓār bi-masāʾil istibrāʾ al-jiwār S II 434
Itḥāf dhawi ʾl-dhakāʾ wal-maʿrifa S I 300
Itḥāf dhawi ʾl-fiṭan bi-mukhtaṣar akhbār taʾrīkh al-Yaman S II 821
Itḥāf dhawi ʾl-himma bi-maʿrifat ism al-jins wa-ʿalamihi S II 479
Itḥāf dhawi ʾl-itqān bi-ḥukm al-rihān S II 431,$_{35}$
Itḥāf al-fāḍil al-jamūʿ li-aḥkām zakāt al-zurū S II 536
Itḥāf al-firqa bi-rafw al-khirqa G II 149, S II 185,$_{76}$
Itḥāf fuḍalāʾ al-bashar G II 327, S II 454
Itḥāf fuḍalāʾ al-umma G II 328
-Itḥāf bi-ḥubb al-ashrāf G II 282, S II 391
Itḥāf al-ikhwān bi-asānīd mawlānā Faḍl al-raḥmān S II 816
Itḥāf Ikhwān al-ṣafāʾ G II 157, S II 196,$_{278}$
Itḥāf al-ins fi ʾl-ʿalamiyya wasm al-jins S II 738
Itḥāf al-julasāʾ
Itḥāf al-khalīl etc. G II 352, S II 479
Itḥāf al-khiyara (mahara) G II 67, S II 72
Itḥāf labīb al-qawm bi-samar al-ḥabīb fi ʾl-layla wal-yawm S II 510
Itḥāf al-laṭīf bi-ṣiḥḥat al-nadhr lil-mūsir wal-sharīf S II A/C 744
Itḥāf al-mahara bi-aṭrāf al-mubtakira min al-ʿashara S II 76,$_{85}$
Itḥāf man bādara ilā ḥukm al-nūshādīr G II 347,$_{65}$
-Itḥāf fī maʿrifat rijāl al-Isʿāf S I 740
Itḥāf al-mubāshir S II 700
Itḥāf al-mughram al-mughrā S II 354,$_{3}$, 408,$_{12}$
Itḥāf al-muhtadīn bi-manāqib aʾimmat al-dīn S II 499
Itḥāf al-mulūk al-alibbāʾ bi-taqaddum al-jamʿiyyāt bi-bilād Ūrūbā S II 732
Itḥāf mulūk al-zamān bi-taʾrīkh imbarāṭūr Sharlakān S II 732
Itḥāf munīb al-ruwāt etc. S II A/C 521
Itḥāf al-murīd ʿalā Jawharat al-tawḥīd G II 317, S II 436
Itḥāf al-murīdīn S II 354
Itḥāf al-Muslim bi-itḥāf (aḥādīth) al-Targhīb wal-tarhīb S II 764,$_{12}$
Itḥāf al-nubahāʾ G II 367
Itḥāf al-nubalāʾ G II 154, S II 192,$_{216}$
Itḥāf al-nubalāʾ al-muttaqīn S II 860,$_{12}$
Itḥāf al-rāghibīn S I 682
Itḥāf al-rifāq G II 488, S II 744
Itḥāf al-sāda al-muttaqīn G I 422, II 288, S I 748,$_{25}$
Itḥāf al-sāʾil bi-ajwibat al-masāʾil S II 566
Itḥāf al-sālikīn al-akhyār bi-ḥukm khalṭ al-taṣfīq bil-adhkār S II 555
Itḥāf al-suʿadāʾ bi-manāqib sayyid al-shuhadāʾ S II 523
-Itḥāf bi-tamyīz mā tabiʿa fīhi ʾl-Bayḍāwī ṣāḥiba ʾl-Kashshāf G I 418, S I 741, II 401
Itḥāf uli ʾl-albāb etc. G II 488, S II 744
Itḥāf al-wafd etc. G II 146, S II 180,$_{14}$
Itḥāf al-waraʾ bi-akhbār Umm al-qurā G II 175, S II 221
Itḥāf al-zakī sharḥ al-Tuḥfa al-mursala G II 418, S II 521, 617
Itḥāf al-zaman S II 516
-Itḥāfāt al-saniyya G II 306, S II 417
-Itḥāfāt al-saniyya fi ʾl-aḥādīth al-Qudsiyya S II 151
-Iʿtibār G I 320, S I 552
-Iʿtibār fī aʿqāb al-surūr wal-aḥzān S I 248,$_{41}$
-Iʿtibār bi-baqāʾ al-janna wal-nār S II 103,$_{26}$
-Iʿtibār fī dhikr al-tawārīkh wal-akhbār G II 184
-Iʿtibār fī nasab al-nabī al-mukhtār S II 421
-Iʿtibār min nasab al-nabī al-mukhtār S I 616

-Iʿtibār fi ʾl-nāsikh wal-mansūkh min al-aḥādīth G I 356, 366, S I 605
Iʿtibār al-niyya fi ʾl-nikāḥ G II 105, S II 124,$_{107}$
-Iʿtibār wa-salwat al-ʿārifīn S II 1004,$_{75}$
-Iʿtibārāt al-naẓariyya fi ʾl-aḥkām al-nujūmiyya S II 365
-Iʿtiḍād fi ʾl-farq bayna ʾl-ẓāʾ wal-ḍād G I 300, S I 526
-Iʿtikāfiyya fi ʾl-fiqh S II 576
Iʾtilāf al-maʿānī wal-mabānī S I A/C 440
-Iʾtilāf fī wujūb al-khilāf S II 948,$_{5}$
Iʿtilāl al-qulūb G I 154, S I 250
-Iʿtimād fi ʾl-adwiya al-mufrada G I 238, S I 424
-Iʿtimād fi ʾl-iʿtiqād G II 197, S II 268
-Iʿtimād fī naẓāʾir al-ẓāʾ wal-ḍād S I 526
-Iʿtimād fī ʾl-radd ʿalā ahl al-ʿinād G II 701
-Iʿtimād, sharḥ Wājib al-iʿtiqād S II A/C 207
-Iʿtināʾ fi ʾl-farq wal-istithnāʾ S II 963,$_{12}$
-Iʿtināʾ bīl-ghināʾ G II 397, S II 541,$_{80}$
-Iʿtinān G I 109
Iʿtiqād ahl al-sunna wal-jamāʿa G I 398, 434
-Iʿtiqād wal-hidāya ilā sabīl al-rashād S I 619,$_{20}$
Iʿtiqād al-ḥukamāʾ G I 441
-Iʿtiqād al-khāliṣ min al-shakk wal-intiqād S II 100
Iʿtiqād al-marwiyy ʿani ʾl-imām A. b. Ḥanbal S I 312
-Iʿtiqād al-ṣaḥīḥ G II 418, S II 614
Iʿtiqādāt firaq al-Muslimīn wal-mushrikīn G I 507, S I A/C 922
Iʿtiqādāt al-Imāmiyya G I 187, S I 322
-Iʿtiqādāt bil-kalām S I 953 ad 323
-Iʿtiqādiyya G II 395
Iʿtirāḍāt ʿala ʾl-Fawāʾid al-bahiyya S I 739
Iʿtirāḍāt wa-mughālataṭāt S II 978
Iʿtirāḍāt al-Shahrastānī ʿalā kalām al-Ishārāt S I 817,$_{20d}$
-Iʿtirāfāt S III 127
Iʿtirāfāt mūmis S III 232
-Iʿtiṣām S II 375, 559
Itmām al-dirāya G II 156, S II 195,$_{268a}$
Itmām al-ḥujja fī ithbāt wujūd al-qāʾim al-ḥujja S II 795
Itmām al-ʿiqyān fī aḥkām al-khiṣyān S II 193,$_{245h}$
Itmām al-niʿma etc. G II 149, S II 186,$_{102}$
Itmām al-niʿma al-kubrā ʿala ʾl-ʿālam bi-mawlid sayyid banī Ādam G II 387, S II 528,$_{30}$
Itmām al-wafāʾ fī sīrat al-khulafāʾ S III 310
-Itqān G II 145
-Itqān wal-iḥkām S II 375
Itqān mā yaḥsun min bayān al-akhbār etc. S II 394, 416
Itqān al-maqāl ʿalā aḥwāl al-rijāl S II 798
Itqān al-ṣanʿ fī sharḥ al-R. al-waḍʿiyya S II 289,$_{15}$
-Itqān bi-tilāwat al-Qurʾān S II 133
-Itqān fī ʿulūm al-Qurʾān S II 179,$_{1}$
-Itqān fī uṣūl al-fiqh S II 797
Ittiʿāẓ al-ḥunafāʾ bi-akhbār al-aʾimma al-khulafāʾ G II 39, S II 36
-Ittiḍāʿ fī ḥusn al-ʿushra wal-ṭibāʿ S II 1016,$_{27a}$
Ittifāq al-mabānī G I 302, S I 530
Ittifāq al-qurrāʾ S II 212
-Ittiḥād S I 324, 428,$_{54}$
-Ittiḥād al-kawnī G I 494, S I 796,$_{32}$
Ittiqāʾ al-bidaʿ S II 978
Ittiṣāf al-māhiyya bil-wujūd S II 580
Iṭbāq al-aṭbāq G II 424, 454
Iṭlāq al-quyūd fī sharḥ Mirʾāt al-wujūd G II 346, S II 473,$_{14}$
Iṭmiʾnān al-qulūb S II 585,$_{21}$
ʿIṭr nasīm al-ṣabā S II 907
Iṭrāq al-ḥaqīqa S II 656
-ʿIwaḍ S I 343
-Iʿwāz fī bayān ʿalāqāt al-majāz S II 446,$_{14}$
ʿIyār al-shiʿr S I 146
Izāḥat al-ʿilla fī maʿrifat al-qibla S I A/C 864
Izāḥat al-shukūk fī ḥukm al-libās al-mashkūk S II 837
Izālat al-ghayn S II 858
Izālat al-iltibās fi ʾl-farq bayna ʾl-ishtiqāq wal-jinās G I 283, S I 499
Izālat al-ishkāl bil-jawāb al-wāḍiḥ ʿani ʾl-tajallī bil-ṣuwar G II 334, S II 521
Izālat al-khafāʾ ʿan ḥilyat al-Muṣṭafā S II A/C 476
Izālat al-khafāʾ, sharḥ Anwār al-sarāʾir S I 802
Izālat al-labs S II 958
Izālat al-rayb fi ʾkhtiṣār Futūḥ al-ghayb S I 778
Izālat al-taʿab G II 40

Izālat al-ʿubūs ʿan qaṣīdat b. ʿArūs S II 469
Izālat al-wasāwis etc. S II 839
-Izdihār G II 149,80
-ʿIzz wal-manāfiʿ G II 466
-ʿIzzī S I 497
-ʿIzziyya S I 805, II 435, 439
-ʿIẓa S III 280
ʿIẓat al-albāb G I 152, 446,87, S I 236,15, 798,87
ʿIẓat al-mulūk S III 268
-Iʿẓām fī taʾlīf al-luḥūn S I A/C 374
Iẓhār al-asrār G II 441,20, S II 656,20
Iẓhār al-asrār fī ḥall R. al-hayʾa S II 1019
Iẓhār al-azhār G II 453, S II 672,122
Iẓhār al-fatāwī min asrār al-Ḥāwī G II 86, S I 679, II 101
Iẓhār al-ḥaqq S II 862
Iẓhār al-makhtūm ʿani ʾl-sirr al-maktūm S I 794,14d, II 998,19
Iẓhār al-maknūn min ar-R. al-jiddiyya li-Ibn Zaydūn S I 485
Iẓhār niʿmat al-iʿlām etc. S II 459
-Iẓhār, sharḥ al-Miṣbāḥ S I 514,14
Iẓhār al-Sirājiyya S I 970 ad 651
Iẓhār al-sirr al-mawḍūʿ etc. G II 168, S II 216
Iẓhār sunnat al-ḥayy al-qayyūm etc. G II 705, S I 573
Iẓhār al-surūr bi-mawlid al-nabī al-masrūr S II A/C 445
Iẓhār ṣidq al-mawadda G I 265, S I 467, II 345
Iẓhār al-taʿlīl G II 26
Iẓhār al-taṣḥīḥ fī fiṣḥ sayyidina ʾl-Masīḥ S II 235,i

-Jabābira S III 370
Jabal al-Durūz S III 423
Jabal Qāf, al-k. al-mawsūm bil-Wāfi ʾl-kāf S II 807
-Jabr wal-muqābala G I 471,2, S I 383, II 363, 1019,23, 1023,15
-Jabr wal-qadar G II 410, 450,24
-Jadal G I 195, 318, S I 678
-Jadarī wal-ḥaṣba G I 234, S I 419
-Jadāwil S III 443
Jadāwil ikhtilāf manẓar al-qamar S II 486
Jadāwil al-jayb al-maḥlūl G II 213
Jadāwil maḥlūl al-maṭāliʿ S II 486
-Jadāwil al-marḍiyya G II 500
Jadāwil fī maʿrifat sini ʾl-Qibṭiyyīn etc. S II 1023,64
-Jadāwil al-munḥarifāt G II 359
Jadāwil al-munḥarifāt li-rasm al-muzāwil S II 217,20
-Jadāwil al-nūrāniyya fi ʾstikhrāj al-āyāt al-Qurʾāniyya S II 611
Jadāwil rasm al-munḥarifāt G II 168
Jadāwil al-sumūt S II 159
-Jadāwil al-zahriyya fi ʾstikhrāj ʿilm al-raml etc. S II 1041
Jadāwil al-zulāl al-jāriya bi-tartīb al-fawāʾid S II 431
-Jadhawāt S II 580
Jadhb al-qulūb S II 603
Jadhb al-qulūb ilā muwāsalat al-maḥbūb S I 790,23
-Jādhibiyya wa-taʿlīluhā S III 485
Jadhwat al-iqtibās fī man ḥalla min al-aʿlām madīnat Fās S II 679
Jadhwat al-iqtibās fī nasab B. ʾl-ʿAbbās S II 398
Jadhwat al-muqtabis G I 338, S I 578
-Jadwal al-āfāqī G II 127
Jadwal li-ʿarḍ shamāl etc. G II 127
-Jadwal al-ʿaẓīm G I 446
Jadwal faḍl al-dāʾir etc. S II 157
Jadwal al-kawākib al-thābita etc. S II 483
Jadwal al-yawāqīt fī maʿrifat al-mawāqīt S I 864
-Jaʿfariyya fī aḥkām al-ṣalāh S II 574
Jafr G I 44, 220, S I 75, 104
-Jafr al-aswad S I 429,62
-Jafr al-Hindī S I 432
Jafr al-imām ʿA. b. a. Ṭālib G I 446, 464, S I 798,78
Jafr al-jāmiʿ S I A/C 802
-Jafr al-jāmiʿ wal-sirr al-lāmiʿ S II 324
-Jafr al-kabīr S II 171
Jafr al-nihāya G I 446
-Jaghrāfiyya G I 476, S I 576, 876
Jaghrāfiyyat Filasṭīn S III 429
Jaghrāfiyyat Lubnān al-kabīr S III 385
Jaghrāfiyyat Miṣr S II 733
Jaghrāfiyyat Miṣr wal-Sūdān S II 722, 750
-Jaghrāfiyya al-ʿumūmiyya S II 732
Jahān S III 407

Jahān al-raml S II 286
Jahāndānish G I 474, S I 864
Jahd al-muqill S II 498, 524
Jahd al-qarīḥa fi tajrīd al-Naṣīḥa S II 124,$_{93}$
-Jahr bi-manʿ al-burūz G II 155,$_{241}$
Jalāʾ al-khāṭir G I 335, S I 778,$_{6}$, see *jilāʾ*
-Jalāl wal-jamāl S I 796,$_{59}$
-Jalāla G I 445,$_{59}$, S I 797,$_{59}$
Jalb al-niʿma wa-dafʿ al-niqma S II 716
Jālib al-surūr etc. G II 429, S II 638
-Jalīs al-anīs fī asmāʾ al-khandarīs G II 183, S II 235
-Jalīs al-ṣāliḥ wal-anīs al-nāṣiḥ G I 348, 505, S I 589
-Jalīs al-ṣāliḥ al-kāfī wal-anīs al-nāṣiḥ al-ṣāfī G I 184, S I 312
Jalīs al-ẓurafāʾ etc. S II A/C 385
Jāliyat al-kadar G II 384, S II 518
Jāliyat al-karab wa-munīlat al-arab S II 391
Jalwat al-amdāḥ G II 30
Jalwat al-ʿushshāq wa-khalwat al-mushtāq S I 713
Jām i Gītīnumā S II 293
Jamʿ al-aḥādīth fi ʾl-baḥth ʿalā dhikr Allāh S II A/C 817
Jamʿ alfāẓ al-kufr G I 380
Jamʿ al-arbaʿīn fī faḍl al-Qurʾān al-mubīn G II 394, S II 539
Jamʿ al-asrār G II 346, S II 473,$_{17}$
-Jamʿ wal-bayān fī akhbār al-Qayrawān S I 575
-Jamʿ bayna ʾl-dunyā wal-ʿuqbā G II 420
-Jamʿ bayn kitābay a. Naṣr al-Kalābāadhī wa-a. Bakr al-Iṣbahānī S I 280, 603
-Jamʿ bayn raʾyay al-ḥakīmayn Aflāṭūn wa-Arisṭūṭālīs G I 212, S I 377
-Jamʿ bayn rijāl al-Ṣaḥīḥayn S I 603
-Jamʿ bayna ʾl-Ṣaḥīḥayn G I 368, 371, S I 578, 610, 634
-Jamʿ wal-farq G I 386, S I 667
Jamʿ al-fawāʾid min Jāmiʿ al-uṣūl wa-Majmaʿ al-zawāʾid G I 357, S I 608
Jamʿ al-jawāhir fi ʾl-mulaḥ wal-nawādir S I 472
Jamʿ al-jawāmiʿ G II 147,$_{56}$, 155,$_{250}$, S II 183,$_{56}$, 193,$_{250}$
Jamʿ al-jawāmiʿ fi ʾl-uṣūl G II 89, S II 105
Jamʿ al-manāsik wa-nafʿ al-nāsik S II 948,$_{3}$
Jamʿ al-mawārid min kulli shārid S II 478,$_{58}$
-Jamʿ al-munīf fī aḥkām al-masjid al-sharīf S II 526
Jamʿ al-mutanāhī fī akhbār al-lughawiyyīn wal-nuḥāh S II 137
Jamʿ al-nihāya fī baʿḍ al-khayr wal-ghāya G I 159, 372, S I 263, 635
Jamʿ riwāyāt al-matn al-aʿẓam G I 519
-Jamʿ wal-tafrīd S II 256
-Jamʿ wal-tafrīq S I 381, II 198,$_{313}$
-Jamʿ waqfay al-Hilāl wal-Khaṣṣāf S I 637
Jamʿ al-wasāʾil S I 268
Jamāhīr al-ḥikāyāt etc. S II 198,$_{327}$
-Jamāhīr fī maʿrifat al-jawāhir G I 476
-Jamal wa-masīr ʿĀʾisha wa-ʿAlī S I 213
Jamāl al-Ājurrūmiyya S II 732
Jamāl al-ʿālam S III 327
Jamāl al-aʿyān bi-kamāl al-bayān S II 611
Jamāl al-iʿrāb S II 16
-Jamāl wal-jalāl G I 448, S I 800,$_{148}$
Jamāl al-qurrāʾ G I 410, S I 728, II 75, 76
Jamāl al-usbūʿ bi-kamāl al-mashrūʿ S I 912
-Jamālayn ʿala ʾl-Jalālayn G II 145, S II 180,$_{6b}$
Jamharat al-amthāl G I 32, 126, S I 193
Jamharat al-ansāb G I 146, 400, S I 212, 695
Jamharat ashʿār al-ʿArab G I 19, S I 38, 209, 936
Jamharat b. Durayd fi ʾl-lugha G I 112, S I 173
Jamharat al-Islām G I 259, S I 374
Jamharat al-mulūk S I 245,$_{33}$
-Jamhara fi ʾl-nasab G I 139, 481,$_{3}$, S I 211
-Jamhara fī nasab Quraysh S I 212
Jamharat al-tījān S II 874
Jamḥat al-nuhā ʿan lamḥat al-mahā S I 787
-Jāmiʿ G I 189, S I 197, 328, 343, 948 ad 266, II 961,$_{29}$, 962,$_{43}$
Jāmiʿ i ʿAbbāsī G II 414, S II 595
-Jāmiʿ lil-adāʾ fi ʾl-qirāʾāt al-khams ʿashar S I 727
Jāmiʿ al-ādāb S II 904
-Jāmiʿ al-ʿAfīfī S II 1031,$_{48}$
-Jāmiʿ li-aḥādīth al-rasūl G II 109
Jāmiʿ al-aḥkām fi ʾl-ḥalāl wal-ḥarām S I 316,$_{5}$
Jāmiʿ al-aḥkām fī masāʾil al-khāṣṣ wal-ʿāmm S I 392
-Jāmiʿ li-aḥkām al-Qurʾān G I 415, S I 737
Jāmiʿ al-aḥzāb wal-qaṣāʾid S II 903

Jāmiʿ al-akhbār S I 321, 953
-Jāmiʿ li-akhlāq al-rāwī wal-sāmiʿ S I 564,15
Jāmiʿ āl Muḥammad S I 698
Jāmiʿ al-amānī S II 626
Jāmiʿ al-anwār S II 838
Jāmiʿ al-anwār fī taʾrīkh manāqib al-akhyār S II 574
-Jāmiʿ al-aqṣā fi ʾl-asmāʾ al-ḥusnā S II 522
Jāmiʿ arkān al-Islām S I A/C 692
-Jāmiʿ fi ʾl-ashriba wal-maʿjūnāt G I 487
Jāmiʿ al-asʾilā G II 435
Jāmiʿ al-asrār G I 248, II 439, S I 440 A/C
Jāmiʿ asrār al-fuṣūṣ S I 793,m
Jāmiʿ al-asrār wa-lāmiʿ al-anwār S II 999
Jāmiʿ al-asrār, sharḥ Manār al-anwār S II 263, 264
Jāmiʿ al-asrār fī ṭarīq al-sāda al-Bayyūmiyya S II 478
Jāmiʿ asrār al-ṭibb S I 889
-Jāmiʿ al-aṣghar S II 184,56i
Jāmiʿ al-āthār fī mawlid al-mukhtār S II A/C 77
Jāmiʿ al-awqāt al-bāqiyāt al-ṣādiḥāt S II 255
-Jāmiʿ al-azhar G II 306, S II 417,2
Jāmiʿ al-azhār wa-laṭāʾif al-akhbār S II 655
-Jāmiʿ al-bahī li-daʿawāt al-nabī S I 624
Jāmiʿ al-bayān G I 407, S II 278
-Jāmiʿ al-bayān wa-faḍlihi G I 368, S I 629
Jāmiʿ al-bayān fi ʾl-qirāʾāt al-sabʿ al-mashhūra S I 719
Jāmiʿ al-bayān fī tafsīr al-Qurʾān S I 217, 731, II 227 A/C
-Jāmiʿ bayna ʾl-ʿilm wal-ʿamal etc. S I 903
-Jāmiʿ li-daʿāwi ʾl-shakl al-maʿrūf bil-qaṭṭāʿ S I 930,36g
Jāmiʿ al-daqāʾiq G I 467, S I 848
Jāmiʿ al-duʿāʾ G II 369
-Jāmiʿ fi ʾl-dukhūl ilā ʿilm al-ṭibb S I 365
Jāmiʿ al-faḍāʾil wa-qāmīʿ al-radhāʾil S II 661
Jāmiʿ al-fatāwī G II 226
Jāmiʿ al-fatāwī fī aqwāl al-aʾimma al-arbaʿa S II 100
Jāmiʿ al-fawāʾid S II 209
Jāmiʿ fawāʾid al-malāḥa fi ʾl-filāḥa G II 284, S II 393
Jāmiʿ al-fawāʾid fī talkhīṣ al-Qawāʿid S II 207, 209
-Jāmiʿ fi ʾl-fiqh S I 323
Jāmiʿ (jawāmiʿ) al-fiqh G I 375, S I 643
Jāmiʿ al-funūn G I 499
Jāmiʿ al-funūn wa-salwat al-maḥzūn S II 162
Jāmiʿ al-fuṣūlayn G II 226, S II 315
Jāmiʿ al-gharaḍ G I 493
Jāmiʿ al-gharāʾib G II 365
Jāmiʿ al-gharāʾib wa-dīwān al-ʿajāʾib S II 1031,48
-Jāmiʿ fi ʾl-ghināʾ S I 130
-Jāmiʿ fi ʾl-ḥadīth S I 257
Jāmiʿ al-ḥaqāʾiq S I 714, 748,24
Jāmiʿ al-ḥaqāʾiq bi-tajrīd al-ʿAlāʾiq G I 429,24, S I 749 A/C
-Jāmiʿ al-ḥāwī, sharḥ al-Bayḍāwī S I 741,78
Jāmiʿ al-ḥikāyāt wa-jawāmiʿ al-riwāyāt S I 253
Jāmiʿ al-ḥikāyāt wa-lawāmiʿ al-riwāyāt S II 25
Jāmiʿ al-ḥisāb G I 511
Jāmiʿ al-ḥisāb bil-takht wal-turāb S I 930,35
Jāmiʿ al-iftirāq wal-ittifāq li-ṣanʿat al-tiryāq S I 898
Jāmiʿ ikhtilāf al-madhāhib S I A/C 762
Jāmiʿ al-jawāhir wal-laʾālīʾ S I 765, II 664 A/C
Jāmiʿ al-jawāmiʿ G I 405
-Jāmiʿ li-jumal min al-fawāʾid G II 254
-Jāmiʿ al-kabīr G I 172, 380, II 147,56, S I 104, 418, 521, II 183,56
-Jāmiʿ al-kabīr fi ʾl-shurūṭ S I 293
-Jāmiʿ al-kabīr fi ṣināʿat al-manẓūm wal-manthūr G I 297
-Jāmiʿ al-kāfī fī fiqh al-Zaydiyya S I 318
Jāmiʿ al-kalām fī rasm muṣḥaf al-imām S II 318
Jāmiʿ karāmāt al-awliyāʾ S II 764,32
Jāmiʿ khawāṣṣ al-Qurʾān etc. S II 983
Jāmiʿ al-kunūz S I 468,32
Jāmiʿ al-laṭāfa S II 627
Jāmiʿ al-laṭīf fī faḍāʾil Makka etc. G II 381, S II 514
Jāmiʿ al-lugha G II 223, S II 311
Jāmiʿ lughāt S II 598
Jāmiʿ mā fi ʾl-Qurʾān al-karīm min al-āyāt al-karīma al-nāsikha wal-mansūkha S I 722
Jāmiʿ al-maʿārif wal-aḥkām S II 580
Jāmiʿ al-mabādiʾ wal-ghāyāt fī fann akhdh al-misāḥa S II 735

Jāmiʿ al-mabādiʾ wal-ghāyāt fī ʿilm al-mīqāt G I 473, S I 866
Jāmiʿ al-manāfiʿ al-badaniyya etc. S I 897
Jāmiʿ al-manāsik S II 746
Jāmiʿ al-maqāl S II 424
Jāmiʿ al-maqāṣid S II 207, 575
Jāmiʿ al-masāʾil S II 1045
Jāmiʿ masāʾil al-aḥkām G II 247, S II 347
-Jāmiʿ li-masāʾil al-Mudawwana S I 663
-Jāmiʿ li-masāʾil al-muhimmāt fī 'l-aḥkām etc. S II 647
Jāmiʿ al-masānīd G II 147, S II 183,56, 941
Jāmiʿ al-masānīd wal-alqāb G I 503, S I 917,20
Jāmiʿ masānīd al-imām S I 625
Jāmiʿ al-masānīd wal-sunan al-hādī ilā aqwam sunan G II 49, S II 49
-Jāmiʿ al-mashhūr fī 'l-dhabb ʿani 'l-imām al-Manṣūr S II 249
Jāmiʿ al-muḍmarāt wal-mushkilāt G I 175, S I 296
-Jāmiʿ al-mufaṣṣal fī taʾrīkh al-Mawārina al-muʾaṣṣal S III 420
-Jāmiʿ al-mufīd fī 'l-kashf ʿan uṣūl masāʾil al-taqwīm wal-mawālīd G II 128
-Jāmiʿ al-mufīd fī ṣināʿat al-tajwīd G II 115
Jāmiʿ mufradāt al-adwiya wal-aghdhiyya G I 492, S I 897
-Jāmiʿ al-mughnī G II 320, S II 441
-Jāmiʿ al-muḥarrar G I 412, S I 732
Jāmiʿ al-muʿjizāt S II 419
-Jāmiʿ al-mukhtaṣar G II 199
-Jāmiʿ al-mukhtaṣar fī ʿunwān al-tawārīkh S I 590
Jāmiʿ al-mukhtaṣarāt G II 199, S II 271
Jāmiʿ al-murqiṣāt wal-mutribāt G I 313, 337
Jāmiʿ al-musnadāt ʿalā madhhab a. Ḥanīfa S I 657
-Jāmiʿ al-mustaqṣā G II 130
-Jāmiʿ al-mustaqṣā fī faḍāʾil masjid al-aqṣā S I 567
-Jāmiʿ al-muṣannaf fī shuʿab al-īmān G I 363, S I 619
Jāmiʿ qawānīn ʿilm al-hayʾa S I 870
-Jāmiʿ bi-qirāʾāt al-aʾimma al-ʿashara S I 722
Jāmiʿ al-rasāʾil fī gharāʾib al-masāʾil S II 1043,2
Jāmiʿ riwāyāt a. ʿAl. Khusraw al-Balkhī S I 950 ad 286
Jāmiʿ al-rumūz G I 377, S I 648
Jāmiʿ al-ruwāt S II 841
Jāmiʿ al-saʿādāt S II 826
-Jāmiʿ al-shāhī S I 389
Jāmiʿ al-sharāʾiʿ S I 714
Jāmiʿ al-shatāt S II 825
Jāmiʿ al-shattā S II 606
Jāmiʿ al-shawāhid S II 572
Jāmiʿ al-shiʿr wal-adab G I 109
Jāmiʿ subul al-khayrāt G II 699, S I 593, II 1010,132
-Jāmiʿ fī 'l-sunan wal-ādāb fī 'l-riqq S I 302
Jāmiʿ al-sunan wal-akhbār etc. S II 69
-Jāmiʿ al-ṣaghīr G I 172, 374, II 147,56, S I 290, II 184,56
-Jāmiʿ al-ṣaghīr fī aḥkām al-nujūm S I 868
-Jāmiʿ al-ṣaghīr fī 'l-naḥw G II 24, 161, S II 20, 200
-Jāmiʿ al-ṣaghīr maʿa ziyādāt G I 361
-Jāmiʿ al-ṣaḥīḥ G I 158, 162, S I 261, 268
-Jāmiʿ al-ṣaḥīḥ, musnad al-Farāhīdī S I 691, II 823
Jāmiʿ al-ṣalawāt S II 764,31
Jāmiʿ al-ṣanāʾiʿ S II 627
Jāmiʿ al-ṣighār G I 380, S I 653
-Jāmiʿ fī tafsīr al-Qurʾān G I 413, S I 175
Jāmiʿ al-taḥṣīl li-aḥkām al-marāsīl S II 68
-Jāmiʿ fī 'l-tajwīd S II 982
Jāmiʿ al-taṣānīf al-ḥadītha S III 379
Jāmiʿ al-taṣānīf al-Rāshidiyya S II 273
Jāmiʿ al-taʾwīl li-muḥkam al-tanzīl S I 335
Jāmiʿ al-taʿzīrāt min kutub al-thiqāt S II A/C 606
-Jāmiʿ fī 'l-ṭibb etc. S I 891
Jāmiʿ al-ʿulūm G I 508, S I 924,33
-Jāmiʿ li-ʿulūm A. b. Ḥanbal G I 520, S I 311
Jāmiʿ al-ʿulūm wal-ḥikam S I 683
Jāmiʿ al-ʿulūm al-mulaqqab bi-Dustūr al-ʿulamāʾ S II 628
Jāmiʿ al-ʿulūm wa-salwat al-maḥzūn G I 512, II 130
Jāmiʿ al-ummahāt G I 306, S I 538
Jāmiʿ al-ummahāt fī aḥkām al-ʿibādāt G II 249
Jāmiʿ al-uṣūl G I 357, II 64
Jāmiʿ al-uṣūl li-aḥādīth al-rasūl S I 608

Jāmiʿ al-uṣūl fi ʾl-awliyāʾ G II 489, S II 746
-Jāmiʿ al-wajīz G II 225, S II 315
Jāmiʿ al-waṣāyā S I 801$_{170}$
-Jāmiʿa S I 380, III 193
-Jāmiʿa al-Islāmiyya wa-Ūrūbā S II 755, III 388
Jamīlat arbāb al-marāṣid fī sharḥ ʿAqīlat atrāb al-qaṣāʾid S I 726, II 353
-Jamʿiyyāt al-waṭaniyya S III 310
Jamr al-ghaḍāh li-kulli dhi tasāhul min al-quḍāh S II 544
-Janā (jany) al-dānī etc. G II 22
Janāʾ al-jannatayn S I 513
Janā (jany) al-jinās G II 156$_{270}$, S II 195$_{270}$
-Jana ʾl-yāniʿ al-aqrab S II 391
Janā zahrat al-ās fī bināʾ madīnat Fās S II 679
Janāḥ al-arwāḥ S II 663
Janāḥ al-nāhiḍ fī taʿallum al-farāʾiḍ S II 808
Janāḥ al-najāḥ fī bayān maqarr al-arwāḥ S II 457
-Janī al-dānī G I 435, II 384, S II 518
-Janī al-dānī fī dhikr nubdha min manāqib ʿAq. al-Gīlī S I 777
-Janī al-dānī fī ḥurūf al-maʿānī S I 201, II 16
-Jānib al-gharbī fī ḥall mushkilāt kalimāt al-shaykh b. al-ʿArabī S I 794$_{12}$
-Janīn al-shahīd S III 95
-Janna li-ahl al-sunna S II 941
Jannat al-aḥkām wa-junnat al-khuṣṣām S II 270
Jannat al-khuld fī uṣūl al-dīn wal-ṣalāh S II 794
Jannat al-mashriq wa-maṭlaʿ al-nūr al-mushriq S II 857
Jannat al-naʿīm fī faḍāʾil al-Qurʾān al-karīm S II 612
Jannat al-wildān G II 18, S II 12 A/C
Jannāt al-khuld S I 428$_{33}$
-Jannāz al-bīʿ wal-shirāʾ fī Tukumān Amīrkā S III 443
Jany al-azhār min al-Rawḍ al-miʿṭār S II 38
Jany al-jannatayn G II 41, S II 9
Jany al-jannatayn fī nawʿay al-muthannayayn S II 404
-Jarāʾ al-ilāhiyya G II 506
-Jarāthīm S I 186$_{13}$
-Jarḥ wal-taʿdīl G I 167, S I 270, 273, 278, 917$_{25}$
-Jarīda S III 257
Jarīdat al-adab S II 733
Jarīdat Barāzīl S III 439
Jarīdat al-bayān S III 382
Jarīdat al-durar G II 357
Jarīdat al-fallāḥ S II 735
Jarīdat al-hadaf S III 387
Jarīdat a. ʾl-Hawl S II 736
Jarīdat al-Ḥamrāʾ S III 448
Jarīdat al-ḥāris S III 383
Jarīdat al-ḥuqūq S III 382
Jarīdat al-Iskandariyya S II 735
Jarīdat al-kawkab S III 209
Jarīdat lisān al-ʿArab S III 268
Jarīdat Lubnān S III 382
Jarīdat al-maʿārib G II 350$_{42}$, S II 447$_{32}$
Jarīdat al-maghrib G II 350$_{32}$
Jarīdat Manfīs S II 733
Jarīdat al-muhadhdhib S III 347
Jarīdat al-musāmir S III 177
Jarīdat al-Muʿtaṣim S III 84
Jarīdat al-Nīl S III 83
Jarīdat al-sayyidāt wal-rijāl S III 226
Jarīdat al-Sharq al-jadīd S III 225
Jarīdat al-Shūrā al-ʿUthmāniyya S III 421
Jarīdat al-Sūriyya al-Lubnāniyya S III 439
Jarīdat al-Ṣādiq S III 228
Jarīdat Ṭarābulus S II 776
Jarīdat al-ʿumrān S III 179
Jarīdat wādi ʾl-Nīl S II 733
Jarīdat al-zamān S III 186
Jarīdat al-Zawrāʾ S II 788
Jarīdat al-Ẓāhir S III 275
Jarīmat al-fuʾād aw ʿĀqibat al-ziwāj al-qahrī S III 230
-Jarīma wal-ʿiqāb S III 214
Jarīmat al-mulāzim S II 232
-Jārīmān S III 232
-Jāsūs ʿala ʾl-Qāmūs G II 183, 506
Jawāb ahl al-ʿilm wal-īmān etc. G II 104, S II 121$_{35}$
Jawāb ahl al-sunna fī naqd kalām al-Shīʿa al-Zaydiyya S II 556
Jawāb asʾila tataʿallaq bil-ḥadīth etc. G II 69$_{26}$
-Jawāb al-bāhir fī zawr al-maqābir S II 125$_{121}$
-Jawāb ʿan burhān masʾala muḍāfa etc. S I 857

-Jawāb al-faṣīḥ limā lafaqahu ʿAbd al-masīḥ S I 345, II 787
Jawāb īṣāl al-māʾ ilā jamīʿ al-liḥya S II 649,$_{62}$
-Jawāb al-jazm G II 152,$_{182}$
-Jawāb al-kāfī li-man saʾala ʿani ʾl-dawāʾ al-shāfī S II 127,$_{19}$
-Jawāb al-kāfī ʿan masʾalat iḥāṭat ʿilm al-makhlūq etc. G II 386,$_{11}$
-Jawāb al-khātim G II 153, S II 191,$_{203}$
Jawāb ʿan k. a. Isḥāq al-Ṣābī S I 399
Jawāb kitāb min al-Rayy S I 356,$_{5}$
Jawāb ʿammā saʾala ʿanhu ʾl-Tirmidhī al-Ḥakīm S II 955 ad 357
Jawāb man istafhama ʿan ism Allāh al-aʿẓam S II 149
-Jawāb man saʾala ʿani ʾkhtilāf al-Muʿtazila wal-Ashāʿira G II 488
Jawāb ʿamman saʾalahu ʿan naẓm al-aʿmāl S II 356
-Jawāb al-manthūr al-manẓūm ʿani ʾl-suʾāl al-mafhūm S II 476,$_{140}$
Jawāb masāʾil G I 212, S II 133, 574
Jawāb masāʾil Daylamiyya S I 706
Jawāb al-masāʾil al-Mayyāfāriqiyya S II 706
Jawāb al-masāʾil al-Mawṣiliyya S I 706
Jawāb al-masāʾil al-Sallāriyya S I 706
Jawāb al-masāʾil al-sharʿiyya S II 970
Jawāb masāʾil b. Sinān S II 208,$_{32}$
Jawāb masāʾil Tabbāniyyāt S I 706
Jawāb fi ʾl-masāʾil al-thalāth S I 584
Jawāb masʾalat al-nubuwwa wal-imāma S I 316,$_{11}$
Jawāb masʾala li-rajul min ahl Ṭabaristān S I 315
Jawāb ʿan masʾalat al-sabḥa G I 445, S I 797,$_{60}$
Jawāb al-masʾalatayn S II 845
Jawāb mashkūr G II 386
Jawāb matīn G II 404
-Jawāb al-muḥarrar G II 404
-Jawāb al-muḥiqq fī mā huwa ʾl-ḥaqq S II A/C 521
Jawāb mujallī G II 18
-Jawāb al-mujīd G II 334
-Jawāb al-mukhtaṣar ʿan suʾāl al-thānī wal-thālith S II 535
-Jawāb al-murhaf G II 178
-Jawāb al-mustaqīm ʿammā saʾala ʿanhu ʾl-Tirmidhī al-Ḥakīm S I 800,$_{150}$
-Jawāb al-muʿtamad ʿani ʾl-suʾālāt al-wārida S II 476,$_{141}$
Jawāb al-muwaḥḥidīn S II 819
Jawāb ʿan qawl al-qāʾil ahl al-ḥalāl etc. S II 125,$_{125}$
Jawāb risālat ahl jazīrat Qubruṣ S II 161
-Jawāb al-shāfī wal-lubāb al-kāfī G II 350,$_{9}$
-Jawāb al-shāfī fi ʾl-radd ʿala ʾl-mubtadiʾ al-jāfī S II A/C 999,$_{28}$
-Jawāb al-shāfī min al-suʾāl al-ḥāfī G II 69,$_{30}$, 104, S II 123,$_{73}$
Jawāb ʿan suʾāl ʿan abyāt li-baʿḍ al-Ṣūfiyya S II 356
Jawāb ʿan suʾāl ʿan dhawi ʾl-qurba etc. S II 536
Jawāb ʿan suʾāl Ism. b. Sawdakīn S I 797,$_{67}$
Jawāb al-suʾāl ʿani ʾl-malāʾika etc. S II 193,$_{245q}$
Jawāb ʿan suʾāl fi ʾl-nushūz S II 886
Jawāb suʾāl al-rafʿ G II 316
Jawāb suʾāl sāʾil ʿani ʾl-majarra G I 470
Jawāb ʿan suʾāl ulqiya ʿalayhi etc. S II A/C 125
Jawāb ʿan suʾāl ulqiya ʿalā baʿḍ al-akhyār fi ʾl-nawm S II 356
-Jawāb al-ṣaḥīḥ li-man baddala dīn al-Masīḥ S II 123
Jawāb al-ṭāʿūn S II A/C 529
Jawāb ʿala ʾl-ʿuqbā S II 893
-Jawābāt G II 109, 141, S II 246,$_{92}$
-Jawābāt al-Hāshimiyya fi ʾl-radd ʿalā abyāt baʿḍ al-Shāfiʿiyya S II 968
Jawābāt al-Jāḥiẓ fi ʾl-imāma S I 242,$_{12}$
Jawābāt masāʾil al-Shaʾmiyyīn S I 355
-Jawābāt wal-rasāʾil katabahā ilā bilād al-Yaman wal-Shaʾm S II 558
Jawāhir S I 538
Jawāhir al-ādāb G I 310
Jawāhir al-adab min Ḥadāʾiq Ibr. al-Yāzījī S II 768
Jawāhir al-adab fī maʿrifat kalām al-ʿArab S II 23
Jawāhir al-afkār, sharḥ mukhtaṣar Manār al-anwār S II A/C 265
-Jawāhir wal-aḥjār G I 243
Jawāhir al-aḥyāʾ wa-imdādāt al-awliyāʾ S II 565
Jawāhir al-akhbār S II 557, 830
Jawāhir al-akhbār fī siyar al-aʾimma al-akhyār S II 248

Jawāhir al-akhbār, takhrīj aḥādīth al-Baḥr al-zakhkhār S II 246
Jawāhir al-Akhlāṭī S II 650
Jawāhir al-ʿālam S II 934
Jawāhir al-alfāẓ S I 407
Jawāhir al-alfāẓ wa-ẓuhūr al-anwār S I 790
-Jawāhir wal-anwār wa-maʿdin al-ḥikma wal-asrār S I 755,64c
-Jawāhir wal-aʿrāḍ S I 927,n
-Jawāhir al-asānī ʿala lujayn al-dānī S II 518
Jawāhir al-asrār wa-laṭāʾif al-anwār S I 779
Jawāhir al-asrār fī maʿārif al-aḥjār S II 668
Jawāhir al-asrār fī maʿrifat al-aḥjār S II 150
-Jawāhir al-bahiyya G II 315
Jawāhir al-baḥr G I 424, S I 753
Jawāhir al-bayān fī dawlat āl ʿUthmān G II 425, S II 633
Jawāhir al-bayān wa-jawāhir al-tibyān S I 817,26
Jawāhir al-biḥār fī aḥkām al-Qurʾān S II 434
Jawāhir al-biḥār fī faḍāʾil al-nabī al-mukhtār S II 764
Jawāhir al-buḥūr fi 'l-ʿarūḍ G II 26
Jawāhir al-buḥūr wa-waqāʾiʿ al-umūr etc. G I 336, S I 574
Jawāhir al-Bukhāri S I 264,8
Jawāhir al-dhakhāʾir G II 354, S II 481
Jawāhir al-durar G II 84, S II 97
-Jawāhir wal-durar G II 304, 337,23, S I 317
-Jawāhir wal-durar al-kubrā S II 466
Jawāhir al-durar fi 'l-tafsīr bil-khabar wal-athar S II 179,2
-Jawāhir wal-durar fī tarājim aʿyān al-qarn al-ḥādī ʿashar G II 293
-Jawāhir wal-durar fī tarjamat shaykh al-Islām b. Ḥajar G II 68, S II 73
-Jawāhir al-fākhira S I A/C 752
Jawāhir al-farāʾiḍ G II 450, S II 610,43
Jawāhir al-farāʾiḍ al-Nāṣiriyyā G I 509, S I 925,1
Jawāhir farīda G II 303
Jawāhir al-fatāwī S I 641, 657, II 270
Jawāhir al-fiqh S II 89
Jawāhir fi 'l-fiqh G I 382, S II 807
Jawāhir al-fiqh fi 'l-furūʿ G I 376, S I 649
Jawāhir al-funūn wal-ṣanāʾiʿ etc. S II 1033,8
Jawāhir fi 'l-furūʿ G II 80
-Jawāhir al-ghāliya fī ḥikmat al-mutaʿāliya S II 861
-Jawāhir al-ghawāli fī bayān al-asānīd al-ʿawālī S II 445
-Jawāhir al-ghawāli lil-imām al-Ghazzālī S I A/C 746
-Jawāhir wal-ghurar fī kashf asrār al-Durra S I 701
Jawāhir al-ḥakīm S III 346
-Jawāhir al-ḥisān fī tafsīr al-Qurʾān G II 249, S II 351
-Jawāhir al-ḥisān fī taʾrīkh al-Ḥubshān S II 927
Jawāhir al-iklīl fī mafākhir dawlat al-khidīwī Ism. S II 815
Jawāhir al-ʿIqd al-farīd S I 839
Jawāhir al-ʿIqd wa-laʾālīh etc. S II 964,4
Jawāhir al-ʿiqdayn etc. G II 174, S II 223
Jawāhir al-iqtibās G I 452
Jawāhir al-ʿiqyān ʿalā ʿUmdat al-ʿirfān S II 650
Jawāhir al-iṭṭilāʿ wa-durar al-intifāʿ S I 677,9
Jawāhir al-jalīs S II 98
-Jawāhir al-kabīr S II 436
Jawāhir al-kalām G II 55, 209, S II 292, 431
Jawāhir al-kalām fī ʿaqāʾid ahl al-ḥaqq min al-anām G II 313
Jawāhir al-kalām fi 'l-ḥikam wal-aḥkām S I A/C 704
Jawāhir al-kalām, mukhtaṣar al-Mawāqif S II 290
Jawāhir al-kalām fī sharḥ Sharāʾiʿ al-Islām S I 712,i
-Jawāhir al-kalāmiyya fi 'l-ʿaqāʾid al-Islāmiyya S II 778
Jawāhir al-kalim al-saniyya etc. S I 584
Jawāhir al-kalimāt S II 575
-Jawāhir al-khams G II 418, S II 616
-Jawāhir al-lāmiʿa fī tajnīs al-farīd al-jāmiʿa S II 255
-Jawāhir al-lawāmiʿ fī naẓm Jamʿ al-jawāmiʿ S II 106
Jawāhir al-lugha S II 592
Jawāhir al-maʿānī wa-bulūgh al-amānī etc. G II 508, S II 876
-Jawāhir wal-maʿānī wa-muqtabas min al-sabʿ al-mathānī S I A/C 911
-Jawāhir al-maḍmūma S I 761, II,7
-Jawāhir al-maḥfūẓāt S III 388
-Jawāhir al-majmūʿa G II 35

-*Jawāhir al-maknūna fī ṣadaf al-farīd al-masnūna* S II 709
-*Jawāhir al-maniyya* S II 442
-*Jawāhir al-manẓūma fī sharḥ al-Manẓūma* S II 693
Jawāhir al-masāʾil fī mā yaḥtāj ilayhi kullu ʿāqil wa-jāhil S II 646
-*Jawāhir al-maṣūna wal-laʾāliʾ al-maknūza* S I 806,21
Jawāhir al-maṭālib fī manāqib al-imām a. ʾl-Ḥ. ʿA. b. a. Ṭālib S II 929
-*Jawāhir al-muḍīʾa fī ʾl-aḥkām al-sulṭāniyya* G II 306
-*Jawāhir al-muḍīʾa fī ayyām al-dawla al-ʿUthmāniyya* G II 289
-*Jawāhir al-muḍīʾa, sharḥ al-Durra al-bahiyya* S II 603
-*Jawāhir al-muḍīʾa fī tajwīz iḍāfat al-jāzim lil-mashīʾa* S II A/C 924
-*Jawāhir al-muḍīʾa fī ṭabaqāt al-Ḥanafiyya* G II 80, 367, S II 89
-*Jawāhir al-mufaṣṣalāt fī ʾl-aḥādīth al-arbaʿīniyyāt* S II 691
-*Jawāhir al-muftakhira* G II 285
-*Jawāhir al-mukallala* G II 326, S II 452
-*Jawāhir al-munīfa, sharḥ waṣiyyat a. Ḥanīfa* S I 287
-*Jawāhir al-muntaqāt fī itmām mā akhalla bihi k. al-Ṭabaqāt* G II 240, S I 575, II 339
-*Jawāhir al-muntaqī li-zawāʾid al-Bayhaqī* S I 618, 619, II 72
-*Jawāhir al-muntathira etc.* G II 316, S II 436
-*Jawāhir al-muntaẓimāt* G II 324, S II 446
-*Jawāhir al-mutakāthira etc.* G II 148, S II 184,57
-*Jawāhir al-nafīsa* G II 314, S II 432
Jawāhir al-naḥw S I 176
-*Jawāhir al-nayyirāt* S II 485
Jawāhir al-niẓām fī maʿrifat al-anghām S II 218
Jawāhir al-nuṣūṣ G II 347,36, S I 793,2k, II 474,36
Jawāhir al-qalāʾid G II 392
Jawāhir al-Qurʾān G I 421, S I 746, II 452, 830
Jawāhir al-raḥmān S I 779,29
-*Jawāhir al-saniyya fī ʾl-aḥādīth al-Qudsiyya* S II 579
-*Jawāhir al-saniyya ʿalā alfāẓ al-Jawhariyya* S II 276
-*Jawāhir al-saniyya fī ʾl-ḥadīth al-Qudsī* S II 418
-*Jawāhir al-saniyya ʿalā Jawharat al-tawḥīd* S II 437
-*Jawāhir al-saniyya wal-karāmāt al-Aḥmadiyya* S I 808
-*Jawāhir al-saniyya fī ʾl-nisba wal-karāmāt al-Aḥmadiyya* G II 123, 703, S II 26, 470
-*Jawāhir al-saniyya, sharḥ al-Majālis al-Badawiyya* S II 87
Jawāhir al-sulūk S II 42, 406
Jawāhir al-sulūk fī ʾl-khulafāʾ wal-mulūk S I 589, II 33, 53
-*Jawāhir al-ṣafiyya min al-maḥāsin al-Yūsufiyya* S II 703
Jawāhir al-ṣalāt wa-yawāqīt al-ḥayāt S II 957,95
-*Jawāhir fī tafsīr al-Qurʾān al-karīm* S III 327
Jawāhir al-taqwā S III 327
-*Jawāhir al-thamīna etc.* G II 393, S II 538
Jawāhir al-ṭīb al-mufrada S I A/C 416
Jawāhir al-ʿulūm G II 420
Jawāhir al-ʿulūm fī maʿrifat al-ḥayy al-qayyūm S II 245
-*Jawāhir wa-ʿuqūd al-ʿaqāʾid* G I 429, S I 764
Jawāhir al-ʿuqūd wa-muʿīn al-quḍāt etc. S II A/C 164
Jawāhir al-uṣūl fī ḥadīth al-rasūl S II 222
-*Jawāhir al-waḍīʾa* G II 19, see *al-jawhara*
Jawāhir al-yawāqīt S II 158
-*Jawāhir wal-yawāqīt* S II 485
-*Jawāhir al-yawāqīt fī maʿrifat al-qibla wal-mawāqīt* S II 785
-*Jawāhir al-zakiyya fī ḥall alfāẓ al-ʿAshmāwiyya* S II 435
-*Jawāʾib* S II 867
-*Jawāʾiz wal-ṣilāt min jamʿ al-asāmī wal-ṣifāt* S II 851
-*Jawāmiʿ* G I 66, S I 835
Jawāmiʿ ādāb al-Ṣūfiyya G I 201, S I 955 ad 362
Jawāmiʿ al-adilla fī uṣūl al-fiqh S I 698
Jawāmiʿ aḥkām al-kusūfāt wa-qirān al-kawākib S I 397
Jawāmiʿ akhbār al-umam S I 586
Jawāmiʿ ʿilm al-nujūm etc. S I 393
Jawāmiʿ al-irʿāb wa-hawāmiʿ al-ādāb S II 194,2, 250, 443

Jawāmiʿ al-Iskandarāniyyīn S I 956 ad 368
Jawāmiʿ Iṣlāḥ al-manṭiq S I 180
Jawāmiʿ al-jāmiʿ fī tafsīr al-Qurʾān S I 709
Jawāmiʿ al-kalim G II 384, S II 519, III 326
Jawāmiʿ al-kalim min ʿaqāʾid al-niḥal al-Islāmiyya S II 845
Jawāmiʿ al-kalim bil-khabīth etc. S I A/C 307
Jawāmiʿ al-kalim al-ṭayyib fiʾl-adʿiya wal-adhkār S II 125,$_{141}$
Jawāmiʿ li-kitāb Arisṭāṭālīs fi ʾl-āthār al-ʿulwiyya S I 368
Jawāmiʿ min kitāb Jālīnūs fi ʾl-dubūl G I 217
Jawāmiʿ kitāb Taḥwīl sini ʾl-mawālīd S I 388
Jawāmiʿ li-kutub Jālīnūs S I 384,$_{9}$
Jawāmiʿ al-ladhdha S I 946 ad 239
Jawāmiʿ li-mā qālahu Baṭlūmiyūs fī qismat al-arḍ al-maskūna S I 384
Jawāmiʿ maʿāni ʾl-khams al-maqālāt al-ūlā min k. Jālīnūs fī quwa ʾl-adwiya al-mufrada S I 368,$_{15}$
Jawāmiʿ maqālāt Jālīnūs fī tadbīr al-mulaṭṭif S I 368,$_{17}$
Jawāmiʿ al-nuqūl fī mabāḥith al-ʿuqūl S II 978
Jawāmiʿ al-nuṣūṣ S I 698
Jawāmiʿ al-Qādiriyya fī muʿtaqad ahl al-sunna wal-jamāʿa S II 858
Jawāmiʿ al-siyar G I 212
Jawāmiʿ fi ʾl-siyāsa al-ilāhiyya etc. S II 121,$_{249a}$, 124,$_{11}$
Jawāmiʿ al-tibyān fī tafsīr al-Qurʾān G II 203, S II 278
Jawāmiʿ al-ʿulūm S I 435
Jawāmiʿ al-ʿulūm wal-ḥikam etc. G II 107, S II 129
-Jawārī S I 243,$_{22}$
-Jawārī al-munshaʾāt bil-jawāri ʾl-munshaʾāt S II 495
-Jawāriḥ wal-ṣayd S I 130
Jawārim al-ʿulūm fī masāʾil al-farāʾiḍ S II 68
Jawārish al-afrāḥ wa-qūt al-arwāḥ G II 281, 399, S II 544
Jawāz al-ʿamal al-qadīm S II 811
Jawāz al-faṣl bayna ʾl-muḍāf wal-muḍāf ilayhi S II 457
Jawāz iqṭāʿ al-sulṭān al-shāriʿ G II 152,$_{176}$
Jawāz al-istiʾjār etc. G II 449, S II 668
Jawāz ruʾyat Allāh taʿālā G II 386
Jawāz al-samāʿ S I 603
Jawāz taqlīd al-Shāfiʿī G II 320
Jawhar wa-ʿaraḍ S I 820,$_{68g}$
-Jawhar al-aṣīl al-mukhtaṣar min Maʿāli ʾl-tanzīl S II 556, 983
-Jawhar al-ʿazīz, sharḥ al-Wajīz S II 596
-Jawhar al-fāʾiq fī madḥ khayr al-khalāʾiq S II 232
-Jawhar al-fard fi ʾl-kalām ʿalā ammā baʿd G II 485, S II 736
-Jawhar al-fard fi mā yukhālif fīhi ʾl-ḥurr al-ʿabd G II 96, S II 115 A/C
-Jawhar al-fard fi munāẓarat al-narjis wal-ward G II 161, S II 200
-Jawhar al-farīd G II 284
-Jawhar al-farīd fī ādāb al-Ṣūfī wal-murīd G II 284, S II 393
-Jawhar al-farīd wal-ʿiqd al-mufīd (waḥīd) G II 341, S II 470
-Jawhar al-farīd, ʿalā Irshād al-murīd S II 436, 739
-Jawhar al-farīd fī rasm al-Qurʾān al-majīd S II 743
-Jawhar al-farīd, sharḥ Bulghat al-murīd S II 476
-Jawhar al-khāṣṣ fī ajwibat masāʾil kalimat al-ikhlāṣ S II 463
-Jawhar al-maḥbūk G II 333, S II 461
-Jawhar al-maknūn fī faḍāʾil ziyārat jabal Qāsiyūn G II 362
-Jawhar al-maknūn fī ḥisāb al-maṣūn G II 129
-Jawhar al-maknūn min k. al-ʿilm al-makhzūn S II 368
-Jawhar al-maknūn fī sabʿa funūn G II 181
-Jawhar al-maknūn fī ṣadaf al-thalātha al-funūn G II 356, S I 519, II 706
-Jawhar al-maṣūn fī ʿilm k. Allāh al-maknūn G II 338, S II 466,$_{35}$
-Jawhar al-maṣūn al-multaqaṭ min al-kanz al-madfūn G II 75
-Jawhar al-maṣūn (maknūz) wal-sirr al-marqūm G II 338, S II 466,$_{32}$
-Jawhar al-munaẓẓam G II 388, S II 528,$_{11}$
-Jawhar al-munaẓẓam fī kalām al-nabī al-mukarram S II 640
-Jawhar al-naḍīd S I 726, 927, 928,$_{22}$, II 138, 209

-Jawhar al-naḍīr fī maʿrifat ikhrāj al-ḍamīr S II 999,$_{27}$ (to be read thus)
-Jawhar al-naḍīr fī ṣināʿat al-iksīr G I 248
-Jawhar al-nafīs S I 925,$_{2b}$
-Jawhar al-naqī fi ʾl-radd ʿala ʾl-Bayhaqī G I 363, S I 618, II 68
Jawhar al-nāẓirīn fī ithmār al-ayyām wal-aḥkām S II A/C 567
Jawhar al-niẓām fī ʿilmay al-adyān wal-aḥkām S II 823
-Jawhar al-rafīʿ G II 181
-Jawhar al-shaffāf S I 509,$_{6}$, II 983,$_{2}$
-Jawhar al-thamīn fī ḥifẓ al-ṣiḥḥa G II 137
-Jawhar al-thamīn, sharḥ al-Ufuq al-mubīn S II 580
-Jawhar al-thamīn fī siyar al-khulafāʾ wal-salāṭīn G II 250, S II 50
-Jawhar al-waqqād fī sharḥ Bānat Suʿād S II 851
-Jawhara G II 53
-Jawhara al-farīda fī qāfiyat al-qaṣīda S I 539
Jawharat al-ghawwāṣ S I 919,$_{75a}$, II 243
Jawharat al-ghawwāṣ wa-sharīdat al-qannāṣ S I 700
Jawharat al-ghawwāṣ wa-tuḥfat ahl al-ikhtiṣāṣ G I 365, 497, II 111, 332, 705, S II 461 A/C
-Jawhara fī ʿilm al-farāʾiḍ S I 702, II 968
Jawharat al-kamāl S I 778, II 876
-Jawhara al-khāliṣa ʿani ʾl-shawāʾib S II 966
-Jawhara al-lāmiʿa G II 359
-Jawhara al-maʿnawiyya ʿala ʾl-Ājurrūmiyya S II 333
-Jawhara al-muḍīʾa S II 912
-Jawhara al-muḍīʾa fī taʾrīkh al-khilāfa al-Muʾayyadiyya G II 402, S II 551
-Jawhara al-mughniya S II 286
-Jawhara al-nafīsa, sharḥ al-Durra al-munīfa S II 690
-Jawhara fī nasab al-nabī wa-aṣḥābihi ʾl-ʿashara S I 495
-Jawhara al-nayyira G I 175, S I 296,$_{14}$, II 250
-Jawhara al-saniyya fi ʾl-ḥikma al-ʿaliyya G II 356
-Jawhara al-saniyya al-marḍiyya fī baʿḍ khalq rabb al-bariyya S II 420
-Jawhara al-saniyya fī taʾrīkh al-dawla al-Muʾayyadiyya G II 53, S II 51
-Jawhara al-shafāfiyya fī baʿḍ manāqib al-sayyida al-Ṣiddīqiyya S II 523
-Jawhara al-shaffāfa rādiʿat al-ṭawwāfa G I 404, S I 701
-Jawhara al-shāfiya al-kāfiya fi ʾl-tajwīd S II 981
-Jawhara al-shawwāfa G I 404
Jawharat al-tawḥīd G II 316, S II 436
Jawharat al-ʿulūm G II 342
Jawharat al-ʿuqūl S II 681
-Jawhara al-waḍīʾa G II 19, S II 13
Jawīdān khirad G I 342, S I 584
-Jawla fī rubūʿ al-buldān al-Islāmiyya S III 253
-Jawshan al-kabīr S I 938,$_{75}$, II 833
-Jawwās b. Qaʿṭal al-Madhḥijī etc. S I 254
-Jayb G I 224, II 358
-Jaysh al-ʿaramram al-khumāsī etc. S II 885
-Jaysh al-kāfī bi-akhdh al-thaʾr etc. S II 876
-Jazāʾir S III 499
Jazīl al-dhayl fī ʿilm al-khayl S II 193,$_{240}$
Jazīl al-mawāhib G II 153, S II 191,$_{196}$
Jazīrat al-ʿArab G I 229, S I 175
Jidhāʾ al-albāb S I 459
Jidhāʾ al-albāb li-sharḥ Manẓūmat al-ādāb S II 393, 449
Jidhāʾ al-arwāḥ G II 369, S II 545
-Jidhāʾ li-Buqrāṭ S I 364
Jidhāʾ shahr S III 232
-Jidhr al-abkam S II 622
Jidhr al-aṣamm S II 307,$_{60}$
-Jihād G I 401, S I 256, 520 A/C
-Jihād wa-faḍāʾiluhu G II 326
-Jihād wal-furūsiyya etc. G II 136, S II 167 A/C
Jihād Lubnān wastishhāduhu S III 422
Jihād al-muḥibbīn S III 189
-Jihād fī nayl al-murād S II 230
-Jihādiyya S II 825, 826
Jihānnumā G II 428, S II 597,$_{20}$, 636
-Jihāt fī ʿilm al-tawajjuhāt S I A/C 908
Jilāʾ al-abṣār S II 264
Jilāʾ al-afhām etc. G II 106, S II 127,$_{18}$
Jilāʾ al-akhlāq bi-taḥrīr al-iṭlāq S II 521
Jilāʾ al-anẓār bi-taḥrīr al-jabr fi ʾl-ikhtiyār S II 521
Jilāʾ al-ʿaynayn G II 103, 498, S II 528,$_{27}$, 531

Jilāʾ al-ʿaynayn fī muḥākamat al-Aḥmadayn S II 787
Jilāʾ al-fuhūm fī taḥqīq jawāz ruʾyat al-maʿdūm S II 521
Jilāʾ al-ghabash ʿan lisān al-Ḥabash S II 136
Jilāʾ al-ghāmiḍ S I 463
Jilā jalāʾ al-naẓar fī shubuhāt b. Ḥajar S II 528,$_{27}$
Jilāʾ al-khāṭir G I 435, S I 778
Jilāʾ al-naẓar fī baqāʾ al-tanzīh etc. S II 521
Jilāʾ al-qulūb G II 440, S II 654, 1008,$_{21}$
Jilāʾ qulūb al-ʿārifīn etc. S II 246
Jilāʾ al-qulūb bi-tajalli ʾl-maṭlūb S II 1004,$_{79}$
Jilāʾ ʿuyūn al-ʿarāʾis al-mukaddara etc. S II A/C 469
-Jilād fī futūḥ al-bilād G II 709
-Jīm fi ʾl-lugha G I 116, S I 179
-Jīmāʿ G I 232, 490, S I 417, 894
-Jīmiyya S I 464,$_{8}$
Jinān al-jinās G II 33, S II 29
-Jinān wa-riyāḍ al-adhhān S I 964 ad 499
-Jināyat S II 191,$_{178i}$
Jirāb al-mujarrabāt S II 1041
Jirāḥat al-muʿānidīn S II 627
-Jism S I 819,$_{37b}$
Jiwār al-akhyār fī dār al-qarār G II 13, S II 6
Jiyād al-musalsalāt S II A/C 189
-Jizya (*farāʾiḍ al-madhāhib al-arbaʿa*) S II 862
-Jūʿ S I 248,$_{42}$
Juhaynat al-akhbār etc. G II 37, S II 35
Juhd al-muqill wa-jahd al-mustadill S I 448
-Jumʿa wa-faḍluhā G I 518
-Jumʿa ʿala ʾl-madhāhib al-arbaʿa S II 764,$_{29}$
-Jumal G I 110, 288, 463, S I 170, 504, 542
-Jumal min al-adilla al-muḥaqqiqa S I 818,$_{31}$
Jumal al-aḥkām G I 372, S I 636 A/C
Jumal aḥkām al-firāsa S I 924,$_{35}$
Jumal min dalālāt al-ashkhāṣ al-ʿulwiyya S I 394, 395,$_{19}$
-Jumal al-hādiya G II 697, S I 529
Jumal al-iʿrāb G II 22
-Jumal al-lāzim maʿrifatuhā S I 356,$_{20}$
-Jumal fī ʾl-manṭiq S I 838
Jumal al-mūsīqī S I 421
-Jumal fi ʾl-naḥw S I 159
-Jumal al-Sanūsiyya S II 355
Jumal taḥāwīl sini ʾl-mawālīd S I 388
Jumal al-ʿuqūd S I 707,$_{13}$
Jumal uṣūl al-taṣrīf al-Mulūkī G I 128, S I 192,$_{9}$
-Jumān fi ʾl-istiʿārāt S II 508
-Jumān fi ʾl-maʿānī wal-bayān S II 508
-Jumān min mukhtaṣar akhbār al-zamān S I 221 A/C, II 23, 408 A/C
Jumān al-tarjumān G II 343
-Jumān fī tashbīhāt al-Qurʾān S I 487
-Jumāna al-ilāhiyya G I 450,$_{96}$, S I 822,$_{68xx}$
-Jumāna fī sharḥ al-Khizāna S II 766
-Jumhūr ʿalā anna ṣaḥāʾif al-ʿamal etc. G II 450, S II 699,$_{33}$
-Jumla S I 316,$_{15}$
Jumla min al-adwiya al-mufrada S I 835,$_{6e}$
Jumlat maʿānī k. al-Sufisṭīqā G I 465,$_{65}$
Jumla min muhimmāt al-aḥkām etc. S II 190,$_{178c}$
Jumla mukhtaṣara min wājib umūr al-diyāna S I 302
-Jumūʿ fī ʿilm al-mūsīqī wal-ṭubūʿ G II 463, S II 695,$_{19}$
Jumūʿ al-ẓarf wa-jāmiʿ al-ṭuraf S II 690
Junnat al-amān al-wāqiya etc. S II 133
-Junna al-wāqiya S II 830
-Junna al-wāqiya wal-janna al-bāqiya S II 133
-Junūn funūn S III 230
fī Jurmay al-nayyirayn wa-buʿdayhimā G I 512, S I 932,$_{54}$
Juzʾ al-aḥādīth al-mutawātira S II 885
Juzʾ fi ʾl-asānīd al-munfarida S I 917,$_{27b}$
Juzʾ fīhi min ʿawāli ʾl-ḥadīth S II 69
Juzʾ fī man ghayr al-Muṣṭafā ismuhu S II 885
Juzʾ min marwiyyāt b.Quṭrāl S II 38
Juzʾ fī ṣalāt al-ḍuḥā G II 152,$_{160}$, 184
Juzʾ fī ṭuruq man ḥafiẓa G II 152
Juzʾ fī uṣūl al-sunna S I 310
Juzʾiyyāt al-rumūz S II 627

-Kabāʾir G II 48, S II 531,$_{9}$
-Kabāʾir wal-ṣaghāʾir S I 955 ad 357, II 213
-Kafāra S I 662
Kaff al-raʿāʿ ʿan muḥarramāt al-lahw wal-samāʿ G II 389, S II 528,$_{24}$
-Kāfī S I 176, 289, 297, 638, 843,$_{26}$, 885, II 955,$_{80}$

-Kāfī baḥr al-ʿawāfī S II 1027,4
-Kāfī fī bayān al-ṣaff al-ṭawīl etc. G II 114, S II 141,50
-Kāfī bil-farāʾiḍ G I 470, S I 855
-Kāfī fi ʾl-fiqh G I 174, S I 629, II 585,15
-Kāfī fi ʾl-furūʿ G I 398, S I 689
-Kāfī fi ʾl-ḥisāb S I 389
-Kāfī fi ʾl-ḥisāb al-ḥāwī S I 861
-Kāfī fi ʿilm al-ʿarūḍ wal-qawāfī S II 258
-Kāfī fi ʿilm al-dīn G I 197, S I 320
-Kāfī fi ʿilm al-ḥisāb G I 219
-Kāfī fi ʿilm al-qawāfī S I 543, II 350
-Kāfī fi ʿilm (ṣināʿat) al-ṭibb G I 487, S I 890
-Kāfī fī ʿilmay al-arūḍ wal-qawāfī G I 279, II 27, 239, S I 492, II 22
-Kāfi ʾl-kabīr S I 769
-Kāfī fi ʾl-kuḥl S I 899
-Kāfī bi maʿna ʾl-tanzīl S II 135
-Kāfī fī maʿrifat ʿulamāʾ madhhab al-Shāfiʿī G II 92, S II 109
-Kāfī mīrāth al-umma G II 128
Kāfī ʾl-mubtadiʾ min al-ṭullāb S II 448
-Kāfī fi ʾl-mūsīqī G I 488, S I 829 A/C, II 1036,6
-Kāfī fi ʾl-qirāʾāt S I 722
-Kāfī min al-shāfī S I 907
-Kāfī al-shāfī fī takhrīj aḥādīth al-Kashshāf G I 405, S I 509, II 75,67
-Kāfī fī sharḥ al-ʿarūḍ wal-qawāfī S II 926
-Kāfī, sharḥ Mukhtaṣar al-hādī S I 498
-Kāfī, sharḥ al-Wāfī fi ʾl-furūʿ G II 196, S II 265
-Kāfī fi ʾl-ṭibb G I 234, II 364
-Kāfī fi ṭibb al-ʿayn S II A/C 1031
-Kāfī fi ʾl-uṣūl wal-furūʿ S I 706
-Kāfī fi ʾl-wāfī S II A/C 367
-Kāfī fi ʾl-wāfī bi-iʿlām al-qawāfī S II 513
-Kāfil G II 109
Kāfil al-bayān wal-shiʿr S III 428
Kāfil al-inshāʾ S III 428
-Kāfil bi-nayl al-suʾūl fī ʿilm al-uṣūl S II 557
-Kāfiya G I 303, S I 531
-Kāfiya al-badīʿiyya G II 160, S II 199
Kāfiyat dhi ʾl-arab fī sharḥ al-khuṭab S II 209
Kāfiyat dhi ʾl-lubb fī uṣūl al-ṭibb S II 1031,40
-Kāfiya fi ʾl-ḥisāb S II 1021,46
Kāfiyat al-murīd li-maʿrifat mā yajibu ʿala ʾl-ʿabīd S II 973,13
-Kāfiya al-Mūsiyya wal-shāfiya al-Nūriyya S II 611
-Kāfiya fī naẓm ʿilm al-farāʾiḍ G II 163, S II 206
-Kāfiya al-shāfiya G I 300, S I 526
-Kāfiya al-shāfiya fī ʿilm al-ʿarūḍ S II 399,19,3 (to be read thus, see A/C)
-Kāfiya al-shāfiya fi ʾl-intiṣār lil-firqa al-nājiya G II 106, S II 126,3
-Kāfiya fi ʾl-ṭibb S II 1029,23
-Kāfiya fi ʾl-uṣūl S II 795
-Kāfiyya S I 465
-Kahāna wal-faʾl S II 492,25
-Kahf wal-raqīm etc. G II 206, S II 284
-Kāʾināt S III 485
Kalām al-ʿAbādila S I 799,128
-Kalām fī bayʿ al-Fuḍūlī S II 68
-Kalām ʿalā dhawāt al-asmāʾ S II 379
-Kalām al-fāʾiq S I 847
-Kalām ʿala ʾl-fiṭra S II 122,56
-Kalām ʿala ḥaqīqat al-islām wal-imān G II 104, S II 121,30
-Kalām ʿala idhā G II 318
-Kalām ʿala ʾl-ʿilm G I 401
-Kalām ʿala lafẓay wāḥid wa-aḥad G II 283
Kalām al-layālī wal-ayyām libn Ādam S I 248
-Kalām al-maʿrūf G II 359
-Kalām fī masʾalat al-samāʿ S II 127,32
-Kalām ʿalā masʾalat al-shiṭranj S II A/C 125
-Kalām al-masūq G II 314
-Kalām al-matīn fī taḥrīr al-barāhīn S II 858
-Kalām ʿalā miʾat ghulām S II A/C 175
-Kalām al-munjī S II 530
-Kalām al-nafsī G II 451,78
-Kalām fī qawlihi taʿālā (sura 6,103) S I 801,165
-Kalām ʿalā qawlihi taʿālā (sura 20,66) S II 120,13
-Kalām ʿalā rijāl al-Bukhārī S I 280
-Kalām ʿalā rijāl al-Muwaṭṭaʾ S I 298,8
-Kalām al-sirr S II 715
Kalām al-suʿadāʾ ʿalā arwāḥ al-shuhadāʾ S II 189,169p
-Kalām ʿalā sunnat al-jumʿa S II 110
-Kalām fi ʾl-ṣalāt G II 401
-Kalām ʿala ʾl-Ṣūfiyya S II 741

-Kalām fī tanfīdh mā thabata bil-shahāda ʿala ʾl-khaṭṭ S II A/C 93
-Kalām fī ʾl-ʿumūm wal-khuṣūṣ G I 401
-Kalām al-yasīr fī ʿilāj al-maqʿada wal-bawāsīr S II 499
Kalīla wa Dimna G I 151, S I 234
-Kalim al-jawāmiʿ fī bayān masʾalat al-uṣūl etc. S II A/C 422
-Kalim al-manẓūm S III 486
-Kalim al-rūḥāniyya fī ʾl-ḥikam al-Yūnāniyya G I 524, S I 426
-Kalim al-thamān G II 478, S II 727
-Kalim al-ṭayyib wal-adhkār G II 105,$_{44}$
-Kalim al-ṭayyib fī ʾl-ʿamal al-ṣāliḥ G II 106, S II 127,$_{17}$
-Kalim al-ṭayyib ʿalā kalām a. ʾl-Ṭayyib S II 509
-Kalim al-ṭayyib wal-qawl al-mukhtār G II 147, S II 182,$_{39}$
-Kalima al-ilāhiyya G I 454,$_{8}$
-Kalima fī ʾl-lugha al-ʿarabiyya S III 393
-Kalima al-muḥkama fī ʾl-mufākhara bayn al-ḥurra wal-ama S II 547
Kalima mūjiza fī siyar al-ʿilm S III 393
Kalimat al-tawḥīd G II 207
Kalima ṭayyiba S II 832
Kalima wāḥida G II 332
Kalimāt ʿA. b. a. Ṭālib S I 75
-Kalimāt al-bayyināt (saniyyāt) G II 369, S II 496
-Kalimāt bayāniyya S II 848
-Kalimāt al-dhawqiyya wal-nikāt al-shawqiyya S I 783,$_{29}$
Kalimāt ḍāʿiʿa S III 112
Kalimāt wa-ḥikam Saʿd Bāshā Zaghlūl S III 335
Kalimāt wa-ishārāt S III 260
Kalimāt Jabrān Khalīl Jabrān S III 466
-Kalimāt al-khawāṭir G II 350, S II 477
Kalimāt maknūna etc. G II 413, S II 584
Kalimāt al-Manfalūṭī S III 202, 359
-Kalimāt al-muhimma S II A/C 107
Kalimāt al-muḥāḍara G II 488
-Kalimāt al-mujmilāt S II 617
-Kalimāt al-munīfa fī ḥill tazawwuj al-muʿattaqa al-sharīfa S II 526
-Kalimāt al-nāṣṣa S II 525
Kalimāt li-Qāsim Bek Amīn S III A/C 331
Kalimāt Qudsiyya ilhāmāt Ghawthiyya S I 778
Kalimāt fī sabīl Miṣr S III A/C 309
Kalimāt shāʿir fī waṣf khaṭb nādir S III 442
-Kalimāt al-sharīfa fī tanzīh a. Ḥanīfa S II 432
Kalimāt al-shaykh wal-Ḥu. al-Ḥallāj S I 801,$_{166}$
Kalimāt al-taṣawwuf S I 783,$_{25}$
Kalimāt fī uṣūl al-fiqh S I 672
Kalimāt al-waṣiyya dhāt al-sirr al-fāshī S II A/C 478
-Kamāʾim S I 558
-Kamāl S I 429,$_{73}$
Kamāl ādāb al-ghināʾ S II 1035,$_{3}$
Kamāl al-balāgha S I 154
Kamāl al-dirāya S I 648
Kamāl al-faraḥ wal-surūr etc. S II 882
Kamāl al-farḥa fī dafʿ al-sumūm wa-ḥifẓ al-ṣiḥḥa S II 666
Kamāl al-ʿināya etc. S II 745
-Kamāl fī maʿrifat al-rijāl G I 357, 360, S I 606
Kamāl al-muruwwa fī jamāl al-futuwwa S II 495
-Kamāl fī ʾl-sharḥ wal-bayān bi-khalq al-Qorʾān etc. G I 193, S I 340
-Kamāl fī ʾl-taʿlīm S I 864
-Kamālayn S II 180,$_{6h}$
-Kamālāt al-ilāhiyya G II 206, S II 284,$_{13}$
-Kamālāt al-Tawfīqiyya fī ʾl-uṣūl al-jabriyya S II 735
-Kāmī al-Jalālī S II 326
-Kāmil G I 109, S I 168
-Kāmil fī ʾl-asṭurlāb G I 221
-Kāmil al-farīd fī ʾl-tajwīd wal-tafrīd S II 210
-Kāmil fī ʾl-istiqṣāʾ G I 462
-Kāmil fī ʾl-jarḥ wal-taʿdīl G I 167, S I 280
-Kāmil fī maʿrifat al-ḍuʿafāʾ G I 168, S I 280
-Kāmil al-munīr G I 520, S I 315
-Kāmil al-mutadārik fī bayān madhhab al-mutaṣawwif al-hālik S II 559
-Kāmil fī nasab āl a. Ṭālib S I 212
-Kāmil, sharḥ al-Zīj al-shāmil S I 400
Kāmil al-ṣināʿa al-ṭibbiyya G I 237, S I 423
Kāmil al-ṣināʿatayn al-bayṭara wal-zardaqa G II 136, S II 169 A/C
Kāmil al-tadbīr S I 893

-Kāmil fi 'l-taʾrīkh G I 345, II 183, S I 588
Kāmil al-ziyāra S I 953 ad 322
-Kāmila fi 'l-thalāth al-layālī al-fāḍila S I 716
-Kamīn G II 175
Kān mā kān S III 475
-Kanāʾis al-Miṣriyya S II 426,$_{31}$
-Kannās li-fawāʾid al-nās G II 367
Kanz al-abrār S II 1002,$_{59}$, 1007 A/C
-Kanz al-afkhar G I 497
-Kanz al-akbar G II 100, S II 119
Kanz al-akhbār G II 397, S II 542,$_{93}$, 938
Kanz al-akhyār G II 183
Kanz al-amānī wal-amal S I 838
-Kanz al-anwar fī faḍāʾil al-Jāmiʿ al-Azhar S II 927
Kanz al-ʿArabiyya fī ḥall alfāẓ al-Ājurrūmiyya S II A/C 334
Kanz al-asʿād wa-zād al-maʿād S II 822
Kanz al-asmāʾ G II 382
-Kanz al-asnā fi 'l-ṣalāt wal-salām ʿala 'l-dhāt al-Aḥmadiyya al-Muḥammadiyya al-ḥusnā S II 535 A/C, 999,$_{32}$
Kanz al-asrār al-abjadiyya G II 232,$_{16}$, S II 324
Kanz al-asrār wa-lawāqiḥ al-afkār G II 246, S II 344
Kanz al-barāʿa fī adawāt dhi 'l-yarāʿa S I 581
Kanz al-barāhīn S III 436
Kanz al-barāhīn al-kasbiyya etc. S II 809, 1011
Kanz al-bayān G II 197, S II 267
Kanz al-burhān fi 'l-jabr wal-muqābala S II 591
Kanz al-daqāʾiq S II 610
Kanz al-daqāʾiq wa-baḥr al-gharāʾib fī tafsīr al-Qurʾān S II 582
Kanz al-daqāʾiq fi 'l-furūʿ G I 196, S II 265
Kanz al-dhakhāʾir wa-hadiyyat al-muṣādir etc. S II 103,$_{12}$
-Kanz fi 'l-dhayl G I 243
Kanz al-durar fī aḥwāl manāzil al-qamar S II 1025
Kanz al-durar wa-jāmiʿ al-ghurar S II 44
Kanz al-farāʾiḍ S I 760
Kanz al-fawāʾid S I 602
Kanz al-fawāʾid wa-dāmigh al-muʿānid S II 575
Kanz al-fawāʾid fī ḥall mushkilāt al-Qawāʿid S II 207
Kanz al-fayḍ fi 'l-sulūk etc. S II 866
Kanz al-hidāyāt fī maʿrifat al-bidāyāt S II 620
Kanz al-ḥaqāʾiq S II 475,$_{98}$
Kanz al-ḥaqāʾiq wa-kashf al-daqāʾiq S I 675
Kanz al-ḥaqq al-mubīn G II 306, 347,$_{66}$, S II 417, 474,$_{66}$
Kanz al-ḥikma G I 243
Kanz al-ḥukamāʾ wa-maṭlab al-aṭibbāʾ S II 1031,$_{45}$
Kanz al-ʿibād fī faḍāʾil al-ghazw wal-jihād G I 441, S II 648
Kanz al-ʿibād fī sharḥ al-awrād G I 441, S I 790,$_{3}$
Kanz al-ījāz fī sharḥ ʿAlāqāt al-majāz S II 920
Kanz al-ikhtiṣār S II 172
Kanz al-inʿām b-ifaḍāʾil shahr al-ṣiyām S II A/C 444
Kanz al-ʿirfān fī tafsīr al-Qurʾān S II 209
Kanz al-jawāhir wal-durar etc. S II 932
Kanz al-jawhar fī ʿilm al-bayān wal-badīʿ S I 581
Kanz al-kuttāb G I 286, S I 501,$_{20}$
Kanz al-kuttāb wa-muntakhab al-ādāb G I 352
Kanz al-lugha G II 194
Kanz al-lughāt G II 506, S II 261
Kanz al-maʿānī G I 411, S II 208,$_{20}$
Kanz al-maʿānī, sharḥ al-Shāṭibiyya S I 725
-Kanz al-madfūn wal-fulk al-mashḥūn G II 75, S II 81
Kanz man ḥājā etc. G II 368, S II 495
-Kanz al-manshūr bil-tahniʾa S II 775
-Kanz al-maqṣūd fi 'l-ṣalāt ʿalā ṣāḥib al-maqām al-maḥmūd S II 481
Kanz al-maṭālib G II 375
Kanz al-maṭālib fī fadl al-bayt G II 486
-Kanz al-Miṣrī S III 229
-Kanz al-mufīd al-anwar fī dhikr nubdha yasīra min faḍāʾil jāmiʿ al-Azhar S II 471
-Kanz al-mukhabbaʾ lil-siyāḥa fī Ūrūbā G II 714, S II 749, III 379
Kanz al-mulaḥ fī mā lil-ḥadīth min al-muṣṭalaḥ S II 916,$_{9}$
Kanz al-mulūk G I 348, S I 589

Kanz al-murīd fi ʾl-raml S II 593
-*Kanz al-musammā fī ʿilm al-muʿammā* S II A/C 515
-*Kanz al-muṭalsam fī madd al-yad* S II 869,$_{31}$
-*Kanz al-muṭalsam min al-sirr al-muʿaẓẓam bi-mā wuḍiʿa fi ʾl-ḥurūf* S I 801,$_{180}$
Kanz al-muwaḥḥidīn S I 550
Kanz al-najāt fī ʿilm al-awqāt S II A/C 821
Kanz al-nāẓim wa-miṣbāḥ al-hāʾim S III 342
Kanz al-nāẓir G II 388
Kanz al-qawm G I 426
-*Kanz fi ʾl-qirāʾāt al-ʿashr* S II 211
Kanz al-raghāʾib G II 506
Kanz al-rāghibīn G II 98, S II 117
Kanz al-riwāya etc. S II 691
Kanz al-saʿādāt fī ʾl-karāmāt baʿd al-mamāt S II 404
Kanz al-tijār fī maʿrifat al-aḥjār S I 904
Kanz al-ṭullāb fi ʾl-ʿamal bil-asṭurlāb S II A/C 156
Kanz al-ʿulūm wal-durr al-manẓūm S I 424
Kanz al-ʿulūm wal-lugha S III 325
Kanz al-ʿummāl G II 151,$_{153}$, 385, S II 188,$_{153}$, 519
Kanz uṣūl al-dīn al-badīʿa S I 303
Kanz al-uṣūl fi ʾl-ṭibb S I 303
Kanz al-wāʿiẓīn S II 663
Kanz al-walad S I 714
Kanz al-wuṣūl ilā maʿrifat al-uṣūl G I 373, S I 637
Kanz al-yawāqīt S I A/C 772
-*Karāhiya* S II 949,$_{20}$
Karāmāt al-aqṭāb al-arbaʿa S II 1006,$_{95}$
Karāmāt al-shaykh A. al-Sharnūbī S II 469
-*Karma* S I 368,$_{16}$
Karmat b. Hāniʾ S III 48
-*Karmiyyāt* S III 85
Kaʾs al-ḥikma S III 178
Kaʾs al-muḥtasī min shiʿr al-ʿallāma al-ʿAnsī S II 545
-*Kaʾs al-rāʾiq* G II 350, S II 477
-*Kasb* S I 291
-*Kashf* G II 254
Kashf al-aḥkām G I 403
Kashf al-alfāẓ allatī lā budda lil-faqīh min maʿrifatihā S II 953
Kashf al-aqwāl al-mubtadhilāt G I 418, II 385
Kashf al-arab ʿan sirr al-adab S II 760
Kashf al-asrār G II 448, S I 432, 637, 838, II 268, 573, 656
Kashf asrār al-Bāṭiniyya S I 349
Kashf asrār al-bayān ʿan ādāb ḥamalat al-Qurʾān S II 138
Kashf al-asrār fī faḍāʾil al-aʿmāl S I 752,$_{47bb}$
Kashf al-asrār ʿan ghawāmiḍ al-afkār G I 463
Kashf al-asrār wa-hatk al-astār S I 738
Kashf al-asrār ʿan ḥikam al-ṭuyūr wal-azhār G I 450, S I 808
Kashf asrār al-ḥurūf G II 232
Kashf al-asrār (astār) ʿan ʿilm ḥurūf al-ghubār G II 266, S II 378
Kashf al-asrār al-ʿilmiyya G II 356
Kashf asrār al-jawāhir etc. S I A/C 808
Kashf al-asrār ʿammā khafiya ʿani ʾl-afkār G II 93, S II 110
Kashf al-asrār bil-majhūl S II 155
Kashf al-asrār wa-manāqib al-abrār G I 451
Kashf al-asrār al-Nūrāniyya al-Qurʾāniyya S II 778
Kashf al-asrār ʿan qirāʾāt al-aʾimma al-akhyār G II 229
Kashf al-asrār fī rasm maṣāḥif al-amṣār S I 727, II 274
Kashf al-asrār, sharḥ Iẓhār al-asrār G II 441
Kashf al-asrār, sharḥ Manār al-anwār G II 196, S II 263
Kashf al-asrār, sharḥ Nuzhat al-nuẓẓār S II 154
Kashf al-asrār, sharḥ Qaṣīdat al-ghurūr G I 544
Kashf al-asrār fi ʾl-tafsīr S II 988,$_{57}$
Kashf al-asrār ʿan waḍʿ al-ḥurūf wal-ghubār S II A/C 379
Kashf al-astār G II 323, S II 328
Kashf al-astār ʿan masʾalat al-iqrār S II 445
Kashf al-astār ʿan wajh al-ghāʾib ʿani ʾl-abṣār S II 832
Kashf ʿawār al-munajjimīn G I 488
Kashf al-āyāt S II 582, 988,$_{49}$
Kashf baʿḍ al-astār S I 927,$_{9}$
Kashf al-barāhīn G II 200, S II 272
-*Kashf wal-bayān* G I 350, S II 568
-*Kashf wal-bayān li-aṣnāf majlūb al-sūdān* S II 716

-*Kashf wal-bayān ʿan awṣāf khiṣāl shirār ahl hādha ʾl-zamān* G II 281, S II 390
-*Kashf wal-bayān fī ʿilm maʿrifat al-insān* S I 818,35b
-*Kashf wal-bayān fī mā yataʿallaq bil-nisyān* G II 346,29, S II 473
-*Kashf wal-bayān ʿan māʾāt al-Qurʾān* S I 335
-*Kashf wal-bayān ʿan masʾalat al-kasb wal-īqān* G II 46
-*Kashf wal-bayān ʿan ṣifāt al-ḥayawān* S II 58
-*Kashf wal-bayān ʿan tafsīr al-Qurʾān* S I 592
Kashf daqāʾiq al-ḥaqāʾiq etc. S II 128
Kashf al-dasāʾis fī tarmīm al-kanāʾis S II 104
Kashf al-dayn S II 897
Kashf al-ḍabāba etc. G II 152, S II 190,177
Kashf al-ḍarar ʿamman nakaḥa wa-kafar S II 506, 980
Kashf al-ḍawʾ ʿan maʿnā law S II A/C 925
Kashf al-faḍāʾiḥ al-Yūnāniyya etc. G I 440, S I 789
Kashf al-faḍāʾil S I 269,11
Kashf al-fawāʾid ʿani ʾl-kitāb al-musammā bil-Hidāya S II 807
Kashf al-fawāʾid ʿalā qawāʿid al-ʿaqāʾid S I 927,3, II 208,17
Kashf al-ghawāmiḍ fī aḥwāl al-anbiyāʾ S I 643, II 262
Kashf al-ghawāmiḍ fī ʿilm al-farāʾiḍ G II 167, S II 216
Kashf al-ghāyāt, sharḥ k. al-Tajalliyāt S II 284,26
Kashf al-ghiṭāʾ S II 555, 947,181,32
Kashf al-ghiṭāʾ fī fiqh al-Imāmiyya S II 505
Kashf al-ghiṭāʾ ʿan ḥaqāʾiq al-tawḥīd wal-ʿaqāʾid G II 185, S II 239
Kashf al-ghiṭāʾ li-Ikhwān al-ṣafāʾ S I 783
Kashf al-ghiṭāʾ fī ʾstinbāṭ al-ṣawāb min al-khaṭaʾ S II 1023,65
Kashf al-ghiṭāʾ ʿammā waqaʿa fī tabarruʿ mudīn G II 404
Kashf al-ghubār ʿani ʾl-ishārāt etc. G II 366, S II 565 A/C
Kashf al-ghumma fī akhbār al-ḥummā S II 193,237a
Kashf al-ghumma ʿan baṣāʾir al-aʾimma S II 149 A/C
Kashf al-ghumma ʿan ḥukm al-maqbūḍ G II 404
Kashf al-ghumma al-jāmiʿ li-akhbār al-umma G II 409, S II 569 A/C
Kashf al-ghumma ʿan jāmiʿ al-umma G II 337, S II 465,21
Kashf al-ghumma fī maʿrifat al-aʾimma S I 713
Kashf al-ghumma bi-taḥqīq anna ʾl-khaṭīb etc. S II 526
Kashf al-ghumūḍ S II A/C 736
Kashf al-ghumūḍ fī ʿilm al-ʿarūḍ S II 23, 916
Kashf al-ghumūḍ, sharḥ al-Rajaz al-mafrūḍ S II A/C 493
-*Kashf al-ghuyūbī* G II 339, S II 469
Kashf al-humūm fī ithbāt ʿiṣmat al-maʿṣūm G II 330, S II 503
Kashf al-ḥāl G II 33
Kashf al-ḥālik S II 440, 785
Kashf al-ḥaqāʾiq S I 717, 737, 843, II 207 A/C, 265, 267, 400, 603
Kashf al-ḥaqāʾiq fī ḥisāb al-daraj wal-daqāʾiq G II 128, S II 159
Kashf al-ḥaqāʾiq al-Muḥammadiyya S II 307, 593
Kashf al-ḥaqāʾiq (raqāʾiq), sharḥ Kanz al-daqāʾiq G II 197, S II 266
Kashf al-ḥaqāʾiq, sharḥ Taqwīm al-īmān S II 579
Kashf al-ḥaqāʾiq fī taḥrīr al-daqāʾiq G I 465
-*Kashf al-ḥathīth ʿamman rumiya biwaḍʿ al-ḥadīth* S II 72
Kashf al-ḥijāb fī ʾstiṣḥāb al-karr etc. S II 798
Kashf al-ḥijāb ʿan kalām rabb al-arbāb S II 323
Kashf al-ḥijāb ʿammān talāqā maʿa ʾl-Tijjānī min al-aṣḥāb S II 882
Kashf al-ḥijāb wal-rān etc. G II 336,4, S II 464
Kashf al-ḥijāb bi-ruʾyat al-janāb G II 333
Kashf al-ḥujja S I 912,3
Kashf al-ḥujub wal-astār etc. S II 855
-*Kashf al-ilāhī* G II 308, S II 423
Kashf al-irtiyāb fī atbāʿ M. b. ʿAbd al-Wahhāb S III 436
Kashf al-ishkālāt S I 895
Kashf al-ishkālāt ʿan baʿḍ al-āyāt S I 768
Kashf iṣṭilāḥāt al-funūn G II 421, S II 628 (to be read thus)
-*Kashf al-jalīl ʿan sirr al-tamwīl* S II 153

Kashf al-Jāmiʿ al-kabīr S I 950 ad 290
-*Kashf al-jilbāb ʿan aḥkām tataʿallaq bil-miḥrāb* G II 404, S II 555
Kashf al-jilbāb wal-ḥijāb ʿani ʾl-qudwa fi ʾl-shubbāk wal-riḥāb S II 223
Kashf al-jilbāb ʿan ʿilm al-ḥisāb G II 266, S II 378
Kashf al-kāʾināt etc. S I A/C 800
Kashf al-kaʾs fī ʿilm al-bāṭin S II 620
Kashf al-khafāʾ wal-ghiṭāʾ S I 523
Kashf al-khafāʾ wa-muzīl al-albās etc. G II 309, S II 422
Kashf al-khaṭāʾir ʿani ʾl-ashbāh wal-naẓāʾir S II 425, 476,$_{142}$
Kashf al-khaṭal ʿan aḥkām al-jumal S II 920
Kashf al-khidr fī amr al-Khiḍr G II 395, S II 540,$_{34}$
-*Kashf al-kullī wal-ʿilm al-ʿillī* S I 801,$_{205}$
Kashf al-kurba fī waṣf ahl al-ghurba S I 226, II 130,$_{13}$
Kashf al-kurūb, dhikr awliyāʾ Allāh G II 19
Kashf al-kurūb fī maʿrifat al-ḥurūb G II 135
Kashf al-labs fī ḥadīth radd al-shams G II 149, S II 186,$_{96}$
Kashf al-labs ʿan ḥadīth waḍʿ al-yad ʿala ʾl-raʾs S II 891
Kashf al-lithām ʿan asʾilat al-anām G II 323, S II 445
Kashf al-lithām al-ibhām S II 207
Kashf al-lithām ʿamma ʾshtabaha ʿala ʾl-ʿawāmm etc. S II 947,$_{184}$
Kashf al-lithām ʿammā jāʾa fi ʾl-aḥādīth G II 308, S II 421
Kashf al-lithām ʿan mukhdarāt al-afhām G II 371, S II 498
Kashf al-lithām wal-sutūr G II 351
Kashf al-lithām ʿan-wajh al-tawriya wal-istikhdām G II 17, S II 9
Kashf al-lithām ʿan wujūh mukhaddarāt al-ṣinf S II 487
Kashf al-maʿānī S II 95
Kashf maʿāni ʾl-badīʿ etc. S I 658
Kashf al-maʿānī wal-bayān ʿan rasāʾil Badīʿ al-Zamān S II 760
-*Kashf ʿan māhiyyat al-ṣalāt etc.* S I 814,$_{13}$
Kashf al-maḥjūb S I 323, 360
Kashf al-maḥjūbayn S II 180,$_{6e}$
Kashf al-majāna ʿani ʾl-ghasl fi ʾl-ijjāna S II 775
Kashf al-makhraja li-thamarāt al-muhja S I 913
Kashf al-maktūm S II 293, 856
-*Kashf ʿan manāhij al-adilla* G I 461, S I 836 A/C
Kashf al-manāhij wal-tanāqīh fī takhrīj aḥādīth al-Maṣābīḥ G I 364, S I 621
Kashf al-marām ʿan faḍāʾil Ramaḍān S II 606
-*Kashf ʿan masāwī shiʿr al-Mutanabbī* S I 140
Kashf al-mashāriq S I 614
Kashf al-mastūr fī jawāb ʿAbd al-Shakūr S II 521
Kashf mirʾāt al-ʿuyūn S II 149
Kashf al-mubham G II 421, S II 623
Kashf mubhamāt al-Qurʾān S I 734
-*Kashf al-mubīn ʿala ʾl-arbaʿīn* S II 539
Kashf al-mughaṭṭā etc. G II 74, S II 79
Kashf al-mughaṭṭā fī faḍl al-Muwaṭṭaʾ S I 298
Kashf al-muhimmāt fī sharḥ al-abyāt S I 598
-*Kashf ʿan mujāwazat hādhihi ʾl-umma al-alf* G II 151, S II 187,$_{135}$
Kashf al-mukhaddarāt fī ḥabs al-muʿashsharāt S II A/C 476
Kashf al-murād S I 925,$_{2a}$
Kashf al-murūṭ ʿan maḥāsin al-shurūṭ G II 37, S II 35
Kashf al-murūṭiyya ʿan sitār al-Ājurrūmiyya S II 813
Kashf mushkil ḥadīth al-Ṣaḥīḥayn S I A/C 918
Kashf al-mushkil fi ʾl-naḥw S I 529
-*Kashf ʿan mushkilāt al-Kashshāf* G I 290, S I 508
Kashf al-mushkilāt ʿan wajh baʿḍ al-asʾila fi ʾl-muʿāmala S II 526,$_{28}$
Kashf nafāʾis mustakhraja min Jawāmiʿ al-kalim S I 808,$_{23}$
Kashf al-niqāb ʿani ʾl-asmāʾ wal-alqāb S I 916,$_{10b}$
Kashf al-niqāb ʿan asrār al-iḥtijāb S II 887
Kashf al-niqāb lil-aṣḥāb wal-aḥbāb G II 114, S II 140
Kashf al-niqāb ʿammā rawa ʾl-shaykhān lil-aṣḥāb S II 68
Kashf al-niqāb ʿala ʾl-manẓūma al-mawsūma bi Ruḍāb al-murtashif S II 742
Kashf al-niqāb ʿan nasab al-aqṭāb S II 509

Kashf al-niqāb ʿan wajh al-masīḥ al-kadhdhāb S II 780
Kashf al-nūr ʿan aṣḥāb al-qubūr S II 475,$_{90}$
Kashf al-Pazdawī S I 637
Kashf al-qināʿ S I 515, 677,$_{5}$, II 443
Kashf al-qināʿ ʿan ḥukm al-wajd wal-samāʿ G I 384, S I 664
Kashf al-qināʿ ʿan iʿtiqād ṭawāʾif al-ibtidāʿ S II 889
Kashf al-qināʿ fī rasm al-arbāʿ G II 127, S I 158
Kashf al-qināʿ, sharḥ Wajh al-samāʿ G II 334, S II 462, 661
Kashf al-qināʿ, sharḥ Waṣiyyat shuhbat al-samāʿ S II A/C 147
Kashf al-qināʿ sharḥ wujūb ḥujjiyyat al-ijmāʿ S II 505
-Kashf fi ʾl-qirāʾāt S I 511
Kashf al-rāmūz S I 824,$_{82}$
Kashf al-ramz ʿan khabāya ʾl-Kanz S II 266,$_{9a}$, 267,$_{10}$
Kashf al-rān ʿan fuʾād māniʿ al-ziyāra S II 352
Kashf al-rān ʿan wujūh al-bayān S I A/C 801
Kashf al-rayb S II 156 A/C, 537
Kashf al-rayb fi ʾl-ʿamal bil-jayb G II 126, S II 156
Kashf al-rayb ḥāl al-mutajassisīn ʿala ʾl-ghayb S II 1018,$_{11}$
Kashf al-rayb ʿan al-istimdād min al-ghayb G II 342
Kashf al-rayb ʿani ʾl-jayb G II 154, S II 192,$_{226}$
Kashf al-rayba etc. G II 325, S II 449
Kashf al-rayn fī aḥwāl al-ʿayn G II 137, S II 169
Kashf al-rayn wa-nazḥ al-shayn S II 153, 461
Kashf al-riwāq ʿan ṣarf (radd) al-jāmiʿa lil-awāq S II 702, 707, 961,$_{28}$
Kashf al-rumūz S I 712, II 713
Kashf rumūz Ghurar al-aḥkām S II A/C 317
Kashf rumūz al-Shāṭibiyya S I 726
-Kashf al-sāṭiʿ fī ḥall al-jafr al-jāmiʿ S II 1041,$_{42}$
-Kashf al-shāfī G II 348,$_{79}$
-Kashf, sharḥ al-Tabṣira S I 719
Kashf al-shawāhid wal-mawāniʿ S II 328
Kashf al-shubuhāt ʿani ʾl-mushtabihāt S II 819
Kashf shubuhāt al-Naṣārā wa-ḥujaj al-Islām S III 323
Kashf al-shubuhāt min al-tawḥīd G II 390, S II 531,$_{2}$
Kashf al-sirr G II 121
Kashf al-sirr al-maṣūn etc. S II 985,$_{26}$
Kashf al-sitār ʿan sirr al-asrār S III 235
Kashf al-sitr ʿan farḍiyyat al-witr G II 347,$_{57}$
Kashf al-sitr ʿan ḥukm al-ṣalāt baʿd al-witr G II 69, S II 74,$_{35}$
Kashf al-sunna S II 812
Kashf al-sutūr ʿan ṣiḥḥat al-muhāyāt bil-maʾjūr S II 775
Kashf al-ṣalṣala ʿan waṣf al-zalzala G II 147, S II 183,$_{42}$
-Kashf wal-tabyīn G I 423,$_{42}$, II 338, S I 802
-Kashf wal-tabyīn fī ghurūr al-khalq ajmaʿīn S I 752,$_{42}$
Kashf tāj al-tarājim etc. S I 797,$_{68}$
-Kashf al-tāmm G II 323
Kashf al-tamwīhāt G I 454, S I 678, 816,$_{20}$
-Kashf wal-tanbīh G II 33
Kashf al-tanzīl G II 189, S II 250
Kashf ṭarīq al-wafāʾ G II 178
Kashf al-ṭurra ʿaniʾ l-ghurra S I 489, II 786, 787
Kashf al-wāridāt li-ṭālib al-kamālāt S II 315
Kashf al-wishāḥ S I 515
Kashf al-wujūh al-ghurr S I 463
-Kashf ʿan wujūh al-qirāʾāt G I 407
Kashf al-yaqīn G II 164, S I 752,$_{47,1}$
Kashf al-yaqīn fī faḍāʾil amīr al-muʾminīn S II 207,$_{7}$
Kashf al-zūr wal-buhtān min ṣanʿat B. Sāsān S II 1038,$_{8}$
Kashf al-ẓulma fī bayān aqsām al-ḥikma S II 856
Kashf al-ẓunūn G II 428, S II 636
-Kāshif fī adʿiyat al-nabī al-akram S II 541,$_{51a}$
-Kāshif fī asmāʾ al-rijāl S II A/C 47
Kāshif al-asrār S II 656,$_{n}$, 833
-Kāshif li-dhakāʾ al-ʿuqūl S II A/C 557
Kāshif al-ḥaqāʾiq S II 208,$_{31}$
-Kāshif ʿan ḥaqāʾiq al-sunan S I 621, II 67
-Kāshif fī ʿilm al-anghām S I 907
Kāshif al-khaṣāṣa ʿan alfāẓ al-Khulāṣa S I 525,$_{26}$, II 278
-Kāshif li-maʿāni ʾl-Miṣbāḥ S II 243

-Kāshif ʿani ʾl-Maḥṣūl S I 921$_{,3}$
-Kāshif fī maʿrifat asmāʾ al-rijāl G II 47, S I 606
Kāshif al-mushkilāt S I 793$_{,12,i}$
Kāshif al-niqāb S I 321
Kāshif al-qināʿ wal-niqāb S II 19, 1043$_{,8}$
Kāshif al-rumūz S I 538$_{,21}$
Kāshif (kashf) al-wayl fī maʿrifat amrāḍ al-khayl G II 130, S II 169
Kāshifat al-asrār fī maʿrifat ḥaqīqat sirr al-wujūd etc. S II 1000$_{,36}$
Kāshifat al-ghumma ʿan ḥusn sīrat imām al-umma S II 238
Kāshifat al-ḥāl ʿan aḥwāl al-istidlāl S II 272
-Kāshifat li-maʿāni ʾl-jumal wal-uṣūl S II 995$_{,61}$
Kāshifat al-muḥīṭ wal-muḥāṭ etc. S II 1019$_{,27}$
Kāshifat al-shubuhāt al-ʿAlāʾiyya S II 317$_{,8}$
Kāshifat al-sijāʿ G II 502, S II 812
-Kashkūl G II 415, S II 596, 826
Kashkūl al-Čistī S II 619
Kashkūl Jamāl S III 230
-Kashkūl fī mā jarā ʿala ʾl-rasūl S II 209
-Kashkūl fi ʾl-taṣawwuf S II 854
-Kashshāf fi ʾl-ghināʾ S II 1036$_{,9}$
-Kashshāf ʿan ḥaqāʾiq al-tanzīl G I 290, S I 507
Kashshāf iṣṭilāḥāt al-funūn S II 628, read: *kashf*
Kashshāf al-jilbāb ʿan funūn al-ḥisāb S II A/C 379
-Kashshāf fī maʿrifat al-aṭrāf S II 941
Kashshāf al-Kashshāf S I 508
Kashshāf al-qināʿ S I 688
Kashshāf al-qināʿ ʿan matn al-Iqnāʿ S II A/C 448
Kashṭ al-ridāʾ wa-ghasl al-rān G II 712, S II 477$_{,41a}$
Kāsirat al-aṣnām fi ʾl-kalām S II 990
Katāʾib aʿlām al-akhyār G II 434, S II 645
Kathīr al-ibtihāj fī farāʾiḍ al-Minhāj S I 681, 682
Kathrat al-jalaba S III 389
-Katība al-kāmina fī man laqīnāhu bil-Andalus etc. S II 373
Kawākib bāhira G II 42
-Kawākib al-bahiyya fī qismat al-mīrāth lil-bariyya S II 972$_{,6}$
-Kawākib al-darārī G I 158, S I 262$_{,5}$, II 212
-Kawākib al-darārī fī tafsīr al-Qurʾān al-karīm S II 985
-Kawākib al-darārī fī tartīb Musnad b. Ḥanbal ʿalā abwāb al-Bukhārī S I 310
-Kawākib dhāt al-zawāʾid G I 522
-Kawākib al-durriyya wal-anwār al-shamsiyya G II 509, S II 880
-Kawākib al-durriyya fī madḥ khayr al-bariyya G I 264, S I 467
-Kawākib al-durriyya fī manāqib al-mujtahid Ibn Taymiyya G II 360, S II 497$_{,20}$
-Kawākib al-durriyya fi ʾl-manāqib al-Qādiriyya S III 347
-Kawākib al-durriyya fi naẓm al-Ḍawābiṭ al-ʿilmiyya S II 742
-Kawākib al-durriyya fi sharḥ al-abyāt al-Badriyya S II 241
-Kawākib al-durriyya, sharḥ al-Alfiyya S I 525$_{,28}$
-Kawākib al-durriyya, sharḥ al-Arbaʿīna al-Jawhariyya S II 459
-Kawākib al-durriyya fi tarājim al-sāda al-Ṣūfiyya G II 306, S II 417
-Kawākib al-durriyya fi taʾrīkh ẓuhūr al-Bābiyya wal-Bahāʾiyya S II 847
-Kawākib al-durriyya fi tatimmat al-Ājurrūmiyya S II 334
-Kawākib al-durriyya bi-uṣūl al-jafriyya S II 1042$_{,47}$
-Kawākib al-durriyya fī waḍʿ al-binkāmāt al-dawriyya S II 484
-Kawākib al-ḍawʾiyya ʿala ʾl-Ājurrūmiyya S II 333$_{,12a}$
Kawākib al-ʿirfān bitaḥqīq al-subḥān S II 849
-Kawākib al-Islāmiyya etc. S II 411
-Kawākib wal-mawākib wal-durar S III 462
-Kawākib al-muḍīʾa G II 128, 503, S II 827
-Kawākib al-muḍīʾa min al-Tartīb wal-Sirājiyya S I 651
-Kawākib al-nayyira G II 186, S II 243
-Kawākib al-nayyira fī aqsām al-mutaḥayyira S II A/C 736
-Kawākib al-nayyira fī layālī afrāḥ al-ʿazīz al-muqmira S II 732
-Kawākib al-nayyirāt fī ʾl-arbaʿīn al-buldāniyyāt S II 415

-Kawākib al-sāʾira S II 33
-Kawākib al-sāʾira fī akhbār Miṣr wal-Qāhira G II 298, S II 409
-Kawākib al-sāʾira bi-manāqib ʿulamāʾ al-miʾa al-ʿāshira G II 292, S II 402
-Kawākib al-sariyyāt al-nādiriyyāt G II 152, 164, S II A/C 190
-Kawākib al-sayyāra S II 700
-Kawākib al-sayyāra fī tartīb al-ziyāra fi ʾl-Qarāfatayn G II 131, S II 162
-Kawākib al-sayyārāt fī ʾl-aḥādīth al-ʿushariyyāt S II 189,$_{169yy}$
-Kawākib al-sāṭiʿa S II 75,$_{43}$
-Kawākib al-thābita G I 223, II 413, S I 398
-Kawākib al-zāhira fī ʾl-ʿamal bi-jayb rubʿ al-dāʾira G II 122, S II 161
-Kawākib al-zāhira fī āthār al-ākhira S II 421
-Kawākib al-zāhira fī ʾjtimāʿ al-awliyāʾ etc. S II 152
-Kawākib al-zahriyya G II 490, S II 746
Kawāshif al-aqyisa S II 950,$_{24}$
-Kawkab al-ajūj etc. S II 743
Kawkab Amīrkā S III 439
-Kawkab al-anwar, sharḥ ʿIqd al-jawhar S II 517
-Kawkab al-asʿad fī manāqib al-shaykh ʿA. b. A. b. Mawlāya al-Ṭayyib S II 876
Kawkab al-ashbāḥ wa-mishkāt al-arwāḥ G II 412, S II 460
-Kawkab al-durrī fī ajwibat al-Ghawr S II 13
-Kawkab al-durrī fī ʿilm uṣūl al-Shāfiʿiyya G II 91, S II 107
-Kawkab al-durrī fī ʾstikhrāj al-furūʿ min al-fann al-naḥwī S II 107
-Kawkab al-durrī al-mustakhraj min kalām al-nabī G I 370, S I 633
-Kawkab al-durrī fī sharḥ bayt al-quṭb al-kabīr S II 869,$_{32}$
-Kawkab al-durrī fī tarjamat Dhi ʾl-Nūn al-Miṣrī S I 353
-Kawkab al-durrī al-wasīm etc. S II 745
Kawkab al-fajr, sharḥ Ḥizb al-baḥr S I A/C 805
Kawkab al-ḥājj fī safar al-maḥmal etc. G II 491, S II 749
Kawkab al-mabānī wa-mawkib al-maʿānī S I 779,$_{36}$, II 475,$_{89}$
-Kawkab al-muḍīʾ G II 34, S II 32
Kawkab al-mulk wa-mawkib al-Turk G II 210, S II 294
-Kawkab al-munīr S II 386
-Kawkab al-munīr fī nasab a. ʾl-Hudā al-shahīr S II 869
-Kawkab al-munīr, naẓm Khaṣāʾiṣ al-bashīr S II 181,$_{29b}$
-Kawkab al-munīr, sharḥ al-Jāmiʿ al-ṣaghīr G II 147, S II 183,$_{156a}$
-Kawkab al-mushriq fī mā yaḥtāju ilayhi ʾl-muwaththiq S II 271
-Kawkab al-mutalaʾliʾ, sharḥ qaṣīdat al-Ghazzālī S I 752,$_{47x}$
Kawkab al-rawḍa G II 157, S II 196,$_{282}$
-Kawkab al-sārī fī ḥaqīqat jazʾ al-ikhtiyārī G II 345, S II 473,$_{8}$
-Kawkab al-sārī fī ʾkhtiṣār Ṣaḥīḥ al-Bukhārī S I 263,$_{39}$
-Kawkab al-sārī, sharḥ Ṣaḥīḥ al-Bukhārī G I 159
-Kawkab al-sāṭiʿ, naẓm Jamʿ al-jawāmiʿ G II 89, S II 106
-Kawkab al-sharqī S II 735
Kawkab al-ṣubḥ fī izālat layl al-qubḥ S II 475,$_{111}$
-Kawkab al-waḍḍāḥ etc. G II 321, S II 442
-Kawkab al-wahhāj bi-tawḍīḥ al-minhāj etc. S II 214
-Kawkab al-waqqād fī ʾl-iʿtiqād G I 410, S I 728
-Kawkab al-waqqād fī man ḥalla bi-Sabta etc. S II 338
-Kawkabayn al-nayyirain fī ḥall alfāẓ al-Jalālayn S II 180,$_{60}$
-Kawn wal-maʿbad awi ʾl-funūn al-jamīla wal-kanīsa S III 347
Kawn nabiyyinā ākhir al-anbiyāʾ G II 450,$_{28}$
-Kawr ʿala ʾl-dawr S I 864
-Kawthar al-jārī G I 159, S I 262,$_{4}$, II 320
Kayfa kāna ẓuhūr shaykh al-Islām M. b. ʿAbd al-Wahhāb S II 531
Kayfa yanbaghī an yuslak ilā nayl al-maṭlūb G I 218, S I 385,$_{21}$
Kayfa yastawi ʾl-ladhīna yaʿlamūna walladhīna lā yaʿlamūna S I A/C 377
Kayfiyyat al-aẓlāl G I 70
Kayfiyyat al-dūʿaʾ bi-asmāʾ Allāh al-ḥusnā S II 932

Kayfiyyat al-ḥukm ʿalā taḥwīl sini ʾl-ʿālam G I 474, S I 868
Kayfiyyat idrāk ḥaqīqat al-diyāna S I 367
Kayfiyyat istikhrāj al-taqwīm S II A/C 482
Kayfiyyat al-ittifāq fī tarkīb al-awfāq S II A/C 155
Kayfiyyat khalq Ādam S II 438
Kayfiyyat al-malāḥim G II 151$_{,134}$
Kayfiyyat al-sulūk S I 800$_{,156}$
Kayfiyyat al-sulūk ilā rabb al-ʿizza S I 796$_{,39a}$
Kayfiyyat ṣudūr al-mumkināt ʿani ʾl-wājib S I 928$_{,22i}$
Kayfiyyat tarkīb al-aflāk S I 828
Kayfiyyat tasṭīkh al-basīṭ al-kurī S I 857$_{,8}$
-Khabar al-bāqī fī khawāṣṣ al-wuḍūʾ min al-fasāqī S II A/C 426
-Khabar ʿani ʾl-bashar G II 40, S II 37$_{,10}$
-Khabar al-dallāl ʿalā wujūd al-quṭb etc. G II 156, S II 195$_{,266}$
-Khabar fī maʿrifat ʿajāʾib al-bashar G II 302, S II 690
-Khabar al-mughrib G II 509
-Khabar al-tāmm fī ḥudūd al-arḍ al-muqaddasa etc. S II 489
Khabariyyat Asʿad Shidyāq S II 868
Khabāya ʾl-zawāyā S II 537
Khabāya ʾl-zawāyā fi ʾl-furūʿ G II 92
Khabāya ʾl-zawāyā fi mā fi ʾl-rijal min al-baqāyā G II 285
Khabīʾat al-akwān etc. G II 504, S II 860$_{,10}$
-Khādim fī ḥall alfāẓ a. ʾl-Q S II 260$_{,23}$
Khādim al-naʿl al-sharīf G II 154$_{,229}$
-Khādim al-Rāfiʿī wal-Rawḍa G I 424, S I 753
-Khaḍrāwāt al-sabʿ G II 151$_{,150}$
Khafāyā Miṣr S III 228
Khafḍ al-janāḥ etc. G II 394, S II 539
Khāfiyat al-qamar etc. S II 918
-Khāʾif al-hāmm G I 440
-Khāʾin S II 417
-Khalʿ wa-ibṭāl al-ḥīla S I A/C 311
Khalʿ al-ʿidhār G II 56
Khalal al-ṣalāh S II 575
Khalāṣ al-umma fī maʿrifat al-aʾimma S II 664
Khālid S III 408
Khalīfat al-Qurʾān G I 404
-Khalīfiyyāt G I 262
Khāliṣ al-ibrīz S II 393
Khāliṣ al-nafʿ G II 331, S II 459
Khāliṣat al-ḥaqāʾiq etc. G I 379, S I 652
Khāliṣat ʿiqd al-durar etc. G II 78, S II 85
-Khaliyya S II 752
Khalq afʿāl al-ʿibād S I 265
Khalq al-aʿmāl G II 218, 452$_{,91}$
Khalq al-insān G I 106, 110, 486, 513, S I 164, 170, 421, 615, 888
Khalq al-janīn G I 236
Khalq al-Qurʾān S I 244$_{,4}$, 946 ad 242
-Khalwa (khalawāt) G I 443, S I 795$_{,22}$, 822$_{,68yy}$
Khalwat al-ʿākifīn S I 773
-Khamr S I 822$_{,68zz}$
Khamrat Bābil wa-ghināʾ al-balābil S II A/C 476
-Khamra al-ḥasiyya G II 351
Khamrat al-khān wa-rannat al-alḥān S I 811, II 475$_{,112}$
Khamsat aʿwām fī sharqiyy al-Urdunn S III 430
-Khamsa al-Qazwīniyya S II 593
Khamsat rasāʾil S II 992$_{,31a}$
-Khamsat al-uṣūl S I 315
Khamsa witriyya fī madḥ khayr al-bariyya S II 898
-Khamsūna S I 429, 674 A/C
Khamsūna ʿaqīda S II 153
Khamsūna masʾala fī ʿilm al-tawḥīd S II 476$_{,20}$
-Khānāt S I 226
-Khanqaṭīrāt S II 1042$_{,52}$
-Khansāʾ aw Kayd al-nisāʾ S II 767
Kharābāt Sūriyya S II 757
-Kharāj G I 171, 181, 228, S I 283, 288, 308, 407
-Kharāʾij wal-jarāʾiḥ fi ʾl-muʿjizāt S I 624, II 994$_{,54}$
Kharīdat al-ʿajāʾib etc. G II 131, S II 163
-Kharīda al-bahiyya fi ʾl-ʿaqāʾid al-tawḥīdiyya G II 353, S II 480
-Kharīda al-ghaybiyya G II 703, S I 818$_{,35i}$, II 782
Kharīdat ʿiqd al-laʾāl etc. S II 884
-Kharīda fi ʾl-manṭiq S II 875
Kharīdat al-qaṣr G I 315, S I 446, 548
-Khāriqa G I 403
-Khārṣīnī S I 429$_{,65,e}$

-*Khashya* S I 316,$_{16}$
Khaṣāʾiṣ afḍal al-makhlūqīn G II 93, S II 109
Khaṣāʾiṣ al-ʿashara al-kirām al-barara G I 292, S I 511
-*Khaṣāʾiṣ fī dhikr al-nabī* S II 692
-*Khaṣāʾiṣ fī faḍl ʿA. b. a. Ṭālib* G I 163, S I 270
Khaṣāʾiṣ al-ghurar G II 55, S II 54
-*Khaṣāʾiṣ wal-mafākhir li-maʿrifat al-awāʾil wal-awākhir* S II 204
-*Khaṣāʾiṣ fī ʾl-marāthi ʾl-Ḥusayniyya* S II 834
Khaṣāʾiṣ Musnad A. b. Ḥanbal G I 182, S I 310
Khaṣāʾiṣ al-Muṣṭafā S II 48
-*Khaṣāʾiṣ wal-muwāzana bayna ʾl-ʿArabiyya wal-Fārisiyya* G I 145, S I 222
-*Khaṣāʾiṣ al-nabawiyya* S II 517
-*Khaṣāʾiṣ al-nabawiyya al-kubrā* G II 146, S II 181,$_{29}$
-*Khaṣāʾiṣ fī ʾl-naḥw* G I 126, S I 192
Khaṣāʾiṣ al-rasūl G I 311
-*Khaṣāʾiṣ fī ʾl-ṭibb* S I 370
Khaṣāʾiṣ waḥy al-mubīn fī manāqib amīr al-muʾminīn S I 711
Khaṣāʾiṣ yawm al-jumʿa G II 146,$_{33}$
-*Khāṣir* S I 529
Khāṣṣ al-khāṣṣ G II 697, S I 502
Khātam al-Ghazzālī G I 426, S I 755,$_{67}$
Khātim al-ḥawāshī S II 622
-*Khātima fī jumla ṣāliḥa min al-balāyā* S II 467,$_{63}$
Khatm al-awliyāʾ G I 448, S I A/C 356
Khatm al-Minhāj S I 682,$_{30}$ (to be read thus), S II 223
-*Khatm al-mubārak fī Mukhtaṣar al-Khalīl* S II 99
Khatm Ṣaḥīḥ Muslim G I 160
Khatm al-wilāya S I 356
Khatmat Jannūn S II 886
-*Khaṭarāt* S III 125
Khaṭarāt al-nafs S III 211
-*Khaṭarāt al-shahīra etc.* S III 377
Khaṭarāt Wadād al-Sakākīnī S III 415
Khaṭfat al-bāriq wa-ʿaṭfat al-shāriq S I 549
Khāṭirāt Jamāl al-Dīn al-Afghānī S III 315
-*Khāṭiriyyāt* G I 126
Khaṭrat al-ṭayf G II 262
-*Khaṭṭ fī dhikr al-Ṣiḥāḥ al-sitta* G II 503, see *al-Ḥiṭṭa*
-*Khawāṣṣ* G I 236, 238, 483
Khawāṣṣ al-aʿdād S II 733
Khawāṣṣ al-aghdhiya wal-buqūl etc. S I 416
Khawāṣṣ al-aḥjār G I 493
-*Khawāṣṣ al-ʿAlāʾiyya* S II 969,$_{8}$
-*Khawāṣṣ al-arbaʿūniyya* S I 783
-*Khawāṣṣ wal-ashyāʾ al-muqāwima lil-amrāḍ* G I 235, S I 420,$_{10}$
Khawāṣṣ al-asmāʾ al-ḥusnā G I 498, S I 911, II 941
Khawāṣṣ al-asmāʾ al-Idrīsiyya G II 352
Khawāṣṣ awfāq S I 911
Khawāṣṣ al-āya (sura 3,$_{1}$) S I 747,$_{16a}$
Khawāṣṣ al-āyāt wa-fawātiḥ al-Qurʾān G I 414, S I 913
Khawāṣṣ al-Burda fī burʾ al-dāʾ G I 266, S I 469
Khawāṣṣ al-fātiḥa G I 435, S I 778
Khawāṣṣ al-ḥajar S I 368,$_{13}$
Khawāṣṣ al-ḥayawān G I 486, II 138
Khawāṣṣ al-ḥurūf S I 428,$_{30}$
Khawāṣṣ al-ḥurūf wa-asrār al-ṭabīʿa S I 428,$_{42}$
Khawāṣṣ al-iksīr al-dhahab S I 428,$_{59}$
Khawāṣṣ al-jism al-laṭīf G II 218
Khawāṣṣ al-kabīr G I 241, S I A/C 408
Khawāṣṣ al-kubrā S I 428,$_{21}$
Khawāṣṣ manẓūmat Nūr al-Dīn al-Dimyāṭī G II 254
Khawātim al-ḥikam G II 427, S II 635
-*Khawāṭir* S III 387
-*Khawāṭir al-ḥisān bil-maʿānī wal-bayān* S III 427
Khawāṭir fī ʾl-lugha S III 427
Khawāṭir Niyāzī S III 56
Khawāṭir fī ʾl-shiʿr wal-nathr S III 231
-*Khawāṭir al-shiʿriyya aw al-Manẓūmāt al-zajaliyya* S III 376
-*Khayāl al-shiʿrī ʿinda ʾl-ʿArab* S III 499
-*Khayl* G I 105, S I 162
-*Khayl wal-bayṭara* S I 433
Khayr al-aḥlām S II A/C 58
-*Khayr al-bāqī etc.* G II 311, S II 426,$_{7}$
Khayr al-bishar bi-khayr al-bashar G I 352, S I 595
Khayr al-Dīn al-Zarkalī etc. S III 357
-*Khayr al-jārī* S I 263,$_{32}$
Khayr al-kalām S II A/C 118

Khayr al-kalām fi ʾl-qirāʾa khalf al-imām S I 265
Khayr al-khabar fī adhān khayr al-bashar S II 857,$_{11}$
-Khayr al-maḥḍ S I 373,$_{5}$
-Khayr al-maṭlūb G I 380
Khayrāt al-fuqarāʾ S I 640
Khayrāt al-ḥisān fī manāqib a. Ḥanīfa al-Nuʿmān G II 389,$_{33}$, S I 285, II 528
Khazāʾin al-aḥkām S II 831
Khazāʾin al-asrār wa-badāʾiʿ al-afkār S I A/C 428
Khazāʾin al-jawāhir wa-makhāzin al-zawāhir G II 351, S II 664
Khazāʾin al-shurūḥ S II 624
Khazāʾin al-uṣūl fī sharḥ al-Durra S II 831
Khazīnat al-adilla S I 326
Khazīnat al-asrār wa-hatk al-astār G II 448, S II 667
Khazīnat al-asrār jalīlat al-adhkār G II 490, S II 746
Khazīnat al-asrār al-kubrā S II 746
Khazīnat al-aṣfiyāʾ S II 616
Khibrat al-fuqahāʾ S II 949,$_{15}$
-Khidma al-jaliyya G II 160, S II 199
-Khiḍāb G II 452,$_{96}$
-Khiḍr G II 77
-Khilāf fi ʾl-fiqh S I 707
-Khilāf bayna ʾl-shaykhayn S I 344
-Khilāf wal-tashhīr S II 983
Khilāf al-umma fi ʾl-ʿibādāt S II 125,$_{124}$
Khilāfat al-aʾimma al-arbaʿa S II 529,$_{39}$
-Khilāfa wal-imāma al-ʿuẓmā S III 323
-Khilāfiyyāt bayna ʾl-Ḥanafiyya wal-Shāfiʿiyya S II 949,$_{13}$
Khilāfiyyāt al-ḥukamāʾ S II 1013,$_{2}$
Khilāfiyyāt al-imām A. b. Ḥanbal G I 428, S I 762
Khilqat Ādam G II 713, S II 639
Khirqat al-dāliyya fi ʾl-kiswa al-Khalwatiyya S II A/C 478
-Khiṣāl S I 952 ad 322
-Khiṣāl al-mukaffira G II 98, S II 74,$_{24}$
-Khiṣāl al-mukaffira wal-dhunūb al-muqaddama wal-muʾakhkhara G II 69
Khiṣb al-badan S I 827,$_{95x}$
-Khitām al-mafḍūḍ G II 259
Khitām al-misk S II 141,$_{38}$
-Khiṭāb S II 662
-Khiṭāb fi ʾl-hayʾa al-ijtimāʿiyya S II 768,$_{10}$
-Khiṭāb fi ʾl-taṣawwuf S II 653
-Khiṭāb al-wāḥid etc. S II 672,$_{146}$
-Khiṭāba li-Arisṭāṭālīs S I 835
Khiṭaṭ Miṣr G II 39, S I 585, II 36
Khiṭaṭ al-Shaʾm S III 434
-Khiṭaṭ al-Tawfīqiyya al-jadīda G II 482, S II 733
Khiwān al-fuqarāʾ S II 619
Khizānat al-adab G I 21, 303, II 286, S I 44, II 397
Khizānat al-adab wa-ghāyat al-arab G II 16, S II 9
Khizānat al-Akmal fi ʾl-furūʿ G I 373, S I 969 ad 639
Khizānat al-fatāwā G I 373, 374, S I 639, 641
Khizānat al-fiqh G I 196, S I 347
Khizānat al-khayāl S II 570
Khizānat al-laṭāʾif S I 514
Khizānat al-muftīn G II 163, S II 204
Khizānat al-riwāyāt G II 221, S II 310
Khizānat al-rusūm S II 613
Khoristīs S I 374,$_{ix,4}$ (to be read thus)
Khudāynāme G I 152, 517, see *Khwadhāynāmak*
-Khuff al-ʿAlāʾī S I A/C 890
Khujasta andarz S II 280
Khulafāʾ Muḥammad S III 435
Khulāṣat al-abḥāth fī sharḥ Nahj al-qirāʾāt al-thalāth S II 135
Khulāṣat al-adhkār S II 585,$_{21}$
Khulāṣat al-afkār fī bayān zubdat al-asrār S I 742
Khulāṣat al-afkār fī ʿilm al-kalām S I 926
Khulāṣat al-aḥkām G I 396, S I 682
Khulāṣat al-akhbār G II 445, S II 827
Khulāṣat al-akhbār fī aḥwāl al-nabī al-mukhtār S II 661
Khulāṣat al-aqwāl fī ḥadīth innama ʾl-aʿmāl bil-niyyāt G II 114
Khulāṣat al-aqwāl fī maʿrifat al-rijāl S II 208,$_{12}$
Khulāṣat al-aqwāl fī maʿrifat al-waqt G II 128
Khulāṣat al-ʿasjad fī dawlat al-Sharīf Maḥmūd A. G II 712, S II 552

Khulāṣat al-athar fī aʿyān al-qarn al-ḥādī ʿashar G II 293, S II 403
Khulāṣat al-āthār, sharḥ Insān al-ʿuyūn G II 307, S II 418
Khulāṣat al-badr al-munīr etc. S I 753, 973
Khulāṣat al-bahja fī sīrat sayyid al-lahja S II 226
Khulāṣat al-bayān S II A/C 303
Khulāṣat al-bayān fī kayfiyyat thubūt ṣiyām Ramaḍān G II 488, S II 744
Khulāṣat al-bayān fī madhhab al-Nuʿmān S II 434, 663
Khulāṣat al-bayān fī thubūt ṣiyām Ramaḍān S II 460
Khulāṣat al-bustān (burhān) fī iṭāʿat al-sulṭān S II 1013,5
Khulāṣat al-dalāʾil fī tanqīḥ al-masāʾil S I 296,6, 650, 951 ad 298
Khulāṣat al-dhahab fī faḍl al-ʿArab S II 447
Khulāṣat al-durar fi ʾl-ʿamal bil-qamar S II 160
-Khulāṣa al-durriyya fī āthār matḥaf al-Iskandariyya S II 735
Khulāṣat al-farāʾiḍ G II 488, S I 651
Khulāṣat al-fatāwā(ī) S I 641
Khulāṣat al-fatāwā(ī) ʾl-Bazzāziyya S II 316
Khulāṣat al-fatāwā(ī) fī dalāʾilal-amīr Ḥātim al-Ḥamzāwī S II 642
Khulāṣat al-fatāwā(ī), sharḥ al-Ḥāwī G I 374, S I 679
Khulāṣat al-Fatḥ al-mubīn S II 555
Khulāṣat al-Fatḥ al-ṣamad bi-sharḥ al-Zubad S II 101
Khulāṣat al-fawāʾid S II A/C 401
Khulāṣat al-fawāʾid al-ḥāwiya S I 679
Khulāṣat al-fikar S II 216
Khulāṣat al-fikar, sharḥ al-Mukhtaṣar G II 321, S II 442
Khulāṣat al-funūn al-arbaʿa G II 92
Khulāṣat al-furūʿ S II 432
Khulāṣat al-ḥaqāʾiq fi ʾl-ḥikam wal-raqāʾiq S II 519
Khulāṣat al-ḥisāb S II 484
Khulāṣat al-ḥisāb Bahāʾiyya G II 415, S II 595
Khulāṣat al-ījāz fi ʾl-mutʿa S I 323
Khulāṣat al-ikhtiṣār fī maʿrifat al-quwā wal-khawāṣṣ G II 695, S I 430
Khulāṣat al-iksīr fī nasab sayyidihi ʾl-Ghawth al-Rifāʿī G II 166, S II 213
Khulāṣat al-inshāʾ fi ʾl-murāsala S II 917
Khulāṣat al-iʿrāb G I 294, II 21, S I 514
Khulāṣat Jawāhir al-Qurʾān G II 220
Khulāṣat al-Jawāhir fī ṭabaqāt al-Ḥanafiyya S II 871
Khulāṣat al-kalām fī bayān umarāʾ balad al-ḥarām G II 500, S II 811
Khulāṣat al-kalām fī tarjīḥ dīn al-Islām S II 765
Khulāṣat al-kalām fī taʾwīl al-aḥlām S I 833
Khulāṣat al-Kashshāf S I 509, II 860
Khulāṣat al-Kaydānī G II 198, S II 269
-Khulāṣa al-khāliṣa G I 379
Khulāṣat al-khulāṣa G I 299
Khulāṣat mā rawāhu ʾl-wāʿūn etc. S II 76 A/C, 420 A/C
Khulāṣat mā taḥṣil ʿalayhi ʾl-sāʾilūn etc. G II 274, S II 366 A/C
Khulāṣat al-maʿānī S I A/C 519
Khulāṣat al-mafākhir G II 177, S II 228,12
Khulāṣat al-maghnam etc. S II 1001,50
Khulāṣat al-malakūtiyya S II 580
Khulāṣat al-maqāl fī asmāʾ al-rijāl S II 574
-Khulāṣa al-marḍiyya min al-Durra al-muḍīʾa etc. G II 178, S II 151
Khulāṣa fī masāʾil al-munāẓara S II 587
Khulāṣat al-Mijisṭī G I 474, S I 868
Khulāṣat Minhāj al-ṣādiqīn S II 581
Khulāṣat Minḥat al-mujiddīn S II 186,101
Khulāṣat al-miʿyār fī uṣūl al-aʾimma al-akhyār S II 245
Khulāṣat al-Muḥkam G I 309
Khulāṣat al-Mukhtaṣar fi ʾl-fiqh al-Shāfiʿī S I 754,53a
-Khulāṣa al-nāfiʿa bil-adilla al-qāṭiʿa etc. G I 403, S I 700
Khulāṣat naqd al-ʿUthmāniyya S I 242,18
-Khulāṣa al-naqiyya fī umarāʾ Ifrīqiyya S II 885
Khulāṣat al-Qānūn S I 826,82h
Khulāṣat al-qawāʿid wa-ghāyat al-maqāṣid S II 112
Khulāṣat Rawḍat al-abṣār S II A/C 461
Khulāṣat al-sīra (siyar) S I 528
Khulāṣat al-sīra al-nabawiyya S I 206
Khulāṣat al-siyar al-jāmiʿ G II 697

Khulāṣat siyar sayyid al-bashar G I 361, S I 615
Khulāṣat al-sulūk nayl al-rufʿa wal-sumūk S II 1020,32
-Khulāṣa al-ṣafiyya al-mushīra li-ṣifāt sādātina 'l-Ṣūfiyya S II 1005
-Khulāṣa al-ṣughrā G II 391
Khulāṣat Tahdhīb Tahdhīb al-Kamāl S I 606, II 73
Khulāṣat al-taḥqīq fī bayān ḥukm al-taqlīd wal-talfīq S II 475,97
Khulāṣat Taḥqīq al-ẓunūn fī 'l-sharḥ wal-mutūn S II 636
Khulāṣat al-taḥṣīn wal-wasīla etc. S II 1009,125
Khulāṣat taʾrīkh al-ʿArab S II 733
Khulāṣat taʾrīkh al-ʿIrāq S III 494
Khulāṣat taʾrīkh Tūnis S II 888
Khulāṣat al-taṣānīf S I 752,47cc
Khulāṣat al-tawārīkh G II 300, S II 411
Khulāṣat al-tawḥīd S II 990,7
Khulāṣat al-tawḥīd lil-mustafīd wal-mufīd S II A/C 438
Khulāṣat al-ṭabīʿa S I A/C 828
Khulāṣat al-ṭibb S II A/C 667
Khulāṣat al-uṣūl S II 102
-Khulāṣa fī uṣūl maʿrifat al-ḥadīth G II 64, S II 67
Khulāṣat al-wafāʾ G II 174, S I 631, II 223
-Khulāṣa al-wajīza wa-dalīl al-mutafarrij bi-matḥaf al-Jīza S II 735
Khulāṣat al-yawmiyya S III 156
Khulāṣat al-zahr ʿalā Ḥizb al-baḥr S I 805, II 776
Khulāṣat al-Zubda S II 578
-Khumārṭāshiyya G I 259, S I 460
-Khumūl wal-tawāḍuʿ G I 154
Khurūj al-Isrāʾīliyyīn min Miṣr S II 749
-Khushūʿ fī 'l-ṣalāh S II 130
Khuṣūmat al-qawl wal-ʿawar S I 246,87
Khuṣūṣiyyat al-jumʿa S II 128,51
-Khuṭab G I 92, S II 151 A/C
-Khuṭab al-Harawiyya G I 478
Khuṭab al-Liḥyānī S II 331
Khuṭab a. Madyan S II 690
-Khuṭab al-saniyya lil-jumʿa al-Ḥusayniyya S II 747
-Khuṭabāʾ S I 801,164
-Khuṭba bi-ādāb al-ʿArab S II A/C 768
-Khuṭba al-gharrāʾ G I 456,41
Khuṭba hazaliyya fī 'l-qumudd S II 192,209c
Khuṭba fī ḥaqīqat al-tahdhīb S III 345
-Khuṭba al-Shaqshaqiyya S I 75
Khuṭbat al-shaykh S I 821,68aa
Khuṭbat al-taqlīd G I 258
Khuṭba fī taʿziyat al-makrūb wa-rāḥat al-maʿtūb S II 756
Khuṭba fī taʿẓīm shahr Rajab G II 12
Khuyūṭ al-ankabūt S III 161
Khwadhāynāmak S I 235, 237
-Kibar al-mustaḥsan wal-mustaqbaḥ S I 245,43
-Kibrīt al-aḥmar G II 337, S I 778,26, II 465,11, 566
-Kibrīt al-aḥmar fī bayān ʿulūm al-kashf al-akbar S I 792,aα
Kifāḥ Hitler S III 435
-Kifāya S I 950 ad 281
Kifāyat al-ʿāfiya S I 535,40
Kifāyat al-aḥkām S II 578
Kifāyat al-aḥwāl al-ʿāṣima min al-iʿtizāl S II 822
Kifāyat al-akhyār G I 392, II 95, S I 677,2
Kifāyat al-almaʿī fī āyat: yā arḍu 'blaʿī G II 202, S II 278
Kifāyat al-ʿāmil wa-hidāyat al-ʿāqil etc. S II 461
Kifāyat al-arīb fī mushāwarat al-ṭabīb S II 1028,12
Kifāyat al-athar fī 'l-nuṣūṣ ʿala 'l-aʾimma al-ithnay ʿashar S I 322, 953
Kifāyat al-atqiyāʾ S II 312
Kifāyat al-atqiyāʾ wa-minhāj al-aṣfiyāʾ S II 812
Kifāyat al-awāmm etc. G II 489, S II 744
Kifāyat al-falaḥ S II 476,127
Kifāyat al-fuḥūl G I 374
Kifāyat al-ghulām fī iʿrāb al-kalām G II 180, S II 10
Kifāyat al-ghulām fī jumlat arkān al-Islām G II 347, S II 474,35
-Kifāya fī 'l-hidāya S I 643
-Kifāya ḥafiyya li-rāghib al-ḥifāya S II 399
Kifāyat al-ḥikma S I 841
-Kifāya fī 'l-ḥisāb S II 593
Kifāyat al-ḥuffāẓ G II 125, S II 155

-Kifāya wal-iʿlām fīman waliya ʾl-Yaman etc. G II 184, S II 238
-Kifāya fī ʿilm al-iʿrāb S I 726,$_{16}$
Kifāyat al-kāfiya G II 192, S II 256
-Kifāya fī ʾl-kināya S I 500,$_{5}$
-Kifāya al-kubrā fī ʾl-qirāʾāt al-ʿashr S I 723
-Kifāya fī maʿrifat al-farāʾiḍ S I 505
-Kifāya fī maʿrifat uṣūl ʿilm al-riwāya G I 329, S I 563
-Kifāya fī ʾl-masāʾil al-sharʿiyya S II 955,$_{82}$
Kifāyat al-muʿānī fī naẓm ḥurūf al-maʿānī S II A/C 632
Kifāyat al-mubtadiʾ G II 358, S II 956,$_{86}$
Kifāyat al-mubtadiʾ fī ʾl-ṣarf G II 441, S II 657,$_{22}$
Kifāyat al-mubtadiʾ wa-tamhīd al-ḥaqāʾiq S II 693
Kifāyat al-mufriṭīn S I 536,$_{12}$
Kifāyat al-muhtadī wa-ijābat al-mahdī S I 855
Kifāyat al-muḥallī S I 971 ad 659
Kifāyat al-muḥsin fī waṣf al-muʾmin S II A/C 462
Kifāyat al-muḥtāj ila ʾl-dimāʾ G II 175
Kifāyat al-muḥtāj fī maʿrifat al-ikhtilāj G II 151, S II 188,$_{156}$
Kifāyat al-muḥtāj li-maʿrifat man laysa fī ʾl-Dībāj G II 176, 467, S II 716
Kifāyat al-muḥtāj min al-ṭullāb G II 129
Kifāyat al-muʾminīn S II 605
Kifāyat al-murīd S II 357
Kifāyat al-murīd li-muqaddimat al-tajwīd S II 981
Kifāyat al-mustafīd fī aḥkām al-ijtihād wal-taqlīd S II 976,$_{44}$
Kifāyat al-mustafīd li-mā ʿalā lil-Tirmīsī min al-asānīd S II 816
Kifāyat al-mustafīd fī maʿrifat al-tajwīd S II 476,$_{136}$
Kifāyat al-mustaqniʿ fī adillat al-Muqniʿ S I 688
Kifāyat al-mutaʿabbid etc. G I 367, S I 627
Kifāyat al-mutaḥaffiẓ etc. G I 308, S I 541
Kifāyat al-mutaṭabbib wa-nihāyat al-mutaʾaddib S II 2
Kifāyat al-nabīh S I 670
Kifāyat al-naḥw fī ʿilm al-iʿrāb G I 293, S I 510
Kifāyat al-nāsik G II 162
-Kifāya fī naẓm bayt al-Ghāya S I 672
-Kifāya fī naẓm al-hayʾa G I 474
-Kifāya fī naẓm al-Hidāya G I 375
-Kifāya fī naẓm al-Nihāya G I 358, S II 30
-Kifāya fī qawānīn al-riwāya S II 937
Kifāyat al-qunūʿ etc. G II 168, S II 216
Kifāyat al-sāʾil S II 87
-Kifāya, sharḥ Bidāyat al-hidāya S I 749,$_{26a}$
-Kifāya, sharḥ al-Hidāya G I 377, S I 644
-Kifāya, sharḥ al-Nuqāya G I 377, II 197
-Kifāya fī ʾl-ṣarf S I 726,$_{14}$
Kifāyat al-tafsīr S I 729
-Kifāya fi al-tafsīr al-Qurʾān S I 811,$_{18}$
Kifāyat al-ṭabīb G I 484
-Kifāya fī ʾl-ṭahāra wal-ṣalāh G II 430
Kifāyat al-ṭālib G I 178, S I 302,$_{l}$, II 435
Kifāyat ṭālib al-bayān, sharḥ al-Burhān S I 673
Kifāyat al-ṭālib fī ʿilm al-bayān S II 995
Kifāyat al-ṭālib fī ʿilm al-waqt etc. S II 487
Kifāyat al-ṭālib al-labīb fī khaṣāʾiṣ al-ḥabīb S II 181,$_{29}$
Kifāyat al-ṭālibīn S II A/C 210
Kifāyat al-ṭullāb S I 677
-Kifāya fī uṣūl al-fiqh G I 398, S II 799
Kifāyat al-waqt li-maʿrifat al-dāʾir S II 160
Kimāmat al-zahr S I 480
Kīmiyyāʾ al-ʿiṭr wal-taṣʿīdāt S I 374
-Kīmiyyāʾ al-qadīma fī taḥṣīl al-maʿādī etc. S II 172
Kīmiyyāʾ al-saʿāda G I 422,$_{29}$, 444,$_{33}$, II 178, 335, S I 750,$_{29}$, 796,$_{33}$, II 230
Kīmiyyāʾ al-yaqīn S I 971 ad 666
-Kināya wal-taʿrīḍ G I 285,$_{5}$, S I 500,$_{5}$
Kināyāt al-udabāʾ wa-ishārāt al-bulaghāʾ G I 288, S I 505
Kirāʾ al-dūr G I 177
Kishkish Bek S III 281
-Kitāb G I 101, S I 160
-Kitāb al-ashraf fī ṣanʿat al-diryāq etc. S I 898
-Kitāb al-awwal li-taqṭīʿ al-nāqiṣ S II 1024,$_{75}$
-Kitāb al-ʿazīz al-muḥallā S I 597
Kitāb Baghdād S I 556
Kitāb Bālīnūs fī taʾthīr rūḥāniyyāt S I 956 ad 369
-Kitāb al-Bāshī G II 458, S II 688

Kitāb Bulah fi ’l-maʿānī wal-bayān S II 919
Kitāb Hermes fī taḥwīl Sini ’l-mawālīd S I 392
Kitāb al-Ḥaṣṣār fī ʿilm al-ghubār S II 156
-*Kitāb al-lāʾiq li-muʿallim al-wathāʾiq* S II A/C 693
Kitāb Marw S I 565
Kitāb Menelaos fi ’l-ashkāl al-kuriyya S I 854
Kitāb al-mujāhadāt S II 1002$_{,58}$
-*Kitāb al-Mulūkī* S I 502
-*Kitāb al-munīr al-muḥkam fī ṣanʿat al-taʿbīr* S II 1040$_{,29}$
-*Kitāb al-murādī* S II 1002$_{,58}$
Kitāb ila ’l-mutaʿallimīn fi ’l-nisba al-muʾallafa S I 386
Kitāb ila ’l-Muʿtaṣim billāh fi ’l-falsafa al-ūlā S I 373
-*Kitāb al-Nāṣirī* S II 169
Kitāb ilā Qubruṣ G II 104
Kitāb al-Rabīʿ S I 557
Kitāb Rujīr G I 477, S I 877
Kitāb al-Shānāq fi ’l-sumūm wal-tiryāq S I 413
Kitāb ʿala ’l-Tawrāt S II 100
Kitāb ʿU. al-Ḥalabī a. ʿUthmān S II 414
-*Kitāb al-Yamīnī* G I 314, S I 547
Kitāb yustakhraj minhu ’l-anghām S II 1036$_{,12}$
Kitāb Zarādusht fī ṣuwar darajāt al-aflāk S I 959 ad 389
Kitmān al-sirr wa-ḥifẓ al-lisān S I 243$_{,37}$
-*Kiyāsa fī akhkām al-siyāsa* S II A/C 165
-*Kūčak* G I 466, S I 845
Kūhin Amūn S III 280
-*Kuḥl al-nafīs li-jalāʾ aʿyun al-raʾīs* S II 492$_{,31}$
Kuḥl al-ʿuyūn al-nujl S II A/C 496
-*Kūkāyīn* S III 281
-*Kūkh al-Hindī* S III 367
Kulayb wal-Muhalhil S III 416
-*Kulliyyāt* G II 240
Kulliyyāt b. Jāzī al-Miknāsī S II 338
Kulliyyāt Nīqulā al-Ṣāʾigh S II 390
Kulliyyāt al-Qānūn S I 824$_{,82}$
Kulliyyāt b. Rushd S I 834
-*Kulliyyāt wal-taḥqīqāt* G II 209
-*Kulliyyāt fi ’l-ṭibb* G I 457, 462
Kulliyyāt al-ʿulūm G II 454, S II 674
-*Kunā* S II 195$_{,263m}$
-*Kunā wal-alqāb* S I 629
-*Kunā wal-asāmī* S I 270
-*Kunā wal-asmāʾ* G I 518, S I 266, 278
Kunhu mā lā budda ʿanhu G I 433
Kunhu ’l-murād S I 69
Kunnāsat al-dukkān baʿd intiqāl al-sukkān S II 373
-*Kunnāsh* G I 233, 235, II 253, S I 414, 417, 420, S II 361
Kunnāsh al-adyira S I 885
-*Kunnāsh al-ḥawārī* G II 18
-*Kunnāsh al-malakī* S I 423
-*Kunnāsh al-Manṣūrī* S I 419
-*Kunnāsh fi ’l-naḥw wal-ṣarf* G II 46, S II 44
Kunnāsh al-Sāmirī S I 899
Kunnāsh al-shaykh al-Tijānī S II 876
-*Kunt wal-markīz wal-dūk* S III 389
-*Kunūz* S I 828$_{,101}$
Kunūz al-asrār G II 460, S II 478$_{,55}$
Kunūz al-asrār wa-shawāriq al-anwār S II 873
Kunūz al-asrār fi ’l-ṣalāt ʿala ’l-nabī al-mukhtār G II 460, S II 692
Kunūz al-dhahab fī taʾrīkh Ḥalab S II 76, S II 495
-*Kunūz al-fiqhiyya ʿalā matn al-Muḥibbiyya* S II 88
-*Kunūz al-ghaniyya fi ’l-rumūz al-Maymūniyya* S II 756
-*Kunūz fī ḥall al-rumūz* S II 664
Kunūz al-ḥaqāʾiq etc. G II 306, S II 417
Kunūz al-jawāhir fi ’l-akhlāq wal-muḥāḍarāt S II 257
-*Kunūz al-khafiyya, waṣiyyat baʿḍ al-Ṣūfiyya* S II 470
-*Kunūz al-makhfiyya ʿala ’ḥtimālāt al-adilla al-lafẓiyya* S II 996
-*Kunūz al-makhtūma fī khaṣāʾiṣ hādhihi ’l-umma al-marḥūma* S II 933
Kunūz al-malīk S III 231$_{,i}$
Kunūz al-mughramīn S I 828$_{,106}$
Kunūz al-rumūz S II 656
Kurat al-falak S I 956 ad 365
-*Kura al-mutaḥarrika* S I 384, 930$_{,34}$, 935 ad 369
-*Kura wal-usṭuwāna* S I 384
-*Kuramāʾ* S I 194$_{,12}$
-*Kurrāsa* G II 238

Kurrāsat al-kashf fī mujāwazat al-alf S II 542,$_{131}$
Kurūm ʿarīsh al-tahānī etc. S II 478,$_{48}$
-Kuttāb al-mutammam fī ʾl-khaṭṭ wal-hijāʾ S I 174
-Kuttāb wa-ṣifat al-dawāt wal-qalam S I 187
-Kutub S I 801,$_{168}$
-Kutub al-miʾa fī ʾl-ṣināʿa al-ṭibbiyya G I 238, S I 423

Laʾāliʾ al-afkār S III 124
-Laʾāliʾ wal-aḥjār S II 1032
-Laʾāliʾ wal-durar S I 500,$_{8}$
-Laʾāliʾ al-durriyya fī ʾl-fawāʾid al-khayriyya S II 315
-Laʾāliʾ al-durriyya fī ʾl-nabāt wal-ashjār al-qadīma al-Miṣriyya G II 484, S II 735
-Laʾāliʾ al-durriyya fī sharḥ al-Ājurrūmiyya S II 396
-Laʾāliʾ al-fākhira G II 197
-Laʾāliʾ al-farīda S I 725
Laʾāliʾ u majālī S II 848
-Laʾāliʾ al-manthūra fī ʾl-aḥādīth al-mashhūra S II 108, 190,$_{169yyy}$
-Laʾāliʾ al-manthūrāt ʿalā naẓm al-muwajjahāt S II A/C 482
-Laʾāliʾ al-marbūṭa fī wujūb al-mashrūṭa S II 801
-Laʾāliʾ al-maṣnūʿa fī ʾl-aḥādīth al-mawḍūʿa G II 146, S II 181,$_{26}$
-Laʾāliʾ al-maṣūna G II 79
-Laʾāliʾ al-mubahrija G I 269
-Laʾāliʾ al-muḍīʾa fī akhbār al-aʾimma al-Zaydiyya G II 712, S I 560, II 248, 550
-Laʾāliʾ al-muntaẓima S II 833
-Laʾāliʾ al-saniyya sharḥ al-Jazariyya S II 276
-Laʾāliʾ al-sundusiyya fī ʾl-faḍāʾil al-Sanūsiyya S II 352, 716
-Laʾāliʾ al-ṣafiyya fī silk maʿānī alfāẓ al-Kāfiya S I 966 ad 534
-Laʾāliʾ al-ẓāhirāt wal-fuṣūṣ al-fāʾiqāt etc. S II 944
Labs al-khirqa G I 441
Labs al-yalab etc. G II 150, S II 186,$_{117}$
Ladhdhat al-samʿ fī ʾl-munāẓara bayn al-sulāf wal-shamʿ G II 161, S II 200
Ladhdhat al-samʿ fī ṣifat al-damʿ G II 33, S II 29
Ladhdhat al-wasan G II 402
Laff al-qimāṭ etc. G II 504, S II 860,$_{8}$
-Lafīf fī kulli maʿnā ẓarīf S II 868,$_{4}$
-Lafẓ wal-iṣlāḥ S I 339
-Lafẓ al-jawharī S II 190,$_{169xxx}$
-Lafẓ al-lāʾiq fī ʾl-maʿna ʾl-rāʾiq S I 441
-Lafẓ al-muḥarrar fī ʿamal al-rubʿ al-musaṭṭar S II 1019,$_{23}$
-Lafẓ al-mukarram G II 98, S II 116
-Lafẓ al-muṣarraḥ fī ʿamal al-rubʿ al-mujannaḥ S II 1022,$_{53}$
-Lafẓ al-muwaṭṭaʾ fī bayān al-ṣalāt al-wusṭā S II 497,$_{24}$
-Lafẓ al-rāʾiq G II 155, 239
-Lafẓ al-rāʾiq wal-maʿna ʾl-rāʾiq S II 917
Laghẓ Qābis ṣāḥib Aflāṭūn S I 584
-Lahja, mukhtaṣar al-Bahja S II 147
-Lahw G II 195, S I 800,$_{151}$
-Lahw wal-malāhī S I A/C 404
-Laḥaẓāt S II 848
Laḥn ʾl-ʿāmma G I 115, S I 167
Laḥn al-ʿawāmm G II 250, S I 541
Laḥn al-khulūd S III 174
-Laḥẓ S III 278
Laḥẓ al-alḥāẓ bi-dhayl Ṭabaqāt al-ḥuffāẓ S II 46, 225
Laʿib al-shiṭranj al-Hindī S I 219
-Lāʾiq li-muʿallim al-wathāʾiq S II 693
-Lāʾiq al-samʿa fī taḥqīq al-jumʿa S II 849
-Lām fī ʾl-naḥw G I 126
Lamaʿān al-anwār fī ʾl-maqṭūʿ lahum bil-jinān etc. S II 476,$_{128}$
Lamaʿān ḍiyāʾ al-nuḥūr, sharḥ asmāʾ al-buḥūr S II 446,$_{16}$
Lamaʿāt S I 793,$_{1}$
Lamaʿāt al-azal S II 848
Lamaʿāt al-barq al-Najdī fī sharḥ al-Tajalliyāt al-ilāhiyya S II 476,$_{145}$, 661
Lamaʿāt al-tanqīḥ, sharḥ Mishkāt al-maṣābīḥ S I 621, II 603
Lamaḥāt al-anwār wa-nafaḥāt al-azhār fī ʾl-tajwīd S II 981
-Lamaḥāt fī ʾl-ḥaqāʾiq G I 438, S I 782
-Lamaḥāt al-Qudsiyya S II A/C 361
-Lamaḥāt al-rāfiʿāt lil-tadhīsh ʿan maʿānī ṣalāt b. Mashīsh S I 788, II 478,$_{48}$

Lāmartīn S III 367
-Lāmāt S I 171, 198
-Lamḥ al-Qudsī S II 478
-Lamḥa G I 414, S I 735
-Lamḥa al-ʿafīfa fi 'l-ṭibb S I 898, II 93
-Lamḥa al-ʿāmma fī manāqib ʿA. al-Bayyūmi S II 478
-Lamḥa al-ʿāmma ilā Miṣr S II 733
-Lamḥa al-Ashrafiyya G II 54
-Lamḥa al-Badriyya fi 'l-dawla al-Naṣriyya G II 262, S II 372
-Lamḥa al-Badriyya fi 'l-naḥw G II 110, S II 136
Lamḥa fī ʿilm al-ʿarūḍ S II 920
Lamḥat al-jalāl fī tafsīr āyatayn fi 'l-radd ʿalā ahl al-kufr wal-ḍalāl S II 989
Lamḥa fī 'l-kitāba S III 385
Lamḥat al-mukhtaṭif fi 'l-farq etc. S II 124$_{,111}$ (to be read thus)
Lamḥat al-mukhtaṭif fī ṣināʿat etc. S II 1033$_{,5}$
Lamḥa fi 'l-shiʿr wal-ʿaṣr S III 385
Lamḥat al-taqrīb S I 544
Lamḥa fī taʾrīkh dawlat al-shurafāʾ bil-Maghrib S II 695
Lamḥa taʾrīkhiyya ʿani '-nahḍa al-niswiyya al-Miṣriyya S III 264
-Lāmiʿ al-ʿAzīzī S I 142$_{,3}$
Lāmiʿ al-ghumūḍ S I 535$_{,51}$
-Lāmiʿ al-muʿallam al-ʿujāb etc. G II 183, S II 234
-Lāmiʿ al-ṣaḥīḥ G I 159, II 96, S I 262$_{,11}$
-Lāmiʿa fī sharḥ al-Jāmiʿa G II 495, S II 767
Lāmiyyat al-ādāb S I 553, II 403
Lāmiyyat al-afʿāl G I 300, S I 526
Lāmiyyat al-ʿAjam G I 247, II 17, 191, S I 439
Lāmiyyat al-ʿArab G I 25, 248, S I 53
Lāmiyyat al-ʿArab al-kubrā S III 483
Lāmiyyat al-Atrāk S II 897
Lāmiyyat b. Bahrān S II 557
-Lāmiyya fi 'l-fiqh S II 268
Lāmiyyat al-ʿImād fī ādāb al-mawāʿiẓ S II A/C 111
-Lāmiyya fī madḥ al-nabī S I 472
Lāmiyyat a. 'l-Najm S I 939$_{,90}$
Lāmiyyat al-sharaf G II 341
-Lāmiyya fi 'l-tawassul bi-asmāʾ Allāh al-ḥusnā S II A/C 153
Lāmiyyat al-Turk S III 84
Lāmiyyat b. al-Wardī G II 140, S II 174
Lāmiyyat b. al-Zaqqāq S II 376
Laqāḥ al-khawāṭir wa-jalāʾ al-baṣāʾir S I 494
-Laqāʾiṭ S I 447
Laqṭ al-durar bi-anāmil al-kaff S II 464
Laqṭ al-jawāhir etc. G II 167, S II 216$_{,5}$
Laqṭ al-jawāhir al-saniyya ʿala 'l-R. al-Samarqandiyya S II 260$_{,9}$, 726
Laqṭ al-marjān G II 75, 155, 122, S II 82, 187$_{,122}$
Laqṭ al-masāʾil al-fiqhiyya etc. S II 444
Laqṭat al-farāʾid fī taḥqīq al-fawāʾid etc. S II 679
-Lāshī wal-mutanāshī S I 245$_{,60}$
-Laṭāʾif S I A/C 919
Laṭāʾif al-adhkār S I 685
Laṭāʾif al-afkār G II 446
Laṭāʾif akhbārī fī matāḥif asfārī S III 388
Laṭāʾif akhbār al-uwal G II 296, S II 407
Laṭāʾif al-albāb wal-ṭarīq ilā walī al-asbāb S II 143
Laṭāʾif al-asrār G II 209
-Laṭāʾif al-bahiyya, sharḥ al-arbaʿīna ḥ. al-Silafiyya al-Wadʿāniyya S II 821
-Laṭāʾif min daqāʾiq al-maʿārif G I 366, S I 625
Laṭāʾif al-dhakhīra S I 573, 579
-Laṭāʾif al-dhawqiyya G II 324, S II 447
Laṭāʾif al-fikar S I 756
Laṭāʾif Ghiyāthiyya S I 923
Laṭāʾif al-ḥaqāʾiq G II 208
-Laṭāʾif al-Ḥasaniyya fi 'l-dawla al-Ḥasaniyya S II 594
Laṭāʾif al-ḥikam G II 19
Laṭāʾif al-ḥikam fī ṣadaqat al-naʿam S II 568
Laṭāʾif al-ḥikma S I A/C 849
Laṭāʾif al-ikhtirāʿ G II 168
Laṭāʾif al-iʿlām G I 450, II 204, 280
Laṭāʾif al-iʿrāb G II 24
Laṭāʾif al-ishāra fī khaṣāʾiṣ al-kawākib al-sayyāra S II 1018
Laṭāʾif al-ishārāt G II 225, S II 315, 593
Laṭāʾif al-ishārāt fī asrār al-falak etc. G I 498, S I 911
Laṭāʾif al-ishārāt li-funūn al-qirāʾāt G II 73, S II 79
Laṭāʾif al-ishārāt fī manāzil al-sāʾirīn G II 444

Laṭāʾif al-ishārāt fī ʾl-muḥāḍarāt wal-muḥāwarāt G II 429
Laṭāʾif al-ishārāt ilā sharḥ Tashīl al-ṭuruqāt S I 672, II 814
Laṭāʾif al-ishārāt bi-tafsīr al-Qurʾān G I 433, S I 772
Laṭāʾif al-jūd G II 352
-*Laṭāʾif al-khams* G II 433
-*Laṭāʾif al-kubrā* G I 505,$_{66}$
Laṭāʾif al-lisān S II 593
-*Laṭāʾif fī mā li-mawāsim al-ʿām min al-waẓāʾif* G II 107, SII 129
Laṭāʾif al-maʿārif G I 242,$_{2}$
Laṭāʾif wa-manāqib ḥisān min akhbār a. Ḥanīfa S I 285
Laṭāʾif al-minan wal-akhlāq G II 338, S II 466,$_{44}$
Laṭāʾif al-minan fī dhikr manāqib sayyidī M. al-Bakrī S II 471
Laṭāʾif al-minan fī manāqib al-shaykh a. ʾl-ʿAbbās G II 118, S II 146
Laṭāʾif al-minan fī muntazahāt al-janna S II 495
-*Laṭāʾif al-muḥassana fī mabāḥith al-ghunna* S II 727
-*Laṭāʾif al-mustaḥsana* S II 858,$_{41}$
-*Laṭāʾif al-muṣāgha fī ʾl-faṣāḥa wal-balāgha* S II 194,$_{263f}$
-*Laṭāʾif al-Nūriyya fī ʾl-minaḥ al-Damanhūriyya* S II 498
Laṭāʾif al-Qurʾān G I 414
-*Laṭāʾif fī quṭr al-Ṭāʾif* S II 534
-*Laṭāʾif al-rabbāniyya* G II 301
Laṭāʾif al-rāghibīn wa-bughyat al-ṭālibīn S II 776
Laṭāʾif al-samar wa-qaṭf al-thamar etc. S II 402
Laṭāʾif al-samar fī sukkān al-zuhara wal-qamar S III 343
-*Laṭāʾif al-saniyya* G II 502, S II 818
Laṭāʾif al-Ṣaḥāba G I 286
Laṭāʾif al-talṭīf G I 82, II 17
Laṭāʾif al-taʿrīf S II 176
Laṭāʾif al-tawḥīd S II A/C 459
Laṭāʾif al-tawḥīd fī gharāʾib al-tafrīd S I 803
Laṭāʾif al-tibyān fī ʿilmay al-maʿānī wal-bayān S II 67
-*Laṭāʾif min ʿulūm al-maʿārif* S II 1044,$_{16}$
Laṭāʾif uns al-jalīl G II 363, 712, S II 490
-*Laṭāʾif al-unsiyya ʿalā naẓm al-ʿAqīda al-Sanūsiyya* S II 355
-*Laṭāʾif wal-ẓarāʾif fī madḥ al-ashyāʾ wa-aḍdādhā* G I 286, S I 501,$_{25}$
-*Laṭāʾim wal-ashnāf* G II 15, S II 7
-*Laṭīf min al-bayān ʿan aḥkām sharāʾiʿ al-Islām* S I 218
Laṭīf nuqila min awwal Tafsīr b. Khāzin S II 181,$_{21b}$
-*Laṭīfa al-marḍiyya li-sharḥ ḥizb. al-Shādhiliyya* S I 805,$_{0}$
Lawāḥiq ʿilm al-Mijisṭī G I 457,$_{76}$
-*Lawāḥiq al-nadiyya lil-ḥadāʾiq al-wardiyya* S II 248
Lawāḥiq al-thamarāt S III 83
-*Lawāḥiẓ wal-nafāʾiḥ* S II 848
Lawāʾiḥ al-anwār G II 80, S II 89
Lawāʾiḥ al-anwār al-bahiyya S II 449
Lawāʾiḥ al-anwār ʿalā Minaḥ al-ghaffār S II A/C 428
Lawāʾiḥ fī bayān maʿānī ʿirfāniyya S II 286
-*Lawāʾiḥ al-mulammaḥa* G II 350, S II 477,$_{27}$
-*Lawāmiʿ* S I 464, II 210, 848
Lawāmiʿ al-afkār S I 848
Lawāmiʿ al-afkār al-muḍīʾa S II 172
Lawāmiʿ al-anwār G I 433, S I 614
Lawāmiʿ al-anwār al-bahiyya etc. S II A/C 449
Lawāmiʿ anwār al-kawkab S I 469,$_{44}$
Lawāmiʿ anwār al-kawkab al-durrī S I 471,$_{13}$
Lawāmiʿ al-anwār, mukhtaṣar Mashāriq al-anwār G I 361
Lawāmiʿ al-anwār fī naẓm gharīb al-Muwaṭṭaʾ wa-Muslim G II 25, 161, S II 21
Lawāmiʿ al-anwār al-qulūb fī jamʿ asrār al-maḥbūb S I 775
Lawāmiʿ al-anwār fī sharḥ ʿUyūn al-akhbār S II 586
Lawāmiʿ al-anwār al-tamjīd etc. S II 204, 661
Lawāmiʿ al-anwār fī ʾl-taṣawwuf S II A/C 141
Lawāmiʿ al-asrār G II 209, S I 743, 848
-*Lawāmiʿ wal-asrār fī manāfiʿ al-Qurʾān wal-akhbār* S II 352, 359
-*Lawāmiʿ al-Badriyya* S I 676
Lawāmiʿ al-barq etc. G II 206, S II 284
-*Lawāmiʿ al-bayyināt* G I 507, S I 922,$_{12}$
Lawāmiʿ al-burhān etc. S II 987,$_{46}$

Lawāmiʿ al-burūq S II 877
Lawāmiʿ al-daqāʾiq S II 664
Lawāmiʿ al-durar G II 403
-Lawāmiʿ al-Ḍiyāʾiyya fī naẓm al-Sirājiyya S I 651
Lawāmiʿ al-furūq fi ʾl-uṣūl S I 666
Lawāmiʿ al-ghayb S I 808,$_{22}$
-Lawāmiʿ al-ghaybiyya S I 790,$_{29}$
Lawāmiʿ al-ghurar fī sharḥ Fawāʾid al-durar S II 320
-Lawāmiʿ al-ilāhiyya fi ʾl-mabāḥith al-kalāmiyya G II 199, S II 209
Lawāmiʿ al-isʿāf fī jawāmiʿ al-ʿidād S III 232
Lawāmiʿ al-ishrāq fī makārim al-akhlāq G I 510, II 218, S II 308,$_{55}$
-Lawāmiʿ fi ʾl-jamʿ bayn al-Ṣiḥāḥ al-jawāmiʿ S I 623
Lawāmiʿ al-maṭāliʿ G I 467
-Lawāmiʿ al-Miqdādiyya S II 209
-Lawāmiʿ al-munīra fī jawāmiʿ al-sīra S I 562
Lawāmiʿ al-naẓar S II 356
Lawāmiʿ al-nujūm G I 301
Lawāmiʿ al-nūr fī ẓulmat Aṭlas mīnūr S II 637
-Lawāmiʿ al-shamsiyya S I 525,$_{24}$
Lawāmiʿ Ṣāḥib qirānī S I 321
Lawāmiʿ al-tanwīr S II 181,$_{29b}$, 386
Lawāmiʿ al-tanzīl S II 988
Lawāmiʿ al-taʿrīf fī maṭāliʿ al-taṣrīf S II 155
Lawāmiʿ al-wasāʾil G I 474
Lawāqiḥ al-anwār al-Qudsiyya G II 336, S II 465,$_{14}$
Lawāqiḥ al-anwār al-Qudsiyya fī bayān qawāʿid al-Ṣūfiyya G II 702, S I 792,$_{11a}$
Lawāqiḥ al-anwār fī ṭabaqāt al-sādāt al-akhyār G II 338, S II 466,$_{43}$
Lawʿat al-ḍamāʾir wa-damʿat al-nawāẓir S II 887
Lawʿat al-ḍamāʾir wa-damʿat al-nāẓir fī rithāʾ al-amīr ʿAq. S II 758
Lawʿat al-shākī wa-damʿat al-bākī G II 32, 335, S II 28, 463
Lawāzim al-islām wal-īmān S II 991
Lawāzim al-quḍāt wal-ḥukkām G II 435, S II 647
Lawḥ i maḥfūẓ S I 805
Lawla ʾl-muḥāmi S III 416
-Layālī S III 232
-Layālī ʾl-ʿashr S III 231
Layāli ʾl-rūḥ al-ḥāʾir S III 195, 276
Layālī Saṭīḥ S III 69, 195
-Layl wal-nahār G I 107
Laylat al-qadr S III 418
Layliyya iʿtiqādiyya S II 574
Laysa G I 125, S I 190
-Layth al-ʿābis fī ṣadamāt al-majālis fī uṣūl al-fiqh G II 41, 97, S II 115
-Lāzim wal-malzūm S II 355
Lazqat al-bayṭār fī ʿaqr Yū. b. al-ʿAṭṭār S II 9
-Libaʾ wal-laban G I 514, II 691, S I 163
Libās al-futūwa wal-khirqa etc. S II 124,$_{88}$
Liftat al-kabid fī naṣīḥat al-walad G I 500, S I 914
Li-mādhā S III 389
Li-mādhā taʾakhkhara ʾl-muslimūn S III 397
Lisān al-ʿArab G II 21, S II 15, S II 762
Lisān al-ʿArab fi ʾl-fawāʾid wal-adʿiya etc. S II 1007
Lisān al-bayān ʿan iʿtiqād al-jinān S I 810
Lisān al-bayān wa-manhal al-ʿirfān etc. S II 1004,$_{80}$
Lisān al-falak S I 909, 959 ad 392, II 1038,$_{13}$
Lisān ghuṣn al-bān S II A/C 762
Lisān al-ḥukkām fī maʿrifat al-aḥkām G II 97, 142, S II 115
Lisān al-jumhūr ʿalā Mirʾāt al-taʾammul fi ʾl-umūr S II 724
Lisān al-mīzān S II 46, 73
Lisān al-qadar G II 206, S II 284,$_{17}$
Lisān al-qawm S II 906
Lisān al-ṣidq, jawāban li-k. Mīzān al-ḥaqq S II 805
Lisān al-taʿrīf bi-ḥāl al-walī al-sharīf S II 215
-Liwāʾ S III 333
Liwāʾ al-ḥamd S II 835
-Liwāʾ al-marfūʿ G II 426
Liwāʾ al-naṣr fī ʿulamāʾ al-ʿaṣr S II 689
-Lubāb S III 487
Lubāb al-adab S I 553
Lubāb al-ādāb S I 502, II 733
-Lubāb fi ʾl-akhbār S II 937
-Lubāb min al-ansāb G I 330, 346, S I 565
-Lubāb fi ʾl-fiqh G I 181
Lubāb al-gharām S III 228

Lubāb al-ḥadīth S II $189_{,169tt}$
-Lubāb fī ʾl-ḥadīth S II 944
Lubāb al-ḥikma fī ʿilm al-ḥurūf etc. S II 704
Lubāb al-ḥisāb S II 296
Lubāb Iḥyāʾ ʿulūm al-dīn S I $748_{,25,1}$
-Lubāb fī ʿilal al-bināʾ wal-iʿrāb G I 282, S I 496
-Lubāb fī ʿilm al-iʿrāb S I 520
-Lubāb wal-inshāʾ fī ʾl-ṣadāqa wal-ṣiddīq S II $136_{,13}$
Lubāb al-iʿrāb al-māniʿ min al-laḥn fī ʾl-sunna wal-kitāb G II 711, S II $467_{,47}$
Lubāb al-Ishārāt S I $816_{,20b}$
Lubāb al-istīʿāb S I 628
-Lubāb fī ʾl-jamʿ bayn al-sunna wal-kitāb S I 660, II $950_{,28}$, $958_{,111}$
Lubāb al-khiyār fī sīrat al-mukhtār S III 385
Lubāb al-lubāb fī mā taḍammanahu abwāb al-kitāb G I 416, S II 346
Lubāb al-maʿānī fī akhbār al-quṭbayn etc. S II 1005
-Lubāb fī maḥāsin al-ādāb S II 242
Lubāb al-manqūl fī sharaf al-rasūl S II 932
Lubāb al-marām fī ziyārat al-nabī am S II $542_{,126}$
-Lubāb fī maʿrifat al-ansāb S I 558, 765
Lubāb al-Muḥaṣṣal S I $923_{,22}$
Lubāb al-Muqaddima S I 511
Lubāb al-nuqūl fī asbāb al-nuzūl G II 145, S II $179_{,3}$
-Lubāb fī nuṣrat al-āl wal-aṣḥāb S I 639
Lubāb al-qawl fī ʾl-ishāra ilā kayfiyyat ʿilm Allāh G II 406, S II $585_{,14}$
Lubāb al-Saʿdī fī ʾl-ṭibb S II $1029_{,27}$
-Lubāb, sharḥ Khulāṣat al-ḥisāb S II 596
-Lubāb, sharḥ Mukhtaṣar al-Qudūrī S I 296
-Lubāb, sharḥ al-sunna S I 622
Lubāb al-Shifāʾ S I 632
Lubāb al-subul S II 416
Lubāb al-tafāsīr G I 412, S I 732
Lubāb al-tajwīd fī ʾl-Qurʾān al-majīd G II 326, S II 646
Lubāb al-taʾwīl fī maʿāni ʾl-tanzīl G II 109, S II 135
Lubāb al-ṭālibīn S I $683_{,25}$
-Lubāb fī ʿulūm al-kitāb G II 114, S II 140
-Lubāb fī uṣūl al-fiqh G I 394
Lubāb al-Wafāʾ S I $916_{,11}$
Lubb al-albāb fī ʿilm al-iʿrāb G I 418, S I 742, II 14
Lubb al-albāb fī jawābāt dhawi ʾl-albāb G I 184, S I 189
Lubb al-albāb, al-majmūʿ min kulli kitāb S I 765
Lubb al-albāb wa-nuzhat dhawi ʾl-aṣḥāb S I 765
Lubb al-albāb, tāʾrīkh wa-adab S III 496
Lubb al-albāb fī taḥrīr al-ansāb S II $542_{,105}$
Lubb al-azhār, sharḥ al-Anwār S II A/C 377
Lubb al-bayān, sharḥ ʿalā r. al-shaykh Ḥu. al. Mālikī fī ʾl-istiʿārāt S II 813
Lubb Iḥyāʾ al-ʿulūm G I 422
Lubb al-Kāfiya G I 305
Lubb al-lubāb G I 330, II 146, S I 565
Lubb al-lubāb fī ʿilm al-iʿrāb G II 21
Lubb al-lubāb fī laṭāʾif al-ḥikāyāt al-miʾa S I 558
Lubb lubāb al-manāsik G II 396, S II $541_{,58}$
Lubb al-lubāb fī mukhtaṣar Akhbār al-bashar G II 46
Lubb al-manāsik S II 524
Lubb al-mukhtaṣar li-ahl al-bidāya wal-naẓar S II 697
Lubb al-mukhtaṣarāt ʿalā rubʿ al-muqanṭarāt S II 217
Lubb al-uṣūl G II 89, 100, 226, S II 92, 106, $426_{,24}$
Lubnān wa-Sūriyya qablā ʾl-intidāb wa-baʿdahu S III 429
Lubnān wa-Yū. Bek Karam S III 429
Ludendorf al-qāʾid al-Almānī al-ʿaẓīm S III 309
-Lugha S III 330
-Lugha al-ʿāmmiyya S III 389
Lughat al-ʿArab S III 494
Lughat al-arwāḥ G I 447
-Lugha wal-dīn wal-taqālīd etc. S III 305
Lughat al-Furs G II $452_{,108}$
Lughat al-jarāʾid S II 766
Lughat Mukhtaṣar Ibn Ḥājib S I 538
Lughat i mūrān S I $783_{,22}$
Lughāt al-ʿAynī S II 266
Lughāt al-Qurʾān al-karīm S II 136
Lujjat al-laʾālīʾ fī ʾl-mawāʿiẓ wal-akhlāq S II 803

-Luʾluʾ al-maknūn fī ḥukm al-ikhbār ʿammā sa-yakūn S II 475,$_{94}$
-Luʾluʾ al-manḍūd fī mā bi Miṣr etc. S II 1026,$_{8}$
-Luʾluʾ al-manẓūm G II 367
-Luʾluʾ al-manẓūm fī maʿrifat ḥudūd al-ʿulūm S II 1044,$_{15}$
-Luʾluʾ wal-marjān wal-farāʾid al-ḥisān S II 902
Luʾluʾ marjān dar sharṭ i awwal wa duwwum i minbari Rawḍakhwānān S II 832
-Luʾluʾ al-marṣūʿ fī mā qīla lahu aṣl S II 776
-Luʾluʾ al-murattab fī akhbār al-Barāmika wa-āl al-Muhallab S II 801
-Luʾluʾ al-masjūr S II 505
-Luʾluʾ al-mastūr fi 'l-ʿamal birubʿ al-dustūr S II 217,$_{35}$
-Luʾluʾ al-muṭahham G II 388,$_{11}$
-Luʾluʾ al-naẓīm etc. G II 99, S II 117
Luʾluʾat al-Baḥrayn S II 504
-Luʾluʾa al-muḍīʾa etc. G II 129, S II 160
Luʾluʾat al-nuḥāt S II 926
-Luʾluʾa al-saniyya G II 321, S II 442
Luʾluʾat al-tanzīh G II 331
-Luʾluʾiyyāt fi 'l-mawāʿiẓ S I 293
-Lumaʿ G I 195, 402, S I 345, 698
Lumaʿ al-adilla fī qawāʿid ʿaqāʾid ahl al-sunna G I 389, S I 672
Lumaʿ al-adilla fī uṣūl al-naḥw G I 282, S I 495
-Lumaʿ fī asbāb al-ḥadīth G II 152, S II 188,$_{158}$
-Lumaʿ al-Dimashqiyya G II 108, S II 131
-Lumaʿ fī fiqh ahl al-bayt S I 701
-Lumaʿ min al-furūq S I 194
-Lumaʿ fi 'l-ḥawādith wal-bidaʿ S II A/C 168
-Lumaʿ fī ʿilm al-ḥisāb G II 125
-Lumaʿ fī 'l-iʿtiqād G I 398, 433, S I 772
-Lumaʿ al-jaliyya fī maʿrifat al-niyya S II 210
Lumaʿ fī kalām ʿan lafẓat āmīn S I 494
-Lumaʿ al-muḍīʾa min ashiʿʿat al-Ibāḍiyya S II 823
-Lumaʿ al-muḍīʾa fī ʿilm al-ʿarabiyya S II 736
-Lumaʿ fi 'l-naḥw S I 192, 491
Lumaʿ al-qawānīn al-muḍīʾa fī dawāwīn al-diyār al-Miṣriyya G I 335, S I 573, 881
-Lumaʿ al-shamsiyya S I 676
-Lumaʿ, sharḥ al-Murshida S II 154
Lumaʿ al-shihāb G II 390
-Lumaʿ al-shihābiyya G II 18
Lumaʿ al-sirāj G I 267
-Lumaʿ fī ṣanʿat al-shiʿr S I 495
-Lumaʿ ila 'l-Taḥrīr G II 113, S II 251
-Lumaʿ fi 'l-taṣawwuf S I 359
-Lumaʿ al-ufqiyya G I 447,$_{129}$
-Lumaʿ fī uṣūl al-fiqh S I 670
-Lumaʿ al-yasīra fī ʿilm al-ḥisāb S II 154
-Lumʿa fī ajwibat al-asʾila al-sabʿa G II 150, S II 187,$_{127}$
Lumʿat al-anwār al-falakiyya wa-maʿrifat awqāt al-asrār al-khafiyya S II 866
lumʿat al-anwār fī ḥall ramz al-ḥurūf al-jafriyya S I 798,$_{78}$
Lumʿat al-anwār al-saniyya fī ḥall rumūz al-ḥurūf al-jafriyya S II 493
-Lumʿa al-bayḍāʾ fī sharḥ khuṭbat al-Zahrāʾ S II 836
-Lumʿa fī ḥall al-sabʿa G II 127, S II 158
-Lumʿa al-Ḥilliyya G II 375
Lumʿat al-ishrāq fī amthilat al-ishtiqāq S II 103
Lumʿat al-ishrāq fī maʿrifat ṣanʿat al-awfāq S II A/C 324
-Lumʿa fī 'l-iʿtidād bi-ʿiddat al-rakʿa min al-jumʿa S II A/C 819
Lumʿat al-iʿtiqād S I 689
-Lumʿa al-Juwayniyya S I A/C 768
-Lumʿa fī khuṣūṣiyyat yawm al-jumʿa S II 182,$_{33}$
-Lumʿa min mirʾāt Allāh S II 613
-Lumʿa al-nūrāniyya fī ḥall mushkilāt al-Shajara al-Nuʿmāniyya G I 445, S I 799,$_{126}$, 808
-Lumʿa al-nūrāniyya fī kusūfāt (awrād) al-rabbāniyya G I 497, S I 910
-Lumʿa fi 'l-qaḍāʾ wal-qadar S II A/C 456
-Lumʿa al-saniyya fī taḥqīq al-ilqāʾ fi 'l-umniyya S II 521
-Lumʿa al-shamsiyya G II 125, 357
-Lumʿa, sharḥ al-Urjūza al-Yāsamīniyya G I 471
Lumaʿāt al-anwār wa-nafaḥāt al-azhār (fi 'l-tashrīḥ) S II A/C 113
-Lumaʿāt al-barqiyya fi 'l-nukat al-taʾrīkhiyya S II 494
-Lumaʿāt al-Nūrāniyya S I 911

Lumaḥ al-mulaḥ G I 248, S I 441
Lumaḥ al-siḥr S II 911
Lumaḥ al-siḥr min rūḥ al-shiʿr S I 598
Lumaḥ al-siḥr min rūḥ al-shiʿr wa-rūḥ al-siḥr S II 380
Luqaṭ al-ḥikam S III 230
Luqaṭ fī ḥikāyāt al-ṣāliḥīn S I 916,$_{10d}$
Luqaṭ al-manāfiʿ fi ʾl-ṭibb G I 505, S I 920,$_{76}$
Luqṭat al-ʿajlān wa-bullat al-ẓamʾān G II 92, 171, 503, S II 108
Luqṭat al-ʿajlān mimmā tamassa ilā maʿrifatihi ḥājāt al-insān S II 860,$_{9}$
-Luṭf wal-laṭāʾif G I 285, S I 501
-Luṭf fi ʾl-mawāʿiẓ S I A/C 919
Luṭf al-qawāʿid fī ḥall al-maqāṣid S II 497
Luṭf al-ramz wal-ishāra S II 533
Luṭf al-tadbīr fī ḥiyal al-mulūk S I 491, II 1015,$_{24}$
-Luṭfa ʿala ʾl-quṭfa S II 915
Luzūm mā lā yalzam G I 254, S I 453
-Luzūmiyyāt S I 453

Mā aghfalahu ʾl-Dhahabī min al-qurrāʾ S II 46
Mā ʿalayhi ahl al-ʿilm min al-awwalīn wal-ākhirīn S II 122,$_{48}$
Mā baʿd al-ṭabīʿa S I 828,$_{3,2}$
Mā banat al-ʿArab ʿalā lafẓ faʿāli S I 615
Mā dhakarahu ʾl-Rāzī fi ʾl-Arbaʿīn S II 124,$_{92}$
Mā ḍabaṭahu ahl al-naql fī khabar al-faṣd fi ʾl-ṭāʿūn S II 426,$_{32}$
Mā hunālika S III 194
Mā huwa nahj al-balāgha S II A/C 807
Mā ḥaddadat al-Naṣārā min qawlihi qad istaḥsaynā S I 315
Mā ḥakāhu ʾl-asāṭīn min akhbār al-khulafāʾ etc. S II 411
Ma ʾḥtakama bih etc. S I 194,$_{15}$ (var.)
Ma ʾttafaqa lafẓuhu wakhtalafa maʿnāhu S I 169
Ma ʾttafaqa lafẓuhu wakhtalafa musammāhu min al-amkina G II 699, S I 605
Mā khālafa fīhi ʾl-ʿāmma lughat al-ʿArab S I 167
Mā khālafa fīhi ʾl-insān al-bahīma G I 103, S I 161
Ma ʾkhtalafat alfāẓuhu wattafaqat maʿānīhi S I 164
Mā kafā min akhbār al-ayyām G I 199
Mā lā budda lil-faqīh min al-ḥisāb G II 211, S II 295
Mā lā yasaʿu jahluhu S II 249
Mā lā yasaʿu ʾl-mukallaf jahluhu G II 92
Mā lā yasaʿu ʾl-nabīha fī bayān marjiʿ al-amīr S II 525
Mā lā yasaʿu ʾl-ṭabība jahluhu G II 169, S II 219, 1030,$_{32}$
Mā lā yastaghnī ʿanhu ʾl-insān min mulaḥ al-lisān S II 178
Mā naha ʾllāh ʿanhu rasūl Allāh S I 316,$_{13}$
Mā nazala min al-Qurʾān fī faḍl ahl al-bayt S II 575
Mā raʾaytu wa-mā samiʿtu S III 235
Mā rawāhu ʾl-asāṭīn G II 149, S II 185,$_{82}$
Mā rawāhu ʾl-sāda G II 154, 232
Mā rawāhu ʾl-wāʿūn fī akhbār al-ṭāʿūn G II 146, S II 182,$_{32}$
Mā sharaḥahu min k. al-Fuṣūl lil-Farghānī S I 399
Mā tafʿaluhu firqat al-muṭāwiʿa etc. G II 319
Mā tafarrada bihi baʿḍ aʾimmat al-lugha S I 615
Mā tarāhu ʾl-ʿuyūn S III 218
Mā tasmaʿu fī shahādat al-ḥisba S II 427,$_{42}$
Mā thabata fi ʾl-sunna min ayyām al-sana S II 603
Mā waqaʿa fī kalām al-Ṣūfiyyīn G II 369
Mā warada fī ḥayāt al-anbiyāʾ etc. S I 619
Mā warada fī laylat al-niṣf min Shaʿbān S I 949 ad 274
Mā warada min al-nuṣūṣ etc. S I 275
Mā warada min al-riwāya S II 49, 75,$_{68}$
Mā yaḥtāju ilayhi ʾl-kātib S I 192,$_{16}$
Mā yaḥtāju ilayhi ʾl-kuttāb G I 224
Mā yaḥtāju ilayhi ʾl-rijāl wal-nisāʾ G I 495
Mā yaḥtāju ilayhi ʾl-ṭālib min ʿilm al-falak G I 487
Mā yajibu ʿala ʾl-Muslimīn S II 962,$_{35}$
Mā yajibu ʿala ʾl-raʾīs al-fāḍil G I 484
Mā yajūzu tarkuhu min al-safīna G I 317
Mā yalḥanu fīhi ʾl-ʿāmma S I 165
Mā yanbaghī an yuqaddama qabl taʿallum al-falsafa G I 212, S I 377
Mā yanṣarifu wa-mā lā yanṣarifu S I 170

Mā al-yaqīn G I 186
Mā yashuqqu ʿala ʾl-insān etc. S I 194
Mā yaṣiḥḥu wa-mā lam yaṣiḥḥi min aḥkām al-nujūm G I 212
Mā yataʿallaq bil-khamr G II 432$_{,109}$, S II 671$_{,100}$
Mā yataʿallaq bi-laylat al-niṣf min Shaʿbān G II 396
Mā yataʿallaq bi-waʿd Allāh wa-waʿīdihi G II 442
Mā yuʿaddu mutanāqiḍan fi ʾl-daʿwa G II 427$_{,35}$
Mā yuʿawwalu ʿalayhi fi ʾl-muḍāf etc. G II 294, S I 500
Mā yubaddilu daʿwa ʾl-muddaʿī S II 542$_{,116}$
Mā yudhakkaru wa-yuʾannathu min al-insān wal-libās S I 184
Mā yutaʿawwal ʿalayhi fi ʾl-muḍāf etc. S II 404
Māʾ al-shaʿīr G I 232
-Māʾ al-waraqī G I 241, S I 429
Māʾ al-zulāf G II 331
Maʿa ʾl-Mutanabbī S III 299
Maʿa ʾl-raʾīs fi ʾl-manfā S III 309
-Maʿād al-jismānī G II 450$_{,34}$
Maʿādin al-dhahab etc. G II 292, S II 402
-Maʿādin wal-qawl fī jawāhir al-arḍ S I 246$_{,79}$
Maʿāhid al-tanṣīṣ G I 296, S I 519$_{,6}$
-Maʾākhidh al-Kindiyya min al-maʿānī ʾl-Ṭāʾiyya S I 494
Maʿālim al-āthār S I 950 ad 294
Maʿālim al-dīn wa-malādh al-mujtahidīn fī uṣūl al-dīn G II 321, S II 450
Maʿālim al-himam S I 355
Maʿālim al-himam fi ʾl-taṣawwuf S II 214
Maʿālim al-ihtidāʾ S II A/C 17
Maʿālim al-īmān fī maʿrifat ahl al-Qayrawān G II 239, S I 812, II 337
Maʿālim al-kitāba wa-maghānim al-iṣāba S I 489
Maʿālim al-qurba fī aḥkām al-ḥisba S II A/C 101
Maʿālim al-shifāʾ S II 593
Maʿālim al-sunna G I 518, S I 267, 275
Maʿālim al-tanzīl G I 364, II 109, S I 592, 622
Maʿālim al-ʿulamāʾ S I 709, 710
-Maʿālim fī uṣūl al-dīn S I 921$_{,5}$
-Maʿālim fī uṣūl al-fiqh G I 506
Maʿālim al-zulfā S II 506, 533
-Maʿānī S I 392
Maʿāni ʾl-aḥādīth al-Muṣṭafawiyya etc. S I 360
-Maʿānī fī aḥkām al-nujūm S I 389
Maʿāni ʾl-akhbār G I 187, S I 321
Maʿāni ʾl-akhyār G II 53
Maʿānī alfāẓ al-Qurʾān S II 135
Maʿāni ʾl-ʿaql S I 957 ad 376
-Maʿāni ʾl-badīʿa fī maʿrifat ikhtilāf ahl al-sharīʿa S II 965$_{,19}$, 971$_{,21a}$
-Maʿāni ʾl-daqīqa etc. G II 341, S II 470
-Maʿāni ʾl-daqīqa fī idrāk al-ḥaqīqa G II 156, S II 195$_{,267}$
Maʿāni ʾl-fūyīṭīqī G I 456$_{,67}$, S I 820$_{,67}$
Maʿāni ʾl-himma S I 954 ad 355
-Maʿāni wal-ḥikam S II 906
Maʿāni ʾl-Qurʾān G I 82, 110, 515, S I 170 (942), 178, 201
Maʿāni ʾl-Rīṭūrīqī G I 456$_{,66}$
-Maʿāni ʾl-saniyya S II 355
Maʿāni shattā min mabāḥith al-ʿaqāʾid al-ḥaqqa S II 801
Maʿāni ʾl-shiʿr G I 122, S I 167, 169, 182, 185
Maʿāni ʾl-wafāʾ bi-maʿāni ʾl-Iktifāʾ S II 686
-Maʿārif G I 121, S I 185
-Maʿārif al-ʿaqliyya wa-lubāb al-ḥikma al-ilāhiyya G I 425$_{,54}$, S I 754$_{,54}$
-Maʿārif al-ghaybiyya G II 206, 347$_{,45}$, S II 284$_{,19}$, 474$_{,45}$
-Maʿārif al-ilāhiyya fī ʿilm al-ḥikma S II 577$_{,n}$
Maʿārif al-inʿām fī faḍl al-shuhūr wal-ayyām S II 947$_{,181,4}$
-Maʿārif fi ʾl-ʿIrāq ʿalā ʿahd al-iḥtilāl S III 493
Maʿārif al-mawāhib S II 359, 1005$_{,84}$
-Maʿārif al-Muḥammadiyya S I 844 A/C, II 840
-Maʿārif al-Muḥammadiyya fi ʾl-waẓāʾif al-Aḥmadiyya S I 807
Maʿārif al-qulūb wa-kawāshif al-ghuyūb S II 215
Maʿārif al-Salmānī fī marātib khulafāʾ al-raḥmānī S II 843$_{,26}$
-Maʿārif, sharḥ al-Ṣaḥāʾif S I 954 ad 348
-Maʿārij S I 802$_{,213}$
Maʿārij al-dīn wa-manāhij al-yaqīn G II 412

Maʿārij al-dīn fī uṣūl al-dīn S II 209
Maʿārij al-fahm S II 206
Maʿārij al-fikr al-wahīj fī ḥall mushkilāt al-zīj S I 867
Maʿārij al-irtiqāʾ ilā samāʾ al-inshāʾ S II 758, III 379
Maʿārij al-masʾūl wa-madārij al-maʾmūl S II A/C 319
Maʿārij al-Quds S I 973 ad 755
Maʿārij al-Quds wa-madārij maʿrifat al-nafs S I 751,$_{33}$
Maʿārij al-suʾūl wa-mashāriq al-maʾmūl S II 212
Maʿārij al-uṣūl S I 712
Maʿārij al-wuṣūl ilā furūʿ al-dīn wa-uṣūlhā mimmā bayyanahu ʾl-rasūl S II 122,$_{44}$
Maʿārik al-katāʾib etc. S II 1043,$_{9}$
-Maʿārik, sharḥ al-Hidāya S I 644, II 268
Maʿārik al-wuṣūl S I 742, II 220
Maʿāṣim al-hudā etc. S I 325
Māʾāt al-Qurʾān G I 521
Maʾāthir al-abrār fī tafṣīl mujmalāt Jawāhir al-akhbār G II 188
-Maʾāthir al-nafīsa bi-dhikr ṣabāba min manāqib al-sayyida Nafīsa S II 30
Maʾāthir i Ṣiddīqī S II 860
-Mabādiʾ allatī bihā qiwām al-ajsām wal-aʿrāḍ S I 376,$_{11}$
Mabādiʾ ārāʾ ahl al-madīna al-fāḍila G I 212, S I 376,$_{5}$
-Mabādiʾ al-bahiyya etc. S II 848
Mabādiʾ al-falāsifa al-qadīma S I 377,$_{14}$
-Mabādiʾ wal-ghāyāt fī mā yataḍammanahu ḥurūf al-muʿjam etc. S I 797,$_{74a}$
Mabādiʾ al-handasa S II 732, III 228
Mabādiʾ al-Islām S III 423
Mabādiʾ al-lugha G I 279, S I 159, 491
Mabādiʾ al-mawjūdāt G I 212
Mabādiʾ al-sālikīn G II 124
Mabādiʾ i uṣūl S II 280
Mabādiʾ al-wuṣūl ilā al-uṣūl S II 209,$_{34}$
Mabāhij al-aʿlām G II 232
Mabāhij al-ashkāl etc. S II 611
Mabāhij al-fikar G II 55
Mabāhij al-ikhwān wa-manāhij al-khullān etc. S II 410
Mabāḥith ʿarabiyya S III 169
-Mabāḥith al-arbaʿūn fī uṣūl al-dīn G I 507, S I 922,$_{9}$
-Mabāḥith al-aṣliyya S II 362, 364 A/C
-Mabāḥith al-aṣliyya ʿan jumlat al-Ṣūfiyya S II 359
Mabāḥith al-burhān G II 235
Mabāḥith al-fikar wa-manāhij al-ʿibar S II 54
Mabāḥith al-inṣāf al-ʿāṣima bi-maʿūnat Allāh ʿani ʾl-ikhtilāf S II 562
-Mabāḥith al-Kāmiliyya S I 541
-Mabāḥith al-marḍiyya etc. G II 331, S II 459, 990,$_{11}$
-Mabāḥith al-marḍiyya al-mutaʿalliqa bi-man al-sharṭiyya S II 20
-Mabāḥith al-Mashriqiyya S I 923,$_{21}$
-Mabāḥith al-naḥwiyya G II 315
-Mabāḥith al-sharqiyya G I 507
Mabāḥith al-shukūk wal-shubah ʿala ʾl-Ishārāt S I 817,$_{e}$
Mabāḥith al-tafsīr G I 350, 414, S I 592
Mabāḥith al-tanzīl S I 508
-Mabāḥith al-ṭabīʿiyya fī sharḥ al-Ishārāt S I 816,$_{20}$
Mabāḥith al-ṭālibīn S I 802,$_{210}$
-Mabākhir al-ṭībiyya fi ʾl-mafākhir al-Khaṭībiyya S II 372
Mabāni ʾl-akhbār S I 293
Mabāriq al-azhār S I 614
-Mabāriq, sharḥ Mashāriq al-anwār S II 315
Mabāsim al-bishārāt S I 325
Mabāsim al-milāḥ S II 192,$_{208}$
Mabdaʾ al-ʿajāʾib G II 299
-Mabdaʾ al-awwal G II 230
-Mabdaʾ wal-maʿād G I 456,$_{42}$, S II 589,$_{27}$
-Mabdaʾ wal-maʿād S I 928,$_{22e}$
Mabdaʾ al-Nīl ʿala ʾl-taḥrīr S II 140
-Mabdaʾ wa-qiṣaṣ al-anbiyāʾ G I 135
Mabḥath al-mīʿād G II 149, S II 186,$_{108}$
Mabḥath ʿani ʾl-quwwa al-nafsāniyya S I 818,$_{30}$
Mablagh al-amal etc. S II 704
Mablagh al-amānī etc. S II A/C 453
Mablagh al-arab G II 388, S II 528,$_{13}$
Mablagh al-ṭālib etc. S II 698
-Mabsūṭ G I 172, 189, 373, 405, II 247, 700, S I 288, 651
-Mabsūṭ lil-fatāwī S I 638
-Mabsūṭ fi ʾl-fiqh S I 707,$_{5}$
-Mabsūṭ fi ʾl-furūʿ S I 638
-Mabsūṭ fī k. Sībawayh S I 175

-Mabsūṭ fi 'l-qirā'āt S I 727
-Mabsūṭ fi 'l-qirā'āt al-ʿashr S I 306$_{n}$
-Mabsūṭ, sharḥ Ḥirz al-amānī S I 725
-Madad al-fā'iḍ wa-kashf al-ʿāriḍ S I A/C 464
-Madad al-fā'iḍ ʿan sharḥ dīwān ʿU. b. al-Fāriḍ S I 462
-Madad al-fayyāḍ bi-nūr al-shifā' G II 487, 700, S I 631
Madā'iḥ al-khalīl fī buḥūr al-Khalīl S II 200
-Madā'iḥ al-nabawiyya S II A/C 331
-Madā'iḥ al-rabbāniyya wal-nabawiyya S I 459
-Madākhil wa-gharā'ib al-lugha G I 183
-Madākhil fi 'l-lugha G I 514
-Madākhil wal-ziyādāt S I 183
Madāmiʿ al-ʿushshāq S III 304
Madaniyyat al-ʿArab etc. S III 310
-Madaniyya wal-Islām S III 324
Madārij al-aḥkām S II 825
Madārij al-kamāl S II 280
Madārij al-marām etc. S I 810
-Madārij fī maʿrifat al-nafs S I 819$_{36a}$
Madārij al-sālikīn S I 774
Madārij al-sālikīn bayna manāzil iyyāka naʿbudu etc. S II 127$_{30}$
Madārij al-sālikīn fī manāzil al-sā'irīn G II 106, 702
Madārij al-sālikīn wa-manhaj al-muḥaqqiqīn fī ʿilm al-taṣawwuf S I 806
Madārij al-sālikīn ilā rusūm ṭarīq al-ʿārifīn G II 337$_{15}$
Madārij al-sālikīn fī tafsīr al-Fātiḥa S II 281
Madārij al-ṣuʿūd ila 'ktisā' al-burūd G II 501, S II 517, 813
Madārij al-yaqīn fī sharḥ al-Arbaʿīn S II A/C 581
Madārik al-aḥkām S I 712, II 206
-Madārik al-aṣliyya bil-maqāṣid al-farʿiyya S II 322
Madārik al-tanzīl wa-ḥaqā'iq al-ta'wīl G II 197, S II 267
-Madāris S III 127
-Madd wal-fay' G II 386
-Madd wal-jazr G I 210
Māddat al-ḥayāt wa-ḥifẓ al-nafs min al-āfāt S I 867
Madhāhib ahl al-salaf G I 421
Madhāhib al-ʿArab etc. S II 777
-Madhāhib al-arbaʿa S II 850
-Madhāhib al-mukhtalifa G II 453
Madhāhib al-Qarāmiṭa S I 349
Madhāq al-ʿārifīn S I 748$_{25}$
ʿalā Madhbaḥ al-shahawāt etc. S III 232
ʿalā Madhbaḥ al-waṭaniyya S III 454
Madhhab al-sulūk wal-sālikīn S II 462
-Madhimma wastiʿmāl ahl al-dhimma S II 96
Madḥ al-kutub wal-ḥathth ʿalā jamʿihā S I 243$_{25}$
Madḥ al-nabī S I 634
Madḥ al-saʿy G II 452, S II 671$_{95}$ (to be read thus)
-Madīḥ al-kabīr bil-Qur'ān G I 186
-Madīḥ al-ṣaghīr G I 186
Madīḥa wa-qiṣaṣ ukhrā S III 233
-Maʿdin al-ʿAdanī G II 398, S II 542$_{97}$
-Maʿdin al-asnā fī naẓm asmā' Allāh al-ḥusnā S II 1009
Maʿdin al-fiqh S II 252, 241 A/C
Maʿdin al-ḥaqā'iq S II 267, 310 A/C
Maʿdin al-ifāḍāt fī madḥ ashraf al-kā'ināt S I 444 (to be read thus)
Maʿdin al-jawāhir etc. G I 354, S I 602
Maʿdin al-la'ālī S II 776
Maʿdin al-nawādir fī maʿrifat al-jawāhir G II 213, S II 253
Maʿdin al-salāma fī aḥwāl al-dunyā etc. S II 506
Maʿdin al-uṣūl S I A/C 674
Madīnat al-ʿilm G II 453, S II 864
Madīnat al-maʿājiz fī muʿjizāt al-a'imma al-aṭhār S II 533
Madīnat al-ʿulūm G II 426, S II 633
Madkhal al-Maṣābīḥ S I A/C 620
Madkhal al-sulūk ilā manāzil al-mulūk S I 751$_{36}$
Madrasit al-azwāg G II 472
Madrasit al-nisā' G II 472
-Maḍāḥik S I 246$_{99}$
Maḍārr al-zār S III 229
-Maḍbūṭ G II 201
-Maḍnūn bihi ʿalā (ʿan) ghayr ahlih G I 425$_{58}$, S I 498, 755
-Maḍnūn al-ṣaghīr S I 751$_{38}$
-Mafākhir al-ʿaliyya fi 'l-ma'āthir al-Shādhiliyya S II 462, 1000
Mafākhir al-Barbar S II 337

Mafākhir al-maqāl fī 'l-maṣādir wal-afʿāl G I 124, S I 189
-Mafātīḥ S II 834
Mafātīḥ al-aḥkām S II 584
Mafātīḥ asrār al-funūn etc. S II 324
Mafātīḥ asrār al-ḥurūf G II 232, S II 324
Mafātīḥ asrār al-ḥurūf wa-maṣābīḥ anwār al-ẓurūf S I 911
Mafātīḥ al-asrār wa-maṣābīḥ al-abrār S I 763
Mafātīḥ al-asrār wa-maṣābīḥ al-akwār S III 29
Mafātīḥ al-bāb S II 19
Mafātīḥ al-fattāḥ S II 172
Mafātīḥ al-ghayb G I 445$_{,62}$, S I 797$_{,62}$, 922$_{,6}$, II 574, 589$_{,5}$
Mafātīḥ al-ghayb fī 'l-tafsīr G I 506
Mafātīḥ al-ghuyūb etc. G II 340, S II 469
-Mafātīḥ fī ḥall al-Maṣābīḥ S I A/C 621
Mafātīḥ al-ḥikam G I 242
Mafātīḥ al-ʿizz etc. G II 254, S II 362
Mafātīḥ al-jinān G I 475, S I 642
Mafātīḥ al-khazāʾin G II 120, S II 149
Mafātīḥ al-kunūz S II 920
-Mafātīḥ al-Marzūqiyya G II 239
Mafātīḥ al-maṣābīḥ S I 620
Mafātīḥ al-maṭālib G II 122
Mafātīḥ al-niʿma wal-bāṭin S II 920
Mafātīḥ al-rajāʾ S I 620, II 204
Mafātīḥ al-raḥma G I 248, S I 440$_{,8}$
Mafātīḥ al-rumūz fī ʿilm al-iksīr S II 173
Mafātīḥ al-sharāʾiʿ S I 712$_{,g}$, II 584
-Mafātīḥ sharḥ al-Maṣābīḥ S I 621, II 663
Mafātīḥ al-tafāsīr S II 273
Mafātīḥ al-ʿulūm S I 434
Mafātīḥ al-uṣūl S II 826
Mafhūm al-ʿawāmil al-jadīda S II 657$_{,21}$
Mafkharat Rashīd S III 101
Mafriq al-ṭarīq S III 168
-Mafrūḍāṭ G I 217, S I 385
Mafzaʿ al-khalāʾiq S II 746
Maghālīṭ al-maghrūrīn G I 424
Maghāni 'l-maqāmāt fī maʿāni 'l-maqāmāt S I 488$_{,19}$, II 910$_{,52}$ (*Maghāni 'l-muqāmāt*)
Maghānī 'l-wafāʾ bi-maʿāni 'l-iktifāʾ S I 634
Maghārib al-zamān etc. G II 710 ad 231, S II 323
Maghāyir al-jinn S III 229
-Maghāzī G I 65, 134, 136, 141, 344, S I 207, 587, II 927 A/C
Maghnāṭīs al-durr al-nafīs G II 13
Maghnāṭīs al-qulūb wa-miftāḥ al-ghuyūb S I 802$_{,211}$
Mahā, qiṣṣa gharāmiyya sharqiyya S III 111
Mahāmm al-fuqahāʾ G II 438, S II 649
Mahārat surūr aw Būlīs Dimashq al-sirrī bi-Miṣr S III 229
-Mahdā ilā dīn al-Muṣṭafā S II 804
Māhiyyat al-ḥazan (ḥuzn) S I 821$_{,68rr}$
Māhiyyat al-malāʾika etc. S II 542$_{,103}$
Māhiyyat al-nafs etc. S III 493
Māhiyyat al-qalb G I 446$_{,97}$, S I 798$_{,97}$
Māhiyyat al-rūḥ etc. S II 670$_{,67}$
Māhiyyat al-shayāṭīn wal-jinn G II 234
Māhiyyat al-ṣalāt wa-ḥaqāʾiquhā S I 814$_{,13}$
Māhiyyat al-ṭabīʿa G II 218
-Mahmūzāt S II 1009$_{,131}$
-Maḥabba G II 115
Maḥabbat al-dhākirīn etc. S II 780
-Maḥabba al-ilāhiyya S I 464
-Maḥajja al-bayḍāʾ fī iḥyāʾ al-Iḥyāʾ S I 749$_{,25,16}$, II 585
Maḥajjat al-inṣāf G II 188
-Maḥajja fī mā nazala fī qāʾim al-ḥujja S II 506
Maḥajjat al-qurab fī maḥabbat al-ʿArab S II 70
Maḥajjat al-sāda S I A/C 780
Maḥajjat al-ʿulamāʾ etc. S II 797
Maḥāsin al-adab wajtināb al-riyab G I 351, S I 594
-Maḥāsin al-adabiyya etc. S II 912
-Maḥāsin wal-aḍdād G I 153, S I 246$_{,2}$, 501$_{,26}$
Maḥāsin al-akhbār fī faḍl al-ṣalāt etc. S II 470
Maḥāsin al-akhyār wa-manāqib al-sāda al-akhyār S I 801$_{,195}$
Maḥāsin al-aʿmāl etc. S II 946$_{,169}$
Maḥāsin al-ʿaṣr S III 230
Maḥāsin āthār al-awwalīn G II 484
Maḥāsin al-azhār etc. S I A/C 560
Maḥāsin al-ghurar G II 55, S II 54
Maḥāsin al-iqtibās S II 198$_{,322}$
Maḥāsin Iṣfahān S I 571
Maḥāsin al-iṣṭilāḥ G I 359, S I 611, II 110
Maḥāsin al-majālis G I 434, S I 633, 776

Maḥāsin al-majālis wa-jalwat al-ʿarāʾis S II 907,18, 1000,35
Maḥāsin al-masāʿī fī manāqib al-Awzāʿī S I 308
Maḥāsin al-masāʿī fī tarjamat wa-manāqib a. ʿAmr al-Awzāʿī S II 75,73
-Maḥāsin wal-masāwī G II 693, S I 249
-Maḥāsin al-mujtamiʿa fī faḍāʾil al-khulafāʾ al-arbaʿa G II 178, S II 230, 928
Maḥāsin al-nathr wal-naẓm etc. S I A/C 194
-Maḥāsin fi ʾl-naẓm wal-nathr G II 193
Maḥāsin al-niẓām G II 121
Maḥāsin al-wasāʾil etc. G II 76, S II 82
Maḥbūb al-qulūb (al-awliyāʾ) S I 803
Maḥḍ faḍl S II 666
Maḥḍ al-ikhlāṣ S II 947,181,21
Maḥḍ al-ṣawāb G II 107
Maḥkamat fatāwī Qāḍīkhān S I 644
-Maḥrūsa S III 193, 259
Maḥsharnāma S II 850
-Maḥṣūl S I 324, 531
-Maḥṣūl fī ʿilm al-uṣūl S II 976,42
-Maḥṣūl fī uṣūl al-fiqh G I 506, S I 921,3
-Māʾida S I 326
Māʾiyyat al-ʿaql wa-maʿnāhu S I 352
Majādat al-rasūl etc. S II 1011,140
Majāli ʾl-ghurar etc. S III 384
-Majālis G I 188, II 445, S I 252, 919,75d
Majālis al-abrār etc. G II 445, S II 661
Majālis al-abrār fī muʿāmalat al-abrār S I 733
Majālis fī ʿajāʾib al-makhlūqāt S II 1026,4
Majālis al-akhyār al-jāmiʿa li-aḥādīth al-rasūl S II A/C 209
Majālis al-aʿyān al-jāmiʿ li-aḥādīth al-mukhtār etc. S II 570
-Majālis al-Badawiyya S II 873
-Majālis wal-dīwān S II 422
-Majālis al-fiqhiyya S II 955,82
Majālis al-Khānī S II A/C 472
Majālis al-mawāʿiẓ S II 834
Majālis al-mawāʿiẓ fi ʾl-ḥadīth G I 187, S I 321
-Majālis al-Miknāsiyya S II A/C 338
-Majālis al-Muʾayyadiyya S I 326
-Majālis al-mufjiʿa S II 853
Majālis al-mujālis S I A/C 776
Majālis al-muʾminīn S I 133, II 607
Majālis al-muʾminīn fi ʾl-mawāʿiẓ wal-akhbār S II 829
Majālis al-musāyarāt etc. S I 325
-Majālis al-Mustanṣiriyya S I 326, II 966,2
-Majālis al-Rūmiyya S II 662
-Majālis al-sabʿa S I 822,68kkk
Majālis al-Salmānī S I 714
-Majālis al-saniyya fi ʾl-kalām ʿala ʾl-Arbaʿīn al-Nawawiyya G I 396, II 305, S I 683,12
-Majālis al-Shaʾmiyya S II 543,149
-Majālis al-Shaykhūniyya S II 620
-Majālis al-Sināniyya al-kabīra S II A/C 653
-Majālis al-thalātha fī Rajab etc. S II 541,55a
Majālis al-Ṭabarī S II 967,4
Majālis fī yawm ʿĀshūrā G I 367
-Majālis al-Yūsufiyya G I 505
-Majalla G I 107
Majallat al-adīb li-ajillat al-Sindīb S II 859
Majallat Alf layla wa-layla S III 391
Majallat al-ʿarūs S III 415
Majallat al-Aṣmaʿī S III 371
Majallat al-āthār S III 385
Majallat al-ḥaḍāra S III 382
Majallat al-ḥasnāʾ S III 386
Majallat al-ḥunafāʾ fī manāqib al-khulafāʾ S I 615
Majallat al-ḥurriyya S III 493
Majallat al-ʿilm S II 807
-Majalla al-jadīda S III 214
Majallat al-Khiḍr S III 361
Majallat al-Kināna S II 762
Majallat al-mabāḥith S III 420
Majallat al-muḥīṭ S III 229
Majallat al-nibrās S III 385
Majallat al-qāmūs al-ʿāmm S III 423
Majallat al-risāla S III 126
Majallat Sarkīs S III 228
Majallat al-Sharq S III 439
Majallat al-ṣawāb S III 439
Majallat al-warqāʾ S III 347
Majallat al-yaqīn S III 490
Majallat al-Zahrāʾ S III 387, 416
Majāmīʿ al-ḥaqāʾiq wal-qawāʿid etc. S II 664
Majāni ʾl-akhyār fī rijāl Maʿāni ʾl-āthār S II 51
-Majāni al-zahriyya S II 424
Majārī kalām al-ʿArab G I 285, S I 500

-Majāz S I 809
-Majāz ilā ḥaqāʾiq al-iʿjāz G I 431
-Majāz fī ḥaqīqat riḥlat al-shaykh Zayn al-ʿābidīn al-Ṣiddīqī G II 362
Majāz al-kalām G I 118
Majāz al-Qurʾān G I 431, S I 767
-Majāzāt al-nabawiyya S I 132
Majdūlīn S III 367
Majdūlīn (*wal-shāʿir*) *aw taḥt ẓilāl al-zayzafūn* S III 202, 236
Majlis fī dhamm al-ḥashīsha S I 768
Majlis fi ʾstiqbāl shahr Ramaḍān S I A/C 811
-Majlis al-khāmis min majālis al-waʿẓ S II 402
Majlis al-mukhāṭaba G II 367
Majlis al-rawḍa S I 603
Majmaʿ al-ādāb fī muʿjam al-asmāʾ wal-alqāb S II 202
Majmaʿ al-aghānī wal-alḥān S II A/C 709
Majmaʿ al-aḥbāb wa-tadhkirat uli ʾl-albāb G I 362, S I 617, II 30
Majmaʿ al-aḥyāʾ S III 149
Majmaʿ al-akhbār fī manāqib al-akhyār S I 617
Majmaʿ al-amthāl G I 32, 289, S I 506, II 643$_{,e}$
Majmaʿ al-asrār G II 125
Majmaʿ al-baḥrayn G II 495, S II 107, 582, 619, 766
Majmaʿ al-baḥrayn fi ʾl-fiqh al-Shāfiʿī S II 963$_{,1}$
Majmaʿ al-baḥrayn fī gharīb al-ḥadīth wal-Qurʾān G II 286
Majmaʿ al-baḥrayn fi ʾl-lugha G I 361, S I 614
Majmaʿ al-baḥrayn wa-maṭāliʿ al-badrayn G II 145
Majmaʿ al-baḥrayn wa-maṭlaʿ al-nayyirayn S II 500
Majmaʿ al-baḥrayn wa-multaqa ʾl-nayyirayn G I 383, II 89, S I 658
Majmaʿ al-baḥrayn, sharḥ Fuṣūṣ al-ḥikam S I A/C 793
Majmaʿ al-baḥrayn ʿalā tafsīr al-Jalālayn S II 180$_{,6a}$
Majmaʿ al-baḥrayn fī tanāquḍ al-ḥabrayn G II 91
Majmaʿ al-barakāt S II 604
Majmaʿ al-bayān li-ʿulūm al-Qurʾān G I 405, S I 708
Majmaʿ biḥār al-anwār etc. S II 602
Majmaʿ al-bustān al-Nūrī S II A/C 51
Majmaʿ al-ḍamānāt G II 375, S II 502
Majmaʿ al-fāʾida S II 207
-Majmaʿ al-fāʾiq min ḥadīth khātimat rusul al-khāliq S II 417
Majmaʿ al-fatāwī S I 639, II 316, II 430 A/C
Majmaʿ al-fawāʾid S II 81, 471
Majmaʿ al-fawāʾid li-jamʿ al-ʿawāʾid S I 659
Majmaʿ al-gharāʾib wa-manbaʿ al-raghāʾib G I 365, S I 623
Majmaʿ al-gharāʾib al-mufarraqāt S II 810
Majmaʿ al-ʿibārāt ʿalā afṣaḥ al-lughāt S I A/C 630
Majmaʿ al-jawāmiʿ fi ʾl-tafsīr S I 733
Majmaʿ al-khayrāt, sharḥ al-Naṣāʾiḥ al-mufīdāt S II 552
Majmaʿ al-manāfiʿ al-badaniyya G II 705, S I 897, II 219, 492
Majmaʿ al-manāsik wa-nafʿ al-nāsik G II 416, S II 524
Majmaʿ al-masarrāt S III 383
Majmaʿ al-maṣāʾib fī nawādir al-aṭāyib S II 825
-Majmaʿ al-muʾassas lil-Muʿjam al-mufahras G II 69, S II 73$_{,15}$
-Majmaʿ al-mufattan S II A/C 52
Majmaʿ al-muhimmāt al-dīniyya G II 435, S II 646
Majmaʿ multaqaṭ al-zuhūr G II 449
Majmaʿ al-muntakhabāt S II 956$_{,89}$
Majmaʿ al-nawāzil G I 375
Majmaʿ al-suʾālāt G II 183
Majmaʿ al-sulūkayn S II 1004$_{,76}$
Majmaʿ al-surūr etc. G II 113, S II 139
Majmaʿ al-taʾwīl fī asrār al-tanzīl S II 611
Majmaʿ al-zawāʾid wa-manbaʿ al-fawāʾid G I 357, II 76, S II 70, 82, 529$_{,56}$
Majmaʿ al-ziyārāt S II 835
-Majmūʿ S I 313
Majmūʿ al-adab G II 494
Majmūʿ al-adab fī funūn al-ʿArab S II 766
-Majmūʿ fi ʾl-aḥkām S I 396
-Majmūʿ fi ʾl-aḥkām al-najāsāt S II A/C 111
Majmūʿ al-anwār wa-maʿdin al-asrār S I 806$_{,27}$
Majmūʿ aqāwīl al-ḥukamāʾ al-munajjimīn S I 864
Majmūʿ al-awrād al-kabīr S II 810

Majmūʿ al-aʿyād wal-dalālāt S I 327
Majmūʿ al-ʿAynī S II 51
Majmūʿ baḥr al-ḥikāyāt S II 914
Majmūʿ al-bayān S II 350
-*Majmūʿ fi ʾl-farāʾiḍ* G II 161, S II 200
Majmūʿ al-Fāriskūrī S II 443
-*Majmūʿ fī fihrist al-kutub* S II 609
-*Majmūʿ fi ʾl-fiqh* G II 486, S II 738
Majmūʿ al-gharāʾib S II 133
Majmūʿ ḥawādith al-ḥarb al-wāqiʿa bayna ʾl-Fransāwiyya wal-Nimsāwiyya S II 770
Majmūʿ kalām al-Shādhilī fi ʾl-taṣawwuf S I 804
-*Majmūʿ al-lafīf* S I 597
Majmūʿ laṭīf ẓarīf S II 57
Majmūʿ maḥlūlāt fī ʿilm al-nujūm S II 159
Majmūʿ al-marāthī ʿinda wafāt A. Fāris S II 868
-*Majmūʿ al-mubārak* G I 348, S I 590
-*Majmūʿ al-mudhahhab fī qawāʿid al-madhhab* G II 65, 88, S II 68
Majmūʿ mukhtār min Khalīl S II 99
Majmūʿ al-muzdawijāt S I 133
-*Majmūʿ fi ʾl-naḥw* S II 768
Majmūʿ al-nawādir G II 54
Majmūʿ al-Qāḍī S II 254
Majmūʿ al-qaṣāʾid al-farāʾid etc. S II 200$_{,20}$
-*Majmūʿ al-rāʾiq fi ʾl-ʿawāʾid al-shawāriq* S II 581
Majmūʿ shajarāt lil-mulūk wal-anbiyāʾ S II 502
Majmūʿ wa-shaʾn marfūʿ fi ʾl-ḥikma al-nabawiyya etc. S I 811$_{,27}$
-*Majmūʿ fī sīrat mulūk Ṣunrhay* S II 717
Majmūʿ ṣalawāt wa-awrād S II 478$_{,51}$
Majmūʿ fī taʿālīhi ṣlʿm S II 188$_{,169b}$
Majmūʿ al-tarbiya S I = 715, 953
Majmūʿ fi ʾl-taṣawwuf S II 229
Majmūʿ yashtamil ʿalā thalātha wa-ʿishrīn r. S II 821
Majmūʿ fi ʾl-ẓarf G I 438
Majmūʿa G I 77
Majmūʿat al-aḥzāb S I 805$_{,18}$
Majmūʿa fi ʾl-akhlāq wal-kalām S III 393
Majmūʿat al-Āqsarāʾī S II 325
Majmūʿat ashʿār fī madḥ sayyidī A. al-Badawī S II A/C 393
Majmūʿat āthār Rafīq b. al-ʿAẓm S II 755, III 389
Majmūʿat awrād saniyya lil-sāda al-Shādhiliyya S I 805$_{,11}$
Majmūʿat azhār min ruba ʾl-ashʿār S II 752
Majmūʿat azjāl S III 177
Majmūʿat al-bustān S II 803
-*Majmūʿa al-dhahabiyya* S III 77
Majmūʿat al-Dr. Shumayyil S III 213
Majmūʿat al-fatāwī G II 228, 434, S II 319
Majmūʿat al-fawāʾid S II 653
Majmūʿa fiqhiyya S II 948$_{,10}$
Majmūʿat al-ḥadīth al-Najdiyya S I 310, III 323
Majmūʿat Ḥamza Fatḥallāh S II 725
Majmūʿat ḥikam wa-ādāb etc. S I 598
Majmūʿa fī ʿilm al-falak S II 217
Majmūʿat jabr wa-muqābala S II 155
Majmūʿat kalām al-Shāfiʿī fī aḥkām al-Qurʾān S I 619
Majmūʿat al-khaṣāʾiṣ al-ḥasana S II 858
Majmūʿat khuṭab Saʿd b. Zaghlūl al-ḥadītha S III 335
Majmūʿat al-laṭāʾif S II 662
Majmūʿat al-manẓūmāt S II A/C 752
Majmūʿat al-masāʾil G II 228, S II 319
Majmūʿa fī masāʾil mutafarriqa S II 840
-*Majmūʿa al-Nabhāniyya* S II 764
Majmūʿa nafīsa G II 219
Majmūʿat qiṣaṣ S III 233
Majmūʿat al-Qudsī S II 323
Majmūʿat al-Rābiṭa al-qalamiyya S I 137 (to be read thus), III 440
Majmūʿat al-rasāʾil al-falsafiyya S III 325
Majmūʿat rasāʾil al-Jamʿ al-munīf S II 526$_{,30}$
Majmūʿat rasāʾil al-khams fi ʾl-uṣūl S II 842
Majmūʿat rasāʾil qawl al-jalī etc. S II 543$_{,153}$
Majmūʿat al-rasāʾil al-sitt S II 621
Majmūʿat al-rasāʾil al-ṭibbiyya S II A/C 299
-*Majmūʿa al-Rashīdiyya* S II 273
Majmūʿat ṣukūk sharʿiyya etc. S II 649
Majmūʿa taʾrīkhiyya S II A/C 782
Majmūʿa fi ʾl-ṭibb G I 235
Majmūʿat ziyādāt al-Ghazzī S II 416
-*Majnūn* S III 463
Majnūn Laylā S III 44, 229
Majra ʾl-anhur S II 643
Majra ʾl-sawābiq G II 16
-*Majrawiyya* S II 905
Makārim al-akhlāq G I 154, 167, S I 247, 278, 502, 709

Makārim al-akhlāq wa-maʿālīhā S I 250
Makārim al-akhlāq wa-maḥmūd ṭarāʾifihā wa-marḍiyyihā S I 947
Makārim al-akhlāq wal-siyāsa S II A/C 107
Makārim al-karāʾim S I 709
Makārim al-khallāq G II 299
-Makārim wal-mafākhir S I A/C 150
-Makāsib S II 832
-Makātib al-ʿaliyya fi ʾl-manāqib al-Shāfiʿiyya S II 30
Makātīb al-Shirwānī S II 851
Makāyid al-niswān S II 152
-Makāyīl wal-mawāzīn al-sharʿiyya G II 45
Maʾkhadh al-sharāʾiʿ G I 195
-Makhārij fi ʾl-ḥiyal G I 171, S I 288, 291
Makhārij al-ḥurūf G II 248, S I 820$_{,54}$
Makhārij al-muttaqī S II 474$_{,39a}$
Makhāriq al-anbiyāʾ S I 418
Makhāyil al-malāḥa fī masāʾil al-misāḥa G II 368, S I 860, II 495
Makhraj al-munbāk min dukhān al-tunbāk S II 649
-Makhrūṭāt S I 868
Makhṭūṭāt al-khizāna al-Maʿlūfiyya S III 386
-Maʾkhūdhāt li-Arshimidis S I 384, 929$_{,26}$
-Makhzan fi ʾl-fiqh G II 431, 701, S I 690, II 640
Makhzan al-maʿānī S II 799
-Makhzūmī wal-Hudhaliyya S I 213
-Makhzūn li-arbāb al-funūn S II 1037
-Maknūn G I 186
-Maknūn fī tanqīḥ al-Qānūn G I 458, 489, S I 826$_{,82f}$
Maknūnāt al-ḍamāʾir S II A/C 487
-Makr al-ilāhī G II 342
-Maktūb al-laṭīf ʿala ʾl-muḥaddith al-sharīf S II 862
Maktūbāt al-Miyānajī S I 675
Malʾ al-ʿayba G II 246
Malābis al-anwār wa-maẓāhir al-asrār S II 997
-Malādh fi ʾl-fiqh S I 913
-Malāghim S I 478$_{,53}$
-Malāḥin G I 112, II 365, S I 173
Malāk al-ifādāt fī sharḥ al-ziyādāt S I 289, II 270
Malāk al-taʾwīl al-qāṭiʿ etc. S II 376
Malakat al-inshāʾ S III 73, 74
Malfūẓ al-Qādiriyya S I 778
Malfūẓ al-shaykh al-rabbānī S I 778
Maljaʾ al-ḥukkām G I 317
Maljaʾ al-quḍāt etc. G II 375, S II 502
-Malhūf fī qatla ʾl-Ṭufūf S I 912
Malḥamat b. ʿArabī S I 800$_{,146b}$
Malḥamat Nīrūn S III 94
-Malḥama al-Quṭʿaṭāniyya S I 76
Malīḥ al-badīʿ fī madḥ al-shafīʿ S II 476$_{,119}$
-Malik Qurūsh aw Mulūk al-Furs S III 175
Malikat Qurṭuba S III 258
-Mallāḥ al-tāʾih S III 169
-Maʿlūm min ʿaqāʾid ahl al-rusūm S I 746$_{,9}$
-Maʿlūm wal-majhūl S III 56
-Maʿlūmāt G I 401, S I 801$_{,186}$
-Mamālik wal-masālik S I 877
-Mamdūd wal-maqṣūr S I 189
Mamlakat al-gharām S III 231
Mamlakat al-khayāl S III 471
Mamlakat al-mutazawwijayn S III 277
-Maʾmūnī S I 363
Man ʿāsha baʿd al-mawt G I 154, S I 247
Man ghāba ʿanhu ʾl-muṭrib G I 285$_{,12}$, S I 501$_{,12}$
Mani ʾḥtakama min al-khulafāʾ ila ʾl-quḍāh S I 19, see *ma ʾḥtakama bihi etc.*
Man ismuhu ʿAmr min al-shuʿarāʾ S I 225
Man lā yaḥḍuruhu ʾl-faqīh G I 187, S I 321
Man lā yaḥḍuruhu ʾl-taqwīm S II 585
Man lā yaḥḍuruhu ʾl-ṭabīb G I 235, S I 420
Man naḥā ilā nawādir Juḥā S II 198$_{,326}$
Man nusiba ilā ummihī min al-shuʿarāʾ G I 514, S I 166
Man qāla baytan fa-luqqiba bihi G I 108
Man quṭiʿa min al-shuʿarāʾ G I 106
Man ṣabara ẓafira S I 601
Man yatawalla ʾl-ḥukm baʿd mawt al-bāshāt S II 427$_{,39}$
Man ẓahara bi-ghurrat al-fawāʾid G II 232
Manʿ al-athīm G II 371
Manʿ al-mawāniʿ ʿan Jamʿ al-jawāmiʿ G II 89, S II 106$_{,12}$
Maʿna ʾl-ḥurūf G I 100, S I 159
Maʿna ʾl-ṣalāt al-wusṭā S II 476$_{,139}$
Manādiḥ al-mamādiḥ G I 439, S I 785
Manāfiʿ al-aʿḍāʾ S I 417
Manāfiʿ aʿḍāʾ al-ḥayawān S I 885
Manāfiʿ al-aghdhiya wa-dafʿ maḍārrihā G I 235, 524, S I 420

Manāfiʿ al-aḥjār G I 243, S I 432
Manāfiʿ al-akhyār S II 656
-*Manāfiʿ al-badaniyya fī ʿilm al-ṭibb* S I 897, II 193$_{,245i}$
Manāfiʿ al-daqāʾiq S II 664
Manāfiʿ al-ḥayawān G I 233, 236, 483, S I 417, 885
Manāfiʿ khawāṣṣ al-Qurʾān S II 985
Manāfiʿ al-nās S I 826$_{,82e}$
Manāfiʿ al-Qurʾān S I 422, II 314
Manāfiʿ al-Qurʾān wa-mā fī kull āya min al-burhān S II 429
Manāfiʿ suwar al-Qurʾān S I 104
Manāhij al-aḥkām fi ʾl-uṣūl S II 826
Manāhij al-akhlāq al-saniyya etc. G II 389, S II 529
Manāhij al-aʿlām fī manāqib al-aqlām S II A/C 324
Manāhij al-albāb al-Miṣriyya etc. G II 481, S II 731
Manāhij al-ʿārifīn G I 201, S I 362, 749$_{,25,17}$
Manāhij al-ḥayāh S III 227
Manāhij al-ʿibād ila ʾl-maʿād S I 812
Manāhij al-kāfiya S I 536$_{,17}$
Manāhij al-kalām G II 328, S II 456
-*Manāhij al-Makkiyya* S I 471
-*Manāhij al-nūrāniyya wal-mabāhij al-rabbāniyya* S II 324
-*Manāhij al-sawiyya* S II 132
Manāhij al-surūr G II 389
Manāhij al-tadqīq wa-maʿārij al-taḥqīq S II 853
Manāhij al-taḥṣīl wa-natāʾij laṭāʾif al-taʾwīl G I 177, S I 300
Manāhij al-tarbiya wal-taʿlīm S III 495
Manāhij al-tawassul G II 232, S II 324
Manāhij al-yaqīn etc. G II 164, S II 207
-*Manāhil* S II 826, 971$_{,27}$
-*Manāhil al-ʿadhba fī man thabatat lahu ʾl-ṣuḥba* S II 70
Manāhil al-kuramāʾ fī faḍāʾil al-ʿulamāʾ S II 459
-*Manāhil al-muʿadhdhaba* G II 388
Manāhil al-samar fī manāzil al-qamar S II 512
Manāhil al-surūr li-mubtaghi ʾl-ḥisāb bil-kusūr S II 773$_{,31}$
Manāhil al-ṣafāʾ fī akhbār al-mulūk al-shurafāʾ S II 680
Manāhil al-ṣafāʾ fī manāqib al-wafāʾ G II 294
Manāhil al-ṣafāʾ fī takhrīj aḥādīth al-Shifāʾ G II 147, S I 632, II 183$_{,53}$
Manāhil al-ṣafāʾ bi-tawārīkh al-aʾimma wal-khulafāʾ G II 157, S II 196$_{,278}$
-*Manāhil al-ṣāfiya* S I 536$_{,8}$
Manāʾiḥ a. ʾl-ʿAbbās al-Sabtī S II 1002$_{,55}$
Manāʾiḥ al-alṭāf G II 281
Manāʾiḥ al-karam etc. G II 383
-*Manāʾiḥ li-ṭālib al-ṣayd wal-dhabāʾiḥ* G II 130, S I 214, II 928
-*Manākh* G II 255
-*Manāqib al-ʿAbbāsiyya wal-mafākhir al-Mustanṣiriyya* S I 457
Manāqib al-abrār wa-manāsik al-akhyār G I 434, S I 776
Manāqib ahl al-bayt G II 388
-*Manāqib wa-ahl bayt rasūl Allāh* S I 325
Manāqib A. b. ʿA. al-Rifāʿī G II 384, S I 781
Manāqib A. al-Badawī S I 808
Manāqib A. b. Ḥajar al-Haytamī S II A/C 527
Manāqib A. b. Ḥanbal G I 503, S II 37$_{,4}$
Manāqib al-aʾimma S I 349, II 210
Manāqib al-aʾimma al-arbaʿa S II 229
Manāqib āl a. Ṭālib S I 710
Manāqib ʿA. G II 176
Manāqib ʿA. al-Hamadhānī S II 311
Manāqib ʿA. al-Manūfī G II 85
Manāqib ʿA. b. a. Ṭālib S I 623, 917$_{,18a}$
Manāqib a. ʾl-ʿAllān al-Sabtī S II 1013$_{,156}$
Manāqib amīr al-muʾminīn ʿA. b. a. Ṭālib S I 209, II 224
Manāqib amīr al-muʾminīn a. Ḥafṣ ʿU. b. al-Khaṭṭāb S II 934
Manāqib amīr al-muʾminīn wal-Ḥusayn S II 945
Manāqib amīr Sulṭān S II 634
Manāqib al-ʿashara wa-ʿammay rasūl Allāh S I 629
Manāqib al-ashrāf wal-maʾāthir S II 595
Manāqib al-aṣḥāb al-ʿashara G I 369
Manāqib al-awliyāʾ S I 916$_{,10e}$
Manāqib Baghdād S I 917$_{,19a}$
Manāqib a. Bakr b. al-Qawwām G II 90, S II A/C 106
Manāqib a. Bakr al-Ṣiddīq S II 929
Manāqib Bani ʾl-ʿAbbās S I 170
Manāqib al-bayt S II 527

Manāqib wa-faḍāʾil amīr al-muʾminīn S I 549
Manāqib i Ghawthiyya S I 778,20
Manāqib i ḥaḍrat shāhi Naqshband S II 282
Manāqib a. Ḥanīfa G II 225, S I 549, II 528,34
-Manāqib al-Ḥaydariyya S II 851
Manāqib Ibr. al-Dasūqī S II 153
Manāqib al-Ibrāhīmiyya wal-maʾāthir al-Khidīwiyya S II 768
Manāqib al-imām A. b. Ḥanbal S I 309 (see 951)
Manāqib imām al-aʾimma wa-qāʾid al-azimma A. b. Ḥanbal S I 917,18
Manāqib al-imām al-aʿẓām S II 542,122, 651
Manāqib al-imām al-aʿẓām a. Ḥanīfa S II 316
Manāqib al-imām a. Ḥanīfa S I 642
Manāqib al-imām Mālik S II 346 A/C, 961,33
Manāqib al-imām al-Shāfiʿī S I 619, 921
Manāqib al-imām al-Shāfiʿī wa-aṣḥābih G I 506, II 51, S II 50
Manāqib al-maʿārif S I 801,175
-Manāqib wal-mathālib S II 908
Manāqib i Murtaḍawī S I 270
Manāqib wa-musnad a. Ḥanīfa S I 285, 636
Manāqib nāme i Niyāzī S II 663
-Manāqib al-Nūriyya S I 553
Manāqib ʿU. b. al-Khaṭṭāb G I 503, S I 917,14
Manāqib Rashīd al-Dīn Sinān S II 24
-Manāqib al-sariyya G II 28
Manāqib al-sayyid Ḥamza G II 384
Manāqib al-Shāfiʿī S I 304, II 75,69
Manāqib al-shaykh ʿAl. al-Manūfī S II 99
Manāqib al-shaykh ʿAl. al-Yūnīnī S II 400
Manāqib shaykh al-Islām b. Taymiyya S II 119
Manāqib al-shaykh ʿIzz al-Dīn al-Sulamī S I A/C 767
Manāqib al-shaykh M. b. ʿĪsā S II 703
Manāqib al-Suyūṭī S II A/C 178
Manāqib al-ṣāliḥ ʿAyyād al-Zayyāt S II 358
Manāqib al-ṣāliḥa ʿĀʾisha bint ʿImrān al-Manūbī S II 358
-Manār G II 106, S III 321
Manār al-anwār fī uṣūl al-fiqh G II 196, S II 263
Manār al-hudā fī ʾl-waqf wal-ibtidāʾ S II 453, 979
Manār al-irāda li-sulūk ṭarīq al-sāda S II 1005,87
Manār al-mamādiḥ G I 439
-Manār fī ʾl-mukhtār min jawāhir al-baḥr al-zakhkhār G II 187, S II 246, 562
Manār al-qāʾif S I 454
Manār al-sālik ilā awḍaḥ al-masālik S I 523
Manār al-Sirāj S I 650
Manārāt al-sāʾirīn etc. G I 448, S I 803
-Manāsik G II 85, 316, S II 99
-Manāsik lil-Amīr al-kabīr S II 738
Manāsik al-ḥajj G I 448, II 320, 358, S I 768, II 125,128, 445 A/C, 449, 575, 737 A/C, 963,54, 974,24
Manāsik al-ḥajj wa-aḥkāmuhu S I 314
Manāsik al-ḥajj ʿalā madhhab al-imām Mālik S II 439
Manāsik al-ḥajj wal-ʿumra G II 712 ad 365, S II 493
-Manāsik al-ilāhiyya S II 507
Manāsik b. Jibrīl S II 434
k. al-Manāsik al-kabīr S II 427
-Manāsik al-kubrā S II 441, 965,15
Manāsik al-Nawawī S I 686
Manaṣṣat al-ʿadhārā S II 258
Manāṭ al-aḥkām S II 835
Manāzil al-abdāl fī bayān al-manāzil wal-aḥwāl S I 808
Manāzil al-aḥbāb wa-manāzih al-albāb G I 264, II 44, 55, S II 43
Manāzil al-arwāḥ G II 115
-Manāzil wal-diyār S I 553
Manāzil al-firdaws S II 707
-Manāzil fī ʾl-ḥisāb G I 224
Manāzil al-ʿibād wal-ʿibāda S I 356,23
Manāzil fī manāzil al-qamar S II 513
Manāzil al-sāʾirīn G I 433, II 106, S I 774
Manāzil al-sālikīn G II 221
-Manāẓir S I 368, 930,37
Manāẓir al-ḥasanāt S II 360
Manāẓir ilāhiyya S II 284,10
Manbaʿ al-asrār G II 205
Manbaʿ al-ḥayāt fī ḥujjat qawl al-mujtahidīn min al-amwāt S II 586
Manbaʿ al-ʿilm S I 266
Manbaʿ al-Nīl S II A/C 111
-Manfaʿa S I 428,36
Manfaʿa kāmila fī ʿilm al-jabr wal-muqābala S I 858

Manfaʿat al-sāʾil G II 262
-*Manhaj al-aḥmad fī tarājim aṣḥāb al-imām A.* G II 43, S II 42
Manhaj al-albāb G I 426
-*Manhaj al-aslam* S II 110
-*Manhaj al-asnā* G II 376, S II 506
Manhaj al-bayān al-ṣāfī fī ʿilmay al-ʿarūḍ wal-qawāfī S II 851
Manhaj al-daʿawāt G I 498
-*Manhaj al-fāʾiq etc.* G II 248, S II 348
-*Manhaj al-ḥamīd, sharḥ Jawharat al-tawḥīd* S II A/C 437
-*Manhaj al-ḥanīf fī maʿna ʾsmihī taʿāla ʾl-laṭīf* G II 329, S II 457
Manhaj al-ijtihād S I 712, II 829
Manhaj al-inṣāf al-ʿāṣim min al-tawahhum wal-khilāf S II 564
Manhaj al-kamāl wa-simṭ al-laʾāl S II 553
Manhaj al-maqāl G II 385, S II 520
-*Manhaj al-maslūk fī siyāsat al-mulūk* S II 1017$_{,38}$
-*Manhaj al-mubīn fī bayān adillat madhāhib al-mujtahidīn* S I 619, II 467$_{,52}$
-*Manhaj al-mubīn, sharḥ al-Arbaʿīn* S I 683$_{,4}$, II 15
-*Manhaj al-mubīn fī sharḥ ḥadīth awliyāʾ Allāh al-muttaqīn* S II 469
-*Manhaj al-muntakhab al-mustaḥsan etc.* S II 889
-*Manhaj al-muntakhab ilā uṣūl al-madhhab* G II 264, S II 376
-*Manhaj al-qawī fī sharḥ masāʾil al-taʿlīm* S II 529
-*Manhaj al-qawīm* G I 404
Manhaj al-rāʾiḍ bi-ḍawābiṭ al-farāʾiḍ S II 113
Manhaj al-rashād fī ḥukm man māta bi-ghayr walad S II 526
Manhaj al-sālik ilā ashraf al-masālik G II 332, S II 460
Manhaj al-sālik fī maqāṣid Alfiyyat b. Mālik S II 502
Manhaj al-sālik, sharḥ al-Alfiyya S I 523
Manhaj al-sālik, sharḥ Tashīl al-fawāʾid S I 522 (see A/C)
-*Manhaj al-sawī* G II 147, S II 182$_{,41}$
-*Manhaj al-sawī, sharḥ Muṣṭalaḥ al-ḥadīth* S II 236
-*Manhaj al-sawī fī tarjamat al-imām al-Nawawī* G II 157, 237
Manhaj al-Shīʿa fī faḍāʾil waṣiyyat sayyid al-sharīʿa S II 576
Manhaj al-sulūk G II 135
Manhaj al-ṣawāb fī qubḥ istiktāb ahl al-kitāb S II A/C 65
-*Manhaj al-tāmm fī tabwīb al-ḥukm* S II 519
Manhaj al-taysīr ilā ʿilm al-tafsīr S II 443
Manhaj al-thiqāt fī tarājim al-quḍāt S II 781
Manhaj al-ṭālib S I 531
Manhaj al-ṭālibīn fi ʾl-radd ʿala ʾl-Bābiyya S II 848
Manhaj al-ṭullāb G I 395, II 99, S I 682
Manhaj al-ʿummāl G II 385, S II 184$_{,36b}$, 519
Manhaj al-wafāʾ S I 631, $_{h}$
Manhaj al-wuṣūl, sharḥ al-Fuṣūl G II 99, 125, S II 155
-*Manhal al-ʿadhb al-badīʿ fī madḥ al-malīḥ al-shafīʿ* S II 10
-*Manhal al-ʿadhb fī iṣlāḥ mā wahiya min al-Kaʿba* S II A/C 520
-*Manhal al-ʿadhb bil-mawārid fī faḍl ʿimārat al-masājid* S II 747
-*Manhal al-ʿadhb al-musayyab fī sharḥ al-ʿamal bil-rubʿ al-mujayyab* S II 212
-*Manhal al-ʿadhb al-mustaṭāb fī kayfiyyat al-ʿamal bil-asṭurlāb* S II 1023$_{,60}$
-*Manhal al-ʿadhb al-rāʾiq al-salsāl* S II 1011
-*Manhal al-ʿadhb al-rawī fī tarjamat quṭb al-awliyāʾ al-Nawawī* S I 680
-*Manhal al-ʿadhb al-sāʾigh* G II 350, S II 477
-*Manhal al-ʿadhb fī sharḥ asmāʾ al-rabb* G II 173
-*Manhal al-ʿadhb fī taʾrīkh Ṭarābulus al-Gharb* G II 713
-*Manhal al-ʿadhb al-zulāl etc.* G II 128, S II 159
-*Manhal al-aṣfā* S I 631
Manhal al-ʿaṭshān fī faḍl laylat al-niṣf min Shaʿbān S II 516
Manhal al-ʿaṭshān ʿalā Fatḥ al-raḥmān S II 810
Manhal al-awliyāʾ etc. G II 374, S II 501
Manhal al-fuhūm etc. S II 228$_{,20}$
Manhal al-hudāh S II 655
Manhal al-iḥrāʾ fī taʿlīq al-iḥrāʾ S II 223
Manhal al-laṭāʾif etc. G II 158, S II 197$_{,293}$
Manhal al-māʾ al-maʿīn S II A/C 699
-*Manhal al-maʾhūl bil-mabnī al-majhūl* S II 924

-Manhal al-murwī S II 182,41
-Manhal al-rāʾiq, mukhtaṣar S II 267
-Manhal al-rawī S II 235
-Manhal al-rawī fī ʾṣṭilāḥ al-ḥadīth al-Nawawī S I 611
-Manhal al-rawī al-rāʾiq etc. S II 884
-Manhal al-sākib fī maʿrifat taḥrīk al-kawākib S II 485
-Manhal al-ṣāfī wal-mustawfī baʿd al-Wāfī G II 27, 42, S II 40
-Manhal al-ṣāfī sharḥ al-Wāfī G II 193, S II 258
Manhal al-taḥqīq fī masʾalat al-gharānīq S II 482
Manhal al-wāridīn min biḥār al-fayḍ S II 774,34
Manhal al-wurrād fī ʿilm al-intiqād G II 361, S II 427 A/C, 761
Manhal al-ẓarāfa G II 41
-Manhiyya S II 277,19a
Manḥ al-ʿajāb G II 350, S II 477,25
-Manḥ al-azhar S I 286,6
Manḥ al-jalīl S II 98
-Manḥ al-nafsī S II 477
Manḥ al-sāmiʿ G II 272, S II 384
-Mankhūl min al-manqūl fī maʿrifat ṣifāt al-khuyūl S II 1036,2
-Mankhūl fī ʾl-uṣūl G I 424, 425, S I 754
-Mann bil-imāma G I 339, S I 554
-Mann wal-salwa G II 460
-Mannān S I 248
-Mansak G II 95
-Mansak al-awsaṭ S II 524
-Mansak al-ṣaghīr G II 416, S II 524
Mansha' al-laṭāfa fī dhikr man waliya ʾl-khilāfa S II 40
Manshaʾ al-naẓar G I 467
-Manshūr fī majālis al-ṣudūr G I 504
-Manṣūrī G I 234, 492,2, S I 419
Manthūr al-durar fī faḍāʾil al-suwar S II 179,2
Manthūr al-ḥikam S I 829, II 1031,40
Manthūr al-khiṭāb fī mashhūr al-abwāb S I 772
Manthūr al-manthūr etc. S II 744
-Manthūr wal-manẓūm G I 138, S I 210
Manthūr al-manẓūm al-Bahāʾī S II 910
-Manthūr fī tartīb al-qawāʿid al-fiqhiyya G II 91
-Manthūr al-ʿūdī ʿala ʾl-manẓūm al-Suʿūdī S II 496,23 (to be read thus), 651
-Manthūra al-muʿaẓẓama S II 617
-Manṭiq G II 234
Manṭiq al-asrār bi-bayān al-anwār S I 735
-Manṭiq al-faḥwānī etc. S II 522
-Manṭiq al-kabīr G I 507
-Manṭiq al-mafhūm min ahl al-ṣamt al-maʿlūm G I 503, S I 917,22
Manṭiq al-Mashriqiyyīn S I 820,68a
Manṭiq al-ṭayr G II 13
-Manṭūq fī maʿrifat al-furūq S II 859
-Manzaʿ al-badīʿ S II 16
Manzil al-ʿaẓama S I 791,4
Manzil al-manāzil fī maʿna ʾl-taqarrubāt etc. S II 284
Fī manzil al-waḥy S III 210
-Manzila bayn al-manzilatain S I 316,3
Manẓūm al-durar G II 70
-Manẓūm wal-manthūr S II A/C 935
Manẓūm qalāʾid al-durr al-nafīs S II A/C 284
Manẓūmat al-adab S I 459
Manẓūma fī aḥkām al-farāʾiḍ S II 822
Manẓūmat al-akl G II 94
Manẓūmat al-alghāz G I 263
Manẓūma fī ʾl-alghāz al-naḥwiyya G II 259, S II 371
Manẓūma fī ʾl-anbiyāʾ alladhīna yajib al-īmān bihim tafṣīlan S II 743
Manẓūmat ʿaqāʾid al-Nasafī S II 443
Manẓūma fī ʾl-ʿaqīda S I 306
Manẓūma fī ʾl-ʿarūḍ S II A/C 446
Manẓūmat al-Ashkhar S II 548
Manẓūmat b. ʿĀshir fī ʾl-fiqh S II 700
Manẓūma fī asmāʾ Allāh al-ḥusnā G II 345, S II A/C 476
Manẓūma fī asmāʾ al-ḥuffāẓ G II 48, S II 47
Manẓūmat al-awqāt G II 393
-Manẓūma al-Badriyya S II 518
Manẓūma fī ʾl-dāl wal-dhāl S II 925
Manẓūma dāliyya fī ʾl-naqd ʿalā man ʿāba ʾl-ḥadīth S I 579
Manẓūmat al-Dardīr fī asmāʾ Allāh al-ḥusnā S II 480
Manẓūma fī ʾl-dhāl al-muʿjama wal-dāl al-muhmala S II 16
Manẓūmat dhawi ʾl-arḥām G II 324, S II 446
Manẓūmat al-dimāʾ S II 255

-Manẓūma al-durriyya fī madḥ sayyid al-bariyya S II 782
Manẓūma fī ḍabṭ rumūz al-Jāmiʿ al-ṣaghīr etc. S II 184,56m
Manẓūma fī faḍāʾil al-khayl S II 198, 319
Manẓūma fī 'l-farāʾiḍ G I 367, 385, II 142, S II 177, 206
-Manẓūma al-farīda S I 199
Manẓūma fī 'l-farq bayna 'l-ḍād wal-ẓāʾ G II 165
Manẓūma fī 'l-farq bayna 'l-jamʿ wa-ism al-jins S II 726
Manẓūma fī 'l-farq bayna 'l-ẓāʾ wal-ḍād S II 676
Manẓūmat al-Fāsī S II 695
Manẓūma fī 'l-fatāwī G II 88
Manẓūma fī 'l-fiqh G II 176, S II 505
Manẓūmat al-Fiqh al-akbar S I 286
Manẓūma fī 'l-furūʿ S II 560
Manẓūma ghazaliyya gharāmiyya S I 635
Manẓūma fī ghazawāt al-Muṣṭafā S II 648
Manẓūmat al-Hāmilī S II A/C 240
-Manẓūma al-Ḥāsibiyya fī 'l-qaḍāyā al-nujūmiyya S I 401
Manẓūmat ḥusn al-mujāz S II 925,108
Manẓūmat īdāʾ al-iḍāfa S II 454
Manẓūmat al-ijmāʿ G II 142
Manẓūmat al-ikhtilāf fī sāʿat al-ijāba S II 938
Manẓūmat ʿilm al-adab G II 324
Manẓūma fī ʿilm al-bayān S II 499
Manẓūma fī ʿilm al-farāʾiḍ G II 96
Manẓūma fī ʿilm al-manṭiq G II 142, S II 177
Manẓūma fī ʿilm al-naḥw G II 142, S II 177
Manẓūma fī ʿilm al-taksīr S II 380
Manẓūma fī ʿilm al-taṣawwuf G II 142, S II 177
Manẓūma fī ʿilm al-ṭibb G II 142, S II 177
-Manẓūma al-ʿImādiyya fī ādāb al-akl wal-shurb S II 111
Manẓūma fī 'l-istiʿārāt G II 312, S II 443
Manẓūmat al-istighfār S II 478,56
Manẓūmat al-Iṣfahānī S II 571
Manẓūma fī 'l-itbāʿ wal-tawkīd S II 700
Manẓūma fī 'l-jabr wal-muqābala S II 155 A/C
-Manẓūma al-Jazāʾiriyya fī 'l-tawḥīd G II 252, S II 357
-Manẓūma al-Jazariyya S II 275,4
Manẓūmat al-kabāʾir G II 64
Manẓūmat al-kamāl S II 171
Manẓūmat kashf al-rān fī 'l-zāʾiraja S I 799,126a
Manẓūmat al-kawākib G II 196, S II 265
Manẓūmat khayr al-umūr etc. S II 865
Manẓūma fī 'l-kitāba S I 434
Manẓūma lāmiyya fī 'l-ʿarūḍ S II 920
Manẓūma fī mā warada min al-afʿāl bil-wāw wal-yāʾ S I 526
Manẓūma fī mā yataʿallaq bil-azwāj etc. S II 1032
Manẓūma fī 'l-maʿānī wal-bayān S II 177, 582
Manẓūma fī 'l-madhāhib al-arbaʿa G II 197
Manẓūma fī 'l-maʿfuwwāt G II 94, S II 110
Manẓūma fī 'l-majāz wal-istiʿāra S II 873
Manẓūma fī 'l-mamdūd wal-maqṣūr S I 173
Manẓūma fī 'l-manṭiq G II 392, S II 597,32a
Manẓūmat al-Manūfī S II 611
-Manẓūma al-Miṣriyya G II 481
Manẓūmā Miṣriyya waṭaniyya S II 732
Manẓūmat al-muʿashsharāt al-zuhdiyya G I 273, II 696
Manẓūma fī 'l-mughārasa etc. S II 437
Manẓūma fī muhmalāt al-buḥūr al-sitta S II 446,15
Manẓūmat M. al-Nābigha S II 98
-Manẓūma al-Muḥibbiyya S II 88
Manẓūmat al-mujayyab G II 357
Manẓūmat al-mujtahidīn G II 149, S II 186,101
Manẓūmat Muqaddimat al-Nīl al-saʿīd S II 116
-Manẓūma al-murabbaʿa S I 703
Manẓūma fī muṣṭalaḥ al-ḥadīth S II 399
Manẓūmat al-muwajjahāt fī 'l-manṭiq S II A/C 482
Manẓūma fī 'l-naḥw S I 547, II 781
Manẓūma fī 'l-najāsāt S II 403
-Manẓūma al-Nasafiyya fī 'l-khilāfiyyāt G I 428, S I 761
Manẓūma fī naẓāʾir r. al-Qayrawānī S II 338
Manẓūma fī 'l-nikāḥ S II 693
Manẓūmat al-Nubdha al-muḥaddatha S II 454
Manẓūmat Nukhabat al-wajīz S II 830
Manẓūma fī 'l-qadar S II 125,147

Manẓūmat Qālūn S II 454
Manẓūma fi ʾl-qirāʾāt wal-tajwīd S II 744
Manẓūmat al-qubūr S II A/C 190
-Manẓūma al-Raḥbiyya G I 391, II 321, S I 675
Manẓūmat al-Ruqaʿī S II 205
Manẓūma fī salk al-nujūm S II 1019,17
-Manẓūma al-saniyya fī bayān al-asmāʾ al-lughawiyya S I 161
Manẓūmat al-shaykh Amīn al-Jindī S II 752
Manẓūmat al-Shīwī S II 493
Manẓūma fī shuʿab al-īmān S II 312
Manẓūmat al-Shubrāwī S II 335
-Manẓūma al-Shubrāwiyya fi ʾl-naḥw S II 391
Manẓūma fī shuhūd al-sawʾ G II 141
Manẓūma fī sīrat al-rasūl G II 142
-Manẓūma al-sunniyya G II 228
Manẓūmat al-tabṣira lil-muʾminīn S II 190,178a
Manẓūma fī taʾrīkh madīnat Zabīd S II 549
Manẓūma fī tarjamat al-Habaṭī S II 996,8
Manẓūma fī ʾl-tawḥīd S II 447, 460
Manẓūma fī ʾl-tawassul S II 711
-Manẓūma al-Tilimsāniyya fi ʾl-farāʾiḍ S I 666
Manẓūma fi ʾl-ṭabāʾiʿ wal-ṭubūʿ wal-uṣūl S II A/C 373
Manẓūma fi ʾl-ṭibb G I 457₈₁, II 263
Manẓūma ṭibbiyya S II 228
Manẓūma ṭibbiyya fi ʾl-ʿilājāt etc. S II 713
Manẓūma fi ʾl-ʿuqūd S II 1020,28
Manẓūma fi ʾl-uṣūl S II 831
Manẓūma fi uṣūl al-dīn G II 142, 317, S II 437, 581 A/C
Manẓūma fi uṣūl al-fiqh G II 142, S II 177
Manẓūma fi uṣūl al-ṭibb S I 823,81
Manẓūmat wasīlat al-fawz S II 597,37
Manẓūmat wasīlat al-fawz wal-amān S II 576
Manẓūma fi ʾl-zakāt S II 960,18
Manẓūmat Zubdat al-uṣūl S II 597,17
Manẓūma fi ʾl-ẓāʾ wal-ḍād S II 16
Maqābis al-anwār wa-nafāʾis al-asrār etc. S II 505
Maqādīr al-sharābāt G I 458,95
Maqāl makhṣūṣ G II 31
Maqāl al-qāʾilīn G II 451,69
-Maqāla al-ʿadhba S II 475,79
-Maqāla al-ʿadhba fī masʾalat al-ʿimāma wal-ʿadhaba G II 397, S II 541,79
Maqāla fi ʾl-adwiya al-qalbiyya S I A/C 827
Maqāla fi ʾl-aghdhiya wal-adwiya S I 827,95t
Maqāla fi aghrāḍ mā baʿd al-ṭabīʿa S I A/C 376
-Maqāla fi ʾl-ajsām al-ʿulwiyya S I 958 ad 378
Maqāla allafahā li-a. Jaʿfar M. b. Mūsā S I 368
Maqāla fī ʿamal al-yad G I 240
Maqāla fī aʿmār al-ʿaqāqīr G I 240
-Maqāla al-Amīniyya fi ʾl-faṣd G I 487, S I 891
Maqāla fī anna ʾl-ajrām al-ʿulwiyya dhāt nufūs nāṭiqa S I 378
Maqāla fī anna ʾl-farrūj aḥarr min al-farkh S I 885
Maqālat Arisṭū fī ʿilm mā baʿd al-ṭabīʿa etc. S I 956 ad 370
Maqāla fī asmāʾ aʿḍāʾ al-insān S I 198
Maqāla fī bayān al-aʿrāḍ S I 894
Maqāla fī dafʿ al-sumūm S II 1031,42
Maqāla fī dhikr al-ḥudūd etc. S I 888
Maqāla fi ʾl-fawz G I 426
Maqāla fi ʾl-ḥammām S II 666
Maqāla fi ʾl-ḥayawān S II 1037
Maqāla fi ʾl-ḥisāb G I 223, II 285
Maqāla fi ʾstikhrāj taʿdīl al-nahār etc. S I 869
Maqālat ithbāt kayfiyyat tarkīb ṭabaqāt al-ʿayn S I A/C 896
Maqālat ithbāt al-kutub allatī lam yadhkurhā Jālīnūs fī fihrist kutubihi S I 368
Maqāla fi ʾl-jabr wal-muqābala S I 855
Maqālat kallā wa-mā jāʾa minhu fī kitāb Allāh S I 198
Maqāla fi ʾl-kamāl al-khāṣṣ bi-nawʿ al-insān S I 378
Maqāla fi kashf al-shubha etc. S I 857
Maqāla fi kayfiyyat al-raṣd S I A/C 852
Maqāla fi ʾl-kīmiyyā S I 432,11
Maqāla laṭīfa etc. G II 40, S II 37,c
-Maqāla al-lāzawardiyya etc. S II 190,169ppp
Maqāla fi ʾl-līmūn etc. S I 897
Maqāla fī mā baʿd al-ṭabīʿa S I 421,57
Maqāla fī maʿāni ʾl-ʿaql G I 212
Maqāla fī māhiyyat al-athar etc. S I A/C 852
Maqāla fi ʾl-malankhūliyya G I 232

Maqāla fī ’l-maqādīr al-muntaqāt wal-ṣumm S I 389
Maqāla fī maʿrifat al-samt etc. S I 383
Maqāla Masīḥiyya S I 324,$_{6}$
Maqāla fī misāḥat al-muthallath etc. S I 854, II 1022,$_{56}$
-*Maqāla al-Miṣriyya* S I 885
Maqāla fī ’l-mizāj S I 835
Maqāla fī ’l-muḥarrik al-awwal S I 378
Maqāla fī munāqaḍat ʿA. b. Riḍwān S I 885
-*Maqāla al-muqarrara fī taḥqīq al-kalām al-nafsī* S II A/C 292
-*Maqāla al-mushāʿa bi-sharḥ naẓm Asrār al-sāʿa* S II 446,$_{23}$
-*Maqāla al-nāfiʿa* G II 419, S II 617
-*Maqāla al-nāṣṣa* G II 404, S II 555
Maqāla fī qawānīn ṣināʿat al-shiʿr S I 958 ad 376,$_{22}$
Maqāla fī ’l-quwā al-ṭabīʿiyya S I 884
-*Maqāla fī ’l-radd ʿala ’l-munajjimīn* S I 718
-*Maqāla fī ’l-radd ʿala ’l-Naṣārā* S I 372
Maqāla fī rasm al-quṭūʿ G I 219, S I 386
Maqāla fī ’l-shakl al-rābiʿ min ashkāl al-ḥaml S I 857
Maqāla fī sharḥ baytay al-raqmatayn S II 476,$_{133}$
Maqāla shukriyya lil-ḥaḍra al-Ismāʿīliyya S II 726
Maqāla fī tadāruk al-khaṭaʾ etc. S I 827,$_{95,0}$
Maqāla fī tadbīr al-ṣiḥḥa al-Afḍaliyya S I 894
Maqālat taḥāwīl al-sinīn G I 210, S I 374
Maqāla fī ’l-tanbīh ʿalā mawāḍiʿ al-ghalaṭ etc. S I A/C 853
Maqāla fī taqāsīm al-amrāḍ G I 239
Maqāla fī taʿrīb lafẓ al-zindīq S II A/C 673
Maqāla tashtamil ʿalā fuṣūl min k. al-Ḥayawān li-Arisṭū S I 894
Maqāla fī tazyīf muqaddamāt maqālat a. Sahl al-Qūhī S I 857
Maqāla fī ’l-tiryāq S I 835
Maqāla fī ’l-ṭarīq alladhī ātharahu ʿalā sāʾir al-ṭuruq etc. S I 822,$_{76}$
Maqāla fī ṭarīq al-taḥlīl wal-tarkīb G I 219, S I 386
-*Maqāla al-ūlā min al-samāʿ al-ṭabīʿī* S I 836
-*Maqālāt* S I 341, 343, 346
-*Maqālāt al-adabiyya* S II 722
Maqālāt ahl al-milal wal-niḥal S I 586
-*Maqālāt al-arbaʿ* G I 222
-*Maqālāt al-ʿashr li-Arisṭūṭālīs* S I 364
-*Maqālāt lil-Balkhī* S I (619), 343
Maqālāt al-falāsifa G II 139
-*Maqālāt al-Gharawiyya etc.* S II 829
Maqālāt b. Hubal S I 895
-*Maqālāt fī ḥall al-mushkilāt* G II 298, S II 410
-*Maqālāt fī ’l-ḥisāb* S II 364
-*Maqālāt al-ḥusnā fī nasab al-sāda al-asnā* S II 403
Maqālāt fī ʿilm al-muḥāḍarāt G II 429, S II 638
Maqālāt al-Islāmiyyīn etc. G I 195, S I 345
-*Maqālāt al-Jawhariyya ʿala ’l-maqāmāt al-Ḥarīriyya* S I 488,$_{9a,17}$, II 511, 667
-*Maqālāt al-kubrā* S I A/C 428
-*Maqālāt al-laṭīfa fī ’l-maṭālib al-munīfa* S II 837
Maqālāt al-majānīn S II 909
-*Maqālāt al-munfira* G II 174
Maqālāt al-qāʾilīn bil-ḥāl S II 670,$_{69}$
Maqālāt qaṣr al-Dūbārā S III 85
-*Maqālāt al-rafīʿa fī uṣūl ʿilm al-ṭabīʿa* G I 212, S I 376
-*Maqālāt al-saniyya fī madḥ khayr al-bariyya* S II 640
Maqālāt fī ṣināʿat al-ṭibb G I 235, S I 420,$_{15}$
Maqālāt fī ’l-ṭibb G I 239, S I 425
Maqālāt al-udabāʾ wa-munāẓarāt al-nujabāʾ S II 379
-*Maqālāt al-ʿUthmāniyya* S I 242,$_{8}$
-*Maqālāt al-wujūdiyya* S I 844
Maqālāt al-Zaydiyya wal-Rāfiḍa S I 242,$_{5}$
-*Maqālīd* G I 293
Maqālīd al-asānīd etc. S II 691
Maqālīd al-ḥikma wa-maṣābīḥ al-ẓulma S I 428,$_{58}$
Maqālīd al-ḥurūf G II 201
Maqālīd al-rumūz G II 201
Maqālīd al-ʿulūm G II 216
-*Maqālīd al-wujūdiyya etc.* S I A/C 484
Maqām al-qurba wa-fakk al-kurba G I 443, S I 795,$_{20}$
-*Maqāma fī ’l-aḥāji ’l-naḥwiyya* S II 198,$_{331}$
Maqāmat al-amthāl al-sāʾira S II 508
-*Maqāma al-Aybakiyya* S II 29

-Maqāma al-badīʿiyya fī waṣf jamāl al-maʿālim al-Makkiyya S II 486
-Maqāma al-baḥriyya S I 445
-Maqāma al-bakhshīshiyya S II 868
-Maqāma al-dhahabiyya S II A/C 197
-Maqāma al-Dimashqiyya S II 175
-Maqāma al-Dujayliyya S II 500
Maqāma fī dukhūl al-Fransāwiyyīn al-diyār al-Miṣriyya S II 720
Maqāmat fatḥ Qandiyya S II 630
-Maqāma al-Fikriyya G II 475, S II 722
-Maqāma al-fusṭuqiyya S II A/C 197
-Maqāma al-Ghūriyya G II 171
-Maqāma al-Hindiyya S II 690
-Maqāma al-Hītiyya al-Shīrāziyya G I 258
-Maqāma al-Huwaydiyya S II 513
-Maqāma al-Ḥalabiyya S II 383
-Maqāma al-Ḥāsibiyya S I A/C 489
-Maqāma al-Ḥifniyya G II 283, S II 392
-Maqāma al-Iskandariyya G II 283
-Maqāma al-Jamāliyya G II 377
-Maqāma al-Jawhariyya etc. S II 383
-Maqāma Jazīriyya S III 338
-Maqāma al-laghziyya S II 758, III 379
-Maqāma al-lāzawardiyya S II 197
-Maqāma al-luʾluʾiyya S II 197,302b
-Maqāma wal-maqāla al-dhahabiyya G II 154,237
-Maqāma al-manẓariyya etc. G II 188,11,4, S II 248, 909
-Maqāma al-Mawlawiyya al-Ṣāḥibiyya S I 490
-Maqāma al-miskiyya al-wardiyya S II A/C 197
-Maqāma al-Miṣriyya fi 'l-taṣawwuf S II 197,302d
Maqāma fi 'l-mufākhara bayna 'l-māʾ wal-hawāʾ S II 750
Maqāma fi 'l-mufākhara bayna 'l-tūt wal-mishmish S I 458
Maqāmat al-muḥākama bayna 'l-mudām wal-zuhūr G II 283
Maqāma naẓariyya G II 188
Maqāmat al-Qabbānī G II 373, S II 501
Maqāma fi 'l-radd ʿalā man kadhab S II 198,329
Maqāmat al-sāʾirīn S I 490
Maqāmat sājiʿat al-ḥaramayn S II 198,330
-Maqāma al-saniyya S II 906
-Maqāma al-Saraqusṭiyya G I 309
-Maqāma al-sundusiyya G II 147, S II 183,45
Maqāmat al-Suwaydī G II 374
-Maqāma al-Ṣūfiyya S II 174
Maqāma fī tadbīr al-amrāḍ etc. S I 885
-Maqāma al-tuffāḥiyya S II A/C 197
Maqāma fi 'l-ṭāʿūn al-ʿāmm G II 140, S II 174
Maqāmat al-ṭīb S II 197,302c
Maqāmat al-ʿushshāq S II 43
-Maqāma al-wardiyya G II 159,126, S II 187,128, 197,302a
-Maqāma fī waṣf al-nisāʾ S II A/C 167
-Maqāma al-yāqūtiyya S II 198,332
-Maqāma al-zulāliyya G II 430
-Maqāma al-zumurrudiyya S II A/C 197
-Maqāmāt wal-ādāb S I A/C 772
Maqāmāt al-Aḥdab S II 760
-Maqāmāt al-ʿaliyya fi 'l-karāmāt al-jaliyya G II 72, S II 77
Maqāmāt al-Ālūsī G II 498
Maqāmāt b. ʿArabī S I 801,201
Maqāmāt al-ʿārifīn G I 441,10, II 73
Maqāmāt Badīʿ al-zamān G I 95, S I 152
Maqāmāt al-Barbīr S II 750
Maqāmāt al-Birkawī S II 658,39
-Maqāmāt al-falsafiyya etc. G II 708 ad II 130, S II 161
-Maqāmāt al-Hindiyya S II 601
-Maqāmāt al-ḥalāliyya S II 786
-Maqāmāt al-Ḥamdūniyya S II 875
Maqāmāt al-ḥaqīqa wal-khayāl S III 85
Maqāmāt al-Ḥarīrī G I 276, S I 487
Maqāmāt al-Ḥu. b. al-ʿAṭṭār S I 490
Maqāmāt al-Ḥusaynī G II 193
-Maqāmāt al-ithnā ʿashara G II 192, S II 255
-Maqāmāt al-ithnā ʿashariyya S II 585
-Maqāmāt al-Jalūliyya al-Ṣafadiyya S II 202
-Maqāmāt al-Jawziyya fi 'l-maʿāni 'l-waʿẓiyya G I 505, S I 919,57
Maqāmāt i Khwāja Bahāʾ al-Dīn Naqshbandī S II 282
Maqāmāt fi 'l-kīmiyyāʾ G I 524
-Maqāmāt al-Masīḥiyya G I 278, S I 489
Maqāmāt al-Masʿūdī S II 908
Maqāmāt al-najāh S II 586
Maqāmāt b. Nāqiyā S I 486
Maqāmāt wa-rasāʾil b. al-ʿArīf S II 203

Maqāmāt wa-rasāʾil al-Wahrānī S II 911
-Maqāmāt al-Rayyāniyya S II 909
-Maqāmāt al-saniyya al-makhṣūṣ biha 'l-sāda al-Ṣūfiyya S II 148
-Maqāmāt al-Saraqusṭiyya (*Qurṭubiyya*) S I 543
Maqāmāt sayyidī a. 'l-Q. b. Manṣūr b. Ya. al-Qabbārī al-Iskandarī S II 1010
Maqāmāt al-Ṣūfiyya G I 438, S I 783
Maqāmāt al-Suyūṭī G II 158, S II 197,302
Maqāmāt al-Tilimsānī S I 458
Maqāmāt al-ʿulamāʾ G I 423
Maqāmāt al-ʿushshāq G I 258, S I 458
Maqāmāt b. al-Wardī S II 175
-Maqāmāt al-Zayniyya G II 159 (read: *Br. Mus.* 669), S II 199
Maqāmāt al-Zamakhsharī G I 292, S I 511
-Maqāmiʿ S II 842,7
Maqāṣid al-ʿābidīn S I 751,38b
Maqāṣid al-afʿāl S I 608
-Maqāṣid al-ʿaliyya S II 132, 450
Maqāṣid al-ʿārifīn S II 467,54
Maqāṣid al-aṭibbāʾ S I 421
-Maqāṣid al-ʿawālī S II 709
Maqāṣid al-dalīl wa-burhān al-sabīl S II 957,103
Maqāṣid al-falāsifa G I 425,55, S I 755
-Maqāṣid al-ḥamīda fī maʿrifat al-ʿaqīda S II 991,16
-Maqāṣid al-ḥasana G II 35, 148, S II 32,7
Maqāṣid al-imām al-Nawawī etc. S I 686
Maqāṣid al-iʿrāb S II 155,14
Maqāṣid al-kalām fī ʿaqāʾid al-inʿām S II 304,10
Maqāṣid al-maṭāliʿ etc. S II 181,21d
-Maqāṣid al-muhmala etc. S I 612,c
-Maqāṣid al-mumaḥḥaṣa G II 347, S II 474,34
-Maqāṣid al-naḥwiyya G I 299, II 53, S I 524,11
-Maqāṣid al-nāmiya S II 698
Maqāṣid al-riʿāya G I 198
Maqāṣid al-sāʾirīn ilā bayt Allāh rabb al-ʿālamīn S II 521
-Maqāṣid al-saniyya fī 'l-aḥādīth al-ilāhiyya G II 40, S II 80
-Maqāṣid al-saniyya li-maʿrifat al-ajsām al-maʿdaniyya S II 37,37k
-Maqāṣid al-saniyya fī sharḥ al-qaṣāʾid al-nabawiyya S I 550
Maqāṣid al-ṣalāh G I 431, S I 767
-Maqāṣid al-ṣāliḥa fī sharḥ shayʾ min ʿulūm al-Fātiḥa S II 455
Maqāṣid taʿbīr S II 782
Maqāṣid al-ṭālibīn fī uṣūl al-dīn G II 216, S II 304,10
Maqāṣid al-ṭibb S II 1029,24
Maqāṣid al-ṭullāb fi 'stikhrāj al-masāʾil fi 'l-ḥisāb S II 216,6
Maqātil al-fursān S I 167
Maqātil al-fursān al-ʿArab S I 162
Maqātil al-Ṭālibiyyīn G I 517, II 706, S I 226
-Maqāṭiʿ wal-mabādiʾ S I 167, 329
Maqāṭiʿ al-shurb S II 21
Maqāyīs al-lugha S I 198,12
-Maqāyīs wal-makāyīl G II 491
Maqbūl al-manqūl G II 109, S II 135
Maqbūl al-manqūl min ʿilm al-jadal wal-uṣūl G II 107
-Maqṣad G II 81, S II 90
-Maqṣad al-ʿalī fī zawāʾid a. Yaʿlā al-Mawṣilī S II 82
-Maqṣad al-aqṣā S I 754,53e, II 300
-Maqṣad al-aqṣā fī muṭābaqat ism kull sūra lil-musammā S II 178
-Maqṣad al-asmā al-asnā fī sharḥ al-asmāʾ al-ḥusnā G II 254,9, S II 361
-Maqṣad al-asmā fī ishārāt mā waqaʿa bil-Qurʾān etc. S I 801,189
-Maqṣad al-asnā fī asmāʾ Allāh al-ḥusnā G I 421, S I 746,5
-Maqṣad al-asnā fī ḥall Ishārat al-Bannāʾ G II 254, S II 364
-Maqṣad al-asnā fī mā yataʿallaq bi-asmāʾ Allāh al-ḥusnā S II 446,28
-Maqṣad al-asnā fī sharḥ al-asmāʾ al-ḥusnā G I 452, S I 811,8
-Maqṣad al-ḥasan wal-maslak al-wāḍiḥ S II 559
-Maqṣad al-jalīl fī ʿilm al-Khalīl G I 305, S I 537, II 16
-Maqṣad ila 'llāh S II 214
-Maqṣad fī maʿnā waḥdat al-wujūd S II 475,92
Maqṣad al-musnad S I 286,1,5

-Maqṣad al-nabīh fī sharḥ khuṭbat al-Tanbīh S I 670
-Maqṣad al-nāfiʿ S II 350
-Maqṣad al-rafīʿ fī naẓm asmāʾ Allāh al-badīʿ S II 446
-Maqṣad al-sharīf wal-manzaʿ al-laṭīf etc. S II 337
-Maqṣad al-ṣāliḥ fī madḥ al-malik al-Ṣāliḥ S II 6
-Maqṣad li-takhlīṣ mā fi 'l-Murshid fi 'l-waqf G II 99, S II 117
Maqṣad al-ṭullāb G II 343
Maqṣūd al-ʿāshiqīn S II 951,37
Maqṣūd al-awliyāʾ fī maḥāsin al-anbiyāʾ S I 652
-Maqṣūd fī iqāmat al-ḥudūd S II 86
-Maqṣūd bil-maqṣūr wal-mamdūd S I 700
Maqṣūd al-muʾminīn S II 991
Maqṣūd al-qāṣidīn fi 'l-ṣalāt wal-ṣiyām S II 951,31
-Maqṣūd fi 'l-ṣarf S I 287, II 657,25
-Maqṣūr wal-mamdūd G I 117, 131 (see II 692), II 132, S I 179, 181, 199, 201, 203, II 923,90
Maqṣūrat b. Durayd G I 111, 112, II 14, 25
Maqṣūrat b. Durayd al-kubrā S I 173
-Maqṣūra fī ʿilmay al-ʿarūḍ wal-qawāfī S II 875
Maqṣūrat al-jawhara S I 785
Maqṣūrat al-Makkūdī S II 336
Maqtal al-ʿawālim S II 504, 827
Maqtal Herodes li-waladayhi S III 416
Maqtal al-Ḥusayn S I 214, 967 ad 549
-Maqtūlīn ghīlatan G I 106
-Marʾa wa-ārāʾ al-falāsifa S III 252
-Marʾa al-jadīda S III 260, 331
-Marʾa al-Muslima S III 325
-Marʾa al-raḥīma S III A/C 175
-Marʾa fi 'l-sharq S III 228
-Marʾa fi 'l-tamaddun al-ḥadīth S III 424
Marābiʿ al-ghizlān G II 56 (see marātiʿ)
-Maradd fī karāhiyat al-suʾāl wal-radd G II 154, S II 192,225
Maʿraḍ al-ḥasnāʾ fī tarājim shahīrāt al-nisāʾ S III 414
-Maraḍ wal-kaffārāt S I 248,18
Marāfiq al-akhbār S I 614
Marāḥ al-arwāḥ G II 21, S II 14
Marāḥ Labīd li-kashf maʿna 'l-Qurʾān al-majīd S II 814
Marāḥ al-maʿālī S I 765
-Marāḥ fi 'l-muzāḥ G II 361, S II 488
Marāḥ al-tasnīn S II 564
-Marāḥil, Siyāḥāt fī ẓawāhir al-ḥayāt wa-bawāṭinihā S III 475
Marāʿi 'l-ḥisān S I 635
Marājīn al-ʿushshāq G II 420
Marākiz al-dawāʾir al-mutamāssa S I 399
-Marām fī aḥwāl bayt al-ḥarām S II 515, 696, 945,163
Marāqi 'l-falāḥ G II 313, S II 430
Marāqi 'l-jinān G II 108
Marāqi 'l-mujīd fī āyat al-saʿīd S II 697
Marāqi 'l-saʿādāt fī ʿilm al-tawḥīd wal-ʿibādāt G II 313, S II 431,16
Marāqi 'l-ṣuʿūd li-mubtaghi 'l-raqy wal-suʿūd S II 873
Marāqi 'l-ʿubūdiyya S I 749,25c, II 814
-Marāsīl S II 933
Marāsim al-intisāb fī ʿilm al-ḥisāb G II 126, S II 115 A/C, 379
Marāsim al-ṭarīqa fī ʿilm al-ḥaqīqa S II 364
Marāṣid al-iṭṭilāʿ G I 480, S I 880
Marāṣid al-maṭāliʿ fī tanāsub al-maqāṭiʿ wal-maṭāliʿ S II 190,169iii
Mārāṣid al-muʿtamad fī maqāṣid al-muʿtaqad S II 694
Mārāṣid al-ṣilāt fī maqāṣid al-ṣalāt S I 810
Marāthī wa-ashʿār S I 169
-Marāthī al-maqbūla al-Ḥusayniyya S II 805
Marātiʿ al-albāb G II 271
Marātiʿ al-ghizlān fi 'l-ḥisān min al-jawārī wal-ghilmān G II 56 (marābiʿ), S II 56
Marātiʿ al-ghizlān fī waṣf al-ghilmān S II 54
Marātib ahl al-sulūk G II 207
Marātib al-irāda S II 122,52
Marātib al-lughawiyyīn (naḥwiyyīn) S I 157, 190
Marātib al-mawjūdāt G I 458, II 116, 235
Marātib al-sulūk ilā manāzil al-mulūk S II 215
Marātib al-ṣafw etc. S II 916
Marātib al-taqwā G I 450, S I 796,44
Marātib al-ʿulūm S I 697
Marātib al-ʿulūm al-wahb G I 444, S I 796,44
Marātib al-wujūd al-arbaʿīniyya G II 206, S II 284

-Marāyā al-muḥriqa G I 470, S I 432
Marham al-ʿilal al-muʿaṭṭila etc. G II 177, S II 227
-Marḥama al-ghaythiyya bil-tarjama al-Laythiyya G II 70, S II 75,45
Mārī di Mīdīsīs aw Maqtal al-malika S III 231
-Maʿrifa G I 421, S II 328
Maʿrifat ālāt yuʿrafu bihā abʿād al-ashyāʾ S I 387
Maʿrifat al-ʿamal bil-asṭurlāb S I 394
Maʿrifat al-anghām S II 47
Maʿrifat anwāʿ ʿilm al-ḥadīth G I 359, II 450,12, S I 610
Maʿrifat al-asṭurlāb S I 860
Maʿrifat al-asṭurlāb al-musaṭṭaḥ wal-ʿamal bihi S I 858
Maʿrifat al-asṭurlāb al-shimālī S II A/C 297
Maʿrifat awāʾil shuhūr al-Rūm G I 250
Maʿrifat awqāt al-qamar G I 522
Maʿrifat al-ʿayn wa-ṭabaqātihā S I 416
Maʿrifat al-bawl wa-aqsāmihi S I 421
Maʿrifat al-faḍāʾil G I 386
Maʿrifat fatḥ al-abwāb S I 389,25
Maʿrifat ḥaqāʾib al-sabʿ G II 125
Maʿrifat al-ḥiyal al-handasiyya S I 903
Maʿrifat ishtiqāq asmāʾ naṭaqa biha ʾl-Qurʾān S I 183
Maʿrifat istikhrāj ʿamal al-lail wal-nahār G II 393
Maʿrifat al-kura wal-ʿamal bihā S I 393
Maʿrifat mā lā yasaʿu ʾl-muḥadditha jahluh G I 371, S I 633
Maʿrifat mā yajibu li-āl al-bayt al-sharīf G II 40, S II 37,m
Maʿrifat al-madhāhib S I 287
-Maʿrifa wal-madkhal fī ʿilm al-ḥadīth S II 71
Maʿrifat al-masāʾil S I 392
Maʿrifat al-masāʾil wal-maʿānī G I 221
Maʿrifat miḥnat al-kaḥḥālīn S I 416
Maʿrifat al-misāḥa S I 387
Maʿrifat misāḥat al-ashkāl al-basīṭa wal-kuriyya G I 216, S I 383
Maʿrifat al-nafs S I 818,32c
Maʿrifat al-nujūm wa-ṭabāʾiʿ al-nās S I 395
Maʿrifat al-nussāk G II 397, S II 541,77
Maʿrifat al-qārūra wal-tafsira S I 421
Maʿrifat al-qibla S II 1024
Maʿrifat al-qurrāʾ G II 47
Maʿrifat qūt al-laban S I 367
Maʿrifat quwa ʾl-adwiya al-murakkaba G I 209, S I 374
Maʿrifat al-ramy bil-nushshāb etc. S I 433
Maʿrifat al-rijāl S II 934
Maʿrifat rubʿ al-shakaziyya G II 129
Maʿrifat al-rutab S I 502
Maʿrifat al-sunna wal-āthār S I 619
Maʿrifat al-Ṣaḥāba G I 338, S I 617
-Maʿrifa wal-taʿrīf S I A/C 174
-Maʿrifa al-ūlā S I 800,161
Maʿrifat ʿulūm al-ḥadīth wa-anwāʿihi S I 277
Maʿrifat ʿunwān al-nafs S I 752,470
Maʿrifat waḍʿ al-sāʿāt S II 665 ad 484
Marj al-baḥrayn etc. S I 545
-Marj al-naḍir wal-araj al-ʿaṭir G II 55, 158, S II 55, 197,297
Marj al-zuhūr etc. G II 295, S II 405
Markaz al-iḥāṭa bi-udabāʾ Gharnāṭa G II 262, S II 372
-Marmūzāt al-ʿishrīn S I A/C 812
Marqa ʾl-wuṣūl etc. G II 488, S II 744
Marsūm al-muṣḥaf S I 158
Martaʿ al-ẓibāʾ etc. G II 368, S II 495
-Martaba al-ʿaliyya fī taʿbīr al-ruʾyā S II A/C 346
Marʿūḍāt a. ʾl-Suʿūd G II 439, S II 651
Maryam qabl al-tawba S III 193
Marzubānnāme G II 29, 30, S II 25
-Masāʾil G I 176, 462, S I 198, 213, 246,93, 354, 356, 801,169
-Masāʾil fī aḥkām al-nujūm S I 384 A/C, 392
Masāʾil A. b. Ḥanbal S I 310
Masāʾil ʿan aḥwāl al-rūḥ S I 822,68nnn
-Masāʾil wal-ajwiba S I 758, 767
-Masāʾil wal-ajwiba fī fiqh al-imām a. Ḥanīfa S II 952,36a
-Masāʾil wal-ajwiba li-Ibn Taymiyya S II A/C 125
-Masāʾil wal-ajwiba fī ʿilm ṣināʿat al-kuḥl S I 885
Masāʾil ʿAlam al-Hudā S I 705
Masāʾil fī aʿmāl al-qulūb wal-jawāriḥ S I 352
Masāʾil ʿaqāʾid Tuḥfat al-shāhān S II 674
-Masāʾil al-arbaʿīniyya S II A/C 209
-Masāʾil al-ʿashara S I 821,68dd

-*Masāʾil al-ʿashr* G II 217, S II 883
-*Masāʾil al-ʿashr fī ʾl-kalām* S II 306
-*Masāʾil al-ʿashr al-musammāt bi-Bughyat al-maqāṣid etc.* S II 357
-*Masāʾil al-ʿashr al-mutʿiba bil-ḥashr* S I 530
-*Masāʾil al-ʿAskariyyāt* S I 343
Masāʾil al-awqāf S II 775
-*Masāʾil al-Badriyya* S II 51
-*Masāʾil al-Badriyya min al-Fatāwa ʾl-Ẓahīriyya* S I 651
Masāʾil Baghdādiyya S I 712
-*Masāʾil Bahbahāniyya* G II 375
-*Masāʾil al-bahiyya* G II 313, S II 431
-*Masāʾil al-bāḥitha ʿan maʿāni ʾl-aqwāl al-ḥāditha* S I 703, II 822
-*Masāʾil al-Baḥriyya* S II 210
-*Masāʾil al-Bāʿūniyya* G II 53
Masāʾil daʿwa ʾl-ḥīṭān etc. G I 374, S I 640
Masāʾil Dimashqiyya S I 764
Masāʾil al-dumūʿ G II 19
-*Masāʾil al-fiqhiyya* S II 125,$_{133}$
Masāʾil al-funūn G II 217
Masāʾil al-ghalaṭ G I 108
-*Masāʾil al-gharība al-ʿishrūna fī ʾl-manṭiq* S I 822,$_{68ppp}$
Masāʾil al-ghurūr G I 376
Masāʾil handasiyya S I 399, II 156 A/C
-*Masāʾil al-Ḥalabiyya* S II A/C 103
Masāʾil al-hayʾa S II 1019,$_{19}$
Masāʾil al-ḥikma S II 845
-*Masāʾil al-ḥikmiyya* S I 821,$_{68cc}$
-*Masāʾil al-ḥisābiyya* S II 1020
Masāʾil al-ḥīṭān G I 373
Masāʾil Ḥunayn wa-Jālīnūs S I 828,$_{95cc}$
Masāʾil al-ijmāʿ S I 699
Masāʾil fī ʾl-imāma S II 558
Masāʾil iʿtiqādiyya G II 335
Masāʾil al-jabr wal-muqābala S II 1025,$_{86}$
-*Masāʾil wal-jawābāt* G I 122, S I 186,$_{12}$
-*Masāʾil wal-jawābāt fī ʾl-maʿrifa* S I 243,$_{26}$
Masāʾil al-jināyāt fī ʾl-khilāf bayna ʾl-imāmayn S I 636
-*Masāʾil al-Kāzarūniyya* G II 375
Masāʾil khālafa rasūlu ʾllāh G II 390, S II 531,$_{6}$
-*Masāʾil al-khamsūn fī uṣūl al-kalām* G I 507, S I 923,$_{20}$
Masāʾil al-Khāṭiriyyāt S I 192,$_{12}$
Masāʾil al-Khawlānī S II 1039
Masāʾil al-khilāf S I 293, II 975,$_{32}$
Masāʾil fī ʾl-khilāf bayna ʾl-Baṣriyyīn wal-Baghdādiyyīn G I 196, S I 344
-*Masāʾil al-khilāfiyya fī ʾl-naḥw* S I 496
-*Masāʾil al-maʿdūda* S I 827,$_{95g}$
-*Masāʾil al-manthūra* G I 114
-*Masāʾil al-manṭiqiyya* S II 308,$_{59}$
Masāʾil al-Maʿqilī S I 317
-*Masāʾil al-marḍiyya fī bayān ittifāq ahl al-sunna ʿalā sunan al-ṣalāt wal-Zaydiyya* S II 556
Masāʾil al-maʿṣūmīn S II 845
-*Masāʾil al-maʾthūra* S I 682
Masāʾil Miṣriyya S I 712
-*Masāʾil al-mufāda al-ṣarīḥa etc.* S II A/C 255
Masāʾil Muhannā b. Sinān S II A/C 208
-*Masāʾil al-mulaqqabāt fī ʿilm al-naḥw* G II 367
Masāʾil Munyat al-muṣallī S I A/C 660
-*Masāʾil al-murtaḍāh* S II 560, 968,$_{13}$
Masāʾil a. Mūsā A. b. Asad G I 218
Masāʾil Mūsā al-Kāẓim S I 318
-*Masāʾil al-mushkila* G I 288, S I 176
Masāʾil mutafarriqa S I A/C 376
Masāʾil mutashābiha min masāʾil al-farāʾiḍ S I 292
Masāʾil al-muṭāraḥāt S I 634 A/C, II 978
Masāʾil fī ʾl-naḥw wa-ajwibatuhā G II 24, S II 20
Masāʾil naḥwiyya S II 676
-*Masāʾil al-Nāṣiriyya* G II 375, S I 706,$_{7}$
Masāʾil al-qamar S I 396
Masāʾil al-qirāʾāt S II 453
-*Masāʾil al-Qurʾāniyya* S II 251
-*Masāʾil al-Ramliyya* S I A/C 706
Masāʾil al-ruhbān S I 353 (see 954)
Masāʾil b. Rushd S I 834
-*Masāʾil al-sanawiyya wal-sudda al-ḥashwiyya* S I 703
-*Masāʾil al-Shaʾmiyya* S II 210
Masāʾil al-Sharīf al-Murtaḍā S I 705
-*Masāʾil al-Shīrāziyya* S I 944 ad 203
Masāʾil sitt G II 452,$_{105}$
k. al-Masāʾil al-ṣaghīr S I 392
Masāʾil al-talāqī G I 469
Masāʾil al-tarāwīḥ S II 190,$_{169ccc}$

Masāʾil al-taṣrīf li-mawāḍiʿ al-taḥlīf S II 103,$_{41}$
Masāʾil tataʿallaq bi-ḥukm al-ṣayd G II 152, 172
Masāʾil Ṭabariyya S I 706,$_{16}$
Masāʾil fī ʾl-ṭabīʿa S III 230
Masāʾil ṭabkh al-ʿaṣīr G I 374
Masāʾil fī ʾl-ṭibb lil-mutaʿallimīn G I 205, S I 367
-Masāʾil al-ṭibbiyya S I 828,$_{95ee}$
Masāʾil uṣūl al-fiqh S I 695
Masāʾil Wardiyya G II 141
-Masāʾil al-zakiyya al-bahiyya ʿala ʾl-ithnay ʿashariyya S II 431,$_{36}$
Masāʾil Zufar S II 433
Masāʾil fī ʾl-zuhd S I 352,$_{11}$
Masājid dār al-salām Baghdād S II 788
-Masākīn G I 204, S III 75
-Masʾala al-ʿadadiyya G I 470
-Masʾala fī ʾl-basmala G II 395, S II 540,$_{28}$
Masʾalat darajāt al-ṣādiqīn S I 955 ad 362
Masʾalat hal tadāwa ʾl-nabī S II 189,$_{169u}$
Masʾala handasiyya G I 469
Masʾalat al-ḥalf bil-ṭalāq G II 105, S II 124,$_{110}$
Masʾalat al-ibrāʾ S II 542,$_{117}$
Masʾalat al-iḥtijāj lil-Shāfiʿī S I 564,$_{13}$
Masʾala fī ʾl-ʿilm wal-qudra S I 316
Masʾala fī ʾl-imāma S I 316
Masʾalat imraʾatayn lahumā waqf S II 542,$_{111}$
Masʾalat al-inṣāf fī ʿadam al-farq etc. S II A/C 432
-Masʾala al-Ithnā ʿAshariyya S I 395,$_{21}$
Masʾalat iʿtirāḍ al-sharṭ ʿala ʾl-sharṭ S II 20
Masʾalat al-jabal G II 127
Masʾalat al-jibāyāt etc. S II 426,$_{34}$
Masʾalat al-kanāʾis G II 104, S II 123,$_{74}$
Masʾalat khalq al-aʿmār G II 204
-Masʾala al-khāṣṣa fī ʾl-wakāla al-ʿāmma S II 427,$_{47}$
Masʾalat luzūm al-imkān G II 451,$_{72}$
Masʾala fī maʿrifat ʿilm al-manṭiq S II 194,$_{263g}$
-Masʾala al-Māziḥiyya S II A/C 450
Masʾala fī ʾl-mukūs etc. S II 100
-Masʾala al-Nuṣayriyya G II 91, 104, S II 123,$_{77}$
Masʾalat subḥān S I 184
-Masʾala al-Surayjiyya S I 307
Masʾalat ṣifāt Allāh taʿālā S II 122,$_{60}$
Masʾalat taqdīm al-ʿilla G II 452,$_{89}$
Masʾala tataʿallaq bism al-jins wa-ʿalamih S I 478
Masʾalat al-Ṭabariyyīn G I 186
Masʾala ṭibbiyya S I 828,$_{95dd}$
Masʾalat al-ʿulūm G II 104
Masʾalat al-ʿuluww S II 121,$_{34}$
Masʾala fī ʾl-wasāʿa G I 454,$_{9}$
Masʾalat al-ziyāra G II 105, S II 124,$_{102}$
Masʾalatān min k. al-Aymān S I 192
-Masālik S II 449
Masālik al-abrār S II 998
Masālik al-abrār ilā aḥādīth al-nabī al-mukhtār G II 385, S II A/C 520
Masālik al-abṣār fī mamālik al-amṣār S I 218, II 175, G II 141
Masālik al-abṣār fī mamālīk al-amṣār wa ʿajāʾib al-akhbār etc. S II 1026,$_{6}$
Masālik al-afhām G II 325, S II 272
Masālik al-afhām ilā tanqīḥ sharāʾiʿ al-Islām G I 406, S I 711
Masālik al-aḥbāb S II 100
Masālik al-hidāya ilā Maʿālim al-riwāya S II 711
Masālik al-ḥunafāʾ ilā mashāriʿ al-ṣalāh G II 73, S II 79
Masālik al-ḥunafāʾ fī wāliday al-Muṣṭafā G II 147, S II 183,$_{44}$
Masālik Ifrīqiya wa-mamālikuhā S I 233
Masālik al-īmān S II 993
-Masālik al-jāmiʿa S II 132
Masālik al-janān li-yanbūʿ al-ʿulūm al-laduniyya S II 934
Masālik al-khalāṣ G II 426,$_{17}$
-Masālik fī ʾl-maʿānī wal-bayān S I A/C 519
-Masālik wal-mamālik G I 225, 229, 476, S I 375, 403, 404, 408, 876, II 175 A/C, 1023,$_{66}$
-Masālik fī ʾl-manāsik S II A/C 101
-Masālik, mukhtaṣar al-Miṣbāḥ S I 519
-Masālik ʿalā Muwaṭṭaʾ al-imām Mālik S I 297,$_{3}$
Masālik al-naẓar S I 769
Masālik al-naẓar fī nubuwwat sayyid al-bashar S II 143
Masālik al-wāʿiẓīn G I 521
-Masāmiʿ al-rabbāniyya G II 120

-Masāmīr S II A/C 869
Masāriḥ al-adhhān S III 231
Masāriḥ al-ghizlān al-Ḥājiriyya G I 239
Masārr al-Shīʿa fi ʾl-tawārīkh al-sharʿiyya S I 323
Masarrāt al-khawāṭir fi ʾl-tawshīḥ wal-nawādir S III 84
Maʾsāt al-shāʿir Waḍḍāḥ S I 938 ad 83
-Masāṭir S III 454
Masāwi ʾl-akhlāq wa-madhmūmuhā G II 693 ad I 154, S I 250
Masāwi shiʿr a. ʾl-Ṭayyib G II 691 ad I 88
Mashāhid al-asrār al-qudsiyya etc. G I 443, S I 795, 17
-Mashāhid al-ʿayniyya S II 651
Mashāhid al-ḥayāh S III 371
Mashāhid al-ṣafāʾ G II 480, S II 730
Mashāhid Urūbā wa-Amīrkā S III 437
Mashāhīr buyūtāt Fās S II 340
Mashāhīr shuʿarāʾ al-ʿaṣr S III 359
Mashāhīr ʿulamāʾ al-amṣār S I 273
-Mashāʿir S II 589, 2
Mashʿal al-maḥmal G II 491
Mashāriʿ abwāb al-quds S II 281
Mashāriʿ al-ashwāq ilā maṣāriʿ al-ʿushshāq etc. G II 76, S II 83
Mashāriʿ khayrāt ḥisān etc. S II 392
-Mashāriʿ wal-muṭāraḥāt fi ʾl-manṭiq G I 437, 438, S I 782, 3, II 666
Mashārib al-adhwāq S I 464, II 311
Mashārib al-tajārib S I 557
Mashāriq S I 632
Mashāriq al-aḍwāʾ etc. S II 591
Mashāriq al-aḥkām S II 833
Mashāriq al-amān S II A/C 210
Mashāriq al-anwār G I 371, S I 633, II 204
Mashāriq al-anwār fī āl al-bayt al-akhyār G II 294, S II 404
Mashāriq al-anwār fī bayān al-ʿuhūd al-Muḥammadiyya G II 337, 14
Mashāriq al-anwār fī faḍl al-waraʿ min al-sunna etc. S II 472
Mashāriq al-anwār fī fawz ahl al-iʿtibār G II 486, S II 739
Mashāriq al-anwār al-muḍīʾa S I A/C 468
Mashāriq al-anwār al-nabawiyya G I 361, S I 613
Mashāriq al-anwār al-Qudsiyya G II 337, S II 465, 14
Mashāriq anwār al-qulūb etc. S I 812, II 337
Mashāriq al-anwār ʿalā ṣaḥīḥ al-āthār G I 370
Mashāriq al-anwār fi ʾl-ṣalāt ʿala ʾl-nabī al-mukhtār S II 523
Mashāriq al-ashwāq S II 83
Mashāriq al-nūr wa-madārik al-surūr S II 593
Mashāriq al-shumūs S II 590
Mashāriq al-shumūs, sharḥ al-Durūs S II 132, 828
Mashāriq al-uṣūl etc. S II 842, 14
Mashhad al-aḥwāl G II 494, S II 756
Mashhad ʿiyān fī ḥawādith Sūriyya wa-Lubnān S II 780
Mashraʿ al-ʿaṭshān S II 913
Mashraʿ al-khātim ʿalā mashrūʿ al-khātam S II 1033, 6
Mashraʿ al-khuṣūṣ S I 793, 12t
-Mashraʿ al-mulkī fī salṭanat awlād ʿA. al-Turkī G II 713, S II 687
-Mashraʿ al-rawī fī akhbār Bāʿalawī S II 617
Mashraʿ al-wurūd etc. G II 386, S II 520, 996
Mashrab al-ʿāmm wal-khāṣṣ etc. S II 676
-Mashrab al-aṣfā al-ahnāʾ fī sharḥ asmāʾ Allāh al-ḥusnā S II 214
-Mashrab al-raḥīq fī nasab sibṭ āl al-Ḥu. min B. Ṣiddīq S II 928
-Mashrab al-wardī G II 395, S II 540, 39
-Mashrab al-zulāl min khuṭab al-sayyid Jalāl S II 559
Mashriq al-saʿdayn S II 570
Mashriq al-shamsayn etc. S II 597, 30
-Mashriqiyyāt S III 370
-Mashriqiyyīn fi ʾl-manṭiq S I 820, 68e
Mashrūʿiyyat al-sabḥa S II 191, 187
-Maʿshūq G I 505, 12
Mashyakhat b. ʿAṭṭāf S II 47
Mashyakhat b. Bābūya S I 322
-Mashyakha al-Baghdādiyya S I 624
-Mashyakha al-bāsima lil-Qabbābī wa-Fāṭima G II 69, S II A/C 76
-Mashyakha al-Fakhriyya G I 366, S I 625
Mashyakhat M. a. ʾl-Mawāhib S II A/C 447
Mashyakhat b. Rajab S II A/C 129
-Mashyakha al-Shaʾmiyya G II 160, S II 134
-Mashyakha al-wusṭā S II 131
-Maskh ʿala ʾl-khuffayn G II 439

Maslak al-abrār ilā nikāt al-Durr al-mukhtār S II 783
Maslak al-atqiyāʾ S II 312
Maslak al-iʿtidāl S II 521
-Maslak al-jalī fī ḥukm shaṭḥ al-walī S II 521
-Maslak al-mukhtār S II 521
-Maslak al-mukhtār fī maʿrifat al-ṣādir al-awwal etc. S II 996
-Maslak al-mutaqassiṭ bil-manāsik al-mutawassiṭ G II 397, S II 524, 541,$_{73}$
-Maslak al-qarīb G II 386
-Maslak al-qarīb li-kull sālik munīb S II 91, 1012,$_{148}$
Maslak al-rāghib S II 497
Maslak al-sadād ilā masʾalat khalq afʿāl al-ʿibād S II 520
-Maslak al-sahl fī sharḥ tawshīḥ b. Sahl S I 483, II 682
Maslak al-taʿrīf bi-taḥqīq al-taslīf S II 521
Maslak al-wāʿiẓīn wa-manhaj al-rāghibīn S I 348
Maslāt al-ḥazan G II 302
-Maslūl S III 362
-Masraḥ al-Miṣrī S III 271
Masraḥiyyāt Tawfīq al-Ḥakīm S III 247
-Masʿūdī S I 849, II 326
-Maṣābīḥ S II 505
-Maṣābīḥ min akhbār al-Muṣṭafā etc. S I 556
Maṣābīḥ arbāb al-riyāsa G II 368, S II 495
Maṣābīḥ al-asrār S II 662
Maṣābīḥ al-fuhūm wa-mafātīḥ al-ʿulūm S II 85
Maṣābīḥ al-ḥikma S I 440,$_{4}$
Maṣābīḥ iʿādat al-maʿdūm S II 994,$_{46}$
-Maṣābīḥ fī ithbāt al-imāma S I 325
Maṣābīḥ al-Jāmiʿ al-ṣaḥīḥ G I 159, II 27, S I 262,$_{19}$
-Maṣābīḥ al-lawāmiʿ S II 105
-Maṣābīḥ al-muzhira G II 358, S II 484
-Maṣābiḥ al-saniyya G II 364, S II 492
-Maṣābīḥ al-sāṭiʿat al-anwār etc S II 564
Maṣābīḥ al-sunna G I 363, S I 620
-Maṣābīḥ fī ṣalawāt al-tarāwīḥ G II 152, S II 191,$_{185}$
Maṣābīḥ al-ʿulā etc. S II 691
-Maṣādir G I 288, S I 505
Maṣādir al-anwār S II 574
-Maṣāḥif S I 329, 948 ad 267, II 980
Maṣāʾib al-Nawāṣib S II 607, 658
Maṣāʿid al-naẓar lil-ashrāf etc. G II 142, S II 178
Maṣāliḥ al-abdān wal-anfus S I 408
Maṣāliḥ al-uṣūl S II 841
Maṣāriʿ al-aʿyān S III 233
Maṣāriʿ al-falāsifa S I 763
Maṣāriʿ al-khulafāʾ S III 233, 309
Maṣāriʿ al-muṣāriʿ S I 763, 928,$_{22m}$
Maṣāriʿ al-ʿushshāq G I 351, S I 594
-Maṣāyid wal-maṭārid G I 85, S I 137
-Maṣnūʿ fī maʿrifat al-mawḍūʿ S II 540,$_{11}$
-Maṣraʿ al-bāghī wakhīm S III 417
-Maṣraʿ al-shayn fī qatl al-Ḥusayn S I 102
Maṣraʿ al-ẓālimīn S III 230
Maṣraf al-zakāt G II 437
-Maṣūn fi ʾl-adab G I 126, S I 193
-Maṣūn fi sirr al-hawā wal-maknūn G I 267
-Matājir S II 832
Matānat al-riwāya S II 936
-Mathal al-sāʾir etc. G I 297, S I 521
-Mathal, sharḥ al-Muqarrib S I 547
-Mathālib G II 103, 140, S I 162, 213
Mathālib al-ʿArab S I 212
Mathālib al-ʿArab wa-ʿuyūb al-Islām S I 109
-Mathālith wal-mathānī S III 348
-Mathālith wal-mathānī fi ʾl-maʿālī G II 55, S II 200
Mathna ʾl-istiʾnāf lil-maʿūna wal-ishrāf S I 596
-Maʾthūr fī ma ʾttafaqa lafẓuhu wakhtalafa maʿnāhu S I 195
Mathwa ʾl-ḥabībayn awi ʾl-ʿadhārā S III 231
-Matīn G I 338, S I 578
-Matjar al-rābiḥ fī thawāb al-ʿamal al-ṣāliḥ S II 79
-Matjar al-rāʾij fī jawābāt masāʾil al-ḥājj Ṣāliḥ etc. S II 559
Matn bi-iṣlāḥ G I 377
Matn matīn fī uṣūl al-dīn S II 990
Matn shamāʾil al-Muṣṭafā S II 78,$_{436}$
Matn al-tawārīkh G II 429
Matn thamīn fi ʾl-naḥw S II 598
Matrūk al-tasmiya ʿamdan S II 427,$_{43}$
-Maṭāliʿ G I 204, S I 366, 384, 932,$_{51}$, II 297
Maṭāliʿ al-aḍwāʾ S II 769
Maṭāliʿ al-anwār S I 712, $_{h}$, II 827
Maṭāliʿ al-anwār fi ʾl-ḥikma G I 234, S I 431

Maṭāliʿ al-anwār fī 'l-manṭiq G I 467, S I 848
Maṭāliʿ al-anwār wa-maẓāhir al-asrār S I 806
Maṭāliʿ al-anwār ʿalā ṣaḥīḥ al-āthār G I 371, S I 632
Maṭāliʿ al-anwār ʿalā ṣiḥāḥ al-āthār G II 66, 149$_{,7}$, S I 633
Maṭāliʿ anwār al-tanzīl G I 415
Maṭāliʿ al-anẓār G II 111, S I 742
Maṭāliʿ al-anẓār al-Badriyya fī 'l-manāzil al-Rūmiyya G II 361
Maṭāliʿ al-anẓār al-qamariyya G II 132
Maṭāliʿ al-budūr al-ʿaliyya G II 303
Maṭāliʿ al-budūr fī manāzil al-surūr G I 495, II 55, S II 55
Maṭāliʿ al-budūr fī qalāʾid al-nuḥūr S I 908
Maṭāliʿ al-daqāʾiq G II 91, S II 107
-Maṭāliʿ fī 'l-mabādiʾ wal-maqāṭiʿ G I 416, S I 737
Maṭāliʿ al-musirrāt G II 253, S II 360
-Maṭāliʿ al-Naṣriyya fī 'l-maṭābiʿ al-Miṣriyya G II 490, S II 726
Maṭāliʿ al-nīrān G II 402
Maṭāliʿ al-saʿd li-muṭāliʿ al-jawhar al-fard S II 767
-Maṭāliʿ al-saʿīda G II 155, S II 193$_{,247}$
-Maṭāliʿ al-saniyya S II 355
Maṭāliʿ shumūs al-siyar etc. S II 732
Maṭāliʿ al-suʿūd ʿalā tafsīr a. 'l-Suʿūd S II 651
Maṭāliʿ al-suʿūd bi-ṭayyib akhbār al-wālī Dāʾūd S II 791
Maṭāliʿ al-ʿulūm G II 374, S II 501
-Maṭālib al-ʿaliyya G I 507, S I 922$_{,11}$
-Maṭālib al-ʿaliyya fī 'l-adʿiya al-zahiyya G II 306, 413
-Maṭālib al-ʿaliyya fī mukhtaṣar al-masāʾil al-thamāniya S II 75$_{,56}$
-Maṭālib al-ḥisān G II 488
-Maṭālib al-Ḥusayniyya S II 608
-Maṭālib al-ilāhiyya G II 235, S II 330
-Maṭālib al-ilāhiyya al-maʿmūla fī 'l-ʿaqāʾid S II 994$_{,49}$
-Maṭālib li-muʿallim al-ṭālib G II 495
-Maṭālib al-muhimmāt fī aḥkām al-ʿibādāt S II 742
Maṭālib al-muʾminīn S II 310, 606
Maṭālib al-muṣallī G II 198, S II 269
Maṭālib al-suʾūl fī manāqib al-rasūl S I 839 (to be read thus), II 77
-Maṭar G I 104, 112, S I 163, 164
-Maṭar wal-raʿd wal-barq wal-rīḥ S I 248$_{,16}$
-Maṭar wal-saḥāb S I 173
Maṭāriḥ al-anẓār S II 662
-Maṭlaʿ S II 996
Maṭlaʿ al-anwār ʿalā ṣaḥīḥ al-āthār S II 939
Maṭlaʿ al-badrayn fī mā yataʿallaq bil-zawjayn S II 747
Maṭlaʿ al-badrayn fī man yuʿṭā ajrayn G II 147, S II 182$_{,37}$
Maṭlaʿ al-budūr wa-majmaʿ al-buḥūr S II 561
Maṭlaʿ al-fawāʾid wa-majmaʿ al-farāʾid G II 11, S II 4
Maṭlaʿ al-jūd li-taḥqīq al-tanzīh fī waḥdat al-wujūd S II 520, 996
Maṭlaʿ khuṣūṣ al-kalim S I 793$_{,12d}$
Maṭlaʿ al-muʾminīn S I 928$_{,22f}$
Maṭlaʿ al-nayyirayn G I 503, II 14, S II 7
Maṭlaʿ al-nayyirayn fī jamʿ bayn al-Ṣaḥīḥayn S II 930
Maṭlaʿ al-nayyirayn fī mā yataʿallaq bil-qudratayn G II 486, S II 738
Maṭlaʿ al-nayyirayn, mukhtaṣar al-Ṣaḥīḥayn S I A/C 615
Maṭlaʿ al-nayyirayn fī sīrat al-ʿUmarayn S I 916$_{,15}$
Maṭlaʿ al-nūr etc. G II 305, S II 416
-Maṭlaʿ al-tāmm al-sawī S I 685
-Maṭlab S II 217
-Maṭlab al-akīd etc. S II 695
-Maṭlab fī 'l-ʿamal bil-rubʿ al-mujayyab G II 357, S II 484
-Maṭlab fī 'l-rubʿ al-mujayyab G II 463, S II 695$_{,16}$
-Maṭlab al-tāmm G II 350$_{,29}$
Maṭlab al-wuṣūl S II 203
-Maṭlūb al-wāfī S II 267
Maṭmaḥ al-anfus wa-masraḥ al-taʾannus G I 339, S I 579
Maṭmaḥ al-wājid G II 294
-Mawḍiʿ al-mukhtār S II 657$_{,21}$
Mawḍūʿ al-ʿilm G I 488
-Mawḍūʿ fī masjid al-yaqīn S I 801$_{,191}$
-Mawḍūʿa al-kubrā S II 540$_{,10}$
-Mawḍūʿāt G I 503, II 394
-Mawḍūʿāt min al-aḥādīth al-marfūʿāt G I 367, S I 917$_{,26}$
-Mawḍūʿāt fī muṣṭalaḥ al-ḥadīth S II A/C 541

Mawḍūʿāt al-ʿulūm G II 418,$_{vii}$ (to be read thus), 447, S II 633
-Mawfūr S I 547, II 136
Mawhibat al-faḍl ʿalā sharḥ b. Ḥajar M. Bāfaḍl ʿala 'l-Muqaddima al-Ḥaḍramiyya S II 528,26, 816
Mawʿiẓa lil-Hādī ila 'l-ḥaqq G I 186, S I 316
Mawʿiẓat al-ḥabīb G II 396, S II 541,$_{57}$
-Mawʿiẓa al-ḥasana S I 801,$_{190}$, S II 325 A/C
Mawʿiẓa i ḥasana S II 662
-Mawʿiẓa al-ḥasana bi-mā yukhṭab fī shuhūr al-sana S II 861,$_{29}$
-Mawʿiẓa ḥasana fī wadāʿ shahr Ramaḍān al-mubārak S II 399
Mawʿiẓat murīd S I 752,$_{47u}$
-Mawjāt al-kawthariyya S I 133
-Mawlid al-farīd fī 'l-ḥarf al-saʿīd S II 95, 922
-Mawlid al-jalīl al-shahīr bi-M. al-Munāwī S II 931
-Mawlid al-kabīr G II 203
-Mawlid al-nabawī G I 483, S II 891
Mawlid al-nabī G I 503, II 70, 71, 328, 353, 384, 389, 506, S I 208, 802 A/C, 916,$_{13}$, II 74, 75 A/C, 79, 381, 412, 420, 423 A/C, 424, 445, 480,$_{8}$, 517, 528,$_{29}$, 650, 890, 938, 1000,$_{42}$
Mawlid al-nabī wa-najāt abawayhi S II 543,$_{151}$
-Mawlid al-sharīf S II 549
Mawlūd al-nabī G II 195, S II 262, 815
-Mawlūdīn li-thamāniyat ashhur S I 368
-Maʿūna G II 126
Maʿūnat al-aḥbāb ʿalā fatḥ ajniḥat al-ghurāb S II 709
Maʿūnat al-dhikr fi 'l-ṭuruq al-ʿashr S II 701
Maʿūnat al-ḥaysūbī fī ʿamal al-tawqīt bil-juyūb S II 708
-Maʿūna fī ʿilm al-hawāʾī S II 155
-Maʿūna fī 'l-jadal G I 388
Maʿūnat al-mubtadiʾīn etc. S I 670
Maʿūnat al-nuhā ʿala 'l-Muntahā S II 447
Maʿūnat al-qāriʾ S I 263,$_{35}$
Maʿūnat al-ṭullāb G II 185, 463
-Mawadda fī 'l-qurba G II 221, S II 311
-Mawāḍiʿ al-ālima S I 956 ad 369
-Mawāhib al-ʿaliyya G II 385, S II 519
Mawāhib al-ʿazīz S I 753
-Mawāhib al-fatḥiyya G II 391, S II 655
-Mawāhib al-fatḥiyya fī ʿulūm al-lugha al-ʿArabiyya S II 725
Mawāhib al-fattāḥ S I 516,$_{m}$
Mawāhib al-fattāḥ fī ādāb al-nikāḥ S I 780
-Mawāhib al-iḥsāniyya G II 479, S II 729
-Mawāhib al-ilāhiyya G II 199
Mawāhib al-jalīl S I A/C 99
-Mawāhib al-jalīla S I A/C 779
-Mawāhib al-jaliyya fī 'l-taʿrif bi-imām al-ṭarīqa al-Sanūsiyya S II 883
-Mawāhib al-jazīla fī marwiyyāt b. ʿAqīla S II 522
Mawāhib al-kāfī S II A/C 22
Mawāhib al-karīm al-mannān G II 339, S II 468 A/C
-Mawāhib al-laduniyya fī 'l-minaḥ al-Muḥammadiyya G II 73, S II 78
-Mawāhib al-laduniyya sharḥ al-Shamāʾil al-nabawiyya S I 269,$_{10}$
-Mawāhib al-Madaniyya ʿalā sharḥ b. Ḥajar lil-Muqaddima al-Ḥaḍramiyya S II 528,$_{6}$
-Mawāhib al-Madaniyya fī 'l-ṣalāt ʿalā khayr al-bariyya S II 945,$_{164}$
Mawāhib al-malik al-karīm al-mannān S II 468
Mawāhib al-malik al-mannān fī 'l-kalām ʿalā masāʾil sūrat al-Dukhān etc. S II 468
Mawāhib al-mannān, sharḥ Tuḥfat al-aqrān S II 429
-Mawāhib al-mannāniyya G II 212
Mawāhib al-mashāhid fī uṣūl al-ʿaqāʾid S II 807
-Mawāhib al-mudhdhakhara fī tafsīr khawātim sūrat al-Baqara S II 142
-Mawāhib al-Muḥammadiyya S I 269,$_{12}$, II 480
Mawāhib al-mujīb fī khaṣāʾiṣ al-ḥabīb S II 392
Mawāhib al-niẓām G I 379
Mawāhib al-qadīr, sharḥ al-Jāmiʿ al-ṣaghīr S II 184,$_{56}$I, 470
Mawāhib al-qadīr, sharḥ Majmūʿ al-amīr S II 99
-Mawāhib fī 'l-qirāʾāt G II 113
-Mawāhib al-quddūsiyya fī 'l-manāqib al-Sanūsiyya G II 250, S II 352, 716
-Mawāhib al-rabbāniyya S II 355
-Mawāhib al-rabbāniyya fī 'l-asrār al-rūḥāniyya S II 155

Mawāhib al-raḥmān G II 83, S II 94
Mawāhib al-raḥmān, sharḥ Miʾat al-maʿānī wal-bayān S II 177
-Mawāhib al-saniyya fi aḥkām al-Waṣiyya G II 167, S II 216,3
-Mawāhib al-saniyya fī ʾl-ajwiba ʿani ʾlmasāʾil al-ʿAdaniyya G II 404
-Mawāhib al-saniyya fī khawāṣṣ Manẓūmat Nūr al-Dīn al-Dimyāṭī S II 361
-Mawāhib al-saniyya, sharḥ al-Fawāʾid al-fiqhiyya S II A/C 505
-Mawāhib al-saniyya fī ʾl-sīra al-nabawiyya S II 729
Mawāhib al-ṣamad fī ḥall alfāẓ al-Zubad S II 113
-Mawāhib al-ṣamadiyya li-kashf lithām al-Samarqandiyya S II A/C 260
-Mawāhib al-ṣamadiyya fi ʾl-mawārīth al-Ṣafadiyya G II 87
Mawāhib al-wāhib fī faḍāʾil a. Ṭālib S II A/C 802
Mawāʾid al-afrāḥ G II 137
Mawāʾid al-fāḍil S I 766
Mawāʾid al-ḥays fī fawāʾid Imraʾ al-Qays S I 936 ad 50, II 134
-Mawāʾid al-qadīma min al-ṭabaqa al-wusṭā ilā ʿahd al-Rūmān S II 735
-Mawāʾid al-wafiyya etc. S I 546,17
-Mawāʿiẓ G II 113, S I 671, 752,47d, 822,68ttt, II 997 A/C
-Mawāʿiẓ fi ʾl-aḥādīth al-Qudsiyya G I 421
Mawāʿiẓ al-Ghazzālī S I A/C 752
-Mawāʿiẓ al-ḥasana S I 801,190
-Mawāʿiẓ wal-ḥikam S II A/C 943
-Mawāʿiẓ wal-ḥikāyāt S II 906
-Mawāʿiẓ wal-iʿtibār fī dhikr al-khiṭaṭ wal-āthār G II 39, S II 36
Mawāʿiẓ al-khulafāʾ S I 248
-Mawāʿiẓ wal-majālis S I 919,75d
-Mawāʿiẓ al-mudhakkira lil-mawt wa-umūr al-ākhira S II 198
Mawāʿiẓ al-muttaqīn S II 863
-Mawāʿiẓ al-nabawiyya G II 351
-Mawāʿiẓ al-shāfiya ʿala ʾl-manābir al-ʿāliya S II 441
-Mawāʿiẓ al-wāʿiẓa S I 325
-Mawākib S III 462
-Mawākib al-ʿaliyya G II 488
-Mawākib al-ʿilmiyya fī tawḍīḥ al-Kawākib al-durriyya S II 742
-Mawākib al-Islāmiyya G II 299
-Mawālī G I 517
Mawāli ʾl-rijāḥ wa-muʾnis al-arwāḥ S II 535
-Mawālīd S I 392
Mawālīd al-rijāl wa-mawālīd al-nisāʾ S I 960 ad 395
Mawālīd al-rijāl wal-nisāʾ G I 221, S I 395,13
-Mawālīd wal-ṭawāliʿ S I 811,24
Mawāniḥ al-uns etc. G II 363, S II 490
Mawāqiʿ al-akhlāq fī akhbār Talamāk S II 732
Mawāqiʿ al-ilhām S I 821,68, pp
Mawāqiʿ al-nujūm G I 443, S I 795,19
-Mawāqif G I 200
Mawāqif al-ākhira wa-laṭāʾif al-fākhira S II 635
Mawāqif al-ghāyāt G I 497
Mawāqif ḥāsima fī taʾrīkh al-Islām S III 212
-Mawāqif fī ʿilm al-kalām G II 208, S II 289
Mawāqif al-imām wal-maʾmūm S I 667
Mawāqif wa-mukhāṭabāt al-Niffarī S I 358
-Mawāqif al-sharīfa fī taḥqīq maʿna ʾl-khalīfa S II 929
Mawārid al-adab G II 192, S II 256
-Mawārid al-ʿadhba S I 612
Mawārid al-baṣāʾir etc. G II 424, S II 632
Mawārid al-baṣāʾir li-farāʾid al-ḍarāʾir S II 397
Mawārid dhawi ʾl-ikhtiṣāṣ ilā maqāṣid sūrat al-Ikhlāṣ S II 997,10
-Mawārid al-jaliyya fī manāqib a. ʾl-Ḥ. al-Shādhilī etc. S II 1000
Mawārid al-kalim wa-silk durar al-ḥikam G II 417, S II 610
-Mawārid al-laduniyya, sharḥ al-Qaṣīda al-ʿayniyya S II 507
Mawārid al-sālik li-ashal al-masālik S II A/C 393
-Mawārid al-shahiyya fī ḥall alfāẓ al-ʿAshmāwiyya S II 361
-Mawārid al-ṣāfiya li-sharḥ al-Naṣīḥa al-kāfiya S II 361
-Mawārid al-ṣawāfī fī ʿilmay al-ʿarūḍ wal-qawāfī S II 397
Mawārid al-ẓamʾān ilā zawāʾid b.Ḥibbān S I 273, II 82

-Mawārith S II 841,$_{102}$
Mawāsim al-adab wa-āthār al-ʿAjam wal-ʿArab G II 380, S II 512
Mawāsim al-afrāḥ etc. S II 415
Mawāsim al-ʿumr S I 502,$_{45}$
-Mawāzīn al-dhahabiyya etc. S II 467,$_{53}$
-Mawāzīn al-durriyya G II 337, S II 466,$_{24}$
Mawāzīn al-qāṣirīn min al-rijāl G II 337, S II 465,$_{17}$
Mawāzīn al-qisṭ fī 'l-uṣūl S II 825
-Mawāzīn, sharḥ al-ʿAqīda al-ṣaḥīḥa S II 561
k. -Mawāzīn al-ṣaghīr G I 241, S I 428,$_{4}$
-Mawrid al-ʿadhb li-dhawi 'l-wurūd G II 350,$_{12}$
-Mawrid al-ʿadhb fī 'l-mawāʿiẓ wal-khuṭab G I 505
-Mawrid al-ʿadhb, sharḥ Īḍāḥ al-maqṣūd G II 345
-Mawrid al-aṣfā fī ʿulūm ḥadīth al-Muṣṭafā S II 941
Mawrid al-laṭāfa li-man waliya 'l-salṭana wal-khilāfa G II 42, S II 39
-Mawrid al-rawī G II 397, S II 542,$_{94}$
Mawrid al-sāʾirīn S II 700
Mawrid al-ṣādī fī mawlid al-hādī S II 83
Mawrid al-ṣafāʾ G II 391
Mawrid al-ṣafāʾ wa-maṣdar al-wafāʾ S III 346
Mawrid al-wuṣūl li-idrāk al-sūl S II 882
Mawrid al-ẓamʾān fī mā yudhakkaru wa-yuʾannathu min aʿḍāʾ al-insān S II 922,$_{79}$
Mawrid al-ẓamʾān fī rasm al-Qurʾān G II 248, S II 349
Mawrid al-ẓamʾān ilā sīrat al-mabʿūth min ʿAdnān G II 340, S II 470
Mawsūʿāt al-ʿulūm al-ʿArabiyya etc. S III 282
-Mawṣūl fī taʾrīkh ʿulamāʾ al-Andalus S I 578
-Mawt wal-ḥayāh S I 822,$_{68uuu}$
-Mawtā G II 351
Maydān al-fursān G II 88
-Mays ʿalā lays S I 190
-Maysir S I 164
-Maysir wal-qidāḥ S I 186,$_{15}$
Maysūn al-Ghajariyya S III 227
Mayy fī Sūriyya wa-Lubnān S III 260
-Maʿzā fī manāqib b. Yaʿzā S II 680
-Mazāhir S II 315
Mazāhir al-asrār wa-nawādir al-akhbār S II 912
Mazāhir al-quwwa fī 'l-ḥayāh S III 127
-Mazār S I 323
-Mazārāt S II 256
Mazdak S I 235
-Mazīd ʿalā Irshād al-murīd S II 437
Mazīd al-niʿma G II 323
Mazj al-ṣawāb bil-mujūn fī ḥall silsilat al-majnūn S II 384, 401
Maẓāhir al-akhbār wa-ẓarāʾif al-āthār S I 221
Maẓālim al-ābāʾ S III 228
-Maẓālim al-mushtaraka S II 125,$_{130}$
Maẓhar al-barakāt S II 600
Maẓhar al-ḥaqāʾiq al-khafiyya S II 266
Maẓhar al-nūr fī 'l-kalām S II 616
fī Metlo hal-ektāb S III 389
Miʾat ʿāmil G I 287 (S I 503)
Miʾat amthāl ʿAlī S I 244,$_{62}$
Miʾat asʾila S I 801,$_{169}$
Miʾat ḥadīth etc. G I 446, S I 798,$_{83}$
Miʾat kalima S I 75, 504 A/C
Miʾat al-maʿānī wal-bayān S II 177
-Miʾa al-ṣawt al-mukhtāra S I 224
-Miʾatayn G I 326, S I 618
Mibrāz al-qawāʿid al-naḥwiyya S II 336, 676
Midḥat al-bayt G II 350,$_{26}$, S II 477
-Midḥa al-kubrā S II 649, 654
-Mifrāḥ S II 14
Mifṣal al-khilāf S I 749,$_{n}$
-Miftāḥ G II 206
-Miftāḥ fī abniyat al-afʿāl G I 300
Miftāḥ al-afrāḥ fī 'mtidāḥ al-rāḥ G I 257, S I 457
Miftāḥ al-aḥkām S II 826
Miftāḥ al-akhlāq S I 928, $_{n}$
Miftāḥ al-albāb S I 489
Miftāḥ al-aqfāl wa-muzīl al-ishkal etc. S II 677
Miftāḥ al-asbāb fī ʿilm al-zīj S II 294
Miftāḥ al-asrār S I 864, II 851
Miftāḥ al-asrār al-Ḥusaynī S II 587
Miftāḥ asrār al-nujūm S I 363
Miftāḥ al-ʿayn S II 1005
Miftāḥ bāb al-abwāb S II 848
Miftāḥ bāb al-faraj G II 180

Miftāḥ al-bāb al-muqaffal li-fahm al-Qurʾān al-munazzal G I 414, S I 735
Miftāḥ bāb al-muwajjahāt etc. S II 1015,18a
-*Miftāḥ li-baʿḍ asrār al-karīm al-fattāḥ* S II 493
Miftāḥ dār al-saʿāda wa-manshūr alwiyat al-ʿilm wal-irāda G II 106, S II 127,15
Miftāḥ dār al-saʿāda wa-miṣbāḥ al-siyāda G II 426, S II 633,4
Miftāḥ al-fāʾiḍ fī ʾl-farāʾiḍ S II 557
Miftāḥ al-fāʾiḍ fī ʿilm al-farāʾiḍ G I 404, S I 702
Miftāḥ al-falāḥ G II 118, 414, 441, S II 595
Miftāḥ al-falāḥ wa-kīmiyyāʾ al-saʿāda wal-ṣalāḥ S II 646
Miftāḥ al-falāḥ wa-miṣbāḥ al-arwāḥ S II 145
Miftāḥ al-falāḥ fī ʾl-waʿẓ li-ahl al-ṣalāḥ S II 1010,138
Miftāḥ al-farāʾiḍ G II 405
Miftāḥ al-fuṣūṣ S I 794,12a
Miftāḥ al-futūḥ S II A/C 476
Miftāḥ ghayb al-jamʿ wal-wujūd G I 450, S I 807
Miftāḥ al-ghurar S I 707
Miftāḥ al-ḥāja S I 270
Miftāḥ ḥaqīqat al-ḥaqāʾiq S II 284,14
Miftāḥ al-ḥikam S II 668,6
Miftāḥ al-ḥikma fī ʾl-ṣanʿa S I 429
Miftāḥ al-Ḥiṣn al-ḥaṣīn S II 277
Miftāḥ al-ḥussāb fī ʾl-ḥisāb G II 211, S II 295
Miftāḥ al-ḥuṣūl li-Mirʾāt al-uṣūl S II 317
Miftāḥ al-iʿrāb G I 307
Miftāḥ al-jafr al-jāmiʿ G I 446, II 232, S I 796 A/C, II 324 A/C
Miftāḥ al-jafr al-jāmiʿ wa-miṣbāḥ al-nūr al-lāmiʿ G I 464, S I 839
Miftāḥ al-janna fī īḍāḥ al-sunna G II 150, 157
Miftāḥ al-janna fī ʾl-iʿtiṣām bil-sunna G II 147, S II 182,36
Miftāḥ al-janna al-mutawāqif ʿala ʾl-kitāb wal-sunna S II A/C 362
Miftāḥ kanz-al-niẓām G II 363
Miftāḥ al-karāma S II 207, 505
Miftāḥ al-khayr fī sharḥ dībājat al-Ṭayr S I 819,44
Miftāḥ kunūz al-Bukhārī S I 264
Miftāḥ al-kunūz wa-ḥall ishkāl al-rumūz S I 430
Miftāḥ al-kunūz fī ʾl-raml S II 285
Miftāḥ kunūz al-Tirmidhī S I 268
Miftāḥ al-Lubāb S I 707
Miftāḥ maʿāni ʾl-akhbār S I 360
Miftāḥ al-mafātīḥ S II 581
Miftāḥ al-maʿiyya G II 347,50, 419, S II 618
Miftāḥ al-manẓūm S I 679
Miftāḥ al-maqāṣid etc. S I 801,174
Miftāḥ al-marām fī taʿrīf aḥwāl al-kalima wal-kalām S II 656
Miftāḥ al-masāʾil al-naḥwiyya S II A/C 334
Miftāḥ al-miftāḥ S I 516
Miftāḥ al-minan etc. S II 960
Miftāḥ al-muʿāmalāt fī ʾl-ḥisāb S I 860
Miftāḥ al-munshaʾ fī ḥadīqat al-inshāʾ S I 521
Miftāḥ al-najāʾ fī manāqib āl al-ʿabāʾ S I 245,31
Miftāḥ al-najāḥ S II 210
Miftāḥ al-qurb S II 952
Miftāḥ al-saʿāda S II 325 (see *M. dār al-s.*)
Miftāḥ al-saʿāda fī ʾl-fiqh S II 641, 957,96
Miftāḥ al-sarāʾir wa-kanz al-dhakhāʾir S II 566, 908
Miftāḥ al-Shāfiya S I 536
Miftāḥ al-Shifāʾ S I 815,18, II 590
Miftāḥ al-Ṣaḥīḥayn S I A/C 266
Miftāḥ al-ṣalāḥ wa-mirqāt al-falāḥ S II 661
Miftāḥ al-tafāsīr G II 108, 200, S II 856
Miftāḥ al-tafāsīr wa-miṣbāḥ al-āyāt S II 654
Miftāḥ al-ṭalibīn S II 1005,83
Miftāḥ ṭarīq al-muḥibbīn G II 162
Miftāḥ al-ṭibb G I 240, S I 426
Miftāḥ al-ʿulūm G I 294, S I 515
Miftāḥ al-wujūd al-ashhar etc. G II 351, S II 664
Miḥakk al-Mutaṣawwifīn etc. S II 658,32
Miḥakk al-naẓar fī ʾl-manṭiq S I 755
-*Miḥan al-ilāhiyya* G II 424
Miḥnat al-adīb S II A/C 909
Miḥnat A. b. Ḥanbal S I 309
Miḥnat al-imām A. b. Ḥanbal G I 357, S I 607
-*Mijisṭī* G I 203, 224, S I 363
-*Mikhlāṭ* G II 713, S II 596
-*Mīl* S II 231
Milʾ al-ʿayba S II 344
Milʾ al-ʿayba fī mā waqaʿa fī ʾl-iqāma wal-ghayba S II 415
Milāk al-taʾwīl etc. S I 733

-*Milal wal-duwal* S I 395,18
-*Milal wal-nihal* G I 400, 428, S I 667, 762, II 245
-*Milla al-fāḍila* G I 212, S I 376
Mīmiyyat al-abdāl etc. S II 231
-*Mīmiyya al-khamriyya* S I 464,4
Min Miṣr ilā Miṣr S II 734
Min al-tabʿīḍiyya G II 453,115
Min wālid ilā waladihi S III 309
-*Minaḥ al-badiyya fī 'l-asānīd al-ʿaliyya* S II 691, 703
-*Minaḥ al-fikriyya* S II 276
Minaḥ al-ghaffār G II 311, S II 265, 428
-*Minaḥ al-ilāhiyya* G II 120, S II 275, 480
-*Minaḥ al-ilāhiyya bi 'l-fatāwi 'l-Zamzamiyya* S II 511
-*Minaḥ al-ilāhiyya min manāqib al-sādāt al-Wafā'iyya* S II 149
-*Minaḥ al-ilāhiyya fī sharḥ al-ʿAshmāwiyya* S II 435
-*Minaḥ al-ilāhiyya fī sharḥ Dalā'il al-khayrāt* S II A/C 360
-*Minaḥ al-ilāhiyya fī sharḥ al-jawāhir al-zakiyya* S II 435
-*Minaḥ al-ilāhiyya fī 'l-taḥqīqāt al-Ṣūfiyya* S II 463
-*Minaḥ al-Makkiyya, sharḥ al-Hamziyya* S I 471, II 529,41
Minaḥ al-mannān bi-faḍā'il niṣf Shaʿbān S II 747
Minaḥ al-midaḥ S II 77
Minaḥ al-minna fī 'l-talabbus bil-sunna G II 338, S II 466,37
-*Minaḥ al-mutakaffila* G II 288
Minaḥ al-nafaḥāt al-mawlawiyya S I 684
-*Minaḥ al-rabbāniyya fī 'l-dawla al-ʿUthmāniyya* G II 301, S II 412
-*Minaḥ al-rabbāniyya, sharḥ al-Futūḥāt al-ilāhiyya* S II 118
-*Minaḥ al-raḥmāniyya* G II 301
-*Minaḥ al-samāwiyya* G II 318
-*Minaḥ al-saniyya* G II 338, S II 466,140
Minaḥ al-shifā' S II 130, 448
-*Minaḥ al-ṣafiyya fī 'l-asānīd al-Yūsufiyya* S II 702
-*Minaḥ al-ṣamadiyya* S II 655
-*Minaḥ al-wafiyya, sharḥ al-Muqaddima al-ʿIzziyya* S II 435
-*Minaḥ al-wafiyya, sharḥ al-Riyāḍ al-Khalīfiyya* S II 458
-*Minan al-ʿAṭā'iyya* S II 146
Minan al-raḥmān S II 597,37, 802 A/C
Minan al-raḥmān, sharḥ Wasīlat al-fawz wal-amān S II 576
-*Minan al-zāhira* G II 275
Minbar al-tawḥīd S II 416
Minhāj al-ʿābidīn ilā jannat rabb al-ʿālamīn G I 423, S I 751,38, II 566
Minhāj al-abrār S II 1006
Minhāj al-ʿārif al-muttaqī al-sālik al-murtaqī G I 447, S I 800,139, II 478,59
Minhāj al-ʿārifīn S I 751,38, II 996,5a
Minhāj al-ʿawārif ilā rūḥ al-maʿārif S I 632
Minhāj al-barāʿa S I 706
-*Minhāj fī bayān aḥkām al-ʿushr wal-kharāj* S II 503
Minhāj bayān fī mā yastaʿmiluhu 'l-insān G I 485, S I 888
Minhāj al-bulaghā' S I 474
Minhāj al-dukkān G I 492, S I 897
-*Minhāj al-fākhir fī ʿilm al-Baḥr al-zākhir* S II 231
Minhāj al-fuqarā' S II 662
Minhāj al-hidāya S II 828
Minhāj al-ḥajj S II 807
Minhāj al-ḥaqq wal-ittibāʿ etc. S II 531
-*Minhāj al-jalī fī fiqh Zayd b. ʿAlī* S II 241
Minhāj al-karāma fī maʿrifat al-imāma G II 164, S II 207,6
-*Minhāj fī laṭā'if al-akhbār* S I 75,38
Minhāj al-manāqib G I 369
-*Minhāj ilā maʿrifat al-miʿrāj* G II 419
-*Minhāj al-mubīn* S II 280
Minhāj al-mudhakkirīn etc. S II A/C 152
Minhāj al-muḥaddithīn etc. S II 265
-*Minhāj al-Muḥammadī fī 'l-ṭarīq al-Aḥmadī* S II A/C 662
-*Minhāj al-mukhtaṣar* S I A/C 682
Minhāj al-muttaqīn etc. S II 975,33
Minhāj al-najāt S II 584, 585
Minhāj al-qāṣidīn fī faḍl al-khulafā' al-rāshidīn G I 398, S I 689
Minhāj al-qāṣidīn fī 'khtiṣār Iḥyā' al-ʿulūm G I 422, 504, S I 748,25,2
Minhāj al-rāghibīn G I 395
Minhāj al-rashād fī 'l-fiqh S II 834

Minhāj al-riḍā S I 923,20, d
-Minhāj al-sadīd fī ḥall mushkilāt al-tawḥīd S II 357
-Minhāj al-sadīd fī sharḥ Jawharat al-tawḥīd S II A/C 437
Minhāj al-sālikīn S I 683,26
-Minhāj al-sawī fī tarjamat al-imām al-Nawawī S I 680
-Minhāj, sharḥ al-Miʿyār S II 245
-Minhāj, sharḥ Muslim Ibn Ḥajjāj G I 160
Minhāj al-sunna S II 186,112
Minhāj al-sunna al-nabawiyya fī naqd kalām al-Shīʿa wal-Qadariyya S II 120,2
Minhāj al-ṣādiqīn fī ilzām al-mukhālifīn S II 581
Minhāj al-ṣalāḥ G I 405, S I 707
Minhāj al-taḥqīq wa-maḥāsin al-talfīq fī uṣūl al-dīn S II 995
Minhāj taḥrīr al-maṭlūb S II 957,98
Minhāj al-taqdīs wal-taʾsīs S II 790
Minhāj al-taʿrīf bi-uṣūl al-taklīf S II 887
Minhāj al-tarjīḥ wal-tajrīḥ S II 511
Minhāj al-ṭālib ilā fahm al-Kāfiya S I 535
Minhāj al-ṭālib ʿalā taʿdīl al-kawākib G I 255, S II 364
Minhāj al-ṭālibīn G I 393, 395, S I 680
Minhāj al-ṭarīq G II 121
-Minhāj fī uṣūl al-dīn S I 513
Minhāj al-wuṣūl ilā ʿilm al-uṣūl G I 418, S I 741
Minhāj al-wuzarāʾ G II 210
Minhāj al-yaqīn S I 668
-Minḥa S I 489
Minḥat al-afāḍil G II 367
Minḥat ahl al-ʿaṣr bi-muntaqā taʾrīkh Muḥyī Miṣr G II 481, S II 733
-Minḥa al-Baḥriyya S II 859
Minḥat al-bārī S I 264
Minḥat al-bārī fī iṣlāḥ zallat al-qāriʾ S II 536
-Minḥa al-dahriyya fī takhṭīṭ madīnat al-Iskandariyya G II 483, S II 733
-Minḥa fī ḥaqq al-sabḥa S II 426,29
-Minḥa fī ʾkhtiṣār al-Mulḥa G II 14
-Minḥa al-ilāhiyya fī ʾl-āyāt al-isrāʾiyya S II 691
-Minḥa al-ilāhiyya, talkhīṣ tarjamat al-Tuḥfa al-Ithnay ʿAshariyya S II 788
Minḥat al-khāliq ʿala ʾl-Badr al-rāʾiq S II 774,32
Minḥat al-labīb fī sīrat al-ḥabīb G II 41, S II 38
Minḥat al-luṭafāʾ fī tawārīkh al-khulafāʾ S II 928
Minḥat al-malik al-wahhāb S I 489, II 548
-Minḥa al-mankiyya li-mubtadaʾ al-qirāʾa al-Makkiyya S II 367
Minḥat al-mannān fī qirāʾat Ḥafṣ S II 699
Minḥa min minaḥ al-fatḥ etc. G II 73, S I 725 A/C
Minḥat al-quddūs fī midḥat sayyidinā a. Bekr b. ʿAr. al-ʿAydarūs S II 900
-Minḥa al-quddūsiyya fī ʾl-adwiya al-qāmūsiyya S II 1028
Minḥat rabb al-ʿarsh fī mā yurwā ʿan Warsh S II 454
-Minḥa fī ʾl-sabḥa G II 152, S II 191,187
Minḥat al-sulūk S I 659
Minḥat al-ṣamad S I 750,32d, II 664
Minḥat wājib al-wujūd etc. S II 453
Minḥat al-wuṣūl G II 351
Minnat al-jalīl li-bayān isqāṭ etc. S II 774,33
Minnat al-jalīl fī qabūl qawl al-wakīl G II 313, S II 431,12
Minnat al-wahhāb etc. S II 1003
Miqyās al-hidāya S II 799
Miqyās Shams S II 219, n
Mīr Īsāghūjī S I A/C 843
-Mīra fī ḥall mushkilāt al-sīra S II A/C 947
-Miʿrāj S I 616, 772, II 134
Miʿrāj al-ʿamal S II 437
Miʿrāj al-balāgha etc. S II 864
Miʿrāj al-dirāya G I 377, S I 644,6
Miʿrāj al-fuhūm S II 623
-Miʿrāj wa-ghāyat al-intāj S II 475,99
-Miʿrāj al-kabīr S II 468,5
Miʿrāj al-naḥw S II 916
Miʿrāj al-qulūb etc. S II 790
Miʿrāj al-sālikīn S I 751,33
-Miʿrāj al-Shaʾmī S II 416
Miʿrāj al-suʿūd fī nayl al-mujallab al-sūd S II 716
Miʿrāj al-ṭabaqāt G II 115, S II 141
Miʿrāj al-wuṣūl S I 742
Mirʾāt al-ʿajāʾib S I 428,45
Mirʾāt al-ʿajāʾib fī wiqāyat al-Iskandariyya S II 34
Mirʾāt ahl al-zaman etc. S II 739
Mirʾāt al-aḥwāl S II 758

Mirʾāt al-ʿālam S II 330, 1019$_{,25}$
Mirʾāt al-anwār etc. S II 506, 533
Mirʾāt al-ʿārifīn wa-maẓhar al-kāmilīn etc. S I 801$_{,179}$
Mirʾāt al-ʿārifīn fī multamas Zayn al-ʿābidīn S I 808$_{,26}$
Mirʾāt al-arwāḥ G II 207
Mirʾāt al-aṣfiyāʾ etc. S II 659
Mirʾāt al-ʿaṣr fī taʾrīkh wa-rusūm akābir al-rijāl bi-Miṣr S III 308
Mirʾāt al-ayyām S I 395
Mirʾāt al-ayyām fī mulakhkhaṣ al-tadrīs al-ʿāmm S III 96
Mirʾāt al-Bayān S II 848
Mirʾāt al-Gharb S III 439
Mirʾāt i ḥaḍrati M. b. ʿArabī S I 791
Mirʾāt al-ḥaqāʾiq fī bayān ʿawīṣat al-ḥaqāʾiq S II 783
Mirʾāt al-ḥaqāʾiq wa-mujalli ʾl-daqāʾiq S II 593
Mirʾāt al-ḥasnāʾ S III 258
Mirʾāt al-janān etc. G II 177, S II 228$_{,13}$
Mirʾāt al-kāʾināt S I 882$_{,4}$
Mirʾāt al-kamāl etc. S II 799
Mirʾāt at-maʿānī G I 440, 446$_{,100}$, S I 786 A/C, 798$_{,100}$
Mirʾāt al-maḥāsin min akhbār al-shaykh a. ʾl-Maḥāsin S II 681, 694
-Mirʾāt al-mubīna lil-nāẓir fī mā huwa ʾl-ḥaqq etc. S II 547, 562
Mirʾāt al-murūʾāt G I 286$_{,16}$, S I 501$_{,16}$, 773
Mirʾāt al-naẓar S II 556
Mirʾāt al-nāẓirīn S I 774
Mirʾāt al-rashāsh S II 799
Mirʾāt al-sharq S II 767, III 194
Mirʾāt al-shumūs etc. S II 479
Mirʾāt al-shurūḥ S II 623
-Mirʾāt al-ṣafiyya etc. S II 756
Mirʾāt al-taʾammul fī ʾl-umūr S II 724
Mirʾāt al-ṭālibīn S I 837
Mirʾāt al-ʿuqūd G II 411
Mirʾāt al-ʿuqūl S I 320
Mirʾāt al-ʿuqūl fī ʿilm al-uṣūl S II 852
Mirʾāt al-ʿuqūl fī sharḥ akhbār āl al-rasūl G II 411, S II 573
Mirʾāt al-uṣūl G II 227, S II 317
Mirʾāt al-wujūd G II 346, 445, S II 663
Mirʾāt al-zaman fī takhāluf akhbār al-Yaman S II 237
Mirʾāt al-zamān fī taʾrīkh al-aʿyān G I 347, S I 589
-Mīrāth S I 245$_{,26}$
Mīrāth al-maghṣūb S II 649
-Mirqāt S II 21
Mirqāt al-anẓār G II 187, S II 245
Mirqāt al-anẓār fī iʿrāb lā ilāha illa ʾllāh G II 25
Mirqāt al-mafātīḥ S I 621
-Mirqāt al-mīzāniyya S II 625
Mirqāt al-mubtadiʾīn S I 643
Mirqāt al-murīdīn ilā ṭarīqat al-ʿārifīn S II 1010
Mirqāt al-naḥw S II 175
Mirqāt al-ṣuʿūd S I 267
Mirqāt ṣuʿūd al-taṣdīq S II 814
-Mirqāt al-ʿulyā fī tadbīr al-ruʾyā S II 367
-Mirqāt al-wafiyya fī ṭabaqāt al-Ḥanafiyya S II 236
Mirqāt al-wuṣūl S I 356 A/C, II 316 A/C
Mirqāt al-wuṣūl fī ʿilm al-uṣūl G II 227
Mirqāt al-wuṣūl ilā ʿilm al-uṣūl G II 405, S II 559
Mirqāt al-zulfā etc. S I A/C 831
Mirṣād al-afhām fī mabādiʾ al-aḥkām S I 743
Mirṣād al-ʿibād etc. G I 448, S I 804
-Misāḥa S I 667, II 274
Misāḥat al-ashkāl al-musaṭṭaḥa etc. S I 386
Misāḥat al-ḥalaq S I 390
Misāḥat al-kura G I 469
Misāḥat al-mujassam al-mukāfī G I 470
Misāḥat al-mujassamāt G I 218
Misāḥat qaṭʿ al-makhrūṭ al-mukāfī G I 218, S I 386 (958)
Misāḥat al-ukar bil-ukar S I 388$_{,14}$
-Misk al-adhfar fī bayān al-ḥajj al-akbar wal-aṣghar S II 859
-Misk al-adhfar fī tarājim ʿulamāʾ Baghdād S II 788
Mishkāt al-anwār G I 423, S I 751$_{,34b}$, 791$_{,6}$
Mishkāt al-anwār fī laṭāʾif al-akhbār S II 472
Mishkāt al-anwār fī laṭāʾif al-akhbār lil-taḥdīd etc. S I 751$_{,34c}$
Mishkāt al-anwār fī mā ruwiya ʿani ʾllāh min al-akhbār G I 442$_{,6}$
Mishkāt al-anwār wa-miṣfāt al-anwār S I 751$_{,34a}$
Mishkāt al-anwār fī riyāḍ al-azhār S I 751$_{,34b}$
Mishkāt al-anwār fī uṣūl al-Manār S II 264

Mishkāt Burhān S II 953,54
Mishkāt al-farāʾiḍ S I 651,19
-*Mishkāt fī ʿilm mā yuḥtāj min al-awqāt* S II 695
Mishkāt al-maʿqūl al-muqtabas min nūr al-manqūl S I 801,187
Mishkāt al-Maṣābīḥ G I 364, II 195, S I 621, II 262
Mishkāt al-miṣbāḥ li-sharḥ al-ʿUdda wal-silāḥ S II 972,5, G I 294
-*Mishkāt al-muḍīʾa* G II 376
Mishkāt al-nibrās G II 238, S I 542
Mishkāt qulūb al-ʿārifīn etc. S I 911
Mishkāt al-ʿulūm etc. S III 384
-*Miṣbāḥ* G I 295, S II 133
Miṣbāḥ al-afkār fī naẓm al-ashʿār S II 762
Miṣbāḥ al-anām etc. S II 813
Miṣbāḥ al-anẓār S II 585
Miṣbāḥ al-ʿaqīda S I 746,4b
Miṣbāḥ al-arwāḥ G I 448, S I 742
Miṣbāḥ al-arwāḥ fī kashf ḥuqūq al-alwāḥ S I 782
-*Miṣbāḥ fī asrār ʿilm al-miftāḥ* G II 139, S II 172
Miṣbāḥ al-asrār fi ʾl-kalām ʿalā Mishkāt al-anwār S II 810
Miṣbāḥ al-ʿaṣr fī tawārīkh shuʿarāʾ Miṣr S II 753
Miṣbāḥ al-dayājī etc. S II 29
Miṣbāḥ al-dirāya fi ʾṣṭilāḥ al-hidāya S II 775
Miṣbāḥ al-dujā fī liwāʾ al-hudā S II 858,34
Miṣbāḥ al-faqīh, sharḥ al-Sharāʾiʿ S II 798
Miṣbāḥ al-hidāya wa-miftāḥ al-kifāya S I 789
Miṣbāḥ al-hidāya wa-miftāḥ al-wilāya G II 333, S I 645,30, II 461
Miṣbāḥ al-ḥawāshī S II 292,u
-*Miṣbāḥ fī ʿilm asrār al-Miftāḥ* S II 668
Miṣbāḥ al-ins fī sharḥ Miftāḥ al-uns S II 329
-*Miṣbāḥ fi ʾl-jamʿ bayna ʾl-adhkār wal-silāḥ* G II 131
-*Miṣbāḥ fi ʾl-jamʿ bayna ʾl-Afʿāl wal-Ṣaḥāḥ* S I 737
-*Miṣbāḥ al-Kāthūlīqiyya* S II 754
Miṣbāḥ al-mishkāt G II 319
Miṣbāḥ al-mubtadiʾ etc. S II 20
-*Miṣbāḥ al-muḍīʾ* G II 72, S II 78
-*Miṣbāḥ li-mukāshafat al-arwāḥ* S I 735
-*Miṣbāḥ al-munīr fī gharīb al-sharḥ al-kabīr* G II 25, S I 753, II 210
-*Miṣbāḥ al-munīr fī sharḥ al-ṣalāt ʿala ʾl-nabī etc.* S II 461
-*Miṣbāḥ al-munīr fī wird ṭarīqat sayyid Aḥmadī al-Rifāʿī* S II 869,33
-*Miṣbāḥ al-mutahajjid* G I 405, S I 707,3
-*Miṣbāḥ fi ʾl-naḥw* G I 293, S I 514
Miṣbāḥ al-nājī fī manāqib āl al-ʿabāʾ S II 600
Miṣbāḥ al-nūr S I 807
Miṣbāḥ al-qalb S I 808
Miṣbāḥ al-rāʾiḍ S II 557
Miṣbāḥ al-sārī wa-nuzhat al-qāriʾ S II 778
-*Miṣbāḥ, sharḥ al-Miftāḥ* S I 515
Miṣbāḥ al-sharīʿa G II 186, S II 845,16
Miṣbāḥ al-sharīʿa wa-miftāḥ al-ḥaqīqa S I 104
Miṣbāḥ al-sharīʿa al-Muḥammadiyya S II 243
Miṣbāḥ al-sharq S III 194
Miṣbāḥ al-ṭālib fī baḥth al-maṭālib S II 389, 767
Miṣbāḥ al-ʿulūm fī aḥkām al-nujūm S I 395
Miṣbāḥ al-ʿulūm fī maʿrifat al-ḥayy al-qayyūm G I 403, S I 701
-*Miṣbāḥ fī ʿuyūn al-ṣiḥāḥ* S I 607
-*Miṣbāḥ al-wahhāj etc.* S II 1016
Miṣbāḥ al-zāʾir S I 913
Miṣbāḥ al-zajāja ʿalā sunan b. Māja G II 148, 693, 726, S I 270
Miṣbāḥ al-zajāja fī zawāʾid b. Māja G II 67, S II 72
-*Miṣbāḥ al-ẓāhir fi ʾl-qirāʾāt al-ʿashr* G I 408, S I 723
Miṣbāḥ al-ẓalām G I 372, 385, S I 665
Miṣbāḥ al-ẓalām wa-fatḥ al-salām G II 355, 372, S II 482
Miṣbāḥ al-ẓalām bil-ṣalāt wal-salām G II 333
Miṣbāḥ al-ẓulm S II 519, 814
Miṣbāḥ al-ẓulm ʿala ʾl-manhaj al-atamm S II 543,150
Miṣbāḥ al-ẓulumāt S I 700
Miṣr S I 229
Miṣr wal-iḥtilāl al-Inklīzī S III 334
Miṣr bayna ʾl-iḥtilāl wal-thawra S III 195
Miṣr al-Islāmiyya etc. S III A/C 212
Miṣr al-jadīda S III 193

Miṣr wal-jaghrāfiya S III 282
Miṣr fi 'l-qarn al-tāsiʿ ʿashar S III 308
-Miṣriyyāt S III A/C 124
-Mithāl fi 'l-jawāb wal-suʾāl G I 303
Mithāl naʿl al-nabī S II 764,$_{44}$
-Mīthāq S I 355
-Mīthāq wal-ʿahd G II 322, S II 444
-Miyāh S I 428,$_{40}$
Miyāh wa-jibāl etc. S I 188
Miʿyār al-adhkār S II 1005,$_{86}$
Miʿyār aghwār al-afhām etc. S II 247
Miʿyār al-ḥaqāʾiq S II 267
Miʿyār al-ikhtiyār etc. G II 262, S II 372
Miʿyār al-ʿilm fī fann al-manṭiq G I 425, S I 755,$_{62}$
-Miʿyār al-jadīd S II 890
Miʿyār al-lugha S II A/C 834
-Miʿyār al-mughrib etc. G II 247, S II 348
Miʿyār al-naẓar G II 197
Miʿyār al-nuẓẓār fī ʿulūm al-ashʿār S I 498
Miʿyār al-taʿdīl S I 843
Miʿyār al-ṭarīqa S I 761, note 9
Miʿyār al-ʿuqūl fī ʿilm al-uṣūl S II 245
-Miʿyār fī wazn al-ashʿār S I 543
-Mizāḥ wal-jidd S I 243,$_{39}$
fi 'l-Mizāj S I 369
fi 'l-Mizāj al-mukhtalif S I 369, 422
fi 'l-Mizāj wal-tasnīm S II 609
Mizājāt al-kawākib S I 388
Mīzān al-adab G II 410, S II 289,$_{16}$, 571
Mīzān al-ʿadl etc. S II 1018,$_{14}$
Mīzān al-afkār bi-naṣāʾiḥ al-abrār wal-akhyār S II 639
Mīzān al-afkār, sharḥ Miʿyār al-ashʿār S II 778
Mīzān al-ʿamal G I 422, S I 540, 749,$_{27}$
Mīzān al-ʿaql S I 429,$_{78}$
-Mīzān fi 'l-aqyisa wal-awzān G II 482, S II 733
Mīzān al-fatāwī G II 435
Mīzān al-ḥaqq G II 429, S II 637
Mīzān al-ḥikma G I 494, S I 902
Mīzān al-intiẓām S I 847
Mīzān al-iʿtidāl fī tarājim al-rijāl G II 47, S II 46
Mīzān al-jawāhir etc. S III 327
Mīzān al-kawākib S II A/C 327
-Mīzān al-Khiḍriyya S II 465
Mīzān al-manṭiq S I 847, II 625
Mīzān al-maqādīr S II 573
Mīzān al-muddaʿīn etc. S II 642
-Mīzān al-mudkhila li-jamīʿ aqwāl al-aʾimma etc. S II 465
Mīzān al-qāṣirīn S II A/C 467
-Mīzān al-qawīm G I 422,$_{28}$
-Mīzān al-Shaʿrāniyya al-kubrā G II 336, S II 465
-Mīzān, sharḥ al-ʿArūḍ al-Andalusī S I 544
Mīzān al-shiʿr S I 220
Mīzān al-ṣarf S I 535
-Mīzān al-ṣughrā S II 465
Mīzān al-ṭabīb G I 492
Mīzān al-ʿulūm fī taḥqīq al-maʿlūm S I 860
-Mīzān fī uṣūl al-fiqh G I 398, S I 688
Mīzān al-uṣūl fī natāʾij al-ʿuqūl S I A/C 640
-Muʿādalāt G I 472
Muʿaddil al-ṣalāh G II 440,$_{9}$, S II 655
-Muʿaddila G II 152, 183
-Muʿādil fi 'l-farāʾiḍ S II 973,$_{10}$
-Muʿādil, sharḥ Multaqa 'l-abḥur S II 643
Muʾakkid al-maḥabba etc. G II 154, S II 192,$_{212}$
Muʿālajat al-amrāḍ S II 625
-Muʿālaja al-Buqrāṭiyya G I 237, S I 421
Muʿālajāt al-Īlāqī S I 826,$_{82c}$
Muʾallafāt M. Taymūr S III 218
-Muʿallam fī dhikr man taqaddam S I 561
-Muʿallam (muʿlam) ʿan ḥurūf al-muʿjam S I 913
-Muʿallāqat G I 18, S I 34
Muʿallāqat al-Kāẓimī S III 489
-Muʿallim bi-mubhamāt Ṣaḥīḥ Muslim G I 160, S II 72
Muʿallim al-qāriʾ S I 264
Muʿallim al-ṭarafayn etc. S II 1004,$_{81}$
Muʿallim al-ṭullāb G II 246
-Muʿammarīn G I 107, S I 167
Muʿānadat al-juhhāl wal-aṭrāf S II 188,$_{169f}$
Muʾānis al-maʿānī S I A/C 659
Muʿāraḍāt ʿalā Alfiyyat Ibn Mālik S I 525
Muʿāraḍat Lāmiyyat al-ʿAjam S I 440, II 254
Muʿāraḍat al-qaṣīda al-Kaʿbiyya S I 69, II 897
-Muʿāraḍa lil-Qurʾān S I 237
-Muʿāraḍa wal-radd S I 333

-Muʿarrab G I 280, S I 492
-Muʿarrab wal-dakhīl S II 443
-Muʿāsharāt al-maymūna G I 447
Muʿashsharāt G I 274, 474, 525, S I 479, 800,$_{135}$, II 75 A/C, 476,$_{117}$
Muʿashsharāt al-Barafkī S II 783
Muʿashsharāt fī madḥ al-nabī S I 482
-Muʿashsharāt al-siḥriyya etc. S II 312
-Muʾaththarāt wa-miftāḥ al-mushkilāt S I 700
Muʿāwiya b. a. Sufyān S II 808, III 424, 435
-Muʿawwal S I 509
-Muʿāyāt G I 105
-Muʿāyāt fi ʾl-ʿaql S I 505
-Muʾayyad S III 84
-Mubāḥathāt G I 453, S I 817,$_{25}$
Mubāḥathāt ahl al-sunna wal-jamāʿa etc. G I 426
Mubakkir al-ghayth S III 178
-Mubakkiyāt G II 494, S III 342
Mubashshirāt b. ʿArabī S I 800,$_{154}$
-Mubashshirāt, sharḥ al-Mukaffirāt S II 989
Mubāyaʿāt al-mashāyikh ahl al-ḥaqāʾiq S I 807,$_{27}$
-Mubdiʿ al-mulakhkhaṣ min al-mumtiʿ bil-ṣarf S II 136
-Mubdiʿ, sharḥ al-Muqniʿ S I 688
-Mubham ʿalā ḥurūf al-muʿjam S I 564, 686
-Mubhamāt ʿala ʾl-muhimmāt G I 424
Mubhamāt al-nufūs G II 416
-Mubhij (mubahhij) G I 286,$_{24}$, S I 501
Mubhij al-asrār etc. S I 724, II 981
-Mubhij fi ʾl-qirāʾāt al-sabʿ S I 723
Mubhij al-rāʾiḍ bi-ḍawābiṭ al-farāʾiḍ S I 768
-Mubhij fī tafsīr (sharḥ) asmāʾ shuʿarāʾ al-Ḥamāsa G I 126, S I 40, 192,$_{10}$
-Mubīn S I 578, 923,$_{27}$, $_{C}$, II 618
Mubīn al masārib etc. S II 715
-Mubīn al-muʿīn li-fahm al-Arbaʿīn S I 683, II 539
Mubriz al-maʿānī S I 725
-Mubtadaʾ G I 65, 515, S I 101
-Mubtadaʾ wa-qiṣaṣ al-anbiyāʾ S I 205
-Mubtaghī fi ʾl-furūʿ G II 224, S II 313
-Mubtakir S II 762
Mudāʿabāt al-milāḥ etc. S III 231
-Mudabbaja S I 785
-Mudākhalāt S I 183
-Mudallisīn S II 71
Mudām al-mudām G II 350,$_{34}$
-Mudāma al-Shaʾmiyya G II 351
Mudārāt al-nās G I 154, S I 247
Mudāwalat al-anghām G I 349
Mudāwāt al-nufūs G II 701 ad I 400
Mudāwāt wajd al-mafāṣil G I 491
-Mudawwana al-kubrā G I 177, II 239, S I 299
Muddat dukhūl al-Fransīs bi-Miṣr S II 731
-Mudda, sharḥ ʿUmdat al-aḥkām S I A/C 689
-Mudhahhab G II 145,$_{3}$
-Mudhahhaba fi ʾl-shiyāt wal-ḥilā G I 497
Mudhākarat al-Dawwārī S II 243
-Mudhākara maʿa ʾl-ikhwān S I 751,$_{38c}$
-Mudhākara, sharḥ Nukat al-jumal S I 700
Mudhākarāt fī ʿilm al-nujūm G II 694 ad I 222, S I 395,$_{15}$
-Mudhakkar wal-muʾannath G I 117, S I 164, 169, 179, 182, 192, II 925
Mudhakkirāt fī adabiyyāt al-lugha al-ʿArabiyya S III 327
Mudhakkirāt ʿāmil fī biqāʿ al-ʿāhirāt S III 231
Mudhakkirāt baghī S III 231
Mudhakkirāt futuwwa S III 232, 394
Mudhakkirāt ʿimāra etc. S III 234
Mudhakkirāt Jamāl Bāshā S III 422
Mudhakkirāt laqīṭ S III 231
Mudhakkirāt nashshāl S III 394
Mudhakkirāt al-shabāb S III 230
Mudhakkirāt Shākir Bek al-Khūrī S III 383
Mudhakkirāt taʾrīkhiyya ʿan taʾrīkh Dimashq S III 429
Mudhakkirāt min ziyārat dayr Ṭūr Sīnā S III 309
-Mudhayyal fī taʾrīkh Dimashq G II 698 ad I 332
-Mudhish G I 506,$_{81}$, S I 920
Mudhishāt al-qadar S III 228
-Mudkhal G I 474, II 358, S I 841 note 10
-Mudkhal fī aḥkām al-nujūm G I 223, S I 396
-Mudkhal al-ḥifẓī ilā ṣināʿat al-arithmāṭīqī S I 960 ad 400
-Mudkhal ila ʾl-Iklīl S I 276
-Mudkhal fī ʿilm al-aḥkām al-falakiyya S I 969 ad 395

-Mudkhal fī ʿilm aḥkām al-nujūm G I 221, 222, 223, S I 388
-Mudkhal fī ʿilm al-dīn wal-diyāna G I 178
-Mudkhal fī ʿilm al-maʿānī G II 209
-Mudkhal fī ʿilm al-nujūm S II 298
-Mudkhal ilā ʿilm al-nujūm S I 862
-Mudkhal ilā ʿilm al-nujūm wa-aḥkāmihi S I 398
-Mudkhal ilā ʿilm al-ṣalāt G I 166
-Mudkhal al-kabīr ilā ʿilm aḥkām al-nujūm S I 395
-Mudkhal al-kabīr ilā ʿilm al-rukhāmāt S I A/C 368
-Mudkhal ilā madhhab Ibn Ḥanbal S II 966,2
-Mudkhal ilā maʿrifat maʾkhadh al-naẓar etc. G I 445, S I 797,65
-Mudkhal ilā maʿrifat al-ṣaḥīḥ etc. S I 276
Mudkhal al-Maṣābīḥ S I A/C 620
-Mudkhal al-mufīd fī ḥukm al-mawālīd S I 868
-Mudkhal fi ʾl-mūsīqī G I 212, S I 376
-Mudkhal al-Salīmī S I 420
Mudkhal al-sharʿ al-sharīf G II 83, S II 95
Mudkhal al-sulūk G I 423,36
Mudkhal al-Ṣāḥībī S I A/C 400
-Mudkhal ilā ṣināʿat aḥkām al-nujūm G I 222, S I 397, 399
-Mudkhal ilā ṣināʿat al-nujūm S I 396
Mudkhal al-taʿlīm fī inshāʾ al-taʾsiya etc. S II 253
-Mudkhal ilā tanmiyat al-amal S II 95
-Mudkhal fī taqwīm al-lisān S II 371
-Mudkhal ilā taqwīm al-lisān etc. G I 308, S I 541
-Mudkhal fi ʾl-ṭibb G I 205, S I 367
-Mudkhal ila ʾl-ṭibb al-ṣaghīr G I 234, S I 419
Mudkhal al-ʿUbūrī S II 357
-Mudkhal fī uṣūl al-ḥadīth S I 276
Mudkhil ahl al-fiqh wal-lisān etc. S II 203
-Mudkhil fī ʿilm al-maʿānī wal-bayān wal-badāʾiʿ S II 292
-Mudkhil fi ʾl-tasyīr etc. S II A/C 364
-Mudrij ila ʾl-mudraj etc. S II 193,245m
-Muḍādda G I 445
Muḍāhāt k. Kalīla wa-Dimna S I 202
Mūḍiḥ al-adilla fī ruʾyat al-ahilla S II 157
-Mūḍiḥ fi ʾl-farāʾiḍ S II 1024,70
-Mūḍiḥ fi ʾl-fatḥ wal-imāla S I 720
Mūḍiḥ al-muʿaddil S II 655
-Mūḍiḥ fi ʾl-qirāʾa etc. S I 720
Mūḍiḥ al-ṭarīq wa-qusṭās al-taḥqīq S I 911
-Mūḍiḥ fī wujūh al-qirāʾa etc. S I 724
Mūḍiḥat al-ḥāl fī baʿḍ masmūʿāt al-dajjāl S II 283, 535
-Mufāḍala bayna ʾl-Ṣaḥāba S I 696
-Mufaḍḍal, sharḥ al-Mufaṣṣal S I 510
-Mufaḍḍal, sharḥ shawāhid al-Mufaṣṣal S I 510
-Mufaḍḍaliyyāt G I 19, 116,1, 119, II 689, S I 37
Mufākahat al-khullān etc. S II 495
Mufākahat al-ʿulamāʾ etc. S II 438
Mufākharat al-azhār S II 187,128, 197,302a
Mufākharat al-azhār wal-nabātāt al-nādirāt etc. S I 809,11
Mufākhara bayn awlād al-khulafāʾ al-rāshidīn G II 303
Mufākhara bayna ʾl-dhahab wal-zujāj G I 124
-Mufākhara bayna ʾl-rawḍa wal-miqyās etc. S II 198,320
Mufākhara bayna ʾl-samāʾ wal-arḍ S II 12
Mufākhara bayna ʾl-sayf wal-qalam G II 121,40, S II 5, 9
Mufākharat al-ghilmān wal-jawārī S I 243
-Mufākhara wal-ḥurūb al-bātira S II 198,328
Mufākharat al-jawārī S I 243,22
Mufākharat Mālaqa wa-Salā S II 373
Mufākharat al-mishmish wal-tūt G II 47
Mufākharat al-misk wal-ramād S I 246,82
Mufākharat al-qindīl wal-shamʿadān S II 220
Mufākharat al-sayf wal-qalam S II 174, 910,53
Mufākharat al-sūdān wal-ḥumrān S I 245,56
-Mufāraqāt wal-nufūs S I 818,32d
Mufarriḥ al-nafs S I 901
Mufarrij al-kurūb fī akhbār B. Ayyūb G I 323, S I 555
Mufarrij al-kurūb wa-mufarriḥ al-qulūb S II 764,18
Mufarrij al-shidda G I 266
-Mufarriq fī lafẓ al-muṭlaq S II 103,37
-Mufaṣṣal G I 291, S I 509
-Mufaṣṣal fi ʾl-ʿamal bi-niṣf dāʾirat al-muʿaddal G II 129, S II 160 A/C

-Mufaṣṣal, sharḥ al-Muḥaṣṣal G I 507, S I 923,$_{22a}$
-Mufhim fī mā ashkala min Talkhīṣ Ṣaḥīḥ Muslim S I 265
-Mufhim fī sharḥ gharīb Muslim G I 365
Mufḥamāt al-aqrān etc. G II 145, S II 179,$_{4}$ (to be read thus)
-Mufīd S III 439, 480
-Mufīd fī akhbār Zabīd S I 570
Mufīd al-anām etc. S II 645
Mufīd al-ʿawāʾid etc. S I 908
Mufīd al-ḥāsib S II 1021,$_{42}$
-Mufīd lil-ḥukkām S I 664
-Mufīd fī ʿilm al-tajwīd S II 986,$_{31}$
Mufīd al-iʿrāb G II 424, S II 632
-Mufīd al-jāmiʿ li-mā tabaddada min asrār al-ṭibb wal-manāfiʿ S II 1029,$_{20}$
-Mufīd al-jāmiʿ li-manẓūmat gharāʾib al-sharāʾiʿ S I 702
-Mufīd al-khāṣṣ S I 421,$_{60}$
Mufīd al-muḥtāj G II 356, S II 706
Mufīd al-mulham G I 384
Mufīd al-sāmiʿ wal-qāriʾ etc. S II 68
Mufīd al-ʿulūm G I 492, 499
Mufīd al-ʿulūm wa-mubīd al-humūm S I 914
Mufīd al-uṣūl etc. S II A/C 576
Mufīdat al-qirāʾa S I 724
Mufīdat al-sāʾil etc. S II 567
-Muflis fī amān Allāh G II 420
-Mufrad wal-muʾallaf fi 'l-naḥw S I 511
-Mufrada fi 'l-qirāʾāt S I 729
-Mufradāt S I 686
Mufradāt alfāẓ al-Qurʾān G I 289, S I 506
Mufradāt al-Qānūn S I 827,$_{m}$
Mufradāt al-qurrāʾ al-sabʿa G I 407
Mufradāt Yaʿqūb S I 720, 723
-Mufriḥ fī ʿilm al-ṭibb S I 826,$_{82}$
Mufriḥ al-qulūb S I 826,$_{82}$, II 593
Mufriḥāt S II 1028,$_{10}$
-Muftakarāt al-ḥisābiyya S II A/C 159
-Mughaffal wa-qiṣaṣ ukhrā S III 238
-Mughālaṭa al-ʿāmma S II 618
-Mughārasa G II 317
-Mugharribīn G I 144
-Mughīth G I 366
Mughīth al-khalq fī bayān al-aḥaqq G I 389, S I 672
-Mughīth min mukhtalif al-ḥadīth G I 122, S I 943 ad 186
Mughīth al-qulūb etc. S II 543,$_{157}$
-Mughnī G I 221, S I 393
-Mughnī fi 'l-adwiya al-mufrada G I 492, S I 897
Mughni 'l-Akrād S II 257
-Mughnī fī asmāʾ al-rijāl S II 602
-Mughnī fī 'l-bayṭara S I 901
-Mughnī wal-bayān fi 'l-ḥawānīt wal-bīmāristānāt S I 897
Mughnī dhawi 'l-afhām S II 947,$_{181,28}$
-Mughnī fī ḍabṭ al-asmāʾ wal-ansāb S II 75,$_{52}$
-Mughnī fī 'l-ḍuʿafāʾ wal-matrūkīn S II 47
-Mughnī fi 'l-ḥadīth G II 48
-Mughnī ʿan ḥaml al-asfār etc. G II 66, S I 749,$_{25,19}$, II 70
-Mughnī ʿani 'l-ḥifẓ wal-kitāb etc. G I 358, S I 610
-Mughnī fī ʿilm al-naḥw G II 193, S II 257
-Mughnī 'l-jalī fi 'l-ḥisāb al-Hindī S I 881
Mughni 'l-khullān ʿan ḥayāt al-ḥayawān S II 171
Mughni 'l-khullān fi 'khtiṣār al-tanbīh G I 388
Mughni 'l-labīb ʿan kutub al-aʿārīb G II 23, S II 17
-Mughnī bi-madhhab al-Shāfiʿī S I 951 ad 307
-Mughnī fi 'l-mawālīd S I 394, read: *al-muqniʿ*
Mughni 'l-muḥtāj S I 681,$_{21}$
Mughni 'l-musmiʿ fi 'l-asfār etc. S II 149, 150
Mughni 'l-mustaftī ʿan suʾāl al-muftī S II 434
Mughni 'l-rāghibīn fī Manhaj al-ṭullāb S I 682
-Mughnī fī ruʾūs masāʾil al-khilāf etc. S I 317
-Mughnī, sharḥ al-Mūjiz G I 457, II 262, S I 825,$_{82aa}$
-Mughnī, sharḥ al-Mukhtaṣar fi 'l-fiqh S I 311
-Mughnī fī tadbīr al-amrāḍ G I 485, S I 888
Mughni 'l-ṭabīb etc. S I 826,$_{82g}$, II 1030,$_{38}$
Mughni 'l-ṭullāb S I 843,$_{11}$, II 19
-Mughnī fi 'l-uṣūl S I 689
-Mughnī fī uṣūl al-dīn S I A/C 744
-Mughnī fī uṣūl al-fiqh G I 382, S I 657
-Mughrib ʿan baʿḍ ʿajāʾib al-buldān S I 878
-Mughrib fī ḥula 'l-Maghrib G I 337, II 699, S I 576
-Mughrib fī tafsīr qawāfī a. 'l-Ḥ. S I 192

-Mughrib fī tartīb al-muʿrib G I 294, S I 515
-Mughtālīn S I 189
-Mughtālīn min al-ashrāf etc. S I 82, 165
-Mughtaṣab fi 'sm al-mafʿūl S I 192,$_{15}$
-Muhadhdhab S I 669, 708
-Muhadhdhab al-bāriʿ S I 712, II 210
-Muhadhdhab fī mā dufiʿa min al-Qurʾān min al-muʿarrab S II 181,$_{21k}$
-Muhadhdhab bil-madhhab G I 387
-Muhadhdhab li-madhhab al-Manṣūr billāh S I 701
-Muhadhdhab, mukhtaṣar Asānīd al-sunan S II A/C 47
-Muhadhdhab al-rāʾiq G II 247
-Muhadhdhab fī ṭibb al-ʿayn S I 900
Muhadhdhib al-Aghānī S I 226
Muhaj al-daʿawāt etc. S I 912
-Muhaj wa-rawḍ al-faraj S I 877
Muhaj al-nufūs S I 428
-Muhājir S III 439
-Muhandis al-Miṣrī S III 228
-Muhayyaʾ fī kashf asrār al-Muwaṭṭaʾ S I 298
Muhayyij al-aḥzān S II 843
-Muhimmāt G I 424, II 91, S I 753
-Muhimmāt al-ghāmiḍa etc. S II 107
Muhimmāt al-ghāzī S II 942
-Muhimmāt fi 'l-ʿibādāt S II 942
-Muhimmāt al-Kamāliyya fi 'l-fiqh S II 955,$_{76}$
-Muhimmāt al-mufīda S II 193,$_{247b}$
Muhimmāt al-muftī G II 451, S II 670,$_{45}$
Muhimmāt al-shāʿir etc. S III 165
-Muhimmāt al-Ṣūfiyya S II 998,$_{16}$
Muhtadi 'l-anhur S II 643
-Muḥabbar S I 166
-Muḥaddath G I 401, S I 697
-Muḥaddith al-fāṣil bayna 'l-rāwī wal-wāʿī S I 274
Muḥādhi 'l-Muwaṭṭaʾ S I 299 (to be read thus)
-Muḥāḍarāt G II 456, S I 506, 910
Muḥāḍarāt al-abrār etc. G I 447, S I 799,$_{130}$
Muḥāḍarāt al-adab al-ʿArabī S III 489
Muḥāḍarāt al-awāʾil etc. G II 158,$_{303}$, 427, S II 197,$_{303}$, 635
-Muḥāḍarāt wal-muḥāwarāt G II 158,$_{294}$, S I 162, II 57, 197,$_{294}$
Muḥāḍarāt fī taʾrīkh al-mabādiʾ al-iqtiṣādiyya etc. S III 276
Muḥāḍarāt al-udabāʾ G I 289
Muḥāḍarāt al-Yūsī S II 676
-Muḥājjāt G I 291, S I 511
-Muḥākama bayna Naṣīr al-Dīn wal-Rāzī G I 454, II 209, S I 816,$_{20}$
-Muḥākama bayna Saʿd al-Dīn wal-Sayyid al-Sharīf G II 426
-Muḥākama bayna 'l-Shahrastānī wa-Ibn Sīnā S I 763
-Muḥākama bayna shurrāḥ Mughni 'l-labīb S II 18
-Muḥākamāt G II 218
-Muḥākamāt al-ʿaliyya fi 'l-abḥāth al-Riḍawiyya etc. S II 644
-Muḥākamāt bayna 'l-Imām wal-Naṣīr S I 816,$_{20}$
-Muḥākamāt ʿala 'l-Kashshāf G I 291, S I 508
-Muḥākamāt, sharḥ al-R. al-kubrā fi 'l-manṭiq S II 571
-Muḥālafa al-thalāthiyya etc. S III 399
-Muḥallā ʿalā asrār al-Muwaṭṭaʾ S I 298
-Muḥallā bil-mujarrabāt S II 356
-Muḥallā fī sharḥ al-Mujallā G I 400, S I 695
-Muḥāmāt fī kulli zamān wa-makān S III 326
Muḥammad S III 244
Muḥammad ʿAlī S III 379
Muḥammad ʿAlī al-kabīr munshiʾ Miṣr al-ḥadītha S III 130
Muḥammad ʿAlī, sīratuhu etc. S III 309
Muḥammad wal-marʾa etc. S III 435
Muḥammad al-nabī al-ʿArabī S III 435
-Muḥammadīn min al-shuʿarāʾ wa-ashʿāruhum G I 325, S I 559
-Muḥammadiyya S II 329
-Muḥaqqiq al-mudaqqiq al-Yūnānī etc. S I 395
Muḥarram fi 'l-ḥadīth S II A/C 128
-Muḥarrar G I 393, 399, S I 678, 690
-Muḥarrar fi 'l-fiqh al-Ḥanbalī S II 129
-Muḥarrar fi 'l-ḥadīth S II 128
-Muḥarrar min al-iḥrāʾ S II 223
-Muḥarrar fi 'l-naḥw S II 233
-Muḥarrar al-rāʾiḍ S I 702
Muḥāsabat al-nafs S I 912,$_{13}$
Muḥāsabat al-nafs wal-izrāʾ ʿalayhā S I 248
Muḥāsabat al-nafs al-lawwāma S II 133
Muḥāsabat al-nufūs S I 352
Muḥaṣṣal afkār al-mutaqaddimīn wal-mutaʾakhkhirīn G I 507, S I 923,$_{22}$

Muḥaṣṣal al-kalām G II 443
-Muḥaṣṣal li-kashf asrār al-Mufaṣṣal S I 510
Muḥaṣṣal al-maqāṣid S II 357
-Muḥaṣṣal min Nihāyat al-ʿuqūl G I 507
-Muḥaṣṣal, sharḥ al-Mufaṣṣal S I 510
-Muḥāwara al-Ṣalāḥiyya etc. S II 29
Muḥāwarāt fi ʾl-ḥikma S III 260
Muḥāwarāt al-layl wal-nahār G II 333
Muḥāwarāt al-muṣliḥ wal-muqallid S III 323
Muḥdhirāt al-fuhūm etc. G II 85
-Muḥibb wal-maḥbūb G I 90
-Muḥīṭ G I 131, 375, S I 199
-Muḥīṭ al-Burhānī fi ʾl-fiqh al-Nuʿmānī G I 375, S I 642
-Muḥīṭ al-jāmiʿ, sharḥ al-Wasīṭ S II 111
Muḥīṭ al-muḥīṭ G II 495, S II 767
-Muḥīṭ al-Raḍawī S I 641
-Muḥīṭ bil-taklīf G I 419, S I 343
-Muḥīṭ bi-uṣūl al-imāma etc. S I 699
-Muḥkam fi ʾkhtiṣār al-Muʿallam S I 913
Muḥkam al-inshāʾ fi ʾl-farq bayna ʾl-ḍād wal-ẓāʾ S II 917
-Muḥkam wal-muḥīṭ al-aʿẓam G I 309, S I 542
-Muḥkam fi ʾl-naqṭ S I 720
-Muḥkam fi sharḥ al-Ḥikam S II 146
Muḥsin al-Hazzānī S III 377
-Muḥtasib fī iʿrāb al-shawādhdh G I 126, 129
-Muʿīd fī ādāb al-mufīd wal-mustafīd S II 488
Muʿīd al-niʿam G II 90, S II 106
Muʿīn al-adīb S II 797
-Muʿīn ʿalā fiʿl sunnat al-talqīn G II 708, S II 117
Muʿīn al-ghāʾiṣīn fī radd al-mughāliṭīn S II 856
Muʿīn al-ḥukkām etc. G II 82, S II 91
Muʿīn al-khawāṣṣ S II 825
Muʿīn al-muftī G II 311, S II 427, 429
Muʿīn al-muntahī G II 435
Muʿīn al-muqriʾ G II 111
Muʿīn al-quḍāh S II 641
Muʿīn al-sāʾilīn min faḍl rabb al-ʿālamīn S II 698
-Muʿīn, sharḥ Kanz al-daqāʾiq S II 266
-Muʿīn, sharḥ al-Talqīn S I 660
-Muʿīn fī ṣināʿat al-inshāʾ S II 769
Muʿīn al-umma fi ʾkhtilāf al-sāda al-aʾimma S II 949,19
Muʿīn al-wārithīn S II 806
Muʿīnat al-maʿānī al-mashhūra bi-Manẓūmat al-Shīwī S II 493
Muʿīnat al-muftī wal-qāḍī etc. S II 430
-Muʿizza fī mā qīla fi ʾl-Mizza S II 494
Mujādala li-aḥad al-dahriyyīn S I 287
-Mujādala maʿa ʾl-Yahūd wal-Naṣārā S II 356
-Mujadwal fi ʾl-ṭibb S I A/C 888
-Mujāhadāt S II 1002,58
-Mujālasa G I 154, S I 187, 249
Mujālasat al-ikhwān S II 999
-Mujālasa wa-jawāhir al-ʿilm S I 947 ad 249
Mujālasāt Ghulām Thaʿlab S I 184
Mujālasāt Thaʿlab S I 182, 183
Mujalli ʾl-ʿibar etc. S III 342
-Mujalli al-mawsūm bi-Maslak al-afhām S II 272
-Muʿjam S I 180
Muʿjam b. ʿAsākir S I 567
-Muʿjam fi ʾl-asāmī S I 275
-Muʿjam fi aṣḥāb al-qāḍī al-imām a. ʿA. al-Ṣadafī S I 581
Muʿjam al-Baghawī S I 622
-Muʿjam fī baqiyyat al-ashyāʾ G I 27, S I 194
Muʿjam al-buldān G I 480, S I 411, 880
Muʿjam al-Dhahabī G II 48, S II 47
-Muʿjam al-kabīr etc. G I 519, S I 279
Muʿjam ma ʾstaʿjam G I 476, S I 876
Muʿjam al-mashāyikh S II 399
Muʿjam al-maṭbūʿāt al-ʿArabiyya wal-muʿarraba S III 379
-Muʿjam al-mufahras G II 69, S II 73,14
Muʿjam mukhtaṣar S II 351
Muʿjam b. al-Muqriʾ S I 271
Muʿjam rijāl al-isnād S II 554
Muʿjam al-shaykh a. Maryam S II 76, 88
Muʿjam al-shuʿarāʾ S I 172, 191, 624
Muʿjam shuyūkh ʿAbd al-ʿAzīz b. M. al-Nakhshabī S I 565
Muʿjam shuyūkh Baghdād G I 365
Muʿjam shuyūkh al-Bukhārī etc. S I 567
-Muʿjam al-ṣaghīr G I 167, 519
Muʿjam al-ṣaḥāba S I 278, 279
Muʿjam al-udabāʾ G I 481, S I 880
Muʿjam ʿU. b. M. b. Fahd G II 175, S II 225
-Muʿjam al-wajīz G II 386, S II 523
Muʿjam wasṭ S II 816

Muʿjam b. Zādhān G I 519
-Mujannaḥa G II 126
-Mujarrabāt G I 199, 488, 491, II 252, 323
Mujarrabāt al-Dayrabī S II 445
Mujarrabāt al-khawāṣṣ G I 486, S I 889
-Mujarrabāt bil-khawāṣṣ wal-riyāḍāt etc. S II 356
Mujarrabāt al-Qalyūbī S II 492
Mujarrabāt fi 'l-ṭibb S II A/C 379
Mujarrabāt ʿUthmān Bek S II 368
-Mujarrad S I 201
-Mujarrad fī gharīb al-ḥadīth S I 881
-Mujarradāt S I 429
-Mūjaz S I 838
Mujāz man arāda 'l-ḥaqīqa etc. S II 561
Muʿjāzāt al-Qurʾān G I 82
-Muʿjib fī akhbār ahl al-Maghrib G I 322, S I 555
Mujīb al-daʿwa S I 947 ad 248
-Muʿjib al-muṭrib S II 907,$_{22}$
Mujīb al-nidāʾ S II 17
Mūjibat al-aḥkām G II 82, S II 93
-Mujīd fī iʿrāb al-Qurʾān al-majīd G II 249, S II 350
-Mūjiz G I 408, 463
Muʿjiz Aḥmad S I 423
Mūjiz al-Ḥāwī li-taḥrīr al-fatāwī S II A/C 210
-Mūjiz fī īḍāḥ al-shiʿr al-mulghiz G I 282
-Mūjiz fī ʿilm al-farāʾiḍ ʿalā madhhab Zayd S II 968,$_{18}$
-Mūjiz fī ʿilm al-iqtiṣād S III 71
-Mūjiz fī ʿilm al-māliyya S III 354
-Mūjiz fī 'l-manṭiq S I 817,$_{23a}$
-Mūjiz al-Mardawī fi 'l-ḥisāb S I 892
-Mūjiz fi 'l-nāsikh wal-mansūkh S I 201
Mūjiz al-Qānūn S I 825,$_{82a}$
Mūjiz al-qirāʾa G I 406
Mūjiz al-taʾrīkh al-ʿāmm lil-Jazāʾir S II 888
Mūjiz taʾrīkh al-salāṭīn al-Umawiyya S III 421
-Mūjiz fī taʾrīkh Sūriyya S III 420
-Mūjiz fī 'l-ṭibb G I 457,$_{82}$, S II 330
Muʿjizāt al-anbiyāʾ S I 603, II 992,$_{24a}$
-Muʿjizāt wal-karāmāt S I 814,$_{10a}$
Muʿjizāt khayr al-anām S II 1009
Mujli 'l-ḥazan G II 333, S II 461
-Mujmal fi 'l-lugha G I 130, S I 198
Mujmal fi taʾrīkh al-adab al-ʿArabī S III 305
Mujmalāt al-maṭlūb fī ʿamal al-juyūb S II 218
-Mujtabā G I 112, 161, 163, 365, S I 173, 296,$_{7}$
-Mujtabā min al-Mujtanā S I 916,$_{10g}$
-Mujtabā min Sunan a. Dāʾūd S I 267, 627
-Mujtabā min Sunan al-Nasāʾī S I 269
-Mujtabā fī ʿulūm al-Qurʾān G I 504, S I 918,$_{32}$
-Mujtanā min al-duʿāʾ al-mujtabā S I 912
-Mukāfaʾa S I 229
-Mukaffirāt S II 989
-Mukammal, sharḥ al-Mufaṣṣal S I 510
Mukammil Ikmāl al-ikmāl S I 265
-Mukārī wal-kāhin S III 410
-Mukarrar fī mā tawātara etc. G I 116, S II 142
Mukāshafat al-qulūb etc. G I 425,$_{61}$, S I 755
-Mukātaba ilā kāffat al-fuqarāʾ G II 253
-Mukātabāt G I 255
Mukātabāt al-ikhwān S I 130
Mukātabāt wa-muṭāraḥāt S II 7
-Mukāthara ʿinda 'l-mudhākara S I 184
Mukhābarāt al-ḥubb al-sirriyya etc. S III 379
Mukhammas al-Māʾ al-waraqī S II 172
-Mukhammas fi 'l-naḥw S I 811,$_{22}$
Mukhammasāt fī madḥ al-nabī G II 17
Mukhammasāt al-Qasṭallānī S II 79
-Mukharrajāt S II 947
-Mukhaṣṣaṣ fi 'l-lugha G I 309, S I 542
-Mukhāṭaba allatī jarat bayna 'l-Zajjāj wa-Thaʿlab S I 182
Mukhāṭabat al-arwāḥ etc. S I 822,$_{68lll}$
Mukhāṭabat al-nafs al-ammāra G II 342
-Mukhāṭabāt fi 'l-tawḥīd S I 245,$_{25}$
-Mukhāṭarāt S I 192
-Mukhbir al-labīb ʿan manzil al-ḥabīb S II 231
Mukhkh al-uṣūl S II 606
-Mukhtalaf wal-muʾtalaf fī asmāʾ al-rijāl S I 578
Mukhtalaf al-Shīʿa fī aḥkām al-sharīʿa S II 207, 209
Mukhtalif al-ḥadīth G I 123, S I 186
Mukhtalif al-qabāʾil S I 165
Mukhtalif al-riwāya G I 196, S I 347, 640, 641
-Mukhtaliṭīn S II 68
-Mukhtār G I 128
Mukhtār al-Aghānī etc. S I 226, II 15

Mukhtār al-alfāẓ S I 198
Mukhtār ashʿār al-qabāʾil S I 137
-Mukhtār fī dhikr al-khiṭaṭ wal-akhbār G I 343
Mukhtār al-fatāwī S II 954,63
-Mukhtār lil-fatwā G I 382, S I 657
Mukhtār al-ḥikam wa-maḥāsin al-kalim G I 459, S I 829
Mukhtār al-Ikhtiyār etc. S II 608
Mukhtār al-imām Muslim S I 266,3
-Mukhtār al-jāmiʿ min al-muntaqā wal-istidhkār S I 627
-Mukhtār min al-jawāmiʿ etc. S II 350, 351
-Mukhtār min kalām a. ʿUthmān al-Jāḥiẓ S I 244,63
-Mukhtār fī kashf al-asrār etc. G I 497, S I 910
-Mukhtār min kutub al-ikhtiyārāt al-falakiyya S I 863
-Mukhtār fi ʾl-maʿānī wal-bayān S II 232
-Mukhtār fī maʿānī ʾl-qirāʾāt al-thamānī S I 721
-Mukhtār min madīḥ al-Mukhtār S I 443
-Mukhtār fī maḥāsin al-ashʿār etc. S II 55
-Mukhtār fī manāqib al-akhyār (abrār) G I 358, S I 609
Mukhtār masʾalat al-ḥikma G II 115
-Mukhtār min Maṭāliʿ al-anwār etc. S II 997
Mukhtār Mukhtār al-Ṣiḥāḥ S I 197
Mukhtār Mukhtaṣar Taʾrīkh Baghdād S I 888
Mukhtār al-Naṣīḥa etc. S II A/C 277
Mukhtār al-nawādir S III 231
-Mukhtār fī (min) nawādir al-akhbār G II 56, S I 597, II 57, 910
Mukhtār al-nawāzil S I 649
-Mukhtār min rasāʾil Ibn Hilāl S I 154
Mukhtār rasāʾil al-Ṣāḥib b. ʿAbbād S I 199
-Mukhtār al-sāʾigh min dīwān Ibn al-Ṣāʾigh S I 461
Mukhtār al-Ṣiḥāḥ G I 128, II 201, S I 196
Mukhtār al-Taḥbīr G I 507, S I 772, 922,17
-Mukhtār fi ʾl-ṭibb G I 490
-Mukhtāra S I 690
-Mukhtāra fī funūn min al-ṣunūʿ S I 901
Mukhtārāt min ārāʾ wa-aḥādīṭ Saʿd Zaghlūl S III 335
Mukhtārāt al-ʿatābā S III 377
Mukhtārāt min dīwān al-amīr al-ajall S II 899
Mukhtārāt al-fatāwā S II 641
Mukhtārāt al-fatwā G II 431
Mukhtārāt al-Hidāya G I 378
Mukhtārāt al-Jadīd S III 480
Mukhtārāt Jirjī Zaydān S III 190
Mukhtārāt al-Manfalūṭī S III 201
Mukhtārāt al-Muqtaṭaf S III 215
Mukhtārāt Nafḥat al-rayḥāna S II 403
Mukhtārāt al-nawāzil G I 378
Mukhtārāt al-Rayḥānī S III 414
Mukhtārāt Salāma S III 214
Mukhtārāt al-shabāb S III 394
Mukhtārāt al-shuʿarāʾ G I 26, 280
-Mukhtārāt fi ʾl-ṭibb S I 895
Mukhtārāt waḥy al-ʿām S III 116
-Mukhtaṣar G I 177, S III 489
Mukhtaṣar aḥādīth al-aḥkām S I 680
Mukhtaṣar fī aḥādīth dhikr al-mawt S II 604
Mukhtaṣar al-aḥkām etc. S II 966,6
Mukhtaṣar al-ʿajāʾib wal-gharāʾib G I 145, S I 221
Mukhtaṣar al-ajwiba al-fāʾiqa S I 798,98
Mukhtaṣar akhbār al-khulafāʾ al-ʿAbbāsiyyīn S I 591, II 202
Mukhtaṣar i ʿAlāʾī S I 890
Mukhtaṣar fi ʾl-ʿamal bil-asṭurlāb G II 127
Mukhtaṣar fi ʾl-ʿamal bi-rubʿ al-dāʾira S II 156
Mukhtaṣar amthāl al-Sharīf al-Raḍī S I 132
Mukhtaṣar al-Ānalūṭīqī al-thāniya S I 958 ad 376
Mukhtaṣar fi ʾl-ʿarūḍ G I 361, S I 614
Mukhtaṣar al-ʿarūḍ wal-qawāfī S II A/C 389
Mukhtaṣar min al-ashʿār S I A/C 520
Mukhtaṣar al-asrār S I 395,16
Mukhtaṣar al-Aṣl S I 289
Mukhtaṣar al-āthār fī mā ruwiya ʿani ʾl-aʾimma al-aṭhār S I 325
-Mukhtaṣar al-Awsaṭ al-Jurjānī S I 813
Mukhtaṣar al-Basīwī G II 409
Mukhtaṣar al-bayān G II 478
-Mukhtaṣar fī bayān muʿjizāt al-anbiyāʾ S II 946,168a
-Mukhtaṣar fi ʾl-bayān ʿani ʾl-nuṭq bi-ḥurūf al-muʿjam S I 730
-Mukhtaṣar fī bayān al-raṣād S II 591

-Mukhtaṣar fī bayān taʿrīfāt al-aḥkām S II A/C 336
Mukhtaṣar Bulūgh al-āmāl S I A/C 569
Mukhtaṣar Burhān al-ghāmiḍ etc. S I 702
-Mukhtaṣar al-Burhānī G I 164
Mukhtaṣar Dalāʾil al-iʿjāz S I A/C 504
Mukhtaṣar Dhayl Lisān al-ḥukkām S II 116
Mukhtaṣar fī dhikr al-alifāt S I 182
Mukhtaṣar dhikr al-masājid S II 947,181,24
Mukhtaṣar fī dhikr ṭabaqāt al-Ḥanafiyya S II 634
Mukhtaṣar Dīwān al-Māridānī S II 902
Mukhtaṣar al-Durar al-farāʾid S II 402
Mukhtaṣar al-duwal G I 349, S I 591
Mukhtaṣar Ḍiyāʾ al-nahār al-mujallī S II 701
Mukhtaṣar Ḍiyāʾ al-qulūb G II 345
Mukhtaṣar fī faḍāʾil al-Qurʾān S II 987
-Mukhtaṣar al-fāʾiq al-jāmiʿ lil-khilāf al-rāʾiq fī ʿilm al-farāʾiḍ S II 247
Mukhtaṣar al-farāʾiḍ S II 347, 606, 977
Mukhtaṣar al-Farq bayna ʾl-ḍād wal-ẓāʾ S II 921
Mukhtaṣar al-Farq bayna ʾl-firaq S I 667
Mukhtaṣar al-fatāwī S II 953
Mukhtaṣar al-fatāwī li-Ibn Ḥajar S II 528,28a
Mukhtaṣar al-Fawāʾid al-Makkiyya S II 743
-Mukhtaṣar fī ʾl-fiqh G I 174, 384, 389, II 95, 247, S I 294,6, 311, 662, II 347, 555
-Mukhtaṣar fī ʾl-fiqh ʿalā madhhab al-imām al-Shāfiʿī S I 676
Mukhtaṣar funūn al-afnān G I 504, S I 918,31
Mukhtaṣar al-furūʿ G I 393, S I 538
Mukhtaṣar Gharīb al-ḥadīth S I 942,166
Mukhtaṣar al-Ghawāmiḍ wal-mubhamāt S II 72
Mukhtaṣar Ghunyat al-mutamallī S I 660
Mukhtaṣar al-hādī li-dhawi ʾl-adab G I 283, S I 498
Mukhtaṣar al-Hidāya S II 641
Mukhtaṣar al-Hindī G I 470, II 185, S I 855
Mukhtaṣar ḥawāshī b. Nujaym S II A/C 315
-Mukhtaṣar al-ḥāwī bi-bayān al-shāfī G I 393
Mukhtaṣar ḥikam Ibn Samʿūn S I 360
Mukhtaṣar fī ʾl-ḥikma S II 293, n
Mukhtaṣar fī ʾl-ḥikma al-nabawiyya S I 285
Mukhtaṣar min ḥisāb al-jabr wal-muqābala G I 216, S I 381
Mukhtaṣar fī ḥisāb al-jumal S II A/C 483
Mukhtaṣar fī ʾl-ḥisāb wal-misāḥa S I A/C 389
Mukhtaṣar fī ʾl-ḥudūd S I 273
Mukhtaṣar al-ibtidāʾ wal-tawassuṭ etc. S II 284
Mukhtaṣar Ighāthat al-lahfān S II 662
Mukhtaṣar fī ʿilal al-aʿārīḍ etc. S I A/C 546
Mukhtaṣar ʿilm aḥkām al-nujūm S I 867
Mukhtaṣar ʿilm al-athar S II A/C 87
Mukhtaṣar fī ʿilm al-dīn S I 778,28
Mukhtaṣar fī ʿilm al-hayʾa G I 457,69, 465, S I 822,69, 843
Mukhtaṣar fī ʿilm al-ḥadīth G II 188, S II 313
Mukhtaṣar fī ʿilm al-ḥisāb G II 126, S II 483, 537
Mukhtaṣar min ʿilm al-imām al-nafīs M. b. Idrīs G I 180, S I 305
Mukhtaṣar fī ʿilm al-irshād G II 115, S II 141
Mukhtaṣar fī ʿilm al-jabr wal-muqābala S II 543
Mukhtaṣar fī ʿilm al-maʿānī S II 304
Mukhtaṣar fī ʿilm al-mūsīqī S A/C 1036
Mukhtaṣar fī ʿilm al-nafs al-insāniyya S I 591 (to be read thus)
Mukhtaṣar fī ʿilm al-ṣarf S II 497
Mukhtaṣar fī ʿilm al-tanjīm etc. S I 931,47a
Mukhtaṣar min ʿilm al-ṭibb S I 423
Mukhtaṣar al-ʿIqd al-farīd lil-Malik al-Saʿīd S II 555
Mukhtaṣar Irshād al-ḥayārā S II 764
Mukhtaṣar min k. al-Ishāʿa li-ashrāṭ al-sāʿa S II 537
Mukhtaṣar al-Ishārāt S I 817
Mukhtaṣar fī ʾstiʿmāl al-asṭurlāb S I 498
Mukhtaṣar al-Iṣāba S II 554
Mukhtaṣar jaghrāfiyyat Miṣr S III 190
-Mukhtaṣar al-jalīl S I 622, II 783
Mukhtaṣar Jālīnūs S I 885
Mukhtaṣar Jāmiʿ bayān al-ʿilm S I 629
Mukhtaṣar al-Jāmiʿ al-ṣaghīr S II A/C 184
Mukhtaṣar Jāmiʿ al-uṣūl G II 117
Mukhtaṣar al-Jumāna etc. S II 766
-Mukhtaṣar fī ʾl-Kāfī S I 911, II 265
Mukhtaṣar kāfil lil-muṭṭalib S II A/C 364
Mukhtaṣar al-Kashshāf S I 509, II 242
Mukhtaṣar al-Kashshāf fī maʿrifat al-aṭrāf S II 67
Mukhtaṣar k. al-Karkhī S I 639
Mukhtaṣar fī khabar sayyid al-bashar S I 595

Mukhtaṣar Khalīl G II 84, S II 96
Mukhtaṣar al-Khaṣāʾiṣ al-nabawiyya S II A/C 181
Mukhtaṣar al-Khiraqī G I 183, 198
Mukhtaṣar al-khiṣāl S I 612
Mukhtaṣar min khulāṣat sīrat sayyid al-bashar S II A/C 461
Mukhtaṣar al-Luʾluʾiyyāt S I 955 ad 357
Mukhtaṣar mimmā allafahu ʿalā Ṣaḥīḥ Muslim S II 947,180
Mukhtaṣar mā rusima fī ʾl-Qurʾān al-sharīf S I 721
Mukhtaṣar Maʿālim al-tanzīl S II 20
Mukhtaṣar maʿārif al-qulūb G II 166
Mukhtaṣar min al-malāḥim S II 1037,3
Mukhtaṣar Manār al-anwār S II A/C 265
Mukhtaṣar fī ʾl-manāsik G II 82
Mukhtaṣar al-manṭiq G II 251, S I 838, II 355
Mukhtaṣar al-maqāla fī ʾl-fatḥ wal-imāla S II 452
Mukhtaṣar al-Maqāṣid G II 210
Mukhtaṣar al-Maqāṣid al-ḥasana S II 439
Mukhtaṣar maqāṣid ḥikmat falāsifat al-ʿArab S II 294
Mukhtaṣar fī maʿrifat al-taqwīm G I 511
Mukhtaṣar Maṭāliʿ al-anwār S II 666
Mukhtaṣar Maṭāliʿ al-suʿūd S II 791, 815
Mukhtaṣar al-Maṭālib al-ʿaliyya S I 838, 922,iv,11
Mukhtaṣar mawḍūʿāt al-ʿulūm S II 1043,3
Mukhtaṣar Mawlid al-Barzanjī S II 517
Mukhtaṣar al-miʾa al-sābiʿa G II 36
Mukhtaṣar al-Miftāḥ S I 965 ad 516
Mukhtaṣar al-Mijisṭī G I 457,70, S I 822,70
Mukhtaṣar al-Minhāj S I A/C 682
Mukhtaṣar al-mīzān S I 428
Mukhtaṣar k. al-Muʾammal S I 551
Mukhtaṣar k. al-Mudun S I A/C 376
-*Mukhtaṣar al-mufīd* S I 525
-*Mukhtaṣar al-mufīd fī ʾl-taʾrīkh* G II 115, S II 141
Mukhtaṣar al-mufradāt S II 492
Mukhtaṣar al-muhimmāt S II 71
Mukhtaṣar Muhimmāt al-muhimmāt S I 753, II 255
Mukhtaṣar fī muhmalāt al-dawāʾir etc. S I 540
-*Mukhtaṣar al-muḥarrar fī ʾl-ramy bil-nushshāb* S II A/C 167
Mukhtaṣar Muʿjam al-buldān S I 880
Mukhtaṣar al-mukātabāt fī mā yuktab min umūr al-sharīʿa S II 976
-*Mukhtaṣar al-mukhtār min Wafayāt al-aʿyān* S I 561
Mukhtaṣar Mukhtaṣar al-Istīʿāb S I 628
Mukhtaṣar munāsabāt tarājim al-Bukhārī G II 75
Mukhtaṣar fī ʾl-munāsakhāt S II 977,55
Mukhtaṣar al-Muntahā fī ʾl-uṣūl S I 537
Mukhtaṣar al-Muntakhab S I 919,44 (to be read thus)
Mukhtaṣar al-Muqʿad wal-muqīm S I 918,34c
Mukhtaṣar muqaddimat al-shiʿr G I 320
Mukhtaṣar al-Musalsalāt al-kibār S II 183,49
Mukhtaṣar al-mūsīqī S I A/C 374
Mukhtaṣar al-Mustaṭraf S II 481
-*Mukhtaṣar fī muṣṭalaḥ ahl al-athar* G II 321, S II 216, 442
Mukhtaṣar al-Muwāfaqa bayn āl al-bayt wal-Ṣaḥāba S I 513
Mukhtaṣar al-Muwaṭṭaʾ S I 298, 697
Mukhtaṣar Nahḍat al-Ḥusayn S II 807
Mukhtaṣar Nahj al-balāgha S I 705
Mukhtaṣar al-naḥw G I 180, 296, S I 520, II 919
Mukhtaṣar min al-naḥw S I 528
Mukhtaṣar al-nahy ʿan rasūl Allāh G I 520, S I 317
Mukhtaṣar Nār al-qirā S II 766
Mukhtaṣar fī nasab al-nabī etc. G I 515, S I 198
Mukhtaṣar al-Nashr S II A/C 274
Mukhtaṣar al-naṣīḥa G II 203
Mukhtaṣar al-nuqūd wal-rudūd S II 206
Mukhtaṣar Nuzhat al-khāṭir S II 401
Mukhtaṣar al-nuzūl S I 649
Mukhtaṣar Qalāʾid al-ʿiqyān S II 176
Mukhtaṣar al-Qāmūs S II 658
Mukhtaṣar al-Qānūn S I 826,82i
Mukhtaṣar al-Qawl al-mubdiʿ S II 536
Mukhtaṣar al-qawāfī G I 126, S I 192
Mukhtaṣar al-qawāʿid G I 385, S I 665
-*Mukhtaṣar fī ʾl-qirānāt* S I A/C 866
Mukhtaṣar qiṣṣat al-mawlid al-sharīf S II 528,31
Mukhtaṣar al-Qudūrī G I 175, S I 295
Mukhtaṣar Qurrat al-ʿuyūn etc. S I 915

Mukhtaṣar al-Qusṭās al-mustaqīm S II 216
-*Mukhtaṣar fī 'l-radd 'alā ahl al-bida'* S I 766
Mukhtaṣar al-Raḥbiyya S I 676
Mukhtaṣar al-Rawḍ S II 134
Mukhtaṣar Rawḍ al-afrāḥ S I A/C 851
Mukhtaṣar al-Rawḍ al-naḍīr etc. S II 402
Mukhtaṣar al-Rawḍa S I 753
Mukhtaṣar Rawḍat al-ṣāliḥīn S II 726
Mukhtaṣar R. al-Quṭb al-Nawawī S II 445
Mukhtaṣar al-Sindhind S I 382
Mukhtaṣar al-sīra al-nabawiyya G II 162, S II 203
Mukhtaṣar sīrat al-nabī G II 72, S II 81
Mukhtaṣar fī sīrat sayyid al-bashar S II 179
Mukhtaṣar Sirāj al-tawḥīd etc. S II 228
Mukhtaṣar al-Sirājiyya S II A/C 472
Mukhtaṣar al-siyar G II 361
Mukhtaṣar siyar al-awā'il G I 350
Mukhtaṣar siyar rasūl Allāh S I 198
-*Mukhtaṣar al-shāfī fī 'ilmay al-'arūḍ wal-qawāfī* S II 557
-*Mukhtaṣar al-shāmil fī 'l-tawḥīd* S II 347
Mukhtaṣar sharḥ Ibn Ḥajar S II 782
Mukhtaṣar sharḥ Ibn Ḥājib al-far'ī S II 99
Mukhtaṣar Sharḥ Ma'āni 'l-āthār S I 662
Mukhtaṣar sharḥ qaṣīdat Imra' al-Qays S II A/C 446
Mukhtaṣar shawādhdh al-qirā'āt S I 190
Mukhtaṣar Shawāhid al-tanzīl S II 820
Mukhtaṣar Shu'ab al-īmān S I 607, 619, II 109
Mukhtaṣar al-Suhrawardī S I $790_{,26}$
Mukhtaṣar al-sunan min aṣl al-khaṭīb al-Baghdādī S I 564
Mukhtaṣar sunan al-Bayhaqī S II 44
Mukhtaṣar Ṣafwat al-adab S II 916
Mukhtaṣar Ibn al-Ṣalāḥ fī 'ilm al-ḥadīth S II 68
Mukhtaṣar al-Ṣalāḥī fī 'l-misāḥa S II 296
Mukhtaṣar fī ṣinā'at al-ṭibb S II 219
-*Mukhtaṣar fī ṣinā'atay al-naẓm wal-nathr* S I 194
Mukhtaṣar Tadhkirat Ibn at-Qurṭubī S II 465
Mukhtaṣar al-taḥiyya S I A/C 772
Mukhtaṣar Takhjīl man ḥarrafa 'l-Injīl S II $123_{,72}$
Mukhtaṣar al-Tanbīh S II 104
Mukhtaṣar al-Tanqīḥ etc. S II A/C 191
Mukhtaṣar Tanwīr al-ghabash S I $919_{,75}$
Mukhtaṣar Tanzīh al-masjid G II 175
Mukhtaṣar ta'rīkh Ibn al-Badī' S II 927
Mukhtaṣar Ta'rīkh Baghdād etc. S III 496
Mukhtaṣar ta'rīkh al-bashar G II 45, S II 44
Mukhtaṣar Ta'rīkh Dimashq S I 551
Mukhtaṣar ta'rīkh al-Islām S III 495
Mukhtaṣar ta'rīkh b. Khallikān S II 930
Mukhtaṣar fī tarkhīṣ wa-tarḥīb sayyid al-bashar S II 821
Mukhtaṣar fī tarkīb al-ḥurūf S I 756
Mukhtaṣar al-Taṣrīf al-mulūkī G I 126
Mukhtaṣar min al-tawḥīd G I 186
Mukhtaṣar Ṭabaqāt al-Ḥanābila S II 42
Mukhtaṣar al-Ṭarīqa al-Muḥammadiyya S II 535
-*Mukhtaṣar fī 'l-ṭibb* G I 485, S II 299
Mukhtaṣar 'Uddat al-Ḥiṣn al-ḥaṣīn S II 277
Mukhtaṣar 'Ujālat al-muntaẓir, sharḥ ḥāl al-Khaḍir S I $917_{,27a}$
-*Mukhtaṣar fī 'ulūm al-aḥādīth etc.* S II 71
-*Mukhtaṣar 'ulūm al-dīn* S I 611
Mukhtaṣar 'ulūm al-ḥadīth S II 49
Mukhtaṣar al-'Umrūsī S II 791, 960_{14}
Mukhtaṣar al-uṣūl G II 247, S II 647, 966
Mukhtaṣar fī uṣūl al-fiqh S II 130, $975_{,36}$
Mukhtaṣar al-uṣūl al-munīfa G II 436
Mukhtaṣar Wabl al-nadā S II 453
Mukhtaṣar al-Wāḍiḥa S I 181
Mukhtaṣar k. al-Wafā' S II $529_{,49}$
Mukhtaṣar wajīz fī 'ilm al-ḥisāb S II 155
Mukhtaṣar wajīz fī kitāb Allāh al-'azīz S I 734
Mukhtaṣar waqfay al-Hilāl wal-Khaṣṣāf G I 373
Mukhtaṣar al-Wasīla fī 'l-ḥisāb etc. S II $1021_{,48}$
Mukhtaṣar k. al-Wujūh fī 'l-lugha S II 921
Mukhtaṣar al-Ẓāhir S I 171
Mukhtaṣarāt S I 894
-*Muktafā fī 'l-waqf wal-mubtada'* G I 407, S I 720
-*Muktasab fī zirā'at al-dhahab* G I 497, S I 909
-*Mulaḥ al-nabawiyya etc.* S II 930
-*Mulaḥ wal-ṭuraf* G II 55, S I $246_{,100}$
-*Mulāḥin fī ma'nā mushāḥin* G II 149, S II $186_{,99}$

-Mulakhkhaṣ G I 296, II 100
Mulakhkhaṣ Bughyat al-wuʿāt S II 196,$_{277b}$, 812
Mulakhkhaṣ al-fiṭan wal-albāb wa-miṣbāḥ al-hudā lil-kuttāb S II 253
-Mulakhkhaṣ fī 'l-hayʾa G I 473, S I 865
-Mulakhkhaṣ fī 'l-ḥikma wal-manṭiq G I 507, S I 923,$_{24}$
-Mulakhkhaṣ fī iʿrāb al-Qurʾān G I 280
-Mulakhkhaṣ li-mā fī 'l-Muwaṭṭaʾ min al-ḥadīth al-musnad S I 298
Mulakhkhaṣ Maqālat al-tāj fī ṣifāt al-nabī G I 481, S I 881
Mulakhkhaṣ Minhāj al-qāṣidīn G I 422, S I 748
Mulakhkhaṣ al-Miṣbāḥ S I 519
-Mulakhkhaṣ fī 'l-naḥw G I 313, S I 547
Mulakhkhaṣ Taḍmīn al-mulḥa G II 41
Mulakhkhaṣ Tahdhīb al-manṭiq S II 304
Mulakhkhaṣ Taḥrīr Uqlīdīs S I 929,$_{23}$
Mulakhkhaṣ al-Talkhīṣ S I 965 ad 519
Mulakhkhaṣ taʾrīkh al-Islām S II A/C 43
Mulakhkhaṣ taʾrīkh al-Khawārij S III 309
Mulakhkhaṣ taʾrīkh al-ʿUthmānī S III 421
Mulakhkhaṣ Tartībzībā S II 646
-Mulammaʿ S I 175
-Mulammaʿ, sharḥ Naʿt al-muraṣṣaʿ S II 542,$_{134}$
-Mulaqqabāt al-Wardiyya fī 'l-farāʾiḍ S II 175
Mulhamāt rabbāniyya etc. S II 619
Mulḥat al-badīʿ G II 415, S II 598
Mulḥat al-bayān S II 185,$_{81}$
Mulḥat al-iʿrāb G I 277, S I 488
Mulḥat al-iʿtiqād G I 431, S I 767
Mulḥaqāt al-durar wal-ghurar G I 405
Mulḥaqāt al-ṭahāra S II 794
-Muʿlim bi-fawāʾid Muslim S I 265, 663
Muʿlim al-ṭullāb lil-aḥādīth min al-alqāb S II 692
-Mulimmāt bi-radd al-muhimmāt G I 424, II 93, S I 753
Mulīn al-ḥadīd S II 597
-Mulk G I 241
Mulk al-ʿArab G I 210
Mulqa 'l-sabīl etc. G I 255, 369, S I 454
Multamas al-aḥibbāʾ etc. G II 195, S II 256
Multaqa 'l-abḥur G II 432, S II 642
Multaqa 'l-biḥār S II 270
Multaqa 'l-ʿibārāt S III 85
Multaqa 'l-ikhwān S I 296,$_{5}$
-Multaqaṭ min ʿAjāʾib al-makhlūqāt etc. G II 138
Multaqaṭ Bard al-akbād S II 83
Multaqaṭ al-Durar al-kāmina G II 70
-Multaqaṭ fī 'l-fatāwa 'l-Ḥanafiyya G I 381
-Multaqaṭāt G II 17
-Multaqaṭāt li-Aflāṭūn S I 958 ad 376
-Multaqaṭāt min al-masāʾil al-wāqiʿāt G I 196, S I 347
-Multazam al-jāmiʿ li-maʿāni 'l-ḥikam S II 146
-Mulūk wa-akhbār al-māḍīn G I 64
Mulūk al-ʿArab S III 410
Mulūk Kinda S I 212
Mulūk al-Muslimīn etc. S III 310
-Mulūk wal-umam al-sālifa wal-bāqiya S I 245,$_{35}$
-Mulūkī G I 286
Mūlyīr Miṣr wa-mā yuqāsīh S III 265
-Mumaḥḥaṣāt S I 251
-Mumāthala G I 241
Mumayyazāt lughāt al-ʿArab G II 478, S II 728
Mumayyizāt madhhab al-Māturīdiyya S I 346
-Mumtiʿ S II A/C 154
Mumtiʿ al-asmāʿ fī dhikr (bi-manāqib) al-shaykh al-Ghuzūlī wal-Tabbāʿ S II 359, 703
-Mumtiʿ al-muqtaḍab etc. S I 551
-Mumtiʿ, sharḥ al-Muqniʿ G II 463, S I 688, II 707
-Mumtiʿ fī 'l-ṣarf S I 547
-Munaʿʿashāt al-ʿAwwādiyya etc. S II 933
-Munabbih G I 487
-Munabbihāt S I 762
-Munabbihāt ʿala 'l-istiʿdād li-yawm al-maʿād G II 69, S II 74,$_{34}$
Munabbihāt al-muftīn etc. S II 444
-Munaḍḍad fī 'l-lugha G I 515, S I 201
Munāfasāt Ibn al-Khashshāb lil-Ḥarīrī G II 696 ad I 281, S I 493
Munāghāt al-qadīm G II 346,$_{23}$
Munājāt G I 438, II 118, S I 324
Munājāt al-arwāḥ S III 85, 230, 471
Munājāt Ibn ʿAṭāʾallāh S II 145

Munājāt al-Harawī S I 775
Munājāt al-ḥabīb etc. S III 339
Munājāt al-ḥakīm etc. S II 473,23
Munājāt Injīliyya S I 75
Munājāt al-murīd etc. S II 152
Munājāt al-nafs S III 338
Munājāt al-raḥmān etc. S I 800,155
Munājāt al-Shāfiʿī S I A/C 305
-Munājāt al-sharīfa al-ilāhiyya etc. S II 359
Munājāt al-Suhrawardī S I 782
-Munajjad S I 201
-Munajjam fī 'l-muʿjam G II 157, S II 196,284
-Munakhkhal G I 117
-Munammaq fī akhbār Quraysh S I 166
Munāqaḍat al-Jāḥiẓ etc. S I 242,3, 421
-Munāqasha fī 'l-istidlāl G II 370
-Munāqasha maʿa 'l-Saʿdī G II 370
Munaqāshāt fiqhiyya S II 581
Munʿaqid al-bayān fī madd al-ān S II 611
-Munaqqaḥ, sharḥ al-Kāfiya S I 532
-Munaqqaḥ, sharḥ al-Muwashshaḥ (*al-silsila*) G II 155,256, S II 194,256
-Munaqqaḥ al-ẓarīf G II 21, 158, 314
-Munaqqaḥāt al-mashrūḥa S II 631
-Munāsabāt S II 178
Munāsabat tartīb al-suwar S II 181,21h
-Munāsakhāt G II 126
-Munaṣṣaṣ, sharḥ al-Mulakhkhaṣ G I 507, S I 923,24
-Munawwir G II 196
Munawwir al-qulūb S II 1008
Munawwir al-sarīrāt S II 360
Munawwirat qulūb al-ʿirfān etc. S II 459
-Munāẓara G II 210
Munāẓarat a. ʿA. al-Ḥātimī li-a. 'l-Ṭayyib al-Mutanabbī S I 141
Munāẓara ʿaliyya G II 206, S II 284,10
Munāẓarat al-ʿallāma Fakhr al-Dīn al-Rāzī etc. S I A/C 923
-Munāẓara fī 'l-ʿAqīda al-Wāsiṭiyya S II 121,26
Munāẓarat al-atrāb fī faḍl a. Turāb S II 819
Munāẓara bayna 'l-Ḥanābila wal-Shāfiʿiyya S I 689
Munāẓara bayna 'l-qandīl wal-shamaʿdān S II 237
Munāẓara bayna 'l-ward wal-narjis S II 383
Munāẓarat a. 'l-Hudhayl wa-majnūn al-dayr S I 338
Munāẓarat al-imāmayn al-jalīlayn etc. S I 152
-Munāẓara fī 'l-iʿtiqād G II 104, S II 121,32
Munāẓarat b. Jumhūr maʿa 'l-Harawī G II 200
Munāẓarat al-malik Rukn al-Dawla maʿa Ṣadūq b. Bābūya G I 187, S I 322
-Munāẓara wal-muʿāraḍa G II 461
Munāẓarāt b. Taymiyya al-ʿalaniyya etc. S II 123,87
Munāẓarāt al-Rāzī S I 923,27b
-Munfaridāt wal-wuḥdān S I 266
Munhij al-nufūs etc. S II 601
-Munhiya, sharḥ Sullam al-ʿulūm S II 622
-Munhiyāt S II 623
-Munhiyāt wa-kullu mā wujida ḥadīth bil-nahy S I 356
-Munḥarifa fī 'l-shākhiṣ G II 168
-Munḥarifāt G II 359
Munīf al-rutba etc. S II 68
-Muʾnis G II 183, S II 913
-Muʾnis fī akhbār Ifrīqiya wa-Tūnis G II 457, S II 682
Muʾnis al-qalb ila 'l-llāh S II 1000,36
Muʾnis al-udabāʾ G I 285
Muʾnis al-ʿushshāq S I 783,17
Muʾnis al-waḥda S I 521
Muʾnis al-wāḥid S I 502
-Munjalī fī taṭawwur al-walī G II 156, S II 195,271
Munjid al-muqriʾīn etc. G II 202,6, S II 275
-Munjiḥ fī 'l-ṭibb etc. S II 1032,51
-Munjiyāt wal-mūbiqāt fī 'l-adʿiya S I A/C 665
Munqidh al-ʿabīd S II 459
-Munqidh min al-ḍalāl G I 425, S I 755,57
-Munqidh min al-halaka etc. S II 169
Munqidh al-hālik G I 471
-Munshaʾāt al-ʿAzīziyya S II 908
Munshaʾāt b. Hilāl S I 154
Munshaʾāt al-Ṣafadī G II 32
-Munṣif min al-kalām S II 18
-Munṣif al-nafīs fī nasab B. Idrīs S I 626
-Munṣif lil-sāriq wal-masrūq minhu G I 88
-Munṣif, sharḥ taṣrīf al-Māzinī S I 192
-Muntajab fī taḥdhīr man yabghiḍ al-ʿArab S II 936
Muntaha 'l-afkār fī uṣūl al-fiqh S II 852

Muntaha 'l-ʿajab fī akalat al-dhahab S III 382
Muntaha amal al-arīb S II A/C 18
Muntaha al-āmāl fī sharḥ aḥādīth innama 'l-aʿmāl etc. G II 146, S II 181,28
Muntaha 'l-amānī etc. S II 454
Muntaha 'l-anhur S II 643
Muntaha 'l-arab fī lughāt al-ʿArab S II 234, 853
Muntaha 'l-arab fī lughāt al-Turk wal-ʿArab wal-ʿAjam S II 25
Muntaha 'l-bānī G I 367
Muntaha 'l-ʿibārāt etc. S II 539
Muntaha 'l-idrāk fī taqāsīm al-aflāk G I 473, S I 863
Muntaha 'l-irādāt G II 323, S II 155, 447
Muntaha 'l-irādāt bi-ajwibat al-munāsakhāt S II A/C 445
Muntaha 'l-irādāt bi-jamʿ al-Muqniʿ maʿa 'l-Tanqīḥ wal-ziyādāt S I 688
Muntaha 'l-madārik S I 463
Muntaha 'l-maqāl G II 385, S I 709
Muntaha 'l-marām min Muthīr al-gharām G II 131, S II 162
Muntaha 'l-marām fī sharḥ al-aḥkām S II A/C 564
Muntaha maṭālib al-ṭālibīn G II 420
Muntaha 'l-maṭlab fī taḥqīq al-madhhab S II 208,26
Muntaha 'l-munā S I 743
Muntaha 'l-qānī etc. S I 666
Muntaha 'l-raghba etc. S I 612
Muntaha 'l-suʾāl S II 181,23
Muntaha 'l-suʾāl wal-amal G I 306, S I 537
Muntaha 'l-sūl S I 966 ad 537
Muntaha 'l-sūl fī 'l-ṣalāt ʿala 'l-rasūl S II 516
Muntaha 'l-suʾūl, sharḥ al-Fuṣūl S I 706
Muntaha 'l-suʾūl fī tafḍīl al-rasūl S I 768
Muntaha 'l-suʾūl fī 'l-uṣūl S I 678
Muntaha 'l-taṣrīḥ etc. S II 499
Muntaha 'l-ṭalab min ashʿār al-ʿArab S I 494, 936 ad 39, II 903
Muntaha 'l-ṭullāb min ashʿār al-Aʿrāb S I 169
Muntaha 'l-ʿuqūl fī 'l-nuqūl S II 193,245x
-Muntaha fī wafayāt uli 'l-nuhā G II 34, S II 31
Muntaha 'l-wuṣūl fī kalām al-uṣūl S II 208
-Muntaḥal G II 697 ad I 286, S I 501,19
-Muntaḥal fī ʿilāj al-ʿayn G I 240
-Muntakhab S I 209, II 846
Muntakhab al-afkār fī madḥ al-Khūnkyār S II 629
Muntakhab al-aḥādīth S II 182,29c
Muntakhab min al-akhbār wal-ḥadīth S II 843
Muntakhab al-asāmī S II 453
Muntakhab al-asānīd etc. S II 419 A/C, 691
Muntakhab al-asrār fī ṣifat al-ṣiddīqīn wal-abrār S I 355
Muntakhab Biḥār al-anwār S II 573
Muntakhab Dhayl al-mudhayyal S I 217
Muntakhab Durrat al-aslāk G II 51
-Muntakhab min al-fiqh S I 315
Muntakhab al-Ghāfiqī fī 'l-adwiya al-mufrada S I 591
Muntakhab al-Hadāyā S I 190
Muntakhab al-Hidāya G II 11
Muntakhab al-Ḥusāmī G I 381
-Muntakhab fī ʿilāj amrāḍ al-ʿayn G I 240, S I 425
-Muntakhab fī ʿilm al-ḥadīth S I 612
Muntakhab Jawāhir al-aḥādīth S II 944
Muntakhab Jawīdān khirad G I 342
Muntakhab al-kalām fī tafsīr al-aḥlām S I 102
Muntakhab Kanz al-ʿummāl S II 519
-Muntakhab min al-Kawākib al-muḍīʾa S II A/C 30
Muntakhab al-khalq S II 266
Muntakhab al-Kifāya S I 670
-Muntakhab min Kināyāt al-udabāʾ etc. G I 351, S I 594
Muntakhab al-lugha wa-tawārīkh al-ʿArab S I 186,14
Muntakhab al-lughāt S II 598
-Muntakhab fī 'l-marāthī wal-khuṭab S I 226, II 843, 969,3
-Muntakhab fī maʿrifat al-hilāl etc. S II 513
Muntakhab Maṭāliʿ al-anwār fī sharḥ Dīwān al-shudhūr S II 668
Muntakhab Maṭāliʿ al-anwār ʿalā ṣiḥāḥ al-āthār S I 633
Muntakhab al-Mawālīd S I 388
Muntakhab al-Mirṣād G I 448
Muntakhab al-Mudkhal fī 'l-ḥisāb S I 957
-Muntakhab al-muṣṭafā G II 419

-Muntakhab al-nafīs S II 478
-Muntakhab fī 'l-nuwab G I 504, S I 918,43
Muntakhab al-qaṣīd wal-ashʿār etc. S I 439
-Muntakhab min samar al-ʿArab S I 502
Muntakhab al-Shāmil S I 671
-Muntakhab min al-Shihāb S I 585
-Muntakhab min k. al-Shuʿarāʾ S I 617
Muntakhab al-Ṣaḥīḥayn S II 764,11
-Muntakhab fī taʿbīr al-ruʾyā S II 1039
-Muntakhab min al-Tadhkira G II 41
-Muntakhab min al-Tadhkira al-Suwaydiyya S II 592
-Muntakhab min Tahdhīb al-kamāl S I 607
Muntakhab Takhjīl man ḥarrafa 'l-Injīl S II 456 (to be read thus)
Muntakhab al-taʾrīkh G II 382, S II 515
Muntakhab al-tawārīkh li-Dimashq S III 429
Muntakhab min k. al-Ulūf S I 389
Muntakhab min ʿulūm al-madhhab G I 393
-Muntakhab fī uṣūl al-fiqh S I 921,5a
-Muntakhab fī uṣūl al-madhhab S I 654
-Muntakhab min Wabl al-ghamām S II A/C 819
-Muntakhab min waqfay Hilāl wal-Khaṣṣāf S I 292, II 90
-Muntakhab al-yasīr G II 19
Muntakhab al-zahr wal-thamar etc. S II 553
Muntakhab al-zamān fī taʾrīkh al-khulafāʾ wal-ʿulamāʾ wal-aʿyān S II 406
Muntakhab al-zīr G I 505
Muntakhab min al-zuhd wal-raqāʾiq G I 356, S I 564
-Muntakhabāt al-ʿabqariyya etc. S II 892
Muntakhabāt Amīn al-Ḥaddād S II 762, III 84
Muntakhabāt al-ashʿār S II 762
Muntakhabāt al-Būrīnī S II 401
-Muntakhabāt al-ḥadītha fī ʿilm al-ḥisāb S II 735
Muntakhabāt ḥikam wa-ādāb S I 598
Muntakhabāt al-Iṣfahānī S I 624
-Muntakhabāt wal-multaqaṭāt min k. Taʾrīkh al-ḥukamāʾ S I 559
Muntakhabāt Rāghib Bāshā S II 632
Muntakhabāt Ramzī Naẓīm S III 178
Muntakhabāt Waṣṣāf al-ḥaḍra S II 53
-Muntaqā G II 82, S I 805, II 47, 93
-Muntaqā min al-aḥadīth G II 64, S II 67
-Muntaqā min al-aḥkām G I 399, S I 690
-Muntaqā min akhbār al-Aṣmaʿī S I 164, 280
-Muntaqā min akhbār al-Muṣṭafā S I 690, II 120 A/C
Muntaqa 'l-ghāyāt fī mushkilāt al-Wasīṭ S I 753,49b
-Muntaqā min al-Ghaylāniyyāt etc. S I 918,27e
Muntaqa 'l-jawāmiʿ G II 199, S II 271
Muntaqa 'l-jumān fī aḥādith al-Ṣaḥīḥ wal-ḥisān S II 450
Muntaqa 'l-jumān fī sharḥ Luʾluʾat al-mīzān S II 843
-Muntaqā min madāʾiḥ al-rasūl G I 250
-Muntaqā min al-Madārik S I 632
Muntaqa 'l-maqṣūr ʿalā maʾāthir khilāfat al-Manṣūr S II 679
Muntaqā 'l-masjid fī sharḥ tafḍīl ḥurūf al-abjad S II 253
-Muntaqā min al-masmūʿāt S I 690
-Muntaqā min al-mujārāt wal-mujāzāh S II 29
-Muntaqā min Rawḍat al-shihāb S I 649, 770
-Muntaqā, sharḥ al-Muwaṭṭaʾ S I 298
-Muntaqā, sharḥ k. al-Taqwā S I 947 ad 248
-Muntaqā fī siyar (sīrat) al-nabī al-Muṣṭafā G II 195, S II 262
-Muntaqā min thamarāt awrāq k. Akhbār al-tawwābīn S I 689
-Muntaqā 'l-wajīz min manāqib ʿU. b. ʿAbd al-ʿAzīz S II 24
-Muntazaʿ al-awwal (al-thānī) min aqwāl al-aʾimma S I 703
Muntazah al-ʿuyūn wal-albāb S II 402
Muntaẓam badʾ al-dunyā wa-taʾrīkh al-umam S II 406
-Muntaẓam fī multaqaṭ al-multazam G I 502, S I 915,2
Muntij al-barakāt S II 360
Munyat al-adhkiyāʾ etc. S II 778, III 384
-Munya wal-amal fī sharḥ k. al-Milal wal-niḥal G II 187, S I 242,14, II 245
Munyat al-fuḍalāʾ etc. S II 202
Munyat al-fuqahāʾ G I 382
Munyat al-ḥussāb G II 240, S II 338
Munyat al-ʿiyād G II 440
Munyat al-labīb S II 208

Munyat al-mubtadiʾ etc. S II 958$_{107}$
Munyat al-muftī G I 380, S I 653
Munyat al-muḥibbīn etc. S II A/C 497
Munyat al-muḥtāj etc. S II 693
Munyat al-murīd S II 876
Munyat al-murīd fī ādāb al-mufīd wal mustafīd S II 449
Munyat al-muṣallī etc. G I 432, S I 659
Munyat al-nafs fī ashʿār ʿAntar ʿAbs S II 768
Munyat al-qāṣid etc. S II 526
Munyat al-rāḍī etc. G I 96, S I 155, 507
Munyat al-rāghib fī sharḥ Bughyat al-ṭālib G II 286, S II 505 A/C
Munyat al-sāʾil fi ʾkhtiṣār al-Shamāʾil S II 891
Munyat al-sālikīn etc. S II 83
Munyat al-shubbān G II 426, S II 634
Munyat al-ṣayyādīn etc. G II 213, S II 315
Munyat al-udabāʾ fī taʾrīkh al-Mawṣil al-ḥadbāʾ G II 497, S II 781
Munyat al-wāʿiẓīn etc. S II 313
-Muqābala G I 341
-Muqābasāt G I 244, S I 436
-Muqaddamāt al-arbaʿ G II 214, S II 301
Muqaddamāt al-ʿaṣr G II 234
-Muqaddamāt al-kāfiya fi ʾl-naḥw etc. S II 21
-Muqaddamāt al-mumahhadāt li-masāʾil al-Mudawwana G I 384, II 176, S I 662
Muqaddamāt tataʿallaq bi-ḥarakāt al-kawākib S I 869
-Muqaddas S III 226
Muqaddimat al-Abyārī G II 340
Muqaddimat al-adab G I 291, S I 511
Muqaddimat al-ʿājil G II 99
-Muqaddima al-Ājurrūmiyya G II 237, S II 332
Muqaddima fī aḥkām hamz al-waṣl S II 916
Muqaddima fī alfāẓ al-muʿarrab fi ʾl-Qurʾān G II 145
Muqaddima fī ʿamal al-hilāl S II 160
Muqaddima fī ʾl-ʿaqāʾid G II 435, S II 522
Muqaddima fī ʾl-ʿaqāʾid wal-fiqh S II 646
-Muqaddima al-ʿAshmāwiyya fī ʾl-ʿibādāt S II 435
-Muqaddima al-Azhariyya fī ʿilm al-ʿarabiyya G II 27, S II 22
Muqaddima fi ʾl-basmala S II A/C 186
-Muqaddima al-Burhāniyya G I 467
Muqaddimat al-Dānī S I 720
Muqaddima li-dirāsat balāghat al-ʿArab S III A/C 305
Muqaddimat al-Ḍarīrī S I 520
Muqaddimat ḍilʿ al-musabbaʿ G I 470
Muqaddima fī faḍāʾil yawm ʿĀshūrāʾ S II A/C 437
Muqaddima fī faḍl al-bunn G II 317
Muqaddima fī faḍl al-ṣalāh S II 482
-Muqaddima al-Fakhriyya G II 424
Muqaddimat al-Faraḍī S II 1018$_{13}$
Muqaddima fi ʾl-farāʾiḍ G I 462, S I 662
Muqaddimat al-fuṣūl S II 419
Muqaddimat al-Ghaznawī G I 378, S I 649
Muqaddima fi ʾl-ḥadīth G II 73
-Muqaddima al-Ḥaḍramiyya S II 528$_{26}$, 555
-Muqaddima al-Ḥinnāwiyya fi ʾl-naḥw S II 22
Muqaddimat al-ḥisāb S II 537
Muqaddima fī ḥisāb al-masāʾil al-jaybiyya G II 168, S II 217
Muqaddimat al-ʿilm S II 850
-Muqaddima fī al-ʿilm al-ḥadīth G II 202, S II 932
-Muqaddima fī al-ʿilm al-mīqāt S II 1023$_{62}$
-Muqaddima fī al-ʿilm al-qawānīn wal-anghām S II 1035$_{1}$
-Muqaddima fī ʾl-īmān wal-islām S II 992$_{28}$
Muqaddimat al-Īsāghūjī G II 143
Muqaddima fi ʾl-ʿishq wal-maḥabba G II 307, S II 419
Muqaddimat ithbāt al-wājib S II 590
-Muqaddima al-ʿIzziyya lil-jamāʿa al-Azhariyya G I 449 (to be read thus), S I 805, II 435, 437
-Muqaddima al-Jazariyya fi ʾl-tajwīd G II 202, S II 275
-Muqaddima al-Juzūliyya fi ʾl-naḥw G I 308, S I 541
-Muqaddima al-kāfiya fī uṣūl al-jabr wal-muqābala S I 858
Muqaddimat al-kalām S I A/C 927
Muqaddimat b. Khaldūn G II 245, S II 343
Muqaddima fi ʾl-maʿād S I 819$_{42b}$
Muqaddimat al-majālis al-fākhira etc. S II 969
Muqaddimat k. al-Makhrūṭāt S I 383 (see A/C)
-Muqaddima al-Manṣūra S II 442

Muqaddima fi ’l-manṭiq S II 1013, 664 A/C
-*Muqaddima al-Marīḥafiyya* S II 954,$_{67}$
-*Muqaddima fi ’l-mas’ala al-sharqiyya* S III 422
Muqaddima fi ’l-misāḥa S I 856
Muqaddima Miṣriyya waṭaniyya S II 732
-*Muqaddima muhadhdhibat al-ishkāl etc.* S II 454
-*Muqaddima al-muḥsiba fī fann al-ʿArabiyya* S I 529
Muqaddima mukhtaṣara S I 787
-*Muqaddima, mulakhkhaṣ Mukhtaṣar Khalīl* S II A/C 99
Muqaddima fi ’l-naḥw G I 301
-*Muqaddima al-naḥwiyya* G II 338,$_{45}$
Muqaddimat al-Nawawī G II 31
Muqaddimat al-Nīl G II 157, S II 196,$_{280}$
Muqaddimat al-Nīl al-saʿīd etc. S II 116, 140
Muqaddima fi ’l-qirā’āt G I 189
Muqaddima fi qirā’at Warsh S II 744
-*Muqaddima al-Qurṭubiyya* G I 429, S I 763
-*Muqaddima fi ’l-radd ʿalā rādd al-Ḥanafiyya* S II 89
-*Muqaddima al-sālima etc.* G II 395, S II 540,$_{24}$
Muqaddima saniyya fi ’l-intiṣār bil-firqa al-saniyya S II 615
-*Muqaddima al-Sanūsiyya* G II 251, S II 355
-*Muqaddima al-shāfiya fī ʿilmay al-ʿarūḍ wal-qāfiya* S II 113
-*Muqaddima al-Shaʿrāniyya* S II 467,$_{45}$
Muqaddimat al-shurūʿ bil-ʿilm S II 939
-*Muqaddima al-Sūdāniyya* G II 53
-*Muqaddima al-Sulṭāniyya* G II 135
Muqaddima fi ’l-ṣalāh G I 196, II 234, 291, S I 348, II 269
Muqaddima fī ṣalāt al-ẓuhr G II 322
Muqaddimat b. al-Ṣalāḥ fī ʿulūm al-ḥadīth S I 611
Muqaddima fī ṣināʿat al-khaṭṭ S I 434
Muqaddima fī ṣināʿat al-naẓm wal-nathr G II 57
Muqaddimat al-tafsīr S I 506
Muqaddima fī tafsīr Fatḥ al-ʿazīz S II 615
Muqaddimat al-Tājūrī S II 485
Muqaddimat al-tawḥīd etc. S II 339
Muqaddimat al-Tuḥfa al-Wafā’iyya S II 728
Muqaddima fī uṣūl al-arbaʿa G II 365
Muqaddima fī uṣūl al-dīn S II 149, 441
Muqaddima fī uṣūl al-tafsīr S II A/C 120
-*Muqaddima al-Waghlīsiyya* G II 250, S II 351
-*Muqaddima al-Wardiyya* G II 141, S II 175
-*Muqaddima al-waṭaniyya* G II 481
Muqaddimat al-Zāhid G II 95, S II 112
Muqaddimāt al-ʿulūm S II 312
Muqaddimāt b. Yūnus al-Mālikī S I 663, 963,$_{53}$
-*Muqaffā* G II 39, S II 37
Muqāranāt al-kawākib S I 395, 960
-*Muqarrar al-nāfiʿ* G II 406
-*Muqarrib al-mustawfī fī sharḥ Farā’iḍ al-Ḥawfī* (G I 384), S II 356
-*Muqarrib fi ’l-naḥw* S I 546
Muqātil Miṣr A. ʿArābī S III 228
Muqaṭṭaʿāt al-Abīwardī al-Umawī S I 448
Muqaṭṭaʿāt marāthin li-baʿḍ al-ʿArab S I 180
Muqaṭṭaʿāt al-Nīl S I 456, II 900
-*Muqāwamāt* S I 782
Mūqid al-adhhān etc. G II 24, S II 20
Mūqiẓ al-ghāfilīn etc. S II 591
-*Mūqiẓa* G II 48
-*Muqniʿ* G I 398, S I 322,$_{13}$, 546, 688
-*Muqniʿ fi ’l-aḥkām* S I 635
-*Muqniʿ fī akhbār al-mulūk wal-khulafā’ etc.* S II 222
-*Muqniʿ fi ’l-ḥisāb al-Hindī* G II 125, S I 390
-*Muqniʿ fī ʿilm al-jabr wal-muqābala* S II 154
-*Muqniʿ fī ʿilm al-Muqriʿ* G II 463, S II 707
Muqniʿ al-labīb fī maʿrifat al-tarākīb S II 1024,$_{74}$
-*Muqniʿ fī maʿrifat rasm (khaṭṭ) maṣāḥif al-amṣār* G I 407, S I 719
-*Muqniʿ wa(min) al-mawrid al-ʿadhb* G II 332, S II 460
-*Muqniʿ fī uṣūl al-fiqh* G I 404
Muqniʿat al-sā’il ʿani ’l-maraḍ al-hā’il S II 372
-*Muqtabas* S I 864, III 430
-*Muqtabas al-mukhtār min Nūr al-manār* G II 81, S II 90
-*Muqtabas fī ta’rīkh al-Andalus* G I 338, S I 578
-*Muqtabis fī akhbār al-naḥwiyyīn al-Baṣriyyīn etc.* S I 157, 191

-*Muqtaḍab* G I 109, 291, S I 168
-*Muqtaḍab min Jamharat al-nasab* G I 481, S I 880
-*Muqtaḍab min kalām al-ʿArab* S I 192
-*Muqtaḍab min al-Tamyīz* S I 509
-*Muqtafā, sharḥ al-Shifāʾ* S I 631
-*Muqtafā fī sīrat al-Muṣṭafā* G II 37, S II 35
-*Muqtanaʿ* G I 445,72
-*Muqtanā fī sard al-kunā* G II 47, S II 46,10
-*Muqtarab fī ḥawādith al-Ḥaḍar wal-ʿArab* S II 770
-*Muqtaraḥ* S I 672, 914 A/C
-*Muqtaraḥ fi ʾl-muṣṭalaḥ* G I 460, S I 831, 905
-*Muqtaṣar, sharḥ al-Nāfiʿ* S I 712, II 210
-*Muqtaṭaf* S III 215
Murāʿāt al-ikhwān S I 274
Murāʿāt al-ʿushra S I 274
-*Murabbā fī ḥukm al-ʿaqāʾid etc.* S II 444
-*Murabbaʿ al-Kābulī etc.* S II 399
-*Murabbaʿ al-mustaṭīl* S II 155
-*Murabbaʿ fi ʾl-muthallathāt al-lughawiyya* S I 811
-*Murādiyya* S II A/C 357
-*Murāfiq lil-muwāfiq* S I 919,53
-*Murājaʿāt fi ʾl-adab wal-funūn* S III 150
-*Murājaʿāt al-Rayḥāniyya* S II 802, III 407
Murakkabāt b. Sallūm S II 667
-*Murakkabāt al-Shāhiyya* G II 414, S II 592
-*Muraqqiṣāt wal-muṭribāt* S I 174
-*Murāsalāt* S II 513
Murāsalāt b. al-ʿAydarūs S II 617
Murāsalat Bahāʾ al-Dīn al-ʿĀmilī S II 597,28
-*Muraṣṣaʿ* G I 358, S I 609
-*Murattab al-ʿAlāʾī* S II 969,10
Murawwiḍat al-usūd S III 269
-*Muʿrib* S I 192, II 138
Muʿrib al-ʿAwāmil G I 294, S I 504
Muʿrib al-Kāfiya S I 534
-*Muʿrib ʿani ʾl-maghrib* S I 194
-*Muʿrib al-mubīn ʿammā taḍammanahu ʾl-Anīs al-muṭrib etc.* S II 684
-*Murīd al-ṣādiq* G II 338
-*Mūrith li-mushkil al-muthallath* S I 161
Murqiṣ al-akhyār S II A/C 17
-*Murshid* G I 234, S I 419, 422
-*Murshid al-amīn ilā mawʿiẓat al-muʾminīn* S I 748,25,8
-*Murshid al-amīn fī tarbiyat al-banāt wal-banīn* S II 731
Murshid al-anām G I 375, S I 643
Murshid al-anām ilā mā yajib maʿrifatuhu min al-ʿaqāʾid wal-aḥkām S II 184, g
Murshid al-ʿawāmm S II 825
-*Murshid li-dhawi ʾl-albāb etc.* S II 1024,70
Murshid al-ḥayrān etc. S II 740
-*Murshid fi ʾl-ḥisāb* G II 321
-*Murshid ilā jawāhir al-aghdhiya* G I 237
-*Murshid fi ʾl-kuḥl* S I 891
Murshid al-mubtadiʾīn S I 301
Murshid al-muhtadī S I 843
-*Murshid al-muʿīn etc.* G II 461, S II 699
Murshid al-muʿīn fi ʾl-hayʾa S II 1023,67
Murshid al-mutaʾahhil G II 225, S II 315
Murshid al-nāsik G II 20, S II 13
Murshid al-sālikīn etc. S II A/C 1003
Murshid al-ṭalaba etc. S II 454
Murshid al-ṭālib ilā aʿla ʾl-marātib S II 214
Murshid al-ṭālib ilā asna ʾl-maṭālib G II 125, see *murshidat*
Murshid al-ṭālibīn S II 653
Murshid al-ṭālibīn li-tafsīr al-Qurʾān al-mubīn S II 453
-*Murshid al-wajīz etc.* S I 551
-*Murshid fi ʾl-waqf wal-ibtidāʾ* G II 99
Murshid al-zuwwār ilā qubūr al-abrār G II 34, S II 30
-*Murshida* G II 251, S II 355
Murshidat al-mushtaghilīn etc. S II 443
-*Murshida fī ṣināʿat al-ghubār* S II 154, 230
Murshidat al-ṭālib ilā asna ʾl-maṭālib S II 154, see *murshid*
-*Murshidāt* S III 415
-*Murtaḍā fī aḥkām al-qaḍāʾ* S II 429
-*Murtaʿish fi ʾl-hayʾa* S I 866
-*Murtajal* G I 288, 305
Murtaqa ʾl-wuṣūl etc. S II 375
-*Murūʾa* S II 908
-*Murūʾa wal-wafāʾ* S II 767
Murūj al-dhahab etc. G I 145, S I 220
-*Murūj al-sandaliyya* G II 108
-*Murūj al-sundusiyya etc.* S II 411
-*Murūj al-zakiyya etc.* S II 915
-*Murūr fī arḍ al-hanāʾ etc.* S III 478
Musābaqat al-barq wal-ghamām S II 728
-*Musāfir* S I 225
-*Musāʿid fi ʾl-buyūʿ* S I A/C 666
-*Musāʿid ʿalā tashīl al-fawāʾid* S II 104
Musāʿid al-ṭullāb fi ʾl-naḥw S II 923

-Musajjaʿ fi ʾl-taʾrīkh G II 37
Musakkin al-fuʾād etc. G II 325, S II 449
Musallam al-thubūt G II 421, S II 623
-Musalsal G I 309, S I 543
Musalsal al-ʿĀshūrāʾ S II 737
-Musalsal al-muʿayyan S II A/C 704
-Musalsalāt G II 195, S I 690
-Musalsalāt al-ʿashara al-muntabadha S II 711
Musalsalāt al-Kāzarūnī S II 262
Musalsalāt al-Murtaḍā S II 399
Musalsalāt al-sayyid ʿAlī al-ʿAqqād S II 941
-Musāmara S II 117
Musāmarat al-adīb etc. S III 180
Musāmarat al-ḥabīb etc. S III 339
Musāmarat al-nadmān etc. S II 256
-Musāmara, sharḥ al-Musāyara G II 98, 226, S II 92
Musāmarat al-sumūʿ etc. G II 154, S II 192,$_{220}$
Musāmarat al-ẓarīf etc. S II 888
-Musāmarāt S I 799,$_{130}$
Musāmarāt al-abrār G I 447, see: *muḥāḍarāt*
Musāmarāt al-shaʿb S III 192, 227, $_{ff}$
-Musāraʿa ila ʾl-muṣānaʿa G II 151,$_{139}$
-Musārīn wa-dhikr al-ajwād S I 279
-Musāwāt S III 260
-Musawwā min (sharḥ) aḥādīth al-Muwaṭṭaʾ S I 298, II 615
-Musawwada fi ʾl-uṣūl S II 124,$_{106}$
-Musāyara fi ʾl-ʿaqāʾid etc. G II 226, S II 93
Musfir al-arwāḥ S II 190,$_{169rrr}$
-Mushāghala bi-dhikr al-maḥbūb etc. S II 510
-Mushājara G II 308
-Mushajjar S I 416
-Mushajjar fī dhikr ansāb al-ʿitra etc. S II 238
-Mushajjar al-kashshāf li-uṣūl al-sāda al-ashrāf S II 971,$_{23}$
-Mushākaha fi ʾl-lugha S I 174
-Mushammarāt S II 758
-Mushannaf ʿala ʾbni ʾl-muṣannif S II 193,$_{248}$
-Mushib fī faḍāʾil al-Maghrib S I 576
-Mushīr S III 228
-Mushkil S I 178
Mushkil al-āthār G I 174, S I 293
Mushkil al-ḥadīth wa-gharībuhu G I 166, S I 277
Mushkil al-iʿrāb S II 297
Mushkil iʿrāb ashʿār al-sitta S II 915
Mushkil (at) al-Qurʾān G I 122, S I 186
Mushkil al-Ṣaḥīḥayn S II 68
Mushkilāt al-aḥādīth al-nabawiyya etc. S III 209
Mushkilāt al-manṭiq G II 370
Mushkilāt al-qisma G II 370
Mushkilāt al-Qurʾān S II 2
Mushkilāt al-ʿulūm S II 826
-Mushriq fī ḥula ʾl-Mashriq S I 576
-Mushtabih min al-asmāʾ wal-ansāb S I 603
-Mushtabih fī al-asmāʾ al-rijāl G II 47, S II 46
Mushtabih al-nisba G I 355, 519, S I 281
-Mushtabih fi ʾl-ṭibb S II 131,$_{44}$
-Mushtabihāt S I 178
Mushtaha ʾl-ʿuqūl etc. G II 158, S II 197,$_{299}$
Mushtamil al-aḥkām G I 506, II 224, S I 921, II 314
Mushtamil al-aqāwīl fi ʾl-radd ʿala ʾl-Rawāfiḍ etc. G II 329, S II 658
-Mushtāq ilā fitnat al-ʿushshāq S I 713
-Mushtaqqāt fi ʾl-uṣūl S II 829
-Mushtarik waḍʿan wal-mukhtalif ṣaqʿan G I 480, S I 880
-Musʿif wal-muʿīn etc. S I 522, II 112
Musʿifat al-ḥukkām S II 427
-Mūsīqī G I 212, 522, S I 907
-Mūsīqī al-kubrā S I 376
-Musīra li-ḥall mushkilāt al-sīra S II 947,$_{34}$ (Dam. Z. 74,$_{35,}$1: *al-mīra*)
Musirr al-asmāʿ etc. S II 23
-Musirrāt fi ʾl-tankīt wal-nawādir S III 228
-Muslimūn wal-Qibṭ wal-muʾtamar al-Miṣrī S III 323
-Musnad G I 157, 166, 180, 182, 362
Musnad a. ʾl-ʿAbbās G I 157
Musnad aḥādīth Ibr. b. Adham al-Zāhid S I 949, $_{281}$
Musnad A. b. Ḥanbal S I 309
Musnad al-Anṣār S I 310
Musnad al-ʿashara G I 157
Musnad Baqī S I 271
Musnad al-Barqānī S I 259
Musnad al-Bazzār S I 258
Musnad al-Bazzāz G II 69
Musnad a. Dāʾūd S I 257
Musnad al-Firdaws S I 586

Musnad al-Ghassānī S I 259
Musnad a. Hurayra G I 157
Musnad a. Ḥanīfa G II 82, S I 286
Musnad al-imām al-Rabīʿ S I 259
Musnad al-imām Zayd b. ʿAlī S I 314
-Musnad al-jāmiʿ G I 164, S I 270
Musnad al-Kashshī S I 258, 947
Musnad al-Marwazī S I 947 ad 258
Musnad min masāʾil A. b. Ḥanbal S I 310
Musnad b. Masʿūd S I 256
-Musnad al-mukhraj ʿalā k. Muslim G I 160, S I 266
-Musnad al-mustakhraj ʿalā Ṣaḥīḥ Muslim S I 617,5
Musnad b. Rāhūya S I 257, 947
Musnad a. Shayba G I 157, S I 516
Musnad al-Shihāb G I 343, S I 585
-Musnad al-ṣaḥīḥ al-ḥasan etc. S II 336
Musnad ʿU. b. ʿAbd al-ʿAzīz S I 259, 947
Musnad ʿUqba b. ʿĀmir G II 82
Musnad b. a. Usāma S I 258
Musnad a. Yaʿlā al-Mawṣilī G I 517, S I 258
-Mustadrak ʿala ʾl-Ṣaḥīḥayn G I 166, S I 276
-Mustadrak ʿala taʾrīkh Baghdād S I 563, 613
Mustadrak al-wasāʾil S II 832
-Mustafād min Dhayl Taʾrīkh Baghdād S I 563
-Mustafād min mubhamāt al-matn wal-isnād G II 67, S II 71
-Mustaghīthīn billāh taʿālā etc. S I 580
Mustaḥsan al-ṭarāʾiq G II 197, S II 87, 267
-Mustajād min faʿalāt al-ajwād G I 155, S I 253
-Mustajmaʿ S I 658
-Mustakhraj ʿalā Muslim G I 362
-Mustakhraja al-ʿUtbiyya S I 300
-Mustaʿīnī G I 486, S I 889
Mustanad al-Shīʿa fī aḥkām al-sharīʿa S II 826
-Mustanīr fī qirāʾāt al-ʿashara S I 722
-Mustanqiʿ S I 688
-Mustanṣiriyyāt S I 497
-Mustaqbal S III 214
-Mustaqbal lil-Islām S III 82
Mustaqbal al-thaqāfa fī Miṣr S III 301
-Mustaqṣā G I 365, S I 624
-Mustaqṣā fī ʾl-amthāl G I 292, S I 511
-Mustaqṣā fī faḍāʾil al-masjid al-aqṣā G II 360, S II 488
-Mustaqṭaf min al-Mustaṭraf S II 56
Mustarād al-anwār etc. S I 741
-Mustarḍā, sharḥ khuṭab b. Nubāta S I 719
-Mustarjal fī ʾl-kunā G II 47
-Mustarshid G I 186, S I 353, 965 ad 510
-Mustarshid fī ʾl-tawḥīd S I 315, 316
-Mustaṣfā min ʿilm al-uṣūl G I 424, S I 754,51
-Mustaṣfā, sharḥ al-Fiqh al-nāfiʿ G I 381, II 197
-Mustaṣfā, sharḥ al-Manẓūma al-Nasafiyya G I 428
Mustaṣlaḥ al-ḥaqāʾiq G II 197, S II 266
-Mustaṭāʿ min al-zād li-afqar al-ʿibād G II 291, S II 402, 998
-Mustaṭāb S I 325
-Mustaṭāb Dhakhīrat al-maʿād sharḥ al-Irshād S II 578
-Mustaṭāb al-mushtamil min ʿilm al-uṣūl etc. S II 208
-Mustaṭraf fī kulli fann mustaẓraf G II 56, S II 56
-Mustaṭrafāt fī ʾl-alqāb etc. S II 830
-Mustawʿab S I 689
-Mustawʿab fī aḥkām al-mushilāt S II 627
-Mustawʿab al-kāfī wal-muqniʿ etc. S II 938
Mustawjibāt al-maḥāmid S I A/C 755
-Mustaẓhirī fī faḍāʾiḥ al-Bāṭiniyya G I 391, S I 747,23a
-Mustaẓraf G II 56
-Mustaẓrafāt min al-nawādir etc. S III 228
-Musʿad al-aḥmad etc. S I A/C 309
-Muṣādarāt S I 929,30a
Muṣaddaqāt al-ikhwān S I 952 ad 322
Muṣaddiq al-faḍl S I 69
Muṣāfaḥat al-rasūl S II 664
-Muṣaffā G I 428, S I 761, II 268
-Muṣaffā bi-akuff ahl al-rusūkh S I 917,23
-Muṣaffā, sharḥ al-Muwaṭṭaʾ S I 298,4
Muṣāḥabat al-kuffār G II 323
Muṣaḥḥaḥāt Aflāṭūn G I 241, S I 428,12
-Muṣannaf S I 162
Muṣannaf a. ʾl-Baqāʾ al-ʿUkbarī S I 496
-Muṣannaf fī ʾl-ḥadīth S I 333
Muṣannaf b. a. Shayba G I 516
Muṣannafāt shaykh al-Islām b. Ḥajar S II 73, 85
-Muṣāraʿa S II 187,139
Muṣāraʿat al-falāsifa G I 429, S I 763
-Muṣāraʿa wal-muḍāraʿa S I 763

Muṣarriḥāt al-asmāʾ G II 223, S II 312
-Muṣḥaf al-muqassam S III 325
Muṣḥaf al-zuhra S I 519
Mūṣil al-ṭullāb G II 496
-Muṣṭafawiyya S II 956
Muṣṭalaḥ al-ishārāt fi ʾl-qirāʾāt S II 212
Muṣṭalaḥāt ahl al-athar etc. S I 612 A/C, II 540,$_{16}$
Muṣṭalaḥāt al-Ṣūfiyya S I 797,$_{70}$
Muṣṭalaḥāt al-ṭibb S I 425
Mutʿat al-asmāʿ bi-aḥkām al-samāʿ G II 31, S II 27, 555
-Mutaʿāqib S I 193
Mutaballigh al-anwār etc. S I 549
-Muʿtabar fi ʾl-ḥikam G I 460, S I 831
Muʿtabar al-manār G II 196, S II 542,$_{141}$
-Muʿtabar, sharḥ al-Nāfiʿ S I 712
-Muʿtabar fī takhrīj aḥādīth al-Minhāj wal-Mukhtaṣar S II 108
-Mutafarriqāt al-maʾthūra etc. S I 355
-Mutaḥābbīn fi ʾllāhi taʿālā G I 398, S I 689
Mutaḥayyiz al-alfāẓ S I 198
-Mutajaddidāt G I 316
-Mutajarrid al-rābiḥ G II 74
Mutakhallaṣ al-ḥaqāʾiq fi ʾl-fiqh S II 952
-Muʿtalī fī ʿadad suwar al-walī S II 195,$_{271}$
-Muʾtalif wal-mukhtalif fī asmāʾ al-buldān S I 605
-Muʾtalif wal-mukhtalif fī asmāʾ al-rijāl G I 168, 329, S I 280
-Muʾtalif wal-mukhtalif min asmāʾ al-shuʿarāʾ S I 172
-Muʾtalif fī taʿaddud al-wālī S II A/C 192
-Muʿtamad S I A/C 602
Muʿtamad dhawi ʾl-ʿuqūl etc. S I 608
-Muʿtamad min ḥadīth sayyidina ʾl-Muṣṭafā M. S II 557
-Muʿtamad min al-manqūl etc. S II 212
-Muʿtamad fī mufradāt al-ṭibb G I 494, S I 901
Muʿtamad al-Shīʿa fī aḥkām al-sharīʿa S II A/C 584
-Muʿtamad fī tafsīr qawlihi Qul huwa ʾllāhu aḥad G II 325
-Muʿtamad fī uṣūl al-dīn S I 686
-Muʿtamad fī uṣūl al-fiqh S I 669
-Mutamannīn S I 248
-Muʾtamar al-nisāʾī al-sharqī S III 264
-Mutamarridūn, qiṣaṣ Miṣriyya S III 233
-Muʿtamid b. ʿAbbād S III 228
-Muʾtanaf, takmilat al-muʾtalif etc. G I 329, S I 564
-Mutanāhī fi ʾl-lugha S I 174
-Muʿtaqad al-muntaqad S II 855
-Muʿtaqad fī uṣūl al-dīn S I A/C 751
-Mutashābih G I 286,$_{31}$, S I 502
-Mutashābih min al-ḥadīth wal-Qurʾān G I 514, S I 186
Mutashābih al-Qurʾān G I 416, S I 178, 342
Mutashābihāt al-Qurʾān G II 111, S II 137
-Mutawakkilī etc. G II 145, S II 180,$_{13}$
-Mutawārīn S I 281
-Mutawassiṭāt G I 511, S I 930,$_{31}$
-Muthallath G I 103, S I 161, 758
-Muthallath fī ʿilm al-raml S II 367
-Muthallath bil-maʿna ʾl-wāḥid G II 100, S II 119
-Muthallath dhu ʾl-maʿna ʾl-wāḥid S I 526
-Muthallathāt al-lughawiyya S I A/C 811
Muthallathāt Quṭrub S II 916
-Muthannā S I A/C 190, II 652
-Muthannā b. al-Ḥāritha al-Shaybānī S III 497
-Muthannā wal-mukannā G I 107, S I 181
Muthbat al-ʿaql wal-dīn S II 993
Mūthiq al-tashbīth fī ʿilm al-ḥadīth S II 109, 932
Muthīr al-ʿazm al-sākin S I 920,$_{78}$
Muthīr al-gharām fī faḍl ziyārat al-Khalīl ʿam G II 131, S II 162
Muthīr al-gharām wa-khulāṣat al-kalām etc. S II 162
Muthīr al-gharām fī ziyārat al-Quds wal-Shaʾm G II 131, S II 162
Muthīr shawq al-anām S II 534
Muthīr al-waja fī maʿrifat ansāb mulūk al-Najd S II A/C 816
-Muttafiq wal-muftariq S I 564
Muttasiʿāt al-maydān etc. S II 713
-Muṭālaʿāt fi ʾl-kutub wal-ḥayāt S III 150
-Muʿṭayāt S I 384
-Muʿṭayāt li-Uqlīdīs S I 929,$_{29}$
Muʿṭiyat al-amān min ḥinth al-aymān G II 383, S II 403
-Muṭliʿ ʿalā alwāb al-Muqniʿ G I 398, II 109, S I 688

-Mutli' 'alā masā'il al-Muqni' S II 708
-Muṭli' 'alā sharḥ al-Muqni' G II 463, S II 707
-Muṭrib S I 545
-Muṭrib fī akhbār salāṭīn al-Maghrib S II 684
-Muṭrib min ash'ār ahl al-Maghrib G I 311
-Muṭṭala' 'ala 'l-Īsāghūjī S I 842, II 118,19
-Muwaḍḍiḥ fī ḥisāb al-judhūr al-ṣumm S I 386
-Muwāfaqāt S I 727, II 374
-Muwāfaqāt fī 'l-Qur'ān li-'Umar G II 112
-Muwaffaqiyyāt G I 141
Muwāfiq al-murāfiq G I 505
-Muwājaha S I 718
-Muwāsa'a wal-muḍāyaqa S I 913
-Muwashshā G I 124
-Muwashshaḥ fī ma'ākhidh al-'ulamā' 'ala 'l-shu'arā' S I 191
-Muwashshaḥ fī sharḥ al-Kāfiya S I 532
-Muwashshaḥa fī 'l-naḥw S II 194,256
-Muwashshaḥāt al-Miṣbāḥiyya S III 338
-Muwashshaḥāt al-nabawiyya G II 15
Muwashshaḥāt Ramzī Naẓīm S III 178
-Muwassa' fī mā ankarahu 'l-'ulamā' 'ala 'l-shu'arā' S I 191
-Muwaṣṣil lil-aghrāḍ etc. S II 1027,8
Muwaṣṣil al-ṭullāb G II 27, S II 18
Muwaṣṣil al-ṭullāb bi-minaḥ al-wahhāb S II 738
Muwaṣṣil al-ṭullāb ilā qawā'id al-i'rāb S II 706
-Muwaṭṭa' G I 66, 175, S I 297
-Muwaṭṭa' al-ṣaghīr S I 298
-Muwāzana G I 444, S I 796,37
-Muwāzana bayna 'l-shu'arā' S III 303
-Muwāzana bayna a. Tammām wal-Buḥturī G I 80, 111, S I 171
Muwāzanat mā bayna ḥaqq al-khu'ūla wal-'umūma S I 245,61
-Muwāzana fī tafḍīl mashāyikh al-fiqh etc. S II 976
Muwāzarat al-ikhwān etc. S II 1011
Muwāẓib khayr al-kalām etc. S II 933
-Muyassar fī 'l-kalām S I 638
Muyassar al-wuṣūl 'alā Lubb al-uṣūl S II 426,24
-Muzāl wal-mufsad S I 167
Muzdawijāt al-Sā'ātī S II 723
-Muzhir fī 'ulūm al-lugha G II 155,258, 709, S II 194,259
Muzīl al-aghlāṭ S II 919
Muzīl al-'anā' fī aḥkām mā uḥditha etc. G II 404,22, S II 555
Muzīl al-'anā' fī sharḥ asmā' Allāh al-ḥusnā S II A/C 416
Muzīl al-ishtibāh fī asmā' al-Ṣaḥāba S II 431,49, 640
Muzīl al-khafā' 'an alfāẓ al-Shifā' S I 631
Muzīl al-libs 'an ḥadīth radd al-shams S II 421
Muzīl niqāb al-khafā' 'an kunā sādatinā B. al-Wafā' S II 398
Muẓhir al-ḥaqā'iq G II 197, 314
-Muẓhir al-mudassas fī alfāẓ al-Mukhammas S I 811
Muẓhir al-taqdīs bi-dhahāb dawlat al-Faransīs G II 480, S II 731
Muẓhirat 'arā'is al-mukhabba'āt S I A/C 801

-Na'am wal-bahā'im wal-waḥsh etc. S I 167, 186
-Naba' 'ani 'l-waba' G II 410
-Nabāhāt S II 529
Nabāhat al-balad al-ḥāmil etc. S I 496
-Nabāt G I 123, 692, S I 187
-Nabāt wal-ḥayawān S I 823,79l
-Nabāt wal-shajar G I 514, S I 164
-Nabḍ lil-muta'allimīn S I 369
-Nabī S III 467
-Nabīh S I 670
Nabiyyat Lubnān S III 226
Nabl al-raqīq fī ḥulqūm al-shābb al-zindīq S II 530
Nabsh al-hadhayān etc. G II 483, S II 815 (to be read thus)
Nabwat al-qadamayn G II 347, S II 474,48
-Nadāda fī taḥqīq wa-ḥall al-isti'āda S II A/C 180
-Nadhr bil-taṣdīq S II 427,45
Nādirat al-bayān S II 598
Nādiriyyāt min al-'ushāriyyāt S II A/C 190
Naḍḍ al-īḍāḥ S I 706
Naḍḍ al-qawā'id al-fiqhiyya etc. S II 209
Nāḍirat al-lubāb S II 1017,5

Naḍrat al-bahār fī muḥāwarat al-layl wal-nahār S II 758, III 379
Naḍrat al-ighrīḍ etc. G I 282, S I 496
Naḍrat al-lubāb ʿalā Bahjat al-albāb fi ʾl-asṭurlāb S II 487
Naḍrat al-nuẓẓār S II 264
-Nafʿ al-ʿāmm fī waḍʿ faḍl al-dāʾir ʿala ʾl-rukhām G II 127, S I 869
-Nafʿ al-ghazīr fī ṣalāḥ al-sulṭān wal-wazīr G II 371, S II 499
-Nafʿ al-muʿawwal S I 519
Nafʿ qūt al-mughtadhī S I 268, II 737
-Nafaḥāt al-adabiyya etc. S II 13, 382 A/C
-Nafaḥāt al-Aḥmadiyya etc. S I 808
Nafaḥāt al-ʿanbar G II 297, S I 805
-Nafaḥāt al-ʿanbariyya etc. G II 297, S II 408
-Nafaḥāt al-arajiyya S I 545
Nafaḥāt al-asḥār mukhtaṣar al-Saʿd S II 548
Nafaḥāt al-asrār fī ʿilm al-raml S II 842
Nafaḥāt al-asrār al-Makkiyya etc. G II 379
-Nafaḥāt al-ʿawāṭir S II 477
Nafaḥāt al-azhār G II 384, S II 475,$_{74}$
-Nafaḥāt al-durriyya, sharḥ al-ʿAshmāwiyya S II 435, 739
-Nafaḥāt al-Ḥifniyya fi ʾl-riḥla ila ʾl-aqṭār al-Makkiyya S II 539
-Nafaḥāt al-ilāhiyya G I 450, S I 807
-Nafaḥāt al-ilāhiyya fī kayfiyyat al-sulūk fi ʾl-ṭarīqa al-Muḥammadiyya S II A/C 535
Nafaḥāt al-imdād fī Nūniyyat al-Ṣayyād S II 869,$_{34}$
Nafaḥāt kalām M. al-Bakrī G II 334
Nafaḥāt kamāʾim al-ward etc. S II 489
-Nafaḥāt al-Madaniyya fi ʾl-adhkār al-qalbiyya etc. G II 332, S II 479
-Nafaḥāt al-Madaniyya fi ʾl-madāʾiḥ al-Muṣṭafawiyya S II 810
-Nafaḥāt al-miskiyya fī manāqib al-sāda al-Bakriyya S II 471
-Nafaḥāt al-miskiyya fi ʾl-sifāra al-Turkiyya S II 680
-Nafaḥāt al-Muḥammadiyya fi ʾl-aḥādīth al-arbaʿīn al-Nawawiyya S II 869,$_{35}$
-Nafaḥāt al-muntashira etc. G II 346, S II 473,$_{22}$
-Nafaḥāt al-nabawiyya fi ʾl-faḍāʾil al-ʿĀshūriyya G II 486, S II 737, 739
-Nafaḥāt al-nabawiyya fi ʾl-khuṭab al-ʿaṣriyyao S II 776
Nafaḥāt al-nasamāt etc. S II 434
-Nafaḥāt, nubdha khāmisa min shiʿr Khalīl al-Khūrī S II 757
-Nafaḥāt al-quddūsiyya etc. S II 478
-Nafaḥāt al-Qudsiyya G I 268, II 166, S II 214
-Nafaḥāt al-Qudsiyya fī bayān qawāʿid al-Ṣūfiyya S I 792,$_{9\gamma}$, II 466,$_{25}$
-Nafaḥāt al-Qudsiyya min al-ḥaḍra al-ʿAbbāsiyya S II 523
-Nafaḥāt al-Qudsiyya, sharḥ Iʿānat al-rāghibīn S I 788
Nafaḥāt al-qurb wal-ittiṣāl etc. S II 433
-Nafaḥāt al-rabbāniyya G I 450
-Nafaḥāt al-rabbāniyya fi ʾl-amdāḥ al-Tijjāniyya S II 882
-Nafaḥāt al-rabbāniyya min al-fuyūḍāt al-ilāhiyya G II 344
Nafaḥāt al-rabīʿ S III 84
-Nafaḥāt al-raḥmāniyya etc. G I 450
Nafaḥāt al-rayḥāna S II 908
Nafaḥāt al-riḍā wal-qabūl S II 813
-Nafaḥāt al-Shādhiliyya G I 265, S I 469, II 739
-Nafaḥāt al-sirriyya G II 94
Nafaḥāt al-sulwān S II 190,$_{169eee}$
Nafaḥāt al-ṣafāʾ S II 362
Nafaḥāt al-uns wa-ḥaḍarāt al-quds G I 433, II 207, 286
Nafaḥāt al-wardatayn S II 769
Nafāʾiḥ al-azhār etc. S II 428
Nafāʾis al-aḥkām G II 91
Nafāʾis akhbār al-ʿarāʾis al-akhyār S II 263
-Nafāʾis al-ʿAlawiyya etc. S II 566
Nafāʾis al-ʿanāṣir G I 464
Nafāʾis al-ʿarāʾis etc. S I 592
-Nafāʾis al-durriyya S III 84
-Nafāʾis fī ʿilm al-nikāḥ wal-ʿarāʾis S II 1032
Nafāʾis al-ʿirfān etc. G II 119, S II 148
-Nafāʾis al-Irtiḍāʾiyya S II 607, 615
Nafāʾis al-luʾluʾ etc. G II 292, S II 402
-Nafāʾis wa-maḥāsin al-majālis S I 776
Nafāʾis al-majālis al-sulṭāniyya etc. S II 986
Nafāʾis al-marjān bi-jamʿ qiṣaṣ al-Qurʾān S II 989
Nafāʾis al-marjān min maʿālim al-tanzīl S I 622

Nafāʾis al-marjān fī qiṣaṣ al-Qurʾān S II 351
Nafāʾis al-sanaḥāt etc. S II 287
Nafāʾis al-ʿulūm wal-ashʿār S II A/C 392
Nafāʾis al-zamān G I 364
-Nafaqāt S I 292
Nafas al-raḥmān fī faḍāʾil Rūḥ al-Islām sayyidinā Salmān S II 832
-Nafathāt S II 758
Nafathāt al-kuttāb fī ʿahd al-nahḍa al-ʿArabiyya al-ākhira S III 384
Nafathāt maḥzūn fi ʾl-ḥubb al-ṭāhir S III 85
Nafḥ al-ādāb S I A/C 489
-Nafḥ al-ʿāṭir S II 473$_{,28a}$
Nafḥ al-azhār fī muntakhab al-ashʿār S II 758, 765
-Nafḥ al-miskī fi ʾl-shiʿr al-Bayrūtī S II 760
-Nafḥ al-miskī fi shuyūkh A. al-Makkī S II 816
Nafḥ al-ṭīb G II 296, S II 408
Nafḥ al-ṭīb fi ʾl-khiṭāba wal-khaṭīb S III 488
Nafḥ al-ṭīb min madḥ al-shafīʿ al-ḥabīb S II 10
-Nafḥ al-ẓarīf ʿala ʾl-muwashshaḥ al-sharīf S II 193$_{,245o}$
Nafḥat al-akmām fī muthallathāt al-kalām S II 741
Nafḥat al-ʿanbar S II 1000$_{,42}$
-Nafḥa al-ʿanbariyya fī ansāb khayr al-bariyya S II 239
-Nafḥa al-ʿanbariyya min al-riyāḍ al-Mīrghaniyya S II 534
-Nafḥa al-ʿAydarūsiyya G II 352
-Nafḥa bi-ḥāshiyat al-Nuzha S II 858$_{,42}$
Nafḥat al-kalām G II 487
-Nafḥa al-Madaniyya etc. G II 352, S II 513
Nafḥat al-majlūb G II 696, S I 500
Nafḥat al-maṣdūr etc. S II 404
Nafḥat al-misk G II 326, S II 452
-Nafḥa al-miskiyya G II 157, S II 197$_{,291}$
-Nafḥa al-miskiyya fi ʾl-Riḥla al-Makkiyya G II 377, S II 508
-Nafḥa al-mulūkiyya etc. G II 483, S II 734
-Nafḥa al-nisrīniyya wal-lamḥa al-Marīniyya G II 241, S II 340
Nafḥat al-qabūl G II 347, S II 474$_{,39}$
-Nafḥa al-Qudsiyya S II 535
-Nafḥa al-Qudsiyya bi-aḥkām qirāʾat etc. S II 431$_{,23}$
Nafḥat al-raḥmān fī manāqib al-sayyid A. Zaynī Daḥlān S II 812
Nafḥat al-rayḥān S II 765
Nafḥat al-rayḥāna G II 286, 294, S II 403
Nafḥat al-Yaman etc. G II 502, S II 851
-Nafḥa al-zakiyya fī taʾrīkh Miṣr etc. G II 483, S II 734
-Nafḥa al-zanbaqiyya G II 367
-Nāfiʿ al-kabīr li-man yuṭāliʿ al-Jāmiʿ al-ṣaghīr S II 184$_{,56k}$, 857
-Nāfiʿ fī kayfiyyat taʿlīm ṣināʿat al-ṭibb S I 886
-Nāfiʿ bi-maʿrifat al-kabāʾir S II A/C 47
-Nāfiʿ fī mukhtaṣar al-sharīʿa G I 406, S I 712
Nāfiʿ al-sālikīn G II 619
-Nāfiʿ yawm al-ḥashar etc. S I 707, II 209
Nāfijat al-adab S II 859
Nafīs al-riyāḍ etc. S I A/C 764
-Nafs G I 212, 455$_{,29}$, S I 8$_{,18}$
Nafs al-amr G II 235
-Nafs al-falakiyya S I 823$_{,79h}$
-Nafs al-ḥāʾira S III 232
-Nafs al-nāṭiqa G I 455$_{,31}$, II 209
Nafthat al-maṣdūr wa-tuḥfat al-shakūr G I 450, S I 808
Naghamāt al-aflāk S I 802
Naghbat al-rashshāf min khuṭbat al-Kashshāf S I 509, II 235
-Naghm S I 160
Naghm al-mazāmir etc. S II 926
Naghmat al-nāy fī niʿmat al-shāy S II 907
Naghmat al-rūḥ S II 848
-Nahal wal-ʿalal G II 426
-Nahḍa al-ʿArabiyya S III 327
-Nahḍa al-ʿArabiyya fi ʾl-ʿaṣr al-ḥāḍir S III 399
-Nahḍa al-ʿArabiyya fi ʾl-qarn al-tāsiʿ ʿashar S III 424
Nahḍat al-asad etc. S III 192
-Nahḍa al-qawmiyya S III 310
Nahḍat al-Yābān S III 493
Nahj al-aḥkām fi ʾl-fiqh S I A/C 707
-Nahj al-ʿArabī ilā sharḥ ḥikam al-Mutanabbī S I 141
Nahj al-balāgha G I 405, S I 132, 705
Nahj al-ḥaqq wa-kashf al-ṣidq G II 164, S II 207, 272, 608
Nahj al-khāṣṣ S I 770

-Nahj al-maslūk (al-sulūk) fī siyāsat al-mulūk G I 461, S I 832
-Nahj al-mustaqīm etc. S I 818,$_{35k}$
Nahj al-mustarshidīn etc. S II 208,$_{23}$
Nahj al-nuḥāt etc. S II 396
Nahj al-rashād fī naẓm al-iʿtiqād S II 204
Nahj al-saʿāda G II 341
-Nahj al-sadīd etc. G I 348, S I 590
Nahj al-sulūk fī siyāsat al-mulūk S II 1016,$_{31}$
Nahj al-taqaddum S III 338
Nahj al-taʿṭīl S II 207
-Nahj al-thamīn S II 146
Nahj al-ṭālib G II 99
Nahj al-ṭullāb S I 682
-Nahja al-Ahdaliyya etc. S II 865
Nahjat al-ḍamīr etc. S III 345
-Nahja al-jayyida li-ḥall naqāwat al-ʿaqīda S II 814
-Nahja al-marḍiyya S I 524
Nahr al-dhahab fī taʾrīkh Ḥalab S III 430
-Nahr al-fāʾiḍ G II 502
-Nahr al-fāʾiq ʿalā Kanz al-daqāʾiq S II 266
Nahr al-ḥayāt G II 113, S II 139
Nahrawān S I 214
-Nahy S I 356
-Nahy ʿan sabb al-aṣḥāb etc. S I 690
Naḥw i Mīr S II 305
Naḥw al-nūr S III 279
Naḥw al-qalb S II 334
-Nāʾim al-ghumr G I 505
Najāḥ al-āmāl G II 340
Najāḥ al-qāriʾ G I 159, S I 263,$_{22}$
Najāḥ al-wuṣūl ilā ʿilm al-uṣūl S II 583
-Najāsāt al-maʿfuwwa S II 125,$_{135}$
-Najāt G I 454, S I 815,$_{18}$
Najāt al-abrār S II 658,$_{41}$
Najāt al-aḥbāb etc. G II 448, S II 667
Najāt al-arwāḥ min danas al-ashbāḥ S II 315
-Najāt fī bayān alfāẓ al-kufr etc. S II 977
Najāt al-ghāfilīn fī anwāʿ al-kabāʾir wal-ṣaghāʾir S II 935
-Najāt min ḥujub al-ishtibāh S I 795,$_{17}$
Najāt al-insān min ʿadhāb Allāh S I 752,$_{47m}$
Najāt al-khalaf min iʿtiqād al-salaf S II 531
Najāt al-mubtadiʾ etc. S II 797
Najāt al-muhaj G I 155
Najāt al-murīdīn G I 427
Najāt al-qāriʾ min faḍl al-bāriʾ S II A/C 444
Najāt al-ṭālib fī imāmat ʿA. b. a. Ṭālib S II 968,$_{14}$
Najdat al-yarāʿ S II 769
-Najdiyyāt G I 253, S I 447
-Najībiyya al-Samarqandiyya S I 896
-Najībiyyāt al-khamsa S I 896
Najm al-hudā S II 631
-Najm min kalām sayyid al-ʿArab wal-ʿAjam G I 361, 370, S I 633
Najm al-muhtadī G II 116
-Najm al-thāqib S I 670
-Najm al-thāqib fī aḥwālāt imāmina ʾl-ghāʾib S II 832
-Najm al-thāqib fī ashraf al-manāqib G II 37, S II 35
-Najm al-thāqib ʿalā Kāfiyat b. al-Ḥājib S I 535,$_{36}$
-Najm al-thāqib fī ʾl-muḥākama bayna ʾl-Birjīs wal-Jawāʾib G II 488, S II 741
-Najm al-wahhāj S I 681
Najwa ilā nisāʾ Sūriyya S III 363
-Najwa fi l-ṣināʿa wal-ʿilm wal-dīn S III 347
-Nakabāt S III 411
Nakbat Navarīn S III 100
-Nakhl G I 107
Nakhlat al-labīb bi-akhbār al-riḥla ila ʾl-ḥabīb S I 730
-Naʿl S I 246,$_{73}$
-Nāmaj fī taʿbīr al-ruʾyā G I 498, S I 913
-Nāmī S I 654
Namīm al-ʿūd S II 22
-Namir wal-thaʿlab S I 213
-Nāmūs al-aʿẓam G II 205
-Nāmūs al-maʾnūs al-mulakhkhaṣ min al-Qāmūs G II 397, S II 235, 541,$_{88}$
Naqʿ al-ghalal wa-nafʿ al-ʿilal S I 898
Naqʿ al-waqāʾiʿ etc. S II 28
Naqadāt kannās al-shawāriʿ S III 493
-Naqāʾiḍ G I 169
Naqāʾiḍ Jarīr wal-Akhṭal G I 52, S I 87
Naqāʾiḍ Jarīr wal-Farazdaq G I 58, S I 87
Naqʿat al-ṣadyān etc. S I 615
-Naqd S I 429
-Naqd ʿalā Arisṭāṭālīs etc. S I 343
Naqd al-bayān S II 572
Naqd al-durar S II 317, 428
Naqd falsafat Darwīn S II 806
Naqd k. Ḥayāt Muḥammad S III 209

Naqd al-ijtimā' wal-iftirāq etc. S II 103
Naqd al-ʿilm wal-ʿulamāʾ S I 918,$_{38}$
Naqd k. al-Islām wa-uṣūl al-ḥukm S III 330
-Naqd al-jalīl etc. S II 893
Naqd al-nathr G I 228, S I 407
Naqd al-nuṣūṣ S I 793,$_{12g}$
Naqd al-rijāl G II 411
Naqd al-sāʾis wal-masūs S III 361
Naqd al-shiʿr G I 130, 228, S I 407
Naqd al-shiʿr al-jāhilī S III 325
-Naqd alā ṣāḥib Majmaʿ al-muḥīṭ S I A/C 709
-Naqd al-ṣaḥīḥ li-ma ʾʿtaraḍa ʿalayhi min aḥādīth al-Maṣābīḥ S II 68
Naqd taʾsīs al-Jahmiyya S II 123,$_{78}$
-Naqḍ al-khafī S I 197
Naqḍ al-ṭibb S I 246,$_{72}$
Naql al-kirām G II 13
Naql al-masāʾil G II 434
-Naql al-matīn G II 305
Naqsh al-fuṣūṣ G I 442, S I 793,$_{12,u}$
-Naqṭ S I 720
-Naqṭ bi-ʿajm mā ashkala min al-khiṭaṭ S I 626
Naqṭ al-ʿarūs fī tawārīkh al-khulafāʾ S I 695
-Nār S I 428,$_{9}$
-Nār al-fārisiyya S I 895
Nār al-ḥajar G I 241, S I 428
Nār al-qirā etc. G II 494, S II 766
-Nard wal-shiṭranj S I 246,$_{75}$
Narjis al-qulūb G I 505, S I 811
-Nasab G I 146, S I 226
Nasab baʿḍ al-Ṣaḥāba wal-ashrāf S II 197,$_{290b}$
Nasab fuḥūl al-khayl etc. G I 139, S I 212
-Nasab al-kabīr G I 139, S I 211
Nasab al-Qaḥṭān wa-ʿAdnān S I 169
Nasab Quraysh wa-akhbāruhum G I 141, S I 215
Nasab al-shaykh ʿAq. S I 777
-Nasama al-mubashshira etc. S II 993
-Nasama al-nafsiyya S II A/C 429
Nasamāt al-asḥār bi-karāmāt al-awliyāʾ al-akhyār G II 333, S II 461
Nasamāt al-asḥār ʿalā sharḥ al-Manār S II 264, 774,$_{35}$
Nasamāt al-awrāq S II 767
Nasamāt al-saḥar G II 403, S II 552
Nasamāt Salmā Ṣāʾigh S III 415
Nasamāt al-ṣabā fī manẓūmat al-ṣibā S III 338
Nasamāt al-ṣabāḥ S III 130
Nasf tamwīh a. ʾl-Jūd etc. S I 854, II 1022,$_{56}$
-Nashʾa al-Muḥammadiyya S II 893
-Nashʾa al-saniyya fi ʾl-manāqib al-Ismāʿīliyya S II 895
Nashʾat al-ṣibā etc. S III 341
-Nashāʾid al-Fuʾādiyya S II 757
-Nasham al-mudhahhab al-ʿazīz etc. S II 698
-Nashaʾtayn G I 445
-Nāshira al-nājira etc. S II 530
Nashq al-azhār etc. S II 406
Nashr al-ʿalam S I 440
Nashr al-ʿalamayn etc. G II 147, S II 183,$_{47}$
-Nashr al-ʿāṭir bi-manāqib al-shaykh ʿAq. S I 777, II A/C 888
Nashr azāhir al-bustān etc. S II 684
Nashr al-bunūd ʿalā Marāqi ʾl-ṣuʿūd S II 375, 873, 874
Nashr al-hadhayān etc. S II 815, read: *nabsh*
Nashr al-jawhar fī ḥadīth a. Dharr G II 485, S II 819
Nashr al-laʾālīʾ fī sharḥ Badʾ al-amālī S I 765
Nashr al-laṭāʾif fī quṭr al-Ṭāʾif S II A/C 534
Nashr al-liwāʾ fī muqtaḍa ʾl-faṣd wal-dawāʾ S II 113, 1027,$_{3}$
Nashr al-maḥāsin al-ʿaliyya etc. G II 177, S II 227
Nashr al-mathānī etc. G II 455, S II 687
-Nashr fi ʾl-qirāʾāt al-ʿashr G II 201, S II 274
Nashr ṭawāliʿ al-anwār G II 370, S I 743
Nashr al-ʿurf etc. S II 774,$_{36}$
Nashr al-zahr fi ʾl-dhikr wal-jahr S II A/C 521
Nashwān al-muḥāḍara G I 155, see: *nishwār*
Nashwat al-irtiyāḥ G II 288, S II 398
Nashwat al-mudām etc. G II 498, S II 786
Nashwat al-sakrān etc. G II 505, S I 595, II 860
Nashwat al-shamūl etc. G II 714, S II 786
Nashwat al-ṭarab fī taʾrīkh jāhiliyyat al-ʿArab G I 337, 699, S I 576
Nāsikh al-ḥadīth wa-mansūkhuhu G I 165, S I 276
-Nāsikh wal-mansūkh G I 186, 191, 192, 385, II 439, 701, S I 334, 696, 918,$_{34b}$, II 34, 140, 205, 311, 985, 987,$_{41}$

-*Nāsikh wal-mansūkh fi ʾl-Qurʾān* S I 201, 335, 719, II 985
Nāsikh al-Qurʾān wa-mansūkhuhu G I 515
Nasīm al-muqarrabīn S I 774
-*Nasīm al-rabīʿī* G II 347, S II 474,$_{56}$
Nasīm al-rawḍa al-ʿaṭira etc. S II 433
Nasīm al-riyāḍ fī sharḥ k. al-Shifāʾ S I 631, II 396
Nasīm al-saḥar S II 199, III 85
Nasīm al-ṣabā G II 34, 81, S II 35
Nasīmat al-saḥar G II 407
Nasl al-asrār etc. S I 787
-*Nasr* S III 439
-*Naṣāʾiḥ* G II 163, 254, S II 285
Naṣāʾiḥ al-Ahdal S II 565
-*Naṣāʾiḥ al-ʿaṣriyya etc.* S II 776
-*Naṣāʾiḥ al-dīniyya* G II 408, S II 566
-*Naṣāʾiḥ al-dīniyya wal-nafaḥāt al-Qudsiyya etc.* S I 352
Naṣāʾiḥ al-Ghazzālī S I 752,$_{47,g}$
Naṣāʾiḥ al-hudā fī bayān ḥaqīqat al-Bahāʾiyya S II 848
Naṣāʾiḥ a. Ḥanīfa S I A/C 287
Naṣāʾiḥ al-ḥukamāʾ li-Iskandar S I 828,$_{95ff}$
-*Naṣāʾiḥ al-kāfiya li-man yatawallā Muʿāwiya* S II 24, II 865
-*Naṣāʾiḥ al-kibār* G I 292, S I 511
-*Naṣāʾiḥ al-mawjūda etc.* S II 1003,$_{72a}$
-*Naṣāʾiḥ al-mufīdāt* S II 552
-*Naṣāʾiḥ al-muhimma* G II 333, S II 461
-*Naṣāʾiḥ al-munjiya etc.* S I 696
-*Naṣāʾiḥ al-ṣighār* G I 292
-*Naṣāʾiḥ wal-taṣawwuf* S II 1002
Naṣāʾiḥ ʿumūmiyya fī fann al-ʿaskariyya S II 725
-*Naṣāʾiḥ al-Zarrūqiyya* S II 361
Naṣb al-maydān al-jadalī G II 149,$_{78}$
Naṣb al-rāya li-aḥādīth al-Hidāya S I 646
-*Naṣīḥa fi ʾl-adʿiya al-ṣaḥīḥa* G I 357, S I 607
-*Naṣīḥa li-ahl al-ḥadīth* S II 523
Naṣīḥat ahl al-īmān etc. S II 124,$_{93}$
Naṣīḥat al-aḥbāb G II 355
-*Naṣīḥa al-ʿAlawiyya etc.* G II 307, S II 418
-*Naṣīḥa al-ʿāmma etc.* S II 815
Naṣīḥat aṣḥāb al-nufūs al-zakiyya G II 120
-*Naṣīḥa fī dafʿ al-faḍīḥa* G II 133
-*Naṣīḥa al-Dhahabiyya* S II 125,$_{118}$
Naṣīḥat al-Dhakawī S II 848
-*Naṣīḥa fī dhamm al-ghināʾ* G II 112
Naṣīḥat dhawi ʾl-himam al-akyās etc. S II 886
Naṣīḥat al-ḥurr wal-ʿabd G II 97
-*Naṣīḥa al-iḥsāniyya* S II 722, 996,$_{6}$
Naṣīḥat al-ikhwān bijtināb al-dukhān G II 317, S II 437
Naṣīḥat al-ikhwān wa-murshidat al-khullān G II 140, S II 174
Naṣīḥat al-imām ʿA. li-Mālik b. al-Ḥārith S I A/C 75
-*Naṣīḥa al-īmāniyya fī faḍīḥat al-milla al-Naṣrāniyya* S II 145
-*Naṣīḥa al-jāmiʿa* G II 99
-*Naṣīḥa al-kāfiya etc.* G II 253, S II 361
Naṣīḥat al-labīb etc. S II 223
-*Naṣīḥa bi-mā abdathu ʾl-qarīḥa* S II 406
-*Naṣīḥa fī mā warada min al-adʿiya al-ṣaḥīḥa* G II 151,$_{144}$
-*Naṣīḥa al-marḍiyya etc.* G II 340, S II 470
Naṣīḥat al-muḥibb etc. S II 939
Naṣīḥat al-mulūk G I 386 (423,$_{30}$)
Naṣīḥat al-muʾminīn etc. S II 809
Naṣīḥat al-murīdin S II 998,$_{25}$
Naṣīḥat al-murīdin lil-jamāʿa al-muntasibīn S II 702
Naṣīḥat al-mushāwir etc. S II 211
Naṣīḥat al-Muslimīn etc. S II 531
Naṣīḥat al-Muslimīn wa-tadhkirat al-muʾminīn etc. S II 629
Naṣīḥat al-mutasharriʿīn S II 576
Naṣīḥat al-nadhīr al-ʿuryān etc. S II 886
-*Naṣīḥa al-qāḍiya etc.* S I 560
-*Naṣīḥa al-saniyya* G II 350
-*Naṣīḥa al-shāfiya al-nāfiʿa etc.* S II 352
-*Naṣīḥa al-tāmma etc.* S II 737
Naṣīḥat al-tilmīdh S I 752,$_{47v}$
Naṣīḥat al-ʿulamāʾ al-rāsikhīn etc. S II 191,$_{178k}$
Naṣīḥa ẓāhira li-man ightarra min al-ʿulamāʾ etc. S II 444
-*Nāṣirī* G II 136
-*Nāṣiriyyāt* G II 257
Naṣr min Allāh G II 379, S II 538
Naṣr min Allāh wa-fatḥ qarīb S II 509, 511
Naṣr al-aṣḥāb G II 443, S II 659
-*Naṣr fī dhikr ṣalāt al-ʿaṣr* G II 500
-*Naṣṣ al-maqbūl etc.* S II 431,$_{37}$

-Naṣṣ al-sārib etc. S II 620
Naʿt al-arwāḥ G I 444
Naʿt al-ḥayawān wa-manāfiʿuh G I 886
Natāʾij al-afkār S II 92, 656, 824, 828
Natāʾij al-afkār fī ḥukm al-muqīmīn fi ʾl-asfār S II 450
Natāʾij al-afkār fī kashf al-rumūz wal-asrār G II 226, S I 645
Natāʾij al-afkār ʿalā Manār al-anwār S II A/C 264
Natāʾij al-afkār ʿalā Minaḥ al-ghaffār S II A/C 428
Natāʾij al-afkār fi ʾl-muqarrabīn wal-abrār S I 801,188
Natāʾij al-afkār al-qudsiyya etc. S I 771
Natāʾij al-afkār, sharḥ Iẓhār al-asrār G II 441
Natāʾij al-afkār fī takhrīj aḥādīth al-adhkār G II 69
Natāʾij afkār al-thiqāt etc. S II 355
Natāʾij al-aḥwāl etc. S II 724
-Natāʾij al-ʿaqliyya etc. S I A/C 895
Natāʾij al-fikar G II 139, S II 172 A/C, 260
Natāʾij al-fikar fī kashf asrār al-Mukhtaṣar S II 98
Natāʾij al-fikar fī ʾl-mubāshara bil-qamar S II 159
Natāʾij al-fikar al-muʿrib ʿan tafāḍul al-thamar S II 546
Natāʾij al-fiṭna fī naẓm Kalīla wa-Dimna S I 447
Natāʾij al-ifhām etc. G II 491, S II 747
Natāʾij al-ikhlāṣ etc. S II 746
-Natāʾij al-ilāhiyya S II 199
Natāʾij al-khalwa etc. S I 756
Natāʾij al-sharāʾiʿ al-muntajaba etc. S II 420
Nathl al-kattān (kinān) G II 152, S II 190,178
Nathr al-darārī ʿalā sharḥ al-Fanārī S I 842
Nathr al-durar fī farsh al-ḥurūf fi ʾl-qirāʾāt S II A/C 461
nathr al-durar fī ʾl-muḥāḍarāt G I 351, S I 593
Nathr al-durr wa-basṭuh S II 777
Nathr al-durr al-thamīn S II 266
-Nathr al-fannī fī ʾl-qarn al-rābiʿ S III 303
Nathr al-farāʾid S II 461
-Nathr al-ʿilmiyya S II 380
Nathr al-jawhar G II 334
Nathr al-jumān fī shiʿr man nāẓamanī wa-iyyyāhu ʾl-zamān S II 370
Nathr al-jumān fī tarājim al-aʿyān S II 20
Nathr al-kalām fī qiṣṣat Yū. ʿam S II 913
Nathr al-laʾālī S I 75
Nathr al-laʾālī fī sharḥ Naẓm al-amālī S II 789
Nathr al-naẓm G I 285,11, S I 501
-Nathriyyāt S III 83
Natījat al-ʿadhba G II 488
Natījat al-afkār fī amāl al-layl wal-nahār G II 358, S II 485, 1023,64
Natījat al-afkār fī mā yuʿzā ila ʾl-imām al-Shāfiʿī min al-ashʿār S I 304, II 420
Natījat afkār al-thiqāt etc. S II 920
Natījat fi ʾl-ʿamal bi-rubʿ al-muqanṭarāt S II 158
Natījat al-anẓār etc. S II A/C 433
Natījat al-fatāwī S II 955,77
Natījat al-fikar fī amrāḍ al-baṣar S I 898
Natījat al-fikar fī ʿilāj amrāḍ al-bashar S II 170
Natījat al-fikar fī iʿrāb awāʾil al-suwar G II 326
Natījat al-fikar fī khabar madīnat sayyid al-bashar G II 384, S II 517
Natījat al-fikr fī ʾl-ijhār bil-dhikr G II 153, S II 191,200
Natījat al-fikr fī madḥ ṭayyib al-dhikr S II 544
Natījat al-ḥaqq G I 446, S I 798,89
Natījat al-ijtihād etc. G II 465, S II 712
Natījat al-khiyar etc. G I 367, S I 666
Natījat al-maqāl fī ʿilm al-rijāl S II 831
Natījat al-mufāwaḍa S II 431,39
Natījat al-naẓar fī ʿilm al-athar G II 309, S II 423
Natījat al-qaṣd wal-tawassul S II 727
Natījat al-tafāsīr G II 440, S II 653, 663
Natījat taḥqīq al-afkār S I 777
Natījat al-taḥqīq fī baʿḍ ahl al-sharaf al-wathīq S II 685
Natījat al-ʿulūm G II 346,21
-Nāṭiq bil-ṣawāb al-fāriḍ etc. G I 263, II 142, S I 465
Nawʿ al-isʿād wal-isʿāf S II 814
Nawābigh al-kalim G I 292, S I 512
-Nawādir G I 109, 116, 117, II 692
Nawādir al-aḥkām wal-masāʾil S I 396
Nawādir al-akhbār etc. G II 425, S II 633
Nawādir al-akhlāq S II 585

Nawādir al-amthāl S II 914
Nawādir b. al-Aʿrābī S I 180
-*Nawādir fi ʾl-ʿarabiyya* G II 692, S I 194
Nawāḍir al-ayk etc. G II 153, S II 191,$_{209}$ (to be read thus)
-*Nawādir al-ʿayniyya* G II 206, S II 284
Nawādir fukāhāt S II A/C 772
Nawādir al-ḥamqā wal-mughaffalīn S III 229
Nawādir Ḥaramayn S II 603
Nawādir al-Ḥ. S I 246,$_{101}$
-*Nawādir al-ḥikmiyya wal-adabiyya* S I 453
Nawādir al-kirām etc. S III 228
Nawādir al-laṭāʾif etc. S II 669,$_{7a}$
-*Nawādir fi ʾl-lugha* G I 104
Nawādir Man lā yaḥḍuruhu ʾl-faqīh S I 952 ad 321
-*Nawādir ʿala ʾl-Mudawwana* S I 300
-*Nawādir al-muḍḥika* G II 303
Nawādir al-mulaḥ wal-akhbār etc. S I 598, II 699
-*Nawādir al-mumtiʿa* S I 193
-*Nawādir al-munīfa bi-manāqib al-imām a. Ḥanīfa* S I 285, II 859
-*Nawādir al-muṭriba* S III 228
-*Nawādir wal-nutaf* S I 347
Nawādir al-Qālī S I 202
Nawādir al-Qalyūbī G II 365, S II 492
-*Nawādir al-sulṭāniyya* G I 317, S I 549
-*Nawādir wal-rawḍ al-anīq al-zāhir* G II 303
Nawādir Thaʿlab S I 182
Nawādir al-ṭibb G I 242, S I 416
-*Nawādir wal-ṭuraf etc.* S II 413
Nawādir al-udabāʾ S III 228
Nawādir al-ʿushshāq S III 228
Nawādir al-uṣūl etc. G I 164, S I 356
Nawādir al-zamān G II 496, S II 768
Nawādir a. Zayd G I 104, S I 163
Nawādir b. a. Zayd S I 302
-*Nawāfiḥ al-ʿiṭriyya etc.* S II 900
Nawāfiḥ al-misk al-khitām S II 478,$_{10}$
Nawāfiḥ al-ward al-ghawrī S II 741,$_{2w}$
Nawāhid al-abkār etc. S I 739
-*Nawāḥī* S I 225
-*Nawāmīs* G I 206, S I 245,$_{65}$
-*Nawāqiḍ fī radd al-rawāfiḍ* G II 443, S II 658
Nawāsikh al-Qurʾān S I 918,$_{34b}$
Nawāṣir al-ayk, see: *nawāḍir*
Nawāzil al-ʿAlamī S II 960,$_{15}$
Nawāzil al-Burzulī S II 347
Nawāzil min al-fatāwī G I 196
-*Nawāzil al-kubrā* S II 708
Nawāzil b. Rushd S I 662
Nawāzil al-Saktānī S II 696
Nayl al-amal G II 54
Nayl al-amānī fī sharḥ al-tahānī S II 675
Nayl al-amānī fī tawḍīḥ muqaddimat al-Qasṭallānī G II 73, 713, S I 262,$_{16}$, II 79, 742
Nayl al-arab fī faḍāʾil al-ʿArab G II 690, S I 38
Nayl al-arab fī muthallathāt al-ʿArab G II 477, S II 725
Nayl al-arab fī taʾrīkh al-ʿArab S III 421
Nayl al-arab fī ʾl-tashawwuq ilā afḍal arḍ al-ʿArab S II 676
Nayl al-awṭār S I 690
Nayl al-awṭār min asrār Muntaqa ʾl-akhbār G II 713, S II 818
Nayl al-ibtihāj bi-taṭrīz al-Dībāj G II 176, S II 716
Nayl al-ihtidāʾ G II 340
Nayl al-maʾārib sharḥ Dalīl al-ṭālib S II 497
Nayl al-marām G II 114, S II 140
Nayl al-marām min aḥādīth khayr al-anām S II 184,$_{56g}$
Nayl al-marām fī faḍl bayt Allāh al-ḥarām S II 945
Nayl al-marām fī ʾl-farāʾiḍ S II 977,$_{58}$
Nayl al-marām al-mughtabaṭ G II 297, S II A/C 408
Nayl al-marām min tafsīr (tafṣīl) āyāt al-aḥkām G II 503, S II 860,$_{12}$
Nayl al-munā wa-bulūgh al-sūl etc. S II 676
Nayl al-munā bi-dhayl Bulūgh al-qirā S II 538
Nayl al-munā wal-suʾūl bi-dhikr miʿrāj al-nabī etc. S II A/C 891
Nayl al-murād etc. S I 69, 471
Nayl al-mutamannā fī fann al-muʿannā S III 386
Nayl al-najāḥ wal-falāḥ S II 889
Nayl al-qurabāt li-ahl al-ʿaqabāt S II 683
Nayl al-rāʾid fī ʾl-Nīl al-zāʾid G II 18, S II 12
Nayl al-saʿādāt G II 331, S II 459

-Nayl wa-shifāʾ al-ʿalīl S I 692, see: *Nīl*
Nayl al-ūlā G II 88
Nayl al-waṭar min tarājim nujabāʾ al-Yaman S II 818
Nayl al-zāʾid wal-badāʾiʿ S II 1026,$_{5}$
Nayranjiyyāt S I 828,$_{107}$
-Nayrūz S I 198
-Naẓāʾir S I 661
-Naẓar fī amr al-mawʿiẓa S I 959 ad 392
Naẓar al-dhimmiyya ila ʾl-Muslimīn G II 437
-Naẓar al-mushrif fī qawl b. a. Fāriḍ S II 475,$_{106}$
Naẓar al-niḥrīr etc. S II 431,$_{34}$
-Naẓar wal-taḥqīq fī taqlīb al-raqīq G II 137, S II 169
-Naẓarāt S III 202
Naẓarāt fi ʾl-adab S III 385
Naẓarāt al-Rāfiʿī S III 75
Naẓarāt fi ʾl-sufūr wal-ḥijāb S III 385
Naẓarāt fi taʾrīkh al-adab al-Andalusī S III 309
Naẓariyyāt al-taṭawwur S III 214
Nāẓimat al-zahr etc. S I 727 (to be read thus)
Nāẓir insān ʿayn al-maʿānī etc. S II 234
Naẓīrat ʿUnwān al-sharaf S II 254
Naẓm ādāb al-akl wal-shurb S II 952
Naẓm ʿadad al-kabāʾir S II 950,$_{21}$
Naẓm al-Ājurrūmiyya S II 789
Naẓm al-ʿamal S II 694
Naẓm asʾilat al-Suyūṭī fī alif bāʾ S II 523
Naẓm asmāʾ ahl al-Badr S II A/C 400
Naẓm asmāʾ buḥūr al-shiʿr G II 282
Naẓm al-badīʿ fī madḥ al-shafīʿ G II 158, S II 198,$_{313}$
Naẓm al-badīʿ fī mawlid al-shafīʿ S II 764,$_{8}$
Naẓm baʿḍ abwāb Fākihat al-khulafāʾ S II 502
Naẓm al-barāhīn fī uṣūl al-dīn G II 164, S II 206
Naẓm al-bayān S I 519
Naẓm fī bayān al-rasūl G II 324
Naẓm al-biḥār al-zakhkhāra S I 658
Naẓm al-durar S I 465, II 188,$_{169h}$
Naẓm al-durar fi ʾl-ḥikam wal-durar S II 519
Naẓm al-durar fī ḥilyat khayr al-bashar S II A/C 421
Naẓm al-durar wal-marjān etc. S II 603
Naẓm al-durar fī muʿjizāt sayyid al-bashar S I 615
Naẓm al-durar fī muwāfaqāt ʿUmar S II 180,$_{16}$
Naẓm al-durar al-nāṣiʿa etc. S II 202
Naẓm al-durar al-saniyya etc. S II 941
Naẓm al-durar fī silk shaqq al-qamar S II 856
Naẓm al-durar fī tanāsub al-āy wal-suwar G II 142, S II 178
Naẓm al-durr wal-ʿiqyān etc. G II 241, S II 341
Naẓm al-durr al-manthūr etc. S II 536
Naẓm al-durra al-muḍīʾa S I 811
Naẓm al-durra, talkhīṣ al-Mudawwana S I 300
Naẓm fi ʾl-dhakāh S II 694
Naẓm al-ḍawābiṭ al-fiqhiyya S II A/C 430
Naẓm al-ḍawābiṭ al-naḥwiyya S I 728
Naẓm al-farāʾid wa-jamʿ al-fawāʾid etc. S II 659
Naẓm al-farāʾid fī taʿallum al-ʿaqāʾid S II 809
Naẓm al-farāʾiḍ S I 760
Naẓm Faṣīḥ Thaʿlab G II 14
Naẓm al-futūḥ G II 279
Naẓm al-ḥāwī G I 394
Naẓm Iḍāʾat al-dujunna S I A/C 769
Naẓm ʿilm al-tafsīr S II 509
Naẓm al-ʿiqyān fī aʿyān al-aʿyān S II 197,$_{290d}$
Naẓm al-jawhar G I 148, II 168, S I 228
Naẓm al-jawāhir al-īmāniyya S II 744
Naẓm al-jawāhir fī silk ahl al-baṣāʾir S II 877
Naẓm al-jawāhir wal-yawāqīt S II A/C 486
Naẓm al-jumal G I 497, S I 838 A/C, II 336
Naẓm al-jumān fī amthāl Luqmān S II A/C 66
Naẓm al-jumān fī ṭabaqāt aṣḥāb imāminā a. Ḥanīfa al-Nuʿmān G II 50, S II 50
Naẓm al-khiṣāl al-mukaffira lil-dhunūb S II 931
Naẓm al-laʾālīʾ G II 475, S I 765, II 722
Naẓm al-laʾālīʾ lil-baḥr al-shimālī S II A/C 389
Naẓm al-laʾālīʾ fi ʾl-farāʾiḍ al-Jaʿbariyya G II 163, S II 205
Naẓm al-laʾālīʾ fī ʿilm al-farāʾiḍ S II 965,$_{20}$
Naẓm al-laʾālīʾ fi miʾat al-ʿawālī S II 75,$_{78}$
Naẓm al-laʾālīʾ bil-rubʿ al-shamālī S II 217

Naẓm al-laʾāliʾ fi ʾl-sulūk fī man ḥakama Fransā etc. S II 733
Naẓm al-luʾluʾ al-muhadhdhab etc. S II 156
-*Naẓm al-manthūr* G I 378, S I 646
Naẓm al-maqṣūd ʿalā Ḥall al-maʿqūd S II 727
Naẓm al-maqūlāt al-ʿashr fi ʾl-ḥikma G II 324, S II 446
Naẓm al-marjān al-mafḍūḍ fi ʾl-ʿarūḍ S II 916,9
Naẓm al-Mubīn etc. G II 430, S II 640
-*Naẓm al-muḥaqqaq etc.* S II 103
-*Naẓm al-muḥtāj* S II 146
Naẓm al-mukhtaliṭāt G II 355
Naẓm Mukhtaṣar b. Rushd S I 662
Naẓm Mukhtaṣar al-Sanūsī fi ʾl-manṭiq S II 682
Naẓm al-mulūk G I 263
Naẓm ʿalā muqtaḍā shuhūr al-Rūm S II 228
Naẓm mushkilāt al-Risāla S I 302
-*Naẓm al-mustaṭāb* G II 313, S II 430
Naẓm muṣṭalaḥ al-aḥādīth S II A/C 889
Naẓm al-mutanāthir fi ʾl-ḥadīth al-mutawātir S II 891
Naẓm al-muwāfaqāt al-ʿUmariyya G II 114, S II 41
Naẓm al-qawāʾid S II 19a, 155, 514
Naẓm qawāʾid al-iʿrāb S II 19h, 683
Naẓm al-qilāda G II 350
Naẓm qirāʾat Nāfiʿ S II 338
Naẓm al-Qurʾān S I 408
Naẓm rijāl Ḥilyat al-awliyāʾ G I 362, S I 617
Naẓm rijāl ṭabaqāt al-Shaʿrānī S II 999,30,3
Naẓm al-Risāla G I 178
Naẓm sayr al-sulūk etc. S II A/C 883
Naẓm al-Sirāj fi ʿilm al-falak G II 356, S II 706
Naẓm al-Sirājiyya G II 78, S I 651
Naẓm sīrat al-nabī S II A/C 643
Naẓm al-sulūk S I 464, 893
Naẓm al-sulūk fī tawārikh al-khulafāʾ wal-mulūk S II 24
Naẓm al-sumūṭ al-zabarjadiyya etc. S II 507
Naẓm al-Tafsīr S I 36
Naẓm Taḥdhīr al-ikhwān S II 117
Naẓm al-Taḥrīr S II 441
Naẓm al-Tuḥfa al-Bayrūtiyya S II 917
Naẓm Ṭabaqāt al-ḥuffāẓ lil-Dhahabī S II 46
Naẓm al-ʿuqūd fī ʿamal al-sāʿāt wal-ʿamūd G II 129
Naẓm al-ʿuqūd fī kasr al-ʿūd S II 732
Naẓm al-uṣūl S II 106, 581
Naẓm uṣūl al-awfāq G II 324
Naẓm ʿuyūn al-athar S II A/C 77
Naẓm al-Waraqāt S I 672
Naẓm al-zakāt G II 460
Naẓrat al-adab fī shajāʿat al-ʿArab etc. S II 736
Naẓra fī kutub al-ʿahd al-jadīd S III 324
Naẓra taʾrīkhiyya fī ḥudūth al-madhāhib al-arbaʿa S I 283
-*Naẓẓāmī fī uṣūl al-dīn* S I 949,278
Nero S III 276
Niʿam al-miʿyār G II 385
Niʿam al-ṣawābigh S I 512
-*Nibrās* G II 330
Nibrās al-ḍiyāʾ S II 579
Nibrās al-hudā S II 833
Nibrās al-īnās bi-ajwibat suʾālāt ahl Fās S II 521
-*Nibrās li-kashf al-iltibās* S II 457
Nibrās al-ṭurūs fī maʿrifat al-nufūs S II 609
Nidāʾ al-ghāb S III 448
Nidāʾ lil-jins al-laṭīf S III 323
Nidāʾ al-majhūl S III 256
-*Nihāya* S I 822,68vvv
Nihāyat al-afkār S I A/C 743
Nihāyat al-aḥkām S II 209,33
Nihāyat al-amal S II 795
Nihāyat al-arab fī akhbār al-ʿArab G II 495, S I 38, II 768
Nihāyat al-arab fī akhbār al-Furs wal-ʿArab G II 495, S I 164, 235
Nihāyat al-arab min dhikr wulāt Ḥalab S II 407
Nihāyat al-arab fī funūn al-adab G II 140, S II 173
Nihāyat al-arab fi maʿrifat ansāb al-ʿArab G II 134
Nihāyat al-arab fi maʿrifat qabāʾil al-ʿArab G II 134, S II 165
Nihāyat al-arab, sharḥ Lāmiyyat al-ʿArab S II 482
Nihāyat al-bahja G II 194
Nihāyat al-barara etc. S II 275
Nihāyat al-bayān fī dirāyat al-zamān G II 323

Nihāyat al-bayān fī tafsīr al-Qurʾān G I 358, S I 610
Nihāyat al-dirāya S II 576
Nihāyat al-fiqh S I 707
Nihāyat al-gharām etc. S III 231
-Nihāya fī gharīb al-ḥadīth wal-athar G I 357, S I 609
Nihāyat al-hidāya li-taḥrīr al-Kifāya S II 118, 155
Nihāyat al-idrāk wal-aghrāḍ G II 70
Nihāyat al-idrāk fī asrār ʿulūm al-aflāk G I 474, S I 867
Nihāyat al-idrāk fī dirāyat al-aflāk G II 212, S II 296
Nihāyat al-ījāz fī dirāyat al-iʿjāz G I 308, S I 924,32
Nihāyat al-ījāz fī ʾl-ḥaqīqa wal-mujāz G II 287
Nihāyat al-ījāz fī sīrat sākin al-Ḥijāz G II 713, S II 731
-Nihāya fī ʿilm al-rimāya S I 905, II 938
Nihāyat al-ikmāl etc. S II 533
Nihāyat al-iqdām fī ʿilm al-kalām G I 429, S I 763
Nihāyat al-kifāya li-dirāyat al-hidāya G I 376, S I 644
-Nihāya fī ʾl-kināya G I 286,15, S I 500,5
Nihāyat maqṣad al-rāghib fī ʾl-uṣūl S II 953,55
Nihāyat al-marām fī dirāyat al-kalām S I 763
Nihāyat al-masʾūl fī dirāyat al-rasūl S II 262
Nihāyat al-maṭālib fī naẓm Kāfiyat b. al-Ḥājib S I 535
Nihāyat al-maṭlab G I 389, 424, S I 909
Nihāyat al-maṭlab fī dirāyat al-madhhab S I 672
Nihāyat al-muhtadī S II 956
Nihāyat al-muḥtāj G II 321, S I 681,20, II 442
Nihāyat al-mujallī etc. S I 660
-Nihāya, mukhtaṣar al-Hidāya S I 687
Nihāyat al-Nihāya G I 377, S I 644
Nihāyat al-qaṣd fī ṣināʿat al-faṣd G II 137, S II 169
Nihāyat al-qawl al-mufīd fī ʿilm al-tajwīd S II 744
Nihāyat qirāʾat tazkiyat ḥāfiẓ al-Qurʾān S II 982
Nihāyat al-raghba fī ādāb al-ṣuḥba S I 362, 768
Nihāyat al-rāʾiḍ fī talkhīṣ ʿilm al-farāʾiḍ S II 959
Nihāyat al-rusūkh fī muʿjam al-shuyūkh S II 862
Nihāyat al-ruṭba fī ʾl-ʿamal bi-jadāwil al-nisba al-sittīniyya S II 217
Nihāyat al-ruṭba fī ṭalab al-ḥisba S I 832
-Nihāya, sharḥ al-Ghāya S I 677
-Nihāya, sharḥ al-Hidāya G I 377, II 53, S I 644, II 142
-Nihāya, sharḥ al-Kifāya S I 520 A/C, II 448
Nihāyat al-sūl wal-umniyya etc. S II 167
Nihāyat al-suʾūl S I 741, II 107
Nihāyat al-suʾūl fī khaṣāʾiṣ al-rasūl G I 371, S I 545
Nihāyat al-suʾūl fī ruwāt al-sitta al-uṣūl S II 72
Nihāyat al-suʾūl fī taṣḥīḥ al-uṣūl G II 124
Nihāyat al-suʾūl wal-umniyya G I 496
Nihāyat al-tadrīb fī naẓm Ghāyat al-taqrīb S II 416, 442
Nihāyat al-tadrīb fī naẓm al-Taqrīb S I 677
Nihāyat al-taḥṣīl S II 337
Nihāyat al-taʿlīm fī ṣināʿat al-tanjīm S I 864
-Nihāya wal-tamām etc., G I 383, S I 661
Nihāyat al-tanwīh etc. S II 243
Nihāyat al-taʿrīf etc. G II 371, S II 498
Nihāyat al-ṭalab G I 497, II 139
Nihāyat al-ʿuqūl fī dirāyat al-uṣūl G I 507, S I 922,16
Nihāyat al-wuṣūl ilā ʿilm al-uṣūl G II 116, S II 209
Nihāyat al-zayn, sharḥ Qurrat al-ʿayn G I 417, 501, S II 604, 813
-Niḥla al-Naṣriyya bil-riḥla al-Miṣriyya S II 477,41b
-Nikāḥ S II 191,178h
Nikāḥ al-fuḍūlī S II 427,41
-Nikāt al-gharība S I 635
Nikāt al-ikhwān G II 420
Nīl Miṣr wa-ahrāmuhā S II A/C 111
-Nīl wa-shifāʾ al-ʿalīl S II 697, 892
Niʿmat al-dharīʿa S II 643
Niʿmat al-dharīʿa fī nuṣrat al-sharīʿa G II 432, S I 794,12b
Niʿmat al-fiqh S I 790

Niʿmat al-qadīr etc. S II A/C 958
Niʿmat al-rabb al-amīn etc. S III 179
-Nisāʾ S I 919,75b
-Nisāʾ al-ʿālimāt G II 474
-Nisāʾ al-fawārik G I 141
-Nisāʾ al-nāshizāt G I 141
-Nisab li-ahl al-adab S II 141
-Nisāʾiyyāt S III 257, 386
-Nisba S I 383
Nisbat āl Tanūkh etc. S II 42
Nisbat al-jamʿ G II 452,110
-Nisba wal-kafāʾāt etc. S II 1024,73
Nisbat al-khirqa G I 446, S I 798,84
Nisbat mā yaqaʿ bayna thalāthat khuṭūṭ min khaṭṭ wāḥid S I 400
-Nisba al-muʾallafa S I A/C 385
-Nisba al-murattaba G II 397, S II 541,76
Nisbat al-sayyid M. Ef. b. Ḥamdā b. A. S II 398
Nishwār al-muḥāḍara etc. S I 253
-Niswa al-ʿābidāt G II 95, S II 112
Niṣāb al-akhbār G I 430, S I 765
Niṣāb al-dharāʾiʿ G II 198
Niṣāb al-ḥabr G I 472
Niṣāb al-iḥtisāb S II 427
Niṣāb al-ṣibyān G II 193, S II 258
Nithār al-azhār G II 21, S II 15
-Niyya G II 121
Niyyat al-ʿālim fī tadrīsihi S II 886
Niyyat ṭālib al-ʿilm etc. S II 886
-Niyyāt min al-dāʾim fī wādi ʾl-tāʾim S III 477
-Nizāʿ wal-takhāṣum fī mā bayna B. Umayya wa-Hāshim G II 40, 37,0
-Niẓām S I 136, 142
Niẓām al-ʿālam wal-umam etc. S III 327
Niẓām al-Āthīniyyīn S III 286
Niẓām al-fuṣūl etc. S II 560
Niẓām al-gharīb G I 279, S I 492
-Niẓām wal-Islām S III 327
Niẓām al-lasad etc. S II 195,263n
Niẓām al-mamlaka etc. S II 1026,1
Niẓām al-tawārīkh G I 418, S I 743
Niẓām al-zabarjad G II 385
-Niẓāmī S I 654
-Niẓāmiyya fī fiqh al-Imāmiyya S II 576
Nubadh min amthāl al-amīr al-Mīkālī S I 503
Nubadh min al-kalām etc. S II 308,58
-Nubadh al-shāfiya etc. G II 188, S II 248 (to be read thus)
Nubadh fī ʿulūm al-ḥadīth G II 163
Nubdhat al-ajwiba S II 693
-Nubdha al-alfiyya G II 96
Nubdhat al-ʿaṣr fī akhbār mulūk B. Naṣr S II 373
Nubdha fī bayān al-alfāẓ al-muṣṭalaḥ ʿalayhā S II A/C 118
Nubdha fī bayān madad al-rusul etc. S II 456
Nubdha min dīwān al-shaykh Nāṣīf al-Yāzījī S II 765
Nubdha fī ʾl-funūn al-sabʿa S II 23, 917
Nubdhat al-ghawwāṣ G II 176
Nubdha min al-ḥaqāʾiq S II 673
Nubdhat fī ibṭāl raʾy al-qāʾilīn etc. S II 750
Nubdha fī ʾstikshāf ṭarīq al-arḍ al-Ḥijāziyya etc. S II 749
-Nubdha al-kāfiya fī maʿrifat al-kitāba wal-qāfiya G II 141, S II 176
-Nubdha al-kāfiya fī uṣūl aḥkām al-dīn G I 419, S I 696
Nubdha fī khalq al-rūḥ wal-nafs etc. S II 1013
Nubdha fī khulāṣat taʾrīkh al-Ṣīn S II 734
-Nubdha al-laṭīfa etc. G II 365, S II 492
-Nubdha al-laṭīfa fī tarjamat Dāʾūd al-Baghdādī S II 790
-Nubdha al-muḥarrira etc. S II 555
Nubdha mukhtaṣara min ʿilm al-falak etc. S II 1021,45
-Nubdha al-muqarriba etc. S II A/C 917
-Nubdha al-mushīra G II 402, S II 551
-Nubdha al-saniyya fī ʾl-qawāʿid al-naḥwiyy S II 814
-Nubdha al-saniyya fī ʾl-ziyārāt al-Shaʾmiyya S II 433
-Nubdha al-sharīqa S II 361
Nubdha siyāḥiyya ila ʾl-Āsitāna al-ʿaliyya S II 749
Nubdha fīhā lil-Ṣafīḥa al-jāmiʿa S II 709
Nubdha min taʿālīm Bahāʾallāh S II 848
Nubdha fī taʾrīkh al-Ṣaḥrāʾ al-quṣwā S II 894
Nubdha taʾrīkhiyya fi ʾl-ḥuraf al-Dimashqiyya S II 772
Nubdhat tawārīkh muqtaṭafa etc. S II 765
-Nubdha al-ūlā min dīwān Nāṣīf S II 765
Nubdhat al-ʿuqūd G II 40

Nubdha wāfiya G II 366
-Nubdha al-zakiyya etc. G II 96, S II 113
-Nubha, sharḥ al-Murshida S II A/C 154
-Nubūgh S III 370
Nubuwwat al-ṣaghīr Ibr. G II 150,$_{180}$
-Nubuwwāt S II 120,$_{3}$
Nuḍār al-niẓār etc. S II 1007
Nufāḍat al-jirāb etc. G II 262, S II 372
Nughbat al-bayān fī tafsīr al-Qurʾān G I 441, S I 789
-Nuḥās S I 428
Nujʿat al-rāʾid etc. S II 767
-Nujūm G I 474, S I 868
Nujūm al-falak min naẓm al-Malik S II 200
Nujūm al-Mishkāt S I 622, II 470
Nujūm al-muhtadīn etc. S II 764
Nujūm al-murīd etc. S II 495
-Nujūm al-muzhira G I 475
-Nujūm al-sāṭiʿa etc. S II 1031,$_{43}$
-Nujūm al-shāriqāt etc. G II 712, S II 485
-Nujūm al-thawāqib S I 74
-Nujūm al-ṭiwāl S II 350
-Nujūm al-zāhira S II 157
-Nujūm al-zāhira fī ḥawādith Miṣr wal-Qāhira G II 448
-Nujūm al-zāhira bistikhārat al-musāfir S I 649
-Nujūm al-zāhira fī mulūk Miṣr wal-Qāhira G II 42, S II 39
-Nujūm al-zāhira bi-talkhīṣ akhbār quḍāt Miṣr wal-Qāhira G II 70
-Nujūm al-zāhira fī wulāt al-Qāhira G II 295, S II 406
-Nujūm al-zāhirāt G II 129, 168, S II 216
-Nujūm al-zāhirāt fi ʾl-ʿamal bi-rubʿ al-muqanṭarāt S II 160
-Nujūm al-zahriyya etc. S II 1012
-Nujūm al-zawāhir S II 481
-Nujūm al-zawāhir fi ʾstikhārat al-musāfir G II 155, S II 193,$_{244}$
-Nujūm al-zawāhir fī maʿrifat al-awākhir S II 85
-Nujūmāt al-zāhira etc. S II 138
-Nukat G I 222
-Nukat ʿala ʾl-Alfiyya G II 155, S II 193,$_{248}$
-Nukat wal-amālī fi ʾl-naqd ʿala ʾl-Ghazzālī S I 762
Nukat al-Aʿrāb fī gharīb al-iʿrāb S I 509
-Nukat wal-asrār S I 960 ad 396
-Nukat al-ʿaṣriyya etc. G I 334
-Nukat al-badīʿāt G I 503, S II 181,$_{26a}$
-Nukat al-badīʿiyyāt ʿala ʾl-mawḍūʿāt S II 818
Nukat ʿalā baʿḍ alfāẓ al-Minhāj G I 395
Nukat al-fatāwī ʿala ʾl-mukhtaṣarāt S II 70
-Nukat wal-fawāʾid ʿala ʾl-basmala wal-ḥamdala S II A/C 471
-Nukat wal-fawāʾid al-saniyya ʿalā mushkilāt al-Muḥarrar S I 690
-Nukat wal-furūq min al-Mudawwana etc. S I 661
Nukat al-himyān etc. G II 32, read: *nakt* S II 28
-Nukat al-ḥisān G II 110, S II 136
Nukat al-iʿrāb G II 24
-Nukat al-iʿtiqādiyya S I 323
Nukat al-Jāmiʿ al-kabīr S I 289
-Nukat wal-jumal G II 186, S I 700, II 243
Nukat al-khilāf S I 670
-Nukat al-lawdhaʿiyya S II 276
-Nukat al-liṭāf etc. S II 109
Nukat fī mā waqaʿa bayna ʾl-qāḍī ʿA. Čelebī wal-shaykh Raḍī al-Dīn S II 644
Nukat al-majālis fi ʾl-waʿẓ S I 919,$_{75e}$
-Nukat fi ʾl-manṭiq S I 817,$_{23c}$
-Nukat al-muhimma etc. S II 189,$_{169ii}$
-Nukat al-mustawʿaba G II 259
Nukat al-nabīh ʿalā aḥkām al-Tanbīh S I 670, II 271
Nukat al-Nihāya S I 707
Nukat al-rijāl ʿalā Muntaha ʾl-maqāl S II 829
-Nukat wal-ʿuyūn S I 668
-Nukat al-wāfiyāt fī aḥkām al-ḥummayāt S II 1031,$_{44}$
-Nukat al-zāhirāt G II 169, S II 160
Nukat Ziyādāt al-Ziyādāt S I 289, 638
-Nukat al-ẓirāf ʿala ʾl-aṭrāf S II 67, 75
Nukhab al-afkār etc. S I 293, II 51
Nukhab al-dhakhāʾir etc. G II 137, S II 169
Nukhab al-fikar etc. S II 51
-Nukhab al-jalīla G II 388, S II 528,$_{16}$
-Nukhab al-multaqaṭa etc. S II 609
Nukhab fī tarjamat al-Qurʾān etc. S III 330
-Nukhaba S III 340
Nukhabat al-adab etc. S II 842
Nukhabat al-adhhān fī ʿajāʾib al-buldān G I 478

Nukhabat al-adhhān fī mā waqaʿa min al-takārīr fi ʾl-Qurʾān G I 326, S II 987
Nukhabat al-atrāb etc. S II 922
Nukhabat al-dahr etc. G II 130, S II 161
Nukhabat al-dhakhāʾir S II 1033, see: *nukhab al-dh.*
-Nukhaba al-dhakiyya etc. S II 734
Nukhabat al-fikar fi ʾl-manṭiq G I 322
Nukhabat al-fikar fī muṣṭalaḥ ahl al-athar G I 359, II 68, S I 611
Nukhabat al-fikr fī tadbīr Nīl Miṣr G II 482, S II 733
Nukhabat al-Ibtihāj S II 468
Nukhabat ʿiqd al-ajyād etc. S II 887
Nukhabat al-mabāḥiṭ S I 676
Nukhabat al-majāmiʿ etc. S II 413
Nukhabat al-mamlūk S I 959
Nukhabat al-maqāl fī manẓūmat ʿAyn al-rijāl S II 842
Nukhabat al-masʾala G II 348,$_{84}$, 418, S II 476,$_{144}$, 617
Nukhabat al-muʾānasa wal-mujālasa S I 947 ad 249
-Nukhaba al-saniyya S I 471,$_{2}$
Nukhabat al-sharāʾiʿ al-Muḥsiniyya S II 585
Nukhabat al-Tuffāḥa S I 558
Nukhabat al-ṭullāb fī ʿamal al-aṣṭurlāb G II 463, S II 695
-Nukhaba fi ʾl-ukhuwwa wal-ṣuḥba G II 404 (to be read thus)
Nukhabat al-ʿulyā etc. S II 380
Nukhabat al-ʿUrfān fī tanwīr al-adhhān S III 179
-Nukhaba al-zakiyya etc. S III 228
Nukhabat al-zamān G II 357
-Nukta al-kāfiya etc. S II 241
-Nuʿmān malik al-Ḥīra fī B. Shaybān S III 416
Numūdhaj al-fatwā S II 650
-Nūniyya fi ʾl-ʿaqāʾid G II 229, S II 321
Nūniyyat al-Bustī G II 695
Nūniyyat al-nāsik S II 524
-Nuqabāʾ S I 797,$_{66}$
Nuqaṭ al-dāʾira S II 766
-Nuqaṭ wal-shakl S I A/C 159
-Nuqāya G I 377, II 156,$_{268}$, 214, S II 195,$_{268}$
Nuqāyat al-athar S I 615
-Nuqāya al-ṣughrā S I 644
-Nuqūd wal-rudūd S I 538
-Nuqūd wal-rudūd fi ʾl-uṣūl S II 212
Nuqūd al-ṣurar G II 347, S II 474,$_{59}$ (to be read thus)
-Nuqūl al-ʿadhba G II 404
-Nuqūl wal-mabāḥith G II 87
-Nuqūl al-mushriqa etc. S II 193,$_{245u}$
Nūr al-abṣār fī manāqib āl al-bayt al-mukhtār G II 485, S II 737
Nūr al-afʾida S II A/C 476
Nūr al-aḥdāq S II 485
Nūr al-aḥdāq bi-maʿrifat ʿamal al-aflāk etc. S I 869
Nūr al-aḥdāq min naẓm al-mawlā Isḥāq S II 968,$_{12}$
Nūr al-akhyār wa-rawḍ al-abrār etc. S II 184,$_{56k}$
Nūr al-ʿālam S II 264
Nūr al-albāb G II 511
Nūr al-anwār S II 264, 612
Nūr al-anwār fī sharḥ kalām khayr al-akhyār S II 586
Nūr al-anwār fī sharḥ al-Ṣaḥīfa al-Sajjādiyya S II 586
-Nūr al-asnā fī sharḥ asmāʾ Allāh al-ḥusnā S II 937
Nūr al-awrāq S II 545, 546, 968,$_{12}$
Nūr al-ʿayn S II 461
Nūr al-ʿayn fī dhikr mashhad al-Ḥusayn S II 930, 939
Nūr al-ʿayn fī iṣlāḥ Jāmiʿ al-fuṣūlayn G II 225, 434
Nūr al-ʿayn fī manāqib Ḥusayn S II 581
Nūr al-ʿayn fī mashhad al-Ḥusayn S I 548 A/C, 667, II 842
Nūr al-ʿayn, sharḥ Silk al-ʿayn G II 123, S II 153
Nūr al-ʿaynayn min fatāwi ʾl-shaykh Ḥu. S II 862
-Nūr al-barrāq etc. S II 810
Nūr al-baṣāʾir etc. S II 1012,$_{151}$
Nūr al-baṣar S II 98
Nūr al-bayān etc. S II 743
-Nūr fī faḍāʾil al-ayyām wal-shuhūr S I A/C 919
-Nūr al-fāʾiḍ G II 405
-Nūr al-hādī G II 422
Nūr al-hidāya S I 647, II 308,$_{49}$

Nūr al-hidāya wa-maṣdar al-wilāya S II 972
Nūr al-hudā S II 858
Nūr al-ḥadaq G II 167
Nūr al-ḥaqīqa etc. G II 429, S II 576
Nūr al-īḍāḥ etc. G II 313, S II 430
Nūr al-ifāda, sharḥ al-Murshida S II 355
Nūr al-insān fī sīrat sayyid walad ʿAdnān S II 692
Nūr al-inṣāf etc. G II 506, S II 869,$_{36}$
Nūr al-iqtibās S II 913
Nūr al-iqtibās fīmā yaʿriḍu min ẓulm al-waswās S II 150
-Nūr al-jalī etc. S II 937
Nūr al-khallāq etc. S II 293
-Nūr al-lāʾiḥ etc. S II 24
-Nūr al-lāmiʿ wal-burhān al-sāṭiʿ S II A/C 992
-Nūr al-lāmiʿ fī mā yuʿmal bihi fi ʾl-jāmiʿ G II 79
-Nūr al-lāmiʿ sharḥ ʿAqīdat al-Ṭaḥāwī S I 294
-Nūr al-lāmiʿ fī uṣūl al-Jāmiʿ S II 775
-Nūr al-lāmiʿ al-wāḍiḥ etc. S II 422
Nūr al-lumʿa fī khaṣāʾiṣ yawm al-jumʿa S II 182
Nūr al-manābir etc. S II 842
Nūr al-miṣbāḥ S I A/C 514
Nūr miṣbāḥ al-zajāja G II 148, 693, S II 737
-Nūr al-mubīn fī taʾrīkh al-muḥaddithīn S II 424
-Nūr al-munjalī min al-ẓalām S II 272
Nūr al-muqal etc. S I 954 ad 355
Nūr al-murīdīn etc. S I 360
-Nūr al-mustanīr S I 761, II 250
-Nūr al-mutamakkin S II 283
Nūr al-nibrās G II 67, 71, S II 77
Nūr al-qamar fī manāqib sayyidinā ʿUmar S II 975,$_{33}$
Nūr al-rabīʿ G II 276
-Nūr al-sāfir G II 419, S II 617
Nūr al-samāʾ S II 429 read: *al-shamʿa*
-Nūr al-sārī mīn fayḍ Ṣaḥīḥ al-Bukhārī S I 264, II 739
Nūr i sāṭiʿ G II 314, S II 578
-Nūr al-sāṭiʿ wal-burhān al-qāṭiʿ S II 1009
-Nūr al-sāṭiʿ min al-Ḍawʾ al-lāmiʿ S II 32
Nūr al-sirāj S I 765
Nūr al-shamʿa G I 423, II 312, S II 429,$_{61}$
Nūr al-shaqīq fi ʾl-ʿaqīq G II 150, S II 186,$_{109}$
-Nūr, sharḥ al-Qaṣīda al-Nūniyya S II 697
Nūr al-thaqalayn G II 412, S II 582
Nūr al-ṭarf G I 268
Nūr al-ʿuyūn G II 71, S II 77
Nūr al-ʿuyūn wa-jāmiʿ al-funūn S I 901
-Nūr al-wāḍiḥ G I 385
-Nūr al-wahhāj etc. G II 317, S II 437
-Nūr al-wāmiḍ etc. G II 708, S II 153
Nūr al-yaqīn wa-ishārat ahl al-tamkīn G II 177,$_{5}$, S II 1010 A/C
Nūr al-yaqīn fī sīrat sayyid al-mursalīn S III 310
Nūr al-yaqīn fī uṣūl al-dīn S I 294, II 659
Nūr al-ẓalām fī sharḥ ʿAqīdat al-ʿawāmm S II 814
-Nūrayn fī iṣlāḥ al-dārayn S II 251
-Nūriyya al-sulṭāniyya S II 603
Nuskhat al-ḥaqq G I 447, S I 799,$_{116}$
Nuskhat al-ṣadāq S II 29,$_{37}$
Nuskhat al-wujūd etc. G II 386, S II 522
Nushūʾ al-lugha al-ʿArabiyya S III 494
Nuṣḥ mulūk al-Islām etc. S II 362
-Nuṣḥ wal-tanbīh S I 751,$_{38}$
Nuṣrat ahl al-dīn G II 252
Nuṣrat al-aḥbāb S II 781
Nuṣrat al-faqīr etc. G II 251, S II 356
Nuṣrat al-fiṭra etc. G I 315, S I 548
Nuṣrat al-imām al-Subkī etc. S II 103
Nuṣrat al-mutagharribīn G II 315
-Nuṣra lil-shaykh ʿAq. S I 777
Nuṣrat al-thāʾir ʿala ʾl-mathal al-sāʾir G II 33, S I 521, II 29
-Nuṣūṣ S I 801,$_{207}$
Nuṣūṣ al-aʾimma al-ithnay ʿashara G I 187
Nuṣūṣ al-imām al-Shāfiʿī G I 363
-Nuṣūṣ al-marḍiyya etc. S II 955,$_{73}$
-Nuṣūṣ, mukhtaṣar Fuṣūṣ al-ḥikam S I 808
-Nuṣūṣ fī taḥqīq al-ṭawr al-makhṣūṣ G I 450, S I 807
Nutaf al-ḥikāyāt wal-akhbār etc. S II 131,$_{41}$
-Nutaf al-ḥisān fi ʾl-fatāwī G II 198, S II 270
-Nutaf al-ḥisān ʿalā madhhab a. Ḥanīfa al-Nuʿmān S I 657, II 951,$_{34}$
-Nuṭq al-mafhūm G II 411, S I 917,$_{22}$
-Nuṭq al-munabbiʾ etc. G II 367, 702, S I 791
-Nuzah wal-ibtihāj G II 367, S I 251
Nuzhat al-abdān S II 667
Nuzhat al-abṣār G II 26, S II 485

Nuzhat al-abṣār wa-fukāhat al-akhyār etc. S II 557
Nuzhat al-abṣār wa-juhaynat al-akhbār G II 361, S II 412
Nuzhat al-abṣār fī manāqib al-aʾimma al-arbaʿa al-akhyār S II 39
Nuzhat al-abṣār fī raqāʾiq al-ashʿār G II 282, S II 391
Nuzhat al-adīb G I 114
Nuzhat al-adhhān G II 364, S II 492
Nuzhat al-afkār fī maʿrifat aḥwāl al-ashʿār S II 1025
Nuzhat al-afkār wa-rawḍat al-akhṭār S II 250
Nuzhat al-aḥbāb etc. G II 125, S II 254 A/C
Nuzhat al-aḥdāq G I 344
Nuzhat al-akhbār S II 57
Nuzhat al-akhyār G II 302
Nuzhat al-albāb S I 537, 968 ad 585
Nuzhat al-albāb fī akhbār dhawi ʾl-albāb G II 56
Nuzhat al-albāb fī ʾl-alqāb G II 68, S II 73
Nuzhat al-albāb wa-bughyat al-aḥbāb G II 303
Nuzhat al-albāb al-jāmiʿ li-funūn al-ādāb S I 597
Nuzhat al-albāb, jāmiʿ al-tawārīkh wal-albāb G I 344, S I 585
Nuzhat al-albāb fī mā lā yūjad fī kitāb G I 495, S I 904
Nuzhat al-albāb wa-rawḍat al-ādāb S II 12
Nuzhat al-albāb fī sharḥ ʿUmdat al-ṭullāb S II 964
Nuzhat al-albāb fī taʿrīf al-ḥisāb S II A/C 155
Nuzhat al-alibbāʾ G II 72, S I 818,$_{35h}$
Nuzhat al-alibbāʾ fī ṭabaqāt al-udabāʾ G I 282, S I 157, 495
Nuzhat al-ʿālim G II 165
Nuzhat al-amṣār G I 477
Nuzhat al-anām fī maḥāsin al-Shaʾm G II 32, S II 163
Nuzhat al-anām fī taʾrīkh al-Islām G II 50, S II 49
Nuzhat al-anām bi-taʾrīkh al-khulafāʾ etc. S II 412
Nuzhat al-anfus G I 280
Nuzhat al-anẓār fī ʿajāʾib al-tawārīkh wal-akhbār S II 877
Nuzhat al-anẓār fī Rawḍat al-azhār S II 708
Nuzhat al-aqsaṭ etc. S II 1040,$_{33}$
Nuzhat al-arwāḥ fī baʿḍ awṣāf al-janna etc. G II 309, S II 423
Nuzhat al-arwāḥ fī mā yataʿallaq bil-nikāḥ S II 740
Nuzhat al-asāṭīn fī man waliya Miṣr min al-salāṭīn S II 52
Nuzhat al-ʿāshiq G I 263
Nuzhat al-ʿāshiq al-walhān S III 176
Nuzhat al-asrār G II 333, S II 461
Nuzhat al-aṣḥāb etc. G I 488, S I 892
Nuzhat al-aṭibbāʾ G II 306, 703
Nuzhat al-ʿayn etc. G II 359, S II 487
Nuzhat al-aʿyun S I 918,$_{34d}$
Nuzhat al-aʿyun al-ʿadhb etc. S II 431,$_{32}$ (to be read thus)
Nuzhat al-barara etc. S II 135
Nuzhat al-baṣāʾir G II 263, S II 546
Nuzhat al-baṣāʾir wal-abṣār G II 373
Nuzhat dhawi ʾl-albāb etc. S II 709
Nuzhat dhawi ʾl-ʿuqūl G II 62
Nuzhat al-fikar fī tarājim aʿyān al-qarn al-thānī etc. S II 405, 813
Nuzhat al-fikr manāqib a. M. al-Jasr S II A/C 796
Nuzhat al-fikr fī sabḥat al-dhikr S II 858
Nuzhat al-ḥadāʾiq S II 295
Nuzhat al-ḥādī etc. G II 457, S II 681
Nuzhat al-ḥisāb S II 230
Nuzhat al-ḥussāb etc. S II 154
Nuzhat al-ikhwān G II 114
Nuzhat al-ikhwān al-mutaḥābbīn billāh S II 1012
Nuzhat al-ikhwān fi ʾl-qahwa wal-dukhān S II 912
Nuzhat al-insān etc. S II 40
Nuzhat al-istinbāṭ S II 1038,$_{6}$
-Nuzha al-Ithnay ʿashariyya etc. S II 850
Nuzhat al-jalīs wa-munyat al-adīb al-anīs S II 512, 539, 905
Nuzhat al-jullās etc. S I 117
Nuzhat al-jumān G II 444
Nuzhat al-khāṭir S II 542,$_{98}$
Nuzhat al-khāṭir al-ʿāṭir S I 689
Nuzhat al-khāṭir wa-bahjat al-nāẓir G II 290
Nuzhat al-khāṭir al-fātir G II 398,$_{98}$, 702

Nuzhat al-khāṭir (al-nāẓir) wa-nuzhat al-khāṭir etc. S I 628 see A/C
Nuzhat al-khāṭir fī qaṣīd al-amīr ʿAq. S II 887
Nuzhat al-khāṭir fī shiʿr sayyidī ʿAq. S I 779
Nuzhat al-khāṭir wa-surūr al-nāẓir G I 119
Nuzhat al-khāṭir fī tarjamat al-shaykh ʿAq. S I 777
Nuzhat al-khawāṭir S II 74, 768, 771
Nuzhat al-khawāṭir wa-bahjat al-masāmiʿ wal-manāẓir S II 857,18
Nuzhat al-khawāṭir wa-bahjat al-masāmiʿ wal-nawāẓir S II 309, 863
Nuzhat al-khawāṭir wal-nufūs etc. S II 617
Nuzhat al-khilāṣ G II 53
Nuzhat al-majālis wa-muntakhab al-nafāʾis G II 178, S II 230
Nuzhat al-majālis fī tuḥfat al-mujālis S II 907
Nuzhat al-mālik wal-mamlūk etc. G II 35, S II 34
Nuzhat al-malik bi-waṣf al-kalb wal-mukallabīn S II A/C 910
-Nuzha al-mubhija G II 364, S II 491
Nuzhat al-muʿrib etc. G II 115, S II 141
Nuzhat al-mushtāq fī dhikr al-amṣār wal-aqṭār S I 877
Nuzhat al-mushtāq fī ʾkhtirāq al-āfāq S I 877
Nuzhat al-mushtāq fī riyāḍ al-ʿushshāq S II 570
Nuzhat al-mushtāq fī taʾrīkh Yahūd al-ʿIrāq S III 496
Nuzhat al-mushtāq fī ʿulamāʾ al-ʿIrāq G I 477, S I 676 A/C
Nuzhat al-mustamtiʿīn etc. S I 629
Nuzhat al-mutaʾammil G II 154, S II 192,211
Nuzhat al-mutaʾannis G I 293, S I 512
Nuzhat al-nādī etc. S II 683
Nuzhat al-nadīm S II 197,300
Nuzhat al-nadīm fī ʾʿtidhār al-ḍurṭa S II 193,245k
-Nuzha al-naḍḍāra bil-kawākib al-sayyāra S II 158
Nuzhat al-nafs G II 359
Nuzhat al-nawāẓir S I 568, II 426
Nuzhat al-nawāẓir fī rawḍ al-manāẓir S II 40
Nuzhat al-nawāẓir wa-ṭirāz al-dafātir S II 22
Nuzhat al-naẓar etc. G II 129, S I 465, 611, II 160 (to be read thus)
Nuzhat al-naẓar fī kashf ḥaqīqat al-inshāʾ wal-khabar S II 918
Nuzhat al-nāẓir S I 932,54a, II 485, 544
Nuzhat al-nāẓir wa-bahjat al-khāṭir G II 302, S II 413
Nuzhat al-nāẓir fī faḍāʾil sayyidinā ʿAq. S I 778
Nuzhat al-nāẓir fī maʿrifat mā bayna ʾl-awqāt min al-dawāʾir S II 1018,12
Nuzhat al-nāẓir, mukhtaṣar Zīj b. al-Shāṭir G II 126
Nuzhat al-nāẓir wa-tanbīh al-khāṭir S II 1012,152
Nuzhat al-nāẓir fī waḍʿ khuṭūṭ faḍl al-dāʾir G II 122
Nuzhat al-nāẓirīn G II 369,18, S II 496
Nuzhat al-nāẓirīn fī ʾl-akhbār etc. S II 997
Nuzhat al-nāẓirīn wa-masālik al-sālikīn S II 1035,14
Nuzhat al-nāẓirīn fī tafsīr etc. S II 989
Nuzhat al-nāẓirīn fī tasliyat al-ṣābirīn S II 135
Nuzhat al-nufūs S II A/C 476
Nuzhat al-nufūs wal-abdān etc. G II 18, S II 41
Nuzhat al-nufūs fī bayān ḥukm al-taʿāmul bil-fulūs S II 155
Nuzhat al-nufūs wa-muḍḥik al-ʿabūs S II 11
Nuzhat al-nufūs wa-muzīl al-ʿukūs S II 1039,20
Nuzhat al-nufūs wa-zīnat al-ṭurūs S II 768
Nuzhat al-nuẓẓār fī ʿilm al-ghubār G II 93, S II 154
Nuzhat al-nuẓẓār fī quḍāt al-amṣār S II 109
Nuzhat al-qulūb fī gharīb al-Qurʾān S I 183
Nuzhat al-qulūb wal-nawāẓir etc. S II 913
Nuzhat al-quṣṣād S II 111
-Nuzha fī rawḍat al-rūḥ wal-nafs G II 115, S II 141
Nuzhat al-raʾy G II 42
Nuzhat al-sālikīn G I 422
Nuzhat al-sāmiʿ G II 127
Nuzhat al-sāmir G II 108
-Nuzha al-saniyya fī akhbār al-khulafāʾ etc. S II 39

-Nuzha al-saniyya fī mā yuṭlab min akhbār al-mulūk etc. S II 224
-Nuzha al-shahiyya fī 'l-riḥla al-Salīmiyya S II 757
-Nuzha al-thamīna fī akhbār al-Madīna G I 360, S I 613
Nuzhat al-ṭālib S II 1042,$_{55}$
Nuzhat al-ṭālibīn etc. S I 468
Nuzhat al-ṭarf fī ḥukm al-jārr etc. S II 548, 918
Nuzhat al-ṭarf fī ʿilm al-ṣarf G II 697 ad I 289, S I 507
Nuzhat al-ṭullāb fī ʿilm al-asṭurlāb S II A/C 1019
Nuzhat al-ṭullāb fī 'l-kashf ʿan Qawāʿid al-iʿrāb S II 19
Nuzhat al-ṭullāb fī mā yataʿallaq bil-basmala min fann al-iʿrāb S II A/C 423
Nuzhat al-udabāʾ S II 508
Nuzhat al-udabāʾ wa-salwat al-qurabāʾ S II 414
Nuzhat al-udabāʾ wa-salwat al-urabāʾ S II 415
Nuzhat al-udhn wal-baṣīra etc. S II 57
Nuzhat al-umam etc. G II 295, S II 406
Nuzhat al-ʿumr etc. G II 158, S II 198,$_{309}$
Nuzhat al-ʿuqūl etc. S II 393
Nuzhat al-ʿuyūn fī arbaʿat funūn G II 184, S II 162, 1044,$_{11}$
Nuzhat al-ʿuyūn al-nawāẓir etc. S II 228
Nuzhat al-ʿuyūn fī taʾrīkh ṭawāʾif al-qurūn S II 236
Nuzhat al-wājid G II 347, S II 474,$_{63}$
-Nuzha al-zahiyya G II 306, S II 417
Nuzhat al-zamān fī ḥawādith ʿArabistān S II 771
Nuzhat al-zamān fī ḥawādith Jabal Lubnān S II 409
Nuzhat al-zamān fī ḥawādith Lubnān S II 770
Nuzhat al-ẓurafāʾ etc. S II 236
Nuzl al-abrār etc. G II 504, S II 861
Nuzl al-sāʾirīn G I 344
-Nuzūʿ ila 'l-awṭān S I 565
Nuzūl al-ghayth G I 248, II 26, S II 21
Nuzūl al-raḥma etc. G II 149, S II 186,$_{104}$

Otuz aʿrāḍ S II 870

Partaw-i Islām S III 305
Partawnāme S I 783
Pendi ahli dānish wa-hūsh S II 597
Prāksa aw Mushkilat al-ḥukm S III 250

Qāb qawsayn etc. S II 284
-Qabāʾil S I 165
-Qabāʾil wal-ayyām G I 106
Qabas al-ansāb S II 69
Qabas al-nayyirayn S II 180,$_{6q}$
-Qabasāt S II 580
Qabḍ al-rīḥ S III 160
Qabs al-anwār wa-bahjat al-asrār G I 446
Qabs al-anwār wa-jāmiʿ al-asrār G II 252, S II 358, 1042,$_{54}$
Qabs al-anwār fī 'l-radd ʿala 'l-Naṣārā wal-kuffār G II 332
-Qabs al-ḥāwī li-ghurar al-Ḍawʾ al-lāmiʿ G II 34, 304, S II 32
Qabs al-iqtidāʾ etc. G I 497, S I 910, 1010
Qabs al-mughtadhī G II 139
Qabūl al-akhbār etc. G I 363, S I 619
Qabūl al-bushrā S II 249
-Qābūs G II 183
Qādat al-fikr S III 287
Qadḥ al-zand fī radd ḍalālat ahl Sirhind S II 530 see A/C
-Qadīm wal-ḥadīth S III 433
-Qādirī fī 'l-taʿbīr G I 244, S I 433
-Qadr al-masnūn min al-iʿtikāf G II 437
-Qaḍāʾ S II 978
Qaḍāʾ al-arab fī taḥqīq masʾalat al-nasab S II 860
Qaḍāʾ al-ḥawāʾij S I 247
-Qaḍāʾ wal-qadar G I 456,$_{45}$, II 205, 450,$_{23}$
-Qaḍāʾ wal-qadar wa-uṣūl al-ʿaqāʾid al-Islāmiyya S III 313
-Qaḍāʾ wal-shahādāt S II 832, 835
Qaḍāʾ al-waṭar S I 611, II 437
-Qaḍāyā fī 'l-manṭiq S I 822,$_{68iii}$
-Qaḍāyā wal-tajārib S I 221
Qaḍāyā 'l-taʾrīkh al-kubrā S III 212
-Qaḍīb al-maslūl etc. S II 936
Qaḍiyyat al-fallāḥ S III 263
-Qaḍiyya al-Miṣriyya S III 202
-Qafaṣ al-mahjūr S III 390

Qafw al-athar fī ṣafw ʿilm al-athar S II 398, 496 (to be read thus)
Qahr al-milla G II 313
Qahr al-wujūh al-ʿābisa etc. S II 406
Qahwat al-inshāʾ G II 16, S II 9
-Qahwa al-mudāra fī taqsīm al-istiʿāra S II 395
-Qaḥṭāniyya wal-ʿAdnāniyya S I 245,$_{27}$
-Qāʿida fī ʿadad rakaʿāt al-ṣalawāt wa-awqātihā G II 105, S II 124,$_{96}$
Qāʿida fī afʿāl al-ḥajj S II 125,$_{136}$
Qāʿida fi ʾl-ḥaqīqa etc. S II 123,$_{80}$
Qāʿidat al-Islām S II 122,$_{62}$
Qāʿida fi ʾl-ism wal-musammā S II 122,$_{61}$
Qāʿida jalīla fi ʾl-ʿibāda S II 125,$_{122}$
Qāʿida jalīla fi ʾl-tawassul wal-wasīla S II 124,$_{94}$
Qāʿida jāmiʿa fi ʾl-tawḥīd S II 122,$_{63}$
Qāʿida fi madhhab al-tamhīd S I 802,$_{212}$
-Qāʿida fi ʾl-maḥabba S II 122,$_{45}$
-Qāʿida al-Marrākushiyya G II 104, S II 121,$_{31}$
Qāʿida mukhtaṣara min k. al-Rūḥ S II 127,$_{23}$
Qāʿida nāfiʿa fī ṣifāt al-kalām S II 122,$_{66a}$
Qāʿida fi ʾl-Qurʾān S II 123,$_{79}$
Qāʿida fi ʾl-radd ʿala ʾl-Ghazzālī etc. S II 125,$_{143}$
Qāʿida fi ʾl-ṣabr S II 125,$_{145}$
Qāʿida fi ʾl-tawḥīd etc. S II 122,$_{64}$
Qāʿida fi ʾl-wasīla G II 104,$_{12}$
-Qāʿida al-wāsiṭa S II 121,$_{25}$
Qāʿida yuʿrafu minhā maʿrifat al-ḥawādith etc. S II 420
Qāʿida fī ziyārat bayt al-Maqdis S II 124
-Qāʿidān S III 379
-Qāʾif G II 695
-Qāʾim maqām Naṣīb Bey S III 228
-Qalaʿī S I 429,$_{66}$
Qalāʾid al-adab etc. S I 512
-Qalāʾid al-Burhāniyya S II 977,$_{54}$
Qalāʾid al-dhahab etc. S III 308
Qalāʾid al-durar S II 74,$_{37}$
Qalāʾid al-durar fī āyāt al-aḥkām bil-athar S II 843
Qalāʾid al-durar fī manāsik man ḥajja waʿtamar S II 801
Qalāʾid al-durr G II 317
-Qalāʾid al-durriyya S I 761
Qalāʾid al-farāʾid fi ʾl-fiqh S II 475,$_{88}$
Qalāʾid al-farāʾid wa-shawārid al-farāʾid G II 152, S II 188,$_{169}$
Qalāʾid al-ḥikma S III 85
Qalāʾid al-ʿiqyān fī ādāb al-ikhwān G I 273, 339, S I 599
Qalāʾid al-ʿiqyān fī baʿḍ faḍāʾil shahr Rajab wa-Shaʿbān G II 115
Qalāʾid al-ʿiqyān fī faḍāʾil āl ʿUthmān G II 369, S II 497
Qalāʾid al-ʿiqyān fī mafākhir dawlat āl ʿUthmān S II 497, 939
Qalāʾid al-ʿiqyān wa-maḥāsin al-aʿyān S I 579
Qalāʾid al-ʿiqyān fī mūrathāt al-faqr wal-nisyān G II 98, S II 117
Qalāʾid al-jawāhir fī tarjamat ʿAq. G II 335, 702, S I 777, II 463
Qalāʾid al-jumān fī muṣṭalaḥ mukātabat ahl al-zamān G II 134
Qalāʾid al-jumān fi ʾl-taʿrīf bi-qabāʾil ʿArab al-zamān G II 134, S II 165
Qalāʾid al-mafākhir etc. S II 732
Qalāʾid al-marjān fī ʿaqāʾid al-īmān G II 369, S II 476,$_{121}$
Qalāʾid al-marjān fi ʾl-naṣāʾiḥ etc. S II A/C 497
-Qalāʾid al-muntazaʿa G II 187
Qalāʾid al-nuḥūr wa-bahjat al-nāqid wal-baṣīr G II 374, S II 501
Qalāʾid al-nuḥūr min jawāhir al-buḥūr G II 18, S II 12
Qalāʾid al-nuḥūr fī sharḥ Manẓūmat al-buḥūr S II 446
Qalāʾid al-nuḥūr fī sharḥ ṣadr abyāt al-Shudhūr G I 505, S I 908
-Qalāʾid fī taṣḥīḥ al-ʿaqāʾid G II 187, S II 245
Qalāʾid ʿuqūd al-durar S I 285
Qalāʾid ʿuqūd al-ʿiqyān fī manāqib al-Nuʿmān S I 921,$_{1a}$
Qalāʾid al-zabarjad etc. S II 869,$_{28}$
Qalaq al-mushtāq S I 185
Qalʿat M. ʿA. lā qalʿat Nābūlyūn S III 309
Qalb ʿarabī wa-ʿaql ūrūbī S III 393
Qalb ghāniya wa-qiṣaṣ ukhrā S III 224
-Qalb wal-ibdāl G I 117, S I 180
Qalb Jazīrat al-ʿArab S III 498
Qalb al-marʾa S III 276
Qalb Najd wal-Ḥijāz S III 253

Qalb al-rajul S III 259
Qamʿ al-ḥirṣ G I 415, S I 737
Qamʿ al-muʿāriḍ etc. G II 156, S II 195,273
Qamʿ al-nufūs min kalām a. ʿArūs S II A/C 360
Qamʿ al-nufūs wa-ruqyat al-maʾyūs G II 95, S II 112
Qamʿ al-shahwa etc. S II 743
Qamʿ al-wāshīn etc. S II 429
Qamar al-aqmār ʿalā Nūr al-anwār S II 264,14, 856
-Qamar al-mushriq etc. S II 753
-Qamar al-ṭāliʿ etc. S II 906
Qambīz S III 45
Qāmiʿ al-bidʿa S II 856 (to be read thus)
Qāmiʿ al-ṭighyān S II 312, 814
Qamīṣ al-ṣūf etc. S III 390
Qāmūs al-adwiya S I 891, II 1032,51
Qāmūs al-ʿāmma etc. S III 377
Qāmūs al-arwām etc. S II 631
Qāmūs al-ʿāshiqīn etc. S II 400
Qāmūs al-aṭibbāʾ etc. G II 364, S II 492
Qāmūs al-ʿawāmm S III 348
Qāmūs Inklīzī ʿArabī S II 768
Qāmūs al-jaghrāfiyya etc. S III 282
-Qāmūs al-muḥīṭ etc. G II 183, S II 234
Qāmūs al-sharīʿa G II 409, S II 568
-Qāmūs al-wajīz etc. S II 377
-Qanāʿa fī ashrāṭ al-sāʿa G II 35
-Qanāʿa fī ʾl-fiʿl al-muʿtall etc. S II 926
-Qanāʿa wal-taʿaffuf G I 517, S I 249 (see 947)
Qanāṭir al-khayrāt S II 349
-Qand fī maʿrifat ʿulamāʾ Samarqand S I 762
Qāniʿ al-bidʿa S II 856, read: *qāmiʿ*
Qanṭarat al-uṣūl (al-wuṣūl) ila ʾl-umniyya etc. S I 699, II 247
-Qānūn G I 473
Qānūn al-adab S I 893
Qānūn al-ʿadl wal-inṣāf etc. S II 740
-Qānūn al-ʿAḍudī fī ʾl-ṭibb S I 423
-Qānūn ʿalā aḥkām al-ʿilm etc. G II 456, S II 676
Qānūn al-balāgha etc. S I 492, II 923
Qānūn dīwān al-rasāʾil S I 490
-Qānūn fī ʾl-dunyā G II 299
Qānūn li-faṣl al-shams etc. G II 703, S I 822,79a
Qānūn al-ḥikma wal-dustūr G I 342
Qānūn al-ḥisāb G II 266
Qānūn al-jināyāt S II 740
Qānūn juzʾ al-taʾlīf li-Uqlīdīs S I A/C 400
-Qānūn al-kullī fī ʾl-taʾwīl G I 422
-Qānūn al-Masʿūdī G I 476
Qānūn al-mawḍūʿāt wal-ḍuʿafāʾ S II 602
-Qānūn al-ṣaghīr S I 827,l
-Qānūn li-tarḥīl al-shams wal-qamar G II 255, S II 364
Qānūn al-taʾwīl fī ʾl-tafsīr G I 413, S I 732
-Qānūn fī ʾl-ṭibb G I 457, S I 823,82
Qānūn al-ʿulamāʾ etc. S II 646
Qānūn al-wazīr etc. G II 700, S I 668
-Qānūnča fī ʾl-ṭibb G I 457, II 213, S I 826,82b, 865
Qarʿ al-asmāʿ etc. S II A/C 152
Qara ḥāshiya S I 846
Qarābādhīn ʿAlawī S II 626
Qarābādhīn kabīr S II 637
Qarābādhīn al-Shajarī S I 888
-Qarābādhīn ʿalā tartīb al-ʿilal G I 491, S I 895
Qarāʾin al-qaṣr etc. S II 369
-Qarāmiṭa fī ʾl-Yaman S II A/C 236
Qarār al-wajd etc. G II 115, S II 141
-Qarasṭūn G I 218
-Qarawiyyāt S III 449
Qarībat al-ʿahd S I 626
-Qarmaḥshadiyya S II 384
-Qarn al-thāmin ʿashar etc. S III 306
-Qasam al-athnā etc. S II 361,n
-Qasam al-ilāhī etc. G I 445, S I 797,53
Qaṣab al-sabq etc. S II 558
-Qaṣāʾid al-Ḥijāziyyāt etc. S I 443
-Qaṣāʾid al-ʿIshrīniyyāt S I 482
Qaṣāʾid min kalām al-Quṭb al-Jīlānī S I A/C 779
-Qaṣāʾid al-kubrā fī ʾl-farāʾiḍ S II 209
-Qaṣāʾid al-Miṣriyya etc. S II 471 A/C, 899 A/C
-Qaṣāʾid al-muʿashshara S II A/C 899
-Qaṣāʾid al-sabʿ G I 261, S I 457
-Qaṣāʾid al-sabʿ al-ʿAlawiyyāt S I 497
Qaṣāʾid al-Sijāʿī S II 446
-Qaṣāʾid al-ṭarāʾifiyya S II 10
Qaṣāʾid al-ʿUmarī S II A/C 782
-Qaṣāʾid al-Urtuqiyya G II 166
-Qaṣāʾid al-Witriyya S I 443

Qaṣaṣ al-ḥaqq etc. S II 509, 558, 947,179
Qaṣaṣ al-nahār wa-samar al-layl S I 198
-Qaṣd wal-amam etc. G II 700, S I 629
-Qaṣd al-jalīl min naẓm al-Khalīl S II A/C 200
-Qaṣd ila 'llāh S I 355
-Qaṣd al-mujarrad etc. G II 118, S II 145
Qaṣd al-sabīl ilā dhamm al-kalām wal-ta'wīl S II 861
Qaṣd al-sabīl bi-tawḥīd al-ʿalī al-wakīl G II 386, 392, S II 535
-Qaṣīd fī ʿilm al-tawḥīd S II 357
-Qaṣīda al-ʿAlawiyya S III 179
-Qaṣīda al-ʿAlawiyya aw Ta'rīkh shiʿrī li-ṣadr al-Islām S III 179, 344
-Qaṣīda al-alfiyya al-maqṣūra G I 269, S I 474
-Qaṣīda al-Andalusiyya G I 275
-Qaṣīda fī 'l-anghām G II 169, S II 218
Qaṣīdat al-ʿarūs G I 61
Qaṣīdat b. ʿArūs S I 350 (see 954)
Qaṣīdat asāṭīr al-awwalīn S II 902, 903
-Qaṣīda al-ʿaskariyya S II 904
Qaṣīdat al-asmā' al-ḥusnā S I 779
-Qaṣīda fī 'l-asmā' al-mu'annatha S I 527
-Qaṣīda al-ʿayniyya S I 779, II 77, 507
-Qaṣīda al-ʿayniyya fī madḥ amīr al-mu'minīn S II 782
-Qaṣīda al-ʿayniyya fī 'l-munājāt S I 734
-Qaṣīda al-ʿayniyya (rūḥiyya) S I 818,35
-Qaṣīda al-badīʿiyya S I 494
Qaṣīdat al-Bādirāt al-ʿayniyya S I 800,144b
-Qaṣīda al-Bahlūliyya S I 350
Qaṣīdat al-Bājūrī fī 'l-tawḥīd S II 741
Qaṣīdat al-barāghīth G II 343
-Qaṣīda al-bariyya etc. S II A/C 867
-Qaṣīda al-Bassāma S I 480
-Qaṣīda al-Bassāma al-ṣughrā S II 248
-Qaṣīda al-baʿūḍiyya G I 293
Qaṣīdat b. bint Maylaq S II 148
Qaṣīdat al-Burda G I 39, S I 68
Qaṣīdat al-dalāla S I 441
-Qaṣīda al-dāliyya G II 456, S I 810,38
-Qaṣīda al-dāliyya al-Mālikiyya fī 'l-qirā'āt G II 461, S I 526, 726
-Qaṣīda al-dāmigha fī faḍl Qaḥṭān S I 409
-Qaṣīda al-dhahabiyya G I 520, S I 443
-Qaṣīda al-Dimyāṭiyya S II 361,n, 481 see A/C
-Qaṣīda al-Fāḍiliyya al-dāliyya S I 123
-Qaṣīda al-farīda S II 551
-Qaṣīda al-farīda wal-kalima al-fā'iqa al-faṣīḥa S II 543
-Qaṣīda al-Fazāriyya S I 148
-Qaṣīda fī 'l-fuqahā' G I 190, S I 330
-Qaṣīda al-ghaybiyya G I 451, S I 810
-Qaṣīda al-ghayniyya G I 413
Qaṣīdat al-gharīb S II 919
-Qaṣīda al-Ghawthiyya S I 779
-Qaṣīda al-ghazaliyya fī alqāb al-ḥadīth G I 372, S I 635
Qaṣīda ghazaliyya ʿilmiyya S II 566
Qaṣīdat al-Ghazzālī S I 756
Qaṣīdat al-ghurūr G I 524
Qaṣīdat al-ghurūr al-nūniyya S I 432
Qaṣīdat al-Hādī ila 'l-ḥaqq S II 248
-Qaṣīda al-hādiya S II 231
-Qaṣīda al-hamziyya G I 266, S I 470
-Qaṣīda al-hamziyya lil-Barafkī S II 783
-Qaṣīda al-Ḥanafiyya S I 764
-Qaṣīda al-ḥasnā' al-Sāwiyya S II 258
-Qaṣīda al-Ḥātimiyya S II 565
-Qaṣīda al-Ḥimyariyya G I 301, S I 528
-Qaṣīda al-ḥirbāwiyya G I 302, S I 530
-Qaṣīda al-Ḥulwāniyya S II 903
-Qaṣīda al-ḥusnā G II 239
-Qaṣīda al-ibtihājiyya G II 350,37
-Qaṣīda fī ʿilm al-ḥurūf al-nayyirāt S I 800,146a
Qaṣīdat al-iltizām S II 903
Qaṣīdat ishtaddī S I 752,47s
Qaṣīdat janāḥ al-ṭayr S I 800,144c
Qaṣīdat al-jawhar S I 785
-Qaṣīda al-Jazariyya S II 275
-Qaṣīda al-Juljulūtiyya S I 75
Qaṣīdat al-Khafājī fī madḥ al-nabī S II 396
-Qaṣīda al-khamriyya G I 267, S I 472
-Qaṣīda al-Khāqāniyya S I 728
Qaṣīdat b. Khaṭīb Zamlakān S II 901
-Qaṣīda al-Khazrajiyya G I 312, S I 545
-Qaṣīda al-lāmiyya G I 255, 268, S II 29, 77
-Qaṣīda al-lāmiyya al-Balghrādiyya S II 530
-Qaṣīda al-lāmiyya fī madḥ sayyidinā Mūsā b. Jaʿfar S II 782
-Qaṣīda al-lāmiyya fī 'l-naḥw G II 259, S II 371
-Qaṣīda al-lāmiyya al-Shaqrāṭīsiyya S I 473

-Qaṣīda al-lāmiyya fi ’l-tawḥīd G I 429, S I 764
Qaṣīda fī lughat al-ghurabāʾ etc. S II 200
Qaṣīdat Mā ladhdhatu ’l-ʿaysh S I 785
Qaṣīda fī mā yaḥduthu min al-umūr wal-aḥwāl S I 828,$_{103}$
Qaṣīda fī madḥ al-nabī S I 443
-Qaṣīda al-Makkiyya S II 231
Qaṣīdat al-malāḥim S I 81
Qaṣīda fī manāqib al-ḥajj S I 800,$_{147}$
Qaṣīda fī ’l-manāzil S II 248
Qaṣīda manẓūma fi ’l-farq bayna ’l-ẓāʾ wal-ḍād S II 923
-Qaṣīda al-Maqqariyya S II 408
Qaṣīda fī maʿrifat shuhūr al-Rūm S II 228
Qaṣīdat al-Mawṣilī S II 1022,$_{55}$
-Qaṣīda al-Mijrādiyya S II 336
Qaṣīda mīmiyya fi ’l-ādāb al-sharʿiyya S II A/C 461
Qaṣīda mīmiyya fi ’l-ghazal S II 651
-Qaṣīda al-mīmiyya al-khamriyya G I 263, S I 464
-Qaṣīda al-mīmiyya fī makārim al-akhlāq S I A/C 444
Qaṣīdat mubādarat al-ghayba S I 779
-Qaṣīda al-mudhahhaba S I 133
-Qaṣīda al-Muḍariyya G I 267, S I 472
Qaṣīda fī mufākharat Qaḥṭān S II 904
-Qaṣīda al-muhmala al-lāmiyya S II 900
-Qaṣīda al-munbahija G II 351
-Qaṣīda al-munfarija G I 268, 478, S I 473, II 106
-Qaṣīda al-munfarija lil-Ghazzālī G I 426, S I 756
-Qaṣīda al-Murādiyya S II 332
-Qaṣīda fī muṣṭalaḥ al-ḥadīth G II 72
-Qaṣīda al-muwashshaḥa G I 306, S I 537
-Qaṣīda al-muzdawija fi ’l-manṭiq S I 820,$_{68a}$
-Qaṣīda al-nafsiyya G I 455,$_{35}$
Qaṣīdat al-Nashshār fī ʿilm al-qirāʾa S II 142
Qaṣīda fi ’l-naʿt S II 228
Qaṣīda fī naẓm r. al-Suyūṭī etc. S II 477,$_{45}$
-Qaṣīda al-Nuʿmāniyya S I 287
-Qaṣīda al-nūniyya G I 275, S I 138, 429, 445, 484, 692, 728, II 126, 128,$_{47}$, 697
-Qaṣīda al-nūniyya lil-Sīwāsī S II A/C 469
Qaṣīdat Nuzhat al-nuẓẓār S II A/C 228
-Qaṣīda al-Qarmaḥshadiyya S II 401
-Qaṣīda al-Qīrāṭiyya fī madḥ al-nabī S II 5
-Qaṣīda al-qudsiyya al-nūrāniyya etc. S II 568
-Qaṣīda al-rāʾiyya S I 785, 828,$_{100}$
-Qaṣīda al-rāʾiyya al-kubrā S II 764
-Qaṣīda al-rāʾiyya al-ṣughrā S II 764
-Qaṣīda al-Ruṣāfiyya S I 123
-Qaṣīda al-sāʾira S II 255
Qaṣīdat al-Sanbāwī S II 499
-Qaṣīda al-saniyya G II 165
-Qaṣīda al-Sāsāniyya S I 151, 407, II 200
Qaṣīdat Sayf al-naṣr S II 903
-Qaṣīda al-shāfiya S I 144
-Qaṣīda al-Shāṭibiyya S I 725
Qaṣīdat al-Shihāb al-thāqib S I 779
-Qaṣīda al-Suwayjiʿiyya S I 459
-Qaṣīda al-Ṣūfiyya S I 772
Qaṣīda fi ’l-tajwīd G I 190, S I 330
Qaṣīda fī tajwīd al-Fātiḥa S II 134
Qaṣīda tāʾiyya li-Ibn Ḥājib S II A/C 35
-Qaṣīda al-tāʾiyya al-kubrā G I 447, S I 800,$_{138}$
-Qaṣīda al-tāʾiyya li-Ibn al-Muqriʿ S II 255
-Qaṣīda fī taʾrīkh al-Shabrāmallisī S II 443
-Qaṣīda al-tarjīʿiyya G I 252, S I 446
-Qaṣīda al-Tātāriyya G I 256, S I 455
-Qaṣīda al-Ṭāhiriyya S II 274
Qaṣīda fī ṭulūʿ al-manāzil S I 386
Qaṣīdat al-ʿuqūd S I 859
-Qaṣīda al-waḥīda S II 284,$_{17}$
Qaṣīda fī waṣf al-ḥikma S I 429
Qaṣīdat b. al-Wazīr S II 243
-Qaṣīda al-Witriyya etc. G I 250, S I 444
Qaṣīdat Yaqūlu ’l-ʿabd G I 429, S I 764
-Qaṣīda al-Yūnāniyya fī ramy al-qaws S II A/C 167
Qaṣīda yuʿrafu minhā maʿrifat al-ḥawādith etc. S II 487
Qaṣīdat al-zanjabīl al-qāṭiʿ etc. S II 12
-Qaṣīda al-Zaynabiyya G I 44, S I 74, 111
Qaṣm al-mubtadiʿīn G II 445, S II 662
Qaṣr āl al-ʿAẓm bi-Dimashq S III 386
-Qaṣr al-mabnī S II 18, 742
-Qaṣr al-mashḥūr S II 246, 299
Qātil abawayhi S III 231
Qātil akhīhi S III 417
-Qatl wal-qitāl G I 186
Qatla ’l-Qurʾān G I 350

Qaṭʿ al-jidāl bi-taḥqīq masʾalat al-istibdāl S II 602 A/C, 948,$_{7}$ (to be read thus)
Qaṭʿ al-makhrūṭ G I 218
Qaṭʿ al-mujādala G II 155,$_{245a}$
Qaṭʿ al-nizāʿ etc. S II 526
Qaṭʿ al-usṭuwāna S I 385
Qaṭāʾif al-laṭāʾif G II 485
-Qaṭarāt al-dāliya S II 698
Qaṭarāt min yarāʿ Baḥr al-ʿulūm S II A/C 800
Qaṭf al-anwār S II 217
Qaṭf al-azhār G II 39, 298, S II 36
Qaṭf al-azhār fī kashf al-asrār S II 181,$_{21c}$
Qaṭf al-azhār fī khaṣāʾiṣ al-maʿādin wal-aḥjār S II 713
Qaṭf azhār al-mawāhib al-rabbāniyya etc. S II 535
Qaṭf al-azhār al-saniyya etc. S II 141
Qaṭf al-thamar fī bayān ʿaqāʾid ahl al-athar S II 861
Qaṭf al-thamar fī muwāfaqāt sayyidinā ʿUmar G II 146, S II 180,$_{16}$
Qaṭf al-thamar fī rafʿ asānīd al-muṣannafāt etc. S II A/C 808
Qaṭf thimār al-kalām etc. S II 378, 783
Qaṭf al-zuhūr fī taʾrīkh al-duhūr S II 768
Qatitiriyūn S I 886
Qāṭiʿat al-lijāj etc. S II 575
Qaṭr andāʾ al-diyam etc. S II 740
Qaṭr al-ghayth S I 440
Qaṭr al-ghayth fī sharḥ masāʾil a. ʾl-Layth S I 348, II 814
-Qaṭr al-Miṣrī G II 116, S II 142
Qaṭr al-nadā etc. G II 23, S II 16
-Qaṭr al-Nubātī G II 11, S II 4
Qaṭr al-sayl fī amr al-khayl G II 74, S II 79
Qaṭr al-ṭall etc. S II 421
Qaṭra min al-saḥāb etc. S II 19, 559
Qaṭrat samāʾ al-wujūd etc. G II 346, S II 473,$_{16}$
Qaṭra min yarāʿ etc. S III 96
-Qawādiḥ al-jadaliyya G I 467
-Qawāfī G I 309, II 26
-Qawāfī fī ʿilm al-ʿarūḍ S II 915
-Qawāʿid G I 700, S I 633
Qawāʿid al-adilla etc. S II 974,$_{22}$
Qawāʿid al-aḥkām fī maʿrifat al-ḥalāl wal-ḥarām G II 164, S II 207
Qawāʿid al-aḥkām fī maṣāliḥ al-anām S I 767
Qawāʿid al-ʿAlāʾī S II 108
Qawāʿid al-amān etc. S II 987
Qawāʿid al-ʿaqāʾid G I 509, S I 746,$_{3}$, 927,$_{3}$
Qawāʿid ʿaqāʾid āl Muḥammad S II 241
-Qawāʿid al-ʿashara S I 746,$_{3}$
Qawāʿid al-baḥth G II 216
Qawāʿid al-Baʿlī S I 687
-Qawāʿid al-Buṣrawiyya fī ʾl-naḥw S II 925
Qawāʿid daqīqa S I 746,$_{3}$
Qawāʿid al-dīn etc. S II 107
-Qawāʿid wal-ḍawābiṭ G I 396
-Qawāʿid wal-ḍawābiṭ fī ʾl-fiqh S II 108
-Qawāʿid fī ʾl-fiqh S II 130
-Qawāʿid al-fiqhiyya S II 129, 839
-Qawāʿid fī ʾl-furūʿ S II 108
-Qawāʿid al-ilāhiyya S I 713
Qawāʿid ʿilm al-kalām S I 713, 746,$_{3}$
Qawāʿid al-Islām S I 767, II 349
-Qawāʿid wal-ishārāt etc. S II 980
Qawāʿid fī ʾstikhrāj al-kusūr S II 1018,$_{8}$
-Qawāʿid al-jaliyya G II 426
-Qawāʿid al-kāfiya G II 338,$_{33}$
-Qawāʿid al-khams etc. S II 1039,$_{19}$
-Qawāʿid al-kubrā S I 767
-Qawāʿid al-kubrā fī ʾl-farāʾiḍ G II 161
-Qawāʿid al-marʿiyya etc. S II 869
-Qawāʿid fī ʾl-maṣāliḥ wal-mafāsid S I 767
-Qawāʿid al-muqarrara G II 327, S II 454
-Qawāʿid al-muqniʿa G II 359
-Qawāʿid fī ʾl-naḥw S I 499
-Qawāʿid fī naẓm al-ʿaqāʾid S II 93
-Qawāʿid fī rasm al-Qurʾān S II 980
-Qawāʿid al-saniyya S I 841, note 11
-Qawāʿid al-saniyya fī asrār al-ʿArabiyya G I 385
-Qawāʿid al-saniyya fī qirāʾat Ḥafṣ etc. S II 455
-Qawāʿid al-shamsiyya S II 292
Qawāʿid al-sharīʿa G I 430
-Qawāʿid al-sharīfiyya S II 831
-Qawāʿid al-sharʿiyya G II 297
Qawāʿid al-shiʿr G I 118
-Qawāʿid al-Ṣūfiyya G II 167, S II 150
-Qawāʿid al-ṣughrā G II 24, S II A/C 19
Qawāʿid al-tajwīd G II 203, S II A/C 279
Qawāʿid al-taṣawwuf S II 361

Qawāʿid al-ṭarīqa G II 253
Qawāʿid al-uṣūl S II 973
Qawāʿid uṣūl al-fiqh S II 128
-*Qawāʿid al-wafiyya etc.* S II 726
-*Qawāʿid al-wāqiya* G II 78
Qawānīn al-aḥkām al-sharʿiyya etc. S II 377
-*Qawānīn allatī yaʿstamiluha ʾl-munajjim* G I 219
Qawānīn al-dawānīn G I 335, S I 573
-*Qawānīn al-fiqhiyya etc.* S II 377
Qawānīn al-fuṣūl etc. S II 842,$_{9}$
Qawānīn ḥikam al-ishrāq etc. G II 123 (253), S II 152
-*Qawānīn al-muḥkama* S II 450, 825
-*Qawānīn al-naḥwiyya* S I 547
Qawānīn al-salāṭīn etc. S II 1014,$_{7}$
Qawānīn al-ṣarf S II 918
-*Qawānīn al-ṭabīʿiyya etc.* S I 421
Qawānīn al-ṭibb S I 932,$_{55b}$
Qawānīn al-uṣūl S II 581
Qawānīn al-wizāra G I 386
-*Qawāṣim al-hāshima etc.* S II 516
Qawāṭiʿ al-burhān etc. S II 429
Qawī kal-mawt S III 232
-*Qawl al-abraq etc.* S II 1002,$_{56}$
-*Qawl al-abyan etc.* S I 784, II 476,$_{16}$
Qawl ahl al-sunna G II 320
-*Qawl al-ʿalī fī qirāʾat al-imām al-Kisāʾī* S II 989
Qawl anna fi ʾl-zamān al-mutanāhī etc. S I 960 ad 399
-*Qawl al-ashbah etc.* G II 148, S II 185,$_{72}$, 446
-*Qawl al-aslam ʿala ʾl-aqwāl al-arbaʿa etc.* S II 856
-*Qawl al-aslam ʿala Baḥth al-taṣawwurāt* S II 623
-*Qawl al-asnā* G II 331
-*Qawl al-aṣwab etc.* S II 313
-*Qawl al-ʿatīq etc.* S II 660
Qawl al-ʿawāmm G II 437
-*Qawl al-azhar etc.* S II 647
-*Qawl al-badīʿ fi ʾl-ṣalāt ʿala ʾl-ḥabīb al-ṣafī* G II 35, S II 32
-*Qawl al-badīʿ fī uṣūl aḥādīth al-nabī al-shafīʿ* S II 418
-*Qawl al-bāhir etc.* S II A/C 185
Qawl fī bayān al-khaṭaʾ etc. S I 857
Qawl fī bayān mā wahama fīhi a. ʿA. b. al-Haytham etc. S I 857
-*Qawl fi ʾl-bighāl etc.* S I 244,$_{56}$
-*Qawl al-dāll ʿalā ḥayāt al-Khiḍr etc.* G II 314, S II 432
-*Qawl al-farīd* G II 125
-*Qawl al-faṣīḥ fi ʾl-radd ʿalā ʿAbd al-Masīḥ* S I 954 ad 345
-*Qawl al-faṣīḥ fī taʿyīn al-dhabīḥ* G II 145,$_{10}$
-*Qawl al-fayṣal* S II 293
-*Qawl al-ḥaqq fī madāʾiḥ khayr al-khalq* S II 764
-*Qawl al-ḥaqq fī taʾrīkh al-sharq* S II 727
-*Qawl al-ḥaqīq* G II 397
-*Qawl al-ḥasan fī jawāb al-qawl fi ʾl-qaḍāʾ wal-fatwā* G II 427, S II 646 A/C
-*Qawl al-ḥasan min naẓm al-Ḥu.* S II 544
-*Qawl al-ibrīzī etc.* S II 36
-*Qawl fī īḍāḥ ghalaṭ a. ʿA. b. al-Haytham etc.* S I 857
-*Qawl al-ijābī etc.* S II 745
-*Qawl al-jādhdh* G II 113
-*Qawl al-jalī fī faḍāʾil ʿAlī* G II 149,$_{91}$
-*Qawl al-jalī fī ḥadīth al-walī* G II 149, S II 185,$_{77}$
-*Qawl al-jalī fī tarjamat al-shaykh Taqī al-Dīn etc.* S II 119, 787
-*Qawl al-jāmiʿ fī aḥkām al-ṣalāt wal-tasābīh* S II 743
-*Qawl al-jāmiʿ fī bayān al-ʿilm al-nāfiʿ* S II 617
-*Qawl al-jāmiʿ al-matīn* S II 743
-*Qawl al-jamīl* S I A/C 523
-*Qawl al-jamīl fī bayān sawāʾ al-sabīl* S II 1012
-*Qawl al-jamīl fī uṣūl al-ṭuruq al-arbaʿ* S II 615
-*Qawl al-jāzim etc.* S II 857, 858
Qawl jumlat aṣḥāb al-ḥadīth etc. G I 521, S I 345
-*Qawl al-kāshif ʿan aḥkām al-istināba bil-waẓāʾif* S II 685
-*Qawl fī mabādiʾ al-kull etc.* S I 370
-*Qawl al-mabthūth* G II 288
-*Qawl al-majīd fī sharḥ abyāt al-Talkhīṣ* S I A/C 519
-*Qawl fi ʾl-makān* G I 469
-*Qawl al-maʾnūs fī ṣifat al-Qāmūs* S II 235

-Qawl al-maʾnūs fī taḥrīr mā fi ʾl-Qāmūs G II 183, S II 53 (delete), 234, 436
-Qawl al-maqbūl etc. S II 115
-Qawl al-maṣīd etc. S II 399
-Qawl al-matīn fī bayān umūr al-dīn S II 453
-Qawl al-matīn fī ʾl-ḥukm bil-shāhid wal-yamīn S II 963,2
-Qawl al-matīn fī taḥrīr al-takwīn etc. S II 934
-Qawl al-mubdiʿ S II 155, 217
-Qawl al-mubīn fi ʾl-radd ʿan Muḥyi ʾl-Dīn G II 337,10, 703, S I 802, II 465,10
-Qawl al-mubram etc. S II 812
-Qawl al-mufīd fī adillat al-ijtihād wal-taqlīd S II 819,10
-Qawl al-mufīd fī bayān faḍl al-jumʿa G II 380
-Qawl al-mufīd fi ʾl-Nīl al-saʿīd G II 114, S II 140
-Qawl al-mufīd, sharḥ Durrat al-tawḥīd G II 371, S II 498
-Qawl al-muḥarrar etc. G II 146, S II 180,19
-Qawl al-muḥīṭ etc. S II 302, 856
-Qawl al-muʿīb G II 87
-Qawl al-muʿīn S I 842,n
-Qawl al-muḥkam etc. G II 359, S II 705 A/C
-Qawl al-mujdī G II 103, 500, S II 811
-Qawl al-mujīd S I 843,21
-Qawl al-mujmil etc. G II 158, S II 197,305
-Qawl al-mukhtār fī dhikr al-rijāl al-akhyār G II 340, S II 470
-Qawl al-mukhtār fī ḥill al-ṣanṣār G II 309
-Qawl al-mukhtār fi ʾl-radd ʿalā ʾl-jāhil al-muḥtār S II 475,104
-Qawl al-mukhtār fī sharḥ Ghāyat al-ikhtiyār S I 677
-Qawl al-mukhtaṣar fī ʿalāmāt al-Mahdī al-muntaẓar G II 388,6, S II 528,6, 529,55
-Qawl al-munabbiʾ G II 35
-Qawl al-munjī G II 486, S II 517, 738
-Qawl al-munīf etc. S II 445
-Qawl al-munīr G II 354
-Qawl al-muqtaḍab etc. S II 394
-Qawl al-murtaḍā G II 316
-Qawl al-musaddad etc. S II 75,64
-Qawl al-mushfī G II 488
-Qawl al-mushriq etc. S II 189,169gg
-Qawl al-mustaẓraf etc. G II 30, S II 26
-Qawl al-muṣān G II 326, S II 453
-Qawl al-muʿtabar fī bayān jumlat al-ḥamd etc. S II 704
-Qawl al-muʿtabar fī bayān al-naẓar G II 346,30
-Qawl al-muʿtabar ʿalā muqaddamat al-Mukhtaṣar G II 316
-Qawl al-mutawāṭiʾ S II 481
-Qawl al-muwaffī fī taḥqīq al-shukr al-ʿurfī S II A/C 144
-Qawl al-nafīs fī iʿrāb jumla etc. G II 323, S II 446
-Qawl al-nafīs fī taflīs Iblīs S I 809,3
-Qawl al-naqī etc. G II 311,9, S II 426
-Qawl al-naṣīḥ etc. S II 189,169xx
-Qawl fi ʾl-numūdhārāt G I 222, S I 395
-Qawl fi ʾl-radd ʿala ʾl-muftarī S II 426,9
-Qawl fi ʾl-sabab alladhī juʿilat lahu miyāh al-biḥār māliḥa S I 386
-Qawl al-sadīd al-aẓraf etc. G II 54
-Qawl al-sadīd fī baʿḍ masāʾil al-ijtihād wal-taqlīd G II 387, S II 524, 948,2
-Qawl al-sadīd fī ḥarb al-dawla al-ʿUthmāniyya maʿa ʾl-Yūnān S III 308
-Qawl al-sadīd fi ʾl-ijtihād wal-taqlīd G II 481, S II 732
-Qawl al-sadīd fi ʾkhtiyār al-imāʾ wal-ʿabīd G II 82, S II 93, 169
-Qawl al-sadīd fi ʾttiṣāl al-asānīd S II A/C 392
-Qawl al-sadīd fī khalaf al-waʿīd G II 395,33, S II 540
-Qawl al-sadīd al-shāfī S II 22
-Qawl al-sadīd fī wuṣūl thawāb fiʿl al-khayrāt G II 331, S II 458
-Qawl fi ʾl-shakl al-qaṭṭāʿ etc. S I 385
-Qawl fī sharāʾiṭ al-yaqīn G I 211
-Qawl fi ʾl-shaykh al-akbar G II 345
-Qawl al-ṣaḥīḥ fī miʿrāj al-rafīʿ ila ʾl-raqīʿ S II 640
-Qawl al-ṣaḥīḥ fī taʿyīn al-dhabīḥ S II 103
-Qawl al-ṣāʾib etc. S II 972
-Qawl al-tamām fī ādāb dukhūl al-ḥammām G II 94, S II 111
-Qawl al-tamām bi-aḥkām al-maʾmūm wal-imām G II 94, S II 110
-Qawl al-tamām ʿinda dhikr wilāditihi ʿam G II 432

-Qawl al-tāmm fī bayān aṭwār sayyidinā Ādam G II 318, S II 438
-Qawl al-tāmm fi 'l-ramy bil-sihām G II 35
-Qawl al-thamīn etc. S II 418
-Qawl al-wajīz S II 138, 555 A/C
-Qawl al-wasīṭ bayna 'l-ifrāḥ wal-tafrīḥ S II 658,$_{35}$
-Qawl al-wasīṭ, sharḥ al-Aqwāl al-arbaʿa S II 623
Qaws Quzaḥ G II 231
-Qawsayn S I A/C 844
Qayd al-awābid G I 128
Qayd al-awābid min al-fawāʾid wal-ʿawāʾid etc. S II 516
Qayd al-awābid li-mā fīhi min taʾlīf al-shawārid S I 762
Qayd al-sharāʾid wa-naẓm al-farāʾid al-Wahbāniyya G II 79, S II 88
Qayd al-shawārid min akhbār Yazīd S II A/C 495
Qayd Ṣayd al-khāṭir S I 919,$_{49}$
Qayṣar wa-Kleopatra S III 479
Qiblat al-ʿārifīn etc. S II 591
Qiblat al-arwāḥ G II 115, S II 141
Qiblat ḥudūd al-lawāmiʿ G II 232
-Qidḥ al-muʿallā G I 337
-Qiḥāb wal-kilāb wal-lāṭa S I 245,$_{47}$
Qilādat al-dhahab fī Fransā wal-ʿArab S III 347
Qilādat al-durr al-manshūr etc. G I 452, S I 811
Qilādat al-durr al-manthūr etc. S I 913
Qilādat al-ʿiqyān etc. S II 186,$_{100a}$
Qilādat al-jawhar etc. G II 506, S II 869
-Qilāda al-jawhariyya G II 180
Qilādat al-naḥr etc. S II 240
Qilādat al-tasjīlāt G II 247
Qimaṭrat ṭawāmīr S II 769
Qināʿ al-aqyisa S II 950,$_{24}$
Qira 'l-ḍayf G I 154, S I 247
-Qirā li-qāṣid umm al-qurā S I 615
Qirāʾat a. Amr S I 729, II 979
Qirāʾat āyat al-kursī G II 437
Qirāʾat Ḥafṣ G II 327
Qirāʾat b. Kathīr S II 982,$_{40}$
-Qirāʾa khalf al-imām S I 619, II 955,$_{75}$
Qirāʾat al-muṣallī G I 373
-Qirāʾāt S I 190, 218 A/C
-Qirāʾāt al-kabīr S I 167
-Qirāʾāt al-sabʿ S I 176, 192, 329, 722 A/C
-Qirāʾāt al-shādhdha G I 189, S I 329, II 277 A/C
-Qirāʾāt al-thalāth G I 408
Qirān al-Qurʾān bil-bayān S II 583
Qirān al-shiʿr al-akbar S II 784
-Qirānāt fi 'l-burūj al-ithnay ʿashar S I 395 (see 960)
-Qirānāt wal-ittiṣālāt fi 'l-burūj al-ithnay ʿashar S I A/C 396
Qirānāt al-kawākib G I 222
Qismat al-khaṭṭ alladhi 'staʿmalahi Arshīmīdīs G I 469
Qismat al-miqdārayn G I 469
Qismat al-zāwiya G I 298, 299
Qisṭ al-labīb etc. S II 598
Qiṣar al-amal S I 248
-Qiṣāṣ S III 232
-Qiṣāṣ al-ʿādil S III 229
Qiṣaṣ al-anbiyāʾ G I 350, S I 101 A/C, 592, 580
Qiṣaṣ al-aṭfāl S III 233
Qiṣaṣ al-bardī S III 231
Qiṣaṣ al-ḥaqq G II 399
Qiṣaṣ al-ḥayāh S III 233
Qiṣaṣ tamthīliyya etc. S III 287
Qiṣaṣ al-ʿulamāʾ S II 828
Qiṣṣat al-ʿAbbās b. Ḥamza etc. S I 353
Qiṣṣat ʿAlī b. ʿĀlim G II 493
Qiṣṣat al-amīr Hamza al-Bahlawān S II 65
Qiṣṣat al-amīr Nimr b. ʿAdwān S III 378
Qiṣṣat Badr al-Naʿam S III 227
Qiṣṣat al-Bahnasā etc. S II 911
Qiṣṣat Bahrām Shāh Ardashīr S III 381
Qiṣṣat Banī Hilāl S II A/C 64
Qiṣṣat al-Bārīsiyya al-ḥasnāʾ S II 759
Qiṣṣat al-Barzakha etc. S II 65
Qiṣṣat Dīk al-Jinn al-Ḥimṣī S III A/C 445
Qiṣṣat Fayrūz Shāh S III 381
Qiṣṣat Fāris al-ʿUqaylī etc. S II 64
Qiṣṣat Hārūt wa-Mārūt S II 542,$_{104}$, 651
Qiṣṣat al-isrāʾ wal-miʿrāj S I 331
Qiṣṣat Jābir G II 493
Qiṣṣat Josephine S III 228
Qiṣṣat al-kunt S III 381
Qiṣṣat Majnūn wa-Laylā S I 133
Qiṣṣat al-Miqdād b. al-Aswad etc. G II 484, S II 736

Qiṣṣat al-miʿrāj G II 384, S II 517, 812
Qiṣṣat miʿrāj al-nabī S II 467
Qiṣṣat al-miʿrāj al-ṣughrā S II 467
Qiṣṣat Muʿādh b. Jabal S II 65 (to be read thus)
Qiṣṣat al-muqaddam ʿA. al-Zaybaq S I 616
Qiṣṣat Robinson Crusoe S II 768
Qiṣṣa ʿala ʾl-rūḥ al-aṣfar G II 393
Qiṣṣat Salāmān wa-Absāl S I 368 (see 956), 817,27a
Qiṣṣat al-sayyida Khadīja bint Khuwaylid S I 616
Qiṣṣat shahr Īyār S II 768
Qiṣṣat Ṣāliḥ b. ʿAbd al-Quddūs etc. S I 111
Qiṣṣat al-Tawaddud al-jāriya S II A/C 63
Qiṣṣat al-thalj G II 493
Qiṣṣat wafāt al-nabī G I 431
Qiṣṣat Yūsuf S I 919,61
Qiṣṣat Yūsuf maʿa ikhwatihi S II 57
Qiṣṣat al-Zībaq S II 65
Qiṣṣat al-Zibriqān b. Badr S I 616
Qiṣṣat al-Zīr S II 65
Qiṣṣat al-Zīr Sālim a. Laylā al-Muhalhil S II 65
-Qiṭār al-sarīʿ lil-ʿilm al-badīʿ S II 728
-Qīṭāra S III 363
-Qiwāmī fi ʾl-ḥisāb S I 865
-Qiyām li-ahl al-takrīm wal-iḥtirām G I 397, S I 685
Qiyām al-arḍ G I 457,73
Qiyām al-layl etc. S I 947 ad 258, II 38
-Qiyās G I 211, 487, S I 315, 376, 822,68jjj
-Qiyās fi ʾl-naḥw G II 100
-Qiyās bi-sharʿ al-Islām S II 125,118, 128,45
-Qubal wal-muʿānaqa etc. S I 955 ad 358
-Quds fī munāṣaḥat al-nafs G I 455
-Qudsiyya S I 735
Qudwat al-muhtadīn G II 109
-Quḍāh S I 229
Quḍāt Miṣr S II 33
Quḍāt al-Qāhira S II 401
-Quḍāh bi-Qurṭuba S I 232
-Quḍāh wal-wulāh S I 245,55
-Qūlanj G I 235, S I 420
Qulūb al-hawānim S III 280
-Qulūb al-muttaḥida etc. S III 456
Qunʿat al-arīb etc. S I 689
Qunyat al-fatāwī G I 382, II 81
-Qunya fi ʾl-fiqh G II 197
Qunyat al-imām S I 651
Qunyat al-munshiʾ G I 382
Qurʿat al-athmār etc. S III 381
-Qurʿa al-kubrā S II 494
-Qurʿa al-mubāraka etc. S I 801,182
-Qurʿa al-Ṣūfiyya wa-nafḥ al-kāfiya S II A/C 895
Qurʿat al-ṭuyūr S I 801,183, II 494
-Qurab fī maḥabbat al-ʿArab G II 66, S II 190,169aaa
Qurāḍat al-dhahab G I 307, S I 502
Qurāḍat al-dhahab al-fiqhiyya G II 437
Qurāḍat al-dhahab fī naqd ashʿār al-ʿArab S I 540
Qurāḍat al-nāḍir S I 708
-Qurʾān G I 33, S I 62
Qurb al-isnād S I 272, 953 ad 336
-Qurba ilā rabb al-ʿālamīn S I 580
Qurbat al-ṭāmiʿ etc. S II 982
Qurrat al-abṣār fī natāʾij al-tawārīkh wal-akhbār G II 429
Qurrat al-abṣār ʿala l-thalātha al-adhkār G II 249
Qurrat al-anẓār S II 428
Qurrat al-aʿyān etc. S II 860
Qurrat al-ʿayn S I 672
Qurrat al-ʿayn fī akhdh thaʾr al-Ḥusayn S I 667, II 969
Qurrat al-ʿayn fī ʿamal al-khaṭaʾayn G II 711, S II 433
Qurrat al-ʿayn fi ʾl-ʿamal al-maḥfūẓ S II 217
Qurrat al-ʿayn fī awṣāf al-ḥaramayn G II 173
Qurrat ʿayn al-aʿyān etc. S II 1008
Qurrat al-ʿayn fī bayān anna tabarruʿ etc. G II 389
Qurrat al-ʿayn fī bayān al-madhhabayn S II 217
Qurrat al-ʿayn fī ḍabṭ asmāʾ rijāl al-Ṣaḥīḥayn S I 266, II 476,123
Qurrat al-ʿayn fī faḍl al-shaykhayn G II 70
Qurrat al-ʿayn fi ʾl-fatḥ etc. G II 165, S II 212
Qurrat al-ʿayn fi ʾl-fiqh G II 417
Qurrat al-ʿayn fi ʾntiqāl al-ḥarām ilā dhimmatayn G II 315, S II 458
Qurrat al-ʿayn fī jamʿ al-bayn G II 462, S II 701
Qurrat al-ʿayn fī mā yataʿallaq etc. S II 525

Qurrat al-ʿayn fī maʿrifat (misāḥat ẓarf) al-qullatayn G II 321, S II 456 A/C
Qurrat al-ʿayn wa-mufarriḥ al-qalb al-maḥzūn S I 348
Qurrat al-ʿayn bi-muhimmāt al-dīn S II 604, 964,10
Qurrat al-ʿayn fī muqaddimat millat Ḥu. G II 315
Qurrat al-ʿayn wa-nuzhat al-fuʾād S II 180,6n
Qurrat ʿayn al-qurrāʾ fi ʾl-qirāʾāt S I A/C 727
Qurrat ʿayn al-shuhūd etc. S I 800,138
Qurrat ʿayn al-ṭālib S II 265
Qurrat al-ʿayn ʿala ʾl-Waraqāt G I 389
Qurrat al-ʿaynayn S I 264, II 442
Qurrat al-ʿaynayn fī iṣlāḥ al-dārayn S I 653
Qurrat al-ʿaynayn fī tarājim al-Ḥ. wal-Ḥu. S II 782
Qurrat al-baṣīra S II 1003,66
Qurrat al-nāẓir etc. G II 18, S II 11
Qurrat al-ʿuyūn S II 238, 706, 784
Qurrat al-ʿuyūn fī aʿazz al-funūn S II 585
Qurrat al-ʿuyūn fī akhbār al-Yaman al-maymūn G II 401, S II 549
Qurrat ʿuyūn al-akhyār etc. S II 428, 774
Qurrat ʿuyūn dhawi ʾl-afhām S II 118,45, 394
Qurrat al-ʿuyūn wa-mufarriḥ al-qalb al-maḥzūn G I 196
Qurrat al-ʿuyūn bi-numūdhaj al-funūn S II A/C 433
Qurrat al-ʿuyūn fī tartīb naẓm al-sabʿ funūn S II 23
Qurrat al-wāʿiẓīn S II 745
-Qurṭayn S I 186
-Qusṭās fi ʾl-ʿarūḍ G I 291, S I 511
-Qusṭās fi ʾl-manṭiq G I 468, S I 850, see: *mīzān*
-Qusṭās al-mustaqīm G I 422, S I 749,28
-Qusṭās al-mustaqīm fi ʾl-taʿlīm etc. S II 450
-Quṣārā fi ʾl-ṣarf S II 258
-Quṣṣāṣ al-mudhakkirūn G I 502
fī Quṣūr Dimashq S III 390
Qūt al-arwāḥ fī aḥkām al-samāʿ al-mubāḥ S I A/C 489
Qūt al-arwāḥ wa-miftāḥ al-afrāḥ S I 911
Qūt al-fātina etc. S III 231
Qūt al-ḥabīb S I 677,e, II 814
Qūt al-mughtadhī S I 268,4
Qūt al-muḥtāj G I 398, S I 680, II 108
Qūt al-nadīm etc. G II 158, S II 197,300
Qūt al-qulūb fī muʿāmalat al-maḥbūb G I 200, II 265, S I 359
Qūt al-qulūb, sharḥ Taḥrīr al-maṭlūb S II 957
Qūt al-qulūb fī tawḥīd ʿallām al-ghuyūb S II 1004,75a
-Qūt, sharḥ al-Yāqūt G II 328, S II 456
Quṭb al-ʿārifīn G I 436, S I 780, II 998
Quṭb al-awtād G II 339
-Quṭb wal-imāmayn etc. S I 797,66
Quṭb al-irshād S II 620
-Quṭb wal-nuqabāʾ G I 445
Quṭb al-surūr etc. G I 155, S I 252
Quṭb al-ṣināʿa etc. G II 494, S II 760
Quṭb al-zāhirāt G II 129, 168, S II 166, 216
-Quṭr al-muḥīṭ S II 767
-Quwā S I 409
Quwa ʾl-adwiya S I 888, II 891 A/C
Quwa ʾl-adwiya al-mufrada S I A/C 422
-Quwā al-arbaʿa S I 818,30a
Quwa ʾl-nafs G I 455,30
-Quwa ʾl-ṭabīʿiyya S I 828,95bb, 956 ad 369
Qyrq ḥadīth S I 683

-Rabāb S I 172
Rabʿat al-ṭāʾifīn etc. S II 1009
Rabḥ al-tijāra etc. S II 883
Rabīʿ al-abrār G I 292, S I 193, 512
Rabīʿ al-atqiyāʾ fī dhikr faḍāʾil sayyid al-aṣfiyāʾ S II A/C 415
Rabīʿ al-fuʾād etc. G II 480, S II 729
Rabīʿ al-ikhwān G I 119
-Rabīʿ wa-qiṣaṣ ukhrā S III 233
Rabīʿ al-qulūb etc. S II 603
-Rabīʿiyyāt S III 493
Rabṭ al-shawārid etc. S II 495
-Rabw G I 490
Radʾ al-fuqarāʾ G II 338, S II 466
Radʿ al-ikhwān S II 858
Radʿ al-juhhāl etc. S II 176
Radʿ al-rāghib G II 312
-Radd ʿalā ahl al-bidaʿ S II 362
-Radd ʿalā ahl al-dhimma S I 686
-Radd ʿalā ahl al-dhimma wa-man tabiʿahum S I 769
-Radd ʿalā ahl al-taqlīd G I 186
-Radd ʿalā ahl al-zāʾigh min al-Mushabbiha S I 316

-*Radd ʿalā b. ʿAqīl* S I 689
-*Radd ʿalā aṣḥāb al-hawā* S I 295
-*Radd fī ʾl-dafʿ* S II 116
Radd al-ḍāll fī mā qāl G II 320
-*Radd ʿalā falsafat b. Rushd etc.* S II 124
-*Radd ʿalā ʾl-firaq al-thalāth min al-Naṣārā* S I 341,91
-*Radd ʿala ʾl-hātif min buʿd* S I 696
-*Radd ʿalā a. Ḥanīfa* S I 260,n
-*Radd ʿalā a. Ḥanīfa min al-Muṣannaf* S I 944 ad 215
-*Radd ʿala ʾl-Ḥarīrī (al-Khashshāb)* G I 281, S I 493, 530
-*Radd ʿala ʾl-Ḥarīriyya* S II 123,84
-*Radd ʿala ʾl-Ḥurqūṣiyya* S I 218
-*Radd ʿala ʾl-Ikhnāʾī* S II A/C 123
-*Radd ʿala ʾl-imām al-Ghazzālī etc.* S II 316
-*Radd wal-intiṣār li-a. Ḥanīfa* G I 381, S I 654
-*Radd ʿalā b. Isḥāq al-Naẓẓām wa-aṣḥābihi* S I 946 ad 242
Radd al-ishrāk G II 503, S II 853
Radd al-jāhil ila ʾl-ṣawāb etc. G II 346, S II 473,27
-*Radd ʿala ʾl-Jahmiyya* S I 281
-*Radd ʿala ʾl-Jahmiyya fī ʾl-idrāk* S I 244,8
-*Radd ʿala ʾl-Jahmiyya wal-zanādiqa* S II 123,78
-*Radd al-jamīl li-ilāhiyyat ʿĪsā bi-ṣarīḥ al-Injīl* G I 422, S I 747,22
Radd maʿāni ʾl-āyāt al-mutashābihāt ila ʾl-āyāt al-muḥkamāt G I 111, S I 800,158 (delete), II 137, 988
-*Radd ʿalā man akhlada ʾl-arḍ etc.* S II 190,169qqq
-*Radd ʿalā man alḥada bi-kitābi ʾllāh* S I 245,22
-*Radd ʿalā man alḥada fī ʾl-Kitāb al-ʿazīz* S I 764
-*Radd ʿalā man ankara qatl ʿaduww Allāh Ḥātim* G I 186
-*Radd ʿalā man ankara al-waḥy* G I 186
-*Radd ʿalā man awhama anna tark al-ramy etc.* G II 404
-*Radd ʿalā man khālafa muṣḥaf ʿUthmān b. ʿAffān* S I 183
-*Radd ʿalā man shaddada wa-assara* G II 107
-*Radd ʿalā man zaʿama anna ʾl-insān juzʾ la yatajazzaʾ* S I 245,23
-*Radd ʿalā man zaʿama anna ʾl-Qurʾān qad dhahaba baʿḍuhu* S I 316
Radd al-maʿqūl ʿala ʾl-nahj al-maqbūl S II 858
-*Radd al-matīn ʿalā muntaqiṣ al-ʿārif Muḥyi ʾl-Dīn* G II 347,38, 703, S I 804, II 472,38
-*Radd al-matīn ʿani ʾl-shaykh Muḥyi ʾl-Dīn* S I A/C 802
-*Radd ʿalā b. Miqsam fī ʾkhtiyārihi* S I 329
-*Radd al-mubīn ʿala ʾl-jahala al-Mutaṣawwifīn* S II 728
Radd al-muftarī G I 274, II 347,47, S I 483, II 474,47
-*Radd ʿala ʾl-Mujabbira wal-Qadariyya* S I 316,8
-*Radd ʿalā M. b. al-Ḥ. b. al-Ḥanafiyya* S I 316
Radd al-muḥtār S II 428, 773
-*Radd ʿala ʾl-mulḥid* G I 186,18
-*Radd ʿala ʾl-mulḥidīn* G I 186, S I 952 ad 317
Radd al-munajjimīn G I 456,47, S I 706 A/C
-*Radd fī munkiri ʾl-shaykh al-akbar b. ʿArabī* G I 448, II 124
-*Radd ʿala ʾl-Mushabbiha* G I 121, S I 946 ad 242
-*Radd al-muṣān li-mā aftā bihi Riḍwān* S II 434
-*Radd ʿala ʾl-mutaʿaṣṣib al-ʿanīd al-māniʿ min dhamm Yazīd* G I 503, S I 917,16
-*Radd ʿala ʾl-Mutajabbira* S I 315
Radd al-mutashābihāt ila ʾl-muḥkamāt S II 542,101
-*Radd ʿala ʾl-mutawaqqif* G II 339
-*Radd ʿala ʾl-Naṣārā* G I 485, II 104, S I 242,13, 315, 415, 665, 766, II 989
-*Radd ʿala ʾl-Naṣrānī wal-Yahūdī* S I 244,6
-*Radd ʿala Nūḥ Ef.* S II 665
-*Radd ʿala ʾl-Qarāmiṭa* S I 320
Radd qawl al-ʿanīd etc. S II 647
Radd Qusṭā b. Lūqā ʿalā b. al-Munajjim etc. S I 366
-*Radd ʿala ʾl-Rāfiḍa* G I 186
-*Radd ʿala ʾl-Rāfiḍa wal-Yazīdiyya* S II A/C 143
-*Radd ʿala ʾl-Rāfiḍī al-Ḥillī etc.* S II 186,112
Radd al-rāghib etc. G II 312, S II 429

Radd rannān ʿalā Nabsh al-hadhayān S I I I 187
-Radd ʿala ʾl-Rawāfiḍ G I 186
Radd al-shahm lil-sahm S I I 760
-Radd ʿala ʾl-shams etc. S I I 859
-Radd ʿala ʾl-Shīʿa G I I 440
-Radd ʿala ʾl-shuʿūbiyya G I 142
Radd al-Ṣūfiyyīn S I 953 ad 323
Radd al-taʿdīd (tashdīd) fī masʾalat al-taqlīd S I I 704, 958
-Radd wal-tashnīʿ ʿalā k. al-Fuṣūṣ S I 794,$_{12c}$
-Radd ʿani ʾl-taṣwīb etc. S I I 760
-Radd ʿala ʾl-ṭāʿin fi ʾl-ʿArab S I I 475,$_{96}$
Radd ʿala Unmūdhaj al-ʿulūm al-Jalāliyya S I I 593
Radd al-ʿuqūl al-ṭāʾisha etc. S I I 415 A/C, 932
-Radd al-wafī G I I 347,$_{64}$
-Radd al-wāfir G I I 76
Radd al-Wahhābiyya S I I A/C 806
-Radd ʿala ʾl-Yahūd S I 245,$_{24}$
-Radd ʿala ʾl-zanādiqa wal-Jahmiyya G I 520, S I 310
-Radd ʿala ʾl-zindīq al-laʿīn b. al-Muqaffaʿ G I 186, S I 315
-Radd ʿala ʾl-Zubaydī fī laḥn al-ʿawāmm G I 302, S I 541
Raddādat al-bidaʿ G I I 79
-Raḍāʿ S I 316
Rafʿ al-ʿadhāb ʿan ahl al-qubūr S I I 542,$_{127}$
Rafʿ al-adhraʿī etc. S I I 647
Rafʿ al-astār ʿalā mughlaqāt al-Iẓhār S I I 657
Rafʿ al-astār al-mustadila ʿan mabāḥith al-basmala S I I 422
Rafʿ al-ʿashā G I I 311
Rafʿ al-ashyāʾ al-thaqīla S I 956 ad 366
Rafʿ al-ʿawāʾiq S I I 266
Rafʿ al-ḍarar S I I 961
Rafʿ al-ghalaṭ G I I 297
Rafʿ al-ghawāshī ʿan muʿḍilāt al-Muṭawwal wal-ḥawāshī S I I 745
Rafʿ al-ghiṭāʾ ʿan masʾalat jaʿl al-ʿimāma taḥt al-ridāʾ S I I 612
Rafʿ al-ghiṭāʾ ʿan waqtay al-ʿaṣr wal-ʿishāʾ S I I 426
Rafʿ al-ḥājib ʿalā Mukhtaṣar b. al-Ḥājib S I 538, I I 106
Rafʿ ḥājib al-ʿuyūn al-ghāmiza S I 545, I I 440
Rafʿ al-ḥawba bi-waḍʿ al-tawba S I I 106, 107
Rafʿ al-ḥijāb ʿan qawāʿid al-ḥisāb S I I 496, 1021
Rafʿ al-ḥijāb ʿan wujūh ʿamal al-ḥisāb S I I 363
Rafʿ al-ḥujub al-mastūra fī maḥāsin al-Maqṣūra S I A/C 173
Rafʿ al-ilbās bi-bayān ishtirāk maʿāni ʾl-Fātiḥa wa-sūrat al-Nās S I I A/C 534
Rafʿ al-ilbās wa-kashf al-iltibās etc. S I I 181,$_{21f}$
Rafʿ al-ilbās ʿan wahm al-waswās G I I 94, S I I 111,$_{8}$
Rafʿ al-ʿinād etc. G I I 346, S I I 473,$_{26}$
Rafʿ al-intiqāḍ etc. S I I 773,$_{20}$
Rafʿ al-ishkāl ʿan ḥadīth ṣawm sittat ayyām fī Shawwāl G I I 65, S I I 68
Rafʿ al-ishkāl fī misāḥat al-ashkāl G I I 126, S I I 158 A/C, 379
Rafʿ al-ishkāl ʿan waḍʿ al-ashkāl S I I 1042
Rafʿ al-ishkāl bi-ẓuhūr al-ʿashr etc. G I I 359, S I I 487
Rafʿ al-ishtibāh ʿan ʿalamiyyat ism Allāh G I I 347, S I I 474,$_{49}$
Rafʿ al-ishtibāh wa-dafʿ al-iltibāk etc. S I I 536, 537
Rafʿ al-ishtibāh ʿan ʿibādat al-ashbāh S I I 773,$_{19}$
Rafʿ al-ishtibāh ʿan masʾalat al-miyāh G I I 82, S I I 93
Rafʿ al-ishtibāh ʿan masʾalat al-muḥādhāh G I I 315
Rafʿ al-ishtibāk ʿan tanāwul al-tunbāk S I I A/C 509
Rafʿ (dafʿ) al-iṣr ʿan kalām ahl Miṣr S I I 394
Rafʿ (dafʿ) al-iṣr ʿan quḍāt Miṣr G I I 70, S I I 75,$_{43}$
Rafʿ al-ʿitāb wal-malām S I I 962,$_{41}$
Rafʿ al-janāḥ G I I 94, S I I 111
Rafʿ al-khafāʾ ʿan dhāt al-Shifāʾ S I 631
Rafʿ al-khaṣāʾiṣ S I I 181,$_{29a}$
Rafʿ al-khidr etc. G I I 155, S I I 193,$_{243}$
Rafʿ al-khilāf G I I 357, S I I 486
Rafʿ al-makhāwif etc. S I I 525
Rafʿ al-malām ʿani ʾl-aʾimma al-aʿlām S I I 125,$_{115}$
Rafʿ manār al-dīn etc. S I I 190,$_{169kkk}$
Rafʿ al-munādāt fi ʾl-tafḍīl wal-musāwāt S I I 575
Rafʿ al-mushkilāt G I I 348

Rafʿ al-niqāb etc. S I 585, II 417
Rafʿ al-rayb fī khiḍāb al-shayb S II 966$_{5}$
Rafʿ al-rayba etc. S II 819
Rafʿ al-shakk wal-mayn S II 23, 916
Rafʿ shaʾn al-Ḥubshān G II 158, S II 198$_{307}$
Rafʿ al-sitr ʿan kayfiyyat idkhāl al-mayyit fī ʾl-qabr S II 858
Rafʿ al-sitr wal-riḍāʾ S II 478$_{53}$
Rafʿ al-ṣawt etc. G II 149, S II 186$_{93}$
-Rafʿ wal-takmīl etc. S II 857$_{12}$
Rafʿ al-taraddud etc. S II 773$_{21}$
Rafʿ al-yad G II 79
Rafʿ al-yadayn G II 88
Rafʿ al-yadayn fī ʾl-duʿāʾ S II 193$_{245e}$
Rafʿ al-yadayn fī ʾl-ṣalāh S II 955
Rafʿ al-ẓulūm ʿani ʾl-wuqūʿ S II 785
Rāfiʿ al-ḥijāb S I 538
Rāfiʿ al-irtiyāb S I 564
-Rafīʿ fī sharḥ al-Badīʿ S I 658
-Rafīq S III 439
Rafraf al-ʿināya S II 790
Raghbat al-āmil min k. al-Kāmil S I 168
Raghbat al-sāʾil fī inshāʾ al-rasāʾil S II 752
Rahanjāmnāme S II 280
-Rahṣ wal-waqṣ G II 432, S II 643
Rāḥ al-arwāḥ S II 14
Rāḥ al-jām fī shajarat al-anghām S II 1035
Rāḥat al-ʿaql S I 325
Rāḥat al-arwāḥ G II 132, 452$_{102}$, S I 468, II 671$_{102}$
Rāḥat al-fuʾād S II 159
Rāḥat al-qulūb G II 77
Rāḥat al-rūḥ G II 373
-Rāḥa fī ʾl-sibāḥa G II 154, S II 193$_{236}$
Rāḥat al-ṣāliḥīn S II 655
Rāḥat al-ṭālibīn G II 441
-Raḥīmiyya fī ʾl-fiqh S II 503
Raḥīq al-firdaws G II 315
Raḥīq al-kawthar etc. S II 229
-Raḥīq al-makhtūm G II 277, S I 789, II 386, 860
-Raḥīq al-makhtūm li-dhawi ʾl-ʿuqūl wal-fuhūm G I 441, S II 773$_{17}$
-Raḥl wal-manzil S I 186$_{19}$
-Raḥma G I 241, S II 170, 193$_{238}$
-Raḥma wabtidāʾ Allāh G I 186
-Raḥma al-kabīr, al-ṣaghīr S I 427, 440
Raḥmat al-mahdāt takmilat al-Mishkāt S I 622, II 861
-Raḥma al-muhdāt fī faḍl al-ṣalāt S II 764
Raḥmat al-raḥmān S I 287
-Raḥma fī ʾl-ṭibb wal-ḥikma G II 155$_{238}$, 189, S II 252
Raḥmat al-umma fī ʾkhtilāf al-aʾimma G II 91, 97, S II 107
Rāʾi ʾl-durar etc. S I 198
-Rāʾid S III 439
Rāʾid al-farāʾiḍ S II 760
-Rāʾid al-Miṣrī S III 430
Rāʾid al-Sūdān S III 181
-Rāʾid al-Tūnisī S II 867
-Rāʾiḍ fī masāʾil al-farāʾiḍ S II 542$_{107}$
Rāʾiḥat al-janna S II 408
-Rāʾiq S II 505
Rāʾiq al-akhbār S II 947
Rāʾiq al-tasliya G II 259
-Rāʾiyya al-Sharīshiyya S I 802
-Rāʾiyya fī uṣūl al-dīn S I 757
Rajʿ al-ṣadā S III 228
-Rajāʾ wa-sāʿat al-raḥma S I 919$_{75f}$
Rajʿat a. ʾl-ʿAlāʿ S III 254
Rajab Ef. S III 221
-Rajaz fī ʾl-filāḥa S II 380
-Rajaz fī ʾl-khayl G I 403
-Rajaz al-mafrūḍ G II 366, S II 493
-Rajaz al-manṭiqī G I 456, S I 820$_{68}$
Rajaz a. Miqraʿ S II 364
-Rajaz al-muḥtawī ʿalā masāʾil Mukhtaṣar al-Sanūsī S II 356, 682, 683
Rajm al-shayṭān etc. S II 848
Ramal wa-zubad S III 468
-Rāmiza al-shāfiya fī ʿilm al-ʿarūḍ wal-qāfiya G I 312, S I 545
Rāmūz al-aḥādīth etc. S II 746
-Ramy wal-furūsiyya G I 244
Ramz al-asrār G II 115, S II 141
Ramz al-ḥaqāʾiq G II 53, 197, S II 266
Ramz k. al-ḥikma wal-ilāhiyyāt S I 822$_{68aaa}$
Ramz al-khiṭāb G II 115, S II 141
-Ramz lil-mudārik etc. S II 141
Ramz al-sālik S II 141
Rannāt al-mathālith wal-mathānī S I 226
-Raqāʾiq S I A/C 351
Raqāʾiq al-asrār G II 359
Raqīqat qalb al-ʿiyān G II 342
Rāqiṣat al-maʿbad S III 250
-Raqm ʿala ʾl-Burda S I 467, II 21
Raqm al-ḥulal etc. G II 262, S II 372

-Raqq al-manshūr fī tafsīr āyat al-nūr S II 856
Ra's al-ghūl S I 616,$_{6}$
Ra's māl al-nadīm S I 586
Rasā'il 'Abd al-Ḥalīm al-Ḥanafī S II A/C 661
Rasā'il a. 'Al. M. al-'Arbī b. A. al-Darqāwī S II 881
Rasā'il al-aḥzān S III 75
Rasā'il a. 'l-'Alā' al-Ma'arrī G I 255, S I 453
-Rasā'il al-arba'a aw farā'iḍ al-uṣūl S II 832
Rasā'il al-arkān S II 607
Rasā'il al-arkān al-arba'a S II 625
-Rasā'il al-'aṣriyya S II 768
Rasā'il b. al-Athīr S I 609
Rasā'il Badī' al-zamān G I 95, S I 152
Rasā'il ba'ḍ al-mutakallimīn etc. S I 821,$_{68t}$
Rasā'il a. Bakr al-Khwārizmī G I 93, S I 150
Rasā'il al-bulaghā' S III 431
-Rasā'il al-dāmigha etc. S II 992,$_{29}$
Rasā'il al-Fārābī etc. S I 377
Rasā'il fiqh S II 819
Rasā'il handasiyya etc. S I 890
-Rasā'il al-Hāshimiyyāt S I 246,$_{91}$
Rasā'il b. Hilāl S I 154 (see 942)
Rasā'il i Ḥakīmī Tirmidhī S I 357
Rasā'il Ḥamza S I 717
Rasā'il b. Ḥamzawīzāde S II 775
Rasā'il al-Ḥiṣnakayfī S I 733
Rasā'il al-ḥubb S III 127
Rasā'il al-Ḥurriyya etc. S II 227
Rasā'il Ibr. al-Yāzijī S II 767
Rasā'il Ikhwān al-ṣafā' G I 213, S I 380
Rasā'il al-imtiḥān S I 518
Rasā'il min kalām al-Q. b. Ibr. fī 'l-tawḥīd S I 315
Rasā'il al-Kāẓimī S II 794
Rasā'il khamsat asānīd S II 316
-Rasā'il al-kubrā G II 265, S II 358
Rasā'il Miṣriyya Fransiyya S III 333
Rasā'il wa-mukātabāt S II 999,$_{30}$
-Rasā'il al-Murshidiyya etc. S I 746,$_{8a}$
Rasā'il al-nūr etc. S II 282
Rasā'il al-Qāḍī al-Fāḍil S I 549
Rasā'il al-Rashtī S II 845
Rasā'il al-Shī'a S II 793
Rasā'il al-Shīrāzī S I 154
Rasā'il Shmūnī akhlāqiyya etc. S III 394
-Rasā'il al-ṣughrā S II 358
Rasā'il Thābit b. Qurra S I 384
Rasā'il Ṭanṭāwī Jawharī S III 327
Rasā'il ṭibbiyya S II 1029,$_{19}$
Rasā'il fī uṣūl al-qirā'āt S I 980,$_{14}$
Rasā'il al-Wahrānī S I 489
-Rasā'il al-Zaynabiyya S III 175
-Rasā'il al-Zayniyya etc. S II 426,$_{27}$
-Rashād G II 441, S II 304
-Rashād fī sharḥ al-Irshād etc. S I 750,$_{n}$
Rashaḥāt al-aqlām S II 474,$_{35}$
Rashaḥāt 'ayn al-ḥayāt G II 419, S II 287
Rashaḥāt al-maddād etc. S II 490
Rashf al-ku'ūs fī riyāḍ al-nufūs S III 179
Rashf al-manhal S II A/C 9
Rashf al-mudām fi 'l-jinās al-tāmm S III A/C 723
Rashf al-nabīh etc. G II 448, S II 667
Rashḥ al-raḥīq min sharāb al-ṣiddīq S II A/C 227
Rashḥ al-raḥīq fī waṣf al-ḥarīq G II 33
Rashḥ al-raḥīq fī waṣf al-nabī bil-ṣiddīq G II 340, S II 469
Rashḥ 'uyūn al-dhawq G II 232
Rashḥ 'uyūn al-ḥayāh G II 232, S II 324
Rashḥ al-zulal min al-siḥr al-ḥalāl G II 154, S II 192,$_{214}$
Rashḥ al-zulal fī waṣf al-hilāl G II 33
-Rashīd wal-Barāmika S III 416
-Rashīdiyya, sharḥ al-R. fī qawā'id al-baḥth S II 305, 621
-Rashīdiyyāt S III 449
Rashīḥat al-naṣīḥ etc. G II 370, S II 498
-Rashwa wa-aqsāmuhā G II 311, S II 426
Rāsikāt al-Hindī G I 476
Rasm al-rub' al-ma'mūr G I 210, S I 382
-Rasm fī ta'līm al-khaṭṭ S II 893
-Rasūl al-amīn lil-banāt wal-banīn S II 732
Rasūl al-'awāṭif S III 233
Raṣd al-ma'ārif S II 1043,$_{7}$
Raṣf al-la'āl fī waṣf al-hilāl G II 158, S II 197,$_{296}$
Raṣf al-mabānī fī sharḥ ḥurūf al-ma'ānī S II 370
-Rataniyyāt S I 626
Rātib 'Abd al-Ṣamad al-Palembānī S II 629
Rātib al-Quṭb al-Ḥaddād S II 566
Rātib i Rifā'iyya S I 781
Rātib Sammān S II 629

-Rātib wal-tawassul etc. S II 810
-Rawābiʿ li-Aflāṭūn G I 218
-Rawāʾiʿ S III 367, 389
Rawāʾiʿ al-aḥkām S I 712
Rawāʾiḥ al-ʿawāṭir etc. S II 444
-Rawāʾiḥ al-ʿūdiyya G II 368, S II 495
Rawājiḥ al-uṣūl S II 838
Rawāmīz al-aʿyān etc. S II 674
Rawāshiḥ al-fuyūḍ etc. S II 807
-Rawāshiḥ al-samāwiyya G I 187
Rawḍ al-ādāb G II 18, S II 12
Rawḍ al-adhhān G I 300
Rawḍ al-afkār G II 76
Rawḍ al-akhyār G I 292, II 429, S I 512, II 638
Rawḍ al-anām fī faḍāʾil al-Shaʾm S II 433
-Rawḍ al-anīq fī faḍāʾil a. Bakr al-Ṣiddīq G II 334, S II 462
-Rawḍ al-anīq fī faḍl al-ṣiddīq G II 149,88
-Rawḍ al-anīq wal-ghuṣn al-warīq etc. S II 916,9,2
-Rawḍ al-anīq fī ithbāt imāmat a. Bakr al-Ṣiddīq S II 929
-Rawḍ al-anīq fī madḥ sayyid al-anām a. Bakr al-Ṣiddīq S II 512
-Rawḍ al-anīq fī ʾl-waʿẓ al-rashīq G I 451, S I 809
-Rawḍ al-ʿarīḍ fī ʿilāj al-marīḍ S I 924,34
-Rawḍ al-ʿarīḍ fī mā naẓamahu min al-qarīḍ S III 85
-Rawḍ al-arij al-shamīm etc. S II 635
Rawḍ al-ashwāq fī makārim al-akhlāq S II 546
-Rawḍ al-ʿāṭir al-anfās etc. S II 683
-Rawḍ al-ʿāṭir wa-nuzhat al-khāṭir G II 257, S II 368
-Rawḍ al-ʿāṭir min Zīj b. al-Shāṭir G II 126, S II 157
-Rawḍ al-azhar S II 159
-Rawḍ al-bāsim fī akhbār man maḍā min al-ʿawālim G II 296
-Rawḍ al-bāsim wal-ʿarf al-nāsim S II 29
-Rawḍ al-bāsim fī ʾl-dhabb ʿan sunnat a. ʾl-Qāsim S II 249
-Rawḍ al-bāsim fī ḥawādith al-ʿumr wal-tarājim S II 52
-Rawḍ al-bāsim fī ʾl-takannī bi-a. ʾl-Q. S II 101,63
-Rawḍ al-bassām fī ashhar al-buṭūn al-Qurashiyya bil-Shaʾm S II 869,17
-Rawḍ al-fāʾiq fī ʾl-mawāʿiẓ wal-raqāʾiq G II 177, S II 229
-Rawḍ al-fāʾiq fī ʾl-minhāj wal-daqāʾiq G I 396
-Rawḍ al-hatūn fī akhbār Miknāsat al-Zaytūn G II 240, S II 338
-Rawḍ wal-ḥadāʾiq fī tahdhīb sīrat al-khalāʾiq S II 1002,53
-Rawḍ al-ḥasan etc. G II 401, S II 549
Rawḍ al-insān fī tadābīr ṣiḥḥat al-abdān S II 639
Rawḍ al-jinān S II 450, 970,15, 1014
Rawḍ al-jinān, sharḥ Irshād al-adhhān S II 207
Rawḍ al-jināya G II 441
-Rawḍ al-maknūn fī sharḥ rajaz b. ʿAzrūn S I 823,81
-Rawḍ al-mamṭūr etc. S II 6
-Rawḍ al-maʾnūs fī diryāq al-Mathrūdītūs S II 1028,9
-Rawḍ al-markūm G II 399
-Rawḍ al-maslūf etc. S II 236
-Rawḍ al-miʿṭār fī ʿajāʾib al-aqṭār G II 41, S II 38
-Rawḍ al-miʿṭār fī dhikr al-mudun wal-aqṭār S II 38
-Rawḍ al-miʿṭār fī khabar al-aqṭār S II A/C 379
-Rawḍ al-miʿṭār fī nasab al-sāda āl Jaʿfar al-Ṭayyār S II 398
-Rawḍ al-mugharras G II 132
-Rawḍ al-murbiʿ fī manāsik al-ḥajj G II 325, S II 448 A/C
-Rawḍ al-murbiʿ, sharḥ Kashshāf al-qināʿ S I 688
-Rawḍ al-naḍīr S I 314
-Rawḍ al-nāḍir fī ādāb al-munāẓir S II 560
-Rawḍ al-naḍīr fī ʿilm al-tadhkīr S II 127,39
-Rawḍ al-naḍīr fī mā yataʿallaq bi-āl bait al-bashīr al-nadhīr G II 324, S II 446
-Rawḍ al-nāḍir fī man ismuhu ʿAq. G II 419
-Rawḍ al-nāḍir, sharḥ al-Fiqh al-akbar S I 286
-Rawḍ al-naḍīr, sharḥ Majmūʿat al-fiqh al-kabīr S II 563
-Rawḍ al-naḍīr, sharḥ al-Manāsik S II 738
-Rawḍ al-naḍīr fī ṣināʿat al-tashṭīr S II 723

-Rawḍ al-naḍr fī ḥāl al-Khiḍr G II 97, S II 116
-Rawḍ al-naḍr fī tarjamat ʿulamāʾ al-ʿaṣr G II 373
-Rawḍ al-nāfiḥ etc. G II 282, S II 391
-Rawḍ al-nasīj G II 121, S II 150
-Rawḍ al-nasīm S II 561
-Rawḍ al-nasīm fī maʿānī ḥurūf al-muʿjam S II 917
-Rawḍ al-nāsim wal-thaghr al-bāsim G II 33, S II 29
-Rawḍ al-nashīq G II 121
-Rawḍ al-nayyir fī ʿilm al-ṭarīq S II 1009
-Rawḍ al-nazīh etc. S II 510
Rawḍ al-nāẓir wa-jannat al-munāẓir S I 689
Rawḍ al-nāẓir wa-nuzhat al-khāṭir G II 711, S II 54, 413
-Rawḍ al-rahī al-zāhir etc. S II 526
-Rawḍ al-raḥīb bi-mawlid al-ḥabīb S II A/C 944
Rawḍ al-rayāḥīn G II 177
Rawḍ al-rubā ʿan tarjamat al-Mujtabā S I 270
Rawḍ al-shaqāʾiq etc. S II 1010
Rawḍ al-shaqīq etc. S III 362
Rawḍ al-shihāb S I 770
Rawḍ al-ṣafāʾ fī madḥ al-Muṣṭafā S III 181
Rawḍ al-ṭālib fi ʾl-fiqh G II 191, S II 254
Rawḍ al-ṭālib, mukhtaṣar al-Rawḍa S I A/C 753
Rawḍ al-ṭālibīn etc. S I 752,47b
Rawḍ al-uns wa-nuzhat al-nafs S I 877
-Rawḍ al-unuf al-bāsim G I 413, S I 206, 734
Rawḍ al-ʿushshāq etc. S II 911
-Rawḍ al-wardī etc S II 518
-Rawḍ al-wathīq S II 148
-Rawḍ al-yāniʿ fī aḥkām al-tazwīj etc. S II 369
-Rawḍ al-yāniʿ al-fāʾiḥ etc. S II 696
-Rawḍ al-zāhir, sharḥ Nuzhat al-baṣāʾir S II 546
-Rawḍ al-zāhir fī sīrat al-Malik al-Ẓāhir G II 707
-Rawḍ al-zāhir fī taʾrīkh Ẓāhir S II 728
-Rawḍa G I 109, 424, S I 324, II 784
Rawḍat al-abrār S I 705
Rawḍat al-adab G II 496
-Rawḍa al-adabiyya fi ʾl-muntakhabāt al-nathriyya S III 230
-Rawḍa al-adabiyya fī shawāhid ʿulūm al-ʿarabiyya G II 24
Rawḍat al-adīb etc. S II 1026,5
Rawḍat al-afkār etc. S II 532
Rawḍat al-afrāḥ wa-nuzhat al-arwāḥ G I 468, S I 851
Rawḍat ahl al-fukāha S II 736
Rawḍat al-akhbār wa-bahjat al-asmār S II 250
Rawḍat al-akhbār fī dhikr afrād al-akhyār G II 497, S II 782
Rawḍat al-akhbār wa-kunūz al-asrār etc. S I 587, II 930,32
Rawḍat al-akhbār wa-nuzhat al-asmār etc. S II 239
Rawḍat al-akhbār fī siyar al-nabī etc. S II 262
Rawḍat al-albāb G II 290
Rawḍat al-alibbāʾ etc. S II 219
Rawḍat al-amthāl S II 984,9
-Rawḍa al-anīqa etc. S I 811,17
Rawḍat al-anwār fi ʾl-akhlāq S II 578
Rawḍat al-anwār fī īḍāḥ al-mabdaʾ etc. S II 625
Rawḍat al-anwār wa-nuzhat al-akhyār G II 249, S II 351
Rawḍat al-anẓār S II 958,110
Rawḍat al-ʿāshiq wa-nuzhat al-maʿshūq S I 599
Rawḍat al-ʿāshiq wa-nuzhat al-wāmiq S II 909
Rawḍat al-ʿāshiqīn etc. S II 639
Rawḍat al-aṣiḥḥāʾ G II 444
Rawḍat al-aʿyān etc. S II 929
Rawḍat al-azhār fī ʿilm waqt al-layl wal-nahār G II 169, S II 217
Rawḍat al-azhār fi ʾl-taʿrīf fī āl sayyidinā M. al-Mukhtār S II 686
Rawḍat al-azhār wa-tuḥfat al-nufūs etc. S I 596
Rawḍat al-azhār fī ṭabaqāt al-shuʿarāʾ S I 461
-Rawḍa al-bahiyya fi ʾl-abwāb al-taṣrīfiyya S II 726
-Rawḍa al-bahiyya fi faḍāʾil Dimashq al-maḥmiyya S III 384
-Rawḍa al-bahiyya fi ʾl-ijāza li-waladayhi S II 831

-Rawḍa al-bahiyya fī mā waqaʿa bayna ʾl-Ashʿariyya wal-Māturīdiyya G I 195, S I 346
-Rawḍa al-bahiyya, mukhtaṣar al-Khiṭaṭ G II 39
-Rawḍa al-bahiyya, sharḥ al-Durar al-bahiyya G II 504
-Rawḍa al-bahiyya, sharḥ al-Lumʿa al-Dimashqiyya G I 108, S II 131, 450
-Rawḍa al-bahiyya al-ẓāhira etc. G I 319
Rawḍat al-balāgha S I 507
Rawḍat al-daqāʾiq S I A/C 486
-Rawḍa al-dhahabiyya G I 394
Rawḍati ewliyā S II 633
-Rawḍa al-fāʾiqa etc. S II 1
Rawḍat al-faṣāḥa G I 383, S I 659
-Rawḍa al-firdawsiyya S II 928
Rawḍat al-fuhūm G II 156, 368, S II 195,268
-Rawḍa wal-ghadīr etc. G II 250, S II 241, 250, 986
-Rawḍa al-ghannāʾ etc. G II 496, S II 772
Rawḍat al-ḥaqāʾiq li-ahl al-taḥqīq S II 1006,93
Rawḍat al-ḥaqāʾiq wa-riyāḍ al-khalāʾiq S I 432
Rawḍat al-ḥuffāẓ S I 727
Rawḍat al-ḥukkām etc. S I 673
Rawḍat al-ḥurūf min ṭurrat b. Būn S I 525,25
Rawḍat al-iʿlām etc. S II 345
Rawḍat al-ʿiṭr S II 327
Rawḍat (rawḍ) al-janān fī ʾl-ʿaqāʾid S II 658,36
Rawḍat (rawḍ) al-janān fī ʾl-ḥikma al-ṭabīʿiyya S II 587, 1014,15
Rawḍat (rawḍ) al-janān fī uṣūl al-iʿtiqādāt G II 443, S II 659
Rawḍat al-madāris S II 731
Rawḍat al-majālis G I 505
Rawḍat al-manāẓir G II 46, 142, S II 177
-Rawḍa al-maʾnūsa etc. S II 409
Rawḍat al-muḥibbīn etc. S II 128,43
Rawḍat al-mujālasa G II 57
Rawḍat al-mujūd etc. S II 855
Rawḍat al-munāẓara S I 928,22k
Rawḍat al-murīdīn S II 1006,99
Rawḍat al-mustabīn S I 660
Rawḍat al-mustahām etc. S II 1035,4
Rawḍat al-mushtāq wa-bahjat al-ʿushshāq G II 271, 302
Rawḍat al-mushtāq wal-ṭarīq ila ʾl-karīm al-khallāq S I 633
Rawḍat al-muttaqīn G II 413, S I 321, 952, II 316, 573
-Rawḍa al-nadiyya S II 860,25
-Rawḍa al-nadiyya fī sharḥ al-Durar al-bahiyya S II 818
-Rawḍa al-nadiyya fī sharḥ al-Tuḥfa al-ʿAlawiyya S II 902
-Rawḍa al-nāḍira G II 71
Rawḍat al-nāẓir wa-jannat al-manāẓir G I 416
Rawḍat al-nāẓir wa-nuzhat al-khāṭir G II 57, S II 58, 905
Rawḍat al-nāẓir lil-sulṭān al-Malik al-Nāṣir G II 707, S II 237
Rawḍat al-nāẓirīn etc. G II 335, S II 464
Rawḍat al-nisrīn etc. G II 241, S II 340
-Rawḍa fī ʾl-qirāʾāt al-iḥdā ʿashrata S I 721
Rawḍat al-quḍāt etc. G I 373, S I 639
Rawḍat al-qulūb etc. G I 488, S I 833
Rawḍat (rawḍ) al-rayāḥīn etc. S II 228
-Rawḍa al-rayyāʾ G II 291, S II 402
-Rawḍa al-Sulaymāniyya etc. S II 880
Rawḍat al-sulwān S II 168
-Rawḍa, sharḥ al-Kāfī S I 320
Rawḍat al-shihāb fī bayān maʿāni ʾl-alfāẓ al-nabawiyya S I A/C 605
Rawḍat al-ṣafāʾ bi-madḥ al-Muṣṭafā S III 179
Rawḍat al-ṣāliḥīn etc. S II 619
Rawḍat al-taʿrīf bil-ḥubb al-sharīf S II 373, 1005
Rawḍat al-tijār etc. S II 768
Rawḍat al-ṭālibīn G I 396, S I 753, II 286
Rawḍat al-ṭālibīn bi-asmāʾ al-Ṣaḥāba al-Badriyyīn S II A/C 400
Rawḍat al-ṭarāʾif fī rasm al-maṣāḥif S II 135
-Rawḍa fī ʾl-ṭibb G I 217
-Rawḍa al-ṭibbiyya G I 236, 483, S I 886
Rawḍat al-ʿulamāʾ G I 325
Rawḍat al-ʿulamāʾ wa-nuzhat al-fuḍalāʾ S I 361
Rawḍat al-ʿulūm etc. S II 646
Rawḍat al-umarāʾ etc. S II 1015
Rawḍat uns al-wāʿiẓīn etc. S II 143
Rawḍat al-ʿuqalāʾ etc. S I 273

Rawḍat al-ʿuqūl S I 855
Rawḍat al-ʿushshāq G I 280
-Rawḍa fi ʾl-uṣūl G I 398
Rawḍat al-wāʿiẓīn S II 284,$_{22}$
Rawḍat al-wāʿiẓīn wa-tabṣirat al-muttaqīn S I 708
-Rawḍa al-yāniʿa etc. S II 882
-Rawḍa al-zāhira fi ʾl-amthāl al-sāʾira S II 911
-Rawḍa al-zāhira al-nāfiʿa etc. G II 115,$_{23}$, S II 141
-Rawḍa al-zahiyya G II 298, S II 409
-Rawḍāt al-ʿarshiyya etc. S I 788, II 478,$_{48}$
Rawḍāt al-azhār S II 904
Rawḍāt al-ḥikam etc. S I 715
Rawḍāt al-jannāt fī aḥwāl al-ʿulamāʾ wal-sādāt G II 443, S II 828
-Rawḍāt al-muzhirāt (zāhirāt) fi ʾl-ʿamal bi-rubʿ al-muqanṭarāt G II 126, 168, S II 156
-Rawḍatayn fī akhbār al-dawlatayn G I 317, S I 550
-Rawḍatayn wantiqāl al-dawlatayn S II 64
-Rawḍiyyāt S I 145
-Rawḥ al-nasīm etc. S II 412
Rawḥ al-rūḥ etc. G II 402, S II 550
Rawḥ al-shiʿr wa-dawḥ al-shajar S I 598
Rawḥat al-jinān etc. S II 943
-Rāwī S III 269
Rawnaq al-alfāẓ S II 76
Rawnaq al-majālis S II 285
Rawnaq al-qulūb etc. S II 285
Rawnaq al-tafāsīr etc. G II 229, S II 320
-Rāwūq, dīwān al-Ibrāhīmiyyāt S III 182
-Raʾy al-ṣaḥīḥ fī man huwa ʾl-dhabīḥ S II 930
-Raʾy al-ṣāʾib fi ithbāt mā lā budda minhu lil-kātib S II A/C 15
-Rāyāt al-manshūra ʿala abyāt al-Maqṣūra S I 942 ad 173
Rayḥān al-albāb etc. G I 310, S I 543
Rayḥān al-qulūb G II 205
Rayḥānat al-afkār etc. S II 768
Rayḥānat al-alibbāʾ G II 286, S II 396
Rayḥānat al-ikhwān etc. S II 652
Rayḥānat al-kuttāb etc. G II 263, S II 373
Rayḥānat al-lubb fī majmūʿ al-ṭibb S I 888
Rayḥānat al-mushtāqīn G II 332
Rayḥānat al-nadd G II 285, S II 396
Rayḥānat al-nufūs etc. S III 383
Rayḥānat al-qulūb etc. S II 282
Rayḥānat al-rūḥ G II 358, S II 484
-Rayḥāniyyāt S III 400
-Riʿāya li-ḥuqūq Allāh etc. S I 352
-Riʿāya fī tajwīd al-qirāʾa etc. G I 406, S I 718
Richelieu S III 276
-Ridda S I 208
-Riḍāʾ G II 451,$_{48}$, S II 841
-Riḍā wal-qabūl etc. S II 221
fi ʾl-Rīf al-Miṣrī S III 236, 263
-Rifda fī maʿna ʾl-waḥda S II 103,$_{28}$
Rīḥ al-nisrīn etc. S II 189,$_{169v}$
Riḥlat al-ʿAbdarī G I 482 (S I 884)
Riḥlat al-amīr ʿAq. etc. S II 887
Riḥlat al-amīr Yashbek S II A/C 40
Riḥlat awwal sharqī ilā Amīrkā S II 508
-Riḥla al-ʿAyyāshiyya G II 464, S II 711
Riḥla ilā Bārīs S II 756
Riḥla ilā bilād al-majd al-mafqūd S III 428
Riḥla li-bilād al-Rūm wal-Hind S II 570
-Riḥla al-Enweriyya etc. S III 431
Riḥlat Jirjī Zaydān ilā Ūrūbā S III A/C 190
Riḥlat al-Ḥabasha S II 755, III 389
Riḥlat al-Ḥamawī S II 488
Riḥlat al-Ḥijāz S III 164
Riḥla Ḥijāziyya S II 449 A/C, 523, 689
-Riḥla al-Ḥijāziyya li-walī al-niʿam ʿAbbās Ḥilmī Bāshā al-thānī S II 749
Riḥlat al-imām al-Shāfiʿī etc. G II 693, S I 304
Riḥlat al-imbarāṭūr Ghilyūm al-thānī S II 771
-Riḥla al-imbarāṭūriyya etc. S III 382
Riḥla fi ʾl-ʿIrāq S III 496
Riḥlat Isḥāq al-aqdam etc. S II 232
Riḥlat al-Ishbīlī S I 733
-Riḥla al-madrasiyya etc. S II 804
-Riḥla al-Maghribiyya S I 883
Riḥlat al-Majjājī G II 465
-Riḥla al-Makkiyya S II 722
-Riḥla al-mubāraka S II 407
Riḥlat mudīr al-Lisān etc. S II 771
Riḥlat M. Bek Farīd S III 333
-Riḥla al-Nāṣiriyya G II 464, S II 711
Riḥlat al-shitāʾ wal-ṣayf G II 393, S II 538
Riḥlat al-ṣayf ilā Ūrūbā S II 749
Riḥlat al-Ṣiddīq ila ʾl-bayt al-ʿatīq S II 860,$_{4}$

Riḥlat al-Tijānī G II 257, S II 368
Riḥla fī ṭalab al-ḥadīth G I 329
Riḥla fī ṭalab al-Qurʾān etc. S II A/C 725
Riḥlat al-Ṭālawī S II 489
Riḥla ilā Ṭarābulus al-Shaʾm S II 666
-Riḥla al-Ṭarābulusiyya G II 348,$_{73}$
-Riḥla al-unsiyya etc. S II 1027,$_{10}$
-Riḥla al-Wartilāniyya S II 713
-Riḥla al-wāsiṭa G II 505
Riḥlat al-wazīr etc. S II 712
Riḥlat al-Yūsī S II 676
-Rijāl S II 832, 841, 970,$_{16}$
Rijāl a. ʿA. b. Sīnā S I 812
Rijāl Majlisī S II 573
Rijāl al-sunan al-arbaʿ G II 201
Rijāl Ṣaḥīḥ al-imām Muslim S I A/C 266
Rijāl al-Ṣaḥīḥayn S II 46
-Rikāz al-mukhammas etc. G II 190, S II 254
Rimāḥ ḥizb al-raḥīm etc. S II 896
Riqaʿāt b. al-ʿAmīd S I 942 ad 153
-Riqq fī ʾl-Islām S III 282
-Riqqa wal-bukāʾ S I 248,$_{30}$
-Riqqa wal-bukāʾ fī akhbār al-ṣāliḥīn G I 398, S I 689
-Risā li-ṣāliḥāt al-nisāʾ S II 131, 947
-Risāla G I 177, 182, II 238[1]
Risāla fī ʾl-abʿād wal-ajrām S I 399
Risāla fī abadiyyat al-nafs S I A/C 769
Risāla ilā a. ʿAl. A. b. a. Dāʾūd al-ʾIyādī S I 243,$_{40}$
Risālat ʿAl. b. Ism. al-Hāshimī S I 345
Risālat b. ʿAbdūn al-Nakhaʿī S I 662
Risāla fī ʾl-abḥāth al-thalātha etc. S II 326
Risāla fī abnāʾ al-sarāʾir S II 190,$_{179zzz}$
Risālat al-abrāj S I 783,$_{29}$, 790,$_{30}$
Risālat al-ādāb G II 303, S II 302,$_{n}$, 414
Risāla fī ādāb al-baḥt S II 309 A/C, 329 A/C, 664 A/C, 670,$_{83}$, 1015
Risāla fī ādāb al-mujālasa S I 629
Risāla fī ādāb al-muṭālaʿa S II 1014
Risāla fī al-ādāb al-tawḥīd S II 596
Risāla fī ʿadad sujūd al-sahw S II 658,$_{37}$
Risāla i ʿadālet S II 309,$_{62}$
Risāla fī ʿadam ḥujjiyyat al-fiqh etc. S II 837
Risāla fī ʿadam istikhdām ahl al-dhimma S II 107
Risāla fī ʿadam kawn afʿāl Allāh etc. S II A/C 306
-Risāla al-ʿAdawiyya S II 123,$_{81}$
Risāla fī adhkār al-ḥajj S II 811
Risālat al-adhkār al-muwaṣṣila ila ʾl-ḥaḍra S II 1011,$_{142}$
Risālat al-ʿAdhrāʾ S I 153
-Risāla al-ʿĀdiliyya G II 370, 391
Risālat ʿadīmat al-naẓīr S II 803
Risāla fī ʾl-adʿiya al-ḥadīthiyya S II A/C 47
Risālat al-ʿadl fī bayān ḥāl al-Khiḍr S II 663
Risālat al-adwiya wal-aṭʿima etc. S I 887
Risāla fī ʾl-adwiya al-mushila S I 896
Risāla fī ʾl-adwiya al-mustaʿmala inda ʾl-ṣayādila S I 896
Risālat al-aḍdād S II 652
-Risāla al-aḍḥawiyya G I 454, S I 814,$_{11}$
Risāla fī afʿāl al-ʿabd S II 308,$_{16}$
Risāla fī ʾl-afʿāl allatī tufʿal fī ʾl-ṣalāt etc. S II A/C 427
Risāla fī afʿāl al-ʿilal S II 426,$_{28}$
Risāla fī ʾl-afʿāl wal-infiʿālāt S I 821,$_{58}$
Risālat afʿalu wa-faʿaltu S I 173
Risālat afḍaliyyat M. S II 672,$_{129}$
Risālat al-aflāk li-Baṭlūmiyyūs S I 389
Risālat Aflāṭūn fī radd man qāla bi-talāshi ʾl-insān S I 958 ad 376
Risālat al-ajr al-jazīl etc. S II 534
Risāla fī ʾl-aghdhiya wal-adwiya S I 897
Risālat al-aghrab S I 807
Risāla fī aghrāḍ mā baʿd al-ṭabīʿa S I 377
Risālat al-ʿahd S I 820,$_{68b}$
Risāla fī ahl al-Yaman S II 189,$_{169t}$
Risāla ilā aḥad al-Muslimīn S I 665
Risālat al-aḥādīth S II 542,$_{100}$
Risāla fī aḥādīth al-ḥayāʾ S I 686
Risāla fī ʾl-aḥādīth al-mawḍūʿa S I 614
Risāla fī ʾl-aḥādīth al-mawḍūʿa allatī yarwīha ʾl-ʿāmma wal-quṣṣāṣ S II 121,$_{22}$
Risāla fī ʾl-aḥādīth al-musalsalāt S II 190,$_{169nnn}$
Risāla fī ʾl-aḥādīth al-wārida fī ithm man ightaṣaba shayʾan etc. S II A/C 189
Risāla fī ʾl-aḥādīth al-wārida fī ṣadr al-tafāsīr S I A/C 615
-Risāla al-aḥadiyya S I 798,$_{108}$

1 In case a R. is not found here, please check the next keyword in the title.

Risāla fī aḥdāth al-jaww S I 387
Risāla fī aḥkām arāḍī bāʾira S II 575
Risāla fī aḥkām dukhūl al-ḥashafa fī 'l-farj S II 192,$_{209b}$
Risāla fī aḥkām lā siyyamā S II 446
Risāla fī aḥkām al-libās etc. S II 189
Risāla fī aḥkām al-mawālīd S I 959 ad 392
Risāla fī aḥkām al-nudhūr S II 432
Risāla fī aḥkām al-nujūm S I 392
Risāla fī aḥkām al-ṭāliʿ S II 665
Risāla ilā A. b. M. al-Khurāsānī etc. S I 373
Risāla ilā A. b. al-Muʿtaṣim fī anna 'l-ʿanāṣir etc. S I 374
Risāla ilā A. b. al-Muʿtaṣim fī 'l-ibāna ʿan sujūd al-jirm etc. S I 372
Risāla fī aḥwāl al-imāma S I 945 ad 221
Risāla fī aḥwāl al-nafs S I 818,$_{32}$, II 744
Risāla fī 'l-ajwiba ʿan aḥādīth al-quṣṣāṣ S II 121,$_{22}$
Risāla fī 'l-ajwiba ʿani 'l-asʾila S II 589,$_{24}$
Risāla fī 'l-ajwiba ʿan asʾilat Mollā Badr al-Dīn S II 223
Risāla fī ajwibat asʾilat al-Zaydiyya S II 448, 535
Risāla fī ajwibat suʾālat Sayyid Ḥu. S II 845
Risāla fī ajwibat Walī Muʾayyad etc. S II 620
Risāla fī ajzāʾ khabariyya fī 'l-mūsīqī S I 374
Risāla fī akhbār al-rajʿa S II 579
Risāla fī 'l-akhlāq S I 353, 818 A/C, 819,$_{38}$, 958 ad 376, II 593
Risāla fī 'l-akhlāq wal-ʿādāt S III 415
Risāla fī āl al-bayt S II 418
Risāla fī 'l-āla al-musammāt bi-dhāt kursī S II 487
-Risāla al-ʿAlāʾiyya S II 88
Risāla fī ʿalāqāt al-majāz S II 924
Risāla fī ālāt al-raṣad S II 591
Risāla fī 'l-alfāẓ allatī wuḍiʿat ʿalā ṣīghat al-jamʿ S II 652
Risāla fī 'l-alghāz S II 57
Risāla ilā ʿA. b. Jahm etc. S I 373
Risāla li-a. ʿA. Rustam b. Shīrzād S I 426
-Risāla al-ʿālima bil-adilla al-ḥākima S I 701
Risāla fī alqāb al-ḥadīth S I 737
Risāla fī 'l-ʿamal bi-ālat al-asṭurlāb wal-ḥisāb S II 709
Risāla fī 'l-ʿamal bil-āla al-mujannaḥa S II 156
Risāla fī ʿamal āla tursam biha 'l-kawākib etc. S II A/C 484
Risāla fī 'l-ʿamal bil-asṭurlāb S I 398, 889, II 1022
Risāla fī 'l-ʿamal bil-asṭurlāb al-kurī S I 398
Risāla fī 'l-ʿamal bil-basīṭa al-ẓilliyya S II 160
Risāla fī 'l-ʿamal bi-dāʾirat al-muʿaddil S I 608,$_{n}$
Risāla fī ʿamal ḍilʿ al-musabbaʿ S I 399
Risāla fī aʿmāl ḥall wa-ʿaqd etc. S I 429,$_{68}$
Risāla fī 'l-ʿamal bil-jayb al-ghāʾib S II 157, 364
Risāla fī 'l-ʿamal bil-khuṭūṭ S I 688
Risāla fī 'l-amal wal-maʾmūl S I 245,$_{38}$
Risāla fī ʿamal al-mīzān al-ṭabīʿī etc. S II 1035,$_{15}$
Risāla fī ʿamal mukhammas mutasāwi 'l-aḍlāʿ etc. S I 399
Risāla fī 'l-ʿamal bil-muqawwar S II 160
Risāla fī 'l-ʿamal bil-murabbaʿ S II 157
Risāla fī ʿamal al-rubʿ al-āfāqī S II 1019,$_{20}$
Risāla fī 'l-ʿamal bi-rubʿ al-asṭurlāb S II 76
Risāla fī 'l-ʿamal bi-rubʿ al-dāʾira S II 218
Risāla fī 'l-ʿamal bi-rubʿ al-juyūb S II 1024,$_{78}$
Risāla fī 'l-ʿamal bi-rubʿ al-mughnī S II 158
Risāla fī 'l-ʿamal bi-rubʿ al-mujayyab S II 216, 218, 496, 537, 1024,$_{78}$
Risāla fī 'l-ʿamal bi-rubʿ al-mujayyab min ghayr mūrī S II 1022,$_{57}$
Risāla fī 'l-ʿamal bi-rubʿ al-muqanṭarāt S II 158, 485, 1025,$_{87}$
Risāla fī 'l-ʿamal bi-rubʿ al-musātara S II 156
Risāla fī 'l-ʿamal bil-rubʿ al-musattar S II 156
Risāla fī 'l-ʿamal bil-rubʿ al-Shikarzī S II 665
Risāla fī ʿamal al-sāʿāt wastiʿmālihā S I 866
Risāla fī 'l-ʿamal bil-ṣaḥīfa al-qamariyya S I 394
-Risāla al-Amīniyya etc. G I 461
Risālat ʿĀmir b. Garcia S I 485
Risālat al-Amīr al-kabīr S II 311
Risāla fī amr al-Mahdī S I 814,$_{9e}$
Risāla ilā ʿAmr al-Makkī S I 355
Risāla fī amr al-shiʿr S II 925
Risālat al-amthāl al-Baghdādiyya S I 491
Risāla fī amthāl al-Qurʾān S II 984,$_{9}$
Risālat Analūṭīqā al-ṣughrā S II 492
Risālat al-anghām S I 907

-Risāla al-anīsa al-muntakhaba S II 214
Risāla fī anna ʾl-kamiyya wal-burūda etc. S I 820,68f
Risāla fī annahu lā yumkinu etc. S I 930,36
Risāla fī anna ʾl-Qurʾān ghayr makhlūq S II 988,47
Risāla fī anna ʾl-Qurʾān kalām Allāh al-qadīm G II 449, S II 668
Risāla fī anna rasūl Allāh etc. G II 450, S II 669,29
Risāla fī anna ʾl-sharīk fi ʾl-shurb etc. S II 972,4
Risāla fī anna ʾl-shuhadāʾ aḥyāʾ fi ʾl-dunyā S II A/C 673
Risāla fī anna ʾl-ṣalāt ʿala ʾl-Muṣṭafā etc. S II 308,51
Risāla fī ansāb al-qabāʾil allatī sakanat Ṣaʿda S II 239
Risāla fī ansāb al-qabāʾil allatī sakanat Zabīd S II 239
Risāla fi ʾl-anwāʾ S II 364
Risāla fī anwāʿ al-aʿdād etc. S I 399
Risāla fī anwāʿ al-mashrūʿāt etc. S II 269
Risālat al-anwār S I A/C 801
-Risāla al-ʿAqabiyya etc. S II 128,49
Risāla fi ʾl-ʿaqāʾid S II 532, 837
Risāla fi ʿaqāʾid al-īmān S II 654
Risāla fi ʾl-ʿaqāʾid wa-ṣifāt Allāh S II A/C 308
Risāla fi ʾl-ʿaql S I 373, 377
Risāla fi ʾl-ʿaql al-kullī S I A/C 929
Risāla fi ʾl-ʿaqliyyāt S I 769
Risāla fī aqsām al-jinās S II 195,270
Risāla fī aqsām al-ruʾyā etc. S II 537
Risāla aqwā wa-ashraf fi ʾl-istidlāl S II 294
Risālat al-aqwāl al-muʿriba etc. S II 487
Risālat al-ārāʾ wal-madhāhib S II 492
Risāla fi ʾl-ārāʾ al-ṭabīʿiyya etc. S I 366
Risāla i ʿaraḍ S II 280
Risāla fi ʾl-arāḍī al-amīriyya S II 503
Risālat arbaʿīna ḥadīthan S II 934
Risāla fī arbaʿīna suʾālan etc. S II A/C 277
Risāla i ʿarḍnāme S II 309,65
Risāla ila ʾl-ʿārif billāh al-shaykh Naṣr al-Dīn al-Manbijī S II 124,89
Risāla arsalahā ila ʾl-sulṭān Malikshāh S II A/C 754
-Risāla al-ʿarshiyya fi ʾl-tawḥīd S I 820,68c
Risāla fi ʾl-ʿarūḍ S I 492, II 632
Risāla fī asbāb ḥudūth al-ḥurūf S I 819,54
Risāla fī asbāb al-raʿd wa-ghayrihi S I 822,77
Risāla fi ʾl-ashʿār al-sāʾira fi ʾl-nayrūz wal-mihrajān S I 222
Risālat al-Ashʿarī ilā ahl al-thaghr etc. S I 345
Risālat al-ʿāshiq wal-maʿshūq S I 804
Risālat asʾila wa-ajwiba S II 556
Risāla fi ʾl-asʾila wal-jawāb S I 827,95,p
Risāla fī asmāʾ khuyūl al-ʿArab al-ʿarbāʾ S II 720
Risāla fī asmāʾ al-mudallisīn S II 185,62
Risāla fī asmāʾ al-Ṣaḥāba etc. S II 262
Risāla fī asrār baʿḍ suwar al-Qurʾān S I 922,7
Risāla fī asrār al-Fātiḥa S II 316
Risāla fī asrār al-kawākib etc. S I A/C 847
Risālat al-asṭurlāb S I 386, 389, 394, 401, II 1017, 1020,23
Risālat al-asṭurlāb wal-jāʾib al-ghāʾib S II 156
Risālat al-asṭurlāb wa-maʿrifat al-awqāt S II 158
Risālat al-asṭurlāb wal-muqanṭara S II 1017,4
-Risāla al-asṭurlābiyya G II 126
Risāla fi ʾl-ʿaṣā etc. S II A/C 543
Risāla fi ʾl-ʿatama S II 542,146
Risāla fi ʾl-āthār al-mutakhayyila fi ʾl-jaww etc. S I 378
-Risāla al-Athīriyya fi ʾl-manṭiq S I 841
Risālat b. ʿAṭāʾallāh G II 117
-Risāla al-ʿAṭāʾiyya G II 397, S II 541,83
-Risāla al-ʿaṭariyya etc. G II 445
Risāla fī aṭfāl al-mushrikīn S II A/C 190
Risāla fī awāʾil kutub al-ḥadīth S II 944
Risālat al-ʿawālim al-thalāthā S II A/C 304
Risāla fī ʿawd al-rūḥ ila ʾl-badan etc. S II 432
Risāla fī awlād al-nabī S II 542,95
-Risāla al-ʿAwniyya etc. S II 1016,26
Risāla fi ʾl-awqāt S I 869
Risāla ʿalā awwal k. al-siyar ay al-jihād S II 651
Risāla ʿayniyya S I 756
Risālat al-azhār S I 521
-Risāla al-ʿAzīziyya fi ʾl-maʿānī S II 615
Risālat al-ʿaẓama S I 352
Risāla fī bāb al-imāra wal-qaḍāʾ S II 542,124
Risālat bāb al-ṭahāra S II 124,104
Risālat al-badʾ S I 717

-Risāla al-badaliyya S I 891
Risālat al-badr al-munīr S II 658,$_{17}$
Risāla ilā baʿḍ banī ʿammihi S I 315
Risāla ilā baʿḍ ikhwānihi S I 355
Risālat ilā baʿḍ ikhwānihi fī 'l-suyūf S I 374
Risāla fī baʿḍ maʾākhidh ʿalā Durar al-aḥkām S II A/C 317
Risāla fī baʿḍ mabāḥith al-ṭalāq S I A/C 647
Risāla fi baʿḍ man anāba ila 'llāh S I 352
Risāla fī baʿḍ mujāz al-mufrad etc. S II 920,$_{62}$
Risāla fī baʿḍ tawārīkh ahl wādī Mzāb S II 893
-Risāla al-Baghdādiyya S I 484
Risāla fi 'l-bāh G I 458, S I 420, 827,$_{94}$, II 299
-Risāla al-bahiyya al-mawsūma bil-Majdiyya S II 189,$_{169v}$
Risāla fi 'l-baḥth al-Hindī S II 483
Risāla fī baḥth mughālaṭat al-wurūd S II 589,$_{25}$
Risāla fī baḥth al-riwāya wal-kalām S II 320
Risāla li-a. Bakr al-Ṭālqānī S I 436
-Risāla al-Baʿlabakkiyya S II 122,$_{42}$
Risāla fi 'l-balāgha wal-ījāz S I 244,$_{58}$
-Risāla al-Balbāniyya S I 798,$_{98a}$
Risāla fī Banī Umayya S I 243,$_{16}$
Risāla fī barāhīn aʿmāl jadwal al-taqwīm etc. S I 861
Risāla fī barkār al-quṭūʿ S I 844
Risāla fi 'l-basmala S II 186,$_{105}$, 422, 664, 672,$_{130}$, 738, 939, 941, 960,$_{23}$
Risāla fi 'l-basmala wal-ḥamdala S II 118, 400, 441
Risāla fi 'l-basmala wa-maʿānīhā S II 941
Risāla ʿalā basmalat sharḥ al-Azharī S II 333
Risāla fi 'l-basmala al-ṣughrā S II 742
Risāla fi 'l-baʿth wal-nushūr S II 811
Risāla fi 'l-bawl S I 827,$_{95b}$
Risāla fī bayʿ al-ʿayna S II 648
Risāla fī bayʿ al-nasaʾ S II 648
Risālat al-bayān S II 329
Risāla fī bayān al-aghdhiya S I 896
Risāla fī bayān aḥwāl Khiḍr S II 323
Risāla fī bayān aḥwāl al-salaf etc. S II 672,$_{125}$
Risāla fī bayān alwiyat al-nabī S II 457
Risāla fī bayān anna dūdat al-ṭaʿām ṭāhir S II 649
Risāla fī bayān anna 'l-ʿilm min ayyi 'l-maqūlāt S II 810
Risāla fī bayān anna 'l-īmān min juzʾ al-ʿamal S II A/C 295
Risāla fī bayān al-asʾila al-wārida ʿala 'l-basmala etc. S I 171
Risāla fī bayān al-awjuh allatī bayna 'l-suwar etc. S II A/C 453
Risāla fī bayān daʿwa 'l-ʿayn S II 835
Risāla fī bayān farḍ al-ʿayn S II 308,$_{41}$
Risāla fī bayān al-firaq S II 660
Risāla fī bayān hal yuktafā bil-fiqh ʿani 'l-taṣawwuf S II A/C 189
Risāla fī bayān al-ḥadīth S II A/C 625
Risālat al-bayān ʿan ḥaqīqat al-īmān S I 696
Risāla al-bayān al-ḥāṣil bil-maṣdar S II 583
Risālat bayān al-ḥujaj al-dālla ʿalā madḥ al-māl etc. S II 658,$_{40}$
Risāla fī bayān ifrād al-ṣalāt etc. S II 541,$_{56}$
Risāla fī bayān ʿillat qiyām al-arḍ etc. S I 822,$_{73}$
Risāla fī bayān al-iltifāt etc. S II 673,$_{166}$
Risāla fī bayān iltiqāṭ mā yūḍaʿu ʿalā qubūr al-mashhūrīn S II 649
Risāla fī bayān īmānī ka-īmān Jabrāʾīl S II 640
Risāla fī bayān al-iqṭāʿāt S II A/C 426
Risāla dar bayān-i iʿtiqād-i sunnat-i jamāʿa S I 755
Risāla fī bayān jamāʿa sammaw anfusahum bil-Ṣūfiyya S II 465,$_{17}$
Risāla fī bayān jawāz iṭlāq al-ukht S II A/C 189
Risāla fī bayān al-kabāʾir wal-ṣaghāʾir S II 139
Risāla fī bayān kalimat al-shahāda S II A/C 286
Risāla fī bayān kayfiyyat intishār al-adyān S II 755, III 388
Risāla fī bayān kufr al-ṭāʾifa al-rāfiḍa etc. S II 503
Risāla fī bayān mā lam yathbut etc. S II 235
Risāla fī bayān mā yajibu ʿala 'l-mukallaf S II 482
Risāla fī bayān al-maʿād al-jismānī wal-rūḥ S II 278
Risāla fī bayān madhāhib al-firaq S I 952 ad 319
Risāla fī bayān madhāhib al-Mutaṣawwifa S I 762
Risāla fī bayān madhāhib al-Shīʿa S I 242

Risāla fī bayān madhhab al-Qizilbāshiyya S II 957
Risāla fī bayān madhhab a. Yaʿqūb al-Azraq S I 720
Risāla fī bayān maḍārr al-Qaṣīda al-nūniyya S II 103,$_{33}$
Risāla fī bayān māhiyyat ʿilm al-farāʾiḍ S I 651
Risāla fī bayān al-maḥabba S II 1004,$_{78}$
Risāla fī bayān masʾalat al-irādāt etc. S II 498
Risāla fī bayān maziyyat al-lisān al-Fārisī etc. S II 671,$_{108}$
Risāla fī bayān al-miqdār al-mafrūḍ S II 672,$_{126}$
Risāla fī bayān al-nabḍ S I 827,$_{95f}$
Risāla fī bayān al-nafs al-nāṭiqa S I 818,$_{31}$
Risāla fī bayān nasab ḥāl al-muʾallif S II 672,$_{128}$
Risāla fī bayān nisbat al-baṣīra etc. S II 306,$_{34}$
Risāla fī bayān a. Nuʿmān a. Ḥanīfa hal rawā etc. S II A/C 110
Risāla fī bayān qaṭʿ ʿilm S II 651
Risāla fī bayān qawl Qadamī hādhihī etc. S II 603
Risāla fī bayān qawl al-ʿulamāʾ etc. S II 972,$_{4}$
Risāla fī bayān al-ribā S II 670,$_{50}$
Risāla fī bayān al-rūḥ S I 752,$_{47z}$
Risāla fī bayān sāʿat al-ijāba S II 938
Risāla fī bayān ṣūrat al-istiʿdād S I 795,$_{22}$
Risāla fī bayān al-taḍmīn S II 673,$_{150}$
Risāla fī bayān tafḍīl al-nabī etc. S I 768
Risāla fī bayān al-tasbīḥ wal-taḥmīd S II 476,$_{138}$
Risāla fī bayān taʾthīr al-duʿāʾ wal-ziyāra S I 814,$_{14}$
Risālat al-bayān wal-thabāt etc. G I 403
Risāla fī bayān ṭarīq al-sāda al-Saʿdiyya S II 390
Risāla fī bayān ṭawāliʿ al-mulūk etc. S II 426,$_{30}$
Risāla fī bayān ʿan uṣūl al-aḥkām S I 218
-Risāla al-bayāniyya G II 203
Risāla-i bīkh-i čīnī S II A/C 392
Risāla ilā bilād ins walhān G I 403
Risāla-i Birgawī S II 656
Risāla fī birr al-wālidayn S I 919,$_{58}$
Risālat al-birra G II 394, S II 540,$_{12}$
Risāla fi ʾl-burhān ʿalā ʿamal Ḥabash etc. S I 861
Risāla fi ʾl-burhān ʿalā ʿamal M. b. Ṣabāḥ fi ʾl-asṭurlāb S I 861
Risāla fi ʾl-burhān ʿalā ʿamal M. b. Ṣabāḥ fi ʾmtiḥān al-shams S I 861
Risāla fi ʾl-burhān ʿalā baqāʾ mulk Banī ʿUthmān ilā ākhir al-zamān S II A/C 775
Risāla fī burhān ḥaqīqat masʾala etc. S I 861
Risāla fī burhān al-masʾalatayn S II A/C 296
Risāla fi ʾl-burhān ʿalā ʾl-muqaddima etc. S I 859
Risāla burhāniyya G II 218
Risāla fī dafʿ ʿan jumhūr Muslimi ʾl-ʿaṣr etc. S II 873
Risāla fī dafʿ al-khawf min al-maut G I 456, S I 814,$_{14b}$, 820,$_{63}$
Risāla fī dafʿ wasāwis al-shayṭān S I 689
Risāla fī dāʾirat al-muʿaddil S II 160, 487 A/C
Risāla fī dam al-ḥayḍ wa-aḥkāmihi S II A/C 658
Risālat dār al-ḥarb S II 607
Risālat al-daraja S II 485, 1020,$_{31}$
Risāla fī darajāt al-yaqīn S II 122,$_{57}$
Risālat Dāʾūd al-Ẓāhirī S I 312
Risāla fi ʾl-daʿwā S II 972
Risālat al-daʿwa ila ʾllāh S II 492
Risāla fi ʾl-dawāʾir allatī taḥudd al-sāʿāt al-zamāniyya S I 861,$_{11}$
Risāla fī dawām al-ḥukm etc. S II 648
Risālat al-dawarān S II 662
Risālat dawarān al-Ṣūfiyya wa-raqṣihim S II A/C 644
Risāla fi ʾl-dhabb ʿan b. al-ʿArabī S II 195,$_{274c}$
Risāla fi ʾl-dhabb ʿan man tāb S II A/C 83
-Risāla al-dhahabiyya fī muʿālajat al-ḥummā al-daqqiyya G II 365
-Risāla al-dhahabiyya fī tadbīr ḥifẓ al-ṣiḥḥa S I 932,$_{55a}$
-Risāla al-dhahabiyya fī uṣūl al-ṭibb wa-furūʿihi S I 319
Risāla fī dhamm al-dunyā etc. S I 783,$_{19}$
Risāla fī dhamm al-ibāna al-falsafiyya wal-ʿaṣriyya S II 893
Risāla fī dhamm al-maks S II 190,$_{174}$
Risāla fī dhamm al-qaḍāʾ etc. S II A/C 189
Risāla fī dhamm al-quwwād S I 244,$_{53}$

Risāla fī dhamm al-warrāqa S I 245,69
Risāla fī dharʿ al-masjid al-ḥarām S I 209
Risāla fī dhikr al-afʿāl etc. S II 426
Risāla fī dhikr al-aʾimma al-arbaʿa etc. S II 956,88
Risāla fī dhikr asbāb al-raʿd wal-barq S I 822,77
Risāla fī dhikr mā turjima min kutub Jālīnūs S I 368
Risāla fī dhikr mā warada fī waʿd al-ṣalāt wa-waʿīdih S II 810
Risāla fī dhikr mā yuʾannath min aʿḍāʾ al-insān wal-libās S II 925
Risāla fī dhikr manāqib al-ṣāliḥīn S I 353
Risāla fi ʾl-dhikr qabl al-dars wa-baʿdahu S II A/C 498
Risāla fī dhikr riwāyat al-Ṣaḥīḥayn S I 949 ad 275
-Risāla al-Dimashqiyya etc. S II 88
-Risāla al-dīniyya S I 747,23c
Risālat al-dukhān S II A/C 1031
Risāla fī dukhūl walad al-bint etc. S II 670,44
Risālat al-durra al-bayḍāʾ etc. S II 150
Risālat al-durra fī tadqīq al-kalām etc. S I 696
Risāla fi ʾl-dustūr etc. S I 870
Risāla fi ʾl-ḍād al-muʿjama S II A/C 498
Risāla fī ḍarb al-mathal S II 193,245r
Risāla fī ḍarūriyyat al-ṣalāh S II 845
Risāla fī faḍāʾil ʿAl. b. al-ʿAbbās etc. S II 517
Risāla fī faḍāʾil ahl al-bayt S II 936, 972 A/C
Risāla fī faḍāʾil al-basmala G I 497, S I 940 A/C
Risāla fī faḍāʾil al-khayl wa-ṣifāt al-jiyād S II 726
Risāla fī faḍāʾil kutub al-ḥadīth S II 421
Risāla fī faḍāʾil laylat niṣf min Shaʿbān S II 416, 468, 945 A/C, 966 A/C
Risāla fī faḍāʾil al-Madīna S II 525
Risāla fī faḍāʾil Makka S I 103
Risāla fī faḍāʾil Makka wal-Madīna etc. S II A/C 492
Risāla fī faḍāʾil Rajab wa-Shaʿbān S II 541,53a
Risāla fī faḍīlat al-ʿulūm S I 377
Risāla fī faḍīlat al-ʿulūm wal-ṣināʿāt S I 957 ad 376,10
-Risāla al-Fāḍiliyya G I 490, S I 894
Risāla fī faḍl al-Andalus S I 483, 694
Risāla fī faḍl al-dhikr etc. S II A/C 189
Risālat faḍl al-kabīr al-mutaʿāl etc. S II 464
Risāla ilā a. ʾl-Faḍl a. M. b. ʿAbd al-Karīm al-Tilimsānī S II 190,169aaaa
Risāla fī faḍl al-Rūm S II 412
Risāla fī faḍl al-tawsiʿa etc. S II A/C 189
Risāla fī faḍl al-ward ʿala ʾl-narjis S I 131
Risāla fī faḍl yawm al-ʿĀshūrāʾ S II 437
Risālat b. Faḍlān G I 228, S I 406
-Risāla al-Fahlāniyya G II 375
Risāla fi ʾl-fāʿil al-ḥaqq al-awwal S I 373
-Risāla al-Fakhriyya fī maʿrifat al-niyya S II 209
-Risāla al-falakiyya S II 578
Risāla fi ʾl-fanāʾ S II 835
Risāla fī fann al-Qurʾān S II 404
-Risāla al-faqīriyya S I A/C 844
Risāla fi ʾl-faqr S I 789, II 669,39
Risāla ilā a. ʾl-Faraj al-Kātib fi ʾl-mawadda wal-khilṭa S I 243,28
Risāla ilā a. ʾl-Faraj b. Najāḥ fi ʾmtiḥān ʿuqūl al-awliyāʾ S I 245,50
Risāla ilā a. ʾl-Faraj b. Najāḥ al-Kātib fi ʾl-karam S I 244,43
Risālat al-farāʾiḍ S II 647, 974
Risālat farāʾiḍ al-ḥajj etc. S II A/C 445
Risālat al-farāʾiḍ wal-wājibāt S II 658
Risāla fi ʾl-farq bayna ʾl-ʿalam al-shakhṣī etc. S II 915
Risāla fi ʾl-farq bayna Banī Hāshim wal-Muṭṭalib S II 197,290c
Risāla fi ʾl-farq bayna bilād ahl al-sunna etc. S II 649
Risāla fi ʾl-farq bayna ʾl-ḥamd wal-shukr S II 330
Risāla fi ʾl-farq bayna ʾl-ḥarāra al-gharīziyya wal-gharība S I 819,50
Risāla fi ʾl-farq bayna kalām al-Māturīdī wal-Ashʿarī S II 460
Risāla fi ʾl-farq bayna musamma ʾl-amr wa-mukannā ṣīghatihi S II 118
Risālat al-farq bayna ʾl-nafs wal-rūḥ S I 366
Risālat al-farq bayna ṣarīḥ al-maṣdar etc. S II A/C 104
Risāla fī faskh al-ijāra al-ṭawīla S II 426
Risāla fī faskh taʾwīl mā ṣadara etc. S II 467,61
Risāla fī faskh al-ṭalāq etc. S II A/C 443

Risāla fi 'l-faṣd S I 420,$_{50}$, II A/C 392
Risāla fi 'l-faṣl mā bayna 'l-ʿadāwa wal-ḥasad S I 243,$_{41}$
Risāla ilā Fatḥ b. Khāqān etc. S I 243,$_{18}$
Risālat al-fatḥ fī taʾwīl mā ṣadara etc. S II 467
-Risāla al-fatḥiyya G II 438
-Risāla al-fatḥiyya fi 'l-aʿmāl al-jaybiyya G II 167, S II 216,$_{7}$, 484
-Risāla al-fatḥiyya (fi 'l-hayʾa) G II 235, S II 330
-Risāla al-fatḥiyya fi 'l-mūsīqī S II A/C 171
-Risāla al-fatḥiyya al-Radūsiyya G II 424
Risālat al-fawz wal-ḥaqq etc. S II 792
Risāla fī l-fawāʾid S II 589,$_{20}$
Risāla fīhā fawāʾid Arisṭāṭālīs wa-Aflāṭūn S I 821,$_{68v}$
Risāla fīhā fawāʾid wa-asʾila fi 'l-tajwīd S II 453
Risālat fayḍ al-ilāh al-mutaʿāl etc. S II 459
Risāla fi 'l-fiqh S II 973,$_{8}$
Risāla fiqhiyya S II A/C 649
Risāla fi 'l-firaq al-Islāmiyya S I 762 A/C, II 458
Risāla fi 'l-firāsa S I 373
Risāla fī fitnat al-mawtā fī qubūrihim etc. S II 189,$_{169zz}$
Risāla fī funūn shattā mustaḥsana S I 244,$_{61}$
Risāla fi 'l-fuṣūl al-arbaʿa S II 485
Risālat al-fuṣūṣ fi 'l-ḥikma S I 377
Risāla fī ghabn man ishtarā min dhimmī S II 649
-Risāla al-ghadriyya S II 855
Risāla fi 'l-ghāliya S II 192,$_{231}$
Risālat al-gharīb S II 919,$_{48}$
Risāla fi 'l-ghasl S II 449
Risāla fi 'l-ghaṣb min K. al-Hidāya S I A/C 646
Risālat al-ghawth S I 779,$_{33}$, 798,$_{112}$
-Risāla al-Ghawthiyya, G I 446, S I 779 A/C
Risāla fi 'l-ghayb S II 655, 670,$_{74}$
Risālat al-ghayba S I 927,$_{3d}$
Risālat al-ghayba fi 'l-radd ʿala 'l-Tuḥfa S II 852
Risālat ghayth naqʿ al-ṭālibīn etc. S II 743
Risāla fī ghazawāt al-nabī S II 935
Risāla fi 'l-ghināʾ al-mulhī etc. S I 695 (to be read thus)
Risālat al-ghishāwa etc. S II 775
Risālat al-ghufrān S I 453
-Risāla al-hādiya S I 807, II 990,$_{10}$
Risāla ilā Hārūn al-Rashīd wa-Ya. al-Barmakī S I A/C 299
Risālat hātif nashaʾ buʿayda 'l-ʿishāʾ S II 535
Risāla fi 'l-hawāʾ al-aṣfar S II 778
Risālat al-hayʾa S II 330, 580, 592,$_{1}$
Risāla-i hayʾat S I 931,$_{40g}$
Risālat al-hayʾāt al-Islāmiyya S II 1021
Risāla fi 'l-hayʾa al-jadīda S II 157
Risāla fi 'l-hayʾa al-mabniyya ʿala 'l-aḥādīth wal-āthār S II 939
Risālat al-hayūlī wal-ṣūra S II 492
-Risāla al-hazaliyya S I 485
Risālat Hermes Bṭirūs S I 440
Risāla fi 'l-hindubāʾ S I 827,$_{83}$
Risāla fi 'l-ḥadath S I 814,$_{9d}$
-Risāla al-ḥadhfiyya G II 351, S II 664
Risāla fi 'l-ḥadīth S II 522, 935
Risāla fi 'l-ḥadīth al-mawḍūʿ fī faḍāʾil al-qurrāʾ S I A/C 615
Risāla fī ḥadīth al-salām min al-nabī S II A/C 190
Risāla fī ḥadīth talbiyat al-nār lil-ḥaqq S II 580
Risāla fī ḥadīth al-waʿīd wal-mawʿida S II 542,$_{130}$
Risāla fi 'l-ḥajj S II 450 A/C, 948
-Risāla al-ḥākima G I 403
Risāla fī ḥāl a. Baṣīr S II 837
Risāla fī ḥāl al-maḥāḍir wal-sijillāt S II 775,$_{9}$
Risālat ḥāl al-nafs wa-baqāʾihā S I 818,$_{30a}$
Risāla fi 'l-ḥalāl S II 125,$_{125}$
Risālat al-ḥalba S I 246,$_{76}$
Risālat ḥall al-ajsād al-sabʿa S II 368
Risāla fī ḥall masʾala fi 'l-waqf S II A/C 658
Risāla fī ḥall al-rumūz al-jafriyya S II A/C 449
Risāla fī ḥall shubha etc. S I 861,$_{2}$
Risāla fi 'l-ḥamd S II 594
Risāla fi 'l-ḥamdala etc. S II 939
-Risāla al-Ḥamīdiyya fī ḥaqīqat al-diyāna al-Islāmiyya S II 776, III 321
-Risāla al-Ḥanafiyya G II 208, S II 287
Risāla fi 'l-ḥaqāʾiq S I 715
Risāla fī ḥaqāʾiq ʿilm al-tawḥīd S I 814,$_{9a}$
Risāla fī ḥaqīqat al-īmān wal-islām S II 441

Risāla fī ḥaqīqat al-insān S I 820,$_{68n}$
Risāla fi 'l-ḥaqīqa wal-majāz S II 630
Risāla dar ḥaqīqat-i marg etc. S I 924
Risāla fī ḥaqīqat al-rūḥ S I 820,$_{68p}$
Risāla fī ḥaqīqat al-ṭafra S II 670,$_{59}$
Risāla fī ḥaqq al-aḥādīth S II 76,$_{79}$, 529,$_{38}$
Risāla fī ḥaqq al-Anṣār wal-Muhājir S II 935
Risāla fī ḥaqq al-dawarān S II 641
Risāla fī ḥaqq al-fīl S II 649,$_{53}$
Risāla fī ḥaqq al-ḥulla S II 649,$_{63}$
Risāla fī ḥaqq al-Mahdī S II 542,$_{133}$
Risāla fī ḥaqq al-mawt S II 664
Risāla fī ḥaqq ṣalāt al-jumʿa S II 649,$_{59}$
Risāla fi 'l-ḥaraka S II 322
Risālat al-ḥarakāt S II 492
-Risāla al-ḥarfiyya fī maʿāni 'l-ḥarf G II 216, S II 306
-Risāla al-ḥarfiyya al-mirāʾiyya S II 306
Risāla fi 'l-ḥasab S II 578,$_{13}$
Risāla ḥasadiyya S II 578,$_{12}$
Risālat al-Ḥ. al-Baṣrī ilḥ S I 103 (see 939)
Risāla ilā Ḥ. b. Wahb etc. S I 243,$_{34}$
-Risāla al-ḥasana fī sharḥ al-Farīḍa al-Mahdawiyya S II 572
Risāla fi 'l-ḥashr S II 589
Risāla ilā a. Ḥassān etc. S I 242,$_{15}$
Risāla fī ḥathth al-dhikr S I 821,$_{68y}$
-Risāla al-Ḥātimiyya S I 141, 193
-Risāla al-Ḥātimiyya fi 'l-asṭurlāb S II 597,$_{38}$
Risāla fī ḥawādith ayyām al-dajjāl S II A/C 190
-Risāla al-ḥawḍiyya S I A/C 806
Risālat al-ḥawrāʾ G II 218
Risāla fī ḥayāt al-Khiḍr wa-mawtihi S II 189,$_{169,ll}$
Risāla fī ḥayāt al-nabī ṣlʿm fī qabrihi S II A/C 433
Risālat Ḥayy b. Yaqẓān G I 455,$_{26}$, 460, S I 817,$_{26}$, 831
Risāla li-ḥifẓ al-īmān S II 992,$_{30}$
Risāla fī ḥifẓ al-ṣiḥḥa S I 827,$_{95k}$
Risāla fi 'l-ḥijāb etc. S II 658,$_{41}$
-Risāla al-Ḥijāziyya S I 549
Risāla fi 'l-ḥikam wal-ādāb S II 911
Risāla fi 'l-ḥikma S I 376, 760 note, II 308,$_{48}$
Risāla fī ḥikmat kawn al-nabī ummiyyan S I 801,$_{178}$
-Risāla al-ḥikmiyya fī asrār al-rūḥāniyya S I 373
Risāla fi 'l-ḥīla fī dafʿ al-aḥzān S I 373
Risāla fī ḥisāb al-daraj wal-daqāʾiq S II 486
Risāla fi 'l-ḥisāb wal-jabr wal-muqābala S II 294
Risāla fī ḥisāb al-tisʿ S I 865
Risālat al-ḥudūd S I 744, 755
Risāla fī ḥudūd al-alfāẓ etc. S II 118,$_{45}$
Risāla fī ḥudūd al-ashyāʾ wa-rusūmihā S I 819,$_{37}$
Risāla fī ḥudūd al-ḥukamāʾ S I 783,$_{15}$
Risāla fi 'l-ḥudūd al-kalāmiyya S II 112
Risālat al-ḥudūd wal-rusūm S II 492
Risāla fi 'l-ḥudūth S II 589,$_{7}$
Risāla fī ḥudūth al-ʿālam S I 957 ad 376,$_{20}$, II 578
Risāla fī ḥujaj al-muthbitīn etc. S I 819,$_{46}$
Risāla fī ḥujjiyyat al-khabar al-wāḥid S II 835
Risāla fi 'l-ḥukm S II 94, 578
Risāla fī ḥukm al-ʿaṣīr S II 837
Risāla fī ḥukm awāni 'l-dhahab wal-fiḍḍa S II 843
Risāla fī ḥukm al-bughāt etc. S II 536
Risāla fī ḥukm al-ghināʾ wal-mūsīqī S II A/C 498
Risāla fī ḥukm ḥarf al-muḍāraʿa S II A/C 57
Risāla fī ḥukm al-ḥimmiṣa S II 536
Risāla fī ḥukm idkhāl al-muʾminīn al-ʿāṣīn al-nār etc. S II A/C 190
Risāla fī ḥukm al-iḥṣār min al-ḥajj S II 224
Risāla fī ḥukm iqtidāʾ al-Ḥanafiyya bil-Shāfiʿiyya S II A/C 543
Risāla fī ḥukm kalā wa-bilā etc. S I A/C 719
Risāla fi 'l-ḥukm bi-lā taqaddum daʿwā wa-khuṣūma S II 426,$_{25}$
Risāla ʿan ḥukm man qāla etc. S I 696,$_{25}$
Risāla fī ḥukm man takallama bil-kufriyyāt S II 975
Risāla fi 'l-ḥukm bil-mūjab bil-ṣiḥḥa S II 426,$_{26}$
Risāla fī ḥukm al-qanādīl al-nabawiyya S II 235,$_{9}$
Risāla fī ḥukm al-siwāk S II A/C 674
Risāla fi 'l-ḥukm bil-ṣiḥḥa wal-mūjib G II 67, S II 71
Risāla fī ḥukm ṭalāq ḥāʾiḍ etc. S II 450
Risāla fī ḥukm al-ẓann S II 803
Risāla fi 'l-ḥumra al-ḥāditha fi 'l-jaww S II 1032

Risāla fī ḥuqūq Allāh S I 314
Risāla fī ḥurmat dhabāʾiḥ ahl al-kitāb S II 837
Risālat al-ḥurūf S I 454, 801,180
-*Risāla al-Ḥusayniyya* S II 154
-*Risāla al-Ḥusayniyya fī fann al-ādāb* S II 482
Risāla fī ḥusn al-dawarān S II 644
-*Risāla al-ḥusnā fi 'l-suknā* S II 431,31
Risāla fi 'l-ʿibādāt S II 580
Risāla fi 'l-ibāna ʿani 'l-ʿilla al-fāʿila etc. S I 373,10
Risālat ībīdīmiyā li-Buqrāṭ S I 900
Risāla ilā Ibr. b. al-Mudabbir etc. S I 246,84
Risālat al-ibṣār wal-mubṣar S I 958 ad 378
Risāla fī ibṭāl madhhab al-dahriyyīn S III 313
Risāla fī ibṭāl al-masʾala al-mulaffaqa S II 445
Risāla fī ibṭāl al-masʾala waqf al-nuqūd S II A/C 651
Risālat al-iḍāfa S II 664
Risāla fī īḍāḥ barāhīn thalāth masāʾil S I A/C 822
Risāla fī īḍāḥ wijdān abʿād etc. S I 374
-*Risāla al-ighrīḍiyya* G I 255, S I 453
Risālat al-ihtidāʾ etc. G II 395, S II 540,22
Risāla fī iḥrāq al-muṣḥaf etc. S II 543,152
Risālat al-iḥsān fī bayān faḍīlat aʿlā shuʿab al-Islām S II 350,n
Risāla fi 'l-iḥtijāj bil-qadar S II 122,54
Risāla fī iʿjāz al-Qurʾān S I 515, 727, II 669,5
Risālat al-ijāza S II 224
Risāla fi 'l-ijtihād wal-taqlīd S II 838
-*Risāla al-ijtihādiyya* S II 578
Risālat al-ijtimāʿ wal-iftirāq fi 'l-ḥilf bil-ṭalāq S II A/C 124
Risāla fī ikhrāj al-khuṭūṭ etc. S I 388
Risāla fi 'khtilāf ḥurmat al-samāʿ wal-ghināʾ S II A/C 606
Risālat ikhtilāf al-lughāt S II 492
Risāla fi 'khtiṣār daʿāwī Maqāla i ūlā az k. Uqlīdīs S I 870
Risāla fi 'l-ikhtiyārāt S I 761
Risālat al-ikhwān S II 153 A/C, 189,169z
Risālat al-iksīr etc. S II 1034,5
-*Risāla al-iksīriyya* S II 578
Risāla fī ʿilāj man suqiya 'l-sumūm etc. S I 896
Risāla ʿilaliyya S II 578
Risālat al-iʿlām bi-shadd al-minkām S II 159
Risālat ilḥāqāt al-Nuzha S II 295
Risāla fi 'l-ʿilla allatī lahā yabrudu aʿla 'l-jaww etc. S I 373
Risāla fi 'l-ʿilla allatī lahā yakūnu baʿḍ al-mawāḍiʿ lā yakādu yumṭar S I 373
Risāla fi 'l-ʿilla al-fāʿila lil-madd wal-jazr S I 373
Risāla fī ʿillat kawn al-ḍabāb S I 373
Risāla fī ʿillat al-lawn al-lāzawardī S I 373
Risāla fī ʿillat al-thalj wal-barad etc. S I 373
Risālat al-ʿilm S I 928,22l, II 845
Risāla fī ʿilm ādāb al-baḥth S II 633
Risāla fī ʿilm Allāh S I 678
Risāla fī ʿilm al-asṭurlāb S I 395,117
Risāla fī ʿilm awsām al-nujūm etc. S II 1024,79
Risāla fī ʿilm al-bayān S II 399
Risāla fī ʿilm wa-bayān ṭarīq al-quḍāt etc. S II 730
Risāla fī ʿilm al-binkāmāt S II 484
Risāla fī ʿilm al-falsafa S I 376
Risāla fī ʿilm al-farāʾiḍ S II 536, 633, 950,22
Risāla fī ʿilm al-firāsa S I 377, 924,35
Risāla fī ʿilm al-hayʾa S I 844
Risāla fī ʿilm al-ḥisāb S II 1022,50, 1025 A/C
Risāla fi 'l-ʿilm al-ilāhī etc. S I 958 ad 376
Risāla fī ʿilm al-jayb S II 665
Risāla fī ʿilm al-kalām S II 673,165
Risāla fī ʿilm al-khafiyya S II 1042,48
Risāla fī ʿilm al-kīmiyyāʾ S I 344
Risāla fī ʿilm al-kitāba S I 436
Risāla fi 'l-ʿilm al-ladunī S II 1001,45
Risāla fī ʿilm al-maʿānī S II A/C 673
Risāla fī ʿilm al-majāz S II 571
Risāla fī ʿilm al-manṭiq S II 472
Risāla fī ʿilm al-mawāʿiẓ S I 919,75a
Risāla fī ʿilm (ṣināʿat) al-mūsīqī S I 823,79i, 933 A/C, II 626
Risāla fī ʿilm al-muthallath S I 930,36b
Risāla fī ʿilm al-nafs S II A/C 673
Risāla fī ʿilm al-nujūm etc. S I 564
Risāla fī ʿilm al-qabbān S II 379
Risāla fī ʿilm al-qabbān wal-mīzān S II 487
Risāla fī ʿilm al-raml S II 1037
Risāla fī ʿilm al-raml ilā ṭarīqat taskīn al-dāʾira S I 933,56
Risāla fī ʿilm al-tajwīd wal-tartīl S II 980

Risāla fī ʿilm al-tawḥīd G II 487, S II 741
Risāla fī ʿilm al-wājib S II 580
Risāla fī ʿilm al-zāʾiraja S I 806,$_{24}$
Risāla ʿilmiyya inshāʾu 'l-Rashīd S I 486
Risālat al-iltibās ʿan tanāzuʿ al-waṣiyy wal-ʿAbbās S II A/C 562
Risāla ila 'l-imām Fakhr al-Dīn al-Rāzī S I 798,$_{113}$
Risāla fi 'l-imāma S I 695
Risālat ʿimāmat al-nabī S II 119
Risāla fi 'l-īmān S II 498
Risāla fī īmān Firʿawn Mūsā S II 307,$_{7}$
Risāla fi ʿimāra juddidat bil-masjid al-aqṣā S II 648
Risālat al-imkān S II 302,$_{n}$
Risāla fi 'nʿikās al-shuʿāʿāt wanʿiṭāfihā S I 930,$_{38}$
-Risāla al-insiyya G II 166
-Risāla al-inṣāfiyya etc. S II 973
Risāla fi 'ntiṣāb lughatan etc. S II 20
Risālat al-intiṣār S I 486
Risālat al-intiṣār fī jawāb mā saʾala ʿanhu ʿAbd al-Laṭīf etc. S I 800,$_{162}$
Risālat al-intiṣār li-qudwat al-akhyār S II 634
Risālat al-intiṣār fi 'l-radd ʿalā ṣāḥib al-maqāma al-Qurṭubiyya S I 543, 579
Risālat al-intiṣār li-ṣāḥib al-Futūḥāt S II 236
Risāla fī iqāmat al-burhān S I 400
Risāla fī iqāmat al-qāḍī al-taʿzīr etc. S II 426,$_{18}$
Risālat al-īqāẓ wal-tawba S II 189,$_{169ff}$
Risālat al-iqnāʿ fi 'l-rahn wal-murtahan S II 431,$_{36}$
Risāla fi 'qtidāʾ al-Ḥanafiyya bil-Shāfiʿiyya S II 90
Risāla fi 'l-iqtidāʾ bil-Shāfiʿiyya S II 524
Risāla fī iʿrāb faḍlan etc. S II A/C 20
Risāla fī iʿrāb kalimat al-tawḥīd S II 744
Risāla fī iʿrāb k. al-ṭahāra S II A/C 674
Risālat al-irāda al-juzʾiyya S II 498
Risālat irsāl al-ghamāma bimā ḥalla min al-ẓalāma S II A/C 429
Risāla fi 'l-irth S II 833
Risāla fī isʿād āl ʿUthmān etc. S II 43,$_{18}$
Risāla fi 'l-ʿishq S I 357, 819,$_{39}$
Risāla dar ʿishq u ʿaql S I 804
Risāla fi 'l-ʿishq wal-nisāʾ S I 243,$_{20}$
Risāla fi 'l-islām wal-īmān S II 121,$_{30}$, 468 A/C
Risāla fi 'smihi taʿālā al-ḥasīb S I A/C 802
Risāla fi 'l-istiʿārāt S II 399, 571, 810
Risāla fi 'stiʿdāl al-waqt S II A/C 427
Risāla istidlāliyya S II A/C 1017
Risālat al-istidrāj S I 752,$_{47r}$
Risāla fi 'stiḍāʾat al-ḍawʾ S I 823,$_{79d}$
Risāla fi 'stiḥḍār al-arwāḥ S I 373
Risāla fi 'stiḥsān al-khawḍ fi 'l-kalām S I 345
Risālat al-istikhlāf S II 670,$_{56}$
Risāla fi 'l-istikhlāf lil-khuṭba S II 317
Risāla fi 'stikhrāj al-aʿdād al-muḍmara S I 374
Risāla fi 'stikhrāj al-ḍamīr etc. S I 392
Risāla fi 'stikhrāj ḍilʿ al-musabbaʿ S I 960 ad 399
Risāla fi 'stikhrāj jayb daraja wāḥida S II 295
Risāla fi 'stikhrāj kammiyyat al-ajrām etc. S II 1021
Risāla fi 'stikhrāj majhūlāt ʿadadiyya S II 1021
Risāla fi 'stikhrāj misāḥat al-mujassam etc. S I 399
Risāla fi 'stikhrāj al-quṭr al-muḥīṭ S II 295
Risāla fi 'stikhrāj samt al-qibla S I 870
Risāla fi 'stikhrāj al-suʾāl min al-wafq al-murabbaʿ etc. S II 1038
Risāla fi 'stikhrāj taʾrīkh al-Yahūd wa-aʿyādihim S I 382
Risāla fi 'stiʿmāl al-ḥinnāʾ S II 189,$_{169y}$
Risāla fi 'stiʿmāl al-lafẓ al-muqayyad S II 673,$_{153}$
Risāla fi 'stiʿmālāt ḥurūf al-hijāʾ etc. S II 194,$_{263k}$
Risāla fi 'l-istinān ʿinda 'l-qiyām ila 'l-ṣalāh S II 648
Risāla fi 'l-istinjāʾ S II 329, 543,$_{158}$
Risālat al-istirḍāʾ etc. S II 1042,$_{49}$
Risālat al-istiṣḥāb S II 837
-Risāla al-ʿIṣāmiyya S II 398
Risālat iṣlāḥ al-ghalaṭāt al-wāqiʿa fī Dīwān al-ḥukkām S II A/C 317
Risāla fī iṣlāḥ shakl min Kitāb Menelaos fi 'l-kuriyyāt S I 861,$_{3}$
Risāla fī ʿiṣmat al-anbiyāʾ S II 429
Risāla fi 'ṣṭilāḥāt al-Ṣūfiyya S II 118,$_{16}$, 324

Risāla fī ithbāt anna ʿA. awwal al-Muslimīn īmānan S II 935
Risāla fī ithbāt al-bāriʾ wa-ṣifātihi S II A/C 279
Risāla fī ithbāt al-istiwāʾ al-fawqiyya G I 389, S I 673
Risāla fī ithbāt al-jawhar S I 928$_{,18}$
Risāla fī ithbāt al-jawhar al-mufāriq S II 308$_{,38}$
Risāla fī ithbāt karāmāt al-awliyāʾ etc. S II 420, 446 A/C
Risāla fī ithbāt al-māhiyya wal-huwiyya S II 308$_{,53}$
Risāla fī ithbāt al-mufāraqāt S I 377, 828
Risāla fī ithbāt al-mutafarriqāt S I 958 ad 376$_{,21}$
Risāla fī ithbāt al-ṣāniʿ etc. S I 814$_{,9c}$
Risāla fī ithbāt tadākhul al-aghsāl S II 839
Risāla fī ithbāt al-tawqīt S II 693
Risāla fī ithbāt al-wājib S II 279, 297$_{,26}$
Risāla fī ithbāt al-wājib al-ḥākīm li-ibṭāl al-naskh etc. S II 307$_{,12a}$
Risāla fī ithbāt al-wājib al-qadīma S II 307$_{,11}$
Risāla fī ithbāt al-wājib al-wujūd S I 848, II 589$_{,23}$
Risāla fī ithbāt al-waṣiyya li-ʿA. b. a. Ṭālib S I 945 ad 221
Risāla fī ithbāt waṣiyyat amīr al-muʾminīn S I 314$_{,0}$
Risāla fī ithbāt al-wujūd al-jadīda S II 307$_{,12}$
Risāla fī ithbāt ithm al-sakar S I 245$_{,44}$
-Risāla al-Ithnā ʿashariyya G II 412, S II 450, 597$_{,18}$
Risālat al-iʿtimād S II 672$_{,142}$
Risāla fi ʾl-iʿtiqād S II 540$_{,19}$
Risāla fī iʿtiqād al-ḥukamāʾ S I 782
Risāla fi ʾl-iʿtiqād fi ʾl-tawassul ila ʾllāh etc. S II 531
Risāla fi ʾl-iʿtiqādāt S II 573
-Risāla al-iʿtiqādiyya S II 578
Risāla fi ʾttiḥād al-wājid al-māhiyya S II 797
Risāla fi ʾl-ittikāʾ ʿala ʾl-wisāda S II 192$_{,232}$
Risāla fi ʾttikhādh māʾ al-jubn S I 896
Risāla fi ʾttiṣāf al-māhiyya bil-wujūd S II 589$_{,9}$
Risāla fī ityān al-maʾmūr bihi ʿalā wajhihi S II 648
Risāla fī iṭāʿat al-mulūk S II 1013$_{,5}$
Risāla li-izālat al-shakk wal-ilbās S II 350$_{,n}$
Risāla fī iẓhār masāwī shiʿr al-Mutanabbī S I 199
Risāla fi ʾl-jabr S II 1022$_{,50}$
Risāla fi ʾl-jabr wal-qadar S II 669$_{,24}$
Risāla fi ʾl-jabr wal-muqābala S II 597$_{,39}$
Risāla fi ʾl-jadal S II 287
Risāla ilā Jaʿfar al-Kiyāʾ S I 820$_{,68s}$
Risāla fi ʾl-jafr wal-jāmiʿa S II 1039$_{,24}$
Risāla jafriyya S I A/C 808
Risālat al-jaʿl S II 616
Risāla fi ʾl-jaʿl al-basīṭ S II 624
Risālat jalāʾ al-ʿuqūl etc. S I 715
Risāla Jalāliyya etc. G II 218, S II 308$_{,45}$
-Risāla al-jalīla ilā ikhwānī fī mutābaʿat al-nabī S II A/C 817
Risālat Jālīnūs ilā Glaukon etc. S I 369
Risālat Jālīnūs fi ʾl-nawm etc. S I 371
-Risāla al-jaliyya fi ʾl-ʿulūm al-ʿaliyya S II 1044
Risālat al-jāmiʿ al-aʿẓam etc. S II 522
-Risāla al-jāmiʿa dhāt al-fawāʾid al-nāfiʿa G II 695
-Risāla al-jāmiʿa wal-tadhkira al-nāfiʿa S II 814
-Risāla al-jāmiʿa li-waṣf al-ʿulūm al-nāfiʿa G II 426
-Risāla al-jāmiʿa li-zubdat ʿaqāʾid ahl al-sunna wal-jamāʿa S II A/C 101
Risāla fi ʾl-jawāb ʿan asʾila ʿuriḍat ʿalayhi S II 76$_{,89}$
Risāla fi ʾl-jawāb li-baʿḍ ikhwānihi S I A/C 802
Risāla fi ʾl-jawāb min baʿḍ masāʾil al-handasa S I 861$_{,14}$
Risāla fī jawāb man qāla limā lam takun etc. S II 869$_{,15}$
Risāla fī jawāb ʿani ʾl-masāʾil etc. S I 388
Risāla fī jawāb masāʾil kathīra etc. S I A/C 706
Risāla fī jawāb masʾalat Kamāl al-Dīn etc. S I 928$_{,22n}$
Risāla fī jawāb al-munāqala etc. S II 125$_{,138}$
Risāla fī jawāb fī suʾāl ʿA. b. M. a. Ḥayyān etc. S I 584
Risālat jawāb suʾāl al-sāʾil etc. S II 845
Risāla fī jawāb suʾāl al-shaykh ʿA.Muqaybil S II 880

Risāla fī jawāb ʿan suʾāl Ya. Ef. S II A/C 432
Risālat jawāhir al-āfāq etc. S II 535
Risālat al-jawāhir fi ʾl-fiqh S I 708
Risāla fī jawāz al-naẓar ila ʾl-murd S I 603
Risāla fī jawāz al-tasāmuḥ fī adillat al-sunan S II 832
Risāla fī jawāz al-tawassul S II 814,$_{21}$
Risāla fī jawāz waḍʿ al-jāmiʿ wa-ʿadamihi S II 672,$_{131}$
Risāla fī jawāz al-wuḍūʾ min al-ghusūla S II 427,$_{48}$
Risālat (jawhar) al-ajsām (ajrām) al-samāwiyya S I 822,$_{71}$
Risālat al-jawhara al-asṭurlābiyya S II 831
Risālat al-jayb al-jāmiʿa S II A/C 665
Risālat al-jayb al-mujannaḥ S II A/C 156
Risāla fī jayb qamīṣ al-nabī S II 192,$_{226}$
-Risāla al-jiddiyya S I 485
Risāla fi ʾl-jidhr al-aṣamm S II 589,$_{18}$
Risāla fi ʾl-jihād S II 647
-Risāla al-jihādiyya S II 992,$_{31}$
Risāla fī jihat al-ḥaqīqa S II 845
Risāla fī jihat al-waḥda S II 1016,$_{26}$
-Risāla al-Jīlāniyya fī ḥaqīqat al-rūḥ S II 845
Risāla fi ʾl-jinn etc. S II 190,$_{69iiii}$
Risāla fi ʾl-jirm al-ḥāmil etc. S I 373
Risāla fi ʾl-julūs S II 122,$_{39}$
Risāla fi ʾl-jumʿa wa-faḍlihā S I 272
Risālat al-jumal min al-adilla etc. S I 818,$_{31}$
Risāla fi ʾl-jumla al-khabariyya S I 520
Risālat juzʾ lā yatajazzaʾ S II 624
Risālat al-Juzūlī S II 360
-Risāla al-kāfiya li-ahl al-ʿuqūl al-wāfiya G I 403
-Risāla al-kāfiya al-Hārūniyya S I 416
Risāla fi ʾl-kalām S II 577
Risāla fi ʾl-kalām ʿalā āyat al-wuḍūʾ S II 463
Risāla fi ʾl-kalām ʿala ʾl-basmala S II 439, 564 A/C
Risāla fi ʾl-kalām ʿala ʾl-ḥadīth al-mashhūr etc. S II 76,$_{87}$
Risāla fi ʾl-kalām ʿalā idhā S II 438
Risāla fi ʾl-kalām ʿalā Khiḍr S II A/C 468
Risāla fi ʾl-kalām ʿalā lafẓay al-wāḥid wal-aḥad S II 392
Risāla fī kalām al-nabī sayakūnu rijāl min Quraysh etc. S II A/C 190
Risāla fi ʾl-kalām ʿalā qawl rasūl Allāh etc. S II 193,$_{245p}$
Risāla fi ʾl-kalām ʿala ʾl-shams wal-qamar S II 184,$_{66d}$
Risāla fī kalimat al-jalāla S II A/C 543
Risāla fī kalimat lā ilāha illa ʾllāh S II 306
Risāla fī kalimat al-shahāda S II 994,$_{50}$
Risāla fī kalimat al-tawḥīd S I 850 A/C, II 108 A/C, 991
Risāla fi ʾl-kalima al-ṭayyiba S II 543,$_{147}$
Risāla fi ʾl-kalimāt al-ghayr ʿarabiyya fi ʾl-Qurʾān al-karīm S II 724
-Risāla al-Kamāliyya G II 211, 452,$_{104}$, S II 295
Risālat al-kāmil etc. S II 225
-Risāla al-Kāmiliyya etc. S I 900
Risāla fī kammiyyat kutub Arisṭūṭālīs S I 373
Risāla fī karāhat al-dhikr etc. S II 660
Risāla fī karāhiyat al-suʾāl fi ʾl-masjid S II 191,$_{181a}$
Risālat al-karr ʿalā ʿAbd al-Barr S II 195,$_{263r}$
Risāla fī kashf ʿawār al-Bāṭiniyya etc. S I 861,$_{15}$
Risāla katabahā ʿinda ʾl-qabr al-muqaddas S I 632
Risāla fi ʾl-kawākib dhawāt al-zawāʾid S I 368
Risālat al-kawn wal-fasād S II 492
Risālat kawn nabiyyinā ākhir al-anbiyāʾ S II 669,$_{28}$
Risāla fī kayd al-shayṭān S I A/C 920
Risāla fī kayfiyyat al-arṣād etc. S I 870
Risāla fī kayfiyyat al-ḥukm ʿala ʾl-masāʾil al-nujūmiyya S I 869,$_{20}$
Risāla fī kayfiyyat ibtidāʾ daʿwat al-hādiya etc. S II 609
Risāla fī kayfiyyat istikhrāj al-ḥurūf etc. S II 995,$_{2}$
Risāla fī kayfiyyat istikhrāj al-juyūb etc. S I 869,$_{17}$
Risāla fī kayfiyyat al-munāẓara S II 814,$_{22}$
Risāla fī kayfiyyat al-waḥy S I 649
Risālat al-khāʾif al-hāʾim etc. S I 787
Risālat Khalīj al-Maghrib etc. S II 1020
-Risāla al-Khalīliyya fi ʾl-taṣawwuf S II 653
-Risāla al-Khalkhāliyya S II 308,$_{42}$
Risāla fī khalq Ādam S II 189,$_{169w}$
Risāla fī khalq al-aʿmāl S II 307,$_{15}$, 589,$_{16}$
Risālat al-khalwa S II 450
-Risāla al-khalwatiyya S I 795,$_{22}$
-Risāla al-Khāqāniyya G II 497, S II 614

Risāla fī khaṣāʾiṣ al-nabī S I 736
-Risāla al-khātima S I 440,$_{10}$
Risāla fī khaṭaʾ man qāla etc. S I A/C 820
Risālat al-khaṭṭayn etc. S I 859
Risālat khawāṣṣ adwiya jadīda S II 637
Risāla fī khawāṣṣ ḥizb al-baḥr S I 805
Risāla fī khawāṣṣ al-ḥurūf S II 308,$_{64}$
Risāla fī khawāṣṣ Kūshānī S I 827,$_{95n}$
Risāla fī khawāṣṣ al-muthallath etc. S I 853,$_{38}$
Risāla fi ʾl-khiḍāb S II 671,$_{96}$
Risāla fī khilāf al-qurrāʾ S I 720,$_{19}$
-Risāla al-khilāfiyya etc. S II 125,$_{19}$
Risālat al-khill al-nāṣiḥ etc. S II 135
Risāla fi ʾl-khirqa al-Ṣūfiyya al-nabawiyya S II A/C 691
Risālat al-Khiṭā wa-Īghūr G I 474
Risāla fī khubr taʾlīf al-alḥān S I 374
Risāla fi ʾl-khuluww wal-inzāl S II 526
Risāla fi ʾl-khusūf wal-kusūf S I 396
Risālat al-khuṭab wal-jumaʿāt S I A/C 822
Risālat al-khuṭba S II 578
Risāla fī khuṭbat al-tamjīd S I 821,$_{68z}$
Risāla fi ʾl-khuṭūṭ al-mutawāziya S I 870
Risāla fi ʾl-kīmiyyāʾ S I 245,$_{71}$, 428,$_{2}$, 440,$_{12}$, 823,$_{79m}$, II 1034,$_{8}$
-Risāla al-kubrā S II 492
-Risāla al-kubrā fi ʾl-basmala wal-ḥamdala S II 399
Risāla Kubrawiyya S I 787
Risāla fi ʾl-kufr al-ḥaqīqī S II 661
Risāla fi ʾl-kufr wal-īmān S II 589,$_{26}$
Risāla fī kulliyyat al-farāʾiḍ S II 379
-Risāla al-Kumaytiyya G II 205
Risāla kunhi mā lā budd lil-mustarshid etc. S I 794,$_{15}$
Risāla fi ʾl-kura S II 302,$_{n}$
Risāla fi ʾl-kura al-falakiyya S I 956 ad 365
Risāla kuriyya S II 597,$_{35}$
Risāla fī kusūf al-shams S II A/C 181
Risāla ʿalā lā ilāha etc. S II 744
Risāla fi ʾl-ladhdhāt wal-ālām etc. S I 584
-Risāla al-laduniyya G I 423, S I 752,$_{40}$
Risāla fi lafẓ ḥawl S II 852
Risāla fī laḥn al-ʿāmma S I 178
Risālat al-Lajlāj etc. S I 945 ad 219
Risāla laṭīfa fī bayān asmāʾ al-nabawī S II 188,$_{169i}$, read: *al-sinnawr*, see Garr. 2041,$_{3}$
Risāla laṭīfa fī sīrat al-nabī S II 399,$_{6}$ (see A/C)
Risāla ilā a. ʾl-Layth Muzāḥim b. Fātik etc. S I 135
Risāla fi ʾl-libās S II 189,$_{169x}$
Risālat lubs al-aḥmar S I 764
Risāla fī lubs al-khirqa etc. S II A/C 190
Risāla fī lubs al-sarāwīl G II 154, S II 192,$_{227}$ A/C
Risāla fi ʾl-lugha S I 374, II 630,$_{2,a}$
Risālat lumaʿāt al-anwār etc. S II 112
Risālat mā atā bihi ʾl-wārid S I 802,$_{217}$
Risāla fī mā jarā bayna ʾl-Waṭwāṭ wal-Zamakhsharī S I 486
Risāla fī mā jarā lil-nabī S II A/C 187
Risāla fī mā qīla fi ʾl-mawt S II A/C 190
Risāla fī mā tafarraʿa ʿani ʾl-shakl al-qaṭṭāʿ etc. S I 868,$_{10}$
Risāla fī mā waqaʿa fi ʾl-Qurʾān bayna ʾl-ʿulamāʾ S II A/C 120
Risāla fī mā warada fī Qaraqūsh S I A/C 573
Risāla fī mā yadfaʿu ḍarr al-aghdhiya S I 827,$_{95e}$
Risāla fī mā yaḥtāj ilayhi ʾl-ṣāniʿ min aʿmāl al-handasa S I 400
Risāla fī mā yataʿallaq bi-abaway al-nabī S II 498
Risāla fī mā yataʿallaq bil-aʿḍāʾ al-sabʿa S II 811
Risāla fī mā yataʿallaq bi-khalq al-Qurʾān S II 668
Risāla fī mā yataʿallaq bil-layl wal-nahār S II A/C 216
Risāla fī mā yataʿallaq bi-laylat al-niṣf min Shaʿbān S II 541,$_{55}$
Risāla fi ʾl-maʿād S I 819,$_{42a}$, II 593
Risāla fi ʾl-maʿād al-jismānī S II 669,$_{34}$
Risālat al-maʿād wal-maʿāsh etc. S I 243,$_{38}$
Risāla fi ʾl-maʿād wal-radd ʿala ʾl-qāʾilīn bil-tanāsukh S I 819,$_{42}$
Risāla fī maʿāni ʾl-asmāʾ al-ḥusnā S I 686
Risāla fī maʿānī bismillāh S II 85
Risāla fi ʾl-maʿārif al-ʿumūmiyya bil-diyār al-Miṣriyya S III 282
Risālat al-mabādī S II 492
Risāla fi ʾl-mabādī al-lughawiyya S II 800
Risāla fī mabāḥith al-majāz wal-istiʿāra S II 322
Risāla fī mabāḥith thalāthā S II 590

Risāla fi ʾl-mabdaʾ wal-maʿād S I 819$_{,42}$, II 673
Risāla fī mabḥath al-ijtihād etc. S II 531$_{,26}$
Risāla fi ʾl-mabniyyāt S II 810
-Risāla al-Madaniyya fi ʾl-fiqh S II 525
-Risāla al-Madaniyya fi maʿrifat bahāʾ al-ilāhiyya S II 531$_{,21}$
-Risāla al-Madaniyya fi taḥqīq al-majāz wal-ḥaqīqa S II 122$_{,49}$
Risāla fī madhāhib ahl al-salaf S I 747$_{,12}$
Risāla fi ʾl-madhhab S II A/C 673
Risāla fī madhhab Arisṭāṭālis S II 580$_{,15}$
Risāla fī madhimmat taqlīd al-ābaʾ S II 450
Risāla fī madḥ al-tijāra etc. S I 244$_{,47}$
Risālat al-madīna al-insāniyya S II 992$_{,31}$
Risāla fi ʾl-māhiyya wal-huwiyya S I 376
Risāla fī māhiyyat al-nafs etc. S II 595
Risāla fī māhiyyat al-nawm wal-ruʾyā S I 373
Risāla fī māhiyyat al-qalb S I 798$_{,97}$
Risālat al-maḥabba S II 850
Risāla fī maḥāsin shiʿr a. Tammām wa-masāwīhi S I 130
Risāla fī māʾiyyat al-ʿaql wa-maʿnāh S I 352
Risālat al-majāz wal-tashbīh wal-kināya S II A/C 480
Risāla fī majāzāt dawāʾir al-asṭurlāb wal-samāwāt S I 861$_{,7}$
Risāla fī majīʾat al-zaman S II 842
Risālat al-makāsib etc. S II 352
Risālat al-makāyīl etc. S II 37
Risāla fī makhārij al-ḥurūf S I 811$_{,25}$
Risāla fi ʾl-makḥala etc. S I 864
-Risāla al-Makkiyya fi ʾl-khalwa al-ṣafiyya G II 177, S II 228$_{,8}$
Risāla fī makman al-wujūd S I 816$_{,19}$
Risālat al-malāʾika G I 255, S I 453
Risāla fi ʾl-malāʾika al-karūbiyya S I 814$_{,9e}$, 973
Risāla ilā malik al-Takrūr G II 158, S II 198$_{,316}$
Risāla maʿmūla li-ibṭāl waqf al-nuqūd etc. S II 658$_{,33}$
Risāla fī man adraka rakʿa fi ʾl-ẓuhr etc. S II A/C 432
Risāla fi ʾl-manʿ min al-istighāra S II 648
Risāla fī man yusammā ʿAmran min al-shuʿarāʾ S I 246$_{,89}$
Risāla fī man yuʿṭā ajrahu etc., see: *Maṭlaʿ al-badrayn*
Risāla fī maʿna ʾl-ḥadīth al-Qudsī S II A/C 596
Risāla fī maʿna ʾl-ʿilm S II 129
Risāla fī maʿna qawlihi (sura 4$_{,81}$) S II 810
Risāla fī maʿna qawlihi al-ṣabiyy alladhī lahu ab etc. S II A/C 190
Risāla fī maʿna ʾl-qiyās S II 125$_{,117}$
Risāla fī maʿna ʾl-safah wal-junūn etc. S II 949$_{,18}$
Risāla fī maʿna ʾl-zuhd S I 821$_{,68bb}$
Risāla fī manāfiʿ al-aʿḍāʾ S I 827$_{,95m}$
-Risāla al-manāmiyya etc. G I 456, S I 819$_{,53}$
Risāla fī manāqib al-Bukhārī S I 260, II 618
Risāla fī manāqib al-shaykh S II A/C 638
Risāla fī manāsik al-ḥajj S II 804
Risāla fī manbaʿ al-Islām S I 747$_{,23b}$
-Risāla al-Manīḥiyya S I 453
Risālat al-Manṣūr billāh S II 559
-Risāla al-Manṣūriyya S II 462
Risāla fi ʾl-manṭiq S I 843, II 571, 578, 854, 1016$_{,33}$
Risāla fī maqāmāt al-ṭarīqa al-Naqshbandiyya S II A/C 1010
-Risāla al-maqāmiyya G II 427
Risāla fi ʾl-maqāyīs wal-makāyīl S II 747
-Risāla al-Maqqariyya al-naḥwiyya S II 918
Risāla fi ʾl-maqūlāt S II 459, 1016$_{,28}$
Risāla fī marātib al-wujūd S I 801$_{,200}$
Risāla fi ʾl-maʿrifa S II 328
Risāla fī maʿrifat Allāh etc. S I 814$_{,9b}$
Risāla fī maʿrifat asmāʾ al-bilād etc. S II 493
Risāla fī maʿrifat al-asṭurlāb S I 843
Risāla fī maʿrifat al-awqāt etc. S I 393
Risāla fī maʿrifat awāʾil al-shuhūr bil-ruʾya S II 230
Risāla fī maʿrifat buʿd al-shams etc. S II 1017
Risāla fī maʿrifat al-ghālib wal-maghlūb etc. S I A/C 409
Risāla fī maʿrifat al-ḥaqq S II 478
Risāla fī maʿrifat istikhrāj awqāt al-ṣalāh S II 334$_{,57}$
Risāla fī maʿrifat khuṭūṭ al-kaff S I 924$_{,31}$
Risāla fī maʿrifat mā yuktab bil-ḍād etc. S II 925$_{,106}$
Risāla fī maʿrifat mā yurā min al-samāʾ wal-baḥr S I 400

Risālat al-maʿrifa bil-martaba al-shuhūdiyya etc. S II 540,40
Risāla fī maʿrifat al-mashriq etc. S II 1020,30
Risāla fī maʿrifat mufākharat al-misk wal-ramād S I 246,82
Risāla fī maʿrifat al-nafs wa-maʿrifat Allāh etc. S I 747,17
Risāla fī maʿrifat al-nafs wal-rūḥ S I 801,181
Risāla fī maʿrifat al-naghamāt al-thamān S II 684
Risāla fī maʿrifat al-qibla S II 665
Risāla fī maʿrifat al-qusiyy al-falakiyya etc. S I 861,13
Risāla fī maʿrifat al-sāʿāt etc. S I 862
Risāla fī maʿrifat samt al-qibla etc. S II 295
Risāla fī maʿrifat taqāwīm al-jadāwil etc. S I 861,9
Risāla fī maʿrifat waḍʿ bayt al-ibra etc. S II 485
Risāla fī 'l-masāʾil al-gharība al-manṭiqiyya S I 817,23e
Risāla fī 'l-masāʾil al-sharʿiyya S II 845
Risāla fī masāʾil al-ṣalāh S II 543,155
Risāla fī masāʾil al-wuqūf S II 651,12
Risāla fī masʾalat akhdh al-ajr min qirāʾat al-Qurʾān S II 658,38
Risāla fī masʾalat ʿilm al-wājib S II 615
Risāla fī masʾalat inna raḥmat Allāh S II 20
Risāla fī masʾalat al-ishāra bil-musabbiḥa etc. S II A/C 543
Risāla fī masʾalat al-jabr wal-ikhtiyār S II A/C 596
Risāla fī masʾalat al-kalb S I 695
Risāla fī masʾalat khalq al-afʿāl S II 283
Risāla fī masʾalat khalq al aʿmāl S II 580
Risāla fī masʾalat al-khuluww S II 438
Risāla fī masʾalat al-qadar S II 642
Risāla fī masʾalat al-qibla S II 576
Risāla fī masʾalat ramy al-jamr S II 1001,47
Risālat masālik al-khalāṣ S II 634
Risālat al-masḥ S II 643
Risālat al-masḥ ʿala 'l-khuffayn S II 648,44, 651,5
Risāla fī masḥ al-rijlayn fī 'l-wuḍūʾ S II 608
-Risāla al-Masīḥiyya S I 718
-Risāla al-māssa fī mā lam yuḍbaṭ min al-Ḥamāsa S I 194
Risālat mawāʾid al-ʿirfān wa-ʿawāʾid al-iḥsān S II 663
Risāla fī 'l-mawaʿiẓ wal-fawāʾid S I 358
Risāla fī 'l-mawḍūʿāt min al-ḥadīth S I 614,12
Risāla fī mawḍūʿāt al-ʿulūm etc. S I 743
Risāla fī 'l-mawt S I A/C 747
Risāla fī mawt a. Ḥarb etc. S I 245,34
Risālat al-mawtā S II 664,3
-Risāla al-Maymūniyya G II 124, S II 153 A/C
Risāla fī miḥan al-ḥashr etc. S II 537
Risāla fī min al-tabʿīḍiyya S II 672,115
Risāla fī miqdār mā yurā min al-samāʾ S I 400
Risālat al-miqyās etc. S I 429,57
Risālat mirāʾ al-ḥikma etc. S II 1015,1
Risāla miʿrājiyya S I 821,68,qq
-Risāla al-mīrāthiyya S II 852
Risāla fī misāḥat al-ashkāl S I 857
Risāla fī misāḥat al-Kaʿba etc. S II A/C 514
Risālat al-Miṣrī S II 471
-Risāla al-Miṣriyya G I 487, S I 889
Risāla fī 'l-mīzān S I 843, II 669,33
Risāla fī 'l-muʿallimīn S I 244,52
Risālat al-muʿammayāt S II 906
Risāla fī 'l-muʿarrab wal-dakhīl S II 671,109
Risāla fī 'l-muʿarrab fī 'l-Qurʾān S II 181,21g
Risālat al-muʿarraf S II 137
Risālat al-muʿāwana wal-muẓāhara S II 566
Risālat mudāwāt al-nufūs etc. S I 696
Risāla mudhahhaba (dhahabiyya) fī 'l-ṭibb S I 414
Risālat al-mudhākara maʿa 'l-ikhwān etc. S II 566
Risālat mudkhal fī ʿilm al-handasa S II 1022,59
Risāla fī muḍāʿafat thawāb hādhihi 'l-umma S II 939
-Risāla al-muḍīʾa etc. S II 558, 967,3
Risālat mufākahat al-nubl etc. S II 891
Risālat al-mufaṣṣal etc. S II 159
-Risāla al-mufrada G II 299
-Risāla al-mufradiyya G II 235, S II 330
-Risāla al-mufṣiḥa etc. G I 450, 509, S II 808,10
Risāla fī 'l-mughayyabāt al-khams S II 669,11a
Risāla mughniya fī 'l-sukūt etc. S II 364

-*Risāla al-muhadhdhaba* G I 193
-*Risāla al-Muhadhdhabiyya etc.* S I 855
Risālat muhimmāt al-ghāzī S II 942,$_{31}$
Risāla ʿala ʾl-muḥākamāt S II 308,$_{17}$
Risālat muḥākamat al-Ṣūfiyya wal-mutakallimīn etc. S II 285
Risāla ilā M. b. ʿAbd al-Malik al-Zayyāt fi ʾl-akhlāq etc. S I 243,$_{36}$
Risāla ilā M. b. ʿAbd al-Malik al-Zayyāt fi ʾl-jidd wal-hazal S I 243,$_{39}$
Risāla ilā M. b. al-Ḥu. b. al-Marzubān etc. S I 828,$_{68x}$
-*Risāla al-Muḥammadiyya fi ʾl-ḥisāb,* G II 235, S II 330
-*Risāla al-Muḥammadiyya fi ʾl-radd ʿala ʾl-sāda al-Saʿdiyya* S II A/C 1008
Risāla fī muḥāsabat al-nafs S I 712
-*Risāla al-Muḥīṭiyya etc.* S II 295,$_{5}$
Risāla-i Muʿīniyya S I 931,$_{0}$
Risāla mukhtāra fī manāhi ʾl-ziyāra G II 315
Risālat mukhtaṣar al-uṣūl S I 715
Risāla mukhtaṣara fi ʾl-ʿamal bi-rubʿ al-dāʾira S II A/C 484
Risāla mukhtaṣara fī baḥth al-zāʾiraja S I 799,$_{126b}$
Risāla mukhtaṣara fī maʿrifat tafaṣṣul al-rubʿ etc. S I 393
Risālat al-mulhamāt S II 933
Risāla mumayyiza madhhab al-Māturīdiyya G II 442
-*Risāla al-munabbiha* S I 890
-*Risāla al-munabbiha ʿalā fawāʾid al-Qurʾān* S I 506
Risāla fi ʾl-munāqasha etc. S II 497
Risāla fī munāqashat al-Bayḍāwī etc. S II 543,$_{159}$ (to be read thus)
Risāla fi ʾl-munāsakhāt S II 155
Risāla fi ʾl-munāẓara S II 578, 632
Risāla fi ʾl-munāẓara wal-ādāb S II 1014,$_{16}$
Risāla munīra G II 435
-*Risāla al-munīra fi ʾl-iʿtiqād* S II 672,$_{134}$
Risāla munjiya G II 443
Risāla fī Munjizat al-marbiḍ S II 803
Risāla fī muqaddimat al-wājib S II 590, 800
Risāla fī muqāranat baʿḍ mabāḥith al-hayʾa S II 722
-*Risāla al-mūqiẓa* G I 445, S I 797,$_{57}$
-*Risāla al-muqniʿa* G I 188, S I 322, 707,$_{4}$
Risālat al-murabbaʿāt etc. S II 535
-*Risāla al-muʿriba* G I 145
-*Risāla al-murshidiyya* G I 450, S I 808,$_{11}$
-*Risāla al-mushfiya etc.* G II 447, S II 667
Risāla fi ʾl-mushil S II 592
Risāla fi ʾl-mushkil min al-nisba S I 383
Risālat mushkilāt al-qirāʾāt S II 455
Risālat mushkilāt qirāʾāt al-ṣaḥīfa S II 578
Risāla mushtamila ʿalā anwāʿ al-badīʿ fi ʾl-bismillāh G II 300
Risāla mushtamila ʿalā mabādī 21 ʿilman S II 467
Risāla fi ʾl-mūsīqī S I 225, II 780, 1041,$_{39}$
-*Risāla al-mustaẓrafa etc.* S II 891
Risāla fi ʾl-muṣādara al-mashhūra li-Uqlīdīs S I 387
Risāla fī muṣṭalaḥ al-ḥadīth S II 659, 669,$_{17a}$
Risāla fī mutaʿalliq al-basmala S II 396
Risāla mutaʿalliqa bi-ḥaqīqat al-ṣalāh S II 308,$_{50}$
Risāla mutaʿalliqa bi-jāʾa Zayd S II 810
Risāla mutaʿalliqa bi-kalimat al-tawḥīd S II 330
Risāla mutaʿalliqa bil-taʿdhīr etc. S II 963,$_{47}$
Risāla mutaʿalliqa bi-ṭayy al-makān S II 662
Risālat b. al-Muṭahhar S II 241
Risāla ilā Muzāḥim b. Fātik S I 219
Risāla fi ʾl-nabāt S I 836
Risāla fi ʾl-Nābita S I 242,$_{7}$
Risālat al-naḍd wal-nashr etc. S II 459
-*Risāla al-naḍra etc.* S II 90
Risālat nafaḥāt al-lāhūt S II 574
-*Risāla al-nāfiʿa al-hādiya etc.* S II 1013,$_{4}$
Risāla fi ʾl-nafkh wal-taswiya S I 747,$_{16}$
Risāla fi ʾl-nafs S I 818,$_{29}$, II 308 A/C, 325
Risāla fi ʾl-nafs wa-afʿālihā S I 373
Risāla fi ʾl-nafs wal-ʿaql S I 818,$_{32a}$
Risāla fi ʾl-nafs wal-maʿād S I 818,$_{31b}$
Risāla fi ʾl-nafs wa-taḥqīq ziyārat al-qubūr S I 923,$_{27d}$
Risāla fī nafy al-ḥayyiz wal-jiha S I A/C 924
Risāla fī nafy al-ʿushr wal-kharāj S II 837
Risāla fi ʾl-nahy ʿani ʾl-raqṣ etc. S II 1007
-*Risāla al-nāʿiya* G I 403
Risāla fī najāsat al-biʾr S II 449
Risālat al-najāt S II 653
Risāla fī najāt abaway al-Muṣṭafā S II 662
Risāla ilā a. ʾl-Najm wa-jawābuhu S I 246,$_{95}$

Risāla ilā a. 'l-Najm fi 'l-kharāj S I 245,$_{19}$
-Risāla al-Najmiyya etc. S II 575
Risāla fī naqd man qāla bi-shuhūr bi-ʿadad S I 706
-Risāla al-Naqshbandiyya G II 351, S II 664
Risāla fi 'l-nār al-Fārisī S II 297
Risāla fī nasab al-ʿallāma a. Bakr. b. Sālim etc. S II 550
Risāla fī nasab al-shurafā' al-Adārisa S II 685
Risālat al-nashr al-muṭayyab etc. S II 157
Risālat al-nāsikh wal-mansūkh S II 984
Risālat al-naṣā'iḥ al-īmāniyya S I 789,$_{2}$
Risāla ʿala 'l-Naṣārā S I 240
-Risāla al-nāṣiḥa G I 404
Risāla fī naṣīḥat al-ʿāmma S I 732
-Risāla al-nāṣiḥa lil-mutadhakkir al-fāḍiḥa etc. S II 246
-Risāla al-Nāṣiriyya G II 334, S II 462
Risālat al-naṣr S II 811
-Risāla al-nayrūziyya etc. G I 454, S I 815,$_{17}$
-Risāla al-nayyira S II 669,$_{17,b}$
-Risāla al-nāẓima li-maʿāni 'l-adilla al-ʿāṣima S I 703
Risāla fi 'l-nikāḥ wal-ṭalāq S II 933
Risāla fī nisbat al-jamʿ S II 671,$_{110}$
Risāla fi 'l-niyya S II 503
Risāla fi 'l-niyya fi 'l-ʿibādāt S II 125,$_{123}$
Risāla fi 'l-nubl etc. S I 244,$_{46}$
Risālat al-nufūs al-araḍiyya S I A/C 929
Risāla-i nuqṭa S II 311
Risālat al-nūrayn S I 472
-Risāla al-Nūriyya S I 807 A/C, II 324
Risāla fī nuʿūt al-mashhūd ʿalayhi etc. S II 694
Risāla fī nuzūl al-Qur'ān etc. S II 179,$_{3a}$
Risālat al-qadar S I 819,$_{45a}$
Risāla qadariyya S I 927,$_{3a}$
Risāla fī qaḍā' ḥawā'ij al-insān etc. S II 1006
Risāla fi 'l-qaḍā' wal-ḥukm S II 429
Risāla fi 'l-qaḍāʿ ʿala 'l-kusūf S I 374
Risāla fi 'l-qaḍā' wal-qadar G II 450,$_{23}$, S I 819,$_{45}$, II 122,$_{53}$, 281, 589,$_{11}$, 634, 669,$_{23}$
Risālat al-qāḍī al-Nasawī etc. S I 855,$_{7}$
Risāla fī qalʿ al-āthār S I 369
Risāla fi 'l-qalam S I 245,$_{70}$, II 911
-Risāla al-qalamiyya G II 218, 430, 433, S II 308,$_{28}$, 644 A/C, 638
Risāla fī qalb Kāfūriyyāt al-Mutanabbī etc. S I 142
Risālat Qālūn S I 328, II 744
Risāla fi 'l-qarasṭūn S I 385
Risāla fī qawāʿid al-awqāf S II 775
Risāla fī qawāʿid al-Furs S II 671,$_{108a}$
Risāla fī qawāʿid al-īmān S II A/C 442
Risāla fī qawāʿid al-kashfiyya S II 466,$_{33}$
Risālat qawānīn ḥikam al-ishrāq etc. S II 1006
Risāla fi 'l-qawl bil-ḥulūl etc. S II A/C 195
Risāla fi 'l-qawl fi 'l-nafs etc. S I 957 ad 373
Risāla fī qawl al-Shāfiʿī etc. S II 103,$_{42}$
Risāla fī qawlihi S II 206, 542 A/C
Risāla fī qawlihi inna 'l-qawma yabʿathu 'llāhu ʿalayhimu 'l-ʿadhāba etc. S II A/C 543
Risāla fī qawlihi kullu kalāmihī kadhib S II 308,$_{61}$
Risāla fī qawlihi kullu mawlūdin etc. S II A/C 103
Risāla fī qawlihi lā tushadd al-riḥāl etc. S II 121,$_{24}$
Risāla fī qawlihi man dhakaranī etc. S I 801,$_{177}$
Risāla fī qawlihi ṣlʿm afḍalu 'l-mu'minīn etc. S I 752,$_{47e}$
Risāla fī qawlihi taʿālā innahu wa-Sulaymāna S II 987,$_{38}$
Risāla fī qawlihi taʿālā wa-in laysa bil-insān S II 662,$_{13}$
Risāla fi 'l-qawma wal-jalsa S II 648
Risāla fī qaws Quzaḥ S II 323
-Risāla al-qawsiyya G II 210, S I 596
Risālat qilādat al-shumūs etc. S II 231
Risāla fī qirā'at al-Fātiḥa etc. S II 649
Risāla fī qirā'at Ḥafs ʿan ʿĀṣim S II 455
Risāla fī qirā'at al-imām al-Kisā'ī etc. S II 743
Risāla fī qirā'at sūra baʿd al-ḥamd S II 597,$_{29}$
Risālat qirā'at ʿUthmān S I 727
Risāla fi 'l-qirā'āt S II 140, 610, 980
Risāla fi 'l-qirā'āt al-shādhdha S II 982
Risāla fī qismat al-zāwiya S I 399
Risālat al-qiyān S I 244,$_{51}$
Risāla fi 'l-qiyās S II 573
-Risāla al-qiyāsiyya S II 956,$_{85}$, 1017
-Risāla al-Qubruṣiyya S II 123,$_{75}$
Risālat al-Quds fī munāṣaḥat al-nafs S I 797,$_{58}$

Risāla Qudsiyya G I 410, 421$_{,8}$ (II 226) 451, II 221, 234, S II 283
-Risāla al-Qudsiyya fi 'l-ʿaqāʾid al-dīniyya S I 746$_{,4,8}$
-Risāla al-Qudsiyya fī asrār al-nuqṭa al-ḥassiyya S I 809
-Risāla al-Qudsiyya fī bayān al-maʿārif al-Ṣūfiyya S II 328
Risāla fi 'l-qūlanj S I 827$_{,95i}$
Risāla fi 'l-Qurʾān S II 985$_{,19}$
Risāla fi 'l-Qurʾān wa-mā waqaʿa fīhi min al-nizāʿ S II A/C 120
Risālat al-qurb wal-ittiṣāl S II 433
Risālat al-Qushayrī G I 432, II 117, S I 771
Risāla ilā Qusṭā b. Lūqā etc. S I 225
-Risāla al-Qusṭanṭīniyya S I 717
Risāla fī quwa 'l-nafs G I 455, S I 818$_{,30}$
Risāla fi 'l-radd ʿala 'l-Būlāqī S II A/C 880
Risālat al-radd ʿala 'l-firaq S II 673$_{,169}$
Risāla fī radd al-ilḥād etc. S II 974$_{,29}$
Risāla fi 'l-radd ʿalā ma 'ʿtaradha bihi etc. S I 452
Risāla fi 'l-radd ʿalā man dhamma madhhab a. Ḥanīfa S II 542$_{,120}$
Risāla fi 'l-radd ʿalā man taʿaqqabahu etc. S II A/C 543
Risāla fi 'l-radd ʿalā b. Naghrīla al-Yahūdī S I 696
Risāla fi 'l-radd ʿalā 'l-Qawliyya S I 245$_{,21}$
Risāla fi 'l-radd ʿalā 'l-Rawāfiḍ S II 294
Risāla raddādat al-bidaʿ S II 88
Risāla fī rafʿ al-imām a. Ḥanīfa yadayhi etc. S II 125$_{,127}$
Risāla dar rāh-i khudāshināsī S I 923$_{,27e}$
Risāla fi 'l-rasm S II 983
Risāla fī rasm ālāt al-sāʿa etc. S I 903
Risāla fī rasm al-asṭurlāb S I 608, II 1024 A/C
Risāla dar rasm u āyīn-i Dādishāhānī qadīm S I 929$_{,22p}$
Risāla fī rasm al-khaṭṭ S II 194$_{,263h}$
Risāla fī rasm al-maʿmūr min al-arḍ S I 374
Risāla fī rasm al-maṣāḥif S II 983
Risāla ila 'l-Rāzī S I 355
Risāla fi 'l-ridda wa-aḥkāmihā S II A/C 472
Risāla fi 'l-riḍā ʿan illāh etc. S I 247
Risālat al-riḍāʿ S II 670$_{,48}$
-Risāla al-Riḍāʾiyya S II 580
-Risāla al-Riḍwāniyya S I A/C 844
-Risāla al-riyāḍiyya G I 468
Risāla fi 'l-rubʿ al-kāmil S II A/C 484
Risāla fi 'l-rubʿ al-mujayyab etc. S II 160, 665
Risāla fī rubʿ al-muqanṭarāt S II 409, 486 A/C
Risāla fī rubʿ al-musātara S II A/C 364
Risāla fi 'l-rubʿ al-musattar S II A/C 158
Risālat al-rubʿ al-tāmm S II 157
Risāla fi 'l-rūḥ S I 790, II 670$_{,67}$
Risāla fi 'l-rumḥ wa-ālāt al-jihād S II 947$_{,181n}$
-Risāla al-rumḥiyya S II 586
Risāla fī rumūz al-Qurʾān S II 589$_{,22}$
Risāla fī ruʾūs masāʾil al-falsafa S I A/C 758
Risāla fi 'l-ruwāt al-thiqāt etc. S II 47
Risāla fi 'l-ruʾyā wal-infiʿālāt wal-afʿāl S I A/C 815
Risāla fi 'l-ruʾyā wa-kayfiyyat madhhab al-Ashāʿira S II 594
Risāla fī ruʾyat al-kawākib etc. S I 822$_{,79b}$
Risāla fi 'l-saʿāda wa-ḥujaj al-ʿashara S I 821$_{,68u}$
Risāla fī 'l-sabab alladhī lahu nasabat al-qudamāʾ etc. S I 374
Risāla fī sabab tasmiyat al-Ṭabarānī etc. S II A/C 819
-Risāla al-Sabtiyya fi 'l-zaʾiraja G I 498, S I 909
-Risāla al-Saʿdiyya S II 208$_{,22}$
Risāla fi 'l-safīna idhā ghariqat S II A/C 427
Risāla fi 'l-sahar S I 365
Risālat al-sahw wal-shakk fi 'l-ṣalāh S II 503
-Risāla al-saʿīda lil-faḍāʾil S II 558
-Risāla al-Sakhāwiyya S II 483
Risāla dar sākht-i asṭurlāb S II 295
Risālat al-salām ʿala 'l-nabī S II 193$_{,245w}$
Risālat al-samāʾ wal-ʿālam S II 492
Risālat al-samāʿ wal-ghināʾ S II 541$_{,81}$
Risāla fī samāʿ al-mawtā S II 468
-Risāla al-Samarqandiyya G II 194, S II 259
Risāla fī samt al-qibla S I 387, II 578
Risālat sanāʾ al-sharḥ fī lubs al-khirqa S II 195$_{,274e}$
Risāla saniyya G II 375, S II A/C 625
Risāla saniyya fi 'l-ṣalāh S I 952 ad 310
Risālat-i Sanjāriyya etc. S I 831
Risāla sarmadiyya G II 205
Risālat al-sayf wal-qalam S II 9

-*Risāla al-sayfiyya* G I 430, 433
Risālat al-sayr S I 789, II 522
-*Risāla Shaddākhat al-Muʿtazila* S II 88
Risālat al-Shāfiʿī G I 520
-*Risāla al-shāfiya fī takmīl al-ʿarūḍ wal-qāfiya* S II 924
Risāla fī shahādat al-Muslimīn etc. S II 649
Risāla ʿani 'l-shakk fī 'l-khuṭūṭ al-mutawāziya S I 929,$_{27}$
Risāla fī shakkiyyāt al-ṣalāh S II A/C 585
-*Risāla al-shamaʿiyya* G II 430
Risālat al-shams ila 'l-hilāl S I 430
-*Risāla al-shamsiyya fī 'l-aʿmāl al-jaybiyya* G II 128
-*Risāla al-shamsiyya fī 'l-ḥisāb* G II 211, S II 275
-*Risāla al-shamsiyya fī 'l-qawāʿid al-ḥisābiyya* S II 215
-*Risāla al-shamsiyya fī 'l-qawāʿid al-manṭiqiyya* G I 466, S I 845
-*Risāla al-Sharafiyya etc.* G I 496, S I 907
Risāla fī sharḥ al-alif wal-lām S II 973,$_{12}$
Risāla fī sharḥ baʿḍ al-masāʾil etc. S I 893
Risāla fī sharḥ baʿḍ al-mawāḍiʿ min al-Wiqāya S I A/C 647
Risāla fī sharḥ al-ḥadīth S II 845
Risāla fī sharḥ ḥadīth a. Dharr S II 121
Risāla fī sharḥ al-ḥadīth al-sabʿa etc. S I 809,$_{13}$
Risāla fī sharḥ kalām amīr al-muʾminīn ʿA. S II 662,$_{6}$
Risāla fī sharḥ qawl al-nabī etc. S II A/C 190
Risāla fī sharḥ ṣifāt al-samāʿ S II 354
Risāla fī sharḥ taʿrīf al-kalima S II 673,$_{152}$
Risāla fī sharḥ waqf al-sulṭān al-Ghūrī etc. S II A/C 426
Risāla fī sharḥ al-waqt wal-qibla S II 801
-*Risāla al-sharīfa al-tartībiyya* S II A/C 994
-*Risāla al-Sharīfiyya fī qawāʿid al-baḥth* S II 216, 305
Risāla fī sharṭ k. waqf Khāʾir Bek al-Nāṣirī S II A/C 426
-*Risāla al-sharṭiyya* S II 797
-*Risāla al-Shihābiyya fī 'l-mūsīqī al-ṣināʿiyya* S II A/C 780
-*Risāla al-Shihābiyya (Fatḥiyya) fī rubʾ al-mujayyab* S II 217
-*Risāla al-Shihābiyya fī 'l-ṣināʿa al-ṭibbiyya* S II 216
Risāla fī shirāʾ al-raqīq etc. S I 885
Risāla fī 'l-shuʿāʿāt S I 374
Risāla fī shubuhāt b. Kamīna S II 580
Risāla fī 'l-shuhūd S II 648
Risāla fī 'l-sikanjubīn S I 827,$_{95s}$
Risāla fī 'l-sikkīn S II 19
Risālat silsāl al-baḥr etc. S II 534
Risālat silsāl sīmāʾ al-malāʾika S II A/C 190
Risālat Sinān b. Thābit b. Qurra S I 386
Risāla sīniyya, shīniyya G I 277
Risāla fī 'l-sīra wal-mawlid al-nabawī S II 138
Risāla fī 'l-sīra wa-mawlid al-nabī S II 6
Risāla fī sīrat al-nabī S II 399, 456
Risāla fī sirr al-ḥurūf S I A/C 802
-*Risāla al-sittiyya* G II 454
Risāla fī 'l-siwāk S II 660,$_{10b}$, 788
Risāla fī 'l-siyāsa S I 819,$_{40}$
Risāla fī 'l-siyāsa al-sharʿiyya S II 640 A/C, 665
Risālat al-siyāsāt S II 492
Risālat al-suʾāl wal-jawāb al-ūlā S II 901
Risāla fī suʾāl al-mayyit fī 'l-qabr S II 74,$_{33}$
Risāla fī 'l-sukr S I 355
-*Risāla al-sulṭāniyya* G II 158, S II 198, 315
-*Risāla al-sulṭāniyya fī ithbāt al-nubuwwa* S II A/C 827
-*Risāla al-sulṭāniyya fī sharḥ k. al-nūrāniyya* S I 514
Risāla fī 'l-sulūk S I 752,$_{47aa}$, 785, 787, II 125,$_{144}$, 147
Risāla fī sulūk khāṣṣat al-sāda S II 618
Risāla fī sunnat al-jumʿa S II 125,$_{140}$
Risālat al-surūr wal-faraḥ S II 498
Risāla fī 'l-ṣabī al-muḥrim etc. S II 972
Risālat al-ṣafīḥa G II 415
Risālat al-ṣaghāʾir wal-kabāʾir S II 426
Risālat al-Ṣaḥāba S I 236
Risāla fī 'l-ṣalāt S II 419, 837, 974
Risāla fī ṣalāt al-ḍuḥā S II A/C 191
Risāla fī ṣalāt al-istisqāʾ S II 957,$_{100}$
Risāla fī ṣalāt al-jumʿa S II 575
Risāla fī ṣalāt al-raghāʾib S I 768
Risāla fī ṣalāt al-ẓuhr baʿd al-jumʿa S II A/C 443
-*Risāla al-Ṣāliḥiyya* S II 217
Risāla fī 'l-ṣanʿa al-ʿaliyya etc. S I 823,$_{79,0}$
Risālat al-ṣanāʾiʿ al-ʿamaliyya S II 492
Risālat al-ṣanāʾiʿ al-ʿayniyya S II 492
Risālat al-ṣawm wal-ḥajj S II 837

Risālat ṣayḥa wa-ṣadā S II 309,$_{83}$
Risālat al-ṣidq wal-taṣdīq etc. S I 436
Risālat ṣilat rūḥāniyyat al-kawākib S I 374
Risālat ṣināʿat al-khaṭṭ S II 166
Risālat ṣiyagh al-ʿuqūd S II 837 (to be read thus)
Risālat ṣiyagh al-ʿuqūd wal-īqāʿāt S II 836 (to be read thus)
Risāla Ṣūfiyya S II A/C 619
Risāla fi 'l-ṣunʿa S I 756
Risāla fī ṣuwar masāʾil al-riḍāʿ etc. S II A/C 434
Risāla fī taʿaddul al-mujtahid S II 648
Risāla fi 'l-taʿādul wal-tarājīḥ S II 796, 803
Risālat taʿālīq al-manṭiq S I 817,$_{23b}$
-Risāla al-taʾammuliyya S I 647
Risāla fī taʿaqqub al-mawḍiʿ al-jadalī S I 817,$_{23d}$
Risāla fī tabʿīd al-ʿulamāʾ min abwāb al-umarāʾ wal-wuzarāʾ S II A/C 543
Risāla fī taʿbīr al-ruʾyā S I 821,$_{68w}$
-Risāla al-Tabūkiyya S II 128,$_{46}$
Risāla fī tadābīr al-manāzil etc. S I 820,$_{68q}$
Risāla fi 'l-tadāfuʿ bayna qawl al-Bayḍāwī etc. S II 476,$_{124}$
Risāla fī tadāwi 'l-sumūm S I A/C 897
Risāla fī tadbīr al-ṣiḥḥa S I 367
Risāla fī taḍārīs al-arḍ S II 597
Risāla fi 'l-tafaḥḥuṣ ʿan asbāb ṭūl al-ʿumr wa-qiṣarihi S I 836
Risāla fī tafḍīl al-anbiyāʾ ʿala 'l-malāʾika S II 669,$_{26}$
Risāla fī tafḍīl al-Atrāk ʿalā sāʾir al-ajnād S I 553 (see A/C)
Risāla fī tafḍīl banī Ādam ʿalā sāʾir al-makhlūqāt S II 672,$_{139}$
Risāla fī tafḍīl al-bashar ʿala 'l-malak S II 669,$_{25}$
Risāla fi 'l-tafḍīl bayna 'l-mashriq wal-maghrib S II A/C 190
Risāla fī tafḍīl al-ghanī al-shākir ʿala 'l-faqīr al-ṣābir S II A/C 658
Risāla fi 'l-tafsīr S II 453
Risāla fī tafsīr āyat (sura 13,$_{39}$) S II 537
Risāla fī tafsīr āyāt min al-Qurʾān al-karīm S I 810
Risāla fī tafsīr āyatayn min sūrat al-Islām etc. S II 984
Risāla fī tafsīr baʿḍ masāʾil S I A/C 646
Risāla fī tafsīr al-basmala S II 540,$_{28}$
Risāla fī tafsīr al-majāz wal-istiʿāra S II 672,$_{119}$
Risāla fī tafsīr al-Muʿawwidhatayn S I 814,$_{3}$
Risāla fī tafsīr al-Mudkhal fī ṣināʿat al-manṭiq S I 376
Risāla fī tafsīr qawlihi G II 151 (sura 20,$_{23}$, 48,$_{2}$, 75,$_{2}$, 78,$_{17}$), S II 419 A/C (sura 42,$_{49}$), 453 A/C (sura 45,$_{51}$), 476 (sura 2,$_{63}$), 521 A/C (sura 2,$_{180}$), 539 A/C (sura 7,$_{29}$), 562 A/C (sura 71,$_{14}$), 985 (sura 13,$_{77}$), 985,$_{20}$ (sura 9,$_{43}$)
Risāla fī tafsīr qawlihi taʿālā S II 591 (sura 17,$_{80}$), 652 (sura 9,$_{18}$)
Risāla fī tafsīr sūrat 2,137 S II 68
Risāla fī tafsīr sūrat 27,66 S II 669,$_{9a}$
Risāla fī tafsīr sūrat al-Ikhlāṣ S I 814,$_{1}$
Risāla fī tafsīr sūrat al-Nabaʾ S II 669,$_{9}$
Risāla fī tafṣīl mā qīla fī abaway al-rasūl G II 150, S II 669,$_{32}$
Risāla fī tafṣīl mā qīla fī amr al-tafḍīl G II 453, S II 672,$_{118}$
Risāla fī tafṣīl masāʾil dhawi 'l-arḥām G II 370
Risāla fi 'l-taḥadduth bi-niʿmat Allāh S II 190,$_{169www}$
Risāla fi 'l-taḥaffuẓ min al-nazla S I 421,$_{53}$
Risāla fi 'l-taḥdhīr ʿan ʿuqūq al-wālidayn S II 811
Risāla fī taḥqīq anna 'l-kabāʾir etc. S II A/C 543
Risāla fī taḥqīq anna 'l-lafẓ qad yūḍaʿu muqayyadan S II 673,$_{153}$
Risāla fī taḥqīq anna mā yaṣdur ʿanhu etc. G II 452, S II 671,$_{84}$
Risāla fī taḥqīq anna ṣāḥib ʿilm al-maʿānī etc. G II 452, S II 671,$_{111}$
Risāla fī taḥqīq aṣl al-tadrīb etc. S II 671,$_{109}$
Risāla fī taḥqīq al-dalāla al-waḍʿiyya S II 571
Risāla fī taḥqīq ḥaqīqat al-insān S II 1015
Risāla fī taḥqīq al-istiwāʾ ʿala 'l-ʿarsh S II 120,$_{7}$
Risāla fī taḥqīq jawāz iṭlāq al-nafs S II 457
Risāla fī taḥqīq jihat al-qibla S II 597,$_{40}$
Risāla fī taḥqīq kadhā G II 453, S II 672,$_{117}$
Risāla fī taḥqīq kalimat al-tawḥīd S I 752,$_{47t}$
Risāla fī taḥqīq madhhab al-Ṣūfiyya etc. S II A/C 286
Risāla fī taḥqīq makhṣūṣ S I 520, II 257

Risāla fī taḥqīq maʿnā jaʿl al-māhiyya G II 451, S II 670,$_{61}$
Risāla fī taḥqīq maʿnā ʾl-taṣawwur wal-taṣdīq G II 209, S II 293
Risāla fī taḥqīq miʿyār al-muʾannath al-samāʿiyya S II 673,$_{148}$
Risāla fī taḥqīq miʿyār al-wazn mfʿl S II 400,$_{13}$
Risāla fī taḥqīq al-muʿjiza G II 450, S II 669,$_{27}$
Risāla fī taḥqīq murād al-qāʾilīn etc. G II 452, S II 671,$_{85}$
Risāla fī taḥqīq al-mushākala G II 453, S II 672,$_{121}$
Risāla fī taḥqīq nafs al-amr S II 308,$_{46}$
Risāla fī taḥqīq samt al-qibla S II 665
Risāla fī taḥqīq shahr al-ṣawm etc. S II 951,$_{40}$
Risāla fī taḥqīq al-taghlīb G II 452, S II 672,$_{114}$
Risāla fī taḥqīq al-wabaʾ S II 1029
Risāla fī taḥqīq waḥdat al-wujūd S II 615
Risāla fī taḥqīq al-wāqiʿ etc. S II A/C 306
Risāla fī taḥqīq waqt al-zawāl S II 591
Risāla fī taḥqīq wujūb al-wājib, S I 802 A/C, II 669,$_{21}$
Risāla fī taḥqīq al-zindīq S II A/C 673
-Risāla al-taḥqīqiyya li-ṭullāb al-īqān etc. S II 660
Risāla fī taḥrīm dhabāʾiḥ ahl al-kitāb S II 597,$_{27}$
Risāla fī taḥrīm al-dukhān S II A/C 516
Risāla fī taḥrīm al-khamr S II 1029
Risāla fī taḥrīm al-tunbākū S II 954,$_{68}$
Risāla fī taḥrīr al-bayān etc. S I 800,$_{159}$
Risāla fī taḥrīr masʾalat naqd al-qism fi ʾl-waqf S II 976,$_{51}$
Risāla fi ʾl-taḥsīn wal-taqbīḥ S II 560
Risāla fī taḥwīl al-muʿāmala S II 483, 741
Risāla fī tajdīd al-aymān S II 648
Risāla fī tajlīd al-alam S II 796
Risāla fi ʾl-tajrīd fī ʿaqīdat ahl al-tawḥīd S I 746,$_{4a}$
Risāla fi ʾl-tajwīd S II 698
Risālat al-takālīf S I A/C 103
Risāla fī ʾl-takallum ʿalā abaway al-Muṣṭafā S II 669,$_{32a}$
Risālat al-takbīr S II 502
Risāla fī takdhīb al-ḥadīth al-qāʾil etc. S II 189,$_{169nn}$
Risāla fī takfīr jāhil ṣifāt al-īmān S II 700
Risāla fī takfīr al-shaykh Khālid al-Kurdī al-Naqshbandī S II 785
Risāla fī takfīr al-Shīʿa S II 658
Risāla fī takhlīṣ al-insān min ẓulumāt al-dīn S II 956,$_{91}$
Risāla fī takhlīṭ al-aghdhiya S I 827,$_{93d}$
Risāla fī takhrīj masāʾil dhawi ʾl-arḥām fi ʾl-farāʾiḍ S II 268
Risālat takmīl ʿalā fawāʾid shattā S II 674
Risālat al-talbīs fī mā suʾila bihi b. Khamīs S II 748
Risāla fī taʾlīfāt al-sayyid al-Murtaḍā S I A/C 706
Risāla fī taʿlīqāt ṭalāq al-marʾatayn S II 426,$_{33}$
Risālat al-talkhīṣ li-wujūh al-takhlīṣ S I 697
Risāla fī talqīn al-qalb S II 1005,$_{82}$
-Risāla al-tāmma fī faḍīḥat al-ʿāmma S I 732
Risālat al-tamthīl S II A/C 673
Risālat al-tanbīh ilā aʿmāl al-qulūb S I 352
Risālat Tansar S I 235
Risālat al-tanzīhāt S II A/C 498
-Risāla al-tanzīhiyya G II 445
Risālat al-tanzīl li-ahl al-mashāhid S II 460
Risāla fi ʾl-taʿqīd S II 576
Risāla fī taqlīd al-furūʿ S II A/C 445
Risāla fi ʾl-taqlīd wal-ijtihād S I 673
Risāla fī taqsīm al-ʿilm S II 308,$_{44}$
Risāla fi ʾl-taqsīm wal-qism wal-qasīm S II 443
Risāla fī taqsīm al-wāḥid S I 376
Risāla fī tarājim al-wujūd S II 589,$_{10}$
Risāla fi ʾl-tarāwīḥ S II 476,$_{137}$
Risāla fi ʾl-tardīd al-infiṣālī S II 306,$_{36}$
Risāla li-targhīb al-nās etc. S II 651
Risālat al-taʿrīb G II 452,$_{109}$, S II 652, 671,$_{109}$
Risāla fī taʿrīf al-falsafa S I 958 ad 376,$_{17}$
Risāla fī taʿrīf al-ḥikma S II 330
Risāla fī taʿrīf al-ʿilm S I 846
Risāla fī taʿrīf al-ʿilm al-fiqh S II 971,$_{29}$
Risāla bi-taʿrīf suʾūl etc. S II 1020,$_{34}$
Risāla fī taʿrīf al-ʿulūm S II 218
Risāla fī tarjamat al-Injīl S II 411
Risāla fī tarjīḥ taqlīd al-imām al-aʿẓam S II 90
Risāla fī tarkīb al-naghm etc. S I A/C 374
Risālat al-tartīl S II 664

Risāla fī tasdīd ribqat al-taqlīd etc. S II 308,56
Risāla fi 'l-tashakhkhuṣ S II 589,8
Risāla fi 'l-tashbīh al-tamthīlī S II 317,7
Risāla fī tashbīk al-aṣābiʿ etc. S II A/C 191
Risāla tashtamil ʿalā alf kalima min al-ḥikam al-nabawiyya S I A/C 584
Risāla tashtamil ʿalā arbaʿ nubadh S II 459
Risāla tashtamil ʿalā kalām jumlī etc. S II 176
Risāla tashtamil ʿalā majālis sanad al-imām al-Bukhārī S II 33
Risāla fī tasmīʿ al-īmān S II 649
Risālat al-taswiya S I 747,16, II 618
Risālat al-taṣarrufāt S I 802 A/C, 811 A/C, 965 ad 513
Risāla fī taṣarrufāt ahl al-lugha S II 648
Risāla fi 'l-taṣawwuf S I 912,4, II 152, 323, 543 A/C, 618, 791, 996, 998
Risāla fi 'l-taṣawwuf fi 'l-maqām al-arbaʿīn etc. S I 783,14
-Risāla al-taṣawwufiyya S II 578
Risāla fi 'l-taṣawwur wal-taṣdīq S II 589
Risāla fi 'l-taṣawwurāt G II 218, S II 308,26
Risāla fī taṣḥīḥ kalām amīr Ṣadr al-Dīn S II 593
Risāla fī taṣḥīḥ mā waqaʿa li-a. Jaʿfar etc. S I 861,5
Risāla fī taṣḥīḥ al-mayl wa-ʿarḍ al-balad S I 390
Risālat al-taṣliya fī awāʾil al-kutub S II 939
Risāla fi 'l-taṣrīf G I 255
Risāla tataʿallaq bi-baʿḍ asʾila fī aḥwāl al-mayyit S II A/C 76
Risāla tataʿallaq bil-basmala etc. S II A/C 736
Risāla tataʿallaq bil-ḍamāʾir S II A/C 673
Risāla tataʿallaq bil-insān etc. S II 475,91
Risāla tataʿallaq bi-qawlihim Mā anā etc. S II 330
Risāla tataʿallaq bil-shams wa-ilā ayna tadhhab baʿd ghurūbihā S II 184
Risāla tataḍamman aḥādīth etc. S II 121,23
Risālat taṭhīr al-iʿtiqād etc. S II 556
Risālat al-tawābiʿ wal-zawābiʿ S I 453, 479
-Risāla al-tawajjuhiyya S I 808,18
Risāla fi 'l-tawakkul S II 616
Risālat al-tawassuʿāt etc. G II 452, S II 671,113
Risāla fi 'l-tawba etc. S II 537,128
-Risāla al-Tawbaliyya S II 845
Risālat al-tawfīq ʿalā shāriʿ al-najāt etc. S I 696
Risālat al-tawḥīd S I 811, 820,68c, II 143 A/C, 456
Risālat al-tawḥīd al-aʿẓam S II 990,10a
Risālat al-tawjīh etc. S II 307,10, 643 A/C
Risāla fī tawjīh al-naṣb S II A/C 20
Risāla fī tazkiyat al-nafs S I 820,68r
Risāla fī tazwīj Fāṭima S II 188,189l
Risāla fi 'l-tazwīq S II 542,145
Risāla fī tazyīn al-ʿibāra etc. G II 396, S II 540,47
Risāla fi 'l-thalj etc. S II 508
Risāla thaljiyya S II 299
Risāla fī thubūt nafs wujūb al-thaman S II 648
Risāla fī thubūt al-qadam etc. S II A/C 476
Risāla fi 'l-thubūt al-sharʿī S II 542,115
Risāla fī thulāthiyyāt Ṣaḥīḥ al-imām al-Bukhārī S II 420
Risāla fī thumn al-dāʾira S II A/C 364
-Risāla al-Tirmīsiyya S II 816
-Risāla al-tisʿa ʿashariyya S II 848
-Risāla al-tisʿīniyya fī bayān miḥnatihi S II 125,146
-Risāla al-tisʿīniyya fi 'l-uṣūl al-dīniyya S II 143
Risālat al-tuḥfa al-jaliyya S II 535
Risāla fī ṭāʿat al-kāfir S II 649
-Risāla al-Ṭabariyya G I 455,27
Risāla fi 'l-ṭabīʿa S I A/C 440
Risāla fī ṭalab al-yamīn S II 426,15
Risāla fi 'l-ṭalāq S II 444
Risālat al-ṭalāq al-muʿallaq bil-ʿibād S II 647
Risāla fi 'l-ṭalāq al-muṭlaq ʿala 'l-ibrāʾ G II 311, S II 426
Risāla fi 'l-ṭaʿn ʿala 'l-rāwī S II 672,135
Risāla fi 'l-ṭaʿn wal-ṭāʿūn G II 311, S II 426,17
Risāla fi 'l-ṭarīq S I A/C 802
Risāla fī ṭarīq Allāh al-wadūd S I 779,35
Risāla fī ṭarīq al-masāʾil al-ʿadadiyya S I 860
Risāla fī ṭarīq taḥṣīl al-ʿilm S II 543,148
Risāla fī ṭarīq al-Ṣūfiyya S II 1006
Risāla fi 'l-ṭarīqa al-Muḥammadiyya etc. S II 661
Risāla fi 'l-ṭāʿūn S II 325

Risāla fi ’l-ṭayf S I 713
Risālat al-ṭayr G I 424,$_{47}$, 456,$_{44}$, S I 752,$_{47}$, 819,$_{44}$
Risālat al-ṭayr tarjama’i lisān al-Ḥaqq S I 783
Risāla fi ’l-ṭayr wal-ʿuqāb S II 492
Risāla ṭibbiyya S II 578
Risāla fi ’l-ṭilasmāt S II 1041,$_{43}$
Risālat ṭūr S II 672,$_{127}$
Risāla fi ’l-ṭuruq S I 787
-Risāla al-ʿŪbūdiyya ilā tafsīr qawlihi (sura 2,$_{19}$) S II 120,$_{6}$
Risāla fī ʿulūm al-ḥaqāʾiq etc. G II 451, S II 670,$_{60}$
Risāla fī ʿulūm al-lugha al-thalātha S II 673,$_{156}$
Risālat al-ʿuqūd al-muḥarrama S II 122,$_{37}$
Risāla ʿuqūdiyya S II 578
Risāla fi ’l-ʿuqūl S I 821,$_{68hh}$
Risālat al-ʿurwa al-wuthqā etc. S II 803
Risāla fī uslūb al-ḥakīm al-mutaqaddim G II 452, S II 671,$_{10}$
Risāla fi ’l-uṣūl S I 294, 951,$_{295}$
Risāla fī uṣūl al-dīn S I 348, II 977,$_{62}$
Risāla dar uṣūl-i dīn S II 306
Risāla fī uṣūl al-fiqh S I 304
Risāla fī uṣūl al-ḥadīth S II 308,$_{47}$, 654
Risāla fī uṣūl al-khaṭṭ S II 920
Risālat al-ʿutbā wal-ʿuqbā S I 549
Risāla ilā ʿUthmān al-Battī S I 287
Risālat al-waʿda G I 460
Risālat al-waḍʿ S II 308,$_{40}$, 479 A/C, 634 A/C, 673,$_{164}$
Risāla fī waḍʿ al-rubʿ al-maqṭūʿ S II 1025,$_{83}$
Risāla fī waḍʿ al-yad ʿala ’l-ṣadr fi ’l-ṭawāf S II A/C 543
Risāla fī waḍʿ al-yadayn taḥta ’l-ṣurra S II 612
Risālat al-wāḍiḥāt al-maḥajja etc. S II 431,$_{27}$
-Risāla al-waḍʿiyya S II 632
-Risāla al-waḍʿiyya al-ʿAḍudiyya G II 208, S II 288
Risālat al-Wafāʾī S II 368
Risāla ilā b. Wahb G I 218
Risāla fī waḥdat al-wujūd S II 540,$_{40}$, 595, 625 A/C
Risālat waḥdat al-wujūd fī ḥaqīqatal-shuhūd S II 460
Risāla fī ’l-waḥy S II A/C 562
Risāla fī wājibat al-ṣawm S II 503
-Risāla al-wajīza S II 597,$_{31}$
-Risāla al-wajīza al-juzʾiyya etc. S II 994,$_{52}$
-Risāla al-wajīza al-mukhayyara etc. S II 874
-Risāla al-Waladiyya S I 519
-Risāla al-Waladiyya fī fann al-munāẓara G II 370, S II 498
-Risāla al-Waladiyya fi ’l-manṭiq G II 216, S II 306
-Risāla al-Walāʾiyya G II 227, S II 317,$_{3}$, 672,$_{136}$
Risāla ilā a. ’l-Walīd A. b. M. b. a. Duʾād etc. S I 242,$_{6}$
Risāla fī wāliday al-nabī S II 183,$_{48}$
Risāla fi ’l-waqf S II 648, 701, 980
Risāla fī waqf al-manqūl wal-nuqūd S II A/C 651
Risālat waqt ṣalāt al-maghrib S II 607
Risālat al-wāridāt S III 316
Risālat al-wasīla ila ’l-jabal al-anwar S I 718
Risālat wasīlat al-ṭullāb G II 393, S II 537
Risālat al-wasīla al-ʿuẓmā S II 157
-Risāla al-Wāsiṭiyya S II 121,$_{26}$
Risāla fi ’l-waswasa S II A/C 461
Risālat al-waṣāya ’l-Qudsiyya G II 206, S II 285
Risāla fī waṣf al-ʿawāmm S I 243,$_{23}$
Risāla fī waṣf al-maʿqūd etc. S I 386
Risāla fī waṣf al-ʿuqūl S I 783
Risālat al-Waṣṣāf S II 674
-Risāla al-wāziʿa li-dhawi ’l-albāb etc. S II 242
-Risāla al-wāziʿa lil-juhhāl etc. S II 967,$_{5}$
Risāla fi ’l-waʿẓ wal-ʿaqāʾid S I 747,$_{13}$
Risālat al-waẓāʾif fi ’l-naḥw G II 434, S II 645
Risāla fī wujūb nafsī etc. S II 504
Risāla fi ’l-wujūd S I 855
Risāla wujūdiyya G I 235, 395
Risāla fi ’l-wukalāʾ S I 244,$_{48}$
Risāla ilā Ya. b. Muʿadh al-Rāzī S I 355
Risāla fī yaqīn al-ṭahāra S II 449
Risālat al-yarāʿa S II 308,$_{28}$
-Risāla al-yatīma S I 246,$_{98}$
Risāla ilā Yū. b. al-Ḥu. al-Rāzī S I 354
Risālat zahr badhr al-ḥaqāʾiq S I 715
Risāla fi ’l-zakāt S II A/C 440

-Risāla al-zakiyya fī 'l-tawfīq bayna 'l-sharīʿa wal-ḥikma S II A/C 593
Risālat. b. Zarqāla G I 473
-Risāla al-Zarqāliyya etc. S I 862
Risālat al-Zawrāʾ G II 218, S II 308,20
Risālat b. a. Zayd G I 178, S I 301
-Risāla al-Zayniyya S II 1001,44
-Risāla al-Zayniyya fī ḥall bayt al-qaṣīda al-nūniyya S I 429
-Risāla al-Zīnūniyya S I 377
Risālat al-ziyāra S I A/C 815
Risāla fī ziyārat al-ṣāliḥīn S II 960,25
Risālat al-zuhd S I 820,68,0
Risālatānī fī irth dhawi 'l-arḥām S II A/C 434
-Riwāya S II 679
Riwāyat ʿAbd al-Sattār Ef. S III 272
Riwāyat anbāʾ al-zamān G II 483
Riwāyat ʿAntar b. Shaddād S III 228
Riwāyat al-ʿashara al-ṭayyiba S III 272
Riwāyat asīr al-Mutamahdī G II 483, S III 190
Riwāyat ʿĀṣim b. A. b. ʿAbd al-ʿAzīz al-Anṣārī S I A/C 626
Riwāyat Baʿjar S III 280
Riwāyat al-bāʾisa S III 176
Riwāyat dhāt al-khidr G II 475, S II 723
Riwāyat Dīk al-jinn S I 137
Riwāyat a. 'l-Futūḥ al-Malik al-Nāṣir S III 266
Riwāyat gharām waḥtiyāl S III 269
Riwāyat al-hanāʾ etc. S III 280
Riwāyat hāt li min de S III 280
Riwāyat ḥarb āl ʿUthmān G II 483
Riwāyat ḥifẓ irādāt S III A/C 379
Riwāyat Ibr. al-Kātib S III 163
Riwāyat khārij al-ḥarīm S III 407
Riwāyat Laylā wa-Samīr S III 486
Riwāyat makārim al-akhlāq S III 280
Riwāyat al-malʾakayn S III 389
Riwāyat al-mamlūk al-shārid S III 189
Riwāyat al-maṣdūr S III 392
Riwāyat maṣraʿ Qayṣar Rūsiyya etc. S III 417
Riwāya muḍḥika mulaḥḥana S II A/C 754
Riwāyat al-mukhaddamīn S II 725
Riwāyat M. ʿA. S III 190
Riwāyat al-mutawālī al-ṣāliḥ S III 417
Riwāyat Qambīz fī 'l-mīzān S III 156
Riwāyat al-qarawī al-faylasūf S III 277
Riwāyat al-ruʾyā S III 488
Riwāya fī sabīl al-tāj S III 202
Riwāyat Saʿīd wa-Sawdāʾ S II 771
Riwāyat al-shābb al-jāhil al-sikkīr S III 378
Riwāyat shahāmat al-ʿArab S III 490
Riwāyat al-shāʿir ʿAbd al-Salām b. Raghbān S III 445
Riwāyat Ṣalāḥ al-Dīn S III 268
Riwāyat Tammūz wa-Baʿla S III 417
Riwāyat Telemāk S III 340
Riwāyat al-thuqalāʾ G II 477
Riwāyat ʿumūm al-jahala al-muddaʿīn bi-mā lā yaʿlamūn S III A/C 378
Riwāyat al-ʿuṣfūr fī 'l-qafaṣ S III 271
Riwāyat al-wardatayn S III 416
Riwāyat al-yatīm etc. S III 190
Riwāyat al-zawāg bayna 'l-nabbūt wa-bakhīl al-ʿakrūt S III 280
-Riwāyāt S I 355
Riwāyāt wa-ḥikāyāt S II 224
-Riwāyāt al-jadīda S III A/C 230
Riwāyāt mufīda G II 477
-Riwāyāt al-qiṣaṣiyya S III 232
-Riwāyāt al-ʿUthmāniyya S III 229
Riwāyatā Qālūn S II 250
-Riyāḍ G I 241
Riyāḍ al-abṣār etc. G II 187, S II 243
Riyāḍ al-ādāb etc. S II 908
-Riyāḍ al-adabiyya G I 259
Riyāḍ al-adhkār etc. G II 446, S II 662
Riyāḍ al-afhām etc. S I 605, II 15
Riyāḍ al-albāb G II 55
-Riyāḍ al-anīqa fī 'l-nikāt wal-ashʿār al-raqīqa S II 639
-Riyāḍ al-anīqa fī sharḥ asmāʾ khayr al-khalīqa G II 148,63
Riyāḍ al-ʿārifīn S I 76
Riyāḍ al-azhār fī jalāʾ al-abṣār S II 76,84
Riyāḍ al-azhār wa-nasīm al-asḥār G II 272, S II 383
-Riyāḍ al-badīʿa fī uṣūl al-dīn G II 501, S II 813
-Riyāḍ al-bahiyya etc. S II 64
Riyāḍ al-fayḍ S I 35
Riyāḍ al-fiqh S II 826
Riyāḍ al-inshāʾ S II 921
Riyāḍ al-janna S II 891

Riyāḍ al-janna fī adhkār al-kitāb wal-sunna S II 764,35
Riyāḍ al-janna fī āthār ahl al-sunna S II 448
Riyāḍ al-jinān fī aʿmāl shahr Ramaḍān S II 505
Riyāḍ al-jinān wa-riyāḍat al-janān S II 382
-Riyāḍ al-kabīr S I 428,38
-Riyāḍ al-Khalīfiyya G II 331, S II 458
Riyāḍ al-madīḥ etc. G II 475, S II 810
Riyāḍ al-masāʾil S I 712
-Riyāḍ al-miskiyya G II 492
-Riyāḍ al-munazzaha etc. S III 345
-Riyāḍ al-mustaṭāba etc. S II 226
-Riyāḍ al-muzhira etc. S II 471
-Riyāḍ al-nadiyya fī anna ʾl-firqa al-nājiya humu ʾl-Zaydiyya S II 561
-Riyāḍ al-nadiyya fī nubadh ʿani ʾl-aqwāl al-mahdiyya S II 241
-Riyāḍ al-naḍira fī aḥādīth al-māʾ etc. G II 149, S II 185,74
-Riyāḍ al-naḍira fī faḍāʾil al-ʿashara G I 361, S I 615
-Riyāḍ al-naffāḥa fī ʿilm al-misāḥa S II 253
Riyāḍ al-nāṣiḥīn etc. S II 660
Riyāḍ al-nayyirayn fī ʿamal al-kusūfayn S II A/C 454
-Riyāḍ al-Nuʿmāniyya etc. S II 502
Riyāḍ al-nufūs (maqāma fi ʾl-naḥw) S II 445
Riyāḍ al-nufūs fī ṭabaqāt fuqahāʾ madīnat Qayrawān G I 138, S I 210
Riyāḍ al-qāsimīn S II 649
Riyāḍ al-rabīʿ etc. S II 817, 915
Riyāḍ al-rayāḥīn etc. S II 821
Riyāḍ al-riḍwān etc. S II 529
Riyāḍ al-sādāt G II 444
Riyāḍ al-sālikīn etc. S II 585
Riyāḍ al-ṣāliḥīn G I 397, S I 684, II 195,274b
Riyāḍ al-ṣāliḥīn wa-tuḥfat al-muttaqīn G II 249, S II 351 (to be read thus)
Riyāḍ al-tanzīhāt etc. S II 899
Riyāḍ al-ṭālibīn etc. G II 150, S II 186,106
Riyāḍ Ṭarābulus al-Shaʾm S II 776
Riyāḍ uns al-fikar etc. S II 243
Riyāḍ al-uns fī maydān al-quds etc. S II 143
Riyāḍ al-uns li-ʿuqalāʾ al-ins G I 344, S I 586
Riyāḍ al-ward etc. S II 875, 882
-Riyāḍ al-zāhira fī akhbār madīnat al-Qāhira G II 295
-Riyāḍ al-zāhira fī faḍl āl bayt al-nabī etc. S II 186,87
Riyāḍat al-asmāʿ fī aḥkām al-dhikr wal-samāʿ S II 869,18
Riyāḍat al-mutaʿallimīn S II 1014,10
Riyāḍat al-nafs S I 356
-Riyāḍa fī taʿalluq al-amr wal-khalq S I 356
-Riyāḍāt S I 428
-Riyāḍāt al-zāhirāt etc. S II 444
-Riyāsa fī ʿilm al-firāsa G I 243
-Riyy wal-ishbāʿ S II A/C 158
-Riyy al-jalīl fī akhbār B. ʿAbd al-Jalīl S II 895
Riyy al-uwām etc. S I 599
-Ruʾā wal-manāmāt S II 351
-Rubʿ al-ʿāmir G I 504, S I 919,45
-Rubʿ al-mujayyab G II 358, 359
-Rubʿ al-tāmm G II 127
Rubāʿiyyāt al-Dawwānī S II 308,39
Rubāʿiyyāt Ilyās Farḥāt S III 448
Rubāʿiyyāt-i Kāshī S II 280
-Rubāʿiyyāt min Ṣaḥīḥ Muslim S I 266
Rubāʿiyyāt ʿU. b. al-Khayyām S I 856, III 116, 117, 129, 487
Rubāʿiyyāt al-Zahāwī S III 486
-Rudūd wal-nuqūd fī sharḥ Muntaha ʾl-suʾāl wal-amal S I 538, II 90
-Rūḥ G I 441, II 106, 451,67, S II 127,23
Rūḥ al-anfās fī madḥ a. ʾl-ʿAbbās S II 546
Rūḥ al-ʿārifīn etc. S II 746, 935
Rūḥ al-arwāḥ G I 505, S I 919,73
-Rūḥ al-bāṣir etc. S II 402, 617
Rūḥ al-bayān etc. S II 744
Rūḥ al-ḥikma S II 869,16
Rūḥ al-Iḥyāʾ G I 422, S I 749,25,10
Rūḥ al-ijtimāʿ S III 326
Rūḥ al-insān etc. S I 596
Rūḥ al-maʿānī etc. G II 498, S II 786
Rūḥ al-maʿārif etc. S II 914
Rūḥ al-majālis etc. S II 914
Rūḥ al-murīd S I 727, II 982,36
Rūḥ al-quds S I 800,157
Rūḥ al-quds fī waṣf al-nafs S I 818,35
Rūḥ al-rāḥ etc. S II 617
Rūḥ al-sharāʾiʿ S III 326
-Rūḥ al-sharīd S III 233
Rūḥ al-shiʿr, see Rawḥ al-shiʿr
Rūḥ al-shurūḥ S I 651, II 657, 658
Rūḥ al-tarbiya S III 287

Rūḥ al-tawshīḥ S I 262, II 737
Rujūʿ al-mawja S III 259
Rujūʿ al-shaykh ilā ṣibāhi etc. G I 495, II 452$_{,103}$, S I 904, II 671$_{,103}$
-Rukn al-akbar S I 353
Rumḥ al-khaṭṭ S II 593
-Rumūz wal-amthāl G I 469
Rumūz al-kunūz G I 415, S I 736, 973 ad 753
Rumūz al-kunūz alladhī baraza ibrīzuhu aḥsan burūz S II 171
Rumūz al-kunūz, manẓūma fī 'l-fiqh S II 101
Rumūz al-kunūz, naẓm masāʾil al-Minhāj S I 681
Rumūz al-Minhāj etc. S I 893
Rumūz ʿalā Ṣaḥīḥ al-Bukhārī S II 262
-Ruqya al-shāfiya etc. S II 24
Rushd al-amīn G II 481
Rushd al-labīb etc. G I 232, S I 416
Rustāq al-ittifāq etc. S I 941 ad 147
-Rustumiyyāt S III 441
-Rusūkh fī maqām al-shuyūkh G II 346
Rusul al-mulūk S I 669
-Rusūm S III 367
Rusūm dār al-khilāfa S I A/C 557
Rusūm al-taḥdīth etc. S II 134
Rutab al-ʿArab S II 257, 856
-Rutab al-munīfa G II 151, S II 188$_{,47}$
Rutbat (martabat) al-ḥakīm G I 243, S I 431
-Rutba fī ṭalab al-ḥisba S I 971 ad 668
Ruʾūs al-masāʾil S I 686 A/C, 687
Ruʾūs al-qawārīr etc. S I 919$_{,51}$
Ruʾyat al-bāriʾ etc. S II 187$_{,133}$
Ruʾyat sayyidī S II 351
-Ruʾyā al-manāmiyya S II 1040
Rūznāmaja S I 199

fī Sāʿ min al-zamān S III 492
-Saʿāda G I 211
-Saʿāda al-abadiyya fī mā jāʾa bihi 'l-Naqshbandiyya S II 774
Saʿādat ahl al-Islām G II 313, S II 431$_{,7}$
Saʿādat al-anām fī 'ttibāʿ dīn al-Islām S II 764$_{,5}$
Saʿādat al-dārayn S II 764$_{,38}$, 784 A/C
Saʿādat al-dārayn fī minḥat sayyid al-kawnayn S III 179
-Saʿāda wal-iqbāl G I 412, S I 828$_{,95y}$, II 326
-Saʿāda wal-isʿād S I A/C 845
Saʿādat al-maʿād fī muwāzanat Bānat Suʿād S II 764$_{,39}$
-Saʿāda wal-shaqāwa etc. S I 822$_{,68bbb}$
-Saʿādāt fī itmām al-maqūlāt S II 446$_{,18}$
-Saʿādāt al-Nāṣiriyya S II 831
Sāʿāt bayna 'l-kutub S III 150
Sabʿ al-Alawiyyāt G I 250
-Sabʿ al-rasāʾil al-muntaqāh S I 317
-Sabʿ al-sāʾira S II 849
-Sabʿ al-sayyāra S II 600
-Sabʿ al-shidād G II 235, S II 579
-Sabʿ al-shidād fī 'l-hayʾa S II 1021$_{,39}$
-Sabʿ tukhūt wa-salṭanat Diyāb maʿa Zayd S II 64
-Sabʿa G I 445
Sabʿat abḥāth S II 303
-Sabʿa wa-huwa k. al-Shaʾn S I 797$_{,49}$
-Sabʿa al-sayyāra G II 70
-Sabaʿāt fī 'l-ʿibādāt S II 961$_{,27}$
Sabab al-asbāb wal-kanz li-man aqāma wastajāb S II A/C 284
Sabab ẓuhūr al-kawākib G I 460
Sabāʾik al-ʿasjad etc. S II 791
Sabāʾik al-dhahab fī maʿrifat qabāʾil al-ʿArab G II 134, 498, S II 165, 785
Sabāʾik al-lujayn S II 569
-Sabāyā S III A/C 230
Sabb al-nabī G II 231
Sabḥat al-marjān fī āthār Hindustān S II 600
-Sābiʿ ʿashara Ramaḍān S III 190
Sabīl al-adhkār wal-iʿtibār S II 566
-Sabīl al-aḥmad ilā ʿilm al-Khalīl a. A. S II 135
fī Sabīl al-akhlāq S III 359
Sabīl al-istināra etc. S II 529
-Sabīl al-mubīn fī ḥukm ṣilat al-umarāʾ wal-salāṭīn S II 464
Sabīl al-muhtadīn S II 996
Sabīl al-najāḥ fī 'l-ḥubb fī 'llāh S II 764$_{,137}$
Sabīl al-rashād S II 842
Sabīl al-rashād ilā nafʿ al-ʿibād G II 371, S II 498
Sabīl (subul) al-ḥukm (aḥkām) al-salām fī ābāʾ sayyid al-anām S II 867, 944
fī Sabīl al-sharaf S III 417
fī Sabīl al-tāj S III 348
Sabīl al-wusṭā fī iʿfār al-liḥā S II 620

-Sabīlayn al-ʿaql wal-nafs G I 186
-Sabʿīn fī faḍāʾil amīr al-muʾminīn G II 221, S II 311
-Sabʿīniyya S II $123_{,83}$
-Sābiq S III 463
-Sābiqāt al-jiyād etc. S II $764_{,10}$ read: *al-Ṣāfināt*
Sabʿiyya'i Kāshifiyya S II 286
-Sabʿiyyāt S I 620
-Sabʿiyyāt al-adabiyya S II A/C 897
-Sabʿiyyāt fī mawāʿiẓ al-bariyyāt S II 583
-Sabk al-ʿajīb li-maʿānī ḥurūf Mughni ʾl-labīb S II 18
Sabk al-anhur ʿalā farāʾiḍ Multaqa ʾl-abḥur S II A/C 643
-Sabk wal-lahj etc. S II 736
Sabk al-manẓūm G I 300
Sabk al-nuḍār etc. S II 26
-Sabq wal-ramy S II $128_{,52}$
-Sabʿūn S I 428
Saʿd Bāshā Zaghlūl S III 334
Saʿd al-suʿūd S I $912_{,11}$
Saʿd al-suʿūd al-Bū Saʿīdiyya G II 713, S II 569
Saʿd Zaghlūl S III 156, 253
Saʿd Zaghlūl fī ḥayātihi ʾl-khāṣṣa S III 309, 335
Sadād al-amāna etc. S II 436
Sadād al-dīn S II 809
Sadād al-ʿilm etc. S II 530
Sadd al-ādhān etc. G II $385_{,8}$, S II 520 A/C
-Sādin S I 454
-Safālī S II 257
-Safar ila ʾl-muʾtamar S III 282
-Safar al-qarīb G II 206
ʿala ʾl-Saffūd S III 75
ʿala Safḥ al-jabal S III 230
Safīnat al-abrār etc. G II 175, S II 224
Safīnat al-awliyāʾ S II 619
-Safīna al-Baghdādiyya S I 624
Safīnat al-biḥār etc. S II 573
Safīnat al-bulaghāʾ S II A/C 55
Safīnat al-durar S II 387
Safīnat al-ʿIbādī S II 912
-Safīna al-jāmia li-anwāʿ al-ʿulūm S I 732
Safīnat al-mulk etc. G II 474, S II 721
Safīna nafīsa S II 402
Safīnat al-najāʾ li-man ila ʾllāh iltajaʾ G II 254, S II 361 A/C
Safīnat al-najāʾ fī uṣūl al-dīn wal-fiqh S II 812
Safīnat al-najāh S II $585_{,25}$, 619
Safīnat al-najāh fī aḥkām al-ṣalāh S II 812
Safīnat al-najāh fī mā yataʿallaq bi-qawlihi etc. S II 744
Safīnat al-najāh fī maʿrifat Allāh S II 776
Safīnat al-najāh muḥtawiya ʿalā biḍāʿa muzjāh etc. S II 399
Safīnat Nūḥ S II 415
Safīnat Nūḥ fi ʾl-fiqh al-Shāfiʿī S II 78
-Safīna al-Nūḥiyya fi ʾl-sakīna al-rūḥiyya S I 924
Safīnat al-Rāghib G II 424, S II 632
Safīnat al-saʿāda li-ahl al-ḍiʿf wal-najāda S I A/C 482
Safīnat al-Shaqīfātī G II 304, S II 331 (to be read thus)
Safīnat al-ṣalāt S I 172
Safīnat al-Ṣāliḥī S II 55, 384, 914
Safīnat al-Ṣāliḥī al-kubrā S II 416
Safīnat al-ʿulūm S II A/C 570
Safīr al-ghabrāʾ wal-khaḍrāʾ S II 593
Safīr-i Sīmurg S I 783
-Sagīsarān S I 235
-Sahar G I 204
-Sahl G I 241, S I $427_{,14}$
Sahl al-badīʿ G I 177
-Sahl al-mumtiʿ etc. S II 159
Sahl al-qarīḍ S III 84
Sahm al-ghayb fi ʾstikhrāj al-ḍamīr bilā rayb S II 567 (to be read thus)
-Sahm al-muṣīb fī afʾidat ahl al-ṣalīb S I $811_{,10}$
-Sahm al-muṣīb fi ʾl-radd ʿala ʾl-Khaṭīb G II 698 ad I 329, S I 563, 652
-Sahm al-muʿtariḍ S II 488
Sahm al-saʿāda fī iṣābat al-ḍamīr ʿalā wafq al-irāda S II A/C 566
-Sahm al-ṣāʾib lil-qawl al-kādhib S II 556
-Sahm al-ṣāʾib fī takhṭiʾat Ghunyat al-ṭālib S II 769
-Saḥāb al-aḥmar S III 75
Saḥāb al-iḍmikāk S II $180_{,6e}$
-Saḥāb al-marqūm etc. S II $860_{,7b}$
-Saʿīdiyyāt S III 499
-Saʿīdiyyāt fī aḥkām al-muʿāmalāt ʿalā madhhab a. Ḥanīfa S II 956
-Sāʾiḥ S III 439, 440

Sāʾiq al-shāʾiq G II 398
Sajʿ al-ariq etc. S II 899
Sajʿ al-ḥamām etc. G II 272, S II 384
Sajʿ al-ḥamāma S II 752
Sajʿ al-manthūr S I 501
Sajʿ al-muṭawwaq G II 11, S II 4
Sajanjal al-arwāḥ etc. S I 803
Sajīn al-qaṣr S III 417
Sajīn al-ẓulm S III 383
-Sakhāʾ S I 275
-Sakhāʾ wal-badhl S I 274
Sakīnat al-ṣāliḥīn S I 787
Salālim al-fuḍalāʾ S II 312, 814
-Salām S II 761
-Salām al-duwalī al-ʿāmm S III 493
Salāma wa-Salmā S III 277
Salāsil al-inshāʾ S III 228
Salāsil al-jawāhir wal-ʿuqūd S II 903
-Sālik al-qawīm G II 360
Salis al-ghaniyyāt etc. S II 787
Sall al-ḥusām al-Hindī S II 773,22
-Salsabīl al-muʿīn etc. S II 537, 883
-Salsal al-ʿadhb etc. S II 338
-Salsal al-muhadhdhab etc. S II 237
Salwat al-aḥzān etc. G I 505, S I 919,48
-Salwa fī akhbār Kilwa G II 409
Salwat al-anfās etc. S II 891
Salwat al-ʿārifīn wa-bustān al-muttakhidhīn S I 356
Salwat al-ʿārifīn wa-uns al-mushtāqīn S I 773
Salwat al-gharīb G II 421
Salwat al-humūm S III 442
Salwat al-ḥarīf etc. G I 153, S I 247,4
Salwat al-ḥazīn G II 13
Salwat al-ikhwān etc. S II 884
Salwat al-maḥzūn etc. G II 713, S II 569
Salwat al-mushtāq fī naẓm al-mawlā M. b. Isḥāq S II 547
-Salwa fī sharāʾiṭ al-khalwa S I 756, 773, II 1009,130
Salwat al-Shīʿa S I 74
-Samāʿ wal-raqṣ G II 105
-Samar fī awqāt al-sahar S III 443
-Samar fī ʾl-sahar S II 736
-Sāmī fī ʾl-asāmī G I 289, S I 506
-Samīr S I 215, III 439
Samīr al-adab S III 180
-Samīr al-amīn S II 757
Samīr al-amīr S II 259
Samīr al-aṣḥāb etc. S II 409
Samīr al-jalīs fī maḥāsin al-takhmīs G II 475, S II A/C 723
Samīr al-jullās etc. S II 723
Samīr al-ṭālib S III 230
Samīra S III 274, 280
Samīramīs S III 129
-Samm al-qātil lil-mughannī al-mutasāhil S II 747
-Samt G I 234
-Sanāʾ al-bāhir bi-takmīl al-Nūr al-sāfir G II 383, S II 516
Sanāʾ al-barq etc. S II 830
Sanāʾ al-muhtadī etc. G II 457, S II 684
Sanāʾ al-sabīl S II 583
-Sanābil S III 390
-Sanad fī bayān ḥujaj ahl al-ghayy wal-rushd S II 437
Sanad b. Qāḍī Shuhba S II A/C 50
Sanad ṣaḥīfat al-mujūn fī ʿilm al-firfīr S II 846
-Sanan al-abyan etc. G II 246, S II 344
Sanat al-shams G I 218
Sāniḥāt duma ʾl-qaṣr etc. G II 273, S II 384
Saniyya aw fatāt al-Iskandariyya S III 277
-Sanūsiyya al-wusṭā S II 355
-Sāq ʿala ʾl-sāq etc. G II 505, S II 868
-Saqf al-marfūʿ etc. S II 160
Saqṭ al-durar S I A/C 612
Saqṭ al-jāwahir G II 158, 295
Saqṭ al-zand G I 254, S I 452
Sarāʾir min aḥkām al-nujūm S I 391
Sarāʾir al-ḥāwī fī taḥrīr al-fatāwī S I 710
Sarāʾir al-ḥikma S I 409
-Sarāʾir al-ilāhiyya etc. S II 616
Sarāʾir al-nuṭaqāʾ S I 324
-Sarāwīl G II 154,227
Sarayān nūr wujūd al-ḥaqq fī ʾl-mawjūdāt S II 589,28
Sard al-ḥujja ʿalā ahl al-ghafla S I A/C 692
Sarḥ al-funūn fī sharḥ al-ʿUyūn S II A/C 268
Sarḥ al-ghulām etc. S II 383
Sarḥ al-ʿuyūn fī sharḥ r. b. Zaydūn S I 485
-Sarḥa al-warīqa fī ʿilm al-wathīqa S I 483
-Sariqāt S I 130

Sariqāt al-Kumayt G I 63
Sariqāt al-muhaj G I 124
Sariqāt a. Nuwās G II 691
Sariqāt al-shuʿarāʾ G I 81
Sariyyat al-jaysh al-kabīr etc. S II 876
-Sarj wal-lijām G I 112
Sarmāya-i īmān S II 590
Saṭaʿāt S II 848
Sawāʾ al-sabīl G II 389, S II 619
Sawād al-ʿayn fī manāqib a. ʾl-ʿalamayn A. al-Rifāʿī S I 678
Sawād al-ʿayn, sharḥ Ḥikmat al-ʿayn S I 847
Sawād al-ʿaynayn fī manāqib al-Ghawth a. ʾl-ʿalamayn S I 781
-Sawād al-aʿẓam ʿalā madhhab al-imām al-aʿẓam S I 295
-Sawāniḥ S I 756, II 955,81
Sawāniḥ al-afkār etc. S II 384
-Sawāniḥ al-anwāriyya S II A/C 393
Sawāniḥ al-Jawharī S III 327
Sawāniḥ al-qarīḥa S II A/C 595
Sawāniḥ al-zamān S II 623
Sawāṭiʿ al-anwār G II 336, S II 465
Sawāṭiʿ al-ḥikam S II 441
Sawāṭiʿ al-ilhām fī tafsīr al-Qurʾān G II 417, S II 610
Sawsanat Sulaymān fī taqaddumāt al-ʿArab S II A/C 779
Sawsanat Sulaymān fī uṣūl al-ʿaqīd wal-adyān S II 779
Sayf Allāh al-qawī S II 1002,59
-Sayf al-bātir G II 443, S II 658
Sayf al-Dawla S III 390
Sayf Dhu ʾl-Yazan G II 62
Sayf al-ghallāb S I 843
Sayf al-ḥaqq etc. S II 141
-Sayf al-mashhūr etc. G II 230, S II 322
-Sayf al-māsiḥ S II 852
-Sayf al-maslūl etc. G II 87, S II 102
-Sayf al-muhannad fī man summiya Aḥmad S II 782
-Sayf al-muhannad fī sīrat al-Malik al-Muʾayyad G II 53, S II 51
-Sayf al-mujazzam etc. S II 431,42
Sayf al-mulūk wal-ḥukkām S II 141,43
Sayf al-naṣr fī fatāwī aʾimmat al-ʿaṣr S II 385
Sayf al-naṣr li-kulli dhī baghy wa-makr G II 462
Sayf al-quḍāt ʿala ʾl-bughāt S II 141
-Sayf al-rabbānī fī ʿunuq al-muʿtariḍ ʿala ʾl-Ghawth al-Jīlānī S I 788,8, II 869,39, 888
-Sayf al-ṣaqīl fi ʾl-radd ʿalā b. Zafīl S II A/C 103
-Sayf al-ṣārim G II 441,12, S II 655
Sayf al-tījān S II 65
Sayf al-umma fi ʾl-radd ʿala ʾl-rajul al-Naṣrānī al-Pādrī S II 826
-Sayf al-wadūd fī ʿunuq man aʿāna ʾl-Yahūd S II 696
-Sayf al-Yamānī etc. G II 486, S II 747
Sayr al-arwāḥ S I 735
Sayr al-ḥāthth ilā ʿilm al-ṭalāq al-thalāth S II A/C 947
Sayr sahmay al-saʿāda wal-ghayb G I 476
-Sayr wal-sulūk G II 344, S II 472
Sayr al-ṣuʿadāʾ ilā manāzil al-shuhadāʾ S II 938
-Sayr wal-ṭayr G I 441
Sayyid al-awrād al-musammā bi-Jawāhir al-kalām S II 278
Sayyid al-Jazīra al-ʿArabiyya b. Saʿūd S III 435
-Sayyid wa-marʾatuhu fī Bārīs S III 394
-Sayyid wa-marʾatuhu fī Miṣr S III 394
Sayyid Quraysh S III 390
-Sayyid Rashīd Riḍā aw ikhāʾ arbaʿīn sana S III A/C 399
-Sayyida Zaynab wa-akhbār al-Zaynabāt S II 929
Sefer hal-tāmār S I 908
-Shāʾ G I 105
-Shaʿāʾir S II 387
-Shaʿāʾir al-insāniyya G II 119
Shaʿāʾir al-ʿirfān etc. G II 119, S II 148
-Shaʿar G I 241
-Shabāb S III 276
-Shaʿbadha al-ʿaqliyya G I 483
-Shabaka G II 169
Shabakat al-qannāṣ li-ṭullāb al-ikhlāṣ S II 214
Shadd al-athwāb etc. G II 153, S II 191,192
Shadd al-izār min ḥaṭṭ al-awzār G II 195, S II 256
Shadd al-yadayn G II 404
-Shadhā fī aḥkām kadhā G II 24, 110

Shadha 'l-fayyāḥ min ʿulūm b. al-Ṣalāḥ S I A/C 612
Shadha 'l-rawḍ al-badīʿ al-mudrik etc. S II A/C 422
Shadharāt al-dhahab etc. G II 383, S II 403
Shadharāt al-tafrīd fī kalimāt al-tawḥīd S II 460
-Shādiyāt S II 757
-Shafāʿa al-sharʿiyya etc. S II 122,58
-Shafaq al-bākī S III 105
-Shāfī G I 403, S I 701
Shāfi 'l-ʿalāʾil G II 326
-Shāfī fi 'l-fiqh G II 217
-Shāfī fi 'khtiṣār al-Kāfī S I 289
-Shāfī fi ʿilm al-qawāfī G I 308, S I 540
-Shāfī fi 'l-imāma S I 706
-Shāfī al-ʿiyy S I 305, 609
-Shāfī, sharḥ al-Muqniʿ S I 688
-Shāfī fi 'l-ṭibb S I 899
-Shāfī fī uṣūl al-Kāfī S I 320,29
-Shāfiya G I 305, S I 535
-Shāfiya lil-amrāḍ al-fāshiya G II 106
-Shāfiya fī maʿrifat al-ʿarūḍ wal-qawāfī G II 194
-Shahāda G II 313
Shahādat al-mustakhdamīn ʿala 'l-mutawallī S II 542,108
-Shahāda al-zakiyya G II 369, S II 497,21
-Shahādāt S I 663
-Shahbāʾ S I 470, III 380
Shahī al-nagham S II 787
-Shahīd S I 801,167
-Shahīda aw ḍaḥiyyat al-hawā S III 231
-Shahīr al-maṣūn S I 328
Shahīrāt al-nisāʾ fi 'l-ʿālam al-Islāmī S III 258
Shahīrāt al-Tūnisiyyāt S II A/C 888
-Shāhiyya fī ʿilm al-akhlāq G II 209, S II 291
Shāhnāme S I 554
Shahr fī Ūrūbā S III 392
Shahrāzād S III 245
-Shāʿir S III 367
-Shāʿir aw Cyrano de Bergérac S III 202
Shāʿir fī ṭayyāra S III 452
-Shajar G I 125, S I 190
Shajar al-durr S I 190
-Shajar wal-kalaʾ S I 163
Shajarat al-ashrāf etc. S II 421
Shajarat al-dhahab fī maʿrifat aʾimmat al-adab S I 157
-Shajara fī dhikr al-nabī wa-aṣḥābihi 'l-ʿashara S I 811,20
Shajarat al-Durr S III 190, 279
-Shajara al-ilāhiyya G I 469
Shajarat al-kawn G I 443, S I 794,13
Shajarat al-maʿārif etc. G I 431, S I 767
-Shajara al-mufarriʿa fi 'l-masāʾil al-mutanawwiʿa S II 463
-Shajara al-Muḥammadiyya S I 626
-Shajara al-nabawiyya S II 82
-Shajara al-nabawiyya fī nisbat khayr al-bariyya S II 940
Shajarat al-nasab al-sharīf al-nabawī S II 78
-Shajara al-Nuʿmāniyya etc. G I 447, S I 799,126
Shajarat rasūl Allāh G I 366, S I 626
Shajarat al-rayḥān fī khitām al-Qurʾān S II 516
Shajarat al-riyāḍ fī madḥ al-nabī al-fayyāḍ S III 482
-Shajara fi 'l-taṣawwuf S I 809
-Shajara al-ṭayyiba S II 281
Shajarat al-ṭūr fī sharḥ āyat al-Nūr S II 613
Shajarat al-wujūd G I 443, S I 794,13
Shajarat al-yaqīn G I 430, S I 756, 765
Shajarat al-yaqīn fī ʿilm al-taṣawwuf S II 323
Shajarat al-yaqīn wa-takhlīq nūr sayyid al-mursalīn etc. G I 195, S I 346
Shājiʿat al-ḥaram G II 153,205
-Shakhṣiyyāt al-bāriza al-taʾrīkhiyya S III 307
Shakl B. Mūsā G I 469
-Shakl al-mulaqqab bil-qaṭṭāʿ S I A/C 385
-Shakl al-qaṭṭāʿ G I 217, 474, S I 868, 930,32
Shakūfa S II 724
Shakwa 'l-gharīb etc. G I 391, S I 675
-Shakwā wal-ʿitāb S I 502
-Shakwā aw muḥāwarat al-ḥakīm S III 347
-Shakwā aw munājāt al-arwāḥ S III 347
-Shaʾm S III 430
Shamʿ al-majālis S II 257
-Shamʿa al-muḍīʾa fī akhbār al-qalʿa al-Dimashqiyya S II 494
-Shamʿa al-muḍīʾa fī ʿilm al-ʿarabiyya G II 155, S II 194,253

-Shamʿa al-muḍīʾa fī sayr ṭarīq al-Ṣūfiyya S II A/C 478
-Shamāʾil G I 162, S I 267
-Shamāʾil al-Muḥammadiyya S II 933
Shamāmat al-ʿanbar fī mā warada fi l-Hind min sayyid al-bashar S II 600
Shamāmat al-ʿanbar wal-zahr al-muʿanbar S II A/C 783
-Shamārīkh fī ʿilm al-taʾrīkh G II 158, S II 197$_{,304}$
-Shāmil G I 174, 247, S I 294, 638, 900
Shāmil al-aṣl wal-farʿ S II 893
-Shāmil min al-baḥr al-kāmil etc. G I 496, S I 907
-Shāmil fi ʾl-fiqh S I 671, II 100, 963$_{,52}$
-Shāmil fi ʾl-furūʿ G I 388
-Shāmil bi-ḥaqāʾiq al-adilla al-ʿaqliyya etc. S I 672
-Shāmil fi ʾl-qirāʾāt G I 190
-Shāmil fī uṣūl al-dīn G I 389, S I 672
-Shammāʾ S I 504
Shamr al-ʿawāriḍ G II 395, S II 540$_{,26}$
Shams al-adab G I 285$_{,3}$, S I 505, II 914
Shams al-ādāb fi ʾstiʿmāl al-Aʿrāb S I 500
Shams al-āfāq etc. G II 232, S II 324
Shams al-akhbār etc. S I 609
Shams al-asrār etc. S II 324
-Shams al-bāhira fi ʾl-ḥisāb S II 273
-Shams al-bāzigha G II 420, S II 612, 621
Shams al-durar fi ʾl-adwiya al-mufrada S II 1027$_{,2}$
Shams al-hidāya li-tadhkār ahl al-nihāya S II 746, 884
Shams al-īmān G II 177, S II 227 (to be read thus)
-Shams ʿalā Janāḥ al-ṭayr S I 800$_{,144c}$
Shams al-maʿārif wa-laṭāʾif al-ʿawārif G I 497, S I 798$_{,78}$, 910
Shams al-mafākhir S I 777
Shams al-maghrib G II 27
-Shams al-muḍīʾa, sharḥ al-R. al-Fatḥiyya S II A/C 216
-Shams al-munīr G II 139
-Shams al-munīra S I 615
-Shams al-munīra li-tanwīr al-baṣīra S II 968$_{,15}$
-Shams al-mushriqa S III 333
-Shams wal-qamar S I 167
-Shams wal-qamar wal-nujūm al-darārī etc. S II 880
Shams al-qulūb S I A/C 784
Shams al-qulūb wa-ṭarīqat al-wujūb etc. S II A/C 704
Shams al-ṭarīqa G I 446$_{,99}$
Shams al-ʿulūm G I 301, S I 528
Shams al-uṣūl S II 823
-Shamsiyya al-Manṣūriyya S I 425
-Shaʾn G I 442$_{,5}$
Shaʾn al-adʿiya al-maʾthūra S I 275
Shaqāʾ al-ʿarūsayn etc. S III 231
Shaqāʾ al-ummahāt S III 259
Shaqāʾiq al-akam bi-ḍaqāʾiq al-ḥikam S II 495
Shaqāʾiq al-Nuʿmān S III 491
-Shaqāʾiq al-Nuʿmāniyya G II 425, S II 633
Shaqāʾiq al-rawḍ al-naḍir S I 689
Shaqāʾiq al-uṭrunj etc. G II 153, S II 192$_{,207}$
Shaqq al-jayb G I 444, S I 796$_{,46}$
Shaqq al-juyūb G II 340, S II 469 (to be read thus)
Shaqq al-juyūb ila ʾl-mutanazzih ʿani ʾl-ʿuyūb S I 796$_{,46}$
-Sharāb G I 81, 122, S I 185
-Sharāb, maqālatāni S I 420
-Sharaf al-aʿlā G II 173
Sharaf aṣḥāb al-ḥadīth G I 329, S I 564
Sharaf al-insān G I 213
Sharaf al-mafākhir al-ʿaliyya G I 331
Sharaf al-mawḍūʿ etc. S II 1015$_{,18}$
-Sharaf al-muʾabbad li-āl Muḥammad S II 764$_{,40}$
-Sharaf al-muḥattam etc. G II 157, S II 197$_{,290}$
Sharaf al-Muṣṭafā S I 361
Sharaf al-nabī G I 521
Sharaf al-thāʾira S III 233
Sharaf al-ṭālib fī asna ʾl-maṭālib S II 341
Sharāʾiʿ al-Islām G I 406, S I 711
-Sharāʾid fī ʿilmiyyat ṣanʿat al-iksīr S II 830
Sharak al-ʿuqūl etc. S II 784
Sharḥ abyāt Iṣlāḥ al-manṭiq S I 175
Sharḥ al-abyāt al-mushkila min shiʿr a. Tammām S I 136
Sharḥ ʿalā abyāt fi ʾl-muthallath etc. S II 1040$_{,31}$
Sharḥ ʿalā abyāt Sībawayh S I 494

Sharḥ Ādāb al-baḥth S II 118,$_{41}$, 287, 645
Sharḥ Adhkār al-Nawawī S II 533
Sharḥ al-aḥādīth al-arbaʿīn S II 658,$_{31}$
Sharḥ al-aḥādīth al-arbaʿīniyya G I 449
Sharḥ al-aḥādīth al-ʿashara al-rābiʿa S I 684
Sharḥ al-aḥādīth al-nabawiyya G I 122
Sharḥ al-Ājurrūmiyya S II 336, 362, 394, 440, 441, 512, 810, 950,$_{23,5}$
Sharḥ al-akhbār fī faḍāʾil al-nabī al-mukhtār etc. G I 188, S I 325
Sharḥ-i āla-i raṣad S II A/C 295
Sharḥ alfāẓ ahl al-ṭarīq S I 797,$_{70}$
Sharḥ al-alfāẓ allati ʾṣṭalaḥat ʿalayhā (tadāwalathā) ʾl-Ṣūfiyya G I 455, S I 797,$_{70}$
Sharḥ alfāẓ al-wāqifīn S II 537
Sharḥ al-Alfiyya S II 394, 576
Sharḥ Alfiyyat al-ʿIrāqī S II 118,$_{40}$
Sharḥ Alfiyyat b. Mālik S II 93, 336, 446
Sharḥ Alfiyyat b. Sīnā S II 367
Sharḥ alghāz Sībawayh etc. S I 942 ad 160
Sharḥ al-ʿAmal al-Fāsī S II 677
Sharḥ al-aʿmāl al-handasiyya S I 400, 859
Sharḥ al-amrāḍ al-juzʾiyya min Fuṣūl Ibbuqrāṭ S II 299
Sharḥ al-Amthila al-mukhtalifa S II 650
Sharḥ al-ʿAqāʾid al-ʿAḍudiyya S II 282, 308,$_{31}$, 659
Sharḥ ʿAqīdat ahl al-sunna wal-jamāʿa S II 89
Sharḥ ʿAqīdat al-Ghazzālī S II 362
Sharḥ al-ʿAqīda al-Iṣfahāniya S II 121,$_{25}$
Sharḥ ʿAqīdat al-tawḥīd S II 893
Sharḥ ʿAqīdat al-Yāfiʿī S II 555
Sharḥ ʿAqīlat al-atrāb S II 212
Sharḥ al-ʿaqqār S I 894
Sharḥ al-ʿarabiyya S II 438
Sharḥ arbaʿīna ḥadīthan S I 806, II 325 A/C, 574, 669,$_{13}$
Sharḥ al-Arbaʿīna ḥadīthan lil-Harawī S II 522
Sharḥ al-arbaʿīna ḥadīthan al-nabawiyya G II 450,$_{13}$, S II 439
Sharḥ al-Arbaʿīna ḥadīthan lil-Nawawī S II 66, 456, 674
Sharḥ al-ʿArūḍ al-Andalusī S II 463
Sharḥ al-Asbāb wal-ʿalāmāt S II 299
Sharḥ ashkāl al-taʾsīs S II 297
Sharḥ al-ʿashr fī maʿbar al-ḥashr S II 669,$_{35}$
Sharḥ asmāʾ ahl Badr S II 522
Sharḥ al-asmāʾ al-ḥusnā G I 436, 468, II 207, 365, S I 772, 783, 910
Sharḥ asmāʾ Allāh al-ḥusnā G I 433, 449, 456,$_{60}$, II 64, S I 752,$_{47q}$, 807 A/C, II 141, 356, 358, 522
Sharḥ asmāʾ Allāh al-ḥusnā wa-khawāṣṣihā S II A/C 417
Sharḥ asmāʾ Allāh al-ḥusnā wa-sharḥ al-ṣalāt ʿala ʾl-nabī S II 416
Sharḥ asmāʾ rijāl al-Ḥamāsa li-a. Tammām G I 515
Sharḥ Asrār al-khalwa S II 284
Sharḥ Asrār al-nuqṭa S II 321
-Sharḥ al-aṭwal S I 519
Sharḥ Aṭwāq al-dhahab S II 760
Sharḥ awāʾil al-Ṭawāliʿ S I 743, II 309,$_{70}$
Sharḥ al-ʿAwāmil al-miʾa S II 92, 306, 630
Sharḥ al-Awrād S II 328
Sharḥ al-Awrād al-Bahāʾiyya S II 664
Sharḥ ʿAyn al-ʿilm S II 542,$_{149}$
Sharḥ al-ʿaynayn fī sharḥ al-ʿUnayn S II 726
Sharḥ bāb al-muʿarraf S II 326
Sharḥ bāb al-ṣarf min Mīzān al-adab S II 571
Sharḥ bāb waqf Hamza etc. S II 16
Sharḥ Badʾ al-amālī S I 764, II 112
Sharḥ Badīʿ al-niẓām S II 89
Sharḥ Badīʿiyyat b. Ḥijja S II 403
Sharḥ baʿḍ aḥādīth S II 672,$_{132}$
Sharḥ Bahjat al-maḥāfil S II 548
Sharḥ Bānat Suʿād S II 140, 482, 509, 555, 632
Sharḥ al-barzakh S II 182,$_{30d}$
Sharḥ al-Basmala S II 394, 439, 479 A/C,, 931, 934, 940, 1007
Sharḥ al-Basmala wal-ḥamdala S II 471
Sharḥ al-Baṣāʾir al-Naṣīriyya S III 320
Sharḥ wa-bayān li-mā ashkala min kalām Sahl S I 333
Sharḥ bayt min manẓūmat Kashf al-rān S II A/C 173
Sharḥ baytay b. ʿArabī S II 774
Sharḥ Bidāyat al-hidāya S II 529
Sharḥ al-Bidāya fī ʿilm al-dirāya S II 449
Sharḥ al-Bināʾ S II 632

Sharḥ Bīst bāb S II 591
Sharḥ Büchner li-madhhab Darwin S III 213
Sharḥ al-Burda S II 304, 639, 674
Sharḥ al-Buṣrawiyya fi 'l-naḥw S II 918,40
Sharḥ Buyūʿ b. Jamāʿa S II 346
Sharḥ dāʾirat al-aṣl al-awwal S I A/C 907
Sharḥ al-dāʾira al-Hindiyya S II 591
Sharḥ Dāʾirat a. 'l-Ḥ. al-Shādhilī S II 467
Sharḥ Dalāʾil al-khayrāt S II 446
Sharḥ Daqāʾiq al-ḥaqāʾiq S II 487
Sharḥ ʿala 'l-dhikr S II 362
Sharḥ al-Dībāj al-mudhahhab fī uṣūl al-ḥadīth S II 942
Sharḥ dībājat al-Minhāj S II A/C 529
Sharḥ dībājat Sharḥ Qaṭr al-nadā S II 422
Sharḥ dīwān ʿAlī S II 294
Sharḥ dīwān b. Nubāta al-Fāriqī S I 881
Sharḥ dīwān ʿU. b. al-Fāriḍ S II 461
Sharḥ dīwān ʿUrwa S I 180
Sharḥ duʿāʾ al-Jāmiʿ al-ṣaghīr S II A/C 184
Sharḥ Duʿāʾ al-qunūt S II 670,55a
Sharḥ al-Durr al-yatīm fi 'l-qirāʾa S II 658,34
Sharḥ al-Ḍābiṭa S II 594
-Sharḥ wal-faraḥ G II 303
Sharḥ al-Farāʾiḍ S II 670,42a
Sharḥ farāʾiḍ Majmaʿ al-baḥrayn S II 93
Sharḥ farāʾiḍ matn al-Kanz S II 267
Sharḥ farāʾiḍ al-Mukhtaṣar S II 99
Sharḥ al-Farāʾiḍ al-Nāṣiriyya S II A/C 575
Sharḥ faṣl fī ākhir al-maqāla al-thāniya min k. Ariṣṭūṭālīs fi 'l-burhān etc. S I 857,10
Sharḥ al-Fawāʾid S II 845
Sharḥ al-Fawāʾid al-Aḥsāʾiyya S II 794
Sharḥ Fawāʾid al-farāʾid fī ḍābiṭ al-ʿaqāʾid S II 480
Sharḥ Fuṣūl al-aḥkām G I 419, S I 660, 744
Sharḥ Fuṣūl al-ḥikam S I 957 ad 376
Sharḥ Fuṣūl Ibbūqrāṭ S I 881, 900
Sharḥ al-Fuṣūl al-luʾluʾiyya S II 548
Sharḥ Fuṣūl al-Nasafī S II 137
Sharḥ Fuṣūṣ al-ḥikam S II 281, 323
Sharḥ al-gharām G II 168
Sharḥ gharīb al-ḥadīth (aḥādīth) G I 428, S I 276, 608, II 936
Sharḥ gharīb al-Maqāmāt S I 596
Sharḥ gharīb al-Mukhtaṣar S II 97
Sharḥ Ghāyaṭ al-ījāz etc. S II 921
Sharḥ Ghazal Khwāja Ḥāfiẓ-i Shīrāzī S II 309,66
Sharḥ al-Ghurar wal-durar S II 833
Sharḥ Gīpāʾī S I 535,49 (to be read thus)
Sharḥ Gulistān S II 395, 650
Sharḥ al-Hamziyya S II 496
Sharḥ al-Hidāya S II 644, 646, 658,30, 955,77
Sharḥ Hidāyat al-afkār S II 557
Sharḥ Hidāyat al-ḥikma S II 294, 297, 589,34
Sharḥ al-Hidāya fi 'l-qirāʾāt S I 730
Sharḥ al-Hindiyya S I 532
Sharḥ ḥadīth a. Dharr S I 855
Sharḥ ḥadīth ghamām S II 579
Sharḥ ḥadīth khalʿ al-naʿlayn etc. S I 776
Sharḥ ḥadīth al-maʾidatu bayt al-dāʾ S II 356 (to be read thus)
Sharḥ ḥadīth al-nuzūl S II 121,19
Sharḥ ḥadīth unzila 'l-Qurʾān ʿalā sabʿat aḥruf S II 121, 19a
Sharḥ ḥadīthayn S II 846
Sharḥ ḥāl al-awliyāʾ G I 451,7, (*al-ṣaḥāba wal-awliyāʾ etc.*), S I 809
Sharḥ al-Ḥamāsa S I A/C 589
Sharḥ al-Ḥāwī S II 258
Sharḥ al-Ḥikam al-ʿAṭāʾiyya S II 522
Sharḥ Ḥikmat al-ʿayn S II 297
Sharḥ Ḥikmat al-ishrāq S II 297
Sharḥ Ḥilyat al-abrār S II 398
Sharḥ Ḥirz al-amānī S II 134, 138
Sharḥ al-Ḥiṣn al-ḥaṣīn S II 541,52
Sharḥ Ḥizb al-baḥr S II 695
Sharḥ al-Ḥizb al-kabīr S II 480
Sharḥ Ḥizb al-Nawawī S II 446
Sharḥ al-ḥujub wal-astār S I 735
Sharḥ al-Ḥummayāt etc. S I 834, 835
Sharḥ al-ḥurūf etc. S I 806
Sharḥ al-Ḥusāmī S II 268
Sharḥ al-ibāna ʿalā uṣūl al-sunna etc. S I 311
Sharḥ ʿiddat aḥādīth Ṣaḥīḥ al-Bukhārī S I A/C 263
Sharḥ al-Īḍāḥ S II 328
Sharḥ ʿIlal al-Jāmiʿ S I 948 ad 268
Sharḥ al-ʿIlāqa S II 329, 632 A/C
Sharḥ al-imān wal-islām G I 180, S II 189,169,pp
Sharḥ al-Insān al-kāmil S II 535
Sharḥ ʿIqd ahl al-īmān fī Muʿāwiya b. Sufyān S I 720
Sharḥ al-Iqtirāḥ S II 523

Sharḥ al-Iʿrāb ʿan qawāʿid al-iʿrāb S II 141, 508, 665
Sharḥ al-Irshād S I 776, II 105 A/C, 843
Sharḥ Īsāghūjī S II 304, 306, 356
Sharḥ al-Ishārāt S II 297
Sharḥ Ithbāt al-wājib S II 659
Sharḥ al-iʿtiqād S II 991
Sharḥ iʿtiqād A. b. Ḥanbal S I 312
Sharḥ iʿtiqād al-Kāfī S I 320, II 589$_{,6}$, 978
Sharḥ al-ʿIzzī S II 306
Sharḥ al-Jaʿbariyya S II 205, 217
-Sharḥ al-jadīd S I 926$_{,2c}$
-Sharḥ al-jalī ʿalā baytay al-Mawṣilī S II 750
Sharḥ Jāliyat al-kadar S II 392
Sharḥ al-Jāmiʿ al-ṣaḥīḥ lil-Bukhārī S II 76
Sharḥ Jawharat al-tawḥīd S II 419, 444
Sharḥ al-Jawāhir wal-durar S II 246
Sharḥ al-Jumal S II 345, 512
Sharḥ jumal al-Qānūn S I 825$_{,n}$
Sharḥ al-Kabāʾir S II 653
-Sharḥ al-kabīr ʿala ʾl-Muqniʿ S I 688
-Sharḥ al-kabīr ʿala ʾl-Nāfiʿ S I 712
Sharḥ al-Kāfī S II 578
Sharḥ al-Kāfiya S II 71, 242, 306, 310, 586, 591, 594, 659
-Sharḥ al-Kāfiya al-bahiyya S II 691
Sharḥ al-Kāfiya fi ʾl-ṭibb S II 555
Sharḥ kalām al-ʿArab G I 109
Sharḥ kalimāt ʿAq. al-Kīlānī etc. S II 123$_{,5}$
Sharḥ kalimāt ʿarabiyya ʿala ʾl-Tuḥfa al-Shāhidiyya S II 397
Sharḥ kalimāt al-khulafāʾ al-rāshidīn S I 486
Sharḥ kalimāt qiṣār Bābā Ṭāhir S I 675
Sharḥ kalimatay al-shahāda S II 356
Sharḥ kallā wa-balā G I 107
Sharḥ Kanz al-daqāʾiq S II 646
Sharḥ Kashf al-rān ʿan wajh al-bayān S II 1039$_{,19}$
Sharḥ al-Kashshāf S II 297, 304
Sharḥ khalʿ al-naʿlayn S I 798$_{,113a}$
Sharḥ al-Khamriyya S II 323
Sharḥ al-khams al-miʾa āya S II 247
Sharḥ al-khamsa S I 344
Sharḥ al-khamsa al-maqālāt al-falsafiyya G I 427, S I 758
Sharḥ al-kharīda al-ghaybiyya G II 498
Sharḥ khaṣāʾiṣ al-jumla G II 292
Sharḥ khātimat al-Alfiyya S I 525
Sharḥ al-Khazrajiyya S II 511, S II 537
Sharḥ khuṭbat Adab al-kātib S I 171
Sharḥ khuṭba fī baʿḍ maʿānī ḥikmiyya S I 821$_{,68,cc}$
Sharḥ khuṭbat al-Masʿūdī S I 823$_{,79h}$
Sharḥ khuṭbat Mukhtaṣar al-shawāhid S II 51
Sharḥ khuṭbat al-Qāmūs S II 417
Sharḥ-i Khuṭbat-i Shaqshaqiyya S I 705
Sharḥ al-Khuṭba al-Ṭinājiyya S II 845
Sharḥ Lā ilāha illa ʾllāh S II 946$_{,174}$
Sharḥ al-laghz S II 597$_{,32}$
Sharḥ Lamḥ al-ḥifẓ fī ḥisāb ʿuqūd al-aṣābiʿ S II A/C 1020$_{,28}$
Sharḥ Lāmiyyat al-afʿāl S II 555
Sharḥ Lāmiyyat al-ʿAjam S II 555
Sharḥ Lāmiyyat al-ʿArab S II 482, 684
Sharḥ Lāmiyyat al-Wardī S II 402
Sharḥ Laqṭ al-jawāhir S II 446
Sharḥ Lawāmiʿ al-anwār S II 326
Sharḥ al-Lubāb S II 257
Sharḥ Lubāb al-iʿrāb S II 482
Sharḥ Luʾluʾat al-Baḥrayn S II 504
Sharḥ al-Luʾluʾa fī ʿilm al-ʿarabiyya S II 204
Sharḥ al-Lumaʿ S II 154, 247
Sharḥ al-Lumaʿ min akhbār al-imām al-Muʿizz li-dīn Allāh S II 35
Sharḥ al-lumʿa al-nūrāniyya S II 324
Sharḥ mā ashkala min muṣādarāt k. Uqlīdīs G I 471, S I 855
Sharḥ mā waqaʿa min asmāʾ al-adwiya bil-Yūnāniyya S II 168
Sharḥ mā yaqaʿu fīhi ʾl-taṣḥīf wal-taḥrīf S I 193, 333
Sharḥ Maʿālim al-dīn S II 577
Sharḥ maʿānī asmāʾ Allāh al-ḥusnā G I 434
Sharḥ maʿānī ʾl-āthār G I 174, 384, S I 293
Sharḥ mabāḥit ʿadhāb al-qabr S II 993$_{,41}$
Sharḥ al-Maḍnūn S II 258
Sharḥ Majmaʿ al-baḥrayn S II 315, 329
Sharḥ Man lā yaḥḍuruhu ʾl-faqīh S II 573
Sharḥ Manāfiʿ al-aʿḍāʾ S I 887
Sharḥ-i manāqib-i b. ʿArabī S I 791
Sharḥ al-Manār S II 659
Sharḥ Manār al-anwār S II 315, 631
Sharḥ al-manāsik S II A/C 76
Sharḥ Manāzil al-sāʾirīn S II 323
Sharḥ al-Manhaj S II 441

Sharḥ Manhaj al-muʿtaqidīn etc. S II 279
Sharḥ Manẓūmat ādāb al-akl S II 403
Sharḥ manẓūmat ʿA. b. a. Ṭālib S I 752,$_{47y}$
Sharḥ manẓūmat al-Aqfahsī S II 394
Sharḥ ʿalā manẓūmat al-ʿAṭṭār fi ʾl-naḥw S II 725
Sharḥ manẓūmat al-Fanārī al-ʿishrūn qiṭʿa etc. S II 329
Sharḥ Manẓūmat al-hudā S II 547
Sharḥ manẓūmat b. ʿImād S II 440
Sharḥ Manẓūmat al-maʿfuwwāt S II 442
Sharḥ manẓūmat M. al-Dimyāṭī S II 813
Sharḥ al-manẓūma al-muḥtawiya ʿalā fawāʾid al-R. al-Samarqandiyya S II 501
Sharḥ manẓūmat b. Rushd S II 435
Sharḥ maqālāt al-arbaʿ fi ʾl-qaḍāyā bil-nujūm li-Baṭlūmiyūs S I 886
Sharḥ al-maqāla al-ʿāshira min k. Uqlīdis S I 387
Sharḥ Maqṣūrat b. Durayd S II 509
Sharḥ Marāḥ al-arwāḥ S II 312, 440, 650
Sharḥ al-maʿrifa G I 198, S I 954 ad 353
Sharḥ Marthiyat Ādam libnihi Hābīl S II 672,$_{138}$
Sharḥ masāʾil ʿawīṣa fi ʾl-Ishārāt S I A/C 817
Sharḥ masāʾil Ḥunayn S I 881
Sharḥ al-masānīd G I 503, S I 917,$_{20}$
Sharḥ Mashāriq al-Anwār S II 639
Sharḥ Maṣābīḥ al-sunna S II 315, 932
Sharḥ Maṭālib al-muṣallī S II 476,$_{115}$
Sharḥ al-Mawāqif S II 326
Sharḥ al-Miftāḥ S II 297, 304
Sharḥ al-Miftāḥ al-fāʾiḍ fi ʿilm al-farāʾiḍ S II 567
Sharḥ Miftāḥ al-ʿulūm S II 296
Sharḥ al-Mijisṭī S I 822,$_{70}$, 957 ad 376
Sharḥ al-Mīmiyya al-Khamriyya S II 463
Sharḥ Minhāj al-ṭālibīn S II 441
Sharḥ Minhāj al-wuṣūl S II A/C 309
Sharḥ Miʿrāj al-nabī S II 492
Sharḥ al-Miṣbāḥ fi ʾl-naḥw S II 630, 650
Sharḥ al-Muʿallaqāt S II 512
Sharḥ al-Mudawwana S II 337
Sharḥ Mufradāt al-Qānūn S I 900
Sharḥ al-Mughnī fī uṣūl al-fiqh S II 89
Sharḥ al-muḥaqqiq G I 509, S I 927,$_{7}$
Sharḥ al-Mūjiz S II 93, 299, 328, 336
Sharḥ al-Mujtabā S II 127,$_{34}$
Sharḥ al-Mukhtaliṭāt S I 847, 856
Sharḥ mukhtār ashʿār Bashshār b. Burd S I 940 ad 110
Sharḥ al-Mukhtaṣar G I 295, S I 518
Sharḥ Mukhtaṣar al-Bukhārī S II 446
Sharḥ Mukhtaṣar Jāmiʿ al-ummahāt S II 226
Sharḥ Mukhtaṣar b. Ḥājib S II 297
Sharḥ Mukhtaṣar b. a. Jamra S II 437
Sharḥ Mukhtaṣar Khalīl S II 345, 376, 416, 438, 689, 960,$_{14}$
Sharḥ Mukhtaṣar al-Manār S II 93, 265
Sharḥ Mukhtaṣar al-manṭiq lil-Sanūsī S II 676
Sharḥ Mukhtaṣar al-Muntahā S II 435
Sharḥ Mulakhkhaṣ al-hayʾa S II 297, 327
Sharḥ Mulḥat al-iʿrāb S II 195,$_{263p}$, 512, 555
Sharḥ Muntaha ʾl-irādāt S II A/C 448
Sharḥ Muntaha ʾl-sūl S II 562
Sharḥ Muqaddimat b. Bābashādh S II 234
Sharḥ Muqaddimat al-Baḥr fi uṣūl al-dīn S II 247
Sharḥ al-Muqaddima al-Ḥaḍramiyya S II 528,$_{26}$
Sharḥ al-Muqaddima al-ʿIzziyya S II 439
Sharḥ al-Muqaddima al-Jazariyya S II 118,$_{34}$, 555, 603, 652
Sharḥ al-Muqaddima al-muḥsiba S II 242
Sharḥ Muqaddimat al-Shaʿrāniyya S II 457
Sharḥ Muqaṭṭaʿāt al-Shushtarī G I 525
Sharḥ al-Muqniʿ S II 448
Sharḥ Murshidat al-ṭālib S II 486
Sharḥ al-Musallam S II 625
Sharḥ mushkil Daʿwat al-aṭibbāʾ S I 885
Sharḥ al-mushkil min dīwān a. Tammān wal-Mutanabbī S I 136, 142
Sharḥ mushkil ḥadīth al-Ṣaḥīḥayn G I 503, S I 918,$_{27d}$
Sharḥ mushkil al-Wasīṭ S I 752,$_{49a}$
Sharḥ al-muṣādarāt G I 469
Sharḥ al-Muthallath S II 157, 539
-Sharḥ al-Muṭawwal G I 294, S I 516
Sharḥ al-Muwaṭṭaʾ S II 542,$_{139}$, 663
Sharḥ muẓhirāt al-ʿarāʾis al-mukhabbaʾāt S I 801,$_{173}$
Sharḥ al-Nabḍ al-ṣaghīr li-Jālīnūs S I 884
Sharḥ Naqāʾiḍ Jarīr wal-Farazdaq S I 162
Sharḥ Nawābigh al-kalim S II 496

Sharḥ Nawādir a. Zayd S I 167
Sharḥ al-Naẓm wa-durar al-laʾāl S II 810
Sharḥ Naẓm Minhāj al-Bayḍāwī S I 742
Sharḥ Naẓm M. al-Damanhūrī S II 726
Sharḥ Naẓm al-muwāfaqāt al-ʿUmariyya S II 94
Sharḥ Naẓm mushkilāt al-Risāla S II 526
Sharḥ Naẓm muwajjahāt Tahdhīb al-manṭiq S II A/C 304
Sharḥ Naẓm al-Sanūsiyya S II 738
Sharḥ Naẓm al-taḥrīr li-Sharaf al-Dīn Ya. al-ʿAmrīṭī S II 729
Sharḥ Naẓm Umm al-barāhīn S II 738
Sharḥ k. al-Nīl S II 892
Sharḥ Nukhabat b. Ḥajar S II 423
Sharḥ al-Nuqāya S II 542,128
-Sharḥ al-qadīm S I 925,2b
Sharḥ al-Qānūn S II 626
Sharḥ al-Qānūn ʿala ʾl-ḥummayāt S II 627
Sharḥ qaṣāʾid fi ʾl-qirāʾāt S I 721
Sharḥ qaṣīdat ʿAbd al-Bāqī S II 845
Sharḥ qaṣīdat Anwār al-sarāʾir S II 702
Sharḥ qaṣīdat b. bint Maylaq S II 533
Sharḥ al-Qaṣīda al-dhahabiyya S I 940 ad 133
Sharḥ qaṣīdat Diʿbil S I 940 ad 122
Sharḥ al-Qaṣīda al-ghazaliyya S I 635, II 112
Sharḥ qaṣīdat al-Ḥu. b. ʿAq. S II 553
Sharḥ al-Qaṣīda al-kāfiya fi ʾl-ṣarḥ S II 194,254
Sharḥ al-Qaṣīda al-Khāqāniyya S I 720
Sharḥ al-Qaṣīda al-laghziyya G II 24
Sharḥ al-Qaṣīda al-madḥiyya lil-sayyid al-Ḥimyarī S I 706
Sharḥ qaṣīdat a. Madyan S II 533
Sharḥ al-Qaṣīda fi ʾl-majāz S II 697
Sharḥ al-Qaṣīda al-mashhūra etc. S II A/C 736
Sharḥ al-Qaṣīda al-munfarija S II 411
Sharḥ al-Qaṣīda al-nūniyya S II 362
Sharḥ al-Qaṣīda al-Nūniyya al-musammā bil-Nūr S II 892
Sharḥ al-Qaṣīda al-nūniyya fi ʾl-waṣiyya S II 617
Sharḥ qaṣīdat ʿUmāra b. ʿAqīl S I 181
Sharḥ al-Qaṣīda al-Qādiriyya S II 787
Sharḥ al-Qaṣīda al-shāfiya S II 92
Sharḥ al-Qaṣīda al-Zaynabiyya S II 444
Sharḥ Qaṭr al-nadā S II 446, 512, 513, 950,23
Sharḥ Qawāʿid al-shaykh Jaʿfar S II 585
Sharḥ al-Qawāʿid al-waḍḍāḥa fī ʿilm al-misāḥa S II 483
Sharḥ qawl al-shaykh ʿala ʾl-basmala S II A/C 308
Sharḥ qawl al-shaykh al-Raʾīs anna ʾl-ḥarāra tafʿalu ʾl-raṭab etc. S I 932,55c
Sharḥ qawlihi sa-ukhbirukum bi-awwali amrī G II 451, S II 670,75
Sharḥ qism al-kalām min Tahdhīb al-manṭiq S II A/C 304
Sharḥ al-Raḥbiyya S II 394
Sharḥ rajaz b. ʿAṣrūn S II 714
Sharḥ al-Rasāʾil al-qawsiyya etc. S II 257
Sharḥ Rawḍat al-azhār S II 707
Sharḥ al-Risāla S II 362, 435
Sharḥ Risālat ādāb al-baḥth S II 398
Sharḥ al-Risāla al-ʿAḍudiyya fi ʾl-akhlāq S II A/C 291
Sharḥ risālat Arslān al-Dimashqī S II 475,112
Sharḥ al-Risāla al-Fatḥiyya S II 484, 665, 950,23,3, 1025,83
Sharḥ Risālat al-hayʾa S II 620
Sharḥ al-Risāla al-Ḥanafiyya S II 591
Sharḥ al-Risāla al-kubrā fi ʾl-basmala S II 738
Sharḥ risālat Kumayl b. Ziyāda S II 281
Sharḥ Risālat al-māʾ al-ilāhī S I 428,40
Sharḥ Risālat al-mughālaṭāt S II 587
Sharḥ al-Risāla fi ʾl-mujāzāt wal-istiʿārāt S II 918
Sharḥ al-Risāla al-mukhtaṣara ʿalā qawāʿid ʿilm al-Ṣūfiyya S II 704
Sharḥ Risālat al-nafs li-Arisṭāṭālīs S I 958 ad 376
Sharḥ al-Risāla al-Naqshbandiyya S II 1005,82
Sharḥ al-Risāla al-qabriyya etc. S II 592
Sharḥ al-Risāla al-Samarqandiyya S II 398, 482, 499, 571
Sharḥ al-Risāla al-Shamsiyya fi ʾl-ḥisāb S II 591
Sharḥ al-Risāla al-sharṭiyya li-ʿAbbās S II 392 A/C, 487
Sharḥ risālat Shaykh al-Islām S II 1005,82
Sharḥ al-Risāla fī tasāwi ʾl-zawāya ʾl-thalāth S II 304

Sharḥ Risālat al-taṣawwurāt wal-taṣdīqāt S II 614, 622
Sharḥ Risālat al-tawḥīd S II 473
Sharḥ Risālat tuḥfat al-ikhwān etc. S II 398
Sharḥ Risālat uṣūl al-Shīʿa S II 969_{9}
Sharḥ risālat b. a. Zayd S II 512
Sharḥ Risālat Zenon S I 377 (see 957)
Sharḥ Salāmat al-qulūb fi 'l-manṭiq S II 1016_{30}
Sharḥ al-Samāʿ al-ṭabīʿī G I 459, S I 368
Sharḥ al-Samarqandiyya S II 326
Sharḥ al-Shāfiya S II 273, 548
Sharḥ al-Shāfiya li-a. Firās S I 941 ad 144
Sharḥ al-Shajara al-Nuʿmāniyya S II 29, 38
Sharḥ al-Shamʿa al-muḍīʾa S II 445
Sharḥ Shamāʾil al-Tirmidhī S II 81
Sharḥ al-Shams al-akbar G II 139
Sharḥ shaṭaḥāt a. Yazīd S I 355
Sharḥ al-Shaṭḥiyyāt S I 735
Sharḥ al-Shāṭibiyya S II 542_{135}, 650
Sharḥ shawāhid al-Alfiyya S II 396
Sharḥ shawāhid b. ʿAqīl S II 439
Sharḥ shawāhid Bidāyat al-taʿrīf S II 332
Sharḥ shawāhid Majmaʿ al-bayān S I 708
Sharḥ shawāhid Mughni 'l-labīb S II 397
Sharḥ shawāhid Qaṭr al-nadā S II 441, 501
Sharḥ shawāhid al-Tuḥfa al-Wardiyya S II 175, 397
Sharḥ al-Shifāʾ S II 72, 470
-Sharḥ al-shitawī, al-ṣayfī S I 300
Sharḥ al-shuʿarāʾ al-sitta G I 309, S I 542
Sharḥ shurūḥ al-ṣalāh S II 658_{28}
Sharḥ al-Sirājiyya S II 309, 329, 631
Sharḥ suʾālāt fi 'l-taʿbīrāt al-ilāhiyya S I 357
Sharḥ al-Sullam al-murawniq S II 624, 850
Sharḥ al-Sulūk S II 1001_{52}
Sharḥ Sunan a. Dāʾūd S II 51
Sharḥ al-sunna G I 364, S I 218, 311, 622
Sharḥ al-ṣadr fī asmāʾ ahl Badr G II 403, S II 553
Sharḥ al-ṣadr fī faḍāʾil laylat al-qadr S II 71
Sharḥ al-ṣadr bi-ghazwat Badr G II 282, S II 391
Sharḥ al-ṣadr bi-laylat al-qadr S II $946_{17,2}$
Sharḥ al-ṣadr bi-sharḥ urjūzat istinzāl al-naṣr S II 392
-Sharḥ al-ṣaghīr ʿala 'l-Nāfiʿ S I 712
Sharḥ al-Ṣaḥīfa al-kāmila S II 597_{33}, 628
Sharḥ Ṣaḥīḥ al-Bukhārī S II 356_{17}
Sharḥ Ṣaḥīḥ Muslim S II 417
Sharḥ al-ṣalāt wa-maqāṣidihā S I 356
Sharḥ al-ṣalāt al-Mashīshiyya S II 701
Sharḥ k. al-Ṣawm S II 422
Sharḥ fī ṣifāt sayyid al-mursalīn etc. S II 421
Sharḥ al-ṣudūr fī asmāʾ al-khumūr S II 921
Sharḥ al-ṣudūr ʿalā fahm mā yuʿbar G II 119
Sharḥ al-ṣudūr fī sharḥ ḥāl al-mawtā fi 'l-qubūr G II 146, S II 181_{30}
Sharḥ al-ṣudūr bi-sharḥ zawāʾid al-shudhūr S II A/C 19
Sharḥ al-ṣudūr bil-ṣalāt wal-salām ʿala 'l-nāṣir al-manṣūr S II A/C 482
Sharḥ al-ṣudūr bi-taḥrīm rafʿ al-qubūr S II 819
Sharḥ al-ṣuwar G I 242
Sharḥ al-Tadhkira al-Nāṣiriyya S II 273
Sharḥ al-Tahdhīb fi 'l-naḥw S II 396
Sharḥ Taḥrīr al-Mijisṭī S II 273, 591
Sharḥ al-Tāʾiyya S II 323, 461
Sharḥ Tāʾiyyat b. Fāriḍ S II 662
Sharḥ Tāʾiyyat al-Ghawth ʿAq. S II 783
Sharḥ Tāʾiyyat al-Subkī S II 116, 529_{40}
Sharḥ Tajrīd al-ʿallāma al-Bannānī S II 400
Sharḥ Tajrīd al-ʿaqāʾid S II 137
Sharḥ Takhlīṣ al-mabānī etc. S I 608 = *Sharḥ Talkhīṣ al-m.*
Sharḥ wa-takhmīs al-Qaṣīda al-witriyya S I A/C 444
Sharḥ Takmilat al-aḥkām S II 967_{9}
Sharḥ al-Talkhīṣ S II 659
Sharḥ Talkhīṣ al-Jāmiʿ al-kabīr S II 80, 304, 329
Sharḥ Talkhīṣ al-mabānī S II 923_{92} = *Sharḥ Takhlīṣ al-m.*
Sharḥ al-Tamhīd S II 142
Sharḥ al-Tanbīh S II 103_{21}, 441
Sharḥ Taqdimat al-maʿrifa li-Ibbuqrāṭ S I 900, II 493
Sharḥ tarājim abwāb Ṣaḥīḥ al-Bukhārī S I 264
Sharḥ Tashīl al-fawāʾid S II 136
Sharḥ al-tasmiya S II A/C 674
Sharḥ taṣarrufāt al-waqf S I A/C 910
Sharḥ Taṣrīf al-Zanjānī S II 170, 304
Sharḥ Thalāthiyyāt al-Bukhārī S II 543

Sharḥ al-Thamara S I 229
Sharḥ ʿala ʾl-Tilimsāniyya S II 347, 379
Sharḥ Tuḥfat al-aḥbāb S II 442
Sharḥ Tuḥfat al-mulūk S II 316
Sharḥ Tuḥfat al-sāmiʿīn S II 950$_{,23,4}$
Sharḥ ṭabāʾiʿ al-ḥayawān S II 868
Sharḥ al-ṭālib G II 241
Sharḥ al-ṭarīqa S I 798$_{,99}$
Sharḥ Ṭawāliʿ al-anwār S II 326
Sharḥ al-Ṭawāsīn S I 735
Sharḥ Ṭayyibat al-nashr S II 479, 542$_{,119}$
Sharḥ ṭuruq al-ḥisāb fī masāʾil al-waṣāyā S I 865
Sharḥ al-ʿUbāb S II 75$_{,74}$, 441, 529 A/C
Sharḥ ʿUmdat al-aḥkām S II 66, 125$_{,132}$
Sharḥ Umm al-barāhīn S II 397, 695
Sharḥ ʿUnwān al-wuṣūl S II 66
Sharḥ ʿUqūd al-jumān S II 513
Sharḥ Urjūzat al-asmāʾ S II 615
Sharḥ al-Urjūza al-bayāniyya S II 488
Sharḥ urjūzat b. al-Sharrār fi ʾl-farāʾiḍ S II 379
Sharḥ Urjūzat taʾkīd al-alwān S II 788
Sharḥ Urjūza fi ʾl-tathbīt fī laylat al-mabīt S II 886
Sharḥ al-Urjūza al-yāsamīniyya S II 155
Sharḥ Uṣūl al-ḥaqīqa S II 701
Sharḥ ʿUyūb al-nafs wa-mudāwātuhā S II 701
Sharḥ ʿuyūn Kitāb Sībawayh S I A/C 160
Sharḥ ʿUyūn al-masāʾil G I 412
-Sharḥ al-wajīz fi ʾl-farāʾiḍ S II A/C 607
-Sharḥ al-wajīz ʿalā Silsilat (al-dhahab) al-ibrīz S I 607, II 987
Sharḥ al-Waraqāt S II 85, 441
Sharḥ waṣiyyat al-imām al-aʿẓam S II 90
Sharḥ al-Wiqāya S II 329, 571
Sharḥ al-Yāʾiyya S II 463
Sharḥ Zād al-musāfir S II 485
Sharḥ al-zāʾiraja S I 799$_{,126b}$
Sharḥ al-zawāʾid ʿala ʾl-Mabsūṭ S I 950 ad 289
Sharḥ al-Zawājir S II 470
Sharḥ Zīj Ulughbeg S II 591, 665
Sharḥ Ziyārat ʿĀshūrāʾ S II 843
Sharḥ al-ziyāra al-jāmiʿa al-kabīra S II 845
Sharḥ Zubad al-ʿulūm S II 440
-Sharīʿa S I 274$_{,89}$
Sharīʿat (shirʿat) al-Islām ilā dār al-salām G I 375, S I 642
Sharīʿa samḥāʾ S II 839
Sharīʿat al-tasmiya S II 580
-Shārib wal-mashrūb S I 243$_{,35}$
-Sharīd S III 232
-Sharīf S I 225
-Sharīfiyya S I 538$_{,b}$
-Sharīfiyya fi ʾl-farāʾiḍ S II 306$_{,37}$
-Sharkasiyya al-ḥasnāʾ S III 229
Shārl wa-ʿAbd al-Raḥmān S III 190
-Sharq S III 269, 431
Sharṭ waqf al-sulṭān al-Ghūrī S II 541$_{,110}$
-Shatawiyyāt G II 141, S II A/C 176
-Shaṭaḥāt al-Skīrajiyya etc. S II 882
-Shaṭḥiyyāt S I 735
-Shāṭiʾ al-majhūl S III 165
-Shāṭibiyya G I 409, II 165, S I 725
-Shawāhid G I 444$_{,31}$, S I 420$_{,15b}$, 796$_{,31}$
-Shawāhid fi ʾl-ḥajar al-wāḥid G I 243
Shawāhid al-ḥaqq fi ʾl-istighātha bi-sayyid al-khalq S II 764$_{,41}$
-Shawāhid al-Makkiyya etc. S II 451, 577
-Shawāhid al-rubūbiyya etc. S II 589$_{,17}$
Shawāhid sharḥ al-Qaṭr S II A/C 17
Shawāhid al-ṣunʿ S I 952 ad 317
Shawāhid al-Tawḍīḥ wal-taṣḥīḥ G I 300, S I 262, 526
Shawākil al-ḥūr S I 782
-Shawārid min al-lughāt S I 615
Shawārid al-mulaḥ G II 25
Shawārid al-mulaḥ wa-mawārid al-minaḥ S I 920$_{,75p}$
Shawāriq al-anwāʿ S II 776
Shawāriq al-ilhām S I 927, II 590
-Shawāriq fī radd al-Zawrāʾ S II 308$_{,20}$
Shawkat al-ḥawāshī S I 841
Shawq al-mustahām fī maʿrifat rumūz al-aqlām G I 242, S I 431
Shawr al-ṭawiyya fī madhhab al-Ṣūfiyya S II 704
-Shayb G I 82
Shaykh al-Abṭaḥ aw a. Ṭālib S III 492
-Shaykh ʿAfāʾallāh wa-qiṣaṣ ukhrā S III 223
Shaykh Ekberi ničin severim S I 791
-Shaykh al-hāʾil aw inqādh al-amīr S III 389
Shaykh Jumʿa wa-qiṣaṣ ukhrā S III 219
-Shaykh Matlūf G II 477

-Shaykh Sayyid ʿAbīṭ wa-qiṣaṣ ukhrā S III 219
-Shaykh al-ṣāliḥ S III 232
Shayl al-athqāl G I 204
-Shīʿa S II 808
-Shiʿār al-mukhtār ʿalā mukhtār al-ashʿār S II 134
-Shifāʾ G I 369, 454$_{,18}$, II 147$_{,53}$, 246, S I 815$_{,18}$, II 1030
-Shifāʾ al-ʿājil etc. S II 781, 1028$_{,16}$
Shifāʾ al-ajsām S II 170
Shifāʾ al-ālām etc. G II 162
Shifāʾ al-ālām fī mā taʿarraḍa etc. S I 627
Shifāʾ al-ʿalīl S I 470$_{,m}$
Shifāʾ al-ʿalīl wa-ball al-ghalīl S II 773$_{,23}$
Shifāʾ al-ʿalīl wa-dawāʾ al-kalīm S II 422
Shifāʾ al-ʿalīl (ghalīl) fī ʿilm al-Khalīl G I 307, S I 539
Shifāʾ al-ʿalīl fī iṣlāḥ (iṣṭilāḥāt) kalām al-Mutanabbī S I 941 ad 142, II 600
Shifāʾ al-ʿalīl fi ʾl-khams al-miʾa āya S II 247
Shifāʾ al-ʿalīl fī mā fī kalām al-ʿArab min al-dakhil G II 286, S II 396 (*ghalīl*)
Shifāʾ al-ʿalīl fi ʾl-qaḍāʾ wal-qadar S II 127$_{,13}$
Shifāʾ al-ʿalīl wa-siqāʾ al-ghalīl S I 966 ad 537
Shifāʾ al-ashwāq etc. S II 224
Shifāʾ al-asqām wal-ālām S II 891
Shifāʾ al-asqām wa-dawāʾ al-ālām G II 233, S II 326
Shifāʾ al-asqām wa-maḥw al-āthām etc. S II 691
Shifāʾ al-asqām, sharḥ Takmilat al-aḥkām S II 246
Shifāʾ al-asqām fī sīrat Ghawth al-anām S I 781
Shifāʾ al-asqām fī waḍʿ al-sāʿāt ʿala ʾl-rukhām G I 495, S I 869
-Shifāʾ fī badīʿ al-iktifāʾ G II 57, S II 57
-Shifāʾ fī dawāʾ al-wabaʾ G II 426, S II 634
Shifāʾ al-ghalīl (ʿalīl) etc. S II 97, 362, 396
Shifāʾ al-ghalīl wa-ʿāfiyat al-ʿalīl G I 449
Shifāʾ al-ghalīl fī bayān mā waqaʿa fi ʾl-tawrāt wal-injīl min al-tabdīl G I 422, S I 673
Shifāʾ al-ghalīl wal-fuʾād etc. S II 332
Shifāʾ al-ghalīl fi ʾl-qaḍāʾ wal-qadar G II 106
Shifāʾ al-ghalīl fi ʾl-qiyās wal-taʿlīl S I 754$_{,53f}$
Shifāʾ al-gharām G II 173, S II 222
Shifāʾ jahl al-sāʾil etc. S II A/C 557
Shifāʾ al-janān etc. G II 407, S II 743
Shifāʾ al-marīḍ fī abyāt al-qarīḍ S II 918
Shifāʾ al-muʾminīn G II 392
Shifāʾ al-mutaʿāll G II 137
Shifāʾ al-qalb al-jarīḥ etc. S I 468$_{,25a}$, II 700$_{,5}$
Shifāʾ al-qulūb G II 162, S II 654
Shifāʾ al-qulūb bi-kalām al-nabī al-maḥbūb S II 869$_{,19}$
Shifāʾ al-qulūb bi-liqāʾ al-maḥbūb S II 984
Shifāʾ al-qulūb wa-rāḥat al-makrūb etc. S I A/C 496
Shifāʾ al-sālik G II 396, S II 540$_{,46}$
Shifāʾ al-saqām (asqām) fī ziyārat khayr al-anām G II 87, S II 305$_{,a}$, 103
Shifāʾ al-ṣudūr al-muhadhdhab fī tafsīr al-Qorʾān G I 521, S I 334
Shifāʾ ṣudūr al-nās S II 550, 559
Shifāʾ al-ṣudūr bi-qirāʾat Ḥafṣ al-mashhūr S II 982
Shifāʾ al-ṣudūr fī sharḥ Ziyārat al-ʿĀshūrāʾ S II 843
Shifāʾ al-tabārīḥ G II 350, S II 477$_{,20}$
-Shifāʾ fī taʿrīf ḥuqūq al-Muṣṭafā G I 369, S I 630
Shifāʾ al-uwām etc. S I 703
Shiguft-i anwār-i durūgh S II 804
Shihāb al-akhbār fi ʾl-aḥādīth al-marwiyya (al-ḥikam wal-amthāl) etc. G I 343, 361, S I 584
-Shihāb al-qabasī fi ʾl-radd ʿalā man radda ʿalā ʿAbd al-Ghanī S II 474$_{,33}$
Shihāb al-rāṣid S III 276
-Shihāb fi ʾl-shayb wal-shabāb G I 405, S I 705$_{,3}$
-Shihāb al-thāqib S II 852
-Shihāb al-thāqib fī dhamm al-Khalīl al-ṣāḥib S II A/C 198
-Shihāb al-thāqib fī ṣināʿat al-kātib S II 769
-Shihāb al-thāqib, urjūza fi ʾl-imāma S II 800
-Shihāb al-thāqif wal-ʿadhāb al-wāqif G II 141
-Shihāb al-thāqif (fī khilāfat ʿAlī) S I 701$_{,8,4}$
-Shihābiyya G II 168
Shikāyat ahl al-sunna etc. S I 772
-Shiʿr G I 114, 122, S I 176
Shiʿr Arṭāt S I 180
-Shiʿr al-Jāhilī S III 290
-Shiʿr al-maqbūl S II 805
-Shiʿr wal-shuʿarāʾ S I 43, 185, III 440

Shiʿr al-wijdān etc. S III 102
Shirāʾ al-raqīq G I 483
Shirʿat al-Islām G I 375, S I 642
Shīrīn fatāt al-sharq S III 259
-Shiṭranj S I 219
-Shiṭranj mimmā allafahu b. ʿAdlī etc. S I 905
-Shiyam G I 162, S I 269, II 422
Shiyam al-zāwiya S II 894
Shiyāt al-lugha S II 922
-Shuʿāʿ S I 293
-Shuʿāʿ al-shāʾiʿ fī dhikr asmāʾ aʾimmat ʿUmān etc. S II 569
Shuʿab al-īmān G II 149, S II 186,$_{100}$
Shuʿab al-Islām G I 197, 450, S I 349, 807, II 989,$_{1}$
-Shuʿarāʾ S I 122
Shuʿarāʾ Baghdād wa-kuttābuhā S II 784
Shuʿarāʾ al-Jazāʾir fī ʾl-ʿaṣr al-ḥāḍir S III 498
-Shuʿarāʾ al-mansūbūn ilā ummahātihim S I 42
-Shuʿarāʾ al-mashhūrūn S I 172
Shuʿarāʾ Miṣr S I 219
Shuʿarāʾ Miṣr wa-bīʾatuhum fī ʾl-jīl al-māḍī S III 154
Shuʿarāʾ al-Shaʾm fī ʾl-qarn al-thālith S I 134, III 357, 426
Shuʿarāʾ al-Sūdān S III 180
-Shubbāk (fī ʿamal) al-munāsakhāt etc. S II 155
-Shubbāk wa-fawāʾid fī ʿilm al-farāʾiḍ S II A/C 673
-Shubbāk wal-nahr al-ṣaghīr S II 155
Shubbānunā fī Ūrūbā S III 278
-Shubha G II 228
-Shubuhāt ʿala ʾl-Mudawwana S I 300
-Shudhūr S III 344
Shudhūr al-dhahab G I 313, S I 908
Shudhūr al-dhahab fī maʿrifat kalām al-ʿArab (fī ʾl-naḥw) G II 24, S II 19
-Shudhūr al-dhahabiyya fī ʾl-alfāẓ al-ṭibbiyya S II 749
-Shudhūr al-dhahabiyya wal-qiṭaʿ al-Aḥmadiyya etc. S II 632
-Shudhūr al-dhahabiyya fī tarājim āl Umayya al-ithnay ʿashar S II 495
Shudhūr al-ʿiqyān fī tarājim al-aʿyān S II 855
Shudhūr al-ʿuqūd fī dhikr al-nuqūd S II 37
Shudhūr al-ʿuqūd fī taʾrīkh al-ʿuhūd G I 502, S I 915
Shuhabāt fī ʾl-mawāʿiẓ G I 343, S I 584
Shuhadāʾ al-ʿilm wal-ghurba S III 129
-Shuhadāʾ aw al-Qulūb al-dāmiya S III 231
-Shuhda fī sharḥ al-Muʿarrab S I A/C 194
-Shuhda fī takmīl muqaddimat al-Zubda S II A/C 1028
-Shuhūb al-lāmiʿa fī ʾl-Siyāsa al-nāfiʿa G I 463, S I 837
-Shuhūb al-thāqiba fī radd al-qāʾilīn bi-waḥdat al-wujūb S II 801
-Shuhūd al-ʿaynī G II 426
-Shuhūd ʿinda mubāsharat ʿaqd al-nikāḥ G II 437
Shujūn al-masjūn G I 444, S I 796,$_{30}$
Shukd al-muʿṭī al-ḥāfil bi-muʾallafāt al-Suyūṭī S II 859
-Shukr G I 15, S I 247
Shukr al-inʿām min al-malik al-ʿallām S II 535
-Shukriyya S II A/C 658
Shukūk ʿalā Baṭlūmiyyūs G I 470
Shukūk ʿalā ʾl-Ḥājibiyya S I 532, II 258
-Shuʿla S III 117
Shuʿlat al-ʿadhāb S III 453
Shuʿlat al-nār G II 150, S II 187,$_{125}$
Shumūs al-anwār wakunūz al-asrār G II 83, S II 95
-Shumūs wal-aqmār al-ṭāliʿa S II 558
Shumūs al-fikar al-munqidha min ẓulumāt al-jabr wal-qadar S I 802,$_{208}$, II 521
-Shumūs al-muḍīʾa fī dhikr aṣḥāb khayr al-bariyya S I 628
-Shumūs al-shāriqa etc. S II 883
-Shumūs al-ẓāhira S I 715
-Shuqrūniyya fī ʾl-ṭibb S II 714
-Shūrā al-ʿUthmāniyya S III 388
Shuraf dīwān al-bayān etc. S I 499
Shurb riyāḍ al-taʿbīr G II 19
-Shurūṭ G I 174, S II 35, 953,$_{53}$
Shurūṭ al-aʾimma al-khamsa S I 605
Shurūṭ al-ḥajj G II 422
Shurūṭ al-iʿlām fī mabānī al-īmān wal-islām G II 117, S II 144
Shurūṭ al-imāma etc. S I 406
Shurūṭ al-jumʿa S II 811
-Shurūṭ al-kabīr S I 950 ad 292

Shurūṭ al-khirqa S I 798,$_{84}$
Shurūṭ al-kutub al-sitta S I 603
Shurūṭ al-maʾmūm wal-imām G II 319, S II 440
-Shurūṭ al-ṣaghīr S I 294
Shurūṭ al-ṣalāt G II 356, 451,$_{55}$, S II 670,$_{55}$, 706, 956, 960,$_{20}$
Shurūṭ al-wuḍūʾ S II 440
Shurūṭ al-wuḍūʾ ʿalā madhhab al-Shāfiʿī S II 964
-Shuʿūbiyya S I 240
Shuʾūn al-munazzalāt S II 519
-Shuʿūr bil-ʿūr G II 32, S II 28
Shuyūkh al-Azhar wal-ziyāda fi ʾl-Islām S III 209
Sī faṣl dar maʿrifat-i taqwīm G I 512, S I 931,$_{47b}$
-Siʿāya, ḥāshiya ʿalā sharḥ al-Nuqāya S II 858
-Siʿāya fī kashf mā fī sharḥ al-Wiqāya S I 647
-Sidād fī faḍl al-jihād G II 431
Sidrat al-muntahā G I 243
Sidrat muntaha ʾl-afkār S II 484
Sidrat al-muntahā fī tafsīr kitābihi ʾl-ʿazīz G II 341, S II 580
Sifr al-ijāzāt S II 885
-Sifr al-manshūr G II 407
Sifr al-saʿāda G II 183
Sifr al-saʿāda wa-safīr al-ifāda G I 411, S I 457, 510, 728
Sifr al-takwīn S III 427
-Sihām S III 454
Sihām al-iṣāba etc. G II 147, S II 182,$_{38}$
-Sihām al-khāriqa etc. G II 165, S II 144
-Sihām al-māriqa S II 581
-Sihām al-māriqa fī asmāʾ al-firaq al-ḍālla fi ʾl-radd ʿala ʾl-zanādiqa G II 165, S II 173
-Sihām al-māriqa kabid al-zanādiqa S II 144
-Sihām al-marīsha etc. S II 526
-Sihām al-muḍīʾa etc. S II 483
-Sihām al-muḥarriqa etc. S II 457
Sihām al-rabṭ etc. S II 715
Sihām al-ṭaʿn wal-gharz etc. S II 459,$_{18,9}$ (to be read thus)
Siḥr Bābil wasajʿ al-balābil S I 712, II 797
Siḥr al-balāgh wa-sirr al-barāʿa G I 285,$_{7}$, S I 500
Siḥr al-bayān G I 153, S I 244,$_{60}$, III 340
Siḥr al-bayān fī shaʾn al-ḥisān S II 525
Siḥr Hārūt S III 342
-Siḥr al-ḥalāl min ibdāʾ al-jalāl G II 271, S II 381
-Siḥr al-ḥalāl fi ʾl-mufākhara bayna ʾl-ʿilm wal-māl S III 436
-Siḥr al-ḥalāl fī shiʿr al-Dallāl S II 761
-Siḥr al-mubīn etc. S II 552
Siḥr al-shiʿr S III 493
-Siḥr wal-shiʿr G II 263, S II 373
-Siḥr wal-ṭilasmāt etc. S I 828,$_{104}$
Siḥr al-ʿuyūn S II 163
Sijill mudhākarāt jamʿiyyat Umm al-qurā S III 380
-Sijniyyāt S I 326
-Sikkīn G II 17
Silāḥ al-muʾmin(īn) fi ʾl-duʿāʾ G II 86, S II 102
Silāḥ al-sālik etc. G II 120
-Silāḥ wal-ʿudda G II 393
-Silāḥ al-Wafāʾiyya etc. G II 253, S II 152
Silk al-ʿayn etc. G II 119, 123, S II 153, 897
Silk al-bayān etc. S II A/C 952
Silk al-durar G II 294
Silk al-durrayn etc. S II 537
Silk farāʾid al-yawāqīt fi ʾl-ḥisāb S II 707
Silk al-jawāhir S II 313
Silk al-niẓām fī ghawāhir al-kalām S II 292
-Silk al-sadīd fī irshād al-murīd S II 445
-Silk wal-ʿunwān etc. S I 546
Silsilat aʾimmat al-adab S III 426
Silsilat al-ʿasjad etc. S II 861
Silsilat al-dhahab G II 344, 446, S II 663
Silsilat al-dhahab al-ibrīz etc. S I 607
-Silsila al-dhahabiyya etc. S II 940
Silsilat al-fukāhāt etc. S III 381
Silsilat al-ibrīz wa-iksīr al-ʿazīz S II 967,$_{8}$
Silsilat al-ibrīz wal-jawhar al-murtafiʿ al-ʿazīz S II 555
-Silsila al-muwashshaḥa fi ʾl-naḥw G II 155, S II 194,$_{256}$
Silsilat al-Qādiriyya S II 1004,$_{74}$
Silsilat al-samāʿ G II 246, see S II 344
Silsilat al-sujūn S III 354
Silsilat al-Ṣūfiyya S II 285
Silsilat talqīn al-dhikr G II 351
Silsilat al-tawārīkh S I 405
-Simāḥ fī akhbār al-rimāḥ G II 154, S II 192,$_{234}$

-Simāt fī asmāʾ al-nabāt G I 493
-Sīmiyā S I 756
Simṭ al-durar etc. S II 936
Simṭ al-fawāʾid etc. S II 433
-Simṭ al-ghāli ʾl-thaman etc. G I 323, S I 555
Simṭ al-ḥaqāʾiq S I 716
-Simṭ al-ḥāwī al-muttasiʿ S II 820
Simṭ jawāhir farīd al-nuḥūr S II A/C 822
Simṭ al-jawhar al-fākhir etc. S II 961,$_{34a}$
Simṭ al-laʾāl fī ʾl-kalām ʿalā mā warada fī kutub al-aʿmāl G II 404,$_{30}$, S II 555
Simṭ al-laʾāl fī shiʿr al-āl G II 402, S II 551
Simṭ al-laʾālī fī sharḥ al-Amālī S I 202
-Simṭ al-majīd etc. G II 392, S II 535
Simṭ al-nujūm G II 383, S II 516
Simṭ al-ṣudūr etc. S II 214
-Simṭ al-thamīn etc. S I 615
Simṭ al-ʿuqūd etc. S II 331
Simṭ al-urjūza al-mukhtāra etc. S II 533
Sindbād S I 237, 239, 252
Sindbād ʿaṣrī S III 251
-Sinnawr wal-faʾr S I 252
-Sīra S II 531
Sīrat A. b. Ṭūlūn wabnihi Khumārawayh G I 149, S I 229
-Sīra wa-akhbār al-aʾimma G I 336
Sīrat āl Ṭūlūn S I 229
Sīrat ʿAntar G II 62, S II 64
Sīrat ʿAnūsharwān S I 239
Sīrat Ardashīr S I 239
Sīrat Dhi ʾl-himma G II 62
-Sīra al-falsafiyya G I 235, S I 420,$_{59}$
Sīrat fāris al-Yaman etc. S II 65
Sīrat al-Ghāzī Muṣṭafā Kamāl S III 309
Sīrat al-Hādī S I 230
-Sīra al-Ḥalabiyya G II 307, S II 418
Sīrat al-imām al-Dāʿī ila ʾllāh fī arḍ al-Yaman etc. S II 549
Sīrat al-imām al-Manṣūr S II 560
Sīrat imām al-muttaqīn Zayd b. ʿA. S I 102
Sīrat al-imām al-Nāṣir G II 409
Sīrat al-Iskandar S II 58
-Sīra al-jaliyya al-musammāt Saʿd al-suʿūd al-Bū Saʿīdiyya G II 713, S II 569
Sīrat al-Jarākisa etc. G II 711, S II 51
-Sīra al-kubrā S II 542,$_{118}$
Sīrat al-malik al-Iskandar S II 909
Sīrat mawlānā wa-malikina l-imām al-Mahdī li-dīn Allāh S I 551
Sīrat al-Muʿizz li-dīn Allāh G I 517
Sīrat al-mulūk S I 502
-Sīra al-mustaqīma S I 717
Sīrat Muṣṭafā Kāmil S III 333
Sīrat al-Mutawakkil ʿala ʾllāh S II 560
-Sīra al-nabawiyya etc. G II 500, S II 811
Sīrat al-nabī G I 354, S I 601, 604 A/C, 616
Sīrat al-qāḍī Sharaf al-Dīn etc. S II 550
Sīrat al-qāʾid Jawhar S I 230
Sīrat rasūl Allāh wal-maghāzī G I 135, S I 206
-Sīra al-sariyya fī manāqib khayr al-bariyya S II A/C 48
Sīrat Sayf b. Dhi ʾl-Yazan S II 64
Sīrat al-sayyid ʿU. Makram S III 227
Sīrat sayyidina ʾl-Muʾayyid fī ʾl-dīn S I 714
-Sīra al-shaykhiyya S II 9
-Sīra al-Shaʾmiyya G II 304
Sīrat al-sulṭān Ibr. b. Adham S II A/C 412
Sīrat al-sulṭān Jalāl al-Dīn Mankubirtī G I 319, S I 552
Sīrat al-sulṭān al-Malik al-Ẓāhir Baybars G I 318, S I 551
Sīrat ʿU. b. ʿAbd al-ʿAzīz S I 228
Sīrat al-ʿUmarayn S I 149
Sīrat a. Zayd wa-Banī Hilāl G II 62, S II 64
Sīrat al-Ẓāhir Baybars S II 64
Sirāj al-adab S I 630
Sirāj al-Hidāya S I 622
Sirāj al-hudā G II 251
-Sirāj fī ḥadhf al-mubīn G II 456, S II 677
Sirāj al-ḥikam G II 254
Sirāj al-Ishārāt S I 817
Sirāj al-layl fī surūj al-khayl S II A/C 168
Sirāj al-maʿrifa fī ʾl-tawbīh ʿalā nakth al-mutaṣawwifa S II A/C 101
-Sirāj fī miʿrāj ṣāḥib al-tāj S II 887
Sirāj al-mudhakkirīn G II 74
Sirāj al-mulūk G I 459, S I 502, 830
Sirāj al-mulūk wa-minhāj al-sulūk G II 374
Sirāj i munīr S I 922,$_{6}$
-Sirāj al-munīr fī anwār al-azhār bil-tanwīr S II 606
-Sirāj munīr fī ʾl-iʿāna ʿalā maʿrifat baʿḍ maʿānī etc. G II 320, S II 441
-Sirāj munīr, sharḥ al-Jāmiʿ al-ṣaghīr G II 148, S II 184,$_{56d}$
Sirāj al-muṣallī maʿa shurūṭ al-ṣalāh S I 639
-Sirāj fī nukat al-Minhāj S I 680

Sirāj al-qāriʾ al-mubtadiʾ etc. S I 725
Sirāj al-qulūb S I 775, II 1000,$_{37}$
Sirāj al-qulūb wa-ʿilāj al-dhunūb S II 608
-*Sirāj fī ʾl-rasm* S II 699
Sirāj al-ruwāh G II 156
Sirāj al-ʿuqūl ilā minhāj al-wuṣūl G I 436, S I 780
Sirāj al-ʿuqūl, sharḥ Minhāj al-uṣūl S I 742, II 978
-*Sirāj al-wahhāj fī ʿamal al-azyāj* S II 538
-*Sirāj al-wahhāj fī ʾl-isrāʾ wal-miʿrāj* S II 416
-*Sirāj al-wahhāj min kashf maṭālib Ṣaḥīḥ Muslim* S I 266, II 861
-*Sirāj al-wahhāj fī ʾl-miʿrāj* S II 468
-*Sirāj al-wahhāj al-mumayyiz* G I 402
-*Sirāj al-wahhāj, sharḥ Mukhtaṣar al-Qudūrī* G I 175, S I 296
Sirāj al-ẓalām wa-badr al-tamām G II 189, S I 646 A/C, II 240 A/C, 250
Sirāj al-ẓulma wa-shams al-ḥikma fī ʾl-kīmiyyāʾ S II 1033
-*Sirr* G I 222, S I 354, 960 ad 395
Sirr al-adab G II 696 ad 286
Sirr al-afkār G II 232
-*Sirr al-ʿajīb fī ḥikmat ʿadad azwāj al-nabī* S III 327
-*Sirr al-ʿajīb fī madḥ al-ḥabīb* S II 523
Sirr al-ʿālamayn wa-kashf mā fī ʾl-dārayn G I 423, S I 750,$_{31}$
Sirr al-ʿālamīn fī tafsīr sūrat Yūsuf S I 747,$_{16b}$
Sirr Allāh al-maṣūn fī ʿilm al-maknūn S II 150, 1034
Sirr al-ʿamal G I 221
-*Sirr fī anfās al-Ṣūfiyya* G I 199, S I 354
Sirr al-ʿarabiyya G I 285 (S I 500)
Sirr al-asrār G I 203, 241, S I 364, 419, 924,$_{36}$
Sirr al-asrār wa-kanz al-anwār etc. S II 492,$_{29}$
Sirr al-asrār fī kashf al-anwār G II 702 ad I 426, S I 756
Sirr al-asrār wa-maẓhar al-anwār S I 779,$_{30}$
Sirr al-faqīr S II 1000
Sirr al-faqīr wa-taḥiyyat al-abrār S II 1034
Sirr al-faṣāḥa G I 256, II 10, S I 455
Sirr al-ḥikam G I 498
Sirr al-ḥikma fī sharḥ k. al-Raḥma G I 241, S I 440, 448
-*Sirr al-ilāhī al-munajjī* G II 344, S II 664 A/C
-*Sirr fī khaṭāʾ qaḍāʾ* S II 733
Sirr al-kīmiyyāʾ S II 1034,$_{10}$
Sirr al-layāl fī ʾl-qalb wal-ibdāl G II 506, S II 868,$_{7}$
Sirr al-maḥabba G I 446, S I 798,$_{93}$
-*Sirr al-maḥfūẓ* S II 324
-*Sirr al-maknūn fī faḍāʾil al-qahwa wal-bunn* G II 333
-*Sirr al-maknūn fī manāqib Dhi ʾl-Nūn* S I 353, II 195,$_{274d}$
-*Sirr al-maktūm* S I A/C 802
-*Sirr al-maktūm wal-durr al-manẓūm* G II 343
-*Sirr al-maktūm fī ʾl-farq bayna ʾl-maʾālayn al-maḥmūd wal-madhmūm* G II 35
-*Sirr al-maktūm wal-kanz al-makhtūm* S I 913, II 1006,$_{101}$
-*Sirr al-maktūm fī mukhāṭabat al-nujūm* G I 507, S I 735, 923,$_{29}$
Sirr al-mamlaka S III 228
Sirr al-masīr etc. G II 338, S II 476,$_{131}$
-*Sirr al-maṣūn wal-jawhar al-maknūn etc.* S II 172
-*Sirr al-maṣūn al-mustanbaṭ min k. Allāh al-maknūn* S I 755
-*Sirr al-mukhtabiʾ* G II 347, S II 474,$_{43}$
-*Sirr al-mustabīn* G II 94
-*Sirr al-Muṣṭafawī fī ʾl-ṭibb al-nabawī* S II 481
-*Sirr al-muṭlaq* G II 342
Sirr al-naḥw G I 110, S I 170
Sirr al-najāḥ S III 215
Sirr al-nūr al-mutamakkin G II 206, S II 283
Sirr al-qadar S I 819,$_{49}$
-*Sirr al-Qudsī fī āyat al-kursī* G II 312, S II 443
-*Sirr al-rabbānī fī ʾl-ʿālam al-jismānī* S II 668, 1034,$_{7}$
-*Sirr al-rabbānī fī ʿilm al-mīzān* S II 150, 1034
-*Sirr al-rabbānī fī mawlid al-nabī* S II 810
-*Sirr al-sārr wa-sirr al-asrār* S I 429
Sirr al-shahādatayn S II 615
Sirr al-sirr S II 214
-*Sirr al-ṣafī etc.* G II 121, 123, S II 150
Sirr al-ṣināʿa G I 126, S I 192
Sirr al-ṣināʿa fī ʾl-ṭibb G I 235, S I 420
Sirr taqaddum al-Inklīz al-Saksūniyyīn S III 326
Sirr taṭawwur al-umam S III 326
Sitt masāʾil S I 355

-Sittīniyya S II 218
-Sittūn majālis S I 778
Sittūn masʾala S II 195,$_{274}$
Sittūn masʾala fī ʾl-fiqh S II 112
-Siwāk wa-mā ashbaha dhāk S I 551
Siyāḥat al-buldān S II 472
Siyāḥat al-fikr fī ʾl-jahd bil-dhikr S II 857
Siyāḥat al-Laṭīfī G II 344
-Siyāq li-taʾrīkh Nīsābūr S I 623
-Siyar G II 240, S I 575, II 339
Siyar-i ʿAfīfī S II 262
Siyar al-ʿAjam S I 186
Siyar al-Awzāʿī S I 308
-Siyar al-kabīr G I 172, S I 291
Siyar-i Kāzarūnī S II 262
Siyar al-khulafāʾ S I 421
Siyar mulūk al-ʿAjam G I 152, S I 235
-Siyar al-nabawiyya S I 616
Siyar al-Nāṣir lil-ḥaqq S I 555
Siyar al-salaf G I 324, S I 557
Siyar al-sālik etc. G II 35, S II 112
Siyar al-sulūk S II 845
Siyar al-ṣāliḥāt G II 95
Siyar al-taʾrīkh al-Islāmī S III 495
-Siyāsa G I 354, 456,$_{40}$, S II 1017,$_{35}$
-Siyāsa li-Aflāṭūn S I 229
Siyāsat al-badan etc. S I 828,$_{95z}$
-Siyāsa al-dawliyya S II 354
Siyāsat al-dīn wal-dunyā S II 1017,$_{37}$
-Siyāsa fī ʿilm al-firāsa G II 130, 138, S II 161
Siyāsat al-khalq etc. G II 96, S II 113
Siyāsat al-khayl S II 1036,$_{1}$
-Siyāsa al-madaniyya S I 376
Siyāsat al-madīna G I 212
-Siyāsa fī maʿrifat al-khayl S II 1037,$_{4}$
-Siyāsa al-Miṣriyya etc. S III 76, 206
Siyāsat al-murtaddīn (murīdīn) S I 318
Siyāsat al-nafs G I 186
-Siyāsa al-sharʿiyya etc. G II 105, 446, S II 124,$_{114}$
Siyāsat al-ṣibyān G I 238
-Siyāsa fī tadbīr al-riyāsa G I 203, S I 364
Siyāsat al-umarāʾ G II 254
-Siyāsa al-usbūʿiyya S III 202
Suʿād S III 232
-Suʾāl al-ʿajīb etc. S I 810,$_{0}$, II 993,$_{43}$
Suʾāl fī ʾl-ʿarsh etc. S II 123,$_{69}$
Suʾāl baʿḍ ahl al-dhimma min al-Yahūd etc. G II 104, S II 125,$_{149}$
Suʾāl ʿan dhāt mawlānā S II 1001,$_{43}$
-Suʾāl wal-jawāb S II 803
Suʾāl kayfiyyat al-nuzūl S II 179,$_{3b}$
-Suʾāl ʿammā fī k. al-Muhadhdhab min al-ishkāl S I 669
Suʾāl manẓūm fī taʿlīq al-Ṣakhra S II 648
Suʾāl fī mashhad al-Ḥu. etc. S II 121,$_{17}$
Suʾāl al-mayyit fī ʾl-qabr G II 69
Suʾāl al-Muhājirī etc. S II 122,$_{47}$
Suʾāl rufiʿa fī ṭāʾifat al-Durūz wal-Tayāmina S II 402 (to be read thus)
Suʾāl ʿani ʾl-rūḥ etc. S II 122,$_{46}$
-Suʾālāt S I 274
Suʾālāt al-Maʾmūn ʿani ʾl-Riḍā S II 573
-Subāʿiyyat al-wārida ʿan sayyid al-sādāt S II 131,$_{45}$
-Subʿiyyāt G II 412
Subul al-hudā wal-rashād G II 304, S II 415
-Subul al-jaliyya fī ʾl-ābāʾ al-ʿaliyya S II 183,$_{48}$, 193,$_{245w}$
Subul al-najāt G II 147,$_{48}$
Subul al-rashād fī sharḥ Najāt al-ʿibād S II 803
Subul al-salām S II 74, 556, 562
Subul al-salām fī aḥkām ābāʾ sayyid al-anām S II 944
-Sūdān bayna yaday Gordon wa-Kitchener S III 308
-Sudāsiyyāt etc. S I 624
Sufar al-saʿāda S II 235
-Sufūr wal-ḥijāb S III 415
-Suhayl fī ʾl-madhhabayn S I A/C 307
-Suḥub al-wābila ʿalā ḍarāʾiḥ al-Ḥanābila S II 812
-Sujanāʾ aw ʿAbd al-Ḥamīd fī Athīnī S III 399
Sujūd al-Qurʾān G II 105, S II 124,$_{95}$
Sujūd al-sahw G II 105, S II 124,$_{98}$
Sukayna aw ʿalā masraḥ al-khiyāna S III 231
Sukhriyyat al-nāy S III 251
Sukkar Miṣr S II 1026
-Sukkar al-qāḍiḥ wal-ʿiṭr al-fāʾiḥ G II 42, S II 40
Sukkardān al-sulṭān al-Malik al-Nāṣir G II 13, S II 6
Sukkardān al-ʿushshāq G II 57, S II 58
-Sūl wal-murād fī jawāz istiʿmāl al-misk etc. S II 647
Sulāfat al-ʿadas etc. S II 817
Sulāfat al-ʿaṣīr S II 544

Sulāfat al-ʿaṣr G II 286, 421, S II 627
Sulāfat al-nadīm etc. S III 332
Sulāfat al-ʿuqūl S II 752
Sulālat al-risāla G II 395
Sulḥān al-adhkār etc. S II 861
Sullam al-ʿāmma wal-mubtadiʾīn etc. S II 893
Sullam al-falāḥ, sharḥ Nūr al-īḍāḥ S II A/C 430
Sullam al-manāra etc. S II 159
Sullam al-munājāt S I 172
Sullam al-munājāt ʿalā Safīnat al-ṣalāt G II 501, S II 813
-Sullam al-murawniq fi ʾl-manṭiq G II 355, S I 843, II 705
Sullam al-saʿāda S II 700, 959,$_{8}$
Sullam al-samāʾ G II 211, S II 295
Sullam al-samāʾ wal-āfāq fi ʾl-rubʿ al-mujayyab S II A/C 486
Sullam al-tawfīq etc. S II 820
Sullam al-ʿulūm G II 421, S II 622
Sullam al-wuṣūl G II 429, S II 245, 636
-Sulṭān al-ʿādil maʿa waliyy ʿahdihi S III 229
-Sulṭān wa-akhlāq ahlihi S I 245,$_{57}$
-Sulṭāniyya G II 200, S II 846
Sulūk al-ʿārifīn S I 955 ad 362
Sulūk awwal al-mulūk G II 11
-Sulūk al-dhahabiyya G II 403, S II 551
Sulūk al-jāda S II 812
Sulūk khāṣṣat al-sāda G II 419
Sulūk al-mālik S I 372
-Sulūk li-maʿrifat duwal al-mulūk G II 39, S II 36
-Sulūk al-saniyya fī tasmīṭ al-Durar al-bahiyya S II 818
-Sulūk fī ṭabaqāt al-ʿulamāʾ wal-mulūk G II 184, S II 236
Sulwat al-ḥazīn fī mawt al-banīn S II 6
Sulwān al-muṣāb etc. G II 369, S II 496
Sulwān al-muṭāʿ etc. G I 352, S I 595
Sulwān al-shajī fi ʾl-radd ʿalā Ibr. al-Yāzijī S II 766, 868
-Sumūm wa-dafʿ maḍārrihā S I 428,$_{31}$
-Sumūm wal-tiryāqāt G I 242, S I 431
Sunan ʿAl. b. A. b. Ḥanbal S I 310
-Sunan wal-āthār G I 363, S I 618
Sunan al-Dāraquṭnī G I 165, S I 275
Sunan a. Dāʾūd G I 161, S I 267
Sunan al-hudā fī mutābaʿat al-Muṣṭafā S II 602
-Sunan wal-ijmāʿ wal-ikhtilāf S I 306
-Sunan al-kabīr (kubrā) S I 618
Sunan b. Māja G I 163, S I 270
-Sunan al-maʾthūra G I 174, 179, S I 293, 304
Sunan al-muhtadīn etc. S II 376
Sunan al-Nasāʾī G I 162, S I 269
-Sunan al-ṣughrā S I 619
Sunan b. a. Zayd G I 178, S I 302
-Sunna mūṣil al-muʿtaqid ila ʾl-janna G I 183, S I 310
-Sunna wal-Shīʿa etc. S III 323
Sunniyyat al-siwāk G II 437
-Sunūḥāt al-Makkiyya etc. S II 746
Sūq al-ʿarūs G I 505, S I 919,$_{65}$
Sūq al-ʿarūs fi ʾl-qurrāʾ G I 408, S I 722
Sūq al-raqīq G II 11
Sūrat al-mulūk S II 848
Sūriyya wa-Lubnān fi ʾl-qarn al-tāsiʿ ʿashar S III 434
-Sūriyyūn fī Miṣr S III 424
-Suruj al-muḍīʾa, sharḥ al-Raḥbiyya S I 675
Surūr al-arwāḥ etc. S II 911
Surūr al-mustajlī etc. S I 923,$_{27a}$
Surūr al-nafs bi-madārik al-khawāṣṣ al-khams S I 904, II 16
Surūr al-rāghibīn S I 682 (972), II 454
-Surūr fi ʾl-sirr al-mastūr G II 412
Surūr al-ṣibā etc. S II 388
Sūs al-baqāʾ wal-ākhira S I 324
Sutūr al-iʿlām G II 412
-Suyūf al-ḥidād G II 350, S II 477,$_{18}$
-Suyūf al-ḥidād al-murhafa G II 321
-Suyūf al-Mashrafiyya etc. S II 880
-Suyūf al-ṣiqāl etc. S II 458
Ṣabā Najd G I 504, S I 918,$_{41}$
Ṣabābat al-muʿānī G II 276
Ṣabāḥ al-munīr fī wird ṭarīqat A. al-Rifāʿī al-kabīr S I 781, II 869,$_{20}$
Ṣabb al-khumūl etc. S II 947
-Ṣabbāniyya S II 418
-Ṣabī al-aʿraj etc. S III 390
-Ṣabr wal-riḍā S I 352
-Ṣabr wal-thawāb S I 247
-Ṣābūḥ wal-ghabūq G II 56, S II 56
Ṣadʿ al-ḥamām fī madḥ khayr al-anām S II 416

-Ṣadā S II 761
Ṣadā aḥlāmī S III 175
Ṣada 'l-ḥarb S III 48
Ṣadā ma'āthir Luiza Proctor S III 386
Ṣada 'l-sharq S III 363
-Ṣadāqa wal-ṣadīq S I 436
Ṣadḥ al-ḥamāma fī shurūṭ al-imāma S II 475$_{103}$
Ṣadḥ al-sawājiʿ S II 105
-Ṣādiḥ wal-bāghim G I 252, II 17, S I 447
Ṣādiḥat al-azal G II 343, 350$_{30}$, 391, S II 462, 477, 534
Ṣadīqī Rīnān S III 233
-Ṣādiqiyya fī ʿilm al-munāẓara S II 592
Ṣadr al-baghāsha S III 281
-Ṣafā' fī muʿāmalat ahl al-wafā' S I 468
-Ṣafā'iḥ al-muntakhabāt al-ʿabqariyya S I 968 ad 579
Ṣafā'iḥ al-qubūr fi 'l-ʿaṣr al-Yūnānī wal-Rūmānī S II 735
Ṣafḥa fi 'l-asṭurlāb S II 595
Ṣafḥa min al-ayyām al-ḥamrā' S III 422
-Ṣāfī min al-khamsi mi'a G I 241, S I 428$_{15}$
-Ṣāfī, sharḥ al-Kāfī S I 320
-Ṣāfī fī tafsīr kalām Allāh al-wāfī S II 584
-Ṣāfī fī tafsīr al-Qur'ān G II 200
-Ṣāfināt al-jiyād etc. S II 764$_{10}$ (to be read thus)
-Ṣāfiya, sharḥ al-Shāfiya S I 536
Ṣafw al-rāḥ min mukhtār al-Ṣaḥāḥ S I 197
Ṣafw al-raḥīq etc. G II 140, S II 175
-Ṣafwa G II 135, S I 314, II 159
Ṣafwat al-ʿarab S III 180
Ṣafwat al-ʿaṣr S III 310
Ṣafwat al-ghirā' G I 361
Ṣafwat al-Iḥyā' S I 749$_{25,15}$
Ṣafwat al-ʿirfān S III 325
Ṣafwat al-kalām S II 990
Ṣafwat al-maʿārif S II 901
Ṣafwat al-madhhab S I 971 ad 672
Ṣafwat man intashar etc. G II 455, S II 682
Ṣafwat al-manqūlāt fī shurūṭ al-ṣalāt S II A/C 673
Ṣafwat al-mulaḥ S II 419
Ṣafwat al-qirā fī ṣifat ḥijjat al-Muṣṭafā S I 615
Ṣafwat (ṣifat) al-ṣafwa S I 362, 617, 916$_{7}$
Ṣafwat al-Ṣūfiyya etc. G I 441, S I 780
Ṣafwat al-taṣawwuf S I 603
Ṣafwat al-zamān fī man tawallā ʿalā Miṣr min amīr wa-sulṭān S II 730
Ṣafwat al-Zubad G II 96, S II 113
Ṣahārīj al-lu'lu' S II 733, III 82
Ṣahwat al-Zubad G II 96
-Ṣaḥāḥ fi 'l-lugha G I 128, S I 196
-Ṣaḥā'if G I 468, S III 127, 261
Ṣaḥā'if al-ʿāmil bil-sharʿ al-kāmil S II 816
Ṣaḥā'if al-ashkhāṣ S III 261
Ṣaḥā'if al-azal S II 848
Ṣaḥā'if al-damʿ S III 174
Ṣaḥā'if al-ḥasanāt G II 56, S II 56
Ṣaḥā'if min ḥayāt aw Mudhakkirāt al-marḥūm M. S III 227
Ṣaḥā'if fi 'l-kalām S I A/C 850
-Ṣaḥā'if al-sūd S III 56
-Ṣāḥibī S I 198
Ṣaḥīfat al-abrār S II 836
-Ṣaḥīfa al-ʿAdnāniyya S II 569
-Ṣaḥīfa al-āfāqiyya S I 394
Ṣaḥīfa ʿAlawiyya S I 938$_{75}$
-Ṣaḥīfa al-hādiya etc. S II 585
Ṣaḥīfat Hammān b. Manda G I 354
Ṣaḥīfa bayn al-Ḥaramayn S II 847
-Saḥīfa al-Ḥusayniyya S II 835
-Saḥīfa al-kāmila G I 44, S I 76
-Saḥīfa al-kāmila wal-ṣaḥīfa al-malakūtiyya S II 580
-Saḥīfa al-Kāẓimiyya S II 803
-Saḥīfa fī mā yaḥtāj al-Shāfiʿī G II 347$_{67}$
Saḥīfat al-muʿjizāt al-nabawiyya S II 945
-Saḥīfa al-rabbiyya al-sajjādiyya S II 832
Ṣaḥīfat al-Riḍā S I 319
-Saḥīfa al-thālitha S II 578
-Saḥīfa al-thāniya al-ʿAlawiyya al-Murtaḍawiyya S II 832
-Saḥīfa al-thāniya al-Sajjādiyya S II 579
-Saḥīfa al-ūlā al-ʿAlawiyya al-Murtaḍawiyya S II 503
Ṣaḥīḥ adillat al-naql fī māhiyyat al-ʿaql S I 831
Ṣaḥīḥ al-maʿānī fī sharḥ Manẓūmat al-Bilyānī S II 742
Ṣaḥīḥ Muslim G I 160, S I 265
-Ṣāʿiqa al-muḥriqa G II 329, S II 457
Ṣāʿiqat al-rābiya ʿala 'l-firqa al-ṣābiya al-kadhdhābiyya S II 790

Ṣalāḥ al-Dīn al-Ayyūbī S III 227
Ṣalāḥ al-Dīn aw fatḥ Bayt al-Maqdis S III 193
Ṣalāḥ al-Dīn wa-kayd al-ḥashshāshīn S III 190
-Ṣalāt G I 454$_{,3}$, S I 291, II 121$_{,116}$, 195$_{,178c}$, 832
-Ṣalāt wa-aḥkām tārikīhā S II 127$_{,31}$
-Ṣalāt al-akbariyya G I 447$_{,99}$
-Ṣalāt baʿd al-witr G II 82
-Ṣalāt al-birriyya etc. S II 478$_{,54}$
Ṣalāt al-fatḥ wal-maghrib G I 449
-Ṣalāt al-Fayḍiyya S I A/C 799
Ṣalāt al-jawāʾiz G II 396
Ṣalāt al-jumʿa fī mawḍiʿayn S II 672$_{,144}$
-Ṣalāt al-kubrā S I 778$_{,37}$
-Ṣalāt wa-mā yalzam fīhā S I 310
-Ṣalāt al-muḥassina etc. S II 1012
-Ṣalāt ʿalaʾ ʾl-nabī etc. S II 461
-Ṣalāt al-rabbāniyya etc. G II 314, S II 432
Ṣalāt al-shamāʾil wa-kanz al-ḥaṣāʾil S I A/C 269
-Ṣalāt al-ṣughrā S I 779$_{,37}$
Ṣalāt al-tarāwīḥ G II 437
Ṣalāt Ṭāhiriyya S II 1010$_{,134}$
-Ṣalāt ʿalā wajh al-basṭ S II 841
Ṣalawāt ʿAq. S I 779
-Ṣalawāt al-Akbariyya S I 799$_{,119}$
Ṣalawāt al-akhyār etc. S II 765
-Ṣalawāt al-alfiyya etc. S II 765
Ṣalawāt al-Badawī G I 450
-Ṣalawāt al-Dardīriyya G I 353
-Ṣalawāt al-hāmiʿa G II 350, S II 477$_{,16}$
-Ṣalawāt al-Ibrahīmiyya G II 333
Ṣalawāt b. Mashīsh S I 788
-Ṣalawāt al-Muḥammadiyya G II 702, S I 799$_{,122a}$
Ṣalawāt al-Sanūsī S II 356
Ṣalawāt al-thanāʾ ʿalā sayyid al-anbiyāʾ S II 764$_{,43}$
Ṣalawāt b. Wafāʾ S II 149
-Ṣalīb wal-hilāl S III 281
-Ṣamadiyya fi ʾl-naḥw S II 210
-Ṣamt S I 248
-Ṣānāʾiʿ al-ʿamaliyya S I 823$_{,79p}$
-Ṣānāʾiʿ al-Badriyya etc. S II 163
Ṣanʿat āla tuʿraf biha ʾl-abʿād G I 219
Ṣanʿat Allāh G II 395
Ṣanʿat al-asṭurlāb G I 221, 472
Ṣanʿat al-kalām S I 194
-Ṣanīʿa fī ḍamān al-wadīʿa S II 104
-Ṣanīʿa fī taḥqīq al-biqʿa al-manīʿa S II 541$_{,62}$
Ṣannājat al-ṭarab etc. S II 779
-Ṣaʿqa al-ghaḍabiyya G II 109
Ṣarf al-himma ilā taḥqīq maʿna ʾl-aʾimma S II 685
Ṣarf al-īmān ilā qirāʾat Ḥafṣ b. S. S II 468
Ṣarf-i Mīr S II 306
Ṣarīḥat al-ḥaqq S II 6
-Ṣārim al-battār fī riḥlat al-sālār S II 927
-Ṣārim al-Hindī S II 536
-Ṣārim al-maslūl ʿalā shātim al-rasūl S II 120
-Ṣārim al-mubīd etc. S II 962$_{,38}$
-Ṣārim al-munakkī (mubakkī) etc. S II 103, 128
-Ṣārim al-qirḍāb etc. S I 940 (to be read thus), II 721 ad 122
Ṣarkhat al-alam S III 391
Ṣawābigh al-ayd fī marwiyyāt a. Zayd S II 883
Ṣawābigh al-nawābigh S II 652
Ṣawābigh al-niʿam etc. S I 911
-Ṣawāʾif S I 208
-Ṣawāʿiq al-ilāhiyya etc. S II 532
-Ṣawāʿiq al-muḥriqa etc. G II 388, S II 527
-Ṣawāʿiq al-mursala G II 106
-Ṣawāʿiq ʿala ʾl-nawāʿiq G II 152, S II 188$_{,166}$
-Ṣawāʿiq wal-ruʿūd S II 532
-Ṣawālija S I 246$_{,74}$
-Ṣawārim al-Hindiyya etc. S II 425
-Ṣawārim al-ilāhiyya etc. S II 852
-Ṣawārim al-muhriqa fī dafʿ al-ṣawāʿiq al-muḥriqa S II 607, 841$_{,3}$
Ṣawb al-ghamāma G II 98, S II 117
-Ṣawm S I 768
Ṣawm al-qulūb G I 439
-Ṣawmiyya al-Ithnā ʿashariyya S II 597$_{,19}$
Ṣawt al-ādāb ʿalā sharr al-dawābb S II 8
Ṣawt al-hadhdhār etc. S II 869$_{,21}$
Ṣawt al-jīl S III 232
Ṣawt al-nāfir fī aʿmāl Iskandar al-Kabīr S II 771
Ṣayd al-khāṭir S I 919$_{,49}$
-Ṣayd wal-qanṣ S I 433
fi ʾl-Ṣayf S III 293
Ṣayḥat al-būm G I 442, S I 800$_{,146b}$
Ṣayḥāt jadīda etc. S III 233

-Ṣayyib al-haṭṭān etc. S II 1008
-Ṣidq S I 354, 749,25,9a
Ṣidq al-khayr fī khawārij al-qarn al-thānī ʿashar S II A/C 822
Ṣidq al-khiṭāb etc. S II 807
Ṣidq al-wafāʾ G II 419, S II 617
Ṣifat al-ʿamal bil-ramal S I A/C 909
Ṣifat al-ʿarsh wal-kursī G I 186
Ṣifat ashrāṭ al-sāʿa G I 373
Ṣifat al-jadar wa-anwāʿihi S I 366
Ṣifat al-janna S I 690
Ṣifat Jazīrat al-ʿArab G I 229, S I 409
Ṣifat al-nifāq etc. S II 942
Ṣifat Qurṭuba wa-khiṭaṭuhā S I 231
Ṣifat al-saḥāb wal-ghayth G I 112
Ṣifat al-ṣafwa G I 362, 502, S I 617, 916,7
Ṣifat tarkīb al-asmāʾ G II 366
-Ṣifāt G I 102, S I 275
Ṣifāt al-arḍ etc. G I 514, S I 164
-Ṣifāt wal-ḥilā S I 910
Ṣifāt manāfiʿ aʿḍāʾ al-badan S I 369
Ṣifāt al-nuzūl S II 121,19
Ṣifāt rabb al-ʿālamīn S II A/C 993
Ṣifāt al-Shīʿa S I A/C 321
Ṣifāt wājib al-wujūd S I 812
-Ṣiḥāḥ al-ʿAjamiyya G II 422, S II 657,24
Ṣiḥāḥ al-akhbār etc. G II 176, S II 229
-Ṣila S I 217
Ṣilat al-ahl wal-aqrabīn S II 820
-Ṣila wal-ʿāʾid li-naẓm al-Qawāʿid S II A/C 19
-Ṣila fī akhbār aʾimmat al-Andalus G I 340, S I 580
Ṣilat al-ikhwān etc. S II 237, 251
Ṣilat al-jamʿ etc. S II 377, 393
Ṣilat al-khalaf etc. G II 459, S II 691 A/C
Ṣilat al-nāsik G I 360, S I 612
-Ṣilāt wal-bushar etc. S II 236
Ṣilāt al-jawāʾiz G II 396, S II 540,50
Ṣināʿat al-kalām S I 242,3
-Ṣināʿa al-nujūmiyya S I 864
Ṣināʿat al-qāḍī etc. S II 957,104
Ṣināʿat al-quwwād S I 244,33
-Ṣināʿa al-ṣaghīra S I 369
-Ṣināʿa al-ʿuẓmā S I 374
k. al-Ṣināʿatayn al-kitāba wal-shiʿr G I 126, S I 194
-Ṣīniyyāt G II 192, S II 256
Ṣinwān al-qaḍāʾ etc. S I 971 ad 656
-Ṣirāʿ bayna ʾl-Islām wal-wathaniyyīn S III 209
-Ṣirāṭ al-mustaqīm S II 235
-Ṣirāṭ al-mustaqīm wal-ḥabl al-matīn G II 341, S II 500
-Ṣirāṭ al-mustaqīm bi-ʿilm al-dīn al-qawīm S II 241
-Ṣirāṭ al-mustaqīm fi ʾstikhrāj samt al-qibla etc. S II 591
-Ṣirāṭ al-mustaqīm ilā mustaḥaqq al-taqdīm fi ʾl-imāma S II 133
-Ṣirāṭ al-mustaqīm fī tabyīn (tibyān) al-Qurʾān al-karīm S II 142, 984
-Ṣirāṭ al-sawī sharḥ dībājat al-Mathnawī S II 475,109
Ṣiwān al-ḥikma G I 324, S I 378, 558
Ṣiwān al-ḥikam etc. S I 586
Ṣiwān al-qaḍāʾ S II 605
Ṣiyagh al-ʿumūm S II 68
Ṣiyagh al-ʿuqūd S II 575
Ṣiyāghat al-mamshā ilā ṣināʿat al-inshāʾ S II 923
-Ṣiyām S II 191,179f
-Ṣiyām wal-iʿtikāf S I 239
Ṣiyānat al-ʿaqāʾid G I 428, S I 761, II 443
Ṣiyānat al-insān min dāʾ al-maʿdin etc. S II 1027,3
Ṣiyānat al-insān ʿan waswasat al-shaykh Daḥlān S II 811
Ṣiyānat Ṣaḥīḥ Muslim S I 265, 612
Ṣubḥ al-aʿshā etc. G II 134, S II 164
Ṣubḥ al-dīn S II 264,20
Ṣubḥ al-dujā etc. S III 179
-Ṣubḥ al-munabbī fī ḥaythiyyat al-Mutanabbī G I 88, II 286, S I 141
-Ṣubḥ al-mutajallī etc. S II 190,169ddd
-Ṣubḥ al-sāfir ʿan shamāʾil al-shaykh ʿAq. S I 777,15
-Ṣūfiyya wal-fuqarāʾ S II 124,90
Ṣuḥbat al-mulūk S I 946 ad 246
Ṣuḥuf mansiyya S III 84
Ṣuḥuf mukhtāra min al-shiʿr al-tamthīlī ʿinda ʾl-Yūnān S III 286
-Ṣuḥuf al-nāmūsiyya G I 447,25, II 392
-Ṣukūk S II 947
Ṣukūk b. Aflāṭūn S II 641
-Ṣukūk al-ʿarabiyya etc. S II 386
Ṣulḥ al-jamāʿatayn S II 811

-Ṣulḥ bayna 'l-ikhwān G II 346, S II 474,$_{32}$
-Ṣulḥ bayna 'l-ikhwān min ahl al-īmān etc. S II 126, 790
Ṣulūḥ al-īmān etc. S II 587
Ṣundūq al-dunyā S III 160
Ṣūrat al-arḍ G I 225, S I 382
Ṣūrat bayʿ al-waqf etc. S II 427,$_{44}$
Ṣūrat faskh al-lijām al-ṭawīla G II 311
Ṣūrat fatwā fī ḥaqq al-shaykh b. ʿArabī S II 670,$_{47a}$
Ṣūrat al-kusūf G I 470
-Ṣūra al-maʿqūla S I 822,$_{68ccc}$
Ṣūrat ruʾūs al-mukātabāt G II 334
Ṣūrat suʾāl wa-jawāb etc. S II 217
ṣūrat suʾāl wa-jawābih- S II A/C 430
-Ṣurāḥ G I 128, 296, S I 196
Ṣurāḥ al-mulḥaqāt S II 261
-Ṣuraḥāʾ wal-hujanāʾ S I 245,$_{45}$
Ṣurrat al-fatāwī G II 436, S II 648
Ṣuʿūd al-maṭāliʿ etc. S II 741
Ṣuwar al-aqālīm G I 229, S I 408
Ṣuwar darajāt al-falak S I 388
Ṣuwar min al-ḥayāh S III 239
Ṣuwar al-kawākib al-thābita G I 223, S I 398, 932,$_{54d}$
Ṣuwar al-nujūm S I 398
-Ṣuwar al-samāwiyya S I 398

Taʿaddud al-jawāmiʿ S II 673
Taʿaddud al-jumʿa G II 314
Taʿālīq al-Anwār S II 428
Taʿālīq libn ʿĪsā al-Maqdisī S I 250
-Taʿallul bi-rasm al-isnād etc. S II 338
Taʿalluq al-nafs bil-badan S I 818,$_{32b}$
Taʿalluqāt al-ṣifāt al-ilāhiyya G II 331
-Taʿaqqubāt ʿala 'l-mawḍūʿāt S II 190, 818
-Taʿaqqubāt ʿalā Mukhtaṣar al-muhimmāt G I 424, S I 753, II 111
-Taʿāqub S I 193
-Taʿarruf fi 'l-aṣlayn etc. S II 528,$_{17}$
-Taʿarruf fī ḥaqīqat al-taṣawwuf S II 997,$_{15}$
-Taʿarruf li-madhhab al-taṣawwuf G I 208, S I 360
-Taʿarruf lil-taṣawwuf G I 438
-Taʿarruf fi 'l-uṣūl G II 388,$_{17}$
Taʿāruḍ al-bayyināt S II 948,$_{10}$
-Taʿāruḍāt G I 468
-Taʿāzī G I 109, S I 215
-Tabarrī min maʿarrat al-Maʿarrī G II 156, S I 452 A/C, II 194,$_{262}$
Tabāshīr al-surūr S I 129
-Tabaṣṣur fi 'l-tijāra S I 244,$_{54}$ see A/C
-Tabattul fi 'l-ʿibādāt S II 958
Tabiʿat wafāʾ G II 174
Tabʿīd al-shayṭān etc. S II 127,$_{14}$
Tabʿīd ʿal-ulamāʾ G II 397, S II 541,$_{89}$
Taʿbīr al-manām S II 1038,$_{7}$
Taʿbīr al-manāmāt G II 365, S II 492
-Taʿbīr al-munīf etc. S II 328, 1041,$_{37}$
Taʿbīrnāme S I 913, II 328
Taʿbīr al-ruʾyā S I 102
Taʿbīr al-taḥrīr G I 131
Taʿbīrnāme-i ʿĀmirī S II 1042,$_{51}$
Tablīgh al-marām bi-bayān ḥaqīqat ruʾyatihi etc. S II 942
Tabshīr khawāṣṣ asrār al-Qurʾān S II 983,$_{4}$
-Tabṣīr fi 'l-dīn G I 387, S I 669
Tabṣīr al-muntabih etc. G II 68, S II 73
Tabṣīr al-raḥmān G II 113, II 221, S II 309
Tabṣīr uli 'l-nuhā etc. G II 692, S I 218
-Tabṣira G I 383, 406, S I 379, 661, 718
Tabṣirat al-adilla G I 426, S I 757
Tabṣirat al-akhyār fī Nīl Miṣr G I 506
Tabṣirat al-anjād S II 189,$_{169,00}$
Tabṣirat al-anwār S II 428
Tabṣirat al-ʿawāmm S I 711, II 769
Tabṣirat al-ʿawāmm fī maqālāt al-anām S I 757
Tabṣirat al-ghāfil etc. S II 962
-Tabṣira fi 'l-hayʾa G II 212
Tabṣirat al-ḥukkām etc. G II 176, S II 226
Tabṣirat al-ḥurūb G I 496
Tabṣirat al-ikhwān G II 486
-Tabṣira fī ʿilm al-hayʾa G I 473, S I 863
-Tabṣira fī ʿilm al-ḥisāb G I 488, S I 892, II 378
-Tabṣira fī ʿilm al-nujūm G I 494
-Tabṣira fī ʿilm al-qirāʾa G I 406
-Tabṣira fi 'l-khuṭab wal-mawāʿiẓ S II 969,$_{11}$
Tabṣirat al-mubtadiʾ G I 504, S I 918,$_{37}$
Tabṣirat al-mubtadiʾ bil-qalam al-Hindī S II 378
Tabṣirat al-mubtadiʾ wa-tadhkirat al-muntahī G I 280, 450, S I 492, 612, 808
Tabṣirat al-mustabṣirīn fī ithbāt imāmat ʿAlī S II 574

Tabṣirat al-mutaʿallimīn fī aḥkām al-dīn S II 208,$_{25}$
Tabṣirat al-mutadhakkir etc. G I 416, S I 737 (to be read thus)
Tabṣirat al-quḍāt wal-ikhwān etc. S II 739 (775)
-Tabṣira fī ṣifāt al-ḥurūf wa-aḥkām al-madd S I 728
-Tabṣira wal-tadhkira G I 359, II 66, S II 70
-Tabṣira wal-tadhkira fī 'l-naḥw S II 916
Tabṣirat al-tadhkira wa-nuzhat al-tabṣira S II 944
Tabṣirat al-tafsīr G I 416
Tabṣirat al-walī fī man ra'a 'l-qā'im al-Mahdī S II 506
Tabṣirat al-wuʿʿāẓ S I 919,$_{75h}$
Tabyīḍ al-ṣaḥīfa fī manāqib a. Ḥanīfa G II 157, S II 196,$_{286}$
Tabyīḍ al-ṭirs etc. S II 495
Tabyīn al-aḥkām fī taḥlīl al-ḥayḍ S II 107
Tabyīn al-ʿajab G II 69, S II 74,$_{36}$
-Tabyīn fī ansāb al-Ṣaḥāba al-Qurashiyyīn S I A/C 689
-Tabyīn li-asmā' al-mudallisīn G II 67, S II 72
Tabyīn ghalaṭ a. Yū al-Kindī S I 372
-Tabyīn li-hijā' al-tanzīl S II 349
Tabyīn al-ḥaqā'iq G II 196, 197, S II 265
Tabyīn al-imtinān etc. G I 331, S I 567
Tabyīn kadhib al-muftarī etc. G I 194, 331, S I 567
Tabyīn al-kalām fī 'l-qiyām wal-ṣiyām G II 313, S II 430
-Tabyīn fī khulafā' B. Umayya fī 'l-Andalus S I 485
Tabyīn mā fī aḥkām al-nūn wal-tanwīn S II 118,$_{36}$
Tabyīn al-maḥārim G II 387, S II 452, 524
Tabyīn maʿna 'l-mujmal etc. S II 695
Tabyīn al-munāsabāt G II 367
-Tabyīn, sharḥ al-Ḥusāmī S I 654
-Tabyīn, sharḥ al-Muntakhab G I 381, II 79
-Tadābīr S I 428,$_{27}$
Tadābīr al-manāzil etc. S I 820,$_{68q}$
Tadāruk anwāʿ al-khaṭa' G II 703 ad I 458
Tadāruk al-khaṭa' fī tadbīr al-abdān S II 1028,$_{13}$
-Tadbīr S I 420, 862
Tadbīr al-abdān G I 204
Tadbīr al-amrāḍ al-ʿāriḍa etc. S I 885
Tadbīr al-amrāḍ al-ḥādda li-Buqrāṭ S I 370
Tadbīr al-aṣiḥḥā' G I 483
Tadbīr al-badan fī 'l-safar S I 366
Tadbīr al-ḥabālā wal-aṭfāl G I 237, S I 422
Tadbīr al-ḥajar S I 428,$_{53}$
Tadbīr manāzil al-ʿaskar S I 827,$_{95,v}$
Tadbīr al-mulk wal-siyāsa S I 213
Tadbīr al-musāfirīn G I 488, S I 827,$_{93}$
Tadbīr al-mutawaḥḥid G I 460, S I A/C 830
Tadbīr sayalān al-marīḍ S I 828,$_{95,u}$
Tadbīr al-ṣiḥḥa G I 489
-Tadbīrāt al-ilāhiyya etc. G I 443, S I 795,$_{18}$
-Tadbīrāt al-sulṭāniyya etc. S II 167
Tadhākir fī mā yaṣiḥḥu wa-lā yaṣiḥḥu min aḥkām al-nujūm S I 957 ad 376
-Tadhhīb fī sharḥ al-Tahdhīb S II 303
Tadhhīb Tahdhīb al-Kamāl G I 360, II 47, S I 606
Tadhīn al-adhhān wal-ḍamā'ir S II 425
-Tadhīn lil-tazyīn etc. G II 398, S II 540,$_{48}$
Tadhkār al-Muhājir S III 448
Tadhkār al-ṣibā S II 762
-Tadhkīr bil-marjiʿ wal-maṣīr S II 993,$_{34}$
-Tadhkīr wal-ta'nīth S I 167
-Tadhkira G I 114, S I 176
Tadhkirat al-ʿābid S II A/C 112
-Tadhkira al-adabiyya S II 414
Tadhkirat b. al-ʿAdīm S I 569
Tadhkirat al-aḥbāb fī bayān al-taḥābb S II 295
Tadhkirat al-aḥbāb fī manāqib quṭb al-aqṭāb S II 1004,$_{79}$
-Tadhkira bi-aḥwāl al-mawtā wa-aḥwāl al-ākhira S I 737
Tadhkirat al-a'imma al-barara etc. S II 46
Tadhkirat al-ʿajā'ib etc. S I 882
Tadhkirat al-albāb wa-naṣīḥat al-aḥbāb S II 909
Tadhkirat al-albāb bi-uṣūl al-ansāb G I 309
Tadhkirat al-ʿāqil etc. S II 248, 360
Tadhkirat al-arīb G I 251
Tadhkirat al-ʿārifīn etc. S II 56
-Tadhkira al-Ashrafiyya etc. G I 487, S I 890
Tadhkirat al-awā'il S I 194
Tadhkirat al-awliyā' G II 418
Tadhkirat al-ayqāẓ S I 919,$_{75h}$
-Tadhkira al-Ayyūbiyya G II 290

Tadhkirat al-bulaghā' S II 431,29
Tadhkirat al-Bulqīnī S II 115
Tadhkirat al-dhākirīn S II A/C 1009
Tadhkirat dhawi 'l-albāb fī 'stīfā' al-'amal bil-asṭurlāb S II 1025,88
Tadhkirat al-fahīm fī 'amal al-taqwīm S II 298
-Tadhkira al-fākhira etc. G II 186, S II 243
Tadhkirat al-Fayyūmī G II 292, S II 402
Tadhkirat al-fuqahā' etc. S II 208,19
-Tadhkira al-hādiya G I 493, S I 900
-Tadhkira al-Harawiyya etc. S I 879,8,3
Tadhkirat al-ḥāḍir G I 236, 483
Tadhkirat b. Ḥamdūn G I 281, S I 493
Tadhkirat al-Ḥijāzī S II 12
Tadhkirat al-ḥuffāẓ S II 46
Tadhkirat al-ikhwān fī 'l-fiqh S II 606
Tadhkirat al-ikhwān li-mushkilāt aḥkām al-Qur'ān S II 453
Tadhkirat al-ikhwān fī 'l-radd 'alā man qāla bi-ḥilliyyat al-dukhān G II 460, S II 694
Tadhkirat al-ikhwān, sharḥ 'alā Manẓūmat ma'ānī ḥurūf al-jarr S II 400
-Tadhkira al-ilāhiyya etc. S II 807
Tadhkirat al-kaḥḥālīn G I 236, S I 884
Tadhkirat al-Kāzarūnī S II 906
Tadhkirat al-khawāṣṣ wa-'aqīdat ahl al-ikhtiṣāṣ G I 442, S I 792,8
Tadhkirat khawāṣṣ al-umma G I 347, S I 589
-Tadhkira fī 'l-kīmiyyā' S II 1033,1
-Tadhkira al-Kindiyya G II 9
Tadhkirat al-kuttāb fī 'ilm al-ḥisāb S II 665
-Tadhkira fī laṭīf al-kalām S I 344
-Tadhkira li-mā ilayhi 'l-maṣīr S II A/C 251
-Tadhkira fī man malaka Ṭarābulus G II 458, S II 686
Tadhkirat man nasī bil-wasṭ al-handasī S II 495
Tadhkirat manāhij al-sālikīn etc. S I 787
-Tadhkira bi-ma'rifat rijāl kutub al-'ashara S I 623
Tadhkirat al-mawḍū'āt S I 603, II 540,11, 602
Tadhkirat al-mīzān fī 'l-manṭiq S II 594
-Tadhkira al-Mu'aẓẓamiyya fī 'l-aḥkām al-shar'iyya S I 680
Tadhkirat al-mufīd S II 981
Tadhkirat al-muhandisīn etc. S II 733
Tadhkirat al-muḥibbīn G II 246, S II 345
Tadhkirat al-mulūk ilā aḥsan al-sulūk S II 42
Tadhkirat al-muqtafīn āthār uli 'l-ṣafā' etc. S II 999,29
Tadhkirat al-murīd li-ṭalab al-majīd G II 120, S II 149
Tadhkirat al-nabīh fī ayyām al-Manṣūr wa-banīh G II 37
Tadhkirat al-nabīh fī taṣḥīḥ al-Tanbīh S I 670
Tadhkirat al-nāsī G II 368
Tadhkirat al-nāsī fī 'l-rub' al-āsī S II 223
-Tadhkira al-Nāṣiriyya G I 511, S I 931,40
Tadhkirat al-Nawājī G II 56
Tadhkirat al-nisyān G II 468, S II 717
-Tadhkira al-Qurṭubiyya G I 415, II 146,30, 337,19, S I 737
Tadhkirat al-rāshid etc. S II 857
-Tadhkira fī rijāl al-'ashara S II 69
-Tadhkira al-Sa'diyya fī 'l-ash'ār al-'anabiyya S II 901
-Tadhkira al-Sa'diyya fī 'l-qawānīn al-ṭibbiyya S II 1027,7
Tadhkirat al-sāmi' G II 75, S II 81
-Tadhkira fī 'l-Siyāsa etc. S I 493
Tadhkirat al-Suwaydī G I 493, S I 900
-Tadhkira al-ṣāḥibiyya G II 205
-Tadhkira al-Ṣalāḥiyya (Ṣafadiyya) G II 32, S II 28
-Tadhkira fī ṣinā'at al-ṭibb S I 420
-Tadhkira wal-tabṣira min al-ḥikma S II 309,67
Tadhkira tashtamil 'alā arba' masā'il S II 822
Tadhkirat al-tawwābīn G I 397
Tadhkirat al-ṭālib al-mu'allam etc. S II 72
-Tadhkira fī 'l-ṭibb G II 364, S II 492
Tadhkirat al-'ulamā' G II 58, 203
Tadhkirat uli 'l-albāb wa-jāmi' al-'ajab al-'ujāb G II 364, S II 491
Tadhkirat uli 'l-albāb fī mā yajibu 'alā ḥaḍrat al-wazīr etc. S II 1013,1
Tadhkirat uli 'l-albāb fī manāqib al-Sha'rānī S II 464
Tadhkirat uli 'l-albāb wal-salām min al-'adhāb S II 460
Tadhkirat uli 'l-baṣā'ir fī 'l-kabā'ir wal-ṣaghā'ir S III 346
Tadhkirat uli 'l-baṣā'ir fī ma'rifat al-kabā'ir S I 920,75,l

-Tadhkira fī ʿulūm al-ḥadīth G II 95, S II 72, 109
Tadhkirat al-uṣūl S II 209
Tadhkirat b. Wāfid G I 485
Tadhkirat b. Zuhr G I 486, S I 889
Tadhkiyat al-arwāḥ ʿan mawāniʿ al-iflāḥ S II 281
-Tadhnīb S I 609
-Tadhnīb fi ʾl-furūʿ S I 753
Tadhyīl al-marghūb min thamar al-qulūb S I 500
-Tadhyīl wal-tadhnīb G I 358
-Tadhyīl wal-takmīl G II 26
Tadhyīl al-tatmīm ʿalā r. al-Taṭmīn S II 537
Tadhyīl urjūzat b. Sīnā S I 823,$_{81}$
Taʾdīb al-mutamarridīn G II 445, S II 662
Taʾdīb al-nafs G II 122, S II 151
Taʿdīl hayʾat al-aflāk G II 214
-Taʿdīl wal-intiṣāf etc. G I 146, S I 226
Taʿdīl al-Mirqāt S II 317
Taʿdīl al-ʿulūm G II 214, S II 300
Taʿdīl Zuḥal G I 128
Tadmīth al-tadhkīr etc. G II 165, S II 135
-Tadqīq fī baʿth al-taḥqīq G I 445
Tadqīq al-ʿināya G I 346
Tadrīb al-ʿāmil bil-rubʿ al-kāmil S II 217, 484
-Tadrīb fi ʾl-fiqh ʿalā madhhab al-imām al-Shāfiʿī G II 43, S II 110
-Tadrīb fī mathal al-taqrīb S II 136,$_{11}$
Tadrīb al-mubtadiʾ etc. G II 486, S II 738
Tadrīb al-rāwī G I 359, II 146,$_{24}$, S I 611
Tadrīb al-ṭullāb S II 258
-Tadwīn fī dhikr ahl al-ʿilm bi-Qazwīn G I 393, S I 678
Tadwīr al-falak etc. S II 857
Taḍʿīf al-madhbaḥ G II 235, S I 330 A/C
Taḍlīl al-taʾwīl S II A/C 660
Taḍmīn al-afrāḥ bi-tanʿīm al-arwāḥ S II 683
-Tafakkur wal-iʿtibār etc. S II 935
Tafassur al-maqāla S I 302, see A/C
Tafāʾulnāme S I 801,$_{184}$
-Tafāwuḍ fi ʾl-tanāquḍ S II 775
Tafāwut al-mawjūdāt G II 396
Tafḍīl al-anbiyāʾ G II 450,$_{26}$
Tafḍīl al-ʿArab G I 122, S I 186
Tafḍīl al-Atrāk ʿalā sāʾir al-ajnād S I 553 (read: *b. Ḥassūl*, see A/C)
fī Tafḍīl bayna balāghatay al-ʿArab wal-ʿAjam G I 127, S I 193
Tafḍīl B. Hāshim ʿalā man siwāhum S I 946 ad 243
Tafḍīl al-bashar G II 450,$_{23}$
Tafḍīl al-baṭn ʿala ʾl-ẓahr S I 243,$_{27}$
Tafḍīl al-iʿtizāl ʿalā kulli niḥla S I 245,$_{11}$
Tafḍīl al-kilāb G I 125
Tafḍīl al-nuṭq ʿala ʾl-ṣamt S I 243,$_{31}$
Tafḍīl al-salaf ʿala ʾl-khalaf S II 15
Tafḍīl al-Shīʿa G I 188
Tafḍīl al-Sūdān G I 124
Tafḍīl ṣanʿat al-kalām S I 242,$_{3}$
Tafḍīl al-tathlith ʿala ʾl-tawḥīd S I 339
-Tafhīm li-awāʾil ṣināʿat al-tanjīm G I 476
Tafhīm al-ikhwān fī tajwīd al-Qurʾān S II 746
Tafhīm maʿāni ʾl-ḥurūf G I 414
Tafhīm al-mutafahhim, sharḥ Taʿlīm al-mutaʿallim S I 837, II 791
Tafkīk al-ḍamīr G II 433, 116
Taflīs arbāb al-nawāmīs S I 750,$_{31}$
Taflīs Iblīs G I 451, S I 809
-Tafrīʿ fi ʾl-fiqh G I 177, S I 301
-Tafrīd bi-ḍawābiṭ fawāʾid al-tawḥīd S II 153
-Tafrīd ʿalā madhhab a. Ḥanīfa S I 636
-Tafrīd li-maʿnā kalimat al-tawḥīd S II 153
Tafrīḥ al-aḥbāb fī manāqib al-āl wal-aṣḥāb S II 971
Tafrīḥ al-khāṭir fī manāqib al-shaykh ʿAq. S II 780, see: *tafrīj*
Tafrīḥ al-muhaj G II 711
Tafrīḥ al-qulūb etc. G II 387, S II 526
Tafrīj al-faraj S II A/C 535
Tafrīj al-khāṭir S I 777, see *tafrīḥ*
Tafrīj al-kurab wal-muhimmāt S II 360, 444
Tafrīj al-kurab ʿan qulūb ahl al-arab etc. S I A/C 54
Tafrīj al-kurūb etc. S II 968,$_{12}$
Tafrīj al-muhaj G I 124, S I 189
Tafrīj al-qalaq fī tafsīr sūrat al-Falaq S II 866
Tafrīj al-shidda fī tashṭīr al-Burda S I 470, III 427
-Tafriqa bayna ʾl-īmān wal-zandaqa G I 421, S I 747,$_{13}$
-Tafsīr G I 442, 518, 521, II 112, 247
Tafsīr al-aḥlām S I 913
Tafsīr A. b. Ḥanbal S I 310
Tafsīr Akhawayn S II 322
Tafsīr al-akyāl wal-awzān G I 239, 240, S I 425

Tafsīr al-alfāẓ al-ṭibbiyya G I 492
Tafsīr al-Amīr al-Kaḥlānī S II 556
Tafsīr anwār al-furqān wa-azhār al-Qur'ān S II 612
Tafsīr Arisṭāṭālīs fi 'l-faḍīla S I 884
Tafsīr al-'Ashshāb S I 736
Tafsīr asmā' al-adwiya al-mufrada S I 422
Tafsīr asmā' Allāh al-ḥusnā S I 667
Tafsīr asmā' al-ḥukamā' S I 377
Tafsīr Āṣafī S II 585
Tafsīr al-aṣamm S II 984,$_{7}$
Tafsīr āyat al-Dukhān S I 814,$_{5b}$
Tafsīr āyat al-Kursī G I 445, S II 555, 589,$_{30}$, 647, 988,$_{51}$
Tafsīr āyat al-Nūr S II 616, 672,$_{133}$, 850
Tafsīr āyat fa-lā uqsimu etc. (sura 56,$_{75}$) S II 23
Tafsīr āyat 94,$_{1}$ S II 307
Tafsīr āyat 7,$_{29}$ S II 307
Tafsīr āyat sūra 79,$_{86}$ S II 669,$_{9b}$
Tafsīr āyat al-Ṣawm S II 181,$_{21i}$
Tafsīr āyāt al-aḥkām S II 520
Tafsīr al-āyāt al-mutashābihāt G II 114, S II 542,$_{102}$
Tafsīr ba'ḍ al-āyāt S II A/C 454
Tafsīr ba'ḍ al-āyāt min al-Qur'ān S II A/C 455
Tafsīr 'alā ba'ḍ suwar al-Qur'ān S II 531,$_{12}$
Tafsīr al-Bahnasī etc. S II 493
-*Tafsīr al-basīṭ* G I 411, S I 730
Tafsīr al-Fātiḥa G II 233, 390, 438, 918, S II 285, 306, 328, 531, 614, 663, 895
Tafsīr Fātiḥat al-Kitāb S II 669,$_{8a}$
Tafsīr Fātiḥat al-Kitāb wa-sūrat al-Baqara S II 589,$_{33}$
Tafsīr gharā'ib al-Qur'ān S I 724
Tafsīr al-gharīb fi 'l-Jāmi' al-ṣaghīr S II 184,$_{56m}$, 451
Tafsīr al-gharīb min kitāb Allāh G I 186
Tafsīr gharīb mā fi 'l-Ṣaḥīḥayn S I 579
Tafsīr gharīb al-Qur'ān G I 504, II 66, S II 94
Tafsīr gharīb al-Qur'ān al-majīd S I 314
Tafsīr al-Ghaznawī S II 987,$_{37}$
Tafsīr ghurar al-ma'ānī S I 732
Tafsīr al-Hādī ila 'l-ḥaqq S I 315
Tafsīr al-hidāya ilā bulūgh al-nihāya S I 719
Tafsīr ḥadīth idhā taḥayyartum S II 672,$_{137}$
Tafsīr al-Ḥakīm al-Tirmidhī S I 356
Tafsīr Ḥamza b. Naṣr S II 986
Tafsīr ḥurūf al-lugha al-hijā'iyya S I A/C 159
Tafsīr al-'ilal wa-asbāb al-amrāḍ S II 299
Tafsīr al-imām Ja'far aṣ-Ṣādiq S I 321
Tafsīr al-'Iṣāmī S II 516
Tafsīr al-Jālalayn G II 114, 145,$_{6}$, S II 179,$_{6}$
-*Tafsīr al-kabīr* S I 731
Tafsīr al-kalām al-mubajjal S II 775
Tafsīr al-kalima al-ṭayyiba G II 218
Tafsīr al-kalimāt al-ṭayyibāt G II 94
Tafsīr al-kawākib S II 120,$_{4}$
Tafsīr al-Kāzarūnī S II 984,$_{14}$
Tafsīr khams mi'at āya min al-Qur'ān S I 332
Tafsīr kitāb Allāh al-majīd S II 246
Tafsīr kitāb Jālīnūs li-ḥīlat al-bur' G I 482
Tafsīr kitāb Jālīnūs fi 'l-mizāj S I 884
Tafsīr kitāb Jālīnūs fi 'l-ustuqsiyyāt S I 884
Tafsīr al-Kursī S I 316,$_{8}$
Tafsīr lā ilāha illa 'llāh G I 507
Tafsīr al-lubāb fi 'ilm al-kitāb S II 698
Tafsīr mā taḍammanathu kalimat khayr al-bariyya etc. S II 356
Tafsīr ma'āni 'l-Qur'ān S I 674
Tafsīr ma'āni 'l-sunna S I 316
Tafsīr al-majāz G II 453,$_{119}$
Tafsīr Maqūlāt Arisṭāṭālīs G I 483
Tafsīr maẓāhir al-asrār S II 829
Tafsīr al-Mijisṭī S II 593
Tafsīr al-Miṣrī S II 987,$_{40}$
Tafsīr al-Mu'awwidhatayn G I 453, II 120,$_{8}$
Tafsīr mufradāt al-Qur'ān S II 652
Tafsīr M. Pārsā S II 283
-*Tafsīr al-Muḥammadī* G II 417
Tafsīr al-muntahā min bayān i'rāb al-Qur'ān S I 521
Tafsīr Muqtabas al-anwār min al-a'imma S II 582
-*Tafsīr fī mutashābih al-Qur'ān* S I 332
Tafsīr Muzhirī S II 849
-*Tafsīr al-muzīl li-mughlaqāt Madārik al-tanzīl* S II 267
Tafsīr al-Qaramānī S II A/C 641
Tafsīr al-Qaṭāghūriyās li-Arisṭūṭālīs fi 'l-manṭiq S I 884
Tafsīr qawl Allāh laysa kamithlihī shay' S II 577
Tafsīr qawlihi ta'ālā (sura 4,$_{162}$) S II A/C 120
Tafsīr al-Qur'ān G I 136, 143, 159, 180, 191, 192, 196, 289, 412, 414, 430, II 49, 111,

166, 201, 207, 211, S I 194, 668 A/C, 767, 791, II 49, 137, 281, 285, 539, 669$_{6}$, 835, 988$_{56}$
Tafsīr al-Qurʾān al-ḥakīm, tafsīr al-Manār S III 320
Tafsīr al-Qurʾān ʿalā wajh al-ijmāl etc. S I 706
Tafsīr al-Qurʾān al-wajīz G I 411, S I 730
Tafsīr al-Raḥmānī G II 221
Tafsīr al-Rasʿanī S I 736
Tafsīr rūḥ al-ʿajāʾib S I 922$_{8a}$
Tafsīr rūḥ al-bayān G II 440, S II 652
Tafsīr al-ruʾyā S I 913
Tafsīr al-Sajāwandī S I 724
Tafsīr al-Samʿānī G I 412, S I 731
Tafsīr al-Sulamī S I 332, 953 ad 334
Tafsīr sūrat al-Aʿlā S I 814$_{5a}$
Tafsīr sūrat al-Aʿrāf S II 612
Tafsīr sūrat al-ʿAṣr S III 320
Tafsīr sūrat al-Baqara S II 651
Tafsīr sūrat al-Falaq G I 454, S I 814$_{3}$, II 307, 648
Tafsīr sūrat al-Fatḥ G II 412, 439, 454, S II 583, 673
Tafsīr sūrat al-Fātiḥa G II 217, S III 320, 327
Tafsīr sūrat al-Ḥamd S I 321
Tafsīr sūrat al-Ikhlāṣ G I 453, II 121, 454, S II 120$_{10a}$, 128, 303, 306, 673, 988$_{54}$
Tafsīr sūrat al-Inʿām S II 433
Tafsīr sūrat al-Insān S II 593
Tafsīr sūrat al-Kahf G II 439
Tafsīr sūrat al-Kawthar S II 989$_{59,63}$
Tafsīr sūrat al-Malak G II 439, 489
Tafsīr sūrat al-Mulk G II 449, S II 651, 669$_{8}$, 726
Tafsīr sūrat al-Nabaʾ G II 109, 449, S II 594
Tafsīr sūrat al-Nās G I 454, S I 814$_{4}$, II 307
Tafsīr sūrat al-Nūr S I 186$_{17}$, II 120$_{11}$, 128$_{41}$
Tafsīr sūrat al-Qadar G II 328, S II 738
Tafsīr sūrat al-Qāf G II 109
Tafsīr sūrat al-Takāthur G I 228
Tafsīr sūrat al-Tawḥīd G I 454, S II 204
Tafsīr sūrat Wāqiʿa S I 331, II 589$_{32}$
Tafsīr sūrat Yāsīn S II 589$_{31}$
Tafsīr sūrat Yūsuf G II 204, 438, S II 135, 589$_{29}$, 650, 984$_{12}$
Tafsīr al-shahāda G II 390
Tafsīr b. Shāhīn S I 276
Tafsīr al-shaykh G II 228
Tafsīr al-sharīʿa G II 406
Tafsīr al-Shirbīnī S II 441
Tafsīr al-ṣamadiyya S I 814$_{8a}$
Tafsīr al-Tashrīḥ al-ṣaghīr li-Jālīnūs S I 884
Tafsīr-i thamāniya S II 283
Tafsīr al-Thamara li-Baṭlūmiyūs S I 960 ad 398
Tafsīr wāḍiḥ al-majāz S II A/C 462
Tafsīr wajīz S II 597$_{25}$
Tafsīr Zāhid al-Harawī S II 622
-Tafsīrāt al-Aḥmadiyya etc. S II 612
Tafṣīl al-durar G II 240, S II 338
Tafṣīl al-ijmāl fī taʿāruḍ al-ʿaqāʾid wal-afʿāl S II 68
Tafṣīl ʿiqd al-fawāʾid G II 79, S II 88
-Tafṣīl al-jāmiʿ li-ʿulūm al-tanzīl S I 730
-Tafṣīl li-jumal al-taḥṣīl G I 403
Tafṣīl kitāb Jālīnūs fi ʾl-usṭuqsiyyāt S I 422
Tafṣīl al-luʾluʾ wal-marjān etc. S II 760
Tafṣīl al-nashʾatayn S I 964 ad 507
Tafṣīl al-nashʾatayn wa-taḥṣīl al-saʿādatayn G I 289, S I 506
-Tafṣīl fi(bi) ʾl-tafḍīl S I 800$_{150}$, II 243
Tafṣīl wasāʾil al-Shīʿa etc. S II 578
Tafṣīl al-yāqūt wal-marjān fī ijmāl taʾrīkh dawlat B. ʿUthmān S II 760
Taftīḥ al-qulūb wal-abṣār etc. S II 557
-Taftīsh ʿan mawāniʿ khalq al-aḥyāʾ S II 807 (to be read thus)
Tafwīḍ al-ṭalāq S II 649
Taghrībat B. Hilāl S II 64
-Taghrīd bi-madḥ al-sulṭān a. ʾl-Naṣr a. Yazīd S II 131$_{33}$
Taghrīd al-ṣādiḥ G I 253, II 17, S I 447, II 9
Taghyīr al-Miftāḥ S I 516, II 673$_{154}$
Taghyīr al-Tanqīḥ G II 214, S II 301
Tahāfut al-falāsifa G I 425, II 230, S I 754$_{55}$, II 322
Tahāfut al-tahāfut G I 462, S I 834$_{5}$
-Tahajjud S I 634, II 997$_{13}$
-Tahajjud wal-qiyām bil-layl S I 248
Tahakkum al-muqallidīn etc. S II 507
Tahāni ʾl-amānī etc. S II 459
-Tahānī wal-bishārāt S II 912
-Tahānī al-Khidīwiyya S II 733
-Tahānī wal-ṭarāʾif S II 996$_{9}$
Tahdhīb al-adhkār G II 96
Tahdhīb al-aḥkām G I 415, S I 322, 707
Tahdhīb al-ajwiba G I 183

Tahdhīb al-akhlāq G II 694, S I 247, 369, 370, 797,$_{64}$, 946 ad 243, II 593
Tahdhīb al-akhlāq wa-taʾthīr al-aʿrāq G I 343, S I 584
Tahdhīb al-alfāẓ G I 107
Tahdhīb al-ansāb etc. S I 212
Tahdhīb al-ʿAqāʾid S I 761
Tahdhīb al-asmāʾ wal-afʿāl S I 540
Tahdhīb al-asmāʾ wal-lughāt G I 397, S I 684, 713
Tahdhīb al-asmāʾ al-wāqiʿa fī ʾl-Hidāya wal-Khulāṣa S II 89
Tahdhīb al-asrār G I 200 ad 361, S I 955
Tahdhīb al-āthār G I 143, S I 217
Tahdhīb al-aṭwār G II 362
Tahdhīb awḍaḥ al-masālik S I 523
Tahdhīb al-bayān S II 597,$_{34}$
Tahdhīb al-dalāla ʿalā Tanqīḥ al-Risāla S I 771, II 118,$_{50}$
-Tahdhīb fī ʾl-farāʾiḍ S I A/C 687
-Tahdhīb fī ʾl-furūʿ G I 364, S I 622,$_{3}$
Tahdhīb al-iṣlāḥ etc. S II 613
Tahdhīb al-kalām S II 994
Tahdhīb al-kalām fī tartīb al-salām S II 978
Tahdhīb al-kamāl G I 360, S I 606
Tahdhīb al-kamāl fī asmāʾ al-rijāl S I 607, II 67
Tahdhīb Khibrat al-fuqahāʾ S II 950,$_{25}$
Tahdhīb al-lugha G I 129, S I 157, 197
Tahdhīb al-maʿānī li-Mudhākarāt al-shaykh al-Najrānī S I 700
Tahdhīb al-manṭiq wal-kalām G II 215, S II 302
Tahdhīb al-manṭiq al-shāfī S II 303
Tahdhīb maqālat Theodosios fī ʾl-ukar S I 868
Tahdhīb masāʾil al-Mudawwana G I 178, S I 302
Tahdhīb al-Maṭāliʿ G I 371, II 66, S I 633
Tahdhīb al-Mudawwana S I 300
-Tahdhīb fī mukhtaṣar al-Kamāl G I 360, II 64
Tahdhīb mustamirr al-awhām etc. S I 602
Tahdhīb al-nafs etc. S II 131,$_{42}$
-Tahdhīb fī ʾl-naḥw S I 528, II 597,$_{21}$
Tahdhīb al-nufūs fī tartīb al-durūs S I 684, II 764,$_{30}$
-Tahdhīb fī ʾl-qirāʾa G I 407, II 370, S I 720, II 498
Tahdhīb qirāʾat a. M. Yaʿqūb al-Ḥaḍramī al-Baṣrī G II 693, S I 328
Tahdhīb sharḥ al-sabʿ al-Muʿallaqāt S I 520
Tahdhīb Sunan a. Dāʾūd S I 267
Tahdhīb al-taʿālīm S I 862
-Tahdhīb fī tafsīr al-Qurʾān G I 412, S I 732
Tahdhīb al-Tahdhīb G I 360, II 15, S I 606
Tahdhīb Tahdhīb al-kamāl G II 68, S II 73
Tahdhīb taʾrīkh b. ʿAsākir S I 567
Tahdhīb al-Tartīb S II 646
Tahdhīb al-ṭālib wa-fāʾidat al-rāghib ʿala ʾl-Mudawwana S I 300,$_{9}$
Tahdhīb al-umniyya fī tahdhīb al-Shāṭibiyya G II 165, S II 134
Tahdhīb al-uṣūl S I 754
-Tahdhīb fī uṣūl al-sitta G II 65
Tahdhīb al-wāqiʿāt G II 315, S II 434
Tahdhīb (ṭarīq) al-wuṣūl ilā ʿilm al-uṣūl G II 164, S II 207
Tahdīm al-arkān etc. S II 178
Taʾhīl al-fatāwī S II 315
Taʾhīl al-gharīb G II 16, 56, S II 9, 57
Taʾhīl al-gharīb wal-dhayl li-Thamarāt al-awrāq S II 760
Tahyīj ghuṣūn al-uṣūl S II 631
-Taḥaddī lil-ʿulamāʾ G I 186
-Taḥadduth bi-niʿmat Allāh S II A/C 178
-Taḥarruz min al-zukām etc. S I 366
Taḥāwīl sini ʾl-mawālīd S I 868
-Taḥbīr S I 670
-Taḥbīr fī ʿilm al-taʿbīr S I 433, 755
-Taḥbīr fī ʿilm al-tadhkīr G I 432, 507, S I 772, 923,$_{17}$
Taḥbīr inkishāf al-labs G II 359
Taḥbīr al-muwashshīn etc. G II 183, S II 235,$_{3}$
Taḥbīr al-taḥrīr S I 719
Taḥbīr al-taḥrīr fī ibṭāl al-qaḍāʾ etc. S II 773,$_{8}$
-Taḥbīr fī ʾl-taysīr G I 407, II 202, S II 274
-Taḥbīr fī ʿulūm al-tafsīr G II 145, S II 180,$_{7}$
Taḥdhīr ahl al-ākhira G II 149,$_{92}$
-Taḥdhīr li-aʾimmat al-Islām G II 404
Taḥdhīr al-ayqāẓ min akādhīb al-wuʿʿāẓ S II 188,$_{169e}$
Taḥdhīr dhawi ʾl-takrima etc. S II 536
Taḥdhīr dhawi ʾl-tashīr S I 801,$_{193}$
-Taḥdhīr min al-fitan G II 405
Taḥdhīr al-ikhwān etc. G II 98, S II 117
-Taḥdhīr min ittikhādh al-ṣuwar wal-taṣwīr S II 764,$_{27}$

Taḥdhīr al-khawāṣṣ min akādhīb al-quṣṣāṣ S II 188,$_{169e}$ (Cairo 1351)
Taḥdhīr al-Muslimīn ʿan ittibāʿ ghayr sabīl al-muʾminīn S II A/C 806
Taḥdhīr al-thiqāt G II 389
-Taḥdīd fī ʿilm al-tajwīd S I 720
Taḥdīd nihāyāt al-amākin etc. S I 874,$_{15}$ (see A/C)
-Taḥdīth ʿan nāzilāt dār al-ḥadīth S II 905
Taḥdīth Sunan a. Dāʾūd S II 127,$_{34}$
Taḥiyyat al-asrār G II 250
Taḥiyyat al-ḥayāḥ S III 165
Taḥiyyat al-Islām etc. S II 506, 980
Taḥkīm al-ʿuqūl G I 248, S I 440
-Taḥlīlāt al-kubrā S II 1043,$_{5}$
-Taḥmīd G II 152, 188
Taḥqīq afʿāl al-tafḍīl G II 426
-Taḥqīq fī aḥādīth al-khilāf G I 504, S I 918,$_{28}$
Taḥqīq al-ʿajīb fi ʾl-tashbīb S II 858
Taḥqīq al-ʿaraḍ wa-taḥqīq al-jism S II 670,$_{59}$
Taḥqīq al-arkān al-arbaʿa etc. S II 270 (ad 283,$_{3}$ see A/C)
Taḥqīq al-awlā min aṣl al-rifq al-aʿlā S II A/C 76
-Taḥqīq al-bāhir, sharḥ al-Ashbāh wal-naẓāʾir S II A/C 425
Taḥqīq al-bayān S I 506, II 744
-Taḥqīq wal-bayān, sharḥ al-Burhān S I 673
Taḥqīq al-biqʿa al-munīfa G II 396,$_{62}$
Taḥqīq al-burhān fī ithbāt ḥaqīqat al-mīzān G II 369
Taḥqīq al-burhān fī shaʾn al-dukhān G II 369, S II A/C 496
Taḥqīq al-dalāʾil, sharḥ Mukhtaṣar al-masāʾil S II 835
Taḥqīq al-dhawq wal-rashf etc. S II 475,$_{95}$
Taḥqīq al-farāʾiḍ S I 650
Taḥqīq al-hayʾāt wal-mazāyā S II 673,$_{168}$
Taḥqīq al-haykal al-maḥsūs al-insānī G II 451, S II 670,$_{80}$
Taḥqīq al-ḥāl G II 451, S II 670,$_{68}$
Taḥqīq al-ḥaqq G II 450,$_{27}$
Taḥqīq ḥarf qad G II 413
Taḥqīq ḥashr al-ajsād S II 669,$_{34}$
Taḥqīq al-Ḥusāmī S I 654
Taḥqīq al-ibāna etc. G II 316, S II 436
Taḥqīq al-iḥtisāb G II 397, S II 541,$_{91}$
Taḥqīq al-ikfār G II 187
Taḥqīq al-ʿilla G II 451,$_{88}$
Taḥqīq al-ʿilm G I 510, II 449
Taḥqīq īmān al-Dawwānī G II 217
Taḥqīq al-iṣāba etc. S II 521
Taḥqīq kāda G II 453,$_{117}$
Taḥqīq al-khawāṣṣ wal-mazāyā G II 451, S II 670,$_{77}$
Taḥqīq al-khilāf fī aṣḥāb al-aghrāf S II 193,$_{245g}$
Taḥqīq al-kināya wal-istiʿāra G II 453, S II 672,$_{120}$
Taḥqīq al-kulliyyāt G II 216, S II 294, 305
Taḥqīq lafẓ al-zindīq G II 452, S II 669,$_{38}$
Taḥqīq māʾ al-ḥayāh etc. S II A/C 323
Taḥqīq mā yaṣdur bil-qudra G II 452,$_{84}$
Taḥqīq al-maʿād G II 420
Taḥqīq al-mabāḥith G II 216
Taḥqīq al-mabānī S I 302, II 435
Taḥqīq al-mabdaʾ al awwal S I 821,$_{68cc}$
Taḥqīq madhāhib al-Ṣūfiyya etc. S I 801,$_{202}$
Taḥqīq madhhab al-Ṣūfiyya G II 207
Taḥqīq maʿna ʾl-aysa wal-laysa G II 452, S II 671,$_{93}$
Taḥqīq maʿnā jaʿl al-māhiyya G II 451,$_{61}$, S II 370,$_{61}$
Taḥqīq maʿnā ʾl-naẓm wal-ṣiyāgha G II 451, S II 671,$_{112}$
Taḥqīq al-maqām ʿalā kifāyat al-ʿawāmm S II 744
Taḥqīq masʾalat al-istikhlāf G II 451, S II 670,$_{53}$ (to be read thus)
-Taḥqīq fī masʾalat al-taʿlīq S II 103,$_{21}$
Taḥqīq al-mawhūm G II 91, S II 107
Taḥqīq murād al-qāʾilīn G II 451,$_{85}$
Taḥqīq al-mushākala G II 453,$_{121}$
Taḥqīq al-nabaʾ ʿan amr al-wabaʾ S II A/C 379
Taḥqīq nafs al-amr G II 216
-Taḥqīq fī naqd M. b. Zakariyyāʾ al-Rāzī S I 696
-Taḥqīq fi ʾl-nasab al-wathīq G II 308, S II 421
Taḥqīq nawʿay al-ḥuṣūl G II 451,$_{54}$
Taḥqīq al-naẓar fī ḥukm al-baṣar S II 104
Taḥqīq al-nuṣra fī talkhīṣ maʿālim dār al-hijra G I 360, II 172, S I 613, II 221 A/C
Taḥqīq al-qaḍiyya G II 347,$_{60}$, S II 474,$_{60}$
Taḥqīq al-qawl anna ʾl-shuhadāʾ aḥyāʾ fi ʾl-dunyā S II 669,$_{36}$

-*Taḥqīq fī 'l-radd ʿala 'l-zindīq* S II A/C 472
Taḥqīq al-rajaḥān bi-ṣawm yawm al-shakk min Ramaḍān S II A/C 497
Taḥqīq ruʾyat al-bārīʾ fī 'l-manām S I 752,$_{47p}$
Taḥqīq al-sharāb S II 672,$_{145}$
-*Taḥqīq, sharḥ al-Muntakhab* G I 381
-*Taḥqīq li-sulālat al-ṣiddīq* G II 342
Taḥqīq al-tafsīr wa-takthīr al-tanwīr G II 208, S I 741 A/C
Taḥqīq al-taghlīb G II 452,$_{114a}$
Taḥqīq al-taḥrīr fī ḥukm al-ṣalāt ʿala 'l-ḥarīr S II 525
Taḥqīq tamām al-mushtarik G II 411, S II 571
Taḥqīq al-taṣawwur G II 204
Taḥqīq tawfīqiyyat asmāʾ Allāh taʿālā G II 451, S II 670,$_{76}$
Taḥqīq Unmūdhaj al-Dawwānī S II 590
-*Taḥqīq fī uṣūl al-fiqh* S II 505
Taḥqīq al-wasāʾil etc. S II 398
Taḥqīq al-wujūd G II 450,$_{21}$
Taḥqīq ziyādat al-wujūd etc. G II 450,$_{22}$
Taḥqīq al-ẓunūn etc. G II 369, S II 496
-*Taḥqīqāt al-Bābiliyya* S II 917,$_{25}$ (see A/C)
-*Taḥqīqāt al-iʿjāziyya etc.* S II 923
-*Taḥqīqāt al-marḍiyya* S II 293
-*Taḥqīqāt al-muqtabasa* S II 303
-*Taḥqīqāt al-Qudsiyya* G II 313, S II 431,$_{9}$
-*Taḥqīqiyya li-ṭālib al-īqān* G II 450,$_{40}$
-*Taḥrīf* S II 822
Taḥrīk al-iqlīd etc. G II 348,$_{83}$, 391, S II 534
Taḥrīm dafn al-aḥyāʾ S I 886
Taḥrīm dhabāʾiḥ ahl al-kitāb G II 444
Taḥrīm al-dukhān G II 380
Taḥrīm al-istimnāʾ G I 459
Taḥrīm naql al-janāʾiz al-mutaghayyira S II 808
Taḥrīm al-nard wal-shiṭranj wal-malāhī S I 274
Taḥrīm nikāḥ al-mutʿa S II A/C 913
Taḥrīm al-ziyārāt S II 958,$_{109}$
-*Taḥrīr* G I 186
Taḥrīr al-abḥāth etc. G II 305, S II 417
Taḥrīr al-aḥkām al-sharʿiyya etc. G II 164, S II 208
Taḥrīr al-aḥkām fī tadbīr millat (ahl) al-Islām G II 75, 94, S II 81
Taḥrīr al-ʿawāʾid etc. S II 293
Taḥrīr al-bahiyya G II 706, S I 928,$_{22c}$
Taḥrīr al-bayān fī taqrīr shuʿab al-īmān etc. G I 703, S I 800,$_{159}$
-*Taḥrīr fī ḍamān al-maʾmūr etc.* S II 775
Taḥrīr al-fatāwī G II 67, S II 71
-*Taḥrīr fī 'l-fiqh* G I 402, S I 698
-*Taḥrīr fī 'l-furūʿ* S I 505
Taḥrīr k. al-Handasa li-B. Mūsā S I 930,$_{36c}$
Taḥrīr al-ḥaqq etc. S II 321
Taḥrīr al-ʿibāra fī man huwa awlā bil-ijāra S II 773,$_{9}$
Taḥrīr al-iṣlāḥ G II 284
-*Taḥrīr ʿala 'l-Jāmiʿ al-kabīr* S I 290
Taḥrīr al-Kāfiya S I 535
Taḥrīr al-kalām fī masāʾil al-iltizām G II 393, S II 334, 526
Taḥrīr al-kalām fī masʾalat al-ruʾyā G II 117
Taḥrīr al-kalām fī waqf Ḥamza wa-Hishām S II 276
Taḥrīr al-khayr al-kathīr S II 616
Taḥrīr al-khaṣāṣa fī taysīr al-khulāṣa G II 140, S I 523, II 175
-*Taḥrīr li-mā dhukira fī 'l-Durr al-manẓūm* G II 115
Taḥrīr al-Mafrūḍāt li-Thābit b. Qurra G I 511, S I 929,$_{28}$
Taḥrīr al-maḥṣūrāt S II 293, 294
Taḥrīr al-manqūl fī manāqibumminā Ḥawwāʾ wa-Fāṭima al-Batūl G II 176, S II 224
Taḥrīr al-manqūl wa-tamhīd (tahdhīb) ʿilm al-uṣūl S II 130
Taḥrīr al-maqāl fī 'l-adab wal-aḥkām G II 388, S II 527
Taḥrīr al-maqāl fī ḍabṭ mā waqaʿa li-jāmiʿihi fī 'l-iqāma wal-irtiḥāl S II 415
Taḥrīr al-maqāl fī ḥukm man akhbara bi-ruʾyat hilāl Shawwāl G I 404
Taḥrīr al-maqāl fī masʾalat al-afʿāl S II 919
Taḥrīr al-maqāl fī masʾalat al-istibdāl G II 311, S II 426,$_{10}$
Taḥrīr al-maqāla li-taksīr al-dāʾira li-Arshimidis S I 930,$_{36f}$
Taḥrīr al-marʾa S III 331
Taḥrīr k. Maʿrifat misāḥat al-ashkāl al-basīṭa wal-kura S I 930,$_{36e}$
Taḥrīr k. al-Masākin li-Theodosius S I 932,$_{52}$
Taḥrīr al-maṭālib S I 539
Taḥrīr al-Mijisṭī G I 511, S I 930,$_{39}$

Taḥrīr Miṣr S III 276
-Taḥrīr al-mukhtār li-radd al-muḥtār S II 740
Taḥrīr al-munāẓara G I 470
Taḥrīr nafīs ʿalā ʿibāra fī sharḥ al-Nuqāya S II 536
Taḥrīr al-niṣāb S II 910
Taḥrīr al-niẓām fī jumal al-kalām S II 392
Taḥrīr al-qawāʿid S I 839
Taḥrīr al-qawāʿid al-manṭiqiyya G I 466, S I 845, II 293
Taḥrīr al-qawl al-shāf etc. S II 436
-Taḥrīr fī sharḥ alfāẓ al-Tanbīh G I 396, S I 682
-Taḥrīr wal-taḥbīr fī ʿilm al-badīʿ G I 306, S I 539
Taḥrīr Tanqīḥ al-Lubāb G I 181, II 99, S I 307, II 118
Taḥrīr tanqīḥ al-tibyān S II 13
Taḥrīr al-tanzīh etc. G I 431, S I 738
Taḥrīr al-taqāsīm wal-anwāʿ S II 80
Taḥrīr al-taʾwīl G II 291
Taḥrīr k. al-Thamara S I 932$_{,54e}$
Taḥrīr al-ṭuruq wal-riwāyāt etc. S II A/C 275
Taḥrīr k. al-Ukar li Theodosius S I 930$_{,36d}$
Taḥrīr Uqlīdīs fī ashkāl al-handasa S I 868
-Taḥrīr fī uṣūl al-dīn G II 225, S II 92
Taḥrīr uṣūl al-handasa wal-ḥisāb S I A/C 929
Taḥrīr uṣūl al-handasa li-Uqlīdis S I 929$_{,23}$
Taḥrīr Ẓāhirāt al-falak li-Uqlīdis S I 932$_{,48}$
-Taḥrīrāt al-naṣriyya etc. S I 485
-Taḥrīrāt al-rāʾiqa S II 494
-Taḥrīrāt ʿalā Sullam al-ʿulūm S II 623
Taḥrīṣ al-anbiyāʾ ʿala ʾl-istighātha S II 523
Taḥsīn al-qabīḥ etc. S I 502
Taḥsīn al-ṭawiyya G II 395$_{,36}$
-Taḥṣīl S I 921$_{,3b}$
Taḥṣīl al-ajr G II 347$_{,61}$
Taḥṣīl ʿayn al-dhahab etc. S I 160, 542
-Taḥṣīl li-fawāʾid al-tafḍīl G II 411
Taḥṣīl gharaḍ al-qāṣid etc. G II 259, S II 369
Taḥṣīl al-intifāʿ G II 366 (to be read thus)
fī Taḥṣīl īqāʿ al-nisba G I 219
Taḥṣīl al-marām fī akhbār al-bayt al-ḥarām S II 815
Taḥṣīl al-marām fī tafḍīl al-ṣalāt ʿala ʾl-maṣām G I 464
Taḥṣīl al-marām fī taʾrīkh al-balad al-ḥarām G II 173, S II 222
Taḥṣīl nayl al-marām S II 990$_{,14}$
Taḥṣīl al-qawānīn al-handasiyya al-maḥdūda S I 388
Taḥṣīl al-qawānīn listinbāṭ al-aḥkām S I 389
Taḥṣīl al-ṣiḥḥa bil-asbāb al-sitta S I 893
Taḥṣīl al-uns li-zāʾir al-Quds S II A/C 162
Taḥṣīlāt Bahmanyār G I 456$_{,48}$, S I 828$_{,33}$
Taḥṣīn al-amwāl S I 245$_{,40}$
Taḥṣīn al-manāzil G II 354, S II 481$_{,2,1}$
-Taḥṣīn wa-ṣifāt al-ʿārifīn S II 210
Taḥt al-nāmūsiyya S III 233
Taḥta rāyat al-Qurʾān S III 75
Taḥt al-rāyatayn S III 231
Taḥta shams al-fikr S III 247
Taḥta ẓilāl al-nakhīl S III 178
Tāʾiyyat al-ʿAlamī S II 470
Tāʾiyyat b. Jamāʿa S II 78
-Tāʾiyya al-kubrā G I 262, S I 463
-Tāʾiyya fi ʾl-naḥw G II 194, S II 261
Tāʾiyyat al-Subkī G II 88, S II 103$_{,17}$
Tāʾiyyat al-sulūk ilā mulk al-mulūk G II 339, S II 469
-Tāʾiyya al-ṣughrā G I 263, S I 464$_{,2}$
-Tāj S I 162$_{,6}$, 283
Tāj al-akhbār G II 58
-Tāj fī akhlāq al-mulūk S I 246
Tāj al-ʿaqāʾid S I 715
Tāj al-ʿarūs al-ḥāwī li-tahdhīb al-nufūs etc. G II 118, S II 146
Tāj al-ʿarūs, sharḥ al-Qāmūs G II 183, 288, S II 234, 398
Tāj al-asmāʾ S II 924
Tāj al-ʿatābā S III 443
Tāj al-azyāj waghunyat al-muḥtāj S I 869
Tāj al-ibtihāj etc. S II 518
-Tāj wal-iklīl S II 97
Tāj al-iqbāl fī taʾrīkh mulūk Bhōpāl S II 851
-Tāj fī kayfiyyat al-dībāj G I 486
Tāj al-lugha wa-ṣaḥāḥ al-ʿarabiyya S I 196, 614
Tāj al-maʿārif G II 54, S II 52
Tāj al-mafriq bi-taḥliyat ʿulamāʾ al-mashriq G II 266, S II 379
Tāj al-majāmīʿ S II 511
Tāj al-maṣādir G I 293, S I 513
-Tāj al-muḥallā G II 262

-*Tāj al-mukallal* S I 510, II 246, 860
Tāj al-mulūk etc. S II 1040,34
-*Tāj al-muraṣṣaʿ bi-jawāhir al-Qurʾān wal-ʿulūm* S III 327
Tāj al-rasāʾil G I 445, S I 797,56
Tāj al-saʿāda G II 210
-*Tāj, sharḥ Hidāyat al-muḥtāj* G II 328
Tāj al-tafāsīr etc. S II 810
Tāj al-tarājim G I 445, S I 797,68
Tāj al-tarājim fī ṭabaqāt al-Ḥanafiyya G II 82, S II 93
Tāj ṭabaqāt al-awliyāʾ S II 812
Tāj ʿulūm al-adab etc. S II 243
-*Tajalliyāt* G II 253, S II 152
Tajalliyāt ʿarāʾis al-nuṣūṣ S I 793,12p
-*Tajalliyāt al-bahiyya etc.* S II 661
-*Tajalliyāt al-ilāhiyya al-kubrā* G I 446, S I 798,86
-*Tajalliyāt al-ilāhiyya fī ʾl-sīra al-insāniyya* S I 797,86a
-*Tajalliyāt al-Shādhiliyya etc.* S I 797,86b
-*Tajannī ʿala b. Jinni* G I 88
-*Tajārib* S III 56
Tajārib al-salaf S II 202
Tajārib al-umam etc. G I 342, S I 582
-*Tajarrud wal-ihtimām etc.* S II 110
-*Tājī* G I 96
Taʿjīl al-manfaʿa etc. G II 69, S II 73,12
Tājir Baghdād S III 233
-*Taʿjīz* S I A/C 680
-*Tajmīʿ* G I 241
-*Tajnīs fī ʾl-ḥisāb* G I 379, S I 651
-*Tajnīs wal-mazīd fī ʾl-fatawī* G I 378, S I 649
-*Tajrīd* G I 175, II 451,62, S I 317, 608
Tajrīd al-Aghānī S I 226
Tajrīd al-Aghānī min al-mathālith wal-mathānī S I A/C 851
-*Tajrīd min alfāẓ rasūl Allāh* G I 481
Tajrīd al-ʿaqāʾid G I 509, S I 925,2
Tajrīd asmāʾ al-Ṣaḥāba G II 47, S I 609
-*Tajrīd wal-bayān* S I 727
-*Tajrīd li-bughyat al-murīd* S I 723
Tajrīd al-daʿwā al-qalbiyya S I 377
Tajrīd Dīwān al-ḥayawān G II 94, S II 451
Tajrīd al-Fatāwi ʾl-Zayniyya S II 426
Tajrīd fawāʾid al-raqāʾiq G II 310
-*Tajrīd fī ʾl-handasa* S I 929,26, 959 ad 390
Tajrīd al-ʿināya etc. S I 687
-*Tajrīd fī iʿrāb kalimat al-tawḥīd* G II 395, S II 540,32
-*Tajrīd fī ʾl-jamʿ bayna ʾl-Muwaṭṭaʾ wal-Ṣiḥāḥ al-khamsa* S I 630
Tajrīd Jāmiʿ al-Tirmidhī S I 948 ad 268, II 522
-*Tajrīd fī kalimat al-tawḥīd* G I 526, S I 756
Tajrīd al-Kashshāf S I 509
Tajrīd al-manṭiq G I 510, S I 928,22
Tajrīd maqālāt Arisṭū S II 589,21
Tajrīd al-milla S II 356
Tajrīd al-Mirʾāt S II 317
-*Tajrīd li-nafʿ al-ʿabīd* S I 972 ad 681
Tajrīd sayf al-himma etc. S I 573
-*Tajrīd al-shāfī* S II 303
Tajrīd al-Ṣaḥīḥ S I 264,4, II 254
-*Tajrīd fī talkhīṣ al-sunna* S I 622
Tajrīd al-Tamhīd S I 298
Tajrīd al-tawḥīd al-mufīd G II 40, S I 918,35a, II 37,r
Tajrīd al-uṣūl fī aḥādīth al-rasūl G I 357, II 117, S I 608, II 101, 939
Tajrīd uṣūl tarkīb al-ghuyūb S I 398
Tajrīd Wafayāt al-aʿyān S I 561
Tajrīd al-Wāfī S II 28
Tajrīd al-zawāʾid G II 404
Tajwīd al-qirāʾa etc. S I 724
Tajwīd al-tajrīd G I 509, S II 673,155
-*Takallum ʿala ʾl-aḥādīth al-mashhūra* G I 166, S I 277
Takfīr al-ḥujja G II 412
Takfīr al-kabāʾir wal-nāfiya S II 529
fī Takfīr Qizilbāsh S II 507
-*Takhbīr fī ʿilm al-taʿbīr* S I 815,16
Taʾkhīr al-ẓalāma etc. G II 151, S II 188,142
Takhjīl ahl al-Injīl G II 104, S II 123,72
-*Takhlīl* G I 487
Takhlīṣ al-ibrīz fī talkhīṣ Bārīz S II 731
-*Takhliya lil-taswiya* S II 618
-*Takhmīr* S I 510
-*Takhmīs al-ʿabqarī ʿalā lāmiyyat al-ʿUmarī* S II 782
Takhmīs al-Burda S I 783,18, II 139, 382
Takhmīs dīwān Ṣilat al-samt S I 473
Takhmīs al-Hamziyya S II 501, 510, 782
Takhmīs Lāmiyyat b. al-Wardī S II 395
Takhmīs Qaṣab al-sabq etc. S II 509
Takhmīs al-qaṣīda al-Muḍariyya S II 255

Takhmīs qaṣīdat al-Shihāb Maḥmūd S II 732
Takhmīs qaṣīdat b. Zurayq S II A/C 38
Takhmīs Rāʾiyyat a. Madyan S I 806
Takhmīs wa-tashṭīr al-Burda S II 739
Takhrīj aḥādīth al-ḍiʿāf G I 165
Takhrīj aḥadīth al-Kashshāf S I 509
Takhrīj aḥadīth khayr al-anām S II 620
Takhrīj aḥadīth al-Mukhtaṣar G II 69
Takhrīj aḥadīth Sharḥ al-ʿAqāʾid S II A/C 303
Takhrīj aḥadīth sharḥ al-Raḍī S I 532
Takhrīj aḥadīth sharḥ al-Saʿd S I 760
Takhrīj aḥadīth al-Shifāʾ S I 632
Takhrīj aḥadīth Shifāʾ al-awhām etc. S II 930
Takhrīj aḥadīth al-Ṭarīqa al-Muḥammadiyya S II 656
Takhrīj aḥadīth al-Umm G I 363, S I 619
Takhrīj al-dalālāt al-samʿiyya etc. S II A/C 347
Takhrīj al-Iḥyāʾ S I 749$_{19,20}$
Takhrīj Taqrīb al-asānīd S II 71
Takhrīj al-waṣāyā min Khabāya ʾl-zawāyā S II 861
Takhrījāt ahl al-ḥadīth S I 248
-Takhwīf min al-nār etc. G II 107, S II 129
Taklīl al-tāj G II 305
Taklīs al-ḥajar S I 428$_{44}$
-Takmīl li-baʿḍ mā akhalla bihi k. al-Nīl S II 892
Takmīl birr al-anām etc. S II 547
-Takmīl wal-ikmāl lil-taʿrīf wal-iʿlām S I 734
-Takmīl wal-itmām G I 413
Takmīl al-manhaj al-muntakhab G II 264
-Takmīl li-manẓūmat al-farāʾiḍ S II 270
Takmīl al-marām bi-sharḥ shawāhid b. Hishām S II 17
Takmīl al-minhāj fī uṣūl al-madhhab S II 699
-Takmīl al-muʿtamad S II 696, 962
-Takmīl wal-ṣila wal-dhayl S II 235
Takmīl al-ṣināʿa S II 850
Takmīl Zahr al-riyāḍ S II 116
-Takmila G I 326, S I 268, II 108
-Takmila lil-aḥkām S II 246
-Takmila li-awḍāʿ al-mukhammas etc. S II 1040
Takmilat k. al-ʿAyn S I 200
Takmilat al-Baḥr al-rāʾiq S II A/C 266
Takmila wa-dhayl Durrat al-ghawwāṣ S I 488
-Takmila wal-dhayl wal-ṣila G I 129, 361, S I 197, 614
Takmilat al-Dībāj G II 467, S II 716
-Takmila fī ʾl-ḥisāb S I 667
Takmilat al-Ikmāl G I 355, S I 602 A/C
Takmilat Iṣlāḥ mā taghliṭu fīhi ʾl-ʿāmma S I A/C 492
Takmila-i b. Khaldūn al-Jāmiʿ al-gharīb S II 343, 637
-Takmila fī mā yalḥanu fīhi ʾl-ʿāmma G I 280
Takmilat mabāḥith al-Hadiyya S II 855
Takmilat Mafātīḥ al-ghayb S I 922, II 101
Takmilat Mukhtaṣar al-Qudūrī S I 296
Takmilat al-Qāmūs S II 235
Takmilat al-Qudūrī S I 650
-Takmila fī sharḥ al-Tadhkira S I 931$_{40d}$
Takmilat al-Shifāʾ S II A/C 245
Takmilat al-Ṣila G I 341, S I 581
-Takmila lil-Tabṣira S II 800
-Takmila fī taḥqīq al-jahr etc. S II 607
Takmilat taʾrīkh al-Ṭabarī G I 142
Takmilat al-taṣrīf S II 926
-Takmila li-wafayāt al-naqala G I 367, S I 627
Takwīn al-maʿādin S II 492
Takwīn al-ṣuḥuf fī ʾl-ʿālam S III 428
Talāqi ʾl-arab fī marāqi ʾl-adab S II 721, 898
-Talaṭṭuf fī ʾl-wuṣūl ila ʾl-taʿarruf G II 388, S II 528$_{17}$
Talbīs Iblīs G I 481, 504$_{38}$, S I 918$_{38}$
-Talbiya ʿalā masāwī shiʿr al-Mutanabbī S I 140
Talfīq al-akhbār wa-talqīḥ al-āthār fī waqāʾiʿ Qāzān wa-Bulghār wa-mulūk al-Tātār S II 871
Tālī k. Wafayāt al-aʿyān G I 328
-Tālid wal-ṭarīf fī jinās al-taṣḥīf G II 285, S II 395
Taʾlīf al-amthāl min taṣnīf al-amthāl S II 55
-Taʾlīf al-kāfī fī ʿilm al-ʿarūḍ wal-qawāfī S II 918
-Taʾlīf fī manāfiʿ al-azhār S II 197$_{302e}$
Taʾlīf al-nasab G I 218
-Taʾlīf fī ʾl-taṣawwuf S II 998$_{20}$
-Taʾlīf al-ṭāhir etc. G II 29, S II 25
Taʿlīm al-amālī lil-ṭabaqa al-faqīra S II 733
Taʿlīm al-mutaʿallim S II 1044$_{17}$
Taʿlīm al-mutaʿallim li-ṭarīq taʿallum al-ʿilm G I 462, S I 837

Taʿlīm al-nisāʾ min al-wājib S II 128,$_{48}$
Taʿlīm al-qāriʾ S II 887
-Taʿlīm fi ʾl-radd ʿala ʾl-Ghazzālī wal-Juwaynī S II 953,$_{58}$
Taʿlīm al-ṣalawāt S II 948,$_{6}$
-Taʿlīm al-thālith S II 665
-Taʿlīm bi-waḍʿ al-taqwīm G I 127
Taʿlīm al-zamr etc. G II 452, S II 671,$_{97}$
-Taʿlīq al-anīq fī masʾalat al-dukhān S II 853
Taʿlīq al-Anwār S II 264
-Taʿlīq ʿala ʾl-basmala S II 439
-Taʿlīq al-fāḍil fī masʾalat al-ṭuhr al-mutakhallil S II 856
Taʿlīq a. ʾl-Faraj S I 884
Taʿlīq al-fawāḍil S II 657,$_{21b}$
-Taʿlīq al-hāmī S I 654
Taʿlīq al-ḥusām etc. S II 246
Taʿlīq Īsāghūjī G I 211
Taʿlīq min Maghāzi ʾl-Wāqidī S I 207, II 73
-Taʿlīq fi ʾl-manṭiq S I 822,$_{68rrr}$
Taʿlīq al-mughnī S I 949 ad 275
Taʿlīq ʿala ʾl-Mughni ʾl-musmiʿ S II 150, 242
-Taʿlīq al-munajjad S I A/C 298
Taʿlīq al-muṭālaʿa S II 1013,$_{4}$
Taʿlīq al-qilāda fī ʿunuq man ishtahara bil-balāda S II 959,$_{9}$
-Taʿlīq al-ṣabīḥ ʿalā Mishkāt al-maṣābīḥ S I 622
-Taʿlīq ʿala ʾl-Tadhkira S II 243
-Taʿlīq ʿala ʾl-Taḥrīr S I 698
Taʿlīq al-Taʿlīq G II 68, S II 73
Taʿlīq min taʾrīkh madīnat Dimashq li-Ibn ʿAsākir S I 567, II 73
-Taʿlīq fī uṣūl al-fiqh S I 674
-Taʿlīq ʿalā waṣiyyat al-adab etc. G II 344, S II 472
Taʿlīqa ʿalā alfāẓ al-Alfiyya S I 525
-Taʿlīqa fī bayān asmāʾ khayr al-khalīqa S II 522
Taʿlīqat al-Būnī S I 911
Taʿlīqa laṭīfa ʿalā r. al-ʿArshiyya etc. S II 844, 845
Taʿlīqa ʿalā k. al-Manhal al-ʿadhab S II 816
Taʿlīqa mukhtaṣara ʿalā Makāsib al-Anṣārī S II 796
-Taʿlīqa al-sharafiyya S I 698
-Taʿlīqāt G I 212, 378, 455,$_{21}$, S I 377
Taʿlīqāt ʿala ʾl-Fatḥ al-mubīn S II 458
-Taʿlīqāt al-Ghawthiyya S I 843,$_{14}$
Taʿlīqāt ʿala ʾl-Hidāya wal-talwīḥ S II 673,$_{151}$
Taʿlīqāt ʿala ʾl-Jalālayn S II 180,$_{60,\ o}$
Taʿlīqāt al-maḥmūd S I 267
Taʿlīqāt ʿalā Man lā yaḥḍuruhu ʾl-faqīh S II 572
Taʿlīqāt ʿalā Manhaj al-maqāl S II 504
Taʿlīqāt ʿalā Matājir al-Anṣārī S II 803
Taʿlīqāt ʿalā k. al-Nafs li-Arisṭū S I 817,$_{21a}$
-Taʿlīqāt wal-nawādir S II 919
Taʿlīqāt ʿala ʾl-Nuqāya S II 650
Taʿlīqāt ʿala ʾl-R. al-qadīma S II 594
-Taʿlīqāt al-saniyya S II 857
Taʿlīqāt sharīfa ʿala ʾl-ṣaḥīfa S II 584
-Taʿlīqāt al-Sharīfiyya ʿalā jumla min al-qaṣāʾid al-ḥikmiyya S I 445
Taʿlīqāt b. Sīnā S I 817,$_{21}$
Taʿlīqāt al-Ṣaḥāḥ G I 129
Taʿlīqāt ʿalā Uthūlūjiyya S I A/C 815
-Taʿlīqāt al-wafiyya S I 530
-Talkhīṣ S I 376, 724
Talkhīṣ al-adilla G I 427
Talkhīṣ aḥādīth al-Muwaṭṭaʾ S I 298
-Talkhīṣ al-aḥrā etc. G II 174, 389, S II 528,$_{21}$
-Talkhīṣ fī ʿamal al-ḥisāb G II 255, S II 363, 1018,$_{16}$
Talkhīṣ al-ʿaqīda G II 282
Talkhīṣ al-aqwāl fī taḥqīq aḥwāl al-rijāl S II 572
Talkhīṣ al-asās fi ʾl-taṣrīf S II 919
Talkhīṣ al-āthār G II 213
Talkhīṣ al-āthār wa-ʿajāʾib al-Malik al-Qahhār S I 883
Talkhīṣ al-ʿawīṣ li-nayl al-takhṣīṣ S II 995,$_{2}$
Talkhīṣ awṣāf al-Muṣṭafā etc. S II 497
Talkhīṣ al-Bayān G II 117, S II 518, 652
Talkhīṣ al-Bayān fī ʿalāmāt Mahdī ākhir al-zamān G II 384,$_{57}$, S II 188,$_{169k}$, 529,$_{45}$
Talkhīṣ al-fawāʾid S I 727
-Talkhīṣ fi ʾl-furūʿ G I 180
Talkhīṣ al-fuṣūl wa-tarṣīṣ al-uṣūl S II 329
Talkhīṣ al-Jāmiʿ al-kabīr G I 172, 381
Talkhīṣ al-ʿibārāt etc. S II 921
Talkhīṣ al-ibrīz G II 481
Talkhīṣ al-iḥrāʾ S II 223 A/C, 529 A/C
Talkhīṣ al-Iḥyāʾ S I 749,$_{25,11}$
Talkhīṣ ʿilal al-fiqh G I 388
-Talkhīṣ fī ʿilm al-farāʾiḍ S I 671

Talkhīṣ iʿrāb al-kitāb S II 921
Talkhīṣ Irshād al-sālik G II 163, S II 785
Talkhīṣ al-Kashshāf G I 291
Talkhīṣ k. al-Kawn wal-fasād S I 822,68ww
Talkhīṣ al-khabīr fī takhrij aḥādīth al-Rāfiʿī etc. S I 753, II 75,53
Talkhīṣ al-khiṣāl al-mukaffira lil-dhunūb etc. S II 191,178m
Talkhīṣ kutub Arisṭāṭālīs fi ʾl-ḥikma S I 835
Talkhīṣ kutub Arisṭāṭālīs al-manṭiqiyya S I 835
Talkhīṣ kutub Arisṭū al-arbaʿa G I 462
Talkhīṣ mā atā bihi Arisṭūṭālīs fī kitābihi fī mā baʿd al-ṭabīʿa etc. S I 384
Talkhīṣ maʿānī muqaddimat al-Azhār S II 557
Talkhīṣ al-makhrūṭāt S I 856
Talkhīṣ al-manṭiq S I 817,23f
Talkhīṣ al-maqāl etc. G II 385, S II 520
Talkhīṣ al-marām S II 208,31
-Talkhīṣ fī maʿrifat asmāʾ al-ashyāʾ S I 194
-Talkhīṣ fī maʿrifat awqāt al-ṣalāt etc. G II 127, S II 158 A/C
Talkhīṣ al-masāʾil S I 498
Talkhīṣ al-Miftāḥ G I 295, S I 516
Talkhīṣ al-Miftāḥ fi ʾl-ḥisāb G II 211, S II 295
Talkhīṣ al-Muḥaṣṣal G I 510
-Talkhīṣ al-mukhtār min al-Tadhkira al-Ṣalāḥiyya wal-iqtiṣār S II 28
Talkhīṣ al-Mukhtaṣar S II 99
Talkhīṣ al-Munāẓara bayna ʿulamāʾ al-sunna wal-Shīʿa S II A/C 508
Talkhīṣ al-Mustadrak ʿala ʾl-Ṣaḥīḥayn S I 276
Talkhīṣ al-Mustaqṣā fī taʾrīkh al-masjid al-aqṣā S I 968 ad 568
Talkhīṣ al-mutashābih G I 329, S I 564
Talkhīṣ al-naḥw S II 630
Talkhīṣ Nawāmīs Aflāṭūn G II 211
Talkhīṣ al-nuṣūṣ al-bahiyya S II 740
Talkhīṣ al-qawl fi ʾl-masʾala al-mansūba li-a. ʾl-ʿAbbās b. Surayj fi ʾl-ṭalāq S I 674
Talkhīṣ al-qirāʾāt al-thamānī G I 408
Talkhīṣ al-Shifāʾ S I 815,18
Talkhīṣ al-sīra al-nabawiyya S I 627,6
Talkhīṣ Sunan a. Dāʾūd S I 627
Talkhīṣ al-ṣanjī ʿalā mawlid al-Barzanjī S II 517, 739
Talkhīṣ al-Tadhhīb S I 606
-Talkhīṣ fi ʾl-tafsīr G I 416
Talkhīṣ al-Tibyān (bayān) S II 652, 784
Talkhīṣ al-ʿuyūn wal-majālis G I 188
Talqīḥ al-adhhān etc. S I 801,194
Talqīḥ al-afhām fī waṣāyā khayr al-anām S II A/C 817
Talqīḥ al-afkār bi-tanqīḥ al-adhkār S II 715
Talqīḥ al-aḥkām fī ḥukm al-abrār S II 431,25
Talqīḥ al-albāb G I 310
Talqīḥ fuhūm ahl al-athar etc. G I 502, S I 915,6
Talqīḥ al-ʿuqūl G I 132
Talqīḥ al-ʿuqūl fi ʾl-furūq bayna ahl al-nuqūl G I 380, S I 653
-Talqīn S I 660, II 972
-Talqīn fi ʾl-furūʿ S I 663
Talqīn al-mutaʿallim bil-naḥw G I 186
-Talqīn fi ʾl-naḥw G I 282
Talṭīf al-mizāj min shiʿr b. Ḥajjāj G I 82, II 12
-Talwīḥ ilā asrār al-Tanqīḥ S I 826,82f
-Talwīḥ fī kashf ḥaqāʾiq al-Tanqīḥ G II 214, S II 300
-Talwīḥ, sharḥ al-Faṣīḥ G I 118, S I 181
-Talwīḥ, sharḥ al-Tanqīḥ S II 301
-Talwīḥ ʿalā Tanqīḥ al-maknūn G I 458
Talwīḥ al-tawḍīḥ fi ʾl-naḥw S II 136
-Talwīḥāt G I 437, S I 782
-Talwīḥāt fī ʿilm al-qirāʾāt S II 47
-Talwīḥāt al-Ṣūfiyya S II 619
-Talwīḥāt fi ʾl-wujūd al-dhihnī wal-khārijī S II 495
Talwīn al-khiṭāb G I 451, S II 670,79
Talyīn al-ʿaṭf li-man yadkhul fi ʾl-ṣaff S II 536
Tamalluk jumhūr al-Fransāwiyya etc. S II 770
Tamām faṣīḥ al-kalām S I 198,15
-Tamām wal-kamāl G I 222, S I 395
-Tamām al-mushtarik G II 411
Tamām al-mutūn fī sharḥ r. b. Zaydūn S I 485
-Tamām fī sharḥ shiʿr al-Hudhaliyyīn S I 192
-Tamaththul wal-muḥāḍara G I 286, S I 501,17
-Tamaththul wal-muḥāḍara bil-āyāt al-mufrada al-nādira S II 913
-Tamattuʿ bil-iqrān G II 367
-Tamhīd fi ʾl-ansāb S I 629
-Tamhīd wal-bayān fī faḍl al-shahīd ʿUthmān b. ʿAffān G II 260, S II 371
-Tamhīd fī bayān al-tawḥīd G I 419, S I 744

Tamhīd al-dalāʾil wa-talkhīṣ al-awāʾil S I 349
-Tamhīd fī ʿilm al-tajwīd G II $202_{,9}$
-Tamhīd fī mā fi ʾl-Muwaṭṭaʾ min al-maʿānī wal-asānīd S I 298
-Tamhīd fī mā fi ʾl-Muwaṭṭaʾ min al-mawḍūʿāt S I A/C 629
-Tamhīd fī mā yajibu fīhi ʾl-taḥdīd G II 87, S II 103
-Tamhīd li-qawāʿid al-taṣawwuf G II 253
-Tamhīd li-qawāʿid al-tawḥīd G I 426, S I 757
-Tamhīd li-qawāʿid al-uṣūliyya G II 325
Tamhīd al-sunan S II $475_{,87}$
-Tamhīd wal-tabṣīr ʿala ʾl-Taḥrīr S I 698
-Tamhīd fī tanzīl al-furūʿ G II 91, S II 107
-Tamhīd fi ʾl-tawḥīd S II $947_{,181,33}$
-Tamhīd fi ʾl-uṣūl S I 707 A/C, 709
-Tamhīd fī uṣūl al-fiqh S I 304 A/C, 687
Tamhīd al-uṣūl ʿalā maqām istikhrāj al-furūʿ S II 107 A/C
Tamhīd al-uṣūl wa-tashrīʿ al-furūʿ S II $963_{,48}$
-Tamkīn S II $1017_{,6}$
Tamkhīṣ al-Talkhīṣ S I 519, II 364 ($659_{,8,3}$)
Tamlīḥ al-badīʿ G II 272, S II 383
Tamniyat al-mutamallī G I 432, S I 660
Tamrīn al-ṭalaba al-barara etc. S II 455
Tamrīn al-ṭullāb G I 299, II 27, S I $524_{,14}$
Tamshiyat al-qalam G II 353
-Tamthīl G I 104, S I $246_{,86}$
-Tamthīl wal-muḥāḍara G II 382
-Tamyīz G II 355, S I 270, II 482
Tamyīz al-aṣḥāb S II $70_{,115}$
-Tamyīz fī bayān mā fī tafsīr al-Zamakhsharī min al-iʿtizal G I 291, S I 509
Tamyīz al-fāḍil ʿani ʾl-mafḍūl S II 522
-Tamyīz al-ṭayyib G II 35, 401, S II 32
-Tanāhī wa-lā tanāhī S I $822_{,68vvv}$
Tanāsuq al-durar etc. S II $179_{,5}$
Tanawwuʿ al-ʿibādāt S II $125_{,129}$
Tanazzul al-arwāḥ G I $447_{,27}$
Tanazzul (āt) al-imlāk G I 445, S I $797_{,50}$
-Tanazzulāt al-Mawṣiliyya G I 446, S I $798_{,104}$
-Tanbiʾa bi-man yabʿathuhu ʾllāh G II 709, S II $186_{,101}$ (Cairo V 146)
Tanbīh al-adīb ilā mā fī shiʿr a. ʾl-Ṭayyib etc. G II 380, II 891, S II 512
Tanbīh al-afhām ilā maṭālib al-ḥayāt al-ijtimāʿiyya fi ʾl-Islām S II 755, III 388
Tanbīh al-afhām ilā tadabbur al-kitāb etc. G I 434
Tanbīh al-afkār ilā ḥikmat iqbāl al-dunyā ʿala ʾl-kuffār S II $764_{,28}$
Tanbīh al-afkār lil-nāfiʿ wal-ḍārr G II 280, S II $388_{,15}$
-Tanbīh ʿalā aḥādīth al-Hidāya G II 64
Tanbīh al-akhawāt wal-ikhwān S II 783
Tanbīh al-akhyār ʿalā mā qīla fi ʾl-manām min al-ashʿār G II 57, S II 57
Tanbīh al-akhyār ʿalā muʿḍilāt etc. G II 388
Tanbīh al-albāb fī faḍāʾil al-iʿrāb G I 310
Tanbīh al-albāb ʿalā masāʾil al-ḥisāb G II 255, S II 364
-Tanbīh ʿala ʾl-alfāẓ allatī waqaʿa fī naqlihā etc. S I 200
Tanbīh al-anām fī bayān ʿuluww maqām M. S II 691
Tanbīh al-anām fī tawshīḥ al-kalām G II 423
Tanbīh al-arīb fī īḍāḥ rijāl al-Tahdhīb S II A/C 506
Tanbīh al-ʿārif al-baṣīr etc. S I 805, II 398
Tanbīh al-ʿaṭshān S II 350
-Tanbīh alā awhām a. ʿA. al-Qālī fī Amālīhi S I 202
Tanbīh al-awwāh G II 339
Tanbīh al-baṣāʾir G I 311
Tanbīh dhawi ʾl-himam S II 146, 511
-Tanbīh fi ʾl-fiqh G I 387, S I 670
Tanbīh al-ghabī ʿalā ḥukm kafālat al-ṣabī G II 315, S II 433
Tanbīh al-ghabī fī ruʾyat al-nabī S II 660
Tanbīh al-ghabī ila ʾl-salsabīl al-rawī etc. S II 527
Tanbīh al-ghabī ʿalā takfīr b. al-ʿArabī G I 448, II 142
Tanbīh al-ghabī fī tanzīh b. al-ʿArabī G I 448, S I 802
Tanbīh al-ghāfil al-nāsī etc. S II 690
Tanbīh al-ghāfil al-shākk bi-taḥrīm al-tunbāk S II $973_{,15}$
Tanbīh al-ghāfil al-wasnān ʿalā aḥkām hilāl Ramaḍān S II $773_{,13}$
Tanbīh al-ghāfilīn G I 196, II 701, S I 348, 715, $752_{,38c}$
Tanbīh al-ghāfilīn ʿan ʿamal al-jāhilīn S II 83
Tanbīh al-ghāfilīn al-ḥayārā G II 107

Tanbīh al-ghāfilīn wa-irshād al-jāhilīn S II 698
Tanbīh al-ghāfilīn ʿan maghāliṭ al-mutawahhimīn S I 702, 822
Tanbīh al-ghāfilīn, mukhtaṣar Minhāj al-ʿābidīn G II 500, S I 752
Tanbīh al-ghāfilīn wa-tadhkirat al-ʿārifīn S I 705
-Tanbīh ʿalā ghalaṭ al-jāhil wal-nabīh G II 452, S II 671,$_{106}$
Tanbīh al-ḥadd wal-mustaḥidd S I 325
Tanbīh al-ḥaqq fī ḥīn al-farq S II 523
-Tanbīh ʿalā ḥudūth al-taṣḥīf S I 222
Tanbīh al-ḥukkām fi 'l-aḥkām S I 910
-Tanbīh wal-īḍāḥ G I 129
-Tanbīh wal-iʿlām bi-waqt wuqūʿ al-imsāk li-murīd al-ṣiyām S II 959,$_{10}$
-Tanbīh wal-īqāẓ etc. S II 46
-Tanbīh wal-ishrāf G I 145, S I 221
Tanbīh al-khawāṣṣ etc. S II 775,$_{13}$
Tanbīh al-khawāṭir (khāṭir) etc. S I 709
Tanbīh al-labīb fī sharḥ mā taḍammanahu k. al-Hidāya min al-gharīb S I 646
-Tanbīh ʿala 'l-laḥn al-jalī wal-laḥn al-khafī S II 980
-Tanbīh ʿalā mā fi 'l-Faṣīḥ min al-aghlāṭ G I 118
-Tanbīh ʿala mā fī kalām al-shaykh Akmal al-Dīn min al-ishkāl fī r. allafahā lil-intiṣār li-madhhab a. Ḥanīfa S II 950 A/C
-Tanbīh ʿalā mabādi 'l-tawjīh S II 960,$_{22}$
Tanbīh al-majānīn S II 627
-Tanbīh ʿalā man lam yaqaʿ bihi min fuḍalāʾ Fās tanwīh S II 683
Tanbīh man yalhū ʿalā ṣiḥḥat al-dhikr bilism hu S II 467, S II 475,$_{107}$
-Tanbīh ʿala 'l-mughālaṭa wal-tamwīh G I 313
Tanbīh al-mughtarrīn etc. G II 337,$_{12}$, S II 465
Tanbīh al-mulūk wal-makāyid G I 153, S I 247,$_{3}$
Tanbīh al-mutanabbihīn S II 834
Tanbīh al-nāʾim al-ghumr G I 505, S I 919,$_{55}$
-Tanbīh min al-nawm G I 347,$_{42}$, S II 466, 474,$_{42}$
-Tanbīh wal-radd ʿalā ahl al-ahwāʾ wal-bidaʿ S I 332, 348
Tanbīh al-raqūd fī masāʾil al-nuqūd S II 773,$_{14}$ (to be read thus)
Tanbīh al-rasūl ʿalā taqṣīr al-dhuyūl S II 746
-Tanbīh ʿalā sabīl al-saʿāda G I 211, S I 376, see 957
Tanbīh al-sālik ilā jany thimār Dāliyyat b. Mālik S I 726, II 698
Tanbīh al-sālik ilā maẓānn al-mahālik S II 112
Tanbīh al-sālikīn G II 392, S II 535
-Tanbīh wal-taʿrīf fī ṣifāt al-kharīf S I 252
Tanbīh al-ṭālib fi 'l-fiqh G I 387, S I 670
Tanbīh al-ṭālib (wa-irshād) al-dāris fī mā fī Dimashq etc. G II 133, S II 164
Tanbīh al-ṭālibīn G II 334
-Tanbīh fī ṭarīq al-qawm S II 147
Tanbīh uli 'l-albāb S II 822
Tanbīh uli 'l-albāb ʿalā tanzīh warathat al-kitāb S I 703
Tanbīh al-ʿuqūl ʿalā tanzīh al-Ṣūfiyya etc. S II 521
-Tanbīh wal-urjūza fī mā yabʿathuhu 'llāh etc. S II 190,$_{169fff}$
Tanbīh al-waqūd, read: al-raqūd
Tanbīh al-wasnān G II 385
Tanbīh al-wulāt wal-ḥukkām S II 773,$_{15}$
-Tanbīhāt ʿalā aghlāṭ al-ruwāt G I 114, 123, S I 169, 176
-Tanbīhāt al-ʿaliyya etc. G II 325, S II 449
-Tanbīhāt ʿalā mā fi 'l-Tibyān min al-tamwīhāt G I 415, S I 736
Tanbīhāt fī mabḥath al-tashkīk bil-māhiyya S II 854
-Tanbīhāt ʿalā martabat ḥaqīqat al-Muḥammadiyya S I 801,$_{203}$
-Tanbīhāt al-mashriqiyya S I 189, read: *al-tashbīhāt*
-Tanbīhāt al-muḥammala ʿala 'l-mawāḍiʿ al-mushkila S II 68
Tanbīhāt al-ʿuqūl etc. S I 898
Tanbīhāt al-Yāzījī ʿalā Muḥīṭ al-Bustānī S II 766
Tanfīs al-shidda wa-bulūgh al-murād S I 69
Tankalūshā G I 242, S I 430
Tankīs al-aṣnām G I 140
Tanmīq al-asfār etc. G II 353, S II 479
-Tanqīd wal-īḍāḥ S I 611, II 70

-Tanqīḥ S I 688, II 978,73
Tanqīḥ al-abḥāth lil-milal al-thalāth S I 768
Tanqīḥ al-afkār fī ʾl-ʿilm bi-rusūm al-ghubār S I A/C 858
-Tanqīḥ li-alfāẓ al-Jāmiʿ al-ṣaḥīḥ G I 158, II 92, S I 262, II 108
Tanqīḥ al-anẓār fī ʿilm al-āthār G II 188, S II 249
Tanqīḥ al-bayān S II 207
Tanqīḥ al-fawāʾid G II 405
Tanqīḥ al-fawāʾid wa-taqyīd al-shawārid etc. S II A/C 557
Tanqīḥ al-fuṣūl G I 506, S I 921,30
-Tanqīḥ, ḥāshiya ʿala Taṣḥīḥ al-tanbīh S II 107
-Tanqīḥ wal-ifāda etc. S II 423
Tanqīḥ al-kalām S II 304
Tanqīḥ al-Lubāb S II 71
Tanqīḥ al-maknūn G I 458, S II 219
Tanqīḥ al-manāẓir etc. S II 295
Tanqīḥ al-maqāl fī aḥwāl al-rijāl S II 799
Tanqīḥ al-maqāṣid fī ʾl-uṣūl S II 825
Tanqīḥ al-marām S I 707
-Tanqīḥ fī mashrūʿiyyat al-tasbīḥ S II 191,190a
Tanqīḥ al-miṣbāḥ G II 405, S II 557
Tanqīḥ al-munāẓara fī taṣrīḥ al-mukhābara S II 81
Tanqīḥ al-mushbiʿ etc. S II 130
Tanqīḥ al-muʿtabar S II A/C 91
Tanqīḥ al-qawl al-ḥathīth etc. S II 189,169tt
Tanqīḥ al-raʾy S I 712, II 209
Tanqīḥ al-ruwāt fī aḥādīth al-Mishkāt S I 622
Tanqīḥ al-Ṣaḥāḥ S I 196
Tanqīḥ al-taḥqīq fī aḥādīth al-taʿlīq G II 75, S II 82
-Tanqīḥ fī taḥrīr fiṣḥ al-Masīḥ S II 943
Tanqīḥ al-Tanbīh G II 337
Tanqīḥ al-uṣūl G II 214, S I 637, II 299
-Tanqīḥ fī uṣūl al-dīn wal-furūʿ S I 953
-Tanqīḥāt S I 782
-Tanqīḥāt fī sharḥ al-Talwīḥāt S I 769, 782
Tansūqnāme i Ilkhānī G I 507, S I 933,57
Tanṣīṣ al-muntaẓar fī sharḥ abyāt al-Talkhīṣ wal-Mukhtaṣar S I 518, 519
-Tanwīr S I 290, II 270
Tanwīr al-abṣār wa-jāmiʿ al-biḥār G II 319, S II 427
Tanwīr al-abṣār fī ṭabaqāt al-sāda al-Rifāʿiyya al-akhyār G II 506, S II 869,5
Tanwīr al-adhhān fī ʾl-ṣarf etc. G II 478, S II 727
Tanwīr al-adhhān fī taʾrīkh Lubnān S III 382
Tanwīr al-afhām bi-khatm Tuḥfat al-ḥukkām S II 882
Tanwīr al-afhām fī taghadhdhi ʾl-ajsām S II 733
Tanwīr al-asānīd S I A/C 287
Tanwīr al-ʿaynayn S II 955
Tanwīr al-ʿaynayn fī rafʿ al-yadayn S I 264, II 615
Tanwīr al-baṣāʾir bi-anwār al-tanzīl S I 741,71
Tanwīr baṣāʾir al-muqallidīn etc. S II 497
Tanwīr al-baṣāʾir, sharḥ al-Ashbāh wal-naẓāʾir S II 425
Tanwīr al-baṣāʾir fī sīrat al-shaykh Ṭāhir S III 384
Tanwīr al-biṭāḥ etc. S II 368
Tanwīr al-ghabash fī faḍl al-Sūdān wal-Ḥabash G I 505, II 158,307, S I 919,75
Tanwīr al-ḥalak, ḥāshiya ʿalā Sharḥ al-Alfiyya lil-Shumunnī S II 455
Tanwīr al-ḥalak fī imkān ruʾyat al-nabī wal-malak G I 153, S II 191,201
Tanwīr al-ḥawālik S I 297, II 181,22a
-Tanwīr fī isqāṭ al-tadbīr G II 118, S II 145
Tanwīr al-Manār S II 264
Tanwīr al-maqāla etc. S I A/C 302
Tanwīr al-Maṭāliʿ S I 849,5
-Tanwīr fī mawlid al-sirāj al-munīr G I 312
Tanwīr al-miqbās min tafsīr b. ʿAbbās S II 235
Tanwīr al-muqlatayn G II 371, S II 498
Tanwīr al-muṭāliʿ wa-tabṣīr al-maṭāliʿ S I A/C 848
Tanwīr al-sanad fī idrāk rumūz al-musnad S I 287 A/C, II 663
-Tanwīr ʿalā Saqṭ al-zand S I 453,f
-Tanwīr fi ʾl-tafsīr S I 922,6a
Tanwīr al-talqīḥāt S II 823
Tanwīrāt al-Īmāḍāt S II 580
Tanzīh al-anbiyāʾ G II 153, 197, S I 706, II 191,197
Tanzīh b. ʿArabī S II 195,274c
Tanzīh al-iʿtiqād etc. G II 151, S II 188,155

Tanzīh al-kawn ʿan iʿtiqād islām Firʿawn S II 463
Tanzīh al-mulūk fī waṣf al-kilāb S II 914
Tanzīh al-Muṣṭafā etc. G II 308, S II 420
Tanzīh al-muwaḥḥid S II 13
Tanzīh al-Qurʾān ʿani ʾl-maṭāʿin G I 411, S I 343
Tanzīh al-sakīna ʿalā qanādīl al-Madīna S II 103,39
Tanzīh al-sharīʿa al-marfūʿa etc. G II 712, S II 534
Tanzīl al-afkār fī taʿdīl al-asrār S I 843
Tanzīl al-āyāt G I 291, S I 509, II 488
Tanzīl al-nawāẓir etc. S II 444
-Tanzīl fi ʾl-rasm S I 267
-Tanzīl fī taḥqīq al-taʾwīl S II 985,21
Tanzīl al-tanzīl G II 439, S II 652
-Tanzīl wa-tartībuhu S II A/C 986
Taqaddum al-ʿilla ʿala ʾl-maʿlūl G II 452, S II 671,88
Taqaddum al-Yābān S III 386
-Taqāsīm wal-anwāʿ G I 164, S I 273
Taqāsīm al-ḥikma wal-ʿulūm G I 455, S I 817,24
-Taqaṣṣud fi ʾl-ḥadīth al-nabawī S I A/C 629
-Taqāyīd al-Dasūqiyya etc. S II 419
Taqdhiyat mā yūqdhi ʾl-ʿayn G I 366
Taqdīm a. Bakr G II 16, S II 9
Taqdīm al-fawākih qabl al-ṭaʿām S I 420,27
Taqdīm al-ʿilāj S I 893
Taqdimat al-maʿrifa S I 368
Taqdimat al-maʿrifa li-Ibūqrāṭ wa-tafsīruhu S I 881
-Taqdima, sharḥ al-Muqaddīma S I 348
Taqdīr al-qamar S II 159
-Taqdīsāt S II 579
-Taʿqīb ʿala ʾl-Muqaddima S III 307
-Taqlīd fi ʾl-furūʿ G II 323
-Taqrīb S I 627, 720
Taqrīb al-ʿaqāʾid al-saniyya etc. S II 738
Taqrīb al-asānīd etc. G II 66, S II 70
-Taqrīb fī asrār al-tarkīb G II 139, S II 172
-Taqrīb wal-bayān G I 410
Taqrīb al-bughya fī tartīb aḥādīth al-Ḥilya G I 362, II 76, S I 617
Taqrīb al-fawāʾid S II 461
Taqrīb al-fiqh G I 392, S I 676
Taqrīb al-handasa S II 733
-Taqrīb fi ʾl-ḥall wal-tarkīb G II 128
-Taqrīb wal-ḥarsh al-mutaḍammin li-qirāʾāt Qālūn wa-Warsh S I 718
-Taqrīb fī ḥudūd al-kalām S I 696
Taqrīb ḥuṣūl al-maqāṣid etc. G II 440, S II 274
-Taqrīb fī ʿilm al-gharīb G II 66, S I 633, II 71
-Taqrīb wal-irshād S I 763
Taqrīb al-Kashshāf G I 291
-Taqrīb fī mā yataʿallaq bil-sayyid al-naqīb G II 698, S I 555
Taqrīb al-maʾmūl fī tartīb al-nuzūl G II 165, S II 134
Taqrīb al-marām S II 304,u
Taqrīb al-muntazaʿ G I 367
-Taqrīb al-mukhtaṣar min al-Tahdhīb S I 732
Taqrīb al-Muqarrib S I 547, II 136
-Taqrīb al-nāfiʿ fi ʾl-ṭuruq al-ʿashara al-nāfiʿ S II 981,27a
Taqrīb al-Nashr G II 202, S II 274
-Taqrīb fi ʾl-tafsīr G I 291, S I 509, II 257
Taqrīb al-tahdhīb S I 606, II 73
-Taqrīb li-k. al-Tamhīd S I 298
-Taqrīb wal-taysīr etc. G I 359, S I 611
Taqrīb al-uṣūl G II 500
Taqrīb al-uṣūl al-fatḥiyya S I 699
Taqrīr al-ʿālim G I 697, S I 524
Taqrīr al-aslam S II 624
Taqrīr al-Bīlī S I 635
-Taqrīr ʿalā dībājat Taḥrīr al-qawāʿid S I A/C 846
Taqrīr al-fawāʾid G II 333
Taqrīr min ghalaṭāt al-istilzām S II 580
Taqrīr al-ḥaqq G II 210
Taqrīr ʿalā ḥāshiyat A. al-Sijāʿī etc. S II 742
Taqrīr ʿalā ḥāshiyat al-Birmāwī S II 742
Taqrīr ʿalā ḥāshiyat a. ʾl-Najāʾ S II 742
Taqrīr fī iṣlāḥ al-maḥākim al-sharʿiyya S III 320
Taqrīr al-jumal S I A/C 677
Taqrīr al-Mirqāt S II A/C 317
Taqrīr al-qawāʿid S II 130
Taqrīr al-qawāʿid wa-taḥrīr al-fawāʾid etc. S I 918,29a
Taqrīr al-qawānīn etc. G II 370, S II 498
Taqrīr sharḥ uṣūl al-Pazdawī S I 637
-Taqrīr wal-taḥbīr S II 92
-Taqrīr ʿala ʾl-Taḥrīr S I 698

Taqrīrāt muftariqa fī radd shubhat istilzām S II 590
Taqrīrāt rā'iqa wa-tadqīqāt fā'iqa 'alā sharḥ al-r. al-Samarqandiyya S II 259
Taqrīrāt rā'iqa wa-taḥqīqāt fā'iqa 'ala 'l-r. al-Waḍ'iyya S II 289
-Taqrīrāt al-sharīfa G II 238
Taqrīrāt wa-ta'līfāt fi 'l-uṣūl S II 796
Taqrīẓ al-asmā' S II 802
Taqrīẓ al-Jāḥiẓ S I 241, 436
-Taqshīr fi 'l-tafsīr S I 734 (to be read thus)
Taqsīm al-'ilal G I 234
-Taqsīm wal-tashjīr G I 234
Taqsīm al-'ulūm G II 216
-Taqwīm G II 341
Taqwīm al-abdān etc. G I 485, S I 888
Taqwīm al-adhhān fī 'ilm al-mīzān S II A/C 205
Taqwīm al-adilla fī uṣūl al-fiqh G I 175, S I 296
Taqwīm al-adwiya S I 893, II 592, 1030,$_{30}$
Taqwīm al-adwiya fī ma 'stakhāra min al-a'shāb wal-aghdhiya S I 416
Taqwīm al-adwiya al-mufrada S I 890
Taqwīm al-bayān li-taḥrīr al-awzān S I 543
Taqwīm al-buldān G II 46, S II 44
Taqwīm al-buldān al-Miṣriyya etc. G II 708, S II 163
Taqwīm al-dhihn G I 487, S I 889
Taqwīm al-īmān S II 579
-Taqwīm fi 'l-kalām S II 579
Taqwīm al-kawākib al-sab'a S II A/C 298
Taqwīm al-lisān S I 185
Taqwīm al-lugha G I 502, S I 915
Taqwīm al-Maḥallī S II 567
Taqwīm al-muḥsinīn etc. S II 585,$_{16}$
Taqwīm al-naḥw S II 18
Taqwīm al-na'īm etc. S I 490
Taqwīm al-naẓar G I 392
Taqwīm al-sana al-'Arabiyya al-qamariyya S II 485
Taqwīm al-ṣiḥḥa G I 483, S I 885
Taqwīm al-tawārīkh G II 427, S II 636
Taqwīm uṣūl al-fiqh etc. S I 951 ad 296
Taqwiyat baḥth al-imām al-Jazarī G II 396,$_{56}$ (to be read thus)
Taqwiyat al-īmān bi-radd tazkiyat b. a. Sufyān S II 865
-Taqyā fī 'ilm al-manṭiq S II 795
-Taqyīd G I 177
-Taqyīd al-'ajīb al-ḥāfil etc. S II 886
-Taqyīd li-aḥkām al-taqlid S II 843
Taqyīd al-amthila al-mustaḥḍara etc. S II 676
Taqyīd 'alā ba'ḍ jumal etc. G I 110, S I 171
-Taqyīd fi 'l-ḥamd wal-shukr S II 23
-Taqyīd fi ḥaqq al-tawḥīd S I 718
-Taqyīd wal-īḍāḥ etc. G II 66, S I 611
Taqyīd al-'ilm G I 329, S I 563
-Taqyīd 'alā khatm al-shaykh Khalīl S II 99
Taqyīd laṭīf li-bayān asmā' Allāh al-ḥusnā S II 446,$_{25}$
-Taqyīd fī maqra' al-imām Nāfi' S II 981
-Taqyīd li-ma'rifat al-ruwāt G I 358
-Taqyīd fi 'l-mawāzīn S II 695
-Taqyīd 'ala 'l-Mudawwana S I 300,$_{6}$
Taqyīd al-muhmal etc. G I 368, S I 629
Taqyīd al-Nafzī G II 246
Taqyīd fī niyyat al-julūs fi 'l-masjid etc. S II 187,$_{130e}$, 886
Taqyīd fi 'l-qaḍā' wal-fatwā wal-shahāda S II 522
Taqyīdāt fī tabyīn al-r. al-Waḍ'iyya S II 289,$_{17}$
-Taraffuq fi 'l-'iṭr S I 957 ad 374
-Tarājī' G I 468
Tarājim ahl 'aṣrihi S II 554
Tarājim al-a'yān G II 290, S II 401
Tarājim a'yān Dimashq S II 404
Tarājim ba'ḍ a'yān Dimashq G I 379, S II 512, 750
Tarājim ba'ḍ al-udabā' etc. S II 927
Tarājim al-Bukhārī S II 615,$_{6}$
Tarājim al-fuqahā' al-Shāfi'iyya S I 550
Tarājim al-ḥuffāẓ S II 600
Tarājim kibār al-'ulamā' wal-wuzarā' G II 291
Tarājim mashāhīr al-sharq etc. S III 189
Tarājim Miṣriyya wa-Gharbiyya S III 206
Tarājim mulūk al-Gharb G II 40
Tarājim al-sāda al-Ṣūfiyya etc. S II 417,$_{24}$
Tarājim al-ṣawā'iq G II 299, S II 410
Tarājim b. Taymiyya S II 120
Tarājim 'ulamā' Ṭarābulus S II 750, III 429
Tarākīb al-anwār S I A/C 440
Taraqqi 'l-'ā'ilāt fī tarbiyat al-banāt S III 385

-Taraqqi ila ’l-ghuraf G II 253
Tarassul al-wazīr Ṣadr al-Kabīr S I 521
Tarbīʿ al-dāʾira G I 469
-Tarbīʿ wal-tadwīr S I 244,$_{64}$
Tarbīʿ k. al-zuhd wal-waṣiyya S I 483
-Tarbiya al-awwaliya S III 71
Tarbiyat al-sālikīn S II 664
-Tardān S II 1038,$_{12}$
Targhīb ahl al-Islām fī sukna ’l-Shaʾm G I 431, S I 767
Targhīb al-labīb S II A/C 319
Targhīb al-mushtāq etc. S II 444
Targhīb al-mushtāqīn G II 501, S II 813
Targhīb al-mushtāqīn li-bayān Manẓūmat al-Barzanjī S II 517
Targhīb al-rāʾiḍ fī ʿilm al-farāʾiḍ G II 125, S II 155
-Targhīb wal-tarhīb G I 367, S I 627
Targhībāt al-abrār G II 446
Taʿrīb Rashaḥāt ʿAyn al-ḥayāt S II 618
Tarʿīb Tuḥfat al-Shāhidī G II 286
-Taʿrībāt al-shāfiya etc. G II 713
-Taʿrīf S I 720,$_{6}$
-Taʿrīf bi-ādāb al-taʾlīf G II 148, S II 185,$_{70}$
-Taʿrīf lil-adīb al-ẓarīf S II 859
Taʿrīf ahl al-Islām wal-īmān etc. S II A/C 457
Taʿrīf ahl al-taqdīs G II 69,$_{16}$, S II 73
Taʿrīf al-aḥyāʾ bi-faḍāʾil al-Iḥyāʾ G I 422, II 419, S I 748,$_{25}$
Taʿrīf alfāẓ al-Ṣūfiyya G II 100
-Taʿrīf bil-ansāb S I 558
-Taʿrīf fi ’l-ashriba wal-maʿjūnāt etc. S II 170
Taʿrīf dhawi ’l-ālāʾ G II 47
Taʿrīf al-fiʾa bi-ajwibat al-asʾila al-miʾa S II 194,$_{263e}$
-Taʿrīf wal-iʿlām li-mā ubhima min al-Qurʾān etc. G I 413, S I 734, II 141, 393
Taʿrīf al-ʿilm G II 217, S II 305, 594
Taʿrīf ʿilm al-kalām S II 308,$_{43}$
-Taʿrīf bi-b. Khaldūn etc. S II 342
Taʿrīf al-kīmiyyāʾ S I 428,$_{55}$
-Taʿrīf bi-mā assasat al-hijra etc. G II 171, S II 220
-Taʿrīf fī mā yajibu ʿala ’l-mulūk S II 363
Taʿrīf al-majd S II 516,$_{n}$
-Taʿrīf bil-muṣṭalaḥ al-sharīf G II 141, S II 176
Taʿrīf al-qadar G II 344
-Taʿrīf bil-qirāʾāt al-shawādhdh G I 407
Taʿrīf al-raʾy al-muḥaṣṣal etc. S I 822,$_{72}$
-Taʿrīf bil-sāʾiḥ a. ’l-ʿAbbās al-Yamanī S II 685
-Taʿrīf bi-ṣaḥīḥ al-taʾrīkh S I 424
-Taʿrīf bi-ṭabaqāt al-umam G I 344, S I 586
Taʿrīf al-ṭarīq S I 703
-Taʿrīf bi-wujūb ḥaqq al-wālidayn S I 969
Taʿrīfāt G II 99, S II 668,$_{1}$
Taʿrīfāt al-funūn G II 454
Taʿrīfāt al-Jurjānī G II 216, S II 305,$_{2}$
Taʿrīfāt mā yajib fī ’l-riyāḍa S II 484
-Taʾrīkh G I 346
Taʾrīkh ʿAbd al-Bahāʾ ʿAbbās wal-diyāna al-Bahāʾiyya S II 848
Taʾrīkh ʿAbd al-Bāsiṭ G II 54
Taʾrīkh ʿAbd al-Malik G I 150
Taʾrīkh ʿAbd al-Qādir G II 299
Taʾrīkh ādāb al-ʿArab S III 75
Taʾrīkh al-adab aw Ḥayāt al-lugha al-ʿArabiyya S II 728
Taʾrīkh ādāb al-lugha al-ʿArabiyya S III 189, 308
Taʾrīkh ʿAdan, see *T. thaghr ʿA.*
Taʾrīkh ʿahd Miṣr G II 298
Taʾrīkh aḥwāl Ifranj Bayrūt S II 495
Taʾrīkh al-aʾimma S I 964 ad 496
Taʾrīkh al-ʿAjam wa-B. Umayya S I 213
-Taʾrīkh al-akbar fī ṭabaqāt al-ʿulamāʾ G I 328
Taʾrīkh āl Tanūkh S II 36
Taʾrīkh al-ʿAlawiyyīn S III 430
Taʾrīkh al-amīr Bashīr al-Shihābī S III 386
Taʾrīkh al-amīr Fakhr al-Dīn S II A/C 400
-Taʾrīkh al-ʿāmm S III 495
-Taʾrīkh al-ʿāmm mundhu ’l-khalīqa ila ’l-ān S III 189
Taʾrīkh al-Anbār S I 495
Taʾrīkh al-anbiyāʾ al-akābir etc. S II 52
Taʾrīkh al-Andalus G I 151, S II 373
Taʾrīkh al-ʿArab fī Isbāniyā S III 212, 308
Taʾrīkh al-ʿārifīn S II 496
Taʾrīkh asās al-sharāʾiʿ al-Inklīziyya S III 227
Taʾrīkh b. Asbāṭ G II 43
-Taʾrīkh al-atharī min al-Qurʾān al-sharīf G II 713, S II 734
Taʾrīkh al-aṭibbāʾ wal-falāsifa G I 237
Taʾrīkh al-ʿawāfī G II 32
-Taʾrīkh al-awḥad lil-Ghawth al-Rifāʿī al-amjad S II 869,$_{3}$

Ta'rīkh awliyā' Baghdād S II 507
-*Ta'rīkh al-awsaṭ* S I 264, see A/C
-*Ta'rīkh al-ʿAzīzī* G I 318
Ta'rīkh al-ʿAẓīmī S I 586
Ta'rīkh al-Bāb wal-abwāb S II 637
Ta'rīkh al-Bābiyya S II 847
Ta'rīkh al-badr fī awṣāf ahl al-ʿaṣr G II 53, S II 51
Ta'rīkh Baghdād G I 138, 329, S I 210, 563, II 785
Ta'rīkh Baʿlabakk S II 771, III 429
Ta'rīkh balad Qusanṭīna S II 688
Ta'rīkh Bani 'l-Wazīr S II 558
Ta'rīkh a. 'l-Bashīr S II 755
Ta'rīkh al-Batriyark Iṣṭafān S II 771
Ta'rīkh Bayrūt G II 382, S II 36
Ta'rīkh Bayt al-Ṣabbāgh S II 728
Ta'rīkh binā' al-Bayt al-Muqaddas S II 409
Ta'rīkh al-Biqāʿī G II 1
Ta'rīkh Bukhārā G I 516, S I 211
Ta'rīkh b. a. 'l-Dam S I 588
Ta'rīkh Dār al-amān Qumm S I 211
Ta'rīkh Dārayyā G I 519, S I 210, 280
Ta'rīkh al-dawla al-ʿaliyya al-ʿUthmāniyya G II 483, S II 734, III 333
Ta'rīkh dawlat al-Saljūq S I 554
Ta'rīkh al-dawla al-Yūnāniyya bil-ʿIrāq S III 496
Ta'rīkh al-dawlatayn etc. G II 456, S II 677
Ta'rīkh al-dhayl S I 228
Ta'rīkh difāʿ Plewna S III 421
Ta'rīkh Dimashq S I 566
Ta'rīkh al-Dr. Clot Bey S II 749
Ta'rīkh al-duwal S II 637
Ta'rīkh al-duwal al-Fārisiyya bil-ʿIrāq S III 496
Ta'rīkh duwal al-Islām S III 423
Ta'rīkh al-duwal al-Islāmiyya bil-jadāwil al-marḍiyya S II 814
Ta'rīkh al-duwal wal-mulūk G II 50, S II 49
Ta'rīkh b. Fahd G II 44
Ta'rīkh Fakhr al-Dīn b. Maʿn G II 289
Ta'rīkh falsafat al-Islām S III 276
Ta'rīkh fatḥ Tūnis S II 515
Ta'rīkh al-Fattāsh etc. S II 717
Ta'rīkh al-Fayyūm wabilādihi G II 705, S I 573
Ta'rīkh Filasṭīn S II 429
-*Ta'rīkh al-Ghāzānī, Ta'rīkh Čingīzkhān* S II A/C 273
Ta'rīkh ghazawāt al-ʿArab fī Fransā etc. S III 398
Ta'rīkh Hamadhān G I 344
Ta'rīkh Harāt S I 571
Ta'rīkh a. 'l-Hayjā' S II 228,13
Ta'rīkh Hilāl al-Ṣābī S I 556
Ta'rīkh al-Hind G I 475
Ta'rīkh b. Ḥabīb S I 231
Ta'rīkh Ḥalab G I 317, S I 586, II 38
Ta'rīkh Ḥamāt S I 569
Ta'rīkh al-ḥaraka al-qawmiyya etc. S III 310
Ta'rīkh al-ḥarakāt al-fikriyya fi 'l-Islām S III 423
Ta'rīkh ḥarb Firansā wa-Almānyā S III 421
Ta'rīkh al-ḥarb al-ʿUthmāniyya al-Īṭāliyya fī Ṭarābulus al-Gharb S III 340
Ta'rīkh ḥawādith al-Sha'm wa-Lubnān S II A/C 772
Ta'rīkh ḥayāt maʿida S III 249
Ta'rīkh Ḥayfā' S III 387, 416
Ta'rīkh al-ḥukamā' G I 325, 429, S I 422, 763
Ta'rīkh al-ḥukamā' al-Islām G I 324, S I 557
Ta'rīkh al-Ḥusaynī G II 134, S II 237
Ta'rīkh Ifrīqiya wal-Maghrib S I 252
Ta'rīkh iftitāḥ al-Andalus S I 232
-*Ta'rīkh wal-ʿilal* S I 259
Ta'rīkh al-Imbarāṭūr Nābūlyūn S II 770
Ta'rīkh Ingilterra S III 189
Ta'rīkh al-ʿIrāq bayna 'l-iḥtilālayn S III 497
Ta'rīkh al-Iskandariyya S I 574
Ta'rīkh al-Islām G II 56, S II 45
Ta'rīkh al-Islām bi-Dimashq wal-Sha'm S II 406
Ta'rīkh al-Islām wal-khulafā' al-rāshidīn S III 310
Ta'rīkh Iṣbahān G I 362, S I 221
Ta'rīkh al-Jahmiyya wal-Muʿtazila S II 777
Ta'rīkh al-jamʿiyyāt al-sirriyya etc. S III 212
Ta'rīkh al-Jannābī G II 300, S II 411
Ta'rīkh al-Jazarī S II 45
Ta'rīkh b. Jumʿa G II 302
Ta'rīkh Jurjān G I 353, S I 571
-*Ta'rīkh al-kabīr* S I 264, 272
Ta'rīkh al-khalīfa ʿU. b. al-Khaṭṭāb S II 862
Ta'rīkh b. Khallikān S II 930

-*Ta'rīkh al-khamīs fī aḥwāl anfas al-nafīs* G II 381, S II 514
-*Ta'rīkh al-khamīs al-musammā Muthīr al-ʿazm al-sākin* G I 505, 506
Ta'rīkh al-khulafā' G I 141, II 157,$_{278}$, S I 248
Ta'rīkh al-Kūfa S III 494
Ta'rīkh al-Kuwayt S III 496
Ta'rīkh al-Laḥjī S I 587
Ta'rīkh Lubnān S III 422
Ta'rīkh al-lugha al-ʿArabiyya etc. S III 189
Ta'rīkh al-mabda' wal-ma'āl S I 880,$_{6}$
Ta'rīkh al-Madīna G I 137
Ta'rīkh madīnat Dimashq G I 331
Ta'rīkh al-Madīna al-munawwara S II 75,$_{70}$
Ta'rīkh madīnat al-Salām S I 613
-*Ta'rīkh wal-majrūḥīn min al-muḥaddithīn* S I 273
Ta'rīkh Makka al-musharrafa G I 137, S I 634
Ta'rīkh Makka al-musharrafa wal-masjid al-ḥarām wal-Madīna al-sharīfa wal-qabr al-sharīf S II 222
Ta'rīkh al-Malik al-Ashraf Qāytbāy G II 30, S II 26
-*Ta'rīkh al-Manṣūrī* G I 350, S I 591
Ta'rīkh al-Marāwiza S I 210
Ta'rīkh Māridīn S II 780
Ta'rīkh al-mashāyikh S I 356
Ta'rīkh al-Mashriq S III 282
Ta'rīkh al-Māsūniyya al-ʿāmm S III 189
Ta'rīkh mawlid al-ʿulamā' G I 167, S I 280
Ta'rīkh al-Mawṣil S I 210, II 501, III 495
Ta'rīkh May Idrīs S II 717
Ta'rīkh Mayyāfāriqīn S I 570
Ta'rīkh Miṣr G I 149, 711, S I 572, 574, II 432
Ta'rīkh Miṣr fī ʿahd al-Khidīwī Ism. S III 309
Ta'rīkh Miṣr wa-Dimashq G II 36
Ta'rīkh Miṣr al-jadīd etc. S III 306
Ta'rīkh Miṣr al-ḥadīth G II 483, S III 186, 189
Ta'rīkh Miṣr qabla 'l-iḥtilāl al-Barīṭānī S III 310
Ta'rīkh Miṣr al-qadīm wal-jadīd S III 308
Ta'rīkh Miṣr al-siyāsī fī 'l-azmina al-ḥadītha S III 310
Ta'rīkh al-mu'āmarāt al-siyāsiyya S III 212
Ta'rīkh muddat wilāyat al-Malik al-Ẓāhir etc. S II 51
Ta'rīkh mudun al-ʿIrāq S III 496
Ta'rīkh M. b. ʿAbd al-Wahhāb G II 712
Ta'rīkh mulūk al-ʿArab al-awwalīn etc. S I 164
Ta'rīkh mulūk al-Funj bil-Sūdān etc. S II 895
Ta'rīkh mulūk al-Ḥīra S III 496
Ta'rīkh mulūk al-Muslimīn S III 381
Ta'rīkh muqaddarāt al-ʿIrāq al-siyāsiyya S III 495
Ta'rīkh al-mustabṣir S I 883 (to be read thus)
-*Ta'rīkh al-mustakhraj min kutub al-nās* S I 281
Ta'rīkh Muṣṭafā Kāmil Bāshā S III 333
Ta'rīkh al-muʿtabar fī anbā' man ʿabar G II 43, S II 42
Ta'rīkh al-muwaḥḥidīn S I 554
-*Ta'rīkh al-Muẓaffarī* G I 346, S I 588
Ta'rīkh Nābūlyūn al-awwal S II 768
Ta'rīkh al-naḥwiyyīn S I 157
Ta'rīkh Najd S II 788
Ta'rīkh Najd al-ḥadīth S III 412
Ta'rīkh al-nawādir etc. S II 53
Ta'rīkh Nifṭawayh S I 184
Ta'rīkh Nīsābūr S I 277
Ta'rīkh al-nubalā' G II 47
Ta'rīkh qabā'il al-bādiya S II 728
Ta'rīkh al-qaḍiyya al-ʿIrāqiyya S III 489
Ta'rīkh Qandiyya S II 637
Ta'rīkh al-qarn al-tāsiʿ ʿashar fī Ūrūbā S III 309
Ta'rīkh qudamā' al-Miṣriyyīn S II 732
Ta'rīkh al-Quds G II 496
Ta'rīkh Qumm G I 516
Ta'rīkh al-Raqqa S I 210
Ta'rīkh al-Rāzī G I 333, S I 570
Ta'rīkh al-rijāl S II 928
Ta'rīkh al-Rūmāniyyīn S II 734, III 333
Ta'rīkh Rūsiyya S III 381
Ta'rīkh Saʿd Zaghlūl Bāshā S III 335
Ta'rīkh salāṭīn Miṣr wal-Sha'm wa-Ḥalab etc. S II 34
Ta'rīkh al-Sha'm S II 772 A/C, III 423
Ta'rīkh al-Sha'm wa-Miṣr S II 728
Ta'rīkh b. al-Shiḥna S II A/C 177
Ta'rīkh al-shuʿarā' al-Ḥaḍramiyyīn S II 816,$_{n}$
-*Ta'rīkh al-siyāsī* S III 496
Ta'rīkh Sokoto G II 511
Ta'rīkh al-Sūdān G II 468, S II 717
Ta'rīkh al-sulṭān al-Malik al-Ashraf etc. S II 198

Taʾrīkh al-sulṭān al-Malik al-Nāṣir G II 28
Taʾrīkh al-sulṭān Selīm al-ʿUthmānī etc. S II 409
Taʾrīkh Sūriyya S III 420
Taʾrīkh Sūriyya al-iqtiṣādī S III 423
Taʾrīkh Sūriyya qabla ʾl-fatḥ al-Islāmī S III 423
Taʾrīkh Ṣafad S I 568
-Taʾrīkh al-ṣaghīr S I 264
-Taʾrīkh al-Ṣāliḥī S I 555
Taʾrīkh al-Ṣāliḥiyya G II 107
Taʾrīkh Ṣanʿāʾ S I 218
Taʾrīkh Ṣanʿāʾ al-Yaman S II A/C 236
Taʾrīkh al-ṣiḥāfa al-ʿArabiyya S III 428
Taʾrīkh al-ṣiḥāfa al-ʿIrāqiyya S III 497
Taʾrīkh al-ṣuḥuf al-ʿArabiyya S III 428
Taʾrīkh al-tamaddun al-ḥadīth S III 421
Taʾrīkh al-tamaddun al-Islāmī S III 187
Taʾrīkh al-tashrīʿ al-Islāmī S III 310
Taʾrīkh thaghr ʿAdan G II 709, S II 240
Taʾrīkh al-thawra al-ʿIrāqiyya S III 496
Taʾrīkh al-thiqāt S I 273
Taʾrīkh Tūnis S II 689
Taʾrīkh al-ṭibb etc. S III 386
Taʾrīkh al-ʿUmarī S II 781
Taʾrīkh ʿulamāʾ ahl Miṣr S I 571
Taʾrīkh ʿulamāʾ al-Andalus G I 338
Taʾrīkh al-umam al-Islāmiyya S III 310
Taʾrīkh ʿummāl al-shuraṭ li-umarāʾ al-ʿIrāq S I 213
Taʾrīkh Urishlīm S II 771
-Taʾrīkh al-wāḍiḥ al-maslūk etc. S II 49
Taʾrīkh Wāṣit S I 565
Taʾrīkh al-wizārāt al-ʿIrāqiyya S III 496
Taʾrīkh wulāt al-Khurāsān S I 571
Taʾrīkh al-wuzarāʾ G I 324, S I 556
Taʾrīkh al-Yaman G I 334, S II 553, 928
Taʾrīkh al-Yaman muddat wilāyat Ḥ. Bāshā S II 549
Taʾrīkh al-Yaʿqūbī S I 405
Taʾrīkh al-Yazīdiyya S III 497
Taʾrīkh al-Yūnān wal-Rūmān S III 189
Taʾrīkh al-zamān wa-sabab tafarruq al-nās fi ʾl-buldān S II 818
Tarjama S I A/C 720
-Tarjama al-ʿAbqariyya etc. S II 809
Tarjamat aḥkām al-madhhab S II 952
Tarjamaʾi aqwāli Wāsiṭī S I 357
Tarjamat al-asrār S II 471
Tarjamat al-Āthār al-ʿulwiyya li-Ya. S I 836
Tarjamat al-aṭibbāʾ G II 358
Tarjamat awliyāʾ Baghdād S II 501
Tarjamat k. Falsafat b. Khaldūn lil-Dr. Ṭāhā Ḥu. S III 212
Tarjamat Fatḥ al-nuqūd S I A/C 544
Tarjamat Gulistān S II 753
Tarjamat ḥāl wa-faḍāʾil Shaykh Akbar M. b. ʿArabī S I 791
Tarjamat al-imām al-Shāfiʿī G II 97
Tarjamat al-jarīda S I 726,18
Tarjamat kalām al-ḥukamāʾ fi ʾl-ḥikma al-ṭabīʿiyya S II 666
Tarjamat kalām al-ḥukamāʾ fi ʾl-manṭiq etc. S II 666
Tarjamat b. Khafīf S I 359
Tarjamat kitāb Arisṭū fi ʾl-manṭiq S II 666
Tarjamat kitāb Uqlīdīs S I 956 ad 370
Tarjamat al-kutub al-thamāniya S II 665
Tarjamaʾi maʿārif al-nubuwwa S II 661
Tarjamat al-manāqib S I 713
Tarjamat al-Maqāma al-nabawiyya S II 356
Tarjama fī marātib ahl al-Ṣūfiyya S II 286
Tarjamat al-mufīd fī Muqaddimat al-tajwīd S II 276
Tarjamat al-muqaddamīn min al-shuʿarāʾ G II 698
Tarjamat al-mustafīd fī Aḥkām al-Qurʾān S II 240
Tarjamat al-mustafīd li-maʿāni M. al-tajwīd S II 276
Tarjamat al-mustafīd fi ʾl-tajwīd S II 555
Tarjamat al-Nawawī S II 32
Tarjamat al-Qurʾān S III 323
Tarjamat quṭb al-wāṣilīn etc. S III 345
Tarjamaʾi Quṭbshāhī S II 595
Tarjamat Sharḥ al-Anwār fi ʾl-manṭiq S II 666
Tarjamat Sharḥ Maṭāliʿ al-anwār S II 666
Tarjamat shaykh al-Islām al-Bulqīnī S II 115
Tarjamat al-ṣaḥāba ruwāt al-Maṣābīḥ S I 621
Tarjamat al-ṣalāh S II 584
Tarjamat taʿallum al-ḥāl al-mukhtaṣar S II 775
Tarjamat Taqī al-Dīn b. Taymiyya S II 119
Tarjīʿ al-aṭyār bi-muraqqiṣ al-ashʿār S II 817

Tarjīḥ al-aqwāl al-muʿtabara etc. S II 93
Tarjīḥ asālīb al-Qurʾān etc. S II 249
Tarjīḥ al-bayyināt S II 502, 775, 973,$_{11}$
Tarjīḥ dhawq al-qirāʾa etc. S II 127,$_{35}$
-Tarjīḥ, sharḥ al-Tanqīḥ S II 301
Tarjīḥ taṣḥīḥ al-khilāf G II 89
-Tarjumān G II 194, S II 258
Tarjumān al-afkār G II 494, S II 756, III 385
Tarjumān al-alfāẓ al-Muḥammadiyya G I 445
Tarjumān al-ashwāq G I 447, S I 799,$_{131}$
Tarjumān al-asrār etc. G II 334, 343, S II 462
Tarjumān al-ʿaṣr ʿan taqaddum Miṣr S II 735
Tarjumān al-aṭibbāʾ S II A/C 484
Tarjumān al-ḍamīr fī madḥ al-hādī al-baṣīr S III 345
Tarjumān lisān al-ḥaqq G I 434
-Tarjumān al-mufattiḥ li-thamarāt kamāʾim al-Bustān etc. G II 186, S II 244
Tarjumān al-mukātaba G II 475, S II 753, III 378
-Tarjumān al-muʿrib ʿan duwal al-mashriq wal-maghrib G II 508, S II 879
-Tarjumān al-mutarjam bi-Muntaha ʾl-arab etc. G II 707, S II 25
Tarjumān al-Qurʾān G I 288, S II 647
Tarjumān al-Qurʾān fi ʾl-tafsīr al-musnad G II 148, S II 179,$_{2}$
Tarjumān shuʿab al-īmān S II 110
-Tarjumāna al-kubrā S II 880
Tark al-mirās fi ʾl-ziyāda ʿalā Muʿjam al-shuʿarāʾ lil-Marzubānī S II 48
-Tarkhīṣ bil-qiyām etc. S I 685
Tarkīb al-aflāk S I 388
-Tarkīb al-gharīb G II 215
-Tarkīb al-jalīl G II 215, S II 304
Tarkīb al-kāfiya G I 505
Tarkīb al-ṣuwar G II 334
-Tarqīm wa-ʿalāmātuhu fi ʾl-lugha al-ʿArabiyya S III 283
Tarqīq al-asal etc. S II 236
-Tarqīṣ S I 174
Tarshīḥ al-mustafīdīn S II 604, 743
Tarshīḥ al-taṣḥīḥ G II 89
Tarshīḥ al-tawshīḥ etc. S I 670
-Tarṣīʿ fī ṣināʿat al-badīʿ G II 165, S II 135
-Tarṣīf fī ʿilm al-taṣrīf G II 380, S II 513
-Tartīb S I 428,$_{57}$
Tartīb akl al-fākiha S I 420,$_{27}$
Tartīb al-aqsām G II 93
Tartīb al-Ashbāh wal-naẓāʾir S II 426
Tartīb al-awzān S I 429,$_{79}$
Tartīb fatāwi ʾl-ʿallāma b. Nujaym S II 426
Tartīb al-fatāwī al-Zayniyya G II 310
Tartīb al-fiʾa fī naẓm al-asʾila al-miʾa S II 194,$_{263e}$
Tartīb Fuṣūl Buqrāṭ S II 1028,$_{15}$
Tartīb al-inshād fī taʿrīb al-Irshād S I 679
Tartīb al-jamāl G II 215
Tartīb al-madārik etc. G I 370, S I 632
Tartīb majmūʿ al-farāʾiḍ G II 161, 162
Tartīb majmūʿ al-Kallāʾī S II 201, 484
Tartīb Musnad A. b. Ḥanbal etc. G I 182, S I 952 ad 310
Tartīb Musnad al-Shāfiʿī S I 951
Tartīb al-sulūk ilā malik al-mulūk G I 444
Tartīb al-sulūk fī ṭarīq Allāh G I 432, S I 772
Tartīb k. al-Thiqāt libn Ḥibbān S II 81
Tartīb Tuḥfat al-muwāfiqīn etc. S II 345
Tartīb al-ʿulūm G II 370, S II 498
Tartīb waẓāʾif al-waqf S II 542,$_{113}$
Tartīb zībā G II 435, S II 646
Tartīl al-Qurʾān G II 351
Tarwīḥ al-arwāḥ G II 213, S I 826,$_{82kk}$, II 180,$_{6k}$
Tarwīḥ al-arwāḥ min ʿilal al-ashbāḥ S II 219, 625
Tarwīḥ al-arwāḥ wa-miftāḥ al-surūr wal-afrāḥ S I 599
Tarwīḥ al-ʿāshiqīn S II 781
Tarwīḥ al-bāl etc. G II 353, S II 479
Tarwīḥ al-fuʾād etc. G II 307, S II 419
Tarwīḥ al-janān etc. S II 857,$_{10}$
Tarwīḥ al-maʿshūq etc. G II 399, S II 544
Tarwīḥ al-nafs fi madīnat al-Shams S II 735
Tarwīḥ al-nufūs ʿalā ḥawāshi ʾl-Qāmūs S II 742
Tarwīḥ al-nufūs wa-muḍhik al-ʿabūs G II 484, S II 736
Tarwīḥ al-qalb al-shajī etc. S II 455
Tarwīḥ uli ʾl-damātha etc. S II 393
Tarwiyat al-ẓāmiʾ fī tabriyat al-Jāmiʿ S II 496
-Tasāhul al-dīnī S III 399 A/C, 410
-Tasallī wal-ightibāṭ G II 74, S II 79
-Tasallī wal-tabaṣṣur etc. S I A/C 805
Tasbīʿ al-dāʾira G I 470

Tasbīʿ al-Qaṣīda al-Barriyya S II 663
-Tasdīd fī bayān al-tawḥīd G II 329, S II 457
-Tasdīd, sharḥ al-Tamhīd G II 116
Tasfīh al-ghabī fī tanzīh b. ʿArabī S I 802
-Tashawwuf ilā rijāl al-taṣawwuf S I 559
-Tashbīh G II 217
Tashbīh al-khasīs G II 48
-Tashbīhāt S I 189, II 920,60
-Tashbīhāt al-mashriqiyya S I 187 (to be read thus)
Tashdīd al-qaws etc. S II 75,72
Tashḥīdh al-adhhān fī rasm āyāt al-Qurʾān S II 979
Tashḥīdh al-adhhān fī sīrat bilād al-ʿArab wal-Sūdān S II 749
Tashḥīdh al-adhhān fī taṭhīr al-adhān etc. S II 475,105
-Tashīl S II 326
Tashīl al-bunā fī taʿlīl al-bināʾ S I 524,8
Tashīl al-faḥṣ ʿan riwāyat al-imām Ḥafṣ S II 982
Tashīl al-farāʾiḍ G II 370, S II 498,8,12
Tashīl al-fatāwī G I 394, II 225
Tashīl al-fawāʾid S I 702
Tashīl al-fawāʾid wa-takmīl al-maqāṣid G I 298, S I 522
Tashīl al-Hidāya etc. S I 644, 670 A/C, II 104, 440
Tashīl al-Hidāya wa-taḥṣīl al-Kifāya S II 440
Tashīl al-ʿibāra G II 225
Tashīl al-Kāfiya S I 535,37
Tashīl al-manāfiʿ (maʿānī) fī ʾl-ṭibb wal-ḥikam S II 170, 252
Tashīl al-maqāṣid li-zūwār al-masājid G II 94, S II 110
Tashīl al-maṭālib fī taʿdīl al-kawākib S II 341, 364
Tashīl al-maṭlab G I 399
Tashīl al-Mijisṭī S I 384
Tashīl Mirqāt al-wuṣūl S II 559
Tashīl Nayl al-amānī S I 504
Tashīl al-naẓar G I 386
-Tashīl fi ʾl-nujūm G I 511
Tashīl al-sabīl fī fahm maʿāni ʾl-tanzīl G II 334,5, 383, S II 462
Tashīl al-sabīl ilā kashf al-iltibās etc. S II 510
Tashīl al-Ṣāliḥī G II 213
-Tashīl wal-taqrīb etc. S II 159
Tashīl al-ṭuruqāt fī naẓm al-Waraqāt S II 441
-Tashīl li-ʿulūm al-tanzīl G II 265, S II 377
Tashīl al-ʿurūḍ fī ʿilm al-ʿarūḍ G II 380, S II 513
Tashīl al-wuṣūl ilā ʿilm al-uṣūl S II 740
Tashīl Zīj Ulughbeg S II A/C 298
-Tashkīk ʿala ʾl-tafkīk S II 819
Tashmīs al-budūr fī takhmīs al-shudhūr S I A/C 908
Tashnīf al-asmāʿ bi-aḥkām al-samāʿ S II 27 A/C, 529 A/C
Tashnīf al-asmāʿ bi-baʿḍ asrār al-samāʿ S II 479
Tashnīf al-asmāʿ bi-fawāʾid al-tasmiya ʿinda ʾl-ghināʾ G II 304, S II 415
Tashnīf al-asmāʿ bi-maʿna ʾl-shahāda etc. S II 972,4,3
Tashnīf al-asmāʿ fī taʿrīf al-ibdāʿ S I 801,192
Tashnīf al-masāmīʿ li-baʿḍ fawāʾid al-Jāmiʿ S I 263,29
Tashnīf al-masāmīʿ, sharḥ Jamʿ al-jawāmiʿ S II 105
Tashnīf al-masāmīʿ bi-tarājim rijāl Jamʿ al-jawāmiʿ G II 309, S II 422
Tashnīf al-samʿ bi-baʿḍ laṭāʾif al-waḍʿ S II 479
Tashnīf al-samʿ bi-taʿdīd al-sabʿ G II 154, S II 192,219
Tashnīf al-samʿ fī waṣf al-damʿ S II 29
Tashnīf al-sāmiʿ fī ʿilm ḥisāb al-aṣābiʿ S II 495
Tashrīf al-ayyām wal-ʿuṣūr etc. S I 551
Tashrīḥ al-aʿḍāʾ S I 827,95w
Tashrīḥ al-aflāk G II 414, S II 595
Tashrīḥ al-ʿayn etc. S I 886
Tashrīḥ al-fuṣūl al-muhimma etc. S II 217
-Tashrīḥ bi-ghawāmiḍ al-Tanqīḥ S II 301
Tashrīḥ al-ḥurūf al-aṣl wa-quwwat al-ʿArabiyya S I 161
Tashrīḥ al-ʿilal wal-aʿrāḍ S I 956 ad 369
Tashrīḥ al-khāṭir etc. S II 103
Tashrīḥ al-tashrīḥ S I 826, f
Tashrīḥ al-uṣūl S II 838
Tashṭīr al-Alfiyya S I 525
Tashṭīr al-Burda S II 869,4
Tashṭīr Lāmiyyat al-ʿAjam G I 248
Tashṭīr al-Tāʾiyya S II 739

Tashṭīr Umm al-qurā S II 739
Tashwīq al-anām etc. S II 497
Tashwīq al-arwāḥ G II 119
-Tashwīq al-taʿlīmī fī ʿilm al-hayʾa S I 862, 887
-Tashwīq al-ṭibbī S I 887
Tashyīʿ al-fuqahāʾ al-Ḥanafiyya G II 395, S II 540,$_{21}$
Tashyīd al-arkān etc. G II 156, S II 195,$_{265}$
Tashyīd (tasdīd) al-qawāʿid S I 925,$_{2b}$
Taʾsīs al-binyān S II 999,$_{34}$
Taʾsīs al-fiqh S I A/C 348
Taʾsīs al-naẓar G I 175, S I 296
Taʾsīs al-Shīʿa al-kirām S I 132
Taʾsīs al-ṣiḥḥa S II 93
Taʾsīs al-taqdīs S I 928,$_{19}$
Tasjīl al-awqāf S II 322, 651
Tasliyat ahl al-maṣāʾib G II 76, S II 82
Tasliyat al-aḥzān G II 350
Tasliyat al-aʿmā G II 397, S II 541,$_{85}$
Tasliyat al-fuʾād S II 600
Tasliyat al-ḥazīn etc. S II 1009,$_{127}$
Tasliyat al-ikhwān etc. S II 828
Tasliyat al-kaʾīb etc. S II 440
Tasliyat al-khawāṭir bil-laṭāʾif wal-nawādir S III 378
Tasliyat al-khawāṭir fī muntakhabāt al-mulaḥ wal-nawādir S II 13, 758
Tasliyat al-muṣāb G II 489
Tasliyat al-qāriʾ fī majmaʿ al-amthāl S II 771
-Tasliya wal-sulwān etc. S II 886
Tasmīṭ Miftāḥ al-tawba S II A/C 199
Tasmīṭ urjūzat Mudrik al-Shaybānī S II A/C 200
Tasmiyat aṣḥāb rasūl Allāh S I 269
Tasmiyat āyat al-Kursī G II 449
Tasmiyat rijāl Ṣaḥīḥ Muslim etc. S I 266, II 47
Tasmiyat shuʿarāʾ al-qabāʾil S I 166
Tasmiyat shuyūkh a. Dāʾūd S I 629
Tasmiyat wulāt Miṣr S I 229
Tasnīm al-muqarrabīn S I 774
Tasṭīḥ al-asṭurlāb G I 74, S I 868
Taswīlāt al-falāsifa S II 855
-Taswiya bayna ʾl-ʿArab wal-ʿAjam G I 122, S I 185
-Taṣarruf wal-naqd wal-sikka S I 225
-Taṣawwuf G II 120, 231, 253, 340, S I 358, II 1011,$_{146}$
-Taṣawwuf al-Islāmī S III 305
-Taṣawwurāt G II 218
-Taṣawwurāt wal-taṣdīqāt al-Quṭbiyya G II 209, S II 293
-Taṣdīq bil-naẓar ila ʾllāh fi ʾl-ākhira S I 274
Taṣdīq (ithbāt) al-nubuwwa G I 454, S I 814,$_{10}$
Taṣdīr al-Burda wa-taʿjīzuhā S I 470
Taṣdīr wa-tadhyīl Lāmiyyat al-ʿAjam S I 440
-Taṣdīr wal-taʿjīz (tadhyīl) G I 248, S II 227
Taṣfiyat al-nufūs ʿani ʾl-radhāʾil etc. S II 560
Taṣfiyat al-qulūb ʿan daran al-awzār wal-dhunūb S II 242
-Taṣḥīf G I 127
Taṣḥīfāt al-muḥaddithīn S I 193
Taṣḥīḥ al-akhbār S I 242,$_{14}$
Taṣḥīḥ al-aʿmāl al-nujūmiyya G I 470
Taṣḥīḥ al-asānīd G II 411
Taṣḥīḥ al-irāda S I 355
Taṣḥīḥ iʿtiqād al-Imāmiyya S I 323
Taṣḥīḥ k. al-Aghānī S I 226
Taṣḥīḥ Lisān al-ʿArab S II 15
Taṣḥīḥ maʿāni ʾl-āthār S I 293
Taṣḥīḥ majīʾ al-akhbār S I 946 ad 245
Taṣḥīḥ masāʾil al-jabr etc. S I 385,$_{26}$
Taṣḥīḥ al-muḥtāj G I 393, S I 680
Taṣḥīḥ al-nabīh G I 388
Taṣḥīḥ al-naẓar S I 612
Taṣḥīḥ al-nuqūl etc. S II 775
Taṣḥīḥ al-Qāmūs al-muḥīṭ S II 235
Taṣḥīḥ al-Qudūrī S I 296, II 93
-Taṣḥīḥ li-ṣalāt al-tasbīḥ G II 153,$_{190}$, S II 191
Taṣḥīḥ al-Tanbīh G I 396, S I 670, 682
-Taṣḥīḥ wal-tarjīḥ S I 296
Taṣḥīḥ ʿUmdat al-afhām S I 606
Taṣḥīḥ ʿUmdat al-nuẓẓār S I 677,$_{6}$
Taṣḥīḥāt al-muḥaddithīn fī gharīb al-ḥadīth S I A/C 193
Taṣrīf khalkhalat al-hawā G I 498
-Taṣrīf li-man ʿajiza ʿani ʾl-taʾālīf S I 425
Taṣrīf al-Māzinī G I 126
Taṣrīf al-Zanjānī G I 283, S I 497
-Taṣrīḥ bi-madhhab al-ṣarīḥ S I 703,$_{9}$
-Taṣrīḥ bi-maḍmūn al-tawḍīḥ S I 523
Taṣrīḥ al-maknūn fī tanqīḥ al-Qānūn S I 826,$_{f}$
-Taṣrīḥ fī sharḥ al-tasrīḥ G II 397, S II 541,$_{78}$
-Taṣrīḥ wal-tasrīḥ G II 461
Taṣwīr Ādam G I 446

Taṣwīr al-farāʾiḍ S I 970 ad 651
Tathbīt dalāʾil nubuwwat sayyidinā M. S I 343
-Tathbīt fī ʿilm al-tabyīt G II 151, S II 187
Tathbīt al-imāma S I 314
Tathbīt imāmat amīr al-muʾminīn ʿA. b. a. Ṭālib S I 316$_{,3}$
Tathbīt al-imāma li-mawlānā ʿA. b. a. Ṭālib S I 324
-Tathbīt wal-jawāz ʿan mazāliq al-iʿtirāḍ S II 560
Tathbīt al-mulk G I 78
Taʾthīr al-rūḥāniyyāt S I A/C 369
Taʾthīrāt al-jaww al-mukhtaṣṣ bi-ʿilm al-falsafa S II 482
Tathqīf al-alsina bi-taʿrīf al-azmina S II 45
Tathqīf al-lisān wa-talqīḥ al-janān G I 302, S I 541
Tathqīf al-taʿrīf bil-muṣṭalaḥ al-sharīf S II 176
-Tatimma G I 288, S II 819
Tatimmat al-Ājurrūmiyya G II 238, S II 334
Tatimmat Amal al-āmil S II A/C 578
Tatimmat al-Bassāma S II 818
Tatimmat al-bayān fī taʾrīkh al-Afghān S III 314
Tatimmat al-Durra al-yatīma G I 152
Tatimmat al-fatāwā G I 375, S I 642
-Tatimma fi ʾl-furūq min al-Ashbāh wal-naẓāʾir S II A/C 426
Tatimmat al-ḥawāshī fī izālat al-ghawāshī S II 291
Tatimmat ḥisāb al-aqālīm al-sabʿa S I 393
Tatimmat al-ibāna G I 387, S I 669
Tatimmat al-ifāda G I 402
Tatimmat al-maʿānī etc. S II 980
Tatimmat al-Mukhtaṣar fī akhbār al-bashar G II 46, 140, S II 175
Tatimmat Natāʾij al-afkār S I 645
Tatimmat al-Qaṣīda al-Bassāma al-ṣughrā S II 248
-Tatimma fi ʾl-qirāʾāt al-thalāth G II 112, S II 139
Tatimmat al-Riyāḍ al-naḍira G I 361, II 178
Tatimmat Ṣiwān al-ḥikma S I 378
Tatimmat al-Tadrīb G II 93
Tatimmat taʾrīkh Najd S III 498
Tatimmat al-Yatīma S I 236, 499
-Taṭarruf wal-iṣlāḥ S III 414
Taṭawwur al-asālīb al-nathriyya S III 425
Taṭbīq al-diyāna al-Islāmiyya etc. S III 324
Taṭbīq al-maḥw baʿd al-sahw etc. S II 511
Taṭbīq taʿlīm al-asliḥa etc. S II 725
-Taṭfīf S II 532
-Taṭfīl S I 916$_{,9a}$
-Taṭfīl wa-ḥikāyāt al-ṭufayliyyīn S I 564
Taṭhīr ahl al-zawāyā etc. S II 467$_{,62}$
Taṭhīr al-ʿayba G II 389
Taṭhīr al-fuʾād etc. S I 103$_{,5}$
Taṭhīr al-janān wal-lisān etc. S II 528$_{,37}$
Taṭhīr al-kalām etc. S II 537, read: *taḥrīr*
Taṭhīr al-ṭawiyya G II 395, S II 540$_{,36}$
Taʿṭīr al-anām etc. G II 346, S II 473$_{,28}$
Taʿṭīr al-anfās etc. S II 400
Taʿṭīr al-wujūd etc. S II 393
Taṭrīf al-taṣḥīf G II 149$_{,98}$
-Taṭrīz S I A/C 680
Taṭwīl al-asfār li-taḥṣīl al-akhbār S I A/C 762
-Tawābiʿ fi ʾl-ṣarf G II 423, S II 630
-Tawahhum S I 352
-Tawajjuh lil-rabb G II 35
-Tawajjuhāt wal-tawassulāt S II 462
-Tawakkul S I 274, 952 ad 317
-Tawakkul ʿala ʾllāh G I 186, S I 248$_{,38}$
Tawallud al-ḥaṣāt G I 217
Tawārīkh al-Jayyānī S I 614
Tawārīkh sinī mulūk al-arḍ wal-anbiyāʾ S I 221
-Tawassuʿ G II 452$_{,113}$
-Tawassul al-asnā G II 350$_{,22}$
-Tawassul bil-Qurʾān G I 267
-Tawassul bi-shuhadāʾ Badr S II 392
-Tawassulāt al-ilāhiyya etc. S II 523
Tawassulāt al-nabī G II 408
-Tawassuṭ wal-fatḥ bayna ʾl-Rawḍa wal-Sharḥ S I 753, II 108
-Tawaṣṣul al-badīʿ ila ʾl-tawassul bil-shafīʿ S II 7
-Tawaṣṣul bi-ḥall mushkil al-tawassul G II 489
-Tawaʿʿud bil-rajm etc. S II 131$_{,17}$, 947$_{,181,13}$
-Tawḍīḥ G I 306, S I 538
-Tawḍīḥ al-abhar S II 109
Tawḍīḥ al-afkār fī Tanqīḥ al-anẓār S II 249, 556
Tawḍīḥ al-aḥkām S II 375

-Tawḍīḥ al-anwar etc. G II 199, S II 272
-Tawḍīḥ wal-bayān G II 508
-Tawḍīḥ fī bayān mā huwa 'l-Injīl S II 802
Tawḍīḥ al-bayān fī tashīl al-awzān S II 833
Tawḍīḥ al-burhān etc. S II 497
-Tawḍīḥ fī ḥall ghawāmiḍ al-Tanqīḥ G II 214, S II 300
Tawḍīḥ al-iʿrāb S II 19
-Tawḍīḥ fī iʿrāb al-Bukhārī S I 262
Tawḍīḥ manāhij al-anwār G II 232, S II 324
Tawḍīḥ al-maqāl fī ʿilm al-rijāl S II 835
Tawḍīḥ al-maqāṣid fī sharḥ al-Qaṣīda al-dhahabiyya etc. S II 597,41
Tawḍīḥ al-masāʾil al-ʿaqliyya S II 557
Tawḍīḥ al-masālik S I 302,7
Tawḍīḥ al-Minhāj S I 680
Tawḍīḥ al-Musāyara S II 92
Tawḍīḥ Nukhabat al-fikar S I 611, II 585
-Tawḍīḥ, sharḥ al-Alfiyya S I 522
-Tawḍīḥ, sharḥ al-Irshād S II 304
-Tawḍīḥ, sharḥ al-Muqaddima fī 'l-ṣalāt G I 196, S I 348
-Tawḍīḥ, sharḥ al-Ṣaḥīḥ G I 159
Tawḍīḥ al-Tadhkira S I 931,40b
Tawḍīḥ al-taṣḥīḥ S II 965,21
-Tawḍīḥ ʿan tawḥīd al-khirāq etc. S II 532
Tawḍīḥ al-tibyān fī miʿyār al-mīzān S II 1020,35
-Tawḍīḥāt fī 'l-mukātabāt G II 200, S II 273
-Tawfīq bayna Aflāṭūn wa Arisṭū S I 377
-Tawfīq al-jalī G II 347, S II 474,51
Tawfīq al-raḥmān G II 197, S II 267
Tawfīq al-rutba fī taḥqīq al-khuṭba S II 475,110
-Tawfīq lil-taflīq G I 285
-Tawfīq ʿalā tawbat ahl al-taṭrīf G I 403
Tawfiyat al-kayl etc. S II 68
-Tawḥīd G I 195, 401, 452, II 107, 693, S I 104, 322, 339, 355, 356, 806 A/C, 939,104
Tawḥīd ahl al-ʿirfān etc. S II 353
Tawḥīd ahl al-tawḥīd S II 807
-Tawḥīd alladhī huwa ḥaqq Allāh ʿala 'l-ʿibād S II 531
-Tawḥīd al-aʿẓam S II 990
Tawḥīd al-Durr al-thamīn S II 700
-Tawḥīd wa-ithbāt ṣifāt al-rabb G I 193, S I 345
-Tawḥīd al-nabawī S I 772
Tawḥīd al-tanāhī wal-taḥdīd G I 186, S I 952 ad 317
Tawḥīd al-tawḥīd G I 445
Taʿwīdh al-ḥakīm fī 'l-kīmiyyāʾ S II 1034,3
Taʾwīl al-aḥādīth etc. S II 190,169ttt
Taʾwīl al-āyāt al-bāhira etc. S II 575
Taʾwīl al-daʿāʾim S I 325
Taʾwīl mukhtalif al-ḥadīth etc. S II 123,82
Taʾwīl mushkil al-aḥādīth S I 277
Taʾwīl al-mutashābihāt fī 'l-akhbār wal-āyāt S I 667
Taʾwīl qawlihi taʿālā khalaqa Ādama ʿalā ṣūratihi S II 325
Taʾwīl qiṣṣat Salāmān wa-Absāl S I 817,27a
Taʾwīl al-Qurʾān S II 985,24
Taʾwīl i sharāʾiʿ S I 323
Taʾwīl al-sharīʿa S I 325
Taʾwīl al-sūra al-mubāraka al-Fātiḥa S I 807
Taʾwīl al-zakāt S I 324
-Taʾwīlāt G I 376, S I 747,21a
Taʾwīlāt bismillāh G II 205
-Taʾwīlāt al-Najmiyya etc. G II 166, S II 281
Taʾwīlāt al-Qurʾān G I 195, II 203, 205, S I 346, II 280
Tawjīh al-basmala S II A/C 674
Tawjīh iʿrāb al-abyāt G I 113
Tawjīh al-naẓar ilā uṣūl ʿilm al-athar S II 778, III 384
Tawjīh al-tasbīḥ G II 271
Tawkīd al-ʿaqd fī mā akhadha ʿalaynā min al-ʿahd S II 355 A/C, 701
-Tawqīʿāt G I 446,9, II 363, S I 798,91
-Tawqīʿāt al-falakiyya G II 359
Tawqīf al-ḥukkām etc. S II 111
Tawqīf al-masāʾil S II A/C 574
-Tawqīf ʿalā muhimmāt al-taʿrīf G II 216, 306, S II 417
-Tawr al-aghlā S I 799,118b
Tawshīḥ al-dībāj etc. G II 176, S II 436
-Tawshīḥ ʿala 'l-Jāmiʿ al-ṣaḥīḥ G I 159, II 146,23, S I 262,15
-Tawshīḥ ʿala sharḥ b. Q. al-Ghazzī S II 813
Tawshīḥ al-Tahdhīb S II 302
-Tawshīḥ ʿala al-Tanbīh S I 670
Tawshīḥ al-taqwīm etc. S II 421
Tawshīḥ al-taṣḥīḥ G II 89, S I 682, II 106
Tawshīq al-ʿināya S I 648

-Tawshiya wal-tawfiya G I 414
Tawṣīl man jadd ilā taḥṣīl irth al-jadd S II 896
Tawthīq ʿura ʾl-īmān etc. G II 116, S I 735, II 101
-Tawwābīn G I 389, S I 689
Tawzīʿ al-dunyā etc. S I 236, 945
Taʾyīd al-ḥaqīqa G II 156, S II 195$_{,264}$
-Taʾyīdāt al-ʿaliyya etc. S II 468$_{,19}$
Taʿyīn al-firqa al-nājiya S II 503
Taʿyīn al-ṣalāt al-wusṭā S II 190$_{,178d}$
-Taysīr fī aḥkām al-tasʿīr S II 696
Taysīr al-ʿalīm li-jawāb al-taḥkīm S II 431$_{,28}$
Taysīr al-bayān li-aḥkām al-Qurʾān S II 214
Taysīr al-bayān fī takhrīj āyāt al-Qurʾān S II 984$_{,13}$
Taysīr fāʾiḥat al-ihāb etc. S II 235
Taysīr al-fatāwī G II 117
-Taysīr wal-īḍāḥ S II 968$_{,17}$
-Taysīr wal-īḍāḥ al-kāshif li-maʿānī abwāb al-Miftāḥ S I 702
-Taysīr fī ʿilm al-tafsīr G I 452, S I 167, 762, 772
Taysīr al-istiʿdād G II 88, S II 104
Taysīr ʿIṣmat al-insān S II 922
-Taysīr wal-iʿtibār wal-taḥrīr wal-ikhtiyār etc. S II 165
Taysīr al-malik al-jalīl etc. S II 98
Taysīr manhal al-qāriʾ S I 262$_{,10a}$
Taysīr al-maqāṣid, sharḥ Naẓm al-farāʾid S II 431$_{,48}$
Taysīr al-marām S I 606
Taysīr al-maṭālib wa-raghbat al-ṭālib G II 252, S II 358
Taysīr al-maṭālib fī tasyīr al-kawākib S I A/C 867
-Taysīr fi ʾl-mudāwāt wal-tadbīr G I 487, S I 890
-Taysīr li-murīd al-tafsīr G II 114
Taysīr al-qadīr S II 184$_{,56e}$
Taysīr al-qāriʾ S I 263$_{,31}$
-Taysīr fī qawāʿid ʿilm al-tafsīr G II 114, S II 140
-Taysīr fi ʾl-qirāʾāt al-sabʿ G I 407, S I 719
-Taysīr, sharḥ al-Jāmiʿ al-ṣaghir S II 184$_{,56g}$
-Taysīr fi ʾl-tafsīr G I 428
-Taysīr wal-taqrīb G I 367
-Taysīr wal-tashīl G II 460
-Taysīr fī ʿulūm al-tafsīr S I 811
Taysīr al-wuqūf ʿalā ghawāmiḍ aḥkām al-wuqūf G II 406, S II 417
Taysīr al-wuṣūl ilā Jāmiʿ al-uṣūl G I 357, II 401, S I 608
Taysīr al-wuṣūl ilā tafsīr al-fuṣūl S II 1028$_{,15}$
Taʿzīz baytay al-Ḥarīrī G I 361, S I 615$_{,9}$
Tazkiyat al-arwāḥ S II A/C 280
Tazyīn al-arāʾik etc. G II 50, S II 187$_{,123}$
Tazyīn al-aswāq etc. G I 351, II 364, S I 594, II 492
Tazyīn al-ʿibāda bi-rafʿ al-sabbāba S II 542$_{,136}$
Tazyīn al-ʿibāra bi-dūna taḥayyuz al-ishāra G I 159, II 396$_{,47}$, S I 263$_{,20}$, II 540$_{,14}$
Tazyīn al-majālis etc S II 246
Tazyīn al-mamālik etc. S I 297, II 197$_{,290a}$
Tazyīn Nihāyat al-arab G II 495, S I 38
Tazyīn al-waraqāt etc. G II 511, S II 894
-Taẓāfur wal-tanāṣur S I 45, 101
Taʿẓīm al-ittifāq etc. S II 959$_{,12}$
-Taʿẓīm wal-minna bi-anna abaway al-nabī fi ʾl-janna G II 147, S II 183$_{,43}$
-Taʿẓīm wal-minna bi-nuṣrat al-sunna S II 889
-Taʿẓīm wal-minna fī taḥqīq S I 3, 73, G II 87, S II 104
Taẓrīf al-majālis etc. S II 25
Thabāt al-bayyināt S II 71
-Thabāt ʿinda ʾl-mamāt G I 504, S I 918$_{,39}$
Thabt b. al-ʿAjamī S II 420
Thabt al-asānīd wal-ījāz S II 738
Thabt barāhīn baʿḍ ashkāl k. Uqlīdīs G I 219
Thabt al-Dawwānī S II A/C 306
Thabt al-Fulānī S II 523
Thabt al-Majallāʾī S II 944
Thabt b. M. Sunbul S II 421
Thabt al-Nafzāwī S II 423
Thabt al-Shammāʿ S II 415
Thabt al-Sharqāwī S II 729
Thabt ṣaghīr S II 890
-Thaghr al-bāsim fī manāqib sayyidī a. ʾl-Q. S II 745
-Thaghr al-bāsim fī qirāʾat ʿĀṣim S II 456
Thaʿla wa-ʿAfra S I 213
Thalāth masāʾil fi ʾl-ijtihād S II 189$_{,169aa}$
Thalāth masāʾil mutaʿalliqa bil-ijtihād S II 190$_{,169qqq}$

-Thalātha G I 130
-Thalāthiyya G II 340
-Thalāthiyyāt G I 159, S I 264
Thalāthiyyāt al-afʿāl S I 526
-Thalāthiyyāt min Musnad A. b. Ḥanbal S II 35
Thalāthūna ḥadīthan S II 669,$_{13a}$
Thalāthūna masʾala ʿalā madhhab al-Shīʿa S I A/C 706
-Thalāthūna ʾl-masʾala al-wājiba fī uṣūl al-dīn S I 701
Thālith al-qamarayn G II 495, S II 765
Thalj al-fuʾād etc. G II 154, S II 192,$_{228}$
-Thamad fī bayān anna ʾl-samāwāt bi-ghayr ʿamad S II 298
-Thamāniya wal-thalātīn S I 796,$_{45}$
-Thamara G I 222, S I 229
Thamarat al-azhār G II 391
-Thamara al-bahiyya G II 323
-Thamara al-rāʾiqa G II 107
Thamarat al-ṣināʿa S I A/C 529
-Thamarāt S III 127
Thamarāt al-afkār S III 228
Thamarāt (thimār) al-awrāq G II 16, S II 9
-Thamarāt al-bahiyya etc. S II 445
Thamarāt al-bustān etc. S II 457, 917
Thamarāt al-fuʾād S II 852
Thamarāt al-fuʾād al-muḥaddith ʿani ʾl-murād etc. S I 909
Thamarāt al-funūn S II 760
Thamarāt al-ghawāya S III 228
Thamarāt al-ḥayāt S III 83
Thamarāt al-majāz wal-ḥaqīqa S II 742
Thamarāt al-qalam etc. S III 233
-Thamarāt al-shahiyya G II 16, S II 9
Thamarāt al-shajara etc. S III 482
-Thamarāt al-yāniʿa etc. G II 113, S II 250
Tharāt al-uṣūl S II 744
-Thaʾriyyāt S II 898
Thawrat al-adab S III 207
Thawrat al-ʿArab S III 310
Thawrat al-ʿArab al-kubrā S III 490
-Thawra al-ʿArabiyya wal-iḥtilāl al-Inklīzī S III 310
Thawrat al-Durūz wa-ḥawādith Sūriyya S III 423
-Thawra al-Fransāwiyya S III 399
-Thawra al-Ifransiyya S III 410
-Thawra al-Wahhābiyya S III 209
Thawāb al-aʿmāl S I 322
Thawāb qaḍāʾ ḥawāʾij al-ikhwān G I 446
-Thimār S I 417
Thimār al-maqāṣid fī dhikr al-masājid S II 131,$_{22}$
Thimār al-Muzhir S II 194,$_{259}$
Thimār al-qalam S III 156
Thimār al-qulūb etc. G I 285, S I 500
-Thimār al-shahiyya etc. S II 131,$_{38}$
Thimār al-ṣināʿa S I 514
Thimār al-tankīb fī sharḥ āyāt al-tashbīb S II 182,$_{30a}$ (to be read thus), 861,$_{45}$
-Thimār al-yāniʿa G II 501, S II 813
-Thimār al-yāniʿa min quṭūf al-āla al-jāmiʿa S II 157
-Thimār al-yawāniʿ fī ʾl-uṣūl S II 23
-Thiqa billāh S I 274
-Thiqa fī ʾl-ṣunʿa S I 353
-Thiqāt S I 273
-Thiqāt min al-ruwāh S II 93
-Thubūt fī ḍabṭ al-qunūt G II 154, S II 192,$_{223}$
Thubūt al-ḥujja G II 16
Thubūt al-qiṣāṣ S II 649
-Thughūr al-bāsima G II 147, S II 183,$_{52}$
Thumn al-dāʾira G II 255
-Thuqalāʾ S I 190
Thurayyā, majmūʿat qiṣaṣ Miṣriyya S III 231
-Tibr al-masbūk fī dhayl al-Sulūk G II 39, S II 37
-Tibr al-masbūk al-mushtamil ʿalā mā jarā etc. S II 661
-Tibr al-masbūk fī naṣīḥat al-mulūk G I 423, S I 750,$_{30}$
-Tibr al-masbūk, sharḥ ʿUmdat al-sulūk S II 470, 1007
-Tibr al-maṣbūk fī ṣifat siyar al-mulūk S II 1014,$_{8}$
-Tibr al-maṣbūk fī tawārīkh akābir al-mulūk S II 44
-Tibyān S I 429,$_{75}$
-Tibyān fī ādāb ḥamalat al-Qurʾān G I 397, S I 685
-Tibyān fī aqsām al-Qurʾān S II 128,$_{42}$
Tibyān al-asrār al-rabbāniyya etc. S II 778
-Tibyān fī ʾl-bayān S II 67
Tibyān al-bayān li-maʿārif al-ʿirfān S II 1037,$_{1}$

-Tibyān fī bayān al-Qurʾān S II 986$_{,31}$
Tibyān al-bayān ʿalā Tuḥfat al-ikhwān S II 260
-Tibyān fī faḍīlat tilāwat al-Qurʾān S I 685
-Tibyān fī faḍl laylat niṣf Shaʿbān G II 396, S II 541$_{,54}$
-Tibyān fī gharīb al-Qurʾān S II 155
Tibyān al-ḥukm bil-nuṣūṣ etc. S II 602, 952$_{,45}$
-Tibyān fī ʿilm al-bayān etc. G I 415, S I 736
-Tibyān fī iʿrāb al-Qurʾān G I 282, S I 496
-Tibyān fī mā ḥalla min maʾkūl (yaḥrumu min) al-ḥayawān S II 111
-Tibyān fi ʾl-maʿānī wal-bayān G II 64
-Tibyān fī nuzūl al-Qurʾān S II 121$_{,19}$
-Tibyān, sharḥ al-Burhān S II 786
-Tibyān fī tafsīr gharīb al-Qurʾān G II 126, S II 155$_{,12}$
-Tibyān fī tafsīr al-Qurʾān S I 528, 707
-Tibyān fī tahdhīb maʿāni ʾl-Tadhkira wal-bayān G II 186, S II 243
Tibyān al-wasāʾil al-ḥaqāʾiq S II 565
Tibyān al-wasāʾil al-ḥaqāʾiq fī bayān salāsil al-ṭarāʾiq S II 866
Tidhkār Goethe S III 156$_{,14}$
Tidhkār iftitāḥ al-mabʿūthān S III 193
-Tidhkār fī qirāʾat Abān b. Yazīd al-ʿAṭṭār S II 275
Tidhkār Rāghib wa-Ṣabrī S III 340
Tidhkār al-ṣibā S III 268
-Tifḍāl (tidhkār) fī afḍal al-adhkār S I 737
-Tījān G I 135, S I 100, 207
Tījān al-darārī S II 741, 814
Tījān faḍāʾil al-shuhūr S II 937
Tījān al-murḍiʿa al-muẓilla S II 563
Tījān al-ʿunwān G II 370, S II 497
-Tijār fī maʿrifat al-akhyār G I 495
Tijārat al-ʿIrāq etc. S II 496
Timthāl al-amthāl G II 382, S II 222, 515
-Tiryāq li-ahl al-istiḥqāq G II 207, S II 286
Tiryāq asqām al-qulūb G II 401
-Tiryāq li-Bamfuliyānūs li-Jālīnūs S I 370
-Tiryāq wal-dawāʾ etc. S II 673$_{,157}$
-Tiryāq al-Fārūqī S II 782
-Tiryāq ilā Fīsūn li-Jālīnūs S I 364
Tiryāq al-muḥibbīn fī sīrat sulṭān al-ʿārifīn A. b. al-Rifāʿī G II 709, S II 214
Tiryāq al-muḥibbīn fī ṭabaqāt khirqat al-mashāyikh al-ʿārifīn G II 166, S II 214
-Tiryāq al-nāfiʿ fi ʾl-uṣūl S II 863
Tisʿat rasāʾil S II 628
Tisʿat wa-tisʿūn masʾala fi ʾl-ḥaqāʾiq S I 715
-Tishīniyyāt S II 8
-Tisʿūniyya S I 716
-Tuffāḥ S I 246$_{,81}$
Tuffāḥ al-arwāḥ G II 119
-Tuffāḥa S I 373
-Tuffāḥa fī ʿilm al-misāḥa S I 558
-Tuffāḥa fī aʿmāl al-misāḥa S I A/C 860
-Tuḥaf al-adabiyya etc. S II 501
-Tuḥaf wal-anwār etc. S II 913
-Tuḥaf al-ʿiẓām etc. S I 566
Tuḥaf al-khuṭabāʾ S II 80
-Tuḥaf fī madhhab al-salaf S II 818
-Tuḥaf al-Makkiyya etc. S II 936
-Tuḥaf wal-ṭuraf S II 941 (to be read thus)
Tuḥaf al-ʿuqūl ʿani ʾl-rasūl S II 572
-Tuḥfa S I A/C 555
Tuḥfat al-ʿābid G II 107
Tuḥfat al-ʿābidīn S II 829
Tuḥfat al-abīh etc. G II 183, S II 235$_{,8}$
Tuḥfat al-abrār fī ḥall alfāẓ Ghāyat al-ikhtiṣār S I A/C 677
Tuḥfat al-abrār al-jāmiʿa fi ʾl-adhkār G II 166
Tuḥfat al-abrār bi-nukat al-adhkār S I 685
Tuḥfat al-abrār fī sharḥ Manār al-anwār S II 90
Tuḥfat al-adab fi ʾl-riḥla etc. S II 490
Tuḥfat al-aʿdād etc. S II 536
Tuḥfat al-adhkiyāʾ bi-akhbār bilād Rūsiyā S II 729
Tuḥfat al-adīb G II 56, S II 56
Tuḥfat al-adīb wa-hadiyyat al-arīb S II 412
Tuḥfat al-afāḍil etc. G II 368, S II 496
Tuḥfat al-afkār al-almaʿiyya S I 676
Tuḥfat ahl al-ʿaṣr etc. S II 482
Tuḥfat ahl al-fukāha etc. S II 912
Tuḥfat ahl al-ṣadīqiyya S II 703
Tuḥfat ahl al-taḥdīth S II 75$_{,55}$
Tuḥfat al-aḥbāb fī bayān ḥukm al-adhnāb S I 689
Tuḥfat al-aḥbāb wa-bughyat al-ṭullāb G II 35, S II 32$_{,15}$
Tuḥfat al-aḥbāb fi ʾl-duʿāʾ al-mustajāb G II 440
Tuḥfat al-aḥbāb fi ḥilyat al-anbiyāʾ wal-aṣḥāb S II 421

Tuḥfat al-aḥbāb fī ʿilm al-ḥisāb G II 167, S II 215
Tuḥfat al-aḥbāb bi-mā jāʾa bil-wāw wal-yāʾ etc. S II 922,$_{83}$
Tuḥfat al-aḥbāb fī man malaka Miṣr G II 298
Tuḥfat al-aḥbāb fī ʾl-manṭiq S II 1014,$_{12}$
Tuḥfat al-aḥbāb fī naṣb al-bādhahanj wal-miḥrāb G II 128
Tuḥfat al-aḥbāb fī tafsīr qawlihi S I 25, 39, II 880
Tuḥfat al-aḥbāb wa-ṭurfat al-aṣḥāb S I 489
Tuḥfat al-aḥbāb wa-umniyyat al-anjāb etc. S I 911
Tuḥfat al-aḥrār etc. S II 1003,$_{70}$
Tuḥfat al-aḥwadhī etc. S I A/C 268
Tuḥfat al-ʿajāʾib etc. G I 358, S I 581, 609
Tuḥfat al-ʿajlān G II 149,$_{98}$
Tuḥfat al-akhbār etc. S II 940
Tuḥfat al-akhyār S I 614, 800, II 428
Tuḥfat al-akhyār wa-barakat al-abrār S II 663
Tuḥfat al-akhyār fī bayān aqsām al-akhbār S I 607
Tuḥfat al-akhyār ʿala ʾl-Durr al-mukhtār G II 287, S II 398
Tuḥfat al-akhyār fī faḍl al-ṣalāt ʿala ʾl-nabī al-mukhtār G II 246
Tuḥfat al-akhyār fī ʾl-ḥikam etc. G II 429, S II 636,$_{6}$
Tuḥfat al-akhyār fī ḥukm aṭfāl al-Muslimīn wal-kuffār G II 99
Tuḥfat al-akhyār fī iḥyāʾ sunnat sayyid al-abrār S II 857
Tuḥfat al-akhyār fī ʿilm al-ghubār S II 1018,$_{10}$
Tuḥfat al-akhyār wa-maʿūnat al-abrār S II 360
Tuḥfat al-akhyār bi-takfīr al-awzār S II 1011,$_{139}$
Tuḥfat al-akhyār fī ʾl-uṣūl S II 825
Tuḥfat al-akmal wal-humām etc. G II 313, S II 431,$_{11}$
Tuḥfat al-akyās fī ajwibat al-imām Khayraddīn Ilyās S II 523
Tuḥfat al-akyās fī ḥusn al-ẓann bil-nās G II 343, S II 471
Tuḥfat al-akyās fī sharḥ taʿyīn āl Umayya wal-ʿAbbās S II 245
-Tuḥfa al-ʿAlawiyya etc. S I 825,$_{82kk}$
Tuḥfat al-albāb fī bayān aḥkām al-adhnāb S II 486
Tuḥfat al-albāb fī ḥilyat al-anbiyāʾ wal-aṣḥāb G II 310
Tuḥfat al-albāb wa-nukhabat al-aʿjāb G I 477, S I 878
Tuḥfat al-alibbāʾ fī akhbār al-udabāʾ S I 880
Tuḥfat al-alibbāʾ fī taʾrīkh al-Aḥsāʾ S III 495
-Tuḥfa al-ʿaliyya etc. S II 855
Tuḥfat al-amājid fī faḍl bināʾ al-masājid S II 423
Tuḥfat al-amālī G I 429
Tuḥfat al-amīn G I 95
-Tuḥfa al-ʿāmmiyya etc. S III 478
Tuḥfat al-anām fī faḍāʾil al-Shaʾm G II 361, S II 489
Tuḥfat al-anām fī faḍl al-ṣalāt ʿala ʾl-nabī etc. S II 464
Tuḥfat al-anām, Mukhtaṣar taʾrīkh al-Islām S III 423
Tuḥfat al-anām, sharḥ Manẓūmat dhawi ʾl-arḥām G II 324, S II 446,$_{2}$
Tuḥfat al-anām fi ʾl-tajwīd S I A/C 330
Tuḥfat al-anām fi ʾl-waqf ʿala ʾl-hamza etc. S II 212
Tuḥfat al-anfus etc. S II 379
-Tuḥfa al-anīsa etc. S II 768
Tuḥfat al-anjāb bi-masʾalat al-sinjāb G II 154, S II 192,$_{222}$
Tuḥfat al-anjāb al-ṣadīqiyya G II 462
Tuḥfat al-aqrān G II 111, 312
Tuḥfat arbāb al-kamāl G II 58
Tuḥfat arbāb al-taʿabbud etc. S II 1008
Tuḥfat al-arīb fī mā fi ʾl-Qurʾān min al-gharīb G II 110, S II 136
Tuḥfat al-arīb wa-nuzhat al-labīb S II 690
Tuḥfat al-arīb fi ʾl-radd ʿalā ahl al-ṣalīb G II 250, S II 352
Tuḥfat al-ʿarūs etc. G II 257, S II 368
Tuḥfat al-ʿāshiqīn etc. S II 702
Tuḥfat al-ashrāf S I 508
Tuḥfat al-ashrāf bi-maʿrifat al-aṭrāf G II 64, S II 67
Tuḥfat al-asmāʿ etc. S II 775
Tuḥfat al-aṣfiyāʾ S II 619
Tuḥfat al-aṣḥāb S II 913
Tuḥfat al-aṣḥāb wa-hadiyyat al-aḥbāb S II 644

Tuḥfat al-aṣḥāb wa-nuzhat dhawi ʾl-albāb G II 399, S II 515, 543
Tuḥfat al-ʿaṣr al-jadīd etc. S II 469
Tuḥfat al-athar G II 151,145
Tuḥfat al-aṭfāl fī qirāʾat al-Qurʾān S II 983
Tuḥfat al-aṭfāl fī ʾl-tajwīd S II 456
Tuḥfat al-awliyāʾ al-atqiyāʾ G I 345, S I 587
Tuḥfat al-aʿyān bi-sīrat ahl ʿUmān S II 567 A/C, 823
Tuḥfat al-aʿyān fī ṣiḥḥat al-jumʿa wal-ʿīdayn S II 431,22
-Tuḥfa al-bahiyya fī ʾl-adab etc. S III 230
-Tuḥfa al-bahiyya, naẓm al-Ājurrūmiyya G II 238, S II 335
-Tuḥfa al-bahiyya, sharḥ al-Raḥbiyya S I 676
-Tuḥfa al-bahiyya, sharḥ al-Ushnuhiyya G II 30
-Tuḥfa al-bahiyya fī tamalluk āl ʿUthmān al-diyār al-Miṣriyya G II 297
-Tuḥfa al-bahiyya fī ṭabaqāt al-Shāfiʿiyya G II 480, S II 729
-Tuḥfa al-Bakriyya G II 364, S II 492
Tuḥfat al-barara etc. S I 785, II 1011,143
Tuḥfat al-bāriʾ bi-mā rawāhu Qālūn ʿan Nāfiʿ S I 328
Tuḥfat al-bāriʾ, sharḥ al-Bukhārī G I 159, S I 263,17
Tuḥfat al-basmala S II A/C 664
Tuḥfat al-bayān fī ḥifẓ abdān al-insān S II 1027,5
Tuḥfat al-bulaghāʾ S II 1026,5
Tuḥfat al-dahr fī aʿyān al-Madīna min ahl al-ʿaṣr S II 871
Tuḥfat al-dahr wa-nafḥat al-zahr etc. G II 711, S II 404
Tuḥfat al-dhākirīn S II 277, 819
Tuḥfat dhawi ʾl-adab G I 371, II 149,97
Tuḥfat dhawi ʾl-albāb fī mā yataʿallaq bil-āl wal-aṣḥāb S II 446,29
Tuḥfat dhawi ʾl-albāb fī man ḥakama bi-Dimashq etc. G II 32, S II 28,5
Tuḥfat dhawi ʾl-albāb fī tarjamat man kharraja lahum al-shaykhān min al-aṣḥāb S II 639 A/C, 936
Tuḥfat dhawi ʾl-arab fī mā warada ʿalaynā min istishkāl Ḥalab G II 99
Tuḥfat dhawi ʾl-arab fī mushkil al-asmāʾ wal-nasab G II 66, S I 633, II 71
Tuḥfat dhawi ʾl-ʿirfān etc. S II 475,114
Tuḥfat dhawi ʾl-rushd G II 162
-Tuḥfa al-dhawqiyya etc. S II 394
-Tuḥfa al-durriyya etc. S III 84, 179
Tuḥfat al-fāḍil etc. G II 368, S II 495
Tuḥfat al-fahīm al-māhir etc. S II 525
-Tuḥfa al-fākhira G II 133
Tuḥfat al-falāḥ etc. S II 470
Tuḥfat al-falāḥ fī ʿilm al-nikāḥ S II 1032
Tuḥfat al-farīda etc. S II 27
Tuḥfat al-fiqh S II 955,79
Tuḥfat al-fuḥūl S II 231
Tuḥfat al-fuqahāʾ G I 374, S I 640, II 976 A/C
Tuḥfat al-furrāḍ G I 410
Tuḥfat al-gharīb S II 17
-Tuḥfa wal-hadāyā S I 226
Tuḥfat al-ḥabīb bi-akhbār al-kathīb S II 494
Tuḥfat al-ḥabīb fī mā yubhijuhū etc. G II 334, S II 462
Tuḥfat al-ḥabīb bi-mā zāda ʿala ʾl-Targhīb wal-tarhīb S II 72
Tuḥfat al-ḥabīb, sharḥ naẓm al-Taqrīb S I 677, II 416
-Tuḥfa al-Ḥalīmiyya etc. S III 309
Tuḥfat al-ḥaqāʾiq fī sharḥ asrār al-daqāʾiq S II 315
Tuḥfat al-ḥarīṣ S I A/C 655
-Tuḥfa al-Ḥijāziyya etc. G II 392, S II 536
Tuḥfat al-ḥudhdhāq S II A/C 376
Tuḥfat al-ḥukkām fī masāʾil al-daʿāwī wal-aḥkām S II 376
Tuḥfat al-ḥukkām fī nakth al-ʿuqūd wal-aḥkām G II 264, S II 375
Tuḥfat al-ḥukkām fī sharḥ al-Manhaj al-muntakhab S II 376
-Tuḥfa al-Ḥusayniyya fī ʾl-qawāʿid al-naḥwiyya S II 727
-Tuḥfa al-Ḥusayniyya, sharḥ al-Alfiyya S II 132
Tuḥfat al-ḥussāb S II 155
Tuḥfat al-ḥussāb fī ʿadad al-sinīn wal-ḥisāb S II 365
Tuḥfat al-ʿibād bi-mā yajibu min al-iʿtiqād S II 994,45
Tuḥfat al-ʿibād bi-natījat al-awrād G II 121, S II 151

Tuḥfat al-iḥẓāʾ etc. S I 526
Tuḥfat al-ikhwān G II 333, S II 260, 480,18, 657,21d
Tuḥfat al-ikhwān li-baʿḍ manāqib shurafāʾ Wazzān S II 688
Tuḥfat al-ikhwān fī bayān al-ḥalāl etc. S II 646
Tuḥfat al-ikhwān fī bayān ṭarīq ahl al-ʿirfān G II 353
Tuḥfat al-ikhwān wa-hadiyyat al-khullān S II 951,35
Tuḥfat al-ikhwān bi-mushkil Ḥirz al-amān S II 453
Tuḥfat al-ikhwān fī qirāʾat al-miʿād G II 305, S II 416
Tuḥfat al-ikhwān, sharḥ al-ʿAwāmil al-jadīda G I 441
Tuḥfat Ikhwān al-ṣafāʾ G I 214
Tuḥfat al-ikhwān min al-Ṣūfiyya G II 333, S II 461
Tuḥfat al-ikhwān fī 'l-tafriqa bayna 'l-kufr wal-īmān S II 849
Tuḥfat al-ikhwān fī takbīr khatm al-Qurʾān S II 611
-Tuḥfa al-ʿIrāqiyya etc. S II 122,43
-Tuḥfa al-ʿIzziyya S I 470
Tuḥfat al-jalīl ʿalā ʿabdihi 'l-dhalīl etc. S II 431,43
Tuḥfat al-jalīl fī akhbār Miṣr wal-Nīl S II 407
Tuḥfat jāmiʿ al-asrār etc. G II 349, S II 652
-Tuḥfa al-jāmiʿa li-mufradāt al-ṭibb al-nāfiʿa S II 226
-Tuḥfa al-Jarawiyya etc. S II 132,,1, 794
Tuḥfat al-julasāʾ G I 151, S II 187,133
Tuḥfat al-kabīr S II 952,43
Tuḥfat al-kāʾināt S I 882,4
-Tuḥfa fī 'l-kalām ʿalā ahl al-ṣuffa G II 87
-Tuḥfa al-Khādimiyya S I 535,37
Tuḥfat al-khāʾiḍ fī ʿilm al-farāʾiḍ S II 102
Tuḥfaʾi khāṣṣakiyya S II 662
-Tuḥfa al-khayriyya S II 741
Tuḥfat al-khullān S II 911
Tuḥfat al-khullān fī ḥall alfāẓ al-baytayn etc. S II 533
Tuḥfat al-khullān wa-ʿumdat al-ikhwān S II 1012,147a
Tuḥfat al-kibār fī asfār al-biḥār G II 428, S I 878, II 636
Tuḥfat al-kirām bi-akhbār al-ahrām G II 157, S II 196,283
Tuḥfat al-kirām bi-akhbār al-ḥarām G II 172, S II 221
Tuḥfat al-kirām fī dhikr baʿḍ al-khalāʾiq al-ʿiẓām S II A/C 404
Tuḥfat al-kirām fī faḍāʾil iṭʿām al-ṭaʿām S II A/C 462
Tuḥfat al-kirām bi-tarjamat sayyidī a. Bakr b. Qiwām S II 495
Tuḥfat al-labīb S I 35, II 303 A/C
Tuḥfat al-labīb wa-bughyat al-arīb G II 358, S II 486
Tuḥfat al-labīb wa-bughyat al-kaʾīb G I 57
Tuḥfat al-labīb bi-sharḥ Lāmiyyat al-ḥabīb S II 566
Tuḥfat al-labīb bi-sharḥ al-Taqrīb G I 392, II 63
Tuḥfat al-laṭāʾif fī faḍāʾil al-ḥibr b. ʿAbbās wa-Wajj wal-Ṭāʾif S II A/C 538
-Tuḥfa al-laṭīfa fī fuḍalāʾ al-Madīna al-sharīfa S II 33
-Tuḥfa al-laṭīfa fī ʿimārat al-masjid al-nabawī G II 360, S II 488
-Tuḥfa fī mā waqaʿa fī 'l-iqāma wal-wajha S II 415
Tuḥfat al-Maghribī S II 189,169kk
Tuḥfat Maḥmūd Muḥtasham S II 329
-Tuḥfa al-Maḥmūdiyya S II 329
-Tuḥfa al-maktabiyya etc. S II 732
Tuḥfaʾi Malakī S I 321
-Tuḥfa al-malakiyya G II 126
Tuḥfat man ṣabar ʿalā taṭhīr arkān al-ḥajar S II A/C 367
-Tuḥfa al-Manṣūriyya G II 357
Tuḥfat al-maqāl etc. S II 830
-Tuḥfa al-marḍiyya fī 'l-akhbār al-Qudsiyya G II 480, S II 747
-Tuḥfa al-marḍiyya fī 'l-arāḍī 'l-Miṣriyya G II 311, S II 426 (see A/C)
-Tuḥfa al-marḍiyya fī 'l-dawla al-Bakdāshiyya G II 457
-Tuḥfa al-marḍiyya fī ḥall baʿḍ al-mushkilāt al-ḥadīthiyya S II 862
Tuḥfat al-mawdūd bi-aḥkām al-mawlūd G II 106, S II 127,22
Tuḥfat al-mawdūd fī 'l-maqṣūr wal-mamdūd G I 300, S I 526

Tuḥfat al-mughtarib bi-bilād al-Maghrib S II 898
Tuḥfat al-muhaj bi-talwīḥ al-faraj S I 247
Tuḥfat al-muhtadīn G II 149,101
-Tuḥfa al-Muḥammadiyya G II 234
Tuḥfat al-muḥibbīn bi-manāqib al-khulafāʾ al-rāshidīn S II 600
Tuḥfat al-muḥibbīn, sharḥ al-Arbaʿīn al-Nawawiyya S I 683, II 522
Tuḥfat al-muḥtāj ilā adillat al-Minhāj S I 680
Tuḥfat al-muḥtāj, sharḥ al-Minhāj G I 395, S I 681,19
Tuḥfat al-mujāhidīn G II 416, S II 599
Tuḥfat al-mujāhidīn fī 'l-ʿamal bil-mayādīn G II 135, 136, S II 166
Tuḥfat al-mujālis etc. S II 198,318
Tuḥfat al-mujtahidīn etc. S II 190,169fff
-Tuḥfa al-mukammala G I 341
Tuḥfat al-mukhliṣīn S II 277
Tuḥfat al-mukhtār S II A/C 180
Tuḥfat al-mukhtaṣarāt etc. S II 484
Tuḥfat al-mulūk G I 383, S I 658, II 426,16, 503
Tuḥfat al-mulūk fī 'l-adʿiya G II 444
Tuḥfat al-mulūk fī ʿilm al-tawḥīd wal-sulūk S II 499
Tuḥfat al-mulūk wal-raghāʾib etc. G II 298, S II 410 A/C
Tuḥfat al-mulūk fī 'l-siyar wal-salām S II A/C 776
-Tuḥfa al-mulūkiyya fī 'l-dawla al-Turkiyya G II 44, S II 43
Tuḥfat al-muʾminīn S II 592, 865
Tuḥfat al-muʾminīn fī manāsik ḥajj al-muʾminīn S II 933
Tuḥfat al-munjid wal-muttahim S I 265
-Tuḥfa al-murāma etc. S II 1001,49
Tuḥfat al-muʿrib wa-ṭurfat al-mughrib G I 283, 307, S I 531
Tuḥfat al-murīd S II 437, 617,21
Tuḥfat al-murīdīn wa-raghbat al-sālikīn S II 998,26
Tuḥfat al-murīdīn bi-sharḥ wasīlat al-mubtadiʾīn S II 866
-Tuḥfa al-mursala ila 'l-nabī G II 418, S II 617
Tuḥfat al-musāmara etc. S II 720
Tuḥfat al-muslimīn etc. S II 612
Tuḥfat al-mustarshidīn G II 440
Tuḥfat al-muṣallī G II 316
Tuḥfat al-mutakallimīn S II 991,19
Tuḥfat al-mutawassil wa-rāḥat al-mutaʾammil S II A/C 379
Tuḥfat al-mutayaqqiẓ etc. S II 813
Tuḥfat al-nabīh S I 670
-Tuḥfa al-nadiyya S II 174
-Tuḥfa fī 'l-naḥw S II 921
-Tuḥfa al-Nāṣiriyya etc. S II 571
Tuḥfat al-nāẓir wa-ghunyat al-dhākir S II 346
Tuḥfat al-nāẓir fī ḥall zīj b. al-Shāṭir G II 127
Tuḥfat al-nāẓir wa-nuzhat al-manāẓir S II 367
Tuḥfat al-nāẓirīn fī ḥawādith ʿām ithnayn wa-khamsīn S II 534
Tuḥfat al-nāẓirīn fī man waliya Miṣr etc. G II 480, S II 729
Tuḥfat al-niḥrīr etc. S II 431,24
Tuḥfat al-nubahāʾ G I 391, S I 674
Tuḥfat al-nubalāʾ etc. S II 533
Tuḥfat al-nufūs S II 974,26
Tuḥfat nujabāʾ al-ʿaṣr G II 200, S II 118,21, S II 646
Tuḥfat al-nuẓẓār fī gharāʾib al-amṣār etc. G II 256, S II 366
Tuḥfat al-nuẓẓār fī inshāʾ al-ʿiyār etc. G II 98, S II 159
Tuḥfat al-qādim G I 341, S I 581
Tuḥfaʾi Qādiriyya S I 778
Tuḥfat al-qamāʾil G II 288, S II 398
-Tuḥfa al-qarawiyya S II 132, read: *al-Jarawīyya*
-Tuḥfa al-Qudsiyya bi-aḥkām qirāʾat al-Qurʾān etc. S II 431,23
-Tuḥfa al-Qudsiyya fī 'l-akhbār al-Sāḥiliyya S I 809
-Tuḥfa al-Qudsiyya fī 'l-farāʾiḍ G II 125, S II 155
-Tuḥfa al-Qudsiyya fī 'khtiṣār al-Raḥbiyya S I 676
Tuḥfat al-quḍāt etc. S II 885, 959,13
-Tuḥfa al-Qulaybiyya etc. S II 420
Tuḥfat al-rabb al-maʿbūd etc. S II 915
Tuḥfat al-rāghib S II 970,13
Tuḥfat al-rāghib fī bayān amr al-ṭawāliʿ S II A/C 118

Tuḥfat al-rāghib, sharḥ Nahj al-ṭālib G II 99
Tuḥfat al-rāghib fī sīrat jamāʿa min ahl al-bayt al-aṭāyib G II 365
Tuḥfat al-rāghib wa-ʿujālat al-rākib S II 95, 922
Tuḥfat al-rāghibīn G II 69
Tuḥfat al-rāʾī G I 248, S I 440, I
Tuḥfat al-rashād ilā bayān al-iʿtiqād S II A/C 823
Tuḥfat al-rāwī etc. S I 741, II 423
-Tuḥfa al-Riḍawiyya S II 956$_{,84}$
Tuḥfat al-Rushdī S I 843$_{,28}$ (to be read thus)
-Tuḥfa al-Rushdiyya etc. S II 760
-Tuḥfa al-Saʿdiyya G II 212, S I 824$_{,82b,\ \beta}$
Tuḥfat al-safara etc. G I 444, S I 796$_{,26}$
Tuḥfat al-sāʾil fī ajwibat al-masāʾil G II 83, S II 94
Tuḥfat al-sāʾil bi-ṭuraf al-masāʾil S II 1043$_{,1}$
Tuḥfat al-sālik li-ashraf al-masālik G II 334
Tuḥfat al-sālik fī ʾl-fiqh al-Ḥanafī S II 949$_{,17}$
Tuḥfat al-sālik al-mubtadiʾ G II 95
Tuḥfat al-sālikīn G II 353, S II 281, 479
Tuḥfat al-sālikīn, sharḥ al-Qaṣīda al-hamziyya S II 783
Tuḥfat al-sāmiʿ S II 1024$_{,78}$
-Tuḥfa al-saniyya bi-ajwibat al-asʾila al-marḍiyya G II 322
-Tuḥfa al-saniyya fī asmāʾ al-bilād al-Miṣriyya G II 132, S II 163
-Tuḥfa al-saniyya fī ʾl-khuṭab al-minbariyya S II 118$_{,17}$
-Tuḥfa al-saniyya fī maʿāni ʾl-Arbaʿīn al-Saylaqiyya S II 933
-Tuḥfa al-saniyya fī ʾl-mashāyikh al-Sanūsiyya S III 495
-Tuḥfa al-saniyya al-mujarraba etc. S II 1001$_{,47}$
-Tuḥfa al-saniyya fī qawāʿid al-ʿArabiyya S II 194$_{,263,\ l}$
-Tuḥfa al-saniyya, sharḥ Nukhabat al-sharāʾiʿ S II 585
-Tuḥfa al-saniyya fī ʾl-ṣināʿa al-ilāhiyya S II 368
-Tuḥfa al-saniyya fī taʾrīkh al-Qusṭanṭīniyya S II 772
-Tuḥfa al-saniyya fī ʾl-tawārīkh al-ʿArabiyya S II 724
-Tuḥfa al-shāfiya li-ahl al-qulūb al-ṣāfiya S II 1011$_{,147}$
Tuḥfat al-shāhān G II 454
-Tuḥfa al-shāhiyya fī ʾl-hayʾa G II 212, S II 296
Tuḥfat Shāhjahān fī ʾl-manṭiq S II 588
Tuḥfaʾi Shāhjahānī S II 302
-Tuḥfa al-sharīfa fī madhhab al-ḥibr a. Ḥanīfa S II 950$_{,30}$
-Tuḥfa al-sharīfa, sharḥ al-Urjūza al-Yāsamīniyya G I 471
-Tuḥfa al-sharīfa wal-ṭurfa al-munīfa S I 626, II 943$_{,135}$
Tuḥfat al-sullāk G II 95
Tuḥfat al-sulūk G II 420
-Tuḥfa al-sundusiyya, sharḥ al-ʿAqīda al-Sanūsiyya S II A/C 353
Tuḥfat al-ṣafāʾ etc. S II 781
-Tuḥfa al-ṣāfiya fī sharḥ al-Kāfiya S I 532$_{,6a}$, 535$_{,33}$
Tuḥfat al-Ṣaydāwiyya S III 361
Tuḥfat al-tadbīr li-ahl al-tabṣīr S I A/C 802
Tuḥfat al-taḥṣīl etc. S II 71
-Tuḥfa fī ʾl-taṣawwuf G I 118
Tuḥfat al-thiqāt G II 304
-Tuḥfa wal-tuʾam fī ʿilm al-farāʾiḍ S II A/C 893
Tuḥfat al-tuḥaf S II 594
Tuḥfat al-Turk G II 79, S II 87
Tuḥfat ṭabaqāt maqāmāt al-arbaʿa al-aqṭāb S II 469
Tuḥfat al-ṭalaba etc. S II 858
Tuḥfat al-ṭālib G II 382
Tuḥfat al-ṭālib fī aḥkām al-ʿirq al-ḍārib S II 1028
Tuḥfat al-ṭālib fī ʿilm al-kawākib S II 1019$_{,26}$
Tuḥfat al-ṭālib wa-umniyyat al-bāḥith al-rāghib S I 716
Tuḥfat al-ṭālibīn G II 326, S II 453
Tuḥfat al-ṭālibīn fī tarjamat shaykhina ʾl-imām al-Nawawī Muḥyi ʾl-Dīn S I 680
Tuḥfat al-ṭullāb G I 181, II 99, 404, S I 307, II 154
Tuḥfat al-ṭullāb fī ʾl-ʿamal bi-rubʿ al-asṭurlāb G II 165, S II 212
Tuḥfat al-ṭullāb fī ʿilm al-rimāya bil-nushshāb S II 1037$_{,7}$
Tuḥfat al-ṭullāb bi-jamʿ ʿumdat al-ṭullāb S II 160
Tuḥfat al-ṭullāb fī ʾl-munāẓara G II 439
Tuḥfat al-ṭullāb al-rāʾimīn G I 125

Tuḥfat al-ṭullāb, sharḥ al-Talkhīṣ S II 364
Tuḥfat al-udabāʾ etc. G II 394, S II 538
Tuḥfat al-ʿulamāʾ al-ʿāmilīn etc. S II 947,185
Tuḥfat uli 'l-albāb fi 'l-ʿamal bil-asṭurlāb S II 691
Tuḥfat uli 'l-albāb fi majālis al-aḥbāb G II 484, S II 736
Tuḥfat al-umarāʾ fī taʾrīkh al-wuzarāʾ G II 698, S I 556
Tuḥfat al-ʿuqalāʾ S II 912
-Tuḥfa, urjūza fi 'l-mabdaʾ wal-maʿād S II 804
Tuḥfat al-ustādh etc. S II 999,33
-Tuḥfa al-Wafāʾiyya etc. G II 478, S II 728
-Tuḥfa al-wafiyya bi-maʿānī ḥurūf al-ʿArabiyya S II A/C 16
Tuḥfat wāhib al-mawāhib etc. G II 132, 231, S II 323
Tuḥfat al-wāʿiẓīn S II 745
-Tuḥfa al-waladiyya fi 'l-munāẓara S II 1014,9
-Tuḥfa al-Wardiyya G II 140, S II 175
Tuḥfat al-wārid etc. S II 341
-Tuḥfa al-Wazīriyya S II 861
Tuḥfat al-wuʿʿāẓ S I 920,75q
Tuḥfat al-wujūd fi manāqib a. 'l-Suʿūd S II 152
Tuḥfat al-wuṣūl G II 107
Tuḥfat al-wuzarāʾ G I 209, 286,19, S I 343, 501, 619
Tuḥfat al-yaqẓān etc. G II 312, S II 443
Tuḥfat al-zāʾir S II 574
Tuḥfat al-zāʾir bi-baʿḍ manāqib sayyidi 'l-Ḥājj A. b. ʿĀshir S II 686
Tuḥfat al-zāʾir fī maʾāthir al-amīr ʿAq. S II 887
Tuḥfat al-zāʾirīn etc. S II 971,21
Tuḥfat al-zamān G II 410, S II 569
Tuḥfat al-zaman fī mā jarā min al-nukat fi 'l-Yaman S II 553
Tuḥfat al-zamān ila 'l-Malik al-Muẓaffar S II 638
Tuḥfat al-zamān wa-nuzhat al-khullān S II 907
Tuḥfat al-zaman fī ẓarf ahl al-Yaman S II 1042,46
Tuḥfat al-zūwār S II 573
-Tuḥfa al-ẓarfiyya etc. G II 308, S II 420
Tuḥfa ẓarīfa wa-muqaddima laṭīfa S I 626
-Tuḥfa al-ẓarīfa fi 'l-ṣalāt ʿala 'l-ḥaḍra al-sharīfa S II 523
Tuḥfat al-ẓurafāʾ fī akhbār al-anbiyāʾ wal-khulafāʾ G II 699, S I 585
Tuḥfat al-ẓurafāʾ bi-asmāʾ al-khulafāʾ G I 158, S II 164, 198,311
Tuḥfat al-ẓurafāʾ bi-dhikr al-mulūk wal-khulafāʾ S II A/C 412
Tuḥfat al-ẓurafāʾ fī ḥikāyāt al-khulafāʾ S II 41
Tuḥfat al-ẓurafāʾ fī taʾrīkh al-khulafāʾ G II 41, S II 38
Tuḥfat al-ẓurafāʾ fī tawārīkh al-khulafāʾ G II 54
-Turāth al-Yūnānī S III A/C 305
-Ṭabāʾiʿ S I 952
Ṭabāʾiʿ al-ʿaqāqīr etc. S I 424
-Ṭabāʾiʿ al-arbaʿ G II 139
Ṭabāʾiʿ al-ḥayawān S I 903
Ṭabāʾiʿ al-istibdād S III 380
-Ṭabāʾiʿ wal-qāʾilīn bihā S I 343
Ṭabaq al-ḥalwā G II 399, S II 545
-Ṭabaqāt G I 136, II 339, S I 209, II 469
Ṭabaqāt ʿAl. b. Yū. al-Jurjānī S I 565
Ṭabaqāt al-abrār etc. S II 401
Ṭabaqāt al-Anṣārī S I 774
-Ṭabaqāt fi 'l-asmāʾ al-mufrada etc. S I 949
Ṭabaqāt al-awliyāʾ S I 776 A/C, II 469
Ṭabaqāt al-fuqahāʾ G I 324, 388, II 453,123, S I 670, II 27
Ṭabaqāt al-fuqahāʾ wal-ʿibād etc. S II 809
Ṭabaqāt fuqahāʾ jibāl al-Yaman S I 676
Ṭabaqāt al-fuqahāʾ al-kubrā S II 108
Ṭabaqāt al-fuqahāʾ al-Mālikiyya S I 632
Ṭabaqāt al-fuqahāʾ wal-muḥaddithīn S I 213
Ṭabaqāt al-fuqahāʾ al-Shāfiʿiyyīn G I 397
Ṭabaqāt fuqahāʾ al-Yaman G I 391, II 183, S I 570
Ṭabaqāt al-Ḥanābila G II 107, S I 557, 687, II 129
Ṭabaqāt al-Ḥanafiyya S II 957,102
Ṭabaqāt al-ḥuffāẓ G II 47, 156,275
Ṭabaqāt al-ḥukamāʾ G I 325
-Ṭabaqāt al-kabīr G I 136, S I 208
-Ṭabaqāt fī khaṣāʾiṣ al-awliyāʾ etc. S II 895
Ṭabaqāt al-khawāṣṣ, ahl al-ṣidq G II 190, S II 254
Ṭabaqāt al-khirqa al-Ṣūfiyya S II 29
Ṭabaqāt al-Mālikiyya G II 263

Ṭabaqāt al-masāʾil G II 433, S II 644
Ṭabaqāt al-mashāyikh G I 336, S I 575
Ṭabaqāt al-mufassirīn G II 156,$_{276}$, 289, S I 727, II 195,$_{276}$, 401
Ṭabaqāt al-mughannīn S I 244,$_{49}$, 404
Ṭabaqāt al-muḥaddithīn bi-Iṣfahān S I 347, II 931,$_{8}$
Ṭabaqāt al-mujtahidīn G II 453,$_{24}$
Ṭabaqāt al-Muṣṭafayn wal-Muṣṭafayāt S I 808
Ṭabaqāt al-mutakallimīn S I 278
Ṭabaqāt al-Muʿtazila S I 344
Ṭabaqāt al-naḥwiyyīn G I 133, II 156,$_{277}$, S II 195
Ṭabaqāt al-naḥwiyyīn al-Baṣriyyīn etc. S I 157, 175
Ṭabaqāt al-nassābīn S I 626
Ṭabaqāt al-nuḥāt (naḥwiyyīn) S I 157, 169
Ṭabaqāt al-nuḥāt al-Baṣriyyīn S I 157, 175
Ṭabaqāt al-nuḥāt wal-lughawiyyīn S I 158, 203, II 50
Ṭabaqāt al-qurrāʾ G II 47, S I 727
Ṭabaqāt al-qurrāʾ min asānīd al-imām al-Ahwāzī S II 981
Ṭabaqāt al-qurrāʾ al-mashhūrīn S II 46
Ṭabaqāt al-ruwāt wa-ṣanādīq al-ḥukāt S I 915
Ṭabaqāt al-sāda al-Ḥanafiyya G I 374, S II 502
-Ṭabaqāt al-saniyya G II 312, S II 429
Ṭabaqāt al-Shādhiliyyīn S II 881
Ṭabaqāt al-Shāfiʿiyya G II 90, S II 46, 50, 106, 107, 114, 443 A/C
Ṭabaqāt al-Shāfiʿiyyīn G I 386, 525, II 51, 88, 91, S I 612, 669
Ṭabaqāt al-Sharnūbī S II 469
Ṭabaqāt al-shuʿarāʾ G I 79, 105, 122, 324, S I 43, 162, 169, 185, 209, 225, II 44
Ṭabaqāt al-shuʿarāʾ bil-Andalus S I 475
Ṭabaqāt al-shuʿarāʾ al-muḥdathīn G I 81, S I 130
Ṭabaqāt al-Ṣūfiyya G I 433, S I 360, 774, II 109
Ṭabaqāt al-Ṣūfiyya al-wusṭā S II 466,$_{43a}$
Ṭabaqāt al-Ṣūfiyyīn S I 362
Ṭabaqāt ʿulamāʾ al-ʿArab G II 263
Ṭabaqāt ʿulamāʾ al-Ḥanafiyyīn G II 433, S II 644
Ṭabaqāt ʿulamāʾ Ifrīqiya S I 228
Ṭabaqāt al-umam etc. S III 189
Ṭabīʿat al-ʾafyūn G II 452, S II 671,$_{97}$
-Ṭabīb al-Miṣrī S III 229
-Ṭabīb al-ṭarīd S III 386
-Ṭabīkh S I 904
Ṭābqāna S I 431
-Ṭahāra G I 510, S II 832
Ṭahārat al-anfās etc. S II 703
Ṭahārat al-ʿArab S II 890
Ṭahārat al-nafs S I 584
Ṭahārat al-qulūb etc. G I 452, S I 810
-Ṭāʾir al-maymūn etc. S II 37,$_{q}$
-Ṭāʾir wal-ʿuqāb G II 364
-Ṭalāq al-bāʾin S II 649,$_{64}$
-Ṭalāq al-muṭlaq G II 311
Ṭalʿat al-mushtarī etc. S II 889
Ṭalʿat al-shams S II 823
-Ṭāliʿ al-mushriq min ufuq al-manṭiq S II 694
Ṭāliʿ al-saʿāda S I 498
Ṭāliʿ al-saʿd wa-iqbāl al-saʿāda etc. S II 997,$_{13a}$
Ṭāliʿ al-saʿd al-rafīʿ S II 814
Ṭāliʿ al-saʿīd G II 31, S II 27
Ṭalīʿat al-ʿulūm S II 594
Ṭalibat al-ṭalaba G I 428, S I 762
Ṭalibat al-ṭalaba fī ṭarīq al-ʿilm etc. S II 1044,$_{13}$
Ṭaʿm al-nabī S I 208
-Ṭaʿn wal-ṭāʿūn G II 311
Ṭāqat al-azhār S III 367
Ṭarab al-amāthil etc. S II 858
Ṭarab al-masāmiʿ etc. S II 769
-Ṭarābulusiyyāt S I A/C 706
-Ṭarāʾif al-adabiyya S I A/C 504
Ṭarāʾif al-fukāhāt G II 61
Ṭarāʾif al-ḥikma S III 359
-Ṭarāʾif fi ʾl-ḥisāb S I 390
-Ṭarāʾif fī maʿrifat madhhab al-ṭawāʾif S I 912
Ṭarāʾif al-niẓām etc. S II 396
-Ṭarāʾif wal-talāʾid etc. S II 895
Ṭarāʾif al-ṭuraf S I 502
Ṭarāwat al-laṭāʾif etc. S I 912
Ṭard al-sabʿ fī sard al-sabʿ S II 29
-Ṭardiyyāt G I 85
Ṭarḥ al-madar etc. S II 387
Ṭarḥ al-murr S II 946,$_{168}$
Ṭarḥ al-saqaṭ etc. G II 152, S II 188,$_{159}$
Ṭarḥ al-tathrīb G II 66

-*Ṭāriʾ ʿala ʾl-sukkardān* G II 13
-*Ṭarīfa fī ithbāt al-akhlāq al-ilāhiyya* S II 585,$_{11}$
-*Ṭarīq* S I 225, III 164
Ṭarīq al-hijāʾ wal-tamrīn etc. G II 482, S II 733
Ṭarīq al-hijratayn etc. G II 106, S II 127,$_{16}$
Ṭarīq al-Hind S III 497
Ṭarīq al-hudā wa-muzīḥ al-radā S II A/C 402
Ṭarīq al-ihtidāʾ G II 371, S II 499
Ṭarīq fī ʾstikhrāj khaṭṭay etc. G I 223, S I 399
-*Ṭarīq al-jadīda* G II 110
-*Ṭarīq al-munajjad ʿala ʾl-Muwaṭṭaʾ* S II 857
Ṭarīq al-najāh S II 846
-*Ṭarīq al-qawīm fī sharḥ al-Ṣirāṭ al-mustaqīm* S II 603
-*Ṭarīq al-rashād ila ʾl-mamālik wal-bilād* S II 44
Ṭarīq al-taʿallum G I 462
-*Ṭarīq al-wāḍiḥ ilā ʿaqīdat al-salaf al-ṣāliḥ* S II A/C 472
-*Ṭarīq al-wāḍiḥ al-maslūk ilā tarājim al-khulafāʾ wal-mulūk* G II 707
-*Ṭarīq al-wāḍiḥa ilā asrār al-Fātiḥa* S II 999,$_{28}$
Ṭāriq b. Ziyād S III 390
-*Ṭarīqa al-ʿAmīdiyya* G I 440
Ṭarīqat al-Dimirdāshiyya G II 351
-*Ṭarīqa al-Ḥaṣīriyya* G I 380, S I 653
Ṭarīqat al-ḥussāb fī ṣināʿat al-kuttāb S II 567
Ṭarīqa fī ʾstikhrāj al-khaṭaʾayn S I 857
-*Ṭarīqa al-jalīla* S II 567
Ṭarīqat al-khilāf bayna ʾl-aʾimma S I A/C 641
Ṭarīqat al-khilāf bayna ʾl-Shāfiʿiyya wal-Ḥanafiyya S I 669
Ṭarīqat al-maʾmūn etc. G II 139
-*Ṭarīqa al-Muḥammadiyya* G II 441, S II 655,$_{15}$
Ṭarīqat al-mutasallī etc. S II 861
-*Ṭarīqa al-muthlā etc.* S II 860,$_{18}$
-*Ṭarīqa al-Raḍawiyya* G I 375, S I 641
-*Ṭarīqa al-wāḍiḥa etc.* G II 496, S II 775
-*Ṭāriqiyya* S I 190
Ṭarz al-ghurar G II 357
-*Ṭāʿūn wal-wabaʾ* G II 452,$_{102}$
Ṭawāliʿ al-abrār S II 142
Ṭawāliʿ al-anwār G I 418, S II 428, 984
Ṭawāliʿ al-anwār min maṭāliʿ al-anẓār G I 418, S I 742
Ṭawāliʿ al-budūr fī taḥwīl al-sinīn wal-shuhūr G II 30, S II 26
Ṭawāliʿ al-fatḥ S II 1038,$_{10}$
Ṭawāliʿ al-ishrāq G II 366
Ṭawāliʿ al-mawālīd S I 869
Ṭawāliʿ al-minaḥ etc. S II 436
-*Ṭawāliʿ al-munīra* S II 471
-*Ṭawāliʿ wal-nujūm* G I 222
-*Ṭawāliʿ al-sadīda etc.* S II 467
Ṭawāliʿ al-taʾsīs fī maʿālī b. Idrīs S II 75
-*Ṭawāsīn* S I 355
Ṭawq al-ḥamāma S II 198,$_{325}$
Ṭawq al-ḥamāma fī mabādiʾ al-naḥw S II 766
Ṭawq al-ḥamāma fī ʾl-taʾrīkh wal-nasab etc. G I 271, S I 480
Ṭawq al-ḥamāma fī ʾl-ulf wal-ullāf G I 400, S I 694
-*Ṭawr al-aʿlā* S I 799,$_{118b}$ (to be read thus), II 776
Ṭayf al-khayāl G I 82, S I 132, II 911
Ṭayf al-khayāl fī maʿrifat khayāl al-ẓill G I 495, II 706, S II 2
Ṭayf al-khayāl fī munāẓarat al-ʿilm wal-māl S II 570
-*Ṭayr*
Ṭayy al-lisān fī ʾl-ṭaylasān S II 189,$_{169dd}$
Ṭayyib al-kalām G II 174, S II 223
Ṭayyib al-nushar G II 385
Ṭayyibat al-gharrāʾ fī madḥ al-anbiyāʾ S II 763
Ṭayyibat al-nashr fī ʾl-qirāʾāt al-ʿashr G II 202, S II 274
-*Ṭīb* S I 181
-*Ṭīb al-fāʾiḥ etc.* S II 941
Ṭīb al-ḥabīb G I 265
Ṭīb al-kisāʾ S II 551
Ṭīb al-samar G II 400
-*Ṭīb al-shādhī* S I 268
-*Ṭibb* S I 423, II 1028,$_{17}$, 1030,$_{31}$
-*Ṭibb al-Aḥmadī* S II 969,$_{4}$
Ṭibb al-fuqarāʾ S II 947,$_{181,25}$
Ṭibb al-fuqarāʾ wal-masākīn G I 238, S I 420,$_{36}$
Ṭibb al-Īlāqī S I 887
-*Ṭibb al-insānī* S II 1028,$_{8a}$

-Ṭibb al-jadīd al-kīmiyyāʾī G II 365, S II 666
-Ṭibb min al-Kitāb wal-sunna G II 704, S I 881
-Ṭibb al-Manṣūrī G I 234, S I 419
-Ṭibb al-masnūn G II 13
-Ṭibb al-mulkī G I 235
Ṭibb al-mulūk S II 1031,$_{39}$
-Ṭibb al-nabawī G I 339, II 106, 114, 252, S II 127,$_{21}$, 356, 937, 945,$_{166}$
Ṭibb al-nabī S I 617
Ṭibb al-Qurʾān S II 746
Ṭibb al-qulūb G II 106
Ṭibb al-qulūb al-ḥāʾira S II 499
-Ṭibb al-rūḥānī G I 235, 505, S I 420, 920,$_{77}$, 954 ad 342
-Ṭibb al-rūḥānī fi 'l-ʿālam al-insānī S I 800,$_{160}$
-Ṭibb al-rūḥānī bil-Qurʾān al-raḥmānī S I A/C 908
-Ṭibb al-sharīf S II 367
-Ṭibb fī tadbīr al-musāfirīn etc. S II 367
-Ṭifl al-ṭāhir S III 95
-Ṭilasm wa-nuḥūrāt al-kawākib etc. S I 429
-Ṭilasmāt G I 243
Ṭirāz al-adab S I 144
Ṭirāz aʿlām al-zamān etc. G II 185, S II 238
-Ṭirāz al-anfas fī shiʿr al-Akhras S II 792
Ṭirāz al-asmāʾ G II 285, 381, 382, S II 515
-Ṭirāz li-asrār al-balāgha etc. S II 242
Ṭirāz al-azhār S II 258
Ṭirāz al-badīʿ G II 274
Ṭirāz al-dahr etc. S I 867
Ṭirāz al-dhahab ʿalā wishāḥ al-adab S I 254
-Ṭirāz al-dhahabī ʿalā abyāt b. ʿArabī G II 339, S I 800,$_{146c}$
Ṭirāz al-ḥulla fī salṭanat al-qulla S II 912
Ṭirāz al-ḥulla wa-shifāʾ al-ʿilla G II 13, 14
Ṭirāz al-kumm etc. S II 696
-Ṭirāz fi 'l-lugha S II 628
Ṭirāz al-majālis G II 286, S II 396
Ṭirāz al-maḥāfil G II 91, S II 107
-Ṭirāz al-manqūsh etc. G II 385, S II 519
-Ṭirāz al-marqūm etc. S II 502
-Ṭirāz al-muʿallam fī ʿilm al-bayān G II 301, S II 766
-Ṭirāz al-muʿallam fī madḥ al-Batūl Maryam S III 347
-Ṭirāz al-mudhahhab G II 498, S II 782
-Ṭirāz al-mudhahhab li-aḥkām al-madhhab S II 114 A/C, 559
-Ṭirāz al-mutaḍammin liʾasrār al-balāgha etc. S II 234
-Ṭirāz al-muwashshā fi 'l-inshāʾ S II A/C 58
-Ṭirāz fī sharḥ Ḍabṭ al-Kharrāz G II 248, S II 349
Ṭiwāl al-aḥādīth S I 604
Ṭiyyat al-ʿayn fī maʿrifat al-qullatayn S II 395
-Ṭufayliyyīn S I 245,$_{54}$
-Ṭūl wal-ʿarḍ S I 823,$_{79g}$
Ṭūlit il-ʿumr etc. S III 478
-Ṭulūʿ wal-ghurūb G I 205, 512, S I 932,$_{50}$
Ṭulūʿ al-thurayyā etc. G II 150, S II 187,$_{126}$
-Ṭulūʿāt wal-ghurūbāt S I 384, see 958
Ṭuraf al-ẓurafāʾ S I 483
-Ṭurar, sharḥ al-Wathāʾiq al-majmūʿa S I 666, II 960,$_{23}$
Ṭurfat al-aṣḥāb fī maʿrifat al-ansāb G I 526, II 184, S I 901
-Ṭurfa al-gharība G II 40, S II 37,$_{f}$
-Ṭurfa fi 'khtiṣār al-Tuḥfa S II 682, 703
Ṭurfat al-mujālis etc. G I 430, S I 765
Ṭurfat al-rabīʿ fī naẓm anwāʿ al-badīʿ S II 741
-Ṭurnūj S I 504
-Ṭurthūth fī fawāʾid al-burghūth G II 154, S II 192,$_{218}$
-Ṭuruq G I 440
-Ṭuruq al-ḥikmiyya etc. G II 106, S II 126,$_{7}$
-Ṭuruq al-saniyya G II 168
-Ṭuruq al-wāḍiḥāt fī ʿamal al-munāsakhāt S II 155, 347
Ṭuruq al-wasāʾil etc. G II 703 ad I 451, S I 809

-ʿUbāb G I 297
-ʿUbāb al-muḥīṭ etc. G II 404, S II 964,$_{3}$
-ʿUbāb, naẓm fiqh al-Shāfiʿī S II 12
-ʿUbāb, sharḥ abyāt al-ādāb S I 462
-ʿUbāb, sharḥ al-Lubāb S I 520
-ʿUbāb al-zākhir wal-lubāb al-fākhir G I 361, S I 614,$_{4}$
-ʿŪd al-Jazāʾirī S II 688
-ʿŪd wal-malāhī S I 943 ad 181
Udabāʾ al-ʿArab S II 768
Udabāʾ Ḥalab S II 750, III 427
Udabāʾ muʿāṣirūn S III 133
-ʿUdda G I 430

ʿUddat al-adab S III 390
ʿUddat al-afhām S I 606
ʿUddat aḥādīth fī faḍāʾil fiʿl al-maʿrūf etc. S II 193,$_{245,\ \mathrm{I}}$
ʿUddat al-aḥkām S II 88
-ʿUdda al-ʿamīda al-mukhliṣa G II 350, S II 477,$_{23}$
ʿUddat arbāb al-fatwā G II 387, S II 525
ʿUddat al-dāʿī S I 912,$_{8}$
ʿUddat al-fatāwī S I 645, II 634
ʿUddat al-ḥāfiẓ G I 300
ʿUddat al-ḥiṣn G II 203, S II 277
-ʿUdda fī ʾkhtiṣār al-ʿUmda S I A/C 540
-ʿUdda fī iʿrāb al-ʿUmda S I 606, II 221
-ʿUdda ʿinda ʾl-karab wal-shidda G II 65
ʿUddat al-maʿād fī ʿarūḍ Bānat Suʿād S II 77
ʿUddat al-murshidīn G II 189
ʿUddat al-musāfir wa-ʿumdat al-ḥājj wal-zāʾir S II 817
-ʿUdda ʿalā sharḥ al-ʿUmda S I 606
ʿUddat al-ṣābirīn etc. S II 127,$_{36}$
-ʿUdda ʿala ʾl-ʿUmda S I 262,$_{13}$
ʿUddat al-uṣūl S I 706, 707
ʿUdhr al-aʾimma G II 346,$_{13}$
-Uḍḥiyya fī aḥkām al-adʿiya S II 118,$_{43}$ (to be read thus)
Uḍḥiyyat al-faqīr S II 649,$_{60}$ (to be read thus)
-Ufuq al-mubīn G II 341, S II 579
Uhbat al-ʿibād fī yawm al-maʿād S II 800
ʿUhdat al-muʾammil etc. S I 597
-ʿUhūd S I 820,$_{68b}$
-ʿUhūd al-Muḥammadiyya al-kubrā S II 465,$_{14}$
-ʿUhūd al-Yūnāniyya etc. S II 1014
Uḥdūthat al-ʿālam S I 245,$_{14}$
-ʿUjāb, sharḥ al-Lubāb G I 394 (to be read thus)
-ʿUjāla S II 973,$_{18}$
-ʿUjāla ʿalā aʿdal āla S II 487
ʿUjālat al-bayān S II 571
ʿUjālat dhawi ʾl-intibāh S II 521
-ʿUjāla fi ʾl-fiqh al-Shāfiʿī S II 110
-ʿUjāla fī ḥukm bayʿ al-ʿudda wal-amāna S II 647
ʿUjālat al-imlāʾ G I 367
ʿUjālat layla aw laylatayn S II 321
-ʿUjāla al-mawfiyya bi-asānīd al-fuqahāʾ etc. S II 711
ʿUjālat al-mubtadiʾ G I 356
ʿUjālat al-muḥtāj S I 680
ʿUjālat al-mutaʾaddib S III 230
-ʿUjāla al-nāfiʿa S II 625
-ʿUjāla al-nāfiʿa lil-ṭabīb al-labīb S II 1030,$_{35}$
ʿUjālat al-nasab etc. S I 605
ʿUjālat al-qirā fī taʾrīkh Umm al-qurā S II 221
-ʿUjāla fi ʾl-qirāʾāt S II 360
ʿUjālat al-qurrāʾ G II 172
-ʿUjāla al-Raḥmiyya S II 632
ʿUjālat al-rākib fī dhikr ashraf al-manāqib G II 71, S I 736, II 76
-ʿUjāla, tatimmat al-Suyūf S II 880
-ʿUjāla fi ʾl-tawajjuh al-atamm G I 448, S I 800,$_{149}$
-ʿUjāla al-wafiyya fi ʾl-siyāsa al-dīniyya S II 774
ʿUjālat al-zamān G II 353
-ʿUjāla (ʿajāja) al-zarnūbiyya etc. G II 150, S II 186,$_{111}$
ʿUkāẓ al-adab S II 868, III 83
ʿUkāẓ fī shuʾūn al-ʿArab S III A/C 342
ʿUlamāʾ Ifrīqiya S I 232
-ʿUlba al-mafqūda S III 269
Ulfat al-anām etc. S II 1004,$_{79}$
-Ulfa wal-ukhuwwa G II 352 (to be read thus)
-Ulūf fī buyūt al-ʿibādāt G I 221
-Ulūhiyya S I 355
-ʿUlūm S I 357
-ʿUlūm min ʿaqāʾid ʿulamāʾ al-rusūm G I 442,$_{9}$
ʿUlūm al-ʿarūḍ wal-qawāfī etc. S I 907
-ʿUlūm al-fākhira G II 249, S II 351
ʿUlūm al-ḥaqāʾiq G II 451,$_{60}$, S I 803, II 673,$_{167}$
-ʿUluww lil-ʿalī al-ʿaẓīm G II 48, S II 47
-Umam fī ʾltiyāth al-zulam S I A/C 673
ʿUmar al-Khaṭṭāb S III 390
ʿUmar wa-Nuʿmān S III 362
Umarāʾ āl Luṭfallāh S III 430
Umarāʾ al-bayān S III 434
Umarāʾ al-shiʿr al-ʿArabī etc. S III 425
ʿUmdat al-abrār etc. S II 424
ʿUmdat al-afhām G I 357
ʿUmdat ahl al-tadqīq wal-taṣdīq S II 355
ʿUmdat ahl al-tawfīq S II 877
ʿUmdat ahl al-tawfīq wal-taʿdīd G II 250, S II 353

ʿUmdat al-aḥkām S I A/C 689
ʿUmdat al-aḥkām min kalām khayr al-anām S I 950 ad 281
-*ʿUmda fi ʾl-aḥkām al-manqūla min khayr al-anām* S I 605
ʿUmdat al-aḥkām ʿan sayyid al-anām G I 356, II 247, S I 605
-*ʿUmda fi ʾl-ʿaqāʾid* S II 268
ʿUmdat al-bayān S II 351, 982
ʿUmdat al-bulaghāʾ etc. S I 486
ʿUmdat al-dalāʾil G I 503
ʿUmdat dhawi ʾl-albāb G II 256, S II 425
ʿUmdat dhawi ʾl-albāb wal-baṣāʾir S II 647
ʿUmdat dhawi ʾl-albāb fī maʿrifat istikhrāj etc. S II 159
ʿUmdat dhawi ʾl-albāb, sharḥ Bughyat al-ṭullāb etc. S II 365
ʿUmdat dhawi ʾl-himam ʿala ʾl-Muḥsiba S I 529
ʿUmdat al-fatāwī G I 374, S I 640
ʿUmdat al-fuḥūl fī sharḥ al-Fuṣūl S II 326
ʿUmdat al-furqān G II 440, S II 653
-*ʿUmda fī furūʿ al-Shāfiʿiyya* G I 391, S I 674
ʿUmdat al-ḥadīth S I 605
ʿUmdat al-ḥāfiẓ etc. S I 526
ʿUmdat al-ḥāsib etc. S I 863
ʿUmdat al-ḥisāb S II 1024,$_{76}$
ʿUmdat al-ḥudhdhāq etc. S II 484
ʿUmdat al-ḥuffāẓ etc. G II 111, S II 138
ʿUmdat al-ḥukkām etc. G II 311, S II 87 A/C, 88, 949
ʿUmdat al-ḥurafāʾ etc. S II 7
-*ʿUmda lil-imām al-Hādī ila ʾl-ḥaqq* S I 316
ʿUmdat al-ʿirfān G II 438, S II 650
ʿUmdat al-iʿtimād fī kayfiyyat al-jihād S II A/C 578
ʿUmdat al-kalām S II 268
ʿUmdat al-kātib (kuttāb) S II A/C 200
-*ʿUmda al-kuḥliyya* G II 137
ʿUmdat al-kuttāb etc. G I 525, S I 473 (see 963)
-*ʿUmda fī madḥ al-shayʾ wa-ḍiddihi* S II 906
-*ʿUmda al-Mahriyya fī ḍabṭ al-ʿulūm al-baḥriyya* S II 231
-*ʿUmda fī maḥāsin al-shiʿr wa-ādābihi* G I 307, S I 540
ʿUmdat al-mubtadiʾ G II 107
ʿUmdat al-mufīd etc. G I 410, S I 728
ʿUmdat al-muftī G I 374
ʿUmdat al-muḥaqqiqīn G II 701
ʿUmdat al-muḥtāj G I 392, S I 680
ʿUmdat al-muḥtāj fī ʿilmay al-adwiya wal-ʿilāj S II 748
ʿUmdat al-mujīd fi ʾl-naẓm wal-tajrīd S I 728
-*ʿUmda fi ʾl-mukhtār min takhāmīs al-Burda* S I 469, II 10
ʿUmdat al-muntaḥil etc. G II 178, S II 225
ʿUmdat al-murīd, sharḥ Jawharat al-tawḥīd S II 436
ʿUmdat (ʿuddat) al-murīd al-ṣādiq etc. S II 362
ʿUmdat al-mutalaffiẓ S I 541
-*ʿUmda wal-muʿtaqad etc.* S II 311
ʿUmdat al-muwaḥḥidīn fī uṣūl al-dīn S II A/C 268
ʿUmdat al-nās fī manāqib sayyidna ʾl-ʿAbbās S II 32,$_{21}$
ʿUmdat al-nāsik etc. S II 975
ʿUmdat al-nāẓir S II 425
ʿUmdat al-qāriʾ wal-sāmiʿ etc. G I 159, II 53, S I 262, II 33
ʿUmdat al-qawī G I 412
ʿUmdat al-qurrāʾ etc. S II 211 A/C, 981
ʿUmdat al-rābiḥ G II 95
-*ʿUmda fi ʾl-radd ʿala ʾl-Muṭarrifiyya* G I 402
ʿUmdat al-riwāya S I 647, II 858
ʿUmdat al-sālik ʿalā madhhab al-imām Mālik G I 449, S II 434
ʿUmdat al-sālik fi ʾl-manāsik S II 950,$_{26}$
ʿUmdat al-sālik wa-ʿuddat al-nāsik S II 3 A/C, 104, 138, 440
ʿUmdat al-sārī, sharḥ al-Unmūdhaj S I 510
ʿUmdat al-sulūk S II 470
ʿUmdat al-ṣafwa fī ḥill al-qahwa G II 325, S II 447
-*ʿUmda fī ṣināʿat ʿilm al-zirāʿa* G II 284
-*ʿUmda fī ṣināʿat al-jirāḥa* G I 493, S I 899
ʿUmdat al-taḥqīq fī bashāʾir āl al-Ṣiddīq S II 438, 527, 939
ʿUmdat al-ṭālib fī ansāb a. Ṭālib G II 241, S I 132
ʿUmdat al-ṭālib fi ʾl-iʿtiqād al-wājib S II A/C 251
ʿUmdat al-ṭālib fī nasab āl a. Ṭālib G II 199, S II 272
ʿUmdat al-ṭālib li-nayl al-maʾārib S II 448

ʿUmdat al-ṭālibīn etc. G II 82, S II 53
ʿUmdat al-udabāʾ fī dafʿ al-ṭāʿūn wal-wabāʾ S II 1031,$_{47}$
ʿUmdat al-udabāʾ fī mā yuktab bil-alif wal-yāʾ G I 282
-ʿUmda fī uṣūl al-dīn S I 757
-ʿUmda fī ʿuyūn (ṣiḥāḥ) al-akhbār etc. S I 711
ʿUmdat al-wasāʾil S II 519
ʿUmdat al-zāʾir etc. S II 796
-Umm G I 181, S I 304
Umm al-barāhīn G II 250, S II 353
Umm al-ʿibar S II A/C 780
Umm al-qurā S III 380
Umm al-qurā fī madḥ khayr al-waraʾ G I 266, S I 470
Ummahāt al-awlād S I 245,$_{51}$
Ummahāt al-maʿārif S I 801,$_{185}$
-ʿUmmāl al-ṣāliḥūn S III 367
Ummat al-Malāyū S III 309
-ʿUmrān S III 344
ʿUnbūb al-balāgha G II 424, S II 631
-Unmūdhaj G I 291, S I 510
-Unmūdhaj fī baḥth al-istiʿāra S II 141
Unmūdhaj al-funūn G II 453
Unmūdhaj fī ʿilm al-falak G II 264
Unmūdhaj jalīl fī bayān asʾila etc. S I 659
Unmūdhaj al-labīb G II 146, S II 181,$_{29}$
Unmūdhaj al-murāsalāt S II A/C 16
Unmūdhaj al-qitāl etc. S II 6
-Unmūdhaj fī shuʿarāʾ al-Qayrawān G I 307, S I 540
Unmūdhaj al-ʿulūm G I 499, II 217, 234, S I 914, II 306, 329, 577 A/C, 607 A/C
Unmūdhaj al-ʿulūm lubb ahl fuhūm S II 612
Unmūdhajaʾi Ibrāhīmiyya S I 815
ʿUnqūd al-zawāhir G II 235, S II 330
Uns al-ʿarūs S II A/C 146
Uns al-ʿāshiq etc. S I 599
Uns al-faqīr wa-ʿizz al-ḥaqīr etc. G II 241, S I 784, II 341
Uns al-ḥāḍir etc. S I 923,$_{26}$
Uns al-jalīl fī khawāṣṣ Ḥasbunā etc. G I 507, S I 806,$_{20}$
Uns al-masjūn G I 352
Uns al-munqaṭiʿīn etc. G I 358, S I 610
Uns al-nufūs S I 920,$_{75m}$
-Uns wal-salwa S I 245,$_{39}$
-Uns fī sharḥ ʿuyūb al-nafs S I 362
Uns al-waḥīd S II 913
Uns al-waḥīd wa-nuzhat al-murīd G I 438, S I 785
Uns al-wājidīn S II 1010,$_{135c}$
-ʿUnṣur al-ṭayyib etc. S II 791
ʿUnwān al-ʿanāwīn fī ʾl-uṣūl S II 826
ʿUnwān al-ʿaqāʾid G II 197
ʿUnwān al-arīb etc. S III 498
ʿUnwān al-asānīd S II 775
ʿUnwān al-aʿyān etc. G II 497, S II 781
ʿUnwān al-bayān etc. G II 282, S II 391, 726
ʿUnwān al-dirāya fī man ʿurifa etc. G II 239, S II 337
ʿUnwān al-dirāya, sharḥ al-Nuqāya S II 195,$_{268b}$
-ʿUnwān fī ḍabṭ mawālīd etc. G II 133, S II 164
ʿUnwān al-hidāya etc. S II 791
ʿUnwān al-ḥikma S I 253
ʿUnwān al-ḥilm G I 251, S I 445 A/C
-ʿUnwān fī ʾl-iḥtirāz min al-niswān G I 123, S II 152
ʿUnwān al-majd fī bayān aḥwāl Baghdād etc. S II 791
ʿUnwān al-majd fī taʾrīkh Najd S II 531
-ʿUnwān fī maʿrifat al-awzān G I 307, S I 539
ʿUnwān al-murqiṣāt wal-muṭribāt G I 337, S I 577
-ʿUnwān fī ʾl-qirāʾāt al-sabʿ G I 407, II 111, S I 721
ʿUnwān al-sharaf S II 502
ʿUnwān al-sharaf al-wafī G II 157, 190, S II 254
ʿUnwān al-siyar S II 343
-ʿUnwān fī sulūk al-niswān S II 519
ʿUnwān al-taʿrīf bi-uṣūl al-taklīf S II 374
ʿUnwān al-zamān etc. G II 142, S II 178
Unẓur wasmaʿ etc. S II 693
-ʿUqāb al-hāwī etc. S II 530
ʿUqalāʾ al-majānīn G I 156, S I 254
-Ūqiyānūs al-basīṭ etc. S II 234
ʿUqlat al-mustawfiz G I 443, 444, S I 795,$_{25}$
-Uqnūm fī naẓm al-ʿulūm S II 695
ʿUqūd al-durar bi-ḥall abyāt al-Muṭawwal etc. G I 495, S I 517
ʿUqūd al-durar fī ḥudūd ʿilm al-athar S II 422
-ʿUqūd al-durriyya S II 645

-ʿUqūd al-durriyya fi ʾl-ʿaqāʾid al-tawḥīdiyya S II 724
-ʿUqūd al-durriyya fi ʾl-dawāwīn al-Ḥalabiyya S II 385
-ʿUqūd al-durriyya min al-fatāwi ʾl-Ḥāmidiyya G II 434
-ʿUqūd al-durriyya min manāqib b. Taymiyya S II A/C 120
-ʿUqūd al-durriyya fī qawl al-wāqif etc. S II 773,25
-ʿUqūd al-durriyya fī tanqīḥ al-fatāwi ʾl-Ḥāmidiyya S II 434, 773,16
-ʿUqūd al-durriyya fī taʾrīkh al-mamlaka al-Sūriyya S II 772
-ʿUqūd al-durriyya fī ʾl-umarāʾ al-Miṣriyya G I 335, II 37, S I 574
ʿUqūd al-hamz S I 192
-ʿUqūd al-ḥisān fī qawāʿid madhhab al-Nuʿmān S II A/C 425
ʿUqūd al-ʿiqyān fi ʾl-nāsikh wal-mansūkh min al-Qurʾān S I 336, II 241
ʿUqūd al-jāwahir G II 82, 235, S II 330
ʿUqūd al-jawhar etc. S III 427
-ʿUqūd al-jawhariyya bil-juyūd al-mashrafiyya G II 322, S II 444
-ʿUqūd al-jawhariyya, sharḥ al-Muqaddima al-Azhariyya S II 23
ʿUqūd al-jumān fī ʿadam ṣuḥbat abnāʾ al-zamān G II 362
ʿUqūd al-jumān fī akhbār al-zamān S II 373
ʿUqūd al-jumān fī farāʾid shuʿarāʾ hādha ʾl-zamān S I A/C 560
ʿUqūd al-jumān fī ʿilm al-maʿānī wal-bayān G I 296, II 156, S I 519, II 195,269
ʿUqūd al-jumān fī manāqib al-imām a. Ḥanīfa al-Nuʿmān G II 304, S II 416
ʿUqūd al-jumān fī mukhtaṣar akhbār al-zamān G II 263
ʿUqūd al-jumān wa-tadhyīl wafayāt al-aʿyān S I 561
ʿUqūd al-jumān fī tajwīd al-Qurʾān S II 135
ʿUqūd al-jumān fī ʿuqūd al-rahn wal-ḍamān S II 104
ʿUqūd al-jumān fī waqāʾiʿ al-zamān S II 405
ʿUqūd al-laʾālī G II 56, S II 94
ʿUqūd al-laʾālī fi ʾl-ʿamal bil-rubʿ al-Hilālī S II 217
ʿUqūd al-laʾālī fi ʿaqāʾid al-āl S II 820
ʿUqūd al-laʾālī fi ʾl-asānīd al-ʿawālī S II 773,24
ʿUqūd al-laʾālī wal-marjān G II 83
ʿUqūd al-lujayn etc. S II 814
-ʿUqūd al-luʾluʾiyya fī akhbār al-dawla al-Rasūliyya G II 184, S II 238
-ʿUqūd al-luʾluʾiyya fī ʾl-madāʾiḥ al-nabawiyya S II 763
-ʿUqūd al-luʾluʾiyya fī ṭarīqat al-sāda al-Mawlawiyya G II 346, S II 473,18
ʿUqūd manẓūma min sunan sayyid al-mursalīn S I 643
ʿUqūd al-maqūlāt G II 324, S II 446,17
-ʿUqūd fī naẓm al-ʿunqūd S II 200
ʿUqūd al-niẓām fī madḥ khayr al-anām S II 899
ʿUqūd al-ʿuqūl G I 289
ʿUqūd al-zabarjad fī musnad al-imām A. G I 182, II 152, 188, S II 188,168
ʿUrf al-ʿāṭir fī man bi-Fās min abnāʾ al-shaykh ʿAq. S II 682
ʿUrf al-bashām fī man waliya fatwā Dimashq al-Shaʾm S II 404
-ʿUrf al-ghādī min jinān huda ʾl-hādī S II 861
ʿUrf al-khuzām fī maʾāthir al-sāda al-kirām S III 344
-ʿUrf al-nadī, sharḥ Lāmiyyat b. al-Wardī S II 174
-ʿUrf al-nadī min shiʿr al-Ṣārim al-Hindī G II 399, S II 545
-ʿUrf al-nāsim min al-thaghr al-bāsim S II 33
-ʿUrf al-shadhī S I 268
ʿUrf al-taʿrīf bil-mawlid al-sharīf S II 277
-ʿUrf fī taṣrīf al-ḥarf S II 159
-ʿUrf al-ṭayyib S I 142, II 765
ʿUrf al-ṭīb fi ʾl-taʿrīf bil-wazīr Lisān al-dīn b. al-Khaṭīb S II 408
-ʿUrjān wal-burṣān S I 245,53
Urjūza fi ʾl-ʿadad S II 802
Urjūza fi ʾl-aḥkām S I 401
Urjūza fī aḥkām al-jinn S II 111
Urjūza fi ʾl-akhlāq S I 133
Urjūza fi ʾl-alfāẓ al-mutashābihāt S II 33
Urjūza fi ʾl-anghām S II 1036,11
Urjūza fī ʿaqd al-ḥisāb bil-yad S II 1020,28
Urjūza fī ʾl-ʿarūḍ G I 307, S II 923,91
Urjūza fī ʾl-ashhur S II 708
Urjūza fī ʾl-asṭurlāb S II A/C 708
Urjūzat al-aṭfāl etc. S II 458

Urjūza fi ’l-aṭʿima wal-ashriba S II 802
Urjūza fi ’l-ʿawāmil al-naḥwiyya S II A/C 581
Urjūza fi ’l-bāh S I 827,94a
Urjūzat b. al-Bannāʾ S II A/C 364
-*Urjūza al-bayāniyya* G II 142, S II 177
-*Urjūza al-Burjuliyya fi ’l-mawārīth* S II 964,11
Urjūza fī dalīl al-raʿd S I 401
Urjūzat al-Dīrīnī S I 810
Urjūza fī dukhūl shahr al-Muḥarram etc. S II A/C 493
Urjūzat ḍabṭ al-masāʾil al-mustathnāt etc. S II A/C 400
Urjūza fī faḍāʾil al-rummān S II A/C 505
Urjūza fi ’l-falsafa al-ʿaliyya S II 833
Urjūza fī fann al-firāsa S II 775
Urjūza fi ’l-farāʾiḍ G I 385
Urjūza fi ’l-fiqh wal-uṣūlayn S II A/C 581
Urjūzat al-ḥakīm lil-ḥakīm S III 339
-*Urjūza al-Ḥalabiyya* G II 136
Urjūza fī ḥall al-aʿdād S II 931
Urjūza fī ḥifẓ al-ṣiḥḥa S I 827,95,1
-*Urjūza al-Ḥijāziyya* S II 230
Urjūzat Ḥusn al-ʿibāra S II 533
-*Urjūza al-Ibrāhīmiyya fi ’l-farāʾiḍ* S II 964,7
Urjūza fi ’l-iddighām S II 275,7b
Urjūza fi ’l-ijtihād wal-akhbār S II 793
Urjūza fī ʿilm al-awqāt S II 1018,7
Urjūza fī ʿilm al-maʿānī wal-bayān S II 783
Urjūza fī ʿilm al-manṭiq S I 820,68
Urjūza fi ’l-ʿimāma S II 408
Urjūza fi ’l-irth S II 802
Urjūza fī jadhb al-khilṭ S II 1030,36
-*Urjūza al-jaliyya fi ’l-farāʾiḍ al-Ḥanbaliyya* S II 204
Urjūza fi ’l-kalām S II A/C 581
Urjūza fi ’l-kawākib G II 127
Urjūzat al-Khalfāwī S II A/C 683
Urjūza fī khawāṣṣ al-ḥurūf S II 918
Urjūza fi ’l-khulafāʾ S II 81
Urjūza fi ’l-kīmiyyāʾ S II 1034
Urjūza laṭīfa fī qaḍāyā Ibbuqrāṭ etc. S I 823,80
Urjūza fī madḥ al-Qurʾān al-sharīf S II 756
-*Urjūza al-Manṣūriyya fī ṣifāt al-khayl* S I 701
-*Urjūza al-maʿrūfa bi-Niṣf al-ʿaysh* S II 2, 903,66
Urjūzat al-Miknāsī S II 539
Urjūza fi ’l-mīqāt S II A/C 461
-*Urjūza al-mufīda al-marmūza* S II 629
-*Urjūza fi ’l-mujarrabāt* G I 458, S I 827,92
-*Urjūza al-muʿriba (mughriba) fi ’l-khalīj al-Barbarī* G II 179, S II 231
Urjūza mushtamila ʿalā aʿmāl al-judhūr S I 858
Urjūzat al-muṣṭalaḥ S II 477
Urjūzat al-muṣṭalaḥ al-ḥadīth S II 235
Urjūza fi ’l-mutarjam S II 219
Urjūza fi ’l-muthallathāt G I 300
-*Urjūza al-muzdawija* S I 133
Urjūza fi ’l-naghamāt al-mūsīqiyya S II 1036,7
Urjūza fi ’l-naḥw S I 484, II 926
Urjūza fī naẓāʾir al-Qurʾān S I A/C 595
Urjūza fī naẓm al-muthallathāt S II 399
Urjūza fī quḍāt Dimashq S II 81
Urjūza fī quḍāt Miṣr S II 2, 81
-*Urjūza al-Raḥbiyya* G I 398, II 125, S I 675
Urjūza fi ’l-riḍāʿ S II 802, 803
Urjūza fī riyāḍat al-ṣibyān S II 248
Urjūza fi ’l-rubʿ al-mujayyab S II 700
-*Urjūza al-sabʿiyya* S II 231
Urjūzat k. al-Shajara S I 715
-*Urjūza al-Shamaqmaqiyya fi ’l-manṭiq* S II 706
Urjūza fī sharḥ al-ḥadīth S II A/C 581
Urjūza fī sharḥ al-naghamāt S II 1035
-*Urjūza al-shiʿriyya* G I 253, S I 447
Urjūza fi ’l-shuhūr al-Rūmiyya S I 528
Urjūzat b. Sīda S I A/C 542
Urjūza fī silsilat al-nasab S II 800
Urjūza fī sīrat al-nabī G I 410
Urjūza fī suʾūl al-malakayn fi ’l-qabr S II A/C 191
Urjūza fī ṣalāt al-musāfir S II 804
Urjūza fi ’l-ṣayd wal-dhibāḥa S II 804
Urjūza fī ṣināʿat al-kitāba S II 10
Urjūza fī ṣuwar al-kawākib al-thābita S I 863, 960 ad 400
Urjūzat Tadbīr al-fuḥūl fi ’l-fuṣūl S I 827,91
Urjūza fi ’l-tajwīd S II 980
Urjūza fi ’l-tajwīd wa-nuzūl al-Qurʾān S II 76
Urjūza fi ’l-taʾrīkh S I 590
Urjūza fi ’l-tashrīḥ G I 458, S I 827,84
Urjūza fi ’l-taṣawwuf S II 477, 482

Urjūza fi 'l-taṣrīf S II 677
Urjūza fi 'l-tawḥīd G II 331, S II 991$_{,22}$
Urjūza fi ṭabaqāt al-anbiyā' S II A/C 111
Urjūza fi 'l-ṭibb S I 898, II 168
Urjūza fi 'l-uṣūl S II 837
Urjūza fī uṣūl al-fiqh S II 804, 976$_{,47}$
Urjūza fī uṣūl al-ṭibb S I 823$_{,81}$
Urjūza fī 'uyūb al-nafs S II 362
Urjūza fī 'uyūb al-nafs wa-dawā'ihā S I 362
Urjūza wajīza fī 'adad al-'urūq al-mafṣūda S II 1030$_{,36}$
Urjūzat al-wildān G I 429, S I 763
-Urjūza al-Yāsamīniyya G I 471, S I 858
Urjūzat al-ẓā'āt G II 284
-'Urs wal-'arā'is S II 198$_{,333}$
-Ūrūbā fi 'l-mīzān S II 808
-'Urūsh S II A/C 148
Urūshlīm al-jadīda S III 193
'Urwa wa-'Afrā' S III 362
-'Urwa li-ahl al-khalwa etc. G II 166, S II 281
'Urwat al-asṭurlāb S II 593
'Urwat al-Miftāḥ G I 414, S I 735
-'Urwa al-wathīqa al-ṣamadiyya S II A/C 655
-'Urwa al-wuthqā S II 555, 624, 952$_{,51}$, III 313
-'Urwa al-wuthqā fī adillat madhāhib dhawi 'l-qurba S II 246, $_{v}$
-'Urwa al-wuthqā fī mā ta'ummu bihi 'l-balwa S II A/C 800
-'Urwa al-wuthqā al-ṣamadiyya S II A/C 655
-'Urwa al-wuthqā fī tafsīr al-Qur'ān S II 597$_{,23}$
Usbū' sharīf ḥaḍrat al-ghawth al-a'ẓam S I 779$_{,34}$
Usd al-ghāba etc. G I 346, S I 588
-'Ushāriyyāt G II 78
'Ushāriyyāt al-Bukhārī G II 148$_{,71}$, S II 189$_{,169yy}$
-Ushnuhiyya fi 'l-farā'iḍ G I 390, II 90, S I 674
-'Ushr G I 306
-'Ushra al-kāmila S II 622
-'Ushra al-mukhtāra S I 502
Uslūb al-gharīb etc. S II 223$_{,16}$
Uslūb al-ḥākim G II 452$_{,101}$
Uslūb min al-kalām etc. S II 362
-Usrub S I 429$_{,66}$
-Ustādh S III 332
-Usṭūl al-Islāmī S III 309
-Usṭuqs S I 428$_{,56}$
Usṭuqs al-uss S I 429$_{,74}$
-Usṭuqsāt G I 236
Usṭuqsāt 'ilm al-mūsīqī G I 212, S I 376
-Usṭuqsāt 'alā ra'y Ibbuqrāṭ S I 369
Usūs al-uṣūl S II 839
'Uṣārat al-funūn S II 632
'Uṣfūr min al-sharq S III 247
'Uṣrat al-mawjūd S I 766
-Uṣūl G I 113, 174, 191, 195, 373, II 216, S I 174, 294, 343, 346, 674 A/C, II 966
Uṣūl al-'adl wal-tawḥīd etc. G I 186, S I 315
Uṣūl al-aḥkām etc. S I 699
Uṣūl al-aḥsāb etc. S I 626
-Uṣūl wal-ajwiba fi 'l-'aqā'id S II 994
Uṣūl i Akbarī S II 598
-Uṣūl al-'Alawāniyya G II 340
Uṣūl 'aqā'id ḥaqqa S II 794
Uṣūl al-'arabiyya li-ta'rīkh Sūriyya etc. S III 424
-Uṣūl al-'ashara al-Najmiyya S I 787
-Uṣūl al-aṣliyya S II 585$_{,17}$, 793
Uṣūl al-dīn G I 390, 421, 422, S I 316, 319, 368, 667, 674, 927$_{,3e}$, 954 ad 346, II 794
Uṣūl al-dīn al-badī'a G I 238
Uṣūl al-diyānāt S II 349
-Uṣūl wal-ḍawābiṭ G I 498, S I 682, 911$_{,15}$
Uṣūl al-farā'iḍ G I 150
Uṣūl al-fatyā wal-aḥkām S I 244$_{,44}$
Uṣūl al-fiqh G I 179, 374, 399, II 105, S I 316, 640, 678, 690, II 124$_{,105}$, 953$_{,58}$, 954$_{,64,70}$
-Uṣūl wal-furū' min qawl al-a'imma S I 695
Uṣūl al-handasa S I 386
Uṣūl al-ḥadīth G II 440
Uṣūl al-ḥaqīqa wal-ṭarīqa S II 361
Uṣūl al-ḥikam G II 443, S II 659
Uṣūl al-ḥikma G I 243
Uṣūl ḥisāb al-Hind S I 398
Uṣūl al-'ilāj G II 364
Uṣūl 'ilm al-nafs etc. S III 328
Uṣūl al-īmān (islām) S II 531$_{,7}$
Uṣūl al-istinbāṭ S II 925$_{,111}$
-Uṣūl fī jumlat kutub al-mawāzīn G I 241
-Uṣūl al-kabīr S I 431
Uṣūl al-kāfī S II 978
-Uṣūl al-Karbalā'iyya S II 831
Uṣūl al-ma'ānī etc. S II 190$_{,169,lll}$
Uṣūl al-ma'ārif S II 585

Uṣūl al-malāmātiyya S I 955 ad 362
Uṣūl al-malḥama S II A/C 300
-Uṣūl li-maʿrifat al-uṣūl S I 428,41
Uṣūl Menelaos etc. S I 929,24
-Uṣūl al-muhimma G II 156,268
-Uṣūl ʿalā Mukhtaṣar al-Talkhīṣ S I 519,5, II 571
-Uṣūl al-munīfa lil-imām a. Ḥanīfa S II 647
Uṣūl muqaddimāt al-wuṣūl S II 153, 362
Uṣūl al-naḥw S II 194,263b, 924
-Uṣūl fī naḥw arbāb al-qulūb etc. S I A/C 772
Uṣūl i bī nuqṭa S II 839
Uṣūl al-rasūl S II 837
Uṣūl al-Sarakhsī S I 638
Uṣūl al-sharāʾiʿ S III 326
-Uṣūl fī sharḥ al-Fuṣūl G I 439, S I 899
Uṣūl al-Shāshī S I 307
Uṣūl ṣināʿat al-aḥkām G I 522, S I 398
Uṣūl tarkīb al-adwiya G I 491, S I 895
-Uṣūl al-thalātha etc. S II 531,20
-Uṣūl al-thālith S I 428,37
-Uṣūl al-thāmira fī ʾl-ʿamal bi-rubʿ al-musātara S II A/C 156
-Uṣūl fī ṭabaqāt al-ʿulūm etc. S I 396
Uṣūl al-ṭibb G I 484, S I 424, 886
Uṣūl al-ʿuqūl S I 802,216
Uṣūl al-uṣūl, sharḥ al-Maʿālim S II 826
-ʿUtbiyya G I 177, S I 301
Uthūlūjiyya aw rubūbiyya S I 364
ʿUṭayl S III 95
ʿUyūb al-nafs wa-dawāʾuhā G I 201, S I 362
-ʿUyūn G I 344
ʿUyūn al-adilla S I 537, II 963,49
ʿUyūn al-akhbār G I 121, 478, 459, S I 185, 690, II 690, 909
ʿUyūn al-akhbār al-aʿyān G II 373, S II 501
ʿUyūn al-akhbār fī mā waqaʿa li-jāmiʿih etc. S II 415
ʿUyūn al-akhbār fī manāqib al-akhyār S I 602
ʿUyūn al-akhbār wa-nuzhat al-abṣār G II 301, S II 412
ʿUyūn akhbār al-Riḍā G I 187, S I 321
ʿUyūn al-anbāʾ fī ṭabaqāt al-aṭibbāʾ G I 320, S I 560
ʿUyūn al-athar etc. G II 71, S II 77
-ʿUyūn al-duʿj etc. S I 576
-ʿUyūn al-fākhira etc. S I 545
-ʿUyūn al-faṣīḥa etc. S II 1029
-ʿUyūn al-ghāmiza G II 698
-ʿUyūn wal-ḥadāʾiq etc. S I 587
ʿUyūn al-ḥaqāʾiq wa-īḍāḥ al-ṭarāʾiq G I 497, S I 909
ʿUyūn al-ḥaqāʾiq fī kull mā yuḥmal min ʿilm al-ṭarāʾiq S II 284
ʿUyūn al-ḥikam wal-mawāʿiẓ S I A/C 714
ʿUyūn al-ḥikāyāt etc. G I 503, S I 916,12
ʿUyūn al-ḥikma G I 455, S I 817,23
ʿUyūn al-ḥisāb S II 591, 1024,72
ʿUyūn al-iʿrāb S I 200
ʿUyūn al-maʿārif wa-funūn akhbār al-khalāʾif G I 343, S I 584
ʿUyūn al-maʿārif wa-riyāḍ li-kull mutabashshir ʿārif S II 862
ʿUyūn al-madhāhib, al-Kāmilī G II 198, S II 268
ʿUyūn al-madhāhib fī khilāfat al-amṣār S II A/C 978
ʿUyūn al-maḥāsin wal-majālis S I 323
ʿUyūn al-majālis G I 188, S I 323
ʿUyūn al-majālis wa-surūr al-dāris S I 593
ʿUyūn al-masāʾil G I 212, 446,50, 460, S I 377, 722, 798,90, 822,68ddd, 957 ad 376
ʿUyūn al-masāʾil min aʿyān al-rasāʾil S II 509
ʿUyūn al-masāʾil fī ʾl-furūʿ al-Ḥanafiyya S I 348
ʿUyūn al-masāʾil al-muhimmāt G I 396, S I 682
ʿUyūn al-masāʾil fī ʾl-tafsīr G I 408
ʿUyūn al-mukhtār etc. S II 250
-ʿUyūn fī ʾl-radd ʿalā ahl al-bidaʿ S I 732
ʿUyūn al-rawḍatayn G I 317
ʿUyūn al-tafāsīr G II 228, S II 319
ʿUyūn al-tafāsīr bi-ḥadhf al-takārīr S II 986,32
ʿUyūn al-tajārib S II 901
ʿUyūn al-tawārīkh G II 48, S I 217, II 48
ʿUyūn al-uṣūl S II 829
ʿUyūn al-yaqẓān S II 914
ʿUyūn al-yawāqiẓ fī ʾl-amthāl wal-mawāʿiẓ S II 725
-ʿUzla S I 275
-ʿUzla wal-infirād S I 248,15

-Wabaʾ S I 366
-Wābil al-mighzār S II 557

-Wābil al-ṣayyib etc. S II 128,44
-Waʿd wal-waʿīd S I 245,37
-Wadāʿ wal-firāq S I 274
Wadāʿ shahr Ramaḍān G I 505, S I 919,62
Wadāʿan ayyuha ʾl-sharq S III 226
-Wadīk fī faḍl al-dīk G II 155, S II 193,245
-Waḍʿ fi ʾl-furūʿ S I 692
Waḍʿ al-ishārāt etc. S II 903
Waḍʿ al-ishtibāh etc. S II 475,108
-Waḍʿ ʿala ʾl-jihāt etc. S II 485
Wāḍiḥ al-dalīl wal-burhān fi ʾl-radd ʿala ʾl-qāʾil bi-khalq al-Qurʾān S II A/C 994
-Wāḍiḥ al-mubīn fī dhikr man ushhida min al-muḥibbīn S II 48
-Wāḍiḥ al-nabīh S I 670
-Wāḍiḥ al-nafīs fī faḍāʾil M. b. Idrīs S I 548
-Wāḍiḥ fi ʾl-naḥw G I 133
-Wāḍiḥ fi ʾl-ramy wal-nushshāb S I 906
-Wāḍiḥ fī tafsīr al-Qurʾān G I 191
-Wāḍiḥ fi taʿlīm al-ramy G II 154, S II 192,235
-Wāḍiḥ fi ʾl-uṣūl S I 687
-Wāḍiḥa G I 177, S I 300
-Wāḍiḥa ilā asrār al-Fātiḥa S I 911
-Wāḍiḥa fī tajwīd al-Fātiḥa S II 134
-Wāḍiḥa fī takhrīj kulli āya S II 610
-Wāḍiḥa fī waṣf al-qarīna al-ṣāliḥa G II 367
-Waḍʿiyya fi ʾl-ḥikma al-khuluqiyya S III 492
-Wafāʾ S III 234, 362
-Wafāʾ fī bayān baʿḍ ḥaqāʾiq al-Muṣṭafā S II 529,44 A/C
Wafāʾ al-ḍamāna etc. S II 893
-Wafāʾ fī faḍāʾil al-Muṣṭafā G I 503, S I 916,11
Wafāʾ al-Muslimīn S II 746
-Wafāʾ fī sharḥ al-Iṣṭifāʾ S II A/C 440
Wafāʾ al-ʿuhūd etc. S II 115
Wafāʾ al-wafāʾ G II 174, S II 223
Wafāt al-nabī S II A/C 947
-Wafayāt G II 33, 36, S I 564, II 30, 35, 341
Wafayāt al-aʿyān etc. G I 327, S I 561
Wafayāt al-Fishtālī S II 681
Wafayāt qawm min al-Miṣriyyīn S I 572
-Wāfī S II 584
-Wāfī fi ʾl-ʿarūḍ wal-qawāfī G I 280, II 180, S I 492, 507 A/C
-Wāfī fi ʾl-furūʿ G II 196, S II 265
-Wāfī bi-ḥall al-kāfī S II 513
-Wāfī fī ʿilm al-raml etc. G I 512, S I 933,56
-Wāfī fī kalām al-muthbit wal-nāfī G II 706, S I 928,22d
-Wāfī fī maʿrifat al-qawāfī G II 26
-Wāfī fi ʾl-naḥw G II 193, S II 258
-Wāfī fī naẓm al-qawāfī S II 925
-Wāfī, sharḥ al-Ḥusāmī S I 654
-Wāfī, sharḥ al-Muntakhab G I 381, S II 142
-Wāfī fī tadbīr al-kāfī G II 257, S II 367
-Wāfī bil-ṭibb al-shāfī S I 617
-Wāfī fi ʾl-uṣūl G II 312
-Wāfī bil-wafayāt G II 32, S I 561, II 28
Wāfiyat al-maṭlūb fī rubʿ al-juyūb G II 463, S II 695
-Wāfiya, naẓm al-Kāfiya G I 305
-Wāfiya, sharḥ al-Kāfiya G I 304, S I 526, 532
Wāfiyat al-uṣūl fī sharḥ al-Irshād S II 577
-Wāfiyya fi ʾkhtiṣār al-Alfiyya S I 525 A/C, II 195,263s
-Wafq al-mujarrad S I 973 ad 863
-Wahhābiyyūn wal-Ḥijāz S III 323
-Wahm S I 567
-Wahm wal-īhām G I 371, S I 634
-Waḥda al-Islāmiyya etc. S III 323
-Waḥda al-muṭlaqa S II 286
Waḥdat al-wujūd G II 207, 414, 450,20, S II 302, 477,46
-Waḥdāniyya G II 352
Wāhid al-khamāʾir S I 428,34
-Waḥīd fī sulūk ahl al-tawḥīd G II 117, S II 145
-Waḥsh al-waḥsh etc. S III 193
Waḥy al-arbaʿīn S III 146
Waḥy al-ʿaṣr S III 232
Waḥy al-ghāb S III 388
-Waḥy al-Muḥammadī S III 323
Waḥy al-qalam S III 76
Waḥy al-rimāl S III 233
-Wajal wal-tawaththuq bil-ʿamal S I 248,20
-Wajdiyyāt G I 253, S I 448, III 325
-Wajh al-ḥasan etc. S II 563
-Wajh al-jamīl fī ʿilm al-Khalīl G II 709, S II 10
-Wajh al-nāḍir etc. G II 152, S II 190,171
Wājib al-adab S I 576
Wājib al-iʿtiqād fi ʾl-uṣūl wal-furūʿ S II A/C 207
Wājib wa-sunna S II 269
-Wajīz G I 424, S I 290, 641
-Wajīz fi ʾl-fiqh al-Mālikī S I 664

-Wajīz fī 'l-furūʿ S I 753
-Wajīz fī ʿilm al-ḥadīth S II 596,15
-Wajīz al-jāmiʿ li-masāʾil al-Jāmiʿ G I 382, S I 657
Wajīz al-kalām bi-dhayl Duwal al-Islām S II 32
-Wajīz fī mā yuqaddam ʿalā muʿīn al-tajhīz G II 94
Wajīz (wasīṭ) al-muḥīṭ S I 970 ad 641
-Wajīz al-muntaqā etc. G II 137, S II 169
Wajīz rāʾiq S II 853
-Wajīz fī sharḥ adāʾ al-qurrāʾ etc. S I 720
-Wajīz fī ṭabaqāt al-Shāfiʿiyya S II 199,277a
-Wajīz lil-taqrīb etc. S II 959
-Wajīz fī uṣūl al-dīn G II 231, S II 322
Wajīz al-zīj al-Sanjarī S I 902
-Wajīza S II 576
-Wajīza fī 'l-fiqh S II 802
-Wajīza fī 'ʿtiqād al-Imāmiyya S II 799
-Wajīza fī 'l-masāʾil al-sharʿiyya etc. S II 955,81
-Walāʾ fī naqd Dhikrā a. 'l-ʿAlāʾ S III 284
Waladī S III 206
Wamīḍ al-rūḥ S III 218
-Wāmiq wal-ʿAdhrāʾ S I 213
Waqʿ al-asal G II 155, 242
Waqʿa bayna 'l-fawākih wal-zuhūr S II 898
Waqʿat Ṣiffīn S I 214
Waqʿat al-Ṭaff S II 972,30
Waqāʾiʿ al-ḥarb S III 354
Waqāʾiʿ al-khalwa S I 810
-Waqāʾiʿ al-Miṣriyya S II 731, III 316
Waqāʾiʿ Tilimāk S III 338
-Waqf wal-ibtidāʾ G I 408, S I 330, 723
Waqf al-ijāra S II 542,114
Waqf al-nuqūd G II 439
Waqf al-Qurʾān S II 278
-Waqf al-tāmm etc. S I 720
Waqf Zuḥal S I 755,57
Wāqiʿat al-khandaq S I 616
Wāqiʿat al-sulṭān Selīm Khān G II 298
-Wāqiʿāt al-Ḥusāmiyya G I 374, S I 640
-Wāqiʿāt fī ʿilm al-kalām S II 992,24
Wāqiʿāt al-muftīn G II 387, S II 525, 948,8
Wāqiʿāt M. Bek ḥākim etc. S II 410
-Waqt G II 231
-Waraʿ S I 231, II 1002,61
Warāʾ al-biḥār S III A/C 241
Warāʾ al-ghamām S III 137
-Waraʿ wal-īmān S I 310,6
-Waraqa S I 118, 218, 225
-Waraqa al-marḍiyya G II 54
-Waraqāt G I 389, II 218, S I 671
-Ward al-abyaḍ S III 241
Warda S II 733
-Wāridāt G II 177, 225, S II 315
Wāridāt kubrā S II A/C 653
-Wāridāt al-qalbiyya S II 1006,100
-Wāridāt al-qalbiyya fī maʿrifat al-rubūbiyya G II 207, S II 589,12
Wāridāt wa-taqdīsāt S I 783,31
Warznāmak S I 363
-Wasāʾil al-adabiyya etc. G II 488, S II 741, 760
-Wasāʾil fī 'l-ajwiba ʿan ʿuyūn al-masāʾil S I 797,69
-Wasāʾil fī furūq al-masāʾil S I 667
-Wasāʾil al-ilāhiyya etc. S II 930
-Wasāʾil al-īmāniyya etc. S II 765
-Wasāʾil ilā maʿrifat al-awāʾil G II 158, S II 197,303
Wasāʾil al-masāʾil G I 445, S I 797,67
-Wasāʾil al-mudhahhaba S II 175
-Wasāʾil al-mukhtāra min k. al-Yāqūt al-munaẓẓam S II A/C 247
Wasāʾil al-najāt fī 'l-uṣūl S II 826
Wasāʾil al-Shīʿa fī aḥkām al-sharīʿa S II 796, 843
Wasāʾil al-taḥqīq etc. S II 476,125
Wasāʾil al-wuṣūl ilā masāʾil al-fuṣūl S II 299, 1029,21
Wasāʾil al-wuṣūl ilā masāʾil al-uṣūl S II 205
Wasāʾil al-wuṣūl ilā shamāʾil al-rasūl S II 765
-Wasāʾil al-Zayniyya etc. S II 727
-Wasāṭa bayna 'l-Mutanabbī wa-khuṣūmihi S I 140, 199
-Wasāṭa bayna 'l-zunāt wal-lāṭa S I 426
Washy al-Burda S I A/C 468
Washy al-dībāj ʿalā Ṣaḥīḥ Muslim b. al-Ḥajjāj S I 266, II 737
-Washy al-marqūm fī bayān aḥwāl al-ʿulūm S II 860,7
-Washy al-marqūm fī ḥall al-manẓūm G I 297, S I 521
Washy al-yarāʿa etc. S II 760

-Wasīla S I 713
Wasīlat al-ābiq G II 14
-Wasīla al-adabiyya S I 141
-Wasīla al-adabiyya ila 'l-ʿulūm al-ʿArabiyya G II 478, S II 727
-Wasīla al-Aḥmadiyya G II $441_{,15}$, S II 655
-Wasīla fī faḍl al-taḥṣīn etc. S II $1009_{,125}$
-Wasīla al-fāʾiqa S II 550
-Wasīla ila 'l-ḥabīb etc. G I 332, S I 569
Wasīlat al-iṣāba S II 71
-Wasīla li-ithbāt al-maʿnā etc. S II 936
Wasīlat al-itqān fī sharḥ rusūkh al-lisān S II 650
-Wasīla ilā kashf al-ʿAqīla S I 726
Wasīlat al-khadam G II 77
-Wasīla al-kubrā G I 274
Wasīlat al-malhūf etc. S II 891
Wasīlat al-mujīz etc. S II 727
-Wasīla, mukhtaṣar al-Lumaʿ S II A/C 155
-Wasīla, mukhtaṣar al-Maʿūna G II 126, S II 155
Wasīlat al-murīd li-bayān al-tajwīd S II 444
Wasīlat al-mutaʿabbidīn G I 477, S I 784
Wasīlat al-mutawassilīn etc. G II 188, S II 248, 360
Wasīlat al-najāt fī aḥkām al-mamāt S II 606, $976_{,46}$
-Wasīla ilā nayl al-faḍīla S II $969_{,5}$, $971_{,25}$
Wasīlat nuzhat uli 'l-albāb etc. S II 156, $1018_{,13}$
Wasīlat al-rāghib S II 448
Wasīlat al-rāghibīn S II 448
Wasīlat al-riḍwān S II 801
-Wasīla ilā taḥṣīl al-amānī G II 375
Wasīlat al-thiqāt G II 393
Wasīlat al-ṭālib ilā nayl al-maṭālib S II 226
Wasīlat al-ṭullāb G II 167, 393, S II 216
-Wasīla al-ʿuẓmā li-ḥaḍrat al-nabī al-mujtabā S II 663 (see A/C)
-Wasīla al-ʿuẓmā fī shamāʾil al-Muṣṭafā S II 654
Wasīlat al-wasāʾil S II 832
Wasīlat al-wuṣūl ilā ḥaḍrat al-rasūl S II 1008
Wasīlat al-wuṣūl ilā maʿrifat al-ḥaml wal-maḥmūl G II 443, S II 637
-Wasīla al-zāhira fī salṭanat al-dunyā wal-ākhira S II 519
-Wasīṭ S II $961_{,26}$
-Wasīṭ fi 'l-farāʾiḍ S II 111, 967
-Wasīṭ bayna 'l-maqbūḍ wal-basīṭ G I 411, S I 731
-Wasīṭ al-muḥīṭ bi-aqṭār al-basīṭ G I 424, S I $752_{,49}$
Wasīṭ al-naḥw S II 855
-Wasīṭ fī tarājim udabāʾ Shinqīṭ S II 890
Wāsiṭat al-ādāb etc. S II 234
Wāsiṭat al-darārī G II 407
Wāsiṭat al-ʿiqdayn etc. S II 715
-Wāsiṭa bayna 'l-khalq wal-ḥaqq G II $104_{,1}$, S II 121
Wāsiṭat al-sulūk S II 992
Wāsiṭat al-sulūk wa-sharḥuhā S II 355
Wāsiṭat al-sulūk, sharḥ al-Sanūsiyya G II 251
Wāsiṭat al-sulūk fī siyāsat al-mulūk G II 254, S II 363
-Wāsiṭa al-ʿuẓmā S II 663 read: *al-wasīla*
-Wasṭ S II 435
-Waṣāyā S I 167
Waṣāyā ʿAq. al-Jīlānī S I 779
-Waṣāyā al-Akbariyya S I $801_{,170}$
Waṣāya 'l-ʿārifīn S II $467_{,56}$
Waṣāya 'l-ʿAssālī S II 1000
Waṣāya 'l-Hakkārī G I 434
Waṣāyā Jālīnūs fī tadbīr ṣabī yuṣraʿ S I 371
Waṣāyā mulūk al-ʿArab S I 164, 189
-Waṣāyā 'l-Qudsiyya G II 206
Waṣāya 'l-shaykh S I $801_{,170}$
Waṣāya 'l-ʿulamāʾ ʿinda ḥuḍūr al-mawt S I 280
Waṣāya 'l-ʿulamāʾ ʿinda 'l-mawt S II $1013_{,158}$
Waṣāya b. Wafāʾ al-Wafāʾiyya G II 120, S II 149
Waṣāyā li-waladihi M. S II $1006_{,96}$
Waṣf al-āla allatī tuzammir bi-nafsihā S I 383
Waṣf al-dawāʾ G II 232
Waṣf al-dhamīm fī fiʿl al-laʾīm S II 95, $922_{,75a}$
Waṣf al-ihtidāʾ fi 'l-waqf wal-ibtidāʾ S II 135
Waṣf Makka wal-Madīna S II $190_{,169bbbb}$
Waṣf Makka wal-Madīna al-Ṭayyiba wa-Bayt al-Muqaddas al-Mubārak S I 881
Waṣf al-quṭūʿ al-makhrūṭiyyāt G I 219
Waṣf tajalli 'l-dhāt G I 444
Waṣiyyat ʿAq. al-Jīlī G I 435
Waṣiyyat b. ʿArabī G I 447
Waṣiyyat b. ʿArabshāh G II 19

Waṣiyyat b. al-ʿArīf S II 203
Waṣiyya lil-awlād wal-bariyya G II 392
Waṣiyyat al-ʿAydarūs G II 181, S II 233
Waṣiyyat al-Bājī G II 701, S I 744
Waṣiyyat al-Birkawī S II 655
-Waṣiyya fī 'l-dīn wal-dunyā S II 123$_{,68}$
Waṣiyyat Fakhr al-Dīn al-Rāzī G I 507
-Waṣiyyat min al-Futūḥāt al-Makkiyya S II 783
Waṣiyyat al-Hādī ila 'l-ḥaqq G I 186, S I 316
-Waṣiyya al-Ḥaddādiyya S II 566
Waṣiyyat a. Ḥanīfa G I 171, S I 287
Waṣiyya li-ḥifẓ al-ṣiḥḥa fī 'l-fuṣūl G II 263
Waṣiyyat al-iʿtiqād S II 122$_{,66}$
Waṣiyyat Jābir S I 428$_{,43}$
-Waṣiyya al-jaliyya G II 351, S II 477$_{,38}$
Waṣiyyat b. al-Khafīf S I 359
-Waṣiyya al-kubrā S II 123$_{,81}$, 998$_{,25}$
Waṣiyyat b. Makānis S II 7
Waṣiyyat al-Manṣūr billāh S I 324
Waṣiyyat al-Matbūlī G II 122, S II 151
Waṣiyyat Mollā Khusraw S II 317
Waṣiyyat M. al-Bakrī G II 334
Waṣiyyat al-muntaẓar al-qarīb S II A/C 534
Waṣiyyat b. al-Murtaḍā S II 558
Waṣiyyat al-nabī libnatihi Fāṭima S II 188$_{,169m}$
Waṣiyyat al-Nashwān li-waladihi Jaʿfar S I 528
Waṣiyyat b. Qudāma al-Maqdisī S I 689
Waṣiyyat shuhbat al-samāʿ S II A/C 147
Waṣiyyat b. Sīnā G I 458$_{,87}$, S I 828$_{,95gg}$
Waṣiyyat al-Suhrawardī G I 441, S I 790
Waṣiyyat al-Ṣābūnī S I 618
-Waṣiyya al-Ṣanṣariyya S I 443
-Waṣiyya al-ṣughrā S II 123$_{,68}$
Waṣiyyat al-Tawzarī G I 268
Waṣiyya fī 'l-wafāʾ G II 122
Waṣiyya li-waladih S II 968$_{,19}$
Waṣiyyat b. al-Wardī S II 174
Waṣiyyat b. Zarrūq S II 362
Waṣl al-taṭawwuʿ G II 82
Waṣlat al-ṭālib etc. S II 438
-Wathāʾiq al-Bunātiyya wal-Armaniyya S I 666
Wathāʾiq al-Fishtālī S II 696
Wathāʾiq al-Gharnāṭī S II 374
Wathāʾiq al-Jazīrī S I 663
-Wathāʾiq al-majmūʿa S II 100
-Wathāʾiq wal-masāʾil al-majmūʿa S I 661, II 960$_{,24}$
-Wathāʾiq al-mustaʿmala S I 664
Wathāʾiq b. Salmūn S II 374
-Wathba al-ūlā S III 219
Wathīqat al-akābir S II 620
Wathīqat al-ākhira S II 615
Waṭan al-Farāʿina S III 111
-Waṭan al-maḥbūb S III 387, 417
Waṭaniyyāt A. Nasīm S III 80
Way idhan lastu bi-Ifranjī S II 756
-Wazn wal-kayl S I 366
-Waʿẓ G I 176
-Waʿẓ fī 'l-taḥdhīr G II 106
-Waẓāʾif S I 747$_{,11}$
-Waẓāʾif fī 'l-manṭiq S II 265
-Waẓāʾif al-maʿrūfa lil-manāqib al-mauṣūfa G II 704, S I 837
Waẓāʾif al-mawtā S II 664
-Waẓāʾif fī 'l-naḥw G II 434
-Waẓāʾif al-wāfiya min kutub al-aʿārīb al-kāfiya S II 645
Waẓāʾif al-yawm wal-layla G II 150, S II 186$_{,112}$
Waẓāʾif al-yawm wal-layla al-nabawiyya S II 602
-Waẓīfa G II 254
Waẓīfat al-istighfār S I 806$_{,23}$
Waẓīfa masnūna S II 278
Waẓīfat a. Sālim S II 961$_{,31}$
-Waẓīfa al-Shādhiliyya S II 738
-Waẓīfa al-Zarrūqiyya S II 361$_{,10}$
-Wiʿāʾ al-makhtūm etc. S I 794$_{,14}$
Wifāq al-istiʿmāl etc. S I 527
Wilāyat al-tazawwuj etc. S II 672$_{,143}$
Wiqāyat al-ʿayn G II 137
-Wiqāya al-mūḍiḥa li-sharaf al-Muṣṭafā S II 77
Wiqāyat al-riwāya etc. G I 376, S I 646
Wird al-aqṭāb S II A/C 467
-Wird al-asnā wal-wārid al-Qudsī etc. S II 473
Wird al-bāz al-ashhab S I A/C 779
Wird al-ishrāq S II 478$_{,61}$
-Wird al-manḥūl fī mawlid al-rasūl S II 478$_{,49}$
-Wird ilā Maṭlaʿ al-jūd S II 521

Wird al-rasūl S II 465$_{18}$
Wird al-Rāzī S I A/C 923
Wird al-saḥar G II 350, S II 477$_{14}$
-Wird al-shāfī etc. S II 765$_{47}$
Wird al-shaykh al-Sammān S II A/C 535
-Wird al-Suryānī S I 779$_{41}$
Wird al-wasāʾil etc. S II 471
Wird al-wurūd etc. G II 347$_{73}$, 702, S I 799$_{122a}$
-Wishāḥ S I 174
Wishāḥ al-Dumya S I 558
-Wishāḥ fī ḍabṭ maʿāqid al-Miftāḥ S II A/C 301
-Wishāḥ fī fawāʾid al-nikāḥ G II 153, S II 192$_{208}$
-Wishāḥ al-Ḥāmidī S I 510$_{8}$
-Wishāḥ al-mufaṣṣal G II 14
Wishāḥ al-rūd etc. S II 784
-Wishāḥ wa-tathqīf al-rimāḥ etc. G I 129, S I 197
-Witr al-qāhir S II 1038$_{14}$
-Witr wal-shafʿ bi-sharḥ ʿAẓāʾim al-nafʿ S I 799$_{126c}$, II 1039$_{19}$
-Witriyyāt etc. S I 444
-Wuḍūḥ, sharḥ al-Muḥarrar S I 678
-Wuḥūsh G I 105
Wujūb al-ḥimya etc. S II 24, 865
Wujūb al-imāma S I 242$_{4}$
Wujūb ṣināʿat al-kīmiyyāʾ G I 212, S I 957 ad 376
Wujūb ṭawāf al-bayt G II 396, S II 541$_{61}$
-Wujūd G II 207
-Wujūd al-dhihnī G II 235, 433, 452$_{90}$
-Wujūd al-ḥaqq S II A/C 476
-Wujūd wa-waḥdatuhu G I 329
-Wujūd al-wājib G II 451$_{87}$
Wujūh al-ʿamal wal-ḍarb etc. S II 295
-Wujūh fī ʾl-lugha S I 435, II 921
-Wujūh al-musfira fī itmām al-qirāʾāt al-thalāth etc. S II 744
Wujūh al-naṣb S I A/C 159
-Wujūh wal-naẓāʾir fī ʾl-Qurān al-karīm S II 986$_{33}$
Wujūh al-Qurʾān S II 984$_{11}$
Wuqūʿ al-balāʾ fī ʾl-bukhl wal-bukhalāʾ S II 131$_{15}$, 947$_{181,12}$
-Wuqūf S I A/C 724
-Wuqūf bil-taḥqīq G II 397
-Wurayqāt S II 246
Wurūd ḥarf al-ẓāʾ etc. S I 720
-Wuṣla ila ʾl-ḥabīb etc. S I 904
-Wuṣla fī masʾalat al-qibla S II 52
Wuṣūl al-amānī etc. G II 153, 319, S II 191$_{191}$, 439
-Wuṣūl li-ḥifẓ al-ṣiḥḥa fi ʾl-fuṣūl S II 373 (to be read thus)
-Wuṣūl ila ʾl-Kanz al-akbar S II A/C 287
-Wuṣūl ilā qawāʿid al-uṣūl S II 427 A/C, 429
-Wuṣūl ila ʾl-sūl etc. S I 206
Wuṣūl al-thawāb wal-mabarrāt etc. S II 193$_{245n}$
-Wuzarāʾ S I 219, 225
-Wuzarāʾ wal-kuttāb S I 219

-Yāʾ wa-huwa k. al-Huwa G I 446, S I 798$_{76}$
-Yad al-busṭā G II 145
Yafʿūl S I 615
-Yāʾiyya G I 263, 525, S I 464, 472
Yakrūzī S I 842
-Yamaniyyāt al-maslūla etc. S II 659
-Yamīnī G I 314, S I 547
-Yanābīʿ S I 951 ad 296
Yanābīʿ al-aḥkām G II 163
Yanābīʿ al-ḥukm min ʿilm al-fiqh S II 205
Yanābīʿ al-lugha S I 513
-Yanābīʿ fī maʿrifat al-uṣūl wal-tafārīʿ S I 951 ad 296, II 82
Yanābīʿ al-mawadda etc. S II 831
Yanābīʿ al-ʿulūm G I 508, S I 924
-Yanbūʿ S I 325, III 117
Yanbūʿ al-ḥayāt G I 352, S I 596
-Yanbūʿ, sharḥ al-Majmūʿ S II 201
Yāniʿ al-ruṭab fī nāfiʿ al-khuṭab S II 4
Yaqaẓat ahl al-iʿtibār etc. S I 810
Yaqaẓat uli ʾl-ʿitibār etc. S II 860$_{15}$
-Yaqīn G I 154, S I 247, 801$_{191}$
-Yaqīn bikhtiṣāṣ mawlānā ʿAlī bi-imārat al-muʾminīn S I 912
-Yāqūt S I 184, 320
-Yāqūt fī faḍāʾil Ramaḍān G II 328, S II 456
-Yāqūt wal-jawhar fī ḥadīth ṣāḥib al-ḥawḍ wal-kawthar S II 481
-Yāqūt al-muʿaẓẓam al-mufawwaf S II 233
Yāqūtat al-khāqān S II 437
Yāqūtat al-mawāʿiẓ G I 505
-Yāqūta fi ʾl-waʿẓ S I 919$_{47}$

-Yarāʿa G II 218
Yāsamīn al-rawḍ S II 369
-Yasāra fī taʿdīl al-kawākib al-sayyāra G II 255, S II 364
-Yashkuriyyāt S I 198
Yasūʿ b. alinsān S III 469
-Yaʿsūb fī ʾl-ramy wal-qisiyy etc. S I 409
-Yatīma S I 120
Yatīmat al-ajyād etc. S II 714
Yatīmat al-ʿaṣr etc. G II 377, S II 507
Yatīmat al-dahr G I 284, S I 499, II 1014
Yatīmat al-dahr fī fatāwī ahl al-ʿaṣr G I 381
-Yatīma fī ʾl-rasāʾil S I 236
-Yatīma, sharḥ al-Thalāthīna masʾala S I 701
-Yatīma al-thāniya S I 236
Yatīmat al-ʿuqūd al-wusṭā etc. S II 687
-Yawāqīt S I 184
-Yawāqīt al-Aḥmadiyya etc. S II 882
-Yawāqīt fī ʿilm al-mawāqīt S I 811,19
-Yawāqīt wal-jawāhir G II 336,2, S I 792, aβ, II 464
-Yawāqīt min kalām sayyidī ʿA. al-Khawwāṣ S II 466,23
-Yawāqīt fī maʿrifat al-mawāqīt S II 567
Yawāqīt al-mawāqīt G I 286, S I 501, 762
-Yawāqīt li-mubtaghī maʿrifat al-mawāqīt S II 708
-Yawāqīt li-mubtaghī maʿrifat al-mūsīqī G II 463
-Yawāqīt al-muḍīʾa fī taḥqīq ʿilm al-bariyya S I 946 ad 239
Yawāqīt al-siyar fī sharḥ k. al-Jawāhir wal-durar S II 245
-Yawāqīt al-thamīna fī ʾl-aḥādīth al-qāḍiya etc. S II 891
-Yawāqīt al-thamīna fī aʿyān madhhab ʿālim al-Madīna S II 716
-Yawāqīt al-thamīna fī ṣifāt al-samīna G II 154, S II 192,215
-Yawm wal-ghad S III 214
-Yawm wal-layla G I 119, S I 184
Yazīd b. Muʿāwiyya S III 435
Yuḥkā an S III 251
Yusr al-islām etc. S III 323
-Yūsufī fī ṣināʿat al-ṭibb G II 263
-Yūsufiyya S II 926,21

Zaʿāmat al-shiʿr al-jāhilī S I 61
-Zabbāʾ, malikat Tadmur S III 114
Zād al-aḥbāb fī manāqib al-aṣḥāb S II 600
Zād al-ashrāf fī wafq al-qāf S II 410 (to be read thus)
Zād al-faqīr min aḥādīth al-bashīr al-nadhīr S II 966
Zād al-faqīr fī ʾl-furūʿ G II 226, S II 92
Zād al-faqīr, naẓm k. al-Raḥma S II 252
Zād al-fuqahāʾ S I 296,10
Zād al-gharīb al-ḍāʾiʿ S I A/C 640
Zād al-labīb fī safar al-ḥabīb S II 614
Zād al-maʿād S I 923,27d, II 573,7
Zād al-maʿād fī hady khayr al-ʿibād S II 126,12
Zād al-maḥkūm etc. S II 939
Zād al-masākīn etc. G II 334, S II 462
Zād al-masīr fī ʾl-fihrist al-ṣaghīr S II 188,146
Zād al-masīr fī ʿilāj al-bawāsīr G II 447, S II 666
Zād al-masīr fī ʿilm al-tafsīr S I 918,33
Zād al-mujidd al-sārī S I 263,22
Zād al-musāfir S I 963
Zād al-musāfir wa-adab al-ḥāḍir S I 803
Zād al-musāfir wa-qūt al-ḥāḍir S I 424
Zād al-musāfir fī rasm khuṭūṭ faḍl al-dāʾir S II 159
Zād al-musāfirīn S II 272
Zād al-mustaqīm S II 603
Zād al-mustaqniʿ S I 688
-Zād al-qalīl fī ʿilm al-kalām S II 853
Zād al-rifāq fī ʾl-muḥāḍarāt S I 448, II 914
Zād al-ṭālibīn S II 519
-Zād al-ukhrawī S II 995,1
-Zafarāt S III 234, 370
-Zafarāt fī ʾl-ḥubb S III 230
Zaghal al-ʿilm S I 47
Zaharāt manthūra fī ʾl-adab al-ʿArabī S III 233
-Zaharāt al-wardiyya min fatāwi ʾl-shaykh al-Ujhūrī S II 437
-Zāhir S II 227
-Zāhir fī gharīb alfāẓ al-imām al-Shāfiʿī S I 197 (to be read thus)
-Zāhir fī maʿānī kalimāt al-nās S I 182
-Zāhir fī maʿāni ʾl-Qurʾān S I 170
-Zāhir fī uṣūl al-fiqh S I 699
-Zāhira fī maʿrifat al-dār al-ākhira S I 325
-Zāhira al-muḍīʾa fī samāʿ ṭuruq al-Shādhiliyya S II 1001,48
-Zāhirāt al-rawiyya S II 132

Zahr al-ādāb etc. G I 267, S I 472
Zahr al-afhām etc. S II 922
Zahr al-afnān min ḥadīqat b. al-Wannān S II 706, 889
Zahr al-ʿarīsh fī aḥkām al-ḥashīsh G II 92, S II A/C 108
Zahr al-ās S II 339
Zahr al-basātīn G II 139, S II 172
-*Zahr al-bāsim fī mā yuzawwij fīhi 'l-ḥākim* G II 153, S II 191,195
-*Zahr al-bāsim min rawḍ al-ustādh Ḥākim* G II 407
-*Zahr al-bāsim fī sīrat a. 'l-Qāsim* G II 48, S I 206, II 48
Zahr al-bustān fī dawlat B. Ziyān S II 341
Zahr al-bustān fī tajribat al-khullān S II 782
Zahr al-bustān wa-tarmilat al-adhhān S II 1033,4
Zahr al-bustān wa-uns al-nadmān S II 914
-*Zahr al-fā'iḥ* G I 505,67, II 203, S I 919,67, II 278,21
-*Zahr al-fā'iḥ wal-nūr al-lā'iḥ* G II 232
-*Zahr al-fā'iḥ fī satr al-ʿuyūb wal-qabā'iḥ* S I A/C 801
-*Zahr al-fā'iḥ min waṣf man tanazzaha min al-dhunūb wal-qabā'iḥ* S II 993
-*Zahr al-fā'iq fi 'l-daqā'iq wal-raqā'iq* S II 523
Zahr al-firdaws G II 69, S II 73,18
-*Zahr fī ghayāhib al-dayjūrī* G II 278
Zahr al-ghuṣūn G II 405
Zahr al-ḥadīqa etc. S II 1032
Zahr al-ḥamā'il S II 185,72c
Zahr al-ikam fi 'l-amthāl wal-ḥikam G II 456, S II 675
Zahr al-kimān (akmām) fī qiṣṣat Yūsuf G II 265, S II 378
-*Zahr al-manthūr* S II 5, 182,30, 419
Zahr al-murūj fī dalā'il al-burūj S II 1018,14
-*Zahr al-naḍīr ʿala 'l-ḥawḍ al-mustadīr* S II 431,19
-*Zahr al-naḍir fi 'ṣṭilāḥ al-muḥaddithīn* S II 417
-*Zahr al-naḍir fī ithbāt ḥayāt al-Khaḍir* S II 502
-*Zahr al-naḍr fī naba' al-Khiḍr* S II 74, 38
Zahr al-rabīʿ G I 292, S I 512, III 125
Zahr al-rabīʿ fi 'l-mathal al-badīʿ S II 57
Zahr al-rabīʿ fī shawāhid al-badīʿ G II 139, S II 172
Zahr al-rawḍ al-muqtaṭaf etc. S II 513
-*Zahr wal-riyāḍ* S I 130
Zahr al-riyāḍ fī mas'alat al-tawaḍḍu' min al-ḥiyāḍ G II 83
Zahr al-riyāḍ fi 'l-radd ʿalā mā ṣanaʿahu 'l-qāḍī ʿIyāḍ G II 98, S II 116
Zahr al-riyāḍ wa-shifā' al-qulūb al-mirāḍ S II A/C 79
Zahr al-riyāḍ al-zakiyya al-wāfiya etc. S II 260
Zahr al-riyāḍ wa-zulāl al-khiyāḍ S II 599
Zahr al-riyāḍāt fī dhikr awṣāf al-maqāmāt S II 386
Zahr al-rubā G I 163, II 148,72a, S I 269, II 185,72a
Zahr al-rubā fī shiʿr al-ṣibā S II 756
Zahr al-shamārīkh fī ʿilm al-ta'rīkh S II 695,5
-*Zahr al-yāniʿ ʿalā qawl ṣāḥib al-Qāmūs* S II 235
-*Zahr al-zāhir etc.* S II 468
-*Zahra* G I 520, S I 249
Zahrat al-ādāb wa-tuḥfat al-albāb S II A/C 7
-*Zahra al-nā'ira etc.* G II 458, S II 688
Zahrat nisrīn min manẓūmat al-Amīn S III 340
-*Zahra fī niẓām al-ʿālam wal-umam* S III 327
Zahrat rawḍat al-naʿīm etc. S II 613
Zahrat al-riyāḍ etc. S I 776, II 1010,137
Zahrat al-ṣibā fī rawḍat al-ḥayāt S III 85
Zahrat al-ṭalʿ al-naḍīd S II 739, 742
-*Zahra al-zāhiqa etc.* S II 246
-*Zahra al-zāhira etc.* S I 920,750
Zahrat al-zanbaq li-man ʿashiqa aw sa-yaʿshaq S III 340
Zahrat al-ẓarf G I 259
Zā'irajat al-shukhrūr fī iẓhār al-umūr S I 909
-*Zā'iraja fi 'l-hīlāj wal-kadhkhudhāh* S I 389
-*Zajal al-Lubnānī* S III 377
-*Zājir lil-umma etc.* S II 563
-*Zajr* S I 193
Zajr arbāb al-rayyān S II 858
-*Zajr lil-hajr* G II 154, 224, S II 192,224
Zajr al-ikhwān S II 416
Zajr al-ikhwān ʿan ityān al-sulṭān S II 402
-*Zajr wal-iqmāʿ etc.* S II 886
Zajr al-muftarī ʿalā a. 'l-Ḥ. al-Ashʿarī S I 490

Zajr al-mujrim etc. S II 76$_{,86}$
Zajr al-nās ʿalā inkār athar b. Abbār S II 857
-Zakāt G II 451$_{,51}$
Zakāt al-ṣiyām G II 487
-Zakhārif al-Zurqāniyya etc. S II 938
Zallat al-qāriʾ G I 428, S I 651, 762
-Zanābiq al-ʿāṭirāt S III 370
Zanbaqat al-ghawr S III 408
Zanjabīl qāṭiʿ G II 18
-Zarʿ wal-nakhl wal-zaytūn wal-aʿnāb S I 246$_{,80}$
-Zarārī fī abnāʾ al-sarārī S II A/C 193$_{,245cc}$
Zawāhir al-fikar etc. S II 331
Zawāhir al-jawāhir S I 597, II 625
Zawāhir al-kawākib S I A/C 524
Zawāhir al-zawājir S II 503, 528
-Zawāʾid S I A/C 720
Zawāʾid al-jawāhir wal-naḍāʾir S II 425, 426
Zawāʾid b. Māja ʿala 'l-kutub al-khamsa S I 270, II 82
-Zawāʾid al-mufīda fī ridf al-qaṣīda S II A/C 278
-Zawāʾid wal-naẓāʾir etc. G I 373, S II 986$_{,33}$
-Zawājir ʿan iqtirāf al-kabāʾir G II 388, S II 527
-Zawājir wal-mawāʿiẓ G I 127, S I 193 (see A/C)
Zawāl al-taraḥ fī sharḥ manẓūmat b. Faraḥ S I 635, II 112 A/C
fī Zawāya 'l-quṣūr S III 230, 383
-Zāwiya S I 823$_{,79k}$
Zāwiyat al-riyāḍ S II 658$_{,36}$
-Zawraq al-ḥālim S III 165
Zayn al-akhbār S I 411
Zayn al-alḥān fī ʿilm taʾlīf al-awzān S II A/C 171
-Zayn fi 'l-ʿayn S II 407
Zayn al-faraḥ G II 114
Zayn al-iḥsān fī ʿilm al-taʾlīf wal-awzān S II A/C 667
Zaynab, manāẓir wa-akhlāq rīfiyya S III 202
Zaynab, nafaḥāt min shiʿr a. Shādī S III 101
-Zībaq al-sharqī wal-gharbī G I 241, S I 428$_{,7}$
-Zibrīj S I 181
-Zīj G I 222, II 413
-Zīj li-ʿarḍ Makka S II 487
-Zīj al-Aʿshārī S II A/C 484
-Zīj al-Athīrī S I 844
-Zīj al-badīʿ S I 397
-Zīj al-Ḥākimī G I 224, S I 401
-Zīj al-ikhtiyārī S I 844
-Zīj al-Ilkhānī G I 511, S I 931$_{,45}$
-Zīj al-jadīd al-Riḍwānī S II 297$_{,28}$
Zīj i jadīdi sulṭānī G II 213, S II 298
-Zīj al-jāmiʿ wal-bāligh G I 222, S I 397
-Zīj al-kāmil S I 864
Zīj i Khāqānī fī takmīl Zīj i Ilkhānī S II 295
Zīj al-mamarrāt S I 397
-Zīj al-mufīd ʿalā uṣūl al-raṣad al-jadīd S II A/C 487
Zīj i mufrad S I 860
-Zīj al-mujarrab al-Maʾmūnī S I 393
-Zīj al-mukhtār min al-azyāj etc. S I 864
-Zīj al-mulakhkhaṣ S I 844
Zīj al-Muthannā S II 567
Zīj b. al-Samḥ S I 861
-Zīj al-Sanjarī S I 902
-Zīj al-shāhī S I 844
-Zīj al-shāmil S I 400, 844
Zīj Shams al-munajjim S II 297
Zīj al-shams wal-qamar G II 128
Zīj al-shastgāh S I 866
Zīj b. al-Shāṭir G II 126, S II 157
Zīj a. 'l-Shukr S I 869$_{,10}$
Zīj al-Sindhind S I 397
-Zīj al-sulṭānī S II 297
Zīj al-ṣafāʾiḥ S I 387
Zīj Ulughbeg G II 213, S II 298
Zījat al-shabāb S III 276
-Zīna S I 323
Zīnat al-ʿarāʾis etc. S II 131, 947$_{,181,10}$
Zīnat al-dahr etc. S I 441
Zīnat al-ʿibād S II 836
Zīnat al-kamāl etc. S II 859
Zīnat al-sālik S I 966 ad 525
Zīnat al-wāriʿ G II 285
fī Zīq al-faqr S I 756
Ziwāj al-sibāqāt al-ʿashara S III 389
-Ziyādāt G I 172, 186, S I 289
Ziyādāt al-basṭa G II 347, S II 474$_{,41}$
Ziyādāt ʿalā k. al-Ansāb lil-Maqdisī S I 625
Ziyādāt li-k. Uqlīdīs fi 'l-muʿṭayāt S I 399
Ziyādāt fi 'l-maqāla al-khāmisa min k. Uqlīdīs S I 382

Ziyādāt sharḥ al-uṣūl S I 698
Ziyādāt al-ziyādāt S I 289
-Ziyārāt S II 964,9
Ziyārāt al-qubūr G I 454,15
Ziyārāt al-qubūr wal-istinjād bil-maqbūr S II 124,102
-Zubad G II 86, S II 101
-Zubad wal-ḍarab fī taʾrīkh Ḥalab G II 368, S I 569
-Zubad al-kāfiya etc. S II 22
-Zubad fī mā ʿalayhi ʾl-muʿtamad G II 96, S II 113
Zubad maḥāsin mirʾāt al-zamān S I 575
Zubad al-ṭabīb S I 899
Zubad al-ʿulūm fi ʾl-fiqh S II 461
Zubad al-ʿulūm wa-ṣāḥib al-manṭūq wal-mafhūm S II 131, 947,181,6
Zubayda S III 232
-Zubda S I A/C 194, II 842
Zubdat al-afkār G II 417, S II 614
Zubdat al-aḥkām G II 80, S II 89
Zubdat al-aʿmāl etc. G II 172, S II 221
Zubdat al-amthāl G II 423, S I 512, II 631
Zubdat al-anfās G II 327
Zubdat al-ārāʾ fi ʾl-shiʿr wal-shuʿarāʾ S III 347
Zubdat al-asfār, sharḥ Mukhtaṣar al-Manār S II 91
Zubdat al-asrār min zubdat al-āthār G II 422, S II 603
Zubdat al-āthār wal-anwār S II 984,10
Zubdat al-āthār al-jaliyya S II 782
Zubdat al-āthār fī mā waqaʿa li-jāmiʿihī etc. G II 361
Zubdat al-bayān fī aḥkām maṣāḥif ʿUthmān S II 982
Zubdat al-bayān fī ityān al-aḥkām S II 843
Zubdat al-bayān fī rusūm maṣāḥif ʿUthmān S II 319
Zubdat al-bayān fī shuʿab al-īmān S II 797
Zubdat al-bayān fī tadbīr amrāḍ al-insān S II 1031,49
Zubdat al-bayān fī tafsīr āyāt al-aḥkām S II 582, 828
Zubdat al-Bukhārī S I 264,9
Zubdat dīwān al-ḥaqāʾiq G I 412
Zubdat al-fahm S I 749,25,17
Zubdat al-fāʾida etc. G II 347, S II 474,40
Zubdat al-farāʾiḍ S II 854
Zubdat al-fikra fī taʾrīkh al-hijra G II 44, S II 43
Zubdat al-hayʾa S I 931,44a
Zubdat al-ḥalab fī taʾrīkh Ḥalab G I 332, S I 569
Zubdat al-ḥaqāʾiq wa-kashf al-daqāʾiq etc. S I 675
Zubdat al-ḥaqāʾiq wa-ʿumdat al-daqāʾiq S I 631
Zubdat al-ḥaqāʾiq fī ʿumdat al-wathāʾiq S II 693
Zubdat al-idrāk fī hayʾat al-aflāk G I 511, S I 931,44
Zubdat al-iʿrāb S II 657 (to be read thus)
Zubdat jaml al-jawāmiʿ S II 184,56h, 553
Zubdat kashf al-mamālik etc. G II 135, S II 165
Zubdat al-khabar fī mā waqaʿa fi ʾl-iqāma wal-safar S II 415
Zubdat al-laban G II 156, S II 194,261
Zubdat mā rawāhu ʾl-ʿawāmm fī ḥadīth al-ṭāʾilīn S II 537
Zubdat al-maʿānī S II 578
Zubdat al-minḥa etc. S II 1028,9
Zubdat al-mukhtaṣarāt etc. S I 971 ad 672 (see A/C)
Zubdat al-munāẓara G II 370
Zubdat al-munāẓirīn fī sharḥ laghz Bahāʾal-Dīn al-ʿĀmilī S II 500
Zubdat al-naqd etc. S I 817,h (see A/C)
Zubdat al-Naṣāʾiḥ S I A/C 287
Zubdat al-naẓar S I 612
Zubdat al-Nihāya S I 647
Zubdat al-nuṣra etc. G I 321, S I 554
Zubdat al-qirā S I A/C 471
Zubdat al-rāʾiqa S I A/C 468
Zubdat al-ṣaḥāʾif fī siyāḥat al-maʿārif S II 779
Zubdat al-ṣaḥāʾif fī uṣūl al-maʿārif S II 779
Zubdat al-ṣalawāt etc. S II 1002,57
Zubdat al-tafāsīr etc. S II 604
Zubdat al-taʿrīfāt S II 318
Zubdat al-taʾrīkh al-ʿāmm S III 423
Zubdat al-taṣānīf S II 970,14
Zubdat al-taṣawwuf S II 282
Zubdat al-tawārīkh G I 322, II 209, S I 555, II 792

-Zubda fi ʾl-ṭibb G I 705, S I 890
Zubdat al-udabāʾ etc. S II 907
Zubdat al-ʿulūm al-mashhūra S II 476,130
Zubdat al-uṣūl G II 321, S II 450 A/C, 597,17
Zubdat al-waʿẓ S II 856
Zubdat al-wuṣūl ilā ʿilm al-uṣūl S II 322
Zubūr āl Muḥammad etc. S I 76
-Zuhd G I 66, 181, 521, S I 257, 258, 310, 358
-Zuhd al-fātiḥ G I 423
-Zuhd al-kabīr S I 619
-Zuhd wal-raqāʾiq S I 256
-Zuhd wal-waṣiyya S I 76, 483
-Zuhra al-muḍīʾa etc. S II 247
Zuhrat al-ʿuyūn etc. S I 587
-Zuhūr al-bahiyya G II 107
Zuhūr al-bustān S I A/C 799
-Zuhūr al-fāʾiqa etc. G II 489, S II 810
-Zuhūr ʿalā k. al-Lumaʿ G II 113, S II 251
-Zuhūr al-muqtaṭafa G II 173
-Zuhūr al-saniyya fi ʾl-quṣud al-Fāriḍiyya S I 463,2
-Zulālayn S II 180,61
-Zulfa ila ʾllāh etc. S II 954,62
Zulfat al-tamkīn G II 206, S II 284,6
-Zumurrudh S I 341
Zumurrudh akhḍar etc. S II 1027
-Zunbīl S II 1002,60
Zuqāq al-miqlāt S III 415
Ẓafar al-amānī S II 67
Ẓafar al-amānī fī Mukhtaṣar al-Jurjānī S II 858
-Ẓafar al-lāḍī etc. S II 861
Ẓafar al-munya etc. S II 860
-Ẓafar bi-qalm al-ẓufr G II 152, S II 191,179
Ẓafar al-wālih bi-Muẓaffar wa-ālih S II 599
Ẓafarnāme S I 821,68, 00
-Ẓāhir S III 431
-Ẓāhir al-bāhir S II 187,124
-Ẓalām wa-badr al-tamām S I 646, read *sirāj aẓ-ẓ.*
-Ẓamaʾ, majmūʿat ashʿār S III 373
Ẓarāʾif al-laṭāʾif S II 736
-Ẓarf wal-ẓurafāʾ S I 189
Ẓill al-ghamāma etc. S I 629
-Ẓill al-maḥdūd etc. S II 944
-Ẓill al-mamdūd G II 207
Ẓill al-saḥāb G I 369
-Ẓirāf wal-mutamājinīn S I 916,10a
Ẓuhūr al-ʿaṭiyya S I 287,VI
Ẓuhūr al-ḥaqāʾiq etc. S II 722, 996
Ẓuhūr al-ḥaqq G II 450,19
Ẓuhūr al-thurayyā etc. G II 357, S II 484
-Ẓulūm S III 229
Ẓulumāt wa-ashiʿʿa S III 261

Index of Publishers

Oriental writers publishing in European languages included.

d'Abbadie G II 410
Abdalhadi al-Uqaili S II 472
Abdalmalik Faraj S I 464, 890
Abdarrahim b. A. S. S I A/C 452
Abderrazzaq Lacherif G I 845, S II 259
Abdulhamid S A/C 20
Abdulhak Adnan S II 330 A/C, 666
Abdulkadiri Sarfaraz S I 934
Abdulmuqtadir S I A/C 9
Abel A. S II A/C 62
Abel L. G I 18, 41
Abicht R. G I 21, II 140, S I 43
Abid Ahmadali S I 180
Adams Ch. C. S II 398, 728, III 70, 264, 302, 310, 315, 321 A/C, 323, 329, 330, 331, 332, 334
Adda B. S II 95
Adler J. G. Chr. G II 45
Adnan A. S II 330 A/C, 666 A/C
Aegidius de Tibaldis S I 401
Afifi A. E. S I A/C 701
Ahlwardt W. G I 4, 14, 16, 22, 23, 24, 77, 89, 114, 142, 248, 249, 260, 307, 309, 311, 327, 344, 375, 381, 403, 405, 431, 433, 472, 494, 507, II 18, 27, 100, 105, 108, 110, 124, 131, 147, 161, 187, 195, 198, 202, 208, 215, 218, 224, 238, 301, 356, 368, 451, 707, S I 6, 17, 24, 31, 37, 44, 90, 91, 111, 151, 180, 226, 615, 655, 790, 861, 863, II 15, 55, 283, 661
Ahmed Shah S I 64
Ahrens K. S I 62, 64
Aichler W. S II 580
Aini M. Ali S I 777
Alarcón y Santón M. S I 581, 830, II 889
Albanès S I 9
Albengo J. B. G I 265
Algermissen E. S I 972
Ali M. S I 937 (to be read thus)
Allouche D. S I 579 A/C, II 679
Almquist G II 256
Alpagius Andreas Bellunensis S I 824, 897
Alsdorf L. S II 60, 62
Altamira R. S II 343
Amar E. S I 563, II 28, 40, 201, 348
Amari M. G I 337, 352, 465, 477, 708, S I 473, 474, 475, 529, 549, 554, 579, 580, 581, 591, 595, 658, 719, 876, 877, 891, II 176, 367, 368, 689
Amedroz H. F. S I 61, 153, 191, 195, 230, 253, 356, 493, 556, 566, 570, 571, 583, 601, 668, 883, 883 A/C, 915
Amthor E. G I 95
Anchersen M. G I 247
Anderson S I 61
Andersson G I 122
Andrä T. S I 55, 60, 61, 62, 344, 349, 350, 735
Andreas F. G I 515
Ansaldi C. S II 818
Ansbacher J. S I 882
Antonius G. S III 325, 404
Antuña M. S I 220 A/C, 231 A/C, 253, 554, 577, 578, 964, II 48, 344, 372, 493 A/C, 578 A/C
Apetz H. S II 366
Appel C. S I 476, 482, 694
Arberry A. J. S I 8 A/C, 358, 360, 361 A/C, 903, 934, 954, II 516, 973, III 44, 48
Arbuthnot F. G I 6, S I 11
Arco y Molinero A. S I 575
van Arendonk C. S I 80, 190, 231, 242, 303, 315, 317, 556, 694, 711, II 232
Armain G II 428
Arnaud G II 510
Arnold F. A. G I 18, 137, 277, S I 35
Arnold T. W. G II 511, S I 12, 111, 257, 337, 872, II 286, 311, 422
Arnoldus de Villanoa S I 827
Arri G. A. S II 344
Artephius S I 429, 963
Asal G. Sheikh M. S II 238
Asín Palacios M. S I 8, 9, 241, 242, 336, 352, 379, 506, 544, 577, 581, 663, 694, 697, 745, 746, 754, 755, 776, 791, 792, 795, 796, 796 A/C, 797, 819, 830 A/C, 834, 838, 890, II 61, 352, 358, 416, 691

Assemani S. E. G I 5, 181, 349, S I 7, 867
Assoy de Rio S I 543
Atamara S III 290
Audiffret G II 212
Aumer J. G I 5, 398, S I 9, 863
Axthausen K. S I A/C 477
Azan P. S II 887
Azimuddin A. S I 528
Azoo R. F. G I 523, S I 411, 420, 902

Baarmann G. J. G I 470, S I 853
Babinger Fr. S I 217, 832, II 196, 282, 315, 323, 325, 409, 473, 632, 633, 634, 635, 636, 637, 638, 660
Bacha Constantin S II 728
Bacher W. G I 121
Badger G. P. G II 409, S II 568, 823
Baerlein A. S. S I 452
Baethgen Fr. S I 382
Baeumker Cl. S I 957
Bagard M. S II 631
Bahaullah Khan M. S I A/C 64
Baillie J. G I 251, 287, 293, 305, S I 531, 650
Bajraktarevic N. S I 25, 43, 249, 482, 936
Balakin S I 246
Baldi G I 484
Baneth H. S I 247 A/C, 752 A/C
Banqueri J. A. G II 495, S I 903
Barbier de Meynard C. G I 83, 145, 226, 292, 363, 425, 480, II 691, 698, S I 223, 550, 755, 916, II 59
Barbour N. S II 767 A/C, III 264
Bardenhewer S I 373
Bargès H. G II 241, 242, 248, 249, 702, S I 784, II 345, 406
Barth J. G I 118, II 690, S I 55, 78, 95
Barthold W. S I 64A/C, 196 A/C, 211, 218, 236, 411, 447, 486, 577, 887, 969, II 228, 295, 298, 307, 699, 706,
Basquet G. S I 261
Basset R. G I 265, 369, 378, 515, 517, 529, 535, II 32, 62, 63, 71, 240, 248, 249, 410, 692, 698, 705, S I 7, 54, 68, 82, 260, 263, 297, 523, 546, 559, 566, 584, 630, 692, 695, 816, 897, 930, 964, II 77, 283, 330, 332, 337, 338, 339, 344, 349, 359, 362, 362 A/C, 378, 408, 417, 421, 436, 569, 675, 676, 680, 681, 682, 683, 685, 687, 688, 689, 694, 695, 699, 703, 708, 715, 876, 877, 880, 881, 882
Bauer H. S I 64, 746, 748, 853
Bauerreis H. S I A/C 902
Baumgartner G I 30
Baumstark A. G I 203, 205, S I 363, 365, 366, 417, 421, 816, 817
Baur G. G I 25
Baur L. S I 377
Bazl ur Rahmani M. S I 241
Beale S II 626, 668, 864
Baumier A. G II 241
Becker C. H. G II 306, 692, 705, S I 229 A/C, 101, 230, 256, 424, 572, 573, 574, 575, 584, 917, II 445 A/C
Beer G. G I 425
Bahrnauer W. G I 265, 275, S I 833
Bechert E. S I 376
Bel A. S I 7, 581, 664, 694, II 337 A/C, 339, 340, 342, 368, 688
Belin S II 96
Beljajev I. J. S I 10
Bell, R. S I 62, 63, 64 A/C, 177
Bell, W. J. S II 180
Below R. S I 453
Beltrami L. S I 87
Ben Cheneb M. S I 4, 5, 48, 54, III 170, 202, 228, 266, 267, 297, 467, 531, 578, 579, 581, 595, 627, 630, 635, 660, 664, 680, 694, 744, 750, 771, 784, 834, 909, 966, II 16, 45, 70, 96, 105, 120, 123, 135, 140, 174, 331, 332, 336, 337, 338, 341, 345, 346, 347, 358, 361, 376, 377, 378, 408, 436, 437, 442, 520, 537, 679, 680, 693, 694, 697, 698, 699, 702, 703, 707, 715
Ben Daoud B. S I 64 A/C, 937
Ben Milad S I 961
Benoist E. G II 468, 511
Berbrugger G II 251, 464
van Berchem M. S I 303, 439, 903, II 78, 637, 949
Bercher L. S I 671
Berenbach J. S I 8
van den Berg L. W. C. G I 392, 395, S I 6
Bergdolt S. E. S I 430, 696
van den Bergh S. S I 836, II 343
Bergsträsser G. S I 64, 103, 157, 183, 190, 192, 196, 197, 198, 227, 237, 283, 314, 327, 328,

345, 364, 367, 368, 369, 370 A/C, 371, 388 A/C, 582, 719, 880, 880 A/C, 910, II 273, 319, 454, 744
Bernstein F. L. S I A/C 35
Bernstein H. G. G II 160
Bertels F. S I 675, 767, 774, 786, 787, II 584
Bertheau E. G I 107, S I 166
Berthelot M. G I 67, 241, S I 353, 823
Bertherand A. S II 252
Berti Tosca E. S I 885
Bessel-Hagen E. S I 385, 390
Besthorn R. O. G I 203, 275, S I 363, 381
Bevan A. A. S I 37, 67, 202
Beveridge H. G II 702, S I 875
Bezold C. S I 395
de Biberstein-Kazimirski S II 61
Bibliander Th. S I 345
Bichr Faris S I 18, III 6
Biram A. S I 344
Biscia A. R. S I 904
Bittner M. S I 60, 390, II 231
Björkman W. S I 551 A/C, 939, 964, 967, 968, II 165
Björnbo A. A. S I 374, 381, 385, 832
Blachère R. S I 139, 140 A/C, 141, 402, 478, 586, 694, 876, 941, II 370
Bland N. G I 429, II 135, S I 102
Blau L. G I 362
Bloch S. E. S I 879
Blochet E. G II 689, 707, S I 350, 583, 590, 789, 925, 967, II 37, 273, 332
Bloom A. S I 425
Blunt A. W. S. S I 35
Bodenheimer F. S. S I 886
Bodin M. S II 889
de Boer T. G I 425, II 706, S I 235, 371, 372, 375, 395, 420, 813, 834
von Bohlen P. G I 88, 429, S I 764
Boiti Ph. S III 486, see A/C
Boll Fr. S I 391, 395, 431
Boncompagni B. G I 216, 469, S I 381, 850, 872
Bonelli L. S I 64, 543
Boneschi P. S I A/C 330
Bonneau A. G I 348
Bonola Bek Fr. S II 282 (to be read thus)
Borelli G. A. S I 856
Borisov S I 343 A/C, 363, 365 A/C, 430 n, 955, 956
Boson Giustini S I 238
Bouali F. S II 340
Boucher R. G I 26, 56
Boulet G II 457
Bouriant U. G II 707, S II 36
Boustani F. E. S I 189, III 428
Boutelou D. C. S I 903
Bouthoul G. S II 343
Bouvat L. S II 136, 637
Bouyges M. S I 377, 415, 745, 754, 755, 834, 835, 836 A/C, 955
Boysen N. G I 111
Brag M. F. G I 37
Branchi E. S I 64, 937
Brandel R. A. G I 477
Brass S II 894
Bräu H. H. S I 43, 164
Braune W. S I 778, 918 A/C, II 731, III 6
Bräunlich E. S I 24 A/C, 31, 43, 71, 93 A/C, 156, 159, 406
von Braunmühl A. G I 509
Bravmann M. S I 156, 819
Bresnier G II 237
Bricteux A. S I 368 A/C, 956
Briggs J. G II 416
Brij Mohar Dayal S II 428
Broch J. B. G I 291, S II 332, 397
Brockelmann C. G I 37, 121, 205, 308, 346, 514, S I 6, 12, 61, 178, 185, 192, 208, 305, 411, 421, 487, 518 A/C, 552, 694, 696, 943, II 66, 152 A/C, 200
Brönnle P. S I 177, 199, 201, 206, 375, 492, 832
Browne E. G. G II 689, S I 6, 7, 8, 140, 154, 234, 235, 238, 240, 423, 556, 571, 673, 774, 813, 821, 828, 867, 925, 927, II 202, 206, 283, 286, 305, 552, 573, 574, 582, 586, 588, 595, 807 A/C, 824, 825, 833, 844, 846, 847, 848, 855, III 315
Browne W. S I 234
Brugsch H. Bei S II 749
Brugsch M. S I 746
Brunet y Belle J. S I 221
Brunot H. S II 348 A/C, 686
Brünnow R. G I 21, II 237, S I 198, II 332
Bueckmann G II 695
Buhl Fr. G II 697, S I 62, 64 A/C, 331, 635, 937
Bunz H. S II 36
Burckhardt L. G II 212, 390, S I 220
Burdach K. S I 475

Buret M. T. S II 882
Burger H. S I 385
Burton R. F. G II 61, S II 63
Bustani Alfredi S II A/C 712

Caetani L. S I 62, 70, 71, 331, 582, 583
Caferoglu A. S II 136
Cahen Cl. S I 185 A/C, 209 A/C, 217 A/C, 220 A/C, 222 A/C, 225 A/C, 228 A/C, 251 A/C, 567 A/C, 568 A/C, 584 A/C, 586 A/C, 883 A/C, 967, 968, II 24, 33, 49, 177, 196, 949
Callenberg J. H. S I 347
Calverley E. E. S I 748
Cambon J. G II 700
Campani R. S I 393
Campbell D. S I 412
Canard M. S I 138, 941 ad 140
Cantor M. G I 214, 215, 216, 224, 469, 508, S I 390
Carali P. S. S II 400 A/C, 409 A/C
Caratheodory Pacha A. G I 511
Cardano S I 372
Cardin A. G II 480
Carletti P. V. G II 238, 504, S II 862
Carli G. R. G II 428, S II 636
Carlisle G II 695
Carlyle J. E. G I 262, II 42
Carme A. G II 696
Carmoly G I 489
Carra de Vaux B. G I 145, 244, 422, 474, 496, 511, 517, II 702, 703, S I 221, 228, 371, 375, 745, 754, 781, 820, 859, 903, II 156 A/C, 408, 731
Carrington Ch. S I 463
Carusi J. B. G I 148, 346
Casanova P. G I 335, 478, S I 345, 381, 909, 967, II 36, 62
Casas y Manrique A. J. S I A/C 48
Casiri M. G I 4, 239, II 262, S I 7, 665
Caskel W. S I 61, 65, 67, 203, 936
Caspari C. P. G I 462
de Castries R. S II 680, 877
Catafago S I 327
Cattan I. S. S II 174
Caussin de Perceval J. J. A. G I 52, II 58, 61, 479, S I 385, 401, 487
Cazotte G II 61
Cerulli E. S I 792
Chaix P. G II 256
Chalmers Hunt S I 464
Channing, J. O. G I 234, 240, S I 425
Chappelow G II 695
Chardin G II 414
Chatelain, Yves S II 888
Le Chatelier S II 894, 895
Chauvin, V. G II 29, 62, 63, 689, 707, S I 4, 238, 938, II 61, 66, 629
Chavis, Dom G II 61
Chefik, Mansour Bey G II 480
Cheikho L. G I 23, 30, 40, 127, 349, II 38, 690, 694, S I 47, 56, 59, 60, 61, 84, 90, 94, 180, 186, 228, 234, 366, 368, 369, 370, 375, 394, 493, 502, 584, 586, 590, 597, 694, 809, 835, 871, 891, 934, 937, 961, 964, II 7, 120, 165, 389, 390, 720, 721, 722, 723, 724, 725, 728, 729, 730, 731, 733, 735, 741, 750, 751, 754, 755, 756, 757, 758, 759, 760, 761, 765, 766, 767, 769, 770, 771, 772, 776, 778, 779, 781, 782, 784, 785, 788, 791, 792, 862, 868, 884, 885, III 18, 130, 189, 194, 338, 341, 342, 343, 381, 428
Chenery Th. S I 487
Cherbonneau A. G I 151, 172, 476, 482, II 161, 239, 241, 249, 250, 266, 466, 467, S II 66, 341, 366, 368, 436, 715
Cherif A. S I 962
Chester Frank Dyer G I 514
Chodzko A. S II 531
Chottin A. S II A/C 709
Choulant G I 236, 457, 485
Christensen A. S I 234, 235, 237, 238, 452, 813, 854
Christmann M. S I 393
Chwolson D. G I 217, 218, 242, 243, 336, II 130, S I 556 A/C, 574, 850, II 54, 161
Cipolla C. G I 149
Citaré J. C. S I 800
Clarke H. W. S I 789
Clauss L. Fr. S I 451
Clément Mullet G I 243
Clerk Mrs. Godfrey G II 711, S II 414
Clermont Ganneau Ch. G II 61
Clot Bey S II 749
Clouston W. A. G II 689, S I 25
Codazzi, Angela S I 87 A/C, 405, 962

Codera Fr. G I 338, 340, 341, 370, 497, II 297, 510, S I 573 A/C, 578, 579, 581, 630, 695, 971, II 372, 678, 679, 681, 685, 692
Colin G. G. S I 381, 475 A/C, 482, 483 A/C, 776 A/C, 787 A/C, 844, 844 A/C, 865 A/C, 884 A/C, 890, 973, II 337, 339, 361, 364 A/C, 371, 693, 707, 708, 710, III 5
Colangettes S I 419
Clossio St. S II 343
Combarel G II 237
Conder C. R. G I 317
Cooke F. S. S II A/C 127
Cool P. G I 286
Coomaraswamy A. K. S I 903
de Coppier V. G I 40, S I 70
von le Coq A. S I 238
Corbin H. S I 781 A/C, 783 A/C, II 330 A/C
Corneville S II 762
Cornill C. H. G I 206
Cosquin E. S II 62
Coterini O. S III A/C 70
Cottunius J. S II 665, 666, see Kuttunius
Cour A. S I 10, 485, 876, 968, II 359, 703
du Courroy G II 432
do Couto de Albuquerque da Cunha L. M. S II 888
Coutourier E. S II 880
Cozza L. G. G I 148, 149
Crispo Moncada C. G II 689, S I 878
Crolla G. G I 478, II 56
Crollius O. S II 667
Cromer Earl of S III 2
Crussard S I 487
Cueva J. G II 703, S I 824
Cureton W. G I 192, 327, 427, 428, 429, S I 763
Curtze M. G I 216

Daher C. S I 150
Daremberg G I 238
Darmstetter J. S I 235
Daudpota U. M. S I 221 (to be read thus)
David Cl. J. S I 445, 447
Davies of Kidwelly J. S II 1026
Dedering S. S I 281, 348
Defrémery Ch. G I 46, II 53, 256, S I 569, II 366
Dehérain H. G II 130
Delafosse M. S I 717, 776
Delambre G I 220, 224, II 212, S I 401
Delatre L. G I 276
Delitzsch Franz G I 529
Delpech A. G II 248, S II 680
Delphin G. G II 251, 507
Denham Clapperton S II 894
Deny J. S I 347
Depping G. S II 732
Derenbourg H. G I 4, 22, 101, 119, 125, 280, 316, 320, 334, 371, 376, 413, 418, 468, 478, 522, II 41, 115, 161, 208, 689, 690, 693, 698, 699, 707, 709, S I 7, 9, 45 212, 214, 368, 454, 475, 493 A/C, 548, 549, 552, 553, 555, 559, 565, 568, 570, 577, 880, II 38, 45, 164, 199, 214, 236, 240, 372, 690, 898 A/C
Derenbourg J. G I 276, 511, S II 65
Dermenghem E. S I 464
Desgranges Ainé G II 495
Desjardins P. A. S II 414
Destrée C. F. S I 236
Destrées A. S I 488
Dévic L. M. G I 523, S I 409
Devonshire R. L S II 26, 405
Devoux A. G II 249
Dewhurst R. P. S I 141, 147
Diels H. S I 104, 133, II 1041, 1042
Diergart P. S I 435
Dieterici Fr. G I 88, 204, 211, 212, 214, 284, 299, S I 142, 365, 373, 375, 656
Diettrich E. S II 464
Diez Fr. A. G I 96, S I 422, 897
van Diffelen R. W. S II 531
Dimitroff S I 288, 290
Dingemans H. H. S I A/C 748
Dionysius Carthesianus S I 345
von Döbeln E. S II 261
Dognée E. G I 239, 240
von Dombay Fr. G II 241, S II 690
Donaldson D. M. S I A/C 704
Dorn B. G I 52, 223, 477, II 130, 141, S I 902, II 54
Dournon A. S II 688
Doutté E. G II 241, 254, 510, 511, 714, S I 102, 216, 788, 910, II 583
Dowson G I 314, 475, S II 603
Dozy, R. G I 51, 52, 53, 143, 150, 151, 236, 270, 271, 309, 322, 339, 340, 345, 398, 400, 422, 481, 485, II 39, 40, 257, 262, 297,

695, S I 148, 165, 231, 431, 475, 577, 578, 579, 580, 581, 694, 831, 864, 876, 877, 897, 909, II 78, 229
Drecker J. S. S I A/C 432
Drewer S. W. S. S II A/C 228
Dreyfus H. S II 848
Drexl Fr. S I 102
Duchesne L. G I 513
Dugat G. G I 208, 270, 338, II 297, 505, 509, S I A/C 93
Dumas G. S I 487
Duncan Forbes G I 214
Dunne J. Heyworth S I 218, 239, 329, 945, II 381 A/C, 731 A/C, III 281
Durand A. G I 493, 587
Duveirier H. S II 883
Dvořak R. G I 89
van Dyck E. G II 689, 695, S I 4, 234, 419, 818, 831, II 179, 726
Dyroff K. G I 23, 309, S I 48, 395, II 62

Ebermann S I 30, 92, 95, 112, 413
Ebers G. S I 424, II 734
Ecchelensis A. G I 349, II 138, 210, S I 856
Eckker L. S I 144, 465, 476
Edgerton Franklin S I 234
Edhem Bey Fehmi S I 935
Edwards E. S I 6, 683, 912, II 848
Eghbal Abbas S I 130 A/C, 341
Eichhorn J. G. G II 46, S I 832
Eichmann J. G I 342
Eisen A. S I 166, 418, 961
Eisenberg J. S I 592
Ekblom R. S I 877
Elder E. E. S I 294
Elgood C. S I 420
Elliot G I 314, 475, S II 603, 625
Ellis A. G. G I 3, S I 4, 6, 331, 396, 683, 827, 834, 884, 897, II 741, 751, 848, 933
Elster E. G I 2
Eneström S II 379
Engelmann H. G I 26
Enger R. G I 386
Erckmann R. S I 963
d'Erlanger R. S I 375, 907, 907 A/C
Erman A. G II 59
Ermatinger E. S I 934
Erpenius Th. G I 287, 348, II 237, S II 332
Éthé H. G I 458, S I 7, 445, 584, 828, 882
Ettesami Y. S I 10
Ettinghausen R. S I 937
Euting J. G I 3, II 21
Ewald H. G I 19, 43, 136, S I 61, 462
Exiga dit Kayser G II 509

Fabricius A. S I 148
Facaire B. S I 463
Fagnan E. G I 4, 322, 503, II 84, 249, 262, 456, 698, S I 4, 288, 297, 301, 480, 577, 588, 668, II 97, 677
Faizullah Bhai S I 467
Faizullah Shaikh Lookmanji G I 265
Faris N. S I A/C 409
Farmer H. G. S I 6, 160, 222, 224, 225 A/C, 374 A/C, 375, 377, 404 A/C, 421, 829 A/C, 830 A/C, 844 A/C, 852 A/C, 907, 907 A/C, 924 A/C, 933 A/C, 934 A/C, 943, 957, II 17 A/C, 169 A/C, 170 A/C, 228 A/C, 367 A/C, 373 A/C, 462 A/C, 483 A/C, 684, 695 A/C, 709 A/C, 714 A/C, 779 A/C, 1033, 1036 A/C
Fathy M. S II 126
Faure Biguet G. G II 509, S I 666, II 676, 880
Favaro A. G I 205
Feilchenfeld J. G I 119
Fell W. G I 417
Fénélon S II732
Ferrand G. S I 402, 405, 863, 878, 883, 901, II 176, 231, 324
Ferreiro G II 244
Ferté H. G II 193
Field Cl. S I 750, 755
Finkel S I 63, 240
Fiorini M. G I 476
Fischer A. G I 27, 135, 360, II 278, 709, S I 6, 282, 325, 454, 510, 788, 859, 939, II 13, 17, 332, 333, 758, 879
Fleischer H. L. G I 4, 15, 44, 104, 285, 292, 317, 325, 342, 417, 464, 497, II 45, 142, 208, 496, S I 7, 9, 927, II 126, 380, 408, 765, 771, 780
Flint R. S II 343
Florian-Pharaon S II 167
Flügel G. G I 5, 36, 98, 126, 128, 132, 147, 169, 172, 173, 174, 175, 184, 191, 195, 196, 209, 213, 214, 215, 221, 241, 286, 325, 352, 373,

375, 376, 378, 379, 381, 382, 427, 431, 515, II 82, 145, 184, 214, 216, 225, 262, 297, 345, 348, 451, 453, S I 11, 193, 208, 227, 334, 619, 640, 883, II 28, 412, 414, 464, 474, 475, 489, 519, 523
Förster R. G I 203
de Foucauld S II 675
Fournel G I 307
Foy W. G II 708, S II 136
Fracassi S. S I 64, 937 (to be read thus)
Fraehn C. M. G I 228, II 130, 131
Frank J. S I 385, 873
Frank R. S I 777, 803, II 501 A/C
Frank-Kamenetzky J. S I 56
Fraenkel S. G I 12, 27, 32, 147, 462, S I 12, 44, 836
Freimann A. S I 894
Frenkel E. G I 18
Fresnel S II 770
Freudenthal J. G I 462, S I 836
Freund L. G I 390, 452, S I 833
Freytag G. W. G I 20, 25, 39, 280, 289, 309, 321, 332, II 27, 29, 30, 86, S I 166, 484, II 258
Freytag S. G I 502, II 131
Frick H. S I 745
Friederici C. G I 3
Friedländer M. S I 189, 696, 878, 894
Frissell E. G I 510
Fritsch E. S I 315, 345, 415, 665, II 123, 161
Froehner R. S II 169
Froelich H. G I 240
Fück J. S I 205, 227, 260 A/C, 437, 945, III 137
Fulton A. S. S I 4, 203, 331, 422, 422 A/C, 832 A/C, 884 A/C, II 550, 751, 933
Fumey E. S II 889
Furlani G. S I 371, 373
Fyzee A. A. A. S I 322, 325, 714 A/C

van der Gabelentz S I 156
Gabriel A. S II A/C 330
Gabrieli F. S I 140 A/C, 141, 241, 246, 402, 453, 582, 583, 586, 589, 662, 938, 939, 942, II 343, 543, III 255 A/C
Gabrieli G. G II 630, 696, 710, S I 4, 6, 70, 110 A/C, 117, 214, 225, 235, 236, 237, 253 A/C, 365, 366, 367, 424, 763, 915, 921, 963, II 28, 35, 173, 355, III 255
Gaden H. S II 896
Gagnier J. G I 506, II 45
Gaillardot E. S II 260
de Galarza S III 260
Galebert L. G II 457
Galland A. S II 59, 447
Galland H. S I 338
Galland M. G II 61, 325
Gandz S. S I 35, 381, 390
Garbers R. S I A/C 385
Garcia Gomez E. S I 474, 478, 481, 483, 696, 832, 968, 972, II 370
Garcin de Tassy G I 451, II 418, S I 467, II 656, 871 A/C
Gardner W. R. S I 745
Gaspar M. M. G II 254, 710, S II 363
Gateau H. S I 288
Gaudefroy Demombynes M. G II 245, S I 140 A/C, 832 A/C, 942, II 60, 101 A/C, 170, 344, 348 A/C, 427 A/C
Gauthier L. G I 421, S I 373 A/C, 571, 746, 754, 820, 830, 831, 834
de Gayangos P. G I 122, 150, 341, II 259, 262, 297, S I 554
Geiger A. G I 36
Geiger B. S I 35
Gelber A. S II 62
George J. F. L. G II 49
Gerhard von Cremona S I 383, 419, 860, 957
Germanus Silesiacus S I 845
Gerok G I 36
Gerrans B. G II 706, S I 220
Geyer R. G I 20, 27, II 690, S I 41, 50, 56, 59, 60, 62, 67, 71, 72, 84, 90, 91, 95, 161, 196, 835, 938
Ghalioungi E. D. S II 95
Giacobetti R. P. S II 421
Gibb E. J. W. S II 319, 323
Gibb H. A. R. S I 12, 566, 588, 668 A/C, II 366, 404, 719 A/C, 722, 725, 731, 765, III 24, 164, 183, 195, 211, 215, 302, 326, 343
Gies H. G II 18, 474
Giese Fr. G I 119
Gildemeister J. G I 286, 337, 459, 517, II 348, S I 6, 220, 221, 963, 963 A/C
Gilson S I 377
Ginzburg D. G I 513, S I 45

Glaser A. S I 901
Gobineau A. S II 588, 833, 844
de Goeje M. J. G I 5, 77, 107, 129, 136, 142, 144, 149, 179, 225, 226, 229, 337, 342, 344, 477, 497, 514, 516, 523, II 62, 692, 695, 701, 705, S I 9, 12, 118, 185, 208, 217, 402, 406, 411, 583, 587, 852, 877, 879, 883, II 62, 298
Goergens E. P. G I 317
Goethe W. G I 25
Goguyer A. G I 298, II 23
Goichon A. M. S I 813 A/C, 819 A/C
Goitein S. D. F. S I A/C 216
Goldenthal J. G I 422
Goldziher I. G I 6, 12, 13, 14, 20, 21, 22, 32, 41, 42, 44, 47, 56, 62, 64, 65, 66, 67, 73, 74, 77, 81, 85, 87, 90, 100, 104, 105, 106, 112, 121, 122, 130, 134, 139, 140, 145, 157, 158, 160, 161, 162, 163, 164, 166, 167, 169, 170, 172, 173, 176, 179, 182, 184, 185, 209, 255, 264, 284, 285, 297, 307, 311, 329, 330, 338, 351, 357, 360, 364, 368, 371, 292, 299, 400, 401, 405, 421, 423, 441, 500, 501, 502, 513, 514, 516, II 39, 83, 93, 103, 110, 119, 124, 145, 298, 336, 338, 378, 414, 481, 482, 485, 497, 505, 689, 690, 691, 692, 693, 694, 695, 696, 700, 701, 703, 706, S I 13, 18, 20, 31, 54, 72, 76, 100, 112, 162, 164, 166, 167, 168, 181, 183, 191, 197, 202, 207, 212, 213, 225, 239, 248, 258, 259, 276, 277, 279, 283, 294, 295, 305, 309, 322, 330, 331, 333, 335, 336, 337, 343, 346, 349, 358, 371, 375, 422, 453, 485, 551, 588, 626, 633, 666, 668, 671, 673, 687, 694, 697, 704, 705, 706, 730, 733, 735, 745, 747, 750, 754, 755, 769, 829, 830, 859, 914, 917, 928, 938, 957, II 56, 63, 117, 136, 143, 149, 206, 236, 246, 273, 283, 374, 500, 508, 607, III 321, 329
Golius J. G I 247, 456, II 29, S I 853, II 25
Gomez A. S I A/C 579
Gonzalez J. S II 331
Gonzalez L. S I 431 (to be read thus)
Gonzalez Y. Paris S I 475
Goossens E. S I 64
Gordlewski B. N. S II 282 (to be read thus), see A/C
Goretti L. S II 883
Gorster A. G II 708
Gosche H. G I 127, 214, 419, 421, 422, 507, II 158
Gotthardt O. S I 102
Gottheil R. G I 104, S I 230, 686, 750, 769, II 75, 169 A/C
Gottschalk W. S I 341, 942
Gottwaldt J. M. P. G I 145, 379, II 36, 142, S I 865
von Goutta G. S I 95
Gouvions M. A. E. S I 691
Gråberg di Hemsö J. G II 245
Graefe E. S II 36, 883
Graf G. S I 342, 370, 863 A/C, 885 A/C
Graf L. J. S I A/C 304
Graf R. S II 475
Gragger R. S I 61
Grangeret de la Grange G I 95, S I 463, II 55
Grasshof R. G I 387
Gratzl E. S I 91, 560 (to be read thus)
Graulle A. S II 678, 687, 880, 889
Gravius J. G II 46, S II 298
Gray L. H. S II 62
Greaves J. G I 512
Greenhill W. A. G I 234, S I 419
Grégoire H. S II 63
Gregorio R. G I 148, 346
Gretschischeff X. S I A/C 423
Griffini E. S I 50, 67 A/C, 76, 84, A/C, 102, 204, 220, 243, 313, 316, 318, 334, 540, 700, 876, 877, 937, 963, II 149, 232, 241, 248, 367 A/C, 551, 561
Grimme H. G I 33, S I 62, 64
Groff Fl. G II 62
Grohmann A. S I 257, 307 A/C, II 332
Grosse E. G I 2
v. Grünebaum G. S I 24 A/C, 169 A/C, 936, II 49
Gruner O. C. S I 824
Grünert M. G II 692, S I 185, II 766
Guadagnoli Ph. G I 312
Gudolini G II 695
Guest Rh. S I 229, 394 (to be read thus), 406, 958, II 36, 75
Guidi I. G I 21, 97, 133, 151, 513, S I 44, 203, 217 A/C, 404, 540, 939, 957 A/C, II 97
Guidi M. S I 183, 236, 237, 241, 242, 315, 341, 402, II 123 A/C

de Guignes G I 346, II 131, 141, S I 164
Guigues F. F. S I 420, 417 A/C, 901, II 209
Guiladin M. S II A/C 569
Guillaume A. S I 255, 261
Guin L. S II 882
Guirgass W. G I 123
Gundisalvi D. G I 425
Gundissalinus S I 377
Gunsberg R. F. S I A/C 392
de Gunzburg D. S I 273, 784 A/C
de Gunzburg J. J. G I 5, S I 749
Guppy H. S I 415
von Gutschmid A. G I 242, S I 430, 431
Guttmann S I 962
Guy A. S I 185
Guyard St. G I 14, 264, II 46, 104, 205, S I 324, II 24, 123, 990
Guys H. S I 716

Hagg G. G I 323, S I 410
Haarbrücker Th. G I 192, 428, S II 169
Hass E. G I 524
Habicht M. G II 58, 61
Haffner A. G I 105, 514, II 689, S I 161, 164, 167, 181
Hafiz Nazir A. Mawlawi S I 935
von der Hagen F. A. G II 61
Hahn P. S I A/C 99
Haig M. F. G II 256
Haitsma A. G I 111
Hakim Sayyid Ghulamallah Qadri S II 599
Halil E. S II 637
Halil J. S I 972 ad 717
Halkin A. S. S I 326, 667
Hamaker H. A. G I 136, II 39
Hamdani J. H. F. S I 380, 714, II 250
Hamdani M. S I 323, 326
Hamdani V. A. S I 277 A/C, 568 A/C, 586 A/C
Hamet A. S II 889
Hamet I. S II 894, 895
Hamidullah M. S I 212, 695
Hamilton T. G I 62
van den Hamm T. J. G II 329
von Hammer-Purgstall J. G I 5, 139, 243, 252, 262, 292, 335, 423. 440, 455, II 43, 56, 61, 191, 203, 225, 232, 246, 369, 425, 428, 430, 433, 438, 439, 448, 449, S I 11, 374, 431, 439, 470, 598, II 61, 63, 81, 169, 280, 287, 319, 323, 329, 414, 634, 636, 637, 663, 666
Hamoui F. R. J. S I 375
Haneberg D. B. G I 136, 441, 449, 455, S II 458
Hankel G II 266, S I 401
Hanley J. S II 63
Hannes L. G I 462
Harley J. H. S I 97 A/C, 113 A/C
Hartmann A. Th. G I 19
Hartmann M. G I 14, 101, 249, 250, 260, 261, 270, 271, 274, 309, 436, 439, 447, 460, 489, 496, 515, II 14, 15, 17, 18, 20, 21, 32, 45, 62, 63, 68, 110, 120, 122, 140, 141, 145, 159, 160, 237, 262, 269, 275, 280, 281, 282, 343, 345, 348, 399, 472, 473, 474, 477, 494, 495, 496, 505, 706, S I 22, 116, 196, 288, 361, 477, 556, 573, 576, 908 A/C, II 282, 316, 719, 752, 760, 762, 765, 766, 778 A/C, 782 A/C, 802, III 195, 259, 329, 338
Hartmann, R. S I 347, 350, 361, 474 A/C, 551 A/C, 771, 798, 799, 800, 879, 955, II 34, 166, 176, 468, 494, 531
Haschmi M. J. S I 874
Hasenclever A. S III 19
Hassan Husny Abdalwahhab S II 367
Hattendorf S II 248
Hauber S I 398
Hauer J. W. S I 874
Haupt P. S I 19
Hauser F. S I 383, 866, 903
Hausheer J. S I 35
Haussleiter H. S I 218
Heer F. J. G I 480, 524, S I 411, 556
Heffening W. S I 9 A/C, 288, 290, 291, 304, 305, 307, 316, 317, 619 A/C, 643 A/C, 669, 670, 680, 680 A/C, 697, 706 A/C, II 207, 464 A/C
Heiberg J. L. G I 203, S I 363, 432 A/C, 853
Heidenhain F. G I 462
Hein W. S I 906, II 166
Heinck A. M. S I 832
Heine H. G I 48
Helbig A. S I 549
Hell J. G II 690, S I 42, 43, 85, II 4, 872, 939
Heller B. S II 62, 64, 64 A/C, 66

Hellmann H. G I 25
Helmdörfer G. G I 175
Helton Simpson S I 412
Henderson A. S I 8
Henning M. G II 61, 690, 707, S II 63
Henzius D. R. G I 506
Hercz J. G I 462
Herklots G II 418
Hermannus Secundus S I 432
Herum G I 483
Herzfeld E. S I 407
Herzog D. S I A/C 830
Herzsohn P. G II 36
Hezel W. G II 695
Hidayet Husain S I 281, 421, 430, 564, II 72, 309, 341, 475, 612, 614, 855
Hille C. A. G I 236
Hillelson S. S II 895
Hinz W. S II 298
Hirsch L. G II 502
Hirschberg J. S I 60, 385, 412, 422, 425, 824, 852, 853 A/C, 884, 887, 898, 901, II 169, 170
Hirschfeld H. G I 38, 524, S I 64, 67, 102, 118, 244, 421
Hirschfeld L. S I 768
Hirt J. F. G I 275
Hirtius G II 695
Hitti Ph. S I 10, 216, 336, 552, 667, 716, II 197
Hitzig G I 422
Hoberg G. G I 126
Hochheim A. G I 219
Hoenerbach W. S I A/C 877
Hoffmann G. G I 97, 271, 254, S I 411
Holder S I A/C 903
Holmyard E. J. S I 426, 427, 428, 815, 909, II A/C 172
Hölscher G. S I 23
Holt S I A/C 226
Holter S I 398 A/C, 903 A/C
Homes H. A. G I 423
Hommel Fr. G I 19, 26, 520, S I 39, 238
Hondius L. S II 637
Honigmann E. S I 382, 877, 960, 961
Hoogvliet J. M. G II 32, S I 480, II 29
Horn P. G II 701, S I 927
Horovitz J. G I 515, II 706, S I 59, 61, 62, 97, 205, 206, 207, 208, 210, 229, 266, 274, 347, 563, 567, 568, 571, 583, 586, 589, 601, 626, 628, 690, 720, 939, 944, II 30, 32, 41, 44, 48, 62, 65, 76, 175, 403, 404, 536, 607
Horster P. S II 182
Horten M. S I 343, 344, 371, 375, 376, 377, 776 A/C, 782, 815, 834, 835, 836, 927, II 245, 355, 589, 590, III 321
Hostelet, G. S II 343
Hottinger J. H. G I 348, 350, S II 710
Houdas O. G I 151, 241, 310, 369, 519, II 240, 264, 457, 468, 508, 511, 698, S I 261, 297, 305, 552, 566, II 63, 337, 715, 717, 880
Houtsma M. Th. G I 4, 5, 67, 122, 147, 152, 226, 247, 276, 321, 322, II 29 110, 136, S I 6, 9, 242, 447, 555 A/C, 582, 789
Houtum Schindler S I 925
Houzeau S I 399, 867
Howard Harvey N. S I A/C 5
Huart Cl. G I 79, II 694, S I 12, 59, 222, 327, 434, 485, 583, II 136, 163, 319, 389, 619 A/C, 669,36 (to be read thus), 914 A/C
Huber A. G I 37
Huet S I 82
Hughes G. G I 25
Hugo V. S II 763
Humbert J. G II 479
Hungerford E. G I 214
Hunter F. M. G II 503, S I 883, II 860
Husain S. M. S I 936
Hussain M. S II 366
Hyde Th. S I 867, II 298, 484
Hylander A. & Sven G II 131

Ibel Th. S I 856, 902
Ideler G I 22, S I 867
Idris H. R. S I 944
Ingram S I 117
Inogeo A. G I 346
Inostranzev S I 32, 235, 584
Iqbal M. S I 555, II 283, 589, 835
Iskandar Amoun G II 480
Iskandar al-Maghribi S I 458

Jacob G. G I 18, 335, 477, 481, 522, 523, II 21, 706, S I 20, 53, 148, 410, 777, 854, 876, II 2

Jacoub Artin Pacha G II 481
Jahn G. G I 87, 101, 291
Jamil ur-Rahman S I 834
Janicsek St. S I 407
Jansky H. S II 409 A/C, 494
Jarrett H. G II 157, S I 25
Jaubert P. A. S I 877
Jawad Muṣṭafā S I 457 A/C, 486 A/C, 555 A/C, 565 A/C, 566 A/C, 567 A/C, 687 A/C, 883 A/C, 914 A/C
Jayakar A. S. G. S II 171
Jeffery A. S I 190 A/C, 314 A/C, 329, 719, 937, 948
Jennisch G I 500, 506
Jewett R. S I 589
Joannides D. S I A/C 824
Johannes Hispalensis S I 394
Johannsen C. Th. G I 259, 524, S I 459, II 184, 185, 190
Jomard G II 491
Jones J. H. G I 148
Jones W. G I 378, II 56, S I 650
de Jong P. G I 415, II 45, S I 8, 9, 284, 356, II 123
Jorga N. S II 315
Jourdain A. G I 209, 224, 348, 506, II 45, 50, 207
Jung E. S III 439
Junge G. S I 363 A/C, 370 A/C, 959
Juynboll J. G. J. G I 88, 292, 480, II 42
Juynboll Th. W. G I 181, S I 9, 261, 283, 348, 670, 681, 822, II 100

Kalibuk S III 290
Kaempfer G II 195, S II 256
Kahil Bey Abdoulaziz G II 480
Kahil Bey Gabriel Nicola G II 480
Kahle P. S I 406, 573, 590, 933, II 34 A/C, 134, 405
Kamil Ayad S I 204, II 343
Kampffmeyer G. G II 706, S III 5, 43, 76, 79, 80, 164, 211, 215, 251 A/C, 262, 354, 356, 358, 427, 434, 448
Kantorovicz S I 844
Kapp A. G. S I 955
von Karabacek J. G I 215, II 692, S II 49
Karle J. G I 148
Karpinski L. C. S I 381, 390
Karsten J. Chr. G. S I 555
Kasembeg M. A. G I 406
Kasir D. S. S I 854
Katibah H. J. S II 53
Kaufmann D. G I 490, S I 820
Kautzsch E. S I A/C 495
Kay H. C. G I 333, 334, II 183, 184, S II 238, 344
Kayser S I 882
Kazimirski S I 937
Keyzer H. G I 387
Keyzer S. S I 668
Keyzer Th. G I 392
Keller H. G I 515, S I 210
Kellgren H. G I 300
Kern Fr. S I 218, 271, 278, 292, 294, 305, 346, 383, 567, 602, 637, II 11, 472, 477, 692, 1041
Khan Qazwini M. S I 378
Khan Sahib Khaja Khan S I 372
Khanikoff N. G II 494
Khemiri T. S III 164, 211, 215, 262
Khettas S. K. S I A/C 783
Khuda Bukhsh S I 176, 695
Kinealy O. G II 390
Klamroth M. G I 36, 227, S I 363 A/C, 387, 705
Klein Hedwig S II 549
Klein W. C. S I A/C 346
Knatchbull W. S I 234
Knobel E. Ball S II 298
Knust G I 459
Kobert R. S I A/C 277
Koehler J. B. G II 46, S II 497
Koenig C. G II 131
Koenig N. S I 229, II 42
Kofler H. S I 161, II 81, 81 A/C
Kohl H. S I 383, 385, 391 A/C
Kohl K. S I 432, 853, 863
de Koning P. G I 235, 237, 490, S I 419, 423, 425, 824, 887, II 55, 729
Koppe G I 203, S I 363
Kosegarten J. G. L. G I 21, 143, 351, II 39, 71, 356, S I 42, II 55, 729
Košut J. G I 115
Kowalski Th. S I 25, 56, 60, 936, 937, 961, 967
Kračkowski I. S I 10, 25, 25 A/C, 41, 60, 68 A/C, 80, 84, 89, 108 A/C, 128 A/C, 129,

130, 133 A/C, 138, 142, 144 A/C, 145 A/C, 165 A/C, 176 A/C, 179 A/C, 182, 183 A/C, 187, 188, 190, 210, 218, 228, 234, 313 A/C, 339, 341, 355, 402 A/C, 406 A/C, 407, 442, 450, 452, 453, 454, 475, 482, 514, 573, 573 A/C, 579 A/C, 583, 599, 620, 717, 754, 806 A/C, 808 A/C, 832, 832 A/C, 868 A/C, 871 A/C, 877 A/C, 884 A/C, 910, 934, 937, 938, 939, 940, 941, 942, 946, 952, 954, 962, 963, 964, 964 A/C, 967, 968, 972, 973, II 1, 29, 29 A/C, 40, 56 A/C, 167 A/C, 172 A/C, 231 A/C, 246 A/C, 258, 389, 394 A/C, 395, 414 A/C, 459 A/C, 464, 637, A/C, 719, 729, 730, 753, 758, 765, 766, 767, 871, III 43, 180 A/C, 183, 184, 229 A/C, 258 A/C, 262, 265 A/C, 290, 290 A/C, 331, 344 A/C, 352 A/C, 353, 380, 389 A/C, 397 A/C, 399 A/C, 408, 409, 414, 422 A/C, 423 A/C, 429 A/C, 439 A/C, 445 A/C, 448 A/C

Krafft H. G I 5, S I 8, II 11, 215

Kramers J. H. S I 375, 402, 407 A/C, 876, 882

Krappe S I 61

Kraus P. S I 235 A/C, 323, 324, 325, 326, 341, 365, 376, 418, 419 A/C, 421, 427, 427 A/C, 714, 746 A/C, 783, 871, 923 A/C, 939, 945, 954, 957, 958, II 250, III 262 A/C

Krause M. S I 756 A/C, 822, 843, 844, 852, 854, 855, 856, 857, 858, 860, 861, 862, 864, 865, 866, 868, 870, 904, 929, 930, 931, 943, 958, 960, II 294 A/C, 295, 295 A/C, 297 A/C, 816, 867, 898

Krehl L. G I 53, 158, 270, II 297, S I 261

von Kremer A. G I 6, 37, 62, 67, 73, 74, 76, 77, 78, 81, 88, 89, 91, 94, 95, 105, 122, 135, 145, 169, 170, 185, 193, 198, 199, 230, 255, 281, 301, 322, 351, 426, 437, 440, 441, 452, 477, II 43, 133, 146, 245, 278, 288, 336, 348, 377, 470, 473, 474, 478, 480, 481, 487, 491, 493, 494, S I 12, 100, 220, 227, 450, 451, 568, 781 A/C, 879, II 81, 753, 779

Krenkow Fr. S I 19, 24, 25, 30, 31, 41, 46, 48, 50, 52, 59, 60, 69, 80, 85 A/C, 87, 88, 89, 97, 98, 99, 106, 128, 130, 132, 157, 158, 169 A/C, 179, 184, 185, 190 A/C, 191, 191 A/C, 195, 202, 207, 212, 217, 241, 247 A/C, 257, 258, 264 A/C, 299, 300, 380, 432, 460, 563, 567, 580, 872, 879 A/C, 924, 935, 937, 939, 942, 944, 946, 947, 948, II 27, 28, 34, 372

Kreyenborg H. S I 50

Kroll W. S I 395

Kroner H. S II 758

Krylov S II 758

Krymski A. E. G II 708, S I 12, 40, 138, 218, 239, 936, 969

Kubat J. G I 95

Kuhn E. G I 3, 520, S I 238

Kunik G I 523, S I 410, 876

Künstlinger S I 63

Kuttunius K. (see Cottunius) S I 956 A/C

Kuypers G. G I 43

Kuzimin I. P. S I 234, 832

Kyas S I 406

Lachmann R. S I 374

Lafuente y Alcantara D. E. G II 692, S I 9, 228, 232

Lagarde P. G I 34, II 689, S I 34, 63

Lagumina C. B. G I 107, 149

Laimèche A. S I 64 A/C, 836, 937

Lamartine S II 770

Lammens H. G II 52, S I 59, 83, 84, 95, 186, 241, 283, 938, II 164, 165, 165 A/C, 176, 808, 865, III 321, 330, 411

Lancaster S I 867

Land J. P. N. G I 522

Landauer S. G I 455, 456

Landberg C. G I 142, 229, 309, 315, 363, II 62, 496, 709, 711, 713, S I 9, 19, 48, 156, 194, 560, 570, 883, 901, II 178, 397, 772, 820

Landsberger J. S I 381

Lane E. W. G I 450, II 61, 62, 473, 474, S II 15, III 43

Lane Poole St. G II 27, 61, 210, 211

Lang C. G I 81, II 494

Langlès L. G I 523, II 39, S I 405

Lanzone R. S II 26

Laoust H. S II 120 A/C, 123 A/C, 124 A/C, III 311, 323

Lasinio F. G I 461, 462, 473, S I 834, 835, 836

Lasram M. G II 458, 713, S II 687

Leander P. S I 215, II 35

de Lebedew O. S I 771

Lecerf J. S II 771 A/C, III 130, 237 A/C, 262 A/C, 264, 264 A/C, 290, 389, 394, 442, 443
Leclerc L. G I 148, 206, 207, 208, 210, 214, 218, 230, 231, 349, 453, 460, 461, 469, 475, 481, 482, 483, 486, 487, 488, 489, 490, 491, 492, 493, 506, 508, II 45, 137, 170, 256, 364, S I 425, 897, II 713
Ledit S I A/C 883
Lee S. G II 257
Lees W. N. G I 136, 290, 377, II 157, 207, 365, 421
Lehmann H. S I 417
Leiber F. S II 369
Lelewel G I 222, 225, S I 382
Lemming P. G I 331, II 133
Lerch S I 211
Lerchundi G I 495, S II 380
Le Strange Guy G I 227, II 133, 707, S I 227, 411, 885
Lescynski R. S I 59, 351
Lette J. G. G I 39
Lévi-Provençal E. S I 4, 7, 10, 60, 233, 261, 263, 265, 478, 479, 577, 578 A/C, 579 A/C, 580 A/C, 581, 662, 694, 697, II 38, 98, 336, 337, 338, 339, 343, 348, 361, 372, 376, 379 A/C, 421, 437, 520, 537, 675, 676, 677, 678, 679, 680, 681, 682, 683, 684, 685, 686, 687, 688, 689, 693, 694, 696, 697, 699, 702, 703, 707, 708, 711, 712, 715, 875, 876, 879, 879 A/C, 881, 882
Levi della Vida G. S I 11, 96, 162, 164, 169, 179, 180, 211, 212, 216, 216 A/C, 331, 392, 407, 439, 440 A/C, 503, 674, 963 A/C, II 52
Levy R. S I 8 A/C, II 101 A/C, 978
Lewald G. G II 61
Lewicki T. S I 573, 575, 968, II 339
Lewis B. S I A/C 557
Leyden S I 765
Lichtenstädter I. S I 28
Lidzbarski M. G I 65, 135, 550, S III 484 n
Liebich Br. S I 156
von der Linde A. S I 219
Lippert J. G I 148, 221, 325, 459, 466, 468, 511, II 696, S I 208, 425, 482, 559, 824, 884, 899, II 894
von Lippmann E. O. S I 106 A/C, 418, 426, 427, 429, 872, 902, 939, II 36
Liseux I. S II 369
van der Lith P. A. G I 523, S I 409
Littmann E. G II 706, S I 10, 26, 450, II 2, 60, 62, 63, 174, III 174 n
Lloyd Lord S III 334
Locatellus B. S I 421
Lockett G I 287
Löfgren O. S I 407, 570, 883, 961, II 227, 232, 240
Löper C. S II 728
Lokotsch K. S I 813
Longrigg St. H. S II 501, 781, 782, 785, 792
Loosen P. S I 253, 254
Lopes D. G II 416, 713, S II 599
Lopez Ortiz P. J. S I 237
Lorsbach W. S II 710
Lory C. S II 6
Loth O. G I 4, 81, 136, 145, 147, 210, S I 8, 374, 395, 396, II 14, 595
Lothrop Stoddard S III 315
Löwenthal A. G I 206
Lozano y Casela D. S I 584
Luciani J. D. G II 251, 321, 760, S I 671, 672 A/C, 677, II 436, 442, 705
Lucky P. S I A/C 385
Luya A. S I 964
Lyall Ch. G I 18, II 689, S I 25, 37, 54, 58, 67, 98, 160, 212, 937, II 896
Lykoschin N. G II 796, S I 211

Macartney C. H. M. S I 89
Mac Carthy J. H. G II 61
Macdonald D. B. G I 513, S I 9, 25, 117, 233, 755, 758, 834, 935, 936, 945, II 61, 62, 120, 127, 701, 730, 745, 748
Macdonald H. S II 280
Mac Elwee Miller S I 707
MacMichael H. A. A. S II 894, 895
Macnaghten G II 61, S II 60
Machuel L. G II 61
Madi M. S II 552
Madkour I. S I 375
Madkour F. S I 813
Mahmud al-Hifni S I 374
Mahmassani Sobhi S II 343
Mainz E. S I 894, III 5
Malcolm G II 414
Malte Brun S II 732

Malter H. G I 426
Manache S II 389
Maneville D. C. S I 815
Manger S. H. G II 29
Mann T. S II 71
Maracci L. G II 104, S I 709, II 123
Marçais G. S II 336, 340
Marçais W. G II 700, S I 235, 242 A/C, 261, 267, 276, 541, 563, 564, 694, 695, 946, II 336, 419, 695
Marcel J. J. G I 319, II 298, 299, 300, S II 911
Marcy G. S I 967
Mardrus C. G II 707, S II 63
Margoliouth D. S. G I 207, 297, 417, II 695, S I 4, 31, 41, 59, 60, 104, 106, 136, 158, 164, 173, 175, 204, 253, 352, 388, 389, 415, 436, 442, 450, 452, 453, 487, 565, 583, 729, 777, 777 A/C, 815, 817, 880, II 45, 462
Mariti G. G II 289
Marmaduke Pickthall S I 64
Marquart (Markwart) J. S I 220, 407 A/C, 410, 440, 482, 877, II 76
Marre A. G I 216, II 255, 415, S I 859, II 363, 1022
Martel Fr. G II 264
Martin L. S II 939
Marty P. S II 896
Maspéro G. G II 59, S II 735
Masqueray G I 330, S I 692, II 339, 892
Massé H. S I 228, 574, 634, 697
Massignon L. S I 103, 104, 125, 139, 189, 218, 249, 253, 310, 311, 323, 324, 326, 327, 329, 332, 335, 340, 342, 344, 349, 350, 351, 352, 353, 354, 355, 356, 357, 358, 375, 379, 417, 436, 483, 483 A/C, 491, 591, 619 A/C, 672, 675, 686, 687 A/C, 690, 705 A/C, 707, 735, 748, 769, 770, 774, 775, 776, 778, 781, 782, 783, 786, 788 A/C, 791, 797, 798, 803, 821, 844, 844 A/C, 874, 941, 955, 972, II 62, 81, 346 A/C, 427 A/C, 469, 474, 710, 860, 883, 895, III 262 A/C, 483 A/C
Mathois E. P. S II A/C 63
di Matteo J. S I 463, 940, 957, II 120, 143, 352
Matthes B. F. G II 42
Matthews Ch D. S I 202 A/C, 567, II 124 A/C, 161
Matthews E. T. S II 63
Matthews J. N. G II 700, S I 621
Mayer L. A. S I 903, II 37, 42, 176
Mednikov (Mjädnikov) N. G I 516, S I 214 A/C
Mehren A. F. G I 4, 194, 224, 295, 453, 455, 456, 461, 465, 475, 477, 480, 481, II 25, 130, 131, 194, 256, 278, 494, S I 8, 814, 817, 818, 819, 844, 956, II 161, 766
Meier F. S I 675, 675 A/C, 750 A/C, 756 A/C, 786, 787, II 583
Meillard S II 687
Meïssa M. S I 453
Meissner Br. G I 458, II 60, S I 208
Melamède G I 939
Menendez y Pelayo S I 745
Menendez Pidal R. S I 477 A/C, 662, 968, II 372
Menzel Th. S I 185, 366, 583, 664
Merad Ben Ali Ould Abdelqadir S II 376
Mercator G. S II 637
Mercier L. S I 20, II 79, 169, 167, 379
Merkle K. S I 368
Merx A. G I 97, 197, 204, 460
van der Meulen D. S II 227, 820
Meursinge A. G I 363, II 144, 145, 147
Meyer Ed. S II 65
Meyer E. H. Fr. S I 417
Meyer J. G II 229
Meyer P. S I 909
Meyerhof M. S I 106, 366, 367, 367 A/C, 369, 370, 375, 381 A/C, 384, 412, 413, 414, 415, 416, 418, 419, 419 A/C, 425, 574 A/C, 591, 824 A/C, 825, 863, 870, 875, 877, 885, 886, 891, 896, 897, 899, 900, 900 A/C, 947, II 169 A/C, 492 A/C, 946 A/C, III 333
Mez. A. G II 693, S I 11, 12, 108, 130, 132, 139, 181, 254, 418
Michael Scottus S I 866
Michaelis F. W. G II 46
Michailowsky E. G II 703, S I 824
Michaud G II 47, 50
Michaux Bellaire S II 687, 885, 939
Michel B. S II 174
Mieli A. S I A/C 381
Millas y Vallicrosa J. M. S I 401, 476, 862
Miller K. S I 402, 311, 877 A/C

Milliot S II 695
Mingana A. S I 9, 63, 64, 261, 415, 652, 880, 947
Minorsky V. S I 405 A/C, 411, 876 A/C, 903 A/C, 961, II 326
Mitchell J. G II 428
Mittelberger Th. S I 862, 873
Mittwoch E. G II 140, S I 127, 162, 208, 221, 222, 331, 425, 887, 899
Moberg A. S I 61, 967
Möller E. G II 693, S I 323
Moncada Cr. G I 270, S I 11
Monin F. S II 887
Montet E. S I 64, II 62
Morata N. S I 836, 886 A/C
Mordtmann A. D. G I 136, S II 786 A/C
Mordtmann J. H. S II 409, 484, 638
Moreno M. S I 234
Moritz B. G II 131, 705, S I 573
Morley W. H. G II 416, S II 364 A/C
Motylinski S I 692, II 339, 357, 364, 697, 711, 892, 896
Moule L. S I 433 A/C, 962
Mouliéras A. G II 507, S I 216
Mourad Y. S I A/C 924
Mouradjea d'Ohsson G I 319, 427, II, 21, S II 642, 660
Mousley J. G I 481
Movius M. R. S II 848
Muazzam Husain S I A/C 181
Muhammed A. A. K. S I 621
Muhammed Jawad S I A/C 142
Muir W. G I 33, II 689, S I 345
Mulertt W. S I 482, III 136 n
von Mülinen Graf S II 44
Müller A. G I 3, 7, 22, 32, 36, 41, 139, 147, 214, 230, 231, 233, 307, 319, 325, 326, 417, 453, 524, II 62, 182, 213, 244, 262, S I 375, 559, 957, II 61, 206
Müller D. H. G I 34, 60, 105, 229, 301, S I 62, 409
Müller J. J. G I 526
Müller M. J. G I 461, 462, II 263, 706, S I 569, 834, II 372, 372 A/C, 373
Mullet Cl. G I 495
Munk S. G I 208, 421, 453, 460, 461
Münz J. S I 893
Murgotten Fl. S I 216
Murray H. J. R. S I 905
Murray G II 45
Musil A. S II 531, III 377, 378
Mustafa M. S II 405
Mutaros(?) S II 1031
Mu'tazid Wali ur-Rahman S I 957
Muẓaffaruddin S. S I 937
Myhrman D. W. S II 106
von Mžik H. S I 220, 382, 406, 582, 877, II 366

Nadwi S. S I 854
Nagelberg S. S I 190
Nagy A. G I 211, 522, II 694, S I 372, 375
Naish J. S I A/C 64
Nallino C. A. G I 225, 473, 522, II 694, S I 227, 229, 237, 363, 364, 365 A/C, 375, 382, 388, 391, 392, 393, 393 A/C, 395, 396, 397, 398, 400, 401, 405, 430, 431, 432, 463, 573, 616, 662, 709, 791, 817, 820, 836, 863, 865, 867, 869, 891, 902, 908, 937, II 123, 215, 252, 438, 526, 556, 583, 595, 705 A/C, 808, 818, 621, 865, 877, III 220
Nallino M. S I 39, 93
Narducci M. G I 469
Nariman G. K. S I 221
Nau F. S I 61, 777
Nauwerk K. G I 214
Negri S. S I 418
Neigel S II 684
Nerazzini C. G II 410, S II 569
Nesselmann G. H. F. G II 414
Neubauer G I 277, S I 836
Neuburger H. S I 961
Neumann A. G. R. G I 5
Neumann D. S II 378
Neumann Th. G II 490
Newall G II 221
Nicholson J. G I 143
Nicholson R. A. G II 54, 263, 301, 302, 381, 696, 700, 703, 705, 707, S I 12, 103, 350, 352, 353, 354, 355, 388, 389, 425, 451, 452, 453, 462, 735, 771, 791, 792, 799, 807, 821, 938, II 238, 283, 378, 403
Nicolas L. M. S II 844, 845, 847
Nicoll A. S I 6
Niebuhr B. G. G I 136, 185, S I 103

Nix L. G I 217, II 694, S I 366, 858
Nizamuddin M. S I 903
Noël des Vergers A. G II 45, 710, S II 34
Nöldeke Th. G I 12, 16, 17, 19, 20, 23, 25, 26, 27, 29, 33, 37, 40, 42, 43, 52, 60, 75, 76, 99, 101, 104, 111, 115, 122, 123, 127, 135, 139, 142, 152, 189, 192, 197, 242, 301, 314, 321, 342, 349, 350, 406, 407, 408, 409, 411, 417, 477, 504, 514, II 59, 60, 155, 472, 689, S I 16, 26, 29, 31, 34, 35, 39, 53, 56, 60, 61, 62, 64, 76, 78, 89 A/C, 128, 156, 178, 204, 234, 235, 238, 330, 336, 430, 560, 582, 717 A/C, 720, 721, 730, 781, 938, 939, II 61
Noer Graf S I 765
Norberg M. G II 428
Noskowii P. Berlin S II 40
Nützel H. G II 184, S I 901
Nyberg S. H. S I 237, 240, 338, 339, 341, 342, 343, 634, 795, 954
Nykl A. R. S I 125, 127, 250, 462 A/C, 476, 481, 482, 694, 697
Nylander K. G I 363, S I 619

Obermann J. S I 103, 745
Obicini Th. G II 237
Ockley S. S I 831
O'Connor V. C. S. S I A/C 9
Ode Vasilyeva S II 759, III 194
Oestrup J. G I 149, II 62, S I 230, 588, II 62, 63 A/C, 163, 163 A/C
d'Ohsson, see Mouradjea
von Oldenburg S. G I 520, S I 238 (to be read thus)
O'Leary de Lacy S I 372
Olinder G. S I 50
Oliver J. G II 707, S I 25
Opitz K. S I 64, 419
von Oppenheim M. S III 399
Oseen P. E. G I 27
Ostorog L. G II 700, S I 668
Ostrogorsky G. S I A/C 406
Ouseley W. G II 706, S I 207, 220
Owen Ch. A. S I 593

Pablo Castellanos Fr. M. S II 889
Pagel J. L. S I 894
Palencia A. L. Gonzalez S I 376, 475, 478, 482, 508, 509, 580, 581, 694, 832, 889, 957, II 370, 375
Pallier G I 421
Palmer E. H. G I 4, 264, S I 7, 466
Palmer H. R. S II 717
Paquignoni P. S II 693, 939
Paracelsus S II 666
Pareau L. G. G I 247
Pareja Casañas F. M. S I 905
Paret R. S I 64, 269, 595, 937, II 53, 63, 65, III A/C 498
Parkinson J. S I 371
Parry O. F. G II 702
Patorni F. G II 510
Patton W. M. G I 357, 520, S I 309, II 37
Paulitschke Ph. G II 410
Paulus H. E. G. G I 481
Pauly L. S I A/C 253
Pavet de Courteille G I 145, II 219, 468
Pavolini P. E. G II 708, S II 62
Payne C. H. S II 860
Paxton A. H. S III 241 (to be read thus), 290
Pearson J. B. S II 360
Pedersen J. S I 350, 430
Peiper C. R. S. G I 451
Peiser F. E. G II 402
Pelissier G II 457
Pellat G II 510
Peltier F. S I 261, 297
Peñuda J. M. S I A/C 910, II 114
Percikowitsch A. S I 488
Pérès H. S I 187, 478, 576, 963, II 712 A/C, 734 A/C, 765, III 4, 48, 56 A/C, 183, 189, 204, 215, 251, 333, 381, 429
Périer A. S I 242 A/C, 370
Perowne J. J. S. G II 237
Perron A. G I 23, II 48, 84, 136, 137, 336, 391, S II 65, 183, 729, 749
Pertsch W. G I 4, 126, 279, 478, II 210, S I 8, 226, 883, 891, 917, II 8, 27, 31, 157
Peter von Toledo S I 345
Petermann J. H. S I 584
Petersson A. G I 122, S I 187
Petit de la Croix S II 45
Petrie Fl. G II 59
Pétroff D. K. S I 694
Petrus de Regino S I 401
Pfaff Fr. S I 308
Pfannmüller G. S I 4
Pharaon M. S II 252

Philliot D. C. S I 137, II 851
Philotheos G. S I 370
Pieper W. S I 20
Pijnappel J. G I 328
Pinder G I 66
Pines S. S I 325, 339, 340, 418, 421, 775 A/C, 831 A/C
Pinto L. G I 298, S I 488
Pinto O. S I 7, 216 A/C, 245, 466, II 10
Pischel R. G I 32
Pizzi I. G I 471, II 690, S I 12
von Platen O. S II 514
Plato Tiburtinus G I 222, S I 394
Plessner M. S I 372, 374, 430, 501, II 343, 368
Pococke E. G I 148, 247, 350, 421, 460, II 141, S II 409
Podestà J. B. G II 300
Pollak J. S I A/C 369
Pons Boigues Fr. G I 517, II 110, 262, 263, 264, 266, S I 148, 202, 217, 231, 232, 253, 488, 554, 576, 577, 578, 579, 580, 581, 586, 628, 629, 633, 634, 661, 694, 718, 719, 732, 734, 791, 829, 831, 876, 877, 878, 879, II 342, 344, 369, 371, 408
Poper S. G I 212
Poppe N. N. S I A/C 511
Popper W. S I 445, 556, II 39, 47, 59, 62, 229
Potter G. R. S I 553
Power E. S I 56, 937
Praetorius Fr. G I 97, 101, 115, II 689, S I 16
Prasauna Kumarsen G I 378
Prendergast W. J. S I 152
Preston Th. G I 277
Pretzl O. S I 64, 166, 178, 182, 327, 329, 330, 717 A/C, 718, 719, 720, 720 A/C, 721, 722, 723, 724 A/C, 747, II 210, 980, 981
Pria G II 212
Prideaux W. F. G I 301
Pröbster E. S I 192, 291, II 438, 689
von Prokesch-Osten G II 471
Provenzali F. S II 680
Prüfer C. S I 367, 384, 418, III 264
Przyluski J. S II 62
Purchas S. G I 348
Pusey G. B. G II 17, S I 6, II 258

Qazwini M. S I 436
Quadro G. S I 371 A/C, 834
Quatremère M. G I 144, 327, 353, 399, 416, II 37, 39, 53, 55, 65, 68, 70, 74, 132, 141, 200, 212, 245, 434, 476, 690, S I 324, 575, 829, 883
Quennel P. S I 410
Querry A. G II 701, S I 711
Quilice Bey P. S I 234

Rabbath A. S II 508
Rabbinowitz J. M. S I 894
Raeder S I A/C 363
Rahatullah Khan M. S I A/C 68
Rajna P. G II 708, S II 62
Ralfs C. A. G I 265
Ramusio S II 710
von Ranke L. G I 135
Ranking G. S. A. G I 523, S I 411, 418
Rapex R. S II 683
Rat G. G II 56, S II 63
Raux A. S I 36, 68, 439, II 174
Ravaisse P. G II 135, S II 200
Raverty H. G. S I 765
Ravius S. F. G I 495
Raymundus J. B. G I 283, S I 497
Reckendorf H. S I 67, 939
Redhouse J. W. G I 32, II 690, S I 53, II 238 A/C, 717
de Régla P. S II 414
Rehatsek S I 238, 944
Reinaud J. T. S II A/C 750
Reinaud M. G I 216, 242, 276, 475, 477, 481, 522, 523, II 46, 47, 50, 130, 256, S I 402, 407, 876, 877, 879, 883, 968, II 765
Reinfried H. S I 947
Reinhardt C. S I 140
Reiske J. J. G I 275, II 45, 46, 140, 695, S I 419, 439, II 44
Reitemeyer E. S I 175
Reitzenstein R. S I 106
Relandus H. G I 462
Remiro M. G. S I 578, 694, II 174, 373
Rempis Chr. H. S I 828, 856
Rémusat A. G II 457
Renan E. G I 97, 456, 461, S I 580, 834, II 456, III 313
Renaud H. P. J. S I 7 A/C, 381 A/C, 418, 419 A/C, 420 A/C, 823, 854, 860, 862 A/C, 869, 869 A/C, 889, 890, 891, 934, 935,

956, 960, 961, 962, II 188, 217, 218, 338, 363, 363 A/C, 364, 364 A/C, 365, 366, 378, 537, 679, 694, 700, 707, 708, 709, 711, 714
de Renzi S. G I 459
Rescher O. S I 5, 6, 12, 35, 72, 120, 141, 168, 185, 189, 192, 194, 216, 236, 237, 241, 242, 243 A/C, 246, 247, 249, 345, 373, 442 A/C, 485, 490, 500 A/C, 501 A/C, 613 A/C, 668, 673, 738, 845, 894, 906, 936, 937, 939, 942, II 13, 14, 62, 106, 297 A/C, 492, 500, 508, 633, 635 A/C, 720 A/C, 780 A/C, III 331
Retox S II 369
Reynolds J. G I 314, II 133, S I 548
Rhodokanakis S. S I 15, 20, 70, 78, 185, 938
Rhys Davids T. W. S I 795
Ribera J. G I 340, 497, S I 9, 144, 148, 187, 332, 476, 477, 482, 579, 661, 664, 695, 963
Ricard R. S II 490
Richter G. S I 149, 234, 235, 236, 246, 251, 584
Richter P. S I 423
Riefstahl S I 903
Riedel W. S I 288, 935
Rieu Ch. G I 4, 214, 244, 255, 417, 430, 433, 463, 522, II 19, 27, 108, 126, 187, 217, 221, 264, 388, 414, 420, 421, S I 6, 594, 613, 705, 830, 917, II 14, 25, 295, 389, 583, 603, 608
Rihani (Raihani) A. S I 453, II 543 A/C
Rink F. Th. G II 40, 46
Rinn L. G II 252, S II 282, 876, 883
Risner Fr. S I 853
Ritter C. G II 289
Ritter H. S I 5, 103, 104, 106, 127, 166, 186, 215, 227, 242, 248, 249, 332, 336, 341, 342, 348, 349, 352, 359, 360, 364, 366, 367, 369, 370, 371, 372 A/C, 384 A/C, 385 A/C, 396, 400, 416, 417, 419, 421, 423, 430, 431, 432 A/C, 555 A/C, 563, 599, 603, 604 A/C, 606, 607, 617, 619, 667, 732, 750, 756, 757, 762, 763, 766, 769, 744, 745, 781, 782, 783, 787, 789, 809, 810, 816 A/C, 822, 831, 851, 852, 859, 872, 881, 887, 892, 894, 895, 900, 900 A/C, 904 A/C, 905, 907, 915 A/C, 924 A/C, 933, 942, 946, 954, 955, 957, 957 A/C, 958, 961, II 28, 33, 36, 51 A/C, 53, 60, 166, 167, 168, 253, 289, 329, 416, 457, 578, 628, 653, 664, 993, 1022, 1024 A/C
Rittershausen W. C. G I 122
Rivlin J. S I 937
Rjabinin M. W. S I 235
Robert Casrensis G I 67
Robertson E. R. S I 7
Robertson-Smith W. G I 334
Robles F. G. G I 5, S I 9
Robson J. W. S I 181, 247 A/C, 756 A/C, 936
Rockwell J. W. S II 74
Rodet L. S I 381
Rödiger E. G I 259, 348, II 133, 134, 135, S I 102, 374
Rödiger H. J. G I 3, 114, 147, S I 176
Rodriguez C. Quiro S I 836
Roerhricht R. G I 317, S I 569, 885, II 475
Roemer H. S II 847
von Rohr-Sauer A. S I A/C 407
Romaskievicz A. S I 935
Rommel Chr. S II 44
Romocki J. S I 905
van Ronkel Th. S I 6
Ronzevalle L. G II 496, S I 717
Roorda T. G I 204, S I 365
Rose V. G I 204, S I 365
von Rosen V. G I 5, 121, 138, 147, 148, 152, 241, 322, 517, 520, 523, II 68, 211, 689, S I 6, 10, 25, 85 A/C, 191, 210, 237, 238, 406, 410, 450, 453, 876, 885 A/C, 939, 969, II 29, 285, 847, 848
Rosenmüller E. F. C. S II 165, 311
Rosenstein M. G II 694, S I 377
Rosenthal E. S I 835 A/C, 836, II 343 A/C
Rosenthal Fr. S I 958
von Rosenzweig V. G I 264, 265, II 207, S II 283
Rösner F. G I 470
Ross E. C. S II 823
Ross E. Denison S I 8, 234, 487, 775, 777, 867, II 21, 227, 599
Rossi E. S I 318 A/C, II 547 A/C, 558 A/C, 564 A/C, 686, III 399 A/C
Rost L. S I A/C 345
Rotalier G II 457
Rouger G. S II 64
Rousseau A. G II 25, S I 650, II 688
Rousseau J. G II 458

Rowlandson M. J. G II 416
Roy B. S I 11
Rückert Fr. G I 20, 23, 36, 145, 277, II 689, S I 34, 50
Rudloff G I 473
Ruelle S I 395
Rumsey A. G I 378
Runge H. J. S I 347 A/C, 746 A/C
Runowskij A. S II 871
Ruska J. G I 203, 481, S I 104, 363, 367, 368, 381, 402, 418, 420, 421, 427, 427 A/C, 430, 432 A/C, 435, 822 A/C, 823, 859, 882, 902, 933, 961, 962, II 167, 1020, 1022
Russell N. D. S I 301, II 97
Russell P. S II 60
Rutgers A. G I 185, II 402, S II 550
Rutter E. S I 459 (to be read thus)
Ruxton F. H. S II 97
Ružička R. S I 938

Saavedra E. G I 477, II 692, S I 231
Sachau E. G I 137, 169, 280, 330, 392, 395, 472, 475, 476, 482, 520, II 85, 98, 409, 694, S I 104, 204, 205, 207, 208, 212, 332, 369, 370, 411, 418, 423, 566, 872, 872 A/C, II 637
de Sacy S. G I 25, 88, 107, 108, 185, 255, 276, 277, 291, 293, 306, 307, 314, 335, 342, 407, 418, 427, 433, 481, 484, 489, II 39, 40, 132, 138, 139, 141, 203, 207, 216, 263, 298, 325, 402, 479, S I 17, 234, 325, 467, 543, 548, 575, 716, 717, 724, 728, II 165, 286, 488 A/C, 766
Sadruddin M. S I 64 A/C, 141, 192
Safi A. S I 464
Sahib Khaja Khan Turnodly S I 792
Salame A. V. S II 894
Salemann C. S I 10, 872, II 397
Salhani A. G I 53, 350, II 61, S I 84
Salier (Sale) S I 967, 972, II 63 A/C, III 243 A/C
Salio Canonicus S I 394
Salisbury E. G II 104, S I 327, II 123, 970
Salmon G. S I 10 A/C, 452, 563, 573, 835, II 879
Salmon W. H. S II 406
Salverda de Grave M. G I 292
Samana Abdalhamid S I 64 A/C
Sánchez Pérez J. A. S I 381, 431, 866, 868, 889, 892, II 157 A/C, 344 A/C, 363 A/C, 378 A/C
Sanders J. H. S I 25
Sanguinetti B. R. G II 256, 364, S I 543, II 492
Santillana D. S II 97
de Santo Antonio Moura Fr. J. G II 241, S II 339, 366
Sarkis J. E. S II 40
Sarre F. S I 882, 933
Sarton G. S I 378, 382, 391, 427, 593, 825, 854, 856, 866, 872, 877, 891, 896, 902, 921, S I 933 A/C
Sarwar G. R. S I 937
Saussey E. S III 163, 202
Sauter C. S I 83
Sauvaget J. S I 40 A/C, 568, 942
Sauvaire H. G II 43, 75, 132, 133, 134, 361, 432, S II 126, 164, 487, 642, 712
Saxl S I 882
Sayyid Wajahat Husain S II 600, 619
Sbath S I 367, 367 A/C, 368, 416, 816, 935
Schaade A. S I 117, 117 A/C, 206, III 217, 222
Schacht J. S I 5, 200, 218, 283, 285, 291, 292, 294, 332, 347, 369, 885, 886, II 168, 539, 644, III 217
von Schack A. Fr. G I 270, II 706, S I 475, 830, 889
Schaeder H. H. S I 62, 103, 418, 856, II 283
Schafi M. S I 251, 947
Schall C. G II 61
Schangin M. S I 959
Schapiro I. S I 64
Schede S I A/C 5
Schefer Ch. G I 288, 516, II 689, S I 211, 222, 745, 821, 879, II 710
Scheidius J. G I 95, 111
Scheltema J. F. S II 768, 779
Scheludko S I 476
Scherefeddin Yaltkaya S II A/C 330
Scherer G. H. S I 750
Scherman L. G I 3
Schiaparelli C. G I 118, 270, S I 877, 879
Schier Ch. G I 510, II 46
Schiller Fr. S I 550
Schirmer O. S I 385 A/C, 390 A/C
Schirmann J. S I 488

Schischmanov S II 464
von Schlechta Wssehrd O. G II 480, S II 779
Schleie P. G I 240
Schlössinger M. S I 35, 216 A/C
von Schlözer Curt G I 229, S I 407
Schlumberger G. S I 307
Schmalzl P. S I 870, II 156 A/C, 364 A/C
Schmidt A. E. G I 525, II 155, S I 149, 495, 968, II 459, 459 A/C, 464, 508 A/C, III 321
Schmidt H. A. N. S II 343
Schmidt W. S I 366
Schmölders A. G I 212, 425, 456, 507
Scholem G. S I 908
Schöll G I 66
Schotte H. S I 888
Schoy C. S I 384, 387, 387 A/C, 388, 394, 401, 402, 853, 873, II 159, 215
Schreiner M. G I 121, 194, 386, 400, 426, 476, 488, 506, 507, 520, 521, 525, 526, II 104, 106, 185, 694, 702, S I 277, 315, 340, 344, 349, 352, 671, 771, 792
Schultens H. J. G I 96, 292, 317, S I 487, 550
Schulthess Fr. G I 27, 141, S I 55, 56, 67, 84
Schulze G I 202
Schumann G I 552
Schwab H. S II 143
Schwally Fr. G II 693, S I 61, 62, 64, 208, 211, 249, 330, 331, 332, 336
Schwarz P. G I 47, 225, S I 30, 72, 77, 79, 82, 194, 410, 585 A/C, 939, II 473
Sédillot J. J. G I 474, II 413
Sédillot L. P. L. A. G I 215, 469, 474, S I 397, 856, II 298
Sedky Bey Mahmoud S I 885
Seelye K. Ch. S I 210, 336, 667
Seemann H. J. S I 870, 873
von Seetzen U. G II 394, 464, S II 60
Seidel E. S I 435, 896, II 169, 170
Seignette M. S II 97
Seippel A. S I 148, 405 A/C, 406
Sékaly A. S III 330
Seligmann J. G I 285
Seligsohn M. G II 690, S I 46
Sell E. S I 649, II 690
Semenov A. A. S I 935, III 378 A/C
Serres V. G II 458, 713, S II 687
Seybold Chr. Fr. G I 118, 282, 308, 358, II 158, S I 10, 481, 574, 634, 695, 717, II 63
Seyid Nawab Ali S I 748
Shukowsky V. S I 774, 854
Sia Talat S 64 A/C
Sicard J. S II 720
Sichel G I 236
Sickenberger E. G I 492
Siddiqi A. S I 173
Siddiqi M. Z. S I 415
Sidersky D. S I 64, 591
Siebeck G I 455, 461
Silberberg B. S I 187
Simon M. S I 368
Simon de Cordo S I 887
Simonet F. A. G I 495, II 263, 696, S I 482, 580, 581, 876, II 380, 1033
Simore-Munir F. J. S I A/C 777
Simsar M. A. S I A/C 10
Singer S I 81, 475, 894
Sinobas R. S I 862
Sionita Gabriel S I 877
Siouffi G II 702, S II 781 A/C
Sjögren E. G I 697, S I 531
Skuba Pekostawski S I 68
de Slane Mac Guckin G I 3, 5, 24, 88, 92, 143, 148, 155, 228, 327, 328, 345, 478, II 45, 124, 157, 244, 245, 254, 256, 262, 698, S I 9, 150, 229, 431, 480, 575, 876, 880, III 73
van der Sloot H. G I 247
Smend R. G I 59
Smith D. L. S I 479
Smith Eli G II 496, S II 770, 780
Smith Marg. S I 350, 352, 353, 745, 752 A/C, II 464 A/C
Smogorzewski Z. S I 375, 691
Snouck Hurgronje C. G I 33, 270, 316, 317, 321, 384, 389, 398, 417, 422, 469, 499, 500, 501, 504, 700, II 117, S I 283, 681, 745, 781, II 517, 629, 749, 815, 862, 865, III 302 A/C
Soave Fr. G I 236
Sobernheim M. S I 883, II 405, 477
Sobhy G. S I 384, 591, 891
Socin A. G I 24, 513, II 474, S I 103, III 377
Söderblom N. S I 16
Soliman Harairi G II 192
Solvet Ch. G II 46, S I 286, II 311
de Somogyi J. S I 458, 881, 915, II 45, 171 A/C
von Sontheimer J. G I 492, S I 888, 897

Sörensen Th. G II 208
Soubiran A. S I 813
Sourois S I A/C 374
Spach J. G I 240
Speier H. S I 937
Spiegel Fr. S I 867
Spiegelberg W. G II 58
Spies O. S I 9, 164, 248, 278, 307, 352, 373, 385, 390, 548, 557, 567, 696, 618, 642, 670, 676, 719, 754, 781, 783, 783 A/C, 819, II 48, 165 A/C, 180 A/C, 228, 316
Spiro J. G II 710, S I 346, II 352
Spitaler A. S I 64, 720 A/C, II 318 A/C, 982 A/C, 1004 A/C
Spitta W. G I 194, 195, 225, 280, 430
Sprenger A. G I 33, 135, 136, 169, 184, 228, 229, 231, 314, 342, 465, 466, 510, 515, 525, II 68, 137, 145, 155, 204, 421, 692, S I 200, 221, 351, 583, 883, II 233, 512
Sprengling M. S I 234, 716 A/C
Sproull W. O. G I 122
Stanley of Alderley Lord S I 285
Stapleton H. E. S I 420, 430, 902
Stchoukine J. S I 935
Steele H. S I 955
Steele R. A. S I 428
Stegemann V. S I A/C 401
Steiner H. G I 193
Steingass F. G I 276, S I 487
Steinhauser G II 415
Steinschneider M. G I 100, 123, 201, 203, 204, 205, 206, 207, 208, 210, 211, 212, 216, 217, 220, 221, 222, 223, 224, 225, 232, 234, 235, 236, 237, 239, 241, 243, 344, 352, 385, 400, 422, 425, 430, 457, 459, 460, 461, 462, 463, 468, 469, 470, 472, 473, 474, 475, 481, 484, 485, 486, 487, 488, 489, 490, 491, 492, 495, 496, 497, 511, 524, II 104, 133, 250, S I 102, 104, 229, 364, 369, 370 A/C, 374, 375, 382, 384, 386, 387, 390, 392, 393, 394, 397, 398, 416, 417, 418, 421, 429, 650, 651, 768, 769, 811, 815, 823, 825, 831, 834, 835, 836, 858, 860, 862, 866, 889, 891, 892, 893, 894, 897, 901, 904, II 63, 156, 161, 166, 169, 200, 31 A/C, 363, 456
Stendhal S II 6
Stephanus Antiochenus S I 423
Stephanus de Saragossa S I A/C 424
Stern L. G I 424
Sternberg F. A. G I 239
Stewart G II 418
Storey C. A. S I 8, 102, 181, 183, 207, 208, 217, 220, 221, 268, 321, 261, 592, 624, 631, 652, 669, 713, 775, 825, 944, 967, II 16, 202, 210, 262, 283, 286, 305, 310, 325, 329, 603, 612, 615, 824, 860
Strandmann G I 238, II 698
Strauss B. S I 413, 961
Strauss E. S I A/C 557
Strauss L. S I 375, 817, 834, 834 A/C, 957, II 43 A/C
Streck M. S II 749
Strong A. S. S I 25
Strothmann R. S I 104, 211, 313, 314, 315, 316, 317, 318, 319, 320, 321, 322, 336, 560, 697, 698, 705, 709, 860, 912, 925, 932, 933, II 207, 232, 241, 244, 272, 273, 339, 504, 505, 557, 939, III 262 A/C
Suavi S I 584
Sudhoff M. S II 666
Suhme P. Fr. G II 45
Suhrawardi Abdallah al-Mamun S I 319, II 97
Süssheim K. S I 554
Suter H. G I 147, 510, 511, II 213, 694, S I 187 A/C, 229 A/C, 237, 363, 365, 369ff A/C, 381, 382, 383, 384, 385, 386, 389, 390, 391, 392, 393, 397, 400, 431, 432, 493, 559, 666, 831, 839, 843, 852, 854, 855, 856, 859, 860, 861, 862, 863, 864, 865, 866, 866 A/C, 868, 869, 873, 874, 892, 901, II 156, 157, 158, 159, 217, 295, 297 A/C, 296, 305 A/C, 327, 338, 365, 378, 466 A/C, 484, 485, 486, 526, 595, 679, 694, 707, 708, 709, 1020, 1022, 1023, 1024

Taeschner Fr. S I 415, 773, 790, 874, 882, 955, II 163, 175
Taha Dinana S II 369
Taha Husain S II 343
Takarli Kh. S I 261
Talas Asad S I A/C 439
Taleb G II 510
Tallgren (Tuulio) O. J. S I 369 A/C, 877 A/C
Tallquist K. L. G II 692, 699, 703, S I 146, 410, 572, 576, 810
Tannery S I 931

Taqiaddin al-Hilali S I A/C 877
de Tarrazi Ph. S II 719, 720
Tauer F. S I 171, 194, 228, 566, 589, 883, II 38, 40, 161, 164, 196, 222, 273, 392, 406, 489, 540, 637, 673
Temporal S II 710
Ten Brink B. G I 2
Tercier J. P. G II 424, S II 410
Thatcher G. W. S I 358
Thel H. S II 369
Thibaut G. S I 391
Thilo M. S III 189
Tholuck G II 205
Thomas Novariensis Fr. S I 841
Thomason T. T. S II 851
Thompson S I 928
Thomson W. S I 363 A/C, 370 A/C, 959, 960
Thorbecke H. G I 19, 22, 37, 112, 255, 277, II 155, 479, S I 198
Thorelius T. G I 37
Thorning H. S I 690, 778, II 476
Tien A. S I 345
von Tiesenhausen V. G. G I 323, II 39, 47, 50, 70, 134, 141, 256, S I 588, II 178, 344
de Tignonville G. S I 829
Tisdall W. H. C. S I 64
Tisserant S I 475, 907
Titus S II 619
Tkatsch S I 23, 363, 370, 413, 820
Toderini, G.-B. G I 286
Togan Z. V., see Zeki Validi
Tomaschek W. G I 477, II 228
Torrey Ch. G I 36, II 692, S I 9, 61, 62, 114, 164, 227, 229 A/C, 230 A/C, 530, II 55, 59
Trébuitien G. S. S II 63
Trevelyan R. C. S III 105
Triebs F. G I 430
Tripodo P. S I 288
Tritton A. S. S I 19, 25, 323, 715
Trowbridge Hall S III 202
Trummeter F. S I 558, 576
Trumpp F. G II 237, S II 332
Tscheuschner E. S I 748
Tschudi R. S II 664
Tsereteli G. S II A/C 871
Tuch Fr. G II 393, 394
Turab Ali M. S I 429
Tuulio (Tallgren) O. J. S I 382, 482 A/C, 877
Tychsen O. G. G II 43
Tytler S I 835

Überweg S I 835
Umaruddin M. S I A/C 745
Umbreit F. W. C. G II 46
Uvala J. M. S I 435
Upton J. S I 960
Uri J. G I 264
Usener H. S II 297
Uspenskij P. G II 703, S I 824

Vajda G. S I A/C 237
Valerga P. G II 696, S I 463
Valeton J. Ph. G I 286, S I 501
Vambéry H. G I 516, S I 211
Vandenhoff B. G I 123, 309
Vapereau G II 509
Vasiliev A. S I 228, 406 A/C, 940
Vattier P. G I 348, 488, II 29, 695, S I 833, II 1026
Veljaminof S II 329
Venture G II 457
Veth P. J. G I 330
Viala E. S II 882
Vilmar E. G I 103
Vincent G I 177, II 247
Vitto E. G II 697, S I 522
Vivien de St. Martin S II 428, 429
Vlieger S I 608
van Vloten G. G I 152, 244, 516, 517, II 692, 693, S I 187, 214, 236, 241, 242, 246, II 37
Vogl S. S I 374
Volck G. G I 300
Volger L. S I A/C 424
Vollers K. G I 97, 100, 149, 337, 422, 495, 502, 513, II 26, 39, 41, 50, 184, 278, 335, 336, 474, 482, 689, 707, S I 9, 16, 47, 156, 493, 558, 576, 601, 626, 878, 886, II 38, 175, 199, 405, 550, III 2
Volney G II 70, 135
Vonderheyden M. S II 341
Voss G. G II 40

Waddington-Schefer S II 920
Wahl S. F. G. G I 481
Wahrmund A. G II 30, S II 198
Walker C. T. Harley S I 243

Walker J. S I 64
Wallin G. H. S I 463, 526
Waly Hamed S I 560
Walzer R. S I 367, 372 A/C, 955, 956, 957 A/C
Wangelin H. S II 64
Warren W. F. S I 62
Wehr H. S III 6, 8 A/C, 748 A/C
Weijers G I 130, 285, 288, 289, 294, 324, S I 485
Weil G. G I 36, 57, 135, 292, II 16, 21, 28, 44, 61, 77, 161, 170, S I 156, II 278
Weinberg J. S I 390
Weir T. H. G II 689, S I 8, 777, 798, II 6, 78, 685
Weiss J. S I 156
Weisslowitz G I 520, S I 238
Weisweiler M. S I 10, 188, 255, 615, 944, 947, 949, II 519
Weld-Blundell H. S II 895
Wellhausen J. G I 21, 30, 89, 135, 136, 137, 140, 146, 513, II 706, S I 13, 25, 93, 144, 155, 204, 214, 282, 375
Wenig J. G. G I 14, S I 24
Wenrich G I 325, 343
Wensinck A. J. S I 59, 255, 285, 305, 307, 336, 745, II 355
von Wesendonck S II 343
Wesselski A. S I 616
Westberg Fr. G II 706, S I 410
Wetzstein J. G. G I 291, S III 377
Weston S. A. S I 769, II 143
White J. G I 481, S I 881
Wiberg J. S I A/C 423
Wickerhauser M. S II 636
Widgery A. G. S I 748
Widmer G. S III 396, 399
Wiedemann E. G I 240, 470, S I 137 A/C, 185 A/C, 242 A/C, 244, 365, 373, 374, 377, 383, 384, 385, 389, 399, 408 A/C, 411 A/C, 434, 435, 436, 505, 573, 665, 699, 815, 817, 822, 831, 833, 852, 853, 862, 863, 866, 871, 872, 873, 874, 881, 882, 902, 903, 907, 910, 941, 943, 945, 946, 957, 958, 961, 967, 968, 971, II 157, 161, 169, 172, 174, 296, 297, 484, 1021 A/C
Wieleitner R. S I 381, 958
Wiener A. S I 247, 252, 253
Wiese H. S II 125
Wiet G. S I 405 A/C, II 36, 40, 163 A/C
Wiggers Th. G I 523, S I 410
von Wilamowitz U. S I 146
Wilken S I 320
Williams H. G. G II 505
Wilson Ch. G I 317
Winderlich S I 933
Winkler H. S I 61, II 95
von Wissmann H. S II 227, 820
Wittek P. S I 903, II 637
Wittington E. T. S I 367
Wittstein S. A. S I 401
Woepke K. G I 215, 217, 219, 220, 221, 223, 224, 469, 471, II 125, 255, 266, 357, S I 385, 386, 387, 388, 389, 390, 391, 399, 960, II 154, 216, 295, 364, 378
Wolf C. G I 240
Wolf H. S I 395
Wolf J. S I 171
Wolf R. S I 224
Wolff M. S I 346
Wolff Ph. G I 19, 90, 96, 151, 152, II 251, S I 154, II 420
Wolfinsohn E. S I 60, 894
Wolfson H. A. S I 835
Woodsmall R. Fr. S III 264
Worms G II 432
Wright Ramsay S I 872
Wright W. G I 60, 109, 110, 266, 270, 297, 339, 350, 450, 478, S I 544, 879
Wundt M. S I 835
Wünsche A. G I 76
Wurm G I 508
Wüstenfeld F. G I 3, 64, 65, 67, 79, 81, 104, 106, 107, 109, 111, 112, 113, 117, 121, 123, 124, 125, 129, 132, 133, 134, 135, 146, 158, 160–168, 174, 178, 180, 181, 182, 193, 201, 204, 207, 208, 209, 211, 217, 218, 225, 229, 231, 232, 233, 234, 237, 239, 241, 247, 252, 257, 271, 281, 284, 307, 308, 311, 314–319, 321, 350, 355, 356, 358–363, 365, 368, 369, 371, 385–390, 392, 393, 395, 397, 398, 400, 413, 427, 428, 431, 434, 452, 453, 458, 460, 463, 475, 480–94, 487, 502, 506, 524, II 8, 11, 13, 28–51, 53, 63–68, 71–4, 79, 80, 82, 85, 86, 89, 91, 93, 94, 97, 99, 103, 107, 110, 117, 122, 130–5, 137, 140, 145, 171–175, 177, 183, 184, 199,

201–203, 231, 236, 244, 246, 260, 262–264, 266, 285, 286, 289–293, 295, 296, 300, 301, 303–308, 322, 334, 391–394, 398, 400–403, 406, 407, 417–419, 421, 425, 427, 428, 433, 434, 457, 459, 466, 694, 698, S I 191, 206, 207, 214, 220, 256, 277, 307, 361, 393, 489, 541, 567, 591, 603, 616, 626, 665, 667, 671, 694, 744, 831, 878, 883, 891, II 26, 39, 50, 52, 63, 69, 77, 104, 105, 203, 296, 427, 488, 557, 673
Wydeville Earl Riebes A. S I 829
Wyse G I 478, S I 880

Yafil E. S I 475
Yahuda A. S. S I 380
Young J. S I 8
Yule H. S II 366

von Zambaur E. S I 588, 708, II 218
Zayyat A. H. S I 228
Zeki Ahmed G II 39, 705, S I 583, 961, II 25, 28, 41, 44, 175
Zeki Validi Togan A. S I 374, 402, 406, 406 A/C, 407, 655, 656, 872, II 295, 637
Zenker J. Th. G I 3, S I 835
Zetterstéen K. V. G II 697, S I 11, 64, 72, 155, 157, 195, 208, 434, 530, 614, 785, II 34, 43, 106, 240
Zeuthen H. G. S I 382
Zeys S II 697
Ziegler C. H. G I 427
Zimolong B. S I 845
Zinkeisen J. W. S II 315
Zinserling E. G II 61
Zobel S I 831
Zotenberg H. G I 143, 520, II 61, 62, 694, 697, S I 238, 582, II 60
Zwemer J. M. S I 745, II 417